[2025년]
환경소송 실무자료

편저 : 법률연구회

법률정보센터

목 차

제1편 환경침해에 대한 법적 구제절차

제1장 환 경

제1절 자연환경과 생활환경

1. 환경의 개념 ·· 1
2. 환경침해 또는 환경오염피해 ··· 1
3. 종교적 환경 ·· 1

    [판례 1] 공사금지가처분 (대법원 1997. 7. 22. 선고 96다56153 판결) (종교적 환경) ············· 1

    [판례 2] 대법원 1995. 9. 15. 선고 95다23378 판결 (공사중지가처분이의) (교육환경) ············ 4

제2절 환경침해에 대한 구제절차

1. 환경에 대한 공법적 규제와 사법적 규제 ··· 6
   가. 공법적 규제 ·· 6
   나. 사법적 규제 ·· 7
2. 환경침해에 대한 구제절차 ··· 7
   가. 소송외적 구제 ·· 7
   나. 소송절차에 의한 구제 ·· 7

      [판례 3] 손해배상(기) ··· 8

      [판례 4] 양수금 ··· 10

      [판례 5] 손해배상(기) ··· 19

      [판례 6] 손해배상(기) ··· 23

제3절 환경침해를 이유로 한 손해배상청구

1. 환경침해에 대한 구제방법 ·· 26
   가. 영조물의 '하자'의 개념 ··· 27
2. 요건사실과 입증책임 ··· 27
   가. 손해배상청구와 유지청구 ··· 27
   나. 고의·과실 ·· 27
      (1) 과실책임주의 ··· 27
      (2) 과실의 내용 ··· 27
         (가) 주의의무의 내용 ·· 27
            [판례 7] 손해배상 ·· 28
         (나) 무과실책임이 인정되는 경우 ·· 29
      (3) 사업자 ·· 30
         (가) 위법성의 요부 ·· 30
         (나) 기타 개별입법 ·· 30
   다. 위법성 ·· 31
      (1) 위법성에 대한 판단방법 및 기준 : 수인한도(受忍限度) ············· 31
         [판례 8] 손해배상(기) ·· 31
         [판례 9] 손해배상(기) ·· 35
         [판례 10] 손해배상(기) ·· 37
      (2) 입증책임 ··· 39
   라. 인과관계 ·· 40
      (1) 인과관계 입증의 완화 ··· 40
         [판례 11] 채무부존재확인·손해배상(기) ······································· 40
         [판례 12] 손해배상 ·· 43
         [판례 13] 손해배상 ·· 45
         [판례 14] 손해배상 ·· 47
         [판례 15] 손해배상(기) ·· 50
         [판례 16] 손해배상 ·· 52
         [판례 17] 손해배상(기) ·· 56

마. 손해 ··· 60
　　　(1) 유형 ·· 60
　　　　[판례 18] 손해배상(산) ··· 60
　　　(2) 재산적 손해의 산정 ·· 61
　　　　[판례 19] 손해배상 ·· 61
　　　　[판례 20] 손해배상(기) ··· 62
　　　　[판례 21] 손해배상(기) ··· 64
　　　(3) 정신적 손해의 산정 ·· 67
　　　　[판례 22] 손해배상(기) ··· 67
　　　　[판례 23] 손해배상(기) ··· 68
　　　(4) 주장・입증에 관한 ·· 70
　　　(5) 손해의 주장 ·· 70
　　　　[판례 24] 손해배상등 ·· 71
　　　　[판례 25] 손해배상(기) ··· 73

3. 손해배상청구소송 ·· 77
　가. 당사자 ··· 77
　　(1) 원고 ·· 77
　　　(가) 피해자 ··· 77
　　(2) 피고 ·· 77
　　　(가) 가해자 ··· 77
　　　(나) 복수원인자의 경우 ··· 78
　　　(다) 국가 또는 지방자치단체를 상대로 한 경우 ····················· 78
　　　(라) 복수원인자의 경우 ··· 85
　나. 증거조사 ·· 86
　　(1) 검증・증인신문 ·· 86
　　　(가) 검증 ·· 86
　　(2) 직권증거조사의 활용 ·· 86
　다. 손해배상 ·· 86
　　(1) 금전배상의 원칙 ·· 86
　　(2) 책임의 제한 ·· 87
　　　(가) 과실상계 ·· 87

           (나) 자연력의 기여도에 따른 감책 ·· 87
              [판례 26] 손해배상(기) ··· 87
        (3) 소멸시효 ·· 89
           [판례 27] 손해배상(기) ·· 89

제4절   환경분쟁조정제도

1. 서설 ··· 95
2. 분쟁조정 ··· 95
   가. 조정 ·· 95
     (1) 개념 ··· 95
     (2) 시효중단과의 관계 ··· 95
     (3) 시효중단 등 및 소송과의 관계 ·· 96

제2장   환경침해에 대한 법적 보호의 근거

[판례 1] 공사중지가처분이의 ·· 96
[판례 2] 공작물설치금지가처분 ·· 106

제1절   환경침해피해구제의 요건사실

1. 손해의 발생 ··· 109
   가. 환경침해 ··· 109
   나. 재산에 대한 침해 ··· 109
     (1) 직접적인 침해의 경우 ·· 109
        [판례 3] 손해배상(기) ·· 109
        [판례 4] 손해배상(기) ·· 112
     (2) 간접적인 침해의 경우 ·· 113
     (3) 영업과 관련한 손해 ·· 113
        [판례 5] 유류오염손해보상금 ··· 113

[판례 6] 손해배상(기) ··· 117
다. 생활방해의 경우 ··· 119

제2절 고의, 과실

1. 과실의 개념에 관한 ·· 119

[판례 7] 손해배상청구사건 ··· 120

2. 무과실책임주의 ·· 122

가. 사업장이라 함은 ·· 122
나. 사업자 ·· 123

3. 수인한도론 (受認限度論) ·· 123

가. 수인한도의 판단요소 ·· 123

[판례 8] 손해배상(기) ··· 123
[판례 9] 손해배상(기) ··· 125
  (1) 지역성 ··· 129
    [판례 10] 손해배상(기) ··· 129
  (2) 공공성 ··· 132
  (3) 기타 ··· 132
    [판례 11] 국방군사시설사업실시계획승인처분무효확인 ········· 132
    [판례 12] 납골당허가처분무효확인 ··································· 135

나. 수인한도론의 위치 ·· 138
다. 공법상의 기준과 위법성 ·· 138

4. 위험에의 접근 ·· 138

가. 위험에의 접근이론의 작용 위치 ··· 139

5. 공동불법행위책임 ·· 139

[판례 13] 손해배상(의) ··· 139

6. 중립적 원인자 ·· 147

가. 가해행위와 함께 손해발생에 기여한 경우 ·· 147
    [판례 14] 손해배상(기) ··· 147
    [판례 15] 손해배상(기) ··· 150
    [판례 16] 손해배상(기) ··· 151

제3장   환경침해와 국가배상책임

제1절   행위자로서의 책임

[판례 1] 손해배상(기) ·· 155

제2절   규제·감독권자로서의 책임

[판례 2] 손해배상(공) ·· 163

제3절   특별한 경우에 있어서 부작위책임

[판례 3] 손해배상(기) ·· 166
[판례 4] 손해배상(의) ·· 168
[판례 5] 손해배상(기) ·· 176

제4장   환경침해와 계약상 책임

제1절   임대차계약 ·· 180

제2절   매매계약과 도급계약 ··· 181

제5장   환경침해에 대한 유지청구권

1. 유지청구의 법적 근거 ·· 182

           가. 이론적 근거 ··· 182
               (1) 물권적 청구권 ·· 182
               (2) 상린권 ··· 183
               (3) 인격권설 ·· 183
                   [판례 1] 설립자확인 ··· 184
               (4) 환경권 ··· 187
                   [판례 2] 공사금지청구 ··· 187
           나. 실정법적 근거 ··· 190
               (1) 헌법 제35조 제1항의 환경권 규정 ··· 190
               (2) 민법의 물권편 규정 ·· 190
                   (가) 민법 제214조 ··· 190
                   (나) 민법 제217조 ··· 190
      2. 유지청구의 요건 ·· 191
           가. 당사자 ··· 191
               (1) 청구권자 ··· 191
                   (가) 민사법적 ·· 191
               (2) 피청구권자 ·· 191
           나. 침해행위 : '방해' ·· 191
               (1) 적극적 침해 ·· 191
               (2) 소극적 침해 ·· 191
               (3) 관념상의 침해 ··· 192
               (4) 정온, 사생활의 은밀(프라이버시)에 대한 침해 ··· 192
           다. 고의·과실 ·· 192
           라. 위법성 ··· 193
               (1) 수인한도 초과 ··· 193
               (2) 입증책임 ··· 193
               (3) 수인한도의 판단기준 ·· 193
               (4) 공법적 규제 및 인·허가관계 ··· 193
      3. 유지청구소송의 재판 ·· 193
           가. 관할 등 ·· 193
           나. 유지청구요건의 심리 ··· 193
               (1) 침해의 존재 ·· 194
               (2) 고의 또는 과실 ··· 194

    (3) 침해의 위법성 ·· 194
       [판례 3] 공사착공금지가처분 ··· 194
       [판례 4] 정부조치계획취소등 ··· 200
   다. 소가의 산정 ··· 227
      (1) 유지청구의 성질에 따른 소가 산정방법 ·· 227
   라. 재판 ··· 228
      (1) 유지명령의 내용 청구취지 ·· 228
         (가) 유지명령의 유형 ·· 228
         (나) 특정의 원칙 ·· 228
      (2) 자동차 통행제한 청구의 경우 ·· 228
      (3) 복수오염원에 대한 유지청구의 경우 ·· 229
         [판례 5] 손해배상(기) ··· 229
      (4) 처분권주의와의 관계 ·· 232
      (5) 환경소송청구취지 ·· 232
         (가) 작위명령 ·· 232
         (나) 부작위명령 ·· 232

4. 유지명령의 집행 ··· 232
   가. 대체적 작위의무의 경우 ·· 232
   나. 부대체적 작위의무 또는 부작위의무의 경우 ···································· 233

5. 유지가처분 ·· 233
   가. 환경분쟁에 있어 가처분 ·· 233
   나. 요건 ··· 233
      (1) 당사자 ·· 233
         (가) 신청인 ·· 233
         (나) 피신청인 ·· 233
      (2) 피보전권리 ·· 233
      (3) 보전의 필요성 ·· 234
   다. 심리 ··· 234
      (1) 변론 또는 심문 ·· 234
      (2) 소명 ·· 235
   라. 재판 ··· 235
      (1) 방식 ·· 235
      (2) 담보의 제공 ·· 235

(3) 가처분명령 ··· 235
　　　　(가) 주문 특정의 필요성 ··· 235
　　　　(나) 처분권주의와의 관계 ··· 235
　마. 집행 ·· 236

제6장　청구취지의 내용

[판례　1] 주차권존재확인 ··· 236

제1절　청구취지의 구체적 예

1. 작위청구 ··· 239
2. 부작위청구 ··· 240

제2절　환경침해유지가처분

1. 당사자 ··· 240
2. 가처분의 요건 ··· 240
3. 심리 ··· 241

제7장　자연환경과 생활환경 (법제처 법령해석사례)

1. 자연환경 ··· 241
　[사례　1] 민원인 - 「자연재해대책법」 제2조제4호 및 제5호에 따른 "재해"의 의미 ············· 241
　[사례　2] 구 「자연환경보전법」 제11조(보호야생동·식물) 관련 ·· 243
　[사례　3] 경기도 이천시 - 「팔당·대청호 상수원 수질보전 특별대책지역 지정 및 특별종합대책」
　　　　 제15조 중 "제한"의 의미 ··· 244
　[사례　4] 국토해양부 - 「자연환경보전법」 제2조제9호 및 「도로법」 제2조(육교형 생태통로가
　　　　 「도로법」상 도로에 해당하는지 여부) 관련 ·· 247
　[사례　5] 환경부-「자연환경보전법」 제46조(생태계보전협력금) ·· 248

2. 생활환경 ········· 250

[사례 1] 민원인 – 자연 상태에서 존재하는 물질을 물리적으로 추출・정제한 것은 「생활화학제품 및 살생물제의 안전관리에 관한 법률」 제3조제1호에 따른 "화학물질"에서 제외되는지 여부 ········ 250

[사례 2] 민원인 – 「환경오염시설의 통합관리에 관한 법률」 제10조제1항 후단에 따라 '환경부장관의 권한'으로 보는 범위 ········ 253

[사례 3] 환경부 – 환경개선부담금의 부과 대상이 되는 시설물의 범위 ········ 255

[사례 4] 민원인 – 사업장폐기물을 무상으로 반입하여 재활용하려는 경우, 폐기물처리업의 허가를 받아야 하는지 여부 ········ 258

[사례 5] 민원인 – 기술진단전문기관이 「환경분야 시험・검사 등에 관한 법률」에 따른 측정대행업자에게 지정악취물질 등을 측정하도록 할 수 있는지 여부 ········ 260

[사례 6] 민원인 – 소규모 사업자가 「폐기물관리법 시행규칙」 제66조제3항 각 호의 폐기물을 신고 없이 처리할 수 있는지 여부 ········ 264

[사례 7] 환경부 – 위해우려제품에 대한 벌칙 및 과태료 적용 기준 등 ········ 267

[사례 8] 환경부 – 환경개선부담금의 부과 대상이 되는 시설물의 범위 ········ 270

[사례 9] 경기도 화성시 – 「환경영향평가법 시행령」 제15조제2항의 "개발기본계획 대상지역"의 의미 ········ 273

[사례 10] 환경평가 수행을 위한 지침 ········ 275

제2편 환경소송실무

제1장 일조・조망・사생활침해 관련 소송

제1절 일조・조망권

1. 일조권이란 ········ 278
2. 당사자 ········ 278
   - 가. 원고 ········ 278
     - (1) 피해건물의 소유자 및 거주자 ········ 278
   - 나. 피고 ········ 278
     - (1) 가해건물의 소유자 ········ 278

         (2) 가해건물의 건축주 및 시공자 ·· 278
            (가) 시공사에 대하여 공동사업주체성을 인정한 예 ··············· 279
                [판례 1] 손해배상(기) ··· 279
            (나) 피해건물의 분양자와 시공사 ·· 285
            (다) 국가 또는 지방자치단체 ··· 285
  3. 위법성 : 수인한도론 ··· 285
     가. 대법원 판례의 기준 ·· 285
        [판례 2] 건물철거등 ··· 285
        [판례 3] 손해배상(기) ··· 287
     나. 실무례 ·· 290
        [판례 4] 손해배상(기) ··· 290
     다. 기준제시 판례 ·· 299
        (1) 신축건물에 의한 일조방해가 수인한도 ······························ 299
     라. 일조량 감소 요건 ·· 299
        [판례 5] 손해배상(기) ··· 299
        (1) 주된 생활공간의 요건 ·· 309
            [판례 6] 손해배상(기) ··· 309
        (2) 북향건물에서의 일조침해 ·· 320
     마. 토지이용의 선후관계 – 일조이익 ··· 320
        [판례 7] 손해배상(기) (일조방해로 인한 손해배상청구의 소멸시효의 기산점) ··· 320
        [판례 8] 손해배상(기) ··· 325
        (1) 일조 이익 ··· 329
     바. 피해이익의 성질 ·· 329
        (1) 주거지역 내 주거용 건물 ·· 329
     사. 공법적 규제의 위반 ·· 329
        (1) 관련 규정 ··· 330
        (2) 이격거리 위반 ··· 332
            (가) 일조 등의 확보를 위한 건축물의 높이제한 ··············· 332
            (나) 시행령 제86조 제1항의 이격거리 ······························ 333
            (다) 시행령 제86조 제2항의 개구부 인동거리 ·················· 339

3. 건축물의 높이 : 지표면으로부터 당해 ·· 340

제2절 복수건물에 의한 일조방해(복합일조방해)

1. 가해건물들이 동시에 건축되는 경우 ·· 343

  [판례 9] 손해배상(기) ·· 343

2. 중립적 원인자에 의한 일조방해 ·· 346

제3절 손해배상의 범위

1. 재산적 손해 ·· 346

  [판례 10] 손해배상(기) ·· 346

  [판례 11] 손해배상(기) ·· 351

2. 건물, 토지의 가치하락 ·· 356

  [판례 12] 손해배상(기) ·· 356

3. 영업수익의 감소, 난방비 등의 지출증대 ·· 357

  가. 기준제시 ··· 357
    (1) 배상청구권자 ··· 357
    (2) 배상액 산정의 기준시가 ··· 357
    (3) 산정방식 ··· 358

4. 책임의 제한 ·· 358

  가. 정신적 손해 ··· 358
  나. 위자료 ··· 358
    (1) 기존 판례 ··· 358
    (2) 기준제시 ··· 358
  다. 배상례 ··· 358
    (1) 선고된 일조사건 ··· 358
  라. 소멸시효 ··· 358

[판례 13] 손해배상(기) ·· 359

제4절 저유지청구(방해제거·예방청구)

1. 당사자 ·· 363
2. 공사금지의 범위 ·· 363
3. 특별사정에 의한 공사금지가처분의 취소 ··· 363

제2장 조망침해에 관한 소송

[별 표] 기반시설을 유발하는 시설에서 제외되는 건축물 ······················ 364

제1절 조망권의 인정 여부

[판례 1] 손해배상(기) ·· 367

제2절 법적 보호요건

1. 조망 목적성과 주변 토지 이용과의 조화성 ······································· 370
    [판례 2] 손해배상(기) ·· 370
2. 수인한도판단 ··· 375

제3절 사생활침해에 관한 소송

1. 일조권침해소송 ··· 375
    가. 개론 ··· 375
        (1) 일조권의 의의 ·· 375
2. 손해배상청구 ··· 375

가. 당사자 ··· 376
　　(1) 원고 ·· 376
　　(2) 피고 ·· 376
　　　　(가) 소유자 ·· 376
　　　　(나) 가해건물의 건축주 및 시공자 ··· 376
　　　　(다) 피해 건물의 시공자 및 분양자 ··· 376
　　　　(라) 국가 또는 지방자치단체 ··· 376
나. 성립요건 ··· 376
　　(1) 손해의 발생 ·· 376
　　(2) 인과관계 ·· 376
　　(3) 위법성(수인한도론) ··· 377
　　　　(가) 피해의 정도 ·· 377
　　　　(나) 지역성 ·· 377
　　　　　　[판례 3] 공사금지가처분 ··· 377
　　　　(다) 공법적 규제의 위반 여부 ··· 385
　　　　(라) 당사자의 교섭시의 성의 ··· 385
　　　　(마) 토지에 대한 일조권 침해 ··· 386
다. 손해배상의 범위 ·· 386
　　(1) 재산적 손해 ·· 386
　　　　(가) 토지·건물의 가치하락 ·· 386
　　　　(나) 영업수익의 감소, 광열비 등의 지출 증대, 치료비 등의 증가 ········· 386
　　(2) 정신적 손해 ·· 386
라. 복수의 건물에 의한 일조권 침해 ··· 386
　　(1) 책임의 분배 ·· 386
　　　　(가) 가해 건물이 동시에 건축되는 경우 ··· 386
　　　　(나) 신 건물의 책임 ··· 386
마. 소멸시효 ··· 387
바. 채무불이행 책임 ·· 387

3. 방해제거·예방청구 ··· 387
가. 공사금지가처분 ·· 387
　　(1) 당사자 ·· 387
　　　　(가) 신청인 ·· 387
　　　　(나) 피신청인 ·· 387
　　(2) 요건 ·· 387

             (가) 피보전권리 ·· 387
             (나) 보전의 필요성 ·· 388
        (3) 재판 ··· 388
        (4) 특별사정에 의한 가처분의 취소 ··· 388
 4. 조망권 및 사생활 침해 ··· 388
    가. 조망이익의 보호요건 ·· 388
    나. 일조권 침해와의 관계 ··· 389
    다. 침해의 판단 기준 ·· 389
        (1) 조망침해의 판결례 ··· 389
        (2) 사생활침해의 판결례 ··· 389
           [판례 4] 가처분이의 ·· 389
 5. 일조방해, 조망방해와의 관계 ·· 391

제3장 일조권 (법제처 법령해석사례)

[사례 1] 교육부 – 행정실과 보건실이 일조 분석대상에서 제외되는지 여부 ············· 391
[사례 2] 민원인 – 마주보는 건축물을 띄어 건축해야 하는 기준인 "건축물 각 부분의 높이"의 범위 ········ 395
[사례 3] 민원인 – 일조 등 확보를 위한 이격 거리 기준이 배제되는 요건 중 너비 20미터
         이상의 도로에 접하는 대지의 범위 ·· 396
[사례 4] 민원인 – 일조 등 확보를 위한 인접 대지경계선으로부터의 이격거리 기준 적용 시
         대지경계선의 범위 ··· 398

제3편 소음·진동피해에 관한 소송

제1장 소음·진동규제법 및 의미

제1절 소음·진동

1. 소음·진동규제법 ·· 401

2. 소음·진동관리법 관련 규정 ·· 401

가. 소음·진동관리법 ··· 401
나. 소음·진동관리법 시행령 ·· 401
다. 소음·진동관리법 시행규칙 ·· 402

3. 개론 ··· 402

가. 의미 ··· 402
나. 공법적 규제 ·· 402

4. 공장소음, 생활소음, 교통소음 ··· 403

가. 손해배상청구 ·· 403

제2절 소음피해에 대한 규제

[별표 4] 소음발생건설기계의 종류 ··· 404

[별표 10] 공사장 방음시설 설치기준 ·· 405

제2장 소송당사자

제1절 당사자

1. 원고 ··· 406

2. 피고 ··· 406

가. 건설공사소음 ·· 406
나. 교통소음 ·· 406
다. 귀책사유 ·· 406
라. 인과관계 ·· 406
마. 위법성 ·· 407

3. 소음유발시설 또는 행위의 목적 및 용도(공공성) ······················ 407

4. 공법상의 규제 등 ·· 407

가. 공장소음 ·· 407
나. 생활소음 ·· 407

다. 교통소음 ··· 407
　　라. 판단기준 ··· 407
5. 손해액의 산정 ··· 408
6. 소멸시효 ··· 408
7. 판결례 ··· 408
　　가. 공장소음 ··· 408
　　나. 건설공사소음 ··· 408
　　다. 교통소음 및 공사소음 ··· 408
　　라. 방해제거·예방청구 ··· 408
　　마. 판결례 ··· 409
　　　　[판례 1] 야간작업금지 ·· 409
8. 항공기소음 ··· 414
　　가. 손해배상청구 ··· 414
　　　(1) 당사자 ·· 414
　　　　[판례 2] 손해배상(공) ·· 414
　　　　(가) 항공회사 ·· 425
　　　　(나) 공항의 설치·관리자 ·· 425

제3장   소음·진동 (법제처 법령해석사례)

[사례 1] 서울특별시 종로구·서울특별시 마포구·부산광역시 부산진구·경기도 광명시 –
　　　　 생활소음·진동 규제 기준이 적용되는 공사장의 범위 ··························· 428
[사례 2] 민원인 – 농구장에서 물체의 사용 및 사람의 활동으로 인하여 발생하는 강한 소리가
　　　　 동시에 섞여서 발생하는 경우 '소음'에 해당하는지 ······························· 430
[사례 3] 「소음·진동규제법」 제2조(공장의 정의) 관련 해석 ···································· 432
[사례 4] 서울특별시 마포구 – 「소음·진동관리법 시행규칙」 별표 8 제1호가목의 지역에 소재하는
　　　　 사업장에서 홍보 등을 위해 영업시간 중에 사업장 건물 외벽 옆에 두고 사용하는 이동식
　　　　 확성기소음에 대한 규제 기준 ··· 433
[사례 5] 경기도 용인시 – 특정장비를 추가적으로 사용하려는 경우 변경신고를 해야 하는지 여부 ········· 436
[사례 6] 국토교통부 –「주택법」 제21조의5제2항 후단에 따른 "소음 관계 법률"의 의미 ····················· 438
[사례 7] 서울특별시 마포구 – 「소음·진동관리법 시행규칙」 별표 8 제1호가목의 지역에

소재하는 사업장에서 홍보 등을 위해 영업시간 중에 사업장 건물 외벽 옆에 두고 사용하는
이동식확성기소음에 대한 규제 기준 ·· 440

[사례 8] 경상남도 창원시 – 「학교보건법」 제6조제1항제1호의 ""「소음·진동관리법」에
따른 규제기준"의 범위 ·· 443

[사례 9] 환경부 – 어린이집에서 영유아의 활동으로 인하여 발생하는 강한 소리가 소음에 해당하는지 ···· 445

[사례 10] 국토교통부 – 일반상업지역과 일반주거지역에 걸치는 주택건설사업부지에 대한
소음방지대책의 수립 기준 ··· 446

[사례 11] 민원인 – 생활소음 규제대상인 확성기에 의한 소음의 범위 ·· 448

[사례 12] 환경부 – 「환경정책기본법」 제35조에 따라 영향 분석, 위해성평가 등 적절한 조치를
마련해야 하는 대상이 과학기술의 발달로 인하여 생성된 오염유해인자에 한정되는지 ············· 450

[사례 13] 민원인 – 농구장에서 물체의 사용 및 사람의 활동으로 인하여 발생하는 강한 소리가
동시에 섞여서 발생하는 경우 '소음'에 해당하는지 ··· 452

제4편 교통·철도소음·진동에 관한 소송

제1장 교통·소음 관리기준

제1절 도로 및 철도의 소음·진동규제 기준 ··· 455

제2절 손해액의 산정

1. 도로소음을 이유로 한 손해배상 청구소송 ·· 455
   가. X의 청구 ··· 455
2. 기존 판례의 판단구조 ·· 456
   가. 설치·관리자의 책임을 인정한 사안 ··· 456
      [판례 1] 채무부존재확인등·손해배상(기) ·· 457
      [판례 2] 채무부존재확인등·손해배상(기) ·· 463
      [판례 3] 채무부존재확인 ·· 465
      [판례 4] 채무부존재확인 ·· 468

                [판례 5] 채무부존재확인 ·· 474
        나. 설치·관리자의 책임을 주정한 사안 ·· 480
    3. 대상판결의 의의 ·· 481

제2장 교통·소음 (법제처 법령해석사례)

    [사례 1] 국토교통부 -「주택법」제21조의5제2항 후단에 따른 "소음 관계 법률"의 의미 ············ 481
    [사례 2] 서울특별시 종로구·서울특별시 마포구·부산광역시 부산진구·경기도 광명시 –
            생활소음·진동 규제 기준이 적용되는 공사장의 범위 ·································· 483
    [사례 3] 서울특별시 종로구·서울특별시 마포구·부산광역시 부산진구·경기도 광명시 –
            생활소음·진동 규제 기준이 적용되는 공사장의 범위 ·································· 486
    [사례 4] 국토교통부 – 다른 구분소유자의 동의를 받지 못하여 철거나 이전을 할 수 없는 아파트의
            구분소유자 1인이 손실보상 및 토지매수를 청구할 수 있는지 ······················ 488

제5편 항공기소음

제1장 항공소음

제1절 항공기소음 관련 법령

1. (구)항공법 관련 규정 ·· 491
    가. (구)항공법 ·· 491
    나. (구)항공법 시행령 ··· 491
    다. (구) 항공법 시행규칙 ·· 493

2. 항공기소음 관련 민사소송 ·· 494
    가. 항공기소음피해를 원인으로 한 손해배상청구소송 ································ 494
    나. 김포공항사건 ·· 495
    다. 웅천사격장 사건 ·· 495
    라. 군산비행장 사건 ·· 495

　　　　[판례 1] 손해배상(기) ·· 495
　마. 인천공항 사건 ··· 501
　바. 충주비행장 사건 ··· 501
　사. 대구비행장 사건 ··· 502
　　　　[판례 2] 손해배상(기) ·· 502
　아. 오산비행장 및 캠프 험프리스 사건 ··· 505
　자. 낙동사격장 사건 ··· 505

제2절　손해배상청구

1. 손해배상청구소송 ·· 506
　가. 불법행위를 원인으로 한 손해배상책임 ······································ 506
　나. 영조물(또는 공작물)의 하자를 원인으로 한 손해배상책임 ············ 507
　다. 환경정책기본법에 의한 손해배상책임 ··· 507
　라. 김포공항 사건 ··· 507
2. 당사자 ·· 508
　가. 원고 ··· 508
　나. 피고 ··· 508
　　(1) 대한민국 ··· 508
　　(2) 한국공항공사 ··· 509
　　(3) 항공회사 ··· 509
　　　(가) 공항 등의 설치·관리자 ··· 510
　　　　　　[판례 3] 구상금 ·· 510
　　　(나) 항공기운항자 ··· 512

제3절　성립요건

1. 설치·보존(관리)의 하자 ·· 512
2. 고의·과실 ··· 512
　가. 방지의무위반 ·· 513
3. 위법성 ·· 514

가. 소음의 정도 ·· 514
　　　　　(1) 항공기소음의 측정단위 ··· 514
　　　　　　　(가) 군용비행장에 관한 하급심 판결 ······························ 514
　　　　　(2) 감정 관련 유의사항 ·· 514
　　　　　　　(가) 측정자료 ·· 514
　　　나. 지역적인 특성 ··· 515
　　　다. 관련 공법규정 ··· 515
　　　라. 실무례 ··· 515
　　　　　(1) 소음측정단위 ··· 516
　　　　　　　(가) 항공법 시행령 제40조 제1항 ··································· 516
　　　　　　　(나) 김포공항 사건 ·· 516
　　　　　　　(다) 매향리 사건 ·· 516
　　　마. 공법상의 규제 ··· 516

제4절　손해 및 인과관계

1. 손해배상의 범위 ·· 517
　　　가. 손해의 종류 ··· 517
　　　　　(1) 재산상 손해 ··· 517
　　　　　　　(가) 부동산 교환가치 하락액 ··· 517
　　　　　　　　　[판례 4] 위자료등청구사건 ······································ 517
　　　　　　　(나) 방음시설 설치비용 및 냉방비용 ······························ 520
　　　　　　　(다) 영업이익 감소액 ··· 520
　　　　　(2) 정신적 손해 ··· 521
　　　나. 위험에의 접근 ··· 521
　　　　　(1) 적용요건 ·· 521
　　　다. 실무례 ··· 521
2. 하급심 판결례 ··· 522

제5절　기　타

1. 소멸시효 기산점 ·· 524
　　　가. 민법 제766조 제1항의 단기소멸시효 ································ 524

　　　　[판례 5] 건물철거등 ·· 525
2. 장래의 손해에 대한 배상청구 ··· 528
3. 다수당사자소송 ··· 528
　가. 원고별 거주기간 등 ·· 528
　　　　[판례 6] 사문서위조·위조사문서행사 ·· 528

제6편　수질오염에 관한 소송

제1장　수질오염

제1절　수질오염의 의미 및 특성

1. 개론 ·· 531
　가. 수질오염의 의미 및 특성 ·· 531
　나. 환경기준 및 규제기준 ·· 531
　다. 수질오염 및 그 규제의 실태 ·· 531
　　(1) 하천·호소오염 ·· 531
　　(2) 지하수오염 ·· 532
　　(3) 해양오염 ·· 532
2. 손해배상청구 ·· 532
　가. 귀책사유 ·· 532
　나. 위법성 ·· 534
　다. 인과관계 ·· 534
　　(1) 판례 ·· 534
　라. 복합오염에 의한 공동불법행위책임 ·· 534
　　(1) 복수 원인제공자와 공동불법행위 ·· 534
　　(2) 자연재해가 공동원인이 된 경우 ·· 535
　　　　[판례 1] 손해배상(산) ·· 535
　마. 기타 수질오염 ·· 538

      (1) 지하수오염의 경우 ·· 538
          [판례 2] 공사금지등가처분이의 ··· 538
      (2) 유류오염사고의 경우 ·· 541
  3. 방해제거·예방청구 ··· 541
    가. 방해제거·예방청구의 실현방법 ·· 541
    나. 가처분 ··· 542
      (1) 필요성 ·· 542
      (2) 가처분의 요건 ··· 542
          (가) 피보전권리 ··· 542
          (나) 보전의 필요성 ··· 542
      (3) 심리의 특수성 ··· 542

제2절 환경기준 및 규제기준

  [판례 3] 수질환경보전법위반 ·· 542

제2장 손해배상청구소송

제1절 법령 ··· 549
제2절 인과관계 ··· 551

제3절 복합오염에 의한 공동불법행위책임

1. 자연재해가 공동원인이 된 경우 ··· 552

제4절 기타 수질오염

1. 지하수오염 ·· 552
2. 유류오염 ·· 552

제5절 가처분

1. 증거조사 ··· 554

제3장 수질오염 (법제처 법령해석사례)

[사례 1] 민원인 – 일반산업단지개발실시계획의 승인을 받은 사업시행기간이 도과한 이후 해당
사업시행기간을 연장하는 내용으로 변경승인을 받은 경우 그 변경승인으로 의제되는
인허가의 효력 발생 시점 ·· 554

[사례 2] 민원인 – 행정관청은 「물환경보전법」 제61조의2제1항에 따른 물놀이형 수경시설의
설치·운영 신고를 받은 경우, 「하수도법」 제28조에 따른 공공하수도 유입제외
허가 여부를 심사하여 신고 수리 여부를 결정할 수 있는지 ······························ 557

[사례 3] 국방부 – 「물환경보전법」 제2조제9호에 따른 공공수역의 범위 ······························ 560

[사례 4] 환경부 – 「먹는물관리법」에 따른 수질검사기관이 지하수에 관한 거짓의 수질검사성적서를
발급한 경우 「먹는물관리법」에 따라 수질검사기관 지정취소 등 가능 여부 ········· 562

[사례 5] 경기도 남양주시 – 수변구역에서 제한되는 행위의 범위 ·· 564

[사례 6] 환경부 – 하수처리구역에서 폐수를 공공수역으로 배출하는 경우
적용되는 수질오염물질의 배출허용기준 ·· 565

[사례 7] 수질환경보전법 시행규칙 별표3의2(기타수질오염원) 관련 ·· 567

[사례 8] 환경부 – 「수질환경보전법」 제41조 제1항 제1호 나목(방류수수질기준) 관련 ·········· 568

[사례 9] 「수질환경보전법」 제11조의2(제재처분의 승계) 관련 해석 ·· 571

[사례 10] 환경부 – 기존에 설치신고한 폐수배출시설의 변경 없이 설치허가를 받은 경우
비점오염원의 설치신고 적용례 대상인지 여부 ·· 572

[사례 11] 환경부 – 「물환경보전법」 제32조제1항에 따른 배출허용기준의 적용 범위 등 ········ 574

[사례 12] 울산광역시 – 행정처분의 대상이 되는 "수질오염물질 희석 배출"의 범위 ·············· 577

[사례 13] 충청남도 계룡시 – 「물환경보전법」에 따른 폐수배출시설의 허가 기준으로
「환경영향평가법」에 따른 협의기준을 적용하여야 하는지 여부 ························· 579

[사례 14] 환경부 – 「물환경보전법」 제32조제1항에 따른 배출허용기준의 적용 범위 등 ······· 581

제7편　매립 등 공공사업으로 인한 어업권 침해에 관한 소송

제1장　어업권침해의 구제방법

제1절　공법상 손실보상

[판례　1] 손해배상(기) ·· 587
[판례　2] 어업손실보상금등 ·· 590
[판례　3] 손해배상(기) ·· 593

제2절　사법상 손해배상

[판례　4] 손해배상(기) ·· 596
[판례　5] 약정보상금 ·· 599
[판례　6] 손해배상(기) ·· 604
[판례　7] 손해배상(기) ·· 607
[판례　8] 보상금 ·· 609
[판례　9] 손해배상(기) ·· 611
[판례 10] 손해배상(기) ·· 616
[판례 11] 손해배상(기) ·· 620
[판례 12] 손해배상(기) ·· 625
1. 피고 ·· 629

제3절　손해배상책임의 발생요건

1. 고의·과실 ·· 629
2. 위법성 ·· 629
   [판례 13] 손해배상(기) ·· 629

제4절 손해액의 산정

1. 손해의 범위 ··· 633

   [판례 14] 손해배상(기) ·· 633

   [판례 15] 손해배상(기) ·· 637

2. 구체적인 산정방법 ··· 642

   가. 면허어업 ··· 643

      (1) 어업권이 취소되었거나 어업권의 유효기간의 연장이 허가되지 아니한 경우 ···· 643

      (2) 어업권이 정지된 경우 ··· 643

      (3) 어업권이 제한된 경우 ··· 643

   나. 허가 및 신고어업 ··· 643

      (1) 허가 또는 신고어업이 취소된 경우 ··· 643

      (2) 허가 및 신고어업이 정지된 경우(어선의 계류를 포함한다) ················ 644

      (3) 허가 또는 신고어업이 제한되는 경우 ·· 644

         [판례 16] 손해배상(기) ·· 644

         [판례 17] 손해배상(공) ·· 652

제5절 기 타

1. 불법행위 설립일(지연손해금 기산점) ·· 656

   [판례 18] 손해배상(기) ·· 656

2. 소멸시효 기산점 ··· 662

3. 부제소합 ··· 662

4. 손실보상청구권을 사전에 포기시키는 부관이 있는 경우 ···························· 663

   [판례 19] 손해배상(기) ·· 663

   [판례 20] 보상금 ·· 664

제2장 매립·어업권 (법제처 법령해석사례)

[사례 1] 농림수산식품부 – 잠수기어업의 경우 어선 1척에 2명의 잠수부가 승선하여 교대로
조업할 수 있는지 여부 ··· 671

[사례 2] 충청남도 태안군 – 관리선으로 사용하기 위해 어업허가를 받은 어선을 임차하는 경우
어업허가를 받은 자의 지위승계 신고 의무 여부 ·· 673

[사례 3] 옥천군 – 「내수면어업법」에 따른 허가 또는 신고어업권자가 존재하는 내수면의 경우,
같은 법 시행령 제14조제2항에 따른 유어행위의 허가는 해당 어업권자의 동의를 받은
자로 제한되는지 여부 ··· 674

[사례 4] 농림수산식품부 – 어업권자가 어업권 이전 인가신청을 할 경우, 가압류채권자의 동의가
있어야 하는지 여부 ··· 676

[사례 5] 전전라북도 부안군 – 어업권 유효기간 연장허가 제외 사유에 해당하는 경우,
유효기간 연장허가의 재량 여부 ·· 678

[사례 6] 민원인 – 「수산업법」 제33조 후단이 적용되는 영어조합법인의 범위 ················ 679

제8편 환경행정법

제1장 의의 및 절차

1. 의의 ·· 682
2. 사전환경성검토제도 ··· 682
   가. 사전환경성검토 절차 ·· 682

제2장 환경영향평가제도

1. 환경영향평가 대상사업 ·· 683
2. 환경영향평가의 내용 ·· 684
   가. 평가분야와 항목 ··· 684
   나. 환경영향평가 대상지역 ·· 686
3. 환경영향평가의 절차 ·· 687
   가. 환경영향평가서 작성·제출 ··· 687
   나. 환경영향평가계획서의 작성 ··· 688

다. 환경영향평가서의 작성 등 689
　　(1) 평가서 초안의 작성·제출, 공고·공람 등 689
　　(2) 의견수렴 691
라. 환경영향평가서의 협의 등 691
　　(1) 협의요청 691
　　(2) 평가서의 검토·보완, 협의내용의 통보 등 693
　　(3) 이의신청 693
　　(4) 협의내용의 관리 등 694

제3장　환경영향평가제도와 사법심사

1. 원고적격의 확대 696
가. 제3자의 원고적격 696
　　(1) 판례 696
　　　　[판례 1] 폐기물처리시설입지결정및고시처분취소 696
　　　　[판례 2] 건축주명의변경처분취소 698
　　　　[판례 3] 사도폐지허가처분취소 700
　　　　[판례 4] 과징금부과처분취소재결처분취소 703
　　　　[판례 5] 전임강사임용처분취소 704
　　　　[판례 6] 과징금부과처분취소 706
　　　　[판례 7] 상수원보호구역변경처분등취소 707
　　　　[판례 8] 부교수임용처분취소 710

2. 원고적격에 대한 711
[판례 9] 손해배상(기) 〈한강조망이익침해사건〉 711
가. 환경영향평가 대상지역과 원고적격 721
나. 대법원 판결례 721
　　[판례 10] 공원사업시행허가처분취소 721
　　[판례 11] 부지사전승인처분취소 724
　　[판례 12] 발전소건설사업승인처분취소 728

[판례 13] 용화집단시설지구기본설계변경승인처분취소 ·· 732
[판례 14] 쓰레기소각장입지지역결정고시취소청구 ·· 737
[판례 15] 개발사업시행승인처분취소 ·· 740
[판례 16] 공장설립승인처분취소 ·· 745

다. 사전환경성검토와 관련한 원고적격 ·· 750
[판례 17] 공장설립승인처분취소 ·· 750

3. 사전환경성검토상의 하자 ·· 755

가. 실체적 하자 ·· 755
[사례 1] 명지대교 사건 ·· 755

나. 절차적 하자 ·· 755
[사례 2] 협의의 성질 ·· 755
[사례 3] 사전환경성검토절차의 하자 ·· 756

다. 실효성 확보수단의 미흡 ·· 756
[판례 18] 토지수용재결처분취소 ·· 756

라. 환경영향평가대상지역 ·· 760

마. 환경영향평가 후의 관리 ·· 760
(1) 재평가 ··· 760
[사례 4] 환경영향평가서·재작성·재평가(도룡뇽 사건) ·· 760

바. 사법심사 ·· 763
(1) 원고적격 ··· 763
[사례 5] 영광원자력발전소 사건 ·· 763
[사례 6] 용화온천 사건 ·· 764
[사례 7] 납골당 사건 ·· 764
[사례 8] 새만금 사건 ·· 765

사. 처분성 ·· 765
[판례 19] 양도세부과처분취소 ·· 765
[판례 20] 행정처분무효확인 ·· 767
[판례 21] 시정명령처분등취소 ·· 769

[판례 22] 급수공사비등부과처분취소 ·· 771
[판례 23] 전기공급불가처분취소 ·· 773
　(1) 협의의 처분성 ·· 774
아. 환경영향평가상의 하자 ·· 775
　(1) 실체적 하자 ··· 775
　　[사례 9] 용화온천 사건 ·· 775
　　[사례 10] 담대천양수발전소 사건 ··· 776
　　[사례 11] 경부고속철도 서울차량기지 정비창 건설사업 사건 ················ 776
　　[사례 12] 납골당 사건 ·· 777
　(2) 절차적 하자 ··· 778
　　[판례 24] 도시계획시설변경결정취소 ··· 779
　　[판례 25] 식품위생접객업소영업정지명령취소등 ···································· 781
　　[판례 26] 대중음식점영업정지처분취소 ··· 783
　　[사례 13] 도창리 사격장 사건 ··· 784

4. 환경영향평가의 하자와 처분의 효력 ·· 785
가. 하자의 종류와 성질 ·· 785
나. 환경영향평가를 거치지 않은 경우 ·· 785
　[판례 27] 경부고속철도서울차량기지정비창건설사업실시계획승인처분취소 ······ 785
　[판례 28] 지하수개발이용수리취소및원상복구명령취소 ······························ 787
　[판례 29] 건설업영업정지처분무효확인 ·· 789
　[판례 30] 전출명령등취소 ·· 794
다. 실체상의 하자와 승인처분의 효력 ·· 796
라. 절차상 하자와 승인처분의 효력 ·· 796
　[판례 31] 공원사업시행허가처분취소재결취소 ··· 796

제4장　보전소송

[판례 1] 공사중지가처분 ·· 801

제5장 환경소송상 재량행위

1. 자연환경보전법상 중지명령, 원상회복명령 또는 대체자연의 조성 ·················· 813
2. 폐기물관리법상 사후관리이행보증금의 예치 ······································· 813
3. 유해화학물질 관리법상 신규화학물질의 판매중지 또는 사용중지명령 ············ 814
4. 먹는물관리법상 시설보수명령 기타 조치 ··· 814
5. 습지보전법상 습지보호지역, 습지주변관리지역 지정 등 ·························· 815
6. 점오염원의 관리 ··· 815
   가. 허가의 효력 ··· 815
      (1) 허가의 효력이 미치는 범위 ··· 815
         [판례 1] 건축허가를 받아 건축된 기존 건물에 배출시설을 설치하는 것이 허용되는지 여부 ······· 816
      (2) 무허가 설치행위 ··· 817
         [판례 2] 범죄 성립요건으로서의 배출허용기준의 초과여부 ··············· 817
         [판례 3] 무허가 조업행위와 기판력 ····································· 818
      (3) 배출시설의 설치제한 ··· 819
      (4) 사업자의 의무 ··· 820
         (가) 배출시설 및 방지시설의 정상운영 ································· 820
         (나) 측정기기 ··· 820
            [판례 4] 비정상운영신고와 정상운영할 의무 ························· 820
            [판례 5] 신분범 ··· 821
      (4) 사업자의 의무이행 확보수단 ·· 823
         (가) 조업정지명령 ·· 823
         (나) 조업정지·폐쇄명령 및 허가의 취소 ······························· 823
            [판례 6] 허가의 취소와 위법성 ····································· 823
         (다) 과징금처분 ·· 825
         (라) 위법시설에 대한 폐쇄조치 ·· 825
      (5) 배출부과금(Effluent Charges) ·· 825
         (가) 부과대상자 : 사업자 ··· 825
            [판례 7] 조합(소극) ··· 825

　　　　[판례 8] 조합원 ·· 827
　　(나) 부과금의 부과근거 ·· 829
　　　　[판례 9] 규약(소극) ·· 829
　　(다) 산정방식 ·· 830
　　　　[판례 10] 수질환경보전법에서 정한 초과배출부과금을 그 근거규정이 시행되기
　　　　　　　　이전의 수질검사 결과를 기초로 부과할 수 있는지 여부(소극) ············· 831
　　　　[판례 11] 시료채취 방법 ·· 833
　　　　[판례 12] 기준초과배출량 ·· 836
　　　　[판례 13] 보고한 날 ·· 838
　　　　[판례 14] 보고한 날 ·· 841
　　　　[판례 15] 개선작업을 사실상 완료한 날 ··· 844
　　　　[판례 16] 소극 ·· 846
　　　　[판례 17] 적극 ·· 849
　　　　[판례 18] 환경관리공단의 검사 결과 다른 측정치가 있었다는 사실(소극) ········ 851
　　　　[판례 19] 측정대행자의 오염도 검사결과(적극) ·· 854
　　　　[판례 20] 사업자의 객관적인 자료제시(적극) ·· 857

7. 기타 수질오염원의 관리 ·· 858
　가. 기타 수질오염원의 설치신고 ·· 858
　나. 골프장의 농약사용 제한 ·· 859

8. 폐수처리업 ·· 859
　가. 등록 ·· 859
　나. 권리·의무의 승계 ·· 859
　다. 과징금 ·· 859

9. 오수·분뇨및축산폐수의처리에관한법률 ··· 859
　　[판례 21] 포괄위임입법금지원칙에 위배되는지 여부(소극) ······························· 860
　　[판례 22] 재량행위 ·· 868

제6장   하수도법

1. "하수" 라 함은 ··· 870
2. 하수 (법제처 법령해석사례) ··· 872

　[사례 1] 민원인 - 공공하수처리시설 등이 폐기물처리시설에 포함되는지 ··············· 872

　[사례 2] 울산광역시 - 하수처리구역에서 폐수를 공공수역으로 배출하는 경우 적용되는
　　　　　수질오염물질의 배출허용기준 ·· 873

　[사례 3] 민원인 - 「하수도법」 제2조제4호에 따른 공공하수도의 범위 관련 ············ 876

　[사례 4] 환경부 - 신설된 「악취방지법」 제16조의2에 따른 기술진단 대상시설
　　　　　(2011년도 대상시설)의 최초 기술진단 시점 ·· 878

　[사례 5] 환경부 - 행정처분기준의 차수 산정 방식 ··· 881

　[사례 6] 환경부·민원인 - 「주택법」에 따른 사업계획승인을 받은 주택건설사업이
　　　　　「하수도법 시행령」 제35조제2항제2호가목의 도시개발사업에 포함되는지 여부 ··· 882

　[판례 1] 공공하수도 사용료 납부의무 ··· 885

　[판례 2] 하수도사용료율 ··· 887

제7장   환경오염의 규제

1. 명령·규제수단 ··· 889

　[판례 1] 고시된 도시계획결정의 처분성 ·· 889

　[판례 2] 개발제한구역지정처분의 성질 ·· 890

　[판례 3] 계획재량 ·· 893

2. 허가 등 ··· 896

　가. 허가 ·· 896

　　(1) 의의 및 기능 ·· 896

　　　　[판례 4] 허가와 거부처분 ·· 896

　　(2) 구체적 예 ·· 899

사례색인

【 ㄱ 】

경부고속철도 서울차량기지 정비창 건설사업 사건 ·· 776
공공하수처리시설 등이 폐기물처리시설에 포함되는지 ·· 872
관리선으로 사용하기 위해 어업허가를 받은 어선을 임차하는 경우
　　어업허가를 받은 자의 지위승계 신고 의무 여부 ·· 673
구 자연환경보전법 제11조(보호야생동·식물) 관련 ·· 243
기술진단전문기관이 「환경분야 시험·검사 등에 관한 법률」에 따른
　　측정대행업자에게 지정악취물질 등을 측정하도록 할 수 있는지 여부 ·············· 260
기존에 설치신고한 폐수배출시설의 변경 없이 설치허가를 받은 경우
　　비점오염원의 설치신고 적용례 대상인지 여부 ·· 572

【 ㄴ 】

납골당 사건 ··· 764, 777
내수면어업법에 따른 허가 또는 신고어업권자가 존재하는 내수면의 경우,
　　같은 법 시행령 제14조제2항에 따른 유어행위의 허가는 해당
　　어업권자의 동의를 받은 자로 제한되는지 여부 ·· 674
농구장에서 물체의 사용 및 사람의 활동으로 인하여 발생하는 강한
　　소리가 동시에 섞여서 발생하는 경우 '소음'에 해당하는지 ······················ 430, 452

【 ㄷ 】

다른 구분소유자의 동의를 받지 못하여 철거나 이전을 할 수 없는
　　아파트의 구분소유자 1인이 손실보상 및 토지매수를 청구할 수 있는지 ·········· 488
담대천양수발전소 사건 ·· 776
도창리 사격장 사건 ·· 784

【ㅁ】

마주보는 건축물을 띄어 건축해야 하는 기준인 "건축물 각 부분의 높이"의 범위 ·················· 395
먹는물관리법에 따른 수질검사기관이 지하수에 관한 거짓의 수질검사성적서를
　　　발급한 경우 「먹는물관리법」에 따라 수질검사기관 지정취소 등 가능 여부 ·················· 562
명지대교 사건 ··· 755
물환경보전법 제2조제9호에 따른 공공수역의 범위 ··· 560
물환경보전법 제32조제1항에 따른 배출허용기준의 적용 범위 등 ······························ 574, 581
물환경보전법에 따른 폐수배출시설의 허가 기준으로
　　　환경영향평가법에 따른 협의기준을 적용하여야 하는지 여부 ·· 579

【ㅅ】

사업장폐기물을 무상으로 반입하여 재활용하려는 경우,
　　　폐기물처리업의 허가를 받아야 하는지 여부 ·· 258
사전환경성검토절차의 하자 ·· 756
새만금 사건 ··· 765
생활소음 규제대상인 확성기에 의한 소음의 범위 ·· 448
생활소음·진동 규제 기준이 적용되는 공사장의 범위 ······························· 428, 483, 486
소규모 사업자가 「폐기물관리법 시행규칙」 제66조제3항
　　　각 호의 폐기물을 신고 없이 처리할 수 있는지 여부 ·· 264
소음·진동규제법 제2조(공장의 정의) 관련 해석 ·· 432
소음·진동관리법 시행규칙 별표 8 제1호가목의 지역에 소재하는 사업장에서
　　　홍보 등을 위해 영업시간 중에 사업장 건물 외벽 옆에 두고 사용하는
　　　이동식확성기소음에 대한 규제 기준 ·· 433, 440
수변구역에서 제한되는 행위의 범위 ·· 564
수산업법 제33조 후단이 적용되는 영어조합법인의 범위 ··· 679
수질환경보전법 시행규칙 별표3의2(기타수질오염원) 관련 ·· 567
수질환경보전법 제11조의2(제재처분의 승계) 관련 해석 ··· 571
수질환경보전법제41조 제1항 제1호 나목(방류수수질기준) 관련 ·· 568
신설된 「악취방지법」 제16조의2에 따른 기술진단 대상시설
　　　(2011년도 대상시설)의 최초 기술진단 시점 ·· 878

【 ㅇ 】

어린이집에서 영유아의 활동으로 인하여 발생하는 강한 소리가 소음에 해당하는지 ·················· 445
어업권 유효기간 연장허가 제외 사유에 해당하는 경우, 유효기간 연장허가의 재량 여부 ············· 678
어업권자가 어업권 이전 인가신청을 할 경우, 가압류채권자의 동의가 있어야 하는지 여부 ············ 676
영광원자력발전소 사건 ··· 763
용화온천 사건 ··· 764, 775
위해우려제품에 대한 벌칙 및 과태료 적용 기준 등 ·· 267
일반산업단지개발실시계획의 승인을 받은 사업시행기간이 도과한 이후 해당
    사업시행기간을 연장하는 내용으로 변경승인을 받은 경우 그 변경
    승인으로 의제되는 인허가의 효력 발생 시점 ··· 554
일반상업지역과 일반주거지역에 걸치는 주택건설사업부지에 대한 소음방지대책의 수립 기준 ········ 446
일조 등 확보를 위한 이격 거리 기준이 배제되는 요건 중 너비
    20미터 이상의 도로에 접하는 대지의 범위 ·· 396
일조 등 확보를 위한 인접 대지경계선으로부터의 이격거리 기준 적용 시 대지경계선의 범위 ········ 398

【 ㅈ 】

자연 상태에서 존재하는 물질을 물리적으로 추출·정제한 것은 「생활화학제품 및 살생물제의
    안전관리에 관한 법률」 제3조제1호에 따른 "화학물질"에서 제외되는지 여부 ····················· 250
자연재해대책법 제2조제4호 및 제5호에 따른 "재해"의 의미 ··· 241
자연환경보전법 제2조제9호 및 도로법 제2조(육교형 생태통로가 「도로법」상
    도로에 해당하는지 여부) 관련 ··· 247
자연환경보전법 제46조(생태계보전협력금) ··· 248
잠수기어업의 경우 어선 1척에 2명의 잠수부가 승선하여 교대로 조업할 수 있는지 여부 ············· 671
주택법 제21조의5제2항 후단에 따른 "소음 관계 법률"의 의미 ·· 438, 481
주택법에 따른 사업계획승인을 받은 주택건설사업이 하수도법
    시행령 제35조제2항제2호가목의 도시개발사업에 포함되는지 여부 ·································· 882

【 ㅌ 】

특정장비를 추가적으로 사용하려는 경우 변경신고를 해야 하는지 여부 ··································· 436

【 ㅍ 】

팔당·대청호 상수원 수질보전 특별대책지역 지정 및 특별종합대책 제15조 중 "제한"의 의미 …… 244

【 ㅎ 】

하수도법 제2조제4호에 따른 공공하수도의 범위 관련 ·· 876
하수처리구역에서 폐수를 공공수역으로 배출하는 경우
      적용되는 수질오염물질의 배출허용기준 ·· 565, 873
학교보건법 제6조제1항제1호의 "「소음·진동관리법」에 따른 규제기준"의 범위 ······························ 443
행정관청은 「물환경보전법」 제61조의2제1항에 따른 물놀이형 수경시설의 설치·운영
      신고를 받은 경우, 「하수도법」 제28조에 따른 공공하수도 유입제외 허가 여부를
      심사하여 신고 수리 여부를 결정할 수 있는지 ··· 557
행정실과 보건실이 일조 분석대상에서 제외되는지 여부 ··· 391
행정처분기준의 차수 산정 방식 ··· 881
행정처분의 대상이 되는 "수질오염물질 희석 배출"의 범위 ··· 577
협의의 성질 ··· 755
환경개선부담금의 부과 대상이 되는 시설물의 범위 ··· 255, 270
환경영향평가법 시행령 제15조제2항의 "개발기본계획 대상지역"의 의미 ································· 273
환경영향평가서·재작성·재평가(도룡뇽 사건) ··· 760
환경오염시설의 통합관리에 관한 법률 제10조제1항 후단에
      따라 '환경부장관의 권한'으로 보는 범위 ··· 253
환경정책기본법 제35조에 따라 영향 분석, 위해성평가 등 적절한 조치를 마련해야
      하는 대상이 과학기술의 발달로 인하여 생성된 오염유해인자에 한정되는지 ·················· 450
환경평가 수행을 위한 지침 ·· 275

판례색인

【 대법원 】

【 2010 】

2010. 4. 15. 2007두16127 ·· 745

【 2009 】

2009. 9. 24. 2009두2825 ·· 740, 796

【 2008 】

2008. 4. 17. 2006다35865 ··· 320, 329, 357, 358
2008. 8. 21. 2008다9358, 9365 ··· 465, 481

【 2007 】

2007. 6. 14. 2005다72058 ··· 287, 320, 329
2007. 6. 15. 2004다37904, 37911 ·· 457, 481
2007. 6. 28. 2004다54282 ··· 711
2007. 9. 7. 2005다72485 ··· 367

【 2006 】

2006. 1. 26. 2005다47014, 47021, 47038 ··················· 343, 346, 358
2006. 3. 9. 2005다60239 ··· 236
2006. 3. 16. 2006두330 ·· 200, 696
2006. 3. 16. 2006두330 ·················· 720, 750, 755, 765, 777, 796, 812
2006. 6. 2. 2004마1148, 2004마1149(병합) ····················· 194, 760
2006. 6. 30. 2005두14363 ································· 132, 720, 784, 796
2006. 12. 22. 2006두14001 ··· 750

【 2005 】

2005. 1. 27. 2003다49566 ································· 23, 27, 87, 425, 456,
495, 505, 508, 512, 521

2005. 1. 28. 2002도6931 ·· 542
2005. 1. 28. 2003다50535 ····································· 96, 138, 495, 505
2005. 1. 28. 2003다50542 ·· 495, 506, 508
2005. 2. 24. 2002도18 ·· 528
2005. 3. 11. 2003두13489 ·· 737
2005. 3. 24. 2004다38792 ·· 346, 376
2005. 4. 18. 2005다12926 ·· 506
2005. 5. 12. 2004두14229 ···································· 696, 720, 750, 763
2005. 6. 10. 2002다53995 ·· 166
2005. 6. 24. 2004두10968 ·· 794
2005. 7. 14. 2004두10142 ·· 831

【 2004 】

2004. 3. 12. 2002다14242 ······································ 19, 27, 87, 138, 494,
505, 507, 509, 512, 521
2004. 3. 18. 2001다82507 ·· 117
2004. 4. 28. 2001다36733 ·· 113, 520, 553
2004. 5. 14. 2003다32162 ·· 633, 662
2004. 6. 25. 2003다69652 ·· 150, 180
2004. 8. 16. 2003두2175 ·· 711, 720
2004. 9. 13. 2003다64602 ······································ 279, 290, 320, 330,
357, 369, 375, 388, 389
2004. 9. 13. 2004다24212 ·· 163, 285, 385
2004. 10. 27. 2002다21967 ·· 356
2004. 10. 28. 2002다63565 ················· 123, 129, 278, 299, 329, 343, 720
2004. 11. 12. 2002다53865 ·· 73, 520
2004. 11. 26. 2003다2123 ·· 56, 551
2004. 12. 9. 2003두12073 ················· 135, 720, 750, 764, 777, 796
2004. 12. 23. 2002다73821 ·· 637, 662

【 2003 】

2003. 3. 11. 2002다33588 ·· 629
2003. 6. 24. 2001두8865 ·· 885
2003. 6. 27. 2001다734 ················· 10, 30, 39, 89, 123, 155, 507, 538, 552
2003. 7. 25. 2002다73135 ·· 662

2003. 9. 5. 2001다68358 ··· 64, 119, 520
2003. 11. 14. 2003다27108 ·· 480
2003. 11. 28. 2003다11790 ·· 629

【 2002 】

2002. 2. 26. 2000다72404 ·· 616
2002. 6. 14. 2000다37517 ·· 525
2002. 7. 9. 2000다17780 ·· 662, 663
2002. 10. 22. 2000다65666, 65673 ··· 40
2002. 12. 10. 2000다72213 ······················· 125, 138, 139, 278, 299, 329, 720

【 2001 】

2001. 2. 9. 99다55434 ··· 8, 30, 39, 62
                                                                        119, 122, 193, 407, 507, 508
2001. 2. 23. 99다61316 ·· 151
2001. 3. 13. 99다57942 ·· 604
2001. 4. 10. 99다38705 ·· 652
2001. 4. 24. 2000다57856 ··· 176
2001. 6. 26. 2000다44928, 44935 ······················· 37, 77, 278, 285, 376, 387
2001. 6. 29. 99다56468 ·· 593
2001. 6. 29. 99두9902 ··· 755, 776, 785, 796
2001. 7. 27. 산거 99두2970 ·· 720, 755, 763, 777, 801
2001. 7. 27. 99다53001 ·· 542, 554, 812
2001. 7. 27. 99두2970 ··· 732, 764, 775
2001. 7. 27. 99두5092 ··· 763, 796
2001. 9. 4. 2000다3170 ·· 607
2001. 9. 25. 2000다16893 ·· 644, 662
2001. 9. 28. 99다70969 ·· 656, 663
2001. 10. 26. 2000다17988 ·· 656, 663
2001. 11. 13. 2001다52889 ·· 112

【 2000 】

2000. 4. 21. 2000다386 ··· 510
2000. 4. 25. 98두7923 ··· 698
2000. 5. 16. 98다56997 ······················· 35, 129, 138, 193, 408, 515, 720

2000. 5. 26. 99다37382 ··· 620
2000. 6. 13. 99두2857 ··· 868
2000. 9. 29. 2000다13900 ·· 229
2000. 10. 13. 99두653 ··· 755, 756
2000. 11. 14. 99두5870 ··· 787
2000. 12. 12. 2000다37586 ·· 594

【 1999 】

1999. 1. 26. 98다23850 ··· 31, 62, 113, 193, 290, 356, 357,
                                                            369, 377, 385, 386, 407, 520
1999. 3. 23. 98다30285 ··· 89, 387, 408, 524
1999. 7. 27. 98다47528 ·· 187, 192, 232, 456, 720
1999. 10. 8. 98다12430 ··· 599
1999. 10. 8. 99다27231 ··· 625
1999. 11. 23. 98다11529 ·· 611
1999. 11. 26. 99다35263 ·· 629
1999. 12. 7. 97누12556 ··· 700
1999. 12. 24. 98다57419, 57426 ·· 664

【 1998 】

1998. 2. 13. 96다7854 ··· 139
1998. 2. 27. 97다46450 ··· 590
1998. 4. 10. 98두1406 ··· 844
1998. 4. 24. 97누1501 ··· 893
1998. 4. 24. 97누3286 ·· 720, 721, 760, 763
1998. 4. 28. 97다48913 ··· 538, 542, 552
1998. 9. 4. 97누19588 ·· 720, 724, 760, 763
1998. 9. 22. 97누19571 ··································· 720, 728, 755, 760, 776, 777
1998. 10. 13. 98다18520 ·· 168
1998. 12. 11. 96다15176 ·· 663

【 1997 】

1997. 3. 28. 96다3258 ··· 596
1997. 5. 28. 97도363 ··· 821
1997. 6. 24. 96누1313 ··· 890

1997. 6. 27. 95다2692 ··· 50
1997. 7. 22. 96다56153 ··· 1, 6, 182, 388, 720
1997. 9. 12. 97누1228 ·· 896
1997. 10. 10. 96다3838 ·· 587
1997. 10. 24. 96다17851 ·· 184
1997. 10. 28. 95다15599 ··· 129, 192, 194, 514

【 1996 】

1996. 1. 23. 95다38233 ·· 109
1996. 3. 22. 95누18000 ·· 829
1996. 3. 22. 96누433 ·· 769
1996. 11. 8. 96다32225, 32232 ··· 406, 407
1996. 12. 23. 95누14312 ·· 836

【 1995 】

1995. 2. 28. 94다31334 ·· 535
1995. 5. 23. 94마2218 ··· 106, 187, 508, 720
1995. 6. 30. 94누569 ·· 838, 846
1995. 7. 11. 94누4615 ·· 789
1995. 9. 15. 94다55323 ·· 629
1995. 9. 15. 95다23378 ················· 4, 6, 96, 182, 183, 187,
191, 192, 193, 388, 456, 720
1995. 9. 26. 94누14544 ·· 707, 763
1995. 11. 10. 94누5380 ·· 854
1995. 11. 21. 95누9099 ·· 773
1995. 12. 12. 95누11856 ·· 710

【 1994 】

1994. 4. 12. 93누24247 ·· 706, 763
1994. 5. 10. 93누23763 ·· 825

【 1993 】

1993. 2. 23. 92다52122 ·· 87, 538, 552
1993. 3. 9. 92누9395 ·· 857
1993. 6. 22. 93다17010 ·· 663

1993. 7. 16. 93누814 ··· 851
1993. 7. 27. 93누8139 ··· 704
1993. 10. 26. 93누6331 ··· 771

【 1992 】

1992. 2. 14. 91누4713 ··· 816
1992. 2. 28. 91도2935 ··· 818
1992. 4. 14. 91누9251 ··· 823
1992. 12. 8. 91누13700 ··· 703
1992. 12. 8. 92도2517 ··· 820
1992. 12. 22. 91다22346 ··· 62, 113

【 1991 】

1991. 1. 29. 90다6781 ··· 609
1991. 3. 22. 90누4372 ··· 849
1991. 6. 11. 90다20206 ··· 68
1991. 7. 9. 91누971 ··· 781
1991. 7. 23. 89다카1275 ······················· 52, 89, 138, 155, 513, 538, 552
1991. 7. 26. 90다카26607 ···························· 60, 78, 85, 109, 534, 552
1991. 11. 26. 91누1677 ··· 827
1991. 12. 10. 91다25628 ··· 67, 113
1991. 12. 27. 90다카5198 ·· 147

【 1990 】

1990. 11. 9. 90누4129 ··· 783

【 1989 】

1989. 6. 13. 88누8203 ··· 887

【 1988 】

1988. 5. 24. 87누388 ··· 779

【 1987 】

1987. 10. 26. 87도1869 ··· 817

【 1984 】

1984. 2. 14. 82누370 ··· 767
1984. 6. 12. 81다558 ··· 47, 534
1984. 11. 13. 84다카722 ·· 71

【 1982 】

1982. 3. 9. 80누105 ··· 889
1982. 9. 14. 80다2859 ··· 285, 377
1983. 2. 22. 81누283 ··· 765

【 1979 】

1979. 11. 13. 79다484 ·· 389

【 1974 】

1974. 11. 12. 74다1321 ·· 406, 407
1974. 12. 10. 72다1774 ····························· 45, 78, 85, 87, 228, 534, 551

【 1973 】

1973. 10. 10. 73다1253 ·· 28, 119, 513
1973. 11. 27. 73다919 ··· 43, 534

【 1968 】

1968. 11. 19. 68다1522 ·· 61

【 광주고등법원 】

2000. 9. 27. 99나2743 ··· 389
2002. 11. 22. 2002나1535 ·· 387
2006. 5. 17. 2005나9790 ··· 359, 524
2009. 7. 3. 2008나7337, 7344, 2009나2315 ························· 480

【 광주지방법원 】

2008. 10. 30. 2008가합4126 ·· 480

【 대구고등법원 】

1973. 7. 5. 72나755 ··· 120
1997. 7. 25. 97나899 ·· 377
1997. 7. 25. 97나899 ·· 377
2000. 9. 1. 99나1988 ··· 408

【 대구지방법원 】

2001. 6. 21. 2000가합2386 ··· 386

【 대전고등법원 】

1999. 8. 19. 98나2783 ·· 812

【 대전지방법원 】

1998. 1. 8. 96가합10960 ·· 389

【 부산고등법원 】

1997. 1. 23. 96나891 ·· 386
1998. 6. 25. 98나253 ·· 386
1998. 8. 27. 97나9093(본소), 97나9109(반소) ··· 385
1999. 4. 29. 98나10656 ··· 377
2000. 5. 26. 99나9295 ·· 408
2006. 6. 19. 2006라64 ·· 755
2008. 1. 8. 2007나6895, 2007나6901(병합) ··· 474

【 부산지방법원 】

2002. 1. 30. 2001카합2548 ·· 377, 385
2002. 7. 24. 2001가합5671 ·· 386
2006. 12. 21. 2003가합23819, 23901 ·· 468

【 서울고등법원 】

【 2007 】

2007. 12. 5. 2007나2000 ·· 480

【 2005 】

2005. 1. 28. 2004나26401 ·························· 501, 506, 509, 512, 515
2005. 10. 28. 2004나56440 ······························· 309, 357, 369

【 2004 】

2004. 6. 15. 2003나75888(본소), 2003나75895 (반소) ················ 463
2004. 9. 1. 2003나82275 ·· 370

【 2003 】

2003. 4. 23. 2002나32925 ·· 480
2003. 8. 20. 2002나55207 ························ 495, 506, 509, 510
2003. 8. 22. 2002나31133 ············ 506, 509, 510, 515, 521, 530
2003. 8. 22. 2002나31140 ························ 495, 506, 509, 510
2003. 10. 29. 2002나22016 ··· 386, 387

【 2002 】

2002. 2. 14. 2000나60335 ·· 408
2002. 3. 12. 2001가합35421 ·· 408

【 2001 】

2001. 11. 27. 2001나43573, 43580 ·· 387
2001. 5. 3. 2000나27116 ·· 386

【 2001 】

2000. 11. 9. 고지 2000라276 ·· 388

【 1999 】

1999. 4. 23. 99나5035 ·· 388
1999. 10. 7. 98나55644 ·· 406

【 1996 】

1996. 3. 29. 94나11806 ··· 290, 320, 343, 357, 377, 386, 389

【 1990 】

1990. 5. 9. 89구7391 ·· 841

【 1983 】

1983. 11. 17. 83나1174 ··· 517

【 서울동부지방법원 】

2004. 2. 12. 2002가합2919 ·· 351, 358
2004. 7. 22. 2002가합371 ·· 409
2009. 10. 14. 2008가합8407 ··· 481
2001. 12. 6. 99가합2483 ·· 391

【 서울중앙지방법원 】

【 2008 】

2008. 7. 8. 2007가합79119 ··· 299, 320, 329, 339, 358
2008. 12. 17. 2007가합3006 ··· 455

【 2007 】

2007. 6. 26. 2004가합21140 ··· 480

【 2006 】

2006. 4. 25. 2001가합48625 ·················· 155, 495, 505, 509, 512, 514, 516, 521
2006. 5. 9. 2003가합70565 ··· 501, 506
2006. 10. 31. 2005가합56815 ······································· 502, 506, 514, 528
2006. 12. 5. 2006가합23904 ··· 502, 505, 514

【 2005 】

2005. 1. 13. 2001가합48656 ·· 521

【 2004 】

2004. 1. 20. 2001가합75962 ··· 495, 506, 514
2004. 1. 20. 2001가합75962 ·· 516
2004. 1. 27. 2002가합33132 ··································· 495, 505, 514, 516
2004. 8. 17. 2002가합14742 ·· 325

【 2002 】

2002. 1. 9. 2001나29253 ··················· 425, 495, 506, 514, 515, 516, 524
2002. 2. 15. 2001카합555 ··· 389
2002. 3. 12. 2001가합35421 ··· 406, 455
2002. 4. 23. 2001가합61642, 61659 ······································· 389, 391
2002. 5. 10. 2001카합1112 ·· 388
2002. 5. 14. 2000가합16270 ··································· 495, 506, 514, 516
2002. 5. 14. 2000가합6945 ···························· 414, 495, 505, 514, 516
2002. 5. 21. 2000가합5775 ·· 389
2002. 8. 20. 2000가합29887 ······················· 425, 495, 506, 512, 514, 516
2002. 12. 24. 2000가합8170 ·· 386

【 2001 】

2001. 4. 11. 98가단55916 ·· 495, 506
2001. 4. 26. 99가합34203 ··· 376, 386
2001. 5. 9. 2000가합2792 ·· 389
2001. 10. 18. 2000가합6732 ··· 408
2001. 12. 6. 99가합2483 ··· 389

【 2000 】

2000. 4. 28. 99가합11715 ·· 389

【 1999 】

1999. 12. 17. 99가합23067 ·· 376

【 1996 】

1996. 8. 8. 96카합314 ··· 377

【 서울행정법원 】

2003. 12. 24. 2003구합30071 ··· 756

【 수원지방법원 】

2006. 9. 19. 2004가합8619 ··· 480
2003. 10. 2. 2002가합1044, 2002가합2139 ··· 463

【 인천지방법원 】

1998. 12. 4. 95가합1865 ·· 427
2004. 2. 12. 2003구합1770 ··· 833

【 전주지방법원 】

2009. 4. 24. 2008가합1301 ··· 481

【 창원지방법원 】

2001. 1. 18. 2000가합768 ··· 408
2001. 4. 23. 2000카합191 ··· 409
1999. 11. 26. 98가합980 ·· 386, 389

【 청주지방법원 】

1998. 2. 26. 97카합613 : 항소) ·· 801

【 헌법재판소 】

2004. 11. 25. 2004헌가15 전원재판부) ··· 860

제1편 환경침해에 대한 법적 구제절차

제1장 환 경

제1절 자연환경과 생활환경

1. 환경의 개념

환경정책기본법 제3조에 의하면, "환경"이라 함은 자연환경과 생활환경을 말하는데, "자연환경"이라 함은 지하·지표(해양을 포함한다) 및 지상의 모든 생물과 이들을 둘러싸고 있는 비생물적인 것을 포함한 자연의 상태(생태계 및 자연경관을 포함한다)를 말하고, "생활환경"이라 함은 대기, 물, 폐기물, 소음·진동, 악취, 일조 등 사람의 일상생활과 관계되는 환경을 말한다.

환경침해에 대하여는 환경민사소송은 통상 유해물질(폐수, 유해가스, 방사능폐기물, 유류 등)의 배출로 인한 피해, 소음·진동·분진의 배출로 인한 피해, 일조·조망·프라이버시 등의 침해로 인한 피해의 구제를 구하는 형태를 띤다.

환경침해에 대하여 민사소송으로 손해배상을 청구하거나 유지청구를 하는 것이 가장 확실한 최종적인 구제수단이 된다.

2. 환경침해 또는 환경오염피해

환경침해라 함은 환경침해행위로 인하여 인간의 생명·신체·건강·재산에 손해를 주는 경우 환경침해로 인한 불법행위가 성립한다(환경정책기본법 제3조 제4호)

3. 종교적 환경

[판례 1] 공사금지가처분 (대법원 1997. 7. 22. 선고 96다56153 판결) (종교적 환경)

【판시사항】
[1] 인접 대지의 건물신축으로 인한 환경 등 생활이익 침해의 수인 한도 인정기준
[2] 환경권의 법적 성질
[3] 환경이익의 침해를 이유로 침해의 배제를 청구할 수 있는지 여부(적극)와 그 요건

【판결요지】

[1] 인접 대지에 건물이 건축됨으로 인하여 입는 환경 등 생활이익의 침해를 이유로 건축공사의 금지를 청구하는 경우, 그 침해가 사회통념상 일반적으로 수인할 정도를 넘어서는지의 여부는 피해의 성질 및 정도, 피해이익의 공공성, 가해행위의 태양, 가해행위의 공공성, 가해자의 방지조치 또는 손해회피의 가능성, 인·허가관계 등 공법상 기준에의 적합 여부, 지역성, 토지이용의 선후관계 등 모든 사정을 종합적으로 고려하여 판단하여야 한다.
[2] 환경권은 명문의 법률규정이나 관계 법령의 규정 취지 및 조리에 비추어 권리의 주체, 대상, 내용, 행사 방법 등이 구체적으로 정립될 수 있어야만 인정되는 것이므로, 사법상의 권리로서의 환경권을 인정하는 명문의 규정이 없는데도 환경권에 기하여 직접 방해배제청구권을 인정할 수 없다.
[3] 어느 토지나 건물의 소유자가 종전부터 향유하고 있던 경관이나 조망, 조용하고 쾌적한 종교적 환경 등이 그에게 하나의 생활이익으로서의 가치를 가지고 있다고 객관적으로 인정된다면 법적인 보호의 대상이 될 수 있는 것이라 할 것이므로, 인접 대지에 건물을 신축함으로써 그와 같은 생활이익이 침해되고 그 침해가 사회통념상 일반적으로 수인할 정도를 넘어선다고 인정되는 경우에는 토지 등의 소유자는 소유권에 기하여 방해의 제거나 예방을 위하여 필요한 청구를 할 수 있고, 이와 같은 청구를 하기 위한 요건으로서 반드시 건물이 문화재보호법이나 건축법 등의 관계 규정에 위반하여 건축되거나 또는 그 건축으로 인하여 소유자의 토지 안에 있는 문화재 등에 대하여 직접적인 침해가 있거나 그 우려가 있을 것을 요하는 것은 아니다(사찰로부터 6m의 이격거리를 둔 채 높이 87.5m의 19층 고층빌딩을 건축 중인 자에 대하여 사찰의 환경이익 침해를 이유로 전체 건물 중 16층부터 19층까지의 공사를 금지시킨 사례).

【참조조문】
[1] 민법 제214조, 제217조 [2] 헌법 제35조 [3] 민법 제214조, 제217조, 헌법 제35조

【참조판례】
[1][2][3] 대법원 1995. 5. 23.자 94마2218 결정(공1995하, 2236)
대법원 1995. 9. 15. 선고 95다23378 판결(공1995하, 3399)

【전 문】
【신청인,상고인겸피상고인】 대한불교 조계종 봉은사 (소송대리인 변호사 남용희 외 1인)
【피신청인,피상고인겸상고인】 주식회사 신성 (소송대리인 변호사 이효종)
【피신청인보조참가인,상고인】 피신청인보조참가인 1 외 2인 (피신청인보조참가인들 소송대리인 법무법인 중앙국제법률특허사무소 담당변호사 함준표 외 2인)
【원심판결】 서울고법 1996. 11. 21. 선고 95나41804 판결

【주문】
상고를 모두 기각한다. 상고비용은 각자의 부담으로 한다.

【이유】
상고이유를 본다.
1. 신청인의 상고이유 3.(1)에 대하여
 기록에 비추어 살펴보건대, 신청인이 원심에서 피신청인의 도로개설공사의 안전성에 문제가 있어 이를 강행할 경우 신청인 소유의 대지가 붕괴되어 신청인의 사찰과 일부 문화재 등이 유실될 우려가 있다는 취지의 주장을 한 것으로 보기 어려울 뿐만 아니라, 가사 신청인이 원심에서 한 주장을 그러한 취지로 볼 수 있다고 하더라도, 기록상 그와 같이 안전에 이상이 있다고 인정할 만한 자료를 찾

아볼 수 없으므로, 신청인의 위 주장은 어차피 받아들일 수 없는 것이다. 원심이 이 점에 대하여 심리를 다하지 아니하고 그 판단을 유탈하였다는 주장은 받아들일 수 없다.
2. 신청인의 상고이유 3.(2)에 대하여
   원심판결 이유에 의하면, 원심은 고층건물인 이 사건 각 건물이 신축될 경우 신청인 사찰 경내의 일조를 현저히 침해할 것이므로 이를 방지하기 위하여 위 각 건물의 신축공사의 금지를 청구한다는 신청인의 주장에 대하여, 일조에 관한 행정법규가 피신청인이 신축하는 위 각 건물 부지에는 적용되지 아니하고 또 위 각 건물에 의한 신청인 사찰 경내 토지에 대한 일조 침해시간이 일출시부터 늦어도 오전 9시 내지 10시 가량으로서 비교적 단기간에 그치는 점에 비추어 보면, 신청인이 위 건물 신축으로 일조침해를 받게 되더라도 그 정도가 사회통념상의 수인한도를 초과한다고 볼 수 없다고 판단하였는바, 기록에 비추어 보면, 원심의 위와 같은 판단은 정당하고, 거기에 상고이유로 주장하는 바와 같은 수인의 한도에 대한 법리오해나 이유모순의 위법이 있다고 할 수 없다.
3. 신청인의 상고이유 3.(3) 및 피신청인 및 그 보조참가인들의 상고이유 2.에 대하여
   이 사건과 같이 인접 대지에 건물이 건축됨으로 인하여 입는 환경 등 생활이익의 침해를 이유로 건축공사의 금지를 청구하는 경우에, 그 침해가 사회통념상 일반적으로 수인할 정도를 넘어서는지의 여부는 피해의 성질 및 정도, 피해이익의 공공성, 가해행위의 태양, 가해행위의 공공성, 가해자의 방지조치 또는 손해회피의 가능성, 인·허가 관계 등 공법상 기준에의 적합 여부, 지역성, 토지이용의 선후관계 등 모든 사정을 종합적으로 고려하여 판단하여야 할 것이다(대법원 1995. 9. 15. 선고 95다23378 판결 참조).
   원심은 신청인 사찰의 역사와 현황, 그 사찰 경내의 문화재, 주변 상황, 피신청인의 건물부지와 신청인 사찰과의 거리와 건물의 준공 후 예상되는 신청인 사찰에 대한 영향, 피신청인 건물의 건축 목적 및 경위 등에 관하여 그 판시와 같은 사실을 확정한 다음, 신청인 사찰의 사찰로서의 환경침해를 방지하기 위하여 필요한 한도에 해당하는 공사금지의 범위에 관하여, 이 사건 '○○빌딩'의 신축으로 인하여 신청인이 입게 될 환경침해의 정도와 그 수인한도, 건축주인 피신청인 보조참가인들 및 공사수급인인 피신청인의 위 '○○빌딩'에 대한 권리와 그 제한으로 인하여 입게 될 손해, 위 '○○빌딩'의 층고를 낮춤으로 인한 건축미 및 경제성의 저하, 위 '○○빌딩'과 신청인 사찰의 전체 경관과의 조화 및 기타 이 사건 변론에 나타난 제반 사정을 고려하면, 지상 19층으로 건축될 예정인 위 '○○빌딩' 건물 중 16층부터 19층까지 부분에 대한 공사를 금지시키는 것이 신청인의 환경이익 보호와 피신청인 등의 재산권에 대한 보호 사이에 조화를 꾀할 수 있다고 하여, 신축예정인 위 '○○빌딩' 건물 중 지상 15층(옥탑 2층 제외), 높이 72.3m를 초과하는 부분에 대한 일체의 공사를 금지시켰는바, 기록에 의하여 살펴보면 원심의 위와 같은 인정 및 판단은 수긍이 가고, 거기에 신청인이나 피신청인 및 그 보조참가인들이 상고이유로 주장하는 바와 같은 환경권에 관한 법리오해나 심리미진 또는 사실을 오인하고 수인의 정도에 관한 판단을 잘못한 위법 등이 있다고 할 수 없다.
4. 피신청인 및 그 보조참가인들의 상고이유 1에 대하여
   환경권은 명문의 법률규정이나 관계 법령의 규정 취지 및 조리에 비추어 권리의 주체, 대상, 내용, 행사 방법 등이 구체적으로 정립될 수 있어야만 인정되는 것이므로(대법원 1995. 5. 23.자 94마2218 결정 참조), 사법상의 권리로서의 환경권을 인정하는 명문의 규정이 없는데도 환경권에 기하여 직접 방해배제청구권을 인정할 수 없음은 상고이유로 주장하는 바와 같다.
   그러나 어느 토지나 건물의 소유자가 종전부터 향유하고 있던 경관이나 조망, 조용하고 쾌적한 종교적 환경 등이 그에게 하나의 생활이익으로서의 가치를 가지고 있다고 객관적으로 인정된다면 법적인 보호의 대상이 될 수 있는 것이라 할 것이므로, 인접 대지에 어떤 건물을 신축함으로써 그와 같

은 생활이익이 침해되고 그 침해가 사회통념상 일반적으로 수인할 정도를 넘어선다고 인정되는 경우에는 위 토지 등의 소유자는 그 소유권에 기하여 그 방해의 제거나 예방을 위하여 필요한 청구를 할 수 있다고 할 것이고(대법원 1995. 9. 15. 선고 95다23378 판결 참조), 위와 같은 청구를 하기 위한 요건으로서 반드시 위 건물이 문화재보호법이나 건축법 등의 관계 규정에 위반하여 건축되거나 또는 그 건축으로 인하여 그 토지 안에 있는 문화재 등에 대하여 직접적인 침해가 있거나 그 우려가 있을 것을 요하는 것은 아니라고 할 것이다.

원심이 같은 취지에서 원심판시 ○○빌딩이 당초의 예정에 따라 신청인 사찰과 불과 6m의 거리를 둔 채 신청인 사찰 경내 전체를 내려볼 수 있도록 높이 87.5m의 고층으로 신축하게 되면 신청인 사찰의 일조가 침해되는 외에도 위 건물이 신청인 사찰의 전체 경관과 조화되지 아니하여 신청인 사찰의 경관이 훼손되는 결과로 될 뿐만 아니라 사찰 경내의 시계 차단으로 조망이 침해되고, 그 한편으로 위 사찰에서 수행하는 승려나 불공 등을 위하여 출입하는 신도들에게도 그들의 일상생활이나 종교활동 등이 감시되는 듯한 불쾌감과 위압감을 불러일으킴으로써 결국 신청인 사찰이 종래 유지하여 온 조용하고 쾌적한 종교적 환경이 크게 침해될 우려가 있고, 그 침해의 정도가 사회통념상 일반적으로 수인할 정도를 넘어선다고 할 것이므로, 신청인이 위 ○○빌딩에 관하여 피신청인에 대하여 신청인 사찰의 사찰로서의 환경 침해를 방지하기 위하여 필요한 한도 내에서 그 건축공사의 금지를 청구할 수 있다고 판단한 조처는 정당하고, 거기에 상고이유로 주장하는 바와 같이 부당하게 환경권의 법리를 적용한 위법이 있다거나 구체적 법률규정이 없이는 환경권을 인정할 수 없다는 종전의 대법원판례를 위반한 잘못이 있다고 할 수 없다.

5. 그러므로 상고를 모두 기각하고 상고비용은 각자의 부담으로 하기로 하여 관여 법관의 일치된 의견으로 주문과 같이 판결한다.

　　　　　　　　대법관　　이임수(재판장) 최종영 정귀호(주심) 이돈희

[판례 2] 대법원 1995. 9. 15. 선고 95다23378 판결 (공사중지가처분이의) (교육환경)

【판시사항】

가. 헌법 제35조의 환경권의 법적 성질
나. 대학교의 교육환경 저해 등을 이유로 그 인접 대지 위의 24층 아파트 건축공사 금지 청구를 인용한 사례 및 그 인정 기준

【판결요지】

가. 환경권에 관한 헌법 제35조의 규정이 개개의 국민에게 직접으로 구체적인 사법상의 권리를 부여한 것이라고 보기는 어렵고, 사법상의 권리로서의 환경권이 인정되려면 그에 관한 명문의 법률규정이 있거나 관계법령의 규정취지 및 조리에 비추어 권리의 주체, 대상, 내용, 행사방법 등이 구체적으로 정립될 수 있어야 한다.
나. 인접 대지 위에 건축중인 아파트가 24층까지 완공되는 경우, 대학교 구내의 첨단과학관에서의 교육 및 연구 활동에 커다란 지장이 초래되고 첨단과학관 옥상에 설치된 자동기상관측장비 등의 본래

의 기능 및 활용성이 극도로 저하되며 대학교로서의 경관·조망이 훼손되고 조용하고 쾌적한 교육환경이 저해되며 소음의 증가 등으로 교육 및 연구 활동이 방해받게 된다면, 그 부지 및 건물을 교육 및 연구시설로서 활용하는 것을 방해받게 되는 대학교측으로서는 그 방해가 사회통념상 일반적으로 수인할 정도를 넘어선다고 인정되는 한 그것이 민법 제217조 제1항 소정의 매연, 열기체, 액체, 음향, 진동 기타 이에 유사한 것에 해당하는지 여부를 떠나 그 소유권에 기하여 그 방해의 제거나 예방을 청구할 수 있고, 이 경우 그 침해가 사회통념상 일반적으로 수인할 정도를 넘어서는지 여부는 피해의 성질 및 정도, 피해이익의 공공성과 사회적 가치, 가해행위의 태양, 가해행위의 공공성과 사회적 가치, 방지조치 또는 손해회피의 가능성, 공법적 규제 및 인·허가 관계, 지역성, 토지이용의 선후 관계 등 모든 사정을 종합적으로 고려하여 판단하여야 한다.

【참조조문】
가. 헌법 제35조 나. 민법 제214조, 제217조, 민사소송법 제714조

【참조판례】
가.나. 대법원 1995.5.23.자 94마2218결정(공1995하,2236)

【전 문】
【신청인, 피상고인】 대한민국 소송대리인 변호사 이회창 외 1인
【피신청인, 상고인】 주식회사 강암주택 소송대리인 변호사 외 1인
【원심판결】 부산고등법원 1995.5.18. 선고 95카합5 판결

【주 문】
상고를 기각한다.
상고비용은 피신청인의 부담으로 한다.

【이 유】
1. 소송대리인 변호사 조재연의 상고이유(상고이유보충서 기재의 상고이유는 그 보충의 범위 내에서) 및 소송대리인 변호사 최재호의 상고이유 제1점을 함께 본다.
  환경권에 관한 헌법 제35조의 규정이 개개의 국민에게 직접으로 구체적인 사법상의 권리를 부여한 것이라고 보기는 어렵고, 사법상의 권리로서의 환경권이 인정되려면 그에 관한 명문의 법률규정이 있거나 관계법령의 규정취지 및 조리에 비추어 권리의 주체, 대상, 내용, 행사방법 등이 구체적으로 정립될 수 있어야 함은 소론이 주장하는 바와 같다(당원 1995.5.23.자 94마2218 결정 참조).
  그러나 원심 판시와 같이 피신청인이 건축하는 이 사건 아파트가 24층까지 완공되는 경우 신청인 산하 ○○대학교 구내의 그 판시 첨단과학관에서의 교육 및 연구활동에 커다란 지장이 초래되고, 위 첨단과학관 옥상에 설치된 자동기상관측장비 등의 본래의 기능 및 활용성이 극도로 저하되며, 위 ○○대학교의 대학교로서의 경관, 조망이 훼손되고, 조용하고 쾌적한 교육환경이 저해되며, 소음의 증가 등으로 교육 및 연구활동이 방해받게 된다면, 위 ○○대학교의 부지 및 건물을 교육 및 연구시설로서 활용하는 것을 방해받게 되는 그 소유자인 신청인으로서는 위와 같은 방해가 사회통념상 일반적으로 수인할 정도를 넘어선다고 인정되는 한 그것이 민법 제217조 제1항 소정의 매연, 열기체, 액체, 음향, 진동 기타 이에 유사한 것에 해당하는지 여부를 떠나 그 소유권에 기하여 그 방해의 제거나 예방을 청구할 수 있다 할 것이므로, 적어도 원심이 소유권에 기한 방해배제청구권을 이 사건 가처분의 피보전권리로 삼은 부분만큼은 정당하고(신청인의 신청원인사실 주장 속에는 이러한 취지의 주장도 포함되어 있는 것으로 보인다), 따라서 헌법 제35조의 규정이 구체적인 사법상

의 권리를 부여한 것이 아니고 달리 사법상의 권리로서의 환경권을 인정하는 명문의 법률규정이 없는데도 원심이 마치 신청인이 환경권에 기하여 방해배제를 청구할 수 있는 것처럼 설시하고, 또한 원심이 불법행위나 인격권에 기한 방해배제청구권을 이 사건 피보전권리의 하나로 들고 있는 데에 설령 소론과 같은 잘못이 있다 하더라도, 그와 같은 잘못은 판결 결과에 영향을 미치 지 못한다 할 것이다.

결국 논지는 이유 없음에 돌아간다.

2. 소송대리인 변호사 최재호의 상고이유 제2점을 본다.

이 사건과 같은 경우 그 침해가 사회통념상 일반적으로 수인할 정도를 넘어서는지 여부는 피해의 성질 및 정도, 피해이익의 공공성과 사회적 가치, 가해행위의 태양, 가해행위의 공공성과 사회적 가치, 방지조치 또는 손해회피의 가능성, 공법적 규제 및 인·허가 관계, 지역성, 토지이용의 선후관계 등 모든 사정을 종합적으로 고려하여 판단하여야 할 것이다.

원심은, 이 사건 토지 주변의 지역성, 피신청인이 이 사건 아파트를 건축하게 된 경위, 이 사건 아파트 건축공사를 시작할 당시와 현재의 주위 상황, 이 사건 아파트의 완성으로 인하여 예상되는 위 ○○대학교에 대한 교육환경 침해의 태양과 정도, 이 사건 아파트 건축공사가 금지됨에 따라 피신청인이 입게 될 손해의 정도 등에 관하여 그 판시와 같은 사실을 확정한 다음, 이 사건 아파트가 24층까지 완공됨으로 인하여 위 ○○대학교가 받게 될 교육환경 등의 침해는 사회통념상 수인한도를 초과한다고 판단하고, 나아가 공사금지의 범위를 최소화하면서도 신청인이 입게 되는 침해를 상당히 감소시킬 수 있는 조화점을 찾아 임시로 이 사건 아파트 건축공사 중 18층을 초과하는 부분에 대한 공사를 금지시켰는바, 기록에 의하여 살펴 보면 원심의 위와 같은 조처는 수긍이 가고, 거기에 소론과 같이 이익교량에 관한 법리를 오해하고 정의와 형평에 어긋나는 판단을 한 위법이 있다 할 수 없다. 논지는 이유 없다.

3. 그러므로 상고를 기각하고 상고비용은 패소자의 부담으로 하기로 하여 관여 법관의 일치된 의견으로 주문과 같이 판결한다.

대법관 이용훈(재판장) 박만호 박준서(주심) 김형선

☞ 대법원 1997. 7. 22. 선고 96다56153 판결 1p 참조 (대한불교 조계종 봉은사)
☞ 대법원 1995. 9. 15. 선고 95다23378 판결 4p 참조(국립 부산대학교)

제2절 환경침해에 대한 구제절차

1. 환경에 대한 공법적 규제와 사법적 규제

가. 공법적 규제

환경에 대한 공법적 규제는 각종 환경관련법규를 통해 환경오염물질의 방산 내지 확산을 제한하고, 환경오염을 일으키는 법규위반행위에 대하여 처벌 내지 공법상의 책임을 지우는 것을 주된 내용으로 하는 규제를 말한다.

환경정책기본법은 환경관계 개별대책법들에 대한 기본규범으로서의 지위를 가진다.

개별입법으로는 대기환경보전법, 수질환경보전법, 소음·진동규제법, 유해화학물질관리법, 환경분쟁조정법, 자연환경보전법, 오수·분뇨 및 축산폐수의 처리에 관한 법률, 먹는물관리법, 환경·교통·재해등의영향평가법 등이 있고, 경우에 따라 건축법규와 관련 조례 등도 환경에 대한 규제법규로 작용하고 있다.

나. 사법적 규제

환경에 대한 사법적 규제는 민법에서는 생활방해에 관한 제217조의 규정을 두고 있다. 민법 제214조 이하의 물권적 청구권, 생활방해 및 상린관계에 관한 규정과 제750조 이하의 불법행위에 관한 규정 등이 환경사법의 핵심을 이룬다.

2. 환경침해에 대한 구제절차

가. 소송외적 구제

환경침해에 대한 소송외적 구제절차로 대표적인 것이 조정에 의한 해결이다.

환경분쟁조정제도는 일종의 준사법적 분쟁해결기능을 지닌 행정위원회에 의해 환경오염으로 인한 분쟁을 소송외적 방법으로 신속·공정하게 해결하는 제도이다.

나. 소송절차에 의한 구제

환경침해에 대하여는 사법적 구제수단으로서 불법행위에 기한 손해배상청구 또는 침해 자체의 제거·예방을 구하는 유지청구가 피해구제수단으로서 중요시되고 있다.

환경민사소송은 통상 유해물질(폐수, 유해가스, 방사능폐기물, 유류 등)의 배출로 인한 피해, 소음·진동·분진의 배출로 인한 피해, 일조·조망·프라이버시 등의 침해로 인한 피해의 구제를 구하는 형태를 띤다.

피해자는 민사소송절차에서 위법한 환경침해행위자를 상대로 손해배상청구를 하거나, 위법한 환경행위의 중지 또는 환경침해시설의 철거나 방지시설의 설치 등의 행위를 할 것을 청구할 수 있다.

손해배상청구의 경우 민법 제750조나 환경정책기본법 제31조 제1항, 경우에 따라서는 민법 제758조(공작물책임)나 국가배상법 제5조 제1항(영조물책임)을 근거로 함이 보통이다.

또한 피해자는 행정소송으로 관할행정청을 상대로 환경침해시설의 설치허가에 관한 취소소송을 제기하거나, 일정한 경우 가해장 대한 개선명령이나 조업정지명령 등의 감독권을 발동할 것을 청구할 수 있다.

[판례 3] 손해배상(기) (대법원 2001. 2. 9. 선고 99다55434 판결)

【판시사항】

[1] 적법시설이나 공용시설로부터 발생하는 유해배출물로 인하여 손해가 발생한 경우, 그 위법성의 판단 기준
[2] 고속도로의 확장으로 인하여 소음·진동이 증가하여 인근 양돈업자가 양돈업을 폐업하게 된 사안에서, 양돈업에 대한 침해의 정도가 사회통념상 일반적으로 수인할 정도를 넘어선 것으로 보아 한국도로공사의 손해배상책임을 인정한 사례
[3] 사업장 등에서 발생되는 환경오염으로 인하여 피해가 발생한 경우, 당해 사업자는 귀책사유가 없는 때에도 피해를 배상하여야 하는지 여부(적극)

【판결요지】

[1] 불법행위 성립요건으로서의 위법성은 관련 행위 전체를 일체로만 판단하여 결정하여야 하는 것은 아니고, 문제가 되는 행위마다 개별적·상대적으로 판단하여야 할 것이므로 어느 시설을 적법하게 가동하거나 공용에 제공하는 경우에도 그로부터 발생하는 유해배출물로 인하여 제3자가 손해를 입은 경우에는 그 위법성을 별도로 판단하여야 하고, 이러한 경우의 판단 기준은 그 유해의 정도가 사회생활상 통상의 수인한도를 넘는 것인지 여부라고 할 것이다.
[2] 고속도로의 확장으로 인하여 소음·진동이 증가하여 인근 양돈업자가 양돈업을 폐업하게 된 사안에서, 양돈업에 대한 침해의 정도가 사회통념상 일반적으로 수인할 정도를 넘어선 것으로 보아 한국도로공사의 손해배상책임을 인정한 사례.
[3] 환경정책기본법 제31조 제1항 및 제3조 제1호, 제3호, 제4호에 의하면, 사업장 등에서 발생되는 환경오염으로 인하여 피해가 발생한 경우에는 당해 사업자는 귀책사유가 없더라도 그 피해를 배상하여야 하고, 위 환경오염에는 소음·진동으로 사람의 건강이나 환경에 피해를 주는 것도 포함되므로, 피해자들의 손해에 대하여 사업자는 그 귀책사유가 없더라도 특별한 사정이 없는 한 이를 배상할 의무가 있다.

【참조조문】

[1] 민법 제750조 [2] 민법 제750조 [3] 환경정책기본법 제3조 제1호, 제3호, 제4호, 제31조 제1항

【참조판례】

[1] 대법원 1991. 7. 23. 선고 89다카1275 판결(공1991, 2211)
대법원 1999. 7. 27. 선고 98다47528 판결(공1999하, 1755)

【전 문】

【원고,상고인】 원고 1 외 2인 (소송대리인 법무법인 바른법률사무소 담당변호사 김찬진 외 9인)
【피고,피상고인】 한국도로공사 (소송대리인 아주종합 법무법인 담당변호사 유효경 외 5인)
【원심판결】 서울고법 1999. 8. 25. 선고 98나36155 판결

【주 문】

원심판결을 파기하고, 사건을 서울고등법원에 환송한다.

【이 유】

상고이유를 본다.

1. 원심판결 이유에 의하면, 원심은 이 사건의 기본적 사실관계에 관하여, 원고들은 1993. 5. 1.부터 강원 횡성군 (주소 1 생략)필지 총 면적 2,985㎡ 지상 건축물 연면적 1,785.6㎡의 양돈장에서 법주농장의 상호로 약 1,600두의 돼지(모돈 180두, 기타 1,420두)를 양육하는 양돈업을 공동으로 경영하여 온 사실, 피고는 고속국도법 제6조 제1항의 규정에 의하여 건설교통부장관을 대행하여 고속국도를 점유·관리하는 법인으로서 1995년 1월 초경부터 1996년 1월 말경까지 약 13개월간 제4호 고속국도(영동고속도로) 중 위 양돈장 옆을 지나는 강원 원주군 (주소 2 생략)부터 강원 횡성군 (주소 3 생략)까지 사이의 구간을 기존의 2차로에서 4차로로 확장하는 공사를 시행한 사실, 위 확장공사가 완료됨에 따라 당초 65m 정도이던 위 양돈장과 고속국도 사이의 거리가 약 25m로 가까워졌고, 위 양돈장과 고속국도 사이의 자연방음벽 역할을 하던 야산이 위 도로확장을 위한 부지조성공사로 깎였을 뿐 아니라 교통량과 진행 차량의 속도의 증가 및 확장한 고속도로면을 아스팔트 대신 아스콘을 사용하는 등의 사정으로 인하여 위 고속도로에서 발생하는 소음·진동이 종전의 약 45 내지 55dB에서 평균 75dB로 증가됨으로써 위 양돈장에서의 정상적인 양돈업이 불가능하게 되어 원고들은 1996. 5. 31. 위 양돈업을 폐업한 사실을 인정한 다음, 위 양돈업 폐업에 대하여 피고는 불법행위 등에 기한 손해배상책임이 있다는 원고들의 이 사건 청구원인의 주장에 대하여는, 이 사건 도로 확장공사는 차량의 통행량 확대와 진행속도의 개선을 위한 공익사업으로 이루어진 것으로 기존의 고속국도를 확장하는 과정에서 불가피하게 방음벽 역할을 하던 야산을 깎아낸 것이고, 한편 위 양돈장을 지나는 구간에 방음벽을 설치함으로써 소음과 진동을 다소 방지할 수는 있을 것이나, 그러한 통상의 방음벽을 설치하는 경우라 하더라도 양돈업을 계속함에 여전히 지장을 가져올 것으로 보이므로 피고가 위와 같이 도로의 확장으로 인하여 발생하는 소음과 진동을 방지하거나 감소시키는 조치를 취하지 아니하였다고 하여 피고가 이 사건 도로공사를 시행하는 과정 및 그 후에 도로를 유지·관리하는 과정에서 어떠한 위법성이 있었다거나, 원고들이 양돈업을 계속하지 못하게 될 결과를 예견하고, 그러한 결과가 발생하지 않도록 어떠한 조치를 취하여야 할 의무가 존재한다고 보기 어렵고, 이 사건 공사로 인하여 인근지역에 소음과 진동이 증가하였다는 점만으로 도로 자체에 어떤 위험성이 존재한다거나 더 나아가 그 이용으로 인한 위해가 발생할 가능성이 있다고 보기도 어려워 민법 제758조 제1항의 공작물책임도 인정될 수 없다는 이유로 피고에게는 이 사건 원고들의 피해를 배상할 책임이 있지 않다고 판단하였다.

2. 그러나 우선 원고들의 이 사건 피해에 대한 피고의 손해배상책임을 인정할 수 없다는 원심의 판단은 다음과 같은 이유에서 수긍할 수 없다.

　가. 먼저 불법행위 성립요건으로서의 위법성은 관련 행위 전체를 일체로만 판단하여 결정하여야 하는 것은 아니고, 문제가 되는 행위마다 개별적·상대적으로 판단하여야 할 것이므로 어느 시설을 적법하게 가동하거나 공용에 제공하는 경우에도 그로부터 발생하는 유해배출물로 인하여 제3자가 손해를 입은 경우에는 그 위법성을 별도로 판단하여야 하고, 이러한 경우의 판단 기준은 그 유해의 정도가 사회생활상 통상의 수인한도를 넘는 것인지 여부라고 할 것이다(대법원 1991. 7. 23. 선고 89다카1275 판결, 1999. 7. 27. 선고 98다47528 판결 등 참조).

　　원심판결에 의하더라도 피고가 점유·관리하는 위 고속도로가 확장되고 공사완료 후 차량의 교통량과 차량의 속도가 증가함에 따라 원고들이 이미 하고 있던 위 양돈업을 폐업하여야 할 만큼의 소음·진동이 발생하였다는 것인바, 그렇다면 원고들이 입은 위 피해의 성질과 내용 및 그 정도나 규모, 피해 원인과 그 밖에 기록으로 알 수 있는 위 고속도로 확장공사시나 공사완료 후의 소음정도와 일반적으로 허용되는 소음기준치, 피고가 위 고속도로 확장공사 전에 원고들의 피해를 방지하기 위하여, 고속도로 개통 후 원고들의 피해 경감을 위하여 아무런 조치를 취한 바 없는 점, 위 양돈장이 소재한 곳의 위치와 도로 근접성 및 그 주변 일대의 일반적인 토지이용관계 등 여러 사정을 종합하여 볼 때, 위 고속도로 확장공사 및 차량통행에 따른 소음으로 인한 원고들의 양돈업에 대한 침해는 그 정도가 사회통념상 일반적으로 수인할 정도를 넘어선 것이라고 볼 것이고, 따라서 고속도로의 사용이나 자동차의 통행 그 자체가 공익적인 것이고, 고속도로에서의 차량통행으로 인한 소음·진동이 불가피하게 발생한다 하더라도 그 정도가 수인한도를 넘어 원고들에게 위와 같이 양돈업을 폐업하게 하는 손해를 입혔다면 피고는 원고들에 대하여 그로 인한 손해배상책임을 면할 수 없다 할 것이다.

나. 다음으로, 환경정책기본법 제31조 제1항 및 제3조 제1호, 제3호, 제4호에 의하면, 사업장 등에서 발생되는 환경오염으로 인하여 피해가 발생한 경우에는 당해 사업자는 귀책사유가 없더라도 그 피해를 배상하여야 하고, 위 환경오염에는 소음·진동으로 사람의 건강이나 환경에 피해를 주는 것도 포함되므로, 이 사건 원고들의 손해에 대하여 피고는 그 귀책사유가 없더라도 특별한 사정이 없는 한 이를 배상할 의무가 있다고 할 것이다.

다. 그럼에도 불구하고 이 사건 원고들의 피해와 관련하여 피고의 위법행위와 귀책사유를 인정할 수 없다는 이유로 피고의 불법행위로 인한 손해배상책임을 인정하지 아니한 원심의 판단에는 도로 등에서 수인한도를 넘는 소음·진동의 발생으로 인한 손해배상책임의 성립에 관한 법리를 오해한 위법이 있다고 할 것이고, 이는 판결 결과에 영향을 미쳤음이 분명하므로, 이 점을 지적하는 원고들의 주장은 이유 있다.

3. 그러므로 나머지 상고이유에 대한 판단을 생략한 채 원심판결을 파기하고, 사건을 다시 심리·판단하게 하기 위하여 원심법원에 환송하기로 하여 관여 법관의 일치된 의견으로 주문과 같이 판결한다.

대법관 송진훈(재판장) 윤재식 이규홍(주심) 손지열

[판례 4] 양수금 (대법원 2003. 6. 27. 선고 2001다734 판결)

【판시사항】

[1] 자연력과 가해자의 과실행위가 경합되어 손해가 발생한 경우 가해자의 배상범위(=자연력의 기여분을 공제한 나머지) 및 특수한 자연적 조건 아래 발생한 손해라도 불가항력적인 자연력의 기여분을 인정하여 손해배상 범위를 제한할 수 없는 경우

[2] 원자력발전소에서의 온배수 배출행위와 해수온도의 상승이라는 자연력이 복합적으로 작용하여 온배수배출구 인근 양식장의 어류가 집단폐사한 경우, 손해배상 범위 결정시 자연력의 기여도를 고려하는 것이 타당하다고 판단한 사례

[3] 자연력과 가해자의 과실행위가 경합되어 손해가 발생한 경우 가해자의 배상범위를 제한함에 있어서 자연력의 기여도에 관한 비율의 결정이 사실심의 전권사항인지 여부(적극)

[4] 원자력발전소 냉각수 순환시 발생되는 온배수의 배출이 환경오염에 해당하는지 여부(적극)
[5] 적법시설이나 공용시설로부터 발생하는 유해배출물로 인하여 손해가 발생한 경우, 그 위법성의 판단 기준
[6] 특수한 이상고온 상태에서 단기간에 폐사한 어류의 폐사 당시의 객관적 교환가치에 기초한 손해배상을 구하는 경우, 손해 산정시 통상의 자연폐사율을 적용할 수 있는지 여부(소극)
[7] 과실상계 비율의 인정 기준
[8] 양식장 운영자가 원자력발전소의 온배수를 이용하기 위하여 온배수 영향권 내에 육상수조식양식장을 설치하였는데 원자력발전소에서 배출된 온배수가 이상고온으로 평소보다 온도가 높아진 상태에서 자연해수와 혼합되어 위 양식장의 어류가 집단 폐사한 경우, 원자력발전소 운영자의 과실에 비하여 양식장 운영자의 과실이 훨씬 중대하다고 판단한 사례

【판결요지】
[1] 불법행위에 기한 손해배상 사건에 있어서 피해자가 입은 손해가 자연력과 가해자의 과실행위가 경합되어 발생된 경우 가해자의 배상범위는 손해의 공평한 부담이라는 견지에서 손해발생에 대하여 자연력이 기여하였다고 인정되는 부분을 공제한 나머지 부분으로 제한하여야 함이 상당하고, 다만 피해자가 입은 손해가 통상의 손해와는 달리 특수한 자연적 조건 아래 발생한 것이라 하더라도 가해자가 그와 같은 자연적 조건이나 그에 따른 위험의 정도를 미리 예상할 수 있었고 또 과도한 노력이나 비용을 들이지 아니하고도 적절한 조치를 취하여 자연적 조건에 따른 위험의 발생을 사전에 예방할 수 있었다면, 그러한 사고방지 조치를 소홀히 하여 발생한 사고로 인한 손해배상의 범위를 정함에 있어서 자연력의 기여분을 인정하여 가해자의 배상범위를 제한할 것은 아니다.
[2] 원자력발전소의 온배수 배출행위와 해수온도의 상승이라는 자연력이 복합적으로 작용하여 온배수 배출구 인근 양식장에서 어류가 집단폐사한 경우, 손해배상 범위 결정시 자연력의 기여도를 고려하는 것이 타당하다고 판단한 사례.
[3] 자연력과 가해자의 과실행위가 경합되어 손해가 발생한 경우 가해자의 배상범위를 제한함에 있어서 자연력의 기여도에 관한 비율의 결정은 그것이 형평의 원칙에 비추어 현저히 불합리하다고 인정되지 아니하는 한 사실심의 전권사항에 속한다.
[4] 환경정책기본법 제3조 제4호는 "환경오염이라 함은 사업활동 기타 사람의 활동에 따라 발생되는 대기오염, 수질오염, 토양오염, 해양오염, 방사능오염, 소음·진동, 악취 등으로서 사람의 건강이나 환경에 피해를 주는 상태를 말한다."고 규정하고 있으므로, 원전냉각수순환시 발생되는 온배수의 배출은 사람의 활동에 의하여 자연환경에 영향을 주는 수질오염 또는 해양오염으로서 환경오염에 해당한다.
[5] 불법행위 성립요건으로서의 위법성은 관련 행위 전체를 일체로만 판단하여 결정하여야 하는 것은 아니고, 문제가 되는 행위마다 개별적·상대적으로 판단하여야 할 것이므로 어느 시설을 적법하게 가동하거나 공용에 제공하는 경우에도 그로부터 발생하는 유해배출물로 인하여 제3자가 손해를 입은 경우에는 그 위법성을 별도로 판단하여야 하고, 이러한 경우의 판단 기준은 그 유해의 정도가 사회생활상 통상의 수인한도를 넘는 것인지 여부이다.
[6] 특수한 이상고온 상태에서 단기간에 폐사한 어류의 폐사 당시의 객관적 교환가치에 기초한 손해배상을 구하는 것이지 어류의 양식으로 인하여 얻을 수 있는 장래의 수익 상실에 관한 손해의 배상을 구하는 것이 아닌 경우, 통상의 자연폐사율, 즉 치어일 때부터 성어가 되어 출하할 때까지의 전 기간을 관찰하여 얻은 자연폐사율은 의미가 없고 오로지 위와 같은 특수상황에서의 자연폐사율

이 얼마냐가 문제될 뿐인데 그 특수한 상황에서의 자연폐사율을 인정할 증거가 없는 이상 이러한 사정은 자연력의 기여도를 참작하여 합리적으로 고려하여야 한다.
[7] 불법행위로 인한 손해의 발생 또는 확대에 관하여 피해자에게도 과실이 있어서 가해자의 손해배상의 범위를 정하기 위하여 양자의 과실비율을 교량함에 있어서는 손해의 공평부담이라는 제도의 취지에 비추어 사고 발생에 관련된 제반 상황이 충분히 고려되어야 할 것이며, 과실상계 사유에 관한 사실인정이나 그 비율을 정하는 것이 사실심의 전권사항이라고 하더라도 그것이 형평의 원칙에 비추어 현저히 불합리해서는 안 된다.
[8] 양식장 운영자가 원자력발전소의 온배수를 이용하기 위하여 온배수 영향권 내에 육상수조식양식장을 설치하였는데 원자력발전소에서 배출된 온배수가 이상고온으로 평소보다 온도가 높아진 상태에서 자연해수와 혼합되어 위 양식장의 어류가 집단 폐사한 경우, 원자력발전소 운영자의 과실에 비하여 양식장 운영자의 과실이 훨씬 중대하다고 판단한 사례.

【참조조문】

[1] 민법 제393조, 제763조 [2] 민법 제393조, 제763조, 환경정책기본법 제31조 제1항 [3] 민법 제393조, 제763조 [4] 환경정책기본법 제3조 제4호 [5] 민법 제750조, 환경정책기본법 제31조 제1항 [6] 민법 제393조, 제763조 [7] 민법 제396조, 제763조 [8] 민법 제396조, 제763조

【참조판례】

[1] 대법원 1991. 7. 23. 선고 89다카1275 판결(공1991, 2211)
대법원 1993. 2. 23. 선고 92다52122 판결(공1993상, 1078)
대법원 1995. 2. 28. 선고 94다31334 판결(공1995상, 1454)
대법원 2001. 2. 23. 선고 99다61316 판결(공2001상, 727)
[4] 대법원 1998. 9. 4. 선고 97누19588 판결(공1998하, 2423)
대법원 2002. 10. 22. 선고 2000다65680, 65697 판결
[5] 대법원 1991. 7. 23. 선고 89다카1275 판결(공1991, 2211)
대법원 1999. 7. 27. 선고 98다47528 판결(공1999하, 1755)
대법원 2001. 2. 9. 선고 99다55434 판결(공2001상, 606)
[7] 대법원 1994. 4. 12. 선고 93다44401 판결(공1994상, 1419)
대법원 1997. 2. 28. 선고 96다54560 판결(공1997상, 932)
대법원 1999. 8. 24. 선고 99다21264 판결(공1999하, 1938)

【전 문】

【원고,피상고인겸상고인】 원고 (소송대리인 변호사 오윤덕 외 1인)
【피고,상고인겸피상고인】 한국전력공사의 소송수계인 한국수력원자력 주식회사 (소송대리인 법무법인 세종 담당변호사 이건웅 외 1인)
【원심판결】 서울고법 2000. 12. 6. 선고 99나31997 판결

【주 문】

원심판결 중 피고 패소 부분을 파기하고, 이 부분 사건을 서울고등법원에 환송한다. 원고의 상고를 기각한다.

【이 유】

1. 원고의 자연력기여도에 관한 상고이유에 대하여

가. 원심은 피고의 울진원전 온배수배출구 인근에 설치된 소외 회사의 이 사건 수조식 육상 양식장에서 양식하던 넙치와 전복이 1994. 7. 24.부터 같은 달 27. 사이에 집단폐사한 것은 피고의 울진원전에서 배출된 온배수가 소외 회사의 양식장에 유입되어 양식장수조의 수온을 급상승시킨 때문이라고 인정하여 피고의 손해배상책임을 인정하고, 다만 위 손해발생에는 해수온도의 이상고온이라는 자연력이 기여하였다는 이유로 자연력의 기여도를 50%로 인정하여 피고의 책임을 그 나머지 50%로 제한하였다.

나. 불법행위에 기한 손해배상 사건에 있어서 피해자가 입은 손해가 자연력과 가해자의 과실행위가 경합되어 발생된 경우 가해자의 배상범위는 손해의 공평한 부담이라는 견지에서 손해발생에 대하여 자연력이 기여하였다고 인정되는 부분을 공제한 나머지 부분으로 제한하여야 함이 상당하고(대법원 1993. 2. 23. 선고 92다52122 판결 등 참조), 다만 피해자가 입은 손해가 통상의 손해와는 달리 특수한 자연적 조건 아래 발생한 것이라 하더라도 가해자가 그와 같은 자연적 조건이나 그에 따른 위험의 정도를 미리 예상할 수 있었고 또 과도한 노력이나 비용을 들이지 아니하고도 적절한 조치를 취하여 자연적 조건에 따른 위험의 발생을 사전에 예방할 수 있었다면, 그러한 사고방지 조치를 소홀히 하여 발생한 사고로 인한 손해배상의 범위를 정함에 있어서 자연력의 기여분을 인정하여 가해자의 배상범위를 제한할 것은 아니라고 할 것이다(대법원 1995. 2. 28. 선고 94다31334 판결 참조).

다. 원심이 적법하게 인정한 사실과 기록에 의하여 피고가 이 사건 손해발생을 쉽게 예견할 수 있었는지에 관하여 판단하건대, 피해자인 소외 회사는 1989.경부터 양식을 시작하였는데, 그 사이에 원고가 지적하는 바와 같은 해수온도의 상승이 수차 있었으나 한 번도 그와 같은 피해발생 보고가 없었으므로 피고로서는 경험적으로 알 수 있었다고 보여지지 아니하고, 이 사건 당시에는 바람의 방향이 예년과 달라서 온배수의 확산방향 및 속도가 바뀌어 소외 회사의 양식장에 평소와 달리 큰 영향이 미치게 된 것이므로, 양식비전문가인 피고가 바람의 방향이 예년과 달라진 것을 온배수의 확산방향이나 속도의 변화, 나아가 양식장의 수온 상승까지 연결지어 그에 따른 폐사가능성을 쉽게 예견할 수 있으리라고 도저히 기대되지 아니한다.

더구나 소외 회사는 1987. 4.경 피고에게, "국내에서도 영동화력발전소의 온배수를 이용한 광어양식이 성공리에 진행되고 있으며 이 분야에 선진된 일본 등 세계 각국에서도 온배수 양어로 식량생산을 증대시키고 있는 실정이니, 발전소의 온배수를 취수하여 양어할 수 있도록 적극 배려하여 달라."는 취지의 협조요청을 한 것을 비롯하여, 이 사건 사고발생 직전인 1994. 4.까지 계속하여 이 사건 온배수를 광어양식에 이용할 수 있도록 배려하여 달라는 취지의 요청을 하였는바, 이러한 사정하에서라면 피고로서는 넙치(광어)양식에 대한 온배수의 위험성에 대하여 인식하는 것도 쉽지 않아 보이고, 소외 회사가 온배수를 직접 취수할 수 있는 시설을 갖추지 못하여 그러한 시설을 갖추게 해달라고 계속 요청해 오고 있었던 이상 온배수가 이 사건 육상양식장에 유입되는지, 유입되는 동안 얼마나 온도가 유지되고 그로 인하여 넙치나 전복이 폐사할 수 있는지를 쉽게 예견할 수 있었다고 볼 수 없고, 이는 양식업자인 소외 회사조차 구체적으로 예견하지 못한 이상 양식비전문가인 피고의 예견은 거의 불가능해 보인다.

라. 다음으로, 피고가 과도한 노력이나 비용을 들이지 않고도 피해를 방지할 수 있었는지에 대하여 보건대, 원고가 제출한 갑 제6호증의 16에 의하더라도 원전건설시의 온배수저감시설 중 가장 경제적이고 효율적인 것은 방류제 설치이고, 차선책으로는 냉각탑설치인바, 냉각탑설치안은 국내적용경험이 없고 공사비가 과다하며 냉각탑 설치를 위한 넓은 부지확보가 필요하여 매우 불리하다는 것이며, 한편 피고는 울진원전에 이미 1570m의 지하 배수로와 600m의 지상 방류제

를 설치하고 있었는데 그 동안 온배수로 인한 피해가 없었고 사고 당시의 해수의 고온이 이례적인 것이었다면 설령 위 방류제가 이 사건 사고 당시에는 다소 온배수영향을 저감시키기에 부족하였더라도 그러한 급작스런 상황에서 온배수영향저감시설을 신속히 설치하는 것이 과도한 노력이나 비용을 들이지 않고도 가능한 것이었다고 할 수는 없고, 또 일반적으로 원전의 출력을 감소시켜 온배수를 줄일 수 있다고 하더라도, 울진원전은 설비특성상 출력을 조절함으로써 온배수의 온도를 조절하거나 정상운전 중에 임의로 온배수의 양을 조절할 수 없으며, 특히 당시는 이상고온으로 전력소비가 급증하여 전력예비율이 위험수인 2.8%까지 떨어진 상황이었으므로 출력을 조절한다면 제한송전을 하여야 하는데, 제한송전을 하게 되면 피고는 물론이고 사회 전체에 큰 피해가 예상됨은 상식으로 알 수 있는 것이므로, 이 사건 사고 당시 울진원전이 과도한 노력이나 비용을 들이지 아니하고 이 사건 손해발생을 방지할 수 있었다고 볼 수도 없다.

마. 따라서 이 사건 손해는 해수온도의 상승이라는 자연력과 온배수의 배출이라는 피고의 행위 두 요인이 복합적으로 작용하여 발생한 것인 한편, 피고로서는 피해를 쉽게 예견할 수 있었다거나 과도한 노력이나 비용을 들이지 않고도 피해를 방지할 수 있었다고는 볼 수 없으므로, 공평의 원칙상 자연력의 기여도를 고려하는 것은 타당하다.

원심의 이 부분 설시는 미흡하기는 하나 이러한 법리에 따른 것으로서 정당하고, 거기에 법리오해나 채증법칙 위배의 위법은 없다.

또 원고의 주장 중 자연력과 피고는 공동불법행위자로서 연대배상책임관계에 있으므로 피고에게 손해 전액의 배상을 명하여야 하고, 자연력의 기여분을 따로 공제하여서는 안 된다는 주장은 위의 법리에 반하는 독단의 주장에 불과하여 받아들일 수 없다.

바. 한편 자연력과 가해자의 과실행위가 경합되어 손해가 발생된 경우 가해자의 배상범위를 제한함에 있어서 자연력의 기여도에 관한 비율의 결정은 그것이 형평의 원칙에 비추어 현저히 불합리하다고 인정되지 아니하는 한 사실심의 전권사항에 속한다고 보아야 할 것인바, 위에서 인정한 사실과 기록에 나타난 제반 사정을 종합하여 보면 원심이 자연력 기여도를 50%로 인정한 것은 형평의 원칙에 비추어 현저히 불합리하다고 보여지지는 않는다.

따라서 원고의 이 부분에 관한 상고이유도 받아들일 수 없다.

2. 피고의 환경오염 내지 환경오염물질에 대한 법리오해 및 이유불비에 관한 상고이유에 대하여

환경정책기본법 제3조 제4호는 "환경오염이라 함은 사업활동 기타 사람의 활동에 따라 발생되는 대기오염, 수질오염, 토양오염, 해양오염, 방사능오염, 소음·진동, 악취 등으로서 사람의 건강이나 환경에 피해를 주는 상태를 말한다."고 규정하고 있으므로, 원전냉각수순환시 발생되는 온배수의 배출은 사람의 활동에 의하여 자연환경에 영향을 주는 수질오염 또는 해양오염으로서 환경오염에 해당한다고 할 것이고 (대법원 1998. 9. 4. 선고 97누19588 판결, 2002. 10. 22. 선고 2000다65680, 65697 판결 등 참조), 한편 원심은 "일반적으로 어류는 변온동물로서 서식지의 수온변화에 민감하게 반응하며 수온의 급격한 상승은 용존산소 절대량의 감소를 가져와 어류가 호흡에 이용할 수 있는 산소량을 급격히 감소하게 하는 한편, 어류의 체온 상승을 가져와 산소 소비량이 급격히 증가하게 되어 어류의 호흡대사에 치명적인 영향을 주게 되고, 어류의 혈액 내 혈당치, 헤모글로빈, 코티졸의 상승 등으로 어류에 강한 스트레스를 유발시켜 생체대사리듬을 깨뜨려 어류의 대량 폐사를 일으킬 수 있다(이 경우 치어보다는 성어가 크게 영향을 받는다)."고 판시함으로써 수온이 어류의 생태변화에 중대한 영향을 주는 요소임을 분명히 함과 동시에, "넙치의 경우 성장에 적정한 수온은 18-23℃ 정도이나 수온이 26-27℃에 이르면 넙치가 생리적으로 위험한 상태에 이르고, 특히 29-31℃ 정도의 고수온은 넙치의 대량 폐사를 일으킬 수 있는 치명적인 온도가 되어 결국 넙치가

살 수 있는 최고임계수온(CTMax)은 30℃ 정도이고, 전복의 경우도 동일하다."라고 판시함으로써 그 적정 수온기준을 제시하였고, 나아가 "울진원전에서 배출된 온배수의 수온이 31.3-34.2℃로 급상승함으로써, 이 부근 해수를 끌어들여 양식업을 하는 이 사건 양식장의 육상 수조의 사육 수온이 넙치와 전복이 살수 있는 최고임계수온인 30℃를 넘는 바람에 발생하였다 할 것이므로, 피고는 환경오염 피해에 대한 무과실 책임을 규정한 환경정책기본법 제31조 제1항에 의하여 그 사업장인 울진원전에서 발생된 환경오염의 하나인 온배수의 배출로 인한 소외 회사의 피해를 배상할 의무가 있다."라고 판시하였는바, 이는 피고가 방류한 온배수로 인하여 자연수온이 상승되고 이에 따라 이 사건 집단폐사에 이르렀음을 밝힌 것으로, 온배수가 환경오염원에 해당함을 분명히 설시한 것이라고 볼 수 있으므로 원심에 이유불비의 위법이 있다고 볼 수 없다.

따라서 이 부분 상고이유는 이유 없다.

3. 피고의 위법성에 대한 법리오해에 관한 상고이유에 대하여

   가. 불법행위 성립요건으로서의 위법성은 관련 행위 전체를 일체로만 판단하여 결정하여야 하는 것은 아니고, 문제가 되는 행위마다 개별적·상대적으로 판단하여야 할 것이므로 어느 시설을 적법하게 가동하거나 공용에 제공하는 경우에도 그로부터 발생하는 유해배출물로 인하여 제3자가 손해를 입은 경우에는 그 위법성을 별도로 판단하여야 하고, 이러한 경우의 판단 기준은 그 유해의 정도가 사회생활상 통상의 수인한도를 넘는 것인지 여부라고 할 것이다(대법원 2001. 2. 9. 선고 99다55434 판결 등 참조).

   나. 이러한 관점에서 이 사건을 보면, 온배수 영향권 내에서의 양식업을 금지하는 규정이 없는 이상 피고가 먼저 원전을 설치하였다고 하여 온배수 영향권 내의 자연환경을 독점적으로 이용할 권리는 없으므로 원전 설치 후에 후발적으로 온배수 영향권 내에서 양식을 시작하는 것은 위법한 것이 아니고, 따라서 소외 회사의 양식도 보호를 받아야 하는바, 이 사건이 비록 이상고온이라는 특수한 자연환경이 작용하기는 하였지만 피고가 배출한 온배수로 인하여 구체적이고도 사회통념상 용인될 수 없는 피해가 발생한 이상 피고의 이 사건 사고 당시의 온배수 배출행위와 그 결과는 수인한도를 초과하여 위법하다고 할 것이다.

   따라서 이 부분 상고이유도 이유 없다.

4. 피고의 계약의 갱신 및 묵시적 갱신에 관한 법리오해에 대한 상고이유에 대하여

   원심은 소외 회사와 피고 사이에 기간을 1987. 6. 1.부터 1992. 6. 1.까지로 정하여 소외 회사가 울진원전의 온배수를 이용하여 양식장 사업을 운영함에 있어 소외 회사는 온배수이용 양식업이 발전소 운영에 지장이 없도록 하고, 발전소의 비정상 사태 또는 사고로 인하여 양식사업장에 피해가 유발되었을 시 소외 회사가 이에 대한 보상을 요구하지 않기로 하는 등을 내용으로 한 협약을 체결한 사실, 위 협약이 만료된 후 소외 회사가 피고에게 온배수 취수시설 설치 협조요청을 하면서 위 협약서 내용과 거의 같은 협약서의 체결을 요청하였으나 피고는 소외 회사에게 현재 검토중이므로 구체적인 사항은 추후에 통보하겠다는 내용의 회신만을 통지하였고, 그 후 이 사건 폐사 사고 발생 당시까지 소외 회사는 온배수 취수시설을 설치하지 못한 사실 등을 인정한 후, 이러한 사실로 보아, 위 협약서가 기간의 만료 이후 갱신되었다거나 명시적으로 갱신되지는 않았으나 소외 회사와 피고 사이에 이 사건 폐사 당시 위 협약이 묵시적으로 유지되고 있다는 등의 사정을 인정할 자료가 없다고 하여 위 주장을 배척하였다.

   기록에 의하여 살펴보면 이 부분에 관한 원심의 판단은 정당하고, 거기에 계약의 갱신 및 묵시적 갱신에 관한 법리오해의 위법은 없다.

   상고이유는 받아들이지 아니한다.

5. 피고의 자연폐사율에 관련된 손해배상법리의 오해, 채증법칙 위배로 인한 사실오인 또는 심리미진에 관한 상고이유에 대하여
   가. 피고가 넙치의 폐사율은 최적의 양식환경을 갖춘 상태에서도 10~30%에 이르므로, 손해액 산정에 있어서 이를 고려하여야 한다고 주장함에 대하여, 원심은 피고가 든 증거만으로는 이 사건 양식장에서 대량 폐사한 넙치와 전복의 장래 자연폐사율이 10~30% 정도 되리라는 점을 인정하기에 부족하고, 달리 이를 인정할 증거가 없을 뿐만 아니라 소외 회사가 넙치와 전복의 사육으로 인한 장래의 수익 상실에 관한 손해의 배상을 구하는 것도 아니므로 피고의 위 주장 이유 없다고 배척하였다.
   나. 기록에 의하면 원전 온배수나 이상고온 피해가 없었던 97년, 98년의 영덕군 및 울진군의 수조식 육상 넙치양식장에서 넙치가 계속 폐사하였고, 심지어 온배수와 전혀 상관없는 영덕군 지역에서 폐사율이 더 높은 경우도 있다는 점에 비추어 보면 통상의 자연폐사가 있음은 인정할 수는 있다.
   그러나 이 사건 폐사는 특수한 이상고온 상태에서 단기간에 발생한 것이고, 더구나 이 사건은 넙치나 전복의 폐사 당시의 객관적 교환가치에 기초한 손해의 배상을 구하는 것이지 소외 회사가 넙치와 전복의 양식으로 인하여 얻을 수 있는 장래의 수익 상실에 관한 손해의 배상을 구하는 것이 아니므로 이러한 경우에는 피고가 주장하는 통상의 자연폐사율 즉 치어일 때부터 성어가 되어 출하할 때까지의 전 기간을 관찰하여 얻은 자연폐사율은 의미가 없고, 오로지 이 사건과 같은 특수한 상황에서의 자연폐사율이 얼마냐가 문제될 뿐인데, 이 사건과 같은 특수상황에서의 자연폐사율을 인정할 증거가 없는 이상 이러한 사정은 자연력의 기여도를 참작하여 합리적으로 고려하는 수밖에 없다.
   이러한 관점에서 이 사건에서 원심이 결정한 자연력의 기여도를 보면, 원심은 이 사건과 같은 특수한 상황에서의 폐사율까지 고려하여 자연력의 기여도를 정한 것으로 볼 수 있고, 따라서 비록 원심의 설시가 미흡하기는 하지만, 거기에 손해배상법리의 오해, 채증법칙 위배로 인한 사실오인 또는 심리미진의 위법은 없다.
   이 부분 상고이유도 받아들이지 아니한다.
6. 원고 및 피고의 과실상계에 대한 상고이유에 대하여
   가. 원심은 앞에서 본 것과 같은 경위로 자연력의 기여도를 50%로 인정한 후 과실상계를 함에 있어서, 피고에게는, 선진국의 원자력발전소에서는 배출되는 온배수가 해양생태계에 미치는 영향을 완화하기 위하여 취·배수구를 연안에서 상당한 거리에 있는 심층에 설치하고 있는 데 반해 울진원전은 그 취·배수구를 해안선을 따라 설치하였고 그 입·출구 역시 해수면에 그대로 설치한 점, 울진원전의 지상 취·배수구 사이의 거리가 짧아 지상 배수구로부터 배출된 온배수가 다시 지상 취수구로 재유입되어 냉각수로 사용됨으로써 배출되는 온배수의 수온이 더욱 높아지는 경우도 있는 점, 피고가 한국해양연구소와 공동으로 이 사건 폐사 이후 영광원전과 울진원전의 증설로 대량 배출되는 온배수의 영향을 저감시키기 위한 방안을 연구한 결과, 방류제를 연장축조하거나 냉각탑을 설치하는 등의 채택가능한 안이 있다고 제시하였고, 울진원전의 경우에는 2003.에 이러한 온배수 영향 저감방안의 설치가 가능하다고 보고한 점 등에 비추어 보면, 울진원전의 가동을 책임지고 있는 피고로서는 위 원전으로부터 배출되는 온배수로 인하여 해양생태계가 파괴되지 않도록 함은 물론 인근 어업 및 양식업에 피해가 발생하지 않도록 울진원전 설치 당시부터 취·배수구를 해안으로부터 상당한 거리에 위치한 심층 바다에 설치하여야 할 의무가 있음에도 이에 이르지 못하였고, 또한 이미 취·배수구를 설치한 후일지라도 위와 같은 피해

방지를 위하여 냉각탑을 신설하거나 취·배수구의 방류제를 연장하는 등 온배수 영향 저감 시설 등을 설치하여야 할 의무가 있음에도 이에 이르지 못하는 등 울진원전의 설치·보존·관리상의 과실이 있고, 피해자인 소외 회사에게는, 소외 회사가 울진원전에서 배출되는 온배수를 이 사건 양식장 수조의 해수로 이용하기 위하여 울진원전으로부터 불과 400-500m 정도 떨어져 있어 온배수의 영향을 많이 받는 지역권 내에 이 사건 양식장을 설치·운영하였으면서도, 여름철 고수온기에 대비하여 넙치 및 전복 양식을 위하여 취수하는 해수의 수온을 조절할 수 있는 온도조절시설이나 일부 취수관을 기존의 취수관보다 해안으로부터 더 멀리 떨어진 해저 지점에 설치함으로써 온배수의 영향을 비교적 덜 받는 해수를 취수할 수 있는 선별취수설비 등을 갖추지 아니하였고, 또한 적정수용밀도를 초과한 상태에서 넙치를 양식하였으며 미리 고수온기에 대비하여 사육밀도를 더욱 낮추어야 함에도 이에 이르지 아니한 잘못이 있다고 지적하고, 소외 회사의 과실과 피고의 과실을 교량한 후 소외 회사의 과실비율을 자연력의 기여도를 제외한 나머지 부분 중 45%로 제한하였다.

나. 불법행위로 인한 손해의 발생 또는 확대에 관하여 피해자에게도 과실이 있어서 가해자의 손해배상의 범위를 정하기 위하여 양자의 과실비율을 교량함에 있어서는 손해의 공평부담이라는 제도의 취지에 비추어 사고 발생에 관련된 제반 상황이 충분히 고려되어야 할 것이며, 과실상계 사유에 관한 사실인정이나 그 비율을 정하는 것이 사실심의 전권사항이라고 하더라도 그것이 형평의 원칙에 비추어 현저히 불합리해서는 안될 것인바(대법원 1999. 8. 24. 선고 99다21264 판결 등 참조), 원심이 지적한 피고의 과실은 수긍할 수 있다고 하더라도, 피해자인 소외 회사의 과실과 이를 기초로 쌍방의 과실을 교량하여 원심이 정한 과실상계의 비율은 수긍할 수 없다.

(1) 우선 소외 회사의 과실에 대하여 본다.

(가) 소외 회사는 이 사건 사고 전에도 여름철의 해수 온도가 넙치의 양식에 지장을 초래할 만한 온도까지 상승한 적이 수차 있었다는 것을 알고 있었고, 또한 온배수를 이용하기 위하여 자의로 온배수의 영향권 내에 양식장을 설치하였으므로, 여름철에는 해수온도의 상승과 온배수가 결합하면 넙치의 양식에 치명적인 영향을 줄 수 있다는 것을 피고보다 더 잘 알고 있었거나 알 수 있었으며, 한편 자연재해에 대비하는 경우는 연평균기온이 아니라 최고기온을 기준으로 하여야 할 것이다(대법원 2001. 2. 23. 선고 99다61316 판결 참조).

그런데 일반적으로 해양이나 호수 또는 호소(호소)의 경우 수표면으로부터 아래로 내려갈수록 수온이 내려가는바, 기록에 의하면 일본 가시와자끼 원전의 경우 해수면으로부터 수심 4m 이하에서는 온배수영향이 없는 것으로 조사되어 있고, 이 사건에서도 울진의 경우 5m 수심에서는 수온이 28.9~28.2℃일 때, 10m 수심에서는 18.5℃로서 강한 성층현상을 보이며, 울진 근해의 수심은 해안에서 500m만 떨어지면 수심 10m에 이르는 것으로 밝혀졌다. 따라서 소외 회사는 해안으로부터 500m 떨어진 곳의 수심 10m까지 갈 것도 없이 그 중간 적절한 곳의 수심에서 해수를 취수할 수 있는 취수관을 설치함으로써 여름철에 온배수의 영향을 완전히 벗어날 수도 있었다.

특히 춘계 표층수온분포를 보면 온배수의 영향은 해수의 장축방향(흐름방향)으로는 약 1㎞까지 미치고, 단축방향(흐름의 직각방향)으로는 약 200m까지 미치는데, 하계의 표층수온분포는 춘계에 비해 온배수의 영향이 비교적 장축방향으로 넓게 분포하고 있어서, 적어도 해안으로부터 500m까지 확산되는 경우는 드문 것으로 보이고, 특히 이 사건 당시에는 바람의 방향이 바뀌어 온배수가 장축방향으로 더욱 확산되어 소외 회사보다 더 아래쪽에 있는 양식장까지 영향을 줄 정도였으므로 배출되는 온배수의 양이 일정한 이상 해안으로부터 200m까지 확산되지도 아니하였던 것으로 보인다.

이러한 제반 사정에 비추어 보면, 소외 회사가 해안으로부터 250m 떨어진 곳의 해저에서 해수를 취수하였다는 주장은 믿기도 어렵거니와, 이 사건 사고보다 훨씬 전인 7. 16.경 이미 냉수대가 소멸되어 그 무렵부터 해수의 온도가 상승하기 시작하였고, 한편 당시 국립수산진흥원에서는 연일 인공위성자료 등을 분석하여 냉수대의 약화로 인한 고수온에 대비하여 양식업자들에게 그 피해대책을 강구하도록 적극적으로 공지해 왔으며, 특히 이 사건 육상수조의 수온이 상승하기 시작한 것은 사고발생 2일 전인 7. 22.부터인 점에 비추어, 사고발생 전까지 소외 회사의 취수관을 200m 정도 더 길게 연결하고 취수펌프의 용량을 증대하는 것이 기술적으로 불가능한 것이었는지, 그리고 소외 회사의 양식장 규모에 비추어 과도한 노력이나 비용을 들이는 것이었는지 납득하기도 어렵다(원고는 낮은 수온의 심층수를 양식장까지 인입하는 방법은 막대한 시설비를 요하게 되므로 어민들의 양식장에서는 사용불가능하다고 주장하며 같은 취지의 증거를 제출하였으나, 기록에 의하면 영동화력발전소에서 배출되는 온배수를 이용하는 양식장은 이미 이 사건 사고 당시에 집수정 등 여름철에 저온의 자연해수를 취수할 수 있는 시설을 갖추고 있었고, 1995. 이후에는 집수정을 폐쇄하고 해저수심 12~13m 지점에 파이프를 설치하여 해수를 취수하고 있으므로, 원고가 제출한 증거는 신빙성이 없다).

(나) 또한, 이 사건 양식장은 해양에 설치된 가두리양식장이 아니라 수조식 육상 양식장으로서 인위적으로 물을 공급하여야 하는 대신 해수를 선택적으로 공급함으로써 태풍, 적조 등의 해양환경의 악화에 의한 피해를 방지할 수 있는 시설임은 원고의 주장 자체로 명백하므로 적조 등에 대비한 선별취수시설은 수조식 육상 양식장의 기본시설로 보이는 한편, 수조식 육상 양식장에 물을 공급하는 방식으로는 항상 새로운 물을 계속 공급하는 방식뿐 아니라, 시간을 정해놓고 주기적으로 물을 교환하는 방식으로도 환수가 가능한데, 을 제43호증의 1, 2에 의하면, 넙치의 수조식 육상 양식에 있어서, 종묘는 방양한 후 약 1주일이 지나면 물을 교환하기 시작하여 점차 환수량을 증가시키고, 양성시의 환수율은 밀식 여부와 깊은 관련이 있으며, 넙치양식수조의 수심은 30~80㎝ 정도면 충분한 것으로 인정된다. 한편, 소외 회사의 넙치의 양식장 면적은 6,796.4㎡이고, 환수는 수조의 물을 일시에 전부 교환하는 것은 아니다.

따라서 소외 회사의 양식장의 특성이 위와 같은 이상 원심으로서는 마땅히 이 사건 온배수가 양식장 수조에 유입된 경위와 관련하여, 소외 회사가 수조식 육상 양식장을 설치하면서 충분한 선별취수시설을 갖추지 못한 이유가 무엇인지, 이 사건 당시에는 어떤 방식으로 환수하였는지, 시간을 정해놓고 일정량의 해수를 공급하는 방식으로 환수가 가능하였는지, 넙치양식수조의 수심은 얼마였고, 이 사건과 같은 비상시에 최대한 얼마나 낮출 수 있었는지, 그리하여 환수주기나 환수시에 공급한 수량은 얼마인지, 수조 안에 얼음과 액화산소를 공급하였다면 환수주기가 늦춰도 되는 것은 아닌지, 환수시에 공급한 물은 가온된 해수를 그대로 공급한 것인지, 환수에 필요한 수량에 따라 자연해수를 달리 저장하였다가 식은 후에 공급할 수는 없었는지 등을 면밀히 심리한 후 그에 따라 소외 회사의 과실을 인정하였어야 할 것이고, 당해 사태시의 소외 회사의 구체적인 대처방식에 따라 선별취수시설부족이나 밀식으로 인하여 평가된 과실보다 소외 회사의 과실은 더욱 커질 수 있다.

더구나 앞에서 본 바와 같이, 이 사건 사고보다 훨씬 전부터 국립수산진흥원이 냉수대의 약화로 인한 고수온에 대비하여 피해대책을 강구하도록 적극적으로 공지해 왔으므로, 소외 회사로서는 해수를 저장하여 식힌 후 공급할 수 있는 탱크를 준비하거나 양식어류를 조기출하하여 밀식을 줄이는 등 해수온도의 상승에 대비할 시간적인 여유가 충분히 있었다고 보여지는바, 소외 회사가 피해를 방지하거나 줄이기 위하여 이러한 조치를 취하였는지, 취하지 아니하였다면 그 이유가 무엇인지도 더 심리해 볼 필요가 있다.

(다) 그리고 본 사건에서 소외 회사는 발전소 가동 이후에 양식장을 설치하였고, 배수구부근이 온배수의 확산영역임을 사전에 알고 온배수를 자신의 이익으로 이용하기 위하여 자의로 들어선 것이며, 피고는 소외 회사로부터 온배수 이용에 대한 어떠한 대가를 받은 바 없으므로, 온배수의 악영향을 피하는 것은 일차적으로 소외 회사의 의무라고 할 것이고, 이러한 사정 하에서는 원심이 인정한 피고의 과실과 소외 회사의 과실만을 고려하더라도, 피고의 과실에 비하여 소외 회사의 과실이 훨씬 중대하다고 할 수 있으므로, 원심이 소외 회사의 과실을 45%로 제한한 것은 형평의 원칙에 비추어 현저히 불합리하다고 인정되고, 따라서 이 점을 지적하는 피고의 상고이유는 이유 있고, 이에 반하는 원고의 상고이유는 이유 없다.

7. 결 론

그러므로 원심판결 중 피고 패소 부분을 파기하고, 이 부분 사건을 다시 심리·판단하게 하기 위하여 원심법원에 환송하기로 하며, 원고의 상고를 기각하기로 하여 관여 법관의 일치된 의견으로 주문과 같이 판결한다.

대법관   고현철(재판장) 변재승 윤재식(주심) 강신욱

[판례 5] 손해배상(기) (대법원 2004. 3. 12. 선고 2002다14242 판결)

【판시사항】

[1] 국가배상법 제5조 제1항 소정의 '영조물의 설치·관리상의 하자'의 의미 및 하자로 볼 수 있는 경우
[2] 매향리 사격장에서 발생하는 소음 등으로 지역 주민들이 입은 피해는 사회통념상 참을 수 있는 정도를 넘는 것으로서 사격장의 설치 또는 관리에 하자가 있었다고 본 사례
[3] 소음 등을 포함한 공해 등의 위험지역으로 이주하여 거주하는 경우, 가해자의 면책 여부에 대한 판단 기준

【판결요지】

[1] 국가배상법 제5조 제1항에 정하여진 '영조물의 설치 또는 관리의 하자'라 함은 공공의 목적에 공여된 영조물이 그 용도에 따라 갖추어야 할 안전성을 갖추지 못한 상태에 있음을 말하고, 여기서 안전성을 갖추지 못한 상태, 즉 타인에게 위해를 끼칠 위험성이 있는 상태라 함은 당해 영조물을 구성하는 물적 시설 그 자체에 있는 물리적·외형적 흠결이나 불비로 인하여 그 이용자에게 위해를 끼칠 위험성이 있는 경우뿐만 아니라 그 영조물이 공공의 목적에 이용됨에 있어 그 이용상태 및 정도가 일정한 한도를 초과하여 제3자에게 사회통념상 참을 수 없는 피해를 입히는 경우까지 포함된다고 보아야 할 것이고, 사회통념상 참을 수 있는 피해인지의 여부는 그 영조물의 공공성, 피해의 내용과 정도, 이를 방지하기 위하여 노력한 정도 등을 종합적으로 고려하여 판단하여야 한다.

[2] 매향리 사격장에서 발생하는 소음 등으로 지역 주민들이 입은 피해는 사회통념상 참을 수 있는 정도를 넘는 것으로서 사격장의 설치 또는 관리에 하자가 있었다고 본 사례.
[3] 소음 등을 포함한 공해 등의 위험지역으로 이주하여 들어가서 거주하는 경우와 같이 위험의 존재를 인식하면서 그로 인한 피해를 용인하며 접근한 것으로 볼 수 있는 경우에 그 피해가 직접 생명이나 신체에 관련된 것이 아니라 정신적 고통이나 생활방해의 정도에 그치고, 그 침해행위에 상당한 고도의 공공성이 인정되는 때에는 위험에 접근한 후 실제로 입은 피해 정도가 위험에 접근할 당시에 인식하고 있었던 위험의 정도를 초과하는 것이거나 위험에 접근한 후에 그 위험이 특별히 증대하였다는 등의 특별한 사정이 없는 한 가해자의 면책을 인정하여야 하는 경우도 있을 수 있을 것이나, 일반인이 공해 등의 위험지역으로 이주하여 거주하는 경우라고 하더라도 위험에 접근할 당시에 그러한 위험이 문제가 되고 있지 아니하였고, 그러한 위험이 존재하는 사실을 정확하게 알 수 없었으며, 그 밖에 위험에 접근하게 된 경위와 동기 등의 여러 가지 사정을 종합하여 그와 같은 위험의 존재를 인식하면서 굳이 위험으로 인한 피해를 용인하였다고 볼 수 없는 경우에는 그 책임이 감면되지 아니한다고 봄이 상당하다.

【참조조문】

[1] 국가배상법 제5조 제1항[2] 국가배상법 제5조 제1항, 대한민국과아메리카합중국간의상호방위조약제4조에의한시설과구역및대한민국에서의합중국군대의지위에관한협정의시행에관한민사특별법 제2조 제2항[3] 국가배상법 제5조 제1항, 민법 제750조

【참조판례】

[1] 대법원 2002. 8. 23. 선고 2002다9158 판결(공2002하, 2211)

【전 문】

【원고,피상고인겸상고인】 원고 1 외 13인 (소송대리인 법무법인 덕수 담당변호사 이돈명 외 4인)
【피고,상고인겸피상고인】 대한민국
【원심판결】 서울지법 2002. 1. 9. 선고 2001나29253 판결

【주 문】

1. 원심판결 중 주문 제1항을 다음과 같이 변경한다.
    제1심판결의 주문 제1, 2항을 다음과 같이 변경한다.
    가. 피고는, (1) 원고 1, 원고 2, 원고 3, 원고 4, 원고 5, 원고 6에게 각 11,050,000원 및 그 중 6,120,000원에 대하여는 1998. 3. 12.부터, 나머지 4,930,000원에 대하여는 2001. 11. 15.부터, 각 2003. 5. 31.까지는 연 5푼의, 그 다음날부터 완제일까지는 연 2할의 각 비율에 의한 금원을, (2) 원고 7, 원고 8, 원고 9, 원고 10, 원고 11, 원고 12, 원고 13, 원고 14에게 각 9,750,000원 및 그 중 5,400,000원에 대하여는 1998. 3. 12.부터, 나머지 4,350,000원에 대하여는 2001. 11. 15.부터, 각 2003. 5. 31.까지는 연 5푼의, 그 다음날부터 완제일까지는 연 2할의 각 비율에 의한 금원을, 각 지급하라.
    나. 원고들의 나머지 청구를 모두 기각한다.
2. 소송총비용은 5분하여 그 2는 원고들이, 나머지는 피고가 부담한다.

【이 유】

1. 국가배상법 제5조 제1항에 정하여진 '영조물의 설치 또는 관리의 하자'라 함은 공공의 목적에 공여된 영조물이 그 용도에 따라 갖추어야 할 안전성을 갖추지 못한 상태에 있음을 말하고 (대법원

2002. 8. 23. 선고 2002다9158 판결 참조), 여기서 안전성을 갖추지 못한 상태, 즉 타인에게 위해를 끼칠 위험성이 있는 상태라 함은 당해 영조물을 구성하는 물적 시설 그 자체에 있는 물리적·외형적 흠결이나 불비로 인하여 그 이용자에게 위해를 끼칠 위험성이 있는 경우뿐만 아니라 그 영조물이 공공의 목적에 이용됨에 있어 그 이용상태 및 정도가 일정한 한도를 초과하여 제3자에게 사회통념상 참을 수 없는 피해를 입히는 경우까지 포함된다고 보아야 할 것이고, 사회통념상 참을 수 있는 피해인지의 여부는 그 영조물의 공공성, 피해의 내용과 정도, 이를 방지하기 위하여 노력한 정도 등을 종합적으로 고려하여 판단하여야 할 것이다.

원심은, 그 채용 증거들을 종합하여 1951. 미국 공군에 의하여 경기 화성군 우정면 매향리 소재 농섬을 중심으로 만들어지기 시작하여 1980.까지 그 일대 해상과 매향리 해안지역에 설치된 매향리 사격장은 해상사격장과 육상사격장으로 이루어져 있고, 미국 공군의 전투기와 공격용 헬리콥터 등이 그 사격장에서 통상 주말과 공휴일을 제외하고 한 달 평균 20일 가량 오전 9시부터 오후 10시까지 사이에 매일 10회 이상 그리고 매회 20분 이상씩 폭탄 투하와 기관총 사격 훈련 등을 실시하고 있는 사실, 이러한 훈련에 따르는 항공기 소음과 폭탄 파열음 및 오폭사고 등으로 원고들을 포함하여 매향리 사격장 부근에 거주하는 주민들에게 계속하여 피해가 발생하자 미국 공군은 1989.부터 육상사격장에서의 폭탄투하훈련을 중단하였으나, 그 뒤 인도주의실천의사협의회나 사단법인 시민환경연구소 등이 매향리 사격장 부근 마을에서 소음을 측정한 결과 사격훈련이 실시될 때 약 90dB 이상 최고 133.7dB까지의 소음이 발생하는 것으로 측정되었고, 1997. 국방부에서 작성한 매향리 일대 주민들의 청원에 대한 검토보고서에도 매향리 사격장의 운영으로 인하여 90dB 내지 120dB의 소음이 발생하는 것으로 조사된 사실, 또 제1심 감정인 소외인이 1998. 8.부터 1999. 3.까지 사이에 18일 동안 매향리 사격장에 가까운 원고들의 거주지역 중 대표적인 측정지점 7곳을 선택하여 소음을 측정하고 그 결과를 등가소음수준으로 평가한 바에 따르면 그 지역의 1일 평균소음은 70.2dB, 최고 1시간 평균소음은 73.8dB, 최고 1분간 평균소음은 120.9dB 내지 132.9dB이며 사격훈련이 없는 경우의 배경소음은 평균 50dB 정도인 사실, 한편 미국 공군이 육상사격장에서의 폭탄투하훈련을 중단한 뒤에도 해상사격장에서의 오폭이나 육상사격장에서의 유탄 등으로 원고들 거주지역의 주민들이 다치거나 집이 손상되는 사고가 계속하여 발생하자 미국 공군은 2000. 8. 18.부터 육상사격장에서의 기관총사격을 중지하는 한편, 해상사격장에서의 실탄 사격을 중단하고 연습탄에 의한 사격만을 하고 있으며 전투기의 선회 항로도 매향리 일대 상공에서 해상지역으로 변경한 사실 등을 인정한 다음, 그와 같은 사실관계에 기초하여, 매향리 사격장이 국가안보를 위하여 고도의 공익성을 가진 시설이지만 원고들이 거주하는 농어촌지역과 충분한 완충지대를 두지 아니하고 설치되어 주거지역 상공으로 전투기 등이 낮은 고도로 비행하면서 폭탄 투하와 기관총 사격 훈련 등을 실시함으로써 환경정책기본법상 주거지역 환경소음기준인 50dB 내지 65dB을 훨씬 넘는 날카롭고 충격적인 소음이 주말이나 공휴일을 제외하고 매일 발생하여 원고들이 신체적·정신적으로 피해를 입었고, 텔레비전 시청이나 전화통화 및 일상대화 또는 자녀교육 등 일상생활에 커다란 방해를 받고 있는데도 불구하고, 미국 공군이 2000. 8. 18. 사격훈련 방법을 변경할 때까지 원고들의 피해를 줄이기 위한 노력을 충분히 하지 아니한 점 등에 비추어 볼 때, 2000. 8. 18. 이전까지 매향리 사격장에서 발생하는 소음 등으로 인하여 원고들이 입은 피해는 사회생활상 통상 참을 수 있는 정도를 넘는 것이므로 매향리 사격장의 설치 또는 관리에 하자가 있었다고 보아야 하고, 따라서 피고는 대한민국과아메리카합중국간의상호방위조약제4조에의한시설과구역및대한민국에서의합중국군대의지위에관한협정의시행에관한민사특별법 제2조 제2항, 국가배상법 제5조 제1항에 따라 원고들이 입은 손해를 배상할 책임이 있다고 판단하였다.

기록에 비추어 살펴보면, 원심의 증거취사와 사실인정은 수긍할 수 있으며, 앞서 본 법리에 비추어 보면, 매향리 사격장의 이용에 따른 피해 정도가 인근주민들인 원고들의 수인한도를 넘어서는 것이어서 영조물의 설치·관리에 하자가 있다고 함이 상당하므로 같은 취지의 원심의 판단은 정당하여 수긍할 수 있고, 거기에 피고가 상고이유로 주장하는 바와 같은 소음발생의 정도에 관한 채증법칙 위배의 위법이나 국가배상법 제5조 제1항의 해석 적용에 관한 법령위반의 위법이 없다.

2. 소음 등을 포함한 공해 등의 위험지역으로 이주하여 들어가서 거주하는 경우와 같이 위험의 존재를 인식하면서 그로 인한 피해를 용인하며 접근한 것으로 볼 수 있는 경우에 그 피해가 직접 생명이나 신체에 관련된 것이 아니라 정신적 고통이나 생활방해의 정도에 그치고, 그 침해행위에 상당한 고도의 공공성이 인정되는 때에는 위험에 접근한 후 실제로 입은 피해 정도가 위험에 접근할 당시에 인식하고 있었던 위험의 정도를 초과하는 것이거나 위험에 접근한 후에 그 위험이 특별히 증대하였다는 등의 특별한 사정이 없는 한 가해자의 면책을 인정하여야 하는 경우도 있을 수 있을 것이다. 그러나 일반인이 공해 등의 위험지역으로 이주하여 거주하는 경우라고 하더라도 위험에 접근할 당시에 그러한 위험이 문제가 되고 있지 아니하였고, 그러한 위험이 존재하는 사실을 정확하게 알 수 없었으며, 그 밖에 위험에 접근하게 된 경위와 동기 등의 여러 가지 사정을 종합하여 그와 같은 위험의 존재를 인식하면서 굳이 위험으로 인한 피해를 용인하였다고 볼 수 없는 경우에는 그 책임이 감면되지 아니한다고 봄이 상당하다.

원심이, 그 채용 증거들에 의하여 원고들 중 원고 7, 원고 8, 원고 9, 원고 14가 매향리 사격장이 설치된 뒤 그 사격장 부근 마을에 거주하기 시작하였지만, 원고 7, 원고 8, 원고 9는 8세 내지 11세의 나이에 가족과 함께 매향리에서 거주하기 시작하였고, 원고 14는 1954.에 결혼하면서 이화리에서 거주하기 시작하였으며, 위 원고들이 매향리와 이화리에서 거주하기 시작한 뒤 20년 이상 지난 1988.경에야 비로소 매향리 사격장의 소음 등으로 인한 주민들의 피해가 사회적으로 문제되기 시작한 사실을 인정한 다음, 이와 같이 위 원고들이 매향리 사격장 부근에서 거주하게 된 시기와 그 경위 등에 비추어 볼 때 그들이 매향리 사격장의 소음 등으로 인한 피해를 스스로 용인하고 사격장 부근 마을에서 거주하게 되었다고 볼 수 없고 달리 신의칙상 위 원고들에 대한 손해배상액을 감면할 만한 다른 사정이 있다고 볼 수도 없다고 판단하였는바, 기록에 비추어 살펴보면, 원심의 위와 같은 판단은 앞서 본 법리에 비추어 정당한 것으로 수긍할 수 있고, 거기에 피고가 상고이유로 주장하는 바와 같은 손해배상책임의 감면에 관한 법리오해 등의 위법이 없다.

3. 한편, 불법행위로 인하여 피해자가 입은 정신적 고통에 대한 위자료의 액수는 사실심 법원이 여러 가지 사정을 참작하여 재량으로 정할 수 있다(대법원 2002. 11. 26. 선고 2002다43165 판결 참조).

원심은, 매향리 사격장에서 발생하는 소음 등으로 인하여 원고들이 입은 피해의 정도와 그 기간 및 원고들이 거주하는 지역의 위치 등을 참작하여 매향리 사격장에 가까운 매향1·2·3리에 거주하는 원고들과 그 지역보다는 사격장에서 떨어져 있는 매향4·5리, 석천3리, 이화1·2·3리에 거주하는 원고들에게 서로 다른 기준을 적용하여 1995. 2. 27.부터 위와 같이 미국 공군이 사격훈련 방법을 변경한 2000. 8. 18. 이전으로서 원고들이 구하는 2000. 7. 26.까지 매월 일정한 금액의 비율에 따른 위자료 액수를 정하였는바, 기록에 비추어 살펴보면, 원심의 위와 같은 판단은 수긍할 수 있고, 거기에 원고들과 피고가 상고이유로 주장하는 바와 같은 위자료 산정에 관한 법리오해의 위법이 없다.

4. 직권으로 보건대, 2003. 5. 10. 법률 제6868호로 개정되기 전의 소송촉진등에관한특례법(이하 '소송촉진법'이라 한다) 제3조 제1항 본문 중 '대통령령으로 정하는 이율' 부분에 대하여 2003. 4. 24. 헌법재판소의 위헌결정이 있었고, 그에 따라 개정된 소송촉진법 제3조 제1항과 2003. 5. 29. 대통

령령 제17981호로 개정된 소송촉진법제3조제1항본문의법정이율에관한규정은 위 개정법률 시행 당시 법원에 계속중인 사건에 대하여 2003. 6. 1. 이후에 적용할 법정이율을 연 2할로 한다고 규정하고 있으므로 이 사건에서 원고들의 손해배상채권에 대한 지연손해금을 산정함에 있어서도 원심판결 선고 다음날인 2002. 1. 10.부터 2003. 5. 31.까지는 민법에 정하여진 연 5푼의, 그 다음날부터 완제일까지는 소송촉진법에 정하여진 연 2할의 비율에 의한 지연손해금 이율을 적용하여야 한다.

이와 달리 위 기간에 대하여 구 소송촉진법에 정하여진 연 2할 5푼의 이율을 적용한 원심의 판단에는 결과적으로 지연손해금의 법정이율을 잘못 적용하여 판결 결과에 영향을 미친 위법이 있게 되었다고 할 것이므로 그 부분에서는 변경되어야 할 것이다.

5. 그러므로 피고는 위자료로서, (1) 원고 1, 원고 2, 원고 3, 원고 4, 원고 5, 원고 6에게 각 11,050,000원 및 그 중 6,120,000원에 대하여는 1998. 3. 12.부터, 나머지 4,930,000원에 대하여는 2001. 11. 15.부터, 각 2003. 5. 31.까지는 민법에 정하여진 연 5푼의, 그 다음날부터 완제일까지는 소송촉진법에 정하여진 연 2할의 각 비율에 의한 지연손해금을, (2) 원고 7, 원고 8, 원고 9, 원고 10, 원고 11, 원고 12, 원고 13, 원고 14에게 각 9,750,000원 및 그 중 5,400,000원에 대하여는 1998. 3. 12.부터, 나머지 4,350,000원에 대하여는 2001. 11. 15.부터, 각 2003. 5. 31.까지는 민법에 정하여진 연 5푼의, 그 다음날부터 완제일까지는 소송촉진법에 정하여진 연 2할의 각 비율에 의한 지연손해금을 각각 지급할 의무가 있다고 할 것이므로 원고들의 이 사건 청구는 위 인정 범위 안에서 이유 있어 인용하고, 나머지는 이유 없어 기각하여야 할 것인바, 이와 일부 결론을 달리한 원심판결 중 주문 제1항과 제1심판결의 주문 제1, 2항을 이 판결의 주문 제1항과 같이 변경하고, 소송총비용은 5분하여 그 2는 원고들이, 나머지는 피고가 각각 부담하기로 하여 관여 대법관의 일치된 의견으로 주문과 같이 판결한다.

대법관   유지담(재판장) 배기원 이강국(주심) 김용담

[판례 6] 손해배상(기) (대법원 2005. 1. 27. 선고 2003다49566 판결)

【판시사항】

[1] 국가배상법 제5조 제1항에 정한 '영조물 설치 또는 관리의 하자'의 의미 및 하자로 볼 수 있는 경우
[2] '영조물 설치 또는 하자'에 관한 제3자의 수인한도의 판단 기준
[3] 소음 등을 포함한 공해 등의 위험지역으로 이주하여 거주하는 경우, 가해자의 면책 여부 및 손해배상액 감액에 대한 판단 기준
[4] 김포공항에서 발생하는 소음 등으로 인근 주민들이 입은 피해는 사회통념상 수인한도를 넘는 것으로서 김포공항의 설치·관리에 하자가 있다고 본 사례

【판결요지】

[1] 국가배상법 제5조 제1항에 정하여진 '영조물의 설치 또는 관리의 하자'라 함은 공공의 목적에 공여된 영조물이 그 용도에 따라 갖추어야 할 안전성을 갖추지 못한 상태에 있음을 말하고, 안전성을 갖추지 못한 상태, 즉 타인에게 위해를 끼칠 위험성이 있는 상태라 함은 당해 영조물을 구성하는

물적 시설 그 자체에 있는 물리적·외형적 흠결이나 불비로 인하여 그 이용자에게 위해를 끼칠 위험성이 있는 경우뿐만 아니라, 그 영조물이 공공의 목적에 이용됨에 있어 그 이용상태 및 정도가 일정한 한도를 초과하여 제3자에게 사회통념상 수인할 것이 기대되는 한도를 넘는 피해를 입히는 경우까지 포함된다고 보아야 한다.
[2] '영조물 설치 또는 하자'에 관한 제3자의 수인한도의 기준을 결정함에 있어서는 일반적으로 침해되는 권리나 이익의 성질과 침해의 정도뿐만 아니라 침해행위가 갖는 공공성의 내용과 정도, 그 지역환경의 특수성, 공법적인 규제에 의하여 확보하려는 환경기준, 침해를 방지 또는 경감시키거나 손해를 회피할 방안의 유무 및 그 난이 정도 등 여러 사정을 종합적으로 고려하여 구체적 사건에 따라 개별적으로 결정하여야 한다.
[3] 소음 등을 포함한 공해 등의 위험지역으로 이주하여 들어가서 거주하는 경우와 같이 위험의 존재를 인식하면서 그로 인한 피해를 용인하며 접근한 것으로 볼 수 있는 경우에, 그 피해가 직접 생명이나 신체에 관련된 것이 아니라 정신적 고통이나 생활방해의 정도에 그치고 그 침해행위에 고도의 공공성이 인정되는 때에는, 위험에 접근한 후 실제로 입은 피해 정도가 위험에 접근할 당시에 인식하고 있었던 위험의 정도를 초과하는 것이거나 위험에 접근한 후에 그 위험이 특별히 증대하였다는 등의 특별한 사정이 없는 한 가해자의 면책을 인정하여야 하는 경우도 있을 수 있을 것이나, 일반인이 공해 등의 위험지역으로 이주하여 거주하는 경우라고 하더라도 위험에 접근할 당시에 그러한 위험이 존재하는 사실을 정확하게 알 수 없는 경우가 많고, 그 밖에 위험에 접근하게 된 경위와 동기 등의 여러 가지 사정을 종합하여 그와 같은 위험의 존재를 인식하면서 굳이 위험으로 인한 피해를 용인하였다고 볼 수 없는 경우에는 손해배상액의 산정에 있어 형평의 원칙상 과실상계에 준하여 감액사유로 고려하는 것이 상당하다.
[4] 김포공항에서 발생하는 소음 등으로 인근 주민들이 입은 피해는 사회통념상 수인한도를 넘는 것으로서 김포공항의 설치·관리에 하자가 있다고 본 사례.

【참조조문】

[1] 국가배상법 제5조 제1항 [2] 국가배상법 제5조 제1항 [3] 국가배상법 제5조 제1항, 민법 제750조 [4] 국가배상법 제5조 제1항, 민법 제750조

【참조판례】

[1][3] 대법원 2004. 3. 12. 선고 2002다14242 판결(공2004상, 606)
[1] 대법원 2000. 2. 25. 선고 99다54004 판결(공2000상, 830)
대법원 2001. 7. 27. 선고 2000다56822 판결(공2001하, 1937)
대법원 2002. 8. 23. 선고 2002다9158 판결(공2002하, 2211)
대법원 2004. 6. 11. 선고 2003다62026 판결

【전 문】

【원고(선정당사자),피상고인】 원고 1 외 2인 (소송대리인 법무법인 두우 담당변호사 손석봉)
【피고,상고인】 대한민국
【원심판결】 판결
【주 문】
상고를 기각한다. 상고비용은 피고가 부담한다.
【이 유】

상고이유를 본다.
1. 상고이유 제1점, 제2점에 관하여

국가배상법 제5조 제1항에 정하여진 '영조물의 설치 또는 관리의 하자'라 함은 공공의 목적에 공여된 영조물이 그 용도에 따라 갖추어야 할 안전성을 갖추지 못한 상태에 있음을 말하고 (대법원 2002. 8. 23. 선고 2002다9158 판결 참조), 여기서 안전성을 갖추지 못한 상태, 즉 타인에게 위해를 끼칠 위험성이 있는 상태라 함은 당해 영조물을 구성하는 물적 시설 그 자체에 있는 물리적·외형적 흠결이나 불비로 인하여 그 이용자에게 위해를 끼칠 위험성이 있는 경우뿐만 아니라, 그 영조물이 공공의 목적에 이용됨에 있어 그 이용상태 및 정도가 일정한 한도를 초과하여 제3자에게 사회통념상 수인할 것이 기대되는 한도를 넘는 피해를 입히는 경우까지 포함된다고 보아야 할 것이다(대법원 2004. 3. 12. 선고 2002다14242 판결 참조).

그리고 수인한도의 기준을 결정함에 있어서는 일반적으로 침해되는 권리나 이익의 성질과 침해의 정도뿐만 아니라 침해행위가 갖는 공공성의 내용과 정도, 그 지역환경의 특수성, 공법적인 규제에 의하여 확보하려는 환경기준, 침해를 방지 또는 경감시키거나 손해를 회피할 방안의 유무 및 그 난이 정도 등 여러 사정을 종합적으로 고려하여 구체적 사건에 따라 개별적으로 결정하여야 할 것이다.

원심판결 이유에 의하면, 원심은 설령 피고가 김포공항을 설치·관리함에 있어 항공법령에 따른 항공기 소음기준 및 소음대책을 준수하려는 노력을 경주하였다고 하더라도, 김포공항이 항공기 운항이라는 공공의 목적에 이용됨에 있어 그와 관련하여 배출하는 소음 등의 침해가 인근 주민인 선정자들에게 통상의 수인한도를 넘는 피해를 발생하게 하였다면 김포공항의 설치·관리상에 하자가 있다고 보아야 할 것이라고 전제한 다음, 그 판시와 같은 여러 사정을 종합적으로 고려하면 이 사건 김포공항 주변지역의 소음과 관련하여서는 항공법시행규칙 제271조상의 공항소음피해예상지역(제3종구역)으로 분류되는 지역 중 85 WECPNL 이상의 소음이 발생하는 경우에는 사회생활상 통상의 수인한도를 넘는 것으로서 위법성을 띠는 것으로 봄이 상당하다고 할 것인데, 이 사건 선정자들의 거주지역이 이에 해당하므로 김포공항을 설치·관리하는 국가는 이에 대하여 손해를 배상할 책임이 있다고 판단하였다.

김포공항과 그 주변지역이 국내의 다른 민간공항이나 군용공항과 구별되는 특성을 기록에 비추어 살펴보면 원심이 구체적 사건인 김포공항 주변지역에 설정한 수인한도의 기준을 그 판시와 같이 정하고 이에 기하여 김포공항을 설치·관리하는 국가의 손해배상책임을 인정한 판단은 위 법리에 따른 것으로서 수긍이 가고, 거기에 상고이유에서 주장하는 바와 같이 영조물 설치·관리상의 하자에 관한 법리오해, 소음피해로 인한 수인한도에 관한 법리오해 등의 위법이 있다고 할 수 없다.

2. 상고이유 제3점에 관하여

원심판결 이유에 의하면, 원심은 피고가 선정자들 중 일부에 대하여 주택방음공사 등 항공기소음대책을 실시하였다고 하더라도, 일상 생활의 상당 부분은 방음시설된 실내뿐만 아니라 실외에서도 이루어지는 점, 주택방음공사를 실시하였다고 하여 소음이 완전히 차단되는 것이 아닌 점, 실내를 밀폐하였을 경우 냉방이나 환기시설이 필요하고 이러한 시설의 유지를 위해서는 비용이 필요한 점 등을 고려하면, 주택방음공사를 실시한 이후에는 아무런 피해가 없다고 단정하기는 어렵고 다만 그 기간에 대하여 손해의 상당액을 감액함이 타당하다고 판단하여 피고의 면책주장을 배척하였다.

기록에 비추어 살펴보면, 원심이 피고의 이 부분 면책주장을 배척한 조치는 정당한 것으로 수긍이 가고, 거기에 상고이유에서 주장하는 바와 같이 손해배상책임에 관한 법리오해 등의 위법이 있다고 할 수 없다.

3. 상고이유 제4점에 관하여

소음 등을 포함한 공해 등의 위험지역으로 이주하여 들어가서 거주하는 경우와 같이 위험의 존재를 인식하면서 그로 인한 피해를 용인하며 접근한 것으로 볼 수 있는 경우에, 그 피해가 직접 생명이나 신체에 관련된 것이 아니라 정신적 고통이나 생활방해의 정도에 그치고 그 침해행위에 고도의 공공성이 인정되는 때에는, 위험에 접근한 후 실제로 입은 피해 정도가 위험에 접근할 당시에 인식하고 있었던 위험의 정도를 초과하는 것이거나 위험에 접근한 후에 그 위험이 특별히 증대하였다는 등의 특별한 사정이 없는 한 가해자의 면책을 인정하여야 하는 경우도 있을 수 있을 것이나(대법원 2004. 3. 12. 선고 2002다14242 판결 참조), 일반인이 공해 등의 위험지역으로 이주하여 거주하는 경우라고 하더라도 위험에 접근할 당시에 그러한 위험이 존재하는 사실을 정확하게 알 수 없는 경우가 많고, 그 밖에 위험에 접근하게 된 경위와 동기 등의 여러 가지 사정을 종합하여 그와 같은 위험의 존재를 인식하면서 굳이 위험으로 인한 피해를 용인하였다고 볼 수 없는 경우에는 손해배상액의 산정에 있어 형평의 원칙상 과실상계에 준하여 감액사유로 고려하는 것이 상당하다.

원심판결 이유에 의하면, 원심은 서울지방항공청장이 김포공항 주변에 대하여 소음피해지역 및 소음피해예상지역을 분류하여 지정·고시한 1993. 6. 21. 이후에 자신들의 주거지에 전입한 일부 선정자들이 항공기 소음으로 인한 피해를 인식하였거나 과실로 인식하지 못한 것만 가지고 소음으로 인한 피해를 용인하였다고 보기는 어렵고, 또한 그것만으로 피고의 위법한 침해행위가 위법하지 않게 된다거나 책임이 소멸한다고는 볼 수 없으며, 다만 손해배상액의 산정에 있어서 형평의 원칙상 위자료의 감액사유로 고려함이 상당하다고 판단하여 이 부분 피고의 면책주장도 배척하였다.

기록과 앞서 본 법리에 비추어 살펴보면, 원심의 판단은 정당한 것으로 수긍이 가고, 거기에 상고이유에서 주장하는 바와 같이 손해배상책임의 면제에 관한 법리오해 등의 위법이 있다고 할 수 없다.

4. 결 론

그러므로 상고를 기각하고, 상고비용은 패소자가 부담하는 것으로 하여 관여 대법관의 일치된 의견으로 주문과 같이 판결한다.

대법관　김영란(재판장) 윤재식 이용우(주심) 이규홍

제3절　환경침해를 이유로 한 손해배상청구

1. 환경침해에 대한 구제방법

환경침해에 대한 구제방법으로서 민법 제750조에 기한 불법행위로 인한 손해배상청구를 하는 것이 일반적이다.

경우에 따라서는 민법 제758조 소정의 공작물책임이나 국가배상법 제5조 제1항 소정의 영조물책임에 터잡아 공작물 또는 영조물의 하자로 인한 손해의 배상을 청구할 수도 있다.

가. 영조물의 '하자'의 개념

☞ 대법원 2004. 3. 12. 선고 2002다14242 판결 19p 참조
☞ 대법원 2005. 1. 27. 선고 2003다49566 판결 23p 참조

2. 요건사실과 입증책임

환경오염피해에 대한 사법적 구제절차, 보통 손해배상청구는 불법행위법적으로, 유지청구는 물권법적으로 구성하는 이원론이 지배적이다.
환경침해로 인한 손해배상청구의 경우도 일반불법행위에 있어서와 같이 고의·과실, 위법성, 인과관계, 손해의 네 가지가 청구의 요건이 된다.

가. 손해배상청구와 유지청구

> ☞ 민 법
>
> 제217조 (매연 등에 의한 인지에 대한 방해금지) ① 토지소유자는 매연, 열기체, 액체, 음향, 진동 기타 이에 유사한 것으로 이웃 토지의 사용을 방해하거나 이웃 거주자의 생활에 고통을 주지 아니하도록 적당한 조처를 할 의무가 있다.
> ② 이웃 거주자는 전항의 사태가 이웃 토지의 통상의 용도에 적당한 것인 때에는 이를 인용할 의무가 있다.

따라서 환경침해로 인한 손해배상청구의 경우도 일반불법행위에 있어서와 같이 고의·과실, 위법성, 인과관계, 손해의 네 가지가 청구의 요건이 된다.

나. 고의·과실

(1) 과실책임주의

민법 제750조가 과실책임주의를 취하고 있는 이상, 환경침해를 이유로 한 손해배상청구에 있어서도 원고는 가해자의 고의 또는 과실을 입증하여야 한다.

(2) 과실의 내용

(가) 주의의무의 내용

[판례 7] 손해배상 (대법원 1973. 10. 10. 선고 73다1253 판결)

【판시사항】
공해로 인한 과실책임

【판결요지】
공장설립 당시나 그 가동에 있어서 현대과학이 가능한 모든 방법을 취하여 손해를 방지하는 시설을 갖추고 있다 하여 피고가 원고에게 가한 불법행위에 과실이 없다고 말할 수는 없다.

【참조조문】
민법 제750조, 제758조 제1항

【전 문】
【원고, 피상고인】 원고
【피고, 상고인】 영남화학주식회사
【원심판결】 제1심 부산지방, 제2심 대구고등 1973. 7. 5. 선고 72나755 판결

【주 문】
이 상고를 기각한다. 상고비용은 피고의 부담으로 한다.

【이 유】
피고대리인의 상고이유를 본다.
(1) 제1,2점에 대하여,
　　논지가 주장하는대로 설사 피고공장이 그 공장설립당시나 그 가동에 있어서 현대과학이 가능한 모든 방법을 취하여 손해를 방지하는 시설을 갖추고 있다하여 피고가 원고에게 가한 불법행위에 과실이 없다고 말할 수는 없다. 따라서 원심이 피고공장에 논지가 말하는 바와 같은 시설이 되여 있는지에 관하여 심리하지 아니한 채 피고에게 손해배상책임을 인정하였다 하여 위법은 아니다.
　　뿐만 아니라 원심판결이 피고공장과 같은 경우에 어떠한 시설을 하여야 되는지, 또는 어떠한 기술적인 처리를 하여야 되는 것인지에 관하여 심리판단하지 아니하고 피고공장에 시설미비, 또는 기술부족 등으로 원고에게 손해를 가하였다고 단정한 점에 있어서 도 잘못이 있다고 할 수 없다. 원심판결이 손해배상책임을 인정함에 있어서 이유불비의 위법이 있다는 논지도 이유없다.
(2) 제3점에 대하여,
　　원심이 적법하게 인정한 사실에 의하면 원고소유의 폐목된 과수의 시가를 매주당 22,000원으로 보았고, 위 과수가 서 있던 그 기지인 밭도 일반농경지로서도 사용할 수 없게 되었다는 것인데 기록을 정사하건대, 원심이 한 이러한 사실인정은 적법하고, 이점에 있어서 위법이 없다.
　　1967년도와 1968년도는 원고의 과수목이 피고공장이 뿜어내는 유해가스로 폐목화되는 과정에서 과수원으로서의 명맥을 유지하면서 다만 상품성 있는 과실을 거두지 못한데 불과하므로 이 두 해에 걸쳐서 원고가 입은 경작량 감소로 인한 손해는 1969년도에 이르러 이 과목이 폐목되어 그 손해액으로서 그 교환가치와 지연손해금으로 바뀌었다 하여 여기서 공제될 성질의 것은 아니다.
　　이러한 취지와 반대의 입장에서 이론을 전개하는 논지는 채용할 수 없다. 폐목으로 인한 손해가 폐목 당시의 그 과목의 교환가치와 이것이 변제될 때까지의 지연손해금의 합산액에 그치는 것은 특별한 사정이 없는 한 이 교환가치에는 그 과목에서 장래 얻을 수 있는 수익상실액만이 포함된다고 보아야 되는 것이요, 그 이전에 생긴 수입상실액도 포함된다고는 볼 수 없기 때문이다.
　　원심이 원고소유의 이 사건 과수농지가 1969년도와 1970년도에 경작불능상태에 빠진데 대한 손해

로서 이 토지를 남에게 임대함으로써 얻는 임료상당의 금액을 계산하고 있는데 이러한 계산에도 위법이 없다.

논지는 이 경우에 이 토지에 대한 교환가치가 하락된 상당의 손해를 계산하여야 된다고 하나 상고인의 독자적 견해이므로 채용하지 아니한다.

이 논지도 이유없다. 그렇다면 이 상고는 그 이유없는 것이 되므로 기각하고, 상고비용은 패소자의 부담으로 한다.

이 판결에는 관여 법관들의 견해가 일치되다.

대법관   한환진(재판장) 이영섭 김영세 김윤행

(나) 무과실책임이 인정되는 경우

① 환경정책기본법 제31조의 의의

현행 환경정책기본법 제31조 제1항은 '사업장 등에서 발생되는 환경오염 또는 환경훼손으로 인하여 피해가 발생한 때에는 당해 사업자는 그 피해를 배상하여야 한다.'고 규정하여 무과실책임주의를 선언하고 있다.

판례는 "환경정책기본법 제31조 제1항 및 제3조 제1호, 제3호, 제4호에 의하면, 사업장 등에서 발생되는 환경오염으로 인하여 피해가 발생한 경우에는 당해 사업자는 귀책사유가 없더라도 그 피해를 배상하여야 하고, 위 환경오염에는 소음·진동으로 사람의 건강이나 환경에 피해를 주는 것도 포함되므로, 특별한 사정이 없는 한 이를 배상할 의무가 있다고 할 것이다.

> ☞ 민 법
>
> 제750조 (불법행위의 내용) 고의 또는 과실로 인한 위법행위로 타인에게 손해를 가한 자는 그 손해를 배상할 책임이 있다.

> ☞ 환경정책기본법
>
> 제3조 (정의) 이 법에서 사용하는 용어의 뜻은 다음과 같다.   <개정 2019. 1. 15.>
>   1. "환경"이란 자연환경과 생활환경을 말한다.
>   3. "생활환경"이란 대기, 물, 토양, 폐기물, 소음·진동, 악취, 일조(日照), 인공조명, 화학물질 등 사람의 일상생활과 관계되는 환경을 말한다.
>   4. "환경오염"이란 사업활동 및 그 밖의 사람의 활동에 의하여 발생하는 대기오염, 수질오염, 토양오염, 해양오염, 방사능오염, 소음·진동, 악취, 일조 방해, 인공조명에 의한 빛공해 등으로서 사람의 건강이나 환경에 피해를 주는 상태를 말한다.

☞ 대법원 2001. 2. 9. 선고 99다55434 판결 8p 참조

☞ **민 법**

제750조 (불법행위의 내용) 고의 또는 과실로 인한 위법행위로 타인에게 손해를 가한 자는 그 손해를 배상할 책임이 있다.

---

(3) 사업자

'사업자'라 함은 피해의 원인이 된 오염물질의 배출 당시 사업장 등의 운영을 위하여 비용을 조달하고, 이에 관한 의사결정을 하는 등으로 사업장 등을 사실상·경제상 지배하는 자를 말한다.

☞ **민 법**

제758조 (공작물등의 점유자, 소유자의 책임) ① 공작물의 설치 또는 보존의 하자로 인하여 타인에게 손해를 가한 때에는 공작물점유자가 손해를 배상할 책임이 있다. 그러나 점유자가 손해의 방지에 필요한 주의를 해태하지 아니한 때에는 그 소유자가 손해를 배상할 책임이 있다.

☞ 대법원 2001. 2. 9. 선고 99다55434 판결 8p 참조
☞ 대법원 2003. 6. 27. 선고 2001다734 판결 10p 참조

(가) 위법성의 요부

☞ 대법원 2001. 2. 9. 선고 99다55434 판결 8p 참조

(나) 기타 개별입법

환경정책기본법 제31조 이외에도 광업법(제91조), 수산업법(제82조), 원자력손해배상법 제(제3조), 유류오염손해배상보장법(제4조), 토양환경보전법(제23조) 등이 무과실책임에 대하여 규정하고 있다.

다. 위법성

불법행위가 성립하기 위하여는 가해행위가 위법하다고 평가되어야 한다.

(1) 위법성에 대한 판단방법 및 기준 : 수인한도(受忍限度)

수인한도 초과 여부는 일조·통풍의 방해, 소음·진동으로 인한 피해와 같은 생활방해적 환경침해사건에서 주로 쟁점이 되고 있다.

[판례 8] 손해배상(기) (대법원 1999. 1. 26. 선고 98다23850 판결)

【판시사항】
[1] 일조방해행위가 사법상 위법한 가해행위로 평가되기 위한 요건
[2] 일조방해에 대한 공법적 규제의 사법적 의미 및 신축 건물이 건축 당시의 공법적 규제에 형식적으로 적합하다고 하더라도 현실적인 일조방해의 정도가 현저하게 커 사회통념상 수인한도를 넘는 경우, 위법행위로 평가되는지 여부(적극)
[3] 일조방해행위가 사회통념상 수인한도를 넘었는지 여부에 관한 판단 기준
[4] 일조장해, 사생활 침해, 시야차단으로 인한 압박감, 소음, 분진, 진동 등과 같은 생활이익의 침해로 인하여 발생한 재산상 손해 항목 중 토지·가옥의 가격저하에 의한 손해의 산정방법

【판결요지】
[1] 건물의 신축으로 인하여 그 이웃 토지 상의 거주자가 직사광선이 차단되는 불이익을 받은 경우에 그 신축행위가 정당한 권리행사로서의 범위를 벗어나 사법상 위법한 가해행위로 평가되기 위하여는 그 일조방해의 정도가 사회통념상 일반적으로 인용하는 수인한도를 넘어야 한다.
[2] 건축법 등 관계 법령에 일조방해에 관한 직접적인 단속법규가 있다면 동 법규에 적합한지 여부가 사법상 위법성을 판단함에 있어서 중요한 판단자료가 될 것이지만, 이러한 공법적 규제에 의하여 확보하고자 하는 일조는 원래 사법상 보호되는 일조권을 공법적인 면에서도 가능한 한 보증하려는 것으로서 특별한 사정이 없는 한 일조권 보호를 위한 최소한도의 기준으로 봄이 상당하고, 구체적인 경우에 있어서는 어떠한 건물신축이 건축 당시의 공법적 규제에 형식적으로 적합하다고 하더라도 현실적인 일조방해의 정도가 현저하게 커 사회통념상 수인한도를 넘은 경우에는 위법행위로 평가될 수 있다.
[3] 사회통념상 수인한도를 넘었는지 여부는 피해의 정도, 피해이익의 성질 및 그에 대한 사회적 평가, 가해 건물의 용도, 지역성, 토지이용의 선후관계, 가해방지 및 피해회피의 가능성, 공법적 규제의 위반 여부, 교섭 경과 등 모든 사정을 종합적으로 고려하여 판단하여야 하고, 건축 후에 신설된 일조권에 관한 새로운 공법적 규제 역시 이러한 위법성의 평가에 있어서 중요한 자료가 될 수 있다.
[4] 일조장해, 사생활 침해, 시야차단으로 인한 압박감, 소음, 분진, 진동 등과 같은 생활이익의 침해로 인하여 발생한 재산적 손해의 항목 중 토지·가옥의 가격저하에 의한 손해를 산정함에 있어서는 광열비·건조비 등의 지출 증대와는 별도로 일조장해 등과 상당인과관계가 있는 정상가격의 감소액을 부동산감정 등의 방법으로 평가하여야 할 것이고, 분양된 아파트가 일조피해를 입고 있는 경우

그 아파트의 시세가 분양대금에 물가상승률이나 예금금리를 감안한 금액보다 높게 유지된다고 하여 그 소유자에게 당해 아파트의 가격저하로 인한 손해가 발생하지 아니하였다고 볼 수 없다.

【참조조문】

[1] 민법 제2조 제1항, 제750조 [2] 민법 제2조 제1항, 제750조 [3] 민법 제2조 제1항, 제750조 [4] 민법 제393조, 제763조

【참조판례】

[1] 대법원 1982. 9. 14. 선고 80다2859 판결(공1982, 1001)
대법원 1989. 5. 9. 선고 88다카4697 판결(공1989, 890)
[3] 대법원 1997. 7. 22. 선고 96다56153 판결(공1997하, 2636)

【전 문】

【원고,피상고인】 원고 1 외 19인 (원고들 소송대리인 변호사 홍순기)
【피고,상고인】 주식회사 대백종합건설 (소송대리인 변호사 배기원)
【원심판결】 대구고법 1998. 4. 15. 선고 95나4972 판결

【주 문】

상고를 기각한다. 상고비용은 피고의 부담으로 한다.

【이 유】

상고이유를 본다.

불법행위의 성립의 점에 대하여

건물의 신축으로 인하여 그 이웃 토지 상의 거주자가 직사광선이 차단되는 불이익을 받은 경우에 그 신축행위가 정당한 권리행사로서의 범위를 벗어나 사법상 위법한 가해행위로 평가되기 위하여는 그 일조방해의 정도가 사회통념상 일반적으로 인용하는 수인한도를 넘어야 하고(대법원 1982. 9. 14. 선고 80다2859 판결 참조), 건축법 등 관계 법령에 일조방해에 관한 직접적인 단속법규가 있다면 동 법규에 적합한지 여부가 사법상 위법성을 판단함에 있어서 중요한 판단자료가 될 것이지만, 이러한 공법적 규제에 의하여 확보하고자 하는 일조는 원래 사법상 보호되는 일조권을 공법적인 면에서도 가능한 한 보증하려는 것으로서 특별한 사정이 없는 한 일조권 보호를 위한 최소한도의 기준으로 봄이 상당하고, 구체적인 경우에 있어서는 어떠한 건물신축이 건축 당시의 공법적 규제에 형식적으로 적합하다고 하더라도 현실적인 일조방해의 정도가 현저하게 커 사회통념상 수인한도를 넘은 경우에는 위법행위로 평가될 수 있고, 사회통념상 수인한도를 넘었는지 여부는 피해의 정도, 피해이익의 성질 및 그에 대한 사회적 평가, 가해 건물의 용도, 지역성, 토지이용의 선후관계, 가해방지 및 피해회피의 가능성, 공법적 규제의 위반 여부, 교섭 경과 등 모든 사정을 종합적으로 고려하여 판단하여야 하고, 건축 후에 신설된 일조권에 관한 새로운 공법적 규제 역시 이러한 위법성의 평가에 있어서 중요한 자료가 될 수 있다.

원심판결의 이유에 의하면, 원심은 거시 증거에 의하여, 피고는 1991. 7. 20.경 일반주거지역 내에 있는 이 사건 토지 위에 288세대의 12층 아파트 3동을 신축하는 주택건설사업승인을 받아 같은 해 9. 11. 착공하였다가 같은 해 10. 18.경 사업을 변경하여 같은 토지 위에 대지 면적을 넓혀서 3동 430세대 16층 내지 20층 규모로 대백아파트를 신축하여 1993. 10. 7. 사용검사필증을 교부받은 사실, 한편 원심공동피고 롯데건설 주식회사(이하 '롯데건설'이라고 한다)는 1991. 7. 31.경 이 사건 토지의 북쪽 방향으로 인접하여 10m 가량 낮은 토지 위에 4동 390세대의 15층 규모로 롯데아파트를 신축하는 주택건설사업승인을 받아 1991. 8. 21. 착공하여 1993. 5. 27. 사용검사필증을 교부받았고 원고들은 위 롯데아파트 3동 또는 5동에 속하는 아파트 1채씩을 분양받아 그 소유권을 취득한 사실, 이 사건 토지

의 서쪽으로는 대백아파트의 101동과 롯데아파트의 3동이, 그 동쪽으로 대백아파트 102동과 롯데아파트의 5동이 서로 마주하고 있고 그 경계지점에 대백아파트의 보일러실·전기실·관리실·상가정화조·진입로·주차장 등의 부속시설이 설치되어 있으며, 위 롯데아파트의 4개동 배치는 네모 형태로서 그 중 원고들이 분양받은 3동 및 5동의 일부는 일직선으로 모두 남향으로 배치되어 있는 사실, 대백아파트의 101동의 배치는 설계변경 전후에 걸쳐 변동이 없고, 102동의 경우 설계변경 전에는 롯데아파트 5동과 엇비스듬히 위치하게 되어 있었으나, 설계변경 후에는 101동과 일직선상으로 놓이게 됨으로써 롯데아파트 5동과 나란히 마주하게 되었고, 전기실 및 지하저수조도 당초에는 대백아파트의 남쪽 방향에 위치하고 있었으나 설계변경으로 대백아파트의 북쪽 방향(롯데아파트 방향)에 놓이게 된 사실, 피고와 롯데건설이 위와 같이 주택건설사업승인을 받을 당시 시행되던 구 건축법(1991. 5. 31. 법률 제4381호로 개정되기 전의 것, 이하 같다) 제41조 제4항, 같은법시행령(1989. 11. 20. 대통령령 제12845호로 개정되기 전의 것) 제90조 제1호, 제3호 (가)목, 제101조 제1항 제5호 (나)목에 의하면 일반주거지역 안에서 건축물을 건축하는 경우에는 건축물의 각 부분으로부터 정북 방향으로의 인접 대지 경계선까지의 수평거리의 2배 이하의 높이로 제한받고, 이 사건 아파트와 같은 공동주택의 경우 그 건축물의 높이는 그 부분으로부터 채광을 위하여 필요한 개구부가 향하는 방향으로의 인접 대지 경계선까지의 수평거리의 2배를 넘지 못하도록 제한받으며, 이 경우 건축물의 높이는 지표면으로부터 당해 건축물의 상단까지의 높이로 하고, 건축물의 대지의 지표면과 인접 대지의 지표면간의 고저차가 있는 경우에는 그 지표면의 평균 수평면을 지표면으로 본다고 규정되었던 사실, 위 양 아파트의 높이는 롯데아파트의 3동과 5동이 각 41.45m이고, 16층인 대백아파트 101동은 45.55m, 20층인 102동은 56.8m이며, 그 대지의 고저차는 롯데아파트 3동과 대백아파트 101동 사이는 10.393m, 롯데아파트 5동과 대백아파트 102동 사이는 10.672m로서 롯데아파트의 4층 내지 5층의 높이가 대백아파트 1층의 높이와 비슷한 정도이며, 각 아파트와 그 대지경계선과의 거리는 롯데아파트 3동의 경우에는 21.7m, 5동의 경우는 20.6m, 대백아파트 101동은 27.4m, 102동은 33.7m이어서 피고가 건축한 위 대백아파트 101동 및 102동은 그 높이가 모두 일조권의 확보를 위한 건축물의 높이 제한에 관한 위 건축법규에 위반되지 아니한 사실, 그러나 대백아파트 101동과 102동의 건축으로 인하여 원고들이 거주하고 있는 롯데아파트 3동 및 5동의 각 1 내지 3층, 5동의 4층은 위치에 따라 다소간의 차이는 있지만 춘분에서 동지를 거쳐 춘분에 이르기까지의 기간 동안 세대에 따라서는 대낮에도 전등을 켜 놓아야 할 정도의 일조침해를 받게 되었는데, 그 구체적인 양태는 반 플란덴 앤드 풀키넨법(Van Flandern and Pulkkinnen 법 : 전세계 기상대에서 사용하는 태양궤적도를 의미, 롯데아파트 1층 바닥면을 기준으로 함)에 의하면, 춘분에서 동지를 거쳐 춘분에 이르기까지의 기간 동안 롯데아파트 5동의 좌측단부(104호, 204호, 304호 부근)는 하루종일 차폐 또는 9시간(이하 13시간 기준)의 차폐, 같은 동 중앙부 및 우측단부(101호, 201호, 301호 부근)는 각 종일 차폐 또는 5시간의, 같은 아파트 3동 좌측단부(101호, 201호, 301호, 401호 부근)는 종일 차폐 또는 8시간의, 중앙부는 7시간 또는 9시간의, 우측단부(106호, 206호, 306호, 406호 부근)는 4시간 또는 9시간의 차폐현상이 일어나고, 동지를 기준으로 한 일조차폐에 따른 일사차단비율(공조학회 및 대한주택공사가 10년간의 기상자료를 시간별로 측정한 BIN 기후자료를 기초로 하여 추정한 것)은 하루가조일사량의 50% 내지 70%에 이르는 일조침해를 받고 있는 사실, 그 밖에도 원고들이 입주하고 있는 롯데아파트는 대백아파트 및 그 부속시설로 인하여 상당한 정도의 조망침해 및 압박감을 받고 있을 뿐만 아니라 거실 및 방안이 들여다 보이고 소음·분진·매연 등으로 통풍 및 환기가 방해받고 있어 상당한 정도의 프라이버시가 침해되고 있는 사실을 인정한 다음, ① 구 건축법시행령(1990. 7. 16. 대통령령 제13055호로 개정되었다가 1992. 5. 30. 대통령령 제13655호로 전문 개정되기 전의 것) 제90조 제3호 (나)목 (7)에 의하면, 아파트와 같은 공동주택에 대하여 동일 대지 안에서 2동 이상의 건축물이 서로 마주보고 있는 경우 동지(동지)일을 기준으로 당해 대지 내의 모든 세대가 9시에서 15시 사이에 2시간 이상 연속하여 일조를 확보할 수 있다고 인정되는 높이 이하인 경우에는 높이제한의 규정을 적용받지 아니한다고 규정하고 있었고, ② 위 각 아파트 완성 무렵부터 시행되는 현행 건축법시행령(1993. 8. 6. 대통령령 제13953호로 개정된 것) 제86조 제2호 (나)목에 의하면, 공동주택에 관하여 서로 마주보는 건축물의 각 부분의 높이는 각각 서로 마주보는 외벽의 각 부분으로부터 다른 쪽의 외벽의 각 부분까지의 거리의 1.25배 이하 또는 당해 대지 안의 모든 세대가 동지일을 기준으로 9시에서 15시 사이에 건축조례가 정하는 시간 이상을 연속하여 일조를 확보할 수 있는 높이 이하를 유지하도록 규정하여, 연속하여 일조를 확보하여야 하는 시간을 건축조례에 위임하고 있는 점 등에 비추어 볼 때, 이 사건 각 아파트의 경우에는 동지일을 기준으로 오전 9시부터 오후 3시까지 사이의 6시간 중 일조시간이 연속하여 2시간 이상 확보되지 아니하는 일조방해의 경우에는 수인한도를 넘는다고 봄이 상당하고, 한편 피고와 롯데건설은 서로 비슷한 시기에 주택건설사업승인을 받고 아파트를 착공하여 주택건설사업승인을 받을 당시부터 입주자들의 일조권 등의 침해정도를 충분히 예상할 수 있었으므로 각 아파트를 설계·시공함에 있어서 이러한 사정들을 충분히 고려하여 아파트 및 그 부속건물의 배치, 건물의 높이 등의 점에 있어서 입주자들의 일조권 등의 침해 여부를 우선적으로 고려하였어야 함에도 불구하고, 피고는 그 층수를 높이는 설계변경을 하였을 뿐만 아니라 102동과 롯데아파트 5동 사이에 아파트 높이 4층 정도의 옹벽을 설치하고, 전기실 등 부속건물을 롯데아파트 쪽으로 변경함으로써 원고들이 입주하고 있는 롯데아파트의 경우에는 모두 수인한도를 넘어서 일조장해를 받고 있음은 물론 조망 및 압박감의 저해, 프라이버시의 침해 정도도 그 수인한도를 넘는다고 보아 피고 및 롯데건설의 위 각 아파트의 건축행위가 비록 건축관계 법령에 위반된 점이 없다 하더라도 그 소유자 겸 입주자들인 원고들에게 쾌적하고 건강한 주거생활을 영위할 생활권을 침해한 불법행위를 구성한다고 판단하였는바, 앞에서 본 법리에 비추어 볼 때, 원심의 이러한 판단은 수긍이 가고, 거기에 소론과 같은 불법행위의 성립에 관한 법리오인의 위법이 있다고 할 수 없다. 논지는 이유 없다.

손해배상책임의 범위의 점에 대하여

일조장해, 사생활 침해, 시야차단으로 인한 압박감, 소음, 분진, 진동 등과 같은 생활이익의 침해로 인하여 발생한 재산적 손해의 항목 중 토지·가옥의 가격저하에 의한 손해를 산정함에 있어서는 광열비·건조비 등의 지출 증대와는 별도로 일조장해 등과 상당인과관계가 있는 정상가격의 감소액을 부동산감정 등의 방법으로 평가하여야 할 것이고, 분양된 아파트가 일조피해를 입고 있는 경우 그 아파트의 시세가 분양대금에 물가상승률이나 예금금리를 감안한 금액보다 높게 유지된다고 하여 그 소유자에게 당해 아파트의 가격저하로 인한 손해가 발생하지 아니하였다고 볼 수 없는바, 원심이 일조침해와 조망·프라이버시·통풍 침해 등을 아울러 고려하여 그 침해 전후의 통상적인 아파트 가격의 차이에 관한 감정 결과에 터잡아 원고들의 각 아파트가 일조침해 등으로 말미암아 그 정상가격에 비하여 각 세대별로 금 14,260,000원 내지 금 21,700,000원의 가격하락분이 발생한 것으로 인정하는 한편, 피고나 롯데건설의 각 아파트 건축행위에 법규 위반이 없는 점 및 원고들 측의 수분양자로서의 수인한도와 관련된 감액사유 등을 종합적으로 고려하여 피고가 배상하여야 할 손해액을 위 각 세대별 가격하락분의 50%로 봄이 상당하다고 판단하였는바, 원심의 이러한 조치는 수긍이 가고, 거기에 소론과 같은 토지·가옥의 가격저하에 의한 손해의 범위에 관한 법리오인의 위법이 있다고 할 수 없다. 논지도 이유 없다.

그러므로 상고를 기각하고 상고비용은 패소자의 부담으로 하기로 하여 관여 법관의 일치된 의견으로 주문과 같이 판결한다.

대법관 이임수(재판장) 박준서(주심) 서성

[판례 9] 손해배상(기) (대법원 2000. 5. 16. 선고 98다56997 판결)

【판시사항】

[1] 일조방해행위가 사법상 위법한 가해행위로 평가되기 위한 요건
[2] 일조방해에 대한 공법적 규제의 사법적 의미 및 건물 신축이 건축 당시의 공법적 규제에 형식적으로 적합하다고 하더라도 현실적인 일조방해의 정도가 현저하게 커 사회통념상 수인한도를 넘는 경우, 위법행위로 평가되는지 여부(적극)
[3] 일조방해행위가 사회통념상 수인한도를 넘었는지 여부에 관한 판단 기준
[4] 고층 아파트의 건축으로 인접 주택에 동지를 기준으로 진태양시(眞太陽時) 08:00~16:00 사이의 일조시간이 2분~150분에 불과하게 되는 일조 침해가 있는 경우, 그 정도가 수인한도를 넘었다는 이유로 아파트 높이가 건축 관련 법규에 위반되지 않았음에도 불구하고 불법행위의 성립을 인정한 사례

【판결요지】

[1] 건물의 신축으로 인하여 그 이웃 토지상의 거주자가 직사광선이 차단되는 불이익을 받은 경우에 그 신축행위가 정당한 권리행사로서의 범위를 벗어나 사법상 위법한 가해행위로 평가되기 위해서는 그 일조방해의 정도가 사회통념상 일반적으로 인용하는 수인한도를 넘어야 한다.
[2] 건축법 등 관계 법령에 일조방해에 관한 직접적인 단속법규가 있다면 그 법규에 적합한지 여부가 사법상 위법성을 판단함에 있어서 중요한 판단자료가 될 것이지만, 이러한 공법적 규제에 의하여 확보하고자 하는 일조는 원래 사법상 보호되는 일조권을 공법적인 면에서도 가능한 한 보증하려는 것으로서 특별한 사정이 없는 한 일조권 보호를 위한 최소한도의 기준으로 봄이 상당하고, 구체적인 경우에 있어서는 어떠한 건물 신축이 건축 당시의 공법적 규제에 형식적으로 적합하다고 하더라도 현실적인 일조방해의 정도가 현저하게 커 사회통념상 수인한도를 넘은 경우에는 위법행위로 평가될 수 있다.
[3] 일조방해 행위가 사회통념상 수인한도를 넘었는지 여부는 피해의 정도, 피해이익의 성질 및 그에 대한 사회적 평가, 가해 건물의 용도, 지역성, 토지이용의 선후관계, 가해 방지 및 피해 회피의 가능성, 공법적 규제의 위반 여부, 교섭 경과 등 모든 사정을 종합적으로 고려하여 판단하여야 한다.
[4] 고층 아파트의 건축으로 인접 주택에 동지를 기준으로 진태양시(眞太陽時) 08:00~16:00 사이의 일조시간이 2분~150분에 불과하게 되는 일조 침해가 있는 경우, 그 정도가 수인한도를 넘었다는 이유로 아파트 높이가 건축 관련 법규에 위반되지 않았음에도 불구하고 불법행위의 성립을 인정한 사례.

【참조조문】

[1] 민법 제2조 제1항, 제750조 [2] 민법 제2조 제1항, 제750조 [3] 민법 제2조 제1항, 제750조 [4] 민법 제2조 제1항, 제750조

【참조판례】

[1][2][3] 대법원 1999. 1. 26. 선고 98다23850 판결(공1999상, 351)
[1] 대법원 1982. 9. 14. 선고 80다2859 판결(공1982, 1001)
대법원 1989. 5. 9. 선고 88다카4697 판결(공1989, 890)
[3] 대법원 1997. 7. 22. 선고 96다56153 판결(공1997하, 2636)

대법원 1999. 7. 27. 선고 98다47528 판결(공1999하, 1755)
【전 문】
【원고,피상고인】 원고 1 외 23인 (소송대리인 변호사 오세훈 외 1인)
【피고,상고인】 한독연합주택조합 (소송대리인 변호사 이남진)
【원심판결】 서울고법 1998. 10. 16. 선고 98나11316 판결
【주 문】
상고를 기각한다. 상고비용은 피고의 부담으로 한다.
【이 유】
상고이유를 본다.
건물의 신축으로 인하여 그 이웃 토지상의 거주자가 직사광선이 차단되는 불이익을 받은 경우에 그 신축행위가 정당한 권리행사로서의 범위를 벗어나 사법상 위법한 가해행위로 평가되기 위해서는 그 일조방해의 정도가 사회통념상 일반적으로 인용하는 수인한도를 넘어야 하고(대법원 1982. 9. 14. 선고 80다2859 판결, 1999. 1. 26. 선고 98다23850 판결 등 참조), 건축법 등 관계 법령에 일조방해에 관한 직접적인 단속법규가 있다면 그 법규에 적합한지 여부가 사법상 위법성을 판단함에 있어서 중요한 판단자료가 될 것이지만, 이러한 공법적 규제에 의하여 확보하고자 하는 일조는 원래 사법상 보호되는 일조권을 공법적인 면에서도 가능한 보증하려는 것으로서 특별한 사정이 없는 한 일조권 보호를 위한 최소한도의 기준으로 봄이 상당하고, 구체적인 경우에 있어서는 어떠한 건물 신축이 건축 당시의 공법적 규제에 형식적으로 적합하다고 하더라도 현실적인 일조방해의 정도가 현저하게 커 사회통념상 수인한도를 넘은 경우에는 위법행위로 평가될 수 있으며, 사회통념상 수인한도를 넘었는지 여부는 피해의 정도, 피해이익의 성질 및 그에 대한 사회적 평가, 가해 건물의 용도, 지역성, 토지이용의 선후관계, 가해 방지 및 피해 회피의 가능성, 공법적 규제의 위반 여부, 교섭 경과 등 모든 사정을 종합적으로 고려하여 판단하여야 한다(대법원 1999. 1. 26. 선고 98다23850 판결 참조).
원심은 제1심판결 이유를 인용하여, 원고들이 구분소유하고 있는 ○○○○ 연립주택의 남측에 인접한 지상에 피고가 건축한 23층 내지 26층 규모의 △△아파트 □□□동, ◇◇동, ☆☆☆동, ▽▽▽동의 완성으로 인하여 원고들의 각 연립주택에 동지(동지)를 기준으로 진태양시(진태양시) 08:00~16:00 사이의 일조시간이 2분~150분에 불과하게 되는 일조 침해가 있었고 그 정도가 수인한도를 넘게 되었다는 이유로 불법행위 책임을 인정하여 원고들이 입은 정신적 고통에 대한 위자료 지급을 명하고, 위 △△아파트의 높이가 건축 관련 법규에 위배되지 않았으므로 위법성이 없다는 피고의 항변에 대하여는 건축 관련 법규에서는 일조권을 보호하기 위해 건축물의 높이만을 규제하고 있을 뿐 확보되어야 할 일조시간에 관하여는 아무런 기준이 없으므로 공법상 규제 위반 여부는 일조권 침해의 정도를 참작할 요소일 뿐 이를 들어 불법행위의 성립을 부정할 수는 없다는 이유를 들어 이를 배척하였다.
원심판결에 다소 미흡한 점이 없지는 아니하나, 기록과 앞에서 든 법리에 비추어 보면 피고가 내세우는 사정만을 들어 피고에게 고의·과실이 없다거나 또는 원고들이 수인하여야 할 범위 내에 해당한다고 볼 수 없으므로 원심의 판단은 그 결론에 있어서 정당한 것으로 여겨지고, 거기에 일조권 침해로 인한 불법행위에 있어서의 고의·과실이나 수인의무의 범위에 관한 법리오해의 위법이 있다고 할 수 없다. 상고이유의 주장은 이유 없다.
그러므로 상고를 기각하고, 상고비용은 패소자의 부담으로 하기로 하여 관여 대법관의 일치된 의견으로 주문과 같이 판결한다.

대법관   서성(재판장) 신성택(주심) 유지담

[판례 10] 손해배상(기) (대법원 2001. 6. 26. 선고 2000다44928, 44935 판결)

【판시사항】
[1] 일조방해로 인한 불법행위가 성립되는 경우
[2] 아파트의 수분양자가 분양회사를 상대로 일조방해를 원인으로 한 불법행위책임을 물을 수 있는지 여부(소극)
[3] 상고심절차에서 상고이유서 제출기간이 경과한 후에 소송당사자가 파산선고를 받은 경우, 상고법원은 파산법에 정해진 수계절차를 거쳐야 하는지 여부(소극)

【판결요지】
[1] 주거의 일조는 쾌적하고 건강한 생활에 필요한 생활이익으로서 법적 보호의 대상이 되는 것이며, 어떤 토지의 거주자가 인접한 타인의 토지 위를 거쳐서 태양의 직사광선을 받고 있는데, 그 인접 토지의 사용권자가 건물 등을 건축함으로써 직사광선이 차단되는 불이익을 입게 되고, 그 일조방해의 정도가 사회통념상 일반적으로 인용하는 수인한도를 넘어서는 경우에는 그 건축행위는 정당한 권리행사로서의 범위를 벗어나거나 권리남용에 이르는 행위로서 위법한 가해행위로 평가되어 일조방해로 인한 불법행위가 성립한다.
[2] 분양회사가 신축한 아파트를 분양받은 자는 분양된 아파트에서 일정한 일조시간을 확보할 수 없다고 하더라도, 이를 가지고 위 아파트가 매매목적물로서 거래상 통상 갖추어야 하거나 당사자의 특약에 의하여 보유하여야 할 품질이나 성질을 갖추지 못한 것이라거나, 또는 분양회사가 수분양자에게 분양하는 아파트의 일조 상황 등에 관하여 정확한 정보를 제공할 신의칙상 의무를 게을리 하였다고 볼 여지가 있을지는 몰라도, 분양회사가 신축한 아파트로 인하여 수분양자가 직사광선이 차단되는 불이익을 입게 되었다고 볼 수는 없으므로 분양회사에게 일조방해를 원인으로 하는 불법행위책임을 물을 수는 없다.
[3] 상고이유서 제출기간이 경과한 후에 소송당사자가 파산선고를 받은 때에도 상고법원은 상고장, 상고이유서, 답변서, 기타의 소송기록에 의하여 상고가 이유 있다고 인정할 경우에 파산법에 정해진 수계절차를 거치지 않고 변론 없이 원심판결을 파기하고 사건을 원심법원에 환송하는 판결을 할 수 있다.

【참조조문】
[1] 민법 제2조, 제750조 [2] 민법 제2조, 제580조 제1항, 제750조 [3] 민사소송법 제217조, 제225조 제1항, 제400조

【참조판례】
[1] 대법원 1982. 9. 14. 선고 80다2859 판결(공1982, 1001)
대법원 1999. 1. 26. 선고 98다23850 판결(공1999상, 351)
대법원 2000. 5. 16. 선고 98다56997 판결(공2000하, 1419)

【전 문】

【원고,피상고인겸상고인】 원고 1 외 109인 (소송대리인 모란 법무법인 담당변호사 박은 외 2인)
【원고,피상고인】 원고 111 외 2인
【피고,상고인겸피상고인】 동보건설 주식회사
【원심판결】 서울고법 2000. 7. 7. 선고 99나52567, 52574 판결

【주 문】

원심판결 중 원고들에 대한 피고 패소 부분을 파기하고, 이 부분 사건을 서울고등법원에 환송한다. 원고 111, 원고 112, 원고 113을 제외한 나머지 원고들의 상고를 모두 기각한다. 상고기각 부분에 대한 상고비용은 원고 111, 원고 112, 원고 113을 제외한 나머지 원고들의 부담으로 한다.

【이 유】

상고이유를 본다.

1. 피고 회사의 상고이유 제1점에 대하여

   가. 원심은, 원고들이 피고 회사로부터 피고 회사가 경기 (주소 생략) 16,848㎡ 지상에 신축한 4개동(16층 내지 23층) 총 815세대의 ○○아파트 중 △△△동, □□동, ◇◇◇동의 각 해당 아파트를 분양받아 원고들 앞으로 소유권이전등기를 마친 사실, ○○아파트 ☆☆☆동 중 △△△동과 마주한 부분(23층)의 높이는 69.5m, □□동과 마주한 부분(21층)의 높이는 63.90m이고, △△△동(21층)은 62.6m 정도, □□동(23층)은 68.2m 정도, ◇◇◇동의 북쪽 부분(20층)은 55.2m 정도, 이와 마주한 남쪽 부분(23층)은 68.2m 정도로서 △△△동과 마주보는 ☆☆☆동 남쪽 부분, ◇◇◇동의 동쪽 부분과 마주보는 □□동을 건축법시행령에 정해진 건축물 높이제한 규정을 위반하여 건축된 사실, 원고들이 분양받은 각 아파트는 광주군 건축조례에서 정하고 있는 동지일을 기준으로 하여 9시부터 15시까지 사이에 4시간의 일조시간을 확보할 수 없고, 아파트의 거실에서 마주보는 건물을 피하여 주변의 자연경치를 볼 수 있는 조망율도 낮으며, 사생활을 침해받을 위험이 있는 사실 등을 인정한 다음, 이러한 사실관계를 기초로 피고 회사는 동지일을 기준으로 9시부터 15시까지 사이에 4시간의 일조시간이 확보되지 아니한 아파트를 건축하여 분양함으로써 그 수분양자들인 원고들에게 수인한도를 넘는 일조권, 조망권, 프라이버시권 등을 침해하였으므로 이는 원고들에 대하여 건강하고 쾌적한 주거생활을 영위할 생활권을 침해한 것으로 불법행위가 성립하고, 따라서 위와 같은 일조 등의 침해로 인한 원고들이 소유한 아파트의 가격하락으로 인한 재산적 손해와 위자료를 배상할 책임이 있다고 판단하였다.

   나. 그러나 피고 회사의 원고들에 대한 일조방해 등을 원인으로 하여 불법행위로 인한 손해배상책임을 인정한 원심의 판단은 다음과 같은 이유로 수긍하기 어렵다.

   주거의 일조는 쾌적하고 건강한 생활에 필요한 생활이익으로서 법적 보호의 대상이 되는 것이며, 어떤 토지의 거주자가 인접한 타인의 토지 위를 거쳐서 태양의 직사광선을 받고 있는데, 그 인접 토지의 사용권자가 건물 등을 건축함으로써 직사광선이 차단되는 불이익을 입게 되고, 그 일조방해의 정도가 사회통념상 일반적으로 인용하는 수인한도를 넘어서는 경우에는 그 건축행위는 정당한 권리행사로서의 범위를 벗어나거나 권리남용에 이르는 행위로서 위법한 가해행위로 평가되어 일조방해로 인한 불법행위가 성립한다고 할 것이다(대법원 1982. 9. 14. 선고 80다2859 판결, 1999. 1. 26. 선고 98다23850 판결, 2000. 5. 16. 선고 98다56997 판결 등 참조).

   그런데 원심이 적법하게 확정한 사실관계에 의하면 원고들은 피고 회사가 신축하여 분양하는 ○

○아파트를 피고로부터 분양받은 수분양자에 불과하므로 원고들이 분양받은 각 아파트에서는 동지일을 기준으로 9시부터 15시까지 사이에 4시간의 일조시간을 확보할 수 없다고 하더라도, 이를 가지고 원고들이 분양받은 아파트가 매매목적물로서 거래상 통상 갖추어야 하거나 당사자의 특약에 의하여 보유하여야 할 품질이나 성질을 갖추지 못한 것이라거나, 또는 분양회사인 피고 회사가 수분양자에게 분양하는 아파트의 일조 상황 등에 관하여 정확한 정보를 제공할 신의칙상 의무를 게을리하였다고 볼 여지가 있을지는 몰라도 피고 회사가 신축한 ○○아파트로 인하여 수분양자들인 원고들이 분양받은 아파트의 직사광선이 차단되는 불이익을 입게 되었다고 볼 수는 없다 할 것이다.

그럼에도 불구하고, 원심이 원고들이 분양받은 아파트에서 위와 같은 일조시간을 확보할 수 없다는 것만으로 곧바로 피고 회사에게 원고들의 일조 등의 생활이익이 방해되는 불법행위로 인한 손해배상책임이 있다고 판단한 것은 일조방해로 인한 불법행위의 성부에 관한 법리를 오해하여 판결에 영향을 미친 위법을 저지른 것이다. 이 점을 지적하는 상고이유는 이유 있고, 그 나머지 상고이유는 판단할 필요가 없다.

2. 원고 111, 원고 112, 원고 113을 제외한 나머지 원고들의 상고이유에 대하여

위 원고들의 상고이유는 피고 회사가 위 원고들의 일조방해 등을 원인으로 하여 불법행위로 인한 손해배상책임이 있다는 것을 전제로 하고 있는 것이므로 더 나아가 볼 필요도 없이 받아들일 수 없다.

3. 또한 기록에 의하면, 피고 회사는 상고이유서 제출기간이 경과한 후에 파산선고를 받은 사실이 인정되지만, 상고법원은 상고장, 상고이유서, 답변서, 기타의 소송기록에 의하여 상고가 이유 있다고 인정할 경우에 상고이유서 제출기간이 경과한 후에 피고 회사가 파산선고를 받은 때에도 파산법에 정해진 수계절차를 거치지 않고 변론 없이 원심판결을 파기하고, 사건을 원심법원에 환송하는 판결을 할 수 있다고 해석함이 상당하다.

4. 그러므로 원심판결 중 원고들에 대한 피고 패소 부분을 파기하고, 이 부분 사건을 다시 심리·판단하게 하기 위하여 원심법원에 환송하기로 하며, 원고 111, 원고 112, 원고 113을 제외한 나머지 원고들의 상고를 모두 기각하고, 상고기각 부분에 대한 상고비용은 패소자들의 부담으로 하기로 하여 관여 대법관의 일치된 의견으로 주문과 같이 판결한다.

대법관　서성(재판장)　유지담　배기원(주심)　박재윤

☞ 대법원 2001. 2. 9. 선고 99다55434 판결 8p 참조
☞ 대법원 2003. 6. 27. 선고 2001다734 판결 10p 참조

(2) 입증책임

근거가 되는 사실 즉, 수인한도 초과사실을 입증하여야 한다.

라. 인과관계

(1) 인과관계 입증의 완화

현실로 발생한 손해를 누구에게 배상책임을 지울 것인가를 가리기 위한 개념이므로 자연과학의 분야에서 말하는 인과관계가 아니라 법관의 자유심증에 터잡아 얻어지는 확신에 의하여 인정되는 인과관계를 말한다.

① 입증 완화의 필요성

[판례 11] 채무부존재확인·손해배상(기) (대법원 2002. 10. 22. 선고 2000다65666, 65673 판결)

【판시사항】
[1] 공해 소송에 있어서 인과관계의 입증책임
[2] 불법행위로 인한 손해배상에 관하여 가해자와 피해자 사이에 피해자가 일정한 금액을 지급받으면서 향후 일체의 청구를 포기하기로 합의하였으나 제반 사정에 비추어 그와 같은 권리포기조항은 그 후에 발생한 손해에는 미치지 않는 것으로 한정적으로 해석함이 당사자의 합리적 의사에 합치한다고 보아 그 합의 당시 예상하지 못하였던 추가손해의 배상을 인정한 원심의 판단을 정당하다고 한 사례

【판결요지】
[1] 일반적으로 불법행위로 인한 손해배상청구사건에 있어서 가해행위와 손해발생 간의 인과관계의 입증책임은 청구자인 피해자가 부담하나, 대기오염이나 수질오염에 의한 공해로 인한 손해배상을 청구하는 소송에 있어서는 기업이 배출한 원인물질이 물을 매체로 하여 간접적으로 손해를 끼치는 수가 많고 공해문제에 관하여는 현재의 과학수준으로도 해명할 수 없는 분야가 있기 때문에 가해행위와 손해의 발생 사이의 인과관계를 구성하는 하나 하나의 고리를 자연과학적으로 증명한다는 것은 극히 곤란하거나 불가능한 경우가 대부분이므로, 이러한 공해소송에 있어서 피해자에게 사실적인 인과관계의 존재에 관하여 과학적으로 엄밀한 증명을 요구한다는 것은 공해로 인한 사법적 구제를 사실상 거부하는 결과가 될 우려가 있는 반면에, 가해기업은 기술적·경제적으로 피해자보다 훨씬 원인조사가 용이한 경우가 많을 뿐만 아니라, 그 원인을 은폐할 염려가 있고 가해기업이 어떠한 유해한 원인물질을 배출하고 그것이 피해물건에 도달하여 손해가 발생하였다면 가해자측에서 그것이 무해하다는 것을 입증하지 못하는 한 책임을 면할 수 없다고 보는 것이 사회형평의 관념에 적합하다.
[2] 불법행위로 인한 손해배상에 관하여 가해자와 피해자 사이에 피해자가 일정한 금액을 지급받으면서 향후 일체의 청구를 포기하기로 합의하였으나, 일반적으로 비록 합의서의 권리포기조항이 문언상으로는 나머지 일체의 청구권을 포기한다고 되어 있다 할지라도, 당사자 쌍방간에 있어 손해의 대체의 범위가 암묵리에 상정되어 있고, 후에 생긴 손해가 위 범위를 현저히 일탈할 정도로 중대하여 당초의 손해금과 비교할 때 심히 균형을 잃고 있으며, 합의의 경위, 내용, 시기 기타 일체의

사정을 고려하더라도 처음의 합의에 의하여 후의 손해 전부를 포함하도록 함이 당사자의 신의, 공평에 반한다고 인정되는 경우에는 먼저의 합의에 있어서 권리포기조항은 그 후에 발생한 손해에는 미치지 않는 것으로, 즉 합의 당시에 예측하였던 손해만을 포기한 것으로 한정적으로 해석함이 당사자의 합리적 의사에 합치한다고 보아 그 합의 당시 예상하지 못하였던 추가손해의 배상을 인정한 원심의 판단을 정당하다고 한 사례.

【참조조문】

[1] 민법 제750조, 민사소송법 제288조, 환경정책기본법 제3조, 제31조[2] 민법 제2조, 제105조, 제732조, 제750조

【참조판례】

[1] 대법원 1984. 6. 12. 선고 81다558 판결(공1984, 1263)
대법원 1991. 7. 23. 선고 89다카1275 판결(공1991, 2211)
대법원 1997. 6. 27. 선고 95다2692 판결(공1997하, 2290)

【전 문】

【원고(반소피고),상 고 인】 한국전력공사의 소송수계인 한국중부발전 주식회사 (소송대리인 변호사 유효봉)

【피고(반소원고),피상고인】 피고 1 외 152인 (소송대리인 법무법인 상록 담당변호사 장주영 외 4인)

【원심판결】 대전고법 2000. 10. 25. 선고 96나738, 745 판결

【주 문】

상고를 기각한다. 상고비용은 원고(반소피고)의 부담으로 한다.

【이 유】

1. 원심은 그 채용 증거를 종합하여, 원고(반소피고, 이하 '원고'라고 한다)는 1983. 3.경부터 충남 서천군 서면 마량리 소재 서해안 부근에 서천화력발전소를 설치, 가동하고 있고, 피고(반소원고, 이하 '피고'라고 한다)들은 원고의 발전소로부터 2 내지 7km 정도 떨어진 위 서면 앞바다인 비인만(비인만) 해역에서 김양식어업에 종사하여오던 어민들인데, 김은 저온성 생물로서 수온상승에 치명적인 영향을 받는 사실, 위 발전소는 1983. 3. 가동을 시작하면서부터 발전기를 냉각시킬 때 나오는 온배수를 배수구를 통하여 인근 바다로 배출하여 왔고, 그 양은 발전량의 증가와 함께 매년 점진적으로 증가한 사실, 피고들의 단위생산시설(책, 1책의 크기는 1.8m × 40m임)당 김수확량을 위 비인만 해역과 자연조건이 비슷한 전북 부안군 및 전남 완도군의 그것과 비교하여 보면, 1993년산 김의 경우 위 지역의 책당 수확량이 92속인데 반하여 위 비인만 해역의 그것은 19.7속으로서 위 대조지역 수확량의 21.4%에 불과한 사실, 비인만 해역의 조류에 따라 위 발전소에서 배출된 온배수는 발전소로부터 약 8km 떨어진 비인만 해역까지 전달되어 피고들의 어장이 위치한 위 비인만 해역 수온상승에 영향을 미치게 된 사실을 각 인정하고, 원고 소유의 위 발전소에서 배출된 온배수는 해류를 따라 밀물시에 하루 6시간씩 피고들의 김양식어장에 유입되어 해수온도를 상승시켰고, 그로 인하여 수온상승에 치명적인 영향을 받는 피고들의 김수확량이 현격히 감소된 것으로서 원고의 온배수 배출과 피고들의 1993년산 김수확량의 감소 사이에는 상당한 인과관계가 있다고 하여, 원고는 위 인과관계를 부정할 만한 반증을 들지 못하고 있는 이상 그 손해배상책임을 면할 수 없다고 판단하였다.

일반적으로 불법행위로 인한 손해배상청구사건에 있어서 가해행위와 손해발생 간의 인과관계의 입증책임은 청구자인 피해자가 부담하나, 대기오염이나 수질오염에 의한 공해로 인한 손해배상을 청구하

는 소송에 있어서는 기업이 배출한 원인물질이 물을 매체로 하여 간접적으로 손해를 끼치는 수가 많고 공해문제에 관하여는 현재의 과학수준으로도 해명할 수 없는 분야가 있기 때문에 가해행위와 손해의 발생 사이의 인과관계를 구성하는 하나 하나의 고리를 자연과학적으로 증명한다는 것은 극히 곤란하거나 불가능한 경우가 대부분이므로, 이러한 공해소송에 있어서 피해자에게 사실적인 인과관계의 존재에 관하여 과학적으로 엄밀한 증명을 요구한다는 것은 공해로 인한 사법적 구제를 사실상 거부하는 결과가 될 우려가 있는 반면에 가해기업은 기술적, 경제적으로 피해자보다 훨씬 원인조사가 용이한 경우가 많을 뿐만 아니라, 그 원인을 은폐할 염려가 있고 가해기업이 어떠한 유해한 원인물질을 배출하고 그것이 피해물건에 도달하여 손해가 발생하였다면 가해자측에서 그것이 무해하다는 것을 입증하지 못하는 한 책임을 면할 수 없다고 보는 것이 사회형평의 관념에 적합하다(대법원 1984. 6. 12. 선고 81다558 판결, 1991. 7. 23. 선고 89다카1275 판결, 1997. 6. 27. 선고 95다2692 판결 등 참조).

같은 취지에서 이 사건 발전소의 온배수 배출과 피고들이 양식하는 김수확량이 감소됨으로써 입은 손해 사이의 인과관계가 증명되었다고 판단한 원심의 조치는 정당하고, 거기에 원고가 지적하는 바와 같은 공해소송에서의 인과관계에 관한 채증법칙 위반으로 인한 사실오인 및 법리오해의 위법이 있다고 할 수 없다. 상고는 이유 없다(원고가 원심이 위반하였다고 지적하는 위 대법원 1984. 6. 12. 선고 81다558 판결은 공해소송에서의 인과관계의 입증에 관하여 원심과 같은 태도를 취하고 있고, 그 판시에 위반하였다고 볼 점이 없다).

2. 원심은 또한, 피고들이 1987. 11. 24. 원고로부터 손해배상금 1,520,000,000원을 지급받으면서 앞으로 영구히 비인만 해역 김양식 피해를 원인으로 한 일체의 청구권을 포기하기로 합의하였다는 주장에 대하여 피고들 중 일부를 포함한 위 비인만 해역 김양식어민들이 원고 주장과 같은 합의를 한 사실은 맞지만, 일반적으로 비록 합의서의 권리포기조항이 문언상으로는 나머지 일체의 청구권을 포기한다고 되어 있다 할지라도, 당사자 쌍방간에 있어 손해의 대체의 범위가 암묵리에 상정되어 있고, 후에 생긴 손해가 위 범위를 현저히 일탈할 정도로 중대하여 당초의 손해금과 비교할 때 심히 균형을 잃고 있으며, 합의의 경위, 내용, 시기 기타 일체의 사정을 고려하더라도 처음의 합의에 의하여 후의 손해 전부를 포함하도록 함이 당사자의 신의, 공평에 반한다고 인정되는 경우에는 먼저의 합의에 있어서 권리포기조항은 그 후에 발생한 손해에는 미치지 않는 것으로, 즉 합의 당시에 예측하였던 손해만을 포기한 것으로 한정적으로 해석함이 당사자의 합리적 의사에 합치한다고 보아, 위 1987. 11. 24.자 합의 당시에는 예상할 수 없었던 온배수 배출량의 증가와 이로 인한 피해지역의 확대 등 사정에 비추어 피고들이 구하는 이 사건 손해배상은 위 합의 당시에는 예상하지 못하였던 추가손해의 배상을 구하고 있는 것이라는 이유로 위 원고의 주장을 배척하고 있는바, 원심의 위와 같은 판단은 정당하고, 거기에 원고가 주장하는 바와 같은 청구권 포기의 효력에 관한 사실오인 및 법리오해의 위법이 있다고 할 수 없다. 상고는 이유 없다.

3. 원심은, 피고들의 이 사건 손해배상 청구를 받아들이면서도 이 사건 김양식 어장 주변의 자연환경 및 어장의 노후성, 기타 지리적 조건과 당시의 기상 환경 등, 쌍방 당사자에게 책임질 수 없는 불가항력적인 사유인 자연적 요인을 고려하여 피고들의 배상액을 면허번호 제1666호, 제1667호, 제1078호, 제1116호 어장의 경우 피해액의 80%, 면허번호 제1112호 어장의 경우에는 피해액의 70%로 그 책임액을 제한하고 있는바, 원심의 위와 같은 책임제한 조치는 정당하고, 거기에 원고가 지적하는 바와 같은 사실오인 및 법리오해의 위법이 있다고 할 수 없다. 상고는 이유 없다.

4. 원고는 상고이유로서 원심의 손해배상 범위 판단은 경비를 제하지 않아 위법하다고 주장하므로 살펴보건대, 원심은, 이 사건 손해배상의 범위를 판단함에 있어, 피고들 어장의 1993년산 김의 정상 예상

수확량을 위 과거 10년간의 책당 평균수확량을 산정한 후 1993년산 김수확량의 감소율인 74.1%에 해당하는 책당 피해수확량을 산출하였고, 거기에 원심이 판시한 바와 같이 각종 경비 등을 감안한 책임제한 비율에 따라 피고들의 손해액을 산출하고 있는바, 위와 같은 원심의 손해액 산정은 수긍할 수 있고, 거기에 원고가 지적하는 바와 같이 손해액 산정에 관한 사실오인 및 법리오해의 위법이 있다고 할 수 없다. 상고는 이유 없다.

5. 그러므로 상고를 기각하고, 소송비용은 패소자인 원고의 비용으로 하기로 하여 관여 대법관의 일치된 의견으로 주문과 같이 판결한다.

대법관   서성(재판장) 이용우 배기원(주심) 박재윤

② 인과관계 입증 완화에 관한

㉮ 개연성실

인과관계 인정에 필요한 증명주제에 해당하는 주요사실을, ⓐ 피해발생의 매커니즘과 원인물질, ⓑ 원인물질의 피해자에의 도달경로, ⓒ 가해공장에서 원인물줄이 생성되어 배출되었다는 사실의 세가지로 유형화하고 있다.

[판례 12] 손해배상 (대법원 1973. 11. 27. 선고 73다919 판결)

【판시사항】
소위 공해사건에 있어서는 일반 불법행위와는 달리 인과관계의 개연성만 인정되며 따라서 입증책임이 전환되는지 여부

【판결요지】
원심은 소위 공해사건에 있어서 인과관계의 인정은 일반불법행위와는 달리 인과관계를 추정할 수 있는 개연성만 있으면 일응 입증이 있는 것으로 소송상 추정되어서 가해자는 피해자의 손해를 배상할 책임이 있게 되고 피고(가해자)가 그 불법행위의 책임을 면하려면 인과관계가 없다는 적극적 증명(반증)을 할 책임이 있다는 전제하에 판결하였으나 소위 공해사건에 있어서의 이와 같은 입증에 관한 특별취급에 관한 위 전제는 본원이 인정할 수 없다.

【참조조문】
민법 제750조

【전 문】
【원고, 피상고인】 원고 소송대리인 변호사 권태홍
【피고, 상고인】 동광화학공업주식회사 소송대리인 변호사 성태경, 동 유재방
【원 판 결】 서울고등법원 1973.5.17. 선고 72나1809 판결

【주 문】

원판결을 파기하고, 사건을 서울고등법원에 환송한다.

【이 유】

피고소송대리인 변호사 성태경, 동 유재방의 상고이유를 본다.

우선 그 일부의 요지는, 원판결 설시이유에 의하면 원심은 일반적으로 불법행위로 인한 손해배상청구에 있어서 인과관계의 증명은 손해배상을 청구하는 피해자측에 그 책임이 있다는 데 대하여 이론이 없으나 이 사건과 같은 공해사건에 있어서는 (가) 일반적으로 피해자는 가사 기술적으로 용이한 조사이더라도 비용관계, 가해자의 비협조(기업기술의 비공개를 이유로 한 원인조사 목적의 공장출입의 거부 등)로 원인사실의 조사가 어렵고, (나) 이미 발생한 공해에 관하여 원인의 소급적 조사는 어려운 일이며 그리고 공적 공해관측기관이 그 원인을 밝힐 수 있는 세밀한 조사자료를 모아 두고 있지 않은 것이 현실이고 또 발생 후의 조사에 관하여도 공적 조사기관이 정비되어 있지 아니하며, (다) 공해원인 탐지기술은 그 공해 발생의 공장기술의 개발에 미치지 못하는 실정이고, (라) 가해자의 공장이 어떠한 물질이나에너르기를 발산하는 이상 그 무해성을 입증하여야 함은 사회적 의무이기 때문에 피해자의 인과관계의 입증책임을 완화하여 그 개연성의 입증으로 족하고, 가해자가 그 손해배상 책임을 면하기 위하여는 그 개연성을 뒤흔들 만한 반증이 있어야 한다고 해석함이 타당할 것이다라고 전제하고, 그런데 이 사건에 있어서는 피고 공장에서 식물의 발아억제, 낙엽촉진 생장조지, 엽경고사의 효능을 지닌 피, 씨, 피 및 엠, 씨, 피가 발산되었고, 동 공장가동기간에 동 공장 주위의 500 내지 600미터 이내의 초목엽이 많은 피해를 입었을 뿐 아니라 원고의 인삼포 주위의 아까시아 잎에도 피해가 있었던 사실과 원고의 인삼포의 토질이 인삼재배지로 부적격지가 아니고 그 인삼재배 관리도 양호한 편이었던 사실을 인정한 다음 다시 나아가서 이러한 사실에 비추어 볼 때 원고의 인삼포의 피해상황은 일응 피고회사의 공장에서 발산되는 위 피, 씨, 피 및 엠, 씨, 피의 분진이 인삼포에 떨어져 인삼의 엽경에 접촉되었기 때문인 것으로 추정할 수 있다는 것으로 판단하였다. 그러나 위와 같은 원심의 판결이유 설시는 인과관계 개연성의 입증에 관한 법리를 오해하여 심리를 다하지 않고 증거없이 또는 증거의 취사선택을 잘못하여 인과관계 있다고 판단한 위법이 있다. 일반적으로 불법행위로 인한 손해배상 청구사건에 있어서 그 불법행위와 손해발생과의 간에 인과관계가 있다는 주장·입증책임은 청구자인 피해자에게 있는 것이고, 이른바 본건과 같은 공해사건이라고 하여 위의 입증책임의 소재가 달라진 것은 아니다.

그런데 이 사건에 있어서 원심은 원고의 본건 인삼포의 인삼이 고사한 것은 일응 피고회사의 공장에서 발산되는 피, 씨, 피 및 엠, 씨, 피의 분진이 인삼포에 떨어져 인삼의 엽경에 접촉되었기 때문에 발생된 것이라고 추정할 수 있다고 하여 이 추정에 따라 피고회사에게 이 사건손해배상책임이 있다고 판단하고 이에 대하여 3,638,530원의 손해가 있다고 하여 피고회사에게 대하여 동액의 손해배상의 지급을 명하였음은 부당하다는데 있다.

그러므로 원심이 인용한 증거를 기록에 대조하여 가면서 원판시 설시를 보면 원심은 본건과 같은 소위 공해사건에 있어서는 문제의 가해행위와 피해와의 간에 인과관계의 유무를 인정함에 있어서 일반 불법행위와 달리 일반적으로 충분한 인과관계의 입증이 없어도 족하고, 다만 일정한 사유만 있어서 인과관계를 추정할 수 있는 개연성만 있으면 일응 입증이 있는 것으로 소송상 추정되어서 가해자(본건에 있어서 피고회사)는 피해자(원고)의 손해를 배상할 책임이 있게 되고, 피고가 그 불법행위의 책임을 면하려면 인과관계가 없다는 적극적 증명(반증)을 할 책임 즉 소위 입증 책임의 전환이 있다는 전제하에 위 적시와 같은 판결을 하였으나 우선 본건과 같은 소위 공해사건에 있어서의 이와 같은 입증에 관한 특별취급에 관한 위 전제는 본원이 인정할 수 없다. 그런데도 불구하고 원심은 위와 같은 그릇된 전제하에 신중한 증거의 취사선택에 의한 사실판단을 함이 없이 피고에게 대하여 3,638,530원의 손해배상을 인정한 불법이 있다. 그리고 불과 약 1,300평의 배수, 통풍, 일조등의 조건이 최우수한 삼포도 아닌 일년생 묘포에서 연 순이익이 근3,700,000원(그중 55,000원은 소위 춘미삼값)에 달한다고 한 증거의 실 내역도 세밀히 검토함이 없이 이를 채택하여 만연히 원심과 같은 판결을 하였다. 결국 원심은 본건에 있어서의 입증책임에 관한 법리를 오해하였고 또 심리를 다하지 못한 위법이 있어 원판결은 이 점에 있어서 파기를 면치 못할 것으로 인정되므로 그 타의 상고이유에 대한 판단을 생략하고 원심으로 하여금 다시 심리판단케 하기 위하여 관여법관 전원일치의 의견으로 주문과 같이 판결한다.

대법관 이영섭(재판장) 양병호 한환진 김윤행

[판례 13] 손해배상 (대법원 1974. 12. 10. 선고 72다1774 판결)

【판시사항】
공해로 인한 손해배상청구소송에 있어서 가해행위와 손해발생 사이의 인과관계의 입증의 정도

【판결요지】
공해로 인한 불법행위에 있어서의 인과관계에 관하여 당해행위가 없었더라면 결과가 발생하지 아니하였으리라는 정도의 개연성, 즉 침해행위와 손해와의 사이에 인과관계가 존재하는 상당정도의 가능성이 있다는 입증을 함으로써 족하다.

【참조조문】
민법 제750조

【전 문】
【원고, 피상고인】 원고 소송대리인 변호사 안이준
【피고, 상고인】 한국전력 주식회사 소송대리인 변호사 계창업, 강서룡
【원심판결】 서울고등법원 1972.9.6. 선고 71나1620 판결

【주 문】
상고를 기각한다.
상고소송비용은 피고의 부담으로 한다.

【이 유】
피고소송대리인들의 상고이유를 판단한다.
1. 상고이유 제1점에 대하여,
　　근대산업의 발전에 따라 공업의 대기업화를 촉진하고, 그 결과로 기업이 경영하는 대단위 생산공장에서 사람의 생명 건강 및 재산에 유해로운 각종 오염물질, 소음 및 진동 따위를 배출 확산하여 사람의 건강에나 동식물의 생장에 위해를 미치게 하는 바 적지 아니하므로 법령에서 이런 공해를 방지하는 규제를 하고 있다(공해방지법등). 한편 이런 공해로 인한 손해배상청구소송에 있어서도 가해행위와 손해발생사이에 있어야 할 인과관계의 증명에 관하여도 이른바 개연성이론이 대두되어 대소간

에 그 이론이 사실인정에 작용하고 있음을 부인할 수 없는 추세에 있다고 하겠다. 개연성이론 그 자체가 확고하게 정립되어 있다고는 할 수 없으나 결론적으로 말하면 공해로 인한 불법행위에 있어서의 인과관계에 관하여 당해 행위가 없었더라면 결과가 발생하지 아니 하였으리라는 정도의 개연성이 있으면 그로써 족하다는 다시 말하면 침해행위와 손해와의 사이에 인과관계가 존재하는 상당정도의 가능성이 있다는 입증을 하므로써 족하고 가해자는 이에 대한 반증을 한 경우에만 인과관계를 부정할 수 있다고 하는 것으로 이는 손해배상을 청구하는 원고에 입증책임이 있다는 종래의 입증책임 원칙을 유지하면서 다만 피해자의 입증의 범위를 완화 내지 경감하는 반면 가해자의 반증의 범위를 확대하자는 것을 그 골자로 하고 있는 것으로 이해된다. 무릇 불법행위로 인한 손해배상에 있어서 불법행위의 성립요건으로서의 인과관계는 현실로 발생한 손해를 누구에게 배상책임을 지울 것인가를 가리기 위한 개념이므로 자연과학의 분야에서 말하는 인과관계가 아니라 법관의 자유심증에 터 잡아 얻어지는 확신에 의하여 인정되는 인과관계를 말한다 할 것인데 이런 확신은 통상인이 일상생활에 있어서 그 정도의 판단을 얻을 때는 의심을 품지 않고 안심하고 행동할 것이라는 정도를 일컬어 말함이니 이런 관점에서 볼 때 개연성이론을 수긍못할 바 아니다.

그러나 요는 구체적 사건에서 어떠한 증거에 의하여 어떤 사실을 인정한 조치가 타당한 여부에 문제의 초점이 있다고 할 것이므로 개연성이론 그것이 논의의 대상이 될 수 없는 바이다. 돌이켜 이 사건을 살피건대 기록에 의하여 원심이 그 의용의 증거에 의하여 피고 발전소에서 다량으로 분출 확산되는 아황산까스로 인하여 원고소유 과수의 수세가 악화되어 결실의 불량 저하로 원고는 손해를 입었다는 사실을 인정한 조치는 정당하며 위 설시와 같은 개연성을 바탕으로 한 그 증거취사나 사실인정 과정에 나무랄 곳이 없으므로 반대의 견해로 원심을 비난하는 논지는 이유없다.

2. 상고이유 제2,7점에 대하여,

기록에 의하여 소송의 진행상태를 보아 소론 증거신청을 채택 시행치 아니한 원심의 조치를 탓할 수 없으므로 심리미진으로 인한 사실오인이니, 채증법칙위배라는 논지 또한 이유없다.

3. 상고이유 제3점에 대하여,

공해소송이라 하여서 민법 제760조의 소위 공동불법행위책임을 적용 아니할 합리적인 근거가 없으므로 원심이 소외 한국석유주식회사의 굴뚝에서 분출되는 아황산까스로 인하여서도(피고 것에 비하여 극소량) 피해 있음을 인정하면서 공동불법행위라는 전제아래 피고에게 전손해를 명한 판단은 정당하다 할 것이므로 논지는 채택할 수 없다.

4. 상고이유 제4점에 대하여,

소론은 원고에게 과수원을 폐지하고 공해에 강한 다른 농작물 기타로 대치하는 등 피해를 최소한으로 방지할 아무런 조치를 아니한 과실이 있다는 것이나 이 사건에서 피해의 원인이 피고 발전소에서 분출 확산되는 아황산까스에 있다는 것이 원판시의 인정한 사실이므로 피해를 막는 길은 그런 유해까스가 분출되지 않도록 피고측에서 조치를 강구할 것이지 원고로 하여금 피해를 방지하라 함은 사리에 어긋나는 소리일 뿐 아니라 일건기록상 원고가 용이하게 피해를 방지할 길이 있었다고 볼 자료도 없으므로 논지 이유없다.

5. 상고이유 제5,6점에 대하여,

과수에서 수익을 얻을 수 있는 가능성이 있는 이상 피고의 불법행위가 계속되는 동안에는 매년도의 손해배상책임이 있다 할 것이며 과수가 생성하면서 결실을 볼 수 있는 동안은 외적사유에 의하여 성과수확이 없다 하여도 그 비배관리를 필요로 함은 경험칙에 의하여 알수있는 바이므로 그에 소요되는 관리비가 절약되었다고 볼 수 없으니 이를 손해액에서 공제 아니한 원심의 조치는 정당하다 할 것이니 반대의 견해로 나온 소론의 논지 또한 이유없다.

그러므로 상고를 기각하고, 소송비용은 패소자의 부담으로 하기로 관여 법관의 의견이 일치되어 주문과 같이 판결한다.

대법관   김영세(재판장) 주재황 이병호 이일규

④ 판례의 검토

[판례 14] 손해배상 (대법원 1984. 6. 12. 선고 81다558 판결)

【판시사항】
가. 공해소송에 있어서의 입증책임의 분배
나. 수질오탁으로 인한 공해소송에 있어서 인과관계의 입증책임

【판결요지】
가. 일반적으로 불법행위로 인한 손해배상청구사건에 있어서 가해행위와 손해발생간의 인과관계의 입증책임은 청구자인 피해자가 부담하나, 수질오탁으로 인한 이 사건과 같은 공해로 인한 손해배상청구소송에 있어서는 기업이 배출한 원인물질이 물을 매체로 간접적으로 손해를 끼치는 수가 많고 공해문제에 관하여는 현재의 과학수준으로 해명할 수 없는 분야가 있기 때문에 가해행위와 손해발생 간의 인과관계의 고리를 모두 자연과학적으로 증명하는 것은 곤란 내지 불가능한 경우가 대부분이므로 피해자에게 사실적 인과관계의 존재에 관한 엄밀한 과학적 증명을 요구함은 공해의 사법적 구제의 사실상 거부가 될 우려가 있는 반면에 가해기업은 기술적 경제적으로 피해자 보다 원인조사가 훨씬 용이할 뿐 아니라 그 원인을 은폐할 염려가 있어, 가해기업이 배출한 어떤 유해한 원인물질이 피해물건에 도달하여 손해가 발생하였다면 가해자측에서 그 무해함을 입증하지 못하는 한 책임을 면할 수 없다고 봄이 사회형평의 관념에 적합하다.
나. 수질오탁으로 인한 공해소송인 이 사건에서 (1)피고공장에서 김의 생육에 악영향을 줄 수 있는 폐수가 배출되고 (2)그 폐수중 일부가 유류를 통하여 이사건 김양식장에 도달하였으며 (3)그후 김에 피해가 있었다는 사실이 각 모순없이 증명된 이상 피고공장의 폐수배출과 양식 김에 병해가 발생함으로 말미암은 손해간의 인과관계가 일응 증명되었다고 할 것이므로, 피고가 (1)피고 공장폐수 중에는 김의 생육에 악영향을 끼칠 수 있는 원인물질이 들어 있지 않으며 (2)원인물질이 들어 있다 하더라도 그 해수혼합율이 안전농도 범위내에 속한다는 사실을 반증을 들어 인과관계를 부정하지 못하는 한 그 불이익은 피고에게 돌려야 마땅할 것이다.

【참조조문】
가.나.민법 제750조 나. 민사소송법 제187조

【참조판례】
대법원 1979.1.23. 선고 78다1653 판결

【전 문】

【원고, 상고인】 의창군 소송대리인 변호사 홍영기
【피고, 피상고인】 진해화학주식회사 소송대리인 변호사 정성기
【원심판결】 대구고등법원 1981.1.29. 선고 79나249 판결
【환송판결】 대법원 1979.1.23. 선고 78다1653 판결

【주 문】
원심판결을 파기하고, 사건을 대구고등법원에 환송한다.

【이 유】
원고 소송대리인의 상고이유 제1내지 제5점을 함께 판단한다.

1. 원심판결 이유에 의하면 원심은 그 거시증거에 의하여 원고가 이 사건 어장에 김양식시설을 하고 1969년도 및 1970년도에 김양식사업을 벌였으나 양식 김에 김 갯병증상의 병해가 발생함으로써 막심한 피해를 보고 김양식사업을 포기하기에 이른 사실, 피고 회사는 1967.4.9 공장을 준공하고 인광석, 유황, 염화칼리, 나프타, 기타 화공약품과 물을 주요 소요자재로 하여 복합비료와 요소비료를 제조하고 있는데 그 생산실적을 보면 1967년도에는 57,669톤 그 이후부터는 100퍼센트 가동하여 1968년도에 267,601톤을 생산한 이래 매년 생산실적이 증가하고 있으며 피고 공장 전체가 완전 가동할 경우의 물의 총소요량은 1일 130,000톤이고 1일 보충수는 약 8,500톤인데 위 8,500톤에 해당하는 물중에서 기계냉각용수, 보이라용수 등으로 증발 소모되는 것과 목욕수 및 취사용수로 사용되는 것을 제외한 나머지 약 2,000톤 내지 3,000톤의 물을 매일 폐수로서 행암만 바다에 배출하고 있는 사실, 피고 공장폐수는 행암만 해수에 섞여서 조석을 거듭하는 동안 조류를 타기도 하고 북서풍 또는 서풍이 강하게 불 때에는 취송류의 영향으로 그 일부가 희석된 채 이 사건 어장이 있는 ○○만으로 유입되고 있는 사실, 한편 이른바 김 갯병은 여러가지 원인으로 생길 수 있지만 최근 임해공업의 발달로 인한 산업폐수도 그 원인의 하나로 되고 있음이 공인됨에 이르렀고 산업폐수가 김의 생리적 작용에 미치는 영향을 판정하는 방법으로서는 김의 생리상태를 광합성능의 측정으로 판정하는 것이 가장 효과적인데 그에 의하면 김의 광합성능 50퍼센트를 저해하는 폐수의 농도가 김의 치사한계 농도이고 그 농도의 10분의 1이 안전기준인바, 정상해수에 피고 공장 폐수를 희석하여 김의 광합성능을 측정한 결과 피고 공장폐수가 함유된 비율이 높을수록 광합성능이 저하되는데 그 폐수의 농도(혼합율)에 따른 광합성능의 저하정도는 원심판시 별지 (5)광합성능 조사표의 (A) 조사와 같고, 피고 공장폐수를 기준으로 한 광합성능 50퍼센트 저해하는 폐수 농도(치사농도)는 1,416 ppm이고 따라서 그 안전농도는 약 140 ppm이 된다는 사실, 피고 공장폐수중에는 불소, 납, 구리, 아연, 씨안, 페놀, 수은, 카드미움 등의 물질이 포함되어 있으나 그중 불소이온은 해수중에 유입되더라도 비교적 변화가 생기지 아니하고 안정된 상태를 유지하기 때문에 불소이온을 추적자로 하여 폐수혼합율을 계산하는 것이 가장 합리적인 방법으로 평가되고 있다는 사실 등을 인정한 후 같은 불소이온을 추적자로 하는 폐수혼합율 계산방식이긴 하지만 원고 주장의 원심판시 별지 (4)계산표의 (A) 공식은 그 판시와 같은 이유로 부당하고 소위 정확한 의미에 있어서의 폐수혼합율 계산방식은 원심판시 별지 (4)의 (F)계산 ②공식이 가장 합리적이라 하여 그 공식에 의하여 폐수혼합율을 계산한 결과 그 혼합율은 160.4 ppm이 되는데 그 형식적인 수치만으로는 안전농도인 140 ppm을 약간 상회하지만 판시와 같은 사정을 종합해 볼 때 피고 공장 폐수의 이 사건 어장해수에의 혼합율 160.4ppm은 결국 안전농도의 범위내로 보는 것이 타당하고 따라서 피고공장 폐수와 이 사건 어장의 김의 피해와의 사이에는 인과관계의 개연성조차 인정할 수 없다는 취지로 판단하고 있다. 요컨대, 원심은 (1)피고 공장에서 김의 생육에 악영향을 줄 수 있는 폐수를 배출하고 있었고 (2)그 폐수중의 일부가 조류를 타고 이 사건 어장

에 도달되었으며 (3)그후 원고의 이 사건 어장 양식 김에 병해가 발생하여 피해가 생겼다는 사실 등을 인정하면서도 이 사건 어장해수에 피고 회사가 배출한 폐수의 혼합율이 안전농도 범위를 넘지아니하여 피고 공장 폐수와 이 사건 김의 피해와의 사이에는 아무런 인과관계가 없다는 것이다.

기록에 의하여 살피건대, 원심의 위 (1)내지 (3)사실은 정당하게 시인된다. 그러나 원심이 이 사건 인과관계를 부정한 핵심이라고 할 수 있는 피고 공장폐수의 이 사건 어장해수에의 혼합율이 안전농도 범위내라는 수치의 인정과정은 당원으로서는 수긍할 수 없다. 왜냐하면 우선 원심은 피고 공장 폐수의 김의 광합성능 50%퍼센트 저하농도 즉 김의 치사한계농도가 1,416ppm이고 따라서 그 안전기준은 10분의 1인 약 140 ppm이라는 것이나 원심이 위 사실인정의 근거로 삼은 증거중 갑 제1호증 테이블 (1)광합성능 조사표에 의하면 피고공장이 배출한 폐수로 인한 김의 광합성능 저하도는 1,000 ppm까지밖에 조사되어 있지 않고(이 때의 광합성능은 56.45%로서 그 저하율은 43.55%임) 그 수치는 실험을 통한 결과이어서 거기에 통계적인 계산원칙이 적용될 여지가 전혀 없음이 분명하다 할 것임에도 환송후 원심증인 소외 1이 밝히고 있는 김의 치사 한계농도 즉 광합성능 50퍼센트 저하농도가 1,416ppm이 된다는 수치는 동인의 증언에 의하면 직접 실험을 통하여 산출한 수치가 아니고 갑 제1호증 실험결과를 기초로 해서 통계적 수법으로 계산한 수치라는 것이니 (기록2,490페이지) 원심이 안전농도로 인정하는 140 ppm의 수치는 의문의 여지가 있다고 보지 않을 수 없고, 또한 폐수혼합율에 관하여 보더라도 원심이 창출한 계산방식은 원고가 주장하는 계산방식과 피고 공장폐수의 불소함량수치만을 달리하고 있을 뿐 (원고는 △△동쪽과 □□동쪽 두군데로 배출하는 피고공장의 폐수의 양과 불소치를 기준으로 하고 있음에 반하여, 원심은 혼합율을 계산함에 있어서 폐수의 양은 의미가 없다하여 두군데로 배출하는 폐수의 양은 판단조차 할 필요없다 하고 폐수지의 불소함량 수치를 기준으로 하고 있을 따름이다.) 그 계산공식 자체는 결과적으로 전혀 동일한 계산방식임이 원심판결 별지 (4) 계산표 자체에 의하여 명백한바, 기록에 의하면 원심이나 원고가 주장하는 폐수혼합율 계산방식은 모두 갑 제2호증에 나와 있는 계산방식을 토대로 하고 있음을 알수 있다. 그런데 위 갑 제2호증에 나와 있는 계산방식을 도입한 장본인인 환송후 원심증인 소외 2의 증언에 의하면 그 계산방식이 성립하기 위하여는 △△동쪽과 □□동쪽 두군데로 배출되는 폐수의 양이 동일한 경우를 전제로 했다는 것이며 위 계산공식자체도 국제적으로 동인이 처음 시도한 독자적 계산방식이라는 것인바(기록 2,484면 이하)원심이 의용한 환송후 원심증인 소외 3의 증언에 의하면 갑 제2호증에 나와 있는 계산방식은 외부의 다른 영향을 받지 않는 폐쇄계 즉 실험실 내에서 또는 호수와 같이 일정물량이 저장되어 있는 조건하에서 하는 계산방법이고, 매일 간만의 차가 다르고 대양수와의 혼합물량이 변동되는 개방계에서는 적용할 수 없는 계산방식이라는 것이니 (기록 2,545면) 위 각 증언에 비추어 보아도 위와 같은 공식에 의하여 계산해 낸 폐수혼합율의 수치가 정확한 것이라고는 볼 수 없기 때문이다. 결국 이 사건에 있어서는 피고공장 폐수의 김에 대한 안전성장농도(한편으로는 유해농도로 된다.)가 어느 정도인지 명확히 밝혀졌다고 할 수 없을 뿐만 아니라 피고공장 폐수가 이 사건 어장해수에 혼합된 정도가 증명되었다고 할 수 없다.

2. 일반적으로 불법행위로 인한 손해배상 청구사건에 있어서 가해행위와 손해발생과의 사이에 인과관계의 존재를 입증할 책임은 청구자인 피해자가 부담함에는 의문의 여지가 없다 할 것이나 이른바 오염물질인 폐수를 바다로 배출함으로 인한 이 사건과 같은 공해로 인한 손해배상을 청구하는 소송에 있어서는 기업이 배출한 원인물질이 물을 매체로 하여 간접적으로 손해를 끼치는 수가 많고 공해문제에 관하여는 현재의 과학수준으로도 해명할 수 없는 분야가 있기 때문에 가해행위와 손해의 발생사이의 인과관계를 구성하는 하나하나의 고리를 자연과학적으로 증명한다는 것은 극히 곤란하거나 불가능한 경우가 대부분이므로 이러한 공해소송에 있어서 피해자인 원고에게 사실적 인과관계의 존

재에 관하여 과학적으로 엄밀한 증명을 요구한다는 것은 공해로 인한 사법적 구제를 사실상 거부하는 결과가 될 우려가 있는 반면에 가해기업은 기술적, 경제적으로 피해자보다 훨씬 원인조사가 용이한 경우가 많을 뿐만 아니라 그 원인을 은폐할 염려가 있고 가해기업이 어떠한 유해한 원인물질을 배출하고 그것이 피해물건에 도달하여 손해가 발생하였다면 가해자측에서 그것이 무해하다는 것을 입증하지 못하는 한 책임을 면할 수 없다고 보는 것이 사회형평의 관념에 적합하다고 할 것이다.
3. 요컨대, 불법행위 성립요건으로서의 인과관계는 궁극적으로는 현실로 발생한 손해를 누가 배상할 것인가의 책임귀속의 관계를 결정짓기 위한 개념이므로 자연과학의 분야에서 말하는 인과관계와는 달리 법관의 자유심증에 터잡아 얻어지는 확신에 의하여 인정되는 법적인 가치판단이니 만큼 소위 수질오탁으로 인한 공해소송인 이 사건에 있어서 원심이 적법하게 확정하고 있는 바와 같이 (1)피고공장에서 김의 생육에 악영향을 줄 수 있는 폐수가 배출되고 (2) 그 폐수중의 일부가 해류를 통하여 이 사건 어장에 도달되었으며, (3) 그후 김에 피해가 있었다는 사실이 각 모순없이 증명되는 이상 피고의 위 폐수의 배출과 원고가 양식하는 김에 병해가 발생하여 입은 손해와의 사이에 일응 인과관계의 증명이 있다고 보아야 할 것이고, 이러한 사정아래서 폐수를 배출하고 있는 피고로서는 (1) 피고공장 폐수중에는 김의 생육에 악영향을 끼칠 수 있는 원인물질이 들어 있지 않으며 또는 (2) 원인물질이 들어 있다 하더라도 그 혼합율이 안전농도 범위내에 속한다는 사실을 반증을 들어 인과관계를 부정하지 못하는 이상 그 불이익은 피고에게 돌려야 마땅할 것이다.

그럼에도 불구하고 원심이 수긍할 수 없는 수치와 계산방법에 의하여 산출한 수치에 집착하여 피고공장 폐수의 이 사건 어장해수에의 혼합율이 안전농도 범위내이고 따라서 피고의 폐수배출과 원고의 이 사건 손해와의 사이에 인과관계가 없다고 단정하였음은 특히 공해로 인한 불법행위 성립요건으로서의 인과관계의 증명에 관한 법리를 오해하고 나아가 이유모순의 위법을 범하였다고 하지 않을 수 없고 위와 같은 위법은 판결에 영향을 미쳤음이 분명하므로 이 점을 지적하는 논지는 이유있다.

그러므로 원심판결을 파기하고, 사건을 다시 심리판단케 하기 위하여 원심인 대구고등법원에 환송하기로 관여 법관의 일치된 의견으로 주문과 같이 판결한다.

대법관 강우영(재판장) 김중서 이정우 신정철

[판례 15] 손해배상(기) (대법원 1997. 6. 27. 선고 95다2692 판결)

【판시사항】
[1] 공해소송에 있어서 인과관계의 입증책임
[2] 공사장에서 배출되는 황토 등이 양식어장에 유입되어 농어가 폐사한 경우, 개연성이론에 의하여 인과관계가 증명되었다고 본 사례

【판결요지】
[1] 오염물질인 폐수를 배출하는 등의 공해로 인한 손해배상을 청구하는 소송에 있어서는 기업이 배출한 원인물질이 물을 매체로 하여 간접적으로 손해를 끼치는 수가 많고 공해문제에 관하여는 현재의 과학수준으로도 해명할 수 없는 분야가 있기 때문에 가해행위와 손해의 발생 사이의 인과관계

를 구성하는 하나 하나의 고리를 자연과학적으로 증명한다는 것은 극히 곤란하거나 불가능한 경우가 대부분이므로, 이러한 공해소송에 있어서 피해자에게 사실적인 인과관계의 존재에 관하여 과학적으로 엄밀한 증명을 요구한다는 것은 공해로 인한 사법적 구제를 사실상 거부하는 결과가 될 우려가 있는 반면에 가해기업은 기술적, 경제적으로 피해자보다 훨씬 원인조사가 용이한 경우가 많을 뿐만 아니라 그 원인을 은폐할 염려가 있고 가해기업이 어떠한 유해한 원인물질을 배출하고 그것이 피해물건에 도달하여 손해가 발생하였다면 가해자측에서 그것이 무해하다는 것을 입증하지 못하는 한 책임을 면할 수 없다고 보는 것이 사회형평의 관념에 적합하다고 할 것이다.
[2] 공사장에서 배출되는 황토 등이 양식어장에 유입되어 농어가 폐사한 경우, 폐수가 배출되어 유입된 경로와 그 후 농어가 폐사하였다는 사실이 입증되었다면 개연성이론에 의하여 인과관계가 증명되었다고 본 원심판결을 수긍한 사례.

【참조조문】
[1] 민법 제750조 [2] 민법 제750조

【참조판례】
[1][2] 대법원 1984. 6. 12. 선고 81다558 판결(공1984, 1263)
대법원 1991. 7. 23. 선고 89다카1275 판결(공1991, 2211)

【전 문】
【원고,피상고인】 원고
【피고,상고인】 현대자동차 주식회사 (소송대리인 변호사 이효종)
【원심판결】 서울고법 1994. 12. 9. 선고 94나25881 판결

【주 문】
상고를 기각한다. 상고비용은 피고의 부담으로 한다.

【이 유】
상고이유를 판단한다.
원심판결 및 원심이 인용한 제1심판결 이유에 의하면 원심은, 그 내세운 증거에 의하여 판시와 같이 사실을 인정한 다음, 이 사건과 같이 오염물질인 폐수를 배출하는 등의 공해로 인한 손해배상을 청구하는 소송에 있어서는 기업이 배출한 원인물질이 물을 매체로 하여 간접적으로 손해를 끼치는 수가 많고 공해문제에 관하여는 현재의 과학수준으로도 해명할 수 없는 분야가 있기 때문에 가해행위와 손해의 발생 사이의 인과관계를 구성하는 하나 하나의 고리를 자연과학적으로 증명한다는 것은 극히 곤란하거나 불가능한 경우가 대부분이므로, 이러한 공해소송에 있어서 피해자인 원고에게 사실적인 인과관계의 존재에 관하여 과학적으로 엄밀한 증명을 요구한다는 것은 공해로 인한 사법적 구제를 사실상 거부하는 결과가 될 우려가 있는 반면에 가해기업은 기술적, 경제적으로 피해자보다 훨씬 원인조사가 용이한 경우가 많을 뿐만 아니라 그 원인을 은폐할 염려가 있고 가해기업이 어떠한 유해한 원인물질을 배출하고 그것이 피해물건에 도달하여 손해가 발생하였다면 가해자측에서 그것이 무해하다는 것을 입증하지 못하는 한 책임을 면할 수 없다고 보는 것이 사회 형평의 관념에 적합하다고 할 것(대법원 1984. 6. 12. 선고 81다558 판결 참조)이라고 전제하고, 따라서 수질오염으로 인한 손해배상을 구하는 이 사건에 있어서는 ㉠ 피고의 주행시험장 설치공사현장에서 농어 양식에 악영향을 줄 수 있는 황토와 폐수를 배출하고, ㉡ 그 황토 등 물질의 일부가 물을 통하여 이 사건 양식어장에 도달되었으며, ㉢ 그 후 양식 농어에 피해가 있었다는 사실이 각 모순 없이 증명되는 이상 피고의 위 황토와 폐수의 배출과 원고가

양식하는 농어가 폐사하여 입은 손해와 사이에 일응 인과관계의 증명이 있다고 보아야 할 것이고, 이러한 사정 아래에서 황토와 폐수를 배출하는 피고로서는 ㉠ 피고의 공사현장에서 배출하는 황토와 폐수 중에는 양식 농어의 생육에 악영향을 끼칠 수 있는 원인물질이 들어 있지 않고, ㉡ 원인 물질이 들어 있다 하더라도 그 혼합률이 안정농도 범위 내에 속한다는 사실에 관하여 반증을 들어 인과관계를 부정하지 못하는 이상 그 불이익은 피고에게 돌려야 마땅할 것이라고 하고, 원심의 그 판시 인정 사실은 결국 ㉠ 피고는 그 판시 주행시험장 설치공사 과정에서 황토와 폐수를 배출하고, ㉡ 그 주행시험장 설치 공사현장에서 원고의 양식어장에 이르는 거리 등으로 보아 위 배출된 황토와 폐수가 원고의 어장까지 유입될 것이라고 보는데 경험칙상 모순이 없으며, ㉢ 원고가 양식하던 농어는 피고가 위 공사를 하기 전에는 폐사하는 경우가 없다가 위 공사가 시작되고부터 폐사하였는데, 일반적으로 황토와 폐수는 양식어장의 농어의 생육에 악영향을 미쳐 집단폐사의 주요 요인이 될 수 있다는 것으로 요약할 수 있다고 한 다음, 위 공유수면의 하천 상류 근처에 있던 축산농가들의 생활하수와 축산오물 등으로 위 하천이 오염된 상태로 위 공유수면에 유입되었으므로 위 공유수면의 오염원은 위 축산오물 등이고, 원고가 양식하던 농어의 폐사는 위 축산오물 등으로 인한 것이지 피고의 공사과정에서 발생하는 황토와 폐수로 인한 것은 아니라는 피고의 주장을 그 판시와 같은 이유로 배척하고, 결국 원고가 양식하던 농어의 폐사 원인은 피고가 시행한 위 공사 과정에서 발생한 황토와 폐수라고 봄이 상당하며, 위 공사의 시행자인 피고로서는 원고 경영의 양식어장이 위치한 위 공유수면과 접한 부분의 주행시험장 부지를 황토로 제방을 이루도록 성토하는 경우에 있어 황토가 위 공유수면으로 흘러내리지 못하도록 석축 등의 시설물을 설치하고, 위 주행시험장 설치공사 과정에서 발생하는 하수는 공유수면으로 흘려보내지 말아야 하며 공유수면으로 흘려 보내는 방법 이외에 달리 하수를 처리할 방법이 없는 경우에는 하수를 흘려보내기에 앞서 이를 정화함으로써 공유수면을 오염시키지 않도록 하여야 할 주의의무가 있고, 이 사건에서의 농어 폐사 결과는 위와 같은 시설물을 설치하는 등의 필요한 조치를 취하지 아니한 과실로 인하여 발생하였다고 판단하였는바, 이를 기록과 대조하여 살펴보면, 원심의 그 사실인정과 판단은 옳다고 여겨지고, 거기에 상고이유로 주장하는 채증법칙 위배로 인한 사실오인이나 공해소송의 법리를 오해하여 입증책임의 분배를 그르친 위법이 있다고 할 수 없다.

그러므로 상고를 기각하고 상고비용은 패소자의 부담으로 하기로 관여 법관들의 의견이 일치되어 주문과 같이 판결한다.

대법관   박만호(재판장) 박준서 김형선(주심) 이용훈

[판례 16] 손해배상 (대법원 1991. 7. 23. 선고 89다카1275 판결)

【판시사항】

가. 공해소송에 있어서 인과관계의 입증책임

나. 농장의 관상수들이 고사하게 된 직접원인은 동해이지만 인근 공장에서 배출된 아황산가스가 그 수목의 성장에 장해가 됨으로써 동해에 상조작용을 한 경우에 있어 공장주의 손해배상책임을 인정한 사례

다. 위 "나"항의 경우에 있어 공장에서 배출된 오염물질(아황산가스)의 농도가 환경보전법에 의하여 허용된 기준치 이내인 경우와 손해배상책임의 성부

라. 공해사건에서 손해가 자연력과 가해자의 과실행위가 경합되어 발생한 경우 가해자의 손해배상의 범위와 자연력의 기여분
마. 과실상계사유에 관한 사실인정이나 그 비율을 정하는 것이 사실심의 전권사항인지 여부

【판결요지】

가. 일반적으로 불법행위로 인한 손해배상청구사건에 있어서 가해행위와 손해발생 간의 인과관계의 입증책임은 청구자인 피해자가 부담하나, 대기오염에 의한 공해를 원인으로 하는 손해배상청구소송에 있어서는 기업이 배출한 원인물질이 대기를 매개로 간접적으로 손해를 끼치는 경우가 많고 공해문제에 관하여는 현재의 과학수준으로 해명할 수 없는 분야가 있기 때문에 가해행위와 손해발생 간의 인과관계의 과정을 모두 자연과학적으로 증명하는 것은 극난 내지 불가능한 경우가 대부분인 점 등에 비추어 가해기업이 배출한 어떤 유해한 원인물질이 피해물건에 도달하여 손해가 발생하였다면 가해자측에서 그 무해함을 입증하지 못하는 한 책임을 면할 수 없다고 봄이 사회형평의 관념에 적합하다.

나. 농장의 관상수들이 고사하게 된 직접원인은 한파로 인한 동해이지만 인근 공장에서 배출된 아황산가스의 일부가 대기를 통하여 위 농장에 도달됨으로 인하여 유황이 잎 내에 축적되어 수목의 성장에 장해가 됨으로써 동해에 상조작용을 한 경우에 있어 공장주의 손해배상책임을 인정한 사례

다. 위 "나"항의 경우에 있어 공장에서 배출된 오염물질(아황산가스)의 농도가 환경보전법에 의하여 허용된 기준치 이내라 하더라도 그 유해의 정도가 통상의 수인한도를 넘어 인근 농장의 관상수를 고사케하는 한 원인이 되었다면 그 배출행위로 인한 손해배상책임을 면치 못한다.

라. 공해사건에서 피해자의 손해가 한파, 낙뢰와 같은 자연력과 가해자의 과실행위가 경합되어 발생된 경우 가해자의 배상의 범위는 손해의 공평한 부담이라는 견지에서 손해에 대한 자연력의 기여분을 제한 부분으로 제한하여야 한다.

마. 과실상계사유에 관한 사실인정이나 그 비율을 정하는 것은 그것이 형평의 원칙에 비추어 현저히 불합리하다고 인정되지 아니하는 한 사실심의 전권사항에 속한다.

【참조조문】

가.나.다.민법 제750조 다. 환경보전법 제14조, 같은법법시행규칙 제15조 라. 민법 제763조, 제393조, 마. 민법 제763조, 제396조, 민사소송법 제187조

【참조판례】

가. 대법원 1984.6.12. 선고 81다558 판결(공1984, 1263)
다. 대법원 1973.10.10. 선고 73다974 판결
마. 대법원 1991.3.27. 선고 90다13383 판결(공1991,1262)
1991.4..26. 선고 90다20077 판결(공1991,1496)
1991.5.14. 선고 91다8081 판결(공1991,1640)

【전 문】

【원고,피상고인】 원고 소송대리인 변호사 김광년
【피고,상고인】 나전모방공업주식회사 소송대리인 변호사 이영수
【원심판결】 서울고등법원 1988.12.9. 선고 85나4088 판결

【주 문】

상고를 기각한다.

상고비용은 피고의 부담으로 한다.

【이　유】

피고소송대리인의 상고이유를 본다.

1. 상고이유 제1점에 대하여

　　원심판결 이유에 의하면 원심은, 거시증거에 의하여 원고는 서울과 의정부시 간의 국도에서 동쪽으로 약 1Km 떨어진 수락산 부근인 의정부시 (주소 1 생략)의 임야 8900여평에 1961년경부터 도봉농장이라는 이름으로 주목, 반송, 백송, 향나무, 옥향, 목련 등 고급관상수를 재배해 왔고, 피고는 1969. 10.경부터 위 도봉농장과 서북쪽으로 접한 (주소 2 생략) 지상에 모직류를 제조하는 공장을 설치하여 가동하여 오면서 그 연료로 방카씨유를 사용함으로써 그 연소과정에서 생성된 유해물질인 아황산가스 및 낙진을 굴뚝을 통하여 대기중에 배출시켜 온 사실, 그런데 1981. 3.경을 전후하여 원고농장의 주목, 향나무, 반송, 백송 등 일부 관상수들이 갯솜조직과 표피세포의 원형질분리로 누렇게 변색되어 잎이 떨어지고 수목 자체까지 고사하기도 하였으며 특히 피고공장의 굴뚝에서 동남쪽으로 약 200m 떨어진 곳 부근(이하 피해극심지역이라 한다)의 관상수들에게서 그 현상이 심하게 나타났던 사실, 아황산가스는 수목잎의 기공을 통하여 잎 내에 침투한 후 공변세포와 엽록소를 손상시켜 잎의 호흡, 증산, 탄소동화작용 등을 저해함으로써 탈수현상과 세포파괴를 초래하여 수목을 고사케 하며 이러한 아황산가스의 수목에 대한 침해정도는 수목의 종류, 아황산가스의 농도, 접촉시기와 기간, 기상조건 및 토양조건 등에 따라 달라지기는 하나 대체로 아황산가스의 대기 중 농도가 0.4피.피.엠(p.p.m) 이상일 때 급성피해를 입게 되고, 0.1 내지 0.2 피.피.엠 이상일 때 수목에 서서히 나쁜 영향을 끼쳐 만성적으로 피해를 가져오게 되는데, 이 사건 피해현상이 나타나게 된 1981. 3.경을 전후하여 피고공장에서 배출한 아황산가스가 대기중에서 확산 희석되어 원고농장에 도달했을 때를 기준으로 한 농도는 대체로 위 급성 또는 만성피해로 인한 고사현상을 가져올 정도에는 미달된 사실, 그러나 이 사건 피해가 생긴 후인 1981. 5.초경 원고농장의 위 피해수목을 조사한 바에 의하면 피해수목의 엽내 유황함량은 대부분 0.18 내지 0.31퍼센트 정도이고 피해증세가 심한 수목일수록 이에 비례하여 그 유황함량이 많았으며 피해극심지역에 피해수목이 집중되어 있고 그 이외의 지역에서는 별 피해가 없거나 근소하였던 사실과 대기 중 아황산가스의 농도가 낮다고 하더라도 그것이 잎 내에 축적되어 수목의 장해가 됨으로써 동해에 상조작용을 하게 되는 사실, 한편 1980.12.과 1981.1.에는 74년 만의 최고의 한파가 닥쳐서 서울근교를 중심으로 한 전국각지에서 많은 수목이 동해를 입었고 동해의 증상도 아황산가스로 인한 피해증상과 마찬가지로 세포의 원형질분리와 파괴, 황화현상, 이상낙엽, 고사 등의 순으로 나타나는 사실을 확정한 다음 원고농장의 관상수들이 고사하게 된 직접원인은 위 한파로 인한 동해이고 피고공장에서 배출된 아황산가스로 인한 것은 아니지만 위 아황산가스는 위 관상수들이 한파에 의하여 쉽사리 동해를 입게 된 원인이 되었다고 인정되므로 피고는 위 관상수들이 동해로 인하여 고사함으로써 입게된 손해를 배상할 책임이 있다고 판단하였다.

　　일반적으로 불법행위로 인한 손해배상청구사건에 있어서 가해행위와 손해발생 간의 인과관계의 입증책임은 청구인인 피해자가 부담하나 이 사건에서 처럼 대기오염에 의한 공해를 원인으로 하는 손해배상청구소송에 있어서는 기업이 배출한 원인물질이 대기를 매개로 간접적으로 손해를 끼치는 경우가 많고 공해문제에 관하여는 현재의 과학수준으로 해명할 수 없는 분야가 있기 때문에 가해행위와 손해발생 간의 인과관계의 과정을 모두 자연과학적으로 증명하는 것은 극난 내지 불가능한 경우가 대부분인 점 등에 비추어 가해기업이 배출한 어떤 유해한 원인물질이 피해물건에 도달하여 손해가 발생하였다면 가해자측에서 그 무해함을 입증하지 못하는 한 책임을 면할 수 없다고 봄이 사회형평의 관념에 적합하다고 할 것이다 (당원 1984.6.12.선고 81다558 판결 참조). 기록에 의하여 살펴보면 원심이, 원고농장의 관상수들이 고사하게 된 직접원인은 한파로 인한 동해이고 피고공장에서 배출된 아황산가스로 인한 것은 아니지만, 피고공장에서 수목의 생육에 악영향을 줄 수 있는 아황산가스가 배출되고 그 아황산가스의 일부가 대기를 통하여 이 사건 원고의 농장에 도달되었으며 그로 인하여 유황이 잎 내에 축적되어 수목의 성장에 장해가 됨으로써 한파로 인한 동해에 상조작용을 하였다는 사실인정을 하고 그러한 사실관계에 터잡아 피고공장에서 배출한 위 아황산가스와 원고농장의 관상수들의 동해와 사이에 인과관계를 인정한 조치는 위 설시와 같은 공해소송에 있어서의 인과관계에 관한 개연성이론에 입각하여 볼 때 정당하고 거기에 논지가 지적하는 바와 같은 채증법칙 위배 및 심리미진으로 인한 사실오인이나 인과관계의 법리를 오해한 위법 또는 석명권불행사의 위법이 없다. 논지는 이유 없다.

2. 상고이유 제2점에 대하여

피고공장에서 배출된 아황산가스의 농도가 환경보전법에 의하여 허용된 기준치 이내라 하더라도 원심이 적법하게 확정하고 있는 바와 같이 그 유해의 정도가 통상의 수인한도를 넘어 원고농장의 관상수를 고사케하는 한 원인이 된 이상 그 배출행위로 인한 손해배상책임을 면치 못한다 할 것이므로 반대의 견해에서 원심을 비난하는 논지는 이유없다.

3. 상고이유 제3점에 대하여

공해사건에서 피해자의 손해가 한파, 낙뢰와 같은 자연력과 가해자의 과실행위가 경합되어 발생된 경우 가해자의 배상의 범위는 손해의 공평한 부담이라는 견지에서 손해에 대한 자연력의 기여분을 제한 부분으로 제한하여야 할 것이고 그 외에 피해자의 과실이 있을 때에는 당연히 이것도 참작하여야 할 것이며, 과실상계사유에 관한 사실인정이나 그 비율을 정하는 것은 그것이 형평의 원칙에 비추어 현저히 불합리하다고 인정되지 아니하는 한 사실심의 전권사항에 속한다 할 것이다 (당원 1991.3.27. 선고 90다13383 판결; 1990.4.25. 선고 90다카3062 판결 등 참조).

기록에 의하면 원심은 피고의 이 사건 손해배상책임을 정함에 있어 한파라는 자연력이 손해에 기여한 부분을 제한다는 취지를 명시적으로 표시하지 아니한 채, 원고에게 동해에 제대로 대비하지 아니한 과실이 있음을 이유로 원고의 과실비율을 60퍼센트로 인정하여 피고에게 이 사건의 인정된 손해 중 40퍼센트를 배상하도록 하였음이 인정되고 원심이 위와 같이 한파라는 자연력에 대비하여 관상수를 제대로 관리하지 아니한 과실을 이유로 60퍼센트의 원고과실을 인정한 조치속에는 자연력의 기여도를 제하는 취지까지 포함된 것으로 못 볼 바 아니라 할 것인바, 이와 같은 피해자의 과실비율 속에 한파로 인한 동해라는 자연력의 기여에 따른 책임감경분까지 포함되었다고 보여지는 것을 전제로 할 때, 기록에 나타난 사고 당시의 제반정황에 비추어 원심의 피해자에 대한 과실비율의 평가는 적절한 것으로 보여지고 거기에 논지와 같은 과실상계에 관한 법리오해의 위법이 없다. 논지는 이유 없다.

4. 그러므로 상고를 기각하고 상고비용은 패소자의 부담으로 하기로 하여 관여 법관의 일치된 의견으로 주문과 같이 판결한다.

대법관   최재호(재판장) 윤관 김주한 김용준

[판례 17] 손해배상(기) (대법원 2004. 11. 26. 선고 2003다2123 판결)

【판시사항】

[1] 공해소송에 있어서 증명책임의 분배
[2] 여천공단 내 공장들의 폐수 배출과 재첩 양식장에 발생한 손해 사이에 인과관계가 일응 증명되었으므로, 위 공장들이 반증으로 그 폐수 중에 재첩 양식장에 피해를 발생시킨 원인물질이 들어 있지 않거나 원인물질이 들어 있다고 하더라도 재첩 양식에 피해를 일으킬 정도의 농도가 아니라는 사실을 증명하거나, 또는 재첩 양식장의 피해가 전적으로 다른 원인에 의한 것임을 증명하지 못하는 한 그 책임을 면할 수 없다고 한 사례

【판결요지】

[1] 공해로 인한 손해배상청구소송에 있어서는 가해행위와 손해발생 사이의 인과관계의 고리를 모두 자연과학적으로 증명하는 것은 곤란 내지 불가능한 경우가 대부분이고, 가해기업은 기술적·경제적으로 피해자보다 원인조사가 용이할 뿐 아니라 자신이 배출하는 물질이 유해하지 않다는 것을 입증할 사회적 의무를 부담한다고 할 것이므로, 가해기업이 배출한 어떤 물질이 피해 물건에 도달하여 손해가 발생하였다면 가해자측에서 그 무해함을 입증하지 못하는 한 책임을 면할 수 없다고 봄이 사회 형평의 관념에 적합하다.
[2] 여천공단 내 공장들의 폐수 배출과 재첩 양식장에 발생한 손해 사이에 인과관계가 일응 증명되었으므로, 위 공장들이 반증으로 그 폐수 중에 재첩 양식장에 피해를 발생시킨 원인물질이 들어 있지 않거나 원인물질이 들어 있다고 하더라도 재첩 양식에 피해를 일으킬 정도의 농도가 아니라는 사실을 증명하거나, 또는 재첩 양식장의 피해가 전적으로 다른 원인에 의한 것임을 증명하지 못하는 한 그 책임을 면할 수 없다고 한 사례.

【참조조문】

[1] 민법 제750조, 민사소송법 제288조 [2] 민법 제750조, 민사소송법 제288조

【참조판례】

[1] 대법원 1984. 6. 12. 선고 81다558 판결(공1984, 1263)
대법원 1991. 7. 23. 선고 89다카1275 판결(공1991, 2211)
대법원 1997. 6. 27. 선고 95다2692 판결(공1997하, 2290)
대법원 2002. 10. 22. 선고 2000다65666, 65673 판결(공2002하, 2788)

【전 문】

【원고(선정당사자),상고인】 원고(선정당사자) 1 (소송대리인 변호사 조운식)
【원고,상고인】 원고 2 주식회사 (소송대리인 변호사 조운식)
【피고,피상고인】 주식회사 엘지화학 외 12인 (소송대리인 변호사 임숙경)
【원심판결】 광주고법 2002. 12. 11. 선고 2000나1036 판결

【주 문】

원심판결을 파기하고, 사건을 광주고등법원에 환송한다.

【이 유】

상고이유를 판단한다.

1. 공해로 인한 손해배상청구소송에 있어서는 가해행위와 손해발생 사이의 인과관계의 고리를 모두 자연과학적으로 증명하는 것은 곤란 내지 불가능한 경우가 대부분이고, 가해기업은 기술적·경제적으로 피해자보다 원인조사가 용이할 뿐 아니라 자신이 배출하는 물질이 유해하지 않다는 것을 입증할 사회적 의무를 부담한다고 할 것이므로, 가해기업이 배출한 어떤 물질이 피해 물건에 도달하여 손해가 발생하였다면 가해자측에서 그 무해함을 입증하지 못하는 한 책임을 면할 수 없다고 봄이 사회 형평의 관념에 적합하다.

따라서 수질오염으로 인한 공해소송인 이 사건에서 (1) 피고들 공장이 위치한 여천공단에서 재첩 양식에 악영향을 줄 수 있는 폐수가 배출되고, (2) 그 폐수 중 일부가 물의 흐름에 따라 이 사건 재첩 양식장에 도달하였으며, (3) 그 후 재첩에 피해가 있었다는 사실이 각 모순 없이 증명되면 여천공단 공장들의 폐수배출과 재첩 양식이 폐사함으로 발생한 손해 사이의 인과관계가 일응 증명되었다고 할 것이므로, 피고들이 반증으로 (1) 피고들이 배출하는 폐수 중에는 재첩의 생육에 악영향을 끼칠 수 있는 원인물질이 들어 있지 않으며, (2) 원인물질이 들어 있다 하더라도 안전농도 범위 내에 속한다는 사실을 입증하거나, 간접반증으로 원고(선정당사자, 이하 '원고'라 한다) 1과 원고 2 주식회사 및 나머지 선정자들의 재첩 양식장의 피해는 피고 공장들이 배출한 폐수가 아닌 다른 원인이 전적으로 작용하여 발생한 것임을 입증하지 못하는 이상 피고들은 그 책임을 면할 수 없다고 할 것이다.

2. 원심은 그 채용 증거들을 종합하여, 여천공단에 위치한 피고들이 운영하는 공장에서 재첩의 생육에 악영향을 줄 수 있는 페놀 등의 폐수가 배출되었고, 그 폐수 중 일부가 이 사건 양식장에 도달된 사실은 인정되지만, 한편 ① 이 사건 재첩 양식장은 원래 재첩 양식장으로 적합한 환경이 아닌 지역에 위치한 점, ② 이 사건 재첩 양식장이 위치한 대포조류지의 수질이 일반수질항목과 영양염류항목에 있어서 매우 오염된 상태이고, 그 오염농도에 있어서도 유입하천의 부근에서 높고 조류지 중심부나 배수갑문 부근에서는 낮아지고 있는 것으로 보아 그 주원인을 유입하천으로 볼 수 있는 점, ③ 이 사건 재첩 양식장 내에서 검출된 페놀의 1990. 추정 수치가 재첩 생리저해 영향한계 최저농도인 0.051 mg/ℓ에는 미치지 못하고 있는 점, ④ 재첩피해기간인 1989. 여천공단의 폐수는 공장별 자체 폐수처리시설로 처리된 다음 호유부두와 중흥부두 등을 통하여 광양만으로 배출되었는데, 이 사건 양식장이 있는 대포조류지는 위 호유부두, 중흥부두 등과 3-10㎞ 이상 떨어져 있는 데다가 남북으로 흐르는 조류에 확산, 희석되므로 위 배출수가 곧바로 여천공단의 서쪽에 위치한 대포조류지 쪽으로 흘러들어오지 아니할 뿐만 아니라 만조시 배수갑문의 틈사이를 통하여서만 이 사건 양식장으로 유입되는 것임을 감안할 때, 그 도달된 배출수의 유해성분은 극히 미미하여서 재첩의 생육에 별다른 영향을 주지 아니한 점, ⑤ 또 재첩 양식장의 경우 모래와 자갈이 많은 곳이어야 하는데, 위 대포조류지의 경우에는 상당히 높은 부유물질(SS) 농도를 가지는 하천수가 유입되고 유속의 저하로 인하여 퇴적이 일어나게 되어 그 저질은 거의 진흙으로 덮이게 되는데, 이것이 재첩의 생육에 악영향을 미쳤다고 할 수 있는 점, ⑥ 강우량이 줄어들면 육지로부터 유입되는 담수량의 감소로 담수와 해수의 교류가 원만하지 못하게 되기 때문에 조류지는 과도한 오염물질의 퇴적과 과도한 염분농도에 노출되어 재첩을 포함한 조류지 내의 생물 생육에 직접적인 영향을 받게 되므로 위 대포조류지에 영향을 주는 자연환경으로서 가장 중요한 것이 강우량이라 할 것인데, 여천지방 강우량의 연도별 변화를 보면, 1985.에 2,451.4㎜, 1986.에 1,456.4㎜, 1987.에 1,637.3㎜이던 강우량이 1988.에는 863.4㎜로 현저하게 감소하였으며, 이러한 가뭄이 이 사건 재첩 양식장의 재첩생육에 치명적인 악영향을 미쳤다고 할 수 있는 점, ⑦ 양식장으로서 적합하지 못한 어장은 조그마한 환경의 변화에 대하여도 급격히 생산량이 감소하는 등 피해가 발생할 수 있고, 재첩의 산소 소비율은 저온일 때 높고 여름철 수온이 높아질수

록 낮아져 내성이 약해지고 수온이 섭씨 24.5 - 26.0°이상에서 재첩은 생육에 지장을 받는데 이 사건 재첩 양식장이 광양만과 해수교환이 원활히 이루어지지 아니하여 여름철 특히 가뭄시 양식장 내의 수온이 급격히 상승할 수 있는 점 등에 비추어 여천공단 공장의 폐수와 이 사건 재첩 양식장의 피해와의 사이에 인과관계를 인정하기에 부족하고, 달리 이를 인정할 만한 증거가 없다는 이유로 원고들의 주장을 배척하였다.
3. 그러나 원심의 인과관계에 관한 판단은 다음과 같은 점에서 수긍하기 어렵다.
　가. 기록에 의하면, 이 사건 재첩 양식장 등 광양만 일대의 재첩 양식장에 피해가 발생한 1988.경 피고들 공장이 위치한 여천공단의 폐수로 인하여 광양만의 수질이 재첩의 양식에 부적당할 정도로 오염되었으며, 오염된 광양만의 해수가 배수갑문을 통하여 이 사건 재첩 양식장이 위치한 대포조류지 내로 유입된 사실, 그리고 육상에서 대포조류지로 유입되는 하천으로 인한 오염원인 하천유역의 인구나 가축의 수가 종전과 비교하여 변화가 없는 사실을 인정할 수 있으므로 이 사건 재첩 양식장의 피해는 피고들 공장에서 배출되는 폐수로 오염된 광양만의 해수가 대포조류지로 유입되어 발생하였다는 상당한 개연성이 있다고 할 것이어서 피고들 공장의 폐수 배출과 이 사건 재첩 양식의 피해와의 인과관계는 일응 증명되었다고 할 것이다.
　따라서 피고들이 반증으로 자신들이 배출한 폐수 중에 이 사건 재첩 양식장의 피해를 발생시킨 원인물질이 들어 있지 않거나 원인물질이 들어 있다고 하더라도 재첩 양식에 피해를 일으킬 정도의 농도가 아니라는 사실을 입증하거나, 또는 이 사건 재첩 양식장의 피해는 전적으로 다른 원인에 의한 것임을 입증하지 못하는 한 그 책임을 면할 수 없다고 할 것이다.
　나. 원심은, 피고들 공장에서 배출되는 폐수와 이 사건 재첩 양식장의 피해와의 인과관계를 부정하면서, 첫째 대포조류지에서 검출된 페놀은 재첩 생리저해 영향한계 최저농도인 0.051mg/ℓ 범위 내(위 2.에서 본 원심 판시 ③)이고, 둘째 이 사건 재첩 양식장이 위치한 대포조류지는 유입하천으로 인한 수질 오염(COD)이 심하고, 부유물질(SS)로 인하여 저질이 진흙으로 덮이게 되고, 수온이 높으며 해수와의 교류가 원활하지 아니하여 오염물질이 쉽게 확산되지 않는 등 재첩 양식장으로서 부적합한 환경(위 원심 판시 ①, ②, ⑤, ⑦)이고, 제방의 배수갑문을 통한 광양만 해수의 유입이 적어서 재첩의 생육에 별다른 영향을 주지 않았고, 이는 수인한도의 범위 내(위 원심 판시 ④)이며, 셋째 대포조류지에 영향을 주는 자연환경으로서 가장 중요한 것은 강우량이라고 할 것인데, 강우량이 1987년도에 1,637.3㎜이던 것이 이 사건 재첩 피해가 발생한 1988년도에 강우량이 863.4㎜로 현저히 감소하여 이 사건 재첩 양식장에 치명적인 악영향(위 원심 판시 ⑥)을 미쳤다는 사정을 들고 있는바, 과연 원심이 들고 있는 사정이 일응 증명된 인과관계를 부정할 사정에 해당하는가에 관하여 살펴보면, 원심이 들고 있는 첫째 사정은 이 사건 재첩 피해의 원인물질이 페놀만에 의한 것이 아니라고 인정할 사정은 될 수 있으나, 피고들 공장에서 배출한 페놀을 포함한 광양만 해수의 수질 오염이 이 사건 재첩 피해의 원인이라고 보면, 이 사건 인과관계를 부인할 이유가 되지 못하고, 둘째 사정은 대포조류지의 지역적 환경과 육상으로부터의 오염에 의하여 대포조류지 내의 수질이 인근 해역보다 더 오염되었다는 것을 전제로 하는 것이라 할 것인데, 대포조류지 내의 수질이 인근 해역보다 더 오염되었다는 수질 조사 결과는 재첩 피해가 발생한 1988.으로부터 7년 내지 10년 정도의 시간이 경과한 1995.과 1998.에 이루어진 수질 조사에 의한 것이고, 또 1998년도에 수질을 조사한 이 사건 감정인 소외인에 대한 사실조회 회신에 의하더라도 일단 치명적인 영향을 받아 재첩이 사멸하게 되면, 사멸과정에서 발생하는 부패 산물, 부패가스, 재첩에 질병을 일으키는 세균 등의 번창에 의해 양식장은 걷잡을 수 없이 황폐화되어 버리고, 그 결과 양식장은 당분간, 최소한 몇 년은 회복이 불가능한 상태로 변화되어 버린다는

것이고, 1990. 이후부터는 여천공단에 폐수종말처리장을 가동하고 있는 상황이므로 이 사건 재첩 양식장의 피해 시점과 가장 가까운 부산수산대학교 해양과학공동연구소에서 한 1992년도의 수질검사 결과와 다른 이 사건 재첩 양식장이 피해를 입은 때로부터 상당한 기간이 경과한 이후의 수질검사 결과로써 대포조류지 내와 인근해역의 수질오염 정도를 비교하는 것은 피해 당시의 상황을 정확하게 나타내는 것이라고 하기 어려워 위 사정들이 이 사건 재첩 양식장으로 유입된 광양만의 해수 중에 재첩 양식에 피해를 발생시킨 원인물질이 들어 있지 않거나 그 농도가 피해를 일으킬 정도에 이르지 않았다고 단정할 수 없어 추정된 인과관계가 번복되었다고 볼 수 없고, 수인한도의 범위 내라는 것은 인과관계의 존부의 문제가 아니고 가해행위로 인한 피해가 정신적 고통 또는 생활방해 정도에 그치는 등 피해의 종류와 정도 그리고 가해행위의 공공성, 상린관계적 성격 등 제반 사정을 참작하여 일정한 정도의 침해는 수인하여야 한다는 위법성의 문제이고, 더구나 이 사건과 같이 공장의 폐수로 인하여 양식장의 재첩이 폐사하는 피해가 발생한 사건에서 원심이 들고 있는 사정만으로 그 피해가 수인한도의 범위 내라고 보기 어렵다고 할 것이고, 셋째 사정은 1988년도의 강우량과 강우량이 재첩 생육에 미치는 영향을 추정한 것으로, 1988년도의 가뭄이 이 사건 재첩 양식장 피해의 하나의 원인으로는 볼 수 있어도 이 사건 재첩 양식장의 피해가 광양만의 오염된 폐수의 유입으로 인한 것이 아니라 전적으로 가뭄으로 인한 것이라고 입증되었다고는 할 수 없으므로 이 사건 재첩 양식장 피해에 대한 손해를 배상함에 있어 고려할 사항은 될 수 있어도 이 사건 원고들 공장에서 배출된 폐수와 재첩 피해의 인과관계를 부정할 사정은 될 수 없다고 할 것이다.
    다. 그렇다면 피고들 공장에서 배출한 폐수로 인하여 이 사건 재첩 양식장에 피해가 발생한 사실은 일응 증명되었고, 원심이 들고 있는 사정만으로는 그 인과관계가 부정되었다고 할 수 없음에도, 피고들 공장에서 배출한 폐수와 이 사건 재첩 양식장 피해와의 사이에 인과관계가 없다고 판단한 원심판결에는 공해소송에 있어서의 인과관계의 법리를 오해하여 판결 결과에 영향을 미친 위법이 있다고 할 것이고, 이 점을 지적하는 상고이유의 주장은 이유 있다.
4. 그러므로 나머지 상고이유에 대한 판단을 생략한 채 원심판결을 파기하고, 사건을 다시 심리·판단하게 하기 위하여 원심법원에 환송하기로 하여 관여 대법관의 일치된 의견으로 주문과 같이 판결한다.

　　　　　　　　대법관　　김용담(재판장) 유지담 배기원(주심) 이강국

<수질오염으로 인한 공해소송인 이 사건>

① 피고들 공장이 위치한 여천공단에서 재첩 양식에 악영향을 줄 수 있는 폐수가 배출되고, ② 그 폐수 중 일부가 물의 흐름에 따라 이 사건 재첩양식장에 도달하였으며, ③ 그 후 재첩에 피해 있었다는 사실이 각 모순 없이 증명되면 여천공단 공장들의 폐수배출과 재첩 양식이 폐사함으로 발생한 손해 사이의 인과관계가 일응 증명되었다고 할 것이다.

마. 손해

(1) 유형

환경오염으로 인한 피해는 침해행위의 태양에 따라 다종, 다양하다. 오염물질에의 노출이나 소음·진동 등에 의한 생명·신체·건강의 침해가 있는 경우에는 치료비 및 장래 상실할 이익 상당의 손해를, 기르던 동·식물에 폐사·고사 또는 기능감퇴 등 피해가 발생한 경우에는 당해 동·식물의 대체비용이나 시가 상당의 손해를, 부동산가치가 하락한 경우에는 그 감소액 상당의 손해를, 고객의 감소나 업무상 불편 또는 작업능률 저하 등의 피해를 입은 경우에는 감소된 영업상 이익 상당의 손해를 우선 생각할 수 있다.

[판례 18] 손해배상(산) (대법원 1991. 7. 26. 선고 90다카26607 판결)

【판시사항】
공단 소재 공장들에서 배출된 공해물질(각종 유해가스 및 분진)로 인하여 초래된 공단 주변 주민들의 생활환경 침해 및 장차 발병가능한 만성적인 신체건강상의 장해로 인한 정신적 고통에 대하여 공장주들에게 공동불법행위자로서 위자료 지급의무가 있다고 본 사례

【판결요지】
공단 소재 공장들에서 배출된 공해물질(각종 유해가스 및 분진)로 인하여 초래된 공단 주변 주민들의 생활환경 침해 및 장차 발병가능한 만성적인 신체건강상의 장해로 인한 정신적 고통에 대하여 공장주들에게 공동불법행위자로서 위자료 지급의무를 인정한 사례

【참조조문】
헌법 제35조, 민법 제750조, 제760조, 환경보전법 제60조

【전 문】
【원고, 피상고인】 원고 1 외 557인 원고들 소송대리인 변호사 한정수
【피고, 상고인】 고려아연 주식회사 외 9인 피고들 소송대리인 변호사 박재봉
【원심판결】 부산고등법원 1990.7.13. 선고 89나2691,89나2707 판결

【주 문】
상고를 모두 기각한다.
상고비용은 피고들의 부담으로 한다.

【이 유】
상고이유를 본다.
원심판결 이유에 의하면, 원심은 거시증거에 의하여 원고들은 경남 울주군 ○○면 관내에 거주하면서 농업에 종사하여 왔는데 1974.경부터 위 ○○면에 비철금속단지인 ○○공단이 조성되어 피고들 공장이 각종 유해가스 및 분진을 배출하면서 가동되어 각종 오염물질이 ○○면의 대기 및 수질 등의 오염을 초래하였고, 원고들은 이러한 오염지역에 거주하면서 인체에 해로운 각종 유해가스와 강하분진으로 오

염된 대기에 노출된 결과 이 지역 각 부락에서 1년에 수백명씩 피부병, 호흡기질환 및 눈병 등이 발생하여 집단적인 치료를 받았을 뿐만 아니라 그 외의 질병으로 인한 각종 자각증상을 호소하게 된 사실을 인정한 후, 피고들의 공장에서 배출된 공해물질로 인하여 초래된 환경오염의 정도에 비추어 볼 때 원고들이 구체적인 발병에 이르지는 아니하였다 하여도 적어도 장차 발병 가능한 만성적인 신체건강상의 장해를 입었고 이는 통상의 수인한도를 넘는다고 할 것인바, 위와 같은 환경오염을 초래한 피고들의 행위는 생활환경의 보호와 그 침해에 대한 구제를 규정하고 있는 헌법 제35조 및 환경보전법 제60조 등에 비추어 볼 때 그 위법성이 있다 할 것이므로 피고들은 공동불법행위자로서 이로 인한 손해를 배상할 책임이 있다 할 것인데, 원고들이 위와 같은 생활환경의 침해 및 이로 인한 발병 가능한 만성적인 신체건강상의 장해로 심대한 정신적 고통을 받았을 것임은 경험칙상 넉넉히 수긍되므로 피고들은 공동불법행위자로서 원고들이 받은 위와 같은 정신적 고통을 위자함에 상당한 위자료를 지급할 의무가 있다고 판시하였는바, 기록에 비추어 보면 원심의 위와 같은 사실인정과 법률판단은 정당하고 거기에 소론과 같은 채증법칙위배로 인한 사실오인의 위법이 있다거나 위자료나 소송물에 관한 법리오해의 위법이 있다고 볼 수 없고, 또한 이 사건 위자료는 위와 같이 피고들의 불법행위로 인한 생활환경의 침해 및 이로 인한 발병 가능한 만성적인 신체건강상의 장해로 인한 심대한 정신적 고통에 대한 것이지 재산권의 침해로 인한 위자료 청구가 아니므로 재산적인 손해의 배상에 의하여도 회복할 수 없는 특별한 정신적인 손해가 발생하였다는 입증이 없다는 논지도 이유 없다.

그러므로 상고를 모두 기각하고 상고비용은 피고들의 부담으로 하여 관여법관의 일치된 의견으로 주문과 같이 판결한다.

대법관   배석(재판장) 박우동 김상원 윤영철

(2) 재산적 손해의 산정

[판례 19] 손해배상 (대법원 1968. 11. 19. 선고 68다1522 판결)

【판시사항】
소주공장에서 나는 매연, 소음, 악취로 인하여 부동산의 시가가 저락하였다는 사실만으로 손해배상청구를 할 수 있는지의 여부

【판결요지】
소주공장에서 나는 매연, 소음 및 악취 등으로 인하여 그 인접 부동산의 시가가 저락하였다는 사실만으로는 그 소유자에게 (육체적, 정신적 손해는 별론) 그만큼의 손해가 발생하였다고 단정 할 수는 없다.

【참조조문】
민법 제750조

【전 문】
【원고, 피상고인】 원고

【피고, 상고인】 피고
【원심판결】 제1심 전주지방, 제2심 광주고등 1968. 6. 26. 선고 68나75 판결
【주 문】
원판결을 파기하고, 사건을 광주고등법원으로 환송한다.
【이 유】
피고 소송대리인의 상고이유를 판단한다.

원판결이 인용한 1심판결은 원고의 손해배상청구를 인용하는 이유로서 피고 경영의 소주공장에서 나는 1심판시와 같은 매연, 소음 및 악취 등은 이에 인접한 원고가 이를 참을 수 있는 정도를 넘어 견딜 수 없는 사생활의 침해를 받게 되는 것이라 아니할 수 없으므로, 피고는 불법행위자로서 원고가 이로 인하여 입은 원판시 부동산 시가의 하락 금 35만원을 배상할 책임이 있다고 판시하였다.

그러나, 피고 경영의 소주공장에 인접하여 있는 원고소유의 대지와 건물의 시가가 원판시와 같이 하락하였다 하여도, 특별한 사정이 없는 이상 이것이 반드시 원고가 입은 현실적인 손해라고는 볼 수 없는 것이고, 피고 경영의 소주공장에서 나는 매연, 소음, 악취로 인하여 원고가 생활의 방해를 입어 이로 인하여 육체적, 정신적 손해가 발생하였다면 이는 원판시 피고의 불법행위를 원인으로 하는 손해로 보아 그 배상을 청구함은 별문제로 할 것이나 원고소유의 부동산의 시가가 저락하였다는 사실만 가지고 원고에게 손해가 발생하였다고 단정하여 피고에게 그 배상을 명한 것은 잘못이라 할 것이니, 이점에 관한 상고논지는 이유있으므로 원판결을 파기하고, 사건을 광주고등법원으로 환송하기로 하고, 관여법관의 일치된 의견으로 주문과 같이 판결한다.

대법원판사 주운화(재판장) 김치걸 사광욱 주재황

☞ 대법원 1999. 1. 26. 선고 98다23850 판결 31p 참조
☞ 대법원 2001. 2. 9. 선고 99다55434 판결 8p 참조

환경침해로 축산업 피해 등 영업상 이익의 피해나 부동산가격의 하락 등의 손해를 입은 경우

[판례 20] 손해배상(기) (대법원 1992. 12. 22. 선고 91다22346 판결)

【판시사항】
차량전복사고로 인하여 유독성 화학물질이 하천에 흘러 들어가 하천과 연결된 지하수의 식수원이 오염되자 군이 마을 주민들에게 오염된 지하수를 식수로 사용하지 못하도록 계도하고 간이상수도를 설치하게 하였다면 그 지출비용 상당액은 위 사고와 상당인과관계 있는 손해라고 본 사례

【판결요지】
차량전복사고로 인하여 유독성 화학물질이 하천에 흘러 들어가 하천과 연결된 지하수의 식수원이 오염

되자 군이 마을 주민들에게 오염된 지하수를 식수로 사용하지 못하도록 계도하고 간이상수도를 설치하게 하였다면 그 지출비용 상당액은 위 사고와 상당인과관계 있는 손해라고 본 사례.

【참조조문】

민법 제763조(제393조)

【전 문】

【원고, 피상고인】 원고 소송대리인 변호사 양동학

【피고, 상고인】 피고 소송대리인 변호사 박창래

【원심판결】 광주고등법원 1991.5.28. 선고 90나6247 판결

【주 문】

상고를 기각한다.
상고비용은 피고의 부담으로 한다.

【이 유】

상고이유를 판단한다.

기록에 비추어 살펴보면, 피고 소유의 특수화물차량을 운전하던 피고 피용인의 과실로 차량전복사고가 발생하고 이로 인하여 유출된 유독성 화학물질이 도로 인근의 하천에 흘러 들어가 그 결과 하천과 연결된 지하수인 원고의 식수원이 오염되었으므로 피고에게 그로 인한 손해배상책임이 있다고 본 원심의 사실인정과 판단은 옳은 것으로 수긍된다.

나아가 위 사고로 인한 손해배상책임의 범위에 관한 원심의 사실인정 또한 정당한 것으로 시인되는 바, 원심이 확정한 바와 같이 원고 마을에서는 위 지하수를 우물이나 펌프시설을 이용하여 식수원으로 사용해 왔는데 위 지하수가 오염되자 소외 승주군이 그 행정구역 내에 속하는 원고 마을의 주민들에 대하여 위 오염된 지하수를 식수로 사용하지 못하도록 계도하고 기존의 상수도시설 대용으로 간이상수도를 설치하게 하였다면 그 지출비용 상당액은 이 사건 사고와 상당인과관계 있는 손해액으로서 피고에게 그 배상책임이 있다고 할 것이며(원심은 피고가 간이상수도 시설비용을 배상하기로 승주군측에 약정한 사실까지 인정하고 있으나, 그와 같은 약정 유무에 관계없이 위 시설비용은 이 사건 사고와 상당인과관계가 있다고 봄이 합당하다.), 승주군이 우선 그 예비비로 위 비용을 지원(추후 상환을 전제로)한 바 있었다거나 또는 지방자치법상 간이급수시설의 설치관리가 지방자치단체의 사무로 규정되어 있다는 등의 소론 사유는 피고의 원고 마을에 대한 손해배상책임을 인정함에 있어 장애가 되지 아니한다 할 것이다. 원심판결에 소론이 지적하는 바와 같은 손해배상액 산정에 관한 법리오해나 채증법칙위배 등의 위법사유는 없다. 논지는 모두 이유 없다.

그러므로 상고를 기각하고 상고비용은 패소자의 부담으로 하여 관여 법관의 일치된 의견으로 주문과 같이 판결한다.

[판례 21] 손해배상(기) (대법원 2003. 9. 5. 선고 2001다68358 판결)

【판시사항】
[1] 고속도로 확장공사 및 차량통행에 따른 소음·진동으로 인하여 종전 사업장에서 더 이상 양돈업을 할 수 없게 된 경우 소극적 손해의 범위
[2] 고속도로 확장공사 및 차량통행에 따른 소음·진동으로 인하여 종전 사업장에서 더 이상 양돈업을 할 수 없게 된 경우의 소극적 손해의 범위를 산정함에 있어 그 손해기간에 종전 양돈장과 유사한 정도의 시설물 건설 및 양돈상태 조성에 드는 기간 외에 양돈장 폐업일 다음날부터 원심 변론종결일까지의 기간을 포함시킨 원심을 파기한 사례

【판결요지】
[1] 고속도로 확장공사 및 차량통행에 따른 소음·진동으로 인하여 종전 사업장에서 더 이상 양돈업을 할 수 없게 된 경우, 양돈업자들이 입은 소극적 손해는 그 곳에서의 양돈장을 폐업, 이전함으로 인하여 상실하게 된 수입이라고 할 것인바, 그 손해기간은 차량통행으로 인한 소음·진동으로 양돈장의 정상적인 영업이 불가능하여 이를 폐업한 때부터 위 양돈장과 유사한 정도의 시설물 건설 및 양돈상태 조성에 드는 기간에 정상적인 노력으로 위 양돈장을 위한 대체지와 양돈 영업시설을 확보하는 데 소요되는 통상의 기간을 더한 기간이다.
[2] 고속도로 확장공사 및 차량통행에 따른 소음·진동으로 인하여 종전 사업장에서 더 이상 양돈업을 할 수 없게 된 경우의 소극적 손해의 범위를 산정함에 있어 그 손해기간에 종전 양돈장과 유사한 정도의 시설물 건설 및 양돈 상태 조성에 드는 기간 외에 양돈장 폐업일 다음날부터 원심 변론종결일까지의 기간을 포함시킨 원심을 파기한 사례.

【참조조문】
[1] 민법 제393조, 제763조 [2] 민법 제393조, 제763조

【전 문】
【원고,피상고인겸상고인】 원고 1 외 2인 (소송대리인 법무법인 바른법률 담당변호사 조중한 외 4인)
【피고,상고인겸피상고인】 한국도로공사 (소송대리인 변호사 김신택)
【환송판결】 대법원 2001. 2. 9. 선고 99다55434 판결
【원심판결】 서울고법 2001. 9. 11. 선고 2001나13329 판결

【주 문】
원심판결 중 소극적 손해에 대한 피고 패소 부분을 파기하고, 그 부분 사건을 서울고등법원에 환송한다. 원고들의 상고 및 피고의 나머지 상고를 각 기각한다.

【이 유】
1. 원심의 판단
　원심은 그의 채용 증거들을 종합하여, 영동고속도로를 관리·점유하는 피고가 1995. 1. 초경부터 1996. 1.경 사이에 시행한 강원 원주군 (주소 1 생략)으로부터 강원 횡성군 (주소 2 생략).까지의 도로 확장공사로 인하여 소음·진동량이 증가된 관계로 그 도로 인근 강원 횡성군 (주소 3 생략).에서 원고들이 공동으로 경영하던 양돈장의 돼지들이 유산 또는 폐사의 발생률이 증가하고 자돈육성률 및 비육출하두수가 감소하는 바람에 원고들이 양돈업을 운영하지 못하여 1996. 5. 31. 폐업한

사실을 인정한 다음, 그와 같은 사실관계를 기초로 고속도로 확장공사 및 차량통행에 따른 소음으로 인한 원고들의 양돈업에 대한 그러한 침해는 사회통념상 일반적으로 수인할 정도를 넘어선 것으로 그로 인하여 원고들에게 양돈업을 폐업하게 하는 손해를 입혔으니 피고는 손해배상책임이 있다는 요지로 판단하였다.

원심은 나아가, 그 손해배상책임의 범위에 관하여, 양돈장의 폐업 당시 각종 관련 시설의 평가액과 양돈장 부지를 농토로 환원하는 데 드는 비용인 적극적 손해와 양돈장을 폐업한 이래 양돈장을 이전하여 정상적으로 영업을 할 수 있을 때까지의 기간 동안 얻지 못한 영업이익인 소극적 손해 및 정신적 손해를 인정하였다.

한편, 그 소극적 손해에 관하여, 원심은 그의 채용 증거들을 종합하여, 원고들이 양돈장의 이전을 위하여 그 양돈장이 소재하고 있는 횡성군 내의 다른 지역을 물색하였으나 횡성군 당국에서는 양돈업이 악취 등으로 혐오감을 주는 시설이어서 주민이 반대한다는 사정을 들어 다른 지역으로의 이전이 곤란하다는 태도를 취하고 있고, 인근의 홍천군, 평창군, 원주시, 영월군의 각 당국도 같은 이유로 각기 자기 지역으로의 이전은 불가능하다는 입장을 보이고 있어 원심 변론종결일 현재까지도 양돈장을 이전할 곳을 찾지 못해 양돈장을 이전하고 있지 못하고 있다는 사실과 그 양돈장과 유사한 정도의 시설물건설 및 양돈상태 조성에 19개월 정도가 소요된다는 사실 및 원고들이 원심 변론종결일까지 양돈장을 이전하지 못하고 있는 것은 행정관서가 이전을 허용하지 않는다는 답변 등으로 인한 것이지 양돈장의 이전이 절대적으로 불가능한 것은 아니라는 요지의 사실을 인정한 다음, 그와 같은 사실들에 비추어 그 양돈장을 폐업한 다음날(1996. 6. 1.)부터 원심 변론종결일 후 19개월까지의 기간이 정상적으로 영업을 할 수 없는 기간이라고 하면서 그 기간동안의 영업손실을 소극적 손해로 인정하였고, 제1심 감정인의 감정 결과를 채택하여 연간 추정 영업손실액과 양돈장의 이전에 필요한 기간을 산정하였다.

2. 원고들의 상고이유 주장에 관한 판단

기록 중의 증거들과 대조하여 본즉, 양돈장의 이전이 불가능한 것은 아니라는 취지의 원심의 사실인정과 판단은 정당한 것으로 수긍되고 거기에 필요한 심리를 다하지 아니하였다거나 증거법칙을 위반하였다는 등으로 사실을 오인한 위법사유는 없다.

그리고 그 사실관계에서는 양돈장의 이전이 불가능한 것이 아님을 전제로 한 원심의 판단도 정당하고 그 판단에 그 영업 이전의 가능 여부에 따른 손해배상책임에 관한 법리오해의 위법은 없다.

상고이유 중에 내세운 대법원판결은 사안을 달리하기에 이 사건에 원용하기에 적절한 것이 못된다.

원고들의 상고이유 주장들을 받아들이지 아니한다.

3. 피고의 상고이유 주장에 관한 판단.

가. 기록 중의 증거들과 대조하여 본즉, 연간 추정 영업손실액에 관한 원심의 사실인정과 판단은 정당한 것으로 수긍되고 거기에 필요한 심리를 다하지 아니하였다거나 증거법칙을 위반하였다는 등으로 사실을 오인한 위법사유는 없다.

나. 또한, 원심은 그 사실관계에 터잡아 피고의 불법행위로 인한 손해배상책임을 인정하면서 그 배상책임의 범위에 관하여 적극적 손해와 소극적 손해 및 정신적 손해로 나누어서 손해를 인정한 것일 뿐, 구 공공용지의취득및손실보상에관한특례법시행규칙(2002. 12. 31. 건설교통부령 제344호로 폐지, 아래에서는 '구 특례법시행규칙'이라고 한다)에 의한 휴업보상이나 폐업보상의 지급을 명하고 있는 것은 아니므로, 원심이 그와 같이 적극적 손해와 함께 소극적 손해의 배상도 함께 명하였다고 하더라도 거기에 구 특례법시행규칙에 관한 법리나 손해배상책임의 범위에 관한 법리를 오해한 위법은 없다.

피고의 이 부분 상고이유 주장을 받아들이지 아니한다.

다. 이 사건에서 원고들이 입은 소극적 손해는 이 사건 도로의 차량통행으로 인한 소음·진동으로 원고들이 그 곳에서의 양돈장을 폐업, 이전함으로 인하여 상실하게 된 수입이라고 할 것인바, 그 손해기간은 차량통행으로 인한 소음·진동으로 양돈장의 정상적인 영업이 불가능하여 이를 폐업한 때부터 이 사건 양돈장과 유사한 정도의 시설물건설 및 양돈상태 조성에 드는 기간에 정상적인 노력으로 이 사건 양돈장을 위한 대체지와 양돈 영업시설을 확보하는 데 소요되는 통상의 기간을 더한 기간이라고 할 것이다.

원심은 그의 채용 증거들을 종합하여, 원심 변론종결일까지 원고들이 양돈장을 이전할 곳을 찾으려고 노력하였으나 이를 찾지 못하였다는 취지의 사실을 인정한 다음 이 사건 양돈장과 유사한 정도의 시설물건설 및 양돈상태 조성에 드는 기간 외에 원고들이 구하는 바에 따라 양돈장 폐업일 다음날부터 원심 변론종결시까지의 기간을 소극적 손해 기간에 포함시켰다.

그러나 원심의 그와 같은 사실인정에 부합하는 증거로는 그 양돈장이 위치하고 있던 횡성군수나 인근의 홍천군수, 평창군수, 원주시장, 영월군수가 원고들의 양돈업에 대하여 구 특례법시행규칙에 따른 폐업보상을 할 것인지를 결정하기 위하여 피고가 보낸 문의에 대한 회신(갑 제9호증의 3, 을 제9호증의 2 내지 5)이 있고, 그 내용은 '현재 양돈업은 악취공해 등이 심하여 인근 주민에게 혐오감을 주는 영업시설로서 타지역으로 이전하는 것이 현저히 곤란하다고 판단, 인정합니다.'(횡성군수, 1996. 4. 26.자 회신), '양돈사업장 이전시 부지 주변 토지주 및 인근부락 주민의 환경오염 등을 이유로 주민 반대가 발생되는 실정으로 보아 양돈사업장 이전은 어려울 것으로 예상됩니다.'(홍천군수, 1996. 4. 30.자 회신), '본군의 기존 및 신규 양돈사업도 수질 및 환경오염 문제 등 주민들의 반대민원 발생 등의 현실을 감안할 때 타 군의 양돈업 본군 이전은 불가능하다고 판단된다.'(평창군수, 1996. 5. 1.자 회신), '양돈업의 현실성을 감안할 때 관내로 이전함이 곤란하다고 판단된다.'(원주시장, 1996. 5. 6.자 회신), '횡성군에서 혐오시설을 이유로 동일군 관내 이전이 곤란한 것으로 판단된 시설인 바, 타 시군으로 이전한다는 것은 지역주민 정서에 배치되는 등의 문제점이 예상되므로 저희 군 관내로의 이전이 불가함을 통보한다.'(영월군수, 1996. 5. 13.자 회신)라는 것인바, 그 회신 내용들을 검토하여 볼 때, 주민들의 반대가 예상되어 이전이 불가능할 수도 있다는 취지의 가정적인 내용에 불과할 뿐이고, 현실적으로 원고들이 어느 장소로 양돈장을 이전하려고 시도하였다거나 그와 같은 시도에 대하여 인근 주민들의 반대로 불가능하게 되었다거나 인근 주민들의 이전 반대가 없을 만한 적절한 이전 장소를 찾는 것이 불가능하다는 것을 확인하는 것은 아니며, 달리 원고들이 양돈장의 이전을 위하여 정상적인 노력을 하였음에도 그 대체지를 찾을 수 없었다는 점을 인정할 만한 증거가 없다.

그리고 가령 원고들이 양돈장을 이전할 대체지를 찾으려고 노력하였으나 이를 찾지 못하였다고 하더라도, 양돈장 폐업일 다음날부터 원심 변론종결일까지의 기간에 해당하는 기간인 5년 2개월(6년 9개월 - 19개월)이 정상적인 노력으로 이 사건 양돈장을 위한 대체지와 영업시설을 확보하는 데 소요되는 통상의 기간에 해당한다거나 또는 이를 예견하였거나 예견할 수 있었다고 볼 만한 아무런 자료가 없는 이 사건에서 그 기간을 원고들이 양돈장을 폐업함으로 인하여 상실하게 된 손해기간에 포함된다고 단정할 수는 없다고 할 것이다.

그럼에도 원심이 그와 같은 증거들만으로 원고들이 정상적인 노력을 하였음에도 원심 변론종결일 현재까지 양돈장을 이전할 곳을 찾지 못하였다는 취지의 사실을 인정하고서 곧바로 그 때까지의 기간이 양돈장 폐업으로 인한 손해기간에 포함된다고 판단한 데에는 증거법칙에 위배하여 사실을 오인하였거나 손해배상의 범위에 관한 법리를 오해한 위법이 있다고 할 것이니, 이를 지적하는 피고의 이 부분 상고이유 주장은 정당하기에 이 법원은 그 주장을 받아들인다.

4. 결 론

그러므로 소극적 손해의 범위에 대하여 더욱 심리한 후 판단하게 하기 위하여 원심판결의 소극적 손해 중 피고 패소 부분을 파기하고, 그 부분 사건을 서울고등법원에 환송하며, 원고들의 상고 및 피고의 나머지 상고를 각 기각하기로 관여 대법관들의 의견이 일치되어 주문에 쓴 바와 같이 판결한다.

대법관   이규홍(재판장) 조무제(주심) 유지담 손지열

[참조] 서울고등법원 2001. 9. 11. 선고 2001나13329 판결

(3) 정신적 손해의 산정

[판례 22] 손해배상(기) (대법원 1991. 12. 10. 선고 91다25628 판결)

【판시사항】

가. 불법행위로 인하여 건물이 훼손된 경우 통상의 손해
나. 불법행위에 의하여 재산권이 침해된 경우와 위자료

【판결요지】

가. 불법행위로 인하여 건물이 훼손된 경우 그 손해는 수리가 가능하다면 그 수리비, 수리가 불가능하다면 그 교환가치(시가)가 통상의 손해라 할 것이다.
나. 일반적으로 타인의 불법행위에 의하여 재산권이 침해된 경우에는 그 재산적 손해의 배상에 의하여 정신적 고통도 회복된다고 보아야 할 것이므로 재산적 손해의 배상에 의하여 회복할 수 없는 정신적 손해가 발생하였다면 이는 특별한 사정으로 인한 손해로서 가해자가 그러한 사정을 알았거나 알 수 있었을 경우에 한하여 그 손해에 대한 위자료를 인정할 수 있다고 할 것이다.

【참조조문】

가.나. 민법 제763조(제393조) 나. 민법 제751조

【참조판례】

가.나. 대법원 1990.1.12. 선고 88다카28518 판결(공1990,460)
1991.6.11. 선고 90다20206 판결(공1991,1902)
가. 대법원 1989.6.27. 선고 88다카25861 판결(공1989,1157)
나. 대법원 1989.8.8. 선고 88다카27249 판결(공1989,1354)

【전 문】

【원고, 상고인】 원고 1 외 1인 원고들 소송대리인 변호사 윤일영
【피고, 피상고인】 피고 외 1인

【원심판결】 서울고등법원 1991.6.12. 선고 90나51721 판결

【주 문】

상고를 모두 기각한다.

상고비용은 원고들의 부담으로 한다.

【이 유】

상고이유를 본다.

(1) 불법행위로 인하여 건물이 훼손된 경우 그 손해는 수리가 가능하다면 그 수리비, 수리가 불가능하다면 그 교환가치(시가)가 통상의 손해라 할 것인 바 (당원 1990.1.12. 선고 88다카28518 판결 참조), 기록에 의하여 살펴보면 원심이 이 사건 주택은 전체로 보아 그 수리가 가능할 정도로 훼손되었음을 전제로 손해를 그 하자보수 등 공사비 상당액이라고 판단한 조치는 정당하고 거기에 소론과 같은 채증법칙 위배, 불법행위로 인한 손해액 산정의 법리오해, 심리미진, 이유모순, 이유불비 등의 위법이 있다고 할 수 없다. 논지는 이유 없다.

(2) 일반적으로 타인의 불법행위에 의하여 재산권이 침해된 경우에는 그 재산적 손해의 배상에 의하여 정신적 고통도 회복된다고 보아야 할 것이므로 재산적 손해의 배상에 의하여 회복할 수 없는 정신적 손해가 발생하였다면 이는 특별한 사정으로 인한 손해로서 가해자가 그러한 사정을 알았거나 알 수 있었을 경우에 한하여 그 손해에 대한 위자료를 인정할 수 있다 할 것인 바(당원 1989.8.8. 선고 88다카27249 판결 참조), 기록에 의하여 살펴보면 원심이 같은 취지에서 피고들이 그러한 사정을 알았거나 알 수 있었다는 점을 인정할 증거가 없다 하여 원고들의 위자료청구를 배척한 조치는 정당하고 거기에 소론과 같은 채증법칙 위배로 인한 사실오인의 위법 또는 불법행위로 인하여 재산권이 침해된 경우의 정신적 손해에 관한 법리를 오해한 위법이 있다고 할 수 없다. 논지도 이유 없다.

(3) 그러므로 상고를 모두 기각하고 상고비용은 패소자들의 부담으로 하여 관여 법관의 일치된 의견으로 주문과 같이 판결한다.

대법관   이재성(재판장) 이회창 배만운 김석수

[판례 23] 손해배상(기) (대법원 1991. 6. 11. 선고 90다20206 판결)

【판시사항】

가. 지하굴착공사로 건물이 파손, 균열됨에 따른 손해로서 보수 등 공사비와 아울러 구하는 그 보수 후 건물의 교환가치 감소액 상당의 손해가 특별사정으로 인한 손해인지 여부(적극)

나. 불법행위로 인하여 재산권이 침해된 경우 그로 인한 정신적 손해에 대한 위자료

【판결요지】

가. 불법행위로 인하여 물건이 훼손된 경우 그 손해는 수리가 가능하면 그 수리비가, 수리가 불가능하면 그 교환가치의 감소가 통상의 손해에 해당하므로 지하굴착공사로 건물이 파손, 균열됨에 따른 재산상 손해로 보수 등 공사비와 아울러 구하는 그 보수 후 건물의 교환가치 감소액 상당의 손해

는 특별사정으로 인한 손해라 할 것이다.
나. 일반적으로 타인의 불법행위로 인하여 재산권이 침해된 경우에는 그 재산적 손해의 배상에 의하여 정신적 고통도 회복된다고 보아야 할 것이나 재산적 손해의 배상만으로는 회복할 수 없는 정신적 손해가 있다면 이는 특별한 사정으로 인한 손해로서 그로 인한 위자료를 인정할 수 있다.

【참조조문】

민법 제763조, 제393조

【참조판례】

가. 대법원 1987.11.24. 선고 87다카1926 판결(공1988,167)
1989.6.27. 선고 88다카25861 판결(공1989,1157)
나. 대법원 1988.3.22. 선고 87다카1096 판결(공1988,675)
1989.8.8. 선고 88다카27249 판결(공1989,1354)
가.나. 대법원 1990.1.12. 선고 88다카28518 판결(공1990,460)

【전 문】

【원고, 피상고인】 원고 소송대리인 변호사 강봉제
【피고, 상고인】 피고 소송대리인 변호사 박천식
【원심판결】 서울고등법원 1990.12.7. 선고 90나30977 판결

【주 문】

원심판결 중 재산상 손해에 관한 피고의 패소부분을 파기하고, 이 부분 사건을 서울고등법원에 환송한다.
피고의 나머지 상고를 기각한다.
상고가 기각된 부분의 상고비용은 피고의 부담으로 한다.

【이 유】

상고이유를 본다.
1. 원심판결 이유에 의하면, 원심은 그 증거들을 종합하여, 피고가 1989. 8. 초순경 강남구청장으로부터 피고 명의로 건축허가를 받아 이 사건 건물의 지층으로부터 근접한 거리에서 지하굴착공사를 함으로써 이 사건 건물의 담장이 약 13 내지 15미터 가량 붕괴되고, 위 담장과 그 건물 사이의 폭 약 1미터의 시멘트바닥이 약 10센티미터 참하되면서 그 건물의 내, 외벽 및 바닥에 수많은 균열이 발생하게 된 사실, 피고가 위 지하굴착작업을 시행하게 되면 지하수 및 토사가 유출되거나 진동이 발생되고 이에 따른 인접지반의 교란에 의한 진동으로 인하여 인접지 건물에 균열을 발생시키거나 심한 경우에는 붕괴에 이르게 할 위험성이 있음에도 불구하고 이를 방지하기 위한 안전조치를 취하지 아니한 채 굴토면에 콘크리트기둥을 설치하는 씨. 아이. 피. 공법을 사용하여 지하 약 4미터 깊이로 굴토공사를 강행하여 그 때문에 이 사건 건물에 위와 같이 균열 등이 생긴 사실 등을 인정하고 나서 피고의 주장 중 피고가 건축공사를 소외 1에게 도급주었음을 이유로 한 면책항변은 형식상 도급인인 피고가 수급인 위 소외 1을 사실상 지시, 감독하였음을 이유로 배척하고, 또 원고가 이 사건 건물의 건축자재 수축에 따른 자체균열을 적시에 수리하지 않고 방치하여 손해가 확대되었다는 주장에 대하여는 이 사건 사고 전에 이 사건 건물에 자체균열이 있었다거나, 이를 원고가 방치하였음을 인정할 자료가 없다는 이유로 이를 배척하고 있는바, 기록에 비추어 원심의 판단은 수긍이 가고 거기에 지적하는 바와 같은 채증법칙을 어긴 위법이 없다. 주장은 이유없다.

2. 원심판결은 그 이유에서 피고의 위 지하굴착공사로 인하여 원고 소유의이 사건 건물이 앞서 본 바와 같이 파손, 균열됨으로써 원고가 입은 통상의 재산상 손해는 이 사건 건물의 수리가 가능함을 전제로 보수 등 공사비 금 8,393,696원과 보수 후 예상되는 건물시가하락상당액 금 8,225,000원을 합산한 금액인 금 16,618,696원이 된다고 판단하였다.

그러나 불법행위로 인하여 물건이 훼손된 경우 그 손해는 수리가 가능하면 그 수리비가, 수리가 불가능하면 그 교환가치의 감소가 통상의 손해에 해당한다고 할 것인바,(대법원 1982.6.22. 선고 81다8 판결; 1989.6.27.선고 88다카25861 판결 각 참조) 기록에 의하면 원고도 이 사건 건물은 그 수리가 가능함을 전제로 하여 보수 등 공사비로 금 8,393,696원이 소요된다고 주장하고 있는 것이므로 결국 원고가 이 사건 건물의 교환가치 감소액의 지급을 구하는 것은 특별사정으로 인한 손해라 할 것인데, 이를 뒷받침하기에 부족한 제1심 증인 1의 증언 외에는 그와 같은 특별사정의 존재 및 그 사정을 피고가 알았거나 알 수 있었다고 인정할 만한 아무런 증거가 없다.

그런데도 원심이 이에 건물시가하락상당액인 금 8,225,000원까지를 이 사건 재산상 손해로 인정한 것은 물건이 훼손된 경우에 있어서의 손해배상의 범위에 관한 법리를 오해하여 판결결과에 영향을 미쳤다 할 것이다. 이점을 지적하는 주장은 이유있다.

3. 일반적으로 타인의 불법행위로 인하여 재산권이 침해된 경우에는 그 재산적 손해의 배상에 의하여 정신적 고통도 회복된다고 보아야 할 것이나 재산적 손해의 배상만으로는 회복할 수 없는 정신적 손해가 있다면 이는 특별한 사정으로 인한 손해로서 그 위자료를 인정할 수 있다고 할 것이므로(대법원 1990.1.12. 선고 88다카28518 판결; 1989.8.8. 선고 88다카27249 판결 각 참조) 원심이 확정한 바와 같이 원고가 거주하고 있던 이 사건 건물이 지하굴착공사로 인하여 원심판시와 같은 정도로 훼손되었다면 원고는 그 충격과 주거생활의 불안 등으로 상당한 정신적 고통을 받았을 것임은 경험칙상 인정된다고 할 것이므로 원심이 같은 취지에서 원고에 대한 위자료를 인정한 조치는 정당하고 거기에 위자료에 관한 법리오해의 위법이 없다. 주장은 이유없다.

4. 그러므로 원심판결 중 재산상 손해에 관한 피고의 패소부분을 파기하여 이 부분 사건을 원심법원에 환송하고 피고의 나머지 상고는 기각하며 상고가 기각된 부분의 상고비용은 피고의 부담으로 하여 관여법관의 일치된 의견으로 주문과 같이 판결한다.

대법관   김용준(재판장) 최재호 윤관 김주한

---

(4) 주장·입증에 관한

☞ 대법원 1996. 1. 23. 선고 95다38233 판결 109p 참조
☞ 대법원 1991. 6. 11. 선고 90다20206 판결 68p 참조

(5) 손해의 주장

불법행위로 인한 손해배상청구소송에 있어 판례는 손해3분설
적극적 손해, 소극적 손해, 위자료로 손해를 구분하여 각 청구마다 별개의 소송물을 이룬다

① 포괄청구

㉮ **포괄청구**

[판례 24] 손해배상등 (대법원 1984. 11. 13. 선고 84다카722 판결)

【판시사항】
재산상 손해액의 확정이 가능한데도 위자료의 명목아래 사실상 손해의 전보를 꾀하는 것이 허용되는지 여부(소극)

【판결요지】
법원은 위자료액을 산정함에 있어서 피해자 측과 가해자 측의 제반사정을 참작하여 그 금액을 정하여야 하므로 피해자가 가해자로부터 당해 사고로 입은 재산상 손해에 대하여 배상을 받을수 있는지의 여부 및 그 배상액의 다과 등과 같은 사유도 위자료액 산정의 참작 사유가 되는 것은 물론이며 특히 재산상 손해의 발생이 인정되는데도 입증곤란 등의 이유로 그 손해액의 확정이 불가능하여 그 배상을 받을 수 없는 경우에 이러한 사정을 위자료의 증액사유로 참작할 수 있다고 할 것이나, 이러한 위자료의 보완적 기능은 재산상 손해의 발생이 인정되는데도 손해액의 확정이 불가능하여 그 손해 전보를 받을 수 없게 됨으로써 피해회복이 충분히 이루어지지 않는 경우에 이를 참작하여 위자료액을 증액함으로써 손해전보의 불균형을 어느 정도 보완하고자 하는 것이므로 함부로 그 보완적 기능을 확장하여 그 재산상 손해액의 확정이 가능함에도 불구하고 편의한 방법으로 위자료의 명목 아래 사실상 손해의 전보를 꾀하는 것과 같은 일은 허용되어서는 안 될 일이다.

【참조조문】
민법 제750조, 제752조

【전 문】
【원고, 피상고인】 원고 1 외 1인 원고들 소송대리인 변호사 허장협
【피고, 상고인】 금호실업주식회사 소송대리인 변호사 전병덕
【원심판결】 광주고등법원 1984.3.9. 선고 83나288 판결

【주 문】
원심판결을 파기하고, 사건을 광주고등법원에 환송한다.

【이 유】
피고 소송대리인의 상고이유를 본다.
1. 법원은 위자료액을 산정함에 있어서 피해자 측과 가해자 측의 제반사정을 참작하여 그 금액을 정하여야 하므로 피해자가 가해자로부터 당해사고로 입은 재산상 손해에 대하여 배상을 받을 수 있는지의 여부 및 그 배상액의 다과 등과 같은 사유도 위자료액 사정의 참작사유가 되는 것은 물론이며, 특히 재산상 손해의 발생이 인정되는데도 입증곤란 등의 이유로 그 손해액의 확정이 불가능하여 그 배

상을 받을 수 없는 경우에 이러한 사정을 위자료의 증액사유로 참작할 수 있다고 할 것이다.

그런데 이러한 위자료의 보완적 기능은 재산상 손해의 발생이 인정되는데도 손해액의 확정이 불가능하여 그 손해전보를 받을 수 없게 됨으로써 피해회복이 충분히 이루어지지 않는 경우에 이를 참작하여 위자료액을 증액함으로써 손해전보의 불균형을 어느 정도 보완하고자 하는 것이므로, 함부로 그 보완적 기능을 확장하여 그 재산상 손해액의 확정이 가능함에도 불구하고 편의한 방법으로 위자료의 명목아래 사실상 재산상 손해의 전보를 꾀하는 것과 같은 일은 허용되어서는 안 될 것이다.

2. 원심판결 이유에 의하면 원심은 원고들이 그 아들인 망 소외인은 이 사건 사고로 사망할 당시 의과대학 2학년생이었으므로 사망하지 않았더라면 의과대학을 졸업한 후 개업의사 또는 고용의사로서 종사할 수 있었을 것이라는 전제아래 위 의사수입을 기초로 산정한 일실이익 369,808,000원과 위 망인의 위자료 30,000,000원 도합 399,808,000원의 배상을 청구한 데에 대하여, 위 망인이 의과대학을 졸업한 후 의사국가고시에 합격하여 의사로서의 수입을 얻을 수 있다는 개연성 및 사정에 관한 객관적인 자료가 충분치 않다는 이유로 위 청구를 배척하고 나서, 원고들이 예비적 주장으로 위 청구가 인용되지 않는 경우에는 위 일실이익청구를 포기하고 위 청구금액 전액을 망인의 위자료로서 청구한다고 주장한 데에 대하여, 이 사건 변론에 나타난 사고의 경위 및 결과, 피고 측 버스는 대중교통수단이므로 누구든지 승객이 될 수 있는 점, 위 망인 및 원고들의 나이, 가족관계, 재산 및 교육정도, 앞서 본 일반의사로 고용되었을 때나 전문의사로 종합병원에 근무할 때에 월 보수가 1,500,000원 정도인 점, 사고 후 피고 측에서 장례비 400,000원을 지급한 점, 피고 측 과실의 정도 등 모든 사정을 참작하면 피고는 위 망인에게 위자료로 150,000,000원을 지급함이 상당하다고 판단하고 있다.

그러나 기록에 의하면 원고들은 재산상 손해로서 의사수입을 기초로 한 일실이익의 주장 외에 예비적으로 간호학원 강사 또는 의사조수로서의 수입을 기초로 산정한 110,772,000원 또는 도시일용노임을 기초로 산정한 43,249,000원을 일실이익으로 주장하고 그 입증자료를 제출하고 있음이 명백하므로, 원심으로서는 의사의 수입을 기초로 한 일실이익 주장이 이유없다고 하여도 위 예비적 주장에 의한 일실이익의 손해액 확정이 가능한지의 여부를 심리하여 가능하다면 그에 의하여 재산상 배상액을 산정하여야 할 것임에도 불구하고, 이에 이름이 없이 의사의 수입을 기초로 한 일실이익 주장이 인정되지 않는다고 하여 바로 위자료로서 위 예비적 주장에 의한 일실이익액보다 많은 금액을 인정하였음은 필경 위자료가 갖는 보완적 기능의 한계를 일탈하여 위자료라는 명목으로 사실상 재산상 손해의 전보를 허용한 잘못을 저지른 것이라고 볼 수밖에 없다.

3. 기록에 의하면 원고들은 위 망인의 의사수입을 기초로 한 일실이익 369,808,000원의 배상청구가 인용되지 않는 경우에 일실이익청구를 포기하고 위 금액 전액을 위자료로서 청구한다고 주장하고 있는바, 이러한 원고들 주장이 재산상 손해배상청구를 포기한다는 뜻이라면 이러한 청구의 포기는 그 청구가 인용되지 않는 것을 조건으로 한 이른바 조건부포기에 다름 아니므로 포기의 효력이 없다고 할 것이다.

위 원심판시에 의하면 위자료의 참작사유로서 재산상 손해배상청구를 포기한 점을 들고 있지 않으므로 이런 점에 비추어 볼 때 원심도 청구포기의 효력을 인정하지 아니하고 다만 위 원고주장을 의사로서의 일실이익청구가 인용되지 않을 경우에 대비한 예비적 청구의 주장으로 다룬 것이 분명하여 정당한 조치라고 하겠으나, 이러한 점은 당사자에게 석명을 구하여 주장내용을 분명하게 정리해 두는 것이 바람직하다.

4. 결국 위에서 지적한 점에 비추어 원심판결에는 위자료 산정에 관한 법리를 오해하여 판결에 영향을 미친 위법이 있고 이는 소송촉진등에관한특례법 제12조 제2항 소정의 파기사유에 해당하므로 이 점

에 관한 논지는 이유있다.

그러므로 다른 상고이유에 대한 판단을 생략하고 원심판결을 파기하여 다시 심리케 하고자 원심법원에 환송하기로 관여법관의 의견이 일치되어 주문과 같이 판결한다.

대법관   이성렬(재판장) 이일규 전상석 이회창

[판례 25] 손해배상(기) (대법원 2004. 11. 12. 선고 2002다53865 판결)

【판시사항】
[1] 아파트 수분양자들의 정리회사에 대한 소유권이전등기청구권은 회사정리법 제208조 제7호에 정한 공익채권에 해당하고, 그 이행지체로 인한 손해배상청구권 역시 공익채권에 해당한다고 한 사례
[2] 회사정리법 제121조 제1항 제2호에 규정된 "정리절차개시 후의 불이행으로 인한 손해배상과 위약금"의 의미
[3] 계약상의 채무불이행으로 인하여 재산적 손해가 발생한 경우, 위자료를 인정하기 위한 요건
[4] 재산적 손해액의 심리·확정이 가능한데도 위자료의 명목으로 사실상 재산적 손해의 전보를 꾀하는 것이 허용되는지 여부(소극)

【판결요지】
[1] 정리회사의 관리인이 회사정리절차개시결정 이전에 아파트 분양계약을 체결한 수분양자들로부터 분양잔대금을 지급받고 그들을 입주시킨 경우, 아파트 수분양자들의 정리회사에 대한 소유권이전등기청구권은 회사정리법 제208조 제7호에 정한 공익채권에 해당하고, 그 이행지체로 인한 손해배상청구권 역시 공익채권에 해당한다고 한 사례.
[2] 회사정리법 제121조 제1항 제2호에서 "정리절차개시 후의 불이행으로 인한 손해배상과 위약금"을 후순위 정리채권으로 정하고 있으나, 여기서 규정한 손해배상금과 위약금은 정리절차개시 전부터 회사에 재산상의 청구권의 불이행이 있기 때문에 상대방에 대하여 손해배상을 지급하거나 또는 위약금을 정기적으로 지급하여야 할 관계에 있을 때 그 계속으로 정리절차개시 후에 발생하고 있는 손해배상 및 위약금 청구권을 의미한다.
[3] 일반적으로 계약상 채무불이행으로 인하여 재산적 손해가 발생한 경우, 그로 인하여 계약 당사자가 받은 정신적인 고통은 재산적 손해에 대한 배상이 이루어짐으로써 회복된다고 보아야 할 것이므로, 재산적 손해의 배상만으로는 회복될 수 없는 정신적 고통을 입었다는 특별한 사정이 있고, 상대방이 이와 같은 사정을 알았거나 알 수 있었을 경우에 한하여 정신적 고통에 대한 위자료를 인정할 수 있다.
[4] 재산적 손해의 발생이 인정되는데도 입증곤란 등의 이유로 그 손해액의 확정이 불가능하여 그 배상을 받을 수 없는 경우에 이러한 사정을 위자료의 증액사유로 참작할 수는 있다고 할 것이나, 이러한 위자료의 보완적 기능은 재산적 손해의 발생이 인정되는데도 손해액의 확정이 불가능하여 그 손해 전보를 받을 수 없게 됨으로써 피해회복이 충분히 이루어지지 않는 경우에 이를 참작하여 위자료액을 증액함으로써 손해 전보의 불균형을 어느 정도 보완하고자 하는 것이므로, 그 재산적 손

해액의 주장·입증 및 분류·확정이 가능한 계약상 채무불이행으로 인한 손해를 심리·확정함에 있어서까지 함부로 그 보완적 기능을 확장하여 편의한 방법으로 위자료의 명목 아래 다수의 계약 당사자들에 대하여 획일적으로 일정 금액의 지급을 명함으로써 사실상 재산적 손해의 전보를 꾀하는 것과 같은 일은 허용될 수 없다.

【참조조문】

[1] 회사정리법 제103조 제1항, 제208조 제7호[2] 회사정리법 제121조 제1항 제2호[3] 민법 제390조, 제393조[4] 민법 제390조, 제393조

【참조판례】

[2] 대법원 2002. 5. 28. 선고 2001다68068 판결(공2002하, 1511)
[3] 대법원 1993. 11. 9. 선고 93다19115 판결(공1994상, 74)
대법원 1994. 12. 13. 선고 93다59779 판결(공1995상, 472)
대법원 1996. 12. 10. 선고 96다36289 판결(공1997상, 319)
대법원 1998. 7. 10. 선고 96다38971 판결(공1998하, 2054)
[4] 대법원 1984. 11. 13. 선고 84다카722 판결(공1985, 23)

【전 문】

【원고,피상고인】 원고 1 외 430인 (소송대리인 법무법인 다산종합법률사무소 담당변호사 김칠준 외 7인)

【피고,상 고 인】 정리회사 주식회사 삼익의 관리인 피고 (소송대리인 법무법인 대륙 담당변호사 여상조 외 8인)

【원심판결】 서울고법 2002. 9. 3. 선고 2001나55071 판결

【주 문】

원심판결을 파기하고, 사건을 서울고등법원에 환송한다.

【이 유】

1. 원심의 판단

원심은 제1심판결을 인용하여, 원고들은 1994. 5. 무렵 소외 주식회사 삼익이 수원시 권선구 (주소 생략) 외 2필지상에 신축하는 ○○○○아파트를 분양받았거나 혹은 당시 분양받은 사람으로부터 분양계약상 지위를 양도받은 사람들이고, 위 주식회사 삼익은 위 아파트 건축중인 1996. 2. 6. 회사정리절차개시결정을 받고 1997. 12. 23. 정리계획인가결정을 받은 정리회사인바, 원고들은 위 주식회사 삼익(이하 '정리회사'라고만 한다)의 관리인의 입주통보에 따라 분양잔대금을 지급하고 1996. 9.부터 10. 사이에 입주하였으나 정리회사는 1998. 6. 23.에 이르러서야 수원시로부터 사용승인을 받았고, 그로 인하여 원고들에 대한 소유권이전등기가 입주일로부터 2년 이상 경과한 같은 해 11. 25. 무렵에야 경료된 사실을 인정한 다음, 원고들이 자신들 명의로 소유권이전등기를 경료하지 못함으로써 그 소유권 확보에 대한 불안감과 재산권 행사를 제대로 못하는 등의 사정 때문에 상당한 정신적 고통을 받았을 것임은 경험칙상 넉넉히 인정할 수 있고, 정리회사 역시 분양계약 체결 당시 이러한 사정을 충분히 예상할 수 있었던 것으로 보인다는 이유로 분양계약상 소유권이전등기의무의 이행지체를 이유로 한 원고들의 위자료청구를 각 일부씩 받아들여 원고들에 대하여 1,000,000원씩을 인용하고, 원고들의 각 위자료채권이 정리채권에 해당하며 신고를 하지 아니하여 소멸되었다는 피고의 원심 주장에 대하여는, 원고들의 위자료 청구권은 회사정리절차개시결정 후의 채무불이행을

원인으로 하여 발생한 것이어서 정리채권에 속하지 아니한다는 이유로 배척하였다.
2. 정리채권 해당성에 관한 법리오해 및 판단 유탈 주장에 대하여
   가. 회사정리법(이하 '법'이라 한다)은 쌍방 미이행의 쌍무계약에서 당사자 일방인 회사에 대하여 정리절차가 개시된 경우, 관리인에게 계약을 해제할 것인가 또는 상대방 채무의 이행을 청구할 것인가의 선택권을 부여함으로써 정리절차의 원활한 진행을 도모함과 아울러 관리인이 상대방의 채무이행을 선택한 경우 이에 상응한 회사의 채무도 이행하도록 함으로써 양 당사자 사이에 형평을 유지하기 위하여, 법 제103조 제1항에서 "쌍무계약에 관하여 회사와 그 상대방이 모두 정리절차개시 당시에 아직 그 이행을 완료하지 아니한 때에는 관리인은 계약을 해제 또는 해지하거나 회사의 채무를 이행하고 상대방의 채무이행을 청구할 수 있다."고 규정하는 한편, 법 제208조 제7호에서 " 제103조 제1항의 규정에 의하여 관리인이 채무의 이행을 하는 경우에 상대방이 가진 청구권"을 공익채권으로 규정하고 있다.
   나. 원심이 적법하게 인정하고 있는 사실과 기록에 의하여 인정되는 사실에 의하면, 원고들과 정리회사 사이에 회사정리절차개시결정 이전에 체결된 각 분양계약(이하 '이 사건 각 분양계약'이라 한다)상 계약금, 중도금, 잔금으로 나누어 분양대금을 납부할 원고들의 의무와 아파트를 완공하여 원고들을 입주시키고 소유권을 이전하여 줄 정리회사의 의무가 서로 대등한 대가관계에 있어 이 사건 각 분양계약이 쌍무계약에 해당하는 사실, 회사정리절차개시결정일인 1996. 2. 6. 무렵에는 원고들의 잔금납부의무 및 분양자인 정리회사의 인도 및 소유권이전의무가 모두 미이행 상태였으며, 정리회사의 관리인이 1996. 9.과 10.에 걸쳐 원고들로부터 잔금 전액을 지급받고 원고들을 입주시킴으로써 분양계약의 해제가 아닌 이행을 선택한 사실을 알 수 있다.
   다. 그렇다면 정리회사의 분양대금 청구권과 대가관계에 있는 원고들의 소유권이전등기청구권은 정리채권이 아니라 법 제208조 제7호에서 정한 공익채권에 해당한다고 할 것이고, 원고들의 소유권이전등기청구권이 공익채권에 해당하는 이상, 그 이행지체로 인한 손해배상청구권 역시 공익채권에 해당한다고 봄이 상당하다.
   라. 그리고 법 제121조 제1항 제2호에서 "정리절차개시 후의 불이행으로 인한 손해배상과 위약금"을 후순위 정리채권으로 정하고 있으나, 여기서 규정한 손해배상금과 위약금은 정리절차개시 전부터 회사에 재산상의 청구권의 불이행이 있기 때문에 상대방에 대하여 손해배상을 지급하거나 또는 위약금을 정기적으로 지급하여야 할 관계에 있을 때 그 계속으로 정리절차개시 후에 발생하고 있는 손해배상 및 위약금 청구권을 의미하는 것이므로 원고들의 이 사건 손해배상청구권은 이에 포함되지 아니한다(대법원 2002. 5. 28. 선고 2001다68068 판결 등 참조).
   마. 원심은 비록 그 표현이 미흡한 점은 있으나 원고들의 이 사건 위자료 청구권이 정리채권에 해당하지 아니한다고 보아 피고의 주장을 배척한 결론에 있어서는 정당하므로, 이 부분 상고이유의 주장은 받아들이지 아니한다.
3. 귀책사유에 관한 사실오인 및 법리오해 주장에 대하여
   앞서 살핀 바와 같이 원고들의 소유권이전등기청구권이 정리채권에 해당하지 아니하고 공익채권에 해당하는 이상 정리계획에 의한 권리의 변경을 받지 아니하는 것이고, 관리인으로서도 정리계획안의 확정 여부와 관계없이 정리담보권과 정리채권에 우선하여 본래의 변제기에 따라 수시로 이행하여야 하는 것이므로(법 제210조 참조), 일부 정리채권자들의 항고·재항고로 정리계획 확정이 지연되었다거나, 그로 말미암아 정리계획 확정을 전제로 추진하였던 제3자 인수가 지연되어 이 사건 아파트 대지상의 정리담보권이 말소되지 아니하였다는 등의 사유는 원고들에 대한 소유권이전등기의 지연에 관한 부득이한 사정에 해당한다고 보기 어렵다.

이 점에 관하여 원심의 설시가 다소 미흡하나 피고의 면책 주장을 배척한 결론에 있어서는 정당하므로, 이 점에 관한 상고이유는 받아들일 수 없다.

4. 위자료에 관한 법리오해 주장에 대하여
    가. 원고들이 청구원인사실로 주장하는 바는, 2년여 기간 동안 소유권이전등기가 지연되어 재산권 행사를 하지 못함으로 인하여, 일부 원고들은 주택담보대출을 받지 못하여 고율의 사채이자를 감당하여야 했고, 일부 원고들은 매도시기를 놓치고 미등기 상태에서 급히 매도하는 과정에서 매도가 하락으로 손해를 보았으며, 일부 원고들은 세금혜택을 받지 못하였고, 일부 원고들은 다른 곳으로 이주를 하지 못하여 출·퇴근에 곤란을 겪었으며, 위와 같은 손해에 직면하여 입주자대표들이 조속한 이전등기를 위한 활동에 비용을 지출하는 등 재산적·정신적 손해를 입었으므로, 위자료로 각 원고 당 200만 원씩의 위자료의 지급을 구한다는 것이고, 이에 대하여 원심은 앞서 제1항에서 본 바와 같은 이유를 들어 원고들에게 일률적으로 100만 원씩의 위자료를 인용하였다.
    나. 그러나 원심의 위와 같은 인정과 판단은 쉽게 수긍하기 어렵다.
        일반적으로 계약상 채무불이행으로 인하여 재산적 손해가 발생한 경우, 그로 인하여 계약 당사자가 받은 정신적인 고통은 재산적 손해에 대한 배상이 이루어짐으로써 회복된다고 보아야 할 것이므로, 재산적 손해의 배상만으로는 회복될 수 없는 정신적 고통을 입었다는 특별한 사정이 있고, 상대방이 이와 같은 사정을 알았거나 알 수 있었을 경우에 한하여 정신적 고통에 대한 위자료를 인정할 수 있다(대법원 1994. 12. 13. 선고 93다59779 판결, 1998. 7. 10. 선고 96다38971 판결 등 참조).
        그리고 재산적 손해의 발생이 인정되는데도 입증곤란 등의 이유로 그 손해액의 확정이 불가능하여 그 배상을 받을 수 없는 경우에 이러한 사정을 위자료의 증액사유로 참작할 수는 있다고 할 것이나, 이러한 위자료의 보완적 기능은 재산적 손해의 발생이 인정되는데도 손해액의 확정이 불가능하여 그 손해 전보를 받을 수 없게 됨으로써 피해회복이 충분히 이루어지지 않는 경우에 이를 참작하여 위자료액을 증액함으로써 손해 전보의 불균형을 어느 정도 보완하고자 하는 것이므로, 이 사건과 같이 그 재산적 손해액의 주장·입증 및 분류·확정이 가능한 계약상 채무불이행으로 인한 손해를 심리·확정함에 있어서까지 함부로 그 보완적 기능을 확장하여 편의한 방법으로 위자료의 명목 아래 다수의 계약 당사자들에 대하여 획일적으로 일정 금액의 지급을 명함으로써 사실상 재산적 손해의 전보를 꾀하는 것과 같은 일은 허용될 수 없다(대법원 1984. 11. 13. 선고 84다카722 판결 등 참조).
    다. 원고들이 주장하는 위 가.항의 각 불이익을 살펴보면, 모두 계약상 채무불이행으로 인한 재산적 손해에 해당함을 알 수 있는바, 원고들로서는 그것이 통상의 손해라는 점을 주장·입증하거나, 혹은 특별한 사정으로 인한 손해인 경우에는 정리회사가 알았거나 알 수 있었다는 점을 주장·입증함으로써 재산적 손해에 대한 배상을 구할 수 있다 할 것이고, 원심으로서는 그러한 특별한 사정이 존재한다는 점과 상대방이 이와 같은 사정을 알았거나 알 수 있었다는 점에 관하여 심리·판단하였어야 할 것이다.
    라. 그럼에도 불구하고, 원심이 위 각 점에 관하여 나아가 판단하지 아니한 채 소유권이전등기의무의 이행지체로 인하여 원고들이 상당한 정신적 고통을 받았을 것이 경험칙상 명백하다고 하여 원고들의 정신적 손해를 배상할 책임이 피고에게 있다고 판단한 것은 상고이유의 주장과 같은 정신적 고통에 대한 위자료에 관한 법리오해 등의 위법을 범한 것이라 할 것이다.
    마. 따라서 이 점을 지적하는 상고이유의 주장은 이유 있다.
5. 결 론

그러므로 나머지 상고이유에 관한 판단을 생략하고, 원심판결을 파기하여 사건을 다시 심리·판단하도록 원심법원에 환송하기로 하여 관여 대법관의 일치된 의견으로 주문과 같이 판결한다.

대법관 배기원(재판장) 유지담 이강국 김용담(주심)

---

3. 손해배상청구소송

가. 당사자

(1) 원고

(가) 피해자

손해배상청구를 할 수 있는 자는 물론 문제가 된 환경침해로 인한 피해자이다.

> ☞ 민 법
>
> **제214조 (소유물방해제거, 방해예방청구권)** 소유자는 소유권을 방해하는 자에 대하여 방해의 제거를 청구할 수 있고 소유권을 방해할 염려있는 행위를 하는 자에 대하여 그 예방이나 손해배상의 담보를 청구할 수 있다.
>
> **제217조 (매연 등에 의한 인지에 대한 방해금지)** ① 토지소유자는 매연, 열기체, 액체, 음향, 진동 기타 이에 유사한 것으로 이웃 토지의 사용을 방해하거나 이웃 거주자의 생활에 고통을 주지 아니하도록 적당한 조처를 할 의무가 있다.
> ② 이웃 거주자는 전항의 사태가 이웃 토지의 통상의 용도에 적당한 것인 때에는 이를 인용할 의무가 있다.

☞ 대법원 2001. 6. 26. 선고 2000다44928, 44935 판결 37p 참조

(2) 피고

(가) 가해자

손해배상청구의 피고는 당해 환경침해행위를 한 오염물질 배출기업, 생활방해자와 같은 원인자 내지 가해자이다.

(나) 복수원인자의 경우

① 공동불법행위책임

> ☞ **민 법**
>
> 제760조 (공동불법행위자의 책임) ① 수인이 공동의 불법행위로 타인에게 손해를 가한 때에는 연대하여 그 손해를 배상할 책임이 있다.
> ② 공동 아닌 수인의 행위중 어느 자의 행위가 그 손해를 가한 것인지를 알 수 없는 때에도 전항과 같다.
> ③ 교사자나 방조자는 공동행위자로 본다.

☞ 대법원 1991. 7. 26. 선고 90다카26607 판결 60p 참조
☞ 대법원 1974. 12. 10. 선고 72다1774 판결 45p 참조

② 인과관계의 문제

☞ 대법원 2000. 9. 29. 선고 2000다13900 판결 229p 참조

(다) 국가 또는 지방자치단체를 상대로 한 경우

※ 환경정책기본법 시행령 제2조의 [별표 1] <개정 2022. 12. 6.>

환경기준(제2조 관련)

1. 대기

항목	기준
아황산가스 (SO_2)	연간 평균치 0.02ppm 이하 24시간 평균치 0.05ppm 이하 1시간 평균치 0.15ppm 이하
일산화탄소 (CO)	8시간 평균치 9ppm 이하 1시간 평균치 25ppm 이하

이산화질소 (NO2)	연간 평균치	0.03ppm 이하
	24시간 평균치	0.06ppm 이하
	1시간 평균치	0.10ppm 이하
미세먼지 (PM-10)	연간 평균치	50μg/㎥ 이하
	24시간 평균치	100μg/㎥ 이하
초미세먼지 (PM-2.5)	연간 평균치	15μg/㎥ 이하
	24시간 평균치	35μg/㎥ 이하
오존 (O3)	8시간 평균치	0.06ppm 이하
	1시간 평균치	0.1ppm 이하
납 (Pb)	연간 평균치	0.5μg/㎥ 이하
벤젠	연간 평균치	5μg/㎥ 이하

비고
1. 1시간 평균치는 999천분위수(千分位數)의 값이 그 기준을 초과해서는 안 되고, 8시간 및 24시간 평균치는 99 백분위수의 값이 그 기준을 초과해서는 안 된다.
2. 미세먼지(PM-10)는 입자의 크기가 10μm 이하인 먼지를 말한다.
3. 초미세먼지(PM-2.5)는 입자의 크기가 2.5μm 이하인 먼지를 말한다.

2. 소음 (단위: Leq dB(A))

지역 구분	적용 대상지역	기준	
		낮 (06:00 ~ 22:00)	밤 (22:00 ~ 06:00)
일반 지역	"가"지역	50	40
	"나"지역	55	45
	"다"지역	65	55
	"라"지역	70	65
도로변 지역	"가" 및 "나"지역	65	55
	"다"지역	70	60
	"라"지역	75	70

비고

1. 지역구분별 적용 대상지역의 구분은 다음과 같다.
   가. "가"지역
      1) 「국토의 계획 및 이용에 관한 법률」 제36조제1항제1호라목에 따른 녹지지역
      2) 「국토의 계획 및 이용에 관한 법률」 제36조제1항제2호가목에 따른 보전관리지역
      3) 「국토의 계획 및 이용에 관한 법률」 제36조제1항제3호 및 제4호에 따른 농림지역 및 자연환경보전지역
      4) 「국토의 계획 및 이용에 관한 법률 시행령」 제30조제1호가목에 따른 전용주거지역
      5) 「의료법」 제3조제2항제3호마목에 따른 종합병원의 부지경계로부터 50미터 이내의 지역
      6) 「초·중등교육법」 제2조 및 「고등교육법」 제2조에 따른 학교의 부지경계로부터 50미터 이내의 지역
      7) 다음의 어느 하나에 해당하는 시설의 부지경계로부터 50미터 이내의 지역
         가) 「도서관법」 제4조제2항제1호에 따른 공공도서관
         나) 「도서관법」 제4조제2항제5호에 따른 특수도서관
   나. "나"지역
      1) 「국토의 계획 및 이용에 관한 법률」 제36조제1항제2호나목에 따른 생산관리지역
      2) 「국토의 계획 및 이용에 관한 법률 시행령」 제30조제1호나목 및 다목에 따른 일반주거지역 및 준주거지역
   다. "다"지역
      1) 「국토의 계획 및 이용에 관한 법률」 제36조제1항제1호나목에 따른 상업지역 및 같은 항 제2호다목에 따른 계획관리지역
      2) 「국토의 계획 및 이용에 관한 법률 시행령」 제30조제3호다목에 따른 준공업지역
   라. "라"지역
      「국토의 계획 및 이용에 관한 법률 시행령」 제30조제3호가목 및 나목에 따른 전용공업지역 및 일반공업지역
2. "도로"란 자동차(2륜자동차는 제외한다)가 한 줄로 안전하고 원활하게 주행하는 데에 필요한 일정 폭의 차선이 2개 이상 있는 도로를 말한다.
3. 이 소음환경기준은 항공기소음, 철도소음 및 건설작업 소음에는 적용하지 않는다.

3. 수질 및 수생태계
   가. 하천
      1) 사람의 건강보호 기준

항목	기준값(mg/L)
카드뮴(Cd)	0.005 이하
비소(As)	0.05 이하
시안(CN)	검출되어서는 안 됨(검출한계 0.01)
수은(Hg)	검출되어서는 안 됨(검출한계 0.001)
유기인	검출되어서는 안 됨(검출한계 0.0005)
폴리클로리네이티드비페닐(PCB)	검출되어서는 안 됨(검출한계 0.0005)
납(Pb)	0.05 이하
6가 크롬(Cr^{6+})	0.05 이하
음이온 계면활성제(ABS)	0.5 이하
사염화탄소	0.004 이하
1,2-디클로로에탄	0.03 이하
테트라클로로에틸렌(PCE)	0.04 이하
디클로로메탄	0.02 이하

벤젠	0.01 이하
클로로포름	0.08 이하
디에틸헥실프탈레이트(DEHP)	0.008 이하
안티몬	0.02 이하
1,4-다이옥세인	0.05 이하
포름알데히드	0.5 이하
헥사클로로벤젠	0.00004 이하

2) 생활환경 기준

등급		상태 (캐릭터)	기 준								
			수소 이온 농도 (pH)	생물 화학적 산소 요구량 (BOD) (mg/L)	화학적산소 요구량 (COD) (mg/L)	총유기탄소량 (TOC) (mg/L)	부유 물질량 (SS) (mg/L)	용존 산소량 (DO) (mg/L)	총인 (total phosphorus) (mg/L)	대장균군 (군수/100mL)	
										총 대장균군	분원성 대장균군
매우 좋음	Ia		6.5~8.5	1 이하	2 이하	2 이하	25 이하	7.5 이상	0.02 이하	50 이하	10 이하
좋음	Ib		6.5~8.5	2 이하	4 이하	3 이하	25 이하	5.0 이상	0.04 이하	500 이하	100 이하
약간 좋음	II		6.5~8.5	3 이하	5 이하	4 이하	25 이하	5.0 이상	0.1 이하	1,000 이하	200 이하
보통	III		6.5~8.5	5 이하	7 이하	5 이하	25 이하	5.0 이상	0.2 이하	5,000 이하	1,000 이하
약간 나쁨	IV		6.0~8.5	8 이하	9 이하	6 이하	100 이하	2.0 이상	0.3 이하		
나쁨	V		6.0~8.5	10 이하	11 이하	8 이하	쓰레기 등이 떠 있지 않을 것	2.0 이상	0.5 이하		
매우 나쁨	VI			10 초과	11 초과	8 초과		2.0 미만	0.5 초과		

비고
1. 등급별 수질 및 수생태계 상태
  가. 매우 좋음: 용존산소(溶存酸素)가 풍부하고 오염물질이 없는 청정상태의 생태계로 여과·살균 등 간단한 정수처리 후 생활용수로 사용할 수 있음.

나. 좋음: 용존산소가 많은 편이고 오염물질이 거의 없는 청정상태에 근접한 생태계로 여과·침전·살균 등 일반적인 정수처리 후 생활용수로 사용할 수 있음.
다. 약간 좋음: 약간의 오염물질은 있으나 용존산소가 많은 상태의 다소 좋은 생태계로 여과·침전·살균 등 일반적인 정수처리 후 생활용수 또는 수영용수로 사용할 수 있음.
라. 보통: 보통의 오염물질로 인하여 용존산소가 소모되는 일반 생태계로 여과, 침전, 활성탄 투입, 살균 등 고도의 정수처리 후 생활용수로 이용하거나 일반적 정수처리 후 공업용수로 사용할 수 있음.
마. 약간 나쁨: 상당량의 오염물질로 인하여 용존산소가 소모되는 생태계로 농업용수로 사용하거나 여과, 침전, 활성탄 투입, 살균 등 고도의 정수처리 후 공업용수로 사용할 수 있음.
바. 나쁨: 다량의 오염물질로 인하여 용존산소가 소모되는 생태계로 산책 등 국민의 일상생활에 불쾌감을 주지 않으며, 활성탄 투입, 역삼투압 공법 등 특수한 정수처리 후 공업용수로 사용할 수 있음.
사. 매우 나쁨: 용존산소가 거의 없는 오염된 물로 물고기가 살기 어려움.
아. 용수는 해당 등급보다 낮은 등급의 용도로 사용할 수 있음.
자. 수소이온농도(pH) 등 각 기준항목에 대한 오염도 현황, 용수처리방법 등을 종합적으로 검토하여 그에 맞는 처리방법에 따라 용수를 처리하는 경우에는 해당 등급보다 높은 등급의 용도로도 사용할 수 있음.

2. 상태(캐릭터) 도안
　가. 모형 및 도안 요령

등급		도안 모형	도안 요령	색상		
				원	물방울	입
매우 좋음	Ia			검은색 (black, K) 15%	파란색(cyan, C) 100~90%, 빨간색(mazenta, M) 20~17%, 검은색(black, K) 5%	빨간색(mazenta, M) 60%, 노란색(yellow, Y) 100%
좋음	Ib				파란색(cyan, C) 85~80%, 노란색(yellow, Y) 43~40%, 빨간색(mazenta, M) 8%	빨간색(mazenta, M) 60%, 노란색(yellow, Y) 100%
약간 좋음	II				파란색(cyan, C) 57~45%, 노란색(yellow, Y) 96~85%, 검은색(black, K) 7%	
보통	III				파란색(cyan, C) 20%, 검은색(black, K) 42~30%	
약간 나쁨	IV				빨간색(mazenta, M) 35~30%, 노란색(yellow, Y) 100%, 검은색(black, K) 10%	
나쁨	V				빨간색(mazenta, M) 65~55%, 노란색(yellow, Y) 100%, 검은색(black, K) 10%	

| 매우 나쁨 | VI | | | 빨간색(mazenta, M) 100~90, 노란색(yellow, Y) 100%, 검은색(black, K) 10% | |

나. 도안 모형은 상하 또는 좌우로 형태를 왜곡하여 사용해서는 안 된다.

3. 수질 및 수생태계 상태별 생물학적 특성 이해표

생물 등급	생물 지표종		서식지 및 생물 특성
	저서생물(底棲生物)	어류	
매우 좋음 ~ 좋음	옆새우, 가재, 뿔하루살이, 민하루살이, 강도래, 물날도래, 광택날도래, 띠무늬우묵날도래, 바수염날도래	산천어, 금강모치, 열목어, 버들치 등 서식	- 물이 매우 맑으며, 유속은 빠른 편임. - 바닥은 주로 바위와 자갈로 구성됨. - 부착 조류(藻類)가 매우 적음.
좋음 ~ 보통	다슬기, 넓적거머리, 강하루살이, 동양하루살이, 등줄하루살이, 등딱지하루살이, 물삿갓벌레, 큰줄날도래	쉬리, 갈겨니, 은어, 쏘가리 등 서식	- 물이 맑으며, 유속은 약간 빠르거나 보통임. - 바닥은 주로 자갈과 모래로 구성됨. - 부착 조류가 약간 있음.
보통 ~ 약간 나쁨	물달팽이, 턱거머리, 물벌레, 밀잠자리	피라미, 끄리, 모래무지, 참붕어 등 서식	- 물이 약간 혼탁하며, 유속은 약간 느린 편임. - 바닥은 주로 잔자갈과 모래로 구성됨. - 부착 조류가 녹색을 띠며 많음.
약간 나쁨 ~ 매우 나쁨	왼돌이물달팽이, 실지렁이, 붉은깔따구, 나방파리, 꽃등에	붕어, 잉어, 미꾸라지, 메기 등 서식	- 물이 매우 혼탁하며, 유속은 느린 편임. - 바닥은 주로 모래와 실트로 구성되며, 대체로 검은색을 띰. - 부착 조류가 갈색 혹은 회색을 띠며 매우 많음.

4. 화학적 산소요구량(COD) 기준은 2015년 12월 31일까지 적용한다.

나. 호소
  1) 사람의 건강보호 기준: 가목1)과 같다.
  2) 생활환경 기준

등급	상태 (캐릭터)	기준									
		수소 이온 농도 (pH)	화학적 산소 요구량 (COD) (mg/L)	총유기 탄소량 (TOC) (mg/L)	부유 물질량 (SS) (mg/L)	용존 산소량 (DO) (mg/L)	총인 (mg/L)	총질소 (total nitrogen) (mg/L)	클로로 필-a (Chl-a) (mg/㎥)	대장균군 (군수/100mL)	
										총 대장균군	분원성 대장균군
매우 좋음	Ia	6.5~8.5	2 이하	2 이하	1 이하	7.5 이상	0.01 이하	0.2 이하	5 이하	50 이하	10 이하
좋음	Ib	6.5~8.5	3 이하	3 이하	5 이하	5.0 이상	0.02 이하	0.3 이하	9 이하	500 이하	100 이하

약간 좋음	II		6.5~8.5	4 이하	4 이하	5 이하	5.0 이상	0.03 이하	0.4 이하	14 이하	1,000 이하	200 이하
보통	III		6.5~8.5	5 이하	5 이하	15 이하	5.0 이상	0.05 이하	0.6 이하	20 이하	5,000 이하	1,000 이하
약간 나쁨	IV		6.0~8.5	8 이하	6 이하	15 이하	2.0 이상	0.10 이하	1.0 이하	35 이하		
나쁨	V		6.0~8.5	10 이하	8 이하	쓰레기 등이 떠 있지 않을 것	2.0 이상	0.15 이하	1.5 이하	70 이하		
매우 나쁨	VI			10 초과	8 초과		2.0 미만	0.15 초과	1.5 초과	70 초과		

비고
1. 총인, 총질소의 경우 총인에 대한 총질소의 농도비율이 7 미만일 경우에는 총인의 기준을 적용하지 않으며, 그 비율이 16 이상일 경우에는 총질소의 기준을 적용하지 않는다.
2. 등급별 수질 및 수생태계 상태는 가목2) 비고 제1호와 같다.
3. 상태(캐릭터) 도안 모형 및 도안 요령은 가목2) 비고 제2호와 같다.
4. 화학적 산소요구량(COD) 기준은 2015년 12월 31일까지 적용한다.

다. 지하수

지하수 환경기준 항목 및 수질기준은 「먹는물관리법」 제5조 및 「수도법」 제26조에 따라 환경부령으로 정하는 수질기준을 적용한다. 다만, 환경부장관이 고시하는 지역 및 항목은 적용하지 않는다.

라. 해역
  1) 생활환경

항 목	수소이온농도 (pH)	총대장균군 (총대장균군수/100mL)	용매 추출유분 (mg/L)
기 준	6.5 ~ 8.5	1,000 이하	0.01 이하

  2) 생태기반 해수수질 기준

등급	수질평가 지수값(Water Quality Index)
I (매우 좋음)	23 이하
II (좋음)	24 ~ 33
III (보통)	34 ~ 46
IV (나쁨)	47 ~ 59
V (아주 나쁨)	60 이상

  3) 해양생태계 보호기준

(단위: μg/L)

중금속류	구리	납	아연	비소	카드뮴	6가크로뮴(Cr6+)
단기 기준*	3.0	7.6	34	9.4	19	200
장기 기준**	1.2	1.6	11	3.4	2.2	2.8

* 단기 기준: 1회성 관측값과 비교 적용
** 장기 기준: 연간 평균값(최소 사계절 동안 조사한 자료)과 비교 적용

4) 사람의 건강보호

등급	항목	기준(mg/L)
모든 수역	6가크로뮴(Cr6+)	0.05
	비소(As)	0.05
	카드뮴(Cd)	0.01
	납(Pb)	0.05
	아연(Zn)	0.1
	구리(Cu)	0.02
	시안(CN)	0.01
	수은(Hg)	0.0005
	폴리클로리네이티드비페닐(PCB)	0.0005
	다이아지논	0.02
	파라티온	0.06
	말라티온	0.25
	1.1.1-트리클로로에탄	0.1
	테트라클로로에틸렌	0.01
	트리클로로에틸렌	0.03
	디클로로메탄	0.02
	벤젠	0.01
	페놀	0.005
	음이온 계면활성제(ABS)	0.5

(라) 복수원인자의 경우

1) 공동불법행위책임

> ☞ 민 법
>
> **제760조 (공동불법행위자의 책임)** ① 수인이 공동의 불법행위로 타인에게 손해를 가한 때에는 연대하여 그 손해를 배상할 책임이 있다.
> ② 공동 아닌 수인의 행위중 어느 자의 행위가 그 손해를 가한 것인지를 알 수 없는 때에도 전항과 같다.
> ③ 교사자나 방조자는 공동행위자로 본다.

☞ 대법원 1991. 7. 26. 선고 90다카26607 판결 60p 참조
☞ 대법원 1974. 12. 10. 선고 72다1774 판결 45p 참조

2) 인과관계의 문제

> ☞ 민 법
>
> 제760조 (공동불법행위자의 책임) ② 공동 아닌 수인의 행위중 어느 자의 행위가 그 손해를 가한 것인지를 알 수 없는 때에도 전항과 같다.

대법원 2000. 9. 29. 선고 2000다13900 판결의 취지에 비추어 보면 기여도에 따른 책임감경 또는 분할책임을 인정하기 어렵다.

나. 증거조사

(1) 검증·증인신문

(가) 검증

일조침해나 소음·진동·분진 등에 의한 피해가 문제되는 생활방해사건의 경우 특히 현장 검증의 중요어이 강조된다.
검증시에는 공사규모나 침해내용과 아울러 주거현황, 지역성 등 심리·판단에 필요한 요소들에 대하여 관찰하고 기록을 남겨두는 것도 필요하고, 경우에 따라서는 감정 및 증인신문도 병행할 필요가 있다. 만일 사정상 신속한 검증이 곤란할 경우에는 당사자로 하여금 현장의 모습을 담은 비디오테이프와 사진 등을 우선 제출하도록 할 것이다.

(2) 직권증거조사의 활용

환경분쟁의 당사자 사이의 지위의 불균형, 불공평을 감안하여 직권에 의한 증거조사(민사소송법 제292조)나 소송계속 중인 직권에 의한 증거보전(민사소송법 제379조)을 활용할 필요가 있다.

다. 손해배상

(1) 금전배상의 원칙

환경침해로 인하여 개인의 생명·신체·물건에 손해가 발생한 경우 가해자에 대하여 금전에 의한 배상을 명한다.
장래의 이행청구로서 일정 기한을 정한 정기금의 배상을 명하는 경우도 있을 수 있다(민사

소송법 제251조, 제252조 참조)

> ☞ 민사소송법
>
> 제251조 (장래의 이행을 청구하는 소) 장래에 이행할 것을 청구하는 소는 미리 청구할 필요가 있어야 제기할 수 있다.
> 제252조 (정기금판결과 변경의 소) ① 정기금(定期金)의 지급을 명한 판결이 확정된 뒤에 그 액수산정의 기초가 된 사정이 현저하게 바뀜으로써 당사자 사이의 형평을 크게 침해할 특별한 사정이 생긴 때에는 그 판결의 당사자는 장차 지급할 정기금 액수를 바꾸어 달라는 소를 제기할 수 있다.
> ② 제1항의 소는 제1심 판결법원의 전속관할로 한다.

(2) 책임의 제한

(가) 과실상계

☞ 대법원 1974. 12. 10. 선고 72다1774 판결 45p 참조
☞ 대법원 2005. 1. 27. 선고 2003다49566 판결 23p 참조
☞ 대법원 2004. 3. 12. 선고 2002다14242 판결 19p 참조

(나) 자연력의 기여도에 따른 감책

[판례 26] 손해배상(기) (대법원 1993. 2. 23. 선고 92다52122 판결)

【판시사항】
가. 자연력과 가해자측의 과실행위가 경합되어 손해가 발생된 경우 가해자의 배상범위(=자연력의 기여분을 공제한 나머지)
나. 태풍 셀마호로 말미암아 피해자의 공장으로 바닷물이 유입되면서 가해자측의 아이빔과 석괴가 공장에 유입됨으로써 공장 내의 각종 기계설비 등을 충격파괴한 데 대하여 가해자의 배상범위를 자연력의 기여분을 공제한 50%로 본 원심판결을 수긍한 사례

【판결요지】
가. 피해자가 입은 손해가 자연력인 태풍(해일)에 의한 침수와 가해자측의 과실행위가 경합되어 발생된 경우 가해자의 배상범위는 손해의 공평한 부담이라는 견지에서 손해발생에 대하여 자연력이 기여하였다고 인정되는 부분을 공제한 나머지 부분으로 제한하여야 할 것이다.
나. 태풍 셀마호로 말미암아 피해자의 공장으로 바닷물이 유입되면서 가해자측의 아이빔과 석괴가 공장에 유입됨으로써 공장 내의 각종 기계설비 등을 충격파괴한 데 대하여 가해자의 배상범위를 자연

력의 기여분을 공제한 50%로 본 원심판결을 수긍한 사례.

【참조조문】

민법 제763조(제393조)

【참조판례】

가. 대법원 1991.7.23. 선고 89다카1275 판결(공1991,2211)
나. 대법원 1991.12.27. 선고 90다카5198 판결(공1992,758)

【전 문】

【원고, 피상고인】 정리회사 대동조선주식회사의 관리인 신종구 소송대리인 변호사 석용진
【피고, 상고인】 부산직할시 소송대리인 변호사 이인수
【피고보조참가인】 코오롱건설주식회사
【원심판결】 부산고등법원 1992.10.16. 선고 90나7777 판결

【주 문】

상고를 기각한다.
상고비용은 피고의 부담으로 한다.

【이 유】

상고이유를 판단한다.

원심은, 피고 산하 지하철본부장은 피고 산하 영도구청장으로부터 상습태풍피해지구 내에 있는 판시 해안도로 부분에 도로점용허가를 받아 그의 지휘감독하에 있는 지하철공사 수급인인 피고보조참가인으로 하여금 이곳에 지하철공사용 관급자재인 아이빔 등을 적치하게 하였고, 위 영도구청장은 이곳에 지하철공사중에 굴착한 석괴 등을 적치하여 왔는데, 태풍 셀마호가 부산 일대에 내습함에 따라 이에 동반한 폭풍우와 해일로 말미암아 위 해안도로 옆에 있던 원고의 판시 공장에 바닷물이 유입되면서 위 해안도로 위에 일부만 철근으로 묶여 적치되어 있던 아이빔과 아무런 안전조치 없이 적치되어 있던 석괴 등이 위 공장에 유입되어 위 공장 내의 각종 기계설비 등을 충격파괴하여 원고가 손해를 입은 사실을 확정하고, 이에 의하면 원고 공장 등이 위치한 곳은 태풍통과시 상습침수지역으로서 이러한 지역에 아이빔 등을 적치하여 두면 태풍 등으로 파도가 밀려올 때 위 자재 등이 함께 이동하여 인근 공장 등에 유입되어 피해를 가중시킬 수도 있다는 것을 예견할 수 있으므로 위 해안도로는 자재 등의 적치장으로 사용하기에 부적합하였음에도 불구하고, 피고 산하 지하철본부장은 위 해안도로에 자재 등의 적치를 위한 도로점용허가를 얻어 그의 지휘 감독을 받는 피고보조참가인으로 하여금 이곳에 아이빔을 적치하게 한 과실이 있고, 피고 산하 영도구청장은 위 해안도로에 자재 등의 적치를 위한 도로점용허가를 하고 이곳에 석괴 등을 적치한 과실이 있으며, 또한 자재 등을 적치한 후에도 태풍내습기에는 자재 등을 미리 다른 곳으로 옮기거나 밀려오는 파도에 움직이지 않도록 철사나 방책 등을 사용하여 이를 단단히 고정시켜야 함에도 불구하고 이를 게을리 한 채 일부 아이빔만을 철근으로 묶은 채 그대로 방치한 과실이 있으므로 피고는 원고의 손해 중 산하 지하철본부장과 영도구청장의 위와 같은 과실에 상응하는 손해부분을 배상할 책임이 있다고 판단하였는바, 원심이 확정한 바와 같이 이 사건 재해발생에 있어 피고 산하 지하철본부장과 영도구청장에게 판시와 같은 과실이 있었다면, 이 사건 재해발생이 불가항력적인 천재지변에 의하여서만 발생하였다 할 수는 없으므로 같은 취지에서 피고에게 손해배상책임을 인정한 원심의 위와 같은 판단은 옳고, 거기에 소론과 같은 심리미진이나 손해배상책임에 관한 법리오해의 위법이 있다 할수 없다.

이 사건에 있어 피해자인 원고의 손해가 자연력인 태풍(해일)에 의한 침수와 가해자인 피고측의 위와 같은 과실행위가 경합되어 발생된 경우 가해자의 배상범위는 손해의 공평한 부담이라는 견지에서 손해 발생에 대하여 자연력이 기여하였다고 인정되는 부분을 공제한 나머지 부분으로 제한하여야 할 것인바, 기록에 비추어 보면 원심이 이 사건 태풍의 발생경위와 그 결과, 피고의 과실내용, 원고의 손해내역 등 모든 사정을 참작하여 이 사건 재해로 원고가입은 손해 중 해일과 침수로 인한 손해와 위 아이빔이나 석괴 등으로 인한 손해의 비율을 각 50퍼센트씩으로 판단하였음은 수긍할 수 있고, 거기에 소론과 같은 심리미진이나 자연력의 기여도에 관한 법리오해의 위법이 있다 할 수 없다.

원심이 전문지식 있는 손해사정 주식회사 작성의 손해사정결과를 기재한 문서로서 이 사건 손해액에 관한 유일한 증거인 이재조사서(갑 제1호증의 1,2)를 주된 근거로하여 이 사건 재해로 인한 원고의 손해액을 각종 구축물 보수공사비, 전기, 전자제품 및 공구류, 블록, 취부대 보수 및 유실강판대, 잡석과 철재 등을 제거하는 정리비 등 항목별로 판시와 같은 금액으로 인정하였음은 기록에 비추어 옳은 것으로 수긍되고, 그 사실인정 과정에 소론과 같은 채증법칙 위배의 위법이 있다 할 수 없다. 논지는 모두 이유 없다.

그러므로 상고를 기각하고 상고비용은 패소자의 부담으로 하여 관여 법관의 일치된 의견으로 주문과 같이 판결한다.

☞ 대법원 1991. 7. 23. 선고 89다카1275 판결 52p 참조
☞ 대법원 2003. 6. 27. 선고 2001다734 판결 10p 참조

(3) 소멸시효

[판례 27] 손해배상(기) (대법원 1999. 3. 23. 선고 98다30285 판결)

【판시사항】

[1] 불법행위가 계속적으로 행하여지는 결과 손해도 계속적으로 발생하는 경우 소멸시효의 기산점
[2] 구 건축법상 준공검사업무를 담당하는 공무원의 준공검사 지연행위의 위법성 판단 기준
[3] 위법한 준공검사의 지연으로 인하여 건축주가 입은 통상의 손해의 범위 및 당해 건물 및 그 부지의 환가대금에 대한 은행 정기예금 이율의 운용이익 상당의 손해를 통상의 손해로 볼 수 있는지 여부(소극)

【판결요지】

[1] 불법행위에 의한 손해배상청구권의 단기소멸시효의 기산점이 되는 민법 제766조 제1항 소정의 '그 손해 및 가해자를 안 날'이라 함은 현실적으로 손해의 발생과 가해자를 알아야 할 뿐만 아니라 그 가해행위가 불법행위로서 이를 이유로 손해배상을 청구할 수 있다는 것을 안 때를 의미하고, 불법 행위가 계속적으로 행하여지는 결과 손해도 역시 계속적으로 발생하는 경우에는 특별한 사정이 없는 한 그 손해는 날마다 새로운 불법행위에 기하여 발생하는 손해로서 민법 제766조 제1항을 적용함에 있어서 그 각 손해를 안 때로부터 각별로 소멸시효가 진행된다고 보아야 한다.

[2] 구 건축법(1991. 5. 31. 법률 제4381호로 개정되기 전의 것) 제7조 소정의 준공검사처분은 건축허가를 받아 건축한 건물이 건축허가사항대로 건축행정목적에 적합한가의 여부를 확인하고 준공검사필증을 교부하여 줌으로써 허가받은 자로 하여금 건축한 건물을 사용·수익할 수 있게 하는 법률효과를 발생시키는 것이고, 공사감리자를 정한 건축공사에 대한 준공검사에 있어서, 같은 법 제6조 제2항, 제7조 제1항, 제2항, 제3항 및 구 건축사법(1995. 1. 5. 법률 제4918호로 개정되기 전의 것) 제23조의2 의 각 규정에 의하여 건축주가 건축공사를 완료한 다음 그 준공신고서에 당해 공사감리자의 서명을 받아 이를 제출하면 행정관청이 직접 준공검사를 실시하여 합격 여부를 결정하거나 건축사가 대행한 준공에 관한 조사 및 검사에 터잡아 준공검사필증을 교부하도록 규정하고 있어 행정청의 준공검사의무가 법령상 일의적으로 결정되어 있으므로, 준공검사업무를 담당하는 공무원이 준공검사를 현저히 지연시켰고 그러한 지연이 직무에 충실한 보통 일반의 공무원을 표준으로 할 때 객관적 정당성을 상실하였다고 인정될 정도에 이른 경우에는 국가배상법 제2조 에서 말하는 위법의 요건을 충족하였다고 봄이 상당하고, 이 때 객관적 정당성을 상실하였는지 여부는 지연처리의 원인 및 이유 외에 건축주의 피침해이익의 내용, 당해 건축물의 종류 및 공사 내용 등 제반 사정을 종합적으로 고려하여 판단하여야 한다.

[3] 준공검사는 건축허가를 받은 자로 하여금 건축물을 사용·수익할 수 있게 하는 공법적 효과를 발생시키는 것에 불과하므로 이러한 준공검사의 지연으로 인한 통상의 손해라 함은 당해 건축물이 공법상 사용·수익이 금지됨으로 인하여 그 건축주가 입게 되는 손해라고 할 것이고, 당해 건물을 준공을 받은 직후 매도하여 수익을 올리지 못한 그 건물 및 부지 가격에 대한 은행 정기예금 이율인 연 10%의 운용이익 상당의 손해는 위법한 준공검사의 지연에 의하여 통상 발생할 수 있는 손해라고는 하기 어렵고 특별한 사정에 의하여 발생한 손해라고 할 것이고, 따라서 준공검사를 지연시킨 담당 공무원들이 불법행위 당시에 그 사정을 알았거나 알 수 있었을 때에 한하여 그에 대한 배상책임이 있다

【참조조문】

[1] 민법 제766조 제1항[2] 국가배상법 제2조, 구 건축법(1991. 5. 31. 법률 제4381호로 개정되기 전의 것) 제6조 제2항, 제7조 제1항, 제2항, 제3항, 구 건축사법(1995. 1. 5. 법률 제4918호로 개정되기 전의 것) 제23조의2[3] 민법 제393조 제2항

【참조판례】

[1] 대법원 1989. 9. 26. 선고 89다카6584 판결(공1989, 1569)
대법원 1996. 8. 23. 선고 95다33450 판결(공1996하, 2814)
대법원 1998. 7. 24. 선고 97므18 판결(공1998하, 2234)
[2] 대법원 1992. 4. 10. 선고 91누5358 판결(공1992, 1604)
대법원 1993. 11. 9. 선고 93누13988 판결(공1994상, 100)

【전 문】

【원고(상고인겸피상고인)】 원고 1 외 3인
【피고(피상고인겸상고인)】 대한민국 (피고 소송대리인 서초법무법인 담당변호사 박상기)
【피고, 피상고인】 피고 1 외 3인
【원심판결】 서울고법 1998. 5. 13. 선고 97나8092 판결

【주 문】

원심판결 중 피고 대한민국의 패소 부분을 파기하고 이 부분 사건을 서울고등법원에 환송한다. 원고들의 상고를 모두 기각하고, 그 상고비용은 원고들의 부담으로 한다.

【이 유】
상고이유를 본다.
1. 먼저 원고들의 상고이유를 본다.
   가. 소멸시효의 기산점에 대하여

   불법행위에 의한 손해배상청구권의 단기소멸시효의 기산점이 되는 민법 제766조 제1항 소정의 '그 손해 및 가해자를 안 날'이라 함은 현실적으로 손해의 발생과 가해자를 알아야 할 뿐만 아니라 그 가해행위가 불법행위로서 이를 이유로 손해배상을 청구할 수 있다는 것을 안 때를 의미하고 (대법원 1996. 8. 23. 선고 95다33450 판결 등 참조), 불법행위가 계속적으로 행하여지는 결과 손해도 역시 계속적으로 발생하는 경우에는 특별한 사정이 없는 한 그 손해는 날마다 새로운 불법행위에 기하여 발생하는 손해로서 민법 제766조 제1항을 적용함에 있어서 그 각 손해를 안 때로부터 각별로 소멸시효가 진행된다고 보아야 한다.

   원심은 서울특별시 ○○구청 소속 건축계장인 소외 1과 감리자인 피고 2의 부당한 설계변경요구와 설계사인 피고 3, 피고 4의 잘못된 설계변경에 의하여 이 사건 주택이 건축법에 위반된 위법 건축물이 되었고 그로 인하여 원고 1이 재산상 손해를 입은 사실을 인정하면서도, 위 원고가 그와 관련하여 감사원에 진정서를 제출한 1991. 11. 25.경에는 이러한 부당한 설계변경으로 인한 손해 및 그 가해자를 알았다고 봄이 상당하고, 원고의 이 사건 소는 그로부터 3년이 이미 경과한 1995. 4. 20. 제기되었음이 기록상 명백하므로 그로 인한 손해배상채권은 소멸시효의 완성으로 소멸하였다고 판단하였는바, 가사 원심 판시의 부당한 설계변경이 준공검사의 지연이라는 계속적인 불법행위의 일환으로 행하여진 것이고 그 후 준공검사의무의 해태라는 위법한 부작위가 계속되었다고 하더라도, 앞에서 본 법리에 비추어 볼 때, 부당한 설계변경으로 인한 손해에 관하여는 위 원고가 그 손해를 안 때로부터 제7조 제1항 소정의 단기소멸시효가 별개로 진행되는 것이지 준공검사의 지연이란 불법상태가 해소된 준공검사시에 비로소 진행되는 것은 아니라고 할 것이고, 또한 기록에 의하면 위 원고가 감사원에 진정서를 제출할 무렵 부당한 설계변경으로 인한 손해를 알았다고 본 원심의 조치는 수긍이 가고, 거기에 소론과 같은 불법행위의 소멸시효에 있어서 그 기산점에 관한 법리오해 또는 채증법칙 위배로 인한 사실오인의 위법이 있다고 할 수 없다. 논지는 이유 없다.

   나. 과실상계의 점에 대하여

   원심은, 원고 1로서도 이 사건 주택의 인접대지 소유자인 소외 2에게 새로 측량한 경계선에 따라서 담장을 새로 축조하겠다고 각서를 작성하여 주고서도 이를 이행하지 아니하여 민원을 야기시켰고 그 밖에 감리사로부터 위법사항으로 지적받은 지층노출 등은 많은 비용을 들이지 않고 시정할 수 있었는데도 현상태로서의 준공만을 고집하고 이를 시정하려고 노력하지 아니한 잘못이 있고, 이러한 잘못이 준공지연의 한 원인이 되었다고 보아 위 원고의 과실비율을 20%로 정하였는바, 기록에 의하면 원심의 이러한 사실인정은 수긍이 가고, 그 과실상계의 비율도 형평의 원칙에 비추어 현저히 불합리하다고 인정되지 아니하므로, 거기에 소론과 같은 원고 1의 과실에 관하여 채증법칙 위배로 인한 사실오인 또는 과실상계에 관한 법리오인의 위법이 있다고 할 수 없다. 논지는 이유 없다.

   다. 피고 3, 피고 4의 불법행위책임에 대하여

기록에 의하면, 원심이 이 사건 주택을 설계한 건축설계사인 피고 3, 피고 4에게 앞서 본 잘못된 설계변경은 별론으로 하고 1991. 3. 21. 이후에 나머지 피고들의 준공절차 지연행위에 가담하였다고 인정할 만한 증거가 없다고 판단한 조치는 정당하고, 거기에 소론과 같이 판결 결과에 영향이 있는 채증법칙 위배로 인한 사실오인 등의 위법이 있다고 할 수 없다. 논지도 이유 없다.

2. 다음 피고 대한민국의 상고이유를 본다.
　가. 준공거부의 위법 여부에 대하여
　　구 건축법(1991. 5. 31. 법률 제4381호로 개정되기 전의 것) 제7조 소정의 준공검사처분은 건축허가를 받아 건축한 건물이 건축허가사항대로 건축행정목적에 적합한가의 여부를 확인하고 준공검사필증을 교부하여 줌으로써 허가받은 자로 하여금 건축한 건물을 사용·수익할 수 있게 하는 법률효과를 발생시키는 것이고(대법원 1992. 4. 10. 선고 91누5358 판결 , 1993. 11. 9. 선고 93누13988 판결 참조), 공사감리자를 정한 건축공사에 대한 준공검사에 있어서, 같은 법 제6조 제2항 , 제7조 제1항 , 제2항 , 제3항 및 구 건축사법(1995. 1. 5. 법률 제4918호로 개정되기 전의 것) 제23조의2 의 각 규정에 의하여 건축주가 건축공사를 완료한 다음 그 준공신고서에 당해 공사감리자의 서명을 받아 이를 제출하면 행정관청이 직접 준공검사를 실시하여 합격 여부를 결정하거나 건축사가 대행한 준공에 관한 조사 및 검사에 터잡아 준공검사필증을 교부하도록 규정하고 있어 행정청의 준공검사의무가 법령상 일의적으로 결정되어 있으므로, 준공검사업무를 담당하는 공무원이 준공검사를 현저히 지연시켰고 그러한 지연이 직무에 충실한 보통 일반의 공무원을 표준으로 할 때 객관적 정당성을 상실하였다고 인정될 정도에 이른 경우에는, 국가배상법 제2조에서 말하는 위법의 요건을 충족하였다고 봄이 상당하고, 이 때 객관적 정당성을 상실하였는지 여부는 지연처리의 원인 및 이유 외에 건축주의 피침해이익의 내용, 당해 건축물의 종류 및 공사 내용 등 제반 사정을 종합적으로 고려하여 판단하여야 한다.
　　원심판결의 이유에 의하면, 원심은 거시 증거에 의하여, 이 사건 주택의 감리자로서 건물의 현장조사와 검사 및 확인업무를 대행하는 피고 1, 피고 2와 준공권자인 위 ○○구청의 건축관계 담당자인 소외 1 등은 경계분쟁에 따른 이웃 주민들의 민원해결에만 급급한 나머지 위 원고에게만 일방적으로 양보를 강요하여 위법한 설계변경을 초래하였을 뿐만 아니라 1990. 10. 17. 이 사건 주택완공 후 1년여 동안은 준공검사시 조사대상사유도 아닌 사유인 20년 이상된 기존 담장을 헐고 새로 축조하지 아니한다는 이유로 준공절차를 지연한 사실, 이에 원고가 1991. 11. 25. 부당한 준공지연을 문제삼아 감사원에 진정한 결과 서울특별시는 1992. 2. 14. ○○구청장에게 이 사건 주택의 지층이 과다노출된 점, 지층 베란다 새시 설치로 위법증축(약 4.75㎡) 시공된 점 및 감리자가 경계담장 미축조를 이유로 준공검사를 장기간 방치한 잘못 등을 지적함과 아울러 감리건축사와 위법시공한 건축주를 의법조치하고, 감리자로 하여금 조속히 준공검사를 실시하도록 지시한 사실, 그러나 이 사건 주택의 위법사유는 감리자나 위 소외 1의 지시에 따른 것으로서 감리자나 ○○구청 소속 준공검사업무를 담당한 공무원들은 당초부터 이러한 내용을 알고 있으면서도 그 동안 문제삼지 아니하였던 것인데 담장 재축조문제를 해결하기 위한 방편으로 새삼스레 이러한 위법사항의 시정을 계속 촉구하면서 1994. 5. 4.까지 부당하게 준공검사절차를 지연시킨 잘못이 있는 사실, 위 소외 1은 1990. 12. 1. 이 사건 주택의 설계변경과 관련하여 문책을 받았고 피고 1은 1994. 3. 19. 이 사건 주택공사의 감리잘못을 이유로 업무정지 1개월의 행정처분을 받은 사실 등을 인정한 다음, 기존 담장의 재축조 여부는 설계도서나 건축허가내용으로 되어 있지 아니하므로 인접대지 소유자 간의 사법상의 경계분쟁으로서 당사자 간에 해결하여야 할 문제일 뿐이므로 준공검사단계에서 행정청이나 행정청의 준공조사업무를 대행하는 감리자가 이 문제에 직접 개입하여 위 담장의 재축조를 요구하면서 준공검사를 거부할 수는 없고, 지층노출의 문제는 감리상의 잘못에서 기인한 것으로서 그 위법의 정도가 경미하여 건축행정상의 공익에 크게 반한다고 볼 수 없으며, 증평의 문제는 위 소외 1의 지시에 따라 열손실을 막기 위하여 지층 외부 베란다에 유리로 새시를 설치한 것으로 통상 용인될 수 있는 사항이며 그와 같이 경미한 위법사유를 들어 준공검사를 거부할 수 없다는 이유로 ○○구청장에게 건축법상의 직무집행행위를 위임한 피고 대한민국에게 감리자인 피고 1, 피고 2와 공동으로 이 사건 주택에 대한 준공절차가 지연됨으로써 원고가 입은 손해를 배상할 의무가 있다고 판단하였는바, 기록에 의하면 원심의 이러한 사실인정은 수긍이 가고, 거기에 소론과 같은 채증법칙 위배로 인한 사실오인의 위법이 있다고 할 수 없고, 또한 ○○구청 소속 건축담당 공무원이 공법적 규제와는 무관한 사항에 관하여 민원처리를 내세워 이 사건 주택의 설계변경을 강요함과 아울러 준공검사시에 문제가 된 위법시공에 적극적으로 관여하였을 뿐만 아니라 서울특별시로부터 감리건축사를 의법조치하고 감리자로 하여금 조속히 준공검사를 실시하도록 하라는 구체적인 지시를 받았음에도 공사감리자의 부당한 업무지연을 계속하여 방치 내지 조장함으로써 결과적으로 객관적 정당성을 상실한 정도로 이 사건 주택에 대한 준공검사를 현저히 지연시켰다고 할 것이므로, 같은 취지에서 이러한 담당공무원의 부작위가 위법하다고 본 원심 판단은 정당하고, 거기에 소론과 같은 준공검사 거부의 위법성에 관한 법리오해의 위법이 있다고 할 수 없다. 논지는 이유 없다.

나. 손해배상의 범위의 점에 대하여

원심은, 원고가 당시의 활성화된 주택경기를 이용하여 이 사건 다가구주택에 대한 준공을 받은 직후 이를 매도하여 수익을 올리려고 한 점 등을 고려하여 보면, 이 사건 주택에 대한 준공이 3년 2개월 정도 지연됨으로써 원고가 입은 재산상 손해는, 준공을 받을 수 있었던 때인 1991. 3.경의 이 사건 주택의 시가 금 269,649,000원에 대한 3년 2개월 동안의 은행 정기예금 이율인 연 10%의 운용이익에서 원고가 이 사건 주택을 직접 사용·수익함으로써 얻은 이익인 임료상당액을 공제한 금 41,536,850원[{(269,649,000원×0.1)−13,848,000원}×(3+2/12)]으로 봄이 상당하다고 판단하였다.

그러나 준공검사는 앞에서 본 바와 같이 건축허가를 받은 자로 하여금 건축물을 사용·수익할 수 있게 하는 공법적 효과를 발생시키는 것에 불과하므로 이러한 준공검사의 지연으로 인한 통상의 손해라 함은 당해 건축물이 공법상 사용·수익이 금지됨으로 인하여 그 건축주가 입게 되는 손해라고 할 것이고, 당해 건물을 준공을 받은 직후 매도하여 수익을 올리지 못한 그 건물 및 부지 가격에 대한 은행 정기예금 이율인 연 10%의 운용이익 상당의 손해는 위법한 준공검사의 지연에 의하여 통상 발생할 수 있는 손해라고는 하기 어렵고 특별한 사정에 의하여 발생한 손해라고 할 것이고, 따라서 준공검사를 지연시킨 담당 공무원들이 불법행위 당시에 그 사정을 알았거나 알 수 있었을 때에 한하여 그에 대한 배상책임이 있다고 할 것이다.

그런데 원심이 들고 있는 그 판시와 같은 사정만으로는 해당 공무원들이 그러한 특별한 사정을 알았거나 알 수 있었다고 보기에는 부족하다 할 것이고, 따라서 원심이 이 사건 준공지연으로 인한 손해액을 산정함에 있어서 당해 건물 및 그 부지의 환가대금에 대한 위 운용이익 상당의 손해가 발생함을 전제로 하여 그 사용이익을 공제한 나머지 금액 상당의 배상을 명한 원심의 조치는 손해배상의 범위에 관한 법리오해로 인하여 심리를 다하지 아니한 위법이 있다고 할 것이고, 이 점을 지적한 논지는 이유 있다.

또한 소론은 원고 1과 이 사건 주택의 건축공사를 시공한 소외 3이 이 사건 주택을 공동투자하여 동업으로 건축하였으므로 이 사건 손해배상채권은 합유에 속하므로 필요적 공동소송이 되어야 하고 원고 단독으로 행사하는 것은 부적법하여 각하되어야 한다는 데에 있으나, 기록에 의하면 위 원고가 이 사건 주택을 건축함에 있어서 위 소외 3이 공동투자하여 이 사건 손해배상청구권이 이들에게 합유적으로 귀속하였다고 볼 만한 자료가 없으므로 논지는 이유 없다.

다. 소멸시효의 점에 대하여

원심은, 이 사건 부당한 준공지연에 따른 불법행위는 준공검사가 부당하게 지연되고 있는 한 계속된다 할 것이므로 이 사건 준공지연에 따른 손해배상채권의 소멸시효 기산점은 준공검사가 완료된 1994. 5. 4.이라 할 것이고 이 사건 소는 그로부터 3년 이내인 1995. 4. 20. 제기되었다는 이유로 이 사건 손해배상채권이 불법행위시로부터 3년의 단기시효에 의하여 소멸하였다는 피고들의 항변을 배척하였다.

그러나, 앞에서 본 바와 같이, 준공검사의무의 해태라는 위법한 부작위가 계속되어 그로 인한 손해가 계속하여 발생하는 경우에는 그 손해는 날마다 새로운 불법행위에 기한 손해로서 그 각 손해를 안 때로부터 각별로 소멸시효가 진행된다고 보아야 하는데, 원고 1이 감사원에 진정서를 제출한 1991. 11. 25. 이후에는 그 손해가 발생할 때마다 위 원고가 이를 알았다고 할 것이므로, 이 사건 청구 중 소장이 접수된 1995. 4. 20.부터 소급하여 3년이 되는 1992. 4. 20. 이전의 재산상 손해 부분은 이미 3년의 소멸시효가 완성된 것으로 보아야 할 것인바, 이와 달리 이 사건 준공지연에 따른 모든 손해배상채권의 소멸시효가 그 준공검사가 완료된 1994. 5. 4.부터 기산된다고 본 원심 판단에는 계속적 불법행위로 인한 손해배상청구권의 단기소멸시효의 기산점에 관한 법리오해의 위법이 있다고 할 것이고, 이 점을 지적한 논지도 이유 있다.

3. 그러므로 원심판결 중 피고 대한민국의 패소 부분을 파기하고 이 부분 사건을 원심법원에 환송하며, 원고들의 상고를 모두 기각하고 그 상고비용은 패소자들의 부담으로 하기로 하여 관여 법관의 일치된 의견으로 주문과 같이 판결한다.

대법관 이임수(재판장) 박준서(주심) 신성택 서성

<불법행위에 의한 손해배상청구권의 단기소멸시효의 기산점>

민법 제766조 제1항 소정의 '그 손해 및 가해자를 안 날'이라 함은 현실적으로 손해의 발생과 가해자를 알아야 할 뿐만 아니라 그 가해행위가 불법행위로서 이를 이유로 손해배상을 청구할 수 있다는 것을 안 때를 의미하고, 불법행위가 계속적으로 행하여지는 결과 손해도 역시 계속적으로 발생하는 경우에는 특별한 사정이 없는 한 그 손해는 날마다 새로운 불법행위에 기하여 발생하는 손해로서 민법 제766조 제1항을 적용함에 있어서 그 각 손해를 안 때로부터 각별로 소멸시효가 진행된다고 보아야 한다.

제4절 환경분쟁조정제도

1. 서설

환경침해로 인하여 분쟁이 발생한 경우, 피해자들은 우선 행정기관에 민원을 제기함이 보통인데, 환경분쟁조정법 제4조에 근거하여 환경분쟁의 조정, 환경피해와 관련되는 민원의 조사·분석 및 상담 등의 업무를 담당하기 위하여 환경부에 중앙환경분쟁조정위원회가, 특별시·광역시 또는 도에 지방환경분쟁조정위원회가 각각 설치되어, 환경분쟁에 관한 조정업무를 담당하고 있다.

☞ 환경분쟁 조정 및 환경피해 구제 등에 관한 법률

제5조 (위원회의 소관 사무) 위원회의 소관 사무는 다음 각 호와 같다.
  1. 건강피해조사

---

2. 분쟁조정

가. 조정

(1) 개념

"조정"은 조정위원회가 사실조사 등의 절차를 거친 후 조정안을 작성하여 당사자들에게 수락을 권고하는 절차이다. 즉, 조정위원회는 분쟁의 해결을 위하여 필요하다고 인정하는 때에는 조정안을 작성하고 이를 당사자에게 통지하여야 하며, 30일 이상의 기간을 정하여 당사자에게 그 수락을 권고할 수 있다. 이에 따른 조정안이 당사자에 의하여 수락된 때에는 당사자 사이에 조정조서와 동일한 내용의 합의가 성립된 것으로 본다(같은 법 제33조)

(2) 시효중단과의 관계

조정위원회는 당해 조정사건에 관하여 당사자 사이에 합의가 이루어질 가능성이 업다고 인정하는 때에는 조정을 하지 아니하는 결정으로 조정절차를 종결시킬 수 있다(같은 법 제35조 제1항). 한편, 조정위원회의 조정안에 대한 수락권고가 있은 후 지정된 기간 내에 당사자로부터 수락한다는 뜻의 통지가 없는 때에는 당사자 사이의 조정은 종결된다(같은 조 제2항).

(3) 시효중단 등 및 소송과의 관계

당사자가 재정에 불복하여 소송을 제기한 경우 시효의 중단 및 제소기간의 계산에 있어서는 재정의 신청을 재판상의 청구로 본다(같은 법 제44조).

제2장 환경침해에 대한 법적 보호의 근거

유지청구의 실정법적 근거로 민법 제217조나 과실책임을 원칙으로 하는 민법 제750조에 불과하다고 할 수 있다.

☞ 대법원 1995. 9. 15. 선고 95다23378 판결 4p 참조(국립 부산대학교)

예컨대, 항공기소음으로 생활환경이 악화됨에 따라 정신적 손해의 배상을 긍정한 것

[판례 1] 공사중지가처분이의 (대법원 2005. 1. 28. 선고 2003다50535)

【판시사항】
[1] 환경권의 의의 및 범위
[2] 환경이익의 부당침해방지권과 환경이익 보전
[3] 민법 제217조 규정의 의의
[4] 주거환경 침해와 인격권에 기한 방해배제청구권
[5] 환경이익 부당침해방지권 등 행사의 한계
[6] 교육환경 침해를 이유로 한 고층 아파트 건축공사 금지 사례

【판결요지】
[1] 헌법상 규정된 '환경권'은 사람이 인간다운 생활을 영위함으로써 인간으로서의 존엄을 유지하기 위하여 필요적으로 요구되는 인간의 생래적인 기본권의 하나로서, 이러한 환경권의 내용인 환경에는 자연적 환경은 물론이고, 역사적, 문화적 유산인 문화적 환경, 사람이 사회적 활동을 하는 데 필요한 사회적 시설 등 사회적 환경 등도 이에 포함된다.
[2] 현재 환경이익을 누리고 있는 구성원은 그 환경이 명백히 부당하게 파괴될 우려가 있는 경우에는 그와 같은 부당한 침해를 사전에 거절하거나 미리 방지할 수 있는 권리, 이른바 '환경이익의 부당침해방지권'을 가진다고 봄이 상당하고, 현실적으로 부당한 침해의 위험이 있거나 이미 부당한 침해가 발생하고 있는 경우에는 특단의 사정, 즉 금전적 보상에 의한 해결을 수인(수인)할 수 있는 사유 등이 없는 한 환경이익의 부당침해방지권에 기하여 위험방지를 위한 충분하고 필요한 한도 내에서 구체적인 금지청구권을 취득하고 이를 행사함으로써 환경이익을 보전할 수 있는 것으로 해석함이 상당하다.

[3] 민법 제217조의 규정은 토지 자체의 지배 내지 이용과는 별도로 그 토지 위에 영위하는 인간의 건강하고 쾌적한 생활이익이 매연, 소음, 진동 등으로 인하여 적극적으로 침해되었을 때에는 생활이익의 침해를 토지 소유권의 침해와 동일시하여 토지 소유권에 터잡아 이러한 생활이익의 침해행위에 대한 방해배제청구권을 인정한 것이다.

[4] 매연, 소음, 진동 등에 의한 생활방해나 일조, 통풍, 정온, 조망 등 주거환경의 침해는 토지소유권의 침해의 범주에 넣어 볼 수 있지만, 그 주된 피해법익은 인간의 건강하고 쾌적한 생활이익으로서 이러한 주거환경의 이익은 그 법익의 법적 성격으로 보아 종래의 생명·신체·자유·명예·정조·초상권·신용권 등과 같이 인격권의 일 중에 속한다고 보아야 하고 이러한 인격권은 그 지배권 내지 절대권적 성격으로부터 물권적 청구권에 준하는 방해배제청구권이 인정되고 있으므로, 생활방해나 주거환경의 침해는 실질적으로는 신체적 자유 내지 정신적 자유의 침해에 속하는 것이고, 이 경우 일정한 한도를 초과하는 침해에 대하여는 방해배제청구권이 인정되는 토지소유권 기타 물권을 가지고 있지 않은 자라고 하더라도 막바로 인격권의 침해를 이유로 인격권에 터잡아 방해배제 또는 방해예방청구권을 행사할 수 있다고 봄이 상당하다.

[5] 환경이익의 부당침해 또는 생활방해 등에 대하여 환경이익 그 자체의 침해로서의 부당침해방지청구권, 또는 토지 등의 소유권 침해로서의 물권적 청구권, 쾌적한 생활이익의 침해로서의 인격권에 기한 방해배제청구권 등 어느 권리에 근거하더라도 그 권리의 행사는 일정한 요건하에서만 그 행사가 가능하다고 할 것이므로, 그것이 타인의 사유재산권의 행사와 저촉되는 경우에는 헌법 제23조 제1항의 사유재산권의 보호와 환경이익의 보호 및 상린관계 등 양자를 조화시켜서 상호간의 충돌을 합리적으로 조정할 수밖에 없다.

[6] 대학교의 교육환경 침해를 이유로 그 인접 대지 위에 건축중인 24층 아파트 중 18층 초과부분에 대한 건축공사를 금지한 사례.

【참조조문】

민법 제217조, 헌법 제23조, 제35조

【참조판례】

대법원 1995.5.23. 자 94마2218 결정(공1995하, 2236)
대법원 1995. 9. 15. 선고 95다23378 판결(공1995하, 3399)

【전 문】

【신 청 인】 대한민국 (소송대리인 변호사 박용석)
【피신청인】 주식회사 강암주택 (소송대리인 변호사 최재호)

【주 문】

1. 신청인과 피신청인 사이의 당원 95라4호 공사중지가처분 사건에 관하여 당원이 1995. 4. 17. 피신청인은 별지목록 기재의 토지 상에 건축중인 별지도면 표시 건물 중 18층을 초과하는 건물부분에 대한 일체의 공사를 하여서는 아니된다고 한 가처분결정은 이를 인가한다.
2. 소송비용은 피신청인의 부담으로 한다.

【신청취지】

신청인은 주문 제1항 기재의 가처분결정은 이를 인가한다는 판결을 구하였고, 피신청인은 위 가처분결정은 이를 취소한다. 신청인의 이 사건 가처분신청은 이를 기각한다는 판결을 구하였다.

【이 유】

[1] 가처분의 결정

신청인이 피신청인을 상대로 부산지방법원 동부지원 94카합750호로 공사중지가처분 신청을 하여 1994. 12. 28. 같은 법원에서 신청인의 위 가처분신청을 기각하는 결정을 하였고, 이에 신청인이 불복 항고한 결과 이 법원이 이를 받아들여 1995. 4. 17. 주문 제1항 기재와 같은 내용의 가처분 결정을 한 사실은 기록상 명백하다.

[2] 신청인의 신청원인사실의 요지

신청인 산하의 부산대학교는 1946. 5. 15. 국립대학교설치령에 따라 설립된 국립대학교인데, 그 학교 부지와 인접한 별지목록 기재의 4필지 토지(이하 이 사건 토지라 한다) 소유자인 피신청인은 1993. 12. 2. 금정구청장으로부터 위 지상에 24층의 아파트 1개동 277세대, 건축면적 31,945.86m2의 건축에 관한 사업시행승인을 받고, 그 무렵 건축공사에 착수하여 현재 기초공사가 완료되고 17층 부분의 골조공사가 진행중인바, 이보다 앞서 부산대학교는 이 사건 토지로부터 불과 20 내지 40m 떨어진 거리에 5층 높이의 첨단과학관의 건축을 시작하여 이미 완공되었는데, 만일 피신청인이 건설중인 위 24층 높이의 아파트가 완공되는 경우에는 그 건물의 높이가 부산대학교 교내 전체를 위에서 내려다 볼 수 있어 부산대학교의 경관 및 교육환경, 교육활동을 현저하게 해할 우려가 있는 등 교육환경권을 침해하고, 또한 위 과학관 옥상 위에 설치될 자동기상관측장비를 비롯한 최신과학장비가 제대로 작동되지 아니함으로써 이와 관련된 교수들의 연구활동이나 학생들의 수업에 막대한 지장이 예상될 뿐만 아니라 아파트의 상주인구의 증가로 인한 통행차량, 생활소음 등으로 연구활동에도 심각한 지장을 초래할 것이고, 이러한 침해는 금전적 보상만으로 회복하기 어려운 손해가 될 것이므로 위 아파트를 적어도 16층 이상의 높이로 건축하여서는 아니된다는 것이다.

[3] 피보전권리의 존부에 관한 판단

1. 먼저 피보전권리의 존부 판단을 위한 사실인정에 앞서 신청인이 주장하는 피보전권리의 성격, 권리행사의 방법 등에 관하여 본다.

   가. 신청인 주장의 피보전권리의 성격에 대하여

   (1) 헌법 제35조 제1항은 "모든 국민은 건강하고 쾌적한 환경에서 생활할 권리를 가지며, 국가와 국민은 환경보전을 위하여 노력하여야 한다"라고 규정하고 있는바, 위 헌법상 규정된 '환경권'은 사람이 인간다운 생활을 영위함으로써 인간으로서의 존엄을 유지하기 위하여 필요적으로 요구되는 것이기 때문에 인간의 생래적인 기본권의 하나로서 인간다운 생활을 위한 필수적인 절대권이며, 모든 사람에게 다같이 보장되는 보편적인 권리로서의 성질을 가진다 할 것이고, 이러한 환경권의 내용인 환경에는 자연적 환경은 물론이고, 역사적, 문화적 유산인 문화적 환경도 환경권의 대상인 환경의 범주에 포함시켜야 하며, 그 뿐만 아니라 사람이 사회적 활동을 하는 데 필요한 사회적 시설도 인간의 생활에 필요 불가결한 사회적 환경으로서 이에 포함됨은 당연하며, 신청인이 내세우는 주장의 요지 또한 교육환경의 일종으로서 역시 위 사회적, 문화적 환경의 범주에 속한다고 할 것이다.

   그런데 이러한 '환경권'의 법적 성질에 관하여는 사법상의 구체적인 권리로까지 인정하여 환경권 자체의 침해 또는 침해의 우려에 대하여 그 배제청구권을 인정할 수 있을 것인지의 여부를 놓고 권리의 대상이 된 환경의 범위와 이에 대한 지배의 내용, 권리의 주체, 객체 및 그 내용, 나아가 법적 안정성의 문제를 둘러 싸고 다툼이 있는 것은 주지의 사실이다.

그러나, 신청인이 내세우고 있는 교육환경은 넓은 의미의 주거환경의 범주에 속하는 것으로서 이러한 주거환경에는 일조(일조), 통풍(통풍), 정온(정온), 청정(청정)한 대기(대기), 조망(조망), 압박감(압박감) 없는 상태 등 자연적 환경이익이 포함되고, 이러한 주거환경은 사회의 진보에 응하여 필연적으로 변화하는 것이기 때문에 정지된 일시점에 있어서의 환경, 그 상태를 영속시키는 것을 목적으로 하는 취지의 권리를 인정하는 것은 곤란하지만, 그것은 주로 인위적 변화이기 때문에, 때에 따라서는 부당한 환경변화나 유해무익(유해무익)한 환경파괴를 초래하는 경우가 있을 수 있고, 이 경우 현재 환경이익을 누리고 있는 구성원들은 그 환경이익이 아무런 합리적 이유도 없이 박탈되거나 부당한 환경악화를 강요당하는 것은 도저히 묵과할 수 없는 중대한 사태이고 특히 그 손해는 물질적으로나 정신적으로 현저함은 명백하다. 따라서 그 구성원이 현재 누리고 있는 환경이익은 그 환경으로부터 받고 있는 현재의 이익에 대한 정당한 보지(보지)를 목적으로 하는 법익으로서 정당하게 보호받아야 할 필요가 있고, 이러한 환경이익에 대한 부당한 침해 즉 부당하게 환경을 악화시켜 손해를 주는 것은 당연히 법률상 불법행위를 구성하여 그 손해배상책임을 부담한다고 할 것이나, 환경이익은 그 법익의 성질상 원래 금전에 의한 평가가 극히 곤란하고 금전배상만으로는 거의 그 목적을 달성할 수 없는 것이므로 환경이익 보호의 방법으로서는 손해배상만으로는 충분하지 않고 그 부당한 침해행위 즉 환경의 부당악화 그 자체를 유효 적절하게 금지시키는 방법이 강구되어야 한다.

그래서 현재 환경이익을 누리는 구성원은 그 환경이 명백히 부당하게 파괴될 우려, 다시 말하면 환경이익이 명백히 부당하게 침해될 위험이 발생한 경우에는 그와 같은 부당한 침해를 사전에 거절하거나 미리 방지할 수 있는 권리, 이른바 '환경이익의 부당침해방지권'을 가진다고 봄이 상당하고, 따라서 현실적으로 부당한 침해의 위험이 있거나 이미 부당한 침해가 발생하고 있는 경우에는 특단의 사정, 예를 들면 금전적 보상에 의한 해결을 수인(수인)할 수 있는 사유 등이 없는 한 위 방지권에 기하여 위험방지를 위한 충분하고 필요한 한도 내에서 구체적인 금지청구권을 취득하고 이를 행사함으로써 환경이익을 보전할 수 있는 것으로 해석함이 상당하다 할 것이다.

(2) 한편 민법 제217조는 "토지소유자는 매연, 소음, 진동 등 기타 이에 유사한 것으로서 이웃 토지의 사용을 방해하거나 이웃 거주자의 생활에 고통을 주지 아니하도록 적당한 조치를 할 의무가 있다"고 규정하고 있는바, 이는 토지 그 자체의 지배 내지 이용과는 별도로 그 토지 위에 영위하는 인간의 건강하고 쾌적한 생활이익이 소음, 진동, 매연 등으로 인하여 적극적으로 침해되었을 때에는 생활이익의 침해를 토지 소유권의 침해와 동일시하여 토지 소유권에 터잡아 이러한 생활이익의 침해행위에 대한 방해배제청구권을 인정한 것이다.

그리고 앞서 본 일조, 통풍, 정온, 조망 등 교육환경을 포함한 주거환경도 넓은 의미의 '토지' 위의 '자원'으로 보고 이러한 주거환경은 자연으로부터 부여받은 만인 공유의 공동자원이기 때문에 어느 한 사람의 토지 소유자만의 독점물로 하는 것은 부당하고 상린지 토지 소유자 상호간에 민법의 위 규정에서 정한 상호배려의무를 부과시키고, 동시에 이러한 환경이익이 이웃 토지의 통상의 용도에 적당하지 않음으로 인하여 사회 통념상 수인할 수 있는 정도를 초과하여 침해당하거나 방해당할 염려가 있을 때에는 당해 토지의 소유자는 그 토지의 소유권에 기하여 위 침해나 방해행위에 대하여 방해배제청구권을 가진다고 할 것이다.

(3) 또한 민법 제217조 소정의 생활방해나 앞서 본 주거환경의 침해는 토지 소유권의 침해의 범주에 넣어 볼 수 있는 것이지만, 그 주된 피해법익은 인간의 건강하고 쾌적한 생활이익으로서 이러한 주거환경의 이익은 그 법익의 법적 성격으로 보아 종래의 생명, 신체, 자유, 명예, 정조, 초상권, 신용권 등과 마찬가지로 인격권의 일종에 속한다고 보아야 하고 이러한 인격권은 그 지배권 내지 절대권적 성격으로부터 물권적 청구권에 준하는 방해배제청구권이 인정되고 있다.

따라서 위 생활방해나 주거환경의 침해는 실질적으로는 신체적 자유 내지 정신적 자유의 침해에 속하는 것이고 이 경우 일정한 한도를 초과하는 침해에 대하여는 방해배제청구권이 인정되는 토지 소유권 기타 물권을 가지고 있지 않는 자라고 하더라도 막바로 인격권의 침해를 이유로 인격권에 터잡아 방해배제 또는 방해예방청구권을 행사할 수 있다고 봄이 상당하다.

나. 환경이익의 부당침해방지권 등의 행사에 대하여

이러한 환경이익의 부당침해 또는 생활방해 등에 대하여 앞서 본 환경이익 그 자체의 침해로서의 부당침해방지청구권, 또는 토지 등의 소유권 침해로서의 물권적 청구권, 쾌적한 생활이익의 침해로서의 인격권에 기한 방해배제청구권 등 어느 권리에 근거하더라도 그 권리의 행사는 일정한 요건하에서만 그 행사가 가능하다고 할 것이므로, 그것이 타인의 사유재산권의 행사와 저촉되는 경우에는 "모든 국민의 재산권은 보장된다"는 헌법 제23조 제1항의 사유재산권의 보호와 환경이익의 보호 및 상린관계 등 양자를 서로 조화시켜서 상호간의 충돌을 합리적으로 조정할 수밖에 없다 할 것이다.

즉 신청인이 내세우는 건전한 교육환경의 이익이 상린관계에 있는 다른 주민의 사유재산권 행사로 인하여 침해를 받게 되더라도 그 침해가 이웃 토지의 통상의 용도에 적당한 것으로서 사회 통념상 수인할 수 있는 정도의 경우에는 그 사유재산권의 행사를 막을 수 없는 것이다. 그리고 이러한 수인한도를 판정하는 요소는 양 당사자를 둘러 싸고 있는 주변 장소의 지역성, 피해자가 입은, 혹은 입게 될 피해법익의 성질 및 정도, 이에 대한 사회적 평가, 가해자의 의도와 사유재산권 행사의 공공성 여부, 양 당사자 중 누가 먼저 토지이용을 시작했는지의 선후관계, 가해자의 방지조치 또는 손해회피가능성, 금지에 의한 예측불가능한 손해의 유무 등 그 개별, 구체적인 모든 사정을 광범위하게 종합한 이익형량에 따라 판단하여야 함은 당연하다.

특히 이 사건에서의 이익형량에 있어서는 부산대학교가 대한민국 교육의 근본이념에 입각하여 국가와 인류의 문화발전에 필요한 심오한 이론과 광범위하고 정치한 응용방법을 교수, 연구함으로써 사회의 급격한 변화에 적응할 수 있는 지도자적 인격의 도야를 교육이념으로 하여 설립된 국립대학교이므로, 헌법 제31조 제4항의 "교육의 자주성, 전문성, 정치적 중립성 및 대학의 자율성은 법률이 정하는 바에 의하여 보장된다"는 대학의 자율성 보장의 정신과, 헌법 제22조 제1항의 "모든 국민은 학문과 예술의 자유를 가진다"는 학문의 자유보장의 정신도 함께 고려되어야 할 것이다.

2. 인정 사실

소갑 제1호증, 소갑 제2호증의 1, 2, 소갑 제3호증의 1, 2, 소갑 제4호증의 1 내지 4, 소갑 제

제1편 환경침해에 대한 법적 구제절차 101

5호증의 1 내지 17, 소갑 제6, 7, 9, 10호증, 소갑 제8호증의 1, 2, 3, 소갑 제11호증의 1, 2, 소갑 제14 내지 16, 19호증, 소갑 제13호증의 1, 2, 소갑 제18호증의 1, 2, 3, 소을 제1호증의 1, 2, 소을 제2 내지 10호증, 소을 제11호증의 1 내지 4, 소을 제12호증의 1, 2, 3의 각 기재, 원심 및 당심의 각 현장검증 결과에 변론의 전취지를 모아 보면 다음과 같은 사실을 인정할 수 있고 반증 없다.

가. 지역성에 대하여

(1) 신청인 산하 부산대학교는 1946. 5. 15. 국립학교설치령에 따라 설립되어 1992. 11. 1. 현재 대학본부와 12개 단과대학, 6개 대학원, 20개 부속기관 및 29개 연구소로 구성되고, 교수 918명을 포함한 교직원수가 2,165명, 학생수가 대학원생을 포함하여 24,967명에 이르는 국립대학교인데, 행정구역상 부산 금정구 장전동에 속해 있으며 현재 대지가 637,414m2 정도이고 그 위치는 울산-부산간 간선도로에서 서방 1.5km 지점에 위치하면서 북방은 구서동, 동방은 부곡동, 서방은 금정산에 속한 봉우리인 상학봉을 정상으로 하는 산지와 접하여 도심지와 격리된 비교적 아름다운 자연경관을 가지고 있어 교육지구로서의 여러 조건을 충분히 구비하고 있다. 한편 부산대학교는 국제수준의 대학원 중심 대학교로 발전하기 위한 부산대학교 종합발전계획(그 기간은 1992년부터 2001년까지 10년)을 수립하여 그 일환으로 교육연구시설과 설비의 양적 증대에 따른 교지의 확장을 위하여 금정산 위쪽의 개발제한구역 내 행위승인지역과 중앙도서관 아래의 사유지 20,000m2를 매입할 계획을 수립하고 있으며, 특히 시설이 부족한 자연대 연구실 및 실험실을 신축하여 열악한 교육환경을 개선하기 위하여 통계학과, 전자계산학과, 대기학과의 각 실험실 및 연구실의 설립계획을 추진하여 1991. 11. 15. 위 공사에 착공 1994. 12. 19. 연면적 8,155.86m2의 지하 1층, 지상 5층 규모의 자연대 연구실험동(첨단과학관)을 완공하였다.

(2) 한편 이 사건 토지는 원래 지목이 잡종지였는데, 1989. 12월경 3층 연립주택 3동 총 세대수 18세대의 건축을 위한 택지를 조성한다는 이유로 관계 당국으로부터 토지형질변경허가를 얻어 1990. 5. 17. 대지로 지목전환된 토지로서 현재 도시계획법상 주거지역으로 교육시설보호지구에 속하고, 그 위치는 위 첨단과학관과 남쪽으로 가까운 곳이 25.7m 가량, 먼 곳이 44.5m 가량 떨어진 곳에 위치하면서 남쪽을 제외한 3면이 모두 부산대학교의 학교부지에 둘러 쌓여 있으며 원래 피신청인의 대표이사인 신청외 1을 비롯한 신청외 2, 신청외 3, 신청외 4 등 4인의 공유였는데, 피신청인이 1993년경 공동주택의 건립을 위하여 이 사건 토지를 매수하였다.

나. 피신청인의 공동주택 건축경위

(1) 부산대학교는 1988. 6.경 학생기숙사 건립부지 확보를 위해 1987. 12. 18.자로 재무부로부터 이전받은 부산 남구 민락동 181의 79 대 10,580m2 중 일부를 이 사건 토지와 교환하기로 당시 소유자이던 신청외 2, 신청외 1 등 4인과 협의를 진행하여 1989. 5. 1.경 당시 한국감정원의 감정에 따라 위 민락동 대지는 m2당 170만 원, 이 사건 토지는 m2당 33만 원으로 평가하여 그 가격에 상응한 면적으로 교환하기로 합의하였는데, 그 후 교환 대상토지를 구체적으로 특정하는 과정에서 위 신청외 2 등이 위 민락동 전체 대지 중 서쪽부분의 토지를 특정하여 교환해 줄 것을 요구하였고, 이에 부산대학교에서는 한국감정원의 감정결과 등을 참작하여 서쪽부분 대지의 평가액을 m2당 100만 원 더 올려 줄 것을 요구함으로써 결국 위 교환약정은 이루어지지 못하였고, 위 신청외

2 등은 1989. 10. 30.경 교환약정 취소로 인한 변상금조로 금 9, 662, 700원을 위 대학에 지급함으로써 그 교환협의가 완전히 결렬되고 말았으며, 부산대학교는 1992. 5. 7. 협의대상이었던 위치의 토지를 이 사건 토지 북편에 위치한 다른 토지와 교환하였다.

(2) 그 후 위 신청외 2 등은 위 교환협의가 결렬되자 이 사건 토지를 피신청인에게 넘겨 그 위에 공동주택을 건립하여 일반인에 공개 분양하기로 하여 피신청인은 1993. 4. 8. 주택건설촉진법을 비롯한 제반 관련 법규에 따라 그 사업승인권을 위임받은 부산 금청구청장으로부터 이 사건 토지상에 공동주택 10층 짜리 2동 총 160세대(건축 연면적 19, 430.99m2) 규모의 공동주택건립 승인을 받았다가 같은 해 12. 2. 이를 국민주택 규모인 23평형 125세대, 33평형 152세대 등, 모두 277세대를 24개층의 1개동(건축연면적 31, 945.86m2)으로 건축하는 사업계획변경신청을 하여 역시 위 구청장으로부터 그 승인을 얻은 다음 신청외 주식회사 고려산업을 시공자로 하여 피신청인의 책임하에 그 무렵 공사에 착공하였고, 1994. 3. 8.경부터 입주자를 모집한 결과 1995. 3. 18. 현재 23평형이 120세대, 33평형이 135세대 등 모두 255세대가 분양되어 그 계약금 및 중도금 등을 납입받았다.

다. 현재의 주위 상황

(1) 1994. 12. 19. 완공된 지하 1층, 지상 5층 연면적 8, 155.86m2의 자연대 연구실험동(첨단과학관)은 대기학과, 통계학과, 전자계산학과 등 3개 학과가 수용되어 1995. 3월경부터 강의와 연구활동이 시작되어 현재 지하층은 전시실, 보일러실, 목공실, 1층은 w/s 기계실, 터미널실, p.c. 실습실, 통계자료 실습실, 2층은 교수실, 세미나실, 학과사무실, 3층은 학과사무실, 터미널실, 개인용 컴퓨터실, 4층은 교수연구실, 세미나실, 원격탐사실험실, 실습실, 5층은 교수연구실 및 준비실, 실험실, 세미나실로 사용되고 있으면서 이미 컴퓨터를 비롯한 각종 과학장비가 설치, 완료되었으며, 그 건물옥상의 남쪽부분에는 1994. 11월경 자동기상관측장비(A.W.S. : AUTOMATIC WEATHER SYSTEM)를 설치, 1995. 1월경부터 운용하면서 현재 각종 기상현상을 관측하고 있고, 북쪽부분에는 1995년 상반기 중으로 부산지방기상청이 장비현대화 계획에 따라 자동관측장비 1대를 더 설치하여 교육실습 및 실무용으로 이용할 예정이다. 그리고 위 첨단과학관 바로 옆에는 1995. 2월경 공사에 착공한 지하 1층, 지상 4층 규모의 공동연구기기동의 건축공사가 진행중이고 1996. 12월경 완공될 예정이다.

(2) 이에 대하여 위 아파트는 별지 도면표시와 같이 그 구조가 탑상형으로서 가장자리 부분은 9층 내지 16층이고 중앙 부분은 18층 내지 24층으로 설계되어 있고, 이 사건 변론종결 당시에는 그 기초공사는 완료되고 위 24층의 아파트 중 19층까지의 골조공사를 마치고 20층의 골조공사를 진행중에 있으며, 골조공사를 제외한 내장공사 등 일체의 나머지 공사는 아직 시행되지 않고 있는 상태이다.

라. 이 사건 아파트의 완성으로 인하여 예상되는 교육환경 침해의 태양과 정도

(1) 첨단과학관에서의 교육 및 연구활동의 침해

(가) 첨단과학관에 있는 대기학과는 기상현상을 연구하는 학문으로서 이러한 연구를 수행하기 위하여 바람(풍향, 풍속), 기온, 습도, 우량, 태양복사량(수평면, 산란, 자외선), 상층기상관측(기온, 습도, 바람, 수직관측), 대기질 관측(대기 중 분진, 대기 중 오염물질) 등의 관측자료가 필수적인 요소이고 이러한 자료를 관측할 목적으로 첨단과학관 옥상에 현재 자동기상관측장비 1대가 설치되어 있으며, 부산지방기상청에서도 자동기

상관측장비 현대화 사업계획에 의하여 부산지역에 설치되는 6개소의 방재기상용 도시기상관측망 중 1개소로서, 도시기후와 기상연구 및 대기오염예보 등 대도시 관측용으로 생활기상지원을 강화함과 동시에 기상서비스의 가시적 효과 등 관측망 구성을 위하여 첨단과학관 옥상 북쪽부분에다가 자동기상관측장비 1대를 설치하여 교육실습 실무용으로 이용할 계획이다.

(나) 또한 이러한 기상관측장비는 통신선로를 통하여 건물 내부에 있는 분석용 컴퓨터와 분석기기에 연결되어 여기에서 기상자료를 분석하고 그 결과를 각종 연구실로 전송하는 시스템을 갖추고 있다.

(다) 그런데 이러한 자동기상관측장비는 관측자료의 정확한 측정을 주기능으로 하는 것이기 때문에 인근 건물이나 건축물의 후류(wake)에 의한 영향을 받지 않는 넓게 개방된 장소에 위치하여야 하고, 현재의 관측위치가 부산대학교 내에서는 계곡의 중간부분에 위치하고 있어 가장 적합한 장소인데, 위 첨단과학관 바로 정면에 24층 높이의 이 사건 아파트가 현재의 이격거리를 유지한 상태대로 완성될 경우 거대한 아파트의 건물이 공기의 흐름을 변형시켜 복사균형에 영향을 미치게 됨으로써 실제대기의 현상과는 크게 다른 관측치가 관측기기에 기록되고 이렇게 부정확한 관측자료로서는 교수의 연구활동이나 학생들의 학습활동에 커다란 지장을 초래함은 물론 위 관측기기의 본래의 기능 및 그 활용성이 극도로 저하될 것으로 예상된다. 그리고 위 아파트의 7, 8층 높이에서 위 과학관의 정면을 가리게 되고 현재의 20층의 골조공사가 진행되는 상태에서도 이미 설치된 위 기상관측기의 작동에 다소 영향을 미치고 있는 것으로 보인다.

(2) 부산대학교의 경관 등의 파괴

(가) 완성될 위 아파트는 부산대학교의 정문 우측 바로 옆에 위치하고 있으므로 만약 24층의 높이로 건축될 경우, 위 아파트와 마주하면서 부산대학교 부지 내에 설치된 위 첨단과학관을 포함한 중앙도서관, 교수연구관, 생물관, 사회관 등 여러 연구시설과 지원시설이 대학교의 전면 방향에서 바라보면 위 아파트 건물에 가리게 되어 대학교로서의 전체적인 경관을 크게 훼손당할 우려가 있고, 또한 교수, 학생 등을 포함한 대학의 구성원으로서도 위 아파트 건물로 인한 시계의 장애 등 그 주변의 조망권을 현저하게 침해받을 염려가 있을 뿐 아니라, 위 아파트는 부산대학교 내부 전체를 위에서 내려다 보는 형태로 지어지고 있어 아파트에서 학교 내부를 훤히 들여다 보는 등으로 조용하고 쾌적한 환경을 필수불가결로 하는 대학의 교육환경을 현저하게 저해함은 물론 그 구성원들이 위와 같이 거대한 초고층 건물로부터 위에서 아래로 내려다 보여지는 불쾌감 또는 압박감을 받는 것도 교육환경의 저해요인으로 작용할 것이다.

(3) 소음, 교통량 증가로 인한 피해

현재 위 아파트 공사로 발생하는 각종 소음으로 인하여 위 첨단과학관에서 시행되는 교수, 학생들의 연구활동이나 강의가 제대로 이루어지지 않는 등 많은 지장을 받고 있고, 또한 위 아파트가 완공되어 277세대의 주민들이 입주하고, 아파트 앞의 어린이 놀이터까지 설치될 경우 소음원(소음원)인 차량의 정지, 발차, 확성기, 입주자들의 주거지 환경에 의한 소음이 관련 법규상의 허용기준치 이상으로 크게 증가할 뿐아니라 위 아파트와 첨단과학관 사이에 건설될 아파트 진입로에의 교통량 증가, 그로 인한 소음의 증가로 위 첨단과학관의 교육환경이나 교수와 학생들의 연구활동에 현저하게 지장을 줄 염려가 있다.

3. 판 단

이제 앞서 본 환경이익침해 방지청구권 등의 법적 근거와 기준을 전제로 하여 위 인정된 사실관계에 터잡아 신청인과 피신청인, 양자간의 이익형량에 대하여 보기로 한다.

가. 이익 형량

(1) 위 24층 높이의 아파트의 건축공사가 현재 진행중이고, 장차 완공됨으로써 부산대학교의 구성원들이 입은 또는 입게 될 위 2항의 라. 와 같은 내용의 교육환경의 침해는 그 피해의 성질과 정도에 비추어 금전적 평가가 곤란함은 물론 단순히 사후에 금전보상만으로는 회복되기 어려운 성질의 것임은 물론 그 침해가 일시적인 것이 아니라 장래에 계속하는 것이므로 중대하고, 명백하게 부당한 것임이 틀림없다.

(2) 비록 피신청인의 위 아파트 건축의 동기나 경위가 이 사건 토지에 대한 부산대학교측과의 교환협의의 결여에 있고, 그 원인이 교환대상 토지가 이 사건 토지보다 훨씬 높은 가격으로 평가됨에 있었으나, 부산대학교로서도 교환가격을 임의로 정할 수 있는 것이 아니라 관련 법규에 의하여 국유지의 평가방법상 한국감정원 등에서 감정한 감정가격에 따라야만 하는 특별한 사정 때문이었던 만큼, 오히려 교환받을 토지의 감정가격이 이 사건 토지보다 높다는 이유만을 내세워 교환협의를 거부한 피신청인의 대표이사인 신청외 1의 책임도 적지 않은 것으로 보여진다.

(3) 나아가 피신청인이 이 사건 토지를 매수하여 위 아파트의 건축공사를 시작할 당시의 상황은 이미 부산대학교측에서 위 첨단과학관의 공사가 거의 완공단계에 있었고, 당초 건축승인을 받은 10층 짜리 아파트 2동의 규모와 높이 정도로만 건립하였다면 부산대학교와 별다른 분쟁 없이 공사를 진행할 수 있었을 뿐만 아니라 그 소유권의 행사에 의한 상당한 이익을 보장받을 수 있는 상황이었는데도, 피신청인은 단순한 영업상 이익만을 최대한으로 고려하여 초고층 아파트인 24층 짜리 아파트 1동으로 설계를 변경하고, 이러한 설계 변경에 따라 건물의 규모는 건축연면적 비율로 보아 1.5배 가량(19, 430. 99m2에서 31, 945. 86m2로), 건물의 높이는 2.4배 가량(10층에서 24층으로), 세대수의 증가는 1.7배 가량(160세대에서 277세대로) 증가되었고, 특히 이 사건 토지가 교육시설보호지구에 속해 있었던 지역의 특수성 때문에 부산대학교의 입장에서는 도저히 예상할 수 없었던 정도의 증가가 있었음에도 이러한 엄청난 증가로 인하여 그 바로 앞에 건축중인 위 첨단과학관에 미치는 영향을 비롯한 교육환경의 침해에 대한 어떠한 사전조사나 환경평가작업 또는 부산대학교측과의 협의도 없이 그대로 공사를 감행한 것은 비록 설계변경에 대한 관할 기관의 승인이 있었다 하더라도 헌법 제23조 제2항의 "재산권의 행사는 공공복리에 적합하도록 하여야 한다"는 사유재산권 행사의 공공복리성이라는 헌법정신에 위반되는 것으로 권리남용의 정도로까지 보여짐은 물론 이 사건 분쟁이 발생하게 된 주요한 원인이 되었다.

(4) 그리고 위 아파트가 22평형과 33평형의 국민주택 규모에 해당하여 무주택자의 주택공급이라는 공공성을 가지는 건축공사라고 하더라도 이 사건 토지는 부산대학교와 인접한 곳에 위치하면서 교육시설보호지구로 지정되어 건축법시행령, 부산시건축조례 및 부산시금정구건축조례에 의하여 학교의 기능수행에 장애가 된다고 인정되는 일정한 범위의 건축물의 건축이 금지(다만 건축조례 등의 불비로 건축물의 고도, 높이 제한의 규정은 없다)되는 그 지역의 특수성을 감안하여 보면 오랜 전통을 지닌 부산대학교의 교육환경의 보호 역시 그에 못지 않는 정도로 공공성을 지니고 있다 할 것이다.

(5) 또한 위 아파트의 건축으로 가장 많은 침해를 받고 있는 위 완공된 첨단과학관은 그 건

축공사비만으로도 많은 비용이 소요되었고, 현재는 대기학과, 통계학과, 전자계산학과 등 3개학과가 수용되어 있으면서 건물 옥상에 설치된 자동기상관측장비를 포함하여 건물 내부에 각종 관측용 컴퓨터와 과학기기가 설치 완료되었고, 여기에다가 위 과학관의 설립 목적, 본래의 기능과 성격, 나아가 부산대학교의 학교부지 사정 및 연구기관이나 지원시설물들의 기존 배치상황 등에 의하면 위 과학관의 구조변경이나 다른 장소로의 이설은 사실상 불가능할 뿐 아니라 당초부터 위 기능에 맞게 계획 시공되어 있어 다른 용도의 건물로서의 사용도 실제 어려운 것으로 보인다.

나. 건축공사금지 청구권의 취득

위와 같은 신청인과 피신청인 간의 제반 사정을 종합하여 보면, 피신청인의 위 건축공사는 이로써 이웃 토지의 사용을 방해하거나 이웃 거주자의 생활에 고통을 주는 것으로서 위 완공될 24층 아파트로 인하여 예상되는 교육환경 등의 침해는 명백하고, 또한 그 건축은 토지의 통상 용도에 적당한 것도 아니라고 할 것이어서 사회 통념상 수인한도를 초과하는 것으로 보여지므로, 신청인은 그 침해에 대한 위험방지를 위한 필요한 한도 내에서 피신청인에 대하여 그가 시행하는 위 건축공사의 금지청구권을 취득하였다고 할 것이다.

다. 건축공사금지의 범위

나아가 위 필요한 한도 내에 해당하는 공사금지의 범위를 보면, 위 아파트 공사의 현재 공정상태에서도 이미 앞서 본 바와 같이 교육환경 등에 상당한 지장을 초래하거나 초래할 우려가 있는 것으로 보이나, 위 아파트는 별지도면에 나타난 바와 같이 탑상형으로 설계되어 있어 그 중앙부분에 건축될 예정인 19층부터 24층까지에 해당하는 건물로 말미암아 아파트의 전체 고도가 엄청나게 높아지는 결과를 초래하고, 그 공사의 진행정도가 아직은 골조공사만 진행된 단계에 있는 점을 함께 고려하여 보면, 위 중앙부분에 각 층마다 5세대씩 건축 예정인 19층부터 24층까지 (6층×5세대 = 총 30세대)의 건물부분에 대한 공사를 금지시키는 것이 상당하다고 보여지고, 비록 이 사건 변론종결 당시 19층과 20층의 각 건물공사 중 골조공사가 이미 완공된 상태라고 하더라도 신청인으로서는 그 상태대로의 현상을 유지함과 동시에 더 이상의 잔여 공사를 금지시키기 위하여 골조공사를 마친 위 19층, 20층의 건물에 대한 공사금지도 함께 구할 수 있음은 물론 뒤에서 보는 바와 같이 그 보전의 필요성도 인정된다 할 것이다.

이와 같이 하면 공사금지의 범위를 최소화하면서도 위 아파트의 높이를 당초보다 약 1/4정도(총 24층 중 위로부터 6층이 없어지는 셈이 된다)로 낮추는 효과를 얻을 수 있어서 신청인이 입게되는 환경이익의 침해를 상당히 감소시킬 수 있고, 또한 피신청인에 대하여서도 공사금지로 인하여 예견가능성을 넘는 정도의 피해를 입게 하지는 않는 것으로 된다. 왜냐하면 위 아파트의 총세대수는 23평형이 125세대, 33평형이 152세대, 모두 277세대인데, 부산지방법원 동부지원에서 이 사건 가처분이 심리중이던 1994. 7. 31. 당시 분양세대수는 23평형이 123세대, 33평형이 117세대, 모두 240세대인 반면 미분양세대수는 37세대였고, 그 후 당심 심문종결일에 가까운 1995. 3. 18. 현재 분양세대수는 23평형이 120세대, 33평형이 135세대, 모두 255세대인 반면 미분양세대수는 22세대인 바, 앞서 본 19층부터 24층 사이에 건축할 30세대의 범위 내에서 공사를 금지시킨다 하더라도 그 중 이미 분양된 27세대에 대하여는 분양자들의 동의를 얻는 방법 등으로 아직 미분양된 22세대와 교체함으로써 그 손해를 줄일 수 있을 것으로 보여지고, 가처분 심리 계속중에 추가 분양된 15세대 (255세대 – 240세대)는 피신청인 스스로 가처분이 인용될 경우 그로 인한 손해부담의 위험을 각오한 것으로 보아야 할 것이기 때문이다.
4. 피신청인의 다툼
피신청인은, 위 아파트의 건축은 원래의 사업승인권자인 신청인으로부터 관련 법규에 따라 정당하게 권한을 위임받은 금정구청장이 적법하게 승인한 것인데, 이제와서 그 승인내용과는 달리 피신청인에 대해 건축행위의 금지를 구하는 것은 신의성실의 원칙에 반하여 허용될 수 없다고 주장하므로 보건대, 주택건설촉진법 제33조 제1항의 규정에 의하면 주택건설사업계획의 승인권자는 신청인 산하의 건설부장관이고, 같은 법 제50조 제1항에 의하여 동 권한은 부산시장을 거쳐 각 구청장에게 위임되어 있으며, 이 사건 아파트 건축은 피신청인이 관할 금정구청장으로부터 적법하게 사업승인을 받아 시행하고 있음을 알 수 있으나, 그렇다 하더라도 이 사건과 같이 신청인이 그 소유 영조물 시설인 부산대학교의 유지관리에 있어서 인접한 토지와 사이에 문제가 발생한 경우 그 교육환경의 침해를 방지하기 위한 적절한 해결을 도모하기 위하여 이 사건과 같은 신청을 하는 것은 허용되는 것이며, 또한 그와 같은 신청이 신의성실의 원칙에 반한다고도 보여지지 아니하므로 피신청인의 위 다툼은 그 이유 없다.

[4] 보전의 필요성
현재 신청인이 피신청인의 위 아파트건축공사에 대한 금지청구권을 행사하지 아니하여 일단 위 24층의 아파트가 완공된다면, 이로 인하여 신청인이 입게 될 앞서 본 교육환경 등의 침해는 비록 금전보상 등의 방법이 있다고 하더라도 이미 충분히 회복될 수 없게 되고 또한 위 교육환경 등의 침해는 통상의 수인한도를 초과하는 것이기 때문에 위 건축공사를 금지하는 범위 내에서 현재 신청인에게 그 권리를 행사할 보전의 필요성 역시 인정된다 할 것이다.

[5] 결 론
그렇다면 신청인의 이 사건 신청은 이 사건 토지 상에 건축중인 별지도면 표시의 건물 가운데 18층을 초과하는 부분에 대한 일체의 공사를 금지하는 범위 내에서 그 피보전권리와 보전의 필요성이 소명된다 할 것이므로 그 범위 내에서 신청인의 이 사건 가처분을 인용한 주문 제1항 기재의 결정은 정당하여 이를 인가하기로 하여 주문과 같이 판결한다. [별지 생략]

판사   변동걸(재판장) 이동준 이수철

[판례 2] 공작물설치금지가처분 (대법원 1995. 5. 23.자 94마2218 결정)

【판시사항】
가. 헌법상의 환경권 규정에 의하여 사법상 권리로서 환경권이 인정될 수 있는지 여부
나. 골프연습장 설치 인가처분에 하자가 있다는 이유만으로 인근 주민들에게 골프연습장 건설의 금지를 구할 사법상의 권리가 생기는지 여부
다. 공원이용권이라는 배타적 권리의 인정 여부

【결정요지】
가. 헌법 제35조 제1항은 환경권을 기본권의 하나로 승인하고 있으므로, 사법의 해석과 적용에 있어서

도 이러한 기본권이 충분히 보장되도록 배려하여야 하나, 헌법상의 기본권으로서의 환경권에 관한 위 규정만으로서는 그 보호대상인 환경의 내용과 범위, 권리의 주체가 되는 권리자의 범위 등이 명확하지 못하여 이 규정이 개개의 국민에게 직접으로 구체적인 사법상의 권리를 부여한 것이라고 보기는 어렵고, 사법적 권리인 환경권을 인정하면 그 상대방의 활동의 자유와 권리를 불가피하게 제약할 수밖에 없으므로, 사법상의 권리로서의 환경권이 인정되려면 그에 관한 명문의 법률규정이 있거나 관계 법령의 규정취지나 조리에 비추어 권리의 주체, 대상, 내용, 행사방법 등이 구체적으로 정립될 수 있어야 한다.

나. 관할행정청으로부터 도시공원법상의 근린공원 내의 개인 소유 토지상에 골프연습장을 설치할 수 있다는 인가처분을 받은 데 하자가 있다는 점만으로 바로 그 근린공원 인근 주민들에게 토지소유자에 대하여 골프연습장 건설의 금지를 구할 사법상의 권리가 생기는 것이라고는 할 수 없다.

다. 도시공원법상 근린공원으로 지정된 공원은 일반 주민들이 다른 사람의 공동 사용을 방해하지 않는 한 자유로이 이용할 수 있지만 그러한 사정만으로 인근 주민들이 누구에게나 주장할 수 있는 공원이용권이라는 배타적인 권리를 취득하였다고는 할 수 없고, 골프연습장 설치인가처분에 하자가 있다는 이유만으로는 근린공원 내의 개인 소유 토지상에 골프연습장을 설치하는 것이 인근 주민들에 대한 불법행위가 된다고 할 수도 없다.

【참조조문】

가.나. 민법 제214조, 제217조 가. 헌법 제35조 제1항, 제35조 제2항 다. 민법 제185조, 도시공원법 제1조

【전 문】

【신청인, 재항고인】 신청인 1 외 178인 신청인들 대리인 변호사 이석태외 3인
【피신청인, 상대방】 피신청인
【원심결정】 서울고등법원 1994. 10. 15. 자 94라90 결정

【주 문】

재항고를 모두 기각한다.

【이 유】

재항고이유를 본다.

1. 제1점에 대하여.

헌법 제35조 제1항은 "모든 국민은 건강하고 쾌적한 환경에서 생활할 권리를 가지며, 국가와 국민은 환경 보전을 위하여 노력하여야 한다"고 규정하여 환경권을 국민의 기본권의 하나로 승인하고 있으므로, 사법(사법)의 해석과 적용에 있어서도 이러한 기본권이 충분히 보장되도록 배려하여야 할 것임은 당연하다고 할 것이나, 헌법상의 기본권으로서의 환경권에 관한 위 규정만으로서는 그 보호대상인 환경의 내용과 범위, 권리의 주체가 되는 권리자의 범위 등이 명확하지 못하여 이 규정이 개개의 국민에게 직접으로 구체적인 사법상의 권리를 부여한 것이라고 보기는 어렵고, 또 사법적 권리인 환경권을 인정하면 그 상대방의 활동의 자유와 권리를 불가피하게 제약할 수밖에 없는 것이므로, 사법상의 권리로서의 환경권이 인정되려면 그에 관한 명문의 법률규정이 있거나 관계법령의 규정취지나 조리에 비추어 권리의 주체, 대상, 내용, 행사방법 등이 구체적으로 정립될 수 있어야 할 것이다.

그것은 환경의 보전이라는 이념과 산업개발 등을 위한 개인활동의 자유와 권리의 보호라는 상호 대립하는 법익 중에서 어느 것을 우선시킬 것이며 이를 어떻게 조정 조화시킬 것인가 하는 점은 기본

적으로 국민을 대표하는 국회에서 법률에 의하여 결정하여야 할 성질의 것이라고 보아야 할 것이기 때문이다.

헌법 제35조 제2항에서 "환경권의 내용과 행사에 관하여는 법률로 정한다"고 규정하고 있는 것도 이러한 고려에 근거한 것이라고 여겨진다.

그러므로 원심이, 신청인들이 주장하는 환경권의 취지가 현행의 사법체계 아래서 인정되는 생활이익 내지 상린관계에 터잡은 사법적 구제를 초과하는 의미에서의 권리의 주장이라면 그러한 권리의 주장으로서는 직접 국가가 아닌 사인인 피신청인에 대하여 사법적 구제수단인 이 사건 골프연습장의 설치를 금지하는 가처분을 구할 수 없다고 판시한 것은 위와 같은 법리에 비추어 수긍할 수 있고, 거기에 소론과 같은 환경권에 관한 법리오해의 위법이 있다고 할 수 없다.

또한 피신청인이 서울특별시 강남구청장으로부터 도시공원법상의 근린공원인 ○○공원 내의 피신청인 소유 토지상에 이 사건 골프연습장을 설치할 수 있다는 인가처분을 받은 데 가사 소론과 같은 하자가 있다고 하더라도, 그러한 하자가 있다는 점만으로 바로 위 ○○공원 인근 주민들인 신청인들에게 피신청인에 대하여 위 골프연습장 건설의 금지를 구할 사법상의 권리가 생기는 것이라고는 할 수 없으므로(다만 위 인가처분의 효력을 다투는 행정소송에서 이러한 하자가 있음을 주장할 수 있는가 하는 점은 별개의 문제이다) 신청인들과 피신청인 사이의 이 사건 가처분 신청 사건에서 위 인가처분의 하자 유무를 따져볼 필요는 없다고 할 것이다. 이 점에 관한 원심의 판시는 반드시 적절하지 아니하나 위 인가처분의 하자가 있음을 이유로 하여 이 사건 가처분이 허용되어야 한다는 신청인들의 주장을 배척한 결론에 있어서는 정당하다. 논지는 모두 이유 없다.

2. 제2점에 대하여.

원심결정 이유에 의하면 원심은, 피신청인이 이 사건 골프연습장을 설치 운영함으로 인하여 위 골프연습장에 출입하는 차량에 의한 교통체증과 소음, 골프연습장에서의 골프공 타격 소리와 연습장 내 조명 등으로 인근 주민들인 신청인들의 생활환경을 침해하게 된다는 신청인들의 주장에 대하여, 피신청인이 서울특별시 강남구청장으로부터 위 골프연습장설치 인가처분을 받음에 있어 위 골프연습장에 대한 주차장의 충분한 확보, 완벽한 방음시설, 건물 전면에 소로 개설, 주택가로의 조명 차단, 그린(Green)에 인조잔디를 입힐 것 및 최소한의 녹지훼손 등을 인가조건으로 하여 인가처분을 받았는데 그 인가조건의 내용에 비추어 보아 앞으로 이 사건 골프연습장을 위 인가조건에 충족하도록 건립하는 경우에는 위 골프연습장의 운영으로 말미암아 그 인근 주민인 신청인들이 입게 되는 생활환경 침해는 그것이 인근 주민들이 사회 통념상 수인할 수 있는 정도의 범위 내라고 봄이 상당하다 할 것이고, 달리 피신청인이 골프연습장 건립에 있어 위 인가조건을 준수하지 않을 것으로 보인다거나 위 골프연습장의 운영으로 인하여 신청인들에게 수인할 수 없을 정도의 생활환경 침해 결과가 발생한다고 단정할 만한 자료가 없으므로 민법상의 상린관계 내지 신청인들의 생활이익을 피보전권리로 한 가처분 주장은 이유 없다고 판단하였다.

기록에 비추어 보면 원심의 위와 같은 인정과 판단은 수긍할 수 있고 거기에 소론과 같은 법리오해, 채증법칙 위배, 심리미진 등의 위법이 있다고 할 수 없다. 논지는 이유 없다.

3. 제3점에 대하여.

위 ○○공원이 도시공원법상 근린공원으로 지정됨으로 인하여 신청인들과 같은 일반 주민들은 다른 사람의 공동 사용을 방해하지 않는 한 자유로이 이 사건 ○○공원을 이용할 수 있다고 할 것이지만 그러한 사정만으로 신청인들이 누구에게나 주장할 수 있는 이른바 공원이용권이라는 배타적인 권리를 취득하였다고는 할 수 없고, 위 골프연습장설치인가처분에 하자가 있다는 이유만으로는 피신청인의 이 사건 골프연습장 설치가 신청인들에 대한 불법행위가 된다고 할 수도 없으며 기록을 보아도 피신청인의 행위가 신청인들의 권리를 침해한다는 점에 대한 소명이 부족함은 앞에서 설시한 바와 같으므로, 같은 취지에서 신청인들 주장의 공원이용권에 기한 가처분신청 또한 이유 없다고 판단한 원심결정은 정당하고 거기에 소론과 같은 공원이용권에 대한 법리오해가 있다고 할 수 없다.
4. 그러므로 재항고를 모두 기각하기로 하여 관여 법관의 일치된 의견으로 주문과 같이 결정한다.

대법관   지창권(재판장) 천경송(주심) 안용득 신성택

제1절   환경침해피해구제의 요건사실

1. 손해의 발생

가. 환경침해

① 생명·신체·건강에 대한 침해, ② 재산에 대한 침해, ③ 생활방해(예컨대 공사소음 등으로 창문을 개폐하지 못하는데서 오는 압박감과 생활의 불편, 대화나 TV 시청의 곤란, 수면방해, 불안감 내지 불쾌감)등으로 나눠볼 수 있다.

☞ 대법원 1991. 7. 26. 선고 90다카26607 판결 60p 참조

나. 재산에 대한 침해

직접적인 침해와 주변의 환경오염으로 피해부동산의 재산가치를 하락시키는 것과 같은 간접적인 침해, 그 밖에 영업상의 손실을 가하는 것 등을 예상해 볼 수 있다.

(1) 직접적인 침해의 경우

[판례 3] 손해배상(기) (대법원 1996. 1. 23. 선고 95다38233 판결)

【판시사항】
[1] 소송비용의 재판에 대한 불복이 허용되는 경우
[2] 불법행위로 물건이 멸실·훼손된 경우, 통상손해의 범위
[3] 수목의 절단과 토석의 굴취로 임야가 훼손된 사안에서, 그 수목의 대체비용과 사방공사비용이 모두 통상손해라고 본 사례

【판결요지】
[1] 소송비용의 재판에 대한 불복은 본안의 재판에 대한 상소의 전부 또는 일부가 이유 있는 경우에

한하여 허용되고, 본안의 상소가 그 이유가 없는 경우에는 허용되지 아니한다.
[2] 일반적으로 불법행위로 인한 손해는 물건이 멸실되었을 때에는 멸실 당시의 시가를, 물건이 훼손되었을 때에는 수리 또는 원상회복이 가능한 경우에는 수리비 또는 원상회복에 드는 비용을, 수리 또는 원상회복이 불가능하거나 그 비용이 과다한 경우에는 훼손으로 인하여 교환가치가 감소된 부분을 통상의 손해로 보아야 한다.
[3] 임야의 소나무가 절단됨으로써 산림이 훼손되고 그로 인하여 비가 올 경우에 흙이 무너져 내리고 심할 경우 산사태가 날 가능성까지 있는 경우에는, 대체교환이 가능한 소나무에 대한 대체비용과 산사태 등을 방지하기 위한 사방공사비용이 모두 원상회복에 필요한 비용으로서 통상의 손해액이라고 한 사례.

【참조조문】
[1] 민사소송법 제361조, 제395조 [2] 민법 제393조, 제763조 [3] 민법 제393조, 제763조

【참조판례】
[1] 대법원 1981. 7. 7. 선고 80다2185 판결(공1981, 14153)
대법원 1991. 12. 30. 자 91마726 결정(공1992, 1260)
대법원 1995. 3. 10. 선고 94후1091 판결(공1995상, 1615)
[2] 대법원 1994. 1. 28. 선고 93다49499 판결(공1994상, 826)
대법원 1995. 7. 28. 선고 94다19129 판결(공1995하, 2962)
대법원 1995. 9. 29. 선고 94다13008 판결(공1995하, 3585)

【전 문】
【원고, 상고인겸피상고인】 원고
【피고, 피상고인겸상고인】 주식회사 화신전기 (소송대리인 변호사 허정훈)
【원심판결】 서울고법 1995. 7. 12. 선고 92나60170 판결
【주 문】
상고를 모두 기각한다. 상고비용은 상고인 각자의 부담으로 한다.
【이 유】
1. 원고의 상고이유를 본다.
기록에 비추어 살펴보면, 원심이 그 거시 증거에 의하여 피고가 훼손한 그 판시 이 사건 임야의 면적이 426㎡이고, 훼손된 소나무가 모두 87그루 정도로서 이를 같은 수령과 크기의 소나무를 구입, 식재하여 원상회복하는 데 드는 비용이 금 3,189,413원이라고 인정하면서, 이에 반하는 내용의 소론 사실조회 결과를 배척한 것은 정당한 것으로 수긍이 되고 거기에 논지가 지적하는 바와 같이 경험칙 및 채증법칙에 위배하여 사실을 오인한 위법이 있다고 할 수 없다.
불법행위로 인한 손해는 특별한 사정이 없는 한 불법행위 당시를 표준으로 하여 그 손해액을 결정하여야 하므로, 원심이 피고의 이 사건 불법행위 당시인 1987년을 기준으로 훼손임야에 대한 복구비용을 산정한 것은 정당하고, 거기에 소론과 같이 손해배상액 산정의 법리를 오해한 위법이 없다.
원심은 교통호의 사방공사를 위한 비용으로서 그 판시와 같은 정도의 금액이 소요된다고 인정하는 한편, 원고의 위자료 청구에 대하여는 재산권의 침해로 인한 정신적 고통에 대한 위자료는 특별사정으로 인한 손해로서 불법행위자가 그 사정을 알았거나 그 사정을 예견할 수 있었을 경우에 한하여 인정되는 것이라고 전제한 다음 소외 1이나 피고 회사가 원고가 주장하는 바와 같은 특별한 사정을

알았거나 알 수 있었다고 인정할 증거가 없다는 이유로 이를 배척하고 있는바, 기록에 비추어 살펴보면, 원심의 위와 같은 사실인정 및 판단은 정당한 것으로 수긍할 수 있고, 거기에 소론이 지적하는 바와 같은 위법이 있다고 할 수 없다.

원심은 원고의 훼손된 산죽, 진달래, 산철쭉, 수태 등의 복구비 청구에 대하여, 산죽 등은 조경을 위하여 특별히 식재한 것이 아니라 야생의 것으로서 소나무와 달리 자생하는 그 상태에서 특별한 교환가치를 가진다거나 이의 훼손으로 인하여 이 사건 임야의 교환가격에 감소를 가져온다고 보기 어렵고, 또 사방공사비로서 교통호 복구비를 별도로 인정하는 터이므로 위 산죽 등 복구비를 따로 인정하지 아니한다는 취지로 판단하고 있는바, 원심의 위 판시취지는 위 산죽 등의 교환가치가 전혀 없다는 것이 아니라, 어느 정도의 가치가 있다고 하더라도 이 사건 임야의 교환가격에는 영향을 미치지 않을 뿐만 아니라, 임야의 교환가격에 다소 영향이 있다고 하더라도 교통호의 사방공사비를 인정하는 터이고 그 공사에 의하여 위 훼손된 산죽 등이 복구될 수 있고 임야의 교환가격도 원래대로 회복될 수 있으므로 따로 손해의 배상을 인정할 필요가 없다는 취지로 보이고, 이는 기록에 비추어 보면, 정당한 것으로 수긍할 수 있으므로, 이 부분에 관한 원심의 판단을 다투는 논지는 받아들일 수 없다.

그리고 소송비용의 재판에 대한 불복은 본안의 재판에 대한 상고의 전부 또는 일부가 이유 있는 경우에 한하여 허용되고, 본안의 상고가 그 이유가 없는 경우에는 허용되지 아니한다 할 것이므로, 원고의 상고논지가 위와 같이 전부 이유 없는 이상 원심의 소송비용의 부담에 대한 재판을 다투는 논지도 받아들일 수 없다. 논지는 모두 이유 없다.

2. 피고의 상고이유를 본다.

일반적으로 불법행위로 인한 손해는 물건이 멸실되었을 때에는 멸실 당시의 시가를, 물건이 훼손되었을 때에는 수리 또는 원상회복이 가능한 경우에는 수리비 또는 원상회복에 드는 비용을, 수리 또는 원상회복이 불가능하거나 그 비용이 과다한 경우에는 훼손으로 인하여 교환가치가 감소된 부분을 통상의 손해로 보아야 할 것인바, 이 사건에 있어서와 같이 임야의 소나무가 절단됨으로써 산림이 훼손되고 그로 인하여 비가 올 경우에 흙이 무너져 내리고 심할 경우 산사태가 날 가능성까지 있는 경우에는, 대체교환이 가능한 소나무에 대한 대체비용과 산사태 등을 방지하기 위한 사방공사비용이 모두 원상회복에 필요한 비용으로서 통상의 손해액이라고 할 것이다.

원심판결 이유에 의하면, 원심은 수목의 절단과 토석의 굴취 또는 절개 등으로 이 사건 임야가 훼손됨으로써 원고가 입게 되는 통상의 손해는 훼손된 임야 부분을 원상회복시키는데 드는 비용 상당액이라고 전제한 후, 피고가 임간도로를 개설하면서 절단한 소나무 87그루와 같은 수령과 크기의 소나무를 구입, 식재하여 원상회복하는 데 드는 비용 및 여기에 교통호를 따라 토석이 굴취되고 절개됨으로써 이 사건 임야가 훼손되어 외관상 보기가 좋지 않을 뿐 아니라 비가 올 경우 흙이 무너져 내리고 심할 경우 산사태의 염려가 없지 아니하므로 이를 막기 위하여는 사방공사를 하여야 한다고 하여 그 사방공사비용을 피고가 배상하여야 할 통상의 손해라고 하였는바, 기록과 위에서 본 법리에 비추어 보면, 원심의 위와 같은 인정 및 판단은 정당한 것으로 수긍할 수 있고, 거기에 소론과 같이 심리를 다하지 아니하거나 채증법칙을 위배하여 사실을 그릇 인정하거나 손해배상 책임의 발생 및 그 범위에 관한 법리를 오해한 위법이 있다고 할 수 없다. 논지는 이유 없다.

3. 그러므로 상고를 모두 기각하고 상고비용은 각 패소자의 부담으로 하기로 하여 관여 법관의 일치된 의견으로 주문과 같이 판결한다.

대법관   이임수(재판장) 김석수 정귀호(주심) 이돈희

[판례 4] 손해배상(기) (대법원 2001. 11. 13. 선고 2001다52889 판결)

【판시사항】

불법행위로 인하여 훼손된 소유물을 수리한 후에도 수리 불가능한 부분이 남아 있는 경우, 수리비 외에 수리불능으로 인한 교환가치의 감소액도 통상의 손해라고 할 것인지 여부(적극)

【판결요지】

불법행위로 인하여 물건이 훼손되었을 때의 손해액은 수리가 가능한 경우에는 그 수리비가 되고, 만일 수리가 불가능한 경우에는 교환가치의 감소액이 그 통상의 손해액이 되는 것인바, 수리를 한 후에도 일부 수리가 불가능한 부분이 남아있는 경우에는 수리비 외에 수리불능으로 인한 교환가치의 감소액도 통상의 손해에 해당한다.

【참조조문】

민법 제393조, 제763조

【참조판례】

대법원 1992. 2. 11. 선고 91다28719 판결(공1992, 996)
대법원 1999. 1. 26. 선고 97다39520 판결(공1999상, 339)

【전 문】

【원고, 피상고인】 주식회사 동피상사
【피고, 상 고 인】 피고 (소송대리인 법무법인 세종 담당변호사 전용희)
【원심판결】 서울지법 2001. 6. 27. 선고 2000나64273 판결

【주 문】

상고를 기각한다. 상고비용은 피고의 부담으로 한다.

【이 유】

상고이유를 판단한다.

불법행위로 인하여 물건이 훼손되었을 때의 손해액은 수리가 가능한 경우에는 그 수리비가 되고, 만일 수리가 불가능한 경우에는 교환가치의 감소액이 그 통상의 손해액이 되는 것인바, 수리를 한 후에도 일부 수리가 불가능한 부분이 남아있는 경우에는 수리비 외에 수리불능으로 인한 교환가치의 감소액도 통상의 손해에 해당한다고 할 것이다(대법원 1992. 2. 11. 선고 91다28719 판결 참조).

원심판결 이유 및 기록에 의하면, 1999. 10. 28. 피고가 소유·관리하는 철탑의 하자로 말미암아 원고 소유의 이 사건 승용차가 뒷범퍼 및 트렁크로부터 앞좌석 사이에 이르는 광범위한 부분이 수리비 합계 금 6,110,000원이 소요되도록 파손된 사실(원심판결 제2면 제17행의 금 6,286,940원은 금 6,110,000원의 오기로 보인다), 이 사건 승용차는 1999. 6. 7. 출고되어 약 4,000km 정도밖에 주행하지 아니한 새차로서 중고차 시장에서 적어도 금 38,700,000원 이상의 매매가격이 형성되어 있었는데, 이 사건 사고로 인하여 크게 파손되어 수리를 한 후에도 엔진에서 소음이 심하게 나고 핸들이 떨리는 등 이상이 나타나 원고가 4차례에 걸쳐 정비를 받았음에도 원상복구가 불가능하였던 사실, 원고는 1999. 12. 20. 이 사건 승용차를 당시의 정당한 시가인 금 21,000,000원에 매도한 사실을 각 인정할 수 있는바, 앞서 본 법리에 비추어 볼 때, 위와 같이 수리를 한 후에도 일부 수리가 불가능한 부분이 남아있는 경우에는 수리비 외에 수리불능으로 인한 교환가치의 감소액도 통상의 손해에 해당한다고 할 것이므로, 피고는

원고에게 위 수리불능으로 인한 교환가치 감소액인 금 17,700,000원(금 38,700,000원 - 21,000,000원)의 손해를 배상할 책임이 있다고 할 것이다. 같은 취지의 원심의 사실인정과 판단은 모두 수긍이 가고, 거기에 상고이유에서 지적하는 바와 같이 이 사건 차량의 수리불가능 여부 및 수리 후의 교환가치에 관하여 필요한 심리를 다하지 아니하고 채증법칙을 위배하여 사실을 잘못 인정한 위법이나, 손해배상의 범위에 관한 법리오해의 위법이 있다고 할 수 없다. 상고이유에서 들고 있는 대법원판례들은 그 사안이나 취지를 달리하여 이 사건에 원용하기에 적절하지 아니하고, 피고가 이 사건 차량이 수리 후에도 교환가치가 감소되었음을 알지 못하였거나 알 수 없었다는 주장은 위와 같은 수리불능으로 인한 교환가치의 감소로 인한 손해가 특별사정으로 인한 손해임을 전제로 한 주장이므로 더 나아가 판단할 필요 없이 이유 없다. 그리고 이 사건 차량의 수리를 위하여 지출한 수리비는 수리가 가능한 부분에 관하여 발생한 통상의 손해이고, 위 차량은 수리를 함으로써 위 매도가격 상당의 가치를 가지게 된 것이므로 위 수리비를 피고의 손해배상액에서 공제할 것은 아니라고 할 것이므로 이 부분에 관한 법리오해의 주장도 이유 없다고 할 것이다. 상고이유는 모두 받아들일 수 없다.

그러므로 상고를 기각하고, 상고비용은 상고인인 피고의 부담으로 하기로 관여 법관의 의견이 일치되어 주문과 같이 판결한다.

대법관 이용우(재판장) 조무제 강신욱 이강국(주심)

☞ 대법원 1992. 12. 22. 선고 91다22346 판결 62p 참조
☞ 대법원 1991. 6. 11. 선고 90다20206 판결 68p 참조

(2) 간접적인 침해의 경우

☞ 대법원 1999. 1. 26. 선고 98다23850 판결 31p 참조
☞ 대법원 1991. 12. 10. 선고 91다25628 판결 67p 참조

(3) 영업과 관련한 손해

[판례 5] 유류오염손해보상금 (대법원 2004. 4. 28. 선고 2001다36733 판결)

【판시사항】
[1] 위법소득 여부의 판단 기준 및 수산업법상의 무면허 어업행위에 의한 수입이라는 이유만으로 그것을 위법소득으로 볼 수 있는지 여부(소극)
[2] 애초에 면허를 받을 수 없는 공단지정지역 내에서의 무면허 어업행위는 위법성의 정도가 강하므로 그로 인한 수입은 위법소득으로서 일실손해 산정의 기초가 될 수 없다고 한 사례
[3] 유류오염손해배상보장법에 규정된 유류오염손해에 정신적 손해도 포함되는지 여부(적극)

【판결요지】

[1] 범법행위를 계속함으로써 얻을 수 있는 이른바, 위법소득은 손해액 산정의 기초로 삼을 수는 없으나, 위법소득인지 여부는 법이 금하고 있다고 하여 일률적으로 이를 위법소득으로 볼 것이 아니고 그 법규의 입법취지와 법률행위에 대한 비난 가능성의 정도 특히, 그 위반행위가 가지는 위법성의 강도 등을 종합하여 구체적·개별적으로 판단하여야 할 것이므로 수산업법상의 무면허 어업행위에 의한 수입이라는 이유만으로 그것이 곧 위법소득에 해당된다고는 볼 수 없다.
[2] 어촌계가 특별한 시설 등을 갖출 필요 없이 면허를 받아 어업행위를 할 수 있었음에도 절차상의 이유 등으로 면허를 받지 못한 채 무면허 공동어업을 해 온 경우와는 달리, 애초에 면허를 받을 수 없는 공단지정지역 내에서의 무면허 어업행위는 위법성의 정도가 강하므로 그로 인한 수입은 위법소득으로서 일실손해 산정의 기초가 될 수 없다고 한 사례.
[3] 1969년 유류오염손해에대한민사책임에관한국제협약에서는 제1조 제6호에서 유류오염손해를 "유출 또는 배출의 발생 장소에 관계없이 선박으로부터의 유류의 유출 또는 배출로 인한 오염에 의하여 유류를 운송하는 선박의 외부에서 발생한 손실 및 손해를 말하며, 예방조치의 비용 및 예방조치에 의하여 야기된 그 밖의 손실 및 손해를 포함한다."고 정의하고 있으나 유류오염손해의 배상범위에 관하여는 따로 규정을 하지 않고, 1971년 유류오염손해보상을위한국제기금의설치에관한국제협약에서는 유류오염손해에 관한 정의나 그 배상범위에 관한 규정을 두지 않고, 위 민사책임협약상의 유류오염손해를 원용하여 제4조 제1항에서 "유류오염손해를 입은 자가 다음의 사유로 인하여 손해에 대하여 충분하고 적절한 보상을 받을 수 없는 경우에는 기금은 그 오염손해의 피해자에게 보상금을 지급할 의무를 부담한다."고 규정하고 있을 뿐이므로, 위 조약상 유류오염손해와 그 배상범위에 관하여는 법정지법인 우리 나라의 일반 손해배상법리에 따를 수밖에 없다 할 것인데, 우리 민법은 제751조와 제752조에서 정신적 손해를 규정하고 있으나, 위 조항에 열거된 사항에 한하지 않고 정신적 손해가 있는 경우에는 민법 제750조에 의하여 위자료청구권이 발생한다고 보는 것이 일반적 법리이므로 위 협약 및 유류오염손해배상보장법에 규정된 유류오염손해를 경제적, 재산상 손해로 제한하여 해석할 이유는 없다.

【참조조문】
[1] 민법 제393조, 제763조 [2] 민법 제393조, 제763조 [3] 민법 제750조, 유류오염손해배상보장법 제2조 제4호, 제23조

【참조판례】
[1] 대법원 1986. 3. 11. 선고 85다카718 판결(공1986, 624)

【전 문】
【원고, 상 고 인】 신촌어촌계 외 35인 (소송대리인 변호사 진만제 외 5인)
【피고, 피상고인】 유류오염손해보상을위한국제기금 (소송대리인 법무법인 세경
　　　　　　　　　담당변호사 최종현 외 3인)
【원심판결】 서울고법 2001. 5. 8. 선고 99나14633 판결

【주 문】
상고를 모두 기각한다. 상고비용은 원고들의 부담으로 한다.

【이 유】
상고이유를 본다.
1. 상고이유 제1점에 대하여

원심이 원고 9, 26, 27, 29, 35에 대하여 인용한 금액은 피고가 위 원고들의 손해액으로 인정한 금액에 미달하지 않음이 기록상 명백한바, 원심판결에 변론주의 위배의 위법이 있다는 상고이유의 주장은 계산상 착오에 기한 것으로서 나아가 살필 필요 없이 이유 없다.

2. 상고이유 제2점에 대하여

원심판결 이유에 의하면, 원심은 그 채용 증거들을 종합하여 원고 9, 26, 27, 29, 35의 재산상 손해에 대하여 이 사건 선박으로부터 유출된 벙커씨유의 일부가 방제작업시 살포된 유화제에 의하여 분산되어 복잡한 조류를 따라 떠다니다가 위 원고들의 양식장 또는 공동어장에 도달하여 이들이 양식하거나 채포할 수 있는 해양생물의 생육에 영향을 줌으로써 위 원고들이 일정기간 동안 어업에 종사할 수 없었던 사실을 인정하고 위 원고들이 입은 손해는 유류오염손해배상보장법 제2조 제4호 소정의 유류오염손해로서 피고는 위 원고들이 입은 유류오염손해를 보상할 책임이 있다고 한 다음, 위 원고들이 구하는 공동어업 또는 바지락 양식업에 관한 휴업손해에 대하여, 피고가 1998. 3. 17.자 준비서면을 통하여 그 기재와 같은 내용의 위 원고들의 재산상 손해의 발생 부분은 인정하고 있으나, 피고가 인정하는 재산상 손해 부분을 초과하는 휴업손해의 발생에 관하여는 이 사건 전기록을 통하여 보아도 이 사건 유류오염사고에 따른 해양생물의 폐사나 발육장애, 판매부진 등으로 위 원고들의 소득이 어느 정도 감소하였는지를 산출할 만한 객관적이고 구체적인 기준이 없다는 이유로 이를 배척하고(원고 1, 3 내지 8, 34의 재산상 손해에 대하여도 추가적으로 위와 같은 이유로 배척함), 원고 2, 10 내지 25, 28, 30 내지 33, 36의 이 사건 청구에 대하여는 위 원고들이 경영하는 공동어장에 이 사건 유류오염사고로 인하여 유류 등이 도달하였다는 점에 대하여 이를 인정할 아무런 증거가 없다는 이유로 위 원고들의 청구를 배척하였는바, 관계 증거들을 기록에 비추어 살펴보면, 위와 같은 원심의 사실인정과 판단은 정당하고, 거기에 상고이유에서 주장하는 바와 같은 채증법칙 위배 및 심리미진에 의한 사실오인 등의 위법이 없다.

3. 상고이유 제3점에 대하여

원심판결 이유에 의하면, 원심은 원고 1, 3 내지 8, 34가 이 사건 유류오염사고로 인하여 자신들의 공동어업 또는 바지락 양식업의 휴업손해 등을 입었다는 주장에 대하여, 국제협약에서 정하고 있는 피고 국제기금의 특수한 지위와 유류오염손해의 개념에 대한 제한적 해석이 국제적인 기준에 근접한다는 점 등에 비추어 위 원고들이 수산업법 소정의 면허 없이 바지락 등의 양식·채취업에 종사한 이상 이는 위법소득으로서 일실손해액 산정에 포함되어서는 아니된다고 하여 위 원고들의 청구를 배척하였다.

범법행위를 계속함으로써 얻을 수 있는 이른바, 위법소득은 손해액 산정의 기초로 삼을 수는 없으나, 위법소득인지 여부는 법이 금하고 있다고 하여 일률적으로 이를 위법소득으로 볼 것이 아니고 그 법규의 입법취지와 법률행위에 대한 비난 가능성의 정도 특히, 그 위반행위가 가지는 위법성의 강도 등을 종합하여 구체적·개별적으로 판단하여야 할 것이므로(대법원 1986. 3. 11. 선고 85다카718 판결 참조) 수산업법상의 무면허 어업행위에 의한 수입이라는 이유만으로 그것이 곧 위법소득에 해당된다고는 볼 수 없다.

그런데 기록에 의하면, 위 원고들이 경영하는 어장은 여천공단지역의 지정으로 인하여 수산업법상의 공동어업 또는 양식어업의 면허를 받을 수 없는 지역 내에 속한 사실을 알 수 있는바, 설령 위 원고들이 이 사건 유류오염사고가 발생하기 이전부터 관할관청으로부터 특별한 제지를 받음이 없이 위 원고들이 주장하는 어업행위를 해왔다고 하더라도, 어촌계가 특별한 시설 등을 갖출 필요 없이 면허를 받아 어업행위를 할 수 있었음에도 절차상의 이유 등으로 면허를 받지 못한 채 무면허 공동어업을 해 온 경우와는 달리, 애초에 면허를 받을 수 없는 공단지정지역 내에서의 무면허 어업행위는 그 위법성의 정도가 강하다고 할 것이므로, 그 무면허 어업행위로 인한 위 원고들의 수입은 위법소득으로서 일실손해 산정의 기초가 될 수 없다 할 것이다.

원심의 설시가 다소 미흡하기는 하나, 위 원고들의 손해배상청구를 배척한 결론에 있어서는 정당하므로 원심판결에 상고이유에서 주장하는 바와 같은 위법소득에 관한 법리오해로 인하여 판결 결과에 영향을 미친 위법이 있다고 할 수 없다.

4. 상고이유 제4점에 대하여

원심판결 이유에 의하면, 원심은 원고 9, 26, 27, 29, 35의 위자료청구에 대하여, 1990년의 미국의 해양기름오염방지법은 배상의 대상이 되는 손해로서 정신적 손해를 규정하고 있지 않고 일본의 유탁손해배상보장법(유탁손해배상보장법)도 '유탁손해(유탁손해)'의 의미에 대하여 오염손해와 방지조치비용·손해로 나누어 규정하면서 정신적 손해의 인정 여부는 언급하고 있지 않으며, 1993. 8. 10. 국제해법회 초안에서는 유류손해의 개념을 유류에 의하여 물건에 발생한 물리적 손실 또는 손해로 생긴 재정적 손실의 결과인 손실과 물리적 손실 또는 손해 이외의 재정적 손해를 의미하는 순수한 경제적 손해(pure economic loss)를 의미한다고 정의하고 있는 등의 판시 제반 사정과 정신적 손해의 배상에 대하여 영미법계와 대륙법계 사이에 통일된 법리가 존재하지 아니하고, 그 배상에 대한 국제적인 기준이나 범위 등이 마련되어 있지 아니한 상황에서, 유류오염으로 인한 배상의 범위에 관한 해석은 유류오염배상에 관한 민사책임협약과 국제기금협약의 체약국과의 사이에 법적용에 있어서 최대한 불균형이 초래되지 않도록 하여야 하며, 여기에 피고 기금의 설치가 가지는 국제적인 특수성을 참작하면, 유류오염손해배상보장법상 오염손해에는 그 규정이 열거하고 있는 바와 같은 경제적, 재산상 손해만이 포함되고, 손해를 입은 자는 이에 한정하여 피고에게 배상을 구할 수 있으며, 피고가 국제기금으로서 배상할 수 있는 유류오염손해의 개념에는 정신적 고통으로 인한 손해는 포함되지 않는 것으로 해석하는 것이 상당하다는 이유로 위 원고들의 위자료 청구를 배척하였다.

1969년 유류오염손해에대한민사책임에관한국제협약에서는 제1조 제6호에서 유류오염손해를 "유출 또는 배출의 발생 장소에 관계없이 선박으로부터의 유류의 유출 또는 배출로 인한 오염에 의하여 유류를 운송하는 선박의 외부에서 발생한 손실 및 손해를 말하며, 예방조치의 비용 및 예방조치에 의하여 야기된 그 밖의 손실 및 손해를 포함한다."고 정의하고 있으나 유류오염손해의 배상범위에 관하여는 따로 규정을 하지 않고, 1971년 유류오염손해보상을위한국제기금의설치에관한국제협약에서는 유류오염손해에 관한 정의나 그 배상범위에 관한 규정을 두지 않고, 위 민사책임협약상의 유류오염손해를 원용하여 제4조 제1항에서 "유류오염손해를 입은 자가 다음의 사유로 인하여 손해에 대하여 충분하고 적절한 보상을 받을 수 없는 경우에는 기금은 그 오염손해의 피해자에게 보상금을 지급할 의무를 부담한다."고 규정하고 있을 뿐이므로, 위 조약상 유류오염손해와 그 배상범위에 관하여는 법정지법인 우리 나라의 일반 손해배상법리에 따를 수밖에 없다 할 것인데, 우리 민법은 제751조와 제752조에서 정신적 손해를 규정하고 있으나, 위 조항에 열거된 사항에 한하지 않고 정신적 손해가 있는 경우에는 민법 제750조에 의하여 위자료청구권이 발생한다고 보는 것이 일반적 법리이므로 위 협약 및 유류오염손해배상보장법에 규정된 유류오염손해를 경제적, 재산상 손해로 제한하여 해석할 이유는 없다 할 것이다.

다만, 이 사건에 있어서 위 원고들은 자신들이 경영하는 어장이 유류로 오염됨으로써 정신적 손해를 입었다고 주장하나, 어촌계 또는 부락인 위 원고들로서는 자신이 경영하는 어장이 유류로 오염되었다는 사정만으로는 정신적 손해가 있다고 보기는 어려우므로 위 원고들의 위자료 청구는 결국, 이유 없다 할 것이다.

원심의 설시가 다소 부적절하기는 하나, 위 원고들의 위자료 청구를 배척한 결론에 있어서는 정당하므로 원심판결에 상고이유에서 주장하는 바와 같은 유류오염손해에 관한 법리오해로 인하여 판결결과에 영향을 미친 위법이 있다고 할 수 없다.

5. 결 론

그러므로 원고들의 상고를 모두 기각하고, 상고비용은 패소자의 부담으로 하기로 하여 관여 법관의 일치된 의견으로 주문과 같이 판결한다.

대법관   강신욱(재판장) 변재승(주심) 윤재식 고현철

[판례 6] 손해배상(기) (대법원 2004. 3. 18. 선고 2001다82507 전원합의체 판결)

【판시사항】

[1] 불법행위로 영업용 물건이 멸실된 경우, 교환가치 상당액 이외에 휴업손해도 배상할 범위에 포함되는지 여부(적극)
[2] 불법행위에 의하여 재산권이 침해된 경우, 위자료를 인정하기 위한 요건

【판결요지】

[1] 불법행위로 영업용 물건이 멸실된 경우, 이를 대체할 다른 물건을 마련하기 위하여 필요한 합리적인 기간 동안 그 물건을 이용하여 영업을 계속하였더라면 얻을 수 있었던 이익, 즉 휴업손해는 그에 대한 증명이 가능한 한 통상의 손해로서 그 교환가치와는 별도로 배상하여야 하고, 이는 영업용 물건이 일부 손괴된 경우, 수리를 위하여 필요한 합리적인 기간 동안의 휴업손해와 마찬가지라고 보아야 할 것이다.
[2] 일반적으로 타인의 불법행위 등에 의하여 재산권이 침해된 경우에는 그 재산적 손해의 배상에 의하여 정신적 고통도 회복된다고 보아야 할 것이므로 재산적 손해의 배상에 의하여 회복할 수 없는 정신적 손해가 발생하였다면, 이는 특별한 사정으로 인한 손해로서 가해자가 그러한 사정을 알았거나 알 수 있었을 경우에 한하여 그 손해에 대한 위자료를 청구할 수 있다.

【참조조문】

[1] 민법 제393조, 제750조, 제763조 [2] 민법 제393조, 제750조, 제751조, 제763조

【참조판례】

[1] 대법원 1980. 12. 9. 선고 80다1840 판결(공1981, 13459)(변경)
대법원 1990. 8. 28. 선고 88다카30085 판결(공1990, 2011)(변경)
대법원 1990. 10. 16. 선고 90다카20210 판결(공1990, 2272)(변경)
대법원 2001. 1. 16. 선고 2000다29325 판결(변경)
[2] 대법원 1989. 8. 8. 선고 88다카27249 판결(공1989, 1354)
대법원 1992. 5. 26. 선고 91다38334 판결(공1992, 2003)
대법원 1994. 12. 13. 선고 93다59779 판결(공1995상, 472)
대법원 1996. 11. 26. 선고 96다31574 판결(공1997상, 58)

【전 문】
【원고, 상고인 겸 피상고인】 망 소외인의 소송수계인 원고 1 외 4인 (소송대리인 변호사 고순례)
【피고, 피상고인 겸 상고인】 태훈산업 주식회사 (소송대리인 법무법인 충정 담당변호사 장용국 외 5인)
【원심판결】 서울고법 2001. 11. 20. 선고 2001나3650 판결

【주 문】
원심판결 중 일실 휴업손해에 관한 부분 및 위자료에 관한 피고 패소 부분을 각 파기하고, 이 부분 사건을 서울고등법원에 환송한다. 원고들의 나머지 상고를 기각한다.

【이 유】
1. 원고들의 상고이유에 대한 판단
   가. 원심은, 원고들의 피상속인인 소외인이 이 사건 사고로 인하여 그 소유의 피해 선박이 침몰로 멸실되자 대체 선박을 마련한 후 1999. 11. 9.부터 어업을 재개하였다고 주장하면서 사고일인 같은 해 7. 11.부터 조업재개일인 같은 해 11. 9.까지 약 4개월간 소외인이 입은 영업수익 상실손해인 금 76,273,648원의 지급을 구하는 원고들의 청구에 대하여, 선박이 침몰하여 멸실된 경우 선박소유자가 입은 손해액은 그 멸실된 선박의 교환가격에 그치고 그 이외에 선박을 이용하여 얻을 수 있는 수입 상당은 그 교환가격의 이자 상당액에 포괄된다 할 것이어서 교환가격의 배상을 구하는 외에 선박을 이용함으로써 얻을 수 있었던 이익을 별도의 손해로 청구할 수는 없다는 제1심의 판결 이유를 인용하여 원고들의 위 청구를 배척하였다.
   그러나 불법행위로 영업용 물건이 멸실된 경우, 이를 대체할 다른 물건을 마련하기 위하여 필요한 합리적인 기간 동안 그 물건을 이용하여 영업을 계속하였더라면 얻을 수 있었던 이익, 즉 휴업손해는 그에 대한 증명이 가능한 한 통상의 손해로서 그 교환가치와는 별도로 배상하여야 하고, 이는 영업용 물건이 일부 손괴된 경우, 수리를 위하여 필요한 합리적인 기간 동안의 휴업손해와 마찬가지라고 보아야 할 것이다.
   이와 달리 불법행위로 영업용 선박, 자동차, 건물 등의 물건이 멸실된 경우에 그 물건의 교환가격 상당액의 배상 이외에 그 물건을 대체할 다른 물건의 제조 또는 구입시까지의 기간 동안 그 멸실된 물건을 사용·수익하지 못하여 입은 손해의 배상을 구할 수 없다는 취지로 판시한 대법원 2001. 1. 16. 선고 2000다29325 판결, 대법원 1990. 10. 16. 선고 90다카20210 판결, 대법원 1990. 8. 28. 선고 88다카30085 판결, 대법원 1980. 12. 9. 선고 80다1840 판결을 비롯하여 이 판결의 견해에 배치되는 판결들은 그 배치되는 범위 내에서 이를 변경하기로 한다.
   따라서 이와 반대의 견해에서 대체 선박을 마련하는 데 필요한 합리적인 기간 및 그 기간 동안의 조업수입액 등에 관하여 심리하지 아니한 채 원고들의 위 청구를 배척한 원심판결에는 불법행위로 인하여 영업용 물건이 멸실된 경우의 손해배상액 산정에 관한 법리를 오해하여 판결에 영향을 미친 위법이 있다 할 것이다. 이 점을 지적하는 상고이유의 주장은 정당하다.
   나. 원심판결 중 위자료 청구를 일부 기각한 부분에 대하여는, 원고들이 상고이유서 제출기간 내에 상고이유를 제출하지 아니하였다.
2. 피고의 상고이유에 대한 판단
   원심은, 위 소외인이 이 사건 선박충돌 사고로 생활기반이 되는 어선이 완전파손됨으로 인하여 상당한 정도의 정신적 충격을 받았음이 인정되고, 이로 인하여 상당한 기간 동안 생업에 종사하지 못하

였으며 대체선박을 구입하여 다시 생업에 종사한지 얼마 되지 않아 사망하는 등의 사정이 있었으므로 피고는 이 사건 사고로 인하여 위 소외인이 입은 정신적 손해를 배상할 책임이 있다고 할 것이고, 이 사건 자료에 나타난 제반 사정을 참작하면 그 액수는 금 20,000,000원으로 정함이 상당하다고 판단하였다.

그러나 일반적으로 타인의 불법행위 등에 의하여 재산권이 침해된 경우에는 그 재산적 손해의 배상에 의하여 정신적 고통도 회복된다고 보아야 할 것이므로 재산적 손해의 배상에 의하여 회복할 수 없는 정신적 손해가 발생하였다면, 이는 특별한 사정으로 인한 손해로서 가해자가 그러한 사정을 알았거나 알 수 있었을 경우에 한하여 그 손해에 대한 위자료를 청구할 수 있는 것이다(대법원 1996. 11. 26. 선고 96다31574 판결 등 참조).

따라서 이 사건 선박충돌 사고로 위 소외인이 입게 된 정신적 고통을 위자할 의무가 있다고 하기 위해서는 위 소외인에게 위와 같은 특별한 사정이 있고, 피고가 이를 알았거나 알 수 있었어야 할 것인데, 원심이 이러한 점에 관하여 제대로 심리·판단을 하지 않은 채 만연히 앞서 설시한 이유만으로 피고에게 정신적 손해에 대하여도 위자할 의무가 있다고 판단하였으니 이는 재산권 침해로 인한 위자료의 인정에 관한 법리오해, 심리미진 내지 이유불비의 위법을 저지른 것이라고 할 것이다. 이 점을 지적하는 상고이유의 주장은 이유 있다.

3. 그러므로 원심판결 중 일실 휴업손해에 관한 부분 및 위자료에 관한 피고 패소 부분을 각 파기하고, 이 부분 사건을 다시 심리·판단하도록 하기 위하여 원심법원에 환송하며, 원고들의 나머지 상고는 이유 없어 이를 기각하기로 관여 대법관 전원의 의견이 일치되어 주문과 같이 판결한다.

대법원장 최종영(재판장)   대법관   조무제 변재승 유지담 윤재식 이용우 배기원 강신욱(주심) 이규홍 이강국 박재윤 고현철 김용담

☞ 대법원 2001. 2. 9. 선고 99다55434 판결 8p 참조
☞ 대법원 2003. 9. 5. 선고 2001다68358 판결 64p 참조

다. 생활방해의 경우

☞ 대법원 1991. 6. 11. 선고 90다20206 판결 68p 참조

제2절 고의, 과실

1. 과실의 개념에 관한

☞ 대법원 1973. 10. 10. 선고 73다1253 판결 28p 참조

120   환경소송 실무자료

[판례 7] 손해배상청구사건 (대구고법 1973. 7. 5. 선고 72나755 제2민사부판결 : 상고)

【판시사항】

유해까스의 분출로 인한 농작물의 피해에 대하여 배상책임을 인정한 사례(공해사건)

【판결요지】

비료공장이 비록 현대화 된 시설을 구비하여 각종 비료를 생산함으로써 국가경제발전에 이바지함이 크다 할지라도 그 생산과정에서 다량의 유해가스를 분출시켜 농작물에 막심한 피해를 끼치는 것 까지를 정당화 시킬 수는 없다

【참조조문】

민법 제750조

【전 문】

【원고 , 피항소인】 원고
【피고 , 항 소 인】 피고 주식회사
【원심판결】 제1심 부산지방법원(71가합1379 판결)

【주 문】

피고의 항소를 기각한다.
항소비용은 피고의 부담으로 한다.

【청구취지】

피고는 원고에게 돈 2,883,076원 및 이에 대한 1971.10.1.부터 완제에 이르기까지 연 5푼의 율에 의한 돈을 지급하라.
소송비용은 피고의 부담으로 한다.
위 제1항에 한하여 가집행할 수 있다.

【항소취지】

원판결을 취소한다.
원고의 청구를 기각한다.
소송비용은 1, 2심 모두 원고의 부담으로 한다.

【이 유】

공문서이므로 진정성립이 추정되는 갑제1호증의 1-5, 제2호증의 1-3, 제3호증의 1, 2의 각기재와 원심증인 소외 1의 증언(일부 믿지않는 부분제외)및 원심의 민사기록검증결과(대법원 71다2016호 손해배상사건)중 소외 2, 3등이 각 작성한 감정서의 일부 기재 당원의현장검증결과에 당사자 변론의 전취지를 모두어 보면 원고는 수십년전부터 주거지인 울산시매암동 412 밭 3,000여평에 약 25-30년생의 사과나무 232주, 배나무 50주를 소유하면서 과수원을 경영하여 왔으나 피고 회사가 1967년도에 원고 소유의 과수원에서 약 150-300미터 상거한 장소에 거대한 복합비료제조공장을 건설하여 같은 해 7.경부터 가동하여 비료를 생산하므로서 가동초부터 식물에 유해한 아황산까스등이 공장 굴뚝을 타고 분출되어 나오므로서공장에서 가까운 거리에 있는 원고 소유의 과수원 부근의 공기를 특히 심하게 오염시켜 이로인하여 과수목이 엽소현상을 일으키고 1년생 가지는 고사하는가 하면 피었던 꽃이 시들어열매

를 맺지 못하고 맺었던 열매마저 비육하지 못하는 등 원고 소유의 과수원에 막심한 피해를 입힌 사실, 피고 회사의 위 비료공장은 가동초기에 있어서는 앞서말한 유해까스의 제거시설이 미비하고 특히 작업기술의 미숙으로 많은 양의 유해까스가 분출되어 거듭된 시설보완으로 다소의 차도가 있기는 하나 그 상태가 계속되므로 말미암아 1968년도에는 상품성 있는과일을 생산하지 못하였으며 그마저 1969년에는 위 과수목이 고사하여 버림으로서 폐목이되고 말았을 뿐 아니라 위 밭을 일반 농경지로서도 사용할 수 없게 된 사실등을 각 인정할수 있고 이에 반하는 원심의 민사기록 검증결과중 소외 4, 2, 5등의 각 일부증언기재부분은 믿지 않으며 달리 반증없다.

피고 소송대리인은 피고 회사의 위 비료공장은 현대과학기술수준에 비추어 최량의 시설을갖춘 것이므로 공작물 설치에 아무런 하자가 없고 그 조업과정에서 필연적으로 분출되는 유해까스로 다소의 공해가 생겼다 할지라도 이는 경제건설과 국가산업발전에 따르는 부득이한 피해로서 수인의 범위에 속하는 것으로서 설사 이에 대한 공해방지 내지 그 보상을 한다면 국가가 할 일이지 피고 회사에게 그 배상의 책임을 돌릴 수 없는 것이라고 주장하는 바피고 회사의 위 비료공장은 그 가동초기에 있어서 상당한 기간은 위 유해까스의 제거시설이미비한데다가 종업원의 조업상 기술부족으로 인하여 많은 양의 유해까스를 분출시켜 원고 소유이 과수원에 막심한 피해를 끼쳤음은 앞서 인정한 바와 같을 뿐 아니라 위 비료공장이 비록 현대화 된 시설을 구비하여 각종 비료를 생산하여 국가경제발전에 이바지함이 크다할지라도 그 생산과정에서 앞서와 같이 다량의 유해까스를 대기중에 분출하게 하여 인근에 있는농작물에 막심한 피해를 끼치는 것까지를 정당화 시킬 수 없는 것이고 이를 국가가 맡아 배상한다는 것은 국가산업발전을 도모하기 위한 정책적인 면에서는 바람직하다고 할지 몰라도 법리상으로는 그 배상책임을 부담하여야 할 아무런 법적근거가 없다 할 것이니 이로 인한 손해배상의 책임을 면할 수 없는 것이므로 위 주장은 이유없다.

그렇다면 원고의 손해액은 위 인정과 같이 1969.에 이르러 과수목이 전부 폐목이 되어 버리므로서 의 과수목의 싯가 상당액과 위밭을 1971.에 타에 매도 처분할 때까지의1969, 1970.의 2년간 일반 농경지로서도 경작하지 못하므로서 그 수확의 상실액이 원고가 입은 손해액이라고 할 것인바 이에 대하여 피고 소송대리인은 위 과수목이 폐목이 되므로서 입는 손해는 그 교환가치의 한도액에 그치고 이에 과수목에서 얻을 수 있는 장래의 수익상실액도 당연히 포함된다고 할 것이므로 원고가 1968, 1969.의 2년 동안 위 과수목에서 수익을얻지 못한 손해의 배상금으로서 이미 3,223,929원을 받은 바 있어 이는 이건 배상청구금원에서 응당 공제되어야 할 것이고 1969년도의 경작은 원고 스스로 포기하였으므로 이로 인한손해는 피고가 포기하였으므로 이로 인한 손해는 피고가 배상할 성질의 것이 못된다고 주장하므로 살피건대 그 주장사실중 원고가 1968.1969.의 2년 동안에 위 과수목에서 수익을 전혀 얻지 못한 손해배상금으로 돈 3,223,929원을 수령한 사실은 당사자 간에 다툼이 없으며위 과수목이 폐목이 되므로서 입은 손해액은 그 교환가치 및 그 지연손해금의 한도에 그치고 이에는 특단의 사유가 없는 한 과수목에서 얻을 수 있는 장래의 수익상실액도 이에 포함된다고 할 것인바 이건의 경우 위 인정과 같이 1967년도 부터 1968년도까지는 위 과수목이유해까스로 폐목화되는 과정에서 과수원으로서의 명맥을 유지하면서 단지 상품성 있는 과일을 수확하지 못한 것에 불과하나 1969년에 이르러서는 완전히 폐목되어 과수원으로서의 기능을 상실하였으므로 이미 배상받은 위 금원중 1968년까지의 수익상실로 인한 배상액 부분은 공제될리 없다고 할 것이지마는 1969년도에 있어 수익상실로 인한 배상액 부분은 폐목이되므로 인한 손해액인 과수목자체의 교환가치와 과수원으로서의 효능을 상실한 일반농지(밭)로서도 경작할 수 없으므로 말미암아 얻을 수 있는 수익상실액에 포함되는 것으로서 그주장과 같이 당연히 공제되어야 마땅할 것이고 또한 1969.도의 경작은 앞서 인정한 바와 같이 영농을 해보았자 영농비만을 소비할뿐 아무런 수확도 얻지 못할 것임이 명백하기 때문에원고가 부득이 그 영농을 포기하게 된 것임을 쉽사리

규지할 수 있으므로 위 주장은 1969년도의 수확상실 부분을 이건 손해배상액에서 공제되어야 하는 범위에서 이유 있다.

나아가 그 손해액에 관하여, 성립에 다툼이 없는 을 제2호증의 각 기재와 당심의 감정결과에 감정증인 소외 6의 증언을 모두어보면 울산공업단지의 공장구역 밖에 있는 과수원의25-30생되는 사과 및 배나무의 주당 싯가는 22,000원에 상당하고 그 구역내에 있는 과수목은 주당 10,000원에 불과한데 원고 소유의 위 과수목도 앞서 말한 바와 같이 인근에 피고 회사의 위 비료공장이 건립되지 않고 그 유해가스로 폐목이 되지 않았다면 공장구역외에 포함되어 주당의 싯가가 22,000원에 상당한 것이 폐목으로 말미암아 화목등의 용도로 밖에 사용할 수 없게 되어 주당 싯가가 100원 상당밖에 되지 않아 과수목의 폐목으로 인한 손해는 6,175,800원인 사실, 뿐만 아니라 위 인정과 같이 과수목의 폐목으로 과수원이던 것이 단순한 일반농경밖에 할 수 없는 밭이 되고 말았으나 원고가 이를 1971.에 타에 매도하기까지 1969.1970.의 2년동안 그 역시 계속되는 유해까스(아황산까스등)으로 말미암아 경작할 수없으므로서 타에 경작을 시킨다 할지라도 연간 얻을 수 있는 임대료 상당에 해당하는330,000원의 수익을 상실하므로서 그 손해액이 660,000원이 되는 사실을 각 인정할 수 있고이에 일부 반하는 소외 1의 증언은 믿지 않으며 달리 반증없다.

그렇다면 원고가 입은 손해는 모두 6,835,800원으로 된다고 할 것이나 이에 위 갑 제3호증의 2에 의하여 인정할 수 있는 1969년도 위 과수원의 수익상실액으로 이미 배상받은 1,582,505원을 앞서 실시한 바에 따라 위 손해액에서 공제하면 돈 5,253,295원이 되는 것이계산상 명백하다.

이리하여 피고 회사는 원고에게 위 인정의 금원 및 이에 대한 지연손해금을 아울러 지급할의무가 있다고 할 것이바 원고 스스로 청구취지의 금원을 구하는 이사건 청구는 이유있어결론을 같이한 원판결은 정당하므로 민사소송법 제384조, 제95조, 제89조를 각 적용하여 주문과 같이 판결한다.

판사   최봉길(재판장) 조수봉 오장희

2. 무과실책임주의

무과실책임을 인정한 개별적인 법 규정으로는 토양환경보전법 제10조의3, 광업법 제91조, 수산업법 제82조, 해양오염방지법 제4조의6, 원자력손해배상법 제3조 제1항, 유류오염손해배상보장법 제4조 제1항, 제4항이 있다.

☞ 대법원 2001. 2. 9. 선고 99다55434 판결 8p 참조

가. 사업장이라 함은

사업장이라 함은 오염물질의 배출시설이 설치되어 있는 공장, 사업장을 말하는데, '사업장 등'이라고 규정하고 있으므로 사업장에 한하지 않고, 자동차나 중기, 하수·폐수·분뇨종말처리장 또는 방지시설업소, 산업폐기물처리업소, 원자력발전소 등도 이에 포함된다[1]).

☞ 대법원 2003. 6. 27. 선고 2001다734 판결 10p 참조

나. 사업자

'사업자'라 함은 피해의 원인이 된 오염물질의 배출 당시 사업장 등의 운영을 위하여 비용을 조달하고, 이에 관한 의사결정을 하는 등으로 사업장 등을 사실상·경제상 지배하는 자를 말한다.

3. 수인한도론 (受認限度論)

가. 수인한도의 판단요소

일반적으로 환경침해의 정도가 사회통념상 수인한도를 넘었는지 여부는 피해의 정도, 피해이익의 성질 및 그에 대한 사회적 평가, 가해건물의 용도, 지역성, 토지이용의 선후관계, 가해방지 및 피해 회피의 가능성, 공법적 규제의 위반 여부, 교섭 경과 등 모든 사정을 종합적으로 고려하여 판단하여야 한다.

[판례 8] 손해배상(기) (대법원 2004. 10. 28. 선고 2002다63565 판결)

【판시사항】
[1] 건물 신축으로 인한 일조방해행위가 사법상 위법한 가해행위로 평가되는 경우 및 일조방해행위가 사회통념상 수인한도를 넘었는지 여부에 관한 판단 기준
[2] 일조방해행위가 수인한도를 넘었는지 여부를 판단하기 위한 지역성의 결정 기준 및 그 판단에 포함되는 요소
[3] 이미 다른 기존의 건물에 의하여 일조방해를 받고 있는 경우, 신축 건물에 의한 일조방해가 수인한도를 넘었는지 여부를 판단함에 있어서 고려하여야 할 사항
[4] 건물이 들어선 곳의 지역성과 다른 기존의 건물에 의하여 일조방해를 받을 가능성 등이 있다는 사정을 고려하지 않은 채 신축 건물로 인한 일조방해의 정도가 수인한도를 넘어 위법하다고 판단한 원심판결을 파기한 사례

【판결요지】
[1] 건물의 신축으로 인하여 그 이웃 토지상의 거주자가 직사광선이 차단되는 불이익을 받은 경우에 그 신축 행위가 정당한 권리행사로서의 범위를 벗어나 사법상 위법한 가해행위로 평가되기 위해서는 그 일조방해의 정도가 사회통념상 일반적으로 인용하는 수인한도를 넘어야 하고, 일조방해행위가 사회통념상 수인한도를 넘었는지 여부는 피해의 정도, 피해이익의 성질 및 그에 대한 사회적 평가, 가해 건물의 용도, 지역성, 토지이용의 선후관계, 가해 방지 및 피해 회피의 가능성, 공법적

---

1) 구연창, 환경보전법, 삼영사(1981), 446면

규제의 위반 여부, 교섭 경과 등 모든 사정을 종합적으로 고려하여 판단하여야 한다.
[2] 쾌적하고 건강한 생활에 필요한 생활이익으로서 법적 보호의 대상이 되는 주거의 일조는 현재 살고 있는 지역주민을 보호하기 위한 것이므로 일조방해행위가 수인한도를 넘었는지 여부를 판단하기 위한 지역성은 그 지역의 토지이용 현황과 실태를 바탕으로 지역의 변화 가능성과 변화의 속도 그리고 지역주민들의 의식 등을 감안하여 결정하여야 할 것이고, 바람직한 지역 정비로 토지의 경제적·효율적 이용과 공공의 복리증진을 도모하기 위한 도시계획법 등 공법에 의한 지역의 지정은 그 변화 가능성 등을 예측하는 지역성 판단의 요소가 된다.
[3] 구체적인 수인한도를 판단하기 위하여는 일조피해를 받는 건물이 이미 다른 기존 건물에 의하여 일조방해를 받고 있는 경우에는 그 일조방해의 정도와 신축 건물에 의한 일조방해와의 관련성 등도 고려하여 신축 건물에 의한 일조방해가 수인한도를 넘었는지 여부를 판단하여야 한다.
[4] 건물이 들어선 곳의 지역성과 다른 기존의 건물에 의하여 일조방해를 받을 가능성 등이 있다는 사정을 고려하지 않은 채 신축 건물로 인한 일조방해의 정도가 수인한도를 넘어 위법하다고 판단한 원심판결을 파기한 사례.

【참조조문】
[1] 민법 제2조 제1항, 제750조 [2] 민법 제2조 제1항, 제750조 [3] 민법 제2조 제1항, 제750조 [4] 민법 제2조 제1항, 제750조

【참조판례】
[1] 대법원 1999. 1. 26. 선고 98다23850 판결(공1999상, 351)
대법원 2000. 5. 16. 선고 98다56997 판결(공2000하, 1419)
대법원 2002. 12. 10. 선고 2000다72213 판결(공2003상, 320)
대법원 2004. 9. 13. 선고 2003다64602 판결(공2004하, 1661)

【전 문】
【원고, 피상고인】 원고 1 외 10인 (소송대리인 변호사 추헌영)
【피고, 상 고 인】 피고 (소송대리인 변호사 고진상)
【원심판결】 서울고법 2002. 10. 2. 선고 2001나50731 판결
【주 문】
원심판결 중 피고 패소 부분을 파기하고, 이 부분 사건을 서울고등법원에 환송한다.
【이 유】
건물의 신축으로 인하여 그 이웃 토지상의 거주자가 직사광선이 차단되는 불이익을 받은 경우에 그 신축 행위가 정당한 권리행사로서의 범위를 벗어나 사법상 위법한 가해행위로 평가되기 위해서는 그 일조방해의 정도가 사회통념상 일반적으로 인용하는 수인한도를 넘어야 하고, 일조방해행위가 사회통념상 수인한도를 넘었는지 여부는 피해의 정도, 피해이익의 성질 및 그에 대한 사회적 평가, 가해 건물의 용도, 지역성, 토지이용의 선후관계, 가해 방지 및 피해 회피의 가능성, 공법적 규제의 위반 여부, 교섭 경과 등 모든 사정을 종합적으로 고려하여 판단하여야 한다(대법원 1999. 1. 26. 선고 98다23850 판결, 2000. 5. 16. 선고 98다56997 판결, 2002. 12. 10. 선고 2000다72213 판결 등 참조).
그리고 쾌적하고 건강한 생활에 필요한 생활이익으로서 법적 보호의 대상이 되는 주거의 일조는 현재 살고 있는 지역주민을 보호하기 위한 것이므로 일조방해행위가 수인한도를 넘었는지 여부를 판단하기 위한 지역성은 그 지역의 토지이용 현황과 실태를 바탕으로 지역의 변화 가능성과 변화의 속도 그리고

지역주민들의 의식 등을 감안하여 결정하여야 할 것이고, 바람직한 지역 정비로 토지의 경제적·효율적 이용과 공공의 복리증진을 도모하기 위한 도시계획법 등 공법에 의한 지역의 지정은 그 변화 가능성 등을 예측하는 지역성 판단의 요소가 된다고 할 것이다.

또한, 구체적인 수인한도를 판단하기 위하여는 일조피해를 받는 건물이 이미 다른 기존 건물에 의하여 일조방해를 받고 있는 경우에는 그 일조방해의 정도와 신축 건물에 의한 일조방해와의 관련성 등도 고려하여 신축 건물에 의한 일조방해가 수인한도를 넘었는지 여부를 판단하여야 할 것이다.

기록에 의하면, 원고들의 다세대 주택과 피고의 건물인 숙박시설이 들어선 지역은 구 도시계획법(2002. 2. 4. 법률 제6655호로 폐지되기 전의 것)상 일반상업지역이고, 소송 외에서 이 사건 일조방해의 정도를 감정한 분석연구서(갑 제15호증)와 이를 작성한 제1심 증인도 원고들과 피고의 건물 남향 도로 건너편에 지상 19층의 해태프라자 빌딩이 있어 원고들의 다세대 주택 일부의 일조에 영향을 줄 가능성이 있음을 인정하고 있으므로, 원심으로서는 원고들이 피고가 신축한 건물로 인하여 받은 일조방해가 사회통념상 수인한도를 넘었는지 여부를 판단함에 있어, 원고들과 피고의 건물이 들어선 지역의 토지이용 현황과 실태를 살펴보고, 이것을 바탕으로 그 지역이 일반상업지역이라는 사정 등을 감안한 지역성과 원고들의 다세대 주택이 해태프라자 빌딩으로 인하여 받는 일조방해 정도, 피고의 건물에 의한 일조방해와의 관련성 등을 심리하여 판단하였어야 할 것이다.

그럼에도 불구하고, 원심은 해태프라자 빌딩에 의한 원고들 다세대 주택의 일조방해 여부를 고려하지 아니한 채 피고 건물에 의한 일조방해만을 감정한 분석연구서(갑 제15호증)에 의하여 피고의 건물에 의한 일조방해 정도를 인정하고, 또 이 사건 건물들이 위치한 지역의 현황과 구 도시계획법상 용도지역이 일반상업지역인 점에 관하여 고려함이 없이 일반적인 주거지역에서의 일조방해의 수인한도를 적용하여 피고의 건물로 인한 일조방해가 수인한도를 넘은 위법한 것으로서 불법행위가 된다고 판단하였는바, 이는 일조방해로 인한 불법행위의 법리를 오해하고, 채증법칙을 위배하거나 심리를 다하지 아니하여 사실을 오인함으로써 판결에 영향을 미친 잘못을 저질렀다고 할 것이고, 이 점을 지적하는 상고이유의 주장은 이유 있다.

그러므로 나머지 상고이유의 주장에 대한 판단을 생략한 채 원심판결 중 피고 패소 부분을 파기하고, 이 부분 사건을 다시 심리·판단하게 하기 위하여 원심법원에 환송하기로 하여 관여 법관의 일치된 의견으로 주문과 같이 판결한다.

대법관 강신욱(재판장) 변재승 박재윤 고현철(주심)

[판례 9] 손해배상(기) (대법원 2002. 12. 10. 선고 2000다72213 판결)

【판시사항】

[1] 일조방해행위가 사법상 위법한 가해행위로 평가되기 위한 요건
[2] 일조방해에 대한 공법적 규제의 사법적 의미 및 건물 신축이 건축 당시의 공법적 규제에 형식적으로 적합하다고 하더라도 현실적인 일조방해의 정도가 현저하게 커 사회통념상 수인한도를 넘는 경우, 위법행위로 평가되는지 여부(적극)
[3] 일조방해행위가 사회통념상 수인한도를 넘었는지 여부에 관한 판단 기준

[4] 도시계획법상 일반상업지역 내에서의 주상복합아파트의 건축으로 인하여 발생한 인접한 다른 주상복합아파트에 대한 일조권 등의 침해가 제반 사정에 비추어 수인한도 내에 있다고 본 사례

【판결요지】

[1] 건물의 신축으로 인하여 그 이웃 토지상의 거주자가 직사광선이 차단되는 불이익을 받은 경우에 그 신축행위가 정당한 권리행사로서의 범위를 벗어나 사법상 위법한 가해행위로 평가되기 위해서는 그 일조방해의 정도가 사회통념상 일반적으로 인용하는 수인한도를 넘어야 한다.

[2] 건축법 등 관계 법령에 일조방해에 관한 직접적인 단속법규가 있다면 그 법규에 적합한지 여부가 사법상 위법성을 판단함에 있어서 중요한 판단자료가 될 것이지만, 이러한 공법적 규제에 의하여 확보하고자 하는 일조는 원래 사법상 보호되는 일조권을 공법적인 면에서도 가능한 한 보증하려는 것으로서 특별한 사정이 없는 한 일조권 보호를 위한 최소한도의 기준으로 봄이 상당하고, 구체적인 경우에 있어서는 어떠한 건물 신축이 건축 당시의 공법적 규제에 형식적으로 적합하다고 하더라도 현실적인 일조방해의 정도가 현저하게 커 사회통념상 수인한도를 넘은 경우에는 위법행위로 평가될 수 있다.

[3] 일조방해 행위가 사회통념상 수인한도를 넘었는지 여부는 피해의 정도, 피해이익의 성질 및 그에 대한 사회적 평가, 가해 건물의 용도, 지역성, 토지이용의 선후관계, 가해 방지 및 피해 회피의 가능성, 공법적 규제의 위반 여부, 교섭 경과 등 모든 사정을 종합적으로 고려하여 판단하여야 하고, 건축 후에 신설된 일조권에 관한 새로운 공법적 규제 역시 이러한 위법성의 평가에 있어서 중요한 자료가 될 수 있다.

[4] 도시계획법상 일반상업지역 내에서의 주상복합아파트의 건축으로 인하여 발생한 인접한 다른 주상복합아파트에 대한 일조권 등의 침해가 제반 사정에 비추어 수인한도 내에 있다고 본 사례.

【참조조문】

[1] 민법 제2조 제1항, 제750조 [2] 민법 제2조 제1항, 제750조 [3] 민법 제2조 제1항, 제750조 [4] 민법 제750조, 구 건축법(1999. 2. 8. 법률 제5895호로 개정되기 전의 것) 제53조, 구 도시계획법(2000. 1. 28. 법률 제6243호로 전문 개정되기 전의 것) 제17조

【참조판례】

[1][2][3] 대법원 1999. 1. 26. 선고 98다23850 판결(공1999상, 351)
대법원 2000. 5. 16. 선고 98다56997 판결(공2000하, 1419)
[1] 대법원 1982. 9. 14. 선고 80다2859 판결(공1982, 1001)
대법원 1989. 5. 9. 선고 88다카4697 판결(공1989, 890)

【전 문】

【원고, 피상고인】 원고 1 외 36인
【피고, 상 고 인】 주식회사 대경종합건설 (소송대리인 변호사 이세형)
【원심판결】 부산고법 2000. 11. 16. 선고 2000나72 판결

【주 문】

원심판결을 파기하고, 사건을 부산고등법원에 환송한다.

【이 유】

1. 원심의 판단

원심은 그 판시 증거를 종합하여, 원고들은 주식회사 동성종합건설이 1994. 7. 30.경 준공한 지하 4층, 지상 18층의 주상복합아파트인 진주시 (주소 1 생략)의 지상 5층 내지 15층 중 원고들 주소 각 호수를 1992. 4. 20.부터 1994. 4. 20.까지 사이에 분양받아 1994. 8. 24.부터 1995. 6. 17.까지 사이에 원고들 명의로 소유권이전등기를 경료한 사실(일부 원고들은 그 이후에 소유권이전등기를 경료하였다.), 합자회사 대경종합건설(1997. 12. 8. 피고 회사에 흡수합병)은 1993. 1. 20. 진주시 (주소 2 생략) 지상에 ○○아파트(지하 2층, 지상 18층 106세대, 주상복합아파트)의 신축사업계획을 승인받았다가, 1995. 6. 21. (주소 2 생략) 및 (주소 3 생략) 양 대지 합계 3,465㎡ 지상에 ○○강남타운(지하 2층, 지상 20층, 아파트 179세대) 및 ○○빌딩(지하 2층, 지상 16층, 근린생활시설 등) 건축연면적 합계 24,855.04㎡로 계획을 변경하여 승인을 받은 뒤 1995. 7. 24.경 착공하여 1997. 6. 22.경 위 ○○아파트의 골조공사를 완성하고 1997. 12.경 준공한 사실, 대경종합건설의 ○○강남타운 및 ○○빌딩 완성으로 인하여 동지일의 진태양시를 기준으로 한 08:00부터 16:00까지 사이의 8시간 중 원고들 소유 각 호수의 일조침해시간은 1심판결의 [별지] 일람표 중 침해시간란 기재와 같고, 5층 내지 11층의 각 호에 대하여는 동지일의 진태양시를 기준으로 한 09:00부터 15:00까지 사이의 6시간 중 2시간 이상의 연속일조가 확보되지 않으며, 원고들 소유의 각 호수 안에서 전방을 바라볼 수 있는 조망은 위 ○○강남타운 및 ○○빌딩에 의하여 가려지고 있는데, 각 층의 1호는 약 40 내지 50%, 각 층의 2 내지 5호는 거의 100% 가려지고 있을 뿐만 아니라, 원고들 소유의 각 호수 중 각 층의 2, 3호는 약 30 내지 40m 떨어져 있는 위 ○○강남타운의 약 5개 주거로부터, 각 층의 4호는 약 10개 주거로부터, 각 층의 5호는 약 15개 주거로부터 사람의 몸짓 및 남녀가 식별될 수 있는 거리에 놓여있는 사실을 각 인정한 후, 피고가 건축한 위 ○○아파트로 인하여 원고들에게 사회통념상 일반적으로 인정되는 수인한도를 초과하는 일조권, 조망권 및 프라이버시의 침해가 있다고 판단하여 피고는 원고들에게 이로 인한 정신적 손해를 배상하여야 한다고 판시하였다.

2. 대법원의 판단
   가. 건물의 신축으로 인하여 그 이웃 토지상의 거주자가 직사광선이 차단되는 불이익을 받은 경우에 그 신축행위가 정당한 권리행사로서의 범위를 벗어나 사법상 위법한 가해행위로 평가되기 위해서는 그 일조방해의 정도가 사회통념상 일반적으로 인용하는 수인한도를 넘어야 하고, 건축법 등 관계 법령에 일조방해에 관한 직접적인 단속법규가 있다면 그 법규에 적합한지 여부가 사법상 위법성을 판단함에 있어서 중요한 판단자료가 될 것이지만, 이러한 공법적 규제에 의하여 확보하고자 하는 일조는 원래 사법상 보호되는 일조권을 공법적인 면에서도 가능한 한 보증하려는 것으로서 특별한 사정이 없는 한 일조권 보호를 위한 최소한도의 기준으로 봄이 상당하고, 구체적인 경우에 있어서는 어떠한 건물 신축이 건축 당시의 공법적 규제에 형식적으로 적합하다고 하더라도 현실적인 일조방해의 정도가 현저하게 커 사회통념상 수인한도를 넘은 경우에는 위법행위로 평가될 수 있으며, 일조방해 행위가 사회통념상 수인한도를 넘었는지 여부는 피해의 정도, 피해이익의 성질 및 그에 대한 사회적 평가, 가해 건물의 용도, 지역성, 토지이용의 선후관계, 가해 방지 및 피해 회피의 가능성, 공법적 규제의 위반 여부, 교섭 경과 등 모든 사정을 종합적으로 고려하여 판단하여야 하고, 건축 후에 신설된 일조권에 관한 새로운 공법적 규제 역시 이러한 위법성의 평가에 있어서 중요한 자료가 될 수 있다(대법원 1982. 9. 14. 선고 80다2859 판결, 1989. 5. 9. 선고 88다카4697 판결, 1999. 1. 26. 선고 98다23850 판결, 2000. 5. 16. 선고 98다56997 판결 각 참조).
   나. 이 사건 ○○아파트의 건축 당시 시행되던 구 건축법(1991. 5. 31. 개정 후 1999. 2. 8. 법률 제5895호로 개정되기 전의 것) 제53조는 일조 등의 확보를 위한 건축물의 높이제한에 관하여 "

공동주택과 전용주거지역 및 일반주거지역 안에서 건축하는 건축물의 높이는 일조 등의 확보를 위하여 필요한 경우에는 대통령령이 정하는 바에 의하여 그 건축물로부터 동일 대지안의 다른 건축물까지의 거리와 인접대지경계선까지의 거리에 따라 시·군·구의 조례로 정하는 높이를 초과할 수 없다."고 규정하고, 구 건축법시행령(1993. 8. 9. 개정 후 1999. 4. 30. 대통령령 제16284호로 개정되기 전의 것) 제86조는 일조등의 확보를 위한 건축물의 높이제한에 관하여 제1호에서 전용주거지역 또는 일반주거지역안에서의 건축물에 대하여 건축의 이격거리를 규정하고, 제2호에서는 "공동주택의 경우에는 제1호의 규정에 적합하여야 하는 외에 다음 각 목의 규정에 의한 높이의 범위 안에서 건축조례가 정하는 높이 이하로 건축하여야 한다. 다만, 건축물의 층수, 방향 등에 따라 건축조례가 일조의 확보 등에 지장이 없다고 인정하여 특별히 정하는 경우에는 그러하지 아니하다. 가. 건축물의 각 부분의 높이는 그 부분으로부터 채광을 위한 창문 등이 향하는 방향으로 인접대지경계선까지의 수평거리의 4배 이하 나. 동일 대지 안에서 2동 이상의 건축물이 서로 마주보고 있는 경우에는 건축물의 각 부분의 높이는 각각 서로 마주보는 외벽의 각 부분으로부터 다른 쪽의 외벽의 각 부분까지의 거리의 1.25배 이하 또는 당해 대지 안의 모든 세대가 동지일을 기준으로 9시에서 15시 사이에 건축조례가 정하는 시간 이상을 연속하여 일조를 확보할 수 있는 높이 이하(이 사건 기록에 의하면, 진주시 건축조례는 위 시간을 3시간으로 정하고 있다. 기록 248면 참조)"로 규정하고 있었는데, 위 ○○아파트의 건축 이후인 1999. 2. 8. 개정 후의 건축법 제53조 제2항은 공동주택의 개념에서 일반상업지역과 중심상업지역에 건축하는 것을 제외하고, 이에 따라 1999. 4. 30. 개정된 건축법시행령 제86조도 공동주택에 관하여 위 건축법 제53조 제2항의 규정에 의한 공동주택의 경우만에 대하여 규정하면서 기존의 시행령에서 건축조례에 위임하였던 일조시간에 관한 부분을 '당해 대지 안의 모든 세대가 동지일을 기준으로 9시에서 15시 사이에 2시간 이상을 계속하여 일조를 확보할 수 있는 거리 이상'으로 규정하였고, 구 도시계획법(2000. 1. 28. 법률 제6243호로 전문 개정되기 이전의 것) 제17조(지역의 지정) 제1항 제2호는 건설교통부장관이 도시계획구역 안에서 토지의 경제적이며 효율적인 이용과 공공의 복리증진을 도모하기 위하여 필요하다고 인정할 때로서 상업과 기타 업무의 편익의 증진을 위하여 필요한 때 '상업지역'을 정할 수 있다고 규정하고(전문 개정된 현재의 도시계획법 제32조도 동일하다), 구 도시계획법시행령(2000. 7. 1. 대통령령 제16891호로 전문 개정되기 이전의 것) 제15조 제2호는 상업지역을 중심상업지역, 일반상업지역, 근린상업지역, 유통상업지역으로 세분하고, 그 중 '일반상업지역'은 '일반적인 상업 및 업무기능을 담당하게 하기 위하여 필요한 지역'으로 규정하고 있다.

다. 기록에 의하면, 이 사건의 경우 원고들의 주상복합아파트와 피고가 건축한 ○○아파트는 모두 일반상업지역 내에 있는데, 일반상업지역은 도시계획법에 의하여 일반적인 상업 및 업무기능을 담당하게 하기 위하여 마련된 지역으로서 원칙적으로는 주거를 위한 지역이 아닌 점, 이 사건 당시 건축관계 법령의 규정에 의하면, 상업지역에서의 건축물의 경우 다른 대지상의 건축물을 위하여 보장되어야 할 일조시간에 관하여는 규정이 없고, 공동주택에 한하여 일조권 확보를 위한 건축물 사이의 이격거리에 관한 규제가 있었으나, 피고가 건축한 위 ○○아파트는 위 건축 당시의 건축관계 법령이 정하는 용적률, 건폐율, 건축물간의 이격거리 등 간접적으로 다른 인접 건축물의 일조권 등 확보에 도움을 줄 수 있는 각종 기준에 위반된 사실이 없는 점, 이 사건 각 주상복합아파트의 건축이 이루어지고 난 후 상업지역에서의 공동주택 건축의 경우 다른 인접 건축물의 일조권 확보를 위한 간접적인 규제마저 1999. 관련 법령의 개정으로 삭제된 점, 피고는 원고들 주상복합아파트의 사업계획승인이 난 직후인 1992. 4.경 ○○강남타운의 건축심의신청서를 1차로 제출하였다가 다시 2차로 1992. 8. 4. 그 신청서를 제출하여 1993. 1. 20. 사업계획 승인을 받았고, 원고들이 이 사건 아파트들을 분양받은 시기는 위 피고의 사업계획승인 시점을 전후한 시점으로서 이 사건 각 주상복합아파트들의 부지가 일반상업지역으로서 고층건물의 건축이 예상되던 곳이었으므로 이 사건 원고들은 자신들의 이 사건 주상복합아파트를 분양받을 당시나 소유권이전등기를 경료할 당시 인접 대지에 들어서는 건축물로 인하여 일조권 등의 침해가 있을 것이라는 것을 어느 정도 예상한 것으로 보이는 점 등 제반 사정을 종합하면, 다른 특별한 사정이 없는 한 이 사건에 있어 피고의 ○○아파트 건축으로 인하여 원고들에게 발생한 원심 판시와 같은 일조권 등의 침해는 수인한도 내에 있다고 보는 것이 타당하다고 할 것이다. 이와 다른 입장에서 피고의 ○○아파트 건축행위가 원고들에 대한 일조권 등의 침해가 된다고 판단한 원심은 일조권 등의 침해 여부와 관련된 수인한도의 판단에 있어 법리오해의 위법이 있다고 아니할 수 없고, 이 점을 지적하는 피고의 상고는 이유 있다.

3. 결 론

그러므로 원심판결을 파기하고, 사건을 다시 심리·판단하게 하기 위하여 원심법원에 환송하기로 하여 관여 법관의 일치된 의견으로 주문과 같이 판결한다.

대법관   송진훈(재판장) 변재승 윤재식(주심) 이규홍

☞ 대법원 2000. 5. 16. 선고 98다56997 판결 35p 참조

(1) 지역성

지역 정비로 토지의 경제적·효율적 이용과 공공의 복리증진을 도모하기 위한 도시계획법 등 공법에 의한 지역의 지정은 변화가능성 등을 예측하는 지역성판단의 요소가 된다.

☞ 대법원 2004. 10. 28. 선고 2002다63565 판결 123p 참조

[판례 10] 손해배상(기) (대법원 1997. 10. 28. 선고 95다15599 판결)

【판시사항】
종합병원이 인근 연립주택 주민들에게 끼친 생활방해가 사회통념상 요구되는 수인한도를 넘은 것이라고 본 사례

【판결요지】
의료법인이 운영하는 종합병원의 부지와 인근 주민들이 거주하는 연립주택의 부지는 모두 도시계획법에 의하여 일반상업지역으로 지정된 지역 내에 위치하고 있기는 하지만, 그 지역의 현황은 상가 등 근린생활시설과 주택이 혼재하여 있고, 그 연립주택의 전면이 그 병원의 부지 쪽을 향하여 건축된 다음 상당한 기간이 지난 후에 그 병원이 건축되었으며 그 연립주택 부지와 병원 부지 사이의 경계로부터

그 병원의 3층 산부인과 입원실의 연립주택 쪽 창문까지의 직선거리는 차면시설의무가 있는 법정 거리인 2m에 미치지 못하는 경우, 비록 그 병원이 그 부지의 도시계획상 용도에 적합한 시설이고 그 병원과 같은 종합병원은 공익시설이며 이를 운영함에 있어서 응급실과 영안실의 설치가 필수적이라고 하더라도 그 병원 및 연립주택의 현황과 그 위치한 지역의 형태, 토지 이용의 선후 관계, 의료법인으로서는 그 병원의 운영에 지장을 초래하지 않는 범위 내에서 인근 주민들의 생활방해를 방지하거나 감소시키기 위한 조치를 할 수 있었을 것으로 보이는 점 등 제반 사정에 비추어 볼 때, 의료법인이 그와 같은 조치를 하지 아니함으로써 발생한 생활방해는 인근 주민들에게 사회통념상 요구되는 수인의 한도를 넘은 것이라고 봄이 상당하다고 한 사례.

【참조조문】

민법 제217조, 제751조

【참조판례】

대법원 1974. 12. 24. 선고 68다1489 판결(공1975, 8267)
대법원 1995. 9. 15. 선고 95다23378 판결(공1995하, 3399)
대법원 1997. 7. 22. 선고 96다56153 판결(공1997하, 2636)

【전 문】

【원고, 피상고인】 원고 1 외 10인 (원고들 소송대리인 변호사 손기선)
【피고, 상 고 인】 의료법인 성민의료재단 (소송대리인 변호사 배만운)
【원심판결】 서울고법 1995. 2. 24. 선고 94나39156 판결

【주 문】

상고를 기각한다.
상고비용은 피고의 부담으로 한다.

【이 유】

1. 원심판결 이유에 의하면, 원심은, 피고는 인천 서구 (주소 1 생략) 지상의 건물에서 ○○병원을 운영하는 의료법인이고, 원고들은 1990. 4.경 위 ○○병원 부지와 인접한 (주소 2 생략) 지상 연립주택인 △△빌라 □동과 ◇동 중 원심판결 별지 거주현황표 기재의 각 부분을 분양받은 이래 그 곳에서 거주하여 온 사실(다만, 위 △△빌라 □동 지층 ☆동에서 거주하는 원고 1은 1994. 2.경 일시 거주지를 옮겼다가 같은 해 5.경 다시 위 지층 ☆동으로 이사하여 왔음.), 위 ○○병원은 1993. 6. 26.경 준공된 의료시설(종합병원, 지하 2층 및 지상 6층 연면적 5,277.56㎡)로서 입원실 병상 수는 206개이고, 1일 평균 입원환자는 150여 명 정도이며, 1일 평균 외래 환자 수는 약 150명 내지 200여 명인 사실, 위 △△빌라의 □동과 ◇동은 위 병원 건물의 좌측면 옆 약 3m의 거리에 건축되어 있고 원고들의 각 연립주택 전면에서는 위 병원의 응급실 앞 공터와 영안실 입구가 바로 내다보이며, 위 병원의 3층 산부인과 입원실의 위 △△빌라 쪽 창문은 차면시설이 되어 있지 않아 그 곳의 환자들이 원고들의 주거 내부를 볼 수 있도록 되어 있었는데, 이 사건 제1심판결 선고 후인 1995. 1.경에야 피고측에서 위 창문에 창호 가리개를 설치한 사실, 위 ○○병원의 지하 1층에는 1993. 10. 17.경 약 64평 규모의 사체 6구를 안치할 수 있는 영안실이 설치되어 그 곳에서는 월 평균 2구의 사체가 처리되는데, 그 사체의 운구 경로는 영안실에서 승강기를 통하여 지상 1층으로 올라온 후 지상 1층의 영구차용 복도에서 영구차에 입관하도록 되어 있으나, 측면에서 입관하도록 만들어진 영구차일 경우에는 부득이 관을 병원 앞 공터(△△빌라 □동 전면 약 3m 거리)까지 옮겨야 하

고, 또 위 영안실의 조문객을 위한 대기실은 약 16평에 불과하여 위 공터에서 발인제를 지내는 경우도 있으며, 구급차에 실려 온 응급환자들 또는 사체는 위 공터에서 들것에 실려 지상 1층에 설치된 응급실로 들어가게 되어 있어 위 연립주택의 거주자들이 그 광경을 바로 볼 수 있는 한편, 유족들의 곡소리, 문상객들이 내는 소음, 구급차의 경음이 위 연립주택의 거주자들에게 그대로 들린다는 사실을 인정한 다음, 위 ○○병원을 운영하는 피고의 대표자인 이사장 등으로서는 위와 같은 종합병원을 개설, 운영함에 있어서 위와 같은 유족들과 문상객들 및 구급차의 소음을 인근 주택의 거주자들에게 전파되지 않도록 하거나 사회관념상 수인할 수 있을 정도로 감소시키는 조치, 사체나 중상해를 입은 사람들이 운반될 때 위 거주자들에게 노출되지 않도록 하는 조치, 입원실 창문에 차면시설을 설치하는 등 하여 입원실에서 인근 주택의 내부를 볼 수 없도록 하는 조치 등 인근 주택 거주자들의 평온한 생활을 방해하지 아니하는 제반 조치를 취하여야 할 직무상의 주의의무가 있음에도 이러한 조치를 취하지 아니한 잘못으로 위 병원에 인접한 위 △△빌라에 거주하는 원고들과 그 가족들로 하여금 위 소음에 시달리게 하고 일반인들이 직접 보기를 꺼려하는 입원환자와 중상해를 입은 사람 및 사체의 운구를 빈번히 보게 하였을 뿐만 아니라 자기들의 생활 모습이 외부에 노출되게 하여 정신위생에 해로운 결과를 가져오게 하고 또 생활 환경의 안정을 심히 저해시키게 함으로써 원고들에게 심한 정신적 고통을 입혔다 할 것이고, 원고들의 이러한 고통은 위 종합병원에 영안실과 응급실의 설치가 필요불가결하고 그 운영으로 인근 주민의 복지가 증진된 점을 고려하더라도 사회관념상 일반적으로 요구되는 수인의 한도를 초과하는 것이라고 인정되므로 피고는 원고들의 위 정신적 고통을 금전으로 위자할 의무가 있다고 판단하였다.

원심이 적법하게 인정한 사실과 기록에 의하면, 피고가 운영하는 ○○병원의 부지와 원고들이 거주하는 △△빌라의 부지는 상고이유의 지적처럼 모두 도시계획법에 의하여 일반상업지역으로 지정된 지역 내에 위치하고 있기는 하지만, 그 지역의 현황은 상가 등 근린생활시설과 주택이 혼재하여 있고, 위 △△빌라의 전면이 위 병원의 부지 쪽을 향하여 건축된 다음 상당한 기간이 지난 후에 위 병원이 건축되었으며 위 △△빌라 부지와 병원 부지 사이의 경계로부터 위 병원의 3층 산부인과 입원실의 △△빌라 쪽 창문까지의 직선거리는 차면시설의무가 있는 법정 거리인 2m에 미치지 못하는 사실 등을 알 수 있는바, 비록 위 병원이 그 부지의 도시계획상 용도에 적합한 시설이고 위 병원과 같은 종합병원은 공익시설이며 이를 운영함에 있어서 응급실과 영안실의 설치가 필수적이라고 하더라도 위 병원 및 △△빌라의 현황과 그 위치한 지역의 형태, 토지 이용의 선후 관계, 피고로서는 위 병원의 운영에 지장을 초래하지 않는 범위 내에서 원고들의 생활방해를 방지하거나 감소시키기 위한 조치를 할 수 있었을 것으로 보이는 점 등 이 사건 확정된 사실의 제반 사정에 비추어 볼 때, 피고가 위와 같은 조치를 하지 아니함으로써 발생한 이 사건 생활방해는 원고들에게 사회통념상 요구되는 수인의 한도를 넘은 것이라고 봄이 상당하다 할 것이므로, 이와 취지를 같이하여 피고에게 위 생활방해로 인하여 원고들이 입은 정신적 고통에 대한 위자료를 지급할 의무가 있다고 본 원심의 판단은 정당하고, 거기에 상고이유로 주장하는 바와 같은 도시계획법 및 상린자 상호간의 수인의무의 정도에 관한 법리 등을 오해한 위법이 있다고 할 수 없다. 따라서 피고의 첫째 상고이유는 받아들일 수 없다.

2. 원심은 피고측에서 이 사건 생활방해를 방지하거나 감소시키기 위한 담장 및 차면시설을 설치하지 못한 것은 오로지 원고들의 방해 때문이었다는 점을 인정할 수 없다고 하면서, 다만 피고측에서 위 병원 건물의 신축 중인 1993. 6.경 위 병원과 △△빌라의 부지 경계 상에 담장을 설치하기 위하여 위 △△빌라의 부지에 출입하려고 하였으나 위 병원 건물의 신축으로 인한 피해 보상을 요구하는 원고들 등 위 △△빌라의 주민들이 그 부지 내로의 출입을 하지 못하도록 다소 방해한 잘못을 인정

한 다음, 위와 같은 원고들의 잘못은 피고의 이 사건 위자료 지급책임을 면하게 할 정도에는 이르지 아니하고 이를 피고가 원고들에게 지급하여야 할 위자료액을 정함에 있어서 참작하기로 하였는바, 기록에 비추어 살펴보면, 원심의 이러한 조치는 정당하고 거기에 상고이유로 주장하는 바와 같은 채증법칙 위반, 심리미진, 신의칙에 관한 법리오해, 이유모순, 이유불비 등의 위법이 있다고 할 수 없다. 따라서 둘째 상고이유도 받아들일 수 없다.

3. 그러므로 상고를 기각하고 상고비용은 패소자의 부담으로 하기로 관여 법관의 의견이 일치되어 주문과 같이 판결한다.

대법관   이돈희(재판장) 최종영 이임수 서성(주심)

(2) 공공성

공공성이라 함은 순수한 의미로는 "사회적 유용성", "사회적 편익"을 말한다.

(3) 기타

[판례 11] 국방군사시설사업실시계획승인처분무효확인 (대법원 2006. 6. 30. 선고 2005두14363 판결)

【판시사항】

[1] 구 환경영향평가법상 환경영향평가를 실시하여야 할 사업에 대하여 환경영향평가를 거치지 아니하였음에도 승인 등 처분을 한 경우, 그 처분의 하자가 행정처분의 당연무효사유에 해당하는지 여부(적극)

[2] 국방·군사시설 사업에 관한 법률 및 구 산림법에서 보전임지를 다른 용도로 이용하기 위한 사업에 대하여 승인 등 처분을 하기 전에 미리 산림청장과 협의를 하라고 규정한 의미 및 이러한 협의를 거치지 아니한 승인처분이 당연무효인지 여부(소극)

【판결요지】

[1] 구 환경영향평가법(1999. 12. 31. 법률 제6095호 환경·교통·재해 등에 관한 영향평가법 부칙 제2조로 폐지) 제1조, 제3조, 제9조, 제16조, 제17조, 제27조 등의 규정 취지는 환경영향평가를 실시하여야 할 사업(이하 '대상사업'이라 한다)이 환경을 해치지 아니하는 방법으로 시행되도록 함으로써 당해 사업과 관련된 환경공익을 보호하려는 데 그치는 것이 아니라, 당해 사업으로 인하여 직접적이고 중대한 환경피해를 입으리라고 예상되는 환경영향평가대상지역 안의 주민들이 전과 비교하여 수인한도를 넘는 환경침해를 받지 아니하고 쾌적한 환경에서 생활할 수 있는 개별적 이익까지도 보호하려는 데에 있는 것이다. 그런데 환경영향평가를 거쳐야 할 대상사업에 대하여 환경영향평가를 거치지 아니하였음에도 불구하고 승인 등 처분이 이루어진다면, 사전에 환경영향평가를 함에 있어 평가대상지역 주민들의 의견을 수렴하고 그 결과를 토대로 하여 환경부장관과의 협의내용을 사업계획에 미리 반영시키는 것 자체가 원천적으로 봉쇄되는바, 이렇게 되면 환경파괴를 미

연에 방지하고 쾌적한 환경을 유지·조성하기 위하여 환경영향평가제도를 둔 입법 취지를 달성할 수 없게 되는 결과를 초래할 뿐만 아니라 환경영향평가대상지역 안의 주민들의 직접적이고 개별적인 이익을 근본적으로 침해하게 되므로, 이러한 행정처분의 하자는 법규의 중요한 부분을 위반한 중대한 것이고 객관적으로도 명백한 것이라고 하지 않을 수 없어, 이와 같은 행정처분은 당연무효이다.

[2] 국방·군사시설 사업에 관한 법률 및 구 산림법(2002. 12. 30. 법률 제6841호로 개정되기 전의 것)에서 보전임지를 다른 용도로 이용하기 위한 사업에 대하여 승인 등 처분을 하기 전에 미리 산림청장과 협의를 하라고 규정한 의미는 그의 자문을 구하라는 것이지 그 의견을 따라 처분을 하라는 의미는 아니라 할 것이므로, 이러한 협의를 거치지 아니하였다고 하더라도 이는 당해 승인처분을 취소할 수 있는 원인이 되는 하자 정도에 불과하고 그 승인처분이 당연무효가 되는 하자에 해당하는 것은 아니라고 봄이 상당하다.

【참조조문】
[1] 구 환경영향평가법(1999. 12. 31. 법률 제6095호 환경·교통·재해 등에 관한 영향평가법 부칙 제2조로 폐지) 제4조(현행 환경·교통·재해 등에 관한 영향평가법 제4조 참조), 제9조(현행 환경·교통·재해 등에 관한 영향평가법 제6조 참조), 제16조(현행 환경·교통·재해 등에 관한 영향평가법 제17조 참조), 행정소송법 제19조 [2] 국방·군사시설 사업에 관한 법률 제5조, 구 산림법 제18조(2002. 12. 30. 법률 제6841호로 삭제, 현행 산지관리법 제14조 참조), 행정소송법 제19조

【참조판례】
[1] 대법원 1998. 4. 24. 선고 97누3286 판결(공1998상, 1514)
대법원 1998. 9. 4. 선고 97누19588 판결(공1998하, 2423)
대법원 1998. 9. 22. 선고 97누19571 판결(공1998하, 2589)
대법원 1998. 10. 20. 선고 97누5503 판결
대법원 2001. 7. 27. 선고 99두2970 판결(공2001하, 1967)
[2] 대법원 2000. 10. 13. 선고 99두653 판결(공2000하, 2338)

【전 문】
【원고, 피상고인】 원고 1 외 243인 (소송대리인 변호사 박태현)
【피고, 상 고 인】 국방부장관
【원심판결】 서울고법 2005. 9. 30. 선고 2004누22697 판결

【주 문】
상고를 기각한다. 상고비용은 피고가 부담한다.

【이 유】
구 환경영향평가법(1999. 12. 31. 법률 제6095호로 폐지되기 전의 것, 이하 같다)이 제4조에서 환경영향평가를 실시하여야 할 사업(이하 '대상사업'이라 한다)을 정하고, 제16조 내지 제19조에서 대상사업에 대하여 반드시 환경영향평가를 거치도록 한 취지에 비추어 보면, 대상사업에 대하여 그러한 환경영향평가를 거치지 아니하였음에도 승인 등 처분을 하였다면 그 처분은 위법한 것인바(대법원 2001. 6. 29. 선고 99두9902 판결, 2006. 3. 16. 선고 2006두330 전원합의체 판결 등 참조), 한편 행정처분이 당연무효라고 하기 위하여는 처분에 위법사유가 있다는 것만으로는 부족하고 그 하자가 법규의 중요한 부분을 위반한 중대한 것으로서 객관적으로 명백한 것이어야 하며, 하자가 중대하고 명백한 것인지 여

부를 판별함에 있어서는 그 법규의 목적, 의미, 기능 등을 목적론적으로 고찰함과 동시에 구체적 사안 자체의 특수성에 관하여도 합리적으로 고찰함을 요한다(대법원 1995. 7. 11. 선고 94누4615 전원합의체 판결, 2005. 6. 24. 선고 2004두10968 판결 등 참조).

이러한 법리를 전제로, 구 환경영향평가법에서 정한 환경영향평가를 거쳐야 할 대상사업에 대하여 환경영향평가를 거치지 아니하고 나아가 환경부장관과의 협의도 하지 않은 채 승인 등 처분을 한 경우, 그와 같은 위법한 처분이 당연무효인지에 관하여 본다.

구 환경영향평가법은 대상사업의 사업계획을 수립·시행함에 있어서 미리 당해 사업이 환경에 미칠 영향을 평가·검토하여 환경적으로 건전하고 지속 가능한 개발이 되도록 함으로써 쾌적한 환경을 유지·조성함을 목적으로 하고(제1조), 국가 및 지방자치단체는 각종 정책 또는 계획을 수립·시행하고자 할 때에는 환경영향을 고려하고 이에 대한 대책을 강구하여야 하고, 환경에 영향을 미치는 사업을 하고자 하는 자는 환경보전의 중요성을 깊이 인식하여 당해 사업의 시행으로 인한 환경영향이 최소화될 수 있도록 하여야 하며(제3조), 이와 같은 입법목적 등을 달성하기 위하여 사업자로 하여금 환경영향평가서를 작성함에 있어 설명회 또는 공청회 등을 개최하여 환경영향평가대상지역 안의 주민의 의견을 수렴하고 이를 평가서의 내용에 포함시키도록 하고 있으며(제9조), 사업승인기관의 장 등은 환경영향평가서에 대하여 환경부장관과 협의하여야 하고(제16조), 환경부장관은 사업계획 등이 환경영향을 초래할 위험이 있는 경우에는 사업계획의 조정 또는 보완 등 필요한 조치를 할 것을 요청할 수 있으며(제17조), 또 환경부장관과의 협의절차 등이 완료되기 전에 사업자는 대상사업에 관련되는 공사를 시행하여서는 아니되고, 이를 위반할 경우 승인기관의 장은 사업자에게 공사중지를 명하여야 하며, 환경부장관 역시 승인기관의 장 등에게 당해 사업에 대한 공사중지 등 필요한 조치를 할 것을 요청할 수 있다(제27조)고 규정하고 있다.

이러한 구 환경영향평가법의 규정 취지는 대상사업이 환경을 해치지 아니하는 방법으로 시행되도록 함으로써 당해 사업과 관련된 환경공익을 보호하려는 데 그치는 것이 아니라, 당해 사업으로 인하여 직접적이고 중대한 환경피해를 입으리라고 예상되는 환경영향평가대상지역 안의 주민들이 전과 비교하여 수인한도를 넘는 환경침해를 받지 아니하고 쾌적한 환경에서 생활할 수 있는 개별적 이익까지도 보호하려는 데에 있는 것이다(대법원 1998. 4. 24. 선고 97누3286 판결, 2001. 7. 27. 선고 99두2970 판결 등 참조).

그런데 환경영향평가를 거쳐야 할 대상사업에 대하여 환경영향평가를 거치지 아니하였음에도 불구하고 승인 등 처분이 이루어진다면, 사전에 환경영향평가를 함에 있어 평가대상지역 주민들의 의견을 수렴하고 그 결과를 토대로 하여 환경부장관과의 협의내용을 사업계획에 미리 반영시키는 것 자체가 원천적으로 봉쇄되는바, 이렇게 되면 환경파괴를 미연에 방지하고 쾌적한 환경을 유지·조성하기 위하여 환경영향평가제도를 둔 입법 취지를 달성할 수 없게 되는 결과를 초래할 뿐만 아니라 환경영향평가대상지역 안의 주민들의 직접적이고 개별적인 이익을 근본적으로 침해하게 되므로, 이러한 행정처분의 하자는 법규의 중요한 부분을 위반한 중대한 것이고 객관적으로도 명백한 것이라고 하지 않을 수 없다.

이러한 취지에서 원심이 환경영향평가를 거쳐야 할 대상사업인 이 사건 국방·군사시설사업에 대하여 사업자가 주민의 생존에 직결되는 상수원문제 등에 대한 환경영향평가를 실시하지 않았음에도 불구하고 환경부장관과의 협의 없이 사업실시계획을 승인한 피고의 이 사건 처분은 당연무효라고 판단한 제1심 판결을 유지한 것은 정당하고, 거기에 상고이유의 주장과 같이 행정행위의 당연무효에 관한 법리를 오해한 위법이 없다.

다만, 원심이 인용한 제1심판결은 피고가 보전임지의 전용에 관하여 사전에 산림청장과 협의를 거치지 아니한 절차상의 하자도 중대하고 명백하여 당연무효사유에 해당하는 것처럼 설시하고 있으나, 국방·군사시설 사업에 관한 법률 및 구 산림법(1999. 12. 31. 법률 6187호로 개정되기 전의 것)에서 보전임지를 다른 용도로 이용하기 위한 사업에 대하여 승인 등 처분을 하기 전에 미리 산림청장과 협의를 하라고 규정한 의미는 그의 자문을 구하라는 것이지 그 의견을 따라 처분을 하라는 의미는 아니라 할 것이므로, 이러한 협의를 거치지 아니하였다고 하더라도 이는 당해 승인처분을 취소할 수 있는 원인이 되는 하자 정도에 불과하고 그 승인처분이 당연무효가 되는 하자에 해당하는 것은 아니라고 봄이 상당하다(대법원 2000. 10. 13. 선고 99두653 판결 등 참조). 따라서 위와 같은 설시는 적절치 않으나, 이러한 제1심 및 원심의 잘못은 판결 결과에 영향이 없다고 할 것이다.

그러므로 상고를 기각하고, 상고비용은 패소자가 부담하도록 정하여 주문과 같이 판결한다.

대법관 김황식(재판장) 이규홍 박재윤(주심) 김영란

[판례 12] 납골당허가처분무효확인 (대법원 2004. 12. 9. 선고 2003두12073 판결)

【판시사항】

[1] 행정처분의 직접 상대방이 아닌 제3자의 법률상 보호되는 이익의 범위

[2] 납골당설치허가처분의 허가조건을 성취하거나 그 처분의 목적을 달성하기 위한 산림형질변경허가와 환경영향평가의 근거 법규는 납골당설치허가처분에 대한 관련 처분들의 근거 법규이고, 그 환경영향평가대상지역 안에 거주하는 주민들은 위 처분의 무효확인이나 취소를 구할 원고적격이 있다고 한 사례

[3] 구 환경영향평가법에서 정한 환경영향평가 절차를 거쳤으나 그 환경영향평가의 내용이 부실한 경우, 그 부실로 인하여 환경영향평가 대상사업에 대한 승인 등 처분이 위법하게 되는지 여부(한정 소극) 및 이에 대한 법원의 심리·판단 방법

[4] 환경영향평가 내용의 부실 여부 및 그 정도 등을 충분한 심리를 진행하지 아니한 채 환경영향평가서들 중 발췌된 일부만을 심리대상으로 삼아 납골당설치허가처분이 국토 및 자연의 유지, 환경의 보전 등 중대한 공익상의 이유로 위법하다고 판단한 원심판결을 파기한 사례

【참조조문】

[1] 행정소송법 제12조 [2] 구 매장및묘지등에관한법률(2000. 1. 12. 법률 제6158호 장사등에관한법률로 전문 개정되기 전의 것) 제8조 제2항(현행 장사등에관한법률 제14조 참조) 구 환경영향평가법(1999. 12. 31. 법률 제6095호 환경·교통·재해등에관한영향평가법 부칙 제2조로 폐지) 제4조(현행 환경·교통·재해등에관한영향평가법 제4조 참조) 제7조(현행 환경·교통·재해등에관한영향평가법 제31조 참조) 행정소송법 제12조 [3] 구 환경영향평가법(1999. 12. 31. 법률 제6095호 환경·교통·재해등에관한영향평가법 부칙 제2조로 폐지) 제4조(현행 환경·교통·재해등에관한영향평가법 제4조 참조) 행정소송법 제27조[행정소송재판일반] [4] 구 환경영향평가법(1999. 12. 31. 법률 제6095호 환경·교통·재해등에관한영향평가법 부칙 제2조로 폐지) 제4조(현행 환경·교통·재해등에관한영향평가법 제4조 참조) 제8조(현행 환경·교통·재해등에관한영향평가법 제5조 참조)

【참조판례】

[1] 대법원 2004. 8. 16. 선고 2003두2175 판결
[3] 대법원 2001. 6. 29. 선고 99두9902 판결(공2001하, 1750)

【전 문】

【원고, 피상고인】 원고 1 외 46인 (소송대리인 법무법인 화현 담당변호사 정근화 외 10인)

【원고, 보조참가인】 원고보조참가인 1 외 35인 (소송대리인 변호사 이상용 외 1인)

【피고, 상고인】 경기도지사 (소송대리인 법무법인 세종 담당변호사 서성 외 2인)

【피고보조참가인, 상고인】 재단법인 성남공원 (소송대리인 법무법인 세종 담당변호사 서성 외 2인)

【원심판결】 서울고법 2003. 9. 19. 선고 2002누4541 판결

【주 문】

원심판결을 파기하고, 사건을 서울고등법원에 환송한다.

【이 유】

1. 원고적격에 관한 법리오해 여부의 점에 대하여

행정처분의 직접 상대방이 아닌 제3자라 하더라도 당해 행정처분으로 인하여 법률상 보호되는 이익을 침해당한 경우에는 취소소송을 제기하여 그 당부의 판단을 받을 자격이 있다 할 것이고, 여기에서 말하는 법률상 보호되는 이익에는 당해 처분의 근거 법규에 의하여 보호되지는 아니하지만 당해 처분의 조건을 성취하거나 당해 처분의 행정목적을 달성하기 위한 일련의 관련 처분들의 근거 법규에 의하여 명시적으로 보호받는 법률상 이익도 포함된다(대법원 2004. 8. 16. 선고 2003두2175 판결 참조).

원심은, 피고가 2000. 12. 20. 피고보조참가인(이하 '참가인'이라 한다)에게 구 매장및묘지등에관한법률(2000. 1. 12. 법률 제6158호로 전문 개정되기 전의 것, 이하 '매묘법'이라 한다) 제8조 제2항에 따라 소재지를 '광주시 오포면 능평리 산 (지번 생략) 일원'으로 한 사설납골당설치허가(이하 '이 사건 처분'이라 한다)를 하면서, 허가 후 별도로 광주시장(당시 광주군수, 이하 '광주시장'이라 한다)으로부터 구 산림법(2002. 12. 30. 법률 제6841호로 개정되기 전의 것, 이하 같다) 제90조에 의한 산림형질변경허가를 받고, 산림형질변경허가를 받기 전에 구 환경영향평가법(1999. 12. 31. 법률 제6095호로 폐지되기 전의 것, 이하 같다) 소정의 환경영향평가를 받아 그 결과를 사업계획에 반영할 것 등의 조건을 붙인 사실을 인정한 다음, 비록 매묘법이나 구 환경영향평가법에는 이 사건 사업부지와 같은 장소에 납골당설치를 함에 있어 환경영향평가를 거치도록 규정되어 있지는 않지만 위 사업의 추진을 위하여 반드시 필요한 구 산림법에 따른 249,973㎡의 산림형질변경을 수반하는 산지개발사업은 환경영향평가대상에 해당하는 데다가 이 사건 처분의 허가조건을 성취하거나 그 처분의 목적을 달성하기 위하여는 산림형질변경허가와 환경영향평가가 반드시 필요하므로 그 근거 법규인 구 산림법과 구 환경영향평가법은 결국 이 사건 처분에 대한 관련 처분들의 근거 법규이고, 이 사건 납골당조성사업에 필요한 산림형질변경허가처분과 관련하여 환경영향평가대상지역 내 주민들인 원고들이 갖고 있는 환경상 이익은 주민 개개인인 원고들에 대하여 개별적으로 보호되는 직접적·구체적 이익으로서 법률상 보호되는 이익으로 평가되어야 하므로, 원고들에게는 이 사건 처분의 무효확인이나 취소를 구할 원고적격이 있다고 판단하였다.

관계 법령과 위 법리에 비추어 살펴보면, 원심의 이러한 판단은 정당한 것으로 수긍이 가고, 거기에 상고이유에서 주장하는 바와 같은 원고적격에 관한 법리오해의 위법이 없다.

상고이유에서 들고 있는 대법원 1995. 9. 26. 선고 94누14544 판결은 이 사건과는 사안을 달리 하

는 것이어서 이 사건에 원용하기에 적절하지 않다.
2. 채증법칙 위배로 인한 사실오인 및 심리미진 여부의 점에 대하여

원심은 채택 증거에 의하여, 이 사건 사업부지의 경사 및 표고에 비추어 일부 급경사지역에 석축 등 구조물이 설치될 경우 안전성에 문제가 있고, 이 사건 사업부지에 납골시설을 조성할 경우 자연경관 훼손 및 재해의 위험이 매우 높을 것으로 보여지며, 생태계의 파괴, 식수원의 수질 악화 및 수해의 우려, 교통의 혼잡과 이에 따른 대기오염 및 소음 등의 문제, 폐기물 매립지상의 시설 설치로 인한 침출수의 배출 및 토양오염의 문제, 그리고 이미 여러 공원묘지들로 둘러싸인 주거환경이 이 사건 납골당조성사업으로 인하여 더욱 열악화될 우려가 있다는 사실을 인정한 다음, 이 사건 납골당조성사업은 국토 및 자연의 유지, 환경의 보전 등 중대한 공익에 배치될 뿐 아니라 원고들의 법률상 보호되는 이익에도 반한다고 보여지므로, 이 사건 처분은 위법하여 취소되어야 한다고 판단하였다.

그러나 구 환경영향평가법 제4조에서 환경영향평가를 실시하여야 할 사업을 정하고, 그 제16조 내지 제19조에서 대상사업에 대하여 반드시 환경영향평가를 거치도록 한 취지 등에 비추어 보면, 같은 법에서 정한 환경영향평가를 거쳐야 할 대상사업에 대하여 그러한 환경영향평가를 거치지 아니하였음에도 승인 등 처분을 하였다면 그 처분은 위법하다 할 것이나, 그러한 절차를 거쳤다면, 비록 그 환경영향평가의 내용이 다소 부실하다 하더라도, 그 부실의 정도가 환경영향평가제도를 둔 입법취지를 달성할 수 없을 정도이어서 환경영향평가를 하지 아니한 것과 다를 바 없는 정도의 것이 아닌 이상 그 부실은 당해 승인 등 처분에 재량권 일탈·남용의 위법이 있는지 여부를 판단하는 하나의 요소로 됨에 그칠 뿐, 그 부실로 인하여 당연히 당해 승인 등 처분이 위법하게 되는 것이 아니다(대법원 2001. 6. 29. 선고 99두9902 판결 참조).

그러므로 구 환경영향평가법에 따라 환경영향평가를 거쳐야 할 대상사업에 대하여 처분이 이루어진 경우 법원으로서는 먼저 구 환경영향평가법에 따라 환경영향평가절차가 제대로 진행되었는지 여부와 환경영향평가절차가 제대로 진행되었다면 환경영향평가서를 기초로 환경영향평가의 내용이 부실한지 여부를 따져야 할 것이고, 만약 환경영향평가의 내용이 부실하다면 그 부실의 정도가 환경영향평가제도를 둔 입법 취지를 달성할 수 없을 정도이어서 환경영향평가를 하지 아니한 것과 다를 바 없는 정도인지 여부, 그 부실의 정도가 환경영향평가제도를 둔 입법 취지를 달성할 수 없을 정도에 이르지 아니한 경우에는 그 부실로 인하여 당해 처분에 재량권 일탈·남용의 위법이 있는지 여부 등을 심리하여 그 결과에 따라 당해 처분의 적법 여부를 판단하여야 할 것이다.

그런데 기록에 의하면, 참가인이 이 사건 납골당조성사업과 관련된 산림형질변경허가를 받기 위하여 환경영향평가서 초안을 광주시장에게 제출하였고 광주시장은 경인지방환경관리청장에게 환경영향평가서에 대한 협의요청을 하였는데, 광주시장이나 경인지방환경관리청장은 그 초안을 검토하면서 이 사건 납골당조성사업으로 인한 문제점과 미비점들을 지적한 사실, 참가인은 이러한 문제점을 보완하여 2001. 2.경 광주시장에게 환경영향평가서를 제출한 바 있고, 광주시장으로부터 협의요청을 받은 경인지방환경관리청장이 위 환경영향평가서에 대하여 다시 문제점과 미비점을 지적하자 참가인이 2001. 11.경 그 문제점 등을 보완하고, 2002. 1.경 이를 재보완하는 환경영향평가서들을 광주시장에게 제출한 후(이하 위 3개의 환경영향평가서를 '이 사건 환경영향평가서들'이라 한다), 그 내용을 반영하여 이 사건 납골당조성사업 시행으로 인하여 발생할 수 있는 제반의 문제점들을 해소하는 내용이 포함된 사업계획서를 작성한 사실, 그런데 원고들은 원심에서 환경영향평가서 초안을 보완한 환경평가서 중 2면만을 갑 제18호증으로, 이를 보완한 환경영향평가서 중 3면만을 갑 제20호증으로, 이를 재보완한 환경영향평가서 중 1면만을 갑 제19호증으로 각 제출하였는데, 갑 제18호증으로 제출한 환경영향평가서는 그 면수가 173면과 174면으로, 갑 제20호증으로 제출한 환경영향평가서

보완분은 그 면수가 47면 내지 49면으로, 갑 제19호증으로 제출한 환경영향평가서 재보완분은 그 면수가 5면으로 각 기재되어 있어 원고들이 이 사건 환경영향평가서들 중 극히 일부만을 발췌하여 제출한 것임을 쉽사리 알 수 있는 사실, 원심에서는 원고들에게 원고적격이 있는지 여부가 주된 쟁점이 된 상황이어서 원고들이 환경영향평가서를 일부라도 제출하자 피고나 참가인도 그것만으로 족한 것으로 오해하고 환경영향평가서 전체를 증거로 제출하지 않은 것으로 보이는 사실을 알 수 있는바, 위와 같이 1면이나 2면 또는 3면만을 발췌하여 제출한 환경영향평가서의 일부만으로는 이 사건 납골당조성사업이 환경에 미칠 영향이나 환경영향평가 내용의 부실 정도를 파악하기가 곤란하므로, 원심으로서는 석명권을 행사하여 이 사건 환경영향평가서들 전체를 제출하도록 입증을 촉구하고 그 전부를 살펴 환경영향평가 내용의 부실 여부와 부실의 정도 등을 심리한 후 그 결과에 따라 이 사건 처분의 적법 여부와 재량권 일탈·남용 여부 등을 따졌어야 함에도 원심은 환경영향평가에 대한 충분한 심리를 진행하지 아니한 채 이 사건 환경영향평가서들 중 발췌된 일부만을 심리대상으로 삼아 이 사건 납골당조성사업에 대하여는 국토 및 자연의 유지, 환경의 보전 등 이를 허가하지 아니하여야 할 중대한 공익상의 필요가 있다는 이유로 이 사건 처분이 위법하다고 판단하고 말았으니 원심판결에는 석명권 불행사, 심리미진 또는 채증법칙 위배로 인한 사실오인 등으로 인하여 판결 결과에 영향을 미친 위법이 있다. 이 점을 지적하는 상고이유의 주장은 이유 있다.

3. 결 론

그러므로 나머지 상고이유에 대한 판단을 생략한 채 원심판결을 파기하고, 사건을 다시 심리·판단하게 하기 위하여 원심법원에 환송하기로 하여 관여 대법관의 일치된 의견으로 주문과 같이 판결한다.

대법관 김영란(재판장) 윤재식 이용우(주심) 이규홍

나. 수인한도론의 위치

실무는 대체로 피해자인 원고에게 피해의 발생 외에 피해의 정도에 대하여 증명하게 한다.

☞ 대법원 2002. 12. 10. 선고 2000다72213 판결 125p 참조

다. 공법상의 기준과 위법성

☞ 대법원 2000. 5. 16. 선고 98다56997 판결 35p 참조
☞ 대법원 1991. 7. 23. 선고 89다카1275 판결 52p 참조

4. 위험에의 접근

☞ 대법원 2005. 1. 28. 선고 2003다50535 판결 96p 참조
☞ 대법원 2004. 3. 12. 선고 2002다14242 판결 19p 참조

가. 위험에의 접근이론의 작용 위치

☞ 대법원 2002. 12. 10. 선고 2000다72213 판결 125p 참조

5. 공동불법행위책임

> ☞ **민 법**
>
> 제760조 (공동불법행위자의 책임) ① 수인이 공동의 불법행위로 타인에게 손해를 가한 때에는 연대하여 그 손해를 배상할 책임이 있다.
> ② 공동 아닌 수인의 행위중 어느 자의 행위가 그 손해를 가한 것인지를 알 수 없는 때에도 전항과 같다.
> ③ 교사자나 방조자는 공동행위자로 본다.

[판례 13] 손해배상(의) (대법원 1998. 2. 13. 선고 96다7854 판결)

【판시사항】
[1] 혈액원의 업무를 수행하는 자가 부담하는 주의의무의 내용 및 그 위반 여부의 판단 기준
[2] 수혈받은 환자의 에이즈 바이러스 감염에 대하여 대한적십자사의 과실을 인정한 사례
[3] 의료행위에 있어 의사의 설명의무의 내용, 대상 및 위반의 효과
[4] 수술중의 출혈로 수술 후 수혈하는 경우, 의사가 환자에게 수술에 대한 설명, 동의와는 별개로 수혈에 의한 에이즈 바이러스 감염 위험 등을 설명할 의무가 있는지 여부(적극)
[5] 공동불법행위의 성립 요건
[6] 대한적십자사의 주의의무 위반으로 인한 에이즈 감염행위와 의사의 수혈시의 설명의무 위반으로 인한 환자의 자기결정권 침해행위가 공동불법행위를 구성하는지 여부(소극)

【판결요지】
[1] 혈액관리법의 관련 규정에 따라 혈액원을 개설하여 수혈 또는 혈액제제의 제조에 필요한 혈액을 채혈·조작·보존 또는 공급하는 업무는 성질상 전문적인 지식을 요하는 것일 뿐만 아니라 수혈자나 혈액제제의 이용자 등의 생명·신체에 직접적인 영향을 미치는 것이어서 만일 그 업무가 적정하게 수행되지 못할 경우에는 국민 보건에 광범위하고도 중대한 위해를 가하게 될 것임이 분명하므로, 이와 같은 혈액원의 업무를 수행하는 자는 수혈 또는 혈액제제의 제조를 위한 혈액의 순결을 보호하고 혈액 관리의 적정을 기하기 위하여 최선의 조치를 다하여야 할 고도의 주의의무가 있고, 이러한 주의의무의 구체적 내용은 혈액을 채혈하는 시기에 있어 현실적으로 가능한 범위 내에서 최고의 의학기술 수준에 맞추어 병원균 감염 여부를 검사하여 하자를 제거하는 노력을 기울이고 에이즈 감염 위험군으로부터의 헌혈을 배제하는 등 위험성에 대한 예견의무와 결과회피의무이며, 이러한 주의의무의 위반 여부를 판단함에 있어서는 문제로 된 행위 당시의 일반적인 의학의 수준과 그 행위로부터 생기는 결과 발생의 가능성의 정도, 피침해법익의 중대성, 결과회피의무를 부담함에

의해서 희생되는 이익 등이 함께 고려되어야 한다.
[2] 현재의 의학적 수준과 경제적 사정 및 혈액 공급의 필요성 측면에서 항체 미형성 기간 중에 있는 에이즈 감염자가 헌혈한 혈액은 에이즈 바이러스 검사를 시행하더라도 감염 혈액임을 밝혀내지 못하게 되어 이러한 혈액의 공급을 배제할 적절한 방법이 없으므로 위와 같은 경로로 인한 수혈에 따른 에이즈 감염의 위험에 대하여는 무방비 상태에 있다 할 것인데, 수혈로 인한 에이즈 감염이라는 결과와 그로 인한 피침해이익의 중대성에 비추어 볼 때, 혈액원의 업무를 수행하는 대한적십자사로서는 사전에 동성연애자나 성생활이 문란한 자 등 에이즈 감염 위험군으로부터의 헌혈이 배제될 수 있도록 헌혈의 대상을 비교적 건강한 혈액을 가졌다고 생각되는 집단으로 한정하고, 헌혈자가 에이즈 바이러스에 감염되어 있을 위험이 높은 자인지를 판별하여 그러한 자에 대하여는 스스로 헌혈을 포기하도록 유도하기 위하여 그의 직업과 생활관계, 건강 상태 등을 조사하고 필요한 설명과 문진을 하는 등 가두 헌혈의 대상이나 방법을 개선하여야 할 의무가 있음에도 불구하고, 에이즈 감염 위험군을 헌혈 대상에서 제외하기는 커녕, 오히려 헌혈시 에이즈 바이러스 감염 여부의 검사를 무료로 해준다고 홍보함으로써 에이즈 감염 위험자들이 헌혈을 에이즈 바이러스 감염 여부를 확인할 기회로 이용하도록 조장하였을 뿐만 아니라, 에이즈 바이러스 감염자로부터 헌혈받을 당시 헌혈자의 직업이나 생활관계 등에 대하여는 아무런 조사를 하지 아니하고 에이즈 감염 여부에 대하여는 설문사항에 포함시키지도 아니하였으며 전혀 문진을 하지 아니하여 동성연애자인 위 감염자의 헌혈을 무방비 상태에서 허용함으로써 감염자가 헌혈한 혈액을 수혈받은 피해자로 하여금 에이즈 바이러스에 감염되게 하였다는 이유로, 대한적십자사에게 혈액원의 업무를 수행하는 자로서의 주의의무를 다하지 아니한 과실이 있다고 본 사례.
[3] 의사는 응급환자의 경우나 그 밖의 특별한 사정이 없는 한, 환자에게 수술 등 인체에 위험을 가하는 의료행위를 함에 있어 그에 대한 승낙을 얻기 위한 전제로서, 당해 환자에 대하여 사전에 질병의 증상, 치료 방법의 내용 및 필요성, 예후 및 예상되는 생명, 신체에 대한 위험과 부작용 등에 관하여 당시의 의료수준에 비추어 상당하다고 생각되는 사항을 설명함으로써 환자로 하여금 수술이나 투약에 응할 것인가의 여부를 스스로 결정할 기회를 가지도록 할 의무가 있고, 이와 같은 의사의 설명의무는 그 예상되는 생명, 신체에 대한 위험과 부작용 등의 발생가능성이 희소하다는 사정만으로는 면제될 수 없으며, 위험과 부작용 등이 당해 치료행위에 전형적으로 발생하는 위험이거나 회복할 수 없는 중대한 경우에는 그 발생가능성의 희소성에도 불구하고 설명의 대상이 된다고 보아야 하고, 이러한 설명을 하지 아니한 채 환자의 승낙 없이 의료행위를 한 경우에는, 설령 의사에게 치료상의 과실이 없는 경우에도 그 의료행위는 환자의 승낙권을 침해하는 위법한 행위가 된다.
[4] 수혈에 의한 에이즈 바이러스의 감염은 수혈행위에 전형적으로 발생하는 위험이고, 그로 인하여 에이즈 바이러스에 감염되는 경우 현대의학으로는 치료 방법이 없어 결국 사망에 이르게 되는 것으로서 그 피해는 회복할 수 없는 중대한 것인 데다가 의학적으로 문외한인 환자로서는 예상할 수 없는 의외의 것이므로, 위험 발생가능성의 희소성에도 불구하고 의사들의 설명의무가 면제될 수 없다고 보아야 하고, 수술 후 수술중의 출혈로 인하여 수혈하는 경우에는 수혈로 인한 에이즈 바이러스 감염 위험은 당해 수술과는 별개의 수혈 그 자체에 특유한 위험으로서 당해 수술 자체로 인한 위험 못지 아니하게 중대한 것이므로 의사는 환자에게 그 수술에 대한 설명, 동의와는 별개로 수혈로 인한 위험 등을 설명하여야 한다.
[5] 수인이 공동하여 타인에게 손해를 가하는 민법 제760조 제1항의 공동불법행위가 성립하려면 각 행위가 독립하여 불법행위의 요건을 갖추고 있으면서 객관적으로 관련되고 공동하여 위법하게 피

해자에게 손해를 가한 것으로 인정되어야 한다.
[6] 에이즈 바이러스에 감염된 혈액을 환자가 수혈받음으로써 에이즈에 감염될 위험을 배제할 의무 및 그와 같은 결과를 회피할 의무를 다하지 아니하여 감염된 혈액을 수혈받은 환자로 하여금 에이즈 바이러스 감염이라는 치명적인 건강 침해를 입게 한 대한적십자사의 과실 및 위법행위는 신체상해 자체에 대한 것인 데 비하여, 수혈로 인한 에이즈 바이러스 감염 위험 등의 설명의무를 다하지 아니한 의사들의 과실 및 위법행위는 신체상해의 결과 발생 여부를 묻지 아니하는 수혈 여부와 수혈 혈액에 대한 환자의 자기결정권이라는 인격권의 침해에 대한 것이므로, 대한적십자사와 의사의 양 행위가 경합하여 단일한 결과를 발생시킨 것이 아니고 각 행위의 결과 발생을 구별할 수 있으니, 이와 같은 경우에는 공동불법행위가 성립한다고 할 수 없다.

【참조조문】

[1] 민법 제750조, 혈액관리법 제4조, 제8조 [2] 민법 제750조, 혈액관리법 제4조, 제8조 [3] 민법 제750조 [4] 민법 제750조 [5] 민법 760조 [6] 민법 제760조

【참조판례】

[1][2] 대법원 1995. 8. 25. 선고 94다47803 판결(공1995하, 3269)
[3] 대법원 1995. 1. 20. 선고 94다3421 판결(공1995상, 885)
대법원 1996. 4. 12. 선고 95다56095 판결(공1996상, 1526)
[4] 대법원 1995. 4. 25. 선고 94다27151 판결(공1995상, 1939)
[5] 대법원 1989. 5. 23. 선고 87다카2723 판결(공1989, 974)
대법원 1997. 8. 29. 선고 96다46903 판결(공1997하, 2851)
대법원 1997. 11. 28. 선고 97다18448 판결(공1998상, 54)

【전 문】

【원고, 피상고인】 원고 1 외 5인
【피고, 상 고 인】 대한적십자사 외 1인 (소송대리인 서초법무법인 담당변호사 박승서 외 5인)
【원심판결】 서울고법 1995. 12. 26. 선고 94나36713 판결

【주 문】

상고를 모두 기각한다.
상고비용은 피고들의 부담으로 한다.

【이 유】

1. 피고 대한적십자사의 상고이유를 본다.

가. 피고 대한적십자사의 혈액 채혈, 공급시의 주의의무

혈액관리법의 관련 규정에 따라 혈액원을 개설하여 수혈 또는 혈액제제의 제조에 필요한 혈액을 채혈·조작·보존 또는 공급하는 업무는 성질상 전문적인 지식을 요하는 것일 뿐만 아니라 수혈자나 혈액제제의 이용자 등의 생명·신체에 직접적인 영향을 미치는 것이어서 만일 그 업무가 적정하게 수행되지 못할 경우에는 국민 보건에 광범위하고도 중대한 위해를 가하게 될 것임이 분명하므로, 이와 같은 혈액원의 업무를 수행하는 피고 대한적십자사는 수혈 또는 혈액제제의 제조를 위한 혈액의 순결을 보호하고 혈액 관리의 적정을 기하기 위하여 최선의 조치를 다하여야 할 고도의 주의의무가 있다 할 것이고, 이러한 주의의무의 구체적 내용은 혈액을 채혈하는 시기에

있어 현실적으로 가능한 범위 내에서 최고의 의학기술 수준에 맞추어 병원균 감염 여부를 검사하여 하자를 제거하는 노력을 기울이고 에이즈 감염 위험군으로부터의 헌혈을 배제하는 등 위험성에 대한 예견의무와 결과회피의무라고 할 것이며, 이러한 주의의무의 위반 여부를 판단함에 있어서는 문제로 된 행위 당시의 일반적인 의학의 수준과 그 행위로부터 생기는 결과 발생의 가능성의 정도, 피침해법익의 중대성, 결과회피의무를 부담함에 의해서 희생되는 이익 등이 함께 고려되어야 할 것이다(당원 1995. 8. 25. 선고 94다47803 판결 참조).

나. 원심판결 이유의 요지

원심이 거시 증거에 의하여 인정한 이 사건 사실관계의 요지는 다음과 같다.

(1) 원고 1은 1989. 5. 16. 방광요도류와 자궁탈출증의 치료를 위하여 피고 학교법인 ○○중앙학원이 운영하는 ○○대학교 의과대학 부속 △△병원에 입원하여 같은 달 16. 질식자궁적출술을 시술받았는데, 위 시술 과정에서의 출혈로 인하여 같은 해 5. 20. 실시된 혈액검사 결과에서 헤모글로빈 수치가 8.6g/dl, 헤마토크리트 수치가 25.8%로 정상 이하로 떨어지면서 위 원고는 병원측에 어지럼증을 호소하게 되었고, 이에 위 병원측은 피고 대한적십자사로부터 공급받은 혈액인 농축적혈구 2단위[전혈 640cc에 해당하는 양, (혈핵관리번호 1 생략), (혈핵관리번호 2 생략)]에 대하여 위 원고의 혈액과의 교차반응검사를 실시한 후 같은 날 위 원고에게 이를 수혈하였다. 그런데 위 원고에게 수혈된 혈액 중 (혈핵관리번호 2 생략)의 혈액은 혈액관리법 제4조 제2항 제2호의 규정에 따라 혈액원을 개설하여 그 업무를 수행하는 피고 대한적십자사 산하 서울특별시 남부적십자혈액원이 같은 해 5. 15. 서울 관악구 신림동 전철역 앞에서 행하여진 가두 헌혈행사 중 소외 1(남, 생년월일 생략)로부터 헌혈받아, 그 혈액의 인간면역결핍 바이러스(Human Immunodeficiency Virus, 약칭 HIV, 이하 에이즈 바이러스라고 한다) 감염 여부를 효소면역측정법이라는 방법으로 검사하여 이상이 없는 것(음성)으로 판정되자 이를 위 병원측에 공급한 것인데, 그 혈액은 위 효소면역측정법에 의한 판정 결과와는 달리 실제로는 에이즈 바이러스에 감염{즉, 위음성(위음성)이었음}되어 있었던 것이었다. 위 소외 1은 위의 헌혈에 이어 같은 해 11. 2.에도 가두 헌혈을 하였는바, 피고 대한적십자사는 그 혈액에 대하여 효소면역측정법에 의한 에이즈 바이러스 감염 여부를 검사한 결과 위 소외 1이 감염자(양성)로 판명되자, 동인이 과거에 헌혈한 경력이 있는지를 조사하여, 위와 같이 같은 해 5. 15.에도 헌혈하였는데 그 혈액 중 적혈구 농축액이 다음날 피고 학교법인 ○○중앙학원 산하 △△병원으로 출고되어 위 원고에게 수혈된 사실을 확인하고 위 병원에 그 사실을 통보하였으며, 위 병원은 추가적인 혈액검사를 통하여 같은 해 12. 15. 위 원고가 에이즈 바이러스에 감염된 사실을 확인하고 이를 관계 기관에 통보하였으며, 위 원고는 같은 달 16.경 대한민국 산하 보건사회부(현재의 보건복지부의 전신) 소속 공무원으로부터 자신이 위 수혈에 의하여 에이즈 바이러스에 감염되었음을 통보받았다.

(2) 에이즈, 즉 후천성면역결핍증은 후천적으로 에이즈 바이러스의 감염에 의하여 야기되는 질병으로서 이러한 에이즈 바이러스는 1981. 6.경 미국에서 최초로 발견된 이래 1985년경부터는 의학계 일반에서 새로운 바이러스에 의한 질병의 하나로서 받아들여지게 되었고, 그 후 에이즈는 급속도로 전세계에 전파되어 1992년 현재 전세계 에이즈감염자는 500,000명을 초과하는 것으로 보고되고 있는바, 에이즈 바이러스에 감염되면 인체는 면역의 기능을 상실하고 면역결핍에 의한 기회감염으로 인해서 모든 질병에 감염의 기회를 주게 되며, 감기에라도 걸리게 되면 감기에서 폐렴, 만성기관지염, 피부병, 만성설사 등으로 병세가 쉽게

발전하고 그에 대한 뚜렷한 치료 방법도 없어, 결국 에이즈는 발병하기만 하면 예후가 극히 불량하고 치유가 불가능하여 에이즈환자는 암, 폐렴, 식도염 등에 의하여 거의 예외 없이 수년 내에 사망하는 것으로 보고되고 있다. 에이즈 바이러스의 감염경로로는 에이즈에 감염된 사람과의 성적인 접촉, 감염된 혈액의 수혈이나 감염 혈액으로 제조된 혈액제제(혈액제제)의 사용, 감염된 사람과의 주사바늘 및 주사기의 공동 사용, 감염된 산모로부터 임신 중 또는 출산시 태아에게의 전파 혹은 모유에 의한 감염, 장기이식 혹은 인공적 임신을 위한 감염자로부터의 장기, 조직 및 정액의 제공에 따른 감염 등이 현재까지 밝혀져 있다.

(3) 현재까지 개발된 에이즈 바이러스 감염 여부의 검사방법은 크게 에이즈 바이러스 항원(항원, antigen) 자체를 검사하는 항원검사법과 에이즈 바이러스에 대한 항체(항체, antibody)를 검사하는 항체검사법으로 대별된다. 에이즈 바이러스에 감염되면 바로 인체 내에 항체가 형성되는 것이 아니라 일반적으로 약 3 내지 12주 정도의 항체 미형성 기간(window period)이 경과한 후에 항체가 형성되며 감염자의 95% 이상에서는 5개월 내에 항체가 형성되지만 경우에 따라서는 수년이 지나도 항체가 형성되지 아니하기도 하는 것으로 의학계에 보고되어 있으므로, 이론적으로는 항체검사법보다는 항원검사법이 항체 미형성 기간의 감염 여부를 확인할 수 있어 더 정확하다고 보이나, 항원검사법은 검사장비가 비싸고 검사소요기간이 비교적 길며 특수한 기술을 요하여 집단적 혈액검사방법으로는 적합하지 아니하고, 또한 에이즈 바이러스 항원은 감염 초기에 출현했다가 항체가 생기면서 일시적으로 소실되는 경향이 있어 이론적으로 항원 자체를 검사하더라도 에이즈 감염 여부를 확인할 수 없는 경우가 있을 뿐 아니라 현실적인 정확도도 아직 담보되지 아니하여 전세계적으로 연구용 내지 실험용으로 일부 사용되고 있을 뿐 집단적인 헌혈 혈액에 대한 검사방법으로 항원검사법을 채택하고 있는 국가는 아직 없으며, 만약 우리 나라에서 집단적인 헌혈 혈액에 대한 검사방법으로 항원검사법을 채택·시행하게 된다면 기술적, 시간적, 경제적인 제약으로 인하여 수요자에 대한 혈액 공급 자체가 사실상 불가능하게 될 것으로 우려되는 한편, 항체검사법으로는 효소면역측정법(ELISA, enzyme linked immunosorbent assay)과 웨스턴 블롯 검사법(WBT, western blot test)이 가장 유용하고 대표적인 방법인데, 효소면역측정법은 자동화된 장비를 사용할 수 있고 결과의 판독이 용이한 장점이 있으며 민감도(에이즈항체에 대한 반응 정도)가 거의 100%에 이르러 에이즈항체를 보유한 혈액을 거의 놓치지 아니하는 반면, 특이도(위 검사법에 의한 전체 양성반응 중 에이즈 바이러스 항체에 대한 반응의 정도)는 비교적 낮아서 우리 나라를 비롯한 각국에서 집단적인 혈액에 대한 제1차적 선별적인 검사방법(screening test)으로 널리 사용되고, 웨스턴 블롯 검사법은 시간과 비용이 많이 들고 민감도는 낮으나 특이도가 높은 장점이 있어 효소면역측정법에서 양성으로 나타난 혈액에 대한 제2차적인 확인적 검사방법으로 사용되고 있다. 위 항체검사법은 에이즈 바이러스에 감염되고도 항체가 아직 형성되고 있지 아니한 항체 미형성 기간 동안의 혈액에 대한 에이즈 바이러스 감염 여부를 확인할 수 없는 문제점은 있다.

(4) 국내에서의 에이즈 감염 사례는 1985. 5.경 주한 외국인에게서, 같은 해 12.경 해외에서 귀국한 내국인 근로자에게서 처음 발견된 이래 1995. 10.말 현재 497명이 에이즈에 감염된 것으로 확인되었고 그 중 38명이 환자로 진전되었는데, 대한민국 정부는 국가적 차원에서의 에이즈 예방대책수립을 위하여 국내에서의 에이즈 감염 사례가 보고되기 이전인 1985. 4. 11.부터 보건사회부의 관계 공무원들과 피고 대한적십자사, 국립보건원, 대한의학협회, 대한병원협회, 제약회사의 관계자들, 의과대학, 종합병원의 교수 및 의사들이 참석한 수차례의

에이즈예방대책회의를 개최하고 대책을 마련한 결과, 보건사회부장관의 1987. 3. 31. 자 지시로써 1987. 7. 1.부터는 피고 대한적십자사 등 혈액원에 대하여 공혈 혈액 전부에 대하여 에이즈 감염 여부 검사를 실시하도록 조치하는 한편(그 검사는 1990. 9. 8. 혈액관리법시행규칙의 개정으로 법제화되었다), 이 사건에서 문제된 헌혈시인 1989. 5. 이전까지는 에이즈를 전염병예방법상의 지정전염병으로 고시하고, 에이즈의 예방과 감염자의 보호·관리를 위하여 후천성면역결핍증예방법을 제정·시행하였다.

위와 같이 우리 나라에서 헌혈 혈액 전부에 대하여 에이즈 감염 여부 검사가 의무화될 당시 보건사회부에서는 그 검사방법을 사실상 피고 대한적십자사에게 일임하였고, 이에 따라 피고 대한적십자사는 1급 혈액원장 회의와 대한적십자사 혈액사업자문회의 등을 거쳐 위에서 본 효소면역측정법을 검사방법으로 채택하였으며, 그 이후 모든 혈액원에서 효소면역측정법에 따라 제1차적 선별적인 검사를 행하고 그 검사 결과 양성으로 나온 혈액에 대하여 감염여부를 정밀진단하기 위하여 그 혈액을 국립보건원에 보내어 위에서 본 웨스턴 블롯 검사법에 의한 검사를 받게 하고 있다.

(5) 혈액관리법 제12조 제1항은 보건복지부장관은 건강한 국민에게 헌혈을 권장할 수 있다고 규정하고, 이어 같은법시행령 제3조 제1, 2항은 보건복지부장관은 매년 헌혈 권장에 관한 필요한 계획을 수립하여 이를 시행하여야 하며, 보건복지부장관·서울특별시장·직할시장 또는 도지사 및 대한적십자사총재는 헌혈 권장을 위하여 공·사의 단체에 대하여 필요한 협력을 요청할 수 있다고 규정한 뒤, 제3항은 그 외의 단체 또는 개인이 가구·공원·기타 옥내외의 공공장소에서 공중을 대상으로 헌혈 권장에 관한 행사를 하고자 할 때에는 미리 대한적십자사와 협의하여야 한다고 규정하고 있고, 같은법시행규칙 제9조는 채혈금지의 범위를, 제11조는 공혈자의 신상카드 작성·비치의무 등을 각 규정하고 있다. 이 사건에서 문제된 혈액을 피고 대한적십자사 산하 서울특별시 남부적십자혈액원이 위 소외 1로부터 헌혈받을 당시(1989년) 채혈은 원칙적으로 혈액원에서 하되, 피고 대한적십자사의 헌혈혈액원은 혈액원 외의 장소에서 채혈할 수 있으며, 기타 헌혈혈액원은 채혈 예정일 7일 전에 채혈 대상, 채혈 장소, 채혈 기간, 채혈 예정 인원 등에 대하여 미리 피고 대한적십자사총재와 사전 협의를 거쳐 혈액원 외의 장소에서 채혈할 수 있도록 되어 있었는바(위 시행규칙 제10조 제1호), 혈액원 외에서의 헌혈은 주로 가두 행사차량이나, 군부대 또는 학생들을 상대로 행하여졌다.

그런데 위 소외 1로부터 헌혈받을 당시 작성하도록 되어 있던 헌혈자 신상카드에는 헌혈자의 인적사항을 기재하는 난이 마련되어 있었으나 위 소외 1의 헌혈자 신상카드에는 헌혈자의 직업란과 근무처란이 공란으로 되어 있었을 뿐만 아니라, 그 신상카드의 이면에 위 시행규칙 제9조에 규정된 채혈금지의 범위와 관련된 설문사항(16개항)이 기재되어 있고 각 설문에 대하여 헌혈자가 확인한 후 서명하도록 되어 있었는데, 그 설문사항 중에는 혈우병, 백혈병 등 각종 혈액질환 유무 등의 설문은 있으나 에이즈 관련 항목이 전혀 없었으며(1990. 9. 8. 이후 그 설문에 에이즈 감염 여부에 관한 질문이 추가되었다), 그 설문에 대하여 헌혈자는 모두 이상 없는 것으로 응답한 것으로 기재되어 있으나 설문에 답한 헌혈자의 서명은 본인이 아닌 다른 사람의 이름(서명자는 박정하로 의료요원이 아닌가 추측됨)으로 되어 있었다. 위 헌혈 당시 피고 대한적십자사로서는 위 소외 1의 연령(주민등록번호)과 주소 등을 알았을 뿐 직업이나 생활관계 등에 관하여는 전혀 알지 못한 상태에서 헌혈을 받았으며, 그 후 1989. 11. 2. 위 소외 1이 재차 헌혈을 한 혈액이 에이즈에 감염된 것으로 밝혀지자 그에 대한 추적 및 역학조사 결과 비로소 그가 당시 카페를 경영하고 있었으며 10여 명 내외의 남성과 동성간 성접촉이 있었던 사람이었던 것이 확인되었다. 또한, 당시 피고 대한적십자사는 헌혈을 권장하기 위한 한 방법으로 헌혈시 에이즈 바이러스 감염 여부의 검사를 무료로 해준다는 홍보 포스터를 만들어 배포하여 에이즈 바이러스 감염확률이 높은 동성연애자 등이 헌혈을 통하여 에이즈 바이러스 감염 여부를 확인하도록 조장한 사실도 있었다. 이리하여 동성연애자 251명을 상대로 조사를 한 결과 그 중 42명이 에이즈 감염 여부 검사를 받은 일이 있는데 그 50%인 21명이 검사방법으로 헌혈을 이용하였다고 하는 보고도 있다.

다. 판단

사실관계가 원심 인정과 같다면, 비록 수혈에 따른 에이즈 바이러스 감염의 확률이 극히 낮다 하더라도, 현재의 의학적 수준과 경제적 사정 및 혈액 공급의 필요성 측면에서 항체 미형성 기간 중에 있는 에이즈 감염자가 헌혈한 혈액은 에이즈 바이러스 검사를 시행하더라도 감염 혈액임을 밝혀내지 못하게 되어 이러한 혈액의 공급을 배제할 적절한 방법이 없으므로 위와 같은 경로로 인한 수혈에 따른 에이즈 감염의 위험에 대하여는 무방비 상태에 있다 할 것인데, 수혈로 인한 에이즈 감염이라는 결과와 그로 인한 피침해이익의 중대성에 비추어 볼 때, 혈액원의 업무를 수행하는 피고 대한적십자사로서는 사전에 동성연애자나 성생활이 문란한 자 등 에이즈 감염 위험군으로부터의 헌혈이 배제될 수 있도록 헌혈의 대상을 비교적 건강한 혈액을 가졌다고 생각되는 집단으로 한정하고, 헌혈자가 에이즈 바이러스에 감염되어 있을 위험이 높은 자인지를 판별하여 그러한 자에 대하여는 스스로 헌혈을 포기하도록 유도하게 하기 위하여 그의 직업과 생활관계, 건강 상태 등을 조사하고 필요한 설명과 문진을 하는 등 가두 헌혈의 대상이나 방법을 개선하여야 할 의무가 있다 할 것인데도 불구하고, 위 피고는 에이즈 감염 위험군을 헌혈 대상에서 제외하기는 커녕, 오히려 헌혈시 에이즈 바이러스 감염 여부의 검사를 무료로 해준다고 홍보함으로써 에이즈 감염 위험자들이 헌혈을 에이즈 바이러스 감염 여부를 확인할 기회로 이용하도록 조장하였을 뿐만 아니라, 위 소외 1로부터 헌혈받을 당시 헌혈자의 직업이나 생활관계 등에 대하여는 아무런 조사를 하지 아니하고 에이즈 감염 여부에 대하여는 설문사항에 포함시키지도 아니하였으며 전혀 문진을 하지 아니하여 동성연애자인 위 소외 1의 헌혈을 무방비 상태에서 허용함으로써 위 소외 1이 헌혈한 혈액을 수혈받은 원고 1로 하여금 에이즈 바이러스에 감염되게 한 것이니, 위 피고는 에이즈 바이러스 감염의 결과 발생을 회피할 주의의무를 다하지 아니한 과실로 위 원고로 하여금 위와 같은 손해를 입게 하였다고 할 것이다.

한편, 이 사건에 있어 피고 대한적십자사는 헌혈자로부터 혈액을 채혈하여 이를 의료기관 등에 공급하는 업무를 하는 헌혈혈액원의 지위에 있었을 뿐, 환자에게 직접 혈액을 수혈하는 의료기관의 지위에 있지 아니하였는바, 수혈에 의하여 에이즈 바이러스에 감염될 위험이 있고 가족의 혈액으로 수혈받는 방법을 선택할 수도 있다는 점 등을 환자에게 설명할 의무는 직접 환자에게 혈액을 수혈하는 의사에게 있을 뿐 위 피고에게는 이러한 의무가 있다 할 수 없으니, 위 피고가 자신이 공급하는 혈액에 위와 같은 위험경고의 표기를 하지 아니하였다 하여 이 사건 결과회피 의무를 다하지 아니한 것이라 할 수 없고, 나아가 위 피고에게 위와 같은 수혈의 위험을 일반 대중에게 홍보할 의무가 있다 할 수도 없으므로 위와 같은 홍보를 하지 아니한 것이 이 사건 결과회피의무를 다하지 아니한 것이라 할 수 없는데도 불구하고, 원심이 이와 같은 점까지를 위 피고의 결과회피의무 불이행의 내용에 포함시킨 것은 잘못이라 할 것이다.

위와 같이 원심이 피고 대한적십자사의 과실을 인정함에 있어 일부 판단에 잘못이 있으나, 원심 판결 이유에 의하면 원심이 적법히 인정한 위 피고의 나머지 과실은 당원의 앞에서 본 판단에 부합하는 것임을 알 수 있으므로, 원심이 위 피고가 위와 같은 결과회피의무를 다하지 못함에 따라 원고 1이 감염된 혈액을 수혈받은 결과 에이즈 바이러스의 감염이라는 치명적인 건강 침해를 입게 되었다 하여 위 피고에게 원고들에 대한 배상책임을 인정한 것은 결국 정당하고, 거기에 소론과 같이 과실책임과 인과관계의 법리를 오해한 위법이 있다 할 수 없다. 논지는 이유 없다.

2. 피고 학교법인 ○○중앙학원의 상고이유를 본다.
   가. 제1점에 대하여
   의사는 응급환자의 경우나 그 밖의 특별한 사정이 없는 한, 환자에게 수술 등 인체에 위험을 가하는 의료행위를 함에 있어 그에 대한 승낙을 얻기 위한 전제로서, 당해 환자에 대하여 사전에 질병의 증상, 치료 방법의 내용 및 필요성, 예후 및 예상되는 생명, 신체에 대한 위험과 부작용 등에 관하여 당시의 의료수준에 비추어 상당하다고 생각되는 사항을 설명함으로써 환자로 하여금 수술이나 투약에 응할 것인가의 여부를 스스로 결정할 기회를 가지도록 할 의무가 있고, 이와 같은 의사의 설명의무는 그 예상되는 생명, 신체에 대한 위험과 부작용 등의 발생가능성이 희소하다는 사정만으로는 면제될 수 없으며, 위험과 부작용 등이 당해 치료행위에 전형적으로 발생하는 위험이거나 회복할 수 없는 중대한 경우에는 그 발생가능성의 희소성에도 불구하고 설명의 대상이 된다고 보아야 하고(당원 1995. 1. 20. 선고 94다3421 판결, 1996. 4. 12. 선고 95다56095 판결 등 참조), 이러한 설명을 하지 아니한 채 환자의 승낙 없이 의료행위를 한 경우에는 설령 의사에게 치료상의 과실이 없는 경우에도 그 의료행위는 환자의 승낙권을 침해하는 위법한 행위가 된다 할 것이다.
   원심이 적법히 확정한 앞에서 본 사실관계에 의하면, 수혈에 의한 에이즈 바이러스의 감염은 수혈행위에 전형적으로 발생하는 위험이고, 그로 인하여 에이즈 바이러스에 감염되는 경우 현대의학으로는 치료 방법이 없어 결국 사망에 이르게 되는 것으로서 그 피해는 회복할 수 없는 중대한 것인 데다가 의학적으로 문외한인 환자로서는 예상할 수 없는 의외의 것이므로, 위험 발생가능성의 희소성에도 불구하고 피고 학교법인 ○○중앙학원 소속 의사들의 설명의무가 면제될 수 없다고 보아야 하고, 수술 후 수술중의 출혈로 인하여 수혈하는 경우에는 수혈로 인한 에이즈 바이러스 감염 위험은 당해 수술과는 별개의 수혈 그 자체에 특유한 위험으로서 당해 수술 자체로 인한 위험 못지 아니하게 중대한 것이라 할 것이므로 의사는 환자에게 그 수술에 대한 설명, 동의와는 별개로 수혈로 인한 위험 등을 설명하여야 한다 할 것이다.
   원심판결 이유에 의하면, 원심은 거시 증거에 의하여, 이 사건에 있어 수혈로 인한 에이즈 감염의 가능성이 의학계에 보편적으로 인식되어 있음에도 피고 학교법인 ○○중앙학원 소속 의사들이 원고 1에게 특별히 긴급한 상황이 아닌 상태에서 이행한 수혈조치에 즈음하여 위 원고에게 사전에 에이즈 감염 위험에 관하여는 아무런 설명을 하지 아니하였던 사실을 인정한 다음, 위 의사들이 수혈에 있어 설명의무를 이행하지 아니함으로써 원고 1이 수혈 여부 및 수혈 혈액에 관한 자기결정권을 상실한 상태에서 에이즈 바이러스 감염이라는 예기치 못한 치명적인 결과를 맞게 되었으므로 위 의사들의 사용자인 피고 학교법인 ○○중앙학원은 위 원고 및 동인의 가족들인 나머지 원고들이 입은 정신적 고통에 대한 위자료를 지급할 의무가 있다고 판단하였는바, 관계 증거를 기록과 대조하여 살펴보면 원심의 위와 같은 사실인정은 정당하고, 그에 기초한 원심의 판단 역시 당원의 위 견해에 부합하는 것으로서 정당하다 할 것이며, 거기에 소론과 같이 의사의 설명의무에 대한 법리를 오해한 위법이 있다 할 수 없다. 논지도 이유 없다.
   나. 제2점에 대하여

수인이 공동하여 타인에게 손해를 가하는 민법 제760조 제1항의 공동불법행위가 성립하려면 각 행위가 독립하여 불법행위의 요건을 갖추고 있으면서 객관적으로 관련되고 공동하여 위법하게 피해자에게 손해를 가한 것으로 인정되어야 한다 할 것이다(당원 1989. 5. 23. 선고 87다카2723 판결, 1997. 8. 29. 선고 96다46903 판결 등 참조).

원심판결 이유에 의하면, 원심은, 피고 대한적십자사에 대하여는 혈액원으로서 에이즈 바이러스 감염 위험군으로부터의 헌혈을 배제하지 아니하는 등 에이즈 바이러스에 감염된 혈액을 환자가 수혈받음으로써 에이즈에 감염될 위험을 배제할 의무 및 그와 같은 결과를 회피할 의무를 다하지 아니하여 원고 1이 감염된 혈액을 수혈받은 결과 에이즈 바이러스의 감염이라는 치명적인 건강 침해를 입게 됨으로써 원고들에게 정신적 고통을 입혔다 하여 위 피고에게 원고들에 대한 위자료 지급의무가 있다고 하고, 피고 학교법인 ○○중앙학원에 대하여는 그 소속 의사들이 설명의무를 다하지 아니하여 원고 1이 수혈 여부 및 수혈 혈액에 관한 자기결정권을 상실한 상태에서 에이즈 바이러스 감염이라는 예기치 못한 치명적인 결과를 맞게 되었다 하여 위 피고에게 위 의사들의 사용자로서 원고들에 대한 위자료 지급의무가 있다고 하고 있는바, 원심의 위 판단에 의하면 피고 대한적십자사의 과실 및 위법행위는 원고 1의 신체상해 자체에 대한 것인 데 비하여, 피고 학교법인 ○○중앙학원 소속 의사들의 과실 및 위법행위는 신체상해의 결과 발생 여부를 묻지 아니하는 수혈 여부와 수혈 혈액에 대한 원고 1의 자기결정권이라는 인격권의 침해에 대한 것임이 분명하므로 피고들의 양 행위가 경합하여 단일한 결과를 발생시킨 것이 아니고 각 행위의 결과 발생을 구별할 수 있으니, 이와 같은 경우에는 공동불법행위가 성립한다고 할 수 없다 할 것이다.

같은 취지에서 원심이 피고들의 각 불법행위는 그 과실 및 위법행위가 전혀 별개로 행하여진 것이므로 이를 공동불법행위로 볼 수는 없다 하여 피고들의 각 배상채무를 연대나 부진정연대의 관계에 있지 아니한 별개의 채무로 인정한 것은 정당하고, 거기에 소론과 같이 공동불법행위에 대한 법리를 오해한 위법이 있다 할 수 없다. 논지도 이유 없다.

3. 그러므로 상고를 모두 기각하고 상고비용은 패소자들의 부담으로 하기로 하여 관여 법관의 일치된 의견으로 주문과 같이 판결한다.

대법관 이용훈(재판장) 정귀호 박준서(주심) 김형선

6. 중립적 원인자

가. 가해행위와 함께 손해발생에 기여한 경우

[판례 14] 손해배상(기) (대법원 1991. 12. 27. 선고 90다카5198 판결)

【판시사항】

가. 백합 양식장에서 백합의 대량폐사에 관련된 기생충 감염의 기여도를 15%로, 생태학적 환경요인의

기여도를 나머지 85%로 판단한 원심의 조치를 수긍한 사례
나. 손해배상책임이 인정되나 그 손해액에 관한 입증이 불충분한 경우의 평균수익액 산출방법
다. 위 "가"항의 백합폐사로 인한 손해의 범위를 산정함에 있어 대량폐사가 시작된 특정 연도를 분기점으로 하여 그 이후 생산량이 격감하고 있는 점 등을 감안하여 위 특정 연도의 생산량과 실제 생산시설면적을 기준으로 삼은 원심의 조치를 수긍한 사례

【판결요지】

가. 백합 양식장에서 백합의 대량폐사에 관련된 기생충 감염의 기여도를 15%로, 생태학적 환경요인의 기여도를 나머지 85%로 판단한 원심의 조치를 수긍한 사례.
나. 손해배상책임이 인정되나 그 손해액에 관한 입증이 불충분한 경우에 있어서의 평균수익액 산출방법은 통계 등을 이용하여 공평성과 합리성을 갖춘 범위 내에서 추상적인 방법으로 산출할 수밖에 없다.
다. 위 "가"항의 백합폐사로 인한 손해의 범위를 산정함에 있어서, 손해액 산정의 기초로서 백합종패의 대량폐사가 시작된 1973년 이전에는 백합 생산량이 다소 많았던 때도 있었으나 1973년도를 분기점으로 하여 그 이후에는 그 생산량이 격감하고 있는 점, 1년에 2회에 걸쳐 계속적으로 종패를 살포하고, 성패를 수확하고 있어 백합이 얼마만한 면적에 언제 살포한 백합종패로부터 얻어진 것인가를 판별해 내기가 곤란한 점등을 감안하여 위 1973년도의 생산량과 실제 생산시설면적(면허면적이 아님)을 기준으로 삼고, 생산량에 관하여는 일반적인 통계숫자나 상호 모순되는 생산량 기재를 배척하고, 원고측 백합 양식장이 소재한 전북 부안군의 백합 생산량이 거의 전부를 차지하고 있는 전라북도의 백합 생산량을 기준으로 하여 원고측 백합 양식장의 헥타르당 백합생산량을 산출한 원심의 조치를 수긍한 사례.

【참조조문】
가.나.다. 민법 제750조, 제763조(제393조) 나. 민사소송법 제187조

【참조판례】
가.나.다. 대법원 1989.2.14. 선고 87다카820 판결(공1989,401)
나. 대법원 1987.2.24. 선고 85다카416 판결(공1987,508)
1988.4.12. 선고 87다카1129 판결(공1988,831)

【전 문】

【원고(선정당사자), 상고인】 원고 소송대리인 변호사 윤일영
【피고, 피상고인】 농수산물유통공사 소송대리인 변호사 이재후
【원심판결】 서울고등법원 1990.1.12. 선고 89나9205 판결

【주 문】

상고를 기각한다.
상고비용은 원고(선정당사자)의 부담으로 한다.

【이 유】

상고이유를 본다.
1. 기록에 의하여 살펴보면, 이 사건 백합폐사 발생 당시 원고측 백합양식장의 유화물함량은 지점에 따라 1.103~1.164(밀리그람/그람건니, 이하 같다)로서 생물의 성장한계치인 0.03~0.5를 훨씬 상회

하고 있었고(기록 617정), 하루 6시간 내지 8시간의 고노출지대로서 소조시에 3, 4일간 물이 들지 않아 석온이 한계치인 29℃보다 훨씬 높은 37℃를 상회하는 일이 있었으며(기록 597~598정, 634 정, 603~604정), 백합의 밀식으로 인한 조류소통저해, 장기간 계속양식으로 인하여 지질이 노쇠(기록621~622정)되는 등 이미 백합양식에 부적합한 생태학적 환경요인들이 형성되어 있었고, 그 중 이 사건 기생충감염은 위 악화된 환경요인과 합해진 복합적인 백합폐사 요인의 하나에 불과하며(기록 644정, 434-466정), 백합폐사가 일어날 수 있는 전체 원인중 기생충감염패가 차지하는 비율은 적은 것(기록 3269~3270정)으로 나타나 있다.

그렇다면, 이 사건 백합의 대량폐사에 관련된 기생충감염의 기여도를 15%로 하고, 나머지 85%를 위 생태학적 환경요인의 기여도로 판단한 원심의 조치는, 그 설시에 있어서 이 사건 백합 대량폐사 시점 이후에 새로이 발생된 듯한 환경요인의 악화도 대량폐사 당시 이미 존재하고 있었던 것처럼 설시함으로써 다소 미흡한 점이 없지 않으나, 앞서 본 바와 같은 제반요인을 종합하여 판단한 것이라고 못 볼 바도 아니므로, 거기에 소론과 같이 심리를 다하지 아니하고 채증법칙에 위배하여 사실을 오인하였거나, 손해배상책임 발생원인의 기여도에 관한 법리를 오해한 위법이 있다고 할 수 없다. 논지는 이유 없다.

2. 원심판결 이유에 의하면 원심은, 이 사건 백합폐사로 원고측이 입은 손해의 범위를 산정함에 있어서, 손해액 산정의 기초로서 이 사건 백합종패의 대량폐사가 시작된 1973년 이전에는 백합 생산량이 다소 많았던 때도 있었으나 1973년도를 분기점으로 하여 그 이후에는 그 생산량이 격감하고 있는 점, 1년에 2회에 걸쳐 계속적으로 종패를 살포하고, 성패를 수확하고 있어 수확되는 백합이 얼마만한 면적에 언제 살포한 백합종패로부터 얻어진 것인가를 판별해 내기가 곤란함 점 등을 감안하여 위 1973년도의 생산량과 실제 생산시설면적 (면허면적이 아님)을 기준으로 하고 있으며, {논지는 원심이 생산량은 1973년의 것을, 면적은 1년 전인 1972년의 것을 기준으로 하는 모순을 범하고 있다는 취지의 주장을 하나 환송 후 원심판결에 의하면 이 사건 대량폐사 직전(1973년도)의 원고측의 헥타르당 생산량은 약 2.6톤(3556 : 1361)이라고 계산하면서 생산량과 생산시설면적 모두 기준년도를 1973년도로 한 수치를 사용하고 있음을 알 수 있으므로 위 주장은 근거 없다}, 생산량에 관하여는 일반적인 통계숫자(기록 3435-3442, 상고 이유서에 첨부된 자료도 마찬가지로 보인다)나, 상호 모순되는 생산량기재 (기록 523정과 1668정)를 배척하고, 원고측 백합 양식장이 소재한 전북 부안군의 백합 생산량이 거의 전부(1973년의 경우 전라북도 생산량 3,557톤 중 약 3,500톤 가량으로 약 98% 차지, 기록 436, 597, 3365정)를 차지하고 있는 전라북도의 백합 생산량을 기준으로 하여 원고측 백합 양식장의 헥타르당 백합 생산량을 산출하고 있는바, 이는 이 사건과 같이 피고의 손해배상책임이 인정되나 그 손해액에 관한 입증이 불충분한 경우에 있어서의 평균수익액 산출방법으로서 공평성과 합리성을 갖춘 타당한 방법이라고 보여지므로(대법원 1984.4.12. 선고 87다카1129 판결 참조) 원심의 손해액 산정에 관한 조치는 옳고 거기에 소론과 같이 채증법칙에 위배하여 손해범위 산정의 기초사실을 오인하고 손해액 산정에 관한 법리를 오해한 위법이 있다 할 수 없다. 논지도 이유 없다.

3. 그러므로 상고를 기각하고 상고비용은 패소자인 원고(선정당사자)의 부담으로 하기로 관여 법관의 의견이 일치 되어 주문과 같이 판결한다.

대법관   김상원(재판장) 박우동 윤영철 박만호

[판례 15] 손해배상(기) (대법원 2004. 6. 25. 선고 2003다69652 판결)

【판시사항】
집중호우로 인한 인명피해와 지방자치단체의 손해배상책임

【참조조문】
[1] 국가배상법 제2조 제1항, 민법 제393조, 제763조

【전 문】
【원고, 피상고인】 원고 1 외 2인 (소송대리인 법무법인 시민종합법률사무소 담당변호사 전영식 외 2인)
【피고, 상 고 인】 서울특별시 용산구 (소송대리인 법무법인 소망 담당변호사 박재권)
【원심판결】 서울고법 2003. 11. 19. 선고 2003나7403 판결

【주 문】
상고를 기각한다. 상고비용은 피고가 부담한다.

【이 유】
상고이유를 본다(보충상고이유서는 상고이유를 보충하는 범위 내에서 본다).

1. 상고이유 제1점에 대하여

   공무원의 부작위로 인한 국가배상책임을 인정하기 위하여는 공무원의 작위로 인한 국가배상책임을 인정하는 경우와 마찬가지로 '공무원이 그 직무를 집행함에 당하여 고의 또는 과실로 법령에 위반하여 타인에게 손해를 가한 때'라고 하는 국가배상법 제2조 제1항의 요건이 충족되어야 할 것인바, 여기서 '법령에 위반하여'라고 하는 것은 엄격하게 형식적 의미의 법령에 명시적으로 공무원의 작위의무가 규정되어 있는데도 이를 위반하는 경우만을 의미하는 것은 아니고, 국민의 생명, 신체, 재산 등에 대하여 절박하고 중대한 위험상태가 발생하였거나 발생할 우려가 있어서 국민의 생명, 신체, 재산 등을 보호하는 것을 본래적 사명으로 하는 국가가 초법규적, 일차적으로 그 위험 배제에 나서지 아니하면 국민의 생명, 신체, 재산 등을 보호할 수 없는 경우에는 형식적 의미의 법령에 근거가 없더라도 국가나 관련 공무원에 대하여 그러한 위험을 배제할 작위의무를 인정할 수 있을 것이며(대법원 1998. 10. 13. 선고 98다18520 판결 참조), 이는 지방자치단체와 그 소속 공무원에 대하여도 마찬가지라 할 것이다.

   원심은, 그 채용 증거들에 의하여 그 판시 사실을 인정한 다음, 피고 소속 공무원들에게는 자연재해대책법 제36조, 제39조, 제42조의 규정에 따라 폭우로 인하여 차도 또는 하수도가 침수되어 인근 건물 내의 인명 또는 재산 피해가 예상되는 경우 침수의 방지, 통제, 퇴거 등의 조치를 취하고, 재해비상발령이 내려진 상황에서 신속하게 서울시재해대책본부로부터 지시받은 조치를 시행하거나 방재책임자 등에게 이를 알리는 등 재해방지에 필요한 적절한 조치를 신속히 취하여야 할 의무가 있고, 그 의무 위반행위는 국가배상법 제2조 제1항 소정의 '법령 위반'에 해당한다는 취지로 판단하였는바, 기록에 비추어 살펴보면 원심의 위와 같은 판단은 위 법리에 따른 것으로 정당하고, 거기에 자연재해대책법 소정의 공무원의 의무의 성질 및 불법행위의 성립요건에 관한 법리오해의 위법이 있다고 할 수 없다. 이 점에 관한 상고이유의 주장은 받아들일 수 없다.

2. 상고이유 제2점에 대하여

원심의 채용 증거들을 기록에 비추어 살펴보면, 피고 소속 공무원들이 재해방지에 필요한 적절한 조치를 신속히 취하였더라면 망인이 이 사건 사고 장소에서 탈출하거나 구조될 수 있는 충분한 시간적 여유가 있었다고 보여지므로, 피고 소속 공무원들의 위와 같은 의무위반행위와 망인의 사망 사이에 상당인과관계를 인정한 원심의 판단은 정당하고, 거기에 판단누락이나 상당인과관계에 관한 법리오해의 위법이 있다고 할 수 없다. 이 점에 관한 상고이유의 주장도 받아들일 수 없다.

3. 상고이유 제3점에 대하여

불법행위에 기한 손해배상사건에 있어서 피해자가 입은 손해가 자연력과 가해자의 과실이 경합되어 발생된 경우 가해자의 배상범위는 손해의 공평한 부담이라는 견지에서 손해발생에 대하여 자연력이 기여하였다고 인정되는 부분을 공제한 나머지 부분으로 제한하여야 함이 상당하나, 다만 피해자가 입은 손해가 통상의 손해와는 달리 특수한 자연적 조건 아래 발생한 것이라 하더라도 가해자가 그와 같은 자연적 조건이나 그에 따른 위험의 정도를 미리 예상할 수 있었고 또 과도한 노력이나 비용을 들이지 아니하고도 적절한 조치를 취하여 자연적 조건에 따른 위험의 발생을 사전에 예방할 수 있었다면 그러한 사고방지 조치를 소홀히 하여 발생한 사고로 인한 손해배상의 범위를 정함에 있어서 자연력의 기여분을 인정하여 가해자의 배상범위를 제한할 것은 아니다(대법원 2003. 6. 27. 선고 2001다734 판결 등 참조).

위와 같은 법리 및 원심의 채용 증거들을 기록에 비추어 살펴보면, 원심이 피고의 배상범위가 불가항력적인 자연력이 가공된 부분을 공제한 나머지 부분으로 제한되어야 한다는 피고의 주장에 대하여 판단을 누락한 잘못이 있기는 하나, 피고가 자연적 조건이나 그에 따른 위험의 정도를 미리 예상할 수 있었고 또 과도한 노력이나 비용을 들이지 아니하고도 적절한 조치를 위하여 자연적 조건에 따른 위험의 발생을 사전에 예방할 수 있었다고 보여지므로 이 사건의 경우 손해배상의 범위를 정함에 있어서 자연력의 기여분을 인정하여 피고의 배상범위를 제한할 것은 아니라 할 것이어서, 원심의 위와 같은 잘못으로 인하여 판결 결과에 영향을 미친 위법이 있다고 볼 수는 없다. 따라서 원심판결에 자연력의 기여분의 공제에 관한 법리를 오해한 위법이나 판단누락의 위법이 있다는 상고이유의 주장은 받아들일 수 없다.

한편, 피해자에게 손해의 발생이나 확대에 과실이 있는 경우에 그 과실상계 사유에 관한 사실인정이나 그 비율을 정하는 것은 그것이 형평의 원칙에 비추어 현저히 불합리하다고 인정되지 않는 한 사실심의 전권사항에 속하는 것인바, 기록에 비추어 살펴보면 원심의 피해자에 대한 과실비율의 평가가 형평의 원칙에 비추어 현저히 불합리하다고는 인정되지 아니하므로, 원심판결에 과실상계에 관한 법리오해의 위법 등이 있다고 할 수 없다. 이 점에 관한 상고이유의 주장 또한 받아들일 수 없다.

4. 그러므로 상고를 기각하고, 상고비용은 패소자가 부담하기로 하여 관여 대법관의 일치된 의견으로 주문과 같이 판결한다.

대법관　김용담(재판장)　유지담　배기원(주심)　이강국

[판례 16] 손해배상(기) (대법원 2001. 2. 23. 선고 99다61316 판결)

【판시사항】

[1] 피해자가 입은 손해가 특수한 자연적 조건 아래 발생한 것이라 하더라도 자연력의 기여분을 인정하여 가해자의 배상범위를 제한할 수 없는 경우
[2] 임도 개설공사 이후 집중호우로 인한 산사태로 말미암아 발생한 손해의 배상범위를 정함에 있어서 자연력의 기여분을 인정하지 아니한 사례

【판결요지】
[1] 불법행위에 기한 손해배상 사건에 있어서 피해자가 입은 손해가 자연력과 가해자의 과실행위가 경합되어 발생된 경우 가해자의 배상 범위는 손해의 공평한 부담이라는 견지에서 손해 발생에 대하여 자연력이 기여하였다고 인정되는 부분을 공제한 나머지 부분으로 제한하여야 함이 상당한 것이지만, 다른 한편, 피해자가 입은 손해가 통상의 손해와는 달리 특수한 자연적 조건 아래 발생한 것이라 하더라도, 가해자가 그와 같은 자연적 조건이나 그에 따른 위험의 정도를 미리 예상할 수 있었고 또 과도한 노력이나 비용을 들이지 아니하고도 적절한 조치를 취하여 자연적 조건에 따른 위험의 발생을 사전에 예방할 수 있었다면, 그러한 사고방지 조치를 소홀히 하여 발생한 사고로 인한 손해배상의 범위를 정함에 있어서 자연력의 기여분을 인정하여 가해자의 배상 범위를 제한할 것은 아니다.
[2] 임도 개설공사 이후 집중호우로 인한 산사태로 말미암아 발생한 손해의 배상범위를 정함에 있어서 자연력의 기여분을 인정하지 아니한 사례.

【참조조문】
[1] 민법 제393조 [2] 민법 제393조

【참조판례】
[1][2] 대법원 1991. 7. 23. 선고 89다카1275 판결(공1991하, 2211)
대법원 1993. 2. 23. 선고 92다52122 판결(공1993상, 1078)
대법원 1995. 2. 28. 선고 94다31334 판결(공1995상, 1454)

【전 문】
【원고, 피상고인 겸 상고인】 원고 (소송대리인 변호사 박형일 외 1인)
【피고, 상고인 겸 피상고인】 산림조합중앙회 외 1인 (변경 전 : 임업협동조합중앙회)
【원심판결】 서울고법 1999. 10. 6. 선고 99나15841 판결

【주 문】
원심판결 중 원고 패소 부분을 파기하고, 이 부분 사건을 서울고등법원에 환송한다. 피고들의 상고를 모두 기각한다.

【이 유】
1. 피고들의 각 상고이유에 대하여
　원심판결 이유에 의하면 원심은, 그 내세운 증거들에 의하여 판시의 사실들을 인정한 다음, 이 사건 임도 개설공사는 수해, 산사태 등의 자연재해를 막아주던 자연림을 벌목하고 임야의 비탈면을 깎아서(절토) 그 흙으로 아랫쪽 비탈면에 밀어내고 이를 다져(성토) 인위적으로 총길이 9.81km, 노폭 4.9m의 도로를 만드는 공사로서 위 임도 공사 이후 자연재해 발생의 위험성이 증가하게 되므로, 피고 조합으로서는 위 임도 공사를 함에 있어서 지형과 지질에 맞게 설계된 설계도에 따라 토사의 유실과 호우 등 기상상태의 악화시 임도의 유실을 막고 성토면을 보호하기 위하여 비탈면에 목책, 옹

벽 등의 안전시설을 설치하여야 하고, 베어낸 나무뿌리 등이 임도의 성토면에 묻히게 되면 부식하여 성토면의 지반이 연약하게 될 염려가 있으므로 이를 완전히 제거하고 성토한 후 성토면 다지기 작업을 철저히 하는 한편, 잔디를 파종하는 등의 방법으로 토사의 유실로 인한 산사태 등 재해의 방지 조치를 위한 만반의 조치를 취하면서 그 설계도서와 시방서에 따라 공사를 시공하여야 함에도 불구하고, 이를 게을리 한 채 앞서 본 바와 같이 지장목 등을 베어낸 나무뿌리와 나무가지 등을 철저히 제거하지 않은 채 그대로 성토를 하고 설계를 임의로 변경하는 등 위 유실된 임도의 성토면 보호를 위한 목책시설 등을 제대로 설치하지 아니한 잘못이 있다 할 것이고, 피고 대한민국은 피고 조합이 위 임도 개설공사를 함에 있어 설계도서와 시방서에 따라 성토면의 비탈에 목책, 옹벽 등의 유실을 막기 위한 안전시설을 설치하고 성토면 다지기 작업을 철저히 하며 벌목한 지장목을 제대로 반출하였는지 등을 감독할 의무가 있음에도 불구하고, 이를 게을리 한 채 현장감독관인 소외 1이 일주일에 2-3일 정도 현장에 들러 형식적인 감독을 하였으며 소외 1과 준공검사관인 소외 2는 사실과 다른 준공감독조서와 준공검사조서를 작성하였을 뿐만 아니라, 위 임도의 준공 후에도 재해발생에 대비한 임도의 사전점검과 보수를 소홀히 한 잘못이 있어 이러한 잘못들 또한 이 사건 사고 발생의 원인이 되었다고 할 것이므로, 피고 조합은 위 임도 공사의 시공자이자 현장대리인인 위 소외 3의 사용자로서, 피고 대한민국은 국가배상법 제5조 제1항에 따라 영조물인 위 임도의 설치 및 관리상의 하자로 인하여 발생한 이 사건 사고로 말미암아 원고 및 위 망인들이 입은 손해를 각자 배상할 책임이 있다고 판단하고, 나아가 이 사건 사고가 피고 조합의 하자보수 보증기간 내에 발생하였고 위 임도 공사의 조사, 시공, 준공, 사후관리책임은 전적으로 피고 조합에 있으므로 피고 대한민국에게는 이 사건 사고로 인한 책임이 없다는 취지의 피고 대한민국의 주장에 대하여는, 피고들 사이에 위 임도 공사에 관하여 그와 같은 약정이 있다 하여도 피고들 사이의 내부적인 관계나 약정에 의하여 피고 대한민국의 원고 및 망인들에 대한 손해배상책임이 면제되는 것은 아니라는 이유로 위 주장을 배척하였는바, 이러한 원심의 사실인정과 판단을 기록과 대조하여 살펴보면 옳다고 여겨지고, 거기에 각 상고이유에서 주장하는 바와 같은 심리미진이나 채증법칙 위배로 인한 사실오인 또는 법리오해 등의 위법이 있다고 할 수 없다.

또한, 피고들이 내세우는 대법원 판결들은 사안을 달리하여 이 사건에 원용하기에 적절한 것이 아니다. 피고들의 상고이유는 모두 받아들이지 아니한다.

2. 원고의 상고이유에 대하여

(1) 원심판결 이유에 의하면 원심은, 1985년부터 1994년까지 10년 동안 강원 인제군 지역의 7월과 8월 강우량 합계는 평균 470.1㎜인데 1995년 7월과 8월의 강우량은 합계 1,111.5㎜이고, 7월의 위 10년간 월평균 강우량은 251.1㎜인데 1995년 7월의 월 강우량은 330.5㎜이며, 8월의 위 10년간 월평균 강우량은 219㎜인데 1995. 8.의 월 강우량은 781㎜이며, 특히 사고 전날인 1995. 8. 23.에는 84㎜의 비가 내렸고 사고 직전인 1995. 8. 24. 03:00-04:00에 10㎜의, 04:00-05:00에는 7㎜의, 05:00-06:00에 18㎜의 비가 내린 것을 비롯하여 사고 당일 00:00부터 06:00경까지 약 44㎜의 많은 비가 내렸으며, 그 비로 인하여 위 임도상에 유실되거나 유실 직전에 있는 부분은 16군데나 되는 사실, 사고일 무렵인 1995. 8. 8. 19:50경 강원 (주소 1 생략) 야산이 무너져 약 50t 가량의 낙석이 인제가스충전소 앞 31번 국도를 덮치는 산사태가 발생하였고, 사고 무렵 집중호우로 (주소 2, 3 생략)의 가아천 부근 전 3.5ha, 답 27.7ha의 농경지가 침수, 유실 또는 매몰되었고, 같은 달 24일 08:20경 같은 리 광치령에서 인제 방면으로 약 60m 지점 31번 국도상에 약 20t 가량의 토사가 도로로 무너져 내리고, 같은 달 25일 20:00경 강원 인제군 (주소 4 생략) 부근 44번 국도가 약 200t의 낙석 및 토사에 매몰되는 산사태가 발

생한 사실 등을 인정한 다음, 원고로서도 사고 전날부터 많은 비가 내렸고, 사고 당일 밭에서 배수작업을 할 당시에도 집중호우로 위 계곡의 물이 불어나고 있었으며, 더구나 원고의 집이 위 임야 아래의 용소골계곡 바로 옆에 위치하고 있었으므로, 미리 가족들을 안전한 곳으로 대피시키는 등의 조치를 취하여야 함에도 불구하고 이를 게을리한 잘못이 있고, 이는 이 사건 사고로 인한 손해의 발생 및 그 확대의 한 원인이 되었다 할 것이며, 또한, 앞서 본 바와 같이 위 사고는 자연력인 집중호우로 인한 산사태와 피고들의 위와 같은 잘못에 의하여 발생하였으므로, 가해자인 피고들의 배상범위는 손해의 공평한 부담이라는 견지에서 손해발생에 대하여 자연력이 기여하였다고 인정되는 부분을 공제한 나머지 부분으로 제한하여야 할 것(대법원 1993. 2. 23. 선고 92다52122 판결 참조)이나, 피고들의 손해배상책임을 면제할 정도에는 이르지 아니하므로 피고들이 배상할 손해액의 산정에 있어 이를 참작하기로 하되, 원고의 과실과 자연력의 기여도를 모두 합한 비율은 위 사실관계에 비추어 60% 정도로 봄이 상당하므로 원고 및 그의 가족으로 공동생활관계에 있는 망인들에 대한 피고들의 책임은 이를 제외한 나머지 40% 부분으로 제한한다고 판단하였다.

(2) 살피건대, 불법행위에 기한 손해배상 사건에 있어서 피해자가 입은 손해가 자연력과 가해자의 과실행위가 경합되어 발생된 경우 가해자의 배상범위는 손해의 공평한 부담이라는 견지에서 손해 발생에 대하여 자연력이 기여하였다고 인정되는 부분을 공제한 나머지 부분으로 제한하여야 함이 상당한 것이지만(대법원 1991. 7. 23. 선고 89다카1275 판결, 1993. 2. 23. 선고 92다52122 판결 등 참조), 다른 한편, 피해자가 입은 손해가 통상의 손해와는 달리 특수한 자연적 조건 아래 발생한 것이라 하더라도, 가해자가 그와 같은 자연적 조건이나 그에 따른 위험의 정도를 미리 예상할 수 있었고 또 과도한 노력이나 비용을 들이지 아니하고도 적절한 조치를 취하여 자연적 조건에 따른 위험의 발생을 사전에 예방할 수 있었다면, 그러한 사고방지 조치를 소홀히 하여 발생한 사고로 인한 손해배상의 범위를 정함에 있어서 자연력의 기여분을 인정하여 가해자의 배상범위를 제한할 것은 아니라고 할 것이다(대법원 1995. 2. 28. 선고 94다31334 판결 참조).

(3) 그런데 원심이 적법하게 확정한 사실관계에 의하면, 이 사건 임도 개설공사는 수해, 산사태 등의 자연재해를 막아주던 자연림을 벌목하고 임야의 비탈면을 깎아서(절토) 흙으로 아랫쪽 비탈면에 밀어내고 이를 다져 인위적으로 총길이 9.81km, 노폭 4.9m의 도로를 만드는 대규모의 공사로서 위 임도 공사 이후 자연재해 발생의 위험성이 당연히 증가하게 될 것이므로, 피고들로서는 이 사건 임도를 개설함에 있어서 원심이 지적하는 바와 같은 최소한의 방호조치를 취하였어야 함에도 불구하고 멋대로 설계를 변경하고 최소한의 방호조치마저도 이를 취하지 아니함으로써 1년의 기간도 버티지 못한 채 이 사건 산사태를 야기하였음을 능히 알 수 있고, 매년 집중호우와 태풍이 동반되는 장마철을 겪고 있는 우리 나라와 같은 기후 여건하에서 이 사건과 같은 집중호우를 전혀 예측할 수 없는 천재지변이라고 볼 수 없는 것일 뿐만 아니라, 이 사건 산사태가 일어날 당시의 월평균 강우량이 그 직전 10년간의 월평균 강우량에 비하여 상당히 많고 또 이 사건 사고일과 그 전날부터의 강우량이 많은 편이었다고 하더라도, 피고들이 이 사건 임도의 개설과 관련하여 방호조치를 취함에 있어서는 마땅히 평균 강우량이 아닌 최대 강우량을 기준으로 삼아야 하는 것인데, 기록에 의하면, 1995년 7월의 월평균 강우량 330.5㎜는 예년에 비하여 그다지 많은 것이라고 볼 수 없고, 1995년 8월의 월평균 강우량 781㎜은 예년에 비하여 월등히 많은 것이기는 하나 이 사건 사고 시점인 1995. 8. 24. 06:10경까지의 누적 강우량만을 따져 보면 461.5㎜에 불과하였던 사실(기록 제551, 552쪽 참조), 원고가 이 사건 임야 부근에서 30

년 이상 거주하면서 이 사건과 같은 산사태는 일어난 바가 전혀 없었던 사실 등을 알 수 있으며, 이 사건 사고 전날부터의 강수량만으로 계곡 주변의 사면이 붕괴하여 토석류(토석류)가 당연히 발생하게 된다는 점을 인정할 만한 자료도 기록상 나타나 있지 아니하고, 또한 앞서 본 바와 같이 피고들이 최소한의 설계에 따른 방호조치를 취하지도 아니한 이 사건에 있어서 피고들이 과도한 노력이나 비용을 들이지 아니하고도 적절한 조치를 취할 수 있었음은 더 말할 나위도 없는 것이다.

사정이 이러하다면, 이 사건의 경우 손해배상의 범위를 정함에 있어서 자연력의 기여분을 인정하여 가해자의 배상범위를 제한할 것은 아니라고 할 것이다.

(4) 그리고 원심이 지적하는 바와 같이 가족들을 안전한 곳으로 대피시키는 등의 조치를 제대로 취하지 못한 잘못이 원고에게 일부 있다고 하더라도, 이 사건 임도의 개설공사를 시행한 피고들로서는 공사 완공 후 처음 맞게 되는 장마철에 맞추어 원고 및 그 가족들을 포함한 인근 주민들을 사전에 대피시키는 등의 적극적인 조치를 취하였어야 하는 것이고, 기록에 의하면 피고들이 그러한 조치를 취한 바도 없음을 능히 알 수 있으므로, 이 사건 손해배상의 범위를 정함에 있어서 그러한 원고의 잘못을 크게 참작할 것도 아니라고 할 것이다.

(5) 그럼에도 불구하고 원심이 앞서 본 바와 같은 이유만으로 원고의 과실과 자연력의 기여도를 감안하여 피고의 책임을 전체의 반에도 미치지 못하는 40%로 제한하고 만 것은, 자연력의 기여도에 관한 법리를 오해하고 책임제한의 기초가 되는 사실의 인정을 잘못하여 판결 결과에 영향을 미친 위법이 있다고 할 것이므로, 이 점을 지적하는 원고의 상고이유 주장은 이유 있다.

3. 그러므로 원심판결 중 원고 패소 부분을 파기하고 이 부분 사건을 다시 심리·판단하게 하기 위하여 원심법원에 환송하며, 피고들의 상고를 모두 기각하기로 관여 대법관의 의견이 일치되어 주문과 같이 판결한다.

대법관 조무제(재판장) 이용우 강신욱(주심) 이강국

☞ 대법원 1991. 7. 23. 선고 89다카1275 판결 52p 참조
☞ 대법원 2003. 6. 27. 선고 2001다734 판결 10p 참조

제3장 환경침해와 국가배상책임

제1절 행위자로서의 책임

[판례 1] 손해배상(기) (서울중앙지법 2006. 4. 25. 선고 2001가합48625 판결)

【판시사항】

[1] 매향리사격장의 사격장 소음 정도가 인근 주민들의 수인한도를 초과하므로 국가가 그 소음으로 인한 인근 주민들의 손해를 배상하여야 한다고 한 사례
[2] 매향리사격장 인근 주민들이 국가에 대하여 사격장 소음으로 인한 피해대책을 요구하기 시작한 시점 이후에 입주한 주민들은 그 소음피해를 인식하거나 과실로 이를 인식하지 못하고 입주하였다고 보이지만, 이러한 사유만으로 위 주민들이 소음으로 인한 피해를 용인하였다고 볼 수 없어 국가의 위 주민들에 대한 손해배상책임은 면제되지 아니하고, 다만 손해배상액의 산정에 있어 형평의 원칙상 과실상계에 준하여 일부 감액할 수 있을 뿐이라고 한 사례

【판결요지】
[1] 매향리사격장이 평온한 농어촌지역에 충분한 완충지대를 갖추지 않고 설치된 점, 주거지역소음기준을 훨씬 초과하는 사격장 소음이 수년간 계속된 점, 그로 인하여 인근 주민들이 신체적·정신적 피해를 입고 일상생활에 여러 지장을 겪은 점 등 제반 사정에 비추어 볼 때, 그 소음 정도가 인근 주민들의 수인한도를 초과하므로 국가가 그 소음으로 인한 인근 주민들의 손해를 배상하여야 한다고 한 사례.
[2] 매향리사격장 인근 주민들이 국가에 대하여 사격장 소음으로 인한 피해대책을 요구하기 시작한 시점 이후에 입주한 주민들은 그 소음피해를 인식하거나 과실로 이를 인식하지 못하고 입주하였다고 보이지만, 이러한 사유만으로 위 주민들이 소음으로 인한 피해를 용인하였다고 볼 수 없어 국가의 위 주민들에 대한 손해배상책임은 면제되지 아니하고, 다만 손해배상액의 산정에 있어 형평의 원칙상 과실상계에 준하여 일부 감액할 수 있을 뿐이라고 한 사례.

【참조조문】
[1] 대한민국과 아메리카합중국 간의 상호방위조약 제4조에 의한 시설과 구역 및 대한민국에서의 합중국 군대의 지위에 관한 협정 제23조, 대한민국과 아메리카합중국 간의 상호방위조약 제4조에 의한 시설과 구역 및 대한민국에서의 합중국 군대의 지위에 관한 협정의 시행에 관한 민사특별법 제2조 제2항, 국가배상법 제5조 제1항 [2] 국가배상법 제5조 제1항, 민법 제396조, 제750조, 제763조

【전 문】
【원고(선정당사자)】 원고 1 (소송대리인 법무법인 덕수 담당변호사 이석태)
【원 고】 원고 2외 25인 (소송대리인 법무법인 덕수 담당변호사 이석태)
【피 고】 대한민국
【변론종결】 2006. 4. 11.
【주 문】
1. 원고 2, 원고 3, 원고 4, 원고 5, 원고 6, 원고 7, 원고 8의 소를 모두 각하한다.
2. 피고는 원고(선정당사자), 원고 9와 별지 2. 결과란의 '전부' 및 '일부' 기재 선정자들에게 별지 2. 인용금액란 기재 각 해당 금원 및 위 각 금원에 대하여 2000. 8. 1.부터 2006. 4. 25.까지는 연 5%, 그 다음날부터 다 갚는 날까지는 연 20%의 각 비율에 의한 금원을 각 지급하라.
3. 원고(선정당사자)의 나머지 청구를 기각한다.
4. 소송비용 중 별지 2. 결과란의 '전부' 기재 원고 및 선정자들과 피고 사이에 생긴 부분은 피고가 부담하고, 원고(선정당사자) 및 별지 2. 결과란의 '일부' 기재 선정자들과 피고 사이에 생긴 부분은 그 중 7/10은 원고(선정당사자) 및 위 선정자들이, 나머지는 피고가 각 부담하며, 별지 2. 결과란의 '기각' 기재 원고들 및 선정자들과 피고 사이에 생긴 부분은 위 원고들 및 선정자들이 부담하고, 제1항

기재 원고들과 피고 사이에 생긴 부분은 법무법인 덕수가 부담한다.
5. 제2항은 가집행할 수 있다.

【청구취지】

피고는 원고(선정당사자, 이하 '원고'라 한다), 별지 3. 원고목록 기재 원고들과 별지 1. 기재 선정자들에게 별지 2. 청구금액 합계란 기재 각 해당금원 및 그 중 별지 2. 청구금액 ①란 기재 각 해당금원에 대하여는 2000. 8. 1.부터, 나머지 별지 2. 청구금액 ②란 기재 각 해당금원에 대하여는 2005. 8. 1.부터 각 이 판결선고일까지는 연 5%, 그 다음날부터 다 갚는 날까지는 연 20%의 각 비율에 의한 금원을 각 지급하라.

【이 유】

1. 본안전 판단

직권으로 살피건대, 원고 2는 2000. 1. 3., 원고 3은 2001. 2. 16., 원고 4는 1999. 1. 26., 원고 5는 2000. 9. 16., 원고 6은 2000. 7. 12., 원고 7은 1999. 6. 14., 원고 8은 1999. 9. 4. 각 사망하였고, 위 원고들의 소는 그 후인 2001. 8. 13. 제기된 사실이 기록상 명백하므로 위 원고들의 각 소는 부적법하다.

2. 본안판단

가. 기초 사실

다음의 각 사실은 당사자들 사이에 다툼이 없거나, 갑 제1호증의 1 내지 121, 갑 제2호증, 을 제1호증, 을 제2호증의 1, 2의 각 기재에 변론 전체의 취지를 종합하면 이를 인정할 수 있다.

(1) 매향리사격장

(가) 원고들 및 선정자들의 거주지역과 매향리사격장의 위치

1) 별지 2. 결과란 '기각' 기재 원고들과 선정자들을 제외한 나머지 원고들 및 선정자들(이하 '원고 등'이라 한다)은 화성시 우정면에 소재한 매향 1 내지 5리, 석천 4리, 이화 1 내지 3리(1992. 10. 1. 경기 화성군 우정면 석천 4리의 일부가 분할되어 현재의 매향 4리가 되었고, 1997. 1. 1. 매향 1리의 일부가 분할되어 현재의 매향 5리가 되었다)의 주민들로서 별지 2. 거주기간란 기재 해당 거주기간 동안 별지 2. 거주란 기재 해당 거주지역에서 생활하였다.

2) 위 매향리 일대의 연안해역과 해안지역에는 미국의 태평양 미공군사령부 산하 대한민국 주둔 제7공군 소속의 미군 전용사격장이 설치되어 있었다. 위 사격장은 매향리 해안으로부터 1.6km 가량 떨어진 농섬을 중심으로 반경 8,000피트 내의 690만 평 해상에 설치된 해상사격장과 이에 접한 매향리 일대 29만 평의 지상에 설치된 육상사격장으로 이뤄져 있다(위 사격장은 일반적으로 매향리사격장, 고온리사격장 또는 쿠니사격장 등으로 불리는바, 이하 '매향리사격장'이라 한다).

3) 원고 등의 위 거주지역은 매향리사격장의 육상사격장으로부터 반경 4km 이내에 위치하고 있는데, 그 가운데 매향 1 내지 5리는 위 육상사격장의 북, 동, 남측의 경계에 접하여 있고, 그 외곽 동쪽으로 석천 3, 4리에 이어 이화 1, 2, 3리가 차례로 위치하고 있다.

(나) 매향리사격장의 연혁

매향리사격장 일대는 전형적인 농어촌 마을이었는데, 한국전쟁이 한창이던 1951.경 미군이 매향리 앞 해상의 농섬을 표적으로 하여 사격훈련을 시작함으로써 사격장이 사실상

설치된 이래, 1954.경 미군이 위 해안지역에 주둔을 시작하였다. 그 후 1955. 2. 19. '대한민국과 아메리카합중국 간의 상호방위조약 제4조에 의한 시설과 구역 및 대한민국에서의 합중국 군대의 지위에 관한 협정' 제2조에 근거하여 공식적으로 설치되었으며, 1968.경 농섬을 중심으로 한 반경 3,000피트의 연안해역과 이에 접속한 해안지역 38만평을 수용하고, 1979.경 연안해역을, 1980.경 해안지역을 추가로 수용하여 현재와 같은 사격장의 규모를 갖추게 되었다.

(다) 매향리사격장에서의 훈련 현황

1) 매향리사격장은 매향리 일대가 높은 산이 없는 구릉지대이고 안개가 끼는 날이 거의 없으며 해상표적물과 지상표적물이 근접하여 해상 및 육상사격장의 동시 운영이 가능한 아시아 지역 최적의 공군사격장에 해당한다고 하여, 대한민국에 주둔한 미 제7공군 소속 전투기의 사격훈련 뿐만 아니라 일본, 태국, 필리핀, 괌 등 극동지역에 배치된 미군 소속 전투기의 사격훈련에도 이용되었다.

2) 육상사격장에서의 훈련은 주로 최신예 전투기와 공격용 헬기 등이 매향리, 이화리, 석천리 일대 상공을 저공 비행하다가 이화리 방향에서 석천리를 거쳐 매향리 방향으로 급강하하면서 매향리에 면한 육상사격장에 기관총사격을 하고 다시 급상승하는 방법으로 행해진다(1989. 이전에는 육상사격장에서의 폭탄투하훈련도 있었다).

해상사격장에서의 훈련은 위 전투기 등이 로켓포 및 기관포 등의 실탄이나 연습탄을 투하하거나 기관총을 사격하는 방법으로 행해진다.

육상사격장에서는 때때로 지상 공용화기에 의한 사격도 이루어지고, 매 분기마다 수집된 불발 포탄을 폭발시키기도 한다 [미군은 2000. 8. 18.부터는 ① 육상사격장에서의 기관총사격을 중지하고(따라서 육상사격장에서의 훈련은 사실상 중단된 상태이다), 전투기 선회항로도 매향리 일대 상공에서 해상지역으로 변경하였으며, ② 해상사격장에서의 실탄 사격도 중단하고 연습탄에 의한 사격만을 하고, 비상시의 실무장폭탄 투하지역도 서쪽 해상방면으로 700m 정도 이전하였다. 이하는 모두 위와 같이 훈련내용이 변경되기 전의 상황에 대한 것이다].

3) 훈련은 주말과 공휴일을 제외하고 월요일부터 금요일까지 한달 평균 20일 가량 대개 09:00경부터 22:00경까지 사이에 2대 내지 4대로 구성된 비행기 편대가 해상 사격장 기총사격과 폭탄 투하를 함께 하거나 아니면 해상사격장 폭탄투하와 육상사격장 기총사격 또는 그 어느 하나만을 평균 20분 정도씩 하고 그에 이어 특별히 정하여진 간격 없이 다른 편대가 훈련하는 방식으로 이뤄진다(팀스피리트 훈련 등 특별한 군사훈련이 있을 경우 주말과 공휴일이나 22:00경 이후의 시간에도 사격훈련이 실시된다).

훈련에 참가하는 편대는 1998년 이래 차츰 감소하는 추세이고 1999. 2. 무렵에는 하루 평균 11.3의 편대가 훈련에 참가하였다.

(2) 주민들의 피해

(가) 소음발생

비행편대가 사격훈련을 위하여 매향리 및 인근 지역의 상공을 선회하는 과정 및 사격을 위하여 사격목표물을 향하여 급강하하고 사격 후 급상승하는 과정, 그리고 폭탄 투하 및 기총사격시 심한 소음이 발생하고 그 소음에 대하여 주민들이 그대로 노출되어 있다.

(나) 소음정도

1) 측정례

가) 미군이 1988. 10.경 매향리사격장의 소음을 2주간에 걸쳐 측정한 결과 그 소음정도는 WECPNL 90~110이다.
나) 1989. 3.경 경기도지사 명의로 작성된 '미 제7공군 사격장 소음공해에 따른 화성군 우정면 주민반발 대책건의'에 의하면, 매향리사격장의 소음정도는 주변 반경 4km 이내 8개 마을(매향 1, 2, 3리, 석천 3, 4리, 이화 1, 2, 3리)에서 80dB~150dB이다.
다) 1989. 4.경 인도주의실천의사협의회 등의 연구에 의하면, 매향리, 석천리, 이화리 일대의 7개 지점의 주간 사격훈련시 소음정도는 평균 90dB~100.4dB이다.
라) 1990. 3.경 국회 국방위원회 전문위원이 작성한 '사격장소음공해 피해보상에 관한 청원 검토보고서'에 의하면, 매향리사격장 인근 지역에서의 소음은 평균 90dB 이상으로 김포공항보다 다소 심하다.
마) 1997. 1.경 국방부에서 작성한 '고온리 미공군 비행사격장 인근 피해주민 대책에 관한 청원 검토'에 의하면, 매향리사격장의 운영으로 인한 소음정도는 90dB~120dB이다.
바) 1997. 10.경 사단법인 시민환경연구소의 측정 결과에 의하면, 매향리사격장에 인접한 매향 1, 2, 3리의 5개 지점에서의 주간 사격훈련시, 실외소음도는 94dB~133.7dB, 실내소음도는 문을 닫은 경우 61.2dB~84.9dB, 문을 열었을 경우 117.5dB 정도이다.
사) 서울중앙지방법원 98가단55916호 손해배상(기) 사건의 감정인 장재연이 1998. 8.경부터 1999. 3.경까지의 기간 중 18일(2일은 배경소음 측정, 16일은 환경소음 측정)에 걸쳐 09:00경부터 22:00경까지 매향리사격장에 인접한 매향 1, 2, 3, 5리, 석천 3리, 이화 1, 3리의 각 대표적인 측정지점 7곳을 선택하여 그 각 지점에서 소음을 측정하고, 그 결과를 등가소음수준(Leq)에 의하여 평가한 바에 따르면, 훈련이 있는 경우 1일(09:00 ~ 22:00) 평균소음은 70.2dB, 최고 1시간 평균소음은 73.8dB, 최고 1분간 평균소음은 120.9dB 내지 132.9dB이다.
특히, 기관총사격훈련 여부가 소음수준에 크게 영향을 미치는바, 기관총사격훈련이 없을 경우 평균 62.2dB, 해상표적물과 지상표적물에 대한 기관총사격훈련이 있을 경우 평균 75.6dB, 지상표적물에 대한 기관총사격훈련이 있을 경우 평균 76.8dB이다.
한편, 사격훈련이 없을 경우 위 소음측정지역의 배경소음수준은 평균 50dB이다.
2) 인 정
가) 위 소음감정 결과에서는 일부 선정자들이 거주하는 지역인 매향 4리, 이화 2리를 소음측정지점에 포함시키지 않았으나, 매향 4리와 이화 2리는 위 소음감정의 소음측정이 이루어진 다른 지역에 인접하여 있는 점, 앞에서 본 바와 같이 매향리사격장의 소음피해 문제가 사회적으로 인식된 1988. 이후 피고나 사회단체 등에 의하여 매향 4리나 이화 2리도 그 피해지역의 일부로서 소음이 측정되어 왔고 그 측정된 소음의 정도도 그 인접지역의 소음측정 결과와 큰 차이가 없었던 점 등에 비추어 매향 4리의 소음정도는 적어도 그에 인접한 매향 5리나 석천 3리의 소음정도에, 이화 2리의 소음정도는 그에 인접한 이화 1, 3리의 소음정도로 본다.
나) 이 사건 소 제기일로부터 약 3년 전인 1998. 9. 1.부터 육상사격장이 폐쇄되기 이

전으로서 원고 등이 구하는 2000. 7. 31.경까지의 원고 등의 거주지의 소음정도는 앞에서 본 매향리사격장에서의 훈련현황 등에 비추어 위 사)에서 인정한 소음정도로 본다.

3) 소음수준

매향리사격장에서 사격훈련이 행하여지는 시간대(09:00경부터 22:00경까지 사이로서 위 소음감정에서 소음측정이 이루어진 시간대)에서의 평균소음수준인 70dB은 환경정책기본법 시행령상 주거지역소음기준(전용주거지역 : 주간 50dB, 야간 40dB, 일반주거지역 : 주간 55dB, 야간 45dB, 상업지역 : 주간 65dB, 야간 55dB, 공업지역 : 주간 70dB, 야간 65dB로, 도로변 공업지역 : 주간 75dB, 야간 70dB)을 훨씬 초과하여, 그 소음이 충격음인 점을 고려하지 않더라도('소음·진동 규제법 시행규칙' 제6조는 공장소음이 배출기준에 적합한지를 정함에 있어 충격음 성분이 포함되어 있는 경우는 +5 dB 하도록 규정하고 있다.), 공업지역소음기준에 해당한다.

(다) 소음으로 인한 신체적·정신적 피해 및 생활방해

1) 위와 같이 주거지역의 소음기준을 넘어서 공업지역 기준에나 해당될 높은 소음, 그것도 보통의 소음이 아니고 전투기가 급강하하거나 급상승하면서 또는 폭탄이 투하되거나 기관총이 발사되면서 나는 매우 불쾌하고 충격적인 소음에 노출된 주민들이 스트레스와 정신적 불안, 초조감, 수면장해 등을 겪게 될 것임은 경험칙상 명백할 뿐만 아니라, 경우에 따라서는 위와 같은 소음이 고혈압이나 난청 등의 신체장해까지 초래할 수 있음이 여러 연구결과에 의하여 뒷받침되고 있다.

2) 인도주의실천의사협의회 소속 의사들이 1989. 4. 1.부터 1989. 4. 23.까지, 그리고 2000. 6. 4.부터 2일간에 걸쳐 역학조사한 바에 의하면, 매향리사격장의 소음에 노출된 매향리 일대의 주민들이 위 소음에 노출되지 않은 경기도 다른 농촌 지역 주민들에 비하여 난청 유병률, 고혈압 유병률 및 소화불량, 불안, 불면 등을 호소하는 비율이 훨씬 높았고, 청력저하가 두드러진 것으로 밝혀졌다.

3) 그리고 이러한 소음으로 말미암아 원고 등을 포함한 일대의 주민들이 훈련시간 중 텔레비전 시청이나 전화통화 및 일상대화, 그리고 자녀교육 등 일상생활에 막대한 방해를 받는 것도 경험칙상 명백하다.

(3) 사격장 폐쇄

한편, 매향리사격장은 2005. 8. 12. 완전히 폐쇄되어 해상사격장에서의 사격훈련도 중지되었다.

나. 원고 등의 청구에 관한 판단

(1) 손해배상책임의 발생

(가) 피고의 배상책임 인정 근거

'대한민국과 아메리카합중국 간의 상호방위조약 제4조에 의한 시설과 구역 및 대한민국에서의 합중국 군대의 지위에 관한 협정' 제23조 및 '대한민국과 아메리카합중국 간의 상호방위조약 제4조에 의한 시설과 구역 및 대한민국에서의 합중국 군대의 지위에 관한 협정의 시행에 관한 민사특별법' 제2조 제2항과 '국가배상법' 제5조 제1항에 의하면, 합중국 군대가 점유·소유 또는 관리하는 토지의 공작물과 기타 시설 또는 물건의 설치나 관리의 하자로 인하여 대한민국정부 이외의 제3자에게 손해를 가한 때에는 대한민국이 그 손해를 배상하도록 규정하고 있다.

(나) 매향리사격장의 하자

위 사격장이 사격 등 군사훈련이라는 공공의 목적에 이용됨에 있어 그 이용과 관련하여 발생한 소음정도가 인근 주민인 원고 등의 수인한도를 초과하는지 여부에 따라, 위 사격장의 설치·관리상 하자가 있는지 결정된다.

1) 1998. 9. 1. ~ 2000. 7. 31.(육상사격장 폐쇄 전까지의 기간)

분단된 현실에서 전쟁억지를 위하여 미군의 주둔과 그 훈련장소의 제공이 불가피하므로 매향리사격장의 존재에 고도의 공익성이 있기는 하나, 원래 주민들이 농어업에 종사하며 거주하던 평온한 농어촌지역에 충분한 완충지대를 갖추지 않고 사격장이 설치된 점, 위 사격장에서의 훈련에 따라 앞에서 본 바와 같이 주거지역소음기준을 훨씬 초과하는 소음이 수년간 계속되었고, 이로 인하여 원고 등이 신체적·정신적 피해를 입고 일상생활에 여러 지장을 겪은 점, 미군이 훈련방법을 변경한 2000. 8. 18. 이전까지는 소음피해방지 및 피해보상을 위해 노력하지 않은 점을 종합적으로 고려할 때 위 사격장 소음정도는 원고 등의 수인한도를 초과한다.

그렇다면 피고는 원고 등에게 손해배상책임이 있다.

2) 2000. 8. 1. ~ 2005. 8. 11.(육상사격장 폐쇄 후 해상사격장 폐쇄일까지의 기간)

원고 1은, 육상사격장 훈련이 중지된 무렵인 2000. 8. 1.경부터 매향리사격장이 폐쇄된 전날인 2005. 8. 11.까지의 해상사격장소음으로 인하여 입은 손해 역시 피고가 배상하여야 한다고 주장한다.

살피건대, 갑 제33호증의 2, 3의 각 기재만으로는 검증일 당일 약 2시간 동안 훈련횟수, 1회 훈련의 지속시간, 일부 선정자들의 거주지역인 (지번 생략) 일대에서 소음과 진동을 느낄 수 있는지 여부 등만을 인정할 수 있을 뿐이고, 원고 등 거주지에 도달하는 소음정도, 사격훈련의 시간대, 하루 및 월 평균 사격훈련횟수 등을 전혀 특정할 수 없어서, 육상사격장 훈련이 중지된 이후로도 원고 등이 그 거주지에서 수인한도를 초과하는 사격장 소음에 노출되었다고 인정하기에 부족하고 달리 이를 인정할 증거가 없다. 따라서 이 부분 주장은 이유 없다.

(2) 손해배상의 범위

(가) 손해배상의 산정기준

1) 각 소음구역별 위자료 인용기준금액

① 매향리사격장에 보다 근접하여 피해가 더 큰 지역인 매향 1 내지 3리에 거주하는 원고 등에 대하여는 매월 170,000원, ② 그보다 피해가 다소 적은 지역인 매향 4, 5리, 석천 3, 4리, 이화 1 내지 3리에 거주하는 원고 등에 대하여는 매월 150,000원으로 각 정한다.

2) 인용개월

원고 등이 별지 2. 거주기간(인용기간) 및 인용개월란 기재와 같이 거주란 기재 거주지에 거주하였음은 이미 본 바와 같다.

원고 1은, 선정자 124가 1999. 1.경부터 같은 해 8.경까지도 계속 매향5리에서 거주하였음을 전제로, 선정자 167이 1998. 9.경부터 2000. 3.경까지 계속 이화1리에 거주하였음을 전제로, 선정자 251이 1998. 9.경부터 2000. 4.경까지 매향4리에 계속 거주하였음을 전제로, 선정자 275가 1999. 11.경부터 2000. 4.경까지 뿐만 아니라 그 외 기간에도 매향4리에서 계속 거주하였음을 전제로, 선정자 280이 1998. 9.경부터 2000. 3.경까지 석천4리에 계속 거주하였음을 전제로, 선정자 313이 1998. 9.경부터 1999. 12.경까지 매향5리에서 계속 거주하였음을 전제로 피고는 위 선정자들에 대하여 위 각 기간 동안의 소음피해에 대하여도 손해배상책임이 있다고 주장하나, 이에 부합하는 듯한 갑 제3, 6, 23, 25, 26, 29호증의 각 1 내지 6, 갑 제32호증의 각 기재는 믿기 어렵고, 달리 이를 인정할 증거가 없으므로, 위 선정자들의 위 각 기간 부분에 대한 주장은 이유 없다.

3) '위험에의 접근' 감액

피고는, ① 위 지역 인근 주민들이 피고에 대하여 피해대책을 요구하기 시작한 1988년 이후에 입주한 성인의 선정자들에 대하여는 손해배상책임이 면책되어야 하고, ② 사격장 설치 이후 1988년 전에 입주한 선정자들에 대하여는 전입시점에 따라 손해배상책임이 감액되어야 한다고 주장한다.

살피건대, 일부 선정자들이 매향리사격장이 설치된 이후 자신들의 현주거지에 전입한 사실은 앞서 본 바와 같고, 위 각 증거에 의하면 매향리사격장 인근 주민들이 1988년에 이르러 피고에게 피해대책을 요구하는 민원을 제기하며 계속적으로 사격장 이전·이주대책수립·피해보상 등을 요구해 온 사실이 인정된다.

이러한 경우 1988년 이후에 입주한 선정자들은 매향리사격장의 소음피해를 인식하거나 과실로 이를 인식하지 못하고 입주하였다고 보인다.

하지만 위 선정자들이 위 소음으로 인한 위해상태를 이용하기 위하여 이주하였다는 등 특히 비난할 사유가 없는 한 자신들의 거주지가 소음피해지역 내에 있음을 인식하였거나 과실로 인식하지 못하였다는 것만으로 소음으로 인한 피해를 용인하였다고 볼 수 없다.

따라서 위와 같은 사정만으로 피고의 손해배상책임이 면제되지 않는다. 다만, 손해배상액을 산정할 때 형평의 원칙상 과실상계에 준하여 위 손해액에 대하여 40%를 감액한다.

다만, ① 전입사유가 출생, 혼인이거나 이미 부모, 형제 또는 친·인척 등이 거주하여 생활의 근거를 마련하고 있었던 경우, ② 전입당시 위험에 대한 지각능력이 부족하고, 거주지를 선택할 지위에 있지 아니한 미성년자인 경우는 감액하지 않는다. ③ 거주지역에 연고가 형성된 재전입의 경우는 소음으로 인한 위해상태를 이용하기 위하여 이주하였다는 특단의 사유가 없는 한 감액하지 않는다.

4) 비세대주 감액

한편 원고들은, 원고 등의 가정에서의 위치를 고려하여 세대주가 아닌 선정자들의 손해액은 20%를 감액하여 구하고, 피고 역시 세대주 여부에 따른 감액을 주장한다. 그러나 위 사격장 소음피해 여부 및 정도는 가정에서의 위치에 따라 달라지는 것이 아닌데다가, 달리 비세대주인 자들의 손해액을 감액해야 할 특별한 사정도 없다. 따라서 세대주 여부에 따라 손해액을 감액하지 않는다.

(나) 소결론

위 (가)항의 방법에 따른 원고 등의 가족관계, 거주지역, 거주기간, 전입시기 등 손해배상액을 계산하기 위한 자료 및 그 산정방법은 별지 2. 손해배상내역표의 해당 기재와 같다. 그렇다면, 피고는 원고 등에게 각 손해배상금으로서 위 인용금액란 기재 해당 금원 및 위 각 금원에 대하여 2000. 8. 1.부터 이 판결선고일인 2006. 4. 25.까지는 민법이 정한 연

5%, 그 다음날부터 다 갚는 날까지는 소송촉진 등에 관한 특례법이 정한 연 20%의 각 비율에 의한 지연손해금을 각 지급할 의무가 있다.
다. 별지 2. 결과란 '기각' 기재 원고들 및 선정자들의 청구에 관한 판단
(1) 원고 1은, 선정자 141, 선정자 166, 선정자 174, 선정자 175. 윤○○, 선정자 180, 선정자 181, 선정자 184, 선정자 190, 선정자 196, 선정자 210, 선정자 226, 선정자 235, 선정자 238, 선정자 239, 선정자 241, 선정자 242, 선정자 267, 선정자 294, 선정자 306, 선정자 321 및 이 사건 소송계속중 사망한 망 (성명 생략), (성명 생략)은 주민등록상의 기재와 달리 실제로는 1998. 9. 1.부터 2000. 7. 31.까지 위 피해지역에 거주하였음을 전제로 피고는 위 선정자들 및 위 망인들의 소송수계인들에게, 매향리사격장에서 발생한 소음피해에 대한 손해배상책임이 있다고 주장한다.

살피건대, 위 거주주장에 부합하는 듯한 갑 제3호증의 1 내지 6, 갑 제4호증의 1 내지 7, 갑 제5호증의 1 내지 6, 갑 제7 내지 22호증의 각 1 내지 6, 갑 제24호증의 1 내지 6, 갑 제27, 28호증의 각 1 내지 6, 갑 제32호증의 각 기재는 믿기 어렵고 달리 이를 인정할 증거가 없으므로, 위 원고의 위 주장은 더 나아가 살필 필요 없이 이유 없다.

(2) 원고 1은 별지 2. 결과란 '기각' 기재 선정자들 중 위 (1)항 기재 선정자들을 제외한 나머지 선정자들이, 별지 2. 결과란 '기각' 기재 원고들 중 위 (1)항 기재 원고들을 제외한 나머지 원고들은 자신들이, 그 주장의 피해기간 내에 해당 피해지역에 각 거주하였음을 전제로 피고에게 매향리사격장에서 발생한 소음피해에 대한 손해배상책임이 있다고 주장하므로 살피건대, 위 원고들 및 선정자들이 위와 같이 거주하였다는 점을 인정할 증거가 없으므로, 위 주장은 이유 없다.

3. 결 론

그렇다면 원고 2, 원고 3, 원고 4, 원고 5, 원고 6, 원고 7, 원고 8의 소는 부적법하여 이를 모두 각하하고, 원고 9의 청구는 이유 있어 이를 인용하고, 원고 1의 청구는 위 인정 범위 내에서 이유 있어 이를 인용하고, 원고 1의 나머지 청구는 이유 없어 이를 기각하기로 하여 주문과 같이 판결한다.

판사   김주현(재판장) 최보원 류창성

제2절 규제·감독권자로서의 책임

[판례 2] 손해배상(공) (대법원 2004. 9. 13. 선고 2004다24212 판결)

【판시사항】

[1] 도시저소득주민의주거환경개선을위한임시조치법의 입법 취지 및 같은 법 제9조가 주거환경개선지구 안에 있는 건축물과 그 지구 밖에 있는 건축물 상호간에도 적용되는지 여부(소극)
[2] 일조방해에 대한 공법적 규제의 사법적 의미 및 건물 신축이 건축 당시의 공법적 규제에 형식적으

로 적합하다고 하더라도 현실적인 일조방해의 정도가 커 사회통념상 수인한도를 넘는 경우, 위법행위로 평가되는지 여부(적극)
[3] 조망이익이 법적인 보호의 대상이 되기 위한 요건

【참조조문】

[1] 도시저소득주민의주거환경개선을위한임시조치법 제9조, 건축법 제53조 [2] 민법 제2조 제1항, 제750조 [3] 헌법 제35조, 민법 제750조

【참조판례】

[2][3] 대법원 2004. 9. 13. 선고 2003다64602 판결(공2004하, 1661)
[2] 대법원 1999. 1. 26. 선고 98다23850 판결(공1999상, 351)
대법원 2000. 5. 16. 선고 98다56997 판결(공2000하, 1419)
대법원 2002. 12. 10. 선고 2000다72213 판결(공2003상, 320)
[3] 대법원 1997. 7. 22. 선고 96다56153 판결(공1997하, 2636)
대법원 1999. 7. 27. 선고 98다47528 판결(공1999하, 1755)

【전 문】

【원고, 피상고인 겸 부대상고인】 원고
【피고, 상고인 겸 부대피상고인】 피고 1 외 1인 (소송대리인 변호사 이홍식)
【원심판결】 서울고법 2004. 4. 13. 선고 2003나40141 판결

【주 문】

피고들의 상고를 모두 기각한다. 원고의 부대상고를 각하한다. 상고비용은 피고들이, 부대상고비용은 원고가 각 부담한다.

【이 유】

1. 피고들의 상고에 대한 판단
  가. 원심은, 원고가 2000. 8. 18. 피고 1과 이 사건 공동주택의 신축공사로 인하여 원고 소유 주택에 발생한 손해의 배상금으로 470만 원을 지급받기로 하면서 서울지방법원 2000가단107964호 손해배상소송을 취하하고 위 사건으로 제기된 행정사항에 대해서도 이의를 제기하지 않기로 합의한 사실은 인정되나, 이 사건 소는 위 합의가 있기 전인 2000. 6. 1. 위 사건과는 별도로 제기되어 진행되었고, 서울지방법원 2000가단107964호 사건과 이 사건은 그 청구원인을 달리하며, 위 합의금은 2000가단107964호 사건과 이 사건 각 청구취지 금액의 합산액과 비교하여 매우 적은 액수에 불과한 점 등에 비추어 위 소취하 합의는 2000가단107964호와 관련된 분쟁에 한하여 소를 취하하기로 합의한 것으로 해석함이 상당하다는 이유로, 이 사건 소는 위 소취하 합의에 반하여 부적법하다는 피고 1의 본안 전 항변을 배척하였는바, 기록에 비추어 살펴보면, 이러한 원심의 판단은 옳고, 거기에 소취하 합의의 의사해석에 관한 법리오해의 위법이 있다고 할 수 없다.
  나. 원심은, 그 채용 증거에 의하여 판시와 같은 사실을 인정한 다음, 도시저소득주민의주거환경개선을위한임시조치법(이하 '임시조치법'이라 한다) 제9조(건축법 등의 적용의 특례 등)가 주거환경개선지구 안에서는 건축법 제53조(일조 등의 확보를 위한 건축물의 높이제한)의 규정에도 불구하고 건설교통부장관의 승인을 얻어 당해 지방자치단체의 조례로 그 기준을 정할 수 있다고 규정하고, 서울특별시주거환경개선사업시행조례(이하 '시행조례'라 한다) 제21조(건축물의 높이

제한)가 건축법 제51조 및 제53조의 규정에도 불구하고 지구 안의 건축물에 대하여는 이를 적용하지 아니한다고 규정하고 있으나, 임시조치법의 입법 목적이 도시의 저소득주민 밀집거주지역에 한정하여 건축법상의 제한규정을 다소 완화시켜서라도 주거환경개선을 위하여 필요한 사업을 시행함으로써 도시의 저소득주민의 복지증진과 도시환경개선에 이바지하려는 것임에 비추어, 위와 같은 제한규정은 주거환경개선지구 안에 있는 건축물 상호간에만 적용되는 조항이라 할 것이고, 주거환경개선지구 밖에 위치하고 있는 원고의 주택과 그 지구 안에 위치하고 있는 피고 1의 이 사건 공동주택 상호간에는 위와 같은 제한규정이 적용되는 것이 아니라 건축법상의 이격거리 규정이 적용되어야 할 것이라고 판단하였는바, 이러한 원심의 사실인정과 판단도 옳고, 거기에 건축법의 적용범위에 관한 법리오해의 위법이 있다고 할 수 없다.

임시조치법 제9조 및 시행조례 제21조가 주거환경개선지구 안에 있는 건물 상호간에만 적용되는 조항이라고 해석하는 이상, 이 사건 공동주택이 연면적 60㎡를 초과하는 단독주택 또는 세대당 전용면적 60㎡를 초과하는 공동주택에 해당하지 않아 건설교통부장관이 지방자치단체가 조례로 정하는 특례의 상한이나 하한을 정할 수 있는 범위에 속하지 않으므로 원고 소유 주택에 대한 관계에서도 건축법 제53조의 적용은 당연히 배제되어야 한다는 피고 서울특별시 관악구(이하 '피고 관악구'라 한다)의 상고이유 주장은 받아들일 수 없다.

다. 건축법 등 관계 법령에 일조방해에 관한 직접적인 단속법규가 있다면 그 법규에 적합한지 여부가 사법상 위법성을 판단함에 있어서 중요한 판단자료가 될 것이지만, 이러한 공법적 규제에 의하여 확보하고자 하는 일조는 원래 사법상 보호되는 일조권을 공법적인 면에서도 가능한 한 보증하려는 것으로서 특별한 사정이 없는 한 일조권 보호를 위한 최소한도의 기준으로 봄이 상당하고, 구체적 경우에 있어서는 어떠한 신축건물이 건축 당시의 공법적 규제에 형식적으로 적합하더라도 현실적인 일조방해의 정도가 커 사회통념상 수인한도를 넘은 경우에는 위법행위로 평가될 수 있다(대법원 2000. 5. 16. 선고 98다56997 판결 등 참조).

위 법리에 비추어 기록을 살펴보면, 일조침해로 인한 불법행위 성립요건으로서의 고의·과실은 가해건물의 건축에 의한 일조침해의 결과발생에 대한 예견가능성을 의미하므로, 원고 소유 대지의 경계선으로부터 최소 0.7m, 최대 0.872m 정도의 이격거리를 두고 지상 5층, 높이 13.8m의 공동주택이 건축된 이 사건의 경우 일조침해의 결과발생에 대한 예견가능성이 없다고 할 수 없고, 사회통념상 일반적으로 인용되는 수인한도를 넘는 일조침해가 발생한 이상, 피고 관악구가 이 사건 공동주택에도 임시조치법 제9조가 적용된다는 취지의 서울특별시의 질의회신에 따라 건축허가를 하였다거나, 피고 1이 피고 관악구의 건축허가에 따라 이 사건 공동주택을 건축하였다고 하여 위법성을 부인할 수는 없는 것인바, 같은 취지에서 이 사건 공동주택의 건축으로 인한 일조침해가 불법행위에 해당한다고 한 원심의 판단은 옳고, 거기에 불법행위의 성립요건에 관한 법리오해의 위법이 있다고 할 수 없다.

라. 일반적으로 조망은 풍물을 바라보는 자에게 미적 만족감과 정신적 편안함을 부여하는 점에 있어서 생활상 적지 않은 가치를 가지고 있고, 어느 토지나 건물의 소유자가 종전부터 향유하고 있던 조망, 조용하고 쾌적한 환경 등이 그에게 있어 하나의 생활이익으로서의 가치를 지닌다고 객관적으로 인정된다면 법적 보호의 대상이 될 수 있는 것이므로(대법원 1999. 7. 27. 선고 98다47528 판결 등 참조), 조망권은 우연히 자신의 주택 앞에 다른 건축물이 존재하지 않음에 따른 반사적 이익에 불과하여 법령상 권리로까지 인정할 수 없다는 피고 관악구의 상고이유 주장은 받아들일 수 없다.

마. 한편, 원심은 피고 1이 원심에 제출한 2003. 8. 21.자 준비서면에서 서울지방법원 2000가단

107964호 사건의 합의금으로 지급한 470만 원은 이 사건 일조권 침해로 인한 손해배상과 밀접한 관계에 있는 것이므로 이 사건 손해배상금에서 이를 공제하여야 한다는 취지의 주장을 하고 있음에도 이 부분에 대한 판단을 누락하는 잘못을 범하였으나, 피고 1이 지급한 470만 원은 이 사건 공동주택 신축공사 과정에서 발생한 균열, 누수 등의 보수공사비, 이로 인한 건물수명단축에 대한 손해배상 및 위자료 청구에 관한 합의금으로서 이 사건 일조권 침해로 인한 손해배상과는 무관하여 이를 공제할 성질의 것이 아니므로, 위와 같은 원심의 잘못은 판결 결과에는 영향을 미치지 않는다.

2. 원고의 부대상고에 대한 판단

피상고인은 상고권이 소멸된 후에도 부대상고를 할 수 있지만 상고이유서 제출기간 내에 부대상고를 제기하고 부대상고이유서를 제출하여야 하는 것인바(대법원 2002. 12. 10. 선고 2002다52657 판결 등 참조), 기록에 의하면, 원고는 상고소송기록 접수통지서가 피고들에게 송달된 날로부터 20일이 지난 뒤에 부대상고를 제기하였음이 분명하므로, 원고의 부대상고는 부적법한 것으로서 그 흠결을 보정할 수 없는 것이다.

3. 그러므로 피고들의 상고를 모두 기각하고 원고의 부대상고를 각하하며, 상고 및 부대상고비용은 패소자 각자가 부담하도록 하여 관여 법관의 일치된 의견으로 주문과 같이 판결한다.

대법관   윤재식(재판장) 변재승 강신욱 고현철(주심)

제3절   특별한 경우에 있어서 부작위책임

[판례 3] 손해배상(기) (대법원 2005. 6. 10. 선고 2002다53995 판결)

【판시사항】

법령에 명시적으로 공무원의 작위의무가 규정되어 있지 않은 경우에도 공무원의 부작위로 인한 국가배상책임을 인정할 수 있는지 여부(한정 적극) 및 그 판단 기준

【참조조문】

[1] 국가배상법 제2조 제1항

【참조판례】

대법원 1998. 10. 13. 선고 98다18520 판결(공1998하, 2665)
대법원 2001. 4. 24. 선고 2000다57856 판결(공2001상, 1202)

【전 문】

【원고, 상 고 인】 삼원항공 주식회사 (소송대리인 법무법인 충정 담당변호사 장용국 외 8인)
【피고, 피상고인】 대한민국
【원심판결】 서울고등법원 2002. 8. 13. 선고 2002나7123 판결

【주 문】
상고를 기각한다. 상고비용은 원고가 부담한다.

【이 유】
1. 상고이유 제1점 내지 제3점에 대하여
    가. 공무원의 부작위로 인한 국가배상책임을 인정하기 위하여는 공무원의 작위로 인한 국가배상책임을 인정하는 경우와 마찬가지로 '공무원이 그 직무를 집행함에 당하여 고의 또는 과실로 법령에 위반하여 타인에게 손해를 가한 때'라고 하는 국가배상법 제2조 제1항의 요건이 충족되어야 할 것인바, 여기서 '법령에 위반하여'라고 하는 것이 엄격하게 형식적 의미의 법령에 명시적으로 공무원의 작위의무가 규정되어 있는데도 이를 위반하는 경우만을 의미하는 것은 아니고, 국민의 생명, 신체, 재산 등에 대하여 절박하고 중대한 위험상태가 발생하였거나 발생할 우려가 있어서 국민의 생명, 신체, 재산 등을 보호하는 것을 본래적 사명으로 하는 국가가 초법규적·일차적으로 그 위험 배제에 나서지 아니하면 국민의 생명, 신체, 재산 등을 보호할 수 없는 경우에는 형식적 의미의 법령에 근거가 없더라도 국가나 관련 공무원에 대하여 그러한 위험을 배제할 작위의무를 인정할 수 있을 것이나, 그와 같은 절박하고 중대한 위험상태가 발생하였거나 발생할 우려가 있는 경우가 아닌 한, 원칙적으로 공무원이 관련 법령대로만 직무를 수행하였다면 그와 같은 공무원의 부작위를 가지고 '고의 또는 과실로 법령에 위반'하였다고 할 수는 없을 것이므로, 공무원의 부작위로 인한 국가배상책임을 인정할 것인지 여부가 문제되는 경우에 관련 공무원에 대하여 작위의무를 명하는 법령의 규정이 없다면 공무원의 부작위로 인하여 침해된 국민의 법익 또는 국민에게 발생한 손해가 어느 정도 심각하고 절박한 것인지, 관련 공무원이 그와 같은 결과를 예견하여 그 결과를 회피하기 위한 조치를 취할 수 있는 가능성이 있는지 등을 종합적으로 고려하여 판단하여야 한다(대법원 1998. 10. 13. 선고 98다18520 판결, 2001. 4. 24. 선고 2000다57856 판결 등).
    나. 원심판결 이유에 의하면, 원심은 그 채택 증거를 종합하여 판시와 같은 사실을 인정한 다음, 원고 소유의 원심판결 별지목록 기재 토지(이하 '이 사건 토지'라 한다)가 하천사업에 편입되는 사정이 생겼다고 하여 이 사건 점용허가를 한 담당 공무원에 대하여 그와 같은 사정으로 인해 이 사건 점용허가가 취소될 수 있고 그로 인해 이 사건 토지에 신축한 비행장 등을 철거할 가능성이 있다는 사정을 원고에게 알려 주어 원고로 하여금 위 점용허가에 따른 비행장 설치 등으로 인한 손해를 입지 않게 할 주의의무가 있다고 할 수 없다고 판단하였다.
    위에서 본 법리와 기록에 비추어 살펴보면 원심의 위와 같은 판단은 정당한 것으로 수긍이 가고, 거기에 주장과 같이 국가배상책임에 관한 법리를 오해하였거나 심리미진 또는 이유모순 등의 위법이 없다.
2. 상고이유 제4점에 대하여
    원심판결 이유에 의하면, 원심은 서울지방국토관리청이 이 사건 토지를 하천사업에 추가로 편입시키는 사업인정을 받아 사업인정 추가를 1997. 5. 26. 관보에 고시하였다고 판단하였다.
    그런데 1997. 5. 26.자 경기도보(기록 63면)에 고시된 추가 사업인정 토지조서를 살펴보면 이 사건 토지가 하천사업 부지에 들어가 있다는 사실이 고시되지 않았고, 달리 기록을 살펴보아도 이를 인정할 만한 자료가 없으므로, 원심은 채증법칙에 위배하여 사실을 오인한 잘못을 범하였다고 할 것이다.
    그러나 이 사건 점용허가를 한 담당 공무원에 대하여 건설교통부장관의 이 사건 하천사업 인정 사실을 원고에게 고지하여야 할 주의의무가 없는 이상, 실제로 이 사건 토지가 이 사건 하천사업 부지 안에 들어갔다는 사실을 관보에 고시하였는지 여부는 공무원의 부작위로 인한 불법행위가 성립하지 않는다는 결론에는 영향이 없다고 할 것이므로, 결국 원심의 위와 같은 잘못은 판결 결과에는 영향이 없다.

따라서 상고이유 제4점의 주장 또한 받아들일 수 없다.

3. 결 론

그러므로 상고를 기각하기로 하여 관여 대법관의 일치된 의견으로 주문과 같이 판결한다.

대법관   유지담(재판장) 이강국 김용담(주심)

[판례 4] 손해배상(의) (대법원 1998. 10. 13. 선고 98다18520 판결)

【판시사항】

[1] 공무원의 부작위로 인한 국가배상책임의 인정 요건 및 위법성의 판단 기준
[2] 에이즈 검사 결과 양성으로 판정된 후 자의로 보건당국의 관리를 벗어난 특수업태부에 대하여 그 후 국가 산하 검사기관이 실시한 일련의 정기검진 결과 중에서 일부가 음성으로 판정된 적이 있음에도 불구하고 위 검사기관이 이를 본인에게 통보하지 않고 그에 따른 후속조치도 없었던 사안에서, 국가의 위자료 지급의무를 인정한 원심판결을 파기한 사례

【판결요지】

[1] 공무원의 부작위로 인한 국가배상책임을 인정하기 위하여는 공무원의 작위로 인한 국가배상책임을 인정하는 경우와 마찬가지로 '공무원이 그 직무를 집행함에 당하여 고의 또는 과실로 법령에 위반하여 타인에게 손해를 가한 때'라고 하는 국가배상법 제2조 제1항의 요건이 충족되어야 할 것인바, 여기서 '법령에 위반하여'라고 하는 것이 엄격하게 형식적 의미의 법령에 명시적으로 공무원의 작위의무가 규정되어 있는데도 이를 위반하는 경우만을 의미하는 것은 아니고, 국민의 생명, 신체, 재산 등에 대하여 절박하고 중대한 위험상태가 발생하였거나 발생할 우려가 있어서 국민의 생명, 신체, 재산 등을 보호하는 것을 본래적 사명으로 하는 국가가 초법규적, 일차적으로 그 위험 배제에 나서지 아니하면 국민의 생명, 신체, 재산 등을 보호할 수 없는 경우에는 형식적 의미의 법령에 근거가 없더라도 국가나 관련 공무원에 대하여 그러한 위험을 배제할 작위의무를 인정할 수 있을 것이지만, 그와 같은 절박하고 중대한 위험상태가 발생하였거나 발생할 우려가 있는 경우가 아니라면 원칙적으로 공무원이 관련 법령을 준수하여 직무를 수행하였다면 그와 같은 공무원의 부작위를 가지고 '고의 또는 과실로 법령에 위반'하였다고 할 수는 없을 것이므로, 공무원의 부작위로 인한 국가배상책임을 인정할 것인지 여부가 문제되는 경우에 관련 공무원에 대하여 작위의무를 명하는 법령의 규정이 없다면 공무원의 부작위로 인하여 침해된 국민의 법익 또는 국민에게 발생한 손해가 어느 정도 심각하고 절박한 것인지, 관련 공무원이 그와 같은 결과를 예견하여 그 결과를 회피하기 위한 조치를 취할 수 있는 가능성이 있는지 등을 종합적으로 고려하여 판단하여야 할 것이다.

[2] 후천성면역결핍증예방법의 제정, 시행 이전에 에이즈 바이러스에 감염되었을 가능성이 높다고 판단되는 특수업태부를 대상으로 에이즈 바이러스 항체검사를 실시하는 내용의 국가의 에이즈관리시책에 의거하여 미군기지촌에서 특수업태부로 종사하고 있던 수검자에 대하여 국립보건원에서 에이즈 바이러스 항체검사를 실시한 결과 양성으로 판정되어 국가가 위 수검자를 감염자로 분류하였는데 그 후 위 수검자가 보건당국의 관리를 벗어나 자의로 법이 취업을 금지한 업종에 종사하며 수차 정기검진을 받게 되었고 그 정기검진 중 일부인 전남보건환경연구원, 제주보건환경연구원, 국립보건원에서 지역 보건소 등의 의뢰에 의하여 실시한 항체검사 결과에서는 음성으로 판정되었으나 위 기관에서는 그 검사를 의뢰한 기관에 대하여만 그 결과를 통보하였고, 위 수검자 본인에게는 이를 알려주지 않았던 사안에서, 관계 법령을 종합하여 볼 때 정기검진 대상자가 검진 결과 음성 판정을 받게 된 경우 검사기관에서 그에 대한 확인검사를 시행하여야 할 법령상의 근거가 없는 점, 위 수검자가 검사 결과 건강진단수첩을 교부받고 그 이후 검사기관으로부터 별도로 양성반응이 나왔다는 통지를 받지 아니하게 되면 수검자는 그로써 자신이 항체검사 결과 음성 판정을 받았음을 알았다고 볼 소지가 있는 점, 수검자가 보건당국의 관리를 벗어나 자의로 법이 취업을 금지한 업종에 종사하며 정기검진을 받다가 종전의 양성 판정과 모순된 음성 판정을 접하는 경우에 받게 될 정신적인 손해를 방지하기 위하여 국가가 모든 항체검사 대상자에 대하여 종전의 검사 결과를 대조할 작위의무까지 있다고 보기는 어렵다는 점 등의 이유로, 위 음성 판정을 한 기관에서 위 수검자에 대하여 그 검사 결과를 전혀 알려주지 않았고 그 판정의 모순점에 대한 정확한 재검사 및 재판정 절차 없이 형식적으로 정기적인 검사와 판정을 되풀이한 관리 및 검사·판정상의 잘못이 있음을 전제로 하여 위 수검자의 정신적 고통에 대한 국가의 위자료 지급의무를 인정하였던 원심판결을 파기한 사례.

【참조조문】

[1] 국가배상법 제2조 제1항 [2] 국가배상법 제2조 제1항, 후천성면역결핍증예방법 제8조 제1항, 제12조, 제18조 제1항, 후천성면역결핍증예방법시행령 제10조 제1항, 제11조, 전염병예방법 제8조 제2항

【전 문】

【원고, 피상고인】 원고
【피고, 상 고 인】 대한민국
【원심판결】 서울고법 1998. 3. 19. 선고 97나48014 판결

【주 문】

원심판결을 파기하여 사건을 서울고등법원에 환송한다.

【이 유】

상고이유를 판단한다.

1. 원심의 판단

이 사건에서 원고는 피고 산하 국립보건원이 1987. 4. 27. 원고에 대하여 최초로 실시한 인간면역결핍 바이러스(Human Immunodeficiency Virus, 이하 에이즈 바이러스라고 한다) 항체검사를 실시함에 있어서 검사 결과 위양성(위양성) 반응이 나타난 것을 양성으로 속단하여 재확인검사를 거치지 아니하고 성급하게 양성 판정을 내린 잘못이 있고, 설령 양성 판정이 잘못된 것이 아니라 하더라도 그 이후 피고 산하 전남 보건환경연구원이 1991년에, 제주 보건환경연구원이 1993년에 각 원고의

혈액에 대한 에이즈 바이러스 항체검사를 양성 판정과 모순되게 음성 판정을 하여 원고가 정신적 고통을 당하였으므로 피고는 금전으로 이를 위자할 의무가 있다는 주장을 하였고, 원심은 1987. 4. 27.의 양성 판정이 오류인 점을 인정할 증거가 없다 하여 원고의 그 부분 주장을 배척하고(대법원은 원심의 그와 같은 판단은 옳다고 본다), 한편 모순된 판정을 이유로 한 원고의 주장을 받아들였다. 모순된 판정과 관련하여 원심이 인정한 사실 및 그에 대한 원심의 판단을 간추려 보면 다음과 같다.
가. 원심이 인정한 사실
    (1) 후천성면역결핍 증후군(Acquired Immune Deficiency Syndrome, 이하 에이즈라고 한다)은 에이즈 바이러스가 인간의 몸 속에 침입하여 인간의 면역체계를 파괴시켜 면역기능을 저하시킴으로써 건강한 사람에게는 발병하지 아니하는 각종 세균이나 바이러스에 의한 질병을 야기시키고, 에이즈 바이러스에 의하여 에이즈 증세가 발현되면 거의 2년 안에 그 사람을 사망에 이르게 하는 무서운 질병이다. 현재까지의 의학수준으로는 에이즈 바이러스 감염에 대한 근본적인 치유는 불가능하고 에이즈 발병을 저지하거나 그 발현 시기를 늦추는 정도의 치료만이 행하여지고 있다. 따라서 세계 각국은 그 국민들로 하여금 에이즈에 대한 경각심을 가지도록 홍보하고, 에이즈 바이러스에 감염되지 아니하도록 예방책을 주지시키는 등의 정책을 수립하여 시행하고 있다.
    (2) 피고는 1985년경 국내에서 에이즈 바이러스 감염자(이하 감염자라고 한다)가 처음으로 발견된 것을 계기로 에이즈가 본격적인 사회문제로 대두되기에 이르자 에이즈에 대한 지속적인 홍보·계몽 등 사전예방정책을 수립하고, 감염자의 발생 상황을 신속·정확하게 파악하기 위하여 공인된 검사기관에서 과학적으로 타당성이 입증된 검사방법과 판정기준에 따라 에이즈 바이러스 감염 여부를 검사하고, 이를 통하여 발견된 감염자에 대한 보호 및 치료체계를 구축하고 그 감염자들을 통하여 건강한 사람들이 성행위, 수혈, 혈액제제(혈액제제)복용, 주사(주사) 등을 통하여 에이즈 바이러스에 감염되는 것을 방지하는 등 거시적 대응책을 입안하고 실행함으로써 국민의 건강을 수호하기 위하여 1987. 11. 28. 법률 제3943호로 후천성면역결핍증예방법(이하 '법'이라고 한다)을 제정하여 시행하고 있다.
    (3) 피고는 법이 제정·시행되기 전부터 에이즈 바이러스에 감염되었을 가능성이 높다고 판단되는 특수업태부를 대상으로 하여 에이즈 바이러스 항체검사를 실시하기 시작하였다. 피고 산하 전남 광산군 보건소는 피고의 에이즈 관리시책에 의거하여 1987. 3. 10. 당시 같은 군 용보리 미군기지촌에서 특수업태부로 종사하고 있던 원고[(생년월일 생략)의 여성]의 혈액을 채취한 다음 국립보건원에 에이즈 바이러스 항체검사(이하 항체검사라고 한다)를 의뢰하였는데 같은 해 4. 27. 그 결과가 양성으로 판정되었다(이하 1987. 항체검사 판정이라고 한다). 그에 따라 피고는 원고를 감염자로 분류하여 현재까지 원고에 대하여 6개월마다 정기적인 면역기능검사 및 항체검사, 보건교육, 전파방지를 위한 건강관리상담 등을 시행하고 있다.
    (4) 1987. 항체검사 판정에 의하면 원고는 자신이 에이즈 바이러스 감염자이므로 공중접객업, 특수업태부 등의 업소에 종사할 수 없는데도 원고는 그 이후 1994. 12. 27.까지 사이에 광주시, 전남 보성군, 영광군, 나주시, 제주도 등으로 거주지를 옮겨 다니며 다방종업원, 술집 접대부, 유흥업소 종업원 등으로 종사하면서 피고 산하 보건소, 보건환경연구원, 국립보건소 등에서 정기적인 면역기능검사 및 12회에 걸친 항체검사를 받았는데 다음에서 보는 3차례의 경우를 제외하고는 모두 1987년의 판정과 동일하게 양성 판정이 나왔다.
        (가) 피고 산하 전남 보건환경연구원은 1991. 3. 24. 광주 동구 보건소의 의뢰를 받고 원고

의 혈액에 대한 항체검사를 실시하여 같은 해 5. 23. 음성으로 판정하였다(이하 1991. 3. 항체검사 판정이라고 한다).
    (나) 피고 산하 국립보건원은 같은 해 7. 15. 전남 보건환경연구원의 의뢰를 받고 원고의 혈액에 대한 항체검사를 실시하여 같은 달 19. 양성 판정을 하였는데, 담당직원이 검사 결과통보서(을 제2호증의 4)에 그 결과를 옮겨 적는 과정에서 음성 판정을 받은 소외인 외 5인에 뒤이어 연달아 원고에 대한 항체검사 결과를 음성으로 잘못 기재한 탓으로 같은 달 29. 전남 보건환경연구원에 원고의 혈액에 대한 항체검사 결과를 음성으로 잘못 통보하였다(이하 1991. 7. 항체검사 판정과 통보라고 한다).
    (다) 피고 산하 제주 보건환경연구원은 1993. 11. 6. 제주시 보건소의 의뢰를 받고 원고의 혈액에 대한 항체검사를 실시하여 같은 달 9. 음성으로 판정하였다(이하 1993. 항체검사 판정이라고 한다).
  (5) 전남 보건환경연구원, 제주 보건환경연구원, 국립보건원은 모두 항체검사 결과 음성 판정이 나온 위와 같은 사례에 있어 검사를 의뢰한 기관에 대하여만 그 결과를 통보하였고, 감염자 본인인 원고에게는 이를 알려주지 아니하였다. 원고는 1995. 4. 21. 무렵 한국방송공사(KBS)에서 '추적 60분'이라는 프로그램을 취재하는 과정에서 비로소 원고의 혈액에 대한 항체검사에서 위와 같이 음성으로 판정된 적이 있다는 것을 알게 되었다.
  (6) 현재 원고는 에이즈 바이러스 감염자이다.
  (7) 에이즈 바이러스에 대한 감염 여부는 피검사자로부터 채취한 혈액에서 에이즈 바이러스에 감염된 경우 그에 대응하여 인체의 면역기구가 만들어 낸 항체{항 에이즈 바이러스 면역 글로블린G(Anti-HIV Ig G)}의 존재 여부를 측정함으로써 판단하고 있다.
  그 중 효소면역측정법(Enzyme-Linked Immunosorbent Assay, ELISA)과 웨스턴블럿(Western Blot) 방식이 대표적인 항체검사 방법으로 알려져 있다. 효소면역측정법은 항체의 측정시 표지로서 효소(Enzyme)를 사용하는 방법으로서 효소표지 항원(또는 이차 항체)이 효소 활성도를 측정하기 전에 효소표지된 항원-항체의 복합체와 분리되는 원리에 따른다. 웨스턴블럿 방식은 단백질 복합체를 전하/질량의 비율을 일정하게 하여 시험에서 요구되는 특정 결정요인을 분자량 차이에 의하여만 분리되도록 하는 전기영동법과 단백질 등 고분자물질을 겔(gel)로부터 각종의 고정면(immobilizing matrix)으로 이동시키는 블럿팅(blotting) 방식을 응용하는데, 효소면역측정법보다 특이도가 높아 오류가능성이 적기 때문에 종종 확인시험 방법으로 이용되고 있으나, 위 검사방법에 따를 때 나타나는 밴드(band)의 분자량에 관하여는 아직 명확하게 정립되어 있지 아니하다.
나. 원심의 판단
  (1) 1991. 7. 항체검사 판정과 통지에 대하여
    피고 산하 국립보건원은 원고에 대한 항체검사를 실시한 결과 양성 판정이 나왔는데도 검사 의뢰기관에 그 결과를 통지하면서 다른 음성 판정을 받은 피검사자 명단을 작성할 때 양성 판정을 받은 원고를 포함시켜 통보함으로써 행정적 착오를 일으킨 잘못은 있으나 원고에게 음성 판정으로 통보한 바가 없어 이로 인하여 원고가 판정 결과에 의구심을 갖게 되는 정신적 고통을 당하였다고는 볼 수 없다.
  (2) 1991. 3.과 1993. 항체검사 판정 및 후속조치의 결여에 대하여
    그러나 전남 보건환경연구원과 제주 보건환경연구원은 원고에 대한 항체검사 결과를 각 음성으로 판정하여 종전에 원고에 대하여 실시하였던 일련의 항체검사 결과와 상이한데다가

일단 에이즈 바이러스에 감염된 경우에는 그 치유가 불가능하므로 양성 판정 후 음성으로 변화하는 경우는 거의 발생할 수 없는 것으로 알려져 있어 현대의학상 설명하기 어려운 판정이 나온 경우에 해당되므로 마땅히 그 결과에 대하여 가장 직접적인 이해를 가지는 원고에게 즉시 그 결과를 통보하고, 원고와 상호 협력하여 재확인검사를 실시함으로써 위와 같은 상이한 결과가 나오게 된 원인을 철저히 규명하고 그 결과를 원고에게 설명하여 주어 원고로 하여금 피고측의 항체검사 및 결과 판정과 감염자에 대한 보호 및 관리 체계에 대하여 불신감과 의구심이 들지 아니하도록 할 업무상 주의의무가 있다고 할 것이다.

그럼에도 불구하고 전남 보건환경연구원과 제주 보건환경연구원은 원고에게 그 결과를 전혀 알려 주지 아니하였을 뿐만 아니라 위와 같은 판정의 모순점에 대한 정확한 재검사 및 재판정 절차 없이 아무런 조치도 취하지 아니한 채 형식적으로 정기적인 검사와 판정을 되풀이한 관리 및 검사·판정상의 잘못이 있다.

이로 인하여 원고는 1995. 4. 21. 무렵에야 비로소 전남 보건환경연구원 등의 원고의 혈액에 대한 항체검사 중 일부 결과가 음성으로 판정된 적이 있다는 것을 알게 됨으로써 과연 1987. 항체검사 판정이 정확한 것이었는지에 대하여 근본적으로 의심을 품기 시작하였으며, 그에 따라 자신이 1987. 당시 에이즈 바이러스에 실제로 감염되어 있었던 것인지, 아니면 에이즈 바이러스에 감염되지 아니하였는데도 피고의 잘못된 양성 판정 결과를 통보받고 자포자기한 상태로 특수업태부, 다방종업원, 술집 접대부 등으로 계속 종사한 탓으로 에이즈 바이러스에 감염된 것인지 여부에 대하여 계속적인 의구심을 가지게 됨으로써 적지 않은 정신적 고통을 받았을 것임은 경험칙상 명백하다.

따라서 피고는 원고에게 이를 금전적으로 위자할 의무가 있다.

2. 대법원의 판단

가. 공무원의 부작위로 인한 국가배상책임

원심이 피고에 대하여 손해배상책임을 인정한 것은 전남 보건환경연구원과 제주 보건환경연구원, 또는 피고가 1991. 3.과 1993. 항체검사 판정에 따라 원고에 대한 통보와 확인검사 및 납득할 만한 설명을 하지 아니한 것이 국가배상법 제2조 제1항이 정하는 국가배상책임 요건을 충족시킨다고 판단한 것으로 보인다.

그러나 공무원의 부작위로 인한 국가배상책임을 인정하기 위하여는 공무원의 작위로 인한 국가배상책임을 인정하는 경우와 마찬가지로 '공무원이 그 직무를 집행함에 당하여 고의 또는 과실로 법령에 위반하여 타인에게 손해를 가한 때'라고 하는 국가배상법 제2조 제1항의 요건이 충족되어야 할 것이다. 여기서 '법령에 위반하여'라고 하는 것이 엄격하게 형식적 의미의 법령에 명시적으로 공무원의 작위의무가 규정되어 있는데도 이를 위반하는 경우만을 의미하는 것은 아니고, 국민의 생명, 신체, 재산 등에 대하여 절박하고 중대한 위험상태가 발생하였거나 발생할 우려가 있어서 국민의 생명, 신체, 재산 등을 보호하는 것을 본래적 사명으로 하는 국가가 초법규적, 일차적으로 그 위험 배제에 나서지 아니하면 국민의 생명, 신체, 재산 등을 보호할 수 없는 경우에는 형식적 의미의 법령에 근거가 없더라도 국가나 관련 공무원에 대하여 그러한 위험을 배제할 작위의무를 인정할 수 있을 것이지만, 그와 같은 절박하고 중대한 위험상태가 발생하였거나 발생할 우려가 있는 경우가 아니라면 원칙적으로 공무원이 관련 법령을 준수하여 직무를 수행하였다면 그와 같은 공무원의 부작위를 가지고 '고의 또는 과실로 법령에 위반'하였다고 할 수는 없을 것이다. 따라서 이 사건과 같이 공무원의 부작위로 인한 국가배상책임을 인정할 것인지 여부가 문제되는 경우에 관련 공무원에 대하여 작위의무를 명하는 법령의 규정이 없다면 공무원의 부작위로 인하여 침해된 국민의 법익 또는 국민에게 발생한 손해가 어느 정도 심각하고 절박한 것인지, 관련 공무원이 그와 같은 결과를 예견하여 그 결과를 회피하기 위한 조치를 취할 수 있는 가능성이 있는지 등을 종합적으로 고려하여 판단하여야 할 것이다.

나. 관련 법령의 규정

법은 에이즈의 예방과 그 감염자의 보호·관리에 관하여 필요한 사항을 정함으로써 국민건강의 보호에 기여함을 목적으로(법 제1조) 1987. 11. 28. 제정되어 60일이 경과한 후부터 시행되었다. 법 제3조 제1항, 제3항은 국가에 대하여 에이즈의 예방과 감염자의 보호·관리를 위한 대책을 수립하고 시행하며 예방에 필요한 지식을 적극적으로 국민에게 홍보하고, 감염자의 인간으로서의 존엄과 가치를 존중하고 그 기본적 권리를 보호하며, 법에서 정한 이외의 불이익을 주거나 차별대우를 하여서는 아니 된다는 책무를 지우는 한편, 같은 조 제2항은 국민에 대하여도 국가가 법에 의하여 행하는 조치에 적극 협력할 의무를 지우고 있다.

법 제8조 제1항은 보건복지부장관·도지사·시장·군수 또는 구청장은 '공중과 접촉이 많은 업소에 종사하는 자로서 대통령령이 정하는 자'에 대하여 에이즈에 관한 정기 또는 수시검진을 실시하여야 한다(1988. 12. 31. 법률 제4077호로 개정되기 전에는 '실시할 수 있다.'라고 규정하고 있었음)고 규정하고, 법시행령 제10조 제1항은 법 제8조 제1항에서 '공중과 접촉이 많은 업소에 종사하는 자로서 대통령령이 정하는 자'라 함은 전염병예방법 제8조 제2항의 규정에 의하여 성병에 관한 건강진단을 받아야 할 사람을 말한다고 규정하고, 법시행령 제11조는 법 제8조 제1항의 규정에 의한 정기검진은 성병에 관한 건강진단과 동시에 실시하되, 그 실시회수 및 절차 등에 관하여 필요한 사항은 보건복지부령으로 정한다고 규정하고, 법시행규칙 제5조는 법시행령 제11조의 규정에 의한 정기검진은 위생분야종사자등의건강진단규칙(1984. 9. 8. 보건사회부령 제754호로 제정되어 최종적으로 1998. 1. 10. 보건복지부령 제58호로 개정된 것. 이하 진단규칙이라고 한다)에 의한 혈청검사시에 6월 간격으로 연 2회 실시한다고 규정하고 있다.

구 전염병예방법(1983. 12. 20. 법률 제3662호로 개정되어 1997. 12. 13. 법률 제5454호로 개정되기 전의 것) 제8조 제2항은 성병의 예방을 위하여 필요하다고 인정되는 직업으로서 보건사회부령이 정하는 직업에 종사하는 자는 보건사회부령이 정하는 바에 의하여 성병에 관한 건강진단을 받아야 한다고 규정하고, 이를 이어받은 진단규칙 제2조 제2호는 '특수업태부'라 함은 성병의 예방을 위하여 보건복지부장관이 특별히 인정하는 자를 말한다고 하고{1993. 7. 27. 보건사회부령 제912호로 개정되기 전의 것은 '특수업태부'라 함은 식품위생법시행령 제7조 제7호 (나)목의 규정에 의한 외국인 전용 유흥음식점 영업에 종사하는 유흥종사자 중 동시행령 제8조 제1항 제1호의 유흥접객부 및 제2호의 댄서와 그 밖에 상습적으로 윤락행위를 할 우려가 있다고 인정되는 여자를 말한다고 규정하고 있었고, 1988. 7. 4. 보건사회부령 제820호로 개정되기 전의 것은 '특수업태부'라 함은 식품위생법시행령 제9조 제1항 제3호의 규정에 의한 외국인 전용 유흥음식점 영업에 종사하는 유흥종사자 중 식품위생법시행규칙 제18조 제1항 제1호 또는 제2호에 해당하는 자와 그 밖에 상습적으로 윤락행위를 할 우려가 있다고 인정되는 여자를 말한다고 규정하고 있었다.}, 제3호는 '유흥접객원 등'이라 함은 식품위생법시행령 제7조 제8호 (라)목 및 동령 제8조 제1항 제1호·제2호의 규정에 의한 유흥주점영업에 종사하는 유흥종사자 중 유흥접객원 및 댄서를 말한다고 규정하고 있으며{1993. 7. 27. 보건사회부령 제912호로 개정되기 전의 것은 '접객부'라 함은 식품위생법시행령 제7조 제7호 (나)목의 규정에 의한 일반 유흥음식점 또는 무도유흥음식점 영업에 종사하는 유흥종사자 중 동시행령 제8조 제1항 제1호의 유흥접객부 및 제2호의 댄서를 말한다고 규정하고 있었고, 1988. 7. 4. 보건사회부령 제820호로 개정되기 전의 것은 '접객부'라 함은 식품위생법시행령 제9조 제1항 제1호의2 또는 제2호의 영업에 종사하는 접객부와 동 조항 제3호의 규정에 의한 일반 유흥음식점 또는 무도유흥음식점 영업에 종사하는 유흥종사자 중 식품위생법시행규칙 제18조 제1항 제1호 또는 제2호에 해당하는 자를 말한다고 규정하고 있었다.}, 진단규칙 제3조는 전염병예방법 제8조 제2항의 규정에 의하여 성병에 관한 건강진단을 받아야 하는 직업에 종사하는 자와 그 진단 항목 및 회수는 [별표 1]과 같다고 규정하고, 진단규칙 [별표 1] '성병 건강진단 대상자 및 진단 항목별 회수'에 의하면 '특수업태부'와 '유흥접객원 등'은 각 3개월에 1회, 다방 형태의 영업에 종사하는 여자종업원은 6월에 1회 혈청검사를 받아야 하도록 되어 있다(1998. 1. 10. 보건복지부령 제58호로 개정되기 전의 것은 다방 형태의 영업에 종사하는 여자종업원은 3월에 1회 혈청검사를 받아야 하도록 되어 있었다.).

법시행규칙 제7조 제2항은 검사기관은 검사 결과 감염이 의심되는 가검물을 발견한 때에는 국립보건원장에게 검사를 의뢰하여 확인검사를 받아야 한다고 규정하고 있을 뿐, 감염이 의심되는 가검물 이외의 가검물에 대하여 확인검사를 하도록 하는 규정이 없고, 법시행규칙 제9조는 국립보건원장은 법시행규칙 제7조 제2항의 규정에 의하여 검사기관 또는 의료기관 등으로부터 에이즈 감염 여부의 확인검사를 의뢰받은 때에는 지체 없이 검사를 실시하고 검사 결과를 의뢰기관에 통지하며, 감염사실을 발견한 때에는 즉시 보건사회부장관에게 통지하도록 규정하고 있다.

한편 법 제12조는 법 제8조의 규정에 의한 검진을 받은 자에 대하여는 보건복지부령이 정하는 바에 의하여 그 결과를 나타내는 증명서를 발급하여야 한다고 규정하고, 법시행규칙 제11조 제1항은 그 본문에서 법 제8조의 규정에 의하여 검진 대상자가 검진을 받은 경우, 검진을 실시한 검사기관의 장은 별지 제7호 서식에 의한 에이즈검사확인서를 발급하여야 한다고 규정하면서 단서에서 다만, 법 제8조의 규정에 의한 정기검진 대상자에 대하여는 건강진단수첩에 검진 결과를 기록·교부함으로써 이에 갈음할 수 있다고 규정하고 있다. 또한 진단규칙 제8조는 진단규칙 제3조의 규정에 의한 정기건강진단을 실시한 보건소 또는 지정의료기관은 그 진단을 받은 자에 대한 건강진단 결과를 별지 제1호 서식의 건강진단수첩에 기재하여 이를 교부하여야 한다고 규정하고 있고, 그 별지 제1호 서식의 건강진단 내용란에는 에이즈 검사 결과를 기록하는 난이 있으며, 에이즈 혈청검사는 해당란에 검사일자와 검사확인일을 표시하도록 규정하고 있다(건강진단수첩에 에이즈 혈청검사에 관한 진단 결과를 기재하도록 한 것은 1988. 7. 4. 보건사회부령 제820호로 진단규칙이 개정되면서부터이다).

그리고 법시행규칙 제4조 제2항은 법 제10조의 규정에 의하여 검진 또는 역학조사를 실시한 시장·군수·구청장은 검진 또는 역학조사 결과 감염자가 있는 때에는 별지 제1호 서식에 의한 감염자관리명부를 작성·관리하고, 그 내용을 지체 없이 시·도지사를 거쳐 보건사회부장관에게 보고하여야 한다고 규정하고 있다. 법 제5조 제3항은 감염자가 주소를 이전한 경우에는 감염자 또는 그 세대주(세대주가 감염자 본인이거나 부재중인 경우에는 동일세대 내의 가족 중 성년자)가 보건복지부령이 정하는 바에 의하여 즉시 관할 보건소장에게 신고하여야 한다고 규정하고, 법시행규칙 제3조는 감염자 또는 세대주는 주소이전신고를 하면서 감염자의 성명·주민등록번호 및 직업, 신고인의 성명·주민등록번호·감염자와의 관계 및 직업, 현 거주지와 변경거주지의 주소, 이전 연월일을 신고하여야 한다고 규정하고 있다. 또한 법 제18조 제1항은 감염자는 법 제8조 제1항의 규정에 의하여 그 종사자가 정기검진을 받아야 하는 업소에 종사할 수 없다고 규정하고, 법 제27조 제5호는 법 제18조 제1항의 규정에 위반하여 취업이 제한되는 업소에 종사한 자는 1년 이하의 징역 또는 100만 원 이하의 벌금에 처한다고 규정하고 있다.

다. 이 사건의 경우

한편 원심이 인정한 바와 같이 현대 의학상 인체 내에 일단 에이즈 바이러스에 대한 항체가 형성되면 그 후에는 치유에 의하여 항체가 소멸하는 변화는 발생할 수 없는 것으로 알려져 있다.

이와 같은 관련 법령의 규정을 종합하여 보면 법 제8조 제1항이 규정하는 정기검진 대상자가 법이 정하는 정기검진 결과 음성 판정을 받는 경우에는 그에 대한 확인검사를 시행할 법령상의 근거가 없고, 아울러 1991. 3.과 1993. 항체검사 당시에는 정기검진 대상자에 대한 항체검사 결과 음성 판정을 하였다면 검사기관이 건강진단수첩에 검사일자와 검사확인일을 기재하여 수검자에게 교부하고, 그 이후 별도로 양성 반응이 나왔다는 통지를 하지 아니하게 되면 수검자는 그로써 자신이 항체검사 결과 음성 판정을 받았음을 알 수 있다고 볼 소지가 있다. 그런데 기록에 의하면 원고의 경우 1987. 항체검사 결과 양성판정자로서 보건 당국의 관리를 받는 일환으로 1991. 3.과 1993. 항체검사를 받은 것이 아니고, 보건 당국의 관리에서 자의로 벗어나 법 제8조 제1항의 정기검진 대상자로 종사하면서(혹은 종사하기 위하여) 위 각 항체검사를 받기에 이르렀다고 볼 소지가 충분하다. 법 제8조 제2항과 제10조의 규정에 의하면 보건복지부장관·도지사·시장·군수 또는 구청장은 감염자에 대하여도 에이즈에 관한 검진을 실시할 수 있도록 되어 있으나, 그 경우 항체검사는 확인의 의미를 가지는 것이고, 기록에 의하면 원고에 대하여는 1987. 항체검사와 판정이 이루어진 후 1988.과 1989.에 확인을 위한 것으로 짐작되는 2차 항체검사가 이루어졌을 뿐이고, 그 밖에 1991. 3.(광주 동구 보건소), 1991. 7.(전남 보성군 보건소), 1992. 2.(나주시장), 1993. 11.(제주시 보건소), 1994. 6.(군산시 보건소)의 항체검사(기록상 이들은 모두가 원고가 법 제18조의 취업 제한 규정을 위반하면서 법 제8조의 정기검진 대상 업소에 취업 또는 종사하는 과정에서 법 제8조의 규정에 의한 정기검진을 받은 것으로 볼 소지가 많다.) 이외에는 1990. 6., 1991. 3., 1991. 11., 1992. 5., 1992. 11., 1993. 5., 1993. 11., 1994. 7., 1994. 12.에 각 국립보건원에 의한 정기적인 면역검사(기록에 의하면 이는 주로 에이즈 발병을 억제하기 위한 목적에서 에이즈 바이러스에 의하여 감염자의 면역체계가 파괴되었는지 여부를 검사하는 것으로 보이고, 에이즈 바이러스 감염 여부를 확인하기 위한 항체검사가 아니다.)만이 이루어진 것으로 보이기 때문이다.

그런데 법과 법시행규칙이 규정하는 항체검사(국립보건원의 확인검사까지를 의미한다)를 통하여 감염자로 판명되면 그 사람은 다시는 정기검진 대상 업소에 종사하지 못하도록 금지되어 있고, 감염자가 주소를 이전할 때에는 반드시 관할 보건소장에게 신고하도록 되어 있으므로 국가가 법 제8조 제1항의 규정에 따라 정기검진을 받는 모든 사람에 대하여 그가 이미 항체검사 결과 양성 판정을 받은 사람인지 아닌지를 확인할 수 있는 체계를 구축하여 운영하고 있는 것이 아니라면 원칙적으로 정기검진 대상자에 대한 항체검사 결과 음성 판정을 하였다 하더라도 그 사람이 이미 항체검사 결과 양성 판정을 받은 사람이라고 의심할 것을 기대하기는 어렵고, 따라서 더 나아가 건강진단수첩의 교부와 별도로 그 사람이 음성 반응이 나왔다는 사실을 알려주고, 더 나아가 종전의 항체검사 결과와 모순되는 결과가 나온 원인을 규명할 것을 기대하기는 어렵다고 할 것이다.

더 나아가 원고로서는 1987. 항체검사 결과 양성 판정을 받았다가 그 후 음성 판정이 나온 것을 알게 됨으로 인하여 원심이 판시한 바와 같은 당국에 대한 불신감, 의구심, 지나온 세월에 대한 회한 등에 빠지는 정신적 고통을 받을 수 있을 것으로 짐작되지만, 위에서 본 바와 같이 원고가 보건 당국의 관리 범위를 자의로 벗어나 법이 취업을 금지한 업종에 종사하며 법 제8조 제1항에 의한 정기검진을 받다가 종전의 양성 판정과 모순된 음성 판정을 접하는 경우에 받게 될 정신적인 손해를 방지하기 위하여 국가가 모든 항체검사 대상자에 대하여 종전의 검사 결과를 색출 대조할 작위의무까지 있다고 보기는 어렵다고 생각된다.

결국 원심이 원고가 어떠한 경위로 1991. 3.과 1993.의 항체검사를 받게 된 것인지, 그것이 원고가 자의로 보건 당국의 관리를 벗어난 상태에서 항체검사를 받은 것인지, 당시 진단규칙에 따른 건강진단수첩의 교부를 통하여 원고가 1991. 3.과 1993.의 항체검사 판정 결과를 알 수 있는 상태가 되었던 것은 아닌지, 만약 그러하지 아니하다면 그 연유는 무엇인지, 또한 당시 국가가 운영하고 있는 에이즈 바이러스 감염자 관리 체계가 어떠한 것인지, 그와 같은 관리 체계 자체가 법령에 위배되는 것인지 하는 점에 대하여 심리하지도 아니한 채 원고가 1995. 4. 21. 무렵에야 한국방송공사의 취재 과정에서 1991. 3.과 1993.의 항체검사 및 판정 결과를 알게 되었으며, 또한 전남 보건환경연구원과 제주 보건환경연구원이 원고에게 1991. 3.과 1993.의 항체검사 판정 결과를 전혀 알려 주지 아니한 채 판정의 모순점에 대한 정확한 재검사 및 재판정 절차 없이 아무런 조치도 취하지 아니하고 형식적으로 정기적인 검사와 판정을 되풀이 한 관리 및 검사·판정상의 잘못을 저질렀다 하여 피고에 대하여 국가배상책임을 인정하고 만 것은 공무원의 부작위로 인한 국가배상법상 손해배상책임의 성립에 대한 법리 또는 법이 정하는 항체검사 결과 음성 판정의 통지 방법에 대한 법리를 오해한 나머지 필요한 심리를 다하지 아니한 위법이 있고, 이는 판결 결과에 영향을 미친 것임이 명백하다. 이 점을 지적하는 취지의 논지는 이유가 있다.

4. 그러므로 원심판결을 파기하여 사건을 원심 법원에 환송하기로 하여 관여 법관의 일치된 의견으로 주문과 같이 판결한다.

대법관   박준서(재판장) 이돈희 이임수(주심) 서성

[판례 5] 손해배상(기) (대법원 2001. 4. 24. 선고 2000다57856 판결)

【판시사항】

[1] 예산회계법 제96조 소정의 소멸시효기간이 적용되지 않는 '다른 법률의 규정'의 의미 및 민법 제766조 제2항이 이에 해당하는지 여부(소극)
[2] 법령에 명시적으로 공무원의 작위의무가 규정되어 있지 않은 경우에도 공무원의 부작위로 인한 국가배상책임을 인정할 수 있는지 여부(한정적극) 및 그 판단 기준

【판결요지】

[1] 예산회계법 제96조에서 '다른 법률의 규정'이라 함은 다른 법률에 예산회계법 제96조에서 규정한 5년의 소멸시효기간보다 짧은 기간의 소멸시효의 규정이 있는 경우를 가리키는 것이고, 이보다 긴 10년의 소멸시효를 규정한 민법 제766조 제2항은 예산회계법 제96조에서 말하는 '다른 법률의 규정'에 해당하지 아니한다.
[2] 공무원의 부작위로 인한 국가배상책임을 인정하기 위하여는 공무원의 작위로 인한 국가배상책임을 인정하는 경우와 마찬가지로 '공무원이 그 직무를 집행함에 당하여 고의 또는 과실로 법령에 위반하여 타인에게 손해를 가한 때'라고 하는 국가배상법 제2조 제1항의 요건이 충족되어야 할 것인

바, 여기서 '법령에 위반하여'라고 하는 것이 엄격하게 형식적 의미의 법령에 명시적으로 공무원의 작위의무가 규정되어 있는데도 이를 위반하는 경우만을 의미하는 것은 아니고, 국민의 생명, 신체, 재산 등에 대하여 절박하고 중대한 위험상태가 발생하였거나 발생할 우려가 있어서 국민의 생명, 신체, 재산 등을 보호하는 것을 본래적 사명으로 하는 국가가 초법규적, 일차적으로 그 위험 배제에 나서지 아니하면 국민의 생명, 신체, 재산 등을 보호할 수 없는 경우에는 형식적 의미의 법령에 근거가 없더라도 국가나 관련 공무원에 대하여 그러한 위험을 배제할 작위의무를 인정할 수 있을 것이나, 그와 같은 절박하고 중대한 위험상태가 발생하였거나 발생할 우려가 있는 경우가 아닌 한, 원칙적으로 공무원이 관련 법령대로만 직무를 수행하였다면 그와 같은 공무원의 부작위를 가지고 '고의 또는 과실로 법령에 위반'하였다고 할 수는 없을 것이므로, 공무원의 부작위로 인한 국가배상책임을 인정할 것인지 여부가 문제되는 경우에 관련 공무원에 대하여 작위의무를 명하는 법령의 규정이 없다면 공무원의 부작위로 인하여 침해된 국민의 법익 또는 국민에게 발생한 손해가 어느 정도 심각하고 절박한 것인지, 관련 공무원이 그와 같은 결과를 예견하여 그 결과를 회피하기 위한 조치를 취할 수 있는 가능성이 있는지 등을 종합적으로 고려하여 판단하여야 한다.

【참조조문】

[1] 예산회계법 제96조 제2항, 민법 제766조 제2항 [2] 국가배상법 제2조 제1항

【참조판례】

[1] 대법원 1967. 7. 4. 선고 67다751 판결(집15-2, 민143)
대법원 2000. 4. 7. 선고 99다53742 판결(공2000상, 1145)
[2] 대법원 1998. 10. 13. 선고 98다18520 판결(공1998하, 2665)

【전 문】

【원고(선정당사자), 피상고인 겸 상고인】 원고(선정당사자) 1 외 54인 (소송대리인 변호사 박승옥)
【피고, 피상고인】 구 농어촌진흥공사의 소송수계인 농업기반공사 (소송대리인 변호사 김학만)
【피고, 상고인 겸 피상고인】 대한민국 외 1인
【원심판결】 광주고법 2000. 9. 21. 선고 98나5097 판결

【주 문】

상고를 모두 기각한다. 상고비용 중 원고(선정당사자)의 상고로 인한 부분은 원고(선정당사자)의, 피고 대한민국, 피고 목포시의 상고로 인한 부분은 위 피고들의 각 부담으로 한다.

【이 유】

1. 원고(선정당사자, 이하 '원고'라고 한다)의 상고이유에 대하여 본다.

    가. 상고이유 제1점 : 피고 대한민국 및 피고 농업기반공사(이하 '피고 공사'라고 한다)의 사전방지책임 및 피고 공사의 사후방지책임

    원심은, 피고 대한민국과 피고 공사가 판시 영산강하구언 공사를 시행함에 있어서 위 공사로 인하여 목포항의 조위가 상승할 것을 예견할 수 있었음에도 과실로 이를 예견하지 못하거나 그 대책을 강구하지 못한 잘못이 있다는 원고의 주장에 대하여 위 피고들에게 영산강하구언 축조 이전에 원고가 주장하는 바와 같은 침수피해에 관한 예견가능성이 있었다고 인정하기는 어렵다는 이유로 위 피고들에게 그에 대한 사전예방적인 책임이 있다고 볼 수 없고, 또한 그 판시와 같은 사정에 비추어 피고 공사에게도 피고 대한민국과 마찬가지로 피해자들에 대하여 직접 그 침수원인을 규명하고 그 방지대책을 세워야 한다거나, 또는 피고 목포시에 대하여 재정적인 지원을 하

는 등의 대책을 수립하여야 하는 사후방지의무를 지울 수는 없다고 판단하였는바, 거기에 상고이유와 같은 불법행위에 있어서의 주의의무에 관한 법리의 오해가 있다고 할 수 없으며, 원고가 상고이유 에서 들고 있는 판례는 사안을 달리하여 이 사건에서 원용할 것이 못된다.

나. 상고이유 제2점 및 제5점 : 소멸시효기간

예산회계법 제96조에서 '다른 법률의 규정'이라 함은 다른 법률에 예산회계법 제96조에서 규정한 5년의 소멸시효기간보다 짧은 기간의 소멸시효의 규정이 있는 경우를 가리키는 것이고, 이보다 긴 10년의 소멸시효를 규정한 민법 제766조 제2항은 예산회계법 제96조에서 말하는 '다른 법률의 규정'에 해당하지 아니한다고 할 것이므로(대법원 1967. 7. 4. 선고 67다751 판결, 2000. 4. 7. 선고 99다53742 판결 참조), 그와 반대되는 취지의 상고이유는 이유 없다.

다. 상고이유 제3점 : 삼학도, 율도 주민들의 청구

원심은, 별지 명단 순위 22, 23(삼학도 주민이다), 32, 33, 34(율도 주민이다)의 선정자들이 거주하는 지역은 행정구역상으로 목포시에 속해 있기는 하나 과거 섬이었던 지역이거나, 또는 현재 목포 앞바다의 섬지역인 사실을 인정하고, 피고 대한민국 및 피고 공사에게 원고의 상고이유 제1점에서 본 바와 같은 사전방지책임을 지울 수 없고, 또한 사후방지책임으로서 위 선정자들이 입은 침수피해를 방지하기 위하여 어떠한 방식으로 대책을 수립할 수 있었는지에 관하여 주장·입증이 없다는 이유로 위 선정자들의 피고 대한민국과 피고 공사에 대한 청구를 배척하였는바, 거기에 채증법칙을 위반하여 사실을 오인하였거나, 불법행위에 있어서의 주의의무의 존재와 입증책임에 관한 법리를 오해한 위법이 있다고 할 수 없다.

라. 상고이유 제4점 : 위자료 산정의 법리오해

원심은, 피고 목포시는 1981년 무렵부터 위 피고가 관리하는 공공의 영조물인 하수구와 하수관 및 안벽 등 호안시설의 설치 또는 관리상의 하자로 인하여, 피고 대한민국은 1990년 1월 무렵부터 위 피고가 사후방지책임을 제대로 취하지 아니한 잘못으로 인하여 원심 판시 갑 선정자들에게 침수피해를 입힌 사실을 인정하고 소멸시효가 완성되지 아니한 1990. 7. 28.부터 1996년 1월경까지의 손해의 배상을 명함에 있어 피고 목포시가 배상할 위자료의 수액을 피고 대한민국의 그것과 동일하거나 다액으로 정하였는바, 기록과 원심 설시의 여러 사정에 비추어 보면, 원심의 위 조치는 모두 정당한 것으로 수긍되고, 거기에 상고이유와 같은 법리오해가 있다고 할 수 없다.

2. 피고 대한민국의 상고이유에 대하여 본다.

가. 상고이유 제1점 : 국가배상책임의 법리오해

공무원의 부작위로 인한 국가배상책임을 인정하기 위하여는 공무원의 작위로 인한 국가배상책임을 인정하는 경우와 마찬가지로 '공무원이 그 직무를 집행함에 당하여 고의 또는 과실로 법령에 위반하여 타인에게 손해를 가한 때'라고 하는 국가배상법 제2조 제1항의 요건이 충족되어야 할 것인바, 여기서 '법령에 위반하여'라고 하는 것이 엄격하게 형식적 의미의 법령에 명시적으로 공무원의 작위의무가 규정되어 있는데도 이를 위반하는 경우만을 의미하는 것은 아니고, 국민의 생명, 신체, 재산 등에 대하여 절박하고 중대한 위험상태가 발생하였거나 발생할 우려가 있어서 국민의 생명, 신체, 재산 등을 보호하는 것을 본래적 사명으로 하는 국가가 초법규적, 일차적으로 그 위험 배제에 나서지 아니하면 국민의 생명, 신체, 재산 등을 보호할 수 없는 경우에는 형식적 의미의 법령에 근거가 없더라도 국가나 관련 공무원에 대하여 그러한 위험을 배제할 작위의무를 인정할 수 있을 것이다. 그러나 그와 같은 절박하고 중대한 위험상태가 발생하였거나 발생할 우려가 있는 경우가 아닌 한, 원칙적으로 공무원이 관련 법령대로만 직무를 수행하였다면 그와 같은 공무원의 부작위를 가지고 '고의 또는 과실로 법령에 위반'하였다고 할 수는 없을 것이므로, 공무원의 부작위로 인한 국가배상책임을 인정할 것인지 여부가 문제되는 경우에 관련 공무원에 대하여 작위의무를 명하는 법령의 규정이 없다면 공무원의 부작위로 인하여 침해된 국민의 법익 또는 국민에게 발생한 손해가 어느 정도 심각하고 절박한 것인지, 관련 공무원이 그와 같은 결과를 예견하여 그 결과를 회피하기 위한 조치를 취할 수 있는 가능성이 있는지 등을 종합적으로 고려하여 판단하여야 할 것이다(대법원 1998. 10. 13. 선고 98다18520 판결 참조). 원심이, 위와 같은 취지에서, 그 판시와 같은 제반 사정에 비추어, 피고 대한민국 소속 공무원으로서는 구 풍수해대책법(1995. 12. 6. 법률 제4993호 자연재해대책법으로 전문 개정되기 전의 것) 제3조 제1항, 제40조 제1항, 제46조의 규정에 따라 원심 판시 침수피해를 방지하는 데 필요한 적절한 조치를 신속히 취하여야 할 의무가 있다고 판단한 것은 정당하고, 거기에 상고이유와 같은 공무원의 부작위로 인한 국가배상책임의 법리를 오해한 위법이 있다고 할 수 없다.

나. 상고이유 제2점 : 사실오인

원심이, 별지 명단 16, 18, 25, 37, 38, 44의 선정자들에 대하여 원심 판시 거주기간 동안 원심 판시 지역에서 본인이 실제로 거주하거나, 가게를 운영하거나, 본인은 타처로 전출한 동안 그 가족들이 거주한 사실을 인정한 것은 기록에 비추어 정당하고 상고이유와 같은 사실오인의 위법이 있다고 할 수 없다.

다. 상고이유 제3점 : 처분권주의 위반

원심이, 별지 명단 1, 5, 6, 25, 37의 선정자들에 대하여 그들의 청구금액인 각 금 2,000만 원 범위 내에서(소장 및 항소장 참조) 400만 원 내지 500만 원의 위자료를 인용한 것은 정당하고 상고이유와 같은 처분권주의를 위반한 위법이 있다고 할 수 없다(위 피고는 위 선정자들의 청구금액이 원고의 1998. 3. 27. 자 준비서면 중 각 선정자별로 계산된 금액임을 전제로 주장하는 것으로 보이는데, 위 준비서면에서 각 선정자별로 계산된 금액은 일실수입에 불과하다).

3. 피고 목포시의 상고이유에 대하여 본다.

가. 상고이유 제1점 : 채증법칙 위반

상고이유는, 영산강하구언의 축조로 목포 앞바다의 조위가 상승하였고, 그로 인하여 판시 침수피해가 발생한 것이라는 명백한 증거가 있음에도 불구하고 판시 침수피해의 책임이 영산강하구언을 축조하도록 한 피고 대한민국이 아닌 피고 목포시에 있다고 인정한 원심에는 채증법칙을 위반한 위법이 있다는 것이나, 원고의 상고이유 제1점에 대한 판단에서 본 바와 같이 피고 대한민국에게 영산강하구언의 축조 이전에 사전예방적인 책임이 있다고 볼 수 없는 이상 영산강하구언의 축조와 판시 침수피해 사이에 인과관계가 있다고 하더라도 피고 대한민국에게 그 책임을 지울 수 없는 것이고, 피고 목포시에게는 피고 목포시의 상고이유 제3점에서 보는 바와 같은 책임이 있어 그 책임을 지운 원심에 채증법칙을 위반한 위법이 있다고 할 수 없다.

나. 상고이유 제2점 : 지방자치법 제113조 제2항의 법리오해

상고이유는, 피고 대한민국의 영산강하구언 축조로 인하여 침수피해가 발생한 것임에도 그 손해배상을 자치단체인 피고 목포시에게 부담하도록 한 원심판결에는 국가의 부담을 지방자치단체에 전가하여서는 아니 된다는 지방자치법 제113조 제2항의 규정에 위반한 위법이 있다는 것이나, 이 사건 침수피해가 피고 대한민국의 사후방지책임의 불이행과 피고 목포시의 영조물관리상의 하자로 인하여 발생하였다고 인정하고 위 피고들에게 연대하여 그 배상을 명한 원심의 판단에 국가의 부담을 지방자치단체에 전가한 잘못이 있다고 할 수 없으므로, 논지는 이유 없다.

다. 상고이유 제3점 : 영조물관리의 주체에 대한 오인

상고이유는, 원심 판시의 안벽 등 호안시설은 항만법 제9조 및 같은법시행령 제2조에 따라 피고 대한민국(소관 : 해양수산부장관)이 설치·관리하고, 지방자치법 제11조 제4호에 따라 지방자치단체인 피고 목포시로서는 설치·관리할 수 없는 시설임에도 불구하고 피고 목포시가 설치·관리하는 시설이라고 판단한 원심에는 사실오인 또는 법리오해가 있다는 것이다.

살피건대, 항만법 제9조 제1항은 항만시설의 신설·개축·유지·보수 및 준설에 관한 공사는 지정항만은 해양수산부장관이, 지방항만은 시·도지사가 각각 시행한다고 규정하고 있고 지방자치법 제11조 제4호는 지방자치단체는 지정항만에 대한 국가사무를 처리할 수 없다고 규정하고 있기는 하나, 원심 판시의 안벽 등 호안시설은 목포시의 해안도로에 관한 것으로서 그 설치·관리의 주체는 피고 목포시로 여겨지고(그래서 원심의 인정과 같이 피고 목포시가 긴급대책사업으로 1992. 10. 24.부터 1994. 2. 28.까지 사이에, 항구대책사업으로 1993. 11. 15.부터 1996. 1. 16.까지 사이에 해안도로의 파라펫트 설치작업 등을 시행하였던 것이고, 그 공사 이후 침수피해가 현저하게 감소하였다), 나아가 원심이 인정한 바와 같이 피고 목포시가 설치 또는 관리하는 원심 판시 갑 선정자들 거주지역의 하수구와 하수관이 낡은 상태로 남아 있었고 바닷물의 역류를 막을 수 있는 개폐시설조차 전혀 설치되어 있지 아니하여 위 하수구를 통하여 바닷물이 역류한 것이 원심 판시 침수피해의 주요한 원인이었던 이상, 피고 목포시는 위 하수구와 하수관의 관리의무자로서 그 설치 또는 관리상의 하자로 인하여 원심 판시 갑 선정자들이 입은 손해를 배상할 책임을 면할 수 없다고 할 것이므로, 상고이유의 주장은 이유 없다.

4. 따라서 상고를 모두 기각하고 상고비용은 각 상고인의 부담으로 하기로 하여 주문과 같이 판결한다.

대법관   유지담(재판장) 서성 배기원 박재윤(주심)

☞ 대법원 2004. 6. 25. 선고 2003다69652 판결 150p 참조

제4장   환경침해와 계약상 책임

제1절   임대차계약

임차인은 인접한 토지에서의 건설소음을 이유로 임대인에 대하여 차임의 감액을 요구할 수 있다고 한다.

제2절 매매계약과 도급계약

화장실소음 등으로 피해를 입은 아파트입주자들은 분양업자에게 담보책임(민법 제667조, 제671조, 집합건물의 소유 및 관리에 관한 법률 제9조)을 물을 수 있다고 하였다.

☞ 민 법

제667조 (수급인의 담보책임) ① 완성된 목적물 또는 완성전의 성취된 부분에 하자가 있는 때에는 도급인은 수급인에 대하여 상당한 기간을 정하여 그 하자의 보수를 청구할 수 있다. 그러나 하자가 중요하지 아니한 경우에 그 보수에 과다한 비용을 요할 때에는 그러하지 아니하다.
② 도급인은 하자의 보수에 갈음하여 또는 보수와 함께 손해배상을 청구할 수 있다. <개정 2014. 12. 30.>
③ 전항의 경우에는 제536조의 규정을 준용한다.

☞ 집합건물의 소유 및 관리에 관한 법률

제9조 (담보책임) ① 제1조 또는 제1조의2의 건물을 건축하여 분양한 자(이하 "분양자"라 한다)와 분양자와의 계약에 따라 건물을 건축한 자로서 대통령령으로 정하는 자(이하 "시공자"라 한다)는 구분소유자에 대하여 담보책임을 진다. 이 경우 그 담보책임에 관하여는 「민법」 제667조 및 제668조를 준용한다. <개정 2012. 12. 18.>
② 제1항에도 불구하고 시공자가 분양자에게 부담하는 담보책임에 관하여 다른 법률에 특별한 규정이 있으면 시공자는 그 법률에서 정하는 담보책임의 범위에서 구분소유자에게 제1항의 담보책임을 진다. <신설 2012. 12. 18.>
③ 제1항 및 제2항에 따른 시공자의 담보책임 중 「민법」 제667조제2항에 따른 손해배상책임은 분양자에게 회생절차개시 신청, 파산 신청, 해산, 무자력(無資力) 또는 그 밖에 이에 준하는 사유가 있는 경우에만 지며, 시공자가 이미 분양자에게 손해배상을 한 경우에는 그 범위에서 구분소유자에 대한 책임을 면(免)한다. <신설 2012. 12. 18.>
④ 분양자와 시공자의 담보책임에 관하여 이 법과 「민법」에 규정된 것보다 매수인에게 불리한 특약은 효력이 없다. <개정 2012. 12. 18.> [전문개정 2010. 3. 31.]

제5장   환경침해에 대한 유지청구권

  유지청구란 피해자가 가해자를 상대로 피해자에게 손해를 주는 행위를 중지할 것을 법원에 청구하는 것으로서, 일저한 작위(방지설비의 설치 또는 오염시설의 철거 등) 또는 부작위(오염시설 설치의 금지, 오·폐수 배출의 금지 등)를 청구하는 것을 그 내용으로 한다.
상법 제402조

1. 유지청구의 법적 근거

가. 이론적 근거

(1) 물권적 청구권

  환경침해를 피해자가 지배하는 토지·건물의 소유권, 점유권과 같은 물권 또는 물권화한 권리(등기된 임차권)에 대한 침해, 방해제거청구권이나 방해예방청구권은 이러한 권리에 의해서 인정된다고 한다.
  판례도 물권적 청구권설에 입각하여 같은 취지로 판시하고 있으나, 민법 제214조 만을 유지청구의 근거로 삼을 것인지, 민법 제217조의 독자적 지위를 인정할 것인지, 양 조항의 관계가 어떻다는 것인지에 관하여 명시적 입장을 밝히고 있지는 아니하다.

☞ 민 법

제214조 (소유물방해제거, 방해예방청구권) 소유자는 소유권을 방해하는 자에 대하여 방해의 제거를 청구할 수 있고 소유권을 방해할 염려있는 행위를 하는 자에 대하여 그 예방이나 손해배상의 담보를 청구할 수 있다.
제217조 (매연 등에 의한 인지에 대한 방해금지) ① 토지소유자는 매연, 열기체, 액체, 음향, 진동 기타 이에 유사한 것으로 이웃 토지의 사용을 방해하거나 이웃 거주자의 생활에 고통을 주지 아니하도록 적당한 조처를 할 의무가 있다.
  ② 이웃 거주자는 전항의 사태가 이웃 토지의 통상의 용도에 적당한 것인 때에는 이를 인용할 의무가 있다.

☞ 대법원 1995. 9. 15. 선고 95다23378 판결   4p 참조(국립 부산대학교)
☞ 대법원 1997. 7. 22. 선고 96다56153 판결   1p 참조 (대한불교 조계종 봉은사)

(2) 상린권

민법 제217조의 생활방해의 금지 및 인용의무에 관한 규정을 근거로 하여, 즉 제217조 제1항의 '적당한 조처'의 청구를 근거로 하여 직접 이 규정에 의하여 방해의 제거나 예방을 청구할 수 있다고 한다.

(3) 인격권설

명예, 자유, 성명권, 초상권, 프라이버시 등 개별적 인격권을 아우른 일반적 인격권의 개념을 전제로 하여 환경침해로 인한 유지청구의 법적근거로 볼 수 있다는 것이다.

☞ 민 법

제751조 (재산 이외의 손해의 배상) ① 타인의 신체, 자유 또는 명예를 해하거나 기타 정신상고통을 가한 자는 재산 이외의 손해에 대하여도 배상할 책임이 있다.
② 법원은 전항의 손해배상을 정기금채무로 지급할 것을 명할 수 있고 그 이행을 확보하기 위하여 상당한 담보의 제공을 명할 수 있다.
제752조 (생명침해로 인한 위자료) 타인의 생명을 해한 자는 피해자의 직계존속, 직계비속 및 배우자에 대하여는 재산상의 손해없는 경우에도 손해배상의 책임이 있다.
제764조 (명예훼손의 경우의 특칙) 타인의 명예를 훼손한 자에 대하여는 법원은 피해자의 청구에 의하여 손해배상에 갈음하거나 손해배상과 함께 명예회복에 적당한 처분을 명할 수 있다. <개정 2014. 12. 30.>
[89헌마160 1991. 4. 1.민법 제764조(1958. 2. 22. 법률 제471호)의 "명예회복에 적당한 처분"에 사죄광고를 포함시키는 것은 헌법에 위반된다.]

☞ 대법원 1995. 9. 15. 선고 95다23378 판결 4p 참조(국립 부산대학교)

☞ 민 법

제217조 (매연 등에 의한 인지에 대한 방해금지) ① 토지소유자는 매연, 열기체, 액체, 음향, 진동 기타 이에 유사한 것으로 이웃 토지의 사용을 방해하거나 이웃 거주자의 생활에 고통을 주지 아니하도록 적당한 조처를 할 의무가 있다.
② 이웃 거주자는 전항의 사태가 이웃 토지의 통상의 용도에 적당한 것인 때에는 이를 인용할 의무가 있다.

[판례 1] 설립자확인 (대법원 1997. 10. 24. 선고 96다17851 판결)

【판시사항】

[1] 민법 제764조의 '명예'의 의미 및 민법 제764조의 규정이 종중 등 법인 아닌 사단에도 적용되는지 여부(적극)
[2] 인격권의 침해에 대하여 사전 예방적 구제수단으로 침해행위의 정지·방지 등의 금지청구권이 인정되는지 여부(적극)
[3] 학교법인 설립자인 종중이 결의한 학교법인 설립 세부절차에 따라 종중 회장 개인을 학교법인 설립자로 하여 설립허가를 받은 경우, 학교법인이 학교 명의로 발행한 책자에 그 설립자를 종중 아닌 개인으로 표시했다 하여 종중의 명예를 훼손했다고 볼 수 없다고 한 사례

【판결요지】

[1] 민법 제764조에서 말하는 명예라 함은 사람의 품성, 덕행, 명예, 신용 등 세상으로부터 받는 객관적인 평가를 말하는 것이고 특히 법인의 경우에는 그 사회적 명예, 신용을 가리키는 데 다름없는 것으로 명예를 훼손한다는 것은 그 사회적 평가를 침해하는 것을 말하고 이와 같은 법인의 명예가 훼손된 경우에 그 법인은 상대방에 대하여 불법행위로 인한 손해배상과 함께 명예 회복에 적당한 처분을 청구할 수 있고, 종중과 같이 소송상 당사자능력이 있는 비법인사단 역시 마찬가지이다.
[2] 사람(종중 등의 경우에도 마찬가지이다.)이 갖는 명예에 관한 권리는 일종의 인격권으로 볼 수 있는 것으로서, 그 성질상 일단 침해된 후에는 금전배상이나 명예 회복에 필요한 처분 등의 구제수단만으로는 그 피해의 완전한 회복이 어렵고 손해 전보의 실효성을 기대하기 어려우므로, 이와 같은 인격권의 침해에 대하여는 사전 예방적 구제수단으로 침해행위의 정지·방지 등의 금지청구권이 인정될 수 있다.
[3] 학교법인 설립자인 종중이 정기총회에서 별도의 이사회를 구성하여 학교법인의 설립에 관한 사무를 위임하고, 그 이사회에서 학교법인의 설립에 관한 세부절차를 결의하였으며, 그와 같은 결의에 따라 종중의 회장인 갑이 개인 명의로 학교법인의 설립 대표자가 되어 그 명의로 학교법인의 설립허가를 받도록 한 이상, 다른 특단의 사정이 없는 한 그 종중으로서는 학교법인의 설립 당시에 이미 종중의 대표자인 갑이 학교법인의 설립자로 표기될 가능성이 있음을 알면서도 이를 용인한 것으로 봄이 상당하므로, 그 후 학교법인이 그가 운영하는 학교 명의로 발행·배포하는 '학교운영계획서'에 학교법인을 실질적으로 설립한 주체가 종중이라거나 갑이 종중의 대표자로서 설립행위를 하였다는 점을 명백하게 밝히지 않은 채 단지 그 설립자가 갑이라고 기재한다고 하여, 이로 인하여 새삼스럽게 종중의 사회적 명예나 신용이 침해된다고 보기는 어렵다고 한 사례.

【참조조문】

[1] 민법 제764조 [2] 민법 제214조, 제764조 [3] 민법 제751조, 제764조

【참조판례】

[1] 대법원 1988. 6. 14. 선고 87다카1450 판결(공1988, 1020)
대법원 1990. 2. 27. 선고 89다카12775 판결(공1990, 760)
[2] 대법원 1996. 4. 12. 선고 93다40614, 40621 판결(공1996상, 1486)

【전 문】

【원고, 피상고인】 ○○○씨○○○파종중 (소송대리인 변호사 김학세)
【피 고】 학교법인 △△학원
【피고보조참가인, 상고인】 피고보조참가인 1 외 1인 (피고보조참가인들 소송대리인 변호사 윤영철)
【피고보조참가인】 망 소외 1의 소송수계인 피고보조참가인 3 외 8인 (피고보조참가인들 소송대리인 변호사 황석연)
【원심판결】 서울고법 1996. 3. 26. 선고 95나27082 판결

【주 문】
원심판결 중 피고 패소 부분을 파기한다. 이 부분 사건을 서울고등법원에 환송한다.

【이 유】
상고이유를 판단한다.
1. 피고보조참가인 1, 피고보조참가인 2의 소송대리인의 상고이유 제1점에 대하여

원심판결 이유에 의하면 원심은 그 판결에서 채용하고 있는 증거들을 종합하여, 원고 종중이 그 중시조인 망 소외 1(○○○)의 묘소 등 선조들의 묘소를 보존하기 위하여 그 산소를 중심으로 하는 종중의 토지를 피고 법인의 기본재산으로 출연하여 위 토지 상에 학교를 설립하기로 하고 위 토지 중 우선 15,000평을 피고 법인의 기본재산으로 출연하였으며 원고 종중의 회장이던 소외 2 등으로 학교법인 설립을 위한 이사회를 구성하여 정관을 작성하고 세부절차를 거친 다음 소외 2가 대표자로서 학교법인 설립허가신청서를 제출하여 1969. 6. 26. 문교부장관으로부터 피고 법인의 설립허가를 받아 같은 해 7. 7. 피고 법인의 설립등기를 마친 사실 등을 인정한 다음, 위 인정 사실에 의하면 피고 법인은 원고 종중이 □□고등학교의 부지를 비롯한 종중 토지 등을 피고 법인의 기본재산으로 출연하고 정관을 작성하여 관계 행정청의 설립허가를 받아 1969. 7. 7. 설립등기를 마침으로써 성립된 법인으로서 원고 종중이 설립하였다고 판단하고 있는바, 기록에 비추어 살펴보면 원심의 위와 같은 사실인정과 판단은 정당한 것으로 수긍이 가고, 거기에 상고이유에서 지적하는 학교법인의 설립행위의 해석에 관한 법리오해, 이유불비, 심리미진 및 채증법칙 위배 등의 잘못이 있다고 할 수 없다. 이 점을 지적하는 상고이유는 받아들일 수 없다.

2. 피고보조참가인 1, 피고보조참가인 2의 소송대리인의 상고이유 제2점에 대하여

가. 민법 제764조에서 말하는 명예라 함은 사람의 품성, 덕행, 명예, 신용 등 세상으로부터 받는 객관적인 평가를 말하는 것이고 특히 법인의 경우에는 그 사회적 명예, 신용을 가리키는 데 다름없는 것으로 명예를 훼손한다는 것은 그 사회적 평가를 침해하는 것을 말하고 이와 같은 법인의 명예가 훼손된 경우에 그 법인은 상대방에 대하여 불법행위로 인한 손해배상과 함께 명예 회복에 적당한 처분을 청구할 수 있고(대법원 1988. 6. 14. 선고 87다카1450 판결 참조), 종중과 같이 소송상 당사자능력이 있는 비법인사단 역시 마찬가지라고 할 것인바(대법원 1990. 2. 27. 선고 89다카12775 판결 참조), 사람(종중 등의 경우에도 마찬가지이다.)이 갖는 이와 같은 명예에 관한 권리는 일종의 인격권으로 볼 수 있는 것으로서, 그 성질상 일단 침해된 후에는 금전배상이나 명예 회복에 필요한 처분 등의 구제수단만으로는 그 피해의 완전한 회복이 어렵고 손해 전보의 실효성을 기대하기 어려우므로, 이와 같은 인격권의 침해에 대하여는 사전 예방적 구제수단으로 침해행위의 정지·방지 등의 금지청구권이 인정될 수 있다고 보아야 할 것이다(대법원 1996. 4. 12. 선고 93다40614, 40621 판결 참조).

나. 그런데 원심판결 이유에 의하면, 원심은, 피고 법인이 유지·경영하는 □□고등학교에서는 매년 원심 첨부 별지 1 내지 3과 같은 내용의 '학교운영계획서'를 발행하여 배포하고 있는데 그 책자

중에 '설립자 소외 2'라는 기재를 하고 있으며, 앞으로도 피고 법인이 위 '학교운영계획서' 책자에 종전과 같이 '피고 법인의 설립자 소외 2'라고 기재할 것으로 보여지는 사실을 인정한 다음, 위 인정 사실에 의하면 원고 종중이 종중 총회의 결의하에 종중재산을 출연하여 후세의 교육을 위한 교육기관인 피고 학교법인을 설립하였다는 사실은 단체로서의 종중뿐만 아니라 종중원 총원의 명예 및 사회적 신용과 관계되는 사항이라고 할 것이어서 그 설립자의 지위는 일종의 인격권으로 볼 수 있다 할 것이고, 피고 법인이 그가 발행·배포하는 위 '학교운영계획서' 책자에 '피고 법인의 설립자가 소외 2'라고 사실과 다른 기재를 하는 것은 결과적으로 원고 종중이 피고 학교법인의 설립자임을 부정하는 것으로 되어 원고 종중의 명예, 신용 등 인격권을 침해하는 행위이므로, 피고 학교법인이 장래에도 계속 이와 같은 침해행위를 할 염려나 위험성이 있는 한 원고에게는 그 인격권에 대한 방해의 제거나 예방을 위하여 피고 법인에 대하여 그가 위 □□고등학교 명의로 발행·배포하는 '학교운영계획서'에 '피고 법인의 설립자가 소외 2'라는 기재를 하지 아니할 것을 구할 권리가 있다고 판단하여, 원고의 이 부분 청구를 인용하였다.

다. 그러나 원심판결 이유와 기록에 의하면, 원고 종중은 1968. 8. 21. 정기총회를 개최하여 현재의 □□고등학교 부지로 되어 있는 종중 토지를 출연함으로써 학교법인을 설립하기로 하고 그 법인의 이사장 등 임원 전원을 원고 종중의 회장인 소외 2 외 14명의 종중원으로 결정하기로 결의하고, 위 결의에 따라 구성된 학교법인 설립을 위한 이사회에서는 같은 해 12. 7. 학교법인 인가 사무의 진행을 신속하게 하기 위하여 소외 2 외 6인으로 소위원회를 구성하는 등 학교법인의 설립에 필요한 세부절차를 결의하였으며, 이에 따라 원고 종중의 회장인 소외 2가 설립 대표자로서 1969. 3. 5. 학교법인 설립허가신청서를 제출하고 같은 해 6. 26. 문교부장관으로부터 소외 2 명의로 피고 법인의 설립허가를 받아 같은 해 7. 7. 피고 법인의 설립등기를 마치고, 그 무렵 위 소외 2가 피고 법인의 초대 이사장에 취임한 사실이 인정되는바, 이와 같이 피고 법인을 실질적으로 설립한 주체는 원고 종중이고, 소외 2는 단지 원고 종중의 대표자로서 피고 법인의 설립행위에 관여하였을 뿐이라고 하더라도, 원고 종중이 정기총회에서 별도의 이사회를 구성하여 학교법인의 설립에 관한 사무를 위임하고, 그 이사회에서 학교법인의 설립에 관한 세부절차를 결의하였으며, 그와 같은 결의에 따라 원고 종중의 회장인 소외 2가 개인 명의로 학교법인의 설립 대표자가 되어 그 명의로 피고 법인의 설립허가를 받도록 한 이상, 다른 특단의 사정이 없는 한 원고 종중으로서는 피고 법인의 설립 당시에 이미 원고 종중의 대표자였던 소외 2가 피고 법인의 설립자로 표기될 가능성이 있음을 알면서도 이를 용인한 것으로 봄이 상당하다고 할 것이므로, 그 후 피고 법인이 그가 운영하는 □□고등학교 명의로 발행·배포하는 '학교운영계획서'에 피고 법인을 실질적으로 설립한 주체가 원고 종중이라거나 '소외 2'가 원고 종중의 대표자로서 설립행위를 하였다는 점을 명백하게 밝히지 않은 채 단지 그 설립자가 '소외 2'라고 기재한다고 하여, 이로 인하여 새삼스럽게 원고 종중의 사회적 명예나 신용이 침해된다고 보기는 어렵다고 하겠다.

그럼에도 불구하고 원심이, 피고 법인이 발행·배포하는 위 '학교운영계획서' 책자에 '피고 법인의 설립자가 소외 2'라고 기재를 하는 것은 결과적으로 원고 종중이 피고 학교법인의 설립자임을 부정하는 것으로 되어 원고 종중의 명예, 신용 등 인격권을 침해하는 행위라고 단정하고, 피고 법인에 대하여 그와 같은 기재를 하지 아니할 것을 명한 조치는, 인격권으로서의 명예권 및 그에 기한 금지청구권의 성립 요건에 관한 법리를 오해한 나머지 판결에 영향을 미친 위법을 저지른 것이라고 할 것이다. 상고이유 중 이 점을 지적하는 부분은 이유 있다.

3. 그러므로 나머지 상고이유에 대한 판단을 생략한 채 원심판결 중 피고 패소 부분을 파기하고, 이 부분 사건을 다시 심리·판단케 하기 위하여 원심법원에 환송하기로 관여 법관의 의견이 일치되어 주문

과 같이 판결한다.

대법관   박준서(재판장) 정귀호 김형선 이용훈(주심)

(4) 환경권

> ☞ **헌 법**
>
> **제35조** ① 모든 국민은 건강하고 쾌적한 환경에서 생활할 권리를 가지며, 국가와 국민은 환경보전을 위하여 노력하여야 한다.
> ② 환경권의 내용과 행사에 관하여는 법률로 정한다.
> ③ 국가는 주택개발정책등을 통하여 모든 국민이 쾌적한 주거생활을 할 수 있도록 노력하여야 한다.

☞ 대법원 1995. 5. 23. 자 94마2218 판결 106p 참조
☞ 대법원 1995. 9. 15. 선고 95다23378 판결 4p 참조(국립 부산대학교)

[판례 2] 공사금지청구 (대법원 1999. 7. 27. 선고 98다47528 판결)

【판시사항】
[1] 사법상의 권리로서의 환경권을 인정하는 명문의 규정이 없는 경우, 환경권에 기하여 직접 방해배제청구권을 인정할 수 있는지 여부(소극)
[2] 인접 대지 위의 건물의 건축 등으로 토지나 건물 소유자의 객관적으로 인정된 생활이익이 침해되고 그 침해가 사회통념상 일반적인 수인의 한도를 넘는 경우, 소유권에 기하여 건물의 건축 금지 등 방해제거 및 예방을 위한 청구를 할 수 있는지 여부(적극) 및 그 요건
[3] 토지나 건물 소유자가 인접 토지의 건물 신축으로 인하여 입는 환경 등 생활이익의 침해를 이유로 건축공사의 금지를 청구하는 경우, 그 침해가 사회통념상 일반적으로 수인할 정도를 넘는 것인지 여부의 판단 기준

【판결요지】
[1] 환경권은 명문의 법률규정이나 관계 법령의 규정 취지 및 조리에 비추어 권리의 주체, 대상, 내용, 행사 방법 등이 구체적으로 정립될 수 있어야만 인정되는 것이므로, 사법상의 권리로서의 환경권을 인정하는 명문의 규정이 없는데도 환경권에 기하여 직접 방해배제청구권을 인정할 수는 없다
[2] 어느 토지나 건물의 소유자가 종전부터 향유하고 있던 경관이나 조망, 조용하고 쾌적한 종교적 환경 등이 그에게 하나의 생활이익으로서의 가치를 가지고 있다고 객관적으로 인정된다면 법적인 보호의 대상이 될 수 있는 것이므로, 인접 대지 위에 건물의 건축 등으로 그와 같은 생활이익이 침

해되고 그 침해가 사회통념상 일반적으로 수인할 정도를 넘어선다고 인정되는 경우에는 위 토지 등의 소유자는 그 소유권에 기하여 건물의 건축 금지 등 방해의 제거나 예방을 위하여 필요한 청구를 할 수 있고, 위와 같은 청구를 하기 위한 요건으로서 반드시 위 건물이 문화재보호법이나 건축법 등의 관계 규정에 위반하여 건축되거나 또는 그 건축으로 인하여 그 토지 안에 있는 문화재 등에 대하여 직접적인 침해가 있거나 그 우려가 있을 것을 요하는 것은 아니다.

[3] 인접 대지에 건물이 건축됨으로 인하여 입는 환경 등 생활이익의 침해를 이유로 건축공사의 금지를 청구하는 경우에 그 침해가 사회통념상 일반적으로 수인할 정도를 넘어서는지 여부는 피해의 성질 및 정도, 피해이익의 공공성, 가해행위의 태양, 가해행위의 공공성, 가해자의 방지조치 또는 손해 회피의 가능성, 인·허가 관계 등 공법상 기준에의 적합 여부, 지역성, 토지 이용의 선후관계 등 모든 사정을 종합적으로 고려하여 판단하여야 한다.

【참조조문】

[1] 헌법 제35조 [2] 민법 제214조, 제217조 [3] 민법 제214조, 제217조

【참조판례】

[1][2][3] 대법원 1995. 5. 23. 자 94마2218 결정(공1995하, 2236)
대법원 1995. 9. 15. 선고 95다23378 판결(공1995하, 3399)
대법원 1997. 7. 22. 선고 96다56153 판결(공1997하, 2636)
[2][3] 대법원 1999. 1. 26. 선고 98다23850 판결(공1999상, 351)

【전 문】

【원고(상고인 겸 피상고인)】 대한불교 ○○종 ○○사 (소송대리인 변호사 남용희)
【피고(피상고인 겸 상고인)】 주식회사 신성 외 3인 (피고 소송대리인 변호사 이효종 외 1인)
【원심판결】 서울고법 1998. 8. 28. 선고 98나23104 판결

【주 문】

상고를 모두 기각한다.
상고비용은 각자의 부담으로 한다.

【이 유】

상고이유를 본다.

1. 원고의 상고이유 제2점에 대하여

기록에 비추어 살펴보면, 원고는, 피고들이 원고 소유 대지와 이 사건 신축건물 사이에 6m의 미개설 도시계획도로를 개설함에는 15m의 언덕을 수직으로 절단하여야 하는데 위 15m의 언덕을 원고 토지 안으로 어-스 앵커를 설치하지 아니하고 수직절단하는 공사를 하는 것은 불가능하고, 피고들이 도로 개설을 강행할 경우 원고 소유 토지가 붕괴위험이 있으며 그로 인하여 사찰과 일부 문화재가 유실될 우려가 있다고 주장하였는데, 원심이 위와 같은 공사의 가능 여부, 안전성 여부에 대하여 따로 판단을 하지 않은 것은 잘못이라고 할 것이다.

그러나, 원심이 이 점에 대하여 판단을 유탈하였다고 하더라도, 제1심법원 및 원심법원의 강남구청장에 대한 각 사실조회 결과에 의하면 피고들이 공법을 변경하여 원고의 토지를 침범하지 않고 도로를 설치할 수 있도록 설계변경하였고, 원고 사찰의 대지의 안전에 이상이 없이 도로를 설치할 수 있다는 것이므로 원고의 위 주장은 어차피 받아들일 수 없는 것이어서 판결 결과에 영향을 미쳤다고 할 수 없다. 논지는 이유 없다.

2. 피고들의 상고이유 제1점에 대하여

환경권은 명문의 법률규정이나 관계 법령의 규정 취지 및 조리에 비추어 권리의 주체, 대상, 내용, 행사 방법 등이 구체적으로 정립될 수 있어야만 인정되는 것이므로(대법원 1995. 5. 23. 자 94마2218 결정 참조), 사법상의 권리로서의 환경권을 인정하는 명문의 규정이 없는데도 환경권에 기하여 직접 방해배제청구권을 인정할 수는 없다 할 것이다.

그러나, 어느 토지나 건물의 소유자가 종전부터 향유하고 있던 경관이나 조망, 조용하고 쾌적한 종교적 환경 등이 그에게 하나의 생활이익으로서의 가치를 가지고 있다고 객관적으로 인정된다면 법적인 보호의 대상이 될 수 있는 것이므로, 인접 대지 위에 건물의 건축 등으로 그와 같은 생활이익이 침해되고 그 침해가 사회통념상 일반적으로 수인할 정도를 넘어선다고 인정되는 경우에는 위 토지 등의 소유자는 그 소유권에 기하여 건물의 건축 금지 등 방해의 제거나 예방을 위하여 필요한 청구를 할 수 있다고 할 것이고(대법원 1995. 9. 15. 선고 95다23378 판결 참조), 위와 같은 청구를 하기 위한 요건으로서 반드시 위 건물이 문화재보호법이나 건축법 등의 관계 규정에 위반하여 건축되거나 또는 그 건축으로 인하여 그 토지 안에 있는 문화재 등에 대하여 직접적인 침해가 있거나 그 우려가 있을 것을 요하는 것은 아니라고 할 것이다.

같은 취지에서 원심이, 원심 판시 △△빌딩이 당초의 예정에 따라 원고 사찰과 불과 6m의 거리를 둔 채 원고 사찰 경내 전체를 내려볼 수 있도록 높이 87.5m의 고층으로 신축되게 되면 원고 사찰의 일조가 침해되는 외에도 위 건물이 원고 사찰의 전체 경관과 조화되지 아니하여 원고 사찰의 경관이 훼손되는 결과로 될 뿐만 아니라 사찰 경내의 시계 차단으로 조망이 침해되고, 그 한편으로 위 사찰에서 수행하는 승려나 불공 등을 위하여 출입하는 신도들에게도 그들의 일상생활이나 종교활동 등이 감시되는 듯한 불쾌감과 위압감을 불러일으킴으로써 결국 원고 사찰이 종래 유지하여 온 조용하고 쾌적한 종교적 환경이 크게 침해될 우려가 있고, 그 침해의 정도가 사회통념상 일반적으로 수인할 정도를 넘어선다고 할 것이므로, 원고는 위 △△빌딩에 관하여는 피고들에 대하여 원고 사찰의 사찰로서의 환경 침해를 방지하기 위하여 필요한 한도 내에서 그 건축공사의 금지를 청구할 수 있다고 판단한 조처는 정당하고, 거기에 상고이유로 주장하는 바와 같이 환경권의 법리를 부당하게 확대 해석하거나 구체적 법률규정이 없이 환경권을 인정할 수 없다는 대법원 판례의 취지를 현저히 일탈한 위법이 있다고 할 수 없다. 논지는 이유 없다.

3. 원고의 상고이유 제1점 및 피고들의 상고이유 제2점에 대하여

이 사건과 같이 인접 대지에 건물이 건축됨으로 인하여 입는 환경 등 생활이익의 침해를 이유로 건축공사의 금지를 청구하는 경우에 그 침해가 사회통념상 일반적으로 수인할 정도를 넘어서는지의 여부는 피해의 성질 및 정도, 피해이익의 공공성, 가해행위의 태양, 가해행위의 공공성, 가해자의 방지조치 또는 손해 회피의 가능성, 인·허가 관계 등 공법상 기준에의 적합 여부, 지역성, 토지 이용의 선후관계 등 모든 사정을 종합적으로 고려하여 판단하여야 할 것이다(위 대법원 1995. 9. 15. 선고 95다23378 판결 참조).

원심은 원고 사찰의 역사와 현황, 그 안의 문화재, 주변상황, 피고들의 건물부지와 신청인 사찰과의 거리와 건물의 완성 후 예상되는 원고 사찰에 대한 영향, 피고들 건물의 건축 목적 및 경위 등에 관하여 그 판시와 같은 사실을 확정한 다음, 원고 사찰의 사찰로서의 환경침해를 방지하기 위하여 필요한 한도에 해당하는 공사금지의 범위에 관하여, 위 '△△빌딩'의 신축으로 인하여 원고가 입게 될 환경침해의 정도와 그 수인한도, 건축주인 피고 2, 피고 3, 피고 4 및 공사수급인인 피고 주식회사 신성의 위 '△△빌딩'에 대한 권리와 그 제한으로 인하여 입게 될 손해, 위 '△△빌딩'의 층고를 낮춤으로 인한 건축미 및 경제성의 저하, 위 '△△빌딩'과 원고 사찰의 전체 경관과의 조화 및 기타 이

사건 변론에 나타난 제반 사정을 고려하면, 지상 19층으로 건축될 예정인 위 '△△빌딩' 건물 중 16층부터 19층까지 부분에 대한 공사를 금지시키는 것이 원고의 환경이익 보호와 피고들의 재산권에 대한 보호 사이에 조화를 꾀할 수 있다고 하여, 신축예정인 위 '△△빌딩' 건물 중 지상 15층(옥탑 2층 제외), 높이 72.3m를 초과하는 부분에 대한 일체의 공사를 금지시켰는바, 기록에 의하여 살펴보면 원심의 위와 같은 인정 및 판단은 수긍이 가고, 거기에 원고나 피고들이 상고이유로 각 주장하는 바와 같은 환경권에 관한 법리오해나 심리미진, 이유모순 또는 사실을 오인하고 수인의 정도에 관한 판단을 잘못한 위법 등이 있다고 할 수 없다.

4. 그러므로 상고를 모두 기각하고 상고비용은 패소자 각자의 부담으로 하기로 하여 관여 대법관의 일치된 의견으로 주문과 같이 판결한다.

대법관　신성택(재판장)　박준서(주심)　서성

나. 실정법적 근거

(1) 헌법 제35조 제1항의 환경권 규정

헌법 제35조 제1항은 '모든 국민은 건강하고 쾌적한 환경에서 생활할 권리를 가지며, 국가와 국민은 환경보전을 위하여 노력하여야 한다.'고 규정하고 있다.

(2) 민법의 물권편 규정

(가) 민법 제214조

민법 제214조는 '소유자는 소유권을 방해하는 자에 대하여 방해의 제거를 청구할 수 있고 손해배상의 담보를 청구할 수 있다.

소유물방해제거청구권과 방해예방청구구권을 인정하고 있는데, 이는 지상권(제290조), 지역권(제301조), 전세권(제319조), 저당권(제370조)의 경우에 준용되고 있다.

(나) 민법 제217조

민법 제217조는, '① 토지소유자는 매연, 열기체, 액체, 음향, 진동 기타 이와 유사한 것으로 이웃 토지의 사용을 방해하거나 이웃 거주자의 생활에 고통을 주지 아니하도록 적당한 조처를 할 의무가 있다.

민법 제217조는 제214조가 규정한 소유물방해제거청구가 인정되는 경우를 예시한 특별규정으로 볼 수 있다.

☞ 대법원 1995. 9. 15. 선고 95다23378 판결 4p 참조(국립 부산대학교)

2. 유지청구의 요건

가. 당사자

(1) 청구권자

(가) 민사법적

유지청구를 할 수 있는 자는 환경침해를 받은 피해자라고 말할 수있을 것이나, 유지청구의 주체는 원칙적으로 명문규정에 의하여 뒷받침되는 소유권(민법 제214조)이나 점유권(민법 제205조) 등의 물권(제한물권 포함, 민법 제290조, 제301조, 제319조, 제370조)을 가진 자, 물권화한 임차권자, 특별법상 물권인 광업권, 어업권을 가진 자, 관습법상의 물권자가 될 것이다.

민법 제205조 제1항 "점유자가 점유의 방해를 받은 때에는 그 방해의 제거 및 손해의 배상을 청구할 수 있다."

(2) 피청구권자

위법한 환경침해에 대한 방해제거 청구권과 방해예방청구권은 방해자에게만 요구할 수 있다. 민법 제214조에서는 청구권의 상대방으로서 '소유권을 방해하는 자'라고 규정하고 있는데, 일반적으로 방해행위를 직접 행하지 않더라도 방해하는 사정을 지배하는 지위에 있는 자도 포함한다. 따라서 환경침해적인 건축공사를 행하는 경우, 그 건축주와 시공자 모두가 이에 해당할 수 있다(대법원 1999. 7. 27. 선고 98다47528 판결 참조).

나. 침해행위 : '방해'

(1) 적극적 침해

토지에 대하여 가스, 증기, 냄새, 연기, 매연, 열, 소음, 진동과 기타 불가량물의 유입에 의한 임미시온 형태의 환경침해를 말한다.

(2) 소극적 침해

소극적 침해란 물건의 환경에 대한 자연적인 연결이 박탈되어지는 것 또는 자기의 토지의 경계 안에서의 행동을 통하여 다른 토지의 이익을 박탈하는 것으로 정의된다.

민법 제214조에서 말하는 "방해"가 방해당하는 물건소유자의 입장에서 판단될 것인 이상 소극적 침해도 "방해"에 해당한다고 본다.

> ☞ 민 법
>
> 제214조 (소유물방해제거, 방해예방청구권) 소유자는 소유권을 방해하는 자에 대하여 방해의 제거를 청구할 수 있고 소유권을 방해할 염려있는 행위를 하는 자에 대하여 그 예방이나 손해배상의 담보를 청구할 수 있다.

☞ 대법원 1995. 9. 15. 선고 95다23378 판결 4p 참조(국립 부산대학교)
☞ 대법원 1999. 7. 27. 선고 98다47528 판결 187p 참조

(3) 관념상의 침해

관념상의 침해란 비물질적인, 심리적인 또는 도덕적인 임미시온을 말한다.

> ☞ 민 법
>
> 제217조 (매연 등에 의한 인지에 대한 방해금지) ① 토지소유자는 매연, 열기체, 액체, 음향, 진동 기타 이에 유사한 것으로 이웃 토지의 사용을 방해하거나 이웃 거주자의 생활에 고통을 주지 아니하도록 적당한 조처를 할 의무가 있다.
> ② 이웃 거주자는 전항의 사태가 이웃 토지의 통상의 용도에 적당한 것인 때에는 이를 인용할 의무가 있다.

☞ 대법원 1997. 10. 28. 선고 95다15599 판결 129p 참조

(4) 정온, 사생활의 은밀(프라이버시)에 대한 침해

☞ 대법원 1999. 7. 27. 선고 98다47528 판결 187p 참조

다. 고의·과실

환경침해에 대한 방해제거청구와 방해예방청구권은 방해자의 고의·과실을 요건으로 하지 않는다.

라. 위법성

(1) 수인한도 초과

유지청구가 인용될 경우 당해 부동산소유자의 권리행사에 중대한 제한이 된다.

(2) 입증책임

유지청구권의 근거를 소유권 또는 인격권과 같은 권리침해로 보는 이상 침해행위는 위법한 것으로 추정할 것이다.

(3) 수인한도의 판단기준

☞ 대법원 1995. 9. 15. 선고 95다23378 판결 4p 참조(국립 부산대학교)

(4) 공법적 규제 및 인·허가관계

공법상의 기준, 예컨대 대기, 수질, 소음, 진동 배출허용기준, 방류수질기준 등을 준수하지 않은 경우에는 수인한도를 초과한 것으로 추정할 수 있다.

☞ 대법원 1999. 1. 26. 선고 98다23850 판결 31p 참조
☞ 대법원 2000. 5. 16. 선고 98다56997 판결 35p 참조
☞ 대법원 2001. 2. 9. 선고 99다55434 판결 8p 참조

3. 유지청구소송의 재판

가. 관할 등

피보전권리가 물권적 청구권인 경우에는 그 권리의 가액을 기준으로 소가를 산출할 수 있다. 민사소송등인지규칙 제12조에 의하면 소유권에 기한 방해배제청구의 경우 목적물건 가액의 1/2, 상린관계상의 청구의 경우 부담을 받는 이웃 토지 부분의 가액의 1/3을 기준으로 소가를 산정하도록 규정하고 있다.

나. 유지청구요건의 심리

194   환경소송 실무자료

(1) 침해의 존재

☞ 대법원 1997. 10. 28. 선고 95다15599 판결 129p 참조

(2) 고의 또는 과실

유지청구의 인정요건으로 고의 또는 과실은 요구되지 않는다.

(3) 침해의 위법성

사업을 시행함에 있어서 환경영향평가 및 민주적 절차의 이행 여부도 중요한 고려요소가 된다.

[판례 3] 공사착공금지가처분 (대법원 2006. 6. 2.자 2004마1148, 1149 결정)

【판시사항】
[1] 도롱뇽의 당사자능력을 인정할 수 없다고 한 원심의 판단을 수긍한 사례
[2] 환경권에 관한 헌법 제35조 제1항이나 자연방위권 등 헌법상의 권리에 의하여 직접 한국철도시설공단에 대하여 고속철도 중 일부 구간의 공사 금지를 청구할 수 없고, 환경정책기본법 등 관계 법령의 규정 역시 그와 같이 구체적인 청구권원을 발생시키는 것으로 해석할 수 없다고 한 사례
[3] 환경권에 관한 헌법 제35조 제1항의 취지 및 위 규정에 따른 국가의 책무
[4] 고속철도 건설사업 시행구간의 토지소유자가 환경영향평가 이후 사정변경을 이유로 사업시행의 중지를 구할 수 있는 요건
[5] 한국철도시설공단이 국가의 전 지역에서 장기간 이루어지는 고속철도사업의 일환인 터널공사를 시행함에 있어서 환경 침해에 관한 우려를 해소하기 위하여 비록 법령상의 환경영향평가절차는 아니지만 사단법인 대한지질공학회에 의뢰하여 자연변화 정밀조사를 실시하였고, 그 조사 결과 및 환경부의 의뢰로 이루어진 한국환경정책평가연구원 등의 검토의견에 의하면 터널공사가 천성산의 환경에 별다른 영향을 미치지 않는 것으로 조사된 사정 등을 모두 종합하여 보면, 현재로서는 터널공사로 인하여 신청인들의 환경이익이 침해될 수 있는 개연성에 관한 소명이 부족하다고 한 사례

【결정요지】
[1] 도롱뇽은 천성산 일원에 서식하고 있는 도롱뇽목 도롱뇽과에 속하는 양서류로서 자연물인 도롱뇽 또는 그를 포함한 자연 그 자체로서는 소송을 수행할 당사자능력을 인정할 수 없다고 한 원심의 판단을 수긍한 사례.
[2] 환경권에 관한 헌법 제35조 제1항이나 자연방위권 등 헌법상의 권리에 의하여 직접 한국철도시설공단에 대하여 고속철도 중 일부 구간의 공사 금지를 청구할 수 없고, 환경정책기본법 등 관계 법령의 규정 역시 그와 같이 구체적인 청구권원을 발생시키는 것으로 해석할 수 없다고 한 사례.
[3] 헌법 제35조 제1항은 "모든 국민은 건강하고 쾌적한 환경에서 생활할 권리를 가지며, 국가와 국민

은 환경보전을 위하여 노력하여야 한다."고 규정하여 환경권을 헌법상의 기본권으로 명시함과 동시에 국가와 국민에게 환경보전을 위하여 노력할 의무를 부과하므로, 국가는 각종 개발·건설계획을 수립하고 시행함에 있어 소중한 자연환경을 보호하여 그 자연환경 속에서 살아가는 국민들이 건강하고 쾌적한 삶을 영위할 수 있도록 보장하고 나아가 우리의 후손에게 이를 물려줄 수 있도록 적극적인 조치를 취하여야 할 책무를 부담한다.

[4] 환경영향평가제도는 환경 등에 미치는 영향이 큰 사업에 대한 계획을 수립·시행함에 있어서 그 사업이 환경 등에 미칠 영향을 미리 평가·검토하여 건전하고 지속가능한 개발이 되도록 함으로써 쾌적하고 안전한 국민생활을 도모함을 목적으로 하는바(환경·교통·재해 등에 관한 영향평가법 제1조), 한국철도시설공단이 국가의 전 지역에서 장기간 이루어지는 고속철도사업을 시행함에 있어서는 위 법에 의한 환경영향평가 절차를 충실히 이행할 뿐 아니라, 환경영향평가절차를 이행한 후 환경영향평가시에 고려되지 아니하였던 새로운 사정이 발견되어 그 사업으로 인하여 사업시행구간 관련 토지소유자들의 환경이익을 침해할 수 있다는 개연성이 나타나고 종전의 환경영향평가만으로는 그와 같은 개연성에 관한 우려를 해소하기에 충분하지 못한 경우에는 새로이 환경영향평가를 실시하거나 그 환경이익의 침해를 예방할 수 있는 적절한 조처를 먼저 행한 후 사업을 시행하도록 함이 상당하고, 위 토지소유자들은 이를 사법상의 권리로 청구할 수 있을 것이다. 그러나 위와 같은 환경영향평가를 통한 권리의 보장은 실체적인 환경이익의 침해를 보호하기 위한 것이므로, 비록 위와 같이 다시 환경영향평가를 함이 상당한 새로운 사정들이 발생되었다고 하더라도, 그 새로운 사정들과 소유자들의 환경이익 사이에 구체적인 피해가능성 내지는 연관성을 인정하기 어려운 사정이 소명되는 경우 또는 새로운 환경영향평가절차 내지는 이에 준하는 조사가 이루어지고 환경이익의 침해를 예방할 수 있는 적절한 방법이 보완되는 등 소유자들의 환경이익이 침해될 수 있다는 개연성이 부정될 만한 사정이 소명되는 경우에는 더 이상 사업시행의 중지를 구할 수는 없다.

[5] 한국철도시설공단이 국가의 전 지역에서 장기간 이루어지는 고속철도사업의 일환으로 터널공사를 시행함에 있어서 환경 침해에 관한 우려를 해소하기 위하여 비록 법령상의 환경영향평가절차는 아니지만 사단법인 대한지질공학회에 의뢰하여 자연변화 정밀조사를 실시하였고, 그 조사 결과 및 환경부의 의뢰로 이루어진 한국환경정책평가연구원 등의 검토의견에 의하면 터널공사가 천성산의 환경에 별다른 영향을 미치지 않는 것으로 조사된 사정 등을 모두 종합하여 보면, 현재로서는 터널공사로 인하여 신청인들의 환경이익이 침해될 수 있는 개연성에 관한 소명이 부족하다고 한 사례.

【참조조문】

[1] 민사소송법 제51조 [2] 헌법 제35조 제1항, 환경정책기본법 제2조, 제4조 제1항, 제7조의2 제3항, 자연환경보전법 제1조, 제4조 제1항, 습지보전법 제3조 제1항, 철도산업발전기본법 제4조 제2항 [3] 헌법 제35조 제1항 [4] 환경·교통·재해 등에 관한 영향평가법 제1조, 제23조, 제32조 제1항, 민사집행법 제300조 [5] 환경·교통·재해 등에 관한 영향평가법 제1조, 제23조, 제32조 제1항, 민사집행법 제300조

【전 문】

【재항고인】 내원사외 3인 (소송대리인 법무법인 청률 담당변호사 김문수외 6인)

【상 대 방】 한국고속철도건설공단의 소송수계인 한국철도시설공단
           (소송대리인 법무법인 로고스 담당변호사 양인평외 1인)

【원심결정】 부산고법 2004. 11. 29. 자 2004라41, 42 결정

【주 문】

재항고를 모두 기각한다. 재항고비용은 신청인 내원사, 미타암, 도롱뇽의 친구들이 부담한다.

【이 유】

재항고이유를 판단한다.

1. 신청인 도롱뇽의 당사자능력에 관하여

   원심결정 이유를 기록에 비추어 살펴보면, 원심이 도롱뇽은 천성산 일원에 서식하고 있는 도롱뇽목 도롱뇽과에 속하는 양서류로서 자연물인 도롱뇽 또는 그를 포함한 자연 그 자체로서는 이 사건을 수행할 당사자능력을 인정할 수 없다고 판단한 것은 정당하고, 위 신청인의 당사자능력에 관한 법리오해 등의 위법이 없다.

2. 나머지 신청인들의 피보전권리로서의 환경권 및 자연방위권에 관하여

   신청인 내원사, 미타암, 도롱뇽의 친구들이 환경권에 관한 헌법 제35조 제1항이나 자연방위권 등 헌법상의 권리에 의하여 직접 피신청인에 대하여 고속철도 중 일부 구간의 공사 금지를 청구할 수는 없고 환경정책기본법 등 관계 법령의 규정 역시 그와 같이 구체적인 청구권원을 발생시키는 것으로 해석할 수는 없으므로(대법원 1995. 5. 23. 자 94마2218 결정 등 참조), 원심이 같은 취지에서 신청인 내원사, 미타암의 신청 중 환경권이나 자연방위권을 피보전권리로 하는 부분 및 신청인 도롱뇽의 친구들의 신청(위 신청인은 천성산을 비롯한 자연환경과 생태계의 보존운동 등을 목적으로 설립된 법인 아닌 사단으로서 헌법상 환경권 또는 자연방위권만을 이 사건 신청의 피보전권리로서 주장하고 있다.)에 대하여는 피보전권리를 인정할 수 없다는 취지로 판단한 것은 정당하고, 환경권 및 그에 기초한 자연방위권의 권리성, 신청인 도롱뇽의 친구들의 당사자적격이나 위 신청인이 보유하는 법률상 보호되어야 할 가치 등에 관한 법리오해 등의 위법이 없다.

3. 신청인 내원사, 미타암의 나머지 재항고이유에 관하여

   가. 신청인 내원사, 미타암은 천성산에 소재하는 전통사찰로서 천성산을 관통하는 길이 13.5km의 원효터널(아래에서는 '이 사건 터널'이라 한다)이 통과하는 인근에 위치하고 있으며 터널공사 구간 중 일부 토지의 소유권을 보유하는바, 위 신청인들은 이에 근거하여 그들의 환경적 이익에 대한 침해의 배제 또는 예방으로서 이 사건 터널의 착공금지를 구한다.

   나. 헌법 제35조 제1항은 "모든 국민은 건강하고 쾌적한 환경에서 생활할 권리를 가지며, 국가와 국민은 환경보전을 위하여 노력하여야 한다."고 규정하여 환경권을 헌법상의 기본권으로 명시함과 동시에 국가와 국민에게 환경보전을 위하여 노력할 의무를 부과하므로, 국가는 각종 개발·건설계획을 수립하고 시행함에 있어 소중한 자연환경을 보호하여 그 자연환경 속에서 살아가는 국민들이 건강하고 쾌적한 삶을 영위할 수 있도록 보장하고 나아가 우리의 후손에게 이를 물려줄 수 있도록 적극적인 조치를 취하여야 할 책무를 부담한다.

   위 헌법정신을 구체화한 환경정책기본법은, 환경보전이 국민의 건강한 생활의 향유뿐 아니라 국토의 보전과 항구적인 국가발전에 필수불가결한 요소로서 국가 및 환경관련 사업의 시행자가 환경을 보다 양호한 상태로 유지·조성하도록 노력하고, 환경을 이용하는 모든 행위를 할 때에는 환경보전을 우선적으로 고려함으로써 현재의 국민으로 하여금 그 혜택을 널리 향유할 수 있게 함과 동시에 미래의 세대에게 계승될 수 있도록 함을 기본이념으로 천명하고(제2조), 국가가 환경보전을 위하여 적절한 환경보전계획을 수립·시행할 책무(제4조 제1항) 및 개발사업에 따른 국토 및 자연환경의 훼손을 예방하기 위하여 당해 행정계획 또는 개발사업으로 인하여 환경에 미치는 해로운 영향을 최소화하도록 노력할 책무(제7조의2 제3항)를 부과하였다. 또한, 자연환경보전법은 국가가 자연환경을 인위적 훼손으로부터 보호하고 다양한 자연생태계를 보전하기 위

하여 강구·시행하여야 할 조치를 구체적으로 규정하면서 그 중 개발사업으로 인한 과도한 자연환경의 훼손 방지 및 자연의 지속가능한 이용을 위한 자연환경보전대책의 수립·시행을 첫 번째 책무로 부과하고 있다(제1조, 제4조 제1항). 나아가 철도산업발전기본법은 국가가 철도건설을 비롯한 철도산업시책을 수립·시행함에 있어 환경친화성이 높은 철도 건설을 위한 시책을 마련할 책무를(제4조 제2항), 습지보전법은 국가가 습지를 보전할 책무를(제3조 제1항) 규정하고 있다.

그런데 피신청인은 한국철도시설공단법에 의하여 설립된 특수법인으로서 법률상 국가로부터 독립된 지위를 갖지만, 국가의 기간산업인 고속철도의 건설과 관리를 목적으로 설립되어(제1조), 고속철도 건설사업을 행하고(제7조), 이사장을 비롯한 상임 임원의 임면을 건설교통부장관이 관장하고(제9조), 업무에 관하여 건설교통부장관의 지도·감독을 받고(제35조), 공단의 임원은 뇌물죄 등 벌칙적용에서 공무원으로 간주되고(제38조), 그 운영자금은 주로 정부의 출연에 의하며(제17조), 피신청인이 건설한 고속철도 및 관련시설 기타 일체의 자산은 국가에게 귀속된다(제24조 제1항). 소송피수계인 한국고속철도건설공단을 규율한 구 한국고속철도건설공단법(2003. 7. 29. 법률 제6956호로 폐지되기 전의 것)의 관련 규정도 유사하였다(아래에서는 피신청인과 한국고속철도건설공단을 구분하지 않고 '피신청인'이라고만 한다).

따라서 피신청인은 법률상으로는 건설교통부장관의 고속철도 건설사업 실시계획승인처분에 기하여 고속철도사업을 시행하지만, 내부기관의 구성, 재정의 유지 등의 실질에서 볼 때 그 설립목적행위로서 대규모 국책사업인 고속철도건설사업을 시행함에 있어서는 국가 기관과 마찬가지의 기능을 수행한다고 할 수 있다.

다. 피신청인은 환경권의 이념과 목적을 적절하게 수행하기 위하여 다양한 정책도구들을 이용하여야 할 책무를 지고 있다. 그리고 환경이 파괴된 후에는 이를 회복하는 것이 현실적으로 어렵거나 상당한 시간과 비용이 소요되므로 환경을 보호하기 위하여는 사후적인 치유보다는 사전적인 예방이 보다 효율적일 것이다.

환경영향평가제도는 환경 등에 미치는 영향이 큰 사업에 대한 계획을 수립·시행함에 있어서 그 사업이 환경 등에 미칠 영향을 미리 평가·검토하여 건전하고 지속가능한 개발이 되도록 함으로써 쾌적하고 안전한 국민생활을 도모함을 목적으로 하는바(환경·교통·재해 등에 관한 영향평가법 제1조, 아래에서는 '통합 영향평가법'이라 한다), 피신청인이 국가의 전 지역에서 장기간 이루어지는 고속철도사업을 시행함에 있어서는 위 법에 의한 환경영향평가절차를 충실히 이행할 뿐 아니라, 환경영향평가절차를 이행한 후 환경영향평가시에 고려되지 아니하였던 새로운 사정이 발견되어 그 사업으로 인하여 사업시행구간 관련 토지 소유자들의 환경이익을 침해할 수 있다는 개연성이 나타나고 종전의 환경영향평가만으로는 그와 같은 개연성에 관한 우려를 해소하기에 충분하지 못한 경우에는 새로이 환경영향평가를 실시하거나 그 환경이익의 침해를 예방할 수 있는 적절한 조처를 먼저 행한 후 사업을 시행하도록 함이 상당하고, 위 토지소유자들은 이를 사법상의 권리로 청구할 수 있을 것이다.

그러나 위와 같은 환경영향평가를 통한 권리의 보장은 실체적인 환경이익의 침해를 보호하기 위한 것이므로, 비록 위와 같이 다시 환경영향평가를 함이 상당한 새로운 사정들이 발생되었다고 하더라도, 그 새로운 사정들과 소유자들의 환경이익 사이에 구체적인 피해가능성 내지는 연관성을 인정하기 어려운 사정이 소명되는 경우 또는 새로운 환경영향평가 절차 내지는 이에 준하는 조사가 이루어지고 환경이익의 침해를 예방할 수 있는 적절한 방법이 보완되는 등 소유자들의 환경이익이 침해될 수 있다는 개연성이 부정될 만한 사정이 소명되는 경우에는 더 이상 사업시행의 중지를 구할 수는 없다.

라. 먼저, 피신청인이 이 사건 터널공사를 시행함에 있어 환경영향평가 등에 관한 법령상의 절차를 위반하여 위 신청인들의 환경이익을 침해하였는지 여부를 살펴본다.

사업자는 환경영향평가서 협의내용을 통보받은 후 7년 이내에 공사에 착공하지 아니하는 경우 환경영향평가서를 재작성하여 재협의절차를 이행하여야 하고{구 환경영향평가법(1997. 12. 13. 법률 제5453호로 개정되기 전의 것) 제21조 제1항, 법 시행령(1997. 12. 31. 대통령령 제15598호로 개정되기 전의 것) 제13조 제1항, 부칙 제3조, 통합 영향평가법 제23조 제1항, 법 시행령 제23조 제1항, 부칙 제6조에 의하여 이 사건에 대하여는 7년의 기간이 적용된다}, 환경부장관은 평가서의 협의 당시 예측하지 못한 환경영향이 당해 사업의 착공 후 발생하여 주변환경에 중대한 영향을 미치는 것으로 인정되어 사업자의 조치 등으로는 저감대책을 수립하기 곤란한 사업에 대하여는 한국환경정책평가연구원의 장에게 재평가를 요청할 수 있다(통합 영향평가법 제32조 제1항).

기록에 의하면, 피신청인은 1992. 4. 구 환경정책기본법(1993. 6. 11. 법률 제4567호로 개정되기 전의 것) 제26조에 의거하여 환경영향평가서를 작성하고 1993. 6. 11. 법률 제4567호로 환경영향평가법이 제정되자 1993. 9. 위 법에 따라 환경처장관에게 협의를 요청하여 1994. 11. 2. 협의내용을 통보받았으며 그로부터 7년이 경과하기 이전인 2000. 12. 환경영향평가대상사업으로서 부산역사 증축공사를 착공한 사실이 인정되므로, 피신청인이 환경영향평가서의 재작성·재협의절차를 이행하여야 할 절차적 의무를 위반하였다고 보기는 어렵다. 그리고 환경부장관이 통합 영향평가법 제32조 제1항에 의한 재평가 요청의 권한을 행사하지 아니하였다고 하여 곧바로 그 대상사업의 시행절차가 위법해진다거나 위 신청인들의 환경이익이 침해된다고 볼 수 없다. 또한, 위 신청인들이 주장하는 것처럼 이 사건 터널 공사의 시행에 있어 습지보전법 제13조 제5항에 의한 환경부장관의 승인 기타 전통사찰보존법·자연공원법 소정의 협의절차가 필요하다고 볼 수도 없다.

마. 다음으로, 이 사건 환경영향평가서 작성 후 종전에 고려되지 아니하였던 새로운 사정이 발견되어 위 신청인들의 환경이익이 침해될 수 있다는 개연성이 나타나고 종전의 환경영향평가만으로는 그 개연성에 관한 우려를 해소하기에 충분하지 못하게 되었는지 여부를 살펴본다.

기록에 의하면, 이 사건 터널이 포함된 고속철도 기본노선은 1990. 6. 확정되었고 피신청인은 앞서 본 바와 같이 1992. 4. 환경영향평가서를 작성하여 1994. 11. 2. 협의절차를 마쳤는데, 위 환경영향평가서는 환경부 고시인 '환경영향평가서 작성 등에 관한 규정'에 의거하여 사업대상지역의 장축길이 2배 면적에 해당하는 구역을 조사하여 작성된 탓으로 그 구역 내에는 특별히 보호를 요하는 동·식물이 존재하지 않는다고 기술되었으나 그 구역을 넘어서 널리 천성산 일원에는 보호대상 동·식물이 살고 있는 사실, 환경영향평가서 작성 후 터널 건설예정지 밑에 법기단층을 비롯하여 종래 알지 못하였던 단층들이 확인됨과 아울러 위 단층들이 활성단층이라는 의견이 학계에서 제기된 사실, 또한 1998. 12. 31. 이 사건 터널에서 900m 떨어진 곳에 있는 무제치늪이 구 자연환경보전법(1999. 2. 8. 법률 제5876호로 개정되기 전의 것) 제18조 제2항 제2호, 법 시행령(1999. 3. 26. 대통령령 제16201호로 개정되기 전의 것) 제20조 제4호에 의하여 자연생태계특별보호구역으로 지정되었고(1999. 2. 8. 법률 제5866호로 제정된 습지보전법 부칙 제2조 제1항에 의하여 위 구역은 습지보전법상의 습지보호구역으로 간주된다.), 2002. 2. 1. 이 사건 터널에서 2,700m 떨어진 곳에 있는 화엄늪이 습지보전법 제8조 제1항에 의하여 습지보호구역으로 지정되었고, 천성산에는 그 외에도 보호가치가 높은 습지들이 존재하는 사실 등을 인정할 수 있다.

이와 같이 피신청인이 환경영향평가서의 작성·협의를 거쳤으나, 이 사건 터널이 통과하는 천성산에는 위 환경영향평가서에서 기술된 보호대상 동·식물들보다 많은 종류의 동·식물들이 있고 보호가치가 높은 습지들이 다수 분포되어 있었는데 위 환경영향평가서에는 이 점이 반영되지 아니하였고, 더욱이 이 사건 터널 공사구간만을 놓고 보면 환경영향평가에 관한 협의를 마친 때로부터 7년이 지나도록 공사가 착공되지 아니하여 그동안 일부 습지는 습지보호구역으로 지정되기까지 하였으며 공사구간 내에는 종래 알지 못하였던 단층이 발견되는 등 환경요인이 변경되었으므로, 위 환경영향평가서만으로는 이 사건 터널 공사로 인하여 천성산의 보호 대상 동·식물, 습지, 단층 등 환경요인에 미칠 수 있는 영향 및 피해의 정도와 이로 인하여 신청인의 환경이익이 침해될 수 있는 개연성에 관한 우려를 해소할 수 있는 자료로 삼기에 부족하다고 할 수 있다.

그러나 다른 한편, 기록에 의하면, 불교계와 환경단체 등이 위의 사정변경 및 이 사건 터널의 안전성 등을 문제 삼아 이 사건 터널 공사를 반대하고 나서자, 피신청인은 위 환경영향평가 이후의 사정변경 등을 종합적으로 고려하여 이 사건 터널이 환경에 미치는 영향을 다시 평가해 보기 위하여 2002. 6. 사단법인 대한지질공학회에 이 사건 터널이 통과하는 천성산 일원에 대하여 자연변화 정밀조사를 의뢰하였고 이 사건 제1심 계속중이던 2003. 12. 이 사건 터널이 천성산의 환경 및 생태계에 별다른 영향을 미치지 않는다는 내용의 조사 결과가 나온 사실, 그리고 환경부는 원심 계속중인 2004. 10. 위 보고서 내용의 적정 여부에 관하여 한국환경정책평가연구원 및 국립환경연구원이 추천하는 3명의 전문가들에게 그 검토를 의뢰하였는데, 검토자들은 위 보고서가 적정한 절차와 방법을 통하여 작성되었으며 이 사건 터널 공사가 천성산의 환경에 별다른 영향을 미치지 않는다는 검토의견을 밝힌 사실, 또한 피신청인과 환경단체 등의 합의하에 2003. 5. 국무총리 산하 '대안노선 및 기존노선 재검토위원회'가 구성되어 약 2개월 동안의 검토 끝에 이 사건 터널을 통과하는 기존의 노선을 유지하는 것이 타당하다는 보고서가 제출된 사실, 이 사건 터널은 무제치늪 및 화엄늪과는 상당한 수평거리 내지는 수직거리를 둔 지점을 지나게 되어 있고 위의 조사 결과는 위 습지들이 모두 강수에 의하여 수량이 유지되며 습지와 하부 암반 사이에 불투수층이 존재하여 이 사건 터널 건설로 인하여 습지의 수위 또는 수량에 증감을 가져올 가능성이 적다고 하는 내용을 담고 있으며, 피신청인은 이 사건 터널의 원안설계 단계를 거쳐 대안설계 단계에 이르러서 그동안 문제가 제기되었던 새로 발견된 단층대 등의 지질적 특성을 파악하여 이를 설계 및 공법에 반영하기도 한 사실을 인정할 수 있다.

그렇다면 위 신청인들의 주장과 같이 여전히 활성 단층과 관련하여 공사의 안전성 및 지하수 유출 가능성, 무제치늪과 화엄늪 기타 천성산 일원의 여러 습지들 보호 등의 문제가 제기될 수는 있으나, 피신청인은 위 신청인들이 주장하는 바와 같은 환경 침해에 관한 우려를 해소하기 위하여 비록 법령상의 환경영향평가절차는 아니지만 사단법인 대한지질공학회에 의뢰하여 자연변화 정밀조사를 실시하였고, 그 조사 결과 및 환경부의 의뢰로 이루어진 한국환경정책평가연구원 등의 검토의견에 의하면, 이 사건 터널공사가 천성산의 환경에 별다른 영향을 미치지 않는 것으로 조사된 사정 등을 모두 종합하여 보면, 현재로서는 이 사건 터널공사로 인하여 위 신청인들의 환경이익이 침해될 수 있는 개연성에 관한 소명이 부족하다고 인정된다.

바. 그러므로 위 신청인들의 이 부분 신청을 기각한 원심의 조치는 결과적으로 정당하고 통합 영향평가법 등 관련 법령들의 해석 및 환경이익의 침해에 관한 법리를 오해하여 원심결정에 영향을 미친 위법은 없다.

4. 결 론

그러므로 재항고를 모두 기각하고, 재항고비용은 신청인 내원사, 미타암, 도롱뇽의 친구들이 부담하도록 하여 관여 대법관의 일치된 의견으로 주문과 같이 결정한다.

대법관   이규홍(재판장) 박재윤 김영란(주심) 김황식

[판례 4] 정부조치계획취소등 (대법원 2006. 3. 16. 선고 2006두330 전원합의체 판결)

【판시사항】
[1] 행정처분의 직접 상대방이 아닌 제3자가 행정처분의 무효확인을 구할 수 있는 요건으로서 '법률상 보호되는 이익'의 의미
[2] 환경영향평가 대상지역 안의 주민에게 공유수면매립면허처분과 농지개량사업 시행인가처분의 무효확인을 구할 원고적격이 인정되는지 여부(적극) 및 환경영향평가 대상지역 밖의 주민에게 그 원고적격이 인정되기 위한 요건
[3] 환경영향평가 대상지역 밖에 거주하는 주민에게 헌법상의 환경권 또는 환경정책기본법에 근거하여 공유수면매립면허처분과 농지개량사업 시행인가처분의 무효확인을 구할 원고적격이 없다고 한 사례
[4] 공공사업의 경제성 또는 사업성의 결여로 인하여 행정처분이 무효로 되기 위한 요건과 그 경제성 또는 사업성의 판단방법
[5] 간척지의 매립사업과 같이 공공사업의 경제성 또는 사업성 평가에 있어서 편익이나 비용의 분석에 관하여 확립된 원칙 등이 없는 경우, 그 경제성 또는 사업성의 판단방법
[6] 환경영향평가법령에서 정한 환경영향평가 절차를 거쳤으나 그 환경영향평가의 내용이 부실한 경우, 그 부실로 인하여 환경영향평가 대상사업에 대한 승인 등 처분이 위법하게 되는지 여부(한정 소극)
[7] 공유수면을 매립하여 조성된 매립간척지에 농지와 담수호를 만들기 위하여 공유수면매립면허처분 등이 이루어진 경우, 그 담수호가 농업용수로서의 수질기준을 달성하지 못함으로써 사업목적을 달성할 수 없을 것인지 여부의 판단방법
[8] 새만금간척종합개발사업을 위한 공유수면매립면허처분 및 농지개량사업 시행인가처분의 하자인 사업의 경제성 결여, 사업의 필요성 결여, 적법한 환경영향평가의 결여, 담수호의 수질기준 및 사업목적 달성 불능 등의 사유가 새만금간척종합개발사업을 당연무효라고 할 만큼 중대·명백하다고 할 수 없다고 한 원심의 판단을 수긍한 사례
[9] 공유수면매립면허의 취소 등의 사유를 규정한 구 공유수면매립법 제32조 제3호의 '사정변경'의 의미 및 그 증명책임
[10] 새만금간척종합개발사업을 위한 공유수면매립면허 및 사업시행인가처분의 취소신청에 대하여 처분청이 구 공유수면매립법 제32조 제3호에 의한 취소권의 행사를 거부한 경우, 그 사업목적상의 사정변경, 농지의 필요성에 대한 사정변경, 경제적 타당성에 대한 사정변경, 수질관리상의 사정변경, 해양환경상의 사정변경이 위 개발사업을 중단하여야 할 정도로 중대한 사정변경이나 공익상 필요가 있다고 인정하기에 부족하다고 본 원심의 판단을 수긍한 사례

【판결요지】

[1] 행정처분의 직접 상대방이 아닌 제3자라 하더라도 당해 행정처분으로 인하여 법률상 보호되는 이익을 침해당한 경우에는 그 처분의 무효확인을 구하는 행정소송을 제기하여 그 당부의 판단을 받을 자격이 있다 할 것이며, 여기에서 말하는 법률상 보호되는 이익이라 함은 당해 처분의 근거 법규 및 관련 법규에 의하여 보호되는 개별적·직접적·구체적 이익이 있는 경우를 말하고, 공익보호의 결과로 국민 일반이 공통적으로 가지는 일반적·간접적·추상적 이익이 생기는 경우에는 법률상 보호되는 이익이 있다고 할 수 없다.

[2] 공유수면매립면허처분과 농지개량사업 시행인가처분의 근거 법규 또는 관련 법규가 되는 구 공유수면매립법(1997. 4. 10. 법률 제5337호로 개정되기 전의 것), 구 농촌근대화촉진법(1994. 12. 22. 법률 제4823호로 개정되기 전의 것), 구 환경보전법(1990. 8. 1. 법률 제4257호로 폐지), 구 환경보전법 시행령(1991. 2. 2. 대통령령 제13303호로 폐지), 구 환경정책기본법(1993. 6. 11. 법률 제4567호로 개정되기 전의 것), 구 환경정책기본법 시행령(1992. 8. 22. 대통령령 제13715호로 개정되기 전의 것)의 각 관련 규정의 취지는, 공유수면매립과 농지개량사업시행으로 인하여 직접적이고 중대한 환경피해를 입으리라고 예상되는 환경영향평가 대상지역 안의 주민들이 전과 비교하여 수인한도를 넘는 환경침해를 받지 아니하고 쾌적한 환경에서 생활할 수 있는 개별적 이익까지도 이를 보호하려는 데에 있다고 할 것이므로, 위 주민들이 공유수면매립면허처분 등과 관련하여 갖고 있는 위와 같은 환경상의 이익은 주민 개개인에 대하여 개별적으로 보호되는 직접적·구체적 이익으로서 그들에 대하여는 특단의 사정이 없는 한 환경상의 이익에 대한 침해 또는 침해 우려가 있는 것으로 사실상 추정되어 공유수면매립면허처분 등의 무효확인을 구할 원고적격이 인정된다. 한편, 환경영향평가 대상지역 밖의 주민이라 할지라도 공유수면매립면허처분 등으로 인하여 그 처분 전과 비교하여 수인한도를 넘는 환경피해를 받거나 받을 우려가 있는 경우에는, 공유수면매립면허처분 등으로 인하여 환경상 이익에 대한 침해 또는 침해우려가 있다는 것을 입증함으로써 그 처분 등의 무효확인을 구할 원고적격을 인정받을 수 있다.

[3] 헌법 제35조 제1항에서 정하고 있는 환경권에 관한 규정만으로는 그 권리의 주체·대상·내용·행사방법 등이 구체적으로 정립되어 있다고 볼 수 없고, 환경정책기본법 제6조도 그 규정 내용 등에 비추어 국민에게 구체적인 권리를 부여한 것으로 볼 수 없다는 이유로, 환경영향평가 대상지역 밖에 거주하는 주민에게 헌법상의 환경권 또는 환경정책기본법에 근거하여 공유수면매립면허처분과 농지개량사업 시행인가처분의 무효확인을 구할 원고적격이 없다고 한 사례.

[4] 공공사업의 경제성 내지 사업성의 결여로 인하여 행정처분이 무효로 되기 위하여는 공공사업을 시행함으로 인하여 얻는 이익에 비하여 공공사업에 소요되는 비용이 훨씬 커서 이익과 비용이 현저하게 균형을 잃음으로써 사회통념에 비추어 행정처분으로 달성하고자 하는 사업 목적을 실질적으로 실현할 수 없는 정도에 이르렀다고 볼 정도로 과다한 비용과 희생이 요구되는 등 그 하자가 중대하여야 할 뿐만 아니라, 그러한 사정이 객관적으로 명백한 경우라야 한다. 그리고 위와 같은 공공사업에 경제성 내지 사업성이 있는지 여부는 공공사업이 그 시행 당시 적용되는 법률의 요건을 모두 충족하고 있는지 여부에 따라 판단되어야 함은 물론, 경제성 내지 사업성 평가와 관련하여서는 그 평가 당시의 모든 관련 법률의 목적과 의미, 내용 그리고 학문적 성과가 반영된 평가기법에 따라 가장 객관적이고 공정한 방법을 사용하여 평가되었는지 여부에 따라 판단되어야 한다.

[5] 간척지의 매립사업과 같이 어떠한 항목을 편익이나 비용항목에 넣을 수 있는지 여부와 그러한 항목에 대한 평가방법이나 기법에 관하여 확립된 원칙이나 정설이 존재하지 아니한 경우에는, 경제

성 내지 사업성 평가 당시의 공공사업의 투자분석이론이나 재정학 또는 경제학 이론 등에 따라 그 분야의 전문가들에 의하여 가능한 한 가장 객관적이고 공정한 방법을 사용하여 편익과 비용을 분석한 후 공공사업에 경제성 내지 사업성이 있는지 여부를 평가하는 것이 바람직하다.

[6] 환경영향평가법령에서 정한 환경영향평가를 거쳐야 할 대상사업에 대하여 그러한 환경영향평가를 거치지 아니하였음에도 승인 등 처분을 하였다면 그 처분은 위법하다 할 것이나, 그러한 절차를 거쳤다면, 비록 그 환경영향평가의 내용이 다소 부실하다 하더라도, 그 부실의 정도가 환경영향평가제도를 둔 입법 취지를 달성할 수 없을 정도이어서 환경영향평가를 하지 아니한 것과 다를 바 없는 정도의 것이 아닌 이상, 그 부실은 당해 승인 등 처분에 재량권 일탈·남용의 위법이 있는지 여부를 판단하는 하나의 요소로 됨에 그칠 뿐, 그 부실로 인하여 당연히 당해 승인 등 처분이 위법하게 되는 것이 아니다.

[7] 공유수면을 매립하여 조성된 매립간척지에 농지와 담수호를 만들기 위하여 공유수면매립면허처분과 사업시행인가처분이 이루어졌다가 그 후 위 각 처분으로 인하여 조성되는 담수호가 농업용수로서의 수질기준을 달성하지 못할 것이 예상되는 경우에는 농지 및 담수호를 조성하려는 사업목적을 달성할 수 없게 될 것이므로 그 경우에는 위 각 처분이 무효로 될 것인바, 위와 같이 담수호가 농업용수로서의 수질기준을 달성하지 못함으로써 사업목적을 달성할 수 없을 것인지 여부는 수질대책 수립 당시의 과학적 수준이나 토목공학적 방법 또는 생물학적·생화학적 방법이나 수질예측에 관한 각종 상황 등에 비추어 보아 수질대책이 실현가능한지 여부, 수질대책비용이 사회통념상 감당할 수 없는 정도에 이른 것인지 여부 등에 따라 판단하여야 하나, 수질대책 수립 당시의 과학적 수준과 수질예측에 관한 각종 상황 등에 비추어 보아 수질대책이 실현 가능하고, 또한 수질대책비용이 사회통념상 감당할 수 없을 정도에 이르지 않은 경우라면 위 각 처분에 의하여 조성되는 담수호가 농업용수로서의 수질기준을 달성하지 못함으로써 사업목적을 달성할 수 없는 경우에 해당한다고 볼 수는 없다.

[8] 새만금간척종합개발사업을 위한 공유수면매립면허처분 및 농지개량사업 시행인가처분의 하사인 사업의 경제성 결여, 사업의 필요성 결여, 적법한 환경영향평가의 결여, 담수호의 수질기준 및 사업목적 달성 불능 등의 사유가 새만금간척종합개발사업을 당연무효라고 할 만큼 중대·명백하다고 할 수 없다고 한 원심의 판단을 수긍한 사례.

[9] 구 공유수면매립법(2005. 3. 31. 법률 제7482호로 개정되기 전의 것) 제32조 제3호, 제40조, 같은 법 시행령(2005. 9. 30. 대통령령 제19080호로 개정되기 전의 것) 제40조 제4항, 제1항의 규정을 종합하면, 구 농림수산부장관은 매립공사의 준공인가 전에 공유수면의 상황 변경 등 예상하지 못한 사정변경으로 인하여 공익상 특히 필요한 경우에는 같은 법에 의한 면허 또는 인가를 취소·변경할 수 있는바, 여기에서 사정변경이라 함은 공유수면매립면허처분을 할 당시에 고려하였거나 고려하였어야 할 제반 사정들에 대하여 각각 사정변경이 있고, 그러한 사정변경으로 인하여 그 처분을 유지하는 것이 현저히 공익에 반하는 경우라고 보아야 할 것이며, 위와 같은 사정변경이 생겼다는 점에 관하여는 그와 같은 사정변경을 주장하는 자에게 그 입증책임이 있다.

[10] [다수의견] 농업기반공사나 전라북도가 복합산업단지 개발을 검토하고 대통령이 공단과 국제항 조성에 관한 종합개발계획 추진안에 관한 발언을 하였다는 사정들만으로는 현재 농지조성과 농업용수 개발을 주목적으로 한 새만금간척종합개발사업의 토지이용계획이 복합산업단지 개발로 변경되었다고 볼 수 없다. 또한 향후 사업목적의 변경 가능성이 있다고 하여 현재의 사업목적 달성이 불가능하다거나 법률적으로 또는 실질적으로 사업목적이 변경되었다고 볼 수 없다. 쌀 공급과잉 현상으로 쌀 재배면적을 감소시킬 필요성이 있다고 하더라도 일정수준의 식량자급을 유지하기 위

한 우량농지의 확보의 필요성이 줄어든 것은 아니므로, 필요 이상의 과다한 우량농지가 전용되고 있다는 사정만으로 농지의 필요성이 줄어들었다고 단정할 수 없다. 갯벌 내지는 환경 보전의 중요성을 참작한다고 하더라도 새만금간척종합개발사업을 통하여 이루려고 하는 국가의 발전이라는 실질적인 목적을 달성할 수 없을 정도로 과다한 비용과 희생이 요구되어 경제성 내지는 사업성이 없다고 인정하기에 부족하므로, 결국 새만금간척종합개발사업의 경제적 타당성에 있어서 공유수면매립면허처분 등을 취소하여야 할 만큼 예상하지 못한 사정변경이 있다고 할 수 없다. 장차 형성될 새만금 담수호에서 농업용수로서의 수질을 유지하는 것이 사회통념상 불가능하다고 할 수 없으므로, 농림부장관의 수질개선대책 수립의 실현가능성이 불확실하다거나 그 수질개선대책을 시행하더라도 목표수질을 달성할 수 없는 사정변경이 생겼다고 할 수는 없다. 또한 농림부장관이 환경부의 수질관리에 관한 환경영향평가 협의내용을 지키지 아니하고 결과적으로 방조제를 우선 완공함으로써 협의내용을 위반하였다는 사유만으로는 수질관리에 예상하지 못한 사정변경이 발생하였다거나 그 사정변경이 공유수면매립면허처분 등을 취소할 정도로 중대하다고 할 수도 없다. 방조제 축조로 인하여 생길 수 있는 자연적인 해안선의 변화나 물질순환의 차단, 퇴적환경이 달라지는 등의 해양환경상의 영향은 새만금사업시행계획 당시부터 예상하였던 것으로서 이를 들어 예상하지 못한 사정변경이라고 할 수 없다. 해류 순환의 변화는 당초 환경영향평가에서도 고려된 사정으로 보일 뿐 아니라, 그로 인하여 수질에 미치는 악영향을 새만금사업시행계획 당시 충분히 예상하지 못하였던 사정변경 사유로 본다고 하더라도, 그로 인해 발생할 수 있는 피해가 어느 정도인가에 관하여는 한국해양연구원의 조사연구 결과로도 명확하지 않고 달리 그 피해 정도를 인정할 만한 증거도 없다. 따라서 새만금간척종합개발사업을 중단하여야 할 정도로 중대한 사정변경이나 공익상 필요가 있다고 인정하기에 부족하다고 한 원심의 판단을 수긍한 사례.

[반대의견] 환경 변화를 수반하는 대규모 개발행위를 결정함에 있어, 물질문명의 편리함에 깊이 빠져든 오늘날의 사람들은 물질적 필요의 충족에 우선적 가치를 두고 당장 눈에 보이고 금전으로 계산이 가능한 경제적인 이해타산과 수치 비교만으로 개발행위에 나아가고 있다. 자연환경은 경제적 이익이나 금전적 가치와 동일한 평면에서 비교되고 대체될 수 있는 가치가 아니다. 물론 환경 변화를 수반하는 대규모 개발행위를 결정함에 있어서 희생되는 환경의 가치를 포함한 손실과 개발로 인한 이득(편익)을 비교하여 결정하는 것이 부득이할 것이겠지만, 그 가치를 산정함에 있어서는 당시까지 밝혀진 환경의 기능과 효용 중 금전으로 환산할 수 있는 가치만을 평가하여 그 손실보다 이득이 큰 경우에는 환경을 희생시키는 것으로 개발 여부를 결정하는 방식은 허용되어서는 아니 된다. 환경의 가치 중 아직 밝혀지지 않은 부분이 많고 환경의 훼손이 인간의 생존에 심각한 영향을 미칠 수 있는 가능성이 항상 잠재하고 있다는 점을 고려하면, 환경의 변화나 훼손은 이를 감수하고서라도 반드시 확보하여야 할 필수불가결한 가치를 얻기 위한 것이거나 아니면 적어도 환경의 희생을 대가로 얻을 수 있는 가치가 월등히 큰 경우에만 허용될 수 있는 것이며, 그 경우에도 필요한 최소한의 범위 내에서만 훼손이 가능한 것으로 보아야 한다. 우리 헌법이나 환경 관련 법령에서도 인류 생존의 토대를 이루는 자연환경을 무분별한 개발과 이용으로부터 보호하여야 한다는 시대적 요청을 반영하여, 자연환경 보전의 가치가 개발에 따른 가치보다 우선적으로 보호되어야 할 가치임을 분명히 하고 있는 것으로 보아야 한다. 한편으로 자연환경을 보전할 필요성 못지않게 국민경제의 균형있는 발전을 위하여 개발사업을 추진할 필요성 또한 부인할 수 없는 것이므로, 개발사업을 추진할 것인지 여부는 당해 사업으로 얻을 수 있는 국민경제적인 가치와 이로 인하여 훼손되는 자연환경의 가치를 비교하여 결정할 수밖에 없고, 이러한 가치비교를 위해서는 일단은 개발사업의 가치와 자연환경의 가치를 모두 경제적인 가치로 환산하여 비교·

교량하는 방법을 따를 수밖에 없다. 그런데 개발사업의 가치는 경제적 가치로 환산하여 평가하기가 용이한 반면, 자연환경의 가치에는 생물종의 다양성, 생태적 안정성의 유지 등과 같이 경제적인 가치로 평가하기 어려운 가치도 있고, 장래에 이용될 가능성은 있으나 현재로는 이용되지 않고 있는 가치나 현재의 환경에 대한 지식으로는 제대로 알 수 없는 가치와 같이 평가의 대상 자체에 포함시키기 어려운 가치도 있다. 따라서 훼손되는 자연환경의 가치를 경제적인 가치로 환산할 수 있는 부분만을 평가하여 개발사업의 가치와 비교·교량하는 것만으로 자연환경의 가치를 충분히 고려하였다고 할 수 없고, 개발사업의 국민경제적인 이득이 당해 사업에 소요되는 비용과 이로 인하여 훼손되는 자연환경 가치의 경제적 평가액 등의 손실을 합한 것보다 상당한 정도로 우월한 경우에 비로소 개발사업을 추진할 수 있는 당위성이 인정될 수 있다. 또한 개발사업을 취소하여야 할 정도의 사정변경이 생겼는지 여부를 판단함에 있어서도, 환경 변화로 인하여 나타날 구체적 위험성이나 훼손될 환경 가치의 중대성 등에 관하여 어느 정도의 가능성까지는 입증하였지만 정확하게 확인되는 정도까지는 이르지 못한 입증의 중간영역이 있을 때에, 그 사업이 대규모 사업으로서 환경 변화의 영향력이 미치는 범위가 아주 넓고 예측되는 환경 변화의 폐해가 심각한 것이어서 혹시라도 그 가능성이 현실화되는 것을 도저히 용인하기 어려운 사정이 있는 경우라면, 무조건 원고측이 그 사정변경과 취소의 필요성에 대하여 입증을 다하지 못한 것으로 보아 원고의 청구를 기각할 것이 아니라, 희생되는 환경의 가치나 환경 훼손으로 인한 폐해의 위험성과 관련하여 경제성이나 안전성이 확인되지 않은 것으로 보아 사업의 강행을 재고할 상황에 처한 것으로 판단하는 것이 더 합리적이다. 새만금간척종합개발사업과 같이 갯벌 등 생태계와 자연환경에 광범위하고도 심각한 영향을 미칠 대규모 개발사업에서, 당초 예상하지 못한 중대한 사정변경이 발생하였는지 여부 및 처분을 취소하여 사업을 중단하는 것이 공익상 특히 필요한지 여부를 판단함에 있어서도 위와 같은 관점과 기준에 따라 자연환경이 가지는 가치와 특수성을 우선적으로 배려하여 결정하여야 한다. 제반 사정에 비추어 보면, 새만금간척종합개발사업에는 농지의 필요성, 수질관리, 해양환경 및 경제적 타당성과 사업성 등의 측면에서 당초 예상하지 못한 사정변경이 생겼다고 할 것인데, 그와 같은 사정변경은 사업을 계속 시행하는 경우 과다한 비용과 희생이 요구됨으로써 사업을 통하여 달성하고자 하는 종국적인 목적을 실현할 수 없을 정도로 중대한 경우에 해당하고, 새만금간척종합개발사업을 위한 공유수면매립면허처분 및 농지개량사업 시행인가처분을 취소하여 새만금간척종합개발사업 자체를 중단하는 것 외에 다른 조치 또는 처분만으로 적절하게 대응하기 어렵다고 보이므로, 새만금간척종합개발사업을 취소할 공익상 필요가 있다고 봄이 상당하다. 따라서 구 농림수산부장관이 환경영향평가 대상지역 주민으로부터 위 공유수면매립면허처분 등을 취소해 달라는 신청을 받았음에도 필요한 처분을 하지 아니한 채 이를 거부한 것은 재량권을 일탈·남용한 것으로 위법하다.

[다수의견에 대한 보충의견] 환경이 헌법에 의하여 보호되어야 하는 가치이기는 하지만 개발 역시 소홀히 할 수 없는 헌법상의 가치라고 할 것이므로, 반대의견과 같이 자연환경보호의 가치가 언제나 개발에 따른 가치보다 우선적으로 보호되어야 한다고 할 수는 없다. 새만금간척종합개발사업에 소요되는 국가·사회적인 비용과 이 사업을 통하여 얻을 수 있는 국가·사회적인 편익 내지는 국민 경제적인 가치를 과학적·합리적·이성적으로 평가하여야 한다. 이미 막대한 비용을 투입하여 일부 구간만 제외하고 모두 완공되어 있는 새만금간척종합개발사업의 전면적 중단 여부를 판단함에 있어서는, 사업시행 전에 사업의 타당성이나 적법성을 심리하는 경우와는 달리, 그 사업을 계속함으로 인하여 초래될 수 있는 환경상의 피해와 사업에 소요되는 비용 못지않게 그 사업을 중단시킴으로써 달성할 수 없게 되는 국가·사회적인 편익 내지는 국민 경제적인 가치뿐 아니

라 이미 사업을 위하여 지출된 막대한 비용에 따른 손해에 대하여도 고려하여야 한다. 이와 같은 모든 손해들을 감수하고서라도 사업을 중단시켜야 할 정도로 환경상의 피해와 비용이 든다는 점이 충분히 입증되어야만 비로소 사업을 중단시켜야 할 사정변경 및 공익상의 특별한 필요가 있다. 제반 사정에 비추어 보면, 새만금간척종합개발사업을 취소하여야 할 정도의 중대한 사정변경이나 공익상의 특별한 필요성이 있다는 점에 대한 충분한 입증이 이루어졌다고 보기 어렵다고 할 것이므로, 반대의견과는 달리, 농지의 필요성, 수질관리, 해양환경 및 경제적 타당성에 관하여 새만금간척종합개발사업을 취소하여야 할 정도의 중대한 사정변경이나 공익상의 특별한 필요성이 있다고 인정하기에 부족하다고 본 다수의견이 타당하다. 다만, 자연환경은 그 속성상 한번 파괴되면 이를 회복하는 것이 어려울 뿐만 아니라, 자연환경은 현재 세대의 생존의 기초가 되는 동시에 장래 세대에 대하여도 역시 생존의 기초로 유지되어야 할 자산이다. 새만금간척종합개발사업과 같이 환경 훼손의 우려가 있는 대규모의 국책사업의 경우 신중한 판단을 위하여 사전에 환경피해의 범위 및 정도 등에 대한 철저한 조사 등이 우선되어야 한다. 그런데 다수의견이 지적하고 있는 바와 같이, 새만금간척종합개발사업을 수립할 당시에 이루어진 환경영향평가, 담수호 수질 유지·관리 대책 등에 관하여 일부 미흡한 점이 있었음을 인정하지 않을 수 없고, 이 점이 새만금간척종합개발사업의 원만한 추진에 걸림돌이 되었고 커다란 사회적 갈등을 야기하였다. 다수의견은 현재 원고측의 입증부족을 이유로 새만금간척종합개발사업의 취소 청구를 받아들이지 않지만, 장래에 예상하지 못한 여건 변화, 특히 수질문제나 해양환경상의 영향으로 새만금간척종합개발사업을 계속 시행함이 적절하지 아니할 정도의 사정변경이 발생할 가능성도 배제할 수는 없다. 그러한 만큼 농림부장관으로서는 이 사건 판결로써 새만금간척종합개발사업의 정당성이 확보되었다고 만족할 것이 아니라 변화하는 여건에 맞추어, 어떻게 하는 것이 진정으로 국가경제의 발전에 도움이 되며 아울러 환경친화적인 것인지를 꾸준히 검토하여 반영하는 지혜와 노력이 필요하다.

【참조조문】

[1] 행정소송법 제35조 [2] 행정소송법 제35조, 구 환경보전법(1990. 8. 1. 법률 제4257호 환경정책기본법 부칙 제2조로 폐지) 제5조, 구 환경보전법 시행령(1991. 2. 2. 대통령령 제13303호 환경정책기본법 시행령 제3조로 폐지) 제4조, 구 환경정책기본법(2002. 12. 30. 법률 제6846호로 개정되기 전의 것) 제6조 [3] 행정소송법 제35조, 헌법 제35조 제1항, 구 환경정책기본법(2002. 12. 30. 법률 제6846호로 개정되기 전의 것) 제6조 [4] 행정소송법 제1조[행정처분일반], 제19조, 구 농촌근대화촉진법 제92조(1994. 12. 22. 법률 제4823호로 삭제), 제93조(1994. 12. 22. 법률 제4823호로 삭제), 구 농촌근대화촉진법 시행령 제43조(1995. 6. 23. 대통령령 제14679호로 삭제), 제44조(1995. 6. 23. 대통령령 제14679호로 삭제), 구 공유수면매립법(1997. 4. 10. 법률 제5337호로 개정되기 전의 것) 제3조의2 제1항, 제2항, 구 공유수면매립법 시행령(1998. 12. 31. 대통령령 제16073호로 개정되기 전의 것) 제9조 제1호 [5] 행정소송법 제1조[행정처분일반], 제19조, 구 농촌근대화촉진법 제92조(1994. 12. 22. 법률 제4823호로 삭제), 제93조(1994. 12. 22. 법률 제4823호로 삭제), 구 농촌근대화촉진법 시행령 제43조(1995. 6. 23. 대통령령 제14679호로 삭제), 제44조(1995. 6. 23. 대통령령 제14679호로 삭제), 구 공유수면매립법(1997. 4. 10. 법률 제5337호로 개정되기 전의 것) 제3조의2 제1항, 제2항, 구 공유수면매립법 시행령(1998. 12. 31. 대통령령 제16073호로 개정되기 전의 것) 제9조 제1호 [6] 행정소송법 제19조, 제27조, 구 환경보전법(1989. 12. 30. 법률 제4183호로 개정되기 전의 것) 제5조, 구 환경정책기본법 제26조(1993. 6. 11. 법률 제4567호로 삭제), 환경·교통·재해 등에 관한 영향평가법 제4조 [7] 구 공유수면매립법(1997. 4. 10. 법률 제5337호로 개정되기 전의 것) 제3조의2

제1항, 제4조, 제9조의2 [8] 구 공유수면매립법(1997. 4. 10. 법률 제5337호로 개정되기 전의 것) 제4조, 구 농촌근대화촉진법 제96조(1994. 12. 22. 법률 제4823호로 삭제), 행정소송법 제35조 [9] 구 공유수면매립법(2005. 3. 31. 법률 제7482호로 개정되기 전의 것) 제32조 제3호, 제40조, 구 공유수면매립법 시행령(2005. 9. 30. 대통령령 제19080호로 개정되기 전의 것) 제40조, 행정소송법 제26조 [증명책임] [10] 구 공유수면매립법(2005. 3. 31. 법률 제7482호로 개정되기 전의 것) 제32조 제3호, 행정소송법 제26조[증명책임]

【참조판례】

[1] 대법원 1995. 6. 30. 선고 94누14230 판결(공1995하, 2626)
대법원 2000. 2. 8. 선고 97누13337 판결(공2000상, 616)
대법원 2004. 8. 16. 선고 2003두2175 판결
[2] 대법원 1998. 9. 22. 선고 97누19571 판결(공1998하, 2589)
대법원 1998. 10. 20. 선고 97누5503 판결
대법원 2001. 7. 27. 선고 99두2970 판결(공2001하, 1967)
[4] 대법원 1995. 7. 11. 선고 94누4615 전원합의체 판결(공1995하, 2633)
대법원 2002. 12. 10. 선고 2001두4566 판결(공2003상, 379)
대법원 2004. 11. 26. 선고 2003두2403 판결(공2005상, 57)
대법원 2005. 6. 24. 선고 2004두10968 판결(공2005하, 1272)
[6] 대법원 2001. 6. 29. 선고 99두9902 판결(공2001하, 1750)
대법원 2004. 12. 9. 선고 2003두12073 판결

【전 문】

【원고, 상 고 인】 원고 1 외 3538인 (소송대리인 법무법인 한결 담당변호사 여영학외 4인)

【피고, 피상고인】 농림부장관 (소송대리인 법무법인 화우 담당변호사 노경래외 4인)

【피고 보조참가인】 전라북도 (소송대리인 법무법인 호남종합법률사무소 담당변호사 김성길외 3인)

【원심판결】 서울고법 2005. 12. 21. 선고 2005누4412 판결

【주 문】

상고를 모두 기각한다. 상고비용은 보조참가로 인한 비용을 포함하여 모두 원고들이 부담한다.

【이 유】

상고이유를 판단한다(상고이유서 제출기간 후에 제출된 준비서면은 상고이유를 보충하는 범위 내에서만 살핀다).

1. 원고적격 관련 상고이유에 대하여

　가. 행정처분의 직접 상대방이 아닌 제3자라 하더라도 당해 행정처분으로 인하여 법률상 보호되는 이익을 침해당한 경우에는 그 처분의 무효확인을 구하는 행정소송을 제기하여 그 당부의 판단을 받을 자격이 있다 할 것이며, 여기에서 말하는 법률상 보호되는 이익이라 함은 당해 처분의 근거 법규 및 관련 법규에 의하여 보호되는 개별적·직접적·구체적 이익이 있는 경우를 말하고, 공익보호의 결과로 국민 일반이 공통적으로 가지는 일반적·간접적·추상적 이익이 생기는 경우에는 법률상 보호되는 이익이 있다고 할 수 없다(대법원 1995. 6. 30. 선고 94누14230 판결, 2004. 8. 16. 선고 2003두2175 판결 등 참조).

그리고 공유수면매립면허처분과 농지개량사업 시행인가처분의 근거 법규 또는 관련 법규가 되는 구 공유수면매립법(1997. 4. 10. 법률 제5337호로 개정되기 전의 것, 이하 '구 공수법'이라 하고, 1999. 2. 8. 법률 제5911호로 개정된 공유수면매립법은 '공수법'이라 한다), 구 농촌근대화촉진법(1994. 12. 22. 법률 제4823호로 개정되기 전의 것, 이하 '농근법'이라 한다), 구 환경보전법(1990. 8. 1. 법률 제4257호로 폐지되기 전의 것), 구 환경보전법 시행령(1991. 2. 2. 대통령령 제13303호로 폐지되기 전의 것), 구 환경정책기본법(1993. 6. 11. 법률 제4567호로 개정되기 전의 것, 이하 같다), 구 환경정책기본법 시행령(1992. 8. 22. 대통령령 제13715호로 개정되기 전의 것)의 각 관련 규정의 취지는, 공유수면매립과 농지개량사업시행으로 인하여 직접적이고 중대한 환경피해를 입으리라고 예상되는 환경영향평가 대상지역 안의 주민들이 전과 비교하여 수인한도를 넘는 환경침해를 받지 아니하고 쾌적한 환경에서 생활할 수 있는 개별적 이익까지도 이를 보호하려는 데에 있다고 할 것이므로, 위 주민들이 공유수면매립면허처분 등과 관련하여 갖고 있는 위와 같은 환경상의 이익은 주민 개개인에 대하여 개별적으로 보호되는 직접적·구체적 이익으로서 그들에 대하여는 특단의 사정이 없는 한 환경상의 이익에 대한 침해 또는 침해우려가 있는 것으로 사실상 추정되어 공유수면매립면허처분 등의 무효확인을 구할 원고적격이 인정된다고 할 것이다(대법원 2001. 7. 27. 선고 99두2970 판결 등 참조).

한편, 환경영향평가 대상지역 밖의 주민이라 할지라도 공유수면매립면허처분 등으로 인하여 그 처분 전과 비교하여 수인한도를 넘는 환경피해를 받거나 받을 우려가 있는 경우에는, 공유수면매립면허처분 등으로 인하여 환경상 이익에 대한 침해 또는 침해우려가 있다는 것을 입증함으로써 그 처분 등의 무효확인을 구할 원고적격을 인정받을 수 있다고 할 것이다.

나. 기록 및 관계 법령에 의하면, 이 사건 새만금간척종합개발사업(이하 '새만금사업'이라 한다)은, 국가의 주무장관인 구 농림수산부장관(1996. 8. 8. 대통령령 제15134호로 개정된 '농림부와 그 소속기관 직제'에 의하여 농림수산부가 농림부로 변경되었다. 이하 농지개량사업의 시행인인 국가의 주무장관으로서의 구 농림수산부장관을 농림부장관이라 하고, 구 농림수산부를 농림부라 한다)이 1991. 10. 17. 구 공수법 제4조에 터잡아 이루어진 공유수면매립면허처분(이하 '이 사건 공유수면매립면허처분'이라 한다)과 같은 해 11. 13. 농근법 제96조 및 구 공수법 제9조의2에 터잡아 이루어진 새만금사업 시행인가처분(이하 '이 사건 시행인가처분'이라 하고, 이 사건 공유수면매립면허처분과 이 사건 시행인가처분을 모두 합하여 '이 사건 각 처분'이라 한다)을 근거로 하여, 전라북도에 위치한 만경강, 동진강의 하구해역에 방조제를 설치하고 공유수면을 매립·간척하여 28,300ha의 농지와 11,800ha의 담수호(이하 '새만금 담수호'라 한다)를 조성하는 것을 내용으로 하는 매립 및 간척사업으로서 구 환경정책기본법 제26조의 환경영향평가 대상사업에 해당한다. 그리고 새만금사업의 환경영향평가 대상지역은 군산시, 김제시, 전북 부안군 전 지역인데, 원고 1 등 143명의 원고를 제외한 나머지 원고들(원고 144. 내지 3539.)이 거주하는 목포시, 익산시, 전북 완주군, 전주시, 서울 등의 지역은 환경영향평가 대상지역도 아닌 데다가 위 원고들이 위 공유수면매립면허처분 등으로 인하여 그 처분 전과 비교하여 수인한도를 넘는 환경피해를 받거나 받을 우려가 있다는 점을 입증하지 못하고 있으며, 위 원고들이 이 사건 각 처분과 관련된 구 공수법상의 공유수면에 관하여 권리를 가진 자 또는 농근법상의 이해관계인에 해당한다고 인정할 자료가 없다. 그러므로 위 원고들에게는 이 사건 각 처분의 무효확인을 구할 원고적격이 있다고 할 수 없다.

다. 또한, 위 원고들은 헌법이나 환경정책기본법에 근거하여 원고적격이 있다고 주장하지만, 헌법 제35조 제1항에서 정하고 있는 환경권에 관한 규정만으로는 그 권리의 주체·대상·내용·행사방법 등이 구체적으로 정립되어 있다고 볼 수 없고, 환경정책기본법 제6조도 그 규정 내용 등에 비추어 국민에게 구체적인 권리를 부여한 것으로 볼 수 없으므로, 위 원고들에게 헌법상의 환경권 또는 환경정책기본법 제6조에 기하여 이 사건 각 처분을 다툴 원고적격이 있다고 할 수 없다.

라. 원심이 같은 취지에서 위 원고들은 환경영향평가 대상지역에 거주하지도 아니하고 위 원고들이 위 각 처분 전과 비교하여 수인한도를 넘는 환경피해를 받거나 받을 우려가 있다는 점을 입증하지 못하고 있다는 이유로 위 원고들에게 이 사건 각 처분의 무효확인을 구할 원고적격이 없다고 본 결론은 정당하고, 거기에 상고이유와 같은 원고적격에 관한 법리오해 등의 위법이 없다.

2. 무효 관련 상고이유에 대하여

가. 처분의 무효사유의 해석에 관한 법리오해 부분

행정처분이 당연무효라고 하기 위하여는 처분에 위법사유가 있다는 것만으로는 부족하고 그 하자가 법규의 중요한 부분을 위반한 중대한 것으로서 객관적으로 명백한 것이어야 한다는 것이 대법원의 확립된 판례이다(대법원 1995. 7. 11. 선고 94누4615 전원합의체 판결, 2005. 6. 24. 선고 2004두10968 판결 등 참조).

원고들(원고 1. 내지 143.임. 이하 무효 관련 상고이유 부분에서는 '원고들'이라 한다)이 상고이유에서 지적한 바와 같이 행정처분의 하자가 객관적으로 명백할 필요는 없이 그 하자가 중대하면 행정처분이 당연무효로 된다는 주장은 독자적인 견해로서 이를 받아들이지 아니한다.

나. 사업의 경제성에 관한 채증법칙 위배 등 부분

(1) 공유수면을 매립하거나 간척하여 농지와 담수호를 조성함으로써 농지조성과 용수개발을 주 목적으로 하는 간척종합개발사업을 하기 위하여 구 공수법 제4조에 터잡아 공유수면매립면허처분이 이루어지고, 농근법 제96조 및 구 공수법 제9조에 터잡아 사업시행인가처분이 이루어진 경우, 위 각 처분은 구 공수법 및 농근법에서 정하고 있는 요건을 모두 갖추어야 할 것이다. 농근법 제92조, 제93조, 제96조를 종합하면 농지개량사업에 관하여는 사업성이 있어야 하고, 구 농근법 시행령(1994. 12. 23. 대통령령 제14447호로 개정되기 전의 것) 제43조, 제44조에 비추어 볼 때, 그 사업성의 요소로서 경제성이 필요하다고 보인다. 또한, 구 공수법 제3조의2 제1항, 제2항, 구 공수법 시행령(1993. 3. 6. 대통령령 제13870호로 개정되기 전의 것) 제9조 제1호의 규정을 종합하여 보면, 구 공수법에 의한 공유수면매립면허를 부여함에 있어서는 그 사업 목적이 공공의 이익을 증진하고 국민경제의 발전에 기여할 수 있어야 하고, 국토의 종합적인 기능과 용도에 맞아야 하며, 이와 같은 사정을 반영한 공익상의 가치와 아울러 경제상의 가치를 함께 갖추어야 할 것이다.

한편, 공공사업의 경제성 내지 사업성의 결여로 인하여 위 각 처분이 무효로 되기 위하여는 공공사업을 시행함으로 인하여 얻는 이익에 비하여 공공사업에 소요되는 비용이 훨씬 커서 이익과 비용이 현저하게 균형을 잃음으로써 사회통념에 비추어 위 각 처분으로 달성하고자 하는 사업 목적을 실질적으로 실현할 수 없는 정도에 이르렀다고 볼 정도로 과다한 비용과 희생이 요구되는 등 그 하자가 중대하여야 할 뿐만 아니라, 그러한 사정이 객관적으로 명백한 경우라야 할 것이다.

그리고 위와 같은 공공사업에 경제성 내지 사업성이 있는지 여부는 공공사업이 그 시행 당시 적용되는 법률의 요건을 모두 충족하고 있는지 여부에 따라 판단되어야 함은 물론, 경제성 내지 사업성 평가와 관련하여서는 그 평가 당시의 모든 관련 법률의 목적과 의미, 내용 그리고 학문적 성과가 반영된 평가기법에 따라 가장 객관적이고 공정한 방법을 사용하여 평가되었는지 여부에 따라 판단되어야 할 것이다.

특히, 새만금사업과 같이 사업시행의 범위가 광범위하고 국가의 특별한 정책적 필요에 의하여 시행하는 공공사업의 경우에는 그러한 공공사업이 국가경제 및 사회경제적으로 끼치는 영향도 클 뿐만 아니라 갯벌과 생태계 및 해양환경 등 자연환경에 미치는 영향도 매우 크다고 할 것이므로, 그러한 공공사업에 경제성 내지 사업성이 있는지 여부를 판단함에 있어서는 위와 같은 요소들을 빠짐없이 고려하여야 할 것이다. 또한, 위와 같은 간척지의 매립사업과 같이 어떠한 항목을 편익이나 비용항목에 넣을 수 있는지 여부와 그러한 항목에 대한 평가방법이나 기법에 관하여 확립된 원칙이나 정설이 존재하지 아니한 경우에는, 경제성 내지 사업성 평가 당시의 공공사업의 투자분석이론이나 재정학 또는 경제학 이론 등에 따라 그 분야의 전문가들에 의하여 가능한 한 가장 객관적이고 공정한 방법을 사용하여 편익과 비용을 분석한 후 공공사업에 경제성 내지 사업성이 있는지 여부를 평가하는 것이 바람직하다고 할 것이다.

(2) 원심은, 채택 증거를 종합하여 판시와 같은 사실을 인정한 다음, 1988년 당시 한국산업경제연구원의 경제성 분석보고서 및 새만금사업 기본계획에는 감사원 감사에서 지적된 바와 같이 농수산 중심 개발안에 대하여 일부 비용을 누락한 채 관광편익 및 항만편익을 계상하고 수질오염 등으로 시행이 불투명한 담수어 양식장 편익 등을 계상한 하자가 있기는 하지만, 그 감사 결과에 의하더라도 오류를 수정하여 경제성을 재검토하였을 경우 할인율 10%를 기준으로 한 농수산 중심 개발안의 편익·비용비율은 0.99(내부수익률은 9.92%)에 이르고 있어 편익과 비용이 거의 대등하고, 또한 비록 이견과 비판론이 있기는 하나 환경단체 등이 추천한 위원 등 민간위원 21명과 정부관계기관 인사 9명 등 30명의 공공투자분석 전문가들로 구성된 민관공동조사단에서 약 1년 2개월 동안 회의를 계속하여 공동조사보고서를 작성함에 있어 위원들의 견해차를 고려하여 10개의 시나리오를 구성하여 분석하기로 합의한 후 시나리오별 분석치를 내놓았고, 그 결과 모든 시나리오에서 경제적 타당성이 있는 것으로 분석된 점 등에 비추어 보면, 이 사건 각 처분에서 채택한 한국산업경제연구원의 경제성 분석이 충분하지 아니한 일부의 하자가 있다고 하더라도, 이를 법규의 중요한 부분을 위반한 중대한 것으로서 객관적으로 명백하다고 할 수 없다고 판단하였다.

위 법리와 기록에 비추어 살펴보면, 원심의 위와 같은 사실인정과 판단은 정당하고, 거기에 상고이유와 같은 경제성과 관련한 판단유탈, 심리미진 및 채증법칙 위배 등의 위법이 없다.

(3) 원고들이 상고이유에서 주장하는 바는, 민관공동조사단에서 새만금사업의 경제성 분석을 하면서 설정한 10개의 시나리오에서 편익항목으로 본 국토확장효과, 식량안보가치, 담수호창출효과, 수질개선편익, 고군산도 재산가치 증가 등은 이중계산 문제 등으로 인하여 편익항목에서 제외되어야 함에도 이를 편익항목에 넣었으므로 민관공동조사단의 경제성 분석은 잘못된 것이라는 것이다.

그러나 장래 시행할 사업에 대한 경제성 분석이란 그 분석방법이나 고려요소 여하는 물론 분석을 담당한 전문가의 견해 차이에 따라 분석결과가 크게 달라질 수 있고, 앞서 본 바와 같이 간척지 매립사업의 경우 편익항목과 비용항목의 요소와 각 항목에 대한 평가방법에 관하여 확립된 기준이 없고 어느 이론이 특히 우월하다고 볼 수 없는 상황에서, 공공투자분석 전문가들이 편익과 비용항목들에 관한 이견을 고려하여 편익과 비용 중 일부 항목을 포함시키거나 제외시키는 등의 여러 가지의 경우를 조합하여 각종 시나리오를 만들어 일정한 원칙에 따라 경제성을 분석하였다면, 위 시나리오의 설정 자체나 위 시나리오의 전부가 합리성을 결여하였음을 입증하지 아니하는 한 그 중 어느 한 시나리오에 포함된 특정 일부 항목이 편익이나 비용에 잘못 산입되었다거나 그 평가방법이 잘못되었다고 지적하여 사업 전체에 관하여 경제성이 없다고 주장하는 것은 올바른 탄핵방법이 될 수 없다. 결국, 앞서 본 점에 비추어 보면, 상고이유와 같은 주장만으로 민관공동조사단의 경제성 분석이 잘못되었다고 단정할 수는 없다고 할 것이다.

다. 사업의 필요성에 관한 채증법칙 위배 등 부분

농지개량사업의 시행을 인가함에 있어서는 농근법 제93조 및 제96조에 따라 농지개량사업을 시행할 필요가 있어야 하는바, 사업의 필요성 결여로 인하여 사업이 무효라고 보기 위하여는 그 하자가 중대하고 객관적으로 명백하여야 한 경우라야 할 것이다.

원심이 확정한 사실에 비추어 보면, 농림부에서는 새만금사업의 기본계획을 확정할 당시 국토의 간척 가능면적과 개발면적 및 개발중인 면적을 밝히면서 국토 공간의 과밀화와 경제사회 발전으로 인한 토지수요 증대에 종합적으로 대처하고 농지잠식과 한계농지를 대체하며 일정수준의 식량자급을 유지하기 위한 우량농지 확보와 수자원 개발로 해안지역 용수개발을 위하여 간척사업이 필요하다고 보았는바, 비록 한국산업경제연구원이 1989년부터 2011년까지 논의 신규창출이 요구되는 면적이 33,077ha라고 추정하였지만 이는 향후 농경지 수요량 추정치와 지목별 잠식량 및 농경지 지목변경량 추정치를 근거로 하여 다시 추정 산출한 것으로서 1989년부터 2002년까지 실제로 잠식된 농지의 면적이 위 추정 잠식 면적과 달리 그 2배에 달하고 있어 위 논의 신규창출 요구 면적 추정치를 그대로 믿기 어려우므로 그 추정치만을 근거로 하여 새만금사업의 토지이용계획이 잘못되었다고 할 수 없고, 또한 새만금사업의 토지이용계획 당시 이미 간척 중인 토지 면적이 47,000ha라는 사정을 고려한다고 하더라도 새만금사업의 필요성이 없다거나 그 하자가 새만금사업을 당연무효라고 할 만큼 중대·명백하다고 할 수 없다.

같은 취지의 원심 판단은 정당하고, 거기에 상고이유와 같은 농지의 필요성에 대한 심리미진, 채증법칙 위배 등의 위법이 없다.

라. 적법한 환경영향평가의 결여에 관한 채증법칙 위배 등 부분

환경영향평가법령에서 정한 환경영향평가를 거쳐야 할 대상사업에 대하여 그러한 환경영향평가를 거치지 아니하였음에도 승인 등 처분을 하였다면 그 처분은 위법하다 할 것이나, 그러한 절차를 거쳤다면, 비록 그 환경영향평가의 내용이 다소 부실하다 하더라도, 그 부실의 정도가 환경영향평가 제도를 둔 입법 취지를 달성할 수 없을 정도이어서 환경영향평가를 하지 아니한 것과 다를 바 없는 정도의 것이 아닌 이상, 그 부실은 당해 승인 등 처분에 재량권 일탈·남용의 위법이 있는지 여부를 판단하는 하나의 요소로 됨에 그칠 뿐, 그 부실로 인하여 당연히 당해 승인 등 처분이 위법하게 되는 것이 아니다(대법원 2001. 6. 29. 선고 99두9902 판결 참조).

원심이 확정한 사실을 위 법리에 비추어 보면, 농림부장관은 환경영향평가서를 작성함에 있어서 수질예측시 내부 간척지에 발생하는 오염부하량을 참작하지 않고 유역 내 인구 및 축산폐수 배출량 등을 적게 추정하여 수질예측을 하기는 하였지만, 그 중 담수호 내부의 양식장은 오염 요인이 많다는 이유로 설치하지 않는 것으로 계획이 바뀌는 등 환경영향평가 당시에 발생한 하자를 그 후에 보완하였고, 환경영향평가서의 생태계 및 해양환경에 대한 환경영향의 저감방안이나 수질에 대한 환경영향의 저감방안을 강구하고 있으므로, 이 사건 환경영향평가가 부실하고 그 부실의 정도가 환경영향평가 제도를 둔 입법 취지를 달성할 수 없을 정도여서 환경영향평가를 하지 않은 것과 다를 바 없는 정도의 것이라고 할 수 없다고 할 것이다.

같은 취지의 원심 판단은 정당하고, 거기에 상고이유와 같은 적법한 환경영향평가의 결여에 관한 심리미진, 채증법칙 위배, 환경영향평가에 관한 법리오해 등의 위법이 없다.

마. 담수호 수질기준 및 사업목적 달성 불능에 관한 채증법칙 위배 등 부분

공유수면을 매립하여 조성된 매립간척지에 농지와 담수호를 만들기 위하여 공유수면매립면허처분과 사업시행인가처분이 이루어졌다가 그 후 위 각 처분으로 인하여 조성되는 담수호가 농업용수로서의 수질기준을 달성하지 못할 것이 예상되는 경우에는 농지 및 담수호를 조성하려는 사업목적을 달성할 수 없게 될 것이므로 그 경우에는 위 각 처분이 무효로 될 것인바, 위와 같이 담수호가 농업용수로서의 수질기준을 달성하지 못함으로써 사업목적을 달성할 수 없을 것인지 여부는 수질대책 수립 당시의 과학적 수준이나 토목공학적 방법 또는 생물학적·생화학적 방법이나 수질예측에 관한 각종 상황 등에 비추어 보아 수질대책이 실현가능한지 여부, 수질대책비용이 사회통념상 감당할 수 없는 정도에 이른 것인지 여부 등에 따라 판단되어야 하나, 수질대책 수립 당시의 과학적 수준과 수질예측에 관한 각종 상황 등에 비추어 보아 수질대책이 실현가능하고, 또한 수질대책비용이 사회통념상 감당할 수 없는 정도에 이르지 않은 경우라면 위 각 처분에 의하여 조성되는 담수호가 농업용수로서의 수질기준을 달성하지 못함으로써 사업목적을 달성할 수 없는 경우에 해당한다고 볼 수는 없을 것이다.

위 법리와 원심이 확정한 사실에 비추어 살펴보면, 원심이 새만금사업에 대한 감사원 감사에서 지적된 바와 같이 새만금사업 기본계획이나 환경영향평가 당시에는 오염부하량의 산정이나 수질대책이 미흡한 상태에서 사업을 시행하는 등의 하자가 있었지만, 그 후 정부는 환경부 수질보전 종합대책 시안과 민관공동조사단의 수질분석 결과 및 환경부의 수질예측 결과를 반영하여 정부조치계획을 수립함으로써 그 하자를 보완하였으며, 그와 같은 정부조치계획에서는 당초 수질대책으로 들어가 있지 않았던 인처리 시설, 환배수로, 인공습지, 인공수초섬, 침전시설 등 각종 대책을 추가하고, 순차개발방식으로 공사를 진행하는 내용이 추가되었으며, 정부조치계획 이후 구성된 새만금환경대책위원회의 평가 결과에 의하면 2004년 현재 환경기초시설 확충, 새만금 상류지역에 대한 축산분뇨 관리대책, 새만금 친환경 간척계획 등 소관부처별 정부실천계획에 나오는 11개 과제 모두 정상적으로 추진되고 있고, 수질예측 결과도 당초 예측보다 초과하여 달성되고 있는 것으로 나타난 사실, 정부조치계획상의 새만금 내부 수질개선비 2,257억 원 중 새만금사업비에 이미 포함된 1,461억 원을 제외하면 신규로 소요될 예산은 796억 원에 불과한 사실 등을 인정한 다음, 새만금 담수호의 목표 수질 달성이 실현 불가능하다고 할 수도 없고, 위와 같은 정도의 비용 지출이 사회적으로 감당하기 어려운 과다한 비용이라고 할 수도 없어 무효사유에 해당하지 아니한다고 판단한 것은 정당하고, 거기에 상고이유와 같은 수질예측과 관련한 채증법칙 위배, 심리미진 등의 위법이 없다.

3. 이 사건 거부처분이 취소되어야 한다는 상고이유에 대하여

가. 공수법 제32조 제1호와 관련하여 허위 또는 부정한 방법에 의한 처분에 관한 채증법칙 위배 등 부분

기록에 의하면, 원고 신형록은 피고에게 이 사건 각 처분을 취소해 줄 것을 신청하였고, 이에 대하여 피고가 2001. 5. 24. 예상하지 못한 사정변경 등 처분을 취소할 사유가 없다는 이유를 들어 위 각 처분을 취소하지 않겠다는 내용으로 거부(이하 위 거부행위를 '이 사건 거부처분'이라 한다)한 사실을 알 수 있는바, 원심이 확정한 사실에 비추어 살펴보면, 농림부장관이 허위 또는 부정한 방법으로 새만금사업의 사업성 또는 경제성을 인정받았다거나 환경영향평가서상의 새만금호 수질기준이 허위라는 위 원고의 주장을 배척한 원심의 사실인정은 정당하고, 거기에 상고이유와 같은 허위 또는 부정한 방법에 관한 심리미진, 채증법칙 위배 등의 위법이 없다.

나. 공수법 제32조 제2호와 관련하여 예정공정 미달 여부에 관한 채증법칙 위배 등 부분

원심이 확정한 사실에 비추어 살펴보면, 새만금사업이 예정공정에 현저히 미달된 것이 단순히 농림부장관의 귀책사유로 인한 것이라고 볼 수는 없다는 원심의 사실인정은 정당하고, 거기에 상고이유와 같은 예정공정 미달 여부에 관한 심리미진, 채증법칙 위배 등의 위법이 없다.

다. 공수법 제32조 제5호와 관련하여 보상 완료 여부에 관한 채증법칙 위배 등 부분

원심이 확정한 보상금 지급 경위와 아울러 전라북도지사가 새만금지구 간척종합개발사업 기본계획에 대하여 농근법 및 구 공수법이 정하는 권리자 총 1,637명 전원의 동의를 받은 사정을 함께 참작하여 보면, 보상금을 확정하고 지급하는 과정에서 민원이 야기되는 등의 사정으로 1997년 말까지 총보상금 4,024억 원의 93%인 3,760억 원만 집행되었다는 사정만으로 농림부장관이 구 공수법을 위반하였다고 할 수 없다고 한 원심의 사실인정과 판단은 정당하고, 거기에 상고이유와 같은 보상 완료 여부에 관한 심리미진, 채증법칙 위배 등의 위법이 없다.

라. 공수법 제32조 제3호와 관련하여 예상하지 못한 사정변경으로 공익상 특히 필요한 경우에 관한 채증법칙 위배 등 부분

(1) 취소사유로서의 사정변경 및 공익상 필요성

공수법 제32조 제3호, 제40조, 구 공수법 시행령(2005. 9. 30. 대통령령 제19080호로 개정되기 전의 것, 이하 같다) 제40조 제4항, 제1항의 규정을 종합하면, 농림부장관은 매립공사의 준공인가 전에 공유수면의 상황 변경 등 예상하지 못한 사정변경으로 인하여 공익상 특히 필요한 경우에는 공수법에 의한 면허 또는 인가 등을 취소·변경할 수 있는바, 여기에서 사정변경이라 함은 공유수면매립면허처분을 할 당시에 고려하였거나 고려하였어야 할 제반 사정들에 대하여 각각 사정변경이 있고, 그러한 사정변경으로 인하여 그 처분을 유지하는 것이 현저히 공익에 반하는 경우라고 보아야 할 것이며, 위와 같은 사정변경이 생겼다는 점에 관하여는 그와 같은 사정변경을 주장하는 자에게 그 입증책임이 있다고 할 것이다.

(2) 사업목적상의 사정변경에 관한 채증법칙 위배 등 부분

원심이 확정한 사실에 의하면, 이 사건 각 처분 이후 농업기반공사가 1994년부터 1998년까지 작성한 사업시행계획서의 토지이용계획부분에 당초의 농지조성 및 용수개발이라는 사업목적이 유지되어 왔고, 농업기반공사가 사업효과로 포함시킨 복합산업단지로의 토지이용계획변경이 1998. 9. 감사원의 감사에서 지적되자 1999년 이후의 사업시행계획 승인요청에서는 복합산업단지 효과를 삭제하여 승인을 받았으며, 그 이후 2001. 5. 25. 정부조치계획 및 세부실천계획 등에서는 당초의 계획대로 농지조성 및 용수개발이 주된 사업목적으로 유지되어 왔으므로, 그 동안 농업기반공사나 전라북도가 복합산업단지 개발을 검토하고 대통령이 공단과 국제항 조성에 관한 종합개발계획 추진안에 관한 발언을 하였다고 하더라도 그 사정들만으로는 현재 농지조성과 농업용수 개발을 주목적으로 한 새만금사업의 토지이용계획이 복합산업단지 개발로 변경되었다고 볼 수 없고, 또한 향후 사업목적의 변경 가능성이 있다고 하여 현재의 사업목적 달성이 불가능하다거나 법률적으로 또는 실질적으로 사업목적이 변경되었다고 볼 수 없다.

같은 취지에서 새만금사업의 사업목적 변경에 따른 사정변경을 이유로 한 취소 주장을 배척한 원심 판단은 정당하고, 거기에 상고이유와 같은 사업목적상의 사정변경에 관한 심리미진, 채증법칙 위배 등의 위법이 없다.

(3) 농지의 필요성에 대한 사정변경에 관한 채증법칙 위배 등 부분

원심이 확정한 사실에 비추어 살펴보면, 쌀 공급과잉 현상으로 쌀 재배면적을 감소시킬 필요성이 있다고 하더라도 일정수준의 식량자급을 유지하기 위한 우량농지의 확보의 필요성이

줄어든 것은 아니므로, 필요 이상의 과다한 우량농지가 전용되고 있다는 사정만으로 농지의 필요성이 줄어들었다고 단정할 수 없다고 할 것이다.

같은 취지에서 농지의 필요성에 대한 사정변경을 이유로 한 취소 주장을 배척한 원심 판단은 정당하고, 거기에 상고이유와 같은 농지의 필요성에 대한 사정변경에 관한 심리미진, 채증법칙 위배 등의 위법이 없다.

(4) 경제적 타당성에 대한 사정변경에 관한 채증법칙 위배 등 부분

원심이 확정한 사실과 앞서 무효사유 중 경제성 부분에 관한 판단에서 인정된 바와 같이, 1988년 당시 한국산업경제연구원의 경제성 분석보고서 및 새만금사업 기본계획에서는 새만금 갯벌에 적용할 수 있는 객관적이고 과학적인 자료가 존재하지 아니하여 갯벌의 경제적·생태적 가치를 예상하였으면서도 그에 대한 가치를 구체적으로 산출하지 아니하였으나 이 사건 각 처분 후 민관공동조사단에 의하여 이루어진 경제성 분석에서는 새만금 갯벌의 가치를 비용으로 계상하고 그 밖에 국가·사회적인 편익과 환경문제와 같은 국가·사회적인 손실을 반영하여 경제성을 분석한 후 10개의 시나리오를 작성하여 검토한 결과 모두 경제성이 있는 것으로 나타났는바, 위 분석 결과는 공공투자분석 전문가들이 편익과 비용항목들에 관한 이견을 고려하여 편익과 비용 중 일부 항목을 포함시키거나 제외시키는 등의 여러 가지의 경우를 조합하여 각종 시나리오를 만들어 일정한 원칙에 따라 경제성을 분석함에 따라 이루어진 것으로서, 위 원고가 주장하는 바와 같이 그 시나리오들 중의 어느 시나리오나 특정 항목에 관한 잘못이 있다고 하더라도 다른 시나리오들이 모두 합리성을 결여하였다고 인정하기에 충분하지 아니하며, 따라서 위 원고가 주장하는 갯벌 내지는 환경 보전의 중요성을 참작한다고 하더라도 새만금사업을 통하여 이루려고 하는 국가의 발전이라는 실질적인 목적을 달성할 수 없을 정도로 과다한 비용과 희생이 요구되어 경제성 내지는 사업성이 없다고 인정하기에 부족하므로, 결국 새만금사업의 경제적 타당성에 있어서 이 사건 공유수면매립면허처분 등을 취소하여야 할 만큼 예상하지 못한 사정변경이 있다고 할 수 없을 것이다.

같은 취지에서 경제적 타당성에 대한 사정변경을 이유로 한 취소 주장을 배척한 원심 판단은 정당하고, 거기에 상고이유와 같은 새만금사업의 경제성에 대한 사정변경에 관한 심리미진, 채증법칙 위배 등의 위법이 없다.

(5) 수질관리상의 사정변경에 관한 채증법칙 위배 등 부분

앞서 무효사유에서 살펴본 바와 같이, 새만금사업 기본계획이나 환경영향평가 당시에는 오염부하량의 산정이나 수질대책이 미흡한 상태에서 사업을 시행하는 등의 하자가 있었지만, 그 후 환경부 시안과 민관공동조사단의 수질분석 결과 및 환경부의 수질예측 결과를 반영하여 정부조치계획을 수립함으로써 하자를 보완하였고, 수질대책의 전제가 달라진 경우에는 농업용수로서의 수질을 유지하는 것이 어려울 수도 있을 것이나 정부조치계획에 들어있는 각종 수질대책이 차질없이 진행된다면 새만금 담수호는 농업용수로서의 수질기준에 적합할 것으로 예상되고 있으며, 실제로 정부조치계획에 따른 각종 대책이 정상적으로 추진되고 있고, 수질예측 결과도 당초 예측보다 초과하여 달성되고 있는 것으로 나타난 상황 등에 비추어 보면, 장차 형성될 새만금 담수호에서 농업용수로서의 수질을 유지하는 것이 사회통념상 불가능하다고 할 수 없으므로, 피고의 수질개선대책 수립의 실현가능성이 불확실하다거나 그 수질개선대책을 시행하더라도 목표수질을 달성할 수 없는 사정변경이 생겼다고 할 수는 없다.

또한, 피고가 "방조제 완공 이전에 유역권 내 주요 오염원들에 대한 처리시설을 갖출 수 있

도록 하라."는 환경부의 수질관리에 관한 환경영향평가 협의내용을 지키지 아니하고 결과적으로 방조제를 우선 완공함으로써 협의내용을 위반하였다 하더라도, 수질이 좋은 동진호의 담수화를 선행하고 만경호의 수질 개선이 이루어진 후에 해수유통을 차단하는 순차개발방식을 채택하는 등의 수질 개선 대책이 마련된 사정 등에 비추어 보면, 위 사유만으로는 수질관리에 예상하지 못한 사정변경이 발생하였다거나 그 사정변경이 이 사건 공유수면매립면허처분 등을 취소할 정도로 중대하다고 할 수도 없다.

같은 취지에서 수질관리 또는 환경영향평가 협의내용과 관련한 사정변경을 이유로 한 취소 주장을 배척한 원심 판단은 정당하고, 거기에 상고이유와 같은 수질관리 또는 환경영향평가 협의내용과 관련한 사정변경에 관한 심리미진, 채증법칙 위배 등의 위법이 없다.

(6) 해양환경상의 사정변경에 관한 채증법칙 위배 등 부분

새만금사업으로 인한 방조제의 축조로 자연적인 해안선이 변하여 해양 생태계가 변하고, 조류가 약화되어 물질이 차단됨으로써 방조제 안팎으로 퇴적환경이 달라지며, 새만금호 담수 및 부영양 물질의 대량 방류로 인하여 주변 해양 생태계에 충격이 발생하는 등 방조제의 완공으로 인하여 해양환경에 심대한 영향을 미칠 수 있고, 또한 자연환경은 그 속성상 한번 파괴되면 이를 회복하기 어려울 뿐만 아니라 그와 관련을 맺고 있는 다른 지역의 환경에까지 영향을 미치는 등 그 효과가 광범위한 지역에 미칠 수 있으므로, 위와 같은 개발사업계획을 수립함에 있어서는 처음부터 해양환경에 미치는 영향을 면밀하게 조사하는 절차가 선행되어야 함은 물론, 그러한 사업으로 인하여 생길 수 있는 해양환경의 변화를 최소화하기 위한 모든 대책을 강구하도록 하여야 할 것이다.

특히, 이 사건과 같은 대규모 개발사업으로 인하여 생길 수 있는 해양환경의 변화에 대하여는 현재의 과학수준으로 예측하는 것이 불가능한 경우도 있어 그러한 예측이 완벽하다고 할 수는 없고, 개발사업이 진행되는 동안 이미 예측한 것 이상으로 해양환경이 악화될 수도 있으므로, 향후 개발사업을 시행함에 있어서도 세심한 주의를 기울여 해양환경의 변화를 예의주시하면서 해양환경에 미치는 영향을 최소화하도록 노력하고, 날로 발전해 가는 환경보전 대책을 반영하는 등 해양환경의 변화에 대한 대책을 빈틈없이 수립하여야 할 것이다.

그러나 사후에 발생한 해양환경상의 사정변경으로 인하여 공유수면매립면허처분을 취소하기 위하여는 당초부터 개발사업으로 인한 해양환경의 변화를 예상하지 못하였거나 당초에 예상한 것 이상으로 현저한 해양환경의 변화가 있고 그로 인한 해양환경의 피해가 공유수면매립면허처분 전과 비교하여 수인한도를 넘는 경우라야 할 것이므로, 위와 같은 점이 입증되지 않으면 공유수면매립면허처분을 취소할 만한 사정변경이 생겼다고 할 수는 없을 것이다.

원심이 확정한 사실에 의하면, 방조제 축조로 인하여 생길 수 있는 자연적인 해안선의 변화나 물질순환의 차단, 퇴적환경이 달라지는 등의 해양환경상의 영향은 새만금사업시행계획 당시부터 예상하였던 것으로서 이를 들어 예상하지 못한 사정변경이라고 할 수 없다. 한편, 한국해양연구원의 조사연구 결과에 의하면, 방조제 연결 이후 남북방향의 해수순환이 동서로 배치된 고군산열도에 의하여 차단되어 고군산열도를 기준으로 남북으로 이원화되고, 유속이 감소하여 부유물 침하, COD 악화 등으로 인근 해역의 수질 악화가 발생할 수 있는 사정이 인정되나, 이와 같은 해류 순환의 변화는 당초 환경영향평가에서도 고려된 사정으로 보일 뿐 아니라, 그로 인하여 수질에 미치는 악영향을 새만금사업시행계획 당시 충분히 예상하지 못하였던 사정변경 사유로 본다고 하더라도, 그로 인해 발생할 수 있는 피해가 어느 정도인가에 관하여는 위 조사연구 결과로도 명확하지 않고 달리 그 피해 정도를 인정할 만

한 증거도 없다.
따라서 원심이 같은 취지에서 새만금사업을 중단하여야 할 정도로 해양환경상의 중대한 사정변경이나 공익상 필요가 있다고 인정하기에 부족하다고 보아 위 원고의 취소 주장을 배척한 것은 정당하고, 거기에 상고이유와 같은 해양환경상의 사정변경에 관한 심리미진, 채증법칙 위배, 법리오해 등의 위법이 없다.

4. 결 론

그러므로 상고를 모두 기각하고 상고비용은 패소자가 부담하도록 하기로 하여 주문과 같이 판결한다.

이 판결에는 위 3.의 라.항의 판단에 관하여 대법관 김영란, 대법관 박시환의 반대의견이 있는 외에는 관여 대법관의 의견이 일치되었으며, 대법관 이규홍, 대법관 이강국, 대법관 김황식, 대법관 김지형의 다수의견에 대한 보충의견이 있다.

5. 위 3.의 라.항의 판단에 관한 대법관 김영란, 대법관 박시환의 반대의견

가. 다수의견은, 원심이 그 판시와 같은 사실을 인정한 다음 농지의 필요성, 수질관리, 해양환경 및 경제적 타당성 등에 있어서 공수법 제32조 제3호에서 말하는 예상하지 못한 사정변경이 발생하였다고 볼 수 없거나 사정변경이 있더라도 새만금사업의 목적을 달성할 수 없을 정도로 중대하거나 이 사건 각 처분의 취소가 공익상 특히 필요하다고 보기 어렵다는 이유로 그 사정변경을 이유로 한 취소 주장을 배척한 조치를 정당하다고 수긍하였으나, 다음과 같은 이유로 다수의견에 찬성할 수 없다.

나. 자연환경의 가치와 대규모 개발사업

인류를 비롯한 지구상의 모든 생명체는 지구라는 환경에 기초하여 생존하고 있다. 인간의 생존은 지구환경에 절대적으로 의존하고 있으며 그 환경조건의 변화에 따라 생존 자체가 위협받기도 하고 엄청난 재앙에 맞닥뜨리기도 한다. 지구상 생명체의 변천 역사에서 몇 가지 환경조건의 변화로 인하여 심지어는 한 생물종 자체가 멸종에까지 이른 사례를 우리는 알고 있다.

인간의 능력은 무한하고 놀랄 만한 정도로 문명을 발달시켜 이제는 지구를 거의 정복할 단계에 이르렀다고 자만하고 있지만, 대기 중의 탄산가스 농도가 몇 퍼센트만 변하여도, 북극 바닷물의 온도가 몇 도만 상승하여도, 지구 중력이나 자전속도가 조금만 변하여도 인간의 생존조건에는 엄청난 변화가 초래되고 경우에 따라 당장 수억의 인류가 죽음에 직면하게 될 수도 있다는 것이 학자들의 연구에 의하여 속속 드러나고 있다. 얼마 전 동남아시아에서 발생한 지진해일(쓰나미) 사태 때는 지구의 표피 중 지극히 작은 일부분이 몇 초간 꿈틀거린 것으로 인하여 단 몇 분만에 수십만 명의 인간이 일시에 생명을 잃기도 하였다.

인간은 강한 것 같지만 이와 같이 지극히 취약하고 지구환경에 전적으로 생존을 의탁하고 있다. 그런데도 인간은 아직 지구환경이 인간의 생존에 미치는 영향을 아주 작은 일부밖에 알지 못하고 그 대부분은 알지 못하는 미지의 영역으로 남겨두고 있다. 이와 같이 인간의 생존에 절대적으로 영향을 미치는 지구환경의 의미와 가치를 제대로 알지 못한 상태에서 함부로 환경을 변화시키는 것은 지극히 위험한 일이고 경우에 따라서는 자기 생존의 기반을 파괴하는 어리석은 일이다. 별 문제 없을 것으로 생각하여 자연환경을 변화시킨 것이 나중에는 엄청난 악영향을 미치는 결과로 나타난 경우를 우리는 여러 번 경험하고 보아 왔다.

환경 변화를 수반하는 대규모 개발행위를 결정함에 있어, 물질문명의 편리함에 깊이 빠져든 오늘날의 사람들은 물질적 필요의 충족에 우선적 가치를 두고 당장 눈에 보이고 금전으로 계산이 가능한 경제적인 이해타산과 수치 비교만으로 개발행위에 나아가고 있다. 그러나 자연환경의 기

능과 영향 중 많은 부분이 아직 밝혀지지 않고 있는 현 상황에서 그러한 금전적 비교와 경제적 이해타산만으로 환경 변화를 감행하는 것이 얼마나 위험한 일인가 하는 것은 더 설명할 필요가 없다.

자연환경은 경제적 이익이나 금전적 가치와 동일한 평면에서 비교되고 대체될 수 있는 가치가 아니다. 물론 환경 변화를 수반하는 대규모 개발행위를 결정함에 있어서 희생되는 환경의 가치를 포함한 손실과 개발로 인한 이득(편익)을 비교하여 결정하는 것이 부득이할 것이겠지만, 그 가치를 산정함에 있어서는 당시까지 밝혀진 환경의 기능과 효용 중 금전으로 환산할 수 있는 가치만을 평가하여 그 손실보다 이득이 큰 경우에는 환경을 희생시키는 것으로 개발 여부를 결정하는 방식은 허용되어서는 아니 된다. 환경의 가치 중 아직 밝혀지지 않은 부분이 많고 환경의 훼손이 인간의 생존에 심각한 영향을 미칠 수 있는 가능성이 항상 잠재하고 있다는 점을 고려하면, 환경의 변화나 훼손은 이를 감수하고서라도 반드시 확보하여야 할 필수불가결한 가치를 얻기 위한 것이거나 아니면 적어도 환경의 희생을 대가로 얻을 수 있는 가치가 월등히 큰 경우에만 허용될 수 있는 것이며, 그 경우에도 필요한 최소한의 범위 내에서만 훼손이 가능한 것으로 보아야 할 것이다.

우리 헌법도 제35조 제1항에서 "모든 국민은 건강하고 쾌적한 환경에서 생활할 권리를 가지며, 국가와 국민은 환경보전을 위하여 노력하여야 한다."라고 규정하여 환경권을 헌법상 권리로 보장하고 있고, 제120조 제2항에서는 "국토와 자원은 국가의 보호를 받으며, 국가는 그 균형있는 개발과 이용을 위하여 필요한 계획을 수립한다."라고 규정하여, 국토와 자원을 보호하되 개발과 이용은 균형을 유지하여야 하고 이를 위하여 적절히 계획을 수립하여 시행하도록 규정하고 있다. 헌법의 위 규정에서 말하는 개발에 있어서의 균형 속에는 자연환경과 인간의 편익 사이의 균형도 포함되어 있는 것으로 해석하여야 할 것이다.

자연환경은 그 속성상 한번 파괴되면 이를 회복하는 것이 어려울 뿐만 아니라, 자연환경은 현재 세대의 생존의 기초가 되는 동시에 장래 세대에 대하여도 생존의 기초로 유지되어야 할 공동의 자산이기 때문에 현재 세대가 자신의 필요를 충족시키기 위하여 이를 소모하고 훼손하는 방식으로 활용하여서는 안 되는 것이며, 그 가치와 기능을 보전하여 장래 세대를 위해서도 생존의 기초로 기능할 수 있도록 지속가능한 개발을 하여야 하는 한계를 갖고 있다. 환경정책기본법, 자연환경보전법 등 환경관련 법령은 위와 같은 취지에 따라 환경오염을 사후에 제거하는 방식이 아닌 사전에 오염의 발생을 방지하여야 한다는 '사전예방의 원칙', 개발사업에서 환경보전을 우선적으로 고려하여 사전에 배려하는 조치를 하여야 한다는 '사전배려의 원칙', 미래 세대가 그들의 필요를 충족시킬 수 있는 능력을 저해하지 않으면서 현 세대의 필요를 충족시키는 개발을 하여야 한다는 '지속가능한 개발의 원칙' 등 환경보전의 기본원칙을 천명하고 있다(환경정책기본법 제1조, 제2조, 제7조의2, 자연환경보전법 제3조 등).

따라서 우리 헌법이나 환경관련 법령에서도 인류 생존의 토대를 이루는 자연환경을 무분별한 개발과 이용으로부터 보호하여야 한다는 시대적 요청을 반영하여, 자연환경 보전의 가치가 개발에 따른 가치보다 우선적으로 보호되어야 할 가치임을 분명히 하고 있는 것으로 보아야 한다.

한편으로, 자연환경을 보전할 필요성 못지 않게 국민경제의 균형있는 발전을 위하여 개발사업을 추진할 필요성 또한 부인할 수 없는 것이므로, 개발사업을 추진할 것인지 여부는 당해 사업으로 얻을 수 있는 국민경제적인 가치와 이로 인하여 훼손되는 자연환경의 가치를 비교하여 결정할 수밖에 없고, 이러한 가치비교를 위해서는 일단은 개발사업의 가치와 자연환경의 가치를 모두 경제적인 가치로 환산하여 비교·교량하는 방법을 따를 수밖에 없다고 할 것이다. 그런데 개발사업의 가치는 경제적 가치로 환산하여 평가하기가 용이한 반면, 자연환경의 가치에는 생물종의 다양성, 생태적 안정성의 유지 등과 같이 경제적인 가치로 평가하기 어려운 가치도 있고, 장래에 이용될 가능성은 있으나 현재로는 이용되지 않고 있는 가치나 현재의 환경에 대한 지식으로는 제대로 알 수 없는 가치와 같이 평가의 대상 자체에 포함시키기 어려운 가치도 있다. 따라서 훼손되는 자연환경의 가치를 경제적인 가치로 환산할 수 있는 부분만을 평가하여 개발사업의 가치와 비교·교량하는 것만으로 자연환경의 가치를 충분히 고려하였다고 할 수 없고, 개발사업의 국민경제적인 이득이 당해 사업에 소요되는 비용과 이로 인하여 훼손되는 자연환경 가치의 경제적 평가액 등의 손실을 합한 것보다 상당한 정도로 우월한 경우에 비로소 개발사업을 추진할 수 있는 당위성이 인정될 수 있다고 할 것이다.

또한, 개발사업을 취소하여야 할 정도의 사정변경이 생겼는지 여부를 판단함에 있어서도, 환경변화로 인하여 나타날 구체적 위험성이나 훼손될 환경 가치의 중대성 등에 관하여 어느 정도의 가능성까지는 입증하였지만 정확하게 확인되는 정도까지는 이르지 못한 입증의 중간영역이 있을 때에, 그 사업이 대규모 사업으로서 환경 변화의 영향력이 미치는 범위가 아주 넓고 예측되는 환경 변화의 폐해가 심각한 것이어서 혹시라도 그 가능성이 현실화되는 것을 도저히 용인하기 어려운 사정이 있는 경우라면, 무조건 원고측이 그 사정변경과 취소의 필요성에 대하여 입증을 다하지 못한 것으로 보아 원고의 청구를 기각할 것이 아니라, 희생되는 환경의 가치나 환경 훼손으로 인한 폐해의 위험성과 관련하여 경제성이나 안전성이 확인되지 않은 것으로 보아 사업의 강행을 재고할 상황에 처한 것으로 판단하는 것이 더 합리적이라 할 것이다.

이 사건 새만금사업과 같이 갯벌 등 생태계와 자연환경에 광범위하고도 심각한 영향을 미칠 대규모 개발사업에서, 당초 예상하지 못한 중대한 사정변경이 발생하였는지 여부 및 처분을 취소하여 사업을 중단하는 것이 공익상 특히 필요한지 여부를 판단함에 있어서도 위와 같은 관점과 기준에 따라 자연환경이 가지는 가치와 특수성을 우선적으로 배려하여 결정하여야 할 것이다.

다. 공수법 제32조 제3호 소정의 사정변경 사유가 있는지 여부
　(1) 농지의 필요성에 대한 사정변경

원심이 확정한 사실에 비추어 보면, 새만금사업 지구를 제외하더라도 신규 농경지 간척규모 등이 향후 농지 수요량에 크게 부족하지 않아 보이고, 그동안 지속적인 쌀 소비량 감소 및 생산량 증가로 인한 쌀 재고량의 과잉과 아울러 자유무역협정(Free Trade Agreement)으로 쌀 수입개방이 현실화된 현 시점에서 새로운 농지를 확보할 필요성이나 농지의 경제적인 가치는 상대적으로 줄어들고 있는 것으로 보이며, 새만금사업과 관련하여 농업기반공사, 전라북도, 대통령 등이 농지조성 외에 공단과 국제항 조성 등 복합산업단지 개발안을 계획하거나 추진 의지를 밝혀 온 사정은 농지조성의 필요성이 줄어든 것을 반영하는 것으로 보인다. 이러한 상황을 종합하여 보면 새만금사업을 통하여 농지를 조성할 필요성의 측면에는 상당한 변화가 초래되었다 할 것이고, 이는 당초 피고가 농지조성의 필요성을 인정하여 이 사건 각 처분을 한 것과 비교하여 중대한 사정변경이 발생한 것으로 보아야 할 것이다.

　(2) 수질관리상의 사정변경

원심이 확정한 사실에 비추어 보면, 이 사건 각 처분은 환경영향평가 결과 농업용수로서의 수질관리에 아무런 문제가 없다는 것을 전제로 하여 이루어진 것이나, 감사원의 감사 결과 그 환경영향평가는 내부 간척지에서 발생되는 오염부하량을 참작하지 않고 유역 내 인구 및 축산폐수 배출량 등을 적게 추정하여 수질예측을 하는 등 부실하게 이루어진 것으로 밝혀졌고, 환경부의 수질예측 결과에서도 실현가능성이 없거나 재원조달계획이 확정되지 않은 대

책까지 모두 적용해도 만경수역의 경우 농업용수로서의 수질기준을 달성하기 어려울 것으로 예측되었으며, 한편 이 사건 거부처분 이후에 마련된 수질개선대책은 지금까지 알려진 수질개선방법을 모두 열거하다시피 한 것으로서, 그 가운데에는 오염총량관리제, 전주권 그린벨트해제지역의 녹지지역으로의 보전방안 등과 같이 수질개선효과에 한계가 있거나 현실적으로 실행하기 어려운 대책이 상당수 포함되어 있고, 환배수로 설치방안, 저층수 배제시설 등과 같이 해양환경에 미치는 영향이 미리 검토되지 않은 대책도 포함되어 있어 수질개선대책의 실현가능성 또는 실효성에 대하여 강한 의문이 제기되고 있다.

위와 같은 제반 사정은 농업용수를 확보하여 농지를 조성하려는 새만금사업 목적의 달성을 어렵게 하는 것이고, 이 사건 각 처분 당시에 이루어진 환경영향평가에서 수질관리에 문제가 없다고 예측했던 것과는 상당히 달라진 것으로서, 이 사건 각 처분 이후에 발생한 중대한 사정변경에 해당한다고 할 것이다.

(3) 해양환경상의 사정변경

원심이 확정한 사실 등에 비추어 보면, 새만금사업 시행계획 당시부터 해안선 변경으로 인한 해양생태계의 변화, 조류 약화로 인한 퇴적환경의 변화 등 일부 해양환경상의 영향은 어느 정도 예상하기는 하였으나, 이 사건 각 처분 이후 수년간 진행된 한국해양연구원의 연구조사 결과에서는 방조제 연결 이후 남북방향의 해수순환이 고군산열도에 의하여 차단되어 남북으로 이원화되고, 유속이 감소하여 부유물 침하, COD 악화 등으로 주변 해역의 수질악화가 불가피하며, 방조제 내측에서는 해수의 성층이 형성됨에 따라 저층에서의 수질악화가 우려된다고 예측하였고, 이러한 연구조사 결과를 기초로 친환경적인 새만금 개발과 활용을 위해서 방조제 개방구간의 추가 확보 등으로 방조제 내측과 외해의 해수순환을 유지할 수 있는 방안이 모색되어야 할 필요가 있다는 전문가들의 견해까지 개진되고 있다.

또한, 위와 같은 해양환경상의 변화가 새만금 해역을 포함한 서해안 생태계와 자연환경에 구체적으로 어떤 결과로 나타날 것인지에 대하여는 현재로서는 알 수가 없고 향후 장기간 연구와 관찰을 해 보아야만 알 수 있다는 것인바, 자연환경 보전의 가치는 개발에 따른 가치보다 우선적으로 보호되어야 할 가치인 점, 환경법상 사전예방의 원칙, 사전배려의 원칙에 따라 구체적인 환경피해가 발생하기 전에 환경피해를 예방 또는 최소화하는 조치를 취하여야 할 필요성이 강한 점 등을 감안하면, 앞으로 해양환경상 피해내용 및 정도가 어느 정도에 이를지 알 수 없는 상태에서 그 안전성이 우려되고 있다는 사실 자체만으로도 중대한 사정변경이 초래되었다고 보아야 할 것이며, 방조제 개방구간의 확대 등 환경상의 피해를 막기 위한 대안까지 제시되고 있음에도 별다른 대책 없이 사업을 계속하는 것은 타당하다고 보기 어렵다 할 것이다.

(4) 경제적 타당성에 대한 사정변경

(가) 대규모 개발사업에서의 경제성·사업성 평가와 자연환경의 가치

앞서 본 바와 같이 대규모 개발사업의 시행으로 인하여 자연환경이 훼손되는 경우에 그 자연환경의 가치를 사업시행의 비용으로 참작하여야 할 것인바, 자연환경의 가치를 가액으로 평가하여 이를 비용으로 참작한다고 하더라도, 자연환경의 가치 중에는 금전적인 수치로 환산하여 평가하기 어렵거나 장래에 이용될 가능성은 있으나 현재로는 이용되지 않고 있는 가치 등 평가의 대상 자체에 포함시키기 어려운 가치가 있으므로, 훼손되는 자연환경의 가치 중 경제적인 가치로 환산할 수 있는 부분만을 평가하여 개발사업의 가치와 비교·교량하는 것만으로 자연환경의 가치를 충분히 고려하였다고 할 수 없다.

그러므로 개발사업으로 얻는 편익의 가치가 당해 사업에 소요되는 비용과 훼손되는 자연환경의 가치 중 가액으로 평가 가능한 가치를 합한 손실보다 월등히 커서 의문의 여지가 없는 경우나, 가액으로 평가되기 어려운 편익까지 고려하여 볼 때에 자연환경의 가치 상실에 따른 손실을 충분히 수인할 수 있을 것이라고 판단되는 경우에 한하여 경제성 내지는 사업성이 있다고 할 것이다.

(나) 경제성·사업성에 관한 사정변경

1) 원심이 확정한 사실 등에 비추어 보면, 피고는 당초 한국산업경제연구원의 경제성 분석 결과에 따라 새만금사업은 농지조성을 전제로 하더라도 경제적으로 타당성이 있는 것으로 판단하고 새만금사업 기본계획을 확정하였으나, 감사원의 감사 결과 편익 과다계상 등의 오류가 있고, 그와 같은 오류를 정정하여 새만금사업의 경제성을 재검토한 결과 농수산중심개발로는 내부수익률이 9.92%에 불과하여 정부투자사업의 경제적 타당성 기준인 13.0%에 훨씬 미달하는 것으로 밝혀졌다. 한편, 민관공동조사단의 경제성 분석 결과에 의하면 10개의 시나리오 모두에서 경제성이 있다고 분석되었으나, 전문가들 사이에서조차 편익 과다계상, 이중계산 등의 오류가 있다는 비판이 제기될 뿐만 아니라, 그 평가방법, 평가항목 등 거의 전 범위에 걸쳐 상당한 견해 차이를 보이고 있어 그 분석 결과를 그대로 받아들여 새만금사업에 경제성이 있다고 단정하기에는 부족하다.

2) 새만금 담수호의 수질관리를 위하여 제시된 각종 대책은 그 종류나 숫자가 너무 많고 망라된 것이어서 정부조치계획에서 예상하고 있는 비용보다 더 많은 비용이 소요될 우려도 있고, 특히 정부조치계획에서 수질관리를 위한 중요한 대책으로 고려하고 있는 순차개발방식에 의하면, 만경강 수역은 그 수질이 목표기준에 적합하다고 평가될 때까지 개발을 유보하는 것이므로 그 수질목표 달성 시점까지는 편익의 발생은 불가능한 반면에 수질개선을 위한 비용은 어느 시점까지 계속 늘어날 것인지 예측할 수 없어, 민관공동조사단이 예상한 것보다 훨씬 많은 비용이 추가로 발생될 수 있는 가능성이 높다.

3) 특히, 이 사건 새만금사업은 갯벌을 농지로 바꾸는 사업으로 광활한 갯벌의 상실은 필연적인 것인데, 새만금 갯벌은 전국 갯벌 면적의 약 8%, 전라북도 갯벌 면적의 절반을 훨씬 초과하는 20,800ha의 대규모 갯벌이고, 강과 바다가 만나는 곳에 형성된 하구갯벌로서 다른 갯벌에 비하여 가치가 훨씬 높고, 패류의 성장에 알맞은 사니(사니)로 구성되어 종다양성과 생체량이 풍부하며, 수십만 마리의 도요·물떼새류가 이용하는 국제적으로 보기 드문 철새도래지이다.

새만금사업 시행 당시 한국산업경제연구원에서 한 경제성 분석에서는 갯벌의 상실을 손실 요소로 고려하기는 하였지만 이를 금전적으로 평가하여 비용으로 계산하지는 아니하였다. 또한, 민관공동조사단에서는 새만금 갯벌의 가치를 경제적으로 환산하여 비용으로 평가하면서, 갯벌이 가지고 있는 각 효능의 시장가치를 총합하여 산정하는 '갯벌중심가치' 및 설문조사를 통해 주민들이 새만금 갯벌보호를 위하여 기꺼이 지불하고자 하는 금액으로 가치를 환산한 '인간중심가치'의 2가지 방법으로 평가하였다. 그러나 '갯벌중심가치' 평가나 '인간중심가치' 평가는 모두 갯벌이 가지는 다양한 가치 중 금전으로 환산하여 평가하기 어렵거나 장래에 이용될 가능성은 있으나 현재로는 이용되지 않고 있는 가치 등을 제대로 반영할 수 없는 등 계량화에 한계가 있고, 특히 '인간중심가치' 평가는 일반적으로 통용되지 않는 가상가치법에 따라 분석한 것으로서 설문자나 설문기법 등에 따라 가변적일 수밖에 없고, 그 방법 자체가 조사 시점의 주민들의 주관적 평가에 의존하는 것으로서, 위 조사 당시에는 갯벌의 가치에 대하여 사회적 논의가 비로소 시작되는 단계여서 갯벌의 가치와 중요성에 대한 일반인의 인식수준이 그다지 높지 않았던 점을 고려해 보면, 위 민관공동조사단의 경제성 분석에서 평가한 새만금 갯벌의 가치평가가 새만금 갯벌의 모든 가치를 객관적으로 평가한 자료라고 보기는 어렵다.

갯벌의 가치평가에 관하여는 전세계적으로 많은 논란이 제기되고 있는데, 국내·외 학자나 전문기관의 연구 결과에서는 갯벌이 농지보다 수배 내지 수십배 이상의 가치를 가진 것으로 평가하고 있고, 현재의 과학기술로는 갯벌이 가지는 많은 기능과 가치들에 대하여 계량화하여 경제적 평가를 하는 것이 어렵지만, 갯벌은 그 유지관리에 아무런 비용도 안 들고 오염물질도 유발하지 않는 등 이른바 지속가능한 발전을 가능하게 하는 자원이고, 새로운 평가기법의 등장으로 그 가치에 대한 계량화작업이 발달함에 따라 향후 갯벌의 가치는 더 커질 수밖에 없다고 보인다.

4) 앞서 본 바와 같이 방조제가 완공되면 해수순환의 남북 이원화, 유속 감소, 성층형성 등으로 인한 인근 해역의 수질악화 등 해양환경에 급격한 영향을 미칠 것으로 예상됨에도 불구하고, 현재 방조제 완공으로 인한 해양환경 피해를 저감할 수 있는 별다른 대책이 마련되어 있지 않은바, 이러한 상태에서 방조제가 완공될 경우 해양환경상 발생하게 될 피해는 이를 가액으로 산정하기 어렵다 하더라도 경제성 내지는 사업성을 판단함에 있어서는 충분히 고려되어야 한다.

5) 결국, 민관공동조사단의 경제성 분석 결과는 이를 그대로 받아들이기에는 여러 가지 문제점이 있을 뿐 아니라, 그 분석 결과에서 충분히 고려되지 아니한 수질관리를 위한 추가비용이나 가액으로 평가하기 어렵거나 제내로 평가되지 아니한 새만금 갯벌과 방조제 주변 해양환경상의 피해까지 참작하여 보면, 이 사건 새만금사업으로 얻게 되는 편익이 새만금 갯벌의 상실과 주변 해양환경상의 피해를 수인하면서까지 사업을 계속하여야 할 정도로 우월한 경제성과 사업성을 갖춘 것인지에 관하여 심각하게 다시 검토해 보아야 할 사정이 발생하였다 할 것이고, 이는 당초 피고가 사업의 경제적 타당성을 인정하여 이 사건 각 처분을 한 것과 대비하여 보면 예상하지 못한 중대한 사정변경에 해당한다고 보아야 할 것이다.

라. 사업을 취소하여야 할 공익상 필요성

(1) 이상에서 살펴본 바와 같이 이 사건 새만금사업에는 농지의 필요성, 수질관리, 해양환경 및 경제적 타당성과 사업성 등의 측면에서 당초 예상하지 못한 사정변경이 생겼다고 할 것인데, 그와 같은 사정변경은 아래에서 보는 바와 같이 사업 자체를 취소하지 않으면 안 될 공익상 필요가 있는 사유에 해당한다 할 것이다.

(가) 식량자급이 확보되지 않은 우리 현실에서 농지조성 사업의 필요성 자체가 없다고는 할 수 없으나, 농지는 다른 방법으로 보충할 수 있는 대체방법을 강구할 수 있고 부족한 식량은 점차 자유화되어 가는 국제무역을 통하여 조달할 수 있는 가능성이 열려 있는 반면에, 그 대가로 희생되어야 할 새만금 갯벌은 다른 것으로 대체하거나 나중에 복원할 길이 없는 귀중한 자원으로서, 갯벌의 진정한 가치에 대한 인식이 이제 새로이 형성되기 시작하는 단계이고 향후 그 실제 가치가 얼마나 될지 미지수라는 점을 고려한다면, 농지 확보

를 위해 갯벌을 희생시키는 사업을 계속하는 것은 허용될 수 없다고 할 것이다.
(나) 새만금 담수호의 수질 달성이 가능할 것인지에 관하여 강한 의문이 제기되는 상황인바, 수질개선을 위하여 준비한 대책들이 제대로 기능을 발휘하지 못하거나 기능을 발휘하더라도 수질기준을 달성하지 못하는 사태가 발생할 때에는 새만금 담수호는 막대한 비용을 들여 아무 쓸모 없는 또 하나의 거대한 시화호를 만드는 데에 불과한 것이 될 것인데, 그렇게 되는 경우 오염된 물을 저장하는 거대한 호수나 그 오염된 물이 방류되는 인근 해양의 자연환경에 막대한 피해를 입힐 것이므로 그러한 사태를 방지할 수 있는 확실한 대책이 확보되지 못한 현 상태에서 사업을 계속하는 것은 허용될 수 없다 할 것이다.
(다) 방조제 완공 이후 인근 해역에는 해수순환의 변화 등으로 해양환경에 적지 않은 변화가 초래될 것으로 예상되고, 그러한 해양환경의 변화가 구체적으로 어떤 결과로 나타날 것인지에 관하여는 조사와 연구가 제대로 이루어지지 않고 있다는 것인바, 새만금사업으로 인한 해양환경의 변화가 인간과 생태계에 얼마나 치명적인 위험을 가져다 줄 것인지를 알지 못하는 상태에서 그에 대한 확인과 아무런 대비책 없이 사업을 강행한다는 것은 일종의 모험과 같은 것으로서, 헌법의 환경기본권 보장 취지와 환경관련 법령에서 요구하는 사전배려의 원칙, 사전예방의 원칙 등에 비추어 볼 때에 허용되어서는 안 되는 것이다.
(라) 새만금사업의 경제성 분석 결과에 대하여 많은 문제점이 지적되고, 갯벌이 갖고 있는 다양하고 풍부한 가치가 제대로 평가되지 않은 점, 경제성 분석에서 비용으로 포함되지 않은 해양환경 변화에 대한 대책비용 등을 고려하면, 이 사건 새만금사업에 대규모 환경의 희생을 정당화할 정도로 우월한 경제성 내지 사업성이 있다고 보기는 어려우므로 사업을 강행할 명분이 없다고 보아야 한다.
사업의 계속을 주장하는 입장에서는 지금까지 약 1조 9,000억 원의 비용을 들여 방조제를 거의 완성해 둔 단계에서 사업을 중단하는 것은 경제적으로 너무 큰 손실이라고 주장하나, 당초 총 1조 3,000억 원 정도로 계획되었던 사업비가 근래에 와서는 총 3조 5,000억 원 정도로 대폭 증가된 것으로 보아, 향후 수질목표 달성에 차질이 생기는 경우 추가로 소요될 수질관리 비용과 순차개발방식에서 담수화가 계획보다 늦어지게 되는 경우 증가될 비용 등을 고려하면 새만금사업의 총 사업비용은 앞으로도 계속 증가될 가능성을 배제할 수 없는데, 앞으로 얼마가 더 들지도 모르는 비용을 모두 투입한 뒤 수질목표 달성이 불가능하거나 해양환경에 수인할 수 없는 훼손이 발생하여 부득이 담수화를 포기하는 사태로 연결된다면, 지금까지 투입된 비용을 포기하는 일이 있더라도 현 단계에서 사업을 중단하는 것이 더 큰 손실과 재앙을 막는 길이 될 수도 있을 것이다.
(마) 최근에 갯벌의 가치와 효용에 대한 연구와 인식이 빠른 속도로 강화되고, 갯벌이 국경을 넘나드는 철새와 각종 희귀종의 서식지인 점에 착안하여 이를 범세계적으로 보존하려는 국제적 공동노력이 활발하게 진행되고 있으며, 이에 발맞추어 우리나라도 '물새 서식지로서 국제적으로 중요한 습지에 관한 협약'(람사협약)에 가입한 데 이어 후속조치로서 습지보전법을 제정하는 등 국제적 추세를 거스를 수 없는 상황에 이르렀다. 우리나라 서해안의 갯벌은 세계 5대 갯벌 중 하나에 포함될 정도로 국제적으로 주목받는 갯벌인데, 위와 같은 국제적 추세를 거스르고 새만금 갯벌을 매립하는 경우 국제적인 비난은 물론 우리나라가 환경 후진국이라는 평가를 면하기 어렵게 될 것이다.
(2) 이 사건 새만금사업으로 조성될 간척지가 당초 목적대로 농지로 계속 사용될 것인지에 대하여는 상당수 사람들이 의구심을 떨쳐버리지 못하고 조만간 복합산업단지로 용도가 변경될

것이라고 예측하고 있다.
그러나 새만금사업의 근거가 되는 농근법이나 농어촌정비법의 경우, 매립과 간척사업은 농업을 목적으로 하는 경우에만 가능하다는 제한이 있어 새만금사업은 농업 목적이라는 범위를 벗어나서는 목적을 변경하는 것이 법률상 불가능하므로, 위에서 본 바와 같은 사정변경으로 인하여 더 이상 농지조성 및 농업용수를 위한 담수호 조성 사업을 추진하는 것이 여러 면에서 적절치 못한 것으로 판명되었다면, 부득이 그 사업을 취소하는 길 외에는 다른 방도가 없다고 할 것이다.
(3) 한편, 공수법 제35조 제1항, 공수법 시행령 제32조에는 매립면허의 효력이 소멸된 경우에는 공유수면을 원상으로 회복하는 것을 원칙으로 하되, 경우에 따라서는 원상회복을 하지 않을 수 있는 길을 열어두고 있으므로, 이 사건에서 새만금사업이 취소되어 공사를 중단하는 사태가 발생하더라도, 현재까지 시공된 방조제를 그대로 둔 채 활용하면서도 새만금 갯벌을 살리는 환경친화적인 대안을 모색할 경우에는 방조제 건설을 위하여 투입된 비용이 전부 매몰되지는 않을 방법을 찾을 수도 있다고 생각된다.
(4) 이상에서 살펴본 제반 사정을 종합하여 보면, 이 사건 각 처분 이후에 나타난 여러 방면에서의 예상하지 못한 사정변경은 사업을 계속 시행하는 경우 과다한 비용과 희생이 요구됨으로써 사업을 통하여 달성하고자 하는 종국적인 목적을 실현할 수 없을 정도로 중대한 경우에 해당하고, 이 사건 각 처분을 취소하여 새만금사업 자체를 중단하는 것 외에 다른 조치 또는 처분만으로 적절하게 대응하기 어렵다고 보이므로, 이 사건 새만금사업을 취소할 공익상 필요가 있다고 봄이 상당하다.

마. 결 론

위에서 본 바와 같은 이 사건 새만금사업에 있어서의 여러 사정변경은 공수법 제32조 제3호 소정의 공유수면매립면허처분 취소사유에 해당할 뿐만 아니라 나아가 이와 동일한 취지의 규정인 농어촌정비법 제98조 제1항 제3호 소정의 시행인가처분 취소사유에도 해당한다고 보아야 할 것이고, 그와 같은 상황에서 피고가 환경영향평가 대상지역 주민인 원고 신형록으로부터 이 사건 각 처분을 취소해 달라는 신청을 받았음에도 필요한 처분을 하지 아니한 채 이를 거부한 것은 재량권을 일탈·남용한 것으로 위법하다고 보아야 할 것이다.
그럼에도 불구하고, 원심은 피고의 이 사건 거부처분의 취소를 구하는 위 원고의 청구를 배척하였는바, 이러한 원심의 판단에는 농지의 필요성, 수질관리, 해양환경 및 사업의 경제성·사업성에 있어서 예상하지 못한 사정변경 등에 관한 심리미진 또는 채증법칙 위배로 인한 사실오인, 공수법 제32조 제3호와 농어촌정비법 제98조 제1항 제3호에 관한 법리오해의 위법이 있다고 할 것이므로, 이와 같은 취지로 주장하는 위 원고의 상고이유는 이유 있다. 그러므로 원심판결 중 위 원고 패소 부분은 파기되어 원심법원에 환송됨이 마땅하므로 다수의견에 반대하는 바이다.

6. 위 3.의 라.항의 판단에 관한 대법관 이규홍, 대법관 이강국, 대법관 김황식, 대법관 김지형의 보충의견

가. 이 사건 재판은 새만금사업의 추진과 관련된 이 사건 공유수면매립면허처분과 이 사건 시행인가처분에 중대하고 명백한 하자가 있어 당연무효인지 여부 내지 사정변경으로 인하여 새만금사업을 취소하여야 할 공익상의 필요가 생겼는지 여부, 즉 행정처분의 무효 내지 취소 사유의 존부를 법적인 관점에서 평가·판단하는 것이지, 새만금사업의 추진의 타당성 여부에 대한 정책적인 관점에서 평가·판단하는 것이 아니다.
이러한 전제를 바탕으로 하여 위 3.의 라.항의 판단과 관련하여 다음과 같이 보충의견을 밝히고

나. 경제성장과 산업발전 등을 위하여 추진되는 무분별한 개발사업으로 인한 환경침해가 심각해지고 있는 현 상황에서 우리의 생존의 토대인 자연환경을 그 침해 및 훼손으로부터 보호하여야 할 필요성은 아무리 강조하여도 지나침이 없다. 자연환경은 그 속성상 한번 파괴되면 이를 회복하는 것이 어려울 뿐만 아니라, 자연환경은 현재 세대의 생존의 기초가 되는 동시에 장래 세대에 대하여도 역시 생존의 기초로 유지되어야 할 자산이기 때문에 더욱 그러하다.

우리 헌법 역시 이러한 인식을 반영하여 제35조 제1항에서 환경권을 헌법상의 기본권으로 명시함과 동시에 국가와 국민에게 환경보전을 위하여 노력할 의무를 부과하고 있다. 우리는 이 점을 결코 가볍게 여기지 아니하며, 이 점에 있어서 반대의견의 지적에 공감하는 바이다. 그렇지만 반대의견도 적시하고 있는 것처럼 자연환경의 보전의 필요성 못지않게 국민경제의 균형 있는 발전을 위하여 개발사업을 추진할 필요성과 중요성 또한 부인할 수 없고, 우리 헌법도 이러한 개발의 필요성을 반영하여 제120조 제2항에서 "국토와 자원은 국가의 보호를 받으며, 국가는 그 균형 있는 개발과 이용을 위하여 필요한 계획을 수립한다."라고 규정하고, 제122조에서 "국가는 국민 모두의 생산 및 생활의 기반이 되는 국토의 효율적이고 균형 있는 이용·개발과 보전을 위하여 법률이 정하는 바에 의하여 그에 관한 필요한 제한과 의무를 과할 수 있다."라고 규정하고 있다.

따라서 환경이 헌법에 의하여 보호되어야 하는 가치이기는 하지만 개발 역시 소홀히 할 수 없는 헌법상의 가치라고 할 것이므로, 반대의견과 같이 자연환경보호의 가치가 언제나 개발에 따른 가치보다 우선적으로 보호되어야 한다고 할 수는 없다. 그러므로 국가 정책적인 필요에 따라 대규모의 공공사업이 시행되는 경우 필연적으로 따르기 마련인 개발과 환경보호 사이의 가치 충돌 문제를 해결하기 위해서는 신중한 절차와 지혜로운 판단이 요구되는데, 이와 관련하여 우리가 견지하여야 할 태도는 균형감 있는 합리적·이성적 접근방식이지, 결코 이상에 치우친 감성적인 접근방식이어서는 아니 된다고 생각한다.

다. 이 사건 새만금사업은 전라북도 만경강, 동진강의 하구해역에 방조제를 설치하고 공유수면을 매립·간척하여 농지와 담수호를 조성함으로써 국토의 확장과 함께 농업생산력을 증진시켜 국민경제의 발전과 낙후된 지역경제의 활성화를 꾀하고자 하는 국가 정책적 목적에 터잡은 대규모의 개발사업으로서 긍정적 측면이 있는 반면, 새만금 갯벌의 상실 및 해양환경에의 영향 등 자연환경의 훼손이라는 개발에 따르는 부정적인 효과가 따를 수밖에 없어, 개발과 환경보호라는 두 가치의 충돌이 필연적으로 발생하게 되는 전형적인 사업이다.

그러한 만큼 이 사건 새만금사업에 소요되는 국가·사회적인 비용과 이 사업을 통하여 얻을 수 있는 국가·사회적인 편익 내지는 국민 경제적인 가치를 과학적·합리적·이성적으로 평가하여야 할 것이다.

더욱이 이 사건 새만금사업은 1991. 11. 28. 방조제공사가 착공된 이래 현재까지 약 1조 9,000억 원의 막대한 비용을 투입하여 총 33㎞의 길이로 예정된 새만금 방조제 중 30.3㎞의 구간이 완공되어 2.7㎞의 구간만 남아 있고, 담수호 수위 조절 등을 위한 가력배수갑문과 신시배수갑문이 모두 완공되어 있는바, 이 사건 취소 청구는 그 사업이 시행되기 전에 그 위법성을 다투는 것이 아니라 이와 같이 이미 상당한 정도로 진행이 되어 있는 대규모의 공공사업에 대하여 사정변경 및 공익상의 필요 등을 이유로 그 사업의 전면적 중단을 요구하는 것에 그 특이성이 있다. 그렇다면 이 사건에 있어서는 사업시행 전에 사업의 타당성이나 적법성을 심리하는 경우와는 달리, 그 사업을 계속함으로 인하여 초래될 수 있는 환경상의 피해와 사업에 소요되는 비용 못지않게 그 사업을 중단시킴으로써 달성할 수 없게 되는 국가·사회적인 편익 내지는 국민경제적인 가치뿐 아니라 이미 사업을 위하여 지출된 막대한 비용에 따른 손해에 대하여도 고려하여야 하며, 이와 같은 모든 손해들을 감수하고서라도 사업을 중단시켜야 할 정도로 환경상의 피해와 비용이 든다는 점이 충분히 입증되어야만 비로소 사업을 중단시켜야 할 사정변경 및 공익상의 특별한 필요가 있다고 할 것이고, 이에 대한 입증책임은 사업을 중단시켜야 할 사정변경 및 공익상의 특별한 필요가 있다고 주장하는 측에게 있다 할 것이다. 그런데 원심은 원고측이 그러한 입증에 실패하였음을 이유로 이 사건 청구를 기각하고 있는 것이다.

결국, 다수의견은 위와 같은 법리 및 사실인정에 따라 원고측의 상고 이유에 관한 주장을 받아들이지 아니하는 것이며, 개발의 가치에 비하여 자연환경의 가치의 중요성을 낮게 평가하는 입장을 취하였다거나 자연환경 보전에 관한 배려를 소홀히 하는 것은 아니다.

라. 반대의견은 다수의견과는 달리 농지의 필요성, 수질관리, 해양환경 및 경제적 타당성에 관하여 사정변경이 있고 그러한 사정변경에 비추어 볼 때에 이 사건 새만금사업을 계속 시행하게 되면 사회통념에 비추어 과다한 비용과 희생이 요구되므로 국가경제의 발전이라는 공공사업의 종국적인 목적을 실현할 수 없다고 인정하여 이 사건 새만금사업을 취소할 공익상의 필요가 있다고 판단하고 있다. 그러나 반대의견은 다음과 같은 이유로 수긍하기 어렵다.

(1) 먼저, 반대의견은 농지의 필요성이 줄어들었다는 사정으로 쌀 재고량의 과잉과 자유무역협정에 의한 쌀 수입개방 등을 들고 있지만, 향후 세계 곡물시장 및 국제 곡물가격의 급격한 변동 등에 대비하여 일정수준의 식량 자급을 유지할 필요성을 완전히 배제할 수는 없을 것이므로 상당한 정도의 우량농지를 확보할 필요성이 있다는 정책적 판단이 완전히 잘못된 것이라고 할 수는 없고, 따라서 반대의견에서 주장하는 바와 같은 경제 여건의 변화 등을 이유로 이 사건 각 처분을 취소할 정도로 농지의 필요성에 중대한 사정변경이 생겼다고 단정할 수 없다.

(2) 다음으로 수질관리 측면에서 보면, 반대의견은 정부조치계획에 반영된 수질대책들이 실현가능성이 없거나 재원조달계획이 확정되지 않은 대책까지 포함된 것이고, 또한 해양환경에 미치는 영향에 대하여 미리 검토되지 않은 대책이 포함되어 있다는 점을 지적하고 있지만, 정부조치계획에서는 환경부 시안과 민관공동조사단의 수질분석 결과 및 환경부의 수질예측 결과를 반영하여 각종 수질대책을 수립하고 있고, 이러한 각종의 수질대책은 수질분야 전문가들과 정부관계자들이 함께 검증절차를 거쳐 모두 실현가능하다는 전제하에 수립된 것으로서 정부실천계획에 나오는 11개 과제가 모두 정상적으로 추진되고 있고 수질예측 결과도 예정된 목표를 초과하여 달성되고 있으며, 특히 4대강 수계별로 법제화되어 실시하도록 되어 있는 오염총량관리제가 도입되는 경우 생화학적 산소요구량뿐만 아니라 총인과 총질소도 감소하는 효과를 얻을 수 있고, 전주권 그린벨트는 수질대책 차원에서 정부조치계획보다 더욱 강화하여 해제된 그린벨트에 대하여 이미 녹지로 보전되고 있으며, 환배수로나 저층수 배제시설도 일정범위 내에서는 수질대책으로서의 효과가 있다는 수질분야 전문가들의 검증을 거쳐 계획이 수립되어 예산까지 배정된 상황이므로, 반대의견이 제기하는 의문만으로 새만금 담수호가 농업용수로서의 수질을 유지하는 것이 불가능하다거나 이 사건 각 처분을 취소할 정도로 수질관리에 사정변경이 생겼다고 단정할 수 없다.

(3) 그리고 해양환경 측면에서 보면, 반대의견이 지적하는 바와 같이 이 사건 방조제의 축조로 인하여 해양생태계의 변화가 일부 생기는 것은 사실이지만, 그와 같은 변화는 방조제를 설치하는 경우 당연히 나타나는 불가피한 현상으로서 환경영향평가 당시에 이미 그 변화가 상

당 부분 반영되었고, 배수갑문을 통하여 방조제 내부 물이 해양으로 배출되고 방조제 내부의 전반적인 수심이 깊지 않아 물이 정체되거나 성층형성이 발생할 가능성이 크지 않다는 전문가들의 의견도 제시되어 있으며, 해양환경상의 변화에 대비하여 정부조치계획에서는 외해 모니터링 설치, 적조방제대책, 수질자동측정소 설치, 지리정보시스템(GIS) 구축 등 해양환경오염 방지대책을 수립하였고 이와 같은 대책들은 해양환경 분야 전문가들의 검증을 거쳐 수립된 것이므로, 반대의견이 제기하는 의문만으로 이 사건 각 처분을 취소할 정도로 새만금 방조제 설치로 인한 해양환경에 중대한 사정변경이 생겼다고 단정할 수 없다.

(4) 또한 경제성 측면에서, 반대의견은 이 사건 사업에 관한 한국산업경제연구원 및 민관공동조사단이 한 경제성 분석을 그대로 받아들이기 어렵고, 수질관리 소요 비용과 아울러 새만금 사업으로 상실되는 갯벌의 가치와 사업 시행으로 발생될 수 있는 방조제 주변 해양환경에 대한 영향을 참작하여 보면 환경상의 피해를 수인하고 사업을 시행할 정도의 경제성 내지는 사업성이 있다고 볼 수 없어, 사정변경이 있다고 보았다.

그러나 이 사건과 같이 국가가 사업을 시행하는 경우에는 사적인 경제상의 가치 외에도 국가·사회적인 편익과 같은 공익상의 가치도 모두 사업시행자인 국가 내지는 국민 전체가 얻을 수 있는 편익에 속한다 할 것이고, 따라서 국가가 시행하는 사업에 관한 경제성을 평가함에 있어서는 사인이나 사기업과는 달리 국가·사회적인 공익상의 가치가 반영된 편익과, 그 사업으로 인하여 발생되는 환경문제와 같은 국가·사회적인 손실도 포함한 비용이 참작되어야 할 것이다. 따라서 민관공동조사단이 새만금사업의 시행에 의하여 기존의 시장을 통해 반영될 수 있는 효과뿐만 아니라 시장의 거래를 통해 나타나지는 않지만 주민들의 후생에 간접적으로 영향을 미치는 편익들과 아울러 환경에 미치는 영향까지 고려한 비용들을 분석한 것이 부당하다고 보이지 아니한다.

다수의견이 설시하고 있는 바와 같이, 편익과 비용을 비교하여 공공사업에 경제성 내지 사업성이 있는지 여부를 판단함에 있어서 어떠한 항목을 편익이나 비용항목에 넣을 수 있는지 여부와 각 항목별 평가방법에 관하여는 확립된 원칙이 있지 않다고 보이고, 편익과 비용의 항목별로 평가 대상인지 여부 및 평가방법의 적정성을 사법심사의 대상으로 삼아 일일이 판단하는 것은 적절하지 않다. 따라서 편익과 비용은 평가 당시의 공공사업에 관한 투자분석이론에 입각하여 할 것인바, 30인의 공공투자분석 전문가들로 구성된 민관공동조사단이 새만금사업으로 얻게 되는 국가·사회적인 편익을 포함하여 가액으로 평가가 가능한 편익을 산정하는 한편, 새만금사업의 실시로 예상되는 비용, 특히 조사 당시까지의 연구평가기법 내지 계량화기법에 의하여 수치화가 가능한 갯벌의 기능가치를 포함하여 가액으로 평가가 가능한 비용을 산정한 후 이 사건 새만금사업의 경제성 내지 사업성을 분석하고 전문가들 사이의 견해차를 참작하여 여러 조건을 상정한 10개의 시나리오를 구성한 결과, 그 시나리오 모두에서 경제성 내지 사업성이 있는 것으로 나타난 사정을 참작하면, 이 사건 새만금사업에 경제성 내지 사업성이 없다고 하려면 이를 부정할 수 있을 정도로 충분한 입증이 있어야 할 것이다. 반대의견은 위 민관공동조사단의 비용 분석에서 이 사건 사업으로 상실되는 새만금 갯벌의 가치를 제대로 평가하지 못하였고 현재의 과학기술로서는 갯벌이 가지는 많은 기능과 가치를 제대로 평가하기 어려우므로 새로운 평가기법의 등장으로 계량화작업이 발달하면 향후 갯벌의 가치가 더 커질 것이라는 점을 지적하고 있으나, 위와 같은 사정을 참작한다고 하더라도 이 사건에서 민관공동조사단의 경제성 분석 결과를 모두 뒤엎고 새만금사업에 경제성 내지 사업성이 없다고 단정할 수 있는 사정변경이 발생하였다는 점에 관한 입증이 충분히 이루어졌다고 보기 어렵다.

물론, 국가·사회적인 공익상의 가치가 반영된 모든 편익과 비용에 대하여 가액을 산정함에 있어서는, 그 편익과 비용을 구성하는 요소 중에 시장가격이 형성되어 있지 아니한 경우가 많아 이를 객관적으로 평가하는 것이 쉽지 않다. 따라서 반대의견이 지적하고 있는 바와 같이 자연환경의 가치는 경제적인 가치로 환산하여 평가하기 어렵고, 또한 현재 이용되지 않고 있는 자연환경의 가치를 평가의 대상 자체에 포함시키기 어려우므로 경제성 내지는 사업성을 판단함에 있어서 이와 같은 사정을 고려하여야 하지만, 반대로 국가·사회적인 편익 중에서도 그 가액을 평가하기 어려운 것에 대하여는 그 구체적인 내용과 아울러 사업전체에서 차지하는 비중 내지는 사업목적에 미치는 영향 등을 충분히 참작하여 최종적으로 경제성 내지는 사업성이 있는지 여부를 판단하여야 한다.

새만금사업은 농근법과 구 공수법에 근거하여 농지의 집단화 및 농업의 기계화에 의한 농업생산력 증진과 이로 인한 농업경제의 발전을 도모하고 현대적인 농어촌 건설과 국가의 균형발전 및 낙후된 지역경제의 활성화 등을 이루기 위하여 실시되는 사업으로서 제4차국토종합개발계획의 일환으로 실시되고 있다. 제4차국토종합개발계획의 전략별 추진계획을 보면, 친환경농업 및 첨단영농기법의 도입 등을 통한 농촌 등 낙후지역의 새로운 활로 개척, 환경친화적 개발모형과 지침마련, 보전할 지역은 보전하고 개발가능한 지역은 계획에 입각하여 친환경적으로 개발하는 국토이용원칙을 정립함으로써 질서 있는 토지이용 및 관리체계구축으로 난개발의 방지, 수자원의 개발을 통한 해안·도서지역·낙후지역의 수자원의 안정적 공급기반 구축 및 수자원의 적정수질 확보, 20년 이상된 노후 관거의 교체와 유역별 하천 종합관리체계 구축에 의한 수자원의 합리적 관리체계 확립 등의 내용이 포함되어 있다. 피고는 새만금 담수호의 수질을 종전의 동진강·만경강의 수질보다 훨씬 향상될 수 있도록 사업을 추진하고 있어 수질관리가 제대로 이루어진다면 종전보다 환경적인 면에서 향상될 수도 있으며 시화호의 경험을 겪은 후 국가·사회적으로 환경문세와 호소관리의 중요성을 인식하고 있는 상황 아래에서 환경친화적인 개발방식을 추진하고 있으므로 새만금사업은 제4차국토종합개발계획의 전략별 추진계획의 내용과도 부합되는 개발사업이다. 더욱이 이 사건 새만금사업은 현재까지 막대한 비용이 투입되어 방조제가 거의 완공단계에 있다. 따라서 이와 같은 사정 등을 종합하여 보면, 반대의견에서 지적하는 바와 같이 가액으로 평가하기 어려운 새만금 갯벌의 보전 가치뿐 아니라 수질관리를 위하여 추가로 소요되는 비용이나 해양 생태계에 대한 영향을 모두 참작하여 보더라도, 현재로서는 새만금사업을 계속 실시하여 얻을 수 있는 전체의 편익보다 비용 내지 손실이 더 크다거나 위와 같은 자연환경의 피해를 수인할 수 없다고 인정하기에 부족하므로, 경제성 내지는 사업성에 관한 중대한 사정변경이 발생하였다고 볼 수 없다.

(5) 이 사건 새만금사업이 현재까지 막대한 비용이 투입되어 방조제가 거의 완공단계에 있다는 사정과 관련하여 원고측은 새만금사업이 취소되더라도 현재까지 시공된 방조제 구간을 그대로 둔 채 이를 활용하면서 새만금 갯벌을 살리는 환경친화적인 대안을 모색할 수 있다는 주장을 하고 있고, 반대의견은 이를 받아들여 취소의 공익상 필요성을 인정하는 참작사유로 삼고 있다. 그러나 원고측이 주장하는 대안에 관하여는 구체적 사업 내용 및 규모, 기술적인 가능성, 소요되는 비용 및 편익에 관한 경제적 타당성, 그 사업으로 인하여 예상되는 또 다른 자연환경에의 영향 등에 관하여 구체적인 주장·입증이 없다. 따라서 위 대안이 구체화되어 시행될 수 있을 때까지 미완공된 방조제의 유지·관리에 소요되는 비용과 위 방조제를 제대로 활용하지 못함으로 인하여 발생되는 기회비용 등을 참작하여 볼 때에, 정부와 민간

이 협조하여 비교적 환경친화적인 입장에서 추진되고 있는 이 사건 새만금사업과 비교하여 위 대안이 과연 어느 정도나 확실하게 우위에 있는지 알 수 없으므로, 위 대안을 모색할 수 있는 가능성만으로는 이 사건 새만금사업을 취소하여야 할 공익상의 특별한 필요가 있다고 볼 수 없다. 확실한 대안이 모색되지 아니한 상태에서 섣불리 사업을 취소하게 되면 그 동안 투여된 막대한 비용이 무용지물로 될 수 있는 위험성이 있으므로 오히려 공익에 어긋날 여지도 있다 할 것이다.
   (6) 결국, 위에서 본 제반 사정에 비추어 보면, 반대의견과는 달리, 농지의 필요성, 수질관리, 해양환경 및 경제적 타당성에 관하여 이 사건 새만금사업을 취소하여야 할 정도의 중대한 사정변경이나 공익상의 특별한 필요성이 있다고 인정하기에 부족하다고 본 다수의견이 타당하다고 할 것이다.
 마. 앞서 지적한 바와 같이 자연환경은 그 속성상 한번 파괴되면 이를 회복하는 것이 어려울 뿐만 아니라, 자연환경은 현재 세대의 생존의 기초가 되는 동시에 장래 세대에 대하여도 역시 생존의 기초로 유지되어야 할 자산으로서, 이 사건 새만금사업과 같이 환경 훼손의 우려가 있는 대규모의 국책사업의 경우 신중한 판단을 위하여 사전에 환경피해의 범위 및 정도 등에 대한 철저한 조사 등이 우선되어야 할 것인데, 다수의견에서 지적하고 있는 바와 같이, 이 사건 새만금사업 계획을 수립할 당시에 이루어진 환경영향평가, 담수호 수질 유지·관리 대책 등에 관하여 일부 미흡한 점이 있었음을 인정하지 않을 수 없고, 이 점이 새만금사업의 원만한 추진에 걸림돌이 되었고 커다란 사회적 갈등을 야기하였다. 이 점은 장래 이른바 대규모의 국가 정책적 사업을 추진함에 있어서 소중한 교훈으로 삼아야 할 것이다.
  앞으로도 이 사건 새만금사업을 추진하는 데에는 상당한 시간과 비용이 소요될 것이고 아울러 예상하지 못한 자연적·사회적 여건의 변화와 새로운 기술의 발전이 뒤따를 수 있다. 다수의견은 현재 원고측의 입증부족을 이유로 이 사건 새만금사업의 취소 청구를 받아들이지 않지만, 장래에 예상하지 못한 위와 같은 여건 변화, 특히 수질문제나 해양환경상의 영향으로 이 사건 사업을 계속 시행함이 적절하지 아니할 정도의 사정변경이 발생할 가능성도 배제할 수는 없다. 그러한 만큼 피고로서는 이 사건 판결로써 이 사건 새만금사업의 정당성이 확보되었다고 만족할 것이 아니라 변화하는 여건에 맞추어, 어떻게 하는 것이 진정으로 국가경제의 발전에 도움이 되며 아울러 환경친화적인 것인지를 꾸준히 검토하여 반영하는 지혜와 노력이 필요함을 지적해 두고자 한다.

대법원장   이용훈(재판장)   대법관   강신욱 이규홍 이강국 손지열 박재윤 고현철 김용담 김영란 양승태 김황식 박시환(주심) 김지형

다. 소가의 산정

(1) 유지청구의 성질에 따른 소가 산정방법

 피보전권리가 물권적 청구권인 경우에는 그 권리의 가액을 기준으로 소가를 산출할 수 있다. 민사소송등인지규칙 제12조에 의하면 소유권에 기한 방해배제청구의 경우 목적물건 가액의 1/2, 상린관계상의 청구의 경우 부담을 받는 이웃 토지 부분의 가액의 1/3을 기준으로 소가를 산정하도록 규정하고 있다.

원고들이 다수인 경우에는 그 원고들이 침해받는 이익이 공통적이라고 하더라도 각자의 청구는 독립한 별개의 것이므로 각 청구의 소가를 합산하여야 한다. 이 경우 인지액은 먼저 합산된 소가 전체를 기준으로 산출하여야 하지 원고별 소가에 따른 인지액을 정한 다음 이를 합산할 것은 아니다.

라. 재판

(1) 유지명령의 내용 청구취지

(가) 유지명령의 유형

유지청구권 행사의 내용은 작위청구와 부작위청구 중 어느 하나에 의한다. 일정한 공해방지공사 또는 제해시설의 설치, 오염시설의 철거를 구하는 형태가 작위청구이고, 일정 기준 이상의 소음, 매연 따위를 배출하는 등의 환경침해행위를 하여서는 아니된다는 형태가 부작위청구이다.

☞ 대법원 1974. 12. 10. 선고 72다1774 판결 45p 참조

(나) 특정의 원칙

유지명령의 청구취지는 임의이행이나 강제집행이 가능하도록 가급적 구체적이고 명료하게 특정되어야 한다.

(2) 자동차 통행제한 청구의 경우

☞ **도로법**

제22조 (도로 노선의 중복) ① 서로 다른 종류의 도로 노선이 중복되는 도로의 구간에 대해서는 상급도로(제10조 각 호에 따른 도로의 순위를 기준으로 해당 도로보다 높은 순위의 도로를 말한다. 이하 같다)에 관한 규정을 적용한다.
② 국토교통부장관 또는 행정청은 다른 도로 노선과 중복되게 도로 노선을 지정·변경하려는 경우나 다른 도로 노선과 중복된 도로 노선을 변경·폐지하려는 경우에는 그 다른 도로 노선을 지정한 행정청 또는 국토교통부장관(해당 도로 노선을 지정한 행정청 또는 국토교통부장관이 해당 도로의 도로관리청이 아닌 경우에는 도로관리청을 포함한다)에게 그 사실을 알려야 한다.

> ☞ 소음・진동관리법

제30조 (제작차 소음허용기준) 자동차를 제작(수입을 포함한다. 이하 같다)하려는 자(이하 "자동차제작자"라 한다)는 제작되는 자동차(이하 "제작차"라 한다)에서 나오는 소음이 대통령령으로 정하는 제작차 소음허용기준에 적합하도록 제작하여야 한다.

(3) 복수오염원에 대한 유지청구의 경우

[판례 5] 손해배상(기) (대법원 2000. 9. 29. 선고 2000다13900 판결)

【판시사항】
[1] 공동불법행위의 성립 요건 및 공동불법행위에서 방조의 의미
[2] 피해자의 부주의를 이용하여 고의로 불법행위를 저지른 자가 바로 그 피해자의 부주의를 이유로 과실상계를 주장할 수 있는지의 여부(소극)
[3] 공동불법행위책임에 있어서 가해자 중 1인이 다른 가해자에 비하여 불법행위에 가공한 정도가 경미한 경우, 피해자에 대한 관계에서 그 가해자의 책임 범위를 제한할 수 있는지 여부(소극)

【판결요지】
[1] 수인이 공동하여 타인에게 손해를 가하는 민법 제760조의 공동불법행위의 경우 행위자 상호간의 공모는 물론 공동의 인식을 필요로 하지 아니하고, 다만 객관적으로 그 공동행위가 관련공동되어 있으면 족하고, 그 관련공동성 있는 행위에 의하여 손해가 발생함으로써 그에 대한 배상책임을 지는 공동불법행위가 성립하는 것이며, 공동불법행위에서 방조라 함은 불법행위를 용이하게 하는 직접・간접의 모든 행위를 가리키는 것이다.
[2] 피해자의 부주의를 이용하여 고의로 불법행위를 저지른 자가 바로 그 피해자의 부주의를 이유로 자신의 책임을 감하여 달라고 주장하는 것은 허용될 수 없다.
[3] 공동불법행위 책임은 가해자 각 개인의 행위에 대하여 개별적으로 그로 인한 손해를 구하는 것이 아니라 그 가해자들이 공동으로 가한 불법행위에 대하여 그 책임을 추궁하는 것이므로, 공동불법행위로 인한 손해배상책임의 범위는 피해자에 대한 관계에서 가해자들 전원의 행위를 전체적으로 함께 평가하여 정하여야 하고, 그 손해배상액에 대하여는 가해자 각자가 그 금액의 전부에 대한 책임을 부담하는 것이며, 가해자 1인이 다른 가해자에 비하여 불법행위에 가공한 정도가 경미하다고 하더라도 피해자에 대한 관계에서 그 가해자의 책임 범위를 위와 같이 정하여진 손해배상액의 일부로 제한하여 인정할 수는 없다.

【참조조문】
[1] 민법 제760조 [2] 민법 제396조, 제763조 [3] 민법 제396조, 제760조, 제763조

【참조판례】
[1] 대법원 1998. 6. 12. 선고 96다55631 판결(공1998하, 1858)
대법원 1998. 12. 23. 선고 98다31264 판결(공1999상, 222)

대법원 2000. 4. 11. 선고 99다41749 판결(공2000상, 1172)
[2] 대법원 1987. 7. 21. 선고 87다카637 판결(공1987, 1388)
대법원 1995. 11. 14. 선고 95다30352 판결(공1996상, 21)
대법원 2000. 1. 21. 선고 99다50538 판결(공2000상, 482)
[3] 대법원 1998. 10. 20. 선고 98다31691 판결(공1998하, 2680)

【전 문】

【원고, 피상고인】 한국산업은행 (소송대리인 변호사 이재후 외 3인)

【피고, 상 고 인】 피고 (소송대리인 변호사 안용득)

【원심판결】 서울고법 2000. 1. 26. 선고 99나35036 판결

【주 문】

상고를 기각한다.
상고비용은 피고의 부담으로 한다.

【이 유】

상고이유(기간 경과 후에 제출된 상고이유보충서의 기재는 상고이유를 보충하는 범위 안에서)를 본다.

1. 제1점에 대하여

가. 수인이 공동하여 타인에게 손해를 가하는 민법 제760조의 공동불법행위의 경우 행위자 상호간의 공모는 물론 공동의 인식을 필요로 하지 아니하고, 다만 객관적으로 그 공동행위가 관련공동되어 있으면 족하고, 그 관련공동성 있는 행위에 의하여 손해가 발생함으로써 그에 대한 배상책임을 지는 공동불법행위가 성립하는 것이며, 공동불법행위에서 방조라 함은 불법행위를 용이하게 하는 직접·간접의 모든 행위를 가리키는 것이다(대법원 1998. 12. 23. 선고 98다31264 판결, 2000. 4. 11. 선고 99다41749 판결 등 참조).

나. 기록에 의하면, 피고는 제1심 공동피고 1, 제1심 공동피고 2, 제1심 공동피고 3, 제1심 공동피고 4와 함께, 원심 판시와 같이 피고와 제1심 공동피고 3은 예금주들을 모집하여 그 예금주들로 하여금 제1심 공동피고 1로부터 은행 약정이자 이외에 별도로 고율의 선이자를 지급받고 일정한 기간 예금을 찾지 않는 조건으로 원고 은행 지점에 예금을 하게 하였을 뿐만 아니라, 자신도 처와 딸 명의로 도합 7억 원을 예금하면서 은행 약정이자 이외에 제1심 공동피고 1로부터 별도의 선이자를 받은 후 일정한 기간이 지난 후에 다시 인출하였고, 원고 은행 지점 과장인 제1심 공동피고 4는 예금주 모르게 현금카드를 발급받아 이를 이용하여 예금을 불법으로 인출하여 자신이 사용하거나 제1심 공동피고 1에게 송금하여 이를 사용하게 하는 등 불법행위를 저질렀음을 알 수 있다.

사실관계가 이와 같다면, 피고가 은행 약정이자 이외에 별도로 은행이 아닌 제1심 공동피고 1로부터 고율의 선이자를 지급받기로 하고 예금주들을 물색하여 원고 은행 지점에 예금을 유치하고, 자신도 예금을 하고 별도의 선이자를 받은 점 등에 비추어 보면, 제1심 공동피고 4 및 제1심 공동피고 1 등과 예금주 모르게 현금카드를 발급받아 이를 사용하여 예금을 인출하는 방법에 관하여 구체적으로 공모를 하지는 않았다고 하더라도 그들이 정상적인 방법이 아닌 부정한 방법으로 그 예금을 인출·사용하는 것을 충분히 알고 있으면서 계속 예금을 유치하여 줌으로써 그들로 하여금 계속적으로 그 예금을 불법으로 인출 사용하는 것이 가능하고, 또 용이하게 한 것으로서, 이는 고의에 의한 방조행위에 해당하고, 이와 같은 피고의 방조행위와 제1심 공동피

고 1, 제1심 공동피고 4 등의 예금 불법인출행위는 객관적으로 관련공동되어 있고, 그 관련공동성 있는 행위에 의하여 원고 은행에 원심 판시와 같은 손해가 발생한 이상, 피고는 제1심 공동피고 1, 제1심 공동피고 4 등 제1심 공동피고들과 연대하여 원고에 대하여 손해배상책임을 지지 않을 수 없다.

같은 취지에서 피고의 위와 같은 행위가 제1심 공동피고 1, 제1심 공동피고 1 등 제1심 공동피고들의 불법행위에 대한 방조에 해당하여 공동불법행위가 성립된다고 보아 피고에게 원고가 입은 손해액 전부에 대하여 배상을 명한 원심의 사실인정 및 판단은 정당하고, 거기에 채증법칙 위배로 인한 사실오인이나, 공동불법행위로 인한 손해배상책임에 관한 법리오해 등의 위법이 있다고 할 수 없다. 이 점에 관한 상고이유는 받아들일 수 없다.

2. 제2점에 대하여

가. 피해자의 부주의를 이용하여 고의로 불법행위를 저지른 자가 바로 그 피해자의 부주의를 이유로 자신의 책임을 감하여 달라고 주장하는 것은 허용될 수 없다(대법원 1987. 7. 21. 선고 87다카637 판결, 1995. 11. 14. 선고 95다30352 판결 등 참조). 또한 공동불법행위 책임은 가해자 각 개인의 행위에 대하여 개별적으로 그로 인한 손해를 구하는 것이 아니라 그 가해자들이 공동으로 가한 불법행위에 대하여 그 책임을 추궁하는 것이므로, 공동불법행위로 인한 손해배상책임의 범위는 피해자에 대한 관계에서 가해자들 전원의 행위를 전체적으로 함께 평가하여 정하여야 하고, 그 손해배상액에 대하여는 가해자 각자가 그 금액의 전부에 대한 책임을 부담하는 것이며, 가해자 1인이 다른 가해자에 비하여 불법행위에 가공한 정도가 경미하다고 하더라도 피해자에 대한 관계에서 그 가해자의 책임 범위를 위와 같이 정하여진 손해배상액의 일부로 제한하여 인정할 수는 없다(대법원 1998. 10. 20. 선고 98다31691 판결 참조).

나. 원심판결 이유를 기록에 비추어 살펴보면, 원고 은행 성남지점의 현금카드 발급담당 여직원들이 제1심 공동피고 4의 현금카드를 이용한 예금 불법인출 의도를 간파하지 못하고 제1심 공동피고 4의 부탁에 따라 예금주들 본인의 의사를 확인하지 아니한 채 현금카드를 발급하여 이를 제1심 공동피고 4에 교부한 것이 원고 은행의 과실이라 하더라도, 고의의 불법행위자인 제1심 공동피고 4 등 제1심 공동피고들은 물론 그와 공동불법행위 책임이 있는 피고도 역시, 제1심 공동피고 4가 원고 은행 지점의 현금카드 발급담당 여직원들의 과실을 틈타 고의로 예금주 모르게 예금주 명의로 현금카드를 발급받아 이를 이용하여 예금을 불법으로 인출하여 사용한 이상, 원고 은행에 그와 같은 과실이 있다는 이유로 과실상계 주장을 하는 것은 허용되지 아니한다. 그리고 피고가 공동불법행위자들인 제1심 공동피고 1, 제1심 공동피고 4 등 제1심 공동피고들에 비하여 불법행위에 가공한 정도가 경미하다고 하더라도 피해자인 원고 은행에 대한 관계에서 피고의 책임 범위를 그 일부로 제한하여 인정할 수는 없으므로, 같은 취지에서 피고의 과실상계 내지 손해배상책임 범위의 제한에 관한 주장을 배척한 원심의 판단은 정당하고, 거기에 법리오해의 위법이 있다고 할 수 없다. 이 점에 관한 상고이유 역시 받아들일 수 없다.

3. 그러므로 상고를 기각하고, 상고비용은 패소자의 부담으로 하기로 하여 관여 법관의 일치된 의견으로 주문과 같이 판결한다.

대법관 이규홍(재판장) 송진훈(주심) 윤재식 손지열

(4) 처분권주의와의 관계

☞ 대법원 1999. 7. 27. 선고 98다47528 판결 187p 참조 (봉은사 사건)

(5) 환경소송청구취지

(가) 작위명령

▷ 피고는 원고에게 …에 건축하고 있는 (피고 소유의) …공장에 대하여 별지 사양서와 같은 소음방지공사를 시행하라.
▷ 피고는 …소재 …공장으로부터 발생하는 소음이 …소재 원고의 주택 내의 (중앙부)에 …(dB) 이상 유입되지 않도록 (별지 기재와 같은) 방음설비를 시공하라.
▷ 피고는 별지 제1목록 기재 공작물 중 별지 제2목록 기재 건물의 동쪽 창의 전면에 해당하는 부분의 (베니아판)을 철거하라.

(나) 부작위명령

▷ 피고는 별지 목록 기재 토지상에 …층(또는 …m) 이상의 건물 건축공사를 하여서는 아니된다.
▷ 피고는 원고에 대하여 (매일 오후 …시부터 오전 …시까지 사이에) (별지 목록 기재) 기계를 운전하여서는 아니된다.
▷ 피고는 …소재 …공장에서 발생하는 소음이 …소재 원고 (주택)의 (남쪽 벽면) 기준으로 …(dB) 이상 되도록 하여서는 아니된다.
▷ 피고는 원고에 대하여 …토지 중 (별지 도면 표시 선내 부분)에 분뇨를 투기하여서는 아니된다.

4. 유지명령의 집행

가. 대체적 작위의무의 경우

☞ 민사집행법

제260조 (대체집행) ① 민법 제389조제2항 후단과 제3항의 경우에는 제1심 법원은 채권자의 신청에 따라 민법의 규정에 의한 결정을 하여야 한다.
② 채권자는 제1항의 행위에 필요한 비용을 미리 지급할 것을 채무자에게 명하는 결정을 신청할 수 있다. 다만, 뒷날 그 초과비용을 청구할 권리는 영향을 받지 아니한다.
③ 제1항과 제2항의 신청에 관한 재판에 대하여는 즉시항고를 할 수 있다.

나. 부대체적 작위의무 또는 부작위의무의 경우

주문은, "피신청인은 …하여서는 아니 된다. 만약 피신청이 위 의무를 위반한 경우에는 위반행위 1회(또는 매 1일)마다 금 00원씩의 비율에 의한 금원을 신청인에게 지급하라.

> ☞ 민사집행법
>
> 제261조 (간접강제) ① 채무의 성질이 간접강제를 할 수 있는 경우에 제1심 법원은 채권자의 신청에 따라 간접강제를 명하는 결정을 한다. 그 결정에는 채무의 이행의무 및 상당한 이행기간을 밝히고, 채무자가 그 기간 이내에 이행을 하지 아니하는 때에는 늦어진 기간에 따라 일정한 배상을 하도록 명하거나 즉시 손해배상을 하도록 명할 수 있다.
> ② 제1항의 신청에 관한 재판에 대하여는 즉시항고를 할 수 있다.

5. 유지가처분

가. 환경분쟁에 있어 가처분

환경오염으로 인한 침해는 인간의 생명·신체나 자연환경에 대한 파괴를 수반하는 것이다.

나. 요건

(1) 당사자

(가) 신청인

환경침해유지가처분의 신청인적격을 가진 자는 일반적으로 당해 환경침해로 인하여 생명·신체 또는 재산권 등에 피해를 입은 사람이라고 할 수 있다.

(나) 피신청인

환경오염으로 인한 피해를 일으킨 원인자가 피신청인이다. 공사금지가처분의 경우에는 공사도급인과 수급인이 모두 가능하다.

(2) 피보전권리

유지가처분의 피보전권리는 환경침해유지청구권으로 부를 수 있다.

☞ 민사집행법

제280조 (가압류명령) ② 청구채권이나 가압류의 이유를 소명하지 아니한 때에도 가압류로 생길 수 있는 채무자의 손해에 대하여 법원이 정한 담보를 제공한 때에는 법원은 가압류를 명할 수 있다.
제301조 (가압류절차의 준용) 가처분절차에는 가압류절차에 관한 규정을 준용한다. 다만, 아래의 여러 조문과 같이 차이가 나는 경우에는 그러하지 아니하다.

---

(3) 보전의 필요성

임시의 지위를 정하는 가처분에 관하여는 '특히 계속하는 권리관계에 현저한 손해를 피하거나 급박한 위험을 막기위하여, 또는 그 밖의 필요가 이유가 있을 경우'(민사집행법 제300조 제2항 단서) 보전의 필요가 있다고 말할 수 있다.

☞ 민사집행법

제300조 (가처분의 목적) ① 다툼의 대상에 관한 가처분은 현상이 바뀌면 당사자가 권리를 실행하지 못하거나 이를 실행하는 것이 매우 곤란할 염려가 있을 경우에 한다.
② 가처분은 다툼이 있는 권리관계에 대하여 임시의 지위를 정하기 위하여도 할 수 있다. 이 경우 가처분은 특히 계속하는 권리관계에 끼칠 현저한 손해를 피하거나 급박한 위험을 막기 위하여, 또는 그 밖의 필요한 이유가 있을 경우에 하여야 한다.

다. 심리

(1) 변론 또는 심문

☞ 민사집행법

제304조 (임시의 지위를 정하기 위한 가처분) 제300조제2항의 규정에 의한 가처분의 재판에는 변론기일 또는 채무자가 참석할 수 있는 심문기일을 열어야 한다. 다만, 그 기일을 열어 심리하면 가처분의 목적을 달성할 수 없는 사정이 있는 때에는 그러하지 아니하다.

(2) 소명

피보전권리와 보전의 필요성에 관하여 보다 고도의 소명이 있어야 할 것이다.

> ☞ **민사집행법**
>
> **제299조 (가압류집행의 취소)** ① 가압류명령에 정한 금액을 공탁한 때에는 법원은 결정으로 집행한 가압류를 취소하여야 한다. <개정 2005. 1. 27.>

라. 재판

(1) 방식

가처분절차에서도 화해나 조정에 의한 해결이 가능하다. 재판은 변론을 거친 경우에는 판결 선고로 하고, 심문을 거친 경우에는 결정으로 한다.

(2) 담보의 제공

가처분을 인용하는 경우 신청인으로 하여금 일정한 담보를 제공케 하는 것이 보통인데, 실무상 담보제공명령과 동시에 가처분명령을 발하는 것이 관례이다.

"신청인이 피신청인을 위한 보증으로 금 …원을 공탁(하거나 위 금액을 보험금액으로 하는 지급보증위탁계약체결문서를 제출)할 것을 조건으로…"와 같이 담보제공조건부 가처분명령의 형식이 될 것이다.

(3) 가처분명령

(가) 주문 특정의 필요성

신청을 인용하는 경우의 주문은 본안 유지명령의 경우와 같은 형태가 될 것이나, 가처분이므로 본안재판시까지의 임시적인 명령이라는 점이 다르다.

(나) 처분권주의와의 관계

> ☞ 민사집행법

제305조 (가처분의 방법) ① 법원은 신청목적을 이루는 데 필요한 처분을 직권으로 정한다.

마. 집행

부작위를 명하는 가처분의 경우 채무자가 의무위반행위를 하면 채권자는 위반상태의 제거 또는 방지를 대체집행으로 법원에 청구하거나, 간접강제를 부과하여 의무이행을 강제할 수 있다.

> "…채무자들이 전항의 기간 내에 전항의 이행을 하지 아니할 때에는 채권자들 또는 그 위임을 받은 제3자는 전항의 XXX를 제거할 수 있다.

제6장 청구취지의 내용

[판례 1] 주차권존재확인 (대법원 2006. 3. 9. 선고 2005다60239 판결)

【판시사항】
[1] 이행의 소를 제기할 수 있는데도 확인의 소를 제기한 경우, '확인의 이익'이 있는지 여부(소극)
[2] 확인의 이익의 유무와 법원의 직권 판단
[3] 판결 주문의 특정 정도
[4] 아파트입주자대표회의를 상대로 아파트 단지 내로의 출입, 통행 및 주차의 방해금지를 구한 사안에서, 그 방해금지청구를 인용하면서 주차시간을 '특별한 사정이 없는 한 06:00부터 22:00까지'로 한정한 원심판결을, 대지사용권에 대한 법리를 오해하고 판결주문으로서 갖추어야 할 명확성을 갖추지 못하였음을 이유로 파기한 사례

【판결요지】
[1] 확인의 소는 원고의 법적 지위가 불안·위험할 때에 그 불안·위험을 제거함에 확인판결로 판단하는 것이 가장 유효·적절한 수단인 경우에 인정되므로, 이행을 청구하는 소를 제기할 수 있는데도 불구하고, 확인의 소를 제기하는 것은 분쟁의 종국적인 해결 방법이 아니어서 확인의 이익이 없다.
[2] 확인의 소에 있어서 확인의 이익의 유무는 직권조사사항이므로 당사자의 주장 여부에 관계없이 법원이 직권으로 판단하여야 한다.
[3] 판결의 주문은 명확하여야 하며 주문 자체로서 내용이 특정될 수 있어야 하므로, 주문은 어떠한 범위에서 당사자의 청구를 인용하고 배척한 것인가를 그 이유와 대조하여 짐작할 수 있을 정도로

표시되고 집행에 의문이 없을 정도로 이를 명확히 특정하여야 한다.

[4] 아파트입주자대표회의를 상대로 아파트 단지 내로의 출입, 통행 및 주차의 방해금지를 구한 사안에서, 그 방해금지청구를 인용하면서 주차시간을 '특별한 사정이 없는 한 06:00부터 22:00까지'로 한정한 원심판결을, 대지사용권에 대한 법리를 오해하고 판결주문으로서 갖추어야 할 명확성을 갖추지 못하였음을 이유로 파기한 사례.

【참조조문】

[1] 민사소송법 제250조 [2] 민사소송법 제134조, 제292조 [3] 민사소송법 제208조 [4] 민사소송법 제202조, 제208조

【참조판례】

[1] 대법원 1991. 10. 11. 선고 91다1264 판결(공1991, 2695)
대법원 1994. 11. 22. 선고 93다40089 판결(공1995상, 57)
대법원 1995. 12. 22. 선고 95다5622 판결(공1996상, 489)
대법원 2001. 12. 24. 선고 2001다30469 판결(공2002상, 341)
대법원 2004. 3. 26. 선고 2001다82439 판결
대법원 2005. 7. 14. 선고 2004다36215 판결
[2] 대법원 1991. 7. 12. 선고 91다12905 판결(공1991하, 2156)
대법원 1991. 8. 13. 선고 91다5433 판결(공1991하, 2334)
[3] 대법원 1995. 6. 30. 선고 94다55118 판결(공1995하, 2561)

【전 문】

【원고, 상 고 인】 원고 회사
【피고, 피상고인】 피고 입주자대표회의 (소송대리인 법무법인 치악 담당변호사 박태신)
【원심판결】 서울고법 2005. 9. 6. 선고 2004나67129 판결

【주 문】

원심판결 중 주차방해금지청구에 관한 부분을 파기하고, 그 부분 사건을 서울고등법원에 환송한다. 원고의 나머지 상고를 기각한다.

【이 유】

상고이유를 본다.

1. 확인의 이익에 관한 법리오해, 석명권 불행사의 위법 등의 주장에 대하여

확인의 소는 원고의 법적 지위가 불안·위험할 때에 그 불안·위험을 제거함에 확인판결로 판단하는 것이 가장 유효·적절한 수단인 경우에 인정된다. 따라서 이행을 청구하는 소를 제기할 수 있는데도 불구하고, 확인의 소를 제기하는 것은 분쟁의 종국적인 해결 방법이 아니어서 확인의 이익이 없다(대법원 1994. 11. 22. 선고 93다40089 판결, 1995. 12. 22. 선고 95다5622 판결 등 참조). 한편, 기록에 의하면 피고가 위 확인청구 부분은 확인의 이익이 없어 부적법하다는 항변을 명시적으로 하였을 뿐 아니라(피고의 2004. 7. 16. 자 준비서면 참조), 확인의 소에 있어서 확인의 이익의 유무는 직권조사사항이므로 당사자의 주장 여부에 관계없이 법원이 직권으로 판단하여야 하는 것이다(대법원 1991. 7. 12. 선고 91다12905 판결 참조).

이러한 법리를 바탕으로 하여 원심판결의 이유를 기록에 비추어 살펴보면, 원심이 이 사건 소 중 원고가 이 사건 자동차들이 이 사건 아파트 단지 내로 출입·통행 및 주차할 수 있음의 확인을 청구하

는 부분은 원고가 위 확인청구와 별도로 이 사건 자동차들의 이 사건 아파트 단지 내로 출입·통행 및 주차에 대한 방해 금지를 청구하고 있어 위 이행청구로써 위 확인청구의 목적을 직접 달성할 수 있는 이상 확인의 이익이 없어 부적법하다고 판단하여 이를 각하한 것은 정당하다.

또한, 원고가 위 확인청구와 별도로 방해금지청구를 하고 있는 이 사건에서 위 확인청구부분이 확인의 이익이 없어 부적법하다고 하여 법원이 석명권을 행사하여 원고에게 청구취지의 변경을 촉구할 의무가 있다고 할 수 없다.

원심판결에 상고이유에서 주장하는 바와 같이 확인의 이익에 관한 법리오해, 석명권 불행사의 위법 등이 있다고 할 수 없다. 이 부분 상고이유의 주장은 모두 이유 없다.

2. 주차할 권리의 제한에 관한 법리오해, 판결주문의 불특정 등의 주장에 대하여

가. 원심판결의 이유에 의하면, 원심은 원고가 비록 소유권이전등기를 마치지는 못하였으나 이 사건 점포의 소유자 및 이 사건 대지의 공유자로서 이 사건 대지 전부에 관한 대지사용권을 가진 소외인으로부터 위 대지사용권을 포함한 이 사건 점포의 소유권을 매수하여 이를 인도받고 그 대금을 모두 지급함으로써 소유권 취득의 실질적 요건은 갖추었으므로 소외인에 대한 관계에서 그 대지사용권의 구체적 내용 중 하나로서 이 사건 점포에 소재한 원고의 사무실에 출·퇴근하기 위하여 사용되는 승용자동차 및 승합자동차와 위 사무실을 방문하는 자의 자동차(다만, 원고의 영업을 위하여 사용되는 화물자동차는 제외)를 이 사건 아파트 단지 내에 출입·통행 및 주차시킬 수 있다 할 것이고, 나아가 소외인을 대위하여 피고에 대한 관계에서도 위와 같이 자동차를 출입·통행 및 주차시킬 수 있다고 할 것이므로 피고로서는 위 자동차들이 이 사건 아파트 단지 내로 출입·통행 및 주차하는 것을 방해하는 일체의 행위를 하여서는 아니 될 의무가 있다고 하면서도, 원고는 특별한 사정이 없는 한 위 자동차들의 주차가 필요한 시간은 06:00부터 22:00까지라고 자인하고 있으므로 피고의 주차방해금지는 위 범위 내로 제한함이 상당하다고 판단하여, 그 주문 제2의 가항에서 "위 1항 기재 (아파트명 생략)아파트 단지 내 판매시설 및 근린생활시설(상가명 생략) 2층 208호에 있는 원고의 사무실에 출·퇴근하기 위하여 사용되는 승용자동차 및 승합자동차와 위 사무실을 방문하는 자의 자동차(다만, 원고의 영업을 위하여 사용되는 화물자동차는 제외)에 대하여 위 (아파트명 생략)아파트 단지 내로 출입·통행 및 주차(다만, 특별한 사정이 없는 한 주차시간은 06:00부터 22:00까지로 한다.)하는 것을 방해하는 일체의 행위를 하여서는 아니 된다."고 판결하였다(이하 '이 사건 주문'이라 한다).

나. 그러나 원심이 인정한 위 자동차들이 이 사건 아파트 단지 내에 주차할 수 있는 권리는 원고가 대위하여 행사하는 소외인의 대지사용권에 속하는 것이므로, 별도의 규약이 존재하는 등의 특별한 사정이 없는 한 야간 등 특정시간대라는 이유로 제한될 수 있는 성질의 것이 아니다. 또한 사실심에서의 원고의 주장과 진술을 특별한 사정이 없는 한 06:00부터 22:00까지는 위 자동차들을 이 사건 아파트 단지 내에 주차할 '필요'가 없다는 점을 자인하는 취지로 본다고 하더라도, 이로써 곧바로 원고가 같은 시간대에 이 사건 아파트 단지 내에 위 자동차들을 주차할 '권리'를 포기하였다거나 상실하는 것은 아니라 할 것이다. 오히려 원고는 여전히 위 대지사용권에 기하여 06:00부터 22:00까지 사이에도 이 사건 아파트 단지 내에 위 자동차들을 주차할 권리가 있고, 심야근무, 조기출근 등 특별한 사정이 있다면 그 권리를 행사할 필요도 있으며, 이에 대하여 피고가 주차를 방해하는 행위를 할 우려도 상존하는 이상, 원고로서는 그 방해금지를 구할 권리가 있다고 할 것인데, 원고의 위 주장과 진술이 이러한 방해금지를 구할 권리마저 없음을 자인하는 취지는 결코 아니라고 할 것이다.

따라서 원심이 위 자동차들의 주차시간을 특별한 사정이 없는 한 06:00부터 22:00까지로 한정

한 것은 대지사용권에 관한 법리를 오해하여 판결 결과에 영향을 미친 위법을 저지른 것이라고 할 것이므로, 이 점을 지적하는 상고이유의 주장은 이유 있다.

다. 한편, 판결의 주문은 명확하여야 하며 주문 자체로서 내용이 특정될 수 있어야 하므로, 주문은 어떠한 범위에서 당사자의 청구를 인용하고 배척한 것인가를 그 이유와 대조하여 짐작할 수 있을 정도로 표시되고 집행에 의문이 없을 정도로 이를 명확히 특정하여야 한다(대법원 1995. 6. 30. 선고 94다55118 판결 등 참조).

그런데 이 사건 주문은 피고에게 위 자동차들의 주차를 방해하지 아니 하여야 할 부작위의무를 명함에 있어 위 자동차들의 주차시간을 특별한 사정이 없는 한 06:00부터 22:00까지로 제한함으로써, 결과적으로 같은 시간 동안의 피고의 위 부작위의무의 존부를 특별한 사정의 유무에 전적으로 맡기면서도, 주문 그 자체에서 '특별한 사정'이 무엇인지 특정하지 않고 있을 뿐 아니라, 그 이유에서도 이를 구체적으로 명확하게 밝히지 않고 있고, 나아가 이 사건 주문이 22:00부터 06:00까지 사이에는 주차를 개시할 수 없다는 의미에서 06:00부터 22:00까지 사이에 주차를 하면 22:00를 넘어서까지도 주차를 계속할 수 있다는 것인지도 불분명하다.

따라서 부작위의무의 채무자인 피고의 입장에서는 어떤 경우에 22:00부터 06:00까지의 위 자동차들의 주차를 방해하는 것이 금지명령에 위반되는지를 알 수 없게 되므로, 결국 이 사건 주문은 어떠한 범위에서 당사자의 청구를 인용하고 배척한 것인가를 그 이유와 대조하여 짐작할 수 있을 정도로 표시하지 아니하여 당사자들 사이에 분쟁의 여지가 남겨져 있다고 할 것이고 집행에도 의문이 있다고 할 것이다. 이와 같은 주문의 표시는 판결주문으로서 갖추어야 할 명확성을 결하여 부적법하다고 하지 않을 수 없으므로, 이 점을 지적하는 상고이유의 주장도 이유 있다.

3. 결 론

그러므로 원심판결 중 주차방해금지청구에 관한 부분을 파기하고, 그 부분 사건을 다시 심리·판단하게 하기 위하여 원심법원에 환송하기로 하며, 원고의 나머지 상고를 기각하기로 하여 관여 대법관의 일치된 의견으로 주문과 같이 판결한다.

대법관 고현철(재판장) 강신욱 양승태 김지형(주심)

제1절 청구취지의 구체적 예

1. 작위청구

'피고는 원고에게 …에 건축하고 있는 (피고 소유의) …공장에 대하여 별지(사양서)와 같은 소음방지공사를 시행하라.'

'피고는 …소재 …공장으로부터 발생하는 소음이 …원고의 주택 내의 (중앙부) 기준으로 …(dB) 이상 유입하지 않도록 (별지 기재와 같은) 방음설비를 시공하라.'

'피고는 별지 제1목록 기재 공작물 중 별지 제2목록 기재 건물의 동쪽 창의 전면에 해당하

는 부분의 (베니아판)을 철거하라'

2. 부작위청구

상대방 행위의 적극적 금지를 구하는 경우(예컨대, 일조방해를 이유로 한 건축공사금지)와 일정한 상태·결과의 발생금지를 구하는 경우(예컨대, 일정량 이상의 소음의 유입금지)로 나뉜다.

'피고는 별지 목록 기재 토지상에 …층(또는 …m) 이상의 건물 건축공사를 하여서는 아니 된다.'

'피고는 원고에 대하여 (매일 오후 …시부터 다음날 오전 …시까지 사이에)(별지 목록 기재) 기계를 운전하여서는 아니 된다.'

'피고는 …소재 …공장에서 발생하는 소음이 …소재 원고 (주택)의 (남측 벽면)기준으로 …(dB) 이상 되도록 하여서는 아니 된다.'

'피신청인은 신청인에 대하여 …토지 중 (별지 도면 표시 선내 부분)에 분뇨를 투기하여서는 아니 된다.'

아파트입주자대표회의를 상대로 한 아파트 단지 내로의 출입, 통행 및 주차의 방해금지청구를 인용하면서 "위 1항 기재 ○○아파트 단지 내 ○○시설 2층 208호에 있는 원고의 사무실에 출·퇴근하기 위하여 사용되는 승용자동차 및 승합자동차와 위 사무실을 방문하는 자의 자동차(다만, 원고의 영업을 위하여 사용되는 화물자동차는 제외)에 대하여 위 아파트 단지 내로 출입·통행 및 주차(다만, 특별한 사정이 없는 한 주차시간은 06:00부터 22:00까지로 한다)하는 것을 방해하는 일체의 행위를 하여서는 아니 된다.'

제2절 환경침해유지가처분

1. 당사자

유지청구에서와 거의 같을 것이나, 환경오염으로 인한 피해의 범위가 광범위하고 많은 수의 피해자집단이 가처분신청을 하는 경우이다.

2. 가처분의 요건

환경침해유지가처분에 있어서의 피보전권리는 환경침해유지청구권이고 이에 대한 검토는 본안소송의 경우와 같다.

침해가 중대하고 피보전권리가 명백하면 그만큼 보전의 필요성은 쉽게 인정될 수 있을 것이고 피보전권리 자체가 희미하다면 보전의 필요성이 매우 중대·급박하여야만 가처분이 인용될 수 있을 것이다.

3. 심리

실무는 임시지위를 정하는 가처분으로 보아 합의부의 관할로 보는 거 같다.
단행적 가처분의 성격을 가지는 경구가 많으므로 고도의 소명이 요구된다고 해야 한다.

제7장   자연환경과 생활환경 (법제처 법령해석사례)

1. 자연환경

[사례 1] 민원인 - 「자연재해대책법」 제2조제4호 및 제5호에 따른 "재해"의 의미(「자연재해대책법」 제2조 등 관련)

안건번호20-0160 회신일자2020-06-22

2. 회답
「자연재해대책법」 제2조제4호 및 제5호에 규정된 "재해"의 범위에 「재난 및 안전관리 기본법」 제3조제1호나목의 사회재난으로 인해 발생하는 피해는 포함되지 않습니다.

3. 이유
「자연재해대책법」은 태풍, 홍수 등 자연현상으로 인한 재난으로부터 국토를 보존하고 국민의 생명·신체 및 재산과 주요 기간시설(基幹施設)을 보호하기 위해 자연재해의 예방·복구 및 그 밖의 대책에 관하여 필요한 사항을 규정하는 것을 목적(제1조)으로 하는 법률로서, 자연재해의 예방 및 대비에 관한 사항(제2장), 재해정보체계 및 긴급지원체계 구축 등 자연재해의 정보 및 비상지원에 관한 사항(제3장), 재해복구계획 수립 등 자연재해의 복구에 관한 사항(제4장), 자연재해 예방을 위한 방재기술에 관한 사항(제5장) 등 법률 전반에서 자연재해의 예방 및 대처에 관한 사항을 규정하고 있으며, 같은 법 제2조제4호 및 제5호에 따른 재해영향성검토 및 재해영향평가(이하 "재해영향평가등"이라 함)의 협의 절차 및 대상, 협의 이행에 대한 관리 등에 관한 사항은 같은 법 제2장(자연재해의 예방 및 대비) 중 제1절(자연재해 경감 협의)에서 규율하고 있습니다.

그리고 「자연재해대책법」 제2조제4호 및 제5호에서는 '자연재해에 영향을 미치는 행정계획 또는 개발사업으로 인한 재해 유발 요인'을 예측‥분석 또는 조사‥예측‥평가하고 이에 대한 대책을 마련하는 것을 각각 "재해영향성검토" 및 "재해영향평가"로 정의하고 있는 바, 같은 법 제2조제4호 및 제5호에서 규정한 "재해"는 문언상 자연재해에 영향을 미치는 행정계획이나 개발사업으로 인하여 유발되는 재해로 한정된다는 점을 고려할 때, 같은 조 제1호에서 정의하고 있는 재해를 의미하는 것이 아니라 "자연재해"로 한정된다고 보는 것이 법률의 규정 체계 및 문언에 부합하는 해석입니다.

또한 재해영향평가제도는 「자연재해대책법」이 1995년 12월 6일 법률 제4993호로 전부개정되면서 각종 자연재해에 대한 적극적인 대처와 예방을 위해 최초로 도입된 이후, 2005년 1월 27일 법률 제7359호로 전부개정되면서 대규모 자연재해에 대해 보다 광역적·체계적으로 대응하기 위한 사전재해영향성검토협의 제도로 변경되었고, 2017년 10월 24일 법률 제14912호로 개정되면서 협의 대상 사업의 단계 및 규모에 따라 협의 기준을 달리 할 수 있도록 현행과 같은 재해영향평가등 체계로 개선(각주: 2017. 10. 24. 법률 제14912호로 개정되어 2018. 10. 25. 시행된 「자연재해대책법」 개정이유·주요내용 및 「재해영향평가등의 협의 실무지침」(행정안전부 고시 제2019-5호) 참조)된 입법 연혁을 고려하더라도, 재해영향평가등 제도가 자연재해뿐만 아니라 사회재난으로 인한 피해까지 대응하기 위한 것으로 볼 수는 없습니다.

아울러 「자연재해대책법」 제1조 및 「재난 및 안전관리 기본법」 제1조·제8조제2항 등에 비추어 보면 자연재해와 관련하여 「자연재해대책법」은 「재난 및 안전관리 기본법」에 대한 특별법적 지위가 인정되며, 화재·붕괴·환경오염 등 사회재난과 관련하여 「건축법」 제13조의2에 따른 건축물 안전영향평가, 「환경영향평가법」에 따른 각종 환경영향평가, 「도시가스사업법」 제30조의4 및 「액화석유가스의 안전관리 및 사업법」 제49조의4에 따른 가스안전 영향평가, 「지하안전관리에 관한 특별법」 제14조에 따른 지하안전영향평가 등의 제도가 마련·시행되고 있다는 점 등을 고려할 때, 「자연재해대책법」에 따른 재해영향평가등에서 자연재해뿐 아니라 사회재난으로 인한 피해에 대해서까지 대책을 마련해야 한다고 보는 것은 「재난 및 안전관리 기본법」과의 관계 및 관련 법률과의 체계에 부합하지 않다는 점도 이 사안을 해석할 때 고려해야 합니다.

※ 법령정비 권고사항

「자연재해대책법」에서 다루는 "재해"의 범위에 혼란이 없도록 같은 법 제2조제1호의 정의 규정을 정비하거나 자연재해대책법령상 "자연재해"와 "재해"를 혼용한 규정 전반을 정비할 필요가 있습니다.

<관계법령>
※ 자연재해대책법
제2조 (정의) 이 법에서 사용하는 용어의 뜻은 다음과 같다.
1. "재해"란 「재난 및 안전관리 기본법」(이하 "기본법"이라 한다) 제3조제1호에 따른 재난으로 인하여 발생하는 피해를 말한다.
2. "자연재해"란 기본법 제3조제1호가목에 따른 자연재난(이하 "자연재난"이라 한다)으로 인하여 발생하는 피해를 말한다.
3. "풍수해"(風水害)란 태풍, 홍수, 호우, 강풍, 풍랑, 해일, 조수, 대설, 그 밖에 이에 준하는 자연현상으로 인하여 발생하는 재해를 말한다.
4. "재해영향성검토"란 자연재해에 영향을 미치는 행정계획으로 인한 재해 유발 요인을 예측·분석하고 이에 대한 대책을 마련하는 것을 말한다.
5. "재해영향평가"란 자연재해에 영향을 미치는 개발사업으로 인한 재해 유발 요인을 조사·예측·평가하고 이에 대한 대책을 마련하는 것을 말한다.
6. ~ 17. (생 략)

제4조 (재해영향평가등의 협의) ① 관계 중앙행정기관의 장, 시·도지사, 시장·군수·구청장 및 특별지방행정기관의 장(이하 "관계행정기관의 장"이라 한다)은 자연재해에 영향을 미치는 행정계획을 수립·확정(지역·지구·단지 등의 지정을 포함한다. 이하 같다)하거나 개발사업의 허가·인가·승인·면허·결정·지정 등(이하 "허가등"이라 한다)을 하려는 경우에는 그 행정계획 또는 개발사업(이하 "개발계획등"이라 한다)의 확정·허가등을 하기 전에 행정안전부장관과 재해영향성검토 및 재해영향평가(이하 "재해영향평가등"이라 한다)에 관한 협의(이하 "재해영향평가등의 협의"라 한다)를 하여야 한다.

② ~ ⑦ (생 략)

※ **재난 및 안전관리 기본법**
제3조 (정의) 이 법에서 사용하는 용어의 뜻은 다음과 같다.
1. "재난"이란 국민의 생명·신체·재산과 국가에 피해를 주거나 줄 수 있는 것으로서 다음 각 목의 것을 말한다.
   가. 자연재난: 태풍, 홍수, 호우(豪雨), 강풍, 풍랑, 해일(海溢), 대설, 한파, 낙뢰, 가뭄, 폭염, 지진, 황사(黃砂), 조류(藻類) 대발생, 조수(潮水), 화산활동, 소행성·유성체 등 자연우주물체의 추락·충돌, 그 밖에 이에 준하는 자연현상으로 인하여 발생하는 재해
   나. 사회재난: 화재·붕괴·폭발·교통사고(항공사고 및 해상사고를 포함한다)·화생방사고·환경오염사고 등으로 인하여 발생하는 대통령령으로 정하는 규모 이상의 피해와 에너지·통신·교통·금융·의료·수도 등 국가기반체계(이하 "국가기반체계"라 한다)의 마비, 「감염병의 예방 및 관리에 관한 법률」에 따른 감염병 또는 「가축전염병예방법」에 따른 가축전염병의 확산, 「미세먼지 저감 및 관리에 관한 특별법」에 따른 미세먼지 등으로 인한 피해
   다. 삭제
2. ~ 11. (생 략)

[사례 2] 구 「자연환경보전법」 제11조(보호야생동·식물) 관련

안건번호06-0010 회신일자2006-03-10

1. 질의요지
「구 조수보호 및 수렵에 관한 법률」에 의한 유해조수 포획허가를 얻은 인천국제공항공사가 2002. 1.부터 2004. 12.까지 공항청사주변에서 당시 「구 자연환경보전법」에 의하여 보호야생조류로 지정된 조롱이를 포획함에 있어 환경부장관(한강유역환경청장)의 허가를 얻지 아니한 것이 「동법 제11조제1항」의 규정에 위반되는지 여부

2. 회답
인천국제공항공사가 2002년 1월부터 2004년 12월까지 공항청사주변에서 당시 「구 자연환경보전법」에 의하여 보호야생조류로 지정된 조롱이를 포획함에 있어 「구 조수보호 및 수렵에 관한 법률」에 의한 유해조수 포획허가 외에 「구 자연환경보전법 제11조제1항 각호 외의 부분 단서」의 규정에 의한 환경부장관(한강유역환경청장)의 허가를 받지 아니한 것은 위법 행위에 해당합니다.

3. 이유
○ 「구 자연환경보전법」〔2004. 2. 9.(시행일: 2005. 2. 10.) 법률 제7167호로 개정되기 전의 것을 말한다, 이하 같다〕은 야생동·식물을 멸종위기야생동·식물과 보호야생동·식물, 국제적멸종위기종으로 나누어 규율하고 있고, 「동법 제11조제1항」에서는 멸종위기야생동·식물 및 보호야생동·식물의 포획등을 원칙적으로 금지하되, 예외적으로 학술연구의 목적으로 사용하고자 하는 경우(제1호), 다른 법령의 규정에 의하여 설치된 공원·동물원·식물원·자연휴양림 또는 박물관등에서의 관람용으로 사용하고자 하는 경우(제2호), 인체·가축 또는 농작물의 피해의 방지를 위하여 필요한 경우(제3호) 등의 경우에는 환경부장관(유역환경청장 또는 지방환경청장)의 허가를 얻어 멸종위기야생동·식물 및 보호야생동·식물을 포획·채취·가공·이식·수출·반출·유통 또는 보관할 수 있도록 규정하고 있습니다.
○ 그런데 인천국제공항공사가 2002년 1월부터 2004년 12월까지 조롱이를 포획할 당시 조롱이는 「구 자연환경보전법 시행령 별표2」에 의하여 보호야생동물(조류)로 지정이 되어 있었는 바, 이 건 조롱이를 포획한 장소가 인천국제공항청사주변으로서 비행장 주변에 출현한 조류의

경우 보호야생조류는 물론 멸종위기야생조류라 할지라도 「동법 제11조제1항제3호」의 "인체·가축 또는 농작물의 피해의 방지를 위하여 필요한 경우"에 해당한다고 할 것이므로 포획이 불가피한 사정이 인정되나, 이러한 경우에도 「동법」에 의한 환경부장관(유역환경청장 또는 지방환경청장)의 허가를 얻어야만 포획을 할 수 있도록 엄격하게 제한하고 있습니다.

○ 또한 「구 자연환경보전법」 및 「구 조수보호 및 수렵에 관한 법률」에서는 야생조류의 포획 및 수렵을 원칙적으로 금지하면서 예외적으로 포획이 가능한 경우를 규정하고 있는 바, 「구 자연환경보전법」에 의하면, 멸종위기야생동물 및 보호야생동물을 포획할 수 있는 경우로 「동법 제11조제1항각호」에서 한정적으로 열거하고 있고, 「구 조수보호 및 수렵에 관한 법률 제21조제1항」에서는 특별한 목적을 위하여 포획을 할 수 있는 경우를 규정하고 있으며, 이러한 경우에도 「구 자연환경보전법」에서는 환경부장관(유역환경청장 또는 지방환경청장)의 허가를, 「구 조수보호 및 수렵에 관한 법률」에서는 시·도지사의 종조수 등의 포획허가(「제21조제1항제1호」)나 시장·군수의 유해조수 포획허가(「제21조제1항제2호」)를 얻을 것을 요건으로 하는 등 예외적 포획가능 상황과 그 허가요건을 달리하고 있는 점에 비추어 이 건 조롱이가 「구 조수보호 및 수렵에 관한 법률」에서 규정한 유해조수에 해당한다고 하더라도 「구 자연환경보전법」상 보호야생동물에 동시에 해당한다면 각각의 허가요건을 모두 갖추어야만 비로소 포획을 할 수 있다고 하여야 할 것입니다.

○ 「구 자연환경보전법」은 자연환경을 인위적 훼손으로부터 보호하고 다양한 생태계를 보전하며 야생동·식물의 멸종을 방지하는 등 자연환경을 체계적으로 보전·관리함으로써 국민이 쾌적한 자연환경에서 여유 있고 건강한 생활을 할 수 있도록 함을 그 입법목적으로 하는 반면, 「구 조수보호 및 수렵에 관한 법률」은 야생조수의 보호와 수렵에 관한 사항을 규정함으로써 야생조수를 보호·번식시키고 자연 생태계의 균형을 유지하도록 하여 국민의 쾌적한 자연환경과 생활환경을 확보하는 한편, 수렵으로 인한 국민의 생명·신체와 재산에 대한 위해의 발생을 미리 방지함을 목적으로 하고 있어 양 법의 입법목적은 서로 다르다고 할 것이므로, 동일한 사항에 관하여 규율하고 있는 두 개의 법률간에 특별한 규정으로써 다른 법률의 적용을 배제하지 아니하는 한 원칙적으로 양 법률이 모두 적용된다고 할 것입니다.

○ 따라서, 「구 자연환경보전법」상 보호야생동물의 경우에는 「구 조수보호 및 수렵에 관한 법률」과 「구 자연환경보전법」이 동시에 적용된다고 할 것이므로 보호야생동물 중 유해조수에 해당하는 경우에는 「구 조수보호 및 수렵에 관한 법률」에서 정한 시장·군수의 유해조수 포획허가 외에 「구 자연환경보전법」상 환경부장관(유역환경청장 또는 지방환경청장)의 허가가 별도로 필요하다고 할 것입니다.

[사례 3] 경기도 이천시 - 「팔당·대청호 상수원 수질보전 특별대책지역 지정 및 특별종합대책」 제15조 중 "제한"의 의미(「환경정책기본법」 제38조제1항 등 관련)

안건번호17-0473 회신일자2017-11-16

1. 질의요지

「팔당·대청호 상수원 수질보전 특별대책지역 지정 및 특별종합대책」(환경부고시 제2016-150호) 제15조에 따른 자연환경보전지역, 농림지역 및 관리지역 중 보전·생산관리지역의 공업지역으로의 변경 "제한"이 "금지"를 의미하는지, 아니면 "허용 가능"을 의미하는지?

※ 질의배경

경기도 이천시에서 「팔당·대청호 상수원 수질보전 특별대책지역 지정 및 특별종합대책」 제15조 중 "제한"의 의미에 대하여 환경부에 질의하였고, 환경부에서 해당 규정의 "제한"은 "금지"를 의미한다고 회신하자, 이와 의견을 달리하여 법제처에 직접 해석을 요청하였으며, 환경부에서도 해석을 요청한 사안임.

2. 회답

「팔당·대청호 상수원 수질보전 특별대책지역 지정 및 특별종합대책」 제15조에 따른 자연환경보전지역, 농림지역 및 관리지역 중 보전·생산관리지역의 공업지역으로의 변경 "제한"은 "금지"를 의미합니다.

3. 이유

「환경정책기본법」 제38조제1항에서는 환경부장관은 환경오염·환경훼손 또는 자연생태계의 변화가 현저하거나 현저하게 될 우려가 있는 지역과 환경기준을 자주 초과하는 지역을 관계 중앙행정기관의 장 및 특별시장·광역시장·도지사·특별자치도지사(이하 "시·도지사"라 함)와 협의하여 환경보전을 위한 특별대책지역으로 지정·고시하고, 해당 지역의 환경보전을 위한 특별종합대책을 수립하여 관할 시·도지사에게 이를 시행하게 할 수 있다고 규정하고 있으며, 같은 조 제2항에서는 환경부장관은 같은 조 제1항에 따른 특별대책지역의 환경개선을 위하여 특히 필요한 경우에는 대통령령으로 정하는 바에 따라 그 지역에서 토지 이용과 시설 설치를 제한할 수 있다고 규정하고 있고, 그 위임에 따라 같은 법 시행령 제13조제1항에서는 환경부장관은 같은 법 제38조제2항에 따라 같은 법 제12조제1항 또는 제3항에 따른 환경기준을 초과하여 주민의 건강·재산이나 생물의 생육에 중대한 위해(危害)를 가져올 우려가 있다고 인정되는 경우(제1호), 자연생태계가 심하게 파괴될 우려가 있다고 인정되는 경우(제2호), 토양이나 수역(水域)이 특정유해물질에 의하여 심하게 오염된 경우(제3호)의 어느 하나에 해당하는 경우에는 특별대책지역 내의 토지 이용과 시설 설치를 제한할 수 있다고 규정하고 있으며, 「환경정책기본법 시행령」 제13조제2항에서는 환경부장관은 같은 조 제1항 각 호의 어느 하나에 해당하는 사유로 특별대책지역 내의 토지 이용과 시설 설치를 제한하려는 경우에는 그 제한의 대상·내용·기간·방법 등을 정하여 고시하여야 한다고 규정하고 있습니다.

한편, 「환경정책기본법」 제38조 및 같은 법 시행령 제13조의 위임에 따른 「팔당·대청호 상수원 수질보전 특별대책지역 지정 및 특별종합대책」(환경부고시 제2016-150호, 이하 "특별대책고시"라 함) 제15조에서는 자연환경보전지역, 농림지역 및 관리지역 중 보전·생산관리지역을 도시지역 중 공업지역으로의 변경은 제한하고 관광·휴양개발진흥지구로의 변경은 선별 허용한다고 규정하고 있는바, 이 사안은 특별대책고시 제15조에 따른 자연환경보전지역, 농림지역 및 관리지역 중 보전·생산관리지역의 공업지역으로의 변경 "제한"이 "금지"를 의미하는지 아니면 "허용 가능"을 의미하는지에 관한 것이라 하겠습니다.

먼저, 법령의 규정이 특정 행정기관에 그 법령 내용의 구체적 사항을 정할 수 있는 권한을 부여하면서 그 권한 행사의 절차나 방법을 특정하고 있지 않은 관계로 수임행정기관이 행정규칙의 형식으로 그 법령의 내용이 될 사항을 구체적으로 정하고 있는 경우, 그 행정규칙은 해당 법령의 위임 한계를 벗어나지 않는 한 그 법령과 결합하여 대외적인 구속력이 있는 법규명령으로서의 효력을 갖게 되고(대법원 2008. 4. 10. 선고 2007두4841 판결례 등 참조), 특별대책고시 제15조는 국토의 계획 및 이용에 따른 용도지역 변경 억제에 관하여 「환경정책기본법」 제38조 및 같은 법 시행령 제13조의 위임에 따라 환경부장관이 행정규칙의 형식으로 법령의 내용이 될 사항을 구체적으로 정한 것이라 할 것이므로, 해당 규정은 「환경정책기본법」 및 같은 법 시행령의 관계 규정들과 결합하여 대외적인 구속력이 있는 법규명령으로서의 효력을 갖는다고 할 것입니다(법제처 2006. 5. 12. 회신 06-0022 해석례 참조).

그리고, 「환경정책기본법」은 환경권에 관한 헌법이념에 근거하여, 환경보전을 위하여 노력하여야 할 국민의 권리·의무와 국가의 책무를 규정하고 있고(제1조, 제4조, 제5조 및 제6조), 국가·지방자치단체·사업자 및 국민은 환경을 이용하는 모든 행위를 할 때에는 환경보전을 우선적으로 고려하여야 하며(제2조), 환경권이 헌법의 기본권으로 보장되는 권리로서 재산권이나 영업의 자유보다 우위에 있는 권리로까지 해석될 수 있는 점에 비추어 볼 때, 환경의 보전을 위해 특정한 행위를 제한하는 내용을 규정한 법규의 해석은 환경보전에 관한 헌법과 환경 관련 법률의 이념에 합치되는 범위에서 합목적적으로 해야 하고 이와 달리 법규의 형식적인 자구나 국민의 자유와 권리를 제한하는 규정이라는 점에 집착하여 환경보전의 이념을 저해하는 방향으로 이를 해석해서는 안 된다고 할 것입니다(대법원 1999. 8. 19. 선고 98두1857 판결례 참조).

또한, 수도권과 중부권의 식수원인 팔당호와 대청호의 수질을 보전하기 위하여 환경오염·환경훼손 또는 자연생태계의 변화가 현저하거나 현저하게 될 우려가 있는 지역과 환경기준을 자주 초과하는 지역을 환경보전을 위한 특별종합대책이 필요한 특별대책지역으로 지정(「환경정책기본법」 제38조제1항)하고, 특별대책지역 내의 토지 이용과 시설 설치를 제한할 수 있는 경우를 환경기준을 초과하여 주민의 건강·재산이나 생물의 생육에 중대한 위해를 가져올 우려가 있다고 인정되는 경우, 자연생태계가 심하게 파괴될 우려가 있다고 인정되는 경우, 토양이나 수역이 특정유해물질에 의하여 심하게 오염된 경우로 규정(「환경정책기본법」 제38조제2항 및 같은 법 시행령 제13조제1항)하고 있는바, 「환경정책기본법」 제38조제2항과 같은 법 시행령 제13조제1항·제2항에서의 "제한"은 그 설정범위와 방식에 따라 다양한 경우가 있을 수 있으므로 팔당호와 대청호의 수질보전 측면을 고려하여 "금지"할 수도 "허용"할 수도 있을 것입니다.

그런데, 특별대책고시 제15조 중 "제한"의 의미와 관련하여 같은 고시의 규정체계를 살펴보면, 특별대책지역에서는 오수배출시설, 폐수배출시설, 가축분뇨배출시설, 폐기물처리시설 등의 입지를 원칙적으로 허용하지 않으면서 예외적으로 허용하는 형식으로 규정하고 있고(제5조제1항, 제6조제1항, 제7조제1항 및 제8조제1항·제2항), 내수면어업, 유·도선사업 등의 신규 면허·허가·신고 및 등록도 원칙적으로 허용하지 않으면서 예외적으로 허용하고 있으며(제10조제1항 및 제11조제1항·제2항), 광물채굴 및 채석도 원칙적으로 허용하지 아니하면서 예외적으로 허용하고 있는 점에 비추어 볼 때(제13조), 특별대책고시 제15조의 "제한"은 허용하지 아니함, 즉 "금지"를 의미한다고 보아야 하고, 같은 조에서는 "제한"과 "선별 허용"의 경우를 각각 규정하고 있는데 "제한"을 "허용 가능"으로 해석하면 "제한"과 "선별 허용"은 사실상 동일한 의미가 되어 특별대책고시의 체계에 맞지 않으며 특별대책지역에서 토지의 용도지역 변경 허용 여부를 달리하려는 해당 규정의 입법목적에도 반한다고 할 것입니다.

한편, 「환경정책기본법 시행령」 제13조제1항은 특별대책지역의 환경을 보전하면서도 개인의 재산권행사에 대한 제한으로 입을 피해를 최소화하기 위한 기준을 정한 것으로 볼 수 있으므로 특별대책지역에서 자연환경보전지역, 농림지역 및 관리지역 중 보전·생산관리지역을 도시지역 중 공업지역으로 그 용도지역을 변경하더라도 같은 항 각 호의 어느 하나에 해당하지 않는 경우에는 그 용도지역의 변경을 허용할 수도 있다는 의견이 있을 수 있으나, 특별대책고시 제15조는 「환경정책기본법 시행령」 제13조제2항의 위임에 따라 환경부장관이 같은 조 제1항 각 호의 어느 하나에 해당하는 사유로 특별대책지역의 토지이용에 관해서 자연환경보전지역, 농림지역 및 관리지역 중 보전·생산관리지역을 도시지역 중 공업지역으로 변경하는 것을 금지하도록 제한하고, 그와 같은 제한을 같은 조 제2항에 따라 고시한 것으로 볼 것이므로 그러한 의견은 타당하지 않다고 할 것입니다.
    이상과 같은 점을 종합해 볼 때, 특별대책고시 제15조에 따른 자연환경보전지역, 농림지역 및 관리지역 중 보전·생산관리지역의 공업지역으로의 변경 "제한"은 "금지"를 의미한다고 할 것입니다.
    ※ 법령정비 의견
        현행 특별대책고시 제15조에서는 특별대책지역에서 자연환경보전지역, 농림지역 및 관리지역 중 보전·생산관리지역을 도시지역 중 공업지역으로의 변경은 제한하고 관광·휴양개발진흥지구로의 변경은 선별 허용한다고 규정하고 있으나, "제한"의 의미와 관련하여 해석상 오해의 소지가 있으므로 관련 규정들을 명확하게 개정할 필요가 있습니다.

[사례 4] 국토해양부 - 「자연환경보전법」 제2조제9호 및 「도로법」 제2조(육교형 생태통로가 「도로법」상 도로에 해당하는지 여부) 관련

안건번호08-0226 회신일자2008-11-10

1. 질의요지
    「자연환경보전법」 제2조제9호에서 "생태통로"라 함은 도로·댐·수중보·하구언 등으로 인하여 야생동·식물의 서식지가 단절되거나 훼손 또는 파괴되는 것을 방지하고 야생동·식물의 이동 등 생태계의 연속성 유지를 위하여 설치하는 인공 구조물·식생 등의 생태적 공간을 말한다고 규정하고 있는데, 이러한 생태통로 중 "「환경친화적 도로건설 지침」 및 「생태통로 설치 및 관리지침」에서 규정하고 있는 육교형 생태통로"(이하 "육교형 생태통로"라 함)가 「도로법」상 도로에 해당하는지?
2. 회답
    "육교형 생태통로"는 도로관리청이 설치하였다면 「도로법」상 도로에 해당합니다.
3. 이유
    ○ 「자연환경보전법」 제2조제9호에 따르면 "생태통로"라 함은 도로·댐·수중보·하구언 등으로 인하여 야생동·식물의 서식지가 단절되거나 훼손 또는 파괴되는 것을 방지하고 야생동·식물의 이동 등 생태계의 연속성 유지를 위하여 설치하는 인공 구조물·식생 등의 생태적 공간을 말한다고 규정하고 있습니다.
    ○ 한편, 「도로법」 제2조제1항제1호에서 "도로"란 일반인의 교통을 위하여 제공되는 도로로서 제8조에 열거한 것을 말한다고 하고, 같은 법 제2조제2항에서 제1항제1호의 도로에는 터널, 교량, 도선장, 도로용 엘리베이터 및 도로와 일체가 되어 그 효용을 다하게 하는 시설이나 공작물로서 대통령령으로 정하는 것과 도로의 부속물을 포함한다고 규정하고 있으며, 같은 법 제2조제1항제4호에서 "도로의 부속물"이란 도로 구조의 보전과 안전하고 원활한 도로교통의 확보, 그 밖에 도로의 관리에 필요한 시설 또는 공작물로서 다음 각 목의 어느 하나에 해당하는 것을 말한다고 하고, 같은 법 제2조제1항제4호마목에서는 "그 밖에 대통령령으로 정한 것"으로 규정하고 있으며, 그 위임을 받은 같은 법 시행령 제1조의3에서는, 같은 법 제3조제1항제4호에서 "기타 대통령령으로 정한 것"(2008. 3. 21. 법률 제8976호로 전부 개정된 현행 「도로법」 제2조제1항제4호마목의 "그 밖에 대통령령으로 정한 것"을 말함)이라 함은 도로관리청이 설치한 다음 각 호의 것을 말한다고 하고, 그 중 하나로 "지하도 또는 육교"(제8호)를 규정하고 있습니다.

○ 그리고 「환경친화적 도로건설 지침」(국토해양부와 환경부 공동, 2006년 12월)에서는 "도로건설은 동물의 생활권이나 행동권의 분리를 초래하여 물, 먹이, 번식 등을 위한 이동을 곤란하게 하고, 서식처가 양분됨으로써 활동영역이 좁아져 새로운 서식공간을 찾아 위험을 무릅쓰고 도로를 횡단하면서 이동하게 되어 교통사고의 위험성이 높아지는 등 문제점이 발생한다"고 지적하면서 이러한 문제점을 해결하기 위한 방안의 하나로 "도로건설로 인하여 생태계 단절이 예상되는 곳에 육교형 통로를 설치하여 단편화된 생태계를 연결하여 생태계의 연속성을 유지한다"고 규정하고 있으며[2.2.2 동·식물 중 3) 및 3.2.2의 2.나.2)①], 「생태통로 설치 및 관리지침」(환경부, 2003년 11월)에서도 "육교형 생태통로"를 "횡단부위가 넓은 곳, 절토지역 혹은 장애물 등으로 동물을 위한 통로 설치가 어려운 곳에 만들어지는 통로. 도로 위를 횡단하는 육교 형태로 설치"하는 것이라고 규정하고 있습니다(Ⅱ.2.가.의 <표 11>).

○ 그런데 "육교"의 사전적 의미를 살펴보면, "번잡한 도로나 철로 위를 사람들이 안전하게 횡단할 수 있도록 공중으로 건너질러 놓은 다리", "움푹 팬 곳이나 골짜기 따위를 건너도록 걸쳐 놓은 다리" 또는 "대륙이나 섬 사이를 이어 생물의 이동을 가능하게 한 가늘고 긴 땅"이라는 뜻으로 쓰이는바, 「도로법 시행령」 제1조의3제8호의 "육교"의 이용 주체가 반드시 일반인에 한정되는 것은 아니라 할 것입니다.

○ 그리고 "육교형 생태통로"는, 단순히 야생동·식물의 서식지가 단절되거나 훼손 또는 파괴되는 것을 방지하고 야생동·식물의 이동 등 생태계의 연속성을 유지하기 위한 기능 외에도 야생동물의 도로 횡단에 따른 자동차와의 충돌사고 등을 사전에 방지하는 한편, 설치되는 지역이나 장소에 따라서는 도로 양쪽을 왕래하고자 하는 지역 주민이나 외지인 등의 통행로로도 제공될 수 있는 것이어서, 「도로법」 제2조제1항제4호의 "도로의 부속물"로서 안전하고 원활한 도로교통의 확보에 필요한 시설 또는 공작물로 기능한다고 할 것입니다.

○ 또한, 「도로법」상 도로의 부속물에는 "도로의 방호 울타리, 가로수 또는 가로등으로서 도로관리청이 설치한 것"(제2조제4호나목)과 같은 법 시행령 제1조의3에서 도로관리청이 설치한 것으로서 "도로에의 토사유출 또는 낙석을 방지하기 위한 시설"(제2호), "도로의 관리를 위한 통신시설"(제6호), "공동구"(제7호) 및 "방음림을 포함한 방음시설"(제9호) 등이 포함되는바, 도로 구조의 보전과 안전하고 원활한 도로교통의 확보 등의 측면에서 "육교형 생태통로"가 이러한 시설 또는 공작물보다 그 기능이나 중요성이 떨어진다고 할 수도 없을 것입니다.

○ 그러므로 위와 같은 「자연환경보전법」, 「도로법」, 「환경친화적 도로건설 지침」 및 「생태통로 설치 및 관리지침」의 규정들을 종합적으로 살펴볼 때, 도로관리청이 설치한 "육교형 생태통로"는 「도로법」 제2조제1항제4호 및 같은 법 시행령 제1조의3제8호에 따라 도로 구조의 보전과 안전하고 원활한 도로교통의 확보, 그 밖에 도로의 관리에 필요한 시설 또는 공작물 중 "육교"에 해당하는 "도로의 부속물"로 보는 것이 합리적이라 할 것이어서 「도로법」 제2조제2항에 따라 도로에 해당한다고 할 것입니다.

○ 따라서 "육교형 생태통로"는 도로관리청이 설치하였다면 「도로법」상 도로에 해당합니다.

[사례 5] 환경부-「자연환경보전법」 제46조(생태계보전협력금)

안건번호 06-0082 회신일자 2006-05-10

1. 질의요지

「자연환경보전법」 제46조제2항제2호 및 동법 시행령 제36조의 규정에 의하면 「광업법」 제4

조의 규정에 의한 광업중 10만제곱미터 규모 이상의 노천탐광·채굴사업에 대하여 생태계보전협력금의 부과대상사업으로 규정하고 있는데, 「자연환경보전법 시행령」 제36조에서 규정하고 있는 규모를 판단함에 있어 채광계획인가 면적을 기준으로 하여야 하는지 아니면 개별법령에 의한 허가면적을 기준으로 하여야 하는지 여부

2. 회답

「자연환경보전법」 제46조제2항제2호 및 동법 시행령 제36조의 규정에 의하여 10만제곱미터 규모 이상의 노천탐광·채굴사업을 하는 광업이 생태계보전협력금 부과대상사업에 해당하는지 여부는 「광업법」에 의한 채광계획인가 면적을 기준으로 판단하여야 합니다.

3. 이유

○ 「자연환경보전법」 제46조제2항에서는 생태계보전협력금의 부과대상이 되는 사업으로 「환경·교통·재해 등에 관한 영향평가법」 제4조의 규정에 의한 환경영향평가대상사업(제1호), 「광업법」 제4조의 규정에 의한 광업중 대통령령이 정하는 규모 이상의 노천탐광·채굴사업(제2호) 및 그 밖에 생태계에 미치는 영향이 현저하거나 자연자산을 이용하는 사업중 대통령령이 정하는 사업(제3호)을 열거하고 있는바, 이에 해당하지 아니하는 사업에 대하여는 동법 시행령 제37조제1항 각호의 생태계훼손 행위가 있다고 하더라도 생태계보전협력금을 부과·징수할 수 없다고 할 것입니다.

○ 그런데, 「자연환경보전법」 제46조제2항에서 규정하고 있는 생태계보전협력금 부과대상사업 중 하나인 「광업법」 제4조의 규정에 의한 노천탐광·채굴사업을 하는 광업은 「자연환경보전법 시행령」 제36조의 규정에 따라 10만제곱미터 규모 이상인 경우에만 생태계보전협력금 부과대상사업으로 규정하고 있을 뿐 위 10만제곱미터 규모가 「광업법」에 의한 채광계획인가 면적인지 아니면 탐광·채광을 위한 개별법령상의 허가면적을 의미하는 것인지에 대하여 명시적으로 규정하고 있지 아니합니다.

○ 이와 관련하여 「자연환경보전법」 제47조제1항의 규정에 의하면, 동법 제46조제2항의 규정에 의한 생태계보전협력금의 부과대상이 되는 사업의 인·허가 등을 한 행정기관의 장은 그 날부터 20일 이내에 인·허가등의 내용을 환경부장관에게 통보하여야 하고, 그 통보의 시점과 관련하여 동법 시행규칙 제35조제1항제2호의 규정에 의하면, 「광업법」 제4조의 규정에 따른 광업 중 노천탐광·채굴사업의 경우에는 동법 제47조의 규정에 따른 채광계획을 인가한 시점이라고 규정하고 있는 점에 비추어 볼 때, 「자연환경보전법 시행령」 제36조에서 규정하고 있는 10만제곱미터는 채광계획 인가 면적을 기준으로 하는 것이 관련 규정의 체계상 타당하다고 볼 수 있습니다.

○ 또한, 「자연환경보전법」 제46조제2항제2호 및 동법 시행령 제36조에 의하여 생태계보전협력금 부과대상사업에 해당하는지에 관한 면적과 생태계보전협력금 부과대상사업에 해당하는 사업에 있어서 동법 제46조제3항에 의하여 실제로 부과·산정하는 생태계보전협력금 부과 대상 면적은 서로 그 기준을 달리할 수 있다고 할 것인데, 만약 생태계보전협력금 부과대사상사업에 해당하는지 여부를 판단하기 위한 「자연환경보전법 시행령」 제36조에서 규정하고 있는 10만제곱미터를 동법 제46조제3항에 의하여 생태계보전협력금 부과 대상면적인 개별법령상 허가면적과 동일하게 볼 경우, 「광업법」상 채광계획인가 면적은 매우 넓은 광구단위〔광구의 1 단위면적은 「광업법」 제15조제2항에 의하여 약 287헥타르에 이르고 동법 제16조제2항의 소단위구역에 해당하는 경우에도 그 최소면적은 동법 시행령 제6조의 규정에 따라 석탄·흑연(인상흑연을 제외한다) 및 석유(천연피치 및 가연성 천연가스를 포함한다)의 경우에는 30

헥타르, 기타 광물의 경우에는 3헥타르임]로 하면서도 개별법령상 허가면적은 10만제곱미터 미만인 경우가 많음에도 불구하고 이러한 경우에는 「자연환경보전법 시행령」 제37조제1항 각호의 생태계훼손 행위가 있더라도 생태계보전협력금을 부과할 수 없게 된다는 점을 고려하면, 생태계보전협력금 부과대상 광업은 10만제곱미터 이상의 채광계획인가를 받은 광업으로 보는 것이 자연환경을 체계적으로 보전하고자 하는 동법의 취지에도 부합한다 할 것입니다.

○ 따라서, 「광업법」 제4조에 의한 광업의 경우 실제 생태계보전협력금을 부과함에 있어서는 「자연환경보전법」 제46조제3항, 동법 시행령 제37조제1항, 제38조제1항 및 제2항의 규정에 따라 생태계 훼손면적(개별법령에 의한 허가면적)에 단위면적당 부과금액(제곱미터당 250원)과 지역계수를 곱하여 산정·부과하여야 할 것이나, 그 전제로서 「자연환경보전법」 제46조제2항제2호 및 동법 시행령 제36조의 규정에 의하여 생태계보전협력금 부과대상사업에 해당하는지 여부를 판단하기 위한 광업의 규모는 「광업법」 제47조의 규정에 의하여 채광계획의 인가를 받은 면적이 "10만제곱미터"이상인 광업을 의미한다 할 것입니다.

2. 생활환경

[사례 1] 민원인 - 자연 상태에서 존재하는 물질을 물리적으로 추출·정제한 것은 「생활화학제품 및 살생물제의 안전관리에 관한 법률」 제3조제1호에 따른 "화학물질"에서 제외되는지 여부(「생활화학제품 및 살생물제의 안전관리에 관한 법률」 제3조 등 관련)

안건번호24-0793 회신일자2025-01-15

1. 질의요지
「생활화학제품 및 살생물제의 안전관리에 관한 법률」(이하 "화학제품안전법"이라 함) 제3조제1호에서는 "화학물질"이란 원소·화합물 및 그에 인위적인 반응을 일으켜 얻은 물질과 자연 상태에서 존재하는 물질을 화학적으로 변형시키거나 추출 또는 정제한 것을 말한다고 정의하고 있는바, 자연 상태에서 존재하는 물질을 물리적으로 추출하거나 물리적으로 정제한 것은 화학제품안전법 제3조제1호에 따른 "화학물질"에서 제외되는지?

2. 회답
자연 상태에서 존재하는 물질을 물리적으로 추출하거나 물리적으로 정제한 것은 화학제품안전법 제3조제1호에 따른 "화학물질"에서 제외되지 않습니다.

3. 이유
법해석의 목표는 어디까지나 법적 안정성을 저해하지 않는 범위 내에서 구체적 타당성을 찾는 데 두어야 하고, 나아가 그러기 위해서는 가능한 한 법률에 사용된 문언의 통상적인 의미에 충실하게 해석하는 것을 원칙으로 하면서, 법률의 입법 취지와 목적, 그 제·개정 연혁, 법질서 전체와의 조화, 다른 법령과의 관계 등을 고려하는 체계적·논리적 해석방법을 추가적으로 동원함으로써, 위와 같은 법해석의 요청에 부응하는 타당한 해석을 하여야 할 것인데(각주: 대법원 2013. 1. 17. 선고 2011다83431 전원합의체 판결례 참조), 화학제품안전법 제3조제1호에서는 "화학물질"이란 원소·화합물 및 그에 인위적인 반응을 일으켜 얻은 물질과 자연 상태에서 존재하는 물질을 화학적으로 변형시키거나 추출 또는 정제한 것을 말한다고 정의하고 있어 같은 호의 "화학적으로"가 "추출 또는 정제한 것"까지 수식하는지 여부가 문언상 명확하지 않습니다.

그런데 "화학물질"의 정의규정에 대한 입법연혁을 살펴보면, ① 2013년 6월 4일 법률 제11862호로 전부개정되기 전의 「유해화학물질 관리법」 제2조제1호에서는 "화학물질"이란 "원소·화합물 및 그에 인위적인 반응을 일으켜 얻어진 물질과 자연 상태에서 존재하는 물질을 추출(抽出)하거나 정제(精製)한 것을 말한다"고 규정하고 있었는데, ② 2013년 5월 22일 법률 제11789호로 「화학물질의 등록 및 평가 등에 관한 법률」이 제정되고, 그에 따라 2013년 6월 4일 법률 제11862호로 「화학물질관리법」이 전부개정(각주: 「유해화학물질 관리법」은 2013. 6. 4. 법률 제11862호로 전부개정되면서 「화학물질관리법」으로 제명이 변경됨)되면서, 두 법률의 "화학물질" 정의규정에 "화학적으로 변형"이라는 표현이 추가되었고, ③ 이러한 「화학물질의 등록 및 평가 등에 관한 법률」 제2조제1호의 "화학물질" 정의규정을 참고하여 해당 표현 그대로(각주: 2017. 8. 16. 의안번호 제2008531호로 발의된 생활화학제품 및 살생물제의 안전관리에 관한 법률안(대안반영폐기)에 대한 환경노동위원회 검토보고서 참조) 2018년 3월 20일 법률 제15511호로 제정된 화학제품안전법 제3조제1호로 "화학물질" 정의규정이 신설된 것인바, 이러한 "화학물질" 정의규정의 입법연혁을 고려할 때, "화학적으로"라는 표현은 "변형"과 함께 추가된 것이고, "추출"과 "정제"는 그 전부터 이미 화학물질의 정의규정에 있었던 표현이므로, "화학적으로"는 "변형"만 수식한다고 보아야 하고, "추출"과 "정제"까지 수식한다고 보기는 어렵다고 할 것입니다.

그리고 2013년 5월 22일 법률 제11789호로 「화학물질의 등록 및 평가 등에 관한 법률」을 제정하여 화학물질을 함유한 제품에 대하여 관리할 수 있는 근거를 마련하면서(각주: 2012. 9. 28. 의안번호 제1902053호로 발의된 화학물질의 등록 및 평가 등에 관한 법률안(대안반영폐기)에 대한 환경노동위원회 심사보고서 및 2013. 5. 22. 법률 제11789호로 제정되어 2015. 1. 1. 시행된 「화학물질의 등록 및 평가 등에 관한 법률」 제정이유 참조), 앞에서 살펴본 바와 같은 입법연혁에 따라 "화학물질"의 정의규정에 "화학적으로 변형"이라는 표현을 추가한 것이고, 특히 생활화학제품 및 살생물제 등 화학물질을 함유한 제품에 대하여 체계적인 안전관리 등을 하기 위하여 2018년 3월 20일 법률 제15511호로 화학제품안전법을 제정한 것인데(각주: 2018. 3. 20. 법률 제15511호로 제정되어 2019. 1. 1. 시행된 「생활화학제품 및 살생물제의 안전관리에 관한 법률」 제정이유 참조), "화학적으로 변형시키거나 추출 또는 정제한 것"이라는 표현을 반대해석하여 자연 상태에서 존재하는 물질을 "물리적으로 추출 또는 정제한 것"은 오히려 "화학물질"에서 제외된다고 해석하는 것은 「화학물질의 등록 및 평가 등에 관한 법률」 및 화학제품안전법을 제정하면서 "화학물질"을 함유한 제품에 대한 규율을 강화하여 온 입법취지에 부합하지 않습니다.

또한 화학제품안전법 제3조제1호를 살펴보면, "화학물질"이란 ① 원소·화합물 및 그에 인위적인 반응을 일으켜 얻은 물질과 ② 자연 상태에서 존재하는 물질을 화학적으로 변형시키거나 추출 또는 정제한 것을 말한다고 정의하고 있으므로, "자연 상태에서 존재하는 물질을 화학적으로 변형시키거나 추출 또는 정제한 것"에 해당하지 않는다고 하더라도 "원소·화합물 및 그에 인위적인 반응을 일으켜 얻은 물질"에 해당한다면 여전히 같은 호의 "화학물질"에 해당할 수 있는바(각주: 참고로, 1996. 12. 30. 법률 제5221호로 「유해화학물질관리법」이 전부개정되기 전까지 「유해화학물질 관리법」에서는 "화학물질"을 "원소 및 화학반응에 의하여 생성되는 물질"로만 정의하고 있었음), 자연 상태에서 존재하는 물질을 물리적으로 추출 또는 정제한 것이라는 이유로 그 물질이 같은 법 제3조제1호의 "화학물질"에서 제외된다고 보기도 어렵다고 할 것입니다.

아울러 화학제품안전법 제3조제1호의 "화학물질"의 정의를 바탕으로 같은 조 제3호에서는 생활화학제품을 정의하고 있고, 같은 법 제8조제3항에서는 환경부장관이 같은 조 제1항에 따른 위해성 평가를 한 결과 위해성이 있다고 인정하는 경우 관리위원회의 심의를 거쳐 해당 생활화학제품을 안전확인대상생활화학제품으로 지정·고시하여야 한다고 규정하고 있으며, 이러한 안전확인대상생활화학제품을 제조 또는 수입하려는 자에 대해서는 같은 법 제10조에 따라 안전기준의 적합여부 확인(제1항), 제품정보·성분 및 함량 등의 신고(제4항) 등의 의무를 부과하고 있는데, 만약 자연 상태에서 존재하는 물질을 물리적으로 추출 또는 정제한 것이 "화학물질"에서 제외된다고 해석한 다면, 해당 물질을 포함하여 제조한 제품이 생활화학제품 및 안전확인대상생활화학제품에서 제외 되어 화학제품안전법에 따른 규율 대상에서 제외되게 되는 결과가 초래되는바, 위해성 있는 화학 물질이 포함된 생활화학제품으로부터 국민의 건강을 보호하기 위하여 제정된 화학제품안전법의 목적을 달성하기 어렵게 된다는 점도 이 사안을 해석할 때 고려할 필요가 있습니다.

따라서 자연 상태에서 존재하는 물질을 물리적으로 추출하거나 물리적으로 정제한 것은 화학제품 안전법 제3조제1호에 따른 "화학물질"에서 제외되지 않습니다.

※ 법령정비 권고사항

「생활화학제품 및 살생물제의 안전관리에 관한 법률」 제3조제1호에 따른 "화학물질"의 범위를 화학물질 관련 법령에 명확히 규정할 필요가 있습니다.

<관계 법령>
※ 생활화학제품 및 살생물제의 안전관리에 관한 법률
제3조 (정의) 이 법에서 사용하는 용어의 뜻은 다음과 같다.
1. "화학물질"이란 원소·화합물 및 그에 인위적인 반응을 일으켜 얻은 물질과 자연 상태에서 존재하는 물질을 화학적으로 변형시키거나 추출 또는 정제한 것을 말한다.
2. "위해성"이란 화학물질 또는 살생물물질이 노출될 경우 사람의 건강이나 환경에 피해를 줄 수 있는 정도를 말한다.
3. "생활화학제품"이란 가정, 사무실, 다중이용시설 등 일상적인 생활공간에서 사용되는 화학제품으로서 사람 이나 환경에 화학물질의 노출을 유발할 가능성이 있는 것을 말한다.
4. "안전확인대상생활화학제품"이란 환경부장관이 제8조세1항에 따른 위해성평가를 한 결과 위해성이 있다고 인정되어 같은 조 제3항 본문에 따라 지정·고시한 생활화학제품을 말한다.
5.·6. (생 략)
7. "살생물물질"이란 유해생물을 제거, 무해화(無害化) 또는 억제(이하 "제거등"이라 한다)하는 기능으로 사용 하는 화학물질, 천연물질 또는 미생물을 말한다.
8. ~ 13. (생 략)

제8조 (위해성평가 등) ① 환경부장관은 생활화학제품이 다음 각 호의 어느 하나에 해당하는 경우에는 해당 생활화 학제품에 대하여 환경부령으로 정하는 바에 따라 위해성평가를 할 수 있다.
1. 제7조제1항에 따른 실태조사를 한 결과 생활화학제품의 위해성이 우려되는 경우
2. 생활화학제품에 들어있는 화학물질의 위해성이 크다는 우려가 국내외에서 제기되는 경우
② 환경부장관은 제1항에 따른 위해성평가를 한 경우에는 관계 중앙행정기관의 장에게 그 결과를 통지하여야 한 다.
③ 환경부장관은 제1항에 따른 위해성평가를 한 결과 위해성이 있다고 인정하는 경우에는 관계 중앙행정기관의 장과 협의하고 관리위원회의 심의를 거쳐 해당 생활화학제품을 안전확인대상생활화학제품으로 지정·고시하여야 한다. 다만, 제20조제1항에 따라 환경부장관의 승인을 받은 살생물제품은 안전확인대상생활화학제품에서 제외 한다.
④ 환경부장관은 제1항에 따른 위해성평가를 한 결과 위해성이 매우 커서 그 위해를 막기 위하여 긴급한 조치가 필요하다고 인정하는 경우에는 해당 생활화학제품을 제3항 본문에 따라 안전확인대상생활화학제품으로 지정· 고시하기 전에 그 제품의 제조 또는 수입의 금지를 명할 수 있다.
⑤ 환경부장관은 위해성평가를 마친 경우 해당 제품의 명칭, 위해성, 그 밖에 환경부령으로 정하는 사항을 공개할 수 있다.
⑥ 제1항부터 제5항까지에서 규정한 사항 외에 위해성평가의 기준 및 절차 등에 필요한 사항은 환경부령으로 정 한다.

[사례 2] 민원인 - 「환경오염시설의 통합관리에 관한 법률」 제10조제1항 후단에 따라 '환경부장관의 권한'으로 보는 범위(「환경오염시설의 통합관리에 관한 법률」 제10조제1항 등 관련)

안건번호24-0326 회신일자2024-06-19

1. 질의요지

「환경오염시설의 통합관리에 관한 법률」(이하 "환경오염시설법"이라 함) 제10조제1항 각 호 외의 부분에서는 '같은 법 제6조에 따른 허가 또는 변경허가를 받거나 변경신고를 한 경우에는 그 허가, 변경허가 또는 변경신고가 같은 항 각 호의 구분에 따른 허가·변경허가 또는 승인·변경승인을 받거나 신고·변경신고를 한 것으로 보아 같은 항 각 호의 법률을 적용한다'(전단)고 규정하면서, '이 경우 해당 허가·변경허가, 승인·변경승인 또는 신고·변경신고에 따른 시·도지사(각주: 특별시장·광역시장·특별자치시장·도지사 및 특별자치도지사를 말하며(「폐기물관리법 시행령」 제7조제1항제7호 단서 참조), 이하 같음.) 등의 권한은 환경부장관의 권한으로 보아 해당 법률을 적용한다'(후단)고 규정하고 있고, 같은 항 제6호에서는 "「폐기물관리법」 제29조제2항·제3항에 따른 폐기물처리시설의 설치 승인·신고 및 변경승인·변경신고: 「폐기물관리법」"이라고 규정하고 있는바, 환경오염시설법 제6조제1항에 따라 환경부장관의 허가(이하 "통합허가"라 함)를 받아 설치한 폐기물처리시설(각주: 「폐기물관리법」 제29조제2항 본문에 따라 환경부장관의 승인을 받아 설치해야 하는 폐기물처리시설로서 같은 법 시행령 제37조제1항제3호에서 규정하고 있는 폐기물처리시설인 경우를 전제함.(참고로 환경오염시설법 제2조제2호에 따라 폐기물처리시설은 "배출시설등"에 해당함))(이하 "이 사안 폐기물처리시설"이라 함)을 폐쇄하려는 자가 사전에 「폐기물관리법」 제50조제1항 전단에 따라 폐쇄 신고하려는 경우(각주: 환경오염시설법 제6조제2항 단서, 같은 법 시행령 제2조제3항 및 같은 영 별표 3 제2호바목에 따라 이 사안 폐기물처리시설을 폐쇄한 경우에 하는 사후신고가 아님을 전제함.), 해당 사전 폐쇄 신고에 대한 수리의 권한은 환경오염시설법 제10조제1항 각 호 외의 부분 후단에 따라 '환경부장관'의 권한인지, 아니면 「폐기물관리법」 제62조제1항 및 같은 법 시행령 제37조제1항제4호사목에 따라 '시·도지사'의 권한인지?

2. 회답

이 사안 폐기물처리시설을 폐쇄하려는 자가 사전에 「폐기물관리법」 제50조제1항 전단에 따라 폐쇄 신고하려는 경우, 해당 사전 폐쇄 신고에 대한 수리의 권한은 환경오염시설법 제10조제1항 각 호 외의 부분 후단에 따라 환경부장관의 권한입니다.

3. 이유

환경오염시설법 제6조제1항에서는 통합관리사업장(각주: 환경에 미치는 영향이 큰 업종으로서 대통령령으로 정하는 업종에 속하는 사업장 중 환경오염시설법 제6조제1항 각 호의 어느 하나에 해당하는 사업장을 말하며(같은 법 제6조제1항 참조), 이하 같음.)에서 배출시설등(각주: 환경오염시설법 제2조제2호에 따른 "배출시설등"을 말하며, 이하 같음.)을 설치·운영하려는 자는 환경부장관의 허가를 받도록 '통합허가'를 규정하면서, 같은 법 제10조제1항 각 호 외의 부분에서는 이러한 통합허가를 받은 경우 「폐기물관리법」 등과 같은 개별법에 따른 승인 등을 받은 것으로 보아 해당 개별법을 적용하되(전단), 이 경우 시·도지사 등의 권한을 환경부장관의 권한으로 보아 해당 개별법을 적용하도록(후단) 하는 '통합허가에 따른 법률 적용상의 특례'를 두고 있는바, 이 사안 폐기물처리시설을 폐쇄하려는 자가 「폐기물관리법」 제50조제1항 전단에 따라 사전 폐쇄 신고를 하려는 경우, 이 사안 폐기물처리시설이 환경오염시설법 제10조제1항제6호에 따라 「폐기물관리법」 제29조제2항에 따른 폐기물처리시설의 설치 승인을 받은 것으로 보아 「폐기물관리법」을 적용하여 같은 법 제62조제1항 및 같은 법 시행령 제37조제1항제4호사목에 따라 폐쇄 신고의 수리 권한이 시·도지사에게 있는지, 아니면 환경오염시설법 제10조제1항 각 호 외의 부분 후단에 따라 「폐기물관리법」 제62조제1항 및 같은 법 시행령 제37조제1항제4호사목에 따라 시·도지사에게 위임된 권한도 환경부장관의 권한으로 보아 폐쇄 신고의 수리 권한이 환경부장관에게 있는지가 문제됩니다.

먼저 환경오염시설법 제10조제1항에서는 통합허가에 대한 법률 적용상의 특례를 규정하고 있는데, '특례'는 원칙적 규정에 대해 특수하고 예외적인 내용을 규정하는 것이고, 본칙에 두는 특례는 특정한 경우에 지속적으로 적용되는 것으로써 일반 규정과의 관계를 명확히 하는 것인바(각주: 법제처 법령입안·심사기준(2023) p.656 참조), 비록 「폐기물관리법」 제62조제1항 및 같은 법 시행령 제37조제1항제4호사목에서 '같은 법 제50조에 따른 사전 폐쇄 신고의 수리'의 권한을 '시·도지사'에게 위임하고 있다고 하더라도, 환경오염시설법 제6조제1항에 따라 통합허가를 받아 설치한 이 사안 폐기물처리시설에 대해서는 같은 법 제10조제1항 각 호 외의 부분 후단에 따른 '특례'가 적용되므로, 「폐기물관리법」 제50조제1항 전단에 따라 이 사안 폐기물처리시설을 사전에 폐쇄 신고하려는 경우, 해당 사전 폐쇄 신고에 대한 수리의 권한은 환경부장관에게 있다고 보는 것이 통합허가와 그에 따른 특례의 규정체계에 부합하는 해석입니다.

그리고 환경오염시설법은 일정 규모 이상의 사업장을 대상으로 종전의 「대기환경보전법」 등 '개별법'에 따라 분산·중복된 배출시설등에 대한 인·허가를 환경오염시설법에 따른 허가로 통합·간소화하기 위하여 제정된 법률로서(각주: 2015. 12. 22. 법률 제13603호로 제정되어 2017. 1. 1. 시행된 「환경오염시설의 통합관리에 관한 법률」 제정이유 참조), 사업장에서 발생하는 오염물질 등을 효과적으로 줄이기 위하여 배출시설등을 통합 관리하고, 최적의 환경관리기법을 각 사업장의 여건에 맞게 적용할 수 있는 체계를 구축함으로써 환경기술의 발전을 촉진하고 국민의 건강과 환경을 보호하는 것을 목적(제1조)으로 하는바, 환경오염시설법 제6조제1항에 따라 '환경부장관'의 통합허가를 받아 설치한 이 사안 폐기물처리시설에 대해서는 같은 법 제10조제1항 전단에 따라 「폐기물관리법」과 같은 개별법을 적용함에 있어서도 환경오염시설법 제10조제1항 후단에 따라 '당초 통합허가권자'인 '환경부장관'이 개별법에 따른 허가·변경허가, 승인·변경승인 또는 신고·변경신고에 따른 권한을 행사하도록 하는 것이 일관된 배출시설등의 통합 관리가 가능하다는 점에서 법률의 입법목적에 부합하는 해석입니다.

또한 환경오염시설법 제10조에서 통합허가에 따른 법률 적용상의 특례를 규정한 취지는 같은 법 제6조에 따라 통합허가를 받은 경우 개별법의 인허가는 불필요함을 명확히 하여 법 집행 시 혼란을 방지하기 위한 것이므로(각주: 2015. 12. 22. 법률 제13603호로 제정되어 2017. 1. 1. 시행된 「환경오염시설의 통합관리에 관한 법률」 조문별 제정 이유서 참조), 환경오염시설법 제10조제1항 각 호 외의 부분 후단의 규정은 통합허가를 받은 이후 개별법을 적용하는 경우 개별법령에서 시·도지사의 권한으로 규정하고 있는 사항이라고 하더라도 그 권한을 환경부장관의 권한으로 보아 법 집행의 일관성을 확보하고 혼란을 방지하려는 취지로 해석하는 것이 합리적인바, 폐기물관리법령에서 이 사안 폐기물처리설에 대한 사전 폐쇄 신고의 수리 권한을 '시·도지사'에게 위임하고 있다고 하더라도 통합허가를 받은 경우에는 환경오염시설법 제10조제1항 각 호 외의 부분 후단에 따라 폐기물관리법령에 따른 이 사안 폐기물처리시설에 대한 시·도지사의 권한은 환경부장관의 권한으로 보아 「폐기물관리법」을 적용해야 하는 것이 환경오염시설법 제10조제1항의 입법취지에도 부합합니다.

따라서 이 사안 폐기물처리시설을 폐쇄하려는 자가 사전에 「폐기물관리법」 제50조제1항 전단에 따라 폐쇄 신고하려는 경우, 해당 사전 폐쇄 신고에 대한 수리의 권한은 환경오염시설법 제10조 제1항 각 호 외의 부분 후단에 따라 '환경부장관'의 권한에 해당합니다.
※ 법령정비 권고사항
  환경오염시설법 제10조제1항 각 호 외의 부분 후단에 따라 환경부장관의 권한으로 보는 '허가·변경허가, 승인·변경승인 또는 신고·변경신고에 따른 시·도지사 등의 권한'의 범위를 명확하게 규정할 필요가 있습니다.

<관계 법령>
※ 환경오염시설의 통합관리에 관한 법률
제6조 (통합허가) ① 환경에 미치는 영향이 큰 업종으로서 대통령령으로 정하는 업종에 속하는 사업장 중 다음 각 호의 어느 하나에 해당하는 사업장(이하 "통합관리사업장"이라 한다)에서 배출시설등(제10조제1항 각 호의 구분에 따른 허가 또는 승인을 받거나 신고를 하여야 하는 배출시설등만 해당한다)을 설치·운영하려는 자는 환경부장관의 허가를 받아야 한다. (후단 생략)
   1.·2. (생 략)
  ② ~ ⑨ (생 략)
제10조 (통합허가에 따른 법률 적용상의 특례) ① 제6조에 따른 허가 또는 변경허가를 받거나 변경신고를 한 경우에는 그 허가, 변경허가 또는 변경신고가 다음 각 호의 구분에 따른 허가·변경허가 또는 승인·변경승인을 받거나 신고·변경신고를 한 것으로 보아 다음 각 호의 법률을 적용한다. 이 경우 해당 허가·변경허가, 승인·변경승인 또는 신고·변경신고에 따른 특별시장·광역시장·특별자치시장·도지사·특별자치도지사 등의 권한은 환경부장관의 권한으로 보아 해당 법률을 적용한다.
   1.·5. (생 략)
   6. 「폐기물관리법」 제29조제2항·제3항에 따른 폐기물처리시설의 설치 승인·신고 및 변경승인·변경신고: 「폐기물관리법」
  ② (생 략)

※ 폐기물관리법
제50조 (폐기물처리시설의 사후관리 등) ① 제29조제2항에 따른 설치승인을 받거나 설치신고를 한 후 폐기물처리시설을 설치한 자(제25조에 따라 폐기물처리업의 허가를 받은 자를 포함한다)는 그가 설치한 폐기물처리시설의 사용을 끝내거나 폐쇄하려면 환경부령으로 정하는 바에 따라 환경부장관에게 신고하여야 한다. (후단 생략)
  ② ~ ⑧ (생 략)

※ 폐기물관리법 시행령
제37조 (권한의 위임) ① 법 제62조제1항에 따라 환경부장관은 다음의 사항에 관한 권한을 시·도지사에게 위임한다.
   1. ~ 3. (생 략)
   4. 법 제25조제3항에 따른 폐기물처리업자(지정폐기물을 대상으로 하는 폐기물처리업자는 제외한다)가 설치한 폐기물처리시설 및 제3호에 따른 폐기물처리시설에 관한 다음 각 목의 권한
      가. ~ 바. (생 략)
      사. 법 제50조에 따른 신고의 수리, 개선명령, 시정명령, 대행자의 지정 및 비용징수
      아. ~ 커. (생 략)
   5.·6. (생 략)
  ②·③ (생 략)

[사례 3] 환경부 - 환경개선부담금의 부과 대상이 되는 시설물의 범위(「환경개선비용 부담법 시행령」 제4조 등 관련)

안건번호15-0149 회신일자2015-04-20

1. 질의요지
  가. 「환경개선비용 부담법 시행령」 제4조제2항제1호에 따른 환경개선부담금의 부과 대상이 되

는 시설물에 해당하는지를 판단하기 위해 하나의 사찰 부지에 있는 시설물들의 바닥면적을 산정하는 경우 환경오염의 직접적인 원인을 제공하지 않는 시설물의 바닥면적은 제외할 수 있는지?

나. 사찰에 상시 기거하는 승려들과 방문객이 공동으로 이용하는 식당과 화장실의 경우 승려들의 숙소로 사용되는 건축물의 필수적인 부속 건물로서 「환경개선비용 부담법」 제9조제3항제2호에 따라 환경개선부담금이 감면되는 주거용 시설물에 해당하는지?

※ 질의배경
○ 민원인은 전라남도 △△군에 소재한 △△사찰의 경내에 있는 시설물 중 용수 및 연료를 사용하지 않는 법당(831㎡)과 주거용도 시설물에 해당하는 승련당(541㎡) 및 그 필수적 부속 건물로서 식당(335㎡)과 화장실(49㎡)은 개선부담금의 부과대상에서 제외되므로, 해당 사찰의 종무소(33㎡) 면적만으로는 개선부담금 부과대상이 될 수 없다고 주장하였으나, 환경부에서는 위 건축물 중 승려들의 숙소로서 실제 주거용도로 인정되는 승련당의 경우만 개선부담금의 부과가 면제 되고, 나머지 건축물들의 바닥면적 합계는 160제곱미터 이상이므로 해당 사찰의 경우 개선부담금 부과대상이라고 답변하자 이에 이견이 있어 환경부를 통해 법제처로 법령해석을 요청함.

2. 회답
가. 질의 가에 대하여 「환경개선비용 부담법 시행령」 제4조제2항제1호에 따른 환경개선부담금의 부과 대상이 되는 시설물에 해당하는지를 판단하기 위해 하나의 사찰 부지에 있는 시설물들의 바닥면적을 산정하는 경우 환경오염의 직접적인 원인을 제공하지 않는 시설물이라도 그 바닥면적을 제외하고 산정할 수 없습니다.

나. 질의 나에 대하여 사찰에 상시 기거하는 승려들과 방문객이 공동으로 이용하는 식당과 화장실은 승려들의 숙소로 사용되는 건축물의 필수직인 부속 건물로 볼 수 없으므로 「환경개선비용 부담법」 제9조제3항제2호에 따라 환경개선부담금이 감면되는 주거용 시설물에 해당하지 않습니다.

3. 이유
가. 질의 가 및 질의 나에 대하여 「환경개선비용 부담법」 제9조제2항에서는 환경개선부담금(이하 "개선부담금"이라고 함)의 부과 대상이 되는 시설물의 범위를 대통령령으로 정하도록 규정하고 있고, 그 위임에 따라 같은 법 시행령 제4조제2항제1호에서는 점포, 사무실, 수상건물(水上建物) 등 지붕과 벽 및 기둥이 있고 각 층 바닥면적의 합계가 160제곱미터 이상인 건축물을 개선부담금의 부과 대상이 되는 시설물로 규정하면서, 같은 조 제3항에서는 제2항제1호에 따른 시설물의 바닥면적을 산정하는 경우 이어진 부지 위에 있는 둘 이상의 시설물이 소유자가 같으면 동일한 시설물로 본다고 규정하고 있습니다. 한편, 「환경개선비용 부담법」 제9조제3항제2호에서는 주거(住居) 등 대통령령으로 정하는 용도의 시설물은 개선부담금 부과를 감면할 수 있다고 규정하고 있고, 그 위임에 따라 같은 법 시행령 제6조제1항에서는 주거 용도의 시설물로 「주택법」 제2조제1호에 따른 주택과 같은 조 제1호의2에 따른 준주택(주거용 부분에 한정함)을 규정하고 있는바,

나. 질의 가에 대하여 이 사안은 개선부담금의 부과 대상이 되는 시설물에 해당하는지를 판단하기 위해 하나의 사찰 부지 위에 있는 시설물들의 바닥면적을 산정하면서 환경오염의 직접적인 원인을 제공하지 않는 건축물의 바닥면적은 제외할 수 있는지에 관한 것이라 하겠습니다. 먼저, '환경개선부담금 제도'는 오염원인자부담원칙에 따라 유통・소비부분을 대상으로 오염

원인자에게 그 처리비용을 부담토록 하는 간접규제의 일환으로서, 「환경개선비용 부담법」 제9조제2항의 위임에 따른 같은 법 시행령 제4조제2항제1호에서는 유통·소비과정에서 환경오염물질을 다량으로 배출하여 환경오염의 직접적인 원인이 되는 시설물로서 "점포, 사무실, 수상건물(水上建物) 등 지붕과 벽 및 기둥이 있고 각 층 바닥면적의 합계가 160제곱미터 이상인 건축물"을 규정하고 있습니다. 그리고, 「환경개선비용 부담법 시행령」 제4조제1항에서는 생산·제조부문의 시설물 등을 개선부담금의 부과 대상에서 제외하고 있고, 같은 영 제6조에서는 원칙적으로 개선부담금의 부과 대상에 해당하는 시설물 중에서 개선부담금의 부과가 면제되거나 감경되는 시설물에 대하여 규정하고 있는바, 바닥면적의 합계가 160제곱미터 이상인 건축물이 위 규정들에 따른 개선부담금 제외대상 시설물이나 감면대상 시설물에 해당하지 않는다면 원칙적으로 개선부담금의 부과 대상이 된다고 할 것입니다. 한편, 환경오염의 직접적인 원인을 제공하지 않는 건축물은 오염원인자부담원칙에 따라 시설물의 바닥면적 산정 대상에서 제외되어야 한다는 의견이 있을 수 있습니다. 그러나, 「환경개선비용 부담법 시행령」 제4조제3항에서는 시설물의 바닥면적을 산정하는 경우 이어진 부지 위에 있는 둘 이상의 시설물이 소유자가 같으면 오염물질의 배출 여부와 상관없이 동일한 시설물로 보고 있고, 원칙적으로 사찰은 건축법령에 따른 건축물의 한 형태인 종교시설로서, 개개의 시설물이 아니라 하나의 종교시설 자체가 환경오염의 직접적인 원인이 되는 시설물에 해당한다고 할 것이므로, 그러한 의견은 타당하지 않습니다. 이상과 같은 점을 종합해 볼 때, 개선부담금의 부과 대상이 되는 시설물에 해당하는지를 판단하기 위해 하나의 사찰 부지에 있는 시설물들의 바닥면적을 산정하는 경우, 환경오염의 직접적인 원인을 제공하지 않는 시설물이라도 그 바닥면적을 제외하고 산정할 수 없다고 할 것입니다.

다. 질의 나에 대하여 이 사안은 사찰에 상시 기거하는 승려들과 사찰 방문객이 공동으로 이용하는 식당과 화장실의 경우 승려들의 숙소로 사용되는 건축물의 필수적인 부속 건물로 보아 개선부담금이 감면되는 주거용 시설물에 해당한다고 할 수 있는지에 관한 것이라 하겠습니다. 먼저, 「환경개선비용 부담법 시행령」 제6조제1항에서는 개선부담금의 부과가 감면되는 "주거(住居) 등 용도의 시설물"로 「주택법」 제2조제1호에 따른 주택과 같은 조 제1호의2에 따른 준주택(주거용 부분에 한정한다)을 말한다고 규정하고 있고, 「주택법」 제2조제1호에서는 주택을 세대(世帶)의 구성원이 장기간 독립된 주거생활을 할 수 있는 구조로 된 건축물의 전부 또는 일부 및 그 부속토지로 규정하고 있으며, 같은 법 제2조제1호의2 및 같은 법 시행령 제2조의2에서는 준주택을 주택 외의 건축물과 그 부속토지로서 주거시설로 이용 가능한 시설 등으로 기숙사, 다중생활시설, 노인복지주택, 오피스텔로 규정하고 있는바, 일반적으로 주택은 세대의 구성원이나 사용자들을 위한 독립적인 주거생활을 영위할 수 있는 건축물로서 잠을 자고 음식을 먹는 등의 일상생활이 지속적으로 이루어지는 장소를 의미한다고 할 것입니다. 그렇다면, 사찰에 기거하는 승려들과 사찰 방문객이 공동으로 이용하는 식당과 화장실은 사찰에서 기거하는 승려들의 주거생활만을 위한 시설이라고 보기 어렵고, 오히려 그 이용이 일반 공중에게 비교적 자유롭게 제공된다는 점에서 일종의 공공의 이용을 위한 편의시설이라 할 것이어서 주거를 위한 건축물로 보기는 힘들 것입니다. 특히, 복합용도 시설물의 경우 원칙적으로 하나의 시설물로서 개선부담금의 부과대상에 해당하는지를 판단하여야 하나, 정책적으로 건축물대장의 용도와 상관없이 실제 주거 용도로 사용되는 부분에 대하여 예외적으로 바닥면적에서 제외하고 있는 것이므로, 주거 용도에 해당하는 시설은 실제로 승려들이 독립적으로 일상생활을 영위하는 공간으로만 한정하여 해석하여야 할 것입니다. 이상과 같은 점을 종합해 볼 때, 사찰에 상시 기거하는 승려들과 방문객이 공동으로 이용하는 식당과 화장실은 승려들의 숙소로 사용되는 건축물의 필수적인 부속 건물로 볼 수 없으므로, 「환경개선비용부담법」 제9조제3항제2호에 따라 환경개선부담금이 감면되는 주거용 시설물에 해당하지 않는다고 할 것입니다.

[사례 4] 민원인 - 사업장폐기물을 무상으로 반입하여 재활용하려는 경우, 폐기물처리업의 허가를 받아야 하는지 여부(「폐기물관리법」 제25조 등 관련)

안건번호21-0231 회신일자2021-06-29

1. 질의요지

「폐기물관리법」 제18조제1항에 따라 폐기물을 처리할 수 있는 자에 해당하지 않는 자가 같은 법 제2조제3호에 따른 사업장폐기물을 무상으로 반입하여 재활용하려는 경우, 「폐기물관리법」 제25조제3항 전단에 따라 폐기물처리업(각주: 「폐기물관리법」 제25조제5항제5호에 따른 폐기물 중간재활용업, 같은 항 제6호에 따른 폐기물 최종재활용업 또는 같은 항 제7호에 따른 폐기물 종합재활용업 중 하나로 전제하며, 이하 같음)의 허가를 받아야 하는지?(각주: 「폐기물관리법」 제46조에 따른 폐기물처리 신고 대상에 해당하지 않는 경우를 전제함)

※ 질의배경

민원인은 위 질의요지에 대한 환경부의 회신 내용에 이견이 있어 법제처에 법령해석을 요청함.

2. 회답

이 사안의 경우 「폐기물관리법」 제25조제3항 전단에 따라 폐기물처리업의 허가를 받아야 합니다.

3. 이유

「폐기물관리법」 제18조제1항에 따르면 사업장폐기물을 배출하는 사업자(이하 "사업장폐기물배출자"라 함)는 그의 사업장에서 발생하는 폐기물을 스스로 처리하거나 같은 항에서 규정하고 있는 법정수탁자에게만 위탁하여 처리할 수 있고, 스스로 처리하는 경우에는 같은 법 제17조제1항제1호의2에 따라 같은 법 제13조에 따른 폐기물의 처리 기준·방법과 같은 법 제13조의2에 따른 폐기물의 재활용 원칙 및 준수사항에 적합하게 처리하여야 하며, 위탁하여 처리하는 경우에는 같은 법 제17조제1항제3호에 따라 환경부령으로 정하는 위탁․수탁의 기준 및 절차 등을 따라야 하고, 해당 폐기물의 처리과정이 같은 법 제13조에 따른 폐기물의 처리 기준과 방법 또는 같은 법 제13조의2에 따른 폐기물의 재활용 원칙 및 준수사항에 맞게 이루어지고 있는지를 확인하는 등 필요한 조치를 해야 합니다.

이와 같은 사업장폐기물 처리에 관한 「폐기물관리법」의 문언과 규정체계에 비추어 볼 때, 사업장폐기물을 처리할 때에는 같은 법에 따른 자격을 갖춘 자가 엄격한 기준과 절차를 준수해야 하므로, 이 사안과 같이 사업장폐기물을 스스로 처리하는 자가 아닌 경우에는 폐기물처리업의 허가를 받은 자, 폐기물처리 신고자 등 같은 법 제18조제1항에 따라 사업장폐기물을 처리할 수 있는 자에 해당하여야 사업장폐기물을 처리할 수 있다고 보는 것이 폐기물관리법령의 체계에 부합합니다.

한편 「폐기물관리법」 제13조의2제1항에 따라 누구든지 폐기물을 재활용할 수 있으므로 이 사안의 경우 같은 법 제25조제3항 전단에 따른 허가를 받지 않아도 된다는 의견이 있으나, 같은 법 제13조의2제2항에서는 제1항에도 불구하고 재활용이 금지되거나 제한되는 폐기물의 종류를 규정하고 있는바, 같은 조 제1항과 제2항을 체계적·유기적으로 해석하여 보면, 같은 조 제1항의 의미는 일정한 원칙이나 준수사항을 지켜 폐기물을 재활용한다면 재활용이 금지 또는 제한되지 않는다는 것을 의미하는 것일 뿐, 개별 조문에서 규정하는 재활용의 자격, 절차 및 방법과 무관하게 폐기물을 재활용할 수 있다는 의미로 보기는 어렵습니다.

또한 「폐기물관리법」 제2조제1호에 따르면 "폐기물"은 쓰레기 등 사람의 생활이나 사업활동에 필요하지 아니하게 된 물질로, 같은 조 제2호에서는 폐기물을 크게 "사업장폐기물"과 "생활폐기물"로 구분하여 규율하면서, 사업장폐기물이 생활폐기물에 비하여 환경에 미치는 영향이 큰 점 등을 고려하여 사업장폐기물에 대해서는 일반적인 폐기물 재활용의 원칙을 규정하고 있는 같은 법 제13조의2에 더하여 같은 법 제17조, 제18조, 제18조의2 및 제19조에서 사업장폐기물배출자의 의무, 사업장폐기물 처리 시 준수사항 및 사업장폐기물처리자의 의무를 규정하는 등 그 처리 방식을 특별히 강화하여 정하고 있는바, 사업장폐기물의 배출, 처리, 사후관리의 과정에 생활폐기물에 적용하는 규정에 더하여 가중된 요건을 적용하는 것이 폐기물관리법령의 체계이므로, 사업장폐기물배출자가 아닌 자는 같은 법 제18조제1항의 자격 기준을 갖추고 사업장폐기물을 위탁받아 처리해야 한다고 보는 것이 법령의 체계에 부합한다는 점에서 그러한 의견은 타당하지 않습니다.

따라서 「폐기물관리법」 제18조제1항에 따라 폐기물을 처리할 수 있는 자에 해당하지 않는 자가 같은 법 제2조제3호에 따른 사업장폐기물을 무상으로 반입하여 재활용하려면 같은 법 제25조제3항 전단에 따라 폐기물처리업의 허가를 받아야 합니다.

<관계 법령>
※ 폐기물관리법
제2조 (정의) 이 법에서 사용하는 용어의 뜻은 다음과 같다.
  1. · 2. (생 략)
  3. "사업장폐기물"이란 「대기환경보전법」, 「물환경보전법」 또는 「소음·진동관리법」에 따라 배출시설을 설치·운영하는 사업장이나 그 밖에 대통령령으로 정하는 사업장에서 발생하는 폐기물을 말한다.
  5. ~ 6. (생 략)
  7. "재활용"이란 다음 각 목의 어느 하나에 해당하는 활동을 말한다.
    가. 폐기물을 재사용·재생이용하거나 재사용·재생이용할 수 있는 상태로 만드는 활동
    나. 폐기물로부터 「에너지법」 제2조제1호에 따른 에너지를 회수하거나 회수할 수 있는 상태로 만들거나 폐기물을 연료로 사용하는 활동으로서 환경부령으로 정하는 활동
  8. · 9. (생 략)
제18조 (사업장폐기물의 처리) ① 사업장폐기물배출자는 그의 사업장에서 발생하는 폐기물을 스스로 처리하거나 제25조제3항에 따른 폐기물처리업의 허가를 받은 자, 폐기물처리 신고자, 제4조나 제5조에 따른 폐기물처리시설을 설치·운영하는 자, 「건설폐기물의 재활용촉진에 관한 법률」 제21조에 따라 건설폐기물 처리업의 허가를 받은 자 또는 「해양폐기물 및 해양오염퇴적물 관리법」 제19조제1항제1호에 따라 폐기물 해양 배출업의 등록을 한 자에게 위탁하여 처리하여야 한다.
  ② ~ ⑥ (생 략)
제25조 (폐기물처리업) ① 폐기물의 수집·운반, 재활용 또는 처분을 업(이하 "폐기물처리업"이라 한다)으로 하려는 자(음식물류 폐기물을 제외한 생활폐기물을 재활용하려는 자와 폐기물처리 신고자는 제외한다)는 환경부령으로 정하는 바에 따라 지정폐기물을 대상으로 하는 경우에는 폐기물 처리 사업계획서를 환경부장관에게 제출하고, 그 밖의 폐기물을 대상으로 하는 경우에는 시·도지사에게 제출하여야 한다. 환경부령으로 정하는 중요 사항을 변경하려는 때에도 또한 같다.
  ② 환경부장관이나 시·도지사는 제1항에 따라 제출된 폐기물 처리사업계획서를 다음 각 호의 사항에 관하여 검토한 후 그 적합 여부를 폐기물처리사업계획서를 제출한 자에게 통보하여야 한다.
    1. 폐기물처리업 허가를 받으려는 자(법인의 경우에는 임원을 포함한다)가 제26조에 따른 결격사유에 해당하는지 여부
    2. 폐기물처리시설의 입지 등이 다른 법률에 저촉되는지 여부
    3. 폐기물처리사업계획서상의 시설·장비와 기술능력이 제3항에 따른 허가기준에 맞는지 여부

4. 폐기물처리시설의 설치·운영으로 「수도법」 제7조에 따른 상수원보호구역의 수질이 악화되거나 「환경정책기본법」 제12조에 따른 환경기준의 유지가 곤란하게 되는 등 사람의 건강이나 주변 환경에 영향을 미치는지 여부

③ 제2항에 따라 적합통보를 받은 자는 그 통보를 받은 날부터 2년(제5항제1호에 따른 폐기물 수집·운반업의 경우에는 6개월, 폐기물처리업 중 소각시설과 매립시설의 설치가 필요한 경우에는 3년) 이내에 환경부령으로 정하는 기준에 따른 시설·장비 및 기술능력을 갖추어 업종, 영업대상 폐기물 및 처리분야별로 지정폐기물을 대상으로 하는 경우에는 환경부장관의, 그 밖의 폐기물을 대상으로 하는 경우에는 시·도지사의 허가를 받아야 한다. 이 경우 환경부장관 또는 시·도지사는 제2항에 따라 적합통보를 받은 자가 그 적합통보를 받은 사업계획에 따라 시설·장비 및 기술인력 등의 요건을 갖추어 허가신청을 한 때에는 지체 없이 허가하여야 한다.

④ (생 략)

⑤ 폐기물처리업의 업종 구분과 영업 내용은 다음과 같다.
  1. 폐기물 수집·운반업: 폐기물을 수집하여 재활용 또는 처분 장소로 운반하거나 폐기물을 수출하기 위하여 수집·운반하는 영업
  2. 폐기물 중간처분업: 폐기물 중간처분시설을 갖추고 폐기물을 소각 처분, 기계적 처분, 화학적 처분, 생물학적 처분, 그 밖에 환경부장관이 폐기물을 안전하게 중간처분할 수 있다고 인정하여 고시하는 방법으로 중간처분하는 영업
  3. 폐기물 최종처분업: 폐기물 최종처분시설을 갖추고 폐기물을 매립 등(해역 배출은 제외한다)의 방법으로 최종처분하는 영업
  4. 폐기물 종합처분업: 폐기물 중간처분시설 및 최종처분시설을 갖추고 폐기물의 중간처분과 최종처분을 함께 하는 영업
  5. 폐기물 중간재활용업: 폐기물 재활용시설을 갖추고 중간가공 폐기물을 만드는 영업
  6. 폐기물 최종재활용업: 폐기물 재활용시설을 갖추고 중간가공 폐기물을 제13조의2에 따른 폐기물의 재활용 원칙 및 준수사항에 따라 재활용하는 영업
  7. 폐기물 종합재활용업: 폐기물 재활용시설을 갖추고 중간재활용업과 최종재활용업을 함께 하는 영업

⑥ (생 략)

폐기물처리업을 하려는 자 중 다음 각 호의 어느 하나에 해당하는 자는 제1항 및 제2항에 따른 절차를 거치지 아니하고 제3항에 따른 허가를 신청할 수 있다.
  1. 「산업입지 및 개발에 관한 법률」 제2조제8호에 따른 산업단지에서 폐기물처리업을 하려는 자
  2. 「자원의 절약과 재활용촉진에 관한 법률」 제34조에 따른 재활용단지에서 폐기물처리업을 하려는 자
  3. 제5항제5호부터 제7호까지의 규정에 따른 폐기물 재활용업을 하려는 자

[사례 5] 민원인 - 기술진단전문기관이 「환경분야 시험·검사 등에 관한 법률」에 따른 측정대행업자에게 지정악취물질 등을 측정하도록 할 수 있는지 여부(「악취방지법」 제16조의2 등 관련)

안건번호23-0205 회신일자2023-07-10

1. 질의요지

「환경분야 시험·검사 등에 관한 법률」(이하 "환경시험검사법"이라 함) 제16조제1항 전단에서는 대기오염물질, 다중이용시설 등의 실내공간오염물질, 악취, 수질오염물질, 소음·진동 또는 인공조명에 의한 빛공해의 측정업무를 대행하는 영업을 하려는 자는 대통령령으로 정하는 기술능력·시설 및 장비를 갖추어 특별시장·광역시장·특별자치시장·도지사 또는 특별자치도지사(이하 "시·도지사"라 함) 또는 대도시 시장(각주: 「지방자치법」 제198조에 따른 서울특별시·광역시 및 특별자치시를 제외한 인구 50만 이상의 시의 시장을 말하며, 이하 같음)에게 등록해야 한다고 규정하고 있는 한편, 「악취방지법」 제16조의2제1항 본문에서는 시·도지사, 대도시 시장 및 시장·군수·구청장(이하 "시·도지사등"이라 함)은 악취(각주: 황화수소, 메르캅탄류, 아민류, 그 밖에 자극성이 있는 물질이 사람의 후각을 자극하여 불쾌감과 혐오감을 주는 냄새를 말함(「악취방지법」 제2조제1호 참조))로 인한 주민의 건강상 위해를 예방하고 생활환경을 보전하기 위해 해당 지방자치단

체의 장이 설치·운영하는 같은 항 각 호의 악취배출시설(각주: 악취를 유발하는 시설, 기계, 기구, 그 밖의 것으로서 환경부장관이 관계 중앙행정기관의 장과 협의하여 환경부령으로 정한 축산시설, 하수·폐수 및 분뇨처리시설 등을 말함(「악취방지법」 제2조제3호, 같은 법 시행규칙 제3조 및 별표 2참조))(이하 "공공악취배출시설"이라 함)에 대하여 5년마다 기술진단을 실시해야 한다고 규정하고 있고, 같은 조 제3항의 위임에 따라 기술진단의 내용 및 방법을 정하고 있는 같은 법 시행규칙 제13조의2제1항 및 별표 5에서는 기술진단의 내용 중 하나로 '공정진단'을, 그 공정진단의 방법으로 '악취발생원별 악취물질 측정·분석(제3호)', '악취방지시설 전·후단 및 최종 배출구 악취물질 측정·분석(제4호)' 등을 규정하고 있으며, 같은 법 제16조의3제1항에서는 같은 법 제16조의2제1항에 따른 기술진단 업무를 대행하려는 자는 대통령령으로 정하는 시설·장비 및 기술인력 등의 요건을 갖추어 환경부장관에게 등록해야 한다고 규정하면서, 같은 법 제16조의4제2호에서는 같은 법 제16조의3제1항에 따라 등록을 한 자(이하 "기술진단전문기관"이라 함)의 준수사항 중 하나로 "등록된 기술인력이 기술진단 업무를 수행할 것"을 규정하고 있는바,

기술진단전문기관이 「악취방지법」 제16조의2제1항에 따른 기술진단 업무(이하 "기술진단 업무"라 함)를 대행할 때, 악취물질의 측정·분석을 통한 공정진단 등을 위해 공공악취배출시설의 지정악취물질(각주: 악취의 원인이 되는 물질로서 환경부령으로 정하는 것(암모니아, 황화수소 등)을 말함(「악취방지법」 제2조제2호 참조)) 및 복합악취(각주: 두 가지 이상의 악취물질이 함께 작용하여 사람의 후각을 자극하여 불쾌감과 혐오감을 주는 냄새를 말함(「악취방지법」 제2조제3호 참조))(이하 "지정악취물질등"이라 함)를 직접 측정(각주: 악취 시료를 채취하여 이를 측정·분석하는 시험·검사 등을 의미하며, 이하 같음)하는 대신, 환경시험검사법 제16조제1항 전단에 따라 악취의 측정업무를 대행하는 영업의 등록을 한 자(이하 "악취측정대행업자"라 함)에게 측정하게 할 수 있는지?

2. 회답
이 사안의 경우, 「악취방지법」에 따른 기술진단전문기관은 환경시험검사법에 따른 환경악취측정대행업자에게 지정악취물질등을 측정하게 할 수 있습니다.

3. 이유
법해석의 목표는 어디까지나 법적 안정성을 저해하지 않는 범위 내에서 구체적 타당성을 찾는 데 두어야 하고, 그러기 위해서는 가능한 한 법률에 사용된 문언의 통상적인 의미에 충실하게 해석하는 것을 원칙으로 하면서, 법률의 입법 취지와 목적, 그 제·개정 연혁, 법질서 전체와의 조화, 다른 법령과의 관계 등을 고려하는 체계적·논리적 해석방법을 추가적으로 동원해야 할 것인데,(각주: 대법원 2013. 1. 17. 선고 2011다83431 전원합의체 판결례 참조) 환경시험검사법 제16조제1항에서는 '악취의 측정업무를 대행하는 영업'의 등록 제도를 규정하는 한편, 「악취방지법」에서는 기술진단전문기관의 준수사항으로 "등록된 기술인력이 기술진단 업무를 수행할 것"을 규정(제16조의4제2호)하고 있을 뿐, 기술진단전문기관에 등록된 기술인력이 기술진단 업무의 전 과정을 직접 수행하도록 구체적으로 제한하거나, 환경시험검사법에 따라 등록된 악취측정대행업자에게 지정악취물질등을 대신 측정하게 하는 것을 금지하는 등의 규정을 두고 있지 않으므로, 기술진단전문기관이 악취측정대행업자에게 지정악취물질등을 측정하게 할 수 있는지에 대해서는 「악취방지법」 및 환경시험검사법의 입법 취지와 목적, 법령의 규정체계 및 법질서 전체와의 조화, 법령 간의 관계 등을 고려하여 판단해야 할 것입니다.

먼저 「악취방지법」은 사업활동 등으로 인하여 발생하는 악취를 방지함으로써 국민이 건강하고 쾌적한 환경에서 생활할 수 있게 함을 목적(제1조)으로 하는 법률로서, 같은 법 제16조의2제1항

본문에서는 시·도지사등은 악취로 인한 주민의 건강상 위해를 예방하고 생활환경을 보전하기 위하여 공공악취배출시설에 대하여 5년마다 기술진단을 실시하여야 한다고 규정하고 있는데, 같은 조 제3항의 위임에 따라 마련된 같은 법 시행규칙 제13조의2제1항 및 별표 5에서는 기술진단의 내용 및 방법과 관련하여 ① 현황조사는 처리대상 물질의 종류 및 용량 조사 등의 방법으로, ② 시설진단은 악취배출시설의 밀폐 및 악취포집 상태 파악 등 방법으로, ③ 공정진단은 악취발생원별 악취물질 측정·분석 등의 방법으로, ④ 운영진단은 관리인의 유지·보수의 적절성 파악 등의 방법으로 하며, ⑤ 시설 개선 및 최적 관리는 악취발생의 문제점 도출 및 악취 저감 대책 수립 등의 방법으로 한다고 규정하고 있는 점에 비추어 볼 때, 악취방지법령에 따른 기술진단 업무는 공공악취배출시설의 관리 상태를 전반적으로 점검하기 위한 것으로서, 지정악취물질등에 대한 측정 등을 바탕으로 공공악취배출시설의 관리 현황을 진단하여 문제점을 파악하고, 해당 시설의 유지·관리 및 개선방안을 수립하여 제시하는 것이라고 보아야 할 것인바, 이와 같은 기술진단 업무의 목적과 전체적인 내용 및 수행방법에 비추어 볼 때, 지정악취물질등의 측정은 기술진단 업무를 수행하기 위한 일련의 과정의 일부로서, 지정악취물질등의 측정을 악취측정대행업자로 하여금 실시하게 하더라도 기술진단전문기관은 그 측정 결과를 활용하여 종합적인 기술진단 업무를 수행하게 될 것이라는 점을 고려하면, 기술진단전문기관이 기술진단 업무를 대행할 때 지정악취물질등을 직접 측정하여야만 하는 것으로 보기는 어렵습니다.

그리고 악취측정대행업자 등록 제도를 규정하고 있는 환경시험검사법은 환경분야 관련 법령에 따라 수행하는 환경분야의 시험·검사 및 환경의 관리와 관련된 기술기준과 운영체계 등을 합리화함으로써 환경 보전에 이바지하는 것을 목적(제1조)으로 하는 법률로서, 같은 법 제6조제1항 본문에서는 환경부장관은 환경오염물질 등의 측정·분석·평가 등의 통일성 등을 도모하기 위해 「대기환경보전법」(제1호), 「소음·진동관리법」(제2호), 「실내공기질 관리법」(제3호), 「악취방지법」(제4호) 등 각 환경분야 법령에 따른 오염물질에 대한 분야별 환경오염공정시험기준을 정하여 고시하여야 한다고 규정하고 있고, 그 위임에 따라 악취 분야에 대해 마련된 환경오염공정시험기준인 「악취공정시험기준」(국립환경과학원고시)에서는 측정·분석기기 및 기구, 시약 및 표준물질, 시료 채취와 보관, 분석 절차 등 지정악취물질등의 측정에 관한 세부적인 사항까지 규정하고 있으며, 같은 법 제16조에서는 '악취의 측정업무'를 대행하는 영업을 하려는 자는 시·도지사 또는 대도시 시장에게 등록해야 한다고 규정하면서, 대행할 수 있는 악취 측정업무의 범위를 특별히 제한하고 있지 않습니다.

그런데 「악취방지법」 제16조의4제5호의 위임에 따라 마련된 같은 법 시행령 제7조의2제2항제4호에서는 기술진단전문기관의 준수사항으로 '기술진단을 위한 시험·분석업무를 실시하는 경우 환경시험검사법 제6조제1항제4호에 따른 악취 분야 환경오염공정시험기준을 준수할 것'을 규정하고 있는 한편, 환경시험검사법 제18조제3항에서는 측정대행업자는 '환경오염공정시험기준에 따라 측정분석을 실시'하는 등 환경부령으로 정하는 준수사항을 지켜야 한다고 규정하고 있는바, 기술진단을 위한 지정악취물질등의 측정은 그 측정 주체가 악취방지법령에 따른 기술진단전문기관인지, 환경시험검사법령에 따른 악취측정대행업자인지 여부와 상관없이 환경오염공정시험기준에 따라 같은 절차와 방법으로 이루어지는 것이므로, 명문의 근거도 없이 기술전문진단기관이 환경시험검사법에 따라 등록한 악취측정대행업자에게 지정악취물질등을 측정하게 하는 것이 금지된다고 보기는 어렵습니다.

한편 「악취방지법」 제18조에서는 국공립연구기관, 환경 관련 비영리법인 등을 '악취검사기관'으로 지정하여 같은 법 제17조에 따라 환경부장관, 시·도지사 또는 대도시의 장이 채취한 시료에 대해 악취검사를 실시하도록 규정하고 있고, 같은 법 시행령 별표 1의 비고 제1호에서는 기술진단전문기관이 '악취검사기관'과 측정대행계약을 체결하여 그 계약기간 중이면 실험실 및 기술인력 요건 중 일부를 갖춘 것으로 본다고 규정하고 있는 점 등을 들어 기술진단전문기관은 악취측정대행업자가 아닌 악취검사기관에게만 지정악취물질등을 측정하게 할 수 있다는 의견이 있으나, 악취측정대행업자는 환경시험검사법 제16조에 따라 악취의 측정업무를 대행할 수 있는 기술능력, 시설 및 장비 등의 요건을 갖추어 등록한 자로서, 같은 법 제18조제3항에 따라 악취 분야의 환경오염공정시험기준을 준수하여 측정업무를 실시하고, 같은 법 제18조의2 및 같은 법 시행령 제13조의5제1항에 따른 정도관리(각주: 시험·검사 등에 필요한 능력과 시험·검사 등을 한 자료의 검증 등을 말함) 대상 기관으로서 지정악취물질등 측정 업무를 수행하기 위해서는 표준시료의 분석능력에 대한 숙련도 등의 평가를 받고 적합판정을 받아야 하는 등 실질적으로 악취검사기관과 같은 절차와 기준에 따라 해당 업무를 수행하는 점, 「악취방지법 시행령」 별표 1의 비고 제1호는 악취검사기관과 대행계약을 체결한 기간 중에는 등록요건의 일부를 완화하여 적용하려는 취지의 규정일 뿐, 기술진단전문기관이 오로지 악취검사기관에게만 지정악취물질등의 측정을 대행하도록 하는 규정으로 볼 수는 없다는 점에서 그와 같은 의견은 타당하지 않다고 할 것입니다.

따라서 이 사안의 경우, 「악취방지법」에 따른 기술진단전문기관은 환경시험검사법에 따른 환경악취측정대행업자에게 지정악취물질등을 측정하게 할 수 있습니다.

<관계 법령>
※ 환경분야 시험·검사 등에 관한 법률
제16조 (측정대행업의 등록) ① 대기오염물질, 다중이용시설 등의 실내공간오염물질, 악취, 수질오염물질, 소음·진동 또는 인공조명에 의한 빛공해의 측정업무를 대행하는 영업(이하 "측정대행업"이라 한다)을 하려는 자는 대통령령으로 정하는 기술능력·시설 및 장비를 갖추어 특별시장·광역시장·특별자치시장·도지사 또는 특별자치도지사(이하 "시·도지사"라 한다) 또는 대도시 시장(「지방자치법」 제198조에 따른 서울특별시·광역시 및 특별자치시를 제외한 인구 50만 이상의 시의 시장을 말한다. 이하 같다)에게 등록하여야 한다. 등록한 사항 중 대통령령으로 정하는 중요사항을 변경하려는 경우에도 또한 같다.
②·③ (생 략)

※ 악취방지법
제16조의2 (기술진단 등) ① 시·도지사, 대도시의 장 및 시장·군수·구청장은 악취로 인한 주민의 건강상 위해(危害)를 예방하고 생활환경을 보전하기 위하여 해당 지방자치단체의 장이 설치·운영하는 다음 각 호의 악취배출시설에 대하여 5년마다 기술진단을 실시하여야 한다. 다만, 다른 법률에 따라 악취에 관한 기술진단을 실시한 경우에는 이 항에 따른 기술진단을 실시한 것으로 본다.
  1. 「하수도법」 제2조제9호 및 제10호에 따른 공공하수처리시설 및 분뇨처리시설
  2. ~ 5. (생 략)
②·③ (생 략)
④ 시·도지사, 대도시의 장 및 시장·군수·구청장은 한국환경공단 또는 제16조의3제1항에 따라 등록을 한 자로 하여금 제1항에 따른 기술진단 업무를 대행하게 할 수 있다.
제16조의3 (기술진단전문기관의 등록) ① 제16조의2제1항에 따른 기술진단 업무를 대행하려는 자는 대통령령으로 정하는 시설·장비 및 기술인력 등의 요건을 갖추어 환경부장관에게 등록하여야 한다.
②·③ (생 략)

[사례 6] 민원인 - 소규모 사업자가 「폐기물관리법 시행규칙」 제66조제3항 각 호의 폐기물을 신고 없이 처리할 수 있는지 여부(「폐기물관리법」 제46조제1항제2호 등 관련)

안건번호18-0666 회신일자2019-04-05

1. 질의요지

「폐기물관리법」 제46조제1항제2호 및 같은 법 시행규칙 제66조제5항에 따른 사업장 규모에 미달하여 시·도지사에게 폐기물처리를 신고하지 않은 자가 같은 법 제14조제3항에도 불구하고 생활폐기물 중 같은 법 시행규칙 제66조제3항 각 호의 폐기물을 수집·운반하거나 같은 조 제4항에 따른 방법으로 재활용할 수 있는지?

※ 질의배경

폐기물처리를 신고하여 영업하고 있는 민원인이 자신과 경쟁관계에 있으나 폐기물처리를 신고하지 않은 업체가 「폐기물관리법」 제14조제3항에도 불구하고 생활폐기물 중 폐지, 고철 등에 대한 재활용을 할 수 있는지에 대해 환경부에 문의하였고, 환경부가 재활용할 수 있다고 답변하자 이에 이견이 있어 법제처에 법령해석을 요청함.

2. 회답

이 사안의 경우 「폐기물관리법 시행규칙」 제66조제3항 각 호의 폐기물을 수집·운반하거나 재활용할 수 있습니다.

3. 이유

「폐기물관리법」 제14조제3항에서는 같은 조 제1항 및 제2항에 따른 특별자치시장, 특별자치도지사, 시장·군수·구청장이나 그의 업무를 대행하는 자(각주: 폐기물처리업자, 폐기물처리 신고자, 한국환경공단 등(「폐기물관리법 시행령」 제8조 참조))가 아니더라도 같은 법 제46조제1항에 따라 폐기물처리를 신고한 자(이하 "폐기물처리 신고자"라 함)에게 같은 법 시행규칙 제15조의2 제1항 각 호의 생활폐기물(각주: 「폐기물관리법 시행규칙」 제66조제3항 각 호의 폐기물(제1호), 폐가전제품(제2호), 폐식용유(제3호), 폐섬유(제4호), 농업용 폐플라스틱필름 등(제5호), 폐의류(제6호), 동·식물성 잔재물(제7호))을 수집·운반 또는 재활용할 수 있도록 허용하고 있습니다.

그리고 「폐기물관리법」 제46조제1항제2호 및 같은 법 시행규칙 제66조에서는 폐지, 고철 등의 폐기물(이하 "폐지·고철등"이라 함)을 수집·운반하거나 선별·압축 등 일정한 방법으로 재활용하는 자의 사업장 규모가 일정 규모 이상(각주: 특별시·광역시 지역으로서 사업장 규모가 1,000㎡ 이상(제1호)이거나 시·군 지역(광역시의 군 지역을 포함한다)으로서 사업장 규모가 2,000㎡ 이상(제2호))인 경우에는 폐기물처리 신고를 하도록 하면서 사업장 규모가 그에 해당하지 않는 경우에는 폐기물처리 신고 의무를 부과하고 있지 않습니다.

그런데 「폐기물관리법」 제13조의2제1항에서는 같은 조에서 규정하고 있는 폐기물의 재활용 원칙과 준수사항을 지키는 경우 "누구든지" 폐기물을 재활용할 수 있도록 하여 폐기물의 재활용을 일반적으로 허용하고 있고, 폐지·고철등은 「폐기물관리법」 제14조제3항 및 같은 법 시행규칙 제15조의2제1항에 따라 폐기물처리 신고자가 수집·운반 또는 재활용할 수 있는 생활폐기물 중 일부에 해당합니다.

그렇다면 「폐기물관리법」 제14조제3항은 그 문언상 폐기물처리 신고자가 폐지·고철등을 포함한 폐가전제품, 폐식용유 등의 폐기물을 수집·운반하거나 재활용할 수 있도록 생활폐기물 처리 주체로서의 업무범위를 정하고 있는 규정일 뿐 폐기물처리를 신고하지 않은 자에게 모든 생활폐기물의 처리를 금지하는 규정으로 보기 어렵고, 같은 법 제46조제1항제2호는 폐지·고철등을 처리하는 자의 사업장 규모를 기준으로 해당 사업장이 일정한 규모 이상인 경우에만 한정하여 신고 대상의 범위를 정하고 있는 규정입니다.

따라서 「폐기물관리법」 제46조제1항제2호는 같은 법 시행규칙 제66조제5항 각 호에 미달하는 소규모 사업장을 소유한 자(이하 "소규모 사업자"라 함)에게 폐기물처리 신고 없이도 폐지·고철 등을 수집·운반하거나 이를 같은 조 제4항에 따른 선별·압축 등 일정한 방법으로 재활용할 수 있게 허용하는 규정으로 보는 것이 폐기물관리법령상 각 조문의 내용을 체계적으로 조화롭게 해석하는 것입니다.

아울러 종전에 주로 생활폐기물을 대상으로 영업하던 고물상에 대한 허가제도를 규정하고 있던 「고물영업법」이 1993년 12월 27일 법률 제4605호로 폐지(각주: 「고물영업법」은 1961. 11. 1. 법률 제764호로 제정되어 시행되다가 1993. 12. 27. 법률 제4605호로 폐지되었음.)되면서 자율적인 고물상영업이 가능하게 되었고 이후 「폐기물처리법」상 폐기물처리 신고제도의 도입 당시 폐지·고철등을 수집·운반·재활용하는 소규모 사업자의 부담을 줄이기 위해 사업장 규모가 일정 기준에 미달하는 경우에는 폐기물처리 신고 대상에서 제외하도록 하였다는 점(각주: 2010. 7. 23. 법률 제10389호로 개정되어 2011. 7. 24. 시행된 「폐기물관리법」의 개정이유 및 주요 내용 참조)도 이 사안을 해석할 때 고려해야 합니다.

<관계 법령>
※ 「폐기물관리법」
제2조 (정의) 이 법에서 사용하는 용어의 뜻은 다음과 같다.
1. "폐기물"이란 쓰레기, 연소재(燃燒滓), 오니(汚泥), 폐유(廢油), 폐산(廢酸), 폐알칼리 및 동물의 사체(死體) 등으로서 사람의 생활이나 사업활동에 필요하지 아니하게 된 물질을 말한다.
2. "생활폐기물"이란 사업장폐기물 외의 폐기물을 말한다.
3. "사업장폐기물"이란 「대기환경보전법」, 「물환경보전법」 또는 「소음·진동관리법」에 따라 배출시설을 설치·운영하는 사업장이나 그 밖에 대통령령으로 정하는 사업장에서 발생하는 폐기물을 말한다.
4. (생 략)
5.·5의2. (생 략)
5의3. "처리"란 폐기물의 수집, 운반, 보관, 재활용, 처분을 말한다.
6. "처분"이란 폐기물의 소각(燒却)·중화(中和)·파쇄(破碎)·고형화(固形化) 등의 중간처분과 매립하거나 해역(海域)으로 배출하는 등의 최종처분을 말한다.
7. "재활용"이란 다음 각 목의 어느 하나에 해당하는 활동을 말한다.
   가. 폐기물을 재사용·재생이용하거나 재사용·재생이용할 수 있는 상태로 만드는 활동
   나. 폐기물로부터 「에너지법」 제2조제1호에 따른 에너지를 회수하거나 회수할 수 있는 상태로 만들거나 폐기물을 연료로 사용하는 활동으로서 환경부령으로 정하는 활동
8.·9. (생 략)

제13조의2 (폐기물의 재활용 원칙 및 준수사항) ① 누구든지 다음 각 호를 위반하지 아니하는 경우에는 폐기물을 재활용할 수 있다.
1. 비산먼지, 악취가 발생하거나 휘발성유기화합물, 대기오염물질 등이 배출되어 생활환경에 위해를 미치지 아니할 것
2. 침출수(浸出水)나 중금속 등 유해물질이 유출되어 토양, 수생태계 또는 지하수를 오염시키지 아니할 것
3. 소음 또는 진동이 발생하여 사람에게 피해를 주지 아니할 것
4. 중금속 등 유해물질을 제거하거나 안정화하여 재활용제품이나 원료로 사용하는 과정에서 사람이나 환경에 위해를 미치지 아니하도록 하는 등 대통령령으로 정하는 사항을 준수할 것
5. 그 밖에 환경부령으로 정하는 재활용의 기준을 준수할 것

② 제1항에도 불구하고 다음 각 호의 어느 하나에 해당하는 폐기물은 재활용을 금지하거나 제한한다.
1. 폐석면
2. 폴리클로리네이티드비페닐(PCBs)을 환경부령으로 정하는 농도 이상 함유하는 폐기물
3. 의료폐기물(태반은 제외한다)

4. 폐유독물 등 인체나 환경에 미치는 위해가 매우 높을 것으로 우려되는 폐기물 중 대통령령으로 정하는 폐기물
③ 제1항 및 제2항 각 호의 원칙을 지키기 위하여 필요한 오염 예방 및 저감방법의 종류와 정도, 폐기물의 취급기준과 방법 등의 준수사항은 환경부령으로 정한다.

제14조 (생활폐기물의 처리 등) ① 특별자치시장, 특별자치도지사, 시장·군수·구청장은 관할 구역에서 배출되는 생활폐기물을 처리하여야 한다. 다만, 환경부령으로 정하는 바에 따라 특별자치시장, 특별자치도지사, 시장·군수·구청장이 지정하는 지역은 제외한다.
② 특별자치시장, 특별자치도지사, 시장·군수·구청장은 해당 지방자치단체의 조례로 정하는 바에 따라 대통령령으로 정하는 자에게 제1항에 따른 처리를 대행하게 할 수 있다.
③ 제1항 본문 및 제2항에도 불구하고 제46조제1항에 따라 폐기물처리 신고를 한 자(이하 "폐기물처리 신고자"라 한다)는 생활폐기물 중 폐지, 고철, 폐식용유(생활폐기물에 해당하는 폐식용유를 유출 우려가 없는 전용 탱크·용기로 수집·운반하는 경우만 해당한다) 등 환경부령으로 정하는 폐기물을 수집·운반 또는 재활용할 수 있다.
④ ~ ⑨ (생 략)

제46조 (폐기물처리 신고) ① 다음 각 호의 어느 하나에 해당하는 자는 환경부령으로 정하는 기준에 따른 시설·장비를 갖추어 시·도지사에게 신고하여야 한다.
  1. 동·식물성 잔재물 등의 폐기물을 자신의 농경지에 퇴비로 사용하는 등의 방법으로 재활용하는 자로서 환경부령으로 정하는 자
  2. 폐지, 고철 등 환경부령으로 정하는 폐기물을 수집·운반하거나 환경부령으로 정하는 방법으로 재활용하는 자로서 사업장 규모 등이 환경부령으로 정하는 기준에 해당하는 자
  3. 폐타이어, 폐가전제품 등 환경부령으로 정하는 폐기물을 수집·운반하는 자
② ~ ⑧ (생 략)

※ 「폐기물관리법 시행규칙」
제15조의2 (폐기물처리 신고자의 생활폐기물 수집·운반·재활용) ① 법 제14조제3항에서 "폐지, 고철, 폐식용유(생활폐기물에 해당하는 폐식용유를 유출 우려가 없는 전용 탱크·용기로 수집·운반하는 경우만 해당한다) 등 환경부령으로 정하는 폐기물"이란 다음 각 호의 폐기물을 말한다.
  1. 제66조제3항 각 호의 폐기물(시성폐기물은 제외한다)
  2. 폐가전제품(냉장고 및 에어컨디셔너를 수집·운반하는 경우만 해당한다)
  3. 폐식용유(생활폐기물에 해당하는 폐식용유를 유출 우려가 없는 전용 탱크·용기로 수집·운반하는 경우만 해당한다)
  4. 폐섬유(봉제공장에서 봉제 가공 후 발생하는 폐원단 조각만 해당한다)
  5. 농업용 폐플라스틱필름·시트류와 폐농약용기 등 폐농약 포장재(농업활동 과정에서 발생되는 것만 해당한다)
  6. 폐의류
  7. 동·식물성 잔재물
② · ③ (생 략)

제66조 (폐기물처리 신고대상) ① · ② (생 략)
③ 법 제46조제1항제2호에서 "환경부령으로 정하는 폐기물"이란 다른 자의 폐기물로서 다음 각 호의 폐기물(지정폐기물은 제외한다)을 말한다.
  1. 폐지
  2. 고철
  3. 폐포장재(「자원의 절약과 재활용촉진에 관한 법률 시행령」 제18조에 따른 재활용의무 대상인 종이팩, 유리병, 금속캔, 합성수지 재질의 포장재 및 1회용 봉투·쇼핑백만 해당한다)
  4. 폐전선(폐유를 함유한 경우는 제외한다. 이하 이 조에서 같다)
④ 법 제46조제1항제2호에서 "환경부령으로 정하는 방법"이란 선별·압축·감용(減容)·절단 또는 탈피(脫皮, 폐전선만 해당한다)하는 방법을 말한다.
⑤ 법 제46조제1항제2호에서 "환경부령으로 정하는 기준에 해당하는 자"란 제3항 각 호의 폐기물을 수집·운반하거나 제4항의 방법으로 재활용하는 자로서 사업장 규모가 다음 각 호의 어느 하나에 해당하는 자를 말한다.
  1. 특별시·광역시 지역으로서 사업장 규모가 1,000㎡ 이상인 자
  2. 시·군 지역(광역시의 군 지역을 포함한다)으로서 사업장 규모가 2,000㎡ 이상인 자
⑥ (생 략)

[사례 7] 환경부 - 위해우려제품에 대한 벌칙 및 과태료 적용 기준 등(법률 제15511호 「생활화학제품 및 살생물제의 안전관리에 관한 법률」 부칙 제2조 등 관련)

안건번호20-0125 회신일자2020-06-03

1. 질의요지

   가. 2018년 3월 20일 제정되어 2019년 1월 1일 시행된 「생활화학제품 및 살생물제의 안전관리에 관한 법률」(이하 "제정 화학제품안전법"이라 함) 시행 전에 위해우려제품(각주: 2018. 3. 20. 법률 제15512호로 개정되어 2019. 1. 1. 시행되기 전의 「화학물질의 등록 및 평가 등에 관한 법률」 제2조제16호에 따라 환경부장관이 고시한 위해우려제품을 말하며, 이하 같음.)에 관하여 구 「화학물질의 등록 및 평가 등에 관한 법률」(2018. 3. 20. 법률 제15512호로 개정되어 2019. 1. 1. 시행되기 전의 것을 말하며, 이하 "구 화학물질등록평가법"이라 함)에 따른 「위해우려제품 지정 및 안전·표시기준」(2019. 5. 31. 환경부고시 제2019-94호로 폐지되기 전의 것을 말하며, 이하 "구 안전·표시기준"이라 함)에 위반되는 행위가 발생한 경우, 제정 화학제품안전법 부칙 제5조에 따른 벌칙 및 과태료 부과 대상에 해당할 수 있는지?

   나. 제정 화학제품안전법 시행 전에 구 화학물질등록평가법 제34조 및 구 안전·표시기준 제6조에 따른 확인을 받은 위해우려제품에 대해 2019년 1월 1일부터 2020년 3월 23일(각주: 화학제품안전법이 2020. 3. 24. 법률 제17103호로 개정되어 같은 날 시행되면서 제정 화학제품안전법 부칙 제2조가 개정되었는바, 해당 법률이 시행되기 전 날을 의미함.)까지의 기간에 확인받은 내용과 다르게 제조 또는 수입이 이루어진 경우, 「생활화학제품 및 살생물제의 안전관리에 관한 법률」(이하 "화학제품안전법"이라 함) 제11조제1항제2호에 따라 환경부장관은 제조 또는 수입의 금지를 명할 수 있는지?

※ 질의배경

민원인은 위 질의요지에 대한 환경부의 회신 내용에 이견이 있어 환경부를 거쳐 법제처에 법령해석을 요청함.

2. 회답

   가. 질의 가

   이 사안의 경우 제정 화학제품안전법 부칙 제5조에 따른 벌칙 및 과태료 부과 대상에 해당할 수 있습니다.

   나. 질의 나

   이 사안의 경우 환경부장관은 화학제품안전법 제11조제1항제2호에 따라 제조 또는 수입의 금지를 명할 수 있습니다.

3. 이유

   가. 질의 가

   법령의 문언 자체가 비교적 명확한 개념으로 구성되어 있다면 원칙적으로 더 이상 다른 해석방법은 활용할 필요가 없거나 제한될 수밖에 없다고 할 것인데,(각주: 대법원 2009. 4. 23. 선고 2006다81035 판결례 참조) 제정 화학제품안전법 부칙 제5조에서는 같은 법 시행 전의 위해우려제품에 관한 행위에 대하여 벌칙 및 과태료를 적용할 때에는 구 화학물질등록평가법에 따른다고 규정하고 있고, 구 안전·표시기준은 구 화학물질등록평가법 제2조제16호 및 제34조의 위임에 따라 위해우려제품의 제정 및 그 품목별 위해성 등에 관한 안전기준과 표시기준에 관한 사항을 정하는 것을 목적으로 하는 환경부고시로서 법률의 위임에 따라 구체적인 내용을 정한 법령보충적 행정규칙이므로 그 법규성이 인정됩니다.

그렇다면 이 사안과 같이 제정 화학제품안전법이 시행된 2019년 1월 1일 전에 위해우려제품에 관하여 구 안전·표시기준에 위반되는 행위가 발생한 경우에는 제정 화학제품안전법 부칙 제5조에 따라 구 화학물질등록평가법을 적용하여 벌칙 및 과태료 부과 여부를 판단해야 하는 것이 문언상 명백합니다.

한편 구 안전·표시기준은 이미 폐지되어 더 이상 효력이 없으므로 이를 위반한 경우는 벌칙 및 과태료 부과 대상에 해당하지 않는다는 의견이 있으나, 제정 화학제품안전법 시행 전의 위해우려제품에 관한 행위에 대해 구 화학물질등록평가법에 따라 벌칙 및 과태료를 적용하도록 한 같은 법 부칙 제5조는 구 화학물질등록평가법에서 규율하던 생활화학제품에 대한 사항을 제정 화학제품안전법으로 이관함에 따라 법 적용관계를 명확하게 하려는 것으로, 「형법」 제1조제1항 및 「질서위반행위규제법」 제3조제1항에서 범죄의 성립과 처벌 및 질서위반행위의 성립과 과태료 처분은 행위 시의 법률에 의하도록 규정한 것을 확인적으로 둔 규정이라는 점에서 그러한 의견은 타당하지 않습니다.

나. 질의 나

제정 화학제품안전법 부칙 제2조제1항에서는 같은 법 시행 전에 구 화학물질등록평가법에 따라 고시된 위해우려제품은 제정 화학제품안전법에 따른 안전확인대상생활화학제품(각주: 환경부장관이 화학제품안전법 제8조제1항에 따른 위해성평가를 한 결과 위해성이 있다고 인정되어 같은 조 제3항 본문에 따라 지정·고시한 생활화학제품을 말하며, 이하 같음.)으로 본다고 규정하고 있으므로 위해우려제품은 화학제품안전법의 적용을 받는 대상임이 명백합니다.

그리고 화학제품안전법은 많은 인명피해가 발생한 가습기살균제 사고를 계기로 생활화학제품에 대한 체계적인 안전관리를 하려는 목적으로 제정(각주: 2018. 3. 20. 법률 제15511호로 제정되어 2019. 1. 1. 시행된 화학제품안전법 제정이유서 참조)된 법률로서, 2020년 3월 24일 법률 제17103호로 개정되어 같은 날 시행되기 전에는 제정 화학제품안전법 부칙 제2조제2항에서 위해우려제품을 제조 또는 수입하는 자는 같은 법 시행일부터 3년까지는 시험․검사기관으로부터 안전기준등의 확인을 받지 아니하고 해당 제품을 제조 또는 수입할 수 있다고 규정하고 있었는바, 이는 구 화학물질등록평가법 제34조 및 구 안전·표시기준 제6조의 안전기준등 관련 내용을 제정 화학제품안전법으로 이관하면서 이미 안전기준등을 준수하여 확인을 받은 위해우려제품에 대해 확인의 유효기간인 3년이 경과하지 않았음에도 불구하고 화학제품안전법이 제정되었다는 이유만으로 같은 법 제10조에 따른 안전기준 확인 및 신고 의무를 부과하는 것이 불합리하기 때문에 둔 경과규정(각주: 2017. 8. 6. 의안번호 제2008531호로 발의된 생활화학제품 및 살생물제의 안전관리에 관한 법률안에 대한 환경노동위원회 전문위원 검토보고서)입니다.

즉 화학제품안전법 제11조제1항제2호는 안전기준 확인을 받은 내용과 다르게 안전확인대상생활화학제품을 제조 또는 수입하는 경우에 대한 제조․수입 금지 규정으로 같은 법 제10조제1항의 안전기준 확인 의무와는 별개의 규정이므로, 제정 화학제품안전법 부칙 제2조제2항(법률 제17103호로 개정되기 전의 제정 화학제품안전법 부칙 제2조제2항을 포함함)을 이미 확인받은 내용과 다르게 제조 또는 수입하는 것까지 허용하려는 취지로 해석할 수는 없습니다.

그렇다면 제정 화학제품안전법 부칙 제2조제2항 및 제3항이 2020년 3월 24일 법률 제17103

호로 개정되어 같은 날 시행되기 전에 위해우려제품이 안전기준등을 준수하였음을 확인받은 내용과 다르게 제조 또는 수입된 경우에도 화학제품안전법 제11조제1항제2호에 따라 환경부장관은 해당 위해우려제품의 제조 또는 수입의 금지를 명할 수 있다고 보아야 합니다.

아울러 안전기준등을 준수하였음을 확인받은 내용과 다르게 위해우려제품을 제조 또는 수입하는 위반사항이 발생하였음에도 이에 대한 금지를 명할 수 없다고 본다면, 생활화학제품에 대한 체계적인 안전관리를 강화하고자 하는 화학제품안전법 제정 취지에 반하는 결과를 초래한다는 점도 이 사안을 해석할 때 고려해야 합니다.

한편 제정 화학제품안전법 부칙 제2조가 2020년 3월 24일 법률 제17103호로 개정되어 같은 날 시행되기 전에는 구 화학물질등록평가법 제34조에 따른 안전기준등을 따르지 않는 경우를 화학제품안전법 제10조제1항에 따른 확인을 받은 내용과 다르게 안전확인대상생활화학제품을 제조 또는 수입한 것으로 본다(제3항)는 내용이 없었으므로, 이 사안과 같이 2019년 1월 1일부터 2020년 3월 23일까지의 기간에 구 안전‧표시기준에 따라 확인받은 내용과 다르게 제조 또는 수입이 이루어진 경우에 대해서는 제조 또는 수입의 금지를 명할 수 없다는 의견이 있습니다.

그러나 제정 화학제품안전법 부칙 제2조제2항 및 제3항이 2020년 3월 24일 법률 제17103호로 개정된 것은 위해우려제품의 안전관리에 공백이 발생하는 것을 방지하기 위해 구 화학물질등록평가법에 따른 안전기준등을 준수한 것을 확인받은 날을 기준으로 3년의 유예기간을 부여(각주: 2018. 12. 3. 의안번호 제2016992호로 발의된 화학제품안전법 일부개정법률안에 대한 국회 환경노동위원회 전문위원 검토보고서 참조)하면서 경과규정의 의미를 명확히 하려는 것으로, 해당 개정을 이유로 법률 제17103호로 개정되기 전에는 위해우려제품에 대한 제조‧수입의 금지 명령을 할 수 없었다고 볼 수 없을 뿐 아니라, 제정 화학제품안전법 부칙 제2조는 2020년 3월 24일 법률 제17103호로 개정되면서 개정 규정의 적용 시기에 대해 별도로 규정하지 않았다는 점에서 그러한 의견은 타당하지 않습니다.

<관계법령>
※ 생활화학제품 및 살생물제의 안전관리에 관한 법률
제10조 (안전기준의 확인 및 표시기준 등) ① 제9조제1항에 따라 안전기준이 고시된 안전확인대상생활화학제품을 제조 또는 수입하려는 자는 제41조제1항에 따라 지정을 받은 시험·검사기관으로부터 해당 안전확인대상생활화학제품이 안전기준에 적합한지 확인을 받아야 한다.
② 제1항에 따른 확인의 유효기간은 확인을 받은 날부터 3년으로 한다.
③·④ (생 략)
⑤ 안전기준이 고시되지 아니한 안전확인대상생활화학제품을 제조 또는 수입하려는 자는 대통령령으로 정하는 바에 따라 해당 제품에 함유된 화학물질의 용도, 유해성, 노출정보 등에 관한 자료를 제출하여 환경부장관의 승인을 받아야 한다.
⑥·⑦ (생 략)
제11조 (안전확인대상생활화학제품의 제조·수입 금지 등) ① 환경부장관은 안전확인대상생활화학제품을 제조 또는 수입하는 자가 다음 각 호의 어느 하나에 해당하는 경우에는 해당 안전확인대상생활화학제품의 제조 또는 수입의 금지를 명할 수 있다.
　1. (생 략)
　2. 제10조제1항·제5항에 따른 확인 또는 승인을 받은 내용과 다르게 안전확인대상생활화학제품을 제조 또는 수입하는 경우
　3. ~ 5. (생 략)
② (생 략)

※ 2018. 3. 20. 법률 제15511호로 제정되어 2019년 1월 1일 시행된 「생활화학제품 및 살생물제의 안전관리에 관한 법률」

부　칙　<제15511호, 2018. 3. 20.>

제2조 (안전확인대상생활화학제품에 관한 경과조치) ① 이 법 시행 전에 종전의 「화학물질의 등록 및 평가 등에 관한 법률」(법률 제15512호로 개정되기 전의 것을 말한다. 이하 같다) 제2조제16호에 따라 환경부장관이 고시한 위해우려제품(이하 "위해우려제품"이라 한다)은 안전확인대상생활화학제품으로 본다.

② 이 법 시행 이후 위해우려제품을 제조 또는 수입하는 자는 해당 위해우려제품이 종전의 「화학물질의 등록 및 평가 등에 관한 법률」 제34조에 따른 안전기준·표시기준(이하 "안전기준등"이라 한다)을 준수하였음을 확인받은 날부터 3년까지는 이 법 제10조제1항에 따른 안전기준의 확인 및 같은 조 제4항에 따른 신고를 하지 아니하고 해당 제품을 제조 또는 수입할 수 있다. 다만, 2016년 1월 1일부터 2018년 1월 1일까지의 기간에 안전기준등을 준수하였음을 확인받은 경우에는 2020년 12월 31일까지 해당 제품을 제조 또는 수입할 수 있다.

<개정 2020. 3. 24.>(각주: 2020. 3. 24. 법률 제17103호로 개정되기 전 화학제품안전법 부칙)제2조(안전확인대상생활화학제품에 관한 경과조치) ① 이 법 시행 전에 종전의 「화학물질의 등록 및 평가 등에 관한 법률」(법률 제15512호로 개정되기 전의 것을 말한다. 이하 같다) 제2조제16호에 따라 환경부장관이 고시한 위해우려제품(이하 "위해우려제품"이라 한다)은 안전확인대상생활화학제품으로 본다.

② 위해우려제품을 제조 또는 수입하는 자는 제10조제1항에도 불구하고 이 법 시행일부터 3년까지는 시험·검사기관으로부터 안전기준등의 확인을 받지 아니하고 해당 제품을 제조 또는 수입할 수 있다.

③ 제2항에 따라 위해우려제품을 제조 또는 수입하는 자는 종전의 「화학물질의 등록 및 평가 등에 관한 법률」 제34조에 따른 안전기준등을 준수하여야 하며, 이를 따르지 아니하는 경우에는 제10조제1항에 따른 확인을 받은 내용과 다르게 안전확인대상생활화학제품을 제조 또는 수입한 것으로 본다.<신설 2020. 3. 24.>

제5조 (벌칙 등에 관한 경과조치) 이 법 시행 전의 위해우려제품에 관한 행위에 대하여 벌칙 및 과태료를 적용할 때에는 종전의 「화학물질의 등록 및 평가 등에 관한 법률」에 따른다.

※ 구 「화학물질의 등록 및 평가 등에 관한 법률」(2018. 3. 20. 법률 제15512호로 개정되어 2019. 1. 1. 시행되기 전의 것을 말함)

제34조 (제품의 안전기준·표시기준 등) ① 환경부장관은 제33조에 따라 위해성평가가 완료된 경우 생산되거나 수입되는 위해우려제품의 품목별로 위해성 등에 관한 안전기준·표시기준을 정하여 고시하여야 한다.

②　~　④ (생　략)

※ 「위해우려제품 지정 및 안전·표시기준」(2019. 5. 31. 환경부고시 제2019-94호로 폐지되기 전의 것을 말함)

제6조 (안전기준의 확인) ① 위해우려제품을 생산·수입하려는 자는 3년마다(매 3년이 되는 해의 기준일과 같은 날 전까지를 말한다) 시험분석기관에 의뢰하여 별표 2에 따른 제품의 모델의 구분별로 안전기준 준수 여부를 확인하여야 하며, 시험분석기관에서 발급한 성적서 등 관련 자료를 3년 간 보관하여야 한다. 다만, 인위적으로 사용하지 않고 불순물·부산물로 생성될 가능성이 없는 등 시험분석을 실시할 필요가 없는 객관적인 사실을 증명하는 경우에는 예외로 한다.

②　~　④ (생　략)

[사례 8] 환경부 - 환경개선부담금의 부과 대상이 되는 시설물의 범위(「환경개선비용 부담법 시행령」 제4조 등 관련)

안건번호15-0226 회신일자2015-04-20

1. 질의요지

가. 「환경개선비용 부담법 시행령」 제4조제2항제1호에 따른 환경개선부담금의 부과 대상이 되는 시설물에 해당하는지를 판단하기 위해 하나의 사찰 부지에 있는 시설물들의 바닥면적을 산정하는 경우 환경오염의 직접적인 원인을 제공하지 않는 시설물의 바닥면적은 제외할 수 있는지?

나. 사찰에 상시 기거하는 승려들과 방문객이 공동으로 이용하는 식당과 화장실의 경우 승려들의 숙소로 사용되는 건축물의 필수적인 부속 건물로서 「환경개선비용 부담법」 제9조제3항제2

호에 따라 환경개선부담금이 감면되는 주거용 시설물에 해당하는지?
※ 질의배경
○ 민원인은 전라남도 △△군에 소재한 △△사찰의 경내에 있는 시설물 중 용수 및 연료를 사용하지 않는 법당(831㎡)과 주거용도 시설물에 해당하는 승련당(541㎡) 및 그 필수적 부속건물로서 식당(335㎡)과 화장실(49㎡)은 개선부담금의 부과대상에서 제외되므로, 해당 사찰의 종무소(33㎡) 면적만으로는 개선부담금 부과대상이 될 수 없다고 주장하였으나, 환경부에서는 위 건축물 중 승려들의 숙소로서 실제 주거용도로 인정되는 승련당의 경우만 개선부담금의 부과가 면제 되고, 나머지 건축물들의 바닥면적 합계는 160제곱미터 이상이므로 해당 사찰의 경우 개선부담금 부과대상이라고 답변하자 이에 이견이 있어 환경부를 통해 법제처로 법령해석을 요청함.

2. 회답

가. 질의 가에 대하여

「환경개선비용 부담법 시행령」 제4조제2항제1호에 따른 환경개선부담금의 부과 대상이 되는 시설물에 해당하는지를 판단하기 위해 하나의 사찰 부지에 있는 시설물들의 바닥면적을 산정하는 경우 환경오염의 직접적인 원인을 제공하지 않는 시설물이라도 그 바닥면적을 제외하고 산정할 수 없습니다.

나. 질의 나에 대하여

사찰에 상시 기거하는 승려들과 방문객이 공동으로 이용하는 식당과 화장실은 승려들의 숙소로 사용되는 건축물의 필수적인 부속 건물로 볼 수 없으므로 「환경개선비용 부담법」 제9조제3항제2호에 따라 환경개선부담금이 감면되는 주거용 시설물에 해당하지 않습니다.

3. 이유

가. 질의 가 및 질의 나에 대하여

「환경개선비용 부담법」 제9조제2항에서는 환경개선부담금(이하 "개선부담금"이라고 함)의 부과 대상이 되는 시설물의 범위를 대통령령으로 정하도록 규정하고 있고, 그 위임에 따라 같은 법 시행령 제4조제2항제1호에서는 점포, 사무실, 수상건물(水上建物) 등 지붕과 벽 및 기둥이 있고 각 층 바닥면적의 합계가 160제곱미터 이상인 건축물을 개선부담금의 부과 대상이 되는 시설물로 규정하면서, 같은 조 제3항에서는 제2항제1호에 따른 시설물의 바닥면적을 산정하는 경우 이어진 부지 위에 있는 둘 이상의 시설물이 소유자가 같으면 동일한 시설물로 본다고 규정하고 있습니다.

한편, 「환경개선비용 부담법」 제9조제3항제2호에서는 주거(住居) 등 대통령령으로 정하는 용도의 시설물은 개선부담금 부과를 감면할 수 있다고 규정하고 있고, 그 위임에 따라 같은 법 시행령 제6조제1항에서는 주거 용도의 시설물로 「주택법」 제2조제1호에 따른 주택과 같은 조 제1호의2에 따른 준주택(주거용 부분에 한정함)을 규정하고 있는바,

나. 질의 가에 대하여

이 사안은 개선부담금의 부과 대상이 되는 시설물에 해당하는지를 판단하기 위해 하나의 사찰 부지 위에 있는 시설물들의 바닥면적을 산정하면서 환경오염의 직접적인 원인을 제공하지 않는 건축물의 바닥면적은 제외할 수 있는지에 관한 것이라 하겠습니다.

먼저, '환경개선부담금 제도'는 오염원인자부담원칙에 따라 유통·소비부분을 대상으로 오염원인자에게 그 처리비용을 부담토록 하는 간접규제의 일환으로서, 「환경개선비용 부담법」 제9조제2항의 위임에 따른 같은 법 시행령 제4조제2항제1호에서는 유통·소비과정에서 환경

오염물질을 다량으로 배출하여 환경오염의 직접적인 원인이 되는 시설물로서 "점포, 사무실, 수상건물(水上建物) 등 지붕과 벽 및 기둥이 있고 각 층 바닥면적의 합계가 160제곱미터 이상인 건축물"을 규정하고 있습니다.

그리고, 「환경개선비용 부담법 시행령」 제4조제1항에서는 생산·제조부문의 시설물 등을 개선부담금의 부과 대상에서 제외하고 있고, 같은 영 제6조에서는 원칙적으로 개선부담금의 부과 대상에 해당하는 시설물 중에서 개선부담금의 부과가 면제되거나 감경되는 시설물에 대하여 규정하고 있는바, 바닥면적의 합계가 160제곱미터 이상인 건축물이 위 규정들에 따른 개선부담금 제외대상 시설물이나 감면대상 시설물에 해당하지 않는다면 원칙적으로 개선부담금의 부과 대상이 된다고 할 것입니다.

한편, 환경오염의 직접적인 원인을 제공하지 않는 건축물은 오염원인자부담원칙에 따라 시설물의 바닥면적 산정 대상에서 제외되어야 한다는 의견이 있을 수 있습니다. 그러나, 「환경개선비용 부담법 시행령」 제4조제3항에서는 시설물의 바닥면적을 산정하는 경우 이어진 부지 위에 있는 둘 이상의 시설물이 소유자가 같으면 오염물질의 배출 여부와 상관없이 동일한 시설물로 보고 있고, 원칙적으로 사찰은 건축법령에 따른 건축물의 한 형태인 종교시설로서, 개개의 시설물이 아니라 하나의 종교시설 자체가 환경오염의 직접적인 원인이 되는 시설물에 해당한다고 할 것이므로, 그러한 의견은 타당하지 않습니다.

이상과 같은 점을 종합해 볼 때, 개선부담금의 부과 대상이 되는 시설물에 해당하는지를 판단하기 위해 하나의 사찰 부지에 있는 시설물들의 바닥면적을 산정하는 경우, 환경오염의 직접적인 원인을 제공하지 않는 시설물이라도 그 바닥면적을 제외하고 산정할 수 없다고 할 것입니다.

다. 질의 나에 대하여

이 사안은 사찰에 상시 기거하는 승려들과 사찰 방문객이 공동으로 이용하는 식당과 화장실의 경우 승려들의 숙소로 사용되는 건축물의 필수적인 부속 건물로 보아 개선부담금이 감면되는 주거용 시설물에 해당한다고 할 수 있는지에 관한 것이라 하겠습니다.

먼저, 「환경개선비용 부담법 시행령」 제6조제1항에서는 개선부담금의 부과가 감면되는 "주거(住居) 등 용도의 시설물"로 「주택법」 제2조제1호에 따른 주택과 같은 조 제1호의2에 따른 준주택(주거용 부분에 한정한다)을 말한다고 규정하고 있고, 「주택법」 제2조제1호에서는 주택을 세대(世帶)의 구성원이 장기간 독립된 주거생활을 할 수 있는 구조로 된 건축물의 전부 또는 일부 및 그 부속토지로 규정하고 있으며, 같은 법 제2조제1호의2 및 같은 법 시행령 제2조의2에서는 준주택을 주택 외의 건축물과 그 부속토지로서 주거시설로 이용 가능한 시설 등으로 기숙사, 다중생활시설, 노인복지주택, 오피스텔로 규정하고 있는바, 일반적으로 주택은 세대의 구성원이나 사용자들을 위한 독립적인 주거생활을 영위할 수 있는 건축물로서 잠을 자고 음식을 먹는 등의 일상생활이 지속적으로 이루어지는 장소를 의미한다고 할 것입니다.

그렇다면, 사찰에 기거하는 승려들과 사찰 방문객이 공동으로 이용하는 식당과 화장실은 사찰에서 기거하는 승려들의 주거생활만을 위한 시설이라고 보기 어렵고, 오히려 그 이용이 일반 공중에게 비교적 자유롭게 제공된다는 점에서 일종의 공공의 이용을 위한 편의시설이라 할 것이어서 주거를 위한 건축물로 보기는 힘들 것입니다.

특히, 복합용도 시설물의 경우 원칙적으로 하나의 시설물로서 개선부담금의 부과대상에 해당하는지를 판단하여야 하나, 정책적으로 건축물대장의 용도와 상관없이 실제 주거 용도로 사용되는 부분에 대하여 예외적으로 바닥면적에서 제외하고 있는 것이므로, 주거 용도에 해당하는 시설은 실제로 승려들이 독립적으로 일상생활을 영위하는 공간으로만 한정하여 해석하여야 할 것입니다.

이상과 같은 점을 종합해 볼 때, 사찰에 상시 기거하는 승려들과 방문객이 공동으로 이용하는 식당과 화장실은 승려들의 숙소로 사용되는 건축물의 필수적인 부속 건물로 볼 수 없으므로, 「환경개선비용 부담법」 제9조제3항제2호에 따라 환경개선부담금이 감면되는 주거용 시설물에 해당하지 않는다고 할 것입니다.

[사례 9] 경기도 화성시 - 「환경영향평가법 시행령」 제15조제2항의 "개발기본계획 대상지역"의 의미(「환경영향평가법 시행령」 제15조제2항 등)

안건번호16-0649 회신일자2017-03-15

1. 질의요지

「환경영향평가법 시행령」 제15조제2항 본문에서는 「환경영향평가법」 제9조제2항제2호에 따른 개발기본계획(이하 "개발기본계획"이라 함)을 수립하려는 행정기관의 장은 개발기본계획 대상지역이 둘 이상의 시·군·구에 걸치는 경우에는 각각의 시·군·구에서 설명회를 개최하여야 한다고 규정하고 있는바, 「환경영향평가법 시행령」 제15조제2항 본문에 따른 "개발기본계획 대상지역"이 개발기본계획의 대상으로 지정되거나 결정된 지역만을 의미하는지, 아니면 「환경영향평가법」 제6조에 따른 "전략환경영향평가 대상지역"을 의미하는지?

※ 질의배경

○ A시는 장사시설 건립을 추진 중에 있으며, 해당 장사시설의 건립 예정지는 화성시에 위치하고 있으나, 화장시설이라는 특성을 고려하여 전략환경영향평가 범위를 사업대상지 반경 5km로 설정한 결과 B시, C시, D시, E시까지 포함하게 됨.

○ 한편, 「환경영향평가법 시행령」 제15조제2항에서는 "개발기본계획 대상지역"이 둘 이상의 시·군·구에 걸치는 경우 각각의 시·군·구에서 설명회를 개최하도록 규정하는바, "개발기본계획 대상지역"을 문언대로 "개발기본계획 대상지역"으로 볼지, 아니면 "전략환경영향평가 대상지역"으로 볼지에 따라 설명회를 "화성시"에서만 개최해도 되는지, 아니면 B시 등 다른 지역에서도 개최해야 되는지가 정해지게 되자, A시는 이에 대해 환경부에 질의하였고, 환경부가 "전략환경영향평가 대상지역"이라고 답변하자, 법제처에 해석을 요청함.

2. 회답

「환경영향평가법 시행령」 제15조제2항 본문에 따른 "개발기본계획 대상지역"은 「환경영향평가법」 제6조에 따른 "전략환경영향평가 대상지역"을 의미합니다.

3. 이유

「환경영향평가법」 제2조제1호에서는 "전략환경영향평가"란 환경에 영향을 미치는 상위계획을 수립할 때에 환경보전계획과의 부합 여부 확인 및 대안의 설정·분석 등을 통하여 환경적 측면에서 해당 계획의 적정성 및 입지의 타당성 등을 검토하여 국토의 지속가능한 발전을 도모하는 것을 말한다고 규정하고 있고, 같은 조 제4호에서는 "환경영향평가등"이란 전략환경영향평가, 환경영향평가 및 소규모 환경영향평가를 말한다고 규정하고 있으며, 같은 법 제6조에서는 환경영향평가등은 계획의 수립이나 사업의 시행으로 영향을 받게 되는 지역으로서 환경영향을 과학적으로 예측·분석한 자료에 따라 그 범위가 설정된 지역에 대하여 실시하여야 한다고 규정하고 있고, 같은 법 제9조제2항에서는 전략환경영향평가 대상계획을 그 계획의 성격 등을 고려하여 정책계획과 개발기본계획으로 구분하면서 개발기본계획은 국토의 일부 지역을 대상으로 하는 계획으로서 구체적인 개발구역의 지정에 관한 계획 또는 개별 법령에서 실시계획 등을 수립하기 전에 수립하도록 하는 계획으로서 실시계획 등의 기준이 되는 계획으로 규정하고 있습니다.

그리고, 「환경영향평가법」 제13조제1항 본문에서는 개발기본계획을 수립하려는 행정기관의 장은 개발기본계획에 대한 전략환경영향평가서 초안을 공고·공람하고 설명회를 개최하여 해당 평가 대상지역 주민의 의견을 들어야 한다고 규정하고 있고, 같은 조 제5항에서는 같은 조 제1항에 따른 공고·공람, 설명회에 필요한 사항은 대통령령으로 정한다고 규정하고 있으며, 같은 법 시행령 제15조제1항에서는 개발기본계획을 수립하려는 행정기관의 장은 전략환경영향평가서 초안의 공람기간 내에 「환경영향평가법」 제13조제1항 본문에 따른 설명회를 개최하여야 한다고 규정하고 있고, 같은 조 제2항 본문에서는 개발기본계획을 수립하려는 행정기관의 장은 개발기본계획 대상지역이 둘 이상의 시·군·구에 걸치는 경우에는 각각의 시·군·구에서 설명회를 개최하여야 한다고 규정하고 있는바,

이 사안은 「환경영향평가법 시행령」 제15조제2항 본문에 따른 "개발기본계획 대상지역"이 개발기본계획의 대상으로 지정되거나 결정된 지역만을 의미하는지, 아니면 「환경영향평가법」 제6조에 따른 "전략환경영향평가 대상지역"을 의미하는지에 관한 것이라 하겠습니다.

먼저, 법해석의 목표는 어디까지나 법적 안정성을 저해하지 않는 범위에서 구체적 타당성을 찾는 데 두어야 하고, 그 과정에서 가능한 한 법률에 사용된 문언의 통상적인 의미에 충실하게 해석하는 것을 원칙으로 하면서, 법률의 입법 취지와 목적, 그 제·개정 연혁, 법질서 전체와의 조화, 다른 법령과의 관계 등을 고려하는 체계적·논리적 해석방법을 추가적으로 동원함으로써, 그와 같은 법해석의 요청에 부응하는 타당한 해석을 하여야 할 것인바(대법원 2009. 4. 23. 선고 2006다81035 판결 참조), 「환경영향평가법 시행령」 제15조제2항 본문에 따른 "개발기본계획 대상지역"을 문언 그대로의 의미로 해석해야 하는지, 「환경영향평가법」 제6조에 따른 "전략환경영향평가 대상지역"으로 해석해야 하는지는 관련 규정의 입법 취지와 목적, 다른 법령과의 관계 등을 고려하여 해석할 필요가 있다고 할 것입니다.

그런데, 「환경영향평가법」 제6조에서는 전략환경영향평가를 포함한 환경영향평가등은 계획의 수립으로 영향을 받게 되는 지역에 대하여 실시하여야 한다고 규정하고 있고, 같은 법 제11조제1항제1호 및 제12조제1항 본문에서는 개발기본계획을 수립하는 행정기관의 장은 전략환경영향평가 대상지역을 포함한 전략환경영향평가항목 등을 결정하고 결정된 전략환경영향평가항목 등에 맞추어 전략환경영향평가서 초안을 작성한 후 같은 법 제13조에 따라 주민 등의 의견을 수렴하여야 한다고 규정하고 있으며, 같은 법 제13조제1항 본문에서는 개발기본계획을 수립하려는 행정기관의 장은 개발기본계획에 대한 전략환경영향평가서 초안을 공고·공람하고 설명회를 개최하여 해당 평가 대상지역 주민의 의견을 들어야 한다고 규정하고 있고, 같은 조 제5항에서는 같은 조 제1항에 따른 공고·공람, 설명회 또는 공청회 개최, 그 밖에 의견 수렴 등에 필요한 사항은 대통령령으로 정한다고 규정하고 있으며, 그 위임에 따라 같은 법 시행령 제15조제2항 본문에서는 개발기본계획 대상지역이 둘 이상의 시·군·구에 걸치는 경우 각각의 시·군·구에서 설명회를 개최하여야 한다고 규정하고 있는바, 「환경영향평가법 시행령」 제15조제2항은 「환경영향평가법」 제13조제5항의 위임에 따라 주민 설명회의 개최 절차와 방법 등에 관하여 정하고 있는 규정으로서 직접적인 위임 근거가 되는 같은 법 제13조를 비롯한 관련 법률 규정의 취지에 맞게 해석할 수밖에 없다고 할 것입니다.

그렇다면, 개발기본계획을 수립하려는 행정기관의 장은 "개발기본계획"으로 영향을 받게 되는 지

역에 대하여 전략환경영향평가를 실시하여야 하는데, 이를 위해서는 "전략환경영향평가 대상지역"을 결정하고, 전략환경영향평가서 초안을 작성하며, 그 초안을 공고·공람한 후 설명회를 개최하여 전략환경영향평가 대상지역 주민의 의견을 듣도록 하는 것이 「환경영향평가법」 제13조를 비롯한 관련 법률 규정의 취지라고 할 것이고, 특히 같은 법 제13조제1항에서는 설명회 개최 등 의견 청취 대상 주민을 "평가 대상지역" 주민이라고 규정하고 있는데, 이 경우 "평가 대상지역"이란 같은 법 제6조에 따른 "전략환경영향평가 대상지역"을 가리킨다고 할 것이므로, 비록 같은 법 시행령 제15조제2항 본문에서 "개발기본계획 대상지역"이 둘 이상의 시·군·구에 걸치는 경우에 각각의 시·군·구에서 설명회를 개최하도록 규정하고 있다고 하더라도 그 "개발기본계획 대상지역"은 개발기본계획의 대상으로 지정되거나 결정된 지역만을 의미하는 것이 아니라 같은 법 제6조에 따른 "전략환경평가 대상지역"을 의미한다고 해석하여야 할 것입니다.

아울러, 환경영향평가에 관한 환경영향평가법령의 취지는 환경영향평가를 실시하여야 할 사업이 환경을 해치지 않는 방법으로 시행되도록 함으로써 해당 사업과 관련된 환경공익을 보호하려는 데 그치는 것이 아니라, 해당 사업으로 인하여 직접적이고 중대한 환경피해를 입으리라고 예상되는 환경영향평가 대상지역 안의 주민들이 전과 비교하여 수인한도(受忍限度)를 넘는 환경침해를 받지 아니하고 쾌적한 환경에서 생활할 수 있는 개별적 이익까지도 보호하려는 데에 있다고 할 것인바(대법원 1998. 4. 24. 선고 97누3286 판결례 참조), 이러한 법령의 전체적인 입법 취지를 고려할 때에도 전략환경영향평가 대상지역이 2개 이상의 시·군·구에 걸치는 경우에는 각각의 시·군·구에서 설명회를 개최하여 전략환경영향평가 대상지역에 거주하는 주민들의 의견이 충분히 수렴될 수 있도록 할 필요가 있다는 점도 이 사안을 해석하는 데에 고려하여야 할 것입니다.

이상과 같은 점을 종합해 볼 때, 「환경영향평가법 시행령」 제15조제2항 본문에 따른 "개발기본계획 대상지역"은 「환경영향평가법」 제6조에 따른 "전략환경영향평가 대상지역"을 의미한다고 할 것입니다.

※ 법령정비의견
○ 「환경영향평가법」에서 "전략환경영향평가서 초안에 대한 의견 수렴" 대상 행정기관 및 주민을 "전략환경영향평가 대상지역"의 행정기관 및 주민으로 규정하려는 취지라면, 「환경영향평가법 시행령」 제12조 등의 규정에서 "개발기본계획 대상지역"을 "전략환경영향평가 대상지역"으로 개정하는 등 입법적인 보완이 필요합니다.

[사례 10] 환경평가 수행을 위한 지침

환경평가 수행을 위한 지침

제1조 (적용범위) 이 지침은 측정분야별 환경기준에 따라 신청기관또는 KOLAS 공인교정기관이 측정환경을 적정하게 유지 관리하는지에 대한 적합 여부를 평가하는데 적용한다.

제2조 (환경기준) 환경평가는 별표 1의 측정분야별 환경기준에 따른다.

제3조 (환경평가기관의 운영) ① 「국가표준기본법」 시행령 제18조에 의거 한국계량측정협회를 환경평가기관으로 운영한다.

② 환경평가기관은 보유하고 있는 환경평가 장비에 대하여 국가측정표준과의 소급성을 유지하여야 하며, 환경평가시 한국인정기구에 등록된 해당 분야별 평가사를 활용할 수 있다.
③ 인정기구의 장은 환경평가기관에 대하여 1년마다 정기적으로별지 제6호 및 제7호 서식에 따라 점검한다.

제4조 (환경평가 신청 등) ① 환경평가를 신청하려는 교정기관은별지 제1호 서식의 "환경평가 신청서"를 작성하여 환경평가기관에제출하여야 한다.
② 환경평가기관은 접수일로부터 3주 이내에 다음 각 호의 내용을포함한 평가계획을 환경평가 신청기관에 통보하여야 한다.
  1. 평가 대상기관
  2. 평가장소 및 일정
  3. 평가반 구성
  4. 평가비용 및 납부 방법
  5. 평가계획서에 대한 신청기관 확인사항

제5조 (평가일수 및 비용) ① 환경평가는 2일간 실시하는 것을 원칙으로 한다. 다만, 현장평가 신청기관의 표준실이 2실 이하인 경우에는 1일간 실시할 수 있다. 환경평가에 따른 비용은 다음 각 호와산정 하되, 출장여비는 환경평가기관의 여비규정에 따라 산정한다.
  1. 평가비용= 평가수당×평가일수＋환경장비유지관리비＋출장여비
  2. 평가수당은 엔지니어링기술진흥법시행령 제14조 관련 "엔지니어링사업대가의 기준" 중 특급기술자의 해당금액을 적용한다.
  3. 환경장비유지관리비는 평기수당에 준하여 적용한다.

제6조 (평가 수행) ① 환경평가기관은 측정분야별 환경기준의 적합여부를 제4조에 규정된 측정방법으로 측정하여 별지 제2호 서식의"측정환경 평가표"와 별지 제3호 서식의 "환경평가 측정시트"를 작성한다.
② 환경평가기관은 부적합사항 발견 시 별지 제4호 서식의 "부적합보고서"를 작성하여 신청기관의 시정조치 계획과 결과를 받고확인한다.
③ 환경평가기관은 평가가 완료되면 별지 제5호 서식의 "현장평가(측정환경) 보고서"를 작성하고, 신청기관의 확인을 받아야 한다.

제7조 (평가방법 및 절차) 분야별 환경기준 항목의 평가방법 및절차는 별표 2에 따른다.

제8조 (환경평가 결과 통보 등) ① 환경평가기관은 평가가 완료된이후 1개월 이내에 "환경평가 보고서(해당 시 부적합 보고서)", "측정환경 평가표" 및 "환경평가 측정시트" 등의 평가결과를 환경평가 신청기관에 통보하여야 한다.
② 환경평가기관이 신청기관에 통보한 환경평가 결과에 대하여KOLAS 직원 또는 평가반장은 해당기관의 KOLAS 공인기관인정을 위한 현장평가 시 표준실의 환경유지관리현황을 재확인한다.

제9조 (재검토기한) 「훈령·예규 등의 발령 및 관리에 관한 규정」에 따라 이 요령 시행일부터 매 3년

이 되는 시점까지 법령이나 현실 여건의 변화 등을 검토하여 이 요령의 유지 또는 개정 등의 조치를 하여야 한다.

부　칙

제1조 (시행일) 이 고시는 공포한 날부터 시행한다. 제2조(일반적 경과조치) 이 기준의 시행과 동시에 종전의 「환경평가수행을 위한 지침」(국가기술표준원 고시 제2022-0047호, 2022.04.08.)의 규정 중 그에 해당하는 규정이 이 요령에 있는 경우, 종전 고시에 따른 행위는 이 요령에 의하여 행한 것으로 본다.

제2편 환경소송실무

제1장 일조·조망·사생활침해 관련 소송

제1절 일조·조망권

1. 일조권이란

일조권(日照權)이란 일조, 즉 태양의 직사광선을 향유할 권리를 말한다.

2. 당사자

가. 원고

(1) 피해건물의 소유자 및 거주자

피해건물의 소유자나 임차인이 일조방해에 관한 손해배상청구권자
일조방해로 생활상의 불편을 겪어 정신적 고통을 받은 데에 대한 위자료청구는 피해건물의 거주자에 한하여 인정된다.

☞ 대법원 2001. 6. 26. 선고 2000다44928, 44935 판결 37p 참조
☞ 대법원 2004. 10. 28. 선고 2002다63565 판결 123p 참조
☞ 대법원 2002. 12. 10. 선고 2000다72213 판결 125p 참조

나. 피고

(1) 가해건물의 소유자

집합건물이 아닌 경우에 가해건물의 소유자가 피고가 된다.

(2) 가해건물의 건축주 및 시공자

소유자가 아닌 가해건물의 건축주(회사, 재개발조합이나 재건축조합, 주택조합 등)도 피고

가 될 수 있다. 가해건물의 신축 도중 건축주가 변경된 경우에는 구체적으로 일조방해를 일으키는 가해건물의 골조공사완공당시의 건축주가 책임을 져야 할 것이다.

(가) 시공사에 대하여 공동사업주체성을 인정한 예

[판례 1] 손해배상(기) (대법원 2004. 9. 13. 선고 2003다64602 판결)

【판시사항】
[1] 건물 신축으로 인한 일조방해행위가 사법상 위법한 가해행위로 평가되는 경우
[2] 일조방해에 대한 공법적 규제의 사법적 의미 및 건물 신축이 건축 당시의 공법적 규제에 형식적으로 적합하다고 하더라도 현실적인 일조방해의 정도가 현저하게 커 사회통념상 수인한도를 넘는 경우, 위법행위로 평가되는지 여부(적극)
[3] 일조방해행위가 사회통념상 수인한도를 넘었는지 여부에 관한 판단 기준
[4] 조망이익이 법적인 보호의 대상이 되기 위한 요건
[5] 조망이익의 침해행위가 사법상 위법한 가해행위로 평가되는 경우 및 그 침해행위가 사회통념상 수인한도를 넘었는지 여부에 관한 판단 기준

【판결요지】
[1] 건물의 신축으로 인하여 그 이웃 토지상의 거주자가 직사광선이 차단되는 불이익을 받은 경우에 그 신축행위가 정당한 권리행사로서의 범위를 벗어나 사법상 위법한 가해행위로 평가되기 위해서는 그 일조방해의 정도가 사회통념상 일반적으로 인용하는 수인한도를 넘어야 한다.
[2] 건축법 등 관계 법령에 일조방해에 관한 직접적인 단속법규가 있다면 그 법규에 적합한지 여부가 사법상 위법성을 판단함에 있어서 중요한 판단자료가 될 것이지만, 이러한 공법적 규제에 의하여 확보하고자 하는 일조는 원래 사법상 보호되는 일조권을 공법적인 면에서도 가능한 한 보장하려는 것으로서 특별한 사정이 없는 한 일조권 보호를 위한 최소한도의 기준으로 봄이 상당하고, 구체적인 경우에 있어서는 어떠한 건물 신축이 건축 당시의 공법적 규제에 형식적으로 적합하다고 하더라도 현실적인 일조방해의 정도가 현저하게 커 사회통념상 수인한도를 넘은 경우에는 위법행위로 평가될 수 있다.
[3] 일조방해행위가 사회통념상 수인한도를 넘었는지 여부는 피해의 정도, 피해이익의 성질 및 그에 대한 사회적 평가, 가해 건물의 용도, 지역성, 토지이용의 선후관계, 가해 방지 및 피해 회피의 가능성, 공법적 규제의 위반 여부, 교섭 경과 등 모든 사정을 종합적으로 고려하여 판단하여야 하고, 건축 후에 신설된 일조권에 관한 새로운 공법적 규제 역시 이러한 위법성의 평가에 있어서 중요한 자료가 될 수 있다.
[4] 어느 토지나 건물의 소유자가 종전부터 향유하고 있던 경관이나 조망이 그에게 하나의 생활이익으로서의 가치를 가지고 있다고 객관적으로 인정된다면 법적인 보호의 대상이 될 수 있는 것인바, 이와 같은 조망이익은 원칙적으로 특정의 장소가 그 장소로부터 외부를 조망함에 있어 특별한 가치를 가지고 있고, 그와 같은 조망이익의 향유를 하나의 중요한 목적으로 하여 그 장소에 건물이 건축된 경우와 같이 당해 건물의 소유자나 점유자가 그 건물로부터 향유하는 조망이익이 사회통념상 독자의 이익으로 승인되어야 할 정도로 중요성을 갖는다고 인정되는 경우에 비로소 법적인 보

호의 대상이 되는 것이라고 할 것이고, 그와 같은 정도에 이르지 못하는 조망이익의 경우에는 특별한 사정이 없는 한 법적인 보호의 대상이 될 수 없다.

[5] 조망이익이 법적인 보호의 대상이 되는 경우에 이를 침해하는 행위가 사법상 위법한 가해행위로 평가되기 위해서는 조망이익의 침해 정도가 사회통념상 일반적으로 인용하는 수인한도를 넘어야 하고, 그 수인한도를 넘었는지 여부는 조망의 대상이 되는 경관의 내용과 피해건물이 입지하고 있는 지역에 있어서 건조물의 전체적 상황 등의 사정을 포함한 넓은 의미에서의 지역성, 피해건물의 위치 및 구조와 조망상황, 특히 조망과의 관계에서의 건물의 건축·사용목적 등 피해건물의 상황, 주관적 성격이 강한 것인지 여부와 여관·식당 등의 영업과 같이 경제적 이익과 밀접하게 결부되어 있는지 여부 등 당해 조망이익의 내용, 가해건물의 위치 및 구조와 조망방해의 상황 및 건축·사용목적 등 가해건물의 상황, 가해건물 건축의 경위, 조망방해를 회피할 수 있는 가능성의 유무, 조망방해에 관하여 가해자측이 해의(해의)를 가졌는지의 유무, 조망이익이 피해이익으로서 보호가 필요한 정도 등 모든 사정을 종합적으로 고려하여 판단하여야 한다.

【참조조문】

[1] 민법 제2조 제1항, 제750조 [2] 민법 제2조 제1항, 제750조 [3] 민법 제2조 제1항, 제750조 [4] 헌법 제35조, 민법 제750조 [5] 민법 제2조 제1항, 제750조

【참조판례】

[1][2][3] 대법원 1999. 1. 26. 선고 98다23850 판결(공1999상, 351)
대법원 2000. 5. 16. 선고 98다56997 판결(공2000하, 1419)
대법원 2002. 12. 10. 선고 2000다72213 판결(공2003상, 320)
[4] 대법원 1997. 7. 22. 선고 96다56153 판결(공1997하, 2636)
대법원 1999. 7. 27. 선고 98다47528 판결(공1999하, 1755)

【전 문】

【원고, 피상고인】 원고 1 외 29인 (소송대리인 변호사 김기수)
【피고, 상 고 인】 주식회사 대우 (소송대리인 법무법인 충정 담당변호사 황주명 외 6인)
【원심판결】 서울고법 2003. 10. 29. 선고 2002나22016 판결

【주 문】

원심판결의 피고 패소 부분 중 원고 3, 원고 17, 원고 25의 일조권 등 침해로 인한 재산적 손해 부분, 원고 9, 원고 10, 원고 12, 원고 14, 원고 15, 원고 16, 원고 18, 원고 20, 원고 21, 원고 22, 원고 23, 원고 24, 원고 26, 원고 27, 원고 28, 원고 29, 원고 31의 일조권 등 침해로 인한 재산적 손해와 일조권 등 침해에 대한 위자료 부분을 파기하고, 이 부분 사건을 서울고등법원에 환송한다. 피고의 나머지 상고를 기각한다. 원고 1, 원고 2, 원고 4, 원고 5, 원고 6, 원고 7, 원고 8, 원고 11, 원고 13, 원고 30과 피고 사이의 상고비용은 피고가 부담한다.

【이 유】

1. 상고이유 제1점에 대하여

   가. 원심의 판단

   원심판결 이유에 의하면 원심은, 그 채용 증거에 의하여, 서림아파트재건축조합(이하 '소외 조합'이라 한다)은 서울 구로구 (주소 1 생략) 대 16,301㎡와 (주소 2 생략) 대 12,437.2㎡ 및 그 지상 건물의 소유자 432세대를 조합원으로 하여 오래된 불량주택을 철거하고 재건축사업을 시

행하기 위하여 주택건설촉진법에 의해 설립된 주택조합으로서, 위 토지 위에 건립되었던 5층 아파트를 철거하고 그 지상에 16층 내지 21층의 아파트 13동(이하 '이 사건 아파트'라 한다)을 건축하기 위하여 피고에게 1995.경 이 사건 아파트 신축공사를 도급한 사실, 원고들은 이 사건 아파트의 북쪽에 위치한 서울 구로구 (주소 3 생략), (주소 4 생략) 일대 토지 및 지상건물의 소유자들로서 이 사건 아파트 공사기간 동안 판시와 같이 거주하고 있었던 사실, 피고는 1998. 말경 이 사건 아파트를 완공하였는데, 완공 후의 이 사건 아파트는 북위 37.5°에 자리를 차지하고, 경사진 언덕을 따라 쌓여진 여러 단의 축대 위에 들어서 있으며 소방도로 하나를 사이에 두고 원고들의 주택과 나란히 이어져 있는데, 각 동의 최고 높이는 101동 52.8m, 102동 62.9m, 103동 57.4m, 104동 65.7m, 105동 65.7m, 106동 62.9m, 107동 60.2m, 108동 62.9m, 109동 62.9m, 110동 54.6m, 111동 62.9m, 112동 51.7m, 113동 51.7m인 사실, 원고들 소유의 건물들은 판시와 같이 이 사건 아파트의 북서쪽 방면에 혼재하여 들어서 있으며 이 사건 아파트보다 13~15m 정도 낮은 저지대에 건립되어 있는 사실, 이 사건 아파트가 들어서기 전에 있던 서림아파트는 그 층수가 5층에 불과하여 원고들 소유 각 건물의 일조는 비교적 양호한 편이었는데, 이 사건 아파트가 완공된 후 이 사건 아파트의 그림자가 동지를 기준으로 오전 9시경 388.56m, 같은 날 오후 2시경 185.76m나 되어, 위 아파트 정북 방향으로 약 141.43m 안에 위치하며 저지대에 놓인 원고들 소유의 건물들은 동지를 기준으로 한 일조시간이 판시 일조시간표 기재와 같이 줄어들었으며, 그 이외에 일사량, 조망 등도 이 사건 아파트가 들어선 후 판시와 같이 감소된 사실 등을 인정한 다음, 건물의 신축으로 인하여 그 이웃 토지상의 거주자가 직사광선이 차단되는 불이익을 받은 경우에 그 신축행위가 정당한 권리행사로서의 범위를 벗어나 사법상 위법한 가해행위로 평가되기 위해서는 그 일조방해의 정도가 사회통념상 일반적으로 인용하는 수인한도를 넘는 것이어야 한다고 전제한 후, 판시 관계 법령의 규정과 위 인정 사실에 비추어, 동지를 기준으로 오전 9시부터 오후 3시까지 사이의 6시간 중 일조시간이 연속하여 2시간 이상 확보되는 경우 또는 동지를 기준으로 오전 8시부터 오후 4시까지 사이의 8시간 중 일조시간이 통틀어 4시간 이상 확보되는 경우에는 일응 수인한도를 넘지 않는 것으로, 위 두 가지 중 어느 것에도 속하지 않는 일조방해의 경우에는 일응 수인한도를 넘는 것으로 보아야 하는데, 원고 1, 원고 4, 원고 5, 원고 6, 원고 7, 원고 8, 원고 11, 원고 13, 원고 30(이하 '원고 1 등'이라 한다)의 경우에는 이 사건 아파트의 건축으로 인하여 위 두 가지 중 어느 것에도 속하지 아니하는 일조방해를 받아 그 수인한도를 넘었다고 할 것이고, 또한 원고들 중 일조방해가 수인한도를 넘는 위 원고들과 원고 2를 제외한 나머지 원고들(이하 '나머지 원고들'이라 한다)은 일조의 측면에서 볼 때 위와 같은 일응의 기준을 넘지 않는 제한만 받게 되었음에 불과하다고 하더라도, 이 사건 아파트가 언덕 위에 위치하고 있어 재건축 이후 원고들의 주택에서의 천공률(거실 중간 부분에서 서서 창문을 통하여 외부를 바라볼 때 창문을 통해 보이는 하늘의 면적이 창문면적에서 차지하는 비율을 말한다.)이 현저하게 낮아져 조망에 있어서도 상당한 장해를 받는 점, 이 사건 아파트의 신축으로 새로운 일조방해나 조망의 제한을 받게 된 경우는 그 고통이 더 크므로 단순한 일조시간뿐만 아니라 일조시간의 감소비율, 조망의 제한 정도 등도 나머지 원고들의 수인한도를 평가함에 있어서 고려함이 상당한 점, 이 사건 아파트의 신축 추진 당시 소외 조합은 각 동의 배치를 원고들의 일조 등에 침해가 가장 적은 동향으로 배치할 듯한 태도를 보이다가 결국 남향으로 신축한 점, 이 사건 아파트의 신축으로 소외 조합원들은 분양면적을 넓히고 대부분의 아파트를 남향으로 배치함으로써 쾌적한 주거를 마련하고, 피고도 잔여 세대수를 확보하고 쉽게 일반 분양을 마쳐 투자자금을 수월하게 회수하는 이익을 얻었으나, 원고들은 이 사건 아파트의 북쪽에 위치하고 있어 별다른 혜택을 얻지 못한 점 등을 종합하여, 비록 도시 인구의 과밀화 및 토지의 효율적 이용을 위한 아파트의 고층화가 필요하다는 점을 감안하더라도, 나머지 원고들도 이 사건 아파트 신축으로 인하여 수인한도를 넘는 일조방해, 조망권 제한 등의 피해를 입은 것으로 보아야 한다고 판단하였다.

나. 대법원의 판단
 (1) 원고 1 등에 관한 부분에 대하여
　　건물의 신축으로 인하여 그 이웃 토지상의 거주자가 직사광선이 차단되는 불이익을 받은 경우에 그 신축행위가 정당한 권리행사로서의 범위를 벗어나 사법상 위법한 가해행위로 평가되기 위해서는 그 일조방해의 정도가 사회통념상 일반적으로 인용하는 수인한도를 넘어야 하고, 건축법 등 관계 법령에 일조방해에 관한 직접적인 단속법규가 있다면 그 법규에 적합한지 여부가 사법상 위법성을 판단함에 있어서 중요한 판단자료가 될 것이지만, 이러한 공법적 규제에 의하여 확보하고자 하는 일조는 원래 사법상 보호되는 일조권을 공법적인 면에서도 가능한 한 보장하려는 것으로서 특별한 사정이 없는 한 일조권 보호를 위한 최소한도의 기준으로 봄이 상당하고, 구체적인 경우에 있어서는 어떠한 건물 신축이 건축 당시의 공법적 규제에 형식적으로 적합하다고 하더라도 현실적인 일조방해의 정도가 현저하게 커 사회통념상 수인한도를 넘은 경우에는 위법행위로 평가될 수 있으며, 일조방해행위가 사회통념상 수인한도를 넘었는지 여부는 피해의 정도, 피해이익의 성질 및 그에 대한 사회적 평가, 가해 건물의 용도, 지역성, 토지이용의 선후관계, 가해 방지 및 피해 회피의 가능성, 공법적 규제의 위반 여부, 교섭 경과 등 모든 사정을 종합적으로 고려하여 판단하여야 하고, 건축 후에 신설된 일조권에 관한 새로운 공법적 규제 역시 이러한 위법성의 평가에 있어서 중요한 자료가 될 수 있다(대법원 1999. 1. 26. 선고 98다23850 판결, 2000. 5. 16. 선고 98다56997 판결, 2002. 12. 10. 선고 2000다72213 판결 등 참조).
　　위와 같은 법리와 기록에 비추어 살펴보면, 원심의 원고 1 등에 대한 위와 같은 사실인정과 판단은 정당한 것으로 수긍이 가고, 거기에 상고이유로 주장하는 바와 같이 일조권 침해로 인한 불법행위책임에 관한 법리를 오해하는 등의 위법이 있다고 할 수 없다.
 (2) 나머지 원고들에 관한 부분에 대하여
　　그러나 나머지 원고들에 대하여, 일조방해가 수인한도를 넘지는 않았으나 이 사건 아파트의 신축으로 인한 조망의 제한 등을 함께 고려하여 볼 때 수인한도를 넘는 피해를 입었다고 본 원심의 판단은 다음과 같은 이유로 수긍하기 어렵다.
　　어느 토지나 건물의 소유자가 종전부터 향유하고 있던 경관이나 조망이 그에게 하나의 생활이익으로서의 가치를 가지고 있다고 객관적으로 인정된다면 법적인 보호의 대상이 될 수 있는 것인바(대법원 1997. 7. 22. 선고 96다56153 판결 등 참조), 이와 같은 조망이익은 원칙적으로 특정의 장소가 그 장소로부터 외부를 조망함에 있어 특별한 가치를 가지고 있고, 그와 같은 조망이익의 향유를 하나의 중요한 목적으로 하여 그 장소에 건물이 건축된 경우와 같이 당해 건물의 소유자나 점유자가 그 건물로부터 향유하는 조망이익이 사회통념상 독자의 이익으로 승인되어야 할 정도로 중요성을 갖는다고 인정되는 경우에 비로소 법적인 보호의 대상이 되는 것이라고 할 것이고, 그와 같은 정도에 이르지 못하는 조망이익의 경우에는 특별한 사정이 없는 한 법적인 보호의 대상이 될 수 없다고 할 것이다.
　　그리고 조망이익이 법적인 보호의 대상이 되는 경우에 이를 침해하는 행위가 사법상 위법한 가해행위로 평가되기 위해서는 조망이익의 침해 정도가 사회통념상 일반적으로 인용하는 수인한도를 넘어야 하고, 그 수인한도를 넘었는지 여부는 조망의 대상이 되는 경관의 내용과 피해건물이 입지하고 있는 지역에 있어서 건조물의 전체적 상황 등의 사정을 포함한 넓은 의미에서의 지역성, 피해건물의 위치 및 구조와 조망상황, 특히 조망과의 관계에서의 건물의 건축·사용목적 등 피해건물의 상황, 주관적 성격이 강한 것인지 여부와 여관·식당 등의 영업과 같이 경제적 이익과 밀접하게 결부되어 있는지 여부 등 당해 조망이익의 내용, 가해건물의 위치 및 구조와 조망방해의 상황 및 건축·사용목적 등 가해건물의 상황, 가해건물 건축의 경위, 조망방해를 회피할 수 있는 가능성의 유무, 조망방해에 관하여 가해자측이 해의(해의)를 가졌는지의 유무, 조망이익이 피해이익으로서 보호가 필요한 정도 등 모든 사정을 종합적으로 고려하여 판단하여야 한다.

이 사건 아파트는 원고들 소유의 주택보다 남쪽방향으로 13~15m 정도 높은 언덕 위에 있는 서울 구로구 (주소 1 생략) 대 16,301㎡와 (주소 2 생략) 대 12,437.2㎡ 및 그 지상 건물의 소유자 432세대가 재건축조합을 설립하여 노후된 5층 아파트를 철거하고 그 지상에 건축한 아파트로서 16층 내지 21층의 아파트 13동으로 구성되어 있음이 앞서 본 바와 같고, 기록에 의하면, 원고들의 주택 주위에는 특별히 경관으로서 내세울 만한 것이 없고, 이 사건 아파트 건축으로 인하여 원고들의 주택에서 남쪽으로의 조망이 종전보다 나쁘게 되었으나, 이 사건 아파트가 건축되기 전부터 원고들 소유의 주택에서 남쪽을 바라볼 때 대부분 위 언덕 및 그 위에 있던 이 사건 아파트 건축 전의 5층 아파트 단지에 의하여 시야가 가로막혀 남쪽으로의 조망이 양호하지 못하였던 사실을 알 수 있으며, 이 사건 아파트가 13동의 987세대에 이르는 비교적 대규모의 단지로서 원고들 주택보다 13~15m 정도 높은 언덕 위에 건축되었다는 점을 고려하면 건축 당시 아파트의 방향이나 높이를 원고들의 조망에 유리하도록 배려할 여지가 있었다고 하더라도 단지 자체의 규모, 단지 배치의 합리성, 동 사이에 확보되어야 할 공간 등에 비추어 보면 원고들의 조망이 그리 크게 개선되었을 것으로 보이지는 아니하는바, 위와 같이 원고들의 주택이 경관과 특별한 관계가 없고, 단순히 원고들의 주택가에 이 사건 아파트가 건축되어 기존 건물에서 바라다 보이는 전망이 종전보다 나쁘게 되었음에 불과하므로, 나머지 원고들의 경우 원심이 일조방해의 정도가 수인한도를 넘지 않았다고 보는 이상, 나머지 원고들의 조망이익을 법적인 보호의 대상으로 할 만한 특별한 사정이 있다고 보기는 어렵고, 또한 나머지 원고들의 조망이익이 법적인 보호의 대상이 될 만한 특별한 사정이 있다고 하더라도 앞에서 본 수인한도의 초과 여부에 관한 판단 기준에 비추어 볼 때, 원심이 내세우는 사정만으로는 조망이익에 대한 침해의 정도가 그 수인한도를 벗어난 것으로 보기도 어렵다고 할 것이고, 판시와 같이 일조방해와 조망이익의 침해 등 원심이 내세운 사정들을 모두 고려한다고 하더라도 이 사건 아파트의 건축으로 인하여 나머지 원고들에 대한 일조방해와 조망이익의 침해 정도가 사회통념상 일반적으로 인용하는 수인한도를 넘었다고 보기는 어렵다고 할 것이다.

그럼에도 불구하고, 원심은 나머지 원고들의 조망이익이 법적인 보호의 대상이 됨을 전제로 하여, 나머지 원고들이 이 사건 아파트의 신축으로 인하여 수인한도를 넘는 일조방해, 조망권 제한 등의 피해를 입게 되었다고 판단하였으니, 원심에는 조망이익의 침해로 인한 불법행위책임의 성립 등에 관한 법리를 오해하거나 조망이익의 침해 정도가 사회통념상 일반적으로 인용하는 수인한도를 넘었는지 여부에 관한 심리를 다하지 아니함으로써 판결 결과에 영향을 미친 위법이 있다고 할 것이다. 이 부분 상고이유의 주장은 이유 있다.

2. 상고이유 제2점, 제3점에 대하여

원심판결 이유에 의하면 원심은, 그 채용 증거에 의하여, 소외 조합은 재건축사업을 함에 있어서 조합원들이 소유한 토지 및 건축물을 현물출자하고 주택건설 전문업자를 공동사업자로 영입하여 참여조합원의 자격을 부여한 다음, 이 사건 아파트 및 부대시설을 시공하도록 한 사실, 피고는 이 사건 아파트 공사를 도급받으면서 조합원의 이주비 지급 및 금원융자비용 대여, 공사완공시까지의 조합운영비, 건축설계비, 기타 소외 조합이 필요로 하는 비용을 제공하기로 하고 나아가 이 사건 아파트 신축공사비를 자신의 비용으로 충당하는 등 참여조합원으로서 설계변경에서 시공 전반에 이르기까지 주도적 역할을 한 후, 그 대가로 이 사건 아파트의 신축 완료 후 조합원들에게 기존 분양면적(대지지분 기준)의 151%를 공급하고 나머지 잔여 세대를 피고가 일반에 분양하는 방법으로 위 투입자금을 회수하기로 한 사실, 비록 한라·세진종합건축사사무소에서 이 사건 아파트의 최초 설계안을 작성하였으나, 최초 작성된 이 사건 아파트의 배치도와 실제 건축된 후의 배치 상황이 상당히 다르고 실제 건축인허가를 받는 과정에서 피고의 요구가 반영된 설계변경이 이루어지는 등 이 사건 아파트 단지가 최초 배치도와는 다르게 재배치된 사실, 소외 조합과 원고들 사이의 일조권 등 침해에 대한 토론회에 피고의 현장소장이 참여하여 적극적으로 일조권문제와 관련된 설계변경 가능성을 언급하는 등 원고들과 소외 조합 사이의 분쟁에 관여한 사실을 인정한 다음, 그 인정 사실에 기하여, 피고는 이 사건 아파트 신축공사의 단순한 수급인으로서 이를 시공한 것이 아니라 위 재건축 사업을 수주하면서 소외 조합 및 조합원들의 필요비용을 모두 제공하고 나아가 이 사건 공사비를 자신의 비용으로 충당하는 등 이 사건 아파트 신축을 소외 조합과 함께 주도적으로 진행한 후, 그 대가로 조합원들 지분을 제외한 잔여 세대를 일반에 분양하는 방법으로 위 투입자금을 회수하기로 한 것으로 보이므로, 피고는 이 사건 아파트 신축의 사실상 공동 사업주체로서 소외 조합과 이해관계를 같이 하면서 이 사건 아파트를 신축하였다고 할 것이어서, 피고가 이 사건 아파트의 건축주가 아니라 시공사라고 하더라도 이 사건 아파트의 신축으로 인한 피해에 대하여 손해배상책임을 져야 한다고 판단하였다.

기록에 비추어 살펴보면, 원심의 위와 같은 사실인정과 판단은 정당한 것으로 수긍이 가고, 거기에 상고이유로 주장하는 바와 같이 채증법칙을 위반하여 사실을 잘못 인정하였거나 시공사의 불법행위 주체성 또는 피고와 소외 조합 사이의 계약에 관한 법리를 오해하는 등의 위법이 있다고 할 수 없다.

3. 결 론

그러므로 원심판결의 피고 패소 부분 중 원고 1 등과 소음 등 피해에 대한 위자료 청구만이 인용된 원고 2를 제외한 나머지 원고들에 대한 부분 가운데 소음 등 피해에 대한 위자료를 제외한 부분, 즉 원고 3, 원고 17, 원고 25의 일조권 등 침해로 인한 재산적 손해 부분, 원고 9, 원고 10, 원고 12, 원고 14, 원고 15, 원고 16, 원고 18, 원고 20, 원고 21, 원고 22, 원고 23, 원고 24, 원고 26, 원고 27, 원고 28, 원고 29, 원고 31의 일조권 등 침해로 인한 재산적 손해와 위자료 부분을 파기하고, 이 부분 사건을 다시 심리·판단하게 하기 위하여 원심법원에 환송하기로 하고, 피고의 나머지 상고를 기각하며, 원고 1 등 및 원고 2와 피고 사이의 상고비용은 피고가 부담하기로 하여 관여 법관의 일치된 의견으로 주문과 같이 판결한다.

대법관 고현철(재판장) 변재승 윤재식(주심) 강신욱

(나) 피해건물의 분양자와 시공사

☞ 대법원 2001. 6. 26. 선고 2000다44928, 44935 판결 37p 참조

(다) 국가 또는 지방자치단체

☞ 대법원 2004. 9. 13. 선고 2004다24212 판결 163p 참조

3. 위법성 : 수인한도론

가. 대법원 판례의 기준

[판례 2] 건물철거등 (대법원 1982. 9. 14. 선고 80다2859 판결)

【판시사항】
가. 경계로부터 법정거리를 두지 않고 세워진 건물의 철거청구는 건축허가처분에 대한 이의로써도 가능한지 여부
나. 법정거리안에 세워진 건물 부분의 철거청구가 권리남용에 해당한다고 한 사례
다. 사회통념상 인용범위내의 일조권 침해로 인한 정신적 고통에 대한 위자료청구권 유무

【판결요지】
가. 경계로부터 민법 제242조, 제244조에 따른 법정거리를 두지 않고 세워진 건물의 철거 등을 구하는 이 사건 청구에 관하여 피고가 이 사건 소는 건물이 완성된 후에 제기된 것이므로 부적법하다는 항변을 하였는 바, 원심이 원고가 법정제척기간내에 소제기의 방법이 아닌 건축허가처분에 대한 이의를 함으로써 이 사건과 같은 주장을 한 사실을 확정하고 위 피고의 항변을 배척하였음은 정당하다.
나. 이 사건 건물은 민법 제242조 소정의 확보거리 0.5 미터를 다 두지 못하고 원고소유 대지로 부터 30센치미터를 두고 세워져 있어 동 건물의 각층마다 1.2평씩만이 법정거리내에 들어 있는바 동 건물이 건물이 건축된지 수년이 지난 지금 법정거리안에 있는 건물부분을 철거하는 것은 원고에게는 거의 어떠한 이익도 가져오지 못하고 오히려 사회, 경제적으로 보나 상린관계의 취지에서 보나 이를 철거한다는 것은 적절하지 아니하므로 원고의 위 건물 부분의 철거청구는 권리의 사회성에 비추어 권리남용에 해당한다.
다. 이웃 토지상의 건물로 인하여 직사광선이 차단되는 불이익을 받는 경우에 그것이 사회통념상 일반적으로 인용할 정도를 넘지 않는 한 이를 감수할 것이므로 이로 인하여 입는 정도의 고통은 감내하여야 한다.

【참조조문】
민법 제242조, 제244조
【전 문】

【원고, 상 고 인】 원고 소송대리인 변호사 계윤덕
【피고, 피상고인】 피고 1 외 1인
【원심판결】 서울고등법원 1980.10.27. 선고 79나1386 판결

【주 문】
상고를 기각한다.
상고비용은 원고의 부담으로 한다.

【이 유】
원고 소송대리인의 상고이유를 판단한다.
제1점에 대하여,
원심판결 이유에 의하면 원심은, 원고가 원고소유의 대지 경계선부근에 건축된 피고 1 소유의 이 사건 건물에 대하여 민법 제242조 및 제244조 소정의 경계선 부근의 건물 및 지하시설 등에 관한 제한 규정에 위반된다는 이유로 위 법정거리를 두지 아니한 지하실 부분과 지상층 부분의 철거 등을 구하는 이 사건 청구에 관하여 이 사건 소는 건물이 완성된 후에 제기된 것이므로 부적법하다는 피고의 항변에 대하여, 이 사건 건물은 이 사건 소제기 전에 완공된 사실은 인정되나 원고가 법정제척기간내에 소제기의 방법이 아닌 건축허가처분에 대한 이의를 하므로써 이 사건과 같은 주장을 한 사실을 확정하고 위 피고의 항변을 배척하였음이 판결문상 명백한바, 원심이 피고의 위 항변을 받아들인 듯 오해하고 세운 제척기간에 관한 법리오해의 논지는 이유없다 할 것이고, 또한 원심은, 피고 1 소유의 이 사건 건물의 지하실 부분 중 원판시(나)부분 3.8평이 원고소유의 대지를 불법 침범한 사실을 확정한 후 그 침범부분에 관하여는 이를 철거하고 그 부분을 매몰할 것을 명하고, 그 외 정화조 등 지하시설물 및 지하실 공사에 관하여는 건축법 제53조의 2 제2항에 의하여 민법 제244조 제1항 규정의 적용이 배제된다는 이유로 위 법정거리내에 있는 나머지 지하실부분에 관한 철거청구를 배척하였는바, 원심의 위와 같은 조치는 기록에 비추어 살펴보아도 정당하고 거기에 소론과 같은 이유불비 및 건축법과 민법상 상린관계에 관한 법리오해의 위법을 발견할 수 없고, 또 위 민법상의 법정거리를 두지 아니한 것을 이유로 지하실부분의 철거를 구하는 이 사건에 있어서 원심이 건축법 제53조 2 제 2 항 단서 규정의 " 지하층공사시 필요한 안전조치를 하여 위해를 방지" 또는 " 오물정화조의 방수" 의무를 피고가 이행하였는가의 여부를 심리하지 아니하였다하여 심리미진이라 할 수 없으므로 이 점에 대한 논지는 이유없다.
제2점에 대하여,
원심은, 이 사건 건물은 원고소유의 대지에 인접하고 있는 피고 1 소유의 서울 중구 (주소 생략) 대지 위에 피고 2가 1973.9. 착공하여 1977.9.경 완공된 것으로서 그중 지상건물부분은 철근콘크리트조 연건평 594.42평방미터의 4층 건물로서 현재 병원으로 사용 중이고, 그 건물의 축조 상황은 원고의 대지를 침범하고 있지는 아니하며 다만 민법 제242조 소정의 확보거리 0.5미터를 다 두지 못하고 원고소유 대지로부터 30센티미터를 두고 세워져 있어 지상 1,2,3,4층 각 층마다 1.2평(원심인용의 감정서기재에 의하면, 19미터 X0.2미터=3.8평방미터=1.2평)씩만이 법정거리내에 들어 있는 사실을 확정한 후, 이 사건 지상건물은 원고 소유 아닌 피고측 소유대지에 세워져 있고 건축된지 수년이 지난 지금 법정거리안에 있는 주소부분을 철거하는 것은 원고에게는 거의 어떠한 이익도 가져오지 못하고 오히려 사회, 경제적으로 보나 상린관계의 취지에서 보나 이를 철거한다는 것은 적절하지 아니하므로 원고의 위 부분의 철거청구는 권리의 사회성에 비추어 권리남용에 해당된다고 판단하고 있는바, 원판결 설시와 같은 사정 아래에서는 원심의 위와 같은 판단은 정당하고 거기에 소론과 같은 법리오해의 위법을 발견할 수 없으므로 논지는 이유없다.

제3점에 대하여,
원심은, 원고의 전 거증에 의하더라도 이 사건 건물의 정화조로부터 악취가 발산되고 또 같은 건물의 축조로 인하여 원고는 일조통풍이 저해되므로써 정신적 고통을 입었다는 원고의 주장에 미흡하다고 한 후 이웃토지의 건물로 인하여 직사광선이 차단되는 불이익을 받는 경우에도 그것이 사회통념상 일반적으로 인용할 정도를 넘지 아니하는 한 이를 감수할 것인바, 이 사건 건물로 인하여 원고가 입은 정도의 고통은 감내하여야 할 것이라는 취지의 판단을 하였는바, 원심의 위와 같은 사실인정에 거친 증거의 취사과정에 채증법칙의 위배나 심리미진의 위법을 발견할 수 없고 소론과 같은 법리오해의 위법이 있다 할 수 없으므로 논지 이유없다.
따라서 상고를 기각하고, 상고비용은 패소자의 부담으로 하기로 하여 관여법관의 일치된 의견으로 주문과 같이 판결한다.

대법관   이정우(재판장) 김중서 강우영 신정철

[판례 3] 손해배상(기) (대법원 2007. 6. 14. 선고 2005다72058 판결)

【판시사항】
[1] 건물 신축으로 인한 일조방해행위가 사법상 위법한 가해행위로 평가되는 경우 및 일조방해행위가 사회통념상 수인한도를 넘었는지 여부의 판단 기준
[2] 일조방해행위가 수인한도를 넘었는지 여부를 판단하기 위한 지역성의 결정 기준 및 그 판단에 포함되는 요소
[3] 오피스텔 신축으로 인한 일조권 침해의 손해배상청구 사건에서, 해당 지역이 일반상업지역이고, 오피스텔 신축 당시 건축관계 법령에 상업지역 건축물의 경우 다른 대지상의 건축물을 위하여 보장되어야 할 일조시간의 제한규정이 없으며 건축관계 법령상의 각종 기준에 위반한 사실이 없다고 하여 일조방해가 사회통념상 수인한도 내라고 단정할 수는 없다고 한 사례
[4] 이미 다른 기존 건물에 의하여 일조방해를 받고 있는 경우, 신축 건물에 의한 일조방해가 수인한도를 넘었는지 여부를 판단함에 있어서 고려하여야 할 사항
[5] 조망이익이 법적인 보호의 대상이 되기 위한 요건

【참조조문】
[1] 민법 제2조 제1항, 제750조 [2] 민법 제2조 제1항, 제750조 [3] 민법 제2조 제1항, 제750조 [4] 민법 제2조 제1항, 제750조 [5] 헌법 제35조, 민법 제750조

【참조판례】
[1][2][4] 대법원 2004. 10. 28. 선고 2002다63565 판결(공2004하, 1935)
[1][5] 대법원 2004. 9. 13. 선고 2003다64602 판결(공2004하, 1661)
[1] 대법원 1999. 1. 26. 선고 98다23850 판결(공1999상, 351)
대법원 2000. 5. 16. 선고 98다56997 판결(공2000하, 1419)
대법원 2002. 12. 10. 선고 2000다72213 판결(공2003상, 320)

【전 문】

【원고, 상 고 인】 원고
【피고, 피상고인】 피고 (소송대리인 변호사 한종술외 1인)
【원심판결】 대전지법 2005. 11. 4. 선고 2005나5780 판결

【주 문】

원심판결 중 일조방해로 인한 손해배상청구 부분을 파기하고, 이 부분 사건을 대전지방법원 본원 합의부에 환송한다. 나머지 상고를 기각한다.

【이 유】

상고이유를 판단한다.

1. 일조방해로 인한 손해배상 청구에 대하여

건물의 신축으로 인하여 그 이웃 토지상의 거주자가 직사광선이 차단되는 불이익을 받은 경우에 그 신축행위가 정당한 권리행사로서의 범위를 벗어나 사법상 위법한 가해행위로 평가되기 위해서는 그 일조방해의 정도가 사회통념상 일반적으로 인용하는 수인한도를 넘어야 하고, 건축법 등 관계 법령에 일조방해에 관한 직접적인 단속법규가 있다면 그 법규에 적합한지 여부가 사법상 위법성을 판단함에 있어서 중요한 판단자료가 될 것이지만, 이러한 공법적 규제에 의하여 확보하고자 하는 일조는 원래 사법상 보호되는 일조권을 공법적인 면에서도 가능한 한 보장하려는 것으로서 특별한 사정이 없는 한 일조권 보호를 위한 최소한도의 기준으로 봄이 상당하고, 구체적인 경우에 있어서는 어떠한 건물 신축이 건축 당시의 공법적 규제에 형식적으로 적합하다고 하더라도 현실적인 일조방해의 정도가 현저하게 커 사회통념상 수인한도를 넘은 경우에는 위법행위로 평가될 수 있으며, 일조방해행위가 사회통념상 수인한도를 넘었는지 여부는 피해의 정도, 피해이익의 성질 및 그에 대한 사회적 평가, 가해 건물의 용도, 지역성, 토지이용의 선후관계, 가해 방지 및 피해 회피의 가능성, 공법적 규제의 위반 여부, 교섭 경과 등 모든 사정을 종합적으로 고려하여 판단하여야 한다(대법원 2004. 9. 13. 선고 2003다64602 판결 등 참조).

그리고 쾌적하고 건강한 생활에 필요한 생활이익으로서 법적 보호의 대상이 되는 주거의 일조는 현재 살고 있는 지역주민을 보호하기 위한 것이므로 일조방해행위가 수인한도를 넘었는지 여부를 판단하기 위한 지역성은 그 지역의 토지이용 현황과 실태를 바탕으로 지역의 변화 가능성과 변화의 속도 그리고 지역주민들의 의식 등을 감안하여 결정하여야 할 것이고, 바람직한 지역 정비로 토지의 경제적·효율적 이용과 공공의 복리증진을 도모하기 위한 국토의 계획 및 이용에 관한 법률 등 공법에 의한 지역의 지정은 그 변화 가능성 등을 예측하는 지역성 판단의 요소가 된다고 할 것이다(대법원 2004. 10. 28. 선고 2002다63565 판결 등 참조).

그런데 원심판결의 이유에 의하면, 원심은 그 채용 증거들을 종합하여 피고의 오피스텔 신축으로 인하여, 동지일 진태양시를 기준으로 08:00부터 16:00까지 8시간 중 원고의 주택 전면 개구부의 면적을 기준으로 직사광선만을 고려하여 평가한 일조시간은 '6시간 44분'에서 '1시간 33분'으로 감소되었고, 09:00부터 15:00까지 6시간 중 50% 이상의 일조를 기준으로 평가한 최장 연속일조시간은 '4시간 30분'에서 '0'으로 감소된 사실, 원고의 주택과 피고의 오피스텔이 위치한 지역은 일반상업지역으로 지정되어 있는 사실 등 판시 사실들을 인정한 다음, 일반상업지역은 일반적인 상업 및 업무 기능을 담당하게 하기 위하여 마련된 지역으로서 원칙적으로는 주거를 위한 지역이 아니고 고층건물의 신축이 항상 예상되는 지역인 점, 피고의 오피스텔 신축 당시 건축관계 법령의 규정에 의하면,

전용주거지역이나 일반주거지역과는 달리 상업지역에서의 건축물의 경우 다른 대지상의 건축물을 위하여 보장되어야 할 일조시간에 관하여 아무런 제한규정을 두고 있지 않은 점, 피고의 오피스텔은 그 신축 당시의 건축관계 법령이 정하는 용적률, 건폐율, 건축물 간의 이격거리 등 간접적으로 다른 인접 건축물의 일조권 등 확보에 도움을 줄 수 있는 각종 기준에 위반된 사실이 없는 점 등을 들어 위와 같은 정도의 일조방해는 사회통념상 일반적으로 용인되는 수인한도 내라고 판단하였다.

그러나 이러한 원심의 판단은 위의 법리와 기록에 비추어 수긍할 수 없다.

즉, 기록에 의하면 원고는 원고의 주택과 피고의 오피스텔이 위치한 지역이 비록 일반상업지역으로 지정되어 있지만 주로 일반주택이 건립되어 있어 사실상 주거지역에 해당한다고 주장하고 있음을 알 수 있는바, 이러한 경우 원심으로서는 위 각 건물이 들어선 지역의 토지이용 현황과 실태를 살펴보고, 지역의 변화 가능성과 변화의 속도 그리고 지역주민들의 의식 등에 관하여 심리한 다음, 이것을 바탕으로 원고가 피고의 오피스텔로 인하여 받은 일조방해가 사회통념상 수인한도를 넘었는지 여부를 판단하였어야 할 것이고, 피고의 오피스텔 신축 당시 건축관계 법령이 상업지역에서의 건축물의 경우 다른 대지상의 건축물을 위하여 보장되어야 할 일조시간에 관한 아무런 제한규정을 두고 있지 않았다거나 피고가 오피스텔을 신축함에 있어 건축관계법령상의 각종 기준에 위반한 사실이 없다고 하여 달리 볼 것은 아니다.

그럼에도 불구하고, 원심은 그와 같은 심리를 하지 아니한 채 원고의 이 부분 청구를 기각하고 말았으니, 이러한 원심의 판단에는 심리를 다하지 아니하고 일조방해로 인한 불법행위에 관한 법리를 오해하는 등으로 판결 결과에 영향을 미친 위법이 있다. 이러한 취지를 담은 상고이유의 주장은 이유 있다.

한편, 구체적인 수인한도를 판단하기 위하여는 일조피해를 받는 건물이 이미 다른 기존 건물에 의하여 일조방해를 받고 있는 경우에는 그 일조방해의 정도와 신축 건물에 의한 일조방해와의 관련성 등도 고려하여 신축 건물에 의한 일조방해가 수인한도를 넘었는지 여부를 판단하여야 할 것이다(대법원 2004. 10. 28. 선고 2002다63565 판결 등 참조). 그런데 기록에 의하면, 원고의 주택은 피고의 오피스텔이 신축되기 이전에 이미 다른 건물에 의하여 일조방해를 받고 있었음을 알 수 있는바, 원심으로서는 피고의 오피스텔에 의한 일조방해가 수인한도를 넘었는지 여부를 판단함에 있어 기존 건물로 인한 일조방해의 정도와 피고의 오피스텔에 의한 일조방해와의 관련성 등도 고려하여야 함을 밝혀둔다.

2. 조망방해로 인한 손해배상청구에 대하여

어느 토지나 건물의 소유자가 종전부터 향유하고 있던 경관이나 조망이 그에게 하나의 생활이익으로서의 가치를 가지고 있다고 객관적으로 인정된다면 법적인 보호의 대상이 될 수 있는 것인바, 이와 같은 조망이익은 원칙적으로 특정의 장소가 그 장소로부터 외부를 조망함에 있어 특별한 가치를 가지고 있고, 그와 같은 조망이익의 향유를 하나의 중요한 목적으로 하여 그 장소에 건물이 건축된 경우와 같이 당해 건물의 소유자나 점유자가 그 건물로부터 향유하는 조망이익이 사회통념상 독자의 이익으로 승인되어야 할 정도로 중요성을 갖는다고 인정되는 경우에 비로소 법적인 보호의 대상이 되는 것이라고 할 것이고, 그와 같은 정도에 이르지 못하는 조망이익의 경우에는 특별한 사정이 없는 한 법적인 보호의 대상이 될 수 없다(대법원 2004. 9. 13. 선고 2003다64602 판결 등 참조).

그런데 기록에 의하면, 원고가 피고의 오피스텔이 건축되기 이전에 원고의 주택 전면에 위치한 야산이나 남산공원에 대한 조망이익을 누리고 있었음을 인정할 수 있으나, 기록에 비추어 볼 때 위 야산이나 남산공원에 대한 조망권이 그 자체로 자연적, 문화적으로 중요한 가치를 지니고 있다고 보기 어려울 뿐 아니라, 설령 위 야산이나 남산공원에 대한 조망권이 그러한 가치를 지니고 있다고 할지라도, 원고의 주택은 주거용일 뿐 경승지나 휴양지에 위치한 영업용 건물이나 휴양시설과 같이 특별히 조망이익의 향유를 목적으로 건축되고 그 경관이나 조망이 객관적으로 중요한 의미를 지니고 있는 등의 장소적 특수성을 가지고 있음을 인정할 수 없으므로, 원고의 주택이 위 야산이나 남산공원에 대한 조망이라는 관점에서 특별히 독립된 가치를 갖고 있다거나 원고에 의한 조망이익의 향수가 사회통념상 독자의 이익으로 승인되어야 할 정도로 중요성을 갖는다고 객관적으로 인정하기는 어렵다.

그렇다면 원고가 종전에 향유하던 조망이익을 특별히 법적인 보호의 가치가 있는 것이라고 할 수 없으므로, 이 부분 원고의 청구를 기각한 원심의 조치는 정당한 것으로 수긍할 수 있고, 거기에 상고이유로 주장하는 바와 같은 위법이 있다고 볼 수 없다.

3. 프라이버시 침해로 인한 손해배상청구에 대하여

원고는 이 부분 청구에 대하여는 상고이유서를 제출하지 아니하였고, 상고장에도 상고이유의 기재가 없다.

4. 결 론

그러므로 원심판결 중 일조방해로 인한 손해배상청구 부분을 파기하여 이 부분 사건을 원심법원에 환송하고, 원고의 나머지 상고를 기각하기로 하여 관여 대법관의 일치된 의견으로 주문과 같이 판결한다.

대법관 김황식(재판장) 김영란 이홍훈 안대희(주심)

☞ 대법원 1999. 1. 26. 선고 98다23850 판결 31p 참조
☞ 대법원 2004. 9. 13. 선고 2003다64602 판결 279p 참조

나. 실무례

[판례 4] 손해배상(기) (서울고법 1996. 3. 29. 선고 94나11806 판결 : 확정)

【판시사항】

경인지역의 공동주택에 있어 불법행위가 성립되기 위한 일조권 침해 정도

【판결요지】

건축관계 법령에 규정된 일조권 등의 확보를 위한 높이제한 규정, 이웃나라 일본의 규정과 실무와의 대비 등을 고려하여 볼 때 경인지역에 있어서의 아파트와 같은 공동주택의 경우에는 동지일을 기준으로 9시부터 15시까지 사이의 6시간 중 일조시간이 연속하여 2시간 이상 확보되는 경우 또는 동지일을 기준으로 8시에서 16시까지 사이의 8시간 중 일조시간이 통틀어서 최소한 4시간 정도 확보되는 경우에는 이를 수인하여야 하고, 그 두 가지 중 어느 것에도 속하지 아니하는 일조 저해의 경우에는 수인한도를 넘는다고 봄이 상당하다.

【참조조문】

민법 제750조, 제751조, 건축법시행령 제86조

【전 문】

【원고】 원고 1 외 243인 (소송대리인 변호사 오세훈)
【피고, 피항소인, 부대피항소인 겸 항소인】 피고 주식회사 (소송대리인 변호사 오성환)
【원심판결】 서울지법 남부지원 1994. 2. 23. 선고 91가합23326 판결

【주 문】

1. 원심판결 중 원고 1 내지 81, 84 내지 89, 100 내지 141, 145 내지 186, 192 내지 210, 212, 217 내지 238에 대한 부분을 다음과 같이 변경한다.
    가. 피고는 원고 1 내지 54, 56 내지 60, 62 내지 68, 70 내지 74, 100, 102 내지 104, 106 내지 108, 110 내지 112, 114 내지 116, 118 내지 120, 122 내지 125, 127, 128, 131, 132, 145 내지 178에게 별지 제2목록 제⑤렬 기재 각 금원 및 이에 대한 1991. 11. 28.부터 1996. 3. 29.까지는 연 5푼의, 그 다음날부터 완제일까지는 연 2할 5푼의 각 비율에 의한 금원을 지급하라.
    나. 원고 55, 61, 69, 75 내지 81, 84 내지 89, 101, 105, 109, 113, 117, 121, 126, 129, 130, 133 내지 141, 179 내지 186, 192 내지 210, 212, 217 내지 238의 각 청구와 가항 기재 원고들의 나머지 청구를 모두 기각한다.
    다. 소송비용 중 가항 기재 원고들과 피고 사이에 생긴 부분은 제1, 2심 모두 이를 2분하여 그 1은 피고의, 나머지는 위 원고들의 각 부담으로 하고, 나머지 원고들과 피고 사이에 생긴 부분은 제1, 2심 모두 나머지 원고들의 부담으로 한다.
    라. 가항은 가집행할 수 있다.
2. 원고 82, 83, 90 내지 99, 142 내지 144, 187 내지 191, 211, 213 내지 216, 239 내지 244의 항소를 각 기각한다.
3. 제2항 기재 원고들의 항소비용은 위 원고들의 부담으로 한다.

【청구취지】

피고는 원고들에게 별지 제2목록 제①렬 기재 각 금원 및 이에 대한 이 사건 소장 송달 다음날부터 완제일까지 연 2할 5푼의 비율에 의한 금원을 지급하라.
원고 1 내지 101, 111, 112, 114, 115, 116, 118, 120, 123 내지 144, 169 내지 177, 179, 180, 181, 183, 185 내지 191, 198, 199, 201, 203, 205, 207, 209, 211 내지 216, 236 내지 244의 항소취지 및 원고 110, 119, 122, 168, 178, 182의 부대항소취지
원심판결 중 다음에서 지급을 명하는 위 원고들 패소 부분을 취소한다. 피고는 위 원고들에게 별지 제2목록 제②렬 기재 금원 및 각 이에 대한 이 사건 소장 다음날부터 당심판결선고일(1996. 3. 29.)까지는 연 5푼의, 그 다음날부터 완제일까지는 연 2할 5푼의 각 비율에 의한 금원을 지급하라.

【항소취지】

원심판결 중 피고 패소 부분을 취소하고, 그 부분에 해당하는 원고들의 청구를 각 기각한다.

【이 유】

1. 손해배상책임의 발생
    가. 피고의 이 사건 아파트의 건축 경위
        갑 제6호증의 1 내지 269, 갑 제7, 8, 9호증, 갑 제10호증의 1 내지 5, 갑 제11호증의 1 내지

12, 갑 제12호증의 1 내지 5, 갑 제13호증, 을 제5호증의 각 기재, 원심 증인 소외 1의 증언, 원심의 인천광역시장에 대한 사실조회회신 결과, 원심 및 당심의 각 현장검증 결과에 변론의 전취지를 모아보면, 다음과 같은 사실을 인정할 수 있고 달리 반증이 없다.

(1) 피고 회사는 1989. 7. 10. 인천광역시장으로부터 일반주거지역인 인천 북구 (이하 생략) 외 (숫자 생략)필지 (면적 생략)㎡ 위에 (숫자 생략)세대의 15층짜리 아파트 (숫자 생략)동을 4개 단지로 나누어 신축하는 주택건설사업승인을 받고 공사를 진행하였는데, 각 단지는 남북간 폭 20m의 도로와 동서간 폭 10m의 도로로 각 구획되어 있다.

(2) 원고 1 내지 99는 피고 회사로부터 1단지에 위치한 106동을, 원고 100 내지 244는 1단지에 위치한 107동을 별지 제1목록 기재와 같이 원고들 성명 오른쪽 괄호안에 기재된 호수를 추첨의 방법에 의하여 각 분양받았다.

106동은 각기 46평형으로서 모두 (숫자 생략)세대이고, 107동의 각 층 1, 5, 6, 9, 10, 13호는 각 29평형으로서 모두 (숫자 생략)세대이고, 같은 동 각 층 2, 3, 7, 8, 11, 12호는 각 23평형으로서 모두 (숫자 생략)세대이고 특히 23평형은 남측방향으로 일부 돌출구조를 하고 있다.

106동, 107동은 1990. 12. 22.경 준공되었고, 원고들은 그 때부터 분양받은 위 각 세대에 입주하였고, 피고가 1991. 2. 13. 소유권보존등기를 한 후에 각기 분양받은 호수에 관하여 원고들 명의로 소유권이전등기를 경료하여 현재 원고들이 그 소유자들이다.

(3) 106동, 107동은 정남쪽에서 3°서쪽으로 기운 채 1단지 내에 대지경계선에서 북쪽으로 9m 정도 거리를 두고 위치하고 있는데, 전면 남쪽에는 다시 폭 10m의 도로와 폭 8m의 화단을 사이에 둔 2단지에 위치한 201동, 202동이 106동, 107동과 나란히 건축되어 있으며, 다만 107동의 정남향에 위치한 201동의 건물 길이가 107동보다 짧아 107동 동쪽 끝에 위치한 각 층의 11, 12, 13호는 정남향에 아무런 건물이 없는 상태이다.

201동, 202동은 1991. 7. 9. 준공되었고, 1991. 8. 20. 피고 명의로 소유권보존등기가 경료된 다음 각기 분양받은 사람들 앞으로 소유권이전등기가 경료되었다.

(4) 피고 회사가 위와 같이 주택건설사업승인을 받을 당시 시행되던 구 건축법(1991. 5. 31. 법률 제4381호로 개정되기 전의 것) 제41조 제4항, 같은법시행령(1989. 11. 20. 대통령령 제12845호로 개정되기 전의 것) 제90조 제3호 (가)목에 의하면, 일조권 등의 확보를 위하여 아파트와 같은 공동주택의 경우 그 건축물의 높이는 그 부분으로부터 채광을 위하여 필요한 개구부가 향하는 방향으로의 인접대지 경계선까지의 수평거리의 2배를 넘지 못하도록 규정되어 있다.

따라서 201동, 202동으로부터 정북방향에 있는 인접대지(106동, 107동이 위치한 1단지의 대지임) 경계선까지의 거리가 18m이므로 201동, 202동의 건물 높이는 36m를 초과할 수 없음에도 불구하고 피고 회사는 이보다 5.3m(아파트 2개층의 높이에 해당함)나 초과한 41.3m의 높이로 (높이제한을 어긴 위법이 없다면 그에 맞는 이격거리를 확보하지 아니하고) 건축함으로써 건축법에 위반되는 건축을 하였다(이 사건에서 건축법상 높이제한 위반이냐, 아니면 이격거리 위반이냐 하는 문제는 피고 회사의 한 가지 건축법 위반사실을 두고 이격거리를 기준으로 하느냐, 아니면 높이제한을 기준으로 하느냐에 따라 생기는 관점의 차이에 불과하다).

(5) 원고들이 106동, 107동에 입주할 당시 201동, 202동은 골조공사가 완성되고 내장공사가 진행 중이었는데, 원고들은 그 당시부터 201동, 202동이 건축법에 위반된 건축물임을 알고

관계 당국과 피고 회사에게 106동, 107동이 201동과 202동으로 말미암아 일조 및 조망 등의 피해를 입고 있음을 알리고 위법하게 건축된 201동, 202동의 각 14, 15층 부분을 철거하여 줄 것을 요구하였으나 피고 회사는 이미 골조공사가 완공되었고 14, 15층 부분이 분양되었음을 이유로 이를 거절하였을 뿐만 아니라 원고들이 이 사건 소송을 제기할 때까지도 손해배상 등 피해회복을 위한 아무런 조치를 취하지 아니하였다.

나. 일조권 등 침해의 정도

원심 증인 소외 1의 증언과 원심 감정인 소외 2의 감정결과, 당원의 한국감정원장에 대한 감정촉탁결과에 변론의 전취지를 모아보면 다음과 같은 사실을 인정할 수 있고 달리 반증이 없다.

(1) 일조저해율

(가) 인간은 예로부터 햇빛을 자연의 혜택으로 향수하여 왔으며, 정신적인 면에서나 실제 생활면에 있어서 햇빛(일조)의 중요성은 아무리 강조하여도 지나치지 않을 것이다.

그런데 피고 회사가 이 사건 아파트에 관하여 주택건설사업승인을 받을 당시에는 공동주택에서 최소한 확보하여야 할 일조시간에 대하여 아무런 규정을 두지 아니하였다.

그러다가 그 후 1989. 11. 20. 대통령령 제12845호로 개정된 건축법시행령 제90조 제1호 (나)목 (7)에 의하면, 아파트와 같은 공동주택에 대하여 동일 대지 안에서 2동 이상의 건축물이 서로 마주보고 있는 경우 동지일을 기준으로 당해 대지 내의 모든 세대가 9시에서 15시 사이에 2시간 이상 연속하여 일조를 확보할 수 있다고 인정되는 높이 이하인 경우에는 높이제한의 규정을 적용받지 아니한다고 규정하고 있었고, 1993. 8. 6. 대통령령 제13953호로 개정된 현행 건축법시행령 제86조 제2호 (나)목에 의하면, 공동주택에 관하여 당해 대지 안의 모든 세대가 동지일을 기준으로 9시에서 15시 사이에 건축조례가 정하는 시간 이상을 연속하여 일조를 확보할 수 있는 높이 이하의 경우에는 높이제한을 받지 아니한다고 규정하여, 연속하여 일조를 확보하여야 하는 시간을 건축조례에 위임하고 있다.

그러나 아직까지 서울특별시나 인천광역시 등에서는 일조시간 등에 대하여 건축조례에 아무런 규정을 두고 있지 않다.

(그런데, 인구의 과밀화와 건물의 고층화가 우리 나라보다 더욱 심한 일본에서는 건축기준법 제56조, 제56조의2에서 일조시간에 대하여 상당히 세분하여 규정하고 있고, 공동주택에 대한 설계 실무상의 기준으로는 최소 일조시간을 동지일 8시 30분에서 15시 30분 사이에 4시간 이상 확보하도록 하되, 단 개구부와의 교각이 15°이하인 일사는 무효로 하고 있다.)

(나) 연중 태양의 고도가 가장 낮고, 실내 깊숙이 햇빛이 투사되는 동지일 의 경우(동지일에 통상 경인지역의 일출시간은 07:45 내외이고, 일몰시간은 17:20 내외이다) 오전 8시부터 오후 4시까지 사이의 8시간 동안 원고들이 입주하고 있는 위 각 세대에 햇빛이 들지 아니하고 그림자가 지는 시간은 별지 제3목록 기재와 같다.

위와 같이 그림자가 지는 시간 중 피고 회사가 건축법에 위배되게 건축한 201동과 202동의 각 14, 15층으로 인하여, 106동의 경우에는 1층부터 7층까지는 거의 영향이 없고, 8층 내지 12층이 가장 많이 영향을 받고, 13층 내지 15층은 약간의 영향을 받거나 거의 영향을 받지 아니하며, 107동의 경우에는 1층부터 7층까지는 거의 영향이 없고, 8층의 1, 5, 6호, 9, 10, 11층의 각 1호 내지 9호가 가장 많이 영향을 받고, 12, 13층의 각 1호 내지 9호는 약간의 영향을 받거나 거의 영향이 없다.

춘분과 추분의 경우 하루 일조시간 12시간 중 햇빛이 들지 아니하고 그림자가 지는 시간은 106동의 경우 101호 내지 109호는 약 5 내지 6시간, 201호 내지 209호는 약 3시간 30분 내지 7시간, 301호 내지 309호는 약 1시간 20분 내지 4시간 30분, 401호 내지 409호는 약 50분 내지 2시간 40분, 501호 내지 509호, 601호 내지 609호는 약 20분 내지 2시간 10분, 그 나머지 세대는 40분 이내이고, 107동의 경우는 101호 내지 113호는 약 4시간 20분 내지 10시간(111호 내지 113호는 5시간 이내이다), 201호 내지 213호는 약 4 내지 8시간(211호 내지 213호는 5시간 이내이다), 301호 내지 313호는 약 4 내지 6시간 40분, 401호 내지 413호는 3시간 45분 내지 6시간, 501호 내지 513호는 약 3시간 40분 내지 5시간, 601호 내지 613호는 약 2시간 10분 내지 5시간 15분, 710호 내지 713호는 약 1시간 30분 내지 5시간, 801호 내지 813호는 1 내지 5시간, 901호 내지 913호는 약 45분 내지 3시간 30분, 1001호 내지 1013호는 약 30분 내지 4시간 30분, 11 내지 15층은 약 15분 내지 5시간이다.

(2) 조망 및 압박감 저해율

조망은 마주하는 건물을 피해 경관을 바라볼 수 있는 상태를 말한다.

인간의 시야는 60°의 원추체로서 일상생활에서 작용하는 시야의 범위는 시선의 좌우측 및 상하로 30°인 60°가 한계인데, 시야의 중심을 기준으로 좌우 및 위쪽으로 27°의 범위 내에서 마주보는 건물 밖의 외부공간의 조망이 확보되어야 폐쇄감 혹은 압박감이 현저히 감소한다고 하며, 마주보는 건물에서 조망, 압박감과 관련하여 수직시야의 범위는 외부공간을 고려할 때 특히 위쪽(앙각)이 고려대상이 된다.

이러한 점을 고려하여 107동 동쪽 끝에 위치하면서 정남향에 아무런 건물이 없는 107동 13호를 0으로 기준하고 0~2를 보통, 3~5를 불량으로 분류하여 이를 수치화하면 별지 제4목록 기재와 같다.

(3) 프라이버시 침해율

아파트와 같은 공동주택의 경우 보호받아야 할 프라이버시는 건너다 보이는 것으로부터 일어나는 프라이버시가 문제된다.

사람은 얼굴의 표정을 분별할 수 있는 최대 거리가 12m 정도이고, 얼굴을 인식할 수 있는 최대거리가 24m, 동작을 분별할 수 있는 최대거리가 135m 정도 된다고 한다.

201동, 202동과 106동, 107동과의 인동거리가 높이제한이나 인접대지 경계선까지의 이격거리를 확보하지 못함으로 인하여 107동의 29평형과 106동은 약 27.7m 정도, 107동의 23평형은 202동쪽으로 일부 돌출하여 약 25m 정도 이격되어 있어 원고들의 각 세대는 직선 및 사선거리로 약 30m 이내에 들어오는 상, 하, 좌, 우 범위 내에서 201동, 202동으로부터 거의 얼굴을 인식할 수 있는 정도로 프라이버시의 침해가 있다고 볼 수 있다.

이 사건 아파트의 경우 프라이버시가 보호된다고 볼 수 있는 경우를 0으로 기준하고, 약간 침해받는 경우를 1, 침해받는 경우를 3으로 하되, 특히 107동의 23평형은 돌출구조이므로 0.5 정도의 수치를 가산하여 그 침해 정도를 수치화하면 별지 제5목록 기재와 같다.

다. 수인한도와 불법행위의 성립여부

(1) 수인한도의 개별적 고찰

주택에 있어서 일조나 조망 등의 확보는 쾌적하고 건강한 주거생활을 영위하기 위한 필요불가결의 요소라 할 것이다.

그러나 대도시 인구의 과밀화 및 토지의 효율적 이용을 위한 건물의 고층화 경향 등을 고려할 때 이 사건 아파트와 같은 공동주택의 경우에는 사회공동생활상 일조권 등의 침해를 어느 정도 참아주는 것이 불가피한 것이라고 생각되는 한도(이하 수인한도라 한다)가 있다 할 것이므로 일조권 등의 침해가 사회통념상 일반적으로 인정되는 수인한도를 초과하는 경우에 한하여 불법행위의 책임을 면할 수 없게 된다고 봄이 상당하다 할 것이다.

위에서 본 일조권 등 침해의 수인한도에 관하여 개별적, 독립적으로 보기로 한다.

(가) 일조저해율의 경우

건축법 등 관계 법령은 건축물의 대지, 구조 및 설비의 기준과 건축물의 용도 등을 행정적으로 규제하면서 높이제한까지 두고 있는데 이는 일조나 조망 등도 확보하기 위한 규정이라 할 것이며 건축법 등 관계 법령상의 이러한 규정은 일응 일조권 등을 보장하기 위한 최소한도의 기준이라 할 것이다.

이 사건 아파트에 대한 주택건설사업승인 당시 일조확보시간에 대하여 아무런 규정이 없었지만 그 후에 보완된 건축관계법령에 규정된 일조권 등의 확보를 위한 높이제한 규정, 이웃나라 일본의 규정과 실무와의 대비 등을 고려하여 볼 때 경인지역에 있어서의 아파트와 같은 공동주택의 경우에는 동지일을 기준으로 9시부터 15시까지 사이의 6시간 중 일조시간이 연속하여 2시간 이상 확보되는 경우 또는 동지일을 기준으로 8시에서 16시까지 사이의 8시간 중 일조시간이 통틀어서 최소한 4시간 정도 확보되는 경우에는 이를 수인하여야 하고, 위 두 가지 중 어느 것에도 속하지 아니하는 일조저해의 경우에는 수인한도를 넘는다고 봄이 상당하다 할 것이다.

이에 의하면, 106동의 경우에는 1층부터 8층까지의 전세대와 9층 902호, 903호, 905호, 906호, 907호, 10층 1002호, 1003호, 1005호, 1006호, 1007호, 1008호, 1009호, 11층 1103호, 1105호, 1106호, 1107호, 1108호(원고 1 내지 54, 56 내지 60, 62 내지 68, 70 내지 74의 소유 세대임)가 수인한도를 넘어서 일조침해를 받고 있는 세대이고, 나머지 세대들(원고 55, 61, 69, 75 내지 99의 소유 세대임)이 받는 일조침해는 수인한도 범위 내이며, 107동의 경우에는 1층부터 9층까지의 각 1호 내지 8호와 1002호, 1005호, 1006호, 1007호, 1102호, 1103호(원고 100, 102, 103, 104, 106, 107, 108, 110, 111, 112, 114, 115, 116, 118, 119, 120, 122 내지 125, 127, 128, 131, 132, 145 내지 178의 소유 세대임)가 수인한도를 넘어시 일조침해를 받고 있는 세대이고, 나머지 세대들(원고 101, 105, 109, 113, 117, 121, 126, 129, 130, 133 내지 144, 179 내지 244의 소유 세대임)이 받고 있는 일조침해는 수인한도 범위 내이다.

(나) 조망 및 압박감저해율의 경우

조망 및 압박감저해율의 경우 침해수치 4를 초과하는 세대의 경우 수인한도를 넘는 것으로 본다.

이에 의하면 106동의 경우에는 1층 내지 10층의 각 2, 3, 5, 6, 7, 8호 및 11층의 3, 5, 6, 7, 8호(원고 2 내지 5, 8 내지 13, 16, 17, 18, 21 내지 25, 28 내지 33, 35 내지 39, 42 내지 46, 48 내지 53, 56 내지 60, 62 내지 67, 70 내지74의 소유 세대임)가 수인한도를 넘어서는 조망 및 압박감의 저해를 받고 있다 할 것이고, 나머지 세대(원고 1, 6, 7, 14, 15, 19, 20, 26, 27, 34, 40, 41, 47, 54, 55, 61, 68, 69, 75 내지 99의 소유 세대임)는 조망 및 압박감의 저해가 없거나 수인한도 범위 내라 할 것이고, 107동의 경우에는 1층 내지 11층의 각 2, 3, 5, 6, 7, 8호 및 12층의 2, 3, 7, 8호(원고 100, 103, 104, 107, 108, 111, 112, 115, 116, 119, 120, 123, 124, 125, 128,

131, 132, 145 내지 184의 소유 세대임)가 조망 및 압박감의 저해가 수인한도를 넘어서고, 나머지 세대(원고 101, 102, 105, 106, 109, 110, 113, 114, 117, 118, 121, 122, 126, 127, 129, 130, 133 내지 144, 185 내지 244의 소유 세대임)는 조망 및 압박감의 저해가 없거나 수인한도 범위 내라 할 것이다.

(다) 프라이버시 침해의 경우

프라이버시 침해의 경우 침해수치 2를 넘는 세대를 수인한도를 초과하는 것으로 본다.

이에 의하면, 106동의 경우에는 수인한도를 넘어서 프라이버시가 침해되는 세대가 없고, 107동의 경우에는 1층 내지 10층의 각 2, 3, 7, 8호와 11층의 2, 3, 8호(원고 145 내지 178, 180의 소유 세대임)가 수인한도를 넘어선 프라이버시 침해를 받고 있고, 나머지 세대(원고 100 내지 144, 179, 181 내지 244)는 프라이버시 침해가 없거나 수인한도 범위 내이다.

(2) 수인한도의 종합적 고찰과 불법행위의 성립여부

(가) 주거환경을 좌우하는 영향요소로서 제1순위가 일조이고, 제2순위가 조망이고, 제3순위가 프라이버시이다. 이 사건에서도 최우선적으로 고려되는 것이 일조저해율이다.

일조저해율이 수인한도 범위 내인 이상, 조망 및 압박감의 저해나 프라이버시의 침해가 개별적으로 수인한도를 넘든, 넘지 않든 전체적으로 고찰하면 수인한도의 범위내라 할 것이다.

따라서 107동 12층의 2, 3, 7, 8호, 11층의 6, 7, 8호의 경우는 조망감의 침해수치가 4이나 이들은 고층으로서 올려다 보는 경우 조망과 압박감저해에서 벗어날 수 있다고 보여지고, 또 107동 11층의 7, 8호의 경우에 프라이버시의 침해수치가 2이나 이는 일부 돌출구조를 한 23평형으로서 이를 이유로 0.5 수치를 더한 것에 불과하므로 돌출구조가 아닌 부분도 참작하고, 또한 107동의 10층 2, 3, 7, 8호, 11층 6, 7, 8호 모두 가장 중요한 요소인 일조저해율이 수인한도 범위 내이므로 이러한 요인을 종합하여 전체적으로 고찰하면 모두 수인한도의 범위 내로 평가한다.

반면 일조저해율이 수인한도의 범위를 초과하는 이상, 조망 및 압박감의 저해나 프라이버시의 침해가 개별적으로 수인한도를 넘든, 넘지 않든 전체적으로 고찰하여 수인한도의 범위를 초과하는 것으로 본다

(나) 앞서 본 바와 같이 국내의 유수한 건설업체인 피고 회사가 건축법상 허용된 건축물의 높이제한규정까지를 위반하면서(높이제한규정의 위반이 없다면 이격거리규정을 위반하면서) 201동, 202동을 건축함으로써 이로 인하여 106동, 107동의 위 각 세대 중 앞서 본 바와 같은 세대에 수인한도를 넘는 일조권의 침해{원고 1 내지 54, 56 내지 60, 62 내지 68, 70 내지 74, 100, 102, 103, 104, 106, 107, 108, 110, 111, 112, 114, 115, 116, 118, 119, 120, 122 내지 125, 127, 128, 131, 132, 145 내지 178(이하 피해 원고들이라 한다, 도합 129세대에 이른다)의 소유 세대의 경우} 뿐만 아니라, 조망 및 압박감의 저해(원고 2 내지 5, 8 내지 13, 16, 17, 18, 21 내지 25, 28 내지 33, 35 내지 39, 42 내지 46, 48 내지 53, 56 내지 60, 62 내지 67, 70 내지 74, 100, 103, 104, 107, 108, 111, 112, 115, 116, 119, 120, 123, 124, 125, 128, 131, 132, 145 내지 178의 소유 세대의 경우)와 프라이버시의 침해(원고 145 내지 178의 소유 세대의 경우)를 초래하고, 또 피해 원고들 중 수인한도를 넘는 조망 및 압박감과 프라이버시의 침해를 받은 원고들을 제외한 나머지 피해 원고들에게 앞서 본 바와 같은 조망 및 압박감의 침

해와 프라이버시의 침해를 초래하였으니, 이는 그 소유자 겸 입주자들인 피해 원고들에게 쾌적하고 건강한 주거생활을 영위할 생활권(이러한 일조권 등은 인격권과 물권적청구권의 복합적 성격을 띠고 있다고 보여진다)을 침해한 것으로서 불법행위를 구성한다 할 것이다.

따라서 피고 회사는 위와 같은 불법행위로 인하여 피해 원고들이 입은 재산적, 정신적 손해를 배상할 책임이 있다 할 것이다.

(다) 한편, 피해 원고들을 제외한 나머지 원고들(원고 55, 61, 69, 75 내지 99, 101, 105, 109, 113, 117, 121, 126, 129, 130, 133 내지 144, 179 내지 244)의 경우는 일조권 등의 침해가 위에서 본 바와 같이 수인한도의 범위 내라 할 것이므로 피고 회사의 건축법에 위반된 건축물의 축조가 불법행위를 구성한다고 보기 어렵다 할 것이다.

따라서 나머지 원고들의 손해배상 청구는 더 나아가 살펴볼 필요 없이 받아들이지 아니한다.

라. 피고의 주장에 대한 판단

피고는 피고 회사가 건축한 201동, 202동의 건물 높이 중 건축법에 위배되어 건축된 부분은 5.3m에 불과하므로 피해 원고들의 일조권 등의 침해로 인한 손해를 산정함에 있어서도 그 범위를 위법건축된 부분으로 인한 침해만으로 한정하여야 한다고 주장한다.

살피건대 일조권 등의 침해로 인하여 불법행위가 성립되려면 그 침해가 사회통념상 수인한도의 범위를 넘어선다고 인정되어야 할 것인바, 가해 건축물이 건축법 등 관계 법령에 위반하여 건축되었는지의 여부는 수인한도를 판단함에 있어 하나의 중요한 판단요소가 될 뿐이고, 건축관계 법령에 위배되지 아니한 부분도 그로 인하여 피해 원고들 소유의 위 각 세대에 일조권 등의 침해를 주고 있는 이상 함께 고려하여 판단되어야 할 것이고, 또 앞서 본 바와 같이 피고 회사의 건축법위반사실에 대하여 이격거리를 기준으로 하면 높이제한을 위반하였고, 허가받은 높이를 기준으로 하면 이격거리를 위반하였으니 이로 인하여 결국 201동, 202동 건물 자체가 위법건물이 된다 할 것이므로 이 건물 전체를 두고 불법행위의 책임 유무를 판단하는 것이 타당하다고 할 것이다.

따라서 피고의 위 주장은 받아들일 수 없다.

2. 손해배상의 범위

가. 재산적 손해

원심 증인 소외 3의 증언에 변론의 전취지를 모아보면, 피해 원고들 소유의 각 세대의 분양가격이 1단지 내의 다른 동에 비하여 일조권 등의 침해를 감안하여 저렴한 가격으로 분양되지 아니하고 동일한 가격으로 분양되었고, 피해 원고들도 주택건설촉진법시행령에 따라 추첨에 의하여 분양받았을 뿐 일조권 등의 침해를 감안하여 가격결정권을 행사할 수 있었던 형편이 아닌 사실을 인정할 수 있고 달리 반증이 없으며(다만 2단지의 경우 1단지에 비하여 높은 가격으로 분양되었으나 이는 분양시기의 차이로 인한 것이다), 앞서 든 당원의 한국감정원장에 대한 감정촉탁결과에 의하면, 피해 원고들 소유인 106동, 107동의 위 각 세대는 앞서 인정한 바와 같은 일조권 침해, 압박감 내지 조망감과 프라이버시의 침해로 말미암아 그 정상가격에 비하여 세대별로 가격하락이 발생한 사실을 인정할 수 있으므로 특단의 사정이 없는 한 이 가격 하락분을 재산적 손해로 보면 될 것이나, 한편 위 감정촉탁결과에 의하면 일조권 등이 침해된 상태에서의 시장형성가격이 앞서 본 정상가격에서 가격하락분을 공제한 금원을 상회하는 경우(106동 2, 5, 8층의 각 2, 3, 5, 6, 7, 8호, 6, 10층의 각 3, 5, 6, 7, 8호, 7층 2, 3, 5, 6, 7호, 9층 3, 5, 6, 7호, 107동 1층 6, 7, 8호, 2층 1, 2, 5, 6호, 3층 1, 2, 3, 5, 6호, 4층 1, 3, 5, 6호, 5, 6, 7

층의 각 5, 6호 8, 9층의 각 6호)에는 현실적으로 정상가격에서 시장형성가격을 공제한 금원이 일조권 등의 침해로 인한 재산적 손해가 된다 할 것이므로 이에 따라 가격하락분(도합 68세대에 이른다) 또는 정상가격에서 시장형성가격을 공제한 금원(도합 61세대에 이른다)을 피해 원고들이 현실적으로 입은 손해로 보고, 이를 계산하면 별지 제2목록 제③렬 기재 금액과 같다(당원은 일조권침해의 수인한도에 대하여 건축법시행령등을 고려하여 동지일 9시에서 15시 사이의 연속 일조시간과 8시에서 16시 사이의 통산 일조시간을 기준으로 하였지만, 앞서 본 감정촉탁결과는 동지일 일출에서 일몰까지 사이의 일조시간을 기준으로 삼아 가격하락을 산정하였는바, 이는 기준이 보다 넓고 상세하므로 당원의 수인한도 기준과 불일치하는 것이 아니라 보다 정확한 가격하락의 감정이라고 생각된다).

그 밖에 피해 원고들 소송대리인은, 앞서 본 감정촉탁결과에 따라 일조권 등의 침해로 인한 앞서 본 직접적인 가격하락분 외에 간접효과로 인한 가격하락분 상당의 손해도 발생하였고, 그 손해는 106동 11층 3, 5, 6, 7, 8호에 각 200만 원, 50만 원, 50만 원, 10만 원, 50만 원, 9, 10층의 각 1, 2호에 각 350만 원, 50만 원, 7층 1호에 200만 원, 6층 1, 9호에 각 220만 원, 30만 원, 5층 1호에 230만 원, 4층 1, 9호에 각 250만 원, 60만 원, 3층 1, 9호에 각 250만 원, 100만 원, 2층 1, 9호에 각 200만 원, 100만 원, 1층 1, 9호에 각 200만 원, 50만 원, 107동 5, 6, 8, 9, 10층 각 9호, 10층 10호에 각 100만 원, 5, 6, 7, 8, 9층의 각 10호, 2, 3, 4층의 각 9호에 각 50만 원, 10층 1호, 4층 10호, 1층 9호에 각 30만 원 상당된다고 주장하면서 그 배상을 구하고 있다.

살피건대, 앞서 본 감정촉탁결과에 의하면, 일조권 등의 침해로 인한 간접효과로 인한 가격하락이란 실제 거래에 있어서 일조권 등의 요인에 대한 정보가 부족한 수요자에게 동 전체의 불리한 가격조건이 일조권 등의 영향이 적은 세대에 대하여도 그 침해가 큰 세대와 마찬가지로 불리한 인식을 갖기 때문에 생긴다는 것인바, 이와 같은 간접효과로 인한 가격하락손해는 일조권 등의 침해와 직접적인 인과관계가 있는 손해라고 보기 어려우므로 위 주장은 받아들이지 아니한다.

나. 위자료

피고 회사의 위와 같은 불법행위로 인하여 피해 원고들 소유의 각 아파트 세대에 위에서 인정한 바와 같은 일조권 등의 침해가 발생하여 각 세대에 거주하고 있는 피해 원고들이나 그 가족이 생활상의 불편은 물론 심한 정신적 고통을 받고 있는 점은 쉽사리 인정되는 바이므로 피고 회사는 피해 원고들에게 이를 금전으로 배상할 의무가 있다 할 것인바, 앞서 본 피고 회사의 위법건축의 정도, 피해 원고들의 아파트 평수, 일조권 등의 침해의 정도와 현황, 피고 회사의 시정노력 여부와 손익 등 이 사건 변론에 나타난 모든 사정을 참작하면 피고 회사가 피해 원고들에게 배상하여야 할 위자료는 별지 제2목록 제④렬 기재 각 금원으로 정함이 상당하다 할 것이다.

3. 결 론

그렇다면, 피고는 피해 원고들에게 별지 제2목록 제⑤렬 기재 각 금원(같은 목록 제③렬의 재산적 손해와 제④렬의 위자료를 합산한 금액임) 및 이에 대하여 일조권 등을 침해하기 시작한 201동, 202동의 준공검사일인 1991. 7. 9. 이후로서 피해 원고들이 구하는 바에 따라 이 사건 소장 송달 다음날임이 기록상 명백한 1991. 11. 28.부터 피고가 그 이행의무의 존부와 범위에 관하여 항쟁함이 상당하다고 인정되는 당심 판결선고일(1996. 3. 29.)까지는 민법 소정의 연 5푼의, 그 다음날부터 완제일까지는 소송촉진등에관한특례법 소정의 연 2할 5푼의 각 비율에 의한 지연손해금을 지급할 의무가 있다 할 것이므로 피해 원고들의 이 사건 청구는 위 인정범위 내에서 이유 있어 인용하고, 피해 원고들의 각 나머지 청구와 피해 원고들을 제외한 나머지 원고들의 각 청구는 이유 없

모두 기각할 것인바, 원심판결 중 원고 82, 83, 90 내지 99, 142 내지 144, 187 내지 191, 211, 213 내지 216, 239 내지 244에 대한 부분은 이와 결론을 같이하여 정당하고, 나머지 원고들에 대한 부분은 이와 일부 결론을 달리 하여 부당하므로 주문 제1항과 같이 변경하고, 원고 82, 83, 90 내지 99, 142 내지 144, 187 내지 191, 211, 213 내지 216, 239 내지 244의 각 항소는 모두 기각하고, 소송비용의 부담에 관하여는 민사소송법 제96조, 제95조, 제89조, 제92조, 제93조를, 가집행의 선고에 관하여는 민사소송법 제199조를 각 적용하여 주문과 같이 판결한다.

[별지 생략]

판사 김동건(재판장) 윤재윤 임경윤

다. 기준제시 판례

(1) 신축건물에 의한 일조방해가 수인한도

☞ 대법원 2004. 10. 28. 선고 2002다63565 판결 123p 참조
☞ 대법원 2002. 12. 10. 선고 2000다72213 판결 125p 참조

라. 일조량 감소 요건

요건 및 이 판단기준에서 제시되는 제반 상황을 종합하여 판단

[판례 5] 손해배상(기) (서울중앙지법 2008. 7. 8. 선고 2007가합79119 판결)

【판시사항】
[1] 일조이익의 법적 성격
[2] 일조이익의 침해를 이유로 한 손해배상청구가 인정되기 위한 요건

【판결요지】
[1] 일조이익은 어떤 사람이 특정 토지나 건물을 소유함으로써 곧바로 취득하는 권리가 아니라, 피해자들이 피해건물에서 거주하기 시작한 이래 특정 정도의 일조량을 누리면서 상당한 시간이 경과하여 그로 인한 피해자들의 생활이익이 피해자들 자신뿐 아니라 주변의 다른 토지의 소유자들을 비롯한 제3자들에 의하여 법적으로 보호될 만한 가치가 있는 것으로 인정될 수준에 이르러야 비로소 인정되는 상대적인 이익이다.
[2] 가해건물의 신축으로 피해건물의 일조량이 감소하였다는 사실만으로 곧바로 일조이익의 침해를 이유로 한 손해배상청구가 인정된다고 단정할 수 없고, 일조량의 감소를 기본 전제로 여러 요건들을 고려하여 그것이 사회적으로 용인할 수 있는 수인한도를 초과하였다고 평가할 수 있어야 하는데,

그러한 한도의 초과 여부는 다음의 여러 가지 사정을 종합하여 판단하여야 한다. 즉, 피해자에 관하여는 ① 원칙적으로 피해건물이 주거지역에 위치해 있어야 하며, 주거용으로 건축되고 실제로도 주거용으로 사용되고 있어야 하고, ② 가해건물의 골조가 완성되기 전에 피해건물의 거주자가 상당한 기간 일조이익 등과 관련된 침해 없이 거주함으로써 그들에게 보호받을 만한 충분한 생활이익이 형성되었다고 인정할 수 있어야 한다. 가해자에 관하여는 ③ 피해건물 및 가해건물의 인접지역의 상황에 비추어 가해건물에 건물의 형상과 이용방식 등 여러 면에서 상당한 정도의 이례성이 있어야 하고, ④ 가해건물이 피해건물로부터 피해건물의 거주자들에게 직접적인 압박감을 느끼게 할 정도의 상당한 거리 이내에 위치하고 있어야 한다. 일조량에 관하여는 ⑤ 일조량 감소로 인한 피해의 정도가 상당한 정도의 것이어야 한다는 각 요건이 충족되어야 한다. 마지막으로 이상의 각 요건에 더하여 ⑥ 피해이익의 성질 및 그에 대한 사회적 평가, 토지이용의 선후관계, 가해 방지 및 피해 회피의 가능성, 공법적 규제의 위반 여부, 교섭 경과, 가해건물이 주거지역에 위치하고 있는지 여부 등 모든 사정을 종합적으로 고려하여 일조이익의 침해를 이유로 한 손해배상청구의 인정 여부를 판단하여야 한다.

【참조조문】
[1] 민법 제2조 제1항, 제750조 [2] 민법 제2조 제1항, 제750조

【전 문】
【원 고】 원고 1외 57인 (소송대리인 법무법인 굿모닝코리아 담당변호사 임호현)
【피 고】 대치도곡제2아파트재건축조합외 1인 (소송대리인 법무법인 산하외 1인)
【변론종결】 2008. 6. 17.
【주 문】
1. 원고들의 청구를 모두 기각한다.
2. 소송비용은 원고들이 부담한다.
【청구취지】
피고들은 연대하여 원고들에게 각 별지 원고별 청구금액 '합계'란 기재 각 해당 금원 및 위 각 금원에 대하여 이 사건 소장 부본 송달 다음날부터 다 갚는 날까지 연 20%의 비율에 의한 금원을 지급하라.
【이 유】
1. 기초 사실
　아래의 각 사실은 당사자 사이에 다툼이 없거나, 갑 제1, 2호증, 을가 제1 내지 5호증, 을나 제2, 4, 5호증의 각 기재, 이 법원의 현장검증 결과 및 감정인 소외 1의 감정 결과에 변론 전체의 취지를 종합하여 인정할 수 있다.
　가. 당사자의 지위
　　(1) 원고들은 서울 강남구 대치동 1025 외 2필지(이하 '이 사건 원고 대지'라 한다) 지상에 있던 진달래아파트(이하 '진달래아파트'라 한다)를 철거하고, 이 사건 원고 대지 위에 지하 2층, 지상 18층 2개동 144세대 규모의 롯데캐슬베(이하 '이 사건 원고 아파트'라 한다)를 신축한 주택재건축조합(이하 '진달래재건축조합'이라 한다)의 조합원들로서, 이 사건 원고 아파트 중 각 별지 원고별 청구금액 '소유 호수'란 기재 각 해당 호수의 구분소유자들이다.
　　(2) 피고 대치도곡제2아파트재건축조합(이하 '피고 조합'이라 한다)은 이 사건 원고 아파트의 남쪽에 위치한 같은 동 888(이하 '이 사건 피고 대지'라 한다) 지상에 있던 지상 도곡2차주공

아파트 건물을 철거하고 그 대지 위에 지하 2층, 지상 25층 11개동 768세대 규모의 대치아이파크아파트(이하 '이 사건 피고 아파트'라 한다)를 신축한 주택재건축조합이고, 피고 현대산업개발 주식회사(이하 '피고 회사'라 한다)는 이 사건 피고 아파트를 신축한 시공사이다.

나. 이 사건 원·피고 아파트의 재건축 경과 및 규모

이 사건 원·피고 아파트의 재건축 경과 및 재건축 전후의 규모는 다음과 같다.

[재건축 경과]

항목	이 사건 원고 아파트	이 사건 피고 아파트
재건축추진위원회 결성일	1998. 12. 28.	1997. 6. 8.
재건축조합 설립인가일	2000. 9. 20.	2001. 6. 15.
사업계획 승인일	2003. 6. 20.	2003. 6. 26.
공사 착공일	2004. 3. 24.	2004. 3. 2.
골조공사 완성일	2005. 10. 27.	2006. 4. 17.
입주일	2006. 11. 30.	-

[재건축 전후의 규모]

항목	이 사건 원고 아파트		이 사건 피고 아파트	
	기존	재건축	기존	재건축
동수	2개동	2개동	12개동	11개동
층수	12층	18층	5층	25층
평수	31 내지 35평	45평	5평	23 내지 54평
세대수	144세대	144세대	610세대	768세대

다. 이 사건 원·피고 아파트의 현황

(1) 이 사건 원·피고 대지는 제3종 일반주거지역 내에 위치하고 있고, 주변에는 도곡렉슬아파트, 동부센트레빌아파트 등 고층아파트 단지가 주를 이루고 있다.

(2) 이 사건 원고 아파트와 마주보는 부분에는 이 사건 피고 아파트 101, 105, 108동이 각 위치하고 있는데, ① 101동은 Y자 모양의 건물로 ㉮ 저층부분의 채광창이 있는 벽면은 이 사건 원·피고 대지 경계선과 45°각도를 이루며 북서쪽을 향하고 있고, ㉯ 고층부분은 그 채광창이 있는 벽면이 이 사건 원·피고 대지의 경계선을 마주보며 평행을 이루고 있으며, 나머지 ㉰ 부분은 이 사건 원고 아파트의 반대편을 향하고 있어 이 사건 원고 아파트에서 보이지 아니하고, ② 105동은 ―자 모양의 건물로 채광창이 있는 벽면이 이 사건 원·피고 대지 경계선을 마주보며 평행을 이루고 있으며, ③ 108동은 ㄴ자 모양의 건물로 ㉮ 저층부분의 채광창이 있는 벽면은 이 사건 원·피고 대지 경계선과 마주보며 평행을 이루고 있고, ㉯ 고층부분은 채광창이 있는 벽면이 이 사건 원·피고 대지 경계선과 직각을 이루며 동쪽을 향하고 있다.

(3) 이 사건 원·피고 대지의 경계선으로부터 이 사건 피고 아파트까지의 직선거리 및 이 사건 피고 아파트의 채광창이 있는 벽면으로부터 직각으로 이 사건 원·피고 대지 경계선까지의 거리는 다음과 같다.

구분		직선거리	채광창 벽면으로부터의 직각거리
① 101동	㉮ 저층부분	23m	28.65m
	㉯ 고층부분	35.43m	35.43m
② 105동		36.78m	36.78m
③ 108동	㉮ 저층부분	33.96m	33.96m
	㉯ 고층부분	13.65m	-

(108동 고층부분은 그 채광창이 있는 벽면이 이 사건 원·피고 대지의 경계선을 바라보지 아니하므로 거리를 산정할 수 없다.)

(4) 이 사건 피고 대지의 지면으로부터 이 사건 피고 아파트의 옥상바닥, 난간상단 및 옥탑상단 까지의 최고높이는 다음과 같다.

구분		옥상바닥	난간상단	옥탑까지 최고높이
① 101동	㉮ 저층부분	51.93m	53.58m	59.43m
	㉯ 고층부분	66.05m	67.85m	73.54m
② 105동		70.42m	72.13m	77.93m
③ 108동	㉮ 저층부분	62.94m	64.57m	옥탑 없음
	㉯ 고층부분	68.64m	70.27m	76.21m

(5) 이 사건 피고 대지의 지면은 이 사건 원고 대지의 지면보다 6.69m 높고, 이 사건 원고 대지는 북쪽으로 왕복 8차선 폭 40m 도로와 접하고 있으며, 이 사건 원·피고 대지는 모두 서쪽으로 왕복 6차선 폭 25m 도로와 접하고 있다.

라. 일조시간 등 변화

이 사건 피고 아파트의 신축을 전후한 이 사건 원고 아파트의 일조시간, 조망침해율 및 사생활 침해 평점의 변화는 별지 '일조시간 분석표', '조망침해율 분석표' 및 '사생활침해 평점 분석표' 각 해당란 기재와 같다.

마. 관련 법규

구 건축법(2005. 5. 26. 법률 제7511호로 개정되기 전의 것)

제53조(일조 등의 확보를 위한 건축물의 높이제한) ① 전용주거지역 및 일반주거지역 안에서 건축하는 건축물의 높이는 일조 등의 확보를 위하여 정북방향의 인접대지 경계선으로부터의 거리에 따라 대통령령이 정하는 높이 이하로 하여야 한다.

② 공동주택(일반상업지역과 중심상업지역에 건축하는 것을 제외한다)의 높이는 제1항의 규정에 의한 기준에 적합하여야 하는 것 외에 대통령령이 정하는 높이 이하로 하여야 한다.

제73조(면적·높이 및 층수의 산정) 건축물의 대지면적·연면적·바닥면적·높이·처마·천정·바닥 및 층수의 산정방법은 대통령령으로 정한다.

구 건축법 시행령(2003. 6. 30. 대통령령 제18039호로 개정되기 전의 것)

제86조(일조 등의 확보를 위한 건축물의 높이제한) ① 전용주거지역 또는 일반주거지역 안에서 건축물을 건축하는 경우에는 법 제53조 제1항의 규정에 의하여 건축물의 각 부분을 정북방향으로의 인접대지 경계선으로부터 다음 각 호의 범위 안에서 건축조례가 정하는 거리 이상을 띄어 건축하여야 한다. 다만, 전용주거지역 또는 일반주거지역 안에서 건축물을 건축하는 경우로서 건축물의 미관향상을 위하여 너비 20m 이상의 도로(자동차전용도로를 포함한다)로서 건축조례가 정하는 도로에 접한 대지(도로와 대지의 사이에

도시계획시설인 완충녹지가 있는 경우에 그 대지를 포함한다) 상호간에 건축하는 건축물의 경우에는 그러하지 아니하다.
> 3. 높이 8m를 초과하는 부분 : 인접대지 경계선으로부터 당해 건축물의 각 부분의 높이의 2분의 1 이상

② 법 제53조 제2항의 규정에 의하여 공동주택의 경우에는 제1항의 규정에 적합하여야 하는 외에 다음 각 호의 규정에 적합하게 건축하여야 한다.
> 1. 건축물(다세대주택 및 기숙사를 제외한다)의 각 부분의 높이는 그 부분으로부터 채광을 위한 창문 등이 있는 벽면으로부터 직각방향으로 인접대지 경계선까지의 수평거리의 4배 이하의 범위 안에서 건축조례가 정하는 높이 이하로 할 것

제119조(면적·높이 등의 산정방법) ① 법 제73조의 규정에 의하여 건축물의 면적·높이 및 층수 등은 다음 각 호의 방법에 의하여 산정한다.
> 5. 건축물의 높이 : 지표면으로부터 당해 건축물의 상단까지의 높이[건축물의 1층 전체에 피로티(건축물의 사용을 위한 경비실·계단실·승강기실 기타 이와 유사한 것을 포함한다)가 설치되어 있는 경우에는 제82조 및 제86조 제2항의 규정을 적용함에 있어서 피로티의 층고를 제외한 높이]로 한다. 다만, 다음 각 목의 1에 해당하는 경우에는 각 목이 규정하는 바에 의한다.
>> 나. 법 제53조의 규정에 의한 건축물의 높이의 산정에 있어 건축물의 대지의 지표면과 인접대지의 지표면 간에 고저차가 있는 경우에 그 지표면의 평균수평면을 지표면으로 본다. 다만, 전용주거지역 및 일반주거지역을 제외한 지역에서 공동주택을 다른 용도와 복합하여 건축하는 경우에 공동주택의 가장 낮은 부분을 당해 건축물의 지표면으로 본다.
>> 다. 건축물의 옥상에 설치되는 승강기탑·계단탑·망루·장식탑·옥탑 등으로서 그 수평투영면적의 합계가 당해 건축물의 건축면적의 8분의 1(주택건설촉진법 제33조 제1항의 규정에 의한 사업계획승인 대상인 공동주택 중 세대별 전용면적이 85㎡ 이하인 경우에는 6분의 1) 이하인 경우로서 그 부분의 높이가 12m를 넘는 경우에는 그 넘는 부분에 한하여 당해 건축물의 높이에 산입한다.
>> 라. 지붕마루장식·굴뚝·방화벽의 옥상돌출부 기타 이와 유사한 옥상돌출물과 난간벽(그 벽면적의 2분의 1 이상이 공간으로 되어 있는 것에 한한다)은 당해 건축물의 높이에 산입하지 아니한다.

구 서울특별시 건축조례(2003. 4. 15. 조례 제4079호로 개정되기 전의 것)

제29조(일조 등의 확보를 위한 건축물의 높이제한) ① 영 제86조 제1항의 규정에 의하여 주거지역(준주거지역을 제외한다) 안에서 일조 등의 확보를 위하여 건축물의 각 부분을 정북방향의 인접대지경계선으로부터 띄어야 하는 거리는 다음 각 호와 같다. 다만, 건축물의 미관향상을 위하여 너비 20m 이상의 도로에 접한 대지 상호간(대지 사이에 도로가 있는 양쪽 대지를 포함한다)과 너비가 각각 20m 이상인 교차도로의 서로 다른 도로에 접한 2 이상의 대지가 서로 접하는 경우 그 대지 상호간에는 그러하지 아니하다.
> 3. 높이 8m를 초과하는 부분 : 인접대지경계선으로부터 당해 건축물의 각 부분의 높이의 2분의 1 이상

② 영 제86조 제2항 제1호의 규정에 의하여 공동주택의 경우에는 다음 각 호에서 정하는 높이 이하로 건축하여야 한다.
> 1. 건축물(다세대주택 및 기숙사를 제외한다)의 각 부분의 높이는 그 부분으로부터 채광을 위한 창문(창넓이가 세대당 0.5㎡ 이상의 창을 말한다. 이하 '채광창'이라 한다) 등이 있는 벽면으로부터 직각방향으로의 인접대지 경계선까지의 수평거리의 2배 이하로 한다. 다만, 다음 각 목의 1에 해당하는 경우에는 그러하지 아니하다.
>> 가. 건축물의 형태(꺾인 부분마다 1세대 이상이 있는 경우에 한한다. 이하 이조에서 같다)가 ㄱ자형·ㄷ자형·T자형·Y자형·+자형 기타 이와 유사한 형태로서 건축물 각 부분의 측벽인 경우
>> 나. 하나의 건축물에서 평면상 각각 독립된 세대의 측벽이 있는 경우로서 구청장이 구위원회의 심의를 거쳐 일조확보에 지장이 없다고 인정하는 측벽인 경우

2. 원고들의 주장

가. 원고들이 기존 진달래아파트에서 누리던 거주생활상의 이익은 진달래아파트의 재건축으로 인하여 소멸하지 아니한 채 이 사건 원고 아파트로 유지되고 있고, 이 사건 원·피고 아파트는 거의 비슷한 시간에 재건축된 데다가 이 사건 원고 아파트의 준공시기가 이 사건 피고 아파트의 준공시기보다 앞서므로, 이 사건 원고 아파트에는 이 사건 피고 아파트의 골조 완성 이전에 보호받을 생활상의 이익이 존재하였다.
나. 그러함에도 이 사건 피고들은 이 사건 피고 아파트를 건축함으로써 아래와 같은 사정으로 원고들의 이익을 해치고 있다.
  (1) 이 사건 원고 아파트의 동지일을 기준으로 한 일조방해시간이 2시간 내지 6시간에 이르고 있어 원고들이 수인한도를 넘는 일조 침해를 받고 있다.
  (2) 이 사건 원고 아파트에서 자연경관을 조망할 수 있는 조망이 침해당하고 압박감이 증가하는 등 원고들이 수인한도를 넘는 조망 및 압박감의 침해를 받고 있다.
  (3) 이 사건 피고 아파트에서 이 사건 원고 아파트의 내부가 들여다보여 원고들이 수인한도를 넘는 사생활 침해를 받고 있다.
  (4) 이 사건 원고 아파트 중 저층 부분은 발코니 부분에서만 겨우 하늘이 보이고 나머지 부분에서는 하늘이 보이지 아니하여 원고들이 수인한도를 넘는 천공권의 침해를 받고 있다.
  (5) 구 건축법 제53조 제1, 2항 및 구 건축법 시행령 제86조 제1항 제3호 및 제2항 제1호 및 서울시 건축조례 제29조에 의하면, 건축물의 각 부분 및 채광창이 있는 벽면은 인접대지 경계선으로부터 건축물의 높이의 1/2 이상의 거리를 두고 건축되어야 함에도 불구하고, 이 사건 피고 아파트는 이를 위반하여 건축되었다.
  (6) 이 사건 피고 아파트의 옥상에는 파라솔 등이 설치되어 있어 원고들의 일조를 더욱 침해하고, 원고들이 조망할 수 있는 경관을 해치고 있다.
다. 이로 인하여 원고들이 이 사건 원고 아파트의 시가하락액 및 광열비 상당의 재산상의 침해를 받고 있고, 또한 위 침해로 인하여 원고들이 정신적인 고통을 당하였으므로, 피고들은 연대하여 원고들에게 별지 '원고별 청구금액' '합계'란 기재 각 해당 금원 및 이에 대한 지연손해금을 지급할 의무가 있다.

3. 판 단
가. 건축법 위반 여부
  (1) 시행령 제86조 제1항에 대한 판단
    구 건축법 제53조 제1항, 제73조, 구 건축법 시행령 제86조 제1항 제3호, 제119조 제1항 제5호 (나) 내지 (라)목 및 서울특별시 건축조례 제29조 제1항에 제3호에 의하면 높이 8m를 초과하는 건축물은 일조 등의 확보를 위하여 정북방향의 인접대지 경계선으로부터 당해 건축물의 각 부분의 높이의 2분의 1 이상을 띄어 건축하여야 하고, 건축물의 각 부분의 높이를 산정함에 있어서는 인접대지와의 고저차를 반영하여 그 평균지표면을 지표면으로 보아야 하며, 면적의 1/2 이상이 공간으로 되어 있는 옥상난간과 높이 12m 이하의 옥탑은 건축물의 높이 산정에서 제외하여야 한다.
    위 기준을 적용할 경우 이 사건 피고 아파트는 이 사건 원·피고 대지 경계선으로부터 ① 101동 ㉮ 저층부분 27.6375m[{옥탑과 옥상난간을 제외한 옥상바닥까지의 높이 51.93 + 3.345(= 대지고저차 6.69m ÷ 2)} ÷ 2], ㉯ 고층부분 34.6975m{(66.05 + 3.345) ÷ 2}, ② 105동 36.8825m{(70.42 + 3.345) ÷ 2}, ③ 108동 ㉮ 저층부분 33.1425m{(62.94 + 3.345) ÷ 2}, ㉯ 고층부분 35.9925m{(68.64 + 3.345) ÷ 2} 이상을 띄어 건축되어야 하

는바, 앞서 본 바와 같이 이 사건 피고 아파트는 이 사건 원·피고 대지의 경계선으로부터 ① 101동 ㉮ 저층부분 23m, ㉯ 고층부분 35.43m, ② 105동 36.78m, ③ 108동 ㉮ 저층부분 33.96m, ㉯ 고층부분 13.65m의 이격거리를 두고 건축되어 101동 저층부분, 105동 및 108동 고층부분의 이격거리가 각 위 기준에 미달하고 있다.

그러나 구 건축법 시행령 제89조 제1항 단서 및 구 서울특별시 건축조례 제29조 제1항 단서에 따라 너비 20m 이상의 도로에 접한 대지 상호간(대지 사이에 도로가 있는 양쪽 대지를 포함)에는 위 규정이 적용되지 아니하는바, 이 사건 원·피고 대지는 앞서 본 바와 같이 서쪽으로 폭 25m의 도로에 접한 대지들로서, 상호간에 위 구 건축법 제53조 제1항, 같은 법 시행령 제86조 제1항 제3호 및 서울특별시 건축조례 제29조 제1항 제3호의 적용을 받지 아니하므로, 위 규정에 위반되지 아니하고, 따라서 원고들의 위 주장은 이유 없다.

(2) 시행령 제86조 제2항 제1호에 대한 판단

구 건축법 제53조 제2항, 제73조, 구 건축법 시행령 제86조 제2항 제1호, 제119조 제1항 제5호 (나) 내지 (라)목 및 서울특별시 건축조례 제29조 제2항에 제1호에 의하면 공동주택은 채광을 위한 창문이 있는 벽면으로부터 직각방향으로 인접대지 경계선까지의 수평거리의 2배 이하의 높이로 건축되어야 하는바, 위 기준을 적용할 경우 이 사건 피고 아파트는 그 높이가 각 ① 101동 ㉮ 저층부분 57.3m(28.65 × 2), ㉯ 고층부분 70.86m(35.43 × 2), ② 105동 73.56m(36.78 × 2), ③ 108동 ㉮ 저층부분 67.92m(33.96 × 2) 이하로 건축되어야 한다.

그런데 이 사건 원·피고 대지의 평균지표면으로부터 이 사건 피고 아파트의 옥상바닥까지의 높이는 ① 101동 ㉮ 저층부분 55.275m(51.93 + 3.345), ㉯ 고층부분 69.395m(66.05 + 3.345), ② 105동 73.765m(70.42 + 3.345), ③ 108동 ㉮ 저층부분 66.285m(62.94 + 3.345)로, 105동은 위 기준높이를 0.205m(73.765 - 73.56) 초과하여 건축되었다.

그러나 구 건축법 시행령 제119조 제1항 제5호에 의하면 건축물의 1층 전체에 필로티가 설치되어 있는 경우에는 동 시행령 제86조 제2항의 규정을 적용함에 있어서 필로티의 층고를 제외한 높이를 건축물의 높이로 보아야 하고, 앞서 살펴본 바와 같이 이 사건 피고 아파트 중 105동은 1층 전체가 필로티로 시공되어 있으며, 이 법원의 현장검증 결과에 의하면 위 105동의 필로티의 높이는 최소 2m 이상이 되는 사실을 인정할 수 있는바, 위 인정 사실에 의하면 이 사건 피고 아파트 중 105동의 높이는 최고 71.765m(73.765m - 필로티의 높이 2m)에 불과하여, 위 기준높이 73.56m를 초과하지 아니하므로, 원고들이 이 부분 건축법 위반 주장도 이유 없다.

나. 일조방해행위 또는 그 결과로 인한 손해배상청구권의 발생요건

(1) 손해 및 이해교량의 필요성

우리나라 사람들은 일조에 대한 가치를 높게 평가하고 그 결과 주거지를 결정함에 있어 이를 중요시하며, 현실적으로 주거용 건물의 가치에 일조상황이 반영되어 가격이 달라지기도 한다.

그러나 어느 한 당사자의 일조이익을 인정하면, 그의 주변(주로 남쪽이 문제되며, 동쪽과 서쪽도 일조이익에 영향을 줄 수 있으나, 상대적으로 그 비중이 낮다)에 위치한 토지소유자의 이익을 제한하는 것이 필연적인 일이 된다.

그런데 우리나라는 국토가 좁고 특히 도시지역에서는 제한된 공간에 많은 사람들이 거주하여야 하는 상황이므로, 한 당사자의 일조이익을 절대적으로 보장할 수는 없다. 일조이익은

어떤 사람이 특정 토지나 건물을 소유함으로써 곧바로 취득하는 권리가 아니라, 피해자들이 피해건물에서 거주하기 시작한 이래 특정 정도의 일조량을 누리면서 상당한 시간이 경과하여 그로 인한 피해자들의 생활이익이 피해자들 자신뿐 아니라 주변의 다른 토지의 소유자들을 비롯한 제3자들에 의하여 법적으로 보호될 만한 가치가 있는 것으로 인정될 수준에 이르러야 비로소 인정되는 상대적인 이익이라 하지 않을 수 없다. 그간 일조이익의 침해로 인한 손해액을 건물의 가치하락으로 인한 재산상의 손해를 기준으로 하여 산정하여 온 경우도 있었는데, 그러한 경우에는 그것이 마치 피해건물의 소유권 침해의 한 가지 내용인 것처럼 보이기는 하나, 그 이익과 침해는 가해건물과 피해건물의 여러 사정이 상대적으로 연결되어야 비로소 인정될 수 있는 것이라는 면에서 일조이익의 침해가 그 성질상 피해 토지 또는 건물에 내재되어 있는 본질적인 권리를 침해하는 것이라 하기는 어렵다. 따라서 가해건물이 먼저 건축되었다면, 동 가해건물이 존재하지 아니한 경우에 비하여 존재한 경우에 피해건물이 받는 일조의 양이 감소된다 하더라도 가해건물의 건축이 위법한 것이라 할 수 없으며, 이 점은 그 감소의 정도가 극단적인 경우라 하더라도 마찬가지이다.

이와 같이 일조이익의 내용과 그에 대한 침해 정도는 주변 토지 또는 건물과의 상대적인 위치에 따라 정해지는 것이라 하지 않을 수 없으므로 어느 한 당사자의 일조이익이 무한정 보장될 수는 없고, 주변 사람들의 이익과 적절히 교량되어 제한되어야 한다.

비록 일조권이 주거용 건물의 경제적 가치에 실제로 영향을 미치고 있다고 하나, 그렇다고 하여 그 이익이 반드시 법적으로 그대로 보호되어야 하는 것이라 할 수는 없다. 위와 같은 가치에의 영향도 실은 향후 다양한 형태로 일조이익이 침해될 수도 있고, 경우에 따라서는 그로 인한 손해배상을 청구할 수 없게 될 수도 있는 가능성이 이미 반영된 것이라고 보아야 할 것이다.

(2) 판단 기준

이상의 점을 고려할 때, 가해건물의 신축으로 피해건물의 일조량이 감소하였다는 사실만으로는 곧바로 일조이익의 침해를 이유로 한 손배상청구가 인정된다고 단정하기에 부족하며, 일조량의 감소를 기본 전제로 하여 여러 요건들을 고려하여 그것이 사회적으로 용인할 수 있는 수인한도를 초과하였다고 평가할 수 있어야 비로소 그와 같은 청구가 인정될 수 있다. 그러한 한도의 초과 여부는 이하에서 보는 여러 가지 사정을 종합하여 인정되어야 한다. 일조방해행위 또는 그 결과로 인하여 손해가 있음을 주장하려면 먼저 피해자에 관해서는 다음과 같은 각 요건이 충족되어야 한다.

① 원칙적으로 피해건물은 주거지역(행정법규에 따라 지정된 용도 외에도 실제로도 주로 주거로 이용되고 있는 지역이어야 하며, 행정법규에 의하여 주거지역 외의 용도로 지정되어 있다고 하더라도 해당 주변지역이 장기간에 걸쳐 사실상 주거지역으로 이용되어 왔다면 주거지역에 해당된다고 볼 수 있다)에 위치해 있어야 하며, 주거용으로 건축되고 실제로도 주거용으로 사용되고 있어야 한다. 아파트 기타 집합주택의 경우, 해당 주택의 대부분의 용도가 주거용이어야 한다.

이 요건에 맞지 않는 경우에는, 그 침해의 태양에 있어 부당한 정도 및 침해의 정도가 극심하여 손해를 인정하지 않으면 안 될 극히 예외적인 경우에만 손해배상의 청구가 인정될 수 있다.

② 가해건물의 골조가 완성되기 전에 피해건물의 거주자가 상당한 기간 일조이익 등과 관련된 침해 없이 거주함으로써 그들에게 보호받을 만한 충분한 생활이익이 형성되었다고 인

정할 수 있어야 한다. 그러한 침해가 전혀 없는 것이 아니라 일부 지속된 상태가 유지되었다면, 그 상황대로의 생활이익이 형성되었다고 볼 수 있다.
한편, 피해자들이 피해건물 건축 이전에 동일한 장소에서 이미 철거된 건물에서 거주하였던 경우, 종전의 건물과 현재의 피해건물이 거의 동일한 형태를 갖추고 있고, 그 거주자들이 그 전후에 거의 유사한 위치에서 거주하고 있었던 경우에만 종전의 생활이익을 그대로 주장할 여지가 있다.
다음 가해자에 관해서는 다음의 각 요건이 충족되어야 한다.
③ 피해건물 및 가해건물의 인접지역의 상황에 비추어 가해건물에 건물의 형상과 이용방식 등 여러 면에서 상당한 정도의 이례성이 있어야 한다. 아울러 이러한 이례성은 피해건물과 가해건물 사이에서도 존재하여야 한다. 토지소유자는 법규에 어긋나지 않는 한, 주변 사정에 비추어 이례적이지 않는 범위 내에서는 자유롭게 건축할 자유와 권리가 있는 것이며, 아울러 피해건물 측에서도 가해건물 측에 최소한 자신들이 누리는 정도의 자유와 권리를 누릴 수 있도록 존중해주어야 할 의무가 있다.
④ 가해건물이 피해건물로부터 피해건물의 거주자들에게 직접적인 압박감을 느낄 수 있는 정도의 상당한 거리 이내에 위치하고 있어야 한다. 여기서 말하는 직접적인 압박감은 단순히 차폐율이 상당한 정도로 증가함을 의미하는 것이 아니다. 가해건물이 피해건물 거실의 주요 개구부로부터의 조망을 완전히 차단하는 것이라 하더라도 가해건물과 피해건물 사이에 상당한 정도의 거리가 확보되어 있다면, 가해건물이 직접적인 압박감을 준다고 하기 어렵다. 따라서 위 요건에 대한 판단은 피해건물과 가해건물의 높이 및 건물 간의 거리 또는 그와 같은 높이와 거리의 상대적인 비율에만 의존하여 판단할 것이 아니다. 건물 간의 거리 자체가 상당하여 심리적 격리감과 개방감이 유지되고 아울러 피해건물의 채광에 지장을 초래하지 않는다면, 가해건물의 건축으로 어느 정도 일조량 감소가 있다 하더라도 그 점을 이유로 하여 손해배상을 청구할 수 없다.
따라서 각종 법규에 어긋남이 없이 건축된 가해건물이 위에서 본 ③에 해당하지 않거나 또는 ④에 해당하지 않는 경우, 특별한 사정이 없는 한 그에 대한 손해배상청구가 인정될 수 없다.
이상의 ① 내지 ④ 요건이 충족됨을 전제로 하여, 일조량에 관련된 평가가 이루어져야 한다. 즉, ⑤ 일조량 감소로 인한 피해의 정도가 상당한 정도의 것이어야 한다. 그 구체적인 내용은 다음과 같은 것이어야 한다.
첫째, 그 피해는 피해건물의 거실의 주요 개구부(거실과 거실에서 가까운 외부와 사이에 실내문, 베란다, 외부창이 순차로 있는 일반적인 아파트의 경우 그 외부창, 그 외부창이 있는 거실이 여러 개 있는 경우에는 일조가 드는 거실 중 가장 주된 거실의 외부창을 기준으로 한다)를 기준으로 하여 측정된 결과에 따른 일조량의 감소를 기준으로 평가되어야 하며, 따라서 피해건물 거실과 관련한 주요 개구부의 일조에 영향을 주지 않는 가해건물의 건축과 관련하여서는 일조이익의 침해를 주장할 여지가 없다.
둘째, 상당한 정도의 피해라고 할 수 있으려면, 최소한 '동지일을 기준으로 9시부터 15시까지 사이의 6시간 중 일조시간이 연속하여 2시간 이상 확보되지 않고, 8시에서 16시까지 사이의 8시간 일조시간이 통틀어서 최소한 4시간 정도 확보되지 않을 것'이 되어야 한다.
셋째, 위에서 본 동지일을 기준으로 한 조건이 충족된다고 하여 기계적으로 손해배상의 청구가 가능해진다고 할 수는 없다. 위 기준을 충족하되 (ⅰ) 가해건물의 신축으로 인하여 발생한 일조방해시간의 증가량 자체가 상당하여야 하고, (ⅱ) 8시부터 16시까지의 시간 중 신축 전후의 일조량을 비교하여 신축 전의 기존 전체일조방해시간에 대한 위 증가량의 비율 및 신축 후의 전체일조방해시간에 대한 위 증가량의 비율이 모두 상당하여야 하며, (ⅲ) 침해 이후의 일조량이 매우 적게 되는 등 여러 면에서 모두 상당한 수준에 이르러야 한다. 이상의 (ⅰ) 내지 (ⅲ)의 각 요건 중 하나 또는 복수의 결과에 따라 자동적으로 손해배상청구가 인정되는 것이 아니고, 각 요건 및 이 판단 기준에서 제시되는 제반 상황을 종합하여 판단되어야 한다.

마지막으로 이상과 같은 각 요건에 더하여, ⑥ 피해이익의 성질 및 그에 대한 사회적 평가, 토지이용의 선후관계, 가해 방지 및 피해 회피의 가능성, 공법적 규제의 위반 여부, 교섭 경과, 가해건물이 주거지역에 위치하고 있는지 여부 등 모든 사정을 종합적으로 고려하여 판단하여야 한다. 예를 들어 피해건물 건축 이전에 가해건물의 건축이 이미 계획되어 있었던 경우나 가해건물이 비주거지역에 위치해 있는 경우에는 위 수인한도가 높아질 수 있고, 경우에 따라서는 가해자의 책임을 인정하기 어려운 경우도 있을 수 있다. 반면 가해건물의 건축이 법규에 위배하여 이루어진 것이라면, 위에서 본 ① 내지 ⑤ 요건에 따르면 손해배상청구가 인정되기 어려운 경우라 하더라도 그 수인한도가 그 위반의 정도에 따라 낮추어져 가해자의 책임이 인정될 수도 있다. 요컨대, 이러한 각 사정을 고려하여 가해자의 책임이 가감되거나 면제될 수 있는 것이다.

나아가 조망 또는 그와 관련된 이익(압박감의 증대, 천공에 관한 사항 등 포함)이나 기타 생활이익에 관련된 침해에 관해서도 그 성질상 달리 보아야 하는 부분을 제외하고는 위와 동일한 기준이 적용되어야 한다.

다. 이 사건 원고 아파트의 일조 등 이익의 침해 여부
 (1) 기존 진달래아파트의 일조 등 이익의 존속 여부

원고들이 위 진달래아파트에서 향유하였던 일조 등 이익은 위 진달래아파트와 관련하여 형성된 생활이익에 근거한 것이므로, 위 진달래아파트가 철거됨에 따라 그와 관련된 종래의 일조 등 이익은 원칙적으로 소멸한 것으로 보지 않을 수 없다.

원고들은, 원고들이 이미 철거된 진달래아파트에서 거주하였고 재건축 이후에 이 사건 원고 아파트에 거주함으로써 원고들이 기존 진달래아파트에서 누리던 거주생활상의 이익은 진달래아파트의 재건축으로 인하여 소멸하지 아니한 채 이 사건 원고 아파트로 유지되고 있다고 주장하나, 위에서 본 바와 같이 기존의 진달래아파트와 이 사건 원고 아파트는 그 형상이 완전히 다른 데다가, 대부분의 원고들에 관해 종전 건물의 위치(동호수)와 이 사건 아파트의 위치가 상당히 달라진 것으로 보이므로, 원고들이 종전의 생활이익을 그대로 누린다고 단정하기 어렵게 된다. 결국, 이미 철거된 진달래아파트에 근거한 원고들의 주장은 받아들일 수 없다.

 (2) 일조 등 이익의 침해 여부

이 사건 피고 아파트의 건축으로 인한 이 사건 원고 아파트의 일조 등 이익의 침해 여부를 보건대, 원고들이 원고 아파트에 입주하기 이전에 이미 피고 아파트의 골조가 완성된 점에 비추어 이 사건 원고 아파트와 관련하여 원고들에게 보호되어야 할 정도로 충분한 생활이익이 형성되었다고 보기 어렵다.

나아가 살피건대, 이 사건 피고 아파트의 건축과 관련하여 법규를 위반한 흔적이 엿보이지

아니하고, 이 사건 원·피고 아파트의 위치, 상호간의 거리 및 방향 및 주변 상황과 비교해볼 때 이 사건 피고 아파트가 이례적인 것이라고 하기 어렵고, 또한 이 사건 피고 아파트가 이 사건 원고 아파트에 대해 직접적인 압박감을 줄 정도의 거리 이내에 위치해 있다고 보기 어렵다. 비록 이 사건 피고 아파트가 이 사건 원고 아파트에 비하여 층수가 높기는 하나, 이 사건 원고 아파트도 상당한 층에 이르므로 이 사건에서 드러난 각 건물의 층수 및 높이의 차이 정도로 이 사건 피고 아파트가 이 사건 원고 아파트에 비하여 이례적인 것이라고 하기 어렵다. 또한, 이 사건 피고 아파트가 높은 지대에 위치해 있다는 점만으로는 이 사건 피고 아파트에 이례성을 부여하지도 않는다.

결국, 이 사건 피고 아파트로 인하여 이 사건 원고 건물들에 대한 일조량이 감소한 점만으로는 위에서 본 수인한도를 넘어 원고들에게 배상되어야 할 정도의 손해가 발생하였다고 하기에 부족하며, 이러한 점은 일조이익의 침해 외의 조망권 기타 원고들이 주장하는 여러 침해태양에 대해서도 마찬가지이다.

(3) 옥상 구조물에 의한 경관 등 침해

살피건대, 이 사건 피고 아파트의 옥상의 파라솔 등의 구조물로 인하여 원고들이 수인한도를 넘는 일조, 조망 등의 침해를 받고 있다고 보기는 어렵고, 달리 이를 인정할 증거가 없으므로 원고들의 이 부분 주장도 이유 없다.

4. 결 론

그렇다면 원고들의 청구는 모두 이유 없어 기각하기로 하여 주문과 같이 판결한다.

[[별 지 1] 원고 목록 : (생략)]
[[별 지 2] 원고별 청구금액 : (생략)]
[[별 지 3] 일조시간 분석표 : (생략)]
[[별 지 4] 조망침해율 분석표 : (생략)]
[[별 지 5] 사생활침해 평점 분석표 : (생략)]

판사   임채웅(재판장) 이수진 한지형

(1) 주된 생활공간의 요건

[판례 6] 손해배상(기) (서울고법 2005. 10. 28. 선고 2004나56440 판결)

【판시사항】

[1] 건물 건축공사의 수급인이 일조방해에 대하여 손해배상책임을 지는 경우
[2] 건물 신축으로 인한 일조침해행위가 사법상 위법한 가해행위로 평가되기 위한 요건 및 공동주택의 경우, 사회통념상 허용되는 일조침해의 수인한도
[3] 일조침해에 대한 공법적 규제의 사법적 의미 및 건물 신축이 건축 당시의 공법적 규제에 형식적으로 적합하다고 하더라도 현실적인 일조침해의 정도가 현저하게 커 사회통념상 수인한도를 넘는 경우, 위법행위로 평가되는지 여부(적극)

[4] 아파트 공사로 인한 일조침해의 경우, 불법행위 성립시기(=아파트 골조공사 완료시) 및 소유물에 대한 불법행위를 이유로 취득한 손해배상청구권이 소유권 이전으로 상실되는지 여부(한정 소극)
[5] 일조침해로 인한 재산상 손해의 범위(=당해 부동산의 시가하락분)
[6] 조망이익이 법적인 보호의 대상이 되기 위한 요건
[7] 조망이익의 침해행위가 사법상 위법한 가해행위로 평가되는 경우 및 그 침해행위가 사회통념상 수인한도를 넘었는지 여부에 관한 판단 기준
[8] 아파트 부지가 원래부터 한강을 조망함에 있어서 특별한 가치를 가지고 있다고 볼 수 없을 뿐만 아니라, 보통의 지역에 인공적으로 고층의 아파트를 축조하여 비로소 넓은 지역의 조망이 가능해진 경우, 인접 부지에 또 다른 고층의 아파트가 건축된다고 하여 그에 대해 조망침해를 주장할 수는 없다고 한 사례
[9] 건설공사에 있어서 소음, 진동, 분진 등의 배출행위가 불법행위로 평가되는 경우

【판결요지】
[1] 건물 건축공사의 수급인은 도급계약에 기한 의무이행으로서 건물을 건축하는 것이므로 원칙적으로는 일조침해에 대하여 손해배상책임이 없다고 할 것이지만, 수급인이 스스로 또는 도급인과 서로 의사를 같이하여 타인이 향수하는 일조를 방해하려는 목적으로 건물을 건축한 경우, 당해 건물이 건축법규에 위반되었고 그로 인하여 타인이 향수하는 일조를 방해하게 된다는 것을 알거나 알 수 있었는데도 과실로 이를 모른 채 건물을 건축한 경우, 도급인과 사실상 공동사업주체로서 이해관계를 같이 하면서 건물을 건축한 경우 등 특별한 사정이 있는 때에는 수급인도 일조방해에 대하여 손해배상책임을 진다.
[2] 건물의 신축으로 인하여 인근 건물의 소유자가 종전부터 향유하고 있던 일조 등에 대하여 침해를 받은 경우 그 신축행위가 정당한 권리행사로서의 범위를 벗어나 사법상 위법한 가해행위로 평가되기 위하여는 그 일조침해의 정도가 사회통념상 일반적으로 허용되는 수인한도를 넘어야 하는바, 대도시 인구의 과밀화 및 토지의 효율적 이용을 위한 건물의 고층화 경향 등을 고려할 때 아파트와 같은 공동주택의 경우 동지일을 기준으로 9시부터 15시까지 사이의 6시간 중 일조시간이 연속하여 2시간 이상 확보되는 경우 또는 동지일을 기준으로 8시에서 16시까지 사이의 8시간 중 일조시간이 통틀어서 최소 4시간 이상 확보되는 경우에는 이를 수인하여야 할 것으로 봄이 사회통념상 상당하다.
[3] 관계 법령에 일조침해에 관한 직접적인 단속법규가 있다면 그 법규에 적합한지 여부가 사법상 위법성을 판단함에 있어서 중요한 판단자료가 될 것이지만, 이러한 공법적 규제에 의하여 확보하고자 하는 일조는 원래 사법상 보호되는 일조를 공법적인 면에서도 가능한 한 보증하려는 것으로서 특별한 사정이 없는 한 일조보호를 위한 최소한도의 기준으로 봄이 상당하고, 구체적인 경우에 있어서는 어떠한 건물의 신축이 건축 당시의 공법적 규제에 형식적으로 적합하다고 하더라도 현실적인 일조침해의 정도가 현저하게 커 사회통념상 수인한도를 넘은 경우에는 위법행위로 평가될 수 있다.
[4] 아파트 공사로 인하여 기존에 있던 아파트의 일조를 침해하는 경우에는 새로 건축되는 아파트의 골조공사 완료시에 불법행위가 성립한다고 할 것이고, 소유물에 대한 불법행위를 이유로 손해배상청구권을 취득한 자는 그 후에 소유권을 상실한다고 하더라도 이미 발생한 손해배상청구권을 새로운 소유자에게 양도하였다는 사정이 없는 한 이미 발생한 손해배상청구권을 상실하지 않는다 할 것인데, 일조침해로 인한 정신적 고통에 대한 위자료의 경우 위와 같은 법리는 더욱 자명하고, 일

조침해로 인한 재산상 손해에 있어서도 특별한 사정이 없는 한 새로운 매매계약에는 이미 일조침해로 인한 시가하락분이 반영되어 가격이 결정될 것이기 때문이다.

[5] 일조침해로 인한 재산상 손해의 범위는 일조침해, 조망침해 및 개방감 상실 등으로 인한 당해 부동산의 시가하락분이라고 할 것이고, 여기서 '조망침해 및 개방감 상실'이라 함은, 특수한 자연경관이나 조망이익을 고려하지 않고, 단지 일반적으로 아파트나 주택의 거실창 면적에서 하늘이 보이는 면적비율을 의미하는 천공률 침해에 따른 압박감과 폐쇄감을 의미하는 것으로서, 이러한 조망침해 및 개방감 상실은 일조가 침해되면 당연히 그에 수반된다는 점에서 이로 인한 시가하락분은 일조침해로 인한 통상손해의 범위에 속한다고 할 것이다.

[6] 어느 토지나 건물의 소유자가 종전부터 향유하고 있던 경관이나 조망이 그에게 하나의 생활이익으로서의 가치를 가지고 있다고 객관적으로 인정된다면 법적인 보호의 대상이 될 수 있는 것이나, 이와 같은 조망이익은 원칙적으로 특정의 장소가 그 장소로부터 외부를 조망함에 있어 특별한 가치를 가지고 있고, 그와 같은 조망이익의 향유를 하나의 중요한 목적으로 하여 그 장소에 건물이 건축된 경우와 같이 당해 건물의 소유자나 점유자가 그 건물로부터 향유하는 조망이익이 사회통념상 독자의 이익으로 승인되어야 할 정도로 중요성을 갖는다고 인정되는 경우에 비로소 법적인 보호의 대상이 되는 것이라고 할 것이고, 그와 같은 정도에 이르지 못하는 조망이익의 경우에는 특별한 사정이 없는 한 법적인 보호의 대상이 될 수 없다.

[7] 조망이익이 법적인 보호의 대상이 되는 경우에 이를 침해하는 행위가 사법상 위법한 가해행위로 평가되기 위해서는 조망이익의 침해 정도가 사회통념상 일반적으로 인용하는 수인한도를 넘어야 하고, 그 수인한도를 넘었는지 여부는 조망의 대상이 되는 경관의 내용과 피해건물이 입지하고 있는 지역에 있어서 건조물의 전체적 상황 등의 사정을 포함한 넓은 의미에서의 지역성, 피해건물의 위치 및 구조와 조망상황, 특히 조망과의 관계에서의 건물의 건축, 사용목적 등 피해건물의 상황, 주관적 성격이 강한 것인지 여부와 여관, 식당 등의 영업과 같이 경제적 이익과 밀접하게 결부되어 있는지 여부 등 당해 조망이익의 내용, 가해건물의 위치 및 구조와 조망방해의 상황 및 건축·사용목적 등 가해건물의 상황, 가해건물 건축의 경위, 조망방해를 회피할 수 있는 가능성의 유무, 조망방해에 관하여 가해자측이 해의(해의)를 가졌는지의 유무, 조망이익이 피해이익으로서 보호가 필요한 정도 등 모든 사정을 종합적으로 고려하여 판단하여야 한다.

[8] 아파트 부지가 원래부터 한강을 조망함에 있어서 특별한 가치를 가지고 있다고 볼 수 없을 뿐만 아니라, 보통의 지역에 인공적으로 고층의 아파트를 축조하여 비로소 넓은 지역의 조망이 가능해진 경우, 인접 부지에 또 다른 고층의 아파트가 건축된다고 하여 그에 대해 조망침해를 주장할 수는 없다고 한 사례.

[9] 통상 건설공사에 있어서는 일정 정도의 소음, 진동, 분진이 수반되기 마련인 점에 비추어, 어떠한 공사에 수반하여 소음, 진동, 분진 등이 발생하였다는 것만으로는 그 공사가 정당한 권리행사로서의 범위를 벗어난 것이라고는 단정할 수 없고, 소음, 진동, 분진 등의 배출 및 그로 인한 피해의 정도가 사회통념상 일반적으로 용인하는 수인한도를 넘어서는 경우에 한하여 그 배출행위는 불법행위가 된다.

【참조조문】

[1] 민법 제664조, 제750조 [2] 민법 제2조 제1항, 제750조 [3] 민법 제2조 제1항, 제750조 [4] 민법 제750조 [5] 민법 제393조, 제763조 [6] 헌법 제35조, 민법 제750조 [7] 민법 제2조 제1항, 제750조 [8] 민법 제2조 제1항, 제750조 [9] 민법 제2조 제1항, 제750조

【참조판례】

[1][2][3][6][7] 대법원 2004. 9. 13. 선고 2003다64602 판결(공2004하, 1661)
[1] 대법원 2005. 3. 24. 선고 2004다38792 판결(공2005상, 635)
[2][3][5] 대법원 1999. 1. 26. 선고 98다23850 판결(공1999상, 351)
[2][3] 대법원 2000. 5. 16. 선고 98다56997 판결(공2000하, 1419)
대법원 2002. 12. 10. 선고 2000다72213 판결(공2003상, 320)
대법원 2004. 10. 28. 선고 2002다63565 판결(공2004하, 1935)
[6][7] 대법원 2004. 10. 15. 선고 2002다3402 판결

【전 문】

【원고, 항 소 인】 원고 1 외 88인 (소송대리인 변호사 조용국)
【피고, 피항소인】 합병된 두산건설 주식회사의 소송수계인 두산산업개발 주식회사 (소송대리인 법무법인 광장 담당변호사 송흥섭 외 1인)
【보조참가인】 덕소신앙촌재건축조합
【제1심판결】 서울중앙지법 2004. 7. 13. 선고 2002가합4950 판결
【변론종결】 2005. 9. 30.

【주 문】

1. 제1심판결 중 원고 1(1, 별지 1 원고 목록 기재 순번, 이하 같다), 원고 2(2), 원고 5(5), 원고 6(6), 원고 7(7), 원고 8(8), 원고 11(11), 원고 12(12), 원고 13(13), 원고 16(16), 원고 17(17), 원고 18(18), 원고 20(20), 원고 21(21), 원고 22(22), 원고 25(25), 원고 26(26), 원고 29(29), 원고 30(30), 원고 34(34), 원고 35(35), 원고 39(39), 원고 40(40), 원고 43(43), 원고 48(48), 원고 52(52)에 대하여 아래에서 지급을 명하는 부분에 해당하는 위 원고들 패소 부분을 취소한다.
   피고는 원고 1(1), 원고 2(2), 원고 5(5), 원고 6(6), 원고 7(7), 원고 8(8), 원고 11(11), 원고 12(12), 원고 13(13), 원고 16(16), 원고 17(17), 원고 18(18), 원고 20(20), 원고 21(21), 원고 22(22), 원고 25(25), 원고 26(26), 원고 29(29), 원고 30(30), 원고 34(34), 원고 35(35), 원고 39(39), 원고 40(40), 원고 43(43), 원고 48(48), 원고 52(52)에게 별지 4 손해배상내역의 추가인용금액란 기재 각 금원 및 위 각 금원에 대하여 2001. 9. 24.부터 2005. 10. 28.까지는 연 5%, 그 다음날부터 다 갚는 날까지는 연 20%의 각 비율에 따른 금원을 지급하라.

2. 제1항 기재 원고들의 나머지 항소와 원고 3(3), 원고 4(4), 원고 9(9), 원고 10(10), 원고 14(14), 원고 15(15), 원고 19(19), 원고 23(23), 원고 24(24), 원고 27(27), 원고 28(28), 원고 31(31), 원고 32(32), 원고 33(33), 원고 36(36), 원고 37(37), 원고 38(38), 원고 41(41), 원고 42(42), 원고 44(44), 원고 45(45), 원고 46(46), 원고 47(47), 원고 49(49), 원고 50(50), 원고 51(51), 원고 53(53), 원고 54(54), 원고 55(55), 원고 56(56), 원고 57(57), 원고 58(58), 원고 59(59), 원고 60(60), 원고 61(61), 원고 62(62), 원고 63(63), 원고 64(64), 원고 65(65), 원고 66(66), 원고 67(67), 원고 68(68), 원고 69(69), 원고 70(70), 원고 71(71), 원고 72(72), 원고 73(73), 원고 74(74), 원고 75(75), 원고 76(76), 원고 77(77), 원고 78(78), 원고 79(79), 원고 80(80), 원고 81(81), 원고 82(82), 원고 83(83), 원고 84(84), 원고 85(85), 원고 86(86), 원고 87(87), 원고 88(88), 원고 89(89)의 항소를 모두 기각한다.

3. 소송비용은 제1, 2심을 합하여, 제1항 기재 원고들과 피고 사이에 생긴 부분은 이를 5분하여 그 3

는 제1항 기재 원고들의, 나머지는 피고의 각 부담으로 하고, 제1항 기재 원고들을 제외한 나머지 원고들과 피고 사이에 생긴 부분은 위 나머지 원고들의 부담으로 한다.
4. 제1항 중 금원의 지급을 명한 부분은 가집행할 수 있다.

【청구취지 및 항소취지】
1. 청구취지
   피고는 원고들에게 별지 2 청구금액의 원고별 제1심 청구금액란 기재 각 금원 및 위 각 금원에 대하여 2001. 9. 24.부터 제1심판결 선고일까지는 연 5%, 그 다음날부터 다 갚는 날까지는 연 20%의 각 비율에 따른 금원을 지급하라.
2. 항소취지
   제1심판결 중 아래에서 지급을 명하는 금원에 해당하는 원고들 패소 부분을 취소한다. 피고는 원고들에게 별지 2 청구금액의 원고별 불복금액란 기재 각 금원 및 위 각 금원에 대하여 2001. 9. 24.부터 이 판결선고일까지는 연 5%, 그 다음날부터 다 갚는 날까지는 연 20%의 각 비율에 따른 금원을 지급하라.

【이 유】
1. 기초사실
   가. 원고들은 남양주시 (주소 1 생략) 지상에 위치한 ○○○○아파트(이하 '○○아파트'라 한다) △△△동의 별지 3 일조침해율의 각 호수 기재란의 각 세대를 2001. 9. 24. 당시 각 구분소유하고 있는 자들이고(같은 세대에 2명의 원고가 있는 경우는 각 1/2 지분씩 공유하고 있다.), 합병 전 두산건설 주식회사(이하 '두산건설'이라 한다)는 ○○아파트와 인접한 남양주시 (주소 2 생략) 외 10필지 지상에 □□□□아파트(이하 '이 사건 아파트'라 한다)를 시공중인 회사이다.
   나. 조선무역 주식회사는 1994. 11. 25. 남양주시로부터 주택건설사업승인을 받아 ○○아파트를 시공하여 1997. 12. 23. 완공하였고, 피고 보조참가인인 덕소신앙촌재건축조합(이하 '참가인 조합'이라 한다)과 두산건설은 1999. 10. 15. 남양주시로부터 이 사건 아파트에 관한 주택건설사업을 승인받은 후, 같은 해 12. 1. 굴착공사를 시작하여 2001. 9. 24. 이 사건 아파트의 골조공사를 완료하였다.
   다. 남양주시는 ○○아파트에 대한 주택건설사업승인 당시 위 아파트와 연접하여 한강변쪽으로 이어진 폭 8m, 연장 278m의 소로(이하 '이 사건 도로'라 한다)를 개설하는 내용의 도시계획결정을 하였으나, 그 후 이 사건 아파트에 관한 주택건설사업승인을 하면서 이를 변경하여 이 사건 도로의 연장을 154m로 축소하였는바, 축소되어 폐지된 부분은 이 사건 아파트 부지에 편입되어 현재 ○○아파트와 이 사건 아파트는 이 사건 도로를 사이에 두고 마주 보고 있다.
   라. 한편, 피고 두산산업개발 주식회사(이하 '피고 회사'라 한다)는 2004. 5. 6. 두산건설을 합병하였고, 그에 따라 이 사건 소송을 수계하였다.
   [증 거] 다툼 없는 사실, 갑 제1호증의 1 내지 86, 갑 제2호증의 1, 2, 3, 갑 제4호증의 1, 2, 갑 제5호증, 갑 제6호증의 1 내지 5, 을가 제1호증의 1, 2, 제1심법원의 현장검증 결과, 변론 전체의 취지
2. 이 사건 청구에 대한 판단
   가. 당사자들의 주장
      (1) 원고들은 다음과 같은 사유를 들어 피고 회사에게 원고들이 입게 된 별지 2 청구금액의 원고별 제1심 청구금액란 기재 각 금원을 배상할 책임이 있다고 주장한다.

　　　　　(가) 두산건설의 이 사건 아파트 건축으로 말미암아 원고들에게 수인한도를 넘는 일조침해의 결과가 발생하였고, 특히 원고들 소유의 ○○아파트는 한강 등 자연경관을 조망하기에 최적의 주거환경을 가지고 있었는데 두산건설의 이 사건 아파트의 건축으로 이와 같은 조망의 이익을 침해당하였으며, 이로 인하여 원고들 소유 ○○아파트의 시가가 하락하는 등 재산상 손해를 입었을 뿐만 아니라 주거환경악화로 인한 정신적 손해를 입게 되었다.
　　　　　(나) 두산건설의 이 사건 아파트 공사 진행중 수인한도를 넘는 소음, 진동, 분진 등으로 주거생활의 안정을 침해받아 그로 인한 정신적 고통을 받았다.
　　　　　(다) 또한, 원고들은 ○○아파트 앞에 계획된 이 사건 도로를 평소 산책로 및 서울에 이르는 교통로로 이용하고 있었는데, 두산건설이 이 사건 아파트 공사를 시행하면서 위 도로의 연장을 축소함으로써 원고들이 기존에 누리던 생활이익을 상실하는 손해를 입게 되었다.
　　　(2) 이에 대하여 피고 회사는, 먼저 두산건설은 이 사건 아파트의 단순한 시공사로서 건축주인 참가인 조합으로부터 이 사건 아파트 신축공사를 도급받아 이를 시행했을 뿐이므로 이로 인한 원고들의 손해에 대해 배상책임이 없고, 가사 두산건설에게 이 사건 아파트 시공으로 인한 책임이 인정된다고 할지라도 두산건설은 건축법 등 관계 법령에 따른 적법한 건축허가를 받아 높이제한 및 이격거리에 적합하게 이 사건 아파트를 건축하였으므로 이는 불법행위가 성립되지 않는다고 다툰다.
　　　(3) 따라서 이하에서는 먼저 두산건설이 이 사건 손해배상책임의 주체가 될 수 있는지 여부에 관하여 살핀 후에, 원고들이 주장하는 개개의 청구원인별로 손해배상책임의 성립 여부와 그 범위에 대하여 살피기로 한다.
　나. 두산건설의 손해배상책임의 주체 인정 여부
　　　(1) 건물 건축공사의 수급인은 도급계약에 기한 의무이행으로서 건물을 건축하는 것이므로 원칙적으로는 일조침해에 대하여 손해배상책임이 없다고 할 것이지만, 수급인이 스스로 또는 도급인과 서로 의사를 같이하여 타인이 향수하는 일조를 방해하려는 목적으로 건물을 건축한 경우, 당해 건물이 건축법규에 위반되었고 그로 인하여 타인이 향수하는 일조를 방해하게 된다는 것을 알거나 알 수 있었는데도 과실로 이를 모른 채 건물을 건축한 경우, 도급인과 사실상 공동사업주체로서 이해관계를 같이 하면서 건물을 건축한 경우 등 특별한 사정이 있는 때에는 수급인도 일조방해에 대하여 손해배상책임을 진다고 할 것이다(대법원 2004. 9. 13. 선고 2003다64602 판결, 2005. 3. 24. 선고 2004다38792 판결 등 참조).
　　　(2) 이러한 법리에서 이 사건을 살피건대, 갑 제4, 6, 21 내지 23호증(각 가지 번호 포함)의 각 기재에 변론 전체의 취지를 종합하면, 두산건설은 두산건설 소유의 남양주시 (주소 3 생략) 소재 대지 등을 이 사건 아파트의 부지 중 일부로 제공하여 참가인 조합과 공동 명의로 이 사건 아파트의 건축허가를 신청하였고, 참가인 조합과 공동사업주체로서 남양주시장으로부터 이 사건 아파트에 관한 주택건설사업계획승인을 받았으며, 이 사건 아파트를 분양할 때에도 참가인 조합과 공동매도인으로서 분양계약을 체결한 사실을 인정할 수 있는바, 위 인정 사실에 따르면 두산건설은 이 사건 공사의 단순한 수급인으로서 이를 시공한 것이 아니라 참가인 조합과 사실상 공동사업주체로서 이해관계를 같이 하면서 이 사건 아파트를 신축하였다고 할 것이므로, 이 사건 아파트 신축과 관련하여 원고들이 입은 손해를 배상할 책임이 있다고 할 것이다.
　다. 일조침해로 인한 손해배상청구에 대하여

(1) 손해배상책임의 성립
    (가) 건물의 신축으로 인하여 인근 건물의 소유자가 종전부터 향유하고 있던 일조 등에 대하여 침해를 받은 경우 그 신축행위가 정당한 권리행사로서의 범위를 벗어나 사법상 위법한 가해행위로 평가되기 위하여는 그 일조침해의 정도가 사회통념상 일반적으로 허용되는 수인한도를 넘어야 하는바, 대도시 인구의 과밀화 및 토지의 효율적 이용을 위한 건물의 고층화 경향 등을 고려할 때 아파트와 같은 공동주택의 경우 동지일을 기준으로 9시부터 15시까지 사이의 6시간 중 일조시간이 연속하여 2시간 이상 확보되는 경우 또는 동지일을 기준으로 8시에서 16시까지 사이의 8시간 중 일조시간이 통틀어서 최소한 4시간 이상 확보되는 경우에는 이를 수인하여야 할 것으로 봄이 사회통념상 상당하다.
    (나) 그러므로 살피건대, 제1심 감정인 소외 1의 감정 결과에 의하면, 두산건설이 이 사건 아파트를 건축하기 전에는 원고들 소유 ○○아파트 각 세대는, 주된 생활공간인 거실을 기준으로 할 때, 동지일을 기준으로 9시부터 15시까지 사이의 6시간 중 일조시간이 연속하여 2시간 이상 확보되었고 8시에서 16시까지 사이의 8시간 중 일조시간이 통틀어서 최소한 4시간 이상 확보되었는데, 두산건설이 이 사건 아파트를 건축함으로써 별지 3 일조침해율의 각 기재와 같이 일조침해를 받고 있는 사실을 인정할 수 있고, 반증 없다.
    (다) 위 인정 사실에 따르면, 원고들의 각 세대 중 원고 1(1), 원고 2(2), 원고 5(5), 원고 6(6), 원고 7(7), 원고 8(8), 원고 11(11), 원고 12(12), 원고 13(13), 원고 16(16), 원고 17(17), 원고 18(18), 원고 20(20), 원고 21(21), 원고 22(22), 원고 25(25), 원고 26(26), 원고 29(29), 원고 30(30), 원고 34(34), 원고 35(35), 원고 39(39), 원고 40(40), 원고 43(43), 원고 48(48), 원고 52(52)의 각 세대(이하 '이 사건 피해자인 원고들'이라 한다)는 이 사건 아파트 건축으로 말미암아 수인한도를 넘는 일조침해를 받고 있다 할 것이므로 피고 회사는 위 원고들에 대하여 위와 같은 일조침해로 인한 손해를 배상할 책임이 있다.
    그러나 위 감정 결과에 의하더라도 이 사건 피해자인 원고들을 제외한 나머지 원고들의 경우에는 이 사건 아파트 건축으로 인한 일조침해의 정도가 앞서 살펴 본 수인한도의 범위 안에 있으므로, 수인한도를 넘는 일조침해를 받았음을 전제로 하는 위 나머지 원고들의 이 부분 손해배상청구는 더 나아가 살필 필요 없이 이유 없다.
    (라) 이에 대하여 피고는, 이 사건 아파트가 건축법 등 관계 법령에 따른 적법한 건축허가를 받아 높이제한 및 이격거리에 적합하게 건축되었으므로 불법행위가 성립되지 않는다고 다툰다.
    살피건대, 제1심법원의 현장검증 결과와 제1심 감정인 소외 1의 감정 결과에 변론 전체의 취지를 종합하면, 두산건설과 참가인 조합은 이 사건 아파트에 대한 주택건설사업승인을 받을 당시 시행되던 구 건축법(2001. 1. 16. 법률 제6370호로 개정되기 전의 것) 제53조, 같은 법 시행령(2000. 6. 27. 대통령령 제16874호로 개정되기 전의 것) 제86조의 일조 등의 확보를 위한 건축물의 높이제한규정{전용주거지역 또는 일반주거지역 안에서 건축물을 건축하는 경우에는 건축물의 각 부분을 정북방향으로의 인접대지 경계선으로부터 높이 4m 이하인 부분은 인접대지 경계선으로부터 1m 이상, 높이 8m 이하인 부분은 인접대지경계선으로부터 2m 이상, 높이 8m를 초과하는 부분은 인접대지경계선으로부터 당해 건축물 각 부분의 높이의 1/2 이상을 띄워 건축하여야 하고, 공동주택(일반상업지역과 중심상업지역에 건축하는 것을 제외한다.)의 건축물(다세대주택 및 기숙사를 제외한다.)의 각 부분의 높이는 그 부분으로부터 채광을 위한 창문이 있는 벽면으로부터 직각 방향으로 인접대지 경계선까지의 수평거리의 4배 이하의 범위 안에서 건축조례가 정하는 높이 이하로 한다고 규정하고 있다.}에 따라, 이 사건 아파트 중 ○○아파트와 가장 근접하여 있는 제109동의 경우에도 그 높이는 67.4m인데 ○○아파트로부터의 이격거리는 약 40 ~ 60m의 거리를 두고 건축하여, 관계 건축법령에 위반하지 아니한 사실은 인정할 수 있다.

그러나 관계 법령에 일조침해에 관한 직접적인 단속법규가 있다면 그 법규에 적합한지 여부가 사법상 위법성을 판단함에 있어서 중요한 판단자료가 될 것이지만, 이러한 공법적 규제에 의하여 확보하고자 하는 일조는 원래 사법상 보호되는 일조를 공법적인 면에서도 가능한 한 보증하려는 것으로서 특별한 사정이 없는 한 일조보호를 위한 최소한도의 기준으로 봄이 상당하고, 구체적인 경우에 있어서는 어떠한 건물의 신축이 건축 당시의 공법적 규제에 형식적으로 적합하다고 하더라도 현실적인 일조침해의 정도가 현저하게 커 사회통념상 수인한도를 넘은 경우에는 위법행위로 평가될 수 있다고 할 것이므로, 관계 건축법령에 적합하게 건축된 이상 불법행위가 성립하지 않는다는 피고의 위 주장은 받아들이지 아니한다(대법원 2002. 12. 10. 선고 2000다72213 판결, 2004. 9. 13. 선고 2004다64602 판결 등 참조).

(마) 다음으로 피고는, 이 사건 피해자인 원고들이 이 사건 아파트가 건축된다는 사정을 미리 알면서도 ○○아파트 각 세대를 분양받았으므로 이 사건 아파트 건축으로 인한 일조침해를 수인하였다고 주장한다.

살피건대, 을나 제1 내지 4호증의 각 기재 및 영상에 의하면 1995년경부터 이 사건 아파트가 위치한 부지에 대하여 그곳에 거주하던 신앙촌 주민들을 중심으로 재건축조합 결성이 추진되었던 사실을 인정할 수는 있으나, 그것만으로 이 사건 피해자인 원고들이 이 사건 아파트가 건축된다는 사정을 알면서도 ○○아파트 각 세대를 분양받았다고 인정하기에는 부족할 뿐만 아니라, 설사 이 사건 피해자인 원고들이 이러한 사정을 알고 있었다고 할지라도 이 사건 피해자인 원고들로서는 실제로 이 사건 아파트의 골조공사가 완공되기 이전에는 자신들의 구체적인 일조침해의 정도가 수인한도를 넘는 것인지 여부를 알 수 없었을 것이므로, 피고의 위 주장은 어느 모로 보나 이유 없다.

(바) 또한 피고는, 원고 18(18), 원고 35(35)는 이 사건 소제기 이후에 자신들이 소유하고 있던 ○○아파트의 소유권을 제3자에게 이전하였으므로 두산건설에 대하여 일조침해로 인한 손해배상을 구할 수 없다고 주장한다.

살피건대 원고 18, 원고 35가 이 사건 아파트 골조공사 완료 당시에 ○○아파트 △△△동 ◇◇◇호와 ☆☆☆호를 소유하고 있었던 사실은 앞에서 인정한 바와 같고, 을가 제5호증의 4, 6의 각 기재에 의하면 위 ◇◇◇호에 대하여는 2002. 4. 27. 소외 2 명의로, 위 ☆☆☆호에 대하여는 같은 해 8. 29. 소외 3 명의로 각 소유권이전등기가 경료된 사실을 인정할 수 있다. 그러나 아파트 공사로 인하여 기존에 있던 아파트의 일조를 침해하는 경우에는 새로 건축되는 아파트의 골조공사 완료시에 불법행위가 성립한다고 할 것이고, 소유물에 대한 불법행위를 이유로 손해배상청구권을 취득한 자는 그 후에 소유권을 상실한다고 하더라도 이미 발생한 손해배상청구권을 새로운 소유자에게 양도하였다는 사정이 없는 한 이미 발생한 손해배상청구권을 상실하지 않는다 할 것인바(일조침해로 인한 정신적 고통에 대한 위자료의 경우 위와 같은 법리는 더욱 자명하고, 일조침해로 인한 재산상 손해에 있어서도 특별한 사정이 없는 한 새로운 매매계약에는 이미 일조침해로 인한 시가하락분이 반영되어 가격이 결정될 것이기 때문이다.), 위 인정 사실만으로는 원고 18, 원고 35가 이미 발생한 두산건설에 대한 손해배상청구권을 새로운 소유자에게 양도하였다고 보기에 부족하고 달리 이를 인정할 증거가 없으므로, 피고의 위 주장도 받아들이지 아니한다.

(2) 손해배상의 범위
  (가) 재산상 손해
    ① 일조침해로 인한 재산상 손해의 범위는 일조침해, 조망침해 및 개방감 상실 등으로 인한 당해 부동산의 시가하락분이라고 할 것인바, 제1심 감정인 소외 4의 감정 결과에 의하면, 이 사건 피해자인 원고들 소유의 ○○아파트 각 세대는 이 사건 아파트 건축에 따른 일조침해로 말미암아 2001. 9. 24.을 기준으로 할 때 그 정상가격에 비하여 각 세대별로 별지 4 손해배상내역의 시가하락분란 기재와 같은 시가하락이 발생한 사실을 인정할 수 있고, 이와 다른 제1심 감정인 소외 5의 감정 결과는 위 소외 4의 감정 결과에 비하여 비교사례의 수가 부족하여 신빙성이 낮아 믿지 아니하며, 달리 반증 없다(여기서 '조망침해 및 개방감 상실'이라 함은, 이 사건에서 원고들이 주장하는 한강 조망 등 특수한 자연경관이나 조망이익을 고려하지 않고, 단지 일반적으로 아파트나 주택의 거실창 면적에서 하늘이 보이는 면적비율을 의미하는 천공률 침해에 따른 압박감과 폐쇄감을 의미하는 것으로서, 이러한 조망침해 및 개방감 상실은 일조가 침해되면 당연히 그에 수반된다는 점에서 이로 인한 시가하락분은 이 사건 일조침해로 인한 통상손해의 범위에 속한다고 할 것이다).
    ② 한편, 앞서 인정한 바와 같이 이 사건 아파트 건축 자체는 관계 법령에서 정한 높이 제한 및 이격거리에 관한 규정을 모두 준수하여 이루어진 점, 이 사건 아파트가 위치한 부지는 도시계획상 그 용도지역이 주거지역으로서 ○○아파트가 건축되기 이전부터 그곳에 거주하던 신앙촌 주민들을 중심으로 재건축조합결성이 추진되고 있었던 점 등을 종합적으로 고려하면, 공평의 견지에서 볼 때 위 감정 결과에 따른 시가하락분을 적정한 정도로 감액하여 재산상 손해액을 정함이 상당하다 할 것인바, 위와 같은 제반 사정들을 참작하여 보면 피고 회사가 배상하여야 할 재산상 손해액은 위 각 세대별 시가하락분의 70% 정도로 봄이 상당하다.
  (나) 정신적 손해
    ① 먼저, 소유권 침해를 이유로 하는 위자료 청구에 관하여 보건대, 일반적으로 타인의 불법행위로 인하여 재산권이 침해되는 경우에는 그 재산적 손해의 배상에 의하여 정신적 고통도 회복된다고 보아야 할 것이고, 재산적 손해의 배상만으로는 회복할 수 없는 정신적 손해가 있다면 이는 특별손해로서 불법행위자가 그러한 사정을 알거나 알 수 있었을 경우에만 그 위자료를 인정할 수 있다고 할 것인바, 이 사건 피해자인 원고들이 위와 같은 재산상 손해의 배상만으로는 회복할 수 없는 정신적 고통을 입었고, 두산건설이 위와 같은 사정을 알거나 알 수 있었다고 볼 증거가 없으므로, 소유권 침해를 이유로 한 위자료 청구는 이유 없다.
    ② 다음으로 인격권 침해를 이유로 하는 위자료 청구에 관하여 살피건대, 쾌적한 주거환경을 영위하는 데 있어서 일조의 확보가 갖는 중요성에 비추어 이 사건 피해자인 원

고들 중 이 사건 아파트의 골조공사 완성시를 기준으로 일조침해가 수인한도를 넘는 세대에 계속 거주해 온 원고들{원고 5(5), 원고 6(6), 원고 8(8), 원고 13(13), 원고 16(16), 원고 17(17), 원고 20(20), 원고 21(21), 원고 22(22), 원고 26(26), 원고 29(29), 원고 34(34), 원고 39(39), 원고 40(40), 원고 48(48)가 이에 해당한다.}은 그 시가하락으로 인한 재산상 손해와는 별도로 위와 같이 수인한도를 넘는 일조침해로 일상생활을 함에 있어서 상당한 정신적 고통을 겪게 되었다고 봄이 상당하다 할 것인바, 이는 재산상 손해의 전보만으로는 완전히 치유되기 어렵다고 할 것이므로, 피고 회사는 위 원고들에게 이 사건 일조침해로 말미암아 위 원고들이 입은 정신적 고통에 대한 위자료를 지급할 의무가 있다.

나아가 위 원고들이 ○○아파트 각 세대에 거주해 온 기간 등 이 사건 변론에 나타난 모든 사정을 종합하여 볼 때 그 위자료의 액수는 원고 8(8), 원고 13(13), 원고 16(16), 원고 17(17), 원고 21(21), 원고 22(22), 원고 26(26), 원고 29(29), 원고 34(34), 원고 39(39), 원고 48(48)에 대하여는 각 3,000,000원, 원고 20(20), 원고 40(40)에 대하여는 각 2,000,000원, 원고 5(5), 원고 6(6)에 대하여는 각 1,000,000원으로 정함이 상당하다.

그러나 이 사건 피해자인 원고들 중 위 원고들을 제외한 나머지 원고들은 비록 일조침해가 수인한도를 넘는 ○○아파트 각 세대를 소유하고 있기는 하나, 실제로 일조침해가 이루어진 이 사건 아파트의 골조공사 완성시를 기준으로 볼 때 자신들이 소유한 ○○아파트 각 세대에 거주하고 있었음을 인정할 만한 증거가 없으므로, 위 나머지 원고들의 인격권 침해를 이유로 한 위자료 청구는 이유 없다.

(3) 소 결

결국, 이 사건에서 피고 회사가 이 사건 피해자인 원고들에게 지급해야 할 손해배상액은 별지 4 손해배상내역의 인용금액합계란 기재와 같다.

라. 한강조망의 침해로 인한 손해배상청구에 대하여

(1) 어느 토지나 건물의 소유자가 종전부터 향유하고 있던 경관이나 조망이 그에게 하나의 생활이익으로서의 가치를 가지고 있다고 객관적으로 인정된다면 법적인 보호의 대상이 될 수 있는 것이나, 이와 같은 조망이익은 원칙적으로 특정의 장소가 그 장소로부터 외부를 조망함에 있어 특별한 가치를 가지고 있고, 그와 같은 조망이익의 향유를 하나의 중요한 목적으로 하여 그 장소에 건물이 건축된 경우와 같이 당해 건물의 소유자나 점유자가 그 건물로부터 향유하는 조망이익이 사회통념상 독자의 이익으로 승인되어야 할 정도로 중요성을 갖는다고 인정되는 경우에 비로소 법적인 보호의 대상이 되는 것이라고 할 것이고, 그와 같은 정도에 이르지 못하는 조망이익의 경우에는 특별한 사정이 없는 한 법적인 보호의 대상이 될 수 없다고 할 것이며, 조망이익이 법적인 보호의 대상이 되는 경우에 이를 침해하는 행위가 사법상 위법한 가해행위로 평가되기 위해서는 조망이익의 침해 정도가 사회통념상 일반적으로 인용하는 수인한도를 넘어야 하고, 그 수인한도를 넘었는지 여부는 조망의 대상이 되는 경관의 내용과 피해건물이 입지하고 있는 지역에 있어서 건조물의 전체적 상황 등의 사정을 포함한 넓은 의미에서의 지역성, 피해건물의 위치 및 구조와 조망상황, 특히 조망과의 관계에서의 건물의 건축, 사용목적 등 피해건물의 상황, 주관적 성격이 강한 것인지 여부와 여관, 식당 등의 영업과 같이 경제적 이익과 밀접하게 결부되어 있는지 여부 등 당해 조망이익의 내용, 가해건물의 위치 및 구조와 조망방해의 상황 및 건축·사용목적 등 가해건물의 상

황, 가해건물 건축의 경위, 조망방해를 회피할 수 있는 가능성의 유무, 조망방해에 관하여 가해자측이 해의(해의)를 가졌는지의 유무, 조망이익이 피해이익으로서 보호가 필요한 정도 등 모든 사정을 종합적으로 고려하여 판단하여야 한다(대법원 2004. 9. 13. 선고 2003다64602 판결, 2004. 10. 15. 선고 2002다3402 판결 등 참조).

 (2) 이러한 법리에서 이 사건을 보건대, 첫째 원고들이 주장하는 한강의 조망이 그 자체로 자연적·문화적으로 중요한 가치를 가지고 있어 법적으로 보호받을 수 있는 생활이익에 해당하는지 여부에 관하여, 감정인 소외 1의 감정 결과만으로는 이를 인정하기에 부족하고 달리 이를 인정할 만한 증거가 없고, 둘째 가사 한강의 조망이 그 자체로 법적인 보호의 대상이 되는 생활이익에 해당한다고 할지라도, 원고들 소유의 ○○아파트는 도심의 일반주거지역에 위치한 아파트로서 그 부지는 원래부터 이 사건 아파트 부지보다 약 8m 정도 낮은 지대에 위치해 있어 한강을 조망하기에 적합한 장소가 아니었는데 ○○아파트가 건축됨으로써 비로소 원고들이 조망의 이익을 누릴 수 있게 된 점 등을 종합하면, 위 부지가 한강을 조망함에 있어서 특별한 가치를 가지고 있다고 볼 수 없을 뿐만 아니라, 이와 같이 보통의 지역에 인공적으로 고층의 아파트를 축조하여 비로소 넓은 지역의 조망이 가능해진 경우에 인접 부지에 또 다른 고층의 아파트가 건축된다고 하여 그에 대해 조망침해를 주장할 수는 없다고 할 것이므로, 원고들의 이 부분 주장은 다른 점에 대해 살필 필요 없이 이유 없다.

마. 소음, 분진, 진동으로 인한 손해배상청구에 대하여
 (1) 통상 건설공사에 있어서는 일정 정도의 소음, 진동, 분진이 수반되기 마련인 점에 비추어, 어떠한 공사에 수반하여 소음, 진동, 분진 등이 발생하였다는 것만으로는 그 공사가 정당한 권리행사로서의 범위를 벗어난 것이라고는 단정할 수 없고, 소음, 진동, 분진 등의 배출 및 그로 인한 피해의 정도가 사회통념상 일반적으로 용인하는 수인한도를 넘어서는 경우에 한하여 그 배출행위는 불법행위가 된다고 할 것이다.
 (2) 이러한 법리에서 이 사건에 있어서 위와 같이 수인한도를 초과하는 소음, 진동, 분진 등의 발생이 있었는지에 관하여 보건대, 갑 제16호증, 을가 제2호증의 각 기재에 변론 전체의 취지를 종합하면, 두산건설은 이 사건 아파트를 신축하면서 공사로 인한 소음을 방지하기 위하여 주위에 방음벽을 설치한 사실, 일반주거지역의 생활소음허용기준은 70dB인데, ○○아파트 주민의 민원제기로 인하여 남양주시청에서 공사현장의 소음을 측정한 결과 2000. 6. 5.과 같은 해 7. 29. 각 73dB의 소음이 측정되어 두산건설은 남양주시청으로부터 방음시설 보완 등에 대한 개선명령을 받고 이를 시정한 사실이 인정되는바, 전체공사기간 중 생활소음허용기준을 초과한 일수가 극히 적고 그 초과정도가 크지 아니하며 두산건설이 행정명령을 받고 이를 시정한 점 등에 비추어 위 인정 사실만으로는 두산건설이 이 사건 신축공사를 하는 과정에서 발생한 소음으로 인하여 원고들이 수인한도를 넘어서는 신체적·정신적 손해를 입었다고 추인하기에 부족하고, 달리 이를 인정할 만한 증거가 없으므로, 원고들의 이 부분 주장 역시 받아들이지 아니한다.

바. 산책로 등 생활이익 상실에 따른 손해배상청구에 대하여
 원고들 소유의 ○○아파트 앞에는 이 사건 도로가 계획되어 있었는데 남양주시장이 이 사건 도로에 대한 도시계획변경결정을 하여 도로의 길이를 축소한 사실은 앞서 인정한 바와 같으나, 이 사건 도로는 도시계획결정에 따라 형성되는 도로로서 위와 같은 도시계획변경결정이 피고들의 책임 있는 사유로 이루어졌음을 인정할 증거가 없는 이상, 원고들이 이를 산책로로 이용하는 등으로 누리게 되는 이익은 도시계획결정에 따른 반사적 이익에 불과한 것이며, 위 도로를 산책로

로 이용하는 원고들이 적법한 도시계획변경결정에 따라 축소된 도로 부분에 대하여 공사를 진행하는 두산건설 등을 상대로 도로에 대한 생활이익 등의 사법상 권리를 주장할 수는 없는 것이므로, 원고들의 이 부분 주장도 이유 없다.

3. 결론

그렇다면 피고는 이 사건 피해자인 원고들에게 별지 4 손해배상내역의 인용금액합계란 기재 각 금원 및 위 각 금원에 대하여 이 사건 아파트의 골조완성시인 2001. 9. 24.부터 제1심판결에서 인용한 재산상 손해액에 대하여는 제1심판결 선고일인 2004. 7. 13.까지, 당심에서 인용한 재산상 손해액 및 위자료에 대하여는 이 판결선고일인 2005. 4. 8.까지는 민법이 정한 연 5%, 각 그 다음날부터 다 갚는 날까지는 소송촉진 등에 관한 특례법이 정한 연 20%의 각 비율에 따른 지연손해금을 지급할 의무가 있다 할 것인바, 제1심판결은 이 사건 피해자인 원고들에 대하여 이와 일부 결론을 달리 하여 부당하므로, 제1심판결의 이 사건 피해자인 원고들에 대한 부분 중 당심에서 인용한 위 원고들 패소 부분을 취소하여 피고에게 위 금원의 추가 지급을 명하고, 위 원고들의 나머지 항소 및 나머지 원고들의 각 항소는 모두 이유 없어 이를 기각하기로 하여 주문과 같이 판결한다. 1 내지 4 생략

판사 김경종(재판장) 한영환 김하늘

☞ 서울중앙지방법원 2008. 7. 8. 선고 2007가합79119 판결 299p 참조

(2) 북향건물에서의 일조침해

☞ 서울고등법원 1996. 3. 29. 선고 94나11806 판결 290p 참조 (최초로 일조방해로 인한 손해배상에서의 수인한도 기준을 판시)

마. 토지이용의 선후관계 - 일조이익

☞ 대법원 2007. 6. 14. 선고 2005다72058 판결 287p 참조
☞ 대법원 2004. 9. 13. 선고 2003다64602 판결 279p 참조

[판례 7] 손해배상(기) (대법원 2008. 4. 17. 선고 2006다35865 판결) (일조방해로 인한 손해배상청구의 소멸시효의 기산점)

【판시사항】
일조방해의 개념 및 위법한 건축행위로 일조방해가 발생한 경우 손해배상청구권의 소멸시효 기산점

【판결요지】

[다수의견] (가) 토지의 소유자 등이 종전부터 향유하던 일조이익(일조이익)이 객관적인 생활이익으로서 가치가 있다고 인정되면 법적인 보호의 대상이 될 수 있는데, 그 인근에서 건물이나 구조물 등이 신축됨으로 인하여 햇빛이 차단되어 생기는 그늘, 즉 일영(일영)이 증가함으로써 해당 토지에서 종래 향유하던 일조량이 감소하는 일조방해가 발생한 경우, 그 일조방해의 정도, 피해이익의 법적 성질, 가해건물의 용도, 지역성, 토지이용의 선후관계, 가해 방지 및 피해 회피의 가능성, 공법적 규제의 위반 여부, 교섭 경과 등 모든 사정을 종합적으로 고려하여 사회통념상 일반적으로 해당 토지 소유자의 수인한도를 넘게 되면 그 건축행위는 정당한 권리행사의 범위를 벗어나 사법상(사법상) 위법한 가해행위로 평가된다.

(나) 일반적으로 위법한 건축행위에 의하여 건물 등이 준공되거나 외부골조공사가 완료되면 그 건축행위에 따른 일영의 증가는 더 이상 발생하지 않게 되고 해당 토지의 소유자는 그 시점에 이러한 일조방해행위로 인하여 현재 또는 장래에 발생 가능한 재산상 손해나 정신적 손해 등을 예견할 수 있다고 할 것이므로, 이러한 손해배상청구권에 관한 민법 제766조 제1항 소정의 소멸시효는 원칙적으로 그 때부터 진행한다. 다만, 위와 같은 일조방해로 인하여 건물 등의 소유자 내지 실질적 처분권자가 피해자에 대하여 건물 등의 전부 또는 일부에 대한 철거의무를 부담하는 경우가 있다면, 이러한 철거의무를 계속적으로 이행하지 않는 부작위는 새로운 불법행위가 되고 그 손해는 날마다 새로운 불법행위에 기하여 발생하는 것이므로 피해자가 그 각 손해를 안 때로부터 각별로 소멸시효가 진행한다.

[대법관 고현철, 김영란, 이홍훈, 김능환의 반대의견] (가) 일조방해란 태양의 직사광선이 차단되는 불이익을 말하는 것이고, 그 일조방해의 정도가 사회통념상 일반적으로 인용하는 수인한도를 넘게 되면 사법상 위법한 가해행위로 평가된다. 헌법 제35조 제1항에 비추어 볼 때, 위법한 일조방해는 단순한 재산권의 침해에 그치는 것이 아니라 건강하고 쾌적한 환경에서 생활할 개인의 인격권을 침해하는 성격도 지니고 있다.

(나) 위법한 일조방해행위로 인한 피해 부동산의 시세 하락 등 재산상의 손해는 특별한 사정이 없는 한 가해 건물이 완성될 때 일회적으로 발생한다고 볼 수 있으나, 위법한 일조방해로 직사광선이 차단되는 등 생활환경이 악화됨으로써 피해 건물의 거주자가 입게 되는 정신적 손해는 가해 건물이 존속하는 한 날마다 계속적으로 발생한다고 보아야 하므로, 그 위자료 청구권의 소멸시효는 가해 건물이 피해 부동산의 일조를 방해하는 상태로 존속하는 한 날마다 개별적으로 진행한다.

【참조조문】

민법 제2조, 제750조, 제751조, 제766조 제1호, 헌법 제23조 제1항, 제35조 제1항, 환경정책기본법 제6조

【참조판례】

대법원 1966. 6. 9. 선고 66다615 전원합의체 판결
대법원 1999. 3. 23. 선고 98다30285 판결(공1999상, 728)
대법원 2004. 10. 28. 선고 2002다63565 판결(공2004하, 1935)
대법원 2007. 6. 28. 선고 2004다54282 판결(공2007하, 1135)

【전 문】

【원고, 상 고 인】 원고 1외 36인 (소송대리인 변호사 태기정외 1인)

【피고, 피상고인】 주식회사 부영 (소송대리인 법무법인 바른 담당변호사 조중한외 8인)

【원심판결】 광주고법 2006. 5. 17. 선고 2005나9790 판결

【주 문】

상고를 모두 기각한다. 상고비용은 원고들이 부담한다.

【이 유】

상고이유(상고이유서 제출기간이 지난 후에 제출된 보충상고이유서의 기재는 상고이유를 보충하는 범위 내에서)를 판단한다.

1. 토지의 소유자 등이 종전부터 향유하던 일조이익(일조이익)이 객관적인 생활이익으로서 가치가 있다고 인정되면 법적인 보호의 대상이 될 수 있는데, 그 인근에서 건물이나 구조물 등이 신축됨으로 인하여 햇빛이 차단되어 생기는 그늘, 즉 일영(일영)이 증가함으로써 해당 토지에서 종래 향유하던 일조량이 감소하는 일조방해가 발생한 경우, 그 일조방해의 정도, 피해이익의 법적 성질, 가해 건물의 용도, 지역성, 토지이용의 선후관계, 가해 방지 및 피해 회피의 가능성, 공법적 규제의 위반 여부, 교섭 경과 등 모든 사정을 종합적으로 고려하여 사회통념상 일반적으로 해당 토지 소유자의 수인한도를 넘게 되면 그 건축행위는 정당한 권리행사의 범위를 벗어나 사법상(사법상) 위법한 가해행위로 평가된다(대법원 2004. 10. 28. 선고 2002다63565 판결, 대법원 2007. 6. 28. 선고 2004다54282 판결 등 참조). 일반적으로 위와 같이 위법한 건축행위에 의하여 건물 등이 준공되거나 외부 골조공사가 완료되면 그 건축행위에 따른 일영의 증가는 더 이상 발생하지 않게 되고 해당 토지의 소유자는 그 시점에 이러한 일조방해행위로 인하여 현재 또는 장래에 발생 가능한 재산상 손해나 정신적 손해 등을 예견할 수 있다고 할 것이므로, 이러한 손해배상청구권에 관한 민법 제766조 제1항 소정의 소멸시효는 원칙적으로 그 때부터 진행한다(대법원 1966. 6. 9. 선고 66다615 전원합의체 판결 등 참조). 다만, 지극히 예외적이기는 하지만, 위와 같은 일조방해로 인하여 건물 등의 소유자 내지 실질적 처분권자가 피해자에 대하여 건물 등의 전부 또는 일부에 대한 철거의무를 부담하는 경우가 있다면, 이러한 철거의무를 계속적으로 이행하지 않는 부작위는 새로운 불법행위가 되고 그 손해는 날마다 새로운 불법행위에 기하여 발생하는 것이므로 피해자가 그 각 손해를 안 때로부터 각별로 소멸시효가 진행한다고 볼 수 있을 것이다(대법원 1999. 3. 23. 선고 98다30285 판결 등 참조).

원심은 그 채택 증거를 종합하여 그 판시와 같은 사실을 인정한 다음, 피고가 건축주로서 1995. 11. 20. 사용승인을 받은 부영아파트의 신축으로 인하여 이 사건 아파트 부지에 발생한 일조방해의 정도는 사회통념상 일반적으로 인용해야 할 수인한도를 초과하는 것이지만 그 위법성의 정도가 피고에게 철거의무를 부과해야 할 정도에는 이르지 않는다고 보고, 원고들은 1995. 11. 20.경 피고가 부영아파트를 건축하였다는 점과 이러한 피고의 불법행위로 인하여 재산상 손해 및 정신적 손해가 발생한다는 점 등을 모두 알았다고 할 것이므로 그로부터 3년이 경과함으로써 이 사건 손해배상청구권의 소멸시효가 완성되었다고 판단하였다. 앞에서 본 법리에 비추어 볼 때 원심의 이러한 조치는 정당한 것으로 수긍이 가고, 거기에 상고이유로 주장하는 바와 같은 일조방해로 인한 손해배상청구권의 소멸시효에 관한 법리오해 등 판결에 영향을 미친 위법이 없다.

그러므로 상고를 기각하기로 하여 주문과 같이 판결한다. 이 판결에는 대법관 고현철, 대법관 김영란, 대법관 이홍훈, 대법관 김능환의 반대의견이 있는 외에는 관여 법관들의 의견이 일치하였다.

2. 대법관 고현철, 대법관 김영란, 대법관 이홍훈, 대법관 김능환의 반대의견은 다음과 같다.

다수의견은, 사회통념상 토지 소유자의 수인한도를 넘는 건축행위에 의하여 건물이 준공되거나 외부 골조공사가 완료되면(이하 건물 준공이나 외부골조공사 완료를 '건물의 완성'이라 한다) 그 건축행위에 따른 일영의 증가는 더 이상 발생하지 않게 되고 해당 토지의 소유자는 건물의 완성 시점에 이러한 일조방해행위로 인하여 현재 또는 장래에 발생 가능한 손해를 예견할 수 있다고 할 것이므로, 이러한 손해배상청구권에 관한 민법 제766조 제1항 소정의 소멸시효는 원칙적으로 건물의 완성 시점부터 진행한다고 보고 있다. 그러나 다수의견의 견해 중 일조방해로 인하여 발생하는 정신적 손해에 대한 손해배상청구권에 관하여도 건물의 완성 시점부터 소멸시효가 진행한다는 부분에는 동의할 수 없다.

일조방해란 태양의 직사광선이 차단되는 불이익을 말하는 것이고, 그 일조방해의 정도가 사회통념상 일반적으로 인용하는 수인한도를 넘게 되면 사법상 위법한 가해행위로 평가되는 것이다. 우리 헌법 제35조 제1항이 모든 국민은 건강하고 쾌적한 환경에서 생활할 권리를 가진다고 선언하고 있는 점에 비추어 보더라도, 위법한 일조방해는 단순한 재산권의 침해에 그치는 것이 아니라 건강하고 쾌적한 환경에서 생활할 개인의 인격권을 침해하는 성격도 지니고 있다.

위법한 일조방해행위로 인한 피해 부동산의 시세 하락 등 재산상의 손해는 특별한 사정이 없는 한 가해 건물이 완성될 때에 일회적으로 발생한다고 볼 수 있으나, 위법한 일조방해로 인하여 직사광선이 차단되는 등 생활환경이 악화됨으로써 피해 건물의 거주자가 입게 되는 정신적 손해는 가해 건물이 존속하는 한 날마다 계속적으로 발생하는 것으로 보아야 한다.

다수의견은 가해 건물의 완성 시점에 일조방해행위로 인하여 장래에 발생 가능한 정신적 손해를 예견할 수 있으므로 그 때부터 소멸시효가 진행한다고 판단하고 있으나, 일조방해로 인한 정신적 손해는 피해 부동산의 시세 하락 등 재산상 손해로 인하여 겪게 되는 정신적 고통을 의미하는 것이 아니라 일조방해로 인하여 직사광선이 차단되는 등 생활환경이 악화됨으로써 거주자가 입게 되는 정신적 고통을 의미하는 것인데, 피해 건물의 거주자가 일조방해를 받는 상태에서 단기간을 거주한 경우와 장기간을 거주한 경우에 그 정신적 손해의 정도가 같을 수 없고, 이러한 거주 기간을 가해 건물의 완성 시점에는 예견할 수 없다는 점에서도 다수의견의 견해에 찬성할 수 없다.

따라서 이 사건에서 부영아파트가 신축되어 이 사건 아파트의 일조를 방해하는 상태로 존속하는 한, 날마다 새로운 일조방해행위가 되어 이 사건 아파트 주민인 원고들의 정신적 손해를 발생시키는 것으로 보아야 하고, 그 위자료 청구권의 소멸시효는 부영아파트가 존속하는 한 날마다 개별적으로 진행된다고 할 것이므로, 원심판결 중 위자료 청구 부분에 관한 원고들 패소 부분은 파기되어 원심법원으로 환송되어야 한다.

3. 대법관 김황식, 대법관 김지형, 대법관 안대희는 다음과 같이 다수의견을 보충하고자 한다.

다수의견은 제1항에서, 건물 등의 신축에 따른 위법한 일조방해로 인하여 그 소유자 내지 실질적인 처분권자가 철거의무를 부담하게 되는 지극히 예외적인 사안과 그에 해당하지 않는 일반적인 사안을 구분할 수 있음을 전제하고서, 그 불법행위의 성립시기, 계속 여부 및 그에 따른 소멸시효 진행 등에 관하여 각각 차이가 있음을 지적하였다.

그런데 반대의견은 위와 같은 구분에 대해서는 별다른 언급을 하지 아니한 채, 위법한 건축행위로 인한 재산적 손해와 정신적 손해를 달리 취급하여 정신적 손해만은 가해 건물이 존속하는 한 날마다 계속적으로 발생하고 그에 관한 위자료 청구권의 소멸시효도 위법 건물이 존속하는 한 날마다 개별적으로 진행된다고 보고 있다.

그러나 일조방해를 가져오는 위법한 건축행위라도 그 건물의 전부 또는 일부에 대한 철거의무가 인정되지 않는 일반적인 일조방해 사안에서는 그 건축행위의 완료와 함께 불법행위가 성립·종료하는 것이고, 이 경우 모든 손해는 그 시점에 발생한 것으로 보는 것이 법리상 옳다고 생각한다. 이는 자동차 사고로 인하여 피해자가 상해를 입는 등의 불법행위가 성립하는 경우 이에 관하여 장래에 발생하는 재산적 손해와 정신적 손해를 모두 불법행위의 성립시점에 발생하는 것으로 파악하는 것과 같은 이치일 것이다. 그렇다면 위와 같이 일반적인 일조방해 사안에서도 날마다 새로운 일조방해행위가 이루어진다거나 혹은 하나의 건축행위로 인하여 발생하는 재산적 손해와 정신적 손해에 관하여 각각 다른 법률적 취급을 해야 한다는 반대의견에는 찬성하기 어렵다.

한편, 우리 헌법은 제35조 제1항에서 모든 국민은 건강하고 쾌적한 환경에서 생활할 권리를 가진다고 선언하면서, 동시에 제23조 제1항에서 모든 국민의 재산권은 보장되고 그 내용과 한계는 법률로 정한다고 규정하고 있다. 그런데 이 사건은 일조이익의 보호와 타인 재산권의 보장, 법적 안정성 등 서로 대립할 수 있는 여러 법익을 종합적으로 고려하여 실제로 발생하는 손해의 전보 및 그 분담의 공평문제 등을 규율하게 되는 손해배상제도에 관한 것이기 때문에, 반대의견이 내세우는 헌법 제35조 제1항이 그 주장을 정당화하는 법리적 근거가 되기 어렵다. 실질적으로도 일조방해를 가져오는 위법한 건축행위가 완료되고 그에 관한 손해배상문제가 논의되는 경우, 재산적 손해와 정신적 손해에 관한 법적 분쟁을 한꺼번에 해결하는 것이 합리적인 분쟁해결방식이라고 할 것이다. 만일 반대의견과 같은 입장을 취하면 정신적 손해배상 청구의 시기·범위·방법이나 위법하게 건축된 건물과 피해 토지의 권리변동 등에 관련하여 그 법적 분쟁의 해결이 사실상 어렵게 되거나 매우 복잡하게 되기 때문에, 결국 부동산거래에 관한 법적 안정성 내지 거래 안전을 심하게 훼손하는 결과를 가져올 것이다.

이와 같이 반대의견을 취하는 경우 여러 가지 문제가 발생한다는 점을 다수의견의 보충의견으로서 덧붙이고자 한다.

4. 대법관 이홍훈은 다음과 같이 반대의견을 보충하고자 한다.

다수의견은, 위법한 일조방해로 인하여 가해 건물의 소유자 내지 실질적인 처분권자(이하 '소유자 등'이라 한다)가 철거의무를 부담하게 되는 지극히 예외적인 사안과 그에 해당하지 않는 일반적인 사안을 구분할 수 있고, 이에 따라 그 불법행위의 성립시기, 계속 여부 및 그에 따른 소멸시효 진행 등에 관하여 각각 차이가 있다고 전제한 다음, 일반적인 일조방해의 경우에는 가해 건물의 완성 시점부터 소멸시효가 진행하는 것이지만, 소유자 등의 철거의무를 부담하게 되는 일조방해의 경우에는 손해가 날마다 새로운 불법행위에 기하여 발생하고 각별로 소멸시효가 진행하는 것이라고 설시하고 있다.

일조방해의 정도가 어느 수준을 넘게 되면 소유자 등의 철거의무가 발생한다는 것은 수긍할 수 있으나, 이로 인하여 불법행위의 성질이 일회적 불법행위에서 계속적 불법행위로 변하여 그 성립시기나 소멸시효의 진행이 달라질 수 있다는 다수의견의 논리에는 선뜻 동의하기 어렵다. 자동차 사고로 인하여 피해자에게 심각한 신체장애가 발생하여 평생 개호가 필요하다고 하여 불법행위의 성질이 계속적 불법행위로 바뀔 수 없는 것과 마찬가지로, 일조방해라는 동일한 가해행위에 대하여 단지 일조방해의 정도가 중대하다는 이유만으로 그 성질이 계속적 불법행위로 변하여 불법행위의 성립시기나 소멸시효 진행이 달라진다는 것은 불합리하기 때문이다. 또한, 이와 같이 소유자 등의 철거의무를 부담하게 되는 일조방해의 경우에 철거만 계속적으로 요구할 수 있는지, 아니면 재산상 손해나 정신적 손해도 날마다 발생하여 이에 대한 배상을 계속적으로 요구할 수 있는지에 관하여도 일관성 있는 설명에 어려움이 예상된다. 그러나 반대의견에서는 철거의무의 발생 여부와는 무관하게, 일조를 방해하는 가해 건물의 완성 시점에 예견 가능한 재산상 손해와 날마다 발생하는 정신적 손해를 구분하여 두 손해가 소멸시효의 진행을 달리한다고 일관성 있게 설명할 수 있다고 할 것이다.

다수의견에 대한 보충의견은, 자동차 사고로 인하여 피해자가 입게 되는 정신적 손해와 일조방해로 인하여 피해자가 입게 되는 정신적 손해를 동일하게 볼 수 있다는 전제 아래, 하나의 건축행위로 인하여 발생하는 재산적 손해와 정신적 손해에 관하여 다른 법률적 취급을 해야 하는 반대의견에는 찬성하기 어렵다고 설시하고 있다.

그러나 자동차 사고는 한 번 발생하는 것이지만, 일조방해는 날마다 발생하는 것이다. 자동차 사고로 인하여 발생한 정신적 손해는 일단 한 번 발생하면 사고가 없었던 상태로 되돌릴 수 없는 것이지만, 일조방해로 인한 정신적 손해는 영구적인 것이 아니라 가해 건물이 사라지게 되면 소멸한다는 점에서 자동차 사고와 일조방해를 동일시할 수는 없다고 본다.

끝으로, 다수의견은 일조방해를 둘러싼 법적 분쟁의 일회적이고 효율적인 해결의 필요성을 강조하는 입장에 서 있는 것으로 보이는데, 이는 가해 건물 소유자 등의 재산권을 보장하기 위한 측면에서는 바람직할 수 있다. 그러나 헌법 제35조와 환경정책기본법 제6조에서 보장하고 있는 환경권은 자유권이나 재산권 등 다른 기본권 보호의 전제가 되는 종합적 기본권의 성격을 가지고 있어 재산권 등 다른 기본권의 우위에 있는 권리라고 볼 여지도 있기 때문에 다수의견은 피해 건물 거주자의 환경권이나 인격권을 보장하는 데에는 미흡할 수 있다는 점을 지적하면서, 반대의견에 대한 보충의견을 밝히는 바이다.

대법원장   이용훈(재판장)
대법관   고현철 김영란 양승태 김황식 박시환 김지형 이홍훈(주심)
박일환 김능환 전수안 안대희 차한성

☞ 민 법

제766조 (손해배상청구권의 소멸시효) ① 불법행위로 인한 손해배상의 청구권은 피해자나 그 법정대리인이 그 손해 및 가해자를 안 날로부터 3년간 이를 행사하지 아니하면 시효로 인하여 소멸한다.

[판례 8] 손해배상(기) (서울중앙지법 2004. 8. 17. 선고 2002가합14742 판결)

【판시사항】

[1] 일조 등의 생활이익이 토지소유권에 당연히 내재되어 있는 것인지 여부(소극) 및 인접지에 신축된 건물로 인하여 현재 나대지인 토지 위에 장래 신축할 건물에서의 주거생활이익이 침해될 경우를 예상하여 그 토지의 소유자가 손해배상을 청구할 수 있는지 여부(소극)

[2] 나대지인 토지에 신축할 예정 건물의 가치가 인접지의 신축건물에 의한 일조 등의 생활이익 침해로 인해 하락할 것을 우려하여 당초 예정과 다른 용도로 건물을 신축하게 되었다고 하더라도 인접지의 건물 신축이 그 인접지의 통상적인 사용방법에 어긋나지 아니한 이상 나대지인 토지의 사용권에 수인한도를 넘는 침해가 존재한다고 단정할 수 없다고 한 사례

【판결요지】

[1] 일조, 조망, 사생활 보호 등은 토지 또는 건물에서의 주거환경과 관련된 법적 보호가치 있는 생활

이익의 요소로서 통상 그 거주자의 주거생활이익으로 인정되는 것이고, 당해 부동산의 소유자에 불과한 자는 당해 부동산에서의 주거환경이 악화됨으로써 당해 부동산을 온전히 사용·수익할 권리가 침해되었음을 이유로 그 재산상 손해배상을 구하는 것은 별론으로 하고 일조 등의 생활이익을 직접 침해받는 자라 할 수 없으며, 부동산의 사용수익권이 침해되었음을 이유로 손해배상을 구하는 경우에도 당해 부동산에서의 구체적 주거생활이익에 대한 위법한 침해가 당연히 존재하여야 하는 것이므로, 일조, 조망, 사생활 보호 등의 생활이익은 토지의 이용현황과 무관하게 그 소유권 속에 당연히 내재한 것이 아니라 당해 토지가 구체적으로 주거로 이용되고 있음을 전제로 하여 그 거주자의 주거생활이익의 한 요소 또는 토지 소유자의 소유권에 기한 토지사용수익권의 내용에 속하는 것이라 할 것이고, 한편 손해배상의 대상이 되는 손해는 어떠한 위법한 행위로 인하여 구체적으로 발생한 현실적 손해라 할 것이므로, 아직 건물이 존재하지 아니하여 구체적인 주거생활이익의 침해가 존재하지 않음에도 불구하고 장래 건축할 건물에서의 주거생활이익이 침해될 경우를 상정하여 그 가정적 손해에 대한 배상을 구할 수는 없다.

[2] 나대지인 토지에 신축할 예정 건물의 가치가 인접지의 신축건물에 의한 일조 등의 생활이익 침해로 인해 하락할 것을 우려하여 당초 예정과 다른 용도로 건물을 신축하게 되었다고 하더라도 인접지의 건물 신축이 그 인접지의 통상적인 사용방법에 어긋나지 아니한 이상 나대지인 토지의 사용권에 수인한도를 넘는 침해가 존재한다고 단정할 수 없다고 한 사례.

【참조조문】

[1] 민법 제217조, 제750조 [2] 민법 제217조, 제750조

【전 문】

【원 고】 원고 (소송대리인 법무법인 화우 담당변호사 황상현)
【피 고】 대상 주식회사 외 1인 (소송대리인 법무법인 남산 담당변호사 하민호 외 1인)
【변론종결】 2004. 7. 20.

【주 문】

1. 원고의 피고들에 대한 청구를 모두 기각한다.
2. 소송비용은 원고의 부담으로 한다.

【청구취지】

피고들은 각자 원고에게 금 150,000,000원 및 이에 대하여 2000. 12. 1.부터 이 사건 소장 부본 송달일까지는 연 5%의, 그 다음날부터 다 갚는 날까지는 연 25%의 각 비율로 계산한 금원을 지급하라.

【이 유】

1. 기초사실

다음 각 사실은 당사자들 사이에 다툼이 없거나, 갑 제1호증의 1 내지 갑 제6호증, 갑 제10호증의 1 내지 6, 갑 제13호증의 1 내지 갑 제17호증의 19, 갑 제20호증의 6 내지 갑 제23호증의 2, 을 제1 내지 5호증의 각 기재, 이 법원의 현장검증 결과, 감정인 소외인의 감정 결과에 변론의 전취지를 종합하여 이를 인정할 수 있다.

가. 원고는 서울 서초구 (주소 1 생략) 대 545.7㎡(이하 '이 사건 토지'라고 한다)의 소유자로서 2000. 7. 6. 서울 서초구청장으로부터 위 토지 위에 지하 2층, 지상 6층, 연면적 2,361.76㎡ 규모의 제2종 근린생활시설 및 업무시설을 신축하는 공사에 관한 건축허가를 얻은 다음, 2002. 9. 16. 서울 서초구청장으로부터 지하 3층, 지상 8층, 연면적 2,870.29㎡ 규모의 철근콘크리트

구조 근린생활시설 및 업무시설(이하 '이 사건 ○○빌딩'이라고 한다)로의 설계변경에 관한 건축허가를 얻어, 그 공사를 진행한 결과 이 사건 변론종결 당시 그 공사를 모두 마쳤다.

나. 피고 대상 주식회사는 위 (주소 2 생략) 대 15,397.5㎡와 위 (주소 3 생략) 대 7,316.1㎡의 두 토지(이하 '이 사건 인접지'라고 한다)의 소유자로서 2000. 2. 23. 서울특별시장으로부터 위 토지 위에 지하 6층, 지상 24층(A, D동), 37층(B, C동), 연면적 275,908.70㎡ 규모의 공동주택·판매·업무·운동시설을 신축하는 공사에 관한 건축허가를 얻어 2000. 11. 그 공사에 착공하였다가, 2000. 12. 15. 위 공사설계변경을 신청하여 2001. 1. 16. 서울특별시장으로부터 지하 6층, 지상 27층(A동), 37층(B, C동), 연면적 257,421.68㎡ 규모의 공동주택·판매·업무·운동·근린생활시설(이하 '이 사건 △△△△△△'라고 한다)로의 설계변경에 관한 건축허가를 받은 위 신축공사의 건축주이고, 피고 대림산업 주식회사는 이 사건 △△△△△△의 신축공사를 실제 행한 시공사로서 이 사건 변론종결 당시 위 신축공사를 모두 마쳤다.

다. 이 사건 인접지는 원래 소외 삼풍건설산업 주식회사의 소유에 속하던 토지로서 구 도시계획법(2002. 2. 4. 법률 제6655호로 폐지되기 전의 것, 현행 국토의계획및이용에관한법률)상 그 용도는 주거지역이었으나, 삼풍백화점 및 그 부속 주차장의 부지로 사용되고 있었는데, 그 후 1996. 5. 29. 상업지역으로의 용도지역변경이 있었다.

라. 이 사건 토지는 위 도시계획법상 일반주거지역으로 용도지역지정된 토지로서 남서 74°방향으로 이 사건 인접지 중 위 △△△△△△ B동과 C동의 각 부지 사이에 위치하고 있는데(즉, 이 사건 토지의 남서 방향에 이 사건 △△△△△△ C동의 부지가 있다.), 이 사건 △△△△△△의 건축 전 이 사건 토지와 이 사건 인접지는 모두 나대지상태였고, 따라서 당시 이 사건 토지는 동짓날 08:00부터 16:00까지를 기준으로 8시간의 일조를 얻고 있었다.

마. 이 사건 ○○빌딩과 이 사건 △△△△△△의 신축공사가 모두 완공된 후 이 사건 △△△△△△로 인하여 영향을 받은 이 사건 ○○빌딩은 동짓날 09:00부터 15:00 사이에 최소 2시간 24분 내지 최대 4시간 6분 동안 연속하여 일조(이 사건 ○○빌딩 내 기둥을 기준으로 3개 부분으로 나눈 다음, 각 영역별 일조면창에 50%의 일조가 이루어지는 경우를 일조가 있는 것으로 산정하였다. 이하 같다)를 향유하고 있으며, 동짓날 08:00부터 16:00 사이에 최소 3시간 24분 내지 최대 5시간 6분 동안의 총 일조를 향유하고 있고, 30%~72%의 조망 침해(이 사건 ○○빌딩 내 각 층별 창문의 면적 중 외부건물이 보이는 부분이 차지하는 비율을 침해율로 산정하였다.)와 2~3등급(이 사건 △△△△△△ C동 창문에서 이 사건 ○○빌딩을 바라보았을 때 사람의 신체적 구분이 뚜렷한 경우를 2등급, 신체적 구분이 가능한 경우를 3등급으로 한다.)의 사생활 침해를 받고 있다.

2. 원고의 주장 및 판단

가. 원고의 주장

원고는 일조 등의 생활이익은 토지의 소유권에 내재하는 것으로서 당해 토지 위에 건물이 존재하지 않더라도 장차 건물이 신축될 예정인 경우에는 보호하여야 하는 것인데, 이 사건 △△△△△△의 신축으로 인하여 원고가 이 사건 토지와 관련한 일조, 조망, 사생활 보호 등의 생활이익을 침해당하였고, 또한 당초 이 사건 토지의 사용가치는 이를 근린생활시설 및 고급 원룸시설의 부지로 사용하였을 때 가장 컸는데, 이 사건 △△△△△△의 신축으로 인하여 이 사건 토지 위에 근린생활시설 및 고급 원룸시설을 신축할 경우에는 당해 건물의 일조, 조망, 사생활보호 등의 생활이익에 대한 침해가 발생할 수밖에 없어 당해 건물가치의 하락이 불가피하게 되었고, 이로써 이 사건 토지의 위 용도로서의 가치는 감소하였으며, 결국 이 사건 토지를 이 사건 ○○빌딩과 같은 근린생활시설 및 업무시설의 부지로 사용하게 되었는바, 이는 이 사건 토지의 효용을 최대화할 수 있는 방법으로 토지를 이용하려는 원고의 토지이용권을 제약함으로써 토지소유권을 침해한 것이라고 주장하면서, 이에 대한 손해배상을 구한다.

나. 판 단

(1) 이 사건 토지는 원래 나대지로서 충분한 일조가 존재하였는데, 이 사건 △△△△△△의 신축 후 그 일조량이 상당 부분 감소한 사실, 이 사건 토지와 이 사건 △△△△△△의 부지는 서로 인접하고 있어 이 사건 토지 위에 건물을 신축할 경우 그 건물에서의 일조 등의 주거환경은 이 사건 △△△△△△의 영향을 받게 되는 사실, 원고가 이 사건 토지 위에 근린생활시설 및 고급 원룸시설을 신축하지 아니하고, 근린생활시설 및 업무시설인 이 사건 ○○빌딩을 신축한 사실, 이 사건 △△△△△△가 각 신축된 사실은 앞서 인정한 바이므로, 나아가 원고 주장의 생활이익 침해로 인한 손해 및 토지이용제약 등의 토지소유권 침해로 인한 손해가 존재하는지에 관하여 본다.

(2) 이 사건 토지와 관련한 일조 등의 생활이익의 침해에 관한 부분

살피건대, ① 일조, 조망, 사생활 보호 등은 토지 또는 건물에서의 주거환경과 관련된 법적 보호가치 있는 생활이익의 요소로서 통상 그 거주자의 주거생활이익으로 인정되는 것이고, 당해 부동산의 소유자에 불과한 자는 위와 같이 당해 부동산에서의 주거환경이 악화됨으로써 당해 부동산을 온전히 사용·수익할 권리가 침해되었음을 이유로 그 재산상 손해배상을 구하는 것은 별론으로 하고 일조 등의 생활이익을 직접 침해받는 자라 할 수 없으며, 부동산의 사용수익권이 침해되었음을 이유로 손해배상을 구하는 경우에도 당해 부동산에서의 구체적 주거생활이익에 대한 위법한 침해가 당연히 존재하여야 하는 것이므로, 일조, 조망, 사생활 보호 등의 생활이익은 토지의 이용현황과 무관하게 그 소유권 속에 당연히 내재한 것이 아니라 당해 토지가 구체적으로 주거로 이용되고 있음을 전제로 하여 그 거주자의 주거생활이익의 한 요소 또는 토지 소유자의 소유권에 기한 토지사용수익권의 내용에 속하는 것이라 할 것이고, ② 한편 손해배상의 대상이 되는 손해는 어떠한 위법한 행위로 인하여 구체적으로 발생한 현실적 손해라 할 것이므로, 아직 건물이 존재하지 아니하여 구체적인 주거생활이익의 침해가 존재하지 않음에도 불구하고 장래 건축할 건물에서의 주거생활이익이 침해될 경우를 상정하여 그 가정적 손해에 대한 배상을 구할 수는 없다고 할 것이다.

따라서 이 사건 토지와 관련한 일조 등의 생활이익 침해로 인한 손해의 배상을 구하는 원고의 이 부분 주장이 이유 있기 위해서는 이 사건 토지가 주거로 사용되고 있고, 이 사건 △△△△△△의 신축으로 인하여 위 토지에서의 거주자의 법적 보호가치 있는 생활이익에 대한 위법한 침해가 존재하여야만 한다고 할 것이므로, 이에 관하여 보건대, 이를 인정할 아무런 증거가 없고, 오히려 이 사건 토지는 나대지였음은 당사자들 사이에 다툼이 없는바, 원고의 이 부분 주장은 더 살필 필요 없이 이유 없다.

(3) 토지이용권제약으로 인한 토지소유권침해에 관한 부분

살피건대, 원고의 주장대로 이 사건 토지 위에 근린생활시설 및 고급 원룸시설을 건축하는 경우 주거용에 속하는 고급 원룸시설 부분의 가치가 이 사건 △△△△△△에 의한 일조 등의 생활이익 침해로 인하여 하락할 것이 불가피하다고 하더라도, 일조 이익 등은 주거생활과 관련하여 인정되는 생활이익으로서 토지와 직접적인 관련이 있다고 보기 어렵고, 토지와 주택이 법적으로 별개의 부동산으로 취급됨은 물론, 사회경제생활에 있어서도 그 사용·수익의 태양이 서로 달라, 건물에 대한 일조 등의 침해가 있다고 하더라도 그 토지가 당해 건물

의 부지로 사용되고 있는 현상에는 아무런 장애가 없는 점을 고려하면, 이 사건 △△△△△△의 신축이 이 사건 인접지의 통상적인 사용방법에 어긋나지 아니한 이상 이로 인하여 이 사건 토지 위에 장차 건축할 건물에 일조 등의 침해를 주게 되고, 이로써 건물가치가 하락하게 될 것으로 예상된다고 하더라도 이로써 이 사건 토지의 효용에 수인한도를 넘는 침해를 가하였다고 보기 어렵고, 결국 주거환경 침해로 인하여 주거용으로서의 건물의 가격하락이 예상되고, 따라서 주거용 건물을 신축하는 것을 포기하고 다른 용도의 건물부지로 사용하였다고 하더라도 이로써 그 부지인 이 사건 토지의 사용권에 대한 수인한도를 넘는 침해가 존재한다고 단정할 수 없고, 그 외 이 사건 토지의 이용권에 수인한도를 넘는 침해가 발생하였다는 점에 관한 아무런 증거가 없으므로 원고의 이 부분 주장 역시 더 살필 필요없이 이유 없다.

3. 결 론

그렇다면 원고의 피고들에 대한 이 사건 청구는 모두 이유 없어 이를 전부 기각하기로 하여 주문과 같이 판결한다.

판사　손윤하(재판장) 채정선 이정훈

---

(1) 일조 이익

☞ 손해배상(기) (대법원 2008. 4. 17. 선고 2006다35865 판결 320p 참조 (일조방해로 인한 손해배상청구의 소멸시효의 기산점)
☞ 대법원 2002. 12. 10. 선고 2000다72213 판결 125p 참조
☞ 서울중앙지법 2008. 7. 8. 선고 2007가합79119 판결 299p 참조

바. 피해이익의 성질

☞ 대법원 2004. 10. 28. 선고 2002다63565 판결 123p 참조
☞ 대법원 2002. 12. 10. 선고 2000다72213 판결 125p 참조
☞ 대법원 2007. 6. 14. 선고 2005다72058 판결 287p 참조

(1) 주거지역 내 주거용 건물

☞ 서울중앙지법 2008. 7. 8. 선고 2007가합79119 판결 299p 참조

사. 공법적 규제의 위반

☞ 대법원 2007. 6. 14. 선고 2005다72058 판결 287p 참조

☞ 대법원 2004. 9. 13. 선고 2003다64602 판결 279p 참조

(1) 관련 규정

☞ 서울중앙지법 2008. 7. 8. 선고 2007가합79119 판결 299p 참조

☞ 건축법

제61조 (일조 등의 확보를 위한 건축물의 높이 제한) ① 전용주거지역과 일반주거지역 안에서 건축하는 건축물의 높이는 일조 등의 확보를 위하여 정북방향(正北方向)의 인접 대지경계선으로부터의 거리에 따라 대통령령으로 정하는 높이 이하로 하여야 한다. <개정 2022. 2. 3.>

② 다음 각 호의 어느 하나에 해당하는 공동주택(일반상업지역과 중심상업지역에 건축하는 것은 제외한다)은 채광(採光) 등의 확보를 위하여 대통령령으로 정하는 높이 이하로 하여야 한다. <개정 2013. 5. 10.>
  1. 인접 대지경계선 등의 방향으로 채광을 위한 창문 등을 두는 경우
  2. 하나의 대지에 두 동(棟) 이상을 건축하는 경우

③ 다음 각 호의 어느 하나에 해당하면 제1항에도 불구하고 건축물의 높이를 정남(正南)방향의 인접 대지경계선으로부터의 거리에 따라 대통령령으로 정하는 높이 이하로 할 수 있다. <개정 2011. 5. 30., 2014. 1. 14., 2014. 6. 3., 2016. 1. 19., 2017. 2. 8.>
  1. 「택지개발촉진법」 제3조에 따른 택지개발지구인 경우
  2. 「주택법」 제15조에 따른 대지조성사업지구인 경우
  3. 「지역 개발 및 지원에 관한 법률」 제11조에 따른 지역개발사업구역인 경우
  4. 「산업입지 및 개발에 관한 법률」 제6조, 제7조, 제7조의2 및 제8조에 따른 국가산업단지, 일반산업단지, 도시첨단산업단지 및 농공단지인 경우
  5. 「도시개발법」 제2조제1항제1호에 따른 도시개발구역인 경우
  6. 「도시 및 주거환경정비법」 제8조에 따른 정비구역인 경우
  7. 정북방향으로 도로, 공원, 하천 등 건축이 금지된 공지에 접하는 대지인 경우
  8. 정북방향으로 접하고 있는 대지의 소유자와 합의한 경우나 그 밖에 대통령령으로 정하는 경우

④ 2층 이하로서 높이가 8미터 이하인 건축물에는 해당 지방자치단체의 조례로 정하는 바에 따라 제1항부터 제3항까지의 규정을 적용하지 아니할 수 있다.

☞ 건축법 시행령

제86조 (일조 등의 확보를 위한 건축물의 높이 제한) ① 전용주거지역이나 일반주거지역에서 건축물을 건축하는 경우에는 법 제61조제1항에 따라 건축물의 각 부분을 정북(正北)방향으로의 인접 대지경계선으로부터 다음 각 호의 범위에서 건축조례로 정하는 거리 이상을 띄어 건축하여야 한다. <개정 2015. 7. 6., 2023. 9. 12.>
  1. 높이 10미터 이하인 부분: 인접 대지경계선으로부터 1.5미터 이상
  2. 높이 10미터를 초과하는 부분: 인접 대지경계선으로부터 해당 건축물 각 부분 높이의 2분의 1 이상
② 다음 각 호의 어느 하나에 해당하는 경우에는 제1항을 적용하지 아니한다. <신설 2015. 7. 6., 2016. 5. 17., 2016. 7. 19., 2017. 12. 29.>
  1. 다음 각 목의 어느 하나에 해당하는 구역 안의 대지 상호간에 건축하는 건축물로서 해당 대지가 너비 20미터 이상의 도로(자동차・보행자・자전거 전용도로를 포함하며, 도로에 공공공지, 녹지, 광장, 그 밖에 건축미관에 지장이 없는 도시・군계획시설이 접한 경우 해당 시설을 포함한다)에 접한 경우
    가. 「국토의 계획 및 이용에 관한 법률」 제51조에 따른 지구단위계획구역, 같은 법 제37조제1항제1호에 따른 경관지구
    나. 「경관법」 제9조제1항제4호에 따른 중점경관관리구역
    다. 법 제77조의2제1항에 따른 특별가로구역
    라. 도시미관 향상을 위하여 허가권자가 지정・공고하는 구역

☞ 서울특별시 건축조례

제35조 (일조 등의 확보를 위한 건축물의 높이제한) ① 영 제86조제1항에 따라 전용주거지역이나 일반주거지역에서 일조 등의 확보를 위하여 건축물의 각 부분을 정북방향의 인접 대지경계선으로부터 띄어야 하는 거리는 다음 각 호와 같다. <개정 2013.3.28., 2015.10.8., 2018.7.19., 2023.12.29.>
  1. 삭제 <2013.3.28.>
  2. 높이 10미터 이하인 부분 : 인접대지 경계선으로부터 1.5미터 이상
  3. 높이 10미터를 초과하는 부분 : 인접대지경계선으로부터 해당 건축물의 각 부분의 높이의 2분의 1 이상
② 「전통시장 및 상점가 육성을 위한 특별법 시행령」 제31조제1항에 따라 건축되는 복합형 상가건축물의 높이 제한의 산정을 위한 배수기준은 다음 각 호와 같다. <개정 2015.10.8., 2018.7.19.>
  1. 일반주거지역 : 3배
  2. 준주거지역 : 4배
  3. 준공업지역 : 4배
③ 영 제86조제3항 각 호 외의 부분 단서에 따른 다세대주택의 경우 영 제86조제3항제1호에도 불구하고 채광을 위한 창문 등이 있는 벽면에서 직각방향으로 인접 대지경계선까지의 수평거리는 1미터 이상으로 한다. <개정 2015.10.8., 2018.7.19.>

(2) 이격거리 위반

(가) 일조 등의 확보를 위한 건축물의 높이제한

☞ 건축법

제61조 (일조 등의 확보를 위한 건축물의 높이 제한) ① 전용주거지역과 일반주거지역 안에서 건축하는 건축물의 높이는 일조 등의 확보를 위하여 정북방향(正北方向)의 인접 대지경계선으로부터의 거리에 따라 대통령령으로 정하는 높이 이하로 하여야 한다. <개정 2022. 2. 3.>
② 다음 각 호의 어느 하나에 해당하는 공동주택(일반상업지역과 중심상업지역에 건축하는 것은 제외한다)은 채광(採光) 등의 확보를 위하여 대통령령으로 정하는 높이 이하로 하여야 한다. <개정 2013. 5. 10.>
  1. 인접 대지경계선 등의 방향으로 채광을 위한 창문 등을 두는 경우
  2. 하나의 대지에 두 동(棟) 이상을 건축하는 경우

☞ 건축법 시행령

제86조 (일조 등의 확보를 위한 건축물의 높이 제한) ① 전용주거지역이나 일반주거지역에서 건축물을 건축하는 경우에는 법 제61조제1항에 따라 건축물의 각 부분을 정북(正北) 방향으로의 인접 대지경계선으로부터 다음 각 호의 범위에서 건축조례로 정하는 거리 이상을 띄어 건축하여야 한다. <개정 2015. 7. 6., 2023. 9. 12.>
  1. 높이 10미터 이하인 부분: 인접 대지경계선으로부터 1.5미터 이상
  2. 높이 10미터를 초과하는 부분: 인접 대지경계선으로부터 해당 건축물 각 부분 높이의 2분의 1 이상
② 다음 각 호의 어느 하나에 해당하는 경우에는 제1항을 적용하지 아니한다. <신설 2015. 7. 6., 2016. 5. 17., 2016. 7. 19., 2017. 12. 29.>
  1. 다음 각 목의 어느 하나에 해당하는 구역 안의 대지 상호간에 건축하는 건축물로서 해당 대지가 너비 20미터 이상의 도로(자동차·보행자·자전거 전용도로를 포함하며, 도로에 공공공지, 녹지, 광장, 그 밖에 건축미관에 지장이 없는 도시·군계획시설이 접한 경우 해당 시설을 포함한다)에 접한 경우
    가. 「국토의 계획 및 이용에 관한 법률」 제51조에 따른 지구단위계획구역, 같은 법 제37조제1항제1호에 따른 경관지구
    나. 「경관법」 제9조제1항제4호에 따른 중점경관관리구역
    다. 법 제77조의2제1항에 따른 특별가로구역
    라. 도시미관 향상을 위하여 허가권자가 지정·공고하는 구역

(나) 시행령 제86조 제1항의 이격거리

> ☞ 건축법

제119조 (면적 등의 산정방법) ① 법 제84조에 따라 건축물의 면적·높이 및 층수 등은 다음 각 호의 방법에 따라 산정한다. <개정 2025. 8. 26.>
  1. 대지면적: 대지의 수평투영면적으로 한다. 다만, 다음 각 목의 어느 하나에 해당하는 면적은 제외한다.
     가. 법 제46조제1항 단서에 따라 대지에 건축선이 정하여진 경우: 그 건축선과 도로 사이의 대지면적
     나. 대지에 도시·군계획시설인 도로·공원 등이 있는 경우: 그 도시·군계획시설에 포함되는 대지(「국토의 계획 및 이용에 관한 법률」 제47조제7항에 따라 건축물 또는 공작물을 설치하는 도시·군계획시설의 부지는 제외한다)면적
  2. 건축면적: 건축물의 외벽(외벽이 없는 경우에는 외곽 부분의 기둥으로 한다. 이하 이 호에서 같다)의 중심선으로 둘러싸인 부분의 수평투영면적으로 한다. 다만, 다음 각 목의 어느 하나에 해당하는 경우에는 해당 목에서 정하는 기준에 따라 산정한다.
     가. 처마, 차양, 부연(附椽), 그 밖에 이와 비슷한 것으로서 그 외벽의 중심선으로부터 수평거리 1미터 이상 돌출된 부분이 있는 건축물의 건축면적은 그 돌출된 끝부분으로부터 다음의 구분에 따른 수평거리를 후퇴한 선으로 둘러싸인 부분의 수평투영면적으로 한다.
        1) 「전통사찰의 보존 및 지원에 관한 법률」 제2조제1호에 따른 전통사찰: 4미터 이하의 범위에서 외벽의 중심선까지의 거리
        2) 사료 투여, 가축 이동 및 가축 분뇨 유출 방지 등을 위하여 처마, 차양, 부연, 그 밖에 이와 비슷한 것이 설치된 축사: 3미터 이하의 범위에서 외벽의 중심선까지의 거리(두 동의 축사가 하나의 차양으로 연결된 경우에는 6미터 이하의 범위에서 축사 양 외벽의 중심선까지의 거리를 말한다)
        3) 한옥: 2미터 이하의 범위에서 외벽의 중심선까지의 거리
        4) 「환경친화적자동차의 개발 및 보급 촉진에 관한 법률 시행령」 제18조의5에 따른 충전시설(그에 딸린 충전 전용 주차구획을 포함한다)의 설치를 목적으로 처마, 차양, 부연, 그 밖에 이와 비슷한 것이 설치된 공동주택(「주택법」 제15조에 따른 사업계획승인 대상으로 한정한다): 2미터 이하의 범위에서 외벽의 중심선까지의 거리
        5) 「신에너지 및 재생에너지 개발·이용·보급 촉진법」 제2조제3호에 따른 신·재생에너지 설비(신·재생에너지를 생산하거나 이용하기 위한 것만 해당한다)를 설치하기 위하여 처마, 차양, 부연, 그 밖에 이와 비슷한 것이 설치된 건축물로서 「녹색건축물 조성 지원법」 제17조에 따른 제로에너지건축물 인증을 받은 건축물: 2미터 이하의 범위에서 외벽의 중심선까지의 거리
        6) 「환경친화적 자동차의 개발 및 보급 촉진에 관한 법률」 제2조제9호의 수

소연료공급시설을 설치하기 위하여 처마, 차양, 부연 그 밖에 이와 비슷한 것이 설치된 별표 1 제19호가목의 주유소, 같은 호 나목의 액화석유가스 충전소 또는 같은 호 바목의 고압가스 충전소: 2미터 이하의 범위에서 외벽의 중심선까지의 거리
7) 그 밖의 건축물: 1미터
나. 다음의 건축물의 건축면적은 국토교통부령으로 정하는 바에 따라 산정한다.
1) 태양열을 주된 에너지원으로 이용하는 주택
2) 창고 또는 공장 중 물품을 입출고하는 부위의 상부에 한쪽 끝은 고정되고 다른 쪽 끝은 지지되지 않는 구조로 설치된 돌출차양
3) 단열재를 구조체의 외기측에 설치하는 단열공법으로 건축된 건축물
다. 다음의 경우에는 건축면적에 산입하지 않는다.
1) 지표면으로부터 1미터 이하에 있는 부분(창고 중 물품을 입출고하기 위하여 차량을 접안시키는 부분의 경우에는 지표면으로부터 1.5미터 이하에 있는 부분)
2) 「다중이용업소의 안전관리에 관한 특별법 시행령」 제9조에 따라 기존의 다중이용업소(2004년 5월 29일 이전의 것만 해당한다)의 비상구에 연결하여 설치하는 폭 2미터 이하의 옥외 피난계단(기존 건축물에 옥외 피난계단을 설치함으로써 법 제55조에 따른 건폐율의 기준에 적합하지 아니하게 된 경우만 해당한다)
3) 건축물 지상층에 일반인이나 차량이 통행할 수 있도록 설치한 보행통로나 차량통로
4) 지하주차장의 경사로
5) 건축물 지하층의 출입구 상부(출입구 너비에 상당하는 규모의 부분을 말한다)
6) 생활폐기물 보관시설(음식물쓰레기, 의류 등의 수거시설을 말한다. 이하 같다)
7) 「영유아보육법」 제15조에 따른 어린이집(2005년 1월 29일 이전에 설치된 것만 해당한다)의 비상구에 연결하여 설치하는 폭 2미터 이하의 영유아용 대피용 미끄럼대 또는 비상계단(기존 건축물에 영유아용 대피용 미끄럼대 또는 비상계단을 설치함으로써 법 제55조에 따른 건폐율 기준에 적합하지 아니하게 된 경우만 해당한다)
8) 「장애인·노인·임산부 등의 편의증진 보장에 관한 법률 시행령」 별표 2의 기준에 따라 설치하는 장애인용 승강기(이하 "장애인용 승강기"라 한다), 장애인용 에스컬레이터, 휠체어리프트 또는 경사로
9) 「가축전염병 예방법」 제17조제1항제1호에 따른 소독설비를 갖추기 위하여 같은 호에 따른 가축사육시설(2015년 4월 27일 전에 건축되거나 설치된 가축사육시설로 한정한다)에서 설치하는 시설
10) 「매장유산 보호 및 조사에 관한 법률」 제14조제1항제1호 및 제2호에 따른 현지보존 및 이전보존을 위하여 매장유산 보호 및 전시에 전용되는 부분

11) 「가축분뇨의 관리 및 이용에 관한 법률」 제12조제1항에 따른 처리시설(법률 제12516호 가축분뇨의 관리 및 이용에 관한 법률 일부개정법률 부칙 제9조에 해당하는 배출시설의 처리시설로 한정한다)
12) 「영유아보육법」 제15조에 따른 설치기준에 따라 직통계단 1개소를 갈음하여 건축물의 외부에 설치하는 비상계단(같은 조에 따른 어린이집이 2011년 4월 6일 이전에 설치된 경우로서 기존 건축물에 비상계단을 설치함으로써 법 제55조에 따른 건폐율 기준에 적합하지 않게 된 경우만 해당한다)

3. 바닥면적: 건축물의 각 층 또는 그 일부로서 벽, 기둥, 그 밖에 이와 비슷한 구획의 중심선으로 둘러싸인 부분의 수평투영면적으로 한다. 다만, 다음 각 목의 어느 하나에 해당하는 경우에는 각 목에서 정하는 바에 따른다.

가. 벽·기둥의 구획이 없는 건축물은 그 지붕 끝부분으로부터 수평거리 1미터를 후퇴한 선으로 둘러싸인 수평투영면적으로 한다.

나. 건축물의 노대등의 바닥은 난간 등의 설치 여부에 관계없이 노대등의 면적(외벽의 중심선으로부터 노대등의 끝부분까지의 면적을 말한다)에서 노대등이 접한 가장 긴 외벽에 접한 길이에 1.5미터를 곱한 값을 뺀 면적을 바닥면적에 산입한다.

다. 필로티나 그 밖에 이와 비슷한 구조(벽면적의 2분의 1 이상이 그 층의 바닥면에서 위층 바닥 아래면까지 공간으로 된 것만 해당한다)의 부분은 그 부분이 공중의 통행이나 차량의 통행 또는 주차에 전용되는 경우와 공동주택의 경우에는 바닥면적에 산입하지 아니한다.

라. 승강기탑(옥상 출입용 승강장을 포함한다. 이하 같다), 계단탑, 장식탑, 다락[층고(層高)가 1.5미터(경사진 형태의 지붕인 경우에는 1.8미터) 이하인 것만 해당한다], 건축물의 내부에 설치하는 냉방설비 배기장치 전용 설치공간(각 세대나 실별로 외부 공기에 직접 닿는 곳에 설치하는 경우로서 1제곱미터 이하로 한정한다), 건축물의 외부 또는 내부에 설치하는 굴뚝, 더스트슈트, 설비덕트, 그 밖에 이와 비슷한 것과 옥상·옥외 또는 지하에 설치하는 물탱크, 기름탱크, 냉각탑, 정화조, 도시가스 정압기, 그 밖에 이와 비슷한 것을 설치하기 위한 구조물과 건축물 간에 화물의 이동에 이용되는 컨베이어벨트만을 설치하기 위한 구조물은 바닥면적에 산입하지 않는다.

마. 공동주택으로서 지상층에 설치한 기계실, 전기실, 어린이놀이터, 조경시설 및 생활폐기물 보관시설의 면적은 바닥면적에 산입하지 않는다.

바. 「다중이용업소의 안전관리에 관한 특별법 시행령」 제9조에 따라 기존의 다중이용업소(2004년 5월 29일 이전의 것만 해당한다)의 비상구에 연결하여 설치하는 폭 1.5미터 이하의 옥외 피난계단(기존 건축물에 옥외 피난계단을 설치함으로써 법 제56조에 따른 용적률에 적합하지 아니하게 된 경우만 해당한다)은 바닥면적에 산입하지 아니한다.

사. 제6조제1항제6호에 따른 건축물을 리모델링하는 경우로서 미관 향상, 열의 손실 방지 등을 위하여 외벽에 부가하여 마감재 등을 설치하는 부분은 바닥면적에 산입하지 아니한다.

아. 제1항제2호나목3)의 건축물의 경우에는 단열재가 설치된 외벽 중 내측 내력벽의 중심선을 기준으로 산정한 면적을 바닥면적으로 한다.
자. 「영유아보육법」 제15조에 따른 어린이집(2005년 1월 29일 이전에 설치된 것만 해당한다)의 비상구에 연결하여 설치하는 폭 2미터 이하의 영유아용 대피용 미끄럼대 또는 비상계단의 면적은 바닥면적(기존 건축물에 영유아용 대피용 미끄럼대 또는 비상계단을 설치함으로써 법 제56조에 따른 용적률 기준에 적합하지 아니하게 된 경우만 해당한다)에 산입하지 아니한다.
차. 「장애인·노인·임산부 등의 편의증진 보장에 관한 법률 시행령」 별표 2의 기준에 따라 설치하는 장애인용 승강기, 장애인용 에스컬레이터, 휠체어리프트 또는 경사로는 바닥면적에 산입하지 아니한다.
카. 「가축전염병 예방법」 제17조제1항제1호에 따른 소독설비를 갖추기 위하여 같은 호에 따른 가축사육시설(2015년 4월 27일 전에 건축되거나 설치된 가축사육시설로 한정한다)에서 설치하는 시설은 바닥면적에 산입하지 아니한다.
타. 「매장유산 보호 및 조사에 관한 법률」 제14조제1항제1호 및 제2호에 따른 현지보존 및 이전보존을 위하여 매장유산 보호 및 전시에 전용되는 부분은 바닥면적에 산입하지 아니한다.
파. 「영유아보육법」 제15조에 따른 설치기준에 따라 직통계단 1개소를 갈음하여 건축물의 외부에 설치하는 비상계단의 면적은 바닥면적(같은 조에 따른 어린이집이 2011년 4월 6일 이전에 설치된 경우로서 기존 건축물에 비상계단을 설치함으로써 법 제56조에 따른 용적률 기준에 적합하지 않게 된 경우만 해당한다)에 산입하지 않는다.
하. 지하주차장의 경사로(지상층에서 지하 1층으로 내려가는 부분으로 한정한다)는 바닥면적에 산입하지 않는다.
거. 제46조제4항제3호에 따른 대피공간의 바닥면적은 건축물의 각 층 또는 그 일부로서 벽의 내부선으로 둘러싸인 부분의 수평투영면적으로 한다.
너. 제46조제5항제3호 또는 제4호에 따른 구조 또는 시설(해당 세대 밖으로 대피할 수 있는 구조 또는 시설만 해당한다)을 같은 조 제4항에 따른 대피공간에 설치하는 경우 또는 같은 조 제5항제4호에 따른 대체시설을 발코니(발코니의 외부에 접하는 경우를 포함한다. 이하 같다)에 설치하는 경우에는 해당 구조 또는 시설이 설치되는 대피공간 또는 발코니의 면적 중 다음의 구분에 따른 면적까지를 바닥면적에 산입하지 않는다.
  1) 인접세대와 공동으로 설치하는 경우: 4제곱미터
  2) 각 세대별로 설치하는 경우: 3제곱미터
4. 연면적: 하나의 건축물 각 층의 바닥면적의 합계로 하되, 용적률을 산정할 때에는 다음 각 목에 해당하는 면적은 제외한다.
  가. 지하층의 면적
  나. 지상층의 주차용(해당 건축물의 부속용도인 경우만 해당한다)으로 쓰는 면적
  다. 삭제 <2012. 12. 12.>
  라. 삭제 <2012. 12. 12.>

마. 제34조제3항 및 제4항에 따라 초고층 건축물과 준초고층 건축물에 설치하는 피난안전구역의 면적
바. 제40조제4항제2호에 따라 건축물의 경사지붕 아래에 설치하는 대피공간의 면적
5. 건축물의 높이: 지표면으로부터 그 건축물의 상단까지의 높이[건축물의 1층 전체에 필로티(건축물을 사용하기 위한 경비실, 계단실, 승강기실, 그 밖에 이와 비슷한 것을 포함한다)가 설치되어 있는 경우에는 법 제60조 및 법 제61조제2항을 적용할 때 필로티의 층고를 제외한 높이]로 한다. 다만, 다음 각 목의 어느 하나에 해당하는 경우에는 각 목에서 정하는 바에 따른다.
  가. 법 제60조에 따른 건축물의 높이는 전면도로의 중심선으로부터의 높이로 산정한다. 다만, 전면도로가 다음의 어느 하나에 해당하는 경우에는 그에 따라 산정한다.
    1) 건축물의 대지에 접하는 전면도로의 노면에 고저차가 있는 경우에는 그 건축물이 접하는 범위의 전면도로부분의 수평거리에 따라 가중평균한 높이의 수평면을 전면도로면으로 본다.
    2) 건축물의 대지의 지표면이 전면도로보다 높은 경우에는 그 고저차의 2분의 1의 높이만큼 올라온 위치에 그 전면도로의 면이 있는 것으로 본다.
  나. 법 제61조에 따른 건축물 높이를 산정할 때 건축물 대지의 지표면과 인접 대지의 지표면 간에 고저차가 있는 경우에는 그 지표면의 평균 수평면을 지표면으로 본다. 다만, 법 제61조제2항에 따른 높이를 산정할 때 해당 대지가 인접 대지의 높이보다 낮은 경우에는 해당 대지의 지표면을 지표면으로 보고, 공동주택을 다른 용도와 복합하여 건축하는 경우에는 공동주택의 가장 낮은 부분을 그 건축물의 지표면으로 본다.
  다. 건축물의 옥상에 설치되는 승강기탑[라목3)에 따른 장애인용 승강기의 승강기탑으로서 그 높이가 12미터 이하인 것은 제외한다]·계단탑·망루·장식탑·옥탑 등으로서 그 수평투영면적의 합계가 해당 건축물 건축면적의 8분의 1(「주택법」 제15조제1항에 따른 사업계획승인 대상인 공동주택 중 세대별 전용면적이 85제곱미터 이하인 경우에는 6분의 1) 이하인 경우로서 그 부분의 높이가 12미터를 넘는 경우에는 그 넘는 부분만 해당 건축물의 높이에 산입한다.
  라. 다음에 해당하는 것은 그 건축물의 높이에 산입하지 않는다.
    1) 지붕마루장식·굴뚝·방화벽의 옥상돌출부나 그 밖에 이와 비슷한 옥상돌출물
    2) 난간벽(그 벽면적의 2분의 1 이상이 공간으로 되어 있는 것만 해당한다)
    3) 장애인용 승강기의 승강기탑으로서 그 높이가 12미터 이하인 것
6. 처마높이: 지표면으로부터 건축물의 지붕틀 또는 이와 비슷한 수평재를 지지하는 벽·깔도리 또는 기둥의 상단까지의 높이로 한다.
7. 반자높이: 방의 바닥면으로부터 반자까지의 높이로 한다. 다만, 한 방에서 반자높이가 다른 부분이 있는 경우에는 그 각 부분의 반자면적에 따라 가중평균한 높이로 한다.

8. 층고: 방의 바닥구조체 윗면으로부터 위층 바닥구조체의 윗면까지의 높이로 한다. 다만, 한 방에서 층의 높이가 다른 부분이 있는 경우에는 그 각 부분 높이에 따른 면적에 따라 가중평균한 높이로 한다.
9. 층수: 다음 각 목에 해당하는 것은 건축물의 층수에 산입하지 않고, 층의 구분이 명확하지 않은 건축물은 그 건축물의 높이 4미터마다 하나의 층으로 보고 그 층수를 산정하며, 건축물이 부분에 따라 그 층수가 다른 경우에는 그 중 가장 많은 층수를 그 건축물의 층수로 본다.
    가. 승강기탑(다목에 따른 장애인용 승강기의 승강기탑은 제외한다), 계단탑, 망루, 장식탑, 옥탑, 그 밖에 이와 비슷한 건축물의 옥상 부분으로서 그 수평투영면적의 합계가 해당 건축물 건축면적의 8분의 1(「주택법」 제15조제1항에 따른 사업계획승인 대상인 공동주택 중 세대별 전용면적이 85제곱미터 이하인 경우에는 6분의 1) 이하인 것
    나. 지하층
    다. 장애인용 승강기의 승강기탑
10. 지하층의 지표면: 법 제2조제1항제5호에 따른 지하층의 지표면은 각 층의 주위가 접하는 각 지표면 부분의 높이를 그 지표면 부분의 수평거리에 따라 가중평균한 높이의 수평면을 지표면으로 산정한다.
② 제1항 각 호(제10호는 제외한다)에 따른 기준에 따라 건축물의 면적·높이 및 층수 등을 산정할 때 지표면에 고저차가 있는 경우에는 건축물의 주위가 접하는 각 지표면 부분의 높이를 그 지표면 부분의 수평거리에 따라 가중평균한 높이의 수평면을 지표면으로 본다. 이 경우 그 고저차가 3미터를 넘는 경우에는 그 고저차 3미터 이내의 부분마다 그 지표면을 정한다.
③ 다음 각 호의 요건을 모두 갖춘 건축물의 건폐율을 산정할 때에는 제1항제2호에도 불구하고 지방건축위원회의 심의를 통해 제2호에 따른 개방 부분의 상부에 해당하는 면적을 건축면적에서 제외할 수 있다. <신설 2020. 4. 21.>
    1. 다음 각 목의 어느 하나에 해당하는 시설로서 해당 용도로 쓰는 바닥면적의 합계가 1천제곱미터 이상일 것
        가. 문화 및 집회시설(공연장·관람장·전시장만 해당한다)
        나. 교육연구시설(학교·연구소·도서관만 해당한다)
        다. 수련시설 중 생활권 수련시설, 업무시설 중 공공업무시설
    2. 지면과 접하는 저층의 일부를 높이 8미터 이상으로 개방하여 보행통로나 공지 등으로 활용할 수 있는 구조·형태일 것
④ 제1항제5호다목 또는 제1항제9호에 따른 수평투영면적의 산정은 제1항제2호에 따른 건축면적의 산정방법에 따른다. <개정 2020. 4. 21.>
⑤ 국토교통부장관은 제1항부터 제4항까지에서 규정한 건축물의 면적, 높이 및 층수 등의 산정방법에 관한 구체적인 적용사례 및 적용방법 등을 작성하여 공개할 수 있다. <신설 2021. 5. 4.>
[전문개정 2008. 10. 29.]

☞ 서울중앙지법 2008. 7. 8. 선고 2007가합79119 판결 299p 참조

(다) 시행령 제86조 제2항의 개구부 인동거리

☞ 서울중앙지법 2008. 7. 8. 선고 2007가합79119 판결 299p 참조

☞ **건축법 시행령**

제119조 (면적 등의 산정방법) ① 법 제84조에 따라 건축물의 면적·높이 및 층수 등은 다음 각 호의 방법에 따라 산정한다. <개정 2025. 8. 26.>
  5. 건축물의 높이: 지표면으로부터 그 건축물의 상단까지의 높이[건축물의 1층 전체에 필로티(건축물을 사용하기 위한 경비실, 계단실, 승강기실, 그 밖에 이와 비슷한 것을 포함한다)가 설치되어 있는 경우에는 법 제60조 및 법 제61조제2항을 적용할 때 필로티의 층고를 제외한 높이]로 한다. 다만, 다음 각 목의 어느 하나에 해당하는 경우에는 각 목에서 정하는 바에 따른다.
    가. 법 제60조에 따른 건축물의 높이는 전면도로의 중심선으로부터의 높이로 산정한다. 다만, 전면도로가 다음의 어느 하나에 해당하는 경우에는 그에 따라 산정한다.
      1) 건축물의 대지에 접하는 전면도로의 노면에 고저차가 있는 경우에는 그 건축물이 접하는 범위의 전면도로부분의 수평거리에 따라 가중평균한 높이의 수평면을 전면도로면으로 본다.
      2) 건축물의 대지의 지표면이 전면도로보다 높은 경우에는 그 고저차의 2분의 1의 높이만큼 올라온 위치에 그 전면도로의 면이 있는 것으로 본다.
    나. 법 제61조에 따른 건축물 높이를 산정할 때 건축물 대지의 지표면과 인접 대지의 지표면 간에 고저차가 있는 경우에는 그 지표면의 평균 수평면을 지표면으로 본다. 다만, 법 제61조제2항에 따른 높이를 산정할 때 해당 대지가 인접 대지의 높이보다 낮은 경우에는 해당 대지의 지표면을 지표면으로 보고, 공동주택을 다른 용도와 복합하여 건축하는 경우에는 공동주택의 가장 낮은 부분을 그 건축물의 지표면으로 본다.
    다. 건축물의 옥상에 설치되는 승강기탑[라목3)에 따른 장애인용 승강기의 승강기탑으로서 그 높이가 12미터 이하인 것은 제외한다]·계단탑·망루·장식탑·옥탑 등으로서 그 수평투영면적의 합계가 해당 건축물 건축면적의 8분의 1(「주택법」 제15조제1항에 따른 사업계획승인 대상인 공동주택 중 세대별 전용면적이 85제곱미터 이하인 경우에는 6분의 1) 이하인 경우로서 그 부분의 높이가 12미터를 넘는 경우에는 그 넘는 부분만 해당 건축물의 높이에 산입한다.
    라. 다음에 해당하는 것은 그 건축물의 높이에 산입하지 않는다.
      1) 지붕마루장식·굴뚝·방화벽의 옥상돌출부나 그 밖에 이와 비슷한 옥상돌출물
      2) 난간벽(그 벽면적의 2분의 1 이상이 공간으로 되어 있는 것만 해당한다)
      3) 장애인용 승강기의 승강기탑으로서 그 높이가 12미터 이하인 것

3. 건축물의 높이 : 지표면으로부터 당해

> ☞ 서울특별시 건축조례

제35조 (일조 등의 확보를 위한 건축물의 높이제한) ① 영 제86조제1항에 따라 전용주거지역이나 일반주거지역에서 일조 등의 확보를 위하여 건축물의 각 부분을 정북방향의 인접 대지경계선으로부터 띄어야 하는 거리는 다음 각 호와 같다. <개정 2013.3.28., 2015.10.8., 2018.7.19., 2023.12.29.>
   1. 삭제 <2013.3.28.>
   2. 높이 10미터 이하인 부분 : 인접대지 경계선으로부터 1.5미터 이상
   3. 높이 10미터를 초과하는 부분 : 인접대지경계선으로부터 해당 건축물의 각 부분의 높이의 2분의 1 이상
② 「전통시장 및 상점가 육성을 위한 특별법 시행령」 제31조제1항에 따라 건축되는 복합형 상가건축물의 높이 제한의 산정을 위한 배수기준은 다음 각 호와 같다. <개정 2015.10.8., 2018.7.19.>
   1. 일반주거지역 : 3배
   2. 준주거지역 : 4배
   3. 준공업지역 : 4배
③ 영 제86조제3항 각 호 외의 부분 단서에 따른 다세대주택의 경우 영 제86조제3항제1호에도 불구하고 채광을 위한 창문 등이 있는 벽면에서 직각방향으로 인접 대지경계선까지의 수평거리는 1미터 이상으로 한다. <개정 2015.10.8., 2018.7.19.>

> ☞ 건축법

제61조 (일조 등의 확보를 위한 건축물의 높이 제한) ① 전용주거지역과 일반주거지역 안에서 건축하는 건축물의 높이는 일조 등의 확보를 위하여 정북방향(正北方向)의 인접 대지경계선으로부터의 거리에 따라 대통령령으로 정하는 높이 이하로 하여야 한다. <개정 2022. 2. 3.>
② 다음 각 호의 어느 하나에 해당하는 공동주택(일반상업지역과 중심상업지역에 건축하는 것은 제외한다)은 채광(採光) 등의 확보를 위하여 대통령령으로 정하는 높이 이하로 하여야 한다. <개정 2013. 5. 10.>
   1. 인접 대지경계선 등의 방향으로 채광을 위한 창문 등을 두는 경우
   2. 하나의 대지에 두 동(棟) 이상을 건축하는 경우
③ 다음 각 호의 어느 하나에 해당하면 제1항에도 불구하고 건축물의 높이를 정남(正南)방향의 인접 대지경계선으로부터의 거리에 따라 대통령령으로 정하는 높이 이하로 할 수 있다. <개정 2011. 5. 30., 2014. 1. 14., 2014. 6. 3., 2016. 1. 19., 2017. 2. 8.>
   1. 「택지개발촉진법」 제3조에 따른 택지개발지구인 경우
   2. 「주택법」 제15조에 따른 대지조성사업지구인 경우
   3. 「지역 개발 및 지원에 관한 법률」 제11조에 따른 지역개발사업구역인 경우

4. 「산업입지 및 개발에 관한 법률」 제6조, 제7조, 제7조의2 및 제8조에 따른 국가산업단지, 일반산업단지, 도시첨단산업단지 및 농공단지인 경우
5. 「도시개발법」 제2조제1항제1호에 따른 도시개발구역인 경우
6. 「도시 및 주거환경정비법」 제8조에 따른 정비구역인 경우
7. 정북방향으로 도로, 공원, 하천 등 건축이 금지된 공지에 접하는 대지인 경우
8. 정북방향으로 접하고 있는 대지의 소유자와 합의한 경우나 그 밖에 대통령령으로 정하는 경우

④ 2층 이하로서 높이가 8미터 이하인 건축물에는 해당 지방자치단체의 조례로 정하는 바에 따라 제1항부터 제3항까지의 규정을 적용하지 아니할 수 있다.

☞ 건축법 시행령

제86조 (일조 등의 확보를 위한 건축물의 높이 제한) ① 전용주거지역이나 일반주거지역에서 건축물을 건축하는 경우에는 법 제61조제1항에 따라 건축물의 각 부분을 정북(正北)방향으로의 인접 대지경계선으로부터 다음 각 호의 범위에서 건축조례로 정하는 거리 이상을 띄어 건축하여야 한다. <개정 2015. 7. 6., 2023. 9. 12.>
  1. 높이 10미터 이하인 부분: 인접 대지경계선으로부터 1.5미터 이상
  2. 높이 10미터를 초과하는 부분: 인접 대지경계선으로부터 해당 건축물 각 부분 높이의 2분의 1 이상
② 다음 각 호의 어느 하나에 해당하는 경우에는 제1항을 적용하지 아니한다. <신설 2015. 7. 6., 2016. 5. 17., 2016. 7. 19., 2017. 12. 29.>
  1. 다음 각 목의 어느 하나에 해당하는 구역 안의 대지 상호간에 건축하는 건축물로서 해당 대지가 너비 20미터 이상의 도로(자동차·보행자·자전거 전용도로를 포함하며, 도로에 공공공지, 녹지, 광장, 그 밖에 건축미관에 지장이 없는 도시·군계획시설이 접한 경우 해당 시설을 포함한다)에 접한 경우
    가. 「국토의 계획 및 이용에 관한 법률」 제51조에 따른 지구단위계획구역, 같은 법 제37조제1항제1호에 따른 경관지구
    나. 「경관법」 제9조제1항제4호에 따른 중점경관관리구역
    다. 법 제77조의2제1항에 따른 특별가로구역
    라. 도시미관 향상을 위하여 허가권자가 지정·공고하는 구역
  2. 건축협정구역 안에서 대지 상호간에 건축하는 건축물(법 제77조의4제1항에 따른 건축협정에 일정 거리 이상을 띄어 건축하는 내용이 포함된 경우만 해당한다)의 경우
  3. 건축물의 정북 방향의 인접 대지가 전용주거지역이나 일반주거지역이 아닌 용도지역에 해당하는 경우
③ 법 제61조제2항에 따라 공동주택은 다음 각 호의 기준을 충족해야 한다. 다만, 채광을 위한 창문 등이 있는 벽면에서 직각 방향으로 인접 대지경계선까지의 수평거리가 1미터 이상으로서 건축조례로 정하는 거리 이상인 다세대주택은 제1호를 적용하지 않는다. <개정 2009. 7. 16., 2013. 5. 31., 2015. 7. 6., 2021. 11. 2., 2024. 6. 18.>
  1. 건축물(기숙사는 제외한다)의 각 부분의 높이는 그 부분으로부터 채광을 위한 창문

등이 있는 벽면에서 직각 방향으로 인접 대지경계선까지의 수평거리의 2배(근린상업지역 또는 준주거지역의 건축물은 4배) 이하로 할 것

2. 같은 대지에서 두 동(棟) 이상의 건축물이 서로 마주보고 있는 경우(한 동의 건축물 각 부분이 서로 마주보고 있는 경우를 포함한다)에 건축물 각 부분 사이의 거리는 다음 각 목의 거리 이상을 띄어 건축할 것. 다만, 그 대지의 모든 세대가 동지(冬至)를 기준으로 9시에서 15시 사이에 2시간 이상을 계속하여 일조(日照)를 확보할 수 있는 거리 이상으로 할 수 있다.

　가. 채광을 위한 창문 등이 있는 벽면으로부터 직각방향으로 건축물 각 부분 높이의 0.5배(도시형 생활주택의 경우에는 0.25배) 이상의 범위에서 건축조례로 정하는 거리 이상

　나. 가목에도 불구하고 서로 마주보는 건축물 중 높은 건축물(높은 건축물을 중심으로 마주보는 두 동의 축이 시계방향으로 정동에서 정서 방향인 경우만 해당한다)의 주된 개구부(거실과 주된 침실이 있는 부분의 개구부를 말한다)의 방향이 낮은 건축물을 향하는 경우에는 10미터 이상으로서 낮은 건축물 각 부분의 높이의 0.5배(도시형 생활주택의 경우에는 0.25배) 이상의 범위에서 건축조례로 정하는 거리 이상

　다. 가목에도 불구하고 건축물과 부대시설 또는 복리시설이 서로 마주보고 있는 경우에는 부대시설 또는 복리시설 각 부분 높이의 1배 이상

　라. 채광창(창넓이가 0.5제곱미터 이상인 창을 말한다)이 없는 벽면과 측벽이 마주보는 경우에는 8미터 이상

　마. 측벽과 측벽이 마주보는 경우[마주보는 측벽 중 하나의 측벽에 채광을 위한 창문 등이 설치되어 있지 아니한 바닥면적 3제곱미터 이하의 발코니(출입을 위한 개구부를 포함한다)를 설치하는 경우를 포함한다]에는 4미터 이상

3. 주택단지에 두 동 이상의 건축물이 법 제2조제1항제11호에 따른 도로를 사이에 두고 서로 마주보고 있는 경우에는 제2호가목부터 다목까지의 규정을 적용하지 아니하되, 해당 도로의 중심선을 인접 대지경계선으로 보아 제1호를 적용한다.

④ 법 제61조제3항 각 호 외의 부분에서 "대통령령으로 정하는 높이"란 제1항에 따른 높이의 범위에서 특별자치시장·특별자치도지사 또는 시장·군수·구청장이 정하여 고시하는 높이를 말한다. <개정 2014. 10. 14., 2015. 7. 6.>

⑤ 특별자치시장·특별자치도지사 또는 시장·군수·구청장은 제4항에 따라 건축물의 높이를 고시하려면 국토교통부령으로 정하는 바에 따라 미리 해당 지역주민의 의견을 들어야 한다. 다만, 법 제61조제3항제1호부터 제6호까지의 어느 하나에 해당하는 지역인 경우로서 건축위원회의 심의를 거친 경우에는 그러하지 아니하다. <개정 2013. 3. 23., 2014. 10. 14., 2015. 7. 6., 2016. 5. 17.>

⑥ 제1항부터 제5항까지를 적용할 때 건축물을 건축하려는 대지와 다른 대지 사이에 다음 각 호의 시설 또는 부지가 있는 경우에는 그 반대편의 대지경계선(공동주택은 인접 대지경계선과 그 반대편 대지경계선의 중심선)을 인접 대지경계선으로 한다. <개정 2009. 7. 16., 2014. 11. 11., 2015. 7. 6., 2016. 5. 17., 2021. 11. 2.>

1. 공원(「도시공원 및 녹지 등에 관한 법률」 제2조제3호에 따른 도시공원 중 지방건

축위원회의 심의를 거쳐 허가권자가 공원의 일조 등을 확보할 필요가 있다고 인정하는 공원은 제외한다), 도로, 철도, 하천, 광장, 공공공지, 녹지, 유수지, 자동차전용도로, 유원지
2. 다음 각 목에 해당하는 대지(건축물이 없는 경우로 한정한다)
  가. 너비(대지경계선에서 가장 가까운 거리를 말한다)가 2미터 이하인 대지
  나. 면적이 제80조 각 호에 따른 분할제한 기준 이하인 대지
3. 제1호 및 제2호 외에 건축이 허용되지 아니하는 공지
⑦ 제1항부터 제5항까지의 규정을 적용할 때 건축물(공동주택으로 한정한다)을 건축하려는 하나의 대지 사이에 제6항 각 호의 시설 또는 부지가 있는 경우에는 지방건축위원회의 심의를 거쳐 제6항 각 호의 시설 또는 부지를 기준으로 마주하고 있는 해당 대지의 경계선의 중심선을 인접 대지경계선으로 할 수 있다. <신설 2018. 9. 4.>
[전문개정 2008. 10. 29.]

☞ 대법원 2004. 10. 28. 선고 2002다63565 판결 123p 참조
☞ 서울고등법원 1996. 3. 29. 선고 94나11806 판결 290p 참조

제2절 복수건물에 의한 일조방해(복합일조방해)

1. 가해건물들이 동시에 건축되는 경우

[판례 9] 손해배상(기) (대법원 2006. 1. 26. 선고 2005다47014, 47021, 47038 판결)

【판시사항】
[1] 공동불법행위의 성립 요건
[2] 동시에 또는 거의 같은 시기에 건축된 복수의 가해 건물들에 의하여 일조권이 침해된 경우, 위 각 가해 건물의 건축자 등이 공동불법행위책임을 부담하는지 여부(한정 적극)
[3] 불법행위로 입은 정신적 고통에 대한 위자료 액수 결정이 사실심 법원의 직권에 속하는 재량 사항인지 여부(적극)

【판결요지】
[1] 수인이 공동하여 타인에게 손해를 가하는 민법 제760조의 공동불법행위에 있어서는 행위자 상호간의 공모는 물론 공동의 인식을 필요로 하지 아니하고, 다만 객관적으로 그 공동행위가 관련 공동되어 있으면 족하며 그 관련 공동성 있는 행위에 의하여 손해가 발생함으로써 이의 배상책임을 지는 공동불법행위가 성립한다.
[2] 동시에 또는 거의 같은 시기에 건축된 가해 건물들이 피해 건물에 대하여 전체적으로 수인한도를 초과하는 일조 침해의 결과를 야기한 경우, 각 가해 건물들이 함께 피해 건물의 소유자 등이 종래 향유하던 일조를 침해하게 된다는 점을 예견할 수 있었다면 특별한 사정이 없는 한 각 가해 건물

의 건축자 등은 일조 침해로 피해 건물의 소유자 등이 입은 손해 전부에 대하여 공동불법행위자로서의 책임을 부담한다.

[3] 불법행위로 입은 정신적 고통에 대한 위자료 액수에 관하여는 사실심 법원이 제반 사정을 참작하여 그 직권에 속하는 재량에 의하여 이를 확정할 수 있다.

【참조조문】

[1] 민법 제760조 [2] 민법 제750조, 제760조 [3] 민법 제393조, 제751조, 제763조

【참조판례】

[1] 대법원 1982. 6. 8. 선고 81다카1130 판결(공1982, 638)
대법원 1997. 11. 28. 선고 97다18448 판결(공1998상, 54)
대법원 1998. 6. 12. 선고 96다55631 판결(공1998하, 1858)
대법원 1998. 11. 10. 선고 98다20059 판결(공1998하, 2836)
대법원 2000. 4. 11. 선고 99다41749 판결(공2000상, 1172)
대법원 2000. 9. 29. 선고 2000다13900 판결(공2000하, 2201)
대법원 2001. 5. 8. 선고 2001다2181 판결(공2001하, 1353)
대법원 2003. 1. 10. 선고 2002다35850 판결(공2003상, 616)
[3] 대법원 1988. 2. 23. 선고 87다카57 판결(공1988, 573)
대법원 1999. 4. 23. 선고 98다41377 판결(공1999상, 998)
대법원 2002. 11. 26. 선고 2002다43165 판결(공2003상, 211)
대법원 2003. 7. 11. 선고 99다24218 판결(공2003하, 1695)
대법원 2005. 6. 23. 선고 2004다66001 판결(공2005하, 1232)

【전 문】

【원고, 피상고인】 원고 1 외 45인 (소송대리인 변호사 강창옥 외 1인)
【피고, 상 고 인】 피고 1 주식회사 외 1인 (소송대리인 서정 법무법인 담당변호사 유성훈 외 3인)
【원심판결】 부산고법 2005. 7. 8. 선고 2004나19678, 19685, 19692 판결

【주 문】

상고를 모두 기각한다. 상고비용은 피고들이 부담한다.

【이 유】

1. 피고들의 공통된 상고이유에 대하여

 가. 수인이 공동하여 타인에게 손해를 가하는 민법 제760조의 공동불법행위에 있어서는 행위자 상호간의 공모는 물론 공동의 인식을 필요로 하지 아니하고, 다만 객관적으로 그 공동행위가 관련 공동되어 있으면 족하며 그 관련 공동성 있는 행위에 의하여 손해가 발생함으로써 이의 배상책임을 지는 공동불법행위가 성립하는 것이므로(대법원 1982. 6. 8. 선고 81다카1130 판결, 2000. 4. 11. 선고 99다41749 판결 등 참조), 동시에 또는 거의 같은 시기에 건축된 가해 건물들이 피해 건물에 대하여 전체적으로 수인한도를 초과하는 일조 침해의 결과를 야기한 경우, 각 가해 건물들이 함께 피해 건물의 소유자 등이 종래 향유하던 일조를 침해하게 된다는 점을 예견할 수 있었다면 특별한 사정이 없는 한 각 가해 건물의 건축자 등은 일조 침해로 피해 건물의 소유자 등이 입은 손해 전부에 대하여 공동불법행위자로서의 책임을 부담한다고 봄이 상당하다.

  원심은 그 채용 증거들을 종합하여, 피고 1 주식회사(이하 '피고 1 회사'라 한다)가 신축한 제1아

파트는 1996. 6. 7. 착공하여 2002. 12. 31.경 골조공사를 마치고 2003. 4. 24.경 사용승인을 받았고, 피고 2 주식회사(이하 '피고 2 회사'라 한다)이 신축한 제2아파트는 2000. 12. 15.경 착공하여 2002. 11. 22.경 완공 후 사용승인을 받았으며, 제1아파트와 제2아파트가 공동으로 원고들이 소유 또는 거주하고 있는 부산 (상세 주소 생략) 소재 (빌라 명칭 생략)빌라(이하 '이 사건 빌라'라 한다) 중 일부 세대에 대한 직사광선을 차단하여 수인한도를 넘는 일조 침해를 야기한 사실을 인정한 다음, 피고들은 그들이 거의 같은 시기에 신축한 제1아파트 및 제2아파트로 인하여 위와 같은 일조 침해가 초래될 수 있음을 충분히 예견할 수 있었다고 할 것이므로, 피고들의 일조 침해행위는 원고들에 대하여 공동불법행위를 구성한다고 판단하였는바, 위 법리에 비추어 기록을 살펴보면, 이러한 원심의 사실인정과 판단은 옳고, 거기에 채증법칙을 위배하여 사실을 오인하거나 일조 침해로 인한 공동불법행위책임의 성립에 관한 법리를 오해한 위법이 있다고 할 수 없다.

2. 피고 1 회사의 상고이유에 대하여

  가. 원심은, 제1심 감정인 한국감정원의 재산적 가치 하락액 감정 결과를 받아들여 이를 기초로 일조 침해로 인하여 원고들이 입은 재산상 손해의 범위를 산정하였는바, 기록에 비추어 살펴보면 이러한 원심의 조치는 수긍할 수 있고, 거기에 심리를 다하지 아니한 채 채증법칙을 위배하여 사실을 오인하거나 재산적 가치 하락액 산정에 관한 법리를 오해한 위법이 있다고 할 수 없다.

  나. 또 원심은, 피고들이 제1아파트 및 제2아파트를 신축하는 과정에서 건축법 등 관련 법령을 위반한 사실이 없는 것으로 보이는 점, 제1아파트 및 제2아파트 신축 이전에도 기존 자연 장애물로 인한 일조 방해가 다소 있었던 것으로 보이는 점, 피고 1 회사가 제1아파트를 신축하면서 이 사건 빌라 입구까지 대로에 이르는 진입도로를 확장함으로써 주변 환경개선으로 인한 재산가치 상승효과가 있는 것으로 보이는 점 등을 종합하여, 제1아파트 착공 이전에 소유권을 취득한 원고들에 대하여는 재산적 가치 하락액 중 30%를, 그 이후에 소유권을 취득한 원고들에 대하여는 재산적 가치 하락액 중 50%를 각 감액한 액을 일조 침해로 인한 재산상 손해로 산정하였는바, 기록에 비추어 살펴보면, 이러한 원심의 조치도 수긍할 수 있고, 거기에 채증법칙을 위배하여 사실을 오인하거나 일조 침해로 인한 재산상 손해의 범위에 관한 법리를 오해한 위법이 있다고 할 수 없다.

  다. 불법행위로 입은 정신적 고통에 대한 위자료 액수에 관하여는 사실심 법원이 제반 사정을 참작하여 그 직권에 속하는 재량에 의하여 이를 확정할 수 있다고 할 것인바(대법원 1999. 4. 23. 선고 98다41377 판결, 2002. 11. 26. 선고 2002다43165 판결 등 참조), 이러한 법리에 비추어 기록을 살펴보면, 원심이 일조권 침해의 정도 및 변론에 나타난 제반 사정을 참작하여 08:00부터 16:00까지 사이에 100분 미만의 총 일조시간이 확보되는 원고들에 대하여는 각 100만 원을, 그 이상의 총 일조시간이 확보되는 원고들에 대하여는 각 80만 원을 위자료 수액으로 확정한 조치는 정당한 것으로 수긍할 수 있고, 거기에 위자료 산정에 관한 법리를 오해한 위법이 있다고 할 수 없다.

3. 피고 2 회사의 상고이유에 대하여

  가. 일조 침해의 판단 기준이 되는 일조시간을 측정함에 있어 각 실의 개구부인 베란다 창문을 기준으로 할 것인지 아니면 베란다 내측 거실 창문을 기준으로 할 것인지 여부는 법령의 해석에 관한 문제로서 권리의 발생·변경·소멸이라는 법률효과의 판단에 직접 필요한 사실에 관한 문제라고 할 수 없으므로, 베란다 내측 거실 창문을 기준으로 일조 침해 여부를 판단하여야 한다는 원고 및 피고 2 회사의 주장을 배척하고, 거실에 접한 베란다 창문에 비치는 일조 여부를 기준으로 일조 침해 여부를 판단한 원심의 조치가 변론주의에 위배하였다고 할 수 없고, 따라서 이를 다투는 상

고이유의 주장은 받아들이지 아니한다.

나. 원심은, 일조 침해가 수인한도를 넘지 않는 경우에는 그로 인하여 재산상 손해가 있다고 하더라도 이를 청구할 수는 없으나, 일조 침해가 수인한도를 넘어 불법행위가 성립하는 경우에는 그 재산상 손해 중 수인한도를 넘지 않았더라면 청구할 수 없었던 부분에 대하여도 손해배상을 청구할 수 있다고 보아야 하고, 일조 침해로 인한 재산상 손해가 그 침해시간에 비례한다고 단정할 수도 없다는 이유로, 일조 침해로 인한 이 사건 빌라의 재산적 가치 하락액 중 수인한도를 넘는 부분에 해당하는 가치 하락액만 피고 2 회사에 책임이 있고 수인한도 범위 내에 해당하는 가치 하락액 부분은 책임이 없다는 피고 2 회사의 주장을 배척하였는바, 기록에 비추어 살펴보면, 이러한 원심의 판단은 옳고, 거기에 채증법칙을 위배하여 사실을 오인하거나 일조 침해로 인한 손해배상의 범위에 관한 법리를 오해한 위법이 있다고 할 수 없다.

4. 그러므로 상고를 모두 기각하고, 상고비용은 패소자들이 부담하도록 하여 관여 법관의 일치된 의견으로 주문과 같이 판결한다.

대법관 김지형(재판장) 강신욱 고현철(주심) 양승태

2. 중립적 원인자에 의한 일조방해

☞ 대법원 2006. 1. 26. 선고 2005다47014, 47021, 47038 판결 343p 참조

제3절 손해배상의 범위

1. 재산적 손해

[판례 10] 손해배상(기) (대법원 2005. 3. 24. 선고 2004다38792 판결)

【판시사항】

[1] 건물 건축공사의 수급인이 일조방해에 대하여 손해배상책임을 지는 경우
[2] 공사도급계약의 내용 등에 비추어 볼 때, 아파트 신축공사의 수급인인 건설회사가 단순한 수급인이 아닌 사실상 공동 사업주체로서 도급인인 주택재개발조합과 이해관계를 같이하면서 아파트를 건축하였다고 볼 여지가 많다고 하여, 이와 달리 사실상 공동 사업주체의 지위에 있는 것으로 보기 어렵다는 이유로 일조방해에 대한 수급인의 손해배상책임을 부정한 원심판결을 파기한 사례

【판결요지】

[1] 건물 건축공사의 수급인은 도급계약에 기한 의무이행으로서 건물을 건축하는 것이므로 원칙적으로 일조방해에 대하여 손해배상책임이 없다고 할 것이지만, 수급인이 스스로 또는 도급인과 서로 의

사를 같이하여 타인이 향수하는 일조를 방해하려는 목적으로 건물을 건축한 경우, 당해 건물이 건축법규에 위반되었고 그로 인하여 타인이 향수하는 일조를 방해하게 된다는 것을 알거나 알 수 있었는데도 과실로 이를 모른 채 건물을 건축한 경우, 도급인과 사실상 공동 사업주체로서 이해관계를 같이하면서 건물을 건축한 경우 등 특별한 사정이 있는 때에는 수급인도 일조방해에 대하여 손해배상책임을 진다.
[2] 공사도급계약의 내용 등에 비추어 볼 때, 아파트 신축공사의 수급인인 건설회사가 단순한 수급인이 아닌 사실상 공동 사업주체로서 도급인인 주택재개발조합과 이해관계를 같이하면서 아파트를 건축하였다고 볼 여지가 많다고 하여, 이와 달리 사실상 공동 사업주체의 지위에 있는 것으로 보기 어렵다는 이유로 일조방해에 대한 수급인의 손해배상책임을 부정한 원심판결을 파기한 사례.

【참조조문】
[1] 민법 제664조, 제750조 [2] 민법 제664조, 제750조

【전 문】
【원고(선정당사자), 상고인】 원고(선정당사자)
【피고, 피상고인】 대림산업 주식회사 외 1인 (소송대리인 변호사 김의재 외 3인)
【원심판결】 서울고법 2004. 6. 16. 선고 2003나42871 판결

【주 문】
원심판결 중 원고(선정당사자), 선정자 30, 선정자 31, 선정자 32, 선정자 33, 선정자 34, 선정자 35를 제외한 나머지 선정자들의 피고 대림산업 주식회사에 대한 패소 부분을 파기하고, 이 부분 사건을 서울고등법원에 환송한다. 나머지 상고를 기각한다. 상고기각 부분의 상고비용은 원고(선정당사자)가 부담한다.

【이 유】
1. 제1점에 대하여
   가. 원심이 인정한 기초사실
      (1) 원고(선정당사자, 이하 '원고'라 한다) 및 나머지 선정자들(원고 및 나머지 선정자들을 합하여 이하 '선정자들'이라 한다)은 1994. 12. 28. 준공된 주거용 건물인 서울 성북구 (주소 생략) 아파트 103동의 소유자들이고, 피고 이문제3구역주택재개발조합(이하 '피고 조합'이라 한다)은 1999. 8. 7. 동대문구청장으로부터 이문제3구역 주택개량 재개발사업(이하 '이 사건 재개발사업'이라 한다) 시행인가를 받은 재개발조합이고, 피고 대림산업 주식회사(이하 '피고 회사'라 한다)는 1999. 10. 7. 피고 조합으로부터 위 재개발사업을 수급하여 시공한 회사이다.
      (2) 선정자들 소유의 각 아파트(이하 '이 사건 아파트들'이라 한다)는 피고 조합이 시행한 이 사건 재개발사업에 따라 피고 회사가 시공한 대림아파트 110동, 111동, 118동(이하 '가해건물'이라 한다)에 인접하여 있는데, 가해건물 건축 이전에는 일조시간이 동지일을 기준으로 8시부터 16시까지 사이에 총 4시간 이상, 9시부터 15시까지 사이에 연속하여 2시간 이상이었다가, 가해건물로 인하여 일조가 방해받아 일조시간이 감소되었는데, 이 사건 아파트들 중 원고, 선정자 30, 선정자 31, 선정자 32, 선정자 33, 선정자 34, 선정자 35(이하 '선정자 7인'이라 한다) 소유의 아파트들은 동지일을 기준으로 8시부터 16시까지 사이의 8시간 중 일조시간이 통틀어 4시간 이상이 확보되고 있고, 그 외의 아파트들은 동지일을 기준으로 8시부터 16시까지 사이의 8시간 중 일조시간이 통틀어 4시간 이상 확보되지 아니할 뿐 아니라 9시부터

15시까지 사이의 6시간 중 일조시간이 연속하여 2시간 이상 확보되지도 아니하는 상태이다.
(3) 가해건물은 2002. 7. 31. 최상층 골조공사가 완료되었는데, 건축법상의 허가요건을 모두 충족하여 적법하게 그 건축허가를 받았고, 특히 일조권 침해와 관련하여 가해건물의 정북방향으로의 인접 대지 경계선으로부터 건물 높이의 1/2 이상을 이격하도록 되어 있는 관련 법령상의 요건을 초과하여 이 사건 아파트들의 경계선과 거리를 두고 건축되었다.

나. 원심의 판단

원심은, 그 판시와 같은 이유로 일조침해가 수인한도 내에 있는 선정자 7인을 제외한 나머지 선정자들에 대하여는 가해건물 건축으로 인한 일조침해가 수인한도를 넘어서 위법하므로, 이 사건 재개발사업의 시행자인 피고 조합은 선정자 7인을 제외한 나머지 선정자들에 대하여 일조권 등 침해로 인한 손해를 배상할 책임이 있다고 판단한 다음, 피고 회사에 대하여는, 아파트의 건축으로 인한 이익을 궁극적으로 향유하는 주체는 건축주 또는 도급인이지 시공자가 아니고, 시공자는 도급인과 체결한 계약 내용에 좇아 건설 공사를 이행하는 것에 불과한 점, 일조권이나 통풍권, 조망권 및 프라이버시의 보호는 토지의 인근소유자들 사이의 이해관계를 조정하는 상린관계적인 요소가 상당한 정도 관여되고 있는 점 등에 비추어, 시공자가 건축법 등 관계 법령을 준수하여 건물을 완공하였으면, 완성된 건물이 인근 건물의 소유자의 일조권 등을 침해하였다고 하더라도 사실상 공동 사업주체로서 건축에 관여하여 건축주 또는 도급인과 동일하게 보아야 할 지위에 있는 등의 특별한 사정이 없는 한 그 시공행위 자체를 불법행위라고 할 수 없어 건축주 또는 도급인과 함께 공동불법행위책임을 진다고 할 수는 없다고 전제한 후, 피고들 사이에 체결된 공사도급계약서(을 제6호증의 3)의 기재에 의하여, ① 피고 회사는 '공동시행자'로서 피고 조합의 총회, 이사회, 대의원회에 참석이 가능하고, 피고 조합이 사업계획, 사업시행 및 관리처분계획 등을 확정·변경할 경우에는 사전에 피고 회사와 협의하여야 하며, ② 설계변경에 따른 추가공사비 등은 피고 회사와 피고 조합이 협의하여 실비정산하고, ③ 조합운영비, 사업승인 부대비용, 설계비, 주거대책비, 철거용역비, 이주비 등 제반 비용을 피고 회사가 피고 조합 또는 조합원들에게 대여하기로 하고, ④ 아파트 및 상가분양을 위한 기본계획 및 관리처분계획은 피고 조합과 피고 회사가 사전 협의하여 수립하고, 분양계약체결, 대금수납 등에 관한 업무는 피고 회사가 대행하기로 하며, ⑤ 모델하우스의 건립과 모델하우스건립비, 부지임차비, 아파트 및 상가 분양대금, 분양광고비를 피고 회사가 부담하기로 하고, ⑥ 피고 조합은 설계도서 작성시 사전에 피고 회사와 협의하여 작성하여야 하고, 관할관청의 요청 또는 건축물의 외적 미관, 분양성 등을 고려하여 설계변경을 요구할 수 있으며, 서로 협의하여 결정하고, ⑦ 피고 조합은 피고 회사가 선투자 및 대여한 공사비, 대여금 등의 상환을 위한 재원은 피고 조합의 조합원 분양대금, 일반분양수입금, 기타 수입금으로 상환하고, 이를 위한 자금관리, 근저당권설정 등에 대하여 규정하고 있는 사실을 인정할 수 있으나, 피고 회사는 가해건물의 건축과 관련하여 건축법 등 관계 법령을 준수하였고, 그 채용 증거들에 의하면 피고들 사이에 위 공사도급계약을 체결하기 훨씬 전인 1997. 5. 26. 피고 조합과 동우건축 설계사무소 사이에 설계계약이 체결되어 동우건축 설계사무소에 의하여 가해건물이 설계된 사실을 인정할 수 있고, 그 뒤 위 설계가 피고 회사의 요구에 의하여 변경되었음을 인정할 자료가 없는 점 등에 비추어 보면, 비록 피고 회사가 피고 조합 등에게 일부 재건축사업에 필요한 비용을 대여하여 주며 공사대금의 확보를 위하여 채권담보의 수단으로서 분양대금 등의 자금을 공동관리한 사정만으로는 피고 회사가 시공자의 지위를 넘어 가해건물 신축의 사실상 공동 사업주체로서 건축에 관여하였다고 할 수 없다고 판단하여, 선정자들의 피고 회사에 대한 청구를 모두 기각하였다.

다. 대법원의 판단

그러나 위와 같은 원심의 판단은 다음과 같은 이유로 수긍하기 어렵다.

건물 건축공사의 수급인은 도급계약에 기한 의무이행으로서 건물을 건축하는 것이므로 원칙적으로 일조방해에 대하여 손해배상책임이 없다고 할 것이지만, 수급인이 스스로 또는 도급인과 서로 의사를 같이하여 타인이 향수하는 일조를 방해하려는 목적으로 건물을 건축한 경우, 당해 건물이 건축법규에 위반되었고 그로 인하여 타인이 향수하는 일조를 방해하게 된다는 것을 알거나 알 수 있었는데도 과실로 이를 모른 채 건물을 건축한 경우, 도급인과 사실상 공동 사업주체로서 이해관계를 같이하면서 건물을 건축한 경우 등 특별한 사정이 있는 때에는 수급인도 일조방해에 대하여 손해배상책임을 진다고 할 것이다.

피고들 사이에 체결된 이 사건 공사도급계약서(을 제6호증의 3)에 의하면, 피고들은 ① 피고 회사는 공동시행자로서 건축시설의 시공에 참여하고, 자금을 조달 및 대여하며 재개발사업을 성공리에 완수하기 위하여 피고 조합의 업무에 협조하고, ② 피고 회사는 공동시행자로서 조합의 총회, 이사회, 대의원회에 참석할 수 있으며, ③ 피고 조합은 사업계획, 사업시행 및 관리처분계획 등을 확정·변경하고자 할 때에는 사전에 피고 회사와 협의하여야 하고, ④ 기부채납도로의 공사비는 피고들이 반분하여 부담하며, ⑤ 재개발사업과 관련된 모든 인허가 업무는 피고 조합이 주관하되 피고 회사가 이에 적극 협조하고, ⑥ 피고 회사는 피고 조합의 운영비, 총회 경비 및 회계감사비, 사업승인 부대비용, 사업추진경비, 설계 및 감리비, 제반 분담금, 대민보상비 및 임대 아파트 미해당 세입자에 대한 주거대책비 등 자금을 피고 조합에게 대여하여 사업을 추진하며, ⑦ 피고 회사가 주거용 건물을 소유한 조합원에게 세대당 이주비로 8,000만 원을 대여하되 그 중 6,000만 원은 무이자로 대여하고, ⑧ 아파트 및 상가분양을 하기 위한 기본계획 및 관리처분계획은 피고들이 사전 협의하여 수립하고, 분양계약체결, 대금수납 등 분양에 따른 일체의 업무는 상호 협의하여 피고 조합의 명의로 피고 회사가 업무만 순수 대행하며, ⑨ 피고 회사는 모델하우스를 건립하고, 모델하우스 건립비, 부지임차비, 아파트 및 상가의 분양비용, 분양광고비를 부담하고, ⑩ 피고 조합은 설계도서 작성시 사전에 피고 회사와 협의하여 작성하며, 관할관청의 요청 또는 건축물의 외적 미관, 분양성 등을 고려하여 설계변경을 요구할 수 있으며 피고들이 협의하여 결정하며, ⑪ 피고 회사가 선투자 및 대여한 공사비, 대여금 등의 상환을 위한 재원은 피고 조합의 조합원 분양대금, 일반분양수입금, 기타 수입금으로 충당하고, ⑫ 피고 조합의 모든 수입금은 피고들이 협의하여 결정한 금융기관에 피고들의 공동명의와 피고들의 사용인감으로 예금구좌를 개설하여 입금 관리하되 피고들은 입금된 수입금을 피고 회사의 공사비 및 대여금 등의 상환에 우선 충당할 수 있도록 입금일로부터 6일째에 피고 회사의 기업통장으로 자동이체하기로 약정한 사실을 인정할 수 있고, 위와 같이 피고 회사가 가해건물을 단순한 수급인으로서 신축한 것이 아니라 이 사건 재개발사업을 수주하면서 피고 조합과 조합원들의 필요비용을 모두 제공하고 나아가 이 사건 공사비를 자신의 비용으로 충당하는 등 가해건물의 신축을 피고 조합과 함께 주도적으로 진행하였고, 이 사건 재개발사업의 사업계획 및 관리처분계획 등이나 설계변경에 관하여 협의의 주체로서 참여할 수 있는 지위에 있었던 점 등에 비추어 보면, 피고 회사는 가해건물 신축에 있어서 사실상 공동사업주체로서 피고 조합과 이해관계를 같이 하면서 이를 신축하였다고 볼 여지가 많다고 할 것이다.

그럼에도 불구하고, 원심은 그 내세운 사정만으로 피고 회사가 가해건물 신축에 있어서 사실상 공동사업주체의 지위에 있는 것으로 보기 어렵다고 판단하였으니, 원심판결 중 선정자 7인을 제외한 나머지 선정자들에 대한 부분은 심리를 다하지 아니하고 채증법칙을 위반하였거나 그 양자의 관계에 대한 평가를 그르친 위법 또는 수급인의 손해배상책임에 관한 법리를 오해함으로써 판결 결과에 영향을 미친 위법이 있다고 할 것이다.

그러나 선정자 7인에 대한 부분은, 원심이 선정자 7인의 아파트들은 동지일을 기준으로 8시부터 16시까지 사이의 8시간 중 일조시간이 통틀어 4시간 이상이어서 가해건물 건축으로 인한 일조침해가 수인한도 내이고, 따라서 전체적으로 조망권 및 프라이버시 침해 등도 수인한도 내이므로 위법성이 없다고 판단한 것은 정당한 것으로 수긍이 가므로, 피고 회사를 손해배상책임의 주체로 인정할 수 있다고 하더라도 피고 회사에 대한 청구가 인용될 수 없음이 명백하여 판결 결과에는 영향을 미치지 아니하였다고 할 것이다.

2. 제2점에 대하여

원심은, 피고 회사의 직원으로서 이 사건 공사현장의 책임자였던 소외인 차장이 선정자 1에게 작성하여 준 갑 제11호증에는 "보상문제는 걱정 마세요. 얼마든지 해 드릴께요."라고 기재되어 있기는 하나, 위 기재 내용만으로는 피고 회사가 선정자들에게 이 사건 일조권, 조망권 및 프라이버시 침해에 대한 손해의 배상을 약정하였다고 할 수 없고, 이에 부합하는 판시 증거는 믿을 수 없으며, 달리 이를 인정할 증거가 없다고 판단하였다.

기록에 비추어 살펴보면, 원심의 위와 같은 판단은 정당한 것으로 수긍이 가고, 거기에 상고이유로 주장하는 바와 같이 심리를 다하지 아니하고 채증법칙을 위반하는 등의 위법이 있다고 할 수 없다.

3. 제3점에 대하여

원심판결 이유에 의하면 원심은, 제1심법원의 ○○○○○에 대한 감정촉탁 결과에 의하여 가해건물 건축으로 인한 일조 등 침해로 이 사건 아파트들의 교환가치가 판시 금액만큼 감소한 사실을 인정할 수는 있으나, 위 증거와 제1심법원의 현장검증 결과에 따르면, 위 감정 결과는 일조방해가 전혀 없는 경우를 상정한 정상가격을 기준으로 산정된 것이어서 수인한도를 고려하지 아니한 것임을 알 수 있고, 일조 등 침해로 인하여 선정자 7인을 제외한 나머지 선성자들의 아파트에 어느 정도 가격하락이 발생하였더라도 그 침해가 수인한도를 넘지 않았다고 한다면 피고 조합이 이를 배상할 책임이 없는 점에 비추어 보면, 이 사건에서 일조방해가 전혀 없는 경우를 상정한 정상가격을 기준으로 산정한 가치하락액 전부를 피고 조합에게만 부담시키는 것은 부당하고, 이를 선정자 7인을 제외한 나머지 선정자들과 피고 조합이 어느 정도 분담하는 것이 형평의 원칙에 부합한다고 할 것인바, 위와 같은 사정에 이 사건 아파트들의 일조시간, 조망 및 프라이버시 침해 정도와 피고 조합의 아파트 건축행위에 법규 위반이 없는 점 등을 종합적으로 고려하면, 피고 조합이 배상하여야 할 손해액은 이 사건 아파트별 가격하락분의 40%로 봄이 상당하다고 판단하였다.

관련 법리와 기록에 비추어 살펴보면, 원심의 위와 같은 사실인정과 판단은 정당한 것으로 수긍이 가고, 거기에 상고이유로 주장하는 바와 같이 심리를 다하지 아니하고 채증법칙을 위반하였거나 책임제한에 관한 법리를 오해하는 등의 위법이 있다고 할 수 없다.

4. 결 론

그러므로 원심판결 중 선정자 7인을 제외한 나머지 선정자들의 피고 대림산업 주식회사에 대한 패소 부분을 파기하고, 이 부분 사건을 다시 심리·판단하게 하기 위하여 원심법원에 환송하기로 하고, 나머지 상고를 기각하며, 상고기각 부분의 상고비용은 패소자가 부담하기로 하여 관여 법관의 일치된 의견으로 주문과 같이 판결한다.

대법관 고현철(재판장) 윤재식(주심) 강신욱 김영란

[판례 11] 손해배상(기) (서울동부지법 2004. 2. 12. 선고 2002가합2919 판결)

【판시사항】
[1] 일조권의 침해가 사회통념상 수인한도를 초과하여 위법한지 여부에 대한 판단 기준
[2] 일조 방해에 대한 공법적 규제의 사법적 의미 및 건물 신축이 건축 당시의 공법적 규제에 형식적으로 적합하다고 하더라도 현실적인 일조 방해의 정도가 현저하게 커 사회통념상 수인한도를 넘는 경우, 위법행위로 평가되는지 여부(적극)
[3] 일조·조망 등이 침해되었으나 이를 반영한 거래가격이 형성되지 아니한 경우, 재산상 손해의 범위
[4] 일조·조망·생활상의 불편으로 인한 위자료 청구권자의 범위

【판결요지】
[1] 주택에 있어서 일조·조망·사생활의 보호 등은 쾌적하고 건강한 주거생활을 영위하기 위한 필요불가결의 요소로서 당연히 보호되어야 하는 환경권이라 할 것이나, 그 침해가 피해의 정도, 침해되는 이익의 성질 및 그에 대한 사회적 평가, 가해 건물의 용도, 지역성, 토지이용의 선후관계, 가해방지 및 피해 회피의 가능성, 공법적 규제의 위반 여부, 교섭경과 등 모든 사정을 종합적으로 고려할 때 사회통념상의 수인한도를 초과하지 아니하는 경우에는 위법성이 조각된다고 할 것인데, 특히 일조량은 인공적으로 이를 증가시킬 수 없는 것으로서 동지일을 기준으로 09:00부터 15:00까지 사이의 6시간 중 일조시간이 연속하여 2시간 이상 확보되는 경우 또는 동지일을 기준으로 08:00부터 16:00까지 사이의 8시간 중 일조시간이 통틀어 4시간 이상 확보되는 경우에는 일조권의 침해가 수인한도 내라고 할 것이고, 위 두 가지 중 어느 것에도 속하지 아니하는 경우에는 일조권의 침해가 수인한도를 초과한다고 봄이 상당하다.
[2] 공법적 규제에 의하여 확보되는 일조·조망 등은 원래 사법상으로 보호되는 권리를 공법적인 면에서도 가능한 한 보증하려는 것으로서 특별한 사정이 없는 한 사법상 보호되는 권리를 위한 최소한의 기준으로 봄이 상당하고, 구체적인 경우에 있어 현실적인 침해의 정도가 현저하게 커 사회통념상 수인한도를 넘은 경우에는 위법행위로 평가될 수 있어, 신축된 아파트가 관련 법규의 요건을 모두 충족하여 건축되었다는 사정만으로는 그 위법성이 조각된다고 할 수 없다.
[3] 주거환경으로 적합한 일조와 조망, 사생활의 보호를 필요로 하는 주거지역에 있는 주택 및 그 대지에 대하여 일조·조망 등의 침해가 발생하게 되면 그 시가가 하락하여 같은 금액 상당의 재산상 손해가 발생하게 되고, 가사 그와 같은 시가의 하락이 장기간에 걸쳐 서서히 이루어져 침해가 발생한 직후 시가가 하락한 사례를 발견하기 어려운 경우라고 하더라도, 당해 토지나 건물을 소유하고 있는 자로서는 침해가 발생하기 전의 정상적인 환경성능을 상실하게 됨은 물론, 주거지역으로서의 기능을 유지하게 하기 위하여 주로 난방비 및 조명비를 추가로 부담하게 될 것이어서 일정한 기간이 경과하면 상실된 환경성능의 금전적 가치와 추가로 부담하게 되는 난방비 및 조명비의 합계액 상당의 가격이 하락한 상태로 거래하게 될 것임이 경험칙상 명백하므로 일조·조망 등이 침해되었으나 아직까지 이를 반영한 거래가격이 형성되지 아니한 경우의 재산상 손해는 침해가 발생하기 전의 정상적인 주택의 가격에서 환경성능이 차지하는 비중과 침해된 환경성능상실률에 터 잡아 평가한 환경성능상실액과 추가 난방비 및 조명비의 합계액으로 봄이 상당하다.
[4] 사회통념상 수인한도를 넘는 일조·조망 및 생활상의 불편으로 인한 위자료 청구는 침해를 받고 있는 건물에 거주하고 있는 자만이 행사할 수 있다.

【참조조문】
[1] 민법 제2조 제1항, 제750조 [2] 민법 제2조 제1항, 제750조 [3] 민법 제750조 [4] 민법 제751조

【참조판례】
[1][2] 대법원 1999. 1. 26. 선고 98다23850 판결(공1999상, 351)
대법원 2000. 5. 16. 선고 98다56997 판결(공2000하, 1419)

【전 문】
【원 고】 원고 1 외 12인 (소송대리인 변호사 김갑진)
【피 고】 금호동지역주택조합 외 1인 (소송대리인 법무법인 유·러 담당변호사 최환주)
【변론종결】 2004. 1. 29.

【주 문】
1. 피고들은 각자 원고들에게 별지 손해배상금내역 인용금액 합계란 기재 각 금원 및 이에 대하여 2002. 4. 1.부터 2004. 2. 12.까지는 연 5%, 그 다음날부터 다 갚는 날까지는 연 20%의 각 비율에 의한 금원을 지급하라.
2. 원고들의 피고들에 대한 각 나머지 청구를 기각한다.
3. 소송비용은 이를 4분하여 그 1은 원고들이, 나머지는 피고들이 각 부담한다.
4. 제1항은 가집행할 수 있다.

【청구취지】
피고들은 연대하여 원고들에게 별지 청구금액내역 청구금액 합계란 기재 각 금원 및 이에 대하여 2002. 4. 1.부터 이 판결 선고일까지는 연 5%, 그 다음날부터 다 갚는 날까지는 연 20%의 각 비율에 의한 금원을 지급하라.

【이 유】
1. 기초사실

다음의 각 사실은 당사자 사이에 다툼이 없거나, 갑1호증의 5~30, 갑2호증, 갑6호증 내지 갑18호증의 4, 을1호증의 1, 2, 을3호증의 각 기재에 변론 전체의 취지를 종합하여, 이를 인정할 수 있다.

가. 피고들은 공동으로 2000. 4. 1. 성동구로부터 서울 성동구 (주소 1 생략) 외 35필지 대지 합계 9,081.56㎡ 지상에 14층 내지 24층 높이로 합계 249세대의 아파트 3동(이하 '이 사건 아파트'라 한다)을 신축하는 공사(이하 '이 사건 공사'라 한다)의 사업계획을 승인받아 2000. 4. 27. 착공하여 2002. 4. 1. 위 아파트의 외부 골조를 완성하였다.

나. 원고 2, 원고 3, 원고 6, 원고 13을 제외한 나머지 원고들은 서울 성동구 (이하 생략) 별지 손해배상금내역 기재 해당 번지의 토지 및 건물(이하 아래의 원고 2가 소유하는, 원고 6이 공유하는, 원고 13이 매도한 각 토지 및 지상건물, 원고 3이 신축한 지상건물 및 그 대지를 포함하여 '원고들 소유의 이 사건 주택들'이라고 한다)을 소유하면서 이 사건 변론종결일 현재 위 건물에 거주하고 있다.

다. 원고 3은 이 사건 아파트의 외부 골조가 완성된 2002. 4. 1. 당시 서울 성동구 (주소 2 생략) 토지 및 그 지상에 벽돌조 슬래브지붕 2층 주택을 소유하다가, 2002. 12. 26. 위 건물을 철거하고 철근콘크리트조 철근콘크리트 평스라브지붕 3층 근린생활시설 및 다가구주택을 신축하였고, 원고 6은 (주소 3 생략) 토지의 3/5지분, 그 지상건물의 1/2지분을 소유하면서, 각 이 사건 변론

종결일 현재 위 각 건물에 거주하고 있다.
라. 원고 2는 (주소 4 생략) 토지 및 지상건물을 소유하면서 거주하다가 이 사건 아파트의 외부 골조가 완공되기 전인 2001. 12. 26. 위 건물을 소외 1, 소외 2, 소외 3 등에게 임대하였고, 원고 13은 이 사건 아파트의 외부 골조가 완성된 이후인 2002. 9. 13. 소외 4에게 (주소 5 생략) 토지 및 건물을 매도하여, 각 이 사건 변론종결일 현재 위 건물에 거주하고 있지 아니하다.

2. 손해배상책임의 발생
가. 주택에 있어서 일조·조망·사생활의 보호 등은 쾌적하고 건강한 주거생활을 영위하기 위한 필요불가결의 요소로서 당연히 보호되어야 하는 환경권이라 할 것이나, 그 침해가 피해의 정도, 침해되는 이익의 성질 및 그에 대한 사회적 평가, 가해 건물의 용도, 지역성, 토지이용의 선후관계, 가해방지 및 피해 회피의 가능성, 공법적 규제의 위반 여부, 교섭경과 등 모든 사정을 종합적으로 고려할 때 사회통념상의 수인한도를 초과하지 아니하는 경우에는 위법성이 조각된다고 할 것인데, 특히 일조량은 인공적으로 이를 증가시킬 수 없는 것으로서 동지일을 기준으로 09:00부터 15:00까지 사이의 6시간 중 일조시간이 연속하여 2시간 이상 확보되는 경우 또는 동지일을 기준으로 08:00부터 16:00까지 사이의 8시간 중 일조시간이 통틀어 4시간 이상 확보되는 경우에는 일조권의 침해가 수인한도 내라고 할 것이고, 위 두 가지 중 어느 것에도 속하지 아니하는 경우에는 일조권의 침해가 수인한도를 초과한다고 봄이 상당하다.
나. 앞서 받아들인 증거들에 감정인 소외 5의 일조·조망·환경심리 감정 결과, 이 법원의 주식회사 에이엔텍 엔지니어링에 대한 사실조회 결과 및 변론 전체의 취지를 보태어 보면, 원고들 소유의 이 사건 주택들은 피고들이 공동으로 신축한 이 사건 아파트에 의하여 동지일을 기준으로 그 일부 또는 전부에서 일조가 침탈되어 별지 일조·조망·환경심리변화 목록 (1) 일조시간 기재와 같이 이 사건 아파트의 신축 전과는 달리 08:00부터 16:00까지 사이에 합계 4시간 이상, 09:00부터 15:00까지 사이에 연속하여 2시간 이상의 일조를 받을 수 없게 되었고, 위와 같은 일조침해가 발생한 건물 부분에서의 천공조망의 차폐율 같은 목록 (2) 차폐변화 기재와 같이 9% 내지 91% 증가하게 되었으며, 고층인 이 사건 아파트로 인한 사생활침해 여부, 개인공간의 확보 정도, 영역성 등을 고려하여 산정한 환경심리도 같은 목록 (3) 환경심리침해율 기재와 같이 56.69% 내지 62.14% 악화되는 사실을 인정할 수 있고, 을12, 13호증의 각 기재, 을8호증의 1 내지 을10호증의 2의 각 영상만으로는 위에서 인정한 일조·조망·환경심리의 변화의 내역이 인접 지역의 건물 및 지형, 생활의 근거가 되는 주된 개구부를 적절하게 고려하여 산정한 내역과 상이하다고 보아 위 인정을 뒤집기에 부족하며, 달리 반증이 없으므로, 피고들은 공동으로 이 사건 아파트를 신축함으로써 사회통념상의 수인한도를 초과하여 원고들의 일조권, 조망권, 사생활보호에 관한 권리를 침해하였다고 할 것이어서, 이로 인하여 원고들이 사회통념상 수인한도를 넘어 위 권리를 침해당함으로써 입게 된 재산상 손해 및 위자료를 배상할 의무가 있다.
다. 이에 대하여, 피고들은 이 사건 아파트는 관련 법규상의 요건을 모두 충족하여 건축되었으므로 위 손해를 배상할 책임이 없다고 주장하나, 관계 법령에 적합한지 여부가 사법상 위법성을 판단함에 있어 중요한 자료라고 하더라도, 이러한 공법적 규제에 의하여 확보되는 일조·조망 등은 원래 사법상으로 보호되는 권리를 공법적인 면에서도 가능한 보증하려는 것으로서 특별한 사정이 없는 한 사법상 보호되는 권리를 위한 최소한의 기준으로 봄이 상당하고, 구체적인 경우에 있어 현실적인 침해의 정도가 현저하게 커 사회통념상 수인한도를 넘은 경우에는 위법행위로 평가될 수 있어, 이 사건 아파트가 관련 법규의 요건을 모두 충족하여 건축되었다는 사정만으로는 그 위법성이 조각된다고 할 수 없으므로, 피고들의 위 주장은 이유 없다.

3. 손해배상책임의 범위
    가. 재산상 손해
        (1) 주거환경으로 적합한 일조와 조망, 사생활의 보호를 필요로 하는 주거지역에 있는 주택 및 그 대지에 대하여 일조·조망 등의 침해가 발생하게 되면 그 시가가 하락하여 같은 금액 상당의 재산상 손해가 발생하게 되고, 가사 그와 같은 시가의 하락이 장기간에 걸쳐 서서히 이루어져 침해가 발생한 직후 시가가 하락한 사례를 발견하기 어려운 경우라고 하더라도, 당해 토지나 건물을 소유하고 있는 자로서는 침해가 발생하기 전의 정상적인 환경성능을 상실하게 됨은 물론, 주거지역으로서의 기능을 유지하게 하기 위하여 주로 난방비 및 조명비를 추가로 부담하게 될 것이어서 일정한 기간이 경과하면 상실된 환경성능의 금전적 가치와 추가로 부담하게 되는 난방비 및 조명비의 합계액 상당의 가격이 하락한 상태로 거래하게 될 것임이 경험칙상 명백하다. 따라서 일조·조망 등이 침해되었으나 아직까지 이를 반영한 거래가격이 형성되지 아니한 경우의 재산상 손해는 침해가 발생하기 전의 정상적인 주택의 가격에서 환경성능이 차지하는 비중과 침해된 환경성능상실률에 터 잡아 평가한 환경성능상실액과 추가 난방비 및 조명비의 합계액으로 봄이 상당하다.
        (2) 앞서 받아들인 증거에 감정인 소외 6의 시가감정 결과, 이 법원의 대일에셋감정평가법인에 대한 사실조회 결과 및 변론 전체의 취지를 보태어 보면, 피고들의 불법행위로 인하여 원고들 소유의 이 사건 주택들의 일조·조망 등이 침해되었으나 아직까지 이를 반영한 시가가 형성되지 아니한 사실, 정상적인 주택의 가격에서 환경성능이 차지하는 비중은 경제성장에 따른 소득수준의 향상으로 삶의 질에 대한 관심이 증대하면서 환경권이 중시되는 최근의 경향에 따라 20% 상당이라고 할 것이어서 피고들의 불법행위로 인하여 원고들 소유의 이 사건 주택에서 상실된 환경성능상실액은 별지 청구금액내역 (1) 환경성능상실액란 기재 각 금원과 같은 사실, 원고들 소유의 이 사건 주택들에서 쾌적하고 건강한 주거생활을 영위할 수 있도록 주거지역으로서의 기능을 유지하기 위하여 추가 지출될 난방비 및 조명비는 같은 목록 (2) 난방비란 및 같은 목록 (3) 기재 조명비란 기재 각 금액과 같은 사실을 인정할 수 있고, 반증이 없으므로, 피고들이 원고 6, 원고 3을 제외한 나머지 원고들에게 배상하여야 할 재산상 손해는 별지 청구금액내역 (1) 내지 (3) 기재 각 금원 합계액이다.
        (3) 다만, 원고 6은 앞서 인정한 바와 같이 서울 성동구 (주소 3 생략) 토지의 3/5지분만을 소유하고 있으므로, 피고들이 원고 6에게 배상하여야 할 재산상 손해는 별지 청구금액내역 순번 6번의 (1) 내지 (3) 기재 금원의 합계 금 41,416,940원(= 환경성능상실액 35,387,000원 + 난방비 1,431,000원 + 조명비 4,598,940원)의 60%에 해당하는 금 24,850,164원(= 41,416,940원 × 0.6)이다(원고 6은 위 지상건물에 대하여는 1/2지분을 소유하고 있으나, 위 손해액은 토지의 가격을 기준으로 산정한 액수이므로 토지의 지분을 기준으로 한다).
        (4) 한편, 원고 3이 이 사건 아파트의 외부 골조가 완성된 2002. 4. 1. 이후에 기존의 2층 주택을 철거하고, 2002. 12. 26. 3층 근린생활시설 및 다가구주택을 신축한 사실은 앞서 인정한 바와 같고, 감정인 소외 5의 일조·조망·환경심리 감정 결과에 의하면, 원고 2 소유의 위 건물 중 1, 2층 부분은 이 사건 아파트가 신축되지 아니하였다고 하더라도 인접한 다른 건물들로 인하여 사회통념상 수인한도를 넘는 일조의 침탈이 있으며, 기존의 건물보다 더 높게 건축된 3층 부분에서 이 사건 아파트로 인하여 별지 일조·조망·환경심리변화 목록 순번 3번 기재와 같은 일조·조망 등의 침해를 발생하는 사실을 인정할 수 있고 반증이 없다. 그렇다면 원고 3으로서는 자신 소유의 토지 위에 건축관련 법규상의 제한 범위 내의 건물을 신축하면서 이 사

건 아파트로 인한 일조·조망 등의 침탈을 예방하여야 할 의무를 부담하는 것은 아니라고 하더라도, 주된 생활공간을 적절하게 배치하여 그 주된 개구부를 조정하는 등의 방법으로 이 사건 아파트로 인한 일조·조망 등의 침해를 줄일 수 있었고, 이미 이 사건 아파트의 외부 골조를 완성한 피고들로서는 원고 3 소유의 주택에 대한 일조·조망 등의 침해를 줄일 수 없었으므로, 이를 피고들이 배상하여야 할 손해액을 산정함에 있어 참작하기로 하되, 그 비율은 전체의 30%로 정하고, 피고들의 책임범위를 70%로 정함이 상당하므로, 피고들이 원고 3에게 배상하여야 할 재산상 손해액은 별지 청구금액 목록 순번 3번의 (1) 내지 (3) 기재 금원의 합계 금 16,160,940원(= 환경성능상실액 10,803,000원 + 난방비 759,000원 + 조명비 4,598,940원)의 70%에 해당하는 금 11,312,658원(= 16,160,940원 × 0.7)이다.

(5) 원고 9, 원고 10은 나아가 피고들이 이 사건 아파트를 신축함에 따라 위 원고들 소유의 이 사건 주택들에 설치된 태양열온수기를 더 이상 사용할 수 없게 되었으므로 피고들은 이로 인하여 위 원고들이 입게 된 손해도 배상하여야 한다고 주장하나, 가사 이 사건 아파트로 인하여 위 원고들이 설치한 태양열온수기의 사용이 제한된다고 하더라도 피고들이 이 사건 아파트를 건축함에 있어 위와 같은 손해의 발생을 예견할 수 있었다고 볼 아무런 자료가 없는 이상, 위 주장은 이유 없다.

나. 위자료

(1) 피고들의 위와 같은 불법행위로 인하여 원고 2를 제외한 나머지 원고들 및 그 가족들이 생활상의 불편은 물론 정신적 고통을 받게 된 점은 경험칙상 쉽게 인정되므로 피고들은 각자 이를 금전으로나마 배상할 의무가 있다고 할 것인바, 피고들의 불법행위 및 원고들에게 발생한 침해의 정도, 원고들이 침해가 발생한 이후 거주한 기간 등 이 사건 변론에 나타난 손해배상금내역 인용금액 위자료란 기재와 같다고 봄이 상당하다(원고들 상호의 차이는 환경성능저해율을 고려하여 정하고, 원고 13은 앞서 본 바와 같이 이 사건 아파트의 외부 골조가 완성된 후 불과 5개월이 경과한 후 이주한 점을 참작하였다).

(2) 원고 2도 이 사건 아파트의 건축으로 생활상 불편은 물론 정신적 고통을 받게 되었다고 주장하면서 이에 대한 배상을 구하나, 일조·조망 및 생활상의 불편으로 인한 위자료 청구는 침해받는 건물에 거주하고 있는 자만이 이를 청구할 수 있다고 할 것인데, 원고 2가 이 사건 아파트의 외부 골조가 완공되기 전인 2001. 12. 26. 이주한 사실은 앞서 인정한 바와 같고, 그 무렵 이미 사회통념상 수인한도를 넘는 일조·조망 및 생활상의 불편으로 인하여 원고 2 내지 그 가족들이 정신적 고통을 받고 있었다고 인정할 증거가 없으므로 원고 2의 위 주장은 이유 없다.

4. 결 론

그렇다면 피고들은 공동불법행위자로서 각자 원고들에게 이 사건 아파트를 신축함으로써 원고들이 입은 손해금인 별지 손해배상금내역 인용금액 합계란 기재 각 금원 및 이에 대하여 이 사건 아파트의 외부 골조가 완성되어 그 불법행위에 해당하는 침해가 확정된 2002. 4. 1.부터 이 판결 선고일인 2004. 2. 12.까지는 민법이 정한 연 5%, 그 다음날부터 다 갚는 날까지는 소송촉진등에관한특례법이 정한 연 20%의 각 비율에 의한 지연손해금을 지급할 의무가 있으므로, 원고들의 이 사건 청구는 위 인정 범위 내에서 이유 있어 이를 인용하고, 나머지 청구는 이유 없어 이를 기각한다.

판사 성기문(재판장) 이효제 김희중

☞ 대법원 1999. 1. 26. 선고 98다23850 판결 31p 참조

2. 건물, 토지의 가치하락

[판례 12] 손해배상(기) (대법원 2004. 10. 27. 선고 2002다21967 판결)

【판시사항】

농경지가 공공사업의 시행으로 인하여 기존에 재배하던 농작물의 부지로는 부적당하게 되더라도 다른 농작물을 재배하는 데 별다른 지장이 없는 경우, 위 농경지가 구 공공용지의취득및손실보상에관한특례법시행규칙 제23조의2에 정한 '경작이 불가능하게 된 경우'에 해당하는지 여부(소극)

【판결요지】

구 공공용지의취득및손실보상에관한특례법시행규칙(2002. 12. 31. 건설교통부령 제344호로 폐지) 제23조의2 소정의 '경작이 불가능하게 된 경우'라 함은 그 농경지가 공공사업의 시행으로 인하여 산지나 하천 등에 둘러싸이는 등으로 경작 자체가 불가능하게 되는 경우를 의미하는 것이지 공공사업의 시행으로 인하여 소음과 진동의 발생, 일조량의 감소 등으로 기존에 재배하고 있는 농작물의 비닐하우스 부지로는 부적당하다고 하더라도 다른 농작물을 재배하는 데에는 별다른 지장이 없어 보이는 경우까지를 포함하는 것은 아니다.

【참조조문】

구 공공용지의취득및손실보상에관한특례법시행규칙(2002. 12. 31. 건설교통부령 제344호로 폐지) 제23조의2

【전 문】

【원고, 상 고 인】 원고
【피고, 피상고인】 한국도로공사 (소송대리인 변호사 문형철)
【원심판결】 광주고법 2002. 3. 27. 선고 2001나8157 판결

【주 문】

상고를 기각한다. 상고비용은 원고가 부담한다.

【이 유】

상고이유를 본다.

1. 구 공공용지의취득및손실보상에관한특례법시행규칙(2002. 12. 31. 건설교통부령 제344호로 폐지되기 전의 것, 이하 '시행규칙'이라 한다) 제23조의2(농경지 등에 대한 간접보상)에서는 공공사업시행지구 밖의 농경지라도 공공사업의 시행으로 인하여 산지나 하천 등에 둘러싸여 경작이 불가능하게 된 경우에는 그 소유자의 청구에 의하여 이를 공공사업시행지구 안에 편입되는 것으로 보아 보상한다고, 시행규칙 제29조(실농보상)에서는 공공사업시행지구에 편입되는 농경지에 대하여는 영농손실금을 지급한다고 각 규정되어 있는데, 시행규칙 제23조의2 소정의 '경작이 불가능하게 된 경우'라 함은 그 농경지가 공공사업의 시행으로 인하여 산지나 하천 등에 둘러싸이는 등으로 경작 자체가 불가능하게 되는 경우를 의미하는 것이지 이 사건 비닐하우스 부지와 같이 공공사업의 시행으로 인하여 소음과 진동의 발생, 일조량의 감소 등으로 기존에 재배하고 있는 국화 등을 재배하는 비닐하

우스 부지로는 부적당하다고 하더라도 다른 농작물을 재배하는 데에는 별다른 지장이 없어 보이는 경우까지를 포함하는 것이 아니라고 할 것이므로 이 사건 비닐하우스 부지에 대하여는 시행규칙 제23조의2의 규정을 유추적용하여 실농보상을 할 수 없다고 할 것인바, 같은 취지인 원심의 판단은 정당하고, 거기에 상고이유의 주장과 같은 위법이 없다.
2. 또한, 공공사업의 시행으로 인하여 손실이 발생하리라는 것을 예견할 수 있고 그 손실의 범위를 특정할 수 있으며, 공공사업시행지구 밖의 농경지에 설치된 비닐하우스 등의 시설이 시행규칙 제23조의6의 공작물 등의 간접보상을 받을 수 있는 경우 등에 해당한다고 하더라도, 공공사업시행지구 밖의 농경지가 시행규칙 제23조의2에서 보상의 대상으로 삼는 농경지에 해당하지 아니하는 이상에는 시행규칙 제29조 제1항에 따른 영농손실액의 지급대상이 된다고 할 수는 없다고 할 것이므로, 원심이 이 사건 비닐하우스 부지가 시행규칙 제23조의2에서 보상의 대상이 되는 농경지에 해당하지 아니하더라도 시행규칙 제23조의6 등 다른 간접보상에 관한 다른 규정을 유추적용함으로써 실농보상의 대상이 된다는 원고의 주장을 배척한 조치는 그 이유의 설시에 있어서 다소 미흡하지만 그 결론에 있어서 정당하다고 할 것이므로, 거기에 상고이유의 주장과 같은 시행규칙 제29조 제1항에 따른 영농손실액의 지급대상에 관한 법리오해 등으로 판결 결과에 영향을 미친 위법이 있다고 할 수 없다.
3. 그러므로 상고를 기각하고, 상고비용은 패소자가 부담하도록 하여 관여 법관의 일치된 의견으로 주문과 같이 판결한다.

대법관   윤재식(재판장) 이용우 이규홍(주심) 김영란

☞ 서울고등법원 1996. 3. 29. 선고 94나11806 판결 290p 참조

3. 영업수익의 감소, 난방비 등의 지출증대

☞ 대법원 1999. 1. 26. 선고 98다23850 판결 31p 참조
☞ 대법원 2004. 9. 13. 선고 2003다64602 판결 279p 참조

가. 기준제시

(1) 배상청구권자

☞ 서울고법 2005. 10. 28. 선고 2004나56440 판결 309p 참조
☞ 손해배상(기) (대법원 2008. 4. 17. 선고 2006다35865 판결 320p 참조

(2) 배상액 산정의 기준시가

☞ 손해배상(기) (대법원 2008. 4. 17. 선고 2006다35865 판결 320p 참조

(3) 산정방식

$$피해건물의기준가 \times 가치하락율 \times \frac{1}{2} \times \frac{240-잔존일조량(단위 : 분)}{240}$$

4. 책임의 제한

☞ 대법원 2006. 1. 26. 선고 2005다47014, 47021, 47038 판결 343p 참조

가. 정신적 손해

피해건물에 거주하고 있는 사람에 한하여 일조방해 등으로 생활상 불편을 입어 정신적 고통을 당하였다는 사정을 이유로 위자료를 인정한다.

나. 위자료

(1) 기존 판례

☞ 서울동부지법 2004. 2. 12. 선고 2002가합2919 판결 351p 참조
☞ 손해배상(기) (대법원 2008. 4. 17. 선고 2006다35865 판결 320p 참조

(2) 기준제시

☞ 손해배상(기) (대법원 2008. 4. 17. 선고 2006다35865 판결 320p 참조

다. 배상례

(1) 선고된 일조사건

☞ 서울중앙지법 2008. 7. 8. 선고 2007가합79119 판결 299p 참조 (대치동 롯데캐슬 vs 대치아이파크) - 청구기각(2008. 7. 8.)

라. 소멸시효

일조방해의 원인 행위인 가해건물의 건축은 건물완공으로 종료되고 그 재산상 손해에 해당하는 부동산 가치 하락은 가해건물이 완공될 때 일회적으로 발생하므로, 일조방해로 인한 부

동산 가치 하락에 대한 손해배상청구권은 가해건물이 완공되어 손해가 현실화된 때부터 단기 소멸시효가 진행된다.

[판례 13] 손해배상(기) (광주고등법원 2006. 5. 17. 선고 2005나9790 판결)

【전 문】

【원고, 피항소인】 원고 1외 16인
【원고, 항소인 겸 피항소인】 원고 3외 19인(소송대리인 변호사 태기정)
【원고, 항소인】 원고 5외 11인
【피고, 피항소인 겸 항소인】 주식회사 부영(소송대리인 법무법인 바른 담당변호사 조중한외 6인)
【변론종결】 2006. 4. 26.
【제1심판결】 전주지방법원 남원지원 2005. 10. 6. 선고 2003가합163 판결

【주 문】

1. 제1심판결 중 원고 1, 2, 4, 7, 8, 12, 15, 16, 17, 22, 23, 25, 26, 30, 40, 44, 45에 대한 부분 및 원고 3, 6, 10, 11, 13, 19, 24, 27, 29, 31, 32, 35, 36, 38, 39, 41, 42, 43, 47, 48에 대한 피고 패소부분을 모두 취소하고, 그 취소부분에 해당하는 위 원고들의 청구를 모두 기각한다.
2. 원고 3, 6, 10, 11, 13, 19, 24, 27, 29, 31, 32, 35, 36, 38, 39, 41, 42, 43, 47, 48, 5, 9, 14, 18, 20, 21, 28, 33, 34, 37, 46, 49의 항소를 모두 기각한다.
3. 소송총비용 중 원고 1, 2, 4, 7, 8, 12, 15, 16, 17, 22, 23, 25, 26, 30, 40, 44, 45, 3, 6, 10, 11, 13, 19, 24, 27, 29, 31, 32, 35, 36, 38, 39, 41, 42, 43, 47, 48과 피고 사이에 생긴 부분은 위 원고들의 각 부담으로 하고, 원고 5, 9, 14, 원고 18, 20, 21, 28, 33, 34, 37, 46, 49의 각 항소로 인한 부분은 위 원고들의 각 부담으로 한다.

【청구취지 및 항소취지】

1. 청구취지

피고는 원고들에게 별지 제1 청구취지 손해배상금내역 중 ③ '손해금의 항목별내역'란의 ⑥ 합계란 기재의 해당 각 금원 및 이에 대하여 1995. 11. 20.부터 제1심 판결선고일까지는 연 5%, 그 다음날부터 완제일까지는 연 20%의 각 비율에 의한 금원을 지급하라는 판결.

2. 항소취지

원고들 : 제1심판결 중 원고 3, 6, 10, 11, 13, 19, 24, 27, 29, 31, 32, 35, 36, 38, 39, 41, 42, 43, 47, 48의 패소 부분 및 원고 5, 9, 14, 18, 20, 21, 28, 33, 34, 37, 46, 49에 대한 부분을 모두 취소하고, 피고는 원고들에게 별지 제2 원고들 항소취지 손해배상금내역 중 ③ '손해금의 항목별내역'란의 ⑥ 합계란 기재의 해당 각 금원 및 이에 대하여 1995. 11. 20.부터 이 사건 소장 부본이 송달된 날까지는 연 5%, 그 다음날부터 완제일까지는 연 20%의 각 비율에 의한 금원을 지급하라는 판결.

피고 : 주문 제1항과 같은 판결.

【이 유】

1. 기초사실

아래 각 사실은 당사자 사이에 다툼이 없거나, 갑제1호증의 1 내지 53, 갑제7호증의 1 내지 4, 갑

제8호증의 1 내지 4, 갑제9호증의 1 내지 4, 갑제10호증의 1 내지 3, 갑제11호증의 1 내지 4, 갑제12호증의 1 내지 4, 갑제13호증의 1 내지 4, 갑제14호증의 1 내지 4, 갑제15호증의 1 내지 4, 갑제16호증의 1 내지 3, 갑제17호증의 1 내지 4, 갑제18호증의 1 내지 3, 갑제19호증의 1 내지 4, 갑제20호증의 1 내지 4, 갑제21호증의 1 내지 4, 갑제22호증의 1 내지 5, 갑제23호증의 1 내지 5, 갑제24호증의 1 내지 4, 갑제25호증의 1 내지 3, 갑제26호증의 1 내지 4, 갑제27호증의 1 내지 3, 갑제28호증의 1 내지 4, 갑제40호증의 1 내지 49, 갑제44호증, 갑제45호증의 1, 갑제46호증, 갑제47호증의 1, 갑제48호증, 갑제49호증의 1, 2, 3, 을제1호증의 1, 2, 을제2호증의 1, 2의 각 기재, 제1심법원의 검증결과, 감정인 소외인의 일조권피해감정결과, 제1심법원의 남원시장, 감정인 소외인에 대한 각 사실조회결과에 변론 전체의 취지를 종합하여 이를 인정할 수 있다.

가. 피고는 1993. 10. 27. 남원시장으로부터 남원시 도통동 144 대 29,413㎡ 지상에 임대아파트인 부영아파트 7동 1,032세대(이하 '부영아파트'라 한다)를 건설하는 사업계획승인을 받은 다음 부영아파트 건축공사를 시행하여(이하 '이 사건 공사'라 한다) 1995. 11. 18. 사용검사를 마쳤고, 1995. 11. 20. 준공검사를 받았다.

나. 부영아파트와 약 40m 떨어진 곳에 건축된 우성아파트(이하 '이 사건 아파트'라 한다)는 1993. 3. 5. 남원시장으로부터 사업계획승인을 받고 위 아파트 건축공사를 진행하여 1995. 2. 28.경부터 사용승인을 받았고, 원고들은 피고가 이 사건 공사를 완료한 시점인 1995. 11. 20.을 기준으로 별지 제3 원고별 소유 및 점유의 변동내역 기재와 같이 그 이전에 이 사건 아파트를 분양받아 소유 및 점유·사용하고 있거나, 1995. 11. 20. 이전에 분양받은 소유자로부터 이를 매수하여 그 이후에 이를 소유 및 점유·사용하고 있다.

다. 원고 5, 6, 9, 10, 11, 13, 14, 18, 19, 20, 21, 27, 28, 32, 33, 34, 35, 37, 38, 39, 41, 42, 43, 46, 48, 49는 모두 별지 제3 원고별 소유 및 점유의 변동내역의 소유권변경란의 기재와 같이 1995. 11. 20. 당시의 각 소유자나 점유·사용자로부터 2004. 11.경 부영아파트의 신축으로 인하여 이 사건 아파트의 일조권이 침해받음으로써 피고에 대하여 가지고 있는 재산상 손해배상청구권 및 위자료청구권을 각 양수하였고, 2004. 12. 15. 피고에게 위 채권양도사실을 내용증명우편으로 각 통지하였으며, 위 각 통지는 그 무렵 각 도달하였다.

2. 손해배상책임의 발생

건물의 소유자가 종전부터 향유하고 있던 일조, 조망 등이 쾌적하고 건강한 생활에 필요한 생활이익으로서 가치를 가지고 있다고 객관적으로 인정될 경우 이는 법적으로 보호할 대상이 되는 것이므로, 타인에 의하여 위 권리들을 침해당한 자는 일응 그 침해행위가 수인한도 내의 정당한 권리행사의 범위를 벗어나 위법한 행위임을 원인으로 하여 그로 인하여 입은 손해의 배상을 청구할 수 있다고 할 것이고, 일반적으로 건물 신축으로 인하여 그 이웃 토지상의 거주자가 직사광선이 차단되고, 조망·사생활이 침해되는 등 불이익을 받은 경우에 그 신축행위가 정당한 권리행사로서의 범위를 벗어나 사법상 위법한 가해행위로 평가되기 위해서는 그 일조 등의 방해 정도가 사회통념상 일반적으로 인용하는 수인한도를 넘어야 하고, 건축법 등 관계 법령에 일조방해에 관한 직접적인 단속법규가 있다면 동 법규에 적합한지 여부가 사법상 위법성을 판단함에 있어서 중요한 판단자료가 될 것이지만 이러한 공법적 규제에 의하여 확보하고자 하는 일조는 원래 사법상 보호되는 일조를 공법적인 면에서도 가능한 한 보증하려는 것으로서 특별한 사정이 없는 한 일조 보호를 위한 일응의 기준으로 봄이 상당하고, 구체적인 경우에 있어서 어떠한 건물신축이 건축 당시의 공법적 규제에 형식적으로 적합하다고 하더라도 현실적인 일조방해의 정도가 현저하게 커 사회통념상 수인한도를 넘은 경우에는 위법행위로 평가될 수 있고, 사회통념상 수인한도를 넘었는지 여부는 피해의 정도, 피해이익의 성질 및 그에 대한 사회적 평가, 가해 건물의 용도, 지역성, 토지이용의 선후관계, 가해방지 및 피해회피의 가능성, 공법적 규제의 위반 여부, 교섭 경과 등 모든 사정을 종합적으로 고려하여 판단하여야 할 것인바(대법원 1999. 1. 26. 선고 98다23850 판결, 2000. 5. 16. 선고 98다56997 판결 등 참조), 특히 일조량은 인공적으로 증가시킬 수 없고, 토지의 효율적 이용을 위한 건물의 고층화경향 등을 고려할 때, 아파트와 같은 공동주택의 경우 동지일을 기준으로 9시부터 15시까지 사이의 6시간 중 일조시간이 연속하여 2시간 이상 확보되는 경우 또는 동지일을 기준으로 8시에서 16시까지 사이의 8시간 중 일조시간이 통틀어서 최소한 4시간 정도 확보되는 경우에는 이를 수인하여야 할 것이고, 위 두 가지 중 어느 것에도 속하지 아니하는 경우에는 일조권의 침해가 수인한도를 초과한다고 봄이 상당하다.

돌이켜 이 사건에 관하여 보건대, 앞서 믿은 증거들에 의하면, 피고는 소외 홍원제지 주식회사 소유의 남원시 도통동 144 대 29,413㎡를 매수하였는데, 그 곳에는 단층의 제사공장이 존재하였던 사실, 피고는 1993. 10. 27. 남원시 도통동 144 지상에 부영아파트 1차단지(7개동 1,032세대)에 대한 사업승인을 받아 1995. 11. 18. 준공검사신청을 하여 1995. 11. 20. 준공검사를 필한 사실, 피고의 부영아파트가 신축되기 이전에는 원고들 소유의 이 사건 아파트가 일조권침해를 전혀 받지 않고 있다가 피고가 신축한 부영아파트로 말미암아 별지 일조피해내역 기재와 같이 '동지일을 기준으로 9시에서 15시까지 사이의 6시간 중 일조시간이 연속하여 2시간이상 확보되는 경우(연속시간) 또는 동지일을 기준으로 8시에서 16시까지 사이의 8시간 중 일조시간이 통틀어서 최소한 4시간정도 확보되는 경우(총일조시간)'를 기준으로 일조시간을 일부 또는 전부 잃게 된 사실을 인정할 수 있는 바, 사실관계가 이와 같다면 피고는 부영아파트를 신축함으로써 사회통념상의 수인한도를 초과하여 원고들의 일조권을 침해하였다고 할 것이어서, 이러한 불법행위로 인하여 원고들이 위 권리를 침해당함으로써 입게 된 재산상 손해 및 위자료를 배상할 의무가 있다고 할 것이다.

3. 소멸시효 항변 및 판단

가. 당사자의 주장

피고는, 피고가 부영아파트의 준공검사를 받은 1995. 11. 20.경에는 원고들이 부영아파트의 건축으로 인한 일조권 등이 침해당하고 있다는 사정을 알게 되었으므로 그 무렵 그로 인한 손해 및 그 가해자를 알게 되었다 할 것이고, 이 사건 소는 그로부터 3년이 경과된 2003. 8. 14.에야 비로소 제기되었으므로, 원고들의 이 사건 손해배상청구채권은 소멸시효의 완성으로 소멸하였다고 항변한다.

이에 대하여 원고들은, 첫째로, 피고의 침해행위는 일회적인 것이 아니라 부영아파트가 그대로 유지되는 한 끊임없이 계속되는 것이기 때문에 소멸시효가 완성되지 않았으며, 둘째로, 이 사건의 소멸시효의 기산점은 원고들이 구체적으로 일조량 침해시간을 확인한 때라고 보아야 하므로 이 사건 아파트의 일조권침해조사위원회가 1차로 일조시간을 측량한 2000. 12. 21.이거나 이 사건 감정인의 감정결과가 원고들의 소송대리인에게 도달한 2003. 12. 29.이라고 주장한다.

나. 판 단

불법행위에 의한 손해배상청구권의 단기소멸시효의 기산점이 되는 민법 제766조 제1항 소정의 '그 손해 및 가해자를 안 날'이라 함은 현실적으로 손해의 발생과 가해자를 알아야 할 뿐만 아니라 그 가해행위가 불법행위로서 이를 이유로 손해배상을 청구할 수 있다는 것을 안 때를 의미하고(대법원 1996. 8. 23. 선고 95다33450 판결 등 참조), 불법행위가 계속적으로 행하여지는 결과 손해도 역시 계속적으로 발생하는 경우에는 특별한 사정이 없는 한 그 손해는 날마다 새로운 불법행위에 기하여 발생하는 손해로서 민법 제766조 제1항을 적용함에 있어서 그 각 손해를 안 때로부터 각별로 소멸시효가 진행된다고 보아야 할 것이나(대법원 1999. 3. 23. 선고 98다30285 판결 참조), 손해가 계속 발생하더라도 가해행위 자체가 이미 종결되어 이를 제거할 수 없는 경우에는 그 계속적 손해는 피해자가 가해행위시에 실제로 인식한 손해와 연계되어 일체를 이루는 것으로서 당초부터 그 발생에 대한 예견이 가능한 것이므로 그 손해 전체에 대하여 처음부터 피해자가 이를 알았다고 보아 그 불법행위시에 전범위에서 일률적으로 그 소멸시효가 진행된다고 보아야 할 것이다.

이 사건의 경우, 부영아파트의 건축으로 인한 일조침해의 불법행위는 위 준공검사 이후에는 더 이상의 적극적인 가해행위가 없었고, 또한 부작위에 의한 가해행위가 계속되고 있다고 보기 위해서는 피고에게 부영아파트에 대한 철거의무가 인정되어야 할 것인데, 앞에서 인정한 정도의 이 사건 일조침해가 있다고 하여 피고에게 이러한 철거의무가 있다고 인정하기 어려우므로, 결국 이 사건 불법행위는 건축행위의 종료와 함께 종결되고 다만 그 손해만이 계속하여 발생한다고 봄이 상당하고, 따라서 원고들의 이 사건 손해는 그 전체에 대하여 피고가 부영아파트의 건축을 마치고 준공검사를 받은 때에 이미 피해자가 이를 알았다고 보아 특별한 사정이 없는 한, 그 때로부터 전범위에서 일률적으로 그 소멸시효가 진행되었다고 할 것이다.

나아가 원고들이 구체적으로 피고의 일조권침해행위가 불법행위임을 이유로 손해배상을 청구할 수 있다는 것을 안 때가 언제인지에 관하여 보건대, 여기서 말하는 '손해를 안 날'이란 불법행위의 요건 사실에 대한 인식으로서 위법한 가해행위의 존재, 가해행위와 손해의 발생 사이에 상당인과관계 등이 있다는 사실 등을 피해자가 알았을 때를 의미하는 것이지 당해 행위가 불법행위에 해당한다는 법률적 평가까지 알았을 것을 요구하지는 아니한다고 보아야 할 것이고, 이렇게 볼 때, 피고가 부영아파트의 건축을 종료하고 준공검사를 받은 1995. 11. 20.경에 수분양자들로서는 수인한도를 넘는 일조침해로 인하여 아파트의 가격저하, 광열비 및 조명비 등의 증가와 생활상의 고통 등 손해가 발생하는 사실과 그 가해자가 위 건물을 신축한 피고라는 사실을 알았다 할 것이므로, 원고들의 피고에 대한 이 사건 손해배상채권은 1995. 11. 20.경부터 이미 소멸시효가 진행되기 시작하여 그로부터 3년 후에 소멸시효가 완성되었다고 보아야 할 것이므로 이를 지적하는 피고의 위 주장은 이유 있다.

4. 결 론

그렇다면, 원고들의 이 사건 청구는 더 나아가 판단할 필요 없이 모두 이유 없어 이를 기각하여야 할 것인바, 제1심판결은 이와 일부 결론을 달리하여 부당하고, 피고의 항소는 이유 있어 제1심판결 중 원고 1, 2, 4, 7, 8, 12, 15, 16, 17, 22, 23, 25, 26, 30, 40, 44, 45에 대한 부분 및 원고 3, 6, 10, 11, 13, 19, 24, 27, 29, 31, 32, 35, 36, 38, 39, 41, 42, 43, 47, 48에 대한 피고 패소부분을 모두 취소하고, 그 취소부분에 해당하는 위 원고들의 청구를 모두 기각하기로 하고, 원고 3, 6, 10, 11, 13, 19, 24, 27, 29, 31, 32, 35, 36, 38, 39, 41, 42, 43, 47, 48, 5, 9, 14, 18, 20, 21, 28, 33, 34, 37, 46, 49의 항소는 이유 없어 이를 모두 기각하기로 하여 주문과 같이 판결한다. [별지 각 생략]

판사 곽종훈(재판장) 박홍래 이관진

제4절 저유지청구(방해제거・예방청구)

일조방해가 수인한도를 넘는 경우 가해건물이 완공된 후에는 건물의 철거를 구할 수 있고 완공되기 전에는 공사의 중지를 구할 수 있다.

1. 당사자

피해건물의 소유자가 방해제거・예방청구를 할 수 있다.

2. 공사금지의 범위

가해건물의 건축으로 인한 일조방해가 수인한도를 넘을 것으로 인정되어 공사금지가처분을 인용하는 경우에도 공사 전체의 금지를 명하여서는 아니 되고 수인한도를 초과하는 일조방해를 야기하는 부분에 대한 공사만을 금지시켜야 한다.

3. 특별사정에 의한 공사금지가처분의 취소

☞ 민사집행법

제307조 (가처분의 취소) ① 특별한 사정이 있는 때에는 담보를 제공하게 하고 가처분을 취소할 수 있다.
② 제1항의 경우에는 제284조, 제285조 및 제286조제1항 내지 제4항・제6항・제7항의 규정을 준용한다. <개정 2005. 1. 27.>

제2장 조망침해에 관한 소송

조망권(眺望權)은 토지나 건물의 소유자가 종전부터 향유하고 있던 아름다운 경관이나 조망 등이 타인이 토지 위에 건축물 등을 신축함으로써 방해되는 경우 법적으로 보호를 구할 수 있는 권리이다.

> ☞ 국토의 계획 및 이용에 관한 법률

제58조 (개발행위허가의 기준) ① 특별시장·광역시장·특별자치시장·특별자치도지사·시장 또는 군수는 개발행위허가의 신청 내용이 다음 각 호의 기준에 맞는 경우에만 개발행위허가 또는 변경허가를 하여야 한다. <개정 2011. 4. 14., 2013. 7. 16., 2021. 1. 12.>
  4. 주변지역의 토지이용실태 또는 토지이용계획, 건축물의 높이, 토지의 경사도, 수목의 상태, 물의 배수, 하천·호소·습지의 배수 등 주변환경이나 경관과 조화를 이룰 것

> ☞ 국토의 계획 및 이용에 관한 법률 시행령

제56조 (개발행위허가의 기준) ① 법 제58조제3항에 따른 개발행위허가의 기준은 별표 1의2와 같다. <개정 2009. 8. 5.>

[별표] 기반시설을 유발하는 시설에서 제외되는 건축물(제4조의3 관련) (국토의 계획 및 이용에 관한 법률 시행령 [별표 1] <개정 2022. 1. 18.>)

기반시설을 유발하는 시설에서 제외되는 건축물(제4조의3 관련)

1. 국가 또는 지방자치단체가 건축하는 건축물
2. 국가 또는 지방자치단체에 기부 채납하는 건축물
3. 「산업집적활성화 및 공장설립에 관한 법률」 제2조에 따른 공장
4. 「공익사업을 위한 토지 등의 취득 및 보상에 관한 법률」 제78조제1항의 이주대책대상자(그 상속인을 포함한다) 또는 같은 법 제2조제3호의 사업시행자가 이주대책을 위하여 건축하는 건축물
5. 「농수산물유통 및 가격안정에 관한 법률」 제2조제2호에 따른 농수산물도매시장에 같은 법 제21조제1항에 따라 도매시장의 개설자로부터 시장관리자로 지정받은 다음 각 목의 어느 하나에 해당하는 자가 건축하는 건축물
  가. 같은 법 제24조에 따른 공공출자법인 또는 한국농수산식품유통공사
  나. 「지방공기업법」에 따른 지방공사
6. 「농수산물유통 및 가격안정에 관한 법률」 제69조제2항에 따라 시설물 설치자금을 지원받아 건축하는 농수산물종합유통센터
7. 「농업·농촌 및 식품산업 기본법」 제3조제5호에 따른 농촌, 「지방자치법」에 따른 읍·면의 지역(군에 속하는 경우는 제외한다) 또는 같은 법에 따른 동의 지역 중 법 제36조제1항에 따라 지정된 녹지지역·관리지역·농림지역 및 자연환경보전지역에 설치하는 다음 각 목의 어느 하나에 해당하는 건축물
  가. 「가축분뇨의 관리 및 이용에 관한 법률」 제2조제8호에 따른 처리시설
  나. 「건축법 시행령」 별표 1 제3호사목에 따른 주민이 공동으로 이용하는 시설로서 공중화장

실, 대피소, 그 밖에 이와 비슷한 것 및 같은 호 아목에 따른 주민의 생활에 필요한 에너지공급이나 급수·배수와 관련된 시설로서 변전소, 정수장, 양수장, 그 밖에 이와 비슷한 것 중 「농어촌정비법」 제6조에 따른 농업생산기반 정비사업으로 건축하는 건축물

 다. 「건축법 시행령」 별표 1 제21호에 따른 동물 및 식물 관련시설
 라. 「농산물가공산업 육성법」 제5조제1항에 따라 자금을 지원받아 설치하는 농산물가공품 생산을 위한 공장
 마. 「농수산물유통 및 가격안정에 관한 법률」 제43조제1항에 따라 개설하는 농수산물공판장
 바. 「농수산물유통 및 가격안정에 관한 법률」 제50조제1항에 따른 농수산물집하장
 사. 「농수산물유통 및 가격안정에 관한 법률」 제51조제1항에 따라 시설 설치자금을 지원받아 설치하는 농수산물산지유통센터
 아. 「농업기계화촉진법」 제4조제1항에 따라 부대시설 설치자금을 지원받아 건축하는 농업기계의 이용에 따른 부대시설
 자. 「양곡관리법 시행령」 제21조제2항에 따라 도정업을 신고한 자가 도정업을 위하여 건축하는 건축물
 차. 「축산법」 제22조제1항제2호에 따른 계란집하업을 영위하기 위한 계란집하시설
 카. 「친환경농어업 육성 및 유기식품 등의 관리·지원에 관한 법률」 제16조에 따라 시설 설치자금을 지원받아 건축하는 친환경농산물의 생산·유통시설로서 미생물·퇴비·모판흙·조사료(단백질, 전분 등이 적고 섬유질이 많은 사료를 말한다) 제조시설, 집하·선별·건조·저장·가공시설 및 농기자재 보관시설

8. 「건축법」 제2조제1항제10호 또는 「주택법」 제2조제13호에 따른 리모델링을 하는 건축물
9. 「건축법 시행령」 제2조제13호나목에 따른 부속용도의 시설 중 주차장
10. 「경제자유구역의 지정 및 운영에 관한 법률」 제2조제1호에 따른 경제자유구역에 「외국인투자 촉진법」 제2조제1항제6호에 따른 외국인투자기업이 해당 투자사업을 위하여 건축하는 건축물
11. 「혁신도시 조성 및 발전에 관한 특별법」 제29조 단서에 따라 이전 공공기관이 혁신도시 외로 개별 이전하여 건축하는 건축물
12. 「국민기초생활 보장법」 제32조에 따른 보장시설
13. 「농어촌정비법」 제101조에 따른 마을정비구역에 같은 법 제2조제10호에 따른 생활환경정비사업으로 건축하는 건축물
14. 「농어촌주택 개량촉진법」 제4조에 따른 농어촌주거환경개선지구에 같은 법 제5조에 따른 농어촌주거환경개선사업으로 건축하는 건축물
15. 「농업협동조합법」 제2조제1호에 따른 조합, 같은 법 제2조제4호에 따른 중앙회, 같은 법 제112조의2에 따른 조합공동사업법인 또는 같은 법 제138조에 따른 품목조합연합회가 건축하는 건축물
16. 「농지법」 제28조제2항제1호에 따른 농업진흥구역에 같은 법 제32조제1항제2호에 따라 설치하는 편의 시설 및 이용 시설
17. 「섬 발전 촉진법」 제4조제1항에 따른 개발대상섬에 섬의 개발사업으로 건축하는 건축물
18. 「도시 및 주거환경정비법」 제30조의2제1항에 따라 공급하는 임대주택
19. 「도시재정비 촉진을 위한 특별법」 제31조제1항에 따라 공급하는 임대주택
20. 「산림조합법」 제2조제1호에 따른 조합 또는 같은 조 제4호에 따른 중앙회가 건축하는 건축물
21. 「수산업협동조합법」 제2조제4호에 따른 조합 또는 같은 조 제5호에 따른 중앙회가 건축하는

건축물
22. 「유아교육법」 제7조제3호에 따른 사립유치원
23. 「임대주택법」 제2조제2호의2가목 및 나목에 따른 공공건설임대주택
24. 「재난 및 안전관리 기본법」 제60조에 따라 선포된 특별재난지역에 복구하는 건축물
25. 「전원개발촉진법」 제2조제1호에 따른 전원설비(부대시설은 같은 법 시행령 제3조제1호 및 제2호에 규정에 의한 시설만 해당한다.)
26. 도시·군계획시설로 설치하는 배전사업소(배전설비와 연결된 기계 및 기구가 설치된 것만 해당한다)
27. 「주차장법」 제2조제5호의2에 따른 주차전용건축물 중 주차장으로 사용되는 건축분
28. 「초·중등교육법」 제3조에 따른 사립학교의 시설 및 「대학설립·운영 규정」 제4조제1항에 따른 교사(校舍)
29. 「평생교육법」 제31조제2항에 따른 학력인정시설
30. 「폐기물관리법」 제2조제8호에 따른 폐기물처리시설
31. 주한 외국정부기관, 주한 국제기구 또는 외국 원조단체 소유의 건축물
32. 「물류시설의 개발 및 운영에 관한 법률」 제20조에 따라 자금을 지원받아 설치하는 복합물류터미널
33. 「사회복지사업법」에 따른 사회복지시설(비영리법인이 설치·운영하는 사회복지시설만 해당한다)
34. 「영유아보육법」 제10조제2호부터 제6호까지의 규정에 따른 어린이집
35. 「건축법」 제2조제1항제2호의 건축물 중 「건축법 시행령」 별표 1 제1호다목에 해당하는 용도로 사용되는 부분
36. 「건축법」 제2조제1항제2호의 건축물 중 「건축법 시행령」 별표 1 제2호다목에 해당하는 용도로 사용되고 세대당 주거전용면적이 60제곱미터 이하인 부분
37. 「건축법 시행령」 별표 1 제4호나목이나 제6호가목의 종교집회상
38. 다음 각 목의 지역·지구·구역·단지 등에서 지구단위계획을 수립하여 개발하는 토지에 건축하는 건축물
    가. 「택지개발촉진법」에 따른 택지개발예정지구
    나. 「산업입지 및 개발에 관한 법률」에 따른 산업단지
    다. 「도시개발법」에 따른 도시개발구역
    라. 「공공주택건설 등에 관한 특별법」 제2조제2호에 따른 공공주택지구
    마. 「도시 및 주거환경정비법」제2조제2호가목부터 다목까지의 주거환경개선사업, 주택재개발사업, 주택재건축사업을 위한 정비구역
    바. 「물류시설의 개발 및 운영에 관한 법률」제2조제6호에 따른 물류단지
    사. 「경제자유구역의 지정 및 운영에 관한 법률」 제4조에 따른 경제자유구역. 다만, 동 구역 안에서의 건축행위가 제10호에 따라 기반시설설치비용이 면제되는 경우는 제외한다.
    아. 「관광진흥법」 제2조제6호 및 제7호에 따른 관광지 및 관광단지
    자. 「기업도시개발 특별법」 제5조에 따른 기업도시개발구역
    차. 「신행정수도 후속대책을 위한 연기·공주지역 행정중심복합도시 건설을 위한 특별법」 제11조에 따른 행정중심복합도시 예정지역
    카. 「혁신도시 조성 및 발전에 관한 특별법」 제2조제4호에 따른 혁신도시개발예정지구
    타. 「제주특별자치도 설치 및 국제자유도시 조성을 위한 특별법」 제216조에 따른 제주첨단과학기술단지

제1절 조망권의 인정 여부

[판례 1] 손해배상(기) (대법원 2007. 9. 7. 선고 2005다72485 판결)

【판시사항】
[1] 건물 신축으로 인한 일조방해행위가 사법상 위법한 가해행위로 평가되는 경우 및 일조방해행위가 사회통념상 수인한도를 넘었는지 여부의 판단 기준
[2] 조망이익이 법적인 보호의 대상이 되기 위한 요건
[3] 일조장해, 시야차단으로 인한 압박감 등과 같은 생활이익의 침해로 인하여 발생한 재산적 손해의 항목 중 토지·가옥의 가격 저하에 의한 손해의 산정 방법

【참조조문】
[1] 민법 제2조, 제750조 [2] 헌법 제35조, 민법 제750조 [3] 민법 제393조, 제750조, 제763조

【참조판례】
[1][2] 대법원 2004. 9. 13. 선고 2003다64602 판결(공2004하, 1661)
대법원 2007. 6. 28. 선고 2004다54282 판결(공2007하, 1135)
[1][3] 대법원 1999. 1. 26. 선고 98다23850 판결(공1999상, 351)
[1] 대법원 2004. 10. 28. 선고 2002다63565 판결(공2004하, 1935)

【전 문】
【원고, 상고인 겸 부대피상고인】 원고 1 외 24인
【원고, 상 고 인】 원고 2 외 56인
【피고, 피상고인 겸 부대상고인】 합병된 두산건설 주식회사의 소송수계인 두산건설 주식회사(소송대리인 법무법인 광장 담당변호사 송흥섭 외 1인)
【피고 보조참가인】 덕소신앙촌재건축조합
【원심판결】 서울고법 2005. 10. 28. 선고 2004나56440 판결

【주 문】
상고 및 부대상고를 모두 기각한다. 상고비용과 부대상고비용은 각자가 부담한다.

【이 유】
상고이유 및 부대상고이유를 판단한다.
1. 원고들의 상고에 대한 판단
   가. 상고이유 제1점에 대하여
      건물의 신축으로 인하여 그 이웃 토지 상의 거주자가 직사광선이 차단되는 불이익을 받은 경우에 그 신축행위가 정당한 권리행사로서의 범위를 벗어나 사법상 위법한 가해행위로 평가되기 위해서는 그 일조방해의 정도가 사회통념상 일반적으로 인용하는 수인한도를 넘어야 하고, 일조방해행위가 사회통념상 수인한도를 넘었는지 여부는 피해의 정도, 피해이익의 성질 및 그에 대한 사회적 평가, 가해 건물의 용도, 지역성, 토지이용의 선후관계, 가해 방지 및 피해 회피의 가능성, 공법적 규제의 위반 여부, 교섭 경과 등 모든 사정을 종합적으로 고려하여 판단하여야 한다(대법

원 2004. 9. 13. 선고 2003다64602 판결 등 참조).
원심판결 이유에 의하면, 원심은 대도시 인구의 과밀화 및 토지의 효율적 이용을 위한 건물의 고층화 경향 등을 고려할 때 아파트와 같은 공동주택의 경우 동지를 기준으로 오전 9시부터 오후 3시까지 사이의 6시간 중 일조시간이 연속하여 2시간 이상 확보되는 경우 또는 동지를 기준으로 오전 8시부터 오후 4시까지 사이의 8시간 중 일조시간이 통틀어 4시간 이상 확보되는 경우에는 일응 수인한도를 넘지 않는 것으로 보아야 한다고 전제한 다음, 제1심 감정인 소외 1의 감정 결과(각 세대별 동지일 기준 연속일조시간 및 총 일조시간)에 따라 이 사건 아파트의 건축으로 인한 일조침해의 정도가 위 수인한도의 범위 안에 있는 원고들에 대하여는 일조침해로 인한 손해배상청구를 기각하였다.
앞서 본 법리에 의하면, 원심의 이 부분에 관한 이유설시에 다소 부적절한 점은 있으나, 일조방해행위가 사회통념상 수인한도를 넘었는지 여부를 판단함에 있어서 가해건물의 신축 후 피해건물의 각 세대별 일조시간의 감소가 가장 중요한 기준임은 분명하고, 나아가 이 사건 기록에 나타난 그 밖의 모든 사정을 종합적으로 고려하여 보더라도 각 세대별 수인한도 초과 여부에 관한 원심의 결론은 정당한 것으로 수긍할 수 있으므로, 거기에 일조권 침해로 인한 불법행위에 있어서 수인의무의 범위에 관한 법리를 오해하여 판결에 영향을 미치는 등의 위법이 없다.

나. 상고이유 제2점에 대하여

어느 토지나 건물의 소유자가 종전부터 향유하고 있던 경관이나 조망이 그에게 하나의 생활이익으로서의 가치를 가지고 있다고 객관적으로 인정된다면 법적인 보호의 대상이 될 수 있는 것인바, 이와 같은 조망이익은 원칙적으로 특정의 장소가 그 장소로부터 외부를 조망함에 있어 특별한 가치를 가지고 있고, 그와 같은 조망이익의 향유를 하나의 중요한 목적으로 하여 그 장소에 건물이 건축된 경우와 같이 당해 건물의 소유자나 점유자가 그 건물로부터 향유하는 조망이익이 사회통념상 독자의 이익으로 승인되어야 할 정도로 중요성을 갖는다고 인정되는 경우에 비로소 법적인 보호의 대상이 되는 것이고, 그와 같은 정도에 이르지 못하는 조망이익의 경우에는 특별한 사정이 없는 한 법적인 보호의 대상이 될 수 없다(대법원 2004. 9. 13. 선고 2003다64602 판결, 2007. 6. 28. 선고 2004다54282 판결 등 참조).
원심판결 이유에 의하면 원심은 그 판시와 같은 사실, 특히 원고들 소유의 현대아파트는 도심의 일반주거지역에 위치한 아파트로서 그 부지는 원래부터 이 사건 아파트 부지보다 약 8m 정도 낮은 지대에 위치해 있어 한강을 조망하기에 적합한 장소가 아니었는데 고층의 현대아파트가 건축됨으로써 비로소 원고들이 조망의 이익을 누릴 수 있게 된 사실을 인정한 다음, 보통의 지역에 인공적으로 고층의 아파트를 축조하여 비로소 누릴 수 있게 된 조망의 이익은 법적으로 보호받을 수 없으며, 결국 원고들이 구분소유하는 현대아파트가 그 장소로부터 한강을 조망함에 있어 특별한 가치를 가지고 있어 그 조망의 이익이 사회통념상 독자의 이익으로 승인되어야 할 정도로 중요성을 갖는다고 인정하기 어렵다고 판단하였는바, 원심의 위와 같은 판단은 앞에서 본 법리에 비추어 정당하고, 거기에 상고이유에서 주장하는 바와 같은 조망권 침해에 관한 법리를 오해하는 등의 위법이 없다.

다. 상고이유 제3점에 대하여

원심이 그 판결에서 채용하고 있는 증거들을 종합하여 그 판시와 같은 사실을 인정한 다음, 그 판시와 같은 이유로 두산건설 주식회사가 이 사건 신축공사를 하는 과정에서 발생한 소음, 분진, 진동으로 인하여 원고들이 수인한도를 넘어서는 신체적, 정신적 손해를 입었다고 인정할 수 없다고 판단한 것은 정당하고, 거기에 소음, 분진, 진동으로 인한 불법행위책임에 관한 법리를 오해하였거나 심리를 다하지 아니하는 등의 위법이 없다.
2. 피고의 부대상고에 대한 판단
   가. 부대상고이유 제1점에 대하여
      건물의 신축으로 인하여 그 이웃 토지 상의 주택이나 아파트 소유자가 수인한도를 넘어서는 일조장해를 받고 있음은 물론 시야차단으로 인한 압박감(개방감의 상실) 등도 그 수인한도를 넘어서는 경우에는, 일조장해, 시야차단으로 인한 압박감 등과 같은 생활이익의 침해로 인하여 발생한 재산적 손해의 항목 중 토지·가옥의 가격 저하에 의한 손해를 부동산 감정 등의 방법으로 산정함에 있어서 일조장해 뿐만 아니라 개방감의 상실 등과 상당인과관계가 있는 정상가격의 감소액도 아울러 평가하여야 할 것이다(대법원 1999. 1. 26. 선고 98다23850 판결 참조).
      같은 취지에서 원심이, 이 사건 아파트의 건축에 따른 일조침해로 말미암아 원고들 소유 현대아파트의 시가가 하락한 금액을 산정함에 있어서 일조침해로 인한 시가하락액뿐만 아니라 개방감 상실로 인한 시가하락액을 아울러 고려한 것은 정당하고, 거기에 일조침해 및 개방감 상실로 인한 불법행위책임의 성립에 관한 법리오해, 심리미진 등의 위법이 없다.
   나. 부대상고이유 제2점에 대하여
      불법행위로 입은 정신적 고통에 대한 위자료 액수에 관하여는 사실심법원이 제반 사정을 참작하여 그 직권에 속하는 재량에 의하여 이를 확정할 수 있다고 할 것인바(대법원 2006. 1. 26. 선고 2005다47014, 47021(병합), 47038(병합) 판결 참조), 이러한 법리에 비추어 기록을 살펴보면, 이 사건 아파트의 골조공사 완공시를 기준으로 일조침해가 수인한도를 넘는 세대에 계속 거주해 온 원고들에게는 피고가 그 정신적 고통에 대한 위자료를 지급할 의무가 있다고 판단하고, 나아가 그 위자료의 액수를, 위 원고들이 현대아파트 각 세대에 거주해 온 기간 등 이 사건 변론에 나타난 모든 사정을 종합하여, 원고들별로 100만 원 내지 300만 원으로 정한 원심의 조치는 정당하고, 거기에 일조침해로 인한 불법행위책임의 성립에 관한 법리오해 등의 위법이 없다.
3. 결 론
   그러므로 상고 및 부대상고를 모두 기각하고, 상고 및 부대상고비용은 각자가 부담하는 것으로 하여 관여 대법관의 일치된 의견으로 주문과 같이 판결한다.

대법관   김능환(재판장) 김용담 박시환(주심) 박일환

☞ 대법원 1999. 1. 26. 선고 98다23850 판결 31p 참조
☞ 서울고법 2005. 10. 28. 선고 2004나56440 판결 309p 참조
☞ 대법원 2004. 9. 13. 선고 2003다64602 판결 279p 참조

제2절 법적 보호요건

☞ 대법원 2004. 9. 13. 선고 2003다64602 판결 279p 참조

1. 조망 목적성과 주변 토지 이용과의 조화성

[판례 2] 손해배상(기) (서울고등법원 2004. 9. 1. 선고 2003나82275 판결)

【전 문】
【원고, 항소인】 원고 1외 17인
【원고(탈퇴)】 원고 19
【승계참가인】 원고 19-1(소송대리인 변호사 김정술외 2인)
【피고, 피항소인】 피고 1 주식회사외 1(소송대리인 법무법인 화우 담당변호사 이성복외 1인)
【변론종결】 2004. 8. 11.
【제1심판결】 서울서부지방법원 2003. 11. 12. 선고 2002가합3921 판결

【주 문】
1. 원심판결 중 다음에서 지급을 명하는 원고들 및 원고 19의 승계참가인의 패소부분을 취소한다.
   피고들은 각자 원고들 및 원고 19의 승계참가인에게 별지 1. 청구표 중 '인용금액'란 기재 각 금원 및 이에 대한 2002. 7. 26.부터 2004. 9. 1.까지는 연 5%, 그 다음날부터 완제일까지는 연 20%의 각 비율에 의한 금원을 지급하라.
2. 원고들 및 원고 19의 승계참가인의 나머지 항소를 각 기각한다.
3. 소송비용 중 원고 1, 4, 7 사이에 생긴 부분은 제1, 2심 모두 10분하여 그 9는 위 원고들의, 나머지는 피고들의 각 부담으로 하고, 나머지 원고들 및 원고 19의 승계참가인과 피고들 사이에 생긴 부분은 제1, 2심 모두 10분하여 그 1은 나머지 원고들 및 원고 19의 승계참가인의, 나머지는 피고들의 각 부담으로 한다.
4. 제1항 중 금원지급 부분은 가집행할 수 있다.

【청구취지 및 항소취지】
1. 청구취지
   피고들은 연대하여 원고들 및 원고 19의 승계참가인에게 별지 1. 청구표 중 '청구금액'란 기재 각 금원 및 이에 대한 이 사건 소장 부본 송달 다음날부터 원심판결 선고일까지는 연 5%, 그 다음날부터 완제일까지는 연 25%의 각 비율에 의한 금원을 지급하라.
2. 항소취지
   원심판결 중 다음에서 지급을 명하는 원고들 및 원고 19의 승계참가인 패소부분을 취소한다. 피고들은 연대하여 원고들 및 원고 19의 승계참가인에게 별지 1. 청구표 중 '청구금액'란 기재 각 금원 및 이에 대한 이 사건 소장 부본 송달 다음날부터 이 사건 항소장 부본 송달일까지는 연 5%, 그 다음날부터 완제일까지는 연 20%의 각 비율에 의한 금원을 지급하라.

【이 유】
1. 기초사실
   아래 사실은 당사자 사이에 다툼이 없거나, 갑 제1호증의 1, 2, 갑 제2호증의 1 내지 4, 갑 제4호증의 1 내지 5, 갑 제5호증의 1 내지 6, 갑 제6호증의 1 내지 9, 갑 제7호증, 갑 제8호증의 1, 2, 갑 제9호증의 1 내지 20, 갑 제10호증의 1, 2, 갑 제11호증의 1 내지 4, 갑 제12호증의 1, 2, 갑 15 내지 18호증의 각 1 내지 4, 갑 제19, 20호증, 갑 제 21, 22호증의 각 1, 2, 갑 제23호증, 갑

제24호증의 1, 2의 각 기재와 원심감정인 소외인의 감정결과, 원심의 한국감정원 부동산컨설팅사업단장에 대한 각 사실조회결과 및 원심, 당심의 각 현장검증결과에 변론의 전취지를 종합하여 인정할 수 있고, 반증이 없다.

가. 침해 발생의 경위
  (1) 피고 1 주식회사는 서울 용산구 이촌동 300-30 외 66필지 대 46,133.15㎡의 소유자로서, 위 토지 위에 건립되어 있던 지상 5층의 한강외인아파트 18개 동을 철거하고 지상 19층 내지 25층의 엘지한강빌리지 아파트 10개 동 총 656세대(이하 엘지아파트라 한다)를 신축하는 재건축사업을 시행할 목적으로 2000. 3. 25. 용산구청장으로부터 주택건설사업승인을 받고, 2000. 5. 16. 피고 2 주식회사와 사이에 엘지아파트의 신축공사에 관한 도급계약을 체결하였다.
  (2) 2003. 4.경 완공된 엘지아파트는 동마다 층수가 균일하지 아니한 탑상형의 건물로서 '∧' 또는 'ㅜ'의 모양으로 신축되었으며, 엘지아파트 107동 내지 110동의 바깥쪽 즉, 남쪽에는 강변북로 및 고수부지에 이어서 한강이 위치하고 있다.
  (3) 원고들 및 원고 19의 승계참가인(이하 원고 등이라 한다)은 서울 용산구 이촌동 300-27에 있는 지하 1층, 지상 10층의 시장 및 공동주택건물 중 지상 4층 내지 10층에 위치한 리바뷰아파트 59세대 가운데 별지 1. 청구표 중 '호수'란 기재 각 아파트의 구분소유자들이다(리바뷰아파트 905호는 당초 탈퇴한 원고 19의 소유였으나, 위 원고 19는 이 사건 소송 계속 중인 2003. 8. 4. 승계참가인에게 위 세대를 매도하고, 이 사건 손해배상채권을 양도한 다음 2003. 8. 29. 피고들에게 그 양도사실을 통지하였다).
  (4) 리바뷰아파트는 엘지아파트의 북동쪽에 인접하여 위치한 'ㄱ'자 형태의 건물로서, 'ㄱ'자의 바깥쪽 부분은 정남향에서 정서향으로 21°가량 기운 상태로 남서쪽을 향하고 있으며, 'ㄱ'자의 안쪽 부분은 북동쪽을 향하고 있고, 4층부터 9층까지의 바깥쪽에는 왼쪽 끝에서 시작하여 오른쪽 끝까지 순서대로 1호부터 5호가 있으며(1, 2, 3호는 남향, 4, 5호는 서향), 4층부터 9층까지 층마다 복도를 사이에 두고 건너편에는 6호부터 9호가 있고, 원고 등의 세대는 모두 'ㄱ'자의 바깥쪽, 즉 남서쪽에 위치하고 있다.

나. 분쟁의 경과 및 보상사례
  (1) 리바뷰아파트 중 원고 등을 포함한 남서쪽 세대는 종전 저층의 외인아파트가 있을 당시 한강, 국립묘지 및 관악산이 보이는 뛰어난 전망을 가지고 있었다.
  (2) 리바뷰아파트 입주민들은 엘지아파트의 신축으로 예상되는 조망, 일조 등의 침해와 공사 도중 발생하는 분진, 진동, 소음으로 인한 피해에 대하여 수차 피고들에 대하여 대책 마련을 요구하는 한편 관할 용산구청에 민원을 제기하였다. 피고들은 이를 무마하기 위하여 엘지아파트의 신축에 맞추어 염가의 비용으로 리바뷰아파트를 리모델링해 주겠다는 제안하였으나, 피고들에 의하여 구체적인 계획이 마련되지 못한 채 무산되었다.
  (3) 리바뷰아파트 입주민들의 이의제기에도 불구하고 최단 16.5m의 가까운 거리에 엘지아파트 중에서도 가장 높은 24층 또는 25층의 4개 동이 배치되어 리바뷰아파트를 둘러싸게 된 반면, 그보다 상당히 먼 거리에 엘지아파트의 공원이 배치됨으로써 원고 등의 조망, 일조 침해가 가중되었다. 그에 반하여, 인근 동부이촌동 302-55 지상에서 동부아파트를 신축 중인 동부건설 주식회사는 인근에 위치한 정우맨션 24세대 주민들의 반대에 부딪치자 그들의 조망, 일조를 확보해 주기 위하여 24세대를 빈 공간으로 설계를 변경하여 건축하고 있다.
  (4) 리바뷰아파트와 도로를 사이에 두고 북서쪽으로 인접한 서울 용산구 이촌동 405 소재 한가람아파트의 입주민들이 서울서부지방법원 2001카합971호로 공사금지가처분을 신청하자, 피고

들은 피해 보상조로 세대별로 500,000원에서 68,541,000원까지 공탁하였다.
다. 조망 등의 침해
　(1) 조망 침해
　　(가) 쾌적한 주거환경을 선호하는 추세에 따라 자연경관이 양호하고 강, 공원, 녹지 등 조망이 우수한 곳의 주택가격이 높게 거래되고 있는 현재의 실정에서 서울과 수도권 아파트의 여러 가지 조망권 중 가장 각광받는 것은 한강변에 위치한 아파트의 한강 조망권으로서 한강 조망이 가능한 아파트의 경우 적게는 수천만 원, 많게는 수억 원의 조망권 프리미엄이 형성되고 있으며(한강 조망권의 경우 한강이 많이 보이고 작게 보이고의 양적인 문제보다 한강이 보이고 안 보이고의 조망 여부가 세대별 주택가치에 더 큰 영향을 미치는 것으로 조사되고 있다), 엘지아파트 54평형의 경우를 보면 한강에 대한 조망의 유무에 따라 2억 원 이상 분양가에 차이를 두고 있다.
　　(나) 엘지아파트의 신축 후 뛰어났던 원고 등 세대의 한강 조망비율은 별지 2. 침해표의 기재와 같이 감소하였는데, 거실을 기준으로 604호, 704호, 705호, 804호, 805호, 904호, 905호 등 4, 5호 라인은 전망이 완전히 소멸되었고, 그보다 한강 전망이 뛰어났던 1, 2, 3호 라인은 대폭 감소하였으며, 조망이 양적으로 감소한 외에도 엘지아파트가 세워진 빈 틈 사이로 보게 됨으로써 질적인 조망 수준도 크게 저하되었다. 한편 아래와 같이 인접하고 있는 건물에 의한 전체적인 원거리 조망 방해를 의미하는 압박감이 증대함에 따라 한강 조망도 더욱 저해되었다.
　(2) 압박감
　　(가) 인간의 시야는 원추체로서 일상생활에 작용하는 시야의 범위는 시선의 좌우측 및 상하 30。로서 60。가 한계이고, 마주보는 건물에서 조망, 압박감과 관련하여 수직시야의 범위는 외부공간을 감안할 때 위쪽 시야만이 고려의 대상으로 중요하며, 압박감의 대표 인자로서 거실창 면적에서 하늘이 보이는 면적비율을 의미하는 천공률은 지평선을 고려할 때 최고 50% 내외인바, 천공률에 따라 실제로 느낄 수 있는 압박감(폐쇄감)의 정도는 40% 이상이면 양호하고, 30% 이상 40% 미만이면 보통이며, 20% 이상 30% 미만이면 약간 심하고, 10% 이상 20% 미만이면 심하며, 10% 미만이면 매우 심한 정도가 된다.
　　(나) 별지 2. 침해표의 기재와 같이 엘지아파트가 신축되기 전 원고 등 세대의 천공률은 29.9%에서 49.4%로 양호하거나 보통인 정도이던 것이 신축 후 2.7%에서 28.7%의 수준으로 최고 31.0%까지 대폭 감소하였으며, 그 중 405호, 504호, 604호, 704호, 705호, 804호, 805호, 904호, 905호 등 4, 5호 라인의 세대는 압박감이 매우 심한 정도인 천공률 10% 미만의 상태이다.
　(3) 일조 침해
　　(가) 동지를 기준으로 한 원고 등 세대의 일조시간은 엘지아파트의 신축으로 별지 2. 침해표의 기재와 같이 57.6분 내지 205.5분의 범위에서 감소하였는데, 감소 후에도 1, 2, 3호 라인은 8시부터 16시까지의 8시간 중 일조시간이 통틀어 4시간 이상이거나 9시부터 15시까지의 6시간 중 연속 2시간의 일조시간이 확보되고, 이러한 일조시간에 미달하는 4, 5호 라인은 종전에도 그만큼의 일조시간을 갖고 있지 못하기는 하였다.
　　(나) 그러나 특히 4, 5호 라인의 일조시간은 127.5분에서 131.7분이던 것이 15.0분에서 71.7분으로 감소하여 거의 하루 종일 햇볕을 볼 수 없는 세대가 발생하며, 그 감소비율은 45.6%에서 88.2%에 달한다.

(4) 사생활 침해

엘지아파트 102동과 리바뷰아파트의 서쪽면 사이의 최단거리가 16.5m로, 엘지아파트의 103동과 리바뷰아파트의 남쪽면 사이의 최단거리가 38.8m로 건축되는 등으로 원고 등 세대의 사생활 침해가능성이 별지 2. 침해표의 기재와 같이 상당히 증가하였다.

(5) 소음, 진동, 분진

엘지아파트가 신축 중이던 2000. 7. 7. 리바뷰아파트에서 공사로 인한 소음을 측정한 결과 소음진동규제법 소정의 생활소음 규제기준인 70.0dB을 초과하는 70.2dB이 측정되었고, 원고 등은 공사장의 굉음으로 인한 고통으로 피고들에게 공사기간 중 이주시켜 줄 것을 요구할 정도였으며, 일부 리바뷰아파트 입주민들은 병원을 찾기까지 하는 등 엘지아파트의 신축공사 중 소음, 진동, 분진으로 생활상 큰 불편을 겪었다.

2. 손해배상책임의 발생

가. 조망이익의 법적 보호

(1) 일반적으로 조망은 미적 만족감이나 정신적 안정을 주는 점에서 인간의 생활상 적지 않은 가치를 가지지만, 조망의 이익은 당해 장소의 소유 내지 점유와 밀접하게 결부된 이익이고, 그 장소의 독점적 점유자만이 사실상 향수하게 되는 결과 독점적으로 귀속하는 것에 지나지 않으며, 그 내용은 주변에 있어서 객관적 상황의 변화에 의해 저절로 변용되는 제약을 받지 않을 수 없는 것이어서 조망의 이익이 항상 법적 보호를 받을 가치가 있다고는 할 수 없다. 그러나 특정의 장소가 그 장소로부터의 조망의 점에서 특별한 가치를 가지고, 당해 건물의 소유자 내지 점유자에 의한 조망이익의 향수가 사회관념상 독자의 이익으로서 승인되어야 할 중요성을 가지고 있는 것이라고 인정되는 경우에는 법적으로 보호되어야 할 이익이 된다 할 것이다.

(2) 주거용 건물에 그러한 이익이 존재하기 위해서는 조망 향수자가 단지 주관적으로 조망에 애착을 가지고 있다는 것만으로는 족하지 않고, 일반 통념에 비추어 그 경관을 조망하는 것에 의해 미적 만족감 등을 얻을 수 있는 조망가치가 있는 경관이 존재하며, 당해 장소의 장소적 가치가 그 경관을 조망할 수 있는 점에 크게 의존하고 있는 장소이고, 그 장소로부터의 조망을 보존, 유지하는 것이 주변 토지의 이용과 조화를 이룰 수 있을 것 등이 요구된다.

(3) 리바뷰아파트 등 한강변 아파트에서 바라보이는 한강과 그 주변의 경관은 미적, 정신적인 측면뿐 아니라 사회적, 문화적 나아가 경제적인 측면에서 그 조망가치가 매우 큰 것이며, 앞서 본 바와 같이 한강 조망의 가능 여부나 정도에 따라 수억 원까지의 프리미엄이 형성되고 엘지아파트처럼 신규 분양한 아파트의 분양가도 수억 원의 차이를 두고 책정되었으며, 엘지아파트의 경우 한강 조망권 아파트라는 점에서 프리미엄이 더해져 국내 최고가 수준의 아파트로 손꼽히게 된 점 등을 볼 때, 리바뷰아파트 등 한강변 아파트의 가치는 한강 조망에 크게 좌우되는 것이 분명하다 할 것이고, 이러한 한강 조망권의 특성이나 다른 건설회사의 사례에 비추어 기존에 한강 조망이익을 누리던 아파트 인근에 조망에 침해를 줄 신규 아파트를 건축하는 것이 불가피한 경우라도 그 침해를 최소화하여 기존 아파트의 조망을 보존, 유지할 수 있는 방법으로 건축함으로써, 한강변에 위치함으로써 얻을 수 있는 조망으로 인한 환경이익을 신규 아파트와 기존 아파트 사이에서 합리적으로 나누어 갖는 것이 타당하다 할 것이므로, 원고 등이 한강을 경관으로 누리던 조망이익은 법적으로 보호할 가치가 생활이익이라고 보아야 할 것이다.

나. 침해의 위법성

(1) 조망의 이익도 주변의 객관적 상황의 변화에 의해 변용되는 등의 제약을 받지 않을 수 없는

것이기 때문에 다른 경합하는 이익과의 조화에서만 용인되어야 할 것이며, 따라서 조망이익에 대한 침해가 위법으로 되는 것은 침해행위가 구체적인 상황 아래에서 다른 이익과의 관계상 일반적으로 시인되는 정도를 넘는 경우, 다시 말해서 조망이익을 가진 자의 수인한도를 넘는 경우에 한한다고 해석해야 할 것이다.

(2) 앞서 인정한 것처럼 완전히 소멸하거나 큰 폭으로 감소된 원고 등 세대의 한강 조망에 대한 침해 정도와 한강 조망을 포함한 전체적인 조망비율을 나타내는 천공률이 감소하여 조망의 피해가 가중되고, 이에 더하여 일조시간이 대폭 감소하고 사생활의 침해 가능성이 증대됨으로써 원고 등이 받는 고통이 확대된 점, 한강 주변 아파트의 지역적 특성, 피고들은 원고 등의 반대에도 불구하고 리바뷰아파트와의 경계에 가능한 근접하여 고층의 엘지아파트를 배치하고 단지내 공원이나 낮은 층수의 동들은 먼 쪽으로 배치하여 엘지아파트로서는 한강 조망을 최대한 누리게 된 반면 원고 등의 피해는 확대된 점, 리모델링 사업이나 보상을 제의하여 리바뷰아파트 입주민들을 무마하려 한 피고들의 협의 태도나 피고들이 인근 한가람아파트 등에 대하여 한 보상 사례, 피고들은 성공적으로 엘지아파트를 분양하고 그 입주민들은 높은 프리미엄을 얻게 된 것과는 반대로 원고 등의 세대는 조망 침해 등으로 인하여 재산적 가치가 하락하게 된 점 등을 종합하여 보면, 엘지아파트의 신축으로 인하여 원고 등이 입게 된 한강 조망이익 등 환경이익의 침해는 수인한도를 넘어서 위법한 것이라고 할 것이다.

다만 401호(원고 1), 502호(원고 4), 503호(원고 7)의 경우 엘지아파트의 신축 후 한강 조망비율이 건물의 전부나 일부에서 개선되는 것으로 나타나고 있어, 위 원고들의 조망 침해 등을 이유로 한 손해배상청구는 받아들일 수 없다 할 것이나(소음, 진동, 분진으로 인한 손해배상청구는 아래와 같이 인용된다), 한강 조망비율에 있어 비슷한 결과가 나온 405호(원고 16), 504호(원고 11)의 경우에는 개방감(천공률)이 수인한도라고 봄이 상당한 10% 미만인 2.7%, 3.4%로 감소하였으며, 일조시간의 감소비율이 72.6%, 88.2%에 달하는 등 다른 환경이익의 침해가 수인한도를 초과하는 것으로 보이므로, 피고들에 대하여 손해배상을 구할 수 있다 할 것이다.

3. 손해배상책임의 범위

가. 조망이익 침해 등으로 인한 재산적 손해(원고 1, 4, 7 제외)

피고들은 엘지아파트를 신축함으로써 원고 등에게 조망이익의 저해 등 위법한 침해행위를 하였으므로, 공동불법행위자로서 각자 그로 인하여 원고 등이 입게 된 재산적 손해를 배상할 책임이 있다 할 것이며, 그 손해액은 특별한 사정이 없는 한 원고 등 세대의 주거환경의 악화에 따른 시가 하락액 상당이라고 보는 것이 타당할 것인바, 원심감정인 소외인의 감정결과에 의하면, 그 세대별 액수는 별지 1. 청구표 중 '시가하락분'란 기재 각 금원이 된다.

나. 소음, 진동, 분진으로 인한 정신적 손해(원고 1, 4, 7 포함)

(1) 피고들이 엘지아파트를 신축하면서 그 공사 도중 법률이 허용하는 한도를 초과하는 소음을 배출한 것은 앞서 본 바와 같고, 원고 등이 입은 소음, 진동, 분진으로 인한 고통 정도가 현저하게 커 수인한도를 넘었다고 보이므로, 피고들은 각자 원고 등이 입은 정신적 손해를 배상할 의무가 있다 할 것이다.

(2) 나아가 피고들이 배상할 구체적인 위자료 액수에 관하여 보건대, 피해의 성질, 내용 및 정도, 원고 등의 주거관계, 원고 등과 피고들의 분쟁 경과 기타 이 사건 변론에 나타난 모든 사정을 종합하여 볼 때 피고들이 지급할 위자료액은 별지 1. 청구표 중 '위자료'란 기재 각 금원으로 정함이 상당하다 할 것이다.

다. 인용금액

따라서 피고들이 원고 등에게 배상하여야 할 손해액은 위 가.항의 금액과 위 나.항의 금액을 합산한 금액으로 별지 1. 청구표 중 '인용금액'란 기재 각 금원이 된다.

4. 결론

그렇다면, 피고들은 각자 원고 등에게 별지 1. 청구표 중 '인용금액'란 기재 각 금원 및 이에 대하여 엘지아파트가 완공된 이후로서 원고 등이 구하는 이 사건 소장 부본 송달 다음날인 2002. 7. 26.부터 피고들이 그 이행의무의 존부 및 범위에 관하여 항쟁함이 상당한 당심판결 선고일인 2004. 9. 1.까지는 민법 소정의 연 5%, 그 다음날부터 완제일까지는 소송촉진등에관한특례법 소정의 연 20%의 각 비율에 의한 지연손해금을 지급할 의무가 있다 할 것이므로, 원고 등의 이 사건 청구는 위 인정범위 내에서 이유 있어 인용하며, 나머지 청구는 이유 없어 기각할 것인바, 원심판결은 이와 일부 결론을 달리 하여 부당하므로, 원심판결 중 위에서 지급을 명한 부분에 해당하는 원고 등의 패소부분을 취소하고, 피고들에 대하여 위 각 인용금액의 지급을 명하며, 원고 등의 나머지 항소는 이유 없어 기각하기로 주문과 같이 판결한다.

[별지 청구표 및 침해표 각 생략]

판사 김경종(재판장) 김명한 조규현

2. 수인한도판단

☞ 대법원 2004. 9. 13. 선고 2003다64602 판결 279p 참조

제3절 사생활침해에 관한 소송

1. 일조권침해소송

가. 개론

(1) 일조권의 의의

일조권이란 남쪽 토지에 건물 등이 세워짐으로써 북쪽 건물의 거주자가 일조의 이익을 방해받는 경우에 법적으로 그 보호를 요구할 수 있는 권리를 말한다.

2. 손해배상청구

가. 당사자

(1) 원고

　피해 건물에 거주하고 있는 토지 및 건물의 소유자와 그 가족, 동거인이 일조권 침해로 인한 손해배상청구의 원고가 될 수 있다.

☞ 대법원 2001. 6. 26. 선고 2000다44928, 44935 판결 37p 참조

(2) 피고

(가) 소유자

집합건물이 아닌 경우에 가해 건물의 소유자가 피고가 될 수 있다.

(나) 가해건물의 건축주 및 시공자

☞ 대법원 2005. 3. 24. 선고 2004다38792 판결 346p 참조

(다) 피해 건물의 시공자 및 분양자

☞ 대법원 2001. 6. 26. 선고 2000다44928, 44935 판결 37p 참조

(라) 국가 또는 지방자치단체

[참조] 서울지방법원 1999. 12. 17. 선고 99가합23067

나. 성립요건

(1) 손해의 발생

일조 침해의 발생뿐만 아니라 그 결과 생긴 재산적 손해 또는 정신적 손해를 증명해야 한다.
[참조] 서울지방법원 2001. 4. 26. 선고 99가합34203

(2) 인과관계

일조 침해에 의하여 발생한 구체적인 손해발생, 질병의 발생, 광열비의 증가, 토지 또는 건물의 하락 등과 관련한 인과관계가 다투어질 수 있다.

(3) 위법성(수인한도론)

☞ 대법원 1982. 9. 14. 선고 80다2859 판결 285p 참조
☞ 대법원 1999. 1. 26. 선고 98다23850 판결 31p 참조

(가) 피해의 정도

☞ 서울고등법원 1996. 3. 29. 선고 94나11806 판결 290p 참조

[참조] 대구고등법원 1997. 7. 25. 선고 97나899 / 대구고등법원 1997. 7. 25. 선고 97나899 / 서울지방법원 남부지원 1996. 8. 8. 선고 96카합314

(나) 지역성

[참조] 부산지방법원 2002. 1. 30. 고지 2001카합2548

[판례 3] 공사금지가처분 (부산고법 1999. 4. 29. 선고 98나10656 판결 : 상고기각)

【판시사항】
[1] 경관이 조망되지 않는 평지에 고층건물을 축조하여 너른 지역을 조망할 수 있게 된 경우, 다른 고층건물의 건축에 대하여 조망권을 주장할 수 있는지 여부(소극)
[2] 사법상의 권리로서의 환경권을 인정하는 명문의 규정이 없는 경우, 환경권에 기하여 직접 방해배제청구권을 인정할 수 있는지 여부(소극)
[3] 건물 신축행위의 위법성을 평가함에 있어 고려하여야 할 피해이익의 공공성의 내용
[4] 아파트 단지와 폭 15m의 도로를 사이에 두고 있는 일반상업지역에 고층의 주상복합건물을 신축하더라도 그로 인한 아파트 입주자들의 일조·조망 피해는 수인할 한도 내의 것이라고 본 사례

【판결요지】
[1] 보통의 지역에 인공적으로 특별한 시설 즉, 경관이 조망되지 않는 평지에 고층건물을 축조하여 너른 지역을 조망할 수 있게 된 경우 등에는 다른 고층건물의 건축에 의하여 조망방해를 받더라도 조망권을 주장할 수 없다.
[2] 환경권에 관한 헌법 제35조의 규정만으로는 개개의 국민에게 직접으로 구체적인 사법상의 권리가 부여되어 있는 것이라고 보기는 어렵고, 사법상의 권리로서의 환경권이 인정되려면 그에 관한 명문의 법률규정이 있거나 관계 법령의 규정 취지 및 조리에 비추어 권리의 주체, 대상, 내용, 행사방법 등이 구체적으로 정립될 수 있어야 하는 것이므로, 이러한 구체적인 법령상의 근거가 없는

이상, 환경적 이익이 침해되었다는 이유로 막바로 환경권을 근거로 그 침해행위의 금지를 구할 수는 없다.

[3] 개인의 사권의 보호를 중심으로 하는 민사상의 가처분재판에 있어서, 특별한 사정이 없는 한, 공공 내지 일반인의 이익이나 환경적 이익 등 공중 또는 제3자의 이익은 그 성질상 이를 다른 개인이 그 가처분의 근거로 되는 피보전권리로 삼을 수 없고(이러한 일반인 또는 시민 내지 주민들의 이익 즉, 공공성에 대한 배려는, 일차적으로는 공공의 이익을 위하여 봉사하는 것을 임무로 하는 공무원들의 공무집행, 가령 이 사건의 경우 도시설계심의, 교통영향평가심의 및 건축허가심의 등의 과정에서 고려될 것이고, 2차적으로는 행정법원에서 그 당부를 판단함에 있어서 고려할 사항이지, 민사소송에서 가릴 성질의 것이라고 보기는 어렵다.), 물론, 건물 신축행위가 정당한 권리행사로서의 범위를 벗어나 사법상 타인에 대한 위법한 가해행위에 해당하는지를 평가함에 있어서, 피해이익의 공공성도 판단하여야 한다고 하지만 이 때의 공공성이라는 것은, 예컨대 피해 건물이 학교·병원이라는 경우와 같이 그 자체의 용도의 공공성과 같은 구체적인 것이지 제3자인 일반인들에 대한 공공성을 가리키는 것이 아니다.

[4] 아파트 단지와 폭 15m의 도로를 사이에 두고 있는 일반상업지역에 고층의 주상복합건물을 신축하더라도 그로 인한 아파트 입주자들의 일조·조망 피해는 수인할 한도 내의 것이라고 본 사례.

【참조조문】

[1] 민법 제211조, 제214조, 민사소송법 제714조 [2] 헌법 제35조 [3] 민사소송법 제714조 [4] 민법 제211조, 제214조, 민사소송법 제714조

【참조판례】

[2] , 대법원 1995. 5. 23.자 94마2218 결정(공1995하, 2236)
대법원 1999. 7. 27. 선고 98다47528 판결(공1999하, 1755)

【전 문】

【신청인, 피항소인】 신청인 1 외 117인 (소송대리인 변호사 강동규)
【피신청인, 항소인】 고려산업개발 주식회사 외 1인 (소송대리인 법무법인 국제종합법률사무소 담당변호사 이원철 외 2인)
【원심판결】 부산지법 1998. 9. 15. 선고 97카합9776 판결

【주 문】

1. 원심판결을 취소한다.
2. 신청인들의 신청을 기각한다
3. 소송비용은 1, 2심을 통하여 이를 5분하여 그 2는 피신청인들의, 나머지는 신청인들의 각 부담으로 한다.

【신청취지】

피신청인들은 부산 해운대구 (주소 1 생략) 대 6,700㎡, (주소 2 생략) 대 6,933.2㎡ 및 (주소 3 생략) 대 6,668㎡ 지상에 20층 이상의 건물을 축조하거나 이를 위하여 위 토지들을 사용하여서는 아니된다.

【항소취지】

주문과 같다.

【이 유】

1. 기초 사실

아래 사실은 당사자 사이에 다툼이 없거나 소갑 제1, 2호증의 각 1, 2, 3, 소갑 제3, 8호증, 소갑 제5, 11, 20, 30호증의 각 1, 2, 소갑 제6호증의 1 내지 5, 소갑 제7호증의 1 내지 6, 소갑 제22호증의 1 내지 4, 소을 제2, 8호증, 소을 제3호증의 3, 소을 제5, 12호증의 각 1, 2, 소을 제7호증의 1 내지 8의 각 기재와 당심 증인 신청외인의 증언, 원심법원의 현장검증 결과, 원심 및 이 법원의 부산광역시장·부산광역시 해운대구청장에 대한 각 사실조회 결과에 변론의 전취지를 종합하여 인정할 수 있고, 반대 소명자료 없다.

가. (1) 신청인들은 1990. 12.경 부산 해운대구 (주소 4 생략) 지상에 건립된 (명칭 1 생략) 아파트 ○○○동과 △△△동의 각 호(이하 이를 '피해 아파트'라 하고, 위 대지를 '피해 아파트 부지'라 한다)를 분양받아 1992. 3.경 입주한 이래 현재까지 거주하는 자들이고, (2) 피해 아파트는, 각 동이 15층으로 그 높이가 45m 가량되며, 거의 동향(정동에서 20°가량 남쪽으로 기울어짐)인 반면, 별지 제1도면(건물현황도)에서 보는 바와 같이 같은 단지 내의 □□□, ◇◇◇, ☆☆☆, ▽▽▽, ◎◎◎동이나 그 서쪽에 있는 (명칭 2 생략)·(명칭 3 생략) 아파트 단지의 대부분의 아파트는 남향으로 건립되어 있고, (3) 피해 아파트 부지는 별지 제2도면(도시계획지정현황)의 A 표시 부분으로 도시계획상 용도지역이 주거지역으로 지정되어 있다.

나. 피해 아파트 앞쪽 즉, 동쪽에 피해 아파트 부지 경계와 폭 15m의 도로를 사이에 두고 부산광역시(이하 그냥 '부산시'라 한다) 소유의 신청취지 기재의 토지(별지 제2도면 표시 B 부분, 이하 '이 사건 토지'라 한다)가 있는데, 이 토지는 도시계획상 용도지역이 일반상업지역으로, 용도지구가 도시설계지구로 각 지정되어 있다.

다. 피신청인 고려산업개발 주식회사(이하 '피신청인 고려산업개발'이라 한다)는 토목, 건축공사업 및 주택사업 등을 목적으로 하는 회사이고, 피신청인 주식회사 목화종합건설은 주택건설, 임대 및 분양업 등을 목적으로 하는 회사인바, 피신청인들은 1996. 10. 22. 부산시로부터 대금을 분할지급하는 조건으로 대금 365억 5백만 원에 이 사건 토지를 매수하고 그 대금의 일부를 지급한 후 부산시의 사용승낙하에 그 지상에 별지 제1도면의 배치와 같이 아래 마.항 판시와 같은 규모, 용도 등의 6개동의 초고층의 주상복합(주상복합건물, 이들은 이 건물을 '◁◁◁◁◁◁ ◁◁'이라고 부른다, 이하 '이 사건 건물'이라 한다)을 신축하기로 하였다.

라. 이에 따라 피신청인들은, (1) 부산시로부터, 1997. 4. 18. 도시설계승인(부산시 건축위원회), 같은 해 5. 9. 에너지절약심의 통과(동 에너지분과위원회), 같은 해 6. 13. 구조심의 통과(동 구조분과위원회), 같은 달 30. 교통영향평가승인을 받는 등 관계 법령이 요구하는 제반 사전심의절차를 거치고, (2) 같은 해 10. 23. 관할 해운대구청장으로부터 건축주를 피신청인들, 시공자를 피신청인 고려산업개발로 한 아래 마.항 판시의 건물에 관한 건축허가를 얻고, 이어서 같은 해 12. 2. 신축공사 착공신고를 하였다.

마. 피신청인들이 신축하려고 하는 이 사건 건물의 규모, 용도 등은 다음과 같다.
   (1) 지상의 건물 높이가 최소 67.5m, 최고 110.3m에 이르는 각기 독립한 탑상형의 6개동 건물들 즉, A동 32층, B-1동 36층, B-2동 37층, B-3동 25층, C동 28층, 오피스텔(O/T) 18층이 별지 제1도면과 같이 배치되고, 지하층은 전체가 하나로 연결된 5층이다.
   (2) 주용도는 공동주택, 판매시설, 업무시설, 운동시설인데, 지하층은 주로 주차장, 판매시설이, 1, 2층은 판매시설, 업무시설, 운동시설이, 지상 3층부터 오피스텔은 업무시설이, 공동주택은 50 내지 75평형 규모의 총 600세대의 대형 공동주택이 지어지도록 되어 있다(주상비율은 67.37% : 32.63%).

(3) 건폐율은 39.12%, 용적률은 627.94%, 건축면적은 7,941.655㎡, 연면적은 209,856.049㎡, 지하면적은 82,376.522㎡이고, 구조는 철근콘크리트 벽식구조, 철골철근콘크리트 구조이다.
바. 피해 아파트 부지와 이 사건 토지는 모두 수영만 매립공사에 의하여 조성된 토지 중 일부인데, 수영만 매립공사는, 부산시가 요트경기장·국제적 위락단지건설, 택지난 해소 등을 위하여 1982. 7. 27. 매립사업승인을 얻어 신청외 주식회사 대우로 하여금 매립공사를 시공토록 한 것으로, 1988. 4. 23. 준공하였으며, 이 매립공사로 조성된 총면적 34만 평 중 상업지역은 160,665평(요트경기장 40,868평, 도시설계지구 119,797평), 주거지역은 179,335평이며, 위 도시설계지구 내의 상업지역에 대하여는, 개별적인 개발행위의 합리적 규제(예컨대, 도로변 건축한계선 지정, 공공 조경공간의 확보, 보행자 전용공간의 확보, 건폐율과 용적률 등의 제한 등) 등에 의하여 다른 상업지역보다 그 규제를 강화함으로써 효율적인 토지 이용, 쾌적한 도시환경조성과 해운대 자연경관과 조화되는 도시개발을 위하여 부산시가 건설부장관의 승인을 얻어 수영만매립지 상업지역 도시설계 시행기준을 마련하여 시행하고 있고, 위 주거지역에는 대부분 아파트가 들어섰다.
사. 이 사건 토지는 해운대해수욕장 길목의 요충지에 위치하고 있고, 이 사건 토지의 남북변을 동서로 진행하는 두 도로는 부산시 내에서 해운대해수욕장, 동백섬으로 들어가는 주요 진입로이다.
아. 해운대해수욕장 일대는 관광진흥법 제2조에 의하여 관광지로 지정되어 있고, 1994. 8. 31.에는 같은 법 제23조의2에 의하여 관광특구로 지정되었는데, 특히 솔밭유원지와 동백섬은 도시공원법 제22조 제2호 소정의 근린공원으로도 지정되어 있다.
자. 피해 아파트의 입주민들은 이 사건 건물의 건립계획에 관한 정보를 알게 되자 1997. 9.경부터 고층건물건립반대 대책위원회 등의 이름으로, 건축허가 관련 관청인 부산시와 해운대구청 및 건축 당사자인 피신청인들에게, 피해 아파트의 일조권·조망권·숙면권·사생활 침해, 소음·분진, 환경파괴 등을 들어 이 사건 건물과 같은 고층건물의 건립을 반대하며 그 시정을 촉구하는 등으로 이 사건 건물에 관한 건축허가를 저지하려다가 좌절되자, 같은 해 11. 10. 부산시장에게, "부산시의 환경을 무시한 조건 없는 매각행위에 대하여 우리 주민 모두는 수단과 방법을 가리지 않고서라도 해운대를 살리는 데 최선을 다할 것을 거듭 알려드립니다."라는 내용의 통고를 한 후 같은 해 12. 19. 이 사건 가처분신청을 하였다.

2. 신청인들의 주장 및 이에 대한 판단
    가. 신청인들 주장의 요지
        (1) 신청인들은, 이 사건 토지 위에 이 사건 건물과 같은 규모, 용도의 건물이 건립될 경우 아래 (2)(가)항 판시와 같은 이익 내지는 권리를 침해당하게 될 것이므로, 아래 (2)(나)항 판시와 같은 권리에 기하여 피신청인들의 이 사건 건물의 건축행위를 저지할 수 있다면서, 피신청인들을 상대로, 이 사건 건물의 신축공사 중 20층 이상의 건축행위에 대한 금지를 구하는 이 사건 가처분신청을 하고 있다.
        (2) 즉, 신청인들이 내세우는 이 사건 가처분의 근거에 관한 주장은, (가) 피침해이익에 관한 주장으로, ① 초고층의 이 사건 건물이 신축되면, 피해 아파트의 입주자인 신청인들은 그들이 종래 누려오던 일조권(일조권)과 천혜의 경승지인 해운대해수욕장, 동백섬 및 푸른 바다에 대한 조망권(조망권) 등을 침해당하는 피해를 입게 되고, ② 공사기간 동안, 신청인들은 그 과정에서 발생하는 소음, 진동, 분진 등 각종 공해에 시달리게 되고, 지하 5층까지 깊이 지하를 굴착할 경우 그로 인하여 피해 아파트의 안전도 위협받게 되며, ③ ㉮ 이 사건 건물의 완공 후에는 과다한 교통량이 유발되어 그로 말미암아 그 일대가 극심한 교통체증, 소음, 매연 등에 노출될 것이고, ㉯ 이 사건 건물의 구조나 용도, 높이 등에 비추어 주변 건물과의 사이에 부

조화가 생기고, 그 결과 도시미관을 해치게 되며, 여기다가 위 ㉮항 판시와 같은 환경 피해 등으로 인하여 종국적으로는 해운대해수욕장이 천혜의 경승지로서 갖는 가치 내지는 이 지역의 장기적인 환경가치나 이익이 심하게 훼손 당하게 되는데, 이러한 피해들은 모두 금전배상만으로는 그 권리구제의 목적을 달성할 수 없을 정도로 수인(수인)의 한도를 넘는다는 취지이고, (나) 피보전권리에 관한 주장으로, ① 신청인들이 침해당하게 되는 위와 같은 각종 권리, 이익 등은, 신청인들의 거주지에 대한 소유권의 한 내용이라고 볼 수 있고, ② 그렇지 않다고 하더라도 헌법 제35조 소정의 환경권의 한 내용으로서의 이른바 주거환경권 또는 헌법 제10조 소정의 인간으로서의 존엄과 가치 및 행복추구권에 근거한 인격권의 한 내용으로서 법적 보호의 대상이 된다는 취지이다.

나. 판 단

(1) 일조권 침해에 관하여

(가) 일조의 확보는 인간의 복지향상 및 건강유지에 필수적인 생활이익으로서 법적 보호의 대상이 된다고 볼 것이고, 이 경우 법률상으로는 거주지 소유권으로부터 파생되는 권리 또는 일반적 인격권의 한 내용으로 볼 수 있으므로, 그 일조권이 제3자로부터 침해된 경우에는, 그 피해의 정도가 사회생활상 일반적으로 수인할 한도를 초과하고, 그것이 손해배상 등의 방법으로 사후적으로 회복되기 어렵다면, 이를 보전하기 위한 임시조치로 가해자의 침해행위의 금지를 구하는 가처분을 구할 수 있다고 할 것이다.

(나) 나아가, 이 사건에 관하여 살피건대, 아래에서 판시하는 바와 같이 피해 아파트가 먼저 건립되었고, 이 사건 건물이 건립될 경우 피해 아파트에 어느 정도 일조 피해가 발생할 것임은 이를 부정할 수 없으나, 이 사건의 경우, 아래에서 판시하는 바와 같은 이유로, 그 피해의 정도가 신청인들의 수인한도를 초과한다고 보기 어려워 일조권을 근거로 한 신청인들의 주장은 받아들일 수 없다.

① 우선, 이 사건 건물이 피해 아파트에 미치게 될 구체적인 일조피해의 정도에 관하여 살피건대, 소갑 제34호증, 소을 제19호증의 각 기재에 변론의 전취지를 종합하면, 이 사건 건물이 건립될 경우, 동짓날(태양의 고도가 가장 낮고 일조시간이 가장 짧으므로 이 날을 기준으로 하여 검토한다)에 이 사건 건물 때문에 피해 아파트에 생기는 그림자는, ㉮ 09:00~15:00 사이에, 1) ○○○동의 경우, 그 1호 라인(가장 남쪽)의 각 세대들은 전혀 영향을 받지 않고, 2호 라인은 1시간, 3호 라인은 1시간 40분, 4호 라인은 2시간 20분 동안 그림자가 발생하며, 2) △△△동의 경우, 그 1호 라인은 2시간 20분, 2호 라인은 2시간 40분 내지 3시간, 3호 라인은 1시간 40분 내지 3시간, 4호 라인(가장 북쪽)은 2시간 내지 3시간 20분 동안 그림자가 발생하고, ㉯ 08:00~16:00 사이에, 1) ○○○동의 경우, 그 1호 라인은 20분, 2호 라인은 2시간, 3호 라인은 2시간 40분, 4호 라인은 3시간 20분 동안 그림자가 발생하며, 2) △△△동의 경우, 그 1호 라인은 3시간 20분, 2호 라인은 3시간 40분 내지 4시간, 3호 라인은 2시간 40분 내지 4시간, 4호 라인은 3시간 내지 4시간 20분의 그림자가 발생하고, 또한 피해아파트 중 남쪽라인은 이 사건 건물의 층고 변화에 별다른 영향을 받지 아니하나 북쪽 라인은 그 층고 변화에 영향을 받을 뿐 아니라 고층건축일 경우에는 햇빛이 들어오더라도 그 입사각이 커져서 광선투과율이 줄어드는 사실을 인정할 수 있어, 이 사건 건물이 건립될 경우 그 건물 때문에 피해아파트가 상당한 정도의 일조피해를 입게 될 것으로 보이기는 한다.

② 그러나 위 1.항 판시의 소명자료와 변론의 전취지에 의하면, 이 사건 건물이, 일조에 관

한 단속법규인 건축법 제53조, 동 시행령 제86조, 부산광역시건축조례 제46조 제2항 제1호의 규정에 위반하지 않고, 또한 용적률·건폐율에 있어서 건축관계 법령에 위반이 없음이 소명되고, 위 1.항 판시 사실에 나타난 다음과 같은 사정 즉, 피해 아파트는 주거지역에 건립된 아파트이고 이 사건 건물은 상업지역에 건립될 주상복합건물인 점, 피해 아파트만 유독 동향 즉, 이 사건 토지 쪽을 향하여 건립되어 있는 점, 이 사건 건물 중 피해 아파트에 가장 가까운 B-3동 및 C동은 각기 25층, 28층이고 이 사건 건물 중 가장 고층인 37층 건물은 이 사건 토지의 가운데에 위치한 B-2동이며 6개동이 모두 탑상형인 점, 건축관계 법령, 부산시건축조례의 각 규정과 그 밖에 참고가 될 외국의 사례들{예컨대, 일본국의 건축기준법 제56조, 제56조의2, 동법 [별표 3](이른바 신일영규제) 등}을 종합하여 판단해 보면, 주거지역에 건립된 아파트 등 공동주택 간에 일조가 문제되는 경우에는 동지일을 기준으로 09:00부터 15:00까지 사이의 6시간 중 일조시간이 연속하여 2시간 이상 확보되는 경우 또는 동지일을 기준으로 08:00부터 16:00까지 사이의 8시간 중 일조시간이 통틀어서 최소 4시간 정도 확보되는 경우에는 이를 수인하여야 하고, 위 두 가지 중 어느 것에도 속하지 아니하는 일조피해의 경우에는 수인한도를 넘는다고 봄이 상당하다고 할 수 있는 점, 위 1.항 판시 사실에 나타난 사정과 소을 제13호증의 1, 2의 각 기재에 변론의 전취지를 종합하면, 신청인들은 피해 아파트와 인접한 이 사건 토지가 도시계획상 상업지역으로 용도지정되어 있었음을 입주 당시부터 알았거나 알 수 있었다고 보이는데(당시 이 사건 토지가 고도제한에 묶여 있었다는 사정만 가지고는 신청인들이 이 사건 토지상에 건물이 건축되지 않거나 일조피해가 전혀 없을 정도의 낮은 건물이 건축되는 데 그칠 것으로 알고 있었다고 보기도 어렵다), 이 사건 토지가 건물 신축 없이 나대지로 유지되어야 할 특별한 사정이 없는 이 사건에 있어서 신청인들은 이 사건 토지 위에 건물이 건립되리라는 것을 예상하고 피해 아파트에 입주한 것이라고 봄이 상당한 점 등 모든 사정을 종합하면, 피해 아파트가 이 사건 건물로부터 받게 될 것으로 보이는 일조피해는 수인한도 내의 것이라고 볼 것이다.

(2) 조망권 침해에 관하여

(가) 조망은 주거환경을 좌우하는 영향요소로서 기능하고, 해운대가 풍부한 자연환경자원이 분포되어 있는 지역임은 공지의 사실이며, 원심 법원의 현장검증 결과에 변론의 전취지를 종합하면, 이 사건 건물이 건립될 경우 신청인들이 누리던 조망의 상당 부분이 침해되리라는 것을 부정할 수는 없다.

(나) 그러나 과연 신청인들에게 그들이 주장하는 바와 같은 조망권이 인정되는지도 문제(왜냐하면, 보통의 지역에 인공적으로 특별한 시설 즉, 경관이 조망되지 않는 평지에 고층건물을 축조하여 너른 지역을 조망할 수 있게 된 경우 등에는 다른 고층건물의 건축에 의하여 조망방해를 받더라도 조망권을 주장할 수 없을 것이다)거니와 설사 그러한 조망권이 인정된다 하더라도, 위 (가)항 판시의 소명자료에 의하면, 피해 아파트에서 바라볼 수 있는 해운대의 경관 중 이 사건 건물에 가려 그 조망에 방해를 받으리라고 보이는 것은 동백섬과 솔밭유원지의 일부 및 해운대 앞 바다의 일부에 불과하고, 이 사건 건물로 해운대해수욕장 자체에 대한 조망이 침해당한다고 보기에 충분한 소명자료는 없으며, 오히려, 위 소명자료에 의하면, 이 사건 건물이 아니더라도 피해 아파트에서는, 인근에 있는 기존의 다른 건물들(특히 오션타워 및 그랜드호텔) 때문에 모래사장을 비롯한 해운대해수욕장의 전경이 보이지 않는 사실이 소명되는바, 이러한 사정에다가 위 (1)(나) ②항 판시의, 이 사건 토지가 영

구히 나대지로 방치될 곳이 아니라 상업지역으로서 고층건물이 들어설 곳으로 예정되어 있었고, 그러한 사정을 신청인들이 벌써 알고 있었던 점을 종합하여, 위에서 인정한 조망피해의 정도를 판단하면, 위와 같은 내용 또는 정도의 조망제한으로 인한 신청인들의 피해는 수인한도를 현저히 넘는 피해라고 보기도 어렵고, 달리 그렇게 보기에 충분한 소명자료가 없으므로, 조망권을 근거로 한 신청인들의 주장은 받아들일 수 없다.

(3) 그 밖의 피해에 관하여
 (가) 건물신축공사 과정에서 발생하는 소음, 진동, 분진 및 지하굴착 등으로 인한 신청인들 소유 건물의 피해에 관한 주장에 대하여 살피건대, 소 을 제15, 16, 17호증의 각 기재와 당심 증인 신청외인의 증언에 변론의 전취지를 종합하면, 피신청인들은 1997. 10.경 토목구조기술사들을 동원하여 이 사건 건물 신축공사중 발생할 수 있는 소음, 진동, 먼지, 인근 건물의 균열 및 지반 침하 등에 관하여 조사, 분석하고, 그 결과 진동은 건축법규 기준에 못 미치나 소음은 기준을 약간 초과하는 것으로 나타나자 소음발생지역 및 소음피해 예상지역에 6m 높이의 방음벽을 설치하고 그 중간에도 별도 방음막을 설치하기로 하였고, 공사차량 출입구를 피해 아파트로부터 100m 이상 떨어진 지점에 설치하며 현장 내에서의 공사차량의 운행속도를 시속 20km 이내로 제한하고 공사부지 경계선상 3곳 이상의 지점에 계측소를 설치하여 이들 수치가 건축법상의 기준치 이하가 유지되도록 관리하기로 한 사실, 또한 굴착공사로 인하여 발생할 수 있는 인접 건물의 피해에 대하여 토목구조 기술사의 검토를 통하여 이를 예방하는 공법을 설계 및 시공계획에 반영하여 두고 있으며 SCW(Soil Cement Wall) 공법과 H-Pile+토류판 공법을 적용하고 버팀공법으로는 어스 앵커 시스템(Earth Anchor System)을 채택하여 지하굴착에 따른 붕괴위험과 주변지반의 부동침하, 압밀침하를 방지하기로 한 사실, 또한 공사중의 먼지 비산을 막기 위하여 공사현장 내 주도로는 미리 포장을 하여 사용하고 차량진입로에 자동세륜기를 설치하며 살수차 및 이동용 살수기를 이용하여 수시로 물을 뿌려 먼지발생을 방지하기로 정해 둔 사실을 인정할 수 있는바, 위와 같은 조치에도 불구하고 신청인들에게 수인한도를 현저히 초과하는 정도의 피해를 주는 소음, 진동, 먼지, 건물 균열 및 지반 침하가 발생한다거나 피신청인들이 위와 같은 조치를 제대로 시행하지 아니할 것이라는 점을 인정하기에 충분한 소명자료가 없는 이 사건에 있어서, 그러한 점을 근거로 한 신청인들의 위 주장은 이유 없다.
 (나) 교통량 과다유발에 따른 교통장애에 관하여 살피건대, 이 사건 건물이 완공될 경우 그 주변의 교통량이 상당히 증가할 것임은 경험칙상 명백하나, 위 1.라.항 판시와 같이 이 사건 건물의 건립과 관련한 교통영향평가심의에서 승인이 이루어진 사실이 인정되는 반면, 그 건립시 피해 아파트 주변에 야기되는 교통혼잡이 신청인들의 수인한도를 현저히 초과할 정도로 극심하리라는 점에 관한 충분한 소명자료가 없으니(소갑 제10호증의 1의 기재만으로는 부족하다), 이 점에 대한 신청인들 주장 역시 이유 없다.

(4) 환경권 침해에 관하여
 위 가.(2)항 판시의 신청인들 주장 중에는 이 사건 가처분의 근거로 구체적인 환경권을 들고 있는 것으로도 보이나, 환경권에 관한 헌법 제35조의 규정만으로는 개개의 국민에게 직접으로 구체적인 사법상의 권리가 부여되어 있는 것이라고 보기는 어렵고, 사법상의 권리로서의 환경권이 인정되려면 그에 관한 명문의 법률규정이 있거나 관계 법령의 규정 취지 및 조리에 비추어 권리의 주체, 대상, 내용, 행사방법 등이 구체적으로 정립될 수 있어야 하는 것이므로(대법원 1995. 5. 23.자 94마2218 결정), 이러한 구체적인 법령상의 근거가 없는 이상, 환경적 이익이 침해되었다는 이유로 막바로 환경권을 근거로 그 침해행위의 금지를 구할 수는 없다고 할 것이고, 따라서 신청인들의 이 부분 주장도 이유 없다.

(5) 공공 또는 일반공중의 이익에 관하여

(가) 신청인들의 주장을 살펴보면, 그 주장 중에는, 해운대 일대의 다른 지점으로부터 해운대 해수욕장을 바라보는, 일반인들의 조망권이 침해된다거나{위 (2)항 관련}, 교통혼잡 때문에 일반인들이 피해를 입게 된다고 하고{위 (3)(나)항 관련}, 이 사건 건물의 건립으로 해운대 해수욕장이 천혜의 경승지로서 갖는 가치를 심하게 훼손당하는 등 해운대 일대에 환경파괴가 초래될 것이라면서, 이러한 공공 또는 일반공중의 이익을 바로 이 사건 가처분의 근거로 삼거나 적어도 그 가처분의 당부를 판단함에 있어서 충분히 반영하여야 한다는 취지의 주장도 포함되어 있는 것으로 보인다.

(나) 살피건대, 위 1.항 판시의 소명자료 및 소 갑 제22호증의 1 내지 4의 각 기재에 변론의 전취지를 종합하면, 이 사건 건물이 건립되면, 그 위치, 규모, 용도, 높이 등으로 보아 해운대해수욕장 등에 대한 일반인의 조망이 더러 방해를 받게 되고, 교통혼잡으로 인한 피해가 발생하는 일이 생길 수 있으며, 이 사건 건물에 대한 건축허가는 1995. 2.에 마련한 해운대구청의 관광종합개발계획의 개발방향에도 맞지 아니하며(왜냐하면, 수영만 매립지 내 도시설계지구에는 최고의 대규모 인공위락·유희·문화복지·유통·전문숙박시설이 들어서도록 하고, 완충녹지공간을 확보하여 해양을 배경으로 한 독특한 유희공간을 창출하는 것으로 계획되어 있다), 상업지역인 관광지에 주상복합건물의 형식을 빌려 최고급의 공동주택을 신축하는 점 및 해운대가 관광지로서 차지하는 비중, 이 사건 건물의 건축허가 과정에서 그 건물의 위치, 구조, 규모, 용도 등에 비추어 허가 관청 및 시공 당사자와 시민 내지 적어도 인근 주민들과의 사이에 의견교환이 충분치 못했던 게 아닌가 하는 의문이 드는 점 등을 감안하면, 일반공중의 입장에서, 공공의 이익을 내세울 경우 이 사건 건물에 대한 건축허가의 상당성에 상당한 의문을 제기할 수 있을 법도 하다.

그러나 개인의 사권의 보호를 중심으로 하는 민사상의 가처분재판에 있어서 특별한 사정이 없는 한, 그러한 공공 내지 일반인의 이익이나 환경적 이익 등 공중 또는 제3자의 이익은 그 성질상 이를 다른 개인이 그 가처분의 근거로 되는 피보전권리로 삼을 수 없고(이러한 일반인 또는 시민 내지 주민들의 이익 즉, 공공성에 대한 배려는, 일차적으로는 공공의 이익을 위하여 봉사하는 것을 임무로 하는 공무원들의 공무집행, 가령 이 사건의 경우 도시설계심의, 교통영향평가심의 및 건축허가심의 등의 과정에서 고려될 것이고, 2차적으로는 행정법원에서 그 당부를 판단함에 있어서 고려할 사항이지, 민사소송에서 가릴 성질의 것이라고 보기는 어렵다), 물론, 건물 신축행위가 정당한 권리행사로서의 범위를 벗어나 사법상 타인에 대한 위법한 가해행위에 해당하는지를 평가함에 있어서, 피해이익의 공공성도 판단하여야 한다고 하지만 이 때의 공공성이라는 것은, 예컨대, 피해 건물이 학교·병원이라는 경우와 같이 그 자체의 용도의 공공성과 같은 구체적인 것이지 제3자인 일반인들에 대한 공공성을 가리키는 것이 아니라고 할 것이다.

(다) 따라서 공공의 이익 등을 근거로 내세운 신청인들의 주장은 받아들이지 아니한다.

3. 결 론

그렇다면 신청인들의 이 사건 신청은 이유 없어 이를 기각할 것인바, 원심판결은 이와 결론을 달리하여 신청인들의 신청을 인용하고 있어 부당하므로, 이를 취소하고 신청인들의 신청을 기각하기로 하여 주문과 같이 판결한다.

판사   강문종(재판장) 문형배 전원열

(다) 공법적 규제의 위반 여부

1) 건축법 제86조 (일조 등의 확보를 위한 건축물의 높이제한)

> ☞ **건축법 시행령**
>
> **제86조 (일조 등의 확보를 위한 건축물의 높이 제한)** ① 전용주거지역이나 일반주거지역에서 건축물을 건축하는 경우에는 법 제61조제1항에 따라 건축물의 각 부분을 정북(正北) 방향으로의 인접 대지경계선으로부터 다음 각 호의 범위에서 건축조례로 정하는 거리 이상을 띄어 건축하여야 한다. <개정 2015. 7. 6., 2023. 9. 12.>
>   1. 높이 10미터 이하인 부분: 인접 대지경계선으로부터 1.5미터 이상
>   2. 높이 10미터를 초과하는 부분: 인접 대지경계선으로부터 해당 건축물 각 부분 높이의 2분의 1 이상
> ② 다음 각 호의 어느 하나에 해당하는 경우에는 제1항을 적용하지 아니한다. <신설 2015. 7. 6., 2016. 5. 17., 2016. 7. 19., 2017. 12. 29.>
>   1. 다음 각 목의 어느 하나에 해당하는 구역 안의 대지 상호간에 건축하는 건축물로서 해당 대지가 너비 20미터 이상의 도로(자동차·보행자·자전거 전용도로를 포함하며, 도로에 공공공지, 녹지, 광장, 그 밖에 건축미관에 지장이 없는 도시·군계획시설이 접한 경우 해당 시설을 포함한다)에 접한 경우
>   가. 「국토의 계획 및 이용에 관한 법률」 제51조에 따른 지구단위계획구역, 같은 법 제37조제1항제1호에 따른 경관지구
>   나. 「경관법」 제9조제1항제4호에 따른 중점경관관리구역
>   다. 법 제77조의2제1항에 따른 특별가로구역
>   라. 도시미관 향상을 위하여 허가권자가 지정·공고하는 구역

☞ 대법원 1999. 1. 26. 선고 98다23850 판결 31p 참조
☞ 대법원 2004. 9. 13. 선고 2004다24212 판결 163p 참조

(라) 당사자의 교섭시의 성의

[참조] 부산고등법원 1998. 8. 27. 선고 97나9093(본소), 97나9109(반소) / 부산지방법원 2002. 1. 30. 고지 2001카합2548

(마) 토지에 대한 일조권 침해

[참조] 서울지방법원 2002. 12. 24. 선고 2000가합8170

다. 손해배상의 범위

(1) 재산적 손해

(가) 토지·건물의 가치하락

☞ 대법원 1999. 1. 26. 선고 98다23850 판결 31p 참조

(나) 영업수익의 감소, 광열비 등의 지출 증대, 치료비 등의 증가

[참조] 서울고등법원 2003. 10. 29. 선고 2002나22016

(2) 정신적 손해

[참조] 부산고등법원 1997. 1. 23. 선고 96나891 / 대구지방법원 2001. 6. 21. 선고 2000가합2386 / 부산고등법원 1998. 6. 25. 선고 98나253 / 부산지방법원 2002. 7. 24. 선고 2001가합5671 (100~200만원) / 서울지방법원 2001. 4. 26. 선고 99가합34203 (220~400만원) / 창원지방법원 전주지원 1999. 11. 26. 선고 98가합980 (100~800만원) / 대구지방법원 2001. 6. 21. 선고 2000가합2386 (850~950만원) / 서울고등법원 2001. 5. 3. 선고 2000나27116 (70~300만원)

☞ 서울고등법원 1996. 3. 29. 선고 94나11806 판결 290p 참조 (20~110만원)

라. 복수의 건물에 의한 일조권 침해

(1) 책임의 분배

(가) 가해 건물이 동시에 건축되는 경우

[참조] 서울지방법원 2001. 4. 26. 선고 99가합34203

(나) 신 건물의 책임

[참조] 서울고등법원 2003. 10. 29. 선고 2002나22016

마. 소멸시효

☞ 대법원 1999. 3. 23. 선고 98다30285 판결 89p 참조

바. 채무불이행 책임

☞ 대법원 2001. 6. 26. 선고 2000다44928, 44935 판결 37p 참조

[참조] 광주고등법원 2002. 11. 22. 선고 2002나1535 / 서울고등법원 2001. 11. 27. 선고 2001나 43573, 43580

3. 방해제거·예방청구

가. 공사금지가처분

(1) 당사자

(가) 신청인

방해제거·예방청구의 법적 성질을 물권적 청구권으로 본다면 피해 건물의 소유자만이 신청인이 될 수 있을 것이다.

(나) 피신청인

가해 건물을 건축하려는 건축주나 도급인이 피신청인이 되겠지만, 가처분의 실효성을 확보하기 위하여 대개는 실제 시공을 하는 건축업자나 수급인을 피신청인으로 하고, 건축주와 시공자를 공동피신청인으로 삼는 경우가 많다.

(2) 요건

(가) 피보전권리

실무는 대체로 일조 침해가 수인한도를 넘는지의 여부에 따라 피보전권리의 존부를 판단하고 있다.

(나) 보전의 필요성

[참조] 서울고등법원 2000. 11. 9. 고지 2000라276

(3) 재판

☞ 대법원 1997. 7. 22. 선고 96다56153 판결 1p 참조 (대한불교 조계종 봉은사)

[참조] 서울지방법원 서부지원 2002. 5. 10. 고지 2001카합1112 / 서울지방법원 서부지원 2002. 5. 10. 고지 2001카합112

(4) 특별사정에 의한 가처분의 취소

☞ **민사집행법**

제307조 (가처분의 취소) ① 특별한 사정이 있는 때에는 담보를 제공하게 하고 가처분을 취소할 수 있다.
② 제1항의 경우에는 제284조, 제285조 및 제286조제1항 내지 제4항·제6항·제7항의 규정을 준용한다. <개정 2005. 1. 27.>

[참조] 서울고등법원 1999. 4. 23. 선고 99나5035

4. 조망권 및 사생활 침해

가. 조망이익의 보호요건

주거용 건물인 아파트의 조망이익이 보호받기 위한 법적 요건으로는,
① 일반 통념에 비추어 조망가치가 있는 경관이 존재할 것,
② 당해 건물의 가치가 당해 경관의 조망에 상당히 의존하고 있을 것,
③ 조망의 보존과 유지가 주위 토지의 이용상황과 조화를 이룰 수 있을 것 등이 요구된다.

☞ 대법원 2004. 9. 13. 선고 2003다64602 판결 279p 참조
☞ 대법원 1997. 7. 22. 선고 96다56153 판결 1p 참조 (대한불교 조계종 봉은사)
☞ 대법원 1995. 9. 15. 선고 95다23378 판결 4p 참조(국립 부산대학교)

[참조] 서울지방법원 서부지원 2002. 2. 15. 고지 2001카합555 / 서울지방법원 2002. 5. 21. 선고 2000가합5775

나. 일조권 침해와의 관계

[참조] 광주고등법원 2000. 9. 27. 선고 99나2743 / 대전지방법원 1998. 1. 8. 선고 96가합10960 / 서울지방법원 의정부지원 2001. 5. 9. 선고 2000가합2792 / 서울지방법원 동부지원 2001. 12. 6. 선고 99가합2483 / 서울지방법원 2002. 4. 23. 선고 2001가합61642, 61659

다. 침해의 판단 기준

☞ 대법원 2004. 9. 13. 선고 2003다64602 판결 279p 참조

(1) 조망침해의 판결례

[참조] 창원지방법원 진주지원 1999. 11. 26. 선고 98가합980 / 서울고등법원 1996. 3. 29. 선고 94나11806 / 서울지방법원 의정부지원 2001. 5. 9. 선고 2000가합2792

(2) 사생활침해의 판결례

실무에서는 일조방해로 인한 손해배상을 청구하면서 사생활침해를 주장하는 경우가 대부분이다.

☞ 서울고등법원 1996. 3. 29. 선고 94나11806 판결 290p 참조

[참조] 서울지방법원 동부지원 2000. 4. 28. 선고 99가합11715 / 서울지방법원 의정부지원 2001. 5. 9. 선고 2000가합2792 / 광주고등법원 2000. 9. 27. 선고 99나2743 / 대전지방법원 1998. 1. 8. 선고 96가합10960 / 서울지방법원 동부지원 2001. 12. 6. 선고 99가합2483 / 서울지법 동부지원 2000. 4. 28. 선고 99가합11715

[판례 4] 가처분이의 (대법원 1979. 11. 13. 선고 79다484 판결)

【판시사항】
사생활의 은밀이 침해될 염려가 공사중지가처분에 대한 보전의 필요성으로 인정된 사례

【판결요지】
피신청인이 건축중에 있는 4층 북단 교실 중간에 설치된 복도와 위 교실 서쪽 벽에 신청인들의 주거 내부를 관망할 수 있는 유리창문이 설치되어 있는 이상 위 교실 북단을 벽으로 쌓은 사실만으로는 신

청인들의 사생활의 은밀이 침해될 염려가 배제된 것으로 단정할 수 없으므로 공사중지가처분에 대한 보전의 필요성이 있다.

【참조조문】

민사소송법 제714조

【전 문】

【신청인, 피상고인】 신청인 1 외 5인
【피신청인, 상고인】 학교법인 경흥학원 (소송대리인 변호사 유재방)
【원 판 결】 서울고등법원 1979.2.9. 선고 78카399 판결

【주 문】

상고를 기각한다.
상고 소송비용은 피신청인의 부담으로 한다.

【이 유】

피신청인 소송대리인의 상고이유 제1점을 판단한다.
신청인들 소송대리인은 항고장 기재의 항고이유중 제2항에서 피항고인(이 사건 피신청인)은 항고인 (이 사건 신청인)들에게 교부한 각서(소 갑 제12호증의 1, 2호) 내용을 이행하기 위하여 부득이 당초 건축허가중, 북쪽 당초 건축허가 배치선 4.5미터의 거리를 9.5미터로 축소하는 건축 축소변경허가를 관계당국으로부터 얻어 이 건 4층 건물을 건축함에 있어서 위 각서 내용대로, 4층 남, 북 양단으로부터 각 3미터에 이르는 부분은 공간으로 두고 4층건물을 거의 완성시킨 것을 보더라도, 위 소 갑 제12호증의 1, 2호의 각서는 절대 유효한 것입니다(기록 237정부터)라고 주장하고 있는 바 그 주장은 전체로서 볼 때 소론과 같이 위 건축 축소변경의 내용이 소 갑 제12호증의 1, 2호와 같이 되었다고 주장하고 있는 것이 아니며 불이익한 자백으로는 볼 수 없는 바이고, 다음 기록에 의하면 신청인 대리인은 이 사건 항고심 제1차 심문조서에서, 본건 계쟁물의 북쪽이 내려다 보이지 않도록 벽돌로 막아버린 것은 각서의 150만원 금전보상으로 합의가 되었다 라고 진술하고 있는 것은 사실이나 그 의미를 이미 건물 공사가 완성되어 본건 가처분신청은 실익이 없다고 하는 피신청인측 주장과 일치하는 것으로 본다던가, 나아가서 본건 가처분신청의 대상인 이 사건 건물 4층의 남, 북 양단에도 교실을 지을 수 있는 것으로 합의가 되었다는 취지로는 볼 수 없는 바이므로 이 또한 신청인의 불이익한 자백으로는 볼 수 없어 논지는 모두 신청인들 대리인의 주장을 잘못 해석한 독단에 불과하다.
피신청인 소송대리인의 상고이유 제2점과 제3점을 함께 판단한다.
원심 판결이유에 의하면 원심은 그 거시증거에 의하여 소 갑 제2호증의 2호의 내용과 같은 약정의 성립여부에 관계 없이 적어도 소 갑 제12호증의 1호의 내용과 같은 약정이 당사자 사이에 처분적인 의사로서 성립되었고, 그 약정의 문언중 4층의 남, 북 양단에 각 1교실씩이라 함은 남, 북 양단에 있어서 동에서 서에 걸친 교실 1개씩을 지칭하는 것으로 보아야 하며, 신청인측은 위 각서를 받은 후 몇일만에 그 각서 내용대로 가처분사건을 취하한 사실을 각 인정하고 있는 바(그 각서 제4항에 의하면 그 각서의 효력은 위 가처분신청을 취하하는 날부터 발생한다고 규정하고 있다). 그와 같은 사실을 인정하기 위하여 거친 증거 취사과정을 기록에 비추어 보아도 어떤 잘못이 있다고 인정되지 아니하며 더욱이 신청인측에서 그 각서의 효력발생 이전에 그 각서의 수락을 거절하였다던가, 피신청인 측에서 그 각서의 제출을 철회하는 의사표시가 있었다고 볼 아무런 자료도 찾아볼 수 없는 바이므로 원판결 사실인정에 소론과 같은 논리칙이나 경험칙에 위배된 증거취사를 한 위법이 있다고 보여지지 아니한다.

피신청인 소송대리인의 상고이유 제4점을 판단한다.

원심 판결이유에 의하면 원심은 그 건물의 효용등의 관계에서, 피신청인이 이후 이벽을 변경 내지 개조할 것이라는 사정이 완전히 배제된 것이 아니며, 4층 북단 교실 중간에 설치된 복도와 위 교실 서쪽벽에 신청인들의 주거 내부를 관망할 수 있는 유리창문이 설치되어 있는 이상(피신청인 소송대리인은 각 서상에도 북쪽 창문은 가급적 내지 않을 것이지만 설치하더라도 불투명유리로서 밀폐식으로 하기로 약정되어 있어서 그 약정대로 하려고 한다는 주장을 하나, 각서에 의하면 이 부분은 교실 자체를 짓지 않기로 한 것이므로 거기서 말하는 북쪽 창문은 별도의 부분에 대한 것으로 인정된다) 위 교실 북단을 벽으로 쌓은 사실만으로는 신청인들의 사생활의 은밀이 침해될 염려가 배제된 것으로 단정할 수 없다고 보아서 신청인들에게 피보전의 필요성이 있다고 원심이 인정하였다.

이와 같은 원심의 판단은 정당하고, 소론과 같이 피보전의 필요성에 관한 법리오해가 있다거나, 이유불비 기타 어떠한 위법도 없다.

그렇다면 이 상고는 그 이유없으므로 기각하고, 상고비용은 피신청인의 부담으로 하기로 하여 관여법관의 일치된 의견으로 주문과 같이 판결한다.

대법관   김윤행(재판장) 민문기 한환진 김용철

5. 일조방해, 조망방해와의 관계

[참조] 서울지방법원 2002. 4. 23. 선고 2001가합61642, 61659 / 서울동부지방법원 2001. 12. 6. 선고 99가합2483

제3장 일조권 (법제처 법령해석사례)

[사례 1] 교육부 - 행정실과 보건실이 일조 분석대상에서 제외되는지 여부(「교육환경 보호에 관한 법률」 제6조 등 관련)

안건번호22-0097 회신일자2022-05-27

1. 질의요지

「교육환경 보호에 관한 법률」(이하 "교육환경법"이라 함) 제6조제1항에서는 학교 또는 교육환경보호구역이 「도시 및 주거환경정비법」상 정비구역으로 지정·고시되어 해당 구역에서 정비사업을 시행하려는 자(제4호) 등은 교육환경에 미치는 영향에 관한 평가서(이하 "교육환경평가서"라 함)를 관할 교육감에게 제출하고 그 승인을 받아야 한다고 규정하고 있고, 같은 법 시행령 제16조제1항제3호에서는 교육환경평가서에는 교육환경 영향평가 결과를 포함해야 한다고 규정하면서 같은 조 제3항제3호에서는 교육환경 영향평가 결과에 평가 대상별로 교육부령으로 정하는 평가

기준에 따라 평가한 결과를 기재하도록 규정하고 있으며, 그 위임에 따른 같은 법 시행규칙 별표 1 제1호라목2)가)에서는 평가기준으로 '교사(校舍)의 일조시간 확보'에 대해 규정하고 있는 한편, 같은 법 시행령 제16조제4항의 위임에 따라 일조의 분석방법에 대해 규정한 「교육환경평가서 작성 등에 관한 고시」(이하 "교육환경평가고시"라 함) 별표 2 제2호가목2)에서는 "화장실, 창고, 계단실 등 교수·학습활동에 직접 이용되지 않거나 향후 건축구조적으로 교수·학습활동을 위해 이용하기 곤란한 시설로 건축법에서 '거실'(각주: 건축물 안에서 거주, 집무, 작업, 집회, 오락, 그 밖에 이와 유사한 목적을 위하여 사용되는 방을 말함(「건축법」 제2조제1항제6호 참조))의 개념에 해당하지 않는 시설은 분석대상면에서 제외한다"고 규정하고 있는바, 학교의 행정실과 보건실(각주: 각 시설이 「건축법」상 거실의 개념에 해당함을 전제함)이 일조 분석대상에서 제외되는지?

※ 질의배경

「도시 및 주거환경정비법」 제25조제2항에 따라 재건축사업을 시행할 조합의 조합원이 교육환경평가를 앞두고 학교의 행정실과 보건실이 일조 분석대상에 포함되는지 교육부에 문의하자, 교육부 내부에서 학교의 행정실과 보건실이 일조 분석대상에서 제외되는지에 대해 의견대립이 있어 교육부가 법령해석을 요청함.

2. 회답

이 사안의 경우 학교의 행정실과 보건실은 일조 분석대상에서 제외되지 않습니다.

3. 이유

교육환경법은 학생이 건강하고 쾌적한 환경에서 교육받을 수 있게 하는 것을 목적(제1조)으로 하는 법률로서, 같은 법 시행규칙 별표 1 제1호라목2)가)에서 교사(校舍)의 일조를 교육환경평가서에 포함될 교육환경 영향평가 대상으로 규정한 것은, 학생이 주로 머무르는 학교 건물에 햇볕이 잘 들도록 하여 쾌적한 교육환경을 제공하고, 일조량 부족으로 인해 학생의 건강이 침해되지 않도록 하려는 취지라고 보아야 합니다.

그리고 교육환경법 시행령 제16조제5항에서는 일조 분석이 포함되는 교육환경평가서를 학교설립계획 수립 완료 전(제1호), 도시·군관리계획(각주: 「국토의 계획 및 이용에 관한 법률」 제24조에 따른 도시·군관리계획을 말함) 또는 개발사업(각주: 「학교용지 확보 등에 관한 특례법」 제3조제1항에 따른 개발사업을 말함)을 위한 계획 수립 완료 전(제2호) 등의 기한 내에 제출하도록 규정하고 있는바, 통상적으로 교육환경평가서는 사업이 진행되는 과정에서 한 번만 작성하게 된다는 점에 비추어 보면, 교육환경평가서에 포함되는 일조 분석의 대상인지 여부는 사업 진행 당시뿐만 아니라 앞으로의 교사 이용에 있어 학생의 건강과 교육환경에 미치는 영향을 고려하여 폭넓게 해석할 필요가 있습니다.

그런데 교육환경평가고시 별표 2 제1호가목1)에서는 "교사"란 "교수·학습활동에 직·간접적으로 영향을 미치는 모든 실내시설로 건축법에서 거실로 인정되는 실(室)을 말한다"고 포괄적으로 용어를 정의하고 있고, 일반적으로 교사가 학교의 건물을 의미(각주: 국립국어원 표준국어대사전 참조)한다는 점에 비추어 보면, 「건축법」상 거실에 해당하는 시설이라면 그 시설이 교수·학습활동과 전혀 상관없는 시설이 아닌 한 일조 평가대상에 해당하는 것으로 폭넓게 해석해야 할 것이므로, 「건축법」상 거실에 해당하는 행정실과 보건실 또한 교수·학습활동에 직접적 또는 간접적으로 영향을 미치는 시설로서 일조 평가대상에 해당한다고 보아야 합니다.

한편 교육환경평가고시 별표 2 제2호가목2)에서는 '화장실, 창고, 계단실 등 교수·학습활동에 직접 이용되지 않는 경우'를 교사의 일조 분석대상면에서 제외한다고 규정하고 있으므로 교수·학습활동에 직접 이용되지 않는 행정실과 보건실은 일조 평가대상에서 제외되어야 한다는 의견이 있습니다.
그러나 특정 사항을 열거한 후 "등"을 사용한 경우 그 "등"에는 열거된 예시사항과 규범적 가치가 동일하거나 그에 준하는 성질을 가지는 사항이 포함되는 것으로 해석함이 상당하다 할 것(각주: 법제처 2014. 10. 10. 회신 14-0498 해석례 참조)인데, 교육환경평가고시 별표 2 제2호가목2)에서 교사의 일조면 분석대상에서 제외되는 시설로 예시하고 있는 화장실, 창고, 계단실은 「건축법」상 거실에 해당하지 않고 사람이 상시적으로 머물면서 직무를 수행하는 장소로도 볼 수 없어, 행정실, 보건실과는 그 성격이 다르다고 할 것이므로, 같은 목 2)에서 규정하는 "등"의 범위에 학교의 행정실과 보건실이 포함되는 것으로 보기는 어렵다는 점과, 일조의 분석방법은 일조 분석대상이 되는 '교사'의 용어를 정의한 교육환경평가고시 별표 2 제1호가목1)을 감안하여 해석할 필요가 있고, 같은 별표 제2호가목2)에서는 교수·학습활동에 직접적으로 이용되지 않거나 향후 건축구조적으로 교수·학습활동을 위해 이용하기 곤란한 시설로 "건축법에서 거실의 개념에 해당하지 않는 시설"은 분석대상면에서 제외한다고 규정하고 있어, 그 문언상 일조 분석대상에서 제외되기 위해서는 「건축법」상 거실에 해당하지 않아야 할 것인데, 행정실과 보건실은 교수·학습활동과 관련성이 있는 시설로서 「건축법」상 거실에 해당한다는 점에서 이러한 의견은 타당하지 않습니다.
따라서 이 사안의 경우 학교의 행정실과 보건실은 일조 분석대상에서 제외되지 않습니다.

<관계 법령>
※ 교육환경 보호에 관한 법률
제6조 (교육환경평가서의 승인) ① 다음 각 호의 자는 교육환경에 미치는 영향에 관한 평가서(이하 "교육환경평가서"라 한다)를 대통령령으로 정하는 바에 따라 관할 교육감에게 제출하고 그 승인을 받아야 한다.
　　1. ~ 3. (생 략)
　　4. 학교(「고등교육법」 제2조각 호에 따른 학교는 제외한다) 또는 제8조제1　항에 따라 설정‥고시된 교육환경보호구역이 「도시 및 주거환경정비법」　제2조제1호에 따른 정비구역으로 지정‥고시되어 해당 구역에서 정비사업　을 시행하려는 자
　　5. 사립학교경영자 또는 사립학교를 설치‥경영하는 법인의 임‥직원
② ~ ⑧ (생 략)

※ 교육환경 보호에 관한 법률 시행령
제16조 (교육환경평가서의 작성 및 제출) ① 법 제6조제1항에 따라 제출하는 교육환경에 미치는 영향에 관한 평가서(이하 "교육환경평가서"라 한다)는 다음 각 호의 내용을 포함하여야 한다.
　　1.
　　2. (생 략)
　　3. 교육환경 영향평가 결과
　　4. (생 략)
② (생 략)
③ 교육환경평가서의 내용별 작성방법 및 작성기준은 다음 각 호와 같다.
　　1. (생 략)
　　3. 제1항제3호의 내용: 평가 대상별로 교육부령으로 정하는 평가 기준에 따　라 평가한 결과를 기재
　　4. (생 략)
④ 교육부장관은 필요한 경우 제3항에 따른 교육환경평가서의 작성방법 및 작성기준의 구체적인 내용을 정하여 고시할 수 있다.
⑤ ~ ⑧ (생 략)

※ 교육환경 보호에 관한 법률 시행규칙
제2조 (평가 대상별 평가 기준) 「교육환경 보호에 관한 법률 시행령」(이하 "영"이라 한다) 제16조제3항제3호 및

제4호에 따른 평가대상별 평가 기준은 별표 1과 같다.

[별표 1] 평가 대상별 평가 기준(제2조 관련) (교육환경 보호에 관한 법률 시행규칙) <개정 2018. 12. 31.>

평가 대상		평가 기준

1. 위치	라. 통풍·조망 및 일조	1) 통풍 및 조망에 장애가 없을 것
		2) 교지(「고등교육법」 제2조에 따른 학교의 교지는 제외한다)에 동짓날을 기준으로 다음의 일조시간이 확보될 것
		  가) 교사(校舍): 8시부터 16시까지 중 총 4시간 이상의 일조시간이 확보되거나, 비고 제3호에 따른 기준시간 중 연속하여 2시간 이상의 일조시간이 확보될 것
		  나) 옥외 체육장: 8시부터 16시까지 중 총 2시간 이상의 일조시간이 확보되거나, 비고 제3호에 따른 기준시간 중 연속하여 1시간 이상의 일조시간이 확보될 것

비고
1., 2. (생 략)
3. 제1호라목2)가) 및 나)에 따른 기준시간은 유치원 또는 초등학교의 경우 9시부터 13시까지, 중학교의 경우 9시부터 14시까지, 고등학교의 경우 9시부터 15시까지로 한다.
4. (생 략)

※ 교육환경평가서 작성 등에 관한 고시(교육부고시 제2019-176호)
제5조 (평가서 작성방법 등) ① 영 제16조제3항 각호에 따른 교육환경평가서의 내용별 작성방법 및 작성기준과 관련한 구체적인 내용은 별표 1과 같으며, 평가 대상 중 일조에 대한 분석방법은 별표 2와 같다.
  ②, ③ (생 략)

[별표2] 학교 일조 분석방법 및 내용

학교 일조 분석방법 및 내용

1. 분석전제
   가. 용어 정의
      1) "교사"란 교실, 도서실 등 교수‧학습활동에 직‧간접적으로 영향을 미치는 모든 실내시설로 건축법에서 '거실'로 인정되는 실을 말한다.
      2), 3) (생 략)
   나. 학교 일조시간 기준 적용
      1) 유치원 및 초등학교, 중학교, 고등학교가 함께 있는 경우 분리 사용되는 시설은 각각의 학교 일조시간 기준을 적용하고 공동으로 사용하는 시설은 하급의 학교 일조기준을 적용한다.
      2) (생 략)
2. 분석방법
   가. 교사의 일조면 설정
      1) 일조면은 교사 각각의 창문을 기준으로 선정한다.
      2) 화장실, 창고, 계단실 등 교수‧학습활동에 직접 이용되지 않거나 향후 건축구조적으로 교수학습활동을 위해 이용하기 곤란한 시설로 건축법에서 '거실'의 개념에 해당하지 않는 시설은 분석대상면에서 제외한다.
      3) 4) (생 략)
   나. 다. (생 략)
3. (생 략)

[사례 2] 민원인 - 마주보는 건축물을 띄어 건축해야 하는 기준인 "건축물 각 부분의 높이" 의 범위(「건축법 시행령」 제86조제3항제2호가목 등 관련)

안건번호21-0403 회신일자2021-10-15

1. 질의요지

「건축법 시행령」 제86조제3항제2호 각 목 외의 부분 본문 및 같은 호 가목에 따르면 같은 대지에서 두 동(棟) 이상의 건축물이 서로 마주보고 있는 경우에 건축물 각 부분 사이의 거리는 채광을 위한 창문등(이하 "채광창등"이라 함)이 있는 벽면으로부터 직각방향으로 건축물 각 부분 높이의 0.5배 이상의 범위에서 건축조례로 정하는 거리 이상을 띄어 건축해야 하는바,

같은 대지에서 두 동의 건축물이 서로 마주보고 있는 경우로서, 채광창등이 있는 벽면으로 된 건축물(A건축물)과 채광창등이 없는 측벽으로 된 건축물(B건축물)이 서로 마주보고 있는 경우,(각주: 「건축법 시행령」 제86조제3항제2호나목 및 다목에 해당하지 않는 경우를 전제함) 「건축법 시행령」 제86조제3항제2호 각 목 외의 부분 본문에 따른 "건축물 각 부분 사이의 거리"는 채광창등이 있는 벽면으로 된 건축물(A건축물)의 높이만을 기준으로 하여 산정해야 하는지?

※ 질의배경

민원인은 위 질의요지와 관련하여 국토교통부와 이견이 있어 법제처에 법령해석을 요청함.

2. 회답

이 사안의 경우 「건축법 시행령」 제86조제3항제2호에 따른 "건축물 각 부분 사이의 거리"는 채광창등이 없는 측벽으로 된 건축물(B건축물)의 높이도 기준으로 하여 산정해야 합니다.

3. 이유

「건축법」 제61조제2항의 위임에 따라 같은 법 시행령 제86조제3항제2호에서는 하나의 대지에 두 동 이상의 공동주택을 건축하는 경우 일조 등을 확보하기 위해 마주보는 건축물 간에 띄어야 할 최소한의 거리를 규정하고 있는데, 이는 공동주택에서 주거생활을 유지하는 데 가장 중요한 요소라고 할 수 있는 일조·채광·통풍 등을 보장하기 위해 인접한 건축물과의 사이에 일정한 공간을 확보하도록 하려는 것으로서, 이러한 일조이익 등은 객관적인 생활이익으로서 가치가 있다고 인정되는 경우 법적 보호 대상이 되어 손해배상청구 등이 인정될 뿐만 아니라, 「대한민국헌법」 제35조제1항에서 선언하고 있는 건강하고 쾌적한 환경에서 생활할 권리와도 관련되어 있다는 점(각주: 대법원 2008. 4. 17. 선고 2006다35865 판결례 및 법제처 2018. 6. 11. 회신 18-0122 해석례 참조)에 비추어 볼 때, 일조권 등을 확보하기 위해 건축물 간에 이격거리를 두도록 한 「건축법 시행령」 제86조제3항제2호는 국민의 주거환경 보호라는 관점에서 엄격히 해석해야 합니다.

그런데 「건축법 시행령」 제86조제3항제2호 각 목 외의 부분 본문에서는 두 동 이상의 건축물이 서로 마주보고 있는 경우에는 해당 두 동 이상의 마주보고 있는 건축물 각 부분 사이의 거리를 일정 거리 이상으로 할 것을 규정하고 있고, 같은 호 가목에 대한 예외규정을 둔 같은 호 나목에서는 "높은 건축물", "낮은 건축물"과 같이 명시적으로 두 건축물의 높이를 모두 고려하도록 규정하고 있는 점에 비추어 볼 때, 이 사안이 적용되는 같은 항 제2호가목의 "건축물 각 부분 높이"에서 "건축물의 각 부분"은 두 동 이상의 건축물이 서로 마주보고 있는 경우 각각의 건축물 부분을 가리키는 것으로 보아야 하므로, 건축물 각 부분 높이 모두를 기준으로 하여 이격거리를 산정해야 할 것입니다.

만일 이 사안에서 「건축법 시행령」 제86조제3항제2호 각 목 외의 부분의 "건축물 각 부분 사이

의 거리"를 채광창등이 있는 벽면으로 된 건축물(A건축물)의 높이만을 기준으로 산정하게 되면, 채광창등이 있는 벽면으로 된 건축물(A건축물)의 높이가 채광창등이 없는 측벽으로 된 건축물(B건축물)의 높이보다 낮은 경우에는 B건축물의 높이까지 기준으로 산정한 거리보다 더 짧은 거리로 이격거리가 산정되어 A건축물 세대의 일조권 등이 충분히 보장받지 못하게 되는바, 이는 일조권 등을 확보하기 위해 최소한의 기준을 두려는 「건축법 시행령」 제86조제3항제2호의 입법 취지에 부합하지 않는 해석입니다.

따라서 이 사안의 경우 「건축법 시행령」 제86조제3항제2호에 따른 "건축물 각 부분 사이의 거리"는 채광창이 있는 벽면으로 된 건축물(A건축물)의 높이뿐만 아니라 채광창등이 없는 측벽으로 된 건축물(B건축물)의 높이도 기준으로 하여 산정해야 합니다.

<관계 법령>
※ 건축법 시행령
제86조 (일조 등의 확보를 위한 건축물의 높이 제한) ① · ② (생   략)
　③ 법 제61조제2항에 따라 공동주택은 다음 각 호의 기준에 적합하여야 한다. 다만, 채광을 위한 창문 등이 있는 벽면에서 직각 방향으로 인접 대지경계선까지의 수평거리가 1미터 이상으로서 건축조례로 정하는 거리 이상인 다세대주택은 제1호를 적용하지 아니한다.
　　1. 건축물(기숙사는 제외한다)의 각 부분의 높이는 그 부분으로부터 채광을 위한 창문 등이 있는 벽면에서 직각 방향으로 인접 대지경계선까지의 수평거리의 2배(근린상업지역 또는 준주거지역의 건축물은 4배) 이하로 할 것
　　2. 같은 대지에서 두 동(棟) 이상의 건축물이 서로 마주보고 있는 경우(한 동의 건축물 각 부분이 서로 마주보고 있는 경우를 포함한다)에 건축물 각 부분 사이의 거리는 다음 각 목의 거리 이상을 띄어 건축할 것. 다만, 그 대지의 모든 세대가 동지(冬至)를 기준으로 9시에서 15시 사이에 2시간 이상을 계속하여 일조(日照)를 확보할 수 있는 거리 이상으로 할 수 있다.
　　　가. 채광을 위한 창문 등이 있는 벽면으로부터 직각방향으로 건축물 각 부분 높이의 0.5배(도시형 생활주택의 경우에는 0.25배) 이상의 범위에서 건축조례로 정하는 거리 이상
　　　나. ~ 마. (생   략)
　　3. (생   략)
　④ ~ ⑦ (생   략)

[사례 3] 민원인 - 일조 등 확보를 위한 이격 거리 기준이 배제되는 요건 중 너비 20미터 이상의 도로에 접하는 대지의 범위(「건축법 시행령」 제86조제2항 등 관련)

안건번호21-0081 회신일자2021-05-12

1. 질의요지

「건축법 시행령」 제86조제2항제1호에서는 지구단위계획구역(각주: 「국토의 계획 및 이용에 관한 법률」 제51조에 따른 지구단위계획구역을 말하며, 이하 같음.) 등같은 호 각 목의 어느 하나에 해당하는 구역 안의 대지 상호간에 건축하는 건축물로서 해당 대지가 너비 20미터 이상의 도로(각주: 자동차·보행자·자전거 전용도로를 포함하고, 도로에 공공공지, 녹지, 광장, 그 밖에 건축미관에 지장이 없는 도시·군계획시설이 접한 경우 해당 시설을 포함하며, 이하 같음.)에 접한 경우에는 같은 조 제1항에 따른 일조(日照) 등 확보를 위한 인접 대지경계선으로부터의 이격 거리 제한을 적용하지 않는다고 규정하고 있는바, 이는 상호간의 두 대지가 모두 너비 20미터 이상의 도로에 연속하여 접하는 경우를 의미하는지?

※ 질의배경

민원인은 위 질의요지에 대한 국토교통부의 회신 내용에 이견이 있어 법제처에 법령해석을 요

청함.
2. 회답

「건축법 시행령」 제86조제2항제1호 각 목 외의 부분은 상호간의 두 대지가 모두 너비 20미터 이상의 도로에 연속하여 접하는 경우를 의미합니다.

3. 이유

「건축법」 제61조제1항 및 같은 법 시행령 제86조제1항 각 호 외의 부분에서는 전용주거지역과 일반주거지역 안에서 건축물을 건축하는 경우 일조 등의 확보를 위해 건축물의 각 부분을 정북방향으로의 인접 대지경계선으로부터 일정 거리 이상을 띄어 건축해야 한다고 규정하고 있고, 「건축법 시행령」 제86조제2항에서는 같은 조 제1항을 적용하지 않는 경우를 각 호로 열거하여 규정하고 있는데, 이는 인접한 건축물과의 사이에 일정한 공간을 두어 주거생활에 있어서 가장 중요한 일조·채광·통풍 등을 확보할 수 있도록 하려는 건축기준에 대한 예외 사유인 만큼 합리적인 이유 없이 문언의 의미를 확대하여 해석해서는 안 될 것입니다.(각주: 법제처 2012. 11. 3. 회신 12-0596 해석례 참조)

구체적으로 「건축법 시행령」 제86조제2항제1호 각 목 외의 부분에서는 일정 구역 안의 대지 상호간에 건축하는 건축물로서 해당 대지가 너비 20미터 이상의 도로에 접한 경우에는 같은 조 제1항을 적용하지 않는다고 규정하고 있는바, 너비 20미터 이상의 도로에 접하는 대상인 "해당 대지"는 앞에서 수식하고 있는 건축물을 건축하기 위한 상호간의 두 대지 모두를 의미하는 것이 문언상 분명합니다.

그리고 「건축법 시행령」 제86조제2항제1호는 일정 너비 이상의 넓은 도로에 접한 두 대지 상호간에는 정북방향으로의 이격 거리 제한을 적용하지 않더라도 두 대지가 접한 도로 방향으로 일조권 확보가 비교적 용이하다는 점을 고려(각주: 법제처 2015. 1. 26. 회신 14-0840 해석례 참조)하여 같은 조 제1항에 따른 이격 거리 제한의 적용 예외를 인정한 것이므로, 이러한 규정취지에 비추어 보더라도 연속하는 상호간의 대지가 모두 너비 20미터 이상의 도로에 접해야 한다고 보는 것이 타당합니다.

또한 「건축법 시행령」 제86조제2항제1호 각 목 외의 부분은 2016년 7월 19일 「건축법 시행령」이 대통령령 제27365호로 일부개정되기 전에는 "다음 각 목의 어느 하나에 해당하는 구역 안의 너비 20미터 이상의 도로에 접한 대지 상호간에 건축하는 건축물의 경우"라고 규정하고 있었으나, 대통령령 제27365호로 개정될 당시 각 목의 구역 안에 있는 상호간의 대지가 있다면 너비 20미터 이상의 도로는 각 목의 구역 안에 위치하지 않더라도 이격 거리 제한의 적용을 배제하려는 취지(각주: 2016. 7. 19. 대통령령 제27365호로 일부개정된 건축법 시행령 일부개정령안에 대한 조문별 제·개정이유서 참조)에서 해당 규정을 현행과 같이 개정하면서 "도로에 접한 대지 상호간"이라는 표현이 변경된 것인바, 이를 상호간의 대지가 모두 너비 20미터 이상의 도로에 접해야 한다는 요건을 완화하기 위해 개정된 것으로 볼 수는 없습니다.

따라서 「건축법 시행령」 제86조제2항제1호 각 목 외의 부분의 "해당 대지가 너비 20미터 이상의 도로에 접한 경우"는 건축물을 건축하려는 상호간의 두 대지가 모두 너비 20미터 이상의 도로에 연속하여 접한 경우를 의미한다고 보아야 합니다.

< 관계 법령>
※ 건축법

제61조(일조 등의 확보를 위한 건축물의 높이 제한) ① 전용주거지역과 일반주거지역 안에서 건축하는 건축물의 높이는 일조(日照) 등의 확보를 위하여 정북방향(正北方向)의 인접 대지경계선으로부터의 거리에 따라 대통령령으로

정하는 높이 이하로 하여야 한다.
② ~ ④ (생 략)

※ 건축법 시행령
제86조 (일조 등의 확보를 위한 건축물의 높이 제한) ① 전용주거지역이나 일반주거지역에서 건축물을 건축하는 경우에는 법 제61조제1항에 따라 건축물의 각 부분을 정북(正北) 방향으로의 인접 대지경계선으로부터 다음 각 호의 범위에서 건축조례로 정하는 거리 이상을 띄어 건축하여야 한다.
1. 높이 9미터 이하인 부분: 인접 대지경계선으로부터 1.5미터 이상
2. 높이 9미터를 초과하는 부분: 인접 대지경계선으로부터 해당 건축물 각 부분 높이의 2분의 1 이상
② 다음 각 호의 어느 하나에 해당하는 경우에는 제1항을 적용하지 아니한다.
1. 다음 각 목의 어느 하나에 해당하는 구역 안의 대지 상호간에 건축하는 건축물로서 해당 대지가 너비 20미터 이상의 도로(자동차・보행자・자전거 전용도로를 포함하며, 도로에 공공공지, 녹지, 광장, 그 밖에 건축 미관에 지장이 없는 도시・군계획시설이 접한 경우 해당 시설을 포함한다)에 접한 경우
　　　가. ~ 라. (생 략)
2.・3. (생 략)
③ ~ ⑦ (생 략)

[사례 4] 민원인 - 일조 등 확보를 위한 인접 대지경계선으로부터의 이격거리 기준 적용 시 대지경계선의 범위 (「건축법 시행령」 제86조제6항 등 관련)

안건번호20-0620 회신일자2020-12-30

1. 질의요지
건축물을 건축하려는 대지와 다른 대지 사이에 대지가 있는 경우로서 사이에 있는 대지의 면적이 분할제한 기준(각주: 「건축법 시행령」 제80조 각 호에 따른 분할제한 기준을 말하며, 이하 같음.) 이하이고 건축물이 건축되어 있는 경우, 「건축법 시행령」 제86조제6항제2호나목을 적용하여 건축물을 건축하려는 대지 반대편의 대지경계선을 인접 대지경계선으로 할 수 있는지?
※ 질의배경
민원인은 위 질의요지에 대해 국토교통부에 문의하였고, 면적이 분할제한 기준 이하인 대지에 건축물이 건축되어 있는 경우에는 반대편의 대지경계선을 인접 대지경계선으로 할 수 없다는 회신을 받자 이에 이견이 있어 법제처에 법령해석을 요청함.

2. 회답
이 사안의 경우 「건축법 시행령」 제86조제6항제2호나목을 적용하여 건축물을 건축하려는 대지 반대편의 대지경계선을 인접 대지경계선으로 할 수 없습니다.

3. 이유
「건축법」 제61조제1항 및 같은 법 시행령 제86조제1항 각 호 외의 부분에서는 전용주거지역과 일반주거지역 안에서 건축물을 건축하는 경우 일조(日照) 등의 확보를 위해 건축물의 각 부분을 정북(正北) 방향으로의 인접 대지경계선으로부터 일정 거리 이상을 띄어 건축해야 한다고 규정하여 이격 거리 제한의 기준을 "인접 대지경계선"으로 하고 있는바, 이는 인접한 건축물과의 사이에 일정한 공간을 두어 주거생활에 있어서 가장 중요한 일조・채광・통풍 등을 확보(각주: 법제처 2011. 11. 24. 회신 11-0475 해석례 참조)할 수 있도록 하려는 건축기준입니다.
반면 「건축법 시행령」 제86조제6항에서는 건축물을 건축하려는 대지와 다른 대지 사이에 공원, 도로, 철도 등 시설(제1호), 너비나 면적이 일정 기준 이하인 대지(제2호) 및 그 밖에 건축이 허용되지 않는 공지(제3호)가 있는 경우에는 그 반대편의 대지경계선을 인접 대지경계선으로 한다고

규정하여, 이격 거리 제한을 완화하여 적용할 수 있는 예외를 허용하고 있는 만큼 같은 해당 규정의 해석과 적용은 일조 등 확보를 위한 건축기준의 취지에 부합하게 해석할 필요가 있습니다.

그런데 「건축법 시행령」 제86조제6항제2호는 너비가 2미터 이하이거나 면적이 같은 영 제80조 각 호에 따른 분할제한 기준인 대지의 경우 대지가 협소하여 사실상 건축물의 건축이 어렵거나 건축이 허용되지 않는 부지임에도 불구하고 인접 대지에 위치한 건축물의 일조 등 확보를 위한 이격 거리 제한이 적용되는 문제가 있어, 인접 대지에 공원, 도로 등 시설이 있는 경우 또는 인접 대지가 건축이 허용되지 않는 공지인 경우와 마찬가지로 이격 거리 제한을 완화할 수 있게 신설된 규정(각주: 2014. 11. 11. 대통령령 제25716호로 일부개정된 「건축법 시행령」 개정이유 및 주요내용 참조)임에 비추어 보면, 같은 영 제86조제6항제2호 각 목에서 일정 너비 또는 면적 이하인 대지를 규정한 것은 해당 대지에 건축물이 건축되어 있지 않은 경우를 전제한 것으로 보아야 합니다.

즉 건축물을 건축하려는 대지와 다른 대지 사이에 「건축법 시행령」 제86조제6항제2호 각 목에서 규정한 너비 또는 면적 이하의 대지가 있더라도 그 대지에 이미 건축물이 있는 경우라면 해당 건축물의 일조 등 확보를 위해서는 여전히 「건축법」 제61조제1항 및 같은 법 시행령 제86조제1항에 따라 건축하려는 대지의 인접 대지경계선을 기준으로 이격 거리 제한이 적용될 필요가 있습니다.

따라서 이 사안의 경우 「건축법 시행령」 제86조제6항제2호나목을 적용하여 건축물을 건축하려는 대지 반대편의 대지경계선을 인접 대지경계선으로 볼 수는 없습니다.

※ 법령정비 권고사항

「건축법 시행령」 제86조제6항제2호 각 목의 기준에 해당하는 대지에도 건축물이 건축되어 있는 경우가 있을 수 있으므로, 해당 규정은 "건축물이 없는 대지"로 한정된다는 것을 명확하게 규정할 필요가 있습니다.

<관계 법령>
※ 건축법
제57조 (대지의 분할 제한) ① 건축물이 있는 대지는 대통령령으로 정하는 범위에서 해당 지방자치단체의 조례로 정하는 면적에 못 미치게 분할할 수 없다.
  ② 건축물이 있는 대지는 제44조, 제55조, 제56조, 제58조, 제60조 및 제61조에 따른 기준에 못 미치게 분할할 수 없다.
  ③ 제1항과 제2항에도 불구하고 제77조의6에 따라 건축협정이 인가된 경우 그 건축협정의 대상이 되는 대지는 분할할 수 있다.
제61조 (일조 등의 확보를 위한 건축물의 높이 제한) ① 전용주거지역과 일반주거지역 안에서 건축하는 건축물의 높이는 일조(日照) 등의 확보를 위하여 정북방향(正北方向)의 인접대지경계선으로부터의 거리에 따라 대통령령으로 정하는 높이 이하로 하여야 한다.
  ② ④ (생 략)

※ 건축법 시행령
제80조 (건축물이 있는 대지의 분할제한) 법 제57조제1항에서 "대통령령으로 정하는 범위"란 다음 각 호의 어느 하나에 해당하는 규모 이상을 말한다.
  1. 주거지역: 60제곱미터
  2. 상업지역: 150제곱미터
  3. 공업지역: 150제곱미터
  4. 녹지지역: 200제곱미터
  5. 제1호부터 제4호까지의 규정에 해당하지 아니하는 지역: 60제곱미터
제86조 (일조 등의 확보를 위한 건축물의 높이 제한) ① 전용주거지역이나 일반주거지역에서 건축물을 건축하는 경

우에는 법 제61조제1항에 따라 건축물의 각 부분을 정북(正北) 방향으로의 인접 대지경계선으로부터 다음 각 호의 범위에서 건축조례로 정하는 거리 이상을 띄어 건축하여야 한다.
  1. 높이 9미터 이하인 부분: 인접 대지경계선으로부터 1.5미터 이상
  2. 높이 9미터를 초과하는 부분: 인접 대지경계선으로부터 해당 건축물 각 부분 높이의 2분의 1 이상
② ~ ⑤ (생 략)
⑥ 제1항부터 제5항까지를 적용할 때 건축물을 건축하려는 대지와 다른 대지 사이에 다음 각 호의 시설 또는 부지가 있는 경우에는 그 반대편의 대지경계선(공동주택은 인접 대지경계선과 그 반대편 대지경계선의 중심선)을 인접 대지경계선으로 한다.
  1. 공원(「도시공원 및 녹지 등에 관한 법률」 제2조제3호에 따른 도시공원 중 지방건축위원회의 심의를 거쳐 허가권자가 공원의 일조 등을 확보할 필요가 있다고 인정하는 공원은 제외한다), 도로, 철도, 하천, 광장, 공공공지, 녹지, 유수지, 자동차 전용도로, 유원지
  2. 다음 각 목에 해당하는 대지
    가. 너비(대지경계선에서 가장 가까운 거리를 말한다)가 2미터 이하인 대지
    나. 면적이 제80조 각 호에 따른 분할제한 기준 이하인 대지
  3. 제1호 및 제2호 외에 건축이 허용되지 아니하는 공지
⑦ (생 략)

제3편 소음·진동피해에 관한 소송

제1장 소음·진동규제법 및 의미

제1절 소음·진동

1. 소음·진동규제법

> ☞ 소음·진동관리법
>
> 제2조 (정의) 이 법에서 사용하는 용어의 뜻은 다음과 같다. <개정 2009. 6. 9., 2013. 3. 22., 2013. 8. 13., 2016. 1. 19.>
>   1. "소음(騷音)"이란 기계·기구·시설, 그 밖의 물체의 사용 또는 공동주택(「주택법」 제2조제3호에 따른 공동주택을 말한다. 이하 같다) 등 환경부령으로 정하는 장소에서 사람의 활동으로 인하여 발생하는 강한 소리를 말한다.

2. 소음·진동관리법 관련 규정

가. 소음·진동관리법

> ☞ 소음·진동관리법
>
> 제39조 (항공기 소음의 관리) ① 환경부장관은 항공기 소음이 대통령령으로 정하는 항공기 소음의 한도를 초과하여 공항 주변의 생활환경이 매우 손상된다고 인정하면 관계 기관의 장에게 방음시설의 설치나 그 밖에 항공기 소음의 방지에 필요한 조치를 요청할 수 있다.
> ② 제1항에 따라 필요한 조치를 요청할 수 있는 공항은 대통령령으로 정한다.
> ③ 제1항에 따른 조치는 항공기 소음 관리에 관한 다른 법률이 있으면 그 법률로 정하는 바에 따른다. <개정 2009. 6. 9.>
> [제목개정 2009. 6. 9.]

나. 소음·진동관리법 시행령

> **☞ 소음·진동관리법 시행령**
>
> 제9조 (항공기 소음의 한도 등) ① 법 제39조제1항에 따른 항공기 소음의 한도는 공항 인근 지역은 가중등가소음도[LdendB(A)] 75로 하고, 그 밖의 지역은 가중등가소음도[LdendB(A)] 61로 한다. <개정 2017. 9. 19.>
> ② 제1항에 따른 공항 인근 지역과 그 밖의 지역의 구분은 환경부령으로 정한다.
> ③ 법 제39조제2항에 따른 공항은 「공항소음 방지 및 소음대책지역 지원에 관한 법률」 제2조제4호에 따른 공항으로 한다. <개정 2010. 9. 17.>
> [시행일 : 2023. 1. 1.] 제9조제1항

다. 소음·진동관리법 시행규칙

> **☞ 소음·진동관리법 시행규칙**
>
> 제49조 (공항주변의 지역 구분) 영 제9조제2항에 따른 공항 인근지역과 그 밖의 지역의 구분은 다음 각 호와 같다. <개정 2017. 9. 8.>
> 1. 공항 인근 지역: 「공항소음 방지 및 소음대책지역 지원에 관한 법률」 제5조제1항에 따른 제1종 구역 및 제2종 구역
> 2. 그 밖의 지역: 「공항소음 방지 및 소음대책지역 지원에 관한 법률」 제5조제1항에 따른 제3종 구역

3. 개론

가. 의미

소음·진동규제법은 소음을 '기계·기구·시설 기타 물체의 사용으로 인하여 발생하는 강한 소리'라고 규정하고 있다(제2조 제1호).

소음은 ① 소음성 난청의 원인으로 되는 경우와 같이 그 소리가 아주 강하기 때문에 생리적인 장해를 일으키는 경우, ② 대화·회의·강의·전화·라디오의 청취를 방해하는 경우, ③ 공부나 업무, 수면에 방해된다고 하는 경우
소음·진동규제법은 소음원을 공장소음, 생활소음, 교통소음, 항공기소음으로 구분하여 각각의 규제기준을 규정하고 있다(제23조 제1항 참조)

나. 공법적 규제

> ☞ **환경정책기본법 시행령**
>
> 제2조 (환경기준) 「환경정책기본법」(이하 "법"이라 한다) 제12조제2항에 따른 환경기준은 별표 1과 같다. <개정 2020. 5. 12.>

☞ [별표 1] 환경기준(제2조 관련) 환경정책기본법 시행령 <개정 2022. 12. 6.>   p 참조

4. 공장소음, 생활소음, 교통소음

가. 손해배상청구

소음발생을 이유로 한 손해배상청구소송은 대개 불법행위를 청구원인으로 하고 있다.

제2절 소음피해에 대한 규제

환경정책기본법의 위임에 의한 같은 법 시행령 제2조 [별표 1의2]는 소음의 지역별, 시간대별 기준을 정하고 있다. 소음·진동규제법은 교통소음·진동, 공장소음·진동, 사업장 및 공사장에서 발생하는 생활소음·진동, 항공소음 등에 관한 행정법적 규제에 관하여 규정하고 있다.

> ☞ **환경정책기본법 시행령**
>
> 제2조 (환경기준) 「환경정책기본법」(이하 "법"이라 한다) 제12조제2항에 따른 환경기준은 별표 1과 같다. <개정 2020. 5. 12.>

즉, 공장소음·진동에 대하여는 법 제8조, 시행규칙 제6조 [별표 4]에, 생활소음·진동(확성기소음, 공장 및 사업장에서의 소음·진동, 공사장소음·진동을 생활소음에 포함시켰다)에 대하여는 법 제23조, 시행규칙 제29조의2 [별표 7의2]에, 교통소음·진동에 대하여는 법 제29조, 시행규칙 제37조 [별표 10]에, 항공기소음에 관하여는 법 제42조, 시행령 제10조의2에 각 배출허용기준이 정해져 있다.

> ☞ 소음・진동관리법

제8조 (배출시설의 설치 신고 및 허가 등) ① 배출시설을 설치하려는 자는 대통령령으로 정하는 바에 따라 특별자치시장・특별자치도지사 또는 시장・군수・구청장(자치구의 구청장을 말한다. 이하 같다)에게 신고하여야 한다. 다만, 학교 또는 종합병원의 주변 등 대통령령으로 정하는 지역은 특별자치시장・특별자치도지사 또는 시장・군수・구청장의 허가를 받아야 한다. <개정 2009. 6. 9., 2013. 8. 13.>
② 제1항에 따른 신고를 한 자나 허가를 받은 자가 그 신고한 사항이나 허가를 받은 사항 중 환경부령으로 정하는 중요한 사항을 변경하려면 특별자치시장・특별자치도지사 또는 시장・군수・구청장에게 변경신고를 하여야 한다. <개정 2009. 6. 9., 2013. 8. 13.>
③ 제1항에도 불구하고 산업단지나 그 밖에 대통령령으로 정하는 지역에 위치한 공장에 배출시설을 설치하려는 자의 경우에는 신고 또는 허가 대상에서 제외한다. 이 경우 신고 또는 허가 대상에서 제외된 자는 제14조부터 제16조까지, 제17조(허가취소의 경우는 제외한다), 제47조제1항제1호를 적용할 때에 사업자로 본다.
④ 특별자치시장・특별자치도지사 또는 시장・군수・구청장은 제1항 본문에 따른 신고 또는 제2항에 따른 변경신고를 받은 경우 그 내용을 검토하여 이 법에 적합하면 신고를 수리하여야 한다. <신설 2021. 1. 5.>

> ☞ 환경정책기본법 시행규칙

제6조 (상시 측정자료의 제출) 특별시장・광역시장・특별자치시장・도지사 또는 특별자치도지사(이하 "시・도지사"라 한다)는 법 제3조제2항에 따라 상시(常時) 측정한 소음・진동에 관한 자료를 매분기 다음 달 말일까지 환경부장관에게 제출하여야 한다. <개정 2010. 6. 30., 2014. 1. 6.>

[별표 4] 소음발생건설기계의 종류(제5조 관련) (소음・진동관리법 시행규칙) <개정 2019. 12. 20.>

소음발생건설기계의 종류(제5조 관련)

1. 굴착기(정격출력 19kW 이상 500kW 미만의 것으로 한정한다)
2. 다짐기계
3. 로더(정격출력 19kW 이상 500kW 미만의 것으로 한정한다)
4. 발전기(정격출력 400kW 미만의 실외용으로 한정한다)
5. 브레이커(휴대용을 포함하며, 중량 5톤 이하로 한정한다)
6. 공기압축기(공기토출량이 분당 2.83세제곱미터 이상의 이동식인 것으로 한정한다)
7. 콘크리트 절단기
8. 천공기
9. 항타 및 항발기

☞ **소음·진동관리법**

제23조 (이동소음의 규제) ① 법 제24조제2항에 따른 이동소음원(移動騷音源)의 종류는 다음 각 호와 같다.
    1. 이동하며 영업이나 홍보를 하기 위하여 사용하는 확성기
    2. 행락객이 사용하는 음향기계 및 기구
    3. 소음방지장치가 비정상이거나 음향장치를 부착하여 운행하는 이륜자동차
    4. 그 밖에 환경부장관이 고요하고 편안한 생활환경을 조성하기 위하여 필요하다고 인정하여 지정·고시하는 기계 및 기구
② 특별자치시장·특별자치도지사 또는 시장·군수·구청장은 고요하고 편안한 상태가 필요한 주요 시설, 주거 형태, 지역 여건 등을 고려하여 이동소음원의 사용금지 지역·대상·시간 등을 정하여 규제할 수 있다. <개정 2010. 6. 30., 2014. 1. 6.>

☞ **소음·진동관리법 시행규칙**

제37조 (재검사의 신청 등) 영 제6조제2항에 따라 재검사를 신청하려는 자는 별지 제19호 서식의 재검사신청서에 다음 각 호의 서류를 첨부하여 한국환경공단에 제출하여야 한다. <개정 2010. 6. 30.>
    1. 재검사신청의 사유서
    2. 제작차 소음허용기준 초과 원인의 기술적 조사 내용에 관한 서류
    3. 개선계획 및 사후관리 대책에 관한 서류

[별표 10] 공사장 방음시설 설치기준(제21조제6항 관련) (소음·진동관리법 시행규칙) <개정 2019. 12. 20.>

공사장 방음시설 설치기준(제21조제6항 관련)

1. 방음벽시설 전후의 소음도 차이(삽입손실)는 최소 7dB 이상 되어야 하며, 높이는 3m 이상 되어야 한다.
2. 공사장 인접지역에 고층건물 등이 위치하고 있어, 방음벽시설로 인한 음의 반사피해가 우려되는 경우에는 흡음형 방음벽시설을 설치하여야 한다.
3. 방음벽시설에는 방음판의 파손, 도장부의 손상 등이 없어야 한다.
4. 방음벽시설의 기초부와 방음판·기둥 사이에 틈새가 없도록 하여 음의 누출을 방지하여야 한다.

참고
1. 삽입손실 측정을 위한 측정지점(음원 위치, 수음자 위치)은 음원으로부터 5m 이상 떨어진 노면 위 1.2m 지점으로 하고, 방음벽시설로부터 2m 이상 떨어져야 하며, 동일한 음량과 음원을 사용하는 경우에는 기준위치(reference position)의 측정은 생략할 수 있다.
2. 그 밖의 경우에 있어서의 삽입손실 측정은 "음향-옥외 방음벽의 삽입손실측정방법"(KS A ISO 10847) 중 간접법에 따른다.

제2장 소송당사자

제1절 당사자

1. 원고

소음으로 인하여 재산적 손해를 입은 자, 예컨대 영업장에서 영업을 중단하거나 고객이 감소함으로써 손실을 입은 자, 작업능률의 저하에 따른 손실을 입은 자, 소유 부동산의 가격이 하락함으로써 손실을 입은 자, 소음으로 인하여 종전 거주지에 거주할 수 없어 이주함으로써 이주비 등의 손실을 입은 자 등이 원고가 될 수 있다.

[참조] 대법원 1996. 11. 8. 선고 96다32225, 32232 / 대법원 1974. 11. 12. 선고 74다1321

2. 피고

가. 건설공사소음

직접 또는 타인을 고용하여 공사를 수행하는 자가 피고가 될 수 있고, 그 공사가 도급계약에 의하여 이루어지는 경우에는 공사를 수행하는 수급인이 책임을 진다.

[참조] 서울지방법원 2002. 3. 12. 선고 2001가합35421

나. 교통소음

도로의 경우는 이를 관리·운영하는 국가 또는 지방자치단체가 피고가 된다.

다. 귀책사유

소음발생으로 인한 불법행위책임을 인정하려면 일반적인 경우와 마찬가지로 고의·과실의 귀책사유가 필요하다.

[참조] 서울고등법원 1999. 10. 7. 선고 98나55644

라. 인과관계

소음발생과 재산적·정신적 손해발생의 인과관계에 대한 입증책임은 원칙적으로 원고에게 있다.

☞ 대법원 2001. 2. 9. 선고 99다55434 판결 8p 참조
[참조] 대법원 1996. 11. 8. 선고 96다32225, 32232 / 대법원 1974. 11. 12. 선고 74다1321

마. 위법성

소음발생의 정도가 사회통념상 일반적으로 참을 수 있는 한도(수인한도)를 넘는 경우에는 위법성이 있다고 본다.

☞ 대법원 2001. 2. 9. 선고 99다55434 판결 8p 참조

3. 소음유발시설 또는 행위의 목적 및 용도(공공성)

☞ 대법원 1999. 1. 26. 선고 98다23850 판결 31p 참조

4. 공법상의 규제 등

가. 공장소음

소음·진동규제법 제8조, 시행규칙 제6조 [별표 4]에서 배출허용기준을 규정하고 있다.

나. 생활소음

확성기소음, 공장 및 사업장에서의 소음, 공사장소음을 생활소음에 포함시켜서 같은 법 제23조, 시행규칙 제29조의2 [별표 7의2]에서 각 허용기준을 규정하고 있다.

다. 교통소음

같은 법 제29조, 시행규칙 제37조 [별표 10[에서 허용기준을 규정하고 있다. 교통소음에 대한 기준은 다른 소음과 달리 등가소음수준(Leq, 일정 시간 내의 변동하는 소음의 평균값)을 사용하고 있다.

라. 판단기준

5. 손해액의 산정

영업적 손실의 경우에도 소음과 상당인과관계가 있는 부분의 손해액만을 인정하여야 한다.

6. 소멸시효

☞ 대법원 1999. 3. 23. 선고 98다30285 판결 89p 참조

☞ 민 법

제766조 (손해배상청구권의 소멸시효) ① 불법행위로 인한 손해배상의 청구권은 피해자나 그 법정대리인이 그 손해 및 가해자를 안 날로부터 3년간 이를 행사하지 아니하면 시효로 인하여 소멸한다.

---

7. 판결례

가. 공장소음

[참조] 창원지방법원 2001. 1. 18. 선고 2000가합768 / 서울지방법원 의정부지원 2001. 10. 18. 선고 2000가합6732

나. 건설공사소음

[참조] 부산고등법원 2000. 5. 26. 선고 99나9295 / 대구고등법원 2000. 9. 1. 선고 99나1988 / 서울고등법원 2002. 2. 14. 선고 2000나60335

다. 교통소음 및 공사소음

[참조] 서울고등법원 2002. 3. 12. 선고 2001가합35421

라. 방해제거·예방청구

소음으로 인한 피해를 사전에 예방하거나 보다 근원적으로 제거하기 위하여 소음발생시설

의 가동중지나 행위의 금지를 구할 수 있다. 이러한 청구는 본안소송으로도 구할 수 있으나, 보통은 가처분을 통하는 경우가 많고, 건설공사소음의 경우는 공사금지가처분을 구하는 경우가 대부분이다.

마. 판결례

[참조] 창원지방법원 2001. 4. 23. 선고 2000카합191 판결

[판례 1] 야간작업금지 (서울동부지법 2004. 7. 22. 선고 2002가합371 판결)

【판시사항】
[1] 공장 가동 과정에서 발생하는 소음·진동·악취·분진으로 인한 생활방해가 사회통념상 수인 한도를 넘었는지 여부의 판단 기준
[2] 준공업지역에 위치한 염색공장을 운영하면서 매일 05:00~22:00의 17시간 동안에 소음·악취를 발생시킨 행위는 상린관계에 따라 인접 주택의 거주자가 수인하여야 할 통상의 범위 내에 속하고, 거주자가 일상생활을 영위함에 필요한 최소한의 휴식을 위한 시간인 매일 22:00~다음날 05:00의 7시간 동안에 소음·악취를 발생시킨 행위는 사회통념상 수인 한도를 넘는 위법한 가해행위로서 불법행위가 된다고 한 사례
[3] 공장의 소음·악취로 인한 생활방해에 대한 사전 구제수단으로서 공장의 기계작동금지를 청구할 수 있는지 여부(적극)
[4] 공장에 설치된 기계의 작동금지를 명하는 판결절차에서 장래의 부작위채무 불이행에 대비한 간접강제로서 배상금의 지급을 명한 사례

【판결요지】
[1] 공장을 운영하는 자가 그 공장을 가동하는 과정에서 소음·진동·악취·분진을 발생시킴으로써 인접 토지의 거주자에게 사회통념상 수인할 수 있는 한도를 넘는 신체적·정신적 손해를 가한 경우 그 침해행위는 사법상 위법한 가해행위로서 불법행위가 되는데, 그 경우 사회통념상 수인할 수 있는 한도를 넘었는지 여부는 그 지역의 환경과 소음 등에 관한 공법적 규제기준, 피침해자의 생활상황, 침해행위의 태양과 침해의 정도, 사회적 유용성, 가해자의 침해방지대책에 관한 태도 등을 종합적으로 고려하여 결정하여야 한다.
[2] 준공업지역에 위치한 염색공장을 운영하면서 매일 05:00~22:00의 17시간 동안에 소음·악취를 발생시킨 행위는 상린관계에 따라 인접 주택의 거주자가 수인하여야 할 통상의 범위 내에 속하고, 거주자가 일상생활을 영위함에 필요한 최소한의 휴식을 위한 시간인 매일 22:00~다음날 05:00의 7시간 동안에 소음·악취를 발생시킨 행위는 사회통념상 수인 한도를 넘는 위법한 가해행위로서 불법행위가 된다고 한 사례.
[3] 공장의 소음·악취로 인한 생활방해로 사회통념상 수인 한도를 넘는 행위를 한 공장경영자는 장래에 있어서 그러한 행위로 인하여 인접 주택 거주자의 일상생활에 고통을 주지 아니하기 위한 적당한 조치로서 수인 한도를 넘는 시간 동안 공장 내에 설치되어 있는 기계를 작동하지 아니할 의무가 있고, 인접 주택 거주자는 공장경영자에 대하여 위 시간 동안 기계의 작동금지를 청구할 수 있다.

[4] 공장에 설치된 기계의 작동금지를 명하는 판결절차에서 장래의 부작위채무 불이행에 대비한 간접강제로서 배상금의 지급을 명한 사례.

【참조조문】

[1] 민법 제217조, 제750조 [2] 민법 제217조, 제750조 [3] 민법 제217조, 제750조 [4] 민사집행법 제261조

【참조판례】

[4] 대법원 1996. 4. 12. 선고 93다40614, 40621 판결(공1996상, 1486)

【전 문】

【원 고】 원고 (소송대리인 변호사 양철웅)
【피 고】 피고 (소송대리인 변호사 나병룡)
【변론종결】 2004. 7. 5.

【주 문】

1. 피고는 원고에게 3,000,000원 및 이에 대하여 2002. 1. 26.부터 2004. 7. 22.까지는 연 5%, 그 다음날부터 다 갚는 날까지 연 20%의 각 비율에 의한 금원을 지급하라.
2. 가. 피고는 매일 22:00부터 다음날 05:00까지 서울 성동구 (주소 2 생략) '○○섬유'라는 상호의 공장 내에 설치되어 있는 기계를 작동하여서는 아니된다.
   나. 피고가 위 의무에 위반하는 행위를 한 때에는 원고에게 위반일 1일당 300,000원의 비율에 의한 금원을 지급하라.
3. 원고의 나머지 청구를 기각한다.
4. 소송비용의 1/2은 원고, 나머지는 피고가 각 부담한다.
5. 제1항은 가집행할 수 있다.

【청구취지】

1. 피고는 원고에게 20,000,000원 및 이에 대하여 이 사건 소장 송달 다음날부터 다 갚는 날까지 연 20%의 비율에 의한 금원을 지급하라.
2. 가. 피고는 매일 20:00부터 다음날 08:00까지 주문 제1항 기재의 기계를 작동하여서는 아니된다.
   나. 피고가 위 의무에 위반하는 행위를 한 때에는 원고에게 위반일 1일당 500,000원의 비율에 의한 금원을 지급하라.

【이 유】

1. 기초사실

   가. 당사자들의 지위

   원고는 1989. 5. 30. 준공업지역인 서울 성동구 (주소 1 생략) 대 82㎡를 취득한 후 1991. 12.경 그 지상에 벽돌조 평스라브 2층 다가구주택 1, 2층 및 지층 각 46.65㎡(이하 '원고 주택'이라고 한다)를 건축하여 현재까지 거주하여 왔고, 피고는 2000. 4.경 원고 주택과 블록담장을 경계로 약 1m 떨어져 있는 같은 구 (주소 2 생략) 대 566㎡의 지상에 건축된 소외 1 소유의 시멘블록조 스레트지붕 단층공장 328.93㎡, 단층공장 261.36㎡, 단층변소 25.92㎡ 등 3개의 건물을 소외 1로부터 임차하여 현재까지 위 건물들에서 '○○섬유'라는 상호로 직물 및 편조원단을 염색·가공하는 공장(이하 '피고 공장'이라고 한다)을 운영하고 있다.

나. 피고 공장의 운영 상황과 발생된 소음·진동·악취의 정도
  (1) 피고는 피고 공장을 운영하면서 소음을 배출하는 시설인 염색기 6대, 탈수기 2대, 원단 폭출기 및 보일러 각 1대 등과 악취를 배출하는 시설인 건조기 1대를 각 설치하여 작동하였고, 염색 과정에서 악취발생물질이 함유된 면유연제, 탈유제, 쇼핑제, 분산제 등의 약품을 사용하여 성수기인 8월~11월 사이에는 24시간, 비수기인 1~7월, 12월에는 14:00부터 새벽까지 피고 공장을 가동하였는데, 그 과정에서 위 기계들과 약품으로 인하여 소음·진동·악취가 발생하였다 (다만, 분진까지 발생하였다는 점을 인정할 증거는 없다).
  (2) 원고는 2000. 9. 4.~2001. 4. 26. 13회에 걸쳐서 피고 공장의 소음·진동·악취 등으로 인하여 집안에서의 휴식·숙면 등을 방해받는다고 주장하면서 서울특별시 성동구청 등에 민원을 제기하였고, 그에 따라 서울특별시 보건환경연구원이 피고 공장에서 발생하는 야간소음·진동·악취 등을 측정한 결과는 다음과 같았다.
    (가) 소음 : 2000. 10. 5. 56dB, 2000. 11. 10. 52dB, 2001. 1. 6. 49dB, 2001. 4. 19. 48dB, 2001. 5. 29. 57dB, 2001. 9. 28. 43dB
    (나) 진동 : 2000. 10. 4. 54dB, 2001. 9. 28. 48dB
    (다) 악취 : 2000. 9. 8. 3도, 2000. 10. 4. 및 2001. 9. 28. 각 2도
다. 소음·진동·악취 배출허용기준
  소음·진동규제법 제6조, 시행규칙 [별표 4]에서 정한 준공업지역의 소음·진동 배출허용기준은 공장소음이 주간(06:00~18:00) 65dB, 야간(24:00~익일 06:00) 55dB이고, 공장진동이 주간(06:00~22:00) 70dB, 야간(24:00~익일 06:00) 65dB이며, 대기환경보전법 제8조, 시행규칙 [별표 8] 제3호에서 정한 준공업지역의 악취 배출허용기준은 악취도 2도 이하이다.
라. 피고의 개선조치
  피고는 서울특별시장으로부터 2000. 9. 14. 위 측정 결과 악취의 배출허용기준을 초과한 것에 대한 시설개선명령을 받고 같은 달 26. 악취저감조치를 하였으며(2001. 10. 25. 분진과 악취를 줄이기 위하여 흡착시설과 여과집진시설을 설치하였다.), 같은 해 10. 10.과 2001. 5. 29. 위 각 측정 결과 각 야간소음배출기준 초과한 것에 대한 각 개선명령 및 과태료부과처분을 받고 2001. 5.경 원고주택과 인접한 블록담장의 벽을 보강하여 높이는 방법으로 방음시설을 하였으며, 그 밖에 진동을 줄이기 위하여 탈수기에 완충장치를 부착하였다.
마. 원·피고 사이의 분쟁
  (1) 원고는 2001. 8. 16. 피고 공장의 소음·진동·악취로 인하여 집안에서의 휴식과 숙면 등을 방해받는다고 주장하면서 피고를 상대로 이 법원 2001카합1442호로 야간작업금지가처분신청을 하였고, 그에 따라 이 법원은 같은 해 12. 9. 매일 22:00~다음날 05:00의 7시간 동안 피고 공장 내에 설치된 기계의 작동을 금지하는 가처분결정을 하여 그 시경 집행되었다.
  (2) 위 가처분과는 별개로 피고 공장의 인접토지 소유자인 원고와 거주자인 그 가족들을 포함한 13인은 피고 공장에서 발생하는 소음·진동·악취로 인하여 재산적·정신적 손해를 입었다고 주장하면서 피고를 상대로 중앙환경분쟁재정위원회에 재정신청을 하였는데, 위 위원회는 2001. 12. 20. "소음·진동으로 인한 피해는 인정되지 아니하나, 피고가 피고 공장을 운영한 2000. 4. 1.부터 악취방지설비를 보강한 같은 해 9. 26.까지 악취도가 3도로서 규제기준을 초과하였으므로 그로 인한 원고 외 13인의 정신적 피해가 인정된다."는 이유로 피고에 대하여 원고와 그 가족들(이하 '원고 등'이라고 한다)에게 1,450,000원의 배상금을 지급할 것을 명하는 재정을 하였고, 피고는 위 재정에서 정한 위 배상금을 원고 등에게 지급하고자 하였다가 거절당하

자 2002. 2. 1. 이 법원 2002년 금제453호로 위 금액을 변제공탁하였다.
바. 원고 등의 피해상황

피고가 피고 공장을 운영한 2000. 4.경부터 위 가처분결정의 집행으로 가동을 중단한 2001. 12. 경까지 피고 공장에서 발생한 위 소음·악취로 인하여 원고 등이 집안에서 휴식이나 숙면을 취할 수 없었고, 특히 원고의 처 소외 2는 위 기간 중 한양대학교병원, 혜민병원 등에서 고혈압, 관절염, 심한 스트레스에 대한 적응장애, 불안신경증 등으로 인한 치료를 받기까지 하였다.

[인정 근거] 다툼 없는 사실, 갑 제4, 5, 13, 15, 16, 24, 27, 28, 35, 40호증, 갑 제6, 17호증의 각 1, 2, 갑 제8호증의 1~9, 을 제1호증, 을 제 2호증의 1~13, 을 제3호증의 1, 2의 각 기재, 갑 제7호증의 1~11, 갑 제34호증의 1, 2의 각 영상, 갑 제1, 2, 3, 12, 14, 18~23, 25, 46, 갑 제10호증의 1, 2, 갑 제11호증의 1, 2, 3, 을 제3호증의 3의 각 일부 기재, 증인 소외 2, 소외 3의 각 일부 증언(각 뒤 배척 부분 제외), 변론 전체의 취지

[배척 증거] 갑 제1, 2, 3, 12, 14, 18~23, 25, 46, 갑 제10호증의 1, 2, 갑 제11호증의 1, 2, 3, 을 제3호증의 3의 각 일부 기재, 증인 소외 2, 소외 3의 각 일부 증언

2. 판 단
가. 피고의 불법행위책임

(1) 공장을 운영하는 자가 그 공장을 가동하는 과정에서 소음·진동·악취·분진을 발생시킴으로써 인접 토지의 거주자에게 사회통념상 수인할 수 있는 한도를 넘는 신체적·정신적 손해를 가한 경우 그 침해행위는 사법상 위법한 가해행위로서 불법행위가 되는데, 그 경우 사회통념상 수인할 수 있는 한도를 넘었는지 여부는 그 지역의 환경과 소음 등에 관한 공법적 규제기준, 피침해자의 생활상황, 침해행위의 태양과 침해의 정도, 사회적 유용성, 가해자의 침해방지대책에 관한 태도 등을 종합적으로 고려하여 결정하여야 한다.

(2) 위 인정 사실에 의하면, 피고는 2000. 4.경부터 구조적으로 취약한 시멘블록조 스레트지붕으로 축조된 건물에서 피고 공장을 운영하면서 그 공장 내에 설치된 기계를 작동하여 소음·진동규제법과 대기환경보전법의 각 규제기준을 초과하는 소음·악취를 발생시켰고, 그에 따라 행정청으로부터 개선명령 등을 받았음에도 불구하고 계속 피고공장을 운영하면서 위 가처분결정이 집행될 때까지 소음·악취를 발생시켜 왔으며(다만, 수인한도를 넘는 진동이 발생하였다는 주장사실과 피고가 위 가처분결정 이후에도 기계를 작동하였다는 주장사실들은 인정할 증거가 없다.), 그와 같은 침해행위로 인하여 블록담장을 경계로 약 1m 떨어져 있는 인접 토지에서 원고 주택을 소유하고 거주하는 원고 등이 주거생활의 안정을 방해받아 집안에서 휴식과 숙면을 취할 수 없었고, 병원에서 치료를 받는 등 신체적·정신적 손해를 입었다고 할 것이다.

(3) 그런데 앞서 인정한 바와 같이 피고 공장이 위치한 곳은 준공업지역이고, 원고가 피고 공장과 인접한 곳에 대지를 취득한 후 원고 주택을 신축하였으며, 원고 등의 민원에 의하여 피고가 악취방지시설 및 방음시설 등을 설치하는 등 나름대로 노력을 한 점, 소음 등의 금지를 위하여 지나치게 피고 공장 내에서의 기계의 작동을 금지시킬 경우 피고가 입게 될 피해가 작지 아니한 것으로 보이는 점 등을 종합하여 볼 때, 매일 05:00~22:00의 17시간 동안에 이루어진 피고의 위 침해행위는 상린관계에 따라 원고 등이 수인하여야 할 통상의 범위 내에 속하는 것이어서 원고 등으로서는 이를 인용할 의무가 있다고 할 것이므로, 결국 피고의 위 침해행위 중 위 시간 동안을 제외하고 원고 등이 일상생활을 영위함에 필요한 최소한의 휴식을 위한 시간인 매일 22:00~다음날 05:00의 7시간(이하 '인용시간'이라고 한다) 동안 소음·악취를 발생시킨 행위만이 사회통념상 수인할 수 있는 한도를 넘는 위법한 가해행위로서 원고에 대한 불

법행위가 된다고 할 것이다.
나. 손해배상
   (1) 위 인정 사실에 의하면, 2000. 4.경부터 위 가처분결정의 집행시까지 인용시간 동안의 사회통념상 수인할 수 있는 한도를 넘는 피고의 위와 같은 침해행위로 인하여 원고 등이 생활상의 불편은 물론 정신적 고통을 받았음이 분명하므로 피고는 금전으로 이를 위자할 의무가 있다고 할 것인데, 원·피고의 지위와 원고 주택 및 피고 공장의 현황, 발생한 소음·악취의 정도, 피해의 회피가능성 등 변론에 나타난 모든 사정들을 참작하여 볼 때, 피고가 원고에게 배상하여야 할 위자료의 액수는 3,000,000원으로 정함이 상당하고, 따라서 이를 초과하는 위자료청구 부분은 이유가 없다.
   (2) 피고는, 환경분쟁재정위원회의 재정에서 원고의 손해배상채권액을 1,450,000원으로 인정하였고, 그에 따라 피고가 위 금액을 공탁함으로써 피고의 손해배상의무는 소멸하였다고 주장하나, 환경분쟁조정법 제42조 제2항은 위 위원회의 재정정본이 송달된 날로부터 60일 이내에 당사자 쌍방 또는 일방이 재정대상인 환경피해를 원인으로 하는 소송을 제기한 경우 위 위원회의 재정은 효력을 상실하는 것으로 규정하고 있고, 피고의 원고에 대한 손해배상채무액은 앞서 인정한 3,000,000원이어서 피고가 공탁한 위 금액은 그 일부에 불과하므로 원고가 이의를 제기하지 아니하고 이를 수령하였다는 점을 인정할 증거가 없는 이상 위 손해배상채무에 대한 변제공탁으로서 효력이 없다고 할 것이어서 위 주장은 이유가 없다.
   (3) 따라서 피고는 원고에게 위 인정의 위자료 3,000,000원 및 이에 대하여 불법행위일 이후로서 원고가 구하는 이 사건 소장 송달 다음날부터 이 판결 선고일인 2004. 7. 22.까지는 민법이 정한 연 5%, 그 다음날부터 다 갚는 날까지는 소송촉진등에관한특례법이 정한 연 20%의 각 비율에 의한 지연손해금을 지급할 의무가 있다.
다. 기계의 작동금지 및 간접강제
   (1) 위 인정 사실에 의하면, 위와 같은 사회통념상 수인할 수 있는 한도를 넘는 침해행위를 한 피고는 장래에 있어서 그러한 침해행위로 인하여 원고의 일상생활에 고통을 주지 아니하기 위한 적당한 조치로서 인용시간 동안 피고 공장 내에 설치되어 있는 기계를 작동하지 아니할 의무가 있다고 할 것이고, 피고에 대하여 이를 초과하는 시간(매일 20:00~22:00 및 05:00~08:00) 동안에도 위 기계를 작동하지 아니할 것을 구하는 원고의 청구 부분은 이유가 없다.
   (2) 피고는, 피고가 피고 공장의 악취방지시설 및 방음시설을 설치한 이후 서울특별시 보건환경연구원이 측정한 피고 공장의 소음·진동·악취 측정 결과가 모두 공법상 규제기준 이내였으므로 원고의 위 금지청구는 이유가 없다고 주장하나, 그러한 공법적 규제는 통상 행정목적 달성을 위하여 최소한도의 기준을 설정하여 놓은 것일 뿐이므로 가사 피고의 주장처럼 피고 공장의 가동으로 발생하는 소음·악취가 당시의 공법적 규제에 형식적으로 적합하였다고 하더라도 앞서 인정한 바와 같이 인용시간 동안 현실적으로 발생하는 피고 공장의 소음·악취의 피해 정도가 현저하게 커서 원고의 수인 한도를 넘는 이상 피고의 침해행위는 여전히 위법성이 있다고 할 것이어서 원고로서는 피고에 대하여 장래의 침해 금지를 위한 적당한 조치를 구할 권리가 있다고 할 것이므로, 위 주장은 이유가 없다.
   (3) 나아가 앞서 인정한 바와 같이 원·피고 사이에 2000. 9. 4.~2001. 4. 26. 13차례에 걸쳐 분쟁이 있었고, 이 사건 소송 중에도 여전히 피고가 피고 공장을 야간에 가동하였는지에 관하여 다투어지고 있었던 점 등 변론에 나타난 모든 사정들을 참작하여 볼 때, 피고에 대하여 위 금지를 명하는 채무명의가 성립하더라도 피고가 이를 단기간 내에 위반할 개연성이 있고, 또

한 이 판결절차에서도 간접강제에 관한 민사집행법 제261조에 의하여 피고에게 명할 적정한 배상액을 산정하는 것이 가능하다고 인정되므로, 피고가 장차 앞서 인정한 금지의무에 위반하는 행위를 한 때에는 그에 따른 간접강제로서 위반일 1일당 300,000원의 비율에 의한 배상금을 원고에게 지급할 것을 명하기로 한다.

3. 결 론

그렇다면 원고의 이 사건 청구는 위 인정범위 내에서 이유가 있으므로 인용하고, 나머지 청구는 이유가 없으므로 기각하기로 한다.

판사   한명수(재판장) 이종민 이종엽

8. 항공기소음

가. 손해배상청구

(1) 당사자

[판례 2] 손해배상(공) (서울지법 2002. 5. 14. 선고 2000가합6945 판결 : 항소)

【판시사항】

[1] 김포국제공항 소음구역 거주자들의 항공기 소음으로 인한 손해배상청구에 대하여 김포공항에 대한 설치·관리주체로서의 국가와 관리주체로서의 한국공항공사가 배상책임이 있다고 한 사례
[2] 공항 주변 지역 거주자들의 항공기 소음으로 인한 피해에 대하여 영조물의 설치 관리상의 하자를 인정함에 있어 침해의 수인한도(위법성)의 판단 방법
[3] 김포공항 주변지역 중 적어도 85WECPNL 이상의 소음에 노출된 지역에 거주하는 자들에 대하여 소음피해가 수인한도를 초과한 것으로 위법성이 있다고 인정한 사례
[4] 공항 주변 소음피해지역 또는 소음피해예상지역 지정·고시 이후 해당 지역에 전입한 자들이 항공기 소음으로 인한 피해를 용인하였다고 볼 수 있는지 여부(한정 소극)
[5] 공항 주변 소음구역 거주자들의 항공기 소음으로 인한 손해배상청구의 피해 발생 입증에 있어서 각 피해자가 각각의 피해에 대하여 구체적으로 입증을 하여야 하는지 여부(소극)

【판결요지】

[1] 김포국제공항 소음구역 거주자들의 항공기 소음으로 인한 손해배상청구에 대하여 국가는 김포공항에 대한 설치·관리주체이고 한국공항공사는 관리주체로서 배상책임이 있다고 한 사례.
[2] 항공기 소음으로 인한 침해가 어느 정도에 이르러야 사회통념상 참을 수 없는 위해를 발생케 할 위험성이 있어 영조물의 설치·관리상의 하자가 인정되고, 또한 그것이 피해자들에게 위법한 권리침해가 되는지에 관하여 이를 판단함에 있어서는 침해행위의 상태와 침해의 정도, 피침해이익의 성

질과 내용, 침해행위가 갖는 공공성의 내용과 정도, 침해행위의 개시와 그 후에 계속된 경과 및 상황과 그 사이에 피해의 방지 또는 경감을 위해 가해자가 강구한 조치의 내용·정도 등의 여러 가지 사정을 종합적으로 고려하여야 하고, 이것을 피해자쪽에서 보면, 침해행위가 일상의 생활을 둘러싼 인격권에 대한 위해인 경우에는 사회생활상 일반적으로 수인하는 것이 상당하다고 인정되는 한도를 초과한 것인지의 여부에 따라 결정되어야 할 것인바, 구체적인 수인한도는 ① 항공기에 의하여 발생한 소음의 정도, ② 피해자들이 입은 피해(정신적 고통의 성질 및 정도, 생활방해의 정도 및 신체적 피해의 위험성), ③ 피해자들의 거주지역 및 소음구역의 설정 현황, ④ 항공법상의 소음방지 대책의 실시 및 적정성, ⑤ 침해행위의 공공성 및 사회적 가치(항공기에 의한 신속한 물류거래 및 여객 수송은 우리 나라의 경제, 사회, 문화 등 다방면에서의 진보, 향상을 위하여 필수불가결한 요소이고, 또한 그러한 항공수송에 있어 김포공항이 차지하는 비중이 매우 크다는 점), ⑥ 피해자들 거주지의 지역적 특수성(피해자들의 거주지는 공항주변으로서 이러한 지역에서는 다른 일반 주거지역과 달리 토지 이용관계에 있어 특수성을 인정할 수 있는 점), ⑦ 항공기 소음 이외의 소음원의 존재 등의 요소에 의해 결정된다.

[3] 김포공항 주변지역 중 적어도 85WECPNL 이상의 소음에 노출된 지역에 거주하는 자들에 대하여 소음피해가 수인한도를 초과한 것으로 위법성이 있다고 인정한 사례.

[4] 피해자가 소음피해지역 또는 소음피해예상지역 지정·고시일 이후에 자신들의 주거지에 전입한 경우 항공기의 소음으로 인한 피해를 인식하거나 과실로 그 사실을 인식하지 못하고 입주하였다고 봄이 상당하나, 그 피해자들이 위 소음으로 인한 위해로 인하여 정신적 고통을 당하는 경우, 이러한 소음으로 인한 위해 상태를 이용하기 위하여 이주하였다는 등 특히 비난할 사유가 없는 한, 자신들의 거주지가 소음피해지역 또는 소음피해예상지역 내에 있음을 인식하였거나 과실로 인식하지 못한 것만 가지고 소음으로 인한 피해를 용인하였다고 보기는 어렵고, 또한 그것만으로 가해자들의 위법한 침해 행위가 위법하지 않게 된다거나, 책임이 소멸한다고는 볼 수 없고, 다만 손해배상액의 산정에 있어서 형평의 원칙상 과실상계에 준하여 위자료의 감액 사유로 고려함이 상당하다.

[5] 생활방해의 경우에도 위법행위와 손해의 발생은 이를 주장하는 자가 입증하여야 하는 것이나, 정신적 고통 없는 평온, 안전한 일상생활을 영위할 권리는 피해자들 개개인의 생활 조건의 차이에 관계없이 기본적인 부분에 있어서는 동일하기 때문에, 그 침해로 인한 정신적 고통의 성질 및 정도, 신체적 피해의 위험성 및 생활방해도 구체적 내용에 있어서 약간의 차이가 있을지는 몰라도 그 주요 부분에 있어서는 동일하다고 볼 수 있고, 일정한 정도 이상의 소음에 노출된 피해자들이 그로 인하여 정신적·신체적 피해를 입을 위험이 있음은 여러 연구 결과에 비추어 또는 경험칙상 인정할 수 있다(피해자측의 개별적 사정은 주거지역 및 해당지역에 있어서 거주기간을 참작하는 것으로 족하다).

【참조조문】

[1] 구 항공법(1991. 12. 14. 법률 제4435호로 전문 개정되기 전의 것) 제2조, 제33조, 항공법 제2조 제4호, 제5호, 제6호, 제75조, 제89조, 제107조 제1항, 구 국제공항관리공단법(1990. 4. 7. 법률 제4235호 한국공항관리공단법으로 개정되기 전의 것) 제7조(현행 한국공항공사법 제9조 참조), [2] 민법 제758조, 국가배상법 제5조 [3] 민법 제758조, 국가배상법 제5조 [4] 민법 제758조, 국가배상법 제5조, 항공법 제107조 제2항 [5] 민법 제758조, 국가배상법 제5조, 민사소송법 제288조

【전 문】

【원 고】 A 외 47인 (원고들 소송대리인 법무법인 시민종합법률사무소 담당변호사 윤종현 외 5인)

【피　고】 대한민국 외 1인 (소송대리인 법무법인 세창 담당변호사 이제혁 외 1인)

【주　문】

1. 피고들은 각자 별지 제1 목록 기재 원고들에게 각 위 목록 기재 금원 및 이에 대하여 2000. 2. 9.부터 2002. 5. 14.까지는 연 5%의, 그 다음날부터 다 갚는 날까지는 연 25%의 각 비율로 계산한 금원을 지급하라.
2. 제1항 기재 원고들의 피고들에 대한 각 나머지 청구 및 원고 B, C, D, E, F, G, H, I의 피고들에 대한 각 청구를 모두 기각한다.
3. 소송비용 중 원고 B, C, D, E, F, G, H, I과 피고들 사이에 생긴 부분은 위 원고들의 부담으로 하고, 나머지 원고들과 피고들 사이에 생긴 부분은 이를 4분하여 그 1은 위 원고들의 나머지는 피고들의 각 부담으로 한다.
4. 제1항은 가집행할 수 있다.

【청구취지】

피고들은 각자 원고들에게 각 금 5,000,000원 및 이에 대한 이 사건 소장부본 송달일 다음날부터 다 갚을 때까지 연 25%의 비율에 의한 돈을 지급하라는 판결.

【이　유】

1. 손해배상책임의 발생

　가. 기초 사실

　　다음의 각 사실은 당사자들 사이에 다툼이 없거나, 갑 제1, 2, 4, 5 내지 13호증, 을나 제1 내지 65, 67호증(각 가지번호 모두 포함, 단 뒤에 거시하는 증거 제외)의 각 기재, 을나 제36호증의 영상, 이 법원의 현장검증 결과에 변론의 전취지를 더하면 이를 인정할 수 있다.

　　(1) 김포공항 및 피고 한국공항공사의 연혁

　　　(가) 김포공항은 1939년 일본 가미가제 특공대 연습장으로 처음 활주로가 건설된 이래, 1951년부터 1957년까지는 미군이 활주로를 확장하여 미군비행장으로 사용하였으며, 1958. 1. 30. 국제공항으로 지정되었고, 1975년부터 1980년까지의 1단계 확장사업을 통해 국제선 제1터미널이 신축되었다.

　　　(나) 그 후, 피고 대한민국은 점점 증가하는 수도권 항공기 수송 수요에 대처하고 88올림픽 개최에 따른 여객수송의 효율화를 기하기 위하여, 1982년부터 1987년까지의 2단계 확장사업을 통해, 기존의 활주로를 연장(3,200×45m→3,600×45m)하고 새 활주로(3,200×45m, 이하, '제2활주로'라 한다) 및 국제선 2터미널을 신설하였는데, 제2활주로는 1987. 4. 1. 개통하였다.

　　　(다) 김포공항에 있던 국제선 항공노선은 2001. 3. 29. 새로 건설된 인천국제공항으로 이전하여, 이후 국내선 항공기만이 김포공항을 이용하고 있다.

　　　(라) 피고 한국공항공사(이하 '피고 공사'라고 한다)는 2002. 1. 14. 법률 제6607호로 제정, 공포되어 2002. 3. 2.부터 시행된 한국공항공사법에 의해 설립된 법인으로서, 한국공항공단법(한국공항공사법에 의하여 폐지)에 근거하여 설립되었던 한국공항공단의 재산과 권리·의무를 포괄승계하였다(한국공항공사법 부칙 제5조 제1항). 또한 같은 법 부칙 제5조 제4항에 의하면 피고 공사 설립 전에 한국공항공단이 공항의 관리·운영과 관련하여 행한 행위 또는 한국공항공단에 대하여 행하여진 행위는 이를 피고 공사가 행하거나 피고 공사에 대

하여 행하여진 행위로 본다고 규정되어 있다.
한편, 피고 공사의 전신인 한국공항공단은, 1979. 12. 28. 법률 제3219호로 공포, 시행된 국제공항관리공단법에 의하여 설립된 국제공항관리공단과 1990. 4. 7. 위 법이 한국공항관리공단법으로 바뀌면서 명칭이 바뀐 한국공항관리공단을 순차로 승계하였다.
(마) 원고들은 김포공항 주변에 거주하는 주민들로서, 원고들의 거주지는 전형적인 주거지역이며, 각 전입일자는 별지 제2 목록 중 해당란과 같다{다만, 거주기간에 대하여는 주민등록표상의 최종전입일을 기준으로 하되, 현재의 주민등록표상 주소지에 전입하기 이전에 동일 소음구역 내에 거주하였던 사실이 인정되는 원고들에 대하여는 그 전 주소지의 전입일을 최종전입일로 본다. 또한, 주민등록표 기재 전입일 이전부터 거주하였을 것이라고 생각되는 원고들에 대하여도 다른 입증자료(주민등록등본 등)가 없는 한 제출된 주민등록표를 기준으로 하고, 전입일자의 기재가 없는 주민등록표는 그 주민등록표상의 다른 기재 또는 변론의 전취지에 의해 그 전입일을 인정한다}.

(2) 항공기의 소음
　(가) 김포공항의 항공기 운항 횟수
　　김포공항에는 B737, A300, F100, MD82, B747, B767 등과 같은 항공기가 운항하고 있으며, 그 연도별·시간대별 항공기 운항 횟수는 다음과 같다.
　　① 연도별 항공기 운항 횟수

	국내선	국제선	합계
1997	134,798	93,831	228,629
1998	129,324	82,263	211,587
1999	127,468	86,449	213,917

　　② 시간대별 이·착륙 횟수

	06-07	07-08	08-09	09-10	10-11	11-12	12-13	13-14	14-15
1997	5,032	9,831	13,699	14,441	15,352	15,678	15,643	15,415	16,128
1998	4,227	10,161	11,411	14,660	14,640	14,881	14,907	13,829	14,091
1999	4,709	9,437	11,011	13,521	14,957	15,835	15,227	13,559	14,380

	15-16	16-17	17-18	18-19	19-20	20-21	21-22	22-23	23-06
1997	15,591	16,388	16,785	15,631	16,951	14,892	9,607	2,672	70
1998	15,045	14,490	15,821	14,663	15,335	13,230	6,947	2,057	62
1999	14,713	14,993	15,182	14,854	15,575	14,576	7,652	2,240	72

　(나) 소음측정단위
　　항공기 소음을 측정하는 단위로는 WECPNL(Weighted Equivalent Continuous Perceived Noise Level)이 사용되는데, 이는 항공기의 소음이 하루에도 시간대별로 달라지는 점, 같은 크기의 소음이라도 상황이나 시간에 따라 개인이 느끼는 강도가 다른 점 등을 감안하여 한 지역에서 1일 수회 그 소음도를 측정한 다음, 시간대에 따라 가중치를 부여하여 계산한 소음영향도의 단위로서, 구체적인 산정방법은 항공법시행규칙 제273조에 규정되어 있는바, 우리 나라에서는 1991. 11. 5. 환경처에서 고시한 '소음, 진동 공정시험방법'에 따라 이를 항공기 소음의 측정단위로 채택하였고, 일본이나 국제항공기구 역시 마찬가지이다.

한편, 국가 또는 지방자치단체가 법령의 제정이나 행정계획의 수립 및 사업집행시 지켜야 할 환경기준을 정하고 있는 환경정책기본법은 환경소음기준에 관하여 전용주거지역은 주간 50dB, 야간 40dB, 일반주거지역은 주간 55dB, 야간 45dB, 상업지역은 주간 65dB, 야간 55dB, 공업지역은 주간 70dB, 야간 65dB로, 도로변 공업지역은 주간 75dB, 야간 70dB로 각 규정하고 있다(WECPNL값은 dB값에 대략 13을 더한 값과 같다).

(다) 김포공항 주변 소음의 정도

① 측정장소별 소음도

환경부 및 피고 공사는 김포공항 항공기로 인한 소음도를 측정하기 위하여 아래 J부락을 비롯한 김포공항 인근 11곳에 자동소음측정망을 설치하고 89년경부터 소음을 측정하여 왔는바, 그 중 원고들의 거주지역 근처 4곳의 1997년부터 1999년까지의 소음측정 결과는 아래와 같다(J부락 : 김포시 K, L초교 : 서울 강서구 M, N : 서울 양천구 O, P회사 : 김포시 Q).

(단위 : WECPNL)

측정소명	1997												1998					
	1	2	3	4	5	6	7	8	9	10	11	12	1	2	3	4	5	6
J	84.5	84.6	87.2	86.6	88.5	87.9	88.4	88.4	86.5	86.3	89.3	86.7	86.0	86.1	85.9	87.8	87.5	54.6
L	74.0	72.9	76.6	74.1	75.8	73.5	76.0	72.8	74.5	73.8	81.1	73.7	72.4	70.8	71.8	72.3	71.1	72.8
신월동	89.9	89.5	89.0	91.0	90.5	90.8	91.5	91.1	91.2	90.7	90.2	89.5	88.6	88.1	89.5	89.0	89.1	89.5
P	76.6	75.9	77.1	78.5	79.5	82.3	80.8	79.7	78.7	79.4	79.4	78.0	76.6	77.5	77.9	79.7	79.1	79.4

측정소명	1998						1999											
	7	8	9	10	11	12	1	2	3	4	5	6	7	8	9	10	11	12
J	88.2	86.8	87.0	86.6	86.2	85.6	84.5	84.6	84.4	86.2	87.2	86.7	87.6	85.7	87.8	86.6	87.1	85.2
L	73.7	84.1	72.8	73.3	72.4	69.5	71.4	71.6	70.4	72.2	72.6	72.4	74.4	76.6	71.4	72.0	72.9	72.7
신월동	89.7	89.4	88.0	77.7	82.6	82.7	75.1	75.3	75.9	77.2	77.6	77.5	78.7	80.1	84.4	90.4	90.4	89.9
P회사	79.5	80.1	78.7	79.1	78.8	77.5	75.6	76.0	78.1	78.1	79.2	78.9	79.3	79.3	80.2	79.7	79.7	81.0

② 원고들 거주지별 소음도

피고 공사는 뒤에서 보는 바와 같이 소음구역 및 소음도별로 순차적으로 소음대책을 실시하여야 하고, 위와 같은 대책을 실시하기 위한 전제로서 원고들 거주지별 소음도를 파악하고 있는바, 피고들이 인정하는 원고별 구체적 소음도는 별지 제2 목록 중 해당란 기재와 같다.

(라) 소음으로 인한 피해

사람이 일정한 수준 이상의 소음에 장기간 노출된 경우, 만성적인 불안감, 집중력 저하, 잦은 신경질 등의 정신적인 고통을 입게 되고, 회화방해, 전화통화방해, TV·라디오 시청장해, 독서방해나 사고중단, 수면방해 등 일상생활을 정상적으로 영위하는 데에 많은 지장이 있게 되며, 그 정도가 심한 경우 난청이나 이명 등 신체적인 이상이 나타날 가능성이 있다.
(3) 항공기 소음대책
  (가) 일반적인 항공기 소음대책으로 크게는 소음 발생원 대책, 공항주변 대책이 있으며, 소음 발생원 대책으로는 저소음 항공기의 도입, 이·착륙 방식 및 절차의 개선, 야간비행제한 등이, 공항주변 대책으로는 완충녹지 조성, 이주비 지원, 주택방음공사의 보조, TV 수신장애 대책보조, 순회건강진단 등이 있으며, 피고들은 김포공항의 항공기 소음 저감대책의 일환으로서 항공기 심야시간 정비 및 운항규제, 항공기소음 정밀측정조사 및 소음지역 실태조사, 고소음 항공기 운항 전면금지, 항공기 소음대책 공청회 개최, 김포공항 신계류장에 방음벽 설치, 방음시설 설치 기준 및 소음예측 프로그램 개발, 주택방음시설 설치에 관한 주민 설문조사, 주택방음시설 설치 등을 실시하여 오고 있다.
  (나) 서울지방항공청장은 1993. 6. 21. 구 항공법(1997. 12. 13. 법률 제5454호로 개정되기 전의 것) 제107조 제2항에 의해, 김포공항 주변에 대하여 소음피해지역 및 소음피해예상지역을 분류하여 지정·고시하였는바, 위 항공법 규정, 동 시행령(1994. 12. 23. 대통령령 제14438호로 개정되기 전의 것) 제41조 제1항 및 동 시행규칙(1998. 9. 18. 건설교통부령 제148호로 개정되기 전의 것) 제271조에 의해 소음피해지역 또는 소음피해예상지역을 소음 영향도에 따라 제1종 구역, 제2종 구역, 제3종 구역으로 나누었고, 이 중 제3종 구역은 1998. 9. 18. 대통령령 제14438호로 개정된 항공법시행규칙에 의하여 다시 "가"지구와 "나"지구로 세분되었다(이하에서는 위와 같이 세분된 구역을 '소음구역'이라고 한다). 위 시행규칙 제271조에 의하면 구체적으로 소음영향도가 95WECPNL 이상인 지역은 제1종, 90WECPNL 이상 95WECPNL 미만인 지역은 제2종, 90WECPNL 미만인 지역은 제3종(그 중 85WECPNL 이상 90WECPNL 미만인 지역은 "가"지구, 80WECPNL 이상 85 미만인 지역은 "나"지구)이다.
  항공법시행규칙 제272조에 의하면, 항공기 소음피해 방지대책은 소음영향도의 정도에 따라 소음의 정도가 심한 구역 또는 지구부터 순차적으로 시행하되, 제1종 구역에 대해서는 이주대책을, 제2종, 제3종 구역에 대하여는 방음시설의 설치를 주된 대책으로 하고 있으며, 1995. 7월 이후 텔레비전 수신장애대책, 공동시설의 설치지원대책과 방음시설의 설치를 완료한 학교에 대한 냉방시설의 설치 등의 대책이 추가되었다. 이에 따라 피고 공사는 제2, 3종 구역에 대하여 위 소음대책사업을 추진하여 오고 있는데 2001년 말경을 기준으로, 제2종 구역과 제3종 "가"구역 중 89-90WECPNL 지역에 대한 소음대책사업을 완료하고, 3종 "가"구역 중 87-88WECPNL 지역에 대한 소음대책사업을 수행중인바, 원고들에 대한 각 주택방음사업의 실시 여부 및 시기는 별지 제2 목록 중 해당란과 같다.
나. 원고들의 주장
  원고들은, 피고들이 1987. 4. 10. 김포국제공항 내 제2활주로를 설치함에 있어 배후지를 확보하지 않은 설치상의 하자와 항공기의 이착륙 회수를 제한하거나 추가 소음방지시설을 설치하는 등으로 항공기의 소음, 진동 등에 대한 적절한 조치를 취하여야 함에도 이를 이행하지 아니한 관리상의 하자로 말미암아 원고들이 항공기의 소음으로 인한 손해를 입었으므로, 피고 대한민국은 국가배상법 제5조에 의하여, 피고 공사는 민법 제758조에 의하여 이를 배상할 의무가 있다고 주장한다.
다. 손해배상 책임의 발생
  (1) 먼저, 피고들이 김포공항의 설치·관리자인지에 관하여 살펴본다.

(가) 항공법(1961. 3. 7. 법률 제591호)은 제2조에서 "비행장"을 '항공기의 이착륙을 위하여 사용되는 육지, 수면'으로 정의하고, 제33조에서 "교통부장관은 비행장 또는 항공보안시설을 설치한다."고 규정한 이래, 비행장의 설치주체에 관한 항공법상의 규정은 큰 변화 없이 지속되어 왔고, 현행 항공법 역시 제2조 제4호에서 "비행장"을 '항공기의 이륙(이수를 포함한다. 이하, 같다), 착륙(착수를 포함한다. 이하, 같다)을 위하여 사용되는 육지 또는 수면'으로, 같은 조 제5호에서 "공항"을 '공항시설을 갖춘 공공용 비행장으로서 건설교통부장관이 그 명칭·위치 및 구역을 지정·고시한 것'으로, 또 같은 조 제6호에서 "공항시설"을 '항공기의 이륙·착륙 및 여객·화물의 운송을 위한 시설과 그 부대시설 및 지원시설로서 공항구역 안에 있는 시설과 공항구역 밖에 있는 시설 중 대통령령이 정하는 시설로서 건설교통부장관이 지정한 시설'로 각 정의하면서, 제75조에서는 "건설교통부장관이 비행장 또는 항공보안시설을 설치한다.", 제89조에서는 "건설교통부장관은 공항개발사업을 효과적으로 추진하기 위한 공항개발기본계획을 수립, 시행하여야 한다."고 각 규정하여 공항 및 공항 내 활주로의 설치에 관한 권한이 건설교통부장관에게 있는 것으로 규정하고 있다.

(나) 또한, 위 항공법은 1991. 12. 14. 법률 제4435호로 전문 개정되면서, 같은 법 107조 제1항으로 "교통부장관(현행법상 건설교통부장관)은 항공기에 의한 소음의 피해를 방지 또는 저감시킬 필요가 있는 경우에는 대통령령이 정하는 바에 따라 사업시행자 및 공항시설의 관리자로 하여금 소음의 피해를 방지하기 위한 대책을 수립, 시행하도록 할 수 있다."는 규정을 신설하였고, 이에 따라 앞서 본 바와 같은 항공법시행령, 시행규칙상의 항공기 소음방지대책이 수립되는 근거가 되었는바, 위 규정들에 의하면 소음대책은 원칙적으로 건설교통부장관 및 지방항공청장이 수립, 시행하되, 건설교통부장관이 공항시설의 관리자로 하여금 소음대책을 수립, 시행하도록 하게 할 수 있게 하였다.

(다) 한편, 피고 공사는 국제공항관리공단, 한국공항관리공단 및 한국공항공단을 순차로 승계하였음은 앞에서 살펴본 바와 같은바, 국제공항관리공단법 제7조에서는 국제공항관리공단의 사업으로 '① 여객청사 및 화물청사와 그 부대시설 및 지원시설의 관리, 운영과 유지, 보수, ② 활주로 및 계류장의 관리, 운영과 유지, 보수, ③ 관제통신 및 항공보안시설의 유지, 보수, ④ 공항의 조경, 미화 및 조경시설의 설치, 관리와 유지 보수, ⑤ 항공기의 이·착륙시에 발생되는 소음에 대한 방지시설의 설치, 관리와 유지, 보수, ⑥ 위 각 사업에 부대되는 사업과 공항시설의 개량 및 확장 ⑦ 기타 공항시설의 관리, 운영 및 발전을 위하여 교통부장관이 특히 위촉하는 사업' 등을 규정하고 있었고, 위 법은 1990. 4. 7. 한국공항관리공단법으로 바뀌었으며, 1991. 12. 14.에 한국공항관리공단법이 한국공항공단법으로 바뀌면서 한국공항공단의 설립목적으로 '공항시설의 건설'(제1조), 사업 내용으로 '수도권신공항건설사업'(제7조 제5호의2)을 포함시켰다가, 그 후 수도권신공항건설공단법이 제정되면서 위 수도권신공항건설사업은 수도권신공항건설공단으로 이관되었다.

(라) 위 각 규정에 비추어 보면, 원고들이 소음피해의 발생원으로 주장하고 있는 제2활주로의 경우, 위 활주로가 설치된 무렵인 1987년경 활주로의 설치에 관한 권한은 교통부장관(현행법상 건설교통부장관)에게 있었던 반면, 피고 공사의 전신인 국제공항관리공단은 위 활주로 설치에 관하여는 관여할 권한이 없었고, 한편 피고 공사는 교통부장관의 감독하에 소음에 대한 방지시설의 설치, 관리, 유지, 보수 업무(이에는 소음방지대책을 적절하게 수립, 시행할 업무를 포함한다)를 포함한 김포공항의 시설에 대한 관리, 운영 업무를 맡고 있었으므로, 결국 피고 대한민국은 이 사건 김포공항에 대한 설치·관리주체이고, 피고 공사는 관리

주체라 할 것이다.
(2) 다음으로 영조물의 설치·관리상의 하자의 개념에 관하여 보건대, 국가배상법 제5조 제1항 또는 민법 제758조 제1항에서 규정하고 있는 영조물(공작물) 설치·관리의 하자, 즉 영조물이 통상 가져야 할 안전성의 결여란, 해당 영조물을 구성한 물적 시설 자체에 존재하는 물리적, 외형적인 결함 또는 불비로 인하여 그 이용자 및 제3자에게 위해를 발생케 할 위험성이 있는 경우뿐만 아니라, 그 공작물이 공공의 목적 등에 이용됨에 있어 그 이용과 관련하여 이용자 및 제3자에게 사회통념상 참을 수 없는 위해를 발생케 할 위험성이 있는 경우도 포함한다.

그렇다면 김포공항이 항공기 운항이라는 공공의 목적에 이용됨에 있어 그 이용과 관련하여 발생한 소음 등의 침해가 인근 주민인 원고들에게 사회통념상 참을 수 없는 위해를 가할 위험성이 있는지 여부에 따라, 피고들에게 김포공항 설치·관리상의 하자가 있는지 결정될 것이다.

(3) 수인한도(위법성)
　(가) 항공기 소음으로 인한 침해가 어느 정도에 이르러야 사회통념상 참을 수 없는 위해를 발생케 할 위험성이 있어 피고들의 설치·관리상의 하자가 인정되고, 또한 그것이 원고들에게 위법한 권리침해가 되는지에 관하여 살피건대, 이를 판단함에 있어서는 침해행위의 상태와 침해의 정도, 피침해이익의 성질과 내용, 침해행위가 갖는 공공성의 내용과 정도, 침해행위의 개시와 그 후에 계속된 경과 및 상황과 그 사이에 피해의 방지 또는 경감을 위해 가해자가 강구한 조치의 내용·정도 등의 여러 가지 사정을 종합적으로 고려하여야 하고, 이것을 피해자인 원고들 쪽에서 보면, 이 사건과 같이 침해행위가 일상의 생활을 둘러싼 인격권에 대한 위해인 경우에는 사회생활상 일반적으로 수인하는 것이 상당하다고 인정되는 한도를 초과한 것인지의 여부에 따라 결정되어야 할 것이다.
　(나) 그러므로 구체적인 수인한도는 ① 항공기에 의하여 발생한 소음의 정도, ② 원고들이 입은 피해(정신적 고통의 성질 및 정도, 생활방해의 정도 및 신체적 피해의 위험성), ③ 원고들의 거주지역 및 소음구역의 설정 현황, ④ 항공법상의 소음방지 대책의 실시 및 적정성, ⑤ 침해행위의 공공성 및 사회적 가치(항공기에 의한 신속한 물류거래 및 여객 수송은 우리 나라의 경제, 사회, 문화 등 다방면에서의 진보, 향상을 위하여 필수불가결한 요소이고, 또한 그러한 항공수송에 있어 김포공항이 차지하는 비중이 매우 크다는 점), ⑥ 원고들 거주지의 지역적 특수성(원고들의 거주지는 공항주변으로서 이러한 지역에서는 다른 일반 주거지역과 달리 토지 이용관계에 있어 특수성을 인정할 수 있는 점), ⑦ 항공기 소음 이외의 소음원의 존재(위 소음측정치에는 지상 소음도 포함된 것이 있다. 특히, 이 법원의 현장검증 결과에 의하면, 김포시 고촌면 태리 916 일대 전방에는 서울외곽순환도로가 위치하고 있어서, 항공기 운행에 따른 소음 이외에도 위 도로를 운행하는 차량들로 인하여 상당한 정도의 소음이 발생하고 있음을 인정할 수 있다.) 등의 요소에 의해 결정된다.
　(다) 위와 같은 요소들을 종합적으로 고려하여 보면, 이 사건 김포공항 주변의 항공기 소음 피해는, 적어도 소음도 85WECPNL 이상의 소음에 노출된 지역{이는 앞서 살펴 본 환경정책기본법상의 환경소음기준 중 공업지역의 주간 소음도인 70dB(≒83WECPNL)보다 높은 수치이다}에 거주하는 원고들에 대하여 수인한도를 초과한 것으로서 위법성을 띠는 것이라고 인정함이 상당하다(환경정책기본법상 소음규제 기준치는 실체법상 일반 국민의 사법상 권리의무를 발생시키는 효력규정이 아닌 환경행정에 있어 정책과 규제 등을 위한 일종의 공법상 기준이라 할 것이므로, 그 기준의 위반 여부가 막바로 사법상의 위법 여부로 되지는 아니한다 할 것이나, 민사법상 위법 여부의 중요한 하나의 기준은 된다 할 것이다).

(4) 소결론

따라서 피고들은 김포공항을 공동으로 설치 또는 관리하는 주체로서, 소음도 85WECPNL 이상의 소음구역에 거주하는 원고들에 대하여, 원고들이 구하는 기간인 1997. 1. 31.부터 1999. 12. 31.까지의 항공기 운항으로 발생한 소음에 의하여 위 원고들이 입은 손해를 배상할 의무가 있다(원고들은 항공기 소음 이외에도 항공기 배기가스, 항공기 통과로 인한 진동, 항공기의 시운전, 조정작업 등으로 발하는 엔진음이나 착륙시의 역분사음, 이륙 전이나 착륙 후의 유도음 등의 지상소음, 항공기 이륙시의 후풍, 항공기의 추락 위험 등도 이 사건 침해원인으로 주장하고 있으나, 이러한 것들이 원고들에게 위해를 발생케 할 위험성이 있다는 점을 인정할 아무런 증거가 없고, 오히려 이 법원의 현장검증 결과에 의하면 양천구 R연립 1동과 2동에서 항공기가 통과하는 동안 창문의 흔들림은 거의 없었던 사실을 인정할 수 있으므로, 원고들의 위 주장은 이유 없다).

라. 피고들의 주장 및 판단

(1) 피고들은, 이 사건 항공기 소음이 항공기가 운항하는 이상 당연히 발생할 수밖에 없고, 공항을 설치하고 운영하면서 소음의 발생 자체를 방지하는 것은 과학적, 기술적, 물리적으로 불가능하며, 따라서 피고들이 항공법 등 관계 법령과 예산의 범위 내에서 최선의 노력을 다하여 소음대책사업을 수행하여 온 이상 피고들은 김포공항의 설치·관리와 관련된 어떠한 과실도 없다고 주장한다.

살피건대, 피고들이 위에서 인정한 바와 같이 항공법상의 항공기소음대책을 실시하여 온 것은 사실이다. 그러나 영조물의 설치·관리의 하자 유무는 앞에서 본 물리적, 외형적 결함이나 불비 및 그 이용과 관련한 위해를 발생케 할 위험성의 존부에 의하여 결정되고 그 위험성의 존재에 고의, 과실이 있을 것을 요하지 아니할 뿐만 아니라, 항공법상 소음방지대책에 관한 의무이행기간이 명시되어 있지 아니하여 대책을 이행하지 않을 때에는 이를 강제할 방법이 없고, 대책이 불만족스러워도 이의 보충이나 변경을 요구할 수 있는 권리가 보장되지 아니하는 등 소음방지대책이 임의적인 점, 많은 원고들에 대한 방음시설 설치시기가 이 사건 소송이 제기되고 난 이후이어서 원고들이 침해기간으로 특정한 1997년부터 1999년까지의 기간에는 대부분의 원고들에게 소음방지대책이 시행되지 아니한 점, 정치적·경제적 관점에서 결정되는 예산이라는 요소로 손해배상이라는 법적 의무를 판단할 수는 없는 점, 일상 생활의 상당 부분은 방음 시설된 실내뿐만 아니라 실외에서도 이루어지는 점, 방음공사를 실시하였다고 하더라도 소음이 완전히 차단되는 것이 아닌 점, 실내를 밀폐하였을 경우 냉방이나 환기시설이 필요하고 이러한 시설의 유지를 위해서는 비용이 필요한 점 등을 고려하면, 위와 같은 대책의 시행이 후술하는 바와 같이 위자료의 감액 대상이 됨은 별론으로 하고, 대책이 행하여졌다는 이유만으로 관리상의 과실이나 하자가 없다고 볼 수는 없다.

(2) 피고들은, 일부 원고들이 자신들의 거주지가 소음피해지역 또는 소음피해예상지역으로 지정된 지역임을 알고도 위 지정, 고시 후에 입주하였는바, 위 원고들은 충분히 소음피해를 피할 수 있었고, 입주하던 당시에 충분히 소음피해가 있으리라는 사정을 예견할 수 있었음에도 스스로 이를 용인하고 위 지역에 입주하였으므로, 이러한 원고들에게는 피고들이 손해배상책임을 지지 않는다는 이른바 '위험에의 접근' 또는 '선주성'의 이론에 의한 면책을 주장한다.

살피건대, 일부 원고들은 소음피해지역 또는 소음피해예상지역 지정·고시일인 1993. 6. 21. 이후 자신들의 주거지에 전입한 사실은 앞서 살펴본 바와 같고, 이러한 경우 위 원고들은 항공기의 소음으로 인한 피해를 인식하거나 과실로 위 사실을 인식하지 못하고 입주하였다고 봄이 상당하다. 그러나 위 원고들이 위 소음으로 인한 위해로 인하여 정신적 고통을 당하는 경우, 이러한 소음으로 인한 위해 상태를 이용하기 위하여 이주하였다는 등 특히 비난할 사유가 없는 한, 자신들의 거주지가 소음피해지역 또는 소음피해예상지역 내에 있음을 인식하였거나 과실로 인식하지 못한 것만 가지고 소음으로 인한 피해를 용인하였다고 보기는 어렵고, 또한 그것만으로 피고들의 위법한 침해 행위가 위법하지 않게 된다거나, 책임이 소멸한다고는 볼 수 없다. 다만, 손해배상액의 산정에 있어서, 형평의 원칙상 과실상계에 준하여 위자료의 감액 사유로 고려함이 상당하다.

(3) 피고 공사는, 이 사건 청구가 원고들 개개인의 인격권, 환경권의 침해를 원인으로 하고 있고, 원고들 사이에서도 그 개별적인 생활 조건이 각각 달라서 항공기 소음에 노출된 내용, 정도에도 상당한 차이가 있으므로, 위에서 살펴본 피해가 원고들 각각에게 그대로 발생하였는지에 관하여 구체적 입증이 있어야 한다고 주장한다.

살피건대, 생활방해의 경우에도 위법행위와 손해의 발생은 이를 주장하는 자가 입증하여야 하는 것이다. 그러나 정신적 고통 없는 평온, 안전한 일상생활을 영위할 권리는 원고들 개개인의 생활 조건의 차이에 관계없이 기본적인 부분에 있어서는 동일하기 때문에, 그 침해로 인한 정신적 고통의 성질 및 정도, 신체적 피해의 위험성 및 생활방해도 구체적 내용에 있어서 약간의 차이가 있을지는 몰라도 그 주요 부분에 있어서는 동일하다고 볼 수 있고, 일정한 정도 이상의 소음에 노출된 원고들이 위에서 적시한 피해를 입을 위험이 있음은 여러 연구 결과에 비추어 또는 경험칙상 인정할 수 있으므로(피해자측의 개별적 사정은 주거지역 및 해당지역에 있어서 거주기간을 참작하는 것으로 족하다), 결국 피고들의 위 주장은 이유 없다.

2. 손해배상책임의 범위

가. 손해액의 산정방법

(1) 우선, 배상청구가 가능한 기간에 대해서 살펴보면, 원래 앞에서 인정한 기준을 초과하는 소음에 노출된 원고들의 거주기간 전부가 배상청구 가능기간이라 할 것인데, 원고들은 위 기간 중에서도 1997. 1. 31.부터 1999. 12. 31.까지의 기간의 침해에 대해서만 배상청구를 하고 있으므로(이는 소멸시효를 고려한 것으로 보인다), 결국 1997. 1. 31.부터 1999. 12. 31.까지의 기간 중 원고들이 거주한 기간 동안의 침해에 대하여 손해배상액을 정하기로 한다(원고들이 거주한 기간을 계산할 때, 그 달의 1일부터 거주하지 않았더라도 그 달 전부를 거주한 것으로 본다. 단, 1997. 1월은 1개월로 계산하지 않는다).

(2) 김포공항 주변 지역에서 항공기로 인한 소음의 정도가 수인한도를 초과한 지역은 소음도 85WECPNL 이상의 지역이라 할 것인데, 이에는 소음구역 중 제1종, 제2종, 제3종 "가"구역이 포함됨은 앞에서 살펴 본 바와 같고, 원고들이 거주하는 각 소음구역별 위자료 액수는, 항공기에 의하여 발생한 소음의 정도, 원고들이 입은 피해, 원고들의 거주지역 및 소음구역의 설정 현황 등을 고려하여, 제2종 구역에 거주하는 원고들에 대하여는 월 금 50,000원, 제3종 "가"구역에 거주하는 원고들에 대하여는 월 금 30,000만 원으로 봄이 상당하다.

(3) 한편, 앞에서 살펴 본 바와 같이, 피고들이 원고들에 대하여 소음방지대책을 하였는지의 여부(여기서는 주택방음공사를 완료하였는지 여부만을 그 기준으로 삼기로 하고, 주택방음공사 완료시점이 불분명한 경우에는 1999. 12. 31. 이후에 공사가 완료된 것으로 본다.)에 따라 소음방지대책이 행하여진 이후의 기간(시설이 완공된 날이 속하는 달은 소음방지대책이 행하여진 달로 본다.)에 대하여는 위 손해액 중 50%를 감액하기로 한다.

(가) 항공법(1991. 12. 14. 법률 제4435호로 전문 개정) 제107조 제3항, 항공법시행령(1992.

8. 17. 대통령령 제13710호로 전문 개정) 제42조 제1항, 항공법시행규칙(1993. 2. 13. 교통부령 제999호로 전문 개정) 제274조 [별표 29]에 의하면 제3종구역에서는 방음시설의 설치를 조건으로 하지 않는 한 건물 신축이나 증·개축의 허가를 얻을 수 없는데, 을 나 제33호증의 기재에 의하면, 원고 A는 소음피해예상구역으로 지정, 고시된 후인 1995. 12. 18. 제3종 "가"구역 내에서 건물을 신축한 사실을 인정할 수 있으므로, 이에 대하여는 방음시설을 설치할 의무가 없고, 따라서 위 원고에 대해서는 1997. 1. 31. 이전에 주택방음공사가 완료된 것으로 본다.

(나) 또한 을 나 제65의 2, 제56호증의 1, 2의 각 기재에 의하면, 원고 S, T, U는, 1999. 5. 10.까지 주택방음시설 설치공사 신청을 할 것을 안내하는 문서를 같은 해 4월경에 받았음에도 불구하고, 원고 S, T는 주택방음시설 설치 공사를 신청하지 아니하였고, 원고 U는 2001. 6. 26.에야 비로소 방음시설설치를 신청한 사실을 인정할 수 있으므로, 위 원고들에 대하여는 1999. 5. 11. 이후 주택방음공사가 완료된 것으로 본다(피고들은 원고 V에 대하여도 위와 같은 안내문을 발송하였다고 주장하고 있으나, 이를 인정할 아무런 증거가 없으므로, 위 원고에 대하여는 감액하지 않는다).

(4) 원고들 중에서 소음피해지역 또는 소음피해예상지역 지정·고시일인 1993. 6. 21. 이후에 자신들의 주거지에 전입한 원고들에 대하여는, 앞서 살펴본 바와 같이 항공기의 소음으로 인한 피해를 인식하거나 과실로 위 사실을 인식하지 못하고 입주하였다고 봄이 상당하므로, 이를 참작하여 전입일 이후의 기간에 대하여는 위 손해액의 30%를 감액한다.

(5) 한편, 을 나 제26호증의 기재에 변론의 전취지를 더하면, 원고 W는 피고 공사를 상대로 하여 이 사건과 동일한 청구원인으로 인천지방법원 부천지원 95가합1865 손해배상 청구사건을 제기하여 1998. 12. 4. 위 법원으로부터 패소판결을 받고, 위 판결은 같은 달 30. 확정된 사실, 위 사건의 변론종결일은 1998. 9. 25.인 사실을 각 인정할 수 있으므로, 원고 W는 위 판결의 기판력이 미치지 않는 1998. 9. 26.부터의 기간에 대하여 손해배상을 청구할 수 있다고 보아야 한다(다만, 위자료 액수에 있어서는 피고 대한민국과 피고 공사에 대하여 같은 액수로 산정하므로, 위 원고에 대한 패소 부분을 주문에 따로 선고하지는 아니한다).

나. 소결론

원고들의 거주지역, 거주기간, 소음구역, 전입일자, 소음대책의 실시 여부 등 구체적 손해배상액을 계산하기 위한 자료 및 그 산정방법은 별지 제2 목록과 같고, 그에 따른 원고별 구체적 손해배상액은 별지 제1 목록과 같으므로, 피고들은 각자 별지 제1 목록 기재 원고들에게 각 손해배상금으로서 위 목록 기재 금원 및 이에 대하여 각 불법행위일 이후로서 원고들이 구하는 바에 따라 이 사건 소장부본 송달일 다음날임이 기록상 분명한 2000. 2. 9.부터 피고들이 그 손해배상의무의 존부 및 범위에 관하여 항쟁함이 상당한 이 사건 판결선고일인 2002. 5. 14.까지는 민법에서 정하는 연 5%의, 그 다음날부터 다 갚는 날까지는 소송촉진등에관한특례법에서 정하는 연 25%의 각 비율로 계산한 지연손해금을 지급할 의무가 있다.

3. 결 론

그렇다면 별지 제1 목록 기재 원고들의 피고들에 대한 청구는 위 인정범위 내에서 이유 있어 이를 인용하고, 위 원고들의 피고들에 대한 각 나머지 청구 및 원고 B, C, D, E, F, G, H, I의 피고들에 대한 각 청구는 모두 이유 없어 기각하기로 하여 주문과 같이 판결한다.

판사   손윤하(재판장) 이영창 김동완

☞ 대법원 2005. 1. 27. 선고 2003다49566 판결 23p 참조

[참조] 서울지방법원 2002. 1. 9. 선고 2001나29253 판결 / 서울지방법원 2002. 8. 20. 선고 2000가합29887 판결

(가) 항공회사

[참조] 서울지방법원 2002. 8. 20. 선고 2000가합29887 판결

(나) 공항의 설치·관리자

> ☞ **(구)항공법**
>
> 제9조 (등록증명서의 발급) 국토교통부장관은 제8조에 따라 항공기를 등록하였을 때에는 신청인에게 항공기 등록증명서를 발급하여야 한다. <개정 2013. 3. 23.> [전문개정 2009. 6. 9.]

> ☞ **(구)항공법**
>
> 제75조 (비행장 및 항행안전시설의 설치) ① 국토교통부장관은 비행장 또는 항행안전시설(제89조부터 제91조까지, 제94조부터 제105조까지, 제105조의2부터 제105조의5까지, 제106조, 제106조의2, 제108조의2, 제110조 및 제111조에 따라 설치하는 비행장시설 또는 항행안전시설 외의 것을 말한다. 이하 같다)을 설치한다. <개정 2010. 3. 22., 2013. 3. 23.>
> ② 국토교통부장관 외에 비행장 또는 항행안전시설을 설치하려는 자는 국토교통부령으로 정하는 바에 따라 국토교통부장관의 허가를 받아야 한다. 이 경우 국토교통부장관은 허가할 때 시설의 설치에 필요한 조건을 붙일 수 있다. <개정 2013. 3. 23.>
> ③ 제1항 및 제2항에 따른 비행장 및 항행안전시설의 설치기준 등 그 설치에 필요한 사항은 대통령령으로 정한다.
> [전문개정 2009. 6. 9.]

> ☞ **(구)항공법**
>
> 제89조 (공항개발 중장기 종합계획의 수립 등) ① 국토교통부장관은 공항개발사업을 체계적이고 효율적으로 추진하기 위하여 5년마다 다음 각 호의 사항이 포함된 공항개발 중장기 종합계획(이하 "종합계획"이라 한다)을 수립하여야 한다. <개정 2013. 3. 23.>
>   1. 항공 수요의 전망
>   2. 권역별 공항개발에 관한 중장기 기본계획

3. 투자 소요 및 재원조달방안
4. 그 밖에 중장기 공항개발에 관한 사항

② 국토교통부장관이 공항개발사업을 시행하려는 경우에는 종합계획에 따라 개발하려는 공항의 공항개발기본계획(이하 "기본계획"이라 한다)을 다음 각 호의 사항을 포함하여 수립·시행하여야 한다. <개정 2012. 1. 26., 2013. 3. 23.>
 1. 공항개발예정지역
 2. 공항의 규모 및 배치
 3. 운영계획
 4. 재원조달방안
 5. 환경관리계획
 6. 그 밖에 공항개발에 필요한 사항

③ 국토교통부장관이 종합계획 또는 기본계획을 수립하려는 경우에는 관할 지방자치단체의 장의 의견을 들은 후 관계 중앙행정기관의 장과 협의하여야 한다. <개정 2013. 3. 23.>

④ 국토교통부장관은 관계 행정기관의 장에게 종합계획 또는 기본계획의 수립 또는 변경에 필요한 자료를 요구할 수 있다. 이 경우 요구를 받은 관계 행정기관의 장은 특별한 사유가 없으면 이에 협조하여야 한다. <개정 2013. 3. 23.>

[전문개정 2009. 6. 9.]

☞ (구)항공법

제107조 (공항시설사용료) ① 공항운영자는 그가 운영하는 공항의 공항시설을 사용하거나 이용하는 자로부터 사용료를 징수할 수 있다.

① 일반불법행위책임

☞ 민 법

제750조 (불법행위의 내용) 고의 또는 과실로 인한 위법행위로 타인에게 손해를 가한 자는 그 손해를 배상할 책임이 있다.

☞ 국가배상법

제2조 (배상책임) ① 국가나 지방자치단체는 공무원 또는 공무를 위탁받은 사인(이하 "공무원"이라 한다)이 직무를 집행하면서 고의 또는 과실로 법령을 위반하여 타인에게 손해를 입히거나, 「자동차손해배상 보장법」에 따라 손해배상의 책임이 있을 때에는 이 법에 따라 그 손해를 배상하여야 한다. 다만, 군인·군무원·경찰공무원 또는 예비군대원이 전투·훈련 등 직무 집행과 관련하여 전사(戰死)·순직(殉職)하거나 공상(公傷)을 입은 경우에

본인이나 그 유족이 다른 법령에 따라 재해보상금・유족연금・상이연금 등의 보상을 지급 받을 수 있을 때에는 이 법 및 「민법」에 따른 손해배상을 청구할 수 없다. <개정 2009. 10. 21., 2016. 5. 29.>
② 제1항 본문의 경우에 공무원에게 고의 또는 중대한 과실이 있으면 국가나 지방자치단체는 그 공무원에게 구상(求償)할 수 있다.
③ 제1항 단서에도 불구하고 전사하거나 순직한 군인・군무원・경찰공무원 또는 예비군대원의 유족은 자신의 정신적 고통에 대한 위자료를 청구할 수 있다. <신설 2025. 1. 7.> [전문개정 2008. 3. 14.]

[참조] 인천지방법원 부천지원 1998. 12. 4. 선고 95가합1865 판결

② 영조물책임

☞ 민 법

제758조 (공작물등의 점유자, 소유자의 책임) ① 공작물의 설치 또는 보존의 하자로 인하여 타인에게 손해를 가한 때에는 공작물점유자가 손해를 배상할 책임이 있다. 그러나 점유자가 손해의 방지에 필요한 주의를 해태하지 아니한 때에는 그 소유자가 손해를 배상할 책임이 있다.
② 전항의 규정은 수목의 재식 또는 보존에 하자있는 경우에 준용한다.
③ 전2항의 경우 점유자 또는 소유자는 그 손해의 원인에 대한 책임있는 자에 대하여 구상권을 행사할 수 있다. <개정 2022. 12. 13.>

☞ 국가배상법

제5조 (공공시설 등의 하자로 인한 책임) ① 도로・하천, 그 밖의 공공의 영조물(營造物)의 설치나 관리에 하자(瑕疵)가 있기 때문에 타인에게 손해를 발생하게 하였을 때에는 국가나 지방자치단체는 그 손해를 배상하여야 한다. 이 경우 제2조제1항 단서, 제3조 및 제3조의2를 준용한다.

제3장   소음・진동 (법제처 법령해석사례)

[사례   1] 서울특별시 종로구・서울특별시 마포구・부산광역시 부산진구・경기도 광명시 - 생활소음・진동 규제 기준이 적용되는 공사장의 범위(「소음・진동관리법 시행규칙」 별표 8 제1호가목・나목 등 관련)

안건번호23-1037 회신일자2023-12-20

1. 질의요지

「소음·진동관리법」 제21조제1항에서는 특별자치시장·특별자치도지사 또는 시장·군수·구청장(이하 "시장·군수등"이라 함)은 주민의 조용하고 평온한 생활환경을 유지하기 위해 사업장 및 공사장 등에서 발생하는 소음(각주: 산업단지나 「소음·진동관리법 시행규칙」 제20조제1항 각 호의 지역에서 발생하는 소음은 제외하며, 이하 같음.)(이하 "생활소음"이라 함)을 규제해야 한다고 규정하고 있고, 같은 조 제2항에서는 같은 조 제1항에 따른 생활소음의 규제대상 및 규제기준은 환경부령으로 정한다고 규정하고 있으며, 그 위임에 따라 마련된 같은 법 시행규칙 제20조제2항제3호에서는 같은 조 제1항 각 호의 지역(각주: 「산업입지 및 개발에 관한 법률」 제2조제8호에 따른 산업단지(「국토의 계획 및 이용에 관한 법률」 제36조에 따른 주거지역과 상업지역 제외)(제1호), 「국토의 계획 및 이용에 관한 법률 시행령」 제30조에 따른 전용공업지역(제2호), 「자유무역지역의 지정 및 운영에 관한 법률」 제4조에 따라 지정된 자유무역지역(제3호), 생활소음·진동이 발생하는 공장·사업장 또는 공사장의 부지 경계선으로부터 직선거리 300미터 이내에 주택(사람이 살지 아니하는 폐가는 제외한다), 운동·휴양시설 등이 없는 지역(제4호)) 외의 공사장(이하 "공사징"이라 함)에서 발생하는 소음을 규제대상 생활소음으로 규정하면서, 같은 규칙 별표 8 제1호가목·나목에서는 공사장 소음의 규제기준을 시간대(각주: 아침, 저녁(05:00~07:00, 18:00~22:00), 주간(07:00~18:00), 야간(22:00~05:00))별로 일정 데시벨[dB(A)] 이하로 규정하고 있는바, 집합건물 내 일부 구분점포(각주: 「집합건물의 소유 및 관리에 관한 법률」 제1조의2제1항에 따른 구분점포를 말하며, 이하 같음.)에서 「건축법」 제2조제1항제10호에 따른 '리모델링(각주: 건축물의 노후화를 억제하거나 기능 향상 등을 위하여 대수선하거나 건축물의 일부를 증축 또는 개축하는 행위를 말하며, 이하 같음.)'을 위한 공사(이하 "리모델링 공사"라 함)를 하는 경우, 해당 리모델링 공사장(각주: 리모델링 공사를 하는 집합건물 내 구분점포는 소음·진동관리법령에 따른 '공사장'임을 전제함.)에서 발생하는 소음으로서 '동일 집합건물 안'의 다른 구분점포 등에 미치는 소음에 대하여 「소음·진동관리법 시행규칙」 별표 8 제1호가목·나목 중 소음원이 '공사장'인 경우의 생활소음 규제기준이 적용되는지?

2. 회답

이 사안의 경우, 해당 리모델링 공사장에서 발생하는 소음으로서 '동일 집합건물 안'의 다른 구분점포 등에 미치는 소음에 대해서도 「소음·진동관리법 시행규칙」 별표 8 제1호가목·나목 중 소음원이 '공사장'인 경우의 생활소음 규제기준이 적용됩니다.

3. 이유

먼저 「소음·진동관리법」 제21조에서는 시장·군수등은 주민의 조용하고 평온한 생활환경을 유지하기 위하여 사업장 및 공사장 등에서 발생하는 소음을 규제해야 한다고 규정(제1항)하면서 그 구체적인 규제대상 및 규제기준은 환경부령으로 정하도록 위임(제2항)하였고, 그 위임에 따라 마련된 같은 법 시행규칙 제20조제2항제3호에서는 "공사장"에서 소음이 발생하는 경우 그 소음을 규제대상으로 규정하면서, 같은 규칙 별표 8 제1호에서는 규제대상 지역에 따라 각각 가목(각주: 주거지역, 녹지지역, 관리지역 중 취락지구·주거개발진흥지구 및 관광·휴양개발진흥지구, 자연환경보전지역, 그 밖의 지역에 있는 학교·종합병원·공공도서관) 및 나목(각주: 그 밖의 지역)으로 구분하여 생활소음 규제기준을 정하면서, 소음원이 "공사장"인 경우 동일 건물 안에서 발생하는 소음인지 여부에 대한 구분 없이 소음이 발생하는 시간대별로만 구분하여 생활소음 규제기준을 정하고 있는바, 이 사안 리모델링 공사장에서 발생하는 소음으로서 '동일 집합건물 안'의 다른 구분점포 등에 미치는 소음에 대해서도 같은 규칙 별표 8 제1호가목·나목 중 소음원이 '공사장'인 경우의 생활소음 규제기준이 적용된다는 점은 해당 규정의 문언 및 체계상 명확하다고 할 것입니다.

그리고 「소음·진동관리법」은 공장·건설공사장 등으로부터 발생하는 소음·진동으로 인한 피해를 방지하고 이를 관리하여 모든 국민이 조용하고 평온한 환경에서 생활할 수 있게 함을 목적(각주: 「소음·진동관리법」 제1조(목적) 참조)으로 제정된 법률로, 산업단지 등 일부 지역을 제외한 모든 지역에서의 생활소음·진동을 규제(각주: 1997. 3. 7. 법률 제5303호로 일부개정되고 1997. 9. 8. 시행된 「소음·진동규제법」 개정이유서 참조)하고 소음·진동 등으로 인한 민원을 해소(각주: 2021. 1. 5. 법률 제17843호로 일부개정되고 2021. 7. 6. 시행된 「소음·진동규제법」 개정이유서 및 2013. 8. 13. 법률 제12075호로 일부개정되고 2014. 2. 14. 시행된 「소음·진동규제법」 개정이유서 등 참조)하는 방향으로 입법이 추진되어 왔던 점을 고려하면, 공사장에서 발생하는 소음으로 피해가 발생함에도 불구하고, 그 장소가 소음이 발생하는 공사장과 동일한 건물 내에 위치하였다는 이유로 생활소음 규제기준이 적용되지 않는 것으로 해석할 수는 없다고 할 것입니다.

또한 「소음·진동관리법」 제2조제1호에서는 "소음(騷音)"을 '기계·기구·시설, 그 밖의 물체의 사용 또는 공동주택 등 환경부령으로 정하는 장소에서 사람의 활동으로 인하여 "발생"하는 강한 소리'라고 정의하고 있고, 같은 법 제21조제1항 및 같은 법 시행규칙 제20조제2항에서는 규제 대상 생활소음을 공장·공사장·사업장 등에서 "발생"하는 소음으로 규정하고 있으며, 같은 규칙 별표 8 제1호가목·나목에서는 생활소음의 규제대상 지역을 구분하면서 규제기준을 "소음원"을 기준으로 구분하여 시간대별로 규정하고 있는 점을 고려하면, 소음·진동관리법령에 따른 생활소음은 소리가 "발생"하는 원인을 기준으로 구분되고 규제된다고 볼 수 있는바, 소음원인 "공사장"에 해당하는 이 사안 리모델링 공사장에서 "발생"하여 다른 구분점포 등에 미치는 소음이 단지 동일 건물 안에서 발생한다는 등의 이유로 규제대상 생활소음인지 여부가 달라진다고 볼 수는 없는바, 이 사안의 경우에도 같은 법 시행규칙 별표 8 제1호가목·나목 중 소음원이 공사장인 경우의 생활소음 규제기준이 적용된다고 보아야 합니다.

한편 「소음·진동관리법 시행규칙」 별표 8 비고 제1호에서는 소음의 측정 및 평가기준은 「환경분야 시험·검사 등에 관한 법률」 제6조제1항제2호에 해당하는 분야에 따른 환경오염공정시험기준에서 정하는 바에 따른다고 규정하고 있는데, 같은 호에 따라 소음 및 진동에 대한 환경오염공정시험기준을 규정하고 있는 「소음·진동공정시험기준」(국립환경과학원고시 제2022-79호)에서는 동일 건물 안에서의 공사장 소음에 대하여 그 소음을 측정할 수 있는 방법을 규정하고 있지 않으므로, 동일 건물 안의 공사장에서 발생하는 소음은 「소음·진동관리법 시행규칙」 별표 8 제1호에 따른 생활소음 규제기준의 적용대상이 될 수 없다는 의견이 있으나, 소음·진동관리법령에서 공사장에서 발생하는 소음을 규제대상 생활소음으로 정하여 그 규제기준을 명시적으로 마련하고 있음에도 불구하고, 그 기술적인 측정방법이 마련되어 있지 않다는 이유로 동일 건물 안의 '공사장에서 발생하는 소음'이 규제기준의 적용대상에서 배제된다고 볼 수는 없으므로, 그러한 의견은 타당하다고 보기 어렵습니다.

따라서 이 사안의 경우, 해당 리모델링 공사장에서 발생하는 소음으로서 '동일 집합건물 안'의 다른 구분점포 등에 미치는 소음에 대해서도 「소음·진동관리법 시행규칙」 별표 8 제1호가목·나목 중 소음원이 '공사장'인 경우의 생활소음 규제기준이 적용됩니다.

※ 법령정비 권고사항

공사장에서 발생하는 소음의 규제기준에 관하여 소음이 발생하는 '공사장'의 범위, 동일 건물 안과 밖의 규제기준을 같게 할지 다르게 할지 여부 등을 입법정책적으로 검토하여 보다 명확히 법령에 규정할 필요가 있고, 그에 따라 생활소음 규제기준이 적용되는 소음의 측정 장소 및 방법 등을 구체적으로 마련할 필요가 있습니다.

<관계 법령>

※ 소음·진동관리법

제21조(생활소음과 진동의 규제) ① 특별자치시장·특별자치도지사 또는 시장·군수·구청장은 주민의 조용하고 평온한 생활환경을 유지하기 위하여 사업장 및 공사장 등에서 발생하는 소음·진동(산업단지나 그 밖에 환경부령으로 정하는 지역에서 발생하는 소음과 진동은 제외하며, 이하 "생활소음·진동"이라 한다)을 규제하여야 한다.
② 제1항에 따른 생활소음·진동의 규제대상 및 규제기준은 환경부령으로 정한다.

※ 소음·진동관리법 시행규칙

제20조(생활소음·진동의 규제) ① (생 략)
② 법 제21조제2항에 따른 생활소음·진동의 규제 대상은 다음 각 호와 같다.
  1.·2. (생 략)
  3. 제1항 각 호의 지역 외의 공사장에서 발생하는 소음·진동
  4. (생 략)
③ 법 제21조제2항에 따른 생활소음·진동의 규제기준은 별표 8과 같다.

[사례 2] 민원인 - 농구장에서 물체의 사용 및 사람의 활동으로 인하여 발생하는 강한 소리가 동시에 섞여서 발생하는 경우 '소음'에 해당하는지(「소음·진동관리법」 제2조제1호 등 관련)

안건번호21-0638 회신일자2021-11-18

1. 질의요지

「소음·진동관리법」 제2조제1호에서는 "소음(騷音)"을 기계·기구·시설, 그 밖의 물체의 사용 또는 공동주택(「주택법」 제2조제3호에 따른 공동주택을 말함) 등 환경부령으로 정하는 장소에서 사람의 활동으로 인하여 발생하는 강한 소리로 규정하고 있는바, 농구장(각주: 「소음·진동관리법」 제21조제2항 및 같은 법 시행규칙 제20조제2항제4호에 따른 사업장에 해당하면서 같은 규칙 제2조제2호나목의 사업장에는 해당하지 않는 경우로 전제하며, 이하 같음)에서 "물체(농구공)의 사용으로 인하여 발생하는 강한 소리"와 "물체(농구공)를 사용하는 사람의 활동으로 인하여 발생하는 강한 소리"가 동시에 섞여서 발생하는 경우, 해당 소리 전체가 「소음·진동관리법」 제2조제1호에 따른 소음에 해당하는지?

※ 질의배경

민원인은 위 질의요지에 대한 환경부의 회신 내용에 이견이 있어 법제처에 법령해석을 요청함.

2. 회답

이 사안의 경우 물체의 사용으로 인한 소리와 사람의 활동으로 인한 소리가 섞여서 발생하더라도 그 소리 전체가 「소음·진동관리법」 제2조제1호에 따른 소음에 해당하는 것은 아닙니다.

3. 이유

법령의 문언 자체가 비교적 명확한 개념으로 구성되어 있다면 원칙적으로 더 이상 다른 해석방법은 활용할 필요가 없거나 제한될 수밖에 없다고 할 것인데(각주: 대법원 2009. 4. 23. 선고 2006다81035 판결례 참조), 「소음·진동관리법」 제2조제1호에서는 '소음'을 기계·기구·시설, 그 밖의 물체의 사용 또는 환경부령으로 정하는 장소에서 사람의 활동으로 인하여 발생하는 강한 소리로 정의하고 있고, 같은 법 시행규칙 제2조에서는 「주택법」 제2조제3호에 따른 공동주택(제1호) 및 「음악산업진흥에 관한 법률」 제2조제13호에 따른 노래연습장업 등의 사업장(제2호)을 제한적으로 열거하고 있는바, 사람의 활동으로 인하여 발생하는 강한 소리가 「소음·진동관리법 시행규칙」 제2조제2호 각 목의 어느 하나에 규정된 사업장에서 발생하는 경우만 「소음·진동관리법」에 따른 소음에 해당한다는 것이 문언상 분명하고,(각주: 법제처 2013. 4. 30. 회신 13-0132 해석례 참조) 이는 강한 소리를 발생시키는 사람의 활동이 물체 등의 사용과 동시에 이루어진다고 해도 달리 볼 것은 아닙니다.

또한 「소음·진동관리법」 제21조제1항에서는 특별자치시장·특별자치도지사 또는 시장·군수·구청장은 주민의 조용하고 평온한 생활환경을 유지하기 위하여 사업장 및 공사장 등에서 발생하는 소음·진동을 규제해야 한다고 규정하고 있고, 같은 법 제23조에서는 특별자치시장·특별자치도지사 또는 시장·군수·구청장은 생활소음·진동이 같은 법 제21조제2항에 따른 규제기준을 초과하면 소음·진동을 발생시키는 자에게 작업시간의 조정, 소음·진동 발생 행위의 분산·중지, 방음·방진시설의 설치 등 필요한 조치를 명할 수 있다고 규정하면서(제1항), 그 조치명령을 받은 자가 이를 이행하지 않거나 이행하였더라도 같은 법 제21조제2항에 따른 규제기준을 초과한 경우에는 해당 규제대상의 사용금지, 해당 공사의 중지 또는 폐쇄를 명할 수 있다고 규정하고 있으며(제4항), 이를 위반하는 경우에는 형사처벌 대상으로 규정(같은 법 제57조제4호 및 제58조제4호)하고 있습니다.

이러한 소음·진동관리법령의 규정 체계와 침익적 행정행위의 근거가 되는 행정법규는 엄격하게 해석·적용하여야 하고, 그 행정행위의 상대방에게 불리한 방향으로 지나치게 확장해석하거나 유추해석해서는 안 된다는 점(각주: 대법원 2013. 12. 12. 선고 2011두3388 판결례 참조)에 비추어 볼 때, 「소음·진동관리법」상 소음에 해당하는 '사람의 활동으로 인하여 발생하는 강한 소리'는 같은 법 시행규칙 제2조에 해당하는 장소에서 발생하는 소리로 한정된다고 보아야 할 것인데, 이 사안 농구장은 같은 조 제2호나목에 규정된 '「체육시설의 설치·이용에 관한 법률」 제10조제1항제2호에 따른 신고 체육시설업 중 체육도장업, 체력단련장업, 무도학원업 및 무도장업' 중 어느 하나에 해당하지 않으므로, 해당 농구장에서 사람의 활동으로 인하여 발생하는 강한 소리가 물체의 사용으로 인하여 발생하는 강한 소리와 섞여서 동시에 발생하더라도 그 소리 전체를 「소음·진동관리법」 제2조제1호에 따른 소음으로 볼 수는 없다고 할 것입니다.

따라서 농구장에서 물체의 사용으로 인한 소리와 사람의 활동으로 인한 소리가 섞여서 발생하더라도 그 소리 전체가 「소음·진동관리법」 제2조제1호에 따른 소음에 해당하는 것은 아닙니다.

※ 법령정비 권고사항

이 사안과 같이 기계·기구·시설, 그 밖의 물체의 사용으로 발생하는 소리와 사람의 활동으로 인하여 발생하는 소리가 동시에 섞여서 발생하는 경우 그 소리 전체를 「소음·진동관리법」에 따른 '소음'에 포함하도록 하거나 같은 법 시행규칙 제2조에 따른 장소를 확대할 필요가 있는지를 정책적으로 검토하여 필요시 이에 대한 입법적 보완을 해야 할 것입니다.

<관계법령>

※ 소음·진동관리법
제2조 (정의) 이 법에서 사용하는 용어의 뜻은 다음과 같다.
1. "소음(騷音)"이란 기계·기구·시설, 그 밖의 물체의 사용 또는 공동주택(「주택법」 제2조제3호에 따른 공동주택을 말한다. 이하 같다) 등 환경부령으로 정하는 장소에서 사람의 활동으로 인하여 발생하는 강한 소리를 말한다.
2. ~ 11. (생 략)

※ 소음·진동관리법 시행규칙
제2조 (소음의 발생 장소) 법 제2조제1호에서 "공동주택(「주택법」 제2조제3호에 따른 공동주택을 말한다. 이하 같다) 등 환경부령으로 정하는 장소"란 다음 각 호의 장소를 말한다.
1. 「주택법」 제2조제3호에 따른 공동주택
2. 다음 각 목의 사업장
   가. 「음악산업진흥에 관한 법률」 제2조제13호에 따른 노래연습장업
   나. 「체육시설의 설치·이용에 관한 법률」 제10조제1항제2호에 따른 신고 체육시설업 중 체육도장업, 체력단련장업, 무도학원업 및 무도장업
   다. 「학원의 설립·운영 및 과외교습에 관한 법률」 제2조제1호 및 제2호에 따른 학원 및 교습소 중 음악교습을 위한 학원 및 교습소
   라. 「식품위생법 시행령」 제21조제8호다목 및 라목에 따른 단란주점영업 및 유흥주점영업
   마. 「다중이용업소 안전관리에 관한 특별법 시행규칙」 제2조제3호에 따른 콜라텍업

[사례 3] 「소음·진동규제법」 제2조(공장의 정의) 관련 해석

안건번호05-0121 회신일자2006-01-06

1. 질의요지
「소음·진동규제법」상의 공장은 「산업집적활성화 및 공장설립에 관한 법률」 제16조의 규정에 의하여 등록된 공장만을 의미하는지 여부

2. 회답
「산업집적활성화 및 공장설립에 관한 법률」 제16조의 규정에 의하여 등록된 공장만이 「소음·진동규제법」상의 공장에 해당하는 것이 아닙니다.

3. 이유
○ 「소음·진동규제법」 제2조제7호의 규정에 의하면, "공장"이라 함은 「산업집적활성화 및 공장설립에 관한 법률」 제2조제1호의 공장으로 그 의미를 확정하고 있습니다.
○ 「산업집적활성화 및 공장설립에 관한 법률」 제2조제1호의 규정에 의하면, "공장"이라 함은 건축물 또는 공작물, 물품제조공정을 형성하는 기계·장치 등 제조시설과 그 부대시설(이하 "제조시설등"이라 한다)을 갖추고 대통령령이 정하는 제조업을 영위하기 위한 사업장으로서 대통령령이 정하는 것을 말하고, 동법 시행령 제2조의 규정에 의하면, 「산업집적활성화 및 공장설립에 관한 법률」 제2조제1호의 규정에 의한 제조업의 범위는 「통계법」 제17조의 규정에 의하여 통계청장이 고시하는 표준산업분류에 의한 제조업으로 하고, 「산업집적활성화 및 공장설립에 관한 법률」 제2조제1호의 규정에 의한 공장의 범위에 포함되는 것으로는 제조업을 영위함에 필요한 제조시설(물품의 가공·조립·수리시설을 포함한다. 이하 같다) 및 시험생산시설, 제조업을 영위함에 있어서 그 제조시설의 관리·지원, 종업원의 복지후생을 위하여 당해 공장부지안에 설치하는 부대시설로서 산업자원부령이 정하는 것, 제조업을 영위함에 있어서 관계법령에 의하여 설치가 의무화된 시설 및 위 시설이 설치된 공장부지를 포함하도록 되어 있습니다.

○ 한편, 「산업집적활성화 및 공장설립에 관한 법률」 제13조제1항의 규정에 의하면, 공장건축면적이 500제곱미터이상인 공장의 신설·증설 또는 업종변경(이하 "공장설립등"이라 한다)을 하고자 하는 자는 대통령령이 정하는 바에 의하여 시장·군수 또는 구청장의 승인을 얻도록 되어 있고, 동법 제16조제1항의 규정에 의하면, 시장·군수·구청장 또는 관리기관은 동법 제15조의 규정에 의한 공장설립등의 완료신고를 받은 때에는 산업자원부령이 정하는 바에 의하여 이를 공장등록대장에 등록하도록 하고 있습니다.

○ 이와 같이 「산업집적활성화 및 공장설립에 관한 법률」은 공장을 행정청의 승인을 얻어 신설하고 행정청에 등록을 한 공장과 이러한 승인과 등록을 하지 아니한 공장으로 구별하고 있습니다.

○ 「산업집적활성화 및 공장설립에 관한 법률」 제2조제1호에서 공장을 동법 제16조의 규정에 의하여 등록된 공장만으로 한정하고 있지 아니하므로 「소음·진동규제법」에 의한 공장은 동법이 공장·건설공사장·도로·철도 등으로부터 발생하는 소음·진동으로 인한 피해를 방지하고 소음·진동을 적정하게 관리·규제함으로써 모든 국민이 정온한 환경에서 생활할 수 있도록 하기 위한 것이라는 동법의 취지를 고려할 때, 그 규모 또는 등록 여부에 관계없이 소음·진동을 발생시키는 「산업집적활성화 및 공장설립에 관한 법률」 제2조제1호의 규정에 의한 모든 공장을 그 규제대상으로 삼고 있다고 보는 것이 타당할 것입니다.

○ 따라서 산업의 집적을 활성화하고 공장의 원활한 설립을 지원하며 산업입지 및 산업단지의 체계적 관리를 통하여 지속적인 산업발전 및 균형 있는 지역발전을 도모하기 위하여 일정한 규모 이상의 공장을 등록대상으로 삼고 있는 「산업집적활성화 및 공장설립에 관한 법률」에 의하여 등록된 공장만이 「소음·진동규제법」상의 공장에 해당한다고 할 수 없습니다.

[사례 4] 서울특별시 마포구 - 「소음·진동관리법 시행규칙」 별표 8 제1호가목의 지역에 소재하는 사업장에서 홍보 등을 위해 영업시간 중에 사업장 건물 외벽 옆에 두고 사용하는 이동식확성기소음에 대한 규제 기준(「소음·진동관리법 시행규칙」 제20조제2항제1호 등 관련)

안건번호24-0694 회신일자2024-11-19

1. 질의요지

「소음·진동관리법」 제21조제1항에서는 특별자치시장·특별자치도지사 또는 시장·군수·구청장(이하 "시장등"이라 함)은 주민의 조용하고 평온한 생활환경을 유지하기 위하여 사업장 및 공사장 등에서 발생하는 소음·진동(각주: 산업단지나 그 밖에 환경부령으로 정하는 지역에서 발생하는 소음과 진동은 제외하며, 이하 같음)(이하 "생활소음"이라 함)을 규제하여야 한다고 규정하고 있고, 그 위임에 따라 마련된 같은 법 시행규칙 제20조제2항에서는 생활소음의 규제대상으로 제1호에서 확성기에 의한 소음(각주: 「집회 및 시위에 관한 법률」에 따른 소음과 국가비상훈련 및 공공기관의 대국민 홍보를 목적으로 하는 확성기 사용에 따른 소음의 경우는 제외하며, 이하 같음)(이하 "확성기소음"이라 함), 제4호에서 공장·공사장을 제외한 사업장(이하 "사업장"이라 함)에서 발생하는 소음(이하 "사업장소음"이라 함)을 규정하고 있으며, 같은 규칙 별표 8 제1호가목에서는 주거지역 등의 경우 소음원이 확성기(옥외설치)인 경우와 사업장(기타)인 경우를 구분하여 각각 생활소음 규제기준을 시간대별로 달리 규정하고 있는바,

「소음·진동관리법 시행규칙」 별표 8 제1호가목의 지역에 소재하는 사업장에서 홍보 등을 위해 영업시간 중에만 사업장(각주: 「소음·진동관리법 시행규칙」 별표 8 제1호가목에 해당하는 주거

지역에 위치한 사업장을 전제함) 건물 외벽 옆에 두고 사용하는 이동이 자유로운 확성기(이하 "이동식확성기"라 함)에서 발생하는 소음(이하 "이 사안 이동식확성기소음"이라 함)에 대해 같은 규칙 제20조제2항제1호 및 별표 8 제1호에 따른 확성기소음(옥외설치) 규제기준이 적용되는지 아니면 같은 규칙 제20조제2항제4호 및 별표 8 제1호에 따른 사업장소음(각주: 「소음·진동관리법 시행규칙」 별표 8 제1호 비고 8의 동일 건물에 해당하지 않은 경우를 전제함) 규제기준이 적용되는지?

2. 회답

이 사안 이동식확성기소음에 대해서는 「소음진동관리법 시행규칙」 제20조제2항제4호 및 별표 8 제1호에 따른 사업장소음 규제기준이 적용됩니다.

3. 이유

먼저 이 사안 이동식확성기소음이 「소음·진동관리법 시행규칙」 제20조제2항제4호 및 별표 8 제1호에 따른 사업장소음에 해당하는지를 살펴보면, 「소음·진동관리법」 제21조제1항에서 시장등은 주민의 조용하고 평온한 생활환경을 유지하기 위하여 사업장 및 공사장 등에서 발생하는 소음을 규제하여야 한다고 규정하고 있고, 그 위임에 따라 마련된 같은 법 시행규칙 제20조제2항제4호에서는 공장·공사장을 제외한 사업장에서 발생하는 소음을 생활소음 규제대상으로 규정하고 있는데, "사업장"이란 일정한 장소를 바탕으로 유기적으로 단일하게 조직되어 행하는 경제적 활동단위로서(각주: 대법원 2015. 3. 12. 선고 2012두5176 판결례 참조), "사업장소음"이란 유기적이고 단일하게 조직되어 행하는 경제적 활동을 위한 장소에서 생겨나는 소음을 의미한다고 할 것인바, 해당 사업장의 사업활동을 보다 효율적으로 수행하기 위해서 행하는 홍보 활동을 영업시간 중에 사업장 건물 외벽 옆에 이동식확성기를 두고 함으로써 발생하는 이 사안 이동식확성기소음은 장소적 밀접성과 유기성을 고려할 때, 같은 규칙 제20조제2항제4호 및 별표 8 제1호에 따른 사업장소음 규제기준이 적용된다고 할 것입니다.

다음으로 「소음·진동관리법 시행규칙」 제20조제2항제1호 및 별표 8 제1호에 따른 확성기소음(옥외설치) 규제기준과 같은 규칙 제20조제2항제4호 및 별표 8 제1호에 따른 사업장소음 규제기준 간의 관계를 살펴보면, 같은 규칙 제20조제2항에서는 생활소음 규제대상으로 제1호에서는 "확성기"라는 소음유발매체를 기준으로 하고 있는 반면, 같은 항 제4호에서는 "사업장"이라는 소음유발장소를 기준으로 하고 있고, 소음·진동관리법령에서는 규제대상이 중첩될 경우의 적용관계에 대해 특별히 규정하고 있지 않은바, 이와 같이 서로 다른 기준으로 규제대상을 구분하고 있는 경우 제시된 기준들을 적용할 때에는 해당 규정의 취지와 체계 등을 고려한 조화로운 해석이 필요하다고 할 것입니다.

그런데 ① 구 「환경보전법 시행령」(각주: 1991. 2. 2. 대통령령 제13303호로 타법폐지되기 전의 것을 말함) 제23조의2제2항에서 사업장소음을 "사업장의 작업소음"으로 한정하여 규정했던 것과 달리, 「소음·진동관리법 시행규칙」 제20조제2항제4호에서는 사업장소음을 "사업장에서 발생하는 소음"이라고 규정하여, 홍보 목적이든 작업으로 인한 소음이든 소음의 구체적 유발 원인을 구분하지 않고 사업장에서 나오는 모든 소음을 사업장소음에 포함하도록 하여 사업장소음의 범위를 확대한 점, ② 같은 규칙 별표 8 제1호에서 생활소음 규제기준을 정하면서 가목 및 나목의 지역 모두 확성기소음 중 옥내에서 옥외로 소음이 나오는 경우와 사업장소음(기타)의 경우에는 시간대별 소음 규제기준을 모두 동일하게 규정한 반면, 확성기소음 중 옥외설치된 경우에는 규제기준이 완화되어 있는 점, ③ 종전 「소음·진동규제법 시행규칙」(1991년 2월 2일 총리령 제378호로 제정된 것을 말함) 별표 15 제2호에서는 옥외에 설치한 확성기의 사용기준을 "1회 2분 이내, 15

분 이상의 간격을 두도록" 제한한 바 있었다는 점(각주: 해당 규정은 준수 및 단속의 실효성이 미흡한 점을 고려하여 2010. 6. 30. 환경부령 제374호로 일부개정된 「소음·진동관리법 시행규칙」에서 폐지됨(환경부령 제374호 소음·진동관리법 시행규칙 일부개정령(안)에 대한 입법예고 참조)) 등을 종합적으로 고려하면, 「소음·진동관리법 시행규칙」 제20조제2항제1호 및 별표 8 제1호에 따른 확성기소음(옥외설치) 규제기준과 같은 규칙 제20조제2항제4호 및 별표 8 제1호에 따른 사업장소음 규제기준이 중첩되는 부분에 대해서는 국민이 보다 정온한 환경에서 생활할 수 있는 방향으로(각주: 헌법재판소 2008. 7. 31. 선고 2006헌마711 결정례 참조) 해석할 필요가 있습니다.

이 사안 이동식확성기소음이 「소음·진동관리법 시행규칙」 제20조제2항제1호 및 별표 8 제1호에 따른 확성기소음(옥외설치) 규제기준의 적용을 받는지 살펴보면, 해당 기준은 확성기가 옥외에 설치되어 있을 것을 요건으로 하는데, "사업장"이란 앞서 살펴본 바와 같이 일정한 장소를 바탕으로 유기적으로 단일하게 조직되어 행하는 경제적 활동단위이므로, 같은 규칙 제20조제2항제4호에서의 "사업장"을 사업장이 소재한 건물내부만으로 한정하기 보다는 사업장 소재 건물을 포함하여 사업장 부지 등 사업장 영역에 해당하는 장소를 의미하는 것으로 보아 이러한 사업장(영역)에서 사업활동을 수행하면서 발생하는 소음인 사업장소음과 그 밖의 소음은 구별하여 규제할 필요가 있다는 점에서, 이 사안 이동식확성기소음과 같이 영업시간 중에만 사업장 건물 외벽 옆에 두고 사용하는 이동식확성기소음은 「소음·진동관리법 시행규칙」 제20조제2항제1호 및 별표 8 제1호에 따른 확성기소음(옥외설치) 규제기준의 적용대상에 해당한다고 보기는 어렵습니다.

그리고 「대한민국 헌법」 제35조제1항에서 모든 국민은 건강하고 쾌적한 환경에서 생활할 권리를 가진다고 규정하여 국민의 기본권으로서 환경권을 규정하고 있고, 「소음·진동관리법」은 환경권의 한 내용인 일상생활에서 소음을 제거·방지하여 정온한 환경에서 생활할 권리(각주: 헌법재판소 2008. 7. 31. 선고 2006헌마711 결정례 참조)를 보장하기 위하여(제1조) 제정된 법률로서, 같은 법 제21조제1항에서 사업장 및 공사장 등에서 발생하는 소음 등을 생활소음으로 규제하도록 하였고, 이를 위해 같은 법 시행규칙 제20조 및 별표 8 제1호에서 대상지역, 소음원 및 시간대를 세분하여 각각의 경우 허용되는 소음의 최대치를 규정하였으며, 이러한 규제기준을 위반하는 경우 소음 발생 행위 중지 등의 조치명령(제23조)이나 과태료 부과(제60조제3항제2호의2)의 대상이 될 뿐만 아니라 형벌부과도 가능하도록(제57조제4호 및 제58조제4호) 하고 있고, 같은 법 시행규칙 별표 8 제1호가목에서는 사업장소음의 규제기준을 확성기소음(옥외설치)의 규제기준보다 엄격히 규정하고 있는바, 환경권의 보장을 위하여 특정한 행위를 제한하는 취지의 법규의 내용을 해석할 때에 그 해석은 어디까지나 환경권에 관한 헌법과 환경 관련 법률의 이념에 합치되는 범위 안에서 합목적적으로 행해져야 하는 점(각주: 대법원 1999. 8. 19. 선고 98두1857 전원합의체 판결례 참조)을 고려하면, 이 사안 이동식확성기소음에 대해서는 보다 엄격한 규제기준인 "사업장소음" 기준이 적용된다고 해석하는 것이 국민의 정온한 생활환경을 보장하고자 하는 소음·진동관리법령의 취지에 부합합니다.

따라서 이 사안 이동식확성기소음에 대해서는 「소음진동관리법 시행규칙」 제20조제2항제4호 및 별표 8 제1호에 따른 사업장소음 규제기준이 적용됩니다.

※ 법령정비 권고사항

「소음·진동관리법 시행규칙」 별표 8 제1호의 "옥외설치"의 의미 및 같은 규칙 제20조제2항에 따른 확성기에 의한 소음(제1호)과 공장·공사장을 제외한 사업장에서 발생하는 소음(제4호) 간의 적용관계를 명확히 규정할 필요가 있습니다.

<관계 법령>
※ 소음·진동관리법
제21조 (생활소음과 진동의 규제) ① 특별자치시장·특별자치도지사 또는 시장·군수·구청장은 주민의 조용하고 평온한 생활환경을 유지하기 위하여 사업장 및 공사장 등에서 발생하는 소음·진동(산업단지나 그 밖에 환경부령으로 정하는 지역에서 발생하는 소음과 진동은 제외하며, 이하 "생활소음·진동"이라 한다)을 규제하여야 한다.
② 제1항에 따른 생활소음·진동의 규제대상 및 규제기준은 환경부령으로 정한다.

※ 소음·진동관리법 시행규칙
제20조 (생활소음·진동의 규제) ① (생 략)
② 법 제21조제2항에 따른 생활소음·진동의 규제 대상은 다음 각 호와 같다.
1. 확성기에 의한 소음(「집회 및 시위에 관한 법률」에 따른 소음과 국가비상훈련 및 공공기관의 대국민 홍보를 목적으로 하는 확성기 사용에 따른 소음의 경우는 제외한다)
2. 배출시설이 설치되지 아니한 공장에서 발생하는 소음·진동
3. 제1항 각 호의 지역 외의 공사장에서 발생하는 소음·진동
4. 공장·공사장을 제외한 사업장에서 발생하는 소음·진동
③ 법 제21조제2항에 따른 생활소음·진동의 규제기준은 별표 8과 같다.

[사례 5] 경기도 용인시 - 특정장비를 추가적으로 사용하려는 경우 변경신고를 해야 하는지 여부(「소음·진동관리법」 제22조제2항 등 관련)

안건번호21-0541 회신일자2021-12-07

1. 질의요지
「소음·진동관리법」 제22조제1항, 같은 법 시행규칙 제21조 및 별지 제10호서식에 따라 특정공사의 사전신고를 한 자가 같은 서식의 특정공사 사전신고서 중 "특정장비를 사용하는 기간"란에 기재된 "작업개시 시(時)부터 작업종료 시(時)까지의 시간"(이하 "특정장비 사용시간"이라 함) 외의 시간에 특정장비를 추가적으로 사용(각주: "공사실시기간"란의 내용은 변동되지 않고, "특정장비를 사용하는 기간"란 중 "특정장비 사용시간"만 증가하는 경우를 전제함)하려는 경우 같은 법 제22조제2항에 따라 변경신고를 해야 하는지?
※ 질의배경
경기도 용인시는 위 질의요지와 관련하여 환경부와 이견이 있어 법제처에 법령해석을 요청함.

2. 회답
이 사안의 경우 「소음·진동관리법」 제22조제2항에 따라 변경신고를 해야 합니다.

3. 이유
「소음·진동관리법」 제22조제2항에 따른 변경신고의 대상이 되기 위해서는 같은 법 시행규칙 제21조제4항 각 호에 규정된 사항에 해당해야 하는데, 이 사안에서는 같은 항 제2호의 "특정공사 기간의 연장"에 해당하는지가 문제되는바, 같은 호에서는 "특정공사 기간의 연장"의 의미를 한정하고 있지 않고, 같은 규칙 별지 제10호서식의 특정공사 사전신고서 중 "특정장비를 사용하는 기간"란에는 실제작업일수와 함께 작업개시 시(時)와 작업종료 시(時)를 기재하도록 하고 있어, 특정공사 사전신고를 할 때 특정장비를 사용하는 시간을 신고해야 한다는 점에 비추어 볼 때, 변경신고의 대상인 "특정공사 기간의 연장"에는 사전신고 된 "특정장비 사용시간이 연장"되는 경우가 포함된다고 보아야 합니다.

또한 「소음·진동관리법」 제22조제1항에서는 특정공사를 하려는 경우 사전신고를 하도록 규정하면서, 같은 조 제2항 및 같은 법 시행규칙 제21조제4항에서 규정하는 중요한 사항의 변경이 있

을 경우 변경신고를 하도록 규정하고 있는데, 이는 사전신고를 통해 인근 주민들로 하여금 신고된 기간의 범위 내에서는 특정장비로 인한 소음·진동 피해에 대해 용인하도록 하되, 그 신고된 내용의 변경으로 인해 용인해야 하는 범위를 넘어서 소음·진동이 발생한 경우에 대해서는 변경신고를 하도록 한 것인바, 이 사안과 같이 사전신고한 특정장비 사용시간 외에 추가적으로 특정장비를 사용하여 인근 주민들이 용인해야 하는 범위를 벗어나는 소음·진동이 발생하는 경우에는 변경신고 대상에 해당한다고 보는 것이 사전신고 제도의 취지 및 소음·진동으로 인한 피해를 방지하고 소음·진동을 적정하게 관리하여 모든 국민이 조용하고 평온한 환경에서 생활할 수 있도록 하려는 같은 법의 목적(제1조)에 부합하는 해석입니다.

따라서 이 사안의 경우 「소음·진동관리법」 제22조제2항에 따라 변경신고를 해야 합니다.

※ 법령정비 권고사항

"특정장비 사용시간" 외의 시간에 특정장비를 추가적으로 사용하는 경우, 변경신고가 필요한 "특정공사 기간의 연장"에 포함된다는 점을 「소음·진동관리법」에 명확히 규정할 필요가 있습니다.

<관계 법령>

※ **소음·진동관리법**

제22조 (특정공사의 사전신고 등) ① 생활소음·진동이 발생하는 공사로서 환경부령으로 정하는 특정공사를 시행하려는 자는 환경부령으로 정하는 바에 따라 관할 특별자치시장·특별자치도지사 또는 시장·군수·구청장에게 신고하여야 한다.

② 제1항에 따라 신고를 한 자가 그 신고한 사항 중 환경부령으로 정하는 중요한 사항을 변경하려면 특별자치시장·특별자치도지사 또는 시장·군수·구청장에게 변경신고를 하여야 한다.

③ ~ ⑥ (생 략)

※ **소음·진동관리법 시행규칙**

제21조 (특정공사의 사전신고 등) ① (생 략)

② 법 제22조제1항에 따라 특정공사를 시행하려는 자(도급에 의하여 공사를 시행하는 경우에는 발주자로부터 최초로 공사를 도급받은 자를 말한다)는 해당 공사 시행 전(건설공사는 착공 전)까지 별지 제10호서식의 특정공사 사전신고서에 다음 각 호의 서류를 첨부하여 특별자치시장·특별자치도지사 또는 시장·군수·구청장에게 제출하여야 한다. 다만, 둘 이상의 특별자치시 또는 시·군·구(자치구를 말한다. 이하 같다)에 걸쳐있는 건설공사의 경우에는 해당 공사지역의 면적이 가장 많이 포함되는 지역을 관할하는 특별자치시장·시장·군수·구청장에게 신고하여야 한다.

1. 특정공사의 개요(공사목적과 공사일정표 포함)
2. 공사장 위치도(공사장의 주변 주택 등 피해 대상 표시)
3. 방음·방진시설의 설치명세 및 도면
4. 그 밖의 소음·진동 저감대책

③ (생 략)

④ 법 제22조제2항에서 "환경부령으로 정하는 중요한 사항"이란 다음 각 호와 같다.

1. 특정공사 사전신고 대상 기계·장비의 30퍼센트 이상의 증가
2. 특정공사 기간의 연장
3. 방음·방진시설의 설치명세 변경
4. 소음·진동 저감대책의 변경
5. 공사 규모의 10퍼센트 이상 확대

⑤ ~ ⑧ (생 략)

438 환경소송 실무자료

[사례 6] 국토교통부 - 「주택법」 제21조의5제2항 후단에 따른 "소음 관계 법률"의 의미(「주택법」 제21조의5 등 관련)

안건번호16-0290 회신일자2016-10-24

1. 질의요지

「주택법」 제42조제2항에서는 사업계획승인권자는 대통령령으로 정하는 주택건설지역이 도로와 인접한 경우에는 해당 도로의 관리청(이하 "도로관리청"이라 함)과 소음방지대책을 미리 협의하여야 하고(전단), 이 경우 도로관리청은 소음 관계 법률에서 정하는 소음기준 범위 내에서 필요한 의견을 제시할 수 있다고(후단) 규정하고 있으며, 그 위임에 따른 「주택건설기준 등에 관한 규정」 제9조제5항제1호에서는 주택건설지역이 도로와 인접한 경우란 「도로법」 제11조에 따른 고속국도로부터 300미터 이내에 주택건설지역이 있는 경우를 말한다고 규정하면서, 같은 항 각 호 외의 부분 단서에서는 주택건설지역이 「환경영향평가법 시행령」 별표 3 제1호의 사업구역에 포함된 경우로서 환경영향평가를 통하여 소음저감대책을 수립한 후 도로관리청과 협의를 완료하고 개발사업의 실시계획을 수립한 경우는 제외한다고 규정하고 있는바,

주택건설지역이 고속국도로부터 300미터 이내에 위치하고 주택단지 면적이 30만제곱미터 미만인 주택건설사업의 경우, 도로관리청이 「주택법」 제42조제2항 후단에 따라 의견을 제시할 때 「주택법」에서 정하는 소음기준 범위 내에 한정하여 의견을 제시할 수 있는지, 아니면 「환경정책기본법」 등 다른 소음과 관련된 법률에서 정하는 소음기준 범위 내에서 의견을 제시할 수 있는지?

※ 질의배경
  ○ 민원인은 주택건실지역이 고속국도로부터 300미터 이내에 위치하고 주택단지 면적이 30만제곱미터 미만인 주택건설사업에 적용되는 소음 기준은 무엇인지에 대하여 의문이 있어, 국토교통부를 통하여 법제처에 법령해석을 요청함.

2. 회답

주택건설지역이 고속국도로부터 300미터 이내에 위치하고 주택단지 면적이 30만제곱미터 미만인 주택건설사업의 경우, 도로관리청은 「주택법」 제42조제2항 후단에 따라 의견을 제시할 때 「주택법」에서 정하는 소음기준 범위 내에 한정하여 의견을 제시할 수 있습니다.

3. 이유

「주택법」 제42조제2항에서는 사업계획승인권자는 대통령령으로 정하는 주택건설지역이 도로와 인접한 경우에는 도로관리청과 소음방지대책을 미리 협의하여야 하고(전단), 이 경우 도로관리청은 소음 관계 법률에서 정하는 소음기준 범위 내에서 필요한 의견을 제시할 수 있다고(후단) 규정하고 있고, 그 위임에 따른 「주택건설기준 등에 관한 규정」 제9조제5항제1호에서는 주택건설지역이 도로와 인접한 경우란 「도로법」 제11조에 따른 고속국도로부터 300미터 이내에 주택건설지역이 있는 경우를 말한다고 규정하면서, 같은 항 각 호 외의 부분 단서에서는 주택건설지역이 「환경영향평가법 시행령」 별표 3 제1호의 사업구역에 포함된 경우로서 환경영향평가를 통하여 소음저감대책을 수립한 후 도로관리청과 협의를 완료하고 개발사업의 실시계획을 수립한 경우는 제외한다고 규정하고 있습니다.

한편, 「주택법」 제42조제1항에서는 사업계획승인권자는 주택의 건설에 따른 소음의 피해를 방지하고 주택건설지역 주민의 평온한 생활을 유지하기 위하여 주택건설사업을 시행하려는 사업주체에게 대통령령으로 정하는 바에 따라 소음방지대책을 수립하도록 하여야 한다고 규정하고 있

고, 그 위임에 따른 「주택건설기준 등에 관한 규정」 제9조제1항에서는 주택건설 사업주체는 원칙적으로 실외소음도가 65데시벨 미만이 되도록 소음방지대책을 수립하고(본문), 「국토의 계획 및 이용에 관한 법률」에 따른 도시지역으로서 주택단지 면적이 30만제곱미터 미만이고 같은 항 제2호에 따른 환기설비를 갖춘 경우에는 실내소음도가 45데시벨 이하가 되도록 소음방지대책을 수립할 것을 규정하여(단서) 주택단지 면적 30만제곱미터를 기준으로 소음기준을 설정하고 있는 바, 이 사안은 주택건설지역이 고속국도로부터 300미터 이내에 위치하고 주택단지 면적이 30만제곱미터 미만인 주택건설사업의 경우, 도로관리청이 「주택법」 제42조제2항 후단에 따라 의견을 제시할 때 「주택법」에서 정하는 소음기준 범위 내에 한정하여 의견을 제시할 수 있는지, 아니면 「환경정책기본법」 등 다른 소음 관계 법률에서 정하는 소음기준 범위 내에서 의견을 제시할 수 있는지에 관한 것이라 하겠습니다.

먼저, 「주택법」 제42조제2항 전단에서는 사업계획승인권자는 대통령령으로 정하는 주택건설지역이 도로와 인접한 경우에는 도로관리청과 소음방지대책을 미리 협의하여야 한다고 규정하고 있고, 같은 항 후단에서는 이 경우 도로관리청은 소음 관계 법률에서 정하는 소음기준 범위 내에서 필요한 의견을 제시할 수 있다고 규정하고 있는바, 해당 규정에서는 도로관리청이 사업계획승인권자에게 소음방지대책과 관련하여 "소음 관계 법률"에서 정하는 소음기준 범위 내에서 의견을 제시할 수 있다고 규정하면서도 "소음 관계 법률"이 어떠한 법률을 의미하는 것인지에 대해서는 명확히 규정하지 않고 있으므로, 해당 규정에 따른 "소음 관계 법률"의 의미는 주택법령의 입법 취지와 입법 체계 등을 고려하여 판단하여야 할 것입니다.

그런데, 「주택법」 제42조제2항에서 사업계획승인권자에게 도로관리청과 소음방지대책을 미리 협의하도록 한 취지는 고속도로 및 자동차 전용도로 주변에서 공동주택을 건설하는 경우 도로에서 발생하는 소음으로 인하여 입주자의 피해나 그에 따른 소음분쟁이 급증하고 있음에도 불구하고 「주택법」, 「소음·진동 관리법」, 「환경정책기본법」 등 소음 관련 법령마다 소음기준이 달라서 분쟁의 해결에 어려움이 있는 점을 개선하기 위하여, 사업계획승인권자로 하여금 주택건설지역이 도로와 인접한 경우에는 도로관리청과 소음방지대책을 미리 협의하여야 한다는 의무를 신설하면서(2012. 12. 18. 법률 제11590호로 일부개정되어 2013. 6. 19. 시행된 「주택법」 국회 심사보고서 참조), 다만, 도로관리청이 제시하는 소음방지대책이 주택건설사업의 촉진을 저해하는 것을 방지하기 위하여 「환경영향평가법」이나 「주택법」에서 정한 기준 내에서 의견을 제시할 수 있도록 소음기준의 범위를 제한하려는 데 있다고 할 것입니다(제311회 국회 법안심사제1소위원회 회의록 참조).

다음으로, 「주택건설기준 등에 관한 규정」 제9조제5항제1호에서는 사업계획승인권자가 도로관리청과 소음방지대책을 미리 협의하여야 하는 "주택건설지역이 도로와 인접한 경우"란 「도로법」 제11조에 따른 고속국도로부터 300미터 이내에 주택건설지역이 있는 경우를 말한다고 규정하면서, 같은 항 각 호 외의 부분 단서에서는 주택단지 면적이 30만제곱미터 이상에 해당하여 (「환경영향평가법 시행령」 별표 3 제1호라목 참조) 환경영향평가를 통하여 소음저감대책을 수립한 후 도로관리청과 협의를 완료하고 개발사업의 실시계획을 수립한 경우는 같은 규정 제9조제5항 각 호 외의 부분 본문의 적용 대상에서 제외한다고 규정하고 있는 점에 비추어 볼 때, 「주택건설기준 등에 관한 규정」 제9조제5항도 같은 조 제1항과 같이 주택단지 면적 30만제곱미터 미만인 경우에 사업계획승인권자가 도로관리청과 소음방지에 관하여 협의하여야 할 의무를 규정하고 있다고 보아야 할 것입니다.

그렇다면, 「주택건설기준 등에 관한 규정」 제9조제5항 각 호 외의 부분 및 제1호에 따라 사업계획승인권자는 주택건설지역이 고속국도로부터 300미터 이내에 위치하고 주택단지 면적이 30만 제곱미터 이상인 경우에는 「환경영향평가법」 제5조제1호에 따라 「환경정책기본법」 제12조에 따른 환경기준을 고려한 소음저감대책을 수립하고, 주택단지 면적이 30만제곱미터 미만이어서 환경영향평가대상이 아닌 경우에는 「주택법」에 따른 소음방지대책 협의의무를 부담하게 되는 바, 주택단지 면적 30만제곱미터라는 기준에 따라 「주택법」에 따른 협의의무를 부담하게 되는 경우에는 같은 기준에 따라 소음기준을 정하고 있는 「주택법」 제42조제1항 및 「주택건설기준 등에 관한 규정」 제9조제1항이 「주택법」 제42조제2항 후단에 따른 "소음 관계 법률"에 해당하여 도로관리청은 「주택건설기준 등에 관한 규정」 제9조제1항이 정하는 소음기준 범위 내에서 의견을 제시할 수 있다고 보는 것이 「주택법」 및 「주택건설기준 등에 관한 규정」의 체계와 입법취지에 부합한다고 할 것입니다.

이상과 같은 점을 종합해 볼 때, 주택건설지역이 고속국도로부터 300미터 이내에 위치하고 주택단지 면적이 30만제곱미터 미만인 주택건설사업의 경우, 도로관리청은 「주택법」 제42조제2항 후단에 따라 의견을 제시할 때 「주택법」에서 정하는 소음기준 범위 내에 한정하여 의견을 제시할 수 있다고 할 것입니다.

[사례 7] 서울특별시 마포구 - 「소음·진동관리법 시행규칙」 별표 8 제1호가목의 지역에 소재하는 사업장에서 홍보 등을 위해 영업시간 중에 사업장 건물 외벽 옆에 두고 사용하는 이동식확성기소음에 대한 규제기준(「소음·진동관리법 시행규칙」 제20조제2항제1호 등 관련)

안건번호24-0694 회신일자2024-11-19

1. 질의요지

「소음·진동관리법」 제21조제1항에서는 특별자치시장·특별자치도지사 또는 시장·군수·구청장(이하 "시장등"이라 함)은 주민의 조용하고 평온한 생활환경을 유지하기 위하여 사업장 및 공사장 등에서 발생하는 소음·진동(각주: 산업단지나 그 밖에 환경부령으로 정하는 지역에서 발생하는 소음과 진동은 제외하며, 이하 같음)(이하 "생활소음"이라 함)을 규제하여야 한다고 규정하고 있고, 그 위임에 따라 마련된 같은 법 시행규칙 제20조제2항에서는 생활소음의 규제대상으로 제1호에서 확성기에 의한 소음(각주: 「집회 및 시위에 관한 법률」에 따른 소음과 국가비상훈련 및 공공기관의 대국민 홍보를 목적으로 하는 확성기 사용에 따른 소음의 경우는 제외하며, 이하 같음)(이하 "확성기소음"이라 함), 제4호에서 공장·공사장을 제외한 사업장(이하 "사업장"이라 함)에서 발생하는 소음(이하 "사업장소음"이라 함)을 규정하고 있으며, 같은 규칙 별표 8 제1호가목에서는 주거지역 등의 경우 소음원이 확성기(옥외설치)인 경우와 사업장(기타)인 경우를 구분하여 각각 생활소음 규제기준을 시간대별로 달리 규정하고 있는바,

「소음·진동관리법 시행규칙」 별표 8 제1호가목의 지역에 소재하는 사업장에서 홍보 등을 위해 영업시간 중에만 사업장(각주: 「소음·진동관리법 시행규칙」 별표 8 제1호가목에 해당하는 주거지역에 위치한 사업장을 전제함) 건물 외벽 옆에 두고 사용하는 이동이 자유로운 확성기(이하 "이동식확성기"라 함)에서 발생하는 소음(이하 "이 사안 이동식확성기소음"이라 함)에 대해 같은 규칙 제20조제2항제1호 및 별표 8 제1호에 따른 확성기소음(옥외설치) 규제기준이 적용되는지 아니면 같은 규칙 제20조제2항제4호 및 별표 8 제1호에 따른 사업장소음(각주: 「소음·진동관리법 시행규칙」 별표 8 제1호 비고 8의 동일 건물에 해당하지 않은 경우를 전제함) 규제기준이 적용되는지?

2. 회답

이 사안 이동식확성기소음에 대해서는 「소음진동관리법 시행규칙」 제20조제2항제4호 및 별표 8 제1호에 따른 사업장소음 규제기준이 적용됩니다.

3. 이유

먼저 이 사안 이동식확성기소음이 「소음·진동관리법 시행규칙」 제20조제2항제4호 및 별표 8 제1호에 따른 사업장소음에 해당하는지를 살펴보면, 「소음·진동관리법」 제21조제1항에서 시장등은 주민의 조용하고 평온한 생활환경을 유지하기 위하여 사업장 및 공사장 등에서 발생하는 소음을 규제하여야 한다고 규정하고 있고, 그 위임에 따라 마련된 같은 법 시행규칙 제20조제2항제4호에서는 공장·공사장을 제외한 사업장에서 발생하는 소음을 생활소음 규제대상으로 규정하고 있는데, "사업장"이란 일정한 장소를 바탕으로 유기적으로 단일하게 조직되어 행하는 경제적 활동단위로서(각주: 대법원 2015. 3. 12. 선고 2012두5176 판결례 참조), "사업장소음"이란 유기적이고 단일하게 조직되어 행하는 경제적 활동을 위한 장소에서 생겨나는 소음을 의미한다고 할 것인바, 해당 사업장의 사업활동을 보다 효율적으로 수행하기 위해서 행하는 홍보 활동을 영업시간 중에 사업장 건물 외벽 옆에 이동식확성기를 두고 함으로써 발생하는 이 사안 이동식확성기소음은 장소적 밀접성과 유기성을 고려할 때, 같은 규칙 제20조제2항제4호 및 별표 8 제1호에 따른 사업장소음 규제기준이 적용된다고 할 것입니다.

다음으로 「소음·진동관리법 시행규칙」 제20조제2항제1호 및 별표 8 제1호에 따른 확성기소음(옥외설치) 규제기준과 같은 규칙 제20조제2항제4호 및 별표 8 제1호에 따른 사업장소음 규제기준 간의 관계를 살펴보면, 같은 규칙 제20조제2항에서는 생활소음 규제대상으로 제1호에서는 "확성기"라는 소음유발매체를 기준으로 하고 있는 반면, 같은 항 제4호에서는 "사업장"이라는 소음유발장소를 기준으로 하고 있고, 소음·진동관리법령에서는 규제대상이 중첩될 경우의 적용관계에 대해 특별히 규정하고 있지 않은바, 이와 같이 서로 다른 기준으로 규제대상을 구분하고 있는 경우 제시된 기준들을 적용할 때에는 해당 규정의 취지와 체계 등을 고려한 조화로운 해석이 필요하다고 할 것입니다.

그런데 ① 구 「환경보전법 시행령」(각주: 1991. 2. 2. 대통령령 제13303호로 타법폐지되기 전의 것을 말함) 제23조의2제2항에서 사업장소음을 "사업장의 작업소음"으로 한정하여 규정했던 것과 달리, 「소음·진동관리법 시행규칙」 제20조제2항제4호에서는 사업장소음을 "사업장에서 발생하는 소음"이라고 규정하여, 홍보 목적이든 작업으로 인한 소음이든 소음의 구체적 유발 원인을 구분하지 않고 사업장에서 나오는 모든 소음을 사업장소음에 포함하도록 하여 사업장소음의 범위를 확대한 점, ② 같은 규칙 별표 8 제1호에서 생활소음 규제기준을 정하면서 가목 및 나목의 지역 모두 확성기소음 중 옥내에서 옥외로 소음이 나오는 경우와 사업장소음(기타)의 경우에는 시간대별 소음 규제기준을 모두 동일하게 규정한 반면, 확성기소음 중 옥외설치된 경우에는 규제기준이 완화되어 있는 점, ③ 종전 「소음·진동규제법 시행규칙」(1991년 2월 2일 총리령 제378호로 제정된 것을 말함) 별표 15 제2호에서는 옥외에 설치한 확성기의 사용기준을 "1회 2분 이내, 15분 이상의 간격을 두도록" 제한한 바 있었다는 점(각주: 해당 규정은 준수 및 단속의 실효성이 미흡한 점을 고려하여 2010. 6. 30. 환경부령 제374호로 일부개정된 「소음·진동관리법 시행규칙」에서 폐지됨(환경부령 제374호 소음·진동관리법 시행규칙 일부개정령(안)에 대한 입법예고 참조)) 등을 종합적으로 고려하면, 「소음·진동관리법 시행규칙」 제20조제2항제1호 및 별표 8 제1호에 따른 확성기소음(옥외설치) 규제기준과 같은 규칙 제20조제2항제4호 및 별표 8 제1호에 따른 사업장소음 규제기준이 중첩되는 부분에 대해서는 국민이 보다 정온한 환경에서 생활할 수 있는 방항으로(각주: 헌법재판소 2008. 7. 31. 선고 2006헌마711 결정례 참조) 해석할 필요가 있습니다. 이 사안 이동식확성기소음이 「소음·진동관리법 시행규칙」 제20조제2항제1호 및 별표 8 제1호에 따른 확성기소음(옥외설치) 규제기준의 적용을 받는지 살펴보면, 해당 기준은 확성기가 옥외에 설치되어 있을 것을 요건으로 하는데, "사업장"이란 앞서 살펴본 바와 같이 일정한 장소를 바탕으로 유기적으로 단일하게 조직되어 행하는 경제적 활동단위이므로, 같은 규칙 제20조제2항제4호에서의 "사업장"을 사업장이 소재한 건물내부만으로 한정하기 보다는 사업장 소재 건물을 포함하여 사업장 부지 등 사업장 영역에 해당하는 장소를 의미하는 것으로 보아 이러한 사업장(영역)에서 사업활동을 수행하면서 발생하는 소음인 사업장소음과 그 밖의 소음은 구별하여 규제할 필요가 있다는 점에서, 이 사안 이동식확성기소음과 같이 영업시간 중에만 사업장 건물 외벽 옆에 두고 사용하는 이동식확성기소음은 「소음·진동관리법 시행규칙」 제20조제2항제1호 및 별표 8 제1호에 따른 확성기소음(옥외설치) 규제기준의 적용대상에 해당한다고 보기는 어렵습니다.

그리고 「대한민국 헌법」 제35조제1항에서 모든 국민은 건강하고 쾌적한 환경에서 생활할 권리를 가진다고 규정하여 국민의 기본권으로서 환경권을 규정하고 있고, 「소음·진동관리법」은 환경권의 한 내용인 일상생활에서 소음을 제거·방지하여 정온한 환경에서 생활할 권리(각주: 헌법재판소 2008. 7. 31. 선고 2006헌마711 결정례 참조)를 보장하기 위하여(제1조) 제정된 법률로서, 같은 법 제21조제1항에서 사업장 및 공사장 등에서 발생하는 소음 등을 생활소음으로 규제하도록 하였고, 이를 위해 같은 법 시행규칙 제20조 및 별표 8 제1호에서 대상지역, 소음원 및 시간대를 세분하여 각각의 경우 허용되는 소음의 최대치를 규정하였으며, 이러한 규제기준을 위반하는 경우 소음 발생 행위 중지 등의 조치명령(제23조)이나 과태료 부과(제60조제3항제2호의2)의 대상이 될 뿐만 아니라 형벌부과도 가능하도록(제57조제4호 및 제58조제4호) 하고 있고, 같은 법 시행규칙 별표 8 제1호가목에서는 사업장소음의 규제기준을 확성기소음(옥외설치)의 규제기준보다 엄격히 규정하고 있는바, 환경권의 보장을 위하여 특정한 행위를 제한하는 취지의 법규의 내용을 해석할 때에 그 해석은 어디까지나 환경권에 관한 헌법과 환경 관련 법률의 이념에 합치되는 범위 안에서 합목적적으로 행해져야 하는 점(각주: 대법원 1999. 8. 19. 선고 98두1857 전원합의체 판결례 참조)을 고려하면, 이 사안 이동식확성기소음에 대해서는 보다 엄격한 규제기준인 "사업장소음" 기준이 적용된다고 해석하는 것이 국민의 정온한 생활환경을 보장하고자 하는 소음·진동관리법령의 취지에 부합합니다.

따라서 이 사안 이동식확성기소음에 대해서는 「소음진동관리법 시행규칙」 제20조제2항제4호 및 별표 8 제1호에 따른 사업장소음 규제기준이 적용됩니다.

※ 법령정비 권고사항

「소음·진동관리법 시행규칙」 별표 8 제1호의 "옥외설치"의 의미 및 같은 규칙 제20조제2항에 따른 확성기에 의한 소음(제1호)과 공장·공사장을 제외한 사업장에서 발생하는 소음(제4호) 간의 적용관계를 명확히 규정할 필요가 있습니다.

<관계 법령>
※ 소음·진동관리법
제21조 (생활소음과 진동의 규제) ①특별자치시장·특별자치도지사 또는 시장·군수·구청장은 주민의 조용하고 평온한 생활환경을 유지하기 위하여 사업장 및 공사장 등에서 발생하는 소음·진동(산업단지나 그 밖에 환경부령으로 정하는 지역에서 발생하는 소음과 진동은 제외하며, 이하 "생활소음·진동"이라 한다)을 규제하여야 한다.
② 제1항에 따른 생활소음·진동의 규제대상 및 규제기준은 환경부령으로 정한다.

※ 소음·진동관리법 시행규칙

제20조 (생활소음·진동의 규제) ① (생 략)
　② 법 제21조제2항에 따른 생활소음·진동의 규제 대상은 다음 각 호와 같다.
　　1. 확성기에 의한 소음(「집회 및 시위에 관한 법률」에 따른 소음과 국가비상훈련 및 공공기관의 대국민 홍보를 목적으로 하는 확성기 사용에 따른 소음의 경우는 제외한다)
　　2. 배출시설이 설치되지 아니한 공장에서 발생하는 소음·진동
　　3. 제1항 각 호의 지역 외의 공사장에서 발생하는 소음·진동
　　4. 공장·공사장을 제외한 사업장에서 발생하는 소음·진동
　③ 법 제21조제2항에 따른 생활소음·진동의 규제기준은 별표 8과 같다.

[사례 8] 경상남도 창원시 - 「학교보건법」 제6조제1항제1호의 ""「소음·진동관리법」에 따른 규제기준"의 범위(「학교보건법」 제6조제1항제1호 등 관련)

안건번호17-0116 회신일자2017-05-29

1. 질의요지

「학교보건법」(2016. 3. 2. 법률 제14055호로 개정되어 2016. 9. 3. 시행된 것을 말함. 이하 같음) 제6조제1항제1호에서는 누구든지 학교환경위생 정화구역에서는 「대기환경보전법」, 「악취방지법」 및 「수질 및 수생태계 보전에 관한 법률」에 따른 배출허용기준 또는 「소음·진동관리법」에 따른 규제기준을 초과하여 학습과 학교보건위생에 지장을 주는 행위 및 시설을 하여서는 아니 된다고 규정하고 있습니다.

한편, 「소음·진동관리법」 제7조제1항에서는 소음·진동 배출시설(이하 "배출시설"이라 함)을 설치한 공장에서 나오는 소음·진동의 배출허용기준(이하 "공장 소음·진동 배출허용기준"이라 함)은 환경부령으로 정한다고 규정하고 있고, 같은 법 제21조제1항에서는 특별자치시장·특별자치도지사 또는 시장·군수·구청장(구청장은 자치구의 구청장을 말함. 이하 "시장·군수·구청장"이라 함)은 주민의 정온한 생활환경을 유지하기 위하여 사업장 및 공사장 등에서 발생하는 소음·진동(산업단지나 그 밖에 환경부령으로 정하는 지역에서 발생하는 소음과 진동은 제외하며, 이하 "생활 소음·진동"이라 함)을 규제하여야 한다고 규정하고 있는바,

「학교보건법」 제6조제1항제1호의 ""「소음·진동관리법」에 따른 규제기준"에 「소음·진동관리법」 제21조제1항에 따른 생활 소음·진동의 규제 외에 같은 법 제7조제1항에 따른 공장 소음·진동 배출허용기준도 포함되는지?

※ 질의배경
　○ 창원시는 특정 공장이 「소음·진동관리법」 제7조제1항에 따른 공장 소음 배출허용기준을 초과한 것이 「학교보건법」 제6조제1항제1호에 따른 "「소음·진동관리법」에 따른 규제기준"을 초과한 것에 해당하는지에 관하여 교육부에 질의하였고, 교육부로부터 「소음·진동관리법」에 따른 규제기준에 생활 소음·진동 규제 외에 같은 법 제7조제1항에 따른 공장 소음·진동 배출허용기준도 포함된다는 회신을 받자, 이에 이의가 있어 법제처에 법령해석을 요청함.

2. 회답

「학교보건법」 제6조제1항제1호의 ""「소음·진동관리법」에 따른 규제기준"에는 「소음·진동관리법」 제21조제1항에 따른 생활 소음·진동의 규제 외에 같은 법 제7조제1항에 따른 공장 소음·진동 배출허용기준도 포함됩니다.

3. 이유

「학교보건법」 제6조제1항제1호에서는 누구든지 학교환경위생 정화구역에서는 「대기환경보전

법」, 「악취방지법」 및 「수질 및 수생태계 보전에 관한 법률」에 따른 배출허용기준 또는 「소음·진동관리법」에 따른 규제기준을 초과하여 학습과 학교보건위생에 지장을 주는 행위 및 시설을 하여서는 아니 된다고 규정하고 있고, 「소음·진동관리법」 제7조제1항에서는 배출시설을 설치한 공장에서 나오는 공장 소음·진동 배출허용기준은 환경부령으로 정한다고 규정하고 있으며, 같은 법 제21조제1항에서는 시장·군수·구청장은 주민의 정온한 생활환경을 유지하기 위하여 생활 소음·진동을 규제하여야 한다고 규정하고 있는바,

이 사안은 「학교보건법」 제6조제1항제1호의 "「소음·진동관리법」에 따른 규제기준"에 「소음·진동관리법」 제21조제1항에 따른 생활 소음·진동 규제 외에 같은 법 제7조제1항에 따른 공장 소음·진동 배출허용기준도 포함되는지에 관한 것이라 하겠습니다.

먼저, 「학교보건법」 제6조제1항제1호에서는 누구든지 학교환경위생 정화구역에서는 「소음·진동관리법」에 따른 규제기준을 초과하여 학습과 학교보건위생에 지장을 주는 행위 및 시설을 하여서는 아니 된다고 규정하면서 규제기준의 범위를 명시하고 있지는 않아 「소음·진동관리법」에 따른 규제가 무엇인지에 대하여 살펴볼 필요가 있다고 할 것인데, 행정규제에 관한 기본적인 사항을 규정하고 있는 「행정규제기본법」에 따르면 "행정규제(이하 "규제"라 함)"란 국가나 지방자치단체가 특정한 행정 목적을 실현하기 위하여 국민의 권리를 제한하거나 의무를 부과하는 것으로서 법률·대통령령·총리령·부령과 그 위임을 받은 고시 등(이하 "법령등"이라 함)이나 조례·규칙에 규정되는 사항을 말하고(제2조제1항제1호), 이러한 규제의 구체적인 범위에 대해서 「행정규제기본법 시행령」 제2조에서는 과태료 부과 등 행정의무의 이행을 확보하기 위하여 행정기관이 행하는 행정처분 또는 감독에 관한 사항(제2호), 영업 등과 관련하여 일정한 작위 또는 부작위의무를 부과하는 사항(제3호), 기타 국민의 권리를 제한하거나 의무를 부과하는 행정행위에 관한 사항(제4호) 등으로서 법령등 또는 조례·규칙에 규정되는 사항이라고 규정하고 있습니다.

그런데, 「소음·진동관리법」은 공장·건설공사장·도로·철도 등으로부터 발생하는 소음·진동으로 인한 피해를 방지하고 소음·진동을 적정하게 관리하여 모든 국민이 조용하고 평온한 환경에서 생활할 수 있게 함을 목적으로 하는 법률로서(제1조), 같은 법에서는 소음·진동의 발생원별로 공장 소음·진동(제2장), 생활 소음·진동(제3장), 교통 소음·진동(제4장), 항공기 소음(제5장) 등으로 각각 나누어 관리와 규제를 하고 있는데, 특히 이 사안에서 문제되고 있는 생활 소음·진동과 공장 소음·진동에 대하여 살펴보면, 제3장에서는 사업장 및 공사장 등에서 발생하는 생활 소음·진동에 대한 규제기준(제21조)을 마련하여, 이러한 생활 소음·진동의 규제기준을 초과한 자에 대한 조치명령(제23조)을 하거나 과태료를 부과(제60조제2항)하고 있을 뿐만 아니라, 제2장에서는 소음·진동 배출시설을 설치한 공장에서 나오는 공장 소음·진동 배출허용기준(제7조)을 정하여, 사업자에게 배출허용기준의 준수 의무(제14조)를 부과하면서, 공장 소음·진동 배출허용기준을 초과하는 사업자에게 개선명령(제15조)을 할 수 있도록 하고 배출시설의 설치허가를 취소(제17조)하거나 과태료를 부과(제60조제2항)하도록 규정하고 있는 점에 비추어 볼 때, 「소음·진동관리법」 제21조제1항에 따른 생활 소음·진동 규제뿐만 아니라 같은 법 제7조제1항에 따른 공장 소음·진동 배출허용기준 모두 소음·진동을 적정하게 관리하려는 행정 목적을 실현하기 위하여 사업자 등에게 규제기준이나 배출허용기준을 준수하도록 의무를 부과하고 이를 위반하는 경우 의무이행을 확보하기 위하여 과태료 등이 부과되는 행정규제기본법령에 따른 규제에 해당한다고 할 것입니다.

또한, 규제심사를 내실화하기 위하여 기존 규제에 대하여 존속기한 또는 재검토기한을 설정하여 법령에 규제하도록 하는 내용으로 「행정규제기본법」이 개정됨에 따라 함께 개정(2014. 4. 30.

환경부령 제553호로 개정되어 같은 날 시행된 소음·진동관리법 시행규칙 개정이유서 참조)된 「소음·진동관리법 시행규칙」 제76조에서는 규제의 재검토 사항으로 같은 규칙 제8조제1항 및 별표 5에 따른 공장 소음·진동의 배출허용기준(제1호) 및 같은 규칙 제20조제3항 및 별표 8에 따른 생활 소음·진동의 규제기준(제3호) 등을 규정하고 있는바, 소음·진동관리법령에서는 생활 소음·진동의 규제기준뿐만 아니라 공장 소음·진동의 배출허용기준도 행정규제기본법령에 따른 규제에 해당한다는 것을 전제로 하고 있으므로, 「학교보건법」 제6조제1항제1호의 ""「소음·진동관리법」에 따른 규제기준"에는 같은 법 제7조제1항에 따른 공장 소음·진동 배출허용기준도 당연히 포함된다고 보아야 할 것입니다.

만일, 「학교보건법」 제6조제1항제1호의 ""「소음·진동관리법」에 따른 규제기준"에 공장 소음·진동 배출허용기준은 포함되지 않는 것으로 해석한다면, 학교환경위생 정화구역에서 공장 소음·진동 배출허용기준을 초과하여 학습과 학교보건위생에 지장을 주는 행위 및 시설이 허용되는 결과를 초래하게 되는바, 이는 건강하고 쾌적한 환경에서 학생이 교육받을 수 있게 하려는 「학교보건법」의 입법 목적(제1조)이나 학생의 보건·위생, 안전, 학습과 교육환경 보호를 위하여 학교환경위생 정화구역을 설정·고시하도록 한 같은 법 제5조의 입법 취지에도 부합하지 않다고 할 것입니다.

이상과 같은 점을 종합해 볼 때, 「학교보건법」 제6조제1항제1호의 ""「소음·진동관리법」에 따른 규제기준"에는 「소음·진동관리법」 제21조제1항에 따른 생활 소음·진동의 규제 외에 같은 법 제7조제1항에 따른 공장 소음·진동 배출허용기준도 포함된다고 할 것입니다.

[사례 9] 환경부 - 어린이집에서 영유아의 활동으로 인하여 발생하는 강한 소리가 소음에 해당하는지(「소음·진동관리법」 제2조 등 관련)

안건번호13-0132 회신일자2013-04-30

1. 질의요지

「영유아보육법」상 어린이집에서 영유아의 활동으로 인하여 발생하는 강한 소리가 「소음·진동관리법」 제2조제1호에 따른 "사람의 활동으로 인한 소음"에 해당하는지?

2. 회답

「영유아보육법」상 어린이집에서 영유아의 활동으로 인하여 발생하는 강한 소리는 「소음·진동관리법」 제2조제1호에 따른 "사람의 활동으로 인한 소음"에 해당하지 않는다고 할 것입니다.

3. 이유

「소음·진동관리법」 제2조제1호에 따르면 "소음"이란 기계·기구·시설, 그 밖의 물체의 사용 또는 환경부령으로 정하는 사람의 활동으로 인하여 발생하는 강한 소리를 말한다고 규정하고 있는바, 이 사안에서는 「영유아보육법」상 어린이집에서 영유아의 활동으로 인하여 발생하는 강한 소리가 「소음·진동관리법」상 "사람의 활동으로 인한 소음"에 해당하는지가 문제될 수 있습니다.

먼저, 「소음·진동관리법」상 "소음" 중 사람의 활동으로 인하여 발생하는 강한 소리는 환경부령으로 정하도록 되어 있는데, 이에 따른 같은 법 시행규칙 제2조에 따르면 사람의 활동으로 인하여 발생하는 강한 소리란 다음 각 호의 사업장에서 발생되는 소리에 한정한다고 규정하면서, 각 호에서 「체육시설의 설치·이용에 관한 법률」 제10조제1항제2호에 따른 체육도장업, 체력단련장업, 무도학원업 및 무도장업(제1호), 「학원의 설립·운영 및 과외교습에 관한 법률」 제2조에 따른 학원 및 교습 중 음악교습을 위한 학원 및 교습소(제2호), 「식품위생법 시행령」 제21조제8

호다목 및 라목에 따른 단란주점영업 및 유흥주점영업(제3호), 「음악산업진흥에 관한 법률」 제2조제13호에 따른 노래연습장업(제4호), 「다중이용업소 안전관리에 관한 특별법 시행규칙」 제2조제4호에 따른 콜라텍업(제5호)으로 "소음이 발생하는 사업장"을 한정하여 제한적으로 명시하고 있는바, 이 사안에서와 같이 「소음·진동관리법 시행규칙」 제2조 각 호에서 명시하지 아니하고 있는 「영유아보육법」상 어린이집에서 영유아의 활동으로 인한 소리는 「소음·진동관리법」에 따른 "사람의 활동으로 인한 소음"에 해당하지 않는다고 할 것입니다.

또한, 「소음·진동관리법」은 공장·건설공사장·도로·철도 등으로부터 발생하는 소음·진동으로 인한 피해를 방지하고 소음·진동을 적정하게 관리하기 위한 목적(제1조)으로 제정된 법률로서, 각 장에서 공장, 생활, 교통, 항공기 등의 소음·진동의 규제기준을 정하고, 이를 위반한 자에 대하여 행정처분이나 벌칙을 부과하도록 규정하고 있는바, 침익적 행정처분의 근거가 되는 행정법규는 엄격하게 해석·적용하여야 하고 행정처분의 상대방에게 불리한 방향으로 지나치게 확장해석하거나 유추해석해서는 안될 것이므로, 「소음·진동관리법」상 "소음"으로 보는 사람의 활동으로 인하여 발생하는 강한 소리는 「소음·진동관리법 시행규칙」 제2조 각 호에서 명시하고 있는 사업장에서 발생하는 소리만으로 한정된다고 해석하여야 할 것입니다.

따라서, 「영유아보육법」상 어린이집에서 영유아의 활동으로 인하여 발생하는 강한 소리는 「소음·진동관리법」 제2조 제1호에 따른 "사람의 활동으로 인한 소음"에 해당하지 않는다고 할 것입니다.

[사례 10] 국토교통부 - 일반상업지역과 일반주거지역에 걸치는 주택건설사업부지에 대한 소음방지대책의 수립 기준 (「주택건설기준 등에 관한 규정」 제7조제3항 관련)

안건번호19-0508 회신일자2019-12-24

1. 질의요지

주택건설사업으로 건설되는 주택단지(각주: 「주택법」 제15조에 따른 주택건설사업계획 또는 대지조성사업계획의 승인을 받아 주택과 그 부대시설 및 복리시설을 건설하거나 대지를 조성하는데 사용되는 일단(一團)의 토지를 말함(「주택법」 제2조제12호 참조).)가 「국토의 계획 및 이용에 관한 법률」 제36조제1항제1호가목에 따른 주거지역 및 같은 호 나목에 따른 상업지역에 걸치는 경우로서 그 대지의 과반(過半)이 상업지역에 속하는 경우, 「주택건설기준 등에 관한 규정」 제7조제3항에 따라 같은 규정 제9조는 상업지역에 속하는 주택단지 부분에 대해서만 적용되지 않는지 아니면 주택단지 전체에 대해 적용되지 않는지?

※ 질의배경

국토교통부에서는 민원인으로부터 위 질의요지와 관련한 문의가 있자 해당 규정에 따른 집행기준을 명확히 하기 위해 법제처에 법령해석을 요청함.

2. 회답

이 사안의 경우 「주택건설기준 등에 관한 규정」 제7조제3항에 따라 같은 규정 제9조는 상업지역에 속하는 주택단지 부분에 대해서만 적용되지 않습니다.

3. 이유

「주택법」 제42조제1항에서는 주택의 건설에 따른 소음의 피해를 방지하고 주택건설 지역 주민의 평온한 생활을 유지하기 위하여 주택건설사업을 시행하려는 사업주체(각주: 「주택법」 제2조제10호에 따른 사업주체를 말하며, 이하 같음.)에게 대통령령으로 정하는 바에 따라 소음방지대책을 수립하도록 규정하고 있고, 해당 규정의 위임에 따른 「주택건설기준 등에 관한 규정」(이하 "주택건설기준규정"이라 함) 제9조제1항 각 호 외의 부분 본문에서는 사업주체에게 공동주택을 건설하는 지점의 소음도가 65데시벨 미만이 되도록 하면서 그 이상인 경우에는 방음벽·수림대 등의 방음시설을 설치하여 해당 공동주택의 건설지점의 소음도가 65데시벨 미만이 되도록 소음방지대책을 수립하도록 의무를 부여하고 있습니다.

그런데 일정한 경우 주택건설기준규정의 일부를 적용하지 않도록 적용의 특례를 정하고 있는 주택건설기준규정 제7조제3항에서는 "상업지역에 주택을 건설하는 경우" 같은 규정 제9조를 적용하지 아니한다고 규정하고 있어 문언상 상업지역이 아닌 지역에서 주택을 건설하는 경우는 해당 특례가 적용되지 않는 것이 명백하고, 주택건설기준규정 제7조제3항은 상업지역의 경우 그 용도지역의 특성을 고려하여 예외적으로 소음방지대책을 수립할 의무를 면제하려는 것이므로 상업지역과 주거지역에 걸쳐 주택을 건설하려는 경우라 하더라도 상업지역이 아닌 지역에 건설되는 주택에 대해서까지 해당 특례를 확대 적용하는 것은 타당하지 않습니다.

한편 주택건설기준규정 제8조제3항에서는 주택의 건설기준에 관하여 주택건설기준규정에서 규정한 사항 외에는 「건축법」 등이 정하는 바에 따른다고 규정하고 있고, 「건축법」 제54조제1항에서는 대지가 여러 지역에 걸치는 경우 그 건축물과 대지의 전부에 대하여 대지의 과반이 속하는 지역에 관한 「건축법」의 규정을 적용한다고 규정하고 있으므로 이 사안과 같이 주택단지의 과반이 상업지역에 속하는 경우 주택단지 전체에 대하여 상업지역에 대한 특례가 적용된다는 의견이 있습니다.

그러나 「건축법」 제54조제1항은 대지가 여러 지역 등에 걸치는 경우 그 건축물과 대지에 대하여 「건축법」의 규정을 어떻게 적용해야 하는지를 정한 것일 뿐 건축과 관련된 모든 관련 법 규정까지 확대 적용되는 것이 아니고, 소음방지대책 수립 의무에 관한 내용은 「건축법」이 아닌 「주택법」 및 주택건설기준규정에서 정하고 있는 사항이므로, 사업주체에 대한 소음방지대책 수립 의무 규정의 적용과 관련하여 「건축법」 제54조제1항이 적용될 여지가 없다는 점에서 그러한 의견은 타당하지 않습니다.

※ 법령정비 권고사항

상업지역과 상업지역이 아닌 지역에 걸쳐 주택을 건설하는 경우 그 중 상업지역에 속하는 부분에 대해서만 주택건설기준규정 제7조제3항에 따라 같은 규정 제9조의 적용이 배제된다는 것을 명확히 규정할 필요가 있습니다.

< 관계 법령>
※ 「주택건설기준 등에 관한 규정」
제7조 (적용의 특례) ①·② (생 략)
　③ 상업지역에 주택을 건설하는 경우에는 제9조, 제9조의2, 제10조, 제13조, 제50조 및 제52조를 적용하지 아니한다.
　④ ~ ⑪ (생 략)
제8조 (다른 법령과의 관계) ①·② (생 략)
　③ 주택의 건설기준, 부대시설·복리시설의 설치기준에 관하여 이 영에서 규정한 사항 외에는 「건축법」, 「수도법」, 「하수도법」, 「장애인·노인·임산부 등의 편의증진보장에 관한 법률」, 「화재예방, 소방시설 설치·유지 및 안전관리에 관한 법률」 및 그 밖의 관계 법령이 정하는 바에 따른다.
제9조 (소음방지대책의 수립) ① 사업주체는 공동주택을 건설하는 지점의 소음도(이하 "실외소음도"라 한다)가 65데시벨 미만이 되도록 하되, 65데시벨 이상인 경우에는 방음벽·수림대 등의 방음시설을 설치하여 해당 공동주택의 건설지점의 소음도가 65데시벨 미만이 되도록 법 제42조제1항에 따른 소음방지대책을 수립하여야 한다. 다만, 공동주택이 「국토의 계획 및 이용에 관한 법률」 제36조에 따른 도시지역(주택단지 면적이 30만제곱미터 미만인

경우로 한정한다) 또는 「소음·진동관리법」 제27조에 따라 지정된 지역에 건축되는 경우로서 다음 각 호의 기준을 모두 충족하는 경우에는 그 공동주택의 6층 이상인 부분에 대하여 본문을 적용하지 아니한다.
  1. 세대 안에 설치된 모든 창호(窓戶)를 닫은 상태에서 거실에서 측정한 소음도(이하 "실내소음도"라 한다)가 45데시벨 이하일 것
  2. 공동주택의 세대 안에 「건축법 시행령」 제87조제2항에 따라 정하는 기준에 적합한 환기설비를 갖출 것
② ~ ⑥ (생 략)

※ 「건축법」
제54조 (건축물의 대지가 지역·지구 또는 구역에 걸치는 경우의 조치) ① 대지가 이 법이나 다른 법률에 따른 지역·지구(녹지지역과 방화지구는 제외한다. 이하 이 조에서 같다) 또는 구역에 걸치는 경우에는 대통령령으로 정하는 바에 따라 그 건축물과 대지의 전부에 대하여 대지의 과반(過半)이 속하는 지역·지구 또는 구역 안의 건축물 및 대지 등에 관한 이 법의 규정을 적용한다.
② ~ ④ (생 략)

[사례 11] 민원인 - 생활소음 규제대상인 확성기에 의한 소음의 범위(「소음·진동관리법 시행규칙」 제20조제2항 등 관련)

안건번호23-0332 회신일자2023-07-20

1. 질의요지

「소음·진동관리법」 제21조제1항에서는 특별자치시장·특별자치도지사 또는 시장·군수·구청장(이하 "시장·군수등"이라 함)은 주민의 조용하고 평온한 생활환경을 유지하기 위해 사업장 및 공사장 등에서 발생하는 소음(각주: 「소음·진동관리법 시행규칙」 제20조제1항 각 호의 지역에서 발생하는 소음은 제외하며, 이하 같음.)(이하 "생활소음"이라 함)을 규제해야 한다고 규정하고 있고, 같은 조 제2항에서는 제1항에 따른 생활소음의 규제대상 및 규제기준은 환경부령으로 정한다고 규정하고 있으며, 그 위임에 따라 마련된 같은 법 시행규칙 제20조제2항제1호에서는 생활소음의 규제대상 중 하나로 확성기에 의한 소음(「집회 및 시위에 관한 법률」에 따른 소음과 국가비상훈련 및 공공기관의 대국민 홍보를 목적으로 하는 확성기 사용에 따른 소음의 경우는 제외하며, 이하 "확성기소음"이라 함)을 규정하고 있는바,
도시공원(각주: 「도시공원 및 녹지 등에 관한 법률」 제2조제3호에 따른 도시공원을 말하며, 이하 같음.)의 야외 잔디밭에서 개최되는 일회성 공연(각주: 「공연법」 제2조제1호에 따른 공연을 말하며, 이하 같음.)에서 확성기를 사용함에 따라 발생하는 강한 소리(이하 "임시확성기소음"이라 함)가 생활소음의 규제대상인 「소음·진동관리법 시행규칙」 제20조제2항제1호에 따른 확성기소음에 해당하는지?

2. 회답

임시확성기소음은 생활소음의 규제대상인 「소음·진동관리법 시행규칙」 제20조제2항제1호에 따른 확성기소음에 해당하지 않습니다.

3. 이유

「소음·진동관리법」 제2조제1호에서는 "소음"을 기계·기구·시설, 그 밖의 물체의 사용 등으로 인하여 발생하는 강한 소리로 정의하고 있고, 같은 법 제21조제1항에서는 주민의 조용하고 평온한 생활환경을 유지하기 위해 사업장 및 공사장 등에서 발생하는 소음을 규제해야 한다고 규정하고 있으며, 같은 법 시행규칙에서는 생활소음의 규제대상 중 하나로 확성기소음을 규정(제20조제2항제1호)하면서 확성기의 경우 그 소음원을 "옥외설치"와 "옥내에서 옥외로 소음이 나오는 경우"로 구분하여 각각 생활소음 규제기준을 시간대(각주: 아침, 저녁(05:00~07:00, 18:00~22:00), 주간

(07:00~18:00) 및 야간(22:00~05:00))별로 규정(별표 8 제1호)하고 있는바,
이 사안의 임시확성기소음이 생활소음 규제대상인 확성기소음에 해당하는지 여부를 판단하기 위해서는 「소음·진동관리법 시행규칙」 제20조제2항제1호에 따른 확성기소음이 「소음·진동관리법」 제21조제1항에 따른 '사업장 및 공사장 등'의 내외에 설치한 확성기의 사용으로 인해 발생하는 소음을 의미하는지, 아니면 '확성기의 사용으로 인해 발생하는 모든 소음'을 의미하는지를 검토해야 합니다.
먼저 「소음·진동관리법」 제21조제1항에서는 규제대상 생활소음을 "사업장 및 공사장 등에서 발생하는 소음"으로 규정하고 있고, 이 때 그 "등"에는 달리 해석해야 할 특별한 이유가 없는 한 열거된 예시사항과 규범적 가치가 동일하거나 그에 준하는 성질을 가지는 사항이 포함되는 것으로 해석해야 할 것인데(각주: 법제처 2021. 11. 25. 회신 21-0593 해석례 참조), 같은 규정에서 생활소음이 발생하는 소음원(騷音源)으로 "사업장 및 공사장"을 예시사항으로 열거한 것은 '주민의 조용하고 평온한 생활환경을 유지하는 데' 지장을 초래하는 생활소음을 일정기간 동안 사업 등을 영위하면서 지속적으로 소음을 발생시키는 사업장·공사장 등의 장소에서 발생하는 소음으로서 그 소음을 규제기준(일정 데시벨) 이하로 유지할 필요가 있는 것으로 한정하려는 취지로 보아야 할 것인바, 같은 법 시행규칙 제20조제2항제1호의 확성기소음의 경우에도 그 위임 근거 규정인 같은 법 제21조제1항에 따른 '사업장, 공사장 등에서 발생하는 소음인지의 여부 및 생활소음으로서의 성질'과는 무관하게 확성기의 사용으로 인해 발생하는 모든 소음을 의미하는 것으로 해석하는 것은 타당하지 않다고 할 것입니다.
나아가 「소음·진동관리법」에서는 생활소음의 규제기준을 위반한 자에 대해 작업시간의 조정, 소음 발생 행위의 분산·중지, 방음시설의 설치 등의 조치를 명령할 수 있도록 하고(제23조제1항), 조치명령을 받은 자는 조치명령을 이행하고 그 사실을 시장·군수등에게 보고하도록 하며(제23조제2항), 조치명령을 위반한 행위에 대해서는 위반행위의 횟수별로 행정처분을 부과하도록 하는 등(제49조) 일정기간 동안 지속적으로 소음을 발생시키는 자에 대한 제재수단을 두고 있는 한편, 같은 법 시행규칙 별표 8 제1호에서 생활소음에 해당하는 확성기소음에 대한 규제기준을 "옥외설치" 또는 "옥내에서 옥외로 소음이 나오는 경우"로 각각 구분하여 규정하고 있다는 점에 비추어 볼 때, 규제대상 생활소음으로서의 확성기소음은 확성기의 사용으로 인해 발생하는 모든 소음이 아니라, 「소음·진동관리법」 제21조제1항에서 규정하고 있는 소음원인 사업장 및 공사장 등을 전제로 그 내외에 설치된 확성기에서 발생하는 소음으로 한정된다고 할 것입니다.
또한 형벌부과 또는 침익적 행정행위의 근거가 되는 행정법규는 엄격하게 해석·적용해야 하고 그 상대방에게 불리한 방향으로 지나치게 확장해석하거나 유추해석해서는 안 된다고 할 것(각주: 대법원 2013. 12. 12. 선고 2011두3388 판결례 참조)인데, 「소음·진동관리법」은 생활소음 규제기준을 초과하여 소음을 발생시킨 자에게 작업시간의 조정, 소음·진동 발생 행위의 분산·중지, 방음·방진시설의 설치 등 필요한 조치를 명할 수 있도록 하고(제23조제1항), 그 명령을 위반한 자에 대하여 6개월 이하의 징역 또는 500만원 이하의 벌금에 처하도록 규정(제58조제4호)하고 있는바, 같은 법 시행규칙 제20조제2항제1호에 따른 확성기소음을 확성기의 사용으로 인해 발생하는 모든 소음을 의미한다고 해석하는 것은 규제대상 생활소음을 "사업장 및 공사장 등"에서 발생하는 소음으로 규정하고 있는 「소음·진동관리법」 제21조제1항의 문언 및 취지에 부합하지 않고 국민의 자유와 권리를 제한하는 사항을 법률의 근거 없이 확장하는 것이 되어 타당하지 않습니다.
더욱이 「소음·진동관리법」 제21조와 같은 장(제3장 생활 소음·진동의 관리)에 위치한 같은 법 제24조제1항에서는 시장·군수등은 이동소음의 원인을 일으키는 기계·기구(이하 "이동소음원"이라

함)로 인한 소음을 규제할 필요가 있는 지역을 이동소음 규제지역으로 지정하여 이동소음원의 사용을 금지하거나 사용 시간 등을 제한할 수 있다고 규정하면서, 같은 법 시행규칙 제23조제1항에서는 이동소음원의 종류를 이동하며 영업이나 홍보를 하기 위해 사용하는 확성기(제1호), 행락객이 사용하는 음향기계 및 기구(제2호) 등으로 규정하고 있는바, 이처럼 확성기에 의해 발생하는 소음의 경우에도 그 소음원이 특정 장소에 고정되어 있지 않고 이동하는 경우에는 이를 생활소음이 아닌 이동소음으로 분류하여 그 규제대상 지역을 지정하는 방식으로 별도로 규제하고 있으며, 같은 법 시행규칙 별표 8 제1호에서는 확성기소음의 규제기준을 확성기가 "옥외설치"된 경우와 "옥내에서 옥외로 소음이 나오는 경우"로 구분하여 달리 정하면서, "설치"라는 용어를 사용한 점을 고려하면 규제대상 생활소음으로서 「소음·진동관리법 시행규칙」 제20조제2항제1호에 따른 확성기소음은 일정한 사업장, 공사장 그 밖에 이와 유사한 장소를 전제로 그 내외에 설치된 확성기를 통해 지속적으로 발생되는 소음으로 한정된다고 보는 것이 관련 규정의 체계에 부합하는 해석입니다.

따라서 임시확성기소음은 생활소음의 규제대상인 「소음·진동관리법 시행규칙」 제20조제2항제1호에 따른 확성기소음에 해당하지 않습니다.

※ 법령정비 권고사항
　　임시확성기소음에 대한 규제의 필요성, 적절한 규제방식 등을 정책적으로 검토하여 소음·진동관리법령에 명확하게 규정할 필요가 있습니다.

<관계법령>
※ 소음·진동관리법
제2조 (정의) 이 법에서 사용하는 용어의 뜻은 다음과 같다.
　　1. "소음(騷音)"이란 기계·기구·시설, 그 밖의 물체의 사용 또는 공동주택(「주택법」 제2조제3호에 따른 공동주택을 말한다. 이하 같다) 등 환경부령으로 정하는 장소에서 사람의 활동으로 인하여 발생하는 강한 소리를 말한다.
　　2. ~ 11. (생 략)
제21조 (생활소음과 진동의 규제) ① 특별자치시장·특별자치도지사 또는 시장·군수·구청장은 주민의 조용하고 평온한 생활환경을 유지하기 위하여 사업장 및 공사장 등에서 발생하는 소음·진동(산업단지나 그 밖에 환경부령으로 정하는 지역에서 발생하는 소음과 진동은 제외하며, 이하 "생활소음·진동"이라 한다)을 규제하여야 한다.
② 제1항에 따른 생활소음·진동의 규제대상 및 규제기준은 환경부령으로 정한다.

※ 소음·진동관리법 시행규칙
제20조 (생활소음·진동의 규제) ① (생 략)
② 법 제21조제2항에 따른 생활소음·진동의 규제 대상은 다음 각 호와 같다.
　　1. 확성기에 의한 소음(「집회 및 시위에 관한 법률」에 따른 소음과 국가비상훈련 및 공공기관의 대국민 홍보를 목적으로 하는 확성기 사용에 따른 소음의 경우는 제외한다)
　　2. 배출시설이 설치되지 아니한 공장에서 발생하는 소음·진동
　　3. 제1항 각 호의 지역 외의 공사장에서 발생하는 소음·진동
　　4. 공장·공사장을 제외한 사업장에서 발생하는 소음·진동
③ 법 제21조제2항에 따른 생활소음·진동의 규제기준은 별표 8과 같다.

[사례 12] 환경부 - 「환경정책기본법」 제35조에 따라 영향 분석, 위해성평가 등 적절한 조치를 마련해야 하는 대상이 과학기술의 발달로 인하여 생성된 오염유해인자에 한정되는지(「환경정책기본법」 제35조 관련)?

안건번호15-0295 회신일자2015-06-29

1. 질의요지

「환경정책기본법」 제35조에서는 정부는 과학기술의 발달로 인하여 생태계 또는 인간의 건강에 미치는 해로운 영향을 예방하기 위하여 필요하다고 인정하는 경우 그 영향에 대한 분석이나 위해성 평가 등 적절한 조치를 마련하도록 하고 있는바, 이에 따라 영향 분석, 위해성 평가 등 적절한 조치를 마련해야 하는 대상이 과학기술의 발달로 인하여 "새롭게 생성된 오염유해인자"에 한정되는지?

※ 질의배경
　○ 「환경정책기본법」 제35조에 따라 영향 분석, 위해성 평가 등 적절한 조치를 마련해야 하는 대상이 과학기술의 발달로 인하여 생성된 오염유해인자에 한정되는지에 대해 의문이 있어 환경부가 법령해석을 요청함.

2. 회답

「환경정책기본법」 제35조에 따라 영향 분석, 위해성평가 등 적절한 조치를 마련해야 하는 대상은 과학기술의 발달로 인하여 "새롭게 생성된 오염유해인자"로 한정되지 않습니다.

3. 이유

「환경정책기본법」 제1조에서는 이 법은 환경보전에 관한 국민의 권리·의무와 국가의 책무를 명확히 하고 환경정책의 기본 사항을 정하여 환경오염과 환경훼손을 예방하고 환경을 적정하고 지속가능하게 관리·보전함으로써 모든 국민이 건강하고 쾌적한 삶을 누릴 수 있도록 함을 목적으로 한다고 규정하고 있고, 같은 법 제3조제4호에서는 "환경오염"이란 사업활동 및 그 밖의 사람의 활동에 의하여 발생하는 대기오염, 수질오염, 토양오염, 해양오염, 방사능오염, 소음·진동, 악취, 일조 방해 등으로서 사람의 건강이나 환경에 피해를 주는 상태를 말한다고 규정하고 있으며, 같은 법 제35조에서는 정부는 과학기술의 발달로 인하여 생태계 또는 인간의 건강에 미치는 해로운 영향을 예방하기 위하여 필요하다고 인정하는 경우 그 영향에 대한 분석이나 위해성 평가 등 적절한 조치를 마련하도록 규정하고 있는바,

이 사안은 「환경정책기본법」 제35조에 따라 영향 분석, 위해성평가 등 적절한 조치를 마련해야 하는 대상이 과학기술의 발달로 인하여 "새롭게 생성된 오염유해인자"에 한정되는지 아니면 "기존의 존재하던 물질이나 현상"이라 하더라도 과학기술의 발달로 인하여 그 사용빈도나 파급력이 확대되면서 생태계 또는 인간의 건강에 해로운 영향을 주는 경우도 포함하는지에 관한 것이라 하겠습니다.

먼저, 「환경정책기본법」은 환경보전에 관한 국민의 권리·의무와 국가의 책무를 명확히 하고 환경정책의 기본 사항을 정하여 환경오염과 환경훼손을 예방하고 환경을 적정하고 지속가능하게 관리·보전 함을 목적으로 하는 법률로서(제1조), 그 목적 규정과 제명에서 알 수 있듯이 환경 관계 법령의 기본법적인 성격을 가지고 있는 법률입니다.

그리고, "기본법"이란 여러 법령에서 규정하고 있는 사항에 대한 기본원칙이나 정책 방향 등을 규정하는 것으로서, 기본법에서는 통상 국가 및 지방자치단체가 관련 법령을 제정 또는 개정하거나 행정계획의 수립 또는 사업의 집행을 할 때에 준수하여야 할 일반적·추상적인 기준을 제시하는 것이 일반적입니다(법제처 2014. 10. 4. 회신 14-0609 해석례 참조).

「환경정책기본법」 제35조는 과학기술의 발달에 따른 위해성 평가 등 적절한 조치를 하도록 규정하고 있을 뿐, 그러한 조치가 필요한 경우 및 그 조치의 방법 등에 관해서는 구체적으로 규정하고 있지 않은바, 해당 규정은 과학기술의 발달에 따른 위해성 평가 등 적절한 조치 마련에 대한 일반적·추상적 원칙 규정을 둔 것으로 보아야 하고, 이러한 점에서 「환경정책기본법」 제35조에 따라 적절한 조치를 마련해야 하는 대상을 제한적으로 해석해야 할 이유는 없을 것입니다.

또한, 「환경정책기본법」 제35조에서는 "과학기술의 발달로 인하여" 생태계 또는 인간의 건강에 미치는 해로운 영향을 예방하기 위하여 적절한 조치를 마련하도록 하고 있어 그 영향에 대한 분석, 위해성 평가 등 적절한 조치를 마련해야 하는 대상을 과학기술의 발달로 인하여 "새롭게 생성된 오염유해인자"로 한정하고 있지도 않습니다.

그렇다면, 「환경정책기본법」 제35조에 따라 영향 분석, 위해성평가 등 적절한 조치를 마련해야 하는 대상은 과학기술의 발달로 인하여 "새롭게 생성된 오염유해인자"로 한정되지 않으며, 기존의 물질이나 현상이 과학기술의 발달로 인하여 그 사용빈도나 파급력이 확대되면서 생태계 또는 인간의 건강에 해로운 영향을 주는 경우도 포함할 수 있다고 할 것입니다.

[사례 13] 민원인 - 농구장에서 물체의 사용 및 사람의 활동으로 인하여 발생하는 강한 소리가 동시에 섞여서 발생하는 경우 '소음'에 해당하는지(「소음·진동관리법」 제2조제1호 등 관련)

안건번호21-0638 회신일자2021-11-18

1. 질의요지

「소음·진동관리법」 제2조제1호에서는 "소음(騷音)"을 기계·기구·시설, 그 밖의 물체의 사용 또는 공동주택(「주택법」 제2조제3호에 따른 공동주택을 말함) 등 환경부령으로 정하는 장소에서 사람의 활동으로 인하여 발생하는 강한 소리로 규정하고 있는바,

농구장(각주: 「소음·진동관리법」 제21조제2항 및 같은 법 시행규칙 제20조제2항제4호에 따른 사업장에 해당하면서 같은 규칙 제2조제2호나목의 사업장에는 해당하지 않는 경우로 전제하며, 이하 같음)에서 "물체(농구공)의 사용으로 인하여 발생하는 강한 소리"와 "물체(농구공)를 사용하는 사람의 활동으로 인하여 발생하는 강한 소리"가 동시에 섞여서 발생하는 경우, 해당 소리 전체가 「소음·진동관리법」 제2조제1호에 따른 소음에 해당하는지?

※ 질의배경

민원인은 위 질의요지에 대한 환경부의 회신 내용에 이견이 있어 법제처에 법령해석을 요청함.

2. 회답

이 사안의 경우 물체의 사용으로 인한 소리와 사람의 활동으로 인한 소리가 섞여서 발생하더라도 그 소리 전체가 「소음·진동관리법」 제2조제1호에 따른 소음에 해당하는 것은 아닙니다.

3. 이유

법령의 문언 자체가 비교적 명확한 개념으로 구성되어 있다면 원칙적으로 더 이상 다른 해석방법은 활용할 필요가 없거나 제한될 수밖에 없다고 할 것인데(각주: 대법원 2009. 4. 23. 선고 2006다81035 판결례 참조), 「소음·진동관리법」 제2조제1호에서는 '소음'을 기계·기구·시설, 그 밖의 물체의 사용 또는 환경부령으로 정하는 장소에서 사람의 활동으로 인하여 발생하는 강한 소리로 정의하고 있고, 같은 법 시행규칙 제2조에서는 「주택법」 제2조제3호에 따른 공동주택(제1호) 및 「음악산업진흥에 관한 법률」 제2조제13호에 따른 노래연습장업 등의 사업장(제2호)을 제한적으로 열거하고 있는바, 사람의 활동으로 인하여 발생하는 강한 소리가 「소음·진동관리법 시행규칙」 제2조제2호 각 목의 어느 하나에 규정된 사업장에서 발생하는 경우만 「소음·진동관리법」에 따른 소음에 해당한다는 것이 문언상 분명하고,(각주: 법제처 2013. 4. 30. 회신 13-0132 해석례 참조) 이는 강한 소리를 발생시키는 사람의 활동이 물체 등의 사용과 동시에 이루어진다고 해도 달리 볼 것은 아닙니다.

또한 「소음·진동관리법」 제21조제1항에서는 특별자치시장·특별자치도지사 또는 시장·군수·구청장은 주민의 조용하고 평온한 생활환경을 유지하기 위하여 사업장 및 공사장 등에서 발생하

는 소음·진동을 규제해야 한다고 규정하고 있고, 같은 법 제23조에서는 특별자치시장·특별자치도지사 또는 시장·군수·구청장은 생활소음·진동이 같은 법 제21조제2항에 따른 규제기준을 초과하면 소음·진동을 발생시키는 자에게 작업시간의 조정, 소음·진동 발생 행위의 분산·중지, 방음·방진시설의 설치 등 필요한 조치를 명할 수 있다고 규정하면서(제1항), 그 조치명령을 받은 자가 이를 이행하지 않거나 이행하였더라도 같은 법 제21조제2항에 따른 규제기준을 초과한 경우에는 해당 규제대상의 사용금지, 해당 공사의 중지 또는 폐쇄를 명할 수 있다고 규정하고 있으며(제4항), 이를 위반하는 경우에는 형사처벌 대상으로 규정(같은 법 제57조제4호 및 제58조제4호)하고 있습니다.

이러한 소음·진동관리법령의 규정 체계와 침익적 행정행위의 근거가 되는 행정법규는 엄격하게 해석·적용하여야 하고, 그 행정행위의 상대방에게 불리한 방향으로 지나치게 확장해석하거나 유추해석해서는 안 된다는 점(각주: 대법원 2013. 12. 12. 선고 2011두3388 판결례 참조)에 비추어 볼 때, 「소음·진동관리법」상 소음에 해당하는 '사람의 활동으로 인하여 발생하는 강한 소리'는 같은 법 시행규칙 제2조에 해당하는 장소에서 발생하는 소리로 한정된다고 보아야 할 것인데, 이 사안 농구장은 같은 조 제2호나목에 규정된 '「체육시설의 설치·이용에 관한 법률」 제10조제1항제2호에 따른 신고 체육시설업 중 체육도장업, 체력단련장업, 무도학원업 및 무도장업' 중 어느 하나에 해당하지 않으므로, 해당 농구장에서 사람의 활동으로 인하여 발생하는 강한 소리가 물체의 사용으로 인하여 발생하는 강한 소리와 섞여서 동시에 발생하더라도 그 소리 전체를 「소음·진동관리법」 제2조제1호에 따른 소음으로 볼 수는 없다고 할 것입니다.

따라서 농구장에서 물체의 사용으로 인한 소리와 사람의 활동으로 인한 소리가 섞여서 발생하더라도 그 소리 전체가 「소음·진동관리법」 제2조제1호에 따른 소음에 해당하는 것은 아닙니다.

※ 법령정비 권고사항

이 사안과 같이 기계·기구·시설, 그 밖의 물체의 사용으로 발생하는 소리와 사람의 활동으로 인하여 발생하는 소리가 동시에 섞여서 발생하는 경우 그 소리 전체를 「소음·진동관리법」에 따른 '소음'에 포함하도록 하거나 같은 법 시행규칙 제2조에 따른 장소를 확대할 필요가 있는지를 정책적으로 검토하여 필요시 이에 대한 입법적 보완을 해야 할 것입니다.

<관계 법령>
※ 소음·진동관리법
제2조 (정의) 이 법에서 사용하는 용어의 뜻은 다음과 같다.
1. "소음(騷音)"이란 기계·기구·시설, 그 밖의 물체의 사용 또는 공동주택(「주택법」 제2조제3호에 따른 공동주택을 말한다. 이하 같다) 등 환경부령으로 정하는 장소에서 사람의 활동으로 인하여 발생하는 강한 소리를 말한다.
2. ~ 11. (생 략)

※ 소음·진동관리법 시행규칙
제2조 (소음의 발생 장소) 법 제2조제1호에서 "공동주택(「주택법」 제2조제3호에 따른 공동주택을 말한다. 이하 같다) 등 환경부령으로 정하는 장소"란 다음 각 호의 장소를 말한다.
1. 「주택법」 제2조제3호에 따른 공동주택
2. 다음 각 목의 사업장
  가. 「음악산업진흥에 관한 법률」 제2조제13호에 따른 노래연습장업
  나. 「체육시설의 설치·이용에 관한 법률」 제10조제1항제2호에 따른 신고 체육시설업 중 체육도장업, 체력단련장업, 무도학원업 및 무도장업
  다. 「학원의 설립·운영 및 과외교습에 관한 법률」 제2조제1호 및 제2호에 따른 학원 및 교습소 중 음악교습을 위한 학원 및 교습소
  라. 「식품위생법 시행령」 제21조제8호다목 및 라목에 따른 단란주점영업 및 유흥주점영업
  마. 「다중이용업소 안전관리에 관한 특별법 시행규칙」 제2조제3호에 따른 콜라텍업

제4편 교통·철도소음·진동에 관한 소송

제1장 교통·소음 관리기준

제1절 도로 및 철도의 소음·진동규제 기준

> ☞ **소음·진동관리법**
>
> 제7조 (공장 소음·진동배출허용기준) ① 소음·진동 배출시설(이하 "배출시설"이라 한다)을 설치한 공장에서 나오는 소음·진동의 배출허용기준은 환경부령으로 정한다.
> ② 환경부장관은 제1항에 따른 환경부령을 정하려면 관계 중앙행정기관의 장과 협의하여야 한다.
> ③ 특별시·광역시·특별자치시·도(그 관할구역 중 인구 50만 이상 시는 제외한다. 이하 이 조에서 같다)·특별자치도 또는 특별시·광역시 및 특별자치시를 제외한 인구 50만 이상 시(이하 "대도시"라 한다)는 「환경정책기본법」 제12조제3항에 따른 지역환경기준의 유지가 곤란하다고 인정되는 경우에는 조례로 제1항의 배출허용기준보다 강화된 배출허용기준을 정할 수 있다. <신설 2021. 1. 5.>
> ④ 시·도지사 또는 대도시의 장은 제3항에 따른 배출허용기준을 설정·변경하는 경우에는 조례로 정하는 바에 따라 미리 주민 등 이해관계자의 의견을 듣고, 이를 반영하도록 노력하여야 한다. <신설 2021. 1. 5.>
> ⑤ 시·도지사 또는 대도시의 장은 제3항에 따른 배출허용기준을 설정·변경하였을 때에는 지체 없이 환경부장관에게 보고하고 이해관계자가 그 내용을 알 수 있도록 공보에 게재하는 등 필요한 조치를 하여야 한다. <신설 2021. 1. 5.>

> ☞ **소음·진동관리법**
>
> 제26조 (교통소음·진동의 관리기준) 교통기관에서 발생하는 소음·진동의 관리기준(이하 "교통소음·진동 관리기준"이라 한다)은 환경부령으로 정한다. 이 경우 환경부장관은 미리 관계 중앙 행정기관의 장과 교통소음·진동 관리기준 및 시행시기 등 필요한 사항을 협의하여야 한다. <개정 2009. 6. 9.> [제목개정 2009. 6. 9.]
> [제27조에서 이동, 종전 제26조는 제27조로 이동 <2009. 6. 9.>]

> ☞ 소음·진동관리법 시행령

제9조 (사업) ① 공사는 다음 각 호의 사업을 한다. <개정 2018. 3. 13.>
  1. 철도여객사업, 화물운송사업, 철도와 다른 교통수단의 연계운송사업
  2. 철도 장비와 철도용품의 제작·판매·정비 및 임대사업
  3. 철도 차량의 정비 및 임대사업
  4. 철도시설의 유지·보수 등 국가·지방자치단체 또는 공공법인 등으로부터 위탁받은 사업
  5. 역세권 및 공사의 자산을 활용한 개발·운영 사업으로서 대통령령으로 정하는 사업
  6. 「철도의 건설 및 철도시설 유지관리에 관한 법률」 제2조제6호가목의 역 시설 개발 및 운영사업으로서 대통령령으로 정하는 사업
  7. 「물류정책기본법」에 따른 물류사업으로서 대통령령으로 정하는 사업
  8. 「관광진흥법」에 따른 관광사업으로서 대통령령으로 정하는 사업
  9. 제1호부터 제8호까지의 사업과 관련한 조사·연구, 정보화, 기술 개발 및 인력 양성에 관한 사업
  10. 제1호부터 제9호까지의 사업에 딸린 사업으로서 대통령령으로 정하는 사업
② 공사는 국외에서 제1항 각 호의 사업을 할 수 있다.
③ 공사는 이사회의 의결을 거쳐 예산의 범위에서 공사의 업무와 관련된 사업에 투자·융자·보조 또는 출연할 수 있다.
[전문개정 2009. 3. 25.]

[참조] 서울지방법원 2002. 3. 12. 선고 2001가합35421

제2절 손해액의 산정

1. 도로소음을 이유로 한 손해배상 청구소송

[참조] 서울중앙지방법원 2008. 12. 17. 선고 2007가합3006 판결

가. X의 청구

(1) X는 차량통행으로 인한 소음을 고려하여 방음 시설을 설치하거나 통행을 제한하는 등 그 소음을 줄이기 위한 적절한 조치를 취하여야 할 의무가 있는 Y에 대하여 정신적 손해에 대한 배상과 방음터널 형태의 방음 시설의 설치를 구하였다.

☞ 대법원 1999. 7. 27. 선고 98다47528 판결 187p 참조 (인근소음으로 인하여 정온하고 쾌적한 일상생활을 영유할 수 있는 생활이익이 침해되고 그 침해가 사회통념상 수인한도를 넘어서는 경우)
☞ 대법원 1995. 9. 15. 선고 95다23378 판결 4p 참조 (국립 부산대학교) (수인한도의 초과 여부에 관하여 "피해의 성질 및 정도, 피해이익의 공공성, 가해행위의 태양, 가해행위의 공공성, 가해자의 방지조치 또는 손해회피의 가능성, 인·허가 관계 등 공법상 기준에의 적합 여부, 지역성, 토지이용의 선후관계 등)
☞ 대법원 2005. 1. 27. 선고 2003다49566 판결 23p 참조

2. 기존 판례의 판단구조

가. 설치·관리자의 책임을 인정한 사안

> ☞ **소음·진동관리법**
>
> 제29조 (방음·방진시설의 설치 등) ① 특별시장·광역시장·특별자치시장·특별자치도지사 또는 시장·군수(광역시의 군수는 제외한다)는 교통소음·진동 관리지역에서 자동차 전용도로, 고속도로 및 철도로부터 발생하는 소음·진동이 교통소음·진동 관리기준을 초과하여 주민의 조용하고 평온한 생활환경이 침해된다고 인정하면 스스로 방음·방진시설을 설치하거나 해당 시설관리기관의 장에게 방음·방진시설의 설치 등 필요한 조치를 할 것을 요청할 수 있다. 이 경우 해당 시설관리기관의 장은 특별한 사유가 없으면 그 요청에 따라야 한다. <개정 2009. 6. 9., 2013. 8. 13.>
> ② 「도로법」 제2조제1호에 따른 도로(자동차 전용도로와 고속도로는 제외한다) 중 학교·공동주택, 그 밖에 환경부령으로 정하는 시설의 주변 도로로부터 발생하는 소음·진동에 대하여는 제1항을 준용한다. <개정 2008. 3. 21., 2014. 1. 14.>

> ☞ **소음·진동관리법 시행규칙**
>
> 제28조 (방음·방진시설의 설치) 법 제29조제2항에서 "환경부령으로 정하는 시설"이란 다음 각 호의 시설을 말한다. <개정 2019. 12. 31.>
>   1. 「의료법」 제3조제2항에 따른 종합병원
>   2. 「도서관법」 제2조제4호에 따른 공공도서관
>   3. 「초·중등교육법」 제2조 또는 「고등교육법」 제2조에 따른 학교
>   4. 「주택법」 제2조제3호에 따른 공동주택

[판례 1] 채무부존재확인등·손해배상(기) (대법원 2007. 6. 15. 선고 2004다37904, 37911 판결)

【판시사항】

[1] 고속도로로부터 발생하는 소음이 피해 주민들 주택을 기준으로 일정 한도를 초과하여 유입되지 않도록 하라는 취지의 유지청구가 적법한지 여부(적극)
[2] 건물의 소유자나 점유자가 인근의 소음으로 인하여 생활이익이 침해되고 그 침해가 사회통념상 수인한도를 넘어서는 경우에 그 소유권 또는 점유권에 기하여 소음피해의 제거나 예방을 위한 유지청구를 할 수 있는지 여부(적극)
[3] 구 주택건설기준 등에 관한 규정에 따라 방음벽 등의 방음시설을 설치하여 그 건설지점의 소음도가 65dB 미만이 되도록 조치하여야 하는 공동주택의 범위
[4] 인근 고속도로에서 유입되는 소음으로 인하여 입은 환경 등 생활이익의 침해가 사회통념상 일반적으로 수인할 정도를 넘어서는지 여부의 판단 기준
[5] 민법 제758조에 정한 '공작물의 설치 또는 보존의 하자'의 의미 및 공작물의 이용에 따른 피해가 제3자의 수인한도를 넘는지 여부의 판단 기준
[6] 계약의 묵시적 합의해제를 인정할 수 있는 경우
[7] 가분채권의 묵시적인 일부청구라고 볼 수 없는 경우, 청구를 확장하기 위한 항소의 이익이 인정되지 않는다고 한 사례

【판결요지】

[1] 고속도로로부터 발생하는 소음이 피해 주민들 주택을 기준으로 일정 한도를 초과하여 유입되지 않도록 하라는 취지의 유지청구는 소음발생원을 특정하여 일정한 종류의 생활방해를 일정 한도 이상 미치게 하는 것을 금지하는 것으로 청구가 특정되지 않은 것이라고 할 수 없고, 이러한 내용의 판결이 확정될 경우 민사집행법 제261조 제1항에 따라 간접강제의 방법으로 집행을 할 수 있으므로, 이러한 청구가 내용이 특정되지 않거나 강제집행이 불가능하여 부적법하다고 볼 수는 없다.
[2] 건물의 소유자 또는 점유자가 인근의 소음으로 인하여 정온하고 쾌적한 일상생활을 영유할 수 있는 생활이익이 침해되고 그 침해가 사회통념상 수인한도를 넘어서는 경우에 건물의 소유자 또는 점유자는 그 소유권 또는 점유권에 기하여 소음피해의 제거나 예방을 위한 유지청구를 할 수 있다.
[3] 구 주택건설기준 등에 관한 규정(1992. 12. 31. 대통령령 제13811호로 개정되기 전의 것) 제9조 제1항, 제3조, 구 주택건설촉진법(1992. 12. 8. 법률 제4530호로 개정되기 전의 것) 제3조 제5호, 제6조 제1항, 제33조 제1항, 구 주택건설촉진법 시행령(1992. 12. 21. 대통령령 제13782호로 개정되기 전의 것) 제9조 제1항, 제32조 제1항 등 관계 규정을 살펴보면, 구 주택건설기준 등에 관한 규정 제9조 제1항에 따라 주택건설사업계획 승인을 얻어 공동주택을 건설하기 위하여, 방음벽 등의 방음시설을 설치하여 공동주택 건설지점의 소음도가 65dB 미만이 되도록 조치하여야 하는 공동주택은 20세대 이상으로서 건설부장관의 사업계획승인을 얻어 건설한 공동주택을 의미한다.
[4] 인근 고속도로에서 유입되는 소음으로 인하여 입은 환경 등 생활이익의 침해를 이유로 일정 한도를 초과하는 소음이 유입되지 않도록 하라는 내용의 유지청구 소송에서 그 침해가 사회통념상 일반적으로 수인할 정도를 넘어서는지의 여부는 피해의 성질 및 정도, 피해이익의 공공성, 가해행위의 태양, 가해행위의 공공성, 가해자의 방지조치 또는 손해회피의 가능성, 인·허가 관계 등 공법상 기준에의 적합 여부, 지역성, 토지이용의 선후관계 등 모든 사정을 종합적으로 고려하여 판단하여야 한다.

[5] 민법 제758조에 정한 '공작물의 설치 또는 보존의 하자'라 함은 공작물이 그 용도에 따라 갖추어야 할 안전성을 갖추지 못한 상태에 있음을 말하고, 안전성을 갖추지 못한 상태, 즉 타인에게 위해를 끼칠 위험성이 있는 상태라 함은 당해 공작물을 구성하는 물적 시설 그 자체에 있는 물리적·외형적 흠결이나 불비로 인하여 그 이용자에게 위해를 끼칠 위험성이 있는 경우뿐만 아니라, 그 공작물이 이용됨에 있어 그 이용상태 및 정도가 일정한 한도를 초과하여 제3자에게 사회통념상 수인할 것이 기대되는 한도를 넘는 피해를 입히는 경우까지 포함된다고 보아야 하고, 이 경우 제3자의 수인한도의 기준을 결정함에 있어서는 일반적으로 침해되는 권리나 이익의 성질과 침해의 정도뿐만 아니라 침해행위가 갖는 공공성의 내용과 정도, 그 지역환경의 특수성, 공법적인 규제에 의하여 확보하려는 환경기준, 침해를 방지 또는 경감시키거나 손해를 회피할 방안의 유무 및 그 난이 정도 등 여러 사정을 종합적으로 고려하여 구체적 사건에 따라 개별적으로 결정하여야 한다.
[6] 계약의 합의해제는 명시적으로 이루어진 경우뿐만 아니라 묵시적으로 이루어질 수도 있는 것으로, 계약의 성립 후에 당사자 쌍방의 계약실현 의사의 결여 또는 포기로 인하여 쌍방 모두 이행의 제공이나 최고에 이름이 없이 장기간 이를 방치하였다면, 그 계약은 당사자 쌍방이 계약을 실현하지 아니할 의사가 일치함으로써 묵시적으로 합의해제되었다고 해석함이 상당하다.
[7] 가분채권의 묵시적인 일부청구라고 볼 수 없는 경우, 청구를 확장하기 위한 항소의 이익이 인정되지 않는다고 한 사례.

【참조조문】
[1] 민사소송법 제248조[소의 제기], 민사집행법 제261조 제1항 [2] 민법 제205조, 제214조, 제217조 [3] 구 주택건설촉진법(1992. 12. 8. 법률 제4530호로 개정되기 전의 것) 제3조 제5호(현행 주택법 제2조 제5호 참조), 제6조 제1항(현행 주택법 제9조 제1항 참조), 제33조 제1항(현행 수택법 제16조 세1항 참조), 구 주택건설촉진법 시행령(1992. 12. 21. 대통령령 제13782호로 개정되기 전의 것) 제9조 제1항(현행 주택법 시행령 제10조 제1항 참조), 제32조 제1항(현행 주택법 시행령 제15조 제1항 참조), 구 주택건설기준 등에 관한 규정(1992. 12. 31. 대통령령 제13811호로 개정되기 전의 것) 제3조, 제9조 제1항 [4] 민법 제205조, 제214조, 제217조 [5] 민법 제758조 [6] 민법 제543조 [7] 민사소송법 제390조, 제422조

【참조판례】
[2] 대법원 1999. 7. 27. 선고 98다47528 판결(공1999하, 1755)
[4] 대법원 1997. 7. 22. 선고 96다56153 판결(공1997하, 2636)
대법원 2003. 11. 14. 선고 2003다27108 판결
[5] 대법원 2005. 1. 27. 선고 2003다49566 판결(공2005상, 301)
[6] 대법원 1994. 8. 26. 선고 93다28836 판결(공1994하, 2512)
대법원 2003. 1. 24. 선고 2000다5336, 5343 판결(공2003상, 677)
대법원 2007. 5. 11. 선고 2005후1202 판결(공2007상, 920)

【전 문】
【원고(반소피고), 상고인】 한국도로공사 (소송대리인 법무법인 정평 담당변호사 임재철외 3인)
【피고(반소원고), 피상고인】 피고(반소원고) 1 외 87인
【피고, 피상고인】 부천시 (소송대리인 법무법인 한결 담당변호사 여영학외 4인)
【원심판결】 서울고법 2004. 6. 15. 선고 2003나75888, 75895 판결

【주 문】

상고를 모두 기각한다. 상고비용은 원고(반소피고)가 부담한다.

【이 유】

상고이유(상고이유서 제출기간 경과 후 제출된 상고이유보충서의 기재는 그 보충의 범위 내에서)를 본다.

1. 피고(반소원고, 이하 '피고 주민들'이라 한다)에 대한 상고이유

   가. 상고이유 제1점에 대하여

   (1) 원고(반소피고, 이하 '원고'라 한다)가 관리하는 부평-신월간 경인고속도로(이하 '이 사건 고속도로'라 한다)로부터 발생하는 소음이 피고 주민들 주택을 기준으로 일정 한도를 초과하여 유입되지 않도록 하라는 취지의 유지청구는, 소음발생원을 특정하여 일정한 종류의 생활방해를 일정 한도 이상 미치게 하는 것을 금지하는 것으로 청구가 특정되지 않은 것이라고 할 수 없고, 이러한 내용의 판결이 확정될 경우 민사집행법 제261조 제1항에 따라 간접강제의 방법으로 집행을 할 수 있으므로, 이러한 청구가 내용이 특정되지 않거나 강제집행이 불가능하여 부적법하다고 볼 수는 없다.

   원심이 같은 취지에서 피고 주민들의 반소청구 중 유지청구 부분을 적법하다고 본 것은 정당하고, 거기에 상고이유로 주장하는 바와 같은 청구의 특정, 집행방법과 관련한 청구의 적법성 판단에 관한 법리오해의 위법은 없다.

   (2) 건물의 소유자 또는 점유자가 인근의 소음으로 인하여 정온하고 쾌적한 일상생활을 영유할 수 있는 생활이익이 침해되고 그 침해가 사회통념상 수인한도를 넘어서는 경우에 건물의 소유자 또는 점유자는 그 소유권 또는 점유권에 기하여 소음피해의 제거나 예방을 위한 유지청구를 할 수 있다(대법원 1999. 7. 27. 선고 98다47528 판결 참조).

   원심이 같은 취지에서 이 사건 ○○빌라, △△빌라, □□빌라(이하 '이 사건 빌라'라 한다)의 소유자 또는 점유자인 피고 주민들이 소유권 또는 점유권에 기한 물권적 청구권의 행사로 원고를 상대로 이 사건 고속도로로부터 발생하는 소음이 일정 한도를 초과하여 유입되지 않도록 하라는 취지의 유지청구를 할 수 있다고 판단한 것은 적법하고, 거기에 상고이유로 주장하는 바와 같이 환경침해로 인한 유지청구의 청구권원과 관련한 법리오해의 위법이 있다고 할 수 없다.

   나. 상고이유 제2점에 대하여

   구 주택건설기준 등에 관한 규정(1992. 12. 31. 대통령령 제13811호로 개정되기 전의 것, 이하 '주택건설기준'이라 한다) 제9조 제1항은 공동주택을 건설하는 지점의 소음도가 건설부장관이 환경처장관과 협의하여 고시하는 소음측정기준에 의하여 65dB 이상인 경우에는 공동주택을 철도·고속도로 등 소음발생시설로부터 수평거리 50m 이상 떨어진 곳에 배치하거나 방음벽·수림대 등의 방음시설을 설치하여 당해 공동주택의 건설지점의 소음도가 65dB 미만이 되도록 하고 있고, 주택건설기준 제3조에 의하면 위 제9조는 구 주택건설촉진법(1992. 12. 8. 법률 제4530호로 개정되기 전의 것) 제3조 제5호에 의한 '사업주체'가 같은 법 제33조 제1항에 의하여 주택건설사업계획의 승인을 얻어 건설하는 주택에 관하여 적용된다. 또한, 같은 법 제3조 제5호에 의하면 '사업주체'라 함은 국가·지방자치단체·대한주택공사·한국토지개발공사 및 제6조에 의하여 등록한 주택건설사업자 또는 대지조성사업자 등 이 법에 의하여 주택건설사업 또는 대지조성사업을 시행하는 자를 말하며, 같은 법 제6조 제1항은 연간 대통령령으로 정하는 호수 이상의 주택건설사업 또는

연간 대통령령으로 정하는 면적 이상의 대지조성사업을 영위하고자 하는 자는 건설부에 등록하여야 한다고 규정하고, 같은 법 제33조 제1항은 대통령령으로 정하는 호수 이상의 주택을 건설하거나 대통령령으로 정하는 면적 이상의 대지를 조성하고자 하는 자는 사업계획을 작성하여 건설부장관의 승인을 얻어야 한다고 규정하고 있으며, 구 주택건설촉진법 시행령(1992. 12. 21. 대통령령 제13782호로 개정되기 전의 것) 제9조 제1항은 주택건설촉진법 제6조 제1항에 규정된 '대통령령으로 정하는 호수'는 공동주택의 경우에는 20세대라고 정하고 있으며, 같은 시행령 제32조 제1항은 주택건설촉진법 제33조 제1항에서 '대통령령으로 정하는 호수 이상의 주택'이라 함은 공동주택의 경우에는 20세대 이상의 주택을 말한다고 규정하고 있다.

이러한 관계 규정을 살펴보면, 주택건설기준 제9조 제1항에 따라 주택건설사업계획 승인을 얻어 공동주택을 건설하기 위하여, 방음벽 등의 방음시설을 설치하여 공동주택 건설지점의 소음도가 65dB 미만이 되도록 조치하여야 하는 공동주택은, 20세대 이상으로서 건설부장관의 사업계획승인을 얻어 건설한 공동주택을 의미한다고 할 것이다.

원심이 적법하게 인정한 사실 및 기록에 의하면, 이 사건 빌라는 각 동별로 건축주를 달리하여 건축허가를 받아 이루어진 다세대주택으로, 각 동별 대지의 지번을 달리하며 각 동은 별개의 건축물로 각 15세대로 이루어진 사실을 알 수 있는바, 위 인정 사실을 위 법리에 비추어 살펴보면, 이 사건 빌라의 전체 세대수가 20세대를 초과한다고 하더라도 각 동은 별개의 건축물이어서 이를 하나의 공동주택이라고 볼 수 없고, 또한 이 사건 빌라가 주택건설촉진법 제33조 제1항의 규정에 따라 사업계획승인을 받아 건축된 공동주택이라고 볼 만한 사정도 없으므로, 결국 이 사건 빌라는 위 주택건설기준 제9조 제1항이 적용되는 공동주택이라고 할 수 없다.

따라서 원심이 이 사건 빌라는 주택건설기준 제9조 제1항이 적용되는 경우가 아니라고 판단한 것은 정당하고, 거기에 상고이유로 주장하는 바와 같은 주택건설기준 제9조 제1항의 적용 대상이 되는 공동주택의 해석에 관한 법리오해의 위법이 있다고 할 수 없다.

다. 상고이유 제3점에 대하여

인근 고속도로에서 유입되는 소음으로 인하여 입은 환경 등 생활이익의 침해를 이유로 일정 한도를 초과하는 소음이 유입되지 않도록 하라는 내용의 유지청구 소송에서 그 침해가 사회통념상 일반적으로 수인할 정도를 넘어서는지의 여부는 피해의 성질 및 정도, 피해이익의 공공성, 가해행위의 태양, 가해행위의 공공성, 가해자의 방지조치 또는 손해회피의 가능성, 인·허가 관계 등 공법상 기준에의 적합 여부, 지역성, 토지이용의 선후관계 등 모든 사정을 종합적으로 고려하여 판단하여야 한다(대법원 1997. 7. 22. 선고 96다56153 판결, 2003. 11. 14. 선고 2003다27108 판결 등 참조).

또한, 민법 제758조 소정의 '공작물의 설치 또는 보존의 하자'라 함은 공작물이 그 용도에 따라 갖추어야 할 안전성을 갖추지 못한 상태에 있음을 말하고, 안전성을 갖추지 못한 상태, 즉 타인에게 위해를 끼칠 위험성이 있는 상태라 함은 당해 공작물을 구성하는 물적 시설 그 자체에 있는 물리적·외형적 흠결이나 불비로 인하여 그 이용자에게 위해를 끼칠 위험성이 있는 경우뿐만 아니라, 그 공작물이 이용됨에 있어 그 이용상태 및 정도가 일정한 한도를 초과하여 제3자에게 사회통념상 수인할 것이 기대되는 한도를 넘는 피해를 입히는 경우까지 포함된다고 보아야 하고, 이 경우 제3자의 수인한도의 기준을 결정함에 있어서는 일반적으로 침해되는 권리나 이익의 성질과 침해의 정도뿐만 아니라 침해행위가 갖는 공공성의 내용과 정도, 그 지역환경의 특수성, 공법적인 규제에 의하여 확보하려는 환경기준, 침해를 방지 또는 경감시키거나 손해를 회피할 방안의 유무 및 그 난이 정도 등 여러 사정을 종합적으로 고려하여 구체적 사건에 따라 개별적으로 결정하여야 한다(대법원 2005. 1. 27. 선고 2003다49566 판결 참조).

원심이 적법하게 인정한 사실 및 기록에 의하면, 이 사건 고속도로의 8차선 확장공사는 1992. 7. 14.경 완료되고, 이 사건 빌라는 1992. 11. 말경 준공된 것이어서 피고 주민들이 입주하기 전에 고속도로의 확장공사가 완료된 것이기는 하나, 원고는 이 사건 고속도로의 8차선 확장 공사에 착공한 후 준공이 되기 1년 전 무렵 그 소유였던 이 사건 빌라 부지를 이 사건 빌라의 건축주에게 매도하여 그 지상에 이 사건 빌라가 신축되었고, 위 확장 공사의 준공 전에 이 사건 빌라의 건축공사가 시작되었으므로, 이 사건 부지의 매도인으로서 이 사건 빌라의 주민들에게 소음 피해가 가지 않도록 이 사건 빌라의 높이 및 구조 등을 고려한 방음벽을 설치할 수 있었던 것으로 보이는 점, 피고 주민들의 거주지는 일반주거지역으로 환경정책기본법 제10조, 같은 법 시행령 제2조에 의하면, 도로변 지역에 있는 일반주거지역의 소음 환경기준은 낮에 65dB, 밤에 55dB을 초과하지 않도록 규정하고 있는 점, 이 사건 빌라 거주자들에 대한 이 사건 고속도로의 소음 피해가 본격적으로 문제된 것은 1997. 8.경부터인데, 원고는 이 사건 고속도로의 통행차량으로 인한 소음 공해를 방지하기 위하여 확장공사 당시 높이 4.5m의 방음벽을 설치하고, 2001. 8. 5.경에는 통행차량의 과속 방지를 위한 무인속도측정기를 설치하고, 2001. 10.경에는 도로평탄화를 위한 내유동성 포장을 하였으나, 소음·진동공정시험방법(환경부고시 제2003-221호, 2003. 12. 31.) 제5장 제1절 1의 (3)항에서 규정하는 바와 같이 이 사건 빌라 각 세대의 외부 소음도를 측정한 결과, 피고 주민들 주거지의 1일 평균 소음도는 66dB에서 78dB까지 나타나고 있는 점, 피고 부천시는 이 사건 빌라 주민들의 민원에 따라 이 사건 지역을 소음·진동규제법 제28조 소정의 교통소음·진동규제지역으로 지정하여 같은 법 제30조, 제31조에 따라 지방경찰청장에게 요청하여 통행 차량에 대한 속도 제한, 우회 등의 조치를 하거나, 방음시설에 관한 조치를 취하고자 하였으나, 원고가 차량운행 등을 규제할 경우 교통소통에 지장이 발생한다는 등의 이유로 이를 반대하여 교통소음·진동규제지역으로 지정하지 못한 점, 원고는 기존 방음벽의 옹벽을 이용하여 보강할 수 있는 최대 높이인 7.5m 높이의 방음벽의 설치를 주장하나, 이 사건 빌라의 최고층인 4층의 높이가 12m 정도됨에 따라, 소음 피해가 가장 심한 4층 주택의 소음도를 감소하기 위하여는 13m 높이로 방음벽을 보강할 것이 요청되고, 그 공사비용은 7.5m로 보강할 경우에는 5억 원 정도, 13m로 보강할 경우에는 12억 원 정도가 소요되는 점을 알 수 있다.

이러한 인정 사실을 위 법리에 비추어 살펴보면, 원고가 관리하는 이 사건 고속도로의 공공적 기능, 원고가 이 사건 고속도로를 설치, 관리함에 있어서 소음 피해를 줄이기 위한 노력을 경주한 면이 있다고 하더라도, 원고가 이 사건 고속도로의 확장공사 착공 후 이 사건 빌라 부지를 매도하여 이 사건 빌라가 신축되었다는 사정을 고려한다면, 이 사건 빌라의 각 주택의 소음과 관련하여 환경정책기본법상 소음환경기준인 65dB 이상의 소음이 발생하는 경우에는 사회생활상 통상의 수인한도를 넘는 것으로서 위법하다고 할 것이고, 이러한 사실관계하에서는 피고 주민들이 이 사건 고속도로의 확장공사 이후 입주하였다는 사정만으로 피고 주민들의 원고에 대한 유지청구가 신의칙에 반하여 허용될 수 없는 경우라고 볼 수도 없다.

따라서 원심이 1일 평균 소음이 65dB 이상인 주택에 거주하는 피고 주민들의 유지청구 및 손해배상청구에 대하여 이 사건 고속도로를 설치·관리하는 원고는 그 설치·관리상의 하자로 인한 손해배상책임 및 이 사건 고속도로에서 유입되는 소음이 65dB을 넘지 않도록 해야 할 책임이 있다고 판단한 것은 정당하고, 거기에 상고이유에서 주장하는 바와 같이 소음피해로 인한 수인한도에 관한 법리오해 및 유지청구와 관련한 신의칙 위반 여부의 판단에 관한 법리오해 등의 위법이 있다고 할 수 없다.

라. 상고이유 제4점에 대하여

계약의 합의해제는 명시적으로 이루어진 경우뿐만 아니라 묵시적으로 이루어질 수도 있는 것으로, 계약의 성립 후에 당사자 쌍방의 계약실현 의사의 결여 또는 포기로 인하여 쌍방 모두 이행의 제공이나 최고에 이름이 없이 장기간 이를 방치하였다면, 그 계약은 당사자 쌍방이 계약을 실현하지 아니할 의사가 일치됨으로써 묵시적으로 합의해제되었다고 해석함이 상당하다(대법원 1994. 8. 26. 선고 93다28836 판결 참조).

원심이 적법하게 인정한 사실 및 기록에 의하면, 원고, 이 사건 빌라 주민들의 대표, 피고 부천시가 참석한 2000. 2. 22. 및 같은 해 3. 3. 자 회의에서 이 사건 고속도로에서 발생하는 소음피해에 대한 대책으로 현재의 방음벽 옹벽을 이용하여 높일 수 있는 최대 높이인 7.5m 높이로 방음벽을 보강하기로 합의하였으나, 피고 주민들 등 이 사건 빌라 주민들이 주민 대표의 대표성을 부정하며 방음벽 높이 조정에 반대하였고, 이 사건 빌라의 4층 세대 높이가 지상 12m에 이르러 7.5m 높이의 방음벽으로는 전체 주민들에 대한 실효성 있는 소음방지 대책이 될 수 없는 상황에서 원고도 장기간 방음벽 보강 공사에 나아가지 않은 사실, 그 후 이 사건 빌라 주민들이 중앙환경분쟁조정위원회에 분쟁조정 신청을 하여 2002. 2. 14. 원고는 이 사건 고속도로에서 유입되는 소음을 방지하기 위하여 13m 높이의 방음벽으로 보강하라는 내용의 재정이 내려지자, 이를 다투기 위하여 원고가 제소함에 따라 이 사건 소송에 이르게 된 사실을 알 수 있다.

위 인정 사실을 위 법리에 비추어 살펴보면, 원고와 피고 주민들 사이의 2000. 2. 22. 및 같은 해 3. 3. 자 회의 결과 성립된 합의는 원고와 피고 주민들의 계약실현 의사의 결여 등으로 쌍방 모두 이행의 제공이나 최고에 이름이 없이 장기간 이를 방치하여 당사자들의 계약을 실현하지 아니할 의사가 일치됨으로써 묵시적으로 합의해제 되었다고 할 것이다.

따라서 원심의 설시는 다소 부적절하나, 원심이 2000. 2. 22. 및 같은 해 3. 3. 자 회의 결과 성립된 합의는 원고와 피고 주민들 사이에서 묵시적으로 해제되었다는 취지로 판단한 것은 정당하고, 거기에 상고이유로 주장하는 바와 같은 계약의 묵시적 해제에 관한 법리오해의 위법은 없다.

2. 피고 부천시에 대한 상고이유

상소는 자기에게 불이익한 재판에 대하여 유리하게 취소 변경을 구하는 것이므로 전부 승소한 판결에 대하여는 항소를 허용하지 아니하는 것이 원칙이다.

원심이 적법하게 인정한 사실 및 기록에 의하면, 원고의 피고 부천시에 대한 청구는, 원고, 피고 주민들, 피고 부천시가 2000. 2. 22. 및 같은 해 3. 3. 자 회의 결과 원고가 이 사건 방음벽을 7.5m로 증축하고, 이에 따른 비용은 분담하기로 한 후, 2000. 7. 10. 원고와 피고 부천시가 방음벽을 7.5m로 증축할 경우 발생하는 비용 5억 원 중 피고 부천시가 공사비의 10%인 5,000만 원과 주민들 부담분 600만 원을 부담하기로 한 약정에 기한 청구임을 알 수 있으므로, 원고의 이 사건 청구가 가분채권의 묵시적인 일부청구라고는 볼 수 없다.

따라서 이러한 경우 청구를 확장하기 위한 항소의 이익은 인정되지 않는 것이므로, 원심이 같은 이유에서 원고의 피고 부천시에 대한 항소를 각하한 것은 정당하고, 거기에 상고이유로 주장하는 바와 같은 가분채권의 일부청구와 관련한 항소이익에 관한 법리오해의 위법이 있다고 할 수 없다.

3. 결론

그러므로 상고를 모두 기각하기로 하여 관여 대법관의 일치된 의견으로 주문과 같이 판결한다.

대법관   박일환(재판장) 김용담(주심) 박시환 김능환

[참조] 수원지법 성남지원 2003. 10. 2. 선고 2002가합1044, 2002가합2139 판결

[판례 2] 채무부존재확인등 · 손해배상(기) (서울고등법원 2004. 6. 15. 선고 2003나75888(본소), 2003나75895 (반소) 판결)

【전 문】

【원고(반소피고), 항소인 겸 부대피항소인】 한국도로공사(소송대리인 법무법인 정평 담당변호사 임재철외 2인)
【피고(반소원고), 피항소인】 피고 1외 87인(소송대리인 법무법인 한결 담당변호사 여영학)
【피고, 피항소인 겸 부대항소인】 부천시(소송대리인 법무법인 한결 담당변호사 여영학)
【변론종결】 2004. 5. 25.
【제1심판결】 수원지방법원 성남지원 2003. 10. 2. 선고 2002가합1044(본소), 2002가합2139(반소) 판결

【주 문】
1. 원고의 피고 부천시에 대한 항소와 피고 부천시의 부대항소를 모두 각하한다.
2. 원고(반소피고)의 피고 부천시를 제외한 나머지 피고(반소원고)들에 대한 항소를 모두 기각한다.
3. 당심의 소송비용 중 원고(반소피고)의 항소로 인한 부분은 원고(반소피고)가, 피고 부천시의 부대항소로 인한 부분은 피고 부천시가 각 부담한다.

【청구취지 및 항소취지】
1. 청구취지
   가. 본 소
      (1) 원고(반소피고, 이하 원고라 한다)는 별지 목록 기재의 피고(반소원고, 이하 피고라 한다)들에 대하여 부평-신월 간 경인고속도로 구간 중 부천시 오정구 (상세 번지 생략) 명보빌라 앞에 설치되어 있는 방음벽의 높이를 위 피고들 주택의 소음도가 65dB(A)를 초과하지 않도록 보강할 의무 및 부평-신월 간 경인고속도로의 소음으로 인한 손해배상으로서 별지 목록 기재의 각 피고별 재정금액에 해당하는 금원을 지급할 의무가 존재하지 아니함을 확인한다(원고는 청구취지에서 부존재확인을 구하는 방음벽의 높이를 보강할 의무의 정도를 명시하지 않았으나 중앙환경분쟁조정위원회 재정에 불복하는 취지이므로 위와 같이 위 피고들 주택의 소음도가 65dB(A)를 초과하지 않도록 하는 정도의 방음벽 높이 보강 의무의 부존재확인을 구하는 것으로 본다).
      (2) 피고 부천시는 원고에게 금 126,800,000원을 지급하라.(원고는 당심에서 청구취지를 확장하였다)
   나. 반 소
      (1) 원고는 별지 목록 기재 피고들에게 같은 목록 기재 각 청구금액과 같은 금원 및 이에 대하여 2002. 2. 15.부터 이 사건 반소장 부본 송달일까지는 연 5%의, 그 다음날부터 완제일까지는 연 25%의 각 비율에 의한 금원을 지급하라.
      (2) 원고는 부평-신월 간 경인고속도로로부터 발생하는 소음이 별지 목록 기재 피고들의 주택을 기준으로 65dB(A) 이상 유입되지 않도록 방음설비를 시공하라.

(3) 원고는 제2항의 명령에 위반할 경우 별지 별지 목록 기재 피고들에게 1일마다 금 50,000원씩의 비율에 의한 금원을 지급하라.(간접강제를 구하는 이 부분은 제1심 판결에서 청구가 기각되었음에도 위 피고들이 불복하지 아니하여 당심의 심판범위에서 제외되었다)

2. 항소취지

가. 제1심 판결 중 별지 목록 기재 피고들에 대한 원고 패소부분을 취소하고, 원고(반소피고, 이하 원고라 한다)는 별지 목록 기재의 피고(반소원고, 이하 피고라 한다)들에 대하여 부평-신월 간 경인고속도로 구간 중 부천시 오정구 (상세 번지 생략) 명보빌라 앞에 설치되어 있는 방음벽의 높이를 위 피고들 주택의 소음도가 65dB(A)를 초과하지 않도록 보강할 의무 및 부평-신월 간 경인고속도로의 소음으로 인한 손해배상으로서 같은 목록 기재의 각 재정금액에 해당하는 금원을 지급할 의무가 존재하지 아니함을 확인하고, 위 취소부분에 해당하는 별지 목록 기재 피고들의 반소청구를 모두 기각한다.

나. 피고 부천시는 원고에게 추가로 70,800,000원을 지급하라.

3. 부대항소취지

제1심 판결 중 피고 부천시에 대한 부분을 취소하고, 피고 부천시에 대한 원고의 청구를 기각한다.

【이 유】

1. 원고의 피고 부천시에 대한 항소와 피고 부천시의 부대항소의 적법성 여부

먼저, 상소는 자기에게 불이익한 재판에 대하여서만 제기할 수 있는 것이고, 재판이 상소인에게 불이익한 여부는 재판의 주문을 표준으로 하여 상소제기 당시를 기준으로 판단되어야 할 것이어서 제1심에서 전부승소의 판결을 받은 당사자가 청구취지 확장을 위하여 제기한 항소는 특별한 사정이 없는 한 항소의 이익이 없는바(대법원 1983. 10. 25. 선고 83다515 판결 참조), 이 사건에서 원고는 제1심에서 피고 부천시에 대하여 전부승소의 판결을 받고도 청구취지의 확장을 위하여 항소를 제기한 사실은 기록상 분명하고, 그밖에 항소를 적법한 것으로 만들 특별한 사정을 찾아볼 수 없으므로, 원고의 피고 부천시에 대한 이 사건 항소는 항소의 이익이 없어서 부적법하다고 할 것이다.

다음으로, 항소기간이 지나 항소권이 소멸한 후에 제기하는 부대항소는 항소에 대한 종속성을 가져서 항소가 취하되거나 부적법하여 각하되는 경우에는 그 효력을 잃게 되는 것인바(민사소송법 제404조), 이 사건에서 피고 부천시가 원고에 대하여 제기한 부대항소는 항소기간이 경과한 후에 제기된 것임이 기록상 분명하고, 원고의 피고 부천시에 대한 항소가 부적법하여 각하될 처지에 있음은 앞에서 본 바와 같으므로, 피고 부천시의 부대항소는 위와 같은 법리에 따라 효력이 없는 부적법한 것이 되었다고 할 것이다.

2. 제1심 판결의 인용

이 판결에 적을 나머지 판결이유는 다음과 같은 판단을 일부 추가하는 외에는 원고와 별지 목록 기재 피고들 사이의 제1심의 판결이유와 같으므로, 민사소송법 제420조에 의하여 이를 그대로 인용한다.

(추가하는 부분)

① 원고는 원래 그 소유이던 별지 목록 기재 피고들의 주택인 명보빌라 등의 부지를 경인고속도로의 확장공사에 착공한 후 준공이 되기 1년 전 무렵에 명보빌라 등의 건축주에게 처분하여 그 지상에 주택건축을 가능하게 하였고, 확장공사를 시행하는 도중에도 그 준공 약 5개월 전부터 명보빌라 등의 건축이 이루어지고 있는 사정을 알 수 있었기 때문에 확장공사의 준공 전에 피고들 주택의 규모를 조사하고 확장공사 후 있을 고속도로 주변 소음의 정도를 예측하여 이에 적절한 규모의 방음벽을 설치할 수 있었음에도 불구하고 이러한 조치를 취함이 없이 방음효과가 미미한 4.5m의 방음

벽만을 설치한 점, ② 원고는 고속도로 확장공사 후 통행량이 증가되어 위 피고들에 대한 소음피해가 점차 커지고 마침내 그 피해의 정도가 극심한 상황에 이르렀음에도 장기간 별 다른 조치를 취하지 않은 점, ③ 이 사건 13m 방음벽을 설치함에 있어서 1,208,000,000원의 비용이 소요되는 것이기는 하지만 원고는 앞서 명보빌라 등 소유자들 일부와 사이에 5억 원의 비용을 들여 7.5m 방음벽을 설치하기로 하는 합의에 이른 점에서 5억 원 정도의 비용은 감당할 수 있는 재정상태에 있었던 것으로 보여지고, 이에 약 7억 원 정도의 추가비용을 들여 위 피고들이 입는 극심한 소음피해를 해소한다고 하여도 경인고속도로에 관한 원고의 사업이 위와 같은 추가비용 자체로 인하여 불가능하거나 그 채산성의 심대한 악화를 초래하지는 않을 것으로 여겨지는 점, ④ 원고는 13m 방음벽을 설치하는 경우에 관할 지방자치단체인 부천시 등과의 협의를 통하여 앞서 수령한 5,600만 원 외에 추가적인 자금지원을 이끌어내어 비용부담을 덜 수 있는 가능성이 있는 것으로 보이는 점, ⑤ 원고가 고속도로 확장공사를 함에 있어서 장차의 소음증가에 대비하여 방음벽의 보강을 할 수 있는 방음벽의 부지 및 작업공간의 확보에 관한 적절한 대책을 마련하지 않은 것도 방음벽 설치비용을 높이는 한 원인이 된 것으로 보이는 점 등에서 위 피고들 주택에 대한 65dB(A)를 초과하는 소음피해는 위 피고들의 수인한도를 넘는 것으로 보아야 할 것이다.

3. 결 론

따라서, 원고의 피고 부천시를 제외한 나머지 피고들에 대한 제1심 판결은 정당하므로 이에 대한 원고의 항소를 모두 기각하고, 원고의 피고 부천시에 대한 항소와 피고 부천시의 부대항소를 모두 각하하기로 하여 주문과 같이 판결한다.

판사   박삼봉(재판장) 전주혜 임정수

[판례 3] 채무부존재확인 (대법원 2008. 8. 21. 선고 2008다9358,9365 판결)

【판시사항】

[1] 도로에서 유입되는 소음 때문에 인근 주택 거주자에게 사회통념상 수인한도를 넘는 침해가 있는지 여부를 판단하는 경우, 주택법상 주택건설기준보다 환경정책기본법상 환경기준을 우선 고려하여야 하는지 여부(적극)

[2] 도로에서 유입되는 소음 때문에 인근 주택의 거주자가 사회통념상 수인한도를 넘는 생활이익의 침해를 당한 경우, 그 주택의 분양회사에게 소음으로 인한 불법행위책임을 물을 수 있는지 여부(소극) 및 분양회사가 위 소음과 관련하여 수분양자에게 책임을 부담하는 경우

【판결요지】

[1] 차량이 통행하는 도로에서 유입되는 소음 때문에 인근 주택의 거주자에게 사회통념상 일반적으로 수인할 정도를 넘어서는 침해가 있는지 여부는, 주택법 등에서 제시하는 주택건설기준보다는 환경정책기본법 등에서 설정하고 있는 환경기준을 우선적으로 고려하여 판단하여야 한다.

[2] 도로에서 유입되는 소음 때문에 인근 주택의 거주자에게 사회통념상 수인한도를 넘는 생활이익의 침해가 발생하였다고 하더라도, 그 주택을 건축하여 분양한 분양회사는 도로의 설치·관리자가 아니

고 그 주택의 건축으로 인하여 소음이 발생하였다고 볼 수도 없으므로, 주택의 거주자들이 분양회사를 상대로 소음 때문에 발생한 생활이익의 침해를 원인으로 하는 불법행위책임을 물을 수는 없다. 다만 분양회사는 주택의 공급 당시에 주택법상의 주택건설기준 등 그 주택이 거래상 통상 소음 방지를 위하여 갖추어야 할 시설이나 품질을 갖추지 못한 경우에 집합건물의 소유 및 관리에 관한 법률 제9조 또는 민법 제580조의 담보책임을 부담하거나, 수분양자와의 분양계약에서 소음 방지 시설이나 조치에 관하여 특약이 있는 경우에 그에 따른 책임을 부담하거나, 또는 분양회사가 수분양자에게 분양하는 주택의 소음 상황 등에 관한 정보를 은폐하거나 부정확한 정보를 제공하는 등 신의칙상의 부수의무를 게을리한 경우에 그 책임을 부담할 뿐이다.

【참조조문】
[1] 국가배상법 제5조 제1항, 환경정책기본법 제10조 제2항, 환경정책기본법 시행령 제2조 [별표 1] 제2호, 주택법 제21조 제1항 제1호, 주택법 시행령 제22조, 주택건설기준 등에 관한 규정 제9조 [2] 집합건물의 소유 및 관리에 관한 법률 제9조, 민법 제2조, 제105조, 제580조, 제750조

【전 문】
【원고, 상 고 인】 부산광역시 (소송대리인 변호사 박옥봉)
【원고, 피상고인】 지에스건설 주식회사 (소송대리인 변호사 이강남)
【피고, 상고인 겸 피상고인】 피고 1외 559인 (소송대리인 변호사 김시승)
【원심판결】 부산고법 2008. 1. 8. 선고 2007나6895 판결

【주 문】
상고를 모두 기각한다. 상고비용은 상고인 각자가 부담한다.

【이 유】
상고이유를 판단한다.

1. 원고 부산광역시의 상고이유에 대한 판단

국가배상법 제5조 제1항에 정하여진 '영조물의 설치 또는 관리의 하자'라 함은 공공의 목적에 공여된 영조물이 그 용도에 따라 갖추어야 할 안전성을 갖추지 못한 상태에 있음을 말하고, 안전성을 갖추지 못한 상태, 즉 타인에게 위해를 끼칠 위험성이 있는 상태라 함은 당해 영조물을 구성하는 물적 시설 그 자체에 있는 물리적·외형적 흠결이나 불비로 인하여 그 이용자에게 위해를 끼칠 위험성이 있는 경우뿐만 아니라, 그 영조물이 공공의 목적에 이용됨에 있어 그 이용상태 및 정도가 일정한 한도를 초과하여 제3자에게 사회통념상 수인할 것이 기대되는 한도를 넘는 피해를 입히는 경우까지 포함된다고 보아야 한다(대법원 2004. 3. 12. 선고 2002다14242 판결 등 참조).

그리고 수인한도의 기준을 결정함에 있어서는 일반적으로 침해되는 권리나 이익의 성질과 침해의 정도뿐만 아니라 침해행위가 갖는 공공성의 내용과 정도, 그 지역환경의 특수성, 공법적인 규제에 의하여 확보하려는 환경기준, 침해를 방지 또는 경감시키거나 손해를 회피할 방안의 유무 및 그 난이 정도 등 여러 사정을 종합적으로 고려하여 구체적 사건에 따라 개별적으로 결정하여야 하는바(대법원 2005. 1. 27. 선고 2003다49566 판결 등 참조), 특히 차량이 통행하는 도로에서 유입되는 소음으로 인하여 인근 공동주택의 거주자에게 사회통념상 일반적으로 수인할 정도를 넘어서는 침해가 있는지 여부는 주택법 등에서 제시하는 주택건설기준보다는 환경정책기본법 등에서 설정하고 있는 환경기준을 우선적으로 고려하여 판단하여야 한다.

원심판결 이유에 의하면, 원심은, 이 사건 도로의 하루 통행 차량이 약 86,361대에 이르는 등 공공

도로인 점과 피고들이 이 사건 도로가 개통된 이후에 건축된 이 사건 아파트에 입주한 점 등을 감안하더라도, 피고들이 거주하는 세대의 야간 등가소음도가 65dB 이상으로 환경정책기본법이 요구하는 도로변 주거지역의 야간 소음기준(55dB)을 훨씬 초과함으로써 피고들에게 통상의 수인한도를 넘는 피해를 발생하게 하였다면 원고 부산광역시의 이 사건 도로 설치·관리상에 하자가 있다고 판단하였는바, 앞서 본 법리에 비추어 보면 원심의 위와 같은 판단은 정당한 것으로서 수긍이 가고, 거기에 상고이유에서 주장하는 바와 같이 공공영조물 설치·관리상의 하자에 관한 법리오해, 소음피해로 인한 수인한도에 관한 법리오해, 심리미진 등의 위법이 있다고 할 수 없다.

2. 피고들의 상고이유에 대한 판단

도로에서 유입되는 소음으로 인하여 인근 공동주택의 거주자에게 사회통념상 수인한도를 넘는 생활이익의 침해가 발생하였다고 하더라도, 그 공동주택을 건축하여 분양한 분양회사는 도로의 설치·관리자가 아니고 위 공동주택의 건축으로 인하여 소음이 발생하였다고 볼 수도 없으므로, 공동주택의 거주자들이 분양회사를 상대로 소음으로 인하여 발생한 생활이익의 침해를 원인으로 하는 불법행위책임을 물을 수는 없는 것이고, 다만 분양회사는 공동주택의 공급 당시에 주택법상의 주택건설기준 등 그 공동주택이 거래상 통상 소음 방지를 위하여 갖추어야 할 시설이나 품질을 갖추지 못한 경우에 집합건물의 소유 및 관리에 관한 법률 제9조 또는 민법 제580조의 규정에 의한 담보책임을 부담하거나, 수분양자와의 분양계약에서 소음 방지 시설이나 조치에 관하여 특약이 있는 경우에 그에 따른 책임을 부담하거나, 또는 분양회사가 수분양자에게 분양하는 공동주택의 소음 상황 등에 관한 정보를 은폐하거나 부정확한 정보를 제공하는 등 신의칙상의 부수의무를 게을리한 경우에 그 책임을 부담할 뿐이다.

원심의 인정 사실 및 기록에 비추어 보면, 원고 회사가 이 사건 아파트에 대한 사용승인을 받을 당시 이 사건 아파트의 소음도는 64.7dB로서 주택법상의 주택건설기준 등에서 규정하고 있는 소음기준을 충족하고 있었고, 달리 이 사건 아파트의 사용승인 또는 분양 당시 이 사건 아파트의 방음시설이 통상 갖추어야 할 수준에 이르지 못하였다고 인정할 증거도 없으며, 원고 회사가 수분양자인 피고들과의 사이에 소음 방지 시설이나 조치에 관한 별도의 특약을 체결하였다거나, 피고들에게 이 사건 아파트의 소음 상황 등에 관하여 부정확한 정보를 제공하였다고 인정할 증거도 없다.

이러한 사정을 위 법리에 비추어 보면, 도로에서 유입되는 소음으로 인하여 피고들에게 사회통념상 수인한도를 넘는 생활이익의 침해가 발생하였다고 하더라도 분양회사인 원고 회사로서는 피고들에 대하여 담보책임이나 특약에 의한 책임, 또는 신의칙상 의무 위반으로 인한 책임을 부담하지 아니한다.

원심은 그 이유 설시에 있어 다소 명확하지 아니한 부분은 있으나, 원고 회사가 피고들에 대하여 소음으로 인한 손해배상 기타 채무를 부담하지 않는다고 판단한 결론은 정당하다.

그 밖의 상고이유는 사실심법원에서 주장하지 아니한 사실을 상고심에서 새롭게 주장한 것이거나 적법한 상고이유로 삼을 만한 사유가 되지 못한다.

3. 결 론

그러므로 상고를 모두 기각하고, 상고비용은 각 패소자가 부담하도록 하여 관여 법관의 일치된 의견으로 주문과 같이 판결한다.

대법관　안대희(재판장) 김영란 이홍훈(주심)

[판례 4] 채무부존재확인 (부산지법 2006. 12. 21. 선고 2003가합23819, 23901 판결)

【판시사항】

아파트 앞 공공도로에서 차량통행 등으로 발생하는 소음으로 인하여 아파트 주민들이 입은 피해가 사회통념상 수인한도를 넘는 경우, 도로가 개설된 후에 아파트가 건축되었다 하더라도 도로의 설치·관리자인 지방자치단체와 아파트를 신축한 건설회사는 아파트 주민들에 대하여 소음으로 인한 손해를 배상하거나 방음벽 등을 설치하는 등으로 그 소음을 수인한도 내로 저감시킬 방음대책을 강구할 의무가 있고, 위 의무는 부진정연대채무관계에 있다고 한 사례

【판결요지】

아파트 앞 공공도로에서 차량통행 등으로 발생하는 소음으로 인하여 아파트 주민들이 입은 피해가 사회통념상 수인한도를 넘는 경우, 도로가 개설된 후에 아파트가 건축되었다 하더라도 도로의 설치·관리자인 지방자치단체와 아파트를 신축한 건설회사는 아파트 주민들에 대하여 소음으로 인한 손해를 배상하거나 방음벽 등을 설치하는 등으로 그 소음을 수인한도 내로 저감시킬 방음대책을 강구할 의무가 있고, 위 의무는 부진정연대채무관계에 있다고 한 사례.

【참조조문】

국가배상법 제5조 제1항, 환경정책기본법 제4조, 제5조, 소음·진동규제법 제1조, 민법 제390조, 제760조

【참조판례】

대법원 1994. 11. 11. 선고 94다22446 판결(공1994하, 2361)

【전 문】

【원 고】 부산광역시외 1인 (소송대리인 변호사 박옥봉외 1인)
【피 고】 피고 449외 622명 (소송대리인 변호사 김시승)
【변론종결】 2006. 9. 21.

【주 문】

1. 원고들의 별지 2 목록 기재 피고들과 피고 449 및 원고 지에스건설 주식회사의 피고 600(항소심 판결의 피고 506)에 대한 부산 사상구 동서고가도로 및 하부도로에서 차량통행 등으로 발생하는 소음으로 인한 손해배상 기타 채무는 존재하지 아니함을 확인한다.
2. 원고들의 별지 1 목록 기재 피고들과 피고 155, 156(항소심 판결의 피고 140, 141)에 대한 각 청구 및 원고 부산광역시의 피고 600에 대한 청구를 각 기각한다.
3. 소송비용 중 원고들과 별지 1 목록 기재 피고들 및 피고 155, 156 사이에 생긴 부분은 원고들이 부담하고, 원고 부산광역시와 피고 600 사이에 생긴 부분은 같은 원고가 부담하며, 원고들과 별지 2 목록 기재 피고들 및 피고 449 사이에 생긴 부분은 같은 피고들이 부담하고, 원고 지에스건설 주식회사와 피고 600 사이에 생긴 부분은 같은 피고가 부담한다.

【청구취지】

별지 2 목록 기재 피고들 및 피고 449에 대하여 : 주문 제1항과 같다.
별지 1 목록 기재 피고들 및 피고 155, 156, 600에 대하여 : 원고들의 별지 1 목록 기재 피고들 및 피고 155, 156, 600에 대한 부산 사상구 동서고가도로 및 하부도로에서 차량통행 등으로 발생하는 소

음으로 인한 손해배상 기타 채무는 존재하지 아니함을 확인한다.

【이 유】

1. 별지 1 목록 기재 피고들 및 피고 155, 156, 600에 대한 청구에 관한 판단

   가. 기초 사실

   다음 사실은 원고들과 별지 1 목록 기재 피고들과 피고 155, 156, 600(이하 '제1피고들'이라 한다) 사이에는 다툼이 없거나 갑 제1호증의 1 내지 갑 제11호증의 2, 을 제1호증 내지 을 제2호증의 37의 각 기재에 변론 전체의 취지를 종합하면 이를 인정할 수 있다.

   (1) (가) 동서고가도로 및 그 하부도로인 백양로는 원고 부산광역시가 개설하여 관리하는 도로인바, 그 중 동서고가도로(이하 '이 사건 도로'라 한다)는 부산 문현램프부터 감전IC까지 길이 10.9㎞, 노폭 19.1~22.4m의 4차선 도로로서 1992. 12. 9. 1단계로 주례삼거리에서 광무교 구간이 개통된 후 1994. 12. 28. 전 구간이 개통되었고, 2005년을 기준으로 연간 총 통행량이 31,522,000대, 하루 통행량이 약 86,361대이다.

   (나) 원고 지에스건설 주식회사(이하 '원고 지에스건설'이라 한다)는 1993. 10. 12. 원고 부산광역시로부터 사업승인을 받아 부산 사상구 주례2동 3-16 지상에 8개 동(101동 내지 108동) 953세대 규모의 LG신주례아파트(이하 '이 사건 아파트'라 한다)를 신축한 후 1996. 10. 26. 부산 사상구청으로부터 사용승인을 받고 1996. 10. 28.부터 이 사건 아파트의 수분양자들을 입주시켰다.

   (다) 제1피고들(단, 피고 600 제외)은 이 사건 아파트 각 세대의 소유자들 및 그 가족들로서 빠르게는 1996. 10. 28.경부터 이 사건 아파트 각 세대에 입주하여 현재까지 거주하고 있다(당사자 사이에 다툼이 없다).

   피고 600은 아래 재정절차 당시까지는 이 사건 아파트 107동 2303호의 소유자였으나 그 후 2003. 12.경 그 소유권을 상실하였다.

   (2) 이 사건 아파트와 이 사건 도로 및 그 하부도로인 백양로(이하 이를 함께 지칭할 때에는 '이 사건 도로 등'이라 한다)의 배치상황은 별지 3 그림과 같다. 이를 구체적으로 보면 이 사건 도로는 지상 10m 정도의 높이에 있는데, 이 사건 아파트와의 이격거리는 가장 가까운 106동과는 17.1m이고, 이 사건 도로의 자체방음벽이 2m로 이 사건 아파트의 106동의 2층과 비슷한 높이로 설치되어 있으며, 그 하부도로인 백양로와 이 사건 아파트 사이에는 보도가 있고 그 보도와 이 사건 아파트의 경계에는 높이 9m 길이 112m의 투명방음벽이 설치되어 있다.

   (3) (가) 위와 같은 배치관계상 이 사건 도로 등에서 차량통행 등으로 발생하는 소음이 이 사건 아파트의 주소음원이다.

   이에 따른 이 사건 아파트의 소음도는, 원고 지에스건설이 1996. 10. 26. 부산 사상구청으로부터 사용승인을 받을 당시에는 64.7dB(A)였고, 이 사건 아파트 입주자대표회의가 1997. 10. 6. 신동환경산업 주식회사에게 소음측정(106동, 203동, 204동의 전면 대향부에서 각 동을 등분할한 중앙점 2개소를 측정점으로 하여 측정)을 의뢰한 결과는 106동의 경우 주간측정 평균치가 69.7~80.4dB(A), 야간측정 평균치가 65~76.5dB(A)이며, 1998. 6. 8. 부산시청 환경측정팀의 소음측정(오전, 오후 2차례 실시)결과는 평균 소음이 75.6dB(A)이고, 최고는 79dB(A)까지 이르며, 부산광역시 보건환경연구원에서 2000. 8. 3. 소음을 측정한 결과는 최고 등가소음도가 77dB(A)로 나타났고, 이 사건 아파트 입주자대표회의가 2002. 9. 5. (주)대농구조안전연구소에 소음측정을 의뢰하여 104동(101호, 1002호, 2502호), 105동(203호,

1402호, 2502호) 106동(106호, 1001호, 1604호)의 각 3세대씩 측정한 결과 주간측정 평균치는 66.42~82.42dB(A)이고, 야간측정 평균치는 67.41~85.22dB(A)였다. 또한, 아래에서 보는 재정절차중에 부산광역시 보건환경연구원에서 2003. 7. 14.부터 같은 달 16.까지 이 사건 아파트 중 106동은 5층과 15층의 2개 층을 24시간 소음도를 자동측정하고 나머지 7개 동은 주요 30개 지점에 대해 야간에 5분간씩 간이측정한 결과 이 사건 아파트 106동 506호와 1506호의 등가소음도는 아래 표와 같고, 제1피고들이 거주하는 세대의 야간 등가소음도는 모두 65dB(A) 이상이다(자세한 내용은 별지 4 표의 소음도란의 기재와 같다).

측정내용/측정장소	이 사건 아파트 106동	
	506호	1506호
24시간 등가소음도	74dB(A)	73dB(A)
주간(06:00~22:00) 등기소음도	74dB(A)	74dB(A)
야간(22:00~06:00) 등가소음도	71dB(A)	71dB(A)

(나) 소음·진동규제법상 도로소음 한도는 주거지역의 경우 주간 68dB(A), 야간 58dB(A)이고, 상업지역과 공업지역의 경우에는 주간 73dB(A), 야간 58dB(A)이며, 환경정책기본법은 환경소음기준에 관하여 도로변지역 중 전용주거지역, 일반주거지역 및 준주거지역은 주간 65dB, 야간 55dB, 상업지역과 준공업지역은 주간 70dB, 야간 60dB로 규정하고 있다.

(4) (가) 그런데 원고 지에스건설은 이 사건 아파트에 대한 사업승인을 받기 전에 원고 부산광역시에게 이 사건 도로에 반터널식 방음벽을 설치하기 위한 사업계획서를 제출하였으나, 원고 부산광역시는 1993. 10. 6.경 이 사건 도로에 반터널식 방음벽을 설치하면 구조·관리상 및 장기간 교통차단으로 인한 문제가 발생한다는 이유로 그 설치가 불가하다는 동보를 하여 반터널식 방음벽을 설치하지 못하였다. 그 후 원고 지에스건설이 1998. 7. 원고 부산광역시에게 반터널식 방음벽설치를 위한 이 사건 도로의 구조검토의견서를 제출하자, 원고 부산광역시는 1998. 8. 4. 반터널식 방음벽을 설치함에 있어 이 사건 도로에 구조상의 문제는 없다는 내용의 회신를 하였다.

(나) 또한, 원고 부산광역시는 2000. 7. 27. 이 사건 아파트의 입주자대표회의의 터널식 방음벽 설치 요청에 대해 터널식 방음벽 설치가 불가능하다고 회신을 하였으나, 아래 재정절차에서는 이 사건 도로에 터널식 방음벽을 설치하는데 구조적인 문제는 없고 그 설치기간 동안의 교통소통 대책수립, 개금요금소 톨부스 개방에 따른 통행료 징수차질 및 터널식 방음벽 설치 후 사후관리비 부담문제만 해결되면 터널식 방음벽 설치가 가능하다는 취지의 의사를 표시하였다.

(다) 한편, 원고 지에스건설은 1996. 10. 25. 이 사건 아파트에 대한 사용승인을 받을 당시 부산 사상구청에 이 사건 아파트에 주민들이 입주한 후 이 사건 도로 등과 관련한 소음민원이 발생할 경우에는 원고 지에스건설에서 모든 책임을 지고 그 민원을 해결한다는 내용의 각서를 제출하기도 하였다.

(5) (가) 이 사건 아파트의 입주민들은 이 사건 도로 등에서 차량통행 등으로 발생하는 소음으로 인하여 1997. 4.경부터 2002. 5.경까지 원고들과 부산광역시 사상구청에 14차례에 걸쳐 방음벽의 설치를 요구하는 민원을 제기하여 오다가, 제1피고들을 포함한 이 사건 아파트 8개동 311세대의 934명이 나서 2002. 12. 16. 원고들 및 부산광역시 사상구청을 상대로 이 사건 도로 등에서 차량통행 등으로 발생하는 소음·분진 등으로 인하여 정신적인 피해

를 입고 있음을 이유로 중앙환경분쟁조정위원회에 재정신청을 하였다.
(나) 이에 중앙환경분쟁조정위원회는 2003. 9. 5. 이 사건 도로 등의 진동도와 미세먼지의 발생정도는 수인한도 이내인 것으로, 이 사건 도로 등에서 차량통행 등으로 발생하는 소음에 관하여는 야간 등가소음도가 65dB(A) 미만인 경우에는 수인한도 이내인 것으로, 야간 등가소음도가 65dB(A) 이상인 경우에는 수인한도를 넘는 것으로 각 판단한 끝에, 야간 등가소음도가 65dB(A) 미만인 세대에 거주하는 신청인들의 신청을 기각하고 야간 등가소음도가 65dB(A) 이상인 세대에 거주하는 제1피고들 등에 대해서는 "원고들은 제1피고들 등에게 197,721,390원을 지급하되, 재정문의 정본이 제1피고들 등에게 송달된 날의 다음날부터 다 갚는 날까지 연 20%의 비율에 의한 지연손해금을 가산하여 지급하여야 한다. 또한 터널방음벽 설치 등의 방음대책을 강구하여 제1피고들 등의 주택의 소음도가 65dB(A) 미만이 되도록 하되, 피해배상액 및 방음대책비용은 원고 지에스건설(구 엘지건설 주식회사)이 70%, 원고 부산광역시가 30%를 각각 부담한다."는 내용의 재정(중앙환조 02-3-429)을 하였고 그 재정은 원고 부산광역시에는 2003. 9. 15.에, 원고 지에스건설에는 2003. 9. 9.에 각 송달되었다.
(다) 원고들은 위 재정결정에 불복하여 위 재정결정정본을 수령한 후 60일 이내에 이 사건 소를 각 제기하였다.
(한편, 환경분쟁조정법 제42조 제2항에는 환경분쟁조정위원회가 재정을 행한 경우에 재정문서의 정본이 당사자에게 송달된 날부터 60일 이내에 당사자 쌍방 또는 일방으로부터 당해 재정의 대상인 환경피해를 원인으로 하는 소송이 제기되지 아니하거나 그 소송이 철회된 때에는 당사자 간에 당해 재정내용과 동일한 합의가 성립된 것으로 본다고 규정하고 있다)

나. 판 단
(1) 손해배상책임의 발생
(가) 원고 부산광역시에 대하여
원고 부산광역시는 이 사건 도로 등의 설치·관리자로서 국가배상법 제5조 제1항에 의하여 이 사건 도로 등의 설치 또는 관리의 하자로 인하여 타인에게 손해를 발생하게 하였을 때에는 그 손해를 배상할 책임이 있는데, 여기서의 '설치 또는 관리의 하자'라 함은 공공의 목적에 공여된 영조물이 그 용도에 따라 갖추어야 할 안전성을 갖추지 못한 상태에 있음을 말하고, 여기서 안전성을 갖추지 못한 상태, 즉 타인에게 위해를 끼칠 위험성이 있는 상태라 함은 당해 영조물을 구성하는 물적 시설 그 자체에 있는 물리적·외형적 흠결이나 불비로 인하여 그 이용자에게 위해를 끼칠 위험성이 있는 경우뿐만 아니라 그 영조물이 공공의 목적에 이용됨에 있어 그 이용상태 및 정도가 일정한 한도를 초과하여 제3자에게 사회통념상 참을 수 없는 피해를 입히는 경우까지 포함된다고 할 것이고, 사회통념상 참을 수 없는 피해인지 여부는 그 공작물의 공공성, 피해의 내용 및 정도, 이를 방지하기 위하여 노력한 내용 등을 종합적으로 고려하여 판단하여야 한다(대법원 2004. 3. 12. 선고 2002다14242 판결 등 참조).
살피건대, 위 인정의 제1피고들 등이 거주하는 세대의 야간 등가소음도가 65dB(A) 이상으로 환경정책기본법과 소음진동규제법 등의 행정법규가 요구하는 주거지역의 야간 소음기준을 훨씬 초과하는 점 등을 종합하면, 이 사건 도로가 하루 통행량이 약 86,361대에 이르는 공공도로인 점과 제1피고들이 이 사건 도로가 개통된 이후에 건축된 이 사건 아파트에 입주한 점 등을 감안한다고 하더라도 이 사건 도로 등에서 차량통행 등으로 발생하는 소음으로 인하여 제1피고들이 입은 피해는 사회통념상 일반적으로 인정되는 수인한도를 넘는다 할 것이고, 여기에 위 인정 사실 특히, 제1피고들 등이 1997.경부터 민원을 계속 제기하였음에도 불구하고 원고 부산광역시는 현재까지 제1피고들 등의 피해를 방지하기 위한 별다른 조치를 취하지 않은 점, 더욱이 이 사건 도로에 반터널식 또는 터널식 방음벽을 설치하는 것에 여러 가지 난점이 있는 것은 부인하기는 어렵지만 그것이 불가능하다고 할 수는 없는데다 이 사건 아파트에 대한 사업승인을 하기 전에 원고 지에스건설로부터 이 사건 도로에 반터널식 방음벽을 설치하기 위한 사업계획서를 제출받았음에도 불구하고 원고 부산광역시는 구조·관리상 및 장기간 교통차단으로 인한 문제가 발생한다는 이유로 그 설치가 불가하다는 통보를 하여 이 사건 아파트 건축과 더불어 설치하였다면 그 설치가 더 용이하였을 반터널식 방음벽 등을 설치하지 못하고 있는 점 등을 종합하면, 원고 부산광역시가 설치·관리하는 이 사건 도로 등에는 그 설치·관리상의 하자가 있다 할 것이므로, 원고 부산광역시는 제1피고들에 대하여 이 사건 도로 등에서 차량통행 등으로 발생하는 소음으로 인한 손해를 배상할 책임이 있거나 방음벽 등을 설치하는 등으로 그 소음을 수인한도 내로 저감시킬 방음대책을 강구할 의무가 있다 할 것이다(다만, 앞에서 본 바와 같이 현재 소유자가 아닌 피고 600에 대하여는 이 사건 도로 등에서 차량통행 등으로 발생하는 소음으로 인하여 그가 입었던 손해만 배상할 책임이 있다 할 것이다).

(나) 원고 지에스건설에 대하여

위 인정 사실 특히, 이 사건 도로 등에서 차량통행 등으로 발생하는 소음으로 인하여 제1피고들이 입은 침해가 수인한도를 넘는 점, 원고 지에스건설은 이 사건 도로 등 옆에 이 사건 아파트를 건축·분양한 자로서, 부산 사상구청으로부터 이 사건 아파트에 대한 사용승인을 받을 당시의 이 사건 아파트의 소음도는 64.7dB(A)로서 주택건설기준 등에 관한 규정인 65dB(A)는 충족하였으나 이후 이 사건 도로의 교통량이 증가함에 따라 이 사건 아파트의 소음도가 증가하리라는 것을 예상하였거나 충분히 예상가능하였던 데다가(그리하여 원고 지에스건설로서도 이 사건 도로에 반터널식 방음벽을 설치하기 위한 사업계획서를 제출하였을 터이다), 이 사건 아파트에 대한 사용승인을 받을 당시 부산 사상구청에 이 사건 아파트에 주민들이 입주한 후 이 사건 도로 등과 관련한 소음민원이 발생할 경우에는 원고 지에스건설에서 모든 책임을 지고 그 민원을 해결한다는 내용의 각서를 제출하였던 점 등을 종합하면, 제1피고들이 소유 및 거주하는 이 사건 아파트는 매매목적물로서 거래상 통상 갖추어야 하거나 당사자 사이의 특약에 의하여 보유하여야 할 품질이나 성질을 갖추지 못한 것으로 볼 수 있거나 또는 이 사건 도로 등 옆에 이 사건 아파트를 건축·분양한 원고 지에스건설로서는 이 사건 도로 등에서 차량통행 등으로 발생하는 소음에 대한 방음대책을 강구하는 등으로 이 사건 아파트의 소유자들 및 그 가족들로서 이에 거주하는 제1피고들(피고 600 제외)로 하여금 사회통념상 일반적으로 인정되는 수인한도를 넘지 않는 환경조건 속에서 생활할 수 있도록 이 사건 아파트의 상태를 유지할 신의칙상의 부수적 의무가 있음에도 이를 게을리 한 것으로 볼 수 있으므로, 원고 지에스건설도 제1피고들에 대하여 이 사건 도로 등에서 차량통행 등으로 발생하는 소음으로 인한 손해를 배상할 책임이 있거나 방음벽 등을 설치하는 등으로 그 소음을 수인한도 내로 저감시킬 방음대책을 강구할 의무가 있다 할 것이다(다만, 앞에서 본 바와 같이 피고 600은 현재 이 사건 아파트 107동 2303호의 소유자가 아니고, 집합건물의 소유 및 관리에 관한 법률 제9조에 의한 하자담보추급권이 현재의 집합건물의 소유자에게 귀속되는 법리 등을 감안하면, 원고 지에스건설의 피고 600에 대한 이 사건 도로 등에서 차량통행 등으로 발생하는 소음으로 인한 손해배상 기타 채무는 존재하지 않는다고 할 것이다).

(다) 원고들이 부담하는 채무의 관계

나아가 원고 부산광역시의 위 의무와 원고 지에스건설의 위 의무의 각 원인이 되는 상태나 행위는 관련공동되어 하나의 피해를 생기게 한 경우이므로, 그 각 의무는 부진정연대채무 관계에 있다고 할 것이다(대법원 1994. 11. 11. 선고 94다22446 판결 참조).

(2) 원고들의 주장에 대한 판단

원고들은, 제1피고들은 이 사건 도로가 개설되어 차량 통행이 이루어지고 있는 상태에서 이 사건 아파트를 분양받았거나 매수하여 거주한 자들이므로, 제1피고들 스스로도 장차 교통량의 증가를 충분히 예상할 수 있는 상태에서 분양을 받았고, 이 사건 도로 등에서 차량통행 등으로 발생하는 소음은 이 사건 아파트 건설 후 교통량의 증가에 따라 부수되는 자연스런 결과이므로 사회통념상 수인한도를 넘는다고 볼 수 없어, 제1피고들에 대하여 손해배상책임을 지지 않는다는 이른바 '위험에의 접근'의 이론에 의한 면책을 주장한다.

살피건대, 제1피고들이 이 사건 도로가 개설되어 차량 통행이 이루어진 이후에 이 사건 아파트에 입주한 사실은 앞에서 본 바와 같으나, 이러한 사정만으로 제1피고들이 이 사건 도로 등에서 차량통행 등으로 발생하는 소음으로 인한 피해를 용인하였다고 보기는 어려우므로, 원고들의 위 주장은 받아들이지 아니한다(다만, 이러한 사정은 손해배상액의 산정에 있어서 형평의 원칙상 과실상계에 준하여 감액사유로 고려함이 상당하다).

(3) 소결론

그렇다면 원고들은 각자 제1피고들(원고 지에스건설에 대해서는 피고 600은 제외)에 대하여 이 사건 도로 등에서 차량통행 등으로 발생하는 소음으로 인한 손해를 배상할 책임이 있거나 방음벽 등을 설치하는 등으로 그 소음을 수인한도 내로 저감시킬 방음대책을 강구할 의무가 있다 할 것이다(다만, 앞서 본 바와 같이 원고 부산광역시는 피고 600에 대하여 이 사건 도로 등에서 차량통행 등으로 발생하는 소음으로 인하여 그가 입었던 손해만 배상할 책임이 있다). (원고들이 위 각 의무의 존부에 관하여만 판단을 구할 뿐 아니라, 기실 원고들과 제1피고들 모두 위 의무의 범위를 정할 수 있는 구체적 입증을 하고 있지 않은 상태이므로, 이런 상태에서 그 범위를 정하는 것도 적절치 않다)

2. 별지 2 목록 기재 피고들 및 피고 449에 대한 청구에 관한 판단

가. 기초 사실

(1) 별지 5 기재 사실은 원고들과 별지 2 목록 기재 피고들(이하 '제2피고들'이라 한다) 사이에는 민사소송법 제257조 제1항에 의하여 제2피고들이 이를 자백한 것으로 본다.

(2) 피고 449의 경우에는 이 사건 아파트 106동 302호의 소유자 등으로서 그 세대에 입주하여 거주하고 있거나 그런 적이 있었다는 사실을 갑 제11호증의 2, 을 제1호증의 각 기재만으로는 인정하기 부족하고, 달리 이를 인정할 증거가 없다.

나. 위 인정 사실에 의하면, 원고들의 제2피고들 및 피고 449에 대한 이 사건 도로 등에서 차량통행 등으로 발생하는 소음으로 인한 손해배상 기타 채무는 존재하지 않는다고 할 것이고, 앞서 본 환경분쟁조정법 제42조 제2항의 규정을 감안하면 원고들로서는 위 채무부존재의 확인을 구할 이익도 있다고 할 것이다.

3. 결 론

따라서 원고들의 제2피고들과 피고 449에 대한 각 청구 및 원고 지에스건설의 피고 600에 대한 청

구는 이유 있어 이를 각 인용하고, 원고들의 제1피고들(피고 600 제외)에 대한 각 청구 및 원고 부산광역시의 피고 600에 대한 청구는 이유 없어 이를 각 기각하기로 하여 주문과 같이 판결한다.
[별지 3, 4 생략]

판사   홍성주(재판장) 류승우 정현식

[판례 5] 채무부존재확인 (부산고등법원 2008. 1. 8. 선고 2007나6895,2007나6901(병합) 판결)

【전 문】
【원고, 항소인 겸 피항소인】 부산광역시외 1(소송대리인 변호사 박옥봉외 1인)
【피고, 피항소인】 피고 1외 518인
【피고, 항소인】 피고 520외 40인(소송대리인 변호사 김시승(다만, 피고 140, 141, 506은 각 제외))
【변론종결】 2007. 11. 20.
【제1심판결】 부산지방법원 2006. 12. 21. 선고 2003가합23819, 23901(병합) 판결

【주 문】
1. 제1심 판결의 원고 부산광역시에 대한 부분 중 피고 520 내지 560에 관한 부분을 취소한다. 위 원고의 위 피고들에 대한 청구를 모두 기각한다.
2. 제1심 판결의 원고 지에스건설 주식회사에 대한 부분 중 피고 1 내지 505, 피고 507 내지 519에 관한 부분을 취소한다. 위 원고의 위 피고들에 대한 부산 사상구 동서고가도로 및 하부도로에서 차량통행 등으로 발생하는 소음으로 인한 손해배상 기타 채무는 존재하지 아니함을 확인한다.
3. 원고 부산광역시의 피고 1 내지 519에 대한 항소 및 피고 520 내지 560의 원고 지에스건설 주식회사에 대한 항소를 모두 기각한다.
4. 원고 부산광역시와 피고 520 내지 560 사이의 소송총비용은 위 원고가 부담하고, 원고 지에스건설 주식회사와 피고 1 내지 피고 505, 피고 507 내지 519 사이의 소송총비용은 위 피고들이 부담하며, 원고 부산광역시와 피고 1 내지 519 사이의 항소비용은 위 원고가 부담하고, 원고 지에스건설 주식회사와 피고 520 내지 560 사이의 항소비용은 위 피고들이 부담한다.

【청구취지 및 항소취지】
1. 청구취지
원고들의 피고들에 대한 부산 사상구 동서고가도로 및 하부도로에서 차량통행 등으로 발생하는 소음으로 인한 손해배상 기타 채무는 존재하지 아니함을 확인한다.
2. 항소취지
  가. 원고 부산광역시 : 제1심 판결의 원고 부산광역시에 대한 부분 중 피고 1 내지 519에 관한 부분을 취소한다. 위 원고의 위 피고들에 대한 부산 사상구 동서고가도로 및 하부도로에서 차량통행 등으로 발생하는 소음으로 인한 손해배상 기타 채무는 존재하지 아니함을 확인한다.
  나. 원고 지에스건설 주식회사(이하 원고 건설회사라 한다) : 주문 제2항과 같다.
  다. 피고 520 내지 560 : 제1심 판결 중 위 피고들에 대한 부분을 취소한다. 원고들의 위 피고들에

대한 청구를 모두 기각한다.

【이 유】

1. 기초사실

가. 동서고가도로 및 그 하부도로인 백양로는 원고 부산광역시가 개설하여 관리하는 도로인바, 그 중 동서고가도로(이하 이 사건 도로라 한다)는 부산 문현램프부터 감전IC까지 길이 10.9km, 노폭 19.1-22.4m의 4차선 도로로서 1992. 12. 9. 1단계로 주례삼거리에서 광무교 구간이 개통된 후 1994. 12. 28. 전 구간이 개통되었고, 2005년을 기준으로 연간 총 통행량이 31,522,000대, 하루 통행량이 약 86,361대이다.

나. 원고 건설회사는 1993. 10. 12. 원고 부산광역시로부터 사업승인을 받아 부산 사상구 주례 2동 3-16 지상에 8개동(101동 내지 108동) 953세대 규모의 LG신주례아파트(이하 이 사건 아파트라 한다)를 신축한 후 1996. 10. 26. 부산광역시 사상구청장으로부터 사용승인을 받고 1996. 10. 28.부터 이 사건 아파트의 수분양자들을 입주시켰다.

다. 피고 506, 520, 533, 534, 535, 536, 548, 549, 550은 이 사건 아파트 각 해당 세대에 입주하여 거주하다가 제1심 변론종결일 전·후에 다른 곳으로 이사 갔고, 나머지 피고들은 이 사건 아파트 각 해당세대에 입주하여 당심 변론종결일까지 거주하고 있다.

라. 이 사건 아파트와 이 사건 도로 및 그 하부도로인 백양로(이하 이를 함께 지칭할 때에는 이 사건 도로 등이라 한다)의 배치상황은 별지 현황사진의 영상과 같다. 이를 구체적으로 보면 이 사건 도로는 지상 10m 정도의 높이에 있는데, 이 사건 아파트와의 이격거리는 가장 가까운 106동과는 17.1m이고, 이 사건 도로의 자체방음벽이 2m로 이 사건 아파트의 106동의 2층과 비슷한 높이로 설치되어 있으며, 그 하부도로인 백양로와 이 사건 아파트 사이에는 보도가 있고 그 보도와 이 사건 아파트의 경계에는 높이 9m 길이 112m의 투명방음벽이 설치되어 있다.

마. 위와 같은 배치관계상 이 사건 도로 등에서 차량통행 등으로 발생하는 소음이 이 사건 아파트의 주소음원이고, 이에 따른 이 사건 아파트의 소음도는, 원고 건설회사가 1996. 10. 26. 부산광역시 사상구청장으로부터 사용승인을 받을 당시에는 64.7dB(A)였고, 이 사건 아파트 입주자대표회의가 1997. 10. 6. 신동환경산업 주식회사에게 소음측정(106동, 203동, 204동의 전면 대향부에서 각 동을 등분할한 중앙점 2개소를 측정점으로 하여 측정)을 의뢰한 결과는 106동의 경우 주간측정 평균치가 69.7-80.4dB(A), 야간측정 평균치가 65-76.5dB(A)이며, 1998. 6. 8. 부산시청 환경측정팀의 소음측정(오전, 오후 2차례 실시)결과는 평균 소음이 75.6dB(A)이고, 최고는 79dB(A)까지 이르며, 부산광역시 보건환경연구원에서 2000. 8. 3. 소음을 측정한 결과는 최고 등가소음도가 77dB(A)로 나타났고, 이 사건 아파트 입주자대표회의가 2002. 9. 5. 주식회사 대농구조안전연구소 소음측정을 의뢰하여 104동(101호, 1002호, 2502호), 105동(203호, 1402호, 2502호) 106동(106호, 1001호, 1604호)의 각 3세대씩 측정한 결과 주간측정 평균치는 66.42-82.42dB(A)이고, 야간측정 평균치는 67.41-85.22dB(A)였다. 또한 아래에서 보는 재정절차 중에 부산광역시 보건환경연구원에서 2003. 7. 14.부터 2003. 7. 16.까지 이 사건 아파트 중 106동은 5층과 15층의 2개층을 24시간 소음도를 자동측정하고 나머지 7개동은 주요 30개 지점에 대해 야간에 5분간씩 간이측정한 결과 이 사건 아파트 106동 506호와 1506호의 등가소음도는 아래 표와 같고, 피고들이 거주하는 세대의 야간 등가소음도는 모두 65dB(A) 이상이다(자세한 내용은 별지 4 표의 소음도란의 기재와 같다).

측정내용/측정장소	이 사건 아파트 106동	
	506호	1506호
24시간 등가소음도	74dB(A)	73dB(A)
주간(06:00~22:00) 등기소음도	74dB(A)	74dB(A)
야간(22:00~06:00) 등가소음도	71dB(A)	71dB(A)

바. 소음·진동규제법상 도로소음 한도는 주거지역의 경우 주간 68dB(A), 야간 58dB(A)이고, 상업지역과 공업지역의 경우에는 주간 73dB(A), 야간 58dB(A)이며, 환경정책기본법은 환경소음기준에 관하여 도로변지역 중 전용주거지역, 일반주거지역 및 준주거지역은 주간 65dB, 야간 55dB, 상업지역과 준공업지역은 주간 70dB, 야간 60dB로 규정하고 있고, 이 사건 아파트에 관한 사업승인 당시 적용되던 주택건설기준 등에 관한 규정 제9조 제1항에서는 "공동주택을 건설하는 지점의 소음도가 건설교통부장관이 환경부장관과 협의하여 고시하는 소음측정기준에 의하여 65dB이상인 경우에는 공동주택을 철도·고속도로·자동차전용도로·폭 20m 이상인 일반도로 기타 소음발생시설(설치계획이 확정된 시설을 포함한다)로부터 수평거리 50m 이상 떨어진 곳에 배치하거나 방음벽·수림대 등의 방음시설을 설치하여 당해 공동주택의 건설지점의 소음도가 65dB미만이 되도록 하여야 한다."라고 규정하고 있었다.

사. 그런데 원고 건설회사는 이 사건 아파트에 대한 사업승인을 받기 전에 원고 부산광역시에게 이 사건 도로에 반터널식 방음벽을 설치하기 위한 사업계획서를 제출하였으나, 원고 부산광역시는 1993. 10. 6.경 이 사건 도로에 반터널식 방음벽을 설치하면 구조·관리상 및 장기간 교통차단으로 인한 문제가 발생한다는 이유로 그 설치가 불가하다는 통보를 하여 반터널식 방음벽을 설치하지 못하였다. 그 후 원고 건설회사가 1998. 7.경 원고 부산광역시에게 반터널식 방음벽설치를 위한 이 사건 도로의 구조검토의견서를 제출하자, 원고 부산광역시는 1998. 8. 4. 반터널식 방음벽을 설치함에 있어 이 사건 도로에 구조상의 문제는 없다는 내용의 회신을 하였다.

아. 또한, 원고 부산광역시는 2000. 7. 27. 이 사건 아파트의 입주자대표회의의 터널식 방음벽 설치 요청에 대해 터널식 방음벽 설치가 불가능하다고 회신을 하였으나, 아래 재정절차에서는 이 사건 도로에 터널식 방음벽을 설치하는데 구조적인 문제는 없고 그 설치기간 동안의 교통소통 대책수립, 개금요금소 톨부스 개방에 따른 통행료 징수차질 및 터널식 방음벽 설치 후 사후관리비 부담 문제만 해결되면 터널식 방음벽 설치가 가능하다는 취지의 의사를 표시하였다.

자. 한편, 원고 건설회사는 1996. 10. 25. 이 사건 아파트에 대한 사용승인을 받을 당시 부산광역시 사상구청장에게 이 사건 아파트에 주민들이 입주한 후 이 사건 도로 등과 관련한 소음민원이 발생할 경우에는 원고 건설회사에서 모든 책임을 지고 그 민원을 해결한다는 내용의 각서를 제출하기도 하였다.

차. 이 사건 아파트의 입주민들은 이 사건 도로 등에서 차량통행 등으로 발생하는 소음으로 인하여 1997. 4.경부터 2002. 5.경까지 원고들과 부산광역시 사상구청장에게 14차례에 걸쳐 방음벽의 설치를 요구하는 민원을 제기하여 오다가, 피고들을 포함한 이 사건 아파트 8개동 311세대의 934명이 나서 2002. 12. 16. 원고들 및 부산광역시 사상구를 상대로 이 사건 도로 등에서 차량통행 등으로 발생하는 소음·분진 등으로 인하여 정신적인 피해를 입고 있음을 이유로 중앙환경분쟁조정위원회에 재정신청을 하였다.

카. 이에 중앙환경분쟁조정위원회는 2003. 9. 5. 이 사건 도로 등의 진동도와 미세먼지의 발생정도는 수인한도 이내인 것으로, 이 사건 도로 등에서 차량통행 등으로 발생하는 소음에 관하여는 야

간 등가소음도가 65dB(A) 미만인 경우에는 수인한도 이내인 것으로, 야간 등가소음도가 65dB(A) 이상인 경우에는 수인한도를 넘는 것으로 각 판단한 끝에, 야간 등가소음도가 65dB(A) 미만인 세대에 거주하는 신청인들의 신청을 기각하고 야간 등가소음도가 65dB(A) 이상인 세대에 거주하는 피고들 등에 대해서는 '원고들은 피고들 등에게 197,721,390원을 지급하되, 재정문의 정본이 피고들 등에게 송달된 날의 다음날부터 다 갚는 날까지 연 20%의 비율에 의한 지연손해금을 가산하여 지급하여야 한다. 또한 터널방음벽 설치 등의 방음대책을 강구하여 피고들 등의 주택의 소음도가 65dB(A) 미만이 되도록 하되, 피해배상액 및 방음대책비용은 원고 건설회사(구 엘지건설 주식회사)가 70%, 원고 부산광역시가 30%를 각각 부담한다.'는 내용의 재정(중앙환조 02-3-429)을 하였고 그 재정은 원고 부산광역시에는 2003. 9. 15.에, 원고 건설회사에는 2003. 9. 9.에 각 송달되었다.

타. 원고들은 위 재정결정에 불복하여 위 재정결정정본을 수령한 후 60일 이내에 이 사건 소를 각 제기하였다(한편, 환경분쟁조정법 제42조 제2항에는 환경분쟁조정위원회가 재정을 행한 경우에 재정문서의 정본이 당사자에게 송달된 날부터 60일 이내에 당사자 쌍방 또는 일방으로부터 당해 재정의 대상인 환경피해를 원인으로 하는 소송이 제기되지 아니하거나 그 소송이 철회된 때에는 당사자간에 당해 재정내용과 동일한 합의가 성립된 것으로 본다고 규정하고 있다).

【인정근거】일부 다툼 없는 사실, 갑 제1호증의 1 내지 4, 갑 제2호증의 1, 2, 3, 갑 제3호증의 1, 2, 갑 제4 내지 10호증, 갑 제11호증의 1, 2, 을 제1호증, 을 제2호증의 1 내지 37의 각 기재, 변론 전체의 취지

2. 주장 및 판단

가. 원고 부산광역시에 대하여

(1) 원고 부산광역시는 이 사건 도로 등의 설치·관리자로서 국가배상법 제5조 제1항에 의하여 이 사건 도로 등의 설치 또는 관리의 하자로 인하여 타인에게 손해를 발생하게 하였을 때에는 그 손해를 배상할 책임이 있는데, 여기서의 '설치 또는 관리의 하자'라 함은 공공의 목적에 공여된 영조물이 그 용도에 따라 갖추어야 할 안전성을 갖추지 못한 상태에 있음을 말하고, 여기서 안전성을 갖추지 못한 상태, 즉 타인에게 위해를 끼칠 위험성이 있는 상태라 함은 당해 영조물을 구성하는 물적 시설 그 자체에 있는 물리적·외형적 흠결이나 불비로 인하여 그 이용자에게 위해를 끼칠 위험성이 있는 경우뿐만 아니라 그 영조물이 공공의 목적에 이용됨에 있어 그 이용상태 및 정도가 일정한 한도를 초과하여 제3자에게 사회통념상 참을 수 없는 피해를 입히는 경우까지 포함된다고 할 것이고, 사회통념상 참을 수 없는 피해인지 여부는 그 공작물의 공공성, 피해의 내용 및 정도, 이를 방지하기 위하여 노력한 내용 등을 종합적으로 고려하여 판단하여야 한다(대법원 2004. 3. 12. 선고 2002다14242 판결 등 참조).

(2) 그러므로 살피건대, 피고들이 거주하는 세대의 야간 등가소음도가 65dB(A) 이상으로 환경정책기본법과 소음진동규제법 등의 행정법규가 요구하는 주거지역의 야간 소음기준을 훨씬 초과하는 점 등을 종합하면, 이 사건 도로가 하루 통행량이 약 86,361대에 이르는 공공도로인 점과 피고들이 이 사건 도로가 개통된 이후에 건축된 이 사건 아파트에 입주한 점 등을 감안한다고 하더라도 이 사건 도로 등에서 차량통행 등으로 발생하는 소음으로 인하여 피고들이 입은 피해는 사회통념상 일반적으로 인정되는 수인한도를 넘는다 할 것이고, 여기에 위 인정사실 특히, 피고들 등이 1997.경부터 민원을 계속 제기하였음에도 불구하고 원고 부산광역시는 현재까지 피고들 등의 피해를 방지하기 위한 별다른 조치를 취하지 않은 점, 더욱이 이 사건 도로에 반터널식 또는 터널식 방음벽을 설치하는 것에 여러 가지 난점이 있는 것은 부인하기

는 어렵지만 그것이 불가능하다고 할 수는 없는데다 이 사건 아파트에 대한 사업승인을 하기 전에 원고 건설회사로부터 이 사건 도로에 반터널식 방음벽을 설치하기 위한 사업계획서를 제출받았음에도 불구하고 원고 부산광역시는 구조·관리상 및 장기간 교통차단으로 인한 문제가 발생한다는 이유로 그 설치가 불가하다는 통보를 하여 이 사건 아파트 건축과 더불어 설치하였다면 그 설치가 더 용이하였을 반터널식 방음벽 등을 설치하지 못하고 있는 점 등을 종합하면, 원고 부산광역시가 설치·관리하는 이 사건 도로 등에는 그 설치·관리상의 하자가 있다 할 것이므로, 원고 부산광역시는 피고들에 대하여 이 사건 도로 등에서 차량통행 등으로 발생하는 소음으로 인한 손해를 배상할 책임이 있거나 방음벽 등을 설치하는 등으로 그 소음을 수인한도 내로 저감시킬 방음대책을 강구할 의무가 있다.

(3) 이에 대하여 원고 부산광역시는, 피고들은 이 사건 도로가 개설되어 차량 통행이 이루어지고 있는 상태에서 이 사건 아파트를 분양받았거나 매수하여 거주한 자들이므로, 피고들 스스로도 장차 교통량의 증가를 충분히 예상할 수 있는 상태에서 분양을 받았고, 이 사건 도로 등에서 차량통행 등으로 발생하는 소음은 이 사건 아파트 건설 후 교통량의 증가에 따라 부수되는 자연스런 결과이므로 사회통념상 수인한도를 넘는다고 볼 수 없어, 제1피고들에 대하여 손해배상책임을 지지 않는다는 이른바 '위험에의 접근'의 이론에 의한 면책을 주장하므로 살피건대, 피고들이 이 사건 도로가 개설되어 차량 통행이 이루어진 이후에 이 사건 아파트에 입주한 사실은 앞에서 본 바와 같으나, 이러한 사정만으로 피고들이 이 사건 도로 등에서 차량통행 등으로 발생하는 소음으로 인한 피해를 용인하였다고 보기는 어려우므로, 위 원고의 위 주장은 받아들이지 않는다.

나. 원고 건설회사에 대하여

(1) 피고들(다만, 피고 506은 제외)의 주장에 대한 판단 (피고 140, 141도 같은 취지의 주장을 하고 있다고 볼 수 있다)

(가) 위 피고들은, 원고 건설회사가 건축·분양한 이 사건 아파트에 거주하였거나 거주하고 있는 위 피고들은 이 사건 도로 등의 교통소음으로 수인한도를 넘는 고통을 당하고 있는바, 이 사건 아파트의 분양과정 등을 종합하면, ① 원고 건설회사는 위 소음에 대한 대책을 강구하여 위 피고들이 평온한 상태에서 생활할 수 있는 여건을 갖추어 이 사건 아파트를 분양할 의무를 부담함에도 위와 같은 교통소음으로 인해 매매목적물로서 거래상 통상 갖추어야 하거나 분양계약상의 특약에 의하여 보유하여야 할 품질이나 성질을 갖추지 못한 이 사건 아파트를 제공한 잘못이 있고, ② 이 사건 도로 등 옆에 이 사건 아파트를 건축·분양한 위 원고로서는 이 사건 도로 등에서 차량통행 등으로 발생하는 소음에 대한 방음대책을 강구하는 등으로 이 사건 아파트의 소유자들 및 그 가족들로서 이에 거주하거나 거주하였던 위 피고들로 하여금 사회통념상 일반적으로 인정되는 수인한도를 넘지 않는 환경조건 속에서 생활할 수 있도록 이 사건 아파트의 상태를 유지할 신의칙상의 부수의무가 있음에도 이를 게을리 하였으므로, ③ 위 원고는 이 사건 도로 등에서 차량통행 등으로 발생하는 소음으로 인한 손해를 배상할 책임이 있거나 방음벽 등을 설치하는 등으로 그 소음을 수인한도 내로 저감시킬 방음대책을 강구할 의무가 있다고 주장하면서, ④ 그 청구권원의 근거로 이 사건 아파트에 관한 분양계약상의 채무불이행에 따른 손해배상청구권, 집합건물의 소유 및 관리에 관한 법률 제9조 제1항, 민법 제667조 내지 제671조의 각 규정에 의한 담보책임 및 위 원고가 부산광역시 사상구청장에게 제출한 각서상의 책임을 들고 있다.

(나) 그러므로 살피건대, 아파트를 건설하여 분양하는 분양사업자도 아파트에 거주하는 주민들

이 평온한 환경에서 생활할 수 있는 아파트를 건설하여 공급하여야 할 의무가 있음은 위 피고들의 주장과 같고, 아파트에 관한 사용승인 당시 주택건설기준 등에 관한 규정을 준수하였다고 하여 위와 같은 의무가 이행되었다고 단정할 수는 없다. 다만, 아파트 분양사업자로서는 아파트를 공급한 이후에 아파트 주변 소음환경의 변화를 예측하는 것이 현실적으로 매우 어려운 점, 정해진 부지 위에 아파트를 건설하여야 하는 분양사업자로서는 현실적으로 소음원으로부터 충분한 이격거리를 두거나 아파트 단지 주변에 방음벽을 설치하는 등의 방법으로 소음도를 수인한도 이내로 줄이는 방법에 한계가 있을 수밖에 없고, 소음원인 도로 자체에 방음벽 등을 설치하는 방법 또한 관할관청의 협조 없이는 그 실행이 가능하지 않은 점 등을 고려할 때, 이 사건과 같이 분양사업자가 사용승인 당시 주택건설기준 등에 관한 규정상의 소음기준을 준수하였음에도 위와 같은 의무를 이행하지 않았다고 평가하기 위해서는, 사용승인 및 입주 후 교통량의 변동에 따라 소음도가 수인한도를 넘을 것이 충분히 예상될 뿐 아니라, 그와 같은 상황 하에서도 소음도를 낮추기 위해 별다른 조치를 취하지 않는 경우로 제한되어야 할 것이며, 아파트 분양사업자가 아파트 공급 당시 위와 같은 의무를 이행한 이상, 그 아파트의 상태를 사용승인 및 입주 당시의 그것으로 유지할 신의칙상의 부수의무가 있다고 할 수는 없다.

(다) 다시 이 사건으로 돌아오면, 원고 건설회사가 부산광역시 사상구청장으로부터 이 사건 아파트에 대한 사용승인을 받을 당시의 이 사건 아파트의 소음도는 64.7dB(A)로서 주택건설기준 등에 관한 규정에서 정하고 있는 65dB(A)을 충족하였음은 앞서 본 바와 같다. 한편, 위와 같이 위 원고가 위 규정에서 정하고 있는 소음도를 겨우 충족한 점, 위 원고가 이 사건 아파트에 대한 사업승인을 받기 전에 원고 부산광역시에게 이 사건 도로에 반터널식 방음벽을 설치하기 위한 사업계획서를 제출한 점, 이 사건 아파트에 대한 사용승인을 받을 당시 부산광역시 사상구청장에게 이 사건 아파트에 주민들이 입주한 후 이 사건 도로 등과 관련한 소음민원이 발생할 경우에는 위 원고가 모든 책임을 지고 그 민원을 해결한다는 내용의 각서를 제출한 점만으로는 이 사건 아파트 사용승인 및 입주 당시 추후 교통량의 변동으로 인해 소음도가 수인한도를 넘을 것이 충분히 예상되었다고 보기 어렵고 달리 이를 인정할 증거가 없을 뿐 아니라, 위 원고가 이 사건 아파트의 소음도를 낮추기 위해 방음벽을 설치하기 위한 사업계획서를 제출하고, 원고 부산광역시의 불가통보에도 불구하고 1998. 7.경 원고 부산광역시에게 반터널식 방음벽설치를 위한 이 사건 도로의 구조검토의견서를 제출하였음은 앞서 본 바와 같은데, 위와 같이 원고 건설회사가 이 사건 소음도를 낮추기 위해 노력을 기울인 이상, 위와 같은 의무를 이행하지 않았다고 평가할 수는 없으며, 위 원고가 부산광역시 사상구청장에게 제출한 각서의 내용은 위 원고가 모든 책임을 지고 그 민원을 해결한다는 것으로 위 원고와 부산광역시 사상구 사이에 이 사건 아파트 사용승인에 따른 소음과 관련된 민원 해결문제를 거론한 것에 불과할 뿐 위 문구에 기초하여 곧바로 추후 위 원고가 이 사건 도로 등에서 차량통행 등으로 발생하는 소음으로 인한 손해를 배상할 책임을 부담하거나 방음벽 등을 설치하는 등으로 그 소음을 수인한도 내로 저감시킬 방음대책을 강구할 의무를 부담하겠다는 취지의 약정이 성립되었다고 할 수도 없다. 따라서 위 피고들의 위 주장은, 위 피고들이 이 사건 아파트를 소유한 사실이 있는지, 당심 변론 종결일까지 그 소유권을 보유하고 있는지, 소유권자가 아닌 그의 가족들에 대하여도 위 원고가 손해배상책임 등을 부담하는지 등에 관하여 살필 필요 없이 이유 없다.

(2) 결국, 원고 건설회사의 위 피고들에 대한 이 사건 도로 등에서 차량통행 등으로 발생하는 소

음으로 인한 손해배상 기타 채무는 존재하지 않는다고 할 것이고, 위 피고들이 이를 다투고 있으며, 앞서 본 환경분쟁조정법 제42조 제2항의 규정을 고려하면 위 원고로서는 위 채무부존재의 확인을 구할 이익도 있다.

3. 결론

그렇다면, 원고 부산광역시의 피고들에 대한 청구는 이유 없어 이를 기각하고, 원고 건설회사의 피고 1 내지 505, 피고 507 내지 560에 대한 청구는 이유 있어 이를 인용할 것인바, 이와 결론을 일부 달리한 제1심 판결의 원고 부산광역시에 대한 부분 중 피고 520 내지 560에 관한 부분 및 원고 건설회사에 대한 부분 중 피고 1 내지 505, 피고 507 내지 519에 관한 부분은 부당하므로 이를 각 취소하고, 원고 부산광역시의 피고 520 내지 560에 대한 청구를 모두 기각하며, 원고 건설회사의 피고 1 내지 505, 피고 507 내지 519에 대한 이 사건 도로 등에서 차량통행 등으로 발생하는 소음으로 인한 손해배상 기타 채무는 존재하지 아니함을 확인하고, 원고 부산광역시의 피고 1 내지 519에 대한 항소 및 피고 520 내지 560의 원고 건설 회사에 대한 항소를 모두 기각하기로 하여 주문과 같이 판결한다.

[별지 각 생략]

판사   김주현(재판장) 한원우 이혁

[참조] 서울중앙지법 2007. 6. 26. 선고 2004가합21140 판결

나. 설치·관리자의 책임을 주정한 사안

> ☞ 환경정책기본법
>
> 제10조 (자원 등의 절약 및 순환적 사용 촉진) ② 사업자는 경제활동을 할 때 제1항에 따른 국가 및 지방자치단체의 시책에 협력하여야 한다.

> ☞ 환경정책기본법 시행령
>
> 제2조 (환경기준) 「환경정책기본법」(이하 "법"이라 한다) 제12조제2항에 따른 환경기준은 별표 1과 같다. <개정 2020. 5. 12.>

[참조] 광주고법 2009. 7. 3. 선고 2008나7337, 7344, 2009나2315 판결 / 광주지법 2008. 10. 30. 선고 2008가합4126 (1심) / 대법원 2003. 11. 14. 선고 2003다27108 판결 / 원심 서울고법 2003. 4. 23. 선고 2002나32925 판결 / 서울고등법원 2007. 12. 5. 선고 2007나2000 판결 / 1심 수원지법 2006. 9. 19. 선고 2004가합8619 판결

3. 대상판결의 의의

☞ 대법원 2007. 6. 15. 선고 2004다37904 판결 457p 참조 (도로개통일 1992. 7., 입주일 1992. 11.)
☞ 대법원 2008. 8. 21. 선고 2008다9358 판결 465p 참조 (도로개통일 1994. 12., 입주일 1996. 10.)

[참조] 전주지법 2009. 4. 24. 선고 2008가합1301 판결 / 서울동부지법 2009. 10. 14. 선고 2008가합8407 판결

제2장 교통·소음 (법제처 법령해석사례)

[사례 1] 국토교통부 -「주택법」 제21조의5제2항 후단에 따른 "소음 관계 법률"의 의미(「주택법」 제21조의5 등 관련)

안건번호16-0290 회신일자2016-10-24

1. 질의요지
「주택법」 제42조제2항에서는 사업계획승인권자는 대통령령으로 정하는 주택건설지역이 도로와 인접한 경우에는 해당 도로의 관리청(이하 "도로관리청"이라 함)과 소음방지대책을 미리 협의하여야 하고(전단), 이 경우 도로관리청은 소음 관계 법률에서 정하는 소음기준 범위 내에서 필요한 의견을 제시할 수 있다고(후단) 규정하고 있으며, 그 위임에 따른 「주택건설기준 등에 관한 규정」 제9조제5항제1호에서는 주택건설지역이 도로와 인접한 경우란 「도로법」 제11조에 따른 고속국도로부터 300미터 이내에 주택건설지역이 있는 경우를 말한다고 규정하면서, 같은 항 각 호 외의 부분 단서에서는 주택건설지역이 「환경영향평가법 시행령」 별표 3 제1호의 사업구역에 포함된 경우로서 환경영향평가를 통하여 소음저감대책을 수립한 후 도로관리청과 협의를 완료하고 개발사업의 실시계획을 수립한 경우는 제외한다고 규정하고 있는바,
주택건설지역이 고속국도로부터 300미터 이내에 위치하고 주택단지 면적이 30만제곱미터 미만인 주택건설사업의 경우, 도로관리청이 「주택법」 제42조제2항 후단에 따라 의견을 제시할 때 「주택법」에서 정하는 소음기준 범위 내에 한정하여 의견을 제시할 수 있는지, 아니면 「환경정책기본법」 등 다른 소음과 관련된 법률에서 정하는 소음기준 범위 내에서 의견을 제시할 수 있는지?
※ 질의배경
  ○ 민원인은 주택건설지역이 고속국도로부터 300미터 이내에 위치하고 주택단지 면적이 30만제곱미터 미만인 주택건설사업에 적용되는 소음 기준은 무엇인지에 대하여 의문이 있어, 국토교통부를 통하여 법제처에 법령해석을 요청함.
2. 회답
주택건설지역이 고속국도로부터 300미터 이내에 위치하고 주택단지 면적이 30만제곱미터 미만인 주택건설사업의 경우, 도로관리청은 「주택법」 제42조제2항 후단에 따라 의견을 제시할 때 「주택법」에서 정하는 소음기준 범위 내에 한정하여 의견을 제시할 수 있습니다.

3. 이유

「주택법」 제42조제2항에서는 사업계획승인권자는 대통령령으로 정하는 주택건설지역이 도로와 인접한 경우에는 도로관리청과 소음방지대책을 미리 협의하여야 하고(전단), 이 경우 도로관리청은 소음 관계 법률에서 정하는 소음기준 범위 내에서 필요한 의견을 제시할 수 있다고(후단) 규정하고 있고, 그 위임에 따른 「주택건설기준 등에 관한 규정」 제9조제5항제1호에서는 주택건설지역이 도로와 인접한 경우란 「도로법」 제11조에 따른 고속국도로부터 300미터 이내에 주택건설지역이 있는 경우를 말한다고 규정하면서, 같은 항 각 호 외의 부분 단서에서는 주택건설지역이 「환경영향평가법 시행령」 별표 3 제1호의 사업구역에 포함된 경우로서 환경영향평가를 통하여 소음저감대책을 수립한 후 도로관리청과 협의를 완료하고 개발사업의 실시계획을 수립한 경우는 제외한다고 규정하고 있습니다.

한편, 「주택법」 제42조제1항에서는 사업계획승인권자는 주택의 건설에 따른 소음의 피해를 방지하고 주택건설지역 주민의 평온한 생활을 유지하기 위하여 주택건설사업을 시행하려는 사업주체에게 대통령령으로 정하는 바에 따라 소음방지대책을 수립하도록 하여야 한다고 규정하고 있고, 그 위임에 따른 「주택건설기준 등에 관한 규정」 제9조제1항에서는 주택건설 사업주체는 원칙적으로 실외소음도가 65데시벨 미만이 되도록 소음방지대책을 수립하고(본문), 「국토의 계획 및 이용에 관한 법률」에 따른 도시지역으로서 주택단지 면적이 30만제곱미터 미만이고 같은 항 제2호에 따른 환기설비를 갖춘 경우에는 실내소음도가 45데시벨 이하가 되도록 소음방지대책을 수립할 것을 규정하여(단서) 주택단지 면적 30만제곱미터를 기준으로 소음기준을 설정하고 있는바, 이 사안은 주택건설지역이 고속국도로부터 300미터 이내에 위치하고 주택단지 면적이 30만제곱미터 미만인 주택건설사업의 경우, 도로관리청이 「주택법」 제42조제2항 후단에 따라 의견을 제시할 때 「주택법」에서 정하는 소음기준 범위 내에 한정하여 의견을 제시할 수 있는지, 아니면 「환경정책기본법」 등 다른 소음 관계 법률에서 정하는 소음기준 범위 내에서 의견을 제시할 수 있는지에 관한 것이라 하겠습니다.

먼저, 「주택법」 제42조제2항 전단에서는 사업계획승인권자는 대통령령으로 정하는 주택건설지역이 도로와 인접한 경우에는 도로관리청과 소음방지대책을 미리 협의하여야 한다고 규정하고 있고, 같은 항 후단에서는 이 경우 도로관리청은 소음 관계 법률에서 정하는 소음기준 범위 내에서 필요한 의견을 제시할 수 있다고 규정하고 있는바, 해당 규정에서는 도로관리청이 사업계획승인권자에게 소음방지대책과 관련하여 "소음 관계 법률"에서 정하는 소음기준 범위 내에서 의견을 제시할 수 있다고 규정하면서도 "소음 관계 법률"이 어떠한 법률을 의미하는 것인지에 대해서는 명확히 규정하지 않고 있으므로, 해당 규정에 따른 "소음 관계 법률"의 의미는 주택법령의 입법 취지와 입법 체계 등을 고려하여 판단하여야 할 것입니다.

그런데, 「주택법」 제42조제2항에서 사업계획승인권자에게 도로관리청과 소음방지대책을 미리 협의하도록 한 취지는 고속도로 및 자동차 전용도로 주변에서 공동주택을 건설하는 경우 도로에서 발생하는 소음으로 인하여 입주자의 피해나 그에 따른 소음분쟁이 급증하고 있음에도 불구하고 「주택법」, 「소음·진동 관리법」, 「환경정책기본법」 등 소음 관련 법령마다 소음기준이 달라서 분쟁의 해결에 어려움이 있는 점을 개선하기 위하여, 사업계획승인권자로 하여금 주택건설지역이 도로와 인접한 경우에는 도로관리청과 소음방지대책을 미리 협의하여야 한다는 의무를 신설하면서(2012. 12. 18. 법률 제11590호로 일부개정되어 2013. 6. 19. 시행된 「주택법」 국회 심사보고서 참조), 다만, 도로관리청이 제시하는 소음방지대책이 주택건설사업의 촉진을 저해하는 것을 방지하기 위하여 「환경영향평가법」이나 「주택법」에서 정한 기준 내에서 의견을 제시할 수 있도록 소음기준의 범위를 제한하려는 데 있다고 할 것입니다(제311회 국회 법안심사제1소위원회 회의록 참조).

다음으로, 「주택건설기준 등에 관한 규정」 제9조제5항제1호에서는 사업계획승인권자가 도로관리청과 소음방지대책을 미리 협의하여야 하는 "주택건설지역이 도로와 인접한 경우"란 「도로법」 제11조에 따른 고속국도로부터 300미터 이내에 주택건설지역이 있는 경우를 말한다고 규정하면서, 같은 항 각 호 외의 부분 단서에서는 주택단지 면적이 30만제곱미터 이상에 해당하여 (「환경영향평가법 시행령」 별표 3 제1호라목 참조) 환경영향평가를 통하여 소음저감대책을 수립한 후 도로관리청과 협의를 완료하고 개발사업의 실시계획을 수립한 경우는 같은 규정 제9조제5항 각 호 외의 부분 본문의 적용 대상에서 제외한다고 규정하고 있는 점에 비추어 볼 때, 「주택건설기준 등에 관한 규정」 제9조제5항도 같은 조 제1항과 같이 주택단지 면적 30만제곱미터 미만인 경우에 사업계획승인권자가 도로관리청과 소음방지에 관하여 협의하여야 할 의무를 규정하고 있다고 보아야 할 것입니다.

그렇다면, 「주택건설기준 등에 관한 규정」 제9조제5항 각 호 외의 부분 및 제1호에 따라 사업계획승인권자는 주택건설지역이 고속국도로부터 300미터 이내에 위치하고 주택단지 면적이 30만제곱미터 이상인 경우에는 「환경영향평가법」 제5조제1호에 따라 「환경정책기본법」 제12조에 따른 환경기준을 고려한 소음저감대책을 수립하고, 주택단지 면적이 30만제곱미터 미만이어서 환경영향평가대상이 아닌 경우에는 「주택법」에 따른 소음방지대책 협의의무를 부담하게 되는 바, 주택단지 면적 30만제곱미터라는 기준에 따라 「주택법」에 따른 협의의무를 부담하게 되는 경우에는 같은 기준에 따라 소음기준을 정하고 있는 「주택법」 제42조제1항 및 「주택건설기준 등에 관한 규정」 제9조제1항이 「주택법」 제42조제2항 후단에 따른 "소음 관계 법률"에 해당하여 도로관리청은 「주택건설기준 등에 관한 규정」 제9조제1항이 정하는 소음기준 범위 내에서 의견을 제시할 수 있다고 보는 것이 「주택법」 및 「주택건설기준 등에 관한 규정」의 체계와 입법취지에 부합한다고 할 것입니다.

이상과 같은 점을 종합해 볼 때, 주택건설지역이 고속국도로부터 300미터 이내에 위치하고 주택단지 면적이 30만제곱미터 미만인 주택건설사업의 경우, 도로관리청은 「주택법」 제42조제2항 후단에 따라 의견을 제시할 때 「주택법」에서 정하는 소음기준 범위 내에 한정하여 의견을 제시할 수 있다고 할 것입니다.

[사례 2] 서울특별시 종로구·서울특별시 마포구·부산광역시 부산진구·경기도 광명시 - 생활소음·진동 규제기준이 적용되는 공사장의 범위(「소음·진동관리법 시행규칙」 별표 8 제1호가목·나목 등 관련)

안건번호23-1064 회신일자2023-12-20

1. 질의요지

「소음·진동관리법」 제21조제1항에서는 특별자치시장·특별자치도지사 또는 시장·군수·구청장(이하 "시장·군수등"이라 함)은 주민의 조용하고 평온한 생활환경을 유지하기 위해 사업장 및 공사장 등에서 발생하는 소음(각주: 산업단지나 「소음·진동관리법 시행규칙」 제20조제1항 각 호의 지역에서 발생하는 소음은 제외하며, 이하 같음.)(이하 "생활소음"이라 함)을 규제해야 한다고 규정하고 있고, 같은 조 제2항에서는 같은 조 제1항에 따른 생활소음의 규제대상 및 규제기준은 환경부령으로 정한다고 규정하고 있으며, 그 위임에 따라 마련된 같은 법 시행규칙 제20조제2항제3호에서는 같은 조 제1항 각 호의 지역(각주: 「산업입지 및 개발에 관한 법률」 제2조제8호에 따른 산업단지(「국토의 계획 및 이용에 관한 법률」 제36조에 따른 주거지역과 상업지역 제외)(제1호), 「국토의 계획 및 이용에 관한 법률 시행령」 제30조에 따른 전용공업지역(제2호), 「자유무역지역의 지정 및 운영에 관한 법률」 제4조에 따라 지정된 자유무역지역(제3호), 생활소음·진동이 발생하는 공장·사업장 또는 공사장의 부지 경계선으로부터 직선거리 300미터 이내에 주택(사람이 살지 아니하는 폐가는 제외한다), 운동·휴양시설 등이 없는 지역(제4호)) 외의 공사장(이하 "공사장"이라 함)에서 발생하는 소음을 규제대상 생활소음으로 규정하면서, 같은 규칙 별표 8 제1호가목·나목에서는 공사장 소음의 규제기준을 시간대(각주: 아침, 저녁(05:00~07:00, 18:00~22:00), 주간(07:00~18:00), 야간(22:00~05:00))별로 일정 데시벨[dB(A)] 이하로 규정하고 있는바, 집합건물 내 일부 구분점포(각주: 「집합건물의 소유 및 관리에 관한 법률」 제1조의2제1항에 따른 구분점포를 말하며, 이하 같음.)에서 「건축법」 제2조제1항제10호에 따른 '리모델링(각주: 건축물의 노후화를 억제하거나 기능 향상 등을 위하여 대수선하거나 건축물의 일부를 증축 또는 개축하는 행위를 말하며, 이하 같음.)'을 위한 공사(이하 "리모델링 공사"라 함)를 하는 경우, 해당 리모델링 공사장(각주: 리모델링 공사를 하는 집합건물 내 구분점포는 소음·진동관리법령에 따른 '공사장'임을 전제함.)에서 발생하는 소음으로서 '동일 집합건물 안'의 다른 구분점포 등에 미치는 소음에 대하여 「소음·진동관리법 시행규칙」 별표 8 제1호가목·나목 중 소음원이 '공사장'인 경우의 생활소음 규제기준이 적용되는지?

2. 회답

이 사안의 경우, 해당 리모델링 공사장에서 발생하는 소음으로서 '동일 집합건물 안'의 다른 구분점포 등에 미치는 소음에 대해서도 「소음·진동관리법 시행규칙」 별표 8 제1호가목·나목 중 소음원이 '공사장'인 경우의 생활소음 규제기준이 적용됩니다.

3. 이유

먼저 「소음·진동관리법」 제21조에서는 시장·군수등은 주민의 조용하고 평온한 생활환경을 유지하기 위하여 사업장 및 공사장 등에서 발생하는 소음을 규제해야 한다고 규정(제1항)하면서 그 구체적인 규제대상 및 규제기준은 환경부령으로 정하도록 위임(제2항)하였고, 그 위임에 따라 마련된 같은 법 시행규칙 제20조제2항제3호에서는 "공사장"에서 소음이 발생하는 경우 그 소음을 규제대상으로 규정하면서, 같은 규칙 별표 8 제1호에서는 규제대상 지역에 따라 각각 가목(각주: 주거지역, 녹지지역, 관리지역 중 취락지구·주거개발진흥지구 및 관광·휴양개발진흥지구, 자연환경보전지역, 그 밖의 지역에 있는 학교·종합병원·공공도서관) 및 나목(각주: 그 밖의 지역)으로 구분하여 생활소음 규제기준을 정하면서, 소음원이 "공사장"인 경우 동일 건물 안에서 발생하는 소음인지 여부에 대한 구분 없이 소음이 발생하는 시간대별로만 구분하여 생활소음 규제기준을 정하고 있는바, 이 사안 리모델링 공사장에서 발생하는 소음으로서 '동일 집합건물 안'의 다른 구분점포 등에 미치는 소음에 대해서도 같은 규칙 별표 8 제1호가목·나목 중 소음원이 '공사장'인 경우의 생활소음 규제기준이 적용된다는 점은 해당 규정의 문언 및 체계상 명확하다고 할 것입니다.

그리고 「소음·진동관리법」은 공장·건설공사장 등으로부터 발생하는 소음·진동으로 인한 피해를 방지하고 이를 관리하여 모든 국민이 조용하고 평온한 환경에서 생활할 수 있게 함을 목적(각주: 「소음·진동관리법」 제1조(목적) 참조)으로 제정된 법률로, 산업단지 등 일부 지역을 제외한 모든 지역에서의 생활소음·진동을 규제(각주: 1997. 3. 7. 법률 제5303호로 일부개정되고 1997. 9. 8. 시행된 「소음·진동규제법」 개정이유서 참조)하고 소음·진동 등으로 인한 민원을 해소(각주: 2021. 1. 5. 법률 제17843호로 일부개정되고 2021. 7. 6. 시행된 「소음·진동규제법」 개정이유서 및 2013. 8. 13. 법률 제12075호로 일부개정되고 2014. 2. 14. 시행된 「소음·진동규제법」

개정이유서 등 참조)하는 방향으로 입법이 추진되어 왔던 점을 고려하면, 공사장에서 발생하는 소음으로 피해가 발생함에도 불구하고, 그 장소가 소음이 발생하는 공사장과 동일한 건물 내에 위치하였다는 이유로 생활소음 규제기준이 적용되지 않는 것으로 해석할 수는 없다고 할 것입니다.

또한 「소음·진동관리법」 제2조제1호에서는 "소음(騷音)"을 '기계·기구·시설, 그 밖의 물체의 사용 또는 공동주택 등 환경부령으로 정하는 장소에서 사람의 활동으로 인하여 "발생"하는 강한 소리'라고 정의하고 있고, 같은 법 제21조제1항 및 같은 법 시행규칙 제20조제2항에서는 규제 대상 생활소음을 공장·공사장·사업장 등에서 "발생"하는 소음으로 규정하고 있으며, 같은 규칙 별표 8 제1호가목·나목에서는 생활소음의 규제대상 지역을 구분하면서 규제기준을 "소음원"을 기준으로 구분하여 시간대별로 규정하고 있는 점을 고려하면, 소음·진동관리법령에 따른 생활소음은 소리가 "발생"하는 원인을 기준으로 구분되고 규제된다고 볼 수 있는바, 소음원인 "공사장"에 해당하는 이 사안 리모델링 공사장에서 "발생"하여 다른 구분점포 등에 미치는 소음이 단지 동일 건물 안에서 발생한다는 등의 이유로 규제대상 생활소음인지 여부가 달라진다고 볼 수는 없는바, 이 사안의 경우에도 같은 법 시행규칙 별표 8 제1호가목·나목 중 소음원이 공사장인 경우의 생활소음 규제기준이 적용된다고 보아야 합니다.

한편 「소음·진동관리법 시행규칙」 별표 8 비고 제1호에서는 소음의 측정 및 평가기준은 「환경분야 시험·검사 등에 관한 법률」 제6조제1항제2호에 해당하는 분야에 따른 환경오염공정시험기준에서 정하는 바에 따른다고 규정하고 있는데, 같은 호에 따라 소음 및 진동에 대한 환경오염공정시험기준을 규정하고 있는 「소음·진동공정시험기준」(국립환경과학원고시 제2022-79호)에서는 동일 건물 안에서의 공사장 소음에 대하여 그 소음을 측정할 수 있는 방법을 규정하고 있지 않으므로, 동일 건물 안의 공사장에서 발생하는 소음은 「소음·진동관리법 시행규칙」 별표 8 제1호에 따른 생활소음 규제기준의 적용대상이 될 수 없다는 의견이 있으나, 소음·진동관리법령에서 공사장에서 발생하는 소음을 규제대상 생활소음으로 정하여 그 규제기준을 명시적으로 마련하고 있음에도 불구하고, 그 기술적인 측정방법이 마련되어 있지 않다는 이유로 동일 건물 안의 '공사장에서 발생하는 소음'이 규제기준의 적용대상에서 배제된다고 볼 수는 없으므로, 그러한 의견은 타당하다고 보기 어렵습니다.

따라서 이 사안의 경우, 해당 리모델링 공사장에서 발생하는 소음으로서 '동일 집합건물 안'의 다른 구분점포 등에 미치는 소음에 대해서도 「소음·진동관리법 시행규칙」 별표 8 제1호가목·나목 중 소음원이 '공사장'인 경우의 생활소음 규제기준이 적용됩니다.

※ 법령정비 권고사항

공사장에서 발생하는 소음의 규제기준에 관하여 소음이 발생하는 '공사장'의 범위, 동일 건물 안과 밖의 규제기준을 같게 할지 다르게 할지 여부 등을 입법정책적으로 검토하여 보다 명확히 법령에 규정할 필요가 있고, 그에 따라 생활소음 규제기준이 적용되는 소음의 측정 장소 및 방법 등을 구체적으로 마련할 필요가 있습니다.

<관계 법령>
※ 소음·진동관리법
제21조 (생활소음과 진동의 규제) ①특별자치시장·특별자치도지사 또는 시장·군수·구청장은 주민의 조용하고 평온한 생활환경을 유지하기 위하여 사업장 및 공사장 등에서 발생하는 소음·진동(산업단지나 그 밖에 환경부령으로 정하는 지역에서 발생하는 소음과 진동은 제외하며, 이하 "생활소음·진동"이라 한다)을 규제하여야 한다.
② 제1항에 따른 생활소음·진동의 규제대상 및 규제기준은 환경부령으로 정한다.

※ 소음·진동관리법 시행규칙

제20조 (생활소음·진동의 규제) ① (생 략)
② 법 제21조제2항에 따른 생활소음·진동의 규제 대상은 다음 각 호와 같다.
   1.·2. (생 략)
   3. 제1항 각 호의 지역 외의 공사장에서 발생하는 소음·진동
   4. (생 략)
③ 법 제21조제2항에 따른 생활소음·진동의 규제기준은 별표 8과 같다.

[사례 3] 서울특별시 종로구·서울특별시 마포구·부산광역시 부산진구·경기도 광명시 - 생활소음·진동 규제 기준이 적용되는 공사장의 범위(「소음·진동관리법 시행규칙」 별표 8 제1호가목·나목 등 관련)

안건번호23-1037 회신일자2023-12-20

1. 질의요지

「소음·진동관리법」 제21조제1항에서는 특별자치시장·특별자치도지사 또는 시장·군수·구청장(이하 "시장·군수등"이라 함)은 주민의 조용하고 평온한 생활환경을 유지하기 위해 사업장 및 공사장 등에서 발생하는 소음(각주: 산업단지나 「소음·진동관리법 시행규칙」 제20조제1항 각 호의 지역에서 발생하는 소음은 제외하며, 이하 같음.)(이하 "생활소음"이라 함)을 규제해야 한다고 규정하고 있고, 같은 조 제2항에서는 같은 조 제1항에 따른 생활소음의 규제대상 및 규제기준은 환경부령으로 정한다고 규정하고 있으며, 그 위임에 따라 마련된 같은 법 시행규칙 제20조제2항제3호에서는 같은 조 제1항 각 호의 지역(각주: 「산업입지 및 개발에 관한 법률」 제2조제8호에 따른 산업단지(「국토의 계획 및 이용에 관한 법률」 제36조에 따른 주거지역과 상업지역 제외)(제1호), 「국토의 계획 및 이용에 관한 법률 시행령」 제30조에 따른 전용공업지역(제2호), 「자유무역지역의 지정 및 운영에 관한 법률」 제4조에 따라 지정된 자유무역지역(제3호), 생활소음·진동이 발생하는 공장·사업장 또는 공사장의 부지 경계선으로부터 직선거리 300미터 이내에 주택(사람이 살지 아니하는 폐가는 제외한다), 운동·휴양시설 등이 없는 지역(제4호)) 외의 공사장(이하 "공사장"이라 함)에서 발생하는 소음을 규제대상 생활소음으로 규정하면서, 같은 규칙 별표 8 제1호가목·나목에서는 공사장 소음의 규제기준을 시간대(각주: 아침, 저녁(05:00~07:00, 18:00~22:00), 주간(07:00~18:00), 야간(22:00~05:00))별로 일정 데시벨[dB(A)] 이하로 규정하고 있는바, 집합건물 내 일부 구분점포(각주: 「집합건물의 소유 및 관리에 관한 법률」 제1조의2제1항에 따른 구분점포를 말하며, 이하 같음.)에서 「건축법」 제2조제1항제10호에 따른 '리모델링(각주: 건축물의 노후화를 억제하거나 기능 향상 등을 위하여 대수선하거나 건축물의 일부를 증축 또는 개축하는 행위를 말하며, 이하 같음.)'을 위한 공사(이하 "리모델링 공사"라 함)를 하는 경우, 해당 리모델링 공사장(각주: 리모델링 공사를 하는 집합건물 내 구분점포는 소음·진동관리법령에 따른 '공사장'임을 전제함.)에서 발생하는 소음으로서 '동일 집합건물 안'의 다른 구분점포 등에 미치는 소음에 대하여 「소음·진동관리법 시행규칙」 별표 8 제1호가목·나목 중 소음원이 '공사장'인 경우의 생활소음 규제기준이 적용되는지?

2. 회답

이 사안의 경우, 해당 리모델링 공사장에서 발생하는 소음으로서 '동일 집합건물 안'의 다른 구분점포 등에 미치는 소음에 대해서도 「소음·진동관리법 시행규칙」 별표 8 제1호가목·나목 중 소음원이 '공사장'인 경우의 생활소음 규제기준이 적용됩니다.

3. 이유

먼저 「소음·진동관리법」 제21조에서는 시장·군수등은 주민의 조용하고 평온한 생활환경을 유지

하기 위하여 사업장 및 공사장 등에서 발생하는 소음을 규제해야 한다고 규정(제1항)하면서 그 구체적인 규제대상 및 규제기준은 환경부령으로 정하도록 위임(제2항)하였고, 그 위임에 따라 마련된 같은 법 시행규칙 제20조제2항제3호에서는 "공사장"에서 소음이 발생하는 경우 그 소음을 규제대상으로 규정하면서, 같은 규칙 별표 8 제1호에서는 규제대상 지역에 따라 각각 가목(각주: 주거지역, 녹지지역, 관리지역 중 취락지구·주거개발진흥지구 및 관광·휴양개발진흥지구, 자연환경보전지역, 그 밖의 지역에 있는 학교·종합병원·공공도서관) 및 나목(각주: 그 밖의 지역)으로 구분하여 생활소음 규제기준을 정하면서, 소음원이 "공사장"인 경우 동일 건물 안에서 발생하는 소음인지 여부에 대한 구분 없이 소음이 발생하는 시간대별로만 구분하여 생활소음 규제기준을 정하고 있는바, 이 사안 리모델링 공사장에서 발생하는 소음으로서 '동일 집합건물 안'의 다른 구분점포 등에 미치는 소음에 대해서도 같은 규칙 별표 8 제1호가목·나목 중 소음원이 '공사장'인 경우의 생활소음 규제기준이 적용된다는 점은 해당 규정의 문언 및 체계상 명확하다고 할 것입니다.

그리고 「소음·진동관리법」은 공장·건설공사장 등으로부터 발생하는 소음·진동으로 인한 피해를 방지하고 이를 관리하여 모든 국민이 조용하고 평온한 환경에서 생활할 수 있게 함을 목적(각주: 「소음·진동관리법」 제1조(목적) 참조)으로 제정된 법률로, 산업단지 등 일부 지역을 제외한 모든 지역에서의 생활소음·진동을 규제(각주: 1997. 3. 7. 법률 제5303호로 일부개정되고 1997. 9. 8. 시행된 「소음·진동규제법」 개정이유서 참조)하고 소음·진동 등으로 인한 민원을 해소(각주: 2021. 1. 5. 법률 제17843호로 일부개정되고 2021. 7. 6. 시행된 「소음·진동규제법」 개정이유서 및 2013. 8. 13. 법률 제12075호로 일부개정되고 2014. 2. 14. 시행된 「소음·진동규제법」 개정이유서 등 참조)하는 방향으로 입법이 추진되어 왔던 점을 고려하면, 공사장에서 발생하는 소음으로 피해가 발생함에도 불구하고, 그 장소가 소음이 발생하는 공사장과 동일한 건물 내에 위치하였다는 이유로 생활소음 규제기준이 적용되지 않는 것으로 해석할 수는 없다고 할 것입니다.

또한 「소음·진동관리법」 제2조제1호에서는 "소음(騷音)"을 '기계·기구·시설, 그 밖의 물체의 사용 또는 공동주택 등 환경부령으로 정하는 장소에서 사람의 활동으로 인하여 "발생"하는 강한 소리'라고 정의하고 있고, 같은 법 제21조제1항 및 같은 법 시행규칙 제20조제2항에서는 규제 대상 생활소음을 공장·공사장·사업장 등에서 "발생"하는 소음으로 규정하고 있으며, 같은 규칙 별표 8 제1호가목·나목에서는 생활소음의 규제대상 지역을 구분하면서 규제기준을 "소음원"을 기준으로 구분하여 시간대별로 규정하고 있는 점을 고려하면, 소음·진동관리법령에 따른 생활소음은 소리가 "발생"하는 원인을 기준으로 구분되고 규제된다고 볼 수 있는바, 소음원인 "공사장"에 해당하는 이 사안 리모델링 공사장에서 "발생"하여 다른 구분점포 등에 미치는 소음이 단지 동일 건물 안에서 발생한다는 등의 이유로 규제대상 생활소음인지 여부가 달라진다고 볼 수는 없는바, 이 사안의 경우에도 같은 법 시행규칙 별표 8 제1호가목·나목 중 소음원이 공사장인 경우의 생활소음 규제기준이 적용된다고 보아야 합니다.

한편 「소음·진동관리법 시행규칙」 별표 8 비고 제1호에서는 소음의 측정 및 평가기준은 「환경분야 시험·검사 등에 관한 법률」 제6조제1항제2호에 해당하는 분야에 따른 환경오염공정시험기준에서 정하는 바에 따른다고 규정하고 있는데, 같은 호에 따라 소음 및 진동에 대한 환경오염공정시험기준을 규정하고 있는 「소음·진동공정시험기준」(국립환경과학원고시 제2022-79호)에서는 동일 건물 안에서의 공사장 소음에 대하여 그 소음을 측정할 수 있는 방법을 규정하고 있지 않으므로, 동일 건물 안의 공사장에서 발생하는 소음은 「소음·진동관리법 시행규칙」 별표 8 제1호에 따른 생활소음 규제기준의 적용대상이 될 수 없다는 의견이 있으나, 소음·진동관리법령에서 공사장에서 발생하는 소음을 규제대상 생활소음으로 정하여 그 규제기준을 명시적으로 마련하고 있음에도 불구하고, 그 기술적인 측정방법이 마련되어 있지 않다는 이유로 동일 건물 안의 '공사장에서 발생하는 소음'이 규제기준의 적용대상에서 배제된다고 볼 수는 없으므로, 그러한 의견은 타당하다고 보기 어렵습니다.

따라서 이 사안의 경우, 해당 리모델링 공사장에서 발생하는 소음으로서 '동일 집합건물 안'의 다른 구분점포 등에 미치는 소음에 대해서도 「소음·진동관리법 시행규칙」 별표 8 제1호가목·나목 중 소음원이 '공사장'인 경우의 생활소음 규제기준이 적용됩니다.

※ 법령정비 권고사항

공사장에서 발생하는 소음의 규제기준에 관하여 소음이 발생하는 '공사장'의 범위, 동일 건물 안과 밖의 규제기준을 같게 할지 다르게 할지 여부 등을 입법정책적으로 검토하여 보다 명확히 법령에 규정할 필요가 있고, 그에 따라 생활소음 규제기준이 적용되는 소음의 측정 장소 및 방법 등을 구체적으로 마련할 필요가 있습니다.

<관계 법령>
※ 소음·진동관리법
제21조 (생활소음과 진동의 규제) ① 특별자치시장·특별자치도지사 또는 시장·군수·구청장은 주민의 조용하고 평온한 생활환경을 유지하기 위하여 사업장 및 공사장 등에서 발생하는 소음·진동(산업단지나 그 밖에 환경부령으로 정하는 지역에서 발생하는 소음과 진동은 제외하며, 이하 "생활소음·진동"이라 한다)을 규제하여야 한다.
② 제1항에 따른 생활소음·진동의 규제대상 및 규제기준은 환경부령으로 정한다.

※ 소음·진동관리법 시행규칙
제20조 (생활소음·진동의 규제) ① (생　략)
② 법 제21조제2항에 따른 생활소음·진동의 규제 대상은 다음 각 호와 같다.
1.· 2. (생　략)
3. 제1항 각 호의 지역 외의 공사장에서 발생하는 소음·진동
4. (생　략)
③ 법 제21조제2항에 따른 생활소음·진동의 규제기준은 별표 8과 같다.

[사례 4] 국토교통부 - 다른 구분소유자의 동의를 받지 못하여 철거나 이전을 할 수 없는 아파트의 구분소유자 1인이 손실보상 및 토지매수를 청구할 수 있는지(「공항소음 방지 및 소음대책지역 지원에 관한 법률」 제11조 등 관련)

안건번호17-0629 회신일자2017-12-18

1. 질의요지

소음대책지역 중 제3종 구역 "가 지구"에 위치한 아파트의 철거나 이전에 관하여 다른 구분소유자의 동의를 받지 못하여 철거나 이전을 할 수 없는 아파트의 구분소유자 1인이 「공항소음 방지 및 소음대책지역 지원에 관한 법률」 제11조 및 제12조에 따라 공항시설관리자 또는 공항개발사업시행자에게 손실보상 및 토지매수를 청구할 수 있는지?

※ 질의배경

○○공항 인근에 있는 아파트의 구분소유자인 민원인은 공항개발사업시행자에게 본인의 아파트 1채에 대한 손실보상 및 토지매수 청구가 가능한지를 문의하였으나, 공항개발사업시행자는 아파트를 철거하거나 이전하지 않는 한 불가능하다고 답변하자 국토교통부에 법령해석을 요청하였고, 국토교통부 내부에서 의견이 대립하자 국토교통부가 법제처에 법령해석을 요청함.

2. 회답

소음대책지역 중 제3종 구역 "가 지구"에 위치한 아파트의 철거나 이전에 관하여 다른 구분소유자의 동의를 받지 못하여 철거나 이전을 할 수 없는 아파트의 구분소유자 1인은 「공항소음 방지 및 소음대책지역 지원에 관한 법률」 제11조 및 제12조에 따라 공항시설관리자 또는 공항개발사업시행자에게 손실보상 및 토지매수를 청구할 수 없습니다.

3. 이유

「공항소음 방지 및 소음대책지역 지원에 관한 법률」(이하 "공항소음방지법"이라 함) 제11조제1항에서는 소음대책지역의 지정·고시 당시 같은 법 제5조제1항에 따른 제1종 구역, 제2종 구역 또는 국토교통부령으로 정하는 제3종 구역(이하 "제1종구역등"이라 함)에 있던 건축물이나 토지의 소유자가 해당 건축물이나 토지의 정착물(이하 "건축물등"이라 함)을 철거하는 경우에는 철거에 따른 손실보상을 공항시설관리자 또는 공항개발사업시행자(이하 "시설관리자등"이라 함)에게 청구할 수 있다고 규정하고 있고, 같은 조 제2항에서는 소음대책지역의 지정·고시 당시 제1종구역등에 있던 건축물이나 토지의 소유자가 해당 건축물등을 국토교통부령으로 정하는 제3종 구역 밖의 지역으로 이전하는 경우에는 이전에 따른 손실보상을 시설관리자등에게 청구할 수 있다고 규정하고 있으며, 같은 법 제12조제1항에서는 제1종구역등에 있는 토지(이하 "매수대상토지"라 함)의 소유자는 시설관리자등에게 해당 토지의 매수를 청구할 수 있다고 규정하고 있습니다.

그리고, 「공항소음 방지 및 소음대책지역 지원에 관한 법률 시행령」(이하 "공항소음방지법 시행령"이라 함) 제2조제1항제3호에서는 공항소음방지법 제5조제1항에 따른 소음대책지역 중 제3종 구역의 예상 소음영향도 기준을 규정하고 있고, 「공항소음 방지 및 소음대책지역 지원에 관한 법률 시행규칙」(이하 "공항소음방지법 시행규칙"이라 함) 제3조에서는 공항소음방지법 시행령 제2조제1항 단서에 따라 제3종 구역을 예상 소음영향도에 따라 세분하여 같은 항 제1호에서는 "가 지구"의 소음영향도를 규정하고 있으며, 같은 규칙 제7조의2에서는 공항소음방지법 제11조제1항·제2항 및 제12조제1항에서 "국토교통부령으로 정하는 제3종 구역"이란 각각 공항소음방지법 시행규칙 제3조제1호에 따른 "가 지구"를 말한다고 규정하고 있는바,

이 사안은 소음대책지역 중 제3종 구역 "가 지구"에 위치한 아파트의 철거나 이전에 관하여 다른 구분소유자의 동의를 받지 못하여 철거나 이전을 할 수 없는 아파트의 구분소유자 1인이 공항소음방지법 제11조 및 제12조에 따라 시설관리자등에게 손실보상 및 토지매수를 청구할 수 있는지에 관한 것이라 하겠습니다.

먼저, 공항소음방지법은 공항소음을 체계적으로 관리하고 공항소음으로 피해 받는 주민에 대하여 효율적으로 지원하기 위하여 제정된 것이고(2010. 3. 22. 법률 제10161호로 제정되어 2010. 9. 23. 시행된 공항소음방지법 제정법률안 국회 검토보고서 참조), 같은 법 제2조제7호에 따르면 공항소음대책사업은 공항소음을 저감하고 쾌적한 생활환경을 조성하기 위하여 시행하는 사업으로 방음시설 및 냉방시설 설치사업(제8조제1항제1호), 손실보상 및 토지매수(제8조제1항제6호) 등을 포함하고 있으므로 같은 법 제11조에 따른 손실보상 및 같은 법 제12조에 따른 토지매수는 공항소음대책사업의 일환으로 시행된다고 할 것입니다.

그렇다면, 공항소음방지법 제11조 및 제12조에 따른 손실보상 및 토지매수 청구가 공항소음대책사업으로서의 성격을 띠는 점에 비추어 볼 때, 소음대책지역의 주민이기만 하면 시설관리자등에게 손실보상 및 토지매수를 청구할 수 있는 것이 아니라 해당 규정에 따른 요건을 갖추어야 시설관리자등에게 손실보상 및 토지매수를 청구할 수 있다고 할 것인바, 같은 법 제11조제1항 및 제2항에서는 소음대책지역의 지정·고시 당시 제1종구역등에 있던 건축물이나 토지의 소유자가 해당 건축물등을 철거하는 경우 또는 국토교통부령으로 정하는 제3종 구역 밖의 지역으로 이전하는 경

우에는 철거 또는 이전에 따른 손실보상을 시설관리자등에게 청구할 수 있다고 규정하고 있으므로, 같은 조에 따른 손실보상을 청구하기 위해서는 해당 건축물등을 철거하거나 이전하여야 하는 것이 문언 상 명백하다고 할 것이고, 아파트 구조의 특성상 건물을 철거 또는 이전하기 위해서는 다른 구분소유자 다수의 동의가 필요하다고 하여 이를 달리 보기는 어렵다고 할 것입니다.

그리고, 공항소음방지법 제12조제1항에서 제1종구역등에 있는 토지의 소유자는 시설관리자등에게 해당 토지의 매수를 청구할 수 있다고 규정하고 있는 입법 취지는 소음대책지역의 지정으로 인하여 토지를 종래 용도로 사용할 수 없어서 그 효용이 현저히 감소된 토지 또는 사용 및 수익이 사실상 불가능한 토지의 소유자에게 토지매수청구권을 인정함으로써(2010. 3. 22. 법률 제10161호로 제정되어 2010. 9. 23. 시행된 공항소음방지법 제정법률안 국회 검토보고서 참조) 소음대책지역의 주민을 지원하기 위한 것이므로, 이 사안과 같이 철거되거나 이전되지 않은 아파트가 들어선 토지는 아파트 건물의 대지 용도로 사용되고 있는 이상 아파트 대지에 대한 대지사용권을 같은 법 제12조에 따른 매수대상토지에 해당한다고 보아 그 대지사용권의 매수를 시설관리자등에게 청구할 수도 없다고 할 것입니다.

또한, 공항소음방지법 제8조제1항에서는 공항소음대책사업으로 방음시설 및 냉방시설 설치사업(제1호), 공영방송 수신료 지원사업(제2호), 학교 및 국토교통부령으로 정하는 주민 주거용 시설에 설치된 냉방시설의 전기료 일부 지원사업(제3호) 등을 규정하고 있고, 같은 법 제19조제1항에서는 주민지원사업으로 공동이용시설(도서관, 체육공원 등) 설치 등과 같은 주민복지사업(제1호), 공동작업장 및 공동영농시설의 설치 등과 같은 소득증대사업(제2호)을 규정하고 있는 등 소음대책지역 주민의 불편을 최소화하기 위한 실질적·지속적인 지원대책을 마련하고 있는바(2010. 3. 22. 법률 제10161호로 제정되어 2010. 9. 23. 시행된 공항소음방지법 제정법률안 국회 검토보고서 참조), 같은 법 제11조 및 제12조에 따른 손실보상 및 토지매수 청구가 같은 법에 따른 유일한 소음방지대책이 아니라는 점도 이 사안을 해석함에 있어서 고려하여야 할 것입니다.

따라서, 소음대책지역 중 제3종 구역 "가 지구"에 위치한 아파트의 철거나 이전에 관하여 다른 구분소유자의 동의를 받지 못하여 철거나 이전을 할 수 없는 아파트의 구분소유자 1인은 공항소음방지법 제11조 및 제12조에 따라 시설관리자등에게 손실보상 및 토지매수를 청구할 수 없다고 할 것입니다.

※ 법령정비 권고사항

공항소음방지법 제11조에서는 소음대책지역의 지정·고시 당시 제1종구역등에 있던 건축물이나 토지의 소유자가 해당 건축물등을 철거하는 경우 또는 국토교통부령으로 정하는 제3종 구역 밖의 지역으로 이전하는 경우에 한하여 손실보상을 시설관리자등에게 청구할 수 있는 것으로 규정하고 있으므로, 제1종구역등에 위치하고 아파트의 철거나 이전에 관하여 다른 구분소유자의 동의를 받지 못하여 철거나 이전을 할 수 없는 아파트의 구분소유자 1인은 같은 조에 따른 손실보상을 청구할 수 없다는 결론에 이르게 되는바, 제1종구역등에 위치한 아파트의 주민이 책임질 수 없는 사유로 인하여 철거나 이전을 할 수 없는 경우의 손실보상 요건에 관한 입법정책적 검토가 필요합니다.

제5편 항공기소음

제1장 항공소음

2001. 4. 11. 서울중앙지방법원에서 매향리사격장 인근 주민들이 제기한 전투기 소음 등으로 인한 손해배상청구가 일부 인용된 이래, 김포공항, 웅천사격장, 군산비행장, 인천공항, 충주비행장, 대구비행장, 오산비행장 및 캠프 험프리스, 낙동사격장 인근에 거주하고 있는 주민들의 항공기소음 등으로 인한 손해배상청구소송이 잇따라 제기되고 있다.

제1절 항공기소음 관련 법령

1. (구)항공법 관련 규정

가. (구)항공법

> ☞ 소음·진동관리법 시행령
>
> 제9조 (항공기 소음의 한도 등) ① 법 제39조제1항에 따른 항공기 소음의 한도는 공항 인근 지역은 가중등가소음도[LdendB(A)] 75로 하고, 그 밖의 지역은 가중등가소음도[LdendB(A)] 61로 한다. <개정 2017. 9. 19.>
> ② 제1항에 따른 공항 인근 지역과 그 밖의 지역의 구분은 환경부령으로 정한다.
> ③ 법 제39조제2항에 따른 공항은 「공항소음 방지 및 소음대책지역 지원에 관한 법률」 제2조제4호에 따른 공항으로 한다. <개정 2010. 9. 17.>

나. (구)항공법 시행령

> ☞ (구)항공법 시행령
>
> 제40조 (소음대책 수립등) ① 법 제107조제1항의 규정에 의하여 항공기의 소음피해를 방지하기 위한 대책(이하 "소음대책"이라 한다)은 군용항공기지법시행령 별표 가목 및 나목에 해당되는 공항(부산광역시 강서구에 소재하는 것을 제외한다)을 제외한 공항에 대하여 수립·시행한다. [개정 94·7·11, 2001.3.27.]

② 건설교통부장관은 제1항의 규정에 의한 공항의 공항개발사업시행자 및 공항시설의 관리자로 하여금 건설교통부장관이 지정·고시한 공항소음피해지역 또는 공항소음피해예상지역에 대하여 다음 각호의 사항을 포함하는 소음대책을 수립하도록 하여야 하며, 소음영향도에 따라 재원의 범위안에서 대책사업을 시행하게 할 수 있다.[개정 94·12·23 대령14447, 2001.3.27.]
  1. 항공기소음 저감을 위한 사업계획
  2. 토지이용계획
  3. 재원조달 및 투자계획
  4. 사업시행으로 인한 효과
  5. 기타 건설교통부장관이 정하는 사항
③ 제30조 및 제31조의 규정은 제2항의 규정에 의한 소음대책의 수립·시행에 관하여 이를 준용한다.

☞ (구)항공법 시행령

제41조 (공항 소음피해지역등의 지정·고시) ① 교통부장관은 법 제107조제2항의 규정에 의하여 공항소음피해지역 또는 공항소음피해예상지역을 소음영향도에 따라 지정한 후 다음 각호의 사항을 관보에 고시하여야 한다. 이를 변경할 때에도 또한 같다.
  1. 공항소음피해지역 또는 공항소음피해예상지역의 위치 및 면적
  2. 공항소음피해지역 또는 공항소음피해예상지역을 표시한 지형도
  3. 기타 교통부장관이 정하는 사항
② 교통부장관은 제1항의 규정에 의하여 지정·고시된 공항소음피해지역 또는 공항소음피해예상지역에 대하여 매5년마다 그 지정의 타당성여부를 검토하여야 한다.
③ 교통부장관은 제1항의 규정에 의한 지정·고시를 한 때에는 관할 시·도지사에게 이에 관한 도면등을 송부하여 1월이상 일반에게 공람시키도록 하여야 한다.
④ 관할 시·도지사는 도시계획법 제10조의2의 규정에 의한 도시기본계획을 수립할 때에는 제1항의 규정에 의하여 지정·고시된 사항을 활용하여야 한다.

☞ (구)항공법 시행령

제42조 (시설물의 설치제한등) ① 건설교통부장관은 법 제107조제3항의 규정에 의하여 제41조의 규정에 따라 지정·고시된 지역안에서 소음영향도에 따라 건설교통부령이 정하는 바에 의하여 시설물의 설치 또는 용도를 제한하거나 일정한 조건을 붙여 제한을 완화할 수 있다.<개정 1994·12·23>
② 건설교통부장관은 제1항의 규정에 의한 조건을 이행하지 아니한 자에 대하여는 일정한 기간을 정하여 다음 각호의 사항을 명할 수 있다.<개정 1994·12·23>
  1. 시설물의 용도변경
  2. 소음피해방지시설의 보완

다. (구) 항공법 시행규칙

> ☞ (구)항공법 시행규칙
>
> 제271조 (공항소음피해지역등의 지정) 지방항공청장은 법 제107호제2항 및 영 제41조제1항의 규정에 의하여 공항소음피해지역 또는 공항소음피해예상지역을 항공기 소음영향도에 따라 다음표의 구역별로 지정·고시하여야 한다. <개정 1998.9.18>

> ☞ (구)항공법 시행규칙
>
> 제272조 (소음피해방지대책사업 시행의 범위) ① 법 제107조에 따른 항공기 소음피해방지대책(이하 "소음대책"이라 한다)의 수립 및 시행기준은 다음 각 호와 같다.
> 1. 소음대책은 각 공항별로 소음영향도의 정도에 따라 소음의 정도가 심한 구역 또는 지구부터 마련하여 시행하되 소음영향도가 낮은 구역 또는 지구의 소음대책은 소음영향도가 더 높은 구역 또는 지구의 소음대책의 시행이 완료된 후에 마련하여 시행하도록 한다. 다만, 지방항공청장은 필요하다고 인정하는 경우에는 제1종 및 제2종 구역의 소음대책을 병행하여 마련·시행하도록 할 수 있으며, 학교에 대해서는 제1종·제2종 및 제3종구역의 소음대책을 병행하여 시행하도록 할 수 있다.
> 2. 제1종 구역 안에 이주를 원하는 자가 있는 경우에는 이주를 원하는 자에 대한 이주대책을 마련하여 시행하도록 하여야 한다.
> 3. 제1종 구역 안에 이주를 원하지 아니하는 자가 있는 경우 제1종 구역과 제2종 구역 및 제3종 구역 안에는 방음시설을 설치하도록 하여야 한다.
> 4. 소음대책을 마련·시행 중인 지역에 대하여 텔레비전 수신장애대책, 소음피해주민의 편익증진을 위한 공동이용시설의 설치지원 대책을 마련하여 시행할 수 있으며, 방음시설의 설치를 마친 학교에 대해서는 냉방시설의 설치를 지원할 수 있다.
> 5. 제3호 및 제4호에 따른 시설을 인수한 자는 해당 시설을 유지·보수하는 등 관리에 필요한 조치를 하여야 한다.
> ② 제1항제3호와 제4호에 따른 방음시설 설치와 공동이용시설 설치를 지원하는 경우에는 국토해양부장관이 정하여 고시하는 방음시설 설치기준 및 공동이용시설 지원 대상에 따라 방음시설을 설치하고 공동이용시설을 지원하여야 한다.
> ③ 공항개발사업시행자 또는 공항시설관리자는 제1항제5호에 따라 관리되고 있는 시설 중 제3호에 따른 방음시설과 제4호에 따른 시설(학교의 냉방시설만 해당한다)이 설치된 후 10년 이상이 지나 기능이 저하된 경우에는 해당 시설의 보수·재설치 등을 지원할 수 있다. [전문개정 2009.9.10]

> ☞ (구)항공법 시행규칙

제274조 (소음영향도에 따른 시설물의 설치제한 등) 법 제107조제3항 및 영 제42조에 따른 공항소음피해지역 또는 공항소음피해 예상지역 안의 시설물의 설치제한은 별표 49에 따르고, 시설물 용도제한은 별표 50에 따른다. [전문개정 2009.9.10]

> ☞ 민 법

제750조 (불법행위의 내용) 고의 또는 과실로 인한 위법행위로 타인에게 손해를 가한 자는 그 손해를 배상할 책임이 있다.

제756조 (사용자의 배상책임) ① 타인을 사용하여 어느 사무에 종사하게 한 자는 피용자가 그 사무집행에 관하여 제삼자에게 가한 손해를 배상할 책임이 있다. 그러나 사용자가 피용자의 선임 및 그 사무감독에 상당한 주의를 한 때 또는 상당한 주의를 하여도 손해가 있을 경우에는 그러하지 아니하다.
② 사용자에 갈음하여 그 사무를 감독하는 자도 전항의 책임이 있다. <개정 2014. 12. 30.>
③ 전2항의 경우에 사용자 또는 감독자는 피용자에 대하여 구상권을 행사할 수 있다.

제758조 (공작물등의 점유자, 소유자의 책임) ① 공작물의 설치 또는 보존의 하자로 인하여 타인에게 손해를 가한 때에는 공작물점유자가 손해를 배상할 책임이 있다. 그러나 점유자가 손해의 방지에 필요한 주의를 해태하지 아니한 때에는 그 소유자가 손해를 배상할 책임이 있다.
② 전항의 규정은 수목의 재식 또는 보존에 하자있는 경우에 준용한다.
③ 전2항의 경우 점유자 또는 소유자는 그 손해의 원인에 대한 책임있는 자에 대하여 구상권을 행사할 수 있다. <개정 2022. 12. 13.>

> ☞ 국가배상법

제5조 (공공시설 등의 하자로 인한 책임) ① 도로·하천, 그 밖의 공공의 영조물(營造物)의 설치나 관리에 하자(瑕疵)가 있기 때문에 타인에게 손해를 발생하게 하였을 때에는 국가나 지방자치단체는 그 손해를 배상하여야 한다. 이 경우 제2조제1항 단서, 제3조 및 제3조의2를 준용한다.

2. 항공기소음 관련 민사소송

가. 항공기소음피해를 원인으로 한 손해배상청구소송

☞ 대법원 2004. 3. 12. 선고 2002다14242 판결 19p 참조

☞ 서울중앙지법 2006. 4. 25. 선고 2001가합48625 판결 155p 참조

[참조] 서울지방법원 2002. 1. 9. 선고 2001나29253 판결 / 서울중앙지법 2001. 4. 11. 선고 98가단 55916

나. 김포공항사건

[참조] 서울중앙지법 2002. 5. 14. 선고 2000가합16270 (항소심 : 서울고법 2003. 8. 22. 선고 2002나31140 판결, 상고심 : 대법원 2005. 1. 28. 선고 2003다50542) / 서울지방법원 2002. 8. 20. 선고 2000가합29887 판결
[참조] 항소심 : 서울고법 2003. 8. 20. 선고 2002나55207 판결
☞ 서울중앙지법 2002. 5. 14. 선고 2000가합6945 판결 414p 참조
☞ 대법원 2005. 1. 28. 선고 2003다50535 판결 96p 참조
☞ 대법원 2005. 1. 27. 선고 2003다49566 판결 23p 참조

다. 웅천사격장 사건

[참조] 서울중앙지법 2004. 1. 20. 선고 2001가합75962 판결

라. 군산비행장 사건

[판례 1] 손해배상(기) (서울지법 2004. 1. 27. 선고 2002가합33132 판결)

【판시사항】

[1] 미군이 점유·관리하는 군산비행장 주변 소음구역 거주자들의 항공기 소음으로 인한 손해배상청구에 대하여 영조물인 비행장의 설치·관리상의 하자를 인정하여 대한민국의 손해배상책임을 인정한 사례
[2] 군산비행장을 운항하는 항공기의 소음으로 영조물의 설치·관리상의 하자를 인정함에 있어 그 주변지역 거주자들의 권리침해 수인한도(위법성)의 결정 방법
[3] 군산비행장 주변지역 중 적어도 소음도 80WECPNL 이상의 소음에 노출된 지역에 거주하는 자들에 대하여 항공기 소음피해가 수인한도를 초과하여 위법성이 있다고 인정한 사례
[4] 군산비행장 주변 소음피해지역 또는 소음피해예상지역임을 충분히 알 수 있었던 이후에 그 지역으로 전입한 항공기 소음 피해자들에 대하여, 소음으로 인한 피해를 용인 것으로는 볼 수 없지만 형평의 원칙상 과실상계에 준하여 손해배상액에 대하여 30%의 감액을 인정한 사례

【판결요지】

[1] 미군이 점유·관리하고 있는 군산비행장 주변 소음구역 거주자들의 항공기 소음으로 인한 손해배상청구에 대하여 영조물인 비행장의 설치·관리상의 하자를 인정하여 대한민국과아메리카합중국간의

상호방위조약제4조에의한시설과구역및대한민국에서의합중국군대의지위에관한협정제23조 및 대한민국과아메리카합중국간의상호방위조약제4조에의한시설과구역및대한민국에서의합중국군대의지위에관한협정의시행에관한민사특별법제2조 제2항 등에 의하여 대한민국의 손해배상책임을 인정한 사례.

[2] 군산비행장을 운항하는 항공기의 소음으로 인해 영조물의 설치·관리상의 하자를 인정하기 위한 권리침해의 수인한도(위법성)를 판단함에 있어서는 침해행위의 상태와 침해의 정도, 피침해이익의 성질과 내용, 침해행위가 갖는 공공성의 내용과 정도, 침해행위의 개시와 그 후에 계속된 경과 및 상황과 그 사이에 피해의 방지 또는 경감을 위해 가해자가 강구한 조치의 내용·정도 등의 여러 가지 사정을 종합적으로 고려하고, 이것을 피해자쪽에서 보면 침해행위가 일상의 생활을 둘러싼 인격권에 대한 위해인 경우에는 사회생활상 일반적으로 수인하는 것이 상당하다고 인정되는 한도를 초과한 것인지의 여부에 따라 결정되어야 할 것이므로, 구체적인 수인한도는 ① 항공기에 의하여 발생한 소음의 정도, ② 피해자들이 입은 피해(정신적 고통의 성질 및 정도, 생활방해의 정도 및 신체적 피해의 위험성), ③ 피해자들의 거주지역 및 소음구역의 설정 현황, ④ 항공법상의 소음방지 대책의 실시 및 적정성(군산비행장에는 이러한 항공법이 바로 적용되기는 곤란하나, 이는 수인한도를 판단하는 데 있어서 중요한 고려사항이 될 수 있다.), ⑤ 침해행위의 공공성 및 사회적 가치(미군 비행장의 경우 남과 북이 대립하고 있는 현재의 안보상황과 주한미군과 그 군사장비의 국내 주둔이 우리나라의 국방력에 미치는 영향력이 매우 크다는 점이 고려될 수 있다.), ⑥ 피해자들 거주지의 지역적 특수성(피해자들의 거주지는 일제시대부터 존재하던 비행장의 주변지역이고, 미군이 1945. 이후 50여 년간 비행장으로 사용하고 있는 지역으로서 이러한 지역에서는 다른 일반 주거지역과 달리 토지 이용관계에 있어 특수성을 인정할 수 있다.), ⑦ 항공기 소음 이외의 소음원의 존재 등의 요소에 의해 결정된다.

[3] 군산비행장 주변지역 중 적어도 소음도 80WECPNL 이상의 소음에 노출된 지역에 거주하는 자들에 대하여 항공기 소음피해가 수인한도를 초과하여 위법성이 있다고 인정한 사례.

[4] 군산비행장 주변이 소음피해지역 또는 소음피해예상지역임을 충분히 알 수 있었던 이후에 당해 지역으로 이주한 피해자들은 항공기의 소음으로 인한 피해를 인식하거나 과실로 위 사실을 인식하지 못하고 입주하였다고 봄이 상당하지만, 그 피해자들이 항공기 소음으로 인한 위해로 인하여 정신적 고통을 당하는 경우, 이러한 소음으로 인한 위해 상태를 이용하기 위하여 이주하였다는 등 특히 비난할 사유가 없는 한, 자신들의 거주지가 소음피해지역 또는 소음피해예상지역 내에 있음을 인식하였거나 과실로 인식하지 못한 것만 가지고 소음으로 인한 피해를 용인하였다고 보기는 어렵고, 또한 그것만으로 위법한 침해 행위가 위법하지 않게 된다거나, 책임이 소멸한다고는 볼 수 없고, 다만 손해배상액의 산정에 있어서 형평의 원칙상 과실상계에 준하여 위자료의 감액 사유로 고려함이 상당하다고 하여 손해배상액의 30%를 감액하여 배상액을 인정한 사례.

【참조조문】

[1] 대한민국과아메리카합중국간의상호방위조약제4조에의한시설과구역및대한민국에서의합중국군대의지위에관한협정 제23조, 대한민국과아메리카합중국간의상호방위조약제4조에의한시설과구역및대한민국에서의합중국군대의지위에관한협정의시행에관한민사특별법 제2조 제2항, 국가배상법 제5조 제1항 [2] 국가배상법 제5조 제1항 [3] 국가배상법 제5조 제1항 [4] 국가배상법 제5조 제1항, 제8조, 민법 제396조, 제763조

【전 문】

【원 고】 원고 1 외 2034인 (소송대리인 법무법인 창조 담당변호사 박오순 외 1인)

【피　고】 대한민국
【변론종결】 2003. 12. 9.
【주　문】

1. 피고는 원고 1 내지 1804, 1895 내지 1976, 2044 내지 2046에게 [별지] 인용금액 계산표의 각 해당 배상액란 기재 금원 및 이에 대하여 2002. 6. 6.부터 2004. 1. 27.까지는 연 5%의, 그 다음 날부터 갚는 날까지는 연 20%의 각 비율로 계산한 돈을 지급하라.
2. 제1항 기재 원고들의 피고에 대한 각 나머지 청구 및 원고 1805 내지 1894, 1977 내지 2043의 피고에 대한 각 청구를 모두 기각한다.
3. 소송비용 중 원고 1 내지 1804, 1895 내지 1976, 2044 내지 2046과 피고 사이에 생긴 부분은 이를 2분하여 그 1은 위 원고들의, 나머지는 피고의 각 부담으로 하고, 원고 1805 내지 1894, 1977 내지 2043과 피고 사이에 생긴 부분은 위 원고들의 부담으로 한다.
4. 제1항은 가집행할 수 있다.

【청구취지】

피고는 원고들에게 각 금 15,000,000원 및 이에 대하여 이 사건 소장부본 송달 다음날부터 갚는 날까지 연 20%의 비율로 계산한 돈을 지급하라.

【이　유】

1. 기초사실

　　다음 사실은 당사자들 사이에 다툼이 없거나, 갑 제1 내지 3호증(각 가지번호 포함)의 각 기재, 이 법원의 현장검증 결과, 감정인 소외인의 소음피해영향 감정 결과 및 변론 전체의 취지를 종합하여 인정할 수 있다.

　가. 군산시 옥서면에 위치한 군산비행장은 1945년 태평양전쟁이 끝나면서 미국이 일본의 전투비행 기지를 접수한 이래 미국의 태평양 미공군사령부 산하 대한민국 주둔 제7공군 제8전투비행단 소속의 미공군비행장으로 설치되었는데, 그 면적은 약 2,200,000평이고, 그 안에 미군 800여 명, 미군속과 그 가족 등 20,000여 명이 상주하고 있으며, F16, F5 등 60대 이상의 전투기를 갖춘 규모의 2개의 F16 전투부대로 구성된 비행단이 구성되어 있고, 2개의 활주로 중 주활주로는 원고들 중 일부가 거주하는 하제마을부터 산동마을까지 약 2.75㎞ 정도 뻗어 있으며, 1992. 12.경부터는 국내선 민간항공도 취항하였다.

　나. 원고들은 군산비행장이 위치한 군산시 옥서면의 선연리(산동, 중제, 하제, 신하제, 구난산, 신난산, 송촌, 장전, 신장원 마을)와 옥봉리(남수라 마을)에 거주하면서 주로 농업, 어업 등에 종사하고 있는데, 원고들의 전입일자는 [별지] 계산표 중 '거주시작 시기'란의 기재와 같다{다만, 거주기간에 대하여는 주민등록표상의 최종전입일을 기준으로 하되, 현재의 주민등록표상 주소지에 전입하기 이전에 동일 소음구역 내에 거주하였던 사실이 인정되는 원고들에 대하여는 그 전 주소지의 전입일을 최종전입일로 본다. 또한 주민등록표 기재 전입일 이전부터 거주하였을 것이라고 생각되는 원고들에 대하여도 다른 입증자료(주민등록 등본 등)가 없는 한 제출된 주민등록표를 기준으로 하고, 전입일자의 기재가 없는 주민등록표는 그 주민등록표상의 다른 기재 또는 변론 전체의 취지에 의해 그 전입일을 인정한다}.

　다. 항공기의 소음

　　(1) 군산비행장의 항공기 운항횟수

군산비행장에는 F16, F5, F117-A, B737 등과 같은 항공기가 운항하고 있으며, 그 일자별·시간대별 항공기 이륙 횟수는 표 1.과 같다.

(2) 항공기 운항 패턴

항공기 소음은 항공기가 운항하는 패턴에 따라 소음도의 변화가 많이 좌우되는 특성을 가지고 있으므로 운항 패턴 중 통과, 선회 및 T&G(TOUCH&GO, 급강하와 급상승) 횟수에 대한 조사결과는 표 2.와 같다.

(3) 항공기의 소음측정 단위

항공기 소음을 측정하는 단위로는 WECPNL(Weighted Equivalent Continuous Perceived Noise Level)이 사용되는데, 이는 항공기의 소음이 하루에도 시간대별로 달라지는 점, 같은 크기의 소음이라도 상황이나 시간에 따라 개인이 느끼는 강도가 다른 점 등을 감안하여 한 지역에서 1일 수회 그 소음도를 측정한 다음, 시간대에 따라 가중치를 부여하여 계산한 소음영향도의 단위로서, 구체적인 산정방법은 항공법시행규칙 제273조에 규정되어 있는바, 우리나라에서는 1991. 11. 5. 환경처(지금의 환경부)에서 고시한 '소음, 진동 공정시험방법'에 따라 이를 항공기 소음의 측정단위로 채택하였고, 일본이나 국제항공기구 역시 마찬가지이다.

한편, 국가 또는 지방자치단체가 법령의 제정이나 행정계획의 수립 및 사업집행시 지켜야 할 환경기준을 정하고 있는 환경정책기본법은 환경소음기준에 관하여 전용주거지역은 주간 50dB, 야간 40dB, 일반주거지역은 주간 55dB, 야간 45dB, 상업지역은 주간 65dB, 야간 55dB, 공업지역은 주간 70dB, 야간 65dB로, 도로변 공업지역은 주간 75dB, 야간 70dB로 각 규정하고 있다(WECPNL값은 dB값에 대략 13을 더한 값과 같다).

(4) 군산비행장 주변의 소음 정도

이 사건 감정인 소외인은 소음피해영향 감정을 하면서 군산비행장의 항공기로 인한 원고들의 주거지에 대한 소음도를 측정하기 위하여 총 5회(14일)에 걸쳐 남수라를 비롯한 고정지점 3곳과, 28번 국도변을 비롯한 이동지점 32개 지점에서 자동소음측정장비를 사용하여 소음을 측정하였고, 이러한 소음실측결과와 비행 패턴에 대한 조사를 병행한 소음도 분석을 통해 INM(Integrated Noise Model) 모델을 운영하여 작성한 소음측정결과는 표 3.과 등음선도는 표 4.와 같다.

(5) 소음으로 인한 피해

사람이 일정한 수준 이상의 소음에 장기간 노출된 경우, 만성적인 불안감, 집중력 저하, 잦은 신경질 등의 정신적인 고통을 입게 되고, 회화방해, 전화통화방해, TV·라디오 시청장해, 독서방해나 사고중단, 수면방해 등 일상생활을 정상적으로 영위하는 데에 많은 지장이 있게 되며, 그 정도가 심한 경우 난청이나 이명 등 신체적인 이상이 나타날 가능성이 있다.

2. 손해배상책임의 발생

가. 원고들의 주장

원고들은, 미군이 점유·관리하고 있는 토지의 공작물과 시설인 군산비행장의 설치·관리상의 하자로 말미암은 항공기의 소음으로 인하여 원고들에게 청력손실, 수면방해, 육아·교육환경의 방해 및 정신적인 고통을 당하는 손해가 발생하였으므로, 피고는 원고들에게 이러한 손해를 배상할 의무가 있다고 주장한다.

나. 피고의 배상책임 인정근거

먼저, 피고인 대한민국이 미군이 점유·관리하고 있는 군산비행장의 설치·관리상의 하자로 인한 손해를 배상할 의무가 있는지에 대하여 보면, 대한민국과아메리카합중국간의상호방위조약제4조에의한시설과구역및대한민국에서의합중국군대의지위에관한협정 제23조와 대한민국과아메리카합중국간의상호방위조약제4조에의한시설과구역및대한민국에서의합중국군대의지위에관한협정의시행에관한민사특별법 제2조 제2항에 의하면, 미국군대 또는 한국증원군대가 점유·소유 또는 관리하는 토지의 공작물과 기타 시설 또는 물건의 설치나 관리의 하자로 인하여 대한민국정부 이외의 제삼자에게 손해를 가한 때에는 국가가 국가배상법의 규정에 의하여 그 손해를 배상하도록 규정되어 있으므로, 피고는 미군이 점유·관리하는 토지의 공작물과 시설인 군산비행장의 설치·관리상의 하자로 인한 손해가 발생한 경우 그 손해를 배상할 의무가 있다.

다. 군산비행장의 설치·관리상의 하자

다음으로 토지의 공작물과 시설의 설치·관리상의 하자의 개념에 관하여 보건대, 국가배상법 제5조 제1항 또는 민법 제758조 제1항에서 규정하고 있는 영조물(이하에서 영조물은 공작물을 포함하는 개념으로 본다) 설치·관리의 하자, 즉 영조물이 통상 가져야 할 안전성의 결여란, 해당 영조물을 구성한 물적 시설 자체에 존재하는 물리적, 외형적인 결함 또는 불비로 인하여 그 이용자 및 제3자에게 위해를 발생케 할 위험성이 있는 경우뿐만 아니라, 그 공작물이 공공의 목적 등에 이용됨에 있어 그 이용과 관련하여 이용자 및 제3자에게 사회통념상 참을 수 없는 위해를 발생케 할 위험성이 있는 경우도 포함한다.

그렇다면 군산비행장이 항공기 운항이라는 공공의 목적에 이용됨에 있어 그 이용과 관련하여 발생한 소음 등의 침해가 인근 주민인 원고들에게 사회통념상 참을 수 없는 위해를 가할 위험성이 있는지 여부에 따라, 피고에게 미군의 군산비행장의 설치·관리상의 하자에 따른 책임이 있는지 결정될 것이다.

라. 수인한도(위법성)

(1) 항공기 소음으로 인한 침해가 어느 정도에 이르러야 사회통념상 참을 수 없는 위해를 발생케 할 위험성이 있어 미군의 설치·관리상의 하자가 인정되고, 또한 그것이 원고들에게 위법한 권리침해가 되는지에 관하여 살피건대, 이를 판단함에 있어서는 침해행위의 상태와 침해의 정도, 피침해이익의 성질과 내용, 침해행위가 갖는 공공성의 내용과 정도, 침해행위의 개시와 그 후에 계속된 경과 및 상황과 그 사이에 피해의 방지 또는 경감을 위해 가해자가 강구한 조치의 내용·정도 등의 여러 가지 사정을 종합적으로 고려하여야 하고, 이것을 피해자인 원고들 쪽에서 보면, 이 사건과 같이 침해행위가 일상의 생활을 둘러싼 인격권에 대한 위해인 경우에는 사회생활상 일반적으로 수인하는 것이 상당하다고 인정되는 한도를 초과한 것인지의 여부에 따라 결정되어야 할 것이다.

(2) 그러므로 구체적인 수인한도는 ① 항공기에 의하여 발생한 소음의 정도, ② 원고들이 입은 피해(정신적 고통의 성질 및 정도, 생활방해의 정도 및 신체적 피해의 위험성), ③ 원고들의 거주지역 및 소음구역의 설정 현황, ④ 항공법상의 소음방지 대책의 실시 및 적정성(미군비행장인 군산비행장에는 이러한 항공법이 바로 적용되기는 곤란하나, 이는 수인한도를 판단하는 데 있어서 중요한 고려사항이 될 수 있다), ⑤ 침해행위의 공공성 및 사회적 가치(미군비행장의 경우 남과 북이 대립하고 있는 현재의 안보상황과 주한미군과 그 군사장비의 국내 주둔이 우리나라의 국방력에 미치는 영향력이 매우 크다는 점이 고려될 수 있다), ⑥ 원고들 거주지의 지역적 특수성(원고들의 거주지는 일제시대부터 존재하던 비행장의 주변지역이고, 미군이 1945. 이후 50여 년간 비행장으로 사용하고 있는 지역으로서 이러한 지역에서는 다른 일반 주거지역과 달리 토지 이용관계에 있어 특수성을 인정할 수 있다), ⑦ 항공기 소음 이외의 소음원의 존재 등의 요소에 의해 결정된다.

(3) 위와 같은 요소들을 종합적으로 고려하여 보면, 이 사건 군산비행장 주변의 항공기 소음 피해는, 적어도 소음도 80WECPNL 이상의 소음에 노출된 지역{이는 앞서 살펴 본 환경정책기본법상의 환경소음기준 중 공업지역의 주간 소음도인 70dB(≒83WECPNL)과 유사한 수치이다}에 거주하는 원고들에 대하여 수인한도를 초과한 것으로서 위법성을 띠는 것이라고 인정함이 상당하다(환경정책기본법상 소음규제 기준치는 실체법상 일반 국민의 사법상 권리의무를 발생시키는 효력규정이 아닌 환경행정에 있어 정책과 규제 등을 위한 일종의 공법상 기준이라 할 것이므로, 그 기준의 위반 여부가 막바로 사법상의 위법 여부로 되지는 아니한다 할 것이나, 민사법상 위법 여부의 중요한 하나의 기준은 된다 할 것이다).

마. 소결론

따라서 피고는 대한민국과아메리카합중국간의상호방위조약제4조에의한시설과구역및대한민국에서의합중국군대의지위에관한협정 제23조, 대한민국과아메리카합중국간의상호방위조약제4조에의한시설과구역및대한민국에서의합중국군대의지위에관한협정의시행에관한민사특별법 제2조 제2항 및 국가배상법 제5조 제1항에 의해 소음도 80WECPNL 이상의 소음구역에 거주하는 원고들에 대하여, 원고들이 구하는 기간인 1999. 6. 1.부터 이 사건 변론종결일인 2003. 12. 9.까지의 항공기 운항으로 발생한 소음에 의하여 위 원고들이 입은 손해를 배상할 의무가 있다

바. 이에 대해 피고는, 일부 원고들이 자신들의 거주지가 소음피해지역 또는 소음피해예상지역으로 지정된 지역임을 알면서도 위 지역에 입주하였는바, 위 원고들은 충분히 소음피해를 피할 수 있었고, 입주하던 당시에 충분히 소음피해가 있으리라는 사정을 예견할 수 있었음에도 스스로 이를 용인하고 위 지역에 입주하였으므로, 이러한 원고들에게는 피고가 손해배상책임을 지지 않는다는 이른바 '위험에의 접근' 또는 '선주성'의 이론에 의한 면책을 주장한다.

살피건대, 일부 원고들은 군산비행장 주변이 소음피해지역 또는 소음피해예상지역임을 충분히 알 수 있었던 이후 자신들의 주거지에 전입한 사실은 앞서 살펴 본 바와 같고, 이러한 경우 위 원고들은 항공기의 소음으로 인한 피해를 인식하거나 과실로 위 사실을 인식하지 못하고 입주하였다고 봄이 상당하다. 그러나 위 원고들이 위 소음으로 인한 위해로 인하여 정신적 고통을 당하는 경우, 이러한 소음으로 인한 위해 상태를 이용하기 위하여 이주하였다는 등 특히 비난할 사유가 없는 한, 자신들의 거주지가 소음피해지역 또는 소음피해예상지역 내에 있음을 인식하였거나 과실로 인식하지 못한 것만 가지고 소음으로 인한 피해를 용인하였다고 보기는 어렵고, 또한 그것만으로 피고의 위법한 침해 행위가 위법하지 않게 된다거나, 책임이 소멸한다고는 볼 수 없다. 다만 손해배상액의 산정에 있어서, 형평의 원칙상 과실상계에 준하여 위자료의 감액 사유로 고려함이 상당하다.

3. 손해배상책임의 범위

가. 손해액의 산정방법

(1) 우선, 배상청구가 가능한 기간에 대해서 살펴보면, 원래 앞에서 인정한 기준을 초과하는 소음에 노출된 원고들의 거주기간 전부가 배상청구 가능기간이라 할 것인데, 원고들은 위 기간 중에서도 1999. 6. 1.부터 이 사건 변론종결일인 2003. 12. 9.까지의 기간의 침해에 대해서만 배상청구를 하고 있으므로(이는 소멸시효를 고려한 것으로 보인다), 결국 1999. 6. 1.부터 2003. 12. 9.까지의 기간 중 원고들이 거주한 기간 동안의 침해에 대하여 손해배상액을 정하기로 한다(원고들이 거주한 기간을 계산할 때, 그 달의 1일부터 거주하지 않았거나, 그 달의 말일까지 거주하지 않았더라도 그 달 전부를 거주한 것으로 본다).

(2) 군산비행장 주변 지역에서 항공기로 인한 소음의 정도가 수인한도를 초과한 지역은 소음도

80WECPNL 이상의 지역이라 할 것인데, 이에는 소음구역 중 제1종, 제2종, 제3종 "가", "나" 구역이 포함됨은 앞에서 살펴 본 바와 같고, 원고들이 거주하는 각 소음구역별 위자료 액수는, 항공기에 의하여 발생한 소음의 정도, 원고들이 입은 피해, 원고들의 거주지역 및 소음구역의 설정 현황 등을 고려하여, 제2종 구역에 거주하는 원고들에 대하여는 월 금 50,000원, 제3종 구역에 거주하는 원고들에 대하여는 월 금 30,000원으로 봄이 상당하다.

(3) 한편, 원고들 중에서 군산비행장에 민간항공이 취항한 1992. 12. 이후에 자신들의 주거지에 전입한 원고들에 대하여는, 앞서 살펴본 바와 같이 항공기의 소음으로 인한 피해를 인식하거나 과실로 위 사실을 인식하지 못하고 입주하였다고 봄이 상당하므로, 이를 참작하여 1992. 12. 이후에 전입한 원고들에 대해서는 위 손해액의 30%를 감액하기로 하되, 단 전입사유가 혼인이나, 출생의 경우에는 감액을 하지 않는다.

나. 소결론

따라서 원고들의 거주지역, 거주기간, 소음구역, 전입일자 등 구체적 손해배상액을 계산하기 위한 자료 및 그 산정방법은 별지 인용금액 계산표의 해당 기재와 같고, 그에 따른 원고별 구체적 손해배상액(1,000원 미만은 버림)은 별지 인용금액 계산표의 각 해당 배상액란의 기재와 같으므로, 피고는 원고 1 내지 1804, 1895 내지 1976, 2044 내지 2046에게 각 손해배상금으로서 위 배상액란 기재 금원 및 이에 대하여 각 불법행위일 이후로서 원고들이 구하는 바에 따라 이 사건 소장부본 송달일 다음날임이 기록상 분명한 2002. 6. 6.부터 피고들이 그 손해배상의무의 존부 및 범위에 관하여 항쟁함이 상당한 이 사건 판결선고일인 2004. 1. 27.까지는 민법 소정의 연 5%, 그 다음날부터 갚는 날까지는 소송촉진등에관한특례법 소정의 연 20%의 각 비율로 계산한 지연손해금을 지급할 의무가 있다.

3. 결론

그렇다면 원고 1 내지 1804, 1895 내지 1976, 2044 내지 2046의 청구는 위 인정범위 내에서 이유 있어 이를 인용하고, 위 원고들의 각 나머지 청구 및 원고 1805 내지 1894, 1977 내지 2043(원고들 중 원고 371, 567, 676, 723, 838, 927, 950, 980, 1272, 1427, 1942는 각 소를 취하하였다)의 각 청구는 이유 없어 이를 모두 기각하기로 하여 주문과 같이 판결한다.

판사 손윤하(재판장) 정연택 채정선

[참조] 항소심 : 서울고법 2005. 1. 28. 선고 2004나26401
[참조] 상고심 : 대법원 2005. 4. 18. 선고 2005다12926

마. 인천공항 사건

[참조] 서울중앙지법 2006. 5. 9. 선고 2003가합70565 판결

바. 중주비행장 사건

[참조] 서울중앙지법 2006. 10. 31. 선고 2005가합56815

사. 대구비행장 사건

[판례 2] 손해배상(기) (서울중앙지방법원 2006. 12. 5. 선고 2006가합23904 판결)

【전 문】

【원 고】 원고 1 외 678인 (소송대리인 변호사 최인호외 2인)
【피 고】 대한민국
【변론종결】 2006. 11. 21.

【주 문】
1. 피고는 원고들에게 별지 2. 인용금액 합계란 기재 각 해당금원 및 이에 대하여 2006. 3. 28.부터 2006. 12. 5.까지는 연 5%의, 그 다음날부터 갚는 날까지는 연 20%의 각 비율에 의한 금원을 각 지급하라.
2. 원고들의 나머지 청구를 모두 기각한다.
3. 소송비용 중 3/10은 원고들이, 나머지는 피고가 각 부담한다.
4. 제1항은 가집행할 수 있다.

【청구취지】
피고는 원고들에게 별지 2. 청구금액의 합계란 기재 각 해당금원 및 이에 대한 이 사건 소장부본 송달 다음날부터 이 판결선고일까지는 연 5%, 그 다음날부터 다 갚는 날까지 연 20%의 각 비율에 의한 금원을 각 지급하라.

【이 유】
1. 기초사실
    가. 원고들의 거주지역
        원고들은 대구공군비행장 인근인 대구 북구 검단동에 거주하고 있는데, 검단동은 주거지역과 공장지역으로 이뤄져 있다. 원고들의 전입일자는 별지 2. '전입시기'란의 기재와 같다.
    나. 대구공군비행장의 연혁, 현황 및 사용상황
        (1) 대구비행장의 연혁과 현황
            대구 동구 지저동에 위치한 대구비행장은 1969년경 설치되었는데, 그 면적은 지저동 전면적의 약 1/3인 67,474㎡에 이른다. 대구비행장은 F-4D·F-4E 등 100대 이상의 전투기를 보유하고 있고, 격납고, 탄약고 설비 및 남북방향으로 뻗어있는 길이 약 2.8㎞의 활주로 2본을 갖추고 있다.
        (2) 대구비행장의 항공기 비행횟수 및 소음
            (가) 2004. 12. 28.부터 2005. 4. 30.까지 사이에 검단동에서의 주·석간 비행횟수를 조사한 결과 동계기간 1일 평균 비행횟수는 약 64회[주간(07:00~19:00) 58회(전투기 48회 + 민항기 10회) + 석간(19:00~22:00) 5회(전투기 5회 + 민항기 0회)]이고, 춘계기간 1일 평균 비행횟수는 약 73회[주간(07:00~19:00) 68회(전투기 57회 + 민항기 11회) + 석간

(19:00~22:00) 3회(전투기 3회 + 민항기 0회)]이다. 비행은 전투기(그 중 주력기종인 팬텀기)의 비행훈련이 주된 것이고, 군수송기와 헬기 등이 비정기적으로 비행한다.
(나) 위 비행장에서의 비행훈련은 주로 주중 평일 08:30 ~ 21:00 사이에 이뤄지고, 토요일, 일요일, 공휴일, 평일야간 및 기상악화시에는 없으며, 석간비행은 주 2~4회 정도 이뤄진다.
(다) 대구비행장은 군용기(전투기, 정찰기, 수송기 및 헬리콥터)와 민간 항공기가 동시 운용되고 있는데, 전투기가 주된 소음원이다. 전투기소음은 요일별, 계절별 비행상황에 따라 소음도의 편차가 심하다는 특징이 있다.

(3) 항공기 운항패턴

항공기소음은 운항패턴에 따라 소음도의 변화가 많이 좌우된다. 전투기는 일반 항공기와 달리 운항패턴이 수시로 바뀌는 특성을 갖고 있는데, 전투기운항패턴에는 이륙, 착륙, 통과, 선회 및 T&G(TOUCH&GO)가 있다. 대구비행장에서 T&G는 대부분 비행장 활주로에서 이뤄졌다. 대구비행장의 전투기는 주로 남단에서 북단(검단동 상공)으로 이륙하며, 주 2회 정도는 북단에서 남단으로 역 이륙하고 있다.

전투기 2대로 구성된 편대비행은 하루 10~12회 정도 이뤄진다. 편대비행은 활주로 남단방향으로 접근하여 검단동 상공을 통과하여 북단방향으로 통과하는 경우와, 활주로 남단방향으로 편대비행하며 접근하던 2대의 전투기 중 1대의 전투기는 금호강 상공에서 도동 방향으로 향하고, 나머지 1대의 전투기는 북측방향인 무태동 방향으로 비행한다.

다. 항공기소음

(1) 항공기소음의 특성

항공기소음은 금속성 고주파음으로 상공에서 다량으로 발생하는 충격음이므로 다른 소음원에 비하여 피해지역이 광범위하다.

(2) 항공기소음의 기준

소음진동규제법 제42조 제1항, 같은 법 시행령 제10조의2 제1항은 "환경부장관은 항공기소음이 항공기소음한도(공항주변 인근지역: 90 WECPNL, 기타 지역: 80 WECPNL)를 초과하여 공항주변의 생활환경이 매우 손상된다고 인정하는 경우에는 관계기관의 장에게 방음시설의 설치 기타 항공기 소음의 방지를 위하여 필요한 조치를 요청할 수 있다"고 규정하고 있고, 같은 법 시행령 제10조의2 제2항, 같은 법 시행규칙 제58조의2, 항공법시행규칙 제271조는 공항주변 인근지역과 기타지역을 다음과 같이 구분하고 있다.

소음진동규제법령상 구분	항공법시행규칙 구분	구역		소음영향도(WECPNL)
공항주변 인근지역	소음피해지역	제1종		95이상
		제2종		90이상 95미만
기타 지역	소음피해예상지역	제3종	가지구	85이상 85미만
			나지구	80이상 85미만
			다지구	75이상 80미만

라. 원고들의 피해

(1) 소음정도

관련사건 감정인 소외인의 소음피해감정결과에 의하면, 대구비행장의 항공기로 인한 원고들의 주거지에 대한 소음정도는 90~94 WECPNL과 같다.

(2) 소음으로 인한 피해

사람이 일정한 수준 이상의 소음에 장기간 노출된 경우, 만성적인 불안감, 집중력 저하, 잦은 신경질 등의 정신적인 고통을 입게 되고, 회화방해, 전화통화방해, TV·라디오 시청장애, 독서방해나 사고중단, 수면방해 등 일상생활을 정상적으로 영위하는 데에 많은 지장이 있게 되며, 그 정도가 심한 경우 난청이나 이명 등 신체적인 이상이 나타날 가능성이 있다.

마. 항공기소음대책

일반적인 항공기소음대책으로 크게는 소음발생원 대책, 공항주변 대책이 있고, 소음발생원 대책으로는 저소음 항공기의 도입, 이·착륙 방식 및 절차의 개선, 야간비행제한 등이, 공항주변 대책으로는 완충녹지 조성, 이주비 지원, 주택방음공사 보조, TV수신장애대책 보조, 순회건강진단 등이 있다. 피고는 1995.경부터 방음정비고(Hush House)에서 전투기 엔진점검을 한다.

[인정증거] 다툼 없는 사실, 갑 제1~13호증의 각 기재, 갑 제14호증의 1~3, 갑 제15호증의 각 기재, 변론 전체의 취지

2. 원고들의 청구에 관한 판단

가. 손해배상책임의 발생

위 비행장이 비행훈련 등 공공의 목적 등에 이용됨에 있어 그 이용과 관련하여 발생한 소음정도가 인근 주민인 원고들의 수인한도를 초과하는지 여부에 따라, 위 비행장의 설치·관리상 하자가 있는지 결정된다.

대구비행장에서 발생하는 전투기소음으로 인해 원고들이 신체적·정신적 피해를 입고 일상생활에 여러 지장을 겪었고, 피고가 소음피해방지 및 피해보상을 위해 별다른 노력을 하지 않은 점이 인정되나, 분단된 현실에서 전쟁억지를 위하여 전투기 비행훈련은 불가피하므로 대구비행장의 존재에 고도의 공익성이 있는 점, WECPNL은 원래 일정한 기간 동안 밤낮 지속적으로 항공기가 운항하는 대형공항에 적합한 소음단위인데, 대구비행장은 대형민간공항과 달리 야간비행이 거의 없는 데다가 토요일, 일요일 및 공휴일을 제외한 날에만 비행이 이뤄지는 점, 앞서 본 항공기소음규제기준 등을 감안하면, 대구비행장 주변의 항공기소음피해가 적어도 소음도 85 WECPNL 이상인 경우에 사회생활상 통상의 수인한도를 초과한다.

그런데, 원고들은 소음도 90~94 WECPNL인 지역에 거주하고 있는 사실은 앞서 인정된 바와 같으므로, 피고는 원고들에게 원고들이 구하는 기간인 별지 2. 청구기간의 시기란 해당일자부터 종기란 해당일자까지의 항공기소음으로 인한 손해를 배상할 책임이 있다(피고는, 대학에 재학하는 원고들이 수업기간뿐만 아니라 방학기간에도 대학주변에 거주하므로 방학기간도 위 피해기간에서 제외해야 한다고 주장하나, 이를 인정할 증거가 없으므로, 위 주장은 이유 없다).

나. 손해배상의 범위

(1) 손해배상의 산정기준

(가) 위자료 인용기준금액

원고들의 거주지별 위자료 액수는, 전투기소음의 특성, 소음정도, 비행횟수 및 주된 비행시간, 위 원고들의 피해 및 거주지 등을 고려하여 월 45,000원으로 정한다.

(나) 인용개월

원고들이 별지 2. 거주기간 및 피해월수란 기재와 같이 거주지란 기재 거주지에 거주하였음은 이미 본 바와 같다.

(다) '위험에의 접근' 감액

피고는, 대구비행장이 설치된 1970. 10. 이후에 위 지역에 입주한 원고들에 대하여는 손해배상액이 감액되어야 한다고 주장한다.

살피건대, 대구비행장이 설치된 1970. 10.경 대구비행장주변이 항공기소음 등에 노출되는 지역임이 널리 알려졌다고 볼 아무런 증거가 없다. 다만 매향리사격장주변 주민들이 1988.

7.경 사격장 소음피해로 인한 민원을 수차례 제기하였고, 이런 사실이 그 무렵부터 언론에서 빈번히 보도됨에 따라 사격장 및 비행장주변 소음피해가 사회문제화된 사실은 당사자 사이에 다툼이 없거나 변론 전체의 취지에 의해 인정되는바, 위 인정사실에 의하면 늦어도 1989년에는 대구비행장주변이 계속적으로 항공기소음에 노출되는 지역인 것이 널리 알려졌다고 봄이 상당하다.

따라서 원고들 중 1989. 1. 1. 이후에 대구비행장 주변에 입주한 원고들은 대구비행장의 소음피해를 인식하거나 과실로 이를 인식하지 못하고 입주하였다고 할 것인바, 손해배상액을 산정할 때 형평의 원칙상 과실상계에 준하여 위 손해액에 대하여 30%를 감액한다.

다만 ① 전입사유가 출생인 경우, ② 전입당시 위험에 대한 지각능력이 부족하고, 거주지를 선택할 지위에 있지 아니한 미성년자인 경우는 감액하지 않는다.

다. 소결론

원고들의 거주지역, 거주기간, 전입시기 등 손해배상액을 계산하기 위한 자료 및 그 산정방법은 별지 2. 손해배상내역표의 해당 기재와 같다.

그렇다면, 피고는 원고들에게 각 손해배상금으로서 위 인용금액의 합계란 기재 해당 금원 및 위 각 금원에 대하여 원고들이 구하는 바에 따라 이 사건 소장부본 송달 다음날임이 기록상 명백한 2006. 3. 28.부터 이 판결선고일인 2006. 12. 5.까지는 민법이 정한 연 5%의, 그 다음날부터 갚는 날까지는 소송촉진 등에 관한 특례법이 정한 연 20%의 각 비율에 의한 지연손해금을 지급할 의무가 있다.

3. 결론

그렇다면, 원고들의 각 청구는 위 인정범위 내에서 이유 있어 이를 인용하기로 하여 주문과 같이 판결한다. [별지 1, 2 생략]

판사   김주현(재판장) 최보원 류창성

아. 오산비행장 및 캠프 험프리스 사건

[참조] 서울중앙지법 2006. 12. 12. 선고 2004가합33259, 2004가합66808, 2005가합68535, 2006가합86172

자. 낙동사격장 사건

☞ 대법원 2004. 3. 12. 선고 2002다14242 판결 19p 참조
☞ 서울중앙지법 2006. 4. 25. 선고 2001가합48625 판결 155p 참조
☞ 서울중앙지법 2002. 5. 14. 선고 2000가합6945 판결 414p 참조
☞ 대법원 2005. 1. 28. 선고 2003다50535 판결 96p 참조
☞ 대법원 2005. 1. 27. 선고 2003다49566 판결 23p 참조
☞ 서울중앙지방법원 2004. 1. 27. 선고 2002가합33132 판결 495p 참조
☞ 서울중앙지방법원 2006. 12. 5. 선고 2006가합23904 판결 502p 참조

[참조] 서울중앙지법 2007. 1. 30. 선고 2002가합29751, 2002가합53808, 2003가합2562, 2003가합94882 / 서울중앙지방법원 2001. 4. 11. 선고 98가단55916 / 서울지방법원 2002. 1. 9. 선고 2001나29253 판결 / 서울고등법원 2003. 8. 22. 선고 2002나31133 / 서울중앙지방법원 2002. 5. 14. 선고 2000가합16270 / 항소심 : 서울고등법원 2003. 8. 22. 선고 2002나31140 / 상고심 : 대법원 2005. 1. 28. 선고 2003다50542 / 서울지방법원 2002. 8. 20. 선고 2000가합29887 판결 / 항소심 : 서울고등법원 2003. 8. 20. 선고 2002나55207 / 서울중앙지법 2004. 1. 20. 선고 2001가합75962 판결 / 항소심 : 서울고법 2005. 1. 28. 선고 2004나26401 / 상고심 : 대법원 2005. 4. 18. 선고 2005다12926 / 서울중앙지방법원 2006. 5. 9. 선고 2003가합70565 / 서울중앙지법 2006. 10. 31. 선고 2005가합56815 / 서울중앙지법 2006. 12. 12. 선고 2004가합33259, 2004가합66808, 2005가합68535, 2006가합86172 / 서울중앙지법 2007. 1. 30. 선고 2002가합29751, 2002가합53808, 2003가합2562, 2003가합94882

제2절 손해배상청구

1. 손해배상청구소송

가. 불법행위를 원인으로 한 손해배상책임

> ☞ 민 법
>
> 제750조 (불법행위의 내용) 고의 또는 과실로 인한 위법행위로 타인에게 손해를 가한 자는 그 손해를 배상할 책임이 있다.

> ☞ 국가배상법
>
> 제2조 (배상책임) ① 국가나 지방자치단체는 공무원 또는 공무를 위탁받은 사인(이하 "공무원"이라 한다)이 직무를 집행하면서 고의 또는 과실로 법령을 위반하여 타인에게 손해를 입히거나, 「자동차손해배상 보장법」에 따라 손해배상의 책임이 있을 때에는 이 법에 따라 그 손해를 배상하여야 한다. 다만, 군인·군무원·경찰공무원 또는 예비군대원이 전투·훈련 등 직무 집행과 관련하여 전사(戰死)·순직(殉職)하거나 공상(公傷)을 입은 경우에 본인이나 그 유족이 다른 법령에 따라 재해보상금·유족연금·상이연금 등의 보상을 지급받을 수 있을 때에는 이 법 및 「민법」에 따른 손해배상을 청구할 수 없다. <개정 2009. 10. 21., 2016. 5. 29.>
> ② 제1항 본문의 경우에 공무원에게 고의 또는 중대한 과실이 있으면 국가나 지방자치단체는 그 공무원에게 구상(求償)할 수 있다.
> ③ 제1항 단서에도 불구하고 전사하거나 순직한 군인·군무원·경찰공무원 또는 예비군대원의 유족은 자신의 정신적 고통에 대한 위자료를 청구할 수 있다. <신설 2025. 1. 7.> [전문개정 2008. 3. 14.]

나. 영조물(또는 공작물)의 하자를 원인으로 한 손해배상책임

> ☞ **국가배상법**
>
> 제5조 (공공시설 등의 하자로 인한 책임) ① 도로·하천, 그 밖의 공공의 영조물(營造物)의 설치나 관리에 하자(瑕疵)가 있기 때문에 타인에게 손해를 발생하게 하였을 때에는 국가나 지방자치단체는 그 손해를 배상하여야 한다. 이 경우 제2조제1항 단서, 제3조 및 제3조의2를 준용한다.
> ② 제1항을 적용할 때 손해의 원인에 대하여 책임을 질 자가 따로 있으면 국가나 지방자치단체는 그 자에게 구상할 수 있다. [전문개정 2008. 3. 14.]

> ☞ **민 법**
>
> 제758조 (공작물등의 점유자, 소유자의 책임) ① 공작물의 설치 또는 보존의 하자로 인하여 타인에게 손해를 가한 때에는 공작물점유자가 손해를 배상할 책임이 있다. 그러나 점유자가 손해의 방지에 필요한 주의를 해태하지 아니한 때에는 그 소유자가 손해를 배상할 책임이 있다.
> ② 전항의 규정은 수목의 재식 또는 보존에 하자있는 경우에 준용한다.
> ③ 전2항의 경우 점유자 또는 소유자는 그 손해의 원인에 대한 책임있는 자에 대하여 구상권을 행사할 수 있다. <개정 2022. 12. 13.>

다. 환경정책기본법에 의한 손해배상책임

> ☞ **환경정책기본법**
>
> 제31조 (배출허용기준의 예고) 국가는 관계 법령에 따라 환경오염에 관한 배출허용기준을 정하거나 변경할 때에는 이를 해당 기관의 인터넷 홈페이지 등을 통하여 사전에 알려야 한다.

☞ 대법원 2001. 2. 9. 선고 99다55434 판결 8p 참조
☞ 대법원 2003. 6. 27. 선고 2001다734 판결 10p 참조
☞ 대법원 2004. 3. 12. 선고 2002다14242 판결 19p 참조

라. 김포공항 사건

대법원은, 고속도로확장공사에 따른 소음

민법 제750조에 의한 손해배상책임과 환경정책기본법 제31조에 의한 손해배상책임
[참조] 대법원 2005. 1. 27. 선고 2003다49466 판결 / 상고심 : 대법원 2005. 1. 28. 선고 2003다50542 판결

☞ 대법원 2001. 2. 9. 선고 99다55434 판결 8p 참조

2. 당사자

가. 원고

공항 주변의 항공기소음으로 인하여 재산권이나 인격원의 침해를 당함으로써 재산적 또는 정신적 손해를 입은 피해자들은 모두 원고가 될 수 있다.

따라서 원고는 주로 공항 주변에 거주하는 자연인이다.
항공기소음으로 인하여 피해를 입은 사람은 누구나 손해배상청구소송의 원고가 될 수 있다.
항공기소음으로 인한 피해
① 재산권 또는 재산상 이익의 침해
② 신체·건강에 대한 침해
③ 생활방해

☞ **헌법**

제35조 ① 모든 국민은 건강하고 쾌적한 환경에서 생활할 권리를 가지며, 국가와 국민은 환경보전을 위하여 노력하여야 한다.
② 환경권의 내용과 행사에 관하여는 법률로 정한다.
③ 국가는 주택개발정책등을 통하여 모든 국민이 쾌적한 주거생활을 할 수 있도록 노력하여야 한다.

☞ 대법원 1995. 5. 23. 자 94마2218 판결 106p 참조

나. 피고

(1) 대한민국

손해배상청구소송의 피고를 누구로 특정할 것인가의 문제는 일응 손해배상책임의 이론구성을 어떻게 할 것인가와 관련이 있는 것처럼 보일 수 있다.

공항이나 군용비행장을 설치·관리하는 자 또는 항공기를 운항하는 자가 피고
국가배상법 제2조 (또는 민법 제750조)

☞ **국가배상법**

제2조 (배상책임) ① 국가나 지방자치단체는 공무원 또는 공무를 위탁받은 사인(이하 "공무원"이라 한다)이 직무를 집행하면서 고의 또는 과실로 법령을 위반하여 타인에게 손해를 입히거나, 「자동차손해배상 보장법」에 따라 손해배상의 책임이 있을 때에는 이 법에 따라 그 손해를 배상하여야 한다. 다만, 군인·군무원·경찰공무원 또는 예비군대원이 전투·훈련 등 직무 집행과 관련하여 전사(戰死)·순직(殉職)하거나 공상(公傷)을 입은 경우에 본인이나 그 유족이 다른 법령에 따라 재해보상금·유족연금·상이연금 등의 보상을 지급받을 수 있을 때에는 이 법 및 「민법」에 따른 손해배상을 청구할 수 없다. <개정 2009. 10. 21., 2016. 5. 29.>
② 제1항 본문의 경우에 공무원에게 고의 또는 중대한 과실이 있으면 국가나 지방자치단체는 그 공무원에게 구상(求償)할 수 있다.
③ 제1항 단서에도 불구하고 전사하거나 순직한 군인·군무원·경찰공무원 또는 예비군대원의 유족은 자신의 정신적 고통에 대한 위자료를 청구할 수 있다. <신설 2025. 1. 7.>
[전문개정 2008. 3. 14.]

대한민국 내의 민간공항시설의 설치 및 관리자는 건설교통부장관이고((구)항공법 제75조, 제80조, 제89조, 제105조의2, 제107조 등). 군용비행장의 경우에는 대통령령으로 그 위치와 종류를 정하고 관할부대장으로 하여금 이를 관리하도록 하고 있으므로(군용항공기지법 제6조, 제7조), 현재 대한민국 내의 모든 공항이나 비행장은 대한민국이 그 설치 및 관리 주체이다.

☞ 대법원 2004. 3. 12. 선고 2002다14242 판결 19p 참조
☞ 서울중앙지법 2006. 4. 25. 선고 2001가합48625 판결 155p 참조 (매향리사격장 사건)

[참조] 서울고등법원 2003. 8. 20. 선고 2002나55207 (김포공항 사건) / 항소심 : 서울고법 2005. 1. 28. 선고 2004나26401 (군산비행장 사건)

(2) 한국공항공사

[참조] 항소심 : 서울고등법원 2003. 8. 22. 선고 2002나31140 판결 / 서울고등법원 2003. 8. 22. 선고 2002나31133 판결 / 서울고등법원 2003. 8. 20. 선고 2002나55207 판결

(3) 항공회사

(가) 공항 등의 설치·관리자

① 민간공항

[참조] 서울고법 2003. 8. 20. 선고 2002나55207 (김포공항 사건)

② 김포공항 사건의 항소심 판결들

[참조] 항소심 : 서울고등법원 2003. 8. 22. 선고 2002나31140 판결 / 서울고등법원 2003. 8. 22. 선고 2002나31133 판결 / 서울고법 2003. 8. 20. 선고 2002나55207 판결

③ 민법 제758조에서 말하는 공작물점유자

[판례 3] 구상금 (대법원 2000. 4. 21. 선고 2000다386 판결)

【판시사항】
[1] 민법 제758조 제1항 소정의 '공작물점유자'의 의미
[2] 공장근저당권자가 공장의 부도로 대표이사 등이 도피한 상태에서 담보물의 가치를 보전하기 위하여 경비용역업체를 통하여 공장을 경비한 사실만으로 민법 제758조 제1항 소정의 공작물점유자에 해당한다고 볼 수 없다고 한 사례

【판결요지】
[1] 민법 제758조 제1항 소정의 공작물점유자라 함은 공작물을 사실상 지배하면서 그 설치 또는 보존상의 하자로 인하여 발생할 수 있는 각종 사고를 방지하기 위하여 공작물을 보수·관리할 권한 및 책임이 있는 자를 말한다.
[2] 공장근저당권자가 공장의 부도로 대표이사 등이 도피한 상태에서 담보물의 가치를 보전하기 위하여 경비용역업체를 통하여 공장을 경비한 사실만으로 민법 제758조 제1항 소정의 공작물점유자에 해당한다고 볼 수 없다고 한 사례.

【참조조문】
[1] 민법 제758조 제1항 [2] 민법 제758조 제1항
【전 문】
【원고, 상 고 인】 창원시 (소송대리인 변호사 임영수)
【피고, 피상고인】 주식회사 한국외환은행 (소송대리인 법무법인 부산종합법률사무소 담당변호사 허진호)
【원심판결】 부산고법 1999. 12. 3. 선고 99나6609 판결
【주 문】
상고를 기각한다. 상고비용은 원고의 부담으로 한다.

【이 유】

상고이유(기간 도과 후에 제출된 상고이유보충서는 상고이유를 보충하는 한도 내에서)를 본다.

민법 제758조 제1항 소정의 공작물점유자라 함은 공작물을 사실상 지배하면서 그 설치 또는 보존상의 하자로 인하여 발생할 수 있는 각종 사고를 방지하기 위하여 공작물을 보수·관리할 권한 및 책임이 있는 자를 말하는 것이다.

원심판결 이유에 의하면, 원심은 그 채택한 증거를 종합하여 ① 창원시 (주소 생략) 소재 소외 대한공업 주식회사(이하 '대한공업'이라고 한다)의 공장에는 담금질용 켄칭유(Quenching Oil)가 밀봉되지 않은 보관탱크 2기와 지하 용기에 저장되어 있었는데, 위 저장탱크와 용기 주변에 지표수 등이 흘러 들어가지 않도록 배수로 등을 설치하지 아니한 관계로 1997. 6. 25. 집중호우로 인하여 위 공장 내에 빗물이 유입되자, 위 저장탱크와 용기로 빗물이 흘러 들어감으로써 그 곳에 보관중이던 위 켄칭유 합계 약 2t이 빗물과 함께 넘쳐 유출되어 인근 주남저수지 약 3,300㎡ 및 농경지 약 9,900㎡를 오염시킨 사실, ② 이에 위 주남저수지의 관리주체인 원고 시의 환경관리과에서는 위 오염의 확산을 방지하고 이를 제거하기 위하여 합계 금 111,512,840원의 비용을 지출한 사실, ③ 피고 은행은 대한공업에게 금전대출을 하면서 위 공장용지 및 그 지상 공장건물과 그 시설물 및 기계기구 일체에 대하여 공장저당권을 설정받았는데, 대한공업이 1996. 11. 29.경 부도가 나는 바람에 그 대표이사 등이 도피하여 위 공장이 정상적으로 운영되지 않자, 피고 은행은 그 산하 창원지점을 통하여 공장근저당권자로서 그 담보물 가치의 보전을 위하여 1996. 12. 2. 경비용역업체인 소외 부성산업안전 주식회사(이하 '부성산업'이라고 한다)와 사이에 위 공장 내에서 위 공장의 제반 시설과 재산을 불순분자의 침입·파괴·방화 등 일체의 불순행위와 재해사고로부터 보호하는 내용의 경비용역도급계약을 체결하고, 또 대한공업 내에 "본 공장의 시설물 및 기계기구 일체는 공장저당법 제7조에 의거 당행에 설정된 담보물인바, 부당유출 및 인멸, 훼손시는 형사처벌을 받게 됨을 엄중 경고함"이라는 내용의 경고문과 기계기구 목록표를 부착하였으며, 그 때부터 부성산업은 2명의 경비원을 위 공장에 배치하여 외부인의 출입을 통제하면서 주·야로 이를 경비하여 온 사실, ④ 한편, 대한공업의 근로자들은 위와 같이 부성산업이 위 공장을 경비하는 중에도 체불임금의 해결을 위하여 1996년 12월 중순경까지는 위 공장을 자체적으로 가동하였고, 또 그 후 스스로 가동을 중단하였으나 근로자 대표들은 후일의 공장 재가동에 대비하여 공장청소, 기계정비 등을 목적으로 수시로 위 공장을 출입하였으며, 1997년 6월 초순경에는 장마철에 대비하여 파손되어 있던 위 공장의 지붕을 수리하기도 한 사실을 인정한 다음, 위 인정 사실과 같이 피고 은행이 부성산업과 사이에 경비용역도급계약을 체결하고, 경고문 등을 부착하여 위 공장을 경비한 것은 어디까지나 공장근저당권자로서 그 담보물의 멸실·훼손 및 도난을 방지하고자 하는 담보가치의 보전이 그 목적이었던 점, 따라서 부성산업이 위 공장을 경비하는 중에도 대한공업 소속 근로자들이나 그 대표들은 자유로이 위 공장을 출입하면서 공장청소, 기계가동 등을 할 수 있었을 뿐만 아니라, 피고 은행으로서는 그 출입을 제지할 권한도 없었던 것으로 보이고, 부성산업의 업무내용도 담보물의 멸실·훼손 및 도난 방지를 위한 단순한 감시·경비업무에 불과한 것으로 보이는 점, 근저당권자에 불과한 피고 은행이 위 공장의 제반 설비 및 기계기구가 제대로 작동하는지, 그 상태가 어떠한지 등을 점검하여 그 위험을 확인하고 이를 제거할 의무까지 있다고 보기는 어려운 점 등을 종합하여 보면, 피고 은행이 위와 같이 부성산업을 통하여 위 공장을 경비한 사실만으로 피고 은행을 민법 제758조 제1항 소정의 공작물점유자라고 할 수 없다고 판단하였다.

기록과 위 법리에 비추어 살펴볼 때, 원심의 위와 같은 인정 및 판단은 정당하고, 거기에 상고이유로 주장하는 바와 같은 법리오해, 채증법칙을 위반한 사실오인 등의 위법이 있다고 할 수 없다.

그러므로 상고를 기각하고 상고비용은 패소자의 부담으로 하기로 하여 관여 대법관의 일치된 의견으로 주문과 같이 판결한다.

대법관   이용훈(재판장) 조무제 이용우(주심)

③ 미군비행장에서 발생한 항공기소음으로 인한 손해배상청구소송

☞ 대법원 2004. 3. 12. 선고 2002다14242 판결 19p 참조
☞ 서울중앙지법 2006. 4. 25. 선고 2001가합48625 판결 155p 참조 (매향리사격장 사건)

[참조] 항소심 : 서울고법 2005. 1. 28. 선고 2004나26401 (군산비행장 사건)

(나) 항공기운항자

[참조] 서울지방법원 2002. 8. 20. 선고 2000가합29887 판결

제3절 성립요건

1. 설치·보존(관리)의 하자

> ☞ 국가배상법
>
> 제5조 (공공시설 등의 하자로 인한 책임) ① 도로·하천, 그 밖의 공공의 영조물(營造物)의 설치나 관리에 하자(瑕疵)가 있기 때문에 타인에게 손해를 발생하게 하였을 때에는 국가나 지방자치단체는 그 손해를 배상하여야 한다. 이 경우 제2조제1항 단서, 제3조 및 제3조의2를 준용한다.

[참조] 서울지방법원 2002. 8. 20. 선고 2000가합29887 판결

☞ 대법원 2005. 1. 27. 선고 2003다49566 판결 23p 참조
☞ 대법원 2004. 3. 12. 선고 2002다14242 판결 19p 참조

2. 고의·과실

> ☞ 국가배상법

제2조 (배상책임) ① 국가나 지방자치단체는 공무원 또는 공무를 위탁받은 사인(이하 "공무원"이라 한다)이 직무를 집행하면서 고의 또는 과실로 법령을 위반하여 타인에게 손해를 입히거나, 「자동차손해배상 보장법」에 따라 손해배상의 책임이 있을 때에는 이 법에 따라 그 손해를 배상하여야 한다. 다만, 군인·군무원·경찰공무원 또는 예비군대원이 전투·훈련 등 직무 집행과 관련하여 전사(戰死)·순직(殉職)하거나 공상(公傷)을 입은 경우에 본인이나 그 유족이 다른 법령에 따라 재해보상금·유족연금·상이연금 등의 보상을 지급받을 수 있을 때에는 이 법 및 「민법」에 따른 손해배상을 청구할 수 없다. <개정 2009. 10. 21., 2016. 5. 29.>
② 제1항 본문의 경우에 공무원에게 고의 또는 중대한 과실이 있으면 국가나 지방자치단체는 그 공무원에게 구상(求償)할 수 있다.
③ 제1항 단서에도 불구하고 전사하거나 순직한 군인·군무원·경찰공무원 또는 예비군대원의 유족은 자신의 정신적 고통에 대한 위자료를 청구할 수 있다. <신설 2025. 1. 7.> [전문개정 2008. 3. 14.]

> ☞ 국가배상법

제5조 (공공시설 등의 하자로 인한 책임) ① 도로·하천, 그 밖의 공공의 영조물(營造物)의 설치나 관리에 하자(瑕疵)가 있기 때문에 타인에게 손해를 발생하게 하였을 때에는 국가나 지방자치단체는 그 손해를 배상하여야 한다. 이 경우 제2조제1항 단서, 제3조 및 제3조의2를 준용한다.
② 제1항을 적용할 때 손해의 원인에 대하여 책임을 질 자가 따로 있으면 국가나 지방자치단체는 그 자에게 구상할 수 있다. [전문개정 2008. 3. 14.]

> ☞ 환경정책기본법

제31조 (배출허용기준의 예고) 국가는 관계 법령에 따라 환경오염에 관한 배출허용기준을 정하거나 변경할 때에는 이를 해당 기관의 인터넷 홈페이지 등을 통하여 사전에 알려야 한다.

가. 방지의무위반

☞ 대법원 1973. 10. 10. 선고 73다1253 판결 28p 참조
☞ 대법원 1991. 7. 23. 선고 89다카1275 판결 52p 참조

3. 위법성

☞ 대법원 1997. 10. 28. 선고 95다15599 판결 129p 참조

가. 소음의 정도

(1) 항공기소음의 측정단위

(가) 군용비행장에 관한 하급심 판결

☞ 서울중앙지방법원 2004. 1. 27. 선고 2002가합33132 판결 495p 참조
☞ 서울중앙지방법원 2006. 12. 5. 선고 2006가합23904 판결 502p 참조
☞ 서울중앙지법 2006. 4. 25. 선고 2001가합48625 판결 155p 참조 (매향리사격장 사건)

[참조] 서울중앙지법 2006. 10. 31. 선고 2005가합56815 (충주비행장 사건) 판결 / 서울중앙지법 2006. 12. 12. 선고 2004가합33259, 2004가합66808, 2005가합68535, 2006가합86172 (오산비행장 사건) 판결 / 서울지방법원 2002. 1. 9. 선고 2001나29253 판결 / 서울중앙지법 2004. 1. 20. 선고 2001가합75962 판결 / 서울중앙지법 2007. 1. 30. 선고 2002가합29751, 2002가합53808, 2003가합2562, 2003가합94882 (낙동사격장 사건) 판결

(2) 감정 관련 유의사항

(가) 측정자료

실무상으로는 행정관청 등에서 자체적으로 실시·산출한 소음측정결과가 증거로 제출되는 경우가 있는데, 상당한 정도의 객관성과 정확성을 담보할 수 있는 경우에는 증거방법으로 채택하여 사실인정의 자료로 쓸 수 있을 것이다.

① 김포공항 사건

☞ 서울중앙지법 2002. 5. 14. 선고 2000가합6945 판결 414p 참조
[참조] 서울중앙지법 2002. 5. 14. 선고 2000가합16270 판결 / 서울지방법원 2002. 8. 20. 선고 2000가합29887 판결

② 매향리사격장 사건

☞ 서울중앙지법 2006. 4. 25. 선고 2001가합48625 판결 155p 참조

[참조] 서울지방법원 2002. 1. 9. 선고 2001나29253 판결

나. 지역적인 특성

항공법상 소음피해지역 또는 소음피해예상지역에 해당하는지 여부는 피해의 정도를 추측할 수 있는 중요한 자료

[참조] 서울고등법원 2003. 8. 22. 선고 2002나31133 (김포공항 사건) / 항소심 : 서울고법 2005. 1. 28. 선고 2004나26401 (군산비행장 사건)

다. 관련 공법규정

건설교통부장관은 공항 주변지역을 소음영향도에 따라 소음피해지역(제1종구역, 제2종구역)과 소음피해예상지역(제3종구역)으로 구분

☞ 대법원 2000. 5. 16. 선고 98다56997 판결 35p 참조

라. 실무례

사건	서울중앙지법 2001나29253	서울고법 2002나31133 2002나31140	서울고법 2002나55207	서울고법 2004나26401	서울중앙지법 2001가합75962
대상지역	매향리사격장	김포공항	김포공항	군산비행장	웅천사격장
수인한도 기준	70dB	85웨클		80웨클	75dB

사건	서울중앙지법 2001가합48625	서울중앙지법 2005가합56815	서울중앙지법 2006가합23904	서울중앙지법 2004가합33259 2004가합66808 2005가합68535 2006가합86172	서울중앙지법 2002가합29751 2002가합53808 2003가합2562 2003가합94882
대상지역	매향리사격장	충주비행장	대구비행장	오산비행장 캠프 험프리스	낙동사격장
수인한도 기준	70dB	85웨클		85웨클 (오산비행장) 70Ldn (캠프 험프리스)	85웨클

(1) 소음측정단위

(가) 항공법 시행령 제40조 제1항

☞ 서울중앙지방법원 2004. 1. 27. 선고 2002가합33132 판결 495p 참조
☞ 서울중앙지법 2006. 4. 25. 선고 2001가합48625 판결 155p 참조
[참조] 서울중앙지법 2004. 1. 20. 선고 2001가합75962 판결

실무상으로는 행정관청 등에서 자체적으로 실시·산출한 소음측정결과가 증거로 제출되는 경우가 있는데, 상당한 정도의 객관성과 정확성을 담보할 수 있는 경우에는 증거방법으로 채택하여 사실인정의 자료로 쓸 수 있을 것이다.

(나) 김포공항 사건

☞ 서울중앙지법 2002. 5. 14. 선고 2000가합6945 판결 414p 참조
[참조] 서울중앙지방법원 2002. 5. 14. 선고 2000가합16270 판결 / 서울지방법원 2002. 8. 20. 선고 2000가합29887 판결

(다) 매향리 사건

☞ 서울중앙지법 2006. 4. 25. 선고 2001가합48625 판결 155p 참조
[참조] 서울지방법원 2002. 1. 9. 선고 2001나29253 판결

마. 공법상의 규제

항공법 시행규칙은 항공기소음피해지역(제1종구역, 제2종구역)과 항공기소음피해예상지역(제3종구역)으로 구분하여 95웨클 이상은 제1종구역, 90~95웨클은 제2종구역, 85~90웨클은 제3종'가'지구, 80~85웨클은 제3종'나'지구, 75~80웨클은 제3종'다'지구로 나눈 다음(제271조), 제1종구역에 대하여는 이주대책을, 제2종구역 및 제3종구역에 대하여는 방음시설을 설치하도록 소음대책을 규정하고 있고(제272조), 소음·진동규제법 시행령 제10조의2는 항공기소음의 한도를 공항주변인근지역은 90웨클, 기타지역은 75웨클로 규정하고 있다.

제4절 손해 및 인과관계

실무상 위자료의 액수는 소음의 정도에 따라 피해지역을 여러 권역으로 나누고 각 피해권역별로 일률적인 기준을 정한 다음 피해자별 거주일수 등을 적용하여 산정하고 있다.

1. 손해배상의 범위

가. 손해의 종류

항공기소음으로 인한 피해의 유형을 재산권 또는 재산상 이익의 침해, 신체·건강에 대한 침해, 생활방해 등 생활이익의 침해로 크게 나누어 볼 수 있다.

(1) 재산상 손해

(가) 부동산 교환가치 하락액

[판례 4] 위자료등청구사건 (서울고법 1983. 11. 17. 선고 83나1174 제6민사부판결 : 확정)

【판시사항】
주거전용지역에 교회를 건축하면서 건축법 소정의 수평거리를 확보하지 아니하여 인접 가옥을 응달에 묻히게 하고 가옥 내실등을 관망할 수 있게 한 경우 불법행위의 성부

【판결요지】
사람은 쾌적한 일조, 전망, 통풍, 정온등의 외적환경아래에서 또 그의 독립적 지배하에 있는 주택내부에서는 외부로부터 차단되어 공개되지 아니한 채 자유롭게 생활을 할 권리를 가지며 이러한 권리를 조화있게 향유하기 위하여 인접토지소유자는 이를 사용, 수익함에 있어 피차상당한 제한을 받는다 할 것이고 특히 건축물에 관하여는 건축법에서 건축에 관한 최소한의 기준을 정하고 있는 바, 주거전용지역에 교회를 건축함에 있어서 정북방향에 있는 대지의 경계선으로부터 건축법 제41조 제4항 및 동법시행령 제90조 제1항 제1호 소정의 수평거리를 확보하지 아니하여 엄동설한에 인접가옥을 응달속에 묻히게 하고 한편 교회 1, 2, 3층에서 그 가옥내실등을 관망할 수 있게 함으로서 입게 된 쾌적한 생활환경의 침해는 소유권행사에 따른 반사적 불이익으로서의 인접가옥소유자의 수인한도를 훨씬 넘는 것이어서 그에 대하여 불법행위가 된다.

【참조조문】
민법 제750조, 건축법 제41조 제4항, 건축법시행령 제90조 제1항 제1호

【전 문】
【원고, 항소인 겸 피부대항소인】 원고

【피고, 피항소인 겸 부대항소인】 피고 재단법인
【제 1 심】 서울민사지방법원(81가합5504 판결)

【주 문】
1. 원판결중 아래에서 지급을 명하는 원고 패소부분을 취소한다.
2. 피고는 원고에게 금 1,000,000원을 지급하라.
3. 원고의 나머지 항소 및 당심에서 추가된 청구와 피고의 부대항소를 모두 기각한다.
4. 소송비용은 제1, 2심 모두 이를 5분하여 그 4는 원고의, 나머지는 피고의 각 부담으로 한다.
5. 위 제2항과 원판결주문 제1항은 가집행할 수 있다.

【청구취지 및 항소취지】
원판결중 원고 패소부분을 취소한다.
피고는 원고에게 금 8,748,000원을 지급하고, 서울 용산구 보광동 (지번 1 생략) 종교용지 602제곱미터중 별지도면표시 1, 2, 3, 4, 5, 1의 각 점을 순차 연결한 선내 사선부분의 성토 40세제곱미터를 수거하라.
소송비용은 제1, 2심 모두 피고의 부담으로 한다는 판결과 가집행선고(원고는 당심에 이르러 위자료청구를 3,000,000원으로 감축하고 재산상 손해배상청구 금 6,748,000원을 추가하였다)

【부대항소취지】
원판결중 피고 패소부분을 취소한다.
그 부분에 해당하는 원고의 청구를 기각한다.
소송비용은 제1, 2심 모두 원고의 부담으로 한다는 판결

【이 유】
각 성립에 다툼이 없는 갑 제1호증의 1, 2, 3, 을 제1호증의 2(각 등기부등본), 갑 제3호증(시적도), 갑 제4호증(진정서처리회신)의 각 기재, 원심에서 행한 행정소송기록검증결과 및 제1, 2차 현장검증결과와 원심감정인 소외 2, 소외 3의 각 감정결과(다만, 소외 3의 감정결과중 다음에서 채택하지 아니하는 부분 제외)에 변론의 전취지를 종합하면, 원고가 1961. 2. 10. 주거지역내에 있는 서울 용산구 보광동 (지번 2 생략) 대 66평을, 1962. 11. 21. 위 지상 벽돌조와즙 평가건 주택1동 건평 20평을 각 취득하여 거주하고 있는 사실, 피고가 1978. 5. 1. 용산구청장으로부터 원고 대지 정남방에 인접한 피고 소유의 서울 용산구 보광동 (지번 1 생략), (지번 3 생략), (지번 4 생략) 등 3필지 합계 602제곱미터 (위 (지번 3 생략) 및 (지번 4 생략) 양필지는 1978. 8. 22. 위 (지번 1 생략) 토지에 합병되고 지목이 종교용지로 반환되었다)지상에 건축면적 296.133제곱미터, 연면적 819.447제곱미터(지층 227.181제곱미터 1, 2층 각 296.133제곱미터), 건폐율 49.4퍼센트, 최고 높이 7.9미터, 지하 1층 지상 2층인 철근콘크리트조 스라브즙 교회건물 1동의 건축허가를 받아 그 무렵 건축공사에 착수한 사실, 그런데 피고가 허가내용과는 달리 연면적 204.94제곱미터를 증평하여 건폐율이 초과하고 1층층고를 위반하여 1980. 5. 2. 용산구청으로부터 같은달 10.까지 시정하라는 건축공사중지 및 시정지시를 받았으나 증평시공한 1층 건축면적의 일부인 6.7제곱미터만 감평한 채 그밖의 위반사항을 시정하지 아니하여 같은해 5. 15. 나머지 위반사항을 같은해 5. 31.까지 시정하도록 재차 촉구를 받고 이에 따르지 아니한 사실, 그뒤 피고가 설계변경을 하여 1980. 6. 2. 소외 1로부터 그해 2. 25.자로 증여받은 인접토지 248제곱미터를 포함한 대지 847.095제곱미터 지상에 건축면적 322.533제곱미터, 연면적 1041.099제곱미터, 최고높이 7.9미터, 지층 1, 2층중 2층인 위 교회건물의 건축허가신청을 하였으나 신청서와 현장이 상

이하다는 이유로 같은해 6. 5. 신청서를 반려받은 사실, 그럼에도 피고가 위 공사를 계속하면서 건물의 북쪽바깥 통로부분(별지도면사선표시부분)을 원고의 대지보다 0.64미터 높게 성토하고 1980. 7. 9.경 위 건물을 사실상 완공하여 교회로 사용하고 있는 사실, 위 건축결과 피고대지 성토표면으로부터 위 교회건물의 북쪽처마의 지점까지의 수직높이가 8.08미터인데, 위 성토로 원·피고 대지지표면의 고저차가 0.64미터나 생겨서 건축법시행령 제101조 제1항 제5호 나목에 따라 위 고저차의 1/2인 0.32미터를 위 수직높이에 가산하면 결국 위 교회건물의 높이는 8.4미터(8.08+0.32)나 되며, 한편 위 처마끝 부분으로부터 정북방향에 따른 인접 원고대지 경계선까지의 수평거리가 1.63미터인 사실, 원고가 거주하는 가옥은 원·피고 대지 경계선으로부터 북쪽으로 약 4.9미터 떨어져서 위 경계선과 평행으로 건축되어 있고 위 가옥 바로앞에는 보도부럭이 3장 깔린 넓이의 통로 겸 마당이 있으며 그 앞에서 담장밑에 이르기까지는 동쪽 일부에 장독대가, 그 나머지에는 정원이 꾸며져 있는 사실, 원고가 위 교회건축으로 인하여 태양남중고도 52도40분인 추분경부터 29도03분인 동지를 지나 52도인 춘분무렵에 이르기까지의 기간동안 상당한 일조의 방해를 받아서 하루의 상당기간동안 위 가옥의 남쪽지붕 절반가량에 햇볕이 들지 아니하며, 한편 위 교회 1, 2, 3층의 각 예배실에서 원고주택의 마당과 안방이 들여다 보이는 사실을 인정할 수 있고, 위 소외 3의 감정결과중 위 인정에 반하는 부분은 이를 채택하지 아니하며 달리 반증이 없다.

원고는 먼저, 주거전용지역내에서 피고의 높이 제한 위반의 교회건축 때문에 일조에 상당한 방해를 받고 교회 각층의 예배실에서 원고의 가옥내부를 관망함으로써 생활의 정일을 침해당하며 또 교회주변 대지의 성토로 하수가 원고가옥으로 스며들어 음습등의 피해가 막심하므로, 그로인한 재산상, 정신상 손해의 배상을 구한다고 주장하고, 이에 대하여 피고는 위 교회건축과정에 다소간의 법규위반이 있다 하더라도 건축법규정에 따라 당국으로부터 규제를 받는 것은 별문제이고 그 위법건축으로 인한 약간의 일조방해등은 피고의 정당한 소유권행사와 도시의 과밀화현상에 비추어볼 때 불가피하게 수인하여야 할 범위내의 것이므로 원고청구는 부당하다고 다툰다.

살피건대, 사람은 쾌적한 일조, 전망, 통풍, 정온등의 외적환경 아래에서 또 그의 독점적 지배하에 있는 주택내부에서는 외부로부터 차단되어 공개되지 아니한 채 자유롭게 생활을 할 권리를 가지며, 이러한 권리를 조화있게 향유하기 위하여 인접토지 소유자는 이를 사용수익함에 있어 피차 상당한 제한을 받는다 할 것이고 특히 건축물에 관하여는 건축법에서 건축에 관한 최소한의 기준을 정하고 있는 바, 건축법 제41조 제4항 및 동시행령 제90조 제1항 제1호에 의하면 피고는 주거전용지역인 위 토지상에 교회를 건축함에 있어서 정북방향에 있는 원고대지의 경계선으로부터 위 교회건물 높이의 반인 4.2미터(8.4×1/2)의 수평거리를 확보하여야 함에도 앞에서 인정한 바와 같이 2.57미터나 부족한 1.63미터의 수평거리만을 두어 엄동설한에 원고가옥을 응달속에 묻게 하고 한편 교회 1, 2, 3층에서 원고가옥 내실등을 관망할 수 있게 하였으니, 행정당국의 시정지시를 묵살한 피고의 건축강행으로 원고가 입게 된 쾌적한 생활환경의 침해는 피고의 소유권행사에 따른 반사적불이익으로서의 원고의 수인한도를 훨씬 넘는 것이어서 원고에 대하여 불법행위가 된다 할 것이므로 피고는 그로인한 원고의 손해를 배상할 의무가 있다 할 것이다.

나아가 손해의 수액을 살피건대, 원고는 위와 같은 일조침해등으로 인하여 우선 원고소유의 위 대지 및 가옥의 1982. 5. 19. 현재 싯가가 금 6,748,000원정도 하락하여 그 금액상당의 재산상 손해를 입었다고 주장하므로 살피건대, 위 소외 2의 감정결과에 의하면 원고소유 부동산의 싯가가 원고주장과 같이 하락한 사실을 인정할 수 있으나 다른 특별한 사정이 없는 한 위 가격하락 사실만으로써 곧 원고에게 위 금액상당의 손해가 현실적으로 발생하였다고 단정하기 어렵다 할 것이므로(당국의 준공검사를 받지 못한 위 교회건물에 대하여는 그 위법부분에 대한 방해배제를 구할 수 있고 행정당국에 의한 철거의 여지도 있어 손해가 있어도 잠정적일 수 밖에 없으며 원고가 위 부동산을 타에 처분하지 아니한 채 계속 거주하고 있어 현실화 되었다고도 할 수 없다) 원고의 위 주장은 받아들이지 아니하며, 다만 아래의 위자료 산정에서 이를 참작하기로 하겠다.

다음으로 위자료를 보건대, 위에 본 피침해이익의 내용, 원·피고대지의 지역적사정, 침해의 정도 및 현황, 피해회피의 가능성, 피고측의 손익등 제반사정을 참작하면 그 위자료는 금 2,000,000원으로 정함이 상당하다 할 것이다.

나아가 원고는, 피고가 위 교회주변 대지의 성토부분을 수거하여 원상복구하기로 약정한 바 있으니 그 수거를 구한다고 주장하므로 살피건대, 이에 부합하는 듯한 갑 제5호증(각서)의 기재는 피고가 위 교회주변 지반을 원고대지 기준으로 30센치미터 아래로 파낸 다음 원고대지에 지하침수 피해가 없도록 지하배수관을 매설하기로 약정한 취지로 해석함이 상당하고, 달리 성토부분을 수거하기로 약정하였음을 인정할 증거가 없으므로 원고의 위 주장은 더 나아가 살펴 볼 필요도 없이 이유가 없고, 원고는 또 피고가 위법시공을 은폐하기 위하여 교회주변의 지반을 성토하여서 원고가옥의 아궁이에 침수시켰으니 그 성토부분의 수거를 구한다고 주장하므로 과연 위 성토로 인하여 아궁이에 침수된 것인가를 살피건대, 이를 인정할 증거가 없고 도리어 원심의 제2차 현장검증결과에 의하면 원·피고 대지 경계선을 기준으로 아궁이보다 가까이 위치한 장독대 밑의 지하실에는 전혀 침수되지 아니한 사실, 원고가옥이 정문 앞 도로보다 약간 낮은 지대에 위치하고 있는 사실을 엿볼 수 있으므로, 원고의 위 주장 역시 그 점만으로도 이유없다 하겠다.

그렇다면 피고는 원고에게 위자료 금 2,000,000원을 지급할 의무가 있다 할 것이므로 원고의 이 사건 청구는 위 인정범위내에서 이유있어 인용하고 나머지는 이유없어 기각할 것인 바, 이와 일부 결론을 달리한 원판결은 부당하여 주문 제1, 2항과 같이 원고의 패소부분을 취소하여 이를 인용하고 원고의 나머지 항소 및 당심에서 추가된 재산상 청구와 피고의 부대항소를 각 기각하며, 소송비용의 부담에 관하여는 민사소송법 제96조, 제89조, 제92조를, 가집행신고에 관히여는 소송촉진등에 관한 특례법 제6조를 각 적용하여 주문과 같이 판결한다.

판사 이시윤(재판장) 최동렬 정극수

☞ 대법원 2004. 11. 12. 선고 2002다53865 판결 73p 참조

(나) 방음시설 설치비용 및 냉방비용

☞ 대법원 1999. 1. 26. 선고 98다23850 판결 31p 참조

(다) 영업이익 감소액

☞ 대법원 2003. 9. 5. 선고 2001다68358 판결 64p 참조
☞ 대법원 2004. 4. 28. 선고 2001다36733 판결 113p 참조

(2) 정신적 손해

☞ 대법원 1991. 6. 11. 선고 90다20206 판결 68p 참조
☞ 서울중앙지법 2006. 4. 25. 선고 2001가합48625 판결 155p 참조
[참조] 서울고등법원 2003. 8. 22. 선고 2002나31133 판결 / 서울중앙지법 2005. 1. 13. 선고 2001
 가합48656 판결

나. 위험에의 접근

(1) 적용요건

☞ 대법원 2005. 1. 27. 선고 2003다49566 판결 23p 참조
☞ 대법원 2004. 3. 12. 선고 2002다14242 판결 19p 참조

다. 실무례

사건	서울중앙지법 2001나29253	서울고등법원 2002나31133 2002나31140	서울고등법원 2002나55207	서울고등법원 2004나26401	서울중앙지법 2001가합75962
대상지역	매향리사격장	김포공항	김포공항	군산비행장	웅천사격장
기준금액	사격장근접지역 (매향1~3리) : 월 170,000원 나머지지역 : 월 150,000원	제2종구역 :1일 2,000원 제3종구역 '가'지구 :1일 1,000원	1일 1,000원 (원고들은 모두 제3종구역 '가'지구 거주자들 이었음)	제1·2종구역 : 월 50,000원 제3종구역 : 월 30,000원	80dB 이상 지역 : 월 100,000원 75~79dB지역 월 :70,000원
감경사유	없음(사격장이 설치된 후 전입하였지만, 전입 당시의 연령·전입경위·소음피해가 사회적으로 인식되게된 시기 등을 고려하여 책임감면을 안함)	주택방음공사일 이후의 기간에 대하여는 50% 책임감경(단, 유선방송설치공사는 책임감경사유로 보지 않았음) 피해자가 주택방음공사를 신청하지 아니하여 공사를 하지 못한 경우에도 현실적으로 주택방음공사가 실시되지 아니한 이상 책임감경을 안함 소음피해지역 또는 소음피해예상지역 지정·고시일 이후 제3종구역에서 주택을 신축 또는 증·개축한 경우 주택방음공사가 완료된 것으로 봄 소음피해지역 또는 소음피해예상지역 지정·고시일 이후 전입한 사람들에 대하여 30% 책임감경	1심에서는 군산비행장에 민간항공기가 취항한 날 이후 전입한 사람에 대하여 30% 책임감경을 하였으나, 항소심에서는 책임감경을 안함	웅천사격장이 설치된 1986. 12.경부터 1997년 사이에 전입한 사람들에 대하여 30% 책임감경. 1998년부터 2000년 사이에 전입한 사람들에 대하여는 50% 책임감경

사건	서울중앙지법 2001가합48625	서울중앙지법 2005가합56815	서울중앙지법 2006가합23904	서울중앙지법 2004가합33259 2004가합66808 2005가합68535 2006가합86172	서울중앙지법 2002가합29751 2002가합53808 2003가합2562 2003가합94882
대상지역	매향리사격장	충주비행장	대구비행장	오산비행장 캠프 험프리스	낙동사격장
기준금액	위 서울중앙지법 2001나29253 판결과 동일	95~99웨클지역 : 월 60,000원 90~94웨클지역 : 월 45,000원 85~89웨클지역 : 월 30,000원	월 45,000원 (원고들은 모두 90~94웨클지역에 거주하는 사람이 있음)	90~94웨클지역 : 월 45,000원 85~94웨클지역 : 월 30,000원 75~79Ldn지역 : 월 45,000원 70~74Ldn지역 : 월 30,000원	90~94웨클지역 : 월 45,000원 85~94웨클지역 : 월 30,000원
감경사유	주민들이 피해대책을 요구하기 시작한 시기 이후에 전입한 사람들에 대하여 40% 책임감경	충주비행장이 설치된 1991. 5. 15. 이후 전입한 사람들에 대하여 30% 책임감경	대구비행장 주변이 항공기소음에 노출되는 지역으로 널리 알려진 1989. 1. 1. 이후 전입한 사람들에 대하여 30% 책임감경	오산비행장 및 캠프 험프리스 주변이 항공기소음에 노출되는 지역으로 널리 알려진 1989. 1. 1. 이후 전입한 사람들에 대하여 30% 책임감경	낙동사격장 주변이 항공기소음에 노출되는 지역으로 널리 알려진 1989. 1. 1. 이후 전입한 사람들에 대하여 30% 책임감경

2. 하급심 판결례

사건번호	수인한도	위자료 기준	거주기간	위험에의 접근
서울중앙지법 2001나29253 (매향리사격장)	70dB	근접지역 : 월 170,000원 나머지지역 : 월 150,000원		사격장이 설치된 후 전입하였지만, 전입 당시의 연령·전입경위·소음피해가 사회적으로 인식되게 된 시기 등을 고려하여 책임감면을 안 함
서울고등법원 2002나31133 서울고등법원 2002나31140 (김포공항)	85웨클	제2종구역 : 1일 2,000원 제3종 '가'지구 : 1일 1,000원 주택방음공사일 이후의 기간에 대하여는 50% 책임감경(유선방송설치공사는 책임감경사유로 보지 않았음) 소음피해(또는 피해예상)지역 지정·고시일 이후 제3종구역에서	주민등록표상 전입일 기준 종전주소지가 동일 소음구역내인 경우 종전주소지 전입일을 기준으로 함 주민등록표에 전입일의	소음피해(또는 피해예상) 지역 지정·고시일 이후 전입한 사람들에 대하여 30% 책임강경

			주택을 신축 또는 증·개축한 경우 주택방음공사가 완료된 것으로 봄 주택방음공사를 신청하지 아니하였거나 거부한 경우에도, 현실적으로 주택방음공사가 완료되지 아니한 이상, 책임감경 하지 않음	기재가 없는 경우에는 변론 전체의 취지에 의해 전입일을 인정함	
서울고등법원 2002나55207 (김포공항)	85웨클	1일 1,000원(원고들은 모두 제3종'가'지구 거주자들이었음)	전입 후 타지로 전출갔다가 재전입한 기간은 거주기간에서 공제(단, 재전입 이후 기간에 대하여 위험접근감경은 안함)	
서울고등법원 2004나26401 (군산비행장)	80웨클	제1·2종구역 : 월 50,000원 제3종구역 : 월 30,000원		제1심에서는 군산비행장에 민간항공기가 취항한 날 이후 전입한 사람들에 대하여 30% 책임감경을 하였으나, 항소심에서는 책임강경을 하지 않음
서울중앙지법 2001가합75962 (웅천사격장)	70dB	80dB 이상 지역 : 월 100,000원 75~79dB 지역 : 월 70,000원		웅천사격장이 설치된 1986. 12.경부터 1997년 사이에 전입한 사람들에 대하여 30% 책임감경 1998년부터 2000년 사이에 전입한 사람들에 대하여는 50% 책임감경
서울중앙지법 2001가합48625 (매향리사격장)	육상사격장폐쇄일이전의 기간에 대하여, 위 2001나29253 판결에서의 감정결과 등을 근거로 수인한도를 초과한다고 인정함	근접지역 : 월 170,000원 나머지 지역 : 월 150,000원 소음피해의 여부 및 정도는 가정에서의 위치에 따라 달라지는 것이 아니라는 이유로 세대주와 비세대주를 구분하지 아니함(그러나 같은 매향리사격장에 관한 서울중앙지법 2001가합48656 판결에서는 비세대주의 경우 위자료를 30% 감액한 바 있음)		주민들이 피해대책을 요구하기 시작한 시점 이후에 전입한 사람들(단, ① 전입사유가 출생·혼인이거나 부모·형제 또는 친·인척 등이 거주하여 생활의 근거를 마련하고 있었던 사람, ② 전입 당시 위험에 대한 지각능력이 부족하고 거주지를 선택할 지위에 있지 아니한 미성년자, ③ 거주지역에 연고가 형성된 재전입자 제외)에 대하여 40% 책임감경

법원/사건번호	수인한도	배상액	공제	책임감경
서울중앙지법 2005가합56815 (충주비행장)	85웨클	95~99웨클 지역 : 월 60,000원 90~94웨클 지역 : 월 45,000원 85~89웨클 지역 : 월 30,000원		충주비행장이 설치된 1991. 5. 15. 이후 전입한 사람들에 대하여 30% 책임감경
서울중앙지법 2006가합23904 (대구비행장)	85웨클	월 45,000원(원고들은 모두 90~94웨클 지역에 거주하고 있는 사람들이었음)		대구비행장 주변이 항공기 소음에 노출되는 지역으로 널리 알려진 1989. 1. 1. 이후 전입한 사람들에 대하여 30% 책임감경
서울중앙지법 2004가합33259 2004가합66808 2005가합68535 2006가합86172 (오산비행장 & 캠프 험프리스)	오산비행장 : 85웨클 캠프 험프리스 (헬기장) : 70Ldn	90~94웨클 지역 : 월 45,000원 85~94웨클 지역 : 월 30,000원 75~79Ldn 지역 : 월 45,000원 70~74Ldn 지역 : 월 30,000원	군 입대기간 및 대학교 수업기간(매년 3월부터 6월까지, 9월부터 12월까지)은 거주기간에서 공제	오산비행장 및 캠프 험프리스 주변이 항공기 소음에 노출되는 지역으로 널리 알려진 1989. 1. 1. 이후 전입한 사람들에 대하여 30% 책임감경
서울중앙지법 2002가합29751 2002가합53808 2003가합2562 2003가합94882 (낙동사격장)	85웨클 (단, 소음저감대책의 실시로 85웨클 미만으로 된 이후에는 수인한도 내라고 판단)	90~94웨클 지역 : 월 45,000원 85~94웨클 지역 : 월 30,000원		낙동사격장 주변이 항공기소음에 노출되는 지역으로 널리 알려진 1989. 1. 1. 이후 전입한 사람들에 대하여 30% 책임감경

제5절 기 타

1. 소멸시효 기산점

> ☞ 민 법
>
> 제766조 (손해배상청구권의 소멸시효) ① 불법행위로 인한 손해배상의 청구권은 피해자나 그 법정대리인이 그 손해 및 가해자를 안 날로부터 3년간 이를 행사하지 아니하면 시효로 인하여 소멸한다.

[참조] 서울지방법원 2002. 1. 9. 선고 2001나29253 판결

가. 민법 제766조 제1항의 단기소멸시효

☞ 대법원 1999. 3. 23. 선고 98다30285 판결 89p 참조
☞ 광주고법 2006. 5. 17. 선고 2005나9790 판결 359p 참조

> ☞ 민 법

제251조 (도품, 유실물에 대한 특례) 양수인이 도품 또는 유실물을 경매나 공개시장에서 또는 동종류의 물건을 판매하는 상인에게서 선의로 매수한 때에는 피해자 또는 유실자는 양수인이 지급한 대가를 변상하고 그 물건의 반환을 청구할 수 있다.

[판례 5] 건물철거등 (대법원 2002. 6. 14. 선고 2000다37517 판결)

【판시사항】
[1] 장래의 이행을 명하는 판결을 하기 위한 요건
[2] 점유 토지의 사용·수익으로 인한 임료 상당 금원의 부당이득 반환의무의 불이행사유가 원심이 이행을 명한 토지인도시까지 존속한다는 것을 변론종결 당시에 확정적으로 예정할 수 없으므로, 장래의 이행을 명하는 판결을 할 수 없다고 한 사례

【판결요지】
[1] 장래의 이행을 명하는 판결을 하기 위하여는 채무의 이행기가 장래에 도래하는 것뿐만 아니라 의무불이행사유가 그 때까지 존속한다는 것을 변론종결 당시에 확정적으로 예정할 수 있는 것이어야 하며 이러한 책임기간이 불확실하여 변론종결 당시에 확정적으로 예정할 수 없는 경우에는 장래의 이행을 명하는 판결을 할 수 없다.
[2] 피고의 계쟁 토지에 대한 점유는 동시이행항변권 또는 유치권의 행사에 따른 것이어서 적법한 것이기는 하나 피고가 토지를 그 본래의 목적에 따라 사용·수익함으로써 실질적인 이득을 얻고 있다는 이유로 임료 상당의 금원의 부당이득을 명하고 있는 경우, 피고가 원고에게 토지를 인도하지 아니하더라도 원심이 이행을 명한 '인도하는 날' 이전에 토지의 사용·수익을 종료할 수도 있기 때문에 의무불이행사유가 '인도하는 날까지' 존속한다는 것을 변론종결 당시에 확정적으로 예정할 수 없는 경우에 해당한다 할 것이어서 그 때까지 이행할 것을 명하는 판결을 할 수 없다고 한 사례.

【참조조문】
[1] 민사소송법 제229조 [2] 민사소송법 제229조

【참조판례】
[1] 대법원 1987. 9. 22. 선고 86다카2151 판결(공1987, 1623)
대법원 1991. 6. 28. 선고 90다카25277 판결(공1991, 2021)

【전 문】
【원고, 피상고인】 원고 1
【원고(선정당사자), 피상고인】 망 소외 1의 소송수계인 원고 2 외 1인
【피고, 상고인】 피고 (소송대리인 변호사 김성수)
【원심판결】 서울고법 2000. 6. 15. 선고 99나48643 판결
【주 문】
원심판결의 피고 패소 부분 중 원고 1에 대하여 2000. 5. 19.부터의 장래의 이행을 명한 부분 및 원고

망 소외 1의 소송수계인들에 대한 부분을 각 파기하고, 이 부분 사건을 서울고등법원에 환송한다. 피고의 나머지 상고를 기각한다.

【이 유】

1. 원심판결 이유에 의하면, 원심은 원심 판시 분할 전 강원 (주소 1 생략) 답 2,760㎡(이하 '분할 전 토지'라 한다)는 1988. 5. 31. 같은 번지 답 2,462㎡와 같은 리 308의 9 답 298㎡로 분할되었고, 위 분할된 308의 4 토지는 다시 1989. 7. 13. 같은 번지 답 1,395㎡(이하 '이 사건 1토지'라 한다), 같은 리 308의 12 답 678㎡(이하 '이 사건 2토지'라 한다) 및 같은 리 308의 13 답 389㎡(이하 '이 사건 3토지'라 한다)로 분할된 사실, 피고는 1983. 2. 19. 소외 2로부터 분할 전 토지 중 이 사건 1 내지 3 토지(이하 '이 사건 각 토지'라 한다)에 해당하는 약 700평 부분을 임차기간을 같은 해 3. 1.부터 5년간으로 하되 5년이 경과한 1988. 3. 1. 이후에는 소외 2가 위 토지를 타에 매각할 때까지로 정하여 임차한 사실, 피고는 1983. 3. 11. 소외 2로부터 위 임차토지를 휴게소 설치용 대지로 사용할 것을 승낙받아 그 무렵 원래 논과 밭이었던 이 사건 1토지 중 이미 소외 2에 의하여 복토된 99㎡의 나머지 부분과 이 사건 2, 3토지 부분을 복토하여 대지로 만든 다음 아스콘 공사를 마치고 1983.경부터 1987.경 사이에 이 사건 1토지상에 식당건물과 방들을 건립하여 그 곳에서 ○○면옥이라는 상호로 음식점을 직접 경영하고, 이 사건 3토지상에 방 55㎡와 카센타 건물 일부 48㎡와 자동차정비고 25㎡를, 이 사건 2토지상에 위 카센타 건물의 나머지 부분 20㎡와 위 자동차정비고의 나머지 부분 6㎡를 각 건립하여 1991. 9. 27.경 제1심 공동피고 2에게 이 사건 2, 3토지상의 각 건물을 임대함으로써 제1심 공동피고 2로 하여금 그 무렵부터 현재까지 그 곳에서 카센타 및 자동차정비업 등을 경영하게 하고, 이 사건 2토지에 대하여는 위 음식점 및 카센타의 주차장으로 제공하거나 그 입간판들을 세우는 등으로 현재까지 이 사건 각 토지를 점유·사용하여 온 사실, 소외 2는 1989. 6. 25.경 원고 1에게 이 사건 1토지 부분을, 망 소외 1(원심 변론종결일 후인 2002. 2. 13. 사망하여 상속인들인 원고 2, 소외 2, 소외 3, 소외 4, 소외 5가 각 소송을 수계하였다)에게 이 사건 2토지 부분을, 원심 공동원고 3에게 이 사건 3토지 부분을 특정하여 각 매도한 다음 이 사건 각 토지로 분할하여 같은 해 8. 25. 각 해당 토지에 관하여 소유권이전등기를 경료하여 준 사실을 인정한 다음, 피고가 이 사건 1, 2토지를 각 점유하고 있다 하더라도 그 점유는 위 복토공사로 이 사건 1, 2토지에 관하여 발생한 유익비상환채권과 이 사건 1토지상에 있는 건물의 매수청구권 행사로 발생한 매도대금채권의 동시이행항변권 또는 유치권의 행사에 따른 적법한 것이므로 원고들의 부당이득반환청구에 응할 수 없다는 피고의 주장에 대하여 동시이행의 항변권 또는 유치권을 행사하여 부동산을 점유하더라도 그 본래의 목적에 따라 사용·수익함으로써 실질적인 이득을 얻은 경우에는 임료 상당의 금원을 부당이득하였다 할 것이라고 판단하여 피고의 위 주장을 배척하고, 피고는 원고 1에게는 1995. 1. 1.부터, 소외 1에게는 동인이 이 사건 2토지의 소유권을 취득한 날의 다음날인 1989. 8. 26.부터 피고가 이 사건 1, 2토지를 원고 1 및 소외 1에게 각 인도하는 날까지의 각 임료 상당의 금원을 부당이득으로 반환할 의무가 있다고 판단하였다.

2. 그러나 원심이 위와 같은 사실인정과 판단은 다음과 같은 점에서 수긍하기 어렵다.

  가. 먼저, 피고가 이 사건 2토지를 위 음식점 및 카센타의 주차장으로 제공하거나 그 입간판들을 세우는 등으로 현재까지 점유·사용하여 오고 있는지에 관하여 보건대, 위에서 본 바와 같이 피고가 1983. 2. 19. 소외 2로부터 이 사건 각 토지에 해당하는 약 700평 부분을 임차하여 복토하고 아스콘 공사를 함으로써 그 무렵 이는 이 사건 1, 3토지와 함께 이 사건 2토지 전부를 점유하였던 것으로 보이나, 피고가 소외 1이 이 사건 2토지의 소유권을 취득한 날의 다음날인 1989. 8. 26.

부터 현재까지 이 사건 2토지 전부를 계속하여 점유·사용하여 오고 있다는 점에 관하여는, 피고가 이 사건 2토지상에 위 카센타 건물 중 20㎡와 위 자동차정비고 중 6㎡를 각 건립하여(피고가 이 사건 3토지상에 위 카센타 건물 등을 건립하면서 그 일부분이 이 사건 2토지를 침범하게 한 것으로 보인다.) 현재까지(언제부터 점유하였는지는 기록상 정확히 알 수 없다.) 그 각 부지 합계 26㎡를 점유·사용하여 오고 있고, 1992. 9.경에 이 사건 2토지 중 20㎡ 위에 칸막이 및 철제입간판(이하 '입간판 등'이라 한다)을 설치하여 그 무렵부터 뒤에서 보는 입간판 등의 철거일인 1999. 10. 8.까지 위 20㎡를 점유·사용한 사실을 기록상 인정할 수 있을 뿐, 피고가 이 사건 2토지 중 위 카센타 건물 등의 부지 26㎡와 입간판 등의 부지 20㎡를 각 제외한 나머지 부분도 계속하여 점유·사용하여 오고 있다는 점에 관하여는 기록상 이를 인정할 아무런 자료도 없고, 오히려 기록에 의하면, 소외 1은 피고 및 제1심 공동피고 2를 상대로 제기한 춘천지방법원 94가단(사건번호 생략)호 건물철거등 청구소송에서 그 스스로 피고 및 제1심 공동피고 2의 이 사건 2토지에 대한 점유가 위 카센타 건물 등의 부지 26㎡와 입간판 등의 부지 20㎡에 한정된다고 주장하면서 피고에 대하여 위 입간판 등의 부지 20㎡만의 인도를 구한 사실, 소외 1은 위 사건의 항소심에서도 이 사건 2토지가 공터로서 사용되지 않고 있었기 때문에 이에 대한 사용료란 있을 수 없고, 원고 1이 피고로부터 이 사건 2토지에 대한 임대료를 받은 것이 없으며, 피고의 이 사건 2토지에 대한 점유 부분이 극히 일부여서 그 임료 상당액이 얼마 되지 않는다고 생각되어 소송이 빨리 끝나기를 바라는 마음에서 점유 부분에 대한 임료감정신청을 포기한다고 주장한 사실, 이 사건 2토지는 소외 1이 이를 매수한 이후 공터로 방치되어 그 부근을 왕래하거나 그 부근에서 공사를 하는 승용차, 트럭, 포크레인 등이 수시로 주차장소로 이용하여 왔고, 피고의 음식점 영업을 위한 주차장으로서는 피고가 점유하고 있는 이 사건 1토지 중 음식점 건물 앞에 있는 공터만으로도 충분하여 피고는 굳이 이 사건 2토지까지 사용할 필요가 없는 사실, 피고가 원심 변론종결일 전인 1999. 10. 8. 입간판 등을 철거하여 그 부지 20㎡를 소외 1에게 인도한 사실을 인정할 수 있는바, 위와 같은 사정들을 종합하여 보면, 피고가 소외 2로부터 이 사건 2토지를 임차하여 이를 복토하고 아스콘 공사를 하여 그 무렵 이를 점유하였다거나, 이 사건 1토지상에서 ○○면옥이라는 상호로 음식점을 직접 경영하여 왔고 이 사건 3토지 및 이 사건 2토지 일부 위에 카센타 건물 등을 건립하고 제1심 공동피고 2에게 이를 임대하여 동인으로 하여금 그 곳에서 카센타 및 자동차정비업 등을 경영하게 하여 왔다는 것만으로는 피고가 소외 1이 이 사건 2토지의 소유권을 취득한 날의 다음날인 1989. 8. 26.부터 현재까지 이 사건 2토지 전부를 점유·사용하여 오고 있다고 인정하기에 부족하다고 하지 않을 수 없다.

그럼에도 불구하고, 피고가 소외 1이 이 사건 2토지의 소유권을 취득한 날의 다음날인 1989. 8. 26.부터 현재까지 이 사건 2토지 전부를 점유·사용하여 오고 있다고 인정한 원심판결에는 채증법칙을 위배하여 사실을 잘못 인정함으로써 판결 결과에 영향을 미친 위법이 있다고 할 것이므로, 이 점을 지적하는 상고이유의 주장은 이유 있다.

나. 다음으로, 장래의 이행을 명하는 판결을 하기 위하여는 채무의 이행기가 장래에 도래하는 것뿐만 아니라 의무불이행사유가 그 때까지 존속한다는 것을 변론종결 당시에 확정적으로 예정할 수 있는 것이어야 하며 이러한 책임기간이 불확실하여 변론종결 당시에 확정적으로 예정할 수 없는 경우에는 장래의 이행을 명하는 판결을 할 수 없다 할 것인바(대법원 1987. 9. 22. 선고 86다카2151 판결, 1991. 6. 28. 선고 90다카25277 판결 등 참조), 앞에서 본 바와 같이 피고의 이 사건 1토지 및 이 사건 2토지 중 일부에 대한 각 점유는 동시이행항변권 또는 유치권의 행사에 따른 것이어서 적법한 것이기는 하나 피고가 위 각 토지를 그 본래의 목적에 따라 사용·수익함으로

써 실질적인 이득을 얻고 있다는 이유로 임료 상당의 금원의 부당이득을 명하고 있는 이 사건의 경우, 피고가 원고들에게 이 사건 1, 2토지를 인도하지 아니하더라도 원심이 이행을 명한 '인도하는 날' 이전에 이 사건 1, 2토지의 사용·수익을 종료할 수도 있기 때문에 의무불이행사유가 '인도하는 날까지' 존속한다는 것을 변론종결 당시에 확정적으로 예정할 수 있는 경우에 해당한다고 단정할 수는 없다 할 것이어서 그 때까지 이행할 것을 명하는 판결을 할 수 없다 할 것이다.

그럼에도 불구하고, 피고에 대하여 이 사건 1, 2토지를 인도하는 날까지의 부당이득을 반환할 것을 명한 원심판결에는 장래이행의 소에 관한 법리를 오해한 위법이 있다고 할 것이므로 이 점을 지적하는 상고이유의 주장 역시 이유 있다.

3. 그러므로 원심판결의 피고 패소 부분 중 원고 1에 대하여 원심 변론종결일 다음날인 2000. 5. 19. 부터의 장래의 이행을 명한 부분 및 원고 망 소외 1의 소송수계인들에 대한 부분을 각 파기하고, 이 부분 사건을 다시 심리·판단하게 하기 위하여 원심법원에 환송하며, 피고의 나머지 상고를 기각하기로 하여 관여 법관의 일치된 의견으로 주문과 같이 판결한다.

대법관   송진훈(재판장) 변재승 윤재식(주심) 이규홍

[참조] 서울중앙지법 2006. 10. 31. 선고 2005가합56815

2. 장래의 손해에 대한 배상청구

> ☞ 민사소송법
>
> 제251조 (장래의 이행을 청구하는 소) 장래에 이행할 것을 청구하는 소는 미리 청구할 필요가 있어야 제기할 수 있다.

3. 다수당사자소송

[참조] 서울중앙지법 2007. 1. 30. 선고 2002가합29751, 2002가합53808, 2003가합2562, 2003가합94882

가. 원고별 거주기간 등

[판례 6] 사문서위조·위조사문서행사 (대법원 2005. 2. 24. 선고 2002도18 전원합의체 판결)

【판시사항】

허무인·사망자 명의의 사문서를 위조한 경우, 사문서위조죄의 성립 여부(적극)

【판결요지】

문서위조죄는 문서의 진정에 대한 공공의 신용을 그 보호법익으로 하는 것이므로 행사할 목적으로 작성된 문서가 일반인으로 하여금 당해 명의인의 권한 내에서 작성된 문서라고 믿게 할 수 있는 정도의 형식과 외관을 갖추고 있으면 문서위조죄가 성립하는 것이고, 위와 같은 요건을 구비한 이상 그 명의인이 실재하지 않는 허무인이거나 또는 문서의 작성일자 전에 이미 사망하였다고 하더라도 그러한 문서 역시 공공의 신용을 해할 위험성이 있으므로 문서위조죄가 성립한다고 봄이 상당하며, 이는 공문서뿐만 아니라 사문서의 경우에도 마찬가지라고 보아야 한다.

【참조조문】

형법 제231조, 제234조

【참조판례】

대법원 1957. 8. 30. 선고 4290형상214 판결(변경)
대법원 1959. 3. 20. 선고 4291형상591 판결(변경)
대법원 1960. 8. 10. 선고 4292형상658 판결(변경)
대법원 1966. 11. 22. 선고 66도1341 판결(집14-3, 형40)(변경)
대법원 1968. 9. 17. 선고 68도981 판결(집16-3, 형12)
대법원 1969. 10. 14. 선고 69도1480 판결(변경)
대법원 1970. 11. 30. 선고 70도2231 판결(집18-3, 형122)(변경)
대법원 1971. 7. 27. 선고 71도905 판결(집19-2, 형62)
대법원 1977. 2. 22. 선고 72도2265 판결(변경)
대법원 1980. 3. 25. 선고 79도799 판결(변경)
대법원 1991. 1. 29. 선고 90도2542 판결(공1991, 903)(변경)
대법원 1994. 9. 30. 선고 94도1787 판결(공1994하, 2918)(변경)
대법원 1997. 7. 25. 선고 97도605 판결(공1997하, 2751)(변경)
대법원 2003. 9. 26. 선고 2003도3729 판결(공2003하, 2140)

【전 문】

【피 고 인】 피고인
【상 고 인】 피고인
【변 호 인】 변호사 이재호
【원심판결】 서울지법 2001. 12. 12. 선고 2001노9963 판결

【주 문】

상고를 기각한다.

【이 유】

1. 원심은 그 채택 증거들을 종합하여, 피고인이 중국 중의사 및 침구사 시험에 응시할 사람을 모집한 후 그들을 중국에 데려가 응시원서의 제출을 대행하면서 응시생의 임상경력증명서가 필요하게 되자, 임상경력증명서 양식에 응시생의 이름과 생년월일 및 학습기간 등을 기재한 다음 의원직인란에 ○○한의원이라고 기재하고 그 옆에 임의로 새긴 ○○한의원의 직인을 날인하여 ○○한의원 명의의

임상경력증명서를 위조한 것을 비롯하여, 동일한의원과 일심한의원 명의의 임상경력증명서를 같은 방법으로 각 위조하여 행사한 사실을 인정하였는바, 기록에 의하여 살펴보면, 이와 같은 원심의 사실인정은 옳고, 거기에 채증법칙을 위배하여 사실을 오인한 위법이 없다.
2. 문서위조죄는 문서의 진정에 대한 공공의 신용을 그 보호법익으로 하는 것이므로 행사할 목적으로 작성된 문서가 일반인으로 하여금 당해 명의인의 권한 내에서 작성된 문서라고 믿게 할 수 있는 정도의 형식과 외관을 갖추고 있으면 문서위조죄가 성립하는 것이고(대법원 1968. 9. 17. 선고 68도981 판결, 1971. 7. 27. 선고 71도905 판결, 2003. 9. 26. 선고 2003도3729 판결 등 참조), 위와 같은 요건을 구비한 이상 그 명의인이 실재하지 않는 허무인이거나 또는 문서의 작성일자 전에 이미 사망하였다고 하더라도 그러한 문서 역시 공공의 신용을 해할 위험성이 있으므로 문서위조죄가 성립한다고 봄이 상당하며, 이는 공문서뿐만 아니라 사문서의 경우에도 마찬가지라고 보아야 할 것이다.
이와 달리, 타인 명의의 문서를 위조하여 행사하였다고 하더라도 그 명의인이 실재하지 않는 허무인이거나 또는 문서의 작성일자 전에 이미 사망한 경우에는 사문서위조죄 및 동행사죄가 성립하지 않는다고 판시한 대법원 1997. 7. 25. 선고 97도605 판결, 1994. 9. 30. 선고 94도1787 판결, 1991. 1. 29. 선고 90도2542 판결, 1980. 3. 25. 선고 79도799 판결, 1977. 2. 22. 선고 72도2265 판결, 1970. 11. 30. 선고 70도2231 판결, 1969. 10. 14. 선고 69도1480 판결, 1966. 11. 22. 선고 66도1341 판결, 1960. 8. 10. 선고 4292형상658 판결, 1959. 3. 20. 선고 4291형상591 판결, 1957. 8. 30. 선고 4290형상214 판결 등은 이를 모두 변경하기로 한다.
나아가 기록에 의하여 살펴보면, 피고인이 중국 현지에서 교부받은 임상경력증명서의 양식에 응시생의 이름과 생년월일 및 학습기간 등을 기재한 다음 의원 상급자(원장) 및 한의원 이름을 생각나는 대로 임의로 기재하고 당해 한의원 명의의 직인을 임의로 새겨 날인함으로써 원심 판시 각 임상경력증명서를 위조하여 행사한 이 사건에 있어서, 위 각 임상경력증명서의 명의인인 한의원이 실재하지 않는다고 하더라도, 위 각 임상경력증명서들은 일반인으로 하여금 당해 명의인의 권한 내에서 작성된 문서라고 믿게 할 수 있는 정도의 형식과 외관을 갖추고 있다고 보기에 충분하므로, 원심이 피고인에 대한 이 사건 각 사문서위조 및 동행사의 범죄사실을 모두 유죄로 인정한 조치는 옳고, 거기에 사문서위조죄 및 동행사죄의 성립에 관한 법리를 오해한 위법이 없다.
3. 그러므로 상고를 기각하기로 하여 관여 대법관 전원의 일치된 의견으로 주문과 같이 판결한다.

대법원장 최종영(재판장)   대법관 변재승 유지담 윤재식 이용우 배기원 이규홍 이강국 박재윤 고현철(주심) 김용담 김영란

[참조] 서울고등법원 2003. 8. 22. 선고 2002나31133

제6편 수질오염에 관한 소송

제1장 수질오염

제1절 수질오염의 의미 및 특성

1. 개론

가. 수질오염의 의미 및 특성

수질오염은 생물학적 폐기물 또는 유기적 폐기물이나 하수오물의 배출로 야기되는 생물학적 오염과 상당량의 유독화학물질의 배출로 인한 화학적 오염으로 대별된다.

나. 환경기준 및 규제기준

우리나라의 경우 수환경 또는 수질과 관련한 환경법으로는 수질환경보전법, 오수·분뇨 및 축산폐수의 처리에 관한 법률, 하수도법, 수도법, 먹는물관리법, 지하수법, 하천법, 한강수계상수원수질개선및주민지원등에 관한 법률, 영산강·섬진강 물관리 및 주민지원 등에 관한 법률, 해양오염방지법, 연안관리법, 습지보전법, 공유수면관리법, 공유수면매립법, 특정다목적댐법, 골재채취법, 소하천정비법 등이 있다.

환경정책기본법은 시행령 제2조 [별표 1]에서 대기·소음 등과 함께 수질 분야에 대하여 수역별, 항목별, 등급별로 분류하여 환경기준을 설정하고 있다. 한편 수질환경정책기본법은 시행규칙 제8조 [별표 5]에서 지역을 구분하여 각종 오염물질의 배출허용기준을 정하고 있다.

다. 수질오염 및 그 규제의 실태

(1) 하천·호소오염

수질환경보전을 위한 법을 오염원별로 나누어 보면, 먼저 생활하수의 경우 시가화지역 등 인구밀집지역은 하수도법, 농어촌 등 인구산재지역은 오수·분뇨및축산폐수의처리에관한법률, 산업폐수의 경우는 수질환경보전법, 축산폐수의 경우는 오수·분뇨및축산폐수의처리에관한법률, 비점오염원의 경우는 수질환경보전법이 각기 적용된다.

(2) 지하수오염

지하수의 수질기준에 관하여 필요한 사항은 환경부령인 지하수의 수질보전등에관한규칙으로 정하고 있다.

(3) 해양오염

> ☞ **공유수면 관리 및 매립에 관한 법률**
>
> 제2조 (정의) 이 법에서 사용하는 용어의 뜻은 다음과 같다. <개정 2014. 6. 3., 2017. 3. 21., 2020. 2. 18.>
> 1. "공유수면"이란 다음 각 목의 것을 말한다.
>   가. 바다: 「해양조사와 해양정보 활용에 관한 법률」 제8조제1항제3호에 따른 해안선으로부터 「배타적 경제수역 및 대륙붕에 관한 법률」에 따른 배타적 경제수역 외측 한계까지의 사이
>   나. 바닷가: 「해양조사와 해양정보 활용에 관한 법률」 제8조제1항제3호에 따른 해안선으로부터 지적공부(地籍公簿)에 등록된 지역까지의 사이
>   다. 하천·호소(湖沼)·구거(溝渠), 그 밖에 공공용으로 사용되는 수면 또는 수류(水流)로서 국유인 것

2. 손해배상청구

가. 귀책사유

불법행위책임에 기한 손해배상청구에서 고의·과실의 귀책사유가 필요한 것은 수질오염소송의 경우에도 다름이 없다.

> ☞ **환경정책기본법**
>
> 제31조 (배출허용기준의 예고) 국가는 관계 법령에 따라 환경오염에 관한 배출허용기준을 정하거나 변경할 때에는 이를 해당 기관의 인터넷 홈페이지 등을 통하여 사전에 알려야 한다.

> ☞ **토양환경보전법**
>
> 제23조 [종전 제23조는 제10조의3으로 이동 <2004. 12. 31.>]

☞ **수산업법**

제82조 (미환급보증금의 처리) ① 어구보증금관리센터는 제81조제2항에 따라 어구보증금을 돌려주고 남은 금액(이하 "미환급보증금"이라 한다)을 다음 각 호의 어느 하나에 해당하는 용도로 사용하여야 한다.
 1. 어구등의 회수율 향상을 위한 홍보
 2. 어구등의 보관, 회수거점 등 관련 시설의 설치·운영
 3. 어구등의 효율적 회수와 처리 방안의 연구·개발
 4. 전년도에 받은 어구보증금보다 전년도에 어구보증금으로 지급한 금액이 많은 경우 그에 대한 보전(補塡)
 5. 어구등의 회수에 드는 비용
 6. 취급수수료 지급
 7. 어구보증금과 취급수수료의 집행 관리 등에 필요한 비용
 8. 어업인 등 지역주민 지원사업
 9. 그 밖에 해양환경 보전을 위한 활동
② 어구보증금관리센터는 매년 해양수산부장관에게 미환급보증금의 사용계획 및 실적을 보고하여야 한다.
③ 미환급보증금의 산출, 사용계획 및 결과의 보고 등에 관하여 그 밖에 필요한 사항은 해양수산부령으로 정한다.

☞ **원자력손해배상법**

제3조 (무과실책임 및 책임의 집중 등) ① 원자로의 운전등으로 인하여 원자력손해가 생겼을 때에는 해당 원자력사업자가 그 손해를 배상할 책임을 진다. 다만, 그 손해가 국가 간의 무력 충돌, 적대 행위, 내란 또는 반란으로 인하여 발생한 경우에는 배상책임을 지지 아니한다.
② 원자력손해가 원자력사업자 간의 핵연료물질 또는 그에 의하여 오염된 것의 운반으로 인하여 생겼을 때에는 그 핵연료물질의 발송인인 원자력사업자가 그 손해를 배상할 책임을 진다. 다만, 그 손해배상책임에 관하여 원자력사업자 간에 특약이 있는 경우에는 그 특약에 따른다.
③ 제1항이나 제2항의 경우에는 같은 항에 따라 손해를 배상할 책임을 지는 원자력사업자 외의 자는 그 손해를 배상할 책임을 지지 아니한다.
④ 선박에 설치한 원자로의 운전등으로 인하여 생긴 원자력손해에 대해서는 「상법」 제769조, 제770조, 제773조, 제875조 및 제881조를 적용하지 아니한다.
⑤ 원자로의 운전등으로 인하여 생긴 원자력손해에 대해서는 「제조물 책임법」을 적용하지 아니한다. [전문개정 2015. 1. 20.]

나. 위법성

수질오염의 위법성 판단도 다른 환경소송에서와 마찬가지로 수인한도론에 의하여 수인한도를 넘는 수질오염이 있으면 위법한 것으로 보게 된다.

다. 인과관계

불법행위의 성립요건인 인과관계를 입증할 책임은 피해자인 원고가 부담하도록 되어 있다. 수질오염은 대체로 ① 피해발생의 메커니즘과 원인물질, ② 원인물질의 피해자에의 도달경로, ③ 가해공장에서의 원인물질의 생성 및 배출이라는 세 가지 사실의 유형으로 분석된다.

(1) 판례

☞ 대법원 1973. 11. 27. 선고 73다919 판결 43p 참조 (동광화학 사건)
☞ 대법원 1974. 12. 10. 선고 72다1774 판결 45p 참조
☞ 대법원 1984. 6. 12. 선고 81다558 판결 47p 참조 (진해화학 사건)

라. 복합오염에 의한 공동불법행위책임

(1) 복수 원인제공자와 공동불법행위

☞ 민 법

제760조 (공동불법행위자의 책임) ① 수인이 공동의 불법행위로 타인에게 손해를 가한 때에는 연대하여 그 손해를 배상할 책임이 있다.
② 공동 아닌 수인의 행위중 어느 자의 행위가 그 손해를 가한 것인지를 알 수 없는 때에도 전항과 같다.
③ 교사자나 방조자는 공동행위자로 본다.

☞ 환경정책기본법

제31조 (배출허용기준의 예고) 국가는 관계 법령에 따라 환경오염에 관한 배출허용기준을 정하거나 변경할 때에는 이를 해당 기관의 인터넷 홈페이지 등을 통하여 사전에 알려야 한다.

☞ 대법원 1991. 7. 26. 선고 90다카26607 판결 60p 참조

(2) 자연재해가 공동원인이 된 경우

> ☞ 민 법
>
> 제393조 (손해배상의 범위) ① 채무불이행으로 인한 손해배상은 통상의 손해를 그 한도로 한다.
> ② 특별한 사정으로 인한 손해는 채무자가 그 사정을 알았거나 알 수 있었을 때에 한하여 배상의 책임이 있다.

[판례 1] 손해배상(산) (대법원 1995. 2. 28. 선고 94다31334 판결)

【판시사항】

가. 총기간이 414개월을 넘더라도 청구하지 않는 기간을 공제한 후의 현가율의 수치가 240을 넘지 않는 경우, 개호비의 현가액 계산방법
나. 변론종결 당시의 일반노동임금이 노동능력 상실 당시의 현실로 얻은 수입보다 다액일 경우, 일실수입 산정의 기준
다. 특수한 자연적 조건 아래 발생한 사고라도 불가항력적인 자연력의 기여분을 인정하여 손해배상 범위를 제한할 수 없는 경우
라. 상해의 후유증으로 인한 여명 단축 판단시 신체감정촉탁에 의한 여명감정결과의 증명력
마. 장래 정기적으로 발생하는 손해의 배상을 일시금으로 청구하였다 하더라도, 법원은 정기금으로 지급할 것을 명할 수 있는지 여부

【판결요지】

가. 개호비의 현가액을 계산함에 있어서 총기간이 414개월을 넘더라도 개호비를 청구하지 않는 기간을 공제한 후의 현가율의 수치가 240을 넘지 않는다면 그에 해당하는 수치를 적용하여 현가를 산정할 수 있다.
나. 직장에 종사하는 자가 자기 직장에서 얻고 있던 수입보다 일반노동임금이 많은 경우에는 일반노동에 종사하리라는 개연성이 농후하다고 할 것이므로, 특별한 사정이 없는 한 변론종결 당시의 일반노동임금이 노동능력 상실당시의 현실로 얻은 수입보다 다액일 때에는 그 노동임금을 선택하여 이를 기준으로 하여 일실수입을 산정하여야 하고, 그 특별한 사정은 이를 주장한 측에서 입증하여야 할 것이다.
다. 건설공사현장의 사고로 인한 손해가 통상의 손해와는 달리 강풍 등의 특수한 자연적 조건 아래 발생한 것이라 하더라도, 그 공사현장의 안전관리자가 그와 같은 자연적 조건이나 그에 따른 위험의 정도를 미리 예상할 수 있었고 또 과도한 노력이나 비용을 들이지 아니하고도 적절한 조치를 취하여 자연적 조건에 따른 위험의 발생을 사전에 방지할 수 있었다면, 그러한 사고방지조치를 소홀히 하여 발생한 사고로 인한 손해배상의 범위를 정함에 있어 불가항력적인 자연력의 기여분을 인정하여 가해자의 배상범위를 제한할 것은 아니라고 할 것이다.
라. 상해의 후유증이 평균여명에 어떠한 영향을 미쳐 여명이 얼마나 단축될것인가는 후유증의 구체적

내용에 따라 의학적 견지에서 개별적으로 판단하여야 되고, 신체감정촉탁에 의한 여명감정결과는 의학적 판단에 속하는 것으로서 특별한 사정이 없는 한 그에 관한 감정인의 판단을 존중하여야 한다.

마. 개호비와 같이 장래 일정기간에 걸쳐 일정시기마다 발생하는 손해의 배상을 일시금으로 청구하였다 하더라도 법원은 이를 정기금으로 지급할 것을 명할 수 있고, 정기금으로 지급할 것을 명할 것인지 여부는 법원의 자유재량에 속한다.

【참조조문】

민법 제763조(제393조) 가.나.다.마. 민사소송법 제261조 나. 제187조라.

【참조판례】

가. 대법원 1989.6.27. 선고 88다카15512 판결(공1989,1151)
나. 대법원 1992.1.21. 선고 91다39306 판결(공1992,899)
다. 대법원 1991.7.23. 선고 89다카1275 판결(1991,2211)
    1993.2.23. 선고 92다52122 판결(공1993상,1078)
라. 대법원 1992.11.27. 선고 92다26673 판결(공1993상,255)

【전 문】

【원고, 상고인 겸 피상고인】 원고 소송대리인 변호사 우정권
【피고, 피상고인 겸 상고인】 동아건설산업 주식회사 소송대리인 변호사 이영구
【원심판결】 서울고등법원 1994.5.11. 선고 93나47587 판결

【주 문】

상고를 모두 기각한다.
상고비용은 상고인들 각자의 부담으로 한다.

【이 유】

1. 원고 소송대리인의 상고이유를 본다.

   과실상계사유에 관한 사실인정이나 그 비율의 결정에 대하여는 그것이 형평의 원칙에 비추어 현저히 불합리하다고 인정되지 아니하는 한 사실심의 전권사항에 속한다 할 것인데, 기록에 의하여 인정되는 이 사건 사고당시의 제반정황에 비추어 볼 때 원심이 한 원고의 과실비율의 평가는 적정한 것으로 보여지고, 거기에 소론과 같이 과실상계에 관한 법리를 오해하거나 채증법칙에 위반하여 과실상계사유에 관한 사실오인 또는 심리미진의 위법이 있다고 볼 수 없다. 논지는 이유가 없다.

2. 피고 소송대리인의 상고이유를 본다.

   가. 제1점에 대하여

   개호비의 현가액을 계산함에 있어서 총기간이 414개월을 넘더라도 개호비를 청구하지 않는 기간을 공제한 후의 현가율의 수치가 240을 넘지 않는다면 그에 해당하는 수치를 적용하여 현가를 산정할 수 있다 할 것이므로(당원 1989.6.27. 선고 88다카15512 판결 참조), 같은 방식으로 개호비의 현가액을 산정한 원심판결은 정당하고, 논지는 이유가 없다.

   나. 제2점에 대하여

   직장에 종사하는 자가 자기 직장에서 얻고 있던 수입보다 일반노동임금이 많은 경우에는 일반노동에 종사하리라는 개연성이 농후하다고 할 것이므로, 특별한 사정이 없는 한 변론종결 당시의 일반노동임금이 노동능력 상실 당시의 현실로 얻은 수입보다 다액일 때에는 그 노동임금을 선택

하여 이를 기준으로 하여 일실수입을 산정하여야 하고, 그 특별한 사정은 이를 주장한 측에서 입증하여야 할 것인데(당원 1992.1.21. 선고 91다39306 판결 참조), 이 사건에서는 원고가 피고회사와의 근로계약종료일 이후 국내에서도 계속 측량보조공으로 근무할 것이 예상된다고 볼 아무런 증거가 없으므로, 원심이 원고의 일실수입을 농촌일용노임을 기준으로 산정한 조치는 정당하다 할 것이고, 논지는 이유가 없다.

다. 제3점에 대하여

건설공사현장의 사고로 인한 손해가 통상의 손해와는 달리 강풍 등의 특수한 자연적 조건 아래 발생한 것이라 하더라도, 그 공사현장의 안전관리자가 그와 같은 자연적 조건이나 그에 따른 위험의 정도를 미리 예상할 수 있었고 또 과도한 노력이나 비용을 들이지 아니하고도 적절한 조치를 취하여 자연적 조건에 따른 위험의 발생을 사전에 방지할 수 있었다면, 그러한 사고방지조치를 소홀히 하여 발생한 사고로 인한 손해배상의 범위를 정함에 있어 불가항력적인 자연력의 기여분을 인정하여 가해자의 배상범위를 제한할 것은 아니라고 할 것이다.

위와 같은 법리 및 관계증거를 기록과 대조하여 검토하면, 원심이 이 사건 사고발생이나 그 손해의 확대에 피고의 책임을 물을 수 없는 자연력에 의한 불가항력적인 기여분이 있다고 평가할 수 없다고 판단한 조치는 정당한 것으로 수긍이 가고, 원심판결에 소론과 같이 사실오인 또는 자연력의 기여도에 관한 법리를 오해한 위법이 있다고 볼 수 없으며, 소론이 인용하는 당원의 판례는 해일에 의하여 가해자가 해안에 적치하여 두었던 아이빔과 석괴 등이 피해자의 공장을 덮쳐 각종 공장설비를 파손시킨 사건으로, 우리나라의 자연조건으로 보아 해일의 발생 자체가 드물어 그 예상이 매우 어려운 점에 비추어 이 사건과 사안을 달리함은 명백하다. 논지는 이유가 없다.

라. 제4점에 대하여

상해의 후유증이 평균여명에 어떠한 영향을 미쳐 여명이 얼마나 단축될 것인가는 후유증의 구체적 내용에 따라 의학적 견지에서 개별적으로 판단하여야 되고, 신체감정촉탁에 의한 여명감정결과는 의학적 판단에 속하는 것으로서 특별한 사정이 없는 한 그에 관한 감정인의 판단을 존중하여야 하며, 또 개호비와 같이 장래 일정기간에 걸쳐 일정시기마다 발생하는 손해의 배상을 일시금으로 청구하였다 하더라도 법원은 이를 정기금으로 지급할 것을 명할 수 있고, 정기금으로 지급할 것을 명할 것인지 여부는 법원의 자유재량에 속한다할 것이다(당원 1992.11.27. 선고 92다26673 판결 참조).

위와 같은 법리에 비추어 보면, 원심이 제1심법원의 신체감정촉탁결과에 따라 원고의 여명이 이 사건 사고로 인한 후유증으로 인하여 8년 단축되었다고 인정한 다음 개호비 및 향후치료비를 일시금으로 지급을 명한 조치는 정당하다고 할 것이므로, 논지는 이유가 없다.

마. 제5점에 대하여

위자료 액수에 관하여는 사실심 법원이 제반사정을 참작하여 그 직권에 속하는 재량에 의하여 이를 확정할 수 있다 할 것인데(당원 1988.2.23. 선고 87다카57 판결 참조), 원심은 원고의 연령, 재산 및 교육의 정도, 사고의 경위, 쌍방의 과실정도, 치료기간, 후유장해의 부위 및 정도 등을 참작하여 원고의 위자료 액수를 확정하고 있는바, 기록에 나타난 제반사정(특히 원고가 이 사건 사고로 인하여 전신불수가 되어 평생 개호인의 개호를 받아야 되고 또 그 여명까지 단축된 사정) 등에 비추어 보면, 원심의 위자료 액수에 수긍이 가고 거기에 소론과 같이 위자료 산정에 관한 법리를 오해한 위법이 있다고 볼 수 없다.

소론은 그밖에도 피고가 상고하지 아니한 원심공동원고들에 대한 위자료 액수도 다투고 있으나 그 이유없음이 명백하다. 논지는 모두 이유가 없다.

3. 그러므로 상고를 모두 기각하고 상고비용은 상고인들 각자의 부담으로 하기로 하여 관여 법관의 일치된 의견으로 주문과 같이 판결한다.

대법관　정귀호(재판장) 김석수 이돈희 이임수(주심)

☞ 대법원 1991. 7. 23. 선고 89다카1275 판결 52p 참조
☞ 대법원 1993. 2. 23. 선고 92다52122 판결 87p 참조
☞ 대법원 2003. 6. 27. 선고 2001다734 판결 10p 참조

마. 기타 수질오염

(1) 지하수오염의 경우

> ☞ 민 법
>
> 제236조 (용수장해의 공사와 손해배상, 원상회복) ① 필요한 용도나 수익이 있는 원천이나 수도가 타인의 건축 기타 공사로 인하여 단수, 감수 기타 용도에 장해가 생긴 때에는 용수권자는 손해배상을 청구할 수 있다.
> ② 전항의 공사로 인하여 음료수 기타 생활상 필요한 용수에 장해가 있을 때에는 원상회복을 청구할 수 있다.

[판례 2] 공사금지등가처분이의 (대법원 1998. 4. 28. 선고 97다48913 판결)

【판시사항】
[1] 새로운 지하수 개발 및 취수로 인하여 인근 토지 소유자의 기존 생활용수에 장해가 생기거나 장해의 염려가 있는 경우, 인근 토지 소유자의 생활용수 방해제거 및 예방청구권의 유무(적극)
[2] 새로운 지하수 개발에 대하여 행정청으로부터 허가를 받았다는 사유만으로 인근 토지 소유자에 대한 생활용수방해가 정당화되는지 여부(소극)
[3] 지하수의 대량취수에 의한 생활용수방해의 예방을 위하여 필요한 한도 내에서 지하수 개발공사의 중지를 청구할 수 있는지 여부(적극)

【판결요지】
[1] 토지의 소유권은 정당한 이익이 있는 범위 내에서 토지의 상하에 미치므로 토지 소유자는 법률의 제한 범위 내에서 그 소유 토지의 지표면 아래에 있는 지하수를 개발하여 이용할 수 있다 할 것이나, 소유권 방해제거·예방청구권에 관한 민법 제214조의 규정과 용수장해로 인한 용수권자의 손해

배상청구권 및 원상회복청구권에 관한 민법 제236조의 규정을 종합하여 보면, 어느 토지 소유자가 새로이 지하수 개발공사를 시행하여 설치한 취수공 등을 통하여 지하수를 취수함으로 말미암아 그 이전부터 인근 토지 내의 원천에서 나오는 지하수를 이용하고 있는 인근 토지 소유자의 음료수 기타 생활상 필요한 용수에 장해가 생기거나 그 장해의 염려가 있는 때에는, 생활용수 방해를 정당화하는 사유가 없는 한 인근 토지 소유자는 그 생활용수 방해의 제거(원상회복)나 예방을 청구할 수 있다.

[2] 토지 소유자의 새로운 원천의 개발 및 지하수 이용으로 인하여 기존의 원천에서 나오는 지하수를 이용하고 있던 인근 토지 소유자의 생활용수에 장해가 생긴다면, 그와 같은 생활방해가 사회통념상 일반적으로 수인할 정도를 넘어서지 않는다고 볼 만한 특별한 사정이 없는 한 그 생활방해는 위법하다고 할 것이고, 토지 소유자가 지하수 개발에 대하여 관할 행정청으로부터 먹는물관리법에 의한 허가를 받았다는 사유만으로는 생활방해가 정당화된다고 할 수 없다.

[3] 지하수 개발공사 자체만으로는 인근 토지 소유자의 생활용수에 장해가 생기지 않는다고 하더라도, 인근 토지 소유자는 지하수의 대량취수에 의한 생활방해의 예방을 위하여 필요한 한도 내에서 대량취수를 위한 지하수 개발공사의 중지를 구할 수 있다.

【참조조문】

[1] 민법 제212조, 제214조, 제235조, 제236조 [2] 민법 제214조, 제236조, 제750조, 먹는물관리법 제9조 [3] 민법 제214조, 제236조

【전 문】

【신청인, 피상고인】 신청인 1 외 1인
【신청인들보조참가인】 신청인들보조참가인 1 외 17인
【피신청인, 상고인】 주식회사 금천 외 1인 (피신청인들 소송대리인 변호사 김석수)
【원심판결】 부산고법 1997. 9. 25. 선고 97나2597 판결

【주 문】

상고를 모두 기각한다.
상고비용은 피신청인들의 부담으로 한다.

【이 유】

상고이유(상고이유 보충서 기재의 상고이유는 그 보충의 범위 내에서)를 판단한다.

1. 원심판결 이유에 의하면, 원심은 피신청인들의 탄산음료 및 먹는 샘물 제조판매업을 경영하기 위하여 피신청인 주식회사 금천의 소유인 부산 수영구 (주소 1 생략) 임야(이하 '이 사건 토지'라 한다)에서 수원개발공사를 시행하여 설치한 취수공들을 통하여 목표생산량 1일 500t 이상의 대량으로 지하수를 취수하는 경우, 이 사건 토지에 인접한 (주소 2 생략) 대지(이하 '인접 토지'라 한다) 및 그 지상 공동주택을 소유하면서 종전부터 위 인접 토지에서 취수한 지하수를 음료수 기타 생활용수로 사용하고 있는 신청인들을 비롯하여 보조참가인 등 인근 토지 소유자들이 취수량의 감소로 말미암아 생활용수에 현저한 장해를 받을 것으로 예상된다고 인정하고 있는바, 기록에 의하여 살펴보면 원심의 위 인정은 수긍할 수 있고, 거기에 소론주장과 같은 채증법칙 위반 또는 심리미진의 위법이 있다고 할 수 없다. 논지는 이유 없다.

2. 토지의 소유권은 정당한 이익이 있는 범위 내에서 토지의 상하에 미치므로 토지 소유자는 법률의 제한 범위 내에서 그 소유 토지의 지표면 아래에 있는 지하수를 개발하여 이용할 수 있다 할 것이

나, 소유권 방해제거·예방청구권에 관한 민법 제214조의 규정과 용수장해로 인한 용수권자의 손해배상청구권 및 원상회복청구권에 관한 민법 제236조의 규정을 종합하여 보면, 어느 토지 소유자가 새로이 지하수 개발공사를 시행하여 설치한 취수공 등을 통하여 지하수를 취수함으로 말미암아 그 이전부터 인근 토지 내의 원천에서 나오는 지하수를 이용하고 있는 인근 토지 소유자의 음료수 기타 생활상 필요한 용수에 장해가 생기거나 그 장해의 염려가 있는 때에는, 그와 같은 생활용수 방해를 정당화하는 사유가 없는 한 인근 토지 소유자는 그 생활용수 방해의 제거(원상회복)나 예방을 청구할 수 있다고 할 것이다.

원심이 적법하게 인정한 바와 같이 피신청인들이 이 사건 토지에 설치한 취수공들을 통하여 대량의 지하수를 취수하는 경우, 인접 토지의 소유자인 신청인들의 생활용수에 장해가 생길 염려가 있다면 신청인들은 그와 같은 생활용수 방해의 예방을 위하여 필요한 청구를 할 수 있다고 할 것이므로, 적어도 원심이 신청인들의 생활용수 방해예방청구권을 이 사건 가처분의 피보전권리로 삼은 부분만큼은 정당하다 할 것이다.

따라서 지표면하에 부존되어 있는 지하수 자체는 민법 제235조 등에서 말하는 원천이라고 볼 수 없음에도 원심이 마치 지표면하에 부존되어 있는 지하수 자체를 원천인 것처럼 설시하고, 또한 그 지하수가 인근 토지들의 지표면하에서 서로 연결되어 있다고 하더라도 상린자들의 공동재산이라고는 볼 수 없음에도 원심이 마치 이 사건 토지 및 인근 토지 등 금련산 일대의 지표면하에 부존되어 있는 지하수가 신청인들, 보조참가인들 및 인근 주민 등 상린자 등이 민법 제235조의 규정 범위 내에서만 이용할 수 있는 공동재산인 것처럼 설시한 데에 설령 소론주장과 같은 원천과 지하수의 이용권에 관한 법리오해의 잘못이 있다고 하더라도, 그와 같은 잘못은 원심이 이 사건 가처분의 피보전권리를 인정한 결과에 영향을 미치지 못한다 할 것이다. 논지는 받아들일 수 없다.

3. 토지 소유자의 새로운 원천의 개발 및 지하수 이용으로 인하여 기존의 원천에서 나오는 지하수를 이용하고 있던 인근 토지 소유자의 생활용수에 장해가 생긴다면, 그와 같은 생활방해가 사회통념상 일반적으로 수인할 정도를 넘어서지 않는다고 볼 만한 특단의 사정이 없는 한 그 생활방해는 위법하다고 할 것이고, 토지 소유자가 그 지하수 개발에 대하여 관할 행정청으로부터 먹는물관리법에 의한 허가를 받았다는 사유만으로는 위 생활방해가 정당화된다고 할 수 없다 할 것이므로, 같은 취지에서 관할 행정청의 허가를 받은 지하수 개발공사를 중지시킬 수 없다는 피신청인들의 주장을 배척한 원심의 조처는 정당하고, 거기에 소론주장과 같은 지하수 이용권 침해의 위법성에 관한 법리오해의 위법이 있다고 할 수 없다. 논지도 이유 없다.

4. 지하수 개발공사 자체만으로는 인근 토지 소유자의 생활용수에 장해가 생기지 않는다고 하더라도, 인근 토지 소유자는 지하수의 대량취수에 의한 생활방해의 예방을 위하여 필요한 한도 내에서 대량취수를 위한 지하수 개발공사의 중지를 구할 수도 있다고 할 것이다. 원심은 피신청인들이 설치한 취수공들로부터 원심인정과 같은 대량의 취수를 함으로 인한 신청인들의 생활용수 장해를 방지하기 위하여 임시의 구제조치로서 위 취수공들에 대한 수도관 인입 등 부대공사의 속행을 금지시킬 필요성이 있다고 판단하고 있는바, 위 법리와 기록에 비추어 살펴보면 원심의 위와 같은 판단은 수긍할 수 있고, 거기에 소론주장과 같은 용수권 침해행위 또는 보전처분의 필요성에 관한 법리오해 등의 위법이 있다고 할 수 없다. 논지는 이유 없다.

5. 그러므로 상고를 모두 기각하고 상고비용은 패소자들의 부담으로 하여 관여 법관들의 일치된 의견으로 주문과 같이 판결한다.

대법관   이임수(재판장) 최종영(주심) 이돈희 서성

(2) 유류오염사고의 경우

선박으로부터 유출·배출된 유류로 인하여 유류오염사고가 발생한 경우 그 손해배상의 보장을 위한 특별법으로 유류오염손해배상보장법이 있다.

> ☞ **유류오염손해배상보장법**
>
> 제2조 (정의) 이 법에서 사용하는 용어의 뜻은 다음과 같다. <개정 2020. 2. 18.>
>   3. "유류저장부선"이란 「선박안전법」 제2조제1호에 따른 부유식 해상구조물로서 유류를 저장하는 선박을 말한다.

> ☞ **유류오염손해배상보장법 시행령**
>
> 제2조 (유류) 「유류오염손해배상 보장법」(이하 "법"이라 한다) 제2조제5호에서 "대통령령으로 정하는 것"이란 다음 각 호의 유류(油類)를 말한다.
>   1. 원유
>   2. 중유
>   3. 선용연료유
>   4. 윤활유
>   5. 제1호부터 제4호까지의 유류 외에 「산업표준화법」 제12조에 따른 한국산업표준의 석유제품 증류시험방법에 따라 시험하였을 때에 섭씨 340도 이하에서는 그 부피의 50퍼센트를 초과하는 양이 유출되지 아니하는 탄화수소유

3. 방해제거·예방청구

가. 방해제거·예방청구의 실현방법

대체집행(민사집행법 제260조)이나 간접강제(민사집행법 제261조)의 방법으로 이를 실현할 수 있다.

> ☞ **민 법**
>
> 제389조 (강제이행) ③ 그 채무가 부작위를 목적으로 한 경우에 채무자가 이에 위반한 때에는 채무자의 비용으로써 그 위반한 것을 제각하고 장래에 대한 적당한 처분을 법원에 청구할 수 있다.

나. 가처분

(1) 필요성

환경오염과 관련한 소송은 대부분 손해배상청구사건이고, 방해제거・예방청구사건이나 그 밖의 방해배제청구권은 그 예가 드물며, 이러한 본안사건에 비하여 다툼의 대상에 관한 가처분이나 임시의 지위를 정하는 가처분을 구하는 사건은 더욱 그 예가 드물다.

☞ 대법원 1998. 4. 28. 선고 97다48913 판결 538p 참조

[참조] 대법원 2001. 7. 27. 선고 99다53001 판결

(2) 가처분의 요건

(가) 피보전권리

수인한도를 넘는 수질오염의 피해가 있거나 가까운 장래에 예상된다면 피보전권리가 인정된다.

(나) 보전의 필요성

피보전권리의 존재가 소명되면 대체로 보전의 필요성 역시 일단 소명된 것으로 보아야 할 것이다.

(3) 심리의 특수성

> ☞ 민사소송법
>
> 제299조 (소명의 방법) ① 소명은 즉시 조사할 수 있는 증거에 의하여야 한다.

제2절 환경기준 및 규제기준

[판례 3] 수질환경보전법위반 (대법원 2005. 1. 28. 선고 2002도6931 판결)

【판시사항】

[1] 수질환경보전법시행규칙 제3조 [별표 2] 중 "구리(동) 및 그 화합물" 부분이 죄형법정주의가 요구하는 명확성의 원칙에 반하거나 모법의 위임범위를 벗어나 무효의 규정인지 여부(소극)
[2] 수질환경보전법시행령 제2조 제1항에서 말하는 '특정수질유해물질이 발생되는 배출시설'의 의미
[3] 피고인의 사업장에서 채취한 시료에 구리화합물이 함유되어 있다는 취지의 검사결과통보서만으로는 피고인이 설치한 폐수배출시설 자체로부터 구리화합물이 발생되었다고 단정하기 어렵다고 한 사례

【판결요지】

[1] 수질환경보전법시행규칙 제3조 [별표 2]는 형벌조항인 수질환경보전법 제56조 제1호의 구성요건 중 한 요소인 특정수질유해물질 중의 한 종류로서 법관의 보충적 해석도 거의 필요가 없는 서술적 개념인 "구리(동) 및 그 화합물"을 규정하고 있는바, 위 규정 내용 자체는 사물의 변별능력을 제대로 갖춘 일반인의 이해와 판단으로서 그 의미를 명확하게 파악할 수 있는 것이어서 어떤 물질이 "구리(동) 및 그 화합물"에 해당하는지에 관하여 수범자인 국민의 예측가능성이 충분히 보장되어 있을 뿐만 아니라 법집행자의 자의적 집행 가능성도 거의 없다고 봄이 상당하므로, 이를 두고 죄형법정주의가 요구하는 명확성의 원칙에 반하는 규정이라고 볼 수 없으며, 위 수질환경보전법시행규칙이 특정수질유해물질 중 하나로서 "구리(동) 및 그 화합물"을 규정하면서 그 기준수치를 정하지 않은 것은 모법의 기본적인 입법 목적, 폐수배출시설설치의 허가제도에 담긴 취지 등에 부합하는 것으로서, 이를 두고 모법의 위임범위에 벗어났다거나 개인의 자유와 권리를 합리적 근거 없이 자의적으로 제한하는 위헌적이고 위법한 규정이라고는 할 수 없다.
[2] 수질환경보전법시행령 제2조 제1항에서 말하는 '특정수질유해물질이 발생되는 배출시설'이라 함은, 폐수배출시설의 기능 및 공정상 특정수질유해물질이 발생되는 경우, 즉 사업자가 사용하는 원료(용수 포함)·부원료·첨가물의 성질 및 그 공정 과정에서의 화학 작용 등이 원인이 되어 특정수질유해물질이 발생되는 경우를 의미한다.
[3] 피고인의 사업장에서 실제 사용한 물감 등 원료에는 구리 등이 포함되어 있지 않은 점과 수질오염도 등의 측정을 위하여 채취한 시료의 부적합성 등을 이유로, 피고인의 사업장에서 채취한 시료에 구리화합물이 함유되어 있다는 취지의 검사결과통보서만으로는 피고인이 설치한 폐수배출시설 자체로부터 구리화합물이 발생되었다고 단정하기 어렵다고 한 사례.

【참조조문】

[1] 수질환경보전법 제2조 제3호, 제56조 제1호, 수질환경보전법시행규칙 제3조 [별표 2] [2] 수질환경보전법 제10조 제1항, 수질환경보전법시행령 제2조 제1항 [3] 수질환경보전법 제10조 제1항, 제56조 제1호

【참조판례】

[1] 대법원 1997. 9. 12. 선고 97누8625 판결(공1997하, 3188)
대법원 2000. 10. 19. 선고 98두6265 전원합의체 판결(공2000하, 2432)
대법원 2000. 11. 16. 선고 98도3665 전원합의체 판결(공2001상, 100)
대법원 2000. 11. 24. 선고 98두6289 판결(공2001상, 157)
대법원 2003. 11. 14. 선고 2003도3600 판결(공2003하, 2414)

【전 문】

【피 고 인】 피고인
【상 고 인】 검사
【원심판결】 서울지법 2002. 11. 21. 선고 2002노5308 판결
【주 문】
상고를 기각한다.
【이 유】

1. 주위적 공소사실의 요지와 원심의 판단

    가. 주위적 공소사실의 요지

    피고인은 환경부장관으로부터 폐수배출시설설치 허가를 받지 아니하고 1999. 1. 11.경부터 2002. 3. 12.경까지 피고인 운영의 나염가공업체인 '○○○트' 사업장에 나염제조시설 4대 등을 갖추고 나염의류제조 등 조업을 하는 과정에서 발생한 폐수를 특정수질유해물질인 구리화합물(Cu)이 함유되어 있는 상태 등으로 1일 평균 823ℓ씩 사업장 내 하수관을 통하여 무단 배출하였다.

    나. 검사가 청구한, 주위적 공소사실에 적용될 법령의 내용

    수질환경보전법(2001. 3. 28. 법률 제6451호로 개정된 것, 이하 '법'이라고만 한다) 제56조 제1호는 법 제10조 제1항의 규정에 의한 허가를 받지 아니하고 배출시설을 설치하거나 그 배출시설을 이용하여 조업한 자를 7년 이하의 징역 또는 5,000만 원 이하의 벌금에 처하도록 규정하고 있고, 법 제10조 제1항은 배출시설을 설치하고자 하는 자는 대통령령이 정하는 바에 의하여 환경부장관의 허가를 받도록 규정하고 있으며, 수질환경보전법시행령(2001. 6. 30. 대통령령 제17288호로 개정된 것, 이하 '법시행령'이라고만 한다) 제2조는 "법 제2조 제3호의 규정에 의한 특정수질유해물질이 발생되는 배출시설" 등 6종의 배출시설을 환경부장관의 허가를 받아야 설치할 수 있는 배출시설로, 그 밖의 배출시설은 환경부장관에게 신고만 하면 설치할 수 있는 배출시설로 규정하고 있다. 한편, 법 제2조 제3호는 특정수질유해물질을 "사람의 건강, 재산이나 동·식물의 생육에 직접 또는 간접으로 위해를 줄 우려가 있는 수질오염물질로서 환경부령으로 정하는 것"으로 규정하고 있고, 이에 따라 수질환경보전법시행규칙(2001. 12. 22. 환경부령 제119호로 개정된 것, 이하 '법시행규칙'이라고만 한다) 제3조는 "법 제2조 제3호의 규정에 의한 특정수질유해물질은 [별표 2]와 같다."고 규정하였는데, [별표 2]는 "구리(동) 및 그 화합물"을 비롯한 17종의 물질을 법 제2조 제3호에서 말하는 특정수질유해물질로 규정하고 있다.

    다. 원심의 판단

    (1) 원심은, 구리는 토양, 물, 동·식물 등 자연계에 널리 분포되어 있고(일반 토양에 평균 5PPM~20PPM, 채소류에 평균 1.07PPM, 과일류에 평균 1.20PPM 등), 사람 등의 생물에게 있어서도 신경계의 발육 등에 필수적인 미량원소로서 신체의 각 조직에 널리 분포되어 있으며, 인체 중의 구리함유량은 약 100~150㎎으로 1일 필요섭취량은 약 2㎎이고, 구리의 결핍은 대뇌퇴화, 색소탈색, 동맥경화의 원인이 되며, 의학적으로는 피임, 암치료용 약품 등에 사용되는 것으로 알려져 있는 점에 비추어 보면 극히 미량의 구리는 사람의 건강 등에 무해할 뿐만 아니라 오히려 생리상 필요불가결한 물질이라 할 것이라고 전제한 다음, 법 제2조 제3호에서 특정수질유해물질을 "사람의 건강, 재산이나 동·식물의 생육에 직접 또는 간접으로 위해를 줄 우려가 있는 수질오염물질"로 규정하고 있는 이상 법시행규칙에서 법 제2조 제3호의 위임에 따라 구리를 특정수질유해물질로 규정함에 있어, 위와 같은 구리의 특성에 비추어 적어도 사

람의 건강 등에 위해를 줄 우려가 있는 구리의 한계량을 구체적으로 특정하여 함께 규정하는 것이 법의 위임취지에 부합한다 할 것인데, 법 시행규칙 제3조의 [별표 2]에서는 그러한 한계수치를 구체적으로 특정하지 아니한 채 단순히 "구리(동) 및 그 화합물"을 특정수질유해물질로 규정함으로써, 결과적으로 사람의 건강 등에 위해를 줄 우려가 전혀 없을 정도로 극히 미량인 구리만 검출되어도 환경부장관의 허가를 받아야 하는 폐수배출시설에 해당되어 환경부장관의 허가를 받지 아니하고 이를 설치하거나 이를 이용하여 조업할 경우, 법 제56조 제1호에 의해 처벌받도록 하고 있는바, 결국 법시행규칙 제3조의 [별표 2] 중 "구리(동) 및 그 화합물" 부분(이하 '이 사건 시행규칙'이라고만 한다)은 법의 위임취지에 벗어날 뿐만 아니라 개인의 자유와 권리를 합리적 근거 없이 자의적으로 제한하는 위헌적이고 위법한 규정이 아닐 수 없고, 나아가 법 시행령 제2조에서 말하는 "특정수질유해물질이 발생되는 배출시설"이란 폐수배출시설 그 자체(조업에 투입된 원료 포함)로부터 특정수질유해물질이 발생되는 폐수배출시설을 의미하는 것으로 해석되는바, 토양, 물, 동·식물 등 자연계에 널리 분포되어 있는 구리의 특성에 비추어, 폐수배출시설을 통해 배출되는 폐수에 구리(동) 및 그 화합물이 함유되어 있다 하더라도 그것만으로 곧 그 폐수배출시설이 "구리(동) 및 그 화합물을 발생시키는 폐수배출시설"로 단정하기는 어려우므로(예를 들면, 조업에 투입된 용수에 처음부터 구리성분이 포함되어 있었을 가능성도 있다), 일반인의 관점에서 볼 때 당해 폐수배출시설이 특정수질유해물질인 구리(동) 및 그 화합물을 발생시키는 허가대상 배출시설인지, 그렇지 아니한 단순한 신고대상 배출시설인지 여부를 정확히 판단할 수 있도록 하기 위해서는 일응 폐수배출시설 그 자체로부터 발생한 것으로 추정할 수 있는 합리적인 구리(동) 및 그 화합물의 수량을 구체적으로 특정하여 규정할 필요가 있음에도 불구하고, 그러한 수량을 구체적으로 특정하지 아니한 것은 처벌규정의 명확성원칙에도 반한다 할 것이므로, 결국 이 사건 시행규칙은 위법하여 무효라 할 것이고, 따라서 구리(동) 및 그 화합물을 발생시키는 폐수배출시설에 관한 한 환경부장관의 허가를 받지 아니하였음을 이유로 한 처벌규정은 역시 무효라 할 것이어서 이 사건 주위적 공소사실은 범죄로 되지 아니한다고 판단하였다.

(2) 한편 원심은, 가사 이 사건 시행규칙을 유효하다고 볼 여지가 있다 하더라도, 구리는 토양, 물, 동·식물 등 자연계에 널리 분포되어 있고, 법상 구리배출허용기준이 청정지역의 경우 0.5PPM, 청정지역 외의 지역의 경우 3PPM에 이르며, 먹는물관리법상 먹는 물의 수질기준 및 수도법상 음용수의 수질기준에서 구리함유량을 각 1PPM까지는 허용하고 있는 점 등에 비추어 볼 때, 이 사건 사업장에서 채취한 시료에 구리화합물이 0.536㎎/ℓ(PPM) 함유되어 있다는 취지의 수질환경오염도의뢰에 따른 검사결과통보서의 기재만으로는 이 사건 폐수배출시설 자체로부터 구리화합물이 발생되었다고 단정하기 어렵고, 달리 검사가 제출한 모든 증거에 의하더라도 이 사건 폐수배출시설이 법 시행령 제2조에서 정한 허가대상 배출시설이라고 볼 자료가 없으므로, 이 사건 주위적 공소사실은 범죄의 증명이 없는 때에 해당한다고 판단하였다.

2. 이 법원의 판단

가. 이 사건 시행규칙의 무효 여부에 대하여

이 사건 시행규칙이 형벌법규의 명확성의 원칙에 반할 뿐만 아니라 모법의 위임취지에도 벗어나므로 무효라는 원심의 판단은 다음과 같은 이유로 수긍하기 어렵다.

(1) 명확성의 원칙에 반하는지 여부

형벌법규의 입법목적이나 그 전체적 내용, 구조 등을 살펴보아 사물의 변별능력을 제대로 갖춘 일반인의 이해와 판단으로서 그의 구성요건 요소에 해당하는 행위 유형을 정형화하거나 한

정할 합리적 해석 기준을 찾을 수 있다면 죄형법정주의가 요구하는 형벌법규의 명확성의 원칙에 반하는 것이 아니다(대법원 2000. 11. 16. 선고 98도3665 전원합의체 판결 등 참조).

이 사건 시행규칙은 형벌조항인 법 제56조 제1호의 구성요건 중 한 요소인 특정수질유해물질 중의 한 종류로서 법관의 보충적 해석도 거의 필요가 없는 서술적 개념인 "구리(동) 및 그 화합물"을 규정하고 있는바, 위 규정 내용 자체는 사물의 변별능력을 제대로 갖춘 일반인의 이해와 판단으로서 그 의미를 명확하게 파악할 수 있는 것이어서 어떤 물질이 "구리(동) 및 그 화합물"에 해당하는지에 관하여 수범자인 국민의 예측가능성이 충분히 보장되어 있을 뿐만 아니라 법집행자의 자의적 집행 가능성도 거의 없다고 봄이 상당하므로, 이를 두고 죄형법정주의가 요구하는 명확성의 원칙에 반하는 규정이라고 볼 수 없다.

한편, 형벌의 구성요건인 이 사건 시행규칙이 죄형법정주의가 요구하는 명확성의 원칙에 반하는지 여부는 오로지 이 사건 시행규칙이 규정한 내용 그 자체가 위와 같은 기준에 따라 명확한지 여부를 기준으로 따져야 하는 것이지 이 사건 시행규칙의 내용으로 규정되어야 할 것을 확정한 다음 그것이 현실적으로 규정되어 있는지 여부를 기준으로 따져야 하는 것은 아니라고 할 것인바, 원심이, 이 사건 시행규칙이 명확성의 원칙에 반한다고 판단하면서 그 전제로 삼은 사정, 즉 폐수배출시설 그 자체로부터 발생한 것으로 추정할 수 있는 합리적 구리 등의 수량을 구체적으로 특정하여 규정할 필요가 있는지 여부는, 이 사건 시행규칙의 내용 자체를 기준으로 판단될 수 있는 것은 아니고 오히려 모법의 위임취지를 확정하는 과정에서 비로소 밝혀질 수 있는 것이므로, 원심이 전제로 삼은 위와 같은 사정이 이 사건 시행규칙에 전혀 반영되지 아니하여 위법한지의 여부는 이 사건 시행규칙이 모법의 위임범위를 벗어났는지의 관점에서 심사되어야 할 것이다.

(2) 모법의 위임 범위를 벗어났는지 여부

행정 각부의 장 등이 헌법 제95조에 따라 제정한 부령 등 법규명령이 모법의 위임범위를 벗어났는지 여부는 직접적인 위임 법률조항의 형식과 내용뿐만 아니라 그 밖에 모법의 전반적인 체계와 취지, 목적 등도 아울러 고려하여 모법의 위임의 범위나 한계를 객관적으로 확정한 다음 그 법규명령의 내용과 비교하여 판단하여야 하는 것이므로, 그 법규명령의 내용이 위와 같이 확정된 모법의 위임 내용, 범위에 있다고 인정되거나 모법이 예정하고 있는 바를 구체화, 명확화한 것으로 인정되면 그 법규명령은 무효로 되지 아니한다(대법원 1997. 9. 12. 선고 97누8625 판결, 2000. 10. 19. 선고 98두6265 전원합의체 판결, 대법원 2000. 11. 24. 선고 98두6289판결 등 참조).

먼저, 이 사건 시행규칙의 근거가 된 직접적인 위임 법률조항인 법 제2조 제3호는, 특정수질유해물질이 사람의 건강 등에 위해를 주는 수질오염물질일 것을 요구하고 있지 않고, 오히려 사람의 건강 등에 직접 또는 간접으로 위해를 줄 우려가 있는 수질오염물질을 특정수질유해물질로 규정할 것을 위임하고 있다. 그렇다면 구리 및 그 화합물이 인체 및 자연생태계에 미치는 잠재적 위험성을 고려하는 한편, 구리 및 그 화합물이 사람의 건강 등에 위해를 줄 기준 수치가 구체적으로 어느 정도인지를 과학적으로 확정하기 어려운 현실적 사정 등도 함께 참작하여, 그 기준 수치를 명시하지 않은 채 구리 및 그 화합물을 특정수질유해물질의 하나로서 이 사건 시행규칙에 규정하였다고 하여 그것이 위 직접적인 위임 법률조항의 위임취지를 벗어난 것으로 단정할 수 없다.

한편, 이 사건 시행규칙은 일정한 경우 폐수배출시설을 설치함에 있어 사전허가를 받도록 규정한 법 제10조 제1항의 의미를 구체화하는 기능을 하고 있다고 보아야 할 것이므로 이 사건 시행규칙의 모법 위반 여부는, 법이 무엇 때문에 허가 제도를 마련하였는지 나아가 법이 과연 사람의 건강 등에 구체적으로 위해가 될 기준 수치를 초과하는 특정수질유해물질이 배출되는 시설만을 허가의 대상으로 삼은 것인지를 살펴야 비로소 가능하다고 할 것이다.

그러므로 살피건대, 모법인 수질환경보전법은, 모든 국민이 건강하고 쾌적한 환경에서 생활할 수 있게 함을 그 입법목적으로 설정하고 있고, 이를 관철하기 위한 기본적인 수단으로서 '국민 건강 및 환경상의 위해의 예방'과 '수질의 적정한 관리·보전'을 채택하고 있는 점(법 제1조), 폐수배출시설을 설치하고자 하는 자가 허가를 받기 위해서는 허가의 요건을 갖추었음을 소명하는 자료를 제출하여야 하고(법 제10조 제4항), 그 허가를 받고 당해 배출시설을 설치할 때에는 그 폐수배출시설로부터 배출되는 오염물질이 법 제8조의 배출허용기준 이하로 배출되게 하기 위하여 수질오염방지시설을 설치하여야 하며(법 제11조 제1항 본문), 특히 폐수배출시설의 기능 및 공정상 오염물질이 항상 배출허용기준 이하로 배출되는 경우에도 단지 방지시설의 설치 의무만이 면제될 뿐 여전히 허가를 받도록 한 점(법 제11조 제1항 단서, 법시행령 제4조), 사업자는 폐수배출시설 또는 방지시설의 설치를 완료하여 이를 가동하고자 하는 때에는 미리 환경부장관에게 가동개시를 신고하여야 하고, 시운전기간 동안 폐수배출시설 및 방지시설을 정상가동하고 그 운영상황을 기록하여야 할 뿐만 아니라 그 정상적인 운영, 관리를 위한 환경관리인을 임명하고 이를 신고하여야 하는 점(법 제14조, 제15조, 제23조), 환경부장관은 위 시운전 기간 경과 후 15일 이내에 배출시설 및 방지시설의 가동상태를 점검하고, 오염물질을 채취한 후 오염도 검사를 하여 그 결과에 따라 개선명령, 조업정지명령, 허가의 취소 등을 명할 수 있는 점(법 제16조, 제17조, 제20조, 법시행규칙 제24조) 등을 종합적으로 고찰하면, 특정수질유해물질이 발생되는 폐수배출시설의 설치 등을 위하여 허가를 받도록 한 목적은, 허가를 받으려고 하는 사업자로 하여금 방지시설을 설치하고 이를 정상 가동하도록 하는 방법 등을 통하여 폐수배출시설에서 배출되는 오염물질을 항상 배출허용기준 이하로 처리할 수 있도록 하는 등 수질오염방지를 위한 법령상의 규제 내용을 주지시켜 이를 준수하도록 하는 한편, 허가 관청에 대하여는 수질오염을 유발할 우려가 있는 사업체를 미리 파악하여 그 사업체의 위와 같은 의무의 준수 여부를 사전에 파악하고 감독할 계기를 부여함으로써, 그 오염도 및 배출량과 상관없이 특정수질유해물질의 발생 가능성 자체를 그 결과 발생 이전에 실효성 있게 예방하고 관리하고자 하는 데에 있다고 봄이 상당하다고 할 것이고, 이와 달리 특정수질유해물질이 기준 수치 이하로 발생하기만 하면 사업자가 허가를 얻는 과정에서 부담할 법령상의 의무를 준수하였는지 여부를 전혀 문제 삼지 않겠다는 것은 결코 아니라고 보아야 할 것이다. 그렇다면 이 사건 시행규칙이 특정수질유해물질 중 하나로서 구리(동) 및 그 화합물을 규정하면서 그 기준수치를 정하지 않은 것은 앞서 본 모법의 기본적인 입법목적, 폐수배출시설 설치의 허가제도에 담긴 취지 등에 부합하는 것으로서, 이를 두고 모법의 위임범위를 벗어났다거나 개인의 자유와 권리를 합리적 근거 없이 자의적으로 제한하는 위헌이고 위법한 규정이라고는 할 수 없다.

(3) 결국, 원심의 이 부분 판단은 죄형법정주의가 요구하는 명확성의 원칙의 의미 및 그 심사기준, 법규명령의 모법 위반 여부에 관한 판단 기준 등에 관한 법리를 오해한 위법이 있다고 할 것이나, 다음에서 보는 바와 같이 이 사건 시행규칙의 유효를 전제로 한 원심의 사실인정을 수긍할 수 있으므로 이러한 위법은 결과적으로 원심판결에 영향을 미친 것으로 볼 수는 없다고 할 것이다.

나. 이 사건 시행규칙의 유효를 전제로 한 원심의 사실인정에 대하여

(1) 형사재판에서 유죄의 인정은 법관으로 하여금 합리적인 의심을 할 여지가 없을 정도로 공소사실이 진실한 것이라는 확신을 가지게 하는 증명력을 가진 증거에 의하여야 하므로, 그와 같은 증거가 없다면 설령 피고인에게 유죄의 의심이 간다고 하더라도 피고인의 이익으로 판단할 수밖에 없다고 할 것이다(대법원 2003. 2. 11. 선고 2002도6610 판결 등 참조).

(2) 법시행령 제2조에서 말하는 "특정수질유해물질이 발생되는 배출시설"이라 함은, 폐수배출시설의 기능 및 공정상 특정수질유해물질이 발생되는 경우, 즉 사업자가 사용하는 원료(용수 포함)·부원료·첨가물의 성질 및 그 공정 과정에서의 화학 작용 등이 원인이 되어 특정수질유해물질이 발생되는 경우를 의미한다고 봄이 상당하다고 할 것인바, 기록에 의하여 인정되는 다음과 같은 사정, 즉 구리 등은 토양, 물, 동·식물 등 자연계에 널리 분포되어 있는 점 등에 비추어 법령에서 정한 정확한 시료 채취가 전제되지 않을 경우 폐수배출시설의 기능 및 공정 이외의 원인에 의하여 구리 등이 검출될 가능성을 배제할 수 없고, 피고인의 사업장에서 폐수가 발생되는 것은 나염판에 묻어 있는 물감을 세척하는 과정에서 비롯되는데, 그 중 유성물감을 사용하여 하는 작업 및 그 세척과정에서 발생되는 지정폐기물 등은 피고인이 지정폐기물처리업자에게 위탁하여 이를 적법하게 처리하였던 관계로 이 사건에서 문제될 수 있는 것은 오로지 수성물감을 사용하여 하는 작업 및 그 세척과정에서 구리 등이 발생될 가능성의 유무인바, 피고인이 실제 사용한 물감 등 원료에는 구리 등이 포함되어 있지 않은 점에 비추어 피고인이 설치한 폐수배출시설의 기능 및 그 공정상 당연히 구리 등이 발생될 것으로 단정할 수 없으며(검사는 피고인의 사업체에 대한 단속 당일에 그 일대의 동일 나염가공업체에 대하여도 단속을 실시하였는데, 무허가 폐수배출시설설치 등의 이유로 적발된 다른 상당수의 나염가공업체에서 채취한 시료에서는 구리 등이 검출되지 않거나 미량만이 검출된 점을 고려하면 더욱 그렇다), 무엇보다도 법 제7조의 규정에 따른 수질오염공정시험방법에 의하면, 오염도 등의 측정을 위하여 채취하는 시료는 시료의 성상 등의 시간에 따른 변화를 고려하여 현장물의 성질을 대표할 수 있도록 폐수의 성질을 대표할 수 있는 곳에서 채취하여야 하고, 유류 또는 부유물질 등이 함유된 시료는 시료의 균질성이 유지될 수 있도록 채취하여야 하며, 침전물 등이 부상하여 혼입되어서도 아니 되고, 시료 채취시 빗물이나 조업목적 이외의 물이 포함되지 않도록 하여야 하는데, 이 사건 시료를 채취한 맨홀은 지상에 노출된 것이어서 그 위치상 빗물 및 생활하수 등 조업목적 이외의 물이 유입될 가능성이 높아 보일 뿐만 아니라, 이 사건 시료 채취 과정에서는 이러한 가능성을 배제하기 위하여 폐수배출시설에서 방류되는 폐수를 시료로 채취하려는 노력을 기울인 흔적도 전혀 찾을 수 없는 사정 등을 종합적으로 고려하면, 이 사건 사업장에서 채취한 시료에 구리화합물이 함유되어 있다는 취지의 검사결과통보서만으로는 이 사건 폐수배출시설 자체로부터 구리화합물이 발생되었다고 단정하기 어렵고, 달리 이를 인정할 증거가 없다고 한 원심의 증거취사와 사실인정 및 판단은 수긍할 수 있고, 거기에 상고이유로 주장하는 바와 같은 채증법칙 위배로 인한 사실오인의 위법이 없다.

3. 결 론

그러므로 상고를 기각하기로 하여, 관여 대법관의 일치된 의견으로 주문과 같이 판결한다.

대법관 유지담(재판장) 배기원 이강국(주심) 김용담

제2장 손해배상청구소송

제1절 법령

☞ **환경정책기본법**

제31조 (배출허용기준의 예고) 국가는 관계 법령에 따라 환경오염에 관한 배출허용기준을 정하거나 변경할 때에는 이를 해당 기관의 인터넷 홈페이지 등을 통하여 사전에 알려야 한다.

☞ **광업법**

제91조 (처분의 집행) 제90조에 따른 이의신청은 산업통상자원부장관의 처분의 집행을 정지시키지 아니한다. 다만, 산업통상자원부장관은 처분의 집행으로 인하여 회복할 수 없는 손해가 발생한다고 인정할 때에는 신청 또는 직권으로 그 집행을 정지시킬 수 있다. <개정 2008. 2. 29., 2013. 3. 23.>

☞ **수산업법**

제82조 (미환급보증금의 처리) ① 어구보증금관리센터는 제81조제2항에 따라 어구보증금을 돌려주고 남은 금액(이하 "미환급보증금"이라 한다)을 다음 각 호의 어느 하나에 해당하는 용도로 사용하여야 한다.
  1. 어구등의 회수율 향상을 위한 홍보
  2. 어구등의 보관, 회수거점 등 관련 시설의 설치·운영
  3. 어구등의 효율적 회수와 처리 방안의 연구·개발
  4. 전년도에 받은 어구보증금보다 전년도에 어구보증금으로 지급한 금액이 많은 경우 그에 대한 보전(補塡)
  5. 어구등의 회수에 드는 비용
  6. 취급수수료 지급
  7. 어구보증금과 취급수수료의 집행 관리 등에 필요한 비용
  8. 어업인 등 지역주민 지원사업
  9. 그 밖에 해양환경 보전을 위한 활동
② 어구보증금관리센터는 매년 해양수산부장관에게 미환급보증금의 사용계획 및 실적을 보고하여야 한다.
③ 미환급보증금의 산출, 사용계획 및 결과의 보고 등에 관하여 그 밖에 필요한 사항은 해양수산부령으로 정한다.

☞ 원자력 손해배상법

제3조 (무과실책임 및 책임의 집중 등) ① 원자로의 운전등으로 인하여 원자력손해가 생겼을 때에는 해당 원자력사업자가 그 손해를 배상할 책임을 진다. 다만, 그 손해가 국가 간의 무력 충돌, 적대 행위, 내란 또는 반란으로 인하여 발생한 경우에는 배상책임을 지지 아니한다.
② 원자력손해가 원자력사업자 간의 핵연료물질 또는 그에 의하여 오염된 것의 운반으로 인하여 생겼을 때에는 그 핵연료물질의 발송인인 원자력사업자가 그 손해를 배상할 책임을 진다. 다만, 그 손해배상책임에 관하여 원자력사업자 간에 특약이 있는 경우에는 그 특약에 따른다.
③ 제1항이나 제2항의 경우에는 같은 항에 따라 손해를 배상할 책임을 지는 원자력사업자 외의 자는 그 손해를 배상할 책임을 지지 아니한다.
④ 선박에 설치한 원자로의 운전등으로 인하여 생긴 원자력손해에 대해서는 「상법」 제769조, 제770조, 제773조, 제875조 및 제881조를 적용하지 아니한다.
⑤ 원자로의 운전등으로 인하여 생긴 원자력손해에 대해서는 「제조물 책임법」을 적용하지 아니한다. [전문개정 2015. 1. 20.]

☞ 유류오염손해배상보장법

제4조 (선박의 톤수) 이 법에서 "총톤수"란 국제항해에 종사하는 선박의 경우에는 「선박법」 제3조제1항제1호에 따른 국제총톤수를 말하고, 그 밖의 경우에는 같은 항 제2호에 따른 총톤수를 말한다.

☞ 민 법

제740조 (관리자의 무과실손해보상청구권) 관리자가 사무관리를 함에 있어서 과실없이 손해를 받은 때에는 본인의 현존이익의 한도에서 그 손해의 보상을 청구할 수 있다

제756조 (사용자의 배상책임) ①타인을 사용하여 어느 사무에 종사하게 한 자는 피용자가 그 사무집행에 관하여 제삼자에게 가한 손해를 배상할 책임이 있다. 그러나 사용자가 피용자의 선임 및 그 사무감독에 상당한 주의를 한 때 또는 상당한 주의를 하여도 손해가 있을 경우에는 그러하지 아니하다.
② 사용자에 갈음하여 그 사무를 감독하는 자도 전항의 책임이 있다. <개정 2014. 12. 30.>
③ 전2항의 경우에 사용자 또는 감독자는 피용자에 대하여 구상권을 행사할 수 있다.

> ☞ 국가배상법

제2조 (배상책임) ① 국가나 지방자치단체는 공무원 또는 공무를 위탁받은 사인(이하 "공무원"이라 한다)이 직무를 집행하면서 고의 또는 과실로 법령을 위반하여 타인에게 손해를 입히거나, 「자동차손해배상 보장법」에 따라 손해배상의 책임이 있을 때에는 이 법에 따라 그 손해를 배상하여야 한다. 다만, 군인·군무원·경찰공무원 또는 예비군대원이 전투·훈련 등 직무 집행과 관련하여 전사(戰死)·순직(殉職)하거나 공상(公傷)을 입은 경우에 본인이나 그 유족이 다른 법령에 따라 재해보상금·유족연금·상이연금 등의 보상을 지급받을 수 있을 때에는 이 법 및 「민법」에 따른 손해배상을 청구할 수 없다. <개정 2009. 10. 21., 2016. 5. 29.>
② 제1항 본문의 경우에 공무원에게 고의 또는 중대한 과실이 있으면 국가나 지방자치단체는 그 공무원에게 구상(求償)할 수 있다.
③ 제1항 단서에도 불구하고 전사하거나 순직한 군인·군무원·경찰공무원 또는 예비군대원의 유족은 자신의 정신적 고통에 대한 위자료를 청구할 수 있다. <신설 2025. 1. 7.> [전문개정 2008. 3. 14.]

[참조] 서울고등법원 2004나71647

제2절 인과관계

☞ 대법원 1974. 12. 10. 선고 72다1774 판결 45p 참조
☞ 대법원 2004. 11. 26. 선고 2003다2123 판결 56p 참조 (여천공단사건)

제3절 복합오염에 의한 공동불법행위책임

> ☞ 민 법

제760조 (공동불법행위자의 책임) ① 수인이 공동의 불법행위로 타인에게 손해를 가한 때에는 연대하여 그 손해를 배상할 책임이 있다.
② 공동 아닌 수인의 행위중 어느 자의 행위가 그 손해를 가한 것인지를 알 수 없는 때에도 전항과 같다.
③ 교사자나 방조자는 공동행위자로 본다.

1. 자연재해가 공동원인이 된 경우

> ☞ 민 법
>
> 제393조 (손해배상의 범위) ① 채무불이행으로 인한 손해배상은 통상의 손해를 그 한도로 한다.
> ② 특별한 사정으로 인한 손해는 채무자가 그 사정을 알았거나 알 수 있었을 때에 한하여 배상의 책임이 있다.

☞ 대법원 1991. 7. 26. 선고 90다카26607 판결 60p 참조
☞ 대법원 1991. 7. 23. 선고 89다카1275 판결 52p 참조
☞ 대법원 1993. 2. 23. 선고 92다52122 판결 87p 참조
☞ 대법원 2003. 6. 27. 선고 2001다734 판결 10p 참조

제4절 기타 수질오염

1. 지하수오염

> ☞ 민 법
>
> 제236조 (용수장해의 공사와 손해배상, 원상회복) ① 필요한 용도나 수익이 있는 원천이나 수도가 타인의 건축 기타 공사로 인하여 단수, 감수 기타 용도에 장해가 생긴 때에는 용수권자는 손해배상을 청구할 수 있다.
> ② 전항의 공사로 인하여 음료수 기타 생활상 필요한 용수에 장해가 있을 때에는 원상회복을 청구할 수 있다.

☞ 대법원 1998. 4. 28. 선고 97다48913 판결 538p 참조

2. 유류오염

> ☞ 유류오염손해배상보장법
>
> 제3조 (적용범위) 이 법은 대한민국의 영역(영해를 포함한다. 이하 같다) 및 대한민국의 배타적 경제수역에서 발생한 유류오염손해에 대하여 적용한다. 다만, 대한민국의 영역 및 대한민국의 배타적 경제수역에서의 유류오염손해를 방지하거나 경감하기 위한 방제조치에 대하여는 그 장소와 관계없이 이 법을 적용한다. <개정 2020. 2. 18.>

제7조 (유조선 선박소유자의 책임제한) ① 제5조제1항 각 호 외의 부분 본문 또는 같은 조 제2항 본문에 따라 유조선에 의한 유류오염 손해배상책임을 지는 유조선의 선박소유자(법인인 경우에는 무한책임사원을 포함한다. 이하 같다)는 이 법에서 정하는 바에 따라 해당 유조선에 의한 유류오염 손해배상책임을 제한할 수 있다. 다만, 그 유조선에 의한 유류오염손해가 유조선 선박소유자 자신의 고의로 발생한 경우 또는 손해발생의 염려가 있음을 인식하면서 무모하게 한 작위 또는 부작위로 발생한 경우에는 그러하지 아니하다.
② 제1항 본문에 따라 유류오염 손해배상책임을 제한하려는 유조선의 선박소유자는 채권자로부터 제8조에 따른 책임한도액을 초과한 유류오염 손해배상청구를 서면으로 받은 날부터 6개월 이내에 법원에 「선박소유자 등의 책임제한절차에 관한 법률」 제9조에 따라 책임제한절차 개시의 신청을 하여야 한다.

제16조 (보험자등에 대한 손해배상청구) ① 유조선에 의한 유류오염 피해자는 유조선 선박소유자와 보장계약을 체결한 보험자등에 대하여도 직접 손해배상의 지급을 청구할 수 있다. 다만, 유조선 선박소유자의 고의로 손해가 발생한 경우에는 그러하지 아니하다.

☞ **선박소유자 등의 책임제한절차에 관한 법률**

제57조 (사정의 재판) ① 법원은 이의가 있는 채권에 대하여 사정의 재판을 하여야 한다.
② 제1항의 재판에서는 그 채권이 제한채권인지 여부를 정하고, 제한채권인 경우에는 그 내용 및 「상법」 제770조제1항 각 호의 구분에 따른 제한채권의 분류를 정한다.
③ 사정의 재판은 그 채권을 신고한 자와 이에 대하여 이의를 진술한 자에게 송달하여야 한다.
[전문개정 2009. 12. 29.]

제59조 (사정의 재판에 대한 이의의 소) ① 사정의 재판에 불복하는 자(관리인은 제외한다)는 결정의 송달을 받은 날부터 14일 내에 이의의 소를 제기할 수 있다. 위 기간은 불변기간으로 한다.
② 제1항의 소를 제기하는 자가 이의 있는 채권을 신고한 자인 경우에는 이의를 진술한 자를 피고로 하고, 이의를 진술한 자인 경우에는 이의 있는 채권을 신고한 자를 피고로 하여야 한다.
③ 제1항의 소는 책임제한법원의 관할에 전속한다.
④ 동일한 채권에 관하여 여러 개의 소가 동시에 계속하는 경우에는 변론 및 재판은 병합(併合)하여야 한다. 이 경우에는 「민사소송법」 제67조를 준용한다.
⑤ 제1항의 소에 관한 판결을 할 때에는 소가 부적법(不適法)하여 각하하는 경우를 제외하고는 사정의 재판을 인가하거나 변경한다.
[전문개정 2009. 12. 29.]

[참조] 대법원 2004. 4. 28. 선고 2001더36733

제5절   가처분

[참조] 대법원 2001. 7. 27. 선고 99다53001 판결

1. 증거조사

> ☞ 민 법
>
> 제299조 (소명의 방법) ① 소명은 즉시 조사할 수 있는 증거에 의하여야 한다.

제3장   수질오염 (법제처 법령해석사례)

[사례 1] 민원인 - 일반산업단지개발실시계획의 승인을 받은 사업시행기간이 도과한 이후 해당 사업시행기간을 연장하는 내용으로 변경승인을 받은 경우 그 변경승인으로 의제되는 인허가의 효력 발생 시점(「산업입지 및 개발에 관한 법률」 제18조 및 제21조 등 관련)

안건번호18-0222 회신일자2018-08-29

1. 질의요지

「산업입지 및 개발에 관한 법률」 제18조제1항에 따라 일반산업단지개발실시계획의 승인을 받고 같은 법 제21조제1항제8호에 따라 농지의 전용허가가 의제되었다가 해당 일반산업단지개발실시계획에서 정한 사업시행기간이 도과하여 사업시행기간을 연장하는 내용으로 일반산업단지개발실시계획의 변경승인을 받은 경우, 그 변경승인으로 의제되는 농지의 전용허가의 효력은 변경승인 시에 비로소 발생하는 것인지, 아니면 최초 승인 시로 소급하여 발생하는 것인지?

※ 질의배경
  ○ 민원인은 A도시공사의 직원이고, A도시공사는 B주식회사를 사업시행자로 선정하여 일반산업단지개발사업을 공동으로 추진해 오고 있음.
  ○ 민원인은 본건 질의요지와 같은 사안에서 일반산업단지개발실시계획 변경승인으로 의제되는 농지전용허가의 효력 발생 시점에 관해 의문이 있어 국토교통부 및 농림축산식품부 질의를 거쳐 법령해석을 요청함.

2. 회답

이 사안의 경우 일반산업단지개발실시계획의 변경승인으로 의제되는 농지의 전용허가의 효력은 해당 변경승인이 새로운 승인의 요건을 갖춘 경우에 한정하여 그 변경승인 시에 비로소 발생합니다.

3. 이유

「산업입지 및 개발에 관한 법률」(이하 "산업입지법"이라 함) 제18조에 따른 일반산업단지개발실시계획(이하 "실시계획"이라 함)의 승인은 사업시행자에게 해당 사업을 실시할 수 있는 권한을 설

정해 주는 처분으로서,(각주: 대법원 1995. 3. 3. 선고 94누7386 판결례 참조) 같은 법 시행령 제21조제1항제5호 및 제22조제1항에서는 실시계획의 승인을 신청하려는 경우 신청서에 사업시행기간을 반드시 포함하도록 하고 있고, 같은 영 제23조의2제5호에서는 산업단지지정권자 등으로 하여금 실시계획을 승인하였을 때 사업시행기간(착공 및 준공예정일을 포함함)을 관보 또는 공보에 고시하도록 하고 있으며, 산업입지법 제17조의2·제18조제3항 및 같은 법 시행령 제21조의2제1항에서는 사업시행기간의 변경을 중요한 변경으로 보아 실시계획의 변경승인을 받도록 하고 있습니다.

그렇다면 실시계획에서 정한 사업시행기간은 단순히 공사예정기간을 정한 것에 불과한 것이 아니라 실시계획이 유효하게 존속하는 시간적 범위를 정한 것으로서 해당 실시계획에 대한 승인은 그 사업시행기간 동안에만 사업을 실시할 수 있는 권한을 사업시행자에게 부여한 것으로 보아야 하므로 그 사업시행기간이 만료된 경우에는 해당 실시계획의 승인은 실효된다고 보아야 합니다.(각주: 법제처 2012. 4. 3. 회신 12-0124 해석례, 법제처 2018. 1. 30. 회신 17-0537 해석례 및 대법원 2005. 7. 28. 선고 2003두9312 판결례 각 참조)

그리고 통상 의제되는 인허가는 주된 인허가의 사업수행을 위해 필요한 보조적·보충적 인허가로서의 성격을 가지고 있고 대외적으로 유효하게 표시되는 행정처분도 주된 인허가이지 의제되는 인허가는 아니므로 주된 인허가가 취소되는 등 그 효력을 상실하게 되면 의제된 인허가 또한 당연히 그 효력을 상실하게 된다고 보아야 합니다.(각주: 법제처 2017. 10. 30. 회신 17-0403 해석례 참조)

따라서 이 사안의 경우 실시계획에서 정한 사업시행기간의 도과로 인해 해당 실시계획의 승인과 그에 따라 의제된 농지의 전용허가는 모두 그 효력을 상실하게 되므로 해당 사업을 계속 실시하려면 사업시행자는 원칙적으로 산업입지법 제18조제1항에 따라 새로 실시계획의 승인을 받아야 합니다.

그런데 실무상 사업시행자의 편의와 원활한 사업 진행을 위해 종전의 만료된 사업시행기간을 연장하는 내용으로 실시계획의 변경승인을 받는 경우가 있는바, 이 경우 비록 변경승인의 형식을 취했다고 하더라도 이미 실효된 실시계획의 승인(그 승인으로 의제된 농지의 전용허가를 포함함)이 소급하여 다시 효력을 회복한다고 보기는 어렵습니다. 다만 실시계획의 변경승인도 사업시행자에게 일반산업단지개발사업을 실시할 수 있는 권한을 설정해 주는 처분이라는 점에서 최초의 승인과 다르지 않은바,(각주: 법제처 2012. 4. 3. 회신 12-0124 해석례, 대법원 2005. 7. 28. 선고 2003두9312 판결례 및 대법원 1995. 3. 3. 선고 94누7386 판결례 각 참조) 변경승인이 새로운 승인으로서의 요건을 갖춘 경우에는 그에 따른 효과가 발생할 뿐이므로(각주: 법제처 2012. 4. 3. 회신 12-0124 해석례, 법제처 2018. 1. 30. 회신 17-0537 해석례 및 대법원 2005. 7. 28. 선고 2003두9312 판결례 각 참조) 이 사안에서도 실시계획의 변경승인이 새로운 승인의 요건을 갖춘 경우라면 그 변경승인 시점에 농지의 전용허가가 다시 의제되어 그 효력이 발생한다고 보아야 합니다.

<관계 법령>
※ 「산업입지 및 개발에 관한 법률」
제17조 (국가산업단지개발실시계획의 승인) ① 국가산업단지의 사업시행자는 대통령령으로 정하는 바에 따라 국가산업단지개발실시계획(이하 "국가단지실시계획"이라 한다)을 작성하여 국토교통부장관(공용 또는 공공용으로 사용하기 위한 방파제·호안·안벽·물양장, 그 밖에 이와 기능이 유사한 시설을 설치하는 항만건설사업에 관한 실시계획의 경우에는 해양수산부장관의 승인을 말하며, 이 경우 해양수산부장관은 국토교통부장관과 미리 협의하여야

한다. 이하 같다)의 승인을 받아야 한다.
② (생 략)
제17조의2 (국가산업단지개발실시계획의 변경) 승인을 받은 국가단지실시계획을 변경하거나 폐지하는 경우로서 대통령령으로 정하는 중요 사항을 변경하는 경우에는 제17조제1항 및 제2항을 준용한다.
제18조 (일반산업단지개발실시계획의 승인) ① 일반산업단지의 사업시행자는 대통령령으로 정하는 바에 따라 일반산업단지개발실시계획을 작성하여 일반산업단지지정권자의 승인(공용 또는 공공용으로 사용하기 위한 방파제·호안·안벽·물양장, 그 밖에 이와 기능이 유사한 시설을 설치하는 항만건설사업에 관한 실시계획의 경우에는 해양수산부장관의 승인을 말하며, 이 경우 해양수산부장관은 일반산업단지지정권자와 미리 협의하여야 한다. 이하 같다)을 받아야 한다. 시·도지사(특별자치도지사는 제외한다)가 승인하는 경우에는 관할 시장·군수 또는 구청장의 의견을 들어야 한다.
② (생 략)
③ 승인을 받은 일반산업단지개발실시계획을 변경하거나 폐지하는 경우에는 제17조의2를 준용한다.
제19조의2 (실시계획 승인의 고시 등) ① 산업단지지정권자 또는 해양수산부장관은 제17조, 제18조, 제18조의2 또는 제19조에 따라 실시계획을 승인하였을 때에는 대통령령으로 정하는 사항을 관보 또는 공보에 고시하여야 하며, 국토교통부장관, 해양수산부장관 또는 시·도지사(특별자치도지사는 제외한다)가 승인한 경우에는 관계 서류의 사본을 관할 시장·군수 또는 구청장에게 보내야 한다.
② ~ ④ (생 략)
제21조 (다른 법령에 따른 인·허가등의 의제 등) ① 산업단지지정권자 또는 해양수산부장관(이하 "실시계획승인권자"라 한다)이 제17조, 제17조의2, 제18조, 제18조의2 및 제19조에 따른 실시계획의 승인 또는 변경승인을 할 때 다음 각 호의 허가·결정·인가·면허·협의·동의·승인·해제 또는 처분 등(이하 "인·허가등"이라 한다)에 관하여 제2항에 따라 미리 관계 행정기관의 장과 협의하거나 승인을 받은 사항에 대하여는 해당 인·허가등을 받은 것으로 보며, 제19조의2에 따라 실시계획의 승인이 고시된 때에는 다음 각 호의 관계 법률에 따른 인·허가등의 고시 또는 공고가 된 것으로 본다.
　　1. ~ 7. (생 략)
　　8. 「농지법」 제31조에 따른 농업진흥지역 해제, 같은 법 제34조에 따른 농지의 전용허가 또는 협의
　　9. ~ 33. (생 략)
② · ③ (생 략)

※ 「산업입지 및 개발에 관한 법률 시행령」
제21조 (국가산업단지개발실시계획) ① 국가산업단지의 사업시행자는 법 제17조제1항의 규정에 의한 국가산업단지개발실시계획의 승인을 신청하고자 하는 경우에는 국가산업단지의 사업시행자로 지정된 날부터 2년이내에 다음 각 호의 사항을 기재한 국가산업단지개발실시계획승인신청서를 국토교통부장관에게 제출하여야 한다.
　　1. 사업시행자의 성명(법인인 경우에는 법인의 명칭 및 대표자의 성명)·주소
　　2. 사업의 명칭
　　3. 사업의 목적
　　4. 사업을 시행하고자 하는 위치 및 면적
　　5. 사업의 시행방법 및 시행기간
　　6. 사업시행지역의 토지이용현황
　　7. 토지이용계획 및 기반시설계획
② · ③ (생 략)
제21조의2 (중요 사항의 변경) ① 법 제17조의2에서 "대통령령으로 정하는 중요 사항을 변경하는 경우"란 다음 각 호의 어느 하나에 해당하지 아니하는 경우를 말한다.
　　1. 사업시행자의 주소를 변경하는 경우
　　2. 법인인 사업시행자의 명칭 또는 대표자를 변경하는 경우
　　3. 사업시행지역의 변동이 없는 범위에서 착오 등에 따른 사업시행면적을 정정하는 경우
　　4. 사업시행면적을 초과하지 아니하는 범위에서 사업을 분할하여 시행하기 위하여 그 면적을 변경하는 경우
　　5. 총사업비 범위에서 연차별 투자계획을 변경하는 경우
　　6. 토지이용계획의 변경을 수반하지 아니하는 범위에서 존치하려는 기존의 공장이나 건축물 등의 명세를 변경하는 경우
② (생 략)
제22조 (일반산업단지개발실시계획) ① 일반산업단지의 사업시행자가 법 제18조제1항에 따라 일반산업단지개발실시

계획의 승인을 신청하려는 경우에는 일반산업단지의 사업시행자로 지정된 날부터 2년 이내에 제21조제1항 각 호의 사항을 기재한 일반산업단지개발실시계획승인신청서를 산업단지지정권자에게 제출하여야 한다.
②·③ (생 략)

제23조의2 (실시계획승인의 고시) 법 제19조의2제1항의 규정에 의하여 고시할 사항은 다음 각호와 같다.
  1. 사업의 명칭
  2. 사업시행자의 성명(법인인 경우에는 법인의 명칭 및 대표자의 성명)
  3. 사업의 목적 및 개요
  4. 사업시행지역의 위치 및 면적
  5. 사업시행기간(착공 및 준공예정일을 포함한다)
  6. 도시·군관리계획결정에 대한 「국토의 계획 및 이용에 관한 법률 시행령」 제25조제5항 각호의 사항

[사례 2] 민원인 - 행정관청은 「물환경보전법」 제61조의2제1항에 따른 물놀이형 수경시설의 설치·운영 신고를 받은 경우, 「하수도법」 제28조에 따른 공공하수도 유입제외 허가 여부를 심사하여 신고 수리 여부를 결정할 수 있는지(「물환경보전법」 제61조의2제1항 등 관련)

안건번호24-0792 회신일자2024-12-26

1. 질의요지

「물환경보전법」 제61조의2제1항 전단에서는 물놀이형 수경시설로서 같은 항 각 호의 시설을 설치·운영하려는 자는 환경부령으로 정하는 바에 따라 환경부장관 또는 시·도지사에게 신고하도록 규정하고 있고, 같은 법 시행규칙 제89조의2제1항에서는 물놀이형 수경시설을 설치·운영하려는 자는 해당 시설을 설치·운영하기 15일 전까지 물놀이형 수경시설 설치·운영 신고서에 물놀이형 수경시설의 설치명세서 및 그 도면 등을 첨부하여 제출하도록 규정하고 있는 한편, 「하수도법」 제27조제1항에서는 공공하수도의 사용이 개시된 때에는 배수구역 안의 토지의 소유자·관리자 또는 국·공유시설물의 관리자는 그 배수구역의 하수를 공공하수도에 유입시켜야 하며, 이에 필요한 배수설비를 설치하여야 한다고 규정하고 있고, 같은 법 제28조에서는 같은 법 제27조제1항에도 불구하고 같은 법 제28조 각 호의 어느 하나에 해당하는 하수를 배출하는 자는 하수를 공공하수도에 유입시키지 아니할 수 있으며, 이 경우 환경부령으로 정하는 바에 따라 미리 공공하수도관리청의 허가를 받도록 규정하고 있고, 같은 조 제1호에서는 공공하수처리시설의 방류수수질기준을 초과하지 않는 하수를 규정하고 있는바,

행정관청(각주: 물놀이형 수경시설 설치·운영 신고관청과 공공하수도 유입제외 허가 관할 공공하수도관리청이 동일한 행정관청인 경우를 전제하며, 이하 같음)은 「물환경보전법」 제61조의2제1항에 따른 물놀이형 수경시설(이하 "물놀이형 수경시설"이라 함)의 설치·운영 신고를 받은 경우, 「하수도법」 제28조에 따른 공공하수도 유입제외 허가 여부를 심사하여 신고 수리 여부를 결정할 수 있는지?(각주: 물놀이형 수경시설에서 발생하는 물이 「하수도법」 제2조제1호에 따른 하수로서, 같은 법 제27조에 따라 배수설비를 설치하지 않고, 같은 법 제28조제1호에 따른 공공하수처리시설의 방류수수질기준을 초과하지 않는 하수에 해당하여 공공하수도 유입제외 허가 대상인 경우를 전제로 함)

2. 회답

행정관청은 물놀이형 수경시설의 설치·운영 신고를 받은 경우, 「하수도법」 제28조에 따른 공공하수도 유입제외 허가 여부를 심사하여 신고 수리 여부를 결정할 수 있습니다.

3. 이유

「물환경보전법」 제61조의2제1항에서는 물놀이형 수경시설을 설치·운영하려는 자는 신고하도록

규정하고 있고, 같은 조 제2항에서는 행정관청은 신고를 받은 날부터 10일 이내에 신고수리 여부를 신고인에게 통지하여야 한다고 규정하고 있으며, 같은 법 시행규칙 제89조의2제1항에서는 물놀이형 수경시설을 설치·운영하기 15일 전까지 별지 제40호의2서식의 신고서에 물놀이형 수경시설의 설치명세서 및 도면(제1호), 수질 기준 및 관리 기준의 준수를 위한 시설의 조치계획서(제2호), 수질의 검사주기가 포함된 수질 검사계획서(제3호)를 첨부하여 제출하도록 규정하고 있습니다.

그런데 물놀이형 수경시설에서 발생하는 하수(각주: 「하수도법」 제2조제1호에 따른 하수를 말하며, 이하 같음)가 공공하수도(각주: 「하수도법」 제2조제4호 따른 공공하수도를 말하며, 이하 같음)에 유입되는 경우에는 「하수도법」 제27조제1항에 따라 배수설비를 설치하여 공공하수도에 유입시키거나 같은 법 제28조제1호에 따라 공공하수처리시설의 방류수수질기준을 초과하지 않는 하수는 공공하수도 유입제외 허가를 받아 공공하수도에 유입시키지 않을 수 있는데, 물놀이형 수경시설에서 발생하는 하수를 같은 법 제27조제1항에 따라 배수설비를 통해 공공하수도에 유입시키지 않으려면 같은 법 제28조제1호에 따라 공공하수도 유입제외 허가를 받아야 하고, 이 경우 「하수도법 시행규칙」 제24조에 따라 공공하수도 유입제외 허가 신청서에 방류수수질기준을 초과하지 않는 하수임을 증명하는 자료 등을 첨부하여 제출하여야 하고(제1항), 신청을 받은 행정관청은 별지 제11호서식의 허가증을 신청인에게 내주어야 하는바(제3항), 행정관청이 물놀이형 수경시설의 설치·운영 신고를 수리하면서 물환경보전법령에서 정한 사항 외에 「하수도법」 제28조에 따른 공공하수도 유입제외 허가 여부를 심사할 수 있는지 문제됩니다.

일반적으로 신고 사항이 관계 법령에서 정하고 있는 요건에 적합한 경우에는 특별한 사정이 없는 한 신고를 수리해야 하고 관계 법령에서 정하고 있지 않은 이유를 들어 수리를 거부할 수 없는 것이 원칙이지만, 관련 법령에서 정하고 있는 요건을 위반한 신고의 경우 그 위반 행위를 신고 단계에서 심사함으로써 행정력 낭비 및 신청인의 불이익을 줄일 수 있거나 중대한 공익상 필요가 있는 경우에는 관련 법령에서 정한 요건이나 기준도 심사하여 신고 수리를 거부할 수 있다(각주: 대법원 2010. 9. 9. 선고 2008두22631 판결례, 대법원 2009. 6. 11. 선고 2008두18021 판결례, 대법원 1998. 9. 25. 선고 98두7503 판결례 및 법제처 2020. 9. 1. 회신 20-0176 해석례 참조)고 할 것입니다.

먼저 「하수도법」 제27조제1항에서는 공공하수도의 사용이 개시된 때에는 그 배수구역의 하수는 공공하수도에 유입시키도록 배수설비를 설치하는 것을 원칙으로 하되, 같은 법 제28조제1호에서는 같은 법 제27조제1항에도 불구하고 공공하수처리시설의 방류수수질기준을 초과하지 않는 하수를 배출하는 자는 미리 허가를 받아 하수를 공공하수도에 유입시키지 않을 수 있다고 규정하고 있는바, 물놀이형 수경시설은 그 성격상 하수가 발생할 수밖에 없고, 그 하수를 같은 법 제27조제1항에 따라 배수설비를 통해 공공하수도에 유입시키지 않으려면 같은 법 제28조제1호에 따라 공공하수처리시설의 방류수수질기준을 초과하지 않는 경우로서 공공하수도 유입제외 허가를 받아야 하는바, 물놀이형 수경시설의 설치·운영 신고 단계에서 행정관청이 필수적인 관계 법령인 「하수도법」 제28조에서 정한 요건을 갖추었는지 여부를 같이 심사함으로써 불필요한 행정력의 낭비 및 신청인의 불이익을 줄일 수 있습니다.

그리고 「하수도법」 제28조 및 같은 법 시행규칙 제24조제1항에서는 하수를 공공하수도에 유입시키지 않으려는 자는 공공하수도 유입제외 허가 신청서에 하수를 배출하는 건축물 등의 위치도(제1호), 최종 방류구 또는 하수가 도달하는 공공수역의 위치도(제2호), 방류수수질기준을 초과하지 않는 하수임을 증명하는 자료(제3호)를 첨부하여 제출하도록 규정하고 있어 행정관청은 공공하수도 유입제외 허가 신청을 받으면 이러한 서류를 확인하여야 하는데, 하수가 발생할 수밖에 없는 물놀이형 수경시설의 특성상 하수 처리에 관하여 이러한 공공하수도 유입제외 허가에 필요한 기준 등을 충족하여야 물놀이형 수경시설 설치·운영이 가능하다고 할 것이므로, 물놀이형 수경시설의 설치·운영 신고 단계에서 이에 대한 검토가 이루어지는 것이 합리적이라 할 것입니다.

아울러 물놀이형 수경시설은 환경부 지침으로 관리되어 오다가 국민들이 안심하고 물놀이를 즐길 수 있도록 물놀이형 수경시설의 설치·운영 신고제를 도입하여 일정한 수질 기준 및 관리 기준을 준수하도록 의무를 부여하고 정기적으로 수질검사를 받을 것을 법제화한 것으로서(각주: 2016. 1. 27. 법률 제13879호로 일부개정되어 2017. 1. 28. 시행된 「수질 및 수생태계 보전에 관한 법률」 개정이유 및 주요내용, 2017. 5. 4. 환경부 보도자료 참조), 「물환경보전법 시행규칙」 제89조의2제1항에서 물놀이형 수경시설의 설치명세서 및 도면 등을 제출하도록 규정한 것은 물놀이형 수경시설의 수질 관리 외에도 건강하고 안전한 물놀이 공간인지를 심사하기 위한 것이므로, 행정관청은 물환경 보전과 수질오염으로 인한 국민건강 및 환경상의 위해 예방(각주: 「물환경보전법」 제1조 참조) 등 공공성과 공익성 확보를 위해 관련 법령에 위반되는지에 대한 심사가 필요하다는 점도 이 사안을 해석할 때 고려할 필요가 있습니다.

따라서 행정관청은 물놀이형 수경시설의 설치·운영 신고를 받은 경우, 「하수도법」 제28조에 따른 공공하수도 유입제외 허가 여부를 심사하여 신고 수리 여부를 결정할 수 있습니다.

※ 법령정비 권고사항

「물환경보전법」 제61조의2제1항에 따른 물놀이형 수경시설의 설치·운영 신고 시 「하수도법」 제28조 준수 여부를 확인해야 한다면 이를 명확하게 규정할 필요가 있습니다.

<관계 법령>
※ 물환경보전법
제61조의2 (물놀이형 수경시설의 신고 및 관리) ① 물놀이형 수경시설로서 다음 각 호의 시설을 설치·운영하려는 자는 환경부령으로 정하는 바에 따라 환경부장관 또는 시·도지사에게 신고하여야 한다. 환경부령으로 정하는 중요 사항을 변경하려는 경우에도 또한 같다.
   1.·2. (생 략)
② 환경부장관 또는 시·도지사는 제1항 각 호 외의 부분 전단에 따른 신고를 받은 날부터 10일 이내, 같은 항 각 호 외의 부분 후단에 따른 변경신고를 받은 날부터 5일 이내에 신고수리 여부를 신고인에게 통지하여야 한다.
③ 환경부장관 또는 시·도지사가 제2항에서 정한 기간 내에 신고수리 여부 또는 민원 처리 관련 법령에 따른 처리기간의 연장을 신고인에게 통지하지 아니하면 그 기간(민원 처리 관련 법령에 따라 처리기간이 연장 또는 재연장된 경우에는 해당 처리기간을 말한다)이 끝난 날의 다음 날에 신고를 수리한 것으로 본다.
④ (생 략)

※ 물환경보전법 시행규칙
제89조의2 (물놀이형 수경시설의 설치·운영 신고 등) ① 법 제61조의2제1항 전단에 따라 물놀이형 수경시설을 설치·운영하려는 자는 해당 시설을 설치·운영하기 15일 전까지 별지 제40호의2서식의 물놀이형 수경시설 설치·운영 신고서에 다음 각 호의 서류를 첨부하여 국가 및 시·도지사가 설치·운영하는 경우에는 유역환경청장 또는 지방환경청장에게, 그 외의 자가 설치·운영하는 경우에는 시·도지사에게 제출하여야 한다.
   1. 물놀이형 수경시설의 설치명세서 및 그 도면 각 1부
   2. 수질 기준 및 관리 기준의 준수를 위한 시설의 조치계획서 1부
   3. 수질의 검사주기가 포함된 수질 검사계획서 1부
② 유역환경청장·지방환경청장 또는 시·도지사는 제1항에 따른 신고를 수리한 경우에는 별지 제40호의3서식의 물놀이형 수경시설 신고증을 발급하여야 한다.
③ ~ ⑥ (생 략)

※ 하수도법
제28조 (공공하수도 유입제외) 제27조제1항에도 불구하고 다음 각 호의 어느 하나에 해당하는 하수를 배출하는 자

는 하수를 공공하수도에 유입시키지 아니할 수 있다. 이 경우 환경부령으로 정하는 바에 따라 미리 공공하수도관리청의 허가를 받아야 한다.
　1. 공공하수처리시설의 방류수수질기준을 초과하지 아니하는 하수
　2. 「물환경보전법」 제2조제17호에 따른 공공폐수처리시설의 방류수
　3. 그 밖에 환경부령으로 정하는 하수

[사례 3] 국방부 - 「물환경보전법」 제2조제9호에 따른 공공수역의 범위(「물환경보전법」 제2조제9호 등 관련)

안건번호19-0104 회신일자2019-09-26

1. 질의요지

「물환경보전법」 제2조제9호에 따른 공공수역의 범위에 「하수도법」 제2조제6호에 따라 하수를 공공하수처리시설(각주: 하수를 처리하여 하천·바다 그 밖의 공유수면에 방류하기 위하여 지방자치단체가 설치 또는 관리하는 처리시설과 이를 보완하는 시설을 말함(「하수도법」 제2조제9호).)로 이송하기 위해 지방자치단체가 설치·관리하는 하수관로(각주: 하천 등 공공용으로 사용되는 수역과 직접 접속하는 하수관로는 아니지만 공공하수처리시설을 경유하여 하천 등에 접속하고 있는 하수관로를 전제함.)가 포함되는지?

※ 질의배경

　국방부에서는 위 질의요지에 대해 환경부에 문의하였고 환경부의 회신 내용에 이견이 있어 법제처에 법령해석을 요청함.

2. 회답

이 사안의 경우 「하수도법」 제2조제6호에 따라 하수를 공공하수처리시설로 이송하기 위해 지방자치단체가 설치·관리하는 하수관로가 포함됩니다.

3. 이유

「물환경보전법」 제2조제9호에서는 "공공수역"에 대해 정의하면서 하천, 호소 등 공공용으로 사용되는 수역과 이에 접속하여 공공용으로 사용되는 환경부령으로 정하는 수로라고 규정하고 있고, 같은 법 시행규칙 제5조제3호에서는 환경부령으로 정하는 수로에 "하수관로"를 포함하여 규정하고 있으나, 물환경보전법령에서는 "하수관로"의 범위를 명확히 규정하고 있지 않으므로 그 용어의 해석은 그 법령의 전반적인 체계와 취지·목적, 해당 조항의 규정 형식과 내용 및 관련 법령을 종합적으로 고려하여 해석해야 합니다.(각주: 대법원 2010. 6. 24. 선고 2010두3978 판결례 참조)

그런데 「하수도법」 제2조제6호에서는 "하수관로"를 하수를 공공하수처리시설 등으로 이송하거나 하천·바다나 그 밖의 공유수면으로 유출시키기 위하여 지방자치단체가 설치 또는 관리하는 관로와 그 부속시설이라고 규정하고 있고, 「하수도법」은 하수도의 설치 및 관리의 기준 등에 대한 일반법임을 고려할 때 「물환경보전법 시행규칙」 제5조제3호에 따른 "하수관로"는 「하수도법」 제2조제6호에 따른 하수관로를 의미하는 것으로 보아야 합니다.

그리고 "접속"의 의미를 해석함에 있어서 「물환경보전법」은 수질오염으로 인한 국민건강 및 환경상의 위해를 예방하고 하천·호소 등 공공수역의 물환경을 적정하게 관리·보전함으로써 국민이 그 혜택을 널리 향유할 수 있도록 함과 동시에 미래의 세대에게 물려줄 수 있도록 함을 목적(제1조)으로 하고 있고, 이를 위한 책무를 국가와 지방자치단체에 부여하고 있는(제3조) 점 등을 고려하면 같은 법의 적용 대상이 되는 공공수역의 범위를 제한적으로 해석하는 것은 바람직하지 않습니다.

한편 「물환경보전법」에서는 공공수역에 특정수질유해물질 등을 누출·유출하거나 버리는 행위를 금지(제15조제1항)하면서 이를 위반한 경우에 대한 벌칙 및 과태료 규정(제77조, 제78조 및 제82조)을 두고 있는데, 「하수도법」에 따르면 하수관로는 공공하수처리시설과 연결되어 하천·호소나 그 밖의 공유수면으로 유출되게 되는 것과 공공하수처리시설과 연결되지 않고 하천·호소나 그 밖의 공유수면으로 유출되게 되는 것으로 구분(각주: 오수와 빗물·지하수가 함께 흐르도록 하기 위한 "합류식하수관로"와 각각 구분되어 흐르도록 하기 위한 "분류식하수관로"로 구분되고, "분류식하수관로" 중 빗물·지하수만 흐르도록 한 하수관로는 하수를 처리하는 시설인 공공하수처리시설과 연결되지 않아 빗물·지하수가 하천·호소나 그 밖의 공유수면으로 유출되게 됨.(「하수도법」 제2조제7호·제8호 참조))됩니다.

그렇다면 하수를 공공하수처리시설로 이송하기 위해 지방자치단체가 설치·관리하는 하수관로가 「물환경보전법」상 공공수역의 범위에 포함되는 하수관로에 포함되지 않는다고 볼 경우 해당 하수관로를 통해 특정수질유해물질 등 수질오염물질을 버리는 행위 자체를 「물환경보전법」 제15조제1항에 따라 금지할 수 없게 될 뿐 아니라 하수관로가 공공하수처리시설과 연결되는지 여부에 따라 공공수역의 범위가 달라지게 되어 합리적이지 않고 이에 따라 처벌의 범위도 달라지게 되어 형평에 어긋나게 됩니다.

이러한 점을 고려하면 하수관로가 하천 등 공공용으로 사용되는 수역에 직접 맞닿아 있지 않더라도 공공하수처리시설을 경유하여 하천 등 공공용으로 사용되는 수역에 접속하고 있는 경우라면 "공공용으로 사용되는 수역에 접속"하여 사용되는 하수관로라고 보아 공공수역에 포함된다고 보는 것이 물환경보전법령의 목적 및 체계에 부합하는 해석입니다.

※ 법령정비 권고사항

「물환경보전법」 제2조제9호에 따른 공공수역의 범위에 「하수도법」 제2조제6호에 따라 하수를 공공하수처리시설로 이송하기 위해 지방자치단체가 설치·관리하는 하수관로가 포함되는 점을 고려해 공공수역의 범위를 명확하게 정비할 필요가 있습니다.

<관계 법령>
※ 「물환경보전법」
제2조 (정의) 이 법에서 사용하는 용어의 뜻은 다음과 같다.
  1. ~ 3. (생 략)
  4. "폐수"란 물에 액체성 또는 고체성의 수질오염물질이 섞여 있어 그대로는 사용할 수 없는 물을 말한다.
  5.·6. (생 략)
  7. "수질오염물질"이란 수질오염의 요인이 되는 물질로서 환경부령으로 정하는 것을 말한다.
  9. "공공수역"이란 하천, 호소, 항만, 연안해역, 그 밖에 공공용으로 사용되는 수역과 이에 접속하여 공공용으로 사용되는 환경부령으로 정하는 수로를 말한다.
  10. ~ 19. (생 략)
② ~ ⑧ (생 략)

제15조 (배출 등의 금지) ① 누구든지 정당한 사유 없이 다음 각 호의 어느 하나에 해당하는 행위를 하여서는 아니 된다.
  1. 공공수역에 특정수질유해물질, 「폐기물관리법」에 따른 지정폐기물, 「석유 및 석유대체연료 사업법」에 따른 석유제품·가짜석유제품·석유대체연료 및 원유(석유가스는 제외한다. 이하 "유류"라 한다), 「화학물질관리법」에 따른 유독물질(이하 "유독물"이라 한다), 「농약관리법」에 따른 농약(이하 "농약"이라 한다)을 누출·유출하거나 버리는 행위
  2. 공공수역에 분뇨, 가축분뇨, 동물의 사체, 폐기물(「폐기물관리법」에 따른 지정폐기물은 제외한다) 또는 오니(汚泥)를 버리는 행위
  3. 하천·호소에서 자동차를 세차하는 행위
  4. 공공수역에 환경부령으로 정하는 기준 이상의 토사(土砂)를 유출하거나 버리는 행위

② ~ ⑧ (생 략)

※ 「물환경보전법 시행규칙」
제5조 (공공수역) 법 제2조제9호에서 "환경부령으로 정하는 수로"란 다음 각 호의 수로를 말한다.
1.·2. (생 략)
3. 하수관로
4. (생 략)

※ 「하수도법」
제2조 (정의) 이 법에서 사용하는 용어의 뜻은 다음과 같다.
1. "하수"라 함은 사람의 생활이나 경제활동으로 인하여 액체성 또는 고체성의 물질이 섞이어 오염된 물(이하 "오수"라 한다)과 건물·도로 그 밖의 시설물의 부지로부터 하수도로 유입되는 빗물·지하수를 말한다. 다만, 농작물의 경작으로 인한 것을 제외한다.
2. (생 략)
3. "하수도"란 하수와 분뇨를 유출 또는 처리하기 위하여 설치되는 하수관로·공공하수처리시설·간이공공하수처리시설·하수저류시설·분뇨처리시설·배수설비·개인하수처리시설 그 밖의 공작물·시설의 총체를 말한다.
4. "공공하수도"라 함은 지방자치단체가 설치 또는 관리하는 하수도를 말한다. 다만, 개인하수도를 제외한다
5. (생 략)
6. "하수관로"란 하수를 공공하수처리시설·간이공공하수처리시설·하수저류시설로 이송하거나 하천·바다 그 밖의 공유수면으로 유출시키기 위하여 지방자치단체가 설치 또는 관리하는 관로와 그 부속시설을 말한다.
7.·8. (생 략)
9. "공공하수처리시설"이라 함은 하수를 처리하여 하천·바다 그 밖의 공유수면에 방류하기 위하여 지방자치단체가 설치 또는 관리하는 처리시설과 이를 보완하는 시설을 말한다.
9의2. (생 략)
10. ~ 15. (생 략)

[사례 4] 환경부 - 「먹는물관리법」에 따른 수질검사기관이 지하수에 관한 거짓의 수질검사성적서를 발급한 경우 「먹는물관리법」에 따라 수질검사기관 지정취소 등 가능 여부(「먹는물관리법」 제43조 등 관련)

안건번호11-0249 회신일자2011-07-07

1. 질의요지
「먹는물관리법」 제43조에 따라 지정된 수질검사기관으로서 「지하수법 시행령」 제30조제1항제2호에 따라 지하수 수질검사를 실시할 수 있는 기관이 고의나 중대한 과실로 지하수에 관한 거짓의 수질검사성적서를 발급한 경우, 「먹는물관리법」 제43조제6항제2호에 따라 먹는물 수질검사기관 지정취소가 가능한지?

2. 회답
「먹는물관리법」 제43조에 따라 지정된 수질검사기관으로서 「지하수법 시행령」 제30조제1항제2호에 따라 지하수 수질검사를 실시할 수 있는 기관이 고의나 중대한 과실로 지하수에 관한 거짓의 수질검사성적서를 발급한 경우에도 「먹는물관리법」 제43조제6항제2호에 따라 수질검사기관 지정취소가 가능하다고 할 것입니다.

3. 이유
「먹는물관리법」 제43조제1항 및 제6항에 따르면 환경부장관은 제42조제1항제3호에 따라 거두어들인 원재료, 제품, 용기 등의 검사와 제5조제2항에 따른 먹는물의 수질검사를 위한 기관을 지정할 수 있고, 환경부장관은 검사기관이 고의나 중대한 과실로 거짓의 검사성적서를 발급한 경우(같은 항 제2호)에 해당하면 그 지정을 취소하여야 합니다.

한편, 「지하수법」 제20조제1항에 따르면 허가를 받거나 신고하고 지하수를 개발·이용하는 자로서 대통령령이 정하는 자는 정기적으로 지하수관련 검사전문기관의 수질검사를 받아야 하는데, 「지하수법」 제20조제3항 및 같은 법 시행령 제30조제1항제2호에서는 「먹는물관리법」 제35조(현행 제43조)의 규정에 의한 검사기관을 「지하수법」 제20조제1항의 규정에 의한 수질검사전문기관으로 정하고 있습니다.

여기서 「먹는물관리법」 제43조에 따라 지정된 수질검사기관으로서 「지하수법 시행령」 제30조제1항제2호에 따라 지하수 수질검사를 실시할 수 있는 기관이 고의나 중대한 과실로 지하수에 관한 거짓의 수질검사성적서를 발급한 경우, 「먹는물관리법」 제43조제6항제2호에 따라 수질검사기관 지정취소가 가능한지가 문제됩니다.

먼저 「지하수법」에서 지하수에 관한 거짓의 수질검사성적서를 발급하는 경우 수질검사기관 지정취소에 관하여 별도의 규정을 두고 있지 않은데, 「지하수법」에서 별도의 절차없이 「먹는물관리법」에 따라 지정된 기관에게 지하수 수질검사기관으로서의 지위를 부여한 것은 「먹는물관리법」에 따른 관리·감독에 의하여 수질검사기관으로서의 자격 및 능력이 담보되기 때문인 점, 「먹는물관리법」에 따라 수질검사기관으로 지정되었다면 그 지정의 취소는 같은 법에서 정한 절차에 따라야 한다는 점 등을 고려한 것으로, 「지하수법」에서 지정취소에 관하여 별도의 규정을 두고 있지 않았다고 하더라도 이를 수질검사기관이 지하수에 관한 거짓의 수질검사성적서를 발급하는 경우 아무런 행정상 제재조치를 취하지 않겠다는 입법적 판단으로 보기는 어렵다고 할 것입니다.

특히 「지하수법」에서는 다른 법률에 따라 설립되거나 지정된 기관들을 상당수 지하수조사기관, 지하수영향평가기관, 지하수 수질검사기관으로 예정하고 있고(「지하수법 시행령」 제4조, 제30조, 제38조), 「지하수법」에 따른 지하수 개발·이용 등에 대한 관리는 위와 같은 전문기관의 조사 또는 검사결과에 의존할 수 밖에 없는데, 「지하수법」에서 이들 기관들에 대한 행정상 제재조치에 관하여 별도의 규정을 두고 있지 않다는 이유로, 거짓의 검사성적서 발급 등의 중대한 위법행위에 대하여 아무런 제재를 가할 수 없다고 보는 것은 지하수개발·이용의 적정을 기하고 지하수오염을 예방하려는 「지하수법」의 목적에도 부합하지 않는다고 할 것입니다.

다음으로, 「먹는물관리법」 제43조제6항제2호에서는 수질검사기관이 고의 또는 중대한 과실로 거짓의 검사성적서를 발급한 경우 지정취소해야 한다고 규정하고 있는데, 위 검사성적서는 먹는물에 관한 검사성적서만을 의미하는 것으로 볼 여지도 있으나 동 규정의 취지는 먹는물 개발·이용 등에 관한 관리·감독이 수질검사의 결과를 신뢰하여 이루어지는 것이므로 수질검사기관의 수질검사에 대한 객관성·공정성을 확보하기 위하여 거짓의 수질검사성적서를 발급하는 경우에는 그 지정을 취소하려는 것인 점에 비추어 볼 때, 동 기관이 수질검사기관의 자격으로 다른 법률에 따라 시행한 수질검사에 관하여 거짓으로 검사성적서를 발급하였다면 위 규정의 적용이 가능하다고 보는 것이 그 취지에 부합하는 것으로 보입니다.

따라서 「먹는물관리법」 제43조에 따라 지정된 수질검사기관으로서 「지하수법 시행령」 제30조제1항제2호에 따라 지하수 수질검사를 실시할 수 있는 기관이 고의나 중대한 과실로 지하수에 관한 거짓의 수질검사성적서를 발급한 경우에도 「먹는물관리법」 제43조제6항제2호에 따라 수질검사기관 지정취소가 가능하다고 할 것입니다.

※ 법령정비권고

다만, 「먹는물관리법」에 따르면 수실검사기관이 고의나 중대한 과실로 거짓의 검사성적서를 발급한 경우에는 그 지정이 취소되고, 벌칙도 부과된다(같은 법 제43조제6항제2호, 제58조제7

호의3)는 측면을 고려할 때, 「먹는물관리법」에 따라 수질검사기관으로 지정된 자가 다른 법률에 따라 수질검사를 하면서 '고의나 중대한 과실로 거짓의 검사성적서를 발급한 경우' 등의 위반행위를 한 경우에도 행정상제재를 가하기 위해서는 「먹는물관리법」 또는 「지하수법」에서 이에 대한 명시적인 규정을 두는 것이 바람직하다고 할 것입니다.

[사례 5] 경기도 남양주시 - 수변구역에서 제한되는 행위의 범위(「한강수계 상수원수질개선 및 주민지원 등에 관한 법률」 제5조 등 관련)

안건번호20-0700 회신일자2021-02-01

1. 질의요지

「한강수계 상수원수질개선 및 주민지원 등에 관한 법률」(이하 "한강수계법"이라 함) 제5조제1항에서는 누구든지 수변구역(각주: 한강수계법 제4조에 따라 지정·고시된 수변구역을 말하며, 이하 같음.)에서는 각 호의 어느 하나에 해당하는 시설을 새로 설치(용도변경을 포함하며, 이하 같음)해서는 안 된다고 규정하고 있는바, 해당 규정에 따라 설치가 금지되는 행위는 그 설치 행위를 통해 오염부하량(汚染負荷量)(각주: 「물환경보전법」 제2조제7호 및 제8호에 따른 수질오염물질 및 특정수질유해물질의 양을 무게로 환산(換算)한 것을 말하며, 이하 같음(한강수계법 제2조제3호 참조).) 증가가 발생하는 경우로 한정되는지?(각주: 한강수계법 제5조제2항이 적용되지 않는 경우를 전제함.)

※ 질의배경

경기도 남양주시에서는 위 질의요지에 대한 환경부의 회신 내용에 이견이 있어 법제처에 법령해석을 요청함.

2. 회답

한강수계법 제5조제1항에 따라 설치가 금지되는 행위는 그 설치 행위를 통해 오염부하량 증가가 발생하는 경우로 한정되지 않습니다.

3. 이유

법령의 문언 자체가 비교적 명확한 개념으로 구성되어 있다면 원칙적으로 더 이상 다른 해석방법은 활용할 필요가 없거나 제한될 수밖에 없는데,(각주: 대법원 2009. 4. 23. 선고 2006다81035 판결례 참조) 한강수계법 제5조제1항에서는 누구든지 수변구역에서는 「물환경보전법」 제2조제10호에 따른 폐수배출시설(제1호) 등 각 호의 어느 하나에 해당하는 시설(이하 "설치제한시설"이라 함)을 새로 설치해서는 안 된다고 하여, 수변구역에서 제한되는 행위의 요건으로 설치제한시설에 해당할 것과 새로 설치하는 행위일 것을 규정하고 있을 뿐, 해당 시설의 설치로 인한 오염부하량 증가 여부에 대해서는 별도로 정하고 있지 않습니다.

그리고 한강수계법 제5조제1항에서는 한강수계의 수질보전을 목적으로 지정‥고시된 수변구역에 설치제한시설을 새로 설치하는 것과 함께 설치제한시설로 용도변경하는 것까지 제한되도록 행위규제를 엄격하게 규율하고 있는데,(각주: 법제처 2015. 11. 26. 회신 15-0577 해석례 참조) 해당 규정으로 제한되는 행위의 범위를 명문의 근거 없이 설치제한시설 설치로 인해 오염부하량이 증가되는 경우로 한정하는 것은 수변구역 지정 제도의 취지에도 반하는 해석입니다.

따라서 한강수계법 제5조제1항에 따라 설치가 금지되는 행위는 그 설치 행위를 통해 오염부하량 증가가 발생하는 경우로 한정된다고 볼 수 없습니다.

<관계 법령>
※ 한강수계 상수원수질개선 및 주민지원 등에 관한 법률
제5조 (수변구역에서의 행위제한 등) ① 누구든지 수변구역에서는 다음 각 호의 어느 하나에 해당하는 시설을 새로 설치(용도변경을 포함한다. 이하 이 조에서 같다)하여서는 아니 된다.
  1. 「물환경보전법」 제2조제10호에 따른 폐수배출시설
  2. 「가축분뇨의 관리 및 이용에 관한 법률」 제2조제3호에 따른 배출시설
  3. 다음 각 목의 어느 하나에 해당하는 업(業)을 영위하는 시설
     가. 「식품위생법」 제36조제1항제3호에 따른 식품접객업
     나. 「공중위생관리법」 제2조제1항제2호 및 제3호에 따른 숙박업·목욕장업
     다. 「관광진흥법」 제3조제1항제2호에 따른 관광숙박업
  4. 「건축법」 제2조제2항제1호에 따른 단독주택(다가구주택에 한정한다) 및 같은 항 제2호에 따른 공동주택
  5. 「건축법」 제2조제2항제6호에 따른 종교시설
  6. 「주택법」 제2조제4호의 준주택에 해당하는 노인복지시설 중 다음 각 목의 어느 하나에 해당하는 시설
     가. ~ 다. (생 략)
  7. 「청소년활동 진흥법」 제10조제1호에 따른 청소년수련시설
  8. 「산업집적활성화 및 공장설립에 관한 법률」 제2조제1호에 따른 공장(농산물 가공업 등 대통령령으로 정하는 제조업을 하는 공장 중 「물환경보전법」 제2조제8호의 특정수질유해물질을 사용하지 아니하거나 발생시키지 아니하는 시설로서 환경부령으로 정하는 일정 규모 이하의 시설은 제외한다)
② ~ ④ 수변구역을 지정·고시할 당시 이미 설치되어 있는 제1항제3호부터 제8호까지의 시설 등의 관리자는 수변구역으로 지정·고시된 후 3년이 지난 날부터는 발생하는 오수를 생물화학적 산소요구량과 부유물질량이 각각 1리터당 10밀리그램 이하가 되도록 처리하여 방류하여야 한다.

[사례 6] 환경부 - 하수처리구역에서 폐수를 공공수역으로 배출하는 경우 적용되는 수질오염물질의 배출허용기준 (「물환경보전법 시행규칙」 제34조 등 관련)

안건번호22-0099 회신일자2022-04-26

1. 질의요지

「물환경보전법」 제2조제10호 및 같은 법 시행규칙 별표 4 제2호65)에 따른 1차 전지 및 축전지 제조시설(각주: 1일 하수처리용량이 500㎥ 이상인 경우를 전제하며, 이하 같음)에서 배출하는 폐수를 「하수도법」 제2조제15호에 따른 하수처리구역에서 같은 법 제28조 전단 및 제1호에 따라 공공하수도(각주: 「하수도법」 제2조제4호에 따른 공공하수도를 말하며, 이하 같음)에 유입시키지 않고 공공수역(각주: 「물환경보전법」 제2조제9호에 따른 공공수역을 말하며, 이하 같음)으로 배출하려는 자가 같은 조 후단에 따라 공공하수도관리청(각주: 관할지방자치단체의 장을 말하며(「하수도법」 제18조 참조), 이하 같음)의 허가를 받으려는 경우, 폐수배출시설에서 배출되는 생태독성(TU) 항목의 배출허용기준은 「물환경보전법 시행규칙」 별표 13 제2호나목9) 비고 제9호에 따라 「하수도법 시행규칙」 별표 1 제1호가목2)에 따른 공공하수처리시설의 방류수수질기준을 적용해야 하는지, 아니면 「물환경보전법 시행규칙」 별표 13 제2호나목9)에 따른 폐수배출시설의 배출허용기준을 적용해야 하는지?

※ 질의배경

환경부는 위 질의요지와 관련하여 내부적으로 의견대립이 있어 법제처에 법령해석을 요청함.

2. 회답

이 사안의 경우 생태독성(TU) 항목의 배출허용기준은 「하수도법 시행규칙」 별표 1 제1호가목2)에 따른 공공하수처리시설의 방류수수질기준을 적용해야 합니다.

3. 이유

「물환경보전법」 제33조제1항에서는 폐수배출시설을 설치하려는 자는 환경부장관의 허가를 받거나 환경부장관에게 신고하도록 규정하고 있고, 같은 법 제32조제1항, 같은 법 시행규칙 제34조 및 별표 13에서는 폐수배출시설에서 배출되는 수질오염물질의 배출허용기준을 정하고 있는데, 같은 별표 제2호나목9)에서는 2021년 1월 1일부터 적용되는 '페놀류 등 수질오염물질'의 항목별 배출허용기준 중 생태독성(TU) 항목의 배출허용기준을 청정지역 1 이하, 그 밖의 지역의 경우 2 이하로 정하면서, 같은 목 9) 비고 제9호에서는 하수처리구역에서 「하수도법」 제28조에 따라 공공하수도관리청의 허가를 받아 폐수를 공공하수도에 유입시키지 않고 공공수역으로 배출하는 폐수배출시설에 대한 배출허용기준은 공공하수처리시설의 방류수수질기준을 적용한다고 규정하고 있는바, 이 사안에서 생태독성(TU) 항목의 배출허용기준은 「물환경보전법 시행규칙」 별표 13 제2호나목9) 비고 제9호에 따라 「하수도법」에 따른 공공하수처리시설의 방류수수질기준을 적용해야 함이 문언상 분명합니다.

그리고 「하수도법」 제27조제1항에서는 공공하수도의 사용이 개시된 때에는 배수구역(각주: 공공하수처리시설의 경우에는 그 하수처리구역을 말하며(「하수도법」 제15조제1항 참조), 이하 같음) 안의 토지의 소유자·관리자 또는 국·공유시설물의 관리자는 그 배수구역의 하수를 공공하수도에 유입시켜야 한다고 규정하고 있고, 같은 법 제28조에서는 같은 법 제27조제1항에도 불구하고 공공하수처리시설의 방류수수질기준을 초과하지 아니하는 하수 등을 배출하는 자는 공공하수도관리청의 허가를 받아 하수를 공공하수도에 유입시키지 않을 수 있다고 규정하고 있는데, 같은 법 제28조에 따른 유입제외 허가는 하수처리의 효율성을 제고하고(각주: 법제처 2016. 8. 8. 회신 16-0376 해석례 참조), 사업자의 경제적 부담을 완화하기 위하여 공공하수처리시설의 방류수수질기준 이하로 배출되는 오염농도가 낮은 하수는 공공하수도로 유입시키지 않을 수 있도록 예외를 인정하려는 것(각주: 1999. 2. 8. 법률 제5868호로 일부개정된 「하수도법」 개정이유 및 주요내용 참조)이므로, 예외적으로 공공수역으로 직접 방류하는 폐수의 경우 해당 공공수역의 수질오염을 방지하기 위해 적어도 공공하수처리시설을 거쳐 공공수역으로 배출되는 방류수의 수질기준에 부합해야(각주: 법제처 2016. 8. 8. 회신 16-0376 해석례 참조) 할 것인바, 같은 법 제28조의 문언 및 같은 조에 따른 유입제외 허가의 취지에 비추어 볼 때에도 폐수배출시설에서 배출하는 폐수를 공공하수도에 유입시키지 않으려는 자가 하수처리구역에서 폐수를 공공수역으로 직접 방류하기 위해서는 공공하수처리시설의 방류수수질기준인 같은 법 시행규칙 별표 1 제1호가목2)에 따른 방류수수질기준을 준수해야 할 것입니다.

한편 「물환경보전법 시행규칙」 별표 4 제2호65)에 따른 폐수배출시설에서 배출되는 폐수가 유입되는 공공하수처리시설은 「하수도법 시행규칙」 별표 1 제1호가목2) 비고 제5호에 따라 같은 목 2)에 따른 생태독성(TU)의 방류수수질기준이 적용되지 않으므로, 이 사안과 같이 "1차 전지 및 축전지제조시설"에서 배출되는 폐수를 공공수역으로 직접 방류하는 경우 생태독성(TU) 항목에 대해 「물환경보전법 시행규칙」 별표 13에 따른 폐수배출시설의 배출허용기준을 적용해야 한다는 의견이 있으나, 「하수도법 시행규칙」 별표 1 제1호가목2) 비고 제5호는 폐수배출시설에서 배출되는 폐수가 유입되는 '공공하수처리시설'에 대해 적용되는 생태독성(TU)의 방류수수질기준에 관한 규정인바, 이 사안과 같이 폐수를 공공하수도로 유입시키지 않고 공공수역으로 직접 배출하는 경우는 그 적용 대상에 해당하지 않는다는 점에서 이러한 의견은 타당하지 않습니다.

따라서 이 사안의 경우 생태독성(TU) 항목의 배출허용기준은 「하수도법 시행규칙」 별표 1 제1호가목2)에 따른 공공하수처리시설의 방류수수질기준을 적용해야 합니다.

<관계 법령>
※ 물환경보전법
제32조 (배출허용기준) ① 폐수배출시설(이하 "배출시설"이라 한다)에서 배출되는 수질오염물질의 배출허용기준은 환경부령으로 정한다.
② ~ ⑨ (생 략)

※ 물환경보전법 시행규칙
제34조 (배출허용기준) 법 제32조제1항에 따른 수질오염물질의 배출허용기준은 별표 13과 같다.

※ 하수도법
제7조 (방류수수질기준) ① 공공하수처리시설·간이공공하수처리시설·분뇨처리시설 및 개인하수처리시설의 방류수 수질기준은 환경부령으로 정한다. 다만, 다음 각 호에 해당하는 지역에 대하여는 그 기준을 달리 정할 수 있다.
   1. · 2. (생 략)
② (생 략)
제27조 (배수설비의 설치 등) ①공공하수도의 사용이 개시된 때에는 배수구역 안의 토지의 소유자·관리자(그 토지 위에 시설물이 있는 경우에는 그 시설물의 소유자 또는 관리자를 말한다) 또는 국·공유시설물의 관리자는 그 배수구역의 하수를 공공하수도에 유입시켜야 하며, 이에 필요한 배수설비를 설치하여야 한다.
② ~ ⑦ (생 략)
제28조 (공공하수도 유입제외) 제27조제1항에도 불구하고 다음 각 호의 어느 하나에 해당하는 하수를 배출하는 자는 하수를 공공하수도에 유입시키지 아니할 수 있다. 이 경우 환경부령으로 정하는 바에 따라 미리 공공하수도관리청의 허가를 받아야 한다.
   1. 공공하수처리시설의 방류수수질기준을 초과하지 아니하는 하수
   2. 「물환경보전법」 제2조제17호에 따른 공공폐수처리시설의 방류수
   3. 그 밖에 환경부령으로 정하는 하수

※ 하수도법 시행규칙
제3조 (방류수의 수질기준 등) ① 법 제7조제1항에 따른 방류수질기준은 다음 각 호와 같다.
   1. 공공하수처리시설·간이공공하수처리시설의 방류수수질기준은 별표 1과 같다.
   2. · 3. (생 략)
② · ③ (생 략)
제24조 (하수의 공공하수도 유입제외 허가) ① 법 제28조에 해당하여 하수를 공공하수도에 유입시키지 아니하려는 자는 별지 제10호서식의 신청서에 다음 각 호의 서류를 첨부하여 관할 공공하수도관리청에 제출하여야 한다.
   1. 하수를 배출하는 건축물 등의 위치도
   2. 최종 방류구 또는 하수가 도달하는 공공수역의 위치도
   3. 방류수수질기준을 초과하지 아니하는 하수임을 증명하는 자료
② 「물환경보전법」 제2조제10호에 따른 폐수배출시설에서 발생되는 폐수를 공공하수도에 유입시키지 아니하려는 자는 제1항의 서류 외에 다음 각 호의 서류를 제출하여야 한다.
   1. 폐수배출 공정흐름도
   2. 원료(용수를 포함한다) 및 오염물질의 종류·발생량을 적은 명세서
   3. 수질오염방지시설의 설치명세서와 그 도면
   4. 「물환경보전법 시행규칙」 제47조제2항에 따른 검사기관이 채수(採水)·분석한 배출수 수질성적서(폐수배출시설이 가동되고 있지 아니한 경우에는 배출수 수질예측서)
③ · ④ (생 략)

[사례 7] 수질환경보전법 시행규칙 별표3의2(기타수질오염원) 관련

안건번호05-0021 회신일자2005-09-15

1. 질의요지
   콩나물재배시설에서 콩나물 재배행위 이전에 콩세척 작업이 행하여지거나 콩나물 재배행위가 완

료된 이후에 포장 및 판매 등을 위한 콩나물의 세척이 이루어지는 경우 당해 시설이 「수질환경보전법 시행규칙 별표 3의2」 "기타수질오염원"중 "1차 농산물을 물세척만 하는 시설"에 해당되는지 여부

2. 회답

　콩나물재배시설에서 콩나물 재배행위 이전에 콩세척 작업이 행하여지거나 콩나물 재배행위가 완료된 이후에 포장 및 판매 등을 위한 콩나물의 세척행위가 이루어지는 경우 해당 콩나물재배시설에서 사용한 물의 양 중 콩나물재배에 사용된 물의 양을 제외한 콩세척 또는 콩나물세척 작업에 사용된 물의 양이 1일 5㎥ 이상이라면, 해당 콩나물재배시설은 「수질환경보전법 시행규칙 별표 3의2」 "기타수질오염원"중 "1차 농산물을 물세척만 하는 시설"에 해당한다 할 것입니다.

3. 이유

○ 「수질환경보전법 제2조제5호의3」, 「동법 시행규칙 제5조의2, 별표 3의2」의 규정에 의하면, 제1차 농산물을 물세척만 하는 시설로서, 1일 물 사용량이 5㎥ 이상인 농·수·축산물 단순가공 시설을 기타수질오염원의 일종으로 규정하고 있는 바, 단순히 물을 주어 콩나물을 재배하는 행위는 농산물을 물세척하는 작업이 수반되지 아니하므로, 콩나물을 재배만 하는 콩나물재배시설은 기타수질오염원 중 "1차 농산물을 세척만 하는 시설"에 포함되지 아니한다 할 것이나, 콩나물재배시설에서 콩나물 재배행위 외에 콩나물 재배 이전에 콩을 세척하는 행위 또는 콩나물 재배 이후에 포장 및 판매 등을 위한 콩나물의 세척행위가 이루어지는 경우에는 단순히 물을 주어 콩나물을 재배만 하는 시설과 동일시할 수는 없다 할 것입니다.

○ 「수질환경보전법」의 목적은 수질오염으로 인한 국민건강 및 환경상의 위해를 예방하고 하천·호소 등 공공수역의 수질을 적정하게 관리·보전하는데 있는 것이므로(「동법 제1조」), 특정 시설이 일정한 오염방지시설을 설치할 의무를 지게 되는 기타수질오염원에 해당하는지 여부는 당해 시설에서 법령에서 정한 행위가 이루어져 그 행위에 따르는 오염물질이 배출되는지 여부에 따라 결정되는 것이고, 그 오염물질 배출이 독립된 공간에서 독립적으로 이루어지는지, 아니면 다른 생산활동 또는 산업활동을 위한 일련의 절차에 있어 하나의 부속적인 행위로서 이루어지는지 여부는 기타수질오염원인지 여부를 판단하는 기준이 될 수 없다 할 것입니다. ○ 따라서, 콩나물재배시설에서 콩나물 재배행위 이전에 콩의 세척 행위가 이루어지거나 콩나물 재배행위가 완료된 이후에 포장 및 판매 등을 위한 콩나물의 세척행위가 이루어진다면, 이 행위들이 콩나물재배의 부속적인 절차인지 여부와 상관없이 해당 1차 농산물을 세척함에 따른 오염물질이 배출되는 것은 분명하므로, 동 시설은 1차 농산물을 세척하는 시설에 해당한다 할 것이고, 이 경우 해당 콩나물재배시설에서 사용한 물의 양 중 단순재배작업에 투입된 물의 양을 제외하고 콩세척 또는 콩나물세척 작업에 사용된 물의 양이 1일 5㎥ 이상이라면, 해당 콩나물재배시설은 「수질환경보전법 시행규칙 별표 3의2」 "기타수질오염원"중 "1차 농산물을 물세척만 하는 시설"에 해당한다 할 것입니다.

[사례 8] 환경부 - 「수질환경보전법」 제41조 제1항 제1호 나목(방류수수질기준) 관련

안건번호07-0011 회신일자2007-03-23

1. 질의요지

「수질환경보전법」 제41조 제1항 제1호 나목의 규정에 따르면, 환경부장관은 하수종말처리시설에서 배출되는 폐수 중 수질오염물질이 제12조 제3항의 규정에 의한 방류수 수질기준을 초과하는

경우에 기본배출부과금을 부과·징수하도록 되어 있는바, 이 경우 기본배출부과금의 부과기준이 되는 방류수수질기준은 「수질환경보전법」상 폐수종말처리시설의 방류수수질기준인지, 아니면 「하수도법」상 하수종말처리시설의 방류수수질기준인지?

2. 회답

하수종말처리시설에 대한 기본배출부과금의 부과기준이 되는 방류수수질기준은 「하수도법」상 하수종말처리시설의 방류수수질기준입니다.

3. 이유
- 「수질환경보전법」 제41조 제1항 각 호 외의 부분 전단의 규정에 따르면, 환경부장관은 수질오염물질로 인한 수질환경상의 피해를 방지 또는 감소시키기 위하여 ①수질오염물질을 배출하는 사업자(같은 법 제33조 제1항 내지 제3항의 규정에 의하여 폐수배출시설의 설치 등을 위한 허가·변경허가를 받은 자 또는 신고·변경신고를 한 자), ②같은 법 제48조의 규정에 의한 폐수종말처리시설을 운영하는 자 및 ③「하수도법」 제2조 제5호의 규정에 의한 하수종말처리시설 중 환경부령이 정하는 시설을 운영하는 자 등에게 배출부과금(기본배출부과금 또는 초과배출부과금)을 부과·징수하도록 되어 있습니다.
- 「수질환경보전법 시행규칙」 제33조의 규정에 따르면, 「수질환경보전법」 제41조 제1항 각 호 외의 부분 전단의 "환경부령이 정하는 시설"은 같은 법 시행령 별표 8의 제1종 사업장(1일 폐수배출량이 2,000㎥ 이상) 내지 제4종 사업장(1일 폐수배출량이 50㎥ 이상, 200㎥ 미만)의 폐수를 유입하여 처리하는 하수종말처리시설(이하 "폐수유입하수종말처리시설"이라 한다)을 말합니다.
- 「수질환경보전법」 제41조 제1항 제1호 가목 및 나목의 규정에 따르면, 기본배출부과금은 ①폐수배출시설(폐수무방류배출시설을 제외한다)에서 배출되는 폐수 중 수질오염물질이 같은 법 제32조의 규정에 의한 배출허용기준(폐수배출시설에서 배출되는 수질오염물질의 배출허용기준) 이하로 배출되나, 같은 법 제12조 제3항의 규정에 의한 방류수수질기준을 초과하는 경우(가목)와 ②폐수종말처리시설 또는 폐수유입하수종말처리시설에서 배출되는 폐수 중 수질오염물질이 같은 법 제12조 제3항의 규정에 의한 방류수수질기준을 초과하는 경우(나목)에 부과·징수하도록 되어 있습니다.
- 위 규정을 종합하면, 기본배출부과금은 폐수배출시설·폐수종말처리시설 및 폐수유입하수종말처리시설에서 배출되는 폐수의 수질기준이 모두 「수질환경보전법」 "제12조 제3항의 규정에 의한 방류수 수질기준을 초과하는 경우"에 부과·징수하도록 되어 있습니다.
- 「수질환경보전법」 제12조 제1항의 규정에 따르면, 환경부장관은 공공수역의 수질오염방지를 위하여 특히 필요하다고 인정하는 때에는 시·도지사, 시장·군수·구청장으로 하여금 관할구역 안의 하수관거, 폐수·하수종말처리시설 또는 폐기물처리시설 등의 설치·정비 등을 하게 할 수 있고, 같은 조 제3항에서는 "제1항의 규정에 의한 폐수종말처리시설에서 배출되는 물의 수질기준(이하 "방류수수질기준"이라 한다)은 관계중앙행정기관의 장과 협의를 거쳐 환경부령으로 정하고, 하수종말처리시설 또는 폐기물처리시설에서 배출되는 물의 수질기준은 「하수도법」 또는 「폐기물관리법」에 의한다"고 규정하고 있습니다.
- 그런데, 「수질환경보전법」 제41조 제1항 제1호에서는 기본배출부과금의 부과기준을 "제12조 제3항의 규정에 의한 방류수수질기준"이라고 규정하고 있어 그것이 약칭된 용어로서 폐수종말처리시설의 방류수 수질기준을 지칭하는 것인지, 아니면 제12조 제3항에서 규정하고 있는 각 처리시설에서 배출되는 물의 수질기준을 통칭하는 것인지 명확하지 아니합니다.

○ 한편, 「환경·교통·재해 등에 관한 영향평가법」 제33조 제1항 및 제2항의 규정 중 이 건과 관련된 내용을 살펴보면, ①사업자가 평가서에 협의기준(오염물질의 배출농도에 관한 기준을 말함)을 제시하는 경우와 ②「수질환경보전법」 제12조 제3항의 규정에 의한 방류수수질기준으로는 「환경정책기본법」 제10조의 규정에 의한 환경기준을 유지하기 어렵거나 환경의 악화를 방지할 수 없다는 것이 인정되는 경우에 협의기준을 협의내용에 포함할 수 있으며, 협의기준을 초과하여 오염물질을 배출하는 폐수종말처리시설 또는 하수종말처리시설을 운영하는 자에 대하여는 협의기준초과부담금을 부과·징수합니다.

○ 협의기준은 방류수수질기준보다 강화된 기준이므로 협의기준초과부담금을 부과할 경우 「수질환경보전법」상의 배출부과금이 중복 부과되는 문제를 해소하기 위하여 「환경·교통·재해 등에 관한 영향평가법 시행령」 별표 3 제1호 나목 및 다목의 비고에서 폐수종말처리시설의 배출농도가 폐수종말처리시설의 방류수수질기준을 초과하는 경우에는 방류수수질기준을 배출농도로 보고, 하수종말처리시설의 배출농도가 「하수도법」에 따른 방류수수질기준을 초과하는 경우 그 방류수수질기준의 농도를 배출농도로 본다고 규정하고 있습니다.

○ 이와 같이, 「환경·교통·재해 등에 관한 영향평가법」과 「수질환경보전법」에 그 성격이 서로 유사한 협의기준초과부담금 또는 기본배출부과금의 부과·징수에 대한 규정이 있고, 「하수도법」상 하수종말처리시설에 있어서 위 협의기준초과부담금과 기본배출부담금이 중복하여 부과되는 것을 방지하기 위하여 「환경·교통·재해 등에 관한 영향평가법 시행령」 별표 3의 제1호 다목 비고 3에서 기본배출부과금에 해당하는 부분만큼을 제외하여 협의기준초과부담금을 산정하도록 하고 있다면, 「수질환경보전법」도 이러한 명시적 규정에 합치되는 방향으로 해석하여야 할 것이므로, 폐수유입하수종말처리시설에서 배출되는 수질오염물질에 대한 배출부과금은 「하수도법」상 하수종말처리시설의 방류수 수질기준을 초과하는 경우에 부과·징수하여야 하는 것으로 보아야 합니다.

○ 만일 하수종말처리시설에 대한 기본배출부과금을 위 시설에서 배출되는 수질오염물질이 "폐수종말처리시설의 방류수수질기준"을 초과하는 경우에 부과·징수하는 것으로 해석하면, 하수종말처리시설에서 배출되는 수질오염물질이 폐수종말처리시설의 방류수수질기준을 초과한 부분에 대하여는 「수질환경보전법」에 의한 기본배출부과금을, 협의기준을 초과하여 「하수도법」상 하수종말처리시설의 방류수수질기준에 해당하는 부분까지는 협의기준초과부담금을 각각 부과·징수하게 될 것이나, 「하수도법」상 하수종말처리시설의 방류수수질기준을 초과하여 폐수종말처리시설의 방류수수질기준에 해당하는 부분에 대해서는 기본배출부과금과 협의기준초과부담금을 전혀 부과·징수할 수 없게 되는 경우가 발생할 수 있어 관련법령의 입법취지에 반하게 됩니다.

○ 그리고 「수질환경보전법」 제12조 제3항에서 규정하고 있는 폐수종말처리시설이나 하수종말처리시설 또는 폐기물처리시설에서 배출되는 물의 수질기준은 공공수역의 수질오염방지를 위해 공유수면에 물을 배출하는 자가 지켜야 할 최저기준이라고 할 것이고, 같은 법 제41조에 의한 배출부과금은 수질오염물질로 인한 수질환경상의 피해를 방지 또는 감소시키기 위해 부과하는 것으로서 그 중 기본배출부과금은 배출시설이나 하수종말처리시설 또는 폐기물처리시설을 운영하는 사업자가 위 최저기준을 지키지 못하였기 때문에 부과하는 것이라고 할 것이며, 이 경우 기본배출부과금의 부과기준이 되는 수질기준은 당해 시설에 적용되는 수질기준이 되어야 할 것이므로 하수종말처리시설의 경우는 그 방류수의 수질과는 직접적인 관련이 없는 폐수종말처리시설의 방류수수질기준이 아니라 「하수도법」에 의한 방류수수질기준이 적용되

어야 할 것입니다.
- ○ 한편 「수질환경보전법」 제68조에서는 환경부장관 또는 시·도지사로 하여금 하수종말처리시설에 대해서도 같은 법 제12조 제3항에 의한 방류수수질기준의 준수여부를 검사할 수 있도록 하고 있는바, 이 경우 준수의무가 있는 방류수수질기준은 「하수도법」에 의한 수질기준이라고 보아야 할 것입니다.
- ○ 또한, 「수질환경보전법」 제41조 제2항 제6호 및 같은 법 시행규칙 제34조 제1호의 규정에 따르면, 같은 법 제12조 제3항에 따른 폐수종말처리시설 또는 하수종말처리시설의 방류수수질기준의 초과여부에 관한 사항을 배출부과금(기본배출부과금 또는 초과배출부과금)을 부과할 때에 고려하도록 명시하고 있는바, 이는 폐수유입하수종말처리시설에 대한 배출부과금의 부과기준이 하수종말처리시설의 방류수수질기준임을 간접적으로 나타내고 있다고 할 수 있습니다. 그리고 기본배출부과금 부과·징수의 대상을 모든 하수종말처리시설이 아니라 다량의 폐수가 유입되는 하수종말처리시설로 한정하고 있다고 하더라도 그 시설이 하수종말처리시설인 이상 동 시설에서 방류수를 배출함에 있어서는 「하수도법」상 하수종말처리시설의 방류수수질기준을 준수하도록 하는 것이 공공수역의 수질보전을 목적으로 하는 「하수도법」과 「수질환경보전법」의 입법취지에 부합한다고 할 것이므로, 폐수유입하수종말처리시설에서 배출되는 폐수의 수질오염물질의 경우에는 「하수도법」상 하수종말처리시설의 방류수수질기준을 초과하는 경우에 기본배출부과금을 부과·징수하여야 하는 것으로 보아야 합니다.

[사례 9] 「수질환경보전법」 제11조의2(제재처분의 승계) 관련 해석

안건번호 05-0149 회신일자 2006-02-03

1. 질의요지
   임대차계약에 의하여 폐수배출시설 및 방지시설을 임차하여 운영하던 임차인이 배출허용기준 초과로 인한 초과배출부과금 부과처분을 받았으나 이를 납부하지 아니하고 임대차계약을 해지하여 당해 시설이 임대인에게 환원된 경우 초과배출부과금 부과처분이 임대인에게 승계되는지 여부

2. 회답
   폐수배출시설 및 방지시설을 임차하여 운영하던 임차인에 대한 초과배출부과금 부과처분은 임차인이 이를 납부하지 아니하고 임대차계약을 해지하여 당해 시설이 임대인에게 환원된 경우에도 임대인에게 승계되지 아니합니다.

3. 이유
   - ○ 「수질환경보전법 제11조의2제1항 및 제2항」에서는 폐수배출시설(이하 "배출시설"이라 한다)의 설치허가를 받거나 설치신고를 한 자(이하 "사업자"라 한다)가 배출시설 및 수질오염방지시설(이하 "방지시설"이라 한다)을 양도하거나 사망한 경우 또는 법인의 합병이 있는 경우뿐만 아니라 경매 등으로 배출시설 및 방지시설의 인수가 이루어진 경우에도 사업자의 권리·의무를 승계하도록 규정하고 있습니다.
   - ○ 그러나, 「동조제3항」에서는 배출시설 및 방지시설을 임대차하는 경우 임차인은 배출시설 및 방지시설의 정상운영의무, 개선명령, 조업정지명령, 배출부과금 부과, 배출시설의 폐쇄, 과징금 처분 등에 있어서 사업자로 보도록 하고 있는바, 이는 배출시설 및 방지시설이 임대차된 경우에는 임차인이 시설정상운영의무 등에 있어 시설설치자와 동일한 책임을 지도록 하기 위하여 사업자로 간주되는 경우를 한정적으로 열거하고 있을 뿐이고 「동조 제1항 및 제2항」에

서와 같이 권리·의무를 승계하도록 하는 규정이라 볼 수는 없다 할 것입니다.
○ 한편, 「동법」에서는 배출시설 및 방지시설의 운영에 따른 행정상 제재처분의 효과의 승계 여부에 대하여는 명시적으로 규정하고 있지 아니한바, 행정상 제재처분이 그 성격상 사업장에 효과가 미치는 경우에는 사업자의 변경이 있더라도 당해 사업장에 대한 제재는 계속 유효하다고 볼 필요가 있으나, 제재처분의 효과를 사업 또는 시설의 양수인 등에게 승계시키고자 하는 때에는 법률에서 명시적인 규정을 두는 것이 바람직하고 그러한 경우에도 양도인의 법령위반 사실을 알지 못한 선의의 양수인 등을 보호할 필요가 있다 할 것입니다.
○ 더구나, 사업 또는 시설을 양도·양수하는 경우에는 양 당사자의 의사에 따라 당해 사업 또는 시설의 양도·양수여부가 결정될 수 있으나 임대차계약의 경우 계약기간 만료 등의 사유로 당해 계약이 해지되면 임대인의 의사와 관계없이 당해 시설이 임대인에게 환원된다는 점과 「동법 제19조제1항제2호」의 규정에 의한 초과배출부과금은 배출허용기준을 초과하여 오염물질을 배출한 사업자에 대하여 부과하는 금전적 제재로서 그 효과가 사업장에만 미치는 순수한 대물적 처분의 성격만 갖는 것으로 보기는 어려운 점을 고려할 때, 법률에 명시적인 규정이 없는 한 사인간의 임대차계약 및 그 계약의 종료로 인하여 계약당사자간의 공법상 권리·의무의 승계가 자동적으로 이루어진다고 보기는 어렵다 할 것이므로, 임차인이 배출시설을 임차하여 운영하는 동안 사업자로서 부과받은 제재처분이 임대차계약의 해지로 임대인에게 당연히 승계된다고 보기는 어렵다 할 것입니다.

[사례 10] 환경부 - 기존에 설치신고한 폐수배출시설의 변경 없이 설치허가를 받은 경우 비점오염원의 설치신고 적용례 대상인지 여부(「수질 및 수생태계 보전에 관한 법률」 제53조제1항 등 관련)

안건번호13-0282 회신일자2013-08-21

1. 질의요지
구 「수질환경보전법」(2005. 3. 31. 법률 제7459호로 전부개정되어 2006. 4. 1. 시행되기 전의 것을 말함. 이하 "구 수질환경보전법"이라 함)에 따라 폐수배출시설 설치의 신고를 한 사업자가 해당 폐수배출시설에서 특정수질유해물질이 발생하게 되어 2006. 4. 1. 이후 「수질 및 수생태계 보전에 관한 법률」(2005. 3. 31. 법률 제7459호로 개정되어 2006. 4. 1. 시행된 후의 것을 말함. 이하 같음) 제33조제1항 및 같은 법 시행령 제31조제1항제1호에 따라 폐수배출시설 설치의 허가를 받은 경우, 해당 사업자는 「수질 및 수생태계 보전에 관한 법률」 제53조제1항제2호 및 「수질환경보전법」(2005. 3. 31. 법률 제7459호로 개정되어 2006. 4. 1. 시행된 것을 말함. 이하 "개정 수질환경보전법"이라 함) 부칙 제3조에 따라 비점오염원의 설치 신고를 해야 하는 대상에 해당하는지?

2. 회답
구 수질환경보전법에 따라 폐수배출시설 설치의 신고를 한 사업자가 해당 폐수배출시설에서 특정수질유해물질이 발생하게 되어 2006. 4. 1. 이후 「수질 및 수생태계 보전에 관한 법률」 제33조제1항 및 같은 법 시행령 제31조제1항제1호에 따라 폐수배출시설 설치의 허가를 받은 경우, 해당 사업자는 「수질 및 수생태계 보전에 관한 법률」 제53조제1항제2호 및 개정 수질환경보전법 부칙 제3조에 따른 비점오염원의 설치신고 대상에 해당한다고 할 것입니다.

3. 이유
「수질 및 수생태계 보전에 관한 법률」 제33조제1항 본문에 따르면 폐수배출시설을 설치하려는 자는 대통령령으로 정하는 바에 따라 환경부장관의 허가를 받거나 환경부장관에게 신고하여야 하고, 이에 따라 같은 법 시행령 제31조제1항에서는 설치허가를 받아야 하는 폐수배출시설을 특정수질유해물질이 발생되는 폐수배출시설(제1호) 등으로 정하고 있으며, 같은 조 제2항에서는 폐수배출시설의 설치신고를 하여야 하는 경우로 같은 조 제1항에 따른 설치허가 대상 폐수배출시설 외의 폐수배출시설을 설치하는 경우(제1호) 등을 규정하고 있습니다.

또한, 「수질 및 수생태계 보전에 관한 법률」 제2조제2호에 따르면 "비점오염원"이란 도시, 도로, 농지, 산지, 공사장 등으로서 불특정 장소에서 불특정하게 수질오염물질을 배출하는 배출원을 말하고, 비점오염원의 설치신고와 관련하여 「수질 및 수생태계 보전에 관한 법률」 제53조제1항제2호에 따르면 대통령령이 정하는 규모 이상의 사업장에 제철시설, 섬유염색시설, 그 밖에 대통령령이 정하는 폐수배출시설을 설치하는 자는 환경부령으로 정하는 바에 따라 환경부장관에게 신고하여야 하고, 그 위임에 따라 같은 법 시행령 제72조제3항 및 제4항에서 규모에 대해서는 부지면적이 1만 제곱미터 이상인 사업장을, 폐수배출시설에 대해서는 「통계법」 제22조에 따른 표준분류 중 각 호의 어느 하나의 업종에 해당하는 사업장에 설치하는 폐수배출시설을 각각 규정하고 있으며, 「수질 및 수생태계 보전에 관한 법률」 제53조제3항에 따르면 같은 조 제1항에 따라 신고 또는 변경신고를 한 자(이하 "비점오염원설치신고사업자"라 함)는 환경부령이 정하는 시점까지 환경부령이 정하는 기준에 따라 비점오염저감시설을 설치하여야 하고, 같은 법 시행규칙 제73조제1항제2호에 따르면 같은 법 제53조제1항제2호에 따른 폐수배출시설 설치 사업자는 폐수배출시설 설치허가 또는 변경허가를 받은 날부터 15일 이내에 환경부장관에게 신고하여야 한다고 규정하고 있습니다.

그런데, 비점오염원의 관리를 위한 비점오염원 설치신고 제도는 2006. 4. 1.에 시행된 개정 수질환경보전법에 도입되었고, 개정 수질환경보전법 부칙 제3조에서 비점오염원의 설치신고에 관한 같은 법 제53조의 개정규정은 같은 법 시행 후 최초로 같은 법 제33조제1항에 따라 폐수배출시설의 설치허가의 신청 또는 신고를 하는 사업자부터 적용한다고 규정되어 있는바,

이 사안에서는 구 수질환경보전법에 따라 폐수배출시설 설치의 신고를 한 사업자가 해당 폐수배출시설에서 특정수질유해물질이 발생하게 되어 2006. 4. 1. 이후 「수질 및 수생태계 보전에 관한 법률」 제33조제1항 및 같은 법 시행령 제31조제1항제1호에 따라 폐수배출시설 설치의 허가를 받은 경우, 해당 사업자는 「수질 및 수생태계 보전에 관한 법률」 제53조제1항제2호 및 개정 수질환경보전법 부칙 제3조에 따른 비점오염원의 설치신고 대상에 해당하는지가 문제될 수 있습니다.

살피건대, 법령 부칙의 적용례 규정은 새로 제정되거나 개정된 법령의 적용 대상과 시기를 구체적으로 명기함으로써 해석상 논란을 사전에 방지하기 위하여 두고 있는 것인데, 구 수질환경보전법에 따라 폐수배출시설 설치신고를 했다가 위 법률의 개정 후에 폐수배출시설 설치허가를 받은 사업자는 문언상 개정 수질환경보전법 부칙 제3조에서 개정규정의 적용대상으로 정하고 있는 "이 법 시행 후 제33조제1항에 따라 폐수배출시설의 설치허가의 신청을 하는 사업자"에 해당한다고 할 것이고, 위 부칙 제3조는 개정 수질환경보전법 시행 후 설치허가 신청 또는 신고를 기준으로 하고 있고 종전의 규정에 따라 신고를 통해 해당 시설의 설치를 완료한 자는 제외한다는 등의 규정도 없어 종전의 신고에 의해 설치한 폐수배출시설의 신규 설치나 변경이 있는지 여부는 본직절인 요소가 아니라 할 것이므로, 위 사업자는 비점오염원의 신고제도에 관한 「수질 및 수생태계 보전에 관한 법률」 제53조 및 개정 수질환경보전법 부칙 제3조의 적용을 받는다고 할 것입니다.

또한, 「수질 및 수생태계 보전에 관한 법률」 제53조제3항, 같은 법 시행령 제72조제3항 및 제4

항에서 일정 규모 이상으로서 일정 업종에 해당하는 사업장에 폐수배출시설을 설치하는 자는 비점오염원의 설치신고를 하도록 하고, 비점오염원설치신고사업자는 비점오염저감시설을 설치하도록 하고 있는바, 이는 전체 수질오염물질 발생량의 약 30퍼센트를 차지하나 관리되고 있지 않는 비점오염원을 관리할 수 있는 법적 근거를 마련하고자 일정 규모 이상의 도시개발사업 등과 폐수배출시설을 설치하는 사업장은 오염방지시설의 설치를 의무화한 것[개정 수질환경보전법의 개정이유서 참조]으로, 비점오염원 설치신고의 취지를 고려할 때 개정 수질환경보전법 제53조 개정규정의 적용례 대상인 사업자로서 폐수배출시설 설치허가를 받은 자는 비점오염원 설치신고 대상에 해당한다고 보아야 할 것입니다.

아울러, 구 수질환경보전법에 따라 폐수배출시설 설치신고를 했다 하더라도 수질 및 수생태계 보전에 관한 법령에서 정하는 폐수배출시설 설치의 허가와 신고는 각각 그 대상이나 요건을 달리한다는 점에서 폐수배출시설 설치허가는 신고와는 다른 별개의 행정행위이므로, 해당 사업자는 "허가"를 받음으로써 "폐수배출시설을 설치하는 자"에 해당하게 되는 것이고, 구 수질환경보전법에 따라 폐수배출시설 설치신고를 했다고 하여 개정 수질환경보전법의 적용을 배제할 수는 없다고 할 것입니다.

따라서, 구 수질환경보전법에 따라 폐수배출시설 설치의 신고를 한 사업자가 해당 폐수배출시설에서 특정수질유해물질이 발생하게 되어 2006. 4. 1. 이후에 「수질 및 수생태계 보전에 관한 법률」 제33조제1항 및 같은 법 시행령 제31조제1항제1호에 따라 폐수배출시설 설치의 허가를 받은 경우, 해당 사업자는 「수질 및 수생태계 보전에 관한 법률」 제53조제1항제2호 및 개정 수질환경보전법 부칙 제3조에 따른 비점오염원의 설치신고 대상에 해당한다고 할 것입니다.

[사례 11] 환경부 - 「물환경보전법」 제32조제1항에 따른 배출허용기준의 적용 범위 등(「물환경보전법」 제32조 등 관련)

안건번호20-0571 회신일자2020-12-16

1. 질의요지

A폐수배출시설(각주: 「물환경보전법」 제2조제10호에 따른 "폐수배출시설"로서 같은 조 제11호에 따른 "폐수무방류배출시설"이 아닌 시설을 말하며, 이하 같음.)에서 배출한 폐수(각주: 「물환경보전법」 제2조제4호에 따른 "폐수"를 말하며, 이하 같음.)를 동일 사업장 내의 인접한 B폐수배출시설(각주: 「물환경보전법」 제2조제10호에 따른 "폐수배출시설"로서 같은 조 제11호에 따른 "폐수무방류배출시설"이 아닌 시설을 말하며, A폐수배출시설과 B폐수배출시설을 설치·운영하는 자가 동일한 경우를 전제함.)에서 전량(全量) 재이용하는 경우,

가. A폐수배출시설은 「물환경보전법」 제32조제7항제2호에 해당하여 같은 조 제1항에 따른 배출허용기준이 적용되지 않는지?

나. A폐수배출시설의 사업자(각주: 「물환경보전법」 제33조제1항부터 제3항까지에 따라 폐수배출시설의 설치 허가를 받거나 신고를 한 자를 말하며(제35조제1항 본문 참조), 이하 같음.)는 「물환경보전법」 제35조제1항 단서 및 같은 법 시행령 제33조제3호에 따라 수질오염방지시설 설치 의무가 면제되는지?

※ 질의배경

민원인은 위 질의요지에 대한 환경부의 회신 내용에 이견이 있어 환경부를 거쳐 법제처에 법령해석을 요청함.

2. 회답
   가. 질의 가에 대하여
      이 사안의 경우 A폐수배출시설은 「물환경보전법」 제32조제1항에 따른 배출허용기준이 적용되지 않습니다.
   나. 질의 나에 대하여
      이 사안의 경우 A폐수배출시설의 사업자는 「물환경보전법」 제35조제1항 단서 및 같은 법 시행령 제33조제3호에 따라 수질오염방지시설 설치 의무가 면제됩니다.
3. 이유
   가. 질의 가에 대하여
      법해석의 목표는 어디까지나 법적 안정성을 저해하지 않는 범위 내에서 구체적 타당성을 찾는 데 두어야 하고, 나아가 그러기 위해서는 가능한 한 법률에 사용된 문언의 통상적인 의미에 충실하게 해석하는 것을 원칙으로 하면서, 법률의 입법 취지와 목적, 그 제·개정 연혁, 법질서 전체와의 조화 등을 고려하는 체계적·논리적 해석방법을 추가적으로 동원함으로써 위와 같은 법해석의 요청에 부응하는 타당한 해석을 해야 합니다.(각주: 대법원 2013. 1. 17. 선고 2011다83431 판결례 참조)
      「물환경보전법」은 수질오염으로 인한 국민건강 및 환경상의 위해(危害)를 예방하고 하천·호소(湖沼) 등 공공수역의 물환경을 적정하게 관리·보전하는 것을 목적(제1조)으로 하는 법률로서, 같은 법 제32조에서는 폐수배출시설에서 배출되는 수질오염물질의 배출허용기준은 환경부령으로 정하도록 하면서(제1항) 해당 배출허용기준이 적용되지 않는 폐수배출시설의 하나로 "환경부령으로 정하는 배출시설 중 폐수를 전량(全量) 재이용하거나 전량 위탁처리하여 공공수역으로 폐수를 방류하지 아니하는 폐수배출시설"(제7항제2호)을 규정하고 있는바, 이는 수질오염물질이 공공수역으로 방류될 경우 공공수역의 물환경이 오염될 우려가 있어 이를 방지하기 위해 배출허용기준을 규율한 것이므로 공공수역으로 폐수가 방류되지 않는 폐수배출시설에 대해서는 배출허용기준의 적용을 배제한 것입니다.
      그렇다면 「물환경보전법」 제32조제7항제2호의 위임에 따라 같은 법 시행령 제33조제3호 및 시행규칙 제42조(각주: 「물환경보전법」 제32조제7항제2호의 위임에 따른 같은 법 시행규칙 제35조에서는 같은 법 시행령 제33조제2호 및 제3호에 따라 수질오염방지시설 설치가 면제되는 폐수배출시설을 규정하고 있고, 같은 법 시행령 제33조제3호의 "환경부령으로 정하는 경우"를 구체적으로 정한 규정임.)제1호 본문에서 폐수를 전량 재이용하는 등 폐수를 제조공정에서 순환하여 재이용하는 시설로서 폐수 등의 수질오염물질을 차단된 공정 밖으로 배출하지 아니하고도 적정한 처리가 가능하다고 인정되는 폐수배출시설을 배출허용기준이 적용되지 않는 시설로 규정한 것도, 「물환경보전법」의 입법목적과 배출허용기준 제도의 취지 등에 비추어 해석해야 할 것입니다.
      그런데 이 사안과 같이 A폐수배출시설에서 배출한 폐수를 동일 사업장 내의 B폐수배출시설에서 전량 재이용하는 경우로서, A폐수배출시설에서 폐수의 배출이 이루어지나 배출되는 모든 폐수가 B폐수배출시설로 이동하게 되어 공공수역으로의 방류는 B폐수배출시설에서 이루어지게 되는 경우라면, B폐수배출시설에서 폐수가 방류되기 전에는 A폐수배출시설의 폐수는 차단된 공정 밖으로 배출되지 않고 전량 재이용되는 것이므로 「물환경보전법」 제32조제7항제2호에 따른 폐수배출시설에서 배출되는 폐수가 전량 재이용되어 공공수역으로 방류되지 않는 경우에 해당한다고 해석하는 것이 합리적입니다.

따라서 A폐수배출시설의 폐수를 전량 재이용하는 B폐수배출시설은 폐수를 공공수역으로 방류하는 시설로서 배출허용기준을 준수해야 하지만, A폐수배출시설에서 배출한 폐수를 전량 B폐수배출시설로 이동하는 경우에 대해서까지 「물환경보전법」 제32조제1항에 따른 배출허용기준의 적용 대상이라고 볼 수는 없습니다.

나. 질의 나에 대하여

「물환경보전법」 제35조제1항에서는 같은 법 제33조제1항부터 제3항까지에 따라 폐수배출시설 설치를 위한 허가 등을 받은 사업자가 해당 폐수배출시설을 설치하거나 변경할 때에는 그 폐수배출시설로부터 배출되는 수질오염물질이 같은 법 제32조에 따른 배출허용기준 이하로 배출되게 하기 위한 수질오염방지시설을 설치해야 한다고 의무를 부과하면서(본문) 대통령령으로 정하는 기준에 해당하는 폐수배출시설에 대해서는 수질오염방지시설 설치 의무를 면제(단서)하고 있습니다.

그리고 「물환경보전법」 제35조제1항 단서의 위임에 따른 같은 법 시행령 제33조제3호 및 같은 법 시행규칙 제42조제1호 본문에서는 폐수를 전량 재이용하는 등 폐수를 제조공정에서 순환하여 재이용하는 시설로서 폐수 등의 수질오염물질을 차단된 공정 밖으로 배출하지 아니하고도 적정한 처리가 가능하다고 인정되는 폐수배출시설을 규정하고 있는바, 이는 앞에서 살펴본 배출허용기준의 적용 대상과 마찬가지로 수질오염물질이 공공수역으로 방류될 경우 공공수역의 물환경이 오염될 우려가 있어 이를 방지하기 위해 수질오염방지시설을 설치하도록 한 것이므로, 공공수역으로 폐수가 방류되지 않는 폐수배출시설에 대해서는 수질오염방지시설 설치 의무를 면제한 것으로 보는 것이 타당합니다.

그런데 이 사안과 같이 A폐수배출시설에서 배출한 폐수를 동일 사업장 내의 B폐수배출시설에서 전량 재이용하는 경우로서, A폐수배출시설에서 폐수의 배출이 이루어지나 배출되는 모든 폐수가 B폐수배출시설로 이동하게 되어 공공수역으로의 방류는 B폐수배출시설에서 이루어지게 되는 경우라면, B폐수배출시설에서 폐수가 방류되기 전에는 A폐수배출시설의 폐수는 차단된 공정 밖으로 배출되지 않고 전량 재이용되는 것이므로 「물환경보전법 시행령」 제33조제3호에 따른 폐수를 전량 재이용하는 등 방지시설을 설치하지 아니하고도 수질오염물질을 적정하게 처리할 수 있는 경우에 해당한다고 해석하는 것이 합리적입니다.

따라서 A폐수배출시설의 폐수를 전량 재이용하는 B폐수배출시설은 폐수를 공공수역으로 방류하는 시설로서 배출허용기준 준수 및 수질오염방지시설을 설치해야 하지만, A폐수배출시설에서 배출한 폐수를 전량 B폐수배출시설로 이동하는 경우에 대해서까지 「물환경보전법」 제35조제1항 본문에 따른 수질오염방지시설 설치 의무가 적용된다고 볼 수는 없습니다.

※ 법령정비 권고사항

「물환경보전법」의 입법목적과 이 사안과 같이 동일 사업장 내에 있는 폐수배출시설 간 폐수를 전량 재이용하는 경우에 발생할 수 있는 수질오염 발생가능성 등을 종합적으로 검토하여 배출허용기준의 적용이 제외되는 경우와 수질오염방지시설 설치 의무가 면제되는 경우를 보다 명확히 규정할 필요가 있습니다.

<관계 법령>
※ 물환경보전법
제32조 (배출허용기준) ① 폐수배출시설(이하 "배출시설"이라 한다)에서 배출되는 수질오염물질의 배출허용기준은 환경부령으로 정한다.
　② ~ ⑥ (생 략)

⑦ 다음 각 호의 어느 하나에 해당하는 배출시설에 대해서는 제1항부터 제6항까지의 규정을 적용하지 아니한다.
  1. 제33조제1항 단서 및 같은 조 제2항에 따라 설치되는 폐수무방류배출시설
  2. 환경부령으로 정하는 배출시설 중 폐수를 전량(全量) 재이용하거나 전량 위탁처리하여 공공수역으로 폐수를 방류하지 아니하는 배출시설
⑧ (생 략)

제35조 (방지시설의 설치·설치면제 및 면제자 준수사항 등) ① 제33조제1항부터 제3항까지의 규정에 따라 허가·변경허가를 받은 자 또는 신고·변경신고를 한 자(이하 "사업자"라 한다)가 해당 배출시설을 설치하거나 변경할 때에는 그 배출시설로부터 배출되는 수질오염물질이 제32조에 따른 배출허용기준 이하로 배출되게 하기 위한 수질오염방지시설(폐수무방류배출시설의 경우에는 폐수를 배출하지 아니하고 처리할 수 있는 수질오염방지시설을 말한다. 이하 같다)을 설치하여야 한다. 다만, 대통령령으로 정하는 기준에 해당하는 배출시설(폐수무방류배출시설은 제외한다)의 경우에는 그러하지 아니하다.
② 제1항 단서에 따라 수질오염방지시설(이하 "방지시설"이라 한다)을 설치하지 아니하고 배출시설을 사용하는 자는 폐수의 처리, 보관방법 등 배출시설의 관리에 관하여 환경부령으로 정하는 사항(이하 이 조에서 "준수사항"이라 한다)을 지켜야 한다.
③ ~ ⑥ (생 략)

※ 물환경보전법 시행령
제33조 (방지시설설치의 면제기준) 법 제35조제1항 단서에서 "대통령령으로 정하는 기준에 해당하는 배출시설(폐수무방류배출시설은 제외한다)의 경우"란 다음 각 호의 어느 하나에 해당하는 경우를 말한다.
  1. 배출시설의 기능 및 공정상 수질오염물질이 항상 배출허용기준 이하로 배출되는 경우
  2. 법 제62조에 따라 폐수처리업의 등록을 한 자(이하 "폐수처리업자"라 한다) 또는 환경부장관이 인정하여 고시하는 관계 전문기관에 환경부령으로 정하는 폐수를 전량 위탁처리하는 경우
  3. 폐수를 전량 재이용하는 등 방지시설을 설치하지 아니하고도 수질오염물질을 적정하게 처리할 수 있는 경우로서 환경부령으로 정하는 경우

※ 물환경보전법 시행규칙
제35조 (배출허용기준을 적용하지 아니하는 폐수배출시설) 법 제32조제7항제2호에 따른 "환경부령으로 정하는 배출시설"이란 영 제33조제2호 및 제3호에 따라 수질오염방지시설 설치가 면제되는 폐수배출시설을 말한다.
제42조 (수질오염방지시설 설치 외의 방법을 이용한 수질오염물질의 처리) 영 제33조제3호에서 "환경부령으로 정하는 경우"란 다음 각 호의 어느 하나에 해당하는 경우를 말한다.
  1. 폐수를 제조공정에서 순환하여 재이용하는 시설로서 폐수 등의 수질오염물질을 차단된 공정 밖으로 배출하지 아니하고도 적정한 처리가 가능하다고 인정되는 경우. 다만, 시설이나 공정의 특성에 따라 더 이상의 재이용이 불가능한 폐수가 부득이하게 공정 밖으로 배출되는 경우에는 법 제62조에 따라 폐수처리업의 등록을 한 자 또는 환경부장관이 정하여 고시하는 관계전문기관(이하 "폐수처리업자등"이라 한다)에 위탁처리하여야 한다.
  2. ~ 4. (생 략)

[사례 12] 울산광역시 - 행정처분의 대상이 되는 "수질오염물질 희석 배출"의 범위(「수질 및 수생태계 보전에 관한 법률」 제38조제1항제3호 등 관련)

안건번호13-0138 회신일자2013-05-22

1. 질의요지
「수질 및 수생태계 보전에 관한 법률」 제38조제1항제3호 본문 전단에 규정되어 있는 "배출시설에서 배출되는 수질오염물질에 공정 중에 배출되지 아니하는 물 또는 공정 중에서 배출되는 오염되지 아니한 물을 섞어 처리하는 경우"가 같은 법 시행규칙 별표 22 제2호가목 6)라)에 해당하여 조업정지 등 행정처분을 할 수 있는지?

2. 회답
「수질 및 수생태계 보전에 관한 법률」 제38조제1항제3호 본문 전단에 규정되어 있는 "배출시설

에서 배출되는 수질오염물질에 공정 중에 배출되지 아니하는 물 또는 공정 중에서 배출되는 오염되지 아니한 물을 섞어 처리하는 경우"는 같은 법 시행규칙 별표 22 제2호가목 6)라)에 해당하여 조업정지 등 행정처분을 할 수 있다고 할 것입니다.

3. 이유

「수질 및 수생태계 보전에 관한 법률」(이하 "수질보전법"이라 함) 제33조제1항 본문에 따르면 폐수배출시설(이하 "배출시설"이라 함)을 설치하고자 하는 자는 대통령령이 정하는 바에 의하여 환경부장관의 허가를 받거나 환경부장관에게 신고하여야 하고, 같은 법 제35조제1항 본문에 따르면 제33조제1항 내지 제3항의 규정에 의하여 허가·변경허가를 받은 자 또는 신고·변경신고를 한 자(이하 "사업자"라 함)는 당해 배출시설을 설치하거나 변경할 때 그 배출시설로부터 배출되는 수질오염물질이 제32조의 배출허용기준 이하로 배출되게 하기 위한 수질오염방지시설을 설치하여야 합니다.

그리고, 수질보전법 제38조제1항에서는 사업자 또는 방지시설을 운영하는 자가 하여서는 아니되는 행위를 각 호에 규정하면서, 제3호 본문에서 배출시설에서 배출되는 수질오염물질에 공정 중에서 배출되지 아니하는 물 또는 공정 중에서 배출되는 오염되지 아니한 물을 섞어 처리하거나, 배출허용기준이 초과되는 수질오염물질이 방지시설의 최종 방류구를 통과하기 전에 오염도를 낮추기 위하여 물을 섞어 배출하는 행위를 그 중 하나로 규정하고 있습니다.

한편, 수질보전법 제42조제1항 각 호 외의 부분 본문에 따르면 환경부장관은 사업자 또는 방지시설을 운영하는 자가 각 호의 어느 하나에 해당하는 경우에는 배출시설의 설치허가나 변경허가를 취소하거나 배출시설의 폐쇄 또는 6개월 이내의 조업정지를 명령할 수 있고, 제9호에서 그 사유 중 하나로 제38조제1항 각 호의 어느 하나 또는 같은 조 제2항 각 호의 어느 하나에 해당하는 행위를 한 경우를 규정하고 있는데, 같은 법 제71조에 따라 행정처분의 구체적 기준을 정하고 있는 같은 법 시행규칙 제105조제1항 및 별표 22 제2호(개별기준) 가목 6)라)에서는 "법 제38조제1항제3호 단서에 따른 인정을 받지 아니하고 수질오염물질을 희석하여 배출한 경우"라고만 규정하고 있어, 수질보전법 제38조제1항제3호 본문 전단에 규정되어 있는 "배출시설에서 배출되는 수질오염물질에 공정 중에 배출되지 아니하는 물 또는 공정 중에서 배출되는 오염되지 아니한 물을 섞어 처리하는 경우"가 같은 법 시행규칙 별표 22 제2호가목 6)라)에 해당하여 조업정지 등의 행정처분을 할 수 있는지 여부가 문제될 수 있습니다.

먼저, 수질보전법 제42조제1항제9호에서는 같은 법 제38조제1항 각 호의 행위를 모두 조업정지 등의 행정처분 대상으로 하고 있고, 이에 따라 같은 법 시행규칙 별표 22는 행정처분의 세부기준으로서 제2호가목 6)에서 같은 법 제38조제1항 각 호에 따라 금지되는 행위를 가)부터 사)까지의 규정에 각각 나누어 규정하고 있는데, 가)·나)는 같은 법 제38조제1항제1호를, 다)는 같은 법 제38조제1항제2호를, 마)는 같은 법 제38조제1항제3호 단서에 따라 예외적으로 시·도지사로부터 수질오염물질 희석처리를 인정받은 경우에 그 인정받은 희석배율을 지키지 않은 경우를, 바)는 같은 법 제38조제1항제4호를, 사)는 같은 법 제38조제1항 각 호의 행위를 함으로써 중대한 수질오염이라는 결과를 발생시켜 취수 중단 또는 사람·가축에 대한 피해를 발생하게 한 경우를 각각 규정함으로써 같은 법 시행규칙 별표 22 제2호가목 6)의 가)부터 사)까지의 규정과 같은 법 제42조제1항제9호에 따라 행정처분의 대상이 되는 제38조제1항 각 호의 행위가 각각 개별적으로 대응하고 있는 것을 확인할 수 있는바, 이에 비추어 볼 때, 같은 법 시행규칙 별표 22 제2호가목 6)라)는 나머지 항목에서 규정하고 있지 아니한 같은 법 제38조제1항제3호 본문 전단과 후단을 모두 행정처분 대상으로 규정하고 있는 것이라 할 것입니다.

또한, 수질보전법 시행규칙 별표 22 제2호가목 6)라)의 문구를 살펴보면, "법 제38조제1항제3호 단서에 따른 인정을 받지 아니하고 수질오염물질을 희석하여 배출한 경우"라고 규정하고 있는데, 이는 같은 호 본문에 따라 금지되는 희석처리 행위에 대한 예외로서, 부득이 희석해야만 처리가 가능한 경우에는 환경부장관의 인정을 받아서 희석처리를 할 수 있도록 하되, 위반시의 처분기준이라는 점에 비추어 볼 때, 수질보전법 시행규칙 별표 22 제2호가목 6)라)는 같은 법 제38조제1항제3호 단서에 따라 예외적으로 인정되는 희석처리행위를 제외한 같은 호 본문에 따라 금지되는 희석처리행위를 모두 행정처분의 대상으로 하기 위한 취지의 규정이라고 할 것입니다.

따라서, 수질보전법 제38조제1항제3호 본문 전단에 규정되어 있는 "배출시설에서 배출되는 수질오염물질에 공정 중에 배출되지 아니하는 물 또는 공정 중에서 배출되는 오염되지 아니한 물을 섞어 처리하는 경우"는 같은 법 시행규칙 별표 22 제2호가목 6)라)에 해당하여 조업정지 등의 행정처분을 할 수 있다고 할 것입니다.

[사례 13] 충청남도 계룡시 - 「물환경보전법」에 따른 폐수배출시설의 허가 기준으로 「환경영향평가법」에 따른 협의기준을 적용하여야 하는지 여부(「물환경보전법」 제33조 등 관련)

안건번호22-0459 회신일자2022-07-28

1. 질의요지

「물환경보전법」 제33조제1항 본문에서는 폐수배출시설을 설치하려는 자는 환경부장관의 허가를 받거나 환경부장관에게 신고해야 한다고 규정하면서 같은 조 제11항제1호에서는 폐수배출시설에서 배출되는 오염물질을 같은 법 제32조에 따른 배출허용기준 이하로 처리할 수 있을 것을 그 허가 기준으로 규정하고 있고, 같은 법 제32조제1항의 위임에 따라 수질오염물질의 배출허용기준을 정하고 있는 같은 법 시행규칙 별표 13 제1호가목, 제2호 각 목 및 비고의 지역구분란에서는 수역의 수질에 영향을 미치는 지역을 그 수역에서 보전해야 하는 수질의 등급 순으로 청정지역, 가지역, 나지역 등으로 각각 구분하면서, 같은 별표 제1호다목에서는 정상가동 중인 공공하수처리시설에 배수설비를 연결하여 처리하고 있는 폐수배출시설(이하 "이 사안 폐수배출시설"이라 함)에 같은 별표 제2호에 따른 항목별 배출허용기준(각주: 「물환경보전법 시행규칙」 별표 13 제2호나목의 항목은 해당 공공하수처리시설에서 처리하는 수질오염물질 항목만 해당하며, 이하 같음)을 적용할 때에는 나지역을 기준으로 적용한다고 규정하고 있는 한편, 「환경영향평가법」 제2조제5호라목에서는 "협의기준"이란 사업의 시행으로 영향을 받게 되는 지역에서 「물환경보전법」 제32조에 따른 배출허용기준으로는 「환경정책기본법」 제12조에 따른 환경기준을 유지하기 어렵거나 환경의 악화를 방지할 수 없다고 인정하여 사업자 또는 승인기관의 장이 해당 사업에 적용하기로 환경부장관과 협의한 기준을 말한다고 정의하고 있는바,

이 사안 폐수배출시설 설치사업으로 환경에 영향을 받게 되는 지역에서 승인기관의 장이 해당 사업에 적용하기로 환경부장관과 협의한 「물환경보전법」 제32조에 따른 배출허용기준이 가지역 기준인 경우, 환경부장관은(각주: 이 사안에서는 「물환경보전법」 제74조제1항 및 제2항에 따라 환경부장관의 폐수배출시설의 설치허가 권한이 충청남도지사에게 위임되고, 그 권한이 계룡시장에게 재위임됨) 같은 법 제33조제1항 본문에 따라 이 사안 폐수배출시설의 설치허가를 할 때 그 허가 기준으로 「환경영향평가법」 제2조제5호에 따른 협의기준(가지역)을 적용하여야 하는지, 「물환경보전법」 제32조에 따른 기준(나지역)을 적용하여야 하는지?(각주: 이 사안 폐수배출시설 설치사업은 「환경영향평가법」 제22조제1항제2호 및 같은 법 시행령 별표 3 제2호가목에 따른

환경영향평가 대상사업에 포함되어 같은 법 제27조부터 제30조까지의 규정에 따라 환경영향평가 협의 절차를 거친 경우로서, 이 사안 협의가 적법함을 전제함)
 ※ 질의배경
  충청남도 계룡시는 위 질의요지와 관련하여 환경부의 답변에 이견이 있어 법제처에 법령해석을 요청함.

2. 회답
이 사안 폐수배출시설의 설치허가를 할 때 그 허가 기준은 「환경영향평가법」 제2조제5호에 따른 협의기준(가지역)을 적용하여야 합니다.

3. 이유
「물환경보전법」 제8조제1항에서는 물환경 보전에 관하여 다른 법률로 정한 경우를 제외하고는 같은 법에서 정하는 바에 따른다고 규정하고 있고, 같은 법 제33조제11항제1호에서는 같은 조 제1항에 따른 폐수배출시설의 허가 기준으로 폐수배출시설에서 배출되는 오염물질을 같은 법 제32조에 따른 배출허용기준 이하로 처리할 수 있을 것을 규정하고 있는데, 「환경영향평가법」 제2조제5호라목에서는 "협의기준"이란 사업의 시행으로 영향을 받게 되는 지역에서 「물환경보전법」 제32조에 따른 배출허용기준으로는 「환경정책기본법」 제12조에 따른 환경기준을 유지하기 어렵거나 환경의 악화를 방지할 수 없다고 인정하여 사업자 또는 승인기관의 장이 해당 사업에 적용하기로 환경부장관과 협의한 기준을 말한다고 규정하고 있는바, 물환경 보전에 관하여 「환경영향평가법」 제2조제5호라목에 따른 협의기준을 별도로 정한 경우는 「물환경보전법」 제32조에 따른 배출허용기준에 대해 "다른 법률로 정한 경우"에 해당한다고 보아야 합니다.

그리고 「환경영향평가법」 제35조제1항에서는 사업자는 사업계획 등을 시행할 때에 사업계획 등에 반영된 협의 내용을 이행하여야 한다고 규정하고 있고, 같은 법 제40조제3항에서는 환경부장관은 협의 내용에 협의기준에 관한 내용이 포함되어 있으면 협의기준의 준수 여부를 확인하여야 한다고 규정하고 있으며, 같은 조 제4항제1호에서는 환경부장관은 협의 내용의 이행을 관리하기 위하여 필요하다고 인정하는 경우에는 사업자에게 공사중지, 원상복구 등의 조치를 할 것을 명령할 수 있도록 규정하고 있는바, 사업자는 환경영향평가 대상사업의 협의 내용에 이 사안 폐수배출시설 배출허용기준으로서 협의기준에 관한 내용이 포함되어 있으면 그 협의기준을 준수하여야 합니다.

이와 같은 「물환경보전법」과 「환경영향평가법」의 관계, 「환경영향평가법」에 따른 환경영향평가 협의 절차 및 내용에 관한 규정에 비추어 볼 때, 「물환경보전법」 제32조에 따른 배출허용기준으로는 「환경정책기본법」 제12조에 따른 환경기준을 유지하기 어렵거나 환경의 악화를 방지할 수 없다고 인정하여 「환경영향평가법」에 따라 이 사안 폐수배출시설 설치사업에 따른 배출허용기준을 가지역을 기준으로 적용하기로 협의한 경우라면, 「물환경보전법 시행규칙」 별표 13 제1호다목에도 불구하고 사업자가 환경영향평가의 협의 내용을 준수할 수 있도록 이 사안 폐수배출시설의 배출허용기준으로 「환경영향평가법」제2조제5호에 따른 협의기준(가지역)을 적용해야 할 것입니다.

한편 「환경영향평가법」에 따라 이 사안 폐수배출시설 설치사업에 가지역의 배출허용기준을 적용하기로 협의한 경우에도 「물환경보전법 시행규칙」 별표 13 제1호다목에 해당하는 경우 같은 목에 따라 나지역을 기준으로 적용하여야 한다는 의견이 있으나, 그렇게 보게 되면 「물환경보전법」 제32조에 따른 배출허용기준으로는 「환경정책기본법」 제12조에 따른 환경기준을 유지하기 어렵거나 환경의 악화를 방지할 수 없다고 인정하는 경우 협의를 통하여 그 기준을 강화할 수 있도록 한 「환경영향평가법」 제2조제5호라목이 무의미한 규정이 된다는 점에서 그러한 의견은 타당하지 않습니다.

따라서 환경부장관은 이 사안 폐수배출시설의 설치허가를 할 때 그 허가 기준은 「환경영향평가법」 제2조제5호에 따른 협의기준(가지역)을 적용하여야 합니다.

<관계 법령>
※ 물환경보전법
제32조 (배출허용기준) ① 폐수배출시설(이하 "배출시설"이라 한다)에서 배출되는 수질오염물질의 배출허용기준은 환경부령으로 정한다.
② 환경부장관은 제1항에 따른 환경부령을 정할 때에는 관계 중앙행정기관의 장과 협의하여야 한다.
③ ~ ⑨ (생 략)

제33조 (배출시설의 설치 허가 및 신고) ① 배출시설을 설치하려는 자는 대통령령으로 정하는 바에 따라 환경부장관의 허가를 받거나 환경부장관에게 신고하여야 한다. 다만, 제9항에 따라 폐수무방류배출시설을 설치하려는 자는 환경부장관의 허가를 받아야 한다.
② ~ ⑩ (생 략)
⑪ 제1항 및 제2항에 따른 허가 또는 변경허가의 기준은 다음 각 호와 같다.
  1. 배출시설에서 배출되는 오염물질을 제32조에 따른 배출허용기준 이하로 처리할 수 있을 것
  2. 다른 법령에 따른 배출시설의 설치제한에 관한 규정에 위반되지 아니할 것
  3. 폐수무방류배출시설을 설치하는 경우에는 폐수가 공공수역으로 유출·누출되지 아니하도록 대통령령으로 정하는 시설 전부를 대통령령으로 정하는 기준에 따라 설치할 것

※ 물환경보전법 시행규칙
제34조 (배출허용기준) 법 제32조제1항에 따른 수질오염물질의 배출허용기준은 별표 13과 같다.
■ 물환경보전법 시행규칙 [별표 13] <개정 2021. 12. 10.>

[사례 14] 환경부 - 「물환경보전법」 제32조제1항에 따른 배출허용기준의 적용 범위 등(「물환경보전법」 제32조 등 관련)

안건번호20-0636 회신일자2020-12-16

1. 질의요지

A폐수배출시설(각주: 「물환경보전법」 제2조제10호에 따른 "폐수배출시설"로서 같은 조 제11호에 따른 "폐수무방류배출시설"이 아닌 시설을 말하며, 이하 같음.)에서 배출한 폐수(각주: 「물환경보전법」 제2조제4호에 따른 "폐수"를 말하며, 이하 같음.)를 동일 사업장 내의 인접한 B폐수배출시설(각주: 「물환경보전법」 제2조제10호에 따른 "폐수배출시설"로서 같은 조 제11호에 따른 "폐수무방류배출시설"이 아닌 시설을 말하며, A폐수배출시설과 B폐수배출시설을 설치·운영하는 자가 동일한 경우를 전제함.)에서 전량(全量) 재이용하는 경우,

가. A폐수배출시설은 「물환경보전법」 제32조7항제2호에 해당하여 같은 조 제1항에 따른 배출허용기준이 적용되지 않는지?

나. A폐수배출시설의 사업자(각주: 「물환경보전법」 제33조제1항부터 제3항까지에 따라 폐수배출시설의 설치 허가를 받거나 신고를 한 자를 말하며(제35조제1항 본문 참조), 이하 같음.)는 「물환경보전법」 제35조제1항 단서 및 같은 법 시행령 제33조제3호에 따라 수질오염방지시설 설치 의무가 면제되는지?

※ 질의배경

민원인은 위 질의요지에 대한 환경부의 회신 내용에 이견이 있어 환경부를 거쳐 법제처에 법

령해석을 요청함.
2. 회답
　가. 질의 가에 대하여
　　　이 사안의 경우 A폐수배출시설은 「물환경보전법」 제32조제1항에 따른 배출허용기준이 적용되지 않습니다.
　나. 질의 나에 대하여
　　　이 사안의 경우 A폐수배출시설의 사업자는 「물환경보전법」 제35조제1항 단서 및 같은 법 시행령 제33조제3호에 따라 수질오염방지시설 설치 의무가 면제됩니다.
3. 이유
　가. 질의 가에 대하여
　　　법해석의 목표는 어디까지나 법적 안정성을 저해하지 않는 범위 내에서 구체적 타당성을 찾는 데 두어야 하고, 나아가 그러기 위해서는 가능한 한 법률에 사용된 문언의 통상적인 의미에 충실하게 해석하는 것을 원칙으로 하면서, 법률의 입법 취지와 목적, 그 제·개정 연혁, 법질서 전체와의 조화 등을 고려하는 체계적·논리적 해석방법을 추가적으로 동원함으로써 위와 같은 법해석의 요청에 부응하는 타당한 해석을 해야 합니다.(각주: 대법원 2013. 1. 17. 선고 2011다83431 판결례 참조)
　　　「물환경보전법」은 수질오염으로 인한 국민건강 및 환경상의 위해(危害)를 예방하고 하천·호소(湖沼) 등 공공수역의 물환경을 적정하게 관리·보전하는 것을 목적(제1조)으로 하는 법률로서, 같은 법 제32조에서는 폐수배출시설에서 배출되는 수질오염물질의 배출허용기준은 환경부령으로 정하도록 하면서(제1항) 해당 배출허용기준이 적용되지 않는 폐수배출시설의 하나로 "환경부령으로 정하는 배출시설 중 폐수를 전량(全量) 재이용하거나 전량 위탁처리하여 공공수역으로 폐수를 방류하지 아니하는 폐수배출시설"(제7항제2호)을 규정하고 있는바, 이는 수질오염물질이 공공수역으로 방류될 경우 공공수역의 물환경이 오염될 우려가 있어 이를 방지하기 위해 배출허용기준을 규율한 것이므로 공공수역으로 폐수가 방류되지 않는 폐수배출시설에 대해서는 배출허용기준의 적용을 배제한 것입니다.
　　　그렇다면 「물환경보전법」 제32조제7항제2호의 위임에 따라 같은 법 시행령 제33조제3호 및 시행규칙 제42조(각주: 「물환경보전법」 제32조제7항제2호의 위임에 따른 같은 법 시행규칙 제35조에서는 같은 법 시행령 제33조제2호 및 제3호에 따라 수질오염방지시설 설치가 면제되는 폐수배출시설을 규정하고 있고, 같은 법 시행령 제33조제3호의 "환경부령으로 정하는 경우"를 구체적으로 정한 규정임.)제1호 본문에서 폐수를 전량 재이용하는 등 폐수를 제조공정에서 순환하여 재이용하는 시설로서 폐수 등의 수질오염물질을 차단된 공정 밖으로 배출하지 아니하고도 적정한 처리가 가능하다고 인정되는 폐수배출시설을 배출허용기준이 적용되지 않는 시설로 규정한 것도, 「물환경보전법」의 입법목적과 배출허용기준 제도의 취지 등에 비추어 해석해야 할 것입니다.
　　　그런데 이 사안과 같이 A폐수배출시설에서 배출한 폐수를 동일 사업장 내의 B폐수배출시설에서 전량 재이용하는 경우로서, A폐수배출시설에서 폐수의 배출이 이루어지나 배출되는 모든 폐수가 B폐수배출시설로 이동하게 되어 공공수역으로의 방류는 B폐수배출시설에서 이루어지게 되는 경우라면, B폐수배출시설에서 폐수가 방류되기 전에는 A폐수배출시설의 폐수는 차단된 공정 밖으로 배출되지 않고 전량 재이용되는 것이므로 「물환경보전법」 제32조제7항제2호에 따른 폐수배출시설에서 배출되는 폐수가 전량 재이용되어 공공수역으로 방류되지 않는 경우에 해당한다고 해석하는 것이 합리적입니다.
따라서 A폐수배출시설의 폐수를 전량 재이용하는 B폐수배출시설은 폐수를 공공수역으로 방류하는 시설로서 배출허용기준을 준수해야 하지만, A폐수배출시설에서 배출한 폐수를 전량 B폐수배출시설로 이동하는 경우에 대해서까지 「물환경보전법」 제32조제1항에 따른 배출허용기준의 적용 대상이라고 볼 수는 없습니다.

나. 질의 나에 대하여

「물환경보전법」 제35조제1항에서는 같은 법 제33조제1항부터 제3항까지에 따라 폐수배출시설 설치를 위한 허가 등을 받은 사업자가 해당 폐수배출시설을 설치하거나 변경할 때에는 그 폐수배출시설로부터 배출되는 수질오염물질이 같은 법 제32조에 따른 배출허용기준 이하로 배출되게 하기 위한 수질오염방지시설을 설치해야 한다고 의무를 부과하면서(본문) 대통령령으로 정하는 기준에 해당하는 폐수배출시설에 대해서는 수질오염방지시설 설치 의무를 면제(단서)하고 있습니다.

그리고 「물환경보전법」 제35조제1항 단서의 위임에 따른 같은 법 시행령 제33조제3호 및 같은 법 시행규칙 제42조제1호 본문에서는 폐수를 전량 재이용하는 등 폐수를 제조공정에서 순환하여 재이용하는 시설로서 폐수 등의 수질오염물질을 차단된 공정 밖으로 배출하지 아니하고도 적정한 처리가 가능하다고 인정되는 폐수배출시설을 규정하고 있는바, 이는 앞에서 살펴본 배출허용기준의 적용 대상과 마찬가지로 수질오염물질이 공공수역으로 방류될 경우 공공수역의 물환경이 오염될 우려가 있어 이를 방지하기 위해 수질오염방지시설을 설치하도록 한 것이므로, 공공수역으로 폐수가 방류되지 않는 폐수배출시설에 대해서는 수질오염방지시설 설치 의무를 면제한 것으로 보는 것이 타당합니다.

그런데 이 사안과 같이 A폐수배출시설에서 배출한 폐수를 동일 사업장 내의 B폐수배출시설에서 전량 재이용하는 경우로서, A폐수배출시설에서 폐수의 배출이 이루어지나 배출되는 모든 폐수가 B폐수배출시설로 이동하게 되어 공공수역으로의 방류는 B폐수배출시설에서 이루어지게 되는 경우라면, B폐수배출시설에서 폐수가 방류되기 전에는 A폐수배출시설의 폐수는 차단된 공정 밖으로 배출되지 않고 전량 재이용되는 것이므로 「물환경보전법 시행령」 제33조제3호에 따른 폐수를 전량 재이용하는 등 방지시설을 설치하지 아니하고도 수질오염물질을 적정하게 처리할 수 있는 경우에 해당한다고 해석하는 것이 합리적입니다.

따라서 A폐수배출시설의 폐수를 전량 재이용하는 B폐수배출시설은 폐수를 공공수역으로 방류하는 시설로서 배출허용기준 준수 및 수질오염방지시설을 설치해야 하지만, A폐수배출시설에서 배출한 폐수를 전량 B폐수배출시설로 이동하는 경우에 대해서까지 「물환경보전법」 제35조제1항 본문에 따른 수질오염방지시설 설치 의무가 적용된다고 볼 수는 없습니다.

※ 법령정비 권고사항

「물환경보전법」의 입법목적과 이 사안과 같이 동일 사업장 내에 있는 폐수배출시설 간 폐수를 전량 재이용하는 경우에 발생할 수 있는 수질오염 발생가능성 등을 종합적으로 검토하여 배출허용기준의 적용이 제외되는 경우와 수질오염방지시설 설치 의무가 면제되는 경우를 보다 명확히 규정할 필요가 있습니다.

<관계 법령>
※ 물환경보전법
제32조 (배출허용기준) ① 폐수배출시설(이하 "배출시설"이라 한다)에서 배출되는 수질오염물질의 배출허용기준은 환경부령으로 정한다.

② ~ ⑥ (생 략)
⑦ 다음 각 호의 어느 하나에 해당하는 배출시설에 대해서는 제1항부터 제6항까지의 규정을 적용하지 아니한다.
   1. 제33조제1항 단서 및 같은 조 제2항에 따라 설치되는 폐수무방류배출시설
   2. 환경부령으로 정하는 배출시설 중 폐수를 전량(全量) 재이용하거나 전량 위탁처리하여 공공수역으로 폐수를 방류하지 아니하는 배출시설
⑧ (생 략)
제35조 (방지시설의 설치·설치면제 및 면제자 준수사항 등) ① 제33조제1항부터 제3항까지의 규정에 따라 허가·변경허가를 받은 자 또는 신고·변경신고를 한 자(이하 "사업자"라 한다)가 해당 배출시설을 설치하거나 변경할 때에는 그 배출시설로부터 배출되는 수질오염물질이 제32조에 따른 배출허용기준 이하로 배출되게 하기 위한 수질오염방지시설(폐수무방류배출시설의 경우에는 폐수를 배출하지 아니하고 처리할 수 있는 수질오염방지시설을 말한다. 이하 같다)을 설치하여야 한다. 다만, 대통령령으로 정하는 기준에 해당하는 배출시설(폐수무방류배출시설은 제외한다)의 경우에는 그러하지 아니하다.
② 제1항 단서에 따라 수질오염방지시설(이하 "방지시설"이라 한다)을 설치하지 아니하고 배출시설을 사용하는 자는 폐수의 처리, 보관방법 등 배출시설의 관리에 관하여 환경부령으로 정하는 사항(이하 이 조에서 "준수사항"이라 한다)을 지켜야 한다.
③ ~ ⑥ (생 략)

※ 물환경보전법 시행령
제33조 (방지시설설치의 면제기준) 법 제35조제1항 단서에서 "대통령령으로 정하는 기준에 해당하는 배출시설(폐수무방류배출시설은 제외한다)의 경우"란 다음 각 호의 어느 하나에 해당하는 경우를 말한다.
   1. 배출시설의 기능 및 공정상 수질오염물질이 항상 배출허용기준 이하로 배출되는 경우
   2. 법 제62조에 따라 폐수처리업의 등록을 한 자(이하 "폐수처리업자"라 한다) 또는 환경부장관이 인정하여 고시하는 관계 전문기관에 환경부령으로 정하는 폐수를 전량 위탁처리하는 경우
   3. 폐수를 전량 재이용하는 등 방지시설을 설치하지 아니하고도 수질오염물질을 적정하게 처리할 수 있는 경우로서 환경부령으로 정하는 경우

※ 물환경보전법 시행규칙
제35조 (배출허용기준을 적용하지 아니하는 폐수배출시설) 법 제32조제7항제2호에 따른 "환경부령으로 정하는 배출시설"이란 영 제33조제2호 및 제3호에 따라 수질오염방지시설 설치가 면제되는 폐수배출시설을 말한다.
제42조 (수질오염방지시설 설치 외의 방법을 이용한 수질오염물질의 처리) 영 제33조제3호에서 "환경부령으로 정하는 경우"란 다음 각 호의 어느 하나에 해당하는 경우를 말한다.
   1. 폐수를 제조공정에서 순환하여 재이용하는 시설로서 폐수 등의 수질오염물질을 차단된 공정 밖으로 배출하지 아니하고도 적정한 처리가 가능하다고 인정되는 경우. 다만, 시설이나 공정의 특성에 따라 더 이상의 재이용이 불가능한 폐수가 부득이하게 공정 밖으로 배출되는 경우에는 법 제62조에 따라 폐수처리업의 등록을 한 자 또는 환경부장관이 정하여 고시하는 관계전문기관(이하 "폐수처리업자등"이라 한다)에 위탁처리하여야 한다.
   2. ~ 4. (생 략)

제7편 매립 등 공공사업으로 인한 어업권 침해에 관한 소송

제1장 어업권침해의 구제방법

　매립 등 공공사업으로 인하여 어업권을 침해하는 피해가 발생한 경우 이를 구제하는 방법으로는 공법상 손실보상과 사법상 손해배상이 있다.

> ☞ **수산업법**
>
> 제2조 (정의) 이 법에서 사용하는 용어의 뜻은 다음과 같다.
> 　6. "어장(漁場)"이란 제7조에 따라 면허를 받아 어업을 하는 일정한 수면을 말한다.

> ☞ **공유수면 관리 및 매립에 관한 법률**
>
> 제12조 (점용·사용허가 등의 기준) ① 공유수면관리청은 제8조와 제10조에 따라 점용·사용허가를 하거나 점용·사용 협의 또는 승인을 할 때에는 다음 각 호의 사항을 고려하여야 한다. <신설 2022. 12. 27.>
> 　2. 「해양공간계획 및 관리에 관한 법률」에 따른 해양공간계획과의 부합 여부

제1절 공법상 손실보상

> ☞ **공유수면 관리 및 매립에 관한 법률**
>
> 제20조 (공익을 위한 처분) 공유수면관리청은 다음 각 호의 어느 하나에 해당하는 경우에는 점용·사용허가의 취소, 점용·사용의 정지 또는 인공구조물·시설물 및 그 밖의 물건의 개축·이전을 명할 수 있다.
> 　1. 관련 산업의 발전, 국가 또는 지방자치단체의 관련 계획의 변경 등 공유수면과 직접 관련된 상황의 변경으로 필요한 경우
> 　2. 공유수면의 보전 및 재해 예방 등 공공의 피해를 제거하거나 줄이기 위하여 필요한 경우
> 　3. 수문이나 그 밖에 공유수면의 관리를 위한 시설물을 유지·보호하기 위하여 필요한 경우
> 　4. 「공익사업을 위한 토지 등의 취득 및 보상에 관한 법률」 제4조에 따른 공익사업을 위하여 필요한 경우

☞ 수산업법

제81조 (어구·부표의 회수 촉진) ① 대통령령으로 정하는 어구·부표(이하 "어구등"이라 한다)를 생산하거나 수입하는 자는 어구등을 제조 또는 수입하는 경우 어구등의 회수를 촉진하기 위하여 출고 또는 수입 가격과는 별도의 금액(이하 "어구보증금"이라 한다)을 제품가격에 포함시켜야 한다. 이 경우 어구보증금은 어구등의 출고 또는 수입 가격 등을 고려하여 해양수산부령으로 정한다.
② 제1항에 따른 어구등을 생산하거나 수입하는 자(이하 "보증금대상사업자"라 한다)는 어구등을 구입하는 자가 지급한 어구보증금을 제83조에 따른 어구보증금관리센터에 이관하여야 하고, 어구보증금관리센터는 반환된 어구등을 확인한 후 어구등을 반환한 자에게 어구보증금을 돌려주어야 한다. 다만, 어구보증금관리센터는 천재지변이나 그 밖의 대통령령으로 정하는 사유로 어구등을 구입한 자가 어구등을 반환할 수 없다고 인정되는 때에는 대통령령으로 정하는 바에 따라 어구보증금을 돌려주어야 한다.
③ 어구보증금관리센터는 보증금대상사업자에게 어구보증금 취급에 드는 비용(이하 "취급수수료"라 한다)을 지급하여야 한다. 이 경우 취급수수료는 물가변동 등 경제적인 여건을 고려하여 해양수산부장관이 정하여 고시한다.
④ 제2항 및 제3항에 따른 어구보증금의 환급, 취급수수료의 지급, 관리 등이 원활하게 이루어질 수 있도록 하기 위하여 보증금대상사업자는 어구보증금관리센터에 어구보증금이 포함된 어구등의 판매에 관한 정보를 제공하여야 하며, 어구보증금이 포함된 어구등에 어구보증금 환급 관련 문구를 표시하여야 한다.
⑤ 어구보증금의 이관방법, 어구등의 반환 장소와 방법, 환급문구 표시 등에 관한 사항은 해양수산부장관이 정하여 고시한다.

☞ 수산업법 시행령

제62조 (위원의 지명 철회 등) 제59조, 제60조 및 제61조에 따라 위원을 지명, 추천 또는 위촉한 자는 해당 위원이 다음 각 호의 어느 하나에 해당하는 경우에는 그 지명 또는 추천을 철회하거나 해촉(解囑)할 수 있다. <개정 2024. 4. 30.>
  1. 심신쇠약 등으로 장기간 직무를 수행할 수 없게 된 경우
  2. 직무와 관련된 비위사실이 있는 경우
  3. 직무태만, 품위손상이나 그 밖의 사유로 위원으로 적합하지 않다고 인정되는 경우
  4. 위원 스스로 직무를 수행하는 것이 곤란하다고 의사를 밝히는 경우

☞ 공익사업을 위한 토지 등의 취득 및 보상에 관한 법률 시행규칙

제44조 (어업권의 평가 등) ① 공익사업의 시행으로 인하여 어업권이 제한·정지 또는 취소되거나 「수산업법」 제14조 또는 「내수면어업법」 제13조에 따른 어업면허의 유효기간의 연장이 허가되지 아니하는 경우 해당 어업권 및 어선·어구 또는 시설물에 대한 손실의 평가는 「수산업법 시행령」 별표 10에 따른다. <개정 2005. 2. 5., 2008. 4. 18., 2012. 1. 2., 2024. 4. 9.>

② 공익사업의 시행으로 인하여 어업권이 취소되거나 「수산업법」 제14조 또는 「내수면어업법」 제13조에 따른 어업면허의 유효기간의 연장이 허가되지 않는 경우로서 다른 어장에 시설을 이전하여 어업이 가능한 경우 해당 어업권에 대한 손실의 평가는 「수산업법 시행령」 별표 10 중 어업권이 정지된 경우의 손실액 산출방법 및 기준에 따른다. <개정 2005. 2. 5., 2008. 4. 18., 2012. 1. 2., 2024. 4. 9.>

③ 법 제15조제1항 본문의 규정에 의한 보상계획의 공고(동항 단서의 규정에 의하는 경우에는 토지소유자 및 관계인에 대한 보상계획의 통지를 말한다) 또는 법 제22조의 규정에 의한 사업인정의 고시가 있는 날(이하 "사업인정고시일등"이라 한다) 이후에 어업권의 면허를 받은 자에 대하여는 제1항 및 제2항의 규정을 적용하지 아니한다.

④ 제1항 내지 제3항의 규정은 허가어업 및 신고어업(「내수면어업법」 제11조제2항의 규정에 의한 신고어업을 제외한다)에 대한 손실의 평가에 관하여 이를 준용한다. <개정 2005. 2. 5.>

⑤ 제52조는 이 조의 어업에 대한 보상에 관하여 이를 준용한다. <개정 2007. 4. 12.>

[판례 1] 손해배상(기) (대법원 1997. 10. 10. 선고 96다3838 판결)

【판시사항】

[1] 공유수면매립법 제6조 제2호 소정의 '수산업법 제2조 제7호의 규정에 의한 입어자'의 의미
[2] 구 수산업법 제2조 제7호, 부칙(1990. 8. 1.) 제11조의 위헌 여부(소극)
[3] 공유수면매립법 제16조 소정의 손실보상을 민사소송으로 청구할 수 있는지 여부(소극)

【판결요지】

[1] 공유수면매립법의 입법 취지 및 그 규정 내용에 비추어 보면 같은 법 제16조 제1항, 제17조 소정의 권리를 가진 자라 함은 같은 법 제6조 소정의 권리를 가진 자를 의미하고, 같은 법 제6조에서 제5조 제1항의 공유수면에 관하여 권리를 가진 자에는 어업권자 또는 수산업법 제2조 제7호의 규정에 의한 입어자가 포함된다고 규정하고 있는바, 수산업법 제2조 제7호의 규정에 의한 입어자가 되기 위하여는 일정한 공유수면에서 계속적으로 수산동식물을 포획·채취하여 온 사실이 대다수 사람들에게 인정되는 것만으로는 부족하고 수산업법 제44조에 의하여 어업의 신고를 하고 공동어업의 어업권원부에 입어에 관한 사항을 등록할 것을 요한다.

[2] 1990. 8. 1. 수산업법 개정으로 입어의 관행에 관한 제40조가 개정되고 제2조 제7호에 입어 및 입어자의 정의 규정을 두는 한편, 입어자에 대한 경과조치로서 부칙 제11조를 두고 제81조 및 수산업법시행령(1991. 2. 18. 대통령령 제13308호로 개정된 것) 제61, 62조에 신고어업자에 대한 손실보상 규정을 두게 되었는바, 이와 같은 개정은 구 수산업법의 문언상 명확하지 않던 입어의 관행 내지는 관행에 의한 입어자의 의미를 명확히 규정함으로써 해석상의 혼란을 막고 보상의 기준도 명확히 하기 위한 발전적인 입법 작용의 결과라 할 것이고, 그로 인하여 구 수산업법의 규정에 의한 입어자의 지위에 어떤 제한이 가하여졌다고 볼 수 없으니, 개정 수산업법 제2조 제7호, 부칙 제11조가 소급입법에 의한 재산권 박탈을 금지한 헌법 제13조 제2항, 공공필요에 의한 재산권의 수용·사용 또는 제한에 정당한 보상을 하도록 한 헌법 제23조 제3항, 국민의 자유와 권리를 제한할 경우에도 그 본질적 내용을 침해할 수 없다는 헌법 제37조 제2항에 위반된다고 볼 수 없다.

[3] 공유수면매립법 제16조에 의한 손실보상은 협의가 성립되지 아니하거나 협의할 수 없을 경우에 토지수용위원회의 재정을 거쳐 토지수용위원회를 상대로 재정에 대한 행정소송을 제기하는 방법으로 청구하여야 하므로, 이를 민사소송으로 청구하는 것은 부적법하다.

【참조조문】

[1] 공유수면매립법 제6조 제2호, 제16조, 구 수산업법(1995. 12. 30. 법률 제5131호로 개정되기 전의 것) 제2조 제7호, 제44조 제1항, 부칙(1990. 8. 1.) 제11조 [2] 구 수산업법(1995. 12. 30. 법률 제5131호로 개정되기 전의 것) 제2조 제7호, 부칙(1990. 8. 1.) 제11조, 헌법 제13조 제2항, 제23조 제3항, 제37조 제2항 [3] 공유수면매립법 제16조, 공유수면매립법시행령 제26조

【참조판례】

[1] 대법원 1995. 11. 10. 선고 94도2458 판결(공1995하, 3962)

【전 문】

【원고(선정당사자), 상고인】 원고(선정당사자) (소송대리인 변호사 윤영철 외 1인)
【피고, 피상고인】 수도권신공항건설공단 (소송대리인 변호사 최덕빈)
【원심판결】 서울고법 1995. 12. 7. 선고 95나30309 판결

【주 문】

상고를 기각한다. 상고비용은 원고(선정당사자)의 부담으로 한다.

【이 유】

상고이유와 상고이유서 제출기간 경과 후에 제출된 상고이유보충서 중 상고이유를 보충하는 부분을 함께 판단한다.

1. 수산업법 제2조 제7호 소정의 입어자 또는 공유수면매립법상의 권리자에 관한 법리오해의 점에 대하여

공유수면매립법은 제16조 제1항에서 권리를 가진 자가 있는 공유수면에 대하여 매립면허를 받은 자는 대통령령이 정하는 바에 의하여 그 권리를 가진 자에게 끼친 손실을 보상하거나 그 손실을 방지하는 시설을 하여야 한다고 규정하고, 제17조에서 매립면허를 받은 자는 전조 제1항의 규정에 의한 보상이나 시설을 한 후가 아니면 그 보상을 받을 권리를 가진 자에게 손실을 미칠 공사에 착수할 수 없다고 규정하는 한편, 제6조에서 제5조 제1항의 공유수면에 관하여 권리를 가진 자는 어업권자 또는 수산업법 제2조 제7호의 규정에 의한 입어자가 포함된다고 규정하고 있는바, 공유수면매립법의 입법 취지 및 그 규정 내용에 비추어 보면 같은 법 제16조 제1항, 제17조 소정의 권리를 가진 자라 함은 같은 법 제6조 소정의 권리를 가진 자를 의미한다 할 것이고, 한편 수산업법(1995. 12. 30. 법률 제5131호로 개정되기 전의 것)은 제2조 제6호에서 '어업권'을 제8조의 규정에 의하여 면허를 받아 어업을 경영할 수 있는 권리로, 같은 조 제7호에서 '입어'를 입어자가 공동어업의 어장에서 수산동식물을 포획·채취하는 것으로, '입어자'를 같은 법 제44조에 의하여 어업의 신고를 한 자로서 공동어업권이 설정되기 전부터 당해 수면에서 계속적으로 수산동식물을 포획·채취하여 온 사실이 대다수 사람들에게 인정되는 자 중 대통령령이 정하는 바에 의하여 어업권원부에 등록된 자로 각 규정하고, 제44조에서 면허, 허가, 시험 또는 교습어업 외의 어업으로 수산청장이 정하는 어업을 하고자 하는 자는 어선, 어구 또는 시설마다 시장, 군수 또는 자치구의 구청장에게 신고하여야 한다고 규정하면서, 부칙 제11조에서 이 법 시행 당시 종전의 규정에 의하여 입어자로 등록되어 있는 자는 이 법에 의한 입어자로 보되, 이 법 시행 당시 공동어업의 어장 안에서 입어 관행이 있는 것으

로 인정되는 자로서 종전 규정에 의하여 어업권원부에 입어자로 등록하지 아니한 자는 이 법 시행일부터 2년 이내에 제16조의 규정에 의하여 어업권원부에 등록을 한 경우에 한하여 입어자로 본다고 규정하고 있으므로 공유수면매립법 제16조, 제17조 소정의 권리를 가진 자인 수산업법 제2조 제7호의 규정에 의한 입어자가 되기 위하여는 일정한 공유수면에서 계속적으로 수산동식물을 포획·채취하여 온 사실이 대다수 사람들에게 인정되는 것만으로는 부족하고 수산업법 제44조에 의하여 어업의 신고를 하고 공동어업의 어업권원부에 입어에 관한 사항을 등록할 것을 요한다고 할 것이다.

기록에 의하면, 원고 및 선정자들은 위 수산업법 시행일부터 2년 이내에 어업권원부에 등록을 한 바 없음을 알 수 있으므로 원심이 위와 같은 취지에서 원고 및 선정자들이 공유수면매립법 소정의 권리를 가진 자에 해당하지 않는다 하여 같은 법 소정의 권리자임을 전제로 한 이 사건 주위적 청구를 배척한 조치는 옳다고 여겨지고, 거기에 상고이유로 주장하는 바와 같이 수산업법 제2조 제7호 소정의 입어자 내지 공유수면매립법상의 권리자에 관한 법리를 오해한 위법이 있다고 할 수 없다.

수산업법 제2조 제7호 소정의 입어자에는 어업의 신고와 어업권원부 등록을 마친 자뿐만 아니라 개정 수산업법 시행 이전부터 공동어업권이 설정되지 아니한 공유수면에서 종래의 관행에 의하여 어업하였으나 어업의 신고나 어업권원부 등록을 하지 않은 자도 포함된다는 상고이유의 주장은 독자적인 견해에 불과하여 받아들일 수 없다.

2. 수산업법 제2조 제7호, 부칙 제11조의 위헌 주장에 대하여

구 수산업법(1990. 8. 1. 법률 제4252호로 개정되기 전의 것)은 제40조 제1항에서 공동어업의 어업권자는 종래의 관행에 의하여 그 어업장에서 어업하는 자의 입어를 거절할 수 없다고 규정하고 제43조에서 어업권과 이를 목적으로 하는 권리의 설정, 보존, 이전, 소멸, 처분의 제한 또는 입어에 관한 사항은 어업권원부에 등록한다고 규정하고 있었으나 제24조 제1항에서 어업의 면허를 받은 자는 어업의 면허를 받은 때에 어업권을 취득한다고 규정함으로써 어업권의 취득이나 입어의 관행 성립에 있어서 어업권원부 등록을 효력 발생 요건으로 규정하지는 않았다. 한편, 보상에 관하여는 제75조가 면허어업에 대한 보상만을 규정함으로써 제40조 제1항의 규정에 의한 입어자에 대하여는 보상의 길이 막혀 있었으나 구 공유수면매립법(1990. 8. 1. 법률 제4252호로 개정되기 전의 것)이 적용되는 경우에는 그 법이 구 수산업법 제40조 제1항의 규정에 의한 입어자를 공유수면에 관하여 권리를 가진 자로 규정하고 그에게 끼친 손실을 보상하도록 규정함으로써 구 공유수면매립법에 의하여 보상을 받게 되어 있었고, 다만 그 보상의 기준, 지급 방법 등에 관한 규정이 흠결된 상태에 있었다.

그런데 1990. 8. 1. 수산업법 개정으로 앞서 본 바와 같이 입어의 관행에 관한 제40조가 개정되고 제2조 제7호에 입어 및 입어자의 정의 규정을 두는 한편, 입어자에 대한 경과조치로서 부칙 제11조를 두고 제81조 및 같은법시행령(1991. 2. 18. 대통령령 제13308호로 개정된 것) 제61, 62조에 신고어업자에 대한 손실보상 규정을 두게 되었는바, 이와 같은 개정은 구 수산업법의 문언상 명확하지 않던 입어의 관행 내지는 관행에 의한 입어자의 의미를 명확히 규정함으로써 해석상의 혼란을 막고 보상의 기준도 명확히 하기 위한 발전적인 입법 작용의 결과라 할 것이고, 그로 인하여 구 수산업법의 규정에 의한 입어자의 지위에 어떤 제한이 가하여졌다고 볼 수 없다 할 것이니, 개정 수산업법 제2조 제7호, 부칙 제11조가 소급입법에 의한 재산권 박탈을 금지한 헌법 제13조 제2항, 공공필요에 의한 재산권의 수용·사용 또는 제한에 정당한 보상을 하도록 한 헌법 제23조 제3항, 국민의 자유와 권리를 제한할 경우에도 그 본질적 내용을 침해할 수 없다는 헌법 제37조 제2항에 위반된다는 취지의 상고이유의 주장은 이를 받아들일 수 없다.

3. 손실보상 청구소송에 관한 법리오해의 점에 대하여

공유수면매립법 제16조에 의하면, 권리를 가진 자가 있는 공유수면에 대하여 매립의 면허를 받은 자는 대통령령이 정하는 바에 의하여 그 권리를 가진 자에게 끼친 손실을 보상하거나 그 손실을 방지할 시설을 하여야 하고 그 보상에 관하여는 미리 보상받을 자와 협의하여야 하며 그 협의가 성립되지 아니하거나 협의할 수 없을 경우에는 대통령령이 정하는 바에 의하여 토지수용위원회에 재정을 신청할 수 있도록 되어 있고 같은법시행령 제26조에 의하면, 법 제16조에 의한 재정신청은 토지수용법 제35조의 규정에 준하여 중앙토지수용위원회 또는 지방토지수용위원회에 하여야 한다고 규정되어 있으므로 공유수면매립법 제16조에 의한 손실보상은 협의가 성립되지 아니하거나 협의할 수 없을 경우에 토지수용위원회의 재정을 거쳐 토지수용위원회를 상대로 재정에 대한 행정소송을 제기하는 방법으로 청구하여야 할 것이다.

원심이 같은 취지에서 공유수면매립법 제16조 소정의 손실보상을 민사소송으로 구하는 이 사건 예비적 청구를 부적법하다 하여 각하한 조치는 옳다고 여겨지고, 거기에 상고이유로 주장하는 바와 같이 공유수면매립법상의 손실보상 청구소송에 관한 법리를 오해한 위법이 있다고 할 수 없다.

4. 그러므로 상고를 기각하고 상고비용은 패소자의 부담으로 하기로 관여 법관들의 의견이 일치되어 주문과 같이 판결한다.

대법관 정귀호(재판장) 박준서 김형선(주심) 이용훈

[판례 2] 어업손실보상금등 (대법원 1998. 2. 27. 선고 97다46450 판결)

【판시사항】

[1] 구 수산업법 제81조 소정의 손실보상청구권의 법적 성질 및 그 행사 방법(민사소송)
[2] 공유수면매립법 제16조 소정의 손실보상청구권의 행사 방법(행정소송)
[3] 구 수산업법 제41조에 의한 허가어업권자가 공유수면매립법 제16조 소정의 '권리를 가진 자'에 해당하는지 여부(소극)

【판결요지】

[1] 구 수산업법(1995. 12. 30. 법률 제5131호로 개정되기 전의 것) 제81조 제1항 제1호는 법 제34조 제1호 내지 제5호와 제35조 제8호(제34조 제1항 제1호 내지 제5호에 해당하는 경우에 한한다)의 규정에 해당되는 사유로 인하여 허가어업을 제한하는 등의 처분을 받았거나 어업면허 유효기간의 연장이 허가되지 아니함으로써 손실을 입은 자는 행정관청에 대하여 보상을 청구할 수 있다고 규정하고 있는바, 이러한 어업면허에 대한 처분 등이 행정처분에 해당된다 하여도 이로 인한 손실은 사법상의 권리인 어업권에 대한 손실을 본질적 내용으로 하고 있는 것으로서 그 보상청구권은 공법상의 권리가 아니라 사법상의 권리이고, 따라서 같은 법 제81조 제1항 제1호 소정의 요건에 해당한다고 하여 보상을 청구하려는 자는 행정관청이 그 보상청구를 거부하거나 보상금액을 결정한 경우라도 이에 대한 행정소송을 제기할 것이 아니라 면허어업에 대한 처분을 한 행정관청(또는 그 처분을 요청한 행정관청)이 속한 권리 주체인 지방자치단체(또는 국가)를 상대로 민사소송으로 직접 손실보상금지급청구를 하여야 하고, 이러한 법리는 농어촌진흥공사가 농업을 목적으로 하는

매립 또는 간척사업을 시행함으로 인하여 같은 법 제41조의 규정에 의한 어업의 허가를 받은 자가 더 이상 허가어업에 종사하지 못하여 입게 된 손실보상청구에도 같이 보아야 한다.
[2] 공유수면매립법 제16조에 의한 손실보상은 협의가 성립되지 아니하거나 협의할 수 없을 경우에 토지수용위원회의 재정을 거쳐 토지수용위원회를 상대로 재정에 대한 행정소송을 제기하는 방법으로 청구해야 한다.
[3] 공유수면매립법의 입법 취지 및 그 규정 내용에 비추어 보면, 같은 법 제16조 제1항 소정의 권리를 가진 자라 함은 같은 법 제6조 소정의 권리를 가진 자를 의미한다 할 것이고, 같은 법 제6조는 제5조 제1항에서 공유수면에 관하여 권리를 가진 자에는 '어업권자 또는 수산업법 제2조 제7호의 규정에 의한 입어자'가 포함된다고 규정하고 있는바, 구 수산업법(1995. 12. 30. 법률 제5131호로 개정되기 전의 것) 제41조의 규정에 의한 허가어업권자는 같은 법 제2조 제7호의 규정에 의한 '입어자'가 아님은 분명하고, 같은 법조 제6호에서 '어업권'을 제8조의 규정에 의하여 면허를 받아 어업을 경영할 수 있는 권리로 정의하고 있으므로, 결국 구 수산업법 제41조에 의한 허가어업권자는 공유수면매립법 제6조 제2호에서 규정하고 있는 어업권자로 볼 수도 없다.

【참조조문】
[1] 구 수산업법(1995. 12. 30. 법률 제5131호로 개정되기 전의 것) 제81조 제1항 제1호 [2] 공유수면매립법 제16조, 공유수면매립법시행령 제26조 [3] 공유수면매립법 제6조, 제16조, 구 수산업법(1995. 12. 30. 법률 제5131호로 개정되기 전의 것) 제41조

【참조판례】
[1] 대법원 1991. 4. 26. 선고 90다8978 판결(공1991, 1488)
대법원 1996. 1. 26. 선고 94누12050 판결(공1996상, 793)
대법원 1996. 7. 26. 선고 94누13848 판결(공1996하, 2677)
[2][3] 대법원 1997. 10. 10. 선고 96다3838 판결(공1997하, 3385)

【전 문】
【원고, 피상고인】 원고
【피고, 상 고 인】 농어촌진흥공사 (소송대리인 변호사 김학만)
【원심판결】 대전고법 1997. 9. 5. 선고 97나2793 판결

【주 문】
상고를 기각한다.
상고비용은 피고의 부담으로 한다.

【이 유】
상고이유를 판단한다.
1. 제1점에 대하여
수산업법(1995. 12. 30. 법률 제5131호로 개정되기 전의 것, 이하 법이라 한다. 이하 같다) 제81조 제1항 제1호는 법 제34조 제1호 내지 제5호와 제35조 제8호(제34조 제1항 제1호 내지 제5호에 해당하는 경우에 한한다)의 규정에 해당되는 사유로 인하여 허가어업을 제한하는 등의 처분을 받았거나 어업면허 유효기간의 연장이 허가되지 아니함으로써 손실을 입은 자는 행정관청에 대하여 보상을 청구할 수 있다고 규정하고 있는바, 이러한 어업면허에 대한 처분 등이 행정처분에 해당된다 하여도 이로 인한 손실은 사법상의 권리인 어업권에 대한 손실을 본질적 내용으로 하고 있는 것으로

서 그 보상청구권은 공법상의 권리가 아니라 사법상의 권리이고, 따라서 법 제81조 제1항 제1호 소정의 요건에 해당한다고 하여 보상을 청구하려는 자는 행정관청이 그 보상청구를 거부하거나 보상금액을 결정한 경우라도 이에 대한 행정소송을 제기할 것이 아니라 면허어업에 대한 처분을 한 행정관청(또는 그 처분을 요청한 행정관청)이 속한 권리주체인 지방자치단체(또는 국가)를 상대로 민사소송으로 직접 손실보상금지급청구를 하여야 할 것이고(대법원 1996. 7. 26. 선고 94누13848 판결 참조) 이러한 법리는 피고가 농업을 목적으로 하는 매립 또는 간척사업을 시행함으로 인하여 법 제41조의 규정에 의한 어업의 허가를 받은 자가 더 이상 허가어업에 종사하지 못하여 입게 된 손실보상청구에도 같이 보아야 할 것이다.

그리고, 공유수면매립법 제16조에 의한 손실보상은 협의가 성립되지 아니하거나 협의할 수 없을 경우에 토지수용위원회의 재정을 거쳐 토지수용위원회를 상대로 재정에 대한 행정소송을 제기하는 방법으로 청구하여야 할 것(대법원 1997. 10. 10. 선고 96다3838 판결 참조)임은 상고이유가 지적하는 바와 같다. 그런데, 공유수면매립법은 제16조 제1항에서 권리를 가진 자가 있는 공유수면에 대하여 매립면허를 받은 자는 대통령령이 정하는 바에 의하여 그 권리를 가진 자에게 끼친 손실을 보상하거나 그 손실을 방지하는 시설을 하여야 한다고 규정하고, 제6조에서 제5조 제1항에서 공유수면에 관하여 권리를 가진 자에는 '어업권자 또는 수산업법 제2조 제7호의 규정에 의한 입어자'(제2호)가 포함된다고 규정하고 있는바, 공유수면매립법의 입법 취지 및 그 규정 내용에 비추어 보면, 같은 법 제16조 제1항 소정의 권리를 가진 자라 함은 같은 법 제6조 소정의 권리를 가진 자를 의미한다 할 것인데(위 대법원판결 참조), 기록에 의하면, 원고는 수산업법 제41조의 규정에 의한 허가어업(연안어업)을 받은 자일 뿐, 같은 법 제2조 제7호의 규정에 의한 '입어자'가 아님은 분명하고, 같은 법조 제6호에서 '어업권'을 제8조의 규정에 의하여 면허를 받아 어업을 경영할 수 있는 권리로 정의하고 있으므로 결국 원고와 같이 허가어업을 받은 자는 공유수면매립법 제6조 제2호에서 규정하고 있는 어업권자로 볼 수는 없다고 할 것이다. 따라서, 원고를 공유수면매립법 제6조 제2호에서 규정하고 있는 어업권자로 볼 수 없는 이상 원고의 이 사건 손실보상청구를 공유수면매립법 제16조 소정의 권리를 가진 자에 의한 손실보상청구로 볼 수 없으므로 원고가 그 권리를 가진 어업권자에 해당함을 전제로 이 사건 손실보상청구를 민사소송이 아니라 관할 토지수용위원회의 재정을 거쳐 토지수용위원회를 상대로 재정에 대한 행정소송을 제기하는 방법으로 청구하여야 하는 것으로 볼 수 없다고 하겠다.

원심이 이 사건 손실보상청구는 피고를 상대로 직접 민사소송으로 청구할 수 있음을 전제로 피고에게 그 손실보상금의 지급을 명한 것은 위에서 본 법리에 따른 것으로 옳다고 여겨지고, 거기에 손실보상청구권의 성질에 관한 법리오해의 위법이 있다고 할 수 없으므로 이 점에 관한 상고이유의 주장은 받아들일 수 없다.

상고이유의 주장에서 내세우는 대법원판결은 사안을 달리하는 것이어서 이 사건에 원용하기에 적절하지 아니하다.

2. 제2, 3점에 대하여

원심이, 원고가 1991. 1. 22. 소외 보령시장으로부터 연안자망어업 및 새우방어업허가를 받아 위 개발사업시행 고시 당시까지 이 사건 어선을 이용하여 연안어업에 종사하고 있었고, 원고가 위 개발사업시행 당시 이 사건 어선을 이용한 조업이 중단됨으로 인하여 입게 된 연간 피해액을 이 사건 어선의 연간 순생산액(어선의 용도, 규모를 기준으로 한 추정치임)에 조업정도와 피해율 등을 적용하여 산정한 것을 관련 법령 및 기록과 대조하여 살펴보면 수긍이 가고, 거기에 상고이유 주장과 같은 채증법칙 위배로 인한 사실오인이나 손실보상청구권자 및 손실보상액 산정에 관한 법리오해의 위법이 있다고 할 수 없으므로 이 점에 관한 상고이유 주장은 모두 이유 없다. 이 점에 관한 상고이유 주장은 필경 원심의 전권에 속하는 증거의 취사 판단과 사실의 인정을 비난하거나 원심이 인정한 사실과 상치되는 사실을 전제로 원심의 판결을 흠잡는 것에 지나지 아니하여 받아들일 수 없다.
3. 그러므로 상고를 기각하고 상고비용은 패소자인 피고의 부담으로 하기로 관여 법관들의 의견이 일치되어 주문과 같이 판결한다.

대법관　정귀호(재판장) 박준서 김형선(주심) 이용훈

[판례 3] 손해배상(기) (대법원 2001. 6. 29. 선고 99다56468 판결)

【판시사항】
구 공유수면매립법 시행 당시 공유수면매립사업으로 인한 관행어업권자의 손실보상청구권 행사방법(= 행정소송)

【판결요지】
구 수산업법(1990. 8. 1. 법률 제4252호로 개정되기 전의 것)에 의한 손실보상청구권이나 손실보상 관련 법령의 유추적용에 의한 손실보상청구권은 사업시행자를 상대로 한 민사소송의 방법에 의하여 행사하여야 하나, 구 공유수면매립법(1990. 8. 1. 법률 제4252호로 개정되기 전의 것) 제16조 제1항에 정한 권리를 가진 자가 위 규정에 의하여 취득한 손실보상청구권은 민사소송의 방법으로 행사할 수 없고 같은 법 제16조 제2항, 제3항이 정한 바에 따라 협의가 성립되지 아니하거나 협의할 수 없을 경우에 토지수용위원회의 재정을 거쳐 토지수용위원회를 상대로 재정에 대한 행정소송을 제기하는 방법에 의하여 행사하여야 하는바, 공유수면매립사업으로 인하여 관행어업권을 상실하게 된 자는 구 공유수면매립법 제6조 제2호가 정한 입어자로서 같은 법 제16조 제1항의 공유수면에 대하여 권리를 가진 자에 해당하므로 그가 매립사업으로 인하여 취득한 손실보상청구권은 직접 같은 법 조항에 근거하여 발생한 것이라 할 것이어서, 공유수면매립사업법 제16조 제2항, 제3항이 정한 재정과 그에 대한 행정소송의 방법에 의하여 권리를 주장하여야 할 것이고 민사소송의 방법으로는 그 손실보상청구권을 행사할 수 없다.

【참조조문】
구 공유수면매립법(1990. 8. 1. 법률 제4252호로 개정되기 전의 것) 제6조, 제16조, 구 수산업법(1990. 8. 1. 법률 제4252호로 개정되기 전의 것) 제75조

【참조판례】
대법원 1997. 10. 10. 선고 96다3838 판결(공1997하, 3385)
대법원 1998. 2. 27. 선고 97다46450 판결(공1998상, 891)
대법원 2000. 5. 26. 선고 99다37382 판결(공2000하, 1504)
대법원 2000. 8. 22. 선고 98두2416 판결(공보불게재)

【전　문】

【원고, 상고인(선정당사자)】 원고 1 외 46인 (소송대리인 변호사 오정현)
【피고, 피상고인】 한국수자원공사 (소송대리인 변호사 고석윤)
【원심판결】 서울고법 1999. 8. 20. 선고 96나41801 판결

【주 문】
상고를 기각한다. 상고비용을 원고(선정당사자)의 부담으로 한다.

【이 유】
구 수산업법(1990. 8. 1. 법률 제4252호로 개정되기 전의 것, 아래에서도 같다)에 의한 손실보상청구권이나 손실보상 관련 법령의 유추적용에 의한 손실보상청구권은 사업시행자를 상대로 한 민사소송의 방법에 의하여 행사하여야 하나(대법원 1998. 2. 27. 선고 97다46450 판결, 2000. 5. 26. 선고 99다37382 판결 등 참조), 구 공유수면매립법(1990. 8. 1. 법률 제4252호로 개정되기 전의 것, 아래에서도 같다) 제16조 제1항에 정한 권리를 가진 자가 위 규정에 의하여 취득한 손실보상청구권은 민사소송의 방법으로 행사할 수 없고 위 법 제16조 제2항, 제3항이 정한 바에 따라 협의가 성립되지 아니하거나 협의할 수 없을 경우에 토지수용위원회의 재정을 거쳐 토지수용위원회를 상대로 재정에 대한 행정소송을 제기하는 방법에 의하여 행사하여야 한다(대법원 1997. 10. 10. 선고 96다3838 판결, 2000. 8. 22. 선고 98두2416 판결 등 참조).
기록 중의 증거들에 따르니, 이 사건 매립사업으로 인하여 그 관행어업권을 상실하게 된 원고와 선정자들(아래에서는 '원고 등'이라고 한다)은 구 공유수면매립법 제6조 제2호가 정한 입어자로서 같은 법 제16조 제1항의 공유수면에 대하여 권리를 가진 자에 해당하므로 원고 등이 이 사건 매립사업으로 인하여 취득한 손실보상청구권은 직접 그 법 조항에 근거하여 발생한 것이라 할 것이어서, 위의 법리에 좇아 원고 등은 그 법 제16조 제2항, 제3항이 정한 재정과 그에 대한 행정소송의 방법에 의하여 권리를 주장하여야 할 것이고 피고에 대한 민사소송의 방법으로는 그 손실보상청구권을 행사할 수 없다 할 것이다.
한편, 관행어업권자는 구 수산업법 제75조에 규정된 보상대상이 아닐 뿐만 아니라 구 수산업법에는 관행어업권자에 대한 손실보상을 규율하고 있는 것으로 볼 수 있는 규정은 없으므로 원고 등은 이 사건 매립사업으로 인하여 수산업법이 정한 손실보상청구권을 취득한 것으로 볼 수는 없고, 구 공유수면매립법에 의한 손실보상청구권이 인정되는 이상 손실보상 관련 법령의 유추적용에 의한 손실보상청구권을 인정할 여지도 없다.
결국, 원심이 원고 등은 피고에 대하여 수산업법이 정한 손실보상을 청구할 수 없다고 하여 원고의 주위적 청구를 기각한 처리는 옳고 거기에 상고이유에서 주장하는 바와 같은 법리를 오해한 위법사유 또는 대법원 판례나 법령을 위반한 위법사유가 없다.
상고이유의 주장들을 받아들이지 아니한다.
그리고 원고(선정당사자)는 예비적 청구 부분에 대하여는 상고이유의 주장을 따로 하지 아니하였다.
그러므로 원고(선정당사자)의 상고를 기각하고, 상고비용을 원고(선정당사자)의 부담으로 하기로 관여 대법관들의 의견이 일치되어 주문에 쓴 바와 같이 판결한다.

대법관 강신욱(재판장) 조무제(주심) 이용우 이강국

[참조] 대법원 2000. 12. 12. 선고 2000다37586 판결

제2절 사법상 손해배상

> ☞ 수산업법

제8조 (마을어업 등의 면허) ① 마을어업은 일정한 지역에 거주하는 어업인의 공동이익을 증진하기 위하여 어촌계(漁村契)나 지구별수산업협동조합(이하 "지구별수협"이라 한다)에만 면허한다.

> ☞ 수산업법

제41조 (어업허가의 우선순위) ① 제40조제4항제2호 및 제55조제1항제3호에 따른 허가의 정수가 있는 어업은 다음 각 호의 어느 하나에 해당하는 자에게 우선하여 허가하여야 한다.
  1. 허가의 유효기간이 만료된 어업과 같은 종류의 어업의 허가를 신청하는 자
  2. 어업의 허가를 받은 어선·어구 또는 시설을 대체하기 위하여 그 어업의 폐업신고와 동시에 같은 종류의 어업의 허가를 신청하는 자
  3. 제40조제4항제1호에 따른 어업허가의 유예기간이 만료되거나 유예사유가 해소되어 같은 종류의 어업의 허가를 신청하는 자
② 제1항에도 불구하고 어업허가의 유효기간에 2회 이상 어업허가가 취소되었던 자는 제1항에 따른 어업허가의 우선순위에서 제외한다.
③ 제1항 각 호의 어느 하나에 해당하는 자가 어업허가를 신청하지 아니하거나 제2항에 따라 어업허가의 우선순위에서 제외되어 어업허가의 건수가 허가의 정수에 미달하는 경우에는 다음 각 호의 순위에 따라 어업허가를 할 수 있다.
  1. 제13조에 따른 수산기술자
  2. 「수산업·어촌 공익기능 증진을 위한 직접지불제도 운영에 관한 법률」 제7조에 따라 해양수산부장관이 선정하여 고시한 조건불리지역에서 1년 이상 거주한 자
  3. 신청한 어업을 5년 이상 경영하였거나 이에 종사한 자
  4. 신청한 어업을 1년 이상 5년 미만 경영하였거나 이에 종사한 자 및 신청한 어업과 다른 종류의 어업을 5년 이상 경영하였거나 이에 종사한 자
④ 제3항 각 호의 같은 순위자 사이의 우선순위는 신청자의 어업경영능력, 수산업 발전에 대한 기여 정도, 수산 관계 법령의 준수 여부 및 지역적 여건 등을 고려하여 행정관청이 정한다.
⑤ 그 밖에 어업허가의 우선순위에 필요한 사항은 해양수산부령으로 정한다.

> ☞ 수산업법

제44조 (허가어업의 제한 및 조건) ① 행정관청은 제40조 및 제43조에 따라 어업을 허가하는 경우 해양수산부령으로 정한 연근해어업에 공통적으로 적용되는 사항과 어업의 종류 및 어선의 규모별로 조업구역, 어구·어법, 어구의 규모 및 표지부착 등 허가의 제한 또는 조건을 붙여 허가하여야 한다.

② 행정관청은 제33조제1항제1호부터 제6호까지의 규정에 따른 공익의 보호, 어업조정 또는 수산자원의 번식·보호를 위하여 필요하다고 인정되는 경우에는 제1항에서 정한 제한 또는 조건 외에 허가의 제한 또는 조건을 붙일 수 있다.

[판례 4] 손해배상(기) (대법원 1997. 3. 28. 선고 96다3258 판결)

【판시사항】

[1] 공유수면매립의 면허를 받은 자가 공유수면에 대하여 권리를 가진 자에게 보상절차를 거치지 않은 채 매립사업을 시행하여 손해를 입힌 경우, 민사상 손해배상의무를 지는지 여부(적극)

[2] 김양식업 어업면허기간이 끝난 후 재면허신청이 관할 관청으로부터 거부된 자들은 공유수면에 대하여 권리를 가진 자에 해당하지 않는다는 이유로 그들의 간척사업시행자에 대한 손해배상청구를 기각한 사례

【판결요지】

[1] 공유수면매립의 면허를 받은 자가 공유수면매립법 제16조 제1항에 의한 보상을 함이 없이 공유수면매립사업을 시행하여 그 보상을 받을 권리를 가진 자에게 손해를 입혔다면 이는 불법행위를 구성하는 것으로서 민사상의 손해배상채무를 지게 되므로, 농업을 목적으로 하는 매립 또는 간척사업의 시행자가 그 사업의 대상인 공유수면에 대하여 권리를 가진 자에게 보상을 함이 없이 매립사업을 시행하여 그 권리를 가진 자에게 손해를 입혔다면 민사상의 손해배상채무를 지게 된다.

[2] 김양식업 어업면허기간이 끝난 후 재면허신청이 관할 관청으로부터 거부된 자들은 공유수면에 대하여 권리를 가진 자에 해당하지 않는다는 이유로 그들의 간척사업시행자에 대한 손해배상청구를 기각한 사례.

【참조조문】

[1] 공유수면매립법 제16조 제1항, 제17조, 구 농촌근대화촉진법(1994. 12. 22. 법률 제4823호 농어촌정비법 부칙 제7조에 의해 삭제되기 전의 것) 제2조 제1호 (라)목 [2] 공유수면매립법 제6조, 제16조 제1항

【참조판례】

[1][2] 대법원 1988. 11. 3. 자 88마850 결정(공1988, 1518)
대법원 1989. 7. 11. 선고 88다카14250 판결(공1989, 1215)
대법원 1995. 9. 15. 선고 94다55323 판결(공1995하, 3380)

【전 문】

【원고, 상고인】 해남군 수산업협동조합 외 4인 (원고들 소송대리인 변호사 오정현)
【피고, 피상고인】 농어촌진흥공사 (소송대리인 변호사 엄운용)
【원심판결】 서울고법 1995. 12. 5. 선고 95나26614 판결

【주 문】

상고를 모두 기각한다.
상고비용은 원고들의 부담으로 한다.

【이 유】

상고이유와 상고이유서 제출기간 경과 후에 제출된 상고이유보충서 중 상고이유를 보충하는 부분을 함께 본다.

원심판결 이유에 의하면, 원심은 거시 증거에 의하여 피고는 국토확장사업의 일환으로 시행하는 영산강 1, 2, 3단계 사업 중 그 3단계 사업시행자로서 1985. 11. 15. 자 농림수산부 고시 제85-56호에 따라 위 사업에 착수하였고, 위 사업과 관련하여 농림수산부장관은 1987. 6. 9.(3단계 1지구 사업)과 1989. 12. 9.(3단계 2지구 사업) 피고에게 각 공유수면매립면허를 하였으며, 피고는 1991. 4. 8.과 1994. 3. 23. 위 사업 중 각 방조제 끝의 물막이 공사를 완료한 상태인 사실, 원고 해남군수산업협동조합(전 우수영어업협동조합)은 1970. 3. 3.부터 1985. 3. 2.까지 전라남도지사로부터 김양식장 어업면허를 받았고, 나머지 원고들은 원고 해남군수산업협동조합과 1970년부터 1985년까지 김양식 어업권행사계약을 체결하여 전남 해남군 일대 중 위 사업의 3단계 2지구에 위치한 어장에서 김양식어업을 하여 왔으며, 원고 해남군수산업협동조합은 위 어업면허기간이 종료되는 위 1985. 3. 2. 이전에 전라남도지사에게 위 어업면허기간의 연장을 신청하였으나 원고 해남군수산업협동조합의 면허어장은 이 사건 영산강개발 사업예정지라는 이유로 거부되었고, 같은 해 7. 26.경 전라남도지사에게 재면허신청을 하였으나 역시 같은 이유로 거부되었으며, 피고의 위 공유수면매립공사로 인하여 해양 생태계에 변화가 생겨 원고들의 김양식어장은 그 기능을 상실한 사실, 한편 피고는 위와 같은 공유수면매립공사를 하면서 면허어업권자가 아니라는 이유로 원고들에게는 아무런 손실보상을 하지 않은 사실 등을 인정한 다음, 원고들은 전라남도 해남군 화원면과 산이면 일대 각 지선해안마을에서 어촌계를 조직하여 30년 전부터 김양식을 하여 왔는데 피고의 위 개발사업으로 말미암아 원고들의 어업면허권이 소멸되고 어장을 상실하였는데도 피고가 원고들에 대하여 아무런 손실보상을 하지 않고 있는바, 이는 원고들에 대하여 불법행위를 구성하므로 피고는 그로 인하여 원고들이 입은 손해를 배상할 책임이 있다는 취지의 원고들의 이 사건 청구원인에 대하여, 구 공유수면매립법(1990. 8. 1. 법률 제4252호로 개정되기 전의 것, 이하 같다) 제6조 제2호, 제16조 제1항, 제17조의 각 규정에 의하면 공유수면매립의 면허를 받은 자는 공유수면에 관하여 권리를 가진 자가 있는 경우에 그의 동의를 받지 않고는 그 권리를 가진 자에게 끼친 손실을 보상하거나 그 손실을 방지하는 시설을 한 후가 아니면 그 권리자들에게 손실을 미칠 공사를 착수할 수 없도록 되어 있고, 공유수면에 관하여 권리를 가진 자로서 어업권자 또는 구 수산업법(1990. 8. 1. 법률 제4252호로 전문 개정되기 전의 것, 이하 같다) 제40조 제1항의 규정에 의한 입어자를 포함시키고 있으며, 구 수산업법은 제2조에서 "어업이라 함은 수산, 동식물을 채포 또는 양식하는 사업을 말하고 어업권이라 함은 그 법의 규정에 의하여 면허를 받아 어업을 경영할 수 있는 권리를 말한다."고 규정하고, 그 제8조 제1항, 제4항은 "일정한 수면에서 구획 기타 시설을 하여 양식하는 어업을 하고자 하는 자는 도지사의 면허를 받아야 한다."고 규정하는 한편 그 제89조에서 면허 없이 양식어업 행위를 한 자에 대하여는 처벌하도록 규정하고 있으므로, 원고들이 영위한 김양식업은 구 수산업법 제8조 제1항 제1호 소정의 양식어업에 해당하고 도지사의 면허를 받음으로써 이를 할 수 있는 권리를 취득하며 그 면허를 받음이 없이는 아무도 양식어업을 할 수 없다고 할 것인바, 앞서 본 바와 같이 원고 해남군수산업협동조합의 어업면허권은 1985. 3. 2.자로 종료되어 소멸되었으므로 원고들은 구 공유수면매립법 제6조 제2호 소정의 어업권자가 아니라고 할 것이고, 또한 구 수산업법 제40조 제1항은 "공동어업의 어업권자는 종래의 관행에 의하여 그 어업장에서 어업하는 자의 입어를 거절할 수 없다."고 규정하고 있는바, 이는 면허 없이 관행에 의하여 오랫동안 계속 일정한 공유수면을 전용하고 수산 동식물을 포획 또는 채취하여 온 자는 후에 당해 공유수면에 대하여 공동어업권이 설정되더라도 계속 어업을 할 수 있도록 보호된다는 취지이며, 이와 같은 관행에 따른 어업권은 위 같은 법 제8조 제1항 소정의 공동어업을 하여온 자에 대하여 성립할 수 있을 뿐이고, 일정한 수면을 구획하여 그 수면의 바닥을 이용 또는 기타 시설을 하여 패류·해조류 등 수산 동식물을 인위적으로 증식하는 양식어업에 대하여는 성립될 여지가 없는 것이므로, 비록 피고의 위 사업을 위하여 전라남도지사가 원고 해남군수산업협동조합에 대한 어업면허기간을 연장하여 주지 않거나 재면허신청을 거부하여 결과적으로 위 원고의 어업면허권이 소멸되었다고 하더라도, 그러한 사실만으로 피고의 위 사업시행이 원고들에 대하여 불법행위를 구성한다고는 할 수 없고, 또한 원고들의 양식어업권이 1985. 3. 2. 기간만료로 소멸된 이상 비록 그 이후에 피고의 공유수면매립으로 인한 생태계 변화로 원고들의 양식어장의 기능이 상실되었다고 하더라도 구 공유수면매립법 제6조 제2호, 제16조 제1항, 제17조의 각 규정의 취지에 비추어 피고로서는 원고들에게 손실보상을 할 의무를 부담하지 않는 것이니, 원고들에 대하여 구 공유수면매립법 소정의 손실보상 절차를 거치지 않은 채 이 사건 공유수면매립사업을 시행한 피고의 행위는 원고들에 대하여 불법행위를 구성할 여지가 없으므로 피고는 원고들에게 이에 따른 손해를 배상할 책임을 부담하지 않는다고 판단하여 원고들의 청구를 기각하였다.

구 농촌근대화촉진법 제2조 제1호는 "농지개량사업이라 함은 이 법에 의하여 시행하는 다음의 사업을 말한다."고 규정하면서 (라)목에서 "농업을 목적으로 하는 매립 또는 간척"을 열거하고 있고, 같은 법 제104조는 "제2조 제1호 (라)목의 사업시행에 관하여는 공유수면매립법을 적용한다."라고 규정하고 있으므로(위 각 조항은 1994. 12. 22. 법률 제4823호 농어촌정비법 부칙 제7조 제4항에 의하여 삭제되었다) 농업을 목적으로 하는 매립 또는 간척사업에 대하여는 구 농촌근대화촉진법이 아니라 공유수면매립법이 적용되는 것인바, 구 공유수면매립법 제16조 제1항은 "권리를 가진 자가 있는 공유수면에 대하여 매립의 면허를 받은 자는 대통령령이 정하는 바에 의하여 그 권리를 가진 자에게 끼친 손실을 보상하거나 그 손실을 방지하는 시설을 하여야 한다."고 규정하고 같은 법 제17조 본문은 "매립의 면허를 받은 자는 전조 제1항의 규정에 의한 보상이나 시설을 한 후가 아니면 그 보상을 받을 권리를 가진 자에게 손실을 미칠 공사에 착수할 수 없다."고 규정하고 있으므로 공유수면매립의 면허를 받은 자가 위 공유수면매립법 제16조 제1항에 의한 보상을 함이 없이 공유수면매립사업을 시행하여 그 보상을 받을 권리를 가진 자에게 손해를 입혔다면 이는 불법행위를 구성하는 것으로서 민사상의 손해배상채무를 지게 된다 할 것이니(당원 1988. 11. 3. 자 88마850 결정, 1989. 7. 11. 선고 88다카14250 판결, 1995. 9. 15. 선고 94다55323 판결 등 참조), 농업을 목적으로 하는 매립 또는 간척사업의 시행자가 그 사업의 대상인 공유수면에 대하여 권리를 가진 자에게 보상을 함이 없이 매립사업을 시행하여 그 권리를 가진 자에게 손해를 입혔다면 민사상의 손해배상채무를 지게 된다 할 것이다.

소론이 지적하는 당원 1995. 3. 3. 선고 93다55296 판결은 구 농촌근대화촉진법이 적용되는 농지개발사업 등의 시행으로 인하여 손실을 받은 이해관계인이 같은 법이 정한 절차에 따라 제기하는 손실보상청구는 항고소송에 의하여야 한다고 판시한 것일 뿐, 농업을 목적으로 하는 매립 또는 간척사업의 시행자가 그 사업의 대상인 공유수면에 대하여 권리를 가진 자에게 보상을 함이 없이 매립사업을 시행하여 그 권리를 가진 자에게 손해를 입혔음을 주장하여 그 공유수면에 대하여 권리를 가진 자가 손해배상청구를 하는 경우에도 항고소송에 의하여야 한다고 판시한 것이 아니므로 당원의 위 판단과 배치되는 판례라 할 수 없다.

관계 증거를 기록과 대조하여 살펴보면 원심의 위 인정판단은 정당하고, 원고들은 구 공유수면매립법 제16조 제1항, 제6조 소정의 공유수면에 대하여 권리를 가진 자에 해당하지 않는다는 이유로 원고들의 이 사건 손해배상청구를 배척한 조치 역시 공유수면매립의 면허를 받은 자가 위 공유수면매립법 제16조 제1항에 의한 보상을 함이 없이 공유수면매립사업을 시행하여 그 보상을 받을 권리를 가진 자에게 손해를 입혔다면 이는 불법행위를 구성하는 것으로서 민사상의 손해배상채무를 지게 된다는 판단을 전제로 한 것으로서 당원의 위 견해에 부합하여 정당하며, 거기에 소론과 같은 위법이 없다 할 것이다.

상고이유 중 이 사건과 같은 농업을 목적으로 하는 매립·간척사업의 경우 구 농촌근대화촉진법에 대하여 공유수면매립법이 특별법의 위치에 있어 사업시행자는 공유수면매립법에 따라 매립면허를 따로 취득하고 그 법에 따라 모든 권리자에게 보상할 의무가 있다 할 것인바, 원심이 이 사건과 같은 매립·간척사업으로 인한 손실보상청구에 대하여 적용되는 법률이 무엇인지를 판단하지 않은 채 그 판시와 같은 이유로 원고들의 청구를 기각한 것은 위법하다는 취지의 부분은 원고들이 이 사건 매립·간척사업의 시행으로 인하여 그 매립대상 공유수면에 대한 권리자인 원고들이 입은 손실의 보상을 구하는 것이 아니라 피고가 원고들에게 아무런 손실보상 없이 위 공유수면매립공사를 한 것이 불법행위에 해당한다는 이유로 그 손해배상을 구하고 있는 것임이 기록상 분명한 이 사건에 있어 적법한 상고이유가 될 수 없다. 논지는 이유 없다.

그러므로 상고를 모두 기각하고 상고비용은 패소자들의 부담으로 하기로 하여 관여 법관의 일치된 의견으로 주문과 같이 판결한다.

대법관   이용훈(재판장) 박만호 박준서(주심) 김형선

[판례 5] 약정보상금 (대법원 1999. 10. 8. 선고 98다12430 판결)

【판시사항】

[1] 관행어업권이 양식어업에 관하여 성립할 수 있는지 여부(소극)
[2] 관행어업으로 인정되는 패류채취어업권의 소멸에 따른 손실의 평가방법(=신고어업의 보상에 관한 규정을 유추적용)

【판결요지】

[1] 구 수산업법(1990. 8. 1. 법률 제4252호로 개정되기 전의 것) 제40조 소정의 관행어업권은 어떤 어업장에 대한 공동어업권 설정 이전부터 어업의 면허 없이 당해 어업장에서 오랫동안 계속하여 수산동식물을 채포(채포)함으로써 그것이 대다수 사람들에게 일반적으로 시인될 정도에 이르게 되면 당해 공유수면에 공동어업권이 설정되더라도 그 공동어업권자에게 주장하고 행사할 수 있을 뿐만 아니라 공동어업권이 설정되어 있지 아니한 경우라도 이를 침해하는 제3자에 대하여 그 배제를 청구하거나 그에 따른 손해배상을 청구할 수 있는 권리이기는 하나, 같은 법 제8조, 제24조에 의하여 공동어업 등의 면허에 의하여 인정되는 어업권과 같이 일정한 공유수면을 전용하면서 그 수면에서 배타적으로 수산동식물을 채포할 수 있는 독점적인 권리라기보다는 단지 타인의 방해를 받지 않고 일정한 공유수면에 출입하면서 수산동식물을 채포할 수 있는 권리에 지나지 않는 것이라고 할 것이므로, 이와 같은 관행어업권은 일정한 수면을 구획하여 그 수면의 바닥을 이용 또는 기타 시설을 하여 패류·해조류 등 수산동식물을 인위적으로 증식하는 양식어업에 관하여는 성립될 여지가 없다.

[2] 관행어업으로 인정되는 무신고 도수어업 형태의 패류채취어업은 구 수산업법(1990. 8. 1. 법률 제4252호로 개정되기 전의 것) 제8조, 제24조에 의하여 공동어업 등의 면허에 의하여 인정되는 어

업권과 같이 일정한 공유수면을 전용하면서 그 수면에서 배타적으로 수산동식물을 채포할 수 있는 독점적인 권리라기보다는 단지 원고들에 소속된 어민들이 타인의 방해를 받지 않고 일정한 공유수면에 출입하면서 수산동식물을 채포할 수 있는 권리에 지나지 않는 것이라고 할 것이므로, 그러한 권리의 소멸에 따른 손실을 평가함에 있어서 일정한 공유수면을 전용하면서 그 수면에서 배타적으로 수산동식물을 채포할 수 있는 독점적인 권리인 같은 법 제8조, 제24조에 의하여 공동어업 등의 면허에 의하여 인정되는 어업권이 취소되는 경우에 대한 보상 방식을 유추적용할 수는 없고, 오히려 어민들이 종래부터의 관행에 따라 별다른 시설물 없이 자연산 어패류인 바지락, 가무락, 개맛, 참맛, 우럭 등을 채포하는 어업을 하여 왔다면, 이는 실질상 같은 법 제22조 소정의 신고어업의 형태와 유사한 것이라고 볼 수 있으므로, 이와 같은 권리의 소멸에 따른 손실을 평가함에 있어서도 신고어업의 보상에 관한 규정을 유추적용함이 상당하다.

【참조조문】

[1] 구 수산업법(1990. 8. 1. 법률 제4252호로 개정되기 전의 것) 제8조 제1호, 제2호, 제40조 제1항
[2] 구 수산업법(1990. 8. 1. 법률 제4252호로 개정되기 전의 것) 제40조 제1항, 구 수산업법시행령(1993. 6. 19. 대통령령 제13910호로 개정되기 전의 것) 제62조 제1항 제2호

【참조판례】

[1] 대법원 1995. 9. 15. 선고 94다55323 판결(공1995하, 3380)
대법원 1999. 9. 3. 선고 98다8790 판결(1999하, 2005)
[2] 대법원 1998. 4. 14. 선고 95다15032, 15049 판결(공1998상, 1310)
대법원 1998. 9. 18. 선고 96다13927 판결
대법원 1998. 12. 11. 선고 96다15176 판결
대법원 1999. 6. 11. 선고 97다41028 판결(공1999하, 1342)

【전 문】

【원고, 상고인】 의창군수산업협동조합녹산어촌계 외 1인 (원고들 소송대리인 법무법인 강동종합법률사무소 담당변호사 지익표 외 3인)

【피고, 피상고인】 한국토지공사 외 1인 (소송대리인 변호사 정양진 외 3인)

【원심판결】 부산고법 1998. 2. 5. 선고 96나4206 판결

【주 문】

상고를 모두 기각한다.
상고비용은 원고들의 부담으로 한다.

【이 유】

상고이유를 본다.

1. 상고이유 제1점, 제2점에 대하여

원심판결 이유에 의하면 원심은, 그 채택의 증거들을 종합하여 원고들을 포함한 소속 어촌계 및 어민들을 대표한 부산시수산업협동조합, 의창수산업협동조합, 진해시수산업협동조합 등 3개 수산업협동조합과 피고들 사이의 보상협의 과정에 관하여, 1990. 7. 19. 처음 개최된 간담회에서 위 3개 수협이 관내 어촌계 어민들의 의견을 수렴하여 피해조사 용역기관 선정을 포함한 어업피해보상에 관한 보상약정서(안)을 작성, 제출하여 보상문제를 협의하기로 한 사실, 이에 따라 부산수협과 의창수협은 각 보상약정서(안)을, 피고들 사이의 약정에 의하여 보상업무를 담당하게 된 피고 부산광역시

(이하 피고 시라 한다)는 이에 대한 조정안을 각 제시하였는데, 보상내역에 관하여는 "어업권 및 어업피해(자재포함), 관행어업 포함"으로 일치하였으나, 의창수협의 보상약정서(안)은 기타 요구사항에서 무허가·무신고 어업에 대한 동일한 보상을 약정 요구사항으로 담고 있었고, 이에 대한 피고 시의 검토의견은 현행 법규상 불가능하다는 것이었던 사실, 피고 시는 같은 해 12. 11. 손해액 조사기관으로 의견이 일치되었던 부산수산대학교 해양과학연구소와 사이에 일단 적법한 어업과 관행어업에 관하여 이 사건 개발계획으로 인한 어업피해를 조사하는 용역계약을 체결하고 적법한 어업과 관행어업 및 폐업 대상이 되는 무면허·무허가·무신고 어업에 대해서만 조사할 것을 지시한 사실, 그 후 개최된 수차례에 걸친 실무자협의회에서 무면허·무허가·무신고 어업에 대한 보상 문제와 그에 관한 약정서상의 문구에 대하여 협의를 거듭한 결과, 같은 해 10. 11. 피고 시가 의창수협의 위 요구를 받아들여 최종적으로 "제4조에 규정한 어업 이외의 기타 어업 보상에 대해서는 용역기관의 조사 결과에 의거 관련법, 판례, 관례가 있을 경우 상호 협의하여 처리한다."라는 안으로 합의한 사실, 위 합의안을 기초로 하여 피고들과 위 3개 수협은 1992. 3. 2. 이 사건 개발사업으로 인한 어업피해보상에 관하여 부수적인 사항까지 포함한 최종적인 합의에 도달하여 보상약정서를 작성한 사실을 인정하고, 피고들이 이 사건 보상약정에 따라 그 지선어장에서 행하여 온 원고들의 패류채취어업 피해 전부를 보상할 의무가 있다는 원고들의 주장에 대하여는, 이 사건 보상약정서의 전체적인 구조를 볼 때 위 약정서 제4조 제1항 전단이 이 사건 개발사업으로 인한 모든 사실상 피해의 보상을 의미한다고 볼 수는 없고, 의창수협과 피고 시 사이의 어업피해보상 협의 과정에 비추어 보면, 초기에 보상내역에 관하여 일치한 '어업권 및 어업피해(자재포함), 관행어업 포함' 중 '어업피해'란 피해가 발생한 모든 어업을 의미하는 것이 아니라 적법한 어업에 대하여 어업권 자체의 소멸로 인한 피해를 제외한 다른 어업피해 및 시설·자재 피해 내지는 무면허 어업에 대한 이 사건 보상약정 당시의 법령에 의한 시설비 보상 등을 의미하는 것이라고 보아야 할 것이며, 이 사건 보상약정서 제4조 제1항에서 규정하고 있는 '관행어업'은 원고들에 의하여 관행적으로 영위되어 온 어업을 모두 포함하는 사실상·통념상의 개념이 아니라, 구 수산업법(1990. 8. 1. 법률 제4252호로 개정되기 전의 것, 이하 구 수산업법이라 함은 이 법률을 의미한다)에서 규정하고 있는 입어의 관행에 의하여 인정되는 관행어업을 의미하는 것이라고 봄이 상당하다는 이유로 원고들의 주장을 배척하였다.

당사자 사이에 계약의 해석을 둘러싸고 이견이 있어 처분문서에 나타난 당사자의 의사해석이 문제되는 경우 그 해석은 문언의 내용, 그와 같은 약정이 이루어진 동기와 경위, 약정에 의하여 달성하려는 목적, 당사자의 진정한 의사 등을 종합적으로 고찰하여 논리와 경험칙에 따라 합리적으로 해석하여야 한다(대법원 1996. 4. 9. 선고 96다1320 판결, 1997. 12. 12. 선고 97다5060 판결 등 참조).

그런데 위 약정서의 문언 특히 그 중 제4조 및 제9조 제5항의 내용, 원심이 인정한 사실관계에 나타난 위 약정 체결 동기와 경위 및 쌍방이 위 약정을 통하여 달성하고자 하였던 목적을 모두 종합하여 보아도, 위 약정서 제4조에서 보상하기로 한 것은 그 문언 그대로 적법한 어업(면허·허가·신고) 및 관행어업 피해에 한정되는 것이지 원고들이 주장하는 바와 같이 적법·부적법 어업을 구별하지 않고 원고들이 현실적으로 영위하여 온 모든 어업에 대하여 발생하는 피해를 보상하기로 한 것으로 해석할 수는 없는 것이고, 적법한 어업이나 관행어업에 해당하지 아니하여 위 제4조에서 보상되지 아니하는 다른 어업피해에 대하여는 위 약정서 제9조 제5항의 요건을 갖춘 경우에 한하여 피고들과 위 3개 수협 사이의 협의에 따라 보상하기로 한 것으로 해석하여야 할 것이다.

그리고 위 약정서 제4조에 기재된 관행어업이란 구 수산업법 제40조 제1항에서 인정되고 있던 입어의 관행에 따른 어업자를 보호하기 위하여 공동어업의 어업권자에 대하여 주장하고 행사할 수 있음에서 한 걸음 더 나아가 이를 다투는 제3자에 대하여 배제를 청구하거나 그에 따른 손해배상을 청구할 수 있는 권리로 해석하기로 하는 개념(대법원 1989. 7. 11. 선고 88다카14250 판결 참조)으로 주로 판례의 의하여 인정·발전되어 온 관행어업권을 지칭하는 것으로 볼 것이지, 이와 다른 의미의 관행어업이 별도로 존재한다고 볼 수 없을 뿐만 아니라, 위 3개 수협과 피고들 사이에 위 약정에 이르기까지의 교섭 과정이나 위 약정서에 관행어업의 개념에 관하여 별도의 정의가 없었던 점에 비추어 보아도 원고들의 주장과 같이 위 약정서에 기재된 관행어업이 종래 인정되어 오던 관행어업권과는 다른 사회통념상의 개념이라고 해석할 수는 없는 것이다.

같은 취지에서 원고들의 주장을 배척한 원심의 조처는 정당하고, 거기에 원고들이 상고이유로 주장하는 바와 같은 심리미진, 증거의 취사선택의 잘못으로 인한 위법, 논리칙·경험칙 위배로 인한 이유불비의 위법, 계약해석에 관한 법리오해 또는 처분문서의 해석을 그르친 위법 등이 있다고 할 수 없다.

이에 관한 상고이유의 주장은 모두 받아들일 수 없다.

2. 상고이유 제3점, 제4점에 대하여

구 수산업법 제40조 소정의 관행어업권은 어떤 어업장에 대한 공동어업권 설정 이전부터 어업의 면허 없이 당해 어업장에서 오랫동안 계속하여 수산동식물을 채포(채포)함으로써 그것이 대다수 사람들에게 일반적으로 시인될 정도에 이르게 되면 당해 공유수면에 공동어업권이 설정되더라도 그 공동어업권자에게 주장하고 행사할 수 있을 뿐만 아니라 공동어업권이 설정되어 있지 아니한 경우라도 이를 침해하는 제3자에 대하여 그 배제를 청구하거나 그에 따른 손해배상을 청구할 수 있는 권리이기는 하나(대법원 1989. 7. 11. 선고 88다카14250 판결, 1994. 3. 25. 선고 93다45701 판결, 1998. 7. 24. 선고 97다22935 판결 등 참조), 구 수산업법 제8조, 제24조에 의하여 공동어업 등의 면허에 의하여 인정되는 어업권과 같이 일정한 공유수면을 전용하면서 그 수면에서 배타적으로 수산동식물을 채포할 수 있는 독점적인 권리라기보다는 단지 타인의 방해를 받지 않고 일정한 공유수면에 출입하면서 수산동식물을 채포할 수 있는 권리에 지나지 않는 것이라고 할 것이므로(대법원 1998. 4. 14. 선고 95다15032, 15049 판결, 1998. 12. 11. 선고 96다15176 판결 등 참조), 이와 같은 관행어업권은 일정한 수면을 구획하여 그 수면의 바닥을 이용 또는 기타 시설을 하여 패류·해조류 등 수산동식물을 인위적으로 증식하는 양식어업에 관하여는 성립될 여지가 없는 것이다(대법원 1995. 9. 15. 선고 94다55323 판결 참조).

원심판결 이유에 의하면 원심은, 그 채택 증거들에 의하여 부산대학교 해양과학연구소에서 작성한 명지 녹산 국가공업단지 개발사업관련 어업피해조사(2차)보고서(기타 어업)(이라 2차 보고서라 한다)에 원고들의 지선공동어장 중 이 사건 패류채취어업어장은 투석식 또는 바닥 살포식의 참굴, 자연산 치패(치패)를 수집 관리하여 다시 뿌리는 방식의 바지락 등이 집단으로 서식하는 구역으로서 원고들이 배타적으로 지배 관리하는 무면허 패류 양식어장과 위와 같은 인위적인 관리 없이 자연산 바지락, 가무락, 개맛, 참맛, 우럭 등이 혼재하고 있는 무신고 도수어업(도수어업) 어장으로 분류되어 있는 사실, 위와 같이 무면허 패류 양식어장으로 분류된 어장 중 참굴이 분포하는 지역에는 참굴 종패(종패)가 붙을 수 있도록 바위가 투석되어 있고, 바지락이 분포하는 지역에는 종패를 살포한 실적이 있으며, 원고들이 위 해양과학연구소에서 피해보상 조사를 할 당시 위 바지락 분포 지역을 무면허 양식어업지역으로 표기한 도면을 제출한 사실을 인정한 다음, 양식어업(양식어업)이라 함은 구 수산업법 및 현행 수산업법 제8조 제1항의 규정 취지에 따르면, '일정한 수면을 구획하여 그 어업에 필요한 시설을 하거나 기타의 방법으로 패류를 양식하는 어업'을 말하는 것이고, 양식(양식)이라 함은 구 수산업법 및 현행 수산업법 제2조 제3호에 따르면, '수산동식물을 인공적인 방법으로 길러서 거두어들이는 행위와 이를 목적으로 어선·어구를 사용하거나 시설물을 설치하는 행위'를 말하는 것이므로, 구체적으로 종패를 양식시설에 부착하거나, 종패가 붙을 수 있는 시설을 하여 두거나, 종패를 해저(해저)의 적지에 살포하는 행위 등이 있는 경우에는 양식어업에 해당한다 할 것인바, 위 무면허 양식어업으로 분류된 참굴 및 바지락 채취어업은 그 어업방식에 비추어 양식어업에 해당된다고 보아야 할 것이고, 그 종패가 자연산이라는 이유만으로 양식어업이 아니라 무신고 도수어업이라고 할 수는 없으므로 구 수산업법상의 관행어업의 범주에 해당한다고 할 수 없으며, 위 무신고 도수어업으로 분류된 자연산 바지락, 가무락, 개맛, 참맛, 우럭 등의 채포어업만이 관행어업의 범주에 해당한다고 판단하고 있다.

원심의 위와 같은 사실인정과 판단은 정당하고, 거기에 원고가 상고이유로 주장하는 바와 같은 증거의 취사선택을 잘못하여 위 패류채취어업의 실체를 오해한 위법, 양식어업에 관한 법리오해, 이유불비 등의 위법이 있다고는 할 수 없다.

이에 관한 상고이유의 주장은 모두 받아들일 수 없다.

3. 상고이유 제6점에 관하여

구 수산업법 제8조 소정의 면허어업은 해당 어업종류별로 특정되어 어촌계 또는 어촌계원 개인에게 면허되지 아니하는 이상 어업권으로 보호를 받을 수 없는 것임이 분명하고, 이와 같은 어업권이 설정되거나 관행어업권이 성립하여 따로 보호를 받는 이외에 다른 권리가 존재할 수는 없는 것이므로, 원고들이 그 업무구역 내에서 지선공동어장과 양식어장을 전용할 수 있는 어촌계 규약을 가지고 있다거나 해당 지선어장을 전용하고 있다고 하더라도 그 자체만으로 원고들이 어떠한 권리를 갖게 되었다거나 원고들이 해당 지선어장에서 사실상 행하여 오고 있던 위 양식어업 등 모든 종류의 어업이 관행어업으로 인정될 수는 없다.

같은 취지에서 원고들의 주장을 배척한 원심의 조처는 정당하고, 거기에 원고들이 상고이유로 주장하는 바와 같이 증거의 취사선택을 잘못한 위법, 어촌계의 지선어장 전용과 이 사건 패류채취어업에 대한 법리오해 등의 위법이 있다고는 할 수 없다.

이 부분 상고이유의 주장도 받아들일 수 없다.

4. 상고이유 제7점에 대하여

앞서 본 바와 같이 피고들은 위 3개 수협과의 교섭 과정에서 무면허·무허가·무신고 어업에 대하여 시설비 보상 이외에는 법률상 보상이 불가능하다는 것을 누차 천명하여 왔고, 다만 어민들의 주장을 일부 수용한 결과 무면허·무허가·무신고 어업에 대하여는 용역기관의 조사 결과에 의거 관련법, 판례, 관례가 있을 경우 협의하여 처리하기로 한 것이므로, 피고들이 이에 기초하여 용역기관인 위 해양과학연구소에 무면허·무허가·무신고 어업을 기타 어업으로 분류하여 그 실태와 피해 등을 조사하도록 하였다거나 관행어업에 해당하지 아니하는 위 양식어업에 대하여 보상을 하지 아니하였다고 하여 금반언의 원칙 또는 신의성실의 원칙을 위반하였다고 할 수는 없다.

이 부분 상고이유의 주장도 받아들일 수 없다.

5. 상고이유 제5점에 대하여

앞서 본 바와 같이 관행어업으로 인정되는 무신고 도수어업 형태의 패류채취어업은 구 수산업법 제8조, 제24조에 의하여 공동어업 등의 면허에 의하여 인정되는 어업권과 같이 일정한 공유수면을 전용하면서 그 수면에서 배타적으로 수산동식물을 채포할 수 있는 독점적인 권리라기보다는 단지 원고들에 소속된 어민들이 타인의 방해를 받지 않고 일정한 공유수면에 출입하면서 수산동식물을 채포할 수 있는 권리에 지나지 않는 것이라고 할 것이므로, 그러한 권리의 소멸에 따른 손실을 평가함에 있어서 일정한 공유수면을 전용하면서 그 수면에서 배타적으로 수산동식물을 채포할 수 있는 독점적인 권리인 구 수산업법 제8조, 제24조에 의하여 공동어업 등의 면허에 의하여 인정되는 어업권이 취소되는 경우에 대한 보상 방식을 유추적용할 수는 없다.

오히려 원심이 적법하게 확정한 바와 같이 원고들에 소속된 어민들이 종래부터의 관행에 따라 별다른 시설물 없이 자연산 어패류인 바지락, 가무락, 개맛, 참맛, 우럭 등을 채포하는 어업을 하여 왔다면, 이는 실질상 구 수산업법 제22조 소정의 신고어업의 형태와 유사한 것이라고 볼 수 있으므로 이와 같은 권리의 소멸에 따른 손실을 평가함에 있어서도 신고어업의 보상에 관한 규정을 유추적용함이 상당하다(대법원 1998. 4. 14. 선고 95다15032, 15049 판결, 1998. 9. 18. 선고 96다13927 판결, 1998. 12. 11. 선고 96다15176 판결 등 참조).

한편, 원심이 적법하게 확정한 바와 같이 위 약정서에 의한 피해보상 기준일은 이 사건 개발사업 실시계획승인일(해상부)로 하기로 하였는데 1992. 3. 26. 건설부고시 제1992-119호로 위와 같은 어업이 행하여지던 수면을 포함하는 이 사건 개발사업 실시계획 변경승인고시가 있었으며, 그 이후인 1992. 5. 초경 비로소 피고들이 이 사건 개발사업 시행을 위한 공사에 착수하였다면, 원고들의 위 관행어업 피해에 대한 보상금의 산정을 위한 피해보상 기준일은 1992. 3. 26.로 보아야 할 것인바, 이 사건 보상약정에 관한 협의가 시작될 당시까지만 하여도 당시의 구 수산업법령에 신고어업에 관한 손실보상 기준이 규정되어 있지 않았으나, 1991. 2. 18. 대통령령 제13308호로 수산업법시행령이 개정 시행되었고 그 제62조 제1항 제2호 (가)목에 신고어업이 취소된 경우의 손실보상에 관하여 '평년수익액의 3년분＋어선·어구 또는 시설물의 잔존가액－어선·어구 또는 시설물의 매각수입액'이라는 기준이 마련되었으므로 원고들에 대한 보상액을 산정함에 있어서는 위 기준을 유추적용함이 상당하다고 하겠다{이는 불법행위로 인한 손해배상액의 산정에 있어서도 마찬가지이고, 원고들의 주장과 같이 1990. 11.경을 기준으로 하여 보상액을 산정하여야 한다면 구 공공용지의취득및손실보상에관한특례법시행규칙(1988. 4. 25. 건설부령 제435호로 개정되어 1991. 10. 28. 건설부령 제493호로 개정되기 전의 것) 제25조의2 제1항을 유추적용할 수밖에 없어 원고들에게 오히려 불리하게 된다.}.

같은 취지에서 위 구 수산업법시행령의 기준에 따라 원고들에 대한 보상액을 산정한 원심의 조처는 정당하고 거기에 상고이유로 주장하는 바와 같은 관행어업권 소멸에 대한 보상의 범위에 관한 법리오해의 위법이 있다고 할 수 없다.

원고들의 이 부분 상고이유의 주장은 받아들일 수 없다.

6. 그러므로 상고를 모두 기각하고 상고비용은 패소자의 부담으로 하기로 하여 관여 법관의 일치된 의견으로 주문과 같이 판결한다.

대법관   변재승(재판장) 이돈희 지창권(주심) 송진훈

[판례 6] 손해배상(기) (대법원 2001. 3. 13. 선고 99다57942 판결)

【판시사항】

[1] 구 수산업법 제40조 제1항 소정의 관행어업권의 상실로 인한 손해액의 산정 방법
[2] 구 수산업법 제40조 소정의 '입어의 관행에 따른 권리'(관행어업권)의 의미
[3] 구 수산업법 제40조 소정의 관행어업권의 귀속주체

【판결요지】

[1] 구 수산업법(1990. 8. 1. 법률 제4252호로 전문 개정되기 전의 것) 제40조 제1항 소정의 관행어업권에 대한 보상에 있어서, 같은 법 제8조, 제24조에 의한 공동어업 등의 면허어업권이 취소되는 경우에 대한 보상 방식을 유추 적용할 수는 없고, 관행어업과 형태가 유사한 같은 법 제22조 소정의 신고어업의 보상에 관한 규정을 유추 적용함이 상당하다.

[2] 구 수산업법(1990. 8. 1. 법률 제4252호로 전문 개정되기 전의 것) 제40조 소정의 '입어의 관행에 따른 권리'(관행어업권)란, 일정한 공유수면에 대한 공동어업권 설정 이전부터 어업의 면허 없이 그 공유수면에서 오랫동안 계속 수산동식물을 포획 또는 채취하여 옴으로써 그것이 대다수 사람들에게 일반적으로 시인될 정도에 이른 것을 말하고, 이는 공동어업권자에 대하여 주장하고 행사할 수 있을 뿐만 아니라 이를 다투는 제3자에 대하여도 그 배제를 청구하거나 그에 따른 손해배상을 청구할 수 있는 권리이며, 당해 공유수면에 공동어업권이 설정되어 있는지 여부를 불문하고 인정될 수 있는 것이지, 공동어업권이 설정된 후에 비로소 그 공동어업권에 대한 제한물권적 권리로서만 발생하는 권리라고는 할 수 없다.

[3] 관행어업권의 주체는 어촌계가 될 수도 있고, 자연인인 어민들이 될 수도 있을 것이나, 어촌계가 관행어업권의 주체가 되려면 어촌계가 단체로서의 조직과 실체를 갖추고 단체의 활동으로서 입어활동에 종사하는 것이 오랫동안 대다수의 사람들에게 일반적으로 시인되는 정도에 이르러야 한다.

【참조조문】

[1] 구 수산업법(1990. 8. 1. 법률 제4252호로 전문 개정되기 전의 것) 제8조, 제22조, 제24조, 제40조 제1항 [2] 구 수산업법(1990. 8. 1. 법률 제4252호로 전문 개정되기 전의 것) 제40조 [3] 구 수산업법(1990. 8. 1. 법률 제4252호로 전문 개정되기 전의 것) 제40조

【참조판례】

[1][2][3] 대법원 1999. 6. 11. 선고 97다41028 판결(공1999하, 1342)
[1] 대법원 1998. 4. 14. 선고 95다15032, 15049 판결(공1998상, 1310)
[2] 대법원 1989. 7. 11. 선고 88다카14250 판결(공1989, 1215)
대법원 1998. 12. 11. 선고 96다15176 판결(공보불게재)
대법원 1999. 9. 3. 선고 98다8790 판결(공1999하, 2005)
[3] 대법원 1998. 9. 18. 선고 96다13927 판결(공보불게재)

【전 문】

【원고(선정당사자), 상고인 겸 피상고인】 원고(선정당사자) 1 외 99인 (소송대리인 변호사 오정현)
【피고, 피상고인 겸 상고인】 한국수자원공사 (소송대리인 법무법인 광장 담당변호사 서정우 외 2인)
【원심판결】 서울고법 1999. 9. 8. 선고 96나31880 판결

【주 문】

상고를 모두 기각한다. 상고비용은 각 상고인의 부담으로 한다.

【이 유】

1. 원고의 상고이유에 대하여 본다.

구 수산업법(1990. 8. 1. 법률 제4252호로 전문 개정되기 전의 것. 이하 '법'이라 한다) 제40조 제1항 소정의 관행어업권에 대한 보상에 있어서, 법 제8조, 제24조에 의한 공동어업 등의 면허어업권이 취소되는 경우에 대한 보상 방식을 유추 적용할 수는 없고, 위 관행어업과 형태가 유사한 법 제22조 소정의 신고어업의 보상에 관한 규정을 유추 적용함이 상당하다고 함은 대법원이 이미 여러

번에 걸쳐 선언한 법리이며(대법원 1998. 4. 14. 선고 95다15032, 15049 판결 등), 지금 이 견해를 변경할 필요가 있다고 여기지 않는다.

원심이 원고와 선정자들(이하 '원고등'이라고 한다)의 이 사건 관행어업권 상실로 인한 피해액을 산정함에 있어 위 신고어업의 보상에 관한 규정을 유추 적용하여 계산한 것은 위 법리에 따른 것이어서 정당하고, 거기에 관행어업권의 법리를 오해한 잘못이 없다. 소론의 대법원판결에서는 상고이유의 주장과 같은 판시가 있었음이 발견되지 않는다.

2. 피고의 상고이유 제1점에 대하여 본다.

법 제40조 소정의 '입어의 관행에 따른 권리'(관행어업권)란, 일정한 공유수면에 대한 공동어업권 설정 이전부터 어업의 면허 없이 그 공유수면에서 오랫동안 계속 수산동식물을 포획 또는 채취하여 옴으로써 그것이 대다수 사람들에게 일반적으로 시인될 정도에 이른 것을 말하고, 이는 공동어업권자에 대하여 주장하고 행사할 수 있을 뿐만 아니라 이를 다투는 제3자에 대하여도 그 배제를 청구하거나 그에 따른 손해배상을 청구할 수 있는 권리이며, 당해 공유수면에 공동어업권이 설정되어 있는지 여부를 불문하고 인정될 수 있는 것이지, 공동어업권이 설정된 후에 비로소 그 공동어업권에 대한 제한물권적 권리로서만 발생하는 권리라고는 할 수 없다(대법원 1989. 7. 11. 선고 88다카14250 판결, 1998. 12. 11. 선고 96다15176 판결, 1999. 6. 11. 선고 97다41028 판결 등 참조). 같은 취지의 원심 판단은 정당하고, 거기에 구 수산업법상의 관행어업에 관한 법리오해의 잘못이 없다.

3. 피고의 상고이유 제2점에 대하여 본다.

관행어업권의 주체는 어촌계가 될 수도 있고, 자연인인 어민들이 될 수도 있을 것이나, 어촌계가 관행어업권의 주체가 되려면 어촌계가 단체로서의 조직과 실체를 갖추고 단체의 활동으로서 입어활동에 종사하는 것이 오랫동안 대다수의 사람들에게 일반적으로 시인되는 정도에 이르러야 한다(대법원 1998. 9. 18. 선고 96다13927 판결, 1999. 6. 11. 선고 97다41028 판결 등 참조).

원심은 같은 취지에서 이 사건 어장에서 입어에 종사하여 온 원고등은 규약을 만들어 단체의사를 형성하여 단체활동을 하였던 것이 아니고 다만 한마을에 함께 사는 주민들로서 함께 이 사건 어장에서 입어활동에 종사하였을 뿐이어서 피고가 주장하는 어촌계가 단체성을 갖추지 못하였다고 인정하여 이 사건 어장에 대한 관행어업권은 위 어촌계의 총유에 속하는 것이 아니라 원고들 각자에게 속한다고 판단하였는바, 기록에 비추어 살펴보면, 원심의 이러한 사실인정과 판단은 정당하고, 거기에 상고이유의 주장과 같은 관행어업권의 귀속에 관한 법리오해 등의 잘못이 없다.

4. 피고의 상고이유 제3점에 대하여 본다.

기록에 비추어 살펴보면, 원심이 제1심 감정인 소외인의 감정결과 및 그에 대한 사실조회결과를 기초로 관행어업자인 원고등의 이 사건 어장에서의 1988년 무렵 연평균생산량 및 연평균생산액과 연평균어업경비를 인정하여 원고등의 손해액을 계산한 것은 정당하고, 거기에 피고 상고이유에서 주장하는 바와 같이 잘못된 감정결과에 의하여 사실인정을 하는 등 채증법칙을 위반한 잘못이 있다고 할 수 없다.

5. 그러므로 상고를 모두 기각하고, 상고비용은 각 패소자의 부담으로 하기로 하여 관여 대법관의 일치된 의견으로 주문과 같이 판결한다.

대법관   유지담(재판장) 서성 배기원 박재윤(주심)

[판례 7] 손해배상(기) (대법원 2001. 9. 4. 선고 2000다3170 판결)

【판시사항】

[1] 구 수산업법 제40조 소정의 관행어업권이 인정되는 어민의 자격요건 및 가동연한
[2] 구 수산업법 제40조 제1항 소정의 관행어업권의 상실로 인한 손해액의 산정 방법

【판결요지】

[1] 구 수산업법(1990. 8. 1. 법률 제4252호로 전문 개정되기 전의 것) 제40조 소정의 관행어업권은 원칙적으로 독립세대별로 인정되고 차남 이하 분가자나 외지로부터의 전입자에 대하여는 일정한 기간이 경과되어야 인정되며, 이 경우에도 원칙적으로 그러한 어업을 계속할 수 있는 노동능력과 의사를 가진 자로서 20세부터 60세가 될 때까지의 자에 대하여만 인정되고, 다만, 위 가동연한을 넘은 고령자라도 그를 도와 관행어업에 종사할 가동연한 내의 세대원 등이 있는 경우에는 관행어업권이 인정된다 할 것이다

[2] 구 수산업법(1990. 8. 1. 법률 제4252호로 전문 개정되기 전의 것) 제40조 제1항 소정의 관행어업권은 공동어업권자에게 주장하고 행사할 수 있을 뿐만 아니라 공동어업권이 설정되지 아니한 경우라도 이를 침해하는 제3자에 대하여 그 배제를 청구하거나 그에 따른 손해배상을 청구할 수 있는 권리이기는 하나 그 배상액의 산정에 있어서 같은 법 제8조, 제24조에 의한 공동어업 등의 면허어업권이 취소되는 경우에 대한 보상 방식을 유추 적용할 수는 없고, 위 관행어업과 형태가 유사한 같은 법 제22조 소정의 신고어업의 보상에 관한 규정을 유추 적용함이 상당하다.

【참조조문】

[1] 구 수산업법(1990. 8. 1. 법률 제4252호로 전문 개정되기 전의 것) 제40조 [2] 구 수산업법(1990. 8. 1. 법률 제4252호로 전문 개정되기 전의 것) 제8조(현행 제8조 참조), 제22조(현행 제44조 참조), 제24조(현행 제15조 참조), 제40조 제1항

【참조판례】

[1][2] 대법원 1999. 6. 11. 선고 97다41028 판결(공1999하, 1342)
[1] 대법원 1998. 7. 24. 선고 97다22935 판결(공보불게재)
대법원 2001. 4. 10. 선고 99다38705 판결(공2001상, 1081)
[2] 대법원 1998. 4. 14. 선고 95다15032, 15049 판결(공1998상, 1310)
대법원 2001. 3. 13. 선고 99다57942 판결(공2001상, 865)

【전 문】

【원고(선정당사자), 상고인 겸 피상고인】 원고(선정당사자) 1 외 180인 (소송대리인 변호사 오정현)
【피고, 피상고인 겸 상고인】 한국수자원공사 (소송대리인 법무법인 광장 담당변호사 서정우 외 1인)
【원심판결】 서울고법 1999. 12. 8. 선고 93나18787, 23505 판결

【주 문】

상고를 모두 기각한다. 상고비용은 각자의 부담으로 한다.

【이 유】

1. 원고(선정당사자, 이하 '원고'라고 한다.)의 상고이유 제1점 및 피고의 상고이유에 대하여

구 수산업법(1990. 8. 1. 법률 제4252호로 전문 개정되기 전의 것, 이하 같다.) 제40조 소정의 관

행어업권은 원칙적으로 독립세대별로 인정되고 차남 이하 분가자나 외지로부터의 전입자에 대하여는 일정한 기간이 경과되어야 인정되며, 이 경우에도 원칙적으로 그러한 어업을 계속할 수 있는 노동능력과 의사를 가진 자로서 20세부터 60세가 될 때까지의 자에 대하여만 인정되고, 다만, 위 가동연한을 넘은 고령자라도 그를 도와 관행어업에 종사할 가동연한 내의 세대원 등이 있는 경우에는 관행어업권이 인정된다 할 것이다(대법원 1998. 7. 24. 선고 97다22935 판결, 1999. 6. 11. 선고 97다41028 판결, 2001. 4. 10. 선고 99다38705 판결 등 참조).

원심이 위와 같은 기준에 따라 이 사건 매립사업 착공일인 1987. 10. 12. 당시 60세 이상이 된 선정자 소외 1, 소외 2, 소외 3, 소외 4, 소외 5, 소외 6, 소외 7, 소외 8, 소외 9 및 사망한 소외 10, 소외 11에 대하여 어민의 가동연한 내에 있는 세대원이 없었다는 이유로 그들의 이 사건 어장에 대한 관행어업권을 인정하지 아니하고, 한편, 위 사람들을 제외한 나머지 60세 이상의 원고 등에 대하여 그들을 도와 관행어업에 종사할 가동연한 내의 세대원 또는 동거하는 가족이 있다는 이유로 그들의 이 사건 어장에 대한 관행어업권을 인정한 것은 정당하고, 거기에 각 상고이유로 주장하는 바와 같은 관행어업권의 인정범위에 관한 법리오해 및 심리미진 등의 위법이 있다고 할 수 없다.

2. 원고의 상고이유 제3점에 대하여

구 수산업법 제40조 제1항 소정의 관행어업권은 공동어업권자에게 주장하고 행사할 수 있을 뿐만 아니라 공동어업권이 설정되지 아니한 경우라도 이를 침해하는 제3자에 대하여 그 배제를 청구하거나 그에 따른 손해배상을 청구할 수 있는 권리이기는 하나 그 배상액의 산정에 있어서 위 법 제8조, 제24조에 의한 공동어업 등의 면허어업권이 취소되는 경우에 대한 보상 방식을 유추 적용할 수는 없고, 위 관행어업과 형태가 유사한 위 법 제22조 소정의 신고어업의 보상에 관한 규정을 유추 적용함이 상당하다고 함은 대법원이 이미 여러 번에 걸쳐 선언한 법리이다(대법원 2001. 3. 13. 선고 99다57942 판결 등).

원심이 이 사건 관행어업권상실로 인한 손해액을 신고어업자의 손실보상에 관한 규정을 유추 적용하여 산정한 것은 위 법리에 따른 것으로서 정당하고, 거기에 어떠한 위법이 있다고 할 수 없다. 상고이유에서 지적하고 있는 대법원판결에서는 그 주장과 같은 판시가 발견되지 않는다.

3. 원고의 상고이유 제2점에 대하여

원심이 이 사건 관행어업권자들의 손해액을 산정하면서 자가노임 평가액을 어업경비의 일부로 공제한 것은 정당하고{1993. 6. 19. 대통령령 제13910호로 개정된 구 수산업법시행령 제62조 제2항은 위 공제할 어업경비에 포함되는 인건비에 관하여 "인건비(자가노임을 포함한다.)"로 규정하여 어업권 등의 손실보상액을 산정할 경우 자가노임도 공제하여야 함을 분명히 하고 있다.}, 거기에 상고이유로 주장하는 바와 같은 법리오해의 위법이 없다.

4. 그러므로 상고를 모두 기각하고, 상고비용을 각자의 부담으로 하기로 하여 관여 대법관의 일치된 의견으로 주문과 같이 판결한다.

대법관 박재윤(재판장) 서성 유지담(주심) 배기원

[판례 8] 보상금 (대법원 1991. 1. 29. 선고 90다6781 판결)

【판시사항】

가. 구 공유수면매립법(1986.12.31. 법률 제3901호로 개정되기 전의 것) 제5조, 같은법 제16조 제1항 소정의 "공유수면에 관하여 권리를 가진 자"인 여부를 판단하는 기준시점(=매립면허처분시)

나. 공유수면매립이라는 공익상의 이유로 어업권의 기간연장허가가 거부되어 어업권이 기간만료로 소멸된 경우 공유수면의 매립권자에 대한 관계에 있어서 어업권이 침해되었다고 할 수 있는지 여부(소극)

【판결요지】

가. 구 공유수면매립법(1986.12.31 법률 제3901호로 개정되기 전의 것) 제5조, 같은법 제16조 제1항 소정의 "공유수면에 관하여 권리를 가진 자"인 여부는 매립면허처분 당시를 기준으로 판단하여야 할 것이므로, 매립면허 신청 당시에는 당해 공유수면에 관하여 권리를 가지고 있었으나, 매립면허 처분이 있기 이전에 그 권리를 상실한 자는 이에 해당하지 아니하여 매립면허자에 대하여 손실보상을 청구할 수 없는 것이다.

나. 공유수면매립이라는 공익상의 이유로 어업권의 기간연장허가가 거부되어 어업권이 기간만료로 소멸된 경우, 공유수면의 매립권자에 대한 관계에 있어서 어업권이 침해되었다고 할 수 없다.

【참조조문】

구 공유수면매립법(1986.12.31 법률 제3901호로 개정되기 전의 것) 제5조, 제16조, 구 수산업법(1990.8.1. 법률 제4252호로 개정되기 전의 것) 제14조, 제20조

【전 문】

【원고, 상 고 인】 원고 소송대리인 변호사 정기승
【피고, 피상고인】 농업진흥공사 소송대리인 홍익법무법인 담당변호사 김영균
【원심판결】 서울고등법원 1990.8.17. 선고 87나4567 판결

【주 문】

상고를 기각한다.
상고비용은 원고의 부담으로한다.

【이 유】

1. 상고이유 제1점을 본다.

(가) 법률의 해석적용은 법원의 전권에 속하는 것인바, 원심이 법제처장이 질의응답 형식으로 수산업법 제14조 제2항, 공유수면매립법 제16조 제1항(공유수면에 관하여 권리를 가진 자) 등에 대하여 한 법률적 견해를 표시하고 있는 갑제3호증을 그 법률적 견해의 오류를 지적하지 아니한 채 배척하였다 하여 거기에 잘못이 있다 할 수 없으므로 이 점에 관한 논지는 이유없다.

(나) 원심판결이유에 의하면 원심은 그 거시증거에 의하여 피고가 이 사건 공유수면매립에 관하여 원고의 동의를 받은 사실을 인정한 다음 피고의 이 사건 공유수면매립면허 신청은 권리자의 동의를 요건으로 하지 않는 공유수면매립법 제5조 제1항 제2호 및 제3호 소정의 요건을 그 이유로 하고 있는 사실을 인정할 수 있으므로 원고의 위 동의는 이 사건에 관한 한 동법 제5조 제1항 제1호 소정의 공유수면매립에 있어서 필요로 하는 동의라고 할 수 없다고 하고, 한편으로 원고의

어업면허기간연장신청은 정부추진사업인 간척농지개발계획(이 사건 매립)으로 인하여 허가되지 아니함으로써 원고의 어업권은 그 기간(1980.6.20.까지) 만료로 소멸된 사실을 확정하고서 이에 의하면 원고는 이 사건 매립면허 당시인 1981.5.19.에는 이 사건 공유수면에 아무런 권리도 가지고 있지 아니하였으므로 원고는 공유수면매립법 제16조 제1항 소정의 공유수면에 대하여 권리를 가진 자라고는 할 수 없다하여 원고의 이 사건 손실보상청구를 배척하였다.

구 공유수면매립법(1986.12.31. 법률 제3901호로 개정되기 전의 것) 제5조에 의하면 공유수면에 관하여 권리(동법 제6조 소정의 어업권 등)를 가진 자가 있는 경우에는 그 권리자가 매립에 동의한 경우(1호), 매립으로 인하여 생기는 이익이 손실을 현저히 초과하는 경우(2호), 매립이 법령에 의하여 토지를 수용 또는 사용할 수 있는 사업을 위하여 필요한 경우(3호)중 어느 하나에 해당하는 경우에만 공유수면매립면허를 할 수 있도록 되어 있고, 동법 제16조 제1항에 의하면 위와 같이 권리자가 있는 공유수면에 대하여 매립면허를 받은 자는 대통령령이 정하는 바에 의하여 그 권리자에게 끼친 손실을 보상하거나 그 손실을 방지하는 시설을 하여야 하도록 되어있는바, 위 각 법조소정의 "공유수면에 관하여 권리를 가진 자"인 여부는 "매립면허처분 당시"를 기준으로 하여 판단하여야 할 것이므로 원칙적으로 매립면허신청 당시에는 당해 공유수면에 관하여 권리를 가지고 있었으나 매립면허처분이 있기 이전에 그 권리를 상실한 자는 이에 해당하지 아니한다 할 것이므로 건설부장관은 위와 같은 공유수면에 대하여는 동법 제5조 각호 소정의 요건을 갖추었는지 여부에 관계없이 매립면허를 할 수 있는 것이며 위 면허이전에 공유수면에 관하여 권리를 상실한 자는 위 매립면허자에 대하여 동법 제16조 제1항에 의한 손실보상을 청구할 수 없게 되는 것이다.

이 사건은 어업권을 가지고 있는 원고가 공유수면매립에 동의를 한 후 그 매립면허가 있기 전에 면허 유효기간이 도래하여 기간연장신청을 하였으나 당해 매립사업을 이유로 연장허가가 되지 아니함으로써 매립면허 당시에는 어업권이 소멸된 경우이므로 위 어업권을 가지고 있던 원고는 공유수면매립법 제16조 제1항이 정하고 있는 손실보상의 대상인 권리를 가진 자에 해당하지 아니한다 할 것이다. 그리고 수산업법 제14조 제2항에 의하면 어업권자는 그 기간이 만료된 때 동조 소정의 기간연장불허가 사유가 없는 한 기간의 연장을 허가받을 권리와 이익이 있다 할 것이나, 동시에 공익상 필요한 경우 등 불허가사유가 있어 기간연장허가가 되지 아니하는 경우에는 그 면허기간이 만료됨으로써 어업권은 소멸되도록 되어 있으므로 (수산업법 제14조 제3항, 제4항, 제20조 제1항 제3호), 이 사건과 같이 공유수면매립이라는 공익상 이유로 그 기간연장허가가 거부되어 어업권이 기간만료로 소멸되었다면 공유수면의 매립권자인 피고에 대한 관계에 있어 원고의 어업권이 침해되었다고는 말할 수 없다.

원심의 설시에는 다소 미흡한 점이 있으나, 위에서 본 바와 같은 견해에서 원고가 이 사건 공유수면매립에 대하여 동의를 한 바 있지만 이 사건 매립면허가 있기 전에 위와 같이 어업권이 소멸되었으므로, 원고는 공유수면매립법 제16조 제1항 소정의 공유수면에 관하여 권리를 가진 자에 해당하지 아니 한다고 판단한 것은 정당하고 거기에 소론과 같은 채증법칙위배 또는 공유수면매립법 제5조, 제16조 및 동시행령 제3조에 관한 법리오해는 없으므로 논지는 이유없다.

2. 상고이유 제2점을 본다.

원고가 이 사건 청구원인사실중에 원·피고 사이에 이 사건 매립을 둘러싼 보상에 관하여 약정이 있었다는 사실을 주장한바 있음은 소론과 같으나, 기록(430정)에 의하면 1990.7.20. 10:00 원심 제18차 변론기일에서 재판장의 석명에 응하여 이 사건 청구는 공유수면매립법에 의한 손실보상청구이고 약정에 의하여 청구하는 것이 아니라고 진술함으로써 이를 철회한 사실이 인정되므로 원심이 이에 대하여 판단을 하지 아니한 것을 가리켜 판단유탈이라 할 수 없으므로 논지는 이유없다.
3. 그러므로 원고의 상고를 기각하고 상고비용은 패소자의 부담으로 하기로 하여 관여 법관의 일치된 의견으로 주문과 같이 판결한다.

대법관 이회창(재판장) 배석 김상원 김주한

[판례 9] 손해배상(기) (대법원 1999. 11. 23. 선고 98다11529 판결)

【판시사항】
[1] 공유수면매립허가가 고시된 이후 어업허가를 받은 자가 공유수면매립사업의 시행으로 특별한 손실을 입었다고 볼 수 있는지 여부(소극)
[2] 구 수산업법상 어업허가를 받은 자로부터 어선을 양수한 경우, 어업허가까지 양수되는지 여부(소극)
[3] 구 수산업법상 어업허가를 받고 허가어업에 종사하던 어민이 공유수면매립사업의 시행으로 피해를 입게 된 경우, 손실보상청구권이 있는지 여부(적극)
[4] 공유수면매립사업 시행자가 손실보상의무를 이행하지 아니한 채 공사를 시행하여 허가어업자에 실질적이고 현실적인 침해를 가한 경우, 불법행위의 성립 여부(적극) 및 손해배상의 범위(=손실보상금 상당액)
[5] 민법 제766조 제1항 소정의 '손해 및 가해자를 안 날'의 의미

【판결요지】
[1] 일정한 공유수면에 관하여 매립면허가 있고 이것이 고시되었다면 그 이후의 어업허가는 공유수면매립사업의 시행과 그로 인한 허가어업의 제한이 이미 객관적으로 확정되어 있는 상태로서의 허가로서 그 이후의 공유수면매립사업 시행으로 인하여 허가어업자가 특별한 손실을 입게 되었다고 볼 수 없다.
[2] 구 수산업법(1990. 8. 1. 법률 제4252호로 전문 개정되기 전의 것) 제12조 제1항, 제19조의 규정에 의하면, 허가어업에 종사하고자 하는 자는 어선 또는 어구마다 도지사의 허가를 받아야 하고, 어업허가의 양도·양수에 관한 규정이 마련되어 있지 않고 오히려 어업허가를 받은 자 이외의 자가 실질상 당해 어업의 경영을 지배하는 경우에는 허가를 취소할 수 있도록 하고 있음에 비추어 보면, 어업허가를 받은 자로부터 어선을 양수한 경우라도 어업허가까지 함께 양수되는 것이 아니라 양수인이 새로 어업허가를 받아야 비로소 허가어업에 종사할 수 있다.
[3] 어업허가는 일정한 종류의 어업을 일반적으로 금지하였다가 일정한 경우 이를 해제하여 주는 것으로서 어업면허에 의하여 취득하게 되는 어업권과는 그 성질이 다른 것이기는 하나, 어업허가를 받은 자가 그 허가에 따라 해당 어업을 함으로써 재산적인 이익을 얻는 면에서 보면 어업허가를 받은 자의 해당 어업을 할 수 있는 지위는 재산권으로 보호받을 가치가 있고, 수산업법이 1990. 8. 1. 개정되기 이전까지는 어업허가의 취소·제한·정지 등의 경우에 이를 보상하는 규정을 두고 있지 않았지만, 1988. 4. 25. 공공용지의취득및손실보상에관한특례법시행규칙이 개정되면서 그 제25조

의2에 허가어업의 폐지·휴업 또는 피해에 대한 손실의 평가규정이 마련되었고, 공공필요에 의한 재산권의 수용·사용 또는 제한 및 그에 관한 보상은 법률로써 하되 정당한 보상을 지급하여야 한다는 헌법 제23조 제3항, 면허어업권자 내지는 입어자에 관한 손실보상을 규정한 구 공유수면매립법(1999. 2. 8. 법률 제5911호로 전문 개정되기 전의 것) 제16조, 공공사업을 위한 토지 등의 취득 또는 사용으로 인하여 토지 등의 소유자가 입은 손실은 사업시행자가 이를 보상하여야 한다는 공공용지의취득및손실보상에관한특례법 제3조 제1항의 각 규정 취지를 종합하여 보면, 적법한 어업허가를 받고 허가어업에 종사하던 중 공유수면매립사업의 시행으로 피해를 입게되는 어민들이 있는 경우 그 공유수면매립사업의 시행자로서는 위 구 공공용지의취득및손실보상에관한특례법시행규칙(1991. 10. 28. 건설부령 제493호로 개정되기 전의 것) 제25조의2의 규정을 유추적용하여 위와 같은 어민들에게 손실보상을 하여 줄 의무가 있다.

[4] 정당한 어업허가를 받고 공유수면매립사업지구 내에서 허가어업에 종사하고 있던 어민들에 대하여 손실보상을 할 의무가 있는 사업시행자가 손실보상의무를 이행하지 아니한 채 공유수면매립공사를 시행함으로써 실질적이고 현실적인 침해를 가한 때에는 불법행위를 구성하는 것이고, 이 경우 허가어업자들이 입게 되는 손해는 그 손실보상금 상당액이다.

[5] 불법행위에 의한 손해배상청구권의 단기소멸시효의 기산점이 되는 민법 제766조 제1항 소정의 '손해 및 가해자를 안 날'이라 함은 손해의 발생 사실과 가해자를 알아야 할 뿐만 아니라 그 가해행위가 불법행위로서 이를 이유로 손해배상을 청구할 수 있다는 것을 안 때라고 할 것이고, 이 경우 손해의 발생 사실을 알았다고 하기 위해서는 손해의 액수나 정도를 구체적으로 알았다고 할 필요까지는 없다고 하더라도 손해를 현실적이고 구체적으로 인식하여야 한다.

【참조조문】

[1] 구 공유수면매립법(1999. 2. 8. 법률 제5911호로 전문 개정되기 전의 것) 제16조(현행 제20조 참조) [2] 구 수산업법(1990. 8. 1. 법률 제4252호로 전문 개정되기 전의 것) 제12조 제1항(현행 제41조 제1항, 제2항 참조), 제19조(현행 제32조, 제35조 제6호, 제45조 참조) [3] 헌법 제23조 제3항, 구 공유수면매립법(1999. 2. 8. 법률 제5911호로 전문 개정되기 전의 것) 제16조(현행 제20조 참조), 공공용지의취득및손실보상에관한특례법 제3조 제1항, 구 공공용지의취득및손실보상에관한특례법시행규칙(1991. 10. 28. 건설부령 제493호로 개정되기 전의 것) 제25조의2 [4] 민법 제393조, 제750조, 제763조 [5] 민법 제766조 제1항

【참조판례】

[3] 대법원 1995. 7. 14. 선고 94다38038 판결(공1995하, 2788)

대법원 1998. 2. 27. 선고 97다46450 판결(공1998상, 891)

[4] 대법원 1998. 4. 14. 선고 95다15032, 15049 판결(공1998상, 1310)

대법원 1999. 4. 23. 선고 97누3439 판결(공1999상, 1055)

대법원 1999. 6. 11. 선고 97다41028 판결(공1999하, 1342)

대법원 1999. 9. 17. 선고 98다5548 판결(공1999하, 2173)

[5] 대법원 1997. 2. 14. 선고 96다36159 판결(공1997상, 751)

대법원 1998. 7. 24. 선고 97므18 판결(공1998하, 2234)

대법원 1998. 12. 11. 선고 96다15176 판결

【전 문】

【원고, 상 고 인】 원고 1 외 3인
【원고, 피상고인】 원고 5 외 8인 (원고 소송대리인 변호사 박주봉)
【피고, 피상고인 겸 상고인】 당진군 (소송대리인 법무법인 서산 담당변호사 김형배)
【원심판결】 대전고법 1998. 1. 22. 선고 96나5726 판결

【주 문】

상고를 모두 기각한다.
상고비용은 각자의 부담으로 한다.

【이 유】

1. 원고 1, 원고 2, 원고 3, 원고 4의 상고이유를 본다.

　가. 제1, 2점에 대하여

　　원심판결 이유에 의하면, 원심은, 위 원고들이 원심 별지 제1목록 기재와 같이 당진군수로부터 어업허가를 받거나 또는 어업허가를 받은 다른 사람의 선박을 양수하여 어업에 종사하여 온 사실을 인정한 다음, 이 사건 공유수면매립사업의 시행으로 인하여 위 원고들이 그 허가어업에 피해를 받았음을 주장하기 위해서는 위 공유수면매립사업의 시행이 객관적으로 확정된 때, 즉 피고가 위 공유수면매립면허를 받을 당시 적법하게 어업허가를 보유한 상태에서 어업에 종사하고 있었다는 점이 인정되어야 할 것이고, 한편 어업의 종류를 특정하여 어업허가를 받지 아니한 자가 그 어업에 종사하는 것은 법률상 허용되지 아니하므로 어업허가를 전제로 하지 아니한 상태에서 사실상 허가어업에 해당하는 어로행위를 하여왔다고 하더라도 이는 법률상 보호받을 수 있는 법익에 해당하지 아니하며, 또한 어업허가는 성질상 타인에게 양도할 수 없는 것이어서 어선을 양수한 자가 양도인이 종전에 보유하고 있었던 것과 같은 종류의 어업허가를 받았다고 하더라도 이는 양도인의 어업허가를 양수한 것이 아니라 양수인 스스로 새로운 어업허가를 받은 것으로 보아야 할 것이므로, 이 사건 공유수면매립면허일인 1987. 7. 14.을 기준으로 그 명의의 어업허가를 받지 아니한 위 원고들의 경우에는 기존의 어업상의 권리 내지 정당한 법익의 침해가 있다고 보기 어렵다고 판단하였다.

　　일정한 공유수면에 관하여 매립면허가 있고 이것이 고시되었다면 그 이후의 어업허가는 공유수면매립사업의 시행과 그로 인한 허가어업의 제한이 이미 객관적으로 확정되어 있는 상태로서의 허가로서 그 이후의 공유수면매립사업 시행으로 인하여 허가어업자가 특별한 손실을 입게 되었다고 볼 수 없고, 한편 구 수산업법(1990. 8. 1. 법률 제4252호로 전문 개정되기 전의 것) 제12조 제1항, 제19조의 규정을 종합·검토하여 보면, 허가어업에 종사하고자 하는 자는 어선 또는 어구마다 도지사의 허가를 받아야 하고, 어업허가의 양도·양수에 관한 규정이 마련되어 있지 않고 오히려 어업허가를 받은 자 이외의 자가 실질상 당해 어업의 경영을 지배하는 경우에는 허가를 취소할 수 있도록 하고 있음에 비추어 보면, 어업허가를 받은 자로부터 어선을 양수한 경우라도 어업허가까지 함께 양수되는 것이 아니라 양수인이 새로 어업허가를 받아야 비로소 허가어업에 종사할 수 있는 것이므로, 원심의 위와 같은 판단은 정당하고, 거기에 선박 소유로 인한 어업허가의 성질 및 그 침해에 따른 손해의 평가에 관한 법리를 오해한 위법이 없다.

　　다만 갑 제33호증의 2의 기재에 의하면, 원고 4는 원심 별지 제1목록에 기재된 어업허가 이외에 1987. 8. 11. 연안연승어업허가 제16호, 연안유자망어업허가 제39호를 받은 사실이 인정됨에도 원심이 이를 간과한 잘못은 있으나, 위 양 어업허가도 역시 위 공유수면매립면허일 이후에 비로소 이루어진 것이므로 판결 결과에 영향을 미칠 만한 것이 되지 못하고, 원심판결에 그 이외에

채증법칙에 위반하여 사실을 잘못 인정한 위법은 없다.

이 부분 상고이유의 주장은 받아들일 수 없다.

나. 제3점에 대하여

원심판결 이유를 기록과 대조하여 살펴보아도, 상고이유의 주장과 같은 사실오인의 위법을 발견할 수 없고, 한편 원심판결 이유에 의하면, 원심은, 석문간척사업지구 내에서는 조업할 수 없다는 부관이 붙은 어업허가에 관하여 판단하기에 앞서 이 사건 공유수면매립면허일 이후에 어업허가를 받은 경우는 이미 이 사건 공유수면매립사업의 시행이 객관적으로 확정되었으므로 특별히 피해를 입게 되었다고 볼 수 없다는 이유로 청구를 배척하였는바, 원심의 이와 같은 판단은 앞서 본 바와 같이 정당하고, 위와 같은 부관이 있는 어업허가는 모두 이 사건 공유수면매립면허일 이후의 것이므로 부관이 있는 어업허가라는 이유로 다시 한번 판단한 것은 결국 부가적 판단에 불과한 것일 뿐만 아니라, 관계 법령과 기록에 비추어 보면 위와 같은 부관은 어업허가의 일부 제한으로서 적법하다고 할 것이므로, 원심판결에 상고이유로 주장하는 바와 같은 부관의 성질과 손해배상의 법리를 오해한 위법이 있다고 할 수 없다.

이 부분 상고이유의 주장도 받아들일 수 없다.

2. 피고의 상고이유를 본다.

가. 제1점에 대하여

어업허가는 일정한 종류의 어업을 일반적으로 금지하였다가 일정한 경우 이를 해제하여 주는 것으로서 어업면허에 의하여 취득하게 되는 어업권과는 그 성질이 다른 것이기는 하나, 어업허가를 받은 자가 그 허가에 따라 해당 어업을 함으로써 재산적인 이익을 얻는 면에서 보면 어업허가를 받은 자의 해당 어업을 할 수 있는 지위는 재산권으로 보호받을 가치가 있는 것이다(대법원 1998. 2. 27. 선고 97다46450 판결 참조).

그리고 수산업법이 1990. 8. 1. 개정되기 이전까지는 어업허가의 취소·제한·정지 등의 경우에 이를 보상하는 규정을 두고 있지 않았지만, 피고가 이 사건 공유수면매립공사에 본격적으로 착수하기 이전인 1988. 4. 25. 공공용지의취득및손실보상에관한특례법시행규칙이 개정되면서 그 제25조의2에 허가어업의 폐지·휴업 또는 피해에 대한 손실의 평가규정이 마련되었고, 공공필요에 의한 재산권의 수용·사용 또는 제한 및 그에 관한 보상은 법률로써 하되 정당한 보상을 지급하여야 한다는 헌법 제23조 제3항, 면허어업권자 내지는 입어자에 관한 손실보상을 규정한 공유수면매립법 제16조, 공공사업을 위한 토지 등의 취득 또는 사용으로 인하여 토지 등의 소유자가 입은 손실은 사업시행자가 이를 보상하여야 한다는 공공용지의취득및손실보상에관한특례법 제3조 제1항의 각 규정 취지를 종합하여 보면, 적법한 어업허가를 받고 허가어업에 종사하던 중 공유수면매립사업의 시행으로 피해를 입게되는 어민들이 있는 경우 그 공유수면매립사업의 시행자로서는 위 구 공공용지의취득및손실보상에관한특례법시행규칙(1991. 10. 28. 건설부령 제493호로 개정되기 전의 것) 제25조의2의 규정을 유추적용하여 위와 같은 어민들에게 손실보상을 하여 줄 의무가 있다고 할 것이다(대법원 1995. 7. 14. 선고 94다38038 판결 참조).

한편 이와 같이 정당한 어업허가를 받고 공유수면매립사업지구 내에서 허가어업에 종사하고 있던 어민들에 대하여 손실보상을 할 의무가 있는 사업시행자가 손실보상의무를 이행하지 아니한 채 공유수면매립공사를 시행함으로써 실질적이고 현실적인 침해를 가한 때에는 불법행위를 구성하는 것이고, 이 경우 허가어업자들이 입게 되는 손해는 그 손실보상금 상당액이다(대법원 1998. 4. 14. 선고 95다15032, 15049 판결 참조).

원심이 적법하게 인정한 사실관계에 의하면, 원고 5, 원고 6, 원고 7, 원고 8, 원고 9, 원고 10,

원고 11, 원고 12, 원고 13 등은 이 사건 공유수면매립면허일 이전부터 당진군수로부터 어업허가를 받고 이 사건 공유수면매립사업지구를 포함한 해역에서 어업에 종사하여 왔는데 피고는 위 원고들로부터 동의를 받거나 손실보상을 실시하지 아니한 채 이 사건 공유수면매립공사에 착수하였고 그 공사의 시행으로 인하여 이 사건 공유수면매립사업지구와 그 인근 해역에서의 조업이 사실상 불가능하게 된 피해를 입었다는 것인바, 위 원고들의 그와 같은 피해는 실질적이고 현실적인 침해에 해당한다고 볼 것이므로 피고의 위와 같은 행위는 불법행위에 해당하는 것이다.

한편, 원심판결 이유를 살펴보아도, 원심은, 위 원고들이 손실보상을 받을 권리가 있음을 인정하기 위한 전제로서 공유수면매립법 제16조의 규정 취지를 참작하였을 뿐이지 관계 규정을 유추하여 위 원고들을 같은 법 제6조, 제17조 소정의 '공유수면에 대하여 권리를 가진 자'로 본 것이 아님은 분명하다.

다만 원심은 1990. 8. 1.에 개정되어(1991. 2. 1.부터 시행되었다) 비로소 허가어업의 취소·제한·정지에 관한 손실보상규정이 마련된 수산업법 제81조 제1항 제1호를 유추적용하여 위 원고들에게 손실보상청구권이 있음을 인정하고, 나아가 위 법률 조문에 터잡은 같은법시행령(1991. 2. 18. 대통령령 제13308호로 개정된 이후 1996. 12. 31. 대통령령 제15241호로 개정되기 전의 것) 제62조 제1항 제2호의 규정을 유추적용하여 손해액을 산출하고 있는바, 위 법령의 규정들은 이 사건 공유수면매립사업의 시행을 위한 해상 공사가 이미 착수된 이후에 마련된 것이어서 위 원고들의 허가어업 침해에 관한 손실보상의 근거가 될 수 없는 것이므로 이를 유추적용한 원심의 조치는 잘못되었다고 할 것이나, 앞에서 살펴본 바와 같이 위 원고들에 대해서는 위 구 공공용지의취득및손실보상에관한특례법시행규칙 제25조의2의 규정을 유추적용하여 손실보상청구권을 인정할 수 있는 것이므로, 유추적용할 법령에 관한 원심의 위법은 판결에 영향을 미칠 만한 것은 아니다.

결국 원심판결은 그 설시에 있어서 미흡한 점이 없지 아니하나 그 결론에 있어서는 정당하고, 거기에 상고이유로 주장하는 바와 같이 손해배상의 성립 요건인 위법성에 관한 법리를 오해하여 판결에 영향을 미친 위법은 없다.

이 부분 상고이유의 주장은 받아들일 수 없다.

나. 제2점에 대하여

불법행위에 의한 손해배상청구권의 단기소멸시효의 기산점이 되는 민법 제766조 제1항 소정의 '손해 및 가해자를 안 날'이라 함은 손해의 발생 사실과 가해자를 알아야 할 뿐만 아니라 그 가해행위가 불법행위로서 이를 이유로 손해배상을 청구할 수 있다는 것을 안 때라고 할 것이고, 이 경우 손해의 발생 사실을 알았다고 하기 위해서는 손해의 액수나 정도를 구체적으로 알았다고 할 필요까지는 없다고 하더라도 손해를 현실적이고 구체적으로 인식하여야 한다(대법원 1997. 2. 14. 선고 96다36159 판결, 1998. 12. 11. 선고 96다15176 판결 등 참조).

원심판결 이유에 의하면, 원심은, 이 사건 허가어업에 대한 피해는 장기간에 걸쳐 계속적·누적적으로 확대된 손해로서, 피고가 이 사건 공유수면매립공사를 시작할 당시에는 그로 인한 허가어업에 대한 피해가 현실적으로 확정되었다거나 또는 위 원고들이 그 손해의 범위와 내역을 구체적으로 명확히 인식하였다고 보기 어렵고, 적어도 방조제의 물막이공사가 끝난 1991. 12. 14.경에 이르러서야 피해가 어느 정도 확정되었다고 판단하여 피고의 시효항변을 배척하였는바, 위 원고들로서는 위 물막이공사가 끝날 때까지는 허가어업의 침해로 인한 피해를 통일적으로 인식하기 어려웠다고 할 것이므로 원심의 이와 같은 판단은 정당하고, 거기에 상고이유로 주장하는 바와 같이 소멸시효에 관한 법리를 오해한 위법이 없다.

이 부분 상고이유의 주장도 받아들일 수 없다.
3. 그러므로 원고 1, 원고 2, 원고 3, 원고 4의 상고와 피고의 상고를 모두 기각하고, 상고비용은 각자의 부담으로 하기로 하여 관여 대법관의 일치된 의견으로 주문과 같이 판결한다.

대법관 유지담(재판장) 지창권 신성택(주심) 서성

[판례 10] 손해배상(기) (대법원 2002. 2. 26. 선고 2000다72404 판결)

【판시사항】

[1] 구 산업기지개발촉진법에 의한 화력발전소 및 그 전용항구의 건설사업시행자인 한국전력공사의 항로준설공사 및 사설부표설치공사로 인한 어업피해에 대한 손해배상책임 유무(적극)
[2] 공유수면에 대한 공공사업의 시행으로 인한 손실보상 또는 손해배상의 대상이 되는 허가 및 신고 어업자의 범위 및 그 판단 기준

【판결요지】

[1] 구 산업기지개발촉진법(1990. 1. 13. 법률 제4216호 산업입지및개발에관한법률 부칙 제2조에 의하여 폐지) 제2조 제2항 제2호, 제5호, 제8호에 비추어 보면, 한국전력공사가 시행한 항로준설공사 및 사설부표설치공사는 화력발전소 건설 및 그 전용항구의 건설사업에 부대되는 것으로서 위 법률이 정하는 산업기지개발사업에 해당하고, 한편 그 전용항구는 오로지 한국전력공사의 발전소 건설 및 가동을 위한 원자재와 연료의 공급을 위한 것으로서 한국전력공사가 적극적으로 항로준설공사를 시행한 점에 비추어 보면, 한국전력공사가 사설부표를 설치한 것은 그 전용항구에 입출항하는 대형 선박이 그 설치구역으로 항행하도록 유도하기 위한 것으로 볼 수 있으므로, 이로 인하여 제3자가 입은 특별한 피해에 대하여는 그 사업시행자인 한국전력공사에게 손해배상 등의 의무가 있다.
[2] 사전 손실보상의무 있는 공공사업의 시행자가 손실보상을 하지 않고 공공사업을 시행함으로써 제3자에게 실질적이고 현실적인 침해를 가한 때에는 불법행위를 구성하나, 공유수면의 어업자에게 공공사업의 시행으로 인한 손실보상 또는 손해배상을 청구할 수 있는 피해가 발생하였다고 볼 수 있으려면 그 사업시행에 관한 면허 등의 고시일 및 사업시행 당시 적법한 면허어업자이거나 허가 또는 신고어업자로서 어업에 종사하고 있어야 하고, 위 사업시행의 면허 등 고시 이후에 비로소 어업허가를 받았거나 어업신고를 한 경우에는 이는 그 공유수면에 대한 공공사업의 시행과 이로 인한 허가 또는 신고어업의 제한이 이미 객관적으로 확정되어 있는 상태에서 그 제한을 전제로 하여 한 것으로서 그 이전에 어업허가 또는 신고를 마친 자와는 달리 위 공공사업이 시행됨으로써 그렇지 않을 경우에 비하여 그 어업자가 얻을 수 있는 이익이 감소된다고 하더라도 손실보상의 대상이 되는 특별한 손실을 입게 되었다고 할 수 없어 이에 대하여는 손실보상 또는 손해배상을 청구할 수 없다고 할 것이고, 어업허가 또는 신고의 경우 그러한 공공사업에 의한 제한이 있는 상태에서 이루어진 것인지 여부는 당해 어업허가 또는 신고를 기준으로 하여야 하며, 그 이전에 받았으나 이미 유효기간이 만료한 어업허가 또는 신고를 기준으로 할 수 없다.

【참조조문】

[1] 구 산업기지개발촉진법(1990. 1. 13. 법률 제4216호 산업입지및개발에관한법률 부칙 제2조에 의하여 폐지) 제2조 제2항 제2호, 제5호, 제8호, 구 항로표지법(1985. 9. 18. 법률 제3792호로 개정되기 전의 것) 제3조 제2항, 민법 제750조 [2] 구 산업기지개발촉진법(1990. 1. 13. 법률 제4216호 산업입지및개발에관한법률 부칙 제2조에 의하여 폐지) 제2조 제2항 제2호, 제5호, 제8호, 구 항로표지법(1985. 9. 18. 법률 제3792호로 개정되기 전의 것) 제3조 제2항, 민법 제750조

【참조판례】

[2] 대법원 1998. 4. 14. 선고 95다15032, 15049 판결(공1998상, 1310)
대법원 1999. 11. 23. 선고 98다11529 판결(공2000상, 1)
대법원 2000. 5. 26. 선고 99다37382 판결(공2000하, 1504)

【전 문】

【원고(선정당사자), 피상고인 겸 상고인】 원고(선정당사자) 1 외 2인 (소송대리인 법무법인 일원 담당변호사 최영광)
【원고(선정당사자), 피상고인】 원고(선정당사자) 4
【피고, 상고인 겸 피상고인】 한국전력공사의 소송수계인 한국중부발전 주식회사 (소송대리인 변호사 김성수 외 2인)
【원심판결】 대전고법 2000. 11. 22. 선고 96나2239 판결

【주 문】

원심판결 중 피고 패소 부분을 파기하고, 이 부분 사건을 대전고등법원에 환송한다. 원고(선정당사자) 1, 원고(선정당사자) 2, 원고(선정당사자) 3의 상고를 모두 기각한다.

【이 유】

1. 원심판결의 요지

원심판결 이유에 의하면 원심은, 피고는 구 산업기지개발촉진법(1990. 1. 13. 법률 제4216호 산업입지및개발에관한법률 부칙 제2조에 의하여 폐지되기 전의 것, 이하 같다)에 의한 이 사건 고정화력발전소(현재의 명칭은 보령화력발전소임) 건설사업의 시행자로서 위 발전소의 건설 및 가동에 필요한 원자재와 연료를 공급받기 위하여 이 사건 고정항을 위 발전소의 전용항구로 사용하게 된 사실, 피고는 1980. 3. 19. 위 발전소건설사업의 시행계획을 승인받아 착공하여 1983. 12. 28. 발전소 1호기를 준공하여 가동하기 시작하는 한편, 1981. 12. 28. 관할 관청의 허가를 받아 고정항에 출입하는 선박의 통행이 용이하도록 고정항의 항계로부터 외해에 이르는 항로 부분의 바닥준설공사를 시행하고, 해상교통의 안전을 확보하기 위하여 구 항로표지법(1985. 9. 18. 법률 제3792호로 개정되기 전의 것) 제3조 제2항에 따라 1982. 11. 10. 해운항만청장의 허가를 받아 원심판결 별지 도면 표시 제1번 내지 제26번을 순차로 연결한 선 내에 항로표지를 설치하여 유지·관리하여 오고 있는 사실(이하 피고가 설치한 위 항로표지를 '사설부표'라 하고, 사설부표가 설치되어 있는 위 구역 중 법률에 의하여 어로가 금지된 넓이 2제곱마일의 법정항로 부분을 제외한 나머지 부분을 '이 사건 조업피해구역'이라고 한다), 피고의 이 사건 발전소의 건설·가동과 항로 바닥의 준설공사 및 사설부표의 설치로 인하여 이 사건 조업피해구역으로 대형 선박이 항행하게 되었는데, 1991. 이후부터는 그 횟수가 빈번하게 됨으로써 충돌 등의 위험 때문에 사실상 이 사건 조업피해구역 내의 어선어업이 제한되거나 대형 선박이 항행할 때 발생하는 현탁물질로 어장 환경이 악화되어 충남지역 해상 일원

을 그 조업구역으로 하는 어선어업자들 중 5t 이상의 어선을 보유한 어업자들은 9.475%, 5t 미만의 어선을 보유한 어업자들은 11.149%의 조업 피해를 입게 된 사실, 원고(선정당사자, 이하 '원고'라 한다)들 및 선정자들(이하 '선정자들'이라고 한다) 중 원심이 그 청구를 일부 인용한 선정자들은 위 항로준설공사 또는 사설부표 설치 이전부터 고정항 주변 일대 해안가에 거주하면서 어업허가를 받아 연안어업에 종사하여 오던 자들로서 1986. 4. 29.부터 1992. 9. 8. 사이에 다시 어업허가를 받아 어선어업에 종사하여 온 사실(원심은 선정자 157에 대하여는 1980. 5. 21. 어업허가를 받아 어선어업에 종사한 것으로 보았으나 당시의 수산업법에 의하면, 어업허가의 유효기간은 5년 이하이므로 위 선정자의 경우도 위 1980. 5. 21.의 어업허가의 유효기간이 만료한 후 이 사건 조업피해구역의 조업 피해가 발생하기 전에 어업허가를 다시 받았던 것으로 보아야 할 것이고, 위 선정자가 다시 받은 어업허가일은 아무리 빨라도 1985. 5. 21. 이전이 될 수는 없다.)을 인정한 다음, 원심이 그 청구를 일부 인용한 선정자들의 경우 피고에 의하여 사설부표가 설치됨으로써 이 사건 조업피해구역 내의 어선어업이 사실상 상당한 정도로 제약을 받게 되었고, 아울러 대형선박이 이 사건 조업피해구역을 수시로 통행함에 따라 그 곳의 생태계가 파괴되어 결국 기존의 어획량이 감소됨으로써 그 어업상의 권리를 침해당하였다고 할 것이고, 위 침해행위는 선박의 입출항 빈도가 낮아 그 조업구역 제한 및 생태계 파괴의 영향이 적었던 때에는 그 수인한도 내에 있었다 할 것이나 이 사건 조업피해구역 내 대형선박의 항행빈도가 높아진 1991.부터는 그 수인한도를 넘게 되었다 할 것이므로 피고는 앞에서 본 바와 같은 위 선정자들이 입은 조업피해율 상당의 손해를 배상할 책임이 있다고 판단하였다.

한편, 원심은 그 청구를 전부 배척한 선정자들의 청구 및 원심판결 선정자 목록 순번 118번 선정자 112의 일부 어선에 관한 청구에 관하여 피고가 위와 같이 이 사건 조업피해구역이 생겨 피해를 입은 어민들에게 그로 인한 손해를 배상할 책임을 부담하게 된 것은 결국 기왕의 조업환경을 악화시켜 기존의 어민들의 조업권을 침해하였음을 전제로 하는 것이므로, 이로 인한 손해배상을 청구할 수 있기 위하여는 사설부표 설치가 완료되어 이 사건 조업피해구역으로 대형선박이 본격적으로 항행하기 시작한 1983. 12. 31. 이전부터 이 사건 조업피해구역에서 허가어업 또는 신고어업에 종사하여 왔어야 하고, 그 후에 새로이 어업허가를 받아 어업을 시작한 사람들은 사설부표의 설치에 따른 항로의 존재를 수인하여 그 상태에서 조업할 권리를 취득한 것에 불과하므로 사설부표의 설치 등으로 인하여 그 조업에 새로운 권리침해행위가 있거나 그로 인하여 어떠한 피해를 입었다고 할 수 없다고 전제한 다음, 위 선정자들 및 위 선정자 112의 일부 어선에 의한 어업의 경우는 1983. 12. 31. 이전부터 이 사건 조업피해구역에서 허가어업 또는 신고어업에 종사하여 왔다고 볼 증거가 없다고 하여 그 청구를 모두 배척하였다.

2. 상고이유에 대한 판단

가. 배상책임의 주체에 대하여

구 산업기지개발촉진법 제2조 제2항 제2호, 제5호, 제8호에 비추어 보면, 피고가 시행한 이 사건 항로준설공사 및 사설부표설치공사는 이 사건 발전소 건설 및 고정항의 건설사업에 부대되는 것으로서 위 법률이 정하는 산업기지개발사업에 해당하고, 한편, 고정항은 오로지 피고의 발전소 건설 및 가동을 위한 원자재와 연료의 공급을 위한 것으로서 피고가 적극적으로 항로준설공사를 시행한 점에 비추어 보면, 피고가 사설부표를 설치한 것은 고정항에 입출항하는 대형 선박이 그 설치구역으로 항행하도록 유도하기 위한 것으로 볼 수 있으므로, 이로 인하여 제3자가 입은 특별한 피해에 대하여는 그 사업시행자인 피고에게 손해배상 등의 의무가 있다고 할 것이다.

같은 취지의 원심 판단은 정당한 것으로 수긍이 가고, 거기에 피고의 상고이유에서 주장하는 바와 같은 이 사건 어업피해의 배상책임 주체 등에 관한 법리오해의 위법이 있다고 할 수 없다. 이 부분 피고 상고이유의 주장은 이유 없다.

나. 손해배상책임의 발생에 대하여

사전 손실보상의무 있는 공공사업의 시행자가 손실보상을 하지 않고 공공사업을 시행함으로써 제3자에게 실질적이고 현실적인 침해를 가한 때에는 불법행위를 구성하나, 공유수면의 어업자에게 공공사업의 시행으로 인한 손실보상 또는 손해배상을 청구할 수 있는 피해가 발생하였다고 볼 수 있으려면 그 사업시행에 관한 면허 등의 고시일 및 사업시행 당시 적법한 면허어업자이거나 허가 또는 신고어업자로서 어업에 종사하고 있어야 하고, 위 사업시행의 면허 등 고시 이후에 비로소 어업허가를 받았거나 어업신고를 한 경우에는 이는 그 공유수면에 대한 공공사업의 시행과 이로 인한 허가 또는 신고어업의 제한이 이미 객관적으로 확정되어 있는 상태에서 그 제한을 전제로 하여 한 것으로서 그 이전에 어업허가 또는 신고를 마친 자와는 달리 위 공공사업이 시행됨으로써 그렇지 않을 경우에 비하여 그 어업자가 얻을 수 있는 이익이 감소된다고 하더라도 손실보상의 대상이 되는 특별한 손실을 입게 되었다고 할 수 없어 이에 대하여는 손실보상 또는 손해배상을 청구할 수 없다고 할 것이고(대법원 1998. 4. 14. 선고 95다15032, 15049 판결, 1999. 11. 23. 선고 98다11529 판결, 2000. 5. 26. 선고 99다37382 판결 등 참조), 어업허가 또는 신고의 경우 그러한 공공사업에 의한 제한이 있는 상태에서 이루어진 것인지 여부는 당해 어업허가 또는 신고를 기준으로 하여야 하며, 그 이전에 받았으나 이미 유효기간이 만료한 어업허가 또는 신고를 기준으로 할 수 없다고 할 것이다.

원심의 사실인정에 의하더라도 원심이 그 청구를 인용한 선정자들의 어업상의 피해는 1991. 이후에 발생한 것으로서 그 당시의 위 선정자들의 어업허가는 피고의 이 사건 항로바닥 준설공사 및 사설부표 설치 등이 모두 종료된 1983. 12. 31.보다 훨씬 뒤인 1985. 5. 21. 이후에 비로소 이루어진 것이므로 이러한 어업허가에 의한 어업상의 피해는 피고의 위와 같은 사업의 시행으로 인한 보상 또는 배상의 대상이 되는 특별한 손해라고 볼 수 없다 할 것이다.

그럼에도 불구하고, 원심이 위 선정자들의 허가어업에 대하여 피고의 손해배상책임을 인정한 것은 공공사업의 시행과 관련한 손해배상의 대상이 되는 허가어업 등의 피해에 대한 법리를 오해하여 판결 결과에 영향을 미친 위법이 있다 할 것이므로, 이 점을 지적하는 취지의 피고 상고이유의 주장은 이유 있다.

한편, 위와 같은 법리와 기록에 비추어 살펴보면, 원심이 이 사건 청구를 배척한 선정자들 및 선정자 112의 일부 어선에 관하여 위 1983. 12. 31. 이전부터 이 사건 조업피해구역에서 허가어업 또는 신고어업에 종사하여 왔다고 볼 증거가 없다고 하여 그 청구를 모두 배척한 것은 정당한 것으로 수긍이 가고, 거기에 원고들의 상고이유에서 주장하는 바와 같은 법리오해 또는 채증법칙 위배로 인한 사실오인의 잘못이 없으므로, 원고들의 상고이유는 모두 받아들이지 않는다.

3. 결 론

그러므로 피고의 나머지 상고이유에 대한 판단을 생략한 채 원심판결 중 피고 패소 부분을 파기하고, 이 부분 사건을 다시 심리·판단하게 하기 위하여 원심법원에 환송하며, 원고들의 상고를 모두 기각하기로 하여 관여 법관의 일치된 의견으로 주문과 같이 판결한다.

대법관 송진훈(재판장) 변재승 윤재식(주심) 이규홍

[판례 11] 손해배상(기) (대법원 2000. 5. 26. 선고 99다37382 판결)

【판시사항】

[1] 1990. 8. 1. 법률 제4252호로 전문 개정된 구 수산업법 시행 당시의 관행어업권자의 위 법 시행 후 2년 동안의 법적 지위
[2] 농어촌진흥공사가 농업을 목적으로 하는 매립 또는 간척사업을 시행함으로 인하여 수산업법 제41조의 규정에 의한 어업의 신고를 한 자가 더 이상 신고어업에 종사하지 못하게 되어 손실을 입은 경우의 구제 방법(=민사소송)
[3] 공유수면매립사업 시행자가 손실보상의무를 이행하지 아니한 채 공사를 시행하여 신고어업자에게 실질적이고 현실적인 침해를 가한 경우, 불법행위의 성립 여부(적극) 및 손해배상의 범위(=손실보상금 상당액)
[4] 공유수면매립허가가 고시된 이후 어업의 신고를 한 자가 공유수면매립사업의 시행으로 특별한 손실을 입었다고 할 수 있는지 여부(소극)
[5] 수산업법 제44조 소정의 어업신고의 법적 성질(=수리를 요하는 신고) 및 어업신고를 수리하면서 공유수면매립구역을 조업구역에서 제외한 것이 위법한 경우, 적법한 신고가 있는 것으로 볼 수 있는지 여부(소극)

【판결요지】

[1] 1990. 8. 1. 법률 제4252호로 전문 개정된 구 수산업법(1995. 12. 30. 법률 제5131호로 개정되기 전의 것)은 제2조 제7호에서 입어자의 정의 규정을 새로 두어 "입어자라 함은 제44조의 규정에 의하여 어업의 신고를 한 자로서 공동어업권이 설정되기 전부터 당해 수면에서 계속적으로 수산동식물을 포획·채취하여 온 사실이 대다수 사람들에게 인정되는 자 중 대통령령이 정하는 바에 의하여 어업권원부에 등록된 자를 말한다."라고 규정하고 있으므로, 같은 법 시행 후에 일정한 공유수면에서의 관행에 따른 어업을 권리로 새로 인정받기 위하여는 단순히 종전과 같이 당해 공유수면에서 계속적으로 수산동식물을 포획·채취하여 온 사실이 대다수 사람들에게 시인되는 것만으로는 부족하고, 같은 법 제44조에 의하여 어업의 신고를 하고 공동어업의 어업권원부에 입어에 관한 사항을 등록할 것을 요하게 된 것은 사실이나, 한편 같은 법 부칙 제11조 제2항은 "이 법 시행 당시 공동어업의 어장 안에서 입어 관행이 있는 것으로 인정되는 자로서 종전 규정에 의하여 어업권원부에 입어자로 등록하지 아니한 자는 이 법 시행일부터 2년 이내에 제16조의 규정에 의하여 어업권원부에 등록을 한 경우에 한하여 입어자로 본다."고 규정하여 종래의 관행어업권자의 지위에 대하여 경과규정을 따로 두고 있으므로, 종래의 관행어업권자는 같은 법 규정에도 불구하고 그 시행일로부터 2년 동안은 어업의 신고나 어업권원부에의 등록 없이도 종전의 권리를 그대로 유지할 수 있으며, 어업권원부에 입어자로 등록하지 아니한 상태로 2년을 경과하면 그 때 비로소 같은 법에 의한 관행어업권으로 인정될 여지가 더 이상 없게 되어 그 권리가 소멸될 뿐이다.
[2] 수산업법 제81조 제1항 제1호는 같은 법 제34조 제1항 제1호 내지 제5호와 제35조 제8호(제34조 제1항 제1호 내지 제5호에 해당하는 경우에 한한다.)의 규정에 해당되는 사유로 인하여 면허·허가 또는 신고한 어업에 대한 처분을 받았거나 당해 사유로 인하여 제14조의 규정에 의한 어업면허의 유효기간의 연장이 허가되지 아니함으로써 손실을 입은 자는 그 처분을 행한 행정관청에 대하여 보상을 청구할 수 있다고 규정하고 있으므로, 면허·허가 또는 신고한 어업에 대한 위와 같은 처분으로 인하여 손실을 입은 자는 처분을 한 행정관청 또는 그 처분을 요청한 행정관청이 속한 권리

주체인 지방자치단체 또는 국가를 상대로 민사소송으로 손실보상금지급청구를 할 수 있고, 이러한 법리는 농어촌진흥공사가 농업을 목적으로 하는 매립 또는 간척사업을 시행함으로 인하여 같은 법 제44조의 규정에 의한 어업의 신고를 한 자가 더 이상 신고한 어업에 종사하지 못하게 되어 손실을 입은 경우에도 같이 보아야 한다.

[3] 적법하게 어업의 신고를 하고 공유수면매립사업지구 내에서 신고한 어업에 종사하고 있던 어민들에 대하여 손실보상을 할 의무가 있는 사업시행자가 손실보상의무를 이행하지 아니한 채 공유수면매립공사를 시행함으로써 실질적이고 현실적인 침해를 가하였다면 이는 불법행위를 구성하고, 이 경우 어업의 신고를 한 자가 입게 되는 손해는 그 손실보상금 상당액이다.

[4] 일정한 공유수면에 관하여 매립면허가 고시된 후에 한 어업의 신고는 공유수면매립사업의 시행과 그로 인한 신고 어업의 제한이 이미 객관적으로 확정되어 있는 상태에서 그 제한을 전제로 하여 한 것이라고 볼 것이므로 공유수면매립면허가 고시된 후에 어업의 신고를 한 자는 그 이전에 신고를 마친 자와는 달리 그 공유수면매립사업의 시행으로 인하여 특별한 손실을 입게 되었다고 할 수는 없다.

[5] 어업의 신고에 관하여 유효기간을 설정하면서 그 기산점을 '수리한 날'로 규정하고, 나아가 필요한 경우에는 그 유효기간을 단축할 수 있도록까지 하고 있는 수산업법 제44조 제2항의 규정 취지 및 어업의 신고를 한 자가 공익상 필요에 의하여 한 행정청의 조치에 위반한 경우에 어업의 신고를 수리한 때에 교부한 어업신고필증을 회수하도록 하고 있는 구 수산업법시행령(1996. 12. 31. 대통령령 제15241호로 개정되기 전의 것) 제33조 제1항의 규정 취지에 비추어 보면, 수산업법 제44조 소정의 어업의 신고는 행정청의 수리에 의하여 비로소 그 효과가 발생하는 이른바 '수리를 요하는 신고'라고 할 것이고, 따라서 설사 관할관청이 어업신고를 수리하면서 공유수면매립구역을 조업구역에서 제외한 것이 위법하다고 하더라도, 그 제외된 구역에 관하여 관할관청의 적법한 수리가 없었던 것이 분명한 이상 그 구역에 관하여는 같은 법 제44조 소정의 적법한 어업신고가 있는 것으로 볼 수 없다.

【참조조문】

[1] 공유수면매립법 제7조, 구 수산업법(1995. 12. 30. 법률 제5131호로 개정되기 전의 것) 제2조 제7호, 제16조, 제44조 제1항, 부칙(1990. 8. 1.) 제11조 제2항, 구 수산업법(1990. 8. 1. 법률 제4252호로 전문 개정되기 전의 것) 제40조 제1항 [2] 수산업법 제81조 제1항 제1호 [3] 공유수면매립법 제16조 제1항, 민법 제393조, 제750조, 제763조 [4] 공유수면매립법 제12조, 제20조 [5] 수산업법 제44조, 구 수산업법시행령(1996. 12. 31. 대통령령 제15241호로 개정되기 전의 것) 제33조 제1항(현행 제33조 제4항 참조)

【참조판례】

[1] 대법원 1997. 10. 10. 선고 96다3838 판결(공1997하, 3385)
대법원 1999. 11. 26. 선고 99다35263 판결
[2] 대법원 1996. 7. 26. 선고 94누13848 판결(공1996하, 2677)
대법원 1998. 2. 27. 선고 97다46450 판결(공1998상, 891)
대법원 1999. 6. 11. 선고 97다54109 판결
[3][4] 대법원 1999. 11. 23. 선고 98다11529 판결(공2000상, 1)
[3] 대법원 1997. 3. 28. 선고 96다3258 판결(공1997상, 1199)
대법원 1998. 4. 14. 선고 95다15032, 15049 판결(공1998상, 1310)

대법원 1999. 6. 11. 선고 97다41028 판결(공1999하, 1342)
대법원 1999. 9. 17. 선고 98다5548 판결(공1999하, 2173)

【전 문】

【원고, 선정당사자, 상고인】 원고 1 외 205인 (소송대리인 변호사 이홍길)

【피고, 피상고인】 농어촌진흥공사 (소송대리인 동화법무법인 담당변호사 임두빈 외 6인)

【원심판결】 대전고법 1999. 6. 4. 선고 98나4383 판결

【주 문】

원심판결을 파기한다.

사건을 대전고등법원에 환송한다.

【이 유】

상고이유를 판단한다.

1. 원심판결 이유와 원심이 인용하고 있는 제1심판결 이유에 의하면, 원심은 그 판결에서 채용하고 있는 증거들을 종합하여 다음과 같은 사실을 인정하고 있다.

　가. 피고는 구 농촌근대화촉진법(1995. 12. 29. 법률 제5077호 농지개량조합법 부칙 제2조에 의하여 폐지)에 의한 농지개량사업의 일환으로 시행하는 홍보지구 농업종합개발사업의 시행자인바, 1991. 3. 25. 농림수산부고시 제91-9호로 고시된 위 홍보지구 농업종합개발사업(이하 '이 사건 공공사업'이라고 한다) 시행계획은 다음과 같다.

　　① 사업목적 : 수자원확보, 농업기반조성

　　② 사업구역 : 충남 홍성군 (주소 1 생략), (주소 2 생략), (주소 3 생략), (주소 4 생략), (주소 5 생략), (주소 6 생략), (주소 7 생략), (주소 8 생략), (주소 9 생략), 보령시 (주소 10 생략), (주소 11 생략), (주소 12 생략), (주소 13 생략)

　　③ 사업면적 : 8,100 ha

　　④ 사업내용 : 방조제, 배수갑문, 수질개선시설, 진입도로, 양수장, 용수로 등의 시설공사

　이 사건 공공사업은 1991. 8. 21.경 그 사업의 시행인가가 고시되었고, 피고는 위 사업과 관련하여 1991. 11. 8. 공유수면매립면허를 받아 이는 1991. 11. 13. 농림수산부 고시 제91-35호로 고시되었으며, 1992. 1. 25.에는 농림수산부 고시 제92-9호로 공유수면매립공사 실시계획인가 고시가 이루어졌는바, 그 후 피고는 이 사건 공공사업에 따른 공사에 착공하여 그 방조제 설치 등의 공사를 진행하고 있다.

　한편, 원고(선정당사자)들 및 선정자들(이하 '원고들'이라고 한다) 중 일부는 이 사건 공공사업의 시행계획고시일 이후인 1991. 8. 2.부터 같은 해 11월 19일까지 사이 및 1994년경과 1995년경에 걸쳐 보령군수에게 수산업법 제44조에 의한 신고를 하여 보령군수로부터 보령군 (주소 11 생략) 해상 일원을 조업구역(단, 일부 원고들에 대하여는 이 사건 공공사업 시행계획이 고시된 구역을 제외한 나머지 부분만이 조업구역으로 되었다.)으로 하여 바지락, 굴 등을 채취하는 맨손어업 신고필증을 교부받았다.

　나. 원심은 위 인정 사실을 기초로, 원고들은 위 사업구역 내의 어장에서 관행으로 어업에 종사해온 관행어업권자들인데, 피고가 원고들에 대하여 보상하거나 원고들의 동의를 받음이 없이 공유수면매립공사를 시행하여 원고들의 관행어업권을 소멸시키는 손해를 입혔으므로 그 손해배상을 구한다는 원고들의 주장에 대하여 구 농촌근대화촉진법에 의한 농지개량사업과 이와 관련된 공유

수면매립공사에 있어서 손실보상을 받을 수 있는 자는 어업권자 또는 수산업법 제2조 제7호가 규정하는 '입어자'라 할 것인데, 원고들이 어업권자가 아님은 그 주장 자체에 의하여 분명하고, 한편 위 규정에 따른 '입어자'로 인정되기 위하여는 대통령령이 정하는 바에 의하여 어업권원부에 등록하여야 하는데, 원고들이 어업권원부에 등록하였다는 점을 인정할 증거가 없으니 원고들은 수산업법 제2조 제7호가 규정하는 입어자에도 해당하지 아니하여 원고들은 구 농촌근대화촉진법 및 공유수면매립법에 의하여 보상받을 권리가 있는 자들이 아니고, 따라서 피고가 원고들에게 보상을 하지 아니하고 공유수면매립공사를 비롯한 이 사건 공공사업을 시행하였다고 하더라도 그것이 원고들에 대하여 불법행위가 된다고 할 수 없다고 판단하고, 나아가 설사 원고들이 관행어업권자로서는 보호받을 수 없다고 하더라도 최소한 신고어업자로서의 보호는 받아야 하므로 피고는 신고어업의 폐지에 따른 손실보상액 상당의 손해배상은 하여야 한다는 원고들의 주장에 대하여는, ① 피고가 이 사건 공공사업을 시행한 것만 가지고는 수산업법 제81조에 규정된 신고어업에 대한 제한 등 행정처분이 있는 경우에 해당한다고 할 수 없고, ② 원고들의 신고어업이 피고의 사업시행으로 피해를 입었다고 하기 위하여서는 이 사건 공공사업의 사업시행계획 고시가 있기 전에 어업의 신고가 있는 경우라야 하는데, 이 사건에서 원고들은 모두 사업시행계획고시일인 1991. 3. 25.이 경과한 후에야 비로소 맨손어업의 신고를 하였을 뿐이니 이 사건 공공사업 시행으로 원고들의 신고어업에 어떤 손해가 발생하였다고 보기 어려우며, ③ 한편 원고들 중 상당수는 그 맨손어업의 신고필증상의 조업구역이 이 사건 공공사업 시행계획이 고시된 구역을 제외한 구역으로 한정되어 있으므로 그 경우에는 이 사건 사업시행으로 그 맨손어업에 어떤 식으로든 손해가 발생할 여지가 전혀 없는 것이라고 판단하여 원고들의 이 사건 청구를 모두 기각하고 있다.

2. 관행어업권 침해에 관한 상고이유에 대하여

1990. 8. 1. 법률 제4252호로 개정되어 1991. 2. 1.부터 시행된 수산업법(이하 '개정 수산업법'이라고 한다)은 제40조 제1항에서 "공동어업의 어업권자는 종래의 관행에 의하여 그 어업장에서 어업하는 자의 입어를 거절할 수 없다."고만 하고 있던 입어의 관행에 관한 종전의 규정을 "공동어업의 어업권자는 제2조 제7호의 입어자에 대하여는 제38조의 어장관리규약이 정하는 바에 의하여 당해 어장에 입어하는 것을 허용하여야 한다."라는 것으로 고쳐 규정하고, 제2조 제7호에서 입어자의 정의 규정을 새로 두어 "입어자라 함은 제44조의 규정에 의하여 어업의 신고를 한 자로서 공동어업권이 설정되기 전부터 당해 수면에서 계속적으로 수산동식물을 포획·채취하여 온 사실이 대다수 사람들에게 인정되는 자 중 대통령령이 정하는 바에 의하여 어업권원부에 등록된 자를 말한다."라고 규정하고 있으므로, 개정 수산업법 시행 후에 일정한 공유수면에서의 관행에 따른 어업을 권리로 새로 인정받기 위하여는 단순히 종전과 같이 당해 공유수면에서 계속적으로 수산동식물을 포획·채취하여 온 사실이 대다수 사람들에게 시인되는 것만으로는 부족하고, 개정 수산업법 제44조에 의하여 어업의 신고를 하고 공동어업의 어업권원부에 입어에 관한 사항을 등록할 것을 요하게 된 것은 사실이나(대법원 1997. 10. 10. 선고 96다3838 판결 참조), 한편 개정 수산업법 부칙 제11조 제2항은 "이 법 시행 당시 공동어업의 어장 안에서 입어 관행이 있는 것으로 인정되는 자로서 종전 규정에 의하여 어업권원부에 입어자로 등록하지 아니한 자는 이 법 시행일부터 2년 이내에 제16조의 규정에 의하여 어업권원부에 등록을 한 경우에 한하여 입어자로 본다."고 규정하여 종래의 관행어업권자의 지위에 대하여 경과규정을 따로 두고 있으므로, 종래의 관행어업권자는 위 개정 수산업법의 규정에도 불구하고 그 시행일로부터 2년 동안은 어업의 신고나 어업권원부에의 등록 없이도 종전의 권리를 그대로 유지할 수 있으며, 어업권원부에 입어자로 등록하지 아니한 상태로 2년을 경과하면 그

때 비로소 개정 수산업법에 의한 관행어업권으로 인정될 여지가 더 이상 없게 되어 그 권리가 소멸될 뿐이다.

그렇다면 원심이 이와 달리 개정 수산업법 시행 이후부터는 어업의 신고와 어업권원부에의 등록을 요건으로 하는 개정 수산업법에 의한 입어자만이 존재할 수 있을 뿐, 종래의 관행어업권자로서의 권리는 2년의 유예기간 내인지 여부를 불문하고 더 이상 존재할 여지가 없다는 전제하에, 원고들이 개정 수산업법 시행 이전부터 이 사건 공유수면에서 계속적으로 수산동식물을 포획·채취하여 온 종래의 관행어업권자들인지, 이 사건 공유수면매립공사가 언제 시행된 것인지, 혹시 종래의 관행어업권이 2년의 유예기간 경과로 소멸되기 전에 이 사건 공유수면매립공사가 착공·시행됨으로써 원고들이 실질적이고 현실적인 피해를 입게 된 것은 아닌지 등에 관하여 나아가 심리·판단하지도 아니한 채 원고들이 2년의 유예기간 내에 어업권원부에 등록을 하지 아니하여 개정 수산업법에 의한 입어자가 되지 못한다는 점만을 들어, 피고가 원고들에게 보상을 하지 아니하고 이 사건 공유수면매립공사를 시행하였다고 하더라도 그것이 원고들에 대하여 불법행위가 되는 것은 아니라고 단정해 버린 것은 개정 수산업법 부칙 제11조 제2항의 법리를 오해하여 심리를 다하지 아니한 위법을 저지른 것이라고 할 것이다. 상고이유 중 이 점을 지적하는 부분은 이유 있다.

3. 신고어업 침해에 관한 상고이유에 대하여

개정 수산업법 제81조 제1항 제1호는 "동법 제34조 제1항 제1호 내지 제5호와 제35조 제8호(제34조 제1항 제1호 내지 제5호에 해당하는 경우에 한한다.)의 규정에 해당되는 사유로 인하여 면허·허가 또는 신고한 어업에 대한 처분을 받았거나 당해 사유로 인하여 제14조의 규정에 의한 어업면허의 유효기간의 연장이 허가되지 아니함으로써 손실을 입은 자는 그 처분을 행한 행정관청에 대하여 보상을 청구할 수 있다."라고 규정하고 있으므로, 면허·허가 또는 신고한 어업에 대한 위와 같은 처분으로 인하여 손실을 입은 자는 처분을 한 행정관청 또는 그 처분을 요청한 행정관청이 속한 권리주체인 지방자치단체 또는 국가를 상대로 민사소송으로 손실보상금지급청구를 할 수 있고, 이러한 법리는 농어촌진흥공사가 농업을 목적으로 하는 매립 또는 간척사업을 시행함으로 인하여 개정 수산업법 제44조의 규정에 의한 어업의 신고를 한 자가 더 이상 신고한 어업에 종사하지 못하게 되어 손실을 입은 경우에도 같이 보아야 할 것이며(대법원 1998. 2. 27. 선고 97다46450 판결 참조), 한편 이와 같이 적법하게 어업의 신고를 하고 공유수면매립사업지구 내에서 신고한 어업에 종사하고 있던 어민들에 대하여 손실보상을 할 의무가 있는 사업시행자가 손실보상의무를 이행하지 아니한 채 공유수면매립공사를 시행함으로써 실질적이고 현실적인 침해를 가하였다면 이는 불법행위를 구성하고, 이 경우 어업의 신고를 한 자가 입게 되는 손해는 그 손실보상금 상당액이라고 할 것이다(대법원 1999. 11. 23. 선고 98다11529 판결 등 참조).

따라서 원심이 원고들 중 일부가 개정 수산업법 제44조의 규정에 의하여 적법하게 어업의 신고를 한 사실을 인정하고서도 신고 어업의 폐지에 따른 손실보상금 상당액의 손해배상을 구하는 원고들의 주장에 대하여 "피고가 이 사건 공공사업을 시행한 것만 가지고는 개정 수산업법 제81조에 규정된 신고어업에 대한 제한 등 행정처분이 있는 경우에 해당한다고 할 수 없다."는 이유를 들어 이를 배척한 것은 신고 어업에 대한 손해배상에 관하여 법리오해의 위법을 저지른 것이라고 아니할 수 없다. 상고이유 중 이 점을 지적하는 부분 또한 이유 있다.

다만, 일정한 공유수면에 관하여 매립면허가 고시된 후에 한 어업의 신고는 공유수면매립사업의 시행과 그로 인한 신고 어업의 제한이 이미 객관적으로 확정되어 있는 상태에서 그 제한을 전제로 하여 한 것이라고 볼 것이므로 공유수면매립면허가 고시된 후에 어업의 신고를 한 자는 그 이전에 신고를 마친 자와는 달리 그 공유수면매립사업의 시행으로 인하여 특별한 손실을 입게 되었다고 할 수는 없다고 할 것이다(대법원 1999. 11. 23. 선고 98다11529 판결 참조). 따라서 원심으로서는 원고들의 이 부분 주장을 판단함에 있어서는 원고들이 이 사건 공유수면매립면허가 고시되기 이전에 어업의 신고를 하였는지 여부를 먼저 따져 보아야 할 것이다.

그리고 어업의 신고에 관하여 유효기간을 설정하면서 그 기산점을 '수리한 날'로 규정하고, 나아가 필요한 경우에는 그 유효기간을 단축할 수 있도록까지 하고 있는 개정 수산업법 제44조 제2항의 규정 취지 및 어업의 신고를 한 자가 공익상 필요에 의하여 한 행정청의 조치에 위반한 경우에 어업의 신고를 수리한 때에 교부한 어업신고필증을 회수하도록 하고 있는 구 수산업법시행령(1996. 12. 31. 대통령령 제15241호로 개정되기 전의 것) 제33조 제1항의 규정 취지에 비추어 보면, 개정 수산업법 제44조 소정의 어업의 신고는 행정청의 수리에 의하여 비로소 그 효과가 발생하는 이른바 '수리를 요하는 신고'라고 할 것이다. 따라서 설사 관할관청이 원고들 중 일부의 어업 신고를 수리하면서 이 사건 공유수면매립구역을 조업구역에서 제외한 것이 위법하다고 하더라도, 그 제외된 구역에 관하여 관할관청의 적법한 수리가 없었던 것이 분명한 이상 그 구역에 관하여는 개정 수산업법 제44조 소정의 적법한 어업 신고가 있는 것으로 볼 수 없다고 할 것이다. 이 점도 아울러 지적해두고자 한다.

4. 그러므로 나머지 상고이유에 대한 판단을 생략한 채 원심판결을 파기하고, 사건을 다시 심리·판단케 하기 위하여 원심법원에 환송하기로 관여 법관의 의견이 일치되어 주문과 같이 판결한다.

대법관   이용우(재판장) 김형선 이용훈(주심) 조무제

[판례 12] 손해배상(기) (대법원 1999. 10. 8. 선고 99다27231 판결)

【판시사항】

[1] 공공사업의 시행 결과 공공사업의 기업지 밖에서 발생한 간접손실에 대하여 사업시행자와 협의가 이루어지지 아니하고, 그 보상에 관한 명문의 법령이 없는 경우, 피해자는 공공용지의취득및손실보상에관한특례법시행규칙상의 손실보상에 관한 규정을 유추적용하여 사업시행자에게 보상을 청구할 수 있는지 여부(적극)

[2] 공유수면매립사업으로 인하여 수산업협동조합이 관계 법령에 의하여 대상지역에서의 독점적 지위가 부여되어 있던 위탁판매사업을 중단하게 된 경우, 그로 인한 위탁판매수수료 수입 상실에 대하여 공공용지의취득및손실보상에관한특례법시행규칙을 유추적용하여 손실보상을 하여야 하는지 여부(적극)

[3] 어업권의 취소 등으로 인한 손실보상액 산정시 판매수수료를 공제하도록 규정한 수산업법시행령 제62조의 의미

【판결요지】

[1] 공공사업의 시행 결과 그 공공사업의 시행이 기업지 밖에 미치는 간접손실에 관하여 그 피해자와 사업시행자 사이에 협의가 이루어지지 아니하고 그 보상에 관한 명문의 근거 법령이 없는 경우라고 하더라도, 헌법 제23조 제3항은 "공공필요에 의한 재산권의 수용·사용 또는 제한 및 그에 대한 보상은 법률로써 하되, 정당한 보상을 지급하여야 한다."고 규정하고 있고, 이에 따라 국민의 재산

권을 침해하는 행위 그 자체는 반드시 형식적 법률에 근거하여야 하며, 토지수용법 등의 개별 법률에서 공익사업에 필요한 재산권 침해의 근거와 아울러 그로 인한 손실보상 규정을 두고 있는 점, 공공용지의취득및손실보상에관한특례법 제3조 제1항은 "공공사업을 위한 토지 등의 취득 또는 사용으로 인하여 토지 등의 소유자가 입은 손실은 사업시행자가 이를 보상하여야 한다."고 규정하고, 같은법시행규칙 제23조의2 내지 7에서 공공사업시행지구 밖에 위치한 영업과 공작물 등에 대한 간접손실에 대하여도 일정한 조건하에서 이를 보상하도록 규정하고 있는 점에 비추어, 공공사업의 시행으로 인하여 그러한 손실이 발생하리라는 것을 쉽게 예견할 수 있고 그 손실의 범위도 구체적으로 이를 특정할 수 있는 경우라면 그 손실의 보상에 관하여 공공용지의취득및손실보상에관한특례법시행규칙의 관련 규정 등을 유추적용할 수 있다고 해석함이 상당하다.

[2] 수산업협동조합이 수산물 위탁판매장을 운영하면서 위탁판매 수수료를 지급받아 왔고, 그 운영에 대하여는 구 수산자원보호령(1991. 3. 28. 대통령령 제13333호로 개정되기 전의 것) 제21조 제1항에 의하여 그 대상지역에서의 독점적 지위가 부여되어 있었는데, 공유수면매립사업의 시행으로 그 사업대상지역에서 어업활동을 하던 조합원들의 조업이 불가능하게 되어 일부 위탁판매장에서의 위탁판매사업을 중단하게 된 경우, 그로 인해 수산업협동조합이 상실하게 된 위탁판매수수료 수입은 사업시행자의 매립사업으로 인한 직접적인 영업손실이 아니고 간접적인 영업손실이라고 하더라도 피침해자인 수산업협동조합이 공공의 이익을 위하여 당연히 수인하여야 할 재산권에 대한 제한의 범위를 넘어 수산업협동조합의 위탁판매사업으로 얻고 있는 영업상의 재산이익을 본질적으로 침해하는 특별한 희생에 해당하고, 사업시행자는 공유수면매립면허 고시 당시 그 매립사업으로 인하여 위와 같은 영업손실이 발생한다는 것을 상당히 확실하게 예측할 수 있었고 그 손실의 범위도 구체적으로 확정할 수 있으므로, 위 위탁판매수수료 수입손실은 헌법 제23조 제3항에 규정한 손실보상의 대상이 되고, 그 손실에 관하여 구 공유수면매립법(1997. 4. 10. 법률 제5335호로 개정되기 전의 것) 또는 그 밖의 법령에 직접적인 보상규정이 없더라도 공공용지의취득및손실보상에관한특례법시행규칙상의 각 규정을 유추적용하여 그에 관한 보상을 인정하는 것이 타당하다.

[3] 어업권의 취소 등으로 인한 손실보상액을 산출함에 있어서 판매수수료를 어업경영에 필요한 경비에 포함시켜 공제하도록 한 수산업법시행령 제62조의 의미는 판매수수료를 지급하는 측의 입장에서 그 성격을 경비로 보아 그 보상액 산정시에 이를 공제한다는 것에 불과하고, 보상을 받을 자가 판매수수료를 수입으로 하고 있는 경우에는 그와 같이 해석할 수는 없다.

【참조조문】

[1] 헌법 제23조 제3항, 공공용지의취득및손실보상에관한특례법 제3조 제1항, 공공용지의취득및손실보상에관한특례법시행규칙 제23조의5, 제23조의6 [2] 헌법 제23조 제3항, 공공용지의취득및손실보상에관한특례법 제3조 제1항, 공공용지의취득및손실보상에관한특례법시행규칙 제23조의5, 제23조의6 [3] 수산업법시행령 제62조

【참조판례】

[1] 대법원 1995. 7. 14. 선고 94다38038 판결(공1995하, 2788)
대법원 1996. 7. 26. 선고 94누13848 판결(공1996하, 2677)
대법원 1997. 9. 5. 선고 96누1597 판결(공1997하, 3113)
대법원 1998. 1. 20. 선고 95다29161 판결(공1998상, 551)
대법원 1999. 6. 11. 선고 97다56150 판결(공1999하, 1347)

【전 문】

【원고, 피상고인】 경기남부수산업협동조합 (소송대리인 변호사 최종백 외 1인)
【피고, 상 고 인】 농어촌진흥공사 (소송대리인 변호사 엄운용)
【원심판결】 서울고법 1999. 4. 14. 선고 97나41938 판결

【주 문】
상고를 기각한다.
상고비용은 피고의 부담으로 한다.

【이 유】
상고이유를 본다.

1. 제1점에 대하여

   공공사업의 시행 결과 그 공공사업의 시행이 기업지 밖에 미치는 간접손실에 관하여 그 피해자와 사업시행자 사이에 협의가 이루어지지 아니하고 그 보상에 관한 명문의 근거 법령이 없는 경우라고 하더라도, 헌법 제23조 제3항은 "공공필요에 의한 재산권의 수용·사용 또는 제한 및 그에 대한 보상은 법률로써 하되, 정당한 보상을 지급하여야 한다."고 규정하고 있고, 이에 따라 국민의 재산권을 침해하는 행위 그 자체는 반드시 형식적 법률에 근거하여야 하며, 토지수용법 등의 개별 법률에서 공익사업에 필요한 재산권 침해의 근거와 아울러 그로 인한 손실보상 규정을 두고 있는 점, 공공용지의취득및손실보상에관한특례법(이하 특례법이라 한다) 제3조 제1항은 "공공사업을 위한 토지 등의 취득 또는 사용으로 인하여 토지 등의 소유자가 입은 손실은 사업시행자가 이를 보상하여야 한다."고 규정하고, 같은법시행규칙 제23조의2 내지 7에서 공공사업시행지구 밖에 위치한 영업과 공작물 등에 대한 간접손실에 대하여도 일정한 조건하에서 이를 보상하도록 규정하고 있는 점에 비추어, 공공사업의 시행으로 인하여 그러한 손실이 발생하리라는 것을 쉽게 예견할 수 있고 그 손실의 범위도 구체적으로 이를 특정할 수 있는 경우라면 그 손실의 보상에 관하여 특례법시행규칙의 관련 규정 등을 유추적용할 수 있다고 해석함이 상당하다 할 것이다(대법원 1999. 6. 11. 선고 97다56150 판결, 1995. 7. 14. 선고 94다38038 판결 등 참조).

   원심판결 이유에 의하면 원심은, 원고 조합은 경기 화성군에 거주하는 어업인을 조합원으로 하여 그 조합원들이 포획·채취한 수산물의 판매를 위탁받아 판매하는 수산물위탁판매장을 운영하면서 그 판매액 중 일정비율의 수수료를 지급받아 왔는데, 위 위탁판매장 운영에 대해서는 구 수산자원보호령(1991. 3. 28. 대통령령 제13333호로 개정되기 전의 것) 제21조 제1항에 의하여 그 대상지역에서의 독점적 지위가 부여되어 있었던 사실, 한편 피고는 1991. 3. 30. 농림수산부장관으로부터 경기 화성군과 옹진군 일대에 대한 공유수면매립면허(그 고시는 같은 해 4. 10. 자로 되었다)를 받고 그 사업을 시행하게 되었는데, 위 매립사업의 시행으로 인하여 그 사업대상지역에서 어업활동을 하던 원고의 조합원들의 조업이 불가능하게 되자 원고는 그가 운영하던 위탁판매장 중 조암 위탁판매장과 사강 위탁판매장에서의 위탁판매사업을 중단하였다가 1996.경에는 그 판매장을 각 폐쇄한 사실, 원고가 위 위탁판매사업 중단에 따라 상실하게 된 손실보상을 구함에 대하여 피고는 원고의 위 위탁판매수수료는 보상 대상이 되는 손실에 해당하지 않는다는 이유로 이를 거절한 사실을 각 인정한 다음, 원고가 상실하게 된 위 위탁판매수수료 수입은 피고의 매립사업으로 인한 직접적인 영업손실이 아니고 간접적인 영업손실이라고 하더라도 피침해자인 원고가 공공의 이익을 위하여 당연히 수인하여야 할 재산권에 대한 제한의 범위를 넘어 원고의 위탁판매사업으로 얻고 있는 영업상의 재산이익을 본질적으로 침해하는 특별한 희생에 해당하고, 사업시행자인 피고는 공유수면매립면허 고시 당시 그 매립사업으로 인하여 위와 같은 영업손실이 발생한다는 것을 상당히 확실하게 예측할 수

있었고 그 손실의 범위도 구체적으로 확정할 수 있으므로, 위 위탁판매수수료 수입손실은 헌법 제23조 제3항에 규정한 손실보상의 대상이 되고, 그 손실에 관하여 구 공유수면매립법(1997. 4. 10. 법률 제5335호로 개정되기 전의 것) 또는 그 밖의 법령에 직접적인 보상규정이 없더라도 특례법시행규칙 제23조의5, 6 등의 각 규정을 유추적용하여 그에 관한 보상을 인정하는 것이 타당하다고 판단하였는바, 위에서 본 법리와 기록에 비추어 살펴보면, 원심의 위와 같은 판단은 정당하고, 거기에 피고가 상고이유에서 주장하는 바와 같은 간접적인 영업손실에 관한 법리오해의 위법이 있다고 할 수 없다.

그리고 기록에 의하면 원고가 조암 및 사강 위탁판매장을 폐쇄한 것은 그 위탁판매장의 사업대상지역이 모두 피고의 매립사업 대상지역에 포함되어 조업이 전부 불가능하게 되었기 때문인 사실을 알 수 있으므로, 원고의 위 위탁판매장 폐쇄에 대하여 특례법시행규칙 제23조의5 소정의 '배후지의 3분의 2 이상이 상실되어 영업을 할 수 없는 경우'라는 요건을 충족하지 못하여 위 특례법시행규칙 규정을 유추적용할 수 없다는 피고의 상고이유의 주장도 받아들일 수 없다.

2. 제2점에 대하여

원심판결 이유에 의하면, 원심은 원고 조합과 같은 비영리법인이라도 반드시 적극적으로 공익을 목적으로 하는 비영리사업만을 수행하여야 하는 것이 아니라 그 목적을 달성하는 데 필요한 범위 내에서 주된 목적인 비영리사업에 부수하여 영리사업을 수행할 수 있고, 그로 인한 수익을 비영리사업의 목적에 충당하는 이상 비영리법인으로서의 본질에 반한다고 할 수 없고, 그러한 내용을 확인하는 의미에서 수산업협동조합법 제65조, 같은법시행령 제38조 제1항도 영리 또는 투기를 목적으로 하는 업무의 금지를 규정한 같은 법 제6조 제2항에 대한 예외로서 수산업협동조합이 그 목적을 달성하기 위하여 위탁판매업 등의 영리사업을 수행할 수 있음을 규정하고 있는 것으로 판단하여, 원고 조합의 비영리법인적 성격상 영리를 목적으로 하는 수산물 위탁판매장을 운영하는 것은 불가능하므로, 원고가 소속 조합원들로부터 지급받는 수수료는 위탁판매라는 용역 제공의 대가로 지급받는 것이라기보다는 위탁판매 사업수행에 필요한 경비명목으로 징수한 것에 불과하여, 손실보상의 대상이 되지 않는다는 피고의 주장을 배척하였는바, 위 수산업협동조합법의 관련 규정과 위탁판매수수료의 성격에 비추어 볼 때, 원심의 위와 같은 판단은 정당한 것으로 수긍이 되고, 거기에 피고가 주장하는 바와 같은 원고 조합의 법적지위와 위탁판매수수료에 관한 법리오해의 위법이 있다고 할 수 없다.

한편, 어업권의 취소 등으로 인한 손실보상액을 산출함에 있어서 판매수수료를 어업경영에 필요한 경비에 포함시켜 공제하도록 한 수산업법시행령 제62조의 의미는 판매수수료를 지급하는 측의 입장에서 그 성격을 경비로 보아 그 보상액 산정시에 이를 공제한다는 것에 불과하고, 이 사건 원고의 경우와 같이 판매수수료를 수입으로 하고 있는 경우에는 그와 같이 해석할 수는 없다 할 것이므로, 위 수산업법시행령 규정을 들어 위 위탁판매수수료 수입이 손실보상의 대상이 되지 않는다는 피고의 상고이유의 주장도 받아들일 수 없다.

3. 제3점에 대하여

원심판결 이유를 기록과 관계 법령에 비추어 살펴보면, 원심이 공유수면매립사업에 있어서의 사전보상원칙을 선언한 공유수면매립법 제17, 제16조 제1항의 각 규정에 비추어 볼 때, 피고의 이 사건 매립사업면허 고시 당시 그 매립사업으로 인하여 원고에게 위 위탁판매수수료 상당의 영업 손실이 발생하리라는 것을 확실하게 예측할 수 있었고, 그 범위도 구체적으로 확정할 수 있었으며, 나아가 원고가 위 매립사업으로 인하여 위탁판매사업을 실제로 폐지한 이상 피고는 원고에게 위 매립사업 면허 고시일을 기준으로 하여 평가한 손실보상금을 지급할 의무가 있고, 위 매립사업의 실제 공사 착수시기가 당초 계획보다 지연되거나 사후적으로 행정당국의 정책이 변경됨에 따라 원고가 수산물

제7편 매립 등 공공사업으로 인한 어업권 침해에 관한 소송 629

위탁판매사업에 있어서의 독점적 지위를 전부 또는 일부 상실하게 되었다 하여도, 그와 같은 사후적인 사정변경만으로 원고가 이미 취득한 손실보상청구권을 상실한다고 할 수 없다고 판단한 것은 정당한 것으로 수긍이 되고, 거기에 피고가 주장하는 바와 같은 공유수면매립법상의 손실보상에 관한 법리를 오해한 위법이 있다고 할 수 없다.
4. 그러므로 상고를 기각하고, 상고비용은 패소자의 부담으로 하기로 하여 관여 법관의 일치된 의견으로 주문과 같이 판결한다.

대법관   지창권(재판장) 이돈희 송진훈 변재승(주심)

[참조] 대법원 1999. 11. 26. 선고 99다35263 판결 / 대법원 2003. 3. 11. 선고 2002다33588 판결 / 대법원 2003. 11. 28. 선고 2003다11790 판결

1. 피고

불법행위를 원인으로 하는 손해배상청구소송에 있어서는 매립 등 실무상으로는 통상사업자가 피고로 될 것이다.

제3절   손해배상책임의 발생요건

1. 고의·과실

☞ 환경정책기본법

제31조 (배출허용기준의 예고) 국가는 관계 법령에 따라 환경오염에 관한 배출허용기준을 정하거나 변경할 때에는 이를 해당 기관의 인터넷 홈페이지 등을 통하여 사전에 알려야 한다.

---

2. 위법성

[판례 13] 손해배상(기) (대법원 1995. 9. 15. 선고 94다55323 판결)

【판시사항】

무면허 양식어업자가 구 수산업법(1990.8.1. 법률 제4252호로 전문 개정되여부

【판결요지】

구 수산업법(1990.8.1. 법률 제4252호로 전문 개정되기 전의 것) 제2조, 제8조 제2항, 제4항, 제89조의 규정에 의하면, 연해 부락 주민들이 그 지선 해면에서 영리를 목적으로 지주식 등 시설에 의하여 해태를 양식·채취하는 업은 같은 법 소정의 양식어업에 속하고, 도지사의 면허를 받음으로써 이를 할 수 있는 권리를 취득하며, 그 면허를 받음이 없이는 아무도 양식어업을 할 수 없고, 한편 같은 법 제40조 제1항은 "공동어업의 어업권자는 종래의 관행에 의하여 그 어업장에서 어업하는 자의 입어를 거절할 수 없다."고 규정하고 있는바, 이는 면허 없이 관행에 의하여 오랫동안 계속 일정한 공유수면을 전용하고 수산 동식물을 포획 또는 채취하여 온 자는 후에 당해 공유수면에 대하여 공동어업권이 설정되더라도 계속 어업을 할 수 있도록 보호된다는 취지이고(이러한 이익은 공동어업권자에게 대하여 주장하고 행사할 수 있을 뿐만 아니라, 이를 다투는 제3자에게 대하여는 그 배척을 청구하거나 그에 따른 손해배상을 청구할 수 있다는 것이 당원의 확립된 견해임은 물론이다), 이와 같은 관행에 따른 어업권은 같은 법 제8조 제1항 소정의 공동어업을 하여 온 자에 대하여 성립할 수 있을 뿐이고, 일정한 수면을 구획하여 그 수면의 바닥을 이용 또는 기타 시설을 하여 패류·해조류 등 수산 동식물을 인위적으로 증식하는 양식어업에 대하여는 성립될 여지가 없는 것이다(이는 정치어업에 대하여도 마찬가지다).

【참조조문】

구 수산업법 (1990.8.1. 법률 제4252호로 전문 개정되기 전의 것) 제2조, 제8조 제1항, 제8조 제4항, 제40조 제1항, 제89조

【참조판례】

대법원 1969.3.31. 선고 69다173 판결(집17①민,408)
1989.7.11. 선고 88다카14250 판결(공1989,1215)
1994.3.25. 선고 93다45701 판결(공1994상,1332)

【전 문】

【원고, 피상고인】 원고 1 외 7인 원고의 소송대리인 변호사 임상순

【피고, 상 고 인】 한국전력공사 소송대리인 변호사 김세배

【원심판결】 대전고등법원 1994.10.6. 선고 93나5251 판결

【주 문】

원심판결을 파기하고, 사건을 대전고등법원에 환송한다.

【이 유】

1. 원심판결의 이유의 요지

원심판결 이유에 의하면 원심은, 원고들이 선조 대대로 약 100여년 간에 걸쳐 충남 보령군 송학리(송학도)에 거주하면서 충남 양식업 (면허번호 생략) 부흥식 해태양식장에 인접한 송학도 남서쪽 간사지에서 양식어업 면허 없이 그 판시 지주식 해태양식업을 하여온 사실, 피고는 같은 군 주포면 고정리에 보령화력발전소를 건설하면서 폐탄처리장을 마련하기 위하여 1982.경부터 발전소 남쪽 섬인 위 송학도의 동서쪽에 위 고정리와 연결하는 2개의 제방을 축조하여 1984.10.18. 완공한 사실, 그런데 피고가 제방을 축조한 후에는 위 해역 일대에 조류의 소통이 불량하여 해태양식에 필요한 영양소 공급, 가스교환, 노폐물 제거 등이 효율적으로 이루어지지 못하고 병해발생률이 증가하며 미세한 입자의 부유 토사가 퇴적되어 있다가 파랑이나 바람 등에 의해 부상하면서 해수탁도를 증가시켜

해태의 광합성작용을 저해함으로써 원고들의 위 어장은 1984.경부터 해태수확량이 감소하다가 1987.경에는 해태양식이 불가능하게 되어 어장으로서의 기능을 상실한 사실을 인정한 다음, 위 인정 사실에 의하면 피고는 위 제방축조로 인하여 해양 생태계에 변화를 초래케 함으로써 원고들의 해태 양식장으로 하여금 기능을 상실케 하였으므로 그로 인하여 원고들이 입은 손해를 배상할 책임이 있다고 설시하고, 이어서 '구 수산업법(1990.8.1. 법률 제4252호로 전면 개정되기 전의 것, 이하 같다) 제40조 제1항에 규정된 입어의 관행은 공동어업에 대해 적용되는 것일 뿐 양식어업에 대해서는 관행에 의한 어업권이 성립될 수 없으므로 원고들은 관행에 의한 어업권을 취득할 수 없다'는 피고의 주장에 대하여, 위 법조에서 관행에 의한 입어를 거절할 수 없는 자를 공동어업의 어업권자에 한하여 규정하고 있다고 하더라도 이는 면허어장 내에서의 입어에 관하여 규정한 것일 뿐이며, 오히려 공동어업의 어업권자는 면허를 받았는데도 면허어장 내에서의 관행에 의한 어업을 거절하지 못한다고 함으로써 그 면허어업권의 범위마저 제한하고 있음에 비추어 위 규정은 일반적으로 관행에 의한 어업의 존재를 인정하고 있고 이러한 관행에 의한 어업은 비록 주무부장관의 허가를 받은 바 없다고 하더라도 제3자로부터 침해를 받을 경우 그 손해의 배상을 구할 수 있는 법적 지위에 해당한다고 봄이 상당하다는 이유로 이를 배척하고, 또 '원고들의 이 사건 양식업은 면허 없이 어업을 행하는 것으로서 수산업법상 처벌대상이 되는 범죄행위에 해당하므로 법으로 보호할 가치가 없는 것으로서 피고로서는 손해를 배상할 책임이 없다'는 피고의 주장에 대하여, 구 수산업법 제8조, 제89조에 의하면 해태 양식어업은 면허를 받아야 하고, 면허 없이 해태양식어업 행위를 한 자에 대하여는 처벌하도록 규정되어 있으나, 위 법의 제정목적이 수산업에 관한 기본제도를 정하고 수면의 종합적 이용으로써 수산업의 발전과 어업의 민주화를 도모하며 수산자원을 보호함에 있으므로, 위 처벌규정이 종래 어민의 생계 방편인 관행 어업의 형태를 완전히 부인하고 이를 금지하려는 것이라고 볼 수는 없고, 또한 위 법 제40조 입어의 관행에 관한 규정도 종래의 관행에 의한 어업을 법으로 보호하기 위한 규정으로 해석함이 상당하므로, 비록 면허 없이 해태양식업을 행한 행위가 수산업법에 저촉된다고 하더라도 원고들은 위 법 시행 이전부터 위 어장에서 계속 해태양식업을 해 왔고, 그 관행 어업의 형태가 타인의 권리를 침해하는 등 반사회적인 것이 아닌 이상, 이는 법에 의하여 보호받을 수 있는 것으로서 제3자에 의해 침해되는 경우 그 침해의 배제를 구하거나 손해의 배상을 청구할 수 있다고 해석함이 상당하다는 이유로 피고의 위 주장 또한 이유가 없다 하여 이를 배척한 다음, 피고는 원고들에게 위 관행에 의한 양식어업권 가액 상당의 손해 즉, 피고가 제방축조 공사를 시행하면서 법령에 따라 정당한 손실을 보상하였더라면 원고들이 받을 수 있었을 금액 상당의 배상을 명하고 있다.

2. 상고이유에 대한 판단

먼저 상고이유 제1, 2점을 본다.

가. 우선 기록에 의하면, 원고들의 이 사건 청구원인 사실의 요지는, 피고가 보령화력발전소의 폐탄처리장 건설을 위한 공유수면매립사업(산업기지개발사업)을 시행함에 있어 이 사건 공유수면에 대하여 관행에 의한 해태양식 어업권을 가진 원고들로부터 법령에 따른 동의를 받거나 원고들의 관행 어업권의 상실에 따른 손실보상을 전혀 하지 아니한 채 이 사건 제방축조 등 공유수면매립 공사를 시행하여 원고들의 관행에 의한 해태양식 어업권의 행사를 불가능하게 함으로써 원고들에게 그 어업권을 상실케하는 손해를 입게 하였으므로, 피고는 위 사업의 시행자로서 원고들에게 그에 대한 손해를 배상할 책임이 있다는 것이다.

그런데 1982. 당시 시행되던 산업기지개발촉진법 제15조에 의하면 이 사건 폐탄처리장 건설과 같은 산업기지개발사업에 필요한 용지를 확보하기 위하여 공유수면을 매립하는 경우에는 건설부장관의 사업실시계획인가를 공유수면매립법 제4조에 의한 건설부장관의 면허로 본다고 규정하고 있는 한편, 공유수면매립법(1990.8.1. 법 제4252호로 개정되기 전의 것, 이하 같다) 제6조 제2호, 제16조 제1항, 제17조의 각 규정에 의하면 공유수면매립의 면허를 받은 자는 공유수면에 관하여 권리를 가진 자가 있는 경우에 그의 동의를 받지 않고는 그 권리를 가진 자에게 끼친 손실을 보상하거나 그 손실을 방지하는 시설을 한 후가 아니면 그 권리자들에게 손실을 끼칠 공사에 착수할 수 없도록 되어 있고, 공유수면에 관하여 권리를 가진 자로는 어업권자 이외에 구 수산업법 제40조 제1항의 규정에 의한 입어자를 포함시키고 있다.

여기서 이 사건 공유수면에서 무면허로 지주식 해태양식업을 하여온 원고들이 구 수산업법 제40조 제1항 소정의 입어자에 해당한다면, 원고들의 동의를 받음이 없이 또는 원고들에 대한 보상절차를 거치지 아니한 채 이 사건 공유수면매립사업을 시행한 피고의 행위는 원고들이 주장하는 바와 같이 불법행위를 구성할 여지가 있다 할 것이지만, 원고들이 위 법조 소정의 입어자에 해당하지 않는다면 피고의 이와 같은 행위는 불법행위를 구성할 여지가 없어 피고로서는 원고들 주장의 어업권 손해에 대하여 배상할 책임이 없다 할 것이므로, 이 사건의 쟁점은 결국 원고들이 수산업법 제40조 제1항 소정의 입어자에 포함되는지 여부에 달려 있다고 하겠다.

그러므로 이하에서 원고들이 수산업법 제40조 제1항 소정의 입어자에 포함되는지 여부를 살펴보기로 한다.

나. 구 수산업법은 그 제2조에서 '어업'이라 함은 수산 동식물을 채포 또는 양식하는 사업을 말하고, '어업권'이라 함은 그 법의 규정에 의하여 면허를 받아 어업을 경영할 수 있는 권리를 말한다고 규정하고, 그 제8조 제1항, 제4항은 일정한 수면에서 구획 기타 시설을 하여 양식하는 어업을 하고자 하는 자는 도지사의 면허를 받아야 한다고 규정하는 한편, 그 제89조에서 면허 없이 양식어업 행위를 한 자에 대하여는 처벌하도록 규정하고 있으므로, 연해 부락 주민들이 그 지선 해면에서 영리를 목적으로 지주식 등 시설에 의하여 해태를 양식·채취하는 업은 위 법 소정의 양식어업에 속하고, 도지사의 면허를 받음으로써 이를 할 수 있는 권리를 취득하며, 그 면허를 받음이 없이는 아무도 양식어업을 할 수 없다고 할 것이다.

한편 위 법 제40조 제1항은 '공동어업의 어업권자는 종래의 관행에 의하여 그 어업장에서 어업하는 자의 입어를 거절할 수 없다'고 규정하고 있는 바, 이는 면허 없이 관행에 의하여 오랫동안 계속 일정한 공유수면을 전용하고 수산 동식물을 포획 또는 채취하여 온 자는 후에 당해 공유수면에 대하여 공동어업권이 설정되더라도 계속 어업을 할 수 있도록 보호된다는 취지이고(이러한 이익은 공동어업권자에게 대하여 주장하고 행사할 수 있을 뿐만 아니라, 이를 다투는 제3자에게 대하여는 그 배척을 청구하거나 그에 따른 손해배상을 청구할 수 있다는 것이 당원의 확립된 견해임은 물론이다), 이와 같은 관행에 따른 어업권은 위 법 제8조 제1항 소정의 공동어업을 하여 온 자에 대하여 성립할 수 있을 뿐이고, 일정한 수면을 구획하여 그 수면의 바닥을 이용 또는 기타 시설을 하여 패류·해조류 등 수산 동식물을 인위적으로 증식하는 양식어업에 대하여는 성립될 여지가 없는 것이다(이는 정치어업에 대하여도 마찬가지다).

다. 원심이 인정한 바와 같이 원고들이 이 사건 공유수면에서 오랫동안 지주식 해태양식업을 하여 왔다고 한다면, 위에서 살펴본 바와 같이 이는 구 수산업법 제8조 소정의 양식어업에 해당하고 그 권리를 얻기 위하여는 도지사의 면허를 받아야 하는 것이지, 관행에 의하여 이를 할 수 있는 권리를 취득할 수는 없다 할 것이다.

그러므로 원고들의 주장과 같이 피고의 제방축조 등 공유수면매립으로 인한 생태계 변화로 원고들의 무면허 양식어장이 해태양식장으로서의 기능을 상실하였다고 하더라도, 공유수면매립법 제6

조 제2호, 제16조 제1항, 제17조의 각 규정의 취지에 비추어 피고로서는 원고들에게 손실보상을 할 의무를 부담하지 아니하고, 따라서 비록 원고들에 대하여 공유수면매립법 소정의 손실보상절차를 거치지 아니한 채 이 사건 공유수면매립사업을 시행한 피고의 행위는 불법행위를 구성할 여지가 없으므로 피고는 원고들에게 이에 따른 손해를 배상할 책임을 부담하지 아니한다 할 것이다.

라. 그런데도 원심이 이와 달리 구 수산업법 제40조 제1항이 일반적으로 관행에 의한 어업의 존재를 인정하고 있고 이러한 관행에 의한 어업은 비록 당국의 허가를 받은 바 없다고 하더라도 제3자로부터 침해를 받을 경우 그 손해의 배상을 구할 수 있는 법적 지위에 해당한다고 보아야 한다는 입장에 서서 원고들의 이 사건 무면허 해태양식어업도 위 법 조항 소정의 입어권에 해당한다고 보고 이를 전제로 피고에게 불법행위의 성립을 인정하여 이에 따른 손해배상책임을 인정하고 말았으니, 원심판결에는 구 수산업법 제40조 제1항 소정의 관행에 의한 어업권에 관한 법리를 오해한 위법이 있다고 할 것이므로, 이 점을 지적하는 논지는 이유가 있다.

3. 이에 나머지 상고이유에 대한 판단을 생략한 채 원심판결을 파기하고, 사건을 다시 심리·판단케 하기 위하여 원심법원에 환송하기로 관여 법관의 의견이 일치되어 주문과 같이 판결한다.

대법관   김형선(재판장) 박만호(주심) 박준서 이용훈

제4절 손해액의 산정

1. 손해의 범위

매립 등 공공사업으로 인한 손해액도 다른 소송에서와 마찬가지로 전통적인 손해삼분설에 입각하여 재산상 손해(적극적 손해 및 소극적 손해), 위자료로 구분하여 산정한다.

[판례 14] 손해배상(기) (대법원 2004. 5. 14. 선고 2003다32162 판결)

【판시사항】

[1] 손실보상절차 없이 시행한 공유수면매립사업으로 관행어업권이 상실된 경우, 관행어업권자가 입은 손해액의 범위 및 그 산정기준
[2] 손실보상절차 없이 시행한 공유수면매립사업으로 관행어업권을 침해한 경우, 불법행위의 성립시기
[3] 시화 제2호 방조제의 물막이 공사가 완성된 시점에 시화지구개발사업의 시행으로 인한 불법행위가 성립하였다고 보아 그 때로부터 손해액에 대한 지연손해금의 지급을 명한 원심의 조치가 정당하다고 한 사례
[4] 구 수산업법 제40조에 의한 관행어업권이 인정되는 어민의 자격요건 및 가동연한

【판결요지】

[1] 사업시행자가 손실보상의무를 이행하지 아니한 채 공유수면매립공사를 시행함으로써 관행어업권을 상실하게 한 경우, 관행어업권자가 입은 손해는 그 손실보상금 상당액이므로 그 손해액은 손실보상금이 지급되었어야 할 시점인 공유수면매립사업의 시행일을 기준으로 삼아 산정하여야 한다.

[2] 권리를 가진 자에 대하여 손실보상을 할 의무가 있는 사업시행자가 손실보상의무를 이행하지 아니한 채 공유수면매립공사를 시행하였다 하더라도 그로 인한 불법행위는 그 사업착수만으로 바로 성립하지 않고, 그 사업으로 인하여 실질적이고 현실적인 침해가 발생하였을 때에 비로소 성립한다고 할 것이고, 구체적으로 그 불법행위 성립일은 공유수면매립권자가 공유수면매립공사에 착수한 때가 아니라 그 공사진척에 따라 그 어업권자들로 하여금 어장을 상실하게 하는 손해가 발생하게 한 때라고 할 것이다.

[3] 시화 제2호 방조제의 물막이 공사가 완성된 시점에 시화지구개발사업의 시행으로 인한 불법행위가 성립하였다고 보아 그 때로부터 손해액에 대한 지연손해금의 지급을 명한 원심의 조치가 정당하다고 한 사례.

[4] 구 수산업법(1990. 8. 1. 법률 제4252호로 전문 개정되기 전의 것) 제40조 소정의 관행어업권은 원칙적으로 독립세대별로 인정되고 차남 이하 분가자나 외지로부터의 전입자에 대하여는 일정한 기간이 경과되어야 인정되며, 또한 원칙적으로 그러한 어업을 계속할 수 있는 노동능력과 의사를 가진 자로서 20세부터 60세가 될 때까지의 자에 대하여만 인정되고, 가동연한을 넘은 고령자의 경우는 그를 도와 관행어업에 종사할 가동연한 내의 세대원 등이 있는 경우에만 인정된다.

【참조조문】

[1] 구 수산업법(1990. 8. 1. 법률 제4252호로 전문 개정되기 전의 것) 제40조 제1항, 구 공유수면매립법(1990. 8. 1. 법률 제4252호로 개정되기 전의 것) 제6조, 제16조 [2] 민법 제750조, 구 수산업법(1990. 8. 1. 법률 제4252호로 전문 개정되기 전의 것) 제40조 제1항, 구 공유수면매립법(1990. 8. 1. 법률 제4252호로 개정되기 전의 것) 제6조, 제16조 [3] 민법 제750조 [4] 구 수산업법(1990. 8. 1. 법률 제4252호로 전문 개정되기 전의 것) 제40조

【참조판례】

[1] 대법원 1999. 6. 11. 선고 97다41028 판결(공1999하, 1342)
대법원 1999. 11. 23. 선고 98다11529 판결(공2000상, 1)
대법원 2001. 4. 10. 선고 99다38705 판결(공2001상, 1081)
대법원 2001. 9. 25. 선고 2000다16893 판결(공2001하, 2320)
[2] 대법원 1999. 9. 17. 선고 98다52858 판결
대법원 2001. 9. 25. 선고 2000다16893 판결(공2001하, 2320)
[4] 대법원 1999. 6. 11. 선고 97다41028 판결(공1999하, 1342)
대법원 2001. 4. 10. 선고 99다38705 판결(공2001상, 1081)
대법원 2001. 9. 4. 선고 2000다3170 판결(공2001하, 2156)
대법원 2001. 10. 26. 선고 2000다17988 판결

【전 문】

【원고(선정당사자), 상고인】 원고(선정당사자) (소송대리인 변호사 이홍길)

【피고, 피상고인】 한국수자원공사 (소송대리인 변호사 고석윤)

【원심판결】 서울고법 2003. 6. 4. 선고 97나43217 판결

【주 문】
원심판결의 원고(선정당사자) 패소 부분 중 선정자 35, 선정자 109, 선정자 112에 대한 부분을 파기하고, 이 부분 사건을 서울고등법원에 환송한다. 원고(선정당사자)의 나머지 상고를 기각한다.

【이 유】
1. 원심의 판단

원심판결 이유에 의하면, 원심은 그 채용 증거들을 종합하여 원고(선정당사자)를 포함한 원심 판시 별지 제2기재 선정자들은 경기 화성군 ○○면 △△리의 주민들로서 원심 판시의 이 사건 어장에서 관행어업에 종사하여 왔는데, 반월특수지역개발계획에 의하여 피고가 시행한 시화지구개발사업에 따라 1987. 10. 12. 탄도방조제 공사를 시작으로 1988. 2.경 불도방조제 공사, 1988. 4. 5. 시화 제1호 방조제 공사, 1988. 5. 20. 대선방조제 공사, 1991. 6. 24. 시화 제2호 방조제 공사가 각 착공되어 최종적으로 1994. 1. 24. 시화 제2호 방조제의 물막이 공사가 완공되는 과정에서, 이 사건 어장에 직접적으로 영향을 미치는 탄도방조제 공사가 시작되면서부터 이 사건 어장 일대에 바닷물 유통이 정상적으로 되지 않고 부니의 침적으로 매몰현상이 나타나는 등 생태계 환경 변화가 초래되어 어패류가 폐사하기 시작하였고, 공사가 진행됨에 따라 그 피해가 점차 누적되어 가다가 마침내 시화 제2호 방조제의 물막이 공사가 완성된 1994. 1. 24.경에 이르러 바닷물 유입이 완전히 차단되면서 이 사건 어장은 종래 그 곳에서 채포할 수 있었던 원심 판시의 어패류 등의 수산동식물을 채포할 수 없게 됨에 따라 그 어장으로서의 기능을 완전히 상실하게 된 사실, 피고는 이 사건 개발사업을 시행함에 있어 관행어업자들인 위 선정자들로부터 동의를 받거나 그 손실을 보상하지 아니한 채 그대로 공유수면매립 등 공사에 착수하여 이를 진행한 사실 등을 인정한 다음, 이 사건 개발사업의 시행자로서 공유수면매립권자인 피고는 구 공유수면매립법(1990. 8. 1. 법률 제4252호로 개정되기 전의 것) 제16조 제1항, 제17조에 의하여 구 수산업법(1990. 8. 1. 법률 제4252호로 전문 개정되기 전의 것, 이하 같다) 제40조 제1항에 의한 관행어업자들에게 손실보상을 하거나 동의를 얻지 아니하고 사업을 시행하여 그들에게 관행어업권을 상실하게 하는 손해를 입혔으므로 피고는 위 선정자들에게 그 손해를 배상할 책임이 있다고 판단하고 위 선정자들이 입은 손해의 액수를 이 사건 공유수면 매립사업의 시행일인 1987. 10. 12.을 기준으로 구 수산업법 제22조 소정의 신고어업의 보상에 관한 규정을 유추적용하여 구 공공용지의취득및손실보상에관한특례법시행규칙(1988. 4. 25. 건설부령 제435호로 개정되어 1991. 10. 28. 건설부령 제493호로 개정되기 전의 것) 제25조의2 제1항의 규정에 정한 방법으로 산정한 다음 피고에 대하여 위 선정자들에게 그 합계액 1,152,462,848원 및 이에 대하여 이 사건 불법행위가 최종 성립한 1994. 1. 24.부터 원심판결 선고일인 2003. 6. 4.까지는 민법 소정의 연 5%의, 그 다음날부터 완제일까지는 소송촉진등에관한특례법 소정의 연 20%의 각 비율에 의한 지연손해금의 지급을 명하는 한편, 관행어업권이 인정되는 위 선정자들을 제외한 나머지 선정자들 중 선정자 107, 선정자 109, 선정자 112 등은 이 사건 개발사업에 착수한 1987. 10. 12. 당시 이미 60세의 가동연한을 넘은 자들임을 인정할 수 있고, 또한 당시 그 세대원 중에 가동연한 내의 자가 있음을 인정할 증거가 없으며, 선정자 35, 선정자 140, 선정자 148 등은 위 △△리에 전입한 때로부터 1987. 10. 12.까지 1년이 경과되지 아니하였거나 그 이후 전입한 자들이고 또한, 이들이 위 △△리로 전입해 오기 이전부터 이 사건 어장에서 관행어업에 종사하는 등으로 관행어업권자의 지위에 있었음을 인정할 만한 증거가 없다는 이유 등으로 이들에 대한 관행어업권을 인정하지 아니하였다.

2. 대법원의 판단

가. 상고이유 제1점에 대하여

사업시행자가 손실보상의무를 이행하지 아니한 채 공유수면매립공사를 시행함으로써 관행어업권을 상실하게 한 경우, 관행어업권자가 입은 손해는 그 손실보상금 상당액이므로 그 손해액은 손실보상금이 지급되었어야 할 시점인 공유수면매립사업의 시행일을 기준으로 삼아 산정하여야 함은 대법원이 여러 차례에 걸쳐 판시한 견해이므로(대법원 2001. 9. 25. 선고 2000다16893 판결 등 참조), 원심이 같은 취지에서 이 사건 공유수면매립공사 중 탄도방조제 공사가 시행된 1987. 10. 12.을 기준으로 원심 별지 제2 기재 선정자들이 입은 손해를 산정한 것은 정당하고, 거기에 상고이유에서 주장하는 바와 같은 법리오해의 위법이 있다고 할 수 없다.

나. 상고이유 제2점에 대하여

불법행위로 인한 손해배상채무의 지연손해금의 기산일은 불법행위 성립일이라고 할 것이며(대법원 1975. 5. 27. 선고 74다1393 판결, 1993. 3. 9. 선고 92다48413 판결 참조), 한편 권리를 가진 자에 대하여 손실보상을 할 의무가 있는 사업시행자가 손실보상의무를 이행하지 아니한 채 공유수면매립공사를 시행하였다 하더라도 그로 인한 불법행위는 그 사업착수만으로 바로 성립하지 않고, 그 사업으로 인하여 실질적이고 현실적인 침해가 발생하였을 때에 비로소 성립한다고 할 것이고(대법원 2001. 9. 25. 선고 2000다16893 판결 참조), 구체적으로 그 불법행위 성립일은 공유수면매립권자가 공유수면매립공사에 착수한 때가 아니라 그 공사진척에 따라 그 어업권자들로 하여금 어장을 상실하게 하는 손해가 발생하게 한 때라고 할 것이다(대법원 1999. 9. 17. 선고 98다52858 판결 참조).

원심이 확정한 사실관계에 의하면, 원심 별지 제2 기재 선정자들이 이 사건 개발사업의 시행으로 인하여 어장을 상실하게 된 것은 앞서 본 바와 같이 시화 제2호 방조제의 물막이 공사가 완성된 1994. 1. 24.경이라는 것이므로 피고의 위 선정자들에 대한 손해배상채무의 지연손해금 기산일은 이 사건 개발사업의 시행으로 인한 불법행위 성립일인 1994. 1. 24.로 보아야 할 것이니, 같은 취지에서 원심이 위와 같이 산정한 손해액에 대하여 1994. 1. 24.부터 그 지연손해금의 지급을 명한 조치는 정당한 것으로 수긍할 수 있고, 거기에 상고이유에서 주장하는 바와 같은 지연손해금의 기산시기에 관한 법리오해 등의 위법이 있다 할 수 없다.

다. 상고이유 제3점에 대하여

구 수산업법 제40조 소정의 관행어업권은 원칙적으로 독립세대별로 인정되고 차남 이하 분가자나 외지로부터의 전입자에 대하여는 일정한 기간이 경과되어야 인정되며, 또한 원칙적으로 그러한 어업을 계속할 수 있는 노동능력과 의사를 가진 자로서 20세부터 60세가 될 때까지의 자에 대하여만 인정되고, 가동연한을 넘은 고령자의 경우는 그를 도와 관행어업에 종사할 가동연한 내의 세대원 등이 있는 경우에만 인정된다 할 것이다(대법원 1999. 6. 11. 선고 97다41028 판결, 2001. 4. 10. 선고 99다38705 판결, 2001. 10. 26. 선고 2000다17988 판결 등 참조).

위의 법리 및 기록에 비추어 살펴보면, 원심이, 그와 같은 기준에 따라 선정자들 중 선정자 107, 선정자 140, 선정자 148은 피고가 원심 판시의 방조제공사를 시행할 당시인 1987. 10. 12.을 기준으로 이 사건 어장에 대하여 관행어업권을 가지고 있다고 볼 수 없다고 하여, 이 사건 방조제공사로 인하여 관행어업권이 상실되었음을 이유로 그 손해배상을 구하는 위 선정자들의 청구를 배척한 조치는 정당하고, 거기에 상고이유의 주장과 같은 채증법칙 위배로 인한 사실오인이나 관행어업권의 인정요건에 관한 법리오해 등의 위법이 없다.

그러나 기록에 의하면, 선정자 35에 대하여는, 비록 선정자 35가 1993. 6. 12. 그의 부(부)인 소외 1(1911. 11. 25.생)이 세대주로 있던 경기 화성군 (주소 1 생략)에 전입하기는 하였으나 경기

화성군 (주소 2 생략)에서 관내전입을 하였고(갑 제4호증의 35, 기록 451-452면), △△리 어촌계원으로서 경기 1종 120호, 경기 양식 28호에 대한 면허어업보상비를 수령하기도 하였으며(기록 2410면, 2536면), 소외 1의 며느리로서 가동연한 내의 세대원인 소외 2가 1987. 6. 24.부터 경기 화성군 (주소 1 생략)에 거주하고 있었음을 알 수 있고, 피고도 선정자 35 본인이 사업착수일 이후에 세대분가하여 세대주가 된 사업착수일 기준 비세대주이나 그 세대의 세대원 중에 관행어업권자가 있는 자로서 관행어업권자임을 자인하고 있고(2002. 4. 16. 자 준비서면 2727면, 2728면 및 2003. 3. 19. 원심 제19차 변론기일에서의 피고 대리인의 진술 부분 참조), 선정자 109에 대하여는, 비록 선정자 109가 1919. 3. 15.생으로서 고령이긴 하나 1987. 10. 12. 당시 가동연한 내에 있는 소외 3(1965. 9. 18.생), 소외 4(1962. 4. 10.생)가 선정자 109의 세대원으로 거주하고 있었던 점을 알 수 있으며, 선정자 112에 대하여는, 비록 선정자 112가 1921. 4. 10.생으로서 고령이긴 하나 1987. 10. 12. 당시 가동연한 내에 있는 소외 5(1943. 6. 6.생), 소외 6(1949. 8. 16.생), 소외 7(1962. 5. 12.생)이 선정자 112의 세대원으로 거주하고 있었던 점을 알아볼 수 있음에도 불구하고, 원심이 선정자 35, 선정자 109, 선정자 112는 1987. 10. 12. 당시의 관행어업권자라고 볼 수 없다고 판단한 조치에는 심리를 제대로 하지 아니한 채 채증법칙을 위배하여 사실을 잘못 인정함으로써 판결에 영향을 미친 위법이 있다고 하겠다. 이 부분에 대한 상고이유는 그 이유 있다.

3. 결 론

그러므로 원심판결의 원고(선정당사자) 패소 부분 중 선정자 35, 선정자 109, 선정자 112에 대한 부분을 파기하고, 이 부분 사건을 다시 심리·판단하게 하기 위하여 원심법원으로 환송하고, 원고(선정당사자)의 나머지 상고를 기각하기로 하여 관여 법관의 일치된 의견으로 주문과 같이 판결한다.

대법관   고현철(재판장) 변재승 윤재식(주심) 강신욱

[판례 15] 손해배상(기) (대법원 2004. 12. 23. 선고 2002다73821 판결) (허가어업에 관한 사례)

【판시사항】

[1] 사업시행자가 손실보상의무를 이행하지 아니한 채 공유수면매립공사를 시행함으로써 허가어업권자가 손해를 입은 경우, 손해액의 산정 기준
[2] 허가어업권자에 대한 손실보상절차 없이 공유수면매립공사를 시행한 경우, 불법행위의 성립시기
[3] 어업손실의 조사방법과 그 보상액의 산정 경위, 보상절차, 보상금액 등에 비추어 어민들이 손실보상금을 지급받으면서 사업시행자와 체결한 부제소의 합의가 유효하다고 본 원심의 판단을 수긍한 사례

【판결요지】

[1] 사업시행자가 손실보상의무를 이행하지 아니한 채 공유수면에서 허가어업을 영위하던 어민들에게 피해를 입힐 수 있는 공유수면매립공사를 시행함으로써 어민들이 더 이상 허가어업을 영위하지 못하는 손해를 입게 된 경우에는, 어업허가가 취소 또는 정지되는 등의 처분을 받았을 때 손실을 입

은 자에 대하여 보상의무를 규정하고 있는 수산업법 제81조 제1항을 유추적용하여 그 손해를 배상하여야 할 것이고, 이 경우 그 손해액은 공유수면매립사업의 시행일을 기준으로 삼아 산정하여야 한다.
[2] 손실보상을 할 의무가 있는 사업시행자가 손실보상의무를 이행하지 아니한 채 공유수면에서 허가어업을 영위하던 어민들에게 그 어업을 영위할 수 없는 피해를 입힐 수 있는 공유수면매립공사를 시행하였다 하더라도 그로 인한 불법행위는 그 사업 착수만으로 바로 성립하지 않고, 그 사업으로 인하여 실질적이고 현실적인 침해가 발생하였을 때에 비로소 성립한다고 할 것이고, 구체적으로 그 불법행위 성립일은 공유수면매립권자가 공유수면매립공사에 착수한 때가 아니라 그 공사 진척에 따라 어민들이 더 이상 허가어업을 영위할 수 없게 되어 그 어업허가가 취소된 것과 같은 결과가 발생한 때이다.
[3] 어업손실의 조사방법과 그 보상액의 산정 경위, 보상절차, 보상금액 등에 비추어 어민들이 손실보상금을 지급받으면서 사업시행자와 체결한 부제소의 합의가 유효하다고 본 원심의 판단을 수긍한 사례.

【참조조문】
[1] 민법 제750조, 수산업법 제81조 제1항 [2] 민법 제750조, 수산업법 제81조 제1항 [3] 민사소송법 제248조[소의 제기]

【참조판례】
[1][2] 대법원 2001. 9. 25. 선고 2000다16893 판결(공2001하, 2320)
대법원 2004. 5. 14. 선고 2003다32162 판결(공2004상, 983)
[1] 대법원 2001. 4. 10. 선고 99다38705 판결(공2001상, 1081)
[2] 대법원 1999. 9. 17. 선고 98다52858 판결

【전 문】
【원고(선정당사자), 상고인】 원고(선정당사자) (소송대리인 변호사 정채웅 외 3인)
【피고, 피상고인】 대한민국 (소송대리인 변호사 김학만)
【원심판결】 서울고법 2002. 11. 22. 선고 2002나13784 판결
【주 문】
상고를 기각한다. 상고비용은 원고(선정당사자)가 부담한다.
【이 유】

1. 손실보상금이 원고 등에게 불리한지 여부에 대하여
  가. 원심의 판단
    원심판결 이유에 의하면, 원심은 채용 증거들에 의하여, 새만금간척종합개발사업(이하 '새만금사업'이라고만 한다)의 시행자인 피고는, 1991. 9. 26.경 새만금사업의 시행에 따른 보상문제를 협의하기 위하여 피해가 예상되는 지역의 어촌계 계장, 어민대표, 대학교수 등 47명으로 구성된 전라북도어업대책협의회를 개최하여 그 보상 범위 및 보상액, 보상 방법 등에 관하여 협의한 결과, 이 사건 매립공사로 인한 어업피해 및 보상평가 작업을 전문기관인 군산대학교 해양개발연구소(이하 '연구소'라고만 한다)에 의뢰하여 그 결과에 따라 보상금을 지급하기로 하였고, 이에 따라 위 연구소는 1994. 8. 14.경까지 사이에 어업피해 조사용역을 실시한 후 당시 시행중이던 수산업법시행령 제62조 등 관계 법령에서 정하고 있는 손실보상 규정에 준하여 그 사업구역 내에서

허가어업에 종사하고 있던 원고 및 선정자들(이하 '원고 등'이라고 한다)을 포함한 피해 어민들의 보상액을 산정하여 평가와 보완작업을 거쳐 1995. 7. 24. 최종 용역 결과에 대하여 피고로부터 승인을 받았으며, 원고 등은 1995. 10.경과 1996. 8.경 2회에 걸쳐 위와 같이 확정된 보상금을 수령한 사실을 인정한 다음, 위 연구소는 해양생물학에 관한 전문지식을 갖춘 기관으로서, 피고가 일방적으로 선정한 것이 아니라 피해 어민들이 포함된 어업대책협의회에서의 협의 결과에 따라 감정기관으로 선정되어 위 평가업무를 수행하였을 뿐만 아니라, 관계 법령에 따라 객관적이고 합리적인 방법으로 원고 등에 대한 보상금을 산정한 것으로 보이고, 한편 이 사건 매립공사로 인하여 원고 등이 지급받아야 할 손실보상금이 기지급 보상금의 액수를 현저히 초과한다는 점을 인정할 만한 자료를 찾아볼 수 없으며, 원고 등은 정당한 손실보상금보다 오히려 많은 금액의 보상금을 지급받은 것으로 보인다고 판단하였다.

나. 손실보상액 산정의 기준시점

(1) 사업시행자가 손실보상의무를 이행하지 아니한 채 공유수면에서 허가어업을 영위하던 어민들에게 피해를 입힐 수 있는 공유수면매립공사를 시행함으로써 어민들이 더 이상 허가어업을 영위하지 못하는 손해를 입게 된 경우에는, 어업허가가 취소 또는 정지되는 등의 처분을 받았을 때 손실을 입은 자에 대하여 보상의무를 규정하고 있는 수산업법 제81조 제1항을 유추적용하여 그 손해를 배상하여야 할 것이고, 이 경우 그 손해액은 공유수면매립사업의 시행일을 기준으로 삼아 산정하여야 할 것이다(대법원 2004. 5. 14. 선고 2003다32162 판결 참조).

(2) 기록에 의하면, 위 연구소는 이 사건 어업수익상실에 따른 손실보상금을 산정함에 있어서 그 어획량은 새만금사업에 따른 매립공사(이하 '이 사건 공사'라 한다)가 착공된 1991년을 기준으로 조사하였으나, 어획물의 연평균단가나 어업비용의 단가는 1994년을 기준으로 조사·적용하여 연평균수익을 산정하였고, 이 사건 손실보상금 중 어선 등 시설물의 잔존가액의 손실보상금을 평가한 감정평가법인들 역시 1994년을 기준으로 하여 그 가액을 산정한 사실을 알 수 있는바, 이와 같이 위 연구소나 감정평가법인들이 손실보상금 산정의 가격 기준시점을 뒤로 늦추게 되면 손실보상금 산정의 기준시점에 관한 위 법리에 어긋나는 점이 있고, 인건비 등 어업비용의 증가나 감가상각율 증가에 따른 어선잔존가액의 하락 등으로 인하여 손실보상금이 낮게 산정될 요소로 작용하는 면도 있기는 하지만, 한편 어획물의 판매단가의 상승에 따른 생산액의 증가와 어선의 건조단가의 상승에 따른 어선잔존가액의 상승가능성 등 손실보상금이 높게 산정될 요소로 작용할 수도 있다 할 것이어서, 과연 그와 같이 손실보상금 산정의 가격 기준시점을 늦춘 것이 원고 등에게 불리한지 여부는 구체적으로 각 시점의 가격을 적용하여 비교해 보아야 할 것이다.

(3) 기록에 의하면, ① 위 연구소가 가격시점을 1991년이 아닌 1994년으로 하여 보상금을 산출한 것은 1991년을 기준으로 평년수익액을 계산하면 보상액이 적어져서 민원이 예상되므로 피고의 지시에 의하여 보상액평가완료시점인 1994년을 기준으로 평년수익액을 산출한 사실을 알 수 있고, ② 원고들이 어업활동의 근거지로 삼고 있는 옥구지역까지 조사대상에 포함시켜 1992년의 어획물단가나 어업비용단가를 조사한 군장국가공단 군산지구 조성공사에 따른 어업보상에 대한 조사연구서(이하 '군장국가공단 조사연구서'라 한다)에 기재된 어획물의 연평균단가, 각 어업비용의 단가, 1991년도의 보통선원의 노임단가를 새만금사업 어업피해 보상 조사연구서(이하 '새만금사업 조사연구서'라 한다)에 기재된 물량에 적용하여 1991년도에 가까운 시점을 기준으로 한 어업수익손실보상금을 산정하면 새만금사업 조사연구서의 어업수익손실보상금(1994년도를 가격시점으로 산정한 보상금)보다 적게 되는 사실{위 계산방법은 인건비(인

건비에 따라 비율적으로 계산되는 주부식비도 포함)를 제외하면 1992년도를 가격기준시점으로 한 것으로, 첫째 인건비(주부식비 포함)도 1992년도의 가격기준으로 바꾸어 계산한다면 1992년도 가격기준 손실보상금은 위에서 계산되는 것보다 더 적어질 것이라는 점, 둘째 1992년도 가격기준에 의한 손실보상금이 1994년도 가격기준에 의한 손실보상금보다 적게 되므로 1991년도 가격기준에 의한 손실보상금은, 1992년도에 어업비용의 단가만 폭등하고 어획물의 판매단가는 상승하지 않거나 극히 적게 상승한다는 등의 특별한 사정이 없는 한, 1992년도 가격기준에 의한 손실보상금보다 더 적을 것인 점 등에 비추어 볼 때, 결국 1991년도 가격기준에 의한 손실보상금은 위의 계산방법에 의한 것보다 더 적게 된다는 것을 알 수 있다. 한편, 다른 조사연구서가 아닌 위 군장국가공단 조사연구서에 기재된 가격단가를 이용하여 1992년도 가격기준의 손실보상금을 산정하여 비교하는 이유는 다른 조사연구서에는 원고 등이 어업활동의 근거지로 삼고 있는 옥구지역의 어획물 단가가 조사되지 않았고, 지역이 다르면 같은 종류의 어업이라도 잡히는 어종이 달라서 어업별 어획물의 단가에 차이가 많이 나기 때문이다.}, ③ 중앙재해대책본부에서 발표한 어선가격과 감가상각기준율(기록 2271쪽)을 적용하여 산정할 수 있는 1991년과 1994년 양 시점의 어선잔존가액의 차액을 계산한 후 위 ②항의 어업수익손실보상금 차액과 비교하면 결국 1991년을 기준으로 한 손실보상금보다 원고 등이 지급받은 손실보상금이 더 많은 것으로 계산되는 사실을 알 수 있는바, 이와 같은 사정들에 비추어 살펴보면 원심이 이 사건 매립공사로 인하여 원고 등이 지급받아야 할 손실보상금이 기지급 보상금의 액수를 현저히 초과한다는 점을 인정할 만한 자료를 찾아볼 수 없고 오히려 원고 등이 정당한 손실보상금보다 많은 금액의 보상금을 지급받은 것으로 보인다고 판단한 것은 정당한 것으로 수긍이 간다.

(4) 이 부분 상고이유의 주장들은 원고 등이 지급받은 보상금이 정당한 보상금보다 많다고 계산한 제1심의 계산방법상의 오류를 탓하면서 이를 원용한 원심의 사실인정이 잘못되었다고 주장하는 것인바, 기록에 비추어 살펴보면, 원심이 들고 있는 제1심판결의 계산방법에는 1994년도의 어업경비 항목에서 선체 및 기관의 감가상각비를 누락하는 등 일부 오류가 있다고 보이기는 하지만, 일부 오류가 있는 제1심의 계산방법에 따르지 않고 제대로 계산하더라도 위에서 본 바와 같이 원고 등이 1991년도를 가격기준으로 하여 산정되는 손실보상금보다 많은 손실보상금을 지급받은 사실이 인정되므로, 원심이 위와 같이 제1심판결을 원용한 것은 결국 판결결과에는 영향을 미치지 아니하였다 할 것이므로, 결국 이 부분 상고이유의 주장들은 모두 그 이유 없다.

다. 어업경비 항목

허가어업 종사자들 자신의 노임 평가액이나 그들의 주부식비, 어선의 감가상각비는 모두 구 수산업법시행령(1993. 6. 19. 대통령령 13910호로 개정되기 전의 것) 제62조 제2항 소정의 어업경영에 필요한 경비에 해당된다 할 것이고, 한편 어민들이 그 어획물 전부를 위탁판매하지 않는다고 하더라도 그 어획물의 판매비용은 어업경영에 필수적인 것으로서 구 수산자원보호령(1996. 12. 31. 대통령령 제15242호로 개정되기 전의 것)에 의하면 당시 어획물은 반드시 위탁판매를 하도록 되어 있던 점을 감안하여 위 연구소가 위탁판매수수료를 판매비용으로서 어업경비에 포함시킨 것으로 보이는바, 원심이 위 연구소가 원고 등의 자가노임이나 그들의 주부식비, 감가상각비, 위탁판매수수료를 어업경비로 평가하여 손실보상금을 산정한 것이 관계 법령에 따른 적법한 것이라고 판단한 것은 정당하다고 할 것이고 거기에 상고이유에서 주장하는 바와 같이 위 어업경비들에 관한 법리 등을 오해한 위법이 있다고 할 수 없다.

2. 지연손해금에 대하여

손실보상을 할 의무가 있는 사업시행자가 손실보상의무를 이행하지 아니한 채 공유수면에서 허가어업을 영위하던 어민들에게 그 어업을 영위할 수 없는 피해를 입힐 수 있는 공유수면매립공사를 시행하였다 하더라도 그로 인한 불법행위는 그 사업 착수만으로 바로 성립하지 않고, 그 사업으로 인하여 실질적이고 현실적인 침해가 발생하였을 때에 비로소 성립한다고 할 것이고, 구체적으로 그 불법행위 성립일은 공유수면매립권자가 공유수면매립공사에 착수한 때가 아니라 그 공사 진척에 따라 어민들이 더 이상 허가어업을 영위할 수 없게 되어 그 어업허가가 취소된 것과 같은 결과가 발생한 때라고 할 것인바(대법원 2004. 5. 14. 선고 2003다32162 판결 참조), 기록에 의하면, 원고 등에게 손실보상금을 지급함이 없이 1991. 11. 28. 이 사건 매립공사가 시작되긴 하였지만 원고 등이 피고와 이 사건 손실보상계약을 체결하던 1995. 10.경까지는 총 33km의 방조제 중 12km의 방조제만 완성되었고 원고 등이 조업하던 어장에는 그 때까지 방조제가 건설되지 아니한 사실을 알 수 있는바(기록 1950쪽 내지 1952쪽), 그렇다면 원고 등이 이 사건 손실보상계약을 체결할 당시까지는 불법행위가 구체적으로 성립하였다고 할 수 없어서, 그 때까지는 피고가 원고 등에게 지연손해금을 지급할 의무가 발생하였다고 할 수도 없다.

그리고 이미 살핀 바와 같이 원고 등이 1991년도를 가격기준으로 하여 산정되는 손실보상금보다 더 많은 금액의 손실보상금을 지급받았고, 또 원고 등이 이 사건 손실보상계약을 체결할 당시까지는 어업허가가 취소되는 것과 같은 현실적인 피해를 입은 것이 아닌 이상, 원고 등이 그 손실보상금을 지급받으면서 공사착수시부터 그 때까지의 지연손해금을 받지 아니하고 부제소합의를 하였다 하여도 그것이 위 부제소합의의 효력을 부인할 수 있을 만큼 원고 등에게 부당하게 불리한 것이라고 할 수도 없다.

따라서 이 부분 원고의 주장도 받아들이기 어렵다.

3. 부제소합의에 대하여

원심판결 이유에 의하면, 원심은 채용 증거들에 의하여, 앞서 본 바와 같은 경위로 위 연구소가 원고 등 피해 어민들의 보상액을 산정한 사실, 피고는 위 보상금을 지급하기에 앞서 1995. 8. 23.경 이 사건 매립공사의 시행으로 인한 어업보상의 대상과 손실보상액의 총액 및 개인별 어업보상액 등 보상계획이 확정되었음을 공고하면서, 개인별 보상액은 개별 통보와 아울러 사업소에서 열람할 수 있고, 이의가 있는 사람은 공고일로부터 14일 이내에 이의를 신청할 수 있다는 취지의 공고를 하는 한편, 원고 등에게 개별적으로 확정된 보상액 등이 기재된 손실보상협의요청서를 송부하여 1995. 9. 15.부터 같은 해 10. 31.까지 사이에 피고로부터 손실보상 업무를 위임받은 전라북도새만금간척사업지원사업소(이하 '사업소'라고만 한다)에서 손실보상계약을 체결하도록 통지한 사실, 이에 따라 원고 등은 사업소에 비치되어 있는 보상관련 서류들을 열람한 후, 피고가 산정한 보상금을 이의 없이 수령하고 향후 보상과 관련하여 일체의 이의신청이나 소의 제기 등을 하지 않겠다는 취지의 어업손실보상협의서, 계약서 및 각서를 작성·교부한 후 사업소로부터 위 각 보상금을 수령한 사실을 인정한 다음, 원고 등이 피고로부터 위 각 보상금을 수령하면서 향후 보상과 관련하여 일체의 이의신청이나 소의 제기 등을 하지 않기로 한 약정(이하 '이 사건 합의'라고 한다)은 피고가 산정한 보상금 액수를 정당한 것으로 인정하여 수령하고 이로써 이 사건 매립공사와 관련한 손실보상 문제를 마무리짓겠다는 취지로서, 이에 따라 원·피고 사이에는 부제소합의가 이루어졌다고 봄이 상당한데, 앞서 본 바와 같이 위 연구소는 관계 법령에 따라 객관적이고 합리적인 방법으로 원고 등에 대한 보상금을 산정한 것으로 보이고, 한편 이 사건 매립공사로 인하여 원고 등이 지급받아야 할 손실보상금이 기지급 보상금의 액수를 현저히 초과한다는 점을 인정할 만한 자료를 찾아볼 수 없고 원고

등은 정당한 손실보상금보다 오히려 많은 금액의 보상금을 지급받은 것으로 보인다고 하여, 이 사건 부제소합의가 부당하게 고객인 원고 등에게 불리하므로 약관의규제에관한법률에 의하여 무효라는 원고의 주장을 배척하는 취지의 판단을 하였는바, 기록에 비추어 살펴보면, 원심의 위와 같은 사실인정과 판단은 옳다고 수긍이 가고 거기에 상고이유에서 주장하는 바와 같이 약관의규제에관한법률이나 처분문서의 해석, 부제소합의의 효력에 관한 법리를 오해하거나 이 사건 계약체결과정에 대한 사실오인 등의 위법이 있다고 할 수 없다.

또한, 원고는 원고 등이 일응 손실보상금이 정당하다고 판단하여 아무런 이의도 유보하지 않고서 그 손실보상금을 지급받으면서 이 사건 손실보상금에 관하여 부제소합의를 한 후에 뒤늦게 그와 같이 지급받은 손실보상금이 지급받아야 할 정당한 손실보상금보다 적어서 위 부제소합의가 원고 등에게 부당하게 불리하므로 무효라고 주장하면서 그 보상금 차액을 구하는 이 사건 소송을 제기한 것이므로, 위 부제소합의가 무효라고 주장하는 원인사유, 즉 지급받은 보상금이 정당한 손실보상금보다 적어서 부당하게 불리하다는 점은 그 주장자가 입증하여야 할 것이어서, 원심이, 원고 등이 지급받아야 할 정당한 손실보상금보다 적은 손실보상금을 지급받았다는 사실을 인정할 증거가 없다고 하여 원고의 위 부제소합의 무효의 주장을 배척한 것은 정당하고, 거기에 상고이유에서 주장하는 바와 같이 입증책임에 관한 법리를 오해하여 판결에 영향을 미친 위법이 있다고 할 수 없다.

4. 그러므로 상고를 기각하고, 상고비용은 패소자가 부담하도록 하여 관여 법관의 일치된 의견으로 주문과 같이 판결한다.

대법관 이규홍(재판장) 윤재식(주심) 이용우 김영란

2. 구체적인 산정방법

☞ **수산업법 시행령**

제62조 (유어장의 지정 등) ① 어촌계, 영어조합법인 또는 지구별수협은 어업인의 공동이익을 증진하기 위하여 그 어촌계, 영어조합법인 또는 지구별수협이 면허받은 어업과 허가받은 어업 중 대통령령으로 정하는 어업에 지장이 없는 범위에서 그 수역의 일정 구역에 대하여 시장·군수·구청장으로부터 유어장(遊漁場)(체험학습이나 낚시 등 관광용 어장을 말한다. 이하 같다)을 지정받아 운영할 수 있다.

② 지정된 유어장의 유효기간은 그 유어장에 속하는 면허어업 또는 허가어업의 유효기간 만료일까지로 한다. 이 경우 유어장으로 지정된 수면에 둘 이상의 면허어업 또는 허가어업이 있는 때에는 그 면허어업 또는 허가어업 중 유효기간의 만료일이 먼저 도래하는 어업의 유효기간까지로 한다.

③ 어촌계, 영어조합법인 또는 지구별수협이 제1항에 따라 유어장의 지정을 신청하는 때에는 해양수산부령으로 정하는 바에 따라 유어(遊漁)의 방법, 이용료, 이용자 준수사항, 그 밖에 유어장의 관리와 운영에 관한 사항을 정하여 그 신청서에 첨부하여야 한다.

> ④ 시장·군수·구청장은 제1항에 따른 지정을 받기 위한 신청이 있는 때에는 다음 각 호의 어느 하나에 해당하는 경우를 제외하고는 유어장으로 지정을 하여야 한다.
>   1. 제3항에 따른 유어의 방법, 이용료, 이용자 준수사항, 그 밖에 유어장의 관리와 운영에 관한 사항이 적정하지 아니하다고 인정되는 경우
>   2. 유어장의 면적기준 및 시설기준 등 해양수산부령으로 정하는 지정기준에 적합하지 아니한 경우
>   3. 그 밖에 이 법 또는 다른 법령에 따른 제한에 위반되는 경우
> ⑤ 유어장의 지정, 유어장에서의 수산자원의 조성, 포획·채취 대상 수산동식물의 종류, 포획·채취의 방법, 유어장의 관리규정, 관리선의 운영, 유어장의 시설기준, 유어장 이용자의 출입, 유어장에서의 안전사고예방 및 환경오염방지 등 관리·운영에 필요한 사항은 해양수산부령으로 정한다. 이 경우 유어장에서의 수산동식물의 포획·채취는 제7조·제40조·제43조 및 제48조에 따른 어업 외의 방법으로 정할 수 있다.
> ⑥ 시장·군수·구청장은 유어장이 제5항에 따라 관리·운영되지 아니하는 때에는 해양수산부령으로 정하는 바에 따라 시정명령을 하거나 그 지정을 취소할 수 있다.

가. 면허어업

(1) 어업권이 취소되었거나 어업권의 유효기간의 연장이 허가되지 아니한 경우

평년수익액(평균연간어획량을 평균연간판매단가로 환산한 금액에서 평년어업 경비를 공제한 금액) ÷ 연리(12%) + 어선·어구 또는 시설물의 잔존가액

(2) 어업권이 정지된 경우

평년수익액 × 정지기간 + 시설물 등 또는 양식물의 이전·수거 등에 소요되는 손실액 + 어업의 정지기간 중에 발생하는 통상의 고정적 경비. 다만, 가목의 규정에 의한 보상액을 초과할 수 없다.

(3) 어업권이 제한된 경우

평년수익액과 제한기간이나 제한정도 등을 참작하여 산출한 손실액. 다만, 가목의 규정에 의한 보상액을 초과할 수 없다.

나. 허가 및 신고어업

(1) 허가 또는 신고어업이 취소된 경우

평년수익액의 3년분 + 어선·어구 또는 시설물의 잔존가액

(2) 허가 및 신고어업이 정지된 경우(어선의 계류를 포함한다)

평년수익액 × 정지기간 또는 어선의 계류기간 + 어업의 정지기간 또는 어선의 계류기간 중에 발생하는 통상의 고정적 경비. 다만, 가목의 규정에 의한 보상액을 초과할 수 없다.

(3) 허가 또는 신고어업이 제한되는 경우

어업의 제한기간·제한정도 등을 참작하여 산출한 손실액. 다만, 가목의 규정에 의한 보상액을 초과할 수 없다.

[판례 16] 손해배상(기) (대법원 2001. 9. 25. 선고 2000다16893 판결)

【판시사항】
[1] 구 수산업법 제40조 제1항 소정의 관행어업권의 상실로 인한 손해액의 산정 방법
[2] 공유수면매립사업의 시행에 따른 관행어업권의 상실로 인한 손해액의 산정시점 및 구 수산업법시행령(1991. 2. 18. 대통령령 제13308호로 개정된 것) 시행 이전에 발생한 불법행위로 인하여 관행어업권이 침해된 경우 그 손해액 산정에 유추 적용할 법령
[3] 관행어업권자에게 이미 지급한 주거대책비 상당 보상금을 공제하고 손해액을 산정한 것은 정당하다고 한 사례
[4] 매립지 인근구역의 관행어업자에 대하여도 공유수면매립사업으로 인한 피해를 보상하도록 한 구 공유수면매립법(1986. 12. 31. 법률 제3901호로 개정된 것) 제5조 제1항의 개정 규정이 이에 관한 시행령 규정이 시행되기 전이라도 적용되는지 여부(적극)
[5] 구 공유수면매립법에 의한 손실보상의 대상이 되는 관행어업권은 공동어업권이 설정된 어장에 대한 관행어업권에 한정되는지 여부(소극)
[6] 공유수면매립사업의 시행에 따른 관행어업권의 상실로 인한 손해배상청구권의 소멸시효 기산점
[7] 관행어업권을 행사하는 세대의 세대원수 등에 따라 일정 비율로 할증하거나 감하여 그 세대의 연간조업일수 및 손해액을 산정한 원심을 긍정한 사례
[8] 관행어업권을 행사하는 세대의 세대원수에 따라 일정 비율로 할증하거나 감하여 그 세대의 연간조업일수를 산정하는 경우 그 세대원이 모두 가동연한 범위 내에 있어야 하는지 여부(소극)

【판결요지】
[1] 구 수산업법(1990. 8. 1. 법률 제4252호로 전문 개정되기 전의 것) 제40조 제1항 소정의 관행어업권의 상실에 대한 배상액의 산정에 있어서 법 제8조, 제24조에 의한 공동어업 등의 면허어업권이 취소되는 경우에 대한 보상 방식을 유추 적용할 수는 없고, 위 관행어업과 형태가 유사한 법 제22조 소정의 신고어업의 보상에 관한 규정을 유추 적용함이 상당하다.
[2] 사업시행자가 손실보상의무를 이행하지 아니한 채 공유수면매립공사를 시행함으로써 관행어업권을

상실하게 한 경우 관행어업권자가 입은 손해는 그 손실보상금 상당액이므로 그 손해액은 손실보상금이 지급되었어야 할 시점인 공유수면매립사업의 시행일을 기준으로 삼아 산정하여야 하며, 위 기준일이 수산업법이 정한 처분에 의하여 손실을 입은 신고어업자의 손실보상액 산정기준에 관한 규정을 신설한 구 수산업법시행령(1991. 2. 18. 대통령령 제13308호로 개정된 것)의 시행일인 1991. 2. 18. 이후인 경우에는 위 시행령 제62조 제1항 제2호를 유추적용하여 평년수익액 3년분을 기준금액으로 하여 그 배상액을 산정하여야 하나, 위 시행령이 시행되기 이전인 경우에는 위 시행령 보다 앞서 공공사업의 시행으로 인하여 폐업 또는 휴업하게 된 신고어업자의 손실액 산정기준에 관하여 규정한 구 공공용지의취득및손실보상에관한특례법시행규칙(1988. 4. 25. 건설부령 제435호로 개정되어 1991. 10. 28. 건설부령 제493호로 개정되기 전의 것) 제25조의2 제1항을 유추 적용하여 2년분의 순소득액을 그 손해액으로 산정하여야 한다.

[3] 관행어업권자에게 이미 지급한 주거대책비 상당 보상금을 공제하고 손해액을 산정한 것은 정당하다고 한 사례.

[4] '매립으로 인한 피해가 예상되는 인근의 구역' 안의 권리자가 있는 경우에도 일정한 요건 아래에서만 그 공유수면에 대한 매립면허를 할 수 있도록 한 구 공유수면매립법(1986. 12. 31. 법률 제3901호로 개정된 것) 제5조 제1항의 개정 취지는, 공유수면 매립으로 인한 피해는 사업시행으로 인하여 매립되는 공유수면 뿐만 아니라 그 인근 구역으로서 사업시행 후 여전히 공유수면으로 남게 되는 구역에 대하여도 발생할 수 있고, 그 인근 구역의 피해자도 사업시행으로 인한 특별한 희생자로서 보호되지 않으면 안될 것인 점에 비추어 그들에 대하여도 공유수면매립법의 절차적·실체적 보호규정이 적용됨을 분명히 하고자 하는 것인 점, 그리고 위 법 제5조 제1항의 개정 규정 자체에서 '매립으로 인한 피해가 예상되는 인근의 구역'이라고 함으로써 그 적용 대상이 되는 인근의 구역을 일정한 범위로 제한하고 있을 뿐만 아니라 구 공유수면매립법시행령(1987. 10. 13. 대통령령 제12257호로 개정되어 같은 날 시행된 것) 제8조의3은 인근의 구역을 지리적인 위치 또는 특성과 같은 특정한 표준에 의하여 구체적으로 규정하는 것이 아니고 피해가 예상되는 전형적인 경우를 들어 규정하고 있는 것(위 시행령 규정은 "권리를 가진 자가 있는 공유수면에 대하여 매립면허를 받은 자는 대통령령의 정하는 바에 의하여 그 권리를 가진 자에게 끼친 손실을 보상하거나 그 손실을 방지하는 시설을 하여야 한다."고 규정한 같은 법 제16조 제1항의 규정과 실질적으로 같은 내용이다.)으로 위 법 제5조 제1항의 인근의 구역에 대한 당연한 해석에 불과한 점 등에 비추어 본다면, 위 법 제5조 제1항의 개정 규정은 이에 관한 시행령 규정이 신설되기 전이라도 바로 매립으로 인하여 피해가 발생할 것으로 예상되는 인근 구역의 권리자에 대하여 적용된다고 해석함이 상당하다 할 것이고, 또한 비록 위 시행령(1987. 10. 13. 대통령령 제12257호로 개정되어 같은 날 시행된 것) 부칙 제2조가 그 시행 전에 이미 매립면허를 받은 자에 대하여는 종전의 규정에 의한다고 규정하고 있다고 하더라도, 이는 위 시행령의 적용에 관하여만 효력이 있을 뿐이고, 그 모법인 위 공유수면매립법 규정까지 그 적용대상으로 하는 것이라고 할 수는 없다.

[5] 구 수산업법(1990. 8. 1. 법률 제4252호로 전문 개정되기 전의 것) 제40조 소정의 '입어의 관행에 따른 권리'(관행어업권)란, 일정한 공유수면에 대한 공동어업권 설정 이전부터 어업의 면허 없이 그 공유수면에서 오랫동안 계속 수산동식물을 포획 또는 채취하여 옴으로써 그것이 대다수 사람들에게 일반적으로 시인될 정도에 이른 것을 말하고, 이는 공동어업권자에 대하여 주장하고 행사할 수 있을 뿐만 아니라 이를 다투는 제3자에 대하여도 그 배제를 청구하거나 그에 따른 손해배상을 청구할 수 있는 권리이며, 당해 공유수면에 공동어업권이 설정되어 있는지 여부를 불문하고 인정될 수 있는 것이지, 공동어업권이 설정된 후에 비로소 그 공동어업권에 대한 제한물권적 권리로서

만 발생하는 권리라고는 할 수 없고, 이는 구 공유수면매립법(1986. 12. 31. 법률 제3901호로 개정된 것) 제16조에 의한 손실보상을 받을 수 있는 권리자로서의 관행어업권자를 인정하는 경우에도 마찬가지로서, 공동어업권이 설정된 어장의 관행어업권자에 대하여만 구 공유수면매립법 제16조 등의 보상 관련 규정이 적용된다고 볼 수 없다.

[6] 민법 제766조 제1항에서 말하는 '손해'란 위법한 행위로 인한 손해 발생의 사실을, '손해를 안 날'이란 불법행위의 요건 사실에 대한 인식으로서 위법한 가해행위의 존재, 가해행위와 손해의 발생과 사이에 상당인과관계 등이 있다는 사실까지 피해자가 알았을 때를 각 의미하고, 권리를 가진 자에 대하여 손실보상을 할 의무가 있는 사업시행자가 손실보상의무를 이행하지 아니한 채 공유수면매립공사를 시행하였다 하더라도 그로 인한 불법행위는 그 사업착수만으로 바로 성립하지 않고, 그 사업으로 인하여 실질적이고 현실적인 침해가 발생하였을 때에 비로소 성립한다고 할 것이므로, 공유수면매립으로 인하여 어업에 관한 권리가 소멸되었음을 이유로 한 손해배상청구권에 관한 민법 제766조 제1항의 소멸시효는 피해자가 장차 그러한 피해가 예상되는 매립사업이 사전보상 없이 착수되었음을 알았다고 하여 바로 진행한다고 할 수 없고, 사업의 진행에 따라 그 권리가 소멸되었다고 인정될 수 있는 시점 이후 이러한 사실을 인식하였을 때부터 비로소 진행한다고 볼 것이다.

[7] 관행어업권을 행사하는 세대의 세대원수에 따라 일정 비율로 할증하거나 감하여 그 세대의 연간조업일수 및 손해액을 산정한 원심을 긍정한 사례.

[8] 구 수산업법(1990. 8. 1. 법률 제4252호로 전문 개정되기 전의 것) 제40조 소정의 관행어업권은 원칙적으로 그러한 어업을 계속할 수 있는 노동능력과 의사를 가진 자로서 20세부터 60세가 될 때까지의 자에 대하여만 인정되지만, 이러한 관행어업권은 독립세대별로 인정되는 것으로서 관행어업권이 인정되는 세대의 생산량을 인정하기 위한 한 요소로서의 그 세대의 연간 조업일수를 산정하는 데 포함할 세대원에 대하여는 위 관행어업권 인정의 경우와 달리 반드시 모든 조업원이 위 가동연한 범위 내에 있어야 한다고 볼 수 없고, 각 관행어업세대의 총 세대원수와 면허어업 또는 그 밖의 다른 업무에 종사하는 사정 등 관행어업 조업일수에 영향을 미칠 수 있는 여러 사정을 고려하여 합리적인 차등을 두는 경우에는 위 가동연한 범위 밖에 있는 세대원이라도 세대의 관행어업에 일정한 조력을 할 수 있다면 그 조업일수 산정에 포함될 수 있다고 봄이 상당하다.

【참조조문】

[1] 구 수산업법(1990. 8. 1. 법률 제4252호로 전문 개정되기 전의 것) 제22조, 제40조 제1항 [2] 구 공공용지의취득및손실보상에관한특례법시행규칙(1991. 10. 28. 건설부령 제493호로 개정되기 전의 것) 제25조의2 제1항, 구 수산업법(1990. 8. 1. 법률 제4252호로 전문 개정되기 전의 것) 제22조, 제40조 제1항, 구 수산업법시행령(1991. 2. 18. 대통령령 제13308호로 개정된) 제62조 제1항 제2호 [3] 민법 제393조, 제750조, 구 수산업법(1990. 8. 1. 법률 제4252호로 전문 개정되기 전의 것) 제40조 제1항 [4] 구 공유수면매립법(1986. 12. 31. 법률 제3901호로 개정된 것) 제5조 제1항, 제16조, 구 공유수면매립법시행령(1987. 10. 13. 대통령령 제12257호로 개정된 것) 제8조의3, 부칙 제2조 [5] 구 공유수면매립법(1986. 12. 31. 법률 제3901호로 개정된 것) 제16조, 구 수산업법(1990. 8. 1. 법률 제4252호로 전문 개정되기 전의 것) 제40조 [6] 민법 제766조 제1항 [7] 민법 제393조, 제750조, 구 수산업법(1990. 8. 1. 법률 제4252호로 전문 개정되기 전의 것) 제40조 제1항 [8] 구 수산업법(1990. 8. 1. 법률 제4252호로 전문 개정되기 전의 것) 제40조 제1항

【참조판례】

[1] 대법원 1998. 4. 14. 선고 95다15032, 15049 판결(공1998상, 1310)
   대법원 1999. 6. 11. 선고 97다41028 판결(공1999하, 1342)
   대법원 2001. 3. 13. 선고 99다57942 판결(공2001상, 865)
   대법원 2001. 9. 4. 선고 2000다3170 판결(공2001하, 2156)
[2] 대법원 1998. 4. 14. 선고 95다15032, 15049 판결(공1998상, 1310)
   대법원 1999. 6. 11. 선고 97다41028 판결(공1999하, 1342)
   대법원 1999. 11. 23. 선고 98다11529 판결(공2000상, 1)
   대법원 2001. 4. 10. 선고 99다38705 판결(공2001상, 1081)
[5] 대법원 1989. 7. 11. 선고 88다카14250 판결(1989하, 1215)
   대법원 1999. 6. 11. 선고 97다41028 판결(공1999하, 1342)
   대법원 1999. 9. 3. 선고 98다8790 판결(공1999하, 2005)
   대법원 2001. 3. 13. 선고 99다57942 판결(공2001상, 865)
[6] 대법원 1997. 12. 26. 선고 97다28780 판결(공1998상, 408)
   대법원 1999. 9. 17. 선고 98다52858 판결(공보불게재)
   대법원 1999. 11. 23. 선고 98다11529 판결(공2000상, 1)
[8] 대법원 1998. 7. 24. 선고 97다22935 판결(공보불게재)
   대법원 1999. 6. 11. 선고 97다41028 판결(공1999하, 1342)
   대법원 2001. 9. 4. 선고 2000다3170 판결(공2001하, 2156)

【전 문】
【원고(선정당사자), 피상고인 겸 상고인】 원고(선정당사자) 1 외 34인 (소송대리인 변호사 이홍길)
【피고, 상고인 겸 피상고인】 한국수자원공사 (소송대리인 변호사 고석윤)
【원심판결】 서울고법 2000. 2. 15. 선고 99나9686 판결

【주 문】
상고를 모두 기각한다.
상고비용은 각자의 부담으로 한다.

【이 유】
1. 원고(선정당사자, 이하 '원고'라고 한다)의 상고이유에 대한 판단
   가. 기지급 보상액 공제에 관한 부분을 제외한 나머지 점에 대하여
      구 수산업법(1990. 8. 1. 법률 제4252호로 전문 개정되기 전의 것, 이하 '법'이라 한다) 제40조 제1항 소정 관행어업권의 상실에 대한 배상액의 산정에 있어서 법 제8조, 제24조에 의한 공동어업 등의 면허어업권이 취소되는 경우에 대한 보상 방식을 유추 적용할 수는 없고, 위 관행어업과 형태가 유사한 법 제22조 소정의 신고어업의 보상에 관한 규정을 유추 적용함이 상당하다고 함은 대법원이 이미 여러 번에 걸쳐 선언한 법리이고(대법원 2001. 3. 13. 선고 99다57942 판결 등 참조), 사업시행자가 손실보상의무를 이행하지 아니한 채 공유수면매립공사를 시행함으로써 관행어업권을 상실하게 한 경우 관행어업권자가 입은 손해는 그 손실보상금 상당액이므로 그 손해액은 손실보상금이 지급되었어야 할 시점인 공유수면매립사업의 시행일을 기준으로 삼아 산정하여야 하며(대법원 2001. 4. 10. 선고 99다38705 판결 참조), 위 기준일이 수산업법이 정한 처분에 의하여 손실을 입은 신고어업자의 손실보상액 산정기준에 관한 규정을 신설한 구 수산업법

시행령(1991. 2. 18. 대통령령 제13308호로 개정된 것)의 시행일인 1991. 2. 18. 이후인 경우에는 위 시행령 제62조 제1항 제2호를 유추 적용하여 평년수익액 3년분을 기준금액으로 하여 그 배상액을 산정하여야 하나, 위 시행령이 시행되기 이전인 경우에는 위 시행령보다 앞서 공공사업의 시행으로 인하여 폐업 또는 휴업하게 된 신고어업자의 손실액 산정기준에 관하여 규정한 구 공공용지의취득및손실보상에관한특례법시행규칙(1988. 4. 25. 건설부령 제435호로 개정되어 1991. 10. 28. 건설부령 제493호로 개정되기 전의 것, 이하 '구 공특법시행규칙'이라고 한다) 제25조의2 제1항을 유추 적용하여 2년의 순소득액을 그 손해액으로 산정하여야 한다(대법원 1999. 6. 11. 선고 97다41028 판결, 1999. 10. 8. 선고 98다12430 판결 참조).

기록에 비추어 살펴보면, 원심이 이 사건 관행어업권 상실로 인한 손해액 산정에 관하여 신고어업자의 손실보상에 관한 규정을 유추 적용하기로 하고, 그 기준일을 이 사건 관행어장에 대하여 영향을 미치기 시작한 탄도방조제의 착공일인 1987. 10. 12.로 보아 구 공특법시행규칙 제25조의2 제1항이 정하는 2년분의 순소득액 상당을 그 손해액으로 산정한 것은 정당하고, 거기에 원고의 상고이유의 주장과 같은 사실오인 또는 관행어업권이나 그 손해액 산정 등에 관한 법리오해 등의 위법이 없다. 상고이유에서 들고 있는 대법원판결에서는 그 주장과 같은 판시가 발견되지 않는다.

나. 기지급 보상금 공제에 관한 부분에 대하여

기록과 원심판결 이유에 비추어 살펴보면, 원심이 원고 및 선정자들(이하 '원고 등'이라고 한다) 중 선정자 소외 1을 제외한 나머지 사람들이 이 사건 매립사업에 관한 보상업무담당기관으로부터 수령한 3월분의 주거대책비 상당 보상금을 위 원고 등의 관행어업권 상실로 인한 손실보상금으로 지급된 것으로 판단하여 이를 공제하여 피고가 배상할 손해액을 산정한 것은 정당하고, 거기에 원고의 상고이유에서 주장하는 바와 같은 위법이 없다.

2. 피고의 상고이유에 대한 판단

가. 제9점에 대하여

원심은, 선정자 소외 1을 제외한 나머지 원고 등이 이 사건 시화지구개발사업에 대한 보상업무담당기관으로부터 3월분의 주거대책비 상당액을 수령한 사실을 인정하면서도, 피고가 주장하는 바와 같은 부제소합의 취지가 기재되어 있는 서약서(을 제1호증의3 등)는 위 보상기관의 담당공무원들이 그 내용을 알지 못한 위 원고 등 본인 또는 그 대리인인 원고 및 선정자 소외 2로부터 인장을 교부받아 그 내용을 고지하거나 이를 제시하지 아니한 채 미리 작성하여 둔 용지에 날인하여 작성한 것이라는 위 서약서 작성의 경위와 그 밖의 위 보상금 지급 경위에 관한 그 판시와 같은 사실인정을 기초로, 위 원고 등이 이 사건 관행어업권의 상실에 따른 보상에 관하여 부제소합의를 하였다고 할 수 없다고 판단하여, 위 원고 등에 관한 부제소합의를 이유로 한 피고의 본안전항변을 배척하였다.

기록에 비추어 살펴보면, 원심의 위와 같은 사실인정과 판단은 정당하고, 거기에 상고이유의 주장과 같은 채증법칙 위반 등의 잘못이 있다고 할 수 없다.

나. 제1점에 대하여

원래 공유수면에 대한 매립면허의 기준을 정한 구 공유수면매립법 제5조 제1항은 '매립을 행하고자 하는 구역' 안의 공유수면에 대하여 권리를 가진 자가 있는 경우에 그 권리를 가진 자의 동의 등 일정한 요건이 갖추어진 경우에 한하여 매립면허를 할 수 있는 것으로 규정하고, 같은 법 제16조, 제17조는 매립공사에 착수하기 전에 권리를 가진 자에게 손실을 보상하여야 하는 것으로 규정하고 있다가, 1986. 12. 31.의 개정법률(법률 제3901호)에 의하여 위 법 제5조 제1항이 '매립을 행하고자 하는 구역'뿐만 아니라 '그 매립으로 인하여 피해가 예상되는 인근의 구역' 안의 공유수면에 대하여 권리를 가진 자가 있는 경우에도 일정한 요건을 갖추어야 하는 것으로 개정되었고, 이와 함께 같은 조 제2항이 신설되어 위 제1항의 규정에 의한 '매립으로 인한 피해가 예상되는 인근의 구역의 범위'는 대통령령으로 정한다고 규정하였다. 그리고 이에 따라 구 공유수면매립법시행령(1987. 10. 13. 대통령령 제12257호로 개정되어 같은 날 시행된 것)은 제8조의3을 신설하여 위 법 제5조 제1항의 인근 구역을 '매립을 하고자 하는 구역에 인접한 공유수면 중 당해 매립으로 인하여 위 법 제6조의 규정에 의한 권리를 가진 자가 그 권리의 목적에 따라 공유수면을 이용할 수 없게 되거나 피해를 방지하는 시설의 설치 등의 조치를 취하지 아니하고는 공유수면을 이용할 수 없게 되는 구역'으로 규정하고 있다.

상고이유의 요지는 위 법 제5조 제1항의 개정에도 불구하고 같은법시행령 제8조의3이 신설되기까지는 '매립으로 인하여 피해가 예상되는 인근의 구역'의 권리자를 보상대상에 포함시킨 개정법률의 효력이 발생하지 아니하는 것으로 보아야 할 것인데, 이 사건 원고 등의 어장은 매립구역 안이 아닌 매립인근구역이고 이 사건 매립공사의 착수일은 위 시행령의 시행일인 1987. 10. 13. 이전이므로 원고 등은 위 법에 의한 보상대상 권리자가 아니라는 것이다.

그러나 위와 같이 '매립으로 인한 피해가 예상되는 인근의 구역' 안의 권리자가 있는 경우에도 일정한 요건 아래에서만 그 공유수면에 대한 매립면허를 할 수 있도록 한 구 공유수면매립법 제5조 제1항의 개정 취지는, 공유수면 매립으로 인한 피해는 사업시행으로 인하여 매립되는 공유수면뿐만 아니라 그 인근 구역으로서 사업시행 후 여전히 공유수면으로 남게 되는 구역에 대하여도 발생할 수 있고, 그 인근 구역의 피해자도 사업시행으로 인한 특별한 희생자로서 보호되지 않으면 안될 것인 점에 비추어 그들에 대하여도 공유수면매립법의 절차적·실체적 보호규정이 적용됨을 분명히 하고자 하는 것인 점, 그리고 위 법 제5조 제1항의 개정 규정 자체에서 '매립으로 인한 피해가 예상되는 인근의 구역'이라고 함으로써 그 적용 대상이 되는 인근의 구역을 일정한 범위로 제한하고 있을 뿐만 아니라 위 시행령 제8조의3은 인근의 구역을 지리적인 위치 또는 특성과 같은 특정한 표준에 의하여 구체적으로 규정하는 것이 아니고 피해가 예상되는 전형적인 경우를 들어 규정하고 있는 것(위 시행령 규정은 "권리를 가진 자가 있는 공유수면에 대하여 매립면허를 받은 자는 대통령령의 정하는 바에 의하여 그 권리를 가진 자에게 끼친 손실을 보상하거나 그 손실을 방지하는 시설을 하여야 한다."고 규정한 같은 법 제16조 제1항의 규정과 실질적으로 같은 내용이다)으로 위 법 제5조 제1항의 인근의 구역에 대한 당연한 해석에 불과한 점 등에 비추어 본다면, 위 법 제5조 제1항의 개정 규정은 이에 관한 시행령 규정이 신설되기 전이라도 바로 매립으로 인하여 피해가 발생할 것으로 예상되는 인근 구역의 권리자에 대하여 적용된다고 해석함이 상당하다 할 것이다.

또한, 비록 위 공유수면매립법시행령 부칙 제2조가 그 시행 전에 이미 매립면허를 받은 자에 대하여는 종전의 규정에 의한다고 규정하고 있다고 하더라도, 이는 위 시행령의 적용에 관하여만 효력이 있을 뿐이고, 그 모법인 위 공유수면매립법 규정까지 그 적용대상으로 하는 것이라고 할 수는 없다.

원심이 위 공유수면매립법 개정법률 시행 이후에 매립면허를 받아 시행된 이 사건 매립사업으로 인하여 매립지 인근의 구역의 관행어업권자로서 피해를 입은 원고 등에 대하여 구 공유수면매립법의 보상 관련 규정을 적용하여 피고의 불법행위책임을 인정한 것은 위와 같은 법리에 따른 것으로 정당하고, 거기에 상고이유의 주장과 같은 법리오해의 위법이 없다.

다. 제2점에 대하여

구 수산업법(1990. 8. 1. 법률 제4252호로 전문 개정되기 전의 것) 제40조 소정의 '입어의 관행에 따른 권리'(관행어업권)란, 일정한 공유수면에 대한 공동어업권 설정 이전부터 어업의 면허 없이 그 공유수면에서 오랫동안 계속 수산동식물을 포획 또는 채취하여 옴으로써 그것이 대다수 사람들에게 일반적으로 시인될 정도에 이른 것을 말하고, 이는 공동어업권자에 대하여 주장하고 행사할 수 있을 뿐만 아니라 이를 다투는 제3자에 대하여도 그 배제를 청구하거나 그에 따른 손해배상을 청구할 수 있는 권리이며, 당해 공유수면에 공동어업권이 설정되어 있는지 여부를 불문하고 인정될 수 있는 것이지, 공동어업권이 설정된 후에 비로소 그 공동어업권에 대한 제한물권적 권리로서만 발생하는 권리라고는 할 수 없고(대법원 1989. 7. 11. 선고 88다카14250 판결, 2001. 3. 13. 선고 99다57942 판결 등 참조), 이는 구 공유수면매립법 제16조에 의한 손실보상을 받을 수 있는 권리자로서의 관행어업권자를 인정하는 경우에도 마찬가지로서, 공동어업권이 설정된 어장의 관행어업권자에 대하여만 구 공유수면매립법 제16조 등의 보상 관련 규정이 적용된다고 볼 수 없다.

원심이 공동어업권이 설정되어 있지 않은 이 사건 관행어장에 대한 원고 등의 관행어업권 피해에 대하여 피고의 불법행위로 인한 손해배상책임을 인정한 것은 위 법리에 따른 것으로 정당하고, 거기에 상고이유의 주장과 같은 법리오해의 위법이 없다.

라. 제3점에 대하여

민법 제766조 제1항에서 말하는 '손해'란 위법한 행위로 인한 손해 발생의 사실을, '손해를 안 날'이란 불법행위의 요건 사실에 대한 인식으로서 위법한 가해행위의 존재, 가해행위와 손해의 발생과 사이에 상당인과관계 등이 있다는 사실까지 피해자가 알았을 때를 각 의미하고(대법원 1997. 12. 26. 선고 97다28780 판결 등 참조), 권리를 가진 자에 대하여 손실보상을 할 의무가 있는 사업시행자가 손실보상의무를 이행하지 아니한 채 공유수면매립공사를 시행하였다 하더라도 그로 인한 불법행위는 그 사업착수만으로 바로 성립하지 않고, 그 사업으로 인하여 실질적이고 현실적인 침해가 발생하였을 때에 비로소 성립한다고 할 것이므로(대법원 1999. 9. 17. 선고 98다52858 판결, 1999. 11. 23. 선고 98다11529 판결 등 참조), 공유수면매립으로 인하여 어업에 관한 권리가 소멸되었음을 이유로 한 손해배상청구권에 관한 민법 제766조 제1항의 소멸시효는 피해자가 장차 그러한 피해가 예상되는 매립사업이 사전보상 없이 착수되었음을 알았다고 하여 바로 진행한다고 할 수 없고, 사업의 진행에 따라 그 권리가 소멸되었다고 인정될 수 있는 시점 이후 이러한 사실을 인식하였을 때부터 비로소 진행한다고 볼 것이다.

원심은, 이 사건 관행어장은 1987. 10. 12. 탄도방조제의 착공에 의하여 피해가 발생하기 시작하여 이 사건 사업지구의 방조제공사가 모두 마쳐진 1994년 1월경 어장으로서의 기능을 완전히 상실하였다고 인정한 다음, 원고의 이 사건 소 제기일인 1993. 5. 6. 이전까지는 원고 등이 피고의 이 사건 불법행위로 인한 손해를 현실적이고도 구체적으로 인식하지 못하였다고 할 것이라고 하여 피고의 소멸시효항변을 배척하였는바, 기록과 위 법리에 비추어 살펴보면, 원심의 위와 같은 사실인정과 판단은 정당하고, 거기에 상고이유에서 주장하는 바와 같은 이 사건 손해의 종류와 이 사건 어장의 기능상실시기 및 그 손해를 안 날 등에 관한 사실오인이나 법리오해 등의 위법이 있다고 할 수 없다. 이 사건 어장의 기능상실시기와 관련하여 상고이유에서 들고 있는 대법원판결은 이 사건과 사안을 달리한다.

마. 제4점에 대하여

민법 제766조 제2항이 규정하고 있는 '불법행위를 한 날로부터 10년'의 기간은 소멸시효기간에 해당한다 할 것이므로(대법원 1996. 12. 19. 선고 94다22927 전원합의체 판결 등 참조), 위 기간이 제척기간으로서 시효중단에 관한 법리가 적용되지 않음을 내세우는 이 부분 상고이유의 주장은 독자적 견해에 의한 것에 불과하여 받아들일 수 없다.

바. 제5점에 대하여

구 수산업법(1990. 8. 1. 법률 제4252호로 전문 개정되기 전의 것, 이하 같다) 제40조 소정의 '입어의 관행에 따른 권리'(관행어업권)는 일정한 공유수면에 대한 공동어업권 설정 이전부터 어업의 면허 없이 그 공유수면에서 오랫동안 계속 수산동식물을 포획 또는 채취하여 옴으로써 그것이 대다수 사람들에게 일반적으로 시인될 정도에 이르면 성립하고(대법원 1989. 7. 11. 선고 88다카14250 판결, 2001. 3. 13. 선고 99다57942 판결 등 참조), 그 입어의 관행이 반드시 수산업법이 시행된 1953. 12. 9. 이전부터 시작되었어야 하는 것은 아니다.

같은 취지의 원심 판단은 정당하고, 거기에 상고이유에서 주장하는 바와 같은 구 수산업법상의 관행어업에 관한 법리오해 또는 심리미진이나 이유불비 등의 잘못이 있다고 할 수 없다.

사. 제6, 7점에 대하여

제1심 감정인 소외 3의 감정결과와 제1심법원의 위 감정인에 대한 사실조회결과에 의하면, 위 감정인은 원고 등의 이 사건 관행어업피해로 인한 손해를 굴을 제외한 그 밖의 어패류 생산에 관한 손해로 보고, 이 사건 관행어장 인근 어장의 관행어업조업에 의한 1일 평균 생산량을 자료로 하여 원고 등의 이 사건 관행어업에 의한 1일 평균 어패류(굴 제외) 채취량을 48.6kg으로 평가하는 한편, 각 관행어업 세대별 조업일수에 관하여는 세대원이 2인인 세대의 연간 조업가능일수를 240일로 보아 여기에서 면허어업조업일수와 기타 어업 및 어업 외 종사일수를 공제하여 산출한 96일을 기준이 되는 연간 관행어업조업일수로 감정한 후, 여기에서 세대원수와 각 세대에 특수한 사정 등을 고려하여 적절히 차등을 두는 방법으로 조업일수를 감정하여, 총 세대원수에 따라 3인 1세대의 경우는 연간 조업가능일수를 위 기준 세대의 120%에 해당하는 288일로 평가하여 이 사건 관행어업에 종사하는 일수를 115일로, 4인 이상이 1세대를 이루는 경우는 연간 조업가능일수를 위 기준 세대의 130%에 해당하는 312일로 평가하여 이 사건 관행어업에 종사하는 일수를 125일로, 1인 1세대의 경우는 연간 조업가능일수를 위 기준 세대의 70%에 해당하는 168일로 평가하여 이 사건 관행어업에 종사하는 일수를 67일로 각 평가하고, 다만 선정자 소외 4의 경우는 그가 건간망어업에 종사하여 온 사정을 고려하여 총 세대원이 2인임에도 72일로, 선정자 소외 5, 소외 1의 경우는 그들이 어선어업에도 종사하는 사정을 참작하여 총 세대원이 3인임에도 각 55일로, 선정자 소외 6의 경우는 어선어업에도 종사하는 사정을 참작하여 총 세대원이 4인 이상임에도 60일로, 선정자 소외 7의 경우도 총 세대원이 4인이나 건간망어업에 종사하는 사정을 고려하여 94일로 각 평가하여 이를 기준으로 원고 등의 연간 생산량을 산출하여 이 사건 손해액을 감정하였다.

기록에 비추어 살펴보면, 위 감정인의 위와 같은 감정결과는 그 근거로 보아 불합리한 것이라고 할 수 없고, 이 사건에서 피고가 배상할 원고 등의 관행어업에 의한 손해액을 이미 보상이 이루어진 굴어장에서의 굴 생산량을 제외한 그 밖의 어패류의 생산에 관한 것으로 보고 면허어장 등 이 사건 관행어장이 아닌 어장에서의 조업일수 등을 공제하여 위 연간 조업일수를 산정한 것이므로 위 조업일수에 다시 연중 5개월의 굴 생산기간에 해당하는 부분을 제외하여 그 7/12에 해당하는 일수만을 원고 등이 이 사건 관행어업에 종사한 일수로 인정할 수는 없다고 할 것이다.

따라서 원심이 위 감정결과에 따라 원고 등의 이 사건 관행어업 조업일수 등을 인정하여 그 손해액을 산정한 것은 같은 입장에 따른 것으로 정당하고, 거기에 상고이유에서 주장하는 바와 같은 연간 조업일수 및 이에 비례한 손해액 인정 등에 관한 잘못이 있다고 할 수 없다.

그리고 원심이 위 감정결과를 채용하여 인정한 원고 등의 이 사건 관행어업에 관한 피해는 굴을 제외한 바지락 등 그 밖의 어패류 생산에 관한 것임은 원심판결 이유와 위 감정결과에 비추어 분명하므로, 원고 등이 이 사건 관행어장이 아닌 굴 어장에서의 굴 생산량 피해에 관하여 이미 보상을 받았다고 하더라도 이를 공제하여 이 사건 원고 등의 손해액을 산정할 수 없음은 당연하고, 따라서 원심이 이를 공제하지 아니한 조치에도 어떠한 잘못이 있다고 할 수 없다.

아. 제8점에 대하여

구 수산업법 제40조 소정의 관행어업권은 원칙적으로 그러한 어업을 계속할 수 있는 노동능력과 의사를 가진 자로서 20세부터 60세가 될 때까지의 자에 대하여만 인정되는 것임은 상고이유의 주장과 같으나(대법원 1999. 6. 11. 선고 97다41028 판결 등 참조), 이러한 관행어업권은 독립 세대별로 인정되는 것으로서 관행어업권이 인정되는 세대의 생산량을 인정하기 위한 한 요소로서의 그 세대의 연간 조업일수를 산정하는 데 포함할 세대원에 대하여는 위 관행어업권 인정의 경우와 달리 반드시 모든 조업원이 위 가동연한 범위 내에 있어야 한다고 볼 수 없고, 앞에서 본 이 사건 감정결과와 같이 각 관행어업세대의 총 세대원수와 면허어업 또는 그 밖의 다른 업무에 종사하는 사정 등 관행어업 조업일수에 영향을 미칠 수 있는 여러 사정을 고려하여 합리적인 차등을 두는 경우에는 위 가동연한 범위 밖에 있는 세대원이라도 세대의 관행어업에 일정한 조력을 할 수 있다면 그 조업일수 산정에 포함될 수 있다고 봄이 상당하다 할 것이다.

기록과 위 법리에 비추어 살펴보면, 원심이 원고 등의 세대원 중 위 가동연한 범위 밖에 있는 사람도 포함하여 그 세대의 연간 조업일수를 계산한 위 감정결과를 그대로 받아들여 이 사건 손해액을 인정한 것은 정당하고, 거기에 상고이유의 주장과 같은 연간 생산량 계산에 관한 위법 등이 있다고 할 수 없다.

한편, 위와 같은 관행어업권이 인정되는 세대주나 그 조업일수 산정에 포함될 세대원은 주민등록부의 기재에 불구하고 그 인정 기준일 당시 실제 관행어업에 종사하거나 관행어업에 조력을 하여 왔는지 여부에 따라 결정되어야 할 것인바, 기록에 비추어 살펴보면, 원심의 이 사건 관행어업권자 및 그 조업일수 산정에 포함되는 세대원수에 관한 사실인정 및 판단도 정당하고, 거기에 상고이유의 주장과 같이 대법원 판례와 달리 관행어업자를 인정하는 등의 잘못이 있다고 할 수 없다.

3. 그러므로 상고를 모두 기각하고 상고비용은 각자의 부담으로 하기로 하여 관여 법관의 일치된 의견으로 주문과 같이 판결한다.

대법관　윤재식(재판장) 송진훈 이규홍 손지열(주심)

[판례 17] 손해배상(공) (대법원 2001. 4. 10. 선고 99다38705 판결)

【판시사항】

[1] 어민의 가동연한 내에 있지 아니한 자에게는 관행어업권이 인정되지 않는다고 한 사례
[2] 공유수면매립사업의 시행에 의한 관행어업권의 상실로 인한 손해배상의 범위(=손실보상금 상당액)와 보상액의 산정시점 및 산정방법
[3] 구 수산업법시행령(1996. 12. 31. 대통령령 제15241호로 개정되기 전의 것) 시행 이후 성립한 관

행어업권 침해로 인한 불법행위의 경우 그 손해액 계산에 유추 적용할 법령
[4] 인근 공동어장에 대한 보상금을 기준으로 관행어업권의 피해액을 산출함에 있어 어장면적과 어업 종사자의 수가 다른 점과 당해 어장의 일부 관행어업권자가 비교대상이 되는 인근 공동어장에서도 관행어업을 하는 사정 등을 고려하지 않은 채 인근 공동어장의 관행어업에 의한 단위면적당 평년수익액을 바로 당해 어장의 관행어업에 의한 평년수익액으로 인정한 것은 위법하다고 한 사례

【판결요지】

[1] 어민의 가동연한 내에 있지 아니한 자에게는 관행어업권이 인정되지 않는다고 한 사례.
[2] 적법한 보상절차를 밟지 않은 공유수면매립사업의 시행에 의한 관행어업권의 상실로 인한 손해배상의 경우 그 손해액은 손실보상금 상당액이고, 이는 불법행위의 시점인 공유수면매립사업의 시행일을 기준으로 삼아 산정하여야 하며, 그 보상방법에 관하여는 구 수산업법(1990. 8. 1. 법률 제4252호로 전문 개정되기 전의 것) 제8조, 제24조의 공동어업 등 면허에 의하여 인정되는 어업권이 취소되는 경우의 규정이 아니라 같은 법 제22조의 신고어업의 보상에 관한 규정을 유추 적용하여야 한다.
[3] 구 수산업법시행령(1991. 2. 18. 대통령령 제13308호로 개정되어 1996. 12. 31. 대통령령 제15241호로 개정되기 전의 것)은 제62조 제1항 제2호 (가)목으로 신고어업의 손실보상액 산정기준에 관한 규정을 신설하여 신고어업의 소멸로 인한 보상액은 '평년수익액의 3년분 + 어선·어구 또는 시설물의 잔존가액 - 어선·어구 또는 시설물의 매각수입액'에 의하여 결정한다고 규정하고 있으므로, 위 시행령의 시행일인 1991. 2. 18. 이후에 발생한 불법행위로 인하여 소멸한 관행어업권의 손해배상액은, 위 시행령의 제정에 따라 1991. 10. 28. 삭제된 구 공공용지의취득및손실보상에관한특례법시행규칙(1988. 4. 25. 건설부령 제435호로 개정되어 1991. 10. 28. 건설부령 제493호로 개정되기 전의 것) 제25조의2를 유추 적용하여 2년분의 평년수익액을 기본금액으로 하여 산정할 것이 아니라, 위 시행령의 규정을 유추 적용하여 3년분의 평년수익을 기본금액으로 하여 산정하여야 한다.
[4] 인근 공동어장에 대한 보상금을 기준으로 관행어업권의 피해액을 산출함에 있어 어장면적과 어업 종사자의 수가 다른 점과 당해 어장의 일부 관행어업권자가 비교대상이 되는 인근 공동어장에서도 관행어업을 하는 사정 등을 고려하지 않은 채 인근 공동어장의 관행어업에 의한 단위면적당 평년수익액을 바로 당해 어장의 관행어업에 의한 평년수익액으로 인정한 것은 위법하다고 한 사례.

【참조조문】

[1] 구 수산업법(1990. 8. 1. 법률 제4252호로 전문 개정되기 전의 것) 제40조 [2] 구 수산업법(1990. 8. 1. 법률 제4252호로 전문 개정되기 전의 것) 제22조, 제40조 [3] 구 수산업법(1990. 8. 1. 법률 제4252호로 전문 개정되기 전의 것) 제40조, 구 수산업법시행령(1996. 12. 31. 대통령령 제15241호로 개정되기 전의 것) 제62조 제1항 [4] 구 수산업법시행령(1996. 12. 31. 대통령령 제15241호로 개정되기 전의 것) 제62조 제6항, 민사소송법 제187조

【참조판례】

[1][3] 대법원 1999. 6. 11. 선고 97다41028 판결(공1999하, 1342)
[1] 대법원 1998. 7. 24. 선고 97다22935 판결(공보불게재)
[2] 대법원 1998. 4. 14. 선고 95다15032, 15049 판결(공1998상, 1310)
대법원 1999. 11. 23. 선고 98다11529 판결(공2000상, 1)

대법원 2001. 3. 13. 선고 99다57942 판결(공2001상, 865)
[3] 대법원 1999. 10. 8. 선고 98다12430 판결(공1999하, 2282)

【전 문】

【원고, 상고인 겸 피상고인】 원고 1 외 91인
【원고, 상고인】 원고 93 외 9인 (소송대리인 변호사 최종백 외 1인)
【피고, 상고인 겸 피상고인】 진도군 (소송대리인 변호사 김학만)
【원심판결】 서울고법 1999. 6. 17. 선고 97나1145 판결

【주 문】

원심판결 중 피고 패소 부분을 파기하고, 이 부분 사건을 서울고등법원에 환송한다. 원고들의 상고를 모두 기각한다. 원고들의 상고로 인한 소송비용은 원고들의 부담으로 한다.

【이 유】

상고이유를 판단한다

1. 피고의 첫째, 둘째 및 셋째 상고이유에 대하여

  원심이, 판시 원고들과 사망한 사람들이 이 사건 어장에 대한 관행어업권자로서 이 사건 매립사업으로 인하여 피해를 입었다고 판단하고, 나아가 원고들 중 83명이 이 사건 어장에 대한 관행어업권자의 지위에서 피고가 관행어업권의 침해에 대한 손실보상을 하지 아니한 채 이 사건 매립사업에 착수하는 것을 사전에 동의하였다는 피고의 주장과 이 사건 매립사업은 사전보상절차를 완료한 후 시행된 것으로서 원고들에 대하여도 위법하지 아니하다는 피고의 주장을 모두 배척한 것은 정당하고, 거기에 상고이유의 주장과 같은 채증법칙 위배나 심리미진 또는 법리오해 등의 위법이 없다. 따라서 이 부분 상고이유는 모두 받아들일 수 없다.

2. 원고들의 첫째 상고이유에 대하여

  원심이, 이 사건 매립사업 착공일인 1991. 11. 11. 당시 60세 이상이 된 원고 93, 원고 94, 원고 95, 원고 97, 원고 98, 원고 99와 원고 101 및 사망한 원고 96, 원고 100과 원고 102에 대하여 어민의 가동연한 내에 있는 세대원이 없었다는 이유로 그들의 이 사건 어장에 대한 관행어업권을 인정하지 아니한 것은 정당하고, 거기에 상고이유의 주장과 같은 채증법칙 위배나 심리미진 또는 이유불비와 법리오해 등의 위법이 없다. 따라서 이 부분 상고이유도 받아들일 수 없다.

3. 원고들의 둘째 상고이유와 피고의 넷째 상고이유에 대하여

  적법한 보상절차를 밟지 않은 공유수면매립사업의 시행에 의한 관행어업권의 상실로 인한 손해배상의 경우 그 손해액은 손실보상금 상당액이고, 이는 불법행위의 시점인 공유수면매립사업의 시행일을 기준으로 삼아 산정하여야 하며, 그 보상방법에 관하여는 구 수산업법 제8조, 제24조의 공동어업 등 면허에 의하여 인정되는 어업권이 취소되는 경우의 규정이 아니라 같은 법 제22조의 신고어업의 보상에 관한 규정을 유추 적용하여야 한다(대법원 1998. 4. 14. 선고 95다15032, 15049 판결 참조).

  그런데 구 수산업법시행령(1991. 2. 18. 대통령령 제13308호로 개정되어 1996. 12. 31. 대통령령 제15241호로 개정되기 전의 것)은 제62조 제1항 제2호 (가)목으로 신고어업의 손실보상액 산정기준에 관한 규정을 신설하여 신고어업의 소멸로 인한 보상액은 '평년수익액의 3년분 + 어선·어구 또는 시설물의 잔존가액 - 어선·어구 또는 시설물의 매각수입액'에 의하여 결정한다고 규정하고 있으므로, 위 시행령의 시행일인 1991. 2. 18. 이후에 발생한 불법행위로 인하여 소멸한 관행어업권의 손

해배상액은, 위 시행령의 제정에 따라 1991. 10. 28. 삭제된 구 공공용지의취득및손실보상에관한특례법시행규칙(1988. 4. 25. 건설부령 제435호로 개정되어 1991. 10. 28. 건설부령 제493호로 개정되기 전의 것) 제25조의2를 유추 적용하여 2년분의 평년수익액을 기본금액으로 하여 산정할 것이 아니라, 위 시행령의 규정을 유추 적용하여 3년분의 평년수익을 기본금액으로 하여 산정하여야 한다(대법원 1999. 10. 8. 선고 98다12430 판결 참조).

그러므로 원심이 이 사건 관행어업권 상실로 인한 손해배상청구권이 인정되는 원고들의 손해액을 이 사건 매립사업 시행계획고시일인 1991. 1. 3.이 아니고 착공일인 1991. 11. 11. 당시 시행되고 있던 신고어업자의 손실보상액 계산에 관한 규정인 구 수산업법시행령 제62조 제1항 제2호 (가)목을 유추 적용하여 평년수익액의 3년분을 기본금액으로 하여 산정한 것은 정당하고, 거기에 원고들과 피고의 각 상고이유의 주장과 같은 채증법칙 위배, 심리미진, 이유불비, 이유모순 또는 법리오해 등의 위법이 없다. 피고의 상고이유에 나온 이 법원의 판결들은 이 사건과 사안을 달리한다. 따라서 이 부분 상고이유 역시 모두 받아들일 수 없다.

4. 원고들의 셋째 상고이유와 피고의 다섯째 상고이유에 대하여

가. 원심은, 이 사건 어장의 소멸로 인한 원고들의 손해액 계산에 관하여 제1심 감정인이 감정 당시 이 사건 어장의 기능이 이미 상실되고 이 사건 어장의 관행어업권자들의 판매자료가 불충분하여 이에 대한 현장조사를 통하여 그들의 평년수익액을 감정하는 것은 불가능하였음을 이유로, 이 사건 어장에서의 단위면적당 연간생산량과 평년수익액이 인근의 제1종 공동어장인 757공동어장의 그것과 거의 동일하다고 보아, 757공동어장의 보상자료로 사용된 여수수산대학수산과학연구소의 '진도 군내지구 간척개발사업에 따른 어업권 피해 영향권 피해보상 평가보고서'에서 산출한 757공동어장의 자원추정량, 연간생산량 및 연간생산액, 평년수익액, 피해액과 피고가 757공동어장에 대한 어업권소멸보상금으로 2,806,791,000원을 지급하였던 점 등을 종합하여, 757공동어장에 대한 위 보상금을 기초로 757공동어장의 면적과 이 사건 어장의 면적에 비례하여 이 사건 어장의 피해액을 산출한 감정결과에 대하여, 그 판시와 같은 이유로 이 사건 어장의 관행어업권자와 757공동어장의 공동어업권자의 어업내용과 위 두 어장의 자원량, 채취율 등이 같다고 보기 어렵다고 하여, 원고들의 손해액에 관한 최종 감정결과를 배척하고, 이 사건 어장에서의 원고들의 어업 형태가 관행어업인 점에 비추어 757공동어장의 보상금 중 관행어업권자들이 수령한 보상금에 준하여 원고들의 손해액을 추산할 것이라고 한 다음, 757공동어장에 대한 위 손실보상금 중 그곳에서 관행어업을 하여 온 117명의 관행어업권자들에게 지급된 그 30% 상당의 842,037,300원을 가지고 구 수산업법시행령 제62조 제1항 제1호 (가)목의 어업권 소멸보상액 계산방식인 '평년수익액 ÷ 연리 × 0.8'(757공동어장의 소멸보상금은 연리 10%가 적용되어 산출되었고, 시설물의 잔존가액은 산입되지 않았다)에 의하여 757공동어장 전체의 관행어업에 의한 평년수익액을 환산하고, 이 금액에 따라 산출된 위 어장의 단위면적당 평년수익액을 이 사건 어장의 관행어업에 의한 단위면적당 평년수익액으로 바로 인정하여, 여기에 이 사건 어장의 면적을 곱한 금액의 3년분을 이 사건 어장 전체에 대한 관행어업권 소멸로 인한 피해액으로 보고, 이를 원고들을 비롯한 이 사건 어장에 대한 관행어업권자 전원인 102명이 균분하여 배상받아야 하는 것으로 하여 원고들의 손해액을 계산하였다.

나. 먼저 어업권 등의 손실액 산출방법에 관한 구 수산업법시행령 제62조 제6항, 제7항의 규정내용 및 다음에서 보는 바와 같은 757공동어장의 단위면적당 생산량을 바로 이 사건 어장의 단위면적당 생산량과 동일한 것으로 보기는 어려운 점과 이 사건에 나온 자료들에 비추어 살펴보면, 원심이 제1심 감정인의 감정결과를 그대로 받아들이지 않고, 원고들을 비롯한 이 사건 어장에 대한

관행어업권자들의 평년수익액을 757공동어장에 대한 보상금 중 그 어장에 대한 관행어업권자들의 평년수익액과 유사한 것으로 보아 이를 기초로 추산하여야 한다고 판단한 것은 정당하고, 거기에 원고들의 상고이유의 주장과 같은 채증법칙 위배나 심리미진 또는 법리오해 등의 위법이 없다. 따라서 그 계산방법은 원심과 같으면서도 그 기준이 되는 금액을 원심과 달리 제1심 감정인의 감정결과에 의하거나 757공동어장의 총 보상금 또는 그 중 공동어업권에 의한 어업종사자가 수령한 금액이나 총 보상금에 대한 위 어장의 총 어업종사자의 수에 대한 관행어업권자의 수의 비율에 의한 금액으로 하여야 한다는 원고들의 상고이유의 주장은 받아들일 수 없다.

다. 그러나 관행어업권자의 어업내용에 비추어 볼 때 각자가 관행어업을 할 수 있는 어장면적이 확대되는 것에 비례하여 그 생산량도 같은 정도로 계속 증가하는 것으로 보기는 어렵고, 또 원고들 중 상당수는 757공동어장의 어업권자인 ○○어촌계의 어촌계원으로서 그 어장에서도 어업에 종사하여 왔으며, 한편 이 사건 어장의 면적은 757공동어장의 면적보다 2배 가까이 넓고 그 어업종사자의 수는 102명으로 757공동어장의 전체 어업자 수 212명은 물론 그 관행어업권자 수 117명 보다도 더 적음에도 불구하고, 원심이 이러한 사정을 고려하거나 특별한 사정을 밝히지 아니한 채, 757공동어장의 관행어업권자들에게 지급된 위 보상금에 의하여 계산한 757공동어장의 관행어업에 의한 총 평년수익액에 따라 그 단위면적당 평년수익액을 계산하여 이를 바로 이 사건 어장의 관행어업 전체에 의한 단위면적당 평년수익액으로 인정한 것은 심리를 다하지 아니하고 채증법칙에 위배하여 부당하게 원고들에게 유리한 사실인정을 하였거나 이유를 제대로 갖추지 아니하여 판결에 영향을 미친 위법을 저지른 것이다. 따라서 이를 지적한 이 부분 피고의 상고이유는 이유가 있다.

5. 그러므로 피고의 상고를 받아들여 원심판결 중 피고 패소 부분을 파기하고, 이 부분 사건을 원심법원에 환송하며, 원고들의 상고를 모두 기각하고, 원고들의 상고로 인한 소송비용은 패소자인 원고들의 부담으로 하여 주문과 같이 판결한다.

대법관   배기원(재판장) 서성(주심) 유지담 박재윤

[참조] 대법원 2001. 10. 26. 선고 2000다17988 판결

제5절 기타

1. 불법행위 설립일(지연손해금 기산점)

[판례 18] 손해배상(기) (대법원 2001. 9. 28. 선고 99다72521 판결)

【판시사항】
[1] 공유수면매립사업 착수 후 종전의 관행어업에 종사하여 얻은 수익의 공제 여부(소극)

[2] 청구대상 채권 중 일부만을 청구한 경우 시효중단의 효력발생범위

【판결요지】

[1] 사전보상 없이 공유수면 매립사업을 시행하여 관행어업권 등 어업에 관한 권리를 상실케 하였음을 이유로 한 불법행위로 인한 손해액은 손실보상금 상당이고, 이는 어업에 관한 권리의 소멸에 대한 손실보상액 계산 방식을 규정한 관련 법령의 적용 또는 유추적용에 의하여 일정한 계산식에 따라 당해 피해자의 평년수익액에 비례하여 일정하게 산출되게 되어 있으므로 공유수면 매립사업 착수 이후 현실적으로 종전의 어업에 종사하는지의 여부 및 그의 기간이나 수익의 유무와 정도에 따라 달라질 수 없다고 할 것이니 피해자에게 그러한 수익이 현실적으로 발생하였다 하더라도 이를 공제하여 그 손해액을 산정할 것은 아니다.

[2] 청구의 대상으로 삼은 채권 중 일부만을 청구한 경우에도 그 취지로 보아 채권 전부에 관하여 판결을 구하는 것으로 해석되는 경우에는 그 동일성의 범위 내에서 그 전부에 관하여 시효중단의 효력이 발생하고, 이러한 법리는 특정 불법행위로 인한 손해배상채권에 대한 지연손해금청구의 경우에도 마찬가지로 적용된다.

【참조조문】

[1] 민법 제393조, 제750조, 구 수산업법(1990. 8. 1. 법률 제4252호로 전문 개정되기 전의 것) 제40조 제1항 [2] 민법 제168조

【참조판례】

[2] 대법원 1992. 4. 10. 선고 91다43695 판결(공1992, 1541)
대법원 1992. 12. 8. 선고 92다29924 판결(1993상, 431)

【전 문】

【원고, 상고인 겸 피상고인(선정당사자)】 원고 1 외 130인 (소송대리인 변호사 이홍길)

【피고, 피상고인 겸 상고인】 한국수자원공사 (소송대리인 변호사 고석윤)

【원심판결】 서울고법 1999. 11. 25. 선고 98나5809 판결

【주 문】

각 상고를 기각한다. 상고비용을 상고인 각자의 부담으로 한다.

【이 유】

1. 원고(선정당사자, 다음부터는 '원고'라고 한다)의 상고부분.

   가. 원심판결 첨부 별지 제3목록 선정자들을 제외한 나머지 선정자들을 위한 주장에 관하여

   구 수산업법(1990. 8. 1. 법률 제4252호로 전문 개정되기 전의 것, 다음부터는 '법'이라 한다) 제40조 제1항 소정의 관행어업권은 공동어업권자에게 주장하고 행사할 수 있을 뿐만 아니라 공동어업권이 설정되지 아니한 경우라도 이를 침해하는 제3자에 대하여 그 배제를 청구하거나 그에 따른 손해배상을 청구할 수 있는 권리이기는 하나 그의 배상액의 산정에 있어서 법 제8조, 제24조에 의한 공동어업 등의 면허어업권이 취소되는 경우에 대한 보상 방식을 유추 적용할 수는 없고, 그 관행어업과 형태가 유사한 법 제22조 소정의 신고어업의 보상에 관한 규정을 유추 적용함이 상당하며(대법원 2001. 3. 13. 선고 99다57942 판결), 사업시행자가 손실보상의무를 이행하지 아니한 채 공유수면매립공사를 시행함으로써 관행어업권을 상실하게 한 경우 관행어업권자가 입은 손해는 그 손실보상금 상당액이므로(대법원 1999. 11. 23. 선고 98다11529 판결 참조),

그 손실보상금이 지급되었어야 할 시점인 공유수면매립사업의 시행일을 기준으로 삼아 산정하여야 하며(대법원 2001. 4. 10. 선고 99다38705 판결 참조), 그 기준일이 수산업법이 정한 처분에 의하여 손실을 입은 신고어업자의 손실보상액 산정기준에 관한 규정을 신설한 구 수산업법시행령(1991. 2. 18. 대통령령 제13308호로 개정된 것)의 시행일인 1991. 2. 18. 이후인 경우에는 그 시행령 제62조 제1항 제2호를 유추 적용하여 평년수익액 3년분을 기준금액으로 하여 그 배상액을 산정하여야 하나 그 시행령이 시행되기 이전인 경우에는 그 시행령보다 앞서 공공사업의 시행으로 인하여 폐업 또는 휴업하게 된 신고어업자의 손실액 산정기준에 관하여 규정한 구 공공용지의취득및손실보상에관한특례법시행규칙(1988. 4. 25. 건설부령 제435호로 개정되어 1991. 10. 28. 건설부령 제493호로 개정되기 전의 것, 다음에는 '구 공특법시행규칙'이라고 한다.) 제25조의2 제1항을 유추적용하여 2년분의 순소득액을 그의 손해액으로 산정하여야 한다(대법원 1999. 6. 11. 선고 97다41028 판결, 대법원 1999. 10. 8. 선고 98다12430 판결 등 참조).

기록 중의 증거들과 대조하면서 위의 법리에 비추어 살펴보니, 원심이 이 사건 관행어업권상실로 인한 손해액 산정에 관하여 신고어업자의 손실보상에 관한 규정을 유추적용하기로 하고, 그의 기준일을 이 사건 관행어장에 대하여 직접 영향을 미치기 시작한 탄도 방조제의 착공일인 1987. 10. 12.경으로 보아 구 공특법시행규칙 제25조의2 제1항이 정하는 2년분의 순소득액 상당을 그 손해액으로 산정한 것은 정당하고, 거기에 증거법칙위배로 인한 사실오인의 위법 또는 관행어업권이나 그 손해액 산정의 기준시와 산정의 범위 등에 관한 각 법리오해의 위법이 없다.

그리고 원심의 판단에는 상고이유에서 내세운 대법원 판결의 판시를 오해한 데가 없다.

상고이유 중의 이 부분 주장들을 모두 받아들이지 아니한다.

나. 원심판결 첨부 별지 제3목록 선정자들을 위한 주장에 관하여

법 제40조 소정의 관행어업권은 원칙적으로 독립세대별로 인정되고 차남 이하 분가자나 외지로부터의 전입자에 대하여는 일정한 기간이 경과되어야 인정되며, 이 경우에도 그러한 어업을 계속할 수 있는 노동능력과 의사를 가진 자로서 20세부터 60세가 될 때까지의 자에 대하여만 인정된다 함이 대법원의 판례이다(대법원 1998. 7. 24. 선고 97다22935 판결, 1999. 6. 11. 선고 97다41028 판결 등 참조).

원심은, 그와 같은 기준에 따라 원심판결 첨부 별지 제3목록 기재 선정자들은 피고가 원심 판시의 방조제공사를 시행할 당시인 1987. 10. 12.을 기준으로 이 사건 어장에 대하여 관행어업권을 가지고 있다고 볼 수 없다고 판단하여, 이 사건 방조제공사로 인하여 관행어업권이 상실되었음을 이유로 그 손해배상을 구하는 위의 선정자들의 청구를 배척하였다.

기록에 비추어 살펴보니, 원심의 이와 같은 사실인정 및 판단은 정당하고, 그 인정 및 판단에 필요한 심리를 다하지 아니하였다거나 채증법칙을 위배하였다는 등으로 인한 사실을 오인한 위법이나 관행어업에 종사하는 어민의 가동연한에 관한 법리오해의 위법이 없다.

상고이유의 이 부분 주장들 역시 모두 받아들이지 아니한다.

2. 피고의 상고부분

가. 제1, 2주장에 관하여

'매립을 행하고자 하는 구역' 안의 공유수면에 대하여 권리를 가진 자가 있는 경우의 그 공유수면에 대한 매립면허의 기준을 정한 구 공유수면매립법 제5조 제1항은 1986. 12. 31.의 개정법률(법률 제3901호)에 의하여 '매립을 행하고자 하는 구역'뿐만 아니라 '그 매립으로 인하여 피해가 예상되는 인근의 구역' 안의 공유수면에 대하여 권리를 가진 자가 있는 경우도 권리를 가진 자의 동의 등 그 규정이 정한 요건이 갖추어진 경우에 한하여 매립면허를 할 수 있는 것으로 개정되었

고, 이와 함께 같은 조 제2항이 신설되어 그 제1항의 규정에 의한 '매립으로 인한 피해가 예상되는 인근의 구역의 범위'는 대통령령으로 정한다고 규정하였다. 그리고 이에 따라 구 공유수면매립법시행령(1987. 10. 13. 대통령령 제12257호로 개정되어 같은 날 시행된 것)은 제8조의3을 신설하여 구 공유수면매립법 제5조 제1항의 인근 구역을 '매립을 하고자 하는 구역에 인접한 공유수면 중 당해 매립으로 인하여 그 법 제6조의 규정에 의한 권리를 가진 자가 그 권리의 목적에 따라 공유수면을 이용할 수 없게 되거나 피해를 방지하는 시설의 설치 등의 조치를 취하지 아니하고는 공유수면을 이용할 수 없게 되는 구역'으로 규정하고 있다.

위와 같이 매립으로 인한 피해가 예상되는 인근의 구역 안의 권리자가 있는 경우에도 일정한 요건 아래에서만 그 공유수면에 대한 매립면허를 할 수 있도록 한 구 공유수면매립법 제5조 제1항의 개정 취지는 공유수면 매립으로 인한 피해는 사업시행으로 인하여 매립되는 공유수면뿐만 아니라 그 인근 구역으로서 사업시행 후 여전히 공유수면으로 남게 되는 구역에 대하여도 발생할 수 있고, 그 인근 구역의 피해자도 사업시행으로 인한 특별한 희생자로서 보호되지 않으면 안될 것인 점에 비추어 그들에 대하여도 공유수면매립법의 절차적·실체적 보호규정이 적용됨을 분명히 하고자 하는데 있다고 할 것인 데다가 위의 시행령 제8조의3은 "권리를 가진 자가 있는 공유수면에 대하여 매립면허를 받은 자는 대통령의 정하는 바에 의하여 그 권리를 가진 자에게 끼친 손실을 보상하거나 그 손실을 방지하는 시설을 하여야 한다."고 규정한 같은 법 제16조 제1항의 규정과 실질적으로 같은 내용임을 고려할 때, 법 제5조 제1항의 개정규정은 이에 관한 시행령의 제정이 없다고 하더라도 바로 매립으로 인하여 피해가 발생할 것으로 예상되는 인근 구역의 권리자에 대하여도 적용된다고 함이 옳다.

또한, 그의 시행 전에 이미 매립면허를 받은 자에 대하여는 종전의 규정에 의한다고 규정한 위의 공유수면매립법시행령 부칙 제2조는 그 시행령의 적용에 관하여만 효력이 있을 뿐이고, 그의 모법인 위의 공유수면매립법 규정의 적용에 관하여까지 그 효력이 있다고 할 수 없는 것이다.

원심이 같은 취지에서 위의 공유수면매립법 개정법률 시행 이후에 매립면허를 받아 시행된 이 사건 매립사업으로 인하여 매립지 인근의 구역의 관행어업권자로서 피해를 입은 원고 및 원심 판시 선정자들(다음부터는 '원고 등'이라고 한다)에 대하여 구 공유수면매립법의 보상 관련 규정을 적용하여 피고의 불법행위책임을 인정한 것은 위와 같은 법리에 따른 것으로 정당하고, 거기에 상고이유의 주장과 같은 각 법리오해의 위법이 없다.

상고이유의 이 부분 주장들을 받아들이지 아니한다.

나. 제3주장에 관하여

구 수산업법(1990. 8. 1. 법률 제4252호로 전문 개정되기 전의 것) 제40조 소정의 '입어의 관행에 따른 권리'(관행어업권)란, 일정한 공유수면에 대한 공동어업권 설정 이전부터 어업의 면허 없이 그 공유수면에서 오랫동안 계속 수산동식물을 포획 또는 채취하여 옴으로써 그것이 대다수 사람들에게 일반적으로 시인될 정도에 이른 것을 말하고, 이는 공동어업권자에 대하여 주장하고 행사할 수 있을 뿐만 아니라 이를 다투는 제3자에 대하여도 그 배제를 청구하거나 그에 따른 손해배상을 청구할 수 있는 권리이며, 당해 공유수면에 공동어업권이 설정되어 있는지의 여부를 불문하고 인정될 수 있는 것이지, 공동어업권이 설정된 후에 비로소 그 공동어업권에 대한 제한물권적 권리로서만 발생하는 권리라고는 할 수 없고(대법원 1989. 7. 11. 선고 88다카14250 판결, 2001. 3. 13. 선고 99다57942 판결 등 참조), 이는 구 공유수면매립법 제16조에 의한 손실보상을 받을 수 있는 권리자로서의 관행어업권자를 인정하는 경우에도 마찬가지로서 공동어업권이 설정된 어장의 관행어업권자에 대하여만 구 공유수면매립법 제16조 등의 보상 관련 규정이 적용된다고 볼 수 없다.

원심이 공동어업권이 설정되어 있지 않은 이 사건 관행어장에 대한 원고 등의 관행어업권 피해에 대하여 피고의 불법행위로 인한 손해배상책임을 인정한 것은 위의 법리에 따른 것으로 정당하고, 거기에 상고이유의 주장과 같은 법리오해의 위법이 없다.

상고이유 중의 이 주장을 받아들일 수 없다.

다. 제4, 5, 6주장에 관하여

민법 제766조 제1항에서 말하는 '손해'란 위법한 행위로 인한 손해 발생의 사실을, '손해를 안 날'이란 불법행위의 요건 사실에 대한 인식으로서 위법한 가해행위의 존재, 가해행위와 손해의 발생과 사이에 상당인과관계 등이 있다는 사실까지 피해자가 알았을 때를 각 의미하고(대법원 1997. 12. 26. 선고 97다28780 판결 참조), 권리를 가진 자에 대하여 손실보상을 할 의무가 있는 사업시행자가 손실보상의무를 이행하지 아니한 채 공유수면매립공사를 시행하였다 하더라도 그로 인한 불법행위는 그 사업착수만으로 바로 성립하지 않고, 그 사업으로 인하여 실질적이고 현실적인 침해가 발생하였을 때에 비로소 성립한다고 할 것이므로(대법원 1999. 9. 17. 선고 98다52858 판결, 1999. 11. 23. 선고 98다11529 판결, 2000. 5. 26. 선고 99다37382 판결 등 참조), 공유수면매립으로 인하여 어업에 관한 권리가 소멸되었음을 이유로 한 손해배상청구권에 관한 민법 제766조 제1항의 소멸시효는 피해자가 장차 그러한 피해가 예상되는 매립사업이 사전보상 없이 착수되었음을 알았다고 하여 바로 진행된다고 할 수 없고, 사업의 진행에 따라 그 권리가 소멸되었다고 인정될 수 있는 시점 이후 이러한 사실을 인식하였을 때부터 비로소 진행한다고 볼 것이다.

원심은, 이 사건 관행어장은 1987. 10. 12. 탄도 방조제의 공사가 시작되면서부터 어장 일대에 토사 확산과 해류변화로 인한 지형 변화, 퇴적물 이동 등으로 인하여 바닷물의 유통이 정상적으로 되지 아니하고 부니(부니)의 침적으로 매몰현상이 나타나는 등 생태계가 변화하여 어패류가 패사하기 시작함으로써 점차적으로 기능을 상실하여 가다가 시화 제2호 방조제가 완성된 1994년 1월경에 이르러서는 자연산 어패류의 부존량이 미미한 상태가 되어 어장으로서의 기능 및 경제적 가치를 상실하였다고 인정한 다음, 이 사건 관행어업권을 상실한 원고 등의 이 사건 손해배상청구권은 위 1994년 1월경 이전에는 그 소멸시효가 진행할 수 없다고 판단하여 피고의 소멸시효 항변을 배척하였다.

기록 중의 증거들과 대조하면서 위의 법리에 비추어 보니, 원심의 위와 같은 사실인정과 판단은 정당하고 거기에 이 사건 관행어장의 기능상실 시기에 관한 사실오인 또는 이 사건 손해의 종류와 이를 안 날에 관한 각 법리오해 등의 위법이 없으며, 상고이유에서 적시하고 있는 대법원판결에 저촉된 것으로 볼 수도 없다.

상고이유의 이 부분 주장들 역시 받아들일 수 없다.

라. 제7주장에 대하여

구 수산업법(1990. 8. 1. 법률 제4252호로 전문 개정되기 전의 것, 이하 같다) 제40조 소정의 '입어의 관행에 따른 권리'(관행어업권)란, 일정한 공유수면에 대한 공동어업권 설정 이전부터 어업의 면허 없이 그 공유수면에서 오랫동안 계속 수산동식물을 포획 또는 채취하여 옴으로써 그것이 대다수 사람들에게 일반적으로 시인될 정도에 이르면 성립하고(대법원 1989. 7. 11. 선고 88다카14250 판결, 대법원 2001. 3. 13. 선고 99다57942 판결 등 참조), 이를 위하여 그 입어의 관행이 반드시 최초로 수산업법이 시행된 1953. 12. 9. 이전부터 시작되었어야 하는 것은 아니다.

원심이 이 사건 매립사업 시행 당시 가동연한의 범위 내에 있던 세대주들이거나 또는 그 세대 내에 가동연한 있는 세대원이 있는 원고들에 대하여 이 사건 어장에 대한 관행어업권자로 인정하여 피고의 손해배상책임을 인정한 것은 위와 같은 법리에 따른 것으로서 정당하고, 또한, 원심의 그 판단에는 최초로 수산업법이 시행된 1953. 12. 9. 당시 이미 20세 이상으로서 관행에 따른 입어를 하고 있던 사람에게만 관행어업권이 인정될 수 있다는 피고의 주장을 배척하는 취지도 포함되어 있다고 할 것이므로 원심판결에 피고의 이 부분 주장에 대한 판단유탈 또는 구 수산업법상의 관행어업에 관한 법리오해나 심리미진, 이유불비, 판례저촉 등의 잘못은 없다.

상고이유의 이 부분 주장들을 받아들이지 아니한다.

마. 제8주장에 관하여

사전보상 없이 공유수면 매립사업을 시행하여 관행어업권 등 어업에 관한 권리를 상실케 하였음을 이유로 한 불법행위로 인한 손해액은 손실보상금 상당임은 앞에서 본 바와 같고, 이는 어업에 관한 권리의 소멸에 대한 손실보상액 계산 방식을 규정한 관련 법령의 적용 또는 유추적용에 의하여 일정한 계산식에 따라 당해 피해자의 평년수익액에 비례하여 일정하게 산출되게 되어 있으므로 공유수면 매립사업 착수 이후 현실적으로 종전의 어업에 종사하는지의 여부 및 그의 기간이나 수익의 유무와 정도에 따라 달라질 수 없다고 할 것이니 피해자에게 그러한 수익이 현실적으로 발생하였다 하더라도 이를 공제하여 그 손해액을 산정할 것은 아니다.

원심이 이 사건 손해액을 계산하면서 이 사건 매립사업 착수 이후 원고 등이 이 사건 관행어장에서 종전의 관행어업에 종사하여 얻은 수익을 공제하지 아니한 것은 결과적으로 정당하고, 거기에 판결 결과에 영향을 준 손익공제, 손해배상액 산정에 관한 법리오해, 이유불비 등의 잘못이 있다고 할 수 없다.

상고이유의 이 주장들 역시 받아들이지 아니한다.

바. 제9주장에 관하여

제1심 감정인의 감정인 소외인의 감정결과 및 제1심 법원의 그 감정인에 대한 사실조회결과에 의하면, 그 감정인은 다년간의 감정경험을 바탕으로 어민의 연간 조업가능일수를 월 평균 20일씩 240일로 보는 감정인의 의견과 이 사건 사업지구 관행어업종사자의 연 평균 조업일수에 대한 조사자료, 면허 어업 등 다른 어업에 종사하는 기간과 조업일수, 다른 직업의 겸업 여부, 각 관행어업 종사 세대의 세대원수와 그들의 연령 등 구체적인 사정을 고려하여 원고 등을 비롯한 이 사건 관행어장에서의 관행어업종사자의 연 평균 조업일수를 80일, 60일, 40일 등으로 감정하였음을 알 수 있는바, 이러한 감정결과는 그 내용에 비추어 불합리하다고 보기 어렵고, 상고이유에서 들고 있는 것과 같은 사정만으로는 증거방법으로서의 그 감정결과를 배척하기에 부족하다고 할 것이다.

따라서 원심이 그 감정결과에 따라 원고 등의 이 사건 손해액을 인정한 것은 정당하고, 거기에 채증법칙에 위반하여 이 사건 관행어업 종사자의 연간 조업일수를 과대하게 인정한 잘못이 없다.

상고이유의 이 주장도 받아들이지 아니한다.

사. 제10주장에 관하여

청구의 대상으로 삼은 채권 중 일부만을 청구한 경우에도 그 취지로 보아 채권 전부에 관하여 판결을 구하는 것으로 해석되는 경우에는 그 동일성의 범위 내에서 그 전부에 관하여 시효중단의 효력이 발생하고(대법원 1992. 4. 10. 선고 91다43695 판결, 1992. 12. 8. 선고 92다29924 판결들 참조), 이러한 법리는 특정 불법행위로 인한 손해배상채권에 대한 지연손해금청구의 경우에도 마찬가지로 적용된다고 할 것이다.

원고는 이 사건 손해배상채권에 대한 소멸시효기간이 경과하기 전에 이 사건 소를 제기하면서 그 자신 및 선정자들을 위하여 금 1억 원 및 이에 대한 1987. 6. 10.부터의 법정 지연손해금만을 청구하였다가, 1997. 5. 8.에 비로소 청구금액을 확장하는 청구취지 및 원인 변경신청서를 제출하였으나, 소장을 제출하면서 앞으로 시행될 법원의 손해액 감정결과에 따라 청구금액을 확장할 뜻을 명백히 표시한 사실이 소장 기재 자체로 보아 명백한바, 그런 상황에서 원고로서는 소장 제출 당시부터 이 사건 손해배상채권 전부 및 이에 대한 1987. 6. 10.부터의 법정 지연손해금 전부에 대하여도 판결을 구하였던 것으로 볼 것이므로 이 사건 소장 제출에 의한 시효중단의 효력도 소장에 기재된 금 1억 원에 대한 지연손해금청구권뿐만 아니라 이 사건 손해배상채권 전부에 대한 지연손해금청구권 전부에 대하여 발생한 것으로 볼 것이다.

따라서 원심이 소장에 기재한 금 1억 원을 초과한 손해배상청구액 중 원심 인용금액에 대한 위의 청구취지 및 원인 변경신청서가 제출된 1997. 5. 8.로부터 3년 이전의 기간에 대한 지연손해금청구권에 대하여도 피고에게 배상의무가 있다고 판단한 것은 앞서 본 법리에 따른 것으로 정당하고, 거기에 지연손해금의 소멸시효기간 및 시효중단의 효력범위 등에 관한 각 법리를 오해한 위법이 없다.

상고이유의 이 부분 주장들 역시 받아들이지 아니한다.

4. 그러므로 원고와 피고의 각 상고를 기각하고, 상고비용을 상고인 각자의 부담으로 하기로 관여 대법관들의 의견이 일치되어 주문에 쓴 바와 같이 판결한다.

대법관   강신욱(재판장) 조무제(주심) 이용우 이강국

☞ 대법원 2004. 5. 14. 선고 2003다32162 판결 633p 참조
☞ 대법원 2004. 12. 23. 선고 2002다73821 판결 637p 참조

2. 소멸시효 기산점

> ☞ 민 법
>
> 제766조 (손해배상청구권의 소멸시효) ① 불법행위로 인한 손해배상의 청구권은 피해자나 그 법정대리인이 그 손해 및 가해자를 안 날로부터 3년간 이를 행사하지 아니하면 시효로 인하여 소멸한다.

[참조] 대법원 2002. 7. 9. 선고 2000다17780 판결 / 대법원 2003. 7. 25. 선고 2002다73135 판결

3. 부제소합의

☞ 대법원 2004. 12. 23. 선고 2002다73821 판결 637p 참조
☞ 대법원 2001. 9. 25. 선고 2000다16893 판결 644p 참조

[참조] 대법원 2001. 10. 26. 선고 2000다17988 판결 / 대법원 2002. 7. 9. 선고 2000다17780 판결 / 대법원 2001. 9. 28. 선고 99다70969 판결 / 대법원 1998. 12. 11. 선고 96다15176 판결

4. 손실보상청구권을 사전에 포기시키는 부관이 있는 경우

[판례 19] 손해배상(기) (대법원 1993. 6. 22. 선고 93다17010 판결)

【판시사항】
어업권자가 면허를 받을 때 및 기간연장허가를 받을 때 개발사업의 시행으로인한 일체의 보상청구를 포기하겠다고 하여 그러한 취지의 부관이 어업권등록원부에 기재된 경우 부관의 효력은 그 후의 양수인에게도 미친다고 한 사례

【판결요지】
어업권자가 면허를 받을 때 및 기간연장허가를 받을 때 개발사업의 시행으로 인한 일체의 보상청구를 포기하겠다고 하여 그러한 취지의 부관이 어업권등록원부에 기재된 경우 부관의 효력은 그 후의 양수인에게도 미친다고 한 사례.

【참조조문】
수산업법 제8조, 행정소송법 제27조[행정처분일반]

【전 문】
【원고, 상 고 인】 원고
【피고, 피상고인】 충청남도
【원심판결】 서울고등법원 1993.2.23. 선고 92나50081 판결

【주 문】
상고를 기각한다.
상고비용은 원고의 부담으로 한다.

【이 유】
상고이유를 본다.
원심판결은 그 이유에서 원래 소외인이 이 사건 어업권에 관한 면허를 받을 때 그 면허의 제한 또는 조건으로 정부 또는 지방자치단체의 개발계획상 이 면허지가 필요할 때 이 어업권면허는 취소되며 이 경우 아무런 보상도 실시하지 아니한다는 내용의 부관이 붙여져 있었고 그 부관이 어업권등록원부에 기재되었으며 그 후 위 소외인이 어업권의 면허기간연장허가를 받을 때에도 장차 이 사건 개발사업이 시행될 것에 대비한 피고의 요구에 따라 그 개발사업의 시행으로 인하여 위 어장이 피해를 입더라도 그로 인한 일체의 보상청구 등을 포기하기로 하는 내용의 포기각서를 피고에게 제출하여 그 면허기간의 연장을 허가받아 그와 같은 취지의 부관이 어업권등록원부에 역시 기재된 사실을 인정한 다음 위 어업권은 수산업법 제8조 제1항 제1호의 면허어업으로서 면허권자는 면허를 함에 있어서 면허의 제한 등에 관한 부관을 붙일 수 있다 할 것이고 위와 같이 어업권등록원부에 기재된 위 부관의 효력은 그 후 이 사건 어업권을 양수한 원고에게도 미친다고 판단하여 이에 관한 원고의 청구를 배척하였는바 기록에 비추어 원심의 판단은 정당하고 거기에 지적하는 바와 같은 법리오해의 위법이 없다.

주장은 이와 다른 견해에서 원심판결을 탓하는 것에 돌아간다.
그러므로 상고를 기각하고 상고비용은 패소자의 부담으로 하여 관여 법관의 일치된 의견으로 주문과 같이 판결한다.

대법관   김용준(재판장) 윤관(주심) 김주한 천경송

[판례 20] 보상금 (대법원 1999. 12. 24. 선고 98다57419, 57426 판결)

【판시사항】

[1] 수산제조업의 신고를 하는 자가 형식적 요건의 하자 없이 그 신고서를 구비서류까지 첨부하여 제출한 경우, 관할 관청의 수리의무의 존부(적극) 및 담당공무원이 법령에 규정되지 아니한 다른 사유를 들어 그 신고를 반려한 경우, 신고의 효력발생 시기(=신고서 제출시)

[2] 공공사업의 시행으로 인하여 사업지구 밖에서 발생한 수산제조업에 대한 간접손실의 보상에 관하여 공공용지의취득및손실보상에관한특례법시행규칙 제23조의5 소정의 간접보상 규정을 유추적용할 수 있는지 여부(한정 적극)

[3] 구 수산업법 제45조 제1항, 제12조에 기하여 어업허가에 붙인 부관의 효력(한정 적극)

[4] 구 수산업법 제45조 제1항, 제12조에 기하여 어업허가에 붙인 "새만금간척종합개발사업지구 내에서는 조업할 수 없습니다."라는 부관의 효력을 인정한 사례

【판결요지】

[1] 행정관청에 대한 신고는 일정한 법률사실 또는 법률관계에 관하여 관계 행정관청에 일방적인 통고를 하는 것을 뜻하는 것으로 법령에 별도의 규정이 있거나 다른 특별한 사정이 없는 한 행정관청에 대한 통고로써 그치는 것이고, 그에 대한 행정관청의 반사적 결정을 기다릴 필요가 없는 것인바, 구 수산업법(1995. 12. 30. 법률 제5131호로 개정되기 전의 것), 구 수산업법시행령(1996. 12. 13. 대통령령 제15241호로 개정되기 전의 것), 구 수산제조업의허가등에관한규칙(1997. 4. 23. 해양수산부령 제19호 수산물가공업허가등에관한규칙으로 개정되기 전의 것)의 각 규정에도 수산제조업의 신고를 하고자 하는 자는 그 규칙에서 정한 양식에 따른 수산제조업 신고서에 주요 기기의 명칭·수량 및 능력에 관한 서류, 제조공정에 관한 서류를 첨부하여 시장·군수·구청장에게 제출하면 되고, 시장·군수·구청장에게 수산제조업 신고에 대한 실질적인 검토를 허용하고 있다고 볼 만한 규정을 두고 있지 아니하고 있으므로, 수산제조업의 신고를 하고자 하는 자가 그 신고서를 구비서류까지 첨부하여 제출한 경우 시장·군수·구청장으로서는 형식적 요건에 하자가 없는 한 수리하여야 할 것이고, 나아가 관할 관청에 신고업의 신고서가 제출되었다면 담당공무원이 법령에 규정되지 아니한 다른 사유를 들어 그 신고를 수리하지 아니하고 반려하였다고 하더라도, 그 신고서가 제출된 때에 신고가 있었다고 볼 것이다.

[2] 공공용지의취득및손실보상에관한특례법 제3조 제1항이 "공공사업을 위한 토지 등의 취득 또는 사용으로 인하여 토지 등의 소유자가 입은 손실은 사업시행자가 이를 보상하여야 한다."고 규정하고 같은법시행규칙 제23조의5에서 공공사업시행지구 밖에 위치한 영업에 대한 간접손실에 대하여도 일정한 요건을 갖춘 경우 이를 보상하도록 규정하고 있는 점에 비추어, 공공사업의 시행으로 인하

여 사업지구 밖에서 수산제조업에 대한 간접손실이 발생하리라는 것을 쉽게 예견할 수 있고 그 손실의 범위도 구체적으로 특정할 수 있는 경우라면, 그 손실의 보상에 관하여 같은법시행규칙의 간접보상 규정을 유추적용할 수 있다.
[3] 구 수산업법(1995. 12. 30. 법률 제5131호로 개정되기 전의 것) 제45조 제1항에 의하여 준용되는 같은 법 제12조에 의하여 공익상 필요하다고 인정할 때에는 어업의 허가에 제한 또는 조건을 붙일 수 있는 것인바, 위 부관은 그것이 법률에 위반되거나 이행 불가능하거나 비례 또는 평등의 원칙에 크게 어긋나거나 또는 행정처분의 본질적인 효력을 해하는 등 그 한계를 일탈하였다고 볼 만한 특별한 사정이 없는 한 쉽게 효력을 부정하여서는 안된다.
[4] 구 수산업법(1995. 12. 30. 법률 제5131호로 개정되기 전의 것) 제45조 제1항, 제12조에 기하여 어업허가에 붙인 "새만금간척종합개발사업지구 내에서는 조업할 수 없습니다."라는 부관의 효력을 인정한 사례.

【참조조문】
[1] 구 수산업법(1995. 12. 30. 법률 제5131호로 개정되기 전의 것) 제49조, 구 수산업법시행령(1996. 12. 31. 대통령령 제15241호로 개정되기 전의 것) 제38조 제2항, 제42조 [2] 공공용지의취득및손실보상에관한특례법 제3조 제1항, 공공용지의취득및손실보상에관한특례법시행규칙 제23조의5 [3] 구 수산업법(1995. 12. 30. 법률 제5131호로 개정되기 전의 것) 제12조, 제45조 제1항 [4] 구 수산업법(1995. 12. 30. 법률 제5131호로 개정되기 전의 것) 제12조, 제45조 제1항

【참조판례】
[1] 대법원 1992. 5. 8. 선고 91누5655 판결(공1992, 1870)
대법원 1992. 9. 22. 선고 92도1839 판결(공1992, 3046)
대법원 1993. 7. 6. 자 93마635 결정(공1993하, 2567)
대법원 1993. 9. 14. 선고 93누6959 판결(공1993하, 2813)
대법원 1995. 3. 14. 선고 94누9962 판결(공1995상, 1636)
대법원 1997. 8. 29. 선고 96누6646 판결(공1997하, 2918)
대법원 1998. 4. 24. 선고 97도3121 판결(공1998상, 1559)
대법원 1999. 4. 27. 선고 97누6780 판결(공1999상, 1559)
[2] 대법원 1984. 11. 13. 선고 84누269 판결(공1985, 39)
대법원 1999. 6. 11. 선고 97다56150 판결(공1999하, 1347)
[3] 대법원 1992. 8. 18. 선고 92누6020 판결(공1992, 2775)
대법원 1998. 11. 24. 선고 96다56399 판결

【전 문】
【원고, 피상고인 겸 상고인】 원고 1 외 1인 (소송대리인 법무법인 21세기종합법률사무소 담당변호사 오동섭 외 3인)
【원고, 피상고인】 원고 3 외 13인
【원고, 상고인】 원고 17 (소송대리인 변호사 배만운)
【원고, 피상고인 겸 부대상고인】 원고 18
【피고, 상고인 겸 피상고인(부대피상고인)】 대한민국
【원심판결】 광주고법 1998. 10. 15. 선고 96나6591, 6607 판결

【주 문】
원심판결 중 원고 1, 원고 18에 대한 부분과 원고 1, 원고 18, 원고 17을 제외한 나머지 원고들에 대한 피고 패소 부분을 각 파기하고, 그 부분 사건을 광주고등법원에 환송한다.
원고 2의 승계참가인, 원고 17의 상고를 각 기각한다.
원고 17과 피고 사이의 상고비용을 그 원고의 부담으로 한다.

【이 유】

1. 수산제조업에 관한 청구 부분
   가. 원심의 사실인정과 판단

   원심은, 원고 1이 1983. 10. 31.경부터 김가공업을 경영하여 왔는데 김가공업이 자유업에서 신고업으로 전환되자 1991. 4.과 같은 해 5.경 관할 부안군청에 수산제조업 신고서를 제출하려 하였으나 첨부 서류의 미비로 접수가 되지 아니하였고, 원고 17이 김가공업을 경영하다가 1991. 10. 30. 수산제조업신고를 마쳤으나, 그 원고들이 이 사건 매립면허고시일 이전에 하여야 할 그 신고를 하지 아니하였다는 이유로 보상대상에서 제외되었다는 요지의 사실을 인정하였다.

   원심은 나아가, 구 공유수면매립법과 수산업법 등 관련 보상규정에 따라 그 원고들이 위의 매립면허고시일 이전에 그 제조업을 신고하지 아니한 이상 손실보상청구권이 없고, 가령 그 매립면허고시일 이전에 신고를 한 것과 마찬가지로 보아야 한다고 하더라도 그 원고들이 입게 된 손해는 공공사업의 기업지 밖에서 일어난 간접손실에 불과하여 토지수용법 또는 공공용지의취득및손실보상에관한특례법(아래에서는 특례법이라고만 쓴다)시행규칙의 간접보상의 관련 규정에 근거하여 곧바로 공공사업의 시행자에게 손실보상청구권을 가진다고 할 수 없고, 그 간접손실은 그 발생을 예견하기가 어렵고 그 손실의 범위도 쉽게 확정할 수 없어서 위의 특례법시행규칙의 간접보상에 관한 규정을 준용 또는 유추적용하여 손실보상청구권을 인정할 수도 없으며, 피고가 손실보상 의무를 부담하지 아니한 상태에서 새만금사업의 시행으로 그 원고들의 김가공업이나 그 공장시설 등에 실질적이고 현실적인 침해를 가하였다고 할 수도 없으므로 손해배상청구권도 인정할 수 없다고 판단하였다.

   나. 원고 1의 상고이유에 관한 판단

   행정관청에 대한 신고는 일정한 법률사실 또는 법률관계에 관하여 관계 행정관청에 일방적인 통고를 하는 것을 뜻하는 것으로 법령에 별도의 규정이 있거나 다른 특별한 사정이 없는 한 행정관청에 대한 통고로써 그치는 것이고 그에 대한 행정관청의 반사적 결정을 기다릴 필요가 없는 것이다(대법원 1993. 7. 6. 자 93마635 결정 참조).

   그리고 구 수산업법(1990. 8. 1. 법률 제4252호로 전문 개정되었다가 1995. 12. 30. 법률 제5131호로 개정되기 직전의 것), 구 수산업법시행령(1991. 2. 18. 대통령령 제13308호로 전문 개정되었다가 1996. 12. 13. 대통령령 제15241호로 개정되기 직전의 것), 구 수산제조업의허가등에관한규칙(1991. 4. 18. 농림수산부령 제1071호로 전문 개정되었다가 1997. 4. 23. 해양수산부령 제19호 수산물가공업허가등에관한규칙으로 개정되기 직전의 것)의 각 규정에 살펴보아도, 수산제조업의 신고를 하고자 하는 자는 그 규칙에서 정한 양식에 따른 수산제조업 신고서에 주요 기기의 명칭·수량 및 능력에 관한 서류, 제조공정에 관한 서류를 첨부하여 시장·군수·구청장에게 제출하면 되고, 시장·군수·구청장에게 수산제조업 신고에 대한 실질적인 검토를 허용하고 있다고 볼 만한 규정을 두고 있지 아니하고 있어, 수산제조업의 신고를 하고자 하는 자가 그 신고서를 구비서류까지 첨부하여 제출한 경우 시장·군수·구청장으로서는 형식적 요건에 하자가 없는 한 수리하여야 할 것이다(대법원 1999. 4. 27. 선고 97누6780 판결, 1992. 5. 8. 선고 91누5655 판결 등 참조).

나아가, 관할 군청에 수산제조업 신고서가 제출되었다면 담당공무원이 법령에 규정되지 아니한 다른 사유를 들어 그 신고를 수리하지 아니하고 반려하였다고 하더라도 그 신고서가 제출된 때에 신고가 있었다고 볼 것인바(대법원 1999. 4. 27. 선고 97누6780 판결, 1992. 9. 22. 선고 92도1839 판결 등 참조), 기록상의 관련 증거에 의하니, 원고 1은 1991. 5. 30. 부안군청 수산과 담당공무원에게 수산제조업 신고서를 구비서류까지 첨부하여 제출한 사실을 알 수 있고 그 담당공무원이 법령에 규정되지도 아니한 사유인 김가공공장 건물이 건축물관리대장에 창고로 등재되어 있다는 이유로 반송한 것일 뿐이므로, 그 원고는 그 신고서를 제출함으로써 수산제조업 신고를 하였다고 보아야 할 것이다.

그럼에도 그 원고가 이 사건 매립면허일 이전에 수산제조업 신고를 하지 않았다고 판단한 이 부분 원심판결에는 채증법칙에 위반하여 사실을 오인하였거나 수산제조업 신고의 효력 발생에 관한 법리를 오해한 위법이 있다.

한편, 그 원고가 입게 된 손실은 이 사건 사업지구 밖에서 일어난 간접손실이라 할 것인바, 특례법 제3조 제1항이 "공공사업을 위한 토지 등의 취득 또는 사용으로 인하여 토지 등의 소유자가 입은 손실은 사업시행자가 이를 보상하여야 한다."고 규정하고, 특례법시행규칙 제23조의5에서 공공사업시행지구 밖에 위치한 영업에 대한 간접손실에 대하여도 일정한 요건을 갖춘 경우 이를 보상하도록 규정하고 있는 점에 비추어, 공공사업의 시행으로 인하여 그러한 손실이 발생하리라는 것을 쉽게 예견할 수 있고 그 손실의 범위도 구체적으로 특정할 수 있는 경우라면 그 손실의 보상에 관하여 특례법시행규칙의 간접보상 규정을 유추적용할 수 있는 것이다(대법원 1999. 6. 11. 선고 97다56150 판결 참조).

그런데 그 원고가 수산제조업 신고를 한 것으로 보아야 할 것임은 앞서 본 바와 같고, 그 신고서에는 제조공장의 위치·생산능력 및 원료의 확보방법을 기재하도록 하는 한편 주요 기기의 명칭·수량 및 능력에 관한 서류를 첨부하도록 하고 있어, 그 공공사업의 시행으로 인하여 소멸되는 김양식장의 규모와 정도를 김가공공장의 위치, 원료의 확보방법 등과 대조하여 손실 발생을 쉽게 예견할 수 있고 나아가 생산능력까지도 파악할 수 있어 손실액도 어느 정도 특정할 수 있다고 볼 것이다.

그럼에도 그 원고가 입은 영업손실이 발생을 예견하기 어렵고 손실의 범위도 쉽게 확정할 수 없다는 이유로 특례법시행규칙의 간접보상에 관한 규정을 유추적용할 수 없어 손실보상청구권을 인정할 수 없다고 한 원심의 가정적 판단 부분에도 공공사업의 시행으로 인한 간접보상에 관한 법리를 오해한 위법이 있다.

따라서 그 원고의 이 부분 상고이유의 주장은 정당하여 이를 받아들인다.

다. 원고 17의 상고이유에 관한 판단

위의 구 수산업법시행령이 1991. 2. 18. 시행됨에 따라 김제조기로 마른김을 제조하는 사업이 자유업에서 신고를 요하는 수산제조업으로 전환되었고, 원고 17이 그 시행령의 개정 이전부터 김가공공장을 운영하고 있었던 점과 그 시행령에 기존의 김가공공장 운영자들에 대한 경과규정을 두지 않은 점은 상고이유의 주장과 같으나, 그 시행령 제42조에 따라 수산제조업 신고에 관한 세부절차를 규정한 구 수산제조업의허가등에관한규칙 부칙 제2항에 "이 규칙 시행 당시 김 제조기로 마른김을 제조하고 있는 자는 1991. 5. 31.까지 김가공업의 신고를 하여야 한다."는 신고기간 유예 규정을 두고 있으므로, 기존의 김가공공장 운영자라도 그 기간 내에 신고를 하여야 적법하게 김가공업을 계속 영위하였다고 인정받을 수 있는 것이며, 이 점에 관하여는 피고측에서 김가공업이 신고제로 전환되었다는 점을 충분히 홍보하지 아니하였다거나 그 원고가 공업배치및공장설립에관한법률에 의한 공장등록을 하였다고 하여 위와 달리 볼 수는 없다.

더구나, 그 원고가 입은 손실은 이 사건 사업지구 밖에서 일어난 간접손실이며, 간접손실은 앞에서 본 바와 같이 공공사업의 시행으로 인하여 그러한 손실이 발생하리라는 것을 쉽게 예견할 수 있고 그 손실의 범위도 구체적으로 특정할 수 있는 경우라야 그 손실의 보상에 관하여 위 특례법시행규칙의 간접보상 규정을 유추적용할 수 있는 것인데, 그 원고가 이 사건 매립면허고시일 이전에 수산제조업 신고를 하지 아니한 이상 그 원고에게 그러한 손실이 발생하리라는 것을 예견하기가 어렵고 그 손실의 범위도 쉽게 확정할 수 없으므로 위 간접보상 규정을 유추적용하여 손실보상청구권을 인정할 수도 없으며, 그 원고가 종전부터 김가공공장을 운영하고 있었다고 하여 실제 신고한 날보다 소급하여 신고의 효력을 인정하거나 매립면허고시일 이전에 신고를 한 경우와 동일하게 취급할 수도 없다.

나아가, 이 사건에서 불법행위로 인한 손해배상청구는 손실보상청구권이 있음을 전제로 하는 것인데 그 원고가 목적물에 대한 실질적이고 현실적인 침해를 받았다고 볼 수도 없음은 위에서 본 바와 같아서 손실보상청구권이 인정되지 않을 뿐만 아니라 불법행위로 인한 손해배상청구의 주장 역시 인정할 수 없다.

원심판결의 설시에 적절하지 못한 점이 없지 아니하나, 그 원고에게 손실보상 또는 손해배상청구권이 없다고 본 결론에 있어서는 정당하고, 거기에는 헌법 제23조 또는 평등·형평의 원칙 위반, 수산업법령의 개정에 따른 기존 제조업자의 지위와 성격에 관한 법리오해 또는 공유수면매립법 제16조 제1항 등 보상 관련 법규의 이념이나 법리오해 등 판결에 영향을 미친 위법사유가 없다. 이 부분 상고이유의 주장들을 받아들이지 아니한다.

2. 허가어업에 관한 청구 부분

  가. 원심의 판단

원심은, 원고 17을 제외한 나머지 원고들(아래에서 행위자를 나타낼 때에는 승계참가인의 경우 탈퇴 전 원고 2를, 원고 5, 원고 6, 원고 7, 원고 8, 원고 9의 경우 피상속인 망 소외인까지도 포함한 의미로서 허가어업 원고들이라고만 쓴다.)이 1.09t~7.93t의 어선을 소유하면서 1991. 8. 28.~1991. 10. 22. 사이에 부안군수 또는 옥구군수로부터 연안유자망, 연안연승, 연안채낚기 또는 연안통발 어업허가를 받아 이 사건 새만금간척종합개발사업 시행 수역이 포함된 전라북도 연해에서 조업을 하여 왔는데, 그 새만금사업의 시행으로 인하여 사실상 종래의 어업에 거의 종사할 수 없게 되거나 상당 부분 제한된 사실, 1991. 8. 19. 새만금사업 시행계획이 고시되자 같은 달 26. 관내 시장·군수회의가 개최되어 "어업허가신고는 동 사업지구 내에서 조업금지 조건부 외에는 억제되어야 한다."는 지시가 있었고, 이에 따라 부안군수와 옥구군수는 허가어업 원고들에게 어업허가를 하면서 "새만금간척종합개발사업지구 내에서는 조업할 수 없습니다"라는 부관을 붙인 사실, 그런데 부안군수는 그 지시사항이 도달하기 전인 같은 해 8. 26. 접수된 3건의 어업허가는 위와 같은 부관 없이 허가하였고, 옥구군수도 위와 같은 부관을 붙인 58건 이외에 같은 기간 동안에 기간 만료 허가어선과 관내에서 양도·양수된 허가어선 16건에 대하여는 위와 같은 부관 없이 허가하였으며, 군산시와 김제시에서는 위의 기간 중 갱신되는 어업허가에 대하여 아무런 부관도 붙이지 아니한 사실, 피고는 위의 매립면허고시일인 1991. 10. 22.을 기준으로 허가어업자 전부를 보상대상자로 확정하고 보상을 해주었는데, 당초에는 허가어업 원고들에 대하여도 보상해 주기로 내부적으로 결정하고 피해보상을 위한 용역평가까지 시작하였으나, 감사원이 허가

어업 원고들에 대하여는 위와 같은 부관을 붙여 허가하였으니 보상을 하여서는 아니 된다고 지적을 하자 허가어업 원고들을 보상대상에서 제외시켰다는 요지의 사실을 인정하였다.

원심은 위의 인정 사실을 토대로, 그 부관의 문언이 사업의 진척도에 따라 사업지구 내에서의 조업을 제한한 것에 불과한 것일 뿐이라고 해석할 여지도 있어 불명확하고, 위의 부관을 붙인 당초의 행정목적에도 부합하지 않으며, 지역에 따라서는 갱신어업허가에 부관을 붙이지 아니하여 그 부관은 형평에도 크게 어긋나고, 위와 같은 부관을 붙였다고 하여 기왕에 발생한 손실보상청구권까지 박탈하는 효과를 인정하는 것은 비례의 원칙, 부당결부금지의 원칙에도 반하므로, 허가어업 원고들에 대하여는 그 부관의 효력을 인정할 수 없다고 전제하여 피고는 그 부관에도 불구하고 허가어업 원고들에 대하여도 적정한 보상금을 지급하고 새만금사업을 시행하였어야 할 것임에도 이에 이르지 아니하였다고 보아 피고에 대하여 손실보상금 상당의 손해의 배상을 명하였다.

나. 피고의 상고이유에 관한 판단

위의 구 수산업법 제45조 제1항에 의하여 준용되는 같은 법 제12조에 의하여 공익상 필요하다고 인정할 때에는 어업의 허가에 제한 또는 조건을 붙일 수 있는 것인바, 공익상 필요에 의한 허가의 제한에 해당함이 분명한 위 부관은 그것이 법률에 위반되거나, 이행 불가능하거나, 비례 또는 평등의 원칙에 크게 어긋나거나 또는 행정처분의 본질적인 효력을 해하는 등 그 한계를 일탈하였다고 볼 만한 특별한 사정이 없는 한 쉽게 효력을 부정하여서는 안 될 것이다(대법원 1998. 11. 24. 선고 96다56399 판결, 1992. 8. 18. 선고 92누6020 판결 등 참조).

이 사건의 부관에서 '새만금간척종합개발사업지구'라고 한 취지는 1991. 8. 19. 시행계획이 고시된 사업지구를 가리키는 것이고 현실적으로 순차로 공사가 시행되는 수역만을 가리킨다고 볼 것은 아님이 분명하므로 부관의 문언이 불명확하다고 할 것은 아니다.

그리고 위의 구 수산업법이 어업허가의 양도 또는 승계에 관한 아무런 규정을 두고 있지 않고 오히려 타인으로 하여금 사실상 허가어업의 경영을 지배하는 것을 금지하고 있는 점에 비추어 볼 때, 어업허가는 특정인에 대한 허가로서 양도가 불가능하므로 전 소유자가 어업허가를 받아 조업하던 어선을 양도받은 경우라도 양수인으로서는 자신이 새로 어업허가를 받아야 해당 어업을 영위할 수 있고, 한편, 위의 구 수산업법 제41조 제2항이 어선·어구 또는 시설마다 어업허가를 받아야 한다고 규정하고 있고, 구 어업허가및신고등에관한규칙(1994. 5. 14. 농림수산부령 제1136호로 개정되기 전의 것) 제19조 제1항은 허가된 어업에 사용되고 있는 어선을 다른 어선으로 변경하고자 하는 경우에는 새로운 어업허가를 받아야 한다고 명시하고 있으므로 대체(代替) 건조된 어선으로 어업을 영위하려고 하는 경우에도 새로 어업허가를 받아야하는 것이지, 선박의 양수 또는 노후선박의 대체의 경우라고 하여 종전의 어업허가가 승계된다고 할 수 없다.

또, 시·도지사의 어업허가권은 위의 구 수산업법시행령 제73조 제2항 제1호에 의하여 시장·군수에게 위임되어 각 시장·군수는 자신의 권한으로 구체적 사정에 따라 허가권을 적절하게 행사할 수 있는 것이므로 시·군을 달리하는 지역에서 부관 없이 허가를 하였다고 하더라도 그와 같이 부관의 유무가 지역에 따라 달라지게 된 것이 어떤 사정 때문인지가 밝혀져 있지 아니한 이 사건에서 그와 같은 사정만을 들어 형평에 어긋난다고 섣불리 단정할 수도 없으며, 나아가 허가어업 원고들이 원래 손실보상의 대상이 되지 않는 이상 그들에 대하여도 보상절차를 진행하다가 감사원의 지적에 따라 비로소 보상대상에서 제외하였다고 하여 이를 탓할 수도 없다 할 것이다.

아울러, 어업허가를 받고 조업을 하던 사람이 어선을 양도하거나 기존의 허가어업에 사용하던 어선을 폐선한 경우에는 해당 어업허가는 소멸하는 것이지 이 사건 매립면허고시 당시 여전히 어업허가를 보유하고 있는 것이 아니므로 손실보상청구권이 발생할 여지가 없고, 따라서 어선을 양수 또는 대체하였다고 하여 기존의 어선에 잠재되어 있던 기존의 손실보상청구권이 양도되거나 승계된다고 할 수 없으므로 특단의 사정이 보이지 않는 이 사건에서 허가어업 원고들의 어업허가에 위와 같은 부관을 붙였다고 하여 비례의 원칙이나 부당결부의 원칙에 반한다고 할 수 없다.

그럼에도 불구하고 위의 부관의 효력이 없게 될 사유나 어업허가가 계속 유효하게 될 사유에 관하여 더 밝혀 판시하지도 아니한 채 그 부관이 허가어업 원고들에 대하여는 효력이 없다고 판단하고, 이를 전제로 피고에 대하여 보상금 상당의 손해의 배상을 명한 원심판결에는 그 손실보상 또는 손해배상청구권의 발생 여부와 그의 범위에 관하여 심리를 다하지 아니한 나머지 허가어업 원고들의 어업허가 및 부관의 성격이나 효력에 관한 법리를 오해함으로써 판결 결과에 영향을 미친 위법이 있다고 할 것이다.

따라서 이 점을 지적하는 피고의 상고이유의 주장을 받아들인다.

다. 원고 1의 상고이유와 원고 18의 부대상고이유에 관한 판단

원고 1의 이 부분 상고이유와 원고 18의 부대상고이유는 그 원고들에게 손실보상 또는 손해배상청구권이 있음을 전제로 하여 원심이 산정한 손해배상액을 다투는 것이어서, 앞서 피고의 상고이유에 대한 판단에서 살펴본 바와 같이 원심이 심리를 다하지 아니한 나머지 이 사건 부관의 효력이 그 원고들에게 미치지 않는다고 본 원심의 판단이 그릇된 것으로 밝혀져 그 부관의 효력과 이를 전제로 한 손실보상 또는 손해배상청구권의 발생 여부 또는 그의 범위를 다시 심리·판단할 수밖에 없게 된 이상, 이에 대하여는 별도로 판단하지 않기로 한다.

3. 승계참가인의 상고 부분

원고 2의 승계참가인은 상고이유서를 제출하지 않았고, 상고장에도 상고이유의 기재가 없다.

4. 결 론

그러므로 원고 1의 나머지 상고이유와 원고 18의 부대상고이유에 대한 판단을 생략한 채 원심판결 중 그 원고들에 대한 부분과 원고 1, 원고 18, 원고 17을 제외한 나머지 원고들에 대한 피고 패소 부분을 모두 파기하고, 그 부분 사건을 광주고등법원에 환송하며, 원고 2의 승계참가인, 원고 17의 상고를 각 기각하고, 원고 17과 피고 사이의 상고비용을 그 원고 17의 부담으로 하기로 관여 대법관들의 의견이 일치되어 주문에 쓴 바와 같이 판결한다.

대법관   김형선(재판장) 이용훈 조무제(주심) 이용우

제2장   매립·어업권 (법제처 법령해석사례)

[사례 1] 농림수산식품부 - 잠수기어업의 경우 어선 1척에 2명의 잠수부가 승선하여 교대로 조업할 수 있는지 여부(「수산자원관리법 시행령」 별표 11 및 「어업의 허가 및 신고 등에 관한 규칙」 별표 1 등 관련)

안건번호12-0326 회신일자2012-07-05

1. 질의요지
「수산업법 시행령」 제24조제21호에 따른 잠수기어업의 경우(마을어업권자가 시장·군수·구청장의 허가를 받아 수산자원을 포획·채취하는 경우는 제외함), 어선 1척에 2명의 잠수부가 승선하여 1명씩 교대로 조업할 수 있는지?

2. 회답
「수산업법 시행령」 제24조제21호에 따른 잠수기어업의 경우(마을어업권자가 시장·군수·구청장의 허가를 받아 수산자원을 포획·채취하는 경우는 제외함), 어선 1척에 2명의 잠수부가 승선하여 1명씩 교대로 조업할 수는 없다고 할 것입니다.

3. 이유
「수산업법」 제41조제1항에서는 근해어업을 하려는 자는 어선 또는 어구마다 농림수산식품부장관의 허가를 받아야 한다고 규정하고 있고, 같은 조 제4항에서는 같은 조 제1항에 따라 허가를 받아야 하는 어업별 어업의 종류는 대통령령으로 정하며, 어업의 종류별 어선의 톤수, 기관의 마력, 어업허가의 유예, 허가의 제한사유, 양륙항의 지정, 조업해역의 구분 및 허가 어선의 대체 및 그 밖에 허가와 관련하여 필요한 절차 등은 농림수산식품부령으로 정한다고 규정하고 있는 한편, 같은 법 제64조제2항에서는 어업의 종류별 규모·선령·기관, 부속선의 수·규모, 그 밖에 필요한 사항은 농림수산식품부령으로 정한다고 규정하고 있습니다.
「수산업법」 관련 규정의 위임을 받아, 같은 법 시행령 제24조제21호에서는 근해어업 중 동력어선에 잠수기를 설치하여 패류 등의 정착성수산동식물을 포획·채취하는 어업을 잠수기어업으로 정의하고 있고, 「어업의 허가 및 신고 등에 관한 규칙」(이하 "어업허가규칙"이라 함) 제3조제1항에서는 근해어업의 종류별 어선의 규모, 기관의 마력, 부속선의 수 및 규모는 별표 1과 같다고 규정하면서, 같은 규칙 별표 1의 비고란 제6호에서는 잠수기어업의 경우에는 어선 1척당 잠수부에게 산소를 공급하는 장비인 컴프레서 또는 천평기를 1대 설치하여야 하고, 잠수부는 1명이 조업하여야 하되, 다만, 경기도, 인천광역시, 충청남도 및 전라북도의 연해에서 조업하는 경우에는 매년 4월 20일부터 6월 30일까지는 잠수부 2명이 조업할 수 있다고 규정하고 있습니다.
한편, 「수산자원관리법」 제23조제1항에서는 농림수산식품부장관은 수산자원의 번식·보호를 위하여 필요하다고 인정되면 어업의 종류별로 어구의 규모·형태·사용량 및 사용방법, 어구사용의 금지구역·금지기간, 그물코의 규격 등을 제한할 수 있다(같은 법 제26조제3항제1호에 따르면 마을어업권자가 시장·군수·구청장의 허가를 받아 수산자원을 포획·채취하는 경우는 제외하며, 이하 같음)고 규정하면서, 같은 법 제23조제2항에서 같은 조 제1항에 따른 어구의 규모·형태·사용량 및 사용방법, 어구사용의 금지구역·금지기간, 그물코의 규격 제한 등에 필요한 사항은 대통령령으로 정한다고 규정하고 있고, 해당 규정의 위임을 받아 같은 법 시행령 별표 11 Ⅱ. 근해어업의 어구의 규모·형태·사용량 및 사용방법의 제21호나목 1)부터 3)까지 외의 부분에서는 잠수기어업의 어법은 어업허가를 받은 1척의 어선과 잠수부 1명이 같은 호 가목에 적합한 어구를 이용하여 패류 등의 정착성 수산동식물을 잡는 것을 말한다고 규정하고 있습니다.

먼저, 행정법규의 해석에 있어서 문언의 통상적인 의미를 벗어나지 않는 한 그 입법 취지와 목적 등을 고려한 목적론적 해석이 배제되는 것은 아니므로, 2명의 잠수부가 승선하여 교대로 조업할 수 있는지 여부를 해석함에 있어서도 가능한 한 그 입법 취지와 목적 등을 존중하여 그에 부합되도록 새기는 것이 타당하다고 할 것인바(대법원 2007. 9. 20. 선고 2006두11590 판결례 참조), 수산업법령 전체에 나타난 잠수기어업 관련 규정 및 입법 취지를 종합적으로 검토하여 유기적으로 해석할 필요가 있다 할 것입니다.

그런데, 「수산업법」 제41조제1항에서는 근해어업을 하려는 자는 어선 또는 어구마다 농림수산식품부장관의 허가를 받아야 한다고 규정하고 있는데, 「수산자원관리법 시행령」 별표 11 Ⅱ. 근해어업의 어구의 규모・형태・사용량 및 사용방법의 제21호나목 1)부터 3)까지 외의 부분에서는 잠수기어업의 어업은 어업허가를 받은 1척의 어선과 잠수부 1명이 같은 호 가목에 적합한 어구를 이용하여 패류 등의 정착성 수산동식물을 잡는 것이라고 규정하고 있는바, 관련 규정에 비추어 볼 때, 잠수기어업은 어선 1척당 잠수부 1명에 대해 허가를 받아야 하는 것으로 해석하는 것이 합리적이라 할 것입니다.

또한, 어업허가규칙 별표 1 비고란의 제6호 본문에서는 잠수기어업의 경우 어선 1척당 잠수부에게 산소를 공급하는 장비인 컴프레서 또는 천평기를 1대 설치하여야 하고, 잠수부는 1명이 조업하여야 한다고 규정하면서, 같은 호 단서에서 경기도, 인천광역시, 충청남도 및 전라북도의 연해에서 조업하는 경우에는 매년 4월 20일부터 6월 30일까지는 잠수부 2명이 조업할 수 있다고 규정하고 있는바, 일정한 지역에서 일정한 기간 동안만 2명이 조업할 수 있도록 규정한 취지는 상어가 빈번하게 출몰하는 시기 및 지역에서는 2인 1조로 조업하도록 하여 인명사고를 방지하기 위한 것으로서, 해당 규정의 입법체계 및 취지를 고려하면, 일정 지역 및 일정 기간에 한하여 예외적으로 잠수부 2명이 승선하여 함께 조업할 수 있는 것이지, 원칙은 어선 1척에 잠수부 1명이 승선하여 조업하는 것으로 해석하는 것이 타당하다 할 것인바, 이 사안과 같이 잠수기어업의 경우 어선 1척에 2명의 잠수부가 승선하여 1명씩 교대로 조업할 수는 없다 할 것입니다.

더욱이, 어선 1척에 2명의 잠수부가 승선하여 1명씩 교대로 조업하는 것이 가능하다고 한다면, 출항 후 귀항까지 잠수기어업 행위를 한 사람은 결과적으로 2명이 되므로, 어업허가규칙 별표 1 비고란의 제6호에 따른 "잠수부는 1명이 조업하여야 한다"는 규정에 반하는 해석이라 할 것입니다.

한편, 「수산자원관리법」은 수산자원을 효율적으로 관리함으로써 어업의 지속적 발전과 어업인의 소득증대에 기여하기 위해 제정된 법률(제1조)로서, 수산자원의 번식・보호를 위해 어업의 종류별로 어구의 사용방법 등을 제한(제23조)하고 있는데, 어선 1척에 2명의 잠수부가 승선하여 1명씩 교대로 조업할 수 있다고 해석한다면, 수산업법령 상 잠수기어업의 경우 어선 1척당 승선할 수 있는 잠수부의 수에 대한 제한이 사실상 없는 결과가 되고, 수산자원의 무분별한 남획이 자행될 우려가 있을 수 있는바, 이는 「수산자원관리법」의 입법취지에 반하는 해석이라 할 것입니다.

따라서, 「수산업법 시행령」 제24조제21호에 따른 잠수기어업의 경우, 어선 1척에 2명의 잠수부가 승선하여 1명씩 교대로 조업할 수는 없다고 할 것입니다.

[사례 2] 충청남도 태안군 - 관리선으로 사용하기 위해 어업허가를 받은 어선을 임차하는 경우 어업허가를 받은 자의 지위승계 신고 의무 여부(「수산업법」 제44조 등 관련)

안건번호21-0029 회신일자2021-04-21

1. 질의요지

「수산업법」 제27조제3항에 따라 면허받은 어업의 어장에 관리선(각주: 어업권자가 자신의 어업의 어장관리에 필요한 어선을 말하며, 이하 같음.)을 갖추지 못한 어업권자가 같은 법 제41조제1항·제2항 및 제3항제1호에 따라 허가를 받은 어선(각주: 본인이 소유하지 않은 어선임을 전제함.)을 임차하여 관리선으로 사용(각주: 「수산업법」 제41조제1항·제2항 및 제3항제1호에 따라 허가를 받은 목적으로 어선을 사용하는 것이 아닌, 관리선으로 사용하는 경우로 한정함.)하기 위해 승인을 신청하는 경우, 같은 법 제44조제2항에 따른 지위 승계 신고 의무가 있는지?

※ 질의배경

충청남도 태안군에서는 위 질의요지에 대한 해양수산부의 회신 내용에 이견이 있어 법제처에 법령해석을 요청함.

2. 회답

이 사안의 경우 「수산업법」 제44조제2항에 따른 지위 승계 신고 의무가 없습니다.

3. 이유

법해석은 가능한 한 법률에 사용된 문언의 통상적인 의미에 충실하게 해석하는 것을 원칙으로 하면서, 법률의 입법 취지와 목적, 그 제·개정 연혁, 법질서 전체와의 조화, 다른 법령과의 관계 등을 고려하는 체계적·논리적 해석방법을 추가적으로 동원함으로써 위와 같은 법해석의 요청에 부응하는 타당한 해석을 해야 합니다.(각주: 대법원 2013. 1. 17. 선고 2011다83431 판결례 참조)

먼저 「수산업법」의 체계를 살펴보면 제2장(제8조부터 제40조까지)에서는 정치망어업(定置網漁業) 및 마을어업과 같이 일정한 수면을 구획하여 면허를 받아 할 수 있는 "면허어업"에 대해, 제3장(제41조부터 제49조까지)에서는 근해어업 및 연안어업 등과 같이 어선·어구 또는 시설마다 허가를 받아 할 수 있는 "허가어업"에 대해 각각 구분하여 규율하고 있고, 구체적으로 「수산업법」 제27조에서는 같은 법 제8조에 따라 면허를 받은 어업권자를 규율 대상으로 하여 어장관리에 사용할 수 있는 관리선의 종류나 관리선 사용을 위한 절차 등을 정하고 있는 반면, 같은 법 제44조는 어업허가를 받은 자의 지위 승계에 관한 규정으로서 허가어업을 대상으로 하여 그 지위를 승계한 자에 대한 신고 의무 등을 정하고 있습니다.

즉 「수산업법」 제44조는 어업허가를 받은 어선 등을 상속·매입 또는 임차할 때마다 새롭게 어업허가를 받아야 하는 불편을 해소하기 위해(각주: 2009. 4. 22. 법률 제9626호로 전부개정되어 2010. 4. 23. 시행된 수산업법 개정이유·주요내용 및 2008. 11. 28. 의안번호 제1802398호로 발의된 수산업법 전부개정법률안에 대한 국회 농림수산식품위원회 검토보고서 참조) 해당 어선 등을 상속·매입 또는 임차한 때에 허가관청에 신고함으로써 종전 어업허가를 받은 자의 지위가 승계될 수 있도록 한 규정으로, 이는 어업허가를 받은 어선 등을 상속·매입 또는 임차한 자가 해당 어선 등을 대상으로 이루어진 허가 내용대로 어업허가권을 행사하는 것을 전제하여 지위 승계를 인정하고 그 허가어업의 주체를 명확히 한 것인바, 어업허가를 받은 어선을 허가받은 목적이 아닌 면허어업의 관리선으로 사용하기 위해 임차하는 경우까지 규율하려는 규정으로 보기 어렵습니다.

만약 이와 달리 「수산업법」 제41조에 따라 어업허가를 받은 어선을 임차하여 면허어업의 관리선으로만 사용하려는 경우에도 같은 법 제44조제2항에 따른 지위 승계 신고를 해야 한다고 본다면, 어업허가를 받은 자의 지위를 승계하는 것이 아님에도 불구하고 지위 승계를 위한 신고 절차를 거쳐야 할 뿐만 아니라, 같은 법 제44조제4항에 따라 어업허가에 부과된 행정처분 또는 부담이나 조건 등도 함께 승계되는 불합리한 결과가 발생합니다.

따라서 면허받은 어업의 어장에 관리선을 갖추지 못한 어업권자가 「수산업법」 제27조제3항에 따라 허가를 받은 어선을 임차하여 관리선으로 사용하기 위해 승인을 신청하는 경우에는 같은 법 제44조제2항에 따른 지위 승계 신고 의무가 없다고 보아야 합니다.

※ 법령정비 권고사항

「수산업법」 제27조제3항에 따라 허가받은 어선을 임차하여 관리선 용도로 사용하는 경우 허가받은 어선의 임차에 따른 지위 승계를 규정한 같은 법 제44조의 적용 여부에 대한 해석상 혼란이 있으므로, 관련 규정 간 적용관계를 명확히 정비할 필요가 있습니다.

<관계 법령>
※ 수산업법

제27조 (관리선의 사용과 그 제한·금지) ① 어업권자는 그 어업의 어장관리에 필요한 어선(이하 "관리선"이라 한다)을 사용하려면 시장·군수·구청장의 지정을 받아야 한다. 이 경우 관리선은 어업권자(제37조에 따른 어업권의 행사자를 포함한다)가 소유한 어선이나 임차한 어선으로 한정한다.
② (생 략)
③ 면허받은 어업의 어장에 관리선을 갖추지 못한 어업권자는 제1항의 지정을 받은 어선이나 제41조제1항·제2항, 같은 조 제3항제1호 또는 제47조제1항에 따라 허가를 받았거나 신고한 어업의 어선은 시장·군수·구청장의 승인을 받아 사용할 수 있다.
④ 제1항에 따라 관리선의 사용을 지정받은 어업권자는 그 지정받은 어장구역 또는 제3항에 따라 승인을 받은 구역 외의 수면에서 수산동식물을 포획 또는 채취하기 위하여 그 관리선을 사용하여서는 아니 된다. 다만, 관리선에 대하여 제41조나 제47조에 따른 어업허가를 받았거나 신고를 한 경우에는 그러하지 아니하다.
⑤ (생 략)

제44조 (어업허가를 받은 자의 지위 승계) ① 제41조 및 제42조에 따라 어업허가를 받은 어선·어구 또는 시설물(이하 이 조에서 "어선등"이라 한다)을 그 어업허가를 받은 자로부터 상속받거나 매입 또는 임차한 자(어업허가를 받은 자가 법인인 경우에는 합병·분할 후 존속하는 법인을 포함한다)는 그 어업허가를 받은 자의 지위를 승계한다(상속의 경우 상속인이 반대의 의사표시를 한 경우는 제외한다). 이 경우 종전에 어업허가를 받은 자의 지위는 그 효력을 잃는다(임차의 경우에는 임차기간에 한정한다).
② 제1항에 따라 어업허가를 받은 자의 지위를 승계한 자는 승계 받은 날부터 30일(상속의 경우에는 60일로 한다) 이내에 해당 허가를 처분한 행정관청에 승계 사실을 해양수산부령으로 정하는 절차에 따라 신고하여야 하며, 해양수산부령으로 정하는 어업허가를 받은 어선등의 기준 및 어업허가 신청자의 자격을 갖추지 아니한 자는 승계 받은 날부터 90일 이내에 그 기준과 자격을 갖추어야 한다.
③ 행정관청은 제2항에 따른 신고를 받은 경우 그 내용을 검토하여 이 법에 적합하면 신고를 수리하여야 한다.
④ ⑤ (생 략)

[사례 3] 옥천군 - 「내수면어업법」에 따른 허가 또는 신고어업권자가 존재하는 내수면의 경우, 같은 법 시행령 제14조제2항에 따른 유어행위의 허가는 해당 어업권자의 동의를 받은 자로 제한되는지 여부(「내수면어업법 시행령」 제14조 등 관련)

안건번호14-0508 회신일자2014-08-29

1. 질의요지

「내수면어업법」 제18조에 따르면 특별자치도지사·시장·군수·구청장은 내수면 수산자원의 증식·보호 및 내수면 생태계의 보호와 유어질서 확립 등을 위하여 대통령령으로 정하는 바에 따라 낚시 등 유어행위에 대하여 어구, 시기, 대상, 지역 등을 제한할 수 있도록 규정하고, 같은 법 시행령 제14조제1항 및 제2항에 따르면 유어행위를 하는 자는 어구를 사용하여 수산동식물을 포획·채취할 수 있으나 동력기관이 부착된 보트 등을 사용하지 못하도록 하되, 특별자치도지사·시장·군수·구청장은 어업여건을 고려하여 지정한 일정 지역에서 동력기관이 부착된 보트 등의 사용을 허용할 수 있다고 규정하고 있는바, 「내수면어업법」에 따른 허가 또는 신고어업권자가 있는 내수면의 경우, 특별자치도지사·시장·군수·구청장은 사전에 허가 또는 신고어업권자의 동의를 받은 자에 대해서만 「내수면어업법 시행령」 제14조제2항에 따른 유어행위를 허용할 수 있는지?

※ 질의배경
　　○ 옥천군은 배스낚시 협의회가 대청호에서 동력기관이 부착된 보트를 이용한 배스포획 행사를 신청하자 이러한 유어행위의 허용을 위해서는 기존 허가어업권자 및 신고어업권자의 사전동의가 필요한지 여부에 대하여 해양수산부에 문의하였고, 이에 해양수산부가 동의가 불필요하다고 답변하자 이 건 법령해석을 요청함

2. 회답

「내수면어업법」에 따른 허가 또는 신고어업권자가 있는 내수면의 경우, 특별자치도지사·시장·군수·구청장은 사전에 허가 또는 신고어업권자의 동의를 받은 자에 대해서만 「내수면어업법 시행령」 제14조제2항에 따른 유어행위를 허용할 수 있는 것은 아니라고 할 것입니다.

3. 이유

「내수면어업법」 제18조에 따르면 특별자치도지사·시장·군수·구청장(이하 "군수등"이라 함)은 내수면 수산자원의 증식·보호 및 내수면 생태계의 보호와 유어질서(遊漁秩序) 확립 등을 위하여 대통령령으로 정하는 바에 따라 낚시 등 유어행위에 대하여 어구, 시기, 대상, 지역 등을 제한할 수 있다고 규정하고 있고, 같은 법 시행령 제14조제1항 및 제2항에 따르면 유어행위(遊漁行爲)를 하는 자는 어구를 사용하여 수산동식물을 포획·채취할 수 있으나 동력기관이 부착된 보트 등을 사용하지 못하도록 하되, 군수등은 어업여건을 고려하여 지정한 일정지역에서 동력기관이 부착된 보트, 잠수용 스쿠버장비, 투망, 작살류 등의 사용을 허용할 수 있다고 규정하고 있으며, 같은 조 제3항에 따르면 군수등은 유어행위의 시기·대상·지역 등을 제한하려면 제한하려는 수면에서 서식하는 수산동식물의 종류·자원량 등 수중 생태계 현황(제1호), 제한하려는 수면에서의 유어행위가 수산자원 및 생태계에 미치는 영향(제2호) 등을 고려해야 한다고 규정하고 있는바, 이 사안에서는 「내수면어업법」에 따른 허가 또는 신고어업권자가 있는 내수면의 경우, 군수등은 사전에 허가 또는 신고어업권자의 동의를 받은 자에 대해서만 「내수면어업법 시행령」 제14조제2항에 따른 유어행위를 허용할 수 있는지가 문제될 수 있습니다. 살피건대, 법의 해석에 있어서는 법률에 사용된 문언의 의미에 충실하게 해석하는 것을 원칙으로 하고, 법률의 문언 자체가 비교적 명확한 개념으로 구성되어 있다면 다른 해석방법은 제한될 수밖에 없다고 할 것인바(대법원 2009. 4. 23. 선고 2006다81035 판결례 참조), 「내수면어업법 시행령」 제14조제1항부터 제3항까지의 규정에 따르면 군수등은 유어행위자가 수산동식물을 포획·채취하는데 원칙적으로 사용이 금지된 동력기관이 부착된 보트 등의 어구를 어업여건을 고려하여 지정한 일정 지역에서는 사용을 허용할 수 있도록 하고, 유어행위의 시기·대상·지역을 제한하는 경우 수중생태계 현황 및 수면에서의 유어행위가 수산자원 및 생태계에 미치는 영향 등을 고려하도록 할 뿐 기존 어업권자의 동의를 받도록 한 별도의 규정은 없으므로, 기존 어업권자의 동의 여부와 관계없이

사용을 허용할 수 있다고 할 것입니다.

한편, 「내수면어업법 시행령」 제14조제2항에 따른 유어행위의 허용 여부에 관한 재량은 「내수면어업법」에 따른 기존 어업권자의 내수면 어업 관련 권리를 침해하지 않는 범위에서 이루어져야 한다는 주장이 있을 수 있으나, 「내수면어업법 시행령」 제14조제2항은 어업여건을 고려한 일정한 지역에 대해서 동력기관이 부착된 보트 등 어구의 예외적 사용을 허용할 수 있다고 규정하고 있을 뿐이므로, 군수등은 「내수면어업법 시행령」 제14조제2항에 따른 유어행위의 허용 여부를 결정하면서 기존 어업권자의 권리침해 가능성을 고려할 수 있는 것은 별론으로 하더라도 반드시 기존 어업권자의 동의를 받아야만 사용을 허용할 수 있다고 볼 수 없기 때문에 위와 같은 주장은 타당하다고 할 수 없을 것입니다.

따라서, 「내수면어업법」에 따른 허가 또는 신고어업권자가 있는 내수면의 경우, 특별자치도지사·시장·군수·구청장은 사전에 허가 또는 신고어업권자의 동의를 받은 자에 대해서만 「내수면어업법 시행령」 제14조제2항에 따른 유어행위를 허용할 수 있는 것은 아니라고 할 것입니다.

[사례 4] 농림수산식품부 - 어업권자가 어업권 이전 인가신청을 할 경우, 가압류채권자의 동의가 있어야 하는지 여부(「어업면허의 관리 등에 관한 규칙」 제23조제1항제2호 관련)

안건번호09-0176 회신일자2009-06-22

1. 질의요지
어업권에 관하여 가압류가 집행된 후 「수산업법」 제21조제1항 각 호 외의 부분 단서에 따라 어업권자가 제삼자에게 어업권을 이전하기 위하여 어업권의 이전 인가신청을 할 경우, 가압류채권자의 동의가 있어야 하는지?

2. 회답
어업권에 관하여 가압류가 집행된 후 「수산업법」 제21조제1항 각 호 외의 부분 단서에 따라 어업권자가 제삼자에게 어업권을 이전하기 위하여 어업권의 이전 인가신청을 할 경우, 가압류채권자의 동의가 있어야 하는 것은 아닙니다.

3. 이유
「수산업법」에 따르면 어업면허를 받은 자와 어업권을 이전하거나 분할 받은 자는 어업권원부에 등록을 함으로써 어업권을 취득하고, 어업권은 물권으로 하며, 이 법에서 정한 것 외에는 「민법」 중 토지에 관한 규정을 준용하고(제18조제1항 및 제2항), 어업권과 이를 목적으로 하는 권리의 설정·보존·이전·변경·소멸 및 처분의 제한, 지분(持分) 또는 입어(入漁)에 관한 사항은 어업권원부에 등록하며, 그 등록은 등기에 갈음하고(제19조제1항 및 제2항), 어업권을 등록한 후 어업을 시작한 날부터 1년이 지난 후 농림수산식품부령이 정하는 바에 따라 시장·군수·구청장의 인가를 받아 어업권을 이전·분할하거나 변경할 수 있으며(제21조제1항), 어업권은 등록한 권리자의 동의 없이 분할·변경 또는 포기할 수 없습니다(제26조).

그리고 「어업면허의 관리 등에 관한 규칙」(이하 "어업면허관리규칙"이라 한다) 제23조제1항에 따르면 어업권자가 어업권의 이전 인가신청을 하려면 같은 규칙 별지 제23호서식에 따른 신청서에 어업권자의 인감증명서와 해당 어업권에 등록된 권리자의 동의서를 첨부하여 시장·군수·구청장에게 제출하도록 규정하고 있습니다.

이 사안에서는 어업권에 관하여 가압류가 집행된 후 어업권자가 이전인가를 신청하는 경우, 「수산업법」 제21조제1항 단서 및 어업면허관리규칙 제23조제1항제2호에 따라 제출하여야 하는 "해당 어업권에 등록된 권리자의 동의서"에 어업권에 대한 가압류채권자의 동의서도 포함되는지가 문제됩니다.

먼저, 「수산업법」 제26조는 등록한 권리자가 있는 어업권의 경우에는 그 권리자의 동의가 없는 한 그 어업권의 변경·분할 또는 포기를 할 수 없도록 하고 있는바, 그 어업권의 변경·분할 또는 포기는 어업권 자체의 재산적 가치에 변동을 초래하는 것이어서 등록한 권리자의 이익을 보호하기 위해 그 동의를 받도록 한 것이라 할 것입니다. 그런데 「수산업법」 제21조제1항에서는 어업권의 이전의 경우에는 등록한 권리자의 동의를 필요로 하는 규정을 두고 있지 아니한바, 이는 같은 법 제18조에서 어업권은 물권으로 한다고 규정하고 있어서 어업권의 이전의 경우에는 어업권이 이전될 때 어업권에 설정되어 있는 담보물권, 가압류 등도 함께 이전받는 제삼자에게 이전되어 어업권 자체의 가치에는 변동이 없기 때문이라 할 것입니다.

따라서 「수산업법」 제21조제1항 각 호 외의 부분 단서의 규정에 따른 어업면허관리규칙 제23조제1항제2호에서 어업권자가 어업권의 이전 인가를 신청하는 경우 해당 어업권에 등록된 권리자의 동의서를 첨부하도록 하고 있는 것과 관련하여 어업권 이전 시 동의를 받아야 하는 "어업권에 등록된 권리자"의 범위에 어업권에 대한 가압류채권자가 포함되는지 여부는 위와 같은 어업권 이전에 관한 법률 규정의 취지와 어업권에 대한 가압류의 성격을 고려하여 판단하여야 할 것입니다. 어업권에 대한 가압류의 성격에 대하여 살펴보면, 어업권에 대한 가압류는 어업권자의 채권자가 어업권자에 대한 청구권을 보전하기 위하여 금전채권으로 환산할 수 있는 어업권에 대하여 장차 강제집행을 하기 이전에 그 보전처분을 하는 것입니다. 그러나 법원의 가압류 결정의 내용이 어업권원부에 등재되었을 경우라 하더라도 가압류채권자는 집행보전이라는 목적을 달성함에 필요한 한도를 넘어 채무자의 이익이나 일반거래의 안전을 희생시킬 수는 없으므로 어업권자가 가압류된 어업권을 제삼자에게 이전하는 행위는 절대적으로 무효인 것은 아니고 처분행위 당사자 사이에서는 유효하고 가압류채권자에 대한 관계에서만 무효라고 할 것입니다. 따라서 어업권이 가압류된 상태에서 제삼자에게 어업권이 이전되더라도 가압류채권자는 어업권의 이전과 관계없이 본안소송을 하여 해당 어업권에 대하여 채권의 보전처분을 하여 채권을 보전할 수 있어 가압류의 목적을 달성할 수 있으므로 어업권의 이전에 있어서 가압류채권자의 동의를 필요로 해야 할 합리적인 이유는 없다 할 것입니다.

그렇다면, 어업면허관리규칙 제23조제1항제2호에서 규정하고 있는 "해당 어업권에 등록된 권리자"란 어업권의 이전으로 인하여 이해관계가 변동될 가능성이 있는 자를 의미하는 것으로 해석하여야 할 것인바, 위와 같은 가압류의 성격에 비추어 볼 때 등록된 권리자에 가압류권자는 포함되지 않는 것으로 보아야 할 것입니다. 만일 "어업권에 등록된 권리자"를 문언적으로 해석하여 어업권원부에 등록된 모든 권리자의 동의를 받아야 한다는 취지로 해석한다면 이는 「수산업법」에서 어업권의 이전에 관하여 규정한 취지에 반하고, 어업권자에게 불필요한 부담을 전가하는 것이므로 어업권의 이전 인가 시 가압류채권자의 동의를 필요로 한다면 이는 어업권자에 대한 과도한 규제가 될 것입니다.

따라서 어업권에 관하여 가압류가 집행된 후 「수산업법」 제21조제1항 각 호 외의 부분 단서에 따라 어업권자가 제삼자에게 어업권을 이전하기 위하여 어업권의 이전 인가신청을 할 경우, 가압류채권자의 동의가 있어야 하는 것은 아닙니다.

[사례 5] 전전라북도 부안군 - 어업권 유효기간 연장허가 제외 사유에 해당하는 경우, 유효기간 연장허가의 재량 여부(「수산업법」 제14조제2항 관련)

안건번호15-0337 회신일자2015-08-31

1. 질의요지

「수산업법」 제14조제2항 전단에서는 시장·군수·구청장은 제1항 단서, 제13조제7항 각 호 및 제34조제1항 각 호의 어느 하나에 해당하는 사유가 있는 경우 외에는 어업권자의 신청에 따라 면허기간이 끝난 날부터 10년의 범위에서 유효기간의 연장을 허가하여야 한다고 규정하고 있는바, 어업면허 유효기간의 연장을 신청하는 어업권자가 「수산업법」 제13조제7항제1호에 해당하는 경우에도 시장·군수·구청장은 어업면허의 유효기간을 연장할 수 있는지?

※ 질의배경
- 부안군에서는 행정처분 횟수에 관계없이 행정처분을 받은 사실이 있는 경우에는 어업권 유효기간 연장 제외사유에 해당하므로 어업권 유효기간 연장허가가 불가하다는 입장임.
- 그런데, 해양수산부에서 위반내용이나 위반 횟수, 시정결과 등 관련 사항을 종합적으로 판단하여 유효기간 연장허가를 할 수 있다고 회신하자, 이에 이의가 있어 법제처에 직접 법령해석을 요청함.

2. 회답

어업면허 유효기간의 연장을 신청하는 어업권자가 「수산업법」 제13조제7항제1호에 해당하는 경우에도 시장·군수·구청장은 어업면허의 유효기간을 연장할 수 있습니다.

3. 이유

「수산업법」 제13조제7항제1호에서는 해당 어업의 어장에서 이 법, 「어장관리법」 또는 「수산자원관리법」을 위반하거나 이 법, 「어장관리법」 또는 「수산자원관리법」에 따른 명령·처분 또는 그 제한이나 조건을 위반하여 행정처분을 받은 자에 대해서는 제1항부터 제6항까지의 규정에 따라 어업면허의 우선순위를 정하는 경우 우선순위에서 배제할 수 있다고 규정하고 있고, 같은 법 제14조제1항 본문에서는 제8조에 따른 어업면허의 유효기간은 10년으로 한다고 규정하고 있으며, 같은 조 제2항 전단에서는 시장·군수·구청장은 제1항 단서, 제13조제7항 각 호 및 제34조제1항 각 호의 어느 하나에 해당하는 사유가 있는 경우 외에는 어업권자의 신청에 따라 면허기간이 끝난 날부터 10년의 범위에서 유효기간의 연장을 허가하여야 한다고 규정하고 있는바,

이 사안은 어업면허 유효기간의 연장을 신청하는 어업권자가 「수산업법」 제13조제7항제1호에 해당하는 경우에 시장·군수·구청장은 어업권의 유효기간 연장 신청을 거부하여야 하는 것인지, 아니면 이러한 사유가 있더라도 위반 횟수와 같은 제반 사정을 고려하여 어업면허의 유효기간을 연장할 수 있는지에 관한 것이라 하겠습니다.

먼저, 행정행위가 그 재량성의 유무 및 범위와 관련하여 이른바 기속행위 내지 기속재량행위와 재량행위 내지 자유재량행위로 구분된다고 할 때, 그 구분은 해당 행위의 근거가 된 법규의 체제·형식과 그 문언, 해당 행위가 속하는 행정 분야의 주된 목적과 특성, 해당 행위 자체의 개별적 성질과 유형 등을 모두 고려하여 판단하여야 할 것인바(대법원 2001. 2. 9. 선고, 98두17593 판결례 참조), 이 사안에서 「수산업법」 제14조제2항 전단에 따른 어업면허 유효기간의 연장허가에 대한 재량 여부를 판단할 때에도, 해당 법문의 표현방식뿐만 아니라 어업면허와 그 유효기간 연장허가의 성질 및 해당 규정의 취지 등을 전반적으로 살펴볼 필요가 있습니다.

이와 관련하여 어업면허의 법적 성격을 살펴보면, 수산업법령에 따른 어업면허는 특정인에게 권

리나 이익을 부여하는 행정행위로서 법령에 특별한 규정이 없는 한 재량행위라 할 것이고(대법원 1995. 5. 14. 98다14030 판결 참조), 어업면허의 연장허가 또한 본래의 어업면허와 같이 실질적으로 권리를 설정하는 행위라는 점에서 원칙적으로 재량행위에 해당한다고 할 것입니다.

또한, 어업면허 유효기간 연장허가의 근거규정인 「수산업법」 제14조제2항 전단에서는 같은 조 제1항 단서, 제13조제7항 각 호, 제34조제1항 각 호의 어느 하나에 해당하는 사유가 있는 경우 외에는 어업권자의 신청에 따라 시장·군수·구청장이 유효기간의 연장을 허가하여야 한다고 규정하고 있는바, 이는 장기간에 걸쳐 일정한 수면을 구획 또는 점용하여 배타적·독점적으로 어업을 행할 수 있도록 하는 권리가 부여된 어업면허의 특성을 반영하여 기존 어업권자의 재산권을 강하게 보호해 주려는 취지의 규정으로서, 허가권자인 시장·군수·구청장은 법령에서 정한 예외사유에 해당하지 않는 한 반드시 연장허가를 해 주어야 하는 것이지만, 신청인이 예외사유에 해당한다 하여 그 연장 신청을 반드시 거부하여야 한다는 취지의 규정은 아니라 할 것이므로, 허가 관청은 신청인이 일정한 예외사유에 해당하는 경우에도 공익 목적이나 구체적 타당성 등을 고려하여 연장허가 여부를 결정할 수 있다고 보아야 할 것입니다.

따라서, 어업권자에게 비록 「수산업법」 제14조제1항 단서, 제13조제7항 각 호, 제34조제1항 각 호에 해당하는 사유가 있다 할지라도, 시장·군수·구청장은 그 연장 여부에 대한 재량이 인정되지 않는 예외적인 경우를 제외하고는, 어업면허 제도의 적정을 기하기 위하여 행정처분의 횟수, 위반의 정도 및 경위, 시정조치의 이행 여부 등을 종합적으로 고려함으로써 연장허가 여부를 결정할 수 있다 할 것입니다.

이상과 같은 점을 종합해 볼 때, 어업면허 유효기간의 연장을 신청하는 어업권자가 「수산업법」 제13조제7항제1호에 해당하는 경우에도 시장·군수·구청장은 어업면허의 유효기간을 연장할 수 있다고 할 것입니다.

[사례 6] 민원인 - 「수산업법」 제33조 후단이 적용되는 영어조합법인의 범위(「수산업법」 제33조 등 관련)

안건번호19-0222 회신일자2019-07-05

1. 질의요지

   영어조합법인(營漁組合法人)(각주: 「농어업경영체 육성 및 지원에 관한 법률」 제16조에 따른 영어조합법인을 말하며, 이하 같음.) A가 「수산업협동조합법」 제20조제2항에 따라 특정 지구별수산업협동조합(이하 "지구별수협"이라 함)의 조합원이 된 경우 "A가 아닌 해당 지구별수협 조합원이 같은 법 제15조제1항에 따라 조직한 어촌계 중 A의 구성원이 계원으로 있지 않은 어촌계"가 소유하는 어업권을 A가 행사하는 경우에도 「수산업법」 제33조 후단이 적용되는지?

   ※ 질의배경

   민원인은 특정 지구별수협의 조합원인 영어조합법인 A가 "A가 아닌 해당 지구별수협 조합원이 조직한 어촌계 중 A의 구성원이 계원으로 있지 않은 어촌계"가 소유하는 어업권을 A가 행사하는 경우 「수산업법」 제33조 후단이 적용되지 않는다는 해양수산부의 회신에 이의가 있어 법제처에 법령해석을 요청함.

2. 회답

   이 사안의 경우 「수산업법」 제33조 후단이 적용되지 않습니다.

3. 이유

   법령에서 일정한 원칙에 관한 규정을 둔 후 이러한 원칙에 대한 예외규정을 두는 경우 이러한 예외규정은 보다 엄격하게 해석할 필요가 있다고 할 것인바, 「수산업법」 제33조에서는 어업권을 임대차의 목적으로 할 수 없도록 금지하면서(전단), 어촌계의 계원, 지구별수협의 조합원 또는 어촌계의 계원이나 지구별수협의 조합원으로 구성된 영어조합법인이 그 어촌계 또는 지구별수협이 소유하는 어업권을 행사하는 경우에는 예외적으로 임대차로 보지 않도록 규정하고 있으므로(후단), 같은 조 후단의 적용 범위는 엄격하게 해석해야 합니다.

그리고 「수산업법」 제33조 전단의 취지는 어업권자가 스스로 어업권을 행사하지 않으면서 이른바 부재지주적 지대를 징수하는 것을 금지하고, 자영하는 어민에게 어장을 이용시키기 위한 것이라는 점에 비추어 볼 때(각주: 대법원 2007. 5. 31. 선고 2007다8174 판결례 참조) 같은 조 후단의 취지는 단체가 소유한 어업권을 이에 소속된 자가 행사하는 경우까지 같은 조 전단에서 규정하고 있는 임대차의 범위에 포함하는 것은 불합리하므로 어촌계의 계원이 그 어촌계가 소유하는 어업권을 행사하는 경우처럼 단체에 소속된 자가 그 단체가 소유한 어업권을 행사하는 경우에만 한정하여 임대차 금지의 예외를 인정한 것으로 보아야 합니다.

그런데 수산업법령에서는 어촌계와 지구별수협을 각각 구분하여 규정하고 있고, 어촌계는 지구별수협에 소속되어 있을 뿐 양자는 각각 다른 절차를 거쳐 설립되는 단체이며,(각주: 「수산업협동조합법」 제16조 및 같은 법 시행령 제4조 참조) 양자는 목적, 성격 및 대상사업을 달리 한다는 점을 고려할 때(각주: 「수산업협동조합법」 제13조, 제36조, 제60조 및 같은 법 시행령 제2조부터 제7조까지 참조) 지구별수협이 소유하고 있는 어업권과 어촌계가 소유하고 있는 어업권은 구분되므로 영어조합법인이 지구별수협의 조합원이라 하더라도 이 사안과 같은 경우에는 그 영어조합법인이 해당 지구별수협에 소속된 어촌계가 소유한 어업권을 행사할 수 있다고 볼 수는 없습니다.

<관계 법령>
※ 「수산업법」
제33조 (임대차의 금지) 어업권은 임대차의 목적으로 할 수 없다. 이 경우 어촌계의 계원, 지구별수협의 조합원 또는 어촌계의 계원이나 지구별수협의 조합원으로 구성된 영어조합법인이 제38조에 따른 어장관리규약으로 정하는 바에 따라 그 어촌계 또는 지구별수협이 소유하는 어업권을 행사하는 것은 임대차로 보지 아니한다.

제38조 (어장관리규약) ① 제9조에 따라 어업권을 취득한 어촌계와 지구별수협은 해양수산부령으로 정하는 바에 따라 그 어장에 입어하거나 어업권을 행사할 수 있는 자의 자격, 입어방법과 어업권의 행사방법, 어업의 시기, 어업의 방법, 입어료(入漁料)와 행사료(行使料), 그 밖에 어장관리에 필요한 어장관리규약을 정하여야 한다.

② 시장·군수·구청장은 제1항에 따른 어장관리규약이 이 법(각주: 「수산업법」 제33조 전단의 "제38조에 따른 어장관리규약으로 정하는 바에 따라" 부분과 관련하여 해양수산부는 민원인의 입장처럼 어촌계나 지구별수협이 어장관리규약을 정하는 것은 「수산업법」 제33조에 위반되는 내용으로 어장관리규약을 정하는 것이라는 입장임.), 「어장관리법」 또는 「수산자원관리법」을 위반하거나 이 법, 「어장관리법」 또는 「수산자원관리법」에 따른 명령·처분 또는 그 제한이나 조건을 위반한 경우에는 어장관리규약의 변경 등 필요한 조치를 명할 수 있다.

※ 「수산업협동조합법」
제15조 (어촌계) ① 지구별수협의 조합원은 행정구역·경제권 등을 중심으로 어촌계를 조직할 수 있으며, 그 구역은 어촌계의 정관으로 정한다.
② (생 략)

제20조 (조합원의 자격) ① 조합원은 지구별수협의 구역에 주소·거소(居所) 또는 사업장이 있는 어업인이어야 한다. 다만, 사업장 외의 지역에 주소 또는 거소만이 있는 어업인이 그 외의 사업장 소재지를 구역으로 하는 지구별수협의 조합원이 되는 경우에는 주소 또는 거소를 구역으로 하는 지구별수협의 조합원이 될 수 없다.

② 「농어업경영체 육성 및 지원에 관한 법률」 제16조와 제19조에 따른 영어조합법인과 어업회사법인으로서 그 주된 사무소를 지구별수협의 구역에 두고 어업을 경영하는 법인은 지구별수협의 조합원이 될 수 있다.

③ (생 략)

※ 「농어업경영체 육성 및 지원에 관한 법률」
제16조 (영농조합법인 및 영어조합법인의 설립) ① (생 략)
  ② 협업적 수산업경영을 통하여 생산성을 높이고 수산물의 출하·유통·가공·수출 및 농어촌 관광휴양사업 등을 공동으로 하려는 어업인 또는 「수산업·어촌 발전 기본법」 제3조제5호에 따른 어업 관련 생산자단체(이하 "어업생산자단체"라 한다)는 5인 이상을 조합원으로 하여 영어조합법인(營漁組合法人)을 설립할 수 있다.
  ③ ~ ⑧ (생 략)
제17조 (영농조합법인 및 영어조합법인의 조합원 등) ① ~ ④ (생 략)
  ⑤ 영어조합법인은 어업인과 어업생산자단체 중 정관으로 정하는 자를 조합원으로 한다. 다만, 「수산업법」 제9조제2항에 따라 협동양식면허를 취득할 수 있는 영어조합법인의 조합원의 자격과 그 밖에 필요한 사항은 대통령령으로 정한다.
  ⑥ 어업인이 아닌 자로서 대통령령으로 정하는 자는 영어조합법인의 정관으로 정하는 바에 따라 영어조합법인에 출자하고 준조합원으로 가입할 수 있다. 이 경우 의결권은 행사하지 못한다.
  ⑦ (생 략)

제8편 환경행정법

제1장 의의 및 절차

1. 의의

> ☞ **환경영향평가법**
>
> 제1조 (목적) 이 법은 환경에 영향을 미치는 계획 또는 사업을 수립·시행할 때에 해당 계획과 사업이 환경에 미치는 영향을 미리 예측·평가하고 환경보전방안 등을 마련하도록 하여 친환경적이고 지속가능한 발전과 건강하고 쾌적한 국민생활을 도모함을 목적으로 한다.

> ☞ **환경영향평가법**
>
> 제2조 (정의) 이 법에서 사용하는 용어의 뜻은 다음과 같다. <개정 2017. 1. 17., 2017. 11. 28., 2019. 11. 26.>
> 1. "전략환경영향평가"란 환경에 영향을 미치는 계획을 수립할 때에 환경보전계획과의 부합 여부 확인 및 대안의 설정·분석 등을 통하여 환경적 측면에서 해당 계획의 적정성 및 입지의 타당성 등을 검토하여 국토의 지속가능한 발전을 도모하는 것을 말한다.

2. 사전환경성검토제도

> ☞ **환경영향평가법**
>
> 제3조 (정의) 이 법에서 사용하는 용어의 뜻은 다음과 같다. <개정 2016. 1. 27., 2019. 1. 15.>
> 7. "환경용량"이란 일정한 지역에서 환경오염 또는 환경훼손에 대하여 환경이 스스로 수용, 정화 및 복원하여 환경의 질을 유지할 수 있는 한계를 말한다.

가. 사전환경성검토 절차

사전환경성검토의 절차를 간략히 다음과 같다.
사업계획의 수립 또는 인허가·승인 등 신청 → 사전환경성검토서 구비(관계 행정기관의 장이 이해당사자에 대한 의견수렴절차를 거쳐 작성하거나 사업자가 작성하여 관계 행정기관의 장에게 제출) → 협의요청(관계 행정기관의 장이 환경부장관 또는 지방환경관서의 장에게 행정계획의 수립·확정전까지 또는 개발사업에 대한 인허가 등 전까지 검토서 제출의 방법으로) → 환경성검토(전문가 자문, 현지확인 등) → 협의의견통보(협의기관의 장이 협의요청 받은 날부터 30일 이내에 관계행정기관의 장에게) → 협의의견의 반영 및 필요한 조치(관계 행정기관의 장) → 협의의견 이행상황통보(관계 행정기관의 장이 협의기관의 장에게)

제2장 환경영향평가제도

1. 환경영향평가 대상사업

> ☞ **환경영향평가법**
>
> **제4조 (환경영향평가등의 기본원칙)** 환경영향평가등은 다음 각 호의 기본원칙에 따라 실시되어야 한다. <개정 2018. 6. 12., 2024. 2. 20.>
> 1. 환경영향평가등은 보전과 개발이 조화와 균형을 이루는 지속가능한 발전이 되도록 하여야 한다.
> 2. 환경보전방안 및 그 대안은 과학적으로 조사·예측된 결과를 근거로 하여 경제적·기술적으로 실행할 수 있는 범위에서 마련되어야 한다.
> 3. 환경영향평가등의 대상이 되는 계획 또는 사업에 대하여 충분한 정보 제공 등을 함으로써 환경영향평가등의 과정에 주민 등이 원활하게 참여할 수 있도록 노력하여야 한다.
> 4. 환경영향평가등의 결과는 지역주민 및 의사결정권자가 이해할 수 있도록 간결하고 평이하게 작성되어야 한다.
> 5. 환경영향평가등은 계획 또는 사업이 특정 지역 또는 시기에 집중될 경우에는 이에 대한 누적적 영향을 고려하여 실시되어야 한다.
> 6. 환경영향평가등은 계획 또는 사업으로 인한 환경적 위해가 어린이, 노인, 임산부, 저소득층 등 환경유해인자의 노출에 민감한 집단에게 미치는 사회·경제적 영향을 고려하여 실시되어야 한다.
> 7. 환경영향평가등은 계획 또는 사업으로 인한 온실가스 배출 및 감축 효과와 온실가스 배출이 미치는 영향을 최소화할 수 있는 방안을 고려하여 실시되어야 한다.

> ☞ 환경영향평가법

제5조 (환경보전목표의 설정 등) 환경영향평가등을 하려는 자는 다음 각 호의 기준, 계획 또는 사업의 성격, 토지이용 및 환경 현황, 계획 또는 사업이 환경에 미치는 영향의 정도, 평가 당시의 과학적·기술적 수준 및 경제적 상황 등을 고려하여 환경보전목표를 설정하고 이를 토대로 환경영향평가등을 실시하여야 한다. <개정 2017. 1. 17.>
  1. 「환경정책기본법」 제12조에 따른 환경기준
  2. 「자연환경보전법」 제2조제14호에 따른 생태·자연도(生態·自然圖)
  3. 「대기환경보전법」, 「물환경보전법」 등에 따른 지역별 오염총량기준
  4. 그 밖에 관계 법률에서 환경보전을 위하여 설정한 기준

2. 환경영향평가의 내용

가. 평가분야와 항목

> ☞ 환경영향평가법

제8조 (환경영향평가협의회) ① 환경부장관, 계획 수립기관의 장, 계획이나 사업에 대하여 승인등을 하는 기관의 장(이하 "승인기관의 장"이라 한다) 또는 승인등을 받지 아니하여도 되는 사업자는 다음 각 호의 사항을 심의하기 위하여 환경영향평가협의회를 구성·운영하여야 한다. <개정 2017. 11. 28., 2024. 10. 22.>
  1. 제11조와 제24조에 따른 평가 항목·범위 등의 결정에 관한 사항
  2. 제31조제2항에 따른 환경영향평가 협의 내용의 조정에 관한 사항
  3. 제51조제2항에 따른 약식절차에 의한 환경영향평가 실시 여부에 관한 사항
  4. 제52조제3항에 따른 의견 수렴 내용과 협의 내용의 조정에 관한 사항
  5. 제52조의2제1항에 따른 심층평가 대상과 제52조의3제2항에 따른 신속평가 대상 결정에 관한 사항
  6. 그 밖에 원활한 환경영향평가등을 위하여 필요한 사항으로서 대통령령으로 정하는 사항
② 제1항에 따른 환경영향평가협의회(이하 "환경영향평가협의회"라 한다)는 환경영향평가 분야에 관한 학식과 경험이 풍부한 자로 구성하되, 주민대표, 시민단체 등 민간전문가가 포함되도록 하여야 한다. 다만, 「환경보건법」 제13조에 따라 건강영향평가를 실시하여야 하는 경우에는 본문에 따른 민간전문가 외에 건강영향평가분야 전문가가 포함되도록 하여야 한다. <개정 2015. 1. 20.>
③ 환경영향평가협의회의 구성·운영 등에 필요한 사항은 대통령령으로 정한다.

☞ **환경영향평가법 시행령**

제5조 (환경영향평가협의회의 운영) ① 환경영향평가협의회의 회의는 위원장이 소집한다.
② 환경영향평가협의회의 회의는 제4조제3항에 따른 구성원 과반수의 출석과 출석위원 과반수의 찬성으로 의결한다.
③ 환경영향평가협의회의 회의는 구성원이 동영상과 음성이 동시에 송수신되는 장치가 갖추어진 서로 다른 장소에 출석하여 진행하는 원격영상회의 방식으로 할 수 있다. 이 경우 회의 구성원은 동일한 회의장에 출석한 것으로 본다. <신설 2025. 2. 18.>
④ 제1항 및 제2항에도 불구하고 위원장은 해당 사업이 다음 각 호의 어느 하나에 해당할 경우에는 회의를 소집하지 아니하고 서면으로 심의할 수 있다. <개정 2025. 2. 18.>
  1. 해당 계획 또는 사업으로 인한 환경영향이 경미하다고 판단되는 경우
  2. 해당 계획 또는 사업과 유사한 법 제53조제1항에 따른 환경영향평가서등(이하 "환경영향평가서등"이라 한다)이 여러 번 제출되어 이미 심의된 경우
  3. 해당 계획 또는 사업으로 인한 환경영향이 특정 분야에만 제한되어 있는 것으로 판단되는 경우
⑤ 환경영향평가협의회의 위원에게는 예산의 범위에서 수당과 여비를 지급할 수 있다. 다만, 공무원인 위원이 소관 업무와 직접 관련하여 환경영향평가협의회에 출석하는 경우에는 그러하지 아니하다. <개정 2025. 2. 18.>
⑥ 제1항부터 제5항까지에서 규정한 사항 외에 환경영향평가협의회의 운영에 필요한 사항은 환경영향평가협의회의 의결을 거쳐 위원장이 정한다. <개정 2025. 2. 18.>

제12조 (전략환경영향평가서 초안의 제출방법 등) ① 법 제12조제2항제3호에서 "대통령령으로 정하는 관계 행정기관의 장"이란 다음 각 호의 자를 말한다. <개정 2016. 1. 22., 2018. 11. 27.>
  1. 유역환경청장 또는 지방환경청장(이하 "지방환경관서의 장"이라 하며, 협의기관의 장이 되는 경우는 제외한다)
  2. 전략환경영향평가 대상 개발기본계획의 수립으로 영향을 받게 되는 지역(이하 "전략환경영향평가 대상지역"이라 한다)을 관할하는 특별시장·광역시장·도지사·특별자치도지사
  3. 전략환경영향평가 대상지역을 관할하는 시장(특별자치시장을 포함하며, 제주특별자치도의 경우에는 「제주특별자치도 설치 및 국제자유도시 조성을 위한 특별법」 제11조제2항에 따른 행정시장을 말한다. 이하 같다)·군수·구청장(자치구의 구청장을 말한다. 이하 같다)

나. 환경영향평가 대상지역

> ☞ **환경영향평가법**
>
> **제9조(전략환경영향평가의 대상)** ① 다음 각 호의 어느 하나에 해당하는 계획을 수립하려는 행정기관의 장은 전략환경영향평가를 실시하여야 한다.
>   1. 도시의 개발에 관한 계획
>   2. 산업입지 및 산업단지의 조성에 관한 계획
>   3. 에너지 개발에 관한 계획
>   4. 항만의 건설에 관한 계획
>   5. 도로의 건설에 관한 계획
>   6. 수자원의 개발에 관한 계획
>   7. 철도(도시철도를 포함한다)의 건설에 관한 계획
>   8. 공항의 건설에 관한 계획
>   9. 하천의 이용 및 개발에 관한 계획
>   10. 개간 및 공유수면의 매립에 관한 계획
>   11. 관광단지의 개발에 관한 계획
>   12. 산지의 개발에 관한 계획
>   13. 특정 지역의 개발에 관한 계획
>   14. 체육시설의 설치에 관한 계획
>   15. 폐기물 처리시설의 설치에 관한 계획
>   16. 국방·군사 시설의 설치에 관한 계획
>   17. 토석·모래·자갈·광물 등의 채취에 관한 계획
>   18. 환경에 영향을 미치는 시설로서 대통령령으로 정하는 시설의 설치에 관한 계획
> ② 제1항에 따른 전략환경영향평가 대상계획(이하 "전략환경영향평가 대상계획"이라 한다)은 그 계획의 성격 등을 고려하여 다음 각 호와 같이 구분한다.
>   1. 정책계획: 국토의 전 지역이나 일부 지역을 대상으로 개발 및 보전 등에 관한 기본방향이나 지침 등을 일반적으로 제시하는 계획
>   2. 개발기본계획: 국토의 일부 지역을 대상으로 하는 계획으로서 다음 각 목의 어느 하나에 해당하는 계획
>   가. 구체적인 개발구역의 지정에 관한 계획
>   나. 개별 법령에서 실시계획 등을 수립하기 전에 수립하도록 하는 계획으로서 실시계획 등의 기준이 되는 계획
> ③ 전략환경영향평가 대상계획 및 제2항에 따른 정책계획 및 개발기본계획의 구체적인 종류는 제10조의2에서 정한 절차를 거쳐 대통령령으로 정한다. <개정 2016. 5. 29.>

3. 환경영향평가의 절차

가. 환경영향평가서 작성·제출

> ☞ 환경영향평가법

제2조 (정의) 이 법에서 사용하는 용어의 뜻은 다음과 같다. <개정 2017. 1. 17., 2017. 11. 28., 2019. 11. 26.>
  2. "환경영향평가"란 환경에 영향을 미치는 실시계획·시행계획 등의 허가·인가·승인·면허 또는 결정 등(이하 "승인등"이라 한다)을 할 때에 해당 사업이 환경에 미치는 영향을 미리 조사·예측·평가하여 해로운 환경영향을 피하거나 제거 또는 감소시킬 수 있는 방안을 마련하는 것을 말한다.

> ☞ 환경영향평가법

제13조 (주민 등의 의견 수렴) ① 개발기본계획을 수립하려는 행정기관의 장은 개발기본계획에 대한 전략환경영향평가서 초안을 공고·공람하고 설명회를 개최하여 해당 평가 대상지역 주민의 의견을 들어야 한다. 다만, 대통령령으로 정하는 범위의 주민이 공청회의 개최를 요구하면 공청회를 개최하여야 한다.

> ☞ 환경영향평가법

제34조 (사전공사의 금지 등) ① 사업자는 제27조부터 제29조까지 및 제31조부터 제33조까지의 규정에 따른 협의·재협의 또는 변경협의의 절차를 거치지 아니하거나 절차가 끝나기 전(공사가 일부 진행되는 과정에서 재협의 또는 변경협의의 사유가 발생한 경우에는 재협의 또는 변경협의의 절차가 끝나기 전을 말한다)에 환경영향평가 대상사업의 공사를 하여서는 아니 된다. 다만, 다음 각 호의 어느 하나에 해당하는 공사의 경우에는 그러하지 아니하다. <개정 2017. 11. 28., 2019. 11. 26.>
  1. 제27조부터 제31조까지의 규정에 따른 협의를 거쳐 승인등을 받은 지역으로서 재협의나 변경협의의 대상에 포함되지 아니한 지역에서 시행되는 공사
  2. 착공을 준비하기 위한 현장사무소 설치 공사 또는 다른 법령에 따른 의무를 이행하기 위한 공사 등 환경부령으로 정하는 경미한 사항에 대한 공사
② 승인기관의 장은 제27조부터 제33조까지의 규정에 따른 협의·재협의 또는 변경협의의 절차가 끝나기 전에 사업계획 등에 대한 승인등을 하여서는 아니 된다.
③ 승인기관의 장은 승인등을 받아야 하는 사업자가 제1항을 위반하여 공사를 시행하였을 때에는 해당 사업의 전부 또는 일부에 대하여 공사중지를 명하여야 한다.
④ 환경부장관은 사업자가 제1항을 위반하여 공사를 시행하였을 때에는 승인등을 받지 아니하여도 되는 사업자에게 공사중지, 원상복구 또는 그 밖에 필요한 조치를 할 것을 명령하거나 승인기관의 장에게 공사중지, 원상복구 또는 그 밖에 필요한 조치를 명할 것을 요청할 수 있다. 이 경우 승인기관장등은 특별한 사유가 없으면 이에 따라야 한다. <개정 2017. 11. 28.>

> ☞ 환경영향평가법

제43조 (소규모 환경영향평가의 대상) ① 다음 각 호 모두에 해당하는 개발사업(이하 "소규모 환경영향평가 대상사업"이라 한다)을 하려는 자(이하 이 장에서 "사업자"라 한다)는 소규모 환경영향평가를 실시하여야 한다.
> 1. 보전이 필요한 지역과 난개발이 우려되어 환경보전을 고려한 계획적 개발이 필요한 지역으로서 대통령령으로 정하는 지역(이하 "보전용도지역"이라 한다)에서 시행되는 개발사업
> 2. 환경영향평가 대상사업의 종류 및 범위에 해당하지 아니하는 개발사업으로서 대통령령으로 정하는 개발사업
>
> ② 제1항에도 불구하고 다음 각 호의 어느 하나에 해당하는 개발사업은 소규모 환경영향평가 대상에서 제외한다. <개정 2024. 2. 20.>
> 1. 「재난 및 안전관리 기본법」 제37조에 따른 응급조치를 위한 사업
> 2. 국방부장관이 군사상 고도의 기밀보호가 필요하거나 군사작전의 긴급한 수행을 위하여 필요하다고 인정하여 환경부장관과 협의한 개발사업
> 3. 국가정보원장이 국가안보를 위하여 고도의 기밀보호가 필요하다고 인정하여 환경부장관과 협의한 개발사업
> 4. 「재난 및 안전관리 기본법」 제60조에 따른 특별재난지역으로 선포된 지역에서 「자연재해대책법」 제46조에 따른 재해복구계획 및 「재난 및 안전관리 기본법」 제59조에 따른 재난복구계획에 따라 시행하는 사업으로서 행정안전부장관이 긴급한 복구를 위하여 필요하다고 인정하여 환경부장관과 협의한 사업. 이 경우 행정안전부장관은 환경보전방안 등 대통령령으로 정하는 서류를 첨부하여 협의를 요청하여야 한다.

나. 환경영향평가계획서의 작성

> ☞ 환경영향평가법

제10조 (전략환경영향평가 대상 제외) 제9조에도 불구하고 다음 각 호의 어느 하나에 해당하는 계획에 대하여는 전략환경영향평가를 실시하지 아니할 수 있다.
> 1. 국방부장관이 군사상 고도의 기밀보호가 필요하거나 군사작전의 긴급한 수행을 위하여 필요하다고 인정하여 환경부장관과 협의한 계획
> 2. 국가정보원장이 국가안보를 위하여 고도의 기밀보호가 필요하다고 인정하여 환경부장관과 협의한 계획

> **환경영향평가법**

제12조 (전략환경영향평가서 초안의 작성) ① 개발기본계획을 수립하는 행정기관의 장은 제11조에 따라 결정된 전략환경영향평가항목등에 맞추어 전략환경영향평가서 초안을 작성한 후 제13조에 따라 주민 등의 의견을 수렴하여야 한다. 다만, 행정기관 외의 자가 제안하여 수립되는 개발기본계획의 경우에는 개발기본계획을 제안하는 자가 전략환경영향평가서 초안을 작성하여 개발기본계획을 수립하는 행정기관의 장에게 제출하여야 한다.
② 개발기본계획을 수립하는 행정기관의 장은 전략환경영향평가서 초안을 다음 각 호의 자에게 제출하여 의견을 들어야 한다.
　1. 환경부장관
　2. 승인기관의 장(승인등을 받아야 하는 계획만 해당한다)
　3. 그 밖에 대통령령으로 정하는 관계 행정기관의 장
③ 제1항에 따른 전략환경영향평가서 초안의 작성방법과 제2항에 따른 의견 제출방법 등 필요한 사항은 대통령령으로 정한다.

다. 환경영향평가서의 작성 등

(1) 평가서 초안의 작성·제출, 공고·공람 등

> **환경영향평가법**

제16조 (전략환경영향평가서의 작성 및 협의 요청 등) ⑤ 전략환경영향평가서를 작성한 행정기관의 담당자 및 책임자의 소속, 직책, 성명은 전략환경영향평가서에 반드시 포함되어야 한다. <신설 2016. 5. 29.>

> **환경영향평가법 시행령**

제13조 (전략환경영향평가서 초안의 공고·공람 등) ① 개발기본계획을 수립하려는 행정기관의 장은 천재지변 등 특별한 사유가 없으면 법 제12조제2항에 따라 전략환경영향평가서 초안을 제출한 날부터 10일 이내에 다음 각 호의 사항을 「신문 등의 진흥에 관한 법률」 제9조제1항에 따라 전국을 보급지역으로 하여 발행되는 일반일간신문(이하 "일간신문"이라 한다)과 전략환경영향평가 대상지역을 주된 보급지역으로 하여 발행되는 일반일간신문(이하 "지역신문"이라 한다)에 각각 1회 이상 공고하고, 20일 이상 40일 이내의 범위에서 전략환경영향평가 대상지역의 주민(이하 이 장에서 "주민"이라 한다) 등이 공람할 수 있게 하여야 한다. 이 경우 공휴일 및 토요일은 공람기간에 산입하지 아니한다. <개정 2018. 11. 27.>
　1. 개발기본계획의 개요
　2. 전략환경영향평가서 초안에 대한 공람 기간 및 장소

3. 전략환경영향평가서 초안에 대한 의견(공청회 개최 여부에 대한 의견을 포함한다)의 제출시기 및 방법
② 개발기본계획을 수립하려는 행정기관의 장은 제1항에 따라 공고 및 공람을 실시할 때에는 다음 각 호의 구분에 따라 공고 및 공람을 실시한다는 사실 등을 게시하여야 한다. <개정 2018. 11. 27.>
 1. 전략환경영향평가 대상지역을 관할하는 시·군·구 또는 개발기본계획을 수립하려는 행정기관의 정보통신망: 공고 및 공람의 내용과 전략환경영향평가서 초안 요약문
 2. 환경영향평가 정보지원시스템: 공고 및 공람의 내용과 전략환경영향평가서 초안
③ 개발기본계획을 수립하려는 행정기관의 장은 제1항에 따른 공고를 하려면 공람 기간 및 장소 등에 관하여 미리 전략환경영향평가 대상지역을 관할하는 시장·군수·구청장의 의견을 들어 그 내용을 결정하여야 하며, 공람장소는 전략환경영향평가 대상지역을 관할하는 시·군·구마다 1개소 이상 설치하여야 한다. <개정 2018. 11. 27.>

☞ **환경영향평가법 시행령**

제14조 (주민 등의 의견제출 방법 등) 주민은 전략환경영향평가서 초안의 공람기간이 시작된 날부터 전략환경영향평가서 초안의 공람기간이 끝난 후 7일 이내에 개발기본계획을 수립하려는 행정기관의 장에게 해당 계획의 수립으로 예상되는 환경영향, 환경보전방안 및 공청회 개최 요구 등에 대한 의견을 제출할 수 있다.

☞ **환경영향평가법 시행령**

제21조 (전략환경영향평가서의 작성) ① 법 제16조제1항 및 제2항에 따른 전략환경영향평가서(이하 "전략환경영향평가서"라 한다)에는 다음 각 호의 사항이 포함되어야 한다. <개정 2015. 12. 30.>
 1. 법 제11조제1항 또는 제3항에 따른 전략환경영향평가항목등의 결정내용 및 조치내용
 2. 제10조제2항에 따른 주민 등의 의견 검토내용
 3. 제11조제1항 각 호의 사항. 이 경우 정책계획에 대한 전략환경영향평가서의 경우에는 "개발기본계획"을 "정책계획"으로 본다.
 4. 전략환경영향평가서 초안에 대한 주민, 관계 행정기관의 의견 및 이에 대한 반영여부(개발기본계획만 해당한다)
 5. 부록
  가. 전략환경영향평가 시 인용한 문헌 및 참고한 자료
  나. 전략환경영향평가에 참여한 사람의 인적사항
  다. 전략환경영향평가 대행계약서 사본 등 대행 도급금액이 표시된 서류(전략환경영향평가서 작성을 대행하게 하였을 경우만 해당한다)
  라. 용어 해설 등
② 전략환경영향평가서에 포함되어야 하는 구체적인 내용과 작성방법 등에 관하여 필요한 세부 사항은 관계 중앙행정기관의 장과 협의를 거쳐 환경부장관이 정하여 고시한다. 다만, 정책계획의 경우에는 관계 중앙행정기관의 장이 따로 정하여 고시할 수 있다.

(2) 의견수렴

☞ **환경영향평가법**

제15조 (주민 등의 의견 재수렴) ① 개발기본계획을 수립하려는 행정기관의 장은 제13조에 따라 의견 수렴 절차를 거친 후 제18조에 따라 협의 내용을 통보받기 전에 개발기본계획 대상지역 등 대통령령으로 정하는 중요한 사항을 변경하려는 경우에는 제11조부터 제14조까지의 규정에 따라 전략환경영향평가서 초안을 다시 작성하여 주민 등의 의견을 재수렴하여야 한다. <개정 2017. 11. 28.>
② 개발기본계획을 수립하려는 행정기관의 장은 제13조제4항에 따라 공개한 의견의 수렴 절차에 흠이 존재하는 등 환경부령으로 정하는 사유가 있어 주민 등이 의견의 재수렴을 신청하는 경우에는 제13조에 따라 주민 등의 의견을 재수렴하여야 한다. <신설 2017. 11. 28.>
③ 제2항에 따른 의견 재수렴 신청 기간, 절차, 최소신청인원 등은 환경부령으로 정한다. <신설 2017. 11. 28.>

☞ **환경영향평가법 시행령**

제19조 (주민 등의 의견 수렴 결과 및 반영 여부 공개) 개발기본계획을 수립하려는 행정기관의 장은 법 제13조제4항에 따라 주민 등의 의견 수렴 결과와 반영 여부를 법 제16조제1항 또는 제2항에 따른 전략환경영향평가서의 협의 요청 전에 전략환경영향평가 대상지역을 관할하는 시·군·구 또는 개발기본계획을 수립하려는 행정기관의 정보통신망 및 환경영향평가 정보지원시스템에 14일 이상 게시해야 한다. <개정 2018. 11. 27., 2021. 8. 10.>

라. 환경영향평가서의 협의 등

(1) 협의요청

☞ **환경영향평가법**

제16조 (전략환경영향평가서의 작성 및 협의 요청 등) ① 승인등을 받지 아니하여도 되는 전략환경영향평가 대상계획을 수립하려는 행정기관의 장은 해당 계획을 확정하기 전에 전략환경영향평가서를 작성하여 환경부장관에게 협의를 요청하여야 한다.
② 승인등을 받아야 하는 전략환경영향평가 대상계획을 수립하는 행정기관의 장은 전략환경영향평가서를 작성하여 승인기관의 장에게 제출하여야 하며, 승인기관의 장은 해당 계획에 대하여 승인등을 하기 전에 환경부장관에게 협의를 요청하여야 한다.

③ 제1항 및 제2항에 따라 전략환경영향평가서를 작성하는 자는 제12조제2항 및 제13조제1항부터 제3항까지의 규정에 따라 제시된 의견이 타당하다고 인정할 때에는 그 의견을 전략환경영향평가서에 반영하여야 한다.
④ 제1항부터 제3항까지의 규정에 따른 전략환경영향평가서의 작성방법, 제출방법, 협의 요청시기 등 필요한 사항은 대통령령으로 정한다.
⑤ 전략환경영향평가서를 작성한 행정기관의 담당자 및 책임자의 소속, 직책, 성명은 전략환경영향평가서에 반드시 포함되어야 한다. <신설 2016. 5. 29.>

☞ 환경영향평가법

제23조 (전략환경영향평가서의 검토·보완·반려 등) ① 협의기관의 장은 법 제17조제1항에 따라 전략환경영향평가서에 대하여 다음 각 호의 사항을 검토하여야 한다.
  1. 협의대상 여부 등 형식적 요건에 관한 사항
  2. 주민 등의 의견 수렴 절차 이행 및 주민의견 반영에 관한 사항
  3. 전략환경영향평가서 내용의 타당성 여부
② 법 제17조제2항 본문에서 "대통령령으로 정하는 기관"이란 다음 각 호의 기관을 말한다. <신설 2020. 5. 12., 2023. 3. 31.>
  1. 국립환경과학원
  2. 「생물자원관의 설립 및 운영에 관한 법률」 제6조제1항에 따른 국립생물자원관
  3. 「정부출연연구기관 등의 설립·운영 및 육성에 관한 법률」 제8조에 따라 설립된 한국환경연구원
  4. 「한국환경공단법」에 따른 한국환경공단
  5. 「국립생태원의 설립 및 운영에 관한 법률」에 따른 국립생태원
  6. 그 밖에 환경영향평가에 필요한 전문성을 갖춘 기관으로서 환경부장관이 정하는 기관
③ 법 제17조제3항에서 "대통령령으로 정하는 사유"란 전략환경영향평가서를 제21조에서 정하고 있는 작성 내용·방법 등에 따라 작성하지 아니한 경우를 말한다. <개정 2020. 5. 12.>
④ 협의기관의 장은 전략환경영향평가서를 검토할 때에 필요하면 관계 전문가의 의견을 들을 수 있다. <개정 2020. 5. 12.>
⑤ 협의기관의 장은 법 제17조제4항제2호에 따라 전략환경영향평가서를 반려하려는 경우에는 사전에 제6조의3제1항제2호의 거짓·부실 검토 전문위원회의 검토 및 환경영향평가협의회의 심의를 거쳐야 한다. 다만, 제6조의3제1항제2호의 거짓·부실 검토 전문위원회에서 거짓으로 작성된 것으로 의결된 전략환경영향평가서를 반려하려는 경우에는 환경영향평가협의회의 심의를 생략할 수 있다. <신설 2018. 11. 27., 2019. 12. 31., 2020. 5. 12., 2023. 3. 31.>
⑥ 제1항부터 제5항까지에서 규정한 사항 외에 전략환경영향평가서의 검토기준이나 보완·반려 등에 필요한 사항은 환경부장관이 정한다. <개정 2016. 11. 29., 2018. 11. 27., 2020. 5. 12.>
[제목개정 2016. 11. 29.]

(2) 평가서의 검토·보완, 협의내용의 통보 등

> ☞ **환경영향평가법**
>
> 제17조 (전략환경영향평가서의 검토 등) ① 환경부장관은 제16조제1항 및 제2항에 따라 협의를 요청받은 경우에는 주민의견 수렴 절차 등의 이행 여부 및 전략환경영향평가서의 내용 등을 검토하여야 한다.

> ☞ **환경영향평가법**
>
> 제18조 (협의 내용의 통보기간 등) ① 환경부장관은 협의를 요청받은 날부터 대통령령으로 정하는 기간 이내에 주관 행정기관의 장에게 협의 내용을 통보하여야 한다. 다만, 부득이한 사정이 있을 때에는 그 기간을 연장할 수 있다.
> ② 환경부장관은 제1항 단서에 따라 협의 내용 통보기간을 연장할 때에는 협의기간이 끝나기 전에 주관 행정기관의 장에게 그 사유와 연장한 기간을 통보하여야 한다.
> ③ 환경부장관은 다음 각 호의 어느 하나에 해당하는 경우에는 해당 계획에 관련 내용을 반영할 것을 조건으로 주관 행정기관의 장에게 협의 내용을 통보할 수 있다. <개정 2016. 5. 29.>
> 1. 보완하여야 할 사항이 경미한 경우
> 2. 해당 계획을 수립·결정하기 전에 보완이 가능한 경우

> ☞ **환경영향평가법**
>
> 제19조 (협의 내용의 이행) ① 주관 행정기관의 장은 제18조에 따라 통보받은 협의 내용을 해당 계획에 반영하기 위하여 필요한 조치를 하거나 전략환경영향평가 대상계획을 제안하는 자 등에게 필요한 조치를 할 것을 요구하여야 하며, 그 조치결과 또는 조치계획을 환경부장관에게 통보하여야 한다.

> ☞ **환경영향평가법 시행령**
>
> 제24조 (전략환경영향평가서의 검토를 위한 자료제출 요청) 협의기관의 장은 전략환경영향평가서의 검토를 위하여 필요한 경우 법 제17조제3항에 따른 주관 행정기관의 장(이하 "주관 행정기관의 장"이라 한다)에게 관련 자료 등의 제출을 요청할 수 있다. 이 경우 주관 행정기관의 장은 특별한 사유가 없으면 이에 따라야 한다.

(3) 이의신청

> ☞ 환경영향평가법

제20조 (재협의) ① 개발기본계획을 수립하는 행정기관의 장은 제16조부터 제18조까지의 규정에 따라 협의한 개발기본계획을 변경하는 경우로서 다음 각 호의 어느 하나에 해당하는 경우에는 제11조부터 제19조까지의 규정에 따라 전략환경영향평가를 다시 하여야 한다. <개정 2016. 5. 29.>
  1. 개발기본계획 대상지역을 대통령령으로 정하는 일정 규모 이상으로 증가시키는 경우
  2. 협의 내용에서 원형대로 보전하거나 제외하도록 한 지역을 대통령령으로 정하는 규모 이상으로 개발하거나 그 위치를 변경하는 경우
② 개발기본계획을 수립하려는 행정기관의 장은 다음 각 호의 어느 하나에 해당하면 전략환경영향평가 재협의를 생략할 수 있다. <신설 2016. 5. 29.>
  1. 전략환경영향평가 대상계획이 환경부장관과 협의를 거쳐 확정된 후 취소 또는 실효된 경우로서 협의 내용을 통보받은 날부터 대통령령으로 정하는 기간을 경과하지 아니한 경우
  2. 전략환경영향평가 대상계획이 환경부장관과 협의를 거친 후 지연 중인 경우로서 협의 내용을 통보받은 날부터 대통령령으로 정하는 기간을 경과하지 아니한 경우

> ☞ 환경영향평가법 시행령

제27조 (조치결과 또는 조치계획의 관리·감독 등) ① 협의기관의 장은 법 제19조제1항에 따른 조치결과 또는 조치계획의 이행 여부를 확인하기 위하여 필요한 경우에는 주관 행정기관의 장에 대하여 협의 내용의 이행 여부 및 이행 상황 등을 확인할 수 있다.
② 협의기관의 장은 제1항에 따른 확인 결과 협의 내용을 이행하지 아니한 사항에 대해서는 주관 행정기관의 장에게 그 이행을 위하여 필요한 조치를 할 것을 요청할 수 있다.
③ 주관 행정기관의 장은 제2항에 따라 협의기관의 장이 요청하는 경우 특별한 사유가 없으면 이에 따라야 한다.

(4) 협의내용의 관리 등

> ☞ 환경영향평가법

제24조 (평가 항목·범위 등의 결정) ① 승인등을 받지 아니하여도 되는 사업자는 환경영향평가를 실시하기 전에 평가준비서를 작성하여 대통령령으로 정하는 기간 내에 환경영향평가협의회의 심의를 거쳐 다음 각 호의 사항(이하 이 장에서 "환경영향평가항목등"이라 한다)을 결정하여야 한다.
  1. 환경영향평가 대상지역
  2. 환경보전방안의 대안
  3. 평가 항목·범위·방법 등

☞ 환경영향평가법

제25조 (주민 등의 의견 수렴) ① 사업자는 제24조에 따라 결정된 환경영향평가항목등에 따라 환경영향평가서 초안을 작성하여 주민 등의 의견을 수렴하여야 한다.
② 제1항에 따른 환경영향평가서 초안의 작성 및 주민 등의 의견 수렴 절차에 관하여는 제12조 및 제13조를 준용한다. 다만, 주민에 대한 공고 및 공람은 환경영향평가 대상사업의 사업지역을 관할하는 시장(「제주특별자치도 설치 및 국제자유도시 조성을 위한 특별법」 제11조제2항에 따른 행정시장을 포함한다)·군수·구청장(자치구의 구청장을 말한다)이 하여야 한다. <개정 2015. 7. 24., 2016. 5. 29.>
③ 사업자가 제1항에 따른 환경영향평가서 초안에 대하여 다른 법령에 따라 주민 등의 의견을 20일 이상 수렴하는 등 제2항의 절차에 준하여 수렴한 경우에는 제1항에 따라 주민 등의 의견을 수렴한 것으로 본다. <신설 2016. 5. 29.>
④ 사업자는 제1항 및 제3항에 따른 주민 등의 의견 수렴 결과와 반영 여부를 대통령령으로 정하는 방법에 따라 공개하여야 한다. <개정 2016. 5. 29.>
⑤ 사업자는 환경영향평가 대상사업에 대한 개발기본계획을 수립할 때에 제12조부터 제15조까지의 규정에 따른 전략환경영향평가서 초안의 작성 및 의견 수렴 절차를 거친 경우(제14조에 따라 의견 수렴 절차를 생략한 경우는 제외한다)로서 다음 각 호의 요건에 모두 해당하는 경우 협의기관의 장과의 협의를 거쳐 제1항 및 제2항에 따른 환경영향평가서 초안의 작성 및 의견 수렴 절차를 거치지 아니할 수 있다. <개정 2016. 1. 27., 2016. 5. 29.>
1. 제18조에 따라 전략환경영향평가서의 협의 내용을 통보받은 날부터 3년이 지나지 아니한 경우
2. 제18조에 따른 협의 내용보다 사업규모가 30퍼센트 이상 증가되지 아니한 경우
3. 제18조에 따른 협의 내용보다 사업규모가 제22조제2항에 따라 대통령령으로 정하는 환경영향평가 대상사업의 최소 사업규모 이상 증가되지 아니한 경우
4. 폐기물소각시설, 폐기물매립시설, 하수종말처리시설, 공공폐수처리시설 등 주민의 생활환경에 미치는 영향이 큰 시설의 입지가 추가되지 아니한 경우
⑥ 제1항에 따른 환경영향평가서 초안의 작성방법과 제2항 단서에 따른 공고·공람의 방법 등 필요한 사항은 대통령령으로 정한다. <개정 2016. 5. 29.>

☞ 환경영향평가법

제26조 (주민 등의 의견 재수렴) ① 사업자는 제25조에 따른 의견 수렴 절차를 거친 후 제29조에 따라 협의 내용을 통보받기 전까지 환경영향평가 대상사업의 변경 등 대통령령으로 정하는 중요한 사항을 변경하려는 경우에는 제24조 및 제25조에 따라 환경영향평가서 초안을 다시 작성하여 주민 등의 의견을 재수렴하여야 한다. <개정 2017. 11. 28.>
② 사업자는 제25조제4항에 따라 공개한 의견의 수렴 절차에 흠이 존재하는 등 환경부령으로 정하는 사유가 있어 주민 등이 의견의 재수렴을 신청하는 경우에는 제25조에 따라 주민 등의 의견을 재수렴하여야 한다. <신설 2017. 11. 28.>
③ 제2항에 따른 의견 재수렴 신청 기간, 절차, 최소신청인원 등은 환경부령으로 정한다. <신설 2017. 11. 28.>

> **환경영향평가법**
>
> 제27조 (환경영향평가서의 작성 및 협의 요청 등) ① 승인기관장등은 환경영향평가 대상사업에 대한 승인등을 하거나 환경영향평가 대상사업을 확정하기 전에 환경부장관에게 협의를 요청하여야 한다. 이 경우 승인기관의 장은 환경영향평가서에 대한 의견을 첨부할 수 있다.
> ② 승인등을 받지 아니하여도 되는 사업자는 제1항에 따라 환경부장관에게 협의를 요청할 경우 환경영향평가서를 작성하여야 하며, 승인등을 받아야 하는 사업자는 환경영향평가서를 작성하여 승인기관의 장에게 제출하여야 한다.
> ③ 제1항과 제2항에 따른 환경영향평가서의 작성방법, 협의 요청시기 및 제출방법 등은 대통령령으로 정한다.

제3장 환경영향평가제도와 사법심사

1. 원고적격의 확대

가. 제3자의 원고적격

행정소송법 제12조는, "취소소송은 처분 등의 취소를 구할 법률상 이익이 있는 자가 제기할 수 있다.

☞ 대법원 2006. 3. 16. 선고 2006두330 판결 200p 참조

　　(1) 판례

[판례 1] 폐기물처리시설입지결정및고시처분취소 (대법원 2005. 5. 12. 선고 2004두14229 판결)

【판시사항】
1일 처리능력이 100t 이상인 폐기물처리시설을 설치하기 위한 폐기물처리시설 설치계획 입지결정·고시처분의 효력을 다투는 소송에 있어서 인근 주민들의 원고적격

【판결요지】
행정처분의 직접 상대방이 아닌 제3자라 하더라도 당해 행정처분으로 인하여 법률상 보호되는 이익을 침해당한 경우에는 취소소송을 제기하여 그 당부의 판단을 받을 자격이 있다 할 것이고, 여기에서 말하는 법률상 보호되는 이익이라 함은 당해 처분의 근거 법규 및 관련 법규에 의하여 보호되는 개별적·직

접적·구체적 이익이 있는 경우를 말하는데, 환경·교통·재해등에관한영향평가법(이하 '환경영향평가법'이라 한다), 같은법시행령, 구 폐기물처리시설설치촉진및주변지역지원등에관한법률(2004. 2. 9. 법률 제7169호로 개정되기 전의 것, 이하 '폐촉법'이라 한다), 같은법시행령의 각 관련 규정에 의하면, 폐기물처리시설 설치기관이 1일 처리능력이 100t 이상인 폐기물처리시설을 설치하는 경우에는 폐촉법에 따른 환경상 영향조사 대상에 해당할 뿐만 아니라 환경영향평가법에 따른 환경영향평가 대상사업에도 해당하므로 폐촉법령뿐만 아니라 환경영향평가법령도 위와 같은 폐기물처리시설을 설치하기 위한 폐기물소각시설 설치계획 입지결정·고시처분의 근거 법령이 된다고 할 것이고, 따라서 위 폐기물처리시설설치계획입지가 결정·고시된 지역 인근에 거주하는 주민들에게 위 처분의 근거 법규인 환경영향평가법 또는 폐촉법에 의하여 보호되는 법률상 이익이 있으면 위 처분의 효력을 다툴 수 있는 원고적격이 있다.

【참조조문】
구 폐기물처리시설설치촉진및주변지역지원등에관한법률(2004. 2. 9. 법률 제7169호로 개정되기 전의 것) 제9조, 제10조, 제17조, 폐기물처리시설설치촉진및주변지역지원등에관한법률시행령 제17조, 제20조, 환경·교통·재해등에관한영향평가법 제4조, 환경·교통·재해등에관한영향평가법시행령 제2조, 행정소송법 제12조

【참조판례】
대법원 2005. 3. 11. 선고 2003두13489 판결(공2005상, 596)

【전 문】
【원고, 상고인】 원고 1 외 7인 (소송대리인 변호사 정남순 외 2인)
【피고, 피상고인】 포항시장 (소송대리인 변호사 김제식)
【원심판결】 대구고법 2004. 11. 5. 선고 2004누1255 판결

【주 문】
원심판결을 파기하고 사건을 대구고등법원에 환송한다.

【이 유】
1. 원심판결 이유에 의하면, 원심은, 피고가 2003. 9. 8. 포항시 남구 대송면 옥명리 200-1 외 2필지 상에 일반폐기물소각시설(소각용량 : 200t/일 × 1기)을 설치하는 내용으로 폐기물소각시설 설치계획입지를 결정·고시하는 이 사건 처분을 한 사실을 인정한 다음, 행정처분의 직접 상대방이 아닌 제3자의 경우에도 당해 행정처분의 취소를 구할 법률상의 이익이 있는 경우에는 원고적격이 인정된다는 전제하에, 피고가 사실심 변론종결시까지 폐기물처리시설설치촉진및주변지역지원등에관한법률(2004. 2. 9. 법률 제7169호로 개정되기 전의 것, 이하 '폐촉법'이라 한다) 제17조 제1항 소정의 주변영향지역을 결정·고시하지 않고 있고, 원고들은 위 소각시설 예정지의 부지경계선으로부터 300m 밖에 있는 지역의 주민들로서 원고들의 거주지역이 위 폐기물소각시설 설치사업으로 인하여 환경상 상당한 영향을 미칠 것으로 인정되는 지역이라는 점을 인정하기 어렵거나 이를 인정할 만한 증거가 없으므로, 이 사건 소는 원고적격 없는 자에 의하여 제기된 소로서 부적법하다는 이유로 이를 각하하였다.
2. 행정처분의 직접 상대방이 아닌 제3자라 하더라도 당해 행정처분으로 인하여 법률상 보호되는 이익을 침해당한 경우에는 취소소송을 제기하여 그 당부의 판단을 받을 자격이 있다 할 것이고, 여기에서 말하는 법률상 보호되는 이익이라 함은 당해 처분의 근거 법규 및 관련 법규에 의하여 보호되는 개별적·직접적·구체적 이익이 있는 경우를 말하는데, 환경·교통·재해등에관한영향평가법(이하 '환경영

향평가법'이라 한다), 같은법시행령, 폐촉법, 같은법시행령의 각 관련 규정에 의하면, 폐기물처리시설 설치기관이 1일 처리능력이 100t 이상인 폐기물처리시설을 설치하는 경우에는 폐촉법에 따른 환경상 영향조사 대상에 해당할 뿐만 아니라, 환경영향평가법에 따른 환경영향평가 대상사업에도 해당하므로 폐촉법령뿐만 아니라, 환경영향평가법령도 위와 같은 폐기물처리시설을 설치하기 위한 폐기물소각시설 설치계획 입지결정·고시처분의 근거 법령이 된다고 할 것이고, 따라서 위 폐기물처리시설 설치계획입지가 결정·고시된 지역 인근에 거주하는 주민들에게 위 처분의 근거 법규인 환경영향평가법 또는 폐촉법에 의하여 보호되는 법률상 이익이 있으면 위 처분의 효력을 다툴 수 있는 원고적격이 있다고 할 것이다.

그런데 기록에 의하면, 원심에서 원고들은 환경영향평가 대상지역 내에 거주하는 주민들이므로 폐촉법 이외에도 환경영향평가법에 의하여서도 이 사건 처분의 취소를 구할 원고적격이 있다고 주장하면서 위 법에 따라 작성된 환경영향평가서 초안(갑 제9호증의 1, 2)까지 증거로 제출하고 있으므로, 원심으로서는 원고들에게 환경영향평가법에 따른 원고적격이 있는지 여부를 따졌어야 함에도 이 점에 관하여는 아무런 판단도 하지 아니한 채 위 환경영향평가서 초안을 근거로 원고들에게 폐촉법에 따른 원고적격이 있는지 여부만을 판단하고 말았으니 원심판결에는 심리미진 또는 판단유탈로 인하여 판결 결과에 영향을 미친 위법이 있다고 할 것이다.

3. 그러므로 나머지 상고이유에 대한 판단을 생략한 채 원심판결을 파기하고, 사건을 다시 심리·판단하게 하기 위하여 원심법원에 환송하기로 하여 관여 법관의 일치된 의견으로 주문과 같이 판결한다.

대법관　고현철(재판장) 윤재식(주심) 강신욱 김영란

[판례 2] 건축주명의변경처분취소 (대법원 2000. 4. 25. 선고 98두7923 판결)

【판시사항】

[1] 행정처분의 직접 상대방이 아닌 제3자가 행정처분의 취소 등을 구할 수 있는 요건으로서 법률상 이익의 의미
[2] 관할 행정청이 건축물에 관한 건축주 지위의 처분금지가처분결정을 받고 그 가처분에 기한 본안소송을 제기한 가처분권자에게 위 가처분이 해제되어야 건축주명의변경이 가능하다는 회신을 보냈음에도 건축주명의변경신고를 수리하는 처분을 한 경우, 가처분권자는 위 처분의 취소를 구할 법률상 이익이 없다고 한 사례

【판결요지】

[1] 행정처분의 상대방이 아닌 제3자라도 당해 행정처분의 취소를 구할 법률상의 이익이 있는 경우에는 그 처분의 취소를 구할 수 있으나, 이 경우 법률상의 이익이란 당해 처분의 근거 법률에 의하여 직접 보호되는 구체적인 이익을 말하므로 제3자가 단지 간접적인 사실상 경제적인 이해관계를 가지는 경우에는 그 처분의 취소를 구할 원고적격이 없다.
[2] 관할 행정청이 건축물에 관한 건축주 지위의 처분금지가처분결정을 받고 그 가처분에 기한 본안소송을 제기한 가처분권자에게 위 가처분이 해제되어야 건축주명의변경이 가능하다는 회신을 보냈음

에도 건축주명의변경신고를 수리하는 처분을 한 경우, 가처분권자는 위 처분의 취소를 구할 법률상 이익이 없다고 한 사례.

【참조조문】

[1] 행정소송법 제1조[행정처분일반], 제2조 제1항 제1호, 제12조 [2] 민사소송법 제714조, 행정소송법 제1조[행정처분일반], 제2조 제1항 제1호, 제12조

【참조판례】

[1] 대법원 1996. 6. 28. 선고 96누3630 판결(공1996하, 2394)
대법원 1997. 4. 25. 선고 96누14906 판결(공1997상, 1653)
대법원 1999. 6. 11. 선고 96누10614 판결(공1999상, 1427)
대법원 1999. 7. 23. 선고 97누1006 판결(공1999하, 1796)
대법원 1999. 10. 12. 선고 99두6026 판결(공1999하, 2345)
대법원 1999. 12. 7. 선고 97누12556 판결(공2000상, 195)
대법원 2000. 2. 8. 선고 97누13337 판결(공2000상, 616)
[2] 대법원 1992. 3. 31. 선고 91누4911 판결(공1992, 1442)
대법원 1993. 10. 12. 선고 93누883 판결(공1993하, 3096)

【전 문】

【원고, 상 고 인】 원고 1 외 1인
【피고, 피상고인】 예산군수
【원심판결】 대전고법 1998. 3. 27. 선고 97구3093 판결

【주 문】

상고를 모두 기각한다. 상고비용은 원고들의 부담으로 한다.

【이 유】

상고이유를 본다.

원심판결 이유와 기록에 의하면, 원고 1이 1995. 10. 11. 소외 1을 상대로 이 사건 건축물에 관한 건축주 지위의 처분금지가처분결정을 받은 후 그 가처분에 대한 본안소송 계속중에 피고가 같은 해 12월 13일 원고 1에게 위 가처분이 해제되어야만 건축주명의변경이 가능하다는 회신을 보낸 다음, 이 사건 건축물을 소외 1로부터 양수한 소외 2에 의한 건축주명의변경의 신고를 1997. 7. 16. 및 같은 달 22일자로 수리하는 이 사건 처분을 하자 가처분권자인 원고 1과 위 원고와 동업관계에 있는 원고 2가 그 처분의 취소를 구한 것에 대하여 원심은 위와 같은 사정만으로는 원고들에게 이 사건 처분의 취소를 구할 법률상 이익이 없다고 하여 원고들의 소를 각하하였다.

행정처분의 상대방이 아닌 제3자라도 당해 행정처분의 취소를 구할 법률상의 이익이 있는 경우에는 그 처분의 취소를 구할 수 있으나, 이 경우 법률상의 이익이란 당해 처분의 근거 법률에 의하여 직접 보호되는 구체적인 이익을 말하므로 제3자가 단지 간접적인 사실상 경제적인 이해관계를 가지는 경우에는 그 처분의 취소를 구할 원고적격이 없다(대법원 1991. 12. 13. 선고 90누10360 판결, 1999. 6. 11. 선고 96누10614 판결, 2000. 2. 8. 선고 97누13337 판결 등 참조).

이 사건에 있어 원고 1이 건축주지위의 처분금지가처분결정을 받은 자이고 원고 2가 위 원고와 동업관계에 있다 하더라도 그러한 지위에 있는 원고들이 이 사건 처분이 취소됨으로써 얻게 될 이익은 간접적이거나 사실적, 경제적 이익에 불과하고, 이 사건 처분의 근거 법률에 의하여 직접 보호되는 구체적

인 이익에 해당한다고 보기 어려우므로 원고들에게는 이 사건 처분의 취소를 구할 법률상 이익이 없다 할 것이다.

원심이 원고들에게 원고적격이 없다고 하여 원고들의 소를 각하한 결론은 옳고, 거기에 상고이유에서 지적하는 바와 같은 판결에 영향을 미친 법리오해 등의 위법이 없다.

상고이유의 주장은 모두 이유 없다.

그러므로 상고를 모두 기각하고, 상고비용은 패소자들의 부담으로 하기로 하여 관여 대법관의 일치된 의견으로 주문과 같이 판결한다.

대법관 유지담(재판장) 지창권 신성택(주심) 서성

[판례 3] 사도폐지허가처분취소 (대법원 1999. 12. 7. 선고 97누12556 판결)

【판시사항】

[1] 행정처분의 직접 상대방이 아닌 제3자가 행정처분의 취소 등을 구할 수 있는 요건으로서 '법률상 이익'의 의미

[2] 갑이 을 소유의 도로를 공로에 이르는 유일한 통로로 이용하였으나 갑 소유의 대지에 연접하여 새로운 공로가 개설되어 그 쪽으로 출입문을 내어 바로 새로운 공로에 이를 수 있게 된 경우, 갑이 을 소유의 도로에 대한 도로폐지허가처분의 취소를 구할 법률상 이익이 있는지 여부(소극)

【판결요지】

[1] 행정처분의 직접 상대방이 아닌 제3자라도 당해 행정처분의 취소를 구할 법률상의 이익이 있는 경우에는 원고적격이 인정된다고 할 것이나, 여기서 말하는 법률상의 이익은 당해 처분의 근거 법률에 의하여 보호되는 직접적이고 구체적인 이익이 있는 경우를 말하고 다만 공익보호의 결과로 국민 일반이 공통적으로 가지는 추상적, 평균적, 일반적 이익과 같이 간접이거나 사실적, 경제적 이해관계를 가지는 데 불과한 경우는 여기에 포함되지 않는다.

[2] 갑이 을 소유의 도로를 공로에 이르는 유일한 통로로 이용하였으나 갑 소유의 대지에 연접하여 새로운 공로가 개설되어 그 쪽으로 출입문을 내어 바로 새로운 공로에 이를 수 있게 된 경우, 을의 신청에 따라 관할 행정청이 을 소유의 도로에 대하여 한 도로폐지허가처분으로 인하여 을 소유의 도로가 구 건축법(1999. 2. 8. 법률 제5895호로 개정되기 전의 것) 제2조 제11호 (나)목 소정의 도로에 해당하지 않게 되었다고 하더라도 주위토지소유자인 갑의 대지 및 그 지상의 주택은 같은 법 제2조 제11호 소정의 새로 개설된 도로에 접하고 있으므로 여전히 같은 법 제33조 소정의 접도의무가 충족된다고 할 것이고, 도로폐지허가처분 이전에 을 소유의 도로에 대하여 같은 법 제34조, 제36조, 제37조가 적용됨으로써 갑이 갖고 있던 통행의 이익이 도로폐지허가처분에 의하여 상실되었다고 하더라도 이러한 갑의 폐지된 도로에 대한 통행의 이익은 같은 법에 의한 공익보호의 결과로 국민 일반이 공통적으로 가지는 추상적, 평균적, 일반적 이익과 같이 간접이거나 사실적, 경제적 이익에 불과하고 이를 같은 법에 의하여 보호되는 직접적이고 구체적인 이익에 해당한다고 보기도 어렵고, 또한 갑이 종전에 갖고 있던 폐지된 도로에 대한 주위토지통행권은 새로운 도로가 개설됨으로써 도로폐지허가처분 당시에는 이미 소멸하였을 뿐만 아니라, 도로폐지허가처분 당시에

는 폐지된 도로의 소유자인 을에게 폐지된 도로에 대한 독점적·배타적 사용수익권이 있다고 할 것이어서 그 제한을 전제로 한 갑의 폐지된 도로에 대한 무상통행권도 인정되지 않는다고 할 것이므로, 도로폐지허가처분으로 인하여 갑이 폐지된 도로에 대한 사법상의 통행권을 침해받았다고 볼 수도 없다 할 것이어서 갑에게는 도로폐지허가처분의 취소를 구할 법률상 이익이 없다.

【참조조문】
[1] 행정소송법 제1조[행정처분일반], 제12조 [2] 구 건축법(1999. 2. 8. 법률 제5895호로 개정되기 전의 것) 제2조 제11호 (나)목, 제33조, 제34조, 제35조, 제37조, 민법 제219조, 행정소송법 제12조

【참조판례】
[1] 대법원 1992. 12. 8. 선고 91누13700 판결(공1993상, 466)
대법원 1993. 7. 27. 선고 93누8139 판결(공1993하, 2440)
대법원 1994. 4. 12. 선고 93누24247 판결(공1994상, 1499)
대법원 1995. 9. 26. 선고 94누14544 판결(공1995하, 3538)
대법원 1999. 6. 11. 선고 96누10614 판결(공1999하, 1427)
대법원 1996. 6. 28. 선고 96누3630 판결(공1996하, 2394)
대법원 1997. 4. 25. 선고 96누14906 판결(공1997상, 1653)
대법원 1999. 6. 11. 선고 96누10614 판결(공1999하, 1427)
대법원 1999. 7. 23. 선고 97누1006 판결(공1999하, 1796)
대법원 1999. 10. 12. 선고 99두6026 판결(공1999하, 2345)
[2] 대법원 1991. 5. 28. 선고 91다9961, 9978 판결(공1991, 1766)
대법원 1991. 6. 11. 선고 90다12007 판결(공1991, 1898)
대법원 1992. 4. 4. 선고 91다32251 판결(공1992, 1676)
대법원 1995. 11. 7. 선고 95다2203 판결(공1995하, 3900)
대법원 1998. 3. 10. 선고 97다47118 판결(공1998상, 983)

【전 문】
【원고, 상 고 인】 원고 (소송대리인 변호사 김형기)
【피고, 피상고인】 부산광역시 동래구청장
【보조참가인】 보조참가인 (소송대리인 변호사 이정우)
【원심판결】 부산고법 1997. 7. 10. 선고 96구14623 판결

【주 문】
원심판결을 파기한다.
이 사건 소를 각하한다.
소송총비용은 원고의 부담으로 한다.

【이 유】
직권으로 판단한다.
행정처분의 직접 상대방이 아닌 제3자라도 당해 행정처분의 취소를 구할 법률상의 이익이 있는 경우에는 원고적격이 인정된다고 할 것이나, 여기서 말하는 법률상 이익은 당해 처분의 근거 법률에 의하여 보호되는 직접적이고 구체적인 이익이 있는 경우를 말하고 다만 공익보호의 결과로 국민 일반이 공통적으로 가지는 추상적, 평균적, 일반적 이익과 같이 간접적이거나 사실적, 경제적 이해관계를 가지는데

불과한 경우는 여기에 포함되지 않는다고 할 것이다(대법원 1995. 9. 26. 선고 94누14544 판결, 1997. 4. 25. 선고 96누14906 판결, 1999. 6. 11. 선고 96누10614 판결 등 참조).

원심이 적법하게 인정한 사실 및 기록에 의하면, 피고가 1996. 4. 26. 피고보조참가인에 대하여 구 건축법(1999. 2. 8. 법률 제5895호로 개정되기 전의 것, 이하 '법'이라고 한다) 제35조에 근거하여, 법 제2조 제11호 (나)목 소정의 도로인 분할 전의 부산 동래구 (주소 1 생략) 도로 491㎡ 중 원심 판시 60㎡ 부분(이 부분은 1996. 5. 13. 위 (주소 1 생략) 도로 491㎡에서 분할 및 지목변경되어 (주소 2 생략) 대 60㎡가 되었다가 1996. 8. 21. (주소 3 생략) 대 747㎡로 합병되었다. 이하 '이 사건 도로'라고 한다)에 대하여 도로폐지허가처분(이하 '이 사건 처분'이라고 한다)을 한 사실, 위 분할 전의 (주소 1 생략) 도로 491㎡는 1978. 3. 2. 소외인 소유이던 (주소 4 생략) 도로 549㎡에서 분할된 토지인데, 소외인은 1965.경 자신의 소유이던 (주소 3 생략) 대 1,901평을 (주소 3 생략), (주소 5 생략) 내지 (주소 4 생략), (주소 6 생략) 내지 (주소 7 생략)으로 분할하여 타에 매도함에 있어, 그 중 (주소 4 생략) 대 166평(549㎡)를 나머지 분할 토지들이 공로인 원심 판시 1번도로로 통하는 유일한 진입로로 제공하여 그 이후 위 (주소 4 생략) 대 549㎡는 위 분할, 매도된 토지들의 소유자들 및 인근 주민들의 통행로로 이용되어 오면서 1969. 2. 3. 그 지목이 도로로 변경되었고, 1978. 3. 2. (주소 1 생략) 도로 491㎡ 외 2필지로 분할된 사실, 원고는 1978. 10.경 위 (주소 1 생략) 도로 491㎡ 중 이 사건 도로 부분에 접해 있는 (주소 5 생략) 대지와 그 지상 주택을 매수하여 거주하면서 이 사건 도로를 공로인 1번도로에 이르는 유일한 통로로 이용하여 왔는데, 1992.경 원고 소유의 위 대지 동쪽에 연접하여 공로로서 법 제2조 제11호 소정의 도로인 원심 판시 2번도로가 개설되어 그 쪽으로 출입문을 내어 바로 2번도로에 이를 수 있게 되었고, 다만 원고 소유의 주택의 구조로 보아 새로운 공로인 2번도로로 직접 나가는 것이 다소 불편한 정도인 사실, 피고보조참가인은 이 사건 도로 및 그에 연접한 (주소 3 생략), (주소 8 생략), (주소 9 생략), (주소 10 생략) 토지 상에 종합병원을 건립하기 위하여 이 사건 도로와 위 각 토지 및 그 지상의 주택들을 모두 매수한 후 1996. 4. 24. 피고에게 이 사건 도로폐지허가신청을 하기에 이르게 되었고, 이에 기하여 피고가 이 사건 처분을 하게 된 사실을 알아볼 수 있다.

이 사건 처분으로 인하여 이 사건 도로는 더 이상 법 제2조 제11호 (나)목 소정의 도로에 해당하지 않게 되어 법 제33조, 제34조, 제36조, 제37조 등의 적용을 받지 않게 되었다고 할 것인데, 앞서 본 사실관계에 의하면 이 사건 처분에 의하여 이 사건 도로가 법 제2조 제11호 (나)목 소정의 도로에 해당하지 않게 되었다고 하더라도 원고 소유의 (주소 5 생략) 대지 및 그 지상의 주택은 법 제2조 제11호 소정의 도로인 2번도로에 접하고 있으므로 여전히 법 제33조 소정의 접도의무가 충족된다고 할 것이고, 이 사건 처분 이전에 이 사건 도로에 대하여 법 제34조, 제36조, 제37조가 적용됨으로써 원고가 갖고 있던 이 사건 도로에 대한 통행의 이익이 이 사건 처분에 의하여 상실되었다고 하더라도 앞서 본 사실관계에서 나타난 사정에 비추어 볼 때 이러한 원고의 이 사건 도로에 대한 통행의 이익은 법에 의한 공익보호의 결과로 국민 일반이 공통적으로 가지는 추상적, 평균적, 일반적 이익과 같이 간접적이거나 사실적, 경제적 이익에 불과하고 이를 법에 의하여 보호되는 직접적이고 구체적인 이익에 해당한다고 보기도 어렵다(대법원 1995. 11. 7. 선고 95다2203 판결 참조). 또한 원고가 종전에 갖고 있던 이 사건 도로에 대한 주위토지통행권은 2번도로가 개설됨으로써 이 사건 처분 당시에는 이미 소멸하였을 뿐만 아니라, 이 사건 처분 당시에는 이 사건 도로의 소유자인 피고보조참가인에게 이 사건 도로에 대한 독점적·배타적 사용수익권이 있다고 할 것이어서 그 제한을 전제로 한 원고의 이 사건 도로에 대한 무상통행권도 인정되지 않는다고 할 것이므로(대법원 1998. 3. 10. 선고 97다47118 판결 참조), 이 사건 처분으로 인하여 원고가 이 사건 도로에 대한 사법상의 통행권을 침해받았다고 볼 수도 없고, 달리 이 사건 처분으로 인하여 원고의 법률상 이익이 침해되었다고 인정할 만한 자료를 기록상 발견할 수 없다.

그렇다면 원고에게는 이 사건 처분의 취소를 구할 법률상 이익이 없다고 할 것이므로 원고가 제기한 이 사건 소는 부적법하다고 할 것이고, 따라서 이를 간과한 채 원고에게 이 사건 소의 원고적격이 있음을 전제로 본안에 나아가 원고의 청구를 기각한 원심판결은 그대로 유지될 수 없으므로 상고이유에 대한 판단을 생략한 채 원심판결을 파기하고, 이 법원이 직접 판결하기로 하여, 이 사건 소를 위와 같은 이유로 각하하며, 소송총비용은 원고의 부담으로 하기로 관여 법관의 의견이 일치되어 주문과 같이 판결한다.

대법관 서성(재판장) 지창권(주심) 신성택 유지담

[판례 4] 과징금부과처분취소재결처분취소 (대법원 1992. 12. 8. 선고 91누13700 판결)

【판시사항】
면허받은 장의자동차운송사업구역에 위반하였음을 이유로 한 행정청의 과징금부과처분에 의하여 동종업자의 영업이 보호되는 결과는 사업구역제도의 반사적 이익에 불과하기 때문에 그 과징금부과처분을 취소한 재결에 대하여 처분의 상대방 아닌 제3자는 그 취소를 구할 법률상 이익이 없다고 한 사례

【판결요지】
면허받은 장의자동차운송사업구역에 위반하였음을 이유로 한 행정청의 과징금부과처분에 의하여 동종업자의 영업이 보호되는 결과는 사업구역제도의 반사적 이익에 불과하기 때문에 그 과징금부과처분을 취소한 재결에 대하여 처분의 상대방 아닌 제3자는 그 취소를 구할 법률상 이익이 없다고 한 사례.

【참조조문】
행정소송법 제12조, 자동차운수사업법 제4조 제2항

【참조판례】
대법원 1992. 4. 28. 선고 91누10220 판결(공1992,1745)

【전 문】
【원고, 상 고 인】 대구운수주식회사 원고들 소송대리인 변호사 서윤홍
【피고, 피상고인】 경상북도지사
【피고보조참가인】 피고보조참가인 소송대리인 변호사 박종윤
【원심판결】 대구고등법원 1991. 11. 20. 선고 90구548 판결

【주 문】
상고를 모두 기각한다.
상고비용은 원고들의 부담으로 한다.

【이 유】
원고들 소송대리인의 상고이유를 본다.

처분 등의 직접 상대방이 아닌 제3자라도 당해 처분 등의 취소를 구할 법률상의 이익이 있는 경우에는 취소소송의 원고적격이 인정된다고 할 것(행정소송법 제12조 참조)이나, 여기서 법률상의 이익이라 함은 당해 처분 등의 근거가 되는 법규에 의하여 보호되는 직접적이고 구체적인 이익을 말하므로, 단지 간접적이거나 사실적, 경제적인 이해관계를 가지는데 불과한 경우에는 행정소송을 제기할 법률상의 이익이 없다고 할 것이다(당원 1991.12.13. 선고 90누10360 판결, 1989.5.23. 선고 88누8135 판결 등 참조).

원심판결 이유에 의하면, 원고들은 장의자동차운송사업자인 피고보조참가인이 원고들의 사업구역에 상주하여 영업함으로써 그 면허받은 사업구역에 위반하였음을 이유로 한 청도군수의 과징금부과처분을 취소하는 이 사건 재결은 피고보조참가인의 불법행위를 조장하는 것으로서 동종운송사업자인 원고들에게 막대한 손해를 주는 것이라는 이유로 그 취소를 구하나, 위 과징금부과처분의 근거가 된 자동차운수사업법 제4조 제2항, 같은법시행규칙(1991.9.27. 교통부령 제960호로 개정되기 전의 것) 제7조 제4항이 자동차운송사업면허를함에 있어서 사업구역을 정하도록 하고, 그 운송사업자로 하여금 면허받은 사업구역외에 상주하여 영업할 수 없다고 규정한 것은 각 지역 국민의 편익을 위한 것이고, 사업구역 위반으로 인한 과징금부과처분에 의하여 다른 사업구역의 동종업자의 영업이 보호되는 결과가 되더라도 그것은 면허의 조건으로 부가되는 사업구역제도의 반사적 이익에 불과하며, 이 사건 재결은 원고들의 권익을 보호하기 위한 절차가 아니라 위 과징금부과처분으로 인한 피고보조참가인의 권익침해를 구제하기 위한 절차로서 그 내용도 증거불충분 등을 이유로위 과징금부과처분을 취소하는 것일 뿐, 피고 보조참가인으로 하여금 원고들의 사업구역에 상주하면서 영업하여도 좋다는 것이 아니어서, 이로써 원고들에게 직접적으로 어떤 불이익을 주는 것이 아님은 물론, 이 사건 재결을 취소한다고 하여 원고들에게 직접적으로 어떤 이익이 생기는 것도 아니라는 이유로, 원고들에게 이 사건 재결의 취소를 구할 법률상의 이익이 없다고 판단하여 이 사건 소를 각하하였다.

원심의 위와 같은 판단은 정당한 것으로 수긍이 가고, 거기에 법률상의 이익에 관한 법리오해가 있다고 할 수는 없으며, 원고들 소송대리인이 내세우는 판례들은 이 사건과 사안을 달리하는 것으로서 과징금부과처분의 취소재결을 쟁송의 대상으로 하는 이 사건에는 적절치 아니하다.

또한, 원심판결은 위 과징금부과처분이나 이 사건 재결자체의 위법여부에 관하여는 아무런 판단도 하지 아니한 채, 원고적격 내지 소의 이익의 유무에 관한 판단과 관련하여 그 전제로서 위 과징금부과처분과 이 사건 재결의 내용 및 경위를 설시하고 있을 뿐임이 명백하므로, 원심판결에 위 과징금부과처분이 위법하다는 판단이 있음을 전제로 하여 거기에 소론과 같은 관련법규의 해석과 증거의 취사선택을 그르친 이유모순 또는 법리오해의 위법이 있다는 상고이유는 받아 들일 수 없다. 논지는 모두 이유 없다.

그러므로 상고를 기각하고 상고비용은 원고들의 부담으로 하여 관여 법관의 일치된 의견으로 주문과 같이 판결한다.

대법관 배만운(재판장) 이회창 김석수 최종영

[판례 5] 전임강사임용처분취소 (대법원 1993. 7. 27. 선고 93누8139 판결)

【판시사항】

가. 제3자가 행정처분의 취소를 구할 원고적격이 있는 경우
나. 대학생들이 전공이 다른 교수를 임용함으로써 학습권을 침해당하였다는 이유를 들어 교수임용처분의 취소를 구할 소의 이익이 없다고 한 사례

【판결요지】
가. 행정처분의 직접 상대방이 아닌 제3자라도 당해 처분의 취소를 구할 법률상 이익이 있는 경우에는 취소소송의 원고적격이 인정된다 할 것이나 여기서 법률상 이익이라 함은 당해 처분의 근거가 되는 법규에 의하여 보호되는 직접적이고 구체적인 이익을 말하고 단지 간접적이거나 사실적, 경제적 이해관계를 가지는 데 불과한 경우에는 여기에 포함되지 아니한다
나. 대학생들이 전공이 다른 교수를 임용함으로써 학습권을 침해당하였다는 이유를 들어 교수임용처분의 취소를 구할 소의 이익이 없다고 한 사례.

【참조조문】
행정소송법 제12조

【참조판례】
대법원 1992.9.22. 선고 91누13214 판결(공1992,3013)
1992.12.8. 선고 91누13700 판결(공1993,466)
1993.4.23. 선고 92누17099 판결(공1993,1577)

【전 문】
【원고, 상고인】 원고 1 외 2인 원고들 소송대리인 변호사 이전오 외 3인
【피고, 피상고인】 서울시립대학교총장
【원심판결】 서울고등법원 1993.2.25. 선고 92구25337 판결

【주 문】
상고를 모두 기각한다.
상고비용은 원고들의 부담으로 한다.

【이 유】
상고이유를 본다.
행정처분의 직접 상대방이 아닌 제3자라도 당해 처분의 취소를 구할 법률상 이익이 있는 경우에는 취소소송의 원고적격이 인정된다 할 것이나 여기서 법률상 이익이라 함은 당해 처분의 근거가 되는 법규에 의하여 보호되는 직접적이고 구체적인 이익을 말하고 단지 간접적이거나 사실적, 경제적 이해관계를 가지는데 불과한 경우에는 여기에 포함되지 아니한다(당원 1989.5.23. 선고 88누8135 판결; 1991.12.13. 선고 90누10360 판결; 1992.12.8. 선고 91누13700 판결 등 참조).
그런데 이 사건의 경우 원고들의 주장을 요약하면, 원고들은 서울시립대학교 세무학과에 재학중인 학생들로서 조세정책과목을 수강하고 있는데 피고가 경제학적으로 접근하여야 하는 조세정책과목의 담당교수를 행정학을 전공한 소외인으로 임용함으로써 원고들의 학습권을 침해하였다는 것이나 설령 피고의 이 사건 임용처분으로 말미암아 원고들이 그 주장과 같은 불이익을 받게 되더라도 그 불이익은 간접적이거나 사실적인 불이익에 지나지 아니하여 그것만으로는 원고들에게 이 사건 임용처분의 취소를 구할 소의 이익이 있다고 할 수 없다.
같은 취지의 원심판결은 정당하고 거기에 지적하는 바와 같은 법리오해나 심리미진의 위법이 없다.

그러므로 상고를 모두 기각하고 상고비용은 패소자들의 부담으로 하여 관여 법관의 일치된 의견으로 주문과 같이 판결한다.

대법관   김용준(재판장) 윤관(주심) 김주한 천경송

[판례 6] 과징금부과처분취소 (대법원 1994. 4. 12. 선고 93누24247 판결)

【판시사항】

가. 행정처분의 직접 상대방이 아닌 제3자가 행정처분취소를 구할 '법률상이익'의 범위
나. 운전기사의 합승행위를 이유로 소속 운수회사에 대하여 과징금부과처분이 있은 경우 당해 운전기사에게 그 과징금부과처분의 취소를 구할 이익이 없다고 한 사례

【판결요지】

가. 행정처분의 직접 상대방이 아닌 제3자라도 당해 행정처분의 취소를 구할 법률상의 이익이 있는 경우에는 원고적격이 인정된다 할 것이나, 여기서 말하는 법률상의 이익은 당해 처분의 근거법률에 의하여 보호되는 직접적이고 구체적인 이익이 있는 경우를 말하고 다만 간접적이거나 사실적.경제적 이해관계를 가지는 데 불과한 경우는 여기에 포함되지 아니한다.

나. 회사의 노사 간에 임금협정을 체결함에 있어 운전기사의 합승행위 등으로 회사에 대하여 과징금이 부과되면 당해 운전기사에 대한 상여금지급시 그 금액상당을 공제하기로 함으로써 과징금의 부담을 당해 운전기사에게 전가하도록 규정하고 있고 이에 따라 당해 운전기사의 합승행위를 이유로 회사에 대하여 한 과징금부과처분으로 말미암아 당해 운전기사의 상여금지급이 제한되었다고 하더라도, 과징금부과처분의 직접 당사자 아닌 당해 운전기사로서는 그 처분의 취소를 구할 직접적이고 구체적인 이익이 있다고 볼 수 없다.

【참조조문】

행정소송법 제12조

【전 문】

【원고, 상 고 인】 원고
【피고, 피상고인】 서울특별시 성북구청장
【원심판결】 서울고등법원 1993.11.17. 선고 93구18763 판결

【주 문】

상고를 기각한다.
상고비용은 원고의 부담으로 한다.

【이 유】

상고이유를 본다(기간을 도과하여 제출된 준비서면 기재 이유는 상고이유를 보충하는 범위내에서).
행정처분의 직접 상대방이 아닌 제3자라도 당해 행정처분의 취소를 구할 법률상의 이익이 있는 경우에는 원고적격이 인정된다 할 것이나, 여기서 말하는 법률상의 이익은 당해처분의 근거법률에 의하여 보

호되는 직접적이고 구체적인 이익이 있는 경우를 말하고 다만 간접적이거나 사실적, 경제적 이해관계를 가지는 데 불과한 경우는 여기에 포함되지 아니한다고 할 것이다. 소론과 같이 소외 회사의 노사간에 임금협정을 체결함에 있어 운전기사의 합승행위 등으로 회사에 대하여 과징금이 부과되면 당해 운전기사에 대한 상여금지급시 그 금액상당을 공제하기로 함으로써 과징금의 부담을 당해 운전기사에게 전가하도록 규정하고 있고 이에 따라 피고가 원고의 합승행위를 이유로 소외 회사에 대하여 한 이 사건 과징금부과처분으로 말미암아 원고의 상여금지급이 제한되었다고 하더라도, 이 사건 과징금부과처분의 직접 당사자 아닌 원고로서는 그 처분의 취소를 구할 직접적이고 구체적인 이익이 있다고 볼 수 없다. 같은 취지의 원심의 판단은 정당하고 거기에 소론과 같은 위법이 있다고 할 수 없다. 원고가 소외 회사의 대리인으로서 소외 회사의 모든 권리를 행사할 수 있으므로 이 사건 소의 원고적격이 있다는 취지의 소론주장은 독자적인 견해에 불과하여 받아들일 바가 못된다. 논지는 이유 없다.

그러므로 상고를 기각하고 상고비용은 패소자의 부담으로 하기로 하여 관여 법관의 일치된 의견으로 주문과 같이 판결한다.

대법관   배만운(재판장) 김주한 김석수(주심) 정귀호

[판례 7] 상수원보호구역변경처분등취소 (대법원 1995. 9. 26. 선고 94누14544 판결)

【판시사항】

가. 제3자가 행정처분의 취소를 구할 원고적격이 있는 경우
나. 제3자에게 상수원보호구역변경처분의 취소를 구할 법률상 이익이 없다고 한 사례
다. 제3자에게 도시계획결정처분의 취소를 구할 법률상 이익이 있다고 한 사례

【판결요지】

가. 행정처분의 직접 상대방이 아닌 제3자라도 당해 행정처분의 취소를 구할 법률상의 이익이 있는 경우에는 원고적격이 인정되는데, 여기서 말하는 법률상의 이익은 당해 처분의 근거 법률에 의하여 보호되는 직접적이고 구체적인 이익이 있는 경우를 말하고, 다만 공익보호의 결과로 국민 일반이 공통적으로 가지는 추상적, 평균적, 일반적인 이익과 같이 간접적이나 사실적, 경제적, 이해관계를 가지는데 불과한 경우는 여기에 포함되지 않는다.
나. 상수원보호구역 설정의 근거가 되는 수도법 제5조 제1항 및 동 시행령 제7조 제1항이 보호하고자 하는 것은 상수원의 확보와 수질보전일 뿐이고, 그 상수원에서 급수를 받고 있는 지역주민들이 가지는 상수원의 오염을 막아 양질의 급수를 받을 이익은 직접적이고 구체적으로는 보호하고 있지 않음이 명백하여 위 지역주민들이 가지는 이익은 상수원의 확보와 수질보호라는 공공의 이익이 달성됨에 따라 반사적으로 얻게 되는 이익에 불과하므로 지역주민들에 불과한 원고들에게는 위 상수원보호구역변경처분의 취소를 구할 법률상의 이익이 없다.
다. 도시계획법 제12조 제3항의 위임에 따라 제정된 도시계획시설기준에관한규칙 제125조 제1항이 화장장의 구조 및 설치에 관하여는 매장및묘지등에관한법률이 정하는 바에 의한다고 규정하고 있어, 도시계획의 내용이 화장장의 설치에 관한 것일 때에는 도시계획법 제12조 뿐만 아니라 매장및묘지등에관한법률 및 같은법시행령 역시 그 근거 법률이 된다고 보아야 할 것이므로, 같은법시행령 제4

조 제2호가 공설화장장은 20호 이상의 인가가 밀집한 지역, 학교 또는 공중이 수시 집합하는 시설 또는 장소로부터 1,000m 이상 떨어진 곳에 설치하도록 제한을 가하고, 같은법시행령 제9조가 국민보건상 위해를 끼칠 우려가 있는 지역, 도시계획법 제17조의 규정에 의한 주거지역, 상업지역, 공업지역 및 녹지지역 안의 풍치지구 등에의 공설화장장 설치를 금지함에 의하여 보호되는 부근 주민들의 이익은 위 도시계획결정처분의 근거 법률에 의하여 보호되는 법률상 이익이다.

【참조조문】
가.나.다. 행정소송법 제12조 나.다. 도시계획법 제12조 나. 수도법 제5조 제1항, 수도법시행령 제7조 제1항 다. 매장및묘지등에관한법률 제7조 제3항, 매장및묘지등에관한법률시행령 제4조 제2호

【참조판례】
가. 대법원 1992. 12. 8. 선고 91누13700 판결(공1993상,466)
1993. 7. 27. 선고 93누8139 판결(공1993하,2440)
1994. 4. 12. 선고 93누24247 판결(공1994상,1499)
나.다. 대법원 1975. 5. 13. 선고 73누96, 97 판결(공1975,8440)
1991. 12. 13. 선고 90누10360 판결(공1992,535)
1992. 9. 22. 선고 91누13212 판결(공1992,3012)
1993. 11. 9. 선고 93누13988 판결(공1994,100)

【전 문】
【원고, 상 고 인】 원고 1 외 298인 원고들 소송대리인 변호사 문재인 외 3인
【피고, 피상고인】 부산광역시장 소송대리인 변호사 이인수
【원심판결】 부산고등법원 1994. 10. 14. 선고 93구7365 판결

【주 문】
원심판결 중 도시계획결정취소청구에 관한 부분을 파기하고, 이 부분 사건을 부산고등법원에 환송한다.
원고들의 나머지 상고를 모두 기각한다.
위 상고가 기각된 부분의 상고비용은 원고들의 부담으로 한다.

【이 유】
상고이유를 본다.
1. 행정처분의 직접 상대방이 아닌 제3자라도 당해 행정처분의 취소를 구할 법률상의 이익이 있는 경우에는 원고적격이 인정된다 할 것이나, 여기서 말하는 법률상의 이익은 당해 처분의 근거 법률에 의하여 보호되는 직접적이고 구체적인 이익이 있는 경우를 말하고, 다만 공익보호의 결과로 국민일반이 공통적으로 가지는 추상적, 평균적, 일반적인 이익과 같이 간접적이나 사실적, 경제적 이해관계를 가지는데 불과한 경우는 여기에 포함되지 않는다고 할 것이다 (당원 1992.12.8. 선고 91누13700 판결; 1993.7.27. 선고 93누8139 판결; 1994.4.12. 선고 93누24247 판결 등 참조).
2. 원심판결 이유에 의하면 원심은 거시 증거에 의하여 피고 시가 그 동안 운영하여 오던 당감동 공설화장장이 시설노후와 인근에의 주택밀집 등을 이유로 폐쇄되자, 그 대체 화장장을 설치하기 위하여 피고 시가 소유자로서 운영하고 있는 공설묘지인 시립영락공원내의 부산 금정구 두국동 산 83의2 일대 69,200㎡(이하 이 사건 토지라 한다)를 그 부지로 선정한 사실, 그러나 이 사건 토지는 피고 시의 동구, 금정구, 해운대구의 일부 지역에 급수되는 회동수원지에 인접한 곳으로서 수도법 제5조에 의거 상수원보호구역으로 지정되고 있고, 도시계획법 제12조에 의거 묘지공원으로 도시계획시

설결정이 되어 있는 곳인데, 도시계획법등 관계 법령에 의하면 화장장은 상수원보호구역이나 묘지공원 내에는 설치할 수 없게 되어 있는 사실, 이에 따라 피고는 화장장 가동에 따른 오폐수가 회동 수원지로 유입되지 않고 전용 하수관을 통하여 막바로 수영천으로 유입되도록 하는 등의 제반오염방지장치를 갖출 것을 조건으로 이 사건 토지를 상수원보호구역에서 제외시켜 화장장을 설치하기로 하고, 수도법, 도시계획법등이 정한 절차를 거쳐 1993.8.27. 부산직할시 고시 제1993-497호로 이 사건 토지를 상수원보호구역에서 제외하는 회동수원지상 수원보호구역변경처분을 하고, 이어 같은 해 10. 5. 부산직할시 고시 1993-279호로 이 사건 토지상에 화장장을 설치하기로 하는 도시계획결정을 한 사실을 인정한 다음, 상수원보호구역 설정의 근거가 되는 수도법 제5조 제1항 및 동 시행령 제7조 제1항이 보호하고자 하는 것은 상수원의 확보와 수질보전일 뿐이고, 그 상수원에서 급수를 받고 있는 지역주민들이 가지는 상수원의 오염을 막아 양질의 급수를 받을 이익은 직접적이고 구체적으로는 보호하고 있지 않음이 명백하여 위 지역주민들이 가지는 이익은 상수원의 확보와 수질보호라는 공공의 이익이 달성됨에 따라 반사적으로 얻게 되는 이익에 불과하므로 지역주민들에 불과한 원고들은 위 상수원보호구역변경처분의 취소를 구할 법률상의 이익을 갖고 있지 않고, 또 위 도시계획결정처분의 근거는 도시계획법 제12조라 할 것인데 도시계획법상 도시계획시설 인근주민들의 이익을 배려하는 규정은 찾아볼 수 없으므로(설령 이 사건 결정처분이 매장및묘지등에관한법률 제7조 제3항, 그 시행령 제4조 제2호 (라)목 소정의 이격거리를 위배하였다 하더라도 매장및묘지등에관한법률은 위 처분의 근거 법률이 아니어서 도시계획결정시 고려할 사항에 불과하다), 위 도시계획결정에 관하여 인근주민들이 가지는 이익은 사실적, 경제적 이익에 불과하다 할 것이니, 원고들은 위 도시계획결정처분에 대하여도 그 취소를 구할 법률상의 이익을 가지지 못한다고 판단하여 원고들의 이 사건 소를 모두 각하하였다.

3. 살피건대 상수원보호구역변경처분에 관한 근거 법률 및 그 취소소송에 있어서의 원고적격에 관한 원심의 위와 같은 판단은 앞에서 말한 법리에 따른 것으로서 정당하고, 거기에 소론이 주장하는 바와 같은 법리오해의 위법이 있다 할 수 없다.

논지는 이유 없다.

4. 그러나 도시계획법 제12조 제3항의 위임에 따라 제정된 도시계획시설기준에관한규칙 제125조 제1항이 화장장의 구조 및 설치에 관하여는 매장및묘지등에관한법률이 정하는 바에 의한다고 규정하고 있어, 도시계획의 내용이 화장장의 설치에 관한 것일 때에는 도시계획법 제12조 뿐만 아니라 매장및묘지등에관한법률 및 동 시행령 역시 그 근거 법률이 된다고 보아야 할 것이므로, 매장및묘지등에관한법률시행령 제4조 제2호가 공설화장장은 20호 이상의 인가가 밀집한 지역, 학교 또는 공중이 수시 집합하는 시설 또는 장소로 부터 1,000미터 이상 떨어진 곳에 설치하도록 제한을 가하고, 같은 시행령 제9조가 국민보건상 위해를 끼칠 우려가 있는 지역, 도시계획법 제17조의 규정에 의한 주거지역, 상업지역, 공업지역 및 녹지지역안의 풍치지구 등에의 공설화장장 설치를 금지함에 의하여 보호되는 부근 주민들의 이익은 위 도시계획결정처분의 근거 법률에 의하여 보호되는 법률상 이익이라 할 것이다.

따라서 원심으로서는 이 사건 본안이 인용될 것인지 여부는 별론으로 하더라도 적어도 당사자적격 문제에 있어서는 원고들이 위와 같은 지역에 거주하는지 여부 등을 살펴 원고들에게 원고적격이 있는지 등을 따졌어야 함에도 이점에 관하여는 전혀 심리하지 않은채 매장및묘지등에관한법률이나 동 시행령은 위 도시계획결정처분의 근거 법률이 아니라는 전제에서 위 법에 의하여 보호되는 이익이 침해되었음을 주장하는 원고들에게는 위 도시계획결정처분의 취소를 구할 원고적격이 없다고 한 것은 도시계획결정처분의 근거 법률 및 그에 의하여 보호되는 법률상 이익에 관한 법리를 오해하여 판결에 영향을 미친 위법을 범한 것이라 할 것이다.

이 점을 지적하는 논지는 이유 있다.

5. 그렇다면 원고들의 상고중 도시계획결정취소청구에 대한 부분은 이유 있으므로 원심판결 중 이에 관한 부분을 파기하여 원심법원에 환송하고, 원고들의 나머지 상고는 이유 없으므로 모두 기각하며, 상고가 기각된 부분에 대한 상고비용은 패소자인 원고들의 부담으로 하기로 관여 법관의 의견이 일치되어 주문과 같이 판결한다.

대법관 김석수(재판장) 정귀호 이돈희(주심) 이임수

[판례 8] 부교수임용처분취소 (대법원 1995. 12. 12. 선고 95누11856 판결)

【판시사항】

[1] 행정처분의 상대방 아닌 제3자가 행정처분취소를 구할 원고적격이 있는 경우

[2] 국립대학 교수에게 타인을 같은 학과 부교수로 임용한 처분의 취소를 구할 법률상 이익이 없다고 한 사례

【판결요지】

[1] 행정처분의 직접 상대방이 아닌 제3자가 그 행정처분의 취소, 변경을 구하기 위하여는 제3자에게 그 처분의 취소, 변경을 구할 구체적인 법률상 이익이 있어야 하고, 단지 간접적이거나 사실적, 경제적 이해관계를 가지는 데 불과한 경우에는 허용되지 아니한다.

[2] 국립대학 교수에게 타인을 같은 학과 부교수로 임용한 처분의 취소를 구할 법률상 이익이 없다고 한 사례.

【참조조문】

[1] 행정소송법 제12조 [2] 행정소송법 제12조

【참조판례】

[1] 대법원 1986. 6. 10. 선고 85누407 판결(공1986, 880)
대법원 1993. 4. 23. 선고 92누17099 판결(공1993하, 1577)
대법원 1993. 7. 27. 선고 93누8139 판결(공1993하, 2440)
대법원 1995. 9. 26. 선고 94누14544 판결(공1995하, 3538)

【전 문】

【원고, 상 고 인】 원고 (소송대리인 법무법인 해마루종합법률사무소 담당변호사 임종인 외 4인)

【피고, 피상고인】 교육부장관 (소송대리인 변호사 정보성)

【원심판결】 서울고등법원 1995. 7. 14. 선고 94구39637 판결

【주 문】

상고를 기각한다. 상고비용은 원고의 부담으로 한다.

【이 유】

상고이유를 본다.

행정처분의 직접 상대방이 아닌 제3자가 그 행정처분의 취소, 변경을 구하기 위하여는 제3자에게 그 처분의 취소, 변경을 구할 구체적인 법률상의 이익이 있어야 하고, 단지 간접적이거나 사실적, 경제적 이해관계를 가지는 데 불과한 경우에는 허용되지 아니한다고 할 것이다(당원 1986. 6. 10. 선고 85누407 판결, 1993. 7. 27. 선고 93누8139 판결 등 참조).

원심판결 이유에 의하면, 원심은 소외인을 서울대학교 인문대학 언어학과 부교수로 신규임용한 피고의 이 사건 처분에 대하여, 원고가 같은 학과 교수로서 교수회의의 구성원이라는 사정만으로는 원고에게 그 취소를 구할 구체적인 법률상의 이익이 있다고 할 수 없다는 이유로 이 사건 소를 각하하였는바, 원심의 이러한 조치는 정당하고, 거기에 논지가 지적하는 바와 같은 법리오해나 심리미진의 위법이 있다고 할 수 없다.

그러므로 상고를 기각하고 상고비용은 패소자의 부담으로 하기로 하여 관여 법관의 일치된 의견으로 주문과 같이 판결한다.

대법관   이임수(재판장) 김석수 정귀호(주심) 이돈희

[참조] 대법원 2004. 8. 16. 선고 2003두2175 판결

2. 원고적격에 대한

[판례 9] 손해배상(기)] 〈한강조망이익침해사건〉 (대법원 2007. 6. 28. 선고 2004다54282 판결)

【판시사항】

[1] 조망이익이 법적인 보호의 대상이 되기 위한 요건
[2] 조망이익의 침해행위가 사법상 위법한 가해행위로 평가되기 위한 요건 및 그 판단 기준
[3] 조망의 대상과 그에 대한 조망의 이익을 누리는 건물 사이에 있는 타인 소유의 토지에 건물이 건축되어 있지 않거나 저층의 건물만이 건축되어 있어 그 타인의 토지를 통한 조망의 향수가 가능하였던 경우, 그 토지상의 건물 신축으로 인한 조망이익의 침해가 인정되는지 여부(원칙적 소극)
[4] 5층짜리 아파트의 뒤에 그보다 높은 10층짜리 건물을 세움으로써 한강 조망을 확보한 경우와 같이 보통의 지역에 인공적으로 특별한 시설을 갖춤으로써 누릴 수 있게 된 조망의 이익은 법적으로 보호받을 수 없다고 한 사례
[5] 건물 신축으로 인한 일조방해행위가 사법상 위법한 가해행위로 평가되는 경우 및 일조방해행위가 사회통념상 수인한도를 넘었는지 여부의 판단 기준
[6] 이미 다른 기존 건물에 의하여 일조방해를 받고 있거나 건물 구조 자체가 충분한 일조를 확보하기 어려운 경우, 가해건물의 신축으로 인한 일조방해가 사회통념상 수인한도를 넘었는지 여부의 판단 기준
[7] 가해건물 신축 후 피해건물의 일조시간이 감소하였으나 그 피해건물이 서향인데다가 종전부터 다른 기존 건물로 인하여 일조를 방해받고 있던 점, 가해건물 신축으로 인하여 추가된 일조방해시간

이 전체 일조방해시간의 1/4에 미달하고, 종전부터 있던 일조방해시간의 1/3에 미달하는 점 등에 비추어, 가해건물의 신축으로 인한 일조 침해의 정도가 수인한도를 초과한다고 보기 어렵다고 한 사례

[8] 일조방해, 사생활 침해, 조망 침해 등의 생활이익에 대한 침해의 위법 여부의 판단 및 재산상 손해의 산정 방법

【판결요지】

[1] 어느 토지나 건물의 소유자가 종전부터 향유하고 있던 경관이나 조망이 그에게 하나의 생활이익으로서의 가치를 가지고 있다고 객관적으로 인정된다면 법적인 보호의 대상이 될 수 있는 것인바, 이와 같은 조망이익은 원칙적으로 특정의 장소가 그 장소로부터 외부를 조망함에 있어 특별한 가치를 가지고 있고, 그와 같은 조망이익의 향유를 하나의 중요한 목적으로 하여 그 장소에 건물이 건축된 경우와 같이 당해 건물의 소유자나 점유자가 그 건물로부터 향유하는 조망이익이 사회통념상 독자의 이익으로 승인되어야 할 정도로 중요성을 갖는다고 인정되는 경우에 비로소 법적인 보호의 대상이 되는 것이고, 그와 같은 정도에 이르지 못하는 조망이익의 경우에는 특별한 사정이 없는 한 법적인 보호의 대상이 될 수 없다.

[2] 조망이익이 법적인 보호의 대상이 되는 경우에 이를 침해하는 행위가 사법상 위법한 가해행위로 평가되기 위해서는 조망이익의 침해 정도가 사회통념상 일반적으로 인용되는 수인한도를 넘어야 하고, 그 수인한도를 넘었는지 여부는 조망의 대상이 되는 경관의 내용과 피해건물이 입지하고 있는 지역에 있어서 건조물의 전체적 상황 등의 사정을 포함한 넓은 의미에서의 지역성, 피해건물의 위치 및 구조와 조망상황, 특히 조망과의 관계에서의 건물의 건축·사용목적 등 피해건물의 상황, 주관적 성격이 강한 것인지 여부와 여관·식당 등의 영업과 같이 경제적 이익과 밀접하게 결부되어 있는지 여부 등 당해 조망이익의 내용, 가해건물의 위치 및 구조와 조망방해의 상황 및 건축·사용목적 등 가해건물의 상황, 가해건물 건축의 경위, 조망방해를 회피할 수 있는 가능성의 유무, 조망방해에 관하여 가해자측이 해의(害意)를 가졌는지의 유무, 조망이익이 피해이익으로서 보호가 필요한 정도 등 모든 사정을 종합적으로 고려하여 판단하여야 한다.

[3] 조망의 대상과 그에 대한 조망의 이익을 누리는 건물 사이에 타인 소유의 토지가 있지만 그 토지 위에 건물이 건축되어 있지 않거나 저층의 건물만이 건축되어 있어 그 결과 타인의 토지를 통한 조망의 향수가 가능하였던 경우, 그 타인은 자신의 토지에 대한 소유권을 자유롭게 행사하여 그 토지 위에 건물을 건축할 수 있고, 그 건물 신축이 국토의 계획 및 이용에 관한 법률에 의하여 정해진 지역의 용도에 부합하고 건물의 높이나 이격거리에 관한 건축관계법규에 어긋나지 않으며 조망 향수자가 누리던 조망의 이익을 부당하게 침해하려는 해의(害意)에 의한 것으로서 권리의 남용에 이를 정도가 아닌 한 인접한 토지에서 조망의 이익을 누리던 자라도 이를 함부로 막을 수는 없으며, 따라서 조망의 이익은 주변에 있는 객관적 상황의 변화에 의하여 저절로 변용 내지 제약을 받을 수밖에 없고, 그 이익의 향수자가 이러한 변화를 당연히 제약할 수 있는 것도 아니다.

[4] 5층짜리 아파트의 뒤에 그보다 높은 10층짜리 건물을 세움으로써 한강 조망을 확보한 경우와 같이 보통의 지역에 인공적으로 특별한 시설을 갖춤으로써 누릴 수 있게 된 조망의 이익은 법적으로 보호받을 수 없다고 한 사례.

[5] 건물의 신축으로 인하여 그 이웃 토지상의 거주자가 직사광선이 차단되는 불이익을 받은 경우에 그 신축 행위가 정당한 권리행사로서의 범위를 벗어나 사법상 위법한 가해행위로 평가되기 위해서는 그 일조방해의 정도가 사회통념상 일반적으로 인용하는 수인한도를 넘어야 하고, 일조방해행위

가 사회통념상 수인한도를 넘었는지 여부는 피해의 정도, 피해이익의 성질 및 그에 대한 사회적 평가, 가해건물의 용도, 지역성, 토지이용의 선후관계, 가해 방지 및 피해 회피의 가능성, 공법적 규제의 위반 여부, 교섭 경과 등 모든 사정을 종합적으로 고려하여 판단하여야 한다.

[6] 가해건물의 신축으로 인하여 일조피해를 받게 되는 건물이 이미 다른 기존 건물에 의하여 일조방해를 받고 있는 경우 또는 피해건물이 남향이 아니거나 처마가 돌출되어 있는 등 그 구조 자체가 충분한 일조를 확보하기 어렵게 되어 있는 경우에는, 가해건물 신축 결과 피해건물이 동짓날 08시부터 16시 사이에 합계 4시간 이상 그리고 동짓날 09시부터 15시 사이에 연속하여 2시간 이상의 일조를 확보하지 못하게 되더라도 언제나 수인한도를 초과하는 일조피해가 있다고 단정할 수는 없고(한편, 피해건물이 종전부터 위와 같은 정도의 일조를 확보하지 못하고 있었던 경우라도 그 일조의 이익이 항상 보호의 대상에서 제외되는 것은 아니다), 가해건물이 신축되기 전부터 있었던 일조방해의 정도, 신축 건물에 의하여 발생하는 일조방해의 정도, 가해건물 신축 후 위 두 개의 원인이 결합하여 피해건물에 끼치는 전체 일조방해의 정도, 종전의 원인에 의한 일조방해와 신축 건물에 의한 일조방해가 겹치는 정도, 신축 건물에 의하여 발생하는 일조방해시간이 전체 일조방해시간 중 차지하는 비율, 종전의 원인만으로 발생하는 일조방해시간과 신축 건물만에 의하여 발생하는 일조방해시간 중 어느 것이 더 긴 것인지 등을 종합적으로 고려하여 신축 건물에 의한 일조방해가 수인한도를 넘었는지 여부를 판단하여야 한다.

[7] 가해건물 신축 후 피해건물의 일조시간이 감소하였으나 그 피해건물이 서향인데다가 종전부터 다른 기존 건물로 인하여 일조를 방해받고 있던 점, 가해건물 신축으로 인하여 추가된 일조방해시간이 전체 일조방해시간의 1/4에 미달하고, 종전부터 있던 일조방해시간의 1/3에 미달하는 점 등에 비추어, 가해건물의 신축으로 인한 일조 침해의 정도가 수인한도를 초과한다고 보기 어렵다고 한 사례.

[8] 일조방해, 사생활 침해, 조망 침해, 시야 차단으로 인한 압박감, 소음, 분진, 진동 등과 같은 생활이익에 대한 침해가 사회통념상의 수인한도를 초과하여 위법한지를 판단하고 그에 따른 재산상 손해를 산정함에 있어서는, 생활이익을 구성하는 요소들을 종합적으로 참작하여 수인한도를 판단하여야만 형평을 기할 수 있는 특별한 사정이 없다면, 원칙적으로 개별적인 생활이익별로 침해의 정도를 고려하여 수인한도 초과 여부를 판단한 후 수인한도를 초과하는 생활이익들에 기초하여 손해배상액을 산정하여야 하며, 수인한도를 초과하지 아니하는 생활이익에 대한 침해를 다른 생활이익 침해로 인한 수인한도 초과 여부 판단이나 손해배상액 산정에 있어서 직접적인 근거 사유로 삼을 수는 없다.

【참조조문】

[1] 헌법 제35조, 민법 제750조 [2] 민법 제2조, 제750조 [3] 민법 제2조, 제750조 [4] 헌법 제35조, 민법 제750조 [5] 민법 제2조, 제750조 [6] 민법 제2조, 제750조 [7] 민법 제2조, 제750조 [8] 민법 제2조, 제393조, 제750조, 제763조

【참조판례】

[1][2][5] 대법원 2004. 9. 13. 선고 2003다64602 판결(공2004하, 1661)
[5][6] 대법원 2004. 10. 28. 선고 2002다63565 판결(공2004하, 1935)
[5] 대법원 2002. 12. 10. 선고 2000다72213 판결(공2003상, 320)

【전 문】

【원고, 상고인 겸 피상고인】 원고 1 외 17인
【원고(탈퇴)】 원고 19
【원고 19의 승계참가인, 상고인 겸 피상고인】 승계참가인 (소송대리인 변호사 김정술)
【피고, 피상고인 겸 상고인】 피고 1 주식회사 외 1인 (소송대리인 법무법인 화우 외 1인)
【원심판결】 서울고법 2004. 9. 1. 선고 2003나82275 판결

【주 문】
원심판결 중 원고 1, 원고 4, 원고 7을 제외한 나머지 원고들 및 원고 19의 승계참가인의 재산상 손해배상 청구에 관한 피고들 패소 부분을 파기하고, 이 부분 사건을 서울고등법원에 환송한다. 피고들의 나머지 상고와 원고들 및 원고 19의 승계참가인의 상고를 모두 기각한다. 원고 1, 원고 4, 원고 7과 피고들 사이의 상고비용은 각자가 부담한다.

【이 유】
1. 피고 1 주식회사의 상고이유 제1, 2점과 피고 2 주식회사의 상고이유 제1, 2, 3점에 대하여 본다.
   가. 조망의 이익 침해 부분
     (1) 어느 토지나 건물의 소유자가 종전부터 향유하고 있던 경관이나 조망이 그에게 하나의 생활이익으로서의 가치를 가지고 있다고 객관적으로 인정된다면 법적인 보호의 대상이 될 수 있는 것인바, 이와 같은 조망이익은 원칙적으로 특정의 장소가 그 장소로부터 외부를 조망함에 있어 특별한 가치를 가지고 있고, 그와 같은 조망이익의 향유를 하나의 중요한 목적으로 하여 그 장소에 건물이 건축된 경우와 같이 당해 건물의 소유자나 점유자가 그 건물로부터 향유하는 조망이익이 사회통념상 독자의 이익으로 승인되어야 할 정도로 중요성을 갖는다고 인정되는 경우에 비로소 법적인 보호의 대상이 되는 것이라고 할 것이고, 그와 같은 정도에 이르지 못하는 조망이익의 경우에는 특별한 사정이 없는 한 법적인 보호의 대상이 될 수 없다고 할 것이다.
     그리고 조망이익이 법적인 보호의 대상이 되는 경우에 이를 침해하는 행위가 사법상 위법한 가해행위로 평가되기 위해서는 조망이익의 침해 정도가 사회통념상 일반적으로 인용하는 수인한도를 넘어야 하고, 그 수인한도를 넘었는지 여부는 조망의 대상이 되는 경관의 내용과 피해건물이 입지하고 있는 지역에 있어서 건조물의 전체적 상황 등의 사정을 포함한 넓은 의미에서의 지역성, 피해건물의 위치 및 구조와 조망상황, 특히 조망과의 관계에서의 건물의 건축·사용목적 등 피해건물의 상황, 주관적 성격이 강한 것인지 여부와 여관·식당 등의 영업과 같이 경제적 이익과 밀접하게 결부되어 있는지 여부 등 당해 조망이익의 내용, 가해건물의 위치 및 구조와 조망방해의 상황 및 건축·사용목적 등 가해건물의 상황, 가해건물 건축의 경위, 조망방해를 회피할 수 있는 가능성의 유무, 조망방해에 관하여 가해자측이 해의(해의)를 가졌는지의 유무, 조망이익이 피해이익으로서 보호가 필요한 정도 등 모든 사정을 종합적으로 고려하여 판단하여야 한다(대법원 2004. 9. 13. 선고 2003다64602 판결 등 참조).
     (2) 원심판결 이유와 기록에 의하면, 서울 용산구 ○○동 (지번 1 생략) 외 60필지 대 46,133.15㎡ 위에는 원래 1970년경에 지어진 지상 5층짜리 △△아파트 18개동이 있었는데, 위 대지의 소유자인 피고 1 주식회사는 위 △△아파트를 철거하고 그 자리에 19층 내지 25층짜리 □□□ □□□□ 아파트 10개동을 건설하기 위하여 2000. 3. 25. 용산구청장으로부터 주택건설사업승인을 받고 2000. 5. 16. 피고 2 주식회사{원래의 명칭은 (명칭 생략) 주식회사였는데 2005. 3. 21. 현재의 명칭으로 변경되었다.}에게 그 건설공사를 도급한 사실, 피고 2 주식회사는

2003. 4.경 □□□□□□ 아파트 건설공사를 마쳤는데, 한강 쪽에서 바라보면, 강북강변도로에 접하여 동쪽부터 서쪽 방향으로 107동에서 110동까지(모두 24층) 4개동이 위치하고, 107동 북쪽에 106동(25층)이, 108동 북쪽에 105동(19층)이 있으며, 다시 106동 북쪽에는 103동(25층)이, 105동 북쪽에는 104동(25층)이 있고, 104동 북쪽에 101동(25층), 101동의 동북쪽에 102동(24층)이 있는 사실, □□□□□□ 아파트는 한강 쪽에서 보아 ∨자 모양이거나 서쪽으로 기울어진 ㄴ자 모양으로 되어있는 사실, 원고들 및 원고 19의 승계참가인(이하 '원고들'이라고만 한다)이 구분소유하고 있는 ◇◇◇아파트는 □□□□□□ 아파트 단지의 북동쪽 모서리(즉, □□□□□□ 아파트 103동의 북쪽이고, 102동의 동쪽에 있음)에 있는 서울 용산구 ○○동 (지번 2 생략) 대지 위에 있고, 1974년경 지어진 10층짜리 건물 중 4층 내지 10층에 있는 사실(1층 내지 3층은 상가), ◇◇◇아파트 건물은 서쪽으로 약 21° 기울어진 ㄴ자 모양의 건물로서 ㄴ자의 가로획 바깥쪽에 해당하는 부분의 동쪽에서 서쪽 방향으로 각 층의 1호, 2호, 3호가 있고, ㄴ자의 세로획 바깥쪽에 해당하는 부분의 남쪽에서 북쪽 방향으로 각 층의 4호, 5호가 있으며, ㄴ자의 안쪽 부분에는 각 층의 6 내지 9호가 있어, 각 층의 1호, 2호, 3호는 남향, 각 층의 4호, 5호는 서향, 각 층의 6 내지 9호는 동향 또는 북향인 사실, 이 지역은 고층 아파트 건설이 가능한 지역이고 □□□□□□ 아파트를 건설함에 있어 이격거리나 높이 제한 등 건축법규에 위반한 사항은 없는 사실, □□□□□□ 아파트 건설을 전후하여 원고들이 구분소유하는 ◇◇◇아파트의 각 호실의 일조시간(동짓날 오전 8시부터 오후 4시까지의 8시간 중 원고들 아파트 거실에 일조가 확보되는 시간), 한강조망률(원고들 아파트 거실 창문에서 연직 방향으로 한강을 바라보았을 때 거실 창문 면적 중 한강 경관이 차지하는 비율), 천공률(원고들 아파트 거실 창문에서 바라보았을 때 하늘이 보이는 면적 비율), 사생활침해율을 비교하여 보면 원심판결의 별지 2 침해표의 각 해당항목 기재와 같이 대체적으로 원고들 아파트의 일조시간, 한강조망률, 천공률은 감소한 반면, 사생활침해 가능성은 증가한 곳도 있고 감소한 곳도 있는 사실(다만, 원고 1 소유인 401호, 원고 4 소유인 502호, 원고 7 소유인 503호의 한강조망률은 오히려 증가하였고, 원고 16 소유인 405호, 원고 11 소유인 504호는 원래부터 한강 조망이 불가능하였다.)을 알 수 있는바, 원심은, 원고 1, 원고 4, 원고 7, 원고 16, 원고 11을 제외한 나머지 원고들이 누리던 한강 조망의 이익은 법적인 보호의 대상이 되는 것으로서 그에 대한 피고들의 침해행위의 정도가 수인한도를 초과하여 위법하므로 피고들의 한강 조망침해 행위는 불법행위에 해당한다고 판단하였다.

(3) 그러나 원고 1, 원고 4, 원고 7, 원고 16, 원고 11을 제외한 나머지 원고들의 한강 조망이익이 법적인 보호의 대상이 된다거나 피고들의 침해행위의 정도가 수인한도를 초과하여 위법하다는 원심의 판단은 다음과 같은 이유에서 수긍하기 어렵다.

(가) 우선, 위 원고들이 조망을 누리던 한강의 경관이 매우 아름다운 것으로서 법적으로 보호받는 조망의 대상이 되기에 충분하다고 할 것이지만, 위 원고들이 구분소유하는 ◇◇◇아파트가 그 장소로부터 한강을 조망함에 있어 특별한 가치를 가지고 있다고 할 수는 없다.

조망의 대상과 그에 대한 조망의 이익을 누리는 건물 사이에 타인 소유의 토지가 있지만 그 토지 위에 건물이 건축되어 있지 않거나 저층의 건물만이 건축되어 있어 그 결과 타인의 토지를 통한 조망의 향수가 가능하였던 경우 그 타인은 자신의 토지에 대한 소유권을 자유롭게 행사하여 그 토지 위에 건물을 건축할 수 있고 그 건물 신축이 국토의 계획 및 이용에 관한 법률에 의하여 정해진 지역의 용도에 부합하고 건물의 높이나 이격거리에 관한 건축관계법규에 어긋나지 않으며 조망 향수자가 누리던 조망의 이익을 부당하게 침해하려는 해의에 의한 것으로서 권리의 남용에 이를 정도가 아닌 한 인접한 토지에서 조망의 이익을 누리던 자라도 이를 함부로 막을 수는 없으며, 따라서 조망의 이익은 주변에 있는 객관적 상황의 변화에 의하여 저절로 변용 내지 제약을 받을 수밖에 없고, 그 이익의 향수자가 이러한 변화를 당연히 제약할 수 있는 것도 아니다.

◇◇◇아파트와 한강 사이에는 강북강변도로와 □□□□□□ 아파트의 부지인 토지가 있고 □□□□□□ 아파트가 건축되기 전에 그 토지 위에는 ◇◇◇아파트보다 먼저 건축된 △△아파트 18개 동이 있었음에도 위 원고들이 그동안 한강 조망을 누릴 수 있었던 것은 철거된 위 △△아파트가 5층인 반면 ◇◇◇아파트는 그보다 높은 10층이었기 때문인데, ◇◇◇아파트와 □□□□□□ 아파트가 있는 ○○동 일대는 고층아파트의 건축이 허용되는 지역이고 □□□□□□ 아파트 부지에 있던 △△아파트는 이미 건축된 지 30년 정도 경과하여 그 자리에 재건축이 이루어지는 경우 고층아파트가 건축되리라는 점은 쉽게 예상할 수 있었다고 보아야 한다. 따라서 위 원고들이 한강 조망의 이익을 누리던 ◇◇◇아파트가 언제나 한강 조망에 있어 특별한 가치를 가진다고 볼 수는 없고, 나아가 5층짜리 △△아파트의 뒤에 그보다 높은 10층짜리 건물을 세움으로써 ◇◇◇아파트의 한강 조망을 확보한 것처럼, 보통의 지역에 인공적으로 특별한 시설을 갖춤으로써 누릴 수 있게 된 조망의 이익은 법적으로 보호받을 수 없다고 하여야 한다. 만일 이러한 경우까지 법적으로 보호받는 조망의 이익이라고 인정한다면 그 건물과 조망의 대상 사이에 있는 토지에는 그 누구도 고층건물을 건축할 수 없다는 결론이 되어 부당하기 때문이다.

결국, 위 원고들이 구분소유하는 ◇◇◇아파트는 그 장소로부터 한강을 조망함에 있어 특별한 가치를 가지고 있어 그 조망의 이익이 사회통념상 독자의 이익으로 승인되어야 할 정도로 중요성을 갖는다고 인정하기 어렵다고 할 것이다.

(나) 나아가 앞서 본 법리에 비추어 위 원고들이 누리던 한강 조망의 이익의 중요성 및 그에 대한 보호의 필요성과 피고들의 □□□□□□ 아파트 건설의 필요성 및 상당성을 비교해보더라도, 피고들의 고층 아파트 건축으로 인한 위 원고들의 한강 조망의 이익 침해 정도가 사회통념상 일반적으로 인용하는 수인한도를 넘는다고 보기 어렵다.

앞서 본 것처럼 ◇◇◇아파트와 □□□□□□ 아파트가 있는 지역은 고층 아파트의 건설이 가능한 지역이므로 □□□□□□ 아파트 부지의 소유자인 피고 1 주식회사나 그로부터 아파트 건축공사를 수급한 피고 2 주식회사가 19층 내지 25층짜리 □□□□□□ 아파트를 건축하는 것은 토지의 소유권에 기초한 것으로서 특별한 사정이 없는 한 정당한 권리행사 범위 내에 있다고 보아야 하고, ◇◇◇아파트는 □□□□□□ 아파트 단지의 북동쪽 모서리에 자리잡고 있으므로 그 앞에 고층아파트가 건축되는 경우 ◇◇◇아파트에서의 한강 조망이 제한되는 것은 당연하다고 할 것이다. 그렇기 때문에 피고들로서는 가능한 한 ◇◇◇아파트 거주자들의 한강 조망이 가장 적게 침해되는 방법으로 아파트를 건축함으로써 ◇◇◇아파트 거주자들을 배려하여야 하고 만일 ◇◇◇아파트 거주자들이 종전에 누리던 한강 조망의 이익 침해를 최소화할 방법이 있다면 이를 외면하여 다른 방법을 선택하여서는 아니 된다고 할 것이다. 그런데 앞서 본 □□□□□□ 아파트의 동수 및 각 동의 층수(가장 낮은 19층짜리가 한 동, 24층짜리가 다섯 동, 25층짜리가 네 동임), □□□□□□ 아파트의 배치 상황을 고려하여 보면, 건축 당시 아파트의 방향이나 높이를 위 원고들의 조망에 유리하도록 배려할 여지가 전혀 없었다고는 할 수 없겠지만 단지 자체의 규모, 단지 배치의 합리성, 각 동 사이에 확보되어야 할 공간 등에 비추어 보면 그 배치를 달리 하더라도 위 원고들의 조망이 그리 크게 개선될 것으로 보이지 않는다.

한편, 피고들이 위 원고들을 포함한 ◇◇◇아파트 구분소유자들에게 ◇◇◇아파트의 리모델링을 제의하였다거나, 피고들이 인근 ☆☆☆아파트 주민들에게 보상을 하였다는 점만으로는 피고들의 침해행위의 정도가 수인한도를 넘었다고 인정하기에 부족하다(리모델링 사업이 원활하게 진행되지 않은 사유에 관하여 위 원고들과 피고들의 주장이 서로 다르고 기록을 살펴보아도 그 사유에 관한 자료가 없다. 또한 기록에 의하면, 피고들은 □□□□□□□ 아파트 건축 공사 도중 위 원고들에게 1,125만 원 내지 3,500만 원의 합의금을 제시하였으나 위 원고들이 거절하였던 사실을 엿볼 수 있을 뿐 아니라, 피고들이 인근 주민들에게 보상을 하였다는 사정만 가지고 피고들에게 위 원고들에 대한 해의가 있었다고 단정할 수도 없다).

결국, 원심이 내세우는 사정만으로는 조망이익에 대한 침해의 정도가 그 수인한도를 벗어난 것이라고 보기도 어렵다고 할 것이다.

(4) 그럼에도 불구하고, 위 원고들이 종전에 누리던 한강 조망의 이익이 사회통념상 독자의 이익으로 승인되어야 할 정도로 중요하여 법적인 보호를 받을 수 있음을 전제로 하여 피고들의 침해행위의 정도가 수인한도를 넘어 위법하다고 판단한 원심판결에는 조망의 이익 침해로 인한 불법행위의 성립에 관한 법리를 오해하여 판결에 영향을 미친 위법이 있다고 할 것이다.

나. 4, 5호 라인 거주 원고들에 대한 일조의 이익 침해 부분

(1) 건물의 신축으로 인하여 그 이웃 토지상의 거주자가 직사광선이 차단되는 불이익을 받은 경우에 그 신축 행위가 정당한 권리행사로서의 범위를 벗어나 사법상 위법한 가해행위로 평가되기 위해서는 그 일조방해의 정도가 사회통념상 일반적으로 인용하는 수인한도를 넘어야 하고, 일조방해행위가 사회통념상 수인한도를 넘었는지 여부는 피해의 정도, 피해이익의 성질 및 그에 대한 사회적 평가, 가해건물의 용도, 지역성, 토지이용의 선후관계, 가해 방지 및 피해 회피의 가능성, 공법적 규제의 위반 여부, 교섭 경과 등 모든 사정을 종합적으로 고려하여 판단하여야 한다. 또한, 가해건물의 신축으로 인하여 일조피해를 받게 되는 건물이 이미 다른 기존 건물에 의하여 일조방해를 받고 있는 경우 또는 피해건물이 남향이 아니거나 처마가 돌출되어 있는 등 그 구조 자체가 충분한 일조를 확보하기 어렵게 되어 있는 경우에는, 가해건물 신축 결과 피해건물이 동짓날 08시부터 16시 사이에 합계 4시간 이상 그리고 동짓날 09시부터 15시 사이에 연속하여 2시간 이상의 일조를 확보하지 못하게 되더라도 언제나 수인한도를 초과하는 일조피해가 있다고 단정할 수는 없고(한편, 피해건물이 종전부터 위와 같은 정도의 일조를 확보하지 못하고 있었던 경우라도 그 일조의 이익이 항상 보호의 대상에서 제외되는 것은 아니다), 가해건물이 신축되기 전부터 있었던 일조방해의 정도, 신축 건물에 의하여 발생하는 일조방해의 정도, 가해건물 신축 후 위 두 개의 원인이 결합하여 피해건물에 끼치는 전체 일조방해의 정도, 종전의 원인에 의한 일조방해와 신축 건물에 의한 일조방해가 겹치는 정도, 신축 건물에 의하여 발생하는 일조방해시간이 전체 일조방해시간 중 차지하는 비율, 종전의 원인만으로 발생하는 일조방해시간과 신축 건물만에 의하여 발생하는 일조방해시간 중 어느 것이 더 긴 것인지 등을 종합적으로 고려하여 신축 건물에 의한 일조방해가 수인한도를 넘었는지 여부를 판단하여야 한다(대법원 2002. 12. 10. 선고 2000다72213 판결, 2004. 10. 28. 선고 2002다63565 판결 등 참조).

(2) 원심판결 이유와 기록에 의하면, 원고 16(405호)의 경우 □□□□□□□ 아파트가 건축되기 전에는 동짓날 오전 8시부터 오후 4시까지의 8시간 중 131.7분 동안 일조를 확보하고 있었는

데, 위 아파트 건축 후에는 36분 동안만 일조를 확보하게 되어 기존 일조시간 중 72.6%가 감소되었고, 원고 11(504호), 원고 12(604호)의 경우 종전에는 127.5분 동안 일조를 확보하고 있었는데 위 아파트 건축 후에는 30분(원심은 15분이라고 하였으나 이는 30분의 오기라고 보인다.) 동안만 일조를 확보하게 되어 기존 일조시간 중 76.4%(원심은 88.2%라고 하였으나 오기를 정정하면 76.4%가 된다.)가 감소되었고, 원고 13(704호)의 경우 종전에는 127.5분 동안 일조를 확보하고 있었는데 위 아파트 건축 후에는 30.6분(원심은 29.4분이라고 하였으나 이는 30.6분의 오기로 보인다.) 동안만 일조를 확보하게 되어 기존 일조시간 중 76%(원심은 76.9%라고 하였으나 오기를 정정하면 76%가 된다.)가 감소되었고, 원고 14(804호)의 경우 종전에는 127.5분 동안 일조를 확보하고 있었는데 위 아파트 건축 후에는 59.4분(원심은 30분이라고 하였으나 이는 59.4분의 오기로 보인다.) 동안만 일조를 확보하게 되어 기존 일조시간 중 53.4%(원심은 76.5%라고 하였으나 오기를 정정하면 53.4%가 된다.)가 감소되었고, 원고 18(805호)의 경우 종전에는 131.7분 동안 일조를 확보하고 있었는데 위 아파트 건축 후에는 66분 동안만 일조를 확보하게 되어 기존 일조시간 중 49.9%가 감소되었고, 원고 15(904호)의 경우 종전에는 131.7분 동안 일조를 확보하고 있었는데 위 아파트 건축 후에는 61.2분(원심은 37.5분이라고 하였으나 이는 61.2분의 오기로 보인다.) 동안만 일조를 확보하게 되어 기존 일조시간 중 53.5%(원심은 71.5%라고 하였으나 오기를 정정하면 53.5%가 된다.)가 감소되었으며, 승계참가인의 경우 종전에는 131.7분 동안 일조를 확보하고 있었는데 위 아파트 건축 후에는 71.7분 동안만 일조를 확보하게 되어 기존 일조시간 중 45.6%가 감소되는 등 ◇◇◇아파트 4, 5호 라인의 일조시간이 종전에 127.5분 내지 131.7분이던 것이 30분 내지 71.7분으로 감소된 사실, 그런데 ◇◇◇아파트 4, 5호 라인은 남쪽으로 21°기울어진 서향일 뿐만 아니라 종전부터 인근에 일조를 방해하는 건물이 있어서 종전에도 오후 2시경 이전에는 일조를 확보할 수 없었던 사실을 알 수 있는바, 원심은 □□□□□□ 아파트 건축으로 인한 ◇◇◇아파트 4, 5호 라인에 거주하는 원고들에 대한 일조 침해가 수인한도를 넘었다는 취지로 판단하였다.

(3) 앞서 본 법리에 비추어 살펴볼 때, ◇◇◇아파트 4, 5호 라인이 서향인데다가 종전부터 다른 기존 건물로 인하여 일조를 방해받아 온 관계로 종전부터 확보하고 있던 일조시간이 동짓날 오전 8시부터 오후 4시까지의 8시간 중 127.5분 내지 131.7분에 그쳤던 점, □□□□□□ 아파트 신축으로 인하여 추가된 일조방해시간은 60분 내지 97.5분으로서 전체 일조방해시간인 408.3분(승계참가인의 경우, 480분 - 71.7분) 내지 450분(원고 11의 경우, 480분 - 30분)의 1/4에 미달하고, 종전부터 있던 일조방해시간(원고 16 등의 경우 480분 - 131.7분 = 348.3분, 원고 11 등의 경우 480분 - 127.5분 = 352.5분)의 1/3에 미달하는 점 등을 고려하여 보면, 피고들이 □□□□□□ 아파트를 건축한 후 위 원고들이 누리게 된 일조시간이 더욱 짧아지게 되었다는 점만을 강조하여 피고들에게 통상의 경우보다 더 큰 양보를 강요하는 것은 형평에 맞지 않는다고 할 것이므로 결국 위 원고들에 대한 피고들의 일조 침해의 정도가 수인한도를 초과한다고 보기는 어렵다.

(4) 그럼에도 불구하고, □□□□□□ 아파트 건축 전에 위 원고들이 확보하고 있던 일조시간과 위 아파트 건축 후 위 원고들이 확보하게 된 일조시간만을 비교하여 4, 5호 라인에 거주하는 위 원고들에 대한 일조 침해가 수인한도를 넘었다고 판단한 원심판결에는 일조의 이익 침해로 인한 불법행위의 성립에 관한 법리를 오해하여 판결에 영향을 미친 위법이 있다고 할 것이다.

다. 생활이익에 관한 수인한도 판단 부분

(1) 일조 장해, 사생활 침해, 조망 침해, 시야 차단으로 인한 압박감, 소음, 분진, 진동 등과 같은 생활이익에 대한 침해가 사회통념상의 수인한도를 초과하여 위법한지를 판단하고 그에 따른 재산상 손해를 산정함에 있어서는, 생활이익을 구성하는 요소들을 종합적으로 참작하여 수인한도를 판단하여야만 형평을 기할 수 있는 특별한 사정이 없다면, 원칙적으로 개별적인 생활이익별로 침해의 정도를 고려하여 수인한도 초과 여부를 판단한 후 수인한도를 초과하는 생활이익들에 기초하여 손해배상액을 산정하여야 하며, 수인한도를 초과하지 아니하는 생활이익에 대한 침해를 다른 생활이익 침해로 인한 수인한도 초과 여부 판단이나 손해배상액 산정에 있어서 직접적인 근거 사유로 삼을 수는 없다고 할 것이다.

(2) 원심은, 수인한도를 초과하여 조망 피해를 입었다고 인정한 원고들에 대하여 조망 피해 외에도 일조 침해, 천공률의 감소로 인한 압박감의 증가 및 사생활침해 가능성의 증가로 인하여 고통이 확대되고 있다는 사정을 인정한 다음, 조망 침해와 위 생활이익들을 함께 고려하여 볼 때에 환경이익의 침해가 수인한도를 넘는다고 판단하고, 또한 원고 16 및 원고 11에 대하여도 일조 피해 외에 천공률의 감소로 인한 압박감의 증가를 함께 참작하여 환경이익의 침해가 수인한도를 넘는다고 판단한 후, 위 생활이익들을 모두 시가 하락으로 인한 손해배상액 산정의 근거 사유로 반영하였다.

(3) 그러나 원심이 인정한 사실에 의하면, 조망 피해를 입었다고 인정된 원고들 중 1, 2, 3호 라인에 거주하는 원고들은 □□□□□□□ 아파트 건축 후에도 동짓날 9시부터 15시 사이에 연속하여 2시간 이상, 동짓날 8시부터 16시 사이에 합계 4시간 이상의 일조를 확보하게 되어 위 아파트 건축으로 인한 일조 침해가 수인한도 내에 있음이 명백하므로 그들에 대하여는 일조 침해로 인한 손해가 발생하였다고 볼 수 없고, 원고 16 및 원고 11을 포함하여 4, 5호 라인에 거주하는 원고들의 경우에도 위에서 살펴본 것 같이 피고들의 일조 침해의 정도가 수인한도를 넘는다고 보기는 어렵다. 뿐만 아니라, 원심판결 이유와 기록에 의하여 알 수 있는 사실만으로는 위 아파트 신축 후 원고들 아파트에 대한 천공률 감소로 인한 압박감 증대나 사생활 침해의 가능성도 수인한도를 넘는다고 보기 어렵다.

(4) 그럼에도 불구하고, 여러 생활이익들을 종합적으로 참작하여 수인한도를 판단하여야만 형평을 기할 수 있는 특별한 사정이 있음을 인정하기 어려운 이 사건에서 조망 및 일조 침해로 인한 수인한도 초과 여부를 판단함에 있어서 수인한도를 초과하지 않는 다른 생활이익들에 관한 사정을 참작하고 나아가 그와 같은 다른 생활이익들에 관한 사정까지 모두 반영하여 손해배상액을 산정한 원심판결에는, 생활이익 침해로 인한 불법행위 성립 및 손해배상액 산정에 관한 법리를 오해하여 판결에 영향을 미친 위법이 있다고 할 것이다.

2. 피고 1 주식회사의 상고이유 제3점과 피고 2 주식회사의 상고이유 제4점에 대하여 본다.

원심은 그 채택 증거들을 종합하여 □□□□□□□ 아파트 신축중이던 2000. 7. 7. ◇◇◇아파트에서 공사로 인한 소음을 측정한 결과 소음진동규제법 소정의 생활소음 규제기준인 70.0dB을 초과하는 70.2dB이 측정되었고, 원고들은 공사장의 굉음으로 인한 고통으로 피고들에게 공사기간 중 이주시켜 줄 것을 요구할 정도였으며, 일부 ◇◇◇아파트 입주민들은 병원을 찾기까지 하는 등 ▽▽아파트의 신축공사 중 소음, 진동, 분진으로 생활상 큰 불편을 겪었던 사실을 인정한 다음, 원고들이 입은 소음, 진동, 분진으로 인한 고통 정도가 현저하게 커 수인한도를 넘었다고 보이므로, 피고들은 각자 원고들이 입은 정신적 손해를 배상할 의무가 있다고 판단하였는바, 기록에 의하여 살펴보면, 이러한 원심의 사실인정과 판단은 옳은 것으로 수긍이 가고, 거기에 채증법칙 위배나 심리미진 또는 건물 신축공사 중 발생한 소음, 진동, 분진으로 인한 불법행위 성립에 관한 법리오해 등의 위법이 있다고 할 수 없다.
3. 원고들의 상고이유에 대하여 본다.

원고들의 상고이유의 주장은 피고들이 □□□□□□□ 아파트를 건축함으로써 원고들이 누리던 한강 조망과 일조의 이익 및 사생활을 침해하고 압박감을 증가시킨 것이 불법행위에 해당함을 전제로 하는 것인바, 위와 같은 피고들의 행위가 불법행위에 해당하지 않는다는 점은 앞서 본 바와 같이 설령 원심판결에 판단누락이 있었다고 하더라도 판결에 영향을 미쳤다고는 볼 수 없으므로, 원고들의 상고이유의 주장은 더 나아가 살필 필요 없이 이유 없다.

4. 결 론

그러므로 원심판결 중 원고 1, 원고 4, 원고 7을 제외한 나머지 원고들 및 원고 19의 승계참가인의 재산상 손해배상 청구에 관한 피고들 패소 부분을 파기하고, 이 부분 사건을 다시 심리·판단하게 하기 위하여 원심법원에 환송하며, 피고들의 나머지 상고와 원고들 및 원고 19의 승계참가인의 상고를 모두 기각하고, 원고 1, 원고 4, 원고 7과 피고들 사이의 상고비용은 각자가 부담하도록 하여 관여 법관의 일치된 의견으로 주문과 같이 판결한다.

대법관 김지형(재판장) 고현철(주심) 양승태 전수안

☞ 대법원 1998. 4. 24. 선고 97누3286 판결 721p 참조
☞ 대법원 1998. 9. 4. 선고 97누19588 판결 724p 참조
☞ 대법원 1998. 9. 22. 선고 97누19571 판결 728p 참조
☞ 대법원 2001. 7. 27. 산거 99두2970 판결 732p 참조
☞ 대법원 2004. 12. 9. 선고 2003두12073 판결 135p 참조
☞ 대법원 2005. 5. 12. 선고 2004두14229 판결 696p 참조
☞ 대법원 1995. 5. 23. 자 94마2218 판결 106p 참조
☞ 대법원 1995. 9. 15. 선고 95다23378 판결 4p 참조(국립 부산대학교)
☞ 대법원 1997. 7. 22. 선고 96다56153 판결 1p 참조 (대한불교 조계종 봉은사)
☞ 대법원 1999. 7. 27. 선고 98다47528 판결 187p 참조
☞ 대법원 2006. 3. 16. 선고 2006두330 판결 200p 참조
☞ 대법원 2004. 10. 28. 선고 2002다63565 판결 123p 참조
☞ 대법원 2002. 12. 10. 선고 2000다72213 판결 125p 참조
☞ 대법원 2000. 5. 16. 선고 98다56997 판결 35p 참조
☞ 대법원 2006. 6. 30. 선고 2005두14363 판결 132p 참조
☞ 대법원 2004. 12. 9. 선고 2003두12073 판결 135p 참조
☞ 대법원 2004. 12. 9. 선고 2003두12073 판결 135p 참조
☞ 대법원 2006. 3. 16. 선고 2006두330 판결 200p 참조
☞ 대법원 2005. 5. 12. 선고 2004두14229 판결 696p 참조

[참조] 대법원 2004. 8. 16. 선고 2003두2175 판결

가. 환경영향평가 대상지역과 원고적격

판례는 환경영향평가 대상지역 안의 주민에게는 관련법령의 규정에 근거하여 원고적격을 인정하고 있다.

나. 대법원 판결례

[판례 10] 공원사업시행허가처분취소 (대법원 1998. 4. 24. 선고 97누3286 판결) [공원사업시행허가처분 취소]

【판시사항】

[1] 자연공원법령뿐 아니라 환경영향평가법령도 환경영향평가대상사업에 해당하는 국립공원집단시설지구개발사업에 관한 기본설계변경승인 및 공원사업시행허가처분의 근거 법률이 되는지 여부(적극)
[2] 환경영향평가에 관한 자연공원법령과 환경영향평가법령의 규정의 취지 및 환경영향평가대상지역 안의 주민들이 당해 변경승인 및 허가처분과 관련하여 갖고 있는 환경상의 이익이 주민 개개인에 대하여 개별적으로 보호되는 직접적·구체적인 이익인지 여부(적극)
[3] 국립공원 집단시설지구개발사업으로 인하여 직접적이고 중대한 환경피해를 입으리라고 예상되는 환경영향평가대상지역 안의 주민에게 환경영향평가대상사업에 관한 변경승인 및 허가처분의 취소를 구할 원고적격이 있다고 한 사례

【판결요지】

[1] 조성면적 10만㎡ 이상이어서 환경영향평가대상사업에 해당하는 당해 국립공원 집단시설지구개발사업에 관하여 당해 변경승인 및 허가처분을 함에 있어서는 반드시 자연공원법령 및 환경영향평가법령 소정의 환경영향평가를 거쳐서 그 환경영향평가의 협의내용을 사업계획에 반영시키도록 하여야 하는 것이니 만큼 자연공원법령뿐 아니라 환경영향평가법령도 당해 변경승인 및 허가처분에 직접적인 영향을 미치는 근거 법률이 된다.
[2] 환경영향평가에 관한 자연공원법령 및 환경영향평가법령의 규정들의 취지는 집단시설지구개발사업이 환경을 해치지 아니하는 방법으로 시행되도록 함으로써 집단시설지구개발사업과 관련된 환경공익을 보호하려는 데에 그치는 것이 아니라 그 사업으로 인하여 직접적이고 중대한 환경피해를 입으리라고 예상되는 환경영향평가대상지역 안의 주민들이 개발 전과 비교하여 수인한도를 넘는 환경침해를 받지 아니하고 쾌적한 환경에서 생활할 수 있는 개별적 이익까지도 이를 보호하려는 데에 있다 할 것이므로, 위 주민들이 당해 변경승인 및 허가처분과 관련하여 갖고 있는 위와 같은 환경상의 이익은 단순히 환경공익 보호의 결과로 국민일반이 공통적으로 가지게 되는 추상적·평균적·일반적인 이익에 그치지 아니하고 주민 개개인에 대하여 개별적으로 보호되는 직접적·구체적인 이익이라고 보아야 한다.
[3] 당해 국립공원 용화집단시설지구개발사업으로 인하여 직접적이고 중대한 환경피해를 입으리라고 예상되는 환경영향평가대상지역 안의 주민에게 환경영향평가대상사업에 관한 변경승인 및 허가처분의 취소를 구할 원고적격이 있다고 한 사례.

【참조조문】

[1] 구 자연공원법(1995. 12. 30. 법률 제5122호로 개정되기 전의 것) 제21조의2 제1항, 자연공원법 제15조 제2항, 제22조 제1항, 환경영향평가법 제9조 제1항, 제19조 제1항, 구 자연공원법시행령(1996. 7. 1. 대통령령 제15106호로 개정되기 전의 것) 제8조의2, 환경영향평가법시행령 제2조 제2항 [별표 1] 카의⑷, 구 자연공원법시행규칙(1996. 7. 3. 내무부령 제687호로 개정되기 전의 것) 제7조 제2항, 제8조 제2항, 자연공원법시행규칙 제9조, 행정소송법 제1조[행정처분일반] [2] 행정소송법 제1조[행정처분일반], 제12조 [3] 행정소송법 제1조[행정처분일반], 제12조

【참조판례】

[2][3] 대법원 1975. 5. 13. 선고 73누96, 97 판결(공1975, 8440)
대법원 1982. 7. 27. 선고 81누271 판결(공1982, 826)
대법원 1983. 7. 12. 선고 83누59 판결(공1983, 1281)
대법원 1988. 6. 14. 선고 87누873 판결(공1988, 1040)
대법원 1995. 9. 26. 선고 94누14544 판결(공1995하, 3538)

【전 문】

【원고, 상고인】 원고 1 외 901인 (소송대리인 변호사 박충규 외 1인)
【피고, 피상고인】 환경부장관 외 1인
【피고보조참가인】 속리산국립공원 용화온천집단시설지구지주조합 (소송대리인 변호사 황계룡)
【원심판결】 서울고법 1997. 1. 14. 선고 96구20651 판결

【주 문】

원심판결을 파기한다.
사건을 서울고등법원에 환송한다.

【이 유】

상고이유를 판단한다.

1. 원심판결 이유에 의하면 원심은, 피고보조참가인이 비공원관리청인 공원사업시행자로서 조성면적 601,456㎡인 속리산국립공원 용화집단시설지구를 개발하기 위하여 1995. 12. 20. 국립공원관리청인 피고 내무부장관(현 환경부장관, 이하 내무부장관이라 한다)으로부터 구 자연공원법(1995. 12. 30. 법률 제5122호로 개정되어 1996. 7. 1.부터 시행되기 전의 법률) 제21조의2와 구 자연공원법시행규칙(1996. 7. 3. 내무부령 제687호로 개정되기 전의 시행규칙) 제7조 제2항의 규정에 의한 이 사건 기본설계변경승인을 받고 이어서 1996. 5. 9. 피고 국립공원관리공단으로부터 개정된 자연공원법 제22조 제1항과 개정된 자연공원법시행규칙 제9조의 규정에 의한 이 사건 공원사업시행허가를 받은 사실을 인정한 다음, 위 용화집단시설지구를 발원지로 하는 신월천의 하류지역 거주 주민인 원고들이 이 사건 변경승인 및 허가처분에 의하여 침해받게 되었다고 주장하는 식수원 등의 환경적 이익은 위 처분들의 근거 법률인 자연공원법령에 의하여 보호되는 직접적이고 구체적인 이익이 아니라 간접적이거나 사실상·경제적인 이해관계에 불과하므로 원고들에게는 이 사건 변경승인 및 허가처분의 취소를 구할 원고적격이 없다고 판단하여 이 사건 소를 각하하였다.

2. 그러나 구 자연공원법은 자연풍경지를 보호하고 적정한 이용을 도모하여 국민의 보건·휴양 및 정서생활의 향상에 기여함을 목적으로 제정된 법률로서(제1조) 공원관리청인 내무부장관이 국립공원에 관한 공원계획을 결정하고(제10조 제1항) 공원계획으로 결정된 집단시설지구(제16조 제1항 제4호)를 개발하는 공원사업(공원계획에 의하여 공원구역·공원보호구역 안에서 시행하는 사업)을 비공원관

리청이 시행하기 위하여는 공원관리청의 허가를 받아야 하고(제22조) 이 때에 공원관리청은 기본설계를 작성·공고하여야 하며(제21조의2 제1항) 공원계획을 결정함에 있어서는 당해 계획이 자연환경에 미치는 영향을 미리 평가하도록(제15조 제2항) 규정하고, 구 자연공원법시행령(1996. 7. 1. 대통령령 제15106호로 개정되기 전의 시행령)은 공원계획을 결정·변경함에 있어서 환경현황조사·자연생태계변화분석·대기 및 수질변화분석·폐기물배출분석·환경에의 악영향 감소방안에 관한 평가를 하고 그 평가결과에 관하여 환경부장관과 협의하도록(제8조의2) 규정하며, 구 자연공원법시행규칙은 기본설계를 작성·공고한 때에는 기본설계의 내용과 관계 서류를 비치하여 20일 이상 일반인에게 공람하도록(제8조 제2항) 규정하고, 한편 환경영향평가법은 환경영향평가대상사업이 환경에 미칠 영향을 평가·검토하여 환경적으로 건전하고 지속 가능한 개발이 되도록 함으로써 쾌적한 환경을 유지·조성할 목적으로 제정된 법률로서(제1조) 환경영향평가대상사업의 사업자로 하여금 설명회나 공청회 등을 개최하여 환경영향평가대상지역 안의 주민의 의견을 수렴한 다음(제9조 제1항) 이를 포함하여 환경영향평가서를 작성하고(제8조) 그 사업에 대한 승인·허가 등을 행하는 승인기관의 장에게 이를 제출하도록 하며(제16조 제1항) 승인기관의 장으로 하여금 그 제출된 환경영향평가서에 대하여 환경부장관과 협의하고(제16조 제2항) 그 협의내용이 사업계획에 반영되도록 한 후에 승인·허가 등을 하도록(제19조 제1항) 규정하며, 환경영향평가법 제4조 제1항과 환경영향평가법시행령 제2조 제2항 [별표 1] 카의 ⑷ 규정은 조성면적 10만㎡ 이상인 집단시설지구개발사업을 환경영향평가대상사업으로 정하고 공원계획의 결정 전에 환경영향평가서의 제출 및 협의요청을 하도록 규정하고 있으므로, 피고들이 조성면적 10만㎡ 이상이어서 환경영향평가대상사업에 해당하는 이 사건 용화집단시설지구개발사업에 관하여 이 사건 변경승인 및 허가처분을 함에 있어서는 반드시 자연공원법령 및 환경영향평가법령 소정의 환경영향평가를 거쳐서 그 환경영향평가의 협의내용을 사업계획에 반영시키도록 하여야 하는 것이니 만큼 자연공원법령뿐 아니라 환경영향평가법령도 이 사건 변경승인 및 허가처분에 직접적인 영향을 미치는 근거 법률이 된다고 볼 수밖에 없고, 환경영향평가에 관한 위 자연공원법령 및 환경영향평가법령의 규정들의 취지는 집단시설지구개발사업이 환경을 해치지 아니하는 방법으로 시행되도록 함으로써 집단시설지구개발사업과 관련된 환경공익을 보호하려는 데에 그치는 것이 아니라 그 사업으로 인하여 직접적이고 중대한 환경피해를 입으리라고 예상되는 환경영향평가대상지역 안의 주민들이 개발 전과 비교하여 수인한도를 넘는 환경침해를 받지 아니하고 쾌적한 환경에서 생활할 수 있는 개별적 이익까지도 이를 보호하려는 데에 있다 할 것이므로, 위 주민들이 이 사건 변경승인 및 허가처분과 관련하여 갖고 있는 위와 같은 환경상의 이익은 단순히 환경공익 보호의 결과로 국민일반이 공통적으로 가지게 되는 추상적·평균적·일반적인 이익에 그치지 아니하고 주민 개개인에 대하여 개별적으로 보호되는 직접적·구체적인 이익이라고 보아야 할 것이다.

그렇다면 원심으로서는 원고들이 이 사건 용화집단시설지구개발사업으로 인하여 직접적이고 중대한 환경피해를 입으리라고 예상되는 환경영향평가대상지역 안의 주민들인지 여부와 그 주장의 환경상의 이익이 이 사건 변경승인 및 허가처분으로 인하여 침해되거나 침해될 우려가 있는지 여부 등을 더 심리하여 원고들에게 이 사건 변경승인 및 허가처분의 취소를 구할 원고적격이 있는지 여부를 판단하였어야 할 것임에도, 이 점에 관하여는 전혀 심리하지 아니한 채 그 판시와 같은 이유로 원고들의 원고적격을 부인하고 말았으니, 거기에는 처분의 근거 법률 및 그에 의하여 보호되는 법률상 이익에 관한 법리를 오해하여 판결에 영향을 미친 위법이 있다 할 것이다. 상고이유 중 이 점을 지적하는 부분은 이유 있다.

3. 그러므로 원심판결을 파기하고, 사건을 다시 심리·판단케 하기 위하여 원심법원에 환송하기로 관여 법관의 의견이 일치되어 주문과 같이 판결한다.

대법관   박준서(재판장) 정귀호 김형선 이용훈(주심)

[판례 11] 부지사전승인처분취소 (대법원 1998. 9. 4. 선고 97누19588 판결) [부지사전승인처분 취소]

【판시사항】

[1] 구 원자력법 제12조 제2호, 제3호 소정의 원자로 및 관계 시설의 허가기준이 같은 법 제11조 제3항에 근거한 부지사전승인처분의 기준이 되는지 여부(적극)
[2] 원자로 시설부지 인근 주민들에게 방사성물질 등에 의한 생명·신체의 안전침해를 이유로 부지사전승인처분의 취소를 구할 원고적격이 있는지 여부(적극)
[3] 환경영향평가대상지역 안의 원자로 시설부지 인근 주민들이 방사성물질 이외의 원인에 의한 환경침해를 받지 아니하고 생활할 수 있는 이익이 직접적·구체적 이익인지 여부(적극) 및 위 주민들에게 이를 이유로 원자로시설부지사전승인처분의 취소를 구할 원고적격이 있는지 여부(적극)
[4] 원자력법 제11조 제3항 소정의 부지사전승인제도의 취지 및 이에 터잡은 건설허가처분이 있는 경우, 선행의 부지사전승인처분의 취소를 구할 소의 이익 유무(소극)

【판결요지】

[1] 원자로시설부지사전승인처분의 근거 법률인 구 원자력법(1996. 12. 30. 법률 제5233호로 개정되어 1997. 7. 1.부터 시행되기 전의 것) 제11조 제3항에 근거한 원자로 및 관계 시설의 부지사전승인처분은 원자로 등의 건설허가 전에 그 원자로 등 건설예정지로 계획중인 부지가 원자력법의 관계 규정에 비추어 적법성을 구비한 것인지 여부를 심사하여 행하는 사전적 부분 건설허가처분의 성격을 가지고 있는 것이므로, 원자력법 제12조 제2호, 제3호로 규정한 원자로 및 관계 시설의 허가기준에 관한 사항은 건설허가처분의 기준이 됨은 물론 부지사전승인처분의 기준으로도 된다.
[2] 원자력법 제12조 제2호(발전용 원자로 및 관계 시설의 위치·구조 및 설비가 대통령령이 정하는 기술수준에 적합하여 방사성물질 등에 의한 인체·물체·공공의 재해방지에 지장이 없을 것)의 취지는 원자로 등 건설사업이 방사성물질 및 그에 의하여 오염된 물질에 의한 인체·물체·공공의 재해를 발생시키지 아니하는 방법으로 시행되도록 함으로써 방사성물질 등에 의한 생명·건강상의 위해를 받지 아니할 이익을 일반적 공익으로서 보호하려는 데 그치는 것이 아니라 방사성물질에 의하여 보다 직접적이고 중대한 피해를 입으리라고 예상되는 지역 내의 주민들의 위와 같은 이익을 직접적·구체적 이익으로서도 보호하려는 데에 있다 할 것이므로, 위와 같은 지역 내의 주민들에게는 방사성물질 등에 의한 생명·신체의 안전침해를 이유로 부지사전승인처분의 취소를 구할 원고적격이 있다.
[3] 원자력법 제12조 제3호(발전용 원자로 및 관계시설의 건설이 국민의 건강·환경상의 위해방지에 지장이 없을 것)의 취지와 원자력법 제11조의 규정에 의한 원자로 및 관계 시설의 건설사업을 환경영향평가대상사업으로 규정하고 있는 구 환경영향평가법(1997. 3. 7. 법률 제5302호로 개정되기 전의 것) 제4조, 구 환경영향평가법시행령(1993. 12. 11. 대통령령 제14018호로 제정되어 1997. 9. 8. 대통령령 제15475호로 개정되기 전의 것) 제2조 제2항 [별표 1]의 다의 (4) 규정 및 환경영

향평가서의 작성, 주민의 의견 수렴, 평가서 작성에 관한 관계 기관과의 협의, 협의내용을 사업계획에 반영한 여부에 대한 확인·통보 등을 규정하고 있는 위 법 제8조, 제9조 제1항, 제16조 제1항, 제19조 제1항 규정의 내용을 종합하여 보면, 위 환경영향평가법 제7조에 정한 환경영향평가대상지역 안의 주민들이 방사성물질 이외의 원인에 의한 환경침해를 받지 아니하고 생활할 수 있는 이익도 직접적·구체적 이익으로서 그 보호대상으로 삼고 있다고 보이므로, 위 환경영향평가대상지역 안의 주민에게는 방사성물질 이외에 원전냉각수 순환시 발생되는 온배수로 인한 환경침해를 이유로 부지사전승인처분의 취소를 구할 원고적격도 있다.

[4] 원자력법 제11조 제3항 소정의 부지사전승인제도는 원자로 및 관계 시설을 건설하고자 하는 자가 그 계획중인 건설부지가 원자력법에 의하여 원자로 및 관계 시설의 부지로 적법한지 여부 및 굴착공사 등 일정한 범위의 공사(이하 '사전공사'라 한다)를 할 수 있는지 여부에 대하여 건설허가 전에 미리 승인을 받는 제도로서, 원자로 및 관계 시설의 건설에는 장기간의 준비·공사가 필요하기 때문에 필요한 모든 준비를 갖추어 건설허가신청을 하였다가 부지의 부적법성을 이유로 불허가될 경우 그 불이익이 매우 크고 또한 원자로 및 관계 시설 건설의 이와 같은 특성상 미리 사전공사를 할 필요가 있을 수도 있어 건설허가 전에 미리 그 부지의 적법성 및 사전공사의 허용 여부에 대한 승인을 받을 수 있게 함으로써 그의 경제적·시간적 부담을 덜어 주고 유효·적절한 건설공사를 행할 수 있도록 배려하려는 데 그 취지가 있다고 할 것이므로, 원자로 및 관계 시설의 부지사전승인처분은 그 자체로서 건설부지를 확정하고 사전공사를 허용하는 법률효과를 지닌 독립한 행정처분이기는 하지만, 건설허가 전에 신청자의 편의를 위하여 미리 그 건설허가의 일부 요건을 심사하여 행하는 사전적 부분 건설허가처분의 성격을 갖고 있는 것이어서 나중에 건설허가처분이 있게 되면 그 건설허가처분에 흡수되어 독립된 존재가치를 상실함으로써 그 건설허가처분만이 쟁송의 대상이 되는 것이므로, 부지사전승인처분의 취소를 구하는 소는 소의 이익을 잃게 되고, 따라서 부지사전승인처분의 위법성은 나중에 내려진 건설허가처분의 취소를 구하는 소송에서 이를 다투면 된다.

【참조조문】

[1] 구 원자력법(1996. 12. 30. 법률 제5233호로 개정되어 1997. 7. 1.부터 시행되기 전의 것) 제11조 제3항, 제12조 제2호, 제3호 [2] 구 원자력법(1996. 12. 30. 법률 제5233호로 개정되어 1997. 7. 1.부터 시행되기 전의 것) 제11조 제3항, 제12조 제2호, 제3호, 행정소송법 제12조 [3] 구 원자력법(1996. 12. 30. 법률 제5233호로 개정되어 1997. 7. 1.부터 시행되기 전의 것) 제11조, 제12조 제3호, 구 환경영향평가법(1997. 3. 7. 법률 제5302호로 개정되기 전의 것) 제4조, 제7조, 제8조, 제9조 제1항, 제16조 제1항, 제19조 제1항, 구 환경영향평가법시행령(1993. 12. 11. 대통령령 제14018호로 제정되어 1997. 9. 8. 대통령령 제15475호로 개정되기 전의 것) 제2조 제2항 [별표 1]의 다의 (라), 행정소송법 제12조 [4] 구 원자력법(1996. 12. 30. 법률 제5233호로 개정되어 1997. 7. 1.부터 시행되기 전의 것) 제11조 제3항, 행정소송법 제12조

【참조판례】

[2][3] 대법원 1975. 5. 13. 선고 73누96, 97 판결(공1975, 8440)
대법원 1982. 7. 27. 선고 81누271 판결(공1982, 826)
대법원 1983. 7. 12. 선고 83누59 판결(공1983, 1281)
대법원 1988. 6. 14. 선고 87누873 판결(공1988, 1040)
대법원 1995. 9. 26. 선고 94누14544 판결(공1995하, 3538)
대법원 1998. 4. 24. 선고 97누3286 판결(공1998상, 1514)

【전 문】

【원고, 상고인】 원고 1 외 2인 (원고들 소송대리인 법무법인 세종 담당변호사 김태훈 외 3인)

【피고, 피상고인】 과학기술처 장관 (소송대리인 변호사 정만조)

【피고보조참가인】 한국전력공사 (소송대리인 법무법인 태평양 담당변호사 이재식 외 21인)

【원심판결】 서울고법 1997. 10. 30. 선고 96구14472 판결

【주 문】

상고를 모두 기각한다.
상고비용은 원고들의 부담으로 한다.

【이 유】

상고이유를 판단한다.

1. 원심판결 이유에 의하면 원심은, 보조참가인이 원심 판시 토지에 '원자로등건설사업'(영광원자력발전소 5·6호기 건설사업)을 시행하기 위하여 그 건설허가를 받기에 앞서 1996. 2. 10. 원자력법 제11조 제3항에 의하여 피고로부터 위 토지를 원자로 및 관계 시설의 건설부지로 확정하고 그 곳에 굴착·무근콘크리트공사 등의 사전공사를 할 수 있도록 하는 내용의 이 사건 부지사전승인처분을 받은 사실을 인정한 다음, 이 사건 '원자로등건설사업' 부지 인근의 주민인 원고들이 방사성물질에 의한 재해를 받지 아니할 이익은 이 사건 부지사전승인처분의 근거 법률인 원자력법의 건설허가 및 부지사전승인의 기준에 관한 규정들이 보호하고자 하는 구체적·직접적 이익이라고 할 수 있지만, 원고들이 원전냉각수 순환시 발생되는 온배수로 인한 해양환경침해를 받지 아니할 이익은 이 사건 부지사전승인처분의 근거·법률인 원자력법의 건설허가 및 부지사전승인의 기준에 관한 규정과 환경영향평가법의 환경영향평가에 관한 규정들이 보호하고자 하는 직접적·구체적 이익이라고 할 수 없으므로, 원고들이 온배수로 인한 해양환경침해를 이유로 이 사건 부지사전승인처분의 취소를 구할 원고적격이 없다고 판단하고 있다.

그러나 이 사건 부지사전승인처분의 근거 법률인 구 원자력법(1996. 12. 30. 법률 제5233호로 개정되어 1997. 7. 1.부터 시행되기 전의 법률) 제11조 제3항에 근거한 원자로 및 관계 시설의 부지사전승인처분은 원자로 등의 건설허가 전에 그 원자로등 건설예정지로 계획중인 부지가 원자력법의 관계 규정에 비추어 적법성을 구비한 것인지 여부를 심사하여 행하는 사전적 부분 건설허가처분의 성격을 가지고 있는 것이므로, 원자력법 제12조 제2호, 제3호로 규정한 원자로 및 관계 시설의 허가기준에 관한 사항은 건설허가처분의 기준이 됨은 물론 부지사전승인처분의 기준으로도 된다고 할 것이다.

그런데 위 기준들 중 원자력법 제12조 제2호(발전용 원자로 및 관계 시설의 위치·구조 및 설비가 대통령령이 정하는 기술수준에 적합하여 방사성물질 등에 의한 인체·물체·공공의 재해방지에 지장이 없을 것)의 취지는 '원자로등건설사업'이 방사성물질 및 그에 의하여 오염된 물질에 의한 인체·물체·공공의 재해를 발생시키지 아니하는 방법으로 시행되도록 함으로써 방사성물질 등에 의한 생명·건강상의 위해를 받지 아니할 이익을 일반적 공익으로서 보호하려는 데 그치는 것이 아니라 방사성물질에 의하여 보다 직접적이고 중대한 피해를 입으리라고 예상되는 지역 내의 주민들의 위와 같은 이익을 직접적·구체적 이익으로서도 보호하려는 데에 있다 할 것이므로, 위와 같은 지역 내의 주민들에게는 방사성물질 등에 의한 생명·신체의 안전침해를 이유로(기록에 의하면 원고들은 원고적격에 관한 기초사실로서 이러한 이유도 주장하고 있음을 알 수 있다) 이 사건 부지사전승인처분의 취소를

구할 원고적격이 있다고 할 것이다.

그리고 한편 위 기준들 중 위 원자력법 제12조 제3호(발전용 원자로 및 관계 시설의 건설이 국민의 건강·환경상의 위해방지에 지장이 없을 것)의 취지와 원자력법 제11조의 규정에 의한 원자로 및 관계 시설의 건설사업을 환경영향평가대상사업으로 규정하고 있는 구 환경영향평가법(1997. 3. 7. 법률 제5302호로 개정되기 전의 것) 제4조, 구 환경영향평가법시행령(1993. 12. 11. 대통령령 제14018호로 제정되어 1997. 9. 8. 대통령령 제15475호로 개정되기 전의 시행령) 제2조 제2항 [별표 1]의 다의 (4) 규정 및 환경영향평가서의 작성, 주민의 의견 수렴, 평가서 작성에 관한 관계 기관과의 협의, 협의내용을 사업계획에 반영한 여부에 대한 확인·통보 등을 규정하고 있는 위 법 제8조, 제9조 제1항, 제16조 제1항, 제19조 제1항 규정의 내용을 종합하여 보면, 위 환경영향평가법 제7조에 정한 환경영향평가대상지역 안의 주민들이 방사성물질 이외의 원인에 의한 환경침해를 받지 아니하고 생활할 수 있는 이익도 직접적·구체적 이익으로서 그 보호대상으로 삼고 있다고 보이므로(당원 1998. 4. 24. 선고 97누3286 판결 참조), 위 환경영향평가대상지역 안의 주민에게는 방사성물질 이외에 이 사건에서 문제가 되고 있는 원전냉각수 순환시 발생되는 온배수로 인한 환경침해를 이유로 이 사건 부지사전승인처분의 취소를 구할 원고적격도 있다고 할 것이다.

그렇다면 원고들이 방사성물질 등에 의한 생명·신체의 안전침해와 온배수로 인한 환경침해를 이유로 이 사건 부지사전승인처분의 취소를 구하고 있는 이 사건에서 원심으로서는 마땅히 원고들이 방사성물질에 의하여 보다 직접적이고 중대한 피해를 입으리라고 예상되는 지역 내의 주민들인지 여부 또는 환경영향평가대상지역 안의 주민들인지 여부를 살펴(기록에 의하면 원고들은 모두 위의 범위 내의 주민들로 보인다) 원고들에게 이 사건 부지사전승인처분의 취소를 구할 원고적격이 있는지 여부를 가렸어야 함에도, 이에 이르지 아니한 채 그 판시와 같은 이유로 원고들에게 원고적격이 없다고 판단하고 말았으니, 거기에는 원고적격에 관한 법리를 오해한 위법이 있다고 할 것이고, 이 점을 지적하는 상고이유의 주장은 이유 있다.

2. 그러나 원자력법 제11조 제3항 소정의 부지사전승인제도는 원자로 및 관계 시설을 건설하고자 하는 자가 그 계획중인 건설부지가 원자력법에 의하여 원자로 및 관계 시설의 부지로 적법한지 여부 및 굴착공사 등 일정한 범위의 공사(이하 '사전공사'라 한다)를 할 수 있는지 여부에 대하여 건설허가 전에 미리 승인을 받는 제도로서, 원자로 및 관계 시설의 건설에는 장기간의 준비·공사가 필요하기 때문에 필요한 모든 준비를 갖추어 건설허가신청을 하였다가 부지의 부적법성을 이유로 불허가될 경우 그 불이익이 매우 크고 또한 원자로 및 관계 시설 건설의 이와 같은 특성상 미리 사전공사를 할 필요가 있을 수도 있어 건설허가 전에 미리 그 부지의 적법성 및 사전공사의 허용 여부에 대한 승인을 받을 수 있게 함으로써 그의 경제적·시간적 부담을 덜어 주고 유효·적절한 건설공사를 행할 수 있도록 배려하려는 데 그 취지가 있다고 할 것이므로, 원자로 및 관계 시설의 부지사전승인처분은 그 자체로서 건설부지를 확정하고 사전공사를 허용하는 법률효과를 지닌 독립한 행정처분이기는 하지만, 건설허가 전에 신청자의 편의를 위하여 미리 그 건설허가의 일부 요건을 심사하여 행하는 사전적 부분 건설허가처분의 성격을 갖고 있는 것이어서 나중에 건설허가처분이 있게 되면 그 건설허가처분에 흡수되어 독립된 존재가치를 상실함으로써 그 건설허가처분만이 쟁송의 대상이 되는 것이므로, 부지사전승인처분의 취소를 구하는 소는 소의 이익을 잃게 된다고 할 것이다(따라서 부지사전승인처분의 위법성은 나중에 내려진 건설허가처분의 취소를 구하는 소송에서 이를 다투면 될 것이다).

원심이 피고보조참가인이 이 사건 부지사전승인처분을 받은 후 이 사건 소송이 계속중이던 1997. 6. 14. 건설허가처분을 받았으므로 이제는 이 사건 부지사전승인처분의 취소를 구할 소의 이익이 소멸되었다고 판단한 것은 위에서 설시한 법리에 따른 것으로서 정당하고 거기에 상고이유로 지적한 바와 같은 소의 이익에 관한 법리오해 및 심리미진 등의 위법이 있다고 할 수 없다.

3. 그렇다면 원고들의 원고적격을 부정한 원심 판단 부분에는 위에서 본 위법사유가 있다고 할지라도 원고들의 이 사건 사전승인처분의 취소를 구할 소의 이익이 소멸되었다는 원심의 판단은 정당하고, 따라서 원고들의 이 사건 소를 부적법하다고 하여 각하한 원심의 결론은 결국 정당하므로 원고들의 상고를 모두 기각하고 상고비용은 패소자의 부담으로 하여 관여 법관의 일치된 의견으로 주문과 같이 판결한다.

대법관   신성택(재판장) 천경송(주심) 지창권 송진훈

[판례 12] 발전소건설사업승인처분취소 (대법원 1998. 9. 22. 선고 97누19571 판결) [발전소건설사업승인처분 취소]

【판시사항】

[1] 환경영향평가대상지역 안의 주민들이 그 대상사업인 전원(전원)개발사업실시계획승인처분과 관련하여 갖는 환경상 이익이 직접적·구체적 이익인지 여부(적극) 및 위 주민들에게 그 침해를 이유로 위 처분의 취소를 구할 원고적격이 있는지 여부(적극)

[2] 환경영향평가대상지역 밖의 주민 등의 환경상 이익 또는 전원(전원)개발사업구역 밖의 주민 등의 재산상 이익이 직접적·구체적 이익인지 여부(소극) 및 위 주민들에게 그 침해를 이유로 전원(전원)개발사업실시계획승인처분의 취소를 구할 원고적격이 있는지 여부(소극)

[3] 전원(전원)개발사업실시계획승인처분에 재량권의 일탈·남용이 없다고 본 사례

【판결요지】

[1] 전원(전원)개발사업실시계획승인처분의 근거 법률인 전원개발에관한특례법령, 구 환경보전법령, 구 환경정책기본법령 및 환경영향평가법령 등의 규정 취지는 환경영향평가대상사업에 해당하는 발전소건설사업이 환경을 해치지 아니하는 방법으로 시행되도록 함으로써 당해 사업과 관련된 환경공익을 보호하려는 데 그치는 것이 아니라 당해 사업으로 인하여 직접적이고 중대한 환경피해를 입으리라고 예상되는 환경영향평가대상지역 안의 주민들이 전과 비교하여 수인한도를 넘는 환경침해를 받지 아니하고 쾌적한 환경에서 생활할 수 있는 개별적 이익까지도 이를 보호하려는 데에 있으므로, 주민들이 위 승인처분과 관련하여 갖고 있는 위와 같은 환경상 이익은 단순히 환경공익 보호의 결과로서 국민일반이 공통적으로 갖게 되는 추상적·평균적·일반적 이익에 그치지 아니하고 환경영향평가대상지역 안의 주민 개개인에 대하여 개별적으로 보호되는 직접적·구체적 이익이라고 보아야 하고, 따라서 위 사업으로 인하여 직접적이고 중대한 환경침해를 받게 되리라고 예상되는 환경영향평가대상지역 안의 주민에게는 위 승인처분의 취소를 구할 원고적격이 있다.

[2] 환경영향평가대상지역 밖의 주민·일반 국민·산악인·사진가·학자·환경보호단체 등의 환경상 이익이나 전원(전원)개발사업구역 밖의 주민 등의 재산상 이익에 대하여는 위 [1]항의 근거 법률에 이를 그들의 개별적·직접적·구체적 이익으로 보호하려는 내용 및 취지를 가지는 규정을 두고 있지 아니하므로, 이들에게는 위와 같은 이익 침해를 이유로 전원(전원)개발사업실시계획승인처분의 취소를 구

할 원고적격이 없다.
[3] 전원(전원)개발사업실시계획승인처분에 재량권의 일탈·남용이 없다고 본 사례.

【참조조문】

[1] 행정소송법 제12조, 전원개발에관한특례법 제5조, 환경영향평가법 제8조, 제9조 제1항, 제16조 제1항, 제19조 제1항, 구 전원개발에관한특례법시행령(1997. 5. 1. 대통령령 제15363호로 개정되기 전의 것) 제15조 제2항, 구 환경정책기본법시행령(1993. 12. 11. 대통령령 제14018호로 개정되기 전의 것) 제7조 제2항 [별표 2]의 다의 (3), 구 환경영향평가법시행령(1997. 9. 8. 대통령령 제15475호로 개정되기 전의 것) 제2조 제2항 [별표 1]의 다의 (3), 구 환경보전법시행령(1991. 2. 2. 폐지되기 전의 것) 제4조의2 제2항 [별표 1] [2] 행정소송법 제12조, 전원개발에관한특례법 제5조, 환경영향평가법 제8조, 제9조 제1항, 제16조 제1항, 제19조 제1항, 구 전원개발에관한특례법시행령(1997. 5. 1. 대통령령 제15363호로 개정되기 전의 것) 제15조 제2항, 구 환경정책기본법시행령(1993. 12. 11. 대통령령 제14018호로 개정되기 전의 것) 제7조 제2항 [별표 2]의 다의 (3), 구 환경영향평가법시행령(1997. 9. 8. 대통령령 제15475호로 개정되기 전의 것) 제2조 제2항 [별표 1]의 다의 (3), 구 환경보전법시행령(1991. 2. 2. 폐지되기 전의 것) 제4조의2 제2항 [별표 1] [3] 행정소송법 제1조[행정처분일반], 제27조

【참조판례】

[1][2] 대법원 1975. 5. 13. 선고 73누96, 73누97 판결(공1975, 8440)
대법원 1983. 7. 12. 선고 83누59 판결(공1983, 1281)
대법원 1988. 6. 14. 선고 87누873 판결(공1988, 1040)
대법원 1995. 9. 26. 선고 94누14544 판결(공1995하, 3538)
대법원 1998. 4. 24. 선고 97누3286 판결(공1998상, 1514)
대법원 1998. 9. 4. 선고 97누19588 판결(공1998하, 2423)

【전 문】

【원고, 상 고 인】 원고 1 외 112인 (원고들 소송대리인 변호사 박성원 외 1인)
【피고, 피상고인】 통상산업부장관 (소송대리인 변호사 김기섭)
【피고보조참가인】 한국전력공사 (소송대리인 변호사 김기섭)
【원심판결】 서울고법 1997. 10. 23. 선고 96구1681 판결

【주 문】

상고를 모두 기각한다.
상고비용은 원고들의 부담으로 한다.

【이 유】

1. 원심은, 피고보조참가인(아래에서는 참가인이라고 한다)이 강원 인제군 (주소 1 생략) 방대천 최상류 해발 920m지점의 상부댐과 강원 양양군 (주소 2 생략) 남대천 안쪽 지류 후천 135m지점의 하부댐으로 구성되는 양수발전소 1 내지 4호기(발전시설용량 100만kw=25만kw×4기)를 건설하기 위하여 1989. 7. 18.부터 1990. 12. 5.까지 사이에 구 환경보전법(환경정책기본법의 시행으로 1991. 2. 2. 폐지되기 전의 것)상의 환경영향평가를 마치고 1994. 3. 18. 승인신청을 하여 1995. 7. 6. 피고로부터 구 전원개발에관한특례법(1996. 12. 30. 법률 제5215호로 개정되기 전의 것) 제5조의 규정에 의하여 전원개발사업실시계획승인(이하 '이 사건 승인처분'이라 한다)을 얻은 사실과, 원고 1

내지 4가 양수발전소건설사업구역 내에 토지와 주택을 소유한 자이고 원고 5 내지 20이 하부댐 소재지 후천의 하류인 남대천에서 연어 등을 포획하는 자이며 원고 21 내지 67이 양수발전소건설사업에 관한 환경영향평가대상지역 안의 주민이고 원고 68 내지 113이 상부댐과 하부댐 소재지 산에서 송이를 채취하는 주민 또는 자연을 찾아 즐기거나 연구·보전하려는 산악인·생물학자·생태연구가·사진가·일반시민·환경보호단체 등인 사실을 각 인정한 다음, 원고 1 내지 4를 제외한 나머지 원고들에 대하여는 그들이 주장하는 환경상 이익이나 재산상 이익 등은 이 사건 승인처분의 근거 법률인 구 전원개발에관한특례법 및 구 환경보전법·구 환경정책기본법(1993. 6. 11. 법률 제4567호로 개정되기 전의 것)·구 환경영향평가법(1993. 6. 11. 법률 제4567호로 제정된 것)이 이를 그들 개개인의 개별적·구체적·직접적 이익으로서 보호하려는 것이 아니므로 그들에게 이 사건 승인처분의 취소를 구할 원고적격이 없다고 판단하였다.

그러나 이 사건 양수발전소건설사업은 댐 및 저수지의 건설을 수반하는 발전시설용량 3천kw 이상의 발전소건설사업이어서 구 환경보전법시행령(환경정책기본법시행령의 시행으로 1991. 2. 2. 폐지되기 전의 것) 제4조의2 제2항 [별표 1]과 구 환경정책기본법시행령(1991. 2. 2. 대통령령 제13303호로 제정되어 1993. 12. 11. 대통령령 제14018호로 개정되기 전의 것) 제7조 제2항 [별표 2]의 다의 (3) 및 환경영향평가법시행령(1993. 12. 11. 대통령령 제14018호로 제정되어 1997. 9. 8. 대통령령 제15475호로 개정되기 전의 것) 제2조 제2항 [별표 1]의 다의 (3) 규정에 의하여 환경영향평가대상사업에 해당하므로 전원개발에관한특례법령뿐 아니라 구 환경보전법령과 구 환경정책기본법령 및 환경영향평가법령도 위 사업에 관한 이 사건 승인처분의 근거 법률이 되고, 나아가 승인받을 실시계획의 내용에 국토자연환경보전에 관한 사항을 포함시키도록 규정한 구 전원개발에관한특례법 제5조 제3항 제6호와 그 사항의 표시에 있어서 구 환경보전법시행령과 구 환경정책기본법시행령 및 환경영향평가법시행령 소정의 환경영향평가서를 첨부하도록 규정한 전원개발에관한특례법시행령(1997. 5. 1. 대통령령 제15363호로 개정되기 전의 것) 제15조 제2항 및 환경영향평가대상사업의 사업자로 하여금 설명회나 공청회 등을 개최하여 환경영향평가대상지역 안의 주민의 의견을 수렴한 다음, 이를 포함하여 환경영향평가서를 작성하여 당해 사업에 관한 승인기관의 장에게 제출하도록 하고, 승인기관의 장으로 하여금 환경부장관과 제출된 환경영향평가서에 대한 협의를 거쳐 그 협의내용이 사업계획에 반영되도록 한 후에 당해 사업에 관한 승인 등을 하도록 규정한 환경영향평가법 제8조, 제9조 제1항, 제16조 제1항, 제19조 제1항 등을 종합하여 보면, 위 규정들의 취지는 환경영향평가대상사업에 해당하는 발전소건설사업이 환경을 해치지 아니하는 방법으로 시행되도록 함으로써 당해 사업과 관련된 환경공익을 보호하려는 데 그치는 것이 아니라 당해 사업으로 인하여 직접적이고 중대한 환경피해를 입으리라고 예상되는 환경영향평가대상지역 안의 주민들이 전과 비교하여 수인한도를 넘는 환경침해를 받지 아니하고 쾌적한 환경에서 생활할 수 있는 개별적 이익까지도 이를 보호하려는 데에 있으므로, 주민들이 이 사건 승인처분과 관련하여 갖고 있는 위와 같은 환경상 이익은 단순히 환경공익 보호의 결과로서 국민일반이 공통적으로 갖게 되는 추상적·평균적·일반적 이익에 그치지 아니하고 환경영향평가대상지역 안의 주민 개개인에 대하여 개별적으로 보호되는 직접적·구체적 이익이라고 보아야 하고, 따라서 이 사건 양수발전소건설사업으로 인하여 직접적이고 중대한 환경침해를 받게 되리라고 예상되는 환경영향평가대상지역 안의 주민에게는 이 사건 승인처분의 취소를 구할 원고적격이 있다(대법원 1998. 4. 24. 선고 97누3286 판결 참조).

한편 환경영향평가대상지역 밖의 주민·일반국민·산악인·사진가·학자·환경보호단체 등의 환경상 이익이나 전원개발사업구역 밖의 주민 등의 재산상 이익에 대하여는 위 근거 법률에 이를 그들의 개별적·직접적·구체적 이익으로 보호하려는 내용 및 취지를 가지는 규정을 두고 있지 아니하므로, 이들에게는 위와 같은 이익 침해를 이유로 이 사건 승인처분의 취소를 구할 원고적격이 없다.

그렇다면 원심이 이 사건 양수발전소건설사업구역 밖의 주민인 원고 5 내지 20 또는 환경영향평가대상지역 밖의 주민·일반국민·산악인·사진가·학자·환경보호단체 등인 원고 68 내지 113이 그들의 어업권 등의 재산상 이익 또는 환경상 이익 침해를 이유로 이 사건 승인처분의 취소를 구할 원고적격이 없다고 판단한 부분은 정당하지만, 환경영향평가대상지역 안의 주민인 원고 21 내지 67까지도 환경상 이익 침해를 이유로 이 사건 승인처분의 취소를 구할 원고적격이 없다고 판단한 부분에는 당사자적격에 관한 법리를 오해한 위법이 있다. 그러나 뒤에서 보는 바와 같이 이 사건 승인처분에 위법이 없다고 본 원심의 판단이 정당한 이상, 원고들만이 상고한 이 사건에서 원심판결 중 원고 21 내지 67의 소를 각하한 부분을 파기하여 그들의 청구를 기각하는 것은 위 원고들에게 불이익한 결과가 되므로 이 부분 원심판결을 유지하기로 한다.

2. 원심은, 구 환경정책기본법 부칙 제3조와 환경영향평가법 부칙 제2조, 제3조에 의하면 구 환경보전법령하에서 환경영향평가를 마치면 구 환경정책기본법령 및 환경영향평가법령하에서 환경영향평가를 마친 것으로 간주되고, 환경영향평가법 제21조와 그 시행령 제13조가 사업규모가 정해진 환경영향평가대상사업에 있어서 환경영향평가를 마친 후 그 사업규모를 30/100 이상 증가시키는 내용으로 사업계획을 변경하는 경우에 다시 환경영향평가를 시행하도록 규정하고 있을 뿐 사업기간을 변경함에 그치는 경우에도 다시 환경영향평가를 시행하도록 규정하고 있지는 아니하므로, 참가인이 주민의 견수렴절차를 규정하지 아니하였던 구 환경보전법하에서 1989. 7. 18.부터 1990. 12. 5.까지 사이에 주민의견수렴 없이 환경영향평가를 마쳤고, 그 후 사업기간을 종전의 1992. 3.부터 1998. 6.까지에서 1995. 8.부터 2003. 10.까지로 변경하였을 뿐 사업규모를 변경한 바 없는 이상 그 환경영향평가 및 이 사건 승인처분에 어떠한 위법이 있다고 할 수 없고, 또한 참가인이 시행한 환경영향평가에 있어서 참가인이 자본금의 100%를 출자한 한국전력기술 주식회사가 그 평가대행기관으로 되었고, 녹지자연도의 등급평가와 희귀식물의 서식분포에 관한 조사를 다소 잘못하였다고 하더라도 그 후 환경부장관과의 협의를 거친 이상(이는 그와 같은 환경영향평가의 부실 정도가 환경영향평가제도를 둔 입법취지를 달성할 수 없을 정도이어서 환경영향평가를 하지 아니한 것과 다를 바 없는 정도의 것이 아닌 이상이라는 취지로 이해된다), 그 때문에 이 사건 승인처분이 위법하다고 할 수 없으며, 다시 원고들 주장의 환경권이 이 사건 양수발전소건설사업으로 인하여 침해된다고 하더라도 그 주장의 환경권이 명문의 법률규정이나 관계 법령의 규정 취지 및 조리에 비추어 권리의 주체·대상·내용·행사방법 등이 구체적으로 정립되어 있다고 볼 수 없어 법률상의 권리로 인정될 수 없는 이상(대법원 1997. 7. 22. 선고 96다56153 판결 참조), 그 때문에 이 사건 승인처분이 위법하다고 할 수 없고, 나아가 양수발전방식이 다른 발전방식에 비하여 비효율적이기는 하지만 이 사건 양수발전소는 심야시간대의 잉여전력을 이용한 발전방식으로서 다른 발전방식에 비하여 유리한 면이 있고, 환경영향평가를 거쳐 발전소건설사업이 환경에 대한 침해를 최소화하는 방법으로 시행되도록 되어 있는 점 등에 비추어 이 사건 승인처분에 재량권을 일탈·남용한 위법이 없다고 판단하였는바, 살펴보니, 원심의 위와 같은 판단은 모두 정당하고, 거기에 상고이유로 지적하는 바와 같은 법리오해 등의 위법이 없다.

그러므로 원고들의 상고를 모두 기각하고, 소송비용의 부담으로 정하여 주문과 같이 판결한다.

대법관   이돈희(재판장) 박준서 이임수 서성(주심)

[판례 13] 용화집단시설지구기본설계변경승인처분취소 (대법원 2001. 7. 27. 선고 99두2970 판결) [용화집단시설지구 기본설계변경승인처분 취소]

【판시사항】

[1] 환경영향평가대상사업에 해당하는 국립공원 집단시설지구개발사업에 있어 그 시설물기본설계 변경 승인처분 등과 관련하여 환경영향평가대상지역 안의 주민들이 갖고 있는 환경상의 이익이 주민 개개인에 대하여 개별적으로 보호되는 직접적·구체적인 이익인지 여부(적극) 및 위 주민들에게 그 이익의 침해를 이유로 그 처분 등의 취소를 구할 원고적격이 있는지 여부(적극)

[2] 자연공원사업의 시행에 있어 그 공원시설기본설계 및 변경설계승인의 법적 성질(=재량행위)과 이에 대한 법원의 사법심사의 대상(=재량권 일탈·남용의 위법 유무) 및 행정청의 재량행위가 사실오인 등에 근거한 경우, 재량권 일탈·남용에 해당하여 위법한지 여부(적극)

[3] 국립공원 관리청이 국립공원 집단시설지구개발사업과 관련하여 그 시설물기본설계 변경승인처분을 함에 있어서 환경부장관과의 협의를 거친 이상 환경부장관의 환경영향평가에 대한 의견에 반하는 처분을 하였다고 하여 그 처분이 위법하다고 할 수 없다고 한 사례

[4] 행정소송법 제19조 소정의 '재결 자체에 고유한 위법'의 의미 및 적법한 행정심판청구를 각하한 재결은 재결 자체에 고유한 위법이 있는 경우에 해당하는지 여부(적극)

【판결요지】

[1] 구 자연공원법(1995. 12. 30. 법률 제5122호로 개정되기 전의 것), 같은법시행령(1996. 7. 1. 대통령령 제15106호로 개정되기 전의 것), 같은법시행규칙(1996. 7. 3. 내무부령 제687호로 개정되기 전의 것), 그리고 구 환경영향평가법(1999. 12. 31. 법률 제6095호 환경·교통·재해등에관한영향평가법 부칙 제2조로 폐지), 같은법시행령(2000. 12. 30. 대통령령 제17089호 환경·교통·재해등에관한영향평가법시행령 부칙 제2조로 폐지)의 각 관련 규정에 의하면, 국립공원 집단시설지구개발사업의 조성면적이 10만m2 이상인 경우에는 환경영향평가대상사업에 해당하므로 환경부장관이 집단시설지구 내 시설물기본설계 변경승인처분 등을 함에 있어서는 반드시 자연공원법령 및 환경영향평가법령 소정의 환경영향평가를 거쳐서 그 환경영향평가의 협의내용을 사업계획에 반영시키도록 하여야 하므로 자연공원법령뿐 아니라, 환경영향평가법령도 위 변경승인처분 등에 직접적인 영향을 미치는 근거 법령이 된다고 볼 수밖에 없고, 환경영향평가에 관한 위 자연공원법령 및 환경영향평가법령상의 관련 규정의 취지는 집단시설지구개발사업으로 인하여 직접적이고 중대한 환경피해를 입으리라고 예상되는 환경영향평가대상지역 안의 주민들이 개발 전과 비교하여 수인한도를 넘는 환경침해를 받지 아니하고 쾌적한 환경에서 생활할 수 있는 개별적 이익까지도 이를 보호하려는 데에 있다 할 것이므로, 위 주민들이 위 변경승인처분과 관련하여 갖고 있는 위와 같은 환경상의 이익은 주민 개개인에 대하여 개별적으로 보호되는 직접적·구체적인 이익이라고 보아야 할 것이어서, 국립공원 집단시설지구개발사업으로 인하여 직접적이고 중대한 환경피해를 입으리라고 예상되는 환경영향평가대상지역 안의 주민들이 누리고 있는 환경상의 이익이 위 변경승인처분으로 인하여 침해되거나 침해될 우려가 있는 경우에는 그 주민들에게 위 변경승인처분과 그 변경승인처분의 취소를 구하는 행정심판청구를 각하한 재결의 취소를 구할 원고적격이 있다고 보아야 한다.

[2] 자연공원사업의 시행은 국토 및 자연의 유지와 환경의 보전에 영향을 미치는 행위로서 그 공원시설기본설계 및 변경설계의 승인 여부는 사업장소의 현상과 위치 및 주위의 상황, 사업시행의 시기 및 주체의 적정성, 사업계획에 나타난 사업의 내용, 규모, 방법과 그것이 자연 및 환경에 미치는

영향 등을 종합적으로 고려하여 결정하여야 하는 일종의 재량행위에 속한다고 할 것이고, 위와 같은 재량행위에 대한 법원의 사법심사는 당해 행위가 사실오인, 비례·평등의 원칙 위배, 당해 행위의 목적 위반이나 부정한 동기 등에 근거하여 이루어짐으로써 재량권을 일탈·남용한 위법이 있는지 여부만을 심사하게 되는 것이나, 법원의 심사결과 행정청의 재량행위가 사실오인 등에 근거한 것이라고 인정된다면 이는 재량권을 일탈·남용한 것으로서 위법하여 그 취소를 면치 못한다.

[3] 국립공원 관리청이 국립공원 집단시설지구개발사업과 관련하여 그 시설물기본설계 변경승인처분을 함에 있어서 환경부장관과의 협의를 거친 이상, 환경영향평가서의 내용이 환경영향평가제도를 둔 입법 취지를 달성할 수 없을 정도로 심히 부실하다는 등의 특별한 사정이 없는 한, 공원관리청이 환경부장관의 환경영향평가에 대한 의견에 반하는 처분을 하였다고 하여 그 처분이 위법하다고 할 수는 없다고 한 사례.

[4] 행정소송법 제19조에 의하면 행정심판에 대한 재결에 대하여도 그 재결 자체에 고유한 위법이 있음을 이유로 하는 경우에는 항고소송을 제기하여 그 취소를 구할 수 있고, 여기에서 말하는 '재결 자체에 고유한 위법'이란 그 재결자체에 주체, 절차, 형식 또는 내용상의 위법이 있는 경우를 의미하는데, 행정심판청구가 부적법하지 않음에도 각하한 재결은 심판청구인의 실체심리를 받을 권리를 박탈한 것으로서 원처분에 없는 고유한 하자가 있는 경우에 해당하고, 따라서 위 재결은 취소소송의 대상이 된다.

【참조조문】
[1] 구 자연공원법(1995. 12. 30. 법률 제5122호로 개정되기 전의 것) 제1조, 제10조 제1항, 제15조 제2항, 제16조, 제21조, 제21조의2(현행 삭제), 제22조, 구 자연공원법시행령(1996. 7. 1. 대통령령 제15106호로 개정되기 전의 것) 제8조의2, 구 자연공원법시행규칙(1996. 7. 3. 내무부령 제687호로 개정되기 전의 것) 제7조, 제8조 제2항, 구 환경영향평가법(1999. 12. 31. 법률 제6095호 환경·교통·재해등에관한영향평가법 부칙 제2조로 폐지) 제1조(현행 환경·교통·재해등에관한영향평가법 제1조 참조), 제4조(현행 환경·교통·재해등에관한영향평가법 제4조 참조), 제8조(현행 환경·교통·재해등에관한영향평가법 제5조 참조), 제9조(현행 환경·교통·재해등에관한영향평가법 제6조 참조), 제16조(현행 환경·교통·재해등에관한영향평가법 제17조 참조), 제19조(현행 환경·교통·재해등에관한영향평가법 제21조 참조), 구 환경영향평가법시행령(2000. 12. 30. 대통령령 제17089호 환경·교통·재해등에관한영향평가법시행령 부칙 제2조로 폐지) 제2조 제2항 [별표 1] 카. (4)(현행 환경·교통·재해등에관한영향평가법시행령 제2조 제3항 [별표 1] 카. (4) 참조), 행정소송법 제12조, 제19조 [2] 구 자연공원법(1995. 12. 30. 법률 제5122호로 개정되기 전의 것) 제1조, 제10조 제1항, 제15조 제2항, 제16조, 제21조, 제21조의2(현행 삭제), 제22조, 구 자연공원법시행령(1996. 7. 1. 대통령령 제15106호로 개정되기 전의 것) 제8조의2, 구 자연공원법시행규칙(1996. 7. 3. 내무부령 제687호로 개정되기 전의 것) 제7조, 제8조 제2항, 행정소송법 제1조[행정처분일반], 제27조 [3] 구 자연공원법(1995. 12. 30. 법률 제5122호로 개정되기 전의 것) 제1조, 제10조 제1항, 제15조 제2항, 제16조, 제21조, 제21조의2(현행 삭제), 제22조, 구 자연공원법시행령(1996. 7. 1. 대통령령 제15106호로 개정되기 전의 것) 제8조의2, 구 자연공원법시행규칙(1996. 7. 3. 내무부령 제687호로 개정되기 전의 것) 제7조, 제8조 제2항, 구 환경영향평가법(1999. 12. 31. 법률 제6095호 환경·교통·재해등에관한영향평가법 부칙 제2조로 폐지) 제1조(현행 환경·교통·재해등에관한영향평가법 제1조 참조), 제4조(현행 환경·교통·재해등에관한영향평가법 제4조 참조), 제8조(현행 환경·교통·재해등에관한영향평가법 제5조 참조), 제9조(현행 환경·교통·재해등에관한영향평가법 제6조 참조), 제16조(현행 환경·교통·재해등에관한영향평가법 제17조 참조), 제19조

(현행 환경·교통·재해등에관한영향평가법 제21조 참조), 구 환경영향평가법시행령(2000. 12. 30. 대통령령 제17089호 환경·교통·재해등에관한영향평가법시행령 부칙 제2조로 폐지) 제2조 제2항 [별표 1] 카. (4)(현행 환경·교통·재해등에관한영향평가법시행령 제2조 제3항 [별표 1] 카. (4) 참조), 정부조직법(1998. 2. 28. 법률 제5529로 전문 개정된 것) 제40조, 행정소송법 제1조[행정처분일반], 제27조 [4] 행정소송법 제2조 제1항 제1호, 제19조

【참조판례】

[1] 대법원 1998. 4. 24. 선고 97누3286 판결(공1998상, 1514)
대법원 1998. 9. 4. 선고 97누19588 판결(공1998하, 2423)
대법원 1998. 9. 22. 선고 97누19571 판결(공1998하, 2589)
대법원 1998. 10. 20. 선고 97누5503 판결
[2][3] 대법원 2001. 7. 27. 선고 99두5092 판결
[2] 대법원 1998. 12. 8. 선고 98두13553 판결(공1999상, 149)
대법원 2001. 2. 9. 선고 98두17593 판결(공2001상, 650)
대법원 2001. 7. 27. 선고 99두8589 판결
[3] 대법원 1998. 9. 22. 선고 97누19571 판결(공1998하, 2589)
대법원 2001. 6. 29. 선고 99두9902 판결(공2001하, 1750)
[4] 대법원 1997. 9. 12. 선고 96누14661 판결(공1997하, 3142)

【전 문】

【원고, 피상고인】 원고 1 외 171인 (소송대리인 일신법무법인 담당변호사 김종철 외 2인)

【피고, 상고인】 환경부장관 (경정 전 : 내무부장관)

【피고보조참가인, 상고인】 속리산국립공원 용화온천집단시설지구지주조합 (소송대리인 변호사 황계룡 외 2인)

【원심판결】 서울고법 1999. 1. 20. 선고 97구31597 판결

【주 문】

상고를 모두 기각한다.
상고비용 중 보조참가로 인한 부분은 피고보조참가인의, 그 나머지 부분은 피고의 각 부담으로 한다.
원심판결 제1면 피고보조참가인 '속리산국립공원 용화집단시설지구지주조합'을 '속리산국립공원 용화온천집단시설지구지주조합'으로 경정한다.

【이 유】

상고이유(상고이유서 제출기간 경과 후에 제출된 각 상고이유보충서 등의 기재는 이를 보충하는 범위 내에서)를 판단한다.

1. 기록에 의하면, 국립공원의 관리청인 내무부장관이 1993. 2. 5. 피고보조참가인(이하 '참가인'이라고 한다)의 신청에 따라, 시설물 102동, 건축연면적 348,087㎡, 방류수량 1일 5,846㎡, 방류수질 생물학적 산소요구량(BOD) 10ppm 등을 그 내용으로 하는 속리산국립공원 용화집단시설지구 내 시설물 기본설계를 승인하는 처분(이하 '이 사건 당초처분'이라고 한다)을 하였는데, 그 후 집단시설지구개발사업은 환경영향평가대상사업이라는 환경처장관의 회신에 따라 내무부장관은 참가인에게 환경영향평가서를 작성하게 하여 피고와 환경영향평가협의를 한 후, 1995. 12. 20. 시설물 건축연면적을 266,289㎡로, 방류수량을 1일 2,197㎡로 각 축소하고, 방류수질을 BOD 1ppm으로 강화하며, 오수

처리방법은 역삼투공법에 의하는 내용의 기본설계변경승인처분(이하 '이 사건 변경처분'이라고 한다)을 한 사실, 그 후 국립공원관리공단이사장(이하 '공단이사장'이라고 한다)이 1996. 5. 9. 이 사건 처분의 조건 및 환경부와의 환경영향평가협의내용의 이행 등을 조건으로 하여 참가인에게 용화집단시설지구기반조성 공원사업시행을 허가(이하 '이 사건 허가처분'이라 한다)한 사실, 그런데 위 집단시설지구로부터 약 2km 정도 떨어진 신월천변 지역에 거주하는 주민들인 원고들을 포함한 1825인이 1996. 6. 7. 이 사건 변경처분과 공단이사장의 위 공원사업시행허가처분의 각 취소를 구하는 행정심판을 제기하자, 내무부장관이 1997. 3. 26. 공단이사장의 위 허가처분을 취소한다는 내용의 재결을 하였고, 1997. 5. 21. 이 사건 변경처분이 취소되면 이 사건 당초처분의 효력이 살아나게 되어 행정심판청구인들에게 더욱 불리한 결과를 초래하게 되고, 또 내무부장관이 공단이사장의 공원사업시행허가처분을 취소하는 내용의 재결을 함으로써 이 사건 공원사업시행을 막으려는 행정심판청구인들의 목적이 실질적으로 대부분 달성되었으므로 이 사건 변경처분의 취소를 구할 이익도 없다는 등의 이유로, 이 사건 변경처분에 대한 심판청구를 각하하는 내용의 재결(이하 1997. 5. 21. 자 각하재결을 '이 사건 재결'이라고 한다)을 한 사실을 알 수 있고, 한편 정부조직법중개정법률(1998. 2. 28. 법률 제5529호)에 의하여 내무부장관 소관이던 자연공원법 관련 업무가 피고에게 이관되었다.

2. 구 자연공원법(1995. 12. 30. 법률 제5122호로 개정되어 1996. 7. 1.부터 시행되기 전의 법률), 같은법시행령(1996. 7. 1. 대통령령 제15106호로 개정되기 전의 시행령), 같은법시행규칙(1996. 7. 3. 내무부령 제687호로 개정되기 전의 시행규칙), 그리고 구 환경영향평가법(1999. 12. 31. 법률 제6095호 환경·교통·재해등에관한영향평가법의 제정으로 폐지되기 전의 법률), 같은법시행령(2000. 12. 30. 대통령령 제17089호 환경·교통·재해등에관한영향평가법시행령의 제정으로 폐지되기 전의 시행령)의 각 관련 규정에 의하면, 이 사건 용화집단시설지구개발사업은 조성면적이 10만㎡ 이상이어서 환경영향평가대상사업에 해당하므로 피고가 이 사건 변경처분 등을 함에 있어서는 반드시 자연공원법령 및 환경영향평가법령 소정의 환경영향평가를 거쳐서 그 환경영향평가의 협의내용을 사업계획에 반영시키도록 하여야 하므로 자연공원법령뿐 아니라, 환경영향평가법령도 이 사건 변경처분 등에 직접적인 영향을 미치는 근거 법령이 된다고 볼 수밖에 없고, 환경영향평가에 관한 위 자연공원법령 및 환경영향평가법령상의 관련 규정의 취지는 집단시설지구개발사업으로 인하여 직접적이고 중대한 환경피해를 입으리라고 예상되는 환경영향평가대상지역 안의 주민들이 개발 전과 비교하여 수인한도를 넘는 환경침해를 받지 아니하고 쾌적한 환경에서 생활할 수 있는 개별적 이익까지도 이를 보호하려는 데에 있다 할 것이므로, 위 주민들이 이 사건 변경처분과 관련하여 갖고 있는 위와 같은 환경상의 이익은 주민 개개인에 대하여 개별적으로 보호되는 직접적·구체적인 이익이라고 보아야 할 것이어서, 이 사건 용화집단시설지구개발사업으로 인하여 직접적이고 중대한 환경피해를 입으리라고 예상되는 환경영향평가대상지역 안의 주민들이 누리고 있는 환경상의 이익이 이 사건 변경처분으로 인하여 침해되거나 침해될 우려가 있는 경우에는 그 주민들에게 이 사건 변경처분과 그 변경처분의 취소를 구하는 행정심판청구를 각하한 이 사건 재결의 취소를 구할 원고적격이 있다고 보아야 할 것이다(대법원 1998. 4. 24. 선고 97누3286 판결 참조).

원심판결 이유에 의하면, 원심은 그 판결에서 채용하고 있는 증거들을 종합하여, 용화집단시설지구는 남한강의 최상류인 신월천변에 위치하고 있고, 신월천은 하류에서 박대천과, 박대천은 다시 그 하류에서 달천과, 달천은 그 하류에서 남한강에 합류되어 흐르는데, 위 집단시설지구로부터 하류 72km(충주 조정지댐)까지는 상수원수 1급 자연환경보전구역으로 지정된 사실 등을 인정한 다음, 이러한 사정과 그 판시 증거들을 종합하여, 신월천이 달천에 합류하기 전인 충북 괴산군 (주소 1 생략), (주소 2 생략), (주소 3 생략), (주소 4 생략)은 위 집단시설지구개발사업으로 인하여 직접적이고 중대한 피해를 입으리라고 예상되는 환경영향평가대상지역에 포함되고, 그 지역에 거주하는 주민들인 원고들은 그들이 현재 누리고 있는 환경상의 이익이 이 사건 변경처분으로 인하여 침해되거나 침해될 우려가 있다고 보이므로, 원고들에게는 이 사건 변경처분 및 위 재결의 취소를 구할 원고적격이 있다고 판단하고 있다.

기록과 위 법리에 비추어 살펴보면, 원심의 위와 같은 판단은 정당한 것으로 수긍이 가고, 거기에 상고이유에서 지적하는 바와 같은 항고소송에서의 원고적격에 관한 법리오해 등의 위법이 없다. 이 점에 관한 상고이유의 주장은 이유가 없다.

3. 자연공원사업의 시행은 국토 및 자연의 유지와 환경의 보전에 영향을 미치는 행위로서 그 공원시설 기본설계 및 변경설계의 승인 여부는 사업장소의 현상과 위치 및 주위의 상황, 사업시행의 시기 및 주체의 적정성, 사업계획에 나타난 사업의 내용, 규모, 방법과 그것이 자연 및 환경에 미치는 영향 등을 종합적으로 고려하여 결정하여야 하는 일종의 재량행위에 속한다고 할 것이고, 위와 같은 재량행위에 대한 법원의 사법심사는 당해 행위가 사실오인, 비례·평등의 원칙 위배, 당해 행위의 목적 위반이나 부정한 동기 등에 근거하여 이루어짐으로써 재량권을 일탈·남용한 위법이 있는지 여부만을 심사하게 되는 것이나, 법원의 심사결과 행정청의 재량행위가 사실오인 등에 근거한 것이라고 인정된다면 이는 재량권을 일탈·남용한 것으로서 위법하여 그 취소를 면치 못한다 할 것이다.

원심판결 이유에 의하면, 원심은 그 판결에서 채용하고 있는 증거들을 종합하여, 이 사건 당초처분 후 내무부장관이 피고와 환경영향평가협의를 하는 과정에서, 피고가, 오·폐수 방류시 하천의 수질악화가 예상되고, 불소가 다량 함유된 오·폐수 방류로 인하여 하류에서 지하수를 식수로 이용하는 주민들에게 곤란을 초래하며, 농경지의 농업용수 피해와 관광지의 기능저하가 우려된다는 점, 방류수량을 감소하고, 오수정화처리수질을 강화하겠다는 내용이 담긴 참가인의 환경영향저감방안을 검토하여 보아도 하천의 수질오염을 염려하는 하류주민의 의견수렴을 위한 납득할 수 있는 방안이 제시되어 있지 않다는 점, 역삼투방식으로 오·폐수 수질을 BOD 1ppm 이하로 처리하는 것은 기술상 가능하나 동 처리방식을 집단시설지구의 오·폐수 처리시설에 적용할 경우 안정적인 처리 가능성이 낮고 관리에도 어려움이 있다는 점 등의 의견을 회신하였는데, 그 이후 내무부장관이 이 사건 당초처분의 내용보다 시설물과 방류수량을 축소하고 방류수질을 강화한다는 내용의 참가인의 기본설계변경승인신청이 피고와의 협의내용을 반영한 것으로 인정하여 이 사건 변경처분을 한 사실 등을 인정한 다음, 위 인정 사실에 의하면 피고가 환경영향평가협의를 하는 과정에서 이 사건 사업에 관한 부정적인 의견을 회신하였음에도, 내무부장관이 환경적 위해발생을 충분히 고려하지 아니한 채 이 사건 변경처분을 한 것은 환경영향평가협의내용을 제대로 반영하지 않은 것으로서 자연공원법령 및 환경영향평가법령에 위배한 하자가 있고, 그 결과 이 사건 변경처분으로 인하여 원고들에게 이 사건 시설지구의 개발 전과 비교하여 수인한도를 넘는 환경침해를 초래할 우려가 있다 할 것이므로, 이 사건 변경처분은 위법하다고 판단하고 있다.

그런데 내무부장관이 이 사건 변경처분을 함에 있어서 피고와의 협의를 거친 이상, 환경영향평가서의 내용이 환경영향평가제도를 둔 입법 취지를 달성할 수 없을 정도로 심히 부실하다는 등의 특별한 사정이 없는 한, 내무부장관이 피고의 환경영향평가에 대한 의견에 반하는 처분을 하였다고 하여 그 처분이 위법하다고 할 수는 없고, 따라서 피고가 이 사건 사업에 관한 부정적인 의견을 회신하였음에도 내무부장관이 이 사건 변경처분을 한 것은 환경영향평가 협의내용을 제대로 반영하지 않은 것으로서 자연공원법령 및 환경영향평가법령에 위배한 하자가 있다는 취지의 원심 판단 부분은 그 설시과정이 다소 적절하지 않다고 보인다. 그러나 원심의 위와 같은 판단에는 역삼투공법에 의한 오·폐수처리시설을 설치한다 하더라도 이 사건 집단시설지구로부터 배출될 오·폐수의 수질을 이 사건 변경처분의 내용과 같이 BOD 1ppm 이하로 처리하는 것이 현실적으로 불가능하고, 그 오·폐수가 신월천 등에 방류될 경우 신월천 등 하천의 수질악화 등 환경오염의 가능성이 많으며, 이로 인하여 신월천 주변에 거주하는 주민인 원고들의 식수원이 오염되거나 농업용수의 피해 등으로 인하여 그들에게 이 사건 시설지구의 개발 전과 비교하여 사회통념상 수인한도를 넘는 생활이익의 침해를 초래할 우려가 있으며, 그럼에도 내무부장관이 이러한 환경적 위해발생을 충분히 고려하지 아니한 채 이 사건 변경처분을 한 것은, 재량권을 일탈 또는 남용한 행위로서 위법하다는 취지의 판단도 포함하고 있다고 보여지며, 기록에 비추어 살펴보면 원심의 위와 같은 인정과 판단은 결론에 있어 정당한 것으로 수긍이 가고, 거기에 상고이유에서 지적하는 바와 같은 자연공원법령과 환경영향평가법령에 관한 법리오해, 심리미진이나 이유불비, 이유모순 등의 위법이 없다. 이 점에 관한 상고이유의 주장도 모두 이유가 없다.

4. 행정소송법 제19조에 의하면 행정심판에 대한 재결에 대하여도 그 재결 자체에 고유한 위법이 있음을 이유로 하는 경우에는 항고소송을 제기하여 그 취소를 구할 수 있고, 여기에서 말하는 '재결 자체에 고유한 위법'이란 그 재결자체에 주체, 절차, 형식 또는 내용상의 위법이 있는 경우를 의미하는데, 행정심판청구가 부적법하지 않음에도 각하한 재결은 심판청구인의 실체심리를 받을 권리를 박탈한 것으로서 원처분에 없는 고유한 하자가 있는 경우에 해당하고, 따라서 위 재결은 취소소송의 대상이 된다고 할 것이다.

같은 취지에서 원심이, 이 사건 당초처분과 이 사건 변경처분의 경위 및 사유, 내용 등에 비추어 이 사건 변경처분이 취소된다 하더라도 이 사건 당초처분의 효력이 살아나게 된다고 볼 수는 없고, 또 내무부장관이 이미 공단이사장의 공원사업시행허가처분을 취소하는 재결을 하였다 하더라도 원고들에게는 이 사건 변경처분의 취소심판을 구할 법률상의 이익이 있다 할 것이며, 따라서 원고들의 심판청구가 부적법하다 하여 이를 각하한 내무부장관의 이 사건 재결에는 그 자체에 고유한 위법이 있는 경우에 해당한다고 판단한 조치는 정당한 것으로 수긍이 가고, 거기에 상고이유에서 지적하는 바와 같은 행정소송법 제19조 단서에 관한 법리오해 등의 위법이 없다. 이 점에 관한 상고이유의 주장 역시 이유가 없다.

5. 그러므로 상고를 모두 기각하고, 상고비용 중 보조참가로 인한 부분은 피고보조참가인의, 그 나머지 부분은 피고의 각 부담으로 하며, 원심판결 제1면 피고보조참가인 '속리산국립공원 용화집단시설지구지주조합'은 '속리산국립공원 용화온천집단시설지구지주조합'의 오기임이 명백하므로 민사소송법 제197조 제1항에 의하여 직권으로 이를 경정하기로 관여 법관의 의견이 일치되어 주문과 같이 판결한다.

대법관 이용우(재판장) 조무제 강신욱 이강국(주심)

[판례 14] 쓰레기소각장입지지역결정고시취소청구 (대법원 2005. 3. 11. 선고 2003두13489 판결) [쓰레기소각장입지지역결정고시 취소청구]

【판시사항】
폐기물처리시설 설치기관이 주변영향지역으로 지정·고시하지 아니한 경우, 폐기물소각시설의 부지경계

선으로부터 300m 밖에 거주하는 주민들이 폐기물소각시설의 입지지역을 결정·고시한 처분의 무효확인을 구할 원고적격을 인정받기 위한 요건

【판결요지】

구 폐기물처리시설설치촉진및주변지역지원등에관한법률(2002. 2. 4. 법률 제6656호로 개정되기 전의 것) 및 같은법시행령의 관계 규정의 취지는 처리능력이 1일 50t인 소각시설을 설치하는 사업으로 인하여 직접적이고 중대한 환경상의 침해를 받으리라고 예상되는 직접영향권 내에 있는 주민들이나 폐기물소각시설의 부지경계선으로부터 300m 이내의 간접영향권 내에 있는 주민들이 사업 시행 전과 비교하여 수인한도를 넘는 환경피해를 받지 아니하고 쾌적한 환경에서 생활할 수 있는 개별적인 이익까지도 이를 보호하려는 데에 있다 할 것이므로, 위 주민들이 소각시설입지지역결정·고시와 관련하여 갖는 위와 같은 환경상의 이익은 주민 개개인에 대하여 개별적으로 보호되는 직접적·구체적 이익으로서 그들에 대하여는 특단의 사정이 없는 한 환경상의 이익에 대한 침해 또는 침해우려가 있는 것으로 사실상 추정되어 폐기물 소각시설의 입지지역을 결정·고시한 처분의 무효확인을 구할 원고적격이 인정된다고 할 것이고, 한편 폐기물소각시설의 부지경계선으로부터 300m 밖에 거주하는 주민들도 위와 같은 소각시설 설치사업으로 인하여 사업 시행 전과 비교하여 수인한도를 넘는 환경피해를 받거나 받을 우려가 있음에도 폐기물처리시설 설치기관이 주변영향지역으로 지정·고시하지 않는 경우 같은 법 제17조 제3항 제2호 단서 규정에 따라 당해 폐기물처리시설의 설치·운영으로 인하여 환경상 이익에 대한 침해 또는 침해우려가 있다는 것을 입증함으로써 그 처분의 무효확인을 구할 원고적격을 인정받을 수 있다.

【참조조문】

구 폐기물처리시설설치촉진및주변지역지원등에관한법률(2002. 2. 4. 법률 제6656호로 개정되기 전의 것) 제17조 제1항, 제3항 제2호, 폐기물처리시설설치촉진및주변지역지원등에관한법률시행령 제20조, 행정소송법 제12조

【전 문】

【원고(선정당사자), 상고인】 원고(선정당사자)

【피고, 피상고인】 안성시장 (소송대리인 변호사 김동식)

【원심판결】 서울고법 2003. 10. 28. 선고 2002누16599 판결

【주 문】

상고를 기각한다. 상고비용은 원고(선정당사자)가 부담한다.

【이 유】

1. 원심판결 이유에 의하면 원심은, 피고가 2000. 11. 6. 안성시에서 발생하는 생활쓰레기를 처리하기 위한 쓰레기소각장 설치사업과 관련하여 구 폐기물처리시설설치촉진및주변지역지원등에관한법률(2002. 2. 4. 법률 제6656호로 개정되기 전의 것, 이하 '법'이라 한다) 제9조에 따라 쓰레기소각장 입지지역을 결정·고시하는 이 사건 처분을 한 사실을 인정한 다음, 이 사건 입지선정계획 공고 당시 입지선정기준이 누락되었거나 입지선정위원회 위원 중 주민대표 3명은 법의 규정에 따라 시의회가 선정한 사람도 아니므로 이 사건 처분에는 법에 규정된 절차를 위반한 하자가 있고 그 하자의 정도가 중대, 명백하여 당연무효임의 확인을 구한다는 원고(선정당사자, 이하 '원고'라고만 한다)의 주장에 대하여, 법 및 법시행령의 제반 규정의 취지, 목적과 폐기물처리시설 설치로 인하여 침해되는 이익의 내용, 성질, 태양 등을 종합하면, 이 사건 쓰레기 소각시설의 주변영향지역 내에 거주하는 주민들은 이 사건 처분의 효력을 다툴 원고적격이 있다 할 것이나, 법 및 법시행령에 이 사건 폐기물

처리시설의 주변영향지역 밖의 주민들의 환경상 이익이나 재산상 이익을 그들의 개별적, 직접적, 구체적 이익으로 보호하려는 내용 및 취지를 가지는 규정을 두고 있지 아니하므로, 다른 사정이 없는 한 이들에게는 위와 같은 이익 침해를 이유로 이 사건 처분의 효력을 다툴 원고적격이 있다고 할 수 없다는 것을 전제로, 법 제17조, 법시행령 제17조, 제20조의 각 규정에 의하면, 이 사건 쓰레기 소각장 처리시설의 주변영향지역은 위 시설의 부지경계선으로부터 300m 이내의 지역이므로 특별한 사정이 없는 한 피고의 이 사건 처분의 효력을 다툴 수 있는 원고적격을 가진 자는 위 지역에 거주하는 주민이라야 할 것인데, 위 시설의 부지경계선으로부터 300m 이내의 지역에 사람들이 거주하는 주거지가 형성되어 있지 아니하고, 원고가 위 지역에 거주하고 있지도 아니하므로, 이 사건 소는 원고적격이 없는 자에 의하여 제기된 소로서 부적법하다는 이유로 이를 각하하였다.

2. 법 및 법시행령의 관계 규정을 종합하면, 처리능력이 1일 50t인 소각시설을 설치·운영하고자 하는 환경부장관 또는 지방자치단체의 장(이하 '폐기물처리시설 설치기관'이라 한다)은 입지선정계획을 결정·공고하여야 하며(법 제9조 제1항), 폐기물처리시설 설치기관은 폐기물처리시설 설치계획이 공고된 날부터 대통령령이 정하는 기간 내에 당해 폐기물처리시설의 설치·운영으로 인하여 환경상 영향을 받게 되는 주변지역(이하 '주변영향지역'이라 한다)을 결정·고시하여야 하고(법 제17조 제1항), 주변영향지역은 직접영향권과 간접영향권으로 구분하는데, 직접영향권이란 대통령령이 정하는 바에 따라 구성된 주민지원협의체가 선정한 전문연구기관이 환경상 영향을 조사한 결과 인체·동물의 활동, 농·축산물, 임산물 또는 수산물에 직접적으로 환경상 영향을 미칠 것으로 예상되어 지역주민을 이주시킬 필요가 있다고 인정되는 지역이며(법 제17조 제3항 제1호), 간접영향권이란 폐기물소각시설의 부지경계선으로부터 300m 이내의 지역으로서 환경상 영향을 조사한 결과 환경상 영향이 미칠 것으로 예상되는 직접영향권 외의 지역을 의미한다고 할 것이지만, 다만 특히 필요하다고 인정되는 때에는 폐기물소각시설의 부지경계선으로부터 300m 밖의 지역도 포함시킬 수 있다고 할 것인바(법 제17조 제3항 제2호, 법시행령 제20조), 위와 같은 관계 규정의 취지는 처리능력이 1일 50t인 소각시설을 설치하는 사업으로 인하여 직접적이고 중대한 환경상의 침해를 받으리라고 예상되는 직접영향권 내에 있는 주민들이나 폐기물소각시설의 부지경계선으로부터 300m 이내의 간접영향권 내에 있는 주민들이 사업 시행 전과 비교하여 수인한도를 넘는 환경피해를 받지 아니하고 쾌적한 환경에서 생활할 수 있는 개별적인 이익까지도 이를 보호하려는 데에 있다 할 것이므로, 위 주민들이 소각시설입지지역결정·고시와 관련하여 갖는 위와 같은 환경상의 이익은 주민 개개인에 대하여 개별적으로 보호되는 직접적·구체적 이익으로서 그들에 대하여는 특단의 사정이 없는 한 환경상의 이익에 대한 침해 또는 침해우려가 있는 것으로 사실상 추정되어 원고적격이 인정된다고 할 것이고, 한편 폐기물소각시설의 부지경계선으로부터 300m 밖에 거주하는 주민들도 위와 같은 소각시설 설치사업으로 인하여 사업 시행 전과 비교하여 수인한도를 넘는 환경피해를 받거나 받을 우려가 있음에도 폐기물처리시설설치기관이 주변영향지역으로 지정·고시하지 않는 경우 법 제17조 제3항 제2호 단서 규정에 따라 당해 폐기물처리시설의 설치·운영으로 인하여 환경상 이익에 대한 침해 또는 침해우려가 있다는 것을 입증함으로써 원고적격을 인정받을 수 있다고 할 것이다.

위에서 본 법리를 기록에 비추어 살펴보면, 원고는 위 부지경계선으로부터 최소 900m 이상 떨어진 지역에 거주하는 자인 데다가 이 사건 폐기물처리시설의 부지와 원고가 거주하는 마을 사이에는 임야가 가로막고 있는 사실을 알 수 있고, 이 사건에서 원고가 위 폐기물처리시설의 설치·운영으로 인하여 환경상 이익에 대한 침해 또는 침해우려가 있다는 점을 입증하지 못하고 있으므로, 원고에게는 이 사건 처분의 무효확인을 구할 원고적격이 있다고 할 수 없을 것이다.

원심이 위 폐기물처리시설의 부지경계선으로부터 300m 이내의 지역에 사람들이 거주하는 주거지가 형성되어 있지 아니하고, 원고가 위 지역에 거주하고 있지도 아니한다는 이유만으로 원고에게 원고적격이 없다고 판단한 것은 잘못이라고 할 것이나 이 사건 소가 원고적격이 없는 자에 의하여 제기된 소로서 부적법하다고 본 결론은 정당하고, 거기에 판결 결과에 영향을 미친 위법이 있다고 할 수 없다.
3. 그러므로 상고를 기각하기로 하여 관여 대법관의 일치된 의견으로 주문과 같이 판결한다.

대법관   배기원(재판장) 유지담 이강국 김용담(주심)

[판례 15] 개발사업시행승인처분취소 (대법원 2009. 9. 24. 선고 2009두2825 판결) [개발사업시행승인처분 취소]

【판시사항】

[1] 행정처분의 근거 법규 등에 그 처분으로 환경상 침해를 받으리라고 예상되는 영향권의 범위가 구체적으로 규정된 경우, 행정처분의 직접 당사자가 아닌 그 영향권 내의 주민과 영향권 밖의 주민에게 행정처분의 취소 등을 구할 원고적격이 인정되기 위한 요건
[2] 행정처분의 근거 법규 등에 의하여 환경상 이익에 대한 침해 또는 침해 우려가 있는 것으로 사실상 추정되어 원고적격이 인정되는 사람의 범위
[3] 구 환경정책기본법 시행령 제7조 [별표 2]의 개발사업 부지에 대하여 구 국토의 계획 및 이용에 관한 법률 제36조 제1항에서 규정한 세부용도지역이 지정되지 않은 경우, 그 사업부지에 대한 사전환경성검토협의를 할지 여부를 결정하는 절차
[4] 행정청이 어느 법률관계나 사실관계에 대하여 어느 법률의 규정을 잘못 해석하여 행정처분을 한 경우, 그 하자가 중대하고 명백한지 여부를 판단하는 방법
[5] 행정청이 사전환경성검토협의를 거쳐야 할 대상사업에 관하여 법의 해석을 잘못한 나머지 세부용도지역이 지정되지 않은 개발사업 부지에 대하여 사전환경성검토협의를 할지 여부를 결정하는 절차를 생략한 채 승인 등의 처분을 한 사안에서, 그 하자가 객관적으로 명백하다고 할 수 없다고 한 사례

【판결요지】

[1] 행정처분의 직접 상대방이 아닌 자로서 그 처분에 의하여 자신의 환경상 이익이 침해받거나 침해받을 우려가 있다는 이유로 취소나 무효확인을 구하는 제3자는, 자신의 환경상 이익이 그 처분의 근거 법규 또는 관련 법규에 의하여 개별적·직접적·구체적으로 보호되는 이익, 즉 법률상 보호되는 이익임을 입증하여야 원고적격이 인정된다. 다만, 그 행정처분의 근거 법규 또는 관련 법규에 그 처분으로써 이루어지는 행위 등 사업으로 인하여 환경상 침해를 받으리라고 예상되는 영향권의 범위가 구체적으로 규정되어 있는 경우에는, 그 영향권 내의 주민들에 대하여는 당해 처분으로 인하여 직접적이고 중대한 환경피해를 입으리라고 예상할 수 있고, 이와 같은 환경상의 이익은 주민 개개인에 대하여 개별적으로 보호되는 직접적·구체적 이익으로서 그들에 대하여는 특단의 사정이 없는 한 환경상 이익에 대한 침해 또는 침해 우려가 있는 것으로 사실상 추정되어 법률상 보호되는 이익으로 인정됨으로써 원고적격이 인정되며, 그 영향권 밖의 주민들은 당해 처분으로 인하여

그 처분 전과 비교하여 수인한도를 넘는 환경피해를 받거나 받을 우려가 있다는 자신의 환경상 이익에 대한 침해 또는 침해 우려가 있음을 입증하여야만 법률상 보호되는 이익으로 인정되어 원고적격이 인정된다.

[2] 환경상 이익에 대한 침해 또는 침해 우려가 있는 것으로 사실상 추정되어 원고적격이 인정되는 사람에는 환경상 침해를 받으리라고 예상되는 영향권 내의 주민들을 비롯하여 그 영향권 내에서 농작물을 경작하는 등 현실적으로 환경상 이익을 향유하는 사람도 포함된다. 그러나 단지 그 영향권 내의 건물·토지를 소유하거나 환경상 이익을 일시적으로 향유하는 데 그치는 사람은 포함되지 않는다.

[3] 구 환경정책기본법 시행령(2006. 5. 30. 대통령령 제19497호로 개정되기 전의 것) 제7조 [별표 2]의 개발사업 부지에 대하여 구 국토의 계획 및 이용에 관한 법률(2004. 12. 31. 법률 제7297호로 개정되기 전의 것) 제36조 제1항에서 규정한 세부용도지역이 지정되지 아니한 경우, 관계행정기관의 장은 그 개발사업 부지의 이용실태 및 특성, 장래의 토지이용방향 등에 대한 구체적 조사 및 이에 기초한 평가 작업을 거쳐 그 개발사업 부지가 구 국토의 계획 및 이용에 관한 법률 제36조 제1항 중 어떠한 세부용도지역의 개념 정의에 부합하는지 여부를 가린 다음 이를 토대로 사전환경성검토협의를 할지 여부를 결정하여야 한다.

[4] 하자 있는 행정처분이 당연무효가 되기 위하여는 그 하자가 법규의 중요한 부분을 위반한 중대한 것으로서 객관적으로 명백한 것이어야 하며, 하자가 중대하고 명백한지 여부를 판별할 때에는 그 법규의 목적, 의미, 기능 등을 목적론적으로 고찰함과 동시에 구체적 사안 자체의 특수성에 관하여도 합리적으로 고찰함을 요한다. 행정청이 어느 법률관계나 사실관계에 대하여 어느 법률의 규정을 적용하여 행정처분을 한 경우에 그 법률관계나 사실관계에 대하여는 그 법률의 규정을 적용할 수 없다는 법리가 명백히 밝혀져 그 해석에 다툼의 여지가 없음에도 행정청이 위 규정을 적용하여 처분을 한 때에는 그 하자가 중대하고도 명백하다고 할 것이나, 그 법률관계나 사실관계에 대하여 그 법률의 규정을 적용할 수 없다는 법리가 명백히 밝혀지지 아니하여 그 해석에 다툼의 여지가 있는 때에는 행정관청이 이를 잘못 해석하여 행정처분을 하였더라도 이는 그 처분 요건사실을 오인한 것에 불과하여 그 하자가 명백하다고 할 수 없다.

[5] 행정청이 사전환경성검토협의를 거쳐야 할 대상사업에 관하여 법의 해석을 잘못한 나머지 세부용도지역이 지정되지 않은 개발사업 부지에 대하여 사전환경성검토협의를 할지 여부를 결정하는 절차를 생략한 채 승인 등의 처분을 한 사안에서, 그 하자가 객관적으로 명백하다고 할 수 없다고 한 사례.

【참조조문】

[1] 행정소송법 제12조, 제35조 [2] 행정소송법 제12조, 제35조 [3] 구 환경정책기본법(2005. 5. 31. 법률 제7561호로 개정되기 전의 것) 제25조 제4항, 구 환경정책기본법 시행령(2006. 5. 30. 대통령령 제19497호로 개정되기 전의 것) 제7조 [별표 2] [4] 행정소송법 제19조 [5] 행정소송법 제19조

【참조판례】

[1] 대법원 2006. 12. 22. 선고 2006두14001 판결(공2007상, 238)
[4] 대법원 2004. 10. 15. 선고 2002다68485 판결(공2004, 1807)

【전 문】

【원고, 피상고인】 원고 1외 15인 (소송대리인 법무법인 화우 담당변호사 이홍훈외 1인)

【피고, 상고인】 제주특별자치도지사 (소송대리인 법무법인 광장외 1인)
【원심판결】 광주고법 2009. 1. 8. 선고 2008누586 판결
【주 문】
원심판결을 모두 파기하고, 사건을 광주고등법원에 환송한다.
【이 유】
상고이유(상고이유서 제출기간이 지난 후에 제출된 상고이유보충서의 기재는 상고이유를 보충하는 범위 내에서)를 판단한다.

1. 상고이유 제1점

행정처분의 직접 상대방이 아닌 제3자라 하더라도 당해 행정처분으로 인하여 법률상 보호되는 이익을 침해당한 경우에는 그 처분의 취소나 무효확인을 구하는 행정소송을 제기하여 그 당부의 판단을 받을 자격이 있다 할 것이며, 여기에서 말하는 법률상 보호되는 이익이라 함은 당해 처분의 근거 법규 및 관련 법규에 의하여 보호되는 개별적·직접적·구체적 이익이 있는 경우를 말하고, 공익보호의 결과로 국민 일반이 공통적으로 가지는 일반적·간접적·추상적 이익이 생기는 경우에는 법률상 보호되는 이익이 있다고 할 수 없다. 따라서 행정처분의 직접 상대방이 아닌 자로서 그 처분에 의하여 자신의 환경상 이익이 침해받거나 침해받을 우려가 있다는 이유로 취소나 무효확인을 구하는 제3자는, 자신의 환경상 이익이 그 처분의 근거 법규 또는 관련 법규에 의하여 개별적·직접적·구체적으로 보호되는 이익, 즉 법률상 보호되는 이익임을 입증하여야 원고적격이 인정된다고 할 것이며, 다만 그 행정처분의 근거 법규 또는 관련 법규에 그 처분으로써 이루어지는 행위 등 사업으로 인하여 환경상 침해를 받으리라고 예상되는 영향권의 범위가 구체적으로 규정되어 있는 경우에는, 그 영향권 내의 주민들에 대하여는 당해 처분으로 인하여 직접적이고 중대한 환경피해를 입으리라고 예상할 수 있고, 이와 같은 환경상의 이익은 주민 개개인에 대하여 개별적으로 보호되는 직접적·구체적 이익으로서 그들에 대하여는 특단의 사정이 없는 한 환경상 이익에 대한 침해 또는 침해 우려가 있는 것으로 사실상 추정되어 법률상 보호되는 이익으로 인정됨으로써 원고적격이 인정된다고 할 것이며, 그 영향권 밖의 주민들은 당해 처분으로 인하여 그 처분 전과 비교하여 수인한도를 넘는 환경피해를 받거나 받을 우려가 있다는 자신의 환경상 이익에 대한 침해 또는 침해 우려가 있음을 입증하여야만 법률상 보호되는 이익으로 인정되어 원고적격이 인정된다고 볼 것이다(대법원 2006. 12. 22. 선고 2006두14001 판결 참조). 그리고 환경상 이익에 대한 침해 또는 침해 우려가 있는 것으로 사실상 추정되어 원고적격이 인정되는 자는 환경상 침해를 받으리라고 예상되는 영향권 내의 주민들을 비롯하여 그 영향권 내에서 농작물을 경작하는 등 현실적으로 환경상 이익을 향유하는 자도 포함된다고 할 것이나, 단지 그 영향권 내의 건물·토지를 소유하거나 환경상 이익을 일시적으로 향유하는 데 그치는 자는 포함되지 않는다고 할 것이다.

원심판결 이유를 기록에 비추어 살펴보면, 원심이 이 사건 개발사업의 사전환경성검토협의 대상지역의 범위는 이 사건 개발사업 부지 및 그 반경 1km 내지 1.2km 내의 주변지역으로 될 개연성이 크다고 판단한 것은 정당한 것으로 수긍할 수 있다. 그러나 원고 16은 그 거주지와 이 사건 개발사업 부지 사이에 표고 326.4m의 영주산이 있어 이 사건 사업부지 및 그 반경 1km 내지 1.2km 내에 거주하지 않고 다만 이 사건 개발사업 부지에 근접하여 방목장을 운영하는 것으로 보이고(을 제83호증), 나머지 원고들은 모두 이 사건 개발사업 부지 및 그 반경 1km 내지 1.2km 밖에 거주하면서 이 사건 개발사업 부지에 인접한 지역에 토지를 소유하고 있는 사실을 알 수 있으므로, 원심으로서는 위 법리에 따라 원고들이 현실적으로 환경상 이익을 향유하는 자에 해당하는지 여부를 심리하였

어야 한다.

그런데도 원심은 원고들이 이 사건 개발사업 부지에 인접한 지역에 토지를 소유하고 있다는 등의 사실만을 토대로 이 사건 처분의 무효확인 또는 취소를 구할 원고적격이 있다고 판단하고 말았으니, 원심판결에는 환경상 이익에 대한 침해 또는 침해 우려가 있음을 이유로 행정처분의 무효확인 또는 취소를 구하는 원고적격에 관한 법리를 오해한 나머지 필요한 심리를 다하지 아니한 위법이 있다고 할 것이다.

2. 상고이유 제2점

구 국토의 계획 및 이용에 관한 법률(2004. 12. 31 법률 제7297호로 개정되기 전의 것, 이하 같다)은 국토를 토지의 이용실태 및 ·특성, 장래의 토지이용방향 등을 고려하여, 인구와 산업이 밀집되어 있거나 밀집이 예상되어 당해 지역에 대하여 체계적인 개발·정비·관리·보전 등이 필요한 지역(도시지역), 도시지역의 인구와 산업을 수용하기 위하여 도시지역에 준하여 체계적으로 관리하거나 농림업의 진흥, 자연환경 또는 산림의 보전을 위하여 농림지역 또는 자연환경보전지역에 준하여 관리가 필요한 지역(관리지역), 도시지역에 속하지 아니하는 농지법에 의한 농업진흥지역 또는 산지관리법에 의한 보전산지 등으로서 농림업의 진흥과 산림의 보전을 위하여 필요한 지역(농림지역), 자연환경·수자원·해안·생태계·상수원 및 문화재의 보전과 수산자원의 보호·육성 등을 위하여 필요한 지역(자연환경보전지역)으로 구분하고(제6조), 관리지역은 다시 자연환경보호, 산림보호, 수질오염방지, 녹지공간 확보 및 생태계 보전 등을 위하여 보전이 필요하나, 주변의 용도지역과의 관계 등을 고려할 때 자연환경보전지역으로 지정하여 관리하기가 곤란한 지역(보전관리지역), 농업·임업·어업생산 등을 위하여 관리가 필요하나, 주변의 용도지역과의 관계 등을 고려할 때 농림지역으로 지정하여 관리하기가 곤란한 지역(생산관리지역), 도시지역으로의 편입이 예상되는 지역 또는 자연환경을 고려하여 제한적인 이용·개발을 하려는 지역으로서 계획적·체계적인 관리가 필요한 지역(계획관리지역)으로 세분하여 지정하도록 규정하고 있으며(제36조 제1항), 구 환경정책기본법(2005. 5. 31. 법률 제7561호로 개정되기 전의 것, 이하 같다) 제25조 제4항 및 동법 시행령 제7조 [별표 2]에 의하면, 구 국토의 계획 및 이용에 관한 법률 제6조의 규정에 의한 관리지역에서의 사업계획 면적이 보전관리지역 5,000㎡ 이상, 계획관리지역 10,000㎡ 이상인 경우 구 환경정책기본법 제25조 제1항에서 규정한 사전환경성검토협의를 하여야 한다고 규정하고 있다.

그런데 구 환경정책기본법 시행령 제7조 [별표 2]의 개발사업 부지에 대하여 구 국토의 계획 및 이용에 관한 법률 제36조 제1항에서 규정한 세부용도지역이 지정되지 아니한 경우, 관계행정기관의 장은 그 개발사업 부지의 이용실태 및 특성, 장래의 토지이용방향 등에 대한 구체적 조사 및 이에 기초한 평가 작업을 거쳐 그 개발사업 부지가 구 국토의 계획 및 이용에 관한 법률 제36조 제1항 중 어떠한 세부용도지역의 개념 정의에 부합하는지 여부를 가린 다음 이를 토대로 사전환경성검토협의를 할지 여부를 결정하여야 한다.

원심판결 이유를 기록에 비추어 살펴보면, 원심이, 이 사건 개발사업 부지는 ○○리 마을회의 소유 토지로서 오래전부터 마을 주민들이 공동으로 가축을 방목하고 억새를 채취하기 위한 초지로 사용하여 왔던 사실, 이 사건 개발사업 부지 인근 약 260만 평 상당의 토지 역시 유기농축산업에 이용되고 있는 농경지 또는 목초지이며, 주변에는 경관이 수려한 오름(기생화산)들이 산재해 있는 사실, 또한 이 사건 개발사업 부지 중 제6호기가 설치될 장소 부근에 천연기념물로 지정된 수산동굴이 발견되어 문화재청장은 이 사건 처분을 하기 전인 2005. 12. 14. 위 수산동굴을 천연기념물로 지정예고한 사실에 더하여, 사전환경성검토협의 제도의 목적과 환경은 한번 훼손되면 원상회복이 사실상 불가능하고 그 복원을 위한 시간과 비용이 엄청나게 소요되므로 사전예방환경정책수단으로서 사전환경성검토협의 제도의 중요성은 매우 높다 할 것이어서 사전환경성검토협의 대상사업을 폭넓게 해석할 필요성이 있는 점 등을 고려하면, 이 사건 개발사업 부지는 구 국토의 계획 및 이용에 관한 법률상의 '관리지역' 중 '보전관리지역'에 해당한다고 평가함이 타당하다고 판단한 것은, 위 법리에 따른 것으로 정당하고, 거기에 상고이유로 주장하는 법리오해 등의 위법이 없다.

그리고 이 사건 개발사업 부지가 '보전관리지역'에 해당한다는 원심의 판단이 정당한 이상, 이 사건 개발사업 부지의 면적에 관한 상고이유의 주장은 원심의 가정적 판단에 대한 주장으로 더 나아가 살펴볼 필요 없이 이유 없다.

3. 상고이유 제3점

하자 있는 행정처분이 당연무효가 되기 위하여는 그 하자가 법규의 중요한 부분을 위반한 중대한 것으로서 객관적으로 명백한 것이어야 하며, 하자가 중대하고 명백한지 여부를 판별함에 있어서는 그 법규의 목적, 의미, 기능 등을 목적론적으로 고찰함과 동시에 구체적 사안 자체의 특수성에 관하여도 합리적으로 고찰함을 요하는바, 행정청이 어느 법률관계나 사실관계에 대하여 어느 법률의 규정을 적용하여 행정처분을 한 경우에 그 법률관계나 사실관계에 대하여는 그 법률의 규정을 적용할 수 없다는 법리가 명백히 밝혀져 그 해석에 다툼의 여지가 없음에도 불구하고 행정청이 위 규정을 적용하여 처분을 한 때에는 그 하자가 중대하고도 명백하다고 할 것이나, 그 법률관계나 사실관계에 대하여 그 법률의 규정을 적용할 수 없다는 법리가 명백히 밝혀지지 아니하여 그 해석에 다툼의 여지가 있는 때에는 행정관청이 이를 잘못 해석하여 행정처분을 하였더라도 이는 그 처분 요건사실을 오인한 것에 불과하여 그 하자가 명백하다고 할 수 없는 것이다(대법원 2004. 10. 15. 선고 2002다68485 판결 등 참조).

구 환경정책기본법은 환경보전에 관한 국민의 권리·의무와 국가의 책무를 명확히 하고 환경정책의 기본이 되는 사항을 정하여 환경오염과 환경훼손을 예방하고 환경을 적정하게 관리·보전함으로써 모든 국민이 건강하고 쾌적한 삶을 누릴 수 있도록 함을 목적으로 하고(제1조), 환경의 질적인 향상과 그 보전을 통한 쾌적한 환경의 조성 및 이를 통한 인간과 환경 간의 조화와 균형의 유지는 국민의 건강과 문화적인 생활의 향유 및 국토의 보전과 항구적인 국가발전에 필수불가결한 요소임에 비추어 국가·지방자치단체·사업자 및 국민은 환경을 보다 양호한 상태로 유지·조성하도록 노력하고, 환경을 이용하는 모든 행위를 할 때에는 환경보전을 우선적으로 고려하며, 지구의 환경상 위해를 예방하기 위한 공동의 노력을 강구함으로써 현재의 국민으로 하여금 그 혜택을 널리 향유할 수 있게 함과 동시에 미래의 세대에게 계승될 수 있도록 함을 기본이념으로 하며(제2조), 이러한 입법 목적과 기본이념을 달성하기 위하여, 정부는 국민의 건강을 보호하고 쾌적한 환경을 조성하기 위하여 환경기준을 설정하여야 하며 환경여건의 변화에 따라 그 적정성이 유지되도록 하여야 하며(제10조 제1항), 관계행정기관의 장은 이러한 환경기준의 적정성 유지 및 자연환경의 보전을 위하여 환경에 영향을 미치는 행정계획을 수립·확정하거나 개발사업의 허가 등을 하고자 할 경우에는 당해 행정계획 및 개발사업의 확정·허가 등을 하기 전에 환경부장관 또는 지방환경관서의 장(이하 '협의기관의 장'이라 한다)과 환경영향의 검토에 관한 협의를 하여야 하고(제25조 제1항), 협의기관의 장으로부터 사전환경성검토협의 의견을 통보받은 관계행정기관의 장은 특별한 사유가 없는 한 이를 당해 행정계획 또는 개발사업에 반영하기 위하여 필요한 조치를 하여야 하며, 그 조치결과 또는 조치계획을 협의기관의 장에게 통보하여야 하고(제26조 제1항), 관계행정기관의 장은 사전환경성검토 협의절차가 완료되기 전에 개발사업에 대한 허가 등을 하여서는 아니되고, 협의기관의 장은 협의절차가 완료되기 전에 시행한 개발사업에 대하여는 관계행정기관의 장에게 공사중지 등 필요한 조치를 할 것을 요청할 수 있으며 이 경우 관계행정기관의 장은 특별한 사유가 없는 한 이에 응하여야 한다(제27

조)고 규정하고 있다.

이러한 구 환경정책기본법의 규정 취지는 대상사업이 환경을 해치지 아니하는 방법으로 시행되도록 함으로써 당해 사업과 관련된 환경공익을 보호하려는 데 그치는 것이 아니라, 당해 사업으로 인하여 직접적이고 중대한 환경피해를 입으리라고 예상되는 사전환경성검토협의 대상지역 내의 주민들이 전과 비교하여 수인한도를 넘는 환경침해를 받지 아니하고 쾌적한 환경에서 생활할 수 있는 개별적 이익까지도 보호하려는 데에 있다 할 것인데, 사전환경성검토협의를 거쳐야 할 대상사업에 대하여 사전환경성검토협의를 거치지 아니하였음에도 승인 등 처분이 이루어진다면 환경파괴를 미연에 방지하고 쾌적한 환경을 유지·조성하기 위하여 사전환경성검토협의 제도를 둔 입법 목적을 달성할 수 없게 되는 결과를 초래할 뿐만 아니라 사전환경성검토협의 대상지역 안의 주민들의 직접적이고 개별적인 이익을 근본적으로 침해하게 되므로, 이러한 행정처분의 하자는 법규의 중요한 부분을 위반한 중대한 것이라고 하지 않을 수 없다.

그러나 앞서 본 바와 같이 구 국토의 계획 및 이용에 관한 법률 제6조, 제36조 제1항에서 규정한 세부용도지역에 따라 사전환경성검토협의 대상이 되는 사업계획면적이 달리 규정되어 있는바, 소외 회사가 피고에게 제출한 개발사업시행승인신청서에는 이 사건 개발사업 부지가 6,418㎡로 기재되어 있어 이 사건 개발사업 부지의 세부용도지역 지정에 따라 사전환경성검토협의 대상 여부가 달라질 수 있었음에도, 이 사건 처분 당시 이 사건 개발사업 부지에 대하여 세부용도지역이 지정되지 않은 상태였고, 이러한 경우 피고로서는 이 사건 개발사업 부지의 이용실태 및 특성, 장래의 토지이용방향 등에 대한 구체적 조사 및 이에 기초한 평가 작업을 거쳐 이 사건 개발사업 부지가 어떠한 세부용도지역의 개념 정의에 부합하는지 여부를 가린 다음 이를 토대로 사전환경성검토협의 여부를 결정하여야 한다는 법리는 이 사건 처분이 있은 후에 비로소 이 사건 대법원판결에 의하여 선언되는 것이므로, 설령 피고가 법의 해석을 잘못한 나머지 이 사건 개발사업이 사전환경성검토협의 대상이 아니라고 보고 그 절차를 생략한 채 이 사건 처분을 하였다고 하더라도, 그 하자가 외형상 객관적으로 명백하다고 할 수는 없다.

따라서 이 사건 처분에 존재하는 위와 같은 하자만으로는 이 사건 처분이 당연무효라고 할 수 없음에도, 이와 달리 이 사건 처분이 당연무효임을 전제로 원고들의 주위적 청구를 인용한 원심판결에는 행정처분의 무효에 관한 법리를 오해하여 판결에 영향을 미친 위법이 있다고 할 것이다.

4. 결론

그러므로 원심판결을 모두 파기하고, 사건을 다시 심리·판단하게 하기 위하여 원심법원에 환송하기로 하여 관여 대법관의 일치된 의견으로 주문과 같이 판결한다.

대법관 신영철(재판장) 박시환 안대희(주심)

[판례 16] 공장설립승인처분취소 (대법원 2010. 4. 15. 선고 2007두16127 판결) [공장설립승인 취소]

【판시사항】

[1] 행정처분으로써 이루어지는 사업으로 환경상 침해를 받으리라고 예상되는 영향권의 범위가 그 처분의 근거 법규 등에 구체적으로 규정되어 있는 경우, 영향권 내의 주민에게 행정처분의 취소 등

을 구할 원고적격이 인정되는지 여부(원칙적 적극) 및 영향권 밖의 주민에게 원고적격이 인정되기 위한 요건
[2] 구 산업집적활성화 및 공장설립에 관한 법률 제8조 제4호, 구 국토의 계획 및 이용에 관한 법률 시행령 제56조 제1항 [별표 1] 제1호 (라)목 (2) 등의 규정 취지 및 수돗물을 공급받아 마시거나 이용하는 주민들이 환경상 이익의 침해를 이유로 공장설립승인처분의 취소 등을 구할 원고적격을 인정받기 위한 요건
[3] 김해시장이 낙동강에 합류하는 하천수 주변의 토지에 구 산업집적활성화 및 공장설립에 관한 법률 제13조에 따라 공장설립을 승인하는 처분을 한 사안에서, 공장설립으로 수질오염 등이 발생할 우려가 있는 취수장에서 물을 공급받는 부산광역시 또는 양산시에 거주하는 주민들도 위 처분의 근거 법규 및 관련 법규에 의하여 법률상 보호되는 이익이 침해되거나 침해될 우려가 있는 주민으로서 원고적격이 인정된다고 한 사례

【판결요지】

[1] 행정처분의 근거 법규 또는 관련 법규에 그 처분으로써 이루어지는 행위 등 사업으로 인하여 환경상 침해를 받으리라고 예상되는 영향권의 범위가 구체적으로 규정되어 있는 경우에는, 그 영향권 내의 주민들에 대하여는 당해 처분으로 인하여 직접적이고 중대한 환경피해를 입으리라고 예상할 수 있고, 이와 같은 환경상의 이익은 주민 개개인에 대하여 개별적으로 보호되는 직접적·구체적 이익으로서 그들에 대하여는 특단의 사정이 없는 한 환경상 이익에 대한 침해 또는 침해 우려가 있는 것으로 사실상 추정되어 법률상 보호되는 이익으로 인정됨으로써 원고적격이 인정되며, 그 영향권 밖의 주민들은 당해 처분으로 인하여 그 처분 전과 비교하여 수인한도를 넘는 환경피해를 받거나 받을 우려가 있다는 자신의 환경상 이익에 대한 침해 또는 침해 우려가 있음을 증명하여야만 법률상 보호되는 이익으로 인정되어 원고적격이 인정된다.

[2] 공장설립승인처분의 근거 법규 및 관련 법규인 구 산업집적활성화 및 공장설립에 관한 법률(2006. 3. 3. 법률 제7861호로 개정되기 전의 것) 제8조 제4호가 산업자원부장관으로 하여금 관계 중앙행정기관의 장과 협의하여 '환경오염을 일으킬 수 있는 공장의 입지제한에 관한 사항'을 정하여 고시하도록 규정하고 있고, 이에 따른 산업자원부 장관의 공장입지기준고시(제2004-98호) 제5조 제1호가 '상수원 등 용수이용에 현저한 영향을 미치는 지역의 상류'를 환경오염을 일으킬 수 있는 공장의 입지제한지역으로 정할 수 있다고 규정하고, 국토의 계획 및 이용에 관한 법률 제58조 제3항의 위임에 따른 구 국토의 계획 및 이용에 관한 법률 시행령(2006. 8. 17. 대통령령 제19647호로 개정되기 전의 것) 제56조 제1항 [별표 1] 제1호 (라)목 (2)가 '개발행위로 인하여 당해 지역 및 그 주변 지역에 수질오염에 의한 환경오염이 발생할 우려가 없을 것'을 개발사업의 허가기준으로 규정하고 있는 취지는, 공장설립승인처분과 그 후속절차에 따라 공장이 설립되어 가동됨으로써 그 배출수 등으로 인한 수질오염 등으로 직접적이고도 중대한 환경상 피해를 입을 것으로 예상되는 주민들이 환경상 침해를 받지 아니한 채 물을 마시거나 용수를 이용하며 쾌적하고 안전하게 생활할 수 있는 개별적 이익까지도 구체적·직접적으로 보호하려는 데 있다. 따라서 수돗물을 공급받아 이를 마시거나 이용하는 주민들로서는 위 근거 법규 및 관련 법규가 환경상 이익의 침해를 받지 않은 채 깨끗한 수돗물을 마시거나 이용할 수 있는 자신들의 생활환경상의 개별적 이익을 직접적·구체적으로 보호하고 있음을 증명하여 원고적격을 인정받을 수 있다.

[3] 김해시장이 소감천을 통해 낙동강에 합류하는 하천수 주변의 토지에 구 산업집적활성화 및 공장설립에 관한 법률 제13조에 따라 공장설립을 승인하는 처분을 한 사안에서, 상수원인 물금취수장이

소감천이 흘러 내려 낙동강 본류와 합류하는 지점 근처에 위치하고 있는 점, 수돗물은 수도관 등 급수시설에 의해 공급되는 것이어서 거주지역이 물금취수장으로부터 다소 떨어진 곳이라고 하더라도 수돗물의 수질악화 등으로 주민들이 갖게 되는 환경상 이익의 침해나 그 우려는 그 수돗물을 공급하는 취수시설이 입게 되는 수질오염 등의 피해나 그 우려와 동일하게 평가될 수 있는 점 등에 비추어, 공장설립으로 수질오염 등이 발생할 우려가 있는 물금취수장에서 취수된 물을 공급받는 부산광역시 또는 양산시에 거주하는 주민들도 위 처분의 근거 법규 및 관련 법규에 의하여 개별적·구체적·직접적으로 보호되는 환경상 이익, 즉 법률상 보호되는 이익이 침해되거나 침해될 우려가 있는 주민으로서 원고적격이 인정된다고 한 사례.

【참조조문】

[1] 행정소송법 제12조 [2] 행정소송법 제12조, 구 산업집적활성화 및 공장설립에 관한 법률(2006. 3. 3. 법률 제7861호로 개정되기 전의 것) 제8조 제4호, 국토의 계획 및 이용에 관한 법률 제58조 제3항, 구 국토의 계획 및 이용에 관한 법률 시행령(2006. 8. 17. 대통령령 제19647호로 개정되기 전의 것) 제56조 제1항 [별표 1] 제1호 (라)목 (2) [3] 행정소송법 제12조, 구 산업집적활성화 및 공장설립에 관한 법률(2006. 3. 3. 법률 제7861호로 개정되기 전의 것) 제8조 제4호, 국토의 계획 및 이용에 관한 법률 제58조 제3항, 구 국토의 계획 및 이용에 관한 법률 시행령(2006. 8. 17. 대통령령 제19647호로 개정되기 전의 것) 제56조 제1항 [별표 1] 제1호 (라)목 (2)

【참조판례】

[1] 대법원 2006. 3. 16. 선고 2006두330 전원합의체 판결(공2006상, 634)
대법원 2006. 12. 22. 선고 2006두14001 판결(공2007상, 238)
대법원 2007. 6. 1. 선고 2005두11500 판결
대법원 2009. 9. 24. 선고 2009두2825 판결(공2009하, 1770)

【전 문】

【원고, 상 고 인】 원고 1외 76인
【원고, 피상고인】 원고 78외 1인 (소송대리인 법무법인 신성외 3인)
【제3참가인】 부산광역시 (소송대리인 법무법인 바른외 1인)
【피고, 상고인 겸 피상고인】 김해시장 (소송대리인 법무법인 국제외 2인)
【피고보조참가인】 피고보조참가인 (소송대리인 변호사 전종호)
【원심판결】 부산고법 2007. 6. 29. 선고 2006누5540 판결

【주 문】

원심판결을 파기하고, 사건을 부산고등법원에 환송한다.

【이 유】

상고이유를 판단한다.

1. 원고 78, 79를 제외한 나머지 원고들(이하 '나머지 원고들'이라 한다)의 상고이유에 대한 판단

행정처분의 직접 상대방이 아닌 자로서 그 처분에 의하여 자신의 환경상 이익이 침해받거나 침해받을 우려가 있다는 이유로 취소소송을 제기하는 제3자는, 자신의 환경상 이익이 그 처분의 근거 법규 또는 관련 법규에 의하여 개별적·직접적·구체적으로 보호되는 이익, 즉 법률상 보호되는 이익임을 입증하여야 원고적격이 인정되고, 다만 그 행정처분의 근거 법규 또는 관련 법규에 그 처분으로써 이루어지는 행위 등 사업으로 인하여 환경상 침해를 받으리라고 예상되는 영향권의 범위가 구체

적으로 규정되어 있는 경우에는, 그 영향권 내의 주민들에 대하여는 당해 처분으로 인하여 직접적이고 중대한 환경피해를 입으리라고 예상할 수 있고, 이와 같은 환경상의 이익은 주민 개개인에 대하여 개별적으로 보호되는 직접적·구체적 이익으로서 그들에 대하여는 특단의 사정이 없는 한 환경상 이익에 대한 침해 또는 침해 우려가 있는 것으로 사실상 추정되어 법률상 보호되는 이익으로 인정됨으로써 원고적격이 인정되며, 그 영향권 밖의 주민들은 당해 처분으로 인하여 그 처분 전과 비교하여 수인한도를 넘는 환경피해를 받거나 받을 우려가 있다는 자신의 환경상 이익에 대한 침해 또는 침해 우려가 있음을 증명하여야만 법률상 보호되는 이익으로 인정되어 원고적격이 인정된다(대법원 2006. 3. 16. 선고 2006두330 전원합의체 판결, 대법원 2006. 12. 22. 선고 2006두14001 판결 등 참조).

이 사건 공장설립승인처분의 근거 법규 및 관련 법규인 구 산업집적활성화 및 공장설립에 관한 법률(2005. 8. 4. 법률 제7678호로 개정되어 2006. 8. 5. 시행되기 전의 것, 이하 '공장설립법'이라 한다) 제8조 제4호가 산업자원부장관으로 하여금 관계 중앙행정기관의 장과 협의하여 '환경오염을 일으킬 수 있는 공장의 입지제한에 관한 사항'을 정하여 고시하도록 규정하고 있고, 이에 따른 산업자원부 장관의 공장입지기준고시(제2004-98호) 제5조 제1호가 '상수원 등 용수이용에 현저한 영향을 미치는 지역의 상류'를 환경오염을 일으킬 수 있는 공장의 입지제한지역으로 정할 수 있다고 규정하고, 국토의 계획 및 이용에 관한 법률(이하 '국토계획법'이라 한다) 제58조 제3항의 위임에 따른 같은 법 시행령(2006. 8. 17. 대통령령 제19647호로 개정되기 전의 것, 이하 같다) 제56조 제1항 [별표 1] 제1호 (라)목 (2)가 '개발행위로 인하여 당해 지역 및 그 주변 지역에 수질오염에 의한 환경오염이 발생할 우려가 없을 것'을 개발사업의 허가기준으로 규정하고 있는 취지는, 공장설립승인처분과 그 후속절차에 따라 공장이 설립되어 가동됨으로써 그 배출수 등으로 인한 수질오염 등으로 직접적이고도 중대한 환경상 피해를 입을 것으로 예상되는 주민들이 환경상 침해를 받지 아니한 채 물을 마시거나 용수를 이용하며 쾌적하고 안전하게 생활할 수 있는 개별적 이익까지도 구체적·직접적으로 보호하려는 데 있다고 할 것이다. 따라서 수돗물을 공급받아 이를 마시거나 이용하는 주민들로서는 위 근거 법규 및 관련 법규가 환경상 이익의 침해를 받지 않은 채 깨끗한 수돗물을 마시거나 이용할 수 있는 자신들의 생활환경상의 개별적 이익을 직접적·구체적으로 보호하고 있음을 증명하여 원고적격을 인정받을 수 있다.

원심이 적법하게 채택한 증거와 기록에 의하여 알 수 있는 다음과 같은 사정들, 즉 이 사건 공장 설립 예정지인 김해시 상동면 매리 산 140-40 토지를 비롯한 그 일대 토지(이하 '이 사건 신청지'라 한다) 주변의 하천수는 소감천을 통해 낙동강에 합류하게 되는데, 상수원인 물금취수장은 소감천이 흘러 내려 낙동강 본류와 합류하는 지점에 근접하여 위치하고 있는 점, 이 사건 공장 설립에 따라 사전환경성검토협의를 위해 제출된 검토서에 물금취수장이 주요보호 대상시설물의 하나로 기재되어 있고, 이 사건 공장설립으로 인한 수질오염 등이 물금취수장에 미치는 영향이 분석되어 있는 점, 사전환경성검토협의를 한 낙동강유역환경청장은 이 사건 공장설립이 물금취수장에 미치는 영향 등을 이유로 '이 사건 신청지를 대상부지로 하는 공장설립은 바람직하지 않다'는 협의의견을 제시한 점 등을 종합하여 보면, 물금취수장은 이 사건 공장설립으로 인하여 그 근거 법규 및 관련 법규가 개별적·구체적·직접적인 환경상 이익으로서 보호하고 있는 '상수원 등 용수이용에 현저한 영향을 미치는 지역'이나 '수질오염에 의한 환경오염이 발생할 우려가 있는 개발행위의 주변 지역'에 위치한다고 볼 여지가 충분하고, 비록 나머지 원고들의 거주지역이 물금취수장으로부터 다소 떨어진 부산광역시 또는 양산시이기는 하나, 수돗물은 수도관 등 급수시설에 의해 공급되는 것이어서 수돗물을 공급받는 주민들이 가지게 되는 수돗물의 수질악화 등으로 인한 환경상 이익의 침해나 침해 우려는 그 거주지역에 불구하고 그 수돗물을 공급하는 취수시설이 입게 되는 수질오염 등의 피해나 피해 우려와 동일하게 평가될 수 있다고 할 것이다. 따라서 물금취수장에서 취수된 물을 수돗물로 공급받는 나머지 원고들로서는 이 사건 공장설립승인처분의 근거 법규 및 관련 법규에 의하여 개별적·구체적·직접적으로 보호되는 환경상 이익, 즉 법률상 보호되는 이익이 침해되거나 침해될 우려가 있는 주민으로서 원고적격이 인정될 수 있다고 할 것이다.

그럼에도 원심은, 나머지 원고들의 개별적·구체적 환경상 이익을 보호하고 있는 근거 법규나 관련 법규도 인정되지 아니할뿐더러 나머지 원고들이 이 사건 공장설립승인처분 전과 비교하여 수인한도를 넘는 건강상·환경상 이익을 침해받거나 침해받을 우려가 있다는 점을 증명하지 못하였다는 등의 이유로, 나머지 원고들의 원고적격을 부인하고 이 부분 소를 각하한 제1심 판결을 그대로 유지하였으니, 이러한 원심의 판단에는 원고적격에 관한 법리를 오해한 나머지 심리를 다하지 아니하여 판결 결과에 영향을 미친 위법이 있다고 할 것이다. 이를 지적하는 상고이유는 이유 있다.

2. 피고의 상고이유에 대한 판단

국토계획법 시행령 제71조 제1항 제19호 [별표 20] 제2호 (차)목은 계획관리지역 안에서 건축할 수 있는 건축물의 하나로 '「건축법 시행령」 [별표 1] 제13호의 공장 중 부지면적(2 이상의 공장을 함께 건축하거나 기존 공장부지에 접하여 건축하는 경우와 2 이상의 부지가 너비 8m 미만의 도로에 서로 접하는 경우에는 그 면적의 합계를 말한다)이 1만㎡ 이상인 것과 특별시장·광역시장·시장 또는 군수가 1만 5천㎡ 이상의 면적을 정하여 공장의 건축이 가능한 지역으로 고시한 지역 안에 입지하는 것으로서 다음의 1에 해당하지 아니하는 것'을 규정하고 있는바(관리지역 안에서 건축할 수 있는 건축물에 관하여 정하고 있는 국토계획법 시행령 [별표 27] 제2호 (차)목에서도 '[별표 20] 제2호 (차)목의 공장'이라고 규정하고 있어, 결국 계획관리지역이든 세분되기 이전의 관리지역이든 상관없이 위 [별표 20] 제2호 (차)목이 적용된다고 할 것이다), 위 규정의 내용 및 입법 취지 등에 비추어 보면, 특별시장·광역시장·시장 또는 군수가 1만 5천㎡ 이상의 면적을 정하여 공장의 건축이 가능한 지역으로 고시한 지역 안에 입지하여야 하는 입지상의 제한을 받는 공장은 그 부지면적이 1만㎡ 미만인 공장에 한하고, 부지면적이 1만㎡ 이상인 공장에 대하여는 그와 같은 입지상의 제한이 있다고 볼 수 없으며, 국토계획법 제76조 및 같은 법 시행령 제71조 제1항 제19호 [별표 20]의 규정에 의하여 조례로 정하도록 한 사항과 그 시행에 필요한 사항을 규정함을 목적으로 하고 있는 '김해시 공장건축가능지역 지정에 관한 조례'(2005. 6. 4. 시행, 이하 '이 사건 조례'라 한다)는 위와 같이 부지면적이 1만㎡ 미만인 공장에 대하여 그 건축이 가능한 지역을 고시함에 있어 필요한 사항을 정한 것에 불과하다고 할 것이다.

그런데 원심판결이유 및 기록에 의하면, 이 사건 각 공장은 그 부지면적(2 이상의 공장을 함께 건축하는 경우로서 그 면적의 합계)이 148,245㎡로서 위 [별표 20] 제2호 (차)목 소정의 부지면적이 1만㎡ 이상인 공장에 해당함을 알 수 있으므로, 이 사건 조례는 이 사건 공장설립승인처분에 대하여 적용될 여지가 없다고 할 것이다.

그럼에도 원심은, 이 사건 공장설립승인처분에 이 사건 조례가 적용된다고 보고 이 사건 공장설립승인처분이 이 사건 조례 제5조 제2항 제6호에 위배되어 위법하다고 판단하였으니, 이러한 원심의 판단에는 이 사건 조례의 적용범위에 관한 법리를 오해하여 판결결과에 영향을 미친 위법이 있다(이 사건 조례는 이 사건 공장설립승인처분의 근거 법규 및 관련 법규가 될 수 없으므로 원심이 이 사건 조례에 근거하여 위 원고들에게 원고적격이 인정된다고 판단한 것은 잘못이라고 하겠으나, 앞서 나머지 원고들에 대한 판단 부분에서 살펴본 바와 같이 공장설립법 및 국토계획법 등 근거 법규 및 관련 법규에 의하여 위 원고들의 원고적격이 인정될 수 있다고 할 것이므로, 원심이 위 원고들에게 원고적격이 인정된다고 본 결론에 있어서는 정당하다). 이 점을 지적하는 상고이유 역시 이유 있다.

3. 결론

그러므로 나머지 상고이유에 대한 판단을 생략한 채 원심판결을 파기하고, 사건을 다시 심리·판단하게 하기 위하여 원심법원에 환송하기로 하여 관여 대법관의 일치된 의견으로 주문과 같이 판결한다.

대법관   양승태(재판장) 김지형 전수안(주심) 양창수

☞ 대법원 2004. 12. 9. 선고 2003두12073 판결 135p 참조 [납골당허가처분무효확인]
☞ 대법원 2005. 5. 12. 선고 2004두14229 판결 696p 참조 [폐기물처리시설입지결정및고시처분 취소]
☞ 대법원 2006. 3. 16. 선고 2006두330 판결 200p 참조

다. 사전환경성검토와 관련한 원고적격

[판례 17] 공장설립승인처분취소 (대법원 2006. 12. 22. 선고 2006두14001 판결)

【판시사항】

[1] 행정처분의 직접 상대방이 아닌 제3자가 당해 행정처분의 취소나 무효확인을 구할 수 있는 요건으로서 '법률상 보호되는 이익'의 의미
[2] 행정처분의 직접 상대방이 아닌 자로서 그 처분에 의하여 환경상 침해를 받으리라고 예상되는 영향권 범위 내의 주민 및 그 영향권 밖의 주민이 처분의 취소를 구할 원고적격을 인정받기 위한 요건
[3] 연접개발이 사전환경성검토협의 대상사업에 해당하는 경우를 규정한 구 환경정책기본법 시행령 조항이 사업주체나 사업시기를 달리하는 경우에도 적용되는지 여부(적극)
[4] 환경정책기본법령상 사전환경성검토협의 대상지역 내에 포함될 개연성이 충분하다고 보이는 주민들에게 그 협의대상에 해당하는 창업사업계획승인처분과 공장설립승인처분의 취소를 구할 원고적격이 인정된다고 한 사례

【판결요지】

[1] 행정처분의 직접 상대방이 아닌 제3자라 하더라도 당해 행정처분으로 인하여 법률상 보호되는 이익을 침해당한 경우에는 그 처분의 취소나 무효확인을 구하는 행정소송을 제기하여 그 당부의 판단을 받을 자격이 있다 할 것이며, 여기에서 말하는 법률상 보호되는 이익이라 함은 당해 처분의 근거 법규 및 관련 법규에 의하여 보호되는 개별적·직접적·구체적 이익이 있는 경우를 말하고, 공익보호의 결과로 국민 일반이 공통적으로 가지는 일반적·간접적·추상적 이익이 생기는 경우에는 법률상 보호되는 이익이 있다고 할 수 없다.
[2] 행정처분의 직접 상대방이 아닌 자로서 그 처분에 의하여 자신의 환경상 이익이 침해받거나 침해받을 우려가 있다는 이유로 취소소송을 제기하는 제3자는, 자신의 환경상 이익이 그 처분의 근거 법규 또는 관련 법규에 의하여 개별적·직접적·구체적으로 보호되는 이익, 즉 법률상 보호되는 이익임을 입증하여야 원고적격이 인정되고, 다만 그 행정처분의 근거 법규 또는 관련 법규에 그 처분

으로써 이루어지는 행위 등 사업으로 인하여 환경상 침해를 받으리라고 예상되는 영향권의 범위가 구체적으로 규정되어 있는 경우에는, 그 영향권 내의 주민들에 대하여는 당해 처분으로 인하여 직접적이고 중대한 환경피해를 입으리라고 예상할 수 있고, 이와 같은 환경상의 이익은 주민 개개인에 대하여 개별적으로 보호되는 직접적·구체적 이익으로서 그들에 대하여는 특단의 사정이 없는 한 환경상 이익에 대한 침해 또는 침해 우려가 있는 것으로 사실상 추정되어 법률상 보호되는 이익으로 인정됨으로써 원고적격이 인정되며, 그 영향권 밖의 주민들은 당해 처분으로 인하여 그 처분 전과 비교하여 수인한도를 넘는 환경피해를 받거나 받을 우려가 있다는 자신의 환경상 이익에 대한 침해 또는 침해 우려가 있음을 증명하여야만 법률상 보호되는 이익으로 인정되어 원고적격이 인정된다.

[3] 구 환경정책기본법(2005. 5. 31. 법률 제7561호로 개정되기 전의 것) 제25조 제1항 및 제4항과 같은 법 시행령(2005. 1. 31. 대통령령 제18693호로 개정되기 전의 것) 제7조 제1항 [별표 2] '사전환경성검토대상 및 협의요청시기'의 2. 가. (2)항 및 비고 제7항 등 관계 규정에 의하면, 사전환경성검토협의 대상면적 미만으로 이미 허가를 받은 개발사업지역과 연접한 지역에 추가로 개발사업을 하고자 하는 연접개발이 사전환경성검토협의 대상사업에 해당하는지 여부를 판단함에 있어서, 위 연접개발에 관하여 규정한 위 비고 제7항은 사업주체가 동일한 경우는 물론 사업주체나 사업시기를 달리하는 경우에도 그 적용이 있다고 해석함이 상당하다.

[4] 환경정책기본법령상 사전환경성검토협의 대상지역 내에 포함될 개연성이 충분하다고 보이는 주민들에게 그 협의대상에 해당하는 창업사업계획승인처분과 공장설립승인처분의 취소를 구할 원고적격이 인정된다고 한 사례.

【참조조문】

[1] 행정소송법 제1조[행정처분일반], 제12조, 제35조 [2] 행정소송법 제1조[행정처분일반], 제12조, 제35조 [3] 구 환경정책기본법(2005. 5. 31. 법률 제7561호로 개정되기 전의 것) 제25조, 구 환경정책기본법 시행령(2005. 1. 31. 대통령령 제18693호로 개정되기 전의 것) 제7조 제1항 [별표 2] [4] 구 환경정책기본법(2005. 5. 31. 법률 제7561호로 개정되기 전의 것) 제25조, 구 환경정책기본법 시행령(2005. 1. 31. 대통령령 제18693호로 개정되기 전의 것) 제7조 제1항 [별표 2], 행정소송법 제12조

【참조판례】

[1] 대법원 1995. 6. 30. 선고 94누14230 판결(공1995하, 2626)
대법원 2006. 3. 16. 선고 2006두330 전원합의체 판결(공2006상, 634)
대법원 2006. 7. 28. 선고 2004두6716 판결(공2006하, 1540)
[2] 대법원 1998. 9. 22. 선고 97누19571 판결(공1998하, 2589)
대법원 1998. 10. 20. 선고 97누5503 판결
대법원 2001. 7. 27. 선고 99두2970 판결(공2001하, 1967)
대법원 2005. 3. 11. 선고 2003두13489 판결(공2005상, 596)
대법원 2006. 3. 16. 선고 2006두330 전원합의체 판결(공2006상, 634)
[3] 대법원 1994. 9. 9. 선고 94누2459 판결(공1994하, 2650)
대법원 1999. 12. 10. 선고 98두2881 판결(공2000상, 204)
대법원 2006. 11. 23. 선고 2006두13954 판결(공2007상, 65)

【전 문】

【원고, 상고인】 원고 1 외 2인 (소송대리인 변호사 박태현외 1인)
【피고, 피상고인】 광주시장
【피고 보조참가인】 피고 보조참가인 1 외 4인 (소송대리인 법무법인 화우 담당변호사 양삼승외 2인)
【원심판결】 서울고법 2006. 7. 25. 선고 2005누20445 판결

【주 문】

원심판결 중 피고 보조참가인 4에 대한 창업사업계획승인처분을 제외한 나머지 부분을 파기하고, 이 부분 사건을 서울고등법원에 환송한다. 원고들의 나머지 상고를 모두 기각한다. 상고기각 부분의 상고비용은 피고 보조참가로 인한 부분을 포함하여 원고들의 부담으로 한다.

【이 유】

상고이유(상고이유서 제출기간이 경과한 후에 제출된 상고이유보충서의 기재는 상고이유를 보충하는 범위 내에서)를 본다.

1. 이 사건 소의 적법 여부에 관하여

    가. 행정처분의 직접 상대방이 아닌 제3자라 하더라도 당해 행정처분으로 인하여 법률상 보호되는 이익을 침해당한 경우에는 그 처분의 취소나 무효확인을 구하는 행정소송을 제기하여 그 당부의 판단을 받을 자격이 있다 할 것이며, 여기에서 말하는 법률상 보호되는 이익이라 함은 당해 처분의 근거 법규 및 관련 법규에 의하여 보호되는 개별적·직접적·구체적 이익이 있는 경우를 말하고, 공익보호의 결과로 국민 일반이 공통적으로 가지는 일반적·간접적·추상적 이익이 생기는 경우에는 법률상 보호되는 이익이 있다고 할 수 없다(대법원 2006. 3. 16. 선고 2006두330 전원합의체 판결, 2006. 7. 28. 선고 2004두6716 판결 등 참조).

    따라서 행정처분의 직접 상대방이 아닌 자로서 그 처분에 의하여 자신의 환경상 이익이 침해받거나 침해받을 우려가 있다는 이유로 취소소송을 제기하는 제3자는, 자신의 환경상 이익이 그 처분의 근거 법규 또는 관련 법규에 의하여 개별적·직접적·구체적으로 보호되는 이익, 즉 법률상 보호되는 이익임을 입증하여야 원고적격이 인정된다고 할 것이며, 다만 그 행정처분의 근거 법규 또는 관련 법규에 그 처분으로써 이루어지는 행위 등 사업으로 인하여 환경상 침해를 받으리라고 예상되는 영향권의 범위가 구체적으로 규정되어 있는 경우에는, 그 영향권 내의 주민들에 대하여는 당해 처분으로 인하여 직접적이고 중대한 환경피해를 입으리라고 예상할 수 있고, 이와 같은 환경상의 이익은 주민 개개인에 대하여 개별적으로 보호되는 직접적·구체적 이익으로서 그들에 대하여는 특단의 사정이 없는 한 환경상 이익에 대한 침해 또는 침해 우려가 있는 것으로 사실상 추정되어 법률상 보호되는 이익으로 인정됨으로써 원고적격이 인정된다고 할 것이며, 그 영향권 밖의 주민들은 당해 처분으로 인하여 그 처분 전과 비교하여 수인한도를 넘는 환경피해를 받거나 받을 우려가 있다는 자신의 환경상 이익에 대한 침해 또는 침해 우려가 있음을 입증하여야만 법률상 보호되는 이익으로 인정되어 원고적격이 인정된다고 볼 것이다(대법원 2005. 3. 11. 선고 2003두13489 판결, 2006. 3. 16. 선고 2006두330 전원합의체 판결 등 참조).

    나. 구 환경정책기본법(2005. 5. 31. 법률 제7561호로 개정되기 전의 것, 이하 같음) 제25조 제1항 및 제4항과 같은 법 시행령(2005. 1. 31. 대통령령 제18693호로 개정되기 전의 것, 이하 같음) 제7조 제1항 [별표 2] '사전환경성검토대상 및 협의요청시기'의 2. 가. (2)항 및 비고 제7항 등 관계 규정에 의하면, 관계 행정기관의 장은 환경기준의 적정성 유지 및 자연환경의 보전을 위하여 환경에 영향을 미치는 행정계획을 수립·확정하거나 개발사업의 허가 등을 하고자 할 경우에는 환경악화의 예방 및 그 요인의 제거, 환경오염지역의 원상회복 등의 사항에 관하여 당해 행정계

획 및 개발사업의 확정·허가 등을 하기 전에 환경부장관 또는 지방환경관서의 장과 환경영향의 검토에 관한 협의(이하 '사전환경성검토협의'라고 함)를 하여야 하고, 국토의 계획 및 이용에 관한 법률 제6조 제3호의 규정에 의한 농림지역에서의 사업계획 면적이 7,500㎡ 이상인 개발사업은 그 사전환경성검토협의 대상사업의 하나인데, 다만 사전환경성검토협의 대상면적 미만으로 이미 허가를 받은 개발사업지역과 연접한 지역에 추가로 개발사업을 하고자 하는 경우(이하 '연접개발'이라고 함) 그 추가개발사업의 허가를 신청하는 날을 기준으로 최근 10년 이내에 이미 허가를 받은 개발사업면적과 당해 허가를 신청한 사업계획면적의 합이, ① 허가를 받아 추가로 개발하고자 하는 사업계획면적이 최소 사전환경성검토협의대상면적의 30% 이상이고 이미 허가를 받은 개발사업면적과의 합이 최소 사전환경성검토협의 대상면적 이상이 되는 때, ② 허가를 받아 추가로 개발하고자 하는 사업계획면적과 이미 허가를 받은 개발사업면적의 합이 최소 사전환경성검토협의 대상면적의 130% 이상이 되는 때에는 추가로 개발하고자 하는 사업 역시 사전환경성검토협의대상에 포함된다.

그런데 위 연접개발의 사전환경성검토협의 대상사업 해당 여부와 관련하여 기존 개발사업과 추가개발사업 사이에 그 사업주체나 사업시기가 동일한 경우에만 협의 대상사업에 해당한다고 볼 수 있는지에 관하여 살펴보면, 법문의 문리적 해석상 반드시 동일 사업자가 추가로 허가를 받아 개발하는 경우에 한정하여 적용된다고 해석할 근거가 없는 점, '사전환경성검토협의' 제도는 '환경기준의 적정성 유지' 및 '자연환경의 보전' 등을 위하여 환경에 영향을 미치는 행정계획 및 개발사업을 그 대상으로 하고 있는 점, 연접개발의 경우를 규정한 위 비고 제7항은 소규모 개발사업의 누적적 환경영향의 발생에 대비한 사전 검토, 즉 개별 단위사업이 사전환경성검토협의 대상사업이 아니라 하더라도 각 사업이 한 곳에 집중하게 되면 총량적·누적적으로 그 지역의 환경용량을 초과하여 환경에 악영향을 초래할 우려가 있다면 이를 사전에 검토하여 그 불합리를 방지하고자 함에 그 취지가 있는 것으로 보이므로, 사업주체가 동일인인 경우에 한정하여 이를 적용한다면 그 규범적 실효성이 크게 떨어질 것으로 예상되는 점 등의 각 사정에 비추어 볼 때, 위 연접개발에 관하여 규정한 비고 제7항은 사업주체가 동일한 경우는 물론 사업주체나 사업시기를 달리하는 경우에도 그 적용이 있다고 해석함이 상당하다(대법원 1999. 12. 10. 선고 98두2881 판결, 2005. 10. 27. 선고 2005두7600 판결, 2006. 11. 23. 선고 2006두13954 판결 등 참조).

다. 기록에 의하면, 원고들은 광주시 (주소 생략)에 거주하는 주민들인 사실, 피고 보조참가인(이하 '참가인'이라고 함) 5인은 플라스틱 필름, 매트리스 보호재, 과일망, 파이프커버, 아스팔트 방수재, 식품 포장재 등의 제조 및 포장지 인쇄 등을 대상 업종으로 하는 플라스틱 필름·시트 및 판 제조업, 플라스틱 발포·성형제품 제조업, 아스팔트 성형제품 제조업, 플라스틱 봉투 제조업, 기타 인쇄업 등을 영위하기 위한 공장을 설립하고자 2002. 11. 16.부터 2004. 7. 6. 사이에 각자 같은 동 산 219의 3, 4, 23 내지 25 등 서로 연접하여 있는 각 임야(이하 '이 사건 각 임야'라고 함)의 소유권 또는 사용권을 취득한 후, 피고에 대하여 중소기업창업지원법에 의한 창업사업계획승인신청 또는 산업집적활성화 및 공장설립에 관한 법률에 의한 공장설립승인신청을 하였고, 이에 피고는 2003. 10. 2. 피고 보조참가인 4에 대하여, 2003. 12. 5. 피고 보조참가인 3에 대하여, 2004. 1. 28. 피고 보조참가인 5에 대하여 각 창업사업계획승인처분을, 2004. 6. 2. 피고 보조참가인 2에 대하여, 2004. 8. 6. 피고 보조참가인 1에 대하여 각 공장설립승인처분(이하 '이 사건 각 처분'이라 하는 한편, 시간 순서대로 '1 내지 5 처분'이라고 함)을 한 사실, 한편 참가인들의 각 공장 설립은 국토의 계획 및 이용에 관한 법률 제6조 제3호의 규정에 의한 농림지역에서의 개발사업에 해당하는데, 농림지역 내의 보전임지(생산)에 속하는 이 사건 각 임야 중 참가인들의 사업계획면적은 합계 31,006㎡에 이르나 각자의 면적은 1 처분(피고 보조참가인 4)의 경우 7,400㎡, 2 처분(피고 보조참가인 3)의 경우 7,047㎡, 3 처분(피고 보조참가인 5)의 경우 6,640㎡, 4 처분(피고 보조참가인 2)의 경우 3,300㎡, 5 처분(피고 보조참가인 1)의 경우 6,619㎡인 사실을 알 수 있다.

위 인정 사실과 이 사건 각 처분의 경위를 앞서 본 연접개발의 경우의 사전환경성검토협의에 관한 법리에 비추어 보면, 이 사건 각 처분으로 인한 참가인들의 공장 설립에 있어서 각 사업계획면적은 모두 구 환경정책기본법 시행령 [별표 2]의 사전환경성검토협의 최소 대상면적인 7,500㎡ 미만으로서 사전환경성검토협의 대상사업에 해당하지 아니한다고 할 것이나, 그 중 1 처분을 제외한 2 내지 5 처분의 경우는 모두 위 비고 제7항의 요건을 충족하는 연접개발에 해당함이 분명하므로 위 2 내지 5 처분에 의한 공장의 설립과 관련된 개발사업은 사전환경성검토협의 대상이라고 보아야 할 것이다.

나아가, 기록에 의하면 원고들이 거주하는 ○○아파트의 부지와 이 사건 각 임야의 경계를 기준으로 가장 가까운 거리는 71m에 불과하고, 실제 공장시설과 가장 근접한 ○○아파트 제104동의 각 직선거리 및 사거리 역시 최소 144m 내지 최대 301m에 불과한 사실 또한 알 수 있으므로, 비록 피고 주장의 반대 사정, 즉, 각 공장 부지에서 ○○아파트가 육안으로 보이지 아니하는 점, 공장 부지가 아파트 바로 위쪽이 아닌 다른 능선 쪽에 위치하고 있는 점, 피고 시내에 참가인들의 공장과 같은 동종업체가 다수 있는 점 등의 사정을 참작한다 하더라도, 위와 같은 지형적 사실에 앞에서 살핀 참가인들의 각 공장 업종, 그리고 최근 이루어지고 있는 사전환경성검토협의 대상지역의 통상적 범위 등의 사정을 더하여 보면, 원고들이 거주하는 ○○아파트는 사전환경성검토협의 대상지역 내에 포함될 개연성이 충분하다고 할 것이다.

그렇다면 위 사전환경성검토협의 대상지역 내에 포함될 개연성이 충분하다고 보이는 주민들인 원고들에 대하여는 그 환경상 이익에 대한 침해 또는 침해 우려가 있는 것으로 추정할 수 있고 이는 법률상 보호되는 이익에 해당한다고 해석함이 상당하다.

라. 그러므로 원고들로서는 이 사건 각 처분 중 2 내지 5 처분의 취소를 구할 원고적격을 보유한다고 할 것인데, 원심은 이와 달리 원고들에게 이 사건 각 처분 전부에 관하여 그 취소를 구할 원고적격이 없다고 판단함으로써 이 사건 소를 부적법하다는 이유로 모두 각하하였으니, 원심의 판단 중 2 내지 5 처분에 관하여는 제3자의 원고적격에 관한 법리를 오해하여 판결에 영향을 미친 위법이 있는 것이다. 이 점에 관한 원고들의 상고논지는 이유 있다.

한편, 이 사건 각 처분 중 1 처분에 관하여 보면, 이에 의한 공장의 설립은 사전환경성검토협의 대상사업이 아닐 뿐 아니라 기록상 1 처분으로 인하여 원고들이 그 처분 전과 비교하여 수인한도를 넘는 환경침해를 받거나 받을 우려가 있다는 점을 인정할 만한 증거가 부족하므로, 같은 취지로 1 처분에 관하여 원고들에게 그 처분의 취소를 구할 원고적격을 인정할 수 없다고 본 원심의 판단에는 사실을 오인하거나 사전환경성검토협의 대상지역 및 원고적격 등에 관한 법리를 오해하는 등의 위법이 없다고 할 것이다. 이 부분에 관한 원고들의 상고논지는 이유 없다.

2. 결론

그러므로 원심판결 중 피고 보조참가인 4에 대한 1 처분을 제외한 나머지 부분에 관하여는 다른 상고이유에 관하여 더 판단할 필요 없이 이를 파기하고, 이 부분 사건을 다시 심리·판단하게 하기 위하여 원심법원에 환송하기로 하며, 위 1 처분에 관하여는 원고들의 상고를 모두 기각하고, 이 부분 상고비용은 패소자들이 부담하는 것으로 하여 관여 대법관의 일치된 의견으로 주문과 같이 판결한다.

대법관   김능환(재판장) 김용담 박시환(주심) 박일환

3. 사전환경성검토상의 하자

가. 실체적 하자

☞ 대법원 2001. 7. 27. 산거 99두2970 판결 732p 참조 (용화온천 사건)
☞ 대법원 1998. 9. 22. 선고 97누19571 판결 728p 참조 (경부고속철도 서울차량기지 정비창 건설사업 사건)
☞ 대법원 2001. 6. 29. 선고 99두9902 판결 785p 참조 (경부고속철도 서울차량기지 정비창 건설사업 사건)
☞ 대법원 2006. 3. 16. 선고 2006두330 판결 200p 참조 (새만금 사건)

[사례 1] 명지대교 사건 : 부산고법 2006. 6. 19. 선고 2006라64 판결

이 사건 사전환경성검토서 및 환경영향평가서에는 신청인들이 주장하는 바와 같은 몇가지 오류가 있음은 사실이나, 환경영향평가의 내용이 다소 부실하다 하더라도, 그 부실의 정도가 환경영향평가제도를 둔 입법 취지를 달성할 수 없을 정도이어서 환경영향평가를 하지 아니한 것과 다를 바 없는 정도의 것이 아닌 이상, 그 부실은 당해 승인 등 처분에 재량권 일탈·남용의 위법이 있는지 여부를 판단하는 하나의 요소로 됨에 그칠 뿐, 그 부실로 인하여 당연히 당해 승인 등 처분이 위법하게 되는 것이 아닌바(대법원 2001. 6. 29. 선고 99두9902 판결 등 참조). 이 사건 사전환경성검토협의 과정, 낙동강유역환경청의 의견 및 그에 따른 조치, 환경영향평가서의 작성, 보완 및 낙동강유역 환경청의 협의의견, 명지대교 노선의 변경 경과 등을 보건대, 사전환경성검토서, 환경영향평가서 등의 내용이 환경정책기본법 및 관련법령의 입법취지를 달성할 수 없을 정도로 심히 부당하다고 보기 어려우므로, 이 부분 신청인들의 주장도 이유없다.

나. 절차적 하자

[사례 2] 협의의 성질 : 대법원 2000. 10. 13. 선고 99두653

택지개발촉진법(1999. 1. 25. 법률 제5688호로 개정되기 전의 것)에 의하면, 택지개발은 택지개발예정지구의 지정(제3조), 택지개발계획의 승인(제8조), 이에 기한 수용재결 등의 순서로 이루어지는바, 위 각 행위는 각각 단계적으로 별개의 법률효과가 발생되는 독립한 행정처분이어서 선행처분에 불가쟁력이 생겨 그 효력을 다툴 수 없게 된 경우에는 선행처분에 위법사유가 있다고 할지라도 그것이 당연무효의 사유가 아닌 한 선행처분의 하자가 후행처분에 승계되는 것은 아니라고 할 것인데, 같은 법 제3

조에서 건설부장관이 택지개발예정지구를 지정함에 있어 미리 관계중앙행정기관의 장과 협의를 하라고 규정한 의미는 그의 자문을 구하라는 것이지 그 의견을 따라 처분을 하라는 의미는 아니라 할 것이므로 이러한 협의를 거치지 아니하였다고 하더라도 이는 위 지정처분을 취소할 수 있는 원인이 되는 하자 정도에 불과하고 위 지정처분이 당연무효가 되는 하자에 해당하는 것은 아니다.

[사례 3] 사전환경성검토절차의 하자 : 서울행정법원 2003. 12. 24. 선고 2003구합30071

이 사건 인가처분은 그 처분을 하기 전에 피고가 관할지방환경청장과 관할부대장과 환경정책기본법과 군사시설보호법에 정하여진 사전환경성검토협의 절차와 군사시설보호구역 안이 행정청 허가에 관한 관할부대의 협의 절차를 제대로 거치지 못한 것이라고 보여진다. 그리고 ① 환경정책기본법상 사전환경성검토협의를 거치도록 하고 있다는 것은 개발사업에 따른 환경오염과 환경훼손을 예방하고 환경을 적정하게 관리·보전한다는 취지로 마련되었다고 할 것인데(환경정책기본법 제1조 참조), 피고는 사전환경성검토협의를 전혀 거치지 아니하였다면 환경정책기본법 제27조 제1항에 따라, 인가를 하여서는 아니 될 이 사건 인가처분을 하여 위 조항의 규정을 명시적으로 어겼다는 점, ② 사전환경성검토협의절차를 마치기 전에 시행한 개발사업에 대하여 관할 지방환경청장은 공사중지 등 필요한 조치를 할 것을 요청할 수 있고, 이 경우 관계행정기관의 장은 특별한 사유가 없는 한 이에 응하여야 한다는 환경정책기본법 제27조 제2항의 규정 내용, (…) 등을 모두 감안하여 보면, 피고가 이 사건 인가처분을 하기 전에 필요한 관련행정청이 협의를 얻지 못한 잘못은 단순한 절차 흠결이 아니라 이 사건 인가처분을 위법하게 하는 하자라고 보지 아니할 수 없다. 따라서 이사건 인가처분은 위법하여 취소되어야 한다.

다. 실효성 확보수단의 미흡

[판례 18] 토지수용재결처분취소 (대법원 2000. 10. 13. 선고 99두653 판결)

【판시사항】

[1] 구 전통사찰보존법 제6조 제1항 소정의 '문화체육부장관의 허가를 요하는 주지의 처분행위'에 공용수용으로 인한 경내지 등 사찰재산의 소유권이전이 포함되는지 여부(소극)

[2] 건설부장관이 관계 중앙행정기관의 장과 협의를 거치지 아니하고 택지개발예정지구를 지정한 경우, 위 지정처분이 당연무효인지 여부(소극)

【판결요지】

[1] 구 전통사찰보존법(1997. 4. 10. 법률 제5320호로 개정되기 전의 것) 제6조 제1항 제2호, 제5항, 같은법시행령(1997. 10. 2. 대통령령 제15493호로 개정되기 전의 것) 제3조 제1항, 제7조 제2항 등의 관련 규정에 의하면, 전통사찰의 경내지 안에 있는 당해 사찰 소유의 부동산을 대여, 양도 또는 담보로 제공하는 처분행위를 함에 있어서는 반드시 주무부장관인 문화체육부장관의 허가를 받도록 하고 이러한 허가를 받지 아니하고 한 처분행위는 무효인 것으로 규정하고 있는바, 위 관련 규정의 문언에 비추어 볼 때 그 주된 취지는 경내지 등 전통사찰 재산의 소유권이 변동되는 모든

경우에 언제나 문화체육부장관의 허가를 받도록 하겠다는 데에 있는 것이 아니라 전통사찰의 주지가 함부로 경내지 등의 사찰재산을 처분하는 행위에 의하여 사찰재산이 산일(산일)되는 것을 방지하겠다는 데에 있다 할 것이어서, 공용수용은 국가 또는 지방자치단체 등이 공공사업의 시행을 위하여 관련 법령에 의하여 사인의 재산권을 강제로 취득하고 그에 대하여 손실보상을 하는 것이므로 공용수용으로 인한 경내지 등 사찰재산의 소유권 변동은 전통사찰 주지의 처분행위에 의한 것이 아님이 명백하므로, 같은 법 제6조 제1항에 규정된 문화체육부장관의 허가를 요하는 주지의 처분행위에 공용수용으로 인한 경내지 등 사찰재산의 소유권이전은 포함되지 않는다.

[2] 구 택지개발촉진법(1999. 1. 25. 법률 제5688호로 개정되기 전의 것)에 의하면, 택지개발은 택지개발예정지구의 지정(제3조), 택지개발계획의 승인(제8조), 이에 기한 수용재결 등의 순서로 이루어지는바, 위 각 행위는 각각 단계적으로 별개의 법률효과가 발생되는 독립한 행정처분이어서 선행처분에 불가쟁력이 생겨 그 효력을 다툴 수 없게 된 경우에는 선행처분에 위법사유가 있다고 할지라도 그것이 당연무효의 사유가 아닌 한 선행처분의 하자가 후행처분에 승계되는 것은 아니라고 할 것인데, 같은 법 제3조에서 건설부장관이 택지개발예정지구를 지정함에 있어 미리 관계중앙행정기관의 장과 협의를 하라고 규정한 의미는 그의 자문을 구하라는 것이지 그 의견을 따라 처분을 하라는 의미는 아니라 할 것이므로 이러한 협의를 거치지 아니하였다고 하더라도 이는 위 지정처분을 취소할 수 있는 원인이 되는 하자 정도에 불과하고 위 지정처분이 당연무효 되는 하자에 해당하는 것은 아니다.

【참조조문】

[1] 구 전통사찰보존법(1997. 4. 10. 법률 제5320호로 개정되기 전의 것) 제6조 제1항 제2호, 제5항, 구 전통사찰보존법시행령(1997. 10. 2. 대통령령 제15493호로 개정되기 전의 것) 제3조 제1항, 제7조 제2항 [2] 구 택지개발촉진법(1999. 1. 25. 법률 제5688호로 개정되기 전의 것) 제3조, 제8조, 토지수용법 제29조, 행정소송법 제1조[행정처분일반], 제19조

【참조판례】

[2] 대법원 1992. 8. 14. 선고 91누11582 판결(공1992, 2683)
대법원 1996. 3. 22. 선고 95누10075 판결(공1996상, 1413)
대법원 1996. 4. 26. 선고 95누13241 판결(공1996상, 1743)
대법원 1997. 9. 26. 선고 96누10096 판결(공1997하, 3301)
대법원 1998. 3. 13. 선고 96누6059 판결(공1999상, 1084)
대법원 2000. 9. 5. 선고 99두9889 판결(공2000하, 2112)

【전 문】

【원고, 피상고인】 선암사 (소송대리인 변호사 황해진)

【피고, 상 고 인】 중앙토지수용위원회 외 1인 (피고들 소송대리인 법무법인 바른법률사무소 담당변호사 정귀호)

【원심판결】 부산고법 1998. 12. 4. 선고 95구7963 판결

【주 문】

원심판결을 파기하고, 사건을 부산고등법원에 환송한다.
피고 대한주택공사의 상고를 각하한다.
상고각하된 부분의 상고비용은 피고 대한주택공사의 부담으로 한다.

【이 유】

1. 직권으로 피고 대한주택공사의 상고가 적법한지 여부에 대하여 판단한다.

    기록과 원심판결 이유에 의하면, 원고는 이 사건 주위적 청구로서 피고들 중 피고 중앙토지수용위원회만을 상대로 하여 이 사건 처분의 무효확인을 구하는 한편, 이 사건 예비적 청구로서 피고 중앙토지수용위원회에 대하여는 이 사건 이의재결에서 원고의 신청을 기각한 부분 중 금 100,000,000원에 해당하는 부분의 취소를 구하고 피고 대한주택공사에 대하여는 위 금원의 지급을 구하였던바, 이에 대하여 원심은 이 사건 주위적 청구를 인용하고 예비적 청구에 대하여는 판단을 하지 아니하였음을 알 수 있다.

    그렇다면 피고 대한주택공사에 대하여는 상고의 대상이 되는 판결이 없었으므로 위 피고의 상고는 부적법하다고 할 것이다.

2. 피고 중앙토지수용위원회의 상고이유와 상고이유서 제출기간 경과 후에 제출된 상고이유보충서 기재 중 상고이유를 보충하는 부분을 함께 판단한다.

    가. 제2점에 대하여

    원심판결 이유에 의하면, 원심은 그 채용증거에 의하여, 이 사건 처분 당시 이 사건 토지의 이용현황에 관하여 그 판시와 같은 사실을 인정한 다음 이 사건 토지는 모두 구 전통사찰보존법(1997. 4. 10. 법률 제5320호로 개정되기 전의 것, 이하 '법'이라 한다) 제2조 제2호에서 정한 경내지에 속한다고 판단하였다.

    기록과 관계 법령에 비추어 살펴보면, 원심의 이러한 사실인정과 판단은 정당하고, 거기에 상고이유에서 주장하는 바와 같은 채증법칙 위배 등의 위법이 있다고 할 수 없다. 이 점에 관한 상고이유의 주장은 받아들일 수 없다.

    나. 제1점에 대하여

    원심은, 법 제6조 제1항 제2호, 제5항, 법시행령(1997. 10. 2. 대통령령 제15493호로 개정되기 전의 것) 제3조 제1항, 제7조 제2항 등의 관련 규정에 의하면, 전통사찰의 경내지 안에 있는 당해 사찰 소유의 부동산을 대여, 양도 또는 담보로 제공하는 처분행위를 함에 있어서는 반드시 주무부장관인 문화체육부장관의 허가를 받도록 하고 이러한 허가를 받지 아니하고 한 처분행위는 무효인 것으로 규정하고 있는바, 그 판시와 같은 위 규정의 입법취지에 비추어 볼 때, 문화체육부장관의 허가를 요하는 처분행위에는 대여, 양도, 담보제공 뿐만 아니라, 민사소송법상의 강제집행에 의한 이전이나 토지수용의 경우도 포함된다고 보아야 할 것이고, 따라서 전통사찰의 경내지 안에 있는 당해 사찰 소유의 토지를 수용함에 있어 문화체육부장관의 허가를 얻지 아니하였다면 그 수용행위는 무효라고 봄이 상당하다고 한 다음, 피고 중앙토지수용위원회는 문화체육부장관의 허가를 받지 아니한 상태에서 이 사건 토지에 대한 수용재결 처분을 하였으므로 이는 무효이고, 나아가 그 지상 물건에 대한 수용재결은 이 사건 토지상의 지장물에 대한 것으로서 이 사건 토지에 대한 수용재결에 부종하는 성질의 처분이라 할 것이므로, 이 사건 토지에 대한 수용재결이 무효인 이상 이 사건 물건에 대한 수용재결도 그 효력이 없다고 봄이 상당하다고 판단함으로써 이 사건 처분의 무효확인을 구하는 원고의 이 사건 주위적 청구를 인용하였다.

    그러나 원심의 이러한 판단은 수긍할 수 없다.

    위 관련 규정의 입법취지가 원심 판시와 같이, 사찰은 승려의 수행, 불교의 전법·포교, 법요의 집행 및 신도의 교화를 목적으로 하는 불교단체로서 그 소유재산은 이러한 사찰의 목적을 구현하기 위하여 필요할 뿐만 아니라, 특히 전통사찰은 미술·고고학의 자료가 되는 문화재적 가치를 지니고 있으며 사찰의 존엄과 아울러 그 풍치를 보존할 필요가 있으므로, 전통사찰의 경내지 안의 재산을 보호·유지함으로써 전통사찰로 하여금 사찰 본래의 존립목적과 아울러 사회문화 향상에 기여케 할 목적을 이룩하기 위한 데에 있다 할 것임은 물론이나, 위 관련 규정의 문언에 비추어 볼 때 그 주된 취지는 경내지 등 전통사찰 재산의 소유권이 변동되는 모든 경우에 언제나 문화체육부장관의 허가를 받도록 하겠다는 데에 있는 것이 아니라 전통사찰의 주지가 함부로 경내지 등의 사찰재산을 처분하는 행위에 의하여 사찰재산이 산일(산일)되는 것을 방지하겠다는 데에 있다 할 것인바, 공용수용은 국가 또는 지방자치단체 등이 공공사업의 시행을 위하여 관련 법령에 의하여 사인의 재산권을 강제로 취득하고 그에 대하여 손실보상을 하는 것이므로 공용수용으로 인한 경내지 등 사찰재산의 소유권 변동은 전통사찰 주지의 처분행위에 의한 것이 아님이 명백하다.

원심은 법이 1997. 4. 10. 법률 제5320호로 개정되면서 제9조 제1항 및 제2항에서, 전통사찰의 경내지에 대하여 다른 법률에 의한 수용, 사용 또는 제한의 처분을 하고자 하는 자는 사전에 문화체육부장관의 동의를 얻어야 하고, 문화체육부장관이 동의를 하고자 할 때에는 전통사찰의 소속대표단체의 대표자와 협의하여야 한다고 규정하고 있는 것을 하나의 근거로 삼아 그 판시와 같은 해석을 한 듯하나, 법개정 후의 해석론으로서의 타당성 여부는 별론으로 하고 법 개정 전의 행위인 이 사건 처분에 법개정 후의 규정을 바로 적용할 수는 없다 할 것이다.

따라서 법 제6조 제1항에 규정된 문화체육부장관의 허가를 요하는 주지의 처분행위에 공용수용으로 인한 경내지 등 사찰재산의 소유권이전은 포함되지 않는다고 봄이 상당하다.

그럼에도 불구하고, 원심은 공용수용에 의한 소유권이전도 문화체육부장관의 허가를 요하는 주지의 처분행위에 포함됨을 전제로 문화체육부장관의 허가를 받지 아니한 이 사건 처분은 무효라고 판단하였으니, 여기에는 법 제6조 제1항에 규정된 문화체육부장관의 허가를 요하는 전통사찰 주지의 처분행위의 범위에 관한 법리오해가 있다 할 것이다. 이 점을 지적하는 상고이유의 주장은 이유 있다.

다. 제3점에 대하여

원심판결 이유에 의하면, 원심은 건설부장관이 택지개발촉진법 제3조 제1항의 규정에 의하여 이 사건 토지 일대의 지역을 택지개발예정지구로 지정함에 있어, 전통사찰인 원고 소유의 이 사건 토지에 관하여는 같은 조 제2항에 따라 주무부장관인 문화체육부장관과 협의하여야 할 것임에도 불구하고, 이러한 협의절차를 거치지 아니하였다는 점도 이 사건 처분을 무효로 보는 하나의 사유로 판단하고 있음이 분명하다.

그러나 원심의 이 부분 판단 또한 수긍하기 어렵다.

택지개발촉진법(1999. 1. 25. 법률 제5688호로 개정되기 전의 것, 이하 같다)에 의하면, 택지개발은 택지개발예정지구의 지정(제3조), 택지개발계획의 승인(제8조), 이에 기한 수용재결 등의 순서로 이루어지는바, 위 각 행위는 각각 단계적으로 별개의 법률효과가 발생되는 독립한 행정처분이어서 선행처분에 불가쟁력이 생겨 그 효력을 다툴 수 없게 된 경우에는 선행처분에 위법사유가 있다고 할지라도 그것이 당연무효의 사유가 아닌 한 선행처분의 하자가 후행처분에 승계되는 것은 아니라고 할 것인데, 택지개발촉진법 제3조에서 건설부장관이 택지개발예정지구를 지정함에 있어 미리 관계중앙행정기관의 장과 협의를 하라고 규정한 의미는 그의 자문을 구하라는 것이지 그 의견을 따라 처분을 하라는 의미는 아니라 할 것이므로 이러한 협의를 거치지 아니하였다고 하더라도 이는 위 지정처분을 취소할 수 있는 원인이 되는 하자 정도에 불과하고 위 지정처분이 당연무효가 되는 하자에 해당하는 것은 아니라고 봄이 상당하다 할 것이다(대법원 1992. 8. 14. 선고 91누11582 판결, 1997. 9. 26. 선고 96누10096 판결 등 참조).

그런데 기록에 의하면, 원고가 위 지정처분 단계에서 그 처분의 효력을 다투지 아니하였음이 분명하므로 선행처분인 위 지정처분에 불가쟁력이 생겨 그 효력을 다툴 수 없게 된 이상 그와 같은 하자가 후행처분인 이 사건 처분에 영향을 미친다고 할 수는 없다.

그럼에도 불구하고, 원심은 이러한 협의절차를 거치지 아니한 점을 이 사건 처분을 무효로 하는 하나의 사유로 판단하였으니, 여기에는 선행처분의 하자로 인한 후행처분의 효력에 관한 법리오해가 있다 할 것이다. 이 점을 지적하는 취지의 상고이유의 주장도 이유 있다.

3. 그러므로 원심판결을 파기하고, 사건을 다시 심리·판단하게 하기 위하여 원심법원에 환송하고, 피고 대한주택공사의 상고는 이를 각하하며, 이 부분 상고비용은 위 피고의 부담으로 하기로 하여 관여 법관의 일치된 의견으로 주문과 같이 판결한다.

대법관   송진훈(재판장) 윤재식 이규홍(주심) 손지열

라. 환경영향평가대상지역

☞ 대법원 1998. 4. 24. 선고 97누3286 판결 721p 참조
☞ 대법원 1998. 9. 22. 선고 97누19571 판결 728p 참조
☞ 대법원 1998. 9. 4. 선고 97누19588 판결 724p 참조

마. 환경영향평가 후의 관리

(1) 재평가

[사례 4] 환경영향평가서 · 재작성 · 재평가(도롱뇽 사건) : 대법원 2006. 6. 2. 선고 2004마1148, 2004마1149(병합) 결정

환경영향평가제도는 환경 등에 미치는 영향이 큰 사업에 대한 계획을 수립·시행함에 있어서 그 사업이 환경 등에 미칠 영향을 미리 평가·검토하여 건전하고 지속가능한 개발이 되도록 함으로써 쾌적하고 안전한 국민생활을 도모함을 목적으로 하는바(환경·교통·재해 등에 관한 영향평가법 제1조), 한국철도시설공단이 국가의 전 지역에서 장기간 이루어지는 고속철도사업을 시행함에 있어서는 위 법에 의한 환경영향평가 절차를 충실히 이행할 뿐 아니라, 환경영향평가절차를 이행한 후 환경영향평가시에 고려되지 아니하였던 새로운 사정이 발견되어 그 사업으로 인하여 사업시행구간 관련 토지소유자들의 환경이익을 침해할 수 있다는 개연성이 나타나고 종전의 환경영향평가만으로는 그와 같은 개연성에 관한 우려를 해소하기에 충분하지 못한 경우에는 새로이 환경영향평가를 실시하거나 그 환경이익의 침해를 예방할 수 있는 적절한 조처를 먼저 행한 후 사업을 시행하도록 함이 상당하고, 위 토지소유자들은 이를 사법상의 권리로 청구할 수 있을 것이다.
그러나 위와 같은 환경영향평가를 통한 권리의 보장은 실체적인 환경이익의 침해를 보호하기 위한 것이므로, 비록 위와 같이 다시 환경영향평가를 함이 상당한 새로운 사정들이 발생되었다고 하더라도, 그 새로운 사정들과 소유자들의 환경이익 사이에 구체적인 피해가능성 내지는 연관성을 인정하기 어려운 사정이 소명되는 경우 또는 새로운 환경영향평가절차 내지는 이에 준하는 조사가 이루어지고 환경이익의 침해를 예방할 수 있는 적절한 방법이 보완되는 등 소유자들의 환경이익이 침해될 수 있다는 개연성이 부정될 만한 사정이 소명되는 경우에는 더 이상 사업시행의 중지를 구할 수는 없다.
이와 같이 피신청인이 환경영향평가서의 작성·협의를 거쳤으나, 이 사건 터널이 통과하는 천성산에는 위 환경영향평가서에서 기술된 보호대상 동·식물들보다 많은 종류의 동·식물들이 있고 보호가치가 높은

습지들이 다수 분포되어 있었는데 위 환경영향평가서에는 이 점이 반영되지 아니하였고, 더욱이 이 사건 터널 공사구간만을 놓고 보면 환경영향평가에 관한 협의를 마친 때로부터 7년이 지나도록 공사가 착공되지 아니하여 그동안 일부 습지는 습지보호구역으로 지정되기까지 하였으며 공사구간 내에는 종래 알지 못하였던 단층이 발견되는 등 환경요인이 변경되었으므로, 위 환경영향평가서만으로는 이 사건 터널 공사로 인하여 천성산의 보호 대상 동·식물, 습지, 단층 등 환경요인에 미칠 수 있는 영향 및 피해의 정도와 이로 인하여 신청인의 환경이익이 침해될 수 있는 개연성에 관한 우려를 해소할 수 있는 자료로 삼기에 부족하다고 할 수 있다.

그러나 다른 한편, 기록에 의하면, 불교계와 환경단체 등이 위의 사정변경 및 이 사건 터널의 안전성 등을 문제 삼아 이 사건 터널 공사를 반대하고 나서자, 피신청인은 위 환경영향평가 이후의 사정변경 등을 종합적으로 고려하여 이 사건 터널이 환경에 미치는 영향을 다시 평가해 보기 위하여 2002. 6. 사단법인 대한지질공학회에 이 사건 터널이 통과하는 천성산 일원에 대하여 자연변화 정밀조사를 의뢰하였고 이 사건 제1심 계속중이던 2003. 12. 이 사건 터널이 천성산의 환경 및 생태계에 별다른 영향을 미치지 않는다는 내용의 조사 결과가 나온 사실, 그리고 환경부는 원심 계속중인 2004. 10. 위 보고서 내용의 적정 여부에 관하여 한국환경정책평가연구원 및 국립환경연구원이 추천하는 3명의 전문가들에게 그 검토를 의뢰하였는데, 검토자들은 위 보고서가 적정한 절차와 방법을 통하여 작성되었으며 이 사건 터널 공사가 천성산의 환경에 별다른 영향을 미치지 않는다는 검토의견을 밝힌 사실, 또한 피신청인과 환경단체 등의 합의하에 2003. 5. 국무총리 산하 '대안노선 및 기존노선 재검토위원회'가 구성되어 약 2개월 동안의 검토 끝에 이 사건 터널을 통과하는 기존의 노선을 유지하는 것이 타당하다는 보고서가 제출된 사실, 이 사건 터널은 무제치늪 및 화엄늪과는 상당한 수평거리 내지 수직거리를 둔 지점을 지나게 되어 있고 위의 조사 결과는 위 습지들이 모두 강수에 의하여 수량이 유지되며 습지와 하부 암반 사이에 불투수층이 존재하여 이 사건 터널 건설로 인하여 습지의 수위 또는 수량에 증감을 가져올 가능성이 적다고 하는 내용을 담고 있으며, 피신청인은 이 사건 터널의 원안설계 단계를 거쳐 대안설계 단계에 이르러서 그동안 문제가 제기되었던 새로 발견된 단층대 등의 지질적 특성을 파악하여 이를 설계 및 공법에 반영하기도 한 사실을 인정할 수 있다.

그렇다면 위 신청인들의 주장과 같이 여전히 활성 단층과 관련하여 공사의 안전성 및 지하수 유출 가능성, 무제치늪과 화엄늪 기타 천성산 일원의 여러 습지들 보호 등의 문제가 제기될 수는 있으나, 피신청인은 위 신청인들이 주장하는 바와 같은 환경 침해에 관한 우려를 해소하기 위하여 비록 법령상의 환경영향평가절차는 아니지만 사단법인 대한지질공학회에 의뢰하여 자연변화 정밀조사를 실시하였고, 그 조사 결과 및 환경부의 의뢰로 이루어진 한국환경정책평가연구원 등의 검토의견에 의하면, 이 사건 터널공사가 천성산의 환경에 별다른 영향을 미치지 않는 것으로 조사된 사정 등을 모두 종합하여 보면, 현재로서는 이 사건 터널공사로 인하여 위 신청인들의 환경이익이 침해될 수 있는 개연성에 관한 소명이 부족하다고 인정된다.

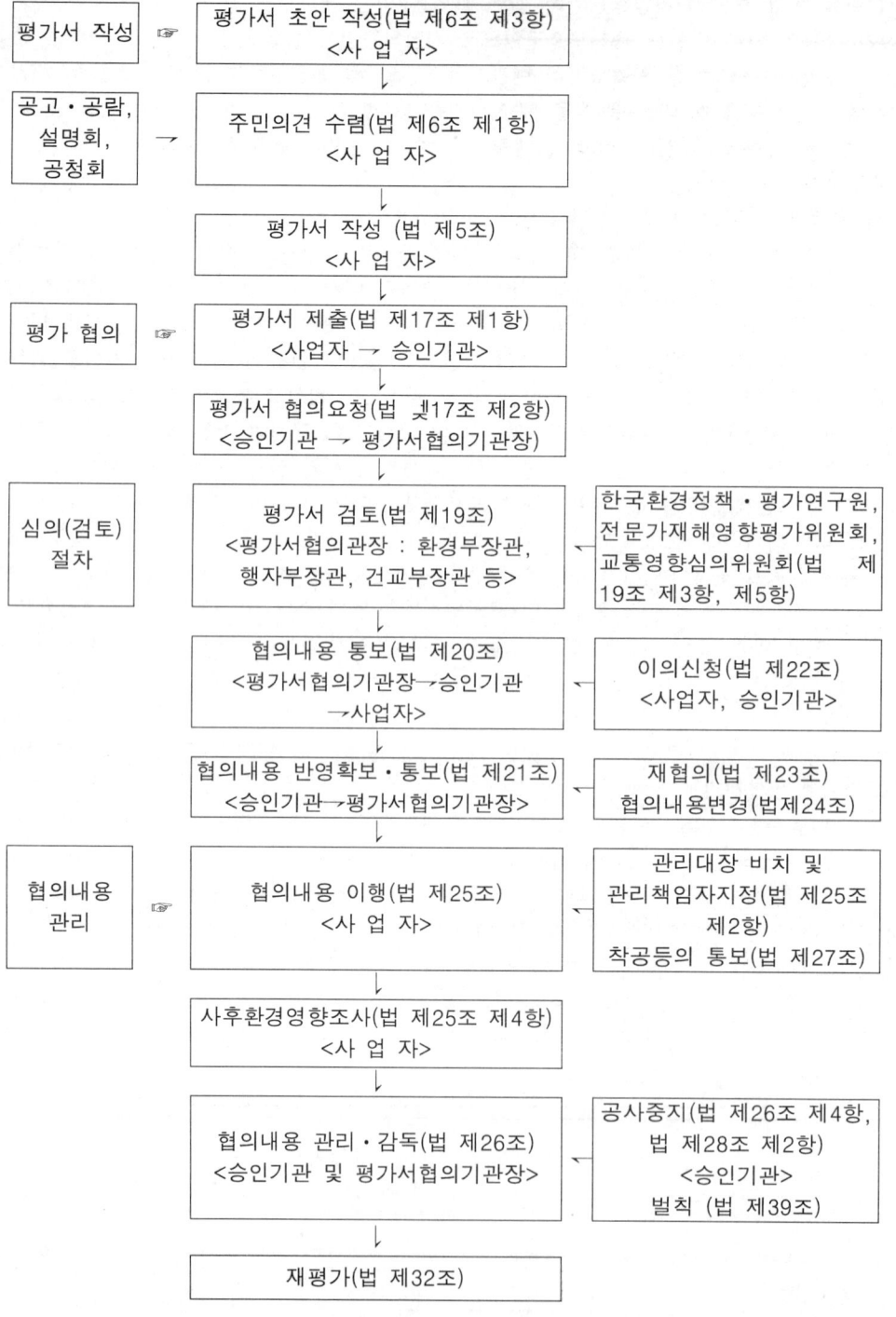

바. 사법심사

(1) 원고적격

☞ 대법원 1994. 4. 12. 선고 93누24247 판결 706p 참조
☞ 대법원 1995. 9. 26. 선고 94누14544 판결 707p 참조
☞ 대법원 1998. 4. 24. 선고 97누3286 판결 721p 참조
☞ 대법원 1998. 9. 4. 선고 97누19588 판결 724p 참조
☞ 대법원 2001. 7. 27. 산거 99두2970 판결 732p 참조 (용화온천 사건)
☞ 대법원 2001. 7. 27. 선고 99두5092 판결 796p 참조 (용화온천 사건)
☞ 대법원 2005. 5. 12. 선고 2004두14229 판결 696p 참조

[사례 5] 영광원자력발전소 사건 : 대법원 1998. 9. 4. 선고 97누19588 판결

원자력법 제12조 제2호(발전용 원자로 및 관계 시설의 위치·구조 및 설비가 대통령령이 정하는 기술수준에 적합하여 방사성물질 등에 의한 인체·물체·공공의 재해방지에 지장이 없을 것)의 취지는 원자로 등 건설사업이 방사성물질 및 그에 의하여 오염된 물질에 의한 인체·물체·공공의 재해를 발생시키지 아니하는 방법으로 시행되도록 함으로써 방사성물질 등에 의한 생명·건강상의 위해를 받지 아니할 이익을 일반적 공익으로서 보호하려는 데 그치는 것이 아니라 방사성물질에 의하여 보다 직접적이고 중대한 피해를 입으리라고 예상되는 지역 내의 주민들의 위와 같은 이익을 직접적·구체적 이익으로서도 보호하려는 데에 있다 할 것이므로, 위와 같은 지역 내의 주민들에게는 방사성물질 등에 의한 생명·신체의 안전침해를 이유로 부지사전승인처분의 취소를 구할 원고적격이 있다. (…) 원자력법 제12조 제2호(발전용 원자로 및 관계 시설의 위치·구조 및 설비가 대통령령이 정하는 기술수준에 적합하여 방사성물질 등에 의한 인체·물체·공공의 재해방지에 지장이 없을 것)의 취지는 '원자로등건설사업'이 방사성물질 및 그에 의하여 오염된 물질에 의한 인체·물체·공공의 재해를 발생시키지 아니하는 방법으로 시행되도록 함으로써 방사성물질 등에 의한 생명·건강상의 위해를 받지 아니할 이익을 일반적 공익으로서 보호하려는 데 그치는 것이 아니라 방사성물질에 의하여 보다 직접적이고 중대한 피해를 입으리라고 예상되는 지역 내의 주민들의 위와 같은 이익을 직접적·구체적 이익으로서도 보호하려는 데에 있다 할 것이므로, 위와 같은 지역 내의 주민들에게는 방사성물질 등에 의한 생명·신체의 안전침해를 이유로(기록에 의하면 원고들은 원고적격에 관한 기초사실로서 이러한 이유도 주장하고 있음을 알 수 있다) 이 사건 부지사전승인처분의 취소를 구할 원고적격이 있다고 할 것이다.
그리고 한편 위 기준들 중 위 원자력법 제12조 제3호(발전용 원자로 및 관계 시설의 건설이 국민의 건강·환경상의 위해방지에 지장이 없을 것)의 취지와 원자력법 제11조의 규정에 의한 원자로 및 관계 시설의 건설사업을 환경영향평가대상사업으로 규정하고 있는 구 환경영향평가법(1997. 3. 7. 법률 제5302호로 개정되기 전의 것) 제4조, 구 환경영향평가법시행령(1993. 12. 11. 대통령령 제14018호로 제정되어 1997. 9. 8. 대통령령 제15475호로 개정되기 전의 시행령) 제2조 제2항 [별표 1]의 다의 ⑷ 규정 및 환경영향평가서의 작성, 주민의 의견 수렴, 평가서 작성에 관한 관계 기관과의 협의, 협의내용을 사업계획에 반영한 여부에 대한 확인·통보 등을 규정하고 있는 위 법 제8조, 제9조 제1항, 제16조 제1항, 제19조 제1항 규정의 내용을 종합하여 보면, 위 환경영향평가법 제7조에 정한 환경영향평가대

상지역 안의 주민들이 방사성물질 이외의 원인에 의한 환경침해를 받지 아니하고 생활할 수 있는 이익도 직접적·구체적 이익으로서 그 보호대상으로 삼고 있다고 보이므로(당원 1998. 4. 24. 선고 97누3286 판결 참조), 위 환경영향평가대상지역 안의 주민에게는 방사성물질 이외에 이 사건에서 문제가 되고 있는 원전냉각수 순환시 발생되는 온배수로 인한 환경침해를 이유로 이 사건 부지사전승인처분의 취소를 구할 원고적격도 있다

[사례 6] 용화온천 사건 : 대법원 2001. 7. 27. 선고 99두2970

구 자연공원법(1995. 12. 30. 법률 제5122호로 개정되기 전의 것), 같은법시행령(1996. 7. 1. 대통령령 제15106호로 개정되기 전의 것), 같은법시행규칙(1996. 7. 3. 내무부령 제687호로 개정되기 전의 것), 그리고 구 환경영향평가법(1999. 12. 31. 법률 제6095호 환경·교통·재해등에관한영향평가법 부칙 제2조로 폐지), 같은법시행령(2000. 12. 30. 대통령령 제17089호 환경·교통·재해등에관한영향평가법시행령 부칙 제2조로 폐지)의 각 관련 규정에 의하면, 국립공원 집단시설지구개발사업의 조성면적이 10만m2 이상인 경우에는 환경영향평가대상사업에 해당하므로 환경부장관이 집단시설지구 내 시설물기본설계 변경승인처분 등을 함에 있어서는 반드시 자연공원법령 및 환경영향평가법령 소정의 환경영향평가를 거쳐서 그 환경영향평가의 협의내용을 사업계획에 반영시키도록 하여야 하므로 자연공원법령뿐 아니라, 환경영향평가법령도 위 변경승인처분 등에 직접적인 영향을 미치는 근거 법령이 된다고 볼 수밖에 없고, 환경영향평가에 관한 위 자연공원법령 및 환경영향평가법령상의 관련 규정의 취지는 집단시설지구개발사업으로 인하여 직접적이고 중대한 환경피해를 입으리라고 예상되는 환경영향평가대상지역 안의 주민들이 개발 전과 비교하여 수인한도를 넘는 환경침해를 받지 아니하고 쾌적한 환경에서 생활할 수 있는 개별적 이익까지도 이를 보호하려는 데에 있다 할 것이므로, 위 주민들이 위 변경승인처분과 관련하여 갖고 있는 위와 같은 환경상의 이익은 주민 개개인에 대하여 개별적으로 보호되는 직접적·구체적인 이익이라고 보아야 할 것이어서, 국립공원 집단시설지구개발사업으로 인하여 직접적이고 중대한 환경피해를 입으리라고 예상되는 환경영향평가대상지역 안의 주민들이 누리고 있는 환경상의 이익이 위 변경승인처분으로 인하여 침해되거나 침해될 우려가 있는 경우에는 그 주민들에게 위 변경승인처분과 그 변경승인처분의 취소를 구하는 행정심판청구를 각하한 재결의 취소를 구할 원고적격이 있다고 보아야 한다.

[사례 7] 납골당 사건 : 대법원 2004. 12. 9. 선고 2003두12073

원심은, 피고가 2000. 12. 20. 피고보조참가인(이하 '참가인'이라 한다)에게 구 매장및묘지등에관한법률(2000. 1. 12. 법률 제6158호로 전문 개정되기 전의 것, 이하 '매묘법'이라 한다) 제8조 제2항에 따라 소재지를 '광주시 오포면 능평리 산 (지번 생략) 일원'으로 한 사설납골당설치허가(이하 '이 사건 처분'이라 한다)를 하면서, 허가 후 별도로 광주시장(당시 광주군수, 이하 '광주시장'이라 한다)으로부터 구 산림법(2002. 12. 30. 법률 제6841호로 개정되기 전의 것, 이하 같다) 제90조에 의한 산림형질변경허가를 받고, 산림형질변경허가를 받기 전에 구 환경영향평가법(1999. 12. 31. 법률 제6095호로 폐지되기 전의 것, 이하 같다) 소정의 환경영향평가를 받아 그 결과를 사업계획에 반영할 것 등의 조건을

붙인 사실을 인정한 다음, 비록 매묘법이나 구 환경영향평가법에는 이 사건 사업부지와 같은 장소에 납골당설치를 함에 있어 환경영향평가를 거치도록 규정되어 있지는 않지만 위 사업의 추진을 위하여 반드시 필요한 구 산림법에 따른 249,973㎡의 산림형질변경을 수반하는 산지개발사업은 환경영향평가대상에 해당하는 데다가 이 사건 처분의 허가조건을 성취하거나 그 처분의 목적을 달성하기 위하여는 산림형질변경허가와 환경영향평가가 반드시 필요하므로 그 근거 법규인 구 산림법과 구 환경영향평가법은 결국 이 사건 처분에 대한 관련 처분들의 근거 법규이고, 이 사건 납골당조성사업에 필요한 산림형질변경허가처분과 관련하여 환경영향평가대상지역 내 주민들인 원고들이 갖고 있는 환경상 이익은 주민 개개인인 원고들에 대하여 개별적으로 보호되는 직접적·구체적 이익으로서 법률상 보호되는 이익으로 평가되어야 하므로, 원고들에게는 이 사건 처분의 무효확인이나 취소를 구할 원고적격이 있다고 판단하였다.

관계 법령과 위 법리에 비추어 살펴보면, 원심의 이러한 판단은 정당한 것으로 수긍이 가고, 거기에 상고이유에서 주장하는 바와 같은 원고적격에 관한 법리오해의 위법이 없다.

[사례 8] 새만금 사건 : 대법원 2006. 3. 16. 선고 2006두330

유수면매립면허처분과 농지개량사업 시행인가처분의 근거 법규 또는 관련 법규가 되는 구 공유수면매립법(1997. 4. 10. 법률 제5337호로 개정되기 전의 것), 구 농촌근대화촉진법(1994. 12. 22. 법률 제4823호로 개정되기 전의 것), 구 환경보전법(1990. 8. 1. 법률 제4257호로 폐지), 구 환경보전법 시행령(1991. 2. 2. 대통령령 제13303호로 폐지), 구 환경정책기본법(1993. 6. 11. 법률 제4567호로 개정되기 전의 것), 구 환경정책기본법 시행령(1992. 8. 22. 대통령령 제13715호로 개정되기 전의 것)의 각 관련 규정의 취지는, 공유수면매립과 농지개량사업시행으로 인하여 직접적이고 중대한 환경피해를 입으리라고 예상되는 환경영향평가 대상지역 안의 주민들이 전과 비교하여 수인한도를 넘는 환경침해를 받지 아니하고 쾌적한 환경에서 생활할 수 있는 개별적 이익까지도 이를 보호하려는 데에 있다고 할 것이므로, 위 주민들이 공유수면매립면허처분 등과 관련하여 갖고 있는 위와 같은 환경상의 이익은 주민 개개인에 대하여 개별적으로 보호되는 직접적·구체적 이익으로서 그들에 대하여는 특단의 사정이 없는 한 환경상의 이익에 대한 침해 또는 침해우려가 있는 것으로 사실상 추정되어 공유수면매립면허처분 등의 무효확인을 구할 원고적격이 인정된다. 한편, 환경영향평가 대상지역 밖의 주민이라 할지라도 공유수면매립면허처분 등으로 인하여 그 처분 전과 비교하여 수인한도를 넘는 환경피해를 받거나 받을 우려가 있는 경우에는, 공유수면매립면허처분 등으로 인하여 환경상 이익에 대한 침해 또는 침해우려가 있다는 것을 입증함으로써 그 처분 등의 무효확인을 구할 원고적격을 인정된다 할 것이다.

사. 처분성

[판례 19] 양도세부과처분취소 (대법원 1983. 2. 22. 선고 81누283 판결)

【판시사항】

질의에 대한 회답의 통지가 항고소송의 대상인 행정처분인지 여부(소극)

【판결요지】

항고소송의 대상이 되는 행정처분은 행정청의 공법상 행위로서 특정사항에 대하여 법규에 의한 권리의 설정 또는 의무의 부담을 명하거나 기타 법률효과를 발생케 하는 등의 국민의 권리의무에 직접 관계가 있는 행위를 말한다고 해석하여야 할 것이므로 특별한 사정이 없는 한 질의에 대한 회답의 통지는 상대방 또는 기타 관계자들의 법률상 지위에 직접적으로 변동을 가져오는 것이 아니므로 항고소송의 대상이 될 수 없다.

【참조조문】

행정소송법 제1조

【전 문】

【원고, 상고인】 트렌스 오션 걸크오일 컴파니 소송대리인 변호사 최덕빈

【피고, 피상고인】 재무부장관 소송대리인 변호사 김영무 외 1인

【원심판결】 서울고등법원 1981.8.20. 선고 80구741 판결

【주 문】

상고를 기각한다.
상고비용은 원고의 부담으로 한다.

【이 유】

상고이유를 판단한다.

원래 행정소송은 구체적인 권리의무에 관한 분쟁을 전제로 하여 제기되는 것이므로 항고소송의 대상이 되는 행정처분은 행정청의 공법상 행위로서 특정사항에 대하여 법규에 의한 권리의 설정 또는 의무의 부담을 명하거나 기타 법률효과를 발생케 하는 등의 국민의 권리의무에 직접 관계가 있는 행위를 말한다고 해석하여야 할 것이므로 특별한 사정이 없는 한 질의에 대한 회답의 통지는 상대방 또는 기타 관계자들의 법률상 지위에 직접적으로 변동을 가져오는 것이 아니므로 항고소송의 대상이 될 수 없다 할 것인 바, 기록에 의하면, 피고가 1980.7.23자로 소외 대한석유지주주식회사로부터 외국투자자의 출자금 회수시 그 양도차익에 대하여 관계법규상 원천징수대상으로 보는지 여부와 그 양도차익의 계산방법 및 적용세율에 대한 질의(갑 제1호증)를 받고 이에 대하여 1980.8.11자로 「비거주자인 미국법인의 출자금 회수에 따른 주식의 양도로서 발생하는 소득에 대한 과세」라는 제목 아래 원고가 국내에서 법인세법 제56조 제1항 또는 제3항에 규정하는 사업장이나 같은법 제55조 제1항 제3호에 규정하는 부동산이 소득이 없는 외국법인임을 전제로 하는 경우(가) 그 주식을 양도함으로써 생기는 소득은 법인세법 관계조항과 「대한민국과 미합중국간의 소득에 관한 이중과세회피와 탈세방지 및 국제무역투자 증진을 위한 협약」 제17조에 의하여 한국에서 과세대상 소득대상이 되고 (나) 분리과세 원천징수법인 과세표준액은 법인세법 관계규정을 들어 동 주식의 원화양도수입 합계액이 되며 (다) 적용세율은 법인세법과 지방세법의 관계규정에 의하면 법인세율은 25퍼센트, 주민세율은 7.5퍼센트가 된다는 요지의 공문(갑 제2호증)을 발송하였는데 원고는 이를 행정처분으로 보고 이의 취소를 구하고 있음이 분명하나 이와 같은 피고의 조치는 위 소외 회사의 질의에 대한 회신으로써 관계법령의 적용에 관한 피고의 견해를 밝혀 통지한 것에 불과하여 원고의 법률상 지위에 어떠한 변동이 생기게 된다고도 볼 수 없으므로 이를 위에서 본 바와 같은 항고소송의 대상이 되는 행정처분에 해당한다고 보기는 어렵다 할 것이고 설사 원고가 그 투자액을 회수하면서 피고의 회답을 믿고 관계세액을 납부한 바 있다 하더라도 피고의

이건 조치의 성질을 달리 볼 수도 없는 것이므로 이와 같은 취지에서 원심이 원고의 이건 청구는 부적법하다 하여 각하한 조치는 정당하고 반대의 견해에서 원심판결을 탓하는 논지는 이유없다.

따라서 상고를 기각하고, 상고비용은 패소자의 부담으로 하기로 하여 관여법관의 일치된 의견으로 주문과 같이 판결한다.

대법관   이정우(재판장) 김중서 강우영 신정철

[판례 20] 행정처분무효확인 (대법원 1984. 2. 14. 선고 82누370 판결)

【판시사항】

가. 행정청의 행위가 행정소송의 대상이 되는 행정처분에 해당하는지 여부의 판단기준
나. 주류제조면허 상속에 따른 면허변경처분이 행정처분인지 여부
다. 행정처분 무효확인의 소에서 확인의 이익의 인정요건
라. 위조된 상속포기서에 기한 주류제조면허명의 변경처분의 무효확인의 소와 확인의 이익

【판결요지】

가. 행정소송법 제1조의 행정청의 처분이라 함은 행정청의 공법상의 행위로서 특정사항에 대하여 법규에 의한 권리설정 또는 의무의 부담을 명하며 기타 법률상의 효과를 발생하게 하는 등 국민의 권리의무에 직접관계가 있는 행위를 말한다고 할 것이므로, 어떤 행정청의 행위가 행정소송의 대상이 되는 행정처분에 해당하는가는 그 행위의 성질, 효과외에 행정소송제도의 목적 또는 사법권에 의한 국민의 권리보호의 기능도 충분히 고려하여 합목적적으로 판단되어야 할 것이다.
나. 주세법 제14조 제2항의 취지는 주류제조 등의 상속의 신고만 있으면 그 신고의 효과로서 주류제조 등의 면허를 받은 법률효과를 발생한다는 것이 아니고, 상속의 신고가 있고 그 신고자에게 동항 소정의 사유가 없을 때에는 그가 주류제조 등의 면허를 받은 것으로 보고 반드시 주류제조 등의 면허를 그 신고자명의로 변경하여야 한다고 면허관청을 기속하는 취지라고 할 것이므로, 피고가 이 사건 주류제조면허 상속신고서를 수리하고 동항 소정의 사유가 없으므로 면허증을 갱신교부한 주류제조면허변경처분은 주류제조면허자의 변경이라는 법률효과를 발생하는 행정처분이라 할 것이다.
다. 행정처분무효확인의 소에 있어서 확인의 이익은 원고의 권리 또는 법률상 지위에 현존하는 불안, 위험이 있고 그 불안, 위험을 제거함에는 확인판결을 받는 것이 가장 유효적절한 수단일 때 인정되는 것이다.
라. 원고들의 피상속인 소유인 주조장의 관리경영만을 맡아오던 피고보조참가인이 원고들의 상속포기서 등을 위조하여 그 명의로 상속신고를 하고 이를 진실로 믿은 피고(정읍세무서장)가 동인 명의로 이 사건 주류제조면허를 변경한 경우에 있어서, 원고들의 이 사건 주류제조면허상속과 행정처분의 효력에 대하여 피고등이 이를 다투고 있다면 원고들의 이 사건 주류제조면허 변경처분무효확인의 소는 확인의 이익이 있다고 할 것이다.

【참조조문】

가.다. 행정소송법 제1조 나.라. 주세법 제14조, 행정소송법 제1조

【참조판례】
가. 대법원 1967.6.27. 선고 67누44 판결
다. 1979.11.13. 선고 79누56 판결

【전 문】
【원고, 피상고인】 원고 1 외 6인 원고들 소송대리인 변호사 노병인
【피고, 상고인】 정읍세무서장
【피고보조참가인, 상고인】 피고보조참가인 소송대리인 변호사 유재방
【원심판결】 광주고등법원 1982.6.29. 선고 80구73 판결

【주 문】
원심판결을 파기하고, 사건을 광주고등법원에 환송한다.

【이 유】

1. 피고 소송수행자 및 피고 보조참가인의 소송대리인 유재방의 상고이유 제1점을 함께 본다.

    행정소송법 제1조의 행정청의 처분이라 함은 행정청의 공법상의 행위로서 특정사항에 대하여 법규에 의한 권리설정 또는 의무의 부담을 명하며 기타 법률상의 효과를 발생하게 하는등 국민의 권리의무에 직접 관계가 있는 행위를 말한다(대법원 1967.6.27. 선고 67누44 판결 참조)고 할 것이므로 어떤 행정청의 행위가 행정소송의 대상이 되는 행정처분에 해당하는 가는 그 행위의 성질, 효과외에 행정소송제도의 목적 또는 사법권에 의한 국민의 권리보호의 기능도 충분히 고려하여 합목적으로 판단되어야 할 것인바 주세법 제14조 제1항에 주류, 주모, 주요, 국이나 종국의 제조업 또는 주류, 국이나 종국의 판매업을 상속한 자는 지체없이 그 사유를 소관세무서장에게 신고하여야 한다. 그 제2항에 전항의 신고를 한 상속인이 제10조 제1호, 제2호, 제5호 내지 제7호, 제11호의 규정에 해당하지 아니한 경우에는 그 제조업 또는 판매업의 면허를 받은 것으로 본다라고 규정하고 있으며 그 취지는 상속의 신고만 있으면 그 신고의 효과로서 주세법 제14조 제2항에 의하여 주류제조등의 면허를 받은 법률효과를 발생한다는 것이 아니고, 상속의 신고가 있고 그 신고자에게 주세법 제14조 제2항 소정의 사유가 없을 때에는 그가 주류제조등의 면허를 받은 것으로 보고 반드시 주류제조등의 면허를 그 신고자 명의로 변경하여야 한다고 면허관청을 기속하는 취지라 할 것이므로 그렇다면 피고가 피고 보조참가인의 이 사건 주류제조면허 상속신고서를 수리하고 그에게 주세법 제14조 제2항 소정의 사유가 없으므로 그 면허증을 갱신교부한 피고의 이 사건 주류제조면허변경처분은 주류제조면허자의 변경이라는 법률효과를 발생하는 행정처분이라 할 것이고 같은 취지로 판단한 원심판결에는 소론과 같은 행정처분에 대한 심리미진이나 법리오해의 위법이 없다. 논지는 이유없다.

2. 같은 상고이유 제2점을 본다.

    행정처분무효확인의 소에 있어서 확인의 이익은 원고의 권리 또는 법률상 지위에 현존하는 불안, 위험이 있고 그 불안, 위험을 제거함에는 확인판결을 받는 것이 가장 유효적절한 수단일 때 인정되는 것인데(대법원 1979.11.13. 선고 79누56 판결 참조)기록에 의하면 이 사건 주류제조면허의 상속인인 원고들이 피고 보조참가인에게 주조장의 관리운영만을 맡겼을 뿐인데 피고 보조참가인이 원고들의 상속포기서등을 위조하여 피고 보조참가인 명의로 상속신고를 하고 이를 진실로 믿은 피고는 이 사건 주류제조면허 명의를 피고 보조참가인 명의로 변경하였다는 것이며 원고들의 이 사건 주류제조면허상속과 이 사건 행정처분의 효력에 대하여 피고와 그 보조참가인 이 이를 다투고 있음이 명백하므로 원고들의 이 사건 소는 확인의 이익이 있다고 할 것이고 같은 취지로 판단한 원심판결에

는 소론 주장과 같은 확인의 이익에 관한 심리미진이나 법리오해의 위법이 없다. 논지는 이유없다.

3. 피고 소송수행자의 상고이유 제3점 및 피고 보조참가인의 소송대리인 유재방의 상고이유 제4점을 합하여 본다.

원심판결은 그 거시의 증거에 의하여 망 소외 1의 합동주조장면허 (면허번호 1 생략)의 3분의1 지분권은 그가 1973.5.27 사망함으로써 그 처자인 원고들 및 소외 2, 소외 3이 공동상속한 것으로 원고들이나 위 소외인들은 같은해 6.29 위 망인의 동생인 피고 보조참가인에게 포기하거나 양도한 바 없음에도 불구하고 피고 보조참가인은 그 무렵 소외 4, 망 소외 5 등을 시켜 원고 1, 원고 7(나머지 원고들은 당시 미성년자였음) 및 소외 2, 소외 3의 인장을 몰래 새기거나 그들 명의로서 주류제조면허상속신고에 사용한다고 속여 교부받은 것을 기화로 이를 부정사용하여 마치 그들이 위 면허지분권을 피고 보조참가인에게 포기하는 것처럼 재산상속포기서등 관계서류를 위조행사하여 피고에게 상속신고를 하여서 같은해 7.7 피고보조참가인 명의로 이 사건 주류제조면허변경처분이 이루어진 사실을 인정하고 있는 바, 원심이 들고 있는 증거들을 살펴보면 갑 제2호증(주류제조면허상속신고서 사본), 갑 제17호증의 4(주류제조면허상속기안지), 갑 제3,5,7호증(각 호적 또는 제적등본)등은 그 문서의 성질상 원심인정의 문서위조사실을 인정할 수 있는 자료가 될 수 없고 갑 제6호증(재산상속포기서), 갑 제8호증(인감증명서), 갑 제18호증의 3(인감대장)등은 그 자체만으로서는 그 문서들이 위조되었음을 인정할 수 없으며, 병 제2호증의 2(소외 6 진술조서), 3(소외 3 진술조서), 6(소외 7 진술조서)의 각 기재나 원심증인 소외 8의 증언, 원고 7에 대한 당사자본인신문결과, 원심의 기록검증(정읍지원 79가합227) 및 서류검증(감곡면사무소의 인감처리부)결과등을 아무리 살펴보아도 원심인정의 문서위조사실에 대한 자료를 찾아 볼 수 없고(위 갑 제7호증과 제8호증의 기재에 의하면 갑 제6호증 중 소외 9 명의의 기명날인은 그가 사망한 후에 이루어진 것 임을 알 수 있고 그 아들 소외 10이 인감증명도 내어주고 인장도 교부하였다는 것이므로 위 소외 9 명의 부분은 위조되었다고 볼 것이나 위 사실만으로 곧 원고들의 명의부분도 위조되었다고 인정할 수는 없다), 갑 제10호증(소장)은 원고들의 주장을 기재한 것이며, 갑 제21호증(원고 1 증인신문조서)의 기재와 원고 1에 대한 당사자 본인신문결과 및 원심의 기록검증(정읍지원 79가합185)결과중 원고 1의 진술부분은 원고 1의 주장이나 진술을 그대로 기재하고 있음에 불과하므로 위의 사실 등이 원고들 명의의 위 재산상속포기서 등이 위조되었다는 그 주장을 인정할 증거가 될 수 없다 할 것이다. 그럼에 도 불구하고 원심은 원고들의 주장이나 그 진술이외에 아무런 증거도 없이 원심인정의 문서들이 위조되었다고 사실인정을 하고 있다 할 것이다.

그러므로 원심판결에 심리미진 아니면 채증법칙 위배의 위법이 있다고 아니할 수 없어서 논지는 이유있고 다른 상고이유에 대하여 판단할 것 없이 원심판결은 파기를 면하지 못한다.

따라서 원심판결을 파기하고, 다시 심리판단하게 하기 위하여 사건을 원심인 광주고등법원에 환송하기로 관여 법관의 의견이 일치되어 주문과 같이 판결한다.

대법관 신정철(재판장) 김중서 강우영 이정우

[판례 21] 시정명령처분등취소 (대법원 1996. 3. 22. 선고 96누433 판결)

【판시사항】

[1] 항고소송의 대상이 되는 행정처분의 의미

[2] 위법 건축물에 대한 단전 및 전화통화 단절조치 요청행위가 항고소송의 대상이 되는 행정처분인지 여부(소극)

【판결요지】

[1] 항고소송의 대상이 되는 행정처분이라 함은 행정청의 공법상의 행위로서 특정 사항에 대하여 법규에 의한 권리의 설정 또는 의무의 부담을 명하거나 기타 법률상 효과를 발생하게 하는 등 국민의 권리의무에 직접 관계가 있는 행위를 가리키는 것이고, 행정권 내부에서의 행위나 알선, 권유, 사실상의 통지 등과 같이 상대방 또는 기타 관계자들의 법률상 지위에 직접적인 법률적 변동을 일으키지 아니하는 행위 등은 항고소송의 대상이 되는 행정처분이 아니다.

[2] 건축법 제69조 제2항, 제3항의 규정에 비추어 보면, 행정청이 위법 건축물에 대한 시정명령을 하고 나서 위반자가 이를 이행하지 아니하여 전기·전화의 공급자에게 그 위법 건축물에 대한 전기·전화공급을 하지 말아 줄 것을 요청한 행위는 권고적 성격의 행위에 불과한 것으로서 전기·전화공급자나 특정인의 법률상 지위에 직접적인 변동을 가져오는 것은 아니므로 이를 항고소송의 대상이 되는 행정처분이라고 볼 수 없다.

【참조조문】

[1] 행정소송법 제2조, 제19조 [2] 행정소송법 제2조, 제19조, 건축법 제69조

【참조판례】

[1][2] 대법원 1995. 11. 21. 선고 95누9099 판결(공1996상, 88)
[1] 대법원 1993. 10. 26. 선고 93누6331 판결(공1993하, 3192)
대법원 1994. 9. 10. 자 94두33 결정(공1994하, 2870)
대법원 1995. 7. 28. 선고 94누10832 판결

【전 문】

【원고, 상고인】 원고

【피고, 피상고인】 울산시장 (경정전 피고 울산군수)

【원심판결】 부산고법 1995. 11. 17. 선고 93구3974 판결

【주 문】

원심판결을 파기하고 이 사건 소를 각하한다. 소송총비용은 원고의 부담으로 한다.

【이 유】

직권으로 판단한다.

원심판결 이유에 의하면 원심은, 피고가 1993. 6. 11. 전기·전화의 공급자에 대하여, 원고가 피고로부터 건축허가를 받아 지은 이 사건 다세대주택이 인접토지를 무단침범하고, 철거하여야 할 무허가건물을 불법 용도변경하였으며, 준공검사 전에 위 다세대주택을 사전 사용하고 있다는 사유를 들어 이 사건 건물에 대한 단전 및 전화통화 단절조치를 요청하면서 원고에게 이와 같은 사실을 통보한 사실을 인정한 다음, 원고가 이 사건 소로써, 피고가 1993. 6. 11. 위 다세대주택과 관련하여 시정명령 및 원상회복조치로 한 전기공급과 전화통화를 단절시키는 제재처분의 취소를 구하는 데 대하여, 이 사건 제재처분은 건축법 등 관계 법령에 따른 것으로서 적법한 것이라고 판시하여 원고의 청구를 기각하였다.

그러나 항고소송의 대상이 되는 행정처분이라 함은 행정청의 공법상의 행위로서 특정 사항에 대하여 법규에 의한 권리의 설정 또는 의무의 부담을 명하거나 기타 법률상 효과를 발생하게 하는 등 국민의

권리의무에 직접 관계가 있는 행위를 가리키는 것이고, 행정권 내부에서의 행위나 알선, 권유, 사실상의 통지 등과 같이 상대방 또는 기타 관계자들의 법률상 지위에 직접적인 법률적 변동을 일으키지 아니하는 행위 등은 항고소송의 대상이 되는 행정처분이 아니라고 할 것인바, 건축법 제69조 제2항, 제3항의 규정에 비추어 보면, 피고가 그 판시와 같이 위법 건축물에 대한 시정명령을 하고 나서 위반자인 원고가 이를 이행하지 아니하여 전기·전화의 공급자에게 그 위법 건축물에 대한 전기·전화공급을 하지 말아 줄 것을 요청한 행위는 권고적 성격의 행위에 불과한 것으로서 전기·전화공급자나 특정인의 법률상 지위에 직접적인 변동을 가져오는 것은 아니므로 이를 항고소송의 대상이 되는 행정처분이라고 볼 수 없다고 할 것이다(대법원 1995. 7. 28. 선고 94누10832 판결, 1995. 11. 21. 선고 95누9099 판결 등 참조).

그럼에도 불구하고 원심이 피고가 전기·전화공급자에 대하여 위 다세대주택에 대한 전기공급 및 전화통화를 중지할 것을 요청하는 내용의 조치를 한 것을 항고소송의 대상이 되는 행정처분으로 보아 본안에 들어가 판단하였으니 원심판결에는 항고소송의 대상인 행정처분에 관한 법리를 오해한 위법이 있다고 할 것이다.

그러므로 상고이유에 대한 판단을 생략한 채 원심판결을 파기하고 이 사건은 대법원에서 직접 재판하기에 충분하다고 인정되므로 이 사건 소를 각하하고 소송 총비용은 패소자의 부담으로 하기로 관여 법관들의 의견이 일치되어 주문과 같이 판결한다.

대법관   박만호(재판장) 박준서 김형선(주심) 이용훈

[판례 22] 급수공사비등부과처분취소 (대법원 1993. 10. 26. 선고 93누6331 판결)

【판시사항】

가. 항고소송의 대상이 되는 행정처분의 의미
나. 수도사업자의 급수공사 신청자에 대한 급수공사비 납부통지가 행정처분인지 여부

【판결요지】

가. 항고소송의 대상이 되는 행정처분이라 함은 행정청의 공법상 행위로서 특정사항에 대하여 법규에 의한 권리의 설정 또는 의무의 부담을 명하며 기타 법률상 효과를 발생케 하는 등 국민의 구체적 권리의무에 직접적 변동을 초래하는 행위를 말하고 행정권 내부에서의 행위나 알선, 권유, 사실상의 통지 등과 같이 상대방 또는 기타 관계자들의 법률상 지위에 직접적인 법률적 변동을 일으키지 아니하는 행위는 항고소송의 대상이 될 수 없다.
나. 수도사업자가 급수공사 신청자에 대하여 급수공사비 내역과 이를 지정기일 내에 선납하라는 취지로 한 납부통지는 수도사업자가 급수공사를 승인하면서 급수공사비를 계산하여 급수공사 신청자에게 이를 알려 주고 위 신청자가 이에 따라 공사비를 납부하면 급수공사를 하여 주겠다는 취지의 강제성이 없는 의사 또는 사실상의 통지행위라고 풀이함이 상당하고, 이를 가리켜 항고소송의 대상이 되는 행정처분이라고 볼 수 없다.

【참조조문】

가.나. 행정소송법 제2조, 제19조 나. 대전직할시상수도급수조례 제11조

【참조판례】

가. 대법원 1980. 10. 14. 선고 78누379 판결(공1980,13330)

1992. 2. 11. 선고 91누4126 판결(공1992,1037)

1993. 4. 12. 자 93두2 결정(공1993상,1312)

【전 문】

【원고, 상고인】 대덕연구단지 주택조합연합회 소송대리인 변호사 김충식

【피고, 피상고인】 대전직할시 상수도사업본부 유성사업소장 소송대리인 중도법무법인 담당변호사 박충순

【원심판결】 대전고법 1993. 2. 12. 선고 92구174 판결

【주 문】

상고를 기각한다.

상고비용은 원고의 부담으로 한다.

【이 유】

상고이유를 본다.

항고소송의 대상이 되는 행정처분이라 함은 행정청의 공법상의 행위로서 특정사항에 대하여 법규에 의한 권리의 설정 또는 의무의 부담을 명하며 기타 법률상의 효과를 발생케 하는 등 국민의 구체적인 권리의무에 직접적 변동을 초래하는 행위를 말하는 것이고 행정권 내부에서의 행위나 알선, 권유, 사실상의 통지 등과 같이 상대방 또는 기타 관계자들의 법률상 지위에 직접적인 법률적 변동을 일으키지 아니하는 행위는 항고소송의 대상이 될 수 없다고 해석하여야 할 것인바(당원 1980.10.14. 선고 78누379 판결 참조), 기록에 의하면 대전직할시상수도급수조례 제11조는 급수공사 승인을 받아 급수공사 신청자는 급수공사비를 은행에 지정기일 내에 선납하여야 하고 위 공사비 선납금을 지정기일 내에 납부하지 아니할 때에는 그 공사의 신청을 취소한 것으로 본다고 규정하고 있고, 위 조례 제25조, 제32조, 제36조에서 수도요금, 급수장치손료, 수수료 등에 관하여는 '징수'라는 용어를 사용하면서 제11조, 제12조에서 급수공사비와 시설분담금에 관하여는 강제성이 없는 '납부'라는 용어를 사용하고 있으므로 급수공사 신청자가 공사비를 선납하지 아니할 경우 수도사업자는 급수공사 신청을 취소한 것으로 보아 급수공사를 하지 아니하면 되는 것이지 급수공사 신청자가 급수공사비를 선납하지 아니한다 하여 지방자치법, 수도법, 위 조례의 강제징수에 관한 규정에 의거하여 강제징수할 수는 없는 것이고, 수도사업자가 급수공사 신청자에게 급수공사비를 선납하라는 통지를 하였다 하더라도 그로 인하여 급수공사 신청자의 법률상 지위에 직접적인 법률적 변동을 일으키는 것도 아니고 또 급수공사비를 납부하여야 할 법률상의 의무가 발생하는 것도 아닌 점 등에 비추어 볼 때, 수도사업자가 급수공사 신청자에 대하여 급수공사비의 내역과 이를 은행에 지정기일 내에 선납하라는 취지로 한 납부통지는 수도사업자가 급수공사를 승인하면서 급수공사비를 계산하여 급수공사 신청자에게 이를 알려 주고 위 신청자가 이에 따라 공사비를 납부하면 급수공사를 하여 주겠다는 취지의 강제성이 없는 의사 또는 사실상의 통지행위라고 풀이함이 상당하다 할 것이고, 이를 가리켜 항고소송의 대상이 되는 행정처분이라고는 볼 수 없다 할 것이다. 같은 취지의 원심의 판단은 정당하고 거기에 소론과 같은 급수공사비부과처분에 관한 법리오해의 위법이 있다고 할 수 없다.

그러므로 원심의 가정판단에 대한 원고의 나머지 상고이유에 대하여 살필 것도 없이 이 상고는 이유

없으므로 이를 기각하기로 하고 상고비용은 패소자의 부담으로 하여 관여 법관의 일치된 의견으로 주문과 같이 판결한다.

대법관   배만운(재판장) 김주한 김석수(주심) 정귀호

[판례 23] 전기공급불가처분취소 (대법원 1995. 11. 21. 선고 95누9099 판결)

【판시사항】
[1] 항고소송의 대상이 되는 행정처분의 의미
[2] 한국전력공사가 전기공급의 적법 여부를 조회한 데 대한 관할 구청장의 회신은 권고적 성격의 행위에 불과한 것으로서 항고소송의 대상이 되는 행정처분이라고 볼 수 없다고 한 사례

【판결요지】
[1] 항고소송의 대상이 되는 행정처분이라 함은 행정청의 공법상의 행위로서 특정사항에 대하여 법규에 의한 권리의 설정 또는 의무의 부담을 명하거나 기타 법률상 효과를 발생하게 하는 등 국민의 구체적인 권리의무에 직접적 변동을 초래하는 행위를 말하는 것이고, 행정권 내부에서의 행위나 알선, 권유, 사실상의 통지 등과 같이 상대방 또는 기타 관계자들의 법률상 지위에 직접적인 법률적 변동을 일으키지 아니하는 행위 등은 항고소송의 대상이 될 수 없다.
[2] 무단 용도변경을 이유로 단전조치된 건물의 소유자로부터 새로이 전기공급신청을 받은 한국전력공사가 관할 구청장에게 전기공급의 적법 여부를 조회한 데 대하여, 관할 구청장이 한국전력공사에 대하여 건축법 제69조 제2항, 제3항의 규정에 의하여 위 건물에 대한 전기공급이 불가하다는 내용의 회신을 하였다면, 그 회신은 권고적 성격의 행위에 불과한 것으로서 한국전력공사나 특정인의 법률상 지위에 직접적인 변동을 가져오는 것은 아니므로 항고소송의 대상이 되는 행정처분이라고 볼 수 없다고 한 사례.

【참조조문】
[1] 행정소송법 제2조, 제19조 [2] 행정소송법 제2조, 제19조, 건축법 제69조

【참조판례】
[1] 대법원 1980. 10. 14. 선고 78누379 판결(공1980, 13330)
대법원 1980. 10. 27. 선고 80누395 판결(공1981, 13374)
대법원 1992. 2. 11. 선고 91누4126 판결(공1992, 1037)
1993. 4. 12. 자 93두2 결정(공1993상, 1312)
대법원 1993. 10. 26. 선고 93누6331 판결(공1993하, 3192)
대법원 1994. 9. 10. 자 94두33 결정(공1994하, 2870)

【전 문】
【원고, 상고인】 원고 (소송대리인 동화법무법인 담당변호사 김선국 외 5인)
【피고, 피상고인】 서울특별시 관악구청장

【원심판결】 서울고법 1995. 5. 18. 선고 94구39712 판결

【주 문】
원심판결을 파기하고, 이 사건 소를 각하한다. 소송총비용은 원고의 부담으로 한다.

【이 유】
직권으로 판단한다.

원심판결 이유에 의하면, 원심은, 피고는 1993. 6. 2.과 같은 달 24. 소외 한국전력공사(이하 '한전'이라고 한다)에 대하여, 원고가 그 소유의 이 사건 건물을 무단 용도변경하여 사용하고 있다는 사유를 들어 이 사건 건물에 대한 단전조치를 요청하였고, 이와 같은 요청을 받은 한전은 같은 해 8. 19. 이 사건 건물에 대하여 단전조치를 하였는데, 원고가 1994. 10. 19. 한전에 신규전기공급신청을 하자 한전은 같은 해 10. 28. 피고에게 원고에 대한 전기공급의 적법여부를 조회하였고, 이에 대하여 피고가 1994. 11. 10. 한전에게 이 사건 건물은 위법건축물이므로 전기공급이 불가하다는 내용의 회신을 한 사실을 인정한 다음, 원고가 이 사건 소로써, 피고가 1994. 11. 10. 한전에게 한 위 회신(이하 '이 사건 회신'이라고 한다)의 취소를 구하는 데 대하여, 이 사건 회신은 건축법 등 관계 법령에 따른 것으로서 적법한 것이라고 판시하여 원고의 청구를 기각하였다.

그러나, 항고소송의 대상이 되는 행정처분이라 함은 행정청의 공법상의 행위로서 특정사항에 대하여 법규에 의한 권리의 설정 또는 의무의 부담을 명하거나 기타 법률상 효과를 발생하게 하는 등 국민의 구체적인 권리의무에 직접적 변동을 초래하는 행위를 말하는 것이고, 행정권 내부에서의 행위나 알선, 권유, 사실상의 통지 등과 같이 상대방 또는 기타 관계자들의 법률상 지위에 직접적인 법률적 변동을 일으키지 아니하는 행위 등은 항고소송의 대상이 될 수 없다 할 것인바(당원 1993. 10. 26. 선고 93누6331 판결, 1995. 7. 28. 선고 94누10832 판결 등 참조), 건축법 제69조 제2항, 제3항의 규정 취지에 비추어 보면, 이 사건 회신은 한전에 대하여 원고에 대한 전기공급을 하지 말아 줄 것을 요청하는 권고적 성격의 행위에 불과한 것으로서 한전이나 특정인의 법률상 지위에 직접적인 법률적 변동을 가져오는 것은 아니므로 이를 가리켜 항고소송의 대상이 되는 행정처분이라고 볼 수는 없다고 할 것이다. 그럼에도 불구하고 원심은 이 사건 회신을 항고소송의 대상이 되는 행정처분으로 보아 본안에 들어가 판단하였으니 원심판결에는 항고소송의 대상이 되는 행정처분에 관한 법리를 오해한 위법이 있다고 할 것이다.

그러므로 상고이유에 대한 판단을 생략한 채 원심판결을 파기하고, 이 사건은 당원에서 직접 재판하기에 충분하다고 인정되므로 이 사건 소를 각하하고, 소송총비용은 패소자의 부담으로 하기로 관여 법관의 의견이 일치되어 주문과 같이 판결한다.

대법관   신성택(재판장) 천경송 안용득(주심) 지창권

[참조] 대법원 1995. 7. 28. 선고 94누10832

(1) 협의의 처분성

☞ 대법원 2000. 10. 13. 선고 99두653 판결 756p 참조

아. 환경영향평가상의 하자

(1) 실체적 하자

[사례 9] 용화온천 사건 : 대법원 2001. 7. 27. 선고 99두2970

자연공원사업의 시행은 국토 및 자연의 유지와 환경의 보전에 영향을 미치는 행위로서 그 공원시설기본설계 및 변경설계의 승인 여부는 사업장소의 현상과 위치 및 주위의 상황, 사업시행의 시기 및 주체의 적정성, 사업계획에 나타난 사업의 내용, 규모, 방법과 그것이 자연 및 환경에 미치는 영향 등을 종합적으로 고려하여 결정하여야 하는 일종의 재량행위에 속한다고 할 것이고, 위와 같은 재량행위에 대한 법원의 사법심사는 당해 행위가 사실오인, 비례·평등의 원칙 위배, 당해 행위의 목적 위반이나 부정한 동기 등에 근거하여 이루어짐으로써 재량권을 일탈·남용한 위법이 있는지 여부만을 심사하게 되는 것이나, 법원의 심사결과 행정청의 재량행위가 사실오인 등에 근거한 것이라고 인정된다면 이는 재량권을 일탈·남용한 것으로서 위법하여 그 취소를 면치 못한다할 것이다.

원심판결 이유에 의하면, 원심은 그 판결에서 채용하고 있는 증거들을 종합하여, 용화집단시설지구는 남한강의 최상류인 신월천변에 위치하고 있고, 신월천은 하류에서 박대천과, 박대천은 다시 그 하류에서 달천과, 달천은 그 하류에서 남한강에 합류되어 흐르는데, 위 집단시설지구로부터 하류 72km(충주조정지댐)까지는 상수원수 1급 자연환경보전구역으로 지정된 사실 등을 인정한 다음, 이러한 사정과 그 판시 증거들을 종합하여, 신월천이 달천에 합류하기 전인 충북 괴산군 (주소 1 생략), (주소 2 생략), (주소 3 생략), (주소 4 생략)은 위 집단시설지구개발사업으로 인하여 직접적이고 중대한 피해를 입으리라고 예상되는 환경영향평가대상지역에 포함되고, 그 지역에 거주하는 주민들인 원고들은 그들이 현재 누리고 있는 환경상의 이익이 이 사건 변경처분으로 인하여 침해되거나 침해될 우려가 있다고 보이므로, 원고들에게는 이 사건 변경처분 및 위 재결의 취소를 구할 원고적격이 있다고 판단하고 있다.

그런데 내무부장관이 이 사건 변경처분을 함에 있어서 피고와의 협의를 거친 이상, 환경영향평가서의 내용이 환경영향평가제도를 둔 입법 취지를 달성할 수 없을 정도로 심히 부실하다는 등의 특별한 사정이 없는 한, 내무부장관이 피고의 환경영향평가에 대한 의견에 반하는 처분을 하였다고 하여 그 처분이 위법하다고 할 수는 없고, 따라서 피고가 이 사건 사업에 관한 부정적인 의견을 회신하였음에도 내무부장관이 이 사건 변경처분을 한 것은 환경영향평가 협의내용을 제대로 반영하지 않은 것으로서 자연공원법령 및 환경영향평가법령에 위배한 하자가 있다는 취지의 원심 판단 부분은 그 설시과정이 다소 적절하지 않다고 보인다. 그러나 원심의 위와 같은 판단에는 역삼투공법에 의한 오·폐수처리시설을 설치한다 하더라도 이 사건 집단시설지구로부터 배출될 오·폐수의 수질을 이 사건 변경처분의 내용과 같이 BOD 1ppm 이하로 처리하는 것이 현실적으로 불가능하고, 그 오·폐수가 신월천 등에 방류될 경우 신월천 등 하천의 수질악화 등 환경오염의 가능성이 많으며, 이로 인하여 신월천 주변에 거주하는 주민인 원고들의 식수원이 오염되거나 농업용수의 피해 등으로 인하여 그들에게 이 사건 시설지구의 개발 전과 비교하여 사회통념상 수인한도를 넘는 생활이익의 침해를 초래할 우려가 있으며, 그럼에도 내무부장관이 이러한 환경적 위해발생을 충분히 고려하지 아니한 채 이 사건 변경처분을 한 것은, 재량권을 일탈 또는 남용한 행위로서 위법하다는 취지의 판단도 포함하고 있다고 보여지며, 기록에 비추어 살펴보면 원심의 위와 같은 인정과 판단은 결론에 있어 정당한 것으로 수긍이 가고, 거기에 상고이유에서 지적하는 바와 같은 자연공원법령과 환경영향평가법령에 관한 법리오해, 심리미진이나 이유불비, 이유모

순 등의 위법이 없다

[사례 10] 담대천양수발전소 사건 : 대법원 1998. 9. 22. 선고 97누19571 판결

노지 자영도의 등급평가와 희귀식물의 서식분포에 관한 조사를 다소 잘못하였다고 하더라도 그 후 환경부장관과의 협의를 거친 이상(이는 그와 같은 환경영향평가의 부실 정도가 환경영향평가제도를 둔 입법치지를 달성할 수 없을 정도이어서 환경영향평가를 하지 아니한 것과 다를 바 없는 것이 아닌 이상이라는 취지로 이해된다), 그 때문에 이 사건 승인 처분이 위법일고 할 수 없으며,(…)

[사례 11] 경부고속철도 서울차량기지 정비창 건설사업 사건 : 대법원 2001. 6. 29. 선고 99두9902

구 환경영향평가법(1997. 3. 7. 법률 제5302호로 개정되기 전의 것, 이하 '법'이라 한다) 제4조에서 환경영향평가를 실시하여야 할 사업(이하 '대상사업'이라 한다)을 정하고, 그 제16조 내지 제19조에서 대상사업에 대하여 반드시 환경영향평가를 거치도록 한 취지 등에 비추어 보면, 법에서 정한 환경영향평가를 거쳐야 할 대상사업에 대하여 그러한 환경영향평가를 거치지 아니하였음에도 승인 등 처분을 하였다면 그 처분은 위법하다 할 것이나, 그러한 절차를 거쳤다면, 비록 그 환경영향평가의 내용이 다소 부실하다 하더라도, 그 부실의 정도가 환경영향평가제도를 둔 입법 취지를 달성할 수 없을 정도이어서 환경영향평가를 하지 아니한 것과 다를 바 없는 정도의 것이 아닌 이상 그 부실은 당해 승인 등 처분에 재량권 일탈·남용의 위법이 있는지 여부를 판단하는 하나의 요소로 됨에 그칠 뿐, 그 부실로 인하여 당연히 당해 승인 등 처분이 위법하게 되는 것이 아니다(대법원 1998. 9. 22. 선고 97누19571 판결 참조).

원심은 한국고속철도건설공단이 경부고속철도 서울차량기지 정비창 건설사업에 관한 환경영향평가를 주식회사 동명기술공단에 의뢰하였고, 위 회사가 작성한 환경영향평가서 초안에 대하여 주민들의 의견을 수렴하고 그 결과를 반영하여 환경영향평가서를 작성한 후 피고에게 제출하였으며, 위 평가서에 관한 피고의 협의요청에 대하여 환경부장관은 지형·지질 등 9개 항목의 미비점에 대한 보완을 요청하였고, 위 공단이 그에 따라 보완된 평가서를 제출하자, 피고는 그에 따라 환경부장관과 협의를 마친 후 위 기지창 건설사업의 실시계획을 승인하는 이 사건 처분을 한 사실, 보완된 평가서 중 사업입지 대안에 관하여는 이 사건 사업지구 외 다른 지구에 대한 타당성 검토는 환경영향평가의 범위를 넘는다고 판단하여 이를 한 바 없고, 침수피해에 관하여는 구체적인 설계내용을 환경영향평가단계에서 반영할 수 없다고 보았으며, 우수 배수방안은 고양시와 협의할 계획이고, 실시 계획 및 공사시 최대한 반영하여 침수피해를 최대한 억제할 계획이라고만 하였을 뿐 피해를 막을 수 있는 구체적인 계획에 대하여 언급하지 않았던 사실을 인정한 다음, 위 평가에서 사업입지 관련 대안 검토를 하지 않았다거나 침수피해 방지를 위한 구체적인 계획이 없다는 점은 법에서 규정하는 환경영향평가제도의 취지에 비추어 어느 정도 한계가 있을 수밖에 없는 점을 고려할 때, 원고들의 주장대로 그것이 다소 미흡하다 하더라도 그 부실정도가 환경영향평가제도를 둔 입법 취지를 달성할 수 없을 정도이어서 환경영향평가를 하지 아니한 것과 다를 바 없는 정도의 것이 아니라고 판단하여 원고들의 청구를 배척하고 있는바, 원심의 위와 같은 사실인정과 판단은, 앞서 본 법리에 따른 것으로 정당하고, 거기에 상고이유에서 주장하는 바와

같은 판단유탈이나 사실오인 등의 위법이 없다.

[사례 12] 납골당 사건 : 대법원 2004. 12. 9. 선고 2000두12073

구 환경영향평가법 제4조에서 환경영향평가를 실시하여야 할 사업을 정하고, 그 제16조 내지 제19조에서 대상사업에 대하여 반드시 환경영향평가를 거치도록 한 취지 등에 비추어 보면, 같은 법에서 정한 환경영향평가를 거쳐야 할 대상사업에 대하여 그러한 환경영향평가를 거치지 아니하였음에도 승인 등 처분을 하였다면 그 처분은 위법하다 할 것이나, 그러한 절차를 거쳤다면, 비록 그 환경영향평가의 내용이 다소 부실하다 하더라도, 그 부실의 정도가 환경영향평가제도를 둔 입법 취지를 달성할 수 없을 정도이어서 환경영향평가를 하지 아니한 것과 다를 바 없는 정도의 것이 아닌 이상 그 부실은 당해 승인 등 처분에 재량권 일탈·남용의 위법이 있는지 여부를 판단하는 하나의 요소로 됨에 그칠 뿐, 그 부실로 인하여 당연히 당해 승인 등 처분이 위법하게 되는 것이 아니다(대법원 2001. 6. 29. 선고 99두9902 판결 참조).

그러므로 구 환경영향평가법에 따라 환경영향평가를 거쳐야 할 대상사업에 대하여 처분이 이루어진 경우 법원으로서는 먼저 구 환경영향평가법에 따라 환경영향평가절차가 제대로 진행되었는지 여부와 환경영향평가절차가 제대로 진행되었다면 환경영향평가서를 기초로 환경영향평가의 내용이 부실한지 여부를 따져야 할 것이고, 만약 환경영향평가의 내용이 부실하다면 그 부실의 정도가 환경영향평가제도를 둔 입법 취지를 달성할 수 없을 정도이어서 환경영향평가를 하지 아니한 것과 다를 바 없는 정도인지 여부, 그 부실의 정도가 환경영향평가제도를 둔 입법 취지를 달성할 수 없을 정도에 이르지 아니한 경우에는 그 부실로 인하여 당해 처분에 재량권 일탈·남용의 위법이 있는지 여부 등을 심리하여 그 결과에 따라 당해 처분의 적법 여부를 판단하여야 할 것이다.

(…) 위와 같이 1면이나 2면 또는 3면만을 발췌하여 제출한 환경영향평가서의 일부만으로는 이 사건 납골당조성사업이 환경에 미칠 영향이나 환경영향평가 내용의 부실 정도를 파악하기가 곤란하므로, 원심으로서는 석명권을 행사하여 이 사건 환경영향평가서들 전체를 제출하도록 입증을 촉구하고 그 전부를 살펴 환경영향평가 내용의 부실 여부와 부실의 정도 등을 심리한 후 그 결과에 따라 이 사건 처분의 적법 여부와 재량권 일탈·남용 여부 등을 따졌어야 함에도 원심은 환경영향평가에 대한 충분한 심리를 진행하지 아니한 채 이 사건 환경영향평가서들 중 발췌된 일부만을 심리대상으로 삼아 이 사건 납골당조성사업에 대하여는 국토 및 자연의 유지, 환경의 보전 등 이를 허가하지 아니하여야 할 중대한 공익상의 필요가 있다는 이유로 이 사건 처분이 위법하다고 판단하고 말았으니 원심판결에는 석명권 불행사, 심리미진 또는 채증법칙 위배로 인한 사실오인 등으로 인하여 판결 결과에 영향을 미친 위법이 있다.

☞ 대법원 2001. 7. 27. 산거 99두2970 판결 732p 참조 (용화온천 사건)
☞ 대법원 1998. 9. 22. 선고 97누19571 판결 728p 참조
☞ 대법원 2006. 3. 16. 선고 2006두330 판결 200p 참조

(2) 절차적 하자

> ☞ (구)도시계획법

제11조 (광역도시권의 지정) ① 건설교통부장관은 2 이상의 도시의 공간구조 및 기능을 상호 연계시키고 환경을 보전하며 광역시설을 체계적으로 정비하기 위하여 필요한 경우에는 인접한 2 이상의 특별시·광역시·시 또는 군의 관할구역의 전부 또는 일부를 대통령령이 정하는 바에 따라 광역도시권으로 지정할 수 있다.

> ☞ (구)도시계획법

제15조 (지방자치단체의 의견청취) ① 시·도지사는 광역도시계획을 수립하고자 하는 때에는 미리 관계 시·도의 의회와 관계 시장 또는 군수의 의견을 들어야 한다.

> ☞ (구)도시계획법

제16조의2 (주민등의 의견청취) ② 시장 또는 군수는 제11조에 의하여 도시계획을 입안하고자 할 때에는 주민의 의견을 청취하고 그 의견이 타당하다고 인정하는 때에는 이를 도시계획의 입안에 반영하여야 한다. 다만, 국방상 기밀을 요하거나 대통령령이 정하는 경미한 사항은 그러하지 아니하다.<개정 1991·12·14>

> ☞ (구)도시계획법 시행령

제11조 (도시계획에 관한 기초조사) ① 법 제15조제1항의 규정에 의하여 시장·군수가 도시계획의 입안을 위하여 조사·측량할 수 있는 사항은 다음 각호와 같다.<개정 1982·10·23, 1988·2·16, 1992·7·1, 1994·12·23>
   1. 인구변동의 상황 및 그 추세
   2. 산업별 인구의 구성
   3. 산업의 현황 및 발전추세
   4. 토지의 이용상황
   5. 교통량
   6. 풍수해·산사태·지반의 붕괴 기타 재해의 발생빈도 및 현황
   7. 기타 건설교통부령으로 정하는 사항

> **☞ (구)도시계획법 시행령**
>
> 제14조의2 (공청회 및 주민의 의견청취등) ⑥ 시장·군수가 법 제16조의2제2항의 규정에 의하여 도시계획의 입안에 관하여 주민의 의견을 청취하고자 할 때에는 그 입안하고자 하는 도시계획안의 내용을 당해 시 또는 군의 지역을 정기간행물의등록등에관한법률 제7조제1항제8호의 주된 보급지역으로 하는 일간신문에 2회이상 공고하고 14일이상 일반에게 공람시켜야 한다.<개정 1982·10·23, 1988·2·16, 1991·5·11>

[판례 24] 도시계획시설변경결정취소 (대법원 1988. 5. 24. 선고 87누388 판결)

【판시사항】

가. 도시계획입안절차에 하자가 있는 행정처분의 효력
나. 공람공고절차를 위배한 도시계획변경결정처분의 효력

【판결요지】

가. 도시계획법 제11조 제1항, 제15조 제1항, 제16조의2 제2항, 동법시행령 제11조 제1항, 제14조의2 제6항 및 동법시행규칙 제4조 제2항 등의 취지는 도시계획의 입안에 있어 다수 이해관계자의 이익을 합리적으로 조정하여 국민의 자유권리에 대한 부당한 침해를 방지하고 행정의 민주화와 신뢰를 확보하기 위하여 국민의 의사를 그 과정에 반영시키는데 있다 할 것이므로 위와 같은 절차에 하자가 있는 행정처분은 위법하다.

나. 도시계획법 제16조의2 제2항 및 동시행령 제14조의2 제6항, 제7항, 제8항의 규정을 종합하여 보면 공람공고절차를 위배한 도시계획변경결정신청은 위법하다고 아니할 수 없고 행정처분에 위와 같은 법률이 보장한 절차의 흠결이 있는 위법사유가 존재하는 이상 그 내용에 있어 재량권의 범위 내이고 변경될 가능성이 없다 하더라도 그 행정처분은 위법하다.

【참조조문】

가. 도시계획법 제11조 제1항, 제15조 제1항, 제16조의2 제2항, 동법시행령 제11조 제1항, 제14조의2 제6항, 동법시행규칙 제4조 제2항 나. 도시계획법 제16조의2 제2항, 동 시행령 제14조의2 제6항, 제7항, 제8항, 행정소송법 제1조

【전 문】

【원고, 상 고 인】 원고 소송대리인 변호사 이재후
【피고, 피상고인】 경기도지사 소송대리인 변호사 이백호
【원심판결】 서울고등법원 1987.3.19. 선고 86구769 판결

【주 문】

원심판결을 파기하고, 사건을 서울고등법원에 환송한다.

【이 유】

원고 소송대리인의 상고이유에 대하여
도시계획법은 도시계획의 입안에 관하여 몇가지 절차를 규정하고 있다. 즉 법 제11조 제1항은 시장 또

는 군수는 그 관할구역안에서 시행할 도시계획을 입안한다라고 규정하고 동 제15조 제1항은 시장 또는 군수는 도시계획의 입안을 위하여 대통령령이 정하는 바에 따라 도시계획예정구역안의 인구, 산업의 현황, 토지의 이용상황 기타 도시계획의 입안에 관하여 필요한 사항을 조사하거나 측량할 수 있다라고 규정하고 동 제16조의2 제2항은 시장 또는 군수는 제11조에 의하여 도시계획을 입안하고자 할 때에는 주민의 의견을 청취하고 그 의견이 타당하다고 인정하는 때에는 이를 도시계획의 입안에 반영하여야 한다라고 규정하고 있다. 그리고 도시계획법시행령 제11조 제1항은 법 제15조 제1항의 규정에 의하여 시장, 군수가 도시계획을 입안하고자 할 때에는 도시계획예정구역내의 다음 각호의 사항을 구체적으로 조사 측량하여 도시계획결정신청서에 이를 첨부하여야 한다. 1. 인구변동의 상황 및 그 추세 2. 산업별 인구의 구성 3. 산업의 현황 및 발전추세 4. 토지의 이용상황 5. 교통량 6. 기타 건설부령으로 정하는 사항. 위 제2항은 시장, 군수가 결정된 도시계획을 변경하고자 할 때에는 건설부령이 정하는 사항을 구체적으로 조사 측량하여 이를 도시계획변경결정신청서에 첨부하여야 한다라고 규정하고 동 시행령 제14조의2 제6항은 시장, 군수가 법 제16조의2 제2항의 규정에 의하여 도시계획의 입안에 관하여 주민의 의견을 청취하고자 할 때에는 그 입안하고자 하는 도시계획안의 내용을 당해 지방에서 발간되는 일간신문에 1회 이상 공고하고 14일간 일반에게 공람시켜야 한다라고 규정하였다. 나아가 도시계획법시행규칙 제4조 제2항은 시장, 군수가 영 제11조 제2항의 규정에 의하여 도시계획변경결정을 하고자 할 때에는 조사 측량할 사항은 영 제11조 제1항의 규정에 의한 조사 측량할 사항 중 당해 도시계획변경결정에 관련되는 사항으로 한다라고 규정하였다.

이러한 규정들의 취지는 도시계획의 입안에 있어 다수 이해관계자의 이익을 합리적으로 조정하여 국민의 권리자유에 대한 부당한 침해를 방지하고 행정의 민주화와 신뢰를 확보하기 위하여 국민의 의사를 그 과정에 반영시키는데 있다 할 것이므로 위와 같은 절차에 하자가 있는 행정처분은 위법하다고 하여야 할 것이다.

원심은 우선 조사 측량절차의 위배여부에 관하여, 김포군수가 김포읍 준공업지역내의 이 사건 신설도로계획을 보완하여 도시계획변경결정신청을 함에 있어서 김포군 소속 공무원인 소외인은 위 준공업지역내의 교통량과 인구증가율 등에 관한 기초자료조사를 한 바는 없으나 현장답사를 하여 지형과 각종시설물의 위치 등을 종합적으로 고려하여 위 준공업지역에 2개의 교차도로를 계획하면서 준공업지역의 중심선을 기준으로 하는 도로망계획과 기존현황 및 제반여건을 고려한 도로망계획의 2개안을 마련하는 한편 용역회사에 의뢰하여 도시계획변경부분에 관한 조사와 계획도면작성을 하게 한 사실을 인정할 수 있고 더욱이 이 사건 신설도로계획은 이미 신청된 도시계획변경안에 대한 도시계획위원회의 심의, 의결을 거쳐 이에 대한 보완지시가 있었던 것이므로 조사 측량 등 절차에 하자가 있는 것이라 할 수 없다고 판단하였다. 그러나 도로신설로 인하여 도시계획변경결정신청을 함에 있어서는 도시계획법 제15조 제1항, 동 시행령 제11조 제2항, 동 시행규칙 제4조 제2항에 의하여 당해 도시계획변경결정에 관련되는 사항을 조사 측량하도록 되어 있으니 원심이 김포군수가 도로신설로 인한 도시계획변경결정을 신청하면서 위 도시계획변경결정에 관련되는 사항인 교통량과 인구증가율 등에 관한 기초자료조사를 한 바가 없음을 인정하면서도 용역회사에 조사를 하게 하였고 도시계획위원회에 의한 이 사건 신설도로에 대한 보완지시가 있었다는 이유로 조사 측량 등 절차에 하자가 있는 것이라 할 수 없다고 판단한 것은 첫째, 용역회사가 위와 같은 기초자료조사를 하였는지 여부에 관하여 심리를 하지 아니한 위법이 있는 것이며 둘째, 이 사건 도로신설계획이 도시계획위원회의 보완지시에 따른 것이라 하여 그 절차를 생략할 수 있는 것도 아니므로 위 법령이 규정한 도시계획변경결정신청에 있어 조사 측량절차에 관한 법리를 오해한 위법이 있는 것이라고 아니할 수 없다. 논지는 이유 있다.

원심은 또한 공람공고절차의 위배여부에 관하여, 김포군수가 도시계획변경안을 공고함에 있어서 도시계획변경내용을 단위시설(도로, 공원, 시설녹지) 일부변경 및 신설이라고만 표시한 사실이 인정되고 그 공고내용만으로는 어떤 도시계획시설이 변경 및 신설되는지 전혀 알 수 없어 신설 도로계획부분에 관한 한 계획안의 공개적 표명절차에 하자가 있다고 할 것이고, 따라서 전체로서의 의견청취절차를 제대로 밟았다고 볼 수 없다고 판단한 다음 그러나 위 공고는 도시계획변경결정신청에 앞서 이루어진 공고와 밀접하게 관련되어 있어 그와 일체를 이루고 있는 것이라 할 것이고 그때에 도시계획내용을 구체적으로 공고한 사실이 인정되므로 도시계획변경안을 전체적으로 볼 때에는 이 사건 신설도로계획 등 새로이 보완된 부분에 대한 공고가 일부 누락된 것에 지나지 아니하여 그 정도의 하자만으로는 도시계획변경결정 자체를 위법하게 하는 것은 아니며 그렇지 않다 하더라도 도시계획의 입안과 결정 등 계획행정은 그 전문성과 탄력성으로 인하여 행정청에 광범위한 재량권이 부여되고 있어 제출된 주민의견의 타당성 검토와 수용여부에 관한 권한은 계획관청에 유보되고 있는 것으로서 계획의 입안 및 이에 기한 결정의 내용이 재량권의 일탈 남용에 이르지 아니하고 그 내용이 변경될 가능성이 없는 이상 하자있는 의견청취절차에 기한 것이라 하더라도 위법하다고는 볼 수 없다고 판단하였다.

그러나 도시계획법 제16조의2 제2항에 의하면, 국방상 기밀을 요하거나 경미한 사항인 경우를 제외하고는 주민의견의 청취절차를 밟도록 규정하고 있고 또 도시계획안의 내용을 공고하도록 한 동 시행령 제14조의2 제6항의 규정과 공람기간내에 의견서를 제출할 수 있는 동 제7항의 규정 그리고 시장, 군수가 도시계획의 결정신청을 한 경우 주민의 의견요지를 함께 제출하도록 한 동 제8항의 규정을 종합하여 보면 공람공고절차를 위배한 도시계획변경결정신청은 위법하다고 아니할 수 없고 행정처분에 위와 같은 법률이 보장한 절차의 흠결이 있는 위법사유가 존재하는 이상 그 내용에 있어 재량권의 범위내이고 변경될 가능성이 없다 하더라도 그 행정처분은 위법하다고 하여야 할 것이다. 논지는 이유 있다.

이에 원심판결을 파기하고, 사건을 원심법원에 환송하기로 하여 관여 법관의 일치된 의견으로 주문과 같이 판결한다.

대법관 윤관(재판장) 김형기 박우동

[판례 25] 식품위생접객업소영업정지명령취소등 (대법원 1991. 7. 9. 선고 91누971 판결)

【판시사항】

가. 식품위생법 소정의 청문절차를 전혀 거치지 아니하거나 거쳤다고 하여도 그 절차적 요건을 제대로 준수하지 아니하고 한 영업정지 등의 처분의 적부(소극)

나. 무도유흥음식점영업장의 객석면적을 식품위생법상 시설기준의 최소면적 이상으로 무단확장하였음을 이유로 한 시설개수명령의 적부(소극)

【판결요지】

가. 식품위생법 제64조, 같은법시행령 제37조 제1항 소정의 청문절차를 전혀 거치지 아니하거나 거쳤다고 하여도 그 절차적 요건을 제대로 준수하지 아니한 경우에는 가사 영업정지사유 등 위 법 제58조 등 소정 사유가 인정된다고 하더라도 그 처분은 위법하여 취소를 면할 수 없다.

나. 식품위생법 제21조, 같은법시행규칙 제20조 별표 7이 규정하는 시설기준은 무도유흥음식점영업에 있어서 갖추어야 할 최소한의 시설기준을 정한 것이므로, 영업장의 객석면적을 위 시설기준의 최소

면적 이상으로 무단확장하였다고 하여도 허가 없이 영업허가사항을 변경한 것을 이유로 영업허가를 취소 또는 정지함은 별론으로 하고 위 법 제57조의 규정에 의한 시설개수명령의 대상은 되지 않는다.

【참조조문】
가.식품위생법 제58조, 제64조, 같은법시행령 제37조 제1항 나. 식품위생법 제21조, 제57조, 같은법시행규칙 제20조 별표 7

【참조판례】
가. 대법원 1983.6.14. 선고 83누14 판결(공1983,1100)
1990.11.9. 선고 90누4129 판결(공1991,103)
나. 대법원 1984.3.13. 선고 83누685 판결(공1984,730)

【전 문】
【원고,피상고인】 원고 1 외 1인 원고들 소송대리인 변호사 이정우 외 1인
【피고,상고인】 서울특별시 서초구청장
【원심판결】 서울고등법원 1990.12.11. 선고, 88구4524 판결

【주 문】
상고를 기각한다.
상고비용은 피고의 부담으로 한다.

【이 유】
피고소송수행자들의 상고이유를 본다.
1. 식품위생법 제64조의 규정에 의하면 보건사회부장관과 또는 시·도지사는 제58조, 제59조 또는 제63조의 규정에 의한 처분을 하고자 하는 경우에는 대통령령의 정하는 바에 따라 미리 당해 처분의 상대방 또는 그 대리인에게 의견을 진술할 기회를 주어야 하도록 되어 있고, 같은법시행령 제37조 제1항의 규정에 의하면 위 법 제64조의 규정에 의한 청문을 행하기 위하여 영업자 또는 그 대리인의 출석을 요구하고자 할 때에는 지체없이 청문서를 당해 영업자 또는 그 대리인에게 발송하여야 하되 청문일 7일 전(처분권자가 보건사회부장관인 경우에는 출석일 10일 전)에 도달되어야 하도록 되어 있다. 이러한 청문제도의 취지는 이 사건 영업정지와 같은 위 법 제58조 등의 규정에 의한 처분으로 말미암아 불이익을 받게 된 영업자에게 미리 변명과 유리한 자료를 제출할 기회를 부여함으로써 처분의 신중을 기하고 그 적정성을 확보하여 부당한 영업자의 권리침해를 예방하려는 데에 있으므로, 위와 같은 법령 소정의 청문절차를 전혀 거치지 아니하거나 거쳤다고 하여도 그 절차적 요건을 제대로 준수하지 아니한 경우에는 가사 영업정지사유 등 위 법 제58조 등 소정사유가 인정된다고 하더라도 그 처분은 위법하여 취소를 면할 수 없는 것이다 (당원 1983.6.14. 선고 83누14 판결 및 1990.11.9. 선고 90누4129 판결 각 참조).
이 사건에서 원심이 적법하게 확정한 사실에 의하면 피고는 원고들에 대한 이 사건 영업정지처분을 함에 있어서 청문일을 1988.4.11.로 정하고도 원고들에게 그 달 6.에서야 청문서를 발송하였다는 것인 바, 이는 청문서 도달기간에 관한 절차적 요건을 준수하지 아니한 것으로서 적법한 청문절차를 거쳤다고 볼 수 없으므로, 원심이 이 사건 영업정지처분을 위법한 처분이라고 판단하여 취소를 명한 조치는 정당하고 소론과 같은 법리오해의 위법이 없다. 논지는 이유 없다.
2. 식품위생법 제57조의 규정에 의한 시설개수명령은 영업시설이 같은 법 제21조의 규정에 의한 시설

기준에 적합하지 아니한 때에 할 수 있고, 같은 법 제21조, 같은법시행규칙 제20조 별표7이 규정하는 시설기준은 무도유흥음식점영업에 있어서 갖추어야 할 최소한의 시설기준을 정한 것이므로, 원고가 그 영업장의 객석면적을 위 시설기준의 최소면적 이상으로 무단확장하였다고 하여도 허가 없이 영업허가사항을 변경한 것을 이유로 영업허가를 취소 또는 정지함은 별론으로 하고 위 법 제57조의 규정에 의한 시설개수명령의 대상은 되지 않는다고 할 것이다.

원심이 위와 같은 취지로 판단하여 이 사건 위 시설개수명령의 취소를 명한 조치는 정당하고 소론과 같은 위법이 없으므로 이 점 논지도 이유없다.

3. 그러므로 상고를 기각하고 상고비용은 패소자의 부담으로 하여 관여법관의 일치된 의견으로 주문과 같이 판결한다.

대법관 배만운(재판장) 이회창 이재성 김석수

[판례 26] 대중음식점영업정지처분취소 (대법원 1990. 11. 9. 선고 90누4129 판결)

【판시사항】

식품위생법상 청문서 도달기간 등의 청문절차를 준수하지 않고서 한 영업정지처분의 적부(소극)

【판결요지】

관계행정청이 식품위생법에 의한 영업정지처분을 하려면 반드시 사전에 청문절차를 거쳐야 함은 물론 청문서 도달기간 등을 엄격하게 지켜 영업자로 하여금 의견진술과 변명의 기회를 보장하여야 할 것이고 가령 식품위생법 제58조 소정의 사유가 분명히 존재하는 경우라 하더라도 위와 같은 청문절차를 제대로 준수하지 아니하고 한 영업정지처분은 위법임을 면치 못할 것이다.

【참조조문】

식품위생법 제58조 , 제64조, 같은법시행령 제37조 제1항

【참조판례】

대법원 1983.6.14. 선고 83누14 판결(공1983,1100)

【전 문】

【원고, 피상고인】 원고

【피고, 상고인】 서울특별시 서초구청장

【원심판결】 서울고등법원 1990.4.27. 선고 89구14399 판결

【주 문】

상고를 기각한다.
상고비용은 피고의 부담으로 한다.

【이 유】

피고 소송수행자의 상고이유에 대하여

식품위생법 제58조, 제64조에 의하면 보건사회부장관 또는 시·도지사가 영업허가의 전부 또는 일부 취소, 영업정지, 영업소 폐쇄명령 등 처분을 하고자하는 경우에는 대통령령이 정하는 바에 따라 미리 당해처분의 상대방 또는 그 대리인에게 의견을 진술할 기회를 주어야 하고, 다만 그 처분의 상대방 또는 대리인이 정당한 사유없이 이에 응하지 아니하거나 주소불명 등으로 의견진술의 기회를 줄 수 없는 경우와 국민보건위생상 큰 위해를 미치거나 미칠 우려가 있어 행하여지는 경우에는 그러하지 아니한다라고 규정하고, 동시행령 제37조 제1항은 법 제64조의 규정에 의한 청문을 행하기 위하여 영업자 또는 그 대리인의 출석을 요구하고자 할 때에는 지체없이 청문서를 당해영업자 또는 그 대리인에게 발송하여야 하고, 이 경우 청문서는 청문일 7일전(보건사회부장관이 처분권자인 경우에는 출석일 10일전)에 도달되도록 하여야 한다고 규정하고 있다. 이와 같은 청문제도의 취지는 행정처분으로 인하여 영업자의 기존의 권리가 부당하게 침해받지 아니하도록 하기 위한 것이며, 이 사건과 같은 영업정지처분의 경우 그 처분의 사유에 대하여 당해 영업자에 변명과 유리한 자료를 제출할 기회를 부여함으로써 위법사유의 시정가능성을 감안하고 처분의 신중과 적정을 기하려 함에 있는 것이다(당원 1983.6.14. 선고 83누14 판결 참조). 따라서 관계행정청이 이 사건과 같은 영업정지처분을 하려면 반드시 사전에 청문절차를 거쳐야함은 물론 청문서도달기간 등을 엄격하게 지켜 영업자로 하여금 의견진술과 변명의 기회를 보장하여야 할 것이고 가령 식품위생법 제58조 소정의 사유가 분명히 존재하는 경우라 하더라도 위와 같은 청문절차를 제대로 준수하지 아니하고 한 영업정지처분은 위법임을 면치 못할 것이다.

원심은 피고가 이 사건 영업정지처분을 함에 있어 청문일 1989.11.9. 12:00 청문장소 서초구청 위생과로 된 청문서를 11.2. 발송하여 원고가 청문일 5일전인 11.3.에 받아보겠금 한 사실과 원고가 이를 이유로 위 청문기일에 불출석한 사실을 인정한 다음 피고가 이 사건 영업정지처분을 함에 있어 취한 청문절차는 위법하다고 판시하였는 바, 이는 정당하고 소론과 같은 청문제도에 관한 법리오해의 위법이 있다 할 수 없다. 논지는 이유없다.

이에 상고를 기각하고 상고비용은 패소자의 부담으로 하여 관여 법관의 일치된 의견으로 주문과 같이 판결한다.

대법관 윤영철(재판장) 박우동 이재성 김용준

[사례 13] 도창리 사격장 사건 : 대법원 2006. 6. 30. 선고 2005두14363 판결

구 환경영향평가법(1999. 12. 31. 법률 제6095호 환경·교통·재해 등에 관한 영향평가법 부칙 제2조로 폐지) 제1조, 제3조, 제9조, 제16조, 제17조, 제27조 등의 규정 취지는 환경영향평가를 실시하여야 할 사업(이하 '대상사업'이라 한다)이 환경을 해치지 아니하는 방법으로 시행되도록 함으로써 당해 사업과 관련된 환경공익을 보호하려는 데 그치는 것이 아니라, 당해 사업으로 인하여 직접적이고 중대한 환경피해를 입으리라고 예상되는 환경영향평가대상지역 안의 주민들이 전과 비교하여 수인한도를 넘는 환경침해를 받지 아니하고 쾌적한 환경에서 생활할 수 있는 개별적 이익까지도 보호하려는 데에 있는 것이다. 그런데 환경영향평가를 거쳐야 할 대상사업에 대하여 환경영향평가를 거치지 아니하였음에도 불구하고 승인 등 처분이 이루어진다면, 사전에 환경영향평가를 함에 있어 평가대상지역 주민들의 의견을 수렴하고 그 결과를 토대로 하여 환경부장관과의 협의내용을 사업계획에 미리 반영시키는 것 자체가 원천적으로 봉쇄되는바, 이렇게 되면 환경파괴를 미연에 방지하고 쾌적한 환경을 유지·조성하기 위하여 환경영향평가제도를 둔 입법 취지를 달성할 수 없게 되는 결과를 초래할 뿐만 아니라 환경영향평가대상지역 안의 주민들의 직접적이고 개별적인 이익을 근본적으로 침해하게 되므로, 이러한 행정처분의 하자는 법규의 중요한 부분을 위반한 중대한 것이고 객관적으로도 명백한 것이라고 하지 않을 수 없어, 이와 같은 행정처분은 당연무효이다.

4. 환경영향평가의 하자와 처분의 효력

가. 하자의 종류와 성질

환경영향평가의 하자에는 ① 법령상 환경영향평가가 행해져야 함에도 환경영향평가가 행해지지 않고 승인처분이 내려진 경우, ② 환경영향평가가 내용상 부실한 실체상의 하자, ③ 환경영향평가에 절차상 위법이 있는 절차상 하자가 있다.

나. 환경영향평가를 거치지 않은 경우

[판례 27] 경부고속철도서울차량기지정비창건설사업실시계획승인처분취소 (대법원 2001. 6. 29. 선고 99두9902 판결)

【판시사항】

[1] 구 환경영향평가법에서 정한 환경영향평가 절차를 거쳤으나 그 환경영향평가의 내용이 부실한 경우, 그 부실로 인하여 환경영향평가 대상사업에 대한 승인 등 처분이 위법하게 되는지 여부(한정 소극)

[2] 한국고속철도건설공단의 경부고속철도 서울차량기지 정비창 건설사업에 관한 환경영향평가 내용의 부실의 정도가 환경영향평가제도를 둔 입법 취지를 달성할 수 없을 정도이어서 환경영향평가를 하지 아니한 것과 다를 바 없는 정도의 것은 아니라는 이유로 위 사업의 실시계획의 승인처분이 위법하지 아니하다고 한 사례

【판결요지】

[1] 구 환경영향평가법(1997. 3. 7. 법률 제5302호로 개정되기 전의 것) 제4조에서 환경영향평가를 실시하여야 할 사업을 정하고, 그 제16조 내지 제19조에서 대상사업에 대하여 반드시 환경영향평가를 거치도록 한 취지 등에 비추어 보면, 같은 법에서 정한 환경영향평가를 거쳐야 할 대상사업에 대하여 그러한 환경영향평가를 거치지 아니하였음에도 승인 등 처분을 하였다면 그 처분은 위법하다 할 것이나, 그러한 절차를 거쳤다면, 비록 그 환경영향평가의 내용이 다소 부실하다 하더라도, 그 부실의 정도가 환경영향평가제도를 둔 입법 취지를 달성할 수 없을 정도이어서 환경영향평가를 하지 아니한 것과 다를 바 없는 정도의 것이 아닌 이상 그 부실은 당해 승인 등 처분에 재량권 일탈·남용의 위법이 있는지 여부를 판단하는 하나의 요소로 됨에 그칠 뿐, 그 부실로 인하여 당연히 당해 승인 등 처분이 위법하게 되는 것이 아니다.

[2] 한국고속철도건설공단의 경부고속철도 서울차량기지 정비창 건설사업에 관한 환경영향평가 내용의 부실의 정도가 환경영향평가제도를 둔 입법 취지를 달성할 수 없을 정도이어서 환경영향평가를 하지 아니한 것과 다를 바 없는 정도의 것은 아니라는 이유로 위 사업의 실시계획의 승인처분이 위법하지 아니하다고 한 사례.

【참조조문】
[1] 구 환경영향평가법(1997. 3. 7. 법률 제5302호로 개정되기 전의 것) 제1조(현행 환경·교통·재해등에관한영향평가법 제1조 참조), 제4조(현행 환경·교통·재해등에관한영향평가법 제4조 참조), 제16조(현행 환경·교통·재해등에관한영향평가법 제17조 참조), 제17조(현행 환경·교통·재해등에관한영향평가법 제19조 참조), 제18조(현행 환경·교통·재해등에관한영향평가법 제20조 참조), 제19조(현행 환경·교통·재해등에관한영향평가법 제21조 참조), 행정소송법 제27조 [2] 구 환경영향평가법(1997. 3. 7. 법률 제5302호로 개정되기 전의 것) 제1조(현행 환경·교통·재해등에관한영향평가법 제1조 참조), 제4조(현행 환경·교통·재해등에관한영향평가법 제4조 참조), 제16조(현행 환경·교통·재해등에관한영향평가법 제17조 참조), 제17조(현행 환경·교통·재해등에관한영향평가법 제19조 참조), 제18조(현행 환경·교통·재해등에관한영향평가법 제20조 참조), 제19조(현행 환경·교통·재해등에관한영향평가법 제21조 참조), 행정소송법 제27조

【참조판례】
[1] 대법원 1998. 9. 22. 선고 97누19571 판결(공1998하, 2589)

【전 문】
【원고, 상고인】 원고 1 외 1인 (소송대리인 법무법인 해마루종합법률사무소 담당변호사 임종인 외 5인)
【피고, 피상고인】 건설교통부장관 (소송대리인 변호사 배진수)
【원심판결】 서울고법 1999. 8. 12. 선고 97구35360 판결

【주 문】
상고를 모두 기각한다. 상고비용은 원고들의 부담으로 한다.

【이 유】
구 환경영향평가법(1997. 3. 7. 법률 제5302호로 개정되기 전의 것, 이하 '법'이라 한다) 제4조에서 환경영향평가를 실시하여야 할 사업(이하 '대상사업'이라 한다)을 정하고, 그 제16조 내지 제19조에서 대상사업에 대하여 반드시 환경영향평가를 거치도록 한 취지 등에 비추어 보면, 법에서 정한 환경영향평가를 거쳐야 할 대상사업에 대하여 그러한 환경영향평가를 거치지 아니하였음에도 승인 등 처분을 하였다면 그 처분은 위법하다 할 것이나, 그러한 절차를 거쳤다면, 비록 그 환경영향평가의 내용이 다소 부실하다 하더라도, 그 부실의 정도가 환경영향평가제도를 둔 입법 취지를 달성할 수 없을 정도이어서 환경영향평가를 하지 아니한 것과 다를 바 없는 정도의 것이 아닌 이상 그 부실은 당해 승인 등 처분에 재량권 일탈·남용의 위법이 있는지 여부를 판단하는 하나의 요소로 됨에 그칠 뿐, 그 부실로 인하여 당연히 당해 승인 등 처분이 위법하게 되는 것이 아니다(대법원 1998. 9. 22. 선고 97누19571 판결 참조).
원심은 한국고속철도건설공단이 경부고속철도 서울차량기지 정비창 건설사업에 관한 환경영향평가를 주식회사 동명기술공단에 의뢰하였고, 위 회사가 작성한 환경영향평가서 초안에 대하여 주민들의 의견을 수렴하고 그 결과를 반영하여 환경영향평가서를 작성한 후 피고에게 제출하였으며, 위 평가서에 관

한 피고의 협의요청에 대하여 환경부장관은 지형·지질 등 9개 항목의 미비점에 대한 보완을 요청하였고, 위 공단이 그에 따라 보완된 평가서를 제출하자, 피고는 그에 따라 환경부장관과 협의를 마친 후 위 기지창 건설사업의 실시계획을 승인하는 이 사건 처분을 한 사실, 보완된 평가서 중 사업입지 대안에 관하여는 이 사건 사업지구 외 다른 지구에 대한 타당성 검토는 환경영향평가의 범위를 넘는다고 판단하여 이를 한 바 없고, 침수피해에 관하여는 구체적인 설계내용을 환경영향평가단계에서 반영할 수 없다고 보았으며, 우수 배수방안은 고양시와 협의할 계획이고, 실시 계획 및 공사시 최대한 반영하여 침수피해를 최대한 억제할 계획이라고만 하였을 뿐 피해를 막을 수 있는 구체적인 계획에 대하여 언급하지 않았던 사실을 인정한 다음, 위 평가에서 사업입지 관련 대안 검토를 하지 않았다거나 침수피해 방지를 위한 구체적인 계획이 없다는 점은 법에서 규정하는 환경영향평가제도의 취지에 비추어 어느 정도 한계가 있을 수밖에 없는 점을 고려할 때, 원고들의 주장대로 그것이 다소 미흡하다 하더라도 그 부실정도가 환경영향평가제도를 둔 입법 취지를 달성할 수 없을 정도이어서 환경영향평가를 하지 아니한 것과 다를 바 없는 정도의 것이 아니라고 판단하여 원고들의 청구를 배척하고 있는바, 원심의 위와 같은 사실인정과 판단은, 앞서 본 법리에 따른 것으로 정당하고, 거기에 상고이유에서 주장하는 바와 같은 판단유탈이나 사실오인 등의 위법이 없다.

그러므로 원고들의 상고를 모두 기각하고, 상고비용은 패소자인 원고들의 부담으로 하기로 관여 대법관의 의견이 일치되어 주문과 같이 판결한다.

대법관   조무제(재판장) 이용우 강신욱(주심) 이강국

[판례 28] 지하수개발이용수리취소및원상복구명령취소 (대법원 2000. 11. 14. 선고 99두5870 판결)

【판시사항】

[1] 행정청이 침해적 행정처분을 함에 있어서 당사자에게 행정절차법상의 사전통지를 하지 않거나 의견제출의 기회를 주지 아니한 경우, 그 처분이 위법한 것인지 여부(한정 적극)

[2] 행정청이 온천지구임을 간과하여 지하수개발·이용신고를 수리하였다가 행정절차법상의 사전통지를 하거나 의견제출의 기회를 주지 아니한 채 그 신고수리처분을 취소하고 원상복구명령의 처분을 한 경우, 행정지도방식에 의한 사전고지나 그에 따른 당사자의 자진 폐공의 약속 등의 사유만으로는 사전통지 등을 하지 않아도 되는 행정절차법 소정의 예외의 경우에 해당한다고 볼 수 없다는 이유로 그 처분은 위법하다고 한 사례

【판결요지】

[1] 행정절차법 제21조 제1항, 제4항, 제22조 제1항 내지 제4항에 의하면, 행정청이 당사자에게 의무를 과하거나 권익을 제한하는 처분을 하는 경우에는 미리 처분하고자 하는 원인이 되는 사실과 처분의 내용 및 법적 근거, 이에 대하여 의견을 제출할 수 있다는 뜻과 의견을 제출하지 아니하는 경우의 처리방법 등의 사항을 당사자 등에게 통지하여야 하고, 다른 법령 등에서 필요적으로 청문을 실시하거나 공청회를 개최하도록 규정하고 있지 아니한 경우에도 당사자 등에게 의견제출의 기회를 주어야 하되, 당해 처분의 성질상 의견청취가 현저히 곤란하거나 명백히 불필요하다고 인정

될 만한 상당한 이유가 있는 경우 등에는 처분의 사전통지나 의견청취를 하지 아니할 수 있도록 규정하고 있으므로, 행정청이 침해적 행정처분을 함에 있어서 당사자에게 위와 같은 사전통지를 하거나 의견제출의 기회를 주지 아니하였다면 사전통지를 하지 않거나 의견제출의 기회를 주지 아니하여도 되는 예외적인 경우에 해당하지 아니하는 한 그 처분은 위법하여 취소를 면할 수 없다.

[2] 행정청이 온천지구임을 간과하여 지하수개발·이용신고를 수리하였다가 행정절차법상의 사전통지를 하거나 의견제출의 기회를 주지 아니한 채 그 신고수리처분을 취소하고 원상복구명령의 처분을 한 경우, 행정지도방식에 의한 사전고지나 그에 따른 당사자의 자진 폐공의 약속 등의 사유만으로는 사전통지 등을 하지 않아도 되는 행정절차법 소정의 예외의 경우에 해당한다고 볼 수 없다는 이유로 그 처분은 위법하다고 한 사례.

【참조조문】

[1] 행정절차법 제21조 제1항, 제4항, 제22조 제1항, 제2항, 제3항, 제4항, 행정소송법 제1조[행정처분일반], 제19조 [2] 행정절차법 제21조 제1항, 제4항, 제22조 제1항, 제2항, 제3항, 제4항, 행정소송법 제1조[행정처분일반], 제19조, 구 지하수법(1997. 1. 13. 법률 제5286호로 개정되기 전의 것) 제7조

【전 문】

【원고, 피상고인】 원고 (소송대리인 변호사 양희열)

【피고, 상 고 인】 울산광역시 울주군수 (소송대리인 법무법인 국제 담당변호사 하만영)

【원심판결】 부산고법 1999. 4. 16. 선고 98누3273 판결

【주 문】

상고를 기각한다. 상고비용은 피고의 부담으로 한다.

【이 유】

상고이유를 본다.

행정절차법 제21조 제1항, 제4항, 제22조 제1항 내지 제4항에 의하면, 행정청이 당사자에게 의무를 과하거나 권익을 제한하는 처분을 하는 경우에는 미리 처분하고자 하는 원인이 되는 사실과 처분의 내용 및 법적 근거, 이에 대하여 의견을 제출할 수 있다는 뜻과 의견을 제출하지 아니하는 경우의 처리방법 등의 사항을 당사자 등에게 통지하여야 하고, 다른 법령 등에서 필요적으로 청문을 실시하거나 공청회를 개최하도록 규정하고 있지 아니한 경우에도 당사자 등에게 의견제출의 기회를 주어야 하되, 당해 처분의 성질상 의견청취가 현저히 곤란하거나 명백히 불필요하다고 인정될 만한 상당한 이유가 있는 경우 등에는 처분의 사전통지나 의견청취를 하지 아니할 수 있도록 규정하고 있으므로, 행정청이 침해적 행정처분을 함에 있어서 당사자에게 위와 같은 사전통지를 하거나 의견제출의 기회를 주지 아니하였다면 사전통지를 하지 않거나 의견제출의 기회를 주지 아니하여도 되는 예외적인 경우에 해당하지 아니하는 한 그 처분은 위법하여 취소를 면할 수 없다고 할 것이다.

원심판결 이유에 의하면, 원심은, 피고가 온천지구임을 간과하고 1997. 3. 29. 원고의 지하수개발·이용신고를 수리하였다가 1998. 2. 4. 위 신고수리처분을 취소하고 원상복구명령을 발한 이 사건 처분에 대하여, 피고가 이 사건 처분을 함에 있어 원고에게 행정철차법에서 정한 사전통지를 하거나 의견제출의 기회를 제공하였다는 점을 인정할 증거가 없고, 행정지도방식에 의한 사전고지나 그에 따른 원고의 자진 폐공의 약속 등의 사유만으로는 그것이 위 사전통지 등을 하지 않아도 되는 위 법 소정의 예외의 경우에 해당한다고 볼 수도 없다는 이유로 이 사건 처분의 취소를 구하는 원고의 청구를 인용하

고 있다.

기록과 앞서 본 법리에 비추어 보면, 원심의 이러한 조치는 정당한 것으로 수긍이 가고 거기에 상고이유에서 주장하는 바와 같은 행정절차법상의 사전통지나 의견제출기회제공에 관한 법리오해나 심리미진 등의 위법이 있다고 할 수 없다.

그리고 이 사건 처분은 행정절차법이 시행되고 난 이후에 이루어진 처분이지 위 법 시행 당시 진행중인 처분이 아니었음이 분명하므로 이 사건 처분에 위 법 부칙 제2항이 적용된다고는 할 수 없어 원심판결에 위 법 부칙 제2항에 관한 법리오해의 위법이 있다고도 할 수 없다.

상고이유의 주장은 모두 받아들일 수 없다.

그러므로 상고를 기각하고, 상고비용은 패소자의 부담으로 하기로 하여 관여 대법관의 일치된 의견으로 주문과 같이 판결한다.

대법관   서성(재판장) 유지담 배기원(주심) 박재윤

[판례 29] 건설업영업정지처분무효확인 (대법원 1995. 7. 11. 선고 94누4615 전원합의체 판결)

【판시사항】

가. 구 건설업법 제50조 제2항 제3호 소정의 영업정지 등 처분권한을 위임받은 시·도지사가 이를 구청장 등에게 재위임할 수 있는지 여부
나. 이른바 기관위임사무를 지방자치단체의 조례에 의하여 재위임할 수 있는지 여부
다. 하자 있는 행정처분이 당연무효인지를 판별하는 기준
라. 처분권한의 근거 조례가 무효인 경우, 그 근거 규정에 기하여 한 행정처분이 당연무효인지 여부

【판결요지】

가. 구 건설업법(1994.1.7. 법률 제4724호로 개정되기 전의 것) 제57조 제1항, 같은법시행령 제53조 제1항 제1호에 의하면 건설부장관의 권한에 속하는 같은 법 제50조 제2항 제3호 소정의 영업정지 등 처분권한은 서울특별시장·직할시장 또는 도지사에게 위임되었을 뿐 시·도지사가 이를 구청장·시장·군수에게 재위임할 수 있는 근거규정은 없으나, 정부조직법 제5조 제1항과 이에 기한 행정권한의위임및위탁에관한규정 제4조에 재위임에 관한 일반적인 근거규정이 있으므로 시·도지사는 그 재위임에 관한 일반적인 규정에 따라 위임받은 위 처분권한을 구청장 등에게 재위임할 수 있다.
나. '가'항의 영업정지 등 처분에 관한 사무는 국가사무로서 지방자치단체의 장에게 위임된 이른바 기관위임사무에 해당하므로 시·도지사가 지방자치단체의 조례에 의하여 이를 구청장 등에게 재위임할 수는 없고 행정권한의위임및위탁에관한규정 제4조에 의하여 위임기관의 장의 승인을 얻은 후 지방자치단체의 장이 제정한 규칙이 정하는 바에 따라 재위임하는 것만이 가능하다.
다. [다수의견] 하자 있는 행정처분이 당연무효가 되기 위하여는 그 하자가 법규의 중요한 부분을 위반한 중대한 것으로서 객관적으로 명백한 것이어야 하며 하자가 중대하고 명백한 것인지 여부를 판별함에 있어서는 그 법규의 목적, 의미, 기능 등을 목적론적으로 고찰함과동시에 구체적 사안 자체의 특수성에 관하여도 합리적으로 고찰함을 요한다.

[반대의견] 행정행위의 무효사유를 판단하는 기준으로서의 명백성은 행정처분의 법적 안정성 확보를 통하여 행정의 원활한 수행을 도모하는 한편 그 행정처분을 유효한 것으로 믿은 제3자나 공공의 신뢰를 보호하여야 할 필요가 있는 경우에 보충적으로 요구되는 것으로서, 그와 같은 필요가 없거나 하자가 워낙 중대하여 그와 같은 필요에 비하여 처분 상대방의 권익을 구제하고 위법한 결과를 시정할 필요가 훨씬 더 큰 경우라면 그 하자가 명백하지 않더라도 그와 같이 중대한 하자를 가진 행정처분은 당연무효라고 보아야 한다.

라. [다수의견] 조례 제정권의 범위를 벗어나 국가사무를 대상으로 한 무효인 서울특별시행정권한위임조례의 규정에 근거하여 구청장이 건설업영업정지처분을 한 경우, 그 처분은 결과적으로 적법한 위임 없이 권한 없는 자에 의하여 행하여진 것과 마찬가지가 되어 그 하자가 중대하나, 지방자치단체의 사무에 관한 조례와 규칙은 조례가 보다 상위규범이라고 할 수 있고, 또한 헌법 제107조 제2항의 "규칙"에는 지방자치단체의 조례와 규칙이 모두 포함되는 등 이른바 규칙의 개념이 경우에 따라 상이하게 해석되는 점 등에 비추어 보면 위 처분의 위임 과정의 하자가 객관적으로 명백한 것이라고 할 수 없으므로 이로 인한 하자는 결국 당연무효사유는 아니라고 봄이 상당하다.

[반대의견] 구청장의 건설업영업정지처분은 그 상대방으로 하여금 적극적으로 어떠한 행위를 할 수 있도록 금지를 해제하거나 권능을 부여하는 것이 아니라 소극적으로 허가된 행위를 할 수 없도록 금지 내지 정지함에 그치고 있어 그 처분의 존재를 신뢰하는 제3자의 보호나 행정법 질서에 대한 공공의 신뢰를 고려할 필요가 크지 않다는 점, 처분권한의 위임에 관한 조례가 무효이어서 결국 처분청에게 권한이 없다는 것은 극히 중대한 하자에 해당하는 것으로 보아야 할 것이라는 점, 그리고 다수의견에 의하면 위 영업정지처분과 유사하게 규칙으로 정하여야 할 것을 조례로 정하였거나 상위규범에 위반하여 무효인 법령에 기하여 행정처분이 행하여진 경우에 그 처분이 무효로 판단될 가능성은 거의 없게 되는데, 지방자치의 전면적인 실시와 행정권한의 하향분산화 추세에 따라 앞으로 위와 같은 성격의 하자를 가지는 행정처분이 늘어날 것으로 예상되는 상황에서 이에 대한 법원의 태도를 엄정하게 유지함으로써 행정의 법 적합성과 국민의 권리구제 실현을 도모하여야 할 현실적인 필요성도 적지 않다는 점 등을 종합적으로 고려할 때, 위 영업정지처분은 그 처분의 성질이나 하자의 중대성에 비추어 그 하자가 외관상 명백하지 않더라도 당연무효라고 보아야 한다.

【참조조문】

가.나.라. 구 건설업법(1994.1.7. 법률 제4724호로 개정되기 전) 제50조 제2항 제3호, 제57조 제1항, 건설업법시행령 제53조 제1항 제1호, 정부조직법 제5조 제1항 나. 지방자치법 제9조, 제93조, 제95조, 행정권한의위임및위탁에관한규정 제4조 다.라. 행정소송법 제1조[행정처분일반], 제19조

【참조판례】

가.나. 대법원 1990. 2. 27. 선고 89누5287 판결(공1990,789)
1990. 7. 27. 선고 89누6846 판결(공1990,1806)
1992. 7. 28. 선고 92추31 판결(공1992,2575)
다. 대법원 1985. 7. 23. 선고 84누419 판결(공1985,1193)
1993. 12. 7. 선고 93누11432 판결(공1994상,369)
1994. 10. 28. 선고 92누9463 판결(공1994하,3139)

【전 문】

【원고, 피상고인】 주식회사 덕명건설

【피고, 상고인】 서울특별시 영등포구청장
【원심판결】 서울고등법원 1994. 2. 16. 선고 93구20643 판결
【주 문】
원심판결을 파기하고 사건을 서울고등법원에 환송한다.
【이 유】
상고이유를 본다.
1. 원심판결 이유에 의하면 원심은, 건설업법상 영업정지 등 처분권한은 건설부장관에게 속하고 그 처분권한을 시·도지사 등에게 위임할 수 있을 뿐 시·도지사 등이 이를 재위임할 수 있는 근거규정은 없으나 정부조직법 제5조 제1항과 이에 근거한 행정권한의위임및위탁에관한규정 제4조에 재위임에 관한 일반적인 근거규정이 있어서 그 규정상의 재위임절차 등에 합치되는 한 시·도지사 등이 위 처분권한을 재위임할 수 있는 것이므로, 위 처분권한을 재위임할 수 있는 법적근거가 전혀 없다는 원고의 주장은 이유 없으나, 건설업법상 영업정지 등 건설업의 규제에 관한 사무는 국가사무로서 지방자치단체가 처리할 수 없는 것이고 이 사건에서 서울특별시장이 건설부장관으로부터 위 처분권한을 위임받은 것은 지방자치단체의 장(기관)으로서 위임받은 것에 불과하므로 행정권한의위임및위탁에관한규정 제4조에 의하여 수임권한을 재위임할 경우 재위임에 관한 사항은 위 규정에 정하여진 대로 규칙에 의하여 정할 수 있을 뿐 조례에 의하여 정할 수는 없는 것인데, 서울특별시장이 위 처분권한의 재위임에 관하여 규칙을 제정하지 아니하고 조례가 정하는 바에 따라 구청장에게 재위임한 것은 조례제정권의 범위를 벗어난 국가사무를 대상으로 한 것이어서 무효이고, 따라서 위 재위임에 근거한 피고의 이 사건 건설업 영업정지처분은 권한 없는 자에 의하여 행하여진 것으로서 당연무효이므로 이에 관한 원고의 주장은 이유 있다고 판단하였다.
2. 가. 건설업법(1994.1.7. 법률 제4724호로 개정되기 전의 것, 이하 같다) 제57조 제1항, 같은법시행령 제53조 제1항 제1호에 의하면 건설부장관의 권한에 속하는 건설업법 제50조 제2항 제3호 소정의 영업정지 등 처분권한은 서울특별시장·직할시장 또는 도지사(이하 "시·도지사"라고 한다)에게 위임되었을 뿐 시·도지사가 이를 구청장·시장·군수(이하 "구청장 등"이라고 한다)에게 재위임할 수 있는 근거규정은 없으나, 정부조직법 제5조 제1항과 이에 기한 행정권한의위임및위탁에관한규정(1982.12.11. 대통령령 제10955호로 전문 개정) 제4조에 재위임에 관한 일반적인 근거규정이 있으므로 시·도지사는 그 재위임에 관한 일반적인 규정에 따라 위임받은 위 처분권한을 구청장 등에게 재위임할 수 있는 것인 바(당원 1990.2.27. 선고 89누5287 판결; 1990.7.27.선고 89누6846 판결 등 참조), 위 영업정지 등 처분에 관한 사무는 국가사무로서 지방자치단체의 장에게 위임된 이른바 기관위임사무에 해당하므로 시·도지사가 지방자치단체의 조례에 의하여 이를 구청장 등에게 재위임할 수는 없고 위 행정권한의위임및위탁에관한규정 제4조에 의하여 위임기관의 장의 승인을 얻은 후 지방자치단체의 장이 제정한 규칙이 정하는 바에 따라 재위임하는 것만이 가능하다고 할 것이다.
이 사건에서, 서울특별시장은 건설부장관으로부터 위임받은 위 처분권한을 위 행정권한의위임및위탁에관한규정 제4조에 의하여 규칙을 제정해서 구청장에게 재위임하지 아니하고 서울특별시행정권한위임조례(1990.10.8. 조례 제2654호로 개정된 것) 제5조 제1항[별표]에 의하여 구청장에게 재위임하였는 바, 위 서울특별시행정권한위임조례 중 위 처분권한의 재위임에 관한 부분은 조례제정권의 범위를 벗어난 국가사무(기관위임사무)를 대상으로 한 것이어서 무효라고 하지 않을 수 없다.

나. 그러나 하자있는 행정처분이 당연무효가 되기 위하여는 그 하자가 법규의 중요한 부분을 위반한 중대한 것으로서 객관적으로 명백한 것이어야 하며 하자가 중대하고 명백한 것인지 여부를 판별함에 있어서는 그 법규의 목적, 의미, 기능 등을 목적론적으로 고찰함과 동시에 구체적 사안 자체의 특수성에 관하여도 합리적으로 고찰함을 요한다고 할 것인 바(당원 1985.7.23.선고 84누419 판결; 1993.12.7.선고 93누11432 판결 등 참조), 피고가 앞서 본 바와 같이 무효인 서울특별시행정권한위임조례의 규정에 근거하여 이 사건 처분을 한 것이므로 이 사건 처분은 결과적으로 적법한 위임없이 권한없는 자에 의하여 행하여진 것과 마찬가지가 되어 그 하자가 중대하다고 할 것이나, 지방자치단체의 사무에 관한 조례와 규칙은 조례가 보다 상위규범이라고 할 수 있고, 또한 헌법 제107조 제2항의 "규칙"에는 지방자치단체의 조례와 규칙이 모두 포함되는 등 이른바 규칙의 개념이 경우에 따라 상이하게 해석되는 점 등에 비추어 보면 이 사건 처분의 위임과정의 하자가 객관적으로 명백한 것이라고 할 수 없으므로 이로 인한 하자는 결국 당연무효 사유는 아니라고 봄이 상당하다고 할 것이다.

따라서 원심이 위 재위임에 관한 조례부분이 조례제정권의 범위를 벗어난 국가사무를 대상으로 한 것이어서 무효라고 본 것까지는 정당하나, 이에 근거하여 발하여진 이 사건 처분은 그 하자가 중대할 뿐 명백한 것은 아니므로 당연무효가 아니라고 할 것임에도 불구하고 원심이 피고의 이 사건 처분은 권한 없는 자에 의하여 행하여진 것으로서 당연 무효라고 판단한 것은 필경 관계법령 규정의 위 처분권한 등에 관한 법리를 오해하여 판결에 영향을 미친 위법을 저지른 것이라고 할 것이므로, 이 점을 지적하는 논지는 이유 있다.

3. 그러므로 원심판결을 파기하고 사건을 원심법원에 환송하기로 하여 대법관 김석수, 대법관 안용득을 제외한 관여대법관의 일치된 의견으로 주문과 같이 판결한다.

대법관 김석수, 대법관 안용득의 반대의견은 다음과 같다.

1. 다수의견의 요지는, 요컨대 하자 있는 행정처분이 당연무효로 되기 위하여는 그 하자가 법규의 중요한 부분을 위반한 중대한 것으로서 객관적으로 명백한 것이어야만 하는데, 이 사건의 경우 서울특별시장이 건설부장관으로부터 위임받은 건설업영업정지처분등에 관한 사무를 구청장에게 재위임하는 내용의 조례는 조례제정권의 범위를 벗어난 국가사무(기관위임사무)를 대상으로 한 것이어서 무효이나 그러한 사정은 당원의 판결이 있기 전에는 객관적으로 명백하다고 할 수 없으므로 그에 기하여 구청장이 한 이 사건 영업정지처분은 당연무효는 아니고 취소를 구할 수 있음에 그친다는 취지로 이해된다.

2. 이는 종래의 판례나 통설인 중대명백설의 논리를 그대로 받아들인 것으로서 하자있는 행정처분이 당연무효로 되기 위하여는 언제나 그 하자가 명백하여야 한다는 것을 전제로 하는 것이다.

그러나, 중대명백설에 있어서의 명백성이라는 것이 무엇을 의미하는지 불분명한 까닭에 명백성의 요건은 취소사유와 무효사유를 구분하는 기준으로서 충분한 기능을 하지 못하고 있을 뿐만 아니라, 명백성의 요건을 그 문언적 의미에 따라 엄격하게 해석하거나 또는 하자 자체의 성격상 그 존재가 외관상 명백하다고 할 수 없는 경우에는 하자가 아무리 중대하고 그로 인하여 국민의 권익이 크게 침해되었다 하여도 그 하자를 무효사유로 볼 수 없게 되는 결과 위법한 행정처분으로 불이익을 입은 국민의 권리구제 기회를 합리적으로 필요한 범위를 넘어 부당하게 제한하는 결과를 초래한다.

그러므로, 행정행위의 무효사유를 판단하는 기준으로서의 명백성은 행정처분의 법적 안정성 확보를 통하여 행정의 원활한 수행을 도모하는 한편 그 행정처분을 유효한 것으로 믿은 제3자나 공공의 신뢰를 보호하여야 할 필요가 있는 경우에 보충적으로 요구되는 것으로서, 그와 같은 필요가 없거나 하자가 워낙 중대하여 그와 같은 필요에 비하여 처분 상대방의 권익을 구제하고 위법한 결과를 시정할 필요가 훨씬 더 큰 경우라면 그 하자가 명백하지 않더라도 그와 같이 중대한 하자를 가진 행정처분은 당연 무효라고 보아야 할 것이다.

다수의견은 행정처분이 당연무효가 되기 위하여는 그 하자가 객관적으로 명백하여야 한다고 하면서도 다시 그 명백성을 판단함에 있어서는 그 법규의 목적, 의미, 기능 등을 목적론적으로 고찰함과 동시에 구체적 사안 자체의 특수성에 관하여도 합리적으로 고찰하여야 한다고 하고 있으나, 명백성을 위와 같이 이익형량 등의 과정을 통하여 판단하는 것이라면 명백성의 요건이라는 것은 이미 그 존재의의를 상실한 것임을 부인할 수 없을 것이고, 무효사유에 해당하는지 여부를 판단함에 있어 혼란만 가중시킬 뿐이라고 생각된다.

그리고 반대의견이 중대명백설을 비판하고 있다는 점에서 종전의 판례와 어긋나는 것으로 보이지만 실질적으로는 종전의 판례들도 하자의 성격이나 구제의 필요성 등을 감안하여 경우에 따라 명백성의 요건을 완화하거나 요구하지 않음으로써 구체적 타당성을 추구하여 온 사례가 적지 아니하였음을 부연하여 둔다.

3. 돌이켜 이 사건에 관하여 보건대, 이 사건 영업정지처분의 근거가 된 서울특별시행정권한위임조례 중 건설업법상 영업정지 등 처분권한의 재위임에 관한 부분이 무효이고, 그와 같이 무효인 조례에 기하여 행하여진 이 사건 영업정지처분의 하자가 중대하다는 점은 다수의견의 설시와 같으므로 이 사건 영업정지처분에 있어서 하자의 명백성이 무효사유가 되기 위한 요건인지에 관하여만 살피기로 한다.

이 사건 영업정지처분은 그 상대방으로 하여금 적극적으로 어떠한 행위를 할 수 있도록 금지를 해제하거나 권능을 부여하는 것이 아니라 소극적으로 허가된 행위를 할 수 없도록 금지 내지 정지함에 그치고 있어 그 처분의 존재를 신뢰하는 제3자의 보호나 행정법 질서에 대한 공공의 신뢰를 고려할 필요가 크지 않다는 점, 처분권한의 위임에 관한 조례가 무효이어서 결국 처분청인 피고에게 권한이 없다는 것은 극히 중대한 하자에 해당하는 것으로 보아야 할 것이라는 점, 그리고 다수의견에 의하면 이 사건 영업정지처분과 유사하게 규칙으로 정하여야 할 것을 조례로 정하였거나 상위규범에 위반하여 무효인 법령에 기하여 행정처분이 행하여진 경우에 그 처분이 무효로 판단될 가능성은 거의 없게 되는데, 지방자치의 전면적인 실시와 행정권한의 하향분산화 추세에 따라 앞으로 위와 같은 성격의 하자를 가지는 행정처분이 늘어날 것으로 예상되는 상황에서 이에 대한 법원의 태도를 엄정하게 유지함으로써 행정의 법적 합성과 국민의 권리구제 실현을 도모하여야 할 현실적인 필요성도 적지 않다는 점 등을 종합적으로 고려할 때, 이 사건 영업정지처분은 그 처분의 성질이나 하자의 중대성에 비추어 그 하자가 외관상 명백하지 않더라도 당연무효라고 보아야 할 것이다.

이상과 같은 이유에서 같은 취지의 원심판결은 정당하므로 상고를 기각하여야 할 것임에도 이와 견해를 달리하여 그 하자가 명백하지 않다는 이유로 이 사건 영업정지처분의 하자가 취소사유에 그친다고 보는 다수의견에 찬성할 수 없다.

대법원장   윤관(재판장)   대법관   김석수 박만호 천경송 정귀호 안용득 박준서(주심) 이돈희 김형선 지창권 신성택 이임수

[판례 30] 전출명령등취소 (대법원 2005. 6. 24. 선고 2004두10968 판결)

【판시사항】

[1] 시·도지사의 인사교류안의 작성과 그에 의한 인사교류의 권고가 선행되지 아니하는 경우, 관할구역 안의 지방자치단체의 장이 지방공무원법 제30조의2 제2항에 의한 인사교류를 실시할 수 있는지 여부(소극)
[2] 하자 있는 행정처분이 당연무효로 되기 위한 요건과 그 판단 기준
[3] 도지사의 인사교류안 작성과 그에 따른 인사교류의 권고가 전혀 이루어지지 않은 상태에서 행하여진 관할구역 내 시장의 인사교류에 관한 처분은 지방공무원법 제30조의2 제2항의 입법 취지에 비추어 그 하자가 중대하고 객관적으로 명백하여 당연무효라고 한 사례

【판결요지】

[1] 지방공무원법 제30조의2 제2항은 시·도지사로 하여금 당해 지방자치단체 및 관할구역 안의 지방자치단체 상호간에 인사교류의 필요성이 있다고 인정할 경우 당해 시·도에 두는 인사교류협의회에서 정한 인사교류기준에 따라 인사교류안을 작성하여 관할구역 안의 지방자치단체의 장에게 인사교류를 권고할 수 있도록 하고, 이 경우 당해 지방자치단체의 장은 정당한 사유가 없는 한 이에 응하도록 규정하고 있으므로, 시·도지사의 인사교류안의 작성과 그에 의한 인사교류의 권고가 선행되지 아니하면 위 조항에 의한 인사교류를 실시할 수 없다.
[2] 행정처분이 당연무효라고 하기 위하여는 처분에 위법사유가 있다는 것만으로는 부족하고 그 하자가 법규의 중요한 부분을 위반한 중대한 것으로서 객관적으로 명백한 것이어야 하며, 하자가 중대하고 명백한 것인지 여부를 판별함에 있어서는 그 법규의 목적, 의미, 기능 등을 목적론적으로 고찰함과 동시에 구체적 사안 자체의 특수성에 관하여도 합리적으로 고찰함을 요한다.
[3] 도지사의 인사교류안 작성과 그에 따른 인사교류의 권고가 전혀 이루어지지 않은 상태에서 행하여진 관할구역 내 시장의 인사교류에 관한 처분은 지방공무원법 제30조의2 제2항의 입법 취지에 비추어 그 하자가 중대하고 객관적으로 명백하여 당연무효라고 한 사례.

【참조조문】

[1] 지방자치법 제30조의2 제2항 [2] 행정소송법 제1조[행정처분일반], 제19조 [3] 지방자치법 제30조의2 제2항

【참조판례】

[2] 대법원 1995. 7. 11. 선고 94누4615 전원합의체 판결(공1995상, 2633)
대법원 1996. 2. 9. 선고 95누4414 판결(공1996상, 966)
대법원 1997. 5. 9. 선고 96다55204 판결(공1997상, 1729)
대법원 1997. 5. 28. 선고 95다15735 판결(공1997하, 1965)
대법원 1997. 6. 19. 선고 95누8669 전원합의체 판결(공1997하, 1913)
대법원 1997. 10. 10. 선고 97다26432 판결(공1997하, 3442)
대법원 2002. 2. 8. 선고 2000두4057 판결(공2002상, 693)
대법원 2002. 12. 10. 선고 2001두4566 판결(공2003상, 379)
대법원 2004. 11. 26. 선고 2003두2403 판결(공2005상, 57)

【전 문】

【원고, 피상고인】 원고
【피고, 상 고 인】 과천시장
【원심판결】 서울고법 2004. 9. 15. 선고 2003누15968 판결
【주 문】
상고를 기각한다. 상고비용은 피고가 부담한다.
【이 유】
상고이유를 본다.
1. 지방공무원법(이하 '법'이라고 한다) 제30조의2 제2항의 인사교류에 관한 법리오해 여부에 대하여

법 제30조의2 제2항은 시·도지사로 하여금 당해 지방자치단체 및 관할구역 안의 지방자치단체 상호간에 인사교류의 필요성이 있다고 인정할 경우 당해 시·도에 두는 인사교류협의회에서 정한 인사교류기준에 따라 인사교류안을 작성하여 관할구역 안의 지방자치단체의 장에게 인사교류를 권고할 수 있도록 하고, 이 경우 당해 지방자치단체의 장은 정당한 사유가 없는 한 이에 응하도록 규정하고 있으므로, 시·도지사의 인사교류안의 작성과 그에 의한 인사교류의 권고가 선행되지 아니하면 위 조항에 의한 인사교류를 실시할 수 없다 할 것이다.

원심판결 이유에 의하면, 원심은, 피고가 과천시 지방공무원인 원고에 대하여 법 제30조의2 제2항에 의한 인사교류로서 부천시 지방공무원으로 전출을 명하는 이 사건 처분을 하기에 앞서 경기도지사가 인사교류안 마련을 위해 피고를 비롯한 관할구역 안의 시장·군수에게 보낸 '자치단체 간 인사교류활성화를 위한 시행방안'에 제시된 지방자치단체의 장 사이의 상호 협의에 의한 인사교류방안에 따라 피고와 부천시장 사이에 인사교류에 관한 협의가 이루어졌다 하더라도, 경기도지사의 인사교류안의 작성과 그에 의한 인사교류의 권고가 없는 이상, 피고로서는 위 조항에 의한 인사교류를 실시할 수 없다는 취지로 판단하였다.

관계 법령과 앞서 본 법리를 기록에 비추어 살펴보면, 원심의 위와 같은 판단은 정당한 것으로 옳고, 거기에 법 제30조의2 제2항의 인사교류에 관한 법리를 오해한 위법이 있다고 할 수 없다.

2. 행정행위의 당연무효에 관한 법리오해 여부에 대하여

행정처분이 당연무효라고 하기 위하여는 처분에 위법사유가 있다는 것만으로는 부족하고 그 하자가 법규의 중요한 부분을 위반한 중대한 것으로서 객관적으로 명백한 것이어야 하며, 하자가 중대하고 명백한 것인지 여부를 판별함에 있어서는 그 법규의 목적, 의미, 기능 등을 목적론적으로 고찰함과 동시에 구체적 사안 자체의 특수성에 관하여도 합리적으로 고찰함을 요한다고 할 것이다(대법원 1995. 7. 11. 선고 94누4615 판결, 2002. 12. 10. 선고 2001두4566 판결 등 참조).

법 제30조의2 제2항의 입법 취지는 시·도지사에게 관할구역 내 지방자치단체 상호간의 균형 있는 인력배치와 지방자치단체의 행정발전 등을 도모할 수 있도록 하기 위하여 인사교류를 권고할 수 있는 권한을 부여하는 한편 그 권한의 적정한 행사를 보장하기 위하여 인사교류협의회에서 정한 인사교류기준에 따라 작성된 인사교류안에 따르도록 한 것이므로, 이러한 일련의 절차는 위 조항에 의한 인사교류를 함에 있어서 본질적인 것으로서 중대하다고 할 것인바, 경기도지사의 인사교류안의 작성과 그에 따른 인사교류의 권고가 전혀 이루어지지 않은 상태에서 행하여진 이 사건 처분은 그 하자가 중대한 것으로서 객관적으로 명백하여 당연무효라 할 것이다.

위와 같은 취지의 원심의 판단은 정당한 것으로 옳고, 거기에 행정행위의 당연무효에 관한 법리를 오해한 위법이 있다고 할 수 없다.

3. 결 론

그러므로 상고를 기각하고, 상고비용은 패소자가 부담하기로 하여 관여 대법관의 일치된 의견으로 주문과 같이 판결한다.

대법관   김용담(재판장) 유지담 배기원(주심) 이강국

☞ 대법원 2006. 3. 16. 선고 2006두330 판결 200p 참조
☞ 대법원 2006. 6. 30. 선고 2005두14363 판결 132p 참조
☞ 대법원 2009. 9. 24. 선고 2009두2825 판결 740p 참조

다. 실체상의 하자와 승인처분의 효력

☞ 대법원 2001. 6. 29. 선고 99두9902 판결 785p 참조
☞ 대법원 2004. 12. 9. 선고 2003두12073 판결 135p 참조
☞ 대법원 2006. 3. 16. 선고 2006두330 판결 200p 참조

라. 절차상 하자와 승인처분의 효력

[판례 31] 공원사업시행허가처분취소재결취소 (대법원 2001. 7. 27. 선고 99두5092 판결)

【판시사항】
[1] 행정심판에 있어서 재결청이 행정처분의 위법·부당 여부를 재결 당시까지 제출된 모든 자료를 종합하여 판단할 수 있는지 여부(적극)
[2] 국립공원 관리청이 국립공원 집단시설지구개발사업과 관련하여 그 시설물기본설계 변경승인처분을 함에 있어서 환경부장관과의 협의를 거친 이상 환경부장관의 환경영향평가에 대한 의견에 반하는 처분을 하였다고 하여 그 처분이 위법하다고 할 수 없다고 한 사례
[3] 자연공원사업의 시행허가의 법적 성질(=재량행위) 및 행정심판의 재결청의 그 허가의 위법 여부에 대한 심사 기준
[4] 공원사업시행 허가처분에 의하여 인근 주민들의 환경상의 이익 등이 침해되거나 침해될 우려가 있고 그 환경침해는 공원의 개발 전과 비교하여 사회통념상 수인한도를 넘는다고 보이며, 주민들의 환경상의 이익은 공원사업시행 허가처분으로 인하여 그 사업자나 행락객들이 가지는 영업상의 이익 또는 여가생활향유라는 이익보다 훨씬 우월하다는 이유로, 그 환경적 위해 발생을 고려하지 않은 공원사업시행 허가처분은 재량권을 일탈 또는 남용한 것으로서 위법하다고 본 원심의 판단을 수긍한 사례

【판결요지】
[1] 행정심판에 있어서 행정처분의 위법·부당 여부는 원칙적으로 처분시를 기준으로 판단하여야 할 것이나, 재결청은 처분 당시 존재하였거나 행정청에 제출되었던 자료뿐만 아니라, 재결 당시까지 제

출된 모든 자료를 종합하여 처분 당시 존재하였던 객관적 사실을 확정하고 그 사실에 기초하여 처분의 위법·부당 여부를 판단할 수 있다.

[2] 국립공원 관리청이 국립공원 집단시설지구개발사업과 관련하여 그 시설물기본설계 변경승인처분을 함에 있어서 환경부장관과의 협의를 거친 이상, 환경영향평가서의 내용이 환경영향평가제도를 둔 입법 취지를 달성할 수 없을 정도로 심히 부실하다는 등의 특별한 사정이 없는 한, 공원관리청이 환경부장관의 환경영향평가에 대한 의견에 반하는 처분을 하였다고 하여 그 처분이 위법하다고 할 수는 없다고 한 사례.

[3] 자연공원사업의 시행은 국토 및 자연의 유지와 환경의 보전에 영향을 미치는 행위로서 그 공원사업시행허가 여부는 사업장소의 현상과 위치 및 주위의 상황, 사업시행의 시기 및 주체의 적정성, 사업계획에 나타난 사업의 내용, 규모, 방법과 그것이 자연 및 환경에 미치는 영향 등을 종합적으로 고려하여 결정하여야 하는 일종의 재량행위에 속한다 할 것인바, 행정청이 공원사업시행을 허가하는 처분을 하였다 하더라도, 행정심판청구의 재결청으로서는 위와 같은 제반 사정을 종합적으로 고려하여 국토 및 자연의 유지와 환경의 보전 등 중대한 공익의 필요에 비추어 볼 때, 그 허가가 위법하거나 부당하다고 인정될 때에는 그 허가처분을 취소할 수 있음은 물론이다.

[4] 공원사업시행 허가처분에 의하여 인근 주민들의 환경상의 이익 등이 침해되거나 침해될 우려가 있고 그 환경침해는 공원의 개발 전과 비교하여 사회통념상 수인한도를 넘는다고 보이며, 주민들의 환경상의 이익은 공원사업시행 허가처분으로 인하여 그 사업자나 행락객들이 가지는 영업상의 이익 또는 여가생활향유라는 이익보다 훨씬 우월하다는 이유로, 그 환경적 위해 발생을 고려하지 않은 공원사업시행 허가처분은 재량권을 일탈 또는 남용한 것으로서 위법하다고 본 원심의 판단을 수긍한 사례.

【참조조문】

[1] 행정심판법 제4조 제1호, 행정소송법 제27조[행정소송재판일반] [2] 구 자연공원법(1995. 12. 30. 법률 제5122호로 개정되기 전의 것) 제1조, 제10조 제1항, 제15조 제2항, 제16조, 제21조, 제21조의2(현행 삭제), 제22조, 구 자연공원법시행령(1996. 7. 1. 대통령령 제15106호로 개정되기 전의 것) 제8조의2, 구 자연공원법시행규칙(1996. 7. 3. 내무부령 제687호로 개정되기 전의 것) 제7조, 제8조 제2항, 구 환경영향평가법(1999. 12. 31. 법률 제6095호 환경·교통·재해등에관한영향평가법 부칙 제2조로 폐지) 제1조(현행 환경·교통·재해등에관한영향평가법 제1조 참조), 제4조(현행 환경·교통·재해등에관한영향평가법 제4조 참조), 제8조(현행 환경·교통·재해등에관한영향평가법 제5조 참조), 제9조(현행 환경·교통·재해등에관한영향평가법 제6조 참조), 제16조(현행 환경·교통·재해등에관한영향평가법 제17조 참조), 제19조(현행 환경·교통·재해등에관한영향평가법 제21조 참조), 구 환경영향평가법시행령(2000. 12. 30. 대통령령 제17089호 환경·교통·재해등에관한영향평가법시행령 부칙 제2조로 폐지) 제2조 제2항 [별표 1] 카. (4)(현행 환경·교통·재해등에관한영향평가법시행령 제2조 제3항 [별표 1] 카. (4) 참조), 정부조직법(1998. 2. 28. 법률 제5529호로 전문 개정된 것) 제40조, 행정소송법 제1조[행정처분일반], 제27조 [3] 구 자연공원법(1995. 12. 30. 법률 제5122호로 개정되기 전의 것) 제1조, 제10조 제1항, 제15조 제2항, 제16조, 제21조, 제21조의2(현행 삭제), 제22조, 구 자연공원법시행령(1996. 7. 1. 대통령령 제15106호로 개정되기 전의 것) 제8조의2, 구 자연공원법시행규칙(1996. 7. 3. 내무부령 제687호로 개정되기 전의 것) 제7조, 제8조 제2항, 행정소송법 제1조[행정처분일반], 제27조 [4] 구 자연공원법(1995. 12. 30. 법률 제5122호로 개정되기 전의 것) 제1조, 제10조 제1항, 제15조 제2항, 제16조, 제21조, 제21조의2(현행 삭제), 제22조, 구 자연공원법시행령(1996. 7. 1. 대통령령

제15106호로 개정되기 전의 것) 제8조의2, 구 자연공원법시행규칙(1996. 7. 3. 내무부령 제687호로 개정되기 전의 것) 제7조, 제8조 제2항, 구 환경영향평가법(1999. 12. 31. 법률 제6095호 환경·교통·재해등에관한영향평가법 부칙 제2조로 폐지) 제1조(현행 환경·교통·재해등에관한영향평가법 제1조 참조), 제4조(현행 환경·교통·재해등에관한영향평가법 제4조 참조), 제8조(현행 환경·교통·재해등에관한영향평가법 제5조 참조), 제9조(현행 환경·교통·재해등에관한영향평가법 제6조 참조), 제16조(현행 환경·교통·재해등에관한영향평가법 제17조 참조), 제19조(현행 환경·교통·재해등에관한영향평가법 제21조 참조), 구 환경영향평가법시행령(2000. 12. 30. 대통령령 제17089호 환경·교통·재해등에관한영향평가법시행령 부칙 제2조로 폐지) 제2조 제2항 [별표 1] 카. (2), {현행 환경·교통·재해등에관한영향평가법시행령 제2조 제3항 [별표 1] 카. (2) 참조}, 구 환경정책기본법(1999. 12. 31. 법률 제6097호로 개정되기 전의 것) 제1조, 제5조, 제6조, 제7조, 제10조, 구 먹는물관리법(1997. 8. 28. 법률 제5394호로 개정되기 전의 것) 제2조, 제5조, 행정소송법 제1조[행정처분일반], 제27조

【참조판례】

[1] 대법원 1993. 5. 27. 선고 92누19033 판결(공1993하, 1908)
대법원 1995. 11. 10. 선고 95누8461 판결(공1995하, 3935)
[2][3][4] 대법원 2001. 7. 27. 선고 99두2970 판결
[2] 대법원 1998. 9. 22. 선고 97누19571 판결(공1998하, 2589)
대법원 2001. 6. 29. 선고 99두9902 판결(공2001하, 1750)
[3] 대법원 1998. 12. 8. 선고 98두13553 판결(공1999상, 149)
대법원 2001. 2. 9. 선고 98두17593 판결(공2001상, 650)
대법원 2001. 7. 27. 선고 99두8589 판결

【전 문】

【원고, 상 고 인】 속리산국립공원 용화온천집단시설지구지주조합 (소송대리인 변호사 황계룡 외 2인)
【피고, 피상고인】 환경부장관 (경정 전 : 내무부장관)
【피고보조참가인】 피고보조참가인 1 외 1823인 (소송대리인 중원종합법무법인 담당변호사 임호)
【원심판결】 서울고법 1999. 3. 2. 선고 97구13360 판결

【주 문】

상고를 기각한다.
상고비용은 원고의 부담으로 한다.

【이 유】

상고이유(제출기간 경과 후에 제출된 각 상고이유보충서의 기재는 이를 보충하는 범위 내에서)를 판단한다.

1. 기록에 의하면, 국립공원의 관리청인 내무부장관이 1993. 2. 5. 원고의 신청에 따라, 시설물 102동, 건축연면적 348,087㎡, 방류수량 1일 5,846㎡, 방류수질 생물학적 산소요구량(BOD) 10ppm 등을 그 내용으로 하는 속리산국립공원 용화집단시설지구 내 시설물기본설계를 승인하는 처분(이하 '내무부장관의 당초처분'이라고 한다)을 하였는데, 그 후 집단시설지구개발사업은 환경영향평가대상사업이라는 환경처장관의 회신에 따라 내무부장관은 원고에게 환경영향평가서를 작성하게 하여 피고와 6차례에 걸쳐 환경영향평가협의를 한 후, 1995. 12. 20. 시설물 건축연면적을 266,289㎡로, 방류수량을 1일 2,197㎡로 각 축소하고, 방류수질을 BOD 1ppm으로 강화하며, 오수처리방법은 역

삼투공법에 의하는 내용의 기본설계변경승인처분(이하 '내무부장관의 변경처분'이라고 한다)을 한 사실, 그 후 국립공원관리공단이사장(이하 '공단이사장'이라고 한다)이 1996. 5. 9. 내무부장관의 변경처분의 조건 및 환경부와의 환경영향평가협의내용의 이행 등을 조건으로 하여 원고에게 용화집단시설지구기반조성 공원사업시행을 허가하는 처분(이하 '이 사건 처분'이라고 한다)을 한 사실, 그런데 위 집단시설지구로부터 약 2km 정도 떨어진 신월천변 지역에 거주하는 주민들인 피고보조참가인 등 1825인이 1996. 6. 7. 내무부장관의 변경처분과 공단이사장의 이 사건 처분의 각 취소를 구하는 행정심판을 제기하자, 내무부장관이 1997. 3. 26.에, 1996. 6. 19. 자 환경부의 '용화온천지구 환경영향조사결과' 및 1997. 2. 20. 자 중앙환경분쟁조정위원회에서의 자문결과에 의하면 위 집단시설지구내에 설치될 역삼투공법에 의한 오수처리시설로는 오수를 BOD 1ppm 이하로 처리하는 것이 불가능하여 위 사업이 시행될 경우 BOD 1ppm 이상의 오수배출이 불가피하다 할 것인데 그럼에도 BOD 1ppm 이하로 오수를 배출할 것을 조건으로 하여 이 사건 처분을 한 것은 잘못이고, 이 사건 공원사업시행 후에는 오수배출, 행락객의 급격한 증가, 갈수기, 동절기 등 환경취약시기의 도래 등으로 인하여 신월천 등 하천의 수질이 심각하게 오염되고 그에 따른 피고보조참가인들의 식수·농업용수 및 생활용수 등의 피해발생이 충분히 예상되는데도 공단이사장이 이러한 환경적 위해발생과 그 결과를 충분히 고려하지 아니하고 이 사건 처분을 한 것은 재량권을 일탈하였거나 남용한 것으로 위법·부당하다는 등의 이유로 공단이사장의 이 사건 처분을 취소한다는 내용의 재결(이하 '이 사건 재결'이라고 한다)을 한 사실(한편 내무부장관은 1997. 5. 21. 위 행정심판청구 중 1995. 12. 20. 자 내무부장관의 변경처분의 취소를 구하는 부분을 각하하는 내용의 재결을 하였다.)을 알 수 있고, 한편 정부조직법중개정법률(1998. 2. 28. 법률 제5529호)에 의하여 내무부장관 소관이던 자연공원법 관련 업무가 피고에게 이관되었다.

2. 행정심판재결서의 해석에 관한 법리를 오해하였다는 점에 대하여

행정심판에 있어서 행정처분의 위법·부당 여부는 원칙적으로 처분시를 기준으로 판단하여야 할 것이나, 재결청은 처분 당시 존재하였거나 행정청에 제출되었던 자료뿐만 아니라, 재결 당시까지 제출된 모든 자료를 종합하여 처분 당시 존재하였던 객관적 사실을 확정하고 그 사실에 기초하여 처분의 위법·부당 여부를 판단할 수 있는 것이다.

같은 취지에서 원심이, 내무부장관이 이 사건 재결을 함에 있어서, 이 사건 처분 당시의 자료뿐만 아니라, 그 이후인 1996. 6. 19. 작성된 환경부의 '용화온천지구 환경영향조사결과'나 1997. 2. 20. 중앙환경분쟁조정위원회에서의 자문결과 등의 자료까지 종합하여 이 사건 처분 당시 존재하였던 객관적 사정을 확정하고 이에 기초하여 위 처분의 위법·부당 여부를 판단하였다 하여 이를 위법하다고 볼 수 없다는 취지로 판단한 조치는 정당하고, 거기에 상고이유에서 지적하는 바와 같은 행정심판재결서의 해석에 관한 법리오해 등의 위법이 없다. 이 점에 관한 상고이유의 주장은 이유가 없다.

3. 자연공원법령, 환경영향평가법령에 관한 법리를 오해하였다는 점에 대하여

원심판결 이유에 의하면, 원심은 그 채용 증거들을 종합하여, 내무부장관의 당초 처분 후 내무부장관이 피고와 환경영향평가협의를 하는 과정에서, 피고가 오·폐수 방류시 하천의 수질악화가 예상되고, 불소가 다량 함유된 오·폐수의 방류로 인하여 하류에서 지하수를 식수로 이용하는 주민들에게 곤란을 초래하며, 농경지의 농업용수 피해와 관광지의 기능저하가 우려된다는 점, 방류수량을 감소하고, 오수정화처리수질을 강화하겠다는 내용이 담긴 원고의 환경영향저감방안을 검토하여 보아도 하천의 수질오염을 염려하는 하류주민의 의견수렴을 위한 납득할 수 있는 방안이 제시되어 있지 않다는 점, 역삼투공법에 의한 오수처리시설로 오·폐수 수질을 BOD 1ppm 이하로 처리하는 것은 기술상 가능하나 동 처리방식을 집단시설지구의 오·폐수 처리시설에 적용할 경우 안정적인 처리 가능

성이 낮고 관리에도 어려움이 있다는 점 등의 의견을 회신하였는데, 그럼에도 내무부장관이 1995. 12. 20. 자 변경처분을 하고 이에 터잡아 공단이사장이 이 사건 처분을 한 사실 등을 인정한 다음, 위 인정 사실에 의하면 피고가 환경영향평가협의를 하는 과정에서 이 사건 자연공원사업에 관하여 부정적인 의견을 회신하였음에도, 내무부장관과 공단이사장이 환경적 위해발생을 충분히 고려하지 아니한 채 위 변경처분 및 이 사건 처분을 한 것은 환경영향평가협의내용을 제대로 반영하지 않은 것으로서 자연공원법령 및 환경영향평가법령에 위배한 하자가 있다고 판단하고 있다.

그런데 내무부장관이 위 변경처분을 함에 있어서 피고와의 협의를 거친 이상, 환경영향평가서의 내용이 환경영향평가제도를 둔 입법 취지를 달성할 수 없을 정도로 심히 부실하다는 등의 특별한 사정이 없는 한, 내무부장관이나 공단이사장이 피고의 환경영향평가에 대한 의견에 반하는 처분을 하였다고 하여 그 처분이 위법하다고 할 수는 없는 것이고, 따라서 피고가 이 사건 자연공원사업에 관하여 부정적인 의견을 회신하였음에도 내무부장관과 공단이사장이 위 변경처분 및 이 사건 처분을 한 것은 환경영향평가 협의내용을 제대로 반영하지 않은 것으로서 자연공원법령 및 환경영향평가법령에 위배한 하자가 있다는 취지의 원심 판단 부분은 잘못이라고 할 것이다.

그러나 뒤에서 보는 바와 같이 공단이사장의 이 사건 처분이 재량권을 일탈 또는 남용한 것으로서 위법하고, 따라서 위 처분을 취소한 이 사건 재결을 정당하다고 보아야 할 것이므로, 원심의 위와 같은 판단의 잘못은 판결 결과에 영향을 미친 위법이라고 할 수 없다. 이 점에 관한 상고이유의 주장도 받아들일 수 없다.

4. 재량행위에 관한 법리를 오해하였거나, 증거의 판단을 잘못하고 심리미진, 이유불비, 이유모순, 판단유탈의 위법 등이 있다는 점에 대하여

자연공원사업의 시행은 국토 및 자연의 유지와 환경의 보전에 영향을 미치는 행위로서 그 공원사업 시행허가 여부는 사업장소의 현상과 위치 및 주위의 상황, 사업시행의 시기 및 주체의 적정성, 사업 계획에 나타난 사업의 내용, 규모, 방법과 그것이 자연 및 환경에 미치는 영향 등을 종합적으로 고려하여 결정하여야 하는 일종의 재량행위에 속한다 할 것인바, 행정청이 공원사업시행을 허가하는 처분을 하였다 하더라도, 행정심판청구의 재결청으로서는 위와 같은 제반 사정을 종합적으로 고려하여 국토 및 자연의 유지와 환경의 보전 등 중대한 공익의 필요에 비추어 볼 때, 그 허가가 위법하거나 부당하다고 인정될 때에는 그 허가처분을 취소할 수 있음은 물론이다.

원심판결 이유에 의하면, 원심은 그 채용 증거들을 종합하여, 내무부장관과 피고와 사이의 환경영향평가협의 과정, 내무부장관의 변경처분 및 공단이사장의 이 사건 처분이 이루어진 경위 및 피고의 1996. 6. 19. 자 환경영향조사결과, 1997. 2. 20. 자 중앙환경분쟁조정위원회에서의 자문 결과 등을 종합하여 볼 때, 이 사건 처분에 의하여 원고가 역삼투공법에 의한 오·폐수처리시설을 설치한다 하더라도 이 사건 집단시설지구로부터 배출될 오·폐수의 수질을 이 사건 처분의 내용과 같이 BOD 1ppm 이하로 처리하는 것이 현실적으로 불가능하고, 그 오·폐수가 신월천 등에 방류될 경우 신월천 등 하천의 수질악화 등 환경오염의 가능성이 많으며, 이로 인하여 신월천 주변에 거주하는 주민들인 피고보조참가인들의 식수원이 오염되거나 농업용수의 피해 등으로 인하여 그들이 현재 누리고 있는 환경상의 이익 등이 침해되거나 침해될 우려가 있고, 이와 같은 환경침해는 이 사건 시설지구의 개발 전과 비교하여 사회통념상 수인한도를 넘는다고 보이며, 주민들의 이러한 환경상의 이익은 이 사건 처분으로 인하여 원고나 행락객들이 가지는 영업상의 이익 또는 여가생활향유라는 이익보다 훨씬 우월하므로, 이러한 환경적 위해 발생을 고려하지 않은 공단이사장의 이 사건 처분은 재량권을 일탈 또는 남용한 행위로서 위법하고, 따라서 이 사건 처분을 취소한 이 사건 재결은 정당하다는 취지로 판단하고 있다.

기록과 위 법리에 비추어 살펴보면, 원심의 위와 같은 사실인정과 판단은 정당한 것으로 수긍이 가고, 거기에 상고이유에서 지적하는 바와 같은 재량행위에 관한 법리오해, 증거의 취사선택이나 판단을 잘못하였거나 심리미진, 이유불비, 이유모순, 판단유탈 등의 위법이 없다. 이 점에 관한 상고이유의 주장도 모두 이유가 없다.

5. 그러므로 상고를 기각하고, 상고비용은 원고의 부담으로 하기로 관여 법관의 의견이 일치되어 주문과 같이 판결한다.

대법관 이용우(재판장) 조무제 강신욱 이강국(주심)

☞ 대법원 2001. 7. 27. 산거 99두2970 판결 732p 참조 (용화온천 사건)

제4장 보전소송

[판례 1] 공사중지가처분 (청주지법 1998. 2. 26. 선고 97카합613 판결 : 항소)

【판시사항】

[1] 환경정책기본법 및 먹는물관리법의 관계 규정의 취지, 조리에 비추어 오염되지 않은 식수를 음용할 구체적인 사법상 권리로서의 환경권이 예외적으로 인정된다고 하여 사업자에게 공사중지를 명한 사례
[2] 수인한도를 넘는 토지사용이나 생활환경에 관한 이익의 침해에 대하여 민법 제217조에 기한 방해배제청구권이 인정되는지 여부(적극)

【판결요지】

[1] 개개 국민에게 구체적인 사법상 권리로서의 환경권을 인정한 명시적인 법률규정이 없다 하더라도, 식수에 관한 환경이익에 대하여는 헌법 제35조 제1항의 정신에 따른 환경정책기본법 및 먹는물관리법의 각 규정 취지에 비추어, 또한 식수오염의 피해가 인간생존에 대한 근원적인 위협을 의미한다는 조리에 비추어도, 오염되지 않은 식수를 음용할 구체적인 사법상 권리로서의 환경권이 예외적으로 인정된다고 보아야 할 것이고, 그 권리의 내용으로서도 부당침해에 대한 손해배상청구는 물론, 사후적 금전배상으로는 회복, 전보할 수 없는 생존에 직결된 환경이익을 침해받는 이상, 그 침해의 위험을 사전에 방지하기 위한 유지청구권도 부여된다고 보지 않을 수 없으므로 식수오염의 가능성 있는 공사를 진행하고자 하는 사업자로서는 그 공사로 인하여 식수오염의 위험이 전혀 없음을 스스로 소명하지 못하는 한 그 공사중지청구를 거부할 수 없다.
[2] 민법 제217조 제1항의 적용을 받는 토지는 반드시 연접한 토지에 한한다고 볼 것은 아니고 소음, 매연, 진동, 오수의 유입 등으로 인하여 토지사용이나 생활이익의 침해를 받는 범위의 토지는 이에 해당한다고 보아야 할 것인바, 수인한도를 넘는 토지사용이나 생활환경에 관한 이익의 침해에 대

하여는 민법 제217조에 기하여 방해배제청구권이 인정될 수 있다.

【참조조문】
[1] 헌법 제35조 제1항, 환경정책기본법 제1조, 제5조, 제6조, 제7조, 제10조, 같은법시행령 제2조, 먹는물관리법 제2조, 제5조, 먹는물수질기준및검사등에관한규칙 제2조, /[2] 민법 제214조, 제217조

【참조판례】
[1][2]
대법원 1995. 5. 23.자 94마2218 결정(공1995하, 2236) , 대법원 1995. 9. 15. 선고 95다23378 판결(공1995하, 3399) , 대법원 1997. 7. 22. 선고 96다56153 판결(공1997하, 2636)

【전 문】
【신청인(선정당사자)】 신청인(선정당사자) 1 외 9인 (소송대리인 중원종합법무법인 담당변호사 임호 외 3인)
【피신청인】 문장대온천관광지개발지주조합 (소송대리인 법무법인 광명 담당변호사 김대호 외 1인)

【주 문】
1. 피신청인은 상주시장으로부터 1996. 4. 8. 문장대온천관광지조성사업 시행허가처분을 받아 별지1 기재 각 토지상에서 시행하는 공사를 중지하고, 이를 속행하여서는 아니된다.
2. 신청인(선정당사자)들의 이 사건 신청 중 별지2 기재 선정자들에 관한 부분은 모두 기각한다.
3. 신청비용 중 신청인(선정당사자) 1과 피신청인 사이에 생긴 부분은 피신청인의, 나머지 신청인(선정당사자)들과 피신청인 사이에 생긴 부분은 같은 신청인들의 각 부담으로 한다.

【신청취지】
선정자들 전원에 관하여 주문 제1항과 같은 가처분을 구하다.

【이 유】
1. 본안전 항변에 관한 판단
    피신청인은 이 사건의 관할은 이 법원에 있는 것이 아니고, 피신청인의 주소지 관할법원인 서울지방법원이나 문장대온천시설이 소재하고 있는 경북 상주군 화북면 중벌리, 운흥리 지역의 관할법원인 대구지방법원 상주지원에 있으므로 신청인(선정당사자, 이하 '신청인'이라고만 한다)들을 포함한 선정자{다만 선정자목록에 의하면, 선정자 6078은 선정자 6417로, 선정자 946은 선정자 1317로, 선정자 1316은 선정자 1483으로 각 중복 기재되어 있으므로 선정자목록에서 중복된 부분을 삭제하였다.}들(이하 '신청인들'이라고만 한다)의 이 사건 신청은 관할이 없는 법원에 제기된 것이라고 항변한다.
    살피건대, 가처분사건은 원래 본안의 관할법원이나 급박할 경우 계쟁물 소재지 관할법원에 관할이 있다 할 것인데, 본안이 부동산에 관한 소일 경우에는 피신청인의 보통재판적 소재지 관할법원 이외에도 그 부동산 소재지 관할법원에 특별재판적으로서 관할이 있는 것이다.
    그런데 이 사건에서 신청인들은 충북 괴산군 ○○면 △△리 등 충청북도에 거주하면서 소유하고 있는 부동산의 소유권에 기한 방해예방청구권을 피보전권리로 삼아 피신청인조합에 대하여 문장대온천시설 조성공사(이하 '이 사건 공사'라 한다)의 중지를 구하고 있으므로, 신청인들이 위 부동산을 실제로 소유하고 있는지의 여부를 떠나 그 부동산의 소재지인 충청북도 일원을 관할하는 이 법원에 관할이 있다고 하지 않을 수 없다. 따라서 피신청인의 위 항변은 받아들이지 아니한다.

2. 기초 사실

아래 사실은 소갑 제1, 3, 5, 6, 12, 22, 30, 35, 40, 42, 43, 55호증, 소갑 제7호증의 4, 소갑 제8호증의 1 내지 5, 소을 제1호증의 3, 소을 제2, 3, 6, 17, 24, 30 내지 33, 37, 38, 45, 59호증, 소을 제5, 20, 32, 35, 36호증의 각 1, 2의 각 일부 기재, 증인 신청외 1, 신청외 2, 신청외 3의 각 일부 증언(각 뒤에서 믿지 않는 부분은 제외), 당원의 현장검증 결과 및 감정인 신청외 4의 감정결과에 변론의 전취지를 종합하여 이를 인정할 수 있고, 달리 반증이 없다.

가. 이 사건 공사부지의 지리적 위치와 신청인들의 거주지역

피신청인조합은 충북 괴산군, 상주시, 점촌시의 중간 지점에 위치한 별지1 기재 각 토지('이 사건 공사부지'라 한다)상에서 이 사건 공사를 하고 있는데 그 곳은 남한강의 최상류인 신월천으로부터 약 300m 정도 상류에 위치하고 있다. 신월천은 그 하류에서 박대천과, 박대천은 다시 그 하류에서 달천과, 달천은 다시 그 하류에서 남한강과 각 합류되어 흐르는데, 신월천 중 △△리 지역을 흐르는 지점에서의 갈수기 유량은 1일 1,808t 정도이다. 한편 신청인들은 이 사건 공사부지에서 약 2㎞ 정도 떨어진 신월천변 지역인 충북 괴산군 ○○면 △△리를 비롯하여 그 하류지역에 거주하고 있는 주민들이다.

나. 이 사건 공사에 관한 허가내용

피신청인조합은 건설부장관으로부터 위 운흥리 일원 1,604,000평(속리산국립공원 내 781,000평, 속리산국립공원 외 823,000평)에 관하여 1987. 11. 27. 온천지구 지정을, 1989. 7. 14. 문장대온천관광지조성계획승인을, 상주시장으로부터 같은 해 11. 22. 위 운흥리 497 대지상에 위치하는 온천공(직경 18인치, 깊이 400m, 이하 '497호공'이라 한다)에 대한 굴착허가를 각 받고, 다시 상주시장으로부터 1996. 4. 8. 문장대온천관광지조성사업 시행허가처분을 받아 같은 해 8. 20.부터 이 사건 공사를 시행하고 있다. 그 사업시행허가의 내용에 의하면, 문장대온천지구 예정지인 이 사건 공사부지상 사업시행면적은 135,140㎡, 사업비는 금 39,112,000,000원, 사업기간은 1996. 7. 1.부터 1997. 12. 31.까지, 1일 오수발생예상량은 2,400t(그 중 700t은 온천수 사용허가량, 나머지 1,700t은 생활오수량)으로 되어 있고, 그에 대한 종합오수처리시설(이하 '이 사건 오수처리시설'이라 한다)은 총 면적에 대한 계획을 수립하여 단계별로 시행계획에 의거 실행설계를 작성 후 협의하고, 이 사건 오수처리시설이 설치될 위치가 온천지구로 지정된 지역 밖이므로 개별법에 의한 입지승인 후 이 사건 오수처리시설이 다른 시설보다 우선 설치, 가동되도록 하여야 하며, 이 사건 오수처리시설을 포함하여 도로, 상·하수도 등 공공시설은 사업완료시 상주시에 기부채납하여야 한다는 등의 조건이 붙어 있다. 피신청인조합은 이 사건 오수처리시설을 포함한 문장대온천시설에 대한 모든 준공검사가 끝나고, 이에 대한 분양이 완료되면 이 사건 오수처리시설을 상주시에 기부채납한 다음 해산할 예정이다.

다. 이 사건 공사부지 인근 하천의 환경기준 및 온천오수의 생물학적산소요구량

환경부는 1991. 5. 31. 신월천에서 괴강천을 지나 충주 달천에 이르는 달천 전 구역을 환경정책기본법 제10조 소정의 환경기준 중 수질기준에 대하여 생물학적산소요구량(BOD)이 1ppm 이하로 유지되어야 하는 상수원수 1급 자연환경보전구역으로 지정, 고시한 바 있다. 신월천수는 실제로도 그 수질이 생물학적산소요구량 기준으로 1ppm 이하가 될 정도로 상당히 깨끗한 반면 통상 온천에서 발생하는 오수의 생물학적산소요구량은 150ppm 내지 200ppm 정도인 것으로 알려져 있다.

라. 이 사건 공사부지에서 채수한 온천수의 불소농도

피신청인조합은 위 497호공과 위 운흥리 497 대지와 496 대지의 경계선상에 위치하고 있는 온천공(이하 '경계선상 온천공'이라 한다)을 소유하고 있는데, 그 각 온천공에서 분출하는 온천수에 대하여 수질분석검사를 해 본 결과, 그 불소농도는 위 497호공의 경우 8.7ppm, 위 경계선상 온천공의 경우 10.7ppm인 것으로 밝혀졌고, 신월천수에 함유된 불소농도는 0.9ppm 정도인 것으로 조사되어 있다. 한편 피신청인조합은 문장대온천시설이 완공되면 당국으로부터 온천수 사용량 증량허가를 받기 전까지 위 497호공과 경계선상 온천공에서 분출하는 온천수로 1일 700t을 사용할 계획이다.

마. 이 사건 오수처리시설의 시공계획

피신청인조합은 문장대온천시설이 설치되어 가동될 경우 생물학적산소요구량 150ppm 내지 200ppm 정도의 오수(이하 '이 사건 오수'라 한다)가 발생되더라도 신월천 등 인근 하천지역의 수질이 생물학적산소요구량 기준으로 위에서 본 환경기준(생물학적산소요구량 1ppm 이하)을 유지할 수 있도록 이 사건 오수처리시설의 시공을 계획하고 있다. 즉 이 사건 오수를 1차적으로 토양피복형접촉산화법에 의한 처리과정을 거쳐 생물학적산소요구량 8ppm 정도로 정화시키고, 그 물을 2차적으로 모래 및 활성탄 여과장치를 통과시켜 불소를 제거함과 동시에 생물학적산소요구량 5ppm 정도까지 더 정화시켜 그 중 일부는 중수도로 재활용하고, 나머지는 다시 모관침윤트렌치공법에 의한 처리과정을 거치게 하여 최종적으로 생물학적산소요구량 3ppm 이하로 처리한 다음 그 최종처리수를 하천이나 지상으로는 한방울도 흐르게 하지 않고 모두 지하로 방산시켜 흡수되게 한다는 것이다. 소위 무방류체계를 유지하면서도 지하수를 오염시키지 않는다는 내용으로 이 사건 오수처리시설의 설계개념을 설정하고 있다.

바. 토양피복형접촉산화법, 모관침윤트렌치공법의 개념

토양피복형접촉산화법은 오·폐수를 미생물이 번식하고 있는 토양층으로 통과시켜 그 과정에서 오염물질이 미생물에 의해 흡착, 분해 및 침전되게 함으로써 오·폐수를 정화시키는 오수처리방법으로서 생물학적산소요구량 150ppm 내지 200ppm 정도의 오수를 투입하였을 때 생물학적산소요구량 10ppm 정도까지 정화처리 할 수 있다. 한편 모관침윤트렌치공법은 토양 내에 묻혀 있는 트렌치관으로 오·폐수를 투입, 이동시켜 그 관의 이음부를 통해 토양 속으로 빠져 나간 오·폐수가 토양의 공극 사이를 침투하는 과정에서 물리적 여과작용, 토양입자 표면에의 흡착작용, 토양 속에 서식하는 호기성(호기성) 미생물의 유기물 분해 등 화학적 작용이 복합적으로 일어나 오수에 포함되어 있는 오염물질이 제거, 처리되게 하는 오수처리방법이다.

사. 모관침윤트렌치공법의 적용상 문제점

일반적으로 모관침윤트렌치공법이 적용된 오수처리시설에서는 최종 처리수를 지표면으로는 흐르게 하지 않고 지하로 방산시켜 지하수에 합류되게 하므로 수질오염을 방지하기 위하여 지하수층이 지표면으로부터 최소한 1.5m 이상 떨어진 곳에 위치하여야 하고, 트렌치가 매설된 지점 지하에 최종처리수가 지하로 방산되는 것을 막는 역할을 하는 암반층, 진흙층 등 불투수층이 있어서는 안되며, 가급적 화강암이 풍화되어 생성된 마사토 등 투수성이 양호한 토양으로 이루어져야 한다. 특히 모관침윤트렌치공법에 의한 오수정화의 성패는, 토양미생물에 의한 분해속도 이상으로 유기물질을 트렌치로 투입시킬 경우 토양 내부에 미처리된 유기물질이 축적됨에 따라 발생되는 트렌치의 막힘현상을 얼마나 효과적으로 방지하느냐에 달려 있는데, 그 현상을 방지하기 위하여는 통상 1년에 3개월 내지 6개월 동안은 트렌치 사용에 있어서 휴지기를 두고 트렌치를 교대로 사용하여야 한다.

한편 휴지기를 어느 정도 두느냐에 따라 오수 1t당 트렌치 길이 및 트렌치시설에 소요되는 부지면적이 결정된다. 일반적으로 생물학적산소요구량 150ppm 내지 200ppm 정도의 오수를 곧바로 모관침윤트렌치공법에 의하여 처리할 경우에는 일단 토양식부패조를 거쳐 생물학적산소요구량 100ppm 정도까지 정화시킨 다음 트렌치에 유입시키게 된다. 그 트렌치시설의 휴지기를 6개월 정도로 하여 교대로 사용한다면 오수 1t당 트렌치 길이가 20m, 3개월 정도로 하여 교대로 사용한다면 오수 1t당 트렌치 길이가 15m가 되게 하여야 한다. 따라서 오수 1t당 트렌치 길이는, 특별한 사정이 없는 한, 최소한 10m 이상이 되도록 오수처리시설을 운영하여야 한다.

아. 불소의 특성 및 희석에 따른 불소농도 산출공식

불소성분이 음용수에 0.5ppm 내지 1ppm 정도 함유되어 있을 경우에는 치아병의 예방에 도움이 된다. 그러나 1.5ppm 이상 함유되어 있을 경우 그 물을 음용한 사람이나 동물은 뼈나 치아가 무기질화로 인하여 약해지는 소위 골경화증이나 만성위축성위염 등 질병에 걸리기 쉽고, 신장기능에도 이상이 생길 수 있는 반면 아직까지 그에 대한 치료약은 없는 것으로 알려져 있다.

한편 불소가 함유된 온천수가 다른 생활오수와 혼합될 경우 희석에 따른 불소농도 산출공식은 {(온천수의 양×그 불소농도＋생활오수의 양×그 불소농도) / (온천수의 양＋생활오수의 양)}이다.

3. 피보전권리 및 보전의 필요성에 관한 판단

가. 당사자들의 주장 요지

(1) 신청인들

이 사건 오수가 신월천에 방류되면 신월천과 그 하류 박대천 및 달천 일대의 수질이 환경정책기본법에 의한 생물학적산소요구량기준(1ppm 이하)을 유지할 수 없을 정도로 오염되고, 불소농도도 먹는물관리법에서 정한 음용수 수질기준인 1.5ppm을 7.64배나 초과하는 11.46ppm이 됨으로써 신월천 바닥을 흐르는 개천물이나 개천변의 천층(淺層) 지하수를 음용하면서 충북 괴산군 ○○면 △△리, □□리, ◇◇리, ☆☆리에 거주하고 있는 별지3 기재 선정자들의 식수원이 오염된다. 나아가 위 각 하천수를 농업용수로 사용하거나 달천변에서 내수면 어업이나 관광업에 종사하고 있는 나머지 별지2 기재 선정자들의 수확량, 어획량 및 관광수입이 급격하게 감소되는 등 막대한 피해가 발생할 것이 예상되고 이에 따라 신청인들의 생존에 심각한 위협을 초래할 것이 명백하다. 그런데 ㉮ 피신청인조합에서 위와 같은 수질오염을 막기 위한 대책으로 내세운 모관침윤트렌치공법은 1일 2,400t이라는 많은 양의 이 사건 오수를 처리하기에는 부적절하고, ㉯ 이 사건 오수를 모관침윤트렌치공법으로 효과적으로 처리하려면 트렌치 사용에 있어 휴지기를 두어야 하기 때문에 오수 1t당 트렌치 길이가 최소한 20m가 되도록 운영하여야 하고 따라서 넓은 부지의 확보가 필수적인데, 피신청인이 그 부지를 확보할 수 있는지 의심스러우며, ㉰ 여름철 집중 강우시에는 대량의 우수가 트렌치부지로 스며 들게 되어 처리효율이 급격히 떨어지고, ㉱ 겨울철에는 트렌치가 묻혀 있는 토양이 얼기 때문에 정상적으로 오수정화처리가 이루어지지 않을 뿐만 아니라, ㉲ 이 사건 오수처리시설의 설치 및 가동에 천문학적 비용이 소요될 것인데 이를 감수할 수 있을 만큼의 수익이 문장대온천사업에서 보장되지 않고, 피신청인조합은 문장대온천시설을 분양한 직후 해산될 것이기 때문에 가사 이 사건 오수처리시설이 설계상으로 완벽하다 하더라도 그 설치 및 가동이 제대로 되지 않을 것임이 분명하다. 결국 위 각 하천수가 차례로 오염되게 됨으로써 신청인들은 식수나 농업용수 등을 구하기 위해 다른 지역으로 이주할 수밖에 없는 처지에 놓이게 되는바, 이는 신청인들이 거주하면서 소유하고 있는 토지나 건물 등 부동산의 소유권 행사를 본질적으로 침해하는 것일 뿐만 아니라 상린관계에서의 수인한도를 넘는 것이고, 나아가 신청인들의 환경권, 어업권을 침해하는 것이다. 따라서 소유권, 환경권 및 어업권 등에 기하여 그 침해를 배제하기 위해 이 사건 공사의 중지를 청구한다.

(2) 피신청인

㉮ 이 사건 오수처리시설은 최종처리수를 지상이나 하천으로는 한 방울도 흘러 가지 않게 하는 소위 무방류를 목표로 설계되었기 때문에 하천의 수질이 오염될 리가 없고, ㉯ 이 사건 오수를 1차 토양피복형접촉산화법에 의한 처리과정, 2차 모래 및 활성탄여과장치에 의한 처리과정, 3차 모관침윤트렌치공법에 의한 처리과정을 순차로 거치게 하면 생물학적산소요구량 1ppm 내지 3ppm 정도의 수질로 정화하는 것이 가능하며, ㉰ 불소성분 역시 온천수가 일반하수와 혼합될 때 1차로 희석된 다음 이 사건 오수처리과정, 특히 모래 및 활성탄여과장치를 통과하면서 대부분 제거될 수 있을 뿐만 아니라 나머지도 토양 속으로 방산되는 동안 양이온과 흡착되거나 신월천과 합류될 때 다시 희석되기 때문에, 결국 위 각 하천의 수질이 현재보다 오염되지 않는다.

나. 인정되는 사실관계

아래 사실은 앞서 믿은 증거에 소갑 제19, 20, 23 내지 25, 28, 32, 34, 48, 51호증, 소갑 제2호증의 2, 소갑 제14, 15, 16호증의 각 1, 2, 소갑 제39호증의 1 내지 4, 소을 제4호증의 2, 소을 제7, 51호증의 각 3, 소을 제14, 25, 34호증, 소을 제51, 54, 58, 66호증의 각 1, 2의 각 일부 기재, 소갑 제39호증의 9, 소갑 제46호증의 19, 20, 소을 제46호증의 21, 소을 제48호증, 소을 제51호증의 3, 소을 제56호증의 1 내지 11, 소을 제60호증의 1 내지 28의 각 기재 및 영상, 소갑 제37호증의 1 내지 18의 각 영상, 증인 신청외 5, 신청외 6, 신청외 7, 신청외 1, 신청외 8, 신청외 9, 신청외 2, 신청외 3, 신청외 10, 신청외 11의 각 일부 증언(증인 신청외 2, 신청외 3, 신청외 10의 각 증언 중 뒤에서 믿지 않는 부분은 제외), 당원의 현장검증 결과, 감정인 신청외 4의 감정 결과 및 변론의 전취지를 종합하여 이를 인정할 수 있고, 이에 반하는 소을 제4, 32호증의 각 2, 소을 제61호증의 1, 2, 3, 소을 제62, 63, 64호증의 각 1, 2의 각 일부 기재, 증인 신청외 12의 증언, 증인 신청외 2, 신청외 13, 신청외 3, 신청외 10의 각 일부 증언은 각 믿기 어렵고, 소갑 제14호증의 1, 2, 소갑 제15호증의 2, 소갑 제24 내지 27, 30, 34, 35, 38, 40, 41, 44호증, 소을 제66호증의 1, 2의 각 일부 기재, 소갑 제21호증의 1 내지 5의 각 기재 및 영상, 증인 신청외 9, 신청외 14, 신청외 2, 신청외 5, 신청외 7의 각 일부 증언만으로는 위 인정을 뒤집기에 부족하고, 달리 반증이 없다.

(1) 모관침윤트렌치공법의 적합 여부

내무부는 모관침윤트렌치공법을 가급적 농어촌지역으로서 1일 오수발생량이 500t 미만인 지역의 소규모 오수처리시설로서 권장하고 있다. 이는 트렌치부지 매입의 어려움으로 적정 규모의 트렌치가 확보되지 않은 상태에서 매일 생물학적산소요구량이 150ppm 내지 200ppm 정도인 대규모의 오수를 곧바로 모관침윤트렌치공법에 의하여 정화처리하게 되면 트렌치 내에 오수의 과다부하로 인한 막힘현상이 발생하게 되고 그로 인한 처리효율 저하가 초래되어 지하수가 오염될 가능성이 있기 때문이다.

이 사건 오수발생량은 2,400t으로서 내무부가 권장하고 있는 모관침윤트렌치공법의 적정 처리용량을 초과하고 있다. 그러나 이 사건 오수처리시설은 설계상 생물학적산소요구량 5ppm까지 정화된 오수를 트렌치시설로 투입시키게 되어 있어 그 오수에 포함된 유기물질이나 용해성 불순물질이 이미 그 전 처리단계에서 걸러진 상태이므로 그로 인한 막힘현상이나 지하수 오염의 우려가 없다. 따라서 문장대온천의 1일 오수발생예상량 2,400t 정도에 포함된 유기물질 등의 제3차 처리방식으로서 모관침윤트렌치공법이 부적합하다고 볼 수 없고, 위와 같은 오수처리체계에서는 일반적인 경우와는 달리 오수 1t당 트렌치 길이도 5m 정도면 충분하다.

(2) 트렌치시설의 부지 확보 여부

　　피신청인조합은 이 사건 오수처리시설의 시공계획에 따라 1차 온천시설이 들어설 경우의 1일 오수발생 예상량 1,200t에 대한 트렌치시설부지로서 총 42,400㎡(약 12,848평)를 예정하여 그 중 8,400여 평은 확보하였으나, 나머지 4,448여 평 및 2차 온천시설이 들어설 경우의 1일 오수발생 예상량 1,200t을 처리하기 위한 부지는 아직 확보하지 못하고 있다. 그러나 피신청인조합은 이 사건 오수처리시설을 우선적으로 설치, 가동하여야 한다는 조건으로 상주시장으로부터 문장대온천관광지조성사업 시행허가처분을 받았으므로 트렌치시설 부지의 확보 없이 이 사건 공사가 준공되어 문장대온천시설이 운영될 수는 없다. 따라서 피신청인조합이 트렌치시설부지를 확보할 수 없을 것이라는 염려는 신청인들의 주관적인 의심에 불과하고 객관적 사실에 기하여 인정될 수 있는 것은 아니다.

(3) 우수기의 처리효율 문제

　　우선 우수가 대량 트렌치시설부지로 스며든다 하더라도 우수는 보통 생물학적산소요구량이 5ppm 정도로 낮기 때문에 토양 내 미생물의 정화기능을 약화시키지 않아 모관침윤트렌치공법에 의한 오수처리에 별다른 지장을 주지 않는다. 그 밖에도 피신청인조합은 여름철 집중 강우에 대비하여 이 사건 오수처리시설을 경사진 곳에 설치하고, 우수(우수)관은 오수관과는 별도로 만들며 트렌치 부지 위에도 곳곳에 배수로의 설치를 계획하고 있다. 따라서 여름철에 집중적인 강우가 있다 하더라도 이 사건 트렌치시설의 처리효율이 급격히 떨어질 것이라고 볼 수 없다.

(4) 겨울철 이 사건 오수처리시설의 작동 여부

　　이 사건 공사부지 일대 토양의 겨울철 동결심도는 약 0.8m 내지 1m 정도이고, 이 사건 트렌치는 지표면에서 0.4m 정도 깊이에 매설될 예정인데, 트렌치가 결빙되면 오수처리가 이루어질 수 없다. 그러나 일반적으로 오수는 다량의 유기물질을 함유하고 있어 결빙온도가 0℃보다 훨씬 낮아지는 소위 빙점강하 현상을 나타내고, 지하에 매설된 트렌치시설을 덮고 있는 토양이 겨울철에는 서릿발을 형성하여 외부의 냉기를 차단시켜 주는 역할을 하기 때문에 보온이 잘 될 뿐만 아니라 보통 약 20℃ 정도인 온천오수자체의 온도, 미생물의 유기물질 분해활동시 발생하는 발열 등으로 인하여 겨울철에도 트렌치시설이 묻혀 있는 토양의 온도가 좀처럼 5℃ 이하로 내려가지 않는다. 트렌치가 결빙하는 일은 발생할 수 없는 것이다. 외국의 예에 의하더라도 동결심도가 1.5m 이내인 지역에서는 트렌치공법이 겨울철에도 무리 없이 가동되고 있다. 따라서 이 사건 오수처리시설은 겨울철에도 별다른 문제 없이 작동될 것으로 예상된다.

(5) 생물학적산소요구량 관점에서 본 이 사건 오수처리시설에 대한 평가

　　이 사건 오수처리시설의 시공계획에 따라 토양피복형접촉산화법, 모래 및 활성탄여과처리방법, 모관침윤트렌치공법을 순차로 사용하여 처리한다면 생물학적산소요구량 150ppm 내지 200ppm 정도의 오수를 3ppm 이하가 되도록 정화하는 데 있어 이론상 문제점이 없다. 만일 그와 같이 이 사건 오수의 수질이 생물학적산소요구량 3ppm 정도까지만 정화될 수 있다면 그 물이 신월천으로 흘러 갈 것인지 지하로 방산될 것인지의 여부에 관계없이 자연정화 및 희석작용 등에 의하여 신월천의 생물학적산소요구량 기준에 의한 수질은 1ppm 이하로 유지될 것으로 예상된다. 피신청인조합이 구체적인 실행설계는 아직 하지 않고 있지만, 위와 같은 설계개념에 따라 시공된다면 이 사건 오수처리시설은 국내의 다른 오수처리시설에 비하여 사치스러울 정도의 고급시설로 평가된다.

(6) 불소처리에 관한 문제점

그러나 불소는 수중에 음이온의 형태로 녹아 있고, 일반적으로 화학적응집침전방법, 이온교환수지법, 활성알루미나법, 수산화마그네슘법 등 화학적 처리방법에 의하여만 제거될 수 있을 뿐 피신청인이 현재 설계상 불소제거를 위한 공정으로 도입한 모래 및 활성탄 여과처리공정이나 생물학적 처리방법인 토양피복형접촉산화법 및 모관침윤트렌치공법으로는 제거될 수 없다. 다만 불소를 함유한 물이 토양 속을 흐르게 될 경우 불소가 토양 내에 있는 양이온과 결합하는 등의 작용에 의해 일부 처리가 가능하지만 그 처리효과는 토양 내에 불소와 결합할 수 있는 양이온이 얼마나 존재하느냐에 좌우되기 때문에 불확실하다. 따라서 피신청인조합이 계획하고 있는 이 사건 오수처리시설은 불소처리에 관한 한 안전하지 못하다.

(7) 이 사건 오수의 무방류 여부

피신청인조합은 투수성이 좋은 토양 속에 이 사건 오수처리시설을 설치하기 위해 원래 논이었던 곳에 7m 정도 높이로 마사토를 쌓음에 있어 최종처리수가 지하로 방산되는 것을 막는 불투수층으로 작용할 논바닥층은 사전에 전체적으로 완전히 걷어낼 계획이었고 그것이 이 사건 오수처리시설의 설계개념에 부합하는 것이다. 그러나 실제는 그와 같이 걷어내지 않은 채 그 위에 마사토층을 쌓아 마사토층의 바로 밑 부분에 투수성이 거의 없는 것으로 알려져 있는 논바닥의 진흙이나 조대흙(점토의 일종)층이 상당 부분 남아 있게 되었고, 그것이 어느 정도 남아 있는지 현재 알 수 없는 실정이다. 따라서 이 사건 오수는 이 사건 오수처리시설을 거친 다음 지하로 방산되다가 약 7m 정도의 마사토층과 논바닥층이 만나는 지점에서 일부는 계속 지하로 방산되어 지하수맥과 합류되나, 일부는 투수성이 거의 없는 점토층으로 인하여 더 이상 방산되지 않고 고였다가 그 옆으로 유출되어 결국 그 곳보다 지형상 낮은 지역에 위치하고 있는 300m 인근의 신월천으로 흘러 가게 될 것이므로 이 사건 오수가 무방류된다고 할 수 없다. 다만 어느 정도가 지하로 방산되고, 어느 정도가 유출되어 신월천으로 방류될지는 알 수 없다.

(8) 신월천 및 그 주변 지하수의 불소오염 가능성

문장대온천에서 매일 배출될 700t의 온천수와 1,700t의 생활하수가 혼합될 이 사건 오수의 불소농도는 그 혼합에 따른 희석효과를 생활하수의 불소농도가 0ppm이라고 가정하여 최대한 감안하더라도 최소 2.5375ppm{=(700×8.7+1,700×0) / 2400, 온천수의 불소농도가 8.7ppm일 때(위 497호공 온천수만으로 위 700t을 충당할 경우)}, 최대 3.1208ppm{=(700×10.7+1,700×0) / 2400, 온천수의 불소농도가 10.7ppm일 때(경계선상 온천공 온천수만으로 위 700t을 충당할 경우)} 정도일 것으로 예상된다.

한편 이 사건 오수가 모두 지하로 방산된다고 단정할 수 없고 일부는 신월천으로 유입될 것인데 그 수량이 어느 정도인지 불분명하다는 점은 앞서 인정한 바와 같다. 따라서, 신월천의 유량이 1일 1,808t으로 줄어드는 겨울철 등 갈수기에는 이 사건 오수가 이 사건 오수처리시설 등에 의하여 제거되지 않은 채 모두 신월천으로 방류되는 것으로 가정했을 때 신월천수의 불소농도는 최대 2.166ppm{=(2,400×3.1208+1,808×0.9 / 4,208}, 최소 1.833ppm{=(2,400×2.5375+1,808×0.9) / 2400}까지 높아질 가능성이 있기 때문에 신월천의 수질에 따라 영향을 받을 수 있는 그 주변 천층 지하수가 1.5ppm 이상으로 오염되지 않는다는 보장이 없고, 이 사건 오수가 모두 지하로 방산되는 것으로 가정했을 때 지하수맥을 통해 역시 인근 신월천 주변의 지하수에 지속적으로 영향을 미쳐 그 불소농도를 위험수준까지 높일 가능성이 있게 되나, 그 오염의 정도는 정확히 알 수 없다.

다만 그와 같이 오염된 신월천수가 그 하류에서 박대천과 합류하는 지점에서부터는 박대천의 유량이 신월천의 유량보다 많기 때문에 그 희석효과를 감안하면 하천수의 불소농도가 1.5ppm 이하가 될 것으로 예상된다.

(9) 별지3 기재 선정자들의 식수원

충북 괴산군 ○○면 △△리 주민들인 선정자 951, 1001 내지 1029는 신월천수를 직접 식수로 음용하다가, 1989.경부터는 신월천변으로부터 약 5m 정도 떨어진 지점에 취수정을 설치하고 그 지하 34m 깊이에서 끌어 올린 물을 집수탱크에 모아 두고 이를 배수관으로 연결해 식수로 사용하였다. 그러나 그 물이 장마철에는 흙탕물일 경우가 많고, 겨울철 등 갈수기에는 잘 나오지 않을 뿐만 아니라 최근 행락객들의 증가로 인하여 신월천수가 종전보다 오염되게 되자 현재는 위 취수정에서 끌어 올린 물은 더 이상 식수로 사용하지 아니하고, 그 대신 각자 신월천변에 위치한 자기집 마당에 설치한 자가수도로 끌어 올린 천층 지하수를 식수로 음용하고 있다. 위 △△리보다 하류에 위치한 위 ☆☆리 주민들인 선정자 741 내지 800, ◇◇리 주민들인 921 내지 945, □□리 주민들인 1101 내지 1160도 신월천변에 위치한 자기집 자가수도를 이용하여 천층 지하수를 식수로 음용하고 있다.

다. 피보전권리 및 보전의 필요성

(1) 주장된 피보전권리에 대한 검토

(가) 구체적인 사법상 권리로서의 환경권

헌법 제35조 제1항이 환경권을 기본권의 하나로서 승인하고 있으므로, 사법의 해석과 적용에 있어서 이러한 기본권이 충분히 보장되도록 배려하여야 함은 당연하다. 다만 환경권에 관한 위 헌법규정만으로는 그 보호의 대상인 환경의 대상과 범위, 권리의 내용, 주체 등이 명확하지 못하여 이 규정이 개개의 국민에게 직접적으로 구체적인 사법상의 권리를 부여한 것이라고 보기는 어렵다. 그러나 그러한 권리를 인정한 명문의 법률 규정이 있거나 관계 법령의 규정 취지 및 조리에 비추어 권리의 주체, 대상, 내용, 행사방법 등이 구체적으로 정립될 수 있는 경우는 구체적인 사법상 권리로서의 환경권도 인정된다고 하여야 할 것이다(대법원 1995. 5. 23. 선고 94마2218 결정, 1997. 7. 22. 선고 96다56153 판결 등 참조).

그런데 환경관계법령 중 환경정책기본법 제1조에는 "이 법은 환경보전에 관한 국민의 권리·의무와 국가의 책무를 명확히 하고 환경보전시책의 기본이 되는 사항을 정함으로써 환경오염으로 인한 위해를 예방하고 자연환경 및 생활환경을 적정하게 관리·보전함을 목적으로 한다.", 동법 제5조에는 "사업자는 사업활동으로부터 야기되는 환경오염에 대하여 스스로 이를 방지함에 필요한 조치를 하여야 하며, 국가 또는 지방자치단체의 환경보전시책에 참여하고 협력하여야 할 책무를 진다.", 동법 제6조에는 "모든 국민은 건강하고 쾌적한 환경에서 생활할 권리를 가지며 국가 및 지방자치단체의 환경보전시책에 협력하고, 환경보전을 위하여 노력하여야 한다.", 동법 제7조에는 "자기의 행위 또는 사업활동으로 인하여 환경오염의 원인을 야기한 자는 그 오염의 방지와 오염된 환경의 회복 및 피해구제에 소요되는 비용을 부담함을 원칙으로 한다.", 동법 제10조에는 "정부는 국민의 건강을 보호하고 쾌적한 환경을 조성하기 위해 환경기준을 설정하여야 하며 환경여건의 변화에 따라 그 적정성이 유지되도록 하여야 한다.", 동법시행령 제2조에는 상수원수 1급 자연환경보전구역은 생물학적산소요구량이 1ppm 이하로 유지되어야 하는 것으로 각 규정되어 있고, 한편 먹는물관리법 제2조에는 "국가 및 지방자치단체는 모든 국민이 질 좋은 먹는 물을 공급받을 수 있도록 합리적인 시책을 마련하여야 하고, 먹는물관련영업자에 대한 알맞은 지도와 관리를 하여야 한다., 먹는물관련영업자는 관계 법령이 정하는 바에 따라 질 좋은 먹는물을 안전하고 알맞게 공급하도록 하여야 한다.", 동법 제5조에는 "환경부장관은 먹는 물의 수질기준을 정하여 이를 보급하는 등 먹는 물의 수질관리를 위하여 필요한 시책을 마련하여야 한다.", 동법에 따라 제정된 먹는물수질기준및검사등에관한규칙 제2조에는 먹는 물에는 건강상유해영향무기물질 중 하나로서 불소가 1.5ppm 이상 함유되어서는 아니된다고 각 규정되어 있다.

그렇다면 비록 개개 국민에게 구체적인 사법상 권리로서의 환경권을 인정한 명시적인 법률규정이 없다 하더라도, 식수에 관한 환경이익에 대하여는 헌법 제35조 제1항의 정신에 따른 환경정책기본법 및 먹는물관리법의 위 각 규정 취지에 비추어, 또한 식수오염의 피해가 인간생존에 대한 근원적인 위협을 의미한다는 점에서 조리에 비추어도, 오염되지 않은 식수를 음용할 구체적인 사법상 권리로서의 환경권이 예외적으로 인정된다고 보아야 할 것이다. 그 권리의 내용으로서도 부당침해에 대하여 손해배상청구는 물론, 사후적 금전배상으로는 회복, 전보할 수 없는 생존에 직결된 환경이익을 침해받는 이상, 그 침해의 위험을 사전에 방지하기 위한 유지청구권도 부여된다고 보지 않을 수 없다. 따라서 식수오염의 가능성이 있는 공사를 진행하고자 하는 사업자로서는 그 공사로 인하여 식수오염의 위험이 전혀 없음을 스스로 소명하지 못하는 한 그 공사중지청구를 거부할 수 없다고 보아야 할 것이다. 결국 위와 같이 예외적으로 인정되는 사법상 권리로서의 환경권은 이 사건 가처분의 피보전권리가 될 수 있는 것이다.

(나) 부동산 소유권

민법 제217조 제1항에 의하여 토지소유자에게는 매연, 열기체, 액체, 음향, 진동 기타 이에 유사한 것으로서 이웃 토지의 사용을 방해하거나 이웃 거주자의 생활에 고통을 주지 아니하도록 '적당한 조처'를 취할 의무가 부과된다. 이는 토지 그 자체의 지배 내지 이용에 관한 이익뿐 아니라 그와 별도로 인간의 건강하고 쾌적한 생활 환경에 관한 이익이 소음, 매연, 진동, 오수의 유입 등으로 인하여 적극적으로 침해되었을 때에는 그러한 이익의 침해를 토지 소유권의 침해와 동일시하여 이웃 토지의 소유자뿐 아니라 이웃 거주자에게까지 이러한 침해행위에 대하여 '적당한 조처'를 청구할 권리를 인정한 것이다. 그 '적당한 조처'는 생활방해를 막는 데 적당한 모든 조치로서 방해제거청구 및 방해예방청구를 포함한다고 할 것이다. 이는 민법 제214조에서 규정한 방해배제청구권을 생활방해의 경우에 보다 구체화하고 나아가서는 보충, 확대하는 것이라고 할 것이다.

다만 위와 같은 방해배제청구권의 행사는 민법 제217조 제2항의 규정에 따라 제한되는바, 이웃 토지소유자나 이웃 거주자는 상린관계에 있는 다른 사람의 사유재산권 행사로 인하여 토지사용을 방해받거나 생활환경에 관한 이익의 침해를 받게 되더라도 그 침해가 다른 사람 토지의 통상의 용도에 적당한 것으로서 사회통념상 수인할 수 있는 정도인 경우에는 그 침해를 인용할 의무가 있는 것이다. 그리고 이러한 수인한도를 판정하는 요소는 양 당사자를 둘러 싸고 있는 주변 장소의 지역성, 피해자가 입은, 혹은 입게 될 피해법익의 성질 및 정도, 이에 대한 사회적 평가, 가해자의 의도와 사유재산권 행사의 공공성 여부, 양 당사자 중 누가 먼저 토지이용을 시작했는지의 선후관계, 가해자의 방지조치 또는 손해회피 가능성, 금지에 의한 예측불가능한 손해의 유무 등 개별·구체적인 모든 사정을 광범위하게 종합한 이익형량에 따라 판단되어야 한다.

위와 같은 상린관계규정의 적용을 받는 토지는 반드시 연접한 토지에 한한다고 볼 것은 아니고 소음, 매연, 진동, 오수의 유입 등으로 인하여 토지사용이나 생활이익의 침해를 받는 범위의 토지는 이에 해당한다고 보아야 할 것이다. 따라서 수인한도를 넘는 토지사용이나 생활환경에 관한 이익의 침해에 대하여는 민법 제217조에 기하여 방해배제청구권이 인정될 수 있고(그 요건이 존재하지 않는 경우 민법 제214조에 기하여 인정되는 경우도 있을 것이다), 이는 이 사건 가처분의 피보전권리가 될 수 있다.

(2) 이 사건 신청 중 별지2 기재 선정자들에 관한 부분에 대한 판단

　(가) 환경권에 기한 공사중지청구권

　　구체적인 사법상 권리로서의 환경권이 인정될 수 있음은 앞서 본 바와 같다 하더라도, 위 인정 사실관계에 의하면, 이 사건 오수처리시설이 위 설계대로 설치되어 제대로만 가동되는 경우(이 사건 오수처리시설의 부지확보를 비롯한 설치 및 가동에 막대한 비용이 소요되고, 현재 실행설계가 없어 계획단계에 불과하다 하더라도, 피신청인이 이 사건 오수처리시설을 미리 설치하여 가동하지 아니하고는 문장대온천개발에 착수할 수 없도록 되어 있는 위 사업시행허가처분의 조건 내용에 비추어, 이 사건 오수처리시설의 설치 및 가동이 제대로 이루어지지 않을 것이라는 염려는 주관적인 의심에 기한 것일 뿐 객관적인 사실에 기하여 인정되는 것은 아니다), 이 사건 오수는 생물학적산소요구량 3ppm 이하까지 정화될 수 있어 결국 신월천, 박대천 및 달천수가 생물학적산소요구량 기준으로 현재보다 오염될 가능성이 거의 없다. 다만 이 사건 오수처리시설로써 불소의 완전한 제거가 보장되지 않기 때문에 신월천수의 불소농도가 1.5ppm 이상으로 오염될 위험이 없다고 단정할 수 없다 하더라도, 위 선정자들은 신월천과 박대천이 합류하는 지점보다 하류 지역에 거주하고 있기 때문에 개천물의 합류에 따른 희석효과로 인하여 하천수의 불소농도가 인체 등에 유해한 1.5ppm 이상으로 될 가능성이 없다. 특히 그들 중 선정자 61 내지 100, 801 내지 860, 1681 내지 1780, 8397 내지 10309는 화양천이나 동진천 주변에 거주하고 있는데, 그 개천들은 달천의 지류로서 위 박대천과 함께 달천으로 흐르기 때문에 개천물이 역류되지 않는 한 신월천이나 박대천수의 오염과는 무관하다.

그렇다면 위 선정자들이 이 사건 공사로 인하여 하천수를 농업용수로 사용하거나 내수면어업이나 관광업 등에 활용함에 있어 다소간 환경이익의 침해를 당한다 하더라도, 관계 법령에서 그에 관한 구체적인 환경권을 명시적으로 인정한 규정이 없고, 관계 법령의 규정취지나 조리에 비추어 위 선정자들에게 환경권을 인정할 수 있는 경우라고 볼 수도 없기 때문에(위와 같은 경우에까지 환경권을 인정한다면, 권리의 주체 등이 구체적으로 정립될 수 없을 정도로 확대될 소지가 있다 할 것이다.) 위 선정자들에게 환경권에 기한 공사중지청구권이 있다고 볼 수 없다.

　(나) 부동산 소유권에 기한 공사중지청구권

　　앞서 나온 사실관계에 의하면, 피신청인조합은 이 사건 오수처리시설의 설계에 있어서 불소처리에 관하여 완벽을 기하지 못하고, 트렌치시설 부지 지하의 불투수층을 철저히 제거하지 아니함에 따라 신월천의 개천물을 오염시킬 가능성을 열어 놓고 있다는 것이어서, 위 선정자들의 토지사용이나 생활이익이 방해받지 아니하도록 적당한 조처를 취할 의무를 다하지 아니한 것이라고 볼 여지도 있다. 그러나 위 선정자들이 주장하는 피해는 구체적으로 그로 인한 손해가 발생하였을 때 청구하여 배상받는다 하더라도 전보받을 수 있는 반면 피신청인조합은 이 사건 공사부지에 당국으로부터 수년에 걸쳐 온천지구지정, 관광지조성계획승인, 사업시행허가를 받아 이 사건 공사를 시행하고 있는데 이를 중지시키게 되면 막대한 손해를 입게 되는 점, 이 사건 공사가 진행된다 하더라도 이 사건 오수처리시설에 의한 정화나 자연정화작용에 의하여 위 선정자들이 사용하는 하천수에 관한한 그 수질이 이 사건에서 문제된 생물학적산소요구량, 불소농도 모두 기준치 이상으로 오염되지 않을 것으로 예상되는 점

등 변론에 나타난 제반사정을 감안하면, 위 선정자들이 주장하는 피해는 사회통념상 수인할 수 있는 정도를 넘는 것이라 볼 수 없다. 따라서 위 선정자들에게 민법 제217조나 제214조에 의하여 인정되는 방해예방청구권으로서의 공사중지청구권은 인정될 수 없다.

(다) 어업권에 기한 공사중지청구권

신청인들은 위 선정자들 중 위 각 하천변에서 내수면어업에 종사하는 일부 선정자들의 어업권에 기하여도 이 사건 공사의 중지를 청구할 수 있다고 주장하지만, 그러한 어업권 침해가 있다고 볼 만한 소명자료가 없다{가사 위 각 하천의 위와 같은 오염으로 어획량이 감소되는 등의 피해가 위 선정자들에게 발생한다 하더라도 위 (나)항에서 나온 제반사정을 감안하면 이 사건 공사중지 가처분에 대한 보전의 필요성이 있다고 할 수도 없는 것이다}.

그렇다면 별지2 기재 선정자들은 피신청인에게 이 사건 공사의 중지를 구할 수 있는 피보전권리가 없다 할 것이므로 이 사건 신청 중 위 선정자들에 관한 부분은 더 나아가 살필 필요 없이 이유 없다.

(3) 이 사건 신청 중 별지3 기재 선정자들에 관한 부분에 대한 판단

그런데 이 사건 오수처리시설이 불소처리에 관한한 안전하지 못하여 이 사건 오수가 지하로 방산되거나 신월천으로 방류되거나 어느 경우이든지 충북 괴산군 ○○면 △△리, □□리, ◇◇리, ☆☆리에 거주하고 있는 위 선정자들이 식수로 사용하는 신월천변 천층 지하수의 불소농도가 인체에 해로운 영향을 줄 수 있는 1.5ppm 이상이 될 정도로 오염될 가능성이 없다고 단정할 수 없다는 것은 위에서 인정한 바이므로 위 선정자들은 피신청인조합이 그와 같은 위험이 전혀 없다는 것을 소명할 때까지는 식수에 관한 환경권에 기하여 피신청인에 대하여 이 사건 공사의 중지를 청구할 권리가 있다고 할 것이다.

나아가 이 사건 공사가 진행됨으로써 위 선정자들이 입을 환경권의 침해는 인간의 생명과 신체에 관한 것으로서 사후적으로는 회복될 수 없고, 금전적으로도 전보될 수 없을 뿐만 아니라 그 범위가 광범하고 또한 중대할 수 있기 때문에 피신청인조합에 관한 앞서 나온 제반사정을 감안한다 하더라도 이 사건 가처분에 대한 보전의 필요성 역시 인정된다고 하여야 한다(가사 위와 같은 환경권이 인정되지 않는다 하더라도, 생존에 있어 필수적인 식수원이 오염되는 이상 이는 사회통념상 수인할 수 있는 한도를 넘어선다고 보아야 하므로 이 사건 신청인들 중 식수오염의 피해를 입는 위 선정자들은 그 수질오염을 야기시키는 공사에 대하여 민법 제217조에 기하여도 그 중지를 청구할 수 있다 할 것이다).

4. 결 론

그렇다면 이 사건 신청 중 별지3 기재 선정자들에 관한 부분은 그 피보전권리와 보전의 필요성이 모두 소명되었다 할 것이므로 이를 인용하고, 이 사건 신청 중 나머지 별지2 기재 선정자들에 관한 부분은 피보전권리가 인정되지 아니하여 이를 모두 기각하기로 하여 주문과 같이 판결한다.

판사 부구욱(재판장) 김종문 한재철

☞ 대법원 2006. 3. 16. 선고 2006두330 판결 200p 참조
[참조] 대전고등법원 1999. 8. 19. 선고 98나2783 판결 / 대법원 2001. 7. 27. 선고 99다53001 판결

제5장 환경소송상 재량행위

1. 자연환경보전법상 중지명령, 원상회복명령 또는 대체자연의 조성

> ☞ **자연환경보전법**
>
> **제17조 중지명령 등)** 환경부장관은 생태·경관보전지역안에서 제15조제1항에 위반되는 행위를 한 사람에 대하여 그 행위의 중지를 명하거나 상당한 기간을 정하여 원상회복을 명할 수 있다. 다만, 원상회복이 곤란한 경우에는 대체자연의 조성 등 이에 상응하는 조치를 하도록 명할 수 있다. <개정 2020. 5. 26.>

2. 폐기물관리법상 사후관리이행보증금의 예치

> ☞ **폐기물관리법**
>
> **제51조 (폐기물처리시설의 사후관리이행보증금)** ① 환경부장관은 제50조제5항에 따라 사후관리 대상인 폐기물을 매립하는 시설이 그 사용종료 또는 폐쇄 후 침출수의 누출 등으로 주민의 건강 또는 재산이나 주변환경에 심각한 위해(危害)를 가져올 우려가 있다고 인정하면 대통령령으로 정하는 바에 따라 그 시설을 설치한 자에게 그 사용종료(폐쇄를 포함한다) 및 사후관리(이하 "사후관리등"이라 한다)의 이행을 보증하게 하기 위하여 사후관리등에 드는 비용의 전부를 「환경정책기본법」에 따른 환경개선특별회계에 예치하게 할 수 있다. 다만, 다음 각 호의 어느 하나에 해당하면 대통령령으로 정하는 바에 따라 사후관리에 드는 비용의 예치를 면제하거나 사후관리에 드는 비용의 전부나 일부의 예치를 갈음하게 할 수 있다. <개정 2007. 8. 3., 2010. 7. 23., 2015. 1. 20., 2017. 4. 18., 2020. 5. 26.>
>   1. 사후관리의 이행을 보증하는 보험에 가입한 경우
>   2. 제52조에 따라 사후관리에 드는 비용을 사전에 적립한 경우
>   3. 그 밖에 대통령령으로 정하는 경우
> ② 제1항에 따라 폐기물을 매립하는 시설을 설치한 자가 예치하여야 할 비용(이하 "사후관리이행보증금"이라 한다)은 대통령령으로 정하는 기준에 따라 산출하되, 그 납부시기·절차, 그밖에 필요한 사항은 대통령령으로 정한다.
> ③ 제2항에 따른 사후관리이행보증금을 납부기한까지 내지 아니하면 국세 체납처분의 예에 따라 징수한다.
> ④ 환경부장관은 폐기물을 매립하는 시설을 설치한 자가 매년 이행하여야 할 사후관리 업무의 전부 또는 일부를 이행하면 납부된 사후관리이행보증금 중에서 그 이행의 정도에 따라 대통령령으로 정하는 기준에 의하여 산출된 금액에 해당하는 사후관리이행보증금을 반환하여야 한다. <개정 2007. 8. 3., 2010. 7. 23.>

3. 유해화학물질 관리법상 신규화학물질의 판매중지 또는 사용중지명령

☞ **화학물질관리법**

제17조 (유해화학물질등의 제조·수입 등의 중지 등) ① 환경부장관은 유해화학물질, 허가물질, 제한물질 또는 금지물질(이하 "유해화학물질등"이라 한다)로 인하여 사람의 건강이나 환경에 중대한 위해가 발생하거나 발생할 우려가 있다고 판단하는 경우에는 유해화학물질등의 제조, 수입, 판매, 보관·저장, 운반 또는 사용의 중지를 명할 수 있다. <개정 2024. 2. 6.>
② 환경부장관은 제1항에 따라 유해화학물질등의 제조·수입 등의 중지를 명하는 경우에는 이해관계인의 의견을 들어야 한다. <개정 2024. 2. 6.>
③ 환경부장관은 제1항 및 제2항에 따라 사업자가 유해화학물질등의 제조·수입 등을 중지한 경우에는 관계 행정기관의 장에게 통보하며 일반 국민에게 공표하여야 한다. <개정 2024. 2. 6.>
④ 사업자는 제1항에 따른 중지조치에 대하여 이의가 있는 경우에는 대통령령으로 정하는 바에 따라 환경부장관에게 해당 중지의 전부 또는 일부의 해제를 요청할 수 있다.
⑤ 환경부장관은 제1항에 따라 제조·수입 등을 중지한 유해화학물질등이 사람의 건강이나 환경에 위해를 미칠 우려가 없어졌다고 인정하는 경우 해당 중지의 전부 또는 일부를 지체 없이 해제하여야 한다. <개정 2024. 2. 6.>
[제목개정 2024. 2. 6.]

4. 먹는물관리법상 시설보수명령 기타 조치

☞ **먹는물관리법**

제45조 (지도와 개선명령) ① 환경부장관, 시·도지사 또는 시장·군수·구청장은 환경보전이나 국민보건에 중대한 위해를 끼치거나 끼칠 우려가 있다고 인정하면 먹는물관련영업자, 냉·온수기 설치·관리자 또는 정수기 설치·관리자에게 필요한 지도와 명령을 할 수 있다. <개정 2010. 3. 22., 2013. 3. 22.>
② 환경부장관, 시·도지사 또는 시장·군수·구청장은 제조시설이 제20조에 따른 시설기준에 적합하지 아니하거나 먹는물관련영업자, 냉·온수기 설치·관리자 또는 정수기 설치·관리자가 이 법 또는 이 법에 따른 명령을 위반하면, 기간을 정하여 그 시설을 고치도록 명하거나 그 밖에 필요한 조치를 명할 수 있다. <개정 2010. 3. 22., 2013. 3. 22., 2014. 1. 21.>

5. 습지보전법상 습지보호지역, 습지주변관리지역 지정 등

> ☞ **습지보전법**
>
> **제8조 (습지지역의 지정 등)** ① 환경부장관, 해양수산부장관 또는 시·도지사는 습지 중 다음 각 호의 어느 하나에 해당하는 지역으로서 특별히 보전할 가치가 있는 지역을 습지보호지역으로 지정하고, 그 주변지역을 습지주변관리지역으로 지정할 수 있다.
> 1. 자연 상태가 원시성을 유지하고 있거나 생물다양성이 풍부한 지역
> 2. 희귀하거나 멸종위기에 처한 야생 동식물이 서식하거나 나타나는 지역
> 3. 특이한 경관적, 지형적 또는 지질학적 가치를 지닌 지역
>
> ② 환경부장관, 해양수산부장관 또는 시·도지사는 습지 중 다음 각 호의 어느 하나에 해당하는 지역을 습지개선지역으로 지정할 수 있다.
> 1. 습지보호지역 중 습지가 심하게 훼손되었거나 훼손이 심화될 우려가 있는 지역
> 2. 습지생태계의 보전 상태가 불량한 지역 중 인위적인 관리 등을 통하여 개선할 가치가 있는 지역
>
> ③ 환경부장관이나 해양수산부장관은 제1항이나 제2항에 따라 습지보호지역등을 지정할 때에는 시·도지사 및 지역주민의 의견을 들은 후 관계 중앙행정기관의 장과 협의하여야 한다.
>
> ④ 시·도지사는 제1항이나 제2항에 따라 습지보호지역등을 지정할 때에는 시장·군수·구청장(자치구의 구청장을 말한다. 이하 같다) 및 지역주민의 의견을 들은 후 관계 행정기관의 장과 협의하여야 한다.
>
> ⑤ 환경부장관 또는 시·도지사는 「하천법」 제2조제2호의 하천구역을 습지보호지역등으로 지정하려는 경우 「하천법」 제6조제2항에 따라 미리 하천관리청과 협의하거나 승인을 받아야 한다. <신설 2021. 1. 5.>
>
> ⑥ 환경부장관, 해양수산부장관 또는 시·도지사는 습지보호지역등을 지정하였을 때에는 해당 지역의 명칭, 위치, 면적, 그 밖에 공동부령으로 정하는 사항을 고시하여야 한다. <개정 2021. 1. 5.>
>
> ⑦ 습지보호지역등의 지정에 필요한 사항은 대통령령으로 정한다. <개정 2021. 1. 5.>
>
> [전문개정 2014. 3. 24.]

6. 점오염원의 관리

가. 허가의 효력

(1) 허가의 효력이 미치는 범위

[판례 1] 건축허가를 받아 건축된 기존 건물에 배출시설을 설치하는 것이 허용되는지 여부(소극) (대법원 1992.2.14. 선고 91누4713 판결)

【판시사항】

도시계획법상 일반 주거지역 내에 위치한 기존의 수산물가공공장건물에 구 환경보전법상의 배출시설을 설치하는 것이 허용되는지 여부(소극)

【판결요지】

1991.2.1.자로 환경정책기본법이 시행됨으로써 폐지된 구 환경보전법 제1조 및 건축법 제32조, 같은법 시행령 제66조 제1항 제2호 별표 2 제11호의 각 규정에 비추어 볼 때 도시계획 법상 일반 주거지역 내에 위치한 기존의 수산물가공공장건물이 건축허가를 받아 건축된 것이라 하더라도 여기에 환경보전법상의 배출시설을 설치하는 것은 허용되어서는 아니된다.

【참조조문】

구 환경보전법(1991.2.1. 법률 제4257호 환경정책기본법에 의하여 폐지) 제1조, 제15조, 구 건축법(1991.5.31. 법률 제4381호로 전문 개정되기 전의 것) 제32조 제1항, 건축법시행령 제66조 제1항

【전 문】

【원고, 상고인】 금해수산주식회사 소송대리인 변호사 조덕환
【피고, 피상고인】 전라남도지사
【원심판결】 광주고등법원 1991.4.26. 선고 90구2047 판결

【주 문】

상고를 기각한다.
상고비용은 원고의 부담으로 한다.

【이 유】

상고이유를 본다.

1991.2.1.자로 환경정책기본법이 시행됨으로써 폐지된 환경보전법 제1조 및 건축법 제32조, 동 시행령 제66조 제1항 제2호 별표 2 제11호의 각 규정에 비추어 볼 때 도시계획법상 일반주거지역 내에 위치한 기존의 수산물가공공장건물이 건축허가를 받아 건축된 것이라 하더라도 여기에 환경보전법상의 배출시설을 설치하는 것은 허용되어서는 아니된다 고 보아야 할 것이고 소론과 같은 폐수방지시설을 모두 설치하였다 하여 환경보전법상의 허가 없이 배출시설을 설치할 수 있는 것도 아니며 또 일건 기록상 원고가 이 사건 설치허가신청을 한 배출시설이 기왕의 절차에 의하여 적법하게 설치된 것이라고 볼 만한 자료도 없다.

원심이 같은 취지에서 이 사건 배출시설의 설치허가 신청을 거부한 처분을 적법하다고 본 것은 정당하고 거기에 소론과 같은 사실오인, 환경보전법 및 건축법 등에 관한 법리오해의 위법이 있다고 볼 수 없다.

그러므로 상고를 기각하고 상고비용은 패소자인 원고의 부담으로 하기로 관여 법관의 의견이 일치되어 주문과 같이 판결한다.

대법관 김상원(재판관) 박우동 윤영철 박만호

(2) 무허가 설치행위

허가 또는 변경허가를 받지 아니하거나 거짓으로 허가 또는 변경허가를 받아 배출시설을 설치 도는 변경하거나 그 배출시설을 이용하여 조업한 자는 7년이하의 징역 또는 5천만원이하의 벌금에 처한다(제75조 제1호). 제33조 제1항의 규정에 의한 신고를 하지 아니하거나 거짓으로 신고를 하고 배출시설을 설치 또는 변경하거나 그 배출시설을 이용하여 조업한 자는 5년 이하의 징역 또는 3천만원 이하의 벌금에 처한다(제765조 제1호).

[판례 2] 범죄 성립요건으로서의 배출허용기준의 초과여부 (대법원 1987.10.26. 선고 87도1869 판결)

【판시사항】

환경보전법 제66조 제1호, 제15조 위반죄의 성립에 동법 제14조, 동법시행규칙 제12조 별표7 소정의 배출허용기준을 현실적으로 초과하여야 하는지 여부

【판결요지】

환경보전법 제66조 제1호, 제15조 제1항 위반죄는 당국의 허가를 받지 아니하고 동법 제2조, 동법시행규칙 제3조 별표 2 소정의 배출시설을 설치하여 조업을 하면 성립되는 것이므로 동법 제14조, 동법시행규칙 제12조 별표 7 소정의 배출허용기준을 현실적으로 초과하였는가의 여부는 위 범죄의 성립에 아무런 영향이 없다.

【참조조문】

환경보전법 제66조 제1호, 환경보전법 제15조 제1항, 환경보전법 제14조, 환경보전법시행규칙 제3조, 환경보전법시행규칙 제12조

【전 문】

【피 고 인】 피고인
【상 고 인】 피고인
【변 호 인】 변호사 채원식
【원심판결】 서울형사지방법원 1987.7.23. 선고 87노2463 판결

【주 문】

상고를 기각한다.

【이 유】

상고이유를 본다.

환경보전법 제66조 제1호, 제15조 제1항 위반죄는 당국의 허가를 받지 아니하고 같은 법 제2조, 같은 법시행규칙 제3조 별표 2 소정의 배출시설을 설치하여 조업을 하면 성립되는 것이므로 같은법 제14조 같은법시행규칙 제12조 별표 7 소정의 배출허용기준을 현실적으로 초과하였는가의 여부는 위 범죄의 성립에 아무런 영향이 없다고 풀이된다.

같은 취지에서 원심이 피고인이 당국의 허가없이 설치, 조업한 이사건 배출시설이 위 시행규칙 제3조 별표 2, 나, (1) (4) (5) 소정의 소음진동배출시설에 해당한 사실을 확정한 다음 이에 대하여 위 법 제

66조 제1호, 제15조 제1항을 적용한 것은 정당하고 거기에 주장하는 바와 같은 법리의 오해나 심리미진의 위법이 없다. 주장은 이유없다.
그러므로 상고를 기각하기로 관여법관의 일치된 의견으로 주문과 같이 판결한다.

대법관   정기승(재판장) 이명희 윤관

[판례 3] 무허가 조업행위와 기판력 (대법원 1992.2.28. 선고 91도2935 판결)

【판시사항】
가. 허가 없이 배출시설을 설치하여 조업한 데 대하여 구 환경보전법 제66조 제1호 위반으로 약식명령을 고지 받아 확정된 후, 동일한 배출시설을 이용하여 조업행위를 계속한 경우 위 약식명령의 기판력이 위 행위에 미치는지 여부(소극)
나. 재판시법주의를 규정한 형법 제1조 제2항의 적용을 신법의 경과규정으로서 배제할 수 있는지 여부(적극)

【판결요지】
가. 구 환경보전법 제15조 규정에 의한 허가를 받지 아니하고 배출시설을 설치하여 조업을 하는 행위를 처벌하도록 규정하고 있는 같은 법 제66조 제1호에서 말하는 '배출시설의 설치행위'와 이를 이용한 "조업행위"는 범죄구성요건상으로는 서로 불가분적으로 결합되어 있는 일의적 행위로서 두 행위를 서로 분리하여 그 개시 및 종료 시기 등을 따질 수는 없는 것이므로, 일단 허가를 받지 아니하고 배출시설을 설치하고서 이를 이용한 조업행위를 계속하는 이상 그 계속되는 조업행위마다 위 범죄의 구성요건은 충족되는 것인바, 배출시설을 허가 없이 설치하여 조업한 데 대하여 위 법조위반으로 약식명령을 고지받고 그 약식명령이 확정된 사실이 있다 하더라도 그 이후에 허가 없이 설치한 위 배출시설을 이용하여 조업행위를 계속하여 왔다면, 위 법조위반죄의 구성요건은 별도로 충족되는 것이어서, 위 약식명령의 기판력이 그 이후의 범행에 미치지 않는다.
나. 형법 제1조 제2항 및 제8조에 의하면 범죄 후 법률의 변경에 의하여 그 행위가 범죄를 구성하지 아니하는 경우 신법에 의한다고 규정하고 있으나 신법에 경과규정을 두어 이러한 재판시법주의의 적용을 배제하는 것도 허용된다.

【참조조문】
가. 구 환경보전법(법률 제4257호 환경정책기본법의 시행으로 1991.2.1. 폐지됨) 제66조 제1호, 제15조, 형사소송법 제326조 제1호 / 나. 형법 제1조 제2항, 제8조

【전 문】
【피 고 인】 피고인
【상 고 인】 피고인
【변 호 인】 변호사 박승서
【원심판결】 수원지방법원 1991.10.17. 선고 91노1183 판결
【주 문】

상고를 기각한다.

【이 유】

상고이유를 본다.

(구)환경보전법 제66조 제1호는 같은 법 제15조 규정에 의한 허가를 받지 아니하고 배출시설을 설치하여 조업을 하는 행위를 처벌하도록 규정하고 있는바, 여기서 말하는 '배출시설의 설치행위'와 이를 이용한 '조업행위'는 범죄구성요건상으로는 서로 불가분적으로 결합되어 있는 일의적 행위로서 두행위를 서로 분리하여 그 개시 및 종료시기 등을 따질 수는 없는 것이므로, 일단 허가를 받지 아니하고 배출시설을 설치하고서 이를 이용한 조업행위를계속하는 이상 그 계속되는 조업행위마다 위 범죄의 구성요건은 충족되는 것이라고 보아야 할 것이다.

따라서 피고인이 이미 이 사건에서 문제된 것과 동일한 배출시설을 허가 없이 설치하여 조업한 데 대하여 (구)환경보전법 제66조 제1호 위반으로 약식명령을 고지받고 그 약식명령이 확정된 사실이 있다 하더라도 그 이후에 허가 없이 설치한 위 배출시설을 이용하여 조업행위를 계속하여 왔다면, 위 법조위반죄의 구성요건은 별도로 충족되는 것이어서, 위 약식명령의 기판력이 이 사건 공소범행에 미치는 것이 아니다. 따라서 이 사건 공소사실은 형사소송법 제326조 제1호에 해당하여 면소되어야 한다는 논지는 이유 없다.

그리고 형법 제1조 제2항 및 제8조에 의하면 범죄 후 법률의 변경에 의하여 그 행위가 범죄를 구성하지 아니하는 경우 신법에 의한다고 규정하고 있으나, 신법에 경과규정을 두어 이러한 재판시법주의의 적용을 배제하는 것도 허용되는 것이다.

따라서 (구)환경보전법을 대체하여 1991.2.1.부터 시행된 수질환경보전법(법률 제4258호) 제56조 제1호가 "허가 없이 배출시설을 설치 또는 변경한 자"를 처벌한다고만 규정하여 그 배출시설을 이용한 조업행위를 처벌대상에서 제외하고 있으나, 신법인 위 수질환경보전법 부칙 제15조에서 동법시행 전에 행한 (구)환경보전법 위반행위에 대한 벌칙의 적용은 종전의 규정에 의한다고 규정하고 있는 이상, 구법 시행당시에 행하여진 이 사건 공소범행에 대하여 구법을 적용하여 처벌할 수 있는 것이므로 같은 취지의 원심판단은 정당하고 이와 다른 견해에서 원심을 탓하는 논지는 이유 없다.

이에 상고를 기각하기로 관여 법관의 의견이 일치되어 주문과 같이 판결한다.

대법관　박만호(재판장) 박우동 김상원 윤영철

---

(3) 배출시설의 설치제한

(가) 배출시설의 설치를 제한할 수 있는 지역의 범위는 ① 취수시설이 있는 상수원보호구역 및 특별대책지역, ② 수질 1등급에 해당되지 아니하는 지점으로부터 상류방향으로 유하거리 10킬로미터 이내의 집수구역, ③ 상수원보호구역이 아닌 지역의 취수시설로부터 상류로 유하거리 15킬로미터 이내의 집수구역, ④ 위 지역의 상류지역으로서 특정수질유해물질의 배출로 상수원의 오염에 영향이 미치는 지역이다(시행령 제9조).

(나) 배출시설의 설치제한은 국토의계획및이용에관한법률, 개발제한규역의지정및관리에관한특

별조치법, 수도권정비계획법, 공업배치및공장설립에관한법률, 산업입지및개발에관한법률, 농지법, 산림법 등 다른 법률에 의해서도 이루어지고 있다.

　　(4) 사업자의 의무

(가) 배출시설 및 방지시설의 정상운영

사업자(폐수무방류배출시설의 설치어가 또는 변경허가를 받은 사업자를 제외) 또는 방지시설 운영자(제35조 제5항의 규정에 의한 공동방지시설 운영기구의 대표자를 포함)는 다음의 행위를 하여서는 아니된다.
① 배출시설에서 배출되는 수질오염물질을 방지시설에 유입하지 아니하고 배출하거나 방지시설에 유입하지 아니하고 배출할 수 있는 시설을 설치하는 행위
② 방지시설에 유입되는 수질오염물질을 최종 방류구를 거치지 아니하고 배출하거나, 최종 방류구를 거치지 아니하고 배출할 수 있는 시설을 설치하는 행위
③ 배출시설에서 배출되는 수질오염물질에 공정 중에서 배출되지 아니하는 물 또는 공정 중에서 배출되는 오염되지 아니한 물을 섞어 처리하거나, 배출허용기준이 초과되는 수질오염물질이 방지시설의 최종 방류구를 통과하기 전에 오염도를 낮추기 위하여 물을 섞어 배출하는 행위
④ 그 밖에 배출시설 및 방지시설을 정당한 사유없이 정상적으로 가동하지 아니하여 배출허용기준을 초과한 수질오염물질을 배출하는 행위 등을 하여서는 아니된다(제15조 제1항)
위 ① 내지 ③의 경우에는 배출이 배출허용기준 이하이더라도 ④의 경우에는 배출허용기준의 초과를 요건으로 하고 있다.

(나) 측정기기

　사업자 또는 방지시설을 운영하는 자는 환경부령이 정하는 바에 의하여 배출시설 또는 방지시설에서 배출되는 수질오염물질의 양을 측정할 수 있는 기기를 부착하여야 한다(제38조 제4항).

[판례　4] 비정상운영신고와 정상운영할 의무 (대법원 1992.12.8. 선고 92도2517 판결)

【판시사항】
수질환경보전법상의 비정상운영신고를 하였지만 수질오염물질에 대한 배출시설 및 방지시설의 정상운영이 가능한 경우 이를 정상운영하지 아니하였다면 수질환경보전법 제56조 제3호 위반죄가 성립할 것인지 여부(적극)
【판결요지】

수질오염물질에 대한 배출시설 및 방지시설의 개선·변경이나 고장 또는 수리를 위하여 비정상운영신고를 하였다고 하여도 그 가동을 중단할 필요 없이 기존시설의 정상운영이 가능한 경우에는 정상운영할 의무가 있고 이를 위반한 때에는 수질환경보전법 제56조 제3호의 벌칙규정의 적용대상이 된다.

【참조조문】
수질환경보전법 제15조, 제56조 제3호, 같은법시행령 제6조

【전 문】
【피 고 인】 피고인
【상 고 인】 피고인
【변 호 인】 변호사 윤우정 외 2인
【원심판결】 서울형사지방법원 1992.8.19. 선고 92노3200 판결

【주 문】
상고를 기각한다.

【이 유】
피고인 변호인의 상고이유를 본다.

수질환경보전법 제15조 제1항, 제4항 및 같은법시행령 제6조 제1항의 각 규정에 의하면 사업자는 조업을 할 때에는 배출시설에서 배출되는 오염물질이 제8조 또는 제13조 제3항의 규정에 의한 배출허용기준에 적합하도록 배출시설 및 방지시설을 정상운영하여야 하고, 다만 배출시설 및 방지시설의 개선·변경이나 고장 또는 수리 등 부득이한 사유로 정상운영할 수 없어 배출허용기준을 지킬 수 없는 경우에는 비정상운영신고를 하도록 되어 있으므로, 배출시설 및 방지시설의 개선·변경이나 고장 또는 수리를 위하여 비정상운영신고를 하였다고 하여도 그 가동을 중단할 필요없이 기존시설의 정상운영이 가능한 경우에는 정상운영할 의무가 있고 이를 위반한 때에는 같은 법 제56조 제3호의 벌칙규정의 적용대상이 된다고 할 것이다.

기록에 의하여 원심이 유지한 1심채용증거와 피고인의 2심법정진술에 의하면 피고인이 비정상운영신고를 하고 새로 설치한 폐수방지시설은 기존의 화학적 처리방식에 의한 방지시설과는 다른 위치에 신설한 생물학적 처리방식에 의한 방지시설로서 위 기존시설의 가동을 중단할 필요 없이 정상운영이 가능하였는데도 1심판시 일시경 기존시설 중 약품반응조 등을 고의로 가동하지 아니하여 그 판시와 같이 배출기준치를 초과한 폐수를 방류케 한 사실이 넉넉히 인정되므로, 피고인에 대하여 위 벌칙규정을 적용처단한 원심조치는 정당하고 거기에 소론이 주장하는 것과 같이 법리오해의 위법이 없다. 논지는 이유 없다.

그러므로 상고를 기각하기로 하여 관여 법관의 일치된 의견으로 주문과 같이 판결한다.

[판례 5] 신분범 (대법원 1997. 5. 28. 선고 97도363 판결)

【판시사항】
허가·신고 없이 배출시설, 방지시설을 설치 운영하면서 오염물질을 배출한 자를 수질환경보전법 제56조의2 제4호 위반죄로 처벌할 수 있는지 여부(소극)

【판결요지】
수질환경보전법 제56조의2 제4호에 의하면 같은 법 제15조 제1항 각 호의 1에 해당하는 자를 처벌하게 되어 있고, 같은 법 제15조 제1항은 "사업자(제13조 제3항 규정에 의한 공동방지시설의 대표자를 포함한다)는 배출시설 및 방지시설을 운영할 때에는 다음 각 호의 행위를 하여서는 아니된다."고 규정하고 있는바, 위 제15조 제1항 소정의 '사업자'에 대하여는 같은 법 제11조가 " 제10조 제1항 내지 제3항의 규정에 의하여 허가·변경허가를 받은 자, 또는 신고·변경신고를 한 자(이하 사업자라 한다)…"라고 규정하고 있어, 같은 법 제15조 제1항 소정의 사업자도 결국 같은 법 제11조에서 정의하고 있는 사업자로 해석하지 않을 수 없으므로, 같은 법 제56조의2 제4호가 처단하는 같은 법 제15조 제1항 각 호의 1에 해당하는 행위를 한 자는 위와 같은 신분에 있는 사업자의 행위를 처단하는 규정이라고 보아야 하고, 위와 같은 신분을 갖지 않은, 즉 허가·신고 없이 배출시설, 방지시설을 운영한 자의 오염물질 배출행위에는 적용될 수 없다.

【참조조문】
수질환경보전법 제56조의2 제4호

【전 문】
【피고인】 피고인
【상고인】 검사
【원심판결】 인천지법 1997. 1. 16. 선고 96노1932 판결

【주 문】
상고를 기각한다.

【이 유】
상고이유를 판단한다.
수질환경보전법 제56조의2 제4호에 의하면 같은 법 제15조 제1항 각 호의 1에 해당하는 자를 처벌하게 되어 있고, 같은 법 제15조 제1항은 "사업자(제13조 제3항 규정에 의한 공동방지시설의 대표자를 포함한다)는 배출시설 및 방지시설을 운영할 때에는 다음 각 호의 행위를 하여서는 아니된다."고 규정하고 있는바, 위 제15조 제1항 소정의 '사업자'에 대하여는 같은 법 제11조가 " 제10조 제1항 내지 제3항의 규정에 의하여 허가·변경허가를 받은 자, 또는 신고·변경신고를 한 자(이하 사업자라 한다)… 운운"이라고 규정하고 있어, 결국 위 법 제15조 제1항 소정의 사업자도 결국 같은 법 제11조에서 정의하고 있는 사업자로 해석하지 않을 수 없다 .
그렇다면 같은 법 제56조의2 제4호가 처단하는 같은 법 제15조 제1항 각 호의 1에 해당하는 행위를 한 자는 위와 같은 신분에 있는 사업자의 행위를 처단하는 규정이라고 보아야 하고, 위와 같은 신분을 갖지 않은 피고인의 행위에는 적용될 수 없다 는 원심의 법리는 정당하다.
논지는 위와 같이 해석할 경우 같은 법 제10조 제1항 내지 제3항 소정의 허가·변경허가, 신고·변경신고 등을 받지 않고 폐수를 배출하는 경우보다 그와 같은 절차를 거친 사람이 배출하는 경우를 더 무겁게 처벌하는 모순이 생긴다는 것인바, 그와 같은 사정은 법규정의 미비일 뿐이므로, 입법적으로 해결함은 별론으로 하고, 처벌법규의 구성요건을 유추·확대해석할 수는 없다고 해야 할 것이다. 논지는 이유 없다.
그러므로 상고를 기각하기로 관여 법관의 의견이 일치되어 주문과 같이 판결한다.

대법관   이임수(재판장) 최종영 이돈희(주심)

(4) 사업자의 의무이행 확보수단

(가) 조업정지명령

환경부장관은 제39조의 규정에 의하여 개선명령을 받은 자가 개선명령을 이행하지 아니하거나 기간 이내에 이행은 하였으나 검사결과가 제32조의 규정에 의한 배출허용기준을 계속 초과할 때에는 당해 배출시설의 전부 또는 일부에 대한 조업정지를 명할 수 있다.

(나) 조업정지·폐쇄명령 및 허가의 취소

사유 : 동법은 환경부장관으로 하여금 사업자가 다음에 해당하는 때에는 배출시설의 설치허가 또는 변경허가를 취소하거나 배출시설의 폐쇄를 명하거나 또는 6월 이내의 기간을 정하여 조업정지를 명할 수 있도록 함으로써, 사후관리를 엄격히 하도록 하고 있다.
① 거짓 그 밖의 부정한 방법으로 허가·변경허가를 받았거나, 신고·변경신고를 한 때
② 제33조 제9항의 규정에 의한 허가 또는 변경허가의 기준을 위반한 때
③ 제38조 제1항 각호의 어느 하나 또는 동조 제2항 각호의 어느 하나에 해당하는 행위를 한 때
④ 배출시설을 설치·운영하던 사업자가 사업을 영위하지 아니하기 위하여 당해 시설을 철거한 때
⑤ 그 밖에 이 법 또는 이 법에 의한 명령에 위반한 때(제42조).

[판례 6] 허가의 취소와 위법성 (대법원 1992.4.14. 선고 91누9251 판결)

【판시사항】
가. 수익적 행정처분을 취소(철회)할 수 있는 경우
나. 배출시설이전명령불이행을 이유로 배출시설설치허가를 취소한 것이 구환경보전법의 취지와 공익상의 요청 등에 비추어 볼 때 정당하여 위 처분이재량권을 남용하였거나 재량권의 범위를 일탈한 것이라고 할 수 없다고 한 사례

【판결요지】
가. 행정청의 허가, 면허, 인가, 특허 등과 같이 상대방에게 어떤 이익이 생기게 하는 소위 수익적 행정처분을 취소(철회)하거나 중지시키는 경우에는 이미 부여된 기득권을 침해하는 것이 되므로 비록 취소(철회) 등의 사유가 있다고 하더라도 그 취소권(철회권) 등의 행사는 기득권의 침해를 정당화할 만한 중대한 공익상의 필요 또는 제3자의 이익보호의 필요가 있는 때에 한하여 상대방이 받는 불이익과 비교 교량하여 결정하여야 할 것이다.
나. 배출시설을 이전하기 위하여 다른 곳에다가 공장부지를 매수하고 공장신축에 착수하여 거의 완공된 상태이고 배출시설설치허가가 취소되면 공장을 가동하지 못하게 되어 회사가 도산하게 되며 종업원들이 실직하게 되는 등 사정이 있다 하더라도 이전기한으로부터 6년 이상이 지나도록 더구나 16회

가량의 이전촉구를 받고서도 배출시설을 이전하지 아니한 점과 한편으로는 모든 국민이 건강하고 쾌적한 환경에서 생활할 수 있게 함을 목적으로 제정된 구환경보전법(1990.8.1. 법률 제4257호 환경정책기본법에 의하여 폐지)의 취지와 공익상의 요청 등에 비추어 볼 때 위 이전명령에 위반하였다는 이유로 위 취소처분에 이른 것은 정당하고 달리 위 처분이 재량권을 남용하였거나 재량권의 범위를 일탈한 것이라고 할 수 없다고 한 사례.

【참조조문】
가.나. 행정소송법 제27조 / 가. 같은 법 제1조[행정처분일반] / 나. 구 환경보전법(1990.8.1. 법률 제4257호 환경정책기본법에 의하여 폐지) 제20조 제1항

【참조판례】
가. 대법원 1991.5.14. 선고 90누9780 판결(공1991,1656), 1991.8.23. 선고 90누7760 판결(공1991,2442), 1991.10.11. 선고 91누1097 판결(공1991,2745) / 나. 대법원 1992.4.14. 선고 91누13434 판결(동지)

【전 문】
【원고, 상고인】 삼성제약공업주식회사 소송대리인 중부종합법무법인 담당변호사 김홍근
【피고, 피상고인】 서울특별시 성동구청장
【원심판결】 서울고등법원 1991.8.21. 선고 90구17943 판결

【주 문】
상고를 기각한다.
상고비용은 원고의 부담으로 한다.

【이 유】
상고이유를 본다.
행정청의 허가, 면허, 인가, 특허 등과 같이 상대방에게 어떤 이익이 생기게 하는 소위 수익적 행정처분을 취소(철회)하거나 중지시키는 경우에는 이미 부여된 기득권을 침해하는 것이 되므로 비록 취소(철회) 등의 사유가 있다고 하더라도 그 취소권(철회권) 등의 행사는 기득권의 침해를 정당화할 만한 중대한 공익상의 필요 또는 제3자의 이익보호의 필요가 있는 때에 한하여 상대방이 받는 불이익과 비교 교량하여 결정하여야 할 것이다(당원 1983.7.12. 선고 83누127 판결; 1990.10.10. 선고 89누6433 판결; 1991.5.14. 선고 90누9780 판결; 1991.8.23. 선고 90누7760 판결; 1991.10.11. 선고 91누1097 판결 등 참조).
원심판결 이유에 의하면 원심은 원고가 배출시설설치허가를 받아 배출시설을 설치하여 가동하여 오던 중 1982. 6. 9.자로 1984. 6. 30.까지 배출시설을 서울시외로 이전하라는 명령을 받고서도 이를 이행하지 아니하여 피고로부터 1990. 10. 12. 위 이전명령을 불이행하였다는 이유로 구 환경보전법(환경정책기본법 부칙 제1조, 제2조에 의하여 1991. 2. 2.자로 폐지되기 전의 것) 제20조 제1항에 의하여 배출시설설치허가를 취소하는 처분을 받은 사실을 인정한 다음, 위와 같은 취지에서 비록 이 사건 배출시설을 이전하기 위하여 다른 곳에다가 공장부지를 매수하고 공장신축에 착수하여 거의 완공된 상태이고 배출시설설치허가가 취소되면 공장을 가동하지 못하게 되어 수 천명의 주주를 가진 회사가 도산하게 되며 종업원들이 실직하게 될 뿐 아니라 국민들은 원고가 생산하는 약품을 공급받지 못하게 되는 점 등 그 주장과 같은 사정이 있다 하더라도 이전기한으로부터 이 사건 처분에 이르기까지 6년 이상이 지나도록 더구나 16회 가량의 이전촉구를 받고서도 배출시설을 이전하지 아니한 점과 한편으로는 공해배

출로 인한 위해를 예방하고 적극적으로 환경을 적정하게 관리보전함으로써 현재와 장래의 모든 국민이 건강하고 쾌적한 환경에서 생활할 수 있게 함을 목적으로 제정된 위 법의 취지와 공익상의 요청 등에 비추어 볼 때 위 이전명령에 위반하였다는 이유로 피고가 이 사건 취소처분에 이른 것은 정당하고 달리 위 처분이 재량권을 남용하였거나 재량권의 범위를 일탈한 것이라고 할 수 없다고 판단하였다는바 기록에 비추어 원심의 판단은 수긍이 되고 거기에 지적하는 바와 같은 법리오해의 위법이 없다. 주장은 이유 없다.

그러므로 상고를 기각하고 상고비용은 패소자의 부담으로 하여 관여 법관의 일치된 의견으로 주문과 같이 판결한다.

대법관   김용준(재판장) 최재호 윤관 김주한

(다) 과징금처분

동법은 규제완화 차원에서 조업정지명령에 대신하여 과징금을 부과할 수 있는 근거규정을 두고 있다. 즉 환경부장관은 의료기관의 배출시설, 발전설비, 학교의 배출시설, 제조업의 배출시설 등 일정한 배출시설(폐수무방류배출시설을 제외)을 설치·운영하는 사업자에 대하여 제42조의 규정에 의하여 조업정지를 명하여야 하는 경우로서 그 조업정지가 주민의 생활, 대외적인 신용·고용·물가 등 국민경제 그 밖에 공익에 현저한 지장을 초래할 우려가 있다고 인정되는 경우에는 조업정지처분에 갈음하여 3억원 이하의 과징금을 부과할 수 있다(제43조).

(라) 위법시설에 대한 폐쇄조치

동법은 일정한 경우 사용중지 및 폐쇄명령의 의무적 부과를 규정하고 있다.

(5) 배출부과금(Effluent Charges)

(가) 부과대상자 : 사업자

배출부과금의 부과대상자는 오염물질을 배출하는 '사업자'이므로 배출부과금을 통하여 가정의 생활폐수나 상업시설폐수등과 같은 환경오염물질을 배출하는 배출원에 대한 규제는 할 수 없다. 배출시설 및 방지시설을 임대차하는 경우에는 임차인은(허가취소의 경우를 제외) 배출부과금 규정을 적용함에 있어 이를 사업자로 본다(제36조 제3항).

[판례 7] 조합(소극) (대법원 1994.5.10. 선고 93누23763 판결)

【판시사항】

가. 구 환경보전법 하에서 공동방지시설의 운영기구에 대하여 배출부과금을 부과할 수 있는지 여부
나. 구 환경보전법 하에서 공동방지시설에서 배출되는 기준초과 오염물질 총량에 대한 배출부과금을 사업자들에게 연대하여 납부할 것을 명할 수 있는지 여부

【판결요지】

가. 구 환경보전법(1990.8.1. 법률 제4257호 환경정책기본법에 의하여 폐지) 제15조의2 제1항 본문, 제15조의3 제1항, 같은법시행규칙(1987.8.3. 보사부령 제805호) 제22조 제3항, 제23조 제2항 및 같은 법 제19조의2 제1항의 각 관계규정을 종합하여 보면 사업자들이 배출시설로부터 배출되는 오염물질 등의 공동처리를 위한 공동방지시설을 설치하고 그 운영을 조합에 맡긴 경우에 운영기구인 조합은 각 사업자를 위하여 그들이 하여야 할 행위를 대행해 주는 지위에 있을 뿐 조합이 사업자로 되는 것은 아니므로, 사업자가 배출허용기준을 초과하는 오염물질 등을 배출하면서 조업을 하게 되어 그 사업자에게 배출한 오염물질처리비용에 상당한 배출부과금의 납부를 명할 경우에는 배출시설을 통하여 오염물질 등을 배출하면서 조업을 한 각 사업자에게 부과하여야 하는 것이지 공동방지시설의 운영기구인 조합에게 부과할 것은 아니다.

나. 같은 법 제19조의2 제1항에 의하면 배출부과금은 사업자가 배출한 오염물질처리비용 상당액을 한도로 부과하여야 하는 것이므로, 공동방지시설로부터 기준초과오염물질 등이 배출되어 배출부과금을 부과하는 경우에도 법령에 특별한 규정이 없는 한 행정청은 각 사업장별로 사용된 원료의 양, 제품생산량, 공정 등에 의하여 각 사업자가 실제로 배출한 오염물질 등의 양을 합리적으로 산정한 다음 각 사업자에게 각자 배출한 오염물질처리비용에 상당하는 금액만을 부과하여야 하고, 다른 사업자가 배출한 오염물질처리비용에 상당하는 부분까지 연대하여 납부할 것을 명할 수 없다.

【참조조문】

가.나. 구 환경보전법 제15조의3 제1항, 제19조의2 제1항 / 가. 같은 법 제15조의2 제1항, 같은법시행규칙 제22조 제3항 제23조 제2항

【참조판례】

대법원 1994.5.13. 선고 93누18389 판결(동지)

【전 문】

【원고, 피상고인】 대구성서공단 현대도금사업 협동조합 외 7인 원고들 소송대리인 변호사 김은집
【피고, 상고인】 대구직할시장
【원심판결】 대구고등법원 1993.10.27. 선고 93구426 판결

【주 문】

상고를 기각한다.
상고비용은 피고의 부담으로 한다.

【이 유】

상고이유를 본다.

1. 구 환경보전법(환경정책기본법의 시행으로 1991. 2. 1.자로 폐지되기 전의 것, 이하 '법'이라고 한다) 제15조의2 제1항 본문, 법 제15조의3 제1항, 같은법시행규칙 제22조 제3항, 위 시행규칙 제23조 제2항 및 법 제19조의2 제1항의 각 관계규정을 종합하여 보면 사업자들이 배출시설로부터 배출되는 오염물질 등의 공동처리를 위한 공동방지시설을 설치하고 그 운영을 조합에 맡긴 경우에 운영

기구인 조합은 각 사업자를 위하여 그들이 하여야 할 행위를 대행해 주는 지위에 있을 뿐 조합이 사업자로 되는 것은 아니므로, 사업자가 배출허용기준을 초과하는 오염물질 등을 배출하면서 조업을 하게 되어 그 사업자에게 배출한 오염물질처리비용에 상당한 배출부과금의 납부를 명할 경우에는 배출시설을 통하여 오염물질 등을 배출하면서 조업을 한 각 사업자에게 부과하여야 하는 것이지 공동방지시설의 운영기구인 조합에게 부과할 것은 아니라 할 것이다.

그리고 법 제19조의2 제1항에 의하면 배출부과금은 사업자가 배출한 오염물질처리비용 상당액을 한도로 부과하여야 하는 것이므로, 공동방지시설로부터 기준초과오염물질 등이 배출되어 배출부과금을 부과하는 경우에도 법령에 특별한 규정이 없는 한 행정청은 각 사업장별로 사용된 원료의 양, 제품 생산량, 공정 등에 의하여 각 사업자가 실제로 배출한 오염물질 등의 양을 합리적으로 산정한 다음 각 사업자에게 각자 배출한 오염물질처리비용에 상당하는 금액만을 부과하여야 하고, 다른 사업자가 배출한 오염물질처리비용에 상당하는 부분까지 연대하여 납부할 것을 명할 수는 없다 할 것이다.

원심이 위와 같은 취지에서 원고 조합의 원판시 폐수처리장을 통하여 배출허용기준을 초과하는 오염물질이 배출되었다고 하더라도 그로 인한 배출부과금은 배출시설을 설치하여 가동하는 사업자인 원고 조합원들에게 부과되어야 하는 것이지, 공동방지시설을 설치하여 운영하는 원고 조합에 부과될 것은 아니라 할 것이고, 또한 공동방지시설을 통하여 배출허용기준을 초과하는 오염물질을 배출한 사업자들에 대하여 배출부과금을 부과할 때에는, 공동방지시설을 설치 운영하는 각 사업자들의 원료 사용량 제품생산량 등에 따라 각 사업자들의 실제배출량을 조사한 다음, 그 배출량에 따라 배출부과금 총액을 분할하여 부담시켜야 할 것인데 피고는 원고 조합원들이 각 사업장별로 배출한 허용기준 초과 오염물질량을 조사하지 아니한 채 원고 조합의 폐수처리장에서 배출된 허용기준초과 오염물질량에 따라 산정한 배출부과금 총액을 원고 조합원들에게 연대하여 부담시켰음은 위법하다고 판단한 것은 정당하고 거기에 소론과 같은 법리오해의 위법이 없으므로 논지는 이유 없다.

2. 배출부과금 부과처분과 같이 국민에게 의무를 부과하는 행정처분은 법령의 근거하에 행해져야 하는 것이므로, 공동방지시설을 설치한 사업자들 상호간의 내부관계를 정한 것에 불과한 소론과 같은 "공동방지시설의 운영에 관한 규약"에 근거하여 배출부과금을 부과할 수는 없다 할 것이다. 논지도 이유 없다.

3. 그러므로 상고를 기각하고 상고비용은 패소자의 부담으로 하기로 하여 관여 법관의 일치된 의견으로 주문과 같이 판결한다.

대법관　천경송(재판장) 안우만(주심) 김용준 안용득

[판례 8] 조합원 (대법원 1991.11.26. 선고 91누1677 판결)

【판시사항】

가. 배출허용기준을 초과하는 오염물질을 배출하면서 조업하는 사업자는 행정청의 배출부과금 부과처분이 없더라도 당연히 배출부과금 납부의무가 있는지 여부(소극)

나. 법인인 대구성서공단 영남도금협동소조합에 대한 배출부과금 부과처분에 기하여 그 체납을 이유로 그 조합원들의 재산에 대하여 한 압류처분의 적부(소극)

【판결요지】

가. 환경보전법(환경정책기본법에 의하여 1991.2.1.자로 폐지되기 전의 것) 제19조의2 제1항에 의하면 같은 법 제14조의 규정에 의한 배출허용기준을 초과하는 오염물질을 배출하면서 조업을 하는 사업자라고 하더라도 배출부과금을 납부할 것을 명하는 적법한 처분을 받기 전에는 당연히 배출부과금을 납부할 의무가 없고, 이와 같은 배출부과금의 부과처분의 효력은 그 부과처분을 받은 자에 대하여만 발생한다.

나. 법인인 대구성서공단 영남도금협동소조합에 대하여만 배출부과금 부과처분을 하였을 뿐 그 조합원들에 대하여는 배출부과금 부과처분을 하지 아니한 채 조합이 배출부과금을 체납하였다는 이유로 그 조합원들의 재산을 압류한 처분은 배출부과금 납부의무가 없는 자의 재산에 대하여 한 처분으로서 위법하다.

【참조조문】

가. 구 환경보전법(환경정책기본법의 시행으로 1991.2.1.자로 폐지되기 전의 것) 제14조, 제19조의2 제1항 / 나. 같은 법 제19조의2 제4항, 국세징수법 제24조, 중소기업협동조합법 제4조 제1항

【전 문】

【원고, 피상고인】 조상수 외 5인 원고들 소송대리인 변호사 배기원 외 1인
【피고, 상고인】 대구직할시장
【원심판결】 대구고등법원 1991.1.9. 선고 90구753 판결

【주 문】

상고를 기각한다.
상고비용은 피고의 부담으로 한다.

【이 유】

상고이유를 본다.

환경보전법(환경정책기본법에 의하여 1991.2.1.자로 폐지되기 전의 것, 이하 법이라고 한다) 제19조의2 제1항 은 환경청장은 사업자가 제14조의 규정에 의한 배출허용기준을 초과하는 오염물질을 배출하면서 조업을 하는 경우에는 당해 사업자에 대하여 배출한 오염물질처리비용에 상당한 배출부과금을 납부할 것을 명하여야 한다라고 규정하고 있는바, 따라서 법 제14조의 규정에 의한 배출허용기준을 초과하는 오염물질을 배출하면서 조업을 하는 사업자라고 하더라도 배출부과금을 납부할 것을 명하는 적법한 처분을 받기 전에는 당연히 배출부과금을 납부할 의무가 있다고 할 수 없고, 이와 같은 배출부과금의 부과처분의 효력은 그 부과처분을 받은 자에 대하여만 발생한다 고 할 것이고, 한편 법 제19조의2 제4항은 배출부과금의 징수 및 체납처분에 관하여는 국세징수법의 예에 의한다고 규정하고 있으므로 배출부과금을 납부할 의무가 없는 자의 재산에 대한 압류처분은 위법하다고 할 것이다.

원심이 확정한 사실에 의하면 원고들은 각자 개별적으로 도금공장을 경영하는 사람들로서 법인인 소외 대구성서공단 영남도금협동소조합(이하 소외 조합이라고 한다)의 조합원들인데 피고는 소외 조합에 대하여만 배출부과금 부과처분을 하였을 뿐 원고들에 대하여는 배출부과금 부과처분을 하지 아니한 채 소외조합이 배출부과금을 체납하였다는 이유로 원고들의 재산을 압류하는 이 사건처분을 하였다는 것인바, 그렇다면 이 사건 압류처분은 배출부과금 납부의무가 없는 자의 재산에 대하여 한 처분으로서 위법하다고 할 것이다.

따라서 이와 같은 취지의 원심판단은 그 설시에 미흡한 점이 없지 아니하나 그 판단결과는 정당하고,

반대의 입장에서 다투는 논지는 이유가 없다.
그러므로 상고를 기각하고, 상고비용은 패소자의 부담으로 하여 관여 법관의 일치된 의견으로 주문과 같이 판결한다.

대법관   이회창(재판장) 이재성 배만운 김석수

(나) 부과금의 부과근거

국민에게 의무를 부과하는 배출부과금 부과처분은 법령의 근거하에 행해져야 하는 것이므로 승인서나 사업자들 상호간의 내부관계를 정한 문서(예컨대, 공동운영규약) 등에 근거하여 배출부과금을 부과할 수 없다.

[판례 9] 규약(소극) (대법원 1996. 3. 22. 선고 95누18000 판결)

【판시사항】
공동방지시설을 설치한 사업자들 상호간의 내부관계를 정한 것에 불과한 "공동방지시설의 운영에 관한 규약"에 근거하여 배출부과금을 부과할 수 있는지 여부(소극)

【판결요지】
구 환경보전법(1990. 8. 1. 법률 제4257호 환경정책기본법에 의하여 폐지) 제19조의2 제1항에 의하면 배출부과금은 사업자가 배출한 오염물질처리비용 상당액을 한도로 부과하여야 하는 것이므로, 공동방지시설로부터 기준초과 오염물질 등이 배출되어 배출부과금을 부과하는 경우에도 법령에 특별한 규정이 없는 한 행정청은 각 사업장별로 사용된 원료의 양, 제품생산량, 공정 등에 의하여 각 사업자가 실제로 배출한 오염물질 등의 양을 합리적으로 산정한 다음 각 사업자에게 각자 배출한 오염물질 처리비용에 상당하는 금액만을 부과하여야 하고, 또한, 배출부과금 부과처분과 같이 국민에게 의무를 부과하는 행정처분은 법령의 근거하에 행해져야 하는 것이므로 공동방지시설을 설치한 사업자들 상호간의 내부관계를 정한 것에 불과한 소론과 같은 "공동방지시설의 운영에 관한 규약"에 근거하여 배출부과금을 부과할 수는 없으며 위 규약이 관계 행정청의 승인을 받았다고 해서 달리 볼 것은 아니다.

【참조조문】
구 환경보전법(1990. 8. 1. 법률 제4257호 환경정책기본법에 의하여 폐지된 것) 제15조의3 제1항 , 제19조의2 제1항

【참조판례】
대법원 1994. 5. 10. 선고 93누23763 판결(공1994상, 1717)

【전 문】
【원고,피상고인】 김가영 외 5인

【피고,상고인】 대구지방환경관리청장
【원심판결】 대구고법 1995. 10. 26. 선고 94구5794 판결
【주 문】
상고를 기각한다. 상고비용은 피고의 부담으로 한다.
【이 유】
피고소송수행자의 상고이유를 본다.

구 환경보전법(환경정책기본법의 시행으로 1991. 2. 1.자로 폐지되기 전의 것) 제19조의2 제1항에 의하면 배출부과금은 사업자가 배출한 오염물질 처리비용 상당액을 한도로 부과하여야 하는 것이므로, 공동방지시설로부터 기준초과 오염물질 등이 배출되어 배출부과금을 부과하는 경우에도 법령에 특별한 규정이 없는 한 행정청은 각 사업장별로 사용된 원료의 양, 제품생산량, 공정 등에 의하여 각 사업자가 실제로 배출한 오염물질 등의 양을 합리적으로 산정한 다음 각 사업자에게 각자 배출한 오염물질 처리비용에 상당하는 금액만을 부과하여야 하고, 또한, 배출부과금 부과처분과 같이 국민에게 의무를 부과하는 행정처분은 법령의 근거하에 행해져야 하는 것이므로 공동방지시설을 설치한 사업자들 상호간의 내부관계를 정한 것에 불과한 소론과 같은 "공동방지시설의 운영에 관한 규약"에 근거하여 배출부과금을 부과할 수는 없다 할 것이며 (당원 1994. 5. 10. 선고 93누23763 판결, 1994. 5. 13. 선고 93누18389 판결 참조), 위 규약이 관계 행정청의 승인을 받았다고 해서 달리 볼 것은 아니다.

원심이 같은 취지에서 소외 대구성서공단 영남도금협동소조합의 원판시 폐수처리장을 통하여 배출허용기준을 초과하는 오염물질이 배출된 이 사건의 경우 그로 인한 배출부과금은 배출시설을 설치하여 가동하는 사업자인 원고들에게 그들의 원료사용량, 제품생산량 등에 따라 실제배출량을 조사한 다음 그 배출량에 따라 배출부과금 총액을 분할하여 부담시켜야 할 것이고, 또한, 위 조합에의 출자비율과 폐수배출량이 비례한다고 볼 아무런 자료가 없는데도 불구하고 피고가 원고들이 각 사업장별로 배출한 허용기준초과 오염물질량을 조사하지 아니한 채 위 규약에 근거하여 위 폐수처리장에 부과될 총 배출부과금 상당을 위 조합에 출자한 출자액의 비율에 따라 나누어 산정한 배출부과금을 원고들에게 각 부과한 것이 위법하다고 판단한 것은 정당하고, 거기에 소론과 같은 법리오해의 위법이 없다.

논지는 이유 없다.

그러므로 상고를 기각하고 상고비용은 패소자의 부담으로 하여 관여 법관의 일치된 의견으로 주문과 같이 판결한다.

대법관 지창권(재판장) 천경송(주심) 안용득 신성택

(다) 산정방식

① 기본부과금

기본부과금은 유기물질, 부유물질 2종류의 오염물질에 국한하여(시행령 제15조), 배출허용기준 범위안에서 오염물질배출량과 배출농도를 기준으로 다음과 같이 산출한 금액으로 한다

(시행령 제14조).

> 기본부과금 = 방류수수질기준을 초과한 오염물질배출량(기준이내배출량) x 오염물질 1킬로그램당 부과금액 x 연도별 부과금산정지수 x 사업장별부과계수 x 지역별부과계수 x 방류수수질기준초과율별 부과계수

② 초과부과금

초과부과금은 유기물질, 부유물질, 카드뮴 및 그 화합물, 시안화합물, 유기인화합물, 납 및 그 화합물, 6가크롬화합물, 비소 및 그 화합물, 수은 및 그 화합물, 폴리크로리네이티드바이페닐, 구리 및 그 화합물, 크롬 및 그 화합물, 페놀류, 트리클로로에틸렌, 테트라클로로에틸렌, 망간 및 그 화합물, 아연 및 그 화합물, 총질소, 총인 등 19종류를 대상으로(시행령 제19조), 개선계획서를 제출한 경우와 제출하지 아니한 경우에 따라 차이를 두고 부과한다. 구체적인 산정방법은 시행령 제18조에 규정되어 있다.

[판례 10] 수질환경보전법에서 정한 초과배출부과금을 그 근거규정이 시행되기 이전의 수질검사 결과를 기초로 부과할 수 있는지 여부(소극) (대법원 2005. 7. 14. 선고 2004두10142 판결)

【판시사항】
구 수질환경보전법에서 정한 초과배출부과금을 그 근거규정이 시행되기 이전의 수질검사 결과를 기초로 부과할 수 있는지 여부(소극)

【판결요지】
구 수질환경보전법(2004. 2. 9. 법률 제7168호로 개정되기 전의 것) 제8조 제1항, 제19조 제1항, 제22조, 같은법시행령(2004. 8. 10. 대통령령 제18515호로 개정되기 전의 것) 제14조 제1항 제18호, 제15조 제2항, 제3항, 제16조, 같은법시행규칙(2000. 10. 23. 환경부령 제100호로 개정되어 2003. 1. 1.부터 시행되기 전의 것) 제8조 제1항 등의 규정을 종합하면, 같은 법 소정의 초과배출부과금은 배출허용기준을 초과한 오염물질배출량과 오염물질이 배출되기 시작한 날(배출되기 시작한 날을 알 수 없는 경우에는 배출허용기준 초과 여부의 검사를 위한 오염물질채취일을 말한다)부터 개선명령 등의 이행완료예정일까지의 배출기간을 기준으로 하여 산정하도록 되어 있으므로, 위와 같은 초과배출부과금을 부과하기 위하여는 특별한 사정이 없는 한 초과배출부과금 부과의 근거가 된 같은법시행령 규정의 시행일 이후에 이루어진 수질검사 결과를 기초로 하여야 할 것이지, 그 근거규정이 시행되기 이전의 수질검사 결과를 기초로 하여 그 검사 결과가 같은법시행령 규정의 시행일 이후에도 계속될 것임을 전제로 초과배출부과금을 산정할 수는 없다.

【참조조문】
구 수질환경보전법(2004. 2. 9. 법률 제7168호로 개정되기 전의 것) 제8조 제1항 , 제19조 제1항 , 제22조 , 구 수질환경보전법시행령(2004. 8. 10. 대통령령 제18515호로 개정되기 전의 것) 제15조 , 제16조

【전 문】

【원고,상고인】 녹산피혁사업협동조합 (소송대리인 법무법인 신성 담당변호사 박용석)

【피고,피상고인】 부산광역시장 (소송대리인 변호사 정종우)

【원심판결】 부산고법 2004. 8. 20. 선고 2004누879 판결

【주 문】

원심판결을 파기하고, 사건을 부산고등법원에 환송한다.

【이 유】

1. 원심의 판단

원심은, 그 채용 증거를 종합하여, 피고는 원고가 설치·운영하고 있던 이 사건 폐수처리장의 적정가동 여부를 확인하기 위하여 2002. 11. 18. 위 폐수처리장의 최종 배출수를 채취하여 보건환경연구원에 오염도 검사를 의뢰한 결과 총질소가 배출허용기준 60㎎/ℓ를 초과한 346.599㎎/ℓ로 나타나자, 2002. 12. 4. 위와 같은 배출허용기준치 초과를 이유로 수질환경보전법(2004. 2. 9. 법률 제7168호로 개정되기 전의 것, 이하 '법'이라 한다) 제16조에 의하여 원고에게 2003. 2. 28.까지 위 위반사항을 개선하도록 명하면서 개선완료 후에는 지체없이 개선명령보고서를 제출할 것을 통지한 사실, 그 후 원고는 위반사항을 개선한 후 2003. 2. 27. 피고에게 개선명령이행보고서를 제출한 사실, 한편, 2003. 1. 1.부터 총질소에 대하여도 초과배출부과금을 부과할 수 있는 법시행령(2004. 8. 10. 대통령령 제18515호로 개정되기 전의 것) 제14조 제1항 제18호(이하 '이 사건 시행령 규정'이라 한다)가 시행되자, 피고는 2003. 5. 9. 위와 같이 2002. 11. 18. 측정한 배출허용기준 초과농도를 기준으로 하여 총질소에 대한 부과금부과규정이 시행되는 2003. 1. 1.부터 위 개선명령이행보고서 제출일까지의 기간 중 휴무일 13일을 제외한 45일을 부과기간으로 하여, 법 제19조에 따라 산정한 배출부과금 128,595,140원을 원고에게 부과하는 이 사건 처분을 한 사실을 인정하였다.

원심은 위와 같은 사실관계에 터 잡아 이 사건 시행령 규정에 따른 초과배출부과금을 부과하기 위하여 반드시 이 사건 시행령 규정의 시행 이후에 새로 폐수를 채취하여 이를 기초로 할 것은 아니고 이 사건 시행령 규정의 시행일 이전에 이루어진 수질검사를 기초로 하여 시행령 규정 시행 이후의 초과배출부과금을 부과할 수 있으므로, 2003. 1. 1. 이전의 수질검사 결과를 기초로 한 이 사건 처분은 적법하다고 판단하였다.

2. 대법원의 판단

법 제8조 제1항, 제19조 제1항, 제22조, 법시행령 제14조 제1항 제18호, 제15조 제2항, 제3항, 제16조, 법시행규칙(2000. 10. 23. 환경부령 제100호로 개정되어 2003. 1. 1.부터 시행되기 전의 것) 제8조 제1항 등의 규정을 종합하면, 법 소정의 초과배출부과금은 배출허용기준을 초과한 오염물질 배출량과 오염물질이 배출되기 시작한 날(배출되기 시작한 날을 알 수 없는 경우에는 배출허용기준 초과 여부의 검사를 위한 오염물질채취일을 말한다)부터 개선명령 등의 이행완료예정일까지의 배출기간을 기준으로 하여 산정하도록 되어 있으므로, 위와 같은 초과배출부과금을 부과하기 위하여는 특별한 사정이 없는 한 초과배출부과금 부과의 근거가 된 이 사건 시행령 규정의 시행일 이후에 이루어진 수질검사 결과를 기초로 하여야 할 것이지, 그 근거규정이 시행되기 이전의 수질검사 결과를 기초로 하여 그 검사 결과가 이 사건 시행령 규정의 시행일 이후에도 계속될 것임을 전제로 초과배출부과금을 산정할 수는 없다 고 할 것이다.

그럼에도 불구하고, 원심은 이와 달리 총질소에 대하여 초과배출부과금을 부과하는 이 사건 시행령

규정이 시행되기 전인 2002. 11. 18.자 수질검사를 기초로 2003. 1. 1.부터 시행된 초과배출부과금을 산정·부과할 수 있음을 전제로 이 사건 처분이 적법하다고 판단하였으니, 거기에는 수질환경보전법령에 따른 초과배출부과금에 관한 법리를 오해하여 판결에 영향을 미친 위법이 있다고 할 것이다.

3. 결 론

그러므로 원심판결을 파기하고, 이 사건을 다시 심리·판단하게 하기 위하여 원심법원에 환송하기로 하여 관여 법관의 일치된 의견으로 주문과 같이 판결한다.

대법관   윤재식(재판장) 강신욱 고현철(주심) 김영란

[판례 11] 시료채취 방법 (인천지법 2004. 2. 12. 선고 2003구합1770 판결) 확정

【판시사항】

시료를 채취하는 과정에서 이물질이 혼입되었을 가능성을 배제할 수 없는 등 그 시료에 대한 검사결과의 신빙성이 매우 의심스럽다는 이유로 그 검사결과를 전제로 한 수질환경보전법상 초과배출부과금 부과처분이 위법하다고 하여 이를 취소한 사례

【판결요지】

시료를 채취하는 과정에서 이물질이 혼입되었을 가능성을 배제할 수 없는 등 그 시료에 대한 검사결과의 신빙성이 매우 의심스럽다는 이유로 그 검사결과를 전제로 한 수질환경보전법상 초과배출부과금 부과처분이 위법하다고 하여 이를 취소한 사례.

【참조조문】

수질환경보전법 제7조 , 제8조 , 제19조

【전 문】

【원 고】 동양제철화학 주식회사 (소송대리인 변호사 김정섭)

【피 고】 인천광역시 남구청장

【변론종결】 2004. 1. 8.

【주 문】

1. 피고가 2003. 5. 15. 원고에 대하여 한 5,080,503,040원의 초과배출부과금 부과처분을 취소한다.
2. 소송비용은 피고의 부담으로 한다.

【청구취지】 주문과 같다.

【이 유】

1. 처분의 경위

가. 원고는 소다회 및 인산 등 각종 화학제품을 제조·판매하는 회사로서, 피고로부터 폐수배출시설 설치허가를 받아 인천광역시 남구 학익동 595 외 1필지 위에 폐수처리장을 설치·운영하고 있다.

나. 인천광역시 남구청 환경위생과 환경지도팀 소속 공무원 이교익과 김혜숙은 2003. 4. 18. 비가 내리자 원고 회사의 폐수배출시설 및 주변 지역에 대하여 순찰을 하는 한편, 같은 날 15:00경 원

고 회사 폐수처리장의 최종 방류구를 통해서 배출되는 방류수의 오염도를 측정하기 위하여 원고 회사를 방문하였다. 이교익이 원고 회사의 대기환경관리인 김영웅의 안내를 받아 폐수처리장의 최종 방류구에 도착하자, 원고 회사 환경안전팀 폐수처리장 근무자인 하대호가 준비하고 있던 빈 인산통을 잘라 만든 흰색 플라스틱 용기(이하 '인산 폐말통'이라 한다)를 사용하여 이를 방류수로 씻지 않은 채 검사에 필요한 방류수(이하 '이 사건 시료'라 한다)를 떠 이교익이 준비한 플라스틱 무균채수병에 담아 주었다.

한편, 이교익은 당시 수소이온 농도를 측정할 수 있는 도구를 준비하지 않았는데, 현장에 설치되어 있는 수질오염물질자동측정장치(Tele Metering System, 이하 'TMS'라 한다)에 의하면 최종 방류수의 당시 수소이온농도는 pH 7.3이었으며, 순찰 결과 폐수 무단방류나 주변 학익천의 오염 등 특이사항은 발견하지 못하였다.

다. 이교익은 시료채취 직후 인천광역시 보건환경연구원(이하 '보건환경연구원'이라 한다)에 수질 오염도 검사를 의뢰하였는데(검사의뢰 접수시간 2003. 4. 18. 16:40), 같은 해 4. 24. 보건환경연구원의 검사 결과 배출허용기준(8㎖/ℓ)을 초과하는 689.04㎎/ℓ의 총인이 검출되자(이 당시 수소이온농도는 검사하지 않았다), 원고 회사에 대하여 총인의 수질배출허용기준 초과를 이유로 개선명령 및 배출부과금을 부과할 것을 예정하고 그 의견을 제출하도록 하는 내용의 행정처분 사전통지를 하였다.

라. 이에 대하여 원고는 검사 결과 총인이 배출허용기준을 초과한 것으로 나타난 것은 전체 방류수가 총인으로 오염되었기 때문이 아니라 시료채취 과정에서 인산으로 오염된 통을 사용함으로써 시료가 오염되었기 때문이며, 이러한 주장을 입증하기 위하여 이 사건 시료를 사건 해결시까지 보관해 줄 것과 이 사건 시료에 대한 수소이온 농도 검사결과 및 인천광역시 환경자동감시정보센터의 TMS로 측정한 검사 당일의 방류수 수소이온농도에 관한 정보를 확인하여 알려 줄 것을 요구하는 내용의 의견을 제출하였다.

마. 피고는 원고가 제출한 의견을 검토한 후 같은 해 4. 26. 이 사건 시료는 수질오염공정시험방법(2000. 1. 5. 환경부 고시 제99-208호)에 의하여 채수한 것이라는 이유로 원고의 주장을 배척하고, 원고에게 폐수배출시설 및 방지시설에 대한 개선명령을 하는 한편 초과배출부과금이 부과될 것임을 통지하였다.

바. 원고는 보건환경연구원으로부터 이 사건 시료의 수소이온 농도가 pH 1.9라는 검사결과(2003. 4. 26.자 의뢰에 따라 실시한 것, 갑6호증의 2)를 통보받은 후 같은 해 4. 29. 검사 당일 TMS에 의하여 확인한 수소이온농도(pH 7.3)와의 차이를 근거로 재검사를 요구하였으나, 피고는 2003. 4. 18.자로 채취한 것과 동일한 시료를 채취할 수 없다는 이유로 이를 거부하고 같은 해 5. 15. 원고에 대하여 폐수배출시설에서 배출허용기준을 넘는 수질오염물질(총인)을 배출하였다는 이유로 수질환경보전법 제19조를 적용하여 5,080,503,040원의 초과배출부과금을 부과하는 이 사건 처분을 하였다.

사. 한편, 위 이교익 등은 같은 해 4. 25. 이 사건 폐수처리시설 일대에 대하여 민·관합동으로 환경순찰을 하고 학익천에서 시료를 채취하여 보건환경연구원에 수질오염검사를 의뢰하였으나 환경오염 사실을 발견하지 못하였으며, 그 무렵 원고 회사에 대한 출장조사에서도 특별한 위반행위는 발견하지 못하였고 다만 이 사건 시료 채취 당시 인산제조공정에서 폐수처리장으로 인이 유출되어 오염되었을 가능성이 있다는 내용의 출장복명서를 작성·보고하였다. 또한, 피고는 같은 해 4. 30. 원고 회사의 인산제조시설에 대한 현장조사시 인산제조시설의 폐수배수로, 공정냉각수, 폐수집수조 등에서 채취한 시료에 대하여 수질오염검사를 실시한 결과 폐수배수로에서 71.6㎎/ℓ, 공

정냉각수에서 1.06㎎/ℓ, 폐수집수조에서 62.60㎎/ℓ정도(을25호증의 6, 7, 8)의 총인만이 검출되었다. 그리고 이 사건 시료의 채취 전 1년여간 실시한 자체조사 및 보건환경연구원 등의 검사 결과 총인의 검출량은 0.008 내지 0.09㎎/ℓ에 불과하였고, 이 사건 시료 채취일을 전후하여 원고 회사 폐수처리시설 주변에서 오염된 폐수배출로 인하여 환경피해신고가 접수되거나 민원이 제기된 바는 없었다.

[인정 근거] 다툼 없는 사실, 갑1 내지 7, 9 내지 12, 19 내지 21, 을1 내지 6, 8 내지 11, 17 내지 19, 24, 25(가지번호 포함)의 각 기재, 증인 하대호, 김영웅, 이교익의 각 증언, 변론의 전취지

2. 이 사건 처분의 적법 여부

  가. 당사자들의 주장

    (1) 원고

      (가) 이교익은 이 사건 시료를 준비해 간 채취용기를 사용하여 직접 채취하지 않고 원고 회사 직원인 하대호로 하여금 인산 폐말통으로 채수하여 채취용기에 담도록 하였을 뿐 아니라, 위 인산 폐말통은 하대호가 시료 채취 전날 원고 회사에서 쓰고 버리는 빈 인산통을 잘라 만든 후 전혀 씻지 않은 것인데 시료 채수 당시에도 수질오염공정시험방법에 규정된 대로 3회 이상 위 인산 폐말통을 시료로 씻지 않고 사용하였다. 따라서 이 사건 시료 채취방법에는 수질환경보전법 제7조에 근거한 환경부 고시인 수질오염공정시험방법을 준수하지 아니한 잘못이 있을 뿐 아니라, 이 사건 처분은 실제 배출되는 방류수와 다른 '인산으로 오염된 시료'에 대한 검사결과를 전제로 한 것이므로 위법하다.

      (나) 이 사건 시료에 대한 보건환경연구원의 수소이온농도검사결과(pH 1.9)와 TMS에 의하여 확인한 시료 채취 당시 방류수의 수소이온농도(pH 7.3)의 차이, 원고 회사 폐수처리장의 총 폐수처리용량(170,000㎥) 및 1일 폐수방류량(17,520㎥)과 원고 회사의 1일 인산 생산량(57.8t) 등을 고려하면 실제 방류수의 총인농도가 689.04㎎/ℓ에 이르는 것은 사실상 불가능에 가까운 점, 그리고 현실적으로 이러한 농도의 폐수가 방류되었다면 주변 배수로 전체가 훼손되고 원고 회사 주변 해양생태계의 오염이 심각한 수준에 이르렀을 것인데 그러한 일은 일어나지 않은 점 및 이 사건 수질오염검사를 전후하여 원고 회사가 자체적으로 실시한 검사와 보건환경연구원에서 실시한 검사결과(2003. 1. 13.자, 같은 해 4. 10.자) 총인농도가 0.008에서 0.09㎎/ℓ에 불과하였던 점 등을 모두 종합하면, 이 사건 시료는 채취과정에서 오염된 것이라고 보지 않을 수 없으므로 이 사건 방류수의 오염 여부를 판단하는 시료로 사용할 수 없다. 따라서 위 시료에 대한 검사결과를 근거로 한 이 사건 처분은 위법하다.

    (2) 피고

      이 사건 시료는 수질오염공정시험방법에 맞게 채수되었고, 가사 채수방법이 수질오염공정시험방법에 위반된 것이라 하더라도 이는 행정규칙에 불과하므로 위법이라고 할 수 없다. 또한, 원고 회사 인산제조시설에서 인산이 폐수배출시설로 유입되어 방류수가 오염되었을 가능성도 배제할 수 없다. 따라서 이 사건 처분은 적법하다.

  나. 관련 법령

    [별지] 기재와 같다.

  다. 판 단

    수질환경보전법 제7조에 따라 수질오염물질 측정의 정확과 통일을 기하기 위하여 환경부장관이

고시한 위 수질오염공정시험방법(제3항 시료의 채취 및 보존방법 1. 시료의 채취방법 1.2 시료채취시의 유의사항)에 의하면, 시료는 목적시료의 성질을 대표할 수 있는 위치에서 시료채취용기 또는 채수기를 사용하여 채취하여야 하며, 채취용기는 시료를 채우기 전에 시료로 3회 이상 씻은 다음 사용하도록 규정되어 있는데, 이는 시료채취과정에서 채취용기에 이물질이 묻어 있다가 시료에 혼입되는 경우 시료가 실제 방류되는 것과 달라지게 되어 위 시료에 대한 검사결과를 검사대상 폐수처리시설에서 수질오염물질을 배출하는지 여부에 대한 판단의 근거로 쓸 수 없게 되기 때문에 시료채취 단계에서 이물질의 혼입가능성을 차단하기 위한 것이므로, 폐수처리시설에서 채취용기로 직접 시료를 채취하지 않고 채수기로 떠서 채취용기에 담는 경우에는 채수기에 대해서도 마찬가지 방법으로 이물질을 제거한 후에 시료채취에 사용하여야만 표본인 시료가 당해 폐수배출시설에서 배출되는 방류수를 대표하는 것이라고 할 수 있을 것이다.

그러나 앞서 본 사실관계에 의하면 이 사건 시료는 그 채취과정에서 이물질이 혼입되었을 가능성을 배제할 수 없어 위 시료에 대하여 한 검사결과는 이 사건 폐수처리시설에서 배출되는 방류수의 오염 여부를 판단하는 자료로 삼기에 적합하지 않다고 할 것이다. 나아가 이 사건 기록에 나타난 여러 가지 사정 특히, 이 사건 시료의 수소이온농도와 검사 당일 TMS에 의하여 측정한 수소이온농도 사이에 현격한 차이가 나는 점, 이 사건 폐수처리시설의 총 저수량 내지 1일 처리량과 원고 회사의 1일 인산 생산량을 감안할 때 이 사건 시료를 채취한 방류수 전체가 원고 공장에서 인산이 유출됨으로써 위 검사 결과에 나타난 정도로 총인에 오염되었다고 보기는 어려운 점 및 이 사건 시료 채취 후 실시한 출장조사 결과 폐수배출시설 주변에서 총인에 의한 오염현상을 발견하지 못하였을 뿐만 아니라 시료채취 당시를 전후하여 환경피해 신고나 민원제기 등이 없었다는 점 등을 종합하여 볼 때, 이 사건 시료에 대한 검사결과는 그 신빙성이 매우 의심스럽다고 보지 않을 수 없다.

피고는 원고 회사 직원이 시료를 떠 주는 것은 관행임에도 원고 회사가 이제와서 그 채취방법에 이의를 제기하는 것은 부당하다는 취지로 주장하나, 행정처분의 근거가 되는 실험결과의 정확성을 담보하여야 할 책임은 처분청인 피고에게 있다고 할 것이므로 피고의 주장은 이유 없다.

3. 결 론

그렇다면 이 사건 처분은 위법하므로 그 취소를 구하는 원고의 청구는 이유 있어 이를 인용하기로 하여, 주문과 같이 판결한다.

판사 권순일(재판장) 최항석 곽상기

[판례 12] 기준초과배출량 (대법원 1996. 12. 23. 선고 95누14312 판결)

【판시사항】

배출시설 허가를 받은 보일러 3대 중 평소 1대만 가동하여 온 경우, 3대 전부를 가동시켜 측정한 배출오염물질을 기준으로 배출부과금을 산정할 것인지 여부(소극)

【판결요지】

배출부과금 산정의 기준이 되는 배출허용기준 초과 오염물질배출량은 사업자가 조업에 제공하기 위하여 실제로 가동하는 배출시설로 인하여 배출되는 오염물질의 양을 그와 같은 방법에 의하여 산정하는 것이지 조업을 위한 실제 가동 여부와 관계 없이 당해 사업장에 설치된 배출시설을 모두 가동하여 최대의 부하량이 걸린 상태에서 배출되는 오염물질의 최대량을 가리키는 것은 아니고, 따라서 설치된 보일러 3대 중 1대만 가동하여 조업을 하여 왔다면 실제로 가동 중인 보일러 1대에서 배출되는 오염물질을 측정하여 이를 기준으로 배출부과금을 산정하여야 하고, 보일러 3대에 관하여 배출시설의 설치허가를 받았다거나 그 중 예비용으로 배출시설 변경허가 등을 득한 사실이 없다고 하여 달리 볼 것은 아니다.

【참조조문】

구 대기환경보전법(1995. 12. 29. 법률 제5094호로 개정되기 전의 것) 제19조 , 구 대기환경보전법시행령(1994. 7. 26. 대통령령 제14346호로 개정되기 전의 것) 제8조 , 제9조

【참조판례】

대법원 1994. 5. 10. 선고 93누23763 판결(공1994상, 1717), 대법원 1996. 3. 22. 선고 95누18000 판결(공1996상, 1416)

【전 문】

【원고,상고인】 주식회사 한국콘도

【피고,피상고인】 충주시장

【원심판결】 대전고법 1995. 8. 25. 선고 94구1287 판결

【주 문】

원심판결을 파기하고 이 사건을 대전고등법원에 환송한다.

【이 유】

원고의 상고이유를 본다.

원심판결 이유에 의하면 원심은, 원고는 충주시 상모면 온천리 778에 콘도미니엄시설을 갖추고 관광숙박업 등을 하는 회사로서 위 콘도미니엄시설의 난방을 위하여 피고로부터 대기오염물질 배출시설인 보일러(용량 각 1.5t/h) 3대의 설치허가를 받아 이를 설치함과 동시에 방지시설로 연소보조장치인 유화에 의한 시설(썬에멀죤) 3대를 설치하였고, 원고는 위 콘도미니엄시설의 난방을 하는 데 보일러 1대만으로도 충분하였던 관계로 3대 중 2대를 교대로 사용하는 방법으로 실제 1대만을 가동하여 난방을 하여 왔고, 나머지 1대는 고장 등에 대비한 예비용으로 갖추고 있었으나 대기환경보전법에 의한 예비용으로의 배출시설 변경허가 등을 받은 바는 없으며, 피고는 1993. 12. 6. 17:10경 원고로 하여금 보일러 3대를 모두 가동하게 한 다음 그 상태에서 대기오염공정 시험방법에 따라 먼지채취기를 이용하여 굴뚝측정구 안에서 먼지 등의 오염물질을 측정한 결과, 먼지의 배출허용기준인 $200mg/Sm^3$보다 높은 $865mg/Sm^3$ 배출되는 것으로 판정되어, 피고는 개선명령을 한 후 1994. 2. 2. 원고에게 위와 같이 먼지가 배출허용기준 이상 배출되었다는 이유로 1993. 12. 6.부터 원고가 피고의 개선명령을 이행완료한 날인 1994. 1. 27.까지의 배출부과금으로 금 60,961,290원을 부과·고지하였다가 이를 최종적으로 금 21,950,050원으로 감액·경정한 사실을 확정하고서, 평상시의 가동 실태에 따라 보일러 1대를 가동하여 배출되는 오염물질의 측정이 이루어져야 함에도 피고가 보일러 3대를 모두 가동하게 하여 배출되는 오염물질을 측정하여 이를 기준으로 배출부과금을 산정한 것은 위법하다는 원고의 주장에 대하여, 원고가 배출시설의 설치허가를 받은 것은 보일러 3대이고, 보일러 3대 중 어느 것도 예비용으로 지정받은 바가 없어 원고는 언제나 보일러 3대를 동시에 가동할 수 있으므로 방지시설에 영향을 미치는 배출시설을 모두

가동하게 하여 최대의 부하량이 걸린 상태에서 배출되는 오염물질을 측정하여 이를 기준으로 배출부과금을 산정한 피고의 조치는 정당하다고 판단하였다.

그러나 구 대기환경보전법(1995. 12. 29. 법률 제5094호로 개정되기 전의 것, 이하 같다) 제19조 제1항에 의하면 배출부과금은 배출허용기준을 초과하여 오염물질을 배출하는 사업자에 대하여 오염물질의 종류·배출기간·배출량 등을 기준으로 산정하는 것이고, 같은법시행령(1994. 7. 26. 대통령령 제14346호로 개정되기 전의 것, 이하 같다) 제8조에 의하면 배출부과금은 사업장 규모별로 부과하는 기본부과금과 배출허용기준을 초과하여 배출되는 오염물질의 처리비용에 상당하는 금액을 부과하는 처리부과금으로 구분하여 이를 합산한 금액으로 하는 것이며, 같은법시행령 제9조에 의하면 배출허용기준 초과 오염물질배출량은 배출기간 중에 배출허용기준을 초과하여 조업함으로써 배출되는 오염물질의 양을 배출오염물질 채취일의 오염물질의 배출허용기준 초과농도 및 배출가스의 유량에 의하여 산정한 배출허용기준 초과 일일 오염물질배출량에 배출기간의 일수를 곱하는 방법으로 산정한다는 것이므로, 배출부과금 산정의 기준이 되는 배출허용기준 초과 오염물질배출량은 사업자가 조업에 제공하기 위하여 실제로 가동하는 배출시설로 인하여 배출되는 오염물질의 양을 위와 같은 방법에 의하여 산정하는 것이지 조업을 위한 실제 가동 여부와 관계없이 당해 사업장에 설치된 배출시설을 모두 가동하여 최대의 부하량이 걸린 상태에서 배출되는 오염물질의 최대량을 가리키는 것은 아니라고 할 것이고, 따라서 원고가 설치된 보일러 3대 중 1대만 가동하여 조업을 하여 왔다면 실제로 가동 중인 보일러 1대에서 배출되는 오염물질을 측정하여 이를 기준으로 배출부과금을 산정하여야 할 것이고, 원고가 보일러 3대에 관하여 배출시설의 설치허가를 받았다거나 그 중 예비용으로 배출시설 변경허가 등을 득한 사실이 없다고 하여 달리 볼 것은 아니라고 할 것이다.

그럼에도 불구하고 원심은 설치된 보일러 3대를 모두 가동하게 한 상태에서 오염물질을 측정하여 이를 기준으로 배출부과금을 산정한 피고의 조치가 정당하다고 판단하였으니 원심판결에는 배출부과금 산정에 관한 법리오해의 위법이 있다 할 것이므로 이 점을 지적하는 상고논지는 이유 있다.

이에 나머지 상고이유에 대한 판단을 생략한 채 원심판결을 파기하고 이 사건을 원심법원에 환송하기로 하여 관여 법관의 일치된 의견으로 주문과 같이 판결한다.

대법관 지창권(재판장) 천경송(주심) 안용득 신성택

[판례 13] 보고한 날 (대법원 1995.6.30. 선고 94누569 판결)

【판시사항】

가. 구 수질환경보전법시행령 제14조 제2항의 규정이 개선명령을 받기 이전에 스스로 장차 있을 개선명령의 내용대로 개선작업을 미리 완료한 사업자에게도 적용되는지 여부

나. 개선명령이 있기 전에 스스로 개선을 완료한 경우의 배출기간

다. 수질환경보전법시행령 제14조 제1항 제1호 소정의 경우를 판단하는 자료로서의 오염도검사결과는 구 수질환경보전법시행규칙 제25조 제3항 각 호소정의 검사기관의 것에 한정되는지 여부

【판결요지】

가. 사업자가 개선명령을 받은 이후에 그 명령을 이행한 때에는 수질환경보전법시행령 제18조 제1항에 의하여 지체 없이 환경처장관에게 보고를 함으로써 개선을 완료한 날까지, 즉 배출허용기준을 초과하는 오염물질을 배출한 날까지만을 배출기간으로 한 배출부과금을 부과받을 수 있게 되지만, 사업자가 개선명령을 받기 이전에 스스로 장차 있을 개선명령의 내용대로 개선작업을 미리 완료한 경우에는 사업자가 환경처장관에 개선사실을 즉시 보고할 법적인 근거가 없으므로, 그러한 사업자로 하여금 개선명령을 받은 후 개선을 완료한 사실을 보고하게 하고 그 보고한 날까지를 배출기간으로 한 배출부과금을 부과한다면 사업자는 실제로 배출허용기준을 초과하는 오염물질을 배출하지 아니한 날에 대하여도 배출부과금을 부과받게 되는 결과가 되어 부당하므로, 구 수질환경보전법시행령(1993.6.9. 대통령령 제13904호로 개정되기 전의 것) 제14조 제2항은 개선명령을 받고 이후에 그 명령을 이행한 사업자에 대하여만 적용이 되는 규정이고, 개선명령을 받기 이전에 스스로 장차 있을 개선명령의 내용대로 개선작업을 미리 완료한 사업자에 대하여는 그 적용이 없다.
나. '가'항의 개선명령이 있기 전에 스스로 개선을 완료한 경우는 수질환경보전법의 목적과 배출부과금을 부과하는 이유 등을 고려할 때 장차 있을 개선명령의 내용대로 개선작업을 사실상 완료한 날까지를 배출기간으로 보고 배출부담금을 산정함이 상당하다.
다. 구 수질환경보전법(1993.12.27. 법률 제4653호로 개정되기 전의 것) 제22, 제44조 및 구 수질환경보전법시행규칙(1994.5.24. 총리령 제453호로 개정되기 전의 것) 제51조 내지 제57조는 측정대행자제도를 두고, 측정대행자가 갖추어야 할 기술능력·시설 및 장비, 그 지정절차, 정수관리 등에 관하여 구체적으로 규정하면서, 측정대행자에게 측정결과의 기록 및 그 보존의무를 지우고, 그 준수사항 및 결격사유, 그 지정의 취소에 관하여 규정하는 등 환경처장관이 측정대행자의 지정에서부터 이를 엄격하게 규제·감독하고 있는 점에 비추어 볼 때, 수질환경보전법시행령 제14조 제1항 제1호 소정의 부과금 조정을 위한 오염물질 또는 배출물질의 배출기간이 달라지게 된 경우를 판단하는 자료로서 반드시 같은법시행규칙 제25조 제3항 각 호 소정의 검사기관의 오염도검사결과만에 한정되는 것은 아니고 오염물질의 시료채취 및 그 분석방법 등에 있어 신빙성이 인정되는 한 측정대행자의 오염도검사결과에 의하여도 가능하다.

【참조조문】

가.나.다. 수질환경보전법시행령 제14조 제1항 / 가.나. 제18조 제1항 , 구 수질환경보전법시행령 제14조 제2항 , 제18조 제1항 / 다. 구 수질환경보전법시행규칙 (1994.5.24. 총리령 제453호로 개정되기 전의 것) 제25조 제3항

【전 문】

【원고, 피상고인】 진세정밀 주식회사 소송대리인 변호사 장세두
【피고, 상고인】 한강환경관리청장 소송대리인 변호사 윤상목
【원심판결】 서울고등법원 1993.12.1. 선고 93구15139 판결

【주 문】

상고를 기각한다.
상고비용은 피고의 부담으로 한다.

【이 유】

상고이유를 본다.
수질환경보전법시행령(1993.6.9. 대통령령 제13904호로 개정되기 전의 것)은 그 제10조 내지 제13조

에서 배출부과금의 산정방법 및 기준에 관하여 구체적으로 규정하고 제14조 제1항에서 "환경처장관은 다음 각 호의 1에 해당하는 경우에는 부과금을 다시 산정하여 조정하되, 이미 납부한 금액과 조정된 금액에 차이가 있을 때에는 그 차액을 다시 부과하거나 환급하여야 한다."하고 그 제1호로 "제11조 제1항의 규정에 의한 개선기간만료일 또는 명령이행완료예정일까지 개선 또는 명령의 이행이 완료되어 부과금 산정의 기초가 되는 오염물질 또는 배출물질의 배출기간이 달라지게 된 경우"를 규정하고 있고, 제14조 제2항에서는 "제1항 제1호의 사유로 부과금을 조정하는 경우의 부과금 산정을 위한 오염물질 또는 배출물질의 배출기간은 제6조 제3항 또는 제18조 제1항의 규정에 의한 개선완료 또는 명령이행의 보고를 한 날까지로 한다"고 규정하고 있으며, 제18조 제1항에서는 "개선명령을 받은 사업자는 그 명령을 이행한 때에는 총리령이 정하는 바에 따라 지체없이 이를 환경처장관에게 보고하여야 한다"고 규정하고 있는바, 사업자가 개선명령을 받은 이후에 그 명령을 이행한 때에는 제18조 제1항에 의하여 지체없이 환경처장관에게 보고를 함으로써 개선을 완료한 날까지, 즉 배출허용기준을 초과하는 오염물질을 배출한 날까지만을 배출기간으로 한 배출부과금을 부과받을 수 있게 되지만, 사업자가 개선명령을 받기 이전에 스스로 장차 있을 개선명령의 내용대로 개선작업을 미리 완료한 경우에는 사업자가 환경처장관에 개선사실을 즉시 보고할 법적인 근거가 없으므로, 그러한 사업자로 하여금 개선명령을 받은 후 개선을 완료한 사실을 보고하게 하고 그 보고한 날까지를 배출기간한 배출부과금을 부과한다면 사업자는 실제로 배출허용기준을 초과하는 오염물질을 배출하지 아니한 날에 대하여도 배출부과금을 부과받게 되는 결과가 되어 부당하다고 할 것이므로, 제14조 제2항은 개선명령을 받고 이후에 그 명령을 이행한 사업자에 대하여만 적용이 되는 규정이고, 개선명령을 받기 이전에 스스로 장차 있을 개선명령의 내용대로 개선작업을 미리 완료한 사업자에 대하여는 그 적용이 없으며, 개선명령이 있기 전에 스스로 개선을 완료한 경우는 수질환경보전법의 목적과 배출부과금을 부과하는 이유 등을 고려할 때 장차 있을 개선명령의 내용대로 개선작업을 사실상 완료한 날까지를 배출기간으로 보고 배출부담금을 산정함이 상당하다고 할 것이다.

그리고 수질환경보전법 제22조, 제44조(1993.12.24. 법률 제4653호로 개정되기 전의 것) 및 같은법시행규칙(1994.5.24. 총리령 제453호로 개정되기 전의 것) 제51조 내지 제57조는 측정대행자제도를 두고, 측정대행자가 갖추어야 할 기술능력·시설 및 장비, 그 지정절차, 정수관리 등에 관하여 구체적으로 규정하면서, 측정대행자에게 측정결과의 기록 및 그 보존의무를 지우고, 그 준수사항 및 결격사유, 그 지정의 취소에 관하여 규정하는 등 환경처장관이 측정대행자의 지정에서부터 이를 엄격하게 규제·감독하고 있는 점에 비추어 볼 때, 같은법 시행령 제14조 제1항 제1호 소정의 부과금조정을 위한 오염물질 또는 배출물질의 배출기간이 달라지게 된 경우를 판단하는 자료로써 반드시 같은법시행규칙 제25조 제3항 각 호 소정의 검사기관의 오염도검사결과만에 한정되는 것은 아니고 오염물질의 시료채취 및 그 분석방법 등에 있어 신빙성이 인정되는 한 측정대행자의 오염도검사결과에 의하여도 가능하다고 할 것이다.

원심이, 피고 소속 환경보호과 담당공무원이 1993.3.11. 10:50경 전자부품을 제조판매하는 중소기업체인 원고 회사 공장의 폐수시설 및 방지시설을 점검하고 방류조에서 시료를 채취한 후 이를 경기도보건환경연구원에 검사의뢰한 결과 구리(Cu)가 배출허용기준을 초과되었다 하여 피고가 같은 달 24. 원고에게 위 각 시설의 보완을 명하는 개선명령을 내리자 원고 회사는 그 다음날 피고에게 개선계획서 및 개선이행보고서를 제출한 사실, 피고가 같은 달 30. 다시 원고 회사의 공장에서 시료를 채취하여 위 연구원에 폐수오염도검사를 의뢰한 결과 허용기준 이하로 개선되었음을 확인하고 같은 해 4.13. 당초 시료를 채취한 3.11.부터 원고가 개선이행보고서를 제출한 3.25.까지의 15일 중 조업을 하지 않은 토요일, 일요일 4일과 보수공사기간 2일을 합한 6일은 실제로 폐수를 방류하지 않은 것으로 인정하고 나머지 9일을 배출기간으로 하여 배출부과금 48,619,360원을 부과하는 이 사건 처분을 한 사실, 그런데 원고 회사는 피고 소속 담당공무원이 당초 시료를 채취하던 위 3.11. 그 스스로도 시료를 채취하여 수질측정대행계약을 맺은 주식회사 경인환경에 수질분석을 의뢰하여 구리가 배출허용기준을 초과하였다는 분석결과를 통보 받고 그 다음날(3.12.) 위 각 시설을 점검, 원인을 규명하여 개선계획을 세운 다음 같은 달 15.과 16. 이틀간 위 각 시설에 대한 보수공사를 하여(같은 달 13.과 14.은 토요일과 일요일이어서 조업을 하지 아니하였다), 같은 달 17. 자가측정 및 위 경인환경의 수질분석 결과 배출허용기준 이하로 되었는데 단지 그 개선이행보고서를 제출하지 않고 있다가 피고가 개선명령을 발한 다음날인 위 3.25.에야 개선계획서와 개선명령이행보고서를 제출한 사실을 각 인정하고 나서, 원고가 비록 개선이행보고서를 뒤늦게 제출하였지만 피고의 개선명령이 있기 전에 이미 시설개선을 완료하여 배출물질이 배출허용기준 이하로 되었으니 실제로 원고 회사가 오염물질을 배출한 날은 위 3.11.과 12.뿐이라 하여 이 사건 처분 중 위 이틀분에 해당하는 배출부과금 11,582,081원을 초과하는 부분은 위법하다고 판단한 것은 앞에서 본 당원의 견해에 따른 것으로 정당하고, 거기에 소론과 같이 배출기간의 산정 및 오염도 검사기관에 관한 법리를 오해한 위법이 있다고 할수 없다. 논지는 이유 없다

그러므로 상고를 기각하고 상고비용은 패소자의 부담으로 하기로 하여 관여 법관의 일치된 의견으로 주문과 같이 판결한다.

대법관 이용훈(재판장) 박만호 박준서(주심) 김형선

[판례 14] 보고한 날 (서울고법 1990.5.9. 선고 89구7391 제5특별부판결 : 파기환송)

【판시사항】

오염물질의 정도가 단속공무원에 의하여 구 환경보전법(폐) 소정의 배출허용기준을 초과하는 것으로 밝혀진 경우 배출부과금 부과에 있어 배출기간의 산정

【판결요지】

피혁제품을 제조, 가공하는 사업장에서 방류되는 오염물질의 정도가 단속 공무원에 의하여 구 환경보전법(폐) 소정의 배출허용기준을 초과하는 것으로 밝혀져 관할 시·도지사로부터 수질오염방지시설의 개선명령을 받게 되었다면 비록 위 사업장의 수질오염방지시설이 위 개선명령이 있기 이전부터 정상 가동되었고 그 즉시 이를 시.도지사에게 보고하였다 하더라도 그에 대하여 부과하여야 할 배출부과금 등을 산정하는 데 필요한 오염물질배출기간은 위 오염물질채취일로부터 위 개선명령을 받고 이 명령이 이행되었음을 보고한 날까지로 보아야 한다.

【참조조문】

구 환경보전법(폐) 제17조 , 같은법 제19조의2 , 같은법시행령 제17조의6 , 같은법시행령 제17조의9 , 같은법시행령 제17조의12

【참조판례】

대법원 1991.3.22. 선고 90누4372 판결(공 1991,1295)

【전 문】

【원　고】　라성물산주식회사
【피　고】　경기도지사
【주　문】
원고의 청구를 기각한다.
소송비용은 원고의 부담으로 한다.
【청구취지】
피고가 1989.6.20. 원고에 대하여 한 배출부과금 66,224,660원의 부과처분은 이를 취소한다.
소송비용은 피고의 부담으로 한다라는 판결.
【이　유】
1. 성립에 다툼이 없는 갑 제1호증(배출부과금납부통지), 갑 제3호증(개선명령), 을 제1호증(결과통보), 을 제2호증(확인서), 을 제3호증의 3(회신), 을 제4호증(납부통지) 을 제5호증(재결서), 을 제6호증(이행신고서), 을 제7호증(부과일수 조정의 건), 을 제8호증의 1(관계문서송부),2(결과통보)의 각 기재와 증인 송백선, 동 변진원의 각 증언에 변론의 전취지를 종합하면, 원고는 1985.3.경 의정부시 호원동 327의 1 소재 피혁제품가공공장에 환경보전법 소정의 수질오염물질이 혼입된 폐수의 배출시설과 그로부터 배출되는 수질오염물질을 같은 법이 정한 배출허용기준 이하로 하기 위한 수질오염방지시설을 설치한 뒤 위 공장에서 피혁제품제조, 가공업을 경영하여 왔는데, 서울환경지청 소속 단속공무원이 위 공장에서 방류되는 물의 오염도측정을 위해 1985.4.15. 위 공장의 최종 방류구에서 방류되는 2리터의 물을 시료로 채취하여 그 오염도를 측정한 결과 같은 법 제19조의2 제3항, 같은 법시행령 제17조의7 소정의 배출부과금부과대상이 되는 수질분야 오염물질인 화학적 산소요구량(COD)이 같은 법 제14조 제1항, 같은법시행규칙 제15조에서 정한 배출허용기준 150피피엠(ppm)을 초과한 185.4피피엠으로, 같은 오염물질인 부유물질량(ss)이 같은 배출허용기준 150피피엠을 초과한 975피피엠으로, 같은 오염물질인 크롬(Cr)이 같은 배출허용기준 2피피엠을 초과한 2.25피피엠으로 각 나타난 사실, 이에 같은 법 제63조, 같은 법시행령 제49조 제1항에 의하여 환경청장의 권한을 위임받은 피고는 같은 법 제17조에 의하여 같은 해 5.2. 원고에게 위 수질오염방지시설 및 배출관련 시설의 개선을 명하고, 같은 날 원고로부터 위 수질오염방지시설 및 배출관련시설의 개선이 이행되었다는 보고가 있자 이를 확인한 다음, 위 오염물질채취일의 다음날인 같은 해 4.16.부터 위 수질오염방지시설 및 배출관련시설의 개선이 이행된 것으로 확인 된 같은 해 5.2.까지의 17일 중 공휴일인 같은 해 4.16., 4.23., 4.30.의 3일을 제외한 나머지 14일간을 원고가 배출허용기준을 초과하여 오염물질을 배출하면서 조업한 오염물질 배출기간으로 보고 이를 기초로 해서 같은 법 제19조의2 제3항, 같은법시행령 제17조의8 내지 10, 13의 각 규정이 정한 바에 따라 원고가 납부하여야 할 배출부과금을 금 66,224,660원으로 산정하여 같은 해 6.20.원고에 대해 위 금원을 배출부과금의 부과처분(이하, 이 사건 부과처분이라 한다)을 한 사실을 인정할 수 있고 달리 반증이 없다.
2. 피고는 위 처분사유와 관련규정들을 들어 이 사건 부과처분은 적법하다고 주장하고, 이에 대하여는 원고는, 위 공장에 설치된 수질오염방지시설은 생물학적 처리방법인 활성오니를 투입하여 폐수를 정화시키는 시설로서 1985.4.14. 야간에 원고의 위 수질오염방지시설 담당직원이 운전미숙으로 인하여 위 시설에 폐수를 과다하게 유입시키는 바람에 위 시설의 침전조에서 일시적인 교란이 발생하여 그 다음날 위 인정사실과 같이 위 공장의 최종 방류구에서 방류되는 물 속의 오염물질이 그 배출허용기준을 초과하였으나, 원고는 즉시 같은 달 15., 16. 양일간에 걸쳐 활성오니 122.5톤을 구입하

여 위 수질오염방지시설에 투입해서 이를 정상가동케하고 같은 달 17.에 환경보전법 제22조의2에 의하여 서울환경지청장으로부터 환경오염물질측정대행자로 지정된 소외 주식회사 원진에 위 공장의 최종 방류구에서 방류되는 물의 오염도측정을 의뢰하여 같은 회사로부터 측정결과 오염물질이 모두 배출허용기준 이하라는 통보를 받은 후 같은 날 서울환경지청 지도과에 원고공장에서 방류되는 물의 오염도를 다시 측정하여 달라고 요청하였으나 담당직원으로부터 개선명령이 내려지고 이에 따른 개선보고가 있기 전에는 그 오염도를 다시 측정 할 수 없다는 이유로 거절당하고 또한 같은 날 경기도청 환경위생과에 원고공장의 수질오염방지시설이 정상가동되었다는 개선신고서를 자진 제출하였으나 역시 같은 이유로 그 접수를 거절당하여서 할 수 없이 같은 해 5.2. 피고로부터 개선명령을 받고서 같은 날 즉시 피고에게 위 수질오염방지시설이 같은 해 4.17.부터 정상가동되었음을 보고하였으므로 피고는 원고에 대하여 부과하여야 할 배출부과금을 산정하는데 필요한 오염물질배출기간을 정함에 있어 위 수질오염방지시설이 정상가동된 같은 해 4.17. 이후의 기간은 오염물질 배출기간에 산입하여서는 아니됨에도 불구하고 위 같은 해 4.17. 이후의 기간을 오염물질 배출기간에 산입하여 배출부과금을 산정해서 이 사건 부과처분을 하였으니 이는 위법하다고 주장한다.

살피건대, 환경보전법 제16조의2 제1항, 같은법시행령 제17조의5 제1항 내지 제5항, 같은법 제19조의2 제1항, 제3항, 같은법시행령 제17조의9 제1항 제1호, 제17조의 13제1항 제1호, 같은조 제2항은 사업자가 방지시설의 고장 등의 사유로 이를 정상운영할 수 없어 방지시설의 결함 및 고장내역과 개선예정일 등을 명시한 개선계획을 작성하여 자진신고한 때에 환경청장 또는 시.도지사는 지체없이 이를 확인함과 동시에 당해 배출시설에서 배출되는 오염물질을 채취하여 검사하여야 하고 개선에 필요한 적정기간을 지정하여 개선하게 하여야 하며 그 사업자가 방지시설의 개선을 완료하여 이를 보고한 때에는 지체없이 개선완료의 여부를 확인하여야 하고 이러한 경우 그 사업자에게 부과하여야 할 배출부과금을 산정하는 데 필요한 오염물질배출기간은 사업자의 개선계획에 명시된 비정상운영개시일로부터 환경청장 또는 시.도지사가 개선에 필요하다고 지정한 개선기간의 만료일까지로 하되 사업자가 그 기간 이내에 개선하여 이를 보고한 때에는 그 보고를 한 날까지를 오염물질 배출기간으로 하도록 규정하고 있고, 한편 같은 법 제17조, 같은 법 시행령 제17조의6 제1항, 제17조의12 제1항, 제2항, 같은 법 제19조의2 제1항, 제3항, 같은법시행령 제17조의9 제1항 제2호, 제17조의13 제1항 제1호, 같은 조 제2항은 사업자가 조업중인 배출시설에서 배출되는 오염물질의 정도가 배출허용기준에 적합하지 아니함에도 이를 자진신고하지 아니한 때에는 환경청장은 보건사회부령이 정하는 바에 따라 기간을 정하여 당해 사업자에게 배출시설 또는 방지시설의 설치, 개선, 대체 기타 필요한 조치를 명할 수 있고 이러한 개선명령을 받은 당해 사업자는 그 명령을 받은 날로부터 15일 이내에 (사업자의 신청에 의하여 연장이 가능하다) 같은법 시행령 제17조의6 제1항 각호의 해당사항을 명시한 개선계획서를 환경청장에게 제출하여야 하며 당해 사업자가 개선명령을 이행하여 이를 보고한 때에는 환경청장은 지체없이 그 명령의 이행상태를 확인하여야 하고 이러한 경우 그 사업자에게 부과하여야 할 배출부과금을 산정하는 데 필요한 오염물질배출기간은 오염물질이 배출되기 시작한 날(배출되기 시작한 날을 알 수 없는 경우에는 배출허용기준 초과여부의 검사를 위한 오염물질채취일)로부터 위 개선명령의 이행완료예정일까지로 하되 사업자가 그 기간 이내에 개선명령을 이행하여 보고 한 때에는 그 보고를 한 날까지를 오염물질배출기간으로 하도록 규정하고 있으며, 같은 법 제63조, 같은 법 제49조 제1항에 의하면 위 각 규정에 의한 환경청장의 권한은 시.도지사에게 위임되어 있다.

그러므로 앞서 본 바와 같이 원고경영의 위 공장에서 방류되는 물속의 오염물질의 정도가 환경보전법에서 정한 배출허용기준을 초과함에도 불구하고 원고가 이를 자진신고하지 아니하고 있다가 서울환경지청 단속공무원에게 적발되어 피고로부터 그 수질오염 방지시설의 개선명령을 받은 이 사건에 있어서, 원고공장의 수질오염방지시설이 원고의 위 주장대로 피고의 위 개선명령이 있기 전인 1989.4.17. 정상가동되었고 같은 날 이를 피고에게 보고하였다 하더라도, 피고가 원고에 대하여 부과하여야 할 배출부과금을 산정하는 데 필요한 오염물질배출기간은 위 오염물질채취일로부터 원고가 개선명령을 받고서 이 명령이 이행되었음을 보고한 날까지라 할 것이므로 오염물질배출기간을 이와 같이 보고 이를 기초로 해서 환경보전법의 각 규정이 정한 바에 따라 원고가 납부하여야 할 배출부과금을 산정한 피고의 이 사건 부과처분은 적법하다 할 것이다.

3. 그렇다면 피고의 이 사건 부과처분이 위법임을 이유로 그 취소를 구하는 원고의 이 사건 청구는 이유없으므로 이를 기각하기로 하고, 소송비용은 패소자인 원고의 부담으로 하여 주문과 같이 판결한다.

판사 김종화(재판장) 김건홍 김택수

[판례 15] 개선작업을 사실상 완료한 날 (대법원 1998. 4. 10. 선고 98두1406 판결)

【판시사항】

[1] 개선명령이 있기 전에 사업자 스스로 개선을 완료한 경우의 배출기간
[2] 특정일자 이후 지방자치단체장이 오염물질 배출량을 재점검하지 않았다는 이유만으로 그 이후의 기간에 대하여 산정한 부과금이 위법하다고 본 원심을 파기한 사례

【판결요지】

[1] 개선명령이 있기 전에 스스로 개선을 완료한 경우에는 사업자가 개선사실을 보고할 법적인 근거가 없음에도 불구하고, 그러한 사업자로 하여금 개선명령을 받은 후 개선완료 사실을 보고하도록 하여 그 보고한 날까지를 배출기간으로 한 배출부과금을 부과한다면, 사업자는 실제로 배출허용기준을 초과하는 오염물질을 배출하지 아니한 기간에 대하여도 배출부과금을 부담하게 되는 부당한 결과가 되는 점을 고려하여, 이러한 경우에는 장차 있을 개선명령의 내용대로 개선작업을 사실상 완료한 때까지를 배출기간으로 보아 배출부과금을 산정하여야 한다.
[2] 당해 사업자가 개선명령이 있기 이전인 1996. 11. 24. 활성 상태의 오니를 폭기조에 투입하였다고 하더라도, 그것만으로는 실제로 오염물질이 배출허용기준 이하로 배출되어 개선작업이 사실상 완료되었다고 보기는 어렵고, 따라서 위 사업자가 같은 해 11. 30. 지방자치단체장에게 개선명령 이행완료 보고를 하여 위 지방자치단체장으로부터 이를 확인받을 뿐, 그 이전에 달리 오염물질의 재점검이 이루어진 바가 없는 이상, 당초의 오염물질 배출량을 기준으로 하여 같은 해 11. 30.까지의 배출기간에 대한 배출부과금을 산정하여야 하는 것이고, 같은 해 11. 24. 이후 위 지방자치단체장이 오염물질 배출량을 재점검하지 않았다고 하여 그 이후의 기간에 대하여 당초의 오염물질의 배출량을 기준으로 배출부과금을 산정할 수 없는 것은 아니라고 하여 이와 달리 본 원심을 파기한 사례.

【참조조문】

[1] 수질환경보전법시행령 제16조 , 제25조 , 제29조 / [2] 수질환경보전법시행령 제16조 , 제25조 , 제29조

【참조판례】

[1] 대법원 1995. 6. 30. 선고 94누569 판결(공1996하, 2621)

【전   문】

【원고,피상고인】 서일숙 (소송대리인 변호사 임흥순)

【피고,상고인】 제주도지사

【원심판결】 광주고법 1997. 12. 5. 선고 (제주)97구241 판결

【주   문】

원심판결 중 피고 패소 부분을 파기하고, 이 부분 사건을 광주고등법원 제주부에 환송한다.

【이   유】

상고이유를 본다.

1. 원심판결 이유에 의하면, 원심은, 피고는 원고가 운영하는 사업장의 수질오염 방지시설 운영상태를 점검하기 위하여 1996. 11. 14.과 같은 달 19일 두 차례에 걸쳐 시료를 채취하여 제주도 보건환경연구원에 수질검사를 의뢰한 결과 오염물질이 수질환경보전법상의 배출허용기준을 초과하는 것을 확인하고, 같은 달 26일 원고에게 방지시설에 대한 개선명령을 내렸는데, 원고는 같은 달 19일과 20일에는 방지시설을 정상적으로 개선하지 아니한 채 조업을 계속하면서 배출허용기준을 초과하는 폐수를 방출하였으나, 그 이후에는 공장가동을 중지한 채 같은 달 24일 활성 상태의 오니 27t을 구입하여 이를 폭기조에 투입함으로써 같은 달 28일부터 방지시설을 정상가동하였고, 같은 달 30일 피고의 개선명령에 대한 개선명령 이행보고서를 피고에게 제출하여, 피고는 같은 해 12. 2. 그 개선여부를 확인하고 이를 수리한 다음, 원고가 같은 해 11. 14.부터 같은 달 18일까지 5일간, 같은 달 19일부터 같은 달 30일까지 중 원고가 폐수를 방류하지 아니한 날을 제외한 7일간(기록에 의하면 19일, 20일, 25일, 26일, 27일, 29일, 30일을 가리키는 것으로 보인다) 합계 12일간 배출허용기준을 초과하는 오염물질을 배출하였다고 보아, 그 기간에 대한 배출부과금을 산정하여 같은 해 12. 3. 원고에게 배출부과금을 부과한 사실을 확정하고서, 원고가 공장을 가동하지 않은 기간에도 폐수를 방류하였다고 하더라도 피고가 그 오염도 등을 다시 조사·확인하지 아니한 이상, 원고가 위와 같이 정화조치를 한 후에도 당초와 동일하게 배출허용기준을 초과한 오염물질을 배출한 것으로 단정할 수 없다는 이유로, 이 사건 배출부과금 중 같은 해 11. 24. 이후 즉, 11. 25., 26., 27., 29., 30. 의 5일간을 배출기간으로 보고 산정한 부분은 위법하다고 판단하였다.

2. 수질환경보전법시행령(이하 '법시행령'이라고 한다) 제16조, 제25조, 제29조 등의 규정을 종합하면, 배출부과금 산정에 필요한 기준초과배출량은 원칙으로 개선명령의 원인이 되는 배출오염물질 채취일의 오염물질의 배출량을 기준으로 하여, 오염물질이 배출되기 시작한 날 또는 오염물질 채취일로부터 개선명령 등의 이행완료 예정일까지를 배출기간으로 하여 산정하는 것이고, 다만 법시행령 제25조 제1항에 규정된 사유 즉, 개선명령기간 내에 명령의 이행이 완료되어 이를 보고한 경우, 또는 오염물질을 재점검한 결과 오염물질의 배출량이 당초에 측정한 배출량과 다른 경우에는 배출기간이나 오염물질의 배출량을 달리하여 배출부과금을 조정할 수 있으며, 한편 개선명령이 있기 전에 스스로 개선을 완료한 경우에는 사업자가 개선사실을 보고할 법적인 근거가 없음에도 불구하고, 그러한 사업자로 하여금 개선명령을 받은 후 개선완료 사실을 보고하도록 하여 그 보고한 날까지를 배출기

간으로 한 배출부과금을 부과한다면, 사업자는 실제로 배출허용기준을 초과하는 오염물질을 배출하지 아니한 기간에 대하여도 배출부과금을 부담하게 되는 부당한 결과가 되는 점을 고려하여, 이러한 경우에는 장차 있을 개선명령의 내용대로 개선작업을 사실상 완료한 때까지를 배출기간으로 보아 배출부과금을 산정하여야 할 것이나(대법원 1995. 6. 30. 선고 94누569 판결 참조), 원고가 개선명령이 있기 이전인 같은 해 11. 24. 그 판시와 같이 활성 상태의 오니를 폭기조에 투입하였다고 하더라도, 그것만으로는 실제로 오염물질이 배출허용기준 이하로 배출되어 개선작업이 사실상 완료되었다고 보기는 어렵고, 따라서 원고가 같은 해 11. 30. 피고에게 개선명령 이행완료 보고를 하여 피고로부터 이를 확인받았을 뿐, 그 이전에 달리 오염물질의 재점검이 이루어진 바가 없는 이상, 당초의 오염물질 배출량을 기준으로 하여 같은 해 11. 30.까지의 배출기간에 대한 배출부과금을 산정하여야 하는 것이고, 같은 해 11. 24. 이후 피고가 오염물질 배출량을 재점검하지 않았다고 하여 그 이후의 기간에 대하여 당초의 오염물질의 배출량을 기준으로 배출부과금을 산정할 수 없는 것은 아니다.

그럼에도 불구하고, 원심은 같은 해 11. 24. 이후 피고가 오염물질의 배출량을 재점검하지 않았다는 이유만으로 그 이후의 기간에 대하여 산정한 배출부과금은 위법하다고 판단하였으니, 원심판결에는 배출부과금의 산정에 관한 법리를 오해하여 판결에 영향을 미친 위법이 있다 할 것이므로, 이 점을 지적하는 상고이유의 주장은 이유 있다.

3. 그러므로 나머지 상고이유에 대한 판단을 생략한 채 원심판결 중 피고 패소 부분을 파기하고, 이 부분 사건을 다시 심리·판단하게 하기 위하여 원심법원에 환송하기로 하여 관여 법관의 일치된 의견으로 주문과 같이 판결한다.

대법관 지창권(재판장) 천경송 신성택 송진훈(주심)

[판례 16] 소극 (대법원 1995.6.30. 선고 94누569 판결)

【판시사항】

가. 구 수질환경보전법시행령 제14조 제2항의 규정이 개선명령을 받기 이전에 스스로 장차 있을 개선명령의 내용대로 개선작업을 미리 완료한 사업자에게도 적용되는지 여부
나. 개선명령이 있기 전에 스스로 개선을 완료한 경우의 배출기간
다. 수질환경보전법시행령 제14조 제1항 제1호 소정의 경우를 판단하는 자료로서의 오염도검사결과는 구 수질환경보전법시행규칙 제25조 제3항 각 호소정의 검사기관의 것에 한정되는지 여부

【판결요지】

가. 사업자가 개선명령을 받은 이후에 그 명령을 이행한 때에는 수질환경보전법시행령 제18조 제1항에 의하여 지체 없이 환경처장관에게 보고를 함으로써 개선을 완료한 날까지, 즉 배출허용기준을 초과하는 오염물질을 배출한 날까지만을 배출기간으로 한 배출부과금을 부과받을 수 있게 되지만, 사업자가개선명령을 받기 이전에 스스로 장차 있을 개선명령의 내용대로 개선작업을 미리 완료한 경우에는 사업자가 환경처장관에 개선사실을 즉시 보고할 법적인 근거가 없으므로, 그러한 사업자로 하여금 개선명령을 받은 후 개선을 완료한 사실을 보고하게 하고 그 보고한 날까지를 배출기간으로

한 배출부과금을 부과한다면 사업자는 실제로 배출허용기준을 초과하는 오염물질을 배출하지 아니한 날에 대하여도 배출부과금을 부과받게 되는 결과가 되어 부당하므로, 구 수질환경보전법시행령(1993.6.9. 대통령령 제13904호로 개정되기 전의 것) 제14조 제2항은 개선명령을 받고 이후에 그 명령을 이행한 사업자에 대하여만 적용이 되는 규정이고, 개선명령을 받기 이전에 스스로 장차 있을 개선명령의 내용대로 개선작업을 미리 완료한 사업자에 대하여는 그 적용이 없다.

나. '가'항의 개선명령이 있기 전에 스스로 개선을 완료한 경우는 수질환경보전법의 목적과 배출부과금을 부과하는 이유 등을 고려할 때 장차 있을 개선명령의 내용대로 개선작업을 사실상 완료한 날까지를 배출기간으로 보고 배출부담금을 산정함이 상당하다.

다. 구 수질환경보전법(1993.12.27. 법률 제4653호로 개정되기 전의 것) 제22조, 제44조 및 구 수질환경보전법시행규칙(1994.5.24. 총리령 제453호로 개정되기 전의 것) 제51조 내지 제57조는 측정대행자제도를 두고, 측정대행자가 갖추어야 할 기술능력·시설 및 장비, 그 지정절차, 정수관리 등에 관하여 구체적으로 규정하면서, 측정대행자에게 측정결과의 기록 및 그 보존의무를 지우고, 그 준수사항 및 결격사유, 그 지정의 취소에 관하여 규정하는 등 환경처장관이 측정대행자의 지정에서부터 이를 엄격하게 규제·감독하고 있는 점에 비추어 볼 때, 수질환경보전법시행령 제14조 제1항 제1호 소정의 부과금 조정을 위한 오염물질 또는 배출물질의 배출기간이 달라지게 된 경우를 판단하는 자료로서 반드시 같은법시행규칙 제25조 제3항 각 호 소정의 검사기관의 오염도검사결과만에 한정되는 것은 아니고 오염물질의 시료채취 및 그 분석방법 등에 있어 신빙성이 인정되는 한 측정대행자의 오염도검사결과에 의하여도 가능하다.

【참조조문】

가.나.다. 수질환경보전법시행령 제14조 제1항 / 가.나. 제18조 제1항 , 구 수질환경보전법시행령 제14조 제2항 , 제18조 제1항 / 다. 구 수질환경보전법시행규칙 (1994.5.24. 총리령 제453호로 개정되기 전의 것) 제25조 제3항

【전 문】

【원고, 피상고인】 진세정밀 주식회사 소송대리인 변호사 장세두
【피고, 상 고 인】 한강환경관리청장 소송대리인 변호사 윤상목
【원심판결】 서울고등법원 1993.12.1. 선고 93구15139 판결

【주 문】

상고를 기각한다.
상고비용은 피고의 부담으로 한다.

【이 유】

상고이유를 본다.

수질환경보전법시행령(1993.6.9. 대통령령 제13904호로 개정되기 전의 것)은 그 제10조 내지 제13조에서 배출부과금의 산정방법 및 기준에 관하여 구체적으로 규정하고 제14조 제1항에서 "환경처장관은 다음 각 호의 1에 해당하는 경우에는 부과금을 다시 산정하여 조정하되, 이미 납부한 금액과 조정된 금액에 차이가 있을 때에는 그 차액을 다시 부과하거나 환급하여야 한다."하고 그 제1호로 "제11조 제1항의 규정에 의한 개선기간만료일 또는 명령이행완료예정일까지 개선 또는 명령의 이행이 완료되어 부과금 산정의 기초가 되는 오염물질 또는 배출물질의 배출기간이 달라지게 된 경우"를 규정하고 있고, 제14조 제2항에서는 "제1항 제1호의 사유로 부과금을 조정하는 경우의 부과금 산정을 위한 오염물질

또는 배출물질의 배출기간은 제6조 제3항 또는 제18조 제1항의 규정에 의한 개선완료 또는 명령이행의 보고를 한 날까지로 한다"고 규정하고 있으며, 제18조 제1항에서는 "개선명령을 받은 사업자는 그 명령을 이행한 때에는 총리령이 정하는 바에 따라 지체없이 이를 환경처장관에게 보고하여야 한다"고 규정하고 있는바, 사업자가 개선명령을 받은 이후에 그 명령을 이행한 때에는 제18조 제1항에 의하여 지체없이 환경처장관에게 보고를 함으로써 개선을 완료한 날까지, 즉 배출허용기준을 초과하는 오염물질을 배출한 날까지만을 배출기간으로 한 배출부과금을 부과받을 수 있게 되지만, 사업자가 개선명령을 받기 이전에 스스로 장차 있을 개선명령의 내용대로 개선작업을 미리 완료한 경우에는 사업자가 환경처장관에 개선사실을 즉시 보고할 법적인 근거가 없으므로, 그러한 사업자로 하여금 개선명령을 받은 후 개선을 완료한 사실을 보고하게 하고 그 보고한 날까지를 배출기간한 배출부과금을 부과한다면 사업자는 실제로 배출허용기준을 초과하는 오염물질을 배출하지 아니한 날에 대하여도 배출부과금을 부과받게 되는 결과가 되어 부당하다고 할 것이므로, 제14조 제2항은 개선명령을 받고 이후에 그 명령을 이행한 사업자에 대하여만 적용이 되는 규정이고, 개선명령을 받기 이전에 스스로 장차 있을 개선명령의 내용대로 개선작업을 미리 완료한 사업자에 대하여는 그 적용이 없으며, 개선명령이 있기 전에 스스로 개선을 완료한 경우는 수질환경보전법의 목적과 배출부과금을 부과하는 이유 등을 고려할 때 장차 있을 개선명령의 내용대로 개선작업을 사실상 완료한 날까지를 배출기간으로 보고 배출부담금을 산정함이 상당하다고 할 것이다.

그리고 수질환경보전법 제22조, 제44조(1993.12.24. 법률 제4653호로 개정되기 전의 것) 및 같은법 시행규칙(1994.5.24. 총리령 제453호로 개정되기 전의 것) 제51조 내지 제57조는 측정대행자제도를 두고, 측정대행자가 갖추어야 할 기술능력·시설 및 장비, 그 지정절차, 정수관리 등에 관하여 구체적으로 규정하면서, 측정대행자에게 측정결과의 기록 및 그 보존의무를 지우고, 그 준수사항 및 결격사유, 그 지정의 취소에 관하여 규정하는 등 환경처장관이 측정대행자의 지정에서부터 이를 엄격하게 규제·감독하고 있는 점에 비추어 볼 때, 같은법 시행령 제14조 제1항 제1호 소정의 부과금조정을 위한 오염물질 또는 배출물질의 배출기간이 달라지게 된 경우를 판단하는 자료로써 반드시 같은법시행규칙 제25조 제3항 각 호 소정의 검사기관의 오염도검사결과만에 한정되는 것은 아니고 오염물질의 시료채취 및 그 분석방법 등에 있어 신빙성이 인정되는 한 측정대행자의 오염도검사결과에 의하여도 가능하다고 할 것이다.

원심이, 피고 소속 환경보호과 담당공무원이 1993.3.11. 10:50경 전자부품을 제조판매하는 중소기업체인 원고 회사 공장의 폐수시설 및 방지시설을 점검하고 방류조에서 시료를 채취한 후 이를 경기도보건환경연구원에 검사의뢰한 결과 구리(Cu)가 배출허용기준을 초과되었다 하여 피고가 같은 달 24. 원고에게 위 각 시설의 보완을 명하는 개선명령을 내리자 원고 회사는 그 다음날 피고에게 개선계획서 및 개선이행보고서를 제출한 사실, 피고가 같은 달 30. 다시 원고 회사의 공장에서 시료를 채취하여 위 연구원에 폐수오염도검사를 의뢰한 결과 허용기준 이하로 개선되었음을 확인하고 같은 해 4.13. 당초 시료를 채취한 3.11.부터 원고가 개선이행보고서를 제출한 3.25.까지의 15일 중 조업을 하지 않은 토요일, 일요일 4일과 보수공사기간 2일을 합한 6일은 실제로 폐수를 방류하지 않은 것으로 인정하고 나머지 9일을 배출기간으로 하여 배출부과금 48,619,360원을 부과하는 이 사건 처분을 한 사실, 그런데 원고 회사는 피고 소속 담당공무원이 당초 시료를 채취하던 위 3.11. 그 스스로도 시료를 채취하여 수질측정대행계약을 맺은 주식회사 경인환경에 수질분석을 의뢰하여 구리가 배출허용기준을 초과하였다는 분석결과를 통보 받고 그 다음날(3.12.) 위 각 시설을 점검, 원인을 규명하여 개선계획을 세운 다음 같은 달 15.과 16. 이틀간 위 각 시설에 대한 보수공사를 하여(같은 달 13.과 14.은 토요일과 일요일이어서 조업을 하지 아니하였다), 같은 달 17. 자가측정 및 위 경인환경의 수질분석 결과 배출허용기준

이하로 되었는데 단지 그 개선이행보고서를 제출하지 않고 있다가 피고가 개선명령을 발한 다음날인 위 3.25.에야 개선계획서와 개선명령이행보고서를 제출한 사실을 각 인정하고 나서, 원고가 비록 개선이행보고서를 뒤늦게 제출하였지만 피고의 개선명령이 있기 전에 이미 시설개선을 완료하여 배출물질이 배출허용기준 이하로 되었으니 실제로 원고 회사가 오염물질을 배출한 날은 위 3.11.과 12.뿐이라 하여 이 사건 처분 중 위 이틀분에 해당하는 배출부과금 11,582,081원을 초과하는 부분은 위법하다고 판단한 것은 앞에서 본 당원의 견해에 따른 것으로 정당하고, 거기에 소론과 같이 배출기간의 산정 및 오염도 검사기관에 관한 법리를 오해한 위법이 있다고 할수 없다. 논지는 이유 없다

그러므로 상고를 기각하고 상고비용은 패소자의 부담으로 하기로 하여 관여 법관의 일치된 의견으로 주문과 같이 판결한다.

대법관 이용훈(재판장) 박만호 박준서(주심) 김형선

[판례 17] 적극 (대법원 1991.3.22. 선고 90누4372 판결)

【판시사항】

도지사의 구 환경보전법에 의한 개선명령이 있기전에 원고의 개선작업으로 공장의 수질오염방지시설이 정상가동되고 이 사실이 도지사에게 보고까지 된 경우 같은법시행령 제17조의13 제1항 제1호 소정의 배출부과금 조정사유에 해당하는지 여부(적극)

【판결요지】

배출부과금 조정사유의 하나를 규정하고 있는 구 환경보전법시행령 제17조의13 제1항 제1호 규정 중의 "개선명령의 이행완료예정일 내에 명령의 이행이 완료되어 부과금산정의 기초가 되는 오염물질 또는 배출물질의 배출기간이 달라지게 되는 경우" 가운데 개선명령이 발하여 지기 전에 장차 있을 개선명령의 내용대로 개선작업을 미리 완료하고 이를 보고하는 경우를 제외시킬 이유는 없다고 할 것이므로 원고 공장의 수질오염방지시설이 피고 도지사의 개선명령이 있기 전에 원고의 개선작업으로 말미암아 정상가동되었고 같은 날 이 사실이 피고에게 보고까지 되었다면 이는 위 시행령 제17조의13 제1항 제1호의 배출부과금 조정사유에 해당한다.

【참조조문】

구 환경보전법(법률 제4257호 환경정책기본법의 시행으로 1991.2.1 폐지됨) 제17조, 제19조의2, 구 환경보전법시행령 제17조의9 제1항, 제17조의13 제1항 제1호

【전 문】

【원고, 상 고 인】 라성물산주식회사 소송대리인 변호사 이찬욱 외 2인
【피고, 피상고인】 경기도지사 소송대리인 변호사 이백호
【원 판 결】 서울고등법원 1990.5.9. 선고 89구7391 판결

【주 문】

원판결을 파기하여, 사건을 서울고등법원에 환송한다.

【이 유】

상고이유에 대하여

원판결 이유에 의하면 원심은 환경보전법시행령 제17조의9 제1항이 배출부과금 산정에 있어서 기준이 되는 오염물질배출기간에 관하여 사업자가 오염물질배출을 환경청장에게 자진 신고한 경우와 자진신고하지 않은 경우로 나누고 자진신고하지 않은 경우에는 같은 항 제2호에서 오염물질이 배출되기 시작한 날(배출되기 시작한 날을 알 수 없는 경우에는 배출허용기준 초과 여부의 검사를 위한 오염물질채취일)로부터 환경보전법 제17조의 규정에 의한 개선명령이행완료일까지로 규정되어 있으므로 원고경영의 공장에서 방류되는 물속의 오염물질의 정도가 환경보전법에서 정한 배출허용기준을 초과함에도 불구하고 원고가 이를 자진신고하지 아니하고 있다가 서울환경지청 단속공무원에게 적발되어 피고로부터 그 수질오염방지시설의 개선명령을 받은 이 사건에 있어서 원고공장의 수질오염방지시설이 원고의 주장대로 피고의 개선명령이 있기 전인 1989.4.17. 정상가동되었고 같은 날 이를 피고에게 보고하였다고 하더라도 피고가 원고에게 부과하여야 할 배출부과금을 산정하는데 필요한 오염물질배출기간은 위 오염물질채취일로부터 원고가 개선명령을 받아서 그 명령이 이행되었음을 보고한 날까지라고 할 것이므로 오염물질배출기간을 이와같이 보고 이를 기초로 해서 환경보전법의 각 규정이 정한 바에 따라 원고가 납부하여야 할 배출부과금을 산정한 피고의 이사건 부과처분은 적법하다고 판단하였다.

그러나 우리 환경보전법시행령은 그 제17조의8에서 같은조의 12까지에서 배출부과금산정방법 및 기준에 관하여 구체적으로 규정하고 같은조의 13 제1항에서 "환경청장은 다음 각호의 1에 해당하는 사유가 있을 때에는 부과금을 다시 산정하여 부과금을 조정하되 이미 납부한 금액과 조정된 금액에 차이가 있을 때는 그 차액을 다시 부과하거나 환급하여야 한다"하고 그 제1호로 "제17조의9 제1항 제1호 또는 제2호의 규정에 의한 개선기간만료일 또는 명령이행완료예정일까지 개선 또는 명령의 이행이 완료되지 아니하거나 동 기간내에 개선 또는 명령의 이행이 완료되어 부과금산정의 기초가 되는 오염물질 또는 배출물질의 배출기간이 달라지게 되는 경우"를 규정하고 있는바 위 규정 중의 "동 기간내에 명령의 이행이 완료되어 부과금산정의 기초가 되는 오염물질 또는 배출물질의 배출기간이 달라지게 되는 경우" 가운데 개선명령이 발하여지기 전에 장차 있을 개선명령의 내용대로 개선작업을 미리 완료하고 이를 보고하는 경우를 제외시킬 이유는 없다고 할 것이고 따라서 원고공장의 수질오염방지시설이 원고의 위 주장대로 피고의 개선명령이 있기 전에 원고의 개선작업으로 말미암아 정상가동되었고 같은 날 이사실이 피고에게 보고까지 되었다면 이는 위 시행령 제17조의13 제1항 제1호의 배출부과금 조정사유에 해당한다고 보지 않을 수 없다.

원심이 이와 달리 오염물질의 배출을 자진신고하지 않은 경우 배출부과금을 산정하는데 필요한 오염물질배출기간은 오염물질채취일로부터 일단 원고가 개선명령을 받아서 그 명령이 이행되었음을 보고한 날까지로 하여야 한다고 설시하면서 같은 방법으로 원고의 배출부과금을 산정한 피고의 이건 부과처분을 적법하다고 본 것은 필경 환경보전법 및 같은법시행령상의 배출부과금산정에 관한 법리를 오해한 위법이 있고 이 점을 지적하는 논지는 이유있다.

그러므로 원심판결을 파기하고 사건을 원심법원에 환송하기로 관여법관의 의견이 일치되어 주문과 같이 판결한다.

대법관 윤영철(재판장) 박우동 배석 김상원

[판례 18] 환경관리공단의 검사 결과 다른 측정치가 있었다는 사실(소극) (대법원 1993.7.16. 선고 93누814 판결)

【판시사항】
가. 국가기관이 측정한 오염물질농도의 신빙성을 합리적인 이유 없이 배척한 조치에 심리미진의 위법이 있다고 한 사례
나. 구 환경보전법시행령(1991.2.2. 대통령령 제13303호 환경정책기본법시행령에 의거 폐지) 제17조의13 제1항 제2호의 배출부과금 조정사유에 해당하는 경우

【판결요지】
가. 국가기관이 측정한 오염물질농도의 신빙성을 합리적인 이유 없이 배척한 조치에 심리미진의 위법이 있다고 한 사례.
나. 배출부과금 부과권자가 구 환경보전법(1990.8.1. 법률 제4257호 환경정책기본법에 의거 폐지) 제24조의 규정에 의하여 관계공무원에게 검사시킨 결과라고 볼 수 없는 환경관리공단의 검사 결과 다른 측정치가 있었다는 사실만으로는 같은법시행령(1991.2.2. 대통령령 제13303호 환경정책기본법시행령에 의거 폐지) 제17조의13 제1항 제2호 소정의 조정사유에 해당한다고 볼 수 없고, 그와 같은 다른 측정치가 있다는 자료를 부과권자에게 제시하거나 부과권자가 스스로 그와 같은 자료를 입수함으로써 오염물질의 배출상태가 당초의 측정시와 달라졌다고 인정하여 그에 따라 재점검을 하였다든지, 그와 같은 자료가 부과권자에게 제시되었음에도 불구하고, 부과권자가 합리적 이유 없이 재점검을 실시하지 않았다든지 하는 경우라야만 위 조정사유에 해당한다.

【참조조문】
가. 구 환경보전법(1990.8.1. 법률 제4257호 환경정책기본법에 의거 폐지) 제19조의2 제1항 / 나. 같은법시행령(1991.2.2. 대통령령 제13303호 환경정책기본법 시행령에 의거 폐지) 제17조의13 제1항 제2호

【참조판례】
가. 대법원 1990.5.11. 선고 90누714 판결(공1990,1279) / 나. 1992.12.11. 선고 92누8989 판결(공1993,479), 1991.3.22. 선고 90누4372 판결(공1991,1295), 1992.12.22. 선고 92누2998 판결(공1993,620), 1993.3.9. 선고 92누9395 판결(공1993,1175)

【전 문】
【원고, 피상고인】 유니온물산 주식회사
【피고, 상고인】 전라북도지사
【원심판결】 광주고등법원 1992.11.26. 선고 90구2078 판결
【주 문】
원심판결 중 피고 패소부분을 파기하고 이 부분 사건을 광주고등법원에 환송한다.
【이 유】
피고 소송수행자의 상고이유에 대하여
1. 원심판결 이유에 의하면, 원심은 1990.5.11. 환경단속공무원이 원고 회사가 배출한 폐수시료를 채취하여 오염물질의 농도를 측정한 바, 특정유해물질인 비소(As)가 배출허용기준인 1.0mg/ℓ를 훨씬 초과한 189.31mg/ℓ로 측정되었음을 근거로, 구 환경보전법(1990.8.1. 법률 제4257호 환경정책기본

법에 의거 폐지되기 전의 것, 이하 "법"이라고 줄인다) 제19조의2 제1항, 제3항, 같은법시행령 (1991.2.2. 대통령령 제13303호 환경정책기본법 시행령에 의거 폐지되기 전의 것, 이하 "시행령"이라고 줄인다) 제17조의7 제2호, 제17조의8 제1항 제1호, 제2항 별표 2, 제17조의9, 제17조의10 등에 의하여 이 사건 배출부과금 1,195,431,620원의 부과처분(기록에 의하면 원고 회사의 위반행위는 이 사건이 처음이므로 산출근거 중 위반회수별 부과계수는 1.5가 아니라 1.0이 되어야 할 것으로 보인다)을 한 사실을 인정하고, 그 증거에 의하여 위 단속 당시 원고 회사의 1일 폐수배출량이 165,000ℓ이므로 위의 측정치는 원고 회사가 비소를 하루에 31㎏ 이상의 막대한 양을 제품의 재료나 부재료 또는 폐수처리과정에서 사용하였다는 것을 의미하는 것인데, 원고 회사가 제조하는 화공약품에는 그 재료나 촉매로 비소 혹은 비소를 함유하는 물질이 사용되지도 아니할 뿐만 아니라 필요하지도 아니하며, 다만 원고 회사가 경영하는 공장의 폐수를 처리함에 있어서 비소가 함유된 농황산을 사용하기는 하나 그 농황산에 함유된 비소의 양은 위의 165,000ℓ의 폐수 속에 희석되어 0.03 내지 0.02 P.P.M 정도 밖에 나타나지 아니한 사실, 한편 환경관리공단 이리사업소장이 1990.5.13.부터 5.28.까지 사이에 원고 회사가 배출한 폐수를 채취하여 환경오염공정시험방법에 따라 비소의 농도를 측정한 수치는 원심판결 별지 3 기재와 같은 바, 그 수치 중 최고의 수치가 위 189.31의 4분의 1에도 못미치는 47.0에 지나지 아니한 사실을 인정한 다음, 1990.5.11.에만 유독 비소의 측정치가 189.31로 측정될 만한 특별한 사정이 있었음을 인정할 만한 아무런 자료도 없는 이 사건에서 위 189.31 측정치는 채용하기 어렵다고 판단하였다.

피고의 주장에 의하면, 광주지방환경청 단속공무원인 유종열은 1990.5.11. 원고 회사의 이사 황호범과 배출시설관리인 오희석을 입회시킨 가운데 폐수의 시료를 채취하였고, 채취된 폐수의 시료는 광주지방환경청 측정분석과 환경 7급공무원인 한용섭에게 전달되어 환경오염공정시험법 수질편 제25조 제2항 흡광광도법에 의하여 30회 이상 시험을 거친 결과 위 189.31의 수치로 측정되었다는 것인 바, 위 광주지방환경청 측정분석과의 시설, 장비, 기술능력이 제대로 갖추어져 있었다면 그 시험결과는 매우 공신력이 높은 것으로 보아야 하고, 합리적인 이유 없이 함부로 그 신빙성이 배척되어서는 아니될 것이다.

원심은 위 광주지방환경청의 측정수치를 믿을 수 없는 이유로서, 첫째로 원고 회사의 제조공정에 투입되는 재료나 촉매에 비소함유물이 없고, 필요하지도 않으며, 다만 폐수처리과정에서 비소함유물인 농황산을 사용하기는 하나 이는 극소량에 불과하다는 점을 들고 있으나, 이는 같은 무렵 환경관리공단 이리사업소의 측정결과에서도 적지 않은 양의 비소가 검출되었다는 점, 또한 환경단속공무원이 시료채취를 하던 1990.5.11. 원고 회사에서 다량의 무허가 폐수배출시설이 적발되었던 점, 원심이 증거로 채용한 갑 제7호증과 증인 오세화의 증언 등은 원고 회사에서 제공한 공정에 관한 일방적 자료에만 기초한 것이므로 크게 신빙할만한 것이 못되는 사정 등에 비추어 보면 수긍하기가 어렵다 하겠고, 둘째로 환경관리공단 이리사업소에서 같은 무렵인 1990.5.13.부터 5.28.까지 사이에 원고 회사가 배출한 폐수를 조사한 결과 나타난 비소 측정치와 엄청난 차이가 나는데다가 5.11. 비소의 측정치가 유달리 높을 만한 특별한 사정이 있었음을 인정할 만한 자료가 없다는 점을 들고 있으나, 환경관리공단의 측정치가 환경단속공무원이 원고 회사에서 시료채취를 하고 간 지 이틀 후인 5.13.부터 측정된 것이므로(다만 을 제16호증에 기재된 환경관리공단 이리사업소의 자료에는 원고 회사에 대한 수질검사결과가 1990.1.4.분부터 나타나 있으나 1990.5.13. 이전분에는 비소의 검출 여부 표시가 나타나 있지 않아 비소의 함유 여부에 관하여 당시 검사를 하지 않았다는 것인지 혹은 검사를 하였으나 검출되지 않았다는 것인지 여부가 분명하지 않고, 그 검사가 환경오염공정시험법을 준수한 것인지에 관하여도 기록상 아무런 담보가 없다) 원고 회사에서 경각심을 가지고 비소함유물의 사용을 급격히 줄인 결과일 수도 있다는 점과 위 을 제16호증의 자료에 나타나 있는 바와 같이 1990.5.13. 경부터 같은 해 6,7월경까지 집중적으로 다량의 비소가 검출되던 것과는 달리 1990.8. 이후에는 거의 비소가 검출되지 않거나 극소량만이 검출되는 과정에서 알 수 있는 바와 같이 원고 회사의 경우 폐수에 비소성분을 줄이는 여부가 그 의지 여하에 달려 있다는 사정을 엿볼 수 있는 점 등에 비추어 보면 역시 수긍하기가 어려운 것이다.

다만 문제는 당초의 189.31로 나온 측정치가 원고 회사의 시설 및 생산 규모에 비추어 상식적으로 도저히 상정할 수 없는 정도로 이례적인 것이라면, 예컨대 폐수시료채취의 장소나 조건 등이 폐수의 성분을 가장 잘 대표할 수 있도록 각종 규정에 적합하였던 것인지, 폐수의 실험분석을 위한 시설, 장비나 기술능력에 이상은 없었는지, 측정방법에 관한 일반적 원칙이 제대로 준수되었던 것인지 여부에 관하여 의문이 제기될 수도 있는 것이므로, 비슷한 시기에 비슷한 검사를 하였던 광주지방환경청과 환경관리공단 이리사업소의 시료채취 장소, 조건, 기타자료, 시설, 장비, 기술능력, 측정방법 등을 각각 대조하여 보고, 그 각각의 타당성에 관하여 객관적인 전문가로부터 분석을 받아 보거나, 현재도 1990.5.11. 당시 채취한 폐수시료의 일부를 광주지방환경청에서 보관하고 있다는 것이므로 상당한 시일이 경과하였음에도 불구하고 당시의 오염도 측정에 지장이 없다는 전제하에 객관적인 전문기관으로부터 재측정을 받아 봄으로써 어느 정도 그 의문점들을 규명할 수 있을 것이다.

또한 같은 무렵 원고 회사에서 무허가 배출시설이 다량 적발되었으므로 그 시설들의 운영과 이 사건 비소의 검출에 무슨 상관관계는 없는지, 적발된 무허가 시설들에 관하여 나중에 적법한 허가를 받았는지, 그 허가를 받았다면 그 시기와 환경관리공단 이리사업소의 수질검사자료에 나타나는 비소 검출 증감추이와 대조하여 그 사이에 무슨 상관관계는 없는지 여부 등도 위와 같은 의문점들을 규명함에 있어 참고가 될 수 있을 것이다.

원심으로서는 위와 같은 점들에 관하여 더 자세한 심리를 한 후 국가기관의 검사결과에 대한 채용 여부를 판단하였어야 함에도 불구하고 이에 이르지 아니하였으니 원심판결에는 심리를 다하지 아니하고 채증법칙을 위배한 위법이 있다고 하지 아니할 수 없다. 이 점을 지적하는 논지는 이유 있다.

2. 원심판결 이유에 의하면, 원심은 당초 광주지방환경청의 측정치가 신빙할 수 있는 것이라고 하더라도 이 사건 배출부과금 산정의 기초가 된 배출기간(1990.5.11.부터 5.28.까지) 중의 일부에 해당하는 1990.5.13.부터 5.28.까지 사이의 비소배출량이 당초에 측정한 배출량과 다르게 환경관리공단 이리사업소에 의하여 측정된 사실이 있으므로 이는 시행령 제17조의13 제1항 제2호 소정의 배출부과금 조정사유에 해당하고, 따라서 위 배출기간 중 계속하여 189.31mg/ℓ의 비소가 함유된 폐수를 배출하였음을 전제로 한 이 사건 배출금부과처분은 배출한 오염물질 처리비용에 상당한 배출부과금의 부과를 규정한 법 제19조의2 제1항의 규정에도 어긋난다고 하면서 이 사건 배출금부과처분은 이 점에 의하더라도 위법한 것이라고 판단하였다.

그러나 위 시행령 제17조의13 제1항 제2호 소정의 조정사유는 배출부과금의 부과 후 오염물질 등의 배출상태가 당초의 측정시와 달라졌다고 인정하여 다시 점검한 결과 오염물질 또는 배출물질의 배출량이 당초에 측정한 배출량과 달라진 경우라고 규정되어 있고, 그 제3항의 규정에 의하면 위와 같은 사유가 있어 부과금을 조정하는 경우의 부과금 산정에 있어서는 재점검일 이후의 기간에 한하여 다시 측정한 배출량을 기초로 하여 산정한다고 되어 있으므로, 부과권자가 법 제24조의 규정에 의하여 관계공무원에게 검사시킨 결과라고 볼 수 없는 환경관리공단 이리사업소의 검사 결과 다른 측정치가 있었다는 사실만으로는 위 조정사유에 해당한다고 볼 수 없고, 그와 같은 다른 측정치가 있다는 자료를 부과권자에게 제시하거나 부과권자가 스스로 그와 같은 자료를 입수함으로써 오염물질의 배출상태가 당초의 측정시와 달라졌다고 인정하여 그에 따라 재점검을 하였다든지, 그와 같은 자료가 부과권자에게 제시되었음에도 불구하고, 부과권자가 아무런 합리적 이유도 없이 재점검을 실시하지 않았다든지 하는 경우라야만 위 조정사유에 해당하는 것으로 볼 것이며, 위와 같은 조정사유가 없는 한 당초 측정된 배출량에 배출기간을 곱하여 배출부과금을 산정하여야 하는 것이므로(시행령 제17조의9 제1항), 그와 같이 산정된 배출부과금의 부과처분이 법 제19조의2 제1항의 규정에 어긋난다고도 할 수 없는 것이다.

원심으로서 원고 회사가 부과관청인 피고에게 환경관리공단 이리사업소에서 측정한 다른 자료가 있다는 사실을 들어 재점검을 요구한 사실이 있는지, 그러한 요구가 있었거나 또는 피고가 스스로 그러한 자료를 입수하여 재점검의 필요성이 있음을 인식하고서도 합리적인 이유 없이 재점검을 실시하지 않았던 것인지 여부를 가려보지 않고서는 이 사건 처분이 법 제19조의2 제1항의 규정에 어긋나 위법하다고 할 수 없는 것이다. 원심판결에는 심리를 다하지 아니함으로써 위 조정사유에 관한 법리나 배출부과금 부과의 근거에 관한 법리를 오해한 위법이 있다고 할 것이다. 이 점을 지적하는 논지도 이유 있다.

이상의 이유로 원심판결 중 피고 패소부분을 파기하고 이 부분 사건을 원심법원에 환송하기로 하여 관여 법관의 일치된 의견으로 주문과 같이 판결한다.

대법관 윤영철(재판장) 박우동(주심) 김상원 박만호

[판례 19] 측정대행자의 오염도 검사결과(적극) (대법원 1995.11.10. 선고 94누5380 판결)

【판시사항】

가. 구 수질환경보전법시행령 제14조 제1항 제1호 소정의 경우를 판단하는 자료로서의 오염도 검사결과는 구 수질환경보전법시행규칙 제25조 제3항 각 호의 검사기관의 것에 한정되는지 여부

나. 측정대행자의 검사결과를 오염물질의 시료채취 및 그 분석 방법 등에 신빙성을 인정할 자료가 없다고 하여 배척한 원심을 정당하다고 한 사례

【판결요지】

가. 구 수질환경보전법(1993.12.27. 법률 제4653호로 개정되기 전의 것) 제22조, 제44조 및 구 수질환경보전법시행규칙(1993.7.31. 총리령 제426호로 개정되기 전의 것) 제51조 내지 제57조는 측정대행자제도를 두고, 측정대행자가 갖추어야 할 기술능력, 시설 및 장비, 그 지정절차, 정수관리 등에 관하여 구체적으로 규정하면서, 측정대행자에게 측정결과의 기록 및 그 보존의무를 지우고, 그 준수사항 및 결격사유, 그 지정의 취소에 관하여 규정하는 등 환경처장관이 측정대행자의 지정에서부터 이를 엄격하게 규제, 감독하고 있는 점에 비추어 볼 때, 구 수질환경보전법시행령(1993.6.9. 대통령령 제13904호로 개정되기 전의 것) 제14조 제1항 제1호 소정의 부과금조정을 위한 오염물질 또는 배출물질의 배출기간이 달라지게 된 경우를 판단하는 자료로써 반드시 같은법시행규칙 제25조 제2항 각 호 소정의 검사기관의 오염도 검사결과만에 한정되는 것은 아니고 오염물질의 시료채취 및 그 분석방법 등에 있어 신빙성이 인정되는 한 측정대행자의 오염도 검사결과에 의하여도 가능하다고 할 것이다.

나. 측정대행자의 검사결과를 오염물질의 시료채취 및 그 분석 방법 등에 신빙성을 인정할 자료가 없다

고 하여 배척한 원심을 정당하다고 한 사례.

【참조조문】

구 수질환경보전법 (1993.12.27. 법률 제4653호로 개정되기 전의 것) 제22조, 제44조, 구 수질환경보전법시행령 (1993.6.9. 대통령령 제13904호로 개정되기 전의 것) 제14조, 구 수질환경보전법시행규칙 (1993.7.31. 총리령 제426호로 개정되기 전의 것) 제25조 제2항, 제51조, 제57조

【참조판례】

가. 대법원 1995.6.30. 선고 94누569 판결(공1995하,2621)

【전 문】

【원고,상고인】 주식회사 대연식품 소송대리인 변호사 강현중
【피고,피상고인】 용인군수 소송대리인 변호사 윤상목
【원심판결】 서울고등법원 1994.3.23. 선고 93구8568 판결

【주 문】

상고를 기각한다.
상고비용은 원고의 부담으로 한다.

【이 유】

상고이유를 판단한다.

1. 제1점에 대하여

원심판결 이유에 의하면 원심은, 1992. 8. 7. 21:15경 환경단속공무원이 원고 회사가 배출한 폐수 시료를 채취하여 오염물질의 농도를 측정한 바, 수질환경보전법(이하 "법"이라 한다) 제8조, 같은법 시행규칙(1993. 7. 31. 총리령 제426호로 개정되기 전의 시행규칙, 이하 "시행규칙"이라 한다) 제8조 [별표 5]에서 정한 배출허용기준을 각 초과하여 생물화학적산소요구량(BOD) 706.4㎎/L, 화학적산소요구량(COD) 707.6㎎/L, 부유물질량(SS) 700.0㎎/L이 각 검출됨으로써 피고는 같은 달 26. 원고에 대하여 법(1992. 12. 8. 법률 제4536호로 개정되기 전의 법률; 이하 같다) 제16조에 의하여 배출허용기준 이내로 처리되도록 개선명령을 발하였고, 원고는 같은 해 9. 8. 피고에게 개선이행보고를 하였으며, 이에 따라 피고는 같은 달 16. 원고의 공장에서 시료를 채취하여 수질오염도를 검사한 결과 배출허용기준 이내로 개선되었음이 확인되자 같은 해 10. 12. 피고가 당초 시료를 채취한 같은 해 8. 7.부터 원고가 개선이행보고를 한 같은 해 9. 8.까지의 33일간 중 일요일 등 실제 가동하지 아니한 기간을 공제한 26일을 배출기간으로 하고, 일일유량을 위 적발 직전 한달간의 평균 배출량인 358㎥로 하여 법 제19조 및 같은법시행(1993. 6. 9. 대통령령 제13904호로 개정되기 전의 시행령, 이하 "시행령"이라 한다) 제10조, 제11조, 제12조의 규정에 의하여 산정한 금 196,709,560원을 수질오염물질배출부과금으로 부과하였다가, 1993. 6. 1. 산정기준 중 일일유량을 위 배출부과금 부과대상기간의 실제 배출량인 266㎥로 정정하여 배출부과금을 금 146,412,910원으로 감액한 사실을 인정한 후, 이 사건 적발 당일인 1992. 8. 7.에는 16:00부터 19:00까지 100㎜에 가까운 집중호우가 쏟아져 빗물이 차폐시설을 넘어 집수조를 거쳐 폭기조로 유입됨으로써 와류현상이 일어나 부유물질이 부상하고 오니(슬러지)가 제거되지 아니한 상태로 일시 방류되고 있었으므로 당시에는 폐수처리시설이 정상가동되지 못하고 있었고, 이와 같이 천재지변에 준하는 상황에서 폐수처리시설을 정상가동하지 못한 것은 원고의 책임이 없기 때문에 단속반원이 시료를 채취함에 있어서는 폐수처리시설이 정상가동될 때를 기다려 오니를 제거한 상등수를 채취하였어야 하고, 또한 그

상태에서 시료를 채취하였을 때에는 그에 포함된 오니를 제거한 후 검사를 하였어야 할 것임에도 위 시료채취와 검사과정에서 그와 같이 하지 아니함으로써 그 결과 시료의 오염정도가 정수 이전의 원폐수 보다 더 심하게 나타나는 부당한 결과가 되었으므로 그와 같이 잘못된 시료채취 및 검사에 의하여 한 이 사건 부과처분은 위법하다는 원고의 주장에 대하여, 원고의 주장에 부합하는 증거들을 그 판시와 같은 이유로 배척하고 그 판결에서 들고 있는 증거들을 종합하여 당시 천재지변에 준하는 상황으로서 폐수배출시설이 비정상가동하고 있었다고 볼 수 없고, 위 시료의 채취과정이나 그 시료를 그대로 검사한 조치에 위법이 있다고 할 수 없으며, 검사가 객관적으로 부당하게 나왔다고 볼 수도 없다고 판단하였는 바, 기록에 비추어 살펴보면, 원심의 위와 같은 판단은 모두 정당한 것으로 수긍이 가고, 거기에 상고이유에서 지적하는 바와 같은 논리칙과 경험칙에 반하는 사실을 인정하였거나 채증법칙을 위반한 잘못이 있다고 할 수 없다. 이 점을 지적하는 상고이유는 받아들일 수 없다.

2. 제2점에 대하여

법(1993. 12. 27. 법률 제4653호로 개정되기 전의 법률) 제22조, 제44조 및 시행규칙 제51조 내지 제57조는 측정대행자제도를 두고, 측정대행자가 갖추어야 할 기술능력, 시설 및 장비, 그 지정절차, 정수관리 등에 관하여 구체적으로 규정하면서, 측정대행자에게 측정결과의 기록 및 그 보존의무를 지우고, 그 준수사항 및 결격사유, 그 지정의 취소에 관하여 규정하는 등 환경처장관이 측정대행자의 지정에서부터 이를 엄격하게 규제, 감독하고 있는 점에 비추어 볼 때, 시행령 제14조 제1항 제1호 소정의 부과금조정을 위한 오염물질 또는 배출물질의 배출기간이 달라지게 된 경우를 판단하는 자료로써 반드시 시행규칙 제25조 제2항 각호 소정의 검사기관의 오염도 검사결과만에 한정되는 것은 아니고 오염물질의 시료채취 및 그 분석방법 등에 있어 신빙성이 인정되는 한 측정대행자의 오염도 검사결과에 의하여도 가능하다고 할 것이나(대법원 1995. 6. 30.선고 94누569 판결 참조), 원심은 원고의 측정대행자인 소외 주식회사 천수산업의 1992. 8. 26.자 검사결과는 공장 정상가동중에 적절한 절차로 시료가 채취되어 검사한 것임을 알아볼 수 없다고 하여 이를 배척하고, 피고가 당초 시료를 채취한 같은 해 8. 7.부터 원고가 개선이행보고를 한 같은 해 9. 8.까지의 33일간 중 일요일 등 실제 가동하지 아니한 기간을 공제한 26일을 배출기간으로 본 피고의 처분을 정당하다고 판단하였는 바, 기록에 비추어 보면 위 천수산업의 검사에 있어서 오염물질의 시료채취 및 그 분석방법 등에 신빙성이 있다고 인정할 만한 자료가 없으므로 원심의 위와 같은 판단은 정당한 것으로 수긍이 가고, 그 외에 원심이 이 사건 시료 채취 당시 폐수배출시설이 비정상적으로 가동하고 있지 않았으며, 그 당시 원고 공장의 폐수처리시설용량 자체가 부족하다는 사실을 인정하는 과정에 상고이유에서 지적하는 바와 같은 논리칙과 경험칙에 반하는 증거판단을 하여 채증법칙을 위반한 잘못이 있다고 할 수 없다. 이 점에 관련된 상고이유도 받아들일 수 없다.

3. 그러므로 상고를 기각하고, 상고비용은 상고인인 원고의 부담으로 하기로 관여 법관의 의견이 일치되어 주문과 같이 판결한다.

대법관   박준서(재판장) 박만호 김형선 이용훈(주심)

[판례 20] 사업자의 객관적인 자료제시(적극) (대법원 1993.3.9. 선고 92누9395 판결)

【판시사항】
가. 배출부과금의 조정사유를 제시하면서 요구한 재점검을 정당한 사유 없이 불응할 경우 당초의 배출부과금부과처분이 부과금조정을 거치지 아니한 위법한 처분이라고 볼 여지가 있는지 여부(적극)
나. 오염물질 등의 배출상태 측정 후 사업자가 방지시설을 개선하였다고 주장하면서 배출량의 재점검신청을 한 데 대하여 방지시설을 새로 개선한 사실이 없다는 등의 이유로 신청을 받아들이지 아니한 것은 정당한 사유가 있다 한 사례

【판결요지】
가. 구 환경보전법시행령(1991.2.2. 대통령령 제13303호에 의하여 폐지) 제17조의13 제1항 제2호가 배출부과금을 다시 산정하여 조정할 사유의 하나로 "배출부과금의 부과 후 오염물질 등의 배출상태가 당초의 측정시와 달라졌다고 인정하여 다시 점검한 결과 오염물질 또는 배출물질의 배출량이 당초에 측정한 배출량과 다른 경우"를 들고 있으므로 사업자가 오염물질 등의 배출량이 당초에 측정한 것보다 감소되었음을 뒷받침할 만한 객관적인 자료 등을 제시하면서 재점검을 요구하였음에도 불구하고 정당한 사유도 없이 다시 점검을 하지 않았다면, 당초의 배출부과금부과처분은 위 조항 소정의 부과금의 조정을 거치지 아니한 위법한 처분이라고 볼 여지가 있다.
나. 오염물질 등의 배출상태 측정 후 사업자가 방지시설을 개선하였다고 주장하면서 배출량의 재점검신청을 한 데 대하여 방지시설을 새로 개선한 사실이 없다는 등의 이유로 신청을 받아들이지 아니한 것은 정당한 사유가 있다한 사례.

【참조조문】
구 환경보전법시행령 (1991.2.2. 대통령령 제13303호에 의하여 폐지) 제17조의13 제1항 제2호

【참조판례】
대법원 1992.12.22. 선고 92누2998 판결(공1993,620)

【전 문】
【원고, 상고인】 대동제지공업주식회사 소송대리인 변호사 하승완
【피고, 피상고인】 전라남도지사 소송대리인 변호사 김동주
【원심판결】 광주고등법원 1992.5.8. 선고 91구1232 판결

【주 문】
상고를 기각한다.
상고비용은 원고의 부담으로 한다.

【이 유】
1. 원고소송대리인의 상고이유 제1점에 대한 판단
소론이 지적하는 점(피고가 1989.11.13. 자 수질검사결과를 기초로 원고에게 납부할 것을 명할 배출부과금을 산정하여야 할 것이라는 점)에 관한 원심의 인정판단은 원심판결이 설시한 증거관계에 비추어 정당한 것으로 수긍이 되고, 원심판결에 소론과 같이 심리를 제대로 하지 아니하거나 채증법칙을 위반한 위법이 있다고 볼 수 없으므로, 논지는 이유가 없다.
2. 같은 상고이유 제2점에 대한 판단

1991.2.2. 대통령령 제13303호 환경정책기본법시행령에 의하여 폐지된 환경보전법시행령 제17조의13 제1항 제2호가 배출부과금을 다시 산정하여 조정할 사유의 하나로 "배출부과금의 부과 후 오염물질 등의 배출상태가 당초의 측정시와 달라졌다고 인정하여 다시 점검한 결과 오염물질 또는 배출물질의 배출량이 당초에 측정한 배출량과 다른 경우"를 들고 있으므로, 사업자인 원고가 피고에게 소론과 같이 오염물질 등의 배출량이 당초에 측정한 것보다 감소되었음을 뒷받침할 만한 객관적인 자료 등을 제시하면서 재점검을 요구하였음에도 불구하고, 피고가 정당한 사유도 없이 원고의 요구에 불응하여 다시 점검을 하지 않았다면, 이 사건 배출부과금부과처분은 환경보전법시행령 제17조의13 제1항 제2호 소정의 부과금의 조정을 거치지 아니한 위법한 처분이라고 볼 여지가 있음은 소론이 지적하는 바와 같다(당원 1992.12.22. 선고 92누2998 판결 참조).

그러나 관계증거와 기록에 의하면, 원고가 1989.12.5. 피고에게, 피고가 1989.11.13. 오염물질 등의 배출상태를 측정한 후 자신이 방지시설을 개선하였다고 주장하면서 오염물질 등의 배출량을 다시 점검하여 달라는 취지의 신청을 한데 대하여, 피고가 1989.11.13. 이후에는 원고가 방지시설을 새로 개선한 사실이 없다는 등의 이유로 원고의 위 신청을 받아 들이지 아니한 것은 정당한 사유가 있는 것이라는 취지로 판단한 원심판결에, 소론과 같이 심리를 제대로 하지 아니한 채 채증법칙을 위반하여 사실을 잘못 인정한 위법이 있다고 볼 수 없을 뿐만 아니라, 원고가 피고에게 위와 같은 신청을 함에 있어서 소론과 같이 자신의 주장을 뒷받침할 만한 자료를 제시하였음을 인정할 만한 증거를 기록에서 찾아볼 수도 없으므로, 원심판결에 소론과 같이 환경보전법이나 비례평등의 원칙에 관한 법리를 오해한 위법이 있다고 볼 수도 없다.

결국 논지도 모두 받아들일 것이 못된다.

3. 같은 상고이유 제3점에 대한 판단

관계증거와 기록에 의하면, 피고가 이 사건 배출부과금부과처분을 함에 있어서 배출기간을 1989.11.14.부터 1990.3.5.까지로 본 것이 적법하다고 판단한 원심판결에 소론과 같이 채증법칙을 위반하여 사실을 잘못 인정한 위법이 있다고 볼 수 없을 뿐만 아니라, 원고가 1989.5.4. 피고로부터 사업장의 이전명령을 받은 경위에 관한 원심의 사실인정과정에 소론과 같은 위법이 있다고 하더라도 이와 같은 위법은 판결에 영향을 미칠 것이 못되므로, 논지도 모두 받아들일 것이 못된다.

4. 그러므로 원고의 상고를 기각하고 상고비용은 패소자인 원고의 부담으로 하기로 관여 법관의 의견이 일치되어 주문과 같이 판결한다.

7. 기타 수질오염원의 관리

가. 기타 수질오염원의 설치신고

기타 수질오염원을 설치 또는 관리하고자 하는 자는 환경부령이 정하는 바에 의하여 환경부장관에게 신고하여야 한다. 신고한 사항을 변경하는 때에도 또한 같다(제60조 제1항). 기타 수질오염원은 폐수배출시설이 아니므로 폐수배출시설임을 전제로 하는 배출부과금, 과징금, 배출허용기준 등의 규정은 적용되지 아니한다. 다만 권리·의무의 승계(제36조의2), 위법시설에 대한 폐쇄조치(제44조) 등은 준용된다(제60조 제5항).

나. 골프장의 농약사용 제한

골프장을 설치·관리하는 자는 골프장 안의 잔디 및 수목 등에 농약관리법 제2조 제1호의 규정에 의한 농약 중 맹독성 또는 고독성이 있는 것으로서 대통령령이 정하는 농약을 사용하여서는 아니된다. 다만, 수목의 해충·전염병 등의 방제를 위하여 관할행정 기관의 장이 불가피하다고 인정하는 경우에는 그러하지 아니하다(제61조 제1항). 환경부장관은 환경부령이 정하는 바에 따라 위 규정에 의한 골프장의 맹·고독성 농약의 사용 여부를 확인하여야 한다(동조 제2항).

8. 폐수처리업

가. 등록

폐수의 수탁처리를 위한 영업(폐수처리업)을 하고자 하는 자는 환경부령이 정하는바에 의하여 기술능력·시설 및 장비를 갖추어 환경부장관에게 등록하여야 한다. 등록한 사항 중 환경부령이 정하는 중요사항을 변경하고자 할 때에도 또한 같다(제62조 제1항).

나. 권리·의무의 승계

민사집행법에 의한 경매, 파산법에 의한 환가나 국세징수법·관세법 또는 지방세법에 의한 압류재산의 매각 그 밖에 이에 준하는 절차에 따라 폐수처리업의 영업시설을 인수한 자는 이 법에 의한 종전 폐수처리업자의 권리·의무를 승계한다. 다만, 인수한 자가 제63조 각호의 어느 하나에 해당하는 경우에는 그러하지 아니하다(동조 제2항).

다. 과징금

동법은 폐수처리업의 등록을 한 자에 대하여 영업정지를 명하여야 하는 경우로서 그 영업정지가 주민의 생활 그 밖의 공익에 현저한 지장을 초래할 우려가 있다고 인정되는 경우에는 영업정지 처분에 갈음하여 2억원 이하의 과징금을 부과할 수 있도록 하고 있다(제66조).

9. 오수·분뇨및축산폐수의처리에관한법률

1991년 3월 8일 제정된 동법은 오수·분뇨 및 축산폐수를 적정하게 처리하여 자연환경과 생활환경을 청결히 하고 수질오염을 감소시킴으로써 국민보건의 향상과 환경보전에 이바지함을 목적으로 하고 있다(제1조).

동법상 "오수"라 함은 액체성 또는 고체성의 더러운 물질이 섞이어 그 상태로는 사람의 생활이나 사업 활동에 사용할 수 없는 물로서 사람의 일상생활과 관련하여 수세식화장실·목욕탕·주방 등에서 배출되는 것을 말한다(제2조 제1호). 오수의 주요 오염물질은 무기물질, 부유물질, 영양염류 등이다.

"분뇨"라 함은 수거식화장실에서 수거되는 액체성 또는 고체성의 오염물질(오수처리시설 및 단독정화조의 청소과정에서 발생하는 오니 중 탈수되지 아니한 것을 포함)을 말한다(동조 제2호). "축산폐수"라 함은 가축분뇨와 축산폐수배출시설을 청소한 물이 가축분뇨에 섞인 것을 말한다(동조 제3호). "가축분뇨"란 가축이 배설하는 액체성 또는 고체성의 오염물질을 말한다(동조 제2의2호). 그 주요 성분은 질소, 인, 유기화합물이며, 특히 분뇨에 유기물 함량이 많을 경우에는 메탄가스, 유기산, 알콜류 등의 중간 대사물이 생성될 수 있다. 동법은 분뇨와 축산폐수를 구별하고, 가축분뇨는 축산폐수에 포함되는 것으로 규정하고 있다. 따라서 분뇨에는 가축분뇨가 포함되지 아니한다.

[판례 21] 포괄위임입법금지원칙에 위배되는지 여부(소극) (헌법재판소 2004. 11. 25. 2004헌가15 전원재판부)

【판시사항】

가. 법률로 부령에 위임을 하는 경우 그 위임 입법의 한계
나. 오수처리시설의 방류수수질기준에 대하여 아무런 정함이 없이 이를 환경부령으로 정하도록 위임하고 있는 오수·분뇨및축산폐수의처리에관한법률 제5조 제1항 중 "오수처리시설의 방류수수질기준은 환경부령으로 정한다" 부분이 포괄위임입법금지의 원칙에 위배되는지 여부(소극)

【결정요지】

가. 우리 헌법은 제75조와 제95조에서 위임입법의 근거를 마련하는 한편 위임입법의 범위와 한계를 제시하고 있다. 법률로 부령에 위임을 하는 경우라도 적어도 법률의 규정에 의하여 부령으로 규정될 내용 및 범위의 기본사항을 구체적으로 규정함으로써 누구라도 당해 법률로부터 부령에 규정될 내용의 대강을 예측할 수 있도록 하여야 할 것이다.

이러한 예측가능성의 유무는 당해 특정조항 하나만을 가지고 판단할 것은 아니고 관련 법 조항 전체를 유기적·체계적으로 종합판단하여야 하며 각 대상법률의 성질에 따라 구체적·개별적으로 검토하여야 한다. 법률조항 자체에서 위임의 구체적 범위를 명확히 규정하고 있지 않다고 하더라도 당해 법률의 전반적 체계와 관련규정에 비추어 위임조항의 내재적인 위임의 범위나 한계를 객관적으로 분명히 확정할 수 있다면 이를 일반적이고 포괄적인 백지위임에 해당하는 것으로 볼 수는 없다.

나. 첫째, 수질환경의 여건은 기후변화, 산업발전의 정도와 생활수준의 향상 등과 같은 경제적·사회적 상황에 따라 수시로 변동하는 것이며, 수질환경기준설정은 고도의 전문성·과학성이 필요한 영역으로서 오수·분뇨및축산폐수의처리에관한법률이 추구하는 자연환경과 생활환경의 청결 및 수질오염의 감소라는 공익목적을 효율적으로 달성하기 위해서는 방류수수질기준을 환경부령으로 정하여 상황에 맞게 유동적으로 대처할 필요가 있다.

둘째, 환경에 관한 일반법인 환경정책기본법과 오수·분뇨및축산폐수의처리에관한법률 제1조, 제2조 및 제5조를 유기적·체계적으로 고려하여 볼 때, 방류수수질기준의 경우에도 수질오염실태파악을 위

한 측정자료로서 환경정책기본법상의 수질환경기준 항목인 수소이온농도, 생물학적산소요구량, 부유물질, 대장균군수 등을 측정항목으로 정할 것으로 충분히 예측할 수 있으며, 측정수치와 관련하여서도 환경기준을 유지할 수 있을 정도의 수준을 요구할 것으로 대강의 예측이 가능하다.

그러므로 오수·분뇨및축산폐수의처리에관한법률 제5조 제1항 중 "오수처리시설의 방류수수질기준은 환경부령으로 정한다" 부분(이하 '이 사건 법률조항'이라 한다)은 방류수수질기준을 탄력적으로 규제한다는 측면에서 일정 정도의 위임의 불가피성이라는 측면, 그리고 위임의 명확성이나 수범자의 예측가능성이라는 측면에서 보아 위임입법의 한계를 벗어난 것이라고 할 수 없다.

재판관 김영일의 반대의견

당해 법률조항만이 아니라 그 규범이 위치하는 법률 전체를 포함한 관련법조항의 체계적인 해석을 통하여 판단해야 한다는 점을 고려하더라도, 오수·분뇨및축산폐수의처리에관한법률의 다른 규정과 환경에 관한 일반법인 환경정책기본법으로부터는 일반적인 수질환경의 측정기준에 관한 사항만 예측할 수 있을 뿐 어느 정도의 범위 내에서 방류수수질이 허용되는지에 대해서는 이를 예측할 수 있는 자료가 전혀 없으며, 이 사건 법률조항은 과태료부과조항인 오수·분뇨및축산폐수의처리에관한법률 제58조 제1항 제1호와 결합하여 과태료를 부과하는 구성요건적 조항이 되므로, 비록 이 사건 법률조항이 형법법규는 아니라 하더라도 이와 유사하게 기본권을 제한하는 요소가 강하다는 점에서, 위임의 명확성에 대하여 형법법규에 버금가는 엄격한 요구를 해야 하는바, 이 사건 법률조항은 입법위임의 명확성을 요청하는 헌법 제75조에 위반되는 규정으로서 위헌으로 판단되어야 한다.

【심판대상조문】

오수·분뇨및축산폐수의처리에관한법률(1999. 2. 8. 법률 제5864호로 개정된 것) 제5조 제1항 중 "오수처리시설의 방류수수질기준은 환경부령으로 정한다" 부분

【참조조문】

헌법 제75조, 제95조 / 수질환경보전법 제8조 제1항

【참조판례】

가. 헌재 1999. 1. 28. 97헌가8, 판례집 11-1, 1, 8, 헌재 1996. 10. 31. 93헌바14, 판례집 8-2, 422, 423

【전 문】

【제청법원】 인천지방법원

【당해사건】 인천지방법원 2004과97 오수·분뇨및축산폐수의처리에관한법률위반(과태료 결정에 대한 이의신청)

【주 문】

오수·분뇨및축산폐수의처리에관한법률(1999. 2. 8. 법률 제5864호로 개정된 것) 제5조 제1항 중 "오수처리시설의 방류수수질기준은 환경부령으로 정한다" 부분은 헌법에 위반되지 아니한다.

【이 유】

1. 사건의 개요 및 심판의 대상

    가. 사건의 개요

        (1) ○○환경산업주식회사는 김포시 양촌면 ○○리 271의 3에서 공장식당을 운영·관리하는 회사로서, 2003. 9. 19. 오수·분뇨및축산폐수의처리에관한법률 제5조 및 같은 법 시행규칙 제9조

의 규정에 의한 오수처리시설의 방류수수질기준을 위반하였음을 사유로 같은 해 12. 4.경 김포시장으로부터 과태료 2,200,000원을 부과 받았다.
(2) 위 회사가 2004. 1. 3.경 위 과태료처분에 불복하여 이의신청하자, 김포시장은 인천지방법원에 비송사건절차법에 의한 과태료 재판을 하도록 통보하였고, 위 법원은 2004. 3. 19. 원처분과 같은 내용의 결정을 하였다. 이에 위 회사는 이 결정에 대하여 인천지방법원 2004과97호로 이의신청(이하 '당해 사건'이라고 한다)을 제기하였고, 인천지방법원은 재판의 계속 중 직권으로 위 과태료 사건의 적용법조인 오수·분뇨및축산폐수의처리에관한법률 제5조 제1항이 포괄위임입법금지의 원칙에 위배되어 위헌이라고 하면서 위헌제청하였다.

나. 심판의 대상

이 사건의 심판대상은 오수·분뇨및축산폐수의처리에관한법률(1999. 2. 8. 법률 제5864호로 개정된 것, 이하 '오분법'이라 한다) 제5조 제1항 중 "오수처리시설의 방류수수질기준은 환경부령으로 정한다"(이하 '이 사건 법률조항'이라 한다)이며(제청법원은 오분법 제5조 제1항 전체에 대하여 위헌제청신청을 하였으나, 당해 사건 이의신청인과 관련되는 것은 제5조 중 '오수처리시설' 부분이므로, 이와 같이 심판의 대상을 한정한다), 심판대상 조문 및 관련조항의 내용은 다음과 같다.

오수·분뇨및축산폐수의처리에관한법률

제5조(방류수수질기준) ① 오수처리시설·단독정화조·분뇨처리시설·축산폐수처리시설 및 축산폐수공공처리시설의 방류수수질기준은 환경부령으로 정한다.

② ~ ④ 생략

제58조(과태료) ① 다음 각호의 1에 해당하는 자는 500만 원 이하의 과태료에 처한다.

1. 제5조의 규정에 의한 오수처리시설 또는 분뇨처리시설(제35조 제4항 제2호의 규정에 의한 분뇨등처리업자가 설치한 경우에 한한다)의 방류수수질기준을 위반하여 방류한 자(오수처리시설의 경우 준공검사후 방류수수질검사에 합격할 때까지는 당해 시설의 시공자를 말한다)

오수·분뇨및축산폐수의처리에관한법률시행규칙

제9조(오수처리시설 등의 방류수수질기준) ① 법 제5조 제1항의 규정에 의한 오수처리시설·단독정화조·분뇨처리시설·축산폐수처리시설 및 축산폐수공공처리시설의 방류수수질기준은 별표 1과 같다. 다만, 하수도법 제2조의 규정에 의한 하수종말처리시설 또는 수질환경보전법 제25조의 규정에 의한 폐수종말처리시설에 오수를 유입시켜 처리하는 오수처리시설 및 단독정화조의 경우를 제외한다.

[별표 1] : 별지 참조

수질환경보전법

제8조(배출허용기준) ① 폐수배출시설(이하 "배출시설"이라 한다)에서 배출되는 오염물질의 배출허용기준은 환경부령으로 정한다.

2. 제청법원의 제청신청이유 및 이해관계기관의 의견

가. 제청법원의 제청신청이유

이 사건 법률조항은 '오수처리시설·단독정화조·분뇨처리시설·축산폐수처리시설 및 축산폐수공공처리시설의 방류수수질기준은 환경부령으로 정한다'라고 규정하고 있는바, 이는 오수·분뇨 등의 처리시설을 하는 일반 국민으로 하여금 방류수의 수질 기준에 대하여 어떠한 측정기준에 입각하여 어느 정도의 범위 내에서 오염을 허용하는지에 관한 최소한의 정보도 제공하지 아니한 채 입법사항을 포괄적으로 환경부령에 위임함으로써 포괄위임입법금지원칙에 위배되어 위헌이다.

나. 환경부장관의 의견

(1) 환경에 관한 기본법인 환경정책기본법 제10조 제1항 및 제2항에서는 정부가 국민의 건강을 보호하고 쾌적한 환경을 조성하기 위하여 환경기준을 설정하도록 하고, 동법의 위임에 의하여 동법시행령 제2조 및 별표 1에서는 대기·소음·수질에 대하여 환경기준을 설정하고 있는데, 오분법과 관련되는 수질환경 기준으로는 하천·호소·지하수·해역별로 구분하여 각각의 수소이온농도(pH)·생물학적산소요구량(BOD, mg/L)·총대장균군(총대장균군수/100mL)의 구체적인 측정수치를 정하고 있다. 따라서 환경정책기본법상 수질환경기준과 오분법 제1조, 제2조 및 제5조 제2항을 유기적·체계적으로 고려하여 볼 때, 방류수수질기준의 경우에도 수질오염실태파악을 위한 측정자료로서 환경정책기본법상의 수질환경기준 항목인 수소이온농도, 생물학적산소요구량, 부유물질, 대장균군수 등을 측정항목으로 정할 것으로 충분히 예측할 수 있고, 측정수치와 관련하여서는 환경기준을 유지할 수 있을 정도의 수준을 요구할 것으로 대강의 예측이 가능하다.

(2) 수질환경의 여건은 기후변화, 산업발전의 정도와 생활수준의 향상 등과 같은 경제적·사회적 상황에 따라 수시로 변동하는 것으로서 복잡·다양한 양태를 보이고 있어, 오분법이 추구하는 자연환경과 생활환경의 청결 및 수질오염의 감소라는 공익목적을 효율적으로 달성하기 위해서는 방류수수질기준을 탄력적으로 규제할 필요가 있고, 더욱이 각 처리시설의 운영실태분석, 기술적 처리수준분석, 수질실험결과 분석 등의 과정을 거쳐 산출되는 방류수수질기준을 상세히 정하는 것은 고도의 전문성을 요하여 법률로써 이를 명확하게 규정하기가 입법기술상 불가능하므로 환경부령으로 정하여 상황에 맞게 유동적으로 대처할 필요가 있다. 따라서 이 사건 법률조항이 포괄위임입법금지원칙에 위배되어 위헌이라고 볼 수 없다.

3. 판 단

가. 이 사건 법률조항의 개관

(1) 수질환경에 관한 법적 규제

우리나라는 환경에 관한 일반법으로 환경정책기본법을 두어 환경정책의 기본이 되는 사항을 정하도록 하고(환경정책기본법 제1조), 수질의 보전과 오염방지를 위하여 물의 존재위치와 이용 등에 따라 해양, 하천, 지하수, 상수원, 호소 등에 관한 개별법률을 마련하고 있으며, 간접적으로 수질에 영향을 미칠 수 있는 각 오염원별로 법률을 제정하고 있다. 전자에는 하천법, 지하수법, 해양오염방지법, 수도법 등이 있으며, 후자로는 오분법, 수질환경보전법, 하수도법 등이 있다.

이와 같이 수질환경에 관한 법적 규제는 환경정책기본법을 기준으로 하여 다양한 법률로 규율되고 있는데, 환경에 관한 일반법인 환경정책기본법 제10조 제1항은 "정부는 국민의 건강을 보호하고 쾌적한 환경을 조성하기 위하여 환경기준을 설정하여야 하며, 환경여건의 변화에 따라 그 적정성이 유지되도록 하여야 한다"고 규정하고 있고, 이에 따라 환경정책기본법시행령 제2조 및 별표 1에서 수질환경기준을 정하고 있다.

이러한 환경정책기본법상의 수질환경기준은 쾌적한 환경을 조성하여 사람의 건강을 보호하기 위하여 요구되는 환경상의 조건으로서 행정상의 목표가 되어, 오염 방지대책의 근거가 되고, 그 기준을 초과하지 아니하도록 해야 하는 목표가 된다.

한편 환경에 관한 개별 법률에서는 수질환경에 관한 허용한도 및 수인한도를 정하는 기준을 두고 있는데 이는 법적 구속력을 가지는 규제기준으로서 국민 개인이나 사업자를 수범자로 하고, 기준 위반 시에는 형벌 또는 과태료의 제재를 부과한다. 수질환경보전법에서 정하고 있는 폐수배출시설의 배출허용기준 및 오분법에서 정하고 있는 오수처리시설의 방류수수질기준이 이에 해당한다.

(2) 이 사건 법률조항의 내용

오분법은 오수·분뇨 및 축산폐수를 적정하게 처리하여 자연환경과 생활환경을 청결히 하고 수질오염을 감소시킴으로써 국민보건의 향상과 환경보전에 이바지함을 목적으로 하는 법률이다(제1조). 오수라 함은 액체성 또는 고체성의 더러운 물질이 섞이어 그 상태로는 사람의 생활이나 사업활동에 사용할 수 없는 물로서 사람의 일상생활과 관련하여 수세식화장실·목욕탕·주방 등에서 배출되는 것을 말하고, 오수처리시설이라 함은 오수를 침전·분해 등 환경부령이 정하는 방법에 의하여 정화하는 시설(단독정화조 제외)을 말한다(제2조 제1호, 제5호). 오수처리시설의 설치 의무자는 오수를 배출하는 건물 등을 설치하는 자로서, 오수를 하수도법 제2조의 규정에 의한 하수종말처리시설 또는 수질환경보전법 제25조의 규정에 의한 폐수종말처리시설로 유입시켜 처리하는 경우는 제외한다(제9조 제1항).

이 사건 법률조항은 오수처리시설의 방류수수질기준은 환경부령으로 정하도록 하고 있으며, 이에 따라 오분법시행령 제9조 제1항 및 별표 1에서 방류수수질기준을 정하고 있다. 그리고 오수처리시설의 방류수수질기준을 위반하여 방류한 자는 500만 원 이하의 과태료에 처한다(제58조 제1항 제1호).

그런데 위와 같이 이 사건 법률조항은 오수처리시설의 방류수수질기준에 대하여 아무런 정함이 없이 이를 환경부령으로 정하도록 위임하고 있으므로, 이것이 포괄위임입법금지의 원칙에 위배되는지 여부가 문제된다.

나. 이 사건 법률조항의 포괄위임입법금지원칙 위반 여부

(1) 일반론

입법위임의 필요에 의하여 우리 헌법은 제75조에서 "대통령은 법률에서 구체적으로 범위를 정하여 위임받은 사항과 법률을 집행하기 위하여 필요한 사항에 관하여 대통령령을 발할 수 있다."고 규정하여 위임입법의 근거를 마련하는 한편 대통령령으로 입법할 수 있는 사항을 법률에서 구체적으로 범위를 정하여 위임받은 사항으로 한정함으로써 위임입법의 범위와 한계를 제시하고 있다.

한편, 헌법 제95조는 "······행정각부의 장은 소관사무에 관하여 법률······의 위임······으로······부령을 발할 수 있다"고 규정하여, 대통령령의 경우와는 달리 "구체적으로 범위를 정하여"라는 제한을 규정하고 있지 아니하나, 부령의 제정·개정절차가 대통령령에 비하여 보다 용이한 점을 고려할 때 법률의 위임에 의한 부령의 경우에도 법률의 위임에 의한 대통령령에 가해지는 헌법상의 제한이 당연히 적용되어야 할 것이다. 따라서 법률로 부령에 위임을 하는 경우라도 적어도 법률의 규정에 의하여 부령으로 규정될 내용 및 범위의 기본사항을 구체적으로 규정함으로써 누구라도 당해 법률로부터 부령에 규정될 내용의 대강을 예측할 수 있도록 하여야 할 것이다.

이러한 예측가능성의 유무는 당해 특정조항 하나만을 가지고 판단할 것은 아니고 관련 법조항 전체를 유기적·체계적으로 종합판단하여야 하며 각 대상법률의 성질에 따라 구체적·개별적으로 검토하여야 한다. 위임입법의 위와 같은 구체성, 명확성의 요구 정도는 각종 법률이 규제하고자 하는 대상의 종류와 성질에 따라 달라질 것이지만, 특히 처벌법규나 조세법규와 같이 국민의 기본권을 직접적으로 제한하거나 침해할 소지가 있는 법규에서는 구체성, 명확성의 요구가 강화되어 그 위임의 요건과 범위가 일반적인 급부행정법규의 경우보다 더 엄격하게 제한적으로 규정되어야 하는 반면에, 규율대상이 지극히 다양하거나 수시로 변화하는 성질의 것일 때에는 위임의 구체성, 명확성의 요건이 완화된다(헌재 1995. 11. 30. 91헌바1등, 판례집

7-2, 562, 591; 1999. 1. 28. 97헌가8, 판례집 11-1, 1, 8 등 참조).
또한, 법률조항 자체에서 위임의 구체적 범위를 명확히 규정하고 있지 않다고 하더라도 당해 법률의 전반적 체계와 관련규정에 비추어 위임조항의 내재적인 위임의 범위나 한계를 객관적으로 분명히 확정할 수 있다면 이를 일반적이고 포괄적인 백지위임에 해당하는 것으로 볼 수는 없다(헌재 1994. 7. 29. 93헌가12, 판례집 6-2, 53, 59; 1995. 11. 30. 94헌바40등, 판례집 7-2, 616, 635; 1996. 10. 31. 93헌바14, 판례집 8-2, 422, 423).

(2) 이 사건 법률조항에 대한 검토
　(가) 위임의 필요성
　　수질환경의 여건은 기후변화, 산업발전의 정도와 생활수준의 향상 등과 같은 경제적·사회적 상황에 따라 수시로 변동하는 것이다. 또한 오염원의 배출기준 혹은 방류기준은 수질기준의 달성에 밀접한 영향을 미치므로, 어떤 수질기준이 설정되어 있는 수역에서 그곳에 오수를 배출하는 오염원의 방류기준이 당해 수질기준을 달성하기에 불충분하게 되면 그 달성에 필요한 보다 엄격한 방류기준이 적용되거나 오염물질의 삭감이 할당된다. 또한 과학이 발달함에 따라 신종 과학물질이 수없이 많이 생산되고 있으며 이러한 신종물질은 건강에 치명적인 영향을 미칠 때가 많이 있으므로, 이러한 경우를 대비할 필요성이 있다.
　　한편 수질환경기준설정은 고도의 전문성, 과학성이 필요한 영역으로서 오염물질에 대한 위해성 평가와 환경역학, 환경독성학 등의 과학적 연구방법을 통하여 그 기준설정의 근거를 마련해야 하며, 건강에 영향을 미치는 신종 물질에 대한 연구 또한 필요하다. 환경정책기본법의 수질환경기준은 오염물질에 대한 위험성확인, 노출평가, 용량반응평가 및 위해도 결정 등의 위해성 평가에 따라 준거치(criteria)를 정하고, 위해성 관리 측면에서 수질환경기준을 설정한다고 한다. 구체적인 오분법상의 방류수수질기준 역시 각 처리시설의 운영실태분석, 기술적 처리수준분석, 수질실험결과 분석 등의 과정을 거쳐 산출되는 것으로서 고도의 전문성을 요하여 법률로써 이를 일반·추상적으로 명확하게 규정하기가 입법기술상 불가능하다.
　　이와 같이 수질환경은 수시로 변화하고, 고도의 전문성, 과학성을 지닌 영역으로서, 오분법이 추구하는 자연환경과 생활환경의 청결 및 수질오염의 감소라는 공익목적을 효율적으로 달성하기 위해서는 방류수수질기준을 환경부령으로 정하여 상황에 맞게 유동적으로 대처할 필요가 있다.
　(나) 위임의 명확성, 수범자의 예측가능성에 대한 평가
　　오분법은 환경에 관한 일반법인 환경정책기본법과 함께 파악하여야 한다. 방류수수질기준을 정하고 있는 오분법 제5조 제3항에서 "시·도는 환경정책기본법 제10조 제3항의 규정에 의한 환경기준의 유지가 곤란하다고 인정하는 때에는 당해 지방자치단체의 조례로 제1항의 기준보다 엄격한 방류수수질기준을 정할 수 있다"고 규정하고 있는 것과 같이, 오분법은 환경정책기본법과 결합하여 수질환경에 관한 사항을 규율하고 있다고 볼 수 있기 때문이다.
　　환경정책기본법 제10조 제1항 및 같은 법 시행령 제2조 및 별표 1에서 정하고 있는 수질환경기준은 수질오염으로부터 수역의 자연상태와 수자원의 질을 보전할 목적으로, 하천, 호소, 지하수, 해역으로 나누어 그 기준을 제시하고 있는데, 하천의 수질환경의 기본항목은 수소이온농도(pH)·생물학적산소요구량(BOD, mg/L)·부유물질량(SS, mg/L)·용존산소량(DO, mg/L)·총대장균군(총대장균군수/100mL)의 생활환경 항목 5개 및 건강보호 항목 9개 등 총 14개 항목으로 구성되어 있다.

따라서 환경정책기본법상 수질환경기준과 오분법 제1조, 제2조 및 제5조를 유기적·체계적으로 고려하여 볼 때, 방류수수질기준의 경우에도 수질오염실태파악을 위한 측정자료로서 환경정책기본법상의 수질환경기준 항목인 수소이온농도, 생물학적산소요구량, 부유물질, 대장균군수 등을 측정항목으로 정할 것으로 충분히 예측할 수 있다.

한편, 측정수치와 관련하여서는 환경기준을 유지할 수 있을 정도의 수준을 요구할 것으로 대강의 예측이 가능하고, 위에서 본 바와 같이 수질환경의 여건이 수시로 변하고, 오수처리시설의 방류수수질기준은 여타의 수질기준과 연동하여 변화하는 점을 생각할 때, 더 이상의 구체적인 수치를 법률에서 일일이 나열하는 것은 수질환경의 변화에 따라 유동적으로 대처한다는 오분법의 취지에 비추어 타당하지 않다.

(3) 소 결

그러므로 이 사건 법률조항은 방류수수질기준을 탄력적으로 규제한다는 측면에서 일정 정도의 위임의 불가피성이라는 측면, 그리고 위임의 명확성이나 수범자의 예측가능성이라는 측면에서 보아 위임입법의 한계를 벗어난 것이라고 할 수 없다.

4. 결 론

이상과 같은 이유에서 이 사건 법률 조항은 헌법에 위반되지 아니하므로 재판관 김영일의 아래와 같은 반대의견을 제외한 나머지 재판관들의 일치된 의견으로 주문과 같이 결정한다.

5. 재판관 김영일의 반대의견

나는 아래에서 밝히는 바와 같은 이유로, 이 사건 법률조항이 헌법 제75조 및 제95조에 규정된 포괄위임금지의 원칙에 위배되어 헌법에 위반된다고 보는 바이다.

(1) 포괄위임금지의 원칙의 의미

헌법 제75조는 "대통령은 법률에서 구체적으로 범위를 정하여 위임받은 사항과 법률을 집행하기 위하여 필요한 사항에 관하여 대통령령을 발할 수 있다."고 규정하고, 헌법 제95조는 "국무총리 또는 행정각부의 장은 소관사무에 관하여 법률이나 대통령령의 위임 또는 직권으로 총리령 또는 부령을 발할 수 있다."고 규정함으로써 행정입법의 근거를 마련함과 동시에 입법권의 위임은 "구체적으로 범위를 정하여" 하도록 하여 입법위임의 명확성을 요구하고 있다. 즉, 행정부도 위임받은 입법권을 행사할 수 있으나, 단 행정부에 의한 입법권의 행사는 수권법률이 명확하다는 전제 하에서만 가능한 것이다.

입법권은 원칙적으로 입법자에 속하나, 입법자가 엄청나게 증가한 규율의 수요를 충족시키기에는 역부족이므로, 현대의 사회적 법치국가에서 입법권의 위임은 의회의 입법부담을 덜어주고 입법자에게 부여된 본연의 과제를 충실히 이행할 수 있도록 하기 위하여 불가피하다. 입법권의 위임은 입법자의 지위와 기능을 약화시키는 것이 아니라, 입법자의 업무를 경감하여 입법자가 공동체의 중요한 정치적 결정에 전념케 함으로써 입법권의 의미있는 사용을 가능하게 하는 것이다. 따라서 입법영역에서의 입법자와 행정부 사이의 과제배분은 불가피하며, 다만, 입법권의 위임과 관련된 위험 즉, 입법권의 포기를 방지하여 입법자의 책임과 기능을 확보하는 것이 중요하다. 헌법 제75조 및 제95조는 "의회의 업무부담을 경감해야 할 필요성"과 "행정부의 규율권한을 입법부의 의사에 종속시킴으로써 행정입법의 민주적 정당성을 확보해야 한다는 요청"을 함께 고려하여 조화를 이룬 결과라 할 수 있다(헌재 2003. 12. 18. 2002헌바49, 판례집 15-2하, 502, 526).

(2) 포괄위임여부를 판단하는 일반적 기준

헌법재판소는 헌법 제75조 및 제95조의 '입법위임의 명확성원칙'과 관련하여 일관되게, "법률에서 구체적으로 범위를 정하여 위임받은 사항이라 함은 법률에 이미 대통령령으로 규정될 내용 및 범위의 기본사항이 구체적으로 규정되어 있어서 누구라도 당해 법률로부터 대통령령에 규정될 내용의 대강을 예측할 수 있어야 함을 의미한다."고 하여 예측가능성의 이론에서 출발하고 있다(헌재 1995. 11. 30. 93헌바32, 판례집 7-2, 598, 607). 또한 헌법재판소는 "여기서 그 예측가능성의 유무는 당해 특정조항 하나만을 가지고 판단할 것이 아니고 관련 법조항 전체를 유기적·체계적으로 종합 판단하여야 하며, 각 대상법률의 성질에 따라 구체적·개별적으로 검토하여야 할 것"이라고 판시함으로써 "법률의 명확성여부는 일반적 법률해석방법에 의하여 판단된다."는 중요한 기준을 제시하고 있다(헌재 1996. 8. 29. 94헌마113, 판례집 8-2, 141, 164). 뿐만 아니라, 헌법재판소는 "위임의 구체성·명확성의 요구정도는 규제대상의 종류와 성격에 따라서 달라진다. ······기본권침해영역에서는 급부행정영역에서 보다는 구체성의 요구가 강화되고, 다양한 사실관계를 규율하거나 사실관계가 수시로 변화될 것이 예상될 때에는 위임의 명확성요건이 완화되어야 한다."고 판시하여 행정부에 입법권을 위임하는 수권법률의 명확성을 판단함에 있어서 규율대상의 특성에 따라 심사의 엄격성이 달라져야 한다는 것을 밝혔다(헌재 1991. 2. 11. 90헌가27, 판례집 3, 11, 30 참조).

요컨대, 수권법률의 명확성의 정도에 대한 요구는 일반적으로 확정될 수 있는 성질의 것이 아니라, "규율하고자 하는 생활영역이 입법자로 하여금 어느 정도로 상세하고 명확하게 규정하는 것을 가능하게 하는가."하는 규율대상의 특수성 및 수권법률이 당사자에 미치는 규율효과에 따라 다르다. 즉, 다양한 형태의 사실관계를 규율하거나 규율대상인 사실관계가 상황에 따라 자주 변화하리라고 예상된다면, 규율대상인 사실관계의 특성을 고려하여 명확성에 대하여 엄격한 요구를 할 수 없으며, 위임에 의하여 제정된 행정입법이 국민의 기본권을 침해하는 성격이 강할수록 보다 명확한 수권이 요구된다는 것이다.

(3) 이 사건 법률조항이 헌법 제95조의 '포괄위임금지의 원칙'에 위반되는지 여부

이 사건 법률조항은 오수처리시설을 하는 일반국민으로 하여금 방류수의 수질 기준에 대하여 어떠한 측정기준에 입각하여 어느 정도의 범위 내에서 오염을 허용하는지에 관한 최소한의 정보도 제공하지 아니한 채 이를 포괄적으로 환경부령에 위임하고 있다. 즉, 이 사건 법률조항은 행정부에 입법권을 위임하면서 행정부가 위임된 입법권을 행사함에 있어서 준수해야 할 기본방침을 전혀 제시하고 있지 않으므로, 헌법 제75조의 요청에 부합하는지 하는 의문이 제기된다.

먼저, 이 사건 법률조항이 규율하는 방류수수질기준은 다수의견이 지적하는 바와 같이 수질환경을 비롯한 여타의 사회·경제적 환경에 따라 그 기준이 수시로 변할 수 있고, 수질환경기준설정은 고도의 전문성, 과학성이 필요한 영역이므로, 규율대상의 특수성은 인정된다.

그런데 방류수수질기준은 무엇을 준거로 하여 측정되는지, 그리고 어느 정도의 오염을 허용하는지의 두 가지 의미를 가지고 있으므로, 이 사건 법률조항은 이 두 가지 사항을 행정입법에 위임하는 것이다. 그러나 입법권을 위임하는 법률이 충분히 명확한지 여부를 당해 법률조항만이 아니라 그 규범이 위치하는 법률 전체를 포함한 관련법조항의 체계적인 해석을 통하여 판단해야 한다는 점을 고려하더라도, 오분법의 다른 규정과 환경에 관한 일반법인 환경정책기본법으로부터는 일반적인 수질환경의 측정기준에 관한 사항만 예측할 수 있을 뿐 어느 정도의 범위 내에서 방류수수질이 허용되는지에 대해서는 이를 예측할 수 있는 자료가 전혀 없다. 다수의견은 "측정수치와 관련하여서는 환경기준을 유지할 수 있을 정도의 수준을 요구할 것으로 대강의 예측이 가능하다."고 하고 있으나, 오분법의 규정 및 환경정책기본법의 규정을 살펴보아도 환경기준을 유지할 수 있을 정도의 수준이 어느 정도인지를 예측하기 어렵다.

그러므로 이 사건 법률조항은 입법권의 위임과 관련된 위험 즉, 입법권의 포기를 방지하여 입법

자의 책임과 기능을 확보하는 것이 중요하다는 관점에서 볼 때, 위임입법의 한계를 벗어난 것이다.

더욱이 이 사건 법률조항의 오수처리시설의 방류수수질기준을 위반하여 오수를 방류한 경우 이 사건 법률조항은 과태료부과조항인 오분법 제58조 제1항 제1호와 결합하여 과태료를 부과하는 구성요건적 조항이 되므로, 비록 이 사건 법률조항이 형법법규는 아니라 하더라도 이와 유사하게 기본권을 제한하는 요소가 강하다는 점에서 위임의 명확성에 대하여 형법법규에 버금가는 엄격한 요구를 해야 한다고 생각한다. 즉, 위임법률에 의한 기본권제한의 효과가 크므로, 당사자는 규율의 내용에 관하여 보다 확실하게 파악해야 할 필요성이 있는 것이다(헌재 2003. 12. 18. 2002헌바49, 판례집 15-2하, 502, 528 참조).

결론적으로 이 사건 법률조항으로부터 환경부령이 정할 내용의 대강을 전혀 예측할 수 없고, 다른 한편으로는 오수처리시설의 방류수수질기준에 관하여 전적으로 행정부에 위임하는 것을 정당화하는 합리적인 사유를 발견할 수 없으므로, 이 사건 법률조항은 입법위임의 명확성을 요청하는 헌법 제75조에 위반되는 규정으로서 위헌으로 판단되어야 한다.

재판관   윤영철(재판장) 김영일 권성 김효종(주심) 김경일 송인준 주선회 전효숙 이상경

[판례 22] 재량행위 (대법원 2000. 6. 13. 선고 99두2857 판결)

【판시사항】

구 오수·분뇨및축산폐수의처리에관한법률 제35조 소정의 정화조청소업허가신청에 대하여 기존의 업체만으로도 분뇨의 수집·운반 등에 별다른 지장이 없다는 사유로 한 반려처분은 재량권의 한계를 일탈하여 위법한 것인지 여부(적극)

【판결요지】

구 오수·분뇨및축산폐수의처리에관한법률(1999. 2. 8. 법률 제5864호로 개정되기 전의 것) 제3조 제1항, 제4조의2 제2항, 제18조 제1항, 제35조 제1항, 제3항, 같은법시행규칙(1999. 1. 25. 환경부령 제61호로 개정되기 전의 것) 제79조, 제80조 제1항의 각 규정을 종합하여 보면, 분뇨의 수집·운반 등은 시장·군수·구청장의 업무로서 시장 등은 이를 스스로 처리하거나 당해 지방자치단체의 조례가 정하는 바에 따라 분뇨수집·운반업자 및 정화조청소업자 등에게 영업을 허가하여 그 수집·운반 등을 대행하게 할 수 있는바, 정화조청소업 등의 허가를 받기 위한 요건으로서 같은법시행규칙에서 자본금·시설·장비 및 기술에 관한 최소한도를 정해 두었을 뿐 그 영업이 분뇨의 수집·운반대행에 적정한지 여부에 대하여는 일률적으로 확정하여 규정하는 형식을 취하지 아니함으로써 그 적정 여부에 대하여 재량의 여지를 남겨두고 있다 할 것이므로, 시장 등은 정화조청소업에 대한 허가 여부를 결정함에 있어서 분뇨의 수집·운반대행이 적정하게 이루어질 수 있도록 같은법시행규칙에 규정된 허가요건 이외에 분뇨처리계획, 관할구역 안에서의 현재 및 장래의 분뇨발생량, 현재의 분뇨처리상황 등을 고려할 수 있다고 할 것이고, 한편 1997. 3. 7. 법률 제5301호로 같은 법이 개정되면서 시장 등은 관할구역 안의 분뇨발생량과 허가를 받은 자의 지역적 분포를 고려하여 분뇨등관련영업의 허가를 제한할 수 있다고 규정한 제35조 제5항이 삭제되었으므로 위 개정된 구 오수·분뇨및축산폐수의처리에관한법률이 시행된 후에는 허가업

체의 수의 제한이나 기존 허가업체에 대한 독점적 대행권의 유지는 허용되지 아니한다고 해석되고, 따라서 시장 등은 관할 구역 내에 1개의 정화조청소업체만이 허가되어 있는 상황에서 새로운 정화조청소업의 허가가 신청될 경우, 당해 지방자치단체 내의 분뇨발생량에 비하여 기존 업체의 시설이 과다하여 신규허가를 한다면 업체 간의 과당경쟁 및 무계획적인 수집·운반으로 인하여 분뇨의 수집·운반에 관한 안정적이고 효율적인 책임행정의 이행이 불가능하게 될 것으로 예상되는 경우가 아니고, 또 구 오수·분뇨및축산폐수의처리에관한법률 제35조 제3항에 의하여 영업구역 등 조건을 붙이더라도 이를 해결할 수 없는 상태가 아님에도, 기존의 업체만으로도 분뇨의 수집·운반 등에 별다른 지장이 없다는 사유로 이를 거부함은 실질적으로 허가업체의 수를 유지하거나 독점적 대행권을 유지하는 것이 되어 법령의 목적에 위배되거나 객관적인 합리성과 타당성을 잃은 것으로 위법하다.

【참조조문】

구 오수·분뇨및축산폐수의처리에관한법률(1999. 2. 8. 법률 제5864호로 개정되기 전의 것) 제3조 제1항, 제4조의2 제2항, 제18조 제1항, 제35조, 구 오수·분뇨및축산폐수의처리에관한법률시행규칙(1999. 1. 25. 환경부령 제61호로 개정되기 전의 것) 제79조, 제80조 제1항, 행정소송법[행정처분일반] 제1조

【참조판례】

대법원 1998. 4. 28. 선고 97누21086 판결(공1998상, 1531), 대법원 1998. 5. 8. 선고 98두4061 판결(공1998상, 1644)

【전 문】

【원고,피상고인】 정의욱

【피고,상고인】 파주시장

【피고보조참가인】 주식회사 파주 위생공사 (소송대리인 변호사 구도일)

【원심판결】 서울고법 1999. 1. 28. 선고 98누13142 판결

【주 문】

상고를 기각한다. 상고비용 중 보조참가로 인한 부분은 피고 보조참가인의, 그 나머지 부분은 피고의 각 부담으로 한다.

【이 유】

상고이유와 기간이 지난 뒤에 제출된 상고이유보충서 기재 중 상고이유를 보충하는 부분을 함께 판단한다.

구 오수·분뇨및축산폐수의처리에관한법률(1999. 2. 8. 법률 제5864호로 개정되기 전의 것, 이하 '법'이라 한다) 제3조 제1항, 제4조의2 제2항, 제18조 제1항, 제35조 제1항, 제3항, 같은법시행규칙(1999. 1. 25. 환경부령 제61호로 개정되기 전의 것, 이하 '시행규칙'이라 한다) 제79조, 제80조 제1항의 각 규정을 종합하여 보면, 분뇨의 수집·운반 등은 시장·군수·구청장(이하 '시장 등'이라 한다)의 업무로서 시장 등은 이를 스스로 처리하거나 당해 지방자치단체의 조례가 정하는 바에 따라 분뇨수집·운반업자 및 정화조청소업자 등에게 영업을 허가하여 그 수집·운반 등을 대행하게 할 수 있는바, 정화조청소업 등의 허가를 받기 위한 요건으로서 시행규칙에서 자본금·시설·장비 및 기술에 관한 최소한도를 정해 두었을 뿐 그 영업이 분뇨의 수집·운반대행에 적정한지 여부에 대하여는 일률적으로 확정하여 규정하는 형식을 취하지 아니함으로써 그 적정 여부에 대하여 재량의 여지를 남겨두고 있다 할 것이므로, 시장 등은 정화조청소업에 대한 허가 여부를 결정함에 있어서 분뇨의 수집·운반대행이 적정하게 이루어질 수

있도록 시행규칙에 규정된 허가요건 이외에 분뇨처리계획, 관할구역 안에서의 현재 및 장래의 분뇨발생량, 현재의 분뇨처리상황 등을 고려할 수 있다.

한편 1997. 3. 7. 법률 제5301호로 법이 개정되면서 시장 등은 관할구역 안의 분뇨발생량과 허가를 받은 자의 지역적 분포를 고려하여 분뇨등관련영업의 허가를 제한할 수 있다고 규정한 제35조 제5항이 삭제되었으므로 위 개정된 법이 시행된 후에는 허가업체의 수의 제한이나 기존 허가업체에 대한 독점적 대행권의 유지는 허용되지 아니한다고 해석되고, 따라서 시장 등은 관할 구역 내에 1개의 정화조청소업체만이 허가되어 있는 상황에서 새로운 정화조청소업의 허가가 신청될 경우, 당해 지방자치단체 내의 분뇨발생량에 비하여 기존 업체의 시설이 과다하여 신규허가를 한다면 업체 간의 과당경쟁 및 무계획적인 수집·운반으로 인하여 분뇨의 수집·운반에 관한 안정적이고 효율적인 책임행정의 이행이 불가능하게 될 것으로 예상되는 경우가 아니고, 또 법 제35조 제3항에 의하여 영업구역 등 조건을 붙이더라도 이를 해결할 수 없는 상태가 아님에도, 기존의 업체만으로도 분뇨의 수집·운반 등에 별다른 지장이 없다는 사유로 이를 거부함은 실질적으로 허가업체의 수를 유지하거나 독점적 대행권을 유지하는 것이 되어 법령의 목적에 위배되거나 객관적인 합리성과 타당성을 잃은 것으로 위법하다 할 것이다.

이 사건에 관하여 보건대, 기록에 의하면 피고 보조참가인의 분뇨 수집·운반 및 정화조청소 장비의 가동률은 상당히 높은 수준인데 피고로부터 임차한 청소차 3대는 그 사용연한이 경과하여 곧 폐기하여야 하는 실정이며 이 사건 처분 무렵 파주시의 정화조 중 절반 이상이 제때에 청소되지 아니하여 피고가 정화조 관리자들에게 이를 독촉하는 등 분뇨발생량에 비하여 시설·장비가 과다한 상태에 있지는 아니한 사실을 알 수 있는데다가, 신규의 정화조청소업을 허가하여 피고 보조참가인에게 경쟁상대를 추가시킴으로써 일시적인 공급시설의 과잉현상이 나타나 어느 정도의 손해가 발생할 것은 예상되지만 상고이유에서 주장하는 바와 같이 업체의 난립 및 과당경쟁으로 기존 정화조청소의 질서가 파괴되는 사정을 인정할 자료는 기록상 보이지 아니하므로, 결국 원고의 허가신청을 반려한 이 사건 처분은 재량권의 한계를 일탈한 위법한 처분이라 할 것이니, 원심의 설시에 다소 부적절한 점이 있으나 이 사건 정화조청소업허가신청에 대한 피고의 반려처분이 부적법하다고 보아 이를 취소한 결론은 정당하다고 여겨지고, 거기에 상고이유에서 주장하는 재량권의 범위에 관한 법리오해 등의 위법이 있다고 할 수 없다.

상고이유의 주장은 받아들일 수 없다.

그러므로 상고를 기각하고, 상고비용은 패소자의 부담으로 하기로 하여 관여 대법관의 일치된 의견으로 주문과 같이 판결한다.

대법관 　유지담(재판장) 지창권 신성택(주심) 서성

제6장　하수도법

1. "하수"라 함은

생활이나 사업에 기인하거나 부수되는 오수·빗물과 건물 그 밖의 시설물의 부지로부터 공공하수도에 배출되는 지하수를 말한다(제2조 제1호).

하수도상 중요한 개념을 이루는 "하수도"는 하수를 배제 또는 처리하기 위하여 설치되는 하수관거, 하수종말처리시설, 기타의 공작물과 시설의 총체(제2조 제2호)를 말하는 광범위한 개념이다. 이에 따르면 하수도는 하수(농작물의 경작으로 인한 하수 제외)를 처리하는 시설은 물론이고 배출원에서 처리시설까지 수송하는 시설과 하수를 처리한 다음 방류지점까지 수송하는데 소요되는 시설 일체를 의미한다. 특히 "공공하수도"란 지방자치단체가 설치 또는 관리하는 하수도를 말한다.

☞ **하수도법 (시행 2024. 5. 17)**

제1장 총칙
제1조 목적
제2조 정의
제3조 국가 및 지방자치단체의 책무
제4조 국가하수도종합계획의 수립
제4조의2 유역하수도정비계획의 수립
제4조의3 하수도정비중점관리지역의 지정 등
제4조의4 하수관로 유지관리계획 수립 등
제5조 하수도정비기본계획의 수립권자 등
제6조 하수도정비기본계획의 수립 등
제7조 방류수수질기준
제8조 타인토지의 출입 등
제9조 손실보상
제10조 토지 등의 수용 및 사용
제10조의2 토지의 지하부분 사용에 대한 보상 등
제10조의3 구분지상권의 설정등기 등

제2장 공공하수도의 설치 및 관리
제11조 공공하수도의 설치 등
제12조 설치기준 등
제13조 겸용공작물에 관한 공사 등의 시행
제14조 타공사의 시행
제15조 사용의 공고 등
제16조 공공하수도관리청이 아닌 자의 공사시행 등
제17조 인가·허가 등의 의제
제18조 공공하수도관리청
제19조 공공하수도의 운영·관리 및 손괴·방해 행위 금지 등
제19조의2 공공하수도 관리대행업 등
제19조의3 결격사유
제19조의4 등록취소 등
제19조의5 관리대행 계약체결 및 계약해지
제19조의6 관리대행업자의 지위승계
제20조 기술진단 등
제20조의2 기술진단의 대행 등
제20조의3 기술진단전문기관 등록의 결격사유
제20조의4 기술진단전문기관의 등록취소 등

제37조 개인하수처리시설의 준공검사 등
제38조 개인하수처리시설의 설계·시공
제39조 개인하수처리시설의 운영·관리
제40조 개인하수처리시설에 대한 개선명령

제4장 분뇨의 처리
제41조 분뇨처리 의무
제42조 분뇨의 광역관리 등
제43조 분뇨의 처리
제44조 분뇨의 재활용

제5장 하수·분뇨 관련 영업
제45조 분뇨수집·운반업
제46조 분뇨수집·운반업자의 지위 승계
제47조 분뇨수집·운반업자의 준수사항
제48조 결격사유
제49조 허가의 취소 등
제50조 과징금
제51조 개인하수처리시설설계·시공업
제52조 개인하수처리시설제조업
제53조 개인하수처리시설관리업
제54조 등록의 취소 등
제55조 등록취소 또는 영업정지 처분을 받은 처리시설설계·시공업자의 계속공사
제56조 휴업·폐업 등의 신고
제56조의2 분뇨수집·운반업자에 대한 폐업지원

제6장 비용부담 등
제57조 비용부담의 원칙
제58조 비용분담
제59조 시·군에 대한 부담명령
제60조 겸용공작물에 관한 공사 등의 비용부담
제61조 원인자부담금 등
제62조 타공사의 비용부담
제63조 국고보조
제64조 국유지의 무상대여·양여
제65조 사용료 등

제7장 보칙
제66조 기술관리인

제21조 기술진단전문기관의 지위승계
제22조 사용의 제한 등
제23조 제해시설의 설치 등
제24조 점용허가
제25조 공사의 중지명령 등
제26조 조치명령 및 허가의 취소 등
　　　　　제3장 개인하수도의 설치 및 관리
　　　　　　　제1절 배수설비 등
제27조 배수설비의 설치 등
제28조 공공하수도 유입제외
제29조 타인의 토지 또는 배수설비의 사용
제30조 배수설비 등에 대한 조치명령
제31조 배수설비 등의 검사
제32조 개인하수도 설치의 지원 등
제33조 특정공산품의 사용제한 등
　　　　　　　제2절 개인하수처리시설
제34조 개인하수처리시설의 설치
제34조의2 개인하수도관리지역 지정 등
제35조 건물등의 증축 등에 대한 특례
제36조 오수·폐수 등의 병합처리에 관한 특례

제67조 교육
제68조 장부의 기록·보존
제68조의2 하수도 정보시스템 구축 등
제68조의3 유역하수도지원센터의 설립·운영
제69조 보고·검사
제69조의2 공공하수도 운영·관리실태점검
제70조 수수료
제71조 영업허가의 취소 요청 등
제72조 청문
제73조 강제징수 등
제74조 권한 또는 업무의 위임·위탁 등
제74조의2 벌칙 적용 시의 공무원 의제
　　　　　　제8장 벌칙
제75조 벌칙
제76조 벌칙
제77조 벌칙
제78조 벌칙
제79조 양벌규정
제80조 과태료

2. 하수 (법제처 법령해석사례)

[사례 1] 민원인 - 공공하수처리시설 등이 폐기물처리시설에 포함되는지(「폐기물처리시설 설치촉진 및 주변지역지원 등에 관한 법률」 제2조제1항 등 관련)

　　　　　　　　　　　　　　　　　　　　　　　　안건번호13-0425 회신일자2013-09-30

1. 질의요지
　「하수도법」 제2조제9호 및 제11호에 따른 공공하수처리시설 및 분뇨처리시설이 「폐기물처리시설 설치촉진 및 주변지역지원 등에 관한 법률」 제2조제1호에 따른 폐기물처리시설에 포함되는지?

2. 회답
　「하수도법」 제2조제9호 및 제11호에 따른 공공하수처리시설 및 분뇨처리시설은 「폐기물처리시설 설치촉진 및 주변지역지원 등에 관한 법률」 제2조제1호에 따른 폐기물처리시설에 포함되지 않는다고 할 것입니다.

3. 이유
　「하수도법」 제2조제9호에 따르면 "공공하수처리시설"이란 하수를 처리하여 하천·바다 그 밖의 공유수면에 방류하기 위하여 지방자치단체가 설치 또는 관리하는 처리시설과 이를 보완하는 시설을 말한다고 규정하고 있고, 같은 조 제11호에 따르면 "분뇨처리시설"이란 분뇨를 침전·분해 등의 방법으로 처리하는 시설을 말한다고 규정하고 있습니다.
　한편, 「폐기물처리시설 설치촉진 및 주변지역지원 등에 관한 법률」(이하 "폐촉법"이라 함) 제2조제1호에 따르면 "폐기물처리시설"이란 「폐기물관리법」 제2조에 따른 폐기물처리시설을 말한다고 규정하고 있고, 「폐기물관리법」 제2조제8호에 따르면 "폐기물처리시설"이란 폐기물의 중간이처분시설, 최종처분시설 및 재활용시설로서 대통령령으로 정하는 시설을 말한다고 규정하고 있으며, 「폐기물관리법」 제3조제1항제5호에 따르면 「하수도법」에 따른 하수·분뇨에 해당하는 물질에 대하여는 「폐기물관리법」을 적용하지 아니한다고 규정하고 있는바, 이 사안에서는 「하수도법」 제2조제9호 및 제11호에 따른 공공하수처리시설 및 분뇨처리시설이 폐촉법 제2조제1호에 따른 폐기물처리시설에 포함되는지가 문제될 수 있습니다.

살피건대, 법령의 문언 자체가 비교적 명확한 개념으로 구성되어 있다면 원칙적으로 더 이상 다른 해석방법은 활용할 필요가 없거나 제한될 수밖에 없다 할 것인바, 「폐기물관리법」 제2조제1호에 따르면 "폐기물"이란 쓰레기, 연소재, 오니, 폐유, 폐산, 폐알칼리 및 동물의 사체 등으로서 사람의 생활이나 사업활동에 필요하지 아니하게 된 물질을 말하고, 같은 법 제3조제1항제5호에서 「하수도법」에 따른 하수·분뇨는 「폐기물관리법」의 적용을 배제시키고 있으므로, 「하수도법」에 따른 하수·분뇨는 「폐기물관리법」 제2조제1호의 "폐기물"에서 배제되고, 폐기물이 아닌 하수·분뇨를 처리하는 시설은 폐촉법에 따른 폐기물처리시설이 아니라고 할 것입니다.

따라서, 「하수도법」 제2조제9호 및 제11호에 따른 공공하수처리시설 및 분뇨처리시설은 폐촉법 제2조제1호에 따른 폐기물처리시설에 포함되지 않는다고 할 것입니다.

[사례 2] 울산광역시 - 하수처리구역에서 폐수를 공공수역으로 배출하는 경우 적용되는 수질오염물질의 배출허용기준(「물환경보전법 시행규칙」 제34조 등 관련)

안건번호20-0010 회신일자2020-05-11

1. 질의요지

2019년 1월 1일부터 2020년 12월 31일까지 「하수도법」 제2조제15호의 하수처리구역에서 같은 법 제28조제1호에 따라 공공하수도관리청의 허가를 받아 폐수를 공공하수도(각주: 「하수도법」 제2조제제4호에 따른 공공하수도를 말하며, 이하 같음.)에 유입시키지 않고 공공수역으로 방류하는 폐수배출시설(각주: 「물환경보전법」 제2조제18호에 따른 공공폐수처리구역이 아닌 곳에 설치된 폐수배출시설을 전제함.)의 경우, 총질소(T-N) 및 총인(T-P) 항목에 대해 「하수도법 시행규칙」 별표 1 제1호가목에 따른 공공하수처리시설의 방류수수질기준을 적용해야 하는지 아니면 「물환경보전법 시행규칙」 별표 13 제2호나목8)에 따른 폐수배출시설의 배출허용기준을 적용해야 하는지?

※ 질의배경

울산광역시에서는 위 질의요지에 대한 환경부의 회신내용에 이견이 있어 법제처에 법령해석을 요청함.

2. 회답

이 사안의 경우 총질소(T-N) 및 총인(T-P) 항목에 대해 「하수도법 시행규칙」 별표 1에 따른 공공하수처리시설의 방류수수질기준을 적용해야 합니다.

3. 이유

입법 목적을 달리하는 법률들이 일정한 행위에 관한 요건을 각각 규정하고 있는 경우에는 어느 법률이 다른 법률에 우선하여 배타적으로 적용된다고 해석되지 않는 한 어떤 행위가 둘 이상의 법률의 요건에 모두 해당한다면 둘 이상의 법률이 모두 적용된다고 할 것인바,(각주: 대법원 2010. 9. 9. 선고 2008두22631 판결례 참조) 「물환경보전법」은 수질오염으로 인한 국민건강 및 환경상의 위해를 예방하고 공공수역의 물환경을 적정하게 관리·보전하는 것을 목적(제1조)으로 하고, 「하수도법」은 하수도의 설치 및 관리 기준 등을 정함으로써 하수와 분뇨를 적정하게 처리하며 공공수역의 수질을 보전하는 것을 목적(제1조)으로 하는 법률로서, 양 법 모두 공공수역의 수질 보전을 최종적인 목적으로 하는 것은 동일하나 구체적인 규율 대상과 내용 등을 달리하므로 이 사안과 같이 하수처리구역에서 폐수를 배출하는 행위가 「물환경보전법」과 「하수도법」의 적용대상에 해당하면 원칙적으로 각 법률에서 정한 기준 등을 모두 준수해야 합니다.

그런데 「하수도법」 제27조제1항에서는 공공하수도의 사용이 개시된 때에는 그 배수구역의 하수는 공공하수도에 유입시키는 것을 원칙으로 하면서, 같은 법 제28조제1호에서는 제27조제1항에도 불구하고 공공하수처리시설의 방류수수질기준을 초과하지 않는 하수를 배출하는 자는 공공하수도관리청의 허가를 받아 하수를 공공하수도에 유입시키지 않을 수 있다고 규정하고 있고, 같은 법 시행규칙 제3조제1항제1호 및 별표 1 제1호가목에서는 총질소(T-N) 및 총인(T-P) 항목을 포함하여 공공하수처리시설의 방류수수질기준을 정하고 있으므로, 이 사안과 같이 「하수도법」 제28조제1호에 따라 공공하수도관리청의 허가를 받아 폐수를 공공하수도에 유입시키지 않고 공공수역으로 방류하는 폐수배출시설의 경우 같은 법 시행규칙 별표 1 제1호가목에 따른 방류수수질기준을 준수해야 하는 것이 문언상 명백합니다.

한편 「물환경보전법」 제32조제1항의 위임에 따라 폐수배출시설에서 배출되는 수질오염물질의 배출허용기준을 정하고 있는 같은 법 시행규칙 별표 13 제2호가목(생물화학적산소요구량‧화학적산소요구량‧부유물질량) 비고란 및 같은 호 나목(각주: 4) 2021년 1월 1일부터 적용되는 배출허용기준을 정함.) 비고란에서는 "하수처리구역에서 「하수도법」 제28조에 따라 공공하수도관리청의 허가를 받아 폐수를 공공하수도에 유입시키지 않고 공공수역으로 배출하는 폐수배출시설에 대한 배출허용기준은 공공하수처리시설의 방류수수질기준을 적용한다"고 명시적으로 규정한 것과 달리, 2019년 1월 1일부터 2020년 12월 31일까지 적용되는 배출허용기준을 정하고 있는 같은 별표 제2호나목8)에서는 「하수도법」의 적용에 대해 별도로 규정하고 있지 않으므로 이 사안의 경우 「하수도법 시행규칙」 별표 1에 따른 방류수수질기준이 적용되지 않는다는 의견이 있습니다.

그러나 앞에서 살펴본 바와 같이 하수처리구역에서의 폐수 배출 등 하수처리에 관하여는 「하수도법」과 「물환경보전법」이 각각 적용되는 것이므로 「물환경보전법 시행규칙」 별표 13 제2호가목 및 나목의 일부 비고란의 「하수도법」 적용관계에 대한 부분은 확인적인 규정으로 보아야 하고, 만약 이와 달리 「물환경보전법 시행규칙」 별표 13 제2호나목8)에서는 「하수도법」 적용관계에 대한 규정이 없으므로 「하수도법 시행규칙」 별표 1 제1호가목의 방류수수질기준이 적용되지 않는다고 본다면 「하수도법」 제28조제1호에 따라 공공하수처리시설의 방류수수질기준을 충족하는 것을 조건으로 예외적으로 폐수를 공공수역으로 유입하는 허가를 받은 것인데 허가 이후에는 허가 기준을 준수하지 않게 된다는 점에서 그러한 의견은 타당하지 않습니다.

< 관계 법령>
※ 물환경보전법 시행규칙
제34조 (배출허용기준) 법 제32조제1항에 따른 수질오염물질의 배출허용기준은 별표 13과 같다.

[별표 13] 수질오염물질의 배출허용기준(제34조 관련) <개정 2025. 3. 20.>
수질오염물질의 배출허용기준(제34조 관련)
1. (생　략)
2. 항목별 배출허용기준
가. (생　략)

나. 페놀류 등 수질오염물질
1) ~ 7) (생 략)
8) 2019년 1월 1일부터 2020년 12월 31일까지 적용되는 기준(총질소·총인 외 생략)

항 목	지역 구분	청정 지역	가 지역	나 지역	특례 지역
총질소(mg/L)		30 이하	60 이하	60 이하	60 이하

비고
1. ~ 7. (생 략)
9) 2021년 1월 1일부터 적용되는 기준(총질소·총인 외 생략)

항 목	지역 구분	청정 지역	가 지역	나 지역	특례 지역
총질소(mg/L)		30 이하	60 이하	60 이하	60 이하

비고
1. ~ 8. (생 략)
9. 하수처리구역에서 「하수도법」 제28조에 따라 공공하수도관리청의 허가를 받아 폐수를 공공하수도에 유입시키지 않고 공공수역으로 배출하는 폐수배출시설 및 「하수도법」 제27조제1항을 위반하여 배수설비를 설치하지 않고 폐수를 공공수역으로 배출하는 사업장에 대한 배출허용기준은 공공하수처리시설의 방류수 수질기준을 적용한다.

※ 하수도법
제27조 (배수설비의 설치 등) ① 공공하수도의 사용이 개시된 때에는 배수구역 안의 토지의 소유자·관리자(그 토지 위에 시설물이 있는 경우에는 그 시설물의 소유자 또는 관리자를 말한다) 또는 국·공유시설물의 관리자는 그 배수구역의 하수를 공공하수도에 유입시켜야 하며, 이에 필요한 배수설비를 설치하여야 한다.
　② ~ ⑦ (생 략)
제28조 (공공하수도 유입제외) 제27조제1항의 규정에 불구하고 다음 각 호의 어느 하나에 해당하는 하수를 배출하는 자는 하수를 공공하수도에 유입시키지 아니할 수 있다. 이 경우 환경부령이 정하는 바에 따라 미리 공공하수도관리청의 허가를 받아야 한다.
　1. 공공하수처리시설의 방류수수질기준을 초과하지 아니하는 하수
　2. 「물환경보전법」 제2조제17호에 따른 공공폐수처리시설의 방류수
　3. 그 밖에 환경부령이 정하는 하수

※ 하수도법 시행규칙
제3조 (방류수의 수질기준 등) ① 법 제7조제1항에 따른 방류수수질기준은 다음 각 호와 같다.
　1. 공공하수처리시설·간이공공하수처리시설의 방류수수질기준은 별표 1과 같다.
　2.·3. (생 략)
　②·③ (생 략)

[별표 1]
공공하수처리시설·간이공공하수처리시설의 방류수수질기준(제3조제1항제1호 관련)
1. 공공하수처리시설의 방류수수질기준
　가. 방류수수질기준
　　1) 2020년 12월 31일까지 적용되는 기준

구분		생물화학적 산소요구량 (BOD) (mg/L)	화학적 산소요구량 (COD) (mg/L)	부유물질 (SS) (mg/L)	총질소 (T-N) (mg/L)	총인 (T-P) (mg/L)	총대장균군 수 (개/㎖)	생태 독성 (TU)
1일 하수처리용량 500㎥ 이상	Ⅰ지역	5 이하	20 이하	10 이하	20 이하	0.2 이하	1,000 이하	1 이하
	Ⅱ지역	5 이하	20 이하	10 이하	20 이하	0.3 이하	3,000 이하	
	Ⅲ지역	10 이하	40 이하	10 이하	20 이하	0.5 이하		
	Ⅳ지역	10 이하	40 이하	10 이하	20 이하	2 이하		
1일 하수처리용량 500㎥ 미만 50㎥ 이상		10 이하	40 이하	10 이하	20 이하	2 이하		
1일 하수처리용량 50㎥ 미만		10 이하	40 이하	10 이하	40 이하	4 이하		

(이하 생략)

[사례 3] 민원인 - 「하수도법」 제2조제4호에 따른 공공하수도의 범위 관련(「하수도법」 제2조제4호 등 관련)

안건번호16-0427 회신일자2016-09-12

1. 질의요지

「하수도법」 제2조제4호에서는 "공공하수도"란 지방자치단체가 설치 또는 관리하는 하수도를 말하되(본문), 개인하수도를 제외한다(단서)고 규정하고 있고, 같은 조 제5호에서는 "개인하수도"란 건물·시설 등의 설치자 또는 소유자가 당해 건물·시설 등에서 발생하는 하수를 유출 또는 처리하기 위하여 설치하는 배수설비·개인하수처리시설과 그 부대시설을 말한다고 규정하고 있는바, 지방자치단체가 건물·시설 등의 설치자인 경우로서, 해당 지방자치단체의 예산으로 그 건물·시설 등에서 발생하는 하수를 처리하기 위하여 설치하는 하수처리시설이 「하수도법」 제2조제4호 본문에 따른 공공하수도에 해당하는지 아니면 같은 호 단서에 따른 공공하수도에서 제외되는 개인하수도에 해당하는지?

※ 질의배경

○ 한국공공하수도 관리대행업 협회 소속인 민원인은 보건진료소, 경로당 등에 설치된 하수처리시설은 국가 또는 지방자치단체의 예산으로 설치·관리되고 있고, 개인이 아닌 다수의 사람들이 관련된 시설이므로 개인하수도가 아닌 공공하수도에 해당하고, 공공하수도 관리대행업자가 그 하수처리를 대행하여야 한다는 등의 취지에서 환경부 질의를 거쳐 법제처에 직접 법령해석을 요청함.

2. 회답

지방자치단체가 건물·시설 등의 설치자인 경우로서, 해당 지방자치단체의 예산으로 그 건물·시설 등에서 발생하는 하수를 처리하기 위하여 설치하는 하수처리시설은 「하수도법」 제2조제4호 단서에 따른 공공하수도에서 제외되는 개인하수도에 해당합니다.

3. 이유

「하수도법」 제2조제4호 본문에서는 "공공하수도"란 지방자치단체가 설치 또는 관리하는 하수도를 말하되(본문), 개인하수도를 제외한다(단서)고 규정하고 있고, 같은 조 제5호에서는 "개인하수도"란 건물·시설 등의 설치자 또는 소유자가 당해 건물·시설 등에서 발생하는 하수를 유출 또는 처리하기 위하여 설치하는 배수설비·개인하수처리시설과 그 부대시설을 말한다고 규정하고 있습니다.

그리고, 「하수도법」 제2조제9호에서는 "공공하수처리시설"이란 하수를 처리하여 하천·바다 그 밖의 공유수면에 방류하기 위하여 지방자치단체가 설치 또는 관리하는 처리시설과 이를 보완하는 시설을 말한다고 규정하고 있고, 같은 조 제13호에서는 "개인하수처리시설"이란 건물·시설 등에서 발생하는 오수를 침전·분해 등의 방법으로 처리하는 시설을 말한다고 규정하고 있는바,

이 사안은 지방자치단체가 건물·시설 등의 설치자인 경우로서, 해당 지방자치단체의 예산으로 그 건물·시설 등에서 발생하는 하수를 처리하기 위하여 설치하는 하수처리시설이 「하수도법」 제2조제4호 본문에 따른 공공하수도에 해당하는지 아니면 같은 호 단서에 따른 공공하수도에서 제외되는 개인하수도에 해당하는지에 관한 것이라 하겠습니다.

먼저, 「하수도법」 제2조제4호 본문에서는 지방자치단체가 설치 또는 관리하는 하수도를 공공하수도로 규정하면서 같은 호 단서에서 개인하수도를 제외하도록 규정하고 있는바, 이는 같은 조 제3호에서 "하수도"를 하수와 분뇨를 유출 또는 처리하기 위하여 설치되는 하수관로·공공하수처리시설·간이공공하수처리시설·하수저류시설·분뇨처리시설·배수설비·개인하수처리시설 그 밖의 공작물·시설의 총체로 정의함에 따라 지방자치단체가 건물·시설 등의 설치자 또는 소유자의 지위에서 설치하는 개인하수도는 공공하수도의 범위에서 명확하게 제외됨을 규정한 것이라고 할 것입니다. 즉 「하수도법」 제2조제4호의 문장구조상 본문에서는 공공하수도의 설치주체를 지방자치단체로 규정하고 있으므로 같은 호 단서의 "개인하수도"의 설치주체도 지방자치단체라고 할 것인바, 지방자치단체가 같은 조 제5호에 따른 개인하수도를 설치하는 경우가 있으므로 이를 공공하수도의 범위에서 제외하려는 것이라고 보아야 하고, 따라서 지방자치단체가 건물·시설 등의 설치자 또는 소유자의 지위에서 해당 건물·시설 등에서 발생하는 오수를 침전, 분해 등의 방법으로 처리하기 위하여 설치한 개인하수처리시설과 해당 건물·시설 등에서 발생하는 하수를 공공하수도에 유입시키기 위하여 설치하는 배수관 등 배수설비는 그 설치주체가 지방자치단체라는 이유로 공공하수도로 볼 수는 없다고 할 것입니다.

그리고, 공공하수도의 정의규정과 관련한 「하수도법」의 입법연혁을 살펴보면, 1994년 8월 3일 법률 제4782호로 「하수도법」이 일부개정되면서 공공하수도를 "지방자치단체가 설치 또는 관리하는 하수도"(제2조2호의2)로 정의하였다가, 2006년 9월 27일 법률 제8014호로 「하수도법」이 전부개정(이하 "전부개정 「하수도법」"이라 함)되면서 "개인하수도를 제외한다"는 단서 부분이 추가되었는바(제2조제4호), 전부개정 「하수도법」에 따른 "하수도"의 범위에 구 「하수도법」(전부개정 「하수도법」 전의 것을 말함. 이하 같음)상의 하수관거, 하수처리시설 외에 구 「오수·분뇨 및 축산폐수의 처리에 관한 법률」(전부개정 「하수도법」으로 폐지되기 전의 것을 말함. 이하 같음)상의 분뇨처리시설과 개인하수처리시설(정화조와 오수처리시설) 등을 포함하게 되었는데, 구 「오수·분뇨 및 축산폐수의 처리에 관한 법률」상의 정화조와 오수처리시설 등은 특정한 하수의 처리를 위한 시설로서 시설의 설치자나 소유자라면 지방자치단체이든 사인이든 관계없이 설치가 의무화된 시설이므로 이를 공공하수도에 포함시키는 것은 곤란하므로 공공하수도에 대비되는 개념으로서 개인하수도를 정의하면서(2006년 9월 27일 법률 제8014호로 전부개정되어 2007년 9월 28일 시행된 하수도법 국회심사보고서, 전부개정이유서 참조) 구 「오수·분뇨 및 축산폐수의 처

리에 관한 법률」에 따른 정화조 및 오수처리시설에 해당하는 시설은 지방자치단체가 그 설치자가 되는 경우에도 공공하수도가 아니라 「하수도법」 제2조제4호 단서에 따른 공공하수도에서 제외되는 개인하수도로 보도록 하려는 취지라고 할 것입니다.

한편, 「하수도법」 제2조제9호에서는 "개인하수처리시설"과 대비되는 개념으로 "공공하수처리시설"을 규정하고 있는데, 공공하수처리시설은 하수를 처리하여 하천·바다 그 밖의 공유수면에 방류하기 위하여 지방자치단체가 설치 또는 관리하는 처리시설과 이를 보완하는 시설로서 특정 건물·시설 등의 하수 처리에 한정되지 아니하고 일반공중의 공공의 사용에 제공되는 공공용물임에 비하여 개인하수처리시설은 건물·시설 등의 설치자 또는 소유자가 해당 건물·시설 등에서 발생하는 하수를 유출 또는 처리하기 위한 것으로서 특정한 하수(해당 건물·시설 등에서 발생하는 오수)를 처리하기 위한 것이라는 점에서 기능적인 측면에서의 차이가 있는바, 그렇다면 어떠한 하수처리시설이 설치된 건물·시설 등의 설치자가 지방자치단체이고, 해당 시설의 관리자의 지위에서 하수처리시설의 관리 등에 필요한 비용을 부담한다고 하더라도, 그러한 하수처리시설에서 처리되는 하수의 범위가 해당 건물·시설 등에서 발생하는 특정한 하수라면 이러한 하수처리시설은 그 기능의 측면에서도 공공의 사용에 제공되는 공공하수도에 해당한다고 할 수는 없다고 할 것입니다.

이상과 같은 점을 종합해 볼 때, 지방자치단체가 건물·시설 등의 설치자인 경우로서, 해당 지방자치단체의 예산으로 그 건물·시설 등에서 발생하는 하수를 처리하기 위하여 설치하는 하수처리시설은 「하수도법」 제2조제4호 단서에 따른 공공하수도에서 제외되는 개인하수도에 해당한다고 할 것입니다.

[사례 4] 환경부 - 신설된 「악취방지법」 제16조의2에 따른 기술진단 대상시설(2011년도 대상시설)의 최초 기술진단 시점(「악취방지법」 제16조의2 등)

안건번호11-0612 회신일자2011-12-08

1. 질의요지

「악취방지법」이 2010년 2월 4일 법률 제10031호로 개정(공포 후 1년이 경과한 날부터 시행)되면서 제16조의2가 신설되어 시·도지사, 대도시의 장 및 시장·군수·구청장은 해당 지방자치단체의 장이 설치·운영하는 「하수도법」 제2조제9호 및 제10호에 따른 공공하수처리시설 등에 대하여 5년마다 기술진단을 실시하도록 하였고, 부칙 제3조에서 시·도지사, 대도시의 장 및 시장·군수·구청장은 이 법 시행 후 2년 이내에 제16조의2의 개정규정에 따른 기술진단을 실시하도록 하는 한편, 2011년 2월 1일 환경부령 제396호로 개정(같은 달 5일부터 시행)된 「악취방지법 시행규칙」 별표 6에서는 기술진단 대상시설의 범위를 "2011년 2월 5일부터 적용되는 기술진단 대상시설"과 "2013년 2월 5일부터 적용되는 기술진단 대상시설"로 나누어 그 구체적 범위를 규정하였는바,

이 중 2011년 2월 5일부터 적용되는 기술진단 대상시설의 경우 최초 기술진단 시점이 언제인지?

2. 회답

2011년 2월 5일부터 적용되는 기술진단 대상시설 중, 2011년 2월 5일 기준으로 이미 설치·가동 중인 시설의 경우에는 법 시행일(2011년 2월 5일) 후 2년 이내인 2013년 2월 4일까지 기술진단을 실시하여야 하고, 2011년 2월 6일 이후 설치·가동되거나 가동된 시설의 경우에는 각각의 사용 개시 공고일(또는 이에 준하는 설치·가동일) 기준으로 5년 이내 기술진단을 실시하여야 할 것입니다.

3. 이유

「악취방지법」이 2010년 2월 4일 법률 제10031호로 개정(공포 후 1년이 경과한 날부터 시행)되면서 "기술진단 등"이라는 제목으로 제16조의2가 신설되어, 같은 조 제1항에서 "시·도지사, 대도시의 장 및 시장·군수·구청장은 악취로 인한 주민의 건강상 위해(危害)를 예방하고 생활환경을 보전하기 위하여 해당 지방자치단체의 장이 설치·운영하는 다음 각 호의 악취배출시설에 대하여 5년마다 기술진단을 실시하여야 한다. 다만, 다른 법률에 따라 악취에 관한 기술진단을 실시한 경우에는 이 항에 따른 기술진단을 실시한 것으로 본다"고 규정함으로써 기술진단 실시 의무 및 기술진단 실시 주기가 5년이라고 규정하고 있습니다.

또한, 「악취방지법」 제16조의2제3항에서는 제1항에 따른 기술진단의 내용·방법, 기술진단 대상시설의 범위, 실시기관 등은 환경부령으로 정한다고 규정하고 있고, 2011년 2월 1일 환경부령 제396호로 개정되어 같은 달 5일부터 시행된 「악취방지법 시행규칙」 제13조의2제2항 및 별표 6 제1호에서는 "2011년 2월 5일부터 적용되는 기술진단 대상시설"로서 「하수도법」 제2조제9호에 따른 공공하수처리시설 중 1일 하수처리용량이 5만세제곱미터 이상인 시설(가목), 「하수도법」 제2조제10호에 따른 분뇨처리시설(나목)

「가축분뇨의 관리 및 이용에 관한 법률」 제2조제9호에 따른 공공처리시설(다목), 「폐기물관리법」 제2조제8호에 따른 폐기물처리시설 중 음식물류 폐기물을 처리(재활용을 포함한다)하는 시설(라목), 법 제16조의2제1항제5호에 따른 시·도지사, 대도시의 장 및 시장·군수·구청장이 해당 지방자치단체의 장이 설치·운영하는 시설 중 악취발생으로 인한 피해가 우려되어 기술진단을 실시할 필요가 있다고 인정하는 시설(마목)을 규정하고 있으며, 「악취방지법 시행규칙」 제13조의2제1항 및 별표 5에서는 기술진단의 내용으로서 현황 조사, 시설진단, 공정진단, 운영진단 및 시설 개선 및 최적 관리로 나누어 그 구체적인 내용을 규정하고 있습니다.

한편, 「악취방지법」 부칙 제3조에서는 "기술진단 실시에 관한 경과조치"라는 제목으로, 시·도지사, 대도시의 장 및 시장·군수·구청장은 이 법 시행 후 2년 이내에 제16조의2의 개정규정에 따른 기술진단을 실시하여야 한다고 규정하고 있습니다.

그런데, 기술진단에 대하여 규정하고 있는 「악취방지법」 제16조의2제1항은 앞에서 살펴본 바와 같이 기술진단의 주기를 규정하고 있을 뿐, 최초 기술진단 시점에 대하여는 별달리 규정하고 있지 아니하여, 결국 「악취방지법」 제16조의2에 따른 최초 기술진단 시점에 대하여는 별도의 규정이 없는 경우에 해당한다고 할 수 있고, 이러한 경우 이 건 질의에서 문제되는 최초의 기술진단 시점은 「악취방지법」상 기술진단 규정의 내용 및 취지, 유사 입법례와의 비교 및 다른 법률과의 관계 등을 고려하여 판단할 수밖에 없다고 할 것입니다.

우선, 「악취방지법」 제16조의2의 기술진단 규정이 신설된 취지는 악취로 인한 주민의 건강상 위해(危害)를 예방하고 생활환경을 보전하기 위하여 지방자치단체의 장이 설치·운영하는 특정 악취배출시설에 대하여 정기적으로 점검을 하려는 것으로 보이고, 기술진단의 성격은 같은 법 시행규칙 별표 5의 기술진단의 내용 및 방법 등에서 "악취 관련 민원 발생 현황 조사, 민원 발생 지역과 떨어진 거리 및 주변 지역 현황 조사, 설비 및 시설의 보수·교환·개조 등의 기록 점검, 고장횟수 파악, 악취방지시설 및 부대설비와 관련하여 부식, 손상 등 정상작동 여부 검토" 등을 조사하도록 하고 있는 점에 미루어 볼 때, 대상 시설이 어느 정도 작동된 이후 그 상태를 주기적으로 점검하는 것을 주된 기능으로 하고 있다고 볼 수 있습니다.

다음으로, 기술진단과 관련하여 규정한 유사한 다른 입법례를 살펴보면, 「환경기술 및 환경산업 지원법」 제13조 및 같은 법 시행규칙 제9조에서는 환경부장관은 「하수도법」 제2조제9호·제10

호에 따른 공공하수처리시설(1일 처리용량이 50세제곱미터 이상인 시설만 해당) 및 분뇨처리시설, 「가축분뇨의 관리 및 이용에 관한 법률」 제2조제9호에 따른 공공처리시설 등의 공공의 환경시설의 고장을 예방하고 적정한 운영을 도모하기 위하여 기술진단을 할 수 있도록 되어 있고, 「하수도법」 제2조제4호 및 제20조제1항에서는 공공하수도관리청은 5년마다 공공하수처리시설을 포함한 소관 공공하수도에 대한 기술진단을 실시하여 공공하수도의 관리상태를 점검하도록 하였으며, 「가축분뇨의 관리 및 이용에 관한 법률」 제25조제5항에서는 지방자치단체의 장은 공공처리시설의 관리상태를 점검하기 위하여 5년마다 「환경기술 및 환경산업 지원법」 제13조제1항의 규정에 따라 당해 공공처리시설에 대한 기술진단을 실시하도록 하고 있는 등, 이 건 질의에서 문제되는 "2011년 2월 5일부터 적용되는 기술진단 대상시설"과 일부 동일한 시설에 대하여 관리상태 점검을 위한 주기적 기술진단을 실시하도록 규정하고 있는데, 「악취방지법 시행규칙」 제13조의2제4항에 따라 환경부장관이 정하여 고시한 「공공환경시설 기술진단 업무처리규정」(환경부 훈령) 별표 1에서 「하수도법」 제20조 및 같은 법 시행규칙 제14조제1항에 따른 공공하수처리시설(50㎥/일 이상), 분뇨처리시설, 공공하수도관리청이 필요하다고 인정하는 공공하수도시설(하수관거 등) 및 「가축분뇨의 관리 및 이용에 관한 법률」 제25조제5항에 따른 가축분뇨공공처리시설의 경우 각각 진단시기(주기)를 "사용개시 공고일로부터 5년마다"라고 규정하고 있는 점, 위 유사법령에 따른 기술진단이 이 건 질의에서 문제되는 「악취방지법」 제16조의2에 따른 기술진단 대상 시설과 많은 부분이 중복되고, 또한 조사 방법 역시 상당 부분 겹쳐진다는 점에서 비록 각 법에 따른 기술진단의 목적이 다소 다르다 하더라도 효율적 기술진단 및 지방자치단체의 재정 건전성 유지라는 측면에서 기술진단 시점을 일치시킬 필요성이 있다는 점 등을 종합하여 볼 때, 원칙적으로 이 건 질의에서 문제되는 「악취방지법」 제16조의2에 따른 시설들을 포함한 기술진단의 대상이 되는 시설들의 최초 기술진단 시점은 사용개시 공고일(또는 이에 준하는 설치·가동일)로부터 5년이 되는 때로 볼 수 있을 것입니다.

다만, 「악취방지법」 부칙 제3조의 경과조치 규정과 관련하여, 통상 경과조치란 새로운 법령을 마련하여 법질서를 변경하려는 경우에 어떤 시점부터 새로운 법령을 무조건 적용해서 기존의 법률관계를 새로운 법률관계로 전환하는 것이 상당한 혼란을 야기하는 경우 등에 있어 새로운 법질서로 전환하는 과정이 부드럽고 순조롭게 진행될 수 있도록 과도적 조치를 법령에 규정하는 것을 의미한다고 할 수 있는바, 부칙 제3조는 종전의 규정, 즉 기술진단 실시에 관한 규정이 없던 당시의 법령을 개정된 법령이 시행된 이후에도 일정 기간 계속 적용하겠다는 취지 즉, 기술진단 실시에 대하여 2년의 유예기간를 준 것으로 볼 수 있고, 이는 당시 법제사법위원회의 검토보고서에서 "새로 도입한 기술진단 유예기간의 조정"이라는 제목으로 당초 정부안에서 5년의 기간을 유예한 것을 2년으로 축소한 것이라는 내용이 기재되어 있는 점을 보더라도 알 수 있으므로, 결국 부칙 제3조는 이 법 시행일 당시 이미 설치·가동 중인 시설의 경우에는 법 시행일 후 2년 이내인 2013년 2월 4일까지 기술진단을 실시하여야 한다는 것으로 보입니다.

따라서, 2011년 2월 5일부터 적용되는 기술진단 대상시설 중, 2011년 2월 5일 기준으로 이미 설치·가동 중인 시설의 경우에는 법 시행일(2011년 2월 5일) 후 2년 이내인 2013년 2월 4일까지 기술진단을 실시하여야 하고, 2011년 2월 6일 이후 설치·가동되거나 가동된 시설의 경우에는 각각의 사용개시 공고일(또는 이에 준하는 설치·가동일) 기준으로 5년 이내 기술진단을 실시하여야 할 것입니다.

※ 법령정비 의견

우선, 「악취방지법 시행규칙」 별표 6에서 기술진단 대상시설의 범위를 "2011년 2월 5일부터 적용되는 기술진단 대상시설"과 "2013년 2월 5일부터 적용되는 기술진단 대상시설"로 나누어 그 구체적 범위를 규정하였으나 그 범위가 많은 부분 중복되는바, 중복되는 시설의 경우 언제부터 기술진단 대상시설이 되는지를 입법적으로 명확히 할 필요가 있습니다.

또한, 이 건 질의에서 문제되는 최초 기술진단 시점에 대하여도 기술진단 요청 주체인 시·도지사, 대도시의 장 및 시장·군수·구청장과 기술진단 기관인 한국환경공단 및 이에 따른 이해관계를 가지는 일반국민들의 명확한 이해를 얻기 위하여 법령으로 구체적으로 명시함이 보다 타당하다 할 것입니다.

더불어, 일단 이 건 질의의 대상에서 배제되었으나, "2013년 2월 5일부터 적용되는 기술진단 대상시설"의 경우 적용시점 등을 고려할 때 같은 법 부칙 제3조의 적용대상이 된다고 보기는 다소 어려우므로 극단적인 경우 위 2013년 2월 5일 전에 일률적으로 기술진단을 실시하여야 한다는 상당히 현실성이 떨어지는 해석 역시 가능한바, 이로 인한 혼란을 피하고 실제 하나의 시설에 대한 기술진단에 상당한 시일이 소요될 수도 있다는 점을 고려하여 조속한 시일 내에 대상 시설의 규모 또는 대상시설 종류별로 최초 구체적인 기술진단 시점을 명시할 필요가 있으며, 이 경우 다른 법에 따른 동일한 기술진단 시설에 대하여 사용개시 공고일(또는 이에 준하는 설치·가동일) 기준으로 5년마다 행하여지고 있고, 실무적인 부분에서 기술진단의 상당 부분이 중복될 수 있다는 점 역시 고려할 필요가 있다고 보입니다.

[사례 5] 환경부 - 행정처분기준의 차수 산정 방식(「하수도법 시행규칙」 별표 10 등 관련)

안건번호14-0571 회신일자2014-09-05

1. 질의요지

「하수도법 시행규칙」 별표 10 제2호 중 행정처분기준에 따른 차수를 산정할 때 하나의 위반사항에 대하여 적발된 위반행위가 다수인 경우, 위반행위 건수를 기준으로 차수를 산정해야 하는지 아니면 기존의 행정처분 횟수를 기준으로 차수를 산정해야 하는지?

※ 질의배경

○ 민원인이 행정처분의 부과 및 차수 산정에 대해 질의해오자, 환경부는 기존의 행정처분을 기준으로 차수로 산정해야 하지 위반횟수를 기준으로 차수로 산정하는 것은 아니라고 회신하였으며, 이에 이의가 있어 민원인의 요청에 따라 환경부가 이 건 법령해석을 요청함

2. 회답

「하수도법 시행규칙」 별표 10 제2호 중 행정처분의 기준에 따른 차수를 산정할 때 하나의 위반사항에 대하여 적발된 위반행위가 다수인 경우라 하더라도 기존의 행정처분 횟수를 기준으로 차수를 산정해야 할 것입니다.

3. 이유

「하수도법」 제49조제1항 각호 외의 부분 본문에서는 특별자치시장·특별자치도지사·시장·군수·구청장은 분뇨수집·운반업자가 다음 각 호의 어느 하나에 해당하는 때에는 그 허가를 취소하거나 6개월 이내의 기간을 정하여 그 영업의 전부 또는 일부의 정지를 명할 수 있다고 규정하고 있고, 같은 조 제2항에서는 제1항의 규정에 따른 위반행위별 처분기준은 그 사유와 위반정도를 감안하여 환경부령으로 정한다고 규정하고 있으며, 같은 법 시행규칙 제48조제1항에서는 법 제49조제2항에 따른 분뇨수집·운반업자에 대한 행정처분의 기준은 별표 10과 같다고 규정하고 있습니다.

그리고 「하수도법 시행규칙」 별표 10 제1호에서는 위반행위가 둘 이상인 경우로서 그에 해당하는 각각의 처분기준이 다른 경우에는 그 중 무거운 처분기준에 따른다고 규정하고 있고(가목), 위반행위의 횟수에 따른 행정처분기준은 최근 1년간 같은 위반행위로 행정처분을 받은 경우에 적용한다고 규정하고 있으며(나목), 처분권자는 위반행위의 동기·내용·횟수 및 위반의 정도 등의 사유를 고려하여 그 처분을 감경할 수 있다고 규정하고 있고(다목), 같은 표 제2호에서는 위반사항에 따라 차수별로 행정처분기준을 다르게 규정하고 있습니다.

이 사안은 「하수도법 시행규칙」 별표 10 제2호에 따른 행정처분의 차수를 산정할 때 1개의 위반사항에 대하여 적발된 위반건수가 다수인 경우, 위반건수를 차수로 산정해야 하는지 아니면 기존의 행정처분 횟수를 차수로 산정해야 하는지에 관한 것입니다.

먼저, 법의 해석에 있어서는 법령에 사용된 문언의 의미에 충실하게 해석하는 것을 원칙으로 하고, 법령의 문언 자체가 비교적 명확한 개념으로 구성되어 있다면 다른 해석방법은 제한될 수밖에 없다고 할 것인데, 「하수도법 시행규칙」 별표 10 제1호나목에 따르면 행정처분기준은 최근 1년간 같은 위반행위로 행정처분을 받은 경우에 적용한다고 규정함으로써, 행정처분기준에 따른 차수를 산정할 때는 적발된 위반행위 건수가 아니라 기존의 행정처분 건수를 기준으로 산정하도록 명확하게 규정하고 있는 점에 비추어 같은 표 제2호 중 행정처분의 차수를 산정할 때 하나의 위반사항에 대하여 적발된 위반행위가 다수인 경우라 하더라도 기존의 행정처분 횟수를 기준으로 차수를 산정해야 할 것입니다.

또한, 위반사항의 차수에 따라 가중된 행정처분을 부과하는 제도의 취지는 종전 행정처분의 경고적 기능을 무시하고 다시 위법한 행위를 하였다는 점에서 비난 가능성이 더 크기 때문이라고 할 것인바, 이러한 입법취지에 비추어 보더라도, 차수에 따라 동일위반행위에 대해 가중된 행정처분을 부과하기 위해서는 행정처분의 기준이 되는 차수를 산정함에 있어서는 위반행위의 건수가 아닌 행정처분의 횟수를 기준으로 산정하는 것이 타당하다고 하겠습니다.

이상과 같은 점을 종합해 볼 때, 「하수도법 시행규칙」 별표 10 제2호 중 행정처분의 기준에 따른 차수를 산정할 때 하나의 위반사항에 대하여 적발된 위반행위가 다수인 경우라 하더라도 기존의 행정처분 횟수를 기준으로 차수를 산정해야 할 것입니다.

[사례 6] 환경부·민원인 - 「주택법」에 따른 사업계획승인을 받은 주택건설사업이 「하수도법 시행령」 제35조제2항제2호가목의 도시개발사업에 포함되는지 여부(「하수도법 시행령」 제35조제2항제2호가목 등 관련)

안건번호24-0706 회신일자2024-09-23

1. 질의요지

「하수도법」 제61조제2항에서는 공공하수도관리청(각주: 공공하수도를 관할하는 지방자치단체의 장을 말하며(「하수도법」 제18조 참조), 이하 같음)은 대통령령으로 정하는 타공사(각주: 공공하수도 공사로 인하여 필요하게 되거나 공공하수도의 공사를 시행하기 위하여 필요하게 된 공공하수도 외의 공사를 말하며(「하수도법」 제14조 참조), 이하 같음) 또는 공공하수도의 신설·증설 등을 수반하는 개발행위(이하 "타행위"라 함)로 인하여 필요하게 된 공공하수도에 관한 공사에 소요되는 비용의 전부 또는 일부를 타공사 또는 타행위의 비용을 부담하여야 할 자에게 부담시키거나 필요한 공사를 시행하게 할 수 있다고 규정하면서, 그 위임에 따라 마련된 같은 법 시행령 제35조제2항제2호가목에서는 공공하수도의 신설·증설 등을 수반하는 개발행위로서 '도시개발사업

(「국토의 계획 및 이용에 관한 법률」, 「주택법」, 「도시 및 주거환경정비법」, 「택지개발촉진법」 및 「도시개발법」 등에 따른 개발사업 등)'의 수행을 같은 법 제61조제2항에 따른 타행위 중 하나로 규정하고 있는바, 「주택법」 제15조제1항에 따른 사업계획의 승인을 받아 시행하는 주택건설사업이 「하수도법 시행령」 제35조제2항제2호가목의 도시개발사업에 포함되는지?(각주: 이 사안에서는 특정 주택건설사업이 「하수도법」 제61조제2항에 따라 '타행위'에 해당하여 실제 원인자부담금 부과 대상이 되는지 여부에 대해서는 별도로 논의하지 않음)

2. 회답

「주택법」 제15조제1항에 따른 사업계획의 승인을 받아 시행하는 주택건설사업은 「하수도법 시행령」 제35조제2항제2호가목의 도시개발사업에 포함됩니다.

3. 이유

먼저 「하수도법 시행령」 제35조제2항제2호가목에서는 「하수도법」 제61조제2항에 따라 하수도 원인자부담금 대상이 될 수 있는 사업 유형 중 하나로 '도시개발사업'을 규정하면서, 그 '도시개발사업' 뒤에 괄호를 두어 "「국토의 계획 및 이용에 관한 법률」, 「주택법」, 「도시 및 주거환경정비법」, 「택지개발촉진법」 및 「도시개발법」 등에 따른 개발사업 등"이라고 규정하고 있는데, 법령문에서 괄호를 두는 것은 일반적으로 그 괄호를 둔 대상을 보충하여 설명하거나 그 적용 범위를 분명하게 하기 위한 것으로서,(각주: 법제처 2024. 4. 30. 회신 24-0004 해석례 참조) 「하수도법 시행령」 제35조제2항제2호가목의 괄호 부분은 '도시개발사업'에 포함될 수 있는 대표적인 개발사업 등의 근거 법령을 구체적으로 예시(각주: 대법원 2012. 10. 11. 선고 2010두7604 판결례 참조)하고 있습니다.

그런데 「주택법」은 「하수도법 시행령」 제35조제2항제2호가목 괄호 부분에서 명시적으로 예시하고 있는 도시개발사업의 근거 법령 중 하나에 해당하고, 이 사안의 주택건설사업은 「주택법」에 따른 주택건설사업계획의 승인(제15조), 사업계획의 이행(제16조), 사용검사(제49조) 등 같은 법에서 정하고 있는 절차에 따라 시행되는 사업이므로, 문언상 「주택법」 제15조제1항에 따른 사업계획 승인을 받아 시행되는 주택건설사업은 「하수도법 시행령」 제35조제2항제2호가목에 따른 '도시개발사업'에 포함된다고 보아야 할 것입니다.

그리고 「하수도법」 제61조제2항 및 같은 법 시행령 제35조제2항제2호에서 공공하수도의 신설·증설 등을 수반하는 개발행위, 즉 '타행위'에 대하여 그 행위자로 하여금 공공하수도에 관한 공사에 필요한 비용의 전부 또는 일부를 부담하도록 한 것은 타행위에 해당하는 사업 등으로 발생할 것이 예상되는 하수를 처리하는 데 필요한 공공하수도 설치비용을 그 원인을 조성한 타행위자인 사업시행자로 하여금 부담하게 하려는데 그 취지가 있으므로(각주: 대법원 2004. 9. 24. 선고 2003두6849 판결례 참조), 개발사업의 토대가 된 법령을 구체적·개별적으로 살펴보아 공공하수도의 신설·증설 등을 수반하는 개발사업이라면 이를 '도시개발사업'의 범위에 포함될 수 있도록 해석할 필요(각주: 대법원 2012. 10. 11. 선고 2010두7604 판결례 참조)가 있는데, 「주택법」에 따른 사업계획 승인을 받아 시행되는 주택건설사업은 일정 지역에서 건축하는 주택의 호수 또는 세대 수가 일정한 규모 이상인 경우를 예정(각주: 30호 이상의 단독주택, 30세대 이상의 공동주택의 주택건설사업 등을 시행하려는 자는 주택건설사업계획의 승인을 받아야 함(「주택법」 제15조, 같은 법 시행령 제27조제1항제1호·제2호 참조))하고 있어 해당 사업을 완료하게 될 경우 종전보다 해당 사업지역에 더 많은 세대가 거주하게 되어 추가적인 하수가 발생할 가능성이 높으므로, 이러한 추가적인 하수를 처리하기 위해 공공하수도의 신설·증설 등이 수반될 수 있는 점을 고려하면, 이 사안의 주택건설사업은 별도의 특별한 사정이 없는 한 「하수도법 시행령」 제35조

제2항제2호가목의 '도시개발사업'의 범위에 포함된다고 해석하는 것이 같은 법 제61조제2항에 따른 '타행위'에 대한 원인자부담금 부과 제도의 취지에도 부합합니다.

또한 「주택법」 제2조제16호 및 제17호에 따르면 주택단지 내에 설치되는 '기간시설' 및 '간선시설'의 범위에는 상하수도시설을 포함하고 있는데, 같은 법 제15조에 따라 사업주체가 주택건설사업계획 승인 신청 시 작성·제출하여야 하는 서류 중 하나로 같은 법 시행령 제27조제6항제1호카목 및 같은 법 시행규칙 제12조제4항제1호에서는 '간선시설 설치계획도'를 규정하고 있고, 같은 법 제28조제1항제1호에서는 주택건설사업의 사업주체가 대통령령으로 정하는 호수 이상의 주택건설사업을 시행하는 경우 원칙적으로 지방자치단체가 '간선시설'로서 상하수도시설을 설치하도록 규정하고 있으며, 같은 법 제19조제1항제23호에서는 주택건설사업계획 승인 시에 관련 법령에 따른 인·허가 등을 받은 것으로 의제하는 사항 중 하나로 '「하수도법」 제16조에 따른 공공하수도에 관한 공사 시행의 허가'를 규정하고 있는 점 등에 비추어 보면, 「주택법」에 따라 주택건설사업을 시행하는 경우에는 공공하수도의 신설·증설 등에 관한 공사가 밀접하게 연관되어 수행된다고 할 것이므로, 공공하수도의 신설·증설 등을 수반하는 개발행위 중 하나로 「하수도법 시행령」 제35조제2항제2호가목에서 규정하고 있는 '도시개발사업'의 범위에 「주택법」에 따른 '주택건설사업'도 포함된다고 보는 것이 주택법령의 규정 체계에 비추어 타당합니다.

따라서 「주택법」 제15조제1항에 따른 사업계획의 승인을 받아 시행하는 주택건설사업은 「하수도법 시행령」 제35조제2항제2호가목의 도시개발사업에 포함됩니다.

<관계 법령>
※ 하수도법
제61조 (원인자부담금 등) ① 공공하수도관리청은 건축물 등을 신축·증축하거나 용도변경하여 오수가 대통령령으로 정하는 양 이상 증가되는 경우 해당 건축물 등의 소유자(건축 또는 건설 중인 경우에는 건축주 또는 건설주체를 말한다)에게 공공하수도 개축비용의 전부 또는 일부를 부담시킬 수 있다.
② 공공하수도관리청은 대통령령으로 정하는 타공사 또는 공공하수도의 신설·증설 등을 수반하는 개발행위(이하 "타행위"라 한다)로 인하여 필요하게 된 공공하수도에 관한 공사에 소요되는 비용의 전부 또는 일부를 타공사 또는 타행위의 비용을 부담하여야 할 자에게 부담시키거나 필요한 공사를 시행하게 할 수 있다.
③ ~ ⑤ (생 략)

※ 하수도법 시행령
제35조 (원인자부담금 등) ① 법 제61조제1항에서 "대통령령으로 정하는 양 이상 증가되는 경우"란 하루에 10세제곱미터 이상 증가되는 경우를 말한다.
② 법 제61조제2항에서 "대통령령이 정하는 타공사 또는 공공하수도의 신설·증설 등을 수반하는 개발행위"란 다음 각 호의 구분에 따른 것을 말한다.
  1. 타공사
     공공하수도를 이설·보수·개수하게 하는 원인을 제공한 공공하수도 외의 상수도관, 가스관, 통신관, 전주 및 도로·철도 등의 설치공사
  2. 공공하수도의 신설·증설 등을 수반하는 개발행위로서 다음 각 목의 어느 하나에 해당하는 행위
     가. 도시개발사업(「국토의 계획 및 이용에 관한 법률」, 「주택법」, 「도시 및 주거환경정비법」, 「택지개발촉진법」 및 「도시개발법」 등에 따른 개발사업 등)의 수행
     나 ~ 마. (생 략)

※ 주택법
제15조 (사업계획의 승인) ① 대통령령으로 정하는 호수 이상의 주택건설사업을 시행하려는 자 또는 대통령령으로 정하는 면적 이상의 대지조성사업을 시행하려는 자는 다음 각 호의 사업계획승인권자(이하 "사업계획승인권자"라 한다. 국가 및 한국토지주택공사가 시행하는 경우와 대통령령으로 정하는 경우에는 국토교통부장관을 말하며, 이하 이 조, 제16조부터 제19조까지 및 제21조에서 같다)에게 사업계획승인을 받아야 한다. 다만, 주택 외의 시설

과 주택을 동일 건축물로 건축하는 경우 등 대통령령으로 정하는 경우에는 그러하지 아니하다.
1.·2. (생 략)
② ~ ⑥ (생 략)

[판례 1] 공공하수도 사용료 납부의무 (대법원 2003. 6. 24. 선고 2001두8865 판결)

【판시사항】
[1] 하수도법 제2조 제2의2호 소정의 '공공하수도'에 해당하기 위한 요건
[2] 배수구역 내의 하수배출자가 실제 하수도 시설의 사용 여부에 관계없이 하수도 사용료 납부의무를 부담하는지 여부(소극)

【판결요지】
[1] 어느 시설이 하수도법 제2조 제2의2호 소정의 공공하수도에 해당하려면 지방자치단체가 직접 설치하였거나 직접 설치한 다른 자로부터 사용권 등을 취득하여 관리하고 있는 인공의 공작물 내지 시설이어야 한다.
[2] 공공하수도 사용료는 공공하수도의 사용에 따른 대가로서 실제로 공공하수도를 사용하여 하수를 배출한 자만이 그 하수의 양 등에 따라 하수도 사용료의 납부의무를 진다고 해석함이 상당하고, 배수구역 내의 하수배출자가 하수도법 제24조에 따라 하수를 공공하수도에 유입시킬 의무나 배수설비를 설치할 의무에 위반하는 경우에도, 그에 대한 같은 법 소정의 제재를 받는 것은 별론으로 하고 그러한 공법상 의무가 있다는 사정만으로 실제 하수도 시설의 사용 여부에 관계없이 곧바로 하수도 사용료 납부의무를 진다고 볼 수 없다.

【참조조문】
[1] 하수도법 제2조 제2의2호 / [2] 하수도법 제21조 제1항, 제24조 제1항, 제32조, 하수도법시행령 제14조의2 제2항

【참조판례】
[2] 대법원 2003. 6. 24. 선고 2002다70051 판결

【전 문】
【원고, 피상고인】 에스케이 주식회사 (소송대리인 법무법인 원률 담당변호사 김성환 외 2인)
【피고, 상 고 인】 울산광역시 상수도사업본부 남부사업소장 (소송대리인 법무법인 국제 담당변호사 하만영)
【원심판결】 부산고법 2001. 9. 14. 선고 2000누3511 판결

【주 문】
상고를 기각한다. 상고비용은 피고가 부담한다.

【이 유】
1. 하수도법(이하 '법'이라 한다) 제2조에 의하면 하수도란 하수를 배제 또는 처리하기 위하여 설치되는 하수관거(관거), 하수종말처리시설 기타의 공작물과 시설의 총체를 말하고, 공공하수도란 지방자치단체가 설치 또는 관리하는 하수도를 말한다고 규정되어 있으므로, 어느 시설이 공공하수도에 해당하려면 지방자치단체가 직접 설치하였거나 직접 설치한 다른 자로부터 사용권 등을 취득하여 관리

하고 있는 인공의 공작물 내지 시설이어야 할 것이다.

원심은 그 내세운 증거를 종합하여, 울산광역시장이 1983. 9. 15. '하수도정비기본계획'에 따라 울산 남구 전역에 대하여 공공하수도의 사용개시 및 배수구역 지정고시를 한 사실, 울산광역시는 1984.경 현재의 울산 중구, 남구, 울주군 청량면, 범서면 일원의 하수처리를 위하여 울산 남구 황성동 600-4에 용연하수종말처리장 건설사업에 착수하여 위 하수종말처리장이 완공됨에 따라 1995. 1. 1.부터 이를 가동하고 있는 사실, 한편 원고는 1983.경부터 위의 배수구역 내인 울산 남구 고사동 110 일대에 대규모의 정유공장을 건립·운영해 오면서 석유의 저장, 증류, 정제 등의 공정에서 발생하는 폐수 등 하수를 관계 법령에 의한 수질기준에 맞게 정화한 다음 공공수역에 배출하기 위하여, 1974. 4. 9. 및 1989. 12. 21. 각 폐수배출시설설치허가를 받고, #1 종합폐수처리장, #2 종합폐수처리장, HOU 폐수처리장, C/Tml 폐수처리장, PO/SM 폐수처리장 등의 자체 폐수배출시설 및 수질오염 방지시설을 설치하여 거기에서 원고 공장의 폐수 등 하수를 모아 정화한 다음 이를 고사천, 용금천 등의 하천 또는 바다로 배출하고 있는 사실, 위 하천들은 원래 원고 공장 일대를 통과하여 흐르는 소규모의 자연하천이었는데, 그 일대에 공업단지가 조성되면서 하천 양쪽에 석축을 일부 쌓는 등으로 정비되었고, 그 상태에서 이 일대 공장의 하수가 배출구를 통하여 유입되어 인근 해안선의 바다까지 흘러가고 있는 사실 등을 인정한 다음, 위 하천들이 울산광역시에 의하여 설치·관리되고 있는 하수도라고 볼 만한 자료가 없고, 울산광역시장에 대한 사실조회결과만으로는 위 하천들이 울산광역시에 의하여 관리되고 있는 하수도라고 인정하기 어려우므로 결국 위 하천들은 공공용물인 공공하수도에 해당한다고 할 수 없다고 판단하였다.

원심판결 이유를 기록과 관계 법령 및 위 법리에 비추어 살펴보면, 원심의 이러한 인정과 판단은 정당한 것으로 수긍되고, 거기에 채증법칙 위배, 심리미진, 이유불비, 하수도법상의 공공하수도 및 배수구역에 관한 법리오해 등의 위법이 없다. 따라서 이 점에 관한 상고이유의 주장은 모두 이유 없다.

2. 공공하수도의 이용관계는 공법관계라고 할 것이고 공공하수도 사용료의 부과징수관계 역시 공법상의 권리의무관계라 할 것이지만, 법 제21조 제1항, 법시행령 제14조의2 제2항, 울산광역시하수도사용조례 제19조 등 관계 규정을 종합하면, 공공하수도 사용료는 공공하수도의 사용에 따른 대가로서, 법 제32조 소정의 원인자부담금과는 성질을 달리하는 것이므로, 실제로 공공하수도를 사용하여 하수를 배출한 자만이 그 하수의 양 등에 따라 하수도 사용료의 납부의무를 진다고 해석함이 상당하고, 배수구역 내의 하수배출자가 법 제24조에 따라 하수를 공공하수도에 유입시킬 의무나 배수설비를 설치할 의무에 위반하는 경우에도, 그에 대한 법 소정의 제재를 받는 것은 별론으로 하고 그러한 공법상 의무가 있다는 사정만으로 실제 하수도 시설의 사용 여부에 관계없이 곧바로 하수도 사용료 납부의무를 진다고 해석할 만한 법 또는 다른 법령상의 근거를 찾아볼 수 없다.

관계 법령 및 위에서 본 법리와 기록에 비추어 살펴보면, 원심이 실제로 공공하수도를 사용하여 하수를 배출한 자만이 그 하수에 대하여 하수도 사용료의 납부의무를 진다는 견해 아래, 원고가 위 각 폐수처리장에서 생긴 하수를 공공하수도에 의하여 배출한 바 없는 이상 하수도 사용료의 납부의무가 없다고 판단한 것은 옳고, 거기에 법 및 하수도 사용료의 성질에 관한 법리오해로 결론에 영향을 끼친 위법이 없다. 따라서 이 점에 관한 상고이유의 주장도 이유 없다.

3. 그러므로 상고를 기각하고, 상고비용은 패소자가 부담하도록 하여 주문과 같이 판결한다.

대법관 이용우(재판장) 서성 배기원 박재윤(주심)

[판례 2] 하수도사용료율 (대법원 1989.6.13. 선고 88누8203 판결)

【판시사항】
구 서울특별시하수도사용조례상 동일시설안에서 분리가 불가능한 오수가 복합적으로 발생하는 경우의 요율적용

【판결요지】
동일시설 안에서 분리가 불가능한 오수가 복합적으로 발생하는 경우의 요율적용에 관하여 현행 서울특별시하수도사용조례(1987.5.11.자 조례 제2175호) 제15조 제2항에서 "주된 오수"의 요율에 의하도록 규정한 것과 달리 개정전의 조례(1984.12.31.자 조례 1957호)는 아무런 규정을 두지 않고 있는 바 이와 같은 경우에는 조리상 하수도 사용자의 권익침해를 배제한다는 원칙적인 입장에 서서 낮은 요율에 의하여 부과해야 한다.

【참조조문】
하수도법 제21조, 서울특별시하수도사용조례 (1987.5.11.자 조례 2175호로 개정되기 전의 것) 제15조

【참조판례】
대법원 1989.4.25. 선고 88누4638 판결

【전 문】
【원고, 상고인 겸 피상고인】 홍순택 소송대리인 변호사 홍순표
【피고, 상고인 겸 피상고인】 서울특별시 중랑구청장
【원 판 결】 서울고등법원 1988.6.9. 선고 87구1239 판결

【주 문】
상고를 모두 기각한다.
상고소송비용은 각자의 부담으로 한다.

【이 유】
1. 원고 소송대리인의 상고이유에 대하여

원심이 원고는 1985.11.9.부터 이 사건 별동건물에서 가족탕영업(1, 2, 3층)과 음식점영업(지하층)을 함께 경영하여 오면서 1987.5.18.경까지의 사이에 1개의 급수전으로 수도물을 공급받아 이를 가족탕용과 음식점용으로 혼용하여 왔다고 한 것은 옳고, 여기에 소론과 같은 심리미진, 채증법칙위배로 인한 사실오인의 위법이 없다. 그리고 원고가 제출한 1988.5.12.자 준비서면의 기재에 의하면 원고가 이 사건 부과처분이 신뢰의 원칙과 실질과세의 원칙에 반한다는 주장을 한 것은 인정이 되나 위 주장의 취지는 원고는 이 사건 별동건물에서 가족탕영업을 한 사실이 없어, 피고 또한 가족탕의 급수요율로 사용료를 부과한 적이 없고, 그후 원고가 새로이 가족탕영업을 개시하는 등 특별한 사정이 생긴 것도 아닌데 피고가 느닷없이 가족탕의 급수요율을 적용하여 사용료를 추징하는 것은 신뢰의 원칙과 실질과세의 원칙에 위배된다는 것이어서, 이는 새로운 법률상의 주장이라기 보다는 가족탕영업을 한 사실이 없다는 내용의 단순부인을 전제로 한 것이어서 원심이 이에 대하여 별도의 판단을 하지 않았다 하여 잘못이라 할 수 없다. 논지는 어느 것이나 받아들일 수 없다.

2. 피고 소송수행자의 상고이유에 대하여

가. 원판결 이유에 의하면, 원심은 원고는 앞서 본바와 같이 1985.11.9.부터 1987.5.18.경까지 사

이에 이 사건 별동건물에서 음식점업과 가족탕업을 함께 경영하면서 양 업체에서 공히 오수를 배출하였으나 그것들이 분리되지 않고 함께 배출되는 바람에 배출량의 분리측정이 불가능하였던 사실 및 이에 대하여 원고는 위 기간동안 하수도 사용료를 요율이 낮은 음식점업의 요율에 의하여 납입하여 왔으나 피고가 위와 같은 경우에는 요율이 높은 가족탕업의 요율에 의해야 한다고 하면서 이 사건 부과처분으로 그 차액을 추징한 사실 등을 적법히 확정하고 나서 서울특별시하수도사용조례에 의하면 위와 같은 경우의 사용료는 주된 오수의 요율에 의하도록 되어 있는데 이 사건에서 보면 피고가 사용료 산정의 기준으로 삼은 가족탕에서 배출되는 오수가 음식점에서 배출되는 오수에 비하여 주된 오수라고 할 증거가 없다는 이유로 위 부과처분은 위법하여 취소를 면할 수 없다고 판단하였다.

나. 그런데 위에서 본 바와 같이 동일시설 안에서 분리가 불가능한 오수가 복합적으로 발생하는 경우의 요율적용에 관하여 현행 서울특별시하수도사용조례(1987.5.11.자 조례 제2175호, 이하 현행조례라 칭한다)는 그 제15조 제2항에서 "주된 오수"의 요율에 의하도록 규정하고 있음에 대하여 개정전의 서울특별시하수도사용조례(1984.12.31자 조례 1957호, 이하 "종전조례"라 칭한다)는 이에 관하여 아무런 규정을 두지 않고 있는 바 이와 같은 경우에는 조리상하수도사용자의 권익침해를 배제한다는 원칙적인 입장에 서서 낮은 요율에 의하여 부과해야 한다고 해석할 수 밖에 없을 것이다. 이 점에 관하여 종전조례 시행당시의 조례시행규칙 제13조 제3항은 오수의 종별을 달리하는 둘 이상의 업소가 지하수, 하천수 등을 같이 사용하여 동일건물 또는 동일사용자에게 사용료를 조정할 경우의 요금산정은 높은 요율의 업종을 적용한다고 규정하고 있으나 이는 상수도 급수 이외의 지하수, 하천수 등을 사용하는 업소의 하수도업종을 구분하기 위한 규정으로서 이 사건에 적용할 것이 아니므로(당원 1989.4.25. 선고 88누4638 판결 참조) 이와 반대취지의 소론 주장은 받아들일 수 없다.

다. 돌이켜 이 사건에서 보건대, 이 사건 오수배출행위는 종전조례와 현행조례의 각 시행시기에 걸쳐있어 각기 시행당시의 조례에 의하여 요율을 적용하여야 할 것이므로, 1985.11.9.부터 1987.5.10.까지의 사용료는 종전조례에 의하여 낮은 요율로 부과해야 할 것이고. 그 다음날부터 같은 달 18.까지의 사용료는 현행조례에 의하여 주된 오수의 요율로 부과해야 할 것인데 이 사건 별동건물의 경우에는 소론이 들고 있는 사유만으로는 가족탕에서 배출되는 오수가 음식점에서 배출되는 오수에 비하여 주된 오수라고 단정하기에 부족하고, 기록상 달리 자료도 없으므로, 결국 이 기간동안의 사용료 또한 낮은 요율인 음식점업의 요율로 부과할 수 밖에 없다 할 것이다.

원심이 이 사건 오수배출행위의 시기가 종전조례 시행당시였는지, 현행조례 시행당시였는지 구분함이 없이 모두 주된 오수의 요율로 부과해야 할 것이라고 한 것은 앞서 본 바에 의하여 잘못임이 명백하나 낮은 요율을 적용하여야 한다고 판시한 결론은 정당하므로 위와 같은 잘못이 원판결의 결과에 영향을 미친 바는 없다. 논지 또한 이유없다.

3. 그러므로 상고를 모두 기각하기로 관여 법관의 의견이 일치되어 주문과같이 판결한다.

대법관   김주한(재판장) 이회창 배석 김상원

제7장 환경오염의 규제

1. 명령·규제수단

[판례 1] 고시된 도시계획결정의 처분성 (대법원 1982.3.9. 선고 80누105 판결)

【판시사항】
고시된 도시계획결정이 행정소송의 대상이 되는가(적극)

【판결요지】
도시계획법 제12조 소정의 고시된 도시계획결정은 특정 개인의 권리 내지 법률상의 이익을 개별적이고 구체적으로 규제하는 효과를 가져오게 하는 행정청의 처분이라 할 것이고, 이는 행정소송의 대상이 된다.

【참조조문】
도시계획법 제12조, 행정소송법 제1조

【참조판례】
대법원 1978.12.26. 선고 78누281 판결, 1982.3.9. 선고 81누35 판결

【전 문】
【원고, 상고인】 김영곤 외 1인 원고들 소송대리인 변호사 원종삼
【피고, 피상고인】 건설부장관
【원심판결】 서울고등법원 1980.1.29. 선고 79구416 판결

【주 문】
원심판결을 파기하고, 사건을 서울고등법원으로 환송한다.

【이 유】
상고이유를 판단한다.

원심판결 이유에 의하면 원심은, 원고들이 취소를 구하는 원판시 도로계획결정이 도시계획법 제12조에 의하여 한 도시계획결정임을 확정한 다음, 위 규정에 의한 건설부장관의 도시계획결정은 도시계획사업의 기본이 되는 일반적 추상적인 도시계획의 결정으로서 이와 같은 일반계획의 결정이 있었던 것 만으로는 특정 개인에게 어떤 직접적이며 구체적인 권리의무 관계가 발생한다고는 볼 수 없다 할 것이므로 이 점에 있어서 피고의 이 사건 도시계획결정은 결국 항고소송의 대상이 되는 행정처분은 아니라고 봄이 상당하고, 원고의 이 소는 결국 행정소송의 대상 이 될 수 없는 사항을 그 대상으로 삼은 부적법한 소라 하여 이를 각하한다고 판시하고 있다.

그러나, 도시계획법 제12조 소정의 도시계획결정이 고시되면 도시계획구역안의 토지나 건물 소유자의 토지형질변경, 건축물의 신축, 개축 또는 증축 등 권리행사가 일정한 제한을 받게 되는바 이런 점에서 볼 때 고시된 도시계획결정은 특정 개인의 권리 내지 법률상의 이익을 개별적이고 구체적으로 규제하는 효과를 가져오게 하는 행정청의 처분이라 할 것이고, 이는 행정소송의 대상이 되는 것이라 할 것이

다. (당원 1978.12.26. 선고 78누281 판결 참조)
원심이 도시계획결정이 개인에게 구체적이고 직접적인 권리의무 관계의 발생을 가져오게 하는 것이 아니라는 이유로 위와 같이 판단하였음은 도시계획결정과 행정소송의 대상에 관한 법리를 오해한 위법이 있다할 것이고, 이 점에서 논지는 이유있다.
그러므로, 원심판결을 파기하고, 사건을 원심인 서울고등법원으로 환송하기로 하여 관여법관의 일치된 의견으로 주문과 같이 판결한다.

대법관　정태균(재판장)　김중서　윤일영　김덕주

[판례 2] 개발제한구역지정처분의 성질 (대법원 1997. 6. 24. 선고 96누1313 판결)

【판시사항】
[1] 중복된 도시계획결정의 효력
[2] 토지구획정리사업이 시행중인 토지에 대한 개발제한구역지정이 중복된 도시계획결정이 아니라고 한 사례
[3] 개발제한구역지정처분의 법적 성질 및 재량권 일탈·남용 여부의 판단 기준
[4] 공공사업과 관계없이 이미 개발제한구역으로 지정된 토지에 대한 수용보상액 평가 방법
[5] 수용대상 토지의 손실보상액 평가 방법

【판결요지】
[1] 행정청은 이미 도시계획이 결정·고시된 지역에 대하여도 다른 도시계획을 결정·고시할 수 있고, 이 때에 후행 도시계획에 선행 도시계획과 서로 양립할 수 없는 내용이 포함되어 있다면, 특별한 사정이 없는 한 선행 도시계획은 후행 도시계획과 같은 내용으로 적법하게 변경되었다고 할 것이다.
[2] 건설부장관은 이미 토지구획정리사업에 관한 도시계획을 결정하고 그에 따라 토지구획정리사업이 시행되고 있는 토지들에 대하여도 다시 개발제한구역지정이라는 도시계획결정을 할 수 있고, 그 개발제한구역의 지정에도 불구하고 이미 시행중이던 토지구획정리사업이 계속 시행·완료된 이상 개발제한구역지정이라는 도시계획결정은 기존의 토지구획정리사업에 관한 도시계획결정과 중복된 도시계획결정이 아니어서 이를 위법하다고 할 수 없다고 한 사례.
[3] 개발제한구역지정처분은 건설부장관이 법령의 범위 내에서 도시의 무질서한 확산 방지 등을 목적으로 도시정책상의 전문적·기술적 판단에 기초하여 행하는 일종의 행정계획으로서 그 입안·결정에 관하여 광범위한 형성의 자유를 가지는 계획재량처분이므로, 그 지정에 관련된 공익과 사익을 전혀 비교교량하지 아니하였거나 비교교량을 하였더라도 그 정당성과 객관성이 결여되어 비례의 원칙에 위반되었다고 볼 만한 사정이 없는 이상, 그 개발제한구역지정처분은 재량권을 일탈·남용한 위법한 것이라고 할 수 없다.
[4] 도시계획법에 의한 개발제한구역의 지정은 공공사업과 관계없이 가해진 일반적 계획제한에 해당하므로, 공공사업의 시행에 따른 당해 토지의 정당한 수용보상액을 산정함에 있어서는, 그러한 제한이 있는 상태 그대로 평가하여야 한다.
[5] 수용대상 토지의 손실보상액을 평가함에 있어서는 당해 토지와 유사한 이용가치를 지닌다고 인정

되는 표준지를 선정하여 그 표준지의 공시지가에다가 공시기준일로부터 수용재결시까지의 관계 법령에 의한 당해 토지의 이용계획 또는 당해 지역과 관계없는 인근 토지의 지가변동률·도매물가상승률 및 기타 사항을 종합적으로 참작한 다음, 당해 토지와 표준지의 지역요인 및 개별요인에 대한 비교분석 등 필요한 조정을 함으로써 관계 법령 소정의 모든 가격형성요인들이 빠짐없이 반영된 적정가격으로 하여야 한다.

【참조조문】

[1] 구 토지구획정리사업법(1980. 1. 4. 법률 제3255호로 개정되기 전의 것) 제32조 제1항, 구 도시계획법(1972. 12. 30. 법률 제2435호로 개정되기 전의 것) 제21조 제1항, 행정소송법 제1조[행정처분일반] / [2] 구 토지구획정리사업법(1980. 1. 4. 법률 제3255호로 개정되기 전의 것) 제32조 제1항, 구 도시계획법(1972. 12. 30. 법률 제2435호로 개정되기 전의 것) 제21조 제1항, 구 도시계획법시행령(1973. 3. 21. 대통령령 제6583호로 개정되기 전의 것) 제21조 제1항 / [3] 도시계획법 제21조 제1항, 행정소송법 제27조 / [4] 도시계획법 제21조 제1항, 토지수용법 제46조 제2항, 구 지가공시및토지등의평가에관한법률(1995. 12. 29. 법률 제5108호로 개정되기 전의 것) 제9조, 제10조 / [5] 토지수용법 제46조 제2항, 구 지가공시및토지등의평가에관한법률(1995. 12. 29. 법률 제5108호로 개정되기 전의 것) 제9조, 제10조

【참조판례】

[1] 대법원 1992. 9. 22. 선고 91누11292 판결(공1992, 3011), 대법원 1995. 5. 12. 선고 93누19047 판결(공1995상, 2127) /[2] 대법원 1997. 6. 13. 선고 96누9065 판결 /[3] 대법원 1995. 9. 29. 선고 95누7215 판결(공1995하, 3634) /[4] 대법원 1984. 5. 29. 선고 82누549 판결(공1984, 1197), 대법원 1992. 3. 13. 선고 91누4324 판결(공1992, 1317), 대법원 1993. 10. 12. 선고 93누12527 판결(공1993하, 3102) /[5] 대법원 1993. 2. 9. 선고 92누6921 판결(공1993상, 991), 대법원 1993. 6. 22. 선고 92누19521 판결(공1993하, 2151), 대법원 1994. 1. 25. 선고 93누11524 판결(공1994상, 838), 대법원 1997. 4. 8. 선고 96누11396 판결(공1997상, 1457)

【전 문】

【원고,상고인】 김시영 외 3인 (원고들 소송대리인 변호사 김영대)

【피고,피상고인】 중앙토지수용위원회 외 1인 (피고들 소송대리인 법무법인 동호합동법률사무소 담당변호사 김영준 외 1인

【원심판결】 서울고법 1995. 12. 1. 선고 94구19190 판결

【주 문】

상고를 모두 기각한다. 상고비용은 원고들의 부담으로 한다.

【이 유】

상고이유(보충상고이유는 이를 보충하는 한도 내에서)를 본다.

1. 행정청은 이미 도시계획이 결정·고시된 지역에 대하여도 다른 도시계획을 결정·고시할 수 있고, 이 때에 후행 도시계획에 선행 도시계획과 서로 양립할 수 없는 내용이 포함되어 있다면, 특별한 사정이 없는 한 선행 도시계획은 후행 도시계획과 같은 내용으로 적법하게 변경되었다고 할 것이다(대법원 1995. 5. 12. 선고 93누19047 판결, 1992. 9. 22. 선고 91누11292 판결 각 참조).

원심이 적법하게 확정한 사실에 의하면, 안양시가 1968. 11. 8. 건설부장관으로부터 구 토지구획정리사업법(1980. 1. 4. 법률 제3255호로 개정되기 전의 것) 제32조 제1항 소정의 토지구획정리사업

시행인가를 받아 토지구획정리사업을 시행하고 있던 토지들 중 이 사건 토지를 포함한 일부 토지들에 대하여 건설부장관이 1972. 8. 25. 구 도시계획법(1972. 12. 30. 법률 제2435호로 개정되기 전의 것) 제21조 제1항에 의한 개발제한구역지정을 하였으나 그 개발제한구역의 지정에도 불구하고 구 도시계획법시행령(1973. 3. 21. 대통령령 제6583호로 개정되기 전의 것) 제21조 제1항에 의하여 토지구획정리사업이 계속 시행·완료되어 1977. 12. 28. 환지처분이 확정되었다는 것인바, 사실이 그러하다면 건설부장관은 이미 토지구획정리사업에 관한 도시계획을 결정하고 그에 따라 토지구획정리사업이 시행되고 있는 토지들에 대하여도 다시 개발제한구역지정이라는 도시계획결정을 할 수 있고, 그 개발제한구역의 지정에도 불구하고 이미 시행중이던 토지구획정리사업이 계속 시행·완료된 이상 개발제한구역지정이라는 도시계획결정은 기존의 토지구획정리사업에 관한 도시계획결정과 중복된 도시계획결정이 아니어서 이를 위법하다고 할 수 없다.

그리고 개발제한구역지정처분은 건설부장관이 법령의 범위 내에서 도시의 무질서한 확산 방지 등을 목적으로 도시정책상의 전문적·기술적 판단에 기초하여 행하는 일종의 행정계획으로서 그 입안·결정에 관하여 광범위한 형성의 자유를 가지는 계획재량처분이므로, 그 지정에 관련된 공익과 사익을 전혀 비교교량하지 아니하였거나 비교교량을 하였더라도 그 정당성과 객관성이 결여되어 비례의 원칙에 위반되었다고 볼 만한 사정이 없는 이상, 그 개발제한구역지정처분이 재량권을 일탈·남용한 위법한 것이라고 할 수 없을 것인데, 이 사건 개발제한구역지정의 경위 및 필요성, 개발제한구역의 지정에도 불구하고 토지구획정리사업이 계속 시행되어 완료된 점, 도시화되어 가는 주변 지역의 상황 및 이 사건 토지의 지역적 위치 등 여러 사정에 비추어 보면, 비록 위 토지구획정리사업이 시행되던 토지들 중 일부에 대하여만 이 사건 개발제한구역지정처분을 하였다고 하더라도 그 처분이 재량권을 현저히 일탈·남용한 것으로 볼 수 없다.

또한 위와 같은 개발제한구역의 지정은 이 사건 공공사업(제2 경인고속도로 개설사업)과 관계없이 가해진 일반적 계획제한에 해당하므로, 이 사건 토지의 정당한 수용보상액을 산정함에 있어서는, 그러한 제한이 있는 상태 그대로 평가하여야 할 것이다(대법원 1993. 10. 12. 선고 93누12527 판결 참조).

한편 기록에 비추어 보면, 이 사건 토지를 자연녹지지역으로 지정한 처분이 부존재하다고 할 수 없고, 그 지정의 필요성이 없는 토지를 지정한 것이어서 당해 자연녹지지역지정처분이 재량권을 현저히 일탈·남용한 처분이라고 할 수도 없다.

원심은 이 사건 토지를 개발제한구역 내 자연녹지지역에 속하는 토지로 보고 같은 개발제한구역 내 자연녹지지역에 속하는 표준지(안양시 석수동 67의 2 대 509㎡)를 비교표준지로 선정하여 그 정당한 수용보상액을 산정하였는바, 이는 위와 같은 취지에 따른 것으로서 정당하고, 거기에 상고이유로 주장하는 바와 같은 개발제한구역지정처분 등의 효력 및 표준지 선정에 관한 법리오해의 위법이 있다고 할 수 없다.

2. 수용대상 토지의 손실보상액을 평가함에 있어서는 당해 토지와 유사한 이용가치를 지닌다고 인정되는 표준지를 선정하여 그 표준지의 공시지가에다가 공시기준일로부터 수용재결시까지의 관계 법령에 의한 당해 토지의 이용계획 또는 당해 지역과 관계없는 인근 토지의 지가변동률·도매물가상승률 및 기타 사항을 종합적으로 참작한 다음, 당해 토지와 표준지의 지역요인 및 개별요인에 대한 비교분석 등 필요한 조정을 함으로써 관계 법령 소정의 모든 가격형성요인들이 빠짐없이 반영된 적정가격으로 하여야 할 것인바(대법원 1994. 1. 25. 선고 93누11524 판결 참조), 원심이 이 사건 토지의 정당한 손실보상액을 평가하면서 이 사건 토지와 같은 개발제한구역 내 자연녹지지역에 소재하는 표준지를 비교표준지로 선정한 다음 가로조건, 접근조건, 환경조건, 획지조건, 행정적 조건 등의

개별요인을 비교하고 나서 개발제한구역 내에서는 현실이용상황이 나대지인 이 사건 토지가 단독주택부지인 표준지보다 열세하다고 보아 다시 40/100의 보정률을 적용한 것은 위와 같은 평가원칙에 따른 것이어서 정당하고, 거기에 상고이유로 주장하는 바와 같은 보정률의 적용에 관한 법리오해의 위법이 있다고 할 수 없다.
3. 그러므로 상고를 모두 기각하고 상고비용은 패소자들의 부담으로 하기로 하여 관여 법관의 일치된 의견으로 주문과 같이 판결한다.

대법관 이임수(재판장) 최종영 정귀호(주심) 이돈희

[판례 3] 계획재량 (대법원 1998. 4. 24. 선고 97누1501 판결)

【판시사항】
[1] 주택건설촉진법 제32조의4 소정의 주택건설사업계획의 사전결정이 재량행위인지 여부(적극)
[2] 개발제한구역 내의 야산 자락에 자리잡고 있는 토지에 대한 주택건설사업계획 사전결정 신청을 불허가한 지방자치단체장의 처분이 정당하다고 한 사례
[3] 도시계획의 의미 및 법적 성질
[4] 행정주체가 도시계획의 입안·결정시 계획재량을 갖는지 여부(적극) 및 이 경우 고려하여야 할 비례의 원칙의 의미
[5] 당해 계쟁 토지상에 폭 6m의 도로신설에 관한 도시계획변경결정이 공익상의 필요에 터잡은 것으로서 비례의 원칙이나 평등의 원칙 등에 반하지 아니하고 재량권 일탈·남용이 아니라고 본 사례

【판결요지】
[1] 주택건설촉진법 제33조 제1항이 정하는 주택건설사업계획의 승인은 이른바 수익적 행정처분으로서 행정청의 재량행위에 속하고, 따라서 그 전 단계로서 같은 법 제32조의4 제1항이 정하는 주택건설사업계획의 사전결정 역시 재량행위라고 할 것이므로, 사전결정을 받으려고 하는 주택건설사업계획이 관계 법령이 정하는 제한에 배치되는 경우는 물론이고, 그러한 제한사유가 없는 경우에도 공익상 필요가 있으면 처분권자는 그 사전결정 신청에 대하여 불허가결정을 할 수 있다.
[2] 당해 토지가 개발제한구역 내의 야산인 모락산 자락에 자리잡고 있어 고층 아파트단지로보다는 소규모 주택단지로 개발함이 주위 환경이나 경관과의 조화를 이룰 수 있고, 개설 중인 인접 우회도로에서의 조망을 확보할 수 있는 점, 주택회사가 사전결정을 신청하기 이전부터 도시계획전문용역업체에 의뢰하여 당해 계쟁 토지 일대를 소규모 주택단지로 개발하기 위한 지적고시 작업을 지방자치단체장이 추진하여 온 점 등에 비추어 볼 때 위 회사의 주택건설사업계획사전결정 신청을 불허가한 지방자치단체장의 처분은 재량권 일탈·남용이 아니라고 본 사례.
[3] 도시계획은 도시정책상의 전문적·기술적 판단에 기초하여 도시의 건설·정비·개량 등과 같은 특정한 행정목표를 달성하기 위하여 서로 관련되는 행정수단을 종합·조정함으로써 장래의 일정한 시점에 있어서 일정한 질서를 실현하기 위한 활동기준을 설정하는 것으로서 재량행위라 할 것이므로 재량권의 일탈·남용이 없는 이상 그 도시계획결정을 위법하다고 할 수 없다.
[4] 행정주체가 구체적인 도시계획을 입안·결정함에 있어서 비교적 광범위한 계획재량을 갖고 있지만,

여기에는 도시계획에 관련된 자들의 이익을 공익과 사익에서는 물론, 공익 상호간과 사익 상호간에도 정당하게 비교·교량하여야 한다는 제한이 있는 것이므로, 행정주체가 도시계획을 입안·결정함에 있어서 이익형량을 전혀 하지 아니하거나 이익형량의 고려대상에 마땅히 포함시켜야 할 사항을 누락한 경우 또는 이익형량을 하였으나 정당성·객관성이 결여된 경우에는 그 행정계획결정은 재량권을 일탈·남용한 위법한 처분이라 할 수 있고, 또한 비례의 원칙(과잉금지의 원칙)상 그 행정목적을 달성하기 위한 수단은 목적달성에 유효·적절하고 또한 가능한 한 최소침해를 가져오는 것이어야 하며 아울러 그 수단의 도입으로 인한 침해가 의도하는 공익을 능가하여서는 아니 된다.

[5] 도시의 건전한 발전에 기여하고 공공의 안녕질서와 공공복리의 증진에 기여하고자 하는 도시계획법의 목적에 비추어 볼 때, 당해 계쟁 토지상에 폭 6m의 도로신설에 관한 도시계획변경결정이 공익상의 필요에 터잡은 것으로서 그 행정목적에 적합하고 필요하며 상당성을 가진 것이라 인정할 수 있고, 그로 인하여 침해될 우려가 있는 개인의 법률상 이익 등을 고려한다고 하더라도, 위 결정이 비례의 원칙이나 평등의 원칙 등에 반하지 아니하고, 재량권 일탈·남용이 아니라고 본 사례.

【참조조문】
[1] 주택건설촉진법 제32조의4 제1항 , 제33조 제1항 , 주택건설촉진법시행령 제31조의3 / [2] 행정소송법 제27조 , 주택건설촉진법 제32조의4 제1항 , 제33조 제1항 , 주택건설촉진법시행령 제31조의3 / [3] 도시계획법 제12조 , 제13조 , 제17조 , 제25조 , 행정소송법 제27조 / [4] 도시계획법 제12조 , 제13조 , 제17조 , 제25조 , 행정소송법 제27조 , 헌법 제37조 제2항 / [5] 도시계획법 제12조 , 제13조 , 제17조 , 제25조 , 행정소송법 제27조 , 헌법 제37조 제2항

【참조판례】
[1] 대법원 1997. 3. 14. 선고 96누16698 판결(공1997상, 1140), 대법원 1997. 9. 5. 선고 96누10256 판결(공1997하, 3119), 대법원 1997. 11. 11. 선고 97누11966 판결(공1997하, 3872) /[3][4] 대법원 1996. 11. 29. 선고 96누8567 판결(공1997상, 210) /[4] 대법원 1995. 12. 22. 선고 95누3831 판결(공1996상, 578), 대법원 1997. 9. 26. 선고 96누10096 판결(공1997하, 3301)

【전 문】
【원고,상고인】 주식회사 배영주택 외 1인 (원고들 소송대리인 변호사 하죽봉)
【피고,피상고인】 의왕시장
【원심판결】 서울고법 1996. 12. 3. 선고 96구7504 판결

【주 문】
상고를 모두 기각한다. 상고비용은 원고들의 부담으로 한다.

【이 유】
원고들 소송대리인의 상고이유를 본다.
1. 주택건설사업계획사전결정불허가처분에 관하여
　　주택건설촉진법 제33조 제1항이 정하는 주택건설사업계획의 승인은 이른바 수익적 행정처분으로서 행정청의 재량행위에 속하고, 따라서 그 전 단계로서 같은 법 제32조의4 제1항이 정하는 주택건설사업계획의 사전결정 역시 재량행위라고 할 것이므로, 사전결정을 받으려고 하는 주택건설사업계획이 관계 법령이 정하는 제한에 배치되는 경우는 물론이고, 그러한 제한사유가 없는 경우에도 공익상 필요가 있으면 처분권자는 그 사전결정 신청에 대하여 불허가결정을 할 수 있다(대법원 1997. 9. 5. 선고 96누10256 판결, 1997. 11. 11. 선고 97누11966 판결 등 참조).

원심판결 이유에 의하면 원심은, 이 사건 계쟁 토지의 위치 및 현황, 주위 환경, 도시계획상황, 이 사건 사업의 시행으로 인한 형질변경의 규모 등에 관하여 그 판시와 같은 사실을 인정한 다음, 위 토지가 모락산 자락에 자리잡고 있어 고층 아파트단지로보다는 소규모 주택단지로 개발함이 주위 환경이나 경관과의 조화를 이룰 수 있고, 개설 중인 인접 우회도로에서의 조망을 확보할 수 있는 점, 피고는 원고 주식회사 배영주택(이하 원고 회사라 한다)이 위 사전결정을 신청하기 이전부터 도시계획전문용역업체에 의뢰하여 이 사건 계쟁 토지 일대를 소규모 주택단지로 개발하기 위한 지적고시 작업을 추진하여 온 점 등에 비추어 볼 때 원고 회사의 주택건설사업계획사전결정 신청을 불허가한 피고의 처분은 재량권 일탈 내지 남용의 위법이 없다고 판단하였는바, 기록과 관계 법령에 대조하여 보면 원심의 인정 판단은 정당하고, 거기에 위 사전결정 및 재량권 일탈·남용에 관한 법리오해의 위법 등이 있다고 할 수 없다.

또한 논지가 지적하는 대법원판결은 건축법상의 건축계획사전결정에 관한 것이어서 사안을 달리하는 것이므로 이 사건에 원용하기에 적절한 것이 아니다.

2. 도시계획결정 및 지적고시에 관하여

도시계획은 도시정책상의 전문적·기술적 판단에 기초하여 도시의 건설·정비·개량 등과 같은 특정한 행정목표를 달성하기 위하여 서로 관련되는 행정수단을 종합·조정함으로써 장래의 일정한 시점에 있어서 일정한 질서를 실현하기 위한 활동기준을 설정하는 것으로서 재량행위라 할 것이므로 재량권의 일탈 내지 남용이 없는 이상 그 도시계획결정을 위법하다고 할 수 없다. 그런데 행정주체가 구체적인 도시계획을 입안·결정함에 있어서 비교적 광범위한 계획재량을 갖고 있지만, 여기에는 도시계획에 관련된 자들의 이익을 공익과 사익에서는 물론, 공익 상호간과 사익 상호간에도 정당하게 비교·교량하여야 한다는 제한이 있는 것이므로, 행정주체가 도시계획을 입안·결정함에 있어서 이익형량을 전혀 하지 아니하거나 이익형량의 고려대상에 마땅히 포함시켜야 할 사항을 누락한 경우 또는 이익형량을 하였으나 정당성·객관성이 결여된 경우에는 그 행정계획결정은 재량권을 일탈·남용한 위법한 처분이라 할 수 있고, 또한 비례의 원칙(과잉금지의 원칙)상 그 행정목적을 달성하기 위한 수단은 목적달성에 유효·적절하고 또한 가능한 한 최소침해를 가져오는 것이어야 하며 아울러 그 수단의 도입으로 인한 침해가 의도하는 공익을 능가하여서는 아니 된다 할 것이다(대법원 1996. 11. 29. 선고 96누8567 판결, 1997. 9. 26. 선고 96누10096 판결 등 참조).

원심판결 이유 및 기록에 의하면, 도시의 건전한 발전에 기여하고 공공의 안녕질서와 공공복리의 증진에 기여하고자 하는 도시계획법의 목적에 비추어 볼 때, 이 사건 계쟁 토지는 앞서 본 바와 같이 그 위치 및 현황, 주위 환경, 조망상태 등을 감안하여 소규모 주택단지로 개발하는 것이 적절하다고 인정할 수 있고, 위와 같은 개발이 이루어질 경우에 대비하여 위 토지상에는 거주자 및 차량의 통행로, 소방도로를 확보할 공익상의 필요가 있으며, 이에 따라 피고는 원고 회사가 위 사전결정을 신청하기 이전부터 이 사건 계쟁 토지상에 위와 같은 도로를 신설하는 취지의 도시계획변경을 추진하여 온 점, 위 토지상에 신설하기로 계획된 도로는 도시계획법상 가장 규모가 작은 구분에 속하는 폭 6m의 소로로서, 가구를 획정하고 택지와의 접근을 용이하게 하는 기능을 수행하는 것이고, 그 위치 및 배치간격은 도시계획법시행규칙이 정한 기준에 따라 설정된 점, 위와 같이 신설된 계획도로로 인하여 이 사건 계쟁 토지의 이용에 관한 제한이 강화되기는 하였으나 그 지상건축이 전면적으로 금지된 것이 아닌 점 등을 알 수 있는바, 이러한 사정에 비추어 볼 때 위 도로신설에 관한 이 사건 도시계획결정은 공익상의 필요에 기한 것으로서 그 행정목적에 적합하고 필요하며 상당성을 가진 것이라 인정할 수 있고, 그로 인하여 침해될 우려가 있는 개인의 법률상 이익 등을 고려한다고 하더라도, 위 결정이 비례의 원칙이나 평등의 원칙 등에 반하지 아니하고, 재량권 일탈 내지 남용의 위법이 있다고 할 수 없으며, 나아가 위 도시계획결정에 부합하는 이 사건 지적고시 또한 적법하다고 할 것이다.

같은 취지의 원심판단은 정당하고, 거기에 비례의 원칙 및 재량권의 일탈·남용에 관한 법리오해의 위법 등이 있다고 할 수 없다.

3. 그러므로 상고를 모두 기각하고 상고비용은 패소자들의 부담으로 하기로 하여 관여 법관의 일치된 의견으로 주문과 같이 판결한다.

대법관   송진훈(재판장) 천경송 지창권(주심) 신성택

2. 허가 등

가. 허가

(1) 의의 및 기능

국토 및 자연의 유지와 환경의 보전 등 중대한 공익상의 필요가 있을 때에는 예외적으로 행정청에 재량을 인정하여 허가를 거부할 수 있다고 할 것이다.2)

[판례 4] 허가와 거부처분 (대법원 1997. 9. 12. 선고 97누1228 판결)

【판시사항】

[1] 산림훼손 금지 또는 제한지역에 해당하지 않더라도 산림훼손허가를 거부할 수 있는 경우 및 그 거부처분에 법규상 명문의 근거가 필요한지 여부(소극)
[2] 산림형질변경신청 불허사유로서 국토 및 자연의 유지와 환경의 보전 등 중대한 공익상의 필요가 있다고 본 사례

【판결요지】

[1] 산림훼손행위는 국토의 유지와 환경의 보전에 직접적으로 영향을 미치는 행위이므로 법령이 규정하는 산림훼손 금지 또는 제한지역에 해당하는 경우는 물론 금지 또는 제한지역에 해당하지 않더라도 허가관청은 산림훼손허가신청 대상토지의 현상과 위치 및 주위의 상황 등을 고려하여 국토 및 자연의 유지와 환경의 보전 등 중대한 공익상 필요가 있다고 인정될 때에는 허가를 거부할 수 있고, 그 경우 법규에 명문의 근거가 없더라도 거부처분을 할 수 있으며, 산림훼손허가를 함에 있어서 고려하여야 할 공익침해의 정도 예컨대 자연경관훼손정도, 소음·분진의 정도, 수질오염의 정

---

2) 대법원 1997. 9. 12. 선고 97누1228 판결; 대법원 1995. 9. 15. 선고 95누6113 판결; 대법원 1993. 5. 27. 선고 93누4854 판결; 대법원 2001. 1. 19. 선고 2000두8547 판결; 대법원 2000. 7. 7. 선고 99두66 판결; 대법원 1993. 4. 23. 선고 92누7726 판결 참조

도 등에 관하여 반드시 수치에 근거한 일정한 기준을 정하여 놓고 허가·불허가 여부를 결정하여야 하는 것은 아니고, 산림훼손을 필요로 하는 사업계획에 나타난 사업의 내용, 규모, 방법과 그것이 환경에 미치는 영향 등 제반 사정을 종합하여 사회관념상 공익침해의 우려가 현저하다고 인정되는 경우에 불허가할 수 있다.

[2] 당해 임야는 주변의 임야와 더불어 주거지역으로 이용되는 인근의 광활한 간척지에 산림이라는 천혜의 자연환경을 제공하여 주는 중요한 역할을 하고 있을 뿐 아니라, 천연 암석이 자연스럽게 절개된 해안선을 따라 소나무, 해송 등의 수목이 서식하고 있는 등 그 자연경관을 원상태로 보존할 충분한 가치가 있다고 보임에 반하여, 당해 임야의 형질변경과 더불어 추진하고자 하는 사업은 비교적 대규모의 근린생활시설(일반음식점) 부지조성사업으로 그 사업계획상 위와 같은 자연환경을 보전하고자 하는 최소한의 계획 마저 포함되어 있지 않는 것으로 판단되며, 당해 형질변경신청을 허가할 경우에는 인근 임야에 대한 형질변경신청도 일부 허가할 수밖에 없어 결국은 아직까지 자연상태 그대로 보존되어 있는 당해 임야 및 인근의 임야 전체가 훼손되는 결과를 초래하게 될 것이므로, 지방자치단체장이 당해 형질변경 허가신청을 거부한 것은 당해 임야의 현상과 위치, 주위의 상황 및 사업계획에 나타난 사업의 내용, 규모, 방법과 그것이 환경에 미치는 영향 등에 비추어 국토 및 자연의 유지와 환경의 보전 등 중대한 공익상의 필요에 의한 것이라고 본 사례.

【참조조문】

[1] 구 산림법(1995. 12. 29. 법률 제5079호로 개정되기 전의 것) 제90조 제1항 , 산림법시행규칙 제90조 제1항 제7호 / [2] 구 산림법(1995. 12. 29. 법률 제5079호로 개정되기 전의 것) 제90조 제1항 , 산림법시행규칙 제90조 제1항 제7호

【참조판례】

[1][2] 대법원 1993. 5. 27. 선고 93누4854 판결(공1993하, 1914), 대법원 1995. 9. 15. 선고 95누6113 판결(공1995하, 3429)

【전 문】

【원고,피상고인】 허종수 (소송대리인 변호사 손진곤)
【피고,상고인】 화성군수
【원심판결】 서울고법 1996. 12. 10. 선고 96구16799 판결

【주 문】

원심판결을 파기한다. 사건을 서울고등법원에 환송한다.

【이 유】

상고이유를 판단한다.

1. 원심판결 이유에 의하면, 원심은, 피고가 경기 화성군 서신면 장외리 산 40 임야 2,134㎡ 중 원심판결 첨부 별지도면 표시 (라)부분 1,162㎡와 같은 리 40의 3 임야 1,172㎡ 중 같은 도면 표시 (나)부분 161㎡ 면적 합계 1,323㎡(이하 이 사건 임야라 한다)에 대하여 형질변경용도를 근린생활시설(일반음식점)으로 한 원고의 산림형질변경허가신청을 반려하는 처분(이하 이 사건 처분이라 한다)을 한 데에 대하여, 이 사건 임야가 산림법시행규칙 제90조 제1항 제7호 소정의 "산림의 형질변경을 허가할 경우 실질적으로 채석장화할 우려가 있다고 판단되는 지역" 기타 법령이 규정하는 산림훼손의 제한 또는 금지지역에 해당한다는 점을 인정할 증거가 없고, 이 사건 형질변경을 허가한다고 하여 해안선의 경관을 저해할 것으로 인정되지 아니하며, 이 사건 임야를 포함한 주변 일대의 임

야는 서식하는 수목의 가치가 크지 않고 경관도 수려하지 않으며 더욱이 이 사건 임야는 주변 임야 가장자리에 위치하고 있는 점, 이 사건 임야의 면적, 형질변경을 필요로 하는 사업의 내용, 규모 등에 비추어 볼 때 형질변경을 허가한다고 하여 산림의 자연경관이 크게 훼손되거나 임야 전체의 형상이 변하게 된다고 보기 어렵고, 또한 원고의 사업계획서에 의하면 하수처리가 가능하다고 보이므로 자연경관을 파괴하거나 수질오염의 우려가 있다고 볼 수도 없어 이 사건 신청을 허가할 경우 원고의 이익에 비추어 중대한 공익상의 침해가 있다고 인정되지 아니하고, 이 사건 임야와 주변 일대 임야 소유자들이 산림형질변경허가를 신청할 우려가 있다는 사유만으로 달리 볼 수도 없으므로 원고의 형질변경허가신청을 반려한 이 사건 처분은 위법하다고 판단하였다.

2. 그러나 산림훼손행위는 국토의 유지와 환경의 보전에 직접적으로 영향을 미치는 행위이므로 법령이 규정하는 산림훼손 금지 또는 제한지역에 해당하는 경우는 물론 금지 또는 제한지역에 해당하지 않더라도 허가관청은 산림훼손허가신청 대상토지의 현상과 위치 및 주위의 상황 등을 고려하여 국토 및 자연의 유지와 환경의 보전 등 중대한 공익상 필요가 있다고 인정될 때에는 허가를 거부할 수 있고, 그 경우 법규에 명문의 근거가 없더라도 거부처분을 할 수 있으며, 산림훼손허가를 함에 있어서 고려하여야 할 공익침해의 정도 예컨대 자연경관훼손정도, 소음·분진의 정도, 수질오염의 정도 등에 관하여 반드시 수치에 근거한 일정한 기준을 정하여 놓고 허가·불허가 여부를 결정하여야 하는 것은 아니고, 산림훼손을 필요로 하는 사업계획에 나타난 사업의 내용, 규모, 방법과 그것이 환경에 미치는 영향 등 제반 사정을 종합하여 사회관념상 공익침해의 우려가 현저하다고 인정되는 경우에는 불허가할 수 있는 것이다(대법원 1993. 5. 27. 선고 93누4854 판결, 1995. 9. 15. 선고 95누6113 판결 등 참조).

그런데 원심판결과 기록에 의하면 이 사건 임야 주변의 임야는 원래 서해안의 고렴도라는 섬이었는데 간척사업으로 현재는 육지와 연결되어 있고 동쪽은 폭 6m의 도로를 사이에 두고 전곡이주단지와 접하고 있고 북쪽은 위 도로를 사이에 두고 해안선 제방과 연결되어 있으며 서쪽과 남쪽으로는 천연암석이 자연스럽게 절개된 해안선으로 되어 있는 사실, 이 사건 임야를 포함하여 주변 일대의 임야에는 소나무, 해송 기타 잡목이 서식하여 산림을 이루고 있는 반면에 이 사건 임야 인근 지역은 간척사업으로 형성된 지역인 관계로 산림이 형성되어 있는 곳이 거의 없고 오히려 위 간척지 내의 평지에 대규모의 주거단지가 형성되고 있고, 이 사건 임야 자체는 해안선과 연접된 부분이 아니고 주변 임야 가장자리의 산길에 안쪽으로 인접한 곳에 위치하고 있으나, 이 사건 임야는 원고 소유의 나머지 임야뿐만 아니라 다른 사람들 소유의 인근 임야와 전체적으로 하나의 산림을 형성하고 있으며, 위 전체의 산림이 해안선과 연접되어 있고 주거지역인 위 전곡이주단지와는 도로를 사이에 두고 분리되어 있고, 이 사건 형질변경을 필요로 하는 사업은 근린생활시설(일반음식점) 부지조성인데, 사업계획의 내용은 위 장외리 산 40 임야 2,134㎡ 중 1,162㎡ 부분을 택지로, 같은 리 40의 13 임야 1,172㎡ 중 위 산길에 인접한 161㎡ 부분을 도로로 사용하며, 위 택지상에 건축면적 358㎡의 조립식 판넬조 단층 일반음식점을 건축하는 것으로 되어 있는 사실, 한편 원고의 사업계획에 의하면 이 사건 형질변경 후에 불과 40주의 교목과 관목을 식재하여 조경을 하는 외에는 별다른 조경이나 자연환경보전방법에 대한 계획은 들어 있지 않을 뿐만 아니라 원고를 비롯한 이 사건 임야 및 인근 임야의 소유자들은 1994. 11. 21. 인근의 전체 임야 16필지 41,554㎡ 중 12필지 28,084㎡에 대하여 근린생활시설(음식점) 목적의 산림훼손허가신청을 하였으나, 피고에 의하여 반려된 사실을 알아 볼 수 있다.

사정이 이와 같다면, 이 사건 임야는 주변의 임야와 더불어 주거지역으로 이용되는 인근의 광활한 간척지에 산림이라는 천혜의 자연환경을 제공하여 주는 중요한 역할을 하고 있을 뿐 아니라, 천연

암석이 자연스럽게 절개된 해안선을 따라 소나무, 해송 등의 수목이 서식하고 있는 등 그 자연경관을 원상태로 보존할 충분한 가치가 있다고 보임에 반하여, 원고가 이 사건 임야의 형질변경과 더불어 추진하고자 하는 사업은 비교적 대규모의 근린생활시설(일반음식점) 부지조성사업으로 그 사업계획상 위와 같은 자연환경을 보전하고자 하는 최소한의 계획 마저 포함되어 있지 않는 것으로 판단되며, 원고의 이 사건 형질변경신청을 허가할 경우에는 인근 임야에 대한 형질변경신청도 일부 허가할 수밖에 없어 결국은 아직까지 자연상태 그대로 보존되어 있는 이 사건 임야 및 인근의 임야 전체가 훼손되는 결과를 초래하게 될 것이므로, 피고가 이 사건 형질변경 허가신청을 거부한 것은 이 사건 임야의 현상과 위치, 주위의 상황 및 원고의 사업계획에 나타난 사업의 내용, 규모, 방법과 그것이 환경에 미치는 영향 등에 비추어 국토 및 자연의 유지와 환경의 보전 등 중대한 공익상의 필요에 의한 것이라고 봄이 상당하다고 할 것이다.

그럼에도 불구하고 원심이 원고의 형질변경허가신청을 반려한 이 사건 처분을 위법하다고 판단한 것은 채증법칙을 위배하여 사실을 오인하고, 형질변경허가제한에 관한 법리를 오해한 나머지 판결 결과에 영향을 미친 위법을 저지른 것이라고 하지 않을 수 없다. 상고이유 중 이 점을 지적하는 부분은 이유 있다.

3. 그러므로 나머지 상고이유에 대한 판단을 생략한 채 원심판결을 파기하고, 사건을 다시 심리·판단케 하기 위하여 원심법원에 환송하기로 관여 법관의 의견이 일치되어 주문과 같이 판결한다.

대법관　박준서(재판장) 김형선 이용훈(주심)

(2) 구체적 예

환경법에서는 배출시설의 설치·변경 허가(대기환경보전법 제10조 제1항, 제2항, 수질환경보전법 제33조 제1항, 제2항, 오수·분뇨및축산폐수처리에관한법률 제24조의2, 소음·진동규제법 제9조), 대기관리권역안에서 사업장 설치의 허가(수도권대기환경개선에관한특별법 제14조), 폐기물처리법 허가(폐기물관리법 제26조), 폐기물의 수출·입 허가(폐기물의국가간이동및그처리에관한법률 제6조, 제10조), 분뇨관련영업의 허가(오수·분뇨및축산폐수처리에관한법률 제35조), 샘물영업 허가(먹는물관리법 제18조), 취급제한 유독물영업의 허가(유해화학물질관리법 제20조), 일정한 행위의 허가(독도등도서지역의생태계보전에관한특별법 제9조), 공원지역의 점용 및 사용허가(자연공원법 제23조), 멸종위기 야생 동·식물등의 포획등 허가(야생동·식물보호법 제14조), 국제적멸종위기종의 수출·입 허가(동법 제16조), 야생동물의 포획허가(동법 제19조), 야생동물의 수출·입 허가(동법 제21조), 수렵면허(동법 제44조), 발전용 원자로 및 관계시설의 건설, 운영허가(원자력법 제11조, 제21조), 연구용 원자로(동법 제57조), 방사성동위원소·방사선 발생장치 사용등의 허가(동법 제65조), 폐기시설등의 건설·운영 허가(동법 제76조), 원자로의 운전이나 핵연료물질·방사성동위원소등의 취급면허(동법 제91조), 점용허가(하천법 제25조 제1항), 보전임지의 전용허가(산림법 제18조 제1항), 임목 벌채등의 허가(동법 제90조) 등을 규정하고 있다.

版權所有

[2025년]
환경소송 실무자료

2025年 10月 20日 初版 發行

편 저 : 법률연구회
發行處 : 법률정보센터

주소 서울시 성북구 아리랑로4가길 14
전화 (02) 953-2112
등록 1993.7.26. NO.1-1554
www.lawbookcenter.com

* 本書의 無斷 複製를 禁합니다.
ISBN 89-6376-583-9   定價 : 50,000원